Teil 1 Allg. Vorschriften 1

Teil 2 Klassifizierung 2

Teil 3 Güterverzeichnis, Freistellungs- und Sondervorschriften 3

Teil 4 Verwendung von Verpackungen, Tanks und CTU 4

Teil 5 Versandvorschriften 5

Teil 6 Bau und Prüfung von Verpackungen, Tanks und CTU 6

Teil 7 Vorschriften für das Laden, Befördern, Löschen und sonstige Handhaben 7

Teil 8 Vorschriften für die Besatzung, die Ausrüstung, den Betrieb und die Dokumentation 8

Teil 9 Bauvorschriften 9

Auszug aus dem ADR Teil 4+6 Kapitel 7.3, 7.4 und 9.5 10

Auszug aus dem IMDG Abschnitt 4.2.5 und 4.2.6 11

Inkrafttreten des ADN-Übereinkommens 12

GGVSEB 13

RSEB 14

ADN 2019

Beförderung von **gefährlichen Gütern** auf **Binnenwasserstraßen**

1. Auflage
Stand: Januar 2019
Bestell-Nr. 11702

VERKEHRSVERLAG FISCHER

ISBN 978 - 3 - 87841 - 789 - 7 • Bestell-Nr. 11702

Verkehrs-Verlag J. Fischer GmbH & Co. KG
Corneliusstraße 49, D – 40215 Düsseldorf

Herstellung und Vertrieb:

VERKEHRSVERLAG FISCHER

Verkehrs-Verlag J. Fischer GmbH & Co. KG
Corneliusstraße 49, D – 40215 Düsseldorf
Telefon: +49 (0)211 / 9 91 93 – 0
Telefax: +49 (0)211 / 6 80 15 44
E-Mail: vvf@verkehrsverlag-fischer.de
Internet: www.verkehrsverlag-fischer.de
www.gefahrzettel24.de

Vertrieb für Österreich:

VERKEHRSVERLAG MEIXNER

A - 7000 Eisenstadt
Sandgrubweg 2

Telefon: +43 (0)2682 2 10 07
E-Mail: office@marktplatz-meixner.at • Internet: www.marktplatz-meixner.at

Bitte beachten Sie, dass trotz größter Sorgfalt bei der Erstellung dieser Broschüre k e i n e Gewähr für die Richtigkeit übernommen werden kann.

Vorwort

Durch das Europäische Übereinkommen vom 26. Mai 2000 über die internationale Beförderung von gefährlichen Gütern auf Binnenwasserstraßen (ADN) soll unter Einbeziehung der ADN-Empfehlungen ein rechtsverbindlicher Rahmen für die internationale Beförderung von gefährlichen Gütern auf Binnenwasserstraßen eingeführt werden. Ziel des ADN ist die Verbesserung der Sicherheit der Beförderung von gefährlichen Gütern auf Binnenwasserstraßen, die damit gleichzeitig auch den Umweltschutz unterstützt. Zudem sollen die Beförderungsabläufe erleichtert und der internationale Handel gefördert werden.

Das Übereinkommen ADN mit der Anlage zum ADN enthält umfangreiche technische und betriebliche Vorschriften.

Dieses Regelwerk befindet sich auf dem Stand der 7. ADN-Änderungsverordnung vom 19. November 2018 (BGBl. Teil II, Nr. 25).

Die Änderungen der 7. ADN-Änderungsverordnung wurden mit einer grauen Hinterlegung markiert.

Düsseldorf, im März 2019 — Verkehrs-Verlag J. Fischer

Gebrauchsanleitung für das Tab-Schnellsuchsystem

Zum schnelleren Finden der von Ihnen gesuchten einzelnen Teile des ADN und den anderen Kapiteln dieses Werkes beinhaltet diese Broschüre ein Tab-Schnellsuchsystem.

Hierfür befindet sich im Werk ein Bogen mit aufklebbaren Taben. Die Nummerierung der einzelnen Teile und Kapitel entnehmen Sie bitte dem Innentitel der Broschüre.

Die beigefügten mit den Nummern 1 – 21 versehenen Taben können Sie jeweils auf die erste Seite des betreffenden Kapitels oder je nach Belieben kleben, sodass sich ein überstehendes Register ergibt, welches Ihnen im Umgang mit den umfangreichen Kapiteln eine Hilfe sein soll.

Hierfür lösen Sie bitte den ersten aufklebbaren Tab (Nr. 1) von der Folie und kleben ihn auf die 1. Seite des Kapitels Teil 1, und zwar so, dass die Außenkante des Blattes mit der Markierungslinie auf dem Tab abschließt. Nun wird der aufklebbare Tab an der dafür vorgesehenen perforierten Stelle nach hinten gefaltet und auf die Rückseite des Blattes angeklebt.

Für die weiteren Kapitel verfahren Sie bitte dementsprechend genauso.

Verkehrs-Verlag J. Fischer

Inhaltsverzeichnis

		Seite
Teil 1	**Allgemeine Vorschriften**	3
1.1	Geltungsbereich und Anwendbarkeit	7
1.2	Begriffsbestimmungen und Maßeinheiten	15
1.3	Unterweisung von Personen, die an der Beförderung gefährlicher Güter beteiligt sind	61
1.4	Sicherheitspflichten der Beteiligten	63
1.5	Sonderregelungen, Abweichungen	71
1.6	Übergangsvorschriften	73
1.7	Allgemeine Vorschriften für radioaktive Stoffe	115
1.8	Maßnahmen zur Kontrolle und zur sonstigen Unterstützung der Einhaltung der Sicherheitsvorschriften	119
1.9	Beförderungseinschränkungen durch die zuständigen Behörden	131
1.10	Vorschriften für die Sicherung	133
1.11 – 1.14	(bleibt offen)	139
1.15	Anerkennung von Klassifikationsgesellschaften	141
1.16	Verfahren für die Erteilung des Zulassungszeugnisses	145
Teil 2	**Klassifizierung**	155
2.1	Allgemeine Vorschriften	157
2.2	Besondere Vorschriften für die einzelnen Klassen	167
2.3	Prüfverfahren	333
2.4	Kriterien für die aquatische Umwelt gefährdende Stoffe	343
Teil 3	**Verzeichnis der gefährlichen Güter, Sondervorschriften und Freistellungen im Zusammenhang mit begrenzten und freigestellten Mengen**	359
3.1	Allgemeines	361
3.2	Verzeichnis der gefährlichen Güter	365
3.3	Für bestimmte Stoffe oder Gegenstände geltende Sondervorschriften	849
3.4	In begrenzten Mengen verpackte gefährliche Güter	911
3.5	In freigestellten Mengen verpackte gefährliche Güter	917
Teil 4	**Vorschriften für die Verwendung von Verpackungen, Tanks und CTU für die Beförderung in loser Schüttung**	921
4.1	Allgemeine Vorschriften	923

Inhaltsverzeichnis

Teil 5 Vorschriften für den Versand 925

5.1 Allgemeine Vorschriften 929
5.2 Kennzeichnung und Bezettelung 937
5.3 Anbringen von Großzetteln (Placards) an und Kennzeichnung von Containern, Schüttgut-Containern, MEGC, MEMU, Tankcontainern, ortsbeweglichen Tanks, Fahrzeugen und Wagen 955
5.4 Dokumentation 971
5.5 Sondervorschriften 991

Teil 6 Bau- und Prüfvorschriften für Verpackungen (einschließlich Großpackmittel (IBC) und Großverpackungen), Tanks und CTU für die Beförderung in loser Schüttung 997

6.1 Allgemeine Vorschriften 999

Teil 7 Vorschriften für das Laden, Befördern, Löschen und sonstige Handhaben der Ladung 1001

7.1 Trockengüterschiffe 1007
7.2 Tankschiffe 1043

Teil 8 Vorschriften für die Besatzung, die Ausrüstung, den Betrieb und die Dokumentation 1071

8.1 Allgemeine Vorschriften für die Schiffe und die Ausrüstung 1073
8.2 Vorschriften für die Ausbildung 1081
8.3 Verschiedene Vorschriften, die von der Schiffsbesatzung zu beachten sind 1093
8.4 (bleibt offen) 1095
8.5 (bleibt offen) 1097
8.6 Dokumente 1099

Teil 9 Bauvorschriften 1121

9.1 Bauvorschriften für Trockengüterschiffe 1129
9.2 Bauvorschriften für Seeschiffe, die den Vorschriften von SOLAS 74 Kapitel II-2 Regel 19 oder SOLAS 74 Kapitel II-2 Regel 54 entsprechen 1147
9.3 Bauvorschriften für Tankschiffe 1153

Seite

Auszug aus dem ADR

ADR Teil 4	**Vorschriften für die Verwendung von Verpackungen und Tanks** Kapitel 4.1, 4.2, 4.3, 4.4, 4.5, 4.6 und 4.7	1281
ADR Teil 6	**Bau- und Prüfvorschriften für Verpackungen, Großpackmittel (IBC), Großverpackungen und Tanks** Kapitel 6.1, 6.2, 6.3, 6.4, 6.5, 6.6, 6.7, 6.8, 6.9, 6.10, 6.11, 6.12	1499
ADR Kapitel 7.3	**Vorschriften für die Beförderung in loser Schüttung**	1813
ADR Kapitel 7.4	**Vorschriften für die Beförderung in Tanks**	1821
ADR Kapitel 9.5	**Ergänzende Vorschriften für die Herstellung der Aufbauten vollständiger oder vervollständigter Fahrzeuge zur Beförderung fester gefährlicher Güter in loser Schüttung**	1823

Auszug aus dem IMDG

IMDG Abschnitt 4.2.5	**Anweisungen und Sondervorschriften für ortsbewegliche Tanks**	1825
IMDG Abschnitt 4.2.6	**Zusätzliche Vorschriften für die Verwendung von Straßentankfahrzeugen und Straßen-Gaselemente-Fahrzeugen**	1841

Inkrafttreten ADN-Übereinkommen	**Bekanntmachung über das Inkrafttreten des Europäischen Übereinkommens vom 26. Mai 2000 über die internationale Beförderung von gefährlichen Gütern auf Binnenwasserstraßen (ADN)**	1843
GGVSEB	**Verordnung über die innerstaatliche und grenzüberschreitende Beförderung gefährlicher Güter auf der Straße, mit Eisenbahnen und auf Binnengewässern (Gefahrgutverordnung Straße, Eisenbahn und Binnenschifffahrt – GGVSEB)**	1847
RSEB	**Richtlinien zur Durchführung der Gefahrgutverordnung Straße, Eisenbahn und Binnenschifffahrt (GGVSEB) (GGVSEB-Durchführungsrichtlinien) – RSEB**	1917

Inhaltsverzeichnis

Stichwortverzeichnis

Stichwortverzeichnis

A

A_1 / A_2 ... 282
Abbau ... 345
Abbau in der Umwelt ... 345
Abblasmenge ... 1678
Abdeckung der Ladung – Tankschiffe ... 1061
Abfall / Abfälle ... 15, 162, 973, 1493, 1797
Abgabeeinrichtung (Bunkersystem) ... 15
Abgasrohre
... – nach SOLAS 74 ... 1147
... – Tankschiffe des Typs C ... 1209
... – Tankschiffe des Typs G ... 1173
... – Tankschiffe des Typs N ... 1246
... – Trockengüterschiffe ... 1132
abnehmbarer Tank ... 15
Absender ... 15, 63, 914, 1850
Absperreinrichtungen ... 1462
Abweichungen ... 72
Abweichungen zu Versuchszwecken ... 72
ADR ... 15
ADR-Zulassungsbescheinigung ... 2081, 2085
Aerosol ... 15
ähnliche Gemische ... 353
Aktivatoren ... 213
Aktivitätsgrenzwerte – Trockengüterschiffe ... 1026
Aktivitätsgrenzwerte für freigestellte Versandstücke ... 310
akute (kurzfristige) Gefährdung ... 344
akute aquatische Toxizität ... 344
allgemeine n.a.g.-Eintragungen ... 157
allgemeine Sicherheitspflichten ... 1852, 1921
allgemeine Sicherheitsvorsorge ... 63
Alphastrahler ... 282
alternative Bauweisen ... 1257
alternative Methoden (Dichtheitsprüfung) ... 1585
Amtshilfe ... 120
Änderungen im Zulassungszeugnis ... 150
anerkannte chemische oder biologische Benennung ... 363
Anerkennung der Schulung ... 1088
Anforderungen an die Schiffe – Tankschiffe ... 1044
Anforderungen an die Schiffe – Trockengüterschiffe ... 1008
Anhalten der Schiffe – Trockengüterschiffe ... 1034
Anschlussmöglichkeit für eine Probeentnahmeeinrichtung ... 15
ansteckungsgefährliche Stoffe ... 274, 1416
Antennen – Trockengüterschiffe ... 1013
Antragsvordruck für Ausnahmegenehmigungen ... 835
Anweisungen für ortsbewegliche Tanks ... 1439, 1825
Anzahl der blauen Kegel / Lichter ... 368, 726
ANZÜNDER ... 180
ANZÜNDLITZE ... 180
ANZÜNDSCHNUR ... 180
aquatische Umwelt ... 327, 343
Arbeiten an Bord ... 1093
Armaturen
... – Tankschiffe des Typs C ... 1213
... – Tankschiffe des Typs G ... 1177
... – Tankschiffe des Typs N ... 1249
... – Trockengüterschiffe ... 1135
Art der Probeentnahmeeinrichtung ... 725
Assimilierung ... 1289
Assimilierungsliste ... 1294
Assimilierungsverfahren ... 1290
ASTM ... 15
Atemschutzgerät (umluftunabhängig) ... 15
ätzende Gase ... 196
ätzende Stoffe ... 313
Aufbaukurse ... 1086
aufgabenbezogene Unterweisung ... 61
Aufrichtprüfung ... 1653
Aufsetztank ... 16, 1459, 1733
Aufstellungsort der elektrischen Einrichtungen ... 1181, 1218, 1254, 1255
Aufstellungsraum / Aufstellungsräume ... 16, 1051
... – Tankschiffe des Typs C ... 1189
... – Tankschiffe des Typs G ... 1157
... – Tankschiffe des Typs N ... 1225
Auftraggeber des Absenders ... 1851
AUGENREIZSTOFF ... 185
Ausbildung ... 16
Ausbildung der Besatzung ... 113
Auslöseeinrichtung
... – Tankschiffe des Typs C ... 1211
... – Tankschiffe des Typs G ... 1176
... – Tankschiffe des Typs N ... 1248
... – Trockengüterschiffe ... 1134
AUSLÖSEVORRICHTUNG MIT EXPLOSIVSTOFF ... 180
Ausnahme nach GGVSEB ... 1921
Ausnahmegenehmigungen für die Beförderung in Tankschiffen ... 71, 835
Ausnahmen gem. GGVSEB ... 1852
Ausnahmen zu den §§ 35 und 35a GGVSEB ... 1885
Ausrichtungspfeile ... 941
Ausrüstung erforderlich ... 367
ausschließliche Verwendung für die Beförderung von Stoffen der Klasse 7 ... 16
Ausschwitzen ... 333
Außenverpackung(en) ... 16, 911, 1284, 1313, 1521

B

Ballastwasser
... – nach SOLAS 74 ... 1147
... – Tankschiffe ... 1051
... – Trockengüterschiffe ... 1011, 1131

Basiskurse ... 1083
Batterie-Fahrzeug ... 16, 1459, 1733, 1758
Batteriewagen ... 16
Bau- und Prüfvorschriften für Druckgefäße ... 1535
Bau- und Prüfvorschriften für Verpackungen ... 1501
Bauart ... 1283
... für die Beförderung von Stoffen der Klasse 7 ... 17
Bauartgenehmigung von IBC ... 1635
Baumusterzulassung ... 1552
... von Tanks ... 1747
Bauvorschriften – Trockengüterschiffe ... 1129
Bauwerkstoffe
... – nach SOLAS 74 ... 1147
... – Tankschiffe des Typs C ... 1185
... – Tankschiffe des Typs G ... 1153
... – Tankschiffe des Typs N ... 1221
... – Trockengüterschiffe ... 1129
BCF ... 343
Be- und Entladestellen ... 119
bedeckter Container ... 17, 20
bedeckter Schüttgut-Container ... 45
bedecktes Fahrzeug ... 17
Bedienungsausrüstung ... 1674
Beförderer ... 17, 64, 735
Beförderung ... 17
... erwärmter flüssiger und fester Stoffe ... 1887
... gefährliche Güter als behördliche Asservate ... 1887
... in einer Transportkette ... 12, 13, 968, 975
... in Ladetanks ... 1008, 1043
... in loser Schüttung ... 17, 1007
... in loser Schüttung – Trockengüterschiffe ... 1035
... in Tankschiffen ... 326
... von Versandstücken ... 1007
Beförderungseinheit ... 17
Beförderungsgenehmigung ... 930
... durch Sondervereinbarung ... 930
Beförderungsmittel ... 17
Beförderungspapier ... 971
Befüllen von MEGC ... 1438
Befüllen von ortsbeweglichen Tanks ... 1435, 1436
Befüller ... 17, 66, 737, 1850
begaste Güterbeförderungseinheiten (CTU) ... 864, 991
begrenzte Mengen ... 367, 911
Begrenzung der beförderten Mengen – Tankschiffe ... 1055
Begrenzung der beförderten Mengen – Trockengüterschiffe ... 1014
Begriffsbestimmungen ... 15
Behälter (für Klasse 1) ... 17
Beheizen der Laderäume – Trockengüterschiffe ... 1012
beheizt beförderte Stoffe ... 828
behördliche Asservate ... 1887
Beiboote – Tankschiffe ... 1053
Beleuchtung – Tankschiffe ... 1065
Beleuchtung – Trockengüterschiffe ... 1031
benannte Stellen ... 1926
Benennung und Beschreibung ... 365
Benennung, technische ... 18
Benennungen der Gattungseintragungen ... 363
Berechnungsdruck ... 1464, 1475
Berechnungsmethode ... 265
Berechnungsverfahren ... 1258
Bereich der Ladung ... 18
Bergegerät ... 18
Bergungsdruckgefäß(e) ... 18, 937, 973, 1288, 1314, 1571
Bergungsgroßverpackungen ... 1661
Bergungsverpackung(en) ... 18, 937, 973, 1288, 1524
Berieselungsanlage - Tankschiffe des Typs C ... 1064, 1173, 1208, 1245
Berstscheiben ... 1678
Beschreibung der Großzettel ... 958
Beschreibung der orangefarbenen Tafeln ... 961
besondere Ausrüstung ... 1077
... – Tankschiffe des Typs C ... 1220
... – Tankschiffe des Typs G ... 1183
... – Tankschiffe des Typs N ... 1256
... – Tankschiffe ... 1065
besondere Vorschriften für die Beförderung freigestellter Versandstücke ... 116
besondere Vorschriften für freigestellte Versandstücke ... 934
besondere Zuständigkeiten im Straßenverkehr ... 1859, 1927
Bestimmung
... der Aktivitätswerte ... 286
... der Anzahl blauer Kegel / Lichter ... 832, 845
... der Art der Probeentnahmeeinrichtung ... 831, 843
... der Eintragungen der zusätzlichen Anforderungen oder Bemerkungen ... 832, 845
... der Explosionsgruppe ... 831, 844
... der Ladetankausrüstung ... 842
... der Temperaturklasse ... 831, 843
... der Transportkennzahl (TI) ... 932
... des Flammpunktes ... 336
... des Fließverhaltens ... 339
... des höchsten (zulässigen) Füllungsgrads der Ladetanks ... 830, 843

Stichwortverzeichnis

... des Öffnungsdrucks des Hochgeschwindigkeitsventils 830, 842
... des Siedebeginns 337
..., ob Explosionsschutz hinsichtlich Maschinen- und elektrischen Anlagen 844
..., ob Pumpenraum unter Deck erlaubt ist 831, 843

Betreiber eines Tankcontainers oder eines ortsbeweglichen Tanks 19, 67
Betrieb von Tanks (für Gase) 1462, 1472
Betriebsdruck 19
..., höchstzulässiger 19
Betriebsraum / Betriebsräume 19, 1131
... – Tankschiffe des Typs C 1198
... – Tankschiffe des Typs G 1164
... – Tankschiffe des Typs N 1233
Betriebsvorschriften 735
... – Tankschiffe 1046
... – Trockengüterschiffe 1009
Bezeichnung – Tankschiffe 1068
Bezeichnung – Trockengüterschiffe 1033
Bezettelung von Versandstücken 942
Biegeprüfung 306
bilaterale und multilaterale Abkommen 71
Bilgenentölungsboot(e) 19, 977
Bilgenwasser 19
Bioakkumulation 344
Bioakkumulationspotenzial 344
biochemischer Sauerstoffbedarf 343
Biokonzentrationsfaktor 343
biologische Produkte 274
BK1 / BK2 1801
BK3 1803
Blitzableiter – Trockengüterschiffe 1013
BLITZLICHT 181
BLITZLICHTPULVER 181
BOD 343
Bodenöffnungen 1443, 1676
Boil-Off 19
BOMBEN 181
BRAND 185
Brandprüfung 868
Brennstofftanks
... – Tankschiffe 1053
... – Tankschiffe des Typs C 1209
... – Tankschiffe des Typs G 1173
... – Tankschiffe des Typs N 1245
... – Trockengüterschiffe 1012, 1132
Brennstoffzelle 19
Brennstoffzellen-Kartuschen 1535, 1584
Brennstoffzellen-Motor 19
Bruchkriterien 1270
Bruttomasse (höchstzulässige) 19
Bundeswasserstraßen 1851
Bunkerboot(e) 19, 977
Bußgeldkatalog 1995

C

CDNI 19
CEVNI 20
CGA 20
Chemikalien unter Druck 194, 198, 203, 1434
chemische Verträglichkeit 1283, 1289, 1532
chemischer Sauerstoffbedarf 343
chronische aquatische Toxizität 344
CIM 20
CMNI 20
CMR 20
CMR/CIM/CMNI-Frachtbrief 995
CO_2-Feuerlöscheinrichtungen
... – Tankschiffe des Typs C 1213
... – Tankschiffe des Typs G 1178
... – Tankschiffe des Typs N 1250
... – Trockengüterschiffe 1136
COD 343
Codierung 1502
... von Großverpackungen 1655
... von IBC 1629
Container 20
CPDF-Formel 1265
CSC 21, 1801
CSI 932
CTU (Cargo transport unit) 21, 864, 991

D

Dampfdruck 204, 1286
Dauerbrand 21
Deflagration 21
desensibilisierte explosive feste Stoffe 214
desensibilisierte explosive flüssige Stoffe 204
desensibilisierte Stoffe 1409
Desensibilisierung 214, 237
Detonation 21
DETONATOREN 181
Dichte 21
dichte Umschließung für die Beförderung von Stoffen der Klasse 7 .... 21, 22, 29, 34, 36, 41, 49
Dichtheitsprüfung 1529, 1585, 1649
Dioxine 324
Dokumentation 62, 920, 992

Dokumente 1073
Doppelhüllenschiffe – Trockengüterschiffe 1142
Doppelhüllen-Seeschiffe – nach SOLAS 74 1148
Dosisleistung 308
Drahtseile – Trockengüterschiffe 1013
1141
Druck- und Temperaturregelung – Tankschiffe des Typs G 1169
Druckänderung 1283
Druckbehälter
... – Tankschiffe des Typs C 1213
... – Tankschiffe des Typs G 1177
... – Tankschiffe des Typs N 1249
... – Trockengüterschiffe 1135
Drücke 21
Druckentlastungseinrichtungen 1443
1538
1677
Druckfass Druckfässer 21
1314
Druckgaspackung(en) 21
194
197
1535
1584
Druckgefäß(e) 22
1411
... aus Verbundwerkstoffen 1583
... für feste Stoffe 1314
... für flüssige Stoffe 1314
... und Gefäße der Klasse 2 76
..., die keine UN-Druckgefäße sind 1566
... für Acetylen 1536
Druckleitungen
... – Tankschiffe des Typs C 1213
... – Tankschiffe des Typs G 1177
... – Tankschiffe des Typs N 1249
... – Trockengüterschiffe 1135
Druckprüfung 858
... – Tankschiffe des Typs C 1204
... – Tankschiffe des Typs G 1169
... – Tankschiffe des Typs N 1240
Druck-Vakuumpumpe 1493
durch oder in 22
Durchführungsrichtlinien-Gefahrgut 1919

E

EG-Richtlinie 22
Eindringen von Gasen – Tankschiffe des Typs C 1188
Einschließungssystem 22
Einschränkungen aus Gründen der Sicherheit der Beförderung gefährlicher Güter 1899
Einzelausnahmen für Kampfmittelräumdienste 2043
Einzeleintragungen 157
Einzelverpackungen 1313
Eis als Kühlmittel 1288
elektrische Anlagen – Tankschiffe des Typs C 1217
elektrische Anlagen – Tankschiffe des Typs N 1253
elektrische Anlagen – Tankschiffe des Typs G 1180
elektrische Doppelschicht-Kondensatoren 329
elektrische Einrichtung
... vom Typ „begrenzte Explosionsgefahr“ 22
... – Tankschiffe 1054
1065
... – Tankschiffe des Typs C 1217
... – Tankschiffe des Typs G 1181
1217
... – Trockengüterschiffe 1012
1030
1139
elektrische Kabel
... – Tankschiffe des Typs C 1220
... – Tankschiffe des Typs G 1183
... – Tankschiffe des Typs N 1256
... – Trockengüterschiffe 1141
elektronische Datenverarbeitung (EDV) 971
elektrostatische Entladung 1312
elektrostatische Ladung 1410
Empfänger 23
65
EN(-Norm) 23
Entgasen leerer Ladetanks – Tankschiffe 1047
1048
Entlader 23
68
Entwurfsdruck 23
Entwurfsunterdruck 23
entzündbar 197
entzündbare Bestandteile 23
entzündbare feste Stoffe, selbstzersetzliche Stoffe und desensibilisierte explosive Stoffe 210
entzündbare flüssige Stoffe 204
entzündbare Gase 195
225
226
entzündend (oxidierend) wirkende feste Stoffe 230
entzündend (oxidierend) wirkende flüssige Stoffe 232
entzündend (oxidierend) wirkende Stoffe 230
Entzündungstemperatur 334
336
ERDÖLBOHRLOCH 184
Erdung 1743
... – Tankschiffe des Typs C 1219
... – Tankschiffe des Typs G 1182
1183
... – Tankschiffe des Typs N 1256
Erhitzungsprüfung 306
Erläuterungen zur GGVSEB, zum ADR/RID/ADN 1920
Ermittlung der Fallhöhe 1290
Ersatzausfertigung 152
erstickend 194
erstickende Gase 195
Erstuntersuchung 151
erwärmte Stoffe 328
967
976
1431
Essigsäure 1533
europäischer Abfallartenkatalog 280
Explosion 24
explosionsfähige Atmosphäre 24
explosionsfähige Gemische 226
explosionsgefährdete Bereiche 24
Explosionsgruppe 24
726
Explosionsschutz erforderlich 726
Explosionsschutz hinsichtlich Maschinen und elektrischen Anlagen 832

Stichwortverzeichnis

explosive Stoffe ... 1288, 1409
... und Gegenstände mit Explosivstoff ... 167

F

Fahrweg im Straßenverkehr ... 1883
Fahrwegbestimmung ... 1897, 1989, 1991
Fahrzeug(e) ... 25, 76, 1851
... AT / FL ... 1821
... und Wagen ... 1008
Fallhöhe ... 1664
FALLOTE ... 182
Fallprüfung ... 1290, 1526, 1651, 1663
faserverstärkte Kunststoffe ... 1491, 1787
Fass ... 25, 1502, 1509
... aus Kunststoff ... 1288
Fassungsraum eines Tankkörpers oder eines Tankkörperabteils für Tanks ... 25
Feinstaub ... 324
Feinstblechverpackung(en) ... 25, 1396, 1502, 1522
Fertigungslose ... 353
feste Stoffe ... 25, 1287
... über ihrem Schmelzpunkt ... 1434
festhaftende Kontamination ... 282
Festlegung der Anforderungen für besonders ausgerüstete Fahrzeuge/Wagen und Container/Großcontainer ... 1907
Festmachen – Tankschiffe ... 1068
Festmachen – Trockengüterschiffe ... 1034
festverbundene Tanks ... 26, 76, 1459, 1733
Feuchtigkeitsänderung ... 1283
Feuer und offenes Licht ... 1012, 1252
Feuerlöscheinrichtungen ... 1076
... – Tankschiffe ... 1065
... – Tankschiffe des Typs C ... 1210
... – Tankschiffe des Typs G ... 1174
... – Tankschiffe des Typs N ... 1246
... – Trockengüterschiffe ... 1132
... für den Objektschutz – Tankschiffe des Typs C ... 1215, 1216
... für den Objektschutz – Tankschiffe des Typs G ... 1179, 1180
... für den Objektschutz – Tankschiffe des Typs N ... 1252
Feuerlöschgeräte ... 1886
Feuermeldesystem
... – Tankschiffe des Typs C ... 1211
... – Tankschiffe des Typs G ... 1175
... – Tankschiffe des Typs N ... 1248
... – Trockengüterschiffe ... 1133
Feuerwerkskörper ... 170, 182
Finiten-Element-Modelle ... 1269
FK-5-1-12-Feuerlöscheinrichtungen
... – Tankschiffe des Typs C ... 1215
... – Tankschiffe des Typs G ... 1179
... – Trockengüterschiffe ... 1138
Flammendurchschlagsicherung ... 26
Flammensperre ... 26
Flammpunkt ... 26, 204, 1312
Flasche(n) ... 26, 1314
... für Gase ... 946
Flaschenbündel ... 26, 1314, 1564
flexible Schüttgut-Container ... 1803, 1817
flexibles Großpackmittel ... 26
Fluchtgerät ... 26, 832, 844
flüssige Stoffe ... 27, 1286
Flüssiggas (LPG) ... 27
Flüssigkeitsdruckprüfung ... 1286, 1584
FLÜSSIGTREIBSTOFF ... 188
Form und Sprache ... 981
Formular für die multimodale Beförderung ... 988
Freifallprüfung ... 868
freigestellte Mengen ... 367, 917
freigestellte Versandstücke ... 116, 309
... Klasse 7 ... 1598
Freistellungen ... 7, 277
... in Zusammenhang mit dem Antrieb der Schiffe oder der beförderten Fahrzeuge oder Wagen, dem Betrieb ihrer besonderen Ausrüstung, ihrer Wartung oder der Aufrechterhaltung der Sicherheit ... 9
... in Zusammenhang mit den an Bord von Schiffen beförderten Mengen ... 10
... in Zusammenhang mit der Art der Beförderungsdurchführung ... 7
... in Zusammenhang mit der Beförderung von Gasen ... 8
... in Zusammenhang mit der Beförderung von Lithiumbatterien ... 11
... in Zusammenhang mit Sondervorschriften oder mit in begrenzten oder freigestellten Mengen verpackten gefährlichen Gütern ... 9
... in Zusammenhang mit ungereinigten leeren Verpackungen ... 9
Füllbedingungen ... 1465
Fülldruck ... 27
Füllen von Ladetanks – Tankschiffe ... 1062
füllungsfreier Raum ... 1284
Füllungsgrad (Ladetanks) ... 27

Füllungsgrad ... 27, 1284, 1315, 1430, 1460
Funkenbildung ... 1031, 1066
FVK(-Tanks) ... 1491, 1787

G

Gas(e) ... 27, 194
Gasabfuhrleitung (an Bord) ... 27
Gascontainer mit mehreren Elementen (MEGC) ... 28, 1459, 1733
Gaspatrone(n) ... 28, 194, 1535, 1584
Gasproben ... 194
Gasrückfuhrleitung an Land ... 28
Gasspüranlage ... 28
... – Tankschiffe ... 1044, 1047
Gasspürgerät ... 28
Gattungseintragungen ... 157
Gebrauchsanweisungen für Geräte und Einrichtungen – Trockengüterschiffe ... 1008
gedeckter Wagen ... 28
gedecktes Fahrzeug ... 28
Gefahren ... 724
Gefahrgutbeauftragter ... 120
Gefahrgutverordnung Straße, Eisenbahn und Binnenschifffahrt ... 1847
gefährliche Güter ... 28, 1851
..., für deren Beförderung die §§ 35 und 35a GGVSEB gelten ... 1884
gefährliche Reaktion ... 29
gefährliche Rückstände ... 1283
Gefahrzettel ... 366, 945
Gefahrzettelmuster ... 948, 949, 950, 951, 952, 953, 954
Gefäß ... 29
..., klein, mit Gas ... 1535, 1584
GEFECHTSKÖPFE ... 182
Gegenstände mit Explosivstoff ... 1288, 1409
Gehalt an Peroxid ... 338
Gehäuse der Flammendurchschlagsicherung ... 29
gekuppelte Schiffe ... 1009
... – Tankschiffe ... 1044
gelöstes Gas ... 194
Geltungsbereich ... 7
... – GGVSEB ... 1849
Geltungsdauer ... 125
Gemisch ... 160
Gemische flüssiger Stoffe ... 263
Genehmigung ... 29, 176
genetisch veränderte Mikroorganismen ... 260, 279, 328
Geräte und Einrichtungen – Tankschiffe ... 1044
gering dispergierbare radioaktive Stoffe ... 282, 308
geschlossene Ladung ... 31
geschlossener Container ... 20, 31
geschlossener Schüttgut-Container ... 45
GESCHOSSE ... 183
geschützter Bereich ... 31
geschütztes Großpackmittel (IBC) ... 31
Gewährleistung der Einhaltung der Vorschriften ... 31
Gewichtungsfaktoren für Kollisionsgeschwindigkeiten ... 1267
GGVSEB ... 1847, 1920
GGVSee ... 1851
GHS ... 31
giftige Gase ... 196
giftige Stoffe ... 260
Gleichwertigkeiten ... 72
Globally Harmonized System of Classification and Labelling of Chemicals ... 31
GLP ... 343
GMMO ... 328
GMO ... 328
GRANATEN ... 183
Großcontainer ... 21, 32
Großcontainer- oder Fahrzeugpackzertifikat ... 1073
Großflasche(n) ... 32, 1314
Großpackmittel (IBC) ... 32, 73, 1283, 1312, 1397, 1629
Großverpackung(en) ... 32, 74, 1283, 1312, 1402, 1655
Großzettel ... 955, 991
gute Laborpraxis ... 343

H

Haltezeit (tatsächliche) ortsbeweglicher Tanks ... 1437
Handbuch Prüfungen und Kriterien ... 33
HANDFEUERWAFFEN ... 187
Handhaben und Stauen der Ladung ... 1007
Handhabungsvorrichtung ... 33
Hauptteil des Bereichs der Ladung oberhalb des Decks ... 18
Hebeprüfung ... 1648, 1662
Hersteller von Verpackungen ... 1501
HEXOLIT ... 184
HEXOTOL ... 184
HEXOTONAL ... 184

Stichwortverzeichnis

HFC-227ea (Heptafluorpropan)-Feuerlöscheinrichtungen
... – Tankschiffe des Typs C 1214
... – Tankschiffe des Typs G 1178
... – Tankschiffe des Typs N 1250
... – Trockengüterschiffe 1137
Hochgeschwindigkeitsventil 33
höchste Anzahl Versandstücke 920
höchste Klasse 33
höchste Nettomasse 33
höchste Nettomenge 917
höchster Fassungsraum 33
höchster normaler Betriebsdruck 34
höchstzulässige Bruttomasse 34
hohes Gefahrenpotenzial 134
HOHLLADUNGEN 184
Holzfass 34
Horde 34
hydraulische Innendruckprüfung 1650

I

IAEA 34
IBC 26, 34, 1283, 1312, 1629, 1851
ICAO-TI 34
IEC 34
IG-541-Feuerlöscheinrichtungen
... – Tankschiffe des Typs C 1215
... – Tankschiffe des Typs G 1179
... – Tankschiffe des Typs N 1251
... – Trockengüterschiffe 1137
IMDG-Code 34, 1851
IMO 34
IMSBC-Code 34, 1024, 1035
Industrieversandstücke 1421, 1598
Inertgasanlage
... – Tankschiffe 1061
... – Tankschiffe des Typs C 1199
... – Tankschiffe des Typs G 1166
... – Tankschiffe des Typs N 1235
infizierte Tiere 280
Innenauskleidung 35, 1283
Innenbehandlung 1283
Innendruck 1286
Innendruckprüfung 1530
Innengefäß 35, 1519
Innenverpackung 35, 911, 1284, 1313
Inspektion von IBC 1312, 1635
Inspektionsstelle 41
internationale Regelung 35
interne Notfallpläne 2095
Interpolation innerhalb einer Toxizitätskategorie 353
ISO(-Norm) 35, 1413

K

Kanister 35, 1502, 1511
... aus Kunststoff 1288
KARTUSCHEN 184
katalytische Reaktion 1283
Kategorie A 275
Kategorie B 277
Kennzeichen für erwärmte Stoffe 967
Kennzeichnung 991
... (ortsbeweglicher Tank) 1685
... der Verpackung 1504
... der Versandstücke 919
... von Druckgefäßen 1315
... von Flaschenbündeln 1570
... von IBC 1631
... von Tanks 1751
... von UN-Flaschenbündeln 1564
... von Versandstücken 937
Kesselwagen 35
Kippfallprüfung 1653
Kiste(n) 35, 1502, 1514
Klasse 366
Klasse 1 167, 937, 977, 1409
Klasse 2 194, 937, 978, 1411, 1464, 1758
Klasse 3 204, 1431
Klasse 4.1 210, 979, 1414, 1431, 1432
Klasse 4.2 222, 1431, 1815
Klasse 4.3 226, 1431, 1815
Klasse 5.1 230, 1432, 1815
Klasse 5.2 235, 1414, 1432
Klasse 6.1 260, 1434
Klasse 6.2 274, 979, 1416, 1434, 1815

Klasse 7 ... 282
938
979
1418
1434
1597
1816
Klasse 8 ... 313
1434
1816
Klasse 9 ... 324
1434
1817
Klassifikationsgesellschaft ... 35
141
Klassifizierung ... 158
... als oberflächenkontaminierte Gegenstände (SCO) ... 311
... als Stoffe mit geringer spezifischer Aktivität (LSA) ... 311
... als Typ A-Versandstück ... 311
... als Typ B(U)-, Typ B(M)- oder Typ C-Versandstücke ... 312
... von Feuerwerkskörpern ... 170
... von Uranhexafluorid ... 312
Klassifizierungscode ... 366
Kleincontainer ... 21
35
KNALLKAPSELN ... 184
Kofferdamm / Kofferdämme ... 35
1046
1051
... – Tankschiffe des Typs C ... 1200
... – Tankschiffe des Typs N ... 1235
Kohlenwasserstoffgemisch ... 1533
Kollisionsenergie-Absorptionsvermögen ... 1269
1271
Kollisionsfälle ... 1272
Kollisionsstellen ... 1262
Kombinations-IBC ... 36
... mit Kunststoff-Innenbehälter ... 1288
Kombinationsverpackung ... 1502
1519
Konnossement ... 995
Kontamination ... 282
kontaminierte Verpackungen – Trockengüterschiffe ... 1029
Kontrolle des Druckgefäßes ... 1315
Kontrollen in Unternehmen ... 119
Kontrolltemperatur ... 36
214
236
Kontrollverfahren ... 119
körnige Stoffe ... 1287
Korrosion von Werkstoffen ... 2089
Krankheitserreger ... 274
Kriterium des Produktaustritts ... 127
Kritikalitätssicherheitskennzahl ... 36
935
1027
kritische Temperatur ... 36
Kryo-Behälter ... 36
1411
1535
1537
1583
kubischer Ausdehnungskoeffizient ... 1430
Kühlanlage ... 1053
1171
Kulturen ... 274
Kunststoff-IBC ... 1288
Kunststofftrossen ... 1031
1066
Kunststoffverpackungen ... 1283
1410

L

Lade- und Löschleitungen ... 37
1063
Lade- und Löschstellen ... 1021
1056
Laderaum ... 36
1129
Ladetank ... 37
..., integraler ... 1043
..., unabhängig ... 1043
... – Tankschiffe des Typs C ... 1189
... – Tankschiffe des Typs G ... 1156
1157
... – Tankschiffe des Typs N ... 1225
Ladetankausrüstung ... 725
... für geschmolzen beförderte Stoffe ... 829
... von C-Schiffen ... 828
... von N-Schiffen ... 829
Ladetanktyp ... 725
Ladetankwandung ... 1043
Ladetankzustand ... 724
Ladungsheizmöglichkeit ... 37
829
Ladungsheizungsanlage
... – Tankschiffe ... 1054
1065
... – Tankschiffe des Typs C ... 1216
... – Tankschiffe des Typs N ... 1253
... an Bord ... 829
Ladungsmanifest ... 995
Ladungsrechner ... 37
langfristige Gefährdung ... 344
LD_{50} ... 260
Lecksicherheitsplan ... 38
leere Großpackmittel (IBC) ... 1287
leere Großverpackungen ... 1287
leere Verpackungen ... 1287
Lehrplan für die Basis-, Aufbau- und Wiederholungskurse ... 1088
leicht brennbare feste Stoffe ... 210
LEINENWURF ... 188
Leitungen ... 1170
1205
1240
Lenz- und Ballasteinrichtung ... 1174
1209
1246
Lenzeinrichtung – Trockengüterschiffe ... 1132
LEUCHTKÖRPER ... 184
LEUCHTSPURKÖRPER ... 184
Lichtbildausweis ... 1073
Liste der gefährlichen Güter mit hohem Gefahrenpotenzial ... 135
Liste der Stoffe, die zur Beförderung in Tankschiffen zugelassen sind ... 72
Lithiumbatterien ... 325
LOCKERUNGSSPRENGGERÄTE ... 184
Löschmittel
... – Tankschiffe des Typs C ... 1210

... – Tankschiffe des Typs G 1175
... – Tankschiffe des Typs N 1247
... – Trockengüterschiffe 1133
lose Schüttung 1813, 1823
Lösung 160
LPG 27
LSA-Stoffe 1420
Luftansaugung – Tankschiffe des Typs C 1211
luftdicht verschlossener Tank 38
LUFTFAHRZEUG 184
Lüftung 367, 1007
... – Tankschiffe 1051
... – Tankschiffe des Typs C 1192, 1211
... – Tankschiffe des Typs G 1159
... – Tankschiffe des Typs N 1227
... – Trockengüterschiffe 1022, 1036, 1038, 1129
..., Luftansaugung – Tankschiffe des Typs G 1175
..., Luftansaugung – Tankschiffe des Typs N 1247
..., Luftansaugung – Trockengüterschiffe 1133
Lüftungseinrichtung 1285

M

Maschinen
... – nach SOLAS 74 1147
... – Tankschiffe 1053
... – Tankschiffe des Typs C 1209
... – Tankschiffe des Typs G 1173
... – Tankschiffe des Typs N 1245
... – Trockengüterschiffe 1011, 1131
Maschinenräume
... – Tankschiffe des Typs C 1197
... – Tankschiffe des Typs G 1164
... – Tankschiffe des Typs N 1232
Masse eines Versandstückes 38
Maßeinheiten 59
Maßnahmen vor dem Laden 1007
Maßnahmen während des Ladens / Löschens / Beförderns 368
Masten – Trockengüterschiffe 1013, 1141
maximal zulässiger Füllungsgrad in % 725
medizinische Geräte / Instrumente 279
medizinische oder klinische Abfälle 274, 279
MEERESSCHADSTOFF 976
MEGC 38, 76, 1733, 1758, 1851
Meldepflicht 1035, 1069
meldepflichtiges Ereignis 127
Meldungen von Ereignissen mit gefährlichen Gütern 127
MEMU 38, 1497, 1851
Menge des Löschmittels 1177, 1213, 1249
metallene Großpackmittel (IBC) 38, 1286
Metallhydrid-Speichersystem 38
metallorganische Stoffe 341
Mikroorganismen 275, 277, 279
Mindestprüfdruck 1314, 1443
... für Tanks 1466
Mindestwanddicke 1443
... des Tankkörpers 1672, 1737
MINEN 185
mit selbstzersetzlichen Stoffen verwandte Stoffe 210, 214
Mittel zur Schädlingsbekämpfung 204
mittlere tödliche Dosis 260
Mobile Einheit zur Herstellung von explosiven Stoffen 38
multilaterale Abkommen 71
multilaterale Genehmigung 29
multilaterale Zulassung 308
MUNITION 185
Muster des Berichts über Ereignisse bei der Beförderung gefährlicher Güter 128
Muster einer Ausnahmegenehmigung 835

N

n.a.g.-Eintragung 39, 363
nachfüllbare Druckgefäße 1315
Nachlenzsystem 39
... – Tankschiffe 1058
Nahrungs-, Genuss- und Futtermittel – Trockengüterschiffe 1022
n-Butylacetat 1533
NEBEL 185
Netto-Explosivstoffmasse (NEM) 39
Netzmittellösung 1532
nicht anderweitig genannt 363
nicht festhaftende Kontamination 282
nicht namentlich genannte Güter 158
nicht tiefgekühlt verflüssigte Gase 1434
nicht zur Beförderung zugelassene Gase 199
nicht zur Beförderung zugelassene Stoffe 207, 215, 224, 227, 232, 238, 267, 281, 321
Nichteinhaltung 118
nitrierte Nitrocellulose 335
nitrierte Cellulosemischungen 334
NOEC 343
Normen 13
Notausgang 1143, 1184, 1221
Notfall-Druckentlastungseinrichtung 1315

Notfalltemperatur 39
Nummern zur Kennzeichnung der Gefahr 963

O

oberflächenkontaminierter Gegenstand (SCO) 282, 305, 1036, 1420
OECD-Prüfrichtlinien 343
offener Container 21, 39
offener Kryo-Behälter 39
offener Wagen 39
offenes Fahrzeug 39
offenes Licht 40
offizielle Benennung für die Beförderung 361
Öffnen von Laderäumen – Trockengüterschiffe 1011
Öffnungen der Ladetanks 1045, 1169, 1203, 1238
Öffnungsdruck 40
... des Hochgeschwindigkeitsventil 725
Offshore-Schüttgut-Container 40
OKTOLIT 186
orangefarbene Kennzeichnung 960
orangefarbene Tafeln 73, 960
Ordnungswidrigkeiten gem. GGVSEB 1887
organische Peroxide 235, 943, 979, 1288, 1414
Organismen 279, 328
ortsbewegliche Druckgeräte 1851
ortsbewegliche Gasflaschen 1414
ortsbewegliche Tanks 40, 76, 1429, 1667
Ortsbewegliche-Druckgeräte-Verordnung 1851
OTIF 40, 1851
oxidierend 194
oxidierende Gase 196

P

Packmittelkörper 40
Patientenproben 274, 278
PATRONEN 187
PCB- oder PCT-Gehalt 324
Penetrometer 339
PENTOLIT 187
PERFORATIONSHOHLLADUNGSTRÄGER 187
Permeation 1531
Personalakte 121
Personen an Bord 1093
persönliche Ausrüstung 832
persönliche Schutzausrüstung 844
Pestizide 205, 266
Pestizid Wirkstoffe 266
Pestizidzubereitung 266
Pflichten 1927
... anderer Beteiligter 65
... der Besatzung und sonstiger Personen an Bord in der Binnenschifffahrt 1882
... der empfohlenen Klassifikationsgesellschaft 143
... der für die Instandhaltung zuständigen Stelle im Eisenbahnverkehr 1880
... der Hauptbeteiligten 63
... des Absenders 1863, 1928
... des Auftraggebers des Absenders 1863
... des Beförderers 1865, 1928
... des Befüllers 1871, 1928
... des Betreibers eines Kesselwagens, abnehmbaren Tanks und Batteriewagens im Eisenbahnverkehr 1880
... des Betreibers eines Tankcontainers, ortsbeweglichen Tanks, MEGC, Schüttgut-Containers oder MEMU 1875
... des Eigentümers oder Betreiber in der Binnenschifffahrt 1882
... des Eisenbahninfrastrukturunternehmers im Eisenbahnverkehr 1881
... des Empfängers 1867
... des Entladers 1873, 1929
... des Fahrzeugführers im Straßenverkehr 1878
... des Fahrzeugführers 1929
... des Herstellers, Wiederaufarbeiters und Rekonditionierers von Verpackungen, ... 1875
... des Reisenden im Eisenbahnverkehr 1881
... des Schiffsführers in der Binnenschifffahrt 1881
... des Triebfahrzeugführers im Eisenbahnverkehr 1881
... des Verladers 1868
... des Verpackers 1870
... mehrerer Beteiligter im Straßen- und Eisenbahnverkehr sowie in der Binnenschifffahrt 1876
... mehrerer Beteiligter im Straßenverkehr 1879, 1929
phlegmatisiert 167
phlegmatisierte Stoffe 1409
physikalische, chemische und physiologische Eigenschaften 161
Placards 955, 991
plastifizierte Nitrocellulose 334
Polyethylen 1283, 1289
Probeentnahmeeinrichtung 40
Probeentnahmeöffnung 40
Probenentnahme 119
Produktionsdichtheitsprüfung 869
Prüfbericht 1532, 1654, 1664
Prüfbuch 1073
Prüfdruck 41, 1286, 1465
Prüffrist für Feuerlöschgeräte 1886
Prüfliste – Tankschiffe 1057
Prüfliste ADN 1111

Stichwortverzeichnis

Prüfung(en) ... 123, 1077, 1089
… der Sprengstoffe auf Ausschwitzen ... 334
… der Verpackung ... 1522
… der zyklischen Wasserstoffbefüllung und -entleerung ... 868
… für Versandstücke ... 918
… in einem Heißwasserbad (Dichtheitsprüfung) ... 1585
… und außerordentliche Prüfung von Rohrleitungen an Tanks ... 2055
… von IBC ... 1312, 1635
… von Tanks ... 1749
Prüfvorschriften für IBC ... 1645
Prüfvorschriften für Verpackungen ... 1501
pulverförmige Stoffe ... 1287
PULVERROHMASSE ... 187
Pumpen ... 1170, 1205, 1240
Pumpenraum ... 41
… unter Deck erlaubt ... 725
… unter Deck – Tankschiffe ... 1047
pyrophore Stoffe ... 222
PYROTECHNISCHE GEGENSTÄNDE ... 188
pyrotechnische Sätze ... 167

Q

Qualitätssicherung ... 41, 117
Qualitätssicherungsprogramm ... 1501

R

radioaktive Stoffe ... 282, 944, 1418, 1597
… – Trockengüterschiffe ... 1024
… in besonderer Form ... 282, 306
… mit geringer spezifischer Aktivität ... 1420
… mit weiteren gefährlichen Eigenschaften ... 118
radioaktiver Inhalt ... 41
Radionuklidwerte ... 286
Rahmenlehrpläne für die Aus- und Fortbildung von Gefahrgutkontrollpersonal ... 2019
RAKETE(N) ... 182, 188
RAKETENMOTOREN ... 188
RAKETENTRIEBWERKE ... 188
rationalisierter Ansatz ... 1475
Rauchverbot ... 1141, 1148, 1184, 1221, 1257
Reaktion mit gefährlichen Gütern ... 1283
Recycling-Kunststoffe ... 41, 1508
regelmäßig gewartete Großpackmittel (IBC) ... 1286
regelmäßige Wartung eines IBC ... 1312
Reinigungsarbeiten ... 1012, 1054
Reiseregistrierung – Tankschiffe ... 1057
Rekonditionierer ... 1851
rekonditionierte Verpackungen ... 1286
Rekonditionierung ... 1507
relative Dichte ... 41, 725, 830
reparierte Großpackmittel (IBC) ... 1286
repräsentative Stoffe ... 1268
Restebehälter ... 41
Restetank ... 41
Restladung ... 41
Rettungsmittel ... 326
Richtlinien zur Durchführung der Gefahrgutverordnung Straße, Eisenbahn und Binnenschifffahrt (GGVSEB) ... 1919
RID ... 42
Rohrleitungssystem ... 1134, 1176, 1211, 1248
RSEB ... 1919

S

Sachkundiger ... 1051, 1081
… – Tankschiffe ... 1051
… – Trockengüterschiffe ... 1011
Sack / Säcke ... 42, 1502, 1517
SADT ... 42, 236, 1416
Salpetersäure ... 1533
Sammeleintragung ... 42, 162, 1292
Sauerstoffmessgerät ... 42
Saug-Druck-Tank für Abfälle ... 42, 1493, 1797
Schädlingsbekämpfung ... 266
Schiff ... 43
Schiffsbetriebsabfälle ... 43, 1056
Schiffsbetriebsstoffe ... 1056
Schiffsführer ... 43, 737
Schiffsstoffliste ... 64, 146, 153
Schiffstypen ... 43
Schlagprüfung ... 306
Schlauch ... 44
Schlaucharmatur ... 44
Schlauchleitungen ... 45
Schmelzpunkt ... 1314
Schmelzsicherungen ... 1678
SCHNEIDLADUNG ... 189
SCHNEIDVORRICHTUNG ... 189
Schott ... 45
schriftliche Weisungen ... 983, 1073
Schubleichterbug ... 1273
Schubverbände ... 1009, 1044

ADN

Teil 1

Allgemeine Vorschriften

1.1 Geltungsbereich und Anwendbarkeit

1.1.1 Aufbau
1.1.2 Geltungsbereich
1.1.3 Freistellungen
1.1.3.1 Freistellungen in Zusammenhang mit der Art der Beförderungsdurchführung
1.1.3.2 Freistellungen in Zusammenhang mit der Beförderung von Gasen
1.1.3.3 Freistellungen in Zusammenhang mit gefährlichen Gütern für den Antrieb der Schiffe oder der beförderten Fahrzeuge, Wagen oder mobilen Maschinen und Geräte, zum Betrieb ihrer besonderen Ausrüstung, für die Wartung oder die Aufrechterhaltung der Sicherheit
1.1.3.4 Freistellungen in Zusammenhang mit Sondervorschriften oder mit in begrenzten Mengen verpackten gefährlichen Gütern
1.1.3.5 Freistellungen in Zusammenhang mit ungereinigten leeren Verpackungen
1.1.3.6 Freistellungen in Zusammenhang mit den an Bord von Schiffen beförderten Mengen
1.1.3.7 Freistellungen in Zusammenhang mit der Beförderung von Einrichtungen zur Speicherung und Erzeugung elektrischer Energie
1.1.3.8 (bleibt offen)
1.1.3.9 Freistellungen im Zusammenhang mit gefährlichen Gütern, die während der Beförderung als Kühl- oder Konditionierungsmittel verwendet werden.
1.1.3.10 Freistellungen in Zusammenhang mit der Beförderung von Leuchtmitteln, die gefährliche Güter enthalten
1.1.4 Anwendbarkeit anderer Vorschriften
1.1.4.1 Allgemeines
1.1.4.2 Beförderungen in einer Transportkette, die eine See-, Straßen-, Eisenbahn- oder Luftbeförderung einschließt
1.1.4.3 Verwendung der für den Seeverkehr zugelassenen ortsbeweglichen Tanks des IMO-Typs
1.1.4.4 (bleibt offen)
1.1.4.5 (bleibt offen)
1.1.4.6 Anwendbarkeit anderer Verordnungen bei der Beförderung auf Binnenwasserstraßen
1.1.5 Anwendung von Normen

1.2 Begriffsbestimmungen und Maßeinheiten

1.2.1 Begriffsbestimmungen
1.2.2 Maßeinheiten

1.3 Unterweisung von Personen, die an der Beförderung gefährlicher Güter beteiligt sind

1.3.1 Anwendungsbereich
1.3.2 Art der Unterweisung
1.3.2.1 Einführung
1.3.2.2 Aufgabenbezogene Unterweisung
1.3.2.3 Sicherheitsunterweisung
1.3.3 Dokumentation

1.4 Sicherheitspflichten der Beteiligten

1.4.1 Allgemeine Sicherheitsvorsorge
1.4.2 Pflichten der Hauptbeteiligten
1.4.2.1 Absender

1.4.2.2 Beförderer
1.4.2.3 Empfänger
1.4.3 Pflichten anderer Beteiligter
1.4.3.1 Verlader
1.4.3.2 Verpacker
1.4.3.3 Befüller
1.4.3.4 Betreiber eines Tankcontainers oder eines ortsbeweglichen Tanks
1.4.3.5 (bleibt offen)
1.4.3.6 (bleibt offen)
1.4.3.7 Entlader

1.5 Sonderregelungen, Abweichungen

1.5.1 Bilaterale und multilaterale Abkommen
1.5.2 Ausnahmegenehmigungen für die Beförderung in Tankschiffen
1.5.3 Gleichwertigkeiten und Abweichungen (Artikel 7 Absatz 3 ADN)

1.6 Übergangsvorschriften

1.6.1 Verschiedenes
1.6.2 Druckgefäße und Gefäße für die Klasse 2
1.6.3 Festverbundene Tanks (Tankfahrzeuge und Kesselwagen), Aufsetztanks/abnehmbare Tanks, Batteriefahrzeuge und Batteriewagen
1.6.4 Tankcontainer, ortsbewegliche Tanks und MEGC
1.6.5 Fahrzeuge
1.6.6 Klasse 7
1.6.7 Übergangsvorschriften für Schiffe
1.6.7.5 Übergangsvorschriften im Falle von Umbauten von Tankschiffen
1.6.7.6 Übergangsvorschriften für die Beförderung von Gasen in Tankschiffen
1.6.8 Übergangsbestimmungen betreffend die Ausbildung der Besatzung
1.6.9 Übergangsvorschriften betreffend die Anerkennung von Klassifikationsgesellschaften

1.7 Allgemeine Vorschriften für radioaktive Stoffe

1.7.1 Anwendungsbereich
1.7.2 Strahlenschutzprogramm
1.7.3 Managementsystem
1.7.4 Sondervereinbarung
1.7.5 Radioaktive Stoffe mit weiteren gefährlichen Eigenschaften
1.7.6 Nichteinhaltung

1.8 Maßnahmen zur Kontrolle und zur sonstigen Unterstützung der Einhaltung der Sicherheitsvorschriften

1.8.1 Einhaltung der Vorschriften
1.8.2 Amtshilfe bei der Kontrolle eines ausländischen Schiffes
1.8.3 Sicherheitsberater
1.8.4 Liste der zuständigen Behörden und der von ihnen benannten Stellen
1.8.5 Meldungen von Ereignissen mit gefährlichen Gütern

1.9 Beförderungseinschränkungen durch die zuständigen Behörden

1.10 Vorschriften für die Sicherung

1.10.1 Allgemeine Vorschriften
1.10.2 Unterweisung im Bereich der Sicherung
1.10.3 Vorschriften für gefährliche Güter mit hohem Gefahrenpotenzial

1.11 – 1.14 (bleibt offen)

1.15 Anerkennung von Klassifikationsgesellschaften

1.15.1 Allgemeines
1.15.2 Verfahren zur Anerkennung von Klassifikationsgesellschaften
1.15.3 Bedingungen und Kriterien, die von den Klassifikationsgesellschaften bei Anerkennung zu erfüllen sind
1.15.4 Pflichten der empfohlenen Klassifikationsgesellschaft

1.16 Verfahren für die Erteilung des Zulassungszeugnisses

1.16.1 Zulassungszeugnisse
1.16.2 Erteilung und Anerkennung der Zulassungszeugnisse
1.16.3 Untersuchungsverfahren
1.16.4 Untersuchungsstelle
1.16.5 Antrag auf Erteilung eines Zulassungszeugnisses
1.16.6 Änderungen im Zulassungszeugnis
1.16.7 Vorführung des Schiffes zur Untersuchung
1.16.8 Erstuntersuchung
1.16.9 Sonderuntersuchung
1.16.10 Wiederholungsuntersuchung und Erneuerung des Zulassungszeugnisses
1.16.11 Verlängerung des Zulassungszeugnisses ohne Untersuchung
1.16.12 Untersuchung von Amts wegen
1.16.13 Zurückbehalten und Rückgabe des Zulassungszeugnisses
1.16.14 Ersatzausfertigung
1.16.15 Verzeichnis der Zulassungszeugnisse

Geltungsbereich und Anwendbarkeit 1.1

1.1.1 Aufbau

Die dem ADN beigefügte Verordnung ist in neun Teile gegliedert. Jeder Teil ist in Kapitel und jedes Kapitel in Abschnitte und Unterabschnitte unterteilt (siehe Inhaltsverzeichnis). Innerhalb jedes Teils ist die Ziffer des Teils Bestandteil der Kapitel-, Abschnitts- und Unterabschnittsnummer; z.B. hat der Abschnitt 1 in Kapitel 2 des Teils 2 die Nummer «2.2.1».

1.1.2 Geltungsbereich

1.1.2.1 Im Sinne von Artikel 2 Absatz 2a und von Artikel 4 des ADN legt die beigefügte Verordnung fest:

a) die gefährlichen Güter, deren internationale Beförderung ausgeschlossen ist;

b) die gefährlichen Güter, deren internationale Beförderung zulässig ist und die für diese Güter geltenden Vorschriften (einschließlich der Freistellungen), insbesondere hinsichtlich:
   - der Zuordnung (Klassifizierung) der Güter, einschließlich der Zuordnungskriterien und der diesbezüglichen Prüfverfahren;
   - der Verwendung von Verpackungen (einschließlich Zusammenpackung);
   - der Verwendung von Tanks (einschließlich ihrer Befüllung);
   - der Verfahren beim Versand (einschließlich der Kennzeichnung und Bezettelung der Versandstücke, das Anbringen von Großzetteln (Placards) auf verladenen Fahrzeugen oder Wagen und die Kennzeichnung der Schiffe sowie der Dokumente und der vorgeschriebenen Angaben und Vermerke);
   - der Vorschriften über den Bau, die Prüfung und Zulassung der Verpackungen und Tanks;
   - der Verwendung von Beförderungsmitteln (einschließlich der Beladung, Zusammenladung und Entladung).

1.1.2.2 Im Sinne von Artikel 5 des ADN legt Abschnitt 1.1.3 dieser Verordnung fest, in welchen Fällen die Beförderung von gefährlichen Gütern ganz oder teilweise von den Beförderungsbedingungen des ADN befreit sind.

1.1.2.3 Im Sinne von Artikel 7 des ADN legt Kapitel 1.5 dieser Verordnung die Vorschriften für die in diesem Artikel vorgesehenen Sonderregelungen, Ausnahmegenehmigungen und Gleichwertigkeiten fest.

1.1.2.4 Im Sinne von Artikel 8 des ADN legt Kapitel 1.6 dieser Verordnung die Übergangsvorschriften für die Anwendung der dem ADN beigefügten Verordnung fest.

1.1.2.5 Die Vorschriften des ADN gelten auch für die leeren oder entladenen Schiffe, solange die Laderäume, die Ladetanks oder die an Bord zugelassenen Behälter nicht frei von gefährlichen Gütern oder Gasen sind, sofern in Abschnitt 1.1.3 dieser Verordnung keine Freistellungen vorgesehen sind.

1.1.3 Freistellungen

1.1.3.1 Freistellungen in Zusammenhang mit der Art der Beförderungsdurchführung

Die Vorschriften des ADN gelten nicht für:

a) Beförderungen gefährlicher Güter, die von Privatpersonen durchgeführt werden, sofern diese Güter einzelhandelsgerecht abgepackt sind und für den persönlichen oder häuslichen Gebrauch oder für Freizeit und Sport bestimmt sind, vorausgesetzt, es werden Maßnahmen getroffen, die unter normalen Beförderungsbedingungen ein Freiwerden des Inhalts verhindern. Wenn diese Güter entzündbare flüssige Stoffe sind, die in wiederbefüllbaren Behältern befördert werden, welche durch oder für Privatpersonen befüllt werden, darf die Gesamtmenge 60 Liter je Behälter und 240 Liter je CTU nicht überschreiten. Gefährliche Güter in Großpackmitteln (IBC), Großverpackungen oder Tanks gelten nicht als einzelhandelsgerecht verpackt;

b) (gestrichen)

c) Beförderungen, die von Unternehmen in Verbindung mit ihrer Haupttätigkeit durchgeführt werden, wie Lieferungen für oder Rücklieferungen von Baustellen im Hoch- und Tiefbau, oder im Zusammenhang mit Messungen, Reparatur- und Wartungsarbeiten in Mengen, die 450 Liter je Verpackung, einschließlich Großpackmittel (IBC) und Großverpackungen, und die Höchstmengen gemäß Unterabschnitt 1.1.3.6 nicht überschreiten. Es sind Maßnahmen zu treffen, die unter normalen Beförderungsbedingungen ein Freiwerden des Inhalts verhindern. Diese Freistellungen gelten nicht für die Klasse 7. Beförderungen, die von solchen Unternehmen zu ihrer internen oder externen Versorgung durchgeführt werden, fallen jedoch nicht unter diese Ausnahmeregelung;

d) Beförderungen, die von Einsatzkräften oder unter deren Überwachung durchgeführt werden, soweit diese im Zusammenhang mit Notfallmaßnahmen erforderlich sind, insbesondere Beförderungen, die durchgeführt werden, um die bei einem Zwischenfall oder Unfall betroffenen gefährlichen Güter einzudämmen, aufzunehmen und zu einem sicheren Ort zu verbringen;

e) Notfallbeförderungen unter Aufsicht der zuständigen Behörden zur Rettung menschlichen Lebens oder zum Schutz der Umwelt, vorausgesetzt, es werden alle Maßnahmen zur völlig sicheren Durchführung dieser Beförderungen getroffen.

f) die Beförderung ungereinigter leerer ortsfester Lagerbehälter, die Gase der Klasse 2 Gruppe A, O oder F, Stoffe der Verpackungsgruppe II oder III der Klasse 3 oder 9 oder Pestizide der Verpackungsgruppe II oder III der Klasse 6.1 enthalten haben, unter den folgenden Bedingungen:

- alle Öffnungen mit Ausnahme der Druckentlastungseinrichtungen (sofern angebracht) sind luftdicht verschlossen;
- es wurden Maßnahmen getroffen, um unter normalen Beförderungsbedingungen ein Austreten des Inhalts zu verhindern, und
- die Ladung ist so auf Schlitten, in Verschlägen, in anderen Handhabungsvorrichtungen oder auf dem Fahrzeug, im Container oder im Schiff befestigt, dass sie sich unter normalen Beförderungsbedingungen nicht lösen oder bewegen kann.

Diese Freistellung gilt nicht für ortsfeste Lagerbehälter, die desensibilisierte explosive Stoffe oder Stoffe, deren Beförderung nach dem ADN verboten ist, enthalten haben.

Bem. Für radioaktive Stoffe siehe auch Unterabschnitt 1.7.1.4.

1.1.3.2 Freistellungen in Zusammenhang mit der Beförderung von Gasen

Die Vorschriften des ADN gelten nicht für die Beförderung von:

a) (bleibt offen);

b) (bleibt offen);

c) Gasen der Gruppen A und O (gemäß Unterabschnitt 2.2.2.1), wenn der Druck des Gases im Gefäß oder Tank bei einer Temperatur von 20°C höchstens 200 kPa (2 bar) beträgt und das Gas kein verflüssigtes oder tiefgekühlt verflüssigtes Gas ist. Das schließt jede Art von Gefäß oder Tank ein, z.B. auch Maschinen- und Apparateteile;

Bem. Diese Freistellung gilt nicht für Leuchtmittel. Für Leuchtmittel siehe Unterabschnitt 1.1.3.10.

d) Gasen in Ausrüstungsteilen zum Betrieb des Schiffes (z.B. Feuerlöscher), einschließlich in Ersatzteilen;

e) (bleibt offen);

f) Gasen, die in Nahrungsmitteln (ausgenommen UN 1950) einschließlich mit Kohlensäure versetzten Getränken enthalten sind;

g) Gasen, die in zur Sportausübung vorgesehenen Bällen enthalten sind, und

h) (gestrichen)

1.1.3.3 Freistellungen in Zusammenhang mit gefährlichen Gütern für den Antrieb der Schiffe oder der beförderten Fahrzeuge, Wagen oder mobilen Maschinen und Geräte, zum Betrieb ihrer besonderen Ausrüstung, für die Wartung oder die Aufrechterhaltung der Sicherheit

Die Bestimmungen des ADN gelten nicht für gefährliche Güter, die

- für den Antrieb der Schiffe oder der beförderten Fahrzeuge, Wagen oder mobile Maschinen und Geräte[1],
- für die Wartung der Schiffe,
- für den Betrieb oder die Wartung ihrer fest eingebauten besonderen Ausrüstung,
- für den Betrieb oder die Wartung ihrer mobilen besonderen Ausrüstung, die während der Beförderung verwendet wird oder für den Gebrauch während der Beförderung bestimmt ist, oder
- für die Aufrechterhaltung der Sicherheit

verwendet werden,

und an Bord in den für diese Verwendung vorgesehenen Verpackungen, Behältern oder Tanks mitgeführt werden.

1.1.3.4 Freistellungen in Zusammenhang mit Sondervorschriften oder mit in begrenzten oder freigestellten Mengen verpackten gefährlichen Gütern

Bem. Für radioaktive Stoffe siehe auch Unterabschnitt 1.7.1.4.

1.1.3.4.1 Die Beförderung bestimmter gefährlicher Güter wird durch gewisse Sondervorschriften des Kapitel 3.3 teilweise oder vollständig von den Vorschriften des ADN freigestellt. Diese Freistellung gilt, wenn unter der Eintragung der entsprechenden gefährlichen Güter in Kapitel 3.2, Tabelle A, Spalte 6 die Sondervorschrift aufgeführt ist.

1.1.3.4.2 Bestimmte gefährliche Güter können Freistellungen unterliegen, vorausgesetzt, die Vorschriften des Kapitels 3.4 werden erfüllt.

1.1.3.4.3 Bestimmte gefährliche Güter, können Freistellungen unterliegen, vorausgesetzt, die Vorschriften des Kapitels 3.5 werden erfüllt.

1.1.3.5 Freistellungen in Zusammenhang mit ungereinigten leeren Verpackungen

Ungereinigte leere Verpackungen, einschließlich Großpackmittel (IBC) und Großverpackungen, die Stoffe der Klassen 2, 3, 4.1, 5.1, 6.1, 8 und 9 enthalten haben, unterliegen nicht den Vorschriften des ADN, wenn geeignete Maßnahmen ergriffen wurden, um mögliche Gefahren auszuschließen. Gefahren sind ausgeschlossen, wenn Maßnahmen zur Beseitigung der Gefahren der Klassen 1 bis 9 ergriffen wurden.

[1] Für die Begriffsbestimmung von «mobilen Maschinen und Geräten» siehe Absatz 2.7 der Gesamtresolution über den Fahrzeugbau (R.E.3) (Dokument ECE/TRANS/WP.29/78/Rev.3 der Vereinten Nationen) oder Artikel 2 der Richtlinie 97/68/EG des Europäischen Parlaments und des Rates vom 16. Dezember 1997 zur Angleichung der Rechtsvorschriften der Mitgliedstaaten über Maßnahmen zur Bekämpfung der Emission von gasförmigen Schadstoffen und luftverunreinigenden Partikeln aus Verbrennungsmotoren für mobile Maschinen und Geräte (Amtsblatt der Europäischen Gemeinschaften Nr. L 059 vom 27. Februar 1998).

1.1.3.6 Freistellungen in Zusammenhang mit den an Bord von Schiffen beförderten Mengen

1.1.3.6.1 a) Bei der Beförderung von gefährlichen Gütern in Versandstücken gelten die Vorschriften des ADN mit Ausnahme von Absatz 1.1.3.6.2 nicht, wenn die Bruttomasse aller beförderten gefährlichen Güter insgesamt 3 000 kg nicht überschreitet.

Dies gilt nicht:

(i) für Stoffe oder Gegenstände der Klasse 1

(ii) für Stoffe der Klasse 2 Gruppe T, F, TF, TC, TO, TFC oder TOC gemäß Absatz 2.2.2.1.3 und für Druckgaspackungen der Gruppen C, CO, F, FC, T, TF, TC, TO, TFC und TOC gemäß Absatz 2.2.2.1.6,

(iii) für Stoffe der Klasse 4.1 oder 5.2, für die in Kapitel 3.2 Tabelle A Spalte 5 ein Gefahrzettel nach Muster 1 vorgeschrieben ist;

(iv) für Stoffe der Klasse 6.2 der Kategorie „A",

(v) für Stoffe der Klasse 7, mit Ausnahme der UN-Nummern 2908, 2909, 2910 und 2911,

(vi) für Stoffe, die der Verpackungsgruppe I zugeordnet sind, und

(vii) für Stoffe, die in Tanks befördert werden.

b) Bei der Beförderung von gefährlichen Gütern in Versandstücken, ausgenommen Tanks, gelten die Vorschriften des ADN mit Ausnahme von Absatz 1.1.3.6.2 nicht, wenn

- Stoffe der Klasse 2 Gruppe F gemäß Absatz 2.2.2.1.3 oder Druckgaspackungen der Gruppe F gemäß Absatz 2.2.2.1.6 und
- Stoffe, die der Verpackungsgruppe I, mit Ausnahme von Stoffen der Klasse 6.1, zugeordnet sind,

befördert werden und die Gesamtbruttomasse dieser Güter 300 kg nicht überschreitet.

1.1.3.6.2 Bei der Beförderung von freigestellten Mengen nach Absatz 1.1.3.6.1 müssen jedoch folgende Bedingungen erfüllt sein:

a) Die in Abschnitt 1.8.5 vorgeschriebene Meldepflicht ist einzuhalten;

b) Versandstücke ausgenommen Fahrzeuge und Container (einschließlich Wechselbehälter) müssen den Vorschriften für Verpackungen der Teile 4 und 6 des ADR oder des RID entsprechen; die Bestimmungen für die Kennzeichnung und Bezettelung gemäß Kapitel 5.2 sind einzuhalten;

c) Folgende Dokumente müssen an Bord mitgeführt werden:

- Beförderungspapiere (siehe Unterabschnitt 5.4.1.1)
  Die Beförderungspapiere müssen alle an Bord befindlichen gefährlichen Güter erfassen;
- Stauplan (siehe Absatz 7.1.4.11.1);

d) Die Güter müssen innerhalb der Laderäume untergebracht sein. Dies gilt nicht für Güter in:

- geschlossenen Containern;
- gedeckten Fahrzeugen oder gedeckten Wagen.

e) Die Güter verschiedener Klassen müssen durch einen horizontalen Abstand von mindestens 3 m voneinander getrennt sein. Sie dürfen nicht übereinander gestaut werden.
Dies gilt nicht für:

- geschlossene Container;
- gedeckte Fahrzeuge oder gedeckte Wagen.

f) Für Seeschiffe und für Binnenschiffe, wenn letztere nur Container geladen haben, gelten die in d) und e) genannten Bedingungen als eingehalten, wenn die Stau- und Trennvorschriften des IMDG-Codes erfüllt sind und dies im Beförderungspapier eingetragen ist.

1.1.3.7 **Freistellungen in Zusammenhang mit der Beförderung von Einrichtungen zur Speicherung und Erzeugung elektrischer Energie**

Die Vorschriften des ADN gelten nicht für Einrichtungen zur Speicherung und Erzeugung elektrischer Energie (z.B. Lithiumbatterien, elektrischen Kondensatoren, asymmetrischen Kondensatoren, Metallhydrid-Speichersysteme, Brennstoffzellen),

a) die in Beförderungsmitteln eingebaut sind, mit denen eine Beförderung durchgeführt wird, und die für deren Antrieb oder den Betrieb einer ihrer Einrichtungen dienen;

b) die in einem Gerät für dessen Betrieb enthalten sind, das während der Beförderung verwendet wird oder für die Verwendung während der Beförderung bestimmt ist (z.B. tragbarer Rechner).

1.1.3.8 **(bleibt offen)**

1.1.3.9 **Freistellungen in Zusammenhang mit gefährlichen Gütern, die während der Beförderung als Kühl- oder Konditionierungsmittel verwendet werden**

Gefährliche Güter, die nur erstickend sind (die den in der Atmosphäre normalerweise vorhandenen Sauerstoff verdünnen oder verdrängen), unterliegen bei Verwendung zu Kühl- oder Konditionierungszwecken in Fahrzeugen, Wagen oder Containern nur den Vorschriften des Abschnitts 5.5.3.

1.1.3.10 **Freistellungen in Zusammenhang mit der Beförderung von Leuchtmitteln, die gefährliche Güter enthalten**

Folgende Leuchtmittel unterliegen nicht den Vorschriften des ADN, vorausgesetzt, sie enthalten keine radioaktiven Stoffe und sie enthalten kein Quecksilber in größeren als den in der Sondervorschrift 366 des Kapitels 3.3 festgelegten Mengen:

a) Leuchtmittel, die direkt von Privatpersonen und Haushalten gesammelt werden, wenn sie zu einer Sammelstelle oder Recyclingeinrichtung befördert werden;

Bem. Dies schließt auch Leuchtmittel ein, die von Privatpersonen zu einer ersten Sammelstelle gebracht und anschließend zu einer anderen Sammelstelle, einer Zwischenverarbeitungsstelle oder Recyclingeinrichtung befördert werden.

b) Leuchtmittel, die jeweils höchstens 1 g gefährliche Güter enthalten und so verpackt sind, dass in einem Versandstück höchstens 30 g gefährliche Güter enthalten sind, vorausgesetzt:

(i) die Leuchtmittel sind nach einem zertifizierten Qualitätsmanagementsystem hergestellt;

Bem. Die Norm ISO 9001 darf für diesen Zweck verwendet werden.

und

(ii) jedes Leuchtmittel ist zum Schutz entweder einzeln in Innenverpackungen verpackt, durch Unterteilungen abgetrennt oder mit Polstermaterial umgeben und in widerstandsfähige Außenverpackungen verpackt, die den allgemeinen Vorschriften des Unterabschnitts 4.1.1.1 des ADR entsprechen und in der Lage sind, eine Fallprüfung aus 1,2 m Höhe zu bestehen;

c) gebrauchte, beschädigte oder defekte Leuchtmittel, die jeweils höchstens 1 g gefährliche Güter enthalten, mit höchstens 30 g gefährliche Güter je Versandstück, wenn sie von einer Sammelstelle oder Recyclingeinrichtung befördert werden. Die Leuchtmittel müssen in Außenverpackungen verpackt sein, die ausreichend widerstandsfähig sind, um unter normalen Beförderungsbedingungen das Austreten von Füllgut zu verhindern, die den allgemeinen Vorschriften des Unterabschnitts 4.1.1.1 des ADR entsprechen und die in der Lage sind, eine Fallprüfung aus mindestens 1,2 m Höhe zu bestehen;

d) Leuchtmittel, die nur Gase der Gruppen A und O (gemäß Unterabschnitt 2.2.2.1) enthalten, vorausgesetzt, diese sind so verpackt, dass die durch ein Zubruchgehen des Leuchtmittels verursachte Splitterwirkung auf das Innere des Versandstücks begrenzt bleibt.

Bem. Leuchtmittel, die radioaktive Stoffe enthalten, werden in Absatz 2.2.7.2.2.2 b) behandelt.

1.1.4 Anwendbarkeit anderer Vorschriften

1.1.4.1 Allgemeines

Für Versandstücke gilt:

a) Verpackungen (einschließlich Großverpackungen und Großpackmittel (IBC)) müssen den Verpackungs-, Bezettelungs- und Zusammenpackungsvorschriften einer der internationalen Regelungen entsprechen. (siehe auch Teil 4 und 6).

b) Container, Tankcontainer, ortsbewegliche Tanks, Gascontainer mit mehreren Elementen (MEGC), müssen den anwendbaren Vorschriften des ADR, RID oder IMDG-Codes entsprechen. (siehe auch Teil 4 und 6)

c) Fahrzeuge oder Wagen sowie deren Inhalt müssen je nach Fall den Vorschriften des ADR oder RID entsprechen.

Bem. Für die Kennzeichnung, die Bezettelung, die Anbringung von Großzetteln (Placards) und die orangefarbene Kennzeichnung siehe auch Kapitel 5.2 und 5.3.

1.1.4.2 Beförderungen in einer Transportkette, die eine See-, Straßen-, Eisenbahn- oder Luftbeförderung einschließt

1.1.4.2.1 Versandstücke, Container, Schüttgut-Container, ortsbewegliche Tanks, Tankcontainer und MEGC, die den Vorschriften für Verpackung, Zusammenpackung, Kennzeichnung und Bezettelung von Versandstücken oder Anbringen von Großzetteln (Placards) und Kennzeichnung mit orangefarbenen Tafeln des ADN nicht in vollem Umfang, wohl aber den Vorschriften des IMDG-Codes oder der Technischen Anweisungen der ICAO entsprechen, dürfen, sofern die Transportkette eine See- oder Luftbeförderung einschließt, unter folgenden Bedingungen befördert werden:

a) die Versandstücke müssen, sofern ihre Kennzeichen und Gefahrzettel nicht dem ADN entsprechen, mit Kennzeichen und Gefahrzetteln nach den Vorschriften des IMDG-Codes oder der Technischen Anweisungen der ICAO versehen sein;

b) für die Zusammenpackung in einem Versandstück gelten die Vorschriften des IMDG-Codes oder der Technischen Anweisungen der ICAO;

c) bei Beförderungen in einer Transportkette, die eine Seebeförderung einschließt, müssen die Container, die Schüttgut-Container, die ortsbeweglichen Tanks, die Tankcontainer und die MEGC nach Kapitel 5.3 des IMDG-Codes mit Großzetteln (Placards) versehen und gekennzeichnet sein, sofern sie nicht nach Kapitel 5.3 dieser Verordnung mit Großzetteln (Placards) und einer orangefarbenen Kennzeichnung versehen sind. In diesem Fall gilt nur Absatz 5.3.2.1.1 dieser Verordnung für die Kennzeichnung der Fahrzeuge. Für ungereinigte leere ortsbewegliche Tanks, Tankcontainer und MEGC, gilt dies auch für die anschließende Beförderung zu einer Reinigungsstation.

Diese Abweichung gilt nicht für Güter, die nach den Klassen 1 bis 9 des ADN als gefährlich eingestuft sind, nach den Vorschriften des IMDG-Codes oder der Technischen Anweisungen der ICAO jedoch als nicht gefährlich gelten.

1.1.4.2.2 Wenn der Beförderung auf Binnenwasserstraßen eine See-, Straßen-, Eisenbahn- oder Luftbeförderung folgt oder vorausgeht, dürfen anstelle des Beförderungspapiers nach 5.4.1 auch die Beförderungspapiere, die für die See-, Straßen-, Eisenbahn- oder Luftbeförderung verwendet werden oder zu verwenden sind, vorausgesetzt, die darin enthaltenen Angaben den jeweils anwendbaren Vorschriften des IMDG-Codes, des ADR, des RID oder der Technischen Anweisungen der ICAO entsprechen und, wenn durch das ADN zusätzliche Angaben erforderlich sind, dass diese an der geeigneten Stelle eingetragen sind.

Bem. Für Beförderungen gemäß Absatz 1.1.4.2.1 siehe auch Absatz 5.4.1.1.7. Für Beförderungen in Containern siehe auch Abschnitt 5.4.2.

1.1.4.3 Verwendung der für den Seeverkehr zugelassenen ortsbeweglichen Tanks des IMO-Typs

Ortsbewegliche Tanks der IMO-Typen 1, 2, 5 und 7, die den Vorschriften des Kapitels 6.7 oder 6.8 nicht entsprechen, die jedoch vor dem 1. Januar 2003 nach den Vorschriften des IMDG-Codes (Amendment 29-98) gebaut und zugelassen wurden, dürfen weiterverwendet werden, vorausgesetzt, sie entsprechen den anwendbaren Vorschriften für die wiederkehrende Prüfung des IMDG-Codes[2]. Darüber hinaus müssen sie den Vorschriften der jeweiligen in Kapitel 3.2 Tabelle A Spalten 10 und 11 angegebenen Anweisungen und den Vorschriften des Kapitels 4.2 des ADR entsprechen. Siehe auch Unterabschnitt 4.2.0.1 des IMDG-Codes.

1.1.4.4–1.1.4.5 (bleibt offen)

1.1.4.6 Anwendbarkeit anderer Verordnungen bei der Beförderung auf Binnenwasserstraßen

1.1.4.6.1 Gemäß Artikel 9 des ADN bleiben die Beförderungen den örtlichen, regionalen oder internationalen Vorschriften, die generell für Güterbeförderungen auf Binnenwasserstraßen gelten, unterlegen.

1.1.4.6.2 Falls die Vorschriften dieser Verordnung mit den in Absatz 1.1.4.6.1 genannten Vorschriften in Widerspruch stehen, gelten die in Absatz 1.1.4.6.1 genannten Vorschriften nicht.

1.1.5 Anwendung von Normen

Wenn die Anwendung einer Norm vorgeschrieben ist und ein Widerspruch zwischen der Norm und den Vorschriften des ADN besteht, haben die Vorschriften des ADN Vorrang. Die Anforderungen der Norm, die nicht in Widerspruch zum ADN stehen, müssen wie festgelegt angewendet werden, einschließlich Anforderungen einer anderen Norm oder von Teilen einer Norm, auf die in dieser Norm normativ verwiesen wird.

[2] Die Internationale Seeschifffahrtsorganisation (IMO) hat mit Rundschreiben CCC.1/Circ.3 einen revidierten Leitfaden für die Weiterverwendung von bestehenden ortsbeweglichen Tanks und von Straßentankfahrzeugen für die Beförderung gefährlicher Güter („Revised Guidance on the Continued Use of Existing IMO Type Portable Tanks and Road Tank Vehicles for the Transport of Dangerous Goods") herausgegeben. Der englische Text dieses Leitfadens kann auf der Website der IMO unter www.imo.org eingesehen werden.

1.2.1 Begriffsbestimmungen

Bem. In diesem Abschnitt sind alle allgemeinen und besonderen Begriffsbestimmungen aufgeführt.

In dieser Verordnung bedeutet:

A

Abfälle:
Stoffe, Lösungen, Gemische oder Gegenstände, für die keine unmittelbare Verwendung vorgesehen ist, die aber befördert werden zur Aufarbeitung, zur Deponie oder zur Beseitigung durch Verbrennung oder durch sonstige Entsorgungsverfahren.

Abgabeeinrichtung (Bunkersystem):
Eine Einrichtung zur Abgabe von flüssigen Schiffsbetriebsstoffen.

Abnehmbarer Tank:
Den besonderen Vorrichtungen des Wagens angepasster Tank, der von diesem erst nach Lösung der Befestigungsmittel abgenommen werden kann.

Absender:
Das Unternehmen, das selbst oder für einen Dritten gefährliche Güter versendet. Erfolgt die Beförderung auf Grund eines Beförderungsvertrages, gilt als Absender der Absender gemäß diesem Vertrag. Bei Tankschiffen mit leeren oder entladenen Ladetanks wird hinsichtlich der erforderlichen Beförderungspapiere der Schiffsführer als Absender angesehen.

ADR:
Europäisches Übereinkommen über die internationale Beförderung gefährlicher Güter auf der Straße.

Aerosol:
siehe *Druckgaspackung*.

Anschluss für eine Probeentnahmeeinrichtung:
Ein Anschluss für eine geschlossene oder teilweise geschlossene Probeentnahmeeinrichtung. Der Anschluss muss mit einer Absperreinrichtung versehen sein, welche dem im Ladetank auftretenden Innenüberdruck widerstehen kann. Der Anschluss muss einem von der zuständigen Behörde für den vorgesehenen Zweck zugelassenen Typ entsprechen.

Annahmestelle:
Eine stationäre oder mobile Einrichtung zur Annahme von Gasen und Dämpfen während des Entgasens von leeren oder entladenen Ladetanks und Lade- und Löschleitungen.

ASTM:
American Society for Testing and Materials (Amerikanische Gesellschaft für Materialprüfung) (ASTM International, 100 Barr Harbor Drive, PO Box C700, West Conshohocken, PA, 19428-2959, Vereinigte Staaten von Amerika).

Atemschutzgerät (Filtergerät, umluftabhängig):
Ein Gerät, das den Träger bei Arbeiten in gefährlicher Atmosphäre über einen geeigneten Atemfilter schützt. Für diese Geräte siehe z.B. die Europäische Norm EN 136:1998. Für die verwendeten Filter siehe z.B. die Europäische Norm EN 14387:2004 + A1:2008.

Atemschutzgerät (umluftunabhängig):
Ein Gerät, das den Träger bei Arbeiten in gefährlicher Atmosphäre durch mitgeführte Druckluft oder über einen Schlauch mit Atemluft versorgt. Für diese Geräte siehe z.B. die Europäische Norm EN 137:2006 oder EN 138:1994.

Aufsetztank:
Ein Tank – ausgenommen festverbundener Tank, ortbeweglicher Tank, Tankcontainer und Element eines Batterie-Fahrzeugs oder eines MEGC – mit einem Fassungsraum von mehr als 450 Litern, der durch seine Bauart nicht dazu bestimmt ist, Güter ohne Umschlag zu befördern, und der gewöhnlich nur in leerem Zustand abgenommen werden kann.

Aufstellungsraum:
...
Ein nach vorn und hinten durch wasserdichte Schotte begrenzter, geschlossener Teil des Schiffes, der nur für die Aufnahme von unabhängigen Ladetanks bestimmt ist.

Ausbildung:
Schulung, Kurse oder Lehrgänge, die durch einen von der zuständigen Behörde anerkannten Veranstalter erfolgen.

Auslegungslebensdauer für Flaschen und Großflaschen aus Verbundwerkstoffen: Die höchste Lebensdauer (in Anzahl Jahren), für die die Flasche oder Großflasche in Übereinstimmung mit der anwendbaren Norm ausgelegt und zugelassen ist.

Ausschließliche Verwendung für die Beförderung radioaktiver Stoffe:
Die alleinige Benutzung eines Beförderungsmittels oder Großcontainers durch einen einzigen Absender, wobei sämtliche Be- und Entladevorgänge vor, während und nach der Beförderung und die Beförderung selbst entsprechend den Anweisungen des Absenders oder des Empfängers ausgeführt werden, sofern dies im ADN vorgeschrieben ist.

Außenverpackung:
Der äußere Schutz einer Kombinationsverpackung oder einer zusammengesetzten Verpackung, einschließlich der Stoffe mit aufsaugenden Eigenschaften, der Polsterstoffe und aller anderen Bestandteile, die erforderlich sind, um Innengefäße oder Innenverpackungen zu umschließen und zu schützen.

Autonome Schutzsysteme:
Alle Vorrichtungen, die anlaufende Explosionen umgehend stoppen und/oder den von einer Explosion betroffenen Bereich begrenzen sollen und als autonome Systeme gesondert auf dem Markt bereitgestellt werden. Dazu zählen Flammendurchschlagssicherungen, Hochgeschwindigkeitsventile, deflagrationssichere Unterdruckventile und deflagrationssichere Vorrichtungen zum gefahrlosen Entspannen der Ladetanks (Siehe auch *Flammendurchschlagssicherung, Hochgeschwindigkeitsventil, Unterdruckventil, Vorrichtung zum gefahrlosen Entspannen der Ladetanks und Deflagration*).

B

Batterie-Fahrzeug:
Ein Fahrzeug, das aus Elementen besteht, die durch ein Sammelrohr miteinander verbunden sind und die dauerhaft auf diesem Fahrzeug befestigt sind. Als Elemente eines Batterie-Fahrzeugs gelten Flaschen, Großflaschen, Druckfässer und Flaschenbündel sowie Tanks mit einem Fassungsraum von mehr als 450 Liter für in Absatz 2.2.2.1.1 definierte Gase.

Batteriewagen:
Ein Wagen, der aus Elementen besteht, die durch ein Sammelrohr miteinander verbunden sind und die dauerhaft auf einem Wagen befestigt sind. Als Elemente eines Batteriewagens gelten: Flaschen, Großflaschen, Druckfässer und Flaschenbündel sowie Tanks mit einem Fassungsraum von mehr als 450 Liter für in Absatz 2.2.2.1.1 definierte Gase.

Bauart für die Beförderung radioaktiver Stoffe:
Die Beschreibung eines gemäß Absatz 2.2.7.2.3.5 f) freigestellten spaltbaren Stoffes, eines radioaktiven Stoffes in besonderer Form, eines gering dispergierbaren radioaktiven Stoffes, eines Versandstückes oder einer Verpackung, die dessen/deren vollständige Identifizierung ermöglicht. Die Beschreibung kann Spezifikationen, Konstruktionszeichnungen, Berichte über den Nachweis der Übereinstimmung mit den Vorschriften und andere relevante Unterlagen enthalten.

Bedeckter Container: siehe Container

Bedeckter Schüttgut-Container: siehe Schüttgut-Container.

Bedecktes Fahrzeug:
Ein offenes Fahrzeug, das zum Schutz der Ladung mit einer Plane versehen ist.

Beförderer:
Das Unternehmen, das die Beförderung mit oder ohne Beförderungsvertrag durchführt.

Beförderung:
Die Ortsveränderung der gefährlichen Güter einschließlich der transportbedingten Aufenthalte und einschließlich des verkehrsbedingten Verweilens der gefährlichen Güter in den Schiffen, Fahrzeugen, Wagen, Tanks und Containern vor, während und nach der Ortsveränderung.

Die vorliegende Begriffsbestimmung schließt auch das zeitweilige Abstellen gefährlicher Güter für den Wechsel der Beförderungsart oder des Beförderungsmittels (Umschlag) ein. Dies gilt unter der Voraussetzung, dass die Beförderungsdokumente, aus denen Versand- und Empfangsort feststellbar sind, auf Verlangen vorgelegt werden, sowie - außer für Kontrollzwecke der zuständigen Behörde - unter der Voraussetzung, dass Versandstücke und Tanks während des zeitweiligen Aufenthalts nicht geöffnet werden.

Beförderung in loser Schüttung:
Beförderung von unverpackten festen, schüttfähigen Gütern.

Bem. Beförderung in loser Schüttung nach dem ADR oder RID gilt im ADN als Beförderung von Versandstücken.

Beförderungseinheit:
Ein Kraftfahrzeug ohne Anhänger oder eine Einheit aus einem Kraftfahrzeug mit Anhänger.

Beförderungsmittel:
Bezüglich der Beförderung auf Binnenwasserstraßen, jedes Schiff, jeder Laderaum oder jeder bestimmte Bereich auf Deck; bei Beförderungen auf der Straße oder mit der Eisenbahn, ein Fahrzeug oder ein Wagen.

Befüller:
Das Unternehmen, das die gefährlichen Güter

a) in einen Tank (Tankfahrzeug, Kesselwagen, Aufsetztank, Wagen mit abnehmbaren Tanks, ortsbeweglicher Tank oder Tankcontainer), in ein Batterie-Fahrzeug, Batteriewagen oder in einen MEGC einfüllt oder

b) in Ladetanks einfüllt; oder

c) in loser Schüttung in ein Schiff, Fahrzeug, Großcontainer oder Kleincontainer einfüllt.

Behälter (für Klasse 1):
Als Innen- oder Zwischenverpackungen verwendete Kisten, Flaschen, Dosen, Fässer, Kannen oder Hülsen sowie deren Verschlusseinrichtungen aller Art.

Beiboot:
Ein an Bord mitgeführtes Boot zum Transport-, Rettungs-, Berge- und Arbeitseinsatz.

Beladen: siehe Verladen.

Benennung, technische:
Eine anerkannte chemische Benennung, gegebenenfalls eine anerkannte biologische Benennung oder eine andere Benennung die üblicherweise in wissenschaftlichen und technischen Handbüchern, Zeitschriften und Texten verwendet wird (siehe Absatz 3.1.2.8.1.1).

Bereich der Ladung:
Die Gesamtheit folgender Räume an Bord von Tankschiffen:

Raum unterhalb des Decks:
Der Raum zwischen zwei rechtwinklig zur Mittellängsebene des Schiffes stehenden senkrechten Ebenen, zwischen welchen sich die Ladetanks, die Aufstellungsräume, die Kofferdämme, die Wallgänge und die Doppelböden befinden, wobei diese Ebenen in der Regel mit den äußeren Kofferdammschotten oder den Begrenzungsschotten der Aufstellungsräume zusammenfallen.

Raum oberhalb des Decks: Der Raum, der begrenzt ist

- querschiffs durch senkrechte Ebenen, die mit den Bordwänden zusammenfallen,
- in der Längsrichtung des Schiffes durch senkrechte Ebenen, auf Höhe der äußeren Kofferdammschotten / der Begrenzungsschotten der Aufstellungsraume,
- nach oben durch eine 2,50 m über Deck liegende horizontale Ebene.

Die Begrenzungsebenen in Längsrichtung des Schiffes heißen „Begrenzungsebenen des Bereichs der Ladung“.

Bergegerät:
Eine Vorrichtung, mit der Personen aus Ladetanks, Kofferdämmen und Wallgängen gerettet werden können. Das Gerät muss durch eine einzige Person bedienbar sein.

Bergungsdruckgefäß:
Ein Druckgefäß mit einem mit Wasser ausgeliterten Fassungsraum von höchstens 3 000 Litern, in das ein oder mehrere beschädigte, defekte, undichte oder nicht den Vorschriften entsprechende Druckgefäße zum Zwecke der Beförderung, z.B. zur Wiederverwertung oder Entsorgung, eingesetzt werden.

Bergungsgroßverpackung: Sonderverpackung, die

a) für eine mechanische Handhabung ausgelegt ist und

b) eine Nettomasse von mehr als 400 kg oder einen Fassungsraum von mehr als 450 Liter, aber ein Höchstvolumen von 3 m^3 hat,

und in die beschädigte, defekte undichte oder oder nicht den Vorschriften entsprechende Versandstücke mit gefährlichen *Gütern* oder gefährliche *Güter*, die verschüttet wurden oder ausgetreten sind, eingesetzt werden, um diese zu Zwecken der Wiedergewinnung oder der Entsorgung zu befördern.

Bergungsverpackung:
Sonderverpackung, in die beschädigte, defekte, undichte oder nicht den Vorschriften entsprechende Versandstücke mit gefährlichen Gütern oder gefährliche Güter, die verschüttet wurden oder ausgetreten sind, eingesetzt werden, um diese zu Zwecken der Wiedergewinnung oder der Entsorgung zu befördern.

Betreiber eines Tankcontainers oder eines ortsbeweglichen Tanks:
Das Unternehmen, auf dessen Namen der Tankcontainer oder der ortsbewegliche Tank eingestellt oder sonst zum Verkehr zugelassen ist.

Betriebsdauer für Flaschen und Großflaschen aus Verbundwerkstoffen: Die Anzahl Jahre, für die der Betrieb der Flasche oder Großflasche zugelassen ist.

Betriebsdruck:
Der entwickelte Druck eines verdichteten Gases bei einer Bezugstemperatur von 15°C in einem vollen Druckgefäß.

Bem. Für Tanks siehe Begriffsbestimmung für Betriebsdruck, höchstzulässiger.

Betriebsdruck, höchstzulässiger:
Der höchste während des Betriebs in einem Ladetank, einschließlich des Restetanks, auftretende Druck. Der Druck ist gleich dem Öffnungsdruck des Hochgeschwindigkeitsventiles oder des Überdruckventils.

Betriebsraum:
Ein während des Betriebs begehbarer Raum, der weder zu der Wohnung noch zu den Ladetanks gehört, ausgenommen Vor- und Achterpiek, soweit in diesen Vor- und Achterpieks keine Maschinenanlagen eingebaut sind.

Bilgenentölungsboot:
Ein Tankschiff des Typs N offen, das zur Übernahme und Beförderung von öl- und fetthaltigen Schiffsbetriebsabfällen gebaut und eingerichtet ist, mit einer Tragfähigkeit bis zu 300 Tonnen. Schiffe ohne Ladetanks werden als Schiffe nach Kapitel 9.1 oder 9.2 angesehen.

Bilgenwasser:
Ölhaltiges Wasser aus Bilgen des Maschinenraumbereiches, der Pieks, der Kofferdämme und der Wallgänge.

Boil-Off:
Gase, die über der Oberfläche einer erhitzten Ladung durch Verdampfung entstehen. Er wird durch Wärmezufuhr oder Druckabfall verursacht.

Brennstoffzelle:
Eine elektrochemische Vorrichtung, welche die chemische Energie eines Brennstoffs in elektrische Energie, Wärme und Reaktionsprodukte umwandelt.

Brennstoffzellen-Motor:
Eine Vorrichtung, die für den Antrieb von Einrichtungen verwendet wird und die aus einer Brennstoffzelle und ihrer Brennstoffversorgung besteht – unabhängig davon, ob diese in die Brennstoffzelle integriert oder von dieser getrennt ist – und die alle Zubehörteile umfasst, die für ihre Funktion notwendig sind.

Bruttomasse, höchstzulässige:
Siehe Höchstzulässige Bruttomasse.

Bunkerboot:
Ein Tankschiff des Typs N offen, das zur Beförderung und Abgabe von Schiffsbetriebsstoffen an andere Schiffe gebaut und eingerichtet ist, mit einer Tragfähigkeit bis zu 300 Tonnen.

C

CDNI:
Übereinkommen über die Sammlung, Abgabe und Annahme von Abfällen in der Rhein- und Binnenschifffahrt.

CEVNI:
Europäischer Binnenwasserstraßen-Code (Code Européen des Voies de Navigation Intérieure).

CGA:
Compressed Gas Association (Verband für verdichtete Gase) (CGA, 14501 George Carter Way, Suite 103, Chantilly VA 20151, Vereinigte Staaten von Amerika).

CIM:
Einheitliche Rechtsvorschriften für den Vertrag über die internationale Eisenbahnbeförderung von Gütern (Anhang B des Übereinkommens über den internationalen Eisenbahnverkehr (COTIF) in der jeweils geänderten Fassung.

CMNI:
Übereinkommen über den Vertrag über die Güterbeförderung in der Binnenschifffahrt (Budapest, 22. Juni 2001).

CMR:
Übereinkommen über den Beförderungsvertrag im internationalen Straßengüterverkehr (Genf, 19. Mai 1956) in der jeweils geänderten Fassung.

CNG (compressed natural gas): siehe Verdichtetes Erdgas (CNG).

Container:
Ein Beförderungsgerät (Rahmenkonstruktion oder ähnliches Gerät),

- das von dauerhafter Beschaffenheit und deshalb genügend widerstandsfähig ist, um wiederholt verwendet werden zu können,
- das besonders dafür gebaut ist, um die Beförderung von Gütern durch einen oder mehrere Verkehrsträger ohne Veränderung der Ladung zu erleichtern,
- das mit Vorrichtungen versehen ist, welche die Befestigung und die Handhabung, insbesondere beim Übergang von einem Beförderungsmittel auf ein anderes erleichtern,
- das so gebaut ist, dass die Befüllung und Entleerung erleichtert wird.
- das mit der Ausnahme von Containern zur Beförderung radioaktiver Stoffe ein Innenvolumen von mindestens 1 m^3 hat.

Ein Wechselaufbau (Wechselbehälter) ist ein Container, der laut der europäischen Norm EN 283: 1991 folgende Besonderheiten aufweist:

- er ist hinsichtlich der mechanischen Festigkeit ausschließlich für die Beförderung mit Fahrzeugen im Land- und Fährverkehr ausgelegt,
- er ist nicht stapelbar,
- er kann von Fahrzeugen mit bordeigenen Mitteln auf Stützbeinen abgesetzt und wieder aufgenommen werden.

Bem. Der Begriff Container schließt weder die üblichen Verpackungen, noch die Großpackmittel (IBC), die Tankcontainer, die Fahrzeuge oder die Wagen ein. Dennoch darf ein Container für die Beförderung radioaktiver Stoffe als Verpackung verwendet werden.

Außerdem:

Bedeckter Container:
Ein offener Container, der zum Schutz der Ladung mit einer Plane versehen ist.

Geschlossener Container:
Ein vollständig geschlossener Container mit einem starren Dach, starren Seitenwänden, starren Stirnseiten und einem Boden. Der Begriff umfasst Container mit öffnungsfähigem Dach, sofern das Dach während der Beförderung geschlossen ist.

Großcontainer:
a) ein Container, der nicht der Begriffsbestimmung für Kleincontainer entspricht;
b) im Sinne des CSC ein Container mit einer durch die vier unteren äußeren Ecken begrenzten Grundfläche
   i. von mindestens 14 m^2 (150 sq ft) oder
   ii. von mindestens 7 m^2 (75 sq ft), wenn er mit oberen Eckbeschlägen ausgerüstet ist.

Kleincontainer:
Ein Container, der ein Innenvolumen von höchstens 3 m^3 hat.

Offener Container:
Ein Container mit offenem Dach oder ein Flachcontainer.

CSC:
Internationales Übereinkommen über sichere Container (Genf, 1972) in der jeweils geänderten Fassung, herausgegeben von der Internationalen Seeschifffahrtsorganisation (IMO) in London.

CTU (Cargo transport unit):
Ein Fahrzeug, Wagen, Container, Tankcontainer, ortsbeweglicher Tank oder MEGC.

D

Dauerbrand:
Stabilisiertes Brennen für eine unbestimmte Zeit (siehe ISO 16852:2016[1]).

Deflagration:
Explosion, die sich mit Unterschallgeschwindigkeit fortpflanzt (siehe EN 13237:2011).

Detonation:
Explosion, die sich mit Überschallgeschwindigkeit fortpflanzt, gekennzeichnet durch eine Stoßwelle (siehe EN 13237:2011).

Dichte:
Die Dichte wird angegeben in kg/m^3. Bei der Wiederholung wird nur die Zahl genannt.

Dichte Umschließung für die Beförderung radioaktiver Stoffe:
Die vom Konstrukteur festgelegte Anordnung der Verpackungsbauteile, die ein Entweichen der radioaktiven Stoffe während der Beförderung verhindern sollen.

Dosisleistung für die Beförderung radioaktiver Stoffe:
Die entsprechende Dosisleistung in Millisievert pro Stunde oder Mikrosievert pro Stunde.

Drücke:
Drücke jeder Art werden bei Ladetanks (z.B. Betriebsdruck, Öffnungsdruck des Hochgeschwindigkeitsventils, Prüfdruck) in kPa (bar) Überdruck, der Dampfdruck von Stoffen jedoch in kPa (bar) absolut angegeben.

Druckfass:
Geschweißtes ortsbewegliches Druckgefäß mit einem mit Wasser ausgeliterten Fassungsraum von mehr als 150 Liter und höchstens 1000 Liter (z.B. zylindrisches Gefäß mit Rollreifen, kugelförmige Gefäße auf Gleiteinrichtungen).

Druckgaspackung (Aerosol):
Ein Gegenstand, der aus einem nicht nachfüllbaren Gefäß besteht, das den Vorschriften des Abschnitts 6.2.4 des ADR entspricht, aus Metall, Glas oder Kunststoff hergestellt ist, ein ver-

[1] Identisch mit EN ISO 16852:2016.

dichtetes, verflüssigtes oder unter Druck gelöstes Gas mit oder ohne einem flüssigen, pastösen oder pulverförmigen Stoff enthält und mit einer Entnahmeeinrichtung ausgerüstet ist, die ein Ausstoßen des Inhalts in Form einer Suspension von festen oder flüssigen Teilchen in einem Gas, in Form eines Schaums, einer Paste oder eines Pulvers oder in flüssigem oder gasförmigem Zustand ermöglicht.

Druckgefäß:
Ein Sammelbegriff für Flasche, Großflasche, Druckfass, verschlossener Kryo-Behälter, Metallhydrid-Speichersystem, Flaschenbündel und Bergungsdruckgefäße.

Durchmesser *(für Tankkörper von Tanks):*
Der innere Durchmesser des Tankkörpers.

Durch oder in für die Beförderung radioaktiver Stoffe:
Durch oder in die Länder, in denen eine Sendung befördert wird, jedoch werden Länder, „über" die eine Sendung in der Luft befördert wird, ausdrücklich ausgeschlossen, vorausgesetzt, in diesen Ländern erfolgt keine planmäßige Zwischenlandung.

E

EG-Richtlinie:
Von den zuständigen Institutionen der Europäischen Gemeinschaften verabschiedete Bestimmungen, die für jeden Mitgliedstaat, an den sie gerichtet sind, hinsichtlich des zu erreichenden Ziels verbindlich sind, jedoch den innerstaatlichen Stellen die Wahl der Form und der Mittel überlassen.

Einschließungssystem für die Beförderung radioaktiver Stoffe:
Die vom Konstrukteur festgelegte und von der zuständigen Behörde anerkannte Anordnung der spaltbaren Stoffe und der Verpackungsbauteile, die zur Erhaltung der Kritikalitätssicherheit vorgesehen ist.

Einteilung von explosionsgefährdeten Bereichen: (siehe Richtlinie 1999/92/EG)[2)]

Zone 0: Bereich, in dem explosionsfähige Atmosphäre als Gemisch aus Luft und brennbaren Gasen, Dämpfen oder Nebeln ständig, über lange Zeiträume oder häufig vorhanden ist.

Zone 1: Bereich, in dem sich bei Normalbetrieb gelegentlich eine explosionsfähige Atmosphäre als Gemisch aus Luft und brennbaren Gasen, Dämpfen oder Nebeln bilden kann.

Zone 2: Bereich, in dem bei Normalbetrieb eine explosionsfähige Atmosphäre als Gemisch aus Luft und brennbaren Gasen, Dämpfen oder Nebeln normalerweise nicht oder aber nur kurzzeitig auftritt.

Siehe auch Zoneneinteilung.

Elektrische Einrichtung vom Typ „begrenzte Explosionsgefahr":

- Eine elektrische Einrichtung, die so beschaffen ist, dass bei normalem Betrieb keine Funken erzeugt werden und keine Oberflächentemperaturen auftreten, die oberhalb 200 °C liegen.

  Hierzu gehören z.B.

- Drehstromkäfigläufermotoren;
- bürstenlose Generatoren mit kontaktlosen Erregereinrichtungen;
- Sicherungen mit geschlossenem Schmelzraum;
- kontaktlose elektronische Einrichtungen,

---

2) Amtsblatt der Europäischen Gemeinschaften Nr. L 23 vom 28. Januar 2000, S. 57

oder

– eine elektrische Einrichtung mit mindestens strahlwassergeschützter Kapselung (Schutzart IP 55 oder hoher), die so beschaffen ist, dass bei normalem Betrieb keine Oberflächentemperaturen auftreten, die oberhalb 200 °C liegen.

Empfänger:
Der Empfänger gemäß Beförderungsvertrag. Bezeichnet der Empfänger gemäß den für den Beförderungsvertrag geltenden Bestimmungen einen Dritten, so gilt dieser als Empfänger im Sinne des ADN. Erfolgt die Beförderung ohne Beförderungsvertrag, so ist Empfänger das Unternehmen, welches die gefährlichen Güter bei der Ankunft übernimmt.

EN (-Norm):
Vom Europäischen Komitee für Normung (CEN) (CEN, Avenue Marnix 17, B-1000 Brüssel) veröffentlichte europäische Norm.

Entgasen:
Ein Vorgang zur Senkung der Konzentration gefährlicher Gase und Dämpfe in entladenen oder leeren Ladetanks durch Freisetzung in die Atmosphäre oder durch Abgabe an Annahmestellen.

Entladen: Alle Tätigkeiten, die vom Entlader gemäß der Begriffsbestimmung von Entlader vorgenommen werden.

Entlader: Das Unternehmen, das

a) Einen Container, Schüttgut-Container, MEGC, Tankcontainer oder ortsbeweglichen Tank von einem Beförderungsmittel absetzt oder

b) verpackte gefährliche Güter, Kleincontainer oder ortsbewegliche Tanks aus oder von einem Beförderungsmittel oder Container entlädt oder

c) gefährliche Güter aus einem Ladetank, Tankfahrzeug, abnehmbaren Tank, Aufsetztank, ortsbeweglichen Tank oder Tankcontainer oder aus einem Batteriewagen, Batterie-Fahrzeug, MEMU oder MEGC oder aus einem Beförderungsmittel, Großcontainer oder Kleincontainer für Güter in loser Schüttung oder aus einem Schüttgut-Container entlädt;

d) ein Fahrzeug oder einen Wagen von einem Schiff absetzt.

Entwickelter Druck:
Der Druck des Inhalts eines Druckgefäßes bei Temperatur- und Diffusionsgleichgewicht.

Entwurfsdruck:
Der Druck, auf dessen Grundlage der Lade- oder Restetank ausgelegt und gebaut ist.

Entwurfsunterdruck:
Der Unterdruck, auf dessen Grundlage der Lade- oder Restetank ausgelegt und gebaut ist.

Entzündbare Bestandteile *(Druckgaspackungen)****:***
Entzündbare flüssige Stoffe, entzündbare feste Stoffe oder die im Handbuch Prüfungen und Kriterien Teil III Unterabschnitt 31.1.3 Bem. 1 bis 3 definierten entzündbaren Gase oder Gasgemische. Durch diese Bezeichnung werden pyrophore, selbsterhitzungsfähige oder mit Wasser reagierende Stoffe nicht erfasst. Die chemische Verbrennungswärme ist durch eines der folgenden Verfahren zu bestimmen: ASTM D 240, ISO/FDIS 13943:1999 (E/F) 86.1 bis 86.3 oder NFPA30B.

Evakuierungsboot:
Ein bemanntes und besonders ausgerüstetes Boot zur Rettung von Menschen oder zu ihrer rechtzeitigen Evakuierung unter Berücksichtigung der spezifischen Sicherheitszeit eines Zufluchtsorts oder einer Schutzzone.

Evakuierungsmittel:
Jedes Mittel, das von Menschen verwendet werden kann, um sich aus einer Gefahr in Sicherheit zu bringen.
Als Gefahren sind zu berücksichtigen:

- bei Stoffen der Klasse 3, Verpackungsgruppe III, UN-Nummer 1202, zweite und dritte Eintragung, und bei Stoffen der Klassen 4.1, 8 und 9 auf Tankschiffen: Leckage am Landanschluss der Lade- und Löschleitung;
- bei anderen Stoffen der Klasse 3 und der Klasse 2 und bei entzündbaren Stoffen der Klasse 8 auf Tankschiffen: Feuer im Bereich des Landanschlusses der Lade- und Löschleitung an Deck und brennende Flüssigkeit auf dem Wasser;
- bei Stoffen der Klasse 5.1 auf Tankschiffen: oxidierende Stoffe können in Kombination mit entzündbaren Flüssigkeiten Explosionen hervorrufen;
- bei Stoffen der Klasse 6.1 auf Tankschiffen: giftige Gase am Landanschluss der Lade- und Löschleitung und in Windrichtung;
- bei gefährlichen Gütern auf Trockengüterschiffen: Gefahren, die von den Gütern in den Laderäumen ausgehen.

Explosion:
Plötzliche Oxidations- oder Zerfallsreaktion mit Anstieg der Temperatur, des Druckes oder beider gleichzeitig (siehe EN 13237:2011).

Explosionsbereich:
Der unter bestimmten Testbedingungen ermittelte Bereich der Konzentration einer brennbaren Substanz oder eines Substanzgemischs in der Luft, in dem eine Explosion auftreten kann, bzw. der unter bestimmten Testbedingungen ermittelte Bereich der Konzentration einer brennbaren Substanz oder eines Substanzgemischs gemischt mit Luft/Inertgas, in dem eine Explosion auftreten kann.

Explosionsfähige Atmosphäre:
Ein Gemisch aus Luft und brennbaren Gasen, Dämpfen oder Nebeln unter atmosphärischen Bedingungen, in dem sich der Verbrennungsvorgang nach erfolgter Entzündung auf das gesamte unverbrannte Gemisch überträgt (siehe EN 13237:2011).

Explosionsgefährdete Bereiche:
Bereiche, in denen explosionsfähige Atmosphäre in solchen Mengen auftreten kann, dass besondere Schutzmaßnahmen für die Aufrechterhaltung des Schutzes von Sicherheit und Gesundheit der betroffenen Personen erforderlich ist (siehe Richtlinie 1999/92/EG)[2]. Explosionsgefährdete Bereiche werden nach Häufigkeit und Dauer des Auftretens von explosionsfähiger Atmosphäre in Zonen eingeteilt. Siehe auch „Einteilung von explosionsgefährdeten Bereichen“, „Explosionsschutz“, „Zoneneinteilung“ für Tankschiffe und „Geschützter Bereich“ für Trockengüterschiffe.

Explosionsgruppe:
Einteilung der brennbaren Gase und Dämpfe nach ihrer Zünddurchschlagfähigkeit durch Spalte (Normspaltweite, bestimmt nach festgelegten Bedingungen) und/oder nach dem Mindestzündstromverhältnis sowie der zum Einsatz in explosionsgefährdeten Bereichen zugelassenen Betriebsmitteln (siehe EN IEC 60079-0:2012).

Explosionsschutz:
Summe der Anforderungen, die zu erfüllen, und der Maßnahmen, die zu ergreifen sind, um Schaden durch Explosionen zu vermeiden.

---

[2] Amtsblatt der Europäischen Gemeinschaften Nr. L 23 vom 28. Januar 2000, S. 57

Dazu zählen: Organisatorische Maßnahmen wie z.B.

a) Festlegung von explosionsgefährdeten Bereichen (Zoneneinteilung), in denen explosionsfähige Atmosphäre als Gemisch aus Luft und brennbaren Gasen, Dämpfen oder Nebeln entweder
   - ständig, über lange Zeiträume oder häufig (Zone 0),
   - bei Normalbetrieb gelegentlich (Zone 1), oder
   - normalerweise nicht oder aber nur kurzzeitig (Zone 2),

   auftreten kann (siehe Richtlinie 1999/92/EG[2]).
b) Vermeiden von Zündquellen (Verwenden von funkenarmen Werkzeugen, nicht Rauchen, Tragen persönlicher Schutzausrüstung einschließlich ableitfähiger Schuhe, nicht isolierender Handschuhe etc.)
c) Erstellen von Arbeitsanweisungen.

Sowie technische Anforderungen wie z. B.

a) Verwenden von Anlagen und Geraten, für die nachgewiesen ist, dass sie für den Betrieb in den jeweiligen explosionsgefährdeten Bereichen geeignet sind,
b) Ausrüsten mit autonomen Schutzsystemen,
c) Überwachen der potentiell explosionsfähigen Atmosphäre durch Gasspüranlagen und Gasspürgeräte.

F

Fahrzeug:
Ein Fahrzeug nach der Begriffsbestimmung „Fahrzeug" des ADR (siehe Batterie Fahrzeug, bedecktes Fahrzeug, gedecktes Fahrzeug, offenes Fahrzeug und Tankfahrzeug).

Fass:
Zylindrische Verpackung aus Metall, Pappe, Kunststoff, Sperrholz oder einem anderen geeigneten Stoff mit flachen oder gewölbten Böden. Unter diesen Begriff fallen auch Verpackungen anderer Form, z.B. runde Verpackungen mit kegelförmigem Hals oder eimerförmige Verpackungen. Nicht unter diesen Begriff fallen Holzfass und Kanister.

Fassungsraum eines Tankkörpers oder eines Tankkörperabteils für Tanks:
Das gesamte Innenvolumen des Tankkörpers oder des Tankkörperabteils in Liter oder Kubikmeter. Wenn es nicht möglich ist, den Tankkörper oder das Tankkörperabteil wegen seiner Form oder seines Baus vollständig zu befüllen, ist dieser geringere Fassungsraum für die Bestimmung des Füllungsgrades und die Kennzeichnung des Tanks zu verwenden.

Feinstblechverpackung:
Verpackung mit rundem, elliptischem, rechteckigem oder mehreckigem Querschnitt (auch konische) sowie Verpackung mit kegelförmigem Hals oder eimerförmige Verpackung aus Metall mit einer Wanddicke unter 0,5 mm (z.B. Weißblech), mit flachen oder gewölbten Böden, mit einer oder mehreren Öffnungen, die nicht unter die Begriffsbestimmung für Fass oder Kanister fällt.

Fester Stoff:
a) ein Stoff mit einem Schmelzpunkt oder Schmelzbeginn über 20°C bei einem Druck von 101,3 kPa oder
b) ein Stoff, der nach dem Prüfverfahren ASTM D 4359-90 nicht flüssig ist oder der nach den Kriterien des in Abschnitt 2.3.4 beschriebenen Prüfverfahrens für die Bestimmung des Fließverhaltens (Penetrometerverfahren) dickflüssig ist.

[2] Amtsblatt der Europäischen Gemeinschaften Nr. L 23 vom 28. Januar 2000, S. 57

Festverbundener Tank:
Ein Tank mit einem Fassungsraum von mehr als 1000 Liter, der dauerhaft auf einem Fahrzeug (das damit zum Tankfahrzeug wird) oder auf einen Wagen (der damit zum Kesselwagen wird) befestigt ist oder einen Bestandteil des Fahrgestells eines solchen Fahrzeugs oder des Untergestells eines solchen Wagens bildet.

Flammendurchschlagsicherung:
Eine Einrichtung, welche an der Öffnung eines Anlagenteils oder in der verbindenden Rohrleitung eines Systems von Anlagen eingebaut ist und deren vorgesehene Funktion es ist, den Durchfluss zu ermöglichen, aber den Flammendurchschlag zu verhindern. Die Flammendurchschlagsicherung muss nach der internationalen Norm ISO 16852:2016[1)] geprüft sein und es muss nachgewiesen sein, dass sie den anwendbaren Anforderungen entspricht (z. B. Konformitätsbewertungsverfahren nach Richtlinie 2014/34/EU[3)], IECEx-System[4)] oder ECE/Trade/391[5)] oder mindestens gleichwertig).

Flammensperre:
Der Teil einer Flammendurchschlagsicherung, dessen Hauptaufgabe die Verhinderung eines Flammendurchschlages ist.

Flammpunkt (Fp):
Die niedrigste Temperatur eines flüssigen Stoffes, bei der seine Dämpfe mit der Luft ein entzündbares Gemisch bilden.

Flasche:
Ortsbewegliches Druckgefäß mit einem mit Wasser ausgeliterten Fassungsraum von höchstens 150 Liter (siehe auch Flaschenbündel).

Flaschenbündel:
Eine Einheit aus Flaschen, die aneinander befestigt und untereinander mit einem Sammelrohr verbunden sind und die als untrennbare Einheit befördert werden. Der gesamte mit Wasser ausgeliterte Fassungsraum darf 3000 Liter nicht überschreiten; bei Flaschenbündeln, die für die Beförderung von giftigen Gasen der Klasse 2 (Gruppen, die gemäß Absatz 2.2.2.1.3 mit dem Buchstaben T beginnen) vorgesehen sind, ist dieser mit Wasser ausgeliterte Fassungsraum auf 1000 Liter begrenzt.

Flexibler Schüttgut-Container: siehe *Schüttgut-Container*.

Flexibles Großpackmittel (IBC):
Ein Großpackmittel, das aus einem mit geeigneten Bedienungsausrüstungen und Handhabungsvorrichtungen versehenen Packmittelkörper besteht, der aus einer Folie, einem Gewebe oder einem anderen flexiblen Werkstoff oder aus Zusammensetzungen von Werkstoffen dieser Art gebildet wird, soweit erforderlich, mit einer inneren Beschichtung oder einer Auskleidung.

Fluchtboot:
Ein besonders ausgerüstetes, direkt zugängliches Boot, welches so gebaut ist, dass es sämtlichen nachvollziehbaren Risiken in Bezug auf die Ladung standhält und zur Evakuierung der Menschen in Gefahr geeignet ist.

Fluchtgerät, geeignetes:
Ein leicht anzulegendes Atemschutzgerät, das Mund, Nase und Augen der Träger bedeckt und zur Flucht aus einem Gefahrenbereich bestimmt ist. Für diese Geräte siehe z.B. die Europäische Normen EN 13794:2002, EN 402:2003, EN 403:2004 oder EN 1146:2005.

[1)] Identisch mit EN ISO 16852:2016.

[3)] Amtsblatt der Europäischen Union Nr. L 96 vom 29. März 2014, S. 309.

[4)] http://iecex.com/rules

[5)] A Common Regulatory Framework for Equipment Used in Environments with an Explosive Atmosphere, United Nations 2011.

Fluchtweg:
Ein sicherer Weg aus der Gefahr in Richtung Sicherheit oder zu einem anderen Evakuierungsmittel.

Flüssiger Stoff:
Ein Stoff, der bei 50°C einen Dampfdruck von höchstens 300 kPa (3 bar) hat und bei 20°C und einem Druck von 101,3 kPa nicht vollständig gasförmig ist und der

a) bei einem Druck von 101,3 kPa einen Schmelzpunkt oder Schmelzbeginn von 20°C oder darunter hat oder
b) nach dem Prüfverfahren ASTM D 4359-90 flüssig ist oder
c) nach den Kriterien des in Abschnitt 2.3.4 beschriebenen Prüfverfahrens für die Bestimmung des Fließverhaltens (Penetrometerverfahren) nicht dickflüssig ist.

Bem. Im Sinne der Tankvorschriften gelten als Beförderung in flüssigem Zustand:
- die Beförderung von gemäß oben stehender Definition flüssigen Stoffen oder
- die Beförderung von festen Stoffen, die in geschmolzenem Zustand zur Beförderung aufgegeben werden.

Flüssiggas (LPG)*:
Unter geringem Druck verflüssigtes Gas, das aus einem oder mehreren nur der UN-Nummer 1011, 1075, 1965, 1969 oder 1978 zugeordneten leichten Kohlenwasserstoffen besteht und das neben Spuren anderer Kohlenwasserstoffgase hauptsächlich Propan, Propen, Butan, Butan-Isomeren und/oder Buten enthält.

Bem. 1. Entzündbare Gase, die anderen UN-Nummern zugeordnet sind, gelten nicht als LPG.
2. Für UN 1075 siehe Bem. 2 unter Klassifizierungscode 2 F UN 1965 in der Tabelle für verflüssigte Gase in Unterabschnitt 2.2.2.3.

Fülldruck:
Höchster Druck, der sich bei Druckfüllung im Tank tatsächlich entwickelt.

Füllungsgrad:
Das Verhältnis zwischen der Masse an Gas und der Masse an Wasser bei 15°C, die ein für die Verwendung vorbereitetes Druckgefäß vollständig ausfüllen würde (Fassungsraum).

Füllungsgrad (Ladetanks):
Wird für Ladetanks ein Füllungsgrad angegeben, bezeichnet dieser den Prozentsatz des Ladetankvolumens, der beim Laden mit Flüssigkeit gefüllt werden darf.

G

Gas (im Sinne der Klasse 2):
Stoff, der

a) bei 50°C einen Dampfdruck von mehr als 300 kPa (3 bar) hat oder
b) bei 20°C und dem Standarddruck von 101,3 kPa vollständig gasförmig ist.

Im allgemeinen Sinn bedeutet der Begriff «Gas» Gase und Dämpfe.

Gasabfuhrleitung (an Bord):
Eine Leitung der Bordanlage, die einen oder mehrere Ladetanks während des Ladens oder Löschens mit der Gasrückfuhrleitung verbindet und mit Sicherheitsventilen zum Schutz des oder der Ladetanks gegen unzulässigen inneren Über- oder Unterdruck versehen ist.

* Die Buchstaben „LPG" sind die Abkürzung des englischen Ausdrucks „Liquefied Petroleum Gas".

Gascontainer mit mehreren Elementen (MEGC):
Ein Beförderungsgerät, das aus Elementen besteht, die durch ein Sammelrohr miteinander verbunden sind und die in einem Rahmen montiert sind. Als Elemente eines MEGC gelten Flaschen, Großflaschen, Druckfässer und Flaschenbündel sowie Tanks mit einem Fassungsraum von mehr als 450 Liter für in Absatz 2.2.2.1.1 definierte Gase.

Bem. Für UN-MEGC siehe Kapitel 6.7 des ADR.

Gaspatrone:
siehe Gefäß, klein, mit Gas.

Gasrückfuhrleitung (an Land):
Eine Leitung der Landanlage, die mit der Gasabfuhrleitung des Schiffes während des Ladens oder Löschens verbunden wird und die so ausgeführt ist, dass das Schiff gegen Detonation und Flammendurchschlag von Land aus geschützt ist.

Gasspüranlage:
Eine dauerhaft stationär arbeitende Messeinrichtung mit direkt messenden Sensoren, mit der rechtzeitig bedeutsame Konzentrationen brennbarer Gase unterhalb ihrer UEG gemessen werden können und bei Überschreiten eines Grenzwertes ein Alarm ausgelöst werden kann. Sie muss zumindest auf n-Hexan kalibriert sein. Die Ansprechschwelle der Sensoren beträgt höchstens 10 % der UEG von n-Hexan.

Sie muss nach IEC/EN[6] 60079-29-1:2016 und bei elektronisch arbeitenden Anlagen zusätzlich nach EN 50271:2010 geprüft sein. Wenn sie in explosionsgefährdeten Bereichen eingesetzt wird, muss sie zusätzlich die Anforderungen für den Einsatz in der jeweiligen Zone erfüllen und es muss nachgewiesen sein, dass sie den anwendbaren Anforderungen entspricht (z.B. Konformitätsbewertungsverfahren nach Richtlinie 2014/34/EU[3], IECEx-System[4], oder ECE/Trade/391[5] oder mindestens gleichwertig).

Gasspürgerät:
Ein tragbares Gerät, mit dem bedeutsame Konzentrationen entzündbarer Gase unterhalb der UEG gemessen werden können und welches die Konzentration dieser Gase eindeutig anzeigt. Gasspürgeräte können sowohl als Einzelmessgeräte als auch als Kombinationsmessgeräte zur Messung von entzündbaren Gasen und Sauerstoff ausgeführt sein. Das Gerät muss so beschaffen sein, dass auch Messungen möglich sind, ohne die zu prüfenden Räume zu betreten.

Die Ansprechschwelle der Sensoren beträgt höchstens 5 % der UEG des kritischsten Stoffes der Schiffsstoffliste bei Tankschiffen bzw. der Ladung bei Trockengüterschiffen. Das Gasspürgerät muss nach IEC/EN[6] 60079-29-1:2016 geprüft sein. Wenn es in explosionsgefährdeten Bereichen eingesetzt wird, muss es zusätzlich die Anforderungen für den Einsatz in der jeweiligen Zone erfüllen und es muss nachgewiesen sein, dass es den anwendbaren Anforderungen entspricht (z.B. Konformitätsbewertungsverfahren nach Richtlinie 2014/34/EU[3], IECEx-System[4] oder ECE Trade 391[5] oder mindestens gleichwertig).

Gedeckter Wagen:
Wagen mit festen oder beweglichen Wänden und Dächern.

Gedecktes Fahrzeug:
Ein Fahrzeug mit einem Aufbau, der geschlossen werden kann.

Gefährliche Güter:
Stoffe und Gegenstände, deren Beförderung gemäß ADN verboten oder nur unter in dieser Verordnung vorgesehenen Bedingungen gestattet ist.

---

[3] Amtsblatt der Europäischen Union Nr. L 96 vom 29. März 2014, S. 309.
[4] http://iecex.com/rules
[5] A Common Regulatory Framework for Equipment Used in Environments with an Explosive Atmosphere, United Nations 2011.
[6] Die Buchstaben IEC/EN bedeuten: Die Norm ist sowohl als IEC-Norm als auch als EN-Norm verfügbar.

Gefährliche Reaktion:

a) eine Verbrennung und/oder Entwicklung beträchtlicher Wärme;
b) eine Entwicklung entzündbarer, erstickend wirkender, oxidierender und/oder giftiger Gase;
c) die Bildung ätzender Stoffe;
d) die Bildung instabiler Stoffe;
e) ein gefährlicher Druckanstieg (nur für Tanks und Ladetanks).

Gefäß:
Behältnis, das Stoffe oder Gegenstände aufnehmen und enthalten kann, einschließlich aller Verschlussmittel. Tankkörper fallen nicht unter diese Begriffsbestimmung. (Siehe auch Kryo-Behälter, Innengefäß, Druckgefäß, Gaspatrone und Starrer Innenbehälter)

Gefäß, klein, mit Gas (Gaspatrone):
Ein nicht nachfüllbares Gefäß, das im Falle von Gefäßen aus Metall einen mit Wasser ausgeliterten Fassungsraum von höchstens 1000 ml und im Falle von Gefäßen aus Kunststoff oder Glas von höchstens 500 ml hat und das ein Gas oder Gasgemisch unter Druck enthält. Es kann mit einem Ventil ausgerüstet sein.

Gehäuse der Flammendurchschlagsicherung:
Der Teil einer Flammendurchschlagsicherung, dessen Hauptaufgabe es ist, eine geeignete Umschließung für die Flammensperre zu bilden und die mechanische Verbindung zu anderen Systemen zu erlauben.

Genehmigung/Zulassung:

Multilaterale Genehmigung/Zulassung für die Beförderung radioaktiver Stoffe:
Eine je nach Fall durch die jeweils zuständige Behörde des Ursprungslandes der Bauart oder der Beförderung und durch die zuständige Behörde jedes Landes, durch oder in das eine Sendung zu befördern ist, erteilte Genehmigung/Zulassung.

Unilaterale Zulassung für die Beförderung radioaktiver Stoffe:
Eine Zulassung einer Bauart, die nur von der zuständigen Behörde des Ursprungslandes der Bauart erteilt werden muss. Ist das Ursprungsland keine Vertragspartei des ADN, so bedarf die Genehmigung/Zulassung der Anerkennung durch die zuständige Behörde einer Vertragspartei des ADN (siehe Unterabschnitt 6.4.22.8 des ADR).

Gerät (siehe Richtlinie 2014/34/EU[3]):
Elektrische oder nicht-elektrische Maschinen, Betriebsmittel, stationäre oder ortsbewegliche Vorrichtungen, Steuerungs- und Ausrüstungsteile sowie Warn- und Vorbeugungssysteme, die einzeln oder kombiniert zur Erzeugung, Übertragung, Speicherung, Messung, Regelung und Umwandlung von Energien und/oder zur Verarbeitung von Werkstoffen bestimmt sind und die eigene potentielle Zündquellen aufweisen und dadurch eine Explosion verursachen können.

Hierzu zählen nicht Geräte und Gegenstände, die einer UN-Nummer zugeordnet sind und als Ladung befördert werden.

Gerät zum Einsatz in explosionsgefährdeten Bereichen:
Elektrisches oder nicht-elektrisches Gerät, bei dem Maßnahmen getroffen sind, die verhindern, dass geräteeigene Zündquellen wirksam werden können. Solche Geräte müssen die Anforderungen für den Einsatz in der jeweiligen Zone erfüllen. Sie müssen entsprechend ihrer Zündschutzart geprüft sein und es muss nachgewiesen sein, dass sie den anwendbaren Anforderungen entsprechen (z.B. Konformitätsbewertungsverfahren nach Richtlinie 2014/34/EU[3] oder IECEx-System[4] oder ECE Trade 391[5] oder mindestens gleichwertig).

[3] Amtsblatt der Europäischen Union Nr. L 96 vom 29. März 2014, S. 309.
[4] http://iecex.com/rules
[5] A Common Regulatory Framework for Equipment Used in Environments with an Explosive Atmosphere, United Nations 2011.

Gerätekategorie (siehe Richtlinie 2014/34/EU[3]):
Einteilung von Geräten zum Einsatz in explosionsgefährdeten Bereichen, aus der sich das erforderliche Maß an Sicherheit, das gewährleistet werden muss, ergibt.

Die Gerätekategorie 1 umfasst Geräte, die konstruktiv so gestaltet sind, dass sie in Übereinstimmung mit den vom Hersteller angegebenen Kenngrößen betrieben werden können und ein sehr hohes Maß an Sicherheit gewährleisten.

Geräte dieser Kategorie sind zur Verwendung in Bereichen bestimmt, in denen eine explosionsfähige Atmosphäre, die aus einem Gemisch von Luft und Gasen, Dämpfen oder Nebeln oder aus Staub/Luft-Gemischen besteht, ständig oder langzeitig oder häufig vorhanden ist.

Geräte dieser Kategorie müssen selbst bei selten auftretenden Gerätestörungen das erforderliche Maß an Sicherheit gewährleisten und weisen daher Explosionsschutzmaßnahmen auf, so dass

- beim Versagen einer apparativen Schutzmaßnahme mindestens eine zweite unabhängige apparative Schutzmaßnahme die erforderliche Sicherheit gewährleistet oder
- beim Auftreten von zwei unabhängigen Fehlern die erforderliche Sicherheit gewährleistet wird.

Kategorie 1-Geräte nach Richtlinie 2014/34/EU[3] haben die Kennzeichnung II 1 G. Sie entsprechen EPL[7] „Ga" nach IEC 60079-0.

Kategorie 1-Geräte sind geeignet für den Einsatz in Zone 0, 1 und 2.

Die Gerätekategorie 2 umfasst Geräte, die konstruktiv so gestaltet sind, dass sie in Übereinstimmung mit den vom Hersteller angegebenen Kenngrößen betrieben werden können und ein hohes Maß an Sicherheit gewährleisten.

Geräte dieser Kategorie sind zur Verwendung in Bereichen bestimmt, in denen damit zu rechnen ist, dass eine explosionsfähige Atmosphäre, die aus einem Gemisch von Luft und Gasen, Dämpfen, Nebeln oder Staub/Luft-Gemischen, gelegentlich auftritt.

Die apparativen Explosionsschutzmaßnahmen dieser Kategorie gewährleisten selbst bei häufigen Gerätestörungen oder Fehlerzuständen, die üblicherweise zu erwarten sind, das erforderliche Maß an Sicherheit.

Kategorie 2-Geräte nach Richtlinie 2014/34/EU[3] haben die Kennzeichnung II 2 G. Sie entsprechen EPL[7] „Gb" nach IEC 60079-0.

Kategorie 2-Geräte sind geeignet für den Einsatz in Zone 1 und 2.

Die Gerätekategorie 3 umfasst Geräte, die konstruktiv so gestaltet sind, dass sie in Übereinstimmung mit den vom Hersteller angegebenen Kenngrößen betrieben werden können und ein Normalmaß an Sicherheit gewährleisten.

Geräte dieser Kategorie sind zur Verwendung in Bereichen bestimmt, in denen nicht damit zu rechnen ist, dass eine explosionsfähige Atmosphäre, die aus einem Gemisch von Luft und Gasen, Dämpfen, Nebeln oder aus Staub/Luft-Gemischen, auftritt, aber wenn sie dennoch auftritt, dann aller Wahrscheinlichkeit nach nur selten und während eines kurzen Zeitraums.

Geräte dieser Kategorie gewährleisten bei normalem Betrieb das erforderliche Maß an Sicherheit.

Kategorie 3-Geräte nach Richtlinie 2014/34/EU[3] haben die Kennzeichnung II 3 G. Sie entsprechen EPL[7] „Gc" nach IEC 60079-0.

Kategorie 3-Geräte sind geeignet für den Einsatz in Zone 2.

Geräteschutzniveau (EPL[7] (siehe IEC 60079-0)):
Das Schutzniveau, das für ein Gerät festgelegt ist, wobei die Höhe der Wahrscheinlichkeit einer Zündung zugrunde gelegt ist.

EPL „Ga":
Geräte mit „sehr hohem" Schutzniveau. Sie entsprechen den Kategorie 1-Geräten nach Richtlinie 2014/34/EU[3].
Geräte des Geräteschutzniveaus „Ga" sind geeignet für den Einsatz in Zone 0, 1 und 2.

---

[3] Amtsblatt der Europäischen Union Nr. L 96 vom 29. März 2014, S. 309.

[7] Die Buchstaben EPL bedeuten: Equipment Protection Level.

EPL „Gb“:
Geräte mit „hohem“ Schutzniveau. Sie entsprechen den Kategorie 2-Geräten nach Richtlinie 2014/34/EU[3].
Geräte des Geräteschutzniveaus „Gb“ sind geeignet für den Einsatz in Zone 1 und 2.

EPL „Gc“:
Geräte mit „erweitertem“ Schutzniveau. Sie entsprechen den Kategorie 3-Geräten nach Richtlinie 2014/34/EU[3].
Geräte des Geräteschutzniveaus „Gc“ sind geeignet für den Einsatz in Zone 2.

GESAMP:
Joint Group of Experts on the Scientific Aspects of Marine Environmental Protection. IMO-Veröffentlichung: „The Revised GESAMP Hazard Evaluation Procedure for Chemical Substances Carried by Ships“, GESAMP Reports and Studies No. 64, IMO, London, 2002. Bei der Anwendung des GESAMP-Modells in dieser Verordnung ist für die relative Dichte, den Dampfdruck und die Wasserlöslichkeit die Referenztemperatur 20 °C. Für die Zuordnung zu schwimmenden Stoffen (Floater) und zu absinkenden Stoffen (Sinker) ist bei der relativen Dichte ein Grenzwert von 1,000 (resultierend aus der Dichte von Wasser in Binnengewässern von 1 000 kg/m^3) zu Grunde zu legen.

Geschlossene Ladung:
Jede Ladung, die von einem einzigen Absender kommt, dem der ausschließliche Gebrauch eines Fahrzeugs, Wagens oder Großcontainers vorbehalten ist, wobei alle Ladevorgänge nach den Anweisungen des Absenders oder des Empfängers durchgeführt werden.

Bem. Der entsprechende Begriff für Zwecke der Klasse 7 ist „Ausschließliche Verwendung“.

Geschlossener Container:
siehe Container

Geschlossener Schüttgut-Container:
siehe Schüttgut-Container.

Geschützter Bereich:
Die Gesamtheit folgender Räume an Bord von Trockengüterschiffen:

a) der Laderaum oder die Laderäume (wenn Explosionsschutz gefordert wird, Zone 1)
b) der Raum, der über Deck liegt (wenn Explosionsschutz gefordert wird, Zone 2) und der begrenzt ist:
   (i) querschiffs durch senkrechte Ebenen, die mit den Bordwänden zusammenfallen;
   (ii) in der Längsrichtung des Schiffes durch senkrechte Ebenen, die mit den Laderaumendschotten zusammenfallen;
   (iii) nach oben durch eine 2,00 m über der Oberkante der Ladung liegende horizontale Ebene, mindestens jedoch durch eine 3,00 m über Deck liegende horizontale Ebene.

Geschütztes Großpackmittel (IBC) (für metallene IBC)*:*
Ein IBC, der mit einem zusätzlichen Schutz gegen Stöße ausgestattet ist. Dieser Schutz kann z.B. aus einer Mehrschicht-(Sandwich-) oder Doppelwandkonstruktion oder aus einem Rahmen mit Gitter aus Metall bestehen.

Gewährleistung der Einhaltung der Vorschriften (radioaktive Stoffe):
Ein systematisches Programm von Maßnahmen, das von einer zuständigen Behörde mit dem Ziel angewendet wird, die Einhaltung des ADN in der Praxis sicherzustellen.

GHS (Globally Harmonized System of Classification and Labelling of Chemicals):
Die von den Vereinten Nationen mit Dokument ST/SG/AC.10/30/Rev.7 veröffentlichte siebte überarbeitete Ausgabe des Global harmonisierten Systems zur Einstufung und Kennzeichnung von Chemikalien.

---
[3] Amtsblatt der Europäischen Union Nr. L 96 vom 29. März 2014, S. 309.

Großcontainer:
siehe *Container*

Großflasche:
Ortsbewegliches Druckgefäß einer nahtlosen Bauweise oder einer Bauweise aus Verbundwerkstoff mit einem mit Wasser ausgeliterten Fassungsraum von mehr als 150 Liter bis höchstens 3 000 Liter.

Großpackmittel (IBC):
Starre oder flexible, transportable Verpackung, die nicht in Kapitel 6.1 des ADR aufgeführt ist und:

a) einen Fassungsraum hat von
   (i) höchstens 3 m^3 für feste und flüssige Stoffe der Verpackungsgruppen II und III,
   (ii) höchstens 1,5 m^3 für feste Stoffe der Verpackungsgruppe I, soweit diese in flexiblen IBC, Kunststoff-IBC, Kombinations-IBC, IBC aus Pappe oder aus Holz verpackt sind,
   (iii) höchstens 3 m^3 für feste Stoffe der Verpackungsgruppe I, soweit diese in metallenen IBC verpackt sind,
   (iv) höchstens 3 m^3 für radioaktive Stoffe der Klasse 7,
b) für mechanische Handhabung ausgelegt ist;
c) den Beanspruchungen bei der Handhabung und Beförderung standhalten kann, was durch die in Kapitel 6.5 des ADR festgelegten Prüfungen zu bestätigen ist.

(Siehe auch flexibles Großpackmittel (IBC), Großpackmittel (IBC) aus Holz, Großpackmittel (IBC) aus Pappe, Kombinations-IBC mit Kunststoff-Innenbehälter, metallenes Großpackmittel (IBC) und starrer Kunststoff-IBC.)

Bem. 1. Ortsbewegliche Tanks oder Tankcontainer, die den Vorschriften des Kapitels 6.7 oder 6.8 des ADR entsprechen, gelten nicht als Großpackmittel (IBC).
2. Großpackmittel (IBC), die den Vorschriften des Kapitels 6.5 des ADR entsprechen, gel ten nicht als Container im Sinne des ADN.

Großpackmittel (IBC) aus Holz:
Ein Großpackmittel aus Holz besteht aus einem starren oder zerlegbaren Packmittelkörper aus Holz mit einer Innenauskleidung (aber keinen Innenverpackungen) sowie der geeigneten Bedienungsausrüstung und baulichen Ausrüstung.

Großpackmittel (IBC) aus Pappe:
Ein Großpackmittel, das aus einem Packmittelkörper aus Pappe mit oder ohne getrennten oberen und unteren Deckeln, gegebenenfalls mit einer Innenauskleidung (aber keinen Innenverpackungen), sowie der geeigneten Bedienungsausrüstung und baulichen Ausrüstung besteht.

Großverpackung:
Eine aus einer Außenverpackung bestehende Verpackung, die Gegenstände oder Innenverpackungen enthält:

a) für eine mechanische Handhabung ausgelegt ist und
b) eine Nettomasse von mehr als 400 kg oder einen Fassungsraum von mehr als 450 Liter, aber ein Höchstvolumen von 3,0 m^3 hat.

***Wiederaufgearbeitete Großverpackung*:**
Eine Großverpackung aus Metall oder aus starrem Kunststoff:

a) die sich ausgehend von einem den Vorschriften nicht entsprechenden Typ, aus der Fertigung eines den Vorschriften entsprechenden UN-Typs ergibt oder
b) die sich aus der Umwandlung eines den Vorschriften entsprechenden UN-Typs in einen anderen, den Vorschriften entsprechenden UN-Typ ergibt.

Wiederaufgearbeitete Großverpackungen unterliegen denselben Vorschriften des ADN wie eine neue Großverpackung desselben Typs (siehe auch Definition der Bauart in Absatz 6.6.5.1.2 des ADR).

***Wiederverwendete Großverpackung*:**
Eine zur Wiederbefüllung vorgesehene Großverpackung, die nach einer Untersuchung als frei von solchen Mängeln befunden wurde, die das erfolgreiche Bestehen der Funktionsprüfungen beeinträchtigen könnten; unter diese Begriffsbestimmung fallen insbesondere solche Großverpackungen, die mit gleichen oder ähnlichen verträglichen Gütern wiederbefüllt und innerhalb von Vertriebsnetzen, die vom Absender des Produktes überwacht werden, befördert werden.

H

Haltezeit:
Der Zeitraum zwischen der Herstellung des erstmaligen Füllzustandes bis zu dem Zeitpunkt, in dem der Druck durch Wärmezufuhr auf den niedrigsten Ansprechdruck der Druckbegrenzungseinrichtung(en) von Tanks für die Beförderung tiefgekühlt verflüssigter Gase gestiegen ist.

Bem. Für ortsbewegliche Tanks siehe Unterabschnitt 6.7.4.1 des ADR.

Handbuch Prüfungen und Kriterien:
Sechste überarbeitete Ausgabe der UN-Empfehlungen für die Beförderung gefährlicher Güter, Handbuch Prüfungen und Kriterien, herausgegeben von den Vereinten Nationen (ST/SG/AC.10/11/Rev.6 und Amend. 1).

Handhabungsvorrichtung (für flexible IBC):
Traggurte, Schlingen, Ösen oder Rahmen, die am Packmittelkörper des IBC befestigt oder aus dem Packmittelkörper herausgebildet sind.

Hochgeschwindigkeitsventil:
Überdruckventil, das Nenn-Strömungsgeschwindigkeiten oberhalb der Flammenausbreitungsgeschwindigkeit des explosionsfähigen Gemisches aufweist und dadurch den Flammendurchschlag verhindert. Wenn die Schiffsstoffliste nach Absatz 1.16.1.2.5 Stoffe enthält, für die nach Unterabschnitt 3.2.3.2 Tabelle C Spalte (17) Explosionsschutz gefordert ist, muss eine solche Einrichtung nach der internationalen Norm ISO 16852:20161) geprüft sein und es muss nachgewiesen sein, dass sie den anwendbaren Anforderungen entspricht (z.B. Konformitätsbewertungsverfahren nach Richtlinie 2014/34/EU[3], IECEx-System[4] oder ECE Trade 391[5] oder mindestens gleichwertig).

Höchste Klasse:
Ein Schiff hat höchste Klasse, wenn:

- der Schiffskörper einschließlich Ruderanlage und Manövriereinrichtung sowie die Ausrüstung mit Ankern und Ketten den Vorschriften einer anerkannten Klassifikationsgesellschaft entspricht und unter deren Aufsicht gebaut und geprüft worden ist;
- die Antriebsanlage sowie die für den Bordbetrieb notwendigen Hilfsmaschinen, maschinenbaulichen und elektrischen Einrichtungen nach den Vorschriften dieser Klassifikationsgesellschaft gefertigt und geprüft worden sind, ihr Einbau unter Aufsicht der Klassifikationsgesellschaft ausgeführt und die Gesamtanlage nach dem Einbau von ihr erfolgreich erprobt worden ist.

Höchste Nettomasse:
Die höchste Nettomasse des Inhalts einer einzelnen Verpackung oder die höchste Summe der Massen der Innenverpackungen und ihrem Inhalt, ausgedrückt in Kilogramm.

Höchster Fassungsraum:
Das höchste Innenvolumen von Gefäßen oder Verpackungen, einschließlich Großverpackungen und Großpackmittel (IBC), ausgedrückt in m^3 oder Liter.

[3] Amtsblatt der Europäischen Union Nr. L 96 vom 29. März 2014, S. 309.
[4] http://iecex.com/rules
[5] A Common Regulatory Framework for Equipment Used in Environments with an Explosive Atmosphere, United Nations 2011.

Höchster normaler Betriebsdruck für die Beförderung radioaktiver Stoffe:
Der höchste Druck über dem Luftdruck bei mittlerer Meereshöhe, der sich in der dichten Umschließung im Laufe eines Jahres unter den Temperatur- und Sonneneinstrahlungsbedingungen entwickeln würde, die den Umgebungsbedingungen während der Beförderung ohne Entlüftung, äußere Kühlung durch ein Hilfssystem oder betriebliche Überwachung entsprechen.

Höchstzulässige Bruttomasse:
a) (für IBC): die Summe aus Masse des IBC und der gesamten Bedienungsausrüstung oder baulichen Ausrüstung und höchstzulässiger Nettomasse;
b) (für Tanks): die Summe aus Eigenmasse des Tanks und höchster für die Beförderung zugelassener Ladung.

Bem. Für ortsbewegliche Tanks siehe Kapitel 6.7 des ADR.

Holzfass:
Verpackung aus Naturholz mit rundem Querschnitt und bauchig geformten Wänden, die aus Dauben und Böden besteht und mit Reifen versehen ist.

Horde (für Klasse 1):
Ein Blatt aus Metall, Kunststoff, Pappe oder einem anderen geeigneten Werkstoff, das in die Innen-, Zwischen- oder Außenverpackungen eingesetzt und durch das eine kompakte Verstauung in diesen Verpackungen ermöglicht wird. Die Oberfläche der Horde darf so geformt sein, dass Verpackungen oder Gegenstände eingesetzt, sicher gehalten und voneinander getrennt werden können.

I

IAEA:
International Atomic Energy Agency (IAEO – Internationale Atomenergieorganisation) (IAEO, Postfach 100, A-1400 Wien).

IBC:
siehe Großpackmittel.

ICAO:
International Civil Aviation Organization (Internationale Zivilluftfahrt-Organisation) (ICAO, 999 University Street, Montreal, Quebec H3C 5H7, Kanada).

ICAO-TI:
siehe Technische Anweisungen der ICAO.

IEC:
International Electrotechnical Commission (Internationale elektrotechnische Kommission).

IMDG-Code:
Internationaler Code für die Beförderung gefährlicher Güter mit Seeschiffen, Anwendungsbestimmungen zu Kapitel VII Teil A des Internationalen Übereinkommens von 1974 zum Schutz des menschlichen Lebens auf See (SOLAS-Übereinkommen), herausgegeben von der Internationalen Seeschiffahrtsorganisation (IMO), London.

IMO:
International Maritime Organization (Internationale Seeschifffahrtsorganisation) (IMO, 4 Albert Embankment, London SE1 7SR, Vereinigtes Königreich).

IMSBC-Code:
Der internationale Code für die Beförderung von Schüttgut über See der internationalen Seeschifffahrtsorganisation (IMO).

Innenauskleidung:
Eine schlauchförmige Hülle oder ein Sack, die/der in eine Verpackung, einschließlich Großverpackung oder Großpackmittel (IBC), eingesetzt wird, aber nicht ein Bestandteil davon ist, einschließlich der Verschlussmittel für ihre/seine Öffnungen.

Innengefäß:
Gefäß, das eine Außenverpackung erfordert, um seine Behältnisfunktion zu erfüllen.

Innenverpackung:
Verpackung, für deren Beförderung eine Außenverpackung erforderlich ist.

Internationale Regelung:
ADR, ICAO-TI, IMSBC-Code, IMDG Code oder RID.

«ISO»(-Norm):
Von der International Organization for Standardization (ISO - Internationale Organisation für Normung) (ISO, 1 Rue de Varembé, CH-1204 Genf 20) veröffentlichte internationale Norm.

J

K

Kanister:
Verpackung aus Metall oder Kunststoff von rechteckigem oder mehreckigem Querschnitt mit einer oder mehreren Öffnungen.

Kesselwagen:
Wagen zur Beförderung von flüssigen, gasförmigen, pulverförmigen oder körnigen Stoffen, der aus einem Aufbau mit einem oder mehreren Tanks und ihren Ausrüstungsteilen und einem Untergestell besteht, das mit seinen eigenen Ausrüstungsteilen versehen ist (Laufwerk, Federung, Zug- und Stoßvorrichtung, Bremse und Beschriftungen).

Bem. Als Kesselwagen gelten auch Wagen mit abnehmbaren Tanks.

Kiste:
Rechteckige oder mehreckige vollwandige Verpackung aus Metall, Holz, Sperrholz, Holzfaserwerkstoff, Pappe, Kunststoff oder einem anderen geeigneten Werkstoff. Sofern die Unversehrtheit der Verpackung während der Beförderung dadurch nicht gefährdet wird, dürfen kleine Öffnungen angebracht werden, um die Handhabung oder das Öffnen zu erleichtern oder um den Zuordnungskriterien zu entsprechen.

Klassifikationsgesellschaft, anerkannte:
Eine Klassifikationsgesellschaft, die gemäß Kapitel 1.15 von den zuständigen Behörden anerkannt ist.

Kleincontainer:
siehe *Container*

Kofferdamm:
▪▪▪ Eine querschiffs liegende Abteilung des Schiffes, die durch wasserdichte Schotte begrenzt wird und die kontrolliert werden kann. Der Kofferdamm muss die ganze Fläche der Endschotte der Ladetanks abdecken. Das dem Ladungsbereich abgewandte Schott (äußeres Kofferdammschott) muss von Bordwand zu Bordwand und vom Boden zum Deck in einer Spantebene angeordnet sein.

Kombinations-IBC mit Kunststoff-Innenbehälter:
Ein IBC, der aus einer baulichen Ausrüstung in Form einer starren äußeren Umhüllung um einen Kunststoff-Innenbehälter mit den Bedienungs- oder anderen baulichen Ausrüstungen besteht. Er ist so ausgelegt, dass der Innenbehälter und die äußere Umhüllung nach der Zusammensetzung eine untrennbare Einheit bilden, die als solche gefüllt, gelagert, befördert oder entleert wird.

Bem. Wenn der Ausdruck "Kunststoff" in Zusammenhang mit Innenbehältern von Kombinations-IBC verwendet wird, schließt er auch andere polymere Werkstoffe wie Gummi ein.

Kombinationsverpackung:
Aus einer Außenverpackung und einem Innengefäß bestehende Verpackung, die so gebaut ist, dass das Innengefäß und die Außenverpackung eine integrale Verpackung bilden. Ist sie einmal zusammengebaut, so bildet sie eine untrennbare Einheit, die als solche gefüllt, gelagert, befördert und entleert wird.

Bem. Der Begriff „Innengefäß“ einer Kombinationsverpackung darf nicht mit dem Begriff „Innenverpackung“ einer zusammengesetzten Verpackung verwechselt werden. So ist zum Beispiel der Innenteil einer 6HA1-Kombinationsverpackung (Kunststoff) ein solches Innengefäß, da er normalerweise nicht dazu bestimmt ist, eine Behältnisfunktion ohne seine Außenverpackung auszuüben, daher ist er keine Innenverpackung.

Wenn nach dem Begriff „Kombinationsverpackung“ in Klammern ein Werkstoff angegeben ist, bezieht sich dieser auf das Innengefäß

Kontrolltemperatur:
Die höchste Temperatur, bei der das organische Peroxid, der selbstzersetzliche Stoff oder der polymerisierende Stoff sicher befördert werden kann.

Kritikalitätssicherheitskennzahl (CSI)[8] die einem Versandstück, einer Umverpackung oder einem Container mit spaltbaren Stoffen zugeordnet ist, für die Beförderung radioaktiver Stoffe:
Eine Zahl, anhand derer die Ansammlung von Versandstücken, Umverpackungen oder Containern mit spaltbaren Stoffen überwacht wird.

Kritische Temperatur:
Die Temperatur, oberhalb der ein Stoff nicht in flüssigem Zustand existieren kann.

Kryo-Behälter:
Ortsbewegliches wärmeisoliertes Druckgefäß für die Beförderung tiefgekühlt verflüssigter Gase mit einem mit Wasser ausgeliterten Fassungsraum von höchstens 1000 Liter (siehe auch offener Kryo-Behälter).

L

Laderaum:
▪▪▪ Ein nach vorne und hinten durch Schotte begrenzter, offener oder durch Lukendeckel geschlossener Teil des Schiffes, der für die Beförderung von Gütern in Versandstücken oder in loser Schüttung bestimmt ist. Die obere Begrenzung des Laderaums ist die Oberkante des Lukensülls. Ladegüter, die über die Oberkante des Lukensülls hinausragen, gelten als an Deck gestaut.

Laderaum (entladen):
Laderaum, der nach dem Entladen noch Reste der Trockenladung enthalten kann.

Laderaum (leer)*:*
Laderaum, der nach dem Entladen keine Reste der Trockenladung enthält (besenrein).

[8] Die Buchstaben „CSI“ sind die Abkürzung des englischen Ausdrucks „Criticality Safety Index

Ladetank:
▪▪▪ Ein mit dem Schiff fest verbundener Tank, der für die Beförderung gefährlicher Güter bestimmt ist.

Ladetanktyp:

a) ***Unabhängiger Ladetank:*** Ein Ladetank, der fest eingebaut, vom Schiffskörper jedoch unabhängig ist;

b) ***Integraler Ladetank:*** Ein Ladetank, der Bestandteil des Schiffskörpers ist und durch die Außenhaut oder von der Außenhaut getrennte Wände begrenzt wird;

c) ***Ladetankwandung nicht Außenhaut:*** Ein integraler Ladetank, dessen Boden und Seitenwände weder die Außenhaut des Schiffes noch einen unabhängigen Ladetank bilden.

Ladetankzustand:

a) ***Drucktank:*** Ein vom Schiffskörper unabhängiger Ladetank, der nach einschlägigen anerkannten Standards gebaut und für einen Betriebsdruck $\geq$ 400 kPa ausgelegt ist;

b) ***Ladetank geschlossen:*** Ein Ladetank, der über eine Vorrichtung zur Verhinderung eines unzulässigen Über- oder Unterdrucks mit der Umgebungsatmosphäre verbunden ist;

c) ***Ladetank offen mit Flammendurchschlagsicherung:*** Ein Ladetank, der über eine mit Flammendurchschlagsicherung versehene Vorrichtung mit der Umgebungsatmosphäre verbunden ist;

d) ***Ladetank offen:*** Ein Ladetank, der eine offene Verbindung zur Umgebungsatmosphäre besitzt.

Ladetank (entladen): Ladetank, der nach dem Entladen noch Restladung enthalten kann.

Ladetank (leer): Ladetank, der nach dem Entladen keine Restladung mehr enthält, aber eventuell nicht gasfrei ist.

Ladetank (gasfrei): Ladetank, der nach dem Entladen keine Restladung und keine messbare Konzentration gefährlicher Gase und Dämpfe enthält.

Lade- und Löschleitungen:
Alle Leitungen, in denen sich flüssige oder gasförmige Ladung befinden kann, einschließlich aller Schläuche, Rohre, der zugehörigen Pumpen, Filter und Absperrvorrichtungen.

Ladungsheizmöglichkeit:
Eine Einrichtung zum Heizen der Ladegüter in den Ladetanks mit Hilfe eines Wärmeträgers. Die Beheizung des Wärmeträgers kann durch einen Heizkessel an Bord des Tankschiffes – Ladungsheizungsanlage entsprechend Unterabschnitt 9.3.2.42 oder 9.3.3.42 – oder von Land aus geschehen.

Ladungsrechner:
Ein System, welches aus einem Rechner (Hardware) und einem Programm (Software) besteht. Es bietet die Möglichkeit festzustellen, ob in jedem Ballast- und/oder Beladungsfall

– die zulässigen Spannungen in Bezug auf die Längsfestigkeit und die größte Einsenkung nicht überschritten werden und
– die Stabilität des Schiffes den Anforderungen, die für dieses Schiff gelten, entspricht. Hierfür sind die Intaktstabilität und die Leckstabilität zu berechnen.

Ladungsrückstände:
Flüssige Ladung, die nicht durch das Nachlenzsystem aus den Ladetanks oder den Leitungssystemen entfernt werden kann.

Lecksicherheitsplan:
Der Lecksicherheitsplan enthält die der Leckstabilitätsberechnung zugrunde gelegte wasserdichte Unterteilung, die Angaben über Vorkehrungen zum Ausgleich einer durch Wassereinbruch verursachten Schlagseite sowie über alle Verschlusseinrichtungen, die während der Fahrt geschlossen gehalten werden müssen.

LNG (liquefied natural gas): siehe Verflüssigtes Erdgas (LNG).

Luftdicht verschlossener Tank:
Ein Tank, der
- nicht mit Sicherheitsventilen, Berstscheiben, anderen ähnlichen Sicherheitseinrichtungen oder Vakuumventilen ausgerüstet ist oder
- mit Sicherheitsventilen, denen gemäß Absatz 6.8.2.2.10 des ADR eine Berstscheibe vorgeschaltet ist, nicht jedoch mit Vakuumventilen ausgerüstet ist.

Ein Tank für die Beförderung flüssiger Stoffe mit einem Berechnungsdruck von mindestens 4 bar oder für die Beförderung fester (pulverförmiger oder körniger) Stoffe ungeachtet seines Berechnungsdrucks gilt ebenfalls als luftdicht verschlossen, wenn er
- mit Sicherheitsventilen, denen gemäß Absatz 6.8.2.2.10 des ADR eine Berstscheibe vorgeschaltet ist, und mit Vakuumventilen ausgerüstet ist, die dem Absatz 6.8.2.2.3 des ADR entsprechen, oder
- nicht mit Sicherheitsventilen, Berstscheiben oder anderen ähnlichen Sicherheitseinrichtungen, jedoch mit Vakuumventilen ausgerüstet ist, die dem Absatz 6.8.2.2.3 des ADR entsprechen.

M

Managementsystem für die Beförderung radioaktiver Stoffe:
Eine Reihe zusammenhängender oder sich gegenseitig beeinflussender Elemente (System) für die Festlegung von Strategien und Zielen und die Ermöglichung der Erreichung der Ziele in einer wirksamen und nachhaltigen Weise.

Masse eines Versandstückes:
Sofern nichts anderes bestimmt ist, die Bruttomasse des Versandstückes. Die Masse der für die Beförderung der Güter benutzten Container, Tanks, Fahrzeuge und Wagen ist in den Bruttomassen nicht enthalten.

MEGC:
siehe Gascontainer mit mehreren Elementen.

MEMU: siehe Mobile Einheit zur Herstellung von explosiven Stoffen.

Metallenes Großpackmittel (IBC):
Ein Großpackmittel (IBC), das aus einem Packmittelkörper aus Metall sowie der geeigneten Bedienungsausrüstung und baulichen Ausrüstung besteht.

Metallhydrid-Speichersystem:
Ein einzelnes vollständiges Wasserstoff-Speichersystem, das ein Gefäß, ein Metallhydrid, eine Druckentlastungseinrichtung, ein Absperrventil, eine Bedienungsausrüstung und innere Bestandteile enthält und nur für die Beförderung von Wasserstoff verwendet wir.

Mobile Einheit zur Herstellung von explosiven Stoffen (MEMU):
Eine Einheit oder ein mit einer Einheit versehenes Fahrzeug zur Herstellung und Ladung von

explosiven Stoffen aus bzw. mit gefährlichen Gütern, die nicht explosiv sind. Die Einheit besteht aus verschiedenen Tanks und Schüttgut-Containern und Verfahrensausrüstungen sowie Pumpen und der dazugehörigen Ausrüstung. Die MEMU kann für verpackte explosive Stoffe besondere Laderäume haben;

Bem. Obwohl die Definition von MEMU den Ausdruck „Herstellung und Ladung von explosiven Stoffen" enthält, gelten die Anforderungen an MEMU nur für die Beförderung, nicht jedoch die Herstellung und Ladung von explosiven Stoffen.

N

Nachlenzsystem:
Ein System nach Anhang II CDNI für das möglichst vollständige Entleeren der Ladetanks und der Lade- und Löschleitungen bis auf Ladungsrückstände.

n.a.g.-Eintragung (nicht anderweitig genannte Eintragung):
Eine Sammelbezeichnung, der solche Stoffe, Gemische, Lösungen oder Gegenstände zugeordnet werden können, die

a) in den Tabellen in Kapitel 3.2 nicht namentlich genannt sind und
b) chemische, physikalische und/oder gefährliche Eigenschaften besitzen, die der Klasse, dem Klassifizierungscode, der Verpackungsgruppe und der Benennung der n.a.g.-Eintragung entsprechen.

Netto-Explosivstoffmasse (NEM):
Die Gesamtmasse der explosiven Stoffe ohne Verpackungen, Gehäuse usw. (Die Begriffe „Netto-Explosivstoffmenge", „Netto-Explosivstoffinhalt", „Netto-Explosivstoffgewicht" oder „Nettomasse des explosiven Inhalts" werden oft mit derselben Bedeutung verwendet.)

Neutronenstrahlungsdetektor:
Eine Einrichtung zum Feststellen von Neutronenstrahlung. In einer derartigen Einrichtung kann ein Gas in einem dicht verschlossenen Elektronenröhrenwandler, der Neutronenstrahlung in ein messbares elektrisches Signal umwandelt, enthalten sein.

Notfalltemperatur:
Die Temperatur, bei der bei Ausfall der Temperaturkontrolle Notfallmaßnahmen zu ergreifen sind.

O

Obere Explosionsgrenze (OEG):
Die höchste Konzentration des Explosionsbereiches, bei der eine Explosion auftreten kann.

OEG:
Siehe Obere Explosionsgrenze.

Offener Container:
Siehe Container.

Offenes Fahrzeug:
Ein Fahrzeug, dessen Ladefläche offen oder nur mit Seitenwänden und einer Rückwand versehen ist.

Offener Kryo-Behälter:
Ortsbewegliches wärmeisoliertes Gefäß für tiefgekühlt verflüssigte Gase, das durch ständiges Entlüften des tiefgekühlt verflüssigten Gases auf Umgebungsdruck gehalten wird.

Offener Wagen:
Wagen mit oder ohne Stirn- und Seitenwänden, dessen Ladeflächen offen sind.

Offenes Licht:
Ein Licht, das durch eine Flamme erzeugt wird, die nicht explosionsgeschützt umschlossen ist.

Öffnungsdruck:
Der Druck gemäß Unterabschnitt 3.2.3.2 Tabelle C Spalte 10, bei dem das Überdruck-/Hochgeschwindigkeitsventil anspricht. Bei Drucktanks entspricht der Öffnungsdruck des Sicherheitsventiles den von der zuständigen Behörde oder einer anerkannten Klassifikationsgesellschaft festgelegten Vorschriften.

Offshore-Schüttgut-Container:
Ein Container für Güter in loser Schüttung, der besonders für die wiederholte Verwendung für die Beförderung von, zu und zwischen Offshore-Einrichtungen ausgelegt ist. Ein Offshore-Schüttgut-Container wird nach den Richtlinien für die Zulassung von auf hoher See eingesetzten Offshore-Containern, die von der Internationalen Seeschifffahrts-Organisation (IMO) im Dokument MSC/Circ. 860 festgelegt wurden, ausgelegt und gebaut.

Ortsbeweglicher Tank:
Ein multimodaler Tank, der, wenn er für die Beförderung von in Absatz 2.2.2.1.1 definierte Gasen verwendet wird, einen Fassungsraum von mehr als 450 Liter hat, der die Begriffsbestimmung im Kapitel 6.7 des ADR oder des IMDG-Code entspricht und in Kapitel 3.2, Tabelle A, Spalte 10 des ADR mit einer Anweisung für ortsbewegliche Tanks (Code T) aufgeführt ist.

OTIF:
Zwischenstaatliche Organisation für den internationalen Eisenbahnverkehr (OTIF, Gryphenhübeliweg 30, CH-3006 Bern, Schweiz).

P

Packmittelkörper (für alle Arten von IBC außer für Kombinations-IBC):
Eigentlicher Behälter, einschließlich der Öffnungen und deren Verschlüsse, jedoch ohne Bedienungsausrüstung.

Peilöffnung:
Eine verschließbare Öffnung des Restetanks mit einem Durchmesser von höchstens 0,10 m. Die Peilöffnung muss so beschaffen sein, dass der Füllungsgrad mit einem Peilstab gemessen werden kann.

Probeentnahmeeinrichtung (geschlossen):
Eine Probeentnahmeeinrichtung, die durch die Ladetankwandung oder durch die Lade- oder Löschleitung geführt wird, jedoch Teil eines geschlossenen Systems ist, und so beschaffen ist, dass während der Probeentnahme keine Gase oder Flüssigkeiten aus dem Ladetank austreten können. Die Einrichtung muss einem von der zuständigen Behörde für den vorgesehenen Zweck zugelassenen Typ entsprechen.

Probeentnahmeeinrichtung (teilweise geschlossen):
Eine Probeentnahmeeinrichtung, die durch die Ladetankwandung oder durch die Lade- oder Löschleitung geführt wird und so beschaffen ist, dass während der Probeentnahme nur eine geringe Menge gasförmige oder flüssige Ladung in die Luft freigesetzt wird. Solange sie nicht benutzt wird, muss die Einrichtung völlig geschlossen sein. Die Einrichtung muss einem von der zuständigen Behörde für den vorgesehenen Zweck zugelassenen Typ entsprechen.

Probeentnahmeöffnung:
Eine verschließbare Öffnung des Ladetanks mit einem Durchmesser von höchstens 0,30 m. Wenn die Schiffsstoffliste nach Absatz 1.16.1.2.5 Stoffe enthält, für die in Unterabschnitt 3.2.3.2 Tabelle C Spalte 17 Explosionsschutz gefordert ist, muss sie deflagrations- und dauerbrandsicher für den kritischsten Stoff der Schiffsstoffliste ausgeführt sein, eine möglichst kurze Öffnungsdauer ermöglichen, und so beschaffen sein, dass sie nicht ohne äußere Einwirkung offen bleiben kann.

Die Deflagrationssicherheit muss nach der internationalen Norm ISO 16852:2016[1)] geprüft sein und es muss nachgewiesen sein, dass sie den anwendbaren Anforderungen entspricht (z.B. Konformitätsbewertungsverfahren nach Richtlinie 2014/34/EU[3)], IECEx-System[4)] oder ECE Trade 391[5)] oder mindestens gleichwertig). Die Deflagrationssicherheit kann durch eine integrierte Flammensperre oder durch eine dauerbrandsichere Flammendurchschlagsicherung (Deflagrationsendsicherung) gewährleistet werden.

Prüfdruck:
Druck, der bei einer Druckprüfung für die erstmalige oder wiederkehrende Prüfung eines Ladetanks, Restetanks, Kofferdammes oder der Lade- und Löschleitung anzuwenden ist.

Prüfstelle:
Eine von der zuständigen Behörde zugelassene unabhängige Prüfstelle.

Pumpenraum:
...
Ein Betriebsraum, in dem die Lade-, Lösch- sowie die Nachlenzpumpen mit ihren entsprechenden Betriebseinrichtungen für die Förderung von Stoffen aus den Ladetanks untergebracht sind.

Q

Qualitätssicherung:
Ein systematisches Überwachungs- und Kontrollprogramm, das von jeder Organisation oder Stelle mit dem Ziel angewendet wird, dass die im ADN vorgeschriebenen Sicherheitsvorschriften in der Praxis eingehalten werden.

R

Radioaktiver Inhalt für die Beförderung radioaktiver Stoffe:
Die radioaktiven Stoffe mit allen kontaminierten oder aktivierten festen Stoffen, flüssigen Stoffen und Gasen innerhalb der Verpackung.

Recycling-Kunststoffe:
Werkstoffe, die aus gebrauchten Industrieverpackungen wiedergewonnen, gereinigt und für die Verarbeitung zu neuen Verpackungen vorbereitet wurden.

Relative Dichte:
Das Verhältnis der Dichte eines Stoffes zur Dichte des reinen Wassers bei 3,98 °C (1000 kg/ m³); es handelt sich um eine dimensionslose Größe.

Restebehälter:
Ein Tank, Großpackmittel (IBC), Tankcontainer oder ortsbeweglicher Tank zur Aufnahme von Restladung, Waschwasser, Ladungsrückständen und pumpfähigen Slops.

Restetank:
Ein fest eingebauter Tank zur Aufnahme von Restladung, Waschwasser, Ladungsrückständen oder pumpfähigen Slops.

Restladung:
Flüssige Ladung, die nach dem Löschen ohne Einsatz eines Nachlenzsystems als Rückstand im Ladetank oder im Leitungssystem verbleibt.

1) Identisch mit EN ISO 16852:2016.
3) Amtsblatt der Europäischen Union Nr. L 96 vom 29. März 2014, S. 309.
4) http://iecex.com/rules
5) A Common Regulatory Framework for Equipment Used in Environments with an Explosive Atmosphere, United Nations 2011.

RID:
Ordnung für die internationale Eisenbahnbeförderung gefährlicher Güter (Anhang C des COTIF (Übereinkommen über den internationalen Eisenbahnverkehr)).

S

Sack:
Flexible Verpackung aus Papier, Kunststofffolien, Textilien, gewebten oder anderen geeigneten Werkstoffen.

SADT (self-accelerating decomposition temperature):
Die niedrigste Temperatur, bei der sich ein Stoff in versandmäßiger Verpackung unter Selbstbeschleunigung zersetzen kann. Die Vorschriften zur Bestimmung der SADT und der Auswirkungen beim Erwärmen unter Einschluss sind im Handbuch Prüfungen und Kriterien Teil II enthalten.

Sammeleintragung:
Eine definierte Gruppe von Stoffen oder Gegenständen (siehe Unterabschnitt 2.1.1.2 Buchstaben B, C und D).

SAPT: siehe Temperatur der selbstbeschleunigenden Polymerisation.

Sauerstoffmessanlage:
Eine dauerhaft stationär arbeitende Messeinrichtung, mit der rechtzeitig eine bedeutsame Verringerung des Sauerstoffanteils der Luft gemessen und ein Alarm beim Erreichen einer Sauerstoffkonzentration von 19,5 Vol.-% ausgelöst werden kann.

Sie muss nach IEC/EN[6] 50104:2010 geprüft sein. Wenn sie in explosionsgefährdeten Bereichen eingesetzt wird, muss sie zusätzlich die Anforderungen für den Einsatz in der jeweiligen Zone erfüllen und es muss nachgewiesen sein, dass sie den anwendbaren Anforderungen entspricht (z.B. Konformitätsbewertungsverfahren nach Richtlinie 2014/34/EU[3], IECEx-System[4], oder ECE Trade 391[5] oder mindestens gleichwertig).

Eine Sauerstoffmessanlage kann auch als Kombinationsmessanlage zur Messung von Sauerstoff und brennbaren Gasen ausgeführt sein.

Sauerstoffmessgerät:
Ein tragbares Gerät, mit dem jede bedeutsame Verminderung des Sauerstoffgehalts der Luft gemessen werden kann. Ein Sauerstoffmessgerät kann sowohl als Einzelmessgerät als auch als Kombinationsmessgerät zur Messung von Sauerstoff und brennbaren Gasen ausgeführt sein. Das Gerät muss so beschaffen sein, dass auch Messungen möglich sind, ohne die zu prüfenden Räume zu betreten. Es muss nach IEC/EN[6] 50104:2010 geprüft sein. Wenn es in explosionsgefährdeten Bereichen eingesetzt wird, muss es zusätzlich die Anforderungen für den Einsatz in der jeweiligen Zone erfüllen und es muss nachgewiesen sein, dass es den anwendbaren Anforderungen entspricht (z.B. Konformitätsbewertungsverfahren nach Richtlinie 2014/34/EU[3], IECEx-System[4] oder ECE Trade 391[5] oder mindestens gleichwertig).

Saug-Druck-Tank für Abfälle:
Ein hauptsächlich für die Beförderung gefährlicher Abfälle verwendeter festverbundener Tank, Aufsetztank, Tankcontainer oder Tankwechselaufbau (Tankwechselbehälter), der in besonderer Weise gebaut oder ausgerüstet ist, um das Einfüllen und Entleeren von Abfällen gemäß den Vorschriften des Kapitels 6.10 des ADR zu erleichtern.

Ein Tank, der vollständig den Vorschriften des Kapitels 6.7 oder 6.8 des ADR entspricht, gilt nicht als Saug-Druck-Tank für Abfälle.

---

[3] Amtsblatt der Europäischen Union Nr. L 96 vom 29. März 2014, S. 309.

[4] http://iecex.com/rules

[5] A Common Regulatory Framework for Equipment Used in Environments with an Explosive Atmosphere, United Nations 2011.

[6] Die Buchstaben IEC/EN bedeuten: Die Norm ist sowohl als IEC-Norm als auch als EN-Norm verfügbar.

Schiff:
Ein Binnenschiff oder ein Seeschiff.

Schiffsakte:
Ein Dokument, das alle technisch relevanten Informationen eines Schiffes oder eines Schubleichters wie Baupläne und Ausrüstungsunterlagen enthält.

Schiffsbetriebsabfälle, öl- und fetthaltige:
Altöl, Bilgenwasser und andere öl- oder fetthaltige Abfälle wie Altfett, Altfilter, Altlappen, Gebinde und Verpackungen dieser Abfälle.

Schiffsführer:
Eine Person im Sinne des § 1.02 des Europäischen Binnenwasserstraßen-Codes (CEVNI).

Schiffstypen:

Typ G: Ein Tankschiff, das für die Beförderung von Gasen unter Druck oder in gekühltem Zustand bestimmt ist.

Typ C: Ein Tankschiff, das für die Beförderung von flüssigen Stoffen bestimmt ist.
Das Schiff muss als Glattdeck-Doppelhüllenschiff mit Wallgängen, Doppelboden und ohne Trunk ausgeführt sein, wobei die Ladetanks vom Schiffskörper gebildet werden oder als unabhängige Ladetanks in den Aufstellungsräumen angeordnet sein können.

Typ N: Ein Tankschiff, das für die Beförderung von flüssigen Stoffen bestimmt ist.

Typ N geschlossen:
Ein Tankschiff, das für die Beförderung von flüssigen Stoffen in geschlossenen Ladetanks bestimmt ist.

Typ N offen mit Flammendurchschlagsicherungen:
Ein Tankschiff, das für die Beförderung von flüssigen Stoffen in offenen Ladetanks bestimmt ist, wobei die Ladetanks an den Öffnungen zur Atmosphäre mit einer dauerbrandsicheren Flammendurchschlagsicherung versehen sind.

Typ N offen:
Ein Tankschiff, das für die Beförderung von flüssigen Stoffen in offenen Ladetanks bestimmt ist.

Skizze (beispielhaft):
Typ G:

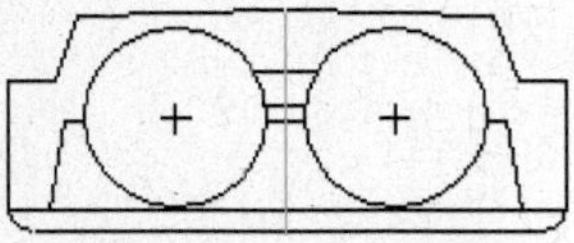

Typ G, Ladetankzustand 1, Ladetanktyp 1, (auch bei Glattdeck)

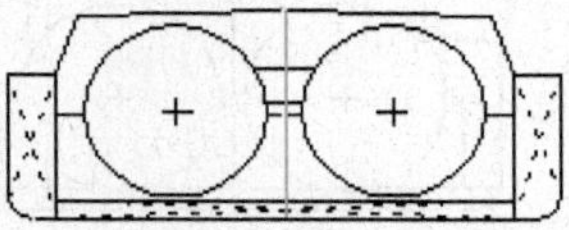

Typ G, Ladetankzustand 1, Ladetanktyp 1 (auch bei Glattdeck)

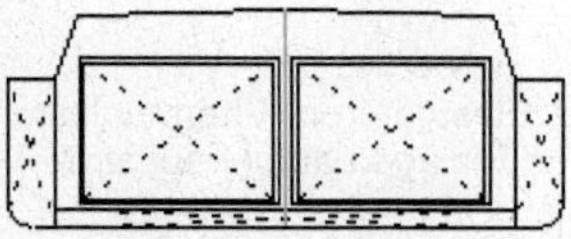

Typ G, Ladetankzustand 2, Ladetanktyp 1 (auch bei Glattdeck)

Typ C:

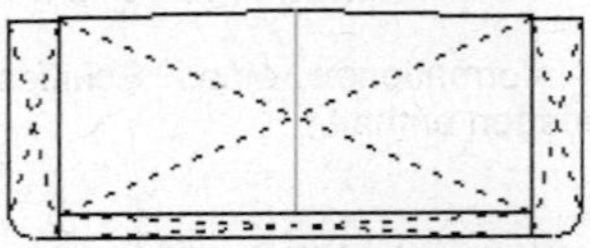

Typ C, Ladetankzustand 2, Ladetanktyp 2

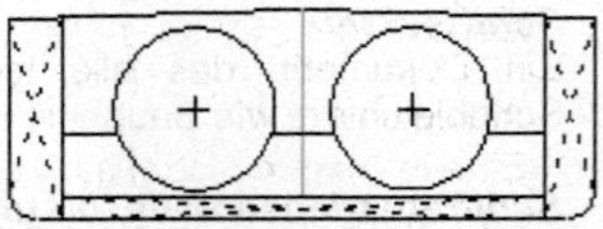

Typ C, Ladetankzustand 1, Ladetanktyp 1

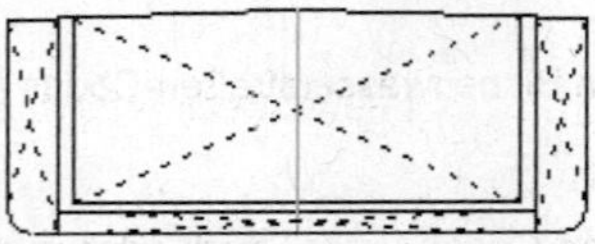

Typ C, Ladetankzustand 2, Ladetanktyp 1

Typ N:

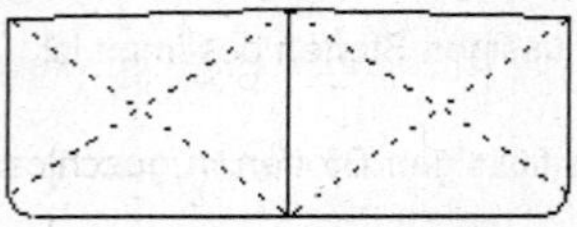

Typ N, Ladetankzustand 2,3 oder 4
Ladetanktyp 2

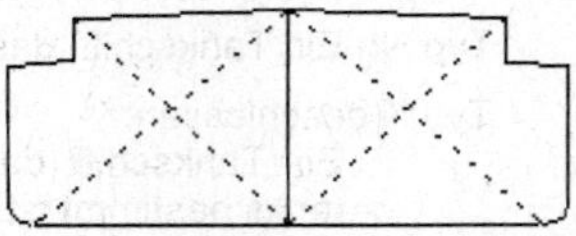

Typ N, Ladetankzustand 2,3 oder 4
Ladetanktyp 2

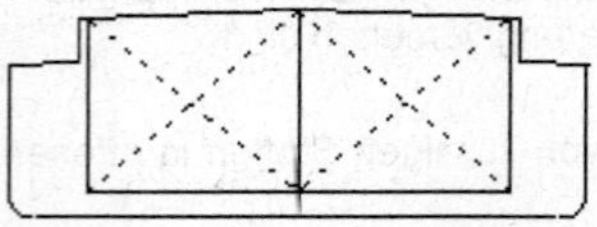

Typ N, Ladetankzustand 2, 3 oder 4
Ladetanktyp 1
(auch bei Glattdeck)

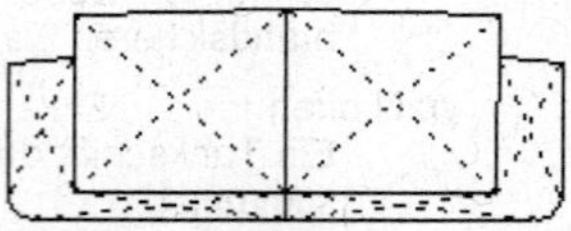

Typ N, Ladetankzustand 2, 3 oder 4
Ladetanktyp 3
(auch bei Glattdeck)

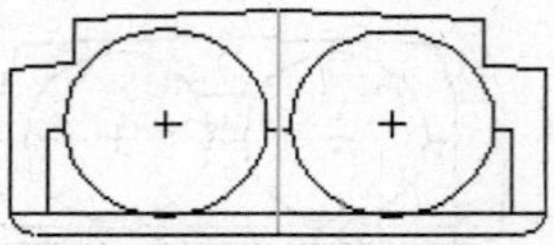

Typ N, Ladetankzustand 2, 3 oder 4
Ladetanktyp 1
(auch bei Glattdeck)

Schlauch:
Schläuche sind flexible rohrförmige Halbzeuge aus Elastomeren, Thermoplasten oder rostfreiem Stahl, die aus einer oder mehreren Schichten und Einlagen aufgebaut sind.

Schlaucharmatur:
Schlaucharmaturen sind Anschluss- und Verbindungselemente von Schläuchen.

Schlauchleitungen:
Schlauchleitungen sind Schläuche, die beidseitig in Schlaucharmaturen eingebunden oder eingeschweißt sind; eingebundene Schlaucharmaturen dürfen sich nur mit einem Werkzeug lösen lassen.

Schott:
Eine im Allgemeinen senkrechte Metallwand, deren beide Seiten sich im Schiffsinnern befinden und die durch den Schiffsboden, die Bordwand, ein Deck, das Lukendach oder ein anderes Schott begrenzt wird.

Schott (wasserdicht):
Ein Schott gilt als wasserdicht, wenn es so gebaut ist, dass es

- bei Trockengüterschiffen einem Wasserdruck von 1,00 m über Deck, jedoch mindestens bis Oberkante des Lukensülls und
- bei Tankschiffen einem Wasserdruck von 1,00 m über Deck standhält.

Schüttgut-Container:
Ein Behältnissystem (einschließlich eventueller Auskleidungen oder Beschichtungen), das für die Beförderung fester Stoffe in direktem Kontakt mit dem Behältnissystem vorgesehen ist. Verpackungen, Großpackmittel (IBC), Großverpackungen und Tanks sind nicht eingeschlossen.

Ein Schüttgut-Container:

- ist von dauerhafter Beschaffenheit und genügend widerstandsfähig, um wiederholt verwendet werden zu können.
- ist besonders dafür gebaut, um die Beförderung von Gütern durch ein oder mehrere Beförderungsmittel ohne Veränderung der Ladung zu erleichtern.
- ist mit Vorrichtungen versehen, welche die Handhabung erleichtern.
- hat ein Fassungsraum vom mindestens 1,0 m^3.

Beispiele für Schüttgut-Container sind Container, Offshore-Schüttgut-Container, Mulden, Silos für Güter in loser Schüttung, Wechselaufbauten (Wechselbehälter), trichterförmige Container, Rollcontainer und Ladeabteile von Fahrzeugen oder Wagen.

Bem. Diese Begriffsbestimmung gilt nur für Schüttgut-Container, die den Vorschriften des Kapitels 6.11 des ADR entsprechen.

Bedeckter Schüttgut-Container:
Ein oben offener Schüttgut-Container mit starrem Boden (einschließlich trichterförmiger Böden), starren Seitenwänden und starren Stirnseiten und einer nicht starren Abdeckung.

Flexibler Schüttgut-Container: Ein flexibler Container mit einem Fassungsraum von höchstens 15m^3, einschließlich Auskleidungen, angebrachter Handhabungseinrichtungen und Bedienungsausrüstung.

Geschlossener Schüttgut-Container:
Ein vollständig geschlossener Schüttgut-Container mit einem starren Dach, starren Seitenwänden, starren Stirnseiten und einem starren Boden (einschließlich trichterförmiger Böden). Der Begriff umfasst Schüttgut-Container mit einem öffnungsfähigen Dach, öffnungsfähigen Seitenwänden oder öffnungsfähigen Stirnseiten, das/die während der Beförderung geschlossen werden kann/können. Geschlossene Schüttgut-Container dürfen mit Öffnungen ausgerüstet sein, die einen Austausch von Dämpfen und Gasen mit Luft ermöglichen und die unter normalen Beförderungsbedingungen ein Freiwerden fester Stoffe sowie ein Eindringen von Regen- oder Spritzwasser verhindern.

Schutzanzug:
Ein Anzug, der den Körper des Trägers bei Arbeiten in einem Gefahrenbereich schützt. Die

Wahl des geeigneten Schutzanzuges muss entsprechend den auftretenden Gefahren erfolgen. Für Schutzanzüge siehe z.B. ISO 13688:2013. Bei Gefahren durch elektrostatische Aufladung/ Entladung zusätzlich Europäische Norm EN 1149-5:2008.

Schutzauskleidung *(von Tanks):*
Auskleidung oder Beschichtung, die den metallenen Werkstoff des Tanks vor den zu befördernden Stoffen schützt.

Bem. Diese Begriffsbestimmung gilt nicht für Auskleidungen oder Beschichtungen, die nur für den Schutz des zu befördernden Stoffes verwendet werden.

Schutzbrille, Schutzschirm:
Eine Brille oder ein Gesichtsschutz, welche/welcher die Augen oder das Gesicht des Trägers bei Arbeiten in einem Gefahrenbereich schützen. Die Wahl der geeigneten Brille oder des Schutzschirmes muss entsprechend den auftretenden Gefahren erfolgen. Für Schutzbrille oder Schutzschirme siehe z.B. Europäische Norm EN 166:2001.

Schutzhandschuhe:
Handschuhe, die die Hände des Trägers bei Arbeiten in einem Gefahrenbereich schützen. Die Wahl der geeigneten Schutzhandschuhe muss entsprechend den auftretenden Gefahren erfolgen (siehe z.B. Europäische Normen EN 374-1:2016, EN 374-2:2015 oder EN 374-4:2013). Bei Gefahren durch elektrostatische Aufladung/Entladung müssen sie der Europäische Norm EN 16350:2015 entsprechen.

Schutzschuhe (oder Schutzstiefel):
Schuhe oder Stiefel, welche die Füße des Trägers bei Arbeiten in einem Gefahrenbereich schützen. Die Wahl der geeigneten Schutzschuhe oder Schutzstiefel muss entsprechend den auftretenden Gefahren, insbesondere auch durch elektrostatische Aufladung/Entladung, entsprechend den internationalen Normen ISO 20345:2012 oder ISO 20346:2014 erfolgen.

Schutzsüll, flüssigkeitsdicht:
Ein an Deck auf Höhe der äußersten Ladetankschotte (siehe Skizze Zoneneinteilung), höchstens jedoch 0,60 m innerhalb der äußeren Kofferdammschotte oder der Begrenzungsschotte der Aufstellungsräume, verlaufendes flüssigkeitsdichtes Süll, das an Deck den Übertritt von Flüssigkeit in Richtung des Vor- oder Achterschiffs verhindert. Die Verbindung mit den Spillsüllen muss flüssigkeitsdicht sein.

Schutzwand, gas- und flüssigkeitsdicht:
Eine an Deck auf Höhe der Begrenzungsebene des Bereichs der Ladung angebrachte gas- und flüssigkeitsdichte Wand, die den Übertritt von Gasen und Flüssigkeit in Bereiche außerhalb des Bereichs der Ladung verhindert.

Schutzzone:
Eine ausgewiesene, erkennbare Zone außerhalb des Bereichs der Ladung, die für alle Personen an Bord gut zugänglich ist. Die Schutzzone bietet durch eine Wassersprühanlage mindestens 60 Minuten Schutz vor den nachvollziehbaren Risiken in Bezug auf die Ladung. Die Schutzzone kann während eines Zwischenfalls evakuiert werden. Eine Schutzzone ist unzulässig, wenn die Gefahr von einer Explosion ausgeht.

Schwer entflammbar:
Ein Werkstoff, der selbst oder bei dem mindestens dessen Oberfläche schwer entzündbar ist und der die Ausbreitung eines Brandes in geeigneter Weise einschränkt.

Als Prüfverfahren zur Feststellung der Schwerentflammbarkeit sind die IMO-Entschließung A.653(16) oder gleichwertige Vorschriften einer Vertragspartei anerkannt.

Sendung:
Ein einzelnes Versandstück oder mehrere Versandstücke oder eine Ladung gefährlicher Güter, die ein Absender zur Beförderung aufgibt.

Sicherheitsberater:
Eine Person, die in einem Unternehmen, dessen Tätigkeit die Beförderung gefährlicher Güter auf Binnenwasserstraße oder das mit dieser Beförderung zusammenhängende Verpacken, Beladen, Befüllen oder Entladen umfasst, die Aufgabe der Verhütung von Risiken bei der Beförderung gefährlicher Güter wahrnimmt.

Bem. Ein Sicherheitsberater wird auch Gefahrgutbeauftragter genannt.

Sicherheitsventil:
Eine selbsttätige druckabhängige federbelastete Einrichtung zum Schutz des Ladetanks gegen einen unzulässigen inneren Über- oder Unterdruck (siehe auch Hochgeschwindigkeitsventil, Über- und ein Unterdruckventil).

Slopbehälter:
Ein Stahlfass zur Aufnahme von nicht pumpfähigen Slops.

Slops:
Ein pumpfähiges oder nicht pumpfähiges Gemisch aus Ladungsrückständen und Waschwasserresten, Rost oder Schlamm z.B.

SOLAS:
Internationales Übereinkommen von 1974 zum Schutz menschlichen Lebens auf See in der jeweils geltenden Fassung.

Spillsüll:
Ein an Deck im Bereich der Ladung parallel zur Bordwand verlaufendes Süll mit verschließbaren Öffnungen, das den Übertritt von Flüssigkeit über Bord verhindert. Die Verbindung mit den Schutzsüllen, sofern vorhanden, muss flüssigkeitsdicht sein.

Spule (Klasse 1):
Eine Einrichtung aus Kunststoff, Holz, Pappe, Metall oder einem anderen geeigneten Werkstoff, die aus einer Spindel und gegebenenfalls aus Seitenwänden an jedem Ende der Spindel besteht. Die Stoffe und Gegenstände müssen auf die Spindel aufgewickelt und gegebenenfalls durch die Seitenwände gesichert werden können.

Starrer Innenbehälter (für Kombinations-IBC):
Behälter, der seine gewöhnliche Form in leerem Zustand beibehält, ohne dass die Verschlüsse am richtigen Ort sind und ohne, dass er durch die äußere Umhüllung gestützt wird. Innenbehälter die nicht «starr» sind, gelten als «flexibel».

Starrer Kunststoff-IBC:
Ein Großpackmittel (IBC), das aus einem Packmittelkörper aus starrem Kunststoff besteht und mit einer baulichen Ausrüstung und einer geeigneten Bedienungsausrüstung versehen sein kann.

Staubdichte Verpackung:
Verpackung, die für trockenen Inhalt, einschließlich während der Beförderung entstandener feinstaubiger fester Stoffe, undurchlässig ist.

STCW:
Internationales Übereinkommen über Normen für die Ausbildung, die Erteilung von Befähigungszeugnissen und den Wachdienst von Seeleuten, 1978, in der gültigen Fassung.

Stoffnummer:
Nummer zur Kennzeichnung von Stoffen, denen noch keine UN-Nummer zugeordnet wurde oder die nicht einer Sammelbezeichnung mit UN-Nummer zugeordnet werden können. Diese vierstellige Zahl beginnt mit der Ziffer 9.

***Strahlungsdetektionssystem*:**
Ein Gerät, das als Bestandteile Strahlungsdetektoren enthält.

Strahlwassergeschützte elektrische Einrichtung:
Eine elektrische Einrichtung, die so beschaffen ist, dass ein Wasserstrahl aus einem Strahlrohr, gleich aus welcher Richtung, keinen Schaden verursacht. Die Versuchsbedingungen sind in der IEC-Publikation 60529, Mindestschutzart IP 55, festgelegt.

T

Tank:
Ein Tankkörper mit seiner Bedienungsausrüstung und baulichen Ausrüstung. Wenn der Begriff allein verwendet wird, umfasst er die in diesem Abschnitt definierten Tankcontainer, ortsbeweglichen Tanks, Aufsetztanks, abnehmbaren Tanks, festverbundenen Tanks, Kesselwagen sowie die Tanks als Elemente von Batterie-Fahrzeugen und Batteriewagen oder MEGC.

Bem. Für ortsbewegliche Tanks siehe Unterabschnitt 6.7.4.1 des ADR.

Tankakte:
Ein Dokument, das alle technisch relevanten Informationen eines Tanks, eines Batterie-Fahrzeugs, eines Batteriewagens oder eines MEGC, wie die in den Unterabschnitten 6.8.2.3, 6.8.2.4 und 6.8.3.4 des ADR genannten Bescheinigungen, enthält.

Tankcontainer:
Ein Beförderungsgerät, das der Begriffsbestimmung für Container entspricht, das aus einem Tankkörper und den Ausrüstungsteilen besteht, einschließlich der Einrichtungen, die das Umsetzen des Tankcontainers ohne wesentliche Veränderung der Gleichgewichtslage erlauben, das für die Beförderung von gasförmigen, flüssigen, pulverförmigen oder körnigen Stoffen verwendet wird und das einen Fassungsraum von mehr als 0,45 m^3 (450 Liter) hat, wenn es für die Beförderung von in Absatz 2.2.2.1.1 definierten Gasen verwendet wird.

Bem. Großpackmittel (IBC), die den Vorschriften des Kapitels 6.5 des ADR entsprechen, gelten nicht als Tankcontainer.

Tankfahrzeug:
Ein Fahrzeug mit einem oder mehreren festverbundenen Tanks zur Beförderung von flüssigen, gasförmigen, pulverförmigen oder körnigen Stoffen. Es besteht - außer dem eigentlichen Fahrzeug oder einem Fahrgestell - aus einem oder mehreren Tankkörpern, deren Ausrüstungsteilen und den Verbindungsteilen zum Fahrzeug oder zum Fahrgestell.

Tankschiff:
Ein Schiff, das für die Güterbeförderung von Gütern in Ladetanks gebaut ist.

Tankwechselaufbau (Tankwechselbehälter):
Ein Tankwechselaufbau (Tankwechselbehälter) gilt als Tankcontainer.

Technische Anweisungen der ICAO:
Technische Anweisungen für die sichere Beförderung gefährlicher Güter im Luftverkehr, Ergänzung zu Anhang 18 zum Chicagoer Übereinkommen für den internationalen Zivilluftverkehr (Chicago, 1944), herausgegeben von der Internationalen Zivilluftfahrt - Organisation (ICAO), Montreal.

Technische Benennung:
siehe Benennung, technische.

Temperatur der selbstbeschleunigenden Polymerisation (SAPT):
Die niedrigste Temperatur, bei der die Polymerisation eines Stoffes in den zur Beförderung aufgegebenen Verpackungen, Großpackmitteln (IBC) oder Tanks auftreten kann. Die SAPT ist

nach den für die Temperatur der selbstbeschleunigenden Zersetzung von selbstzersetzlichen Stoffen im Handbuch Prüfungen und Kriterien Teil II Abschnitt 28 festgelegten Prüfverfahren zu bestimmen.

Temperaturklasse:
Einteilung der brennbaren Gase und der Dämpfe brennbarer Flüssigkeiten nach ihren Zündtemperaturen sowie der zum Einsatz in explosionsgefährdeten Bereichen zugelassenen Betriebsmittel nach der Oberflächentemperatur (siehe EN 13237:2011)

Tierische Stoffe:
Tierkörper, Tierkörperteile oder aus Tieren gewonnene Nahrungsmittel oder Futtermittel.

Toximeter:
Ein tragbares (ortsbewegliches) Gerät, mit dem jede bedeutsame Konzentration von giftigen Gasen und Dämpfen gemessen werden kann. Das Gerät muss den Normen EN 45544-1:2015, EN 45544-2:2015, EN 45544-3:2015 und EN 45544-4:2016 oder der Norm ISO 17621:2015 entsprechen.
Wird dieses Gerät in explosionsgefährdeten Bereichen verwendet, muss es zusätzlich für die Verwendung in dem jeweiligen Bereich geeignet sein und es muss nachgewiesen sein, dass es den anwendbaren Anforderungen entspricht (z.B. Konformitätsbewertungsverfahren nach Richtlinie 2014/34/EU[3]), IECEx-System[3)4)] oder nach ECE/Trade/391[5)] oder mindestens gleichwertig). Das Gerät muss so beschaffen sein, dass auch Messungen möglich sind, ohne die zu prüfenden Räume zu betreten.

Transportkennzahl (TI)[1)], die einem Versandstück, einer Umverpackung oder einem Container oder unverpackten LSA-I-Stoffen oder SCO-I-Gegenständen zugeordnet ist, für die Beförderung radioaktiver Stoffe:
Eine Zahl, anhand derer die Strahlenexposition überwacht wird.

U

Überdruckventil:
Ein selbsttätiges Sicherheitsventil zum Schutz des Ladetanks gegen einen unzulässigen inneren Überdruck.

UEG:
Siehe Untere Explosionsgrenze.

UIC:
Internationaler Eisenbahnverband (UIC, 16 rue Jean Rey, F-75015 Paris).

Umformte Flasche:
Eine Flasche zur Beförderung von Flüssiggas mit einem mit Wasser ausgeliterten Fassungsraum von höchstens 13 Litern aus einer beschichteten geschweißten Innenflasche aus Stahl mit einem Schutzgehäuse, das aus einer Umformung aus Schaumstoff besteht, die nicht abnehmbar und auf der äußeren Oberfläche der Wand der Stahlflasche aufgeklebt ist.

Umverpackung:
Eine Umschließung, die (im Falle der Klasse 7 von einem einzigen Absender) für die Aufnahme von einem oder mehreren Versandstücken und für die Bildung einer Einheit zur leichteren Handhabung und Verladung während der Beförderung verwendet wird. Beispiele für Umverpackungen sind:

---

1) Die Buchstaben „TI" sind die Abkürzung des englischen Ausdrucks „Transport Index"
3) Amtsblatt der Europäischen Union Nr. L 96 vom 29. März 2014, S. 309.
4) http://iecex.com/rules
5) A Common Regulatory Framework for Equipment Used in Environments with an Explosive Atmosphere, United Nations 2011.

a) eine Ladeplatte, wie eine Palette, auf die mehrere Versandstücke gestellt oder gestapelt werden und die durch Kunststoffband, Schrumpf- oder Dehnfolie oder andere geeignete Mittel gesichert werden, oder
b) eine äußere Schutzverpackung wie eine Kiste oder ein Verschlag.

UNECE:
United Nations Economic Commission for Europe (Wirtschaftskommission der Vereinten Nationen für Europa) (UNECE, Palais des Nations, 8-14 avenue de la Paix, CH-1211 Genf 10).

UN-Modellvorschriften:
Die Modellvorschriften, die in der Anlage der zwanzigsten überarbeiteten Ausgabe der UN-Empfehlungen für die Beförderung gefährlicher Güter, herausgegeben von den Vereinten Nationen (ST/SG/AC.10/1/Rev.20), enthalten sind.

UN-Nummer:
Vierstellige Zahl als Nummer zur Kennzeichnung von Stoffen oder Gegenständen gemäß UN-Modellvorschriften.

UN-Regelung:
Eine Regelung als Anlage zum Übereinkommen über die Annahme einheitlicher technischer Vorschriften für Radfahrzeuge, Ausrüstungsgegenstände und Teile, die in Radfahrzeuge(n) eingebaut und/oder verwendet werden können, und die Bedingungen für die gegenseitige Anerkennung von Genehmigungen, die nach diesen Vorschriften erteilt werden (Übereinkommen von 1958 in der jeweils geänderten Fassung).

Unterdruckventil:
Ein selbsttätiges Sicherheitsventil zum Schutz des Ladetanks gegen einen unzulässigen inneren Unterdruck. Wenn die Schiffsstoffliste nach Absatz 1.16.1.2.5 Stoffe enthält, für die nach Unterabschnitt 3.2.3.2 Tabelle C Spalte (17) Explosionsschutz gefordert ist, muss es deflagrationssicher gegenüber einer atmosphärischen Explosion für den kritischsten Stoff der Schiffsstoffliste ausgeführt sein. Die Deflagrationssicherheit muss nach der internationalen Norm ISO 16852:2016[1] geprüft sein und es muss nachgewiesen sein, dass sie den anwendbaren Anforderungen entspricht (z.B. Konformitätsbewertungsverfahren nach Richtlinie 2014/34/EU[3], IECEx-System[3][4] oder ECE Trade 391[5] oder mindestens gleichwertig). Die Deflagrationssicherheit kann durch eine integrierte Flammensperre oder durch eine Flammendurchschlagsicherung (Deflagrationsendsicherung) gewährleistet werden.

Bem. Im ADR werden solche Einrichtungen zum Schutz von Tanks als Vakuumventile bezeichnet.

Untere Explosionsgrenze (UEG):
Die niedrigste Konzentration des Explosionsbereiches, bei der eine Explosion auftreten kann.

Unternehmen:
Jede natürliche Person, jede juristische Person mit oder ohne Erwerbszweck, jede Vereinigung oder jeder Zusammenschluss von Personen ohne Rechtspersönlichkeit mit oder ohne Erwerbszweck sowie jede staatliche Einrichtung, unabhängig davon, ob diese über eine eigene Rechtspersönlichkeit verfügt oder von einer Behörde mit Rechtspersönlichkeit abhängt.

Unterweisung:
Die Vermittlung einer Fertigkeit, das Beibringen, wie etwas getan und wie gehandelt werden muss, die innerbetrieblich durch das eigene Personal erfolgen kann.

---

[1] Identisch mit EN ISO 16852:2016.
[3] Amtsblatt der Europäischen Union Nr. L 96 vom 29. März 2014, S. 309.
[4] http://iecex.com/rules
[5] A Common Regulatory Framework for Equipment Used in Environments with an Explosive Atmosphere, United Nations 2011.

V

Vakuumventil:
siehe Unterdruckventil.

Verdichtetes Erdgas (CNG):
Ein verdichtetes Gas, das aus Erdgas mit einem hohen Methangehalt besteht und der UN-Nummer 1971 zugeordnet ist.

Verflüssigtes Erdgas (LNG):
Ein tiefgekühlt verflüssigtes Gas, das aus Erdgas mit einem hohen Methangehalt besteht und der UN-Nummer 1972 zugeordnet ist.

Verladen:
Alle Tätigkeiten, die vom Verlader gemäß der Begriffsbestimmung von Verlader vorgenommen werden.

Verlader:
Das Unternehmen, das

a) verpackte gefährliche Güter, Kleincontainer oder ortsbewegliche Tanks in oder auf ein Beförderungsmittel oder einen Container verlädt oder
b) einen Container, Schüttgut-Container, MEGC, Tankcontainer oder ortsbeweglichen Tank auf ein Beförderungsmittel verlädt oder
c) ein Fahrzeug oder einen Wagen in oder auf ein Schiff verlädt.

Verpacker:
Das Unternehmen, das die gefährlichen Güter in Verpackungen, einschließlich Großverpackungen und Großpackmittel (IBC), einfüllt und gegebenenfalls die Versandstücke zur Beförderung vorbereitet.

Verpackung:
Ein oder mehrere Gefäße und alle anderen Bestandteile und Werkstoffe, die notwendig sind, damit die Gefäße ihre Behältnis- und andere Sicherheitsfunktionen erfüllen können (siehe auch Außenverpackung, Bergungsverpackung, Feinstblechverpackung, Großpackmittel (IBC), Großverpackung, Innenverpackung, Kombinationsverpackung, rekonditionierte Verpackung, staubdichte Verpackung, Zwischenverpackung, wiederaufgearbeitete Verpackung, wiederverwendete Verpackung und zusammengesetzte Verpackung).

Verpackungsgruppe:
Eine Gruppe, der gewisse Stoffe auf Grund ihres Gefahrengrades während der Beförderung für Verpackungszwecke zugeordnet sind. Die Verpackungsgruppen haben folgende Bedeutung, die in Teil 2 genauer erläutert wird:

Verpackungsgruppe I:	Stoffe mit hoher Gefahr
Verpackungsgruppe II:	Stoffe mit mittlerer Gefahr
Verpackungsgruppe III:	Stoffe mit geringer Gefahr.

Bem.: Bestimmte Gegenstände, die gefährliche Stoffe enthalten, sind ebenfalls einer Verpackungsgruppe zugeordnet.

Versandstück:
Das versandfertige Endprodukt des Verpackungsvorganges, bestehend aus der Verpackung, der Großverpackung oder dem Großpackmittel (IBC) und ihrem bzw. seinem Inhalt. Der Begriff umfasst die Druckgefäße für Gase gemäß Begriffsbestimmung in diesem Abschnitt sowie die Gegenstände, die wegen ihrer Größe, Masse oder Formgebung unverpackt, oder in Schlitten, Verschlägen oder Handhabungseinrichtungen befördert werden dürfen.

Mit Ausnahme der Beförderung radioaktiver Stoffe gilt dieser Begriff weder für Güter, die in loser Schüttung noch für Güter, die in Ladetanks befördert werden.

An Bord von Schiffen schließt der Begriff Versandstück auch die Fahrzeuge, Wagen, Container (einschließlich Wechselaufbauten), Tankcontainer, ortsbewegliche Tanks, Batterie-Fahrzeuge, Batteriewagen, Tankfahrzeuge, Kesselwagen und Gascontainer mit mehreren Elementen (MEGC) ein.

Bem.: Für radioaktive Stoffe siehe Unterabschnitt 2.2.7.2, Absatz 4.1.9.1.1 und Kapitel 6.4 des ADR.

Verschlag:
Eine Außenverpackung, die eine durchbrochene Oberfläche aufweist.

Verschluss:
Eine Einrichtung, die dazu dient, die Öffnung eines Gefäßes zu verschließen.

Vorrichtung zum gefahrlosen Entspannen der Ladetanks:
Eine handbetätigte oder fernbediente Vorrichtung, die so angeordnet ist, dass das Entspannen der Ladetanks gefahrlos möglich ist. Wenn die Schiffsstoffliste nach Absatz 1.16.1.2.5 Stoffe enthält, für die nach Unterabschnitt 3.2.3.2 Tabelle C Spalte (17) Explosionsschutz gefordert ist, muss sie deflagrations- und dauerbrandsicher für den kritischsten Stoff der Schiffsstoffliste ausgeführt sein. Die Deflagrationssicherheit muss nach der internationalen Norm ISO 16852:2016[1] geprüft sein und es muss nachgewiesen sein, dass sie den anwendbaren Anforderungen entspricht (z.B. Konformitätsbewertungsverfahren nach Richtlinie 2014/34/EU[3], IECEx-System[4] oder ECE Trade 391[5] oder mindestens gleichwertig). Die Deflagrationssicherheit kann durch eine integrierte dauerbrandsichere Flammensperre oder durch eine dauerbrandsichere Flammendurchschlagsicherung (Deflagrationsendsicherung) gewährleistet werden.

W

Wagen:
Ein Eisenbahnfahrzeug ohne eigenen Antrieb, das auf eigenen Rädern auf Eisenbahnschienen rollt und zur Beförderung von Gütern bestimmt ist (siehe auch Batteriewagen, gedeckter Wagen, Kesselwagen, offener Wagen, Wagen mit Decken).

Wagen mit Decken:
Offener Wagen, der zum Schutz der Ladung mit Decken versehen ist.

Wasserdicht:
Bauteile oder Vorrichtungen, die so eingerichtet sind, dass das Durchdringen von Wasser verhindert wird.

Wasserfilm:
Eine Wasserschicht zum Schutz vor Sprödbruch.

Wassersprühanlage:
Eine Vorrichtung an Bord, die alle im entladenen Zustand frei liegenden vertikalen Außenflächen des Schiffsrumpfes des Vor- oder Achterschiffs, alle vertikalen Flächen von Aufbauten und Deckshäusern sowie die Decksflächen über Aufbauten und Deckshäusern, Maschinenräumen und Räumen, in denen brennbare Stoff gelagert werden, durch gleichmäßige Verteilung von Wasser über die Flächen schützt. Die Leistung der Wassersprühanlage für die zu schüt-

[1] Identisch mit EN ISO 16852:2016.
[3] Amtsblatt der Europäischen Union Nr. L 96 vom 29. März 2014, S. 309.
[4] http://iecex.com/rules
[5] A Common Regulatory Framework for Equipment Used in Environments with an Explosive Atmosphere, United Nations 2011.

zende Fläche ist mit mindestens 10 Litern pro Quadratmeter und Minute auszulegen. Die Wassersprühanlage muss von ihrer Konstruktion her für einen ganzjährigen Betrieb ausgelegt sein. Sie muss vom Steuerstand und von der Schutzzone aus in Betrieb gesetzt werden können.

Wechselaufbau (Wechselbehälter):
siehe Container.

Wetterdicht:
Bauteile oder Vorrichtungen, die so eingerichtet sind, dass sie unter den üblicherweise vorkommenden Verhältnissen nur eine unbedeutende Menge Wasser durchlassen.

Wiederaufgearbeitete Großverpackung:
siehe Großverpackung.

Wiederverwendete Großverpackung:
siehe Großverpackung.

Wohnung:
Die für die normalerweise an Bord lebenden Personen bestimmten Räume einschließlich Küchen, Vorratsräume, Toiletten, Waschräume, Baderäume, Waschküchen, Dielen, Flure usw., mit Ausnahme des Steuerhauses.

X

Y

Z

Zoneneinteilung:
Diese Zoneneinteilung (siehe Skizze) gilt für Tankschiffe, deren Schiffsstoffliste nach Absatz 1.16.1.2.5 Stoffe enthält, für die nach Unterabschnitt 3.2.3.2 Tabelle C Spalte (17) Explosionsschutz gefordert wird.

Zone 0: umfasst:
Das Innere aller Ladetanks, Restetanks, Restebehälter und Slopbehälter sowie von Rohrleitungen, die Ladung oder Ladungsdämpfe enthalten, einschließlich deren Ausrüstung sowie Pumpen und Kompressoren.

Zone 1: umfasst

- Alle Räume unter Deck im Bereich der Ladung, die nicht zu Zone 0 gehören.
- Geschlossene Räume an Deck im Bereich der Ladung.
- Das freie Deck im Bereich der Ladung in voller Breite des Schiffes bis zu den äußeren Kofferdammschotten.
- Bis zu einem Abstand von 1,60 m zu den „Begrenzungsebenen des Bereichs der Ladung" beträgt die Höhe 2,50 m über Deck, mindestens jedoch 1,50 m über den höchstgelegenen Rohrleitungen, die Ladung oder Ladungsdämpfe enthalten.
  Daran anschließend (nach vorne und nach hinten) bis zum äußersten Ladetankschott, beträgt die Höhe 0,25 m über Deck.
  Ist das Schiff mit Aufstellungsräumen gebaut oder der Kofferdamm/ein Teil des Kofferdammes als Betriebsraum eingerichtet, beträgt diese daran anschließende Höhe (nach vorne und nach hinten) bis zur „Begrenzungsebene des Bereichs der Ladung" 1,00 m über Deck (siehe Zeichnung).
- Dabei muss jede Öffnung aus Zone 0, außer um Hochgeschwindigkeitsventile/ Sicherheitsventile der Drucktanks, von einem Kreisring Zone 1 umgeben sein, dessen Kreisringbreite mindestens 2,50 m beträgt. Bei Öffnungen, deren Durchmesser weniger 0,026 m (1") beträgt, kann der Abstand zum äußeren Kofferdammschott auf 0,50 m verringert werden, sofern sichergestellt ist, dass solche Öffnungen innerhalb dieses Abstandes nicht zur Atmosphäre geöffnet werden.
- Um Hochgeschwindigkeitsventile oder Sicherheitsventile der Drucktanks einen zylindrischen Bereich mit einem Radius von 3,00 m bis zu einer Höhe von 4,00 m über der Austrittsöffnung des Hochgeschwindigkeitsventils oder Sicherheitsventils der Drucktanks.
- Um Entlüftungsöffnungen technisch belüfteter Betriebsräume im Bereich der Ladung einen Bereich in Form eines Kugelsegmentes mit Radius von 1,00 m.

Zone 2: umfasst:
- An Deck im Bereich der Ladung, einen Bereich mit einer Ausdehnung von 1,00 m in der Höhe und in Längsrichtung anschließend an Zone 1.
- Auf dem Vor- und Achterdeck anschließend an die „Begrenzungsebene des Bereichs der Ladung" einen Bereich über die volle Breite des Schiffs, mit einer Länge von 7,50 m. Zwischen der seitlichen Bordwand und der Schutzwand entspricht dieser Bereich in der Länge und in der Höhe den Abmessungen der seitlichen Flanke dieser Schutzwand. Ansonsten beträgt die Höhe der Zone 2 0,50 m.
  Dieser Bereich zählt nicht zu Zone 2, wenn die Schutzwand von Bord zu Bord reicht und keine Öffnungen aufweist.
- Einen Bereich von 3,00 m Ausdehnung um die Zone 1 um Hochgeschwindigkeitsventile oder Sicherheitsventile der Drucktanks.
- Um Entlüftungsöffnungen technisch belüfteter Betriebsräume im Bereich der Ladung einen Bereich in Form einer Kugelschale mit Kugelschalenbreite 1,00 m, die Zone 1 umhüllt.

Zoneneinteilung bei Tankschiffen

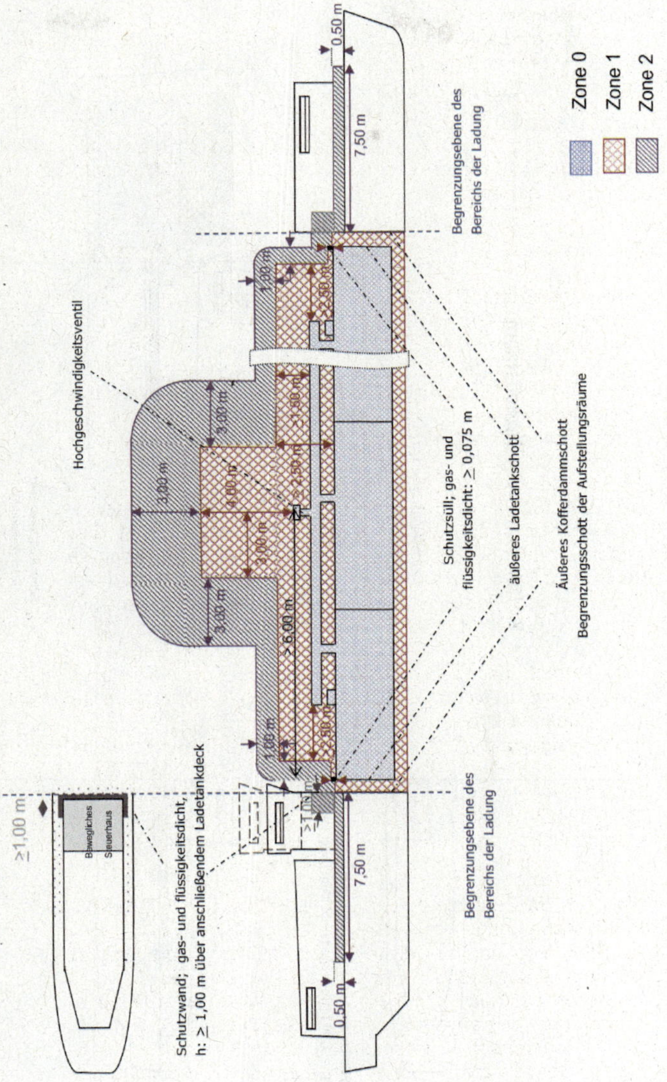

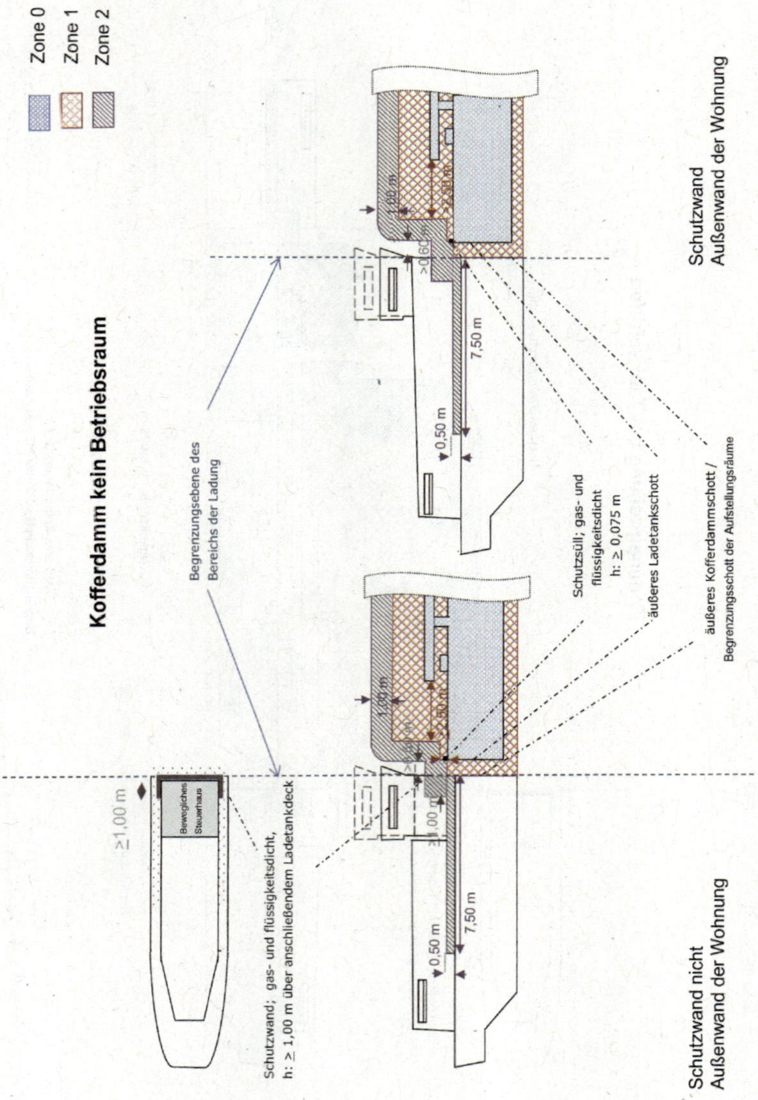
Kofferdamm kein Betriebsraum
Zone 0
Zone 1
Zone 2
Begrenzungsebene des Bereichs der Ladung
≥1,00 m
Bewegliches Steuerhaus
Schutzwand; gas- und flüssigkeitsdicht, h: ≥ 1,00 m über anschließendem Ladetankdeck
Schutzsüll; gas- und flüssigkeitsdicht h: ≥ 0,075 m
äußeres Ladetankschott
äußeres Kofferdammschott / Begrenzungsschott der Aufstellungsräume
7,50 m
0,50 m
1,00 m
Schutzwand nicht Außenwand der Wohnung
Schutzwand Außenwand der Wohnung

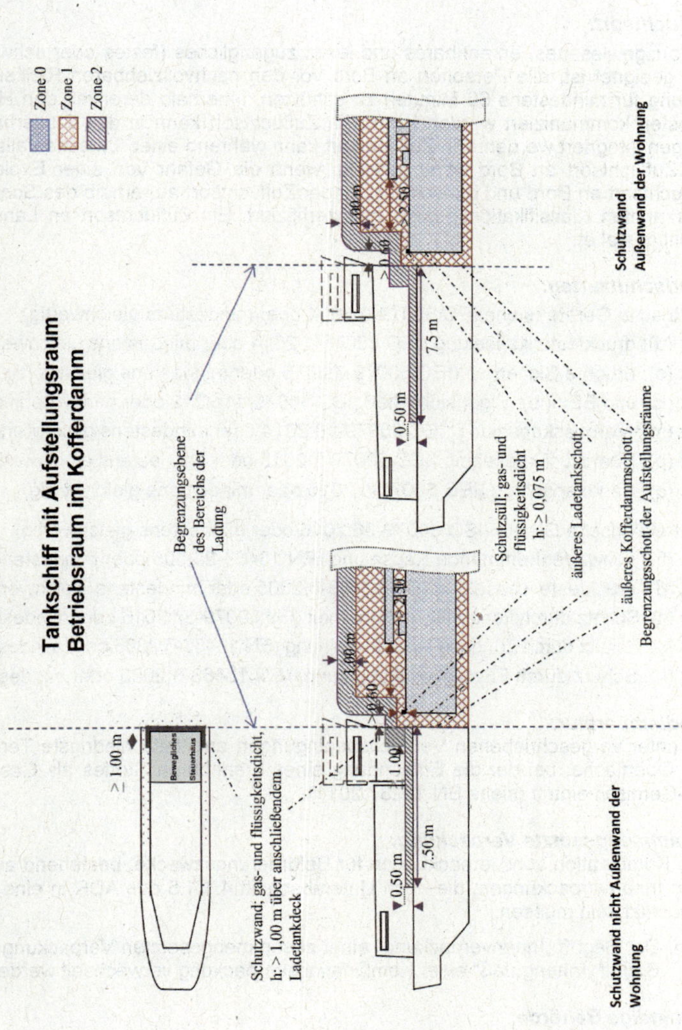
Tankschiff mit Aufstellungsraum
Betriebsraum im Kofferdamm
Zone 0
Zone 1
Zone 2
Begrenzungsebene des Bereichs der Ladung
Schutzwand; gas- und flüssigkeitsdicht, h: > 1.00 m über anschließendem Ladetankdeck
Schutzsüll; gas- und flüssigkeitsdicht h: ≥ 0,075 m
äußeres Ladetankschott
äußeres Kofferdammschott / Begrenzungsschott der Aufstellungsräume
Schutzwand Außenwand der Wohnung
Schutzwand nicht Außenwand der Wohnung
Bewegliches Steuerhaus
≥ 1.00 m
7.5 m
7.50 m
0.50 m
1.00 m
2.50

Zufluchtsort:
Ein ausgewiesenes, erkennbares und leicht zugängliches (festes oder schwimmendes) Modul, das geeignet ist, alle Personen an Bord vor den nachvollziehbaren Risiken in Bezug auf die Ladung für mindestens 60 Minuten zu schützen, innerhalb derer mit den Hilfs- und Rettungsdiensten kommuniziert werden kann. Ein Zufluchtsort kann in das Steuerhaus oder die Wohnungen integriert werden. Ein Zufluchtsort kann während eines Zwischenfalls evakuiert werden. Ein Zufluchtsort an Bord ist unzulässig, wenn die Gefahr von einer Explosion ausgeht. Ein Zufluchtsort an Bord und ein schwimmender Zufluchtsort außerhalb des Schiffes sind von einer anerkannten Klassifikationsgesellschaft zertifiziert. Ein Zufluchtsort an Land ist nach lokalem Recht gestaltet.

Zündschutzarten:
elektrische Geräte (siehe IEC 60079-0:2014 oder mindestens gleichwertig)
EEx (d): druckfeste Kapselung (IEC 60079-1:2014 oder mindestens gleichwertig);
EEx (e): erhöhte Sicherheit (IEC 60079-7:2016 oder mindestens gleichwertig);
EEx (ia) und EEx (ib): Eigensicherheit (IEC 60079-11:2012 oder mindestens gleichwertig);
EEx (m): Vergusskapselung (IEC 60079-18:2014 oder mindestens gleichwertig);
EEx (p): Überdruckkapselung (IEC 60079-2:2015 oder mindestens gleichwertig);
EEx (q): Sandkapselung (IEC 60079-5:2015 oder mindestens gleichwertig).

nicht-elektrische Geräte (ISO 80079-36:2016 oder mindestens gleichwertig)
EEx (fr): schwadenhemmende Kapselung (EN 13463-2:2005 oder mindestens gleichwertig);
EEx (d): druckfeste Kapselung (EN 13463-3:2005 oder mindestens gleichwertig);
EEx (c): Schutz durch konstruktive Sicherheit (EN 80079-37:2016 oder mindestens gleichwertig);
EEx (b): Schutz durch Zündquellenüberwachung (EN 13463-6:2005 oder mindestens gleichwertig);
EEx (k): Schutz durch Flüssigkeitskapselung: (EN 13463-8:2003 oder mindestens gleichwertig)

Zündtemperatur:
Die unter vorgeschriebenen Versuchsbedingungen ermittelte niedrigste Temperatur einer heißen Oberfläche, bei der die Entzündung eines brennbaren Stoffes als Gas/Luft- oder Dampf/Luft-Gemisch eintritt (siehe EN 13237:2011).

Zusammengesetzte Verpackung:
Eine Kombination von Verpackungen für Beförderungszwecke, bestehend aus einer oder mehreren Innenverpackungen, die nach Unterabschnitt 4.1.1.5 des ADR in eine Außenverpackung eingesetzt sein müssen.

Bem. Der Begriff „Innenverpackung" einer zusammengesetzten Verpackung darf nicht mit dem Begriff „Innengefäß" einer Kombinationsverpackung verwechselt werden.

Zuständige Behörde:
Die Behörde(n) oder sonstige Stelle(n), die in jedem Staat in jedem Einzelfall gemäß Landesrecht als solche bestimmt wird (werden).

Zwischenverpackung:
Eine Verpackung, die sich zwischen Innenverpackungen oder Gegenständen und einer Außenverpackung befindet.

1.2.2 Maßeinheiten

1.2.2.1 Im ADN gelten folgende Maßeinheiten[1]:

Größe	SI-Einheit[2]	Zusätzl. zugelassene Einheit	Beziehung zwischen den Einheiten
Länge	m (Meter)	-	-
Fläche	m^2 (Quadratmeter)	-	-
Volumen	m^3(Kubikmeter)	l[3] (Liter)	$1\ l = 10^{-3} m^3$
Zeit	s (Sekunde)	min (Minute)	1 min = 60 s
		h (Stunde)	1 h = 3 600 s
		d (Tag)	1 d = 86 400 s
Masse	kg (Kilogramm)	g (Gramm)	$1\ g = 10^{-3}$ kg
		t (Tonne)	$1\ t = 10^3$ kg
Dichte	kg/m^3	kg/l	$1\ kg/l = 10^3\ kg/m^3$
Temperatur	K (Kelvin)	°C (Grad Celsius)	0°C = 273,15 K
Temperaturdifferenz	K (Kelvin)	°C (Grad Celsius)	1°C = 1 K
Kraft	N (Newton)	-	$1\ N = 1\ kg \cdot m/s^2$
Druck	Pa (Pascal)	bar (Bar)	$1\ Pa = 1\ N/m^2$
			$1\ bar = 10^5$ Pa
Mechanische Spannung	N/m^2	N/mm^2	N/mm^2 = 1 MPa
Arbeit	J (Joule)	kWh (Kilowattstunde)	1 kWh = 3,6 MJ
Energie	J (Joule)	-	$1\ J = 1\ N \cdot m = 1\ W \cdot s$
Wärmemenge	J (Joule)	eV (Elektronvolt)	$1\ eV = 0{,}1602 \cdot 10^{-18} J$
Leistung	W (Watt)	-	$1\ W = 1\ J/s = 1\ N \cdot m/s$
Kinematische Viskosität	m^2/s	mm^2/s	$1\ mm^2/s = 10^{-6}\ m^2/s$
Dynamische Viskosität	$Pa \cdot s$	$mPa \cdot s$	$1\ mPa \cdot s = 10^{-3}\ Pa \cdot s$
Aktivität	Bq (Becquerel)	-	-
Äquivalentdosis	Sv (Sievert)	-	-

---

1 *Für die Umrechnung der bisher gebräuchlichen Einheiten in SI-Einheiten gelten folgende gerundete Werte:*

Kraft				
1 kg	= 9,807 N			
1 N	= 0,102 kg			
Mechanische Spannung				
$1\ kg/mm^2$	$= 9{,}807\ N/mm^2$			
$1\ N/mm^2$	$= 0{,}102\ kg/mm^2$			
Druck				
1 Pa	$= 1\ N/m^2$	$= 10^{-5}$ bar	$= 1{,}02 \cdot 10^{-5}\ kg/cm^2$	$= 0{,}75 \cdot 10^{-2}$ Torr
1 bar	$= 10^5$ Pa	$= 1{,}02\ kg/cm^2$	= 750 Torr	
$1\ kg/cm^2$	$= 9{,}807 \cdot 10^4$ Pa	= 0,9807 bar	= 736 Torr	
1 Torr	$= 1{,}33 \cdot 10^2$ Pa	$= 1{,}33 \cdot 10^{-3}$ bar	$= 1{,}36 \cdot 10^{-3}\ kg/cm^2$	
Arbeit, Energie, Wärmemenge				
1 J	= 1 Nm	$= 0{,}278 \cdot 10^{-6}$ kWh	$= 0{,}102\ kg \cdot m$	$= 0{,}239 \cdot 10^{-3}$ kcal
1 kWh	$= 3{,}6 \cdot 10^6$ J	$= 367 \cdot 10^3$ kgm	= 860 kcal	
$1\ kg \cdot m$	= 9,807 J	$= 2{,}72 \cdot 10^{-6}$ kWh	$= 2{,}34 \cdot 10^{-3}$ kcal	
1 kcal	$= 4{,}19 \cdot 10^3$ J	$= 1{,}16 \cdot 10^{-3}$ kWh	$= 427\ kg \cdot m$	
Leistung				
1 W	$= 0{,}102\ kg \cdot m/s$	= 0,86 kcal/h		
$1\ kg \cdot m/s$	= 9,807 W	= 8,43 kcal/h		
1 kcal/h	= 1,16 W	$= 0{,}119\ kg \cdot m/s$		
Viskosität, kinematisch				
$1\ m^2/s$	$= 10^4$ St (Stokes)			
1 St	$= 10^{-4}\ m^2/s$			
Viskosität, dynamisch				
$1\ Pa \cdot s$	$= 1\ N \cdot s/m^2$	= 10 P (Poise)	$= 0{,}102\ kg \cdot s/m^2$	
1 P	$= 0{,}1\ Pa \cdot s$	$= 0{,}1\ N \cdot s/m^2$	$= 1{,}02 \cdot 10^{-2}\ kg \cdot s/m^2$	
$1\ kg \cdot s/m^2$	$= 9{,}807\ Pa \cdot s$	$= 9{,}807\ N \cdot s/m^2$	= 98,07 P	

2 Das internationale Einheitensystem (SI) ist das Ergebnis von Beschlüssen der Generalkonferenz für Maße und Gewichte (Adr.: Pavillon de Breteuil, Parc de St-Cloud, F- 92 310 Sèvres).

3 Beim Schreiben mit der Schreibmaschine ist für Liter neben dem Zeichen „l“ auch das Zeichen „L“ zulässig.

Dezimale Vielfache und Teile einer Einheit können durch Vorsetzen der nachfolgenden Vorsätze bzw. Vorsatzzeichen vor den Namen bzw. das Zeichen der Einheit gebildet werden:

Faktor		Vorsatz	Vorsatzzeichen
1 000 000 000 000 000 000 = 10^{18}	Trillionenfach	Exa	E
1 000 000 000 000 000 = 10^{15}	Billiardenfach	Peta	P
1 000 000 000 000 = 10^{12}	Billionenfach	Tera	T
1 000 000 000 = 10^{9}	Milliardenfach	Giga	G
1 000 000 = 10^{6}	Millionenfach	Mega	M
1 000 = 10^{3}	Tausendfach	Kilo	k
100 = 10^{2}	Hundertfach	Hekto	h
10 = 10^{1}	Zehnfach	Deka	da
0,1 = 10^{-1}	Zehntel	Dezi	d
0,01 = 10^{-2}	Hundertstel	Zenti	c
0,001 = 10^{-3}	Tausendstel	Milli	m
0,000 001 = 10^{-6}	Millionstel	Mikro	µ
0,000 000 001 = 10^{-9}	Milliardstel	Nano	n
0,000 000 000 001 = 10^{-12}	Billionstel	Piko	p
0,000 000 000 000 001 = 10^{-15}	Billiardstel	Femto	f
0,000 000 000 000 000 001 = 10^{-18}	Trillionstel	Atto	a

1.2.2.2 Sofern nicht ausdrücklich etwas anderes angegeben ist, bedeutet im ADN das Zeichen „%“:

a) bei Gemischen von festen oder flüssigen Stoffen, bei Lösungen oder bei festen, von einer Flüssigkeit getränkten Stoffen den in Prozent angegebenen Massenanteil, bezogen auf die Gesamtmasse des Gemisches, der Lösung oder des getränkten Stoffes.

b) bei verdichteten Gasgemischen, wenn sie unter Druck eingefüllt werden, den in Prozent angegebenen Volumenanteil, bezogen auf das Gesamtvolumen des Gasgemisches, oder, wenn sie nach Masse eingefüllt werden, den in Prozent angegebenen Massenanteil, bezogen auf die Gesamtmasse des Gemisches.

c) bei verflüssigten Gasgemischen sowie gelösten Gasen den in Prozent angegebenen Massenanteil, bezogen auf die Gesamtmasse des Gemisches.

1.2.2.3 Drücke jeder Art bei Gefäßen (z.B. Prüfdruck, innerer Druck, Öffnungsdruck von Sicherheitsventilen) werden immer als Überdruck (über dem atmosphärischen Druck liegender Druck) angegeben. der Dampfdruck von Stoffen wird dagegen immer als Absolutdruck angegeben.

1.2.2.4 Sieht das ADN einen Füllungsgrad für Gefäße vor, so bezieht sich dieser auf eine Temperatur des Stoffes von 15°C, sofern nicht eine andere Temperatur genannt ist.

Unterweisung von Personen, die an der Beförderung gefährlicher Güter beteiligt sind 1.3

1.3.1 Anwendungsbereich

Die bei den Beteiligten gemäß Kapitel 1.4 beschäftigten Personen, deren Arbeitsbereich die Beförderung gefährlicher Güter umfasst, müssen in den Anforderungen, die die Beförderung gefährlicher Güter an ihren Arbeits- und Verantwortungsbereich stellt, unterwiesen sein. Arbeitnehmer müssen vor der Übernahme von Pflichten gemäß Abschnitt 1.3.2 unterwiesen sein und dürfen Aufgaben, für die eine erforderliche Unterweisung noch nicht stattgefunden hat, nur unter der direkten Überwachung einer unterwiesenen Person wahrnehmen. Die Unterweisung muss auch die in Kapitel 1.10 aufgeführten besonderen Vorschriften für die Sicherung von Beförderungen gefährlicher Güter beinhalten.

Bem. 1. Wegen der Ausbildung des Sicherheitsberaters siehe anstelle dieses Abschnitts Abschnitt 1.8.3

2. Wegen der Ausbildung des Sachkundigen siehe anstelle dieses Abschnitts Kapitel 8.2.

3. Für die Unterweisung in Bezug auf die Klasse 7 siehe auch Unterabschnitt 1.7.2.5.

1.3.2 Art der Unterweisung

Je nach Verantwortlichkeiten und Aufgaben muss die betreffende Person in folgender Form unterwiesen sein:

1.3.2.1 Unterweisung in Bezug auf das allgemeine Sicherheitsbewusstsein

Das Personal muss mit den allgemeinen Bestimmungen der Vorschriften für die Beförderung gefährlicher Güter vertraut gemacht sein.

1.3.2.2 Aufgabenbezogene Unterweisung

1.3.2.2.1 Das Personal muss seinen Aufgaben und Verantwortlichkeiten entsprechend über die Vorschriften unterwiesen sein, die die Beförderung gefährlicher Güter regeln. In den Fällen, in denen die Beförderung gefährlicher Güter multimodale Transportvorgänge umfasst, muss das Personal die für andere Verkehrsträger geltenden Vorschriften kennen.

1.3.2.2.2 Die Besatzung muss mit der Bedienung der Feuerlöscheinrichtungen und der Feuerlöschgeräte vertraut gemacht werden.

1.3.2.2.3 Die Besatzung muss mit der Bedienung der besonderen Ausrüstung nach Abschnitt 8.1.5 verraut gemacht werden.

1.3.2.2.4 Personen, die umluftunabhängige Atemschutzgeräte benutzen, müssen den zusätzlichen Belastungen gesundheitlich gewachsen sein.

Sie müssen

- für Geräte, welche durch mitgeführte Druckluft versorgt werden, in der Handhabung und Instandhaltung dieser Geräte ausgebildet sein oder
- für Geräte, welche über einen Schlauch mit Atemluft versorgt werden, in der Handhabung und Instandhaltung dieser Geräte unterwiesen sein. Die Unterweisung ist durch praktische Übungen zu ergänzen.

1.3.2.2.5 Der Schiffsführer muss den Personen an Bord von den schriftlichen Weisungen gemäß Abschnitt 5.4.3 Kenntnis geben, so dass diese in der Lage sind, sie anzuwenden.

1.3.2.3 Sicherheitsunterweisung

Entsprechend den bei der Beförderung gefährlicher Güter und ihrer Be- und Entladung möglichen Gefahren einer Verletzung oder Schädigung als Folge von Zwischenfällen muss das Personal über die von den gefährlichen Gütern ausgehenden Risiken und Gefahren unterwiesen sein.

Ziel der Unterweisung muss es sein, dem Personal die sichere Handhabung und die Notfallmaßnahmen zu verdeutlichen.

1.3.2.4 Die Unterweisung ist in regelmäßigen Abständen durch Auffrischungskurse zu ergänzen, um Änderungen in den Vorschriften Rechnung zu tragen.

1.3.2.5 Arbeitsanweisung zum Explosionsschutz

Die in Unterabschnitt 1.3.2.3 genannte Sicherheitsunterweisung muss durch Arbeitsanweisungen zum Explosionsschutz ergänzt werden.

1.3.3 Dokumentation

Aufzeichnungen der nach diesem Kapitel erhaltenen Unterweisung sind vom Arbeitgeber aufzubewahren und dem Arbeitnehmer oder der zuständigen Behörde auf Verlangen zur Verfügung zu stellen. Die Aufzeichnungen müssen vom Arbeitgeber für den von der zuständigen Behörde festgelegten Zeitraum aufbewahrt werden. Die Aufzeichnungen der erhaltenen Unterweisung sind bei der Aufnahme einer neuen Tätigkeit zu überprüfen.

1.4.1 Allgemeine Sicherheitsvorsorge

1.4.1.1 Die an der Beförderung gefährlicher Güter Beteiligten haben die nach Art und Ausmaß der vorhersehbaren Gefahren erforderlichen Vorkehrungen zu treffen, um Schadensfälle zu verhindern und bei Eintritt eines Schadens dessen Umfang so gering wie möglich zu halten. Sie haben jedenfalls die für sie jeweils geltenden Bestimmungen des ADN einzuhalten.

1.4.1.2 Die Beteiligten haben im Fall einer möglichen unmittelbaren Gefahr für die öffentliche Sicherheit unverzüglich die Einsatz- und Sicherheitskräfte zu verständigen und mit den für den Einsatz notwendigen Informationen zu versehen.

1.4.1.3 Das ADN kann bestimmte Pflichten der Beteiligten näher bestimmen.

Unter der Voraussetzung, dass die in den Abschnitten 1.4.2 und 1.4.3 aufgeführten Pflichten beachtet werden, kann eine Vertragspartei in ihrer nationalen Gesetzgebung die einem genannten Beteiligten obliegenden Pflichten auf einen oder mehrere andere Beteiligte übertragen, wenn sie der Auffassung ist, dass dies keine Verringerung der Sicherheit zur Folge hat.

Diese Abweichungen sind von der Vertragspartei dem Sekretariat der Wirtschaftskommission der Vereinten Nationen für Europa mitzuteilen, das sie den übrigen Vertragsparteien zur Kenntnis bringt.

Die Vorschriften der Abschnitte 1.2.1, 1.4.2 und 1.4.3 über die Definitionen der Beteiligten und deren jeweilige Pflichten berühren nicht die Vorschriften des Landesrechts betreffend die rechtlichen Folgen (Strafbarkeit, Haftung usw.), die sich daraus ergeben, dass der jeweilige Beteiligte z.B. eine juristische Person, eine auf eigene Rechnung tätige Person, ein Arbeitgeber oder eine Person im Angestelltenverhältnis ist.

1.4.2 Pflichten der Hauptbeteiligten

Bem. 1. Verschiedene Beteiligte, denen in diesem Abschnitt Sicherheitspflichten zugeordnet sind, können ein und dasselbe Unternehmen sein. Die Tätigkeiten und die entsprechenden Sicherheitspflichten eines Beteiligten können auch von verschiedenen Unternehmen wahrgenommen werden.

Bem. 2. Für Radioaktive Stoffe siehe auch Abschnitt 1.7.6.

1.4.2.1 Absender

1.4.2.1.1 Der Absender gefährlicher Güter ist verpflichtet, eine den Vorschriften des ADN entsprechende Sendung zur Beförderung zu übergeben.

Im Rahmen des 1.4.1 hat er insbesondere:

a) sich zu vergewissern, dass die gefährlichen Güter gemäß ADNR klassifiziert und zur Beförderung zugelassen sind;

b) dem Beförderer in nachweisbarer Form die erforderlichen Angaben und Informationen und gegebenenfalls die erforderlichen Beförderungspapiere und Begleitpapiere (Genehmigungen, Zulassungen, Benachrichtigungen, Zeugnisse usw.) unter Berücksichtigung insbesondere der Vorschriften des Kapitels 5.4 und der Tabellen des Teils 3 zu liefern;

c) nur Verpackungen, Großverpackungen, Großpackmittel (IBC) und Tanks (Tankfahrzeuge, Kesselwagen, Batteriewagen, Aufsetztanks, Wagen mit abnehmbaren Tanks, Batterie-Fahrzeuge, MEGC, ortsbewegliche Tanks und Tankcontainer) zu verwenden, die für die Beförderung der betreffenden Güter zugelassen und geeignet sowie mit den in einer der internationalen Regelungen vorgeschriebenen Kennzeichen versehen sind oder nur Schiffe oder Tankschiffe zu verwenden, die für die Beförderung der betreffenden Güter zugelassen und geeignet sind;

d) die Vorschriften über die Versandart und die Versandbeschränkungen zu beachten;

e) dafür zu sorgen, dass auch ungereinigte und nicht entgaste leere Tanks (Tankfahrzeuge, Aufsetztanks, Batterie-Fahrzeuge, MEGC, ortsbewegliche Tanks, Tankcontainer, Kesselwagen, Wagen mit abnehmbaren Tanks und Batteriewagen) oder ungereinigte leere Fahrzeuge, Wagen und Container für Güter in loser Schüttung gemäß Kapitel 5.3 mit Großzetteln (Placards) versehen, gekennzeichnet und bezettelt werden und dass ungereinigte leere Tanks ebenso verschlossen und undurchlässig sind wie in gefülltem Zustand.

1.4.2.1.2 Nimmt der Absender die Dienste anderer Beteiligter (Verpacker, Verlader, Befüller, usw.) in Anspruch, hat er geeignete Maßnahmen zu ergreifen, damit gewährleistet ist, dass die Sendung den Vorschriften des ADN entspricht. Er kann jedoch in den Fällen des Absatzes 1.4.2.1.1 a), b), c) und e) auf die ihm von anderen Beteiligten zur Verfügung gestellten Informationen und Daten vertrauen.

1.4.2.1.3 Handelt der Absender im Auftrag eines Dritten, so hat dieser den Absender schriftlich auf das gefährliche Gut hinzuweisen und ihm alle Auskünfte und Dokumente, die zur Erfüllung seiner Aufgaben erforderlich sind, zur Verfügung zu stellen.

1.4.2.2 Beförderer

1.4.2.2.1 Der Beförderer hat gegebenenfalls im Rahmen des Abschnitts 1.4.1, insbesondere:

a) zu prüfen, ob die zu befördernden gefährlichen Güter gemäß ADR zur Beförderung zugelassen sind;

b) sich zu vergewissern, dass alle im ADN vorgeschriebenen Informationen zu den zu befördernden gefährlichen Gütern vom Absender vor der Beförderung zur Verfügung gestellt wurden, dass die vorgeschriebenen Unterlagen auf dem Schiff mitgeführt werden oder, wenn anstelle der Papierdokumentation Arbeitsverfahren der elektronischen Datenverarbeitung (EDV) oder des elektronischen Datenaustausches (EDI) verwendet werden, die Daten während der Beförderung in einer Art verfügbar sind, die der Papierdokumentation zumindest gleichwertig ist;

c) sich durch eine Sichtprüfung zu vergewissern, dass das Schiff und die Ladung keine offensichtlichen Mängel, keine Undichtheiten oder Risse aufweisen, dass keine Ausrüstungsteile fehlen, usw.;

d) sicherzustellen, dass ein zweites Evakuierungsmittel verfügbar ist, damit das Schiff in Notfällen verlassen werden kann, sofern die landseitige Einrichtung nicht mit dem vorgeschriebenen zweiten Evakuierungsmittel ausgerüstet ist.

Bem. Vor einem Umschlag hat der Beförderer in Absprache mit dem Betreiber der landseitigen Einrichtung die Verfügbarkeit der Evakuierungsmittel zu klären.

e) sich zu vergewissern, dass das Schiff nicht überladen ist;

f) sicherzustellen, dass an Bord des Schiffes in den explosionsgefährdeten Bereichen nur elektrische und nichtelektrische Anlagen und Geräte verwendet werden, die mindestens die Anforderungen für den Einsatz in der jeweiligen Zone erfüllen;

g) dem Schiffsführer die schriftlichen Weisungen zu übergeben und sich zu vergewissern, dass die in den schriftlichen Weisungen vorgeschriebenen Ausrüstungen an Bord mitgeführt werden;

h) sich zu vergewissern, dass die für das Schiff vorgeschriebenen Bezeichnungen angebracht sind;

i) sich zu vergewissern, dass beim Laden, Befördern, Löschen und sonstigen Handhaben von gefährlichen Gütern in Laderäume oder Ladetanks die besonderen Vorschriften beachtet werden.

j) dafür zu sorgen, dass die Schiffsstoffliste gemäß Absatz 1.16.1.2.5 fristgerecht den relevanten Änderungen in Kapitel 3.2 Tabelle C angepasst wird.

k) vor dem Entgasen von leeren oder entladenen Ladetanks und Lade- und Löschleitungen eines Tankschiffs an einer Annahmestelle seinen Teil der Prüfliste nach Absatz 7.2.3.7.2.2 auszufüllen.

l) vor dem Beladen und Entladen der Ladetanks eines Tankschiffes seinen Teil der Prüfliste nach Unterabschnitt 7.2.4.10 auszufüllen;

Dies ist gegebenenfalls anhand der Beförderungspapiere und der Begleitpapiere durch eine Sichtprüfung des Schiffes oder des Containers und gegebenenfalls der Ladung durchzuführen.

1.4.2.2.2 Der Beförderer kann jedoch in den Fällen des Absatzes 1.4.2.2.1 a) und b) auf die ihm von anderen Beteiligten zur Verfügung gestellten Informationen und Daten vertrauen. Im Falle des Absatzes 1.4.2.2.1 c) kann er auf das vertrauen, was in dem gemäß Abschnitt 5.4.2 bereitgestellten Container-/Fahrzeugpackzertifikat bescheinigt wird.

1.4.2.2.3 Stellt der Beförderer gemäß Absatz 1.4.2.2.1 einen Verstoß gegen die Vorschriften des ADN fest, so hat er die Sendung nicht zu befördern, bis die Vorschriften erfüllt sind.

1.4.2.2.4 (bleibt offen)

1.4.2.2.5 (bleibt offen)

1.4.2.3 Empfänger

1.4.2.3.1 Der Empfänger ist verpflichtet, die Annahme des Gutes nicht ohne zwingenden Grund zu verzögern und vor, während oder nach dem Entladen zu prüfen, ob die ihn betreffenden Vorschriften des ADN eingehalten sind.

Im Rahmen des Abschnitts 1.4.1 hat er insbesondere:

a) (gestrichen)

b) die in den gemäß ADN vorgesehenen Fällen vorgeschriebene Reinigung und Entgiftung von Schiffen vorzunehmen;

c) (gestrichen)

d) (gestrichen)

e) (gestrichen)

f) (gestrichen)

g) (gestrichen)

h) (gestrichen)

1.4.2.3.2 (gestrichen)

1.4.2.3.3 (gestrichen)

1.4.3 Pflichten anderer Beteiligter

Nachstehend sind die anderen Beteiligten und deren Pflichten beispielhaft aufgeführt. Die Pflichten der anderen Beteiligten ergeben sich aus dem vorstehenden Abschnitt 1.4.1, soweit diese wissen oder wissen müssten, dass sie ihre Aufgaben im Rahmen einer Beförderung ausüben, die dem ADN unterliegt.

1.4.3.1 Verlader

1.4.3.1.1 Im Rahmen des Abschnitts 1.4.1 hat der Verlader insbesondere folgende Pflichten:

Der Verlader

a) darf gefährliche Güter dem Beförderer nur übergeben, wenn sie gemäß ADN zur Beförderung zugelassen sind;

b) hat bei der Übergabe verpackter gefährlicher Güter oder ungereinigter leerer Verpackungen zur Beförderung zu prüfen, ob die Verpackung beschädigt ist. Er darf ein Versandstück, dessen Verpackung beschädigt, insbesondere undicht ist, so dass gefährliches Gut austritt oder austreten kann, zur Beförderung erst übergeben, wenn der Mangel beseitigt worden ist; Gleiches gilt für ungereinigte leere Verpackungen;

c) hat die Vorschriften für die Beladung und Handhabung zu beachten;

d) hat nach dem Verladen gefährlicher Güter in Container die Vorschriften für das Anbringen von Großzetteln (Placards), die Kennzeichnung und das Anbringen orangefarbener Tafeln gemäß Kapitel 5.3 zu beachten;

e) hat beim Verladen von Versandstücken die Zusammenladeverbote auch unter Berücksichtigung der bereits im Schiff, Fahrzeug, Wagen oder Großcontainer befindlichen gefährlichen Güter sowie die Vorschriften über die Trennung von Nahrungs-, Genuss- und Futtermitteln zu beachten;

f) hat sicherzustellen, dass die landseitige Einrichtung mit einem oder zwei Evakuierungsmitteln ausgerüstet ist, damit das Schiff in Notfällen verlassen werden kann.

g) (bleibt offen)

1.4.3.1.2 Der Verlader kann jedoch in den Fällen des Absatzes 1.4.3.1.1 a), d) und e) auf die ihm von anderen Beteiligten zur Verfügung gestellten Informationen und Daten vertrauen.

1.4.3.2 Verpacker

Im Rahmen des Abschnitts 1.4.1 hat der Verpacker insbesondere zu beachten:

a) die Verpackungsvorschriften und die Vorschriften über die Zusammenpackung und

b) wenn er die Versandstücke zur Beförderung vorbereitet, die Vorschriften über die Kennzeichnung und Bezettelung von Versandstücken.

1.4.3.3 Befüller

Im Rahmen des Abschnitts 1.4.1 hat der Befüller insbesondere folgende Pflichten:

Pflichten betreffend das Befüllen von Tanks (Tankfahrzeuge, Batterie-Fahrzeuge, Aufsetztanks, ortsbeweglichen Tanks, Tankcontainern, Gascontainern mit mehreren Elementen (MEGC), Kesselwagen, Batteriewagen):

Der Befüller:

a) hat sich vor dem Befüllen der Tanks zu vergewissern, dass sich die Tanks und ihre Ausrüstungsteile in einem technisch einwandfreien Zustand befinden;

b) hat sich zu vergewissern, dass bei Tanks das Datum der nächsten Prüfung nicht überschritten ist;

c) darf Tanks nur mit den für diese Tanks zugelassenen gefährlichen Gütern befüllen;

d) hat beim Befüllen der Tanks die Vorschriften hinsichtlich gefährlicher Güter in unmittelbar nebeneinanderliegenden Tankabteilen zu beachten;

e) hat beim Befüllen der Tanks den höchstzulässigen Füllungsgrad oder die höchstzulässige Masse der Füllung je Liter Fassungsraum für das Füllgut einzuhalten;

f) hat nach dem Befüllen des Tanks sicherzustellen, dass alle Verschlüsse in geschlossener Stellung sind und keine Undichtheit auftritt;

g) hat darauf zu achten, dass an den von ihm befüllten Tanks außen keine gefährlichen Reste des Füllgutes anhaften;

h) hat, wenn er die gefährlichen Güter zur Beförderung vorbereitet, dafür zu sorgen, dass die Großzettel (Placards), Kennzeichen, orangefarbenen Tafeln und Gefahrzettel gemäß Kapitel 5.3 angebracht sind.

Pflichten betreffend das Befüllen von Fahrzeugen, Wagen oder Containern mit festen gefährlichen Gütern in loser Schüttung:

Der Befüller:

i) hat sich vor dem Befüllen zu vergewissern, dass sich die Fahrzeuge, Wagen und Container und gegebenenfalls ihre Ausrüstungsteile in einem technisch einwandfreien Zustand befinden und dass die Beförderung der betroffenen gefährlichen Güter in loser Schüttung in diesen Fahrzeugen, Wagen oder Containern zugelassen ist;

m) hat sicherzustellen, dass beim Löschen unter Verwendung der bordeigenen Löschpumpe diese von der Landanlage aus abgeschaltet werden kann;

1.4.3.7.2 Nimmt der Entlader die Dienste anderer Beteiligter (Reiniger, Entgiftungseinrichtung usw.) in Anspruch oder benutzt er die bordeigenen Pumpen, hat er geeignete Maßnahmen zu ergreifen um zu gewährleisten, dass den Vorschriften des ADN entsprochen wird.

1.4.3.8 Betreiber einer Annahmestelle

1.4.3.8.1 Der Betreiber einer Annahmestelle hat im Rahmen des Abschnitts 1.4.1 insbesondere

a) vor dem Entgasen von leeren oder entladenen Ladetanks und Lade- und Löschleitungen eines Tankschiffs an einer Annahmestelle seinen Teil der Prüfliste nach Absatz 7.2.3.7.2.2 auszufüllen;

b) sicherzustellen, dass, soweit gemäß Absatz 7.2.3.7.2.3 erforderlich, in der Leitung der Annahmestelle, die an das zu entgasende Schiff angeschlossen ist, eine Flammendurchschlagsicherung vorhanden ist, welche das Schiff gegen Detonation und Flammendurchschlag von der Annahmestelle aus schützt.

1.5.1 Bilaterale und multilaterale Abkommen

1.5.1.1 Gemäß Artikel 7 Absatz 1 des ADN können die zuständigen Behörden der Vertragsparteien unmittelbar untereinander vereinbaren, bestimmte Beförderungen auf ihren Gebieten unter zeitweiligen Abweichungen von den Vorschriften des ADN zu genehmigen, sofern dadurch die Sicherheit nicht beeinträchtigt wird. Diese Abweichungen sind von der Behörde, die hinsichtlich der zeitweiligen Abweichung die Initiative ergreift, dem Sekretariat der Wirtschaftskommission für Europa der Vereinten Nationen mitzuteilen, das sie den Vertragsparteien zur Kenntnis bringt.

Bem. Die «Sondervereinbarung» nach Abschnitt 1.7.4 gilt nicht als zeitweilige Abweichung im Sinne dieses Abschnitts.

1.5.1.2 Die Geltungsdauer der zeitweiligen Abweichung darf fünf Jahre ab dem Zeitpunkt des Inkrafttretens nicht überschreiten. Die zeitweilige Abweichung tritt automatisch mit dem Zeitpunkt außer Kraft, zu dem eine entsprechende Änderung dieser beigefügten Verordnung in Kraft tritt.

1.5.1.3 Beförderungen auf Grund dieser Abkommen sind Beförderungen gemäß ADN.

1.5.2 Ausnahmegenehmigungen für die Beförderung in Tankschiffen

1.5.2.1 Ausnahmegenehmigungen

1.5.2.1.1 Nach Artikel 7 Absatz 2 des ADN hat jede zuständige Behörde das Recht, Beförderern oder Absendern Ausnahmegenehmigungen für die internationale Beförderung gefährlicher Güter, einschließlich von Gemischen, in Tankschiffen, deren Beförderung nach den Vorschriften dieser Verordnung nicht gestattet ist, nach folgendem Verfahren zu erteilen.

1.5.2.1.2 Die erteilte Ausnahmegenehmigung gilt gemäß den darin vorgesehenen Einschränkungen für die Vertragsparteien, in deren Hoheitsgebiet die Beförderung stattfindet, für höchstens zwei Jahre, außer im Falle der vorzeitigen Aufhebung. Die Ausnahmegenehmigung kann mit Zustimmung der zuständigen Behörden dieser Vertragsparteien um höchstens ein Jahr verlängert werden.

1.5.2.1.3 Die Ausnahmegenehmigung muss eine Vorschrift für ihre vorzeitige Aufhebung enthalten und dem Muster in Unterabschnitt 3.2.4.1 entsprechen.

1.5.2.2 Verfahren

1.5.2.2.1 Der Beförderer oder Absender wendet sich wegen Erteilung einer Ausnahmegenehmigung an die zuständige Behörde einer Vertragspartei, in deren Hoheitsgebiet die Beförderung stattfinden wird.

Der Antrag muss dem Muster in Unterabschnitt 3.2.4.2 entsprechen. Der Antragsteller ist für die Richtigkeit der Angaben verantwortlich.

1.5.2.2.2 Die zuständige Behörde überprüft den Antrag sicherheitstechnisch. Bestehen keine Bedenken, erstellt die zuständige Behörde eine Ausnahmegenehmigung unter Berücksichtigung der in Unterabschnitt 3.2.4.3 festgelegten Kriterien und unterrichtet die anderen von der entsprechenden Beförderung betroffenen Behörden. Die Ausnahmegenehmigung wird erteilt, wenn die betroffenen Behörden der Beförderung zugestimmt haben oder innerhalb einer Frist von zwei Monaten nach Eingang der Mitteilung keinen Einspruch eingelegt haben. Das Original der Ausnahmegenehmigung erhält der Antragsteller, der eine Ausfertigung davon an Bord des (der) von der entsprechenden Beförderung betroffenen Schiffes (Schiffe) aufzubewahren hat. Die zuständige Behörde leitet dem Verwaltungsausschuss unverzüglich die Anträge auf Ausnahmegenehmigungen, die abgelehnten Anträge und die bewilligten Ausnahmegenehmigungen zu.

1.5.2.2.3 Wird die Ausnahmegenehmigung nicht erteilt, weil Zweifel bestehen oder Einsprüche gegen die Erteilung dieser Genehmigung eingelegt wurden, entscheidet der Verwaltungsausschuss, ob eine Ausnahmegenehmigung erteilt wird oder nicht.

1.5.2.3 Aktualisierung der Liste der Stoffe, die zur Beförderung in Tankschiffen zugelassen sind

1.5.2.3.1 Der Verwaltungsausschuss überprüft alle ihm zugeleiteten Ausnahmegenehmigungen und Anträge und entscheidet über die Aufnahme des Stoffes in die Stoffliste dieser Verordnung betreffend Stoffe, die zur Beförderung in Tankschiffen zugelassen sind.

1.5.2.3.2 Bestehen seitens des Verwaltungsausschusses sicherheitstechnische Bedenken gegen die Aufnahme des Stoffes in die Stoffliste dieser Verordnung betreffend Stoffe, die zur Beförderung in Tankschiffen zugelassen sind, oder gegen bestimmte Bedingungen, so wird die zuständige Behörde darüber unterrichtet. Die zuständige Behörde hat die Ausnahmegenehmigung unverzüglich zu widerrufen oder gegebenenfalls zu ändern.

1.5.3 Gleichwertigkeiten und Abweichungen (Artikel 7 Absatz 3 ADN)

1.5.3.1 Verfahren für die Gleichwertigkeiten

Schreiben die Vorschriften dieser Verordnung vor, dass bestimmte Werkstoffe, Einrichtungen oder Ausrüstungen auf einem Schiff einzubauen oder mitzuführen sind, oder dass bestimmte bauliche Maßnahmen oder bestimmte Anordnungen zu treffen sind, kann die zuständige Behörde gestatten, dass auf diesem Schiff andere Werkstoffe, Einrichtungen oder Ausrüstungen eingebaut oder mitgeführt werden oder dass andere bauliche Maßnahmen oder andere Anordnungen getroffen werden, wenn sie übereinstimmend mit den Empfehlungen des Verwaltungsausschusses als gleichwertig anerkannt sind.

1.5.3.2 Abweichungen zu Versuchszwecken

Für einen begrenzten Zeitraum kann die zuständige Behörde übereinstimmend mit einer Empfehlung des Verwaltungsausschusses für ein bestimmtes Schiff mit technischen Neuerungen, die von den Bestimmungen dieser Verordnung abweichen, ein Zulassungszeugnis zu Versuchszwecken ausstellen, sofern diese Neuerungen eine hinreichende Sicherheit bieten.

1.5.3.3 Vermerk von Gleichwertigkeiten und Abweichungen

Die in den Unterabschnitten 1.5.3.1 und 1.5.3.2 genannten Gleichwertigkeiten und Abweichungen sind in das Zulassungszeugnis einzutragen.

1.6.1 **Verschiedenes**

1.6.1.1 Sofern nichts anderes vorgeschrieben ist, dürfen Stoffe und Gegenstände des ADN in Schiffen bis zum 30. Juni 2019 nach den bis zum 31. Dezember 2018 für sie geltenden Vorschriften des ADN befördert werden.

1.6.1.2 (gestrichen)

1.6.1.3 Die Übergangsvorschriften in den Unterabschnitten 1.6.1.3 und 1.6.1.4 des ADR, des RID oder in Unterabschnitt 4.1.5.19 des IMDG-Code über die Verpackung der Güter und Gegenstände der Klasse 1 gelten auch für Beförderungen, die dem ADN unterliegen.

1.6.1.4 (gestrichen)

1.6.1.5 (bleibt offen)

1.6.1.6 (bleibt offen)

1.6.1.7 (bleibt offen)

1.6.1.8 Noch vorhandene orangefarbene Tafeln, die den bis zum 31. Dezember 2004 gültigen Vorschriften des Unterabschnitts 5.3.2.2 entsprechen, dürfen aufgebraucht werden, vorausgesetzt, die Vorschriften der Absätze 5.3.2.2.1 und 5.3.2.2.2, wonach die Tafel, die Ziffern und die Buchstaben unabhängig von der Ausrichtung des Wagens/Fahrzeugs befestigt bleiben müssen, werden erfüllt.

1.6.1.9 (bleibt offen)

1.6.1.10 (gestrichen)

1.6.1.11 – 1.6.1.12 (bleibt offen)

1.6.1.13 (gestrichen)

1.6.1.14 Großpackmittel (IBC), die vor dem 1. Januar 2011 nach einer Bauart gebaut wurden, welche die Vibrationsprüfung des Unterabschnitts 6.5.6.13 des ADR nicht bestanden hat oder zum Zeitpunkt der Durchführung der Fallprüfung nicht den Kriterien des Absatzes 6.5.6.9.5 d) des ADR entsprechen musste, dürfen weiter verwendet werden.

1.6.1.15 Großpackmittel (IBC), die vor dem 1. Januar 2011 gebaut, wiederaufgearbeitet oder repariert wurden, brauchen nicht mit der höchstzulässigen Stapellast gemäß Absatz 6.5.2.2.2 des ADR gekennzeichnet zu sein. Derartige Großpackmittel (IBC), die nicht gemäß Absatz 6.5.2.2.2 des ADR gekennzeichnet sind, dürfen nach dem 31. Dezember 2010 weiterverwendet werden, müssen jedoch gemäß Absatz 6.5.2.2.2 ADR gekennzeichnet werden, wenn sie nach diesem Zeitpunkt wiederaufgearbeitet oder repariert werden.

Zwischen dem 1. Januar 2011 und dem 31. Dezember 2016 gebaute, wiederaufgearbeitete oder reparierte Großpackmittel (IBC), die gemäß den bis zum 31. Dezember 2014 geltenden Vorschriften des Absatzes 6.5.2.2.2 des ADR mit der höchstzulässigen Stapellast gekennzeichnet sind, dürfen weiterverwendet werden.

1.6.1.16 (gestrichen)

1.6.1.17– 1.6.1.18 (gestrichen)

1.6.1.19 (gestrichen)

1.6.1.20 (gestrichen)

1.6.1.21 – 1.6.1.23 (bleibt offen)

1.6.1.24 (gestrichen)

1.6.1.25 (gestrichen)

1.6.1.26 Großverpackungen, die vor dem 1. Januar 2014 hergestellt oder wiederaufgearbeitet wurden und nicht den ab 1. Januar 2013 geltenden Vorschriften des Unterabschnitts 6.6.3.1 ADR hinsichtlich der Zeichenhöhe von Buchstaben, Ziffern und Symbolen entsprechen, dürfen weiterverwendet werden. Großverpackungen, die vor dem 1. Januar 2015 hergestellt oder wiederaufgearbeitet wurden, müssen nicht mit der höchstzulässigen Stapellast gemäß Unterabschnitt 6.6.3.3 ADR gekennzeichnet sein. Solche nicht nach Unterabschnitt 6.6.3.3 ADR gekennzeichnete Großverpackungen dürfen nach dem 31. Dezember 2014 weiterverwendet werden, müssen jedoch gemäß Unterabschnitt 6.6.3.3 ADR gekennzeichnet werden, wenn sie nach diesem Zeitpunkt wiederaufgearbeitet werden.

Zwischen dem 1. Januar 2011 und dem 31. Dezember 2016 gebaute, wiederaufgearbeitete oder reparierte Großverpackungen, die gemäß den bis zum 31. Dezember 2014 geltenden Vorschriften des Unterabschnitts 6.6.3.3 des ADR mit der höchstzulässigen Stapellast gekennzeichnet sind, dürfen weiterverwendet werden.

1.6.1.27 Vor dem 1. Juli 2013 gebaute Umschließungsmittel, die Bestandteil von Geräten oder Maschinen sind, flüssige Brennstoffe der UN-Nummern 1202, 1203, 1223, 1268, 1863 und 3475 enthalten und nicht den ab 1. Januar 2013 anwendbaren Vorschriften der Sondervorschrift 363 Buchstabe a) des Kapitels 3.3 entsprechen, dürfen weiterverwendet werden.

1.6.1.28 (gestrichen)

1.6.1.29 Sofern im ADN nichts anderes vorgesehen ist, dürfen Lithiumzellen und -batterien, die nach einem Typ hergestellt wurden, der den Vorschriften des Unterabschnitts 38.3 des Handbuchs Prüfungen und Kriterien, dritte überarbeitete Ausgabe, Änderung 1 oder einer zum Zeitpunkt der Typprüfung anwendbaren nachfolgenden überarbeiteten Ausgabe und Änderung entspricht, weiter befördert werden.

Lithiumzellen und -batterien, die vor dem 1. Juli 2003 hergestellt wurden und den Vorschriften der dritten überarbeiteten Ausgabe des Handbuchs Prüfungen und Kriterien entsprechen, dürfen weiter befördert werden, wenn alle übrigen anwendbaren Vorschriften erfüllt sind.

1.6.1.30 Gefahrzettel, die den bis zum 31. Dezember 2014 geltenden Vorschriften des Absatztes 5.2.2.2.1.1 entsprechen, dürfen bis zum 30. Juni 2019 weiterverwendet werden.

1.6.1.31 (gestrichen)

1.6.1.32 (gestrichen)

1.6.1.33 Vor dem 1. Januar 2014 hergestellte elektrische Doppelschicht-Kondensatoren der UN-Nummer 3499 müssen nicht mit der gemäß Absatz e) der Sondervorschrift 361 in Kapitel 3.3 vorgeschriebenen Energiespeicherkapazität in Wattstunden (Wh) gekennzeichnet sein.

1.6.1.34 Vor dem 1. Januar 2016 hergestellte asymmetrische Kondensatoren der UN-Nummer 3508, müssen nicht mit der gemäß Absatz c) der Sondervorschrift 372 in Kapitel 3.3 vorgeschriebenen Energiespeicherkapazität in Wattstunden (Wh) gekennzeichnet sein.

1.6.1.35 (bleibt offen)

1.6.1.36 (bleibt offen)

1.6.1.37 (bleibt offen)

1.6.1.38 Die Vertragsparteien dürfen bis zum 31. Dezember 2018 weiterhin Schulungsnachweise für Gefahrgutbeauftragte gemäß dem bis zum 31. Dezember 2016 geltenden Muster anstelle des den ab 1. Januar 2017 geltenden Vorschriften des Unterabschnittes 1.8.3.18 entsprechenden Musters ausstellen. Diese Schulungsnachweise dürfen bis zum Ablauf ihrer fünfjährigen Geltungsdauer weiterverwendet werden.

1.6.1.39 (gestrichen)

1.6.1.40 (gestrichen)

1.6.1.41 Abweichend von den ab dem 1. Januar 2017 geltenden Vorschriften des ADN dürfen Großverpackungen, die gemäß der bis zum 31. Dezember 2016 geltenden Sondervorschrift für die Verpackung L 2 der Verpackungsanweisung LP 02 des Unterabschnitts 4.1.4.3 des ADR den Prüfanforderungen für die Verpackungsgruppe III entsprechen, bis zum 31. Dezember 2022 für die UN-Nummer 1950 weiterverwendet werden.

1.6.1.42 (gestrichen)

1.6.1.43 Die in den Sondervorschriften 388 und 669 des Kapitels 3.3 definierten Fahrzeuge, die vor dem 1. Juli 2017 zum Verkehr zugelassen oder in Betrieb genommen wurden, sowie deren Einrichtungen, die für eine Verwendung während der Beförderung bestimmt sind, die den bis zum 31. Dezember 2016 geltenden Vorschriften des ADN entsprechen, jedoch Lithiumzellen und -batterien enthalten, die den Vorschriften des Absatzes 2.2.9.1.7 nicht entsprechen, dürfen in Übereinstimmung mit den Vorschriften der Sondervorschrift 666 des Kapitels 3.3 weiterhin als Ladung befördert werden.

1.6.1.44 Unternehmen, die an der Beförderung gefährlicher Güter lediglich als Absender beteiligt sind und die auf Grund der bis zum 31. Dezember 2018 geltenden Vorschriften keinen Gefahrgutbeauftragten ernennen mussten, müssen abweichend von den ab dem 1. Januar 2019 geltenden Vorschriften des Unterabschnitts 1.8.3.1 spätestens bis zum 31. Dezember 2022 einen Gefahrgutbeauftragten benennen.

1.6.1.45 Die Vertragsparteien dürfen bis zum 31. Dezember 2020 weiterhin Schulungsnachweise für Gefahrgutbeauftragte gemäß dem bis zum 31. Dezember 2018 geltenden Muster anstelle des den ab 1. Januar 2019 geltenden Vorschriften des Unterabschnitts 1.8.3.18 entsprechenden Musters ausstellen. Diese Schulungsnachweise dürfen bis zum Ablauf ihrer fünfjährigen Geltungsdauer weiterverwendet werden.

1.6.1.46 Die Beförderung von in dieser Anlage nicht näher bezeichneten Maschinen oder Geräten, die in ihrem inneren Aufbau oder in ihren Funktionselementen gefährliche Güter enthalten und die deshalb der UN-Nummer 3363, 3537, 3538, 3539, 3540, 3541, 3542, 3543, 3544, 3545, 3546, 3547 oder 3548 zugeordnet sind, die gemäß dem bis zum 31. Dezember 2018 geltenden Unterabschnitt 1.1.3.1 b) von den Vorschriften des ADN freigestellt war, darf bis zum 31. Dezember 2022 weiterhin von den Vorschriften des ADN freigestellt werden, vorausgesetzt, es sind Maßnahmen getroffen worden, die unter normalen Beförderungsbedingungen ein Freiwerden des Inhalts verhindern.

1.6.1.47 Lithiumzellen und -batterien, welche die Vorschriften des Absatzes 2.2.9.1.7 g) nicht erfüllen, dürfen bis zum 31. Dezember 2019 weiter befördert werden.

1.6.2 Druckgefäße und Gefäße für die Klasse 2

Die Übergangsvorschriften in Abschnitt 1.6.2 des ADR oder des RID gelten auch für Beförderungen, die dem ADN unterliegen.

1.6.3 Festverbundene Tanks (Tankfahrzeuge und Kesselwagen), Aufsetztanks / abnehmbare Tanks, Batterie-Fahrzeuge und Batteriewagen

Die Übergangsvorschriften in Abschnitt 1.6.3 des ADR oder des RID gelten auch für Beförderungen, die dem ADN unterliegen.

1.6.4 Tankcontainer, ortsbewegliche Tanks und MEGC

Die Übergangsvorschriften in Abschnitt 1.6.4 des ADR oder des RID oder des Abschnitts 4.2.0 des IMDG-Codes gelten auch für Beförderungen, die dem ADN unterliegen.

1.6.5 Fahrzeuge

Die Übergangsvorschriften in Abschnitt 1.6.5 des ADR gelten auch für Beförderungen, die dem ADN unterliegen.

1.6.6 Klasse 7

Die Übergangsvorschriften in Abschnitt 1.6.6 des ADR oder des RID oder in 6.4.24 des IMDG-Codes gelten auch für Beförderungen, die dem ADN unterliegen.

1.6.7 Übergangsvorschriften für Schiffe

1.6.7.1 Allgemeines

1.6.7.1.1 Gemäß Artikel 8 des ADN enthält Abschnitt 1.6.7 in Unterabschnitt 1.6.7.2 die allgemeinen Übergangsvorschriften (siehe Artikel 8 Absatz 1, 2 und 4) und in Unterabschnitt 1.6.7.3 die zusätzlichen Übergangsvorschriften (siehe Artikel 8 Absatz 3).

1.6.7.1.2 In diesem Abschnitt bedeutet

a) der Begriff „in Betrieb befindliches Schiff“:
   - ein Schiff nach Artikel 8 Absatz 2 des ADN;
   - ein Schiff, für das bereits ein Zulassungszeugnis nach 8.6.1.1 bis 8.6.1.4 ausgestellt worden ist.

   In beiden Fällen sind Schiffe ausgenommen, die nach dem 31. Dezember 2014 mehr als zwölf Monate kein gültiges Zulassungszeugnis hatten;

b) der Begriff «N.E.U.»:

   die Vorschrift gilt nicht für in Betrieb befindliche Schiffe, es sei denn, die betroffenen Teile werden ersetzt oder umgebaut, d.h. die Vorschrift gilt nur für Neubauten (ab dem angegebenen Datum), bei Ersatz und bei Umbau nach dem angegebenen Datum; maßgeblich für die Einstufung als Neubau ist das Datum der Vorführung zur Erstuntersuchung zur Erlangung eines Zulassungszeugnisses; werden bestehende Teile durch Austauschteile in gleicher Technik und Machart ersetzt, bedeutet dies keinen Ersatz «E» im Sinne dieser Übergangsvorschriften.

   Als «Umbau» wird auch eine Änderung von einem bestehenden Schiffstyp, Ladetanktyp oder Ladetankzustand in einen höheren Typ oder Zustand angesehen.

   Wird in den allgemeinen Übergangsvorschriften in Unterabschnitt 1.6.7.2 für N.E.U. kein Datum angegeben, gilt N.E.U. ab 26. Mai 2000. Wird in den zusätzlichen Übergangsvorschriften in Unterabschnitt 1.6.7.3 für N.E.U. kein Datum angegeben, gilt N.E.U. ab 26. Mai 2000.

c) der Begriff „Erneuerung Zulassungszeugnis nach dem …“:
   für Schiffe, die in b) genannte Übergangsvorschriften in Anspruch nehmen, muss die Vorschrift bei der nächsten auf dieses Datum folgenden Erneuerung des Zulassungszeugnisses erfüllt sein. Läuft das Zulassungszeugnis im ersten Jahr nach dem Zeitpunkt der Anwendung dieser Verordnung ab, braucht, unabhängig vom Ablaufdatum, die Vorschrift erst nach Ablauf dieses ersten Jahres erfüllt zu sein.

d) Die in Kapitel 1.6.7 angeführten an Bord von in Betrieb befindlichen Schiffen einzuhaltenden Vorschriften gelten nur, wenn N.E.U. nicht anwendbar ist.

1.6.7.2 Allgemeine Übergangsvorschriften

1.6.7.2.1 Allgemeine Übergangsvorschriften für Trockengüterschiffe

1.6.7.2.1.1 In Betrieb befindliche Schiffe müssen:

a) den Vorschriften der in der Tabelle aufgeführten Absätze innerhalb der in der Tabelle festgelegten Fristen entsprechen;

b) den Vorschriften der in der Tabelle nicht aufgeführten Absätze zum Zeitpunkt der Anwendung dieser Verordnung entsprechen.

Bau und Ausrüstung der Schiffe, die beim Inkrafttreten dieser Verordnung oder der Änderung schon in Betrieb sind, müssen mindestens auf dem bisherigen Sicherheitsstand gehalten werden.

1.6.7.2.1.1 Tabelle der allgemeinen Übergangsvorschriften: Trockengüter		
Absatz	Inhalt	Frist und Nebenbestimmungen
1.16.1.4 und 1.16.2.5	Anlage zum Zulassungszeugnis und zum vorläufigen Zulassungszeugnis	Erneuerung des Zulassungszeugnisses nach dem 31. Dezember 2014
7.1.2.19.1	Schiffe, die für die Fortbewegung gebraucht werden Anpassung an die neuen Vorschriften in 9.1.0.12.4, 9.1.0.40.2, 9.1.0.51 und 9.1.0.52	N.E.U. ab 1. Januar 2019 Erneuerung des Zulassungszeugnisses nach dem 31. Dezember 2034 An Bord von in Betrieb befindlichen Schiffen müssen bis dahin folgende Vorschriften eingehalten werden: In einem Schubverband oder bei gekuppelten Schiffen müssen alle Schiffe mit einem auf sie ausgestellten Zulassungszeugnis versehen sein, wenn mindestens ein Schiff der Zusammenstellung mit einem Zulassungszeugnis für die Beförderung von gefährlichen Gütern versehen sein muss. Schiffe, welche keine gefährlichen Güter befördern, müssen folgenden Abschnitten, Unterabschnitten und Absätzen entsprechen: 1.16.1.1, 1.16.1.2, 1.16.1.3, 7.1.2.5, 8.1.5, 8.1.6.1, 8.1.6.3, 8.1.7, 9.1.0.0, 9.1.0.12.3, 9.1.0.12.5, 9.1.0.17.2, 9.1.0.17.3, 9.1.0.31, 9.1.0.32, 9.1.0.34, 9.1.0.41, 9.1.0.52.7, 9.1.0.56, 9.1.0.71 und 9.1.0.74.
7.1.3.41	Rauchen	N.E.U. ab 1. Januar 2019 Erneuerung des Zulassungszeugnisses nach dem 31. Dezember 2020
7.1.3.51.1	Nicht-elektrische Anlagen und Geräte	N.E.U. ab 1. Januar 2019 Erneuerung des Zulassungszeugnisses nach dem 31. Dezember 2024
7.1.3.51.5	Abschalten rot gekennzeichneter Anlagen und Geräte	N.E.U. ab 1. Januar 2019 Erneuerung des Zulassungszeugnisses nach dem 31. Dezember 2034
7.1.3.51.5	Anlagen und Geräte mit Oberflächentemperaturen über 200 °C	N.E.U. ab 1. Januar 2019 Erneuerung des Zulassungszeugnisses nach dem 31. Dezember 2034
7.1.4.53	Leuchten in explosionsgefährdeten Bereich der Zone 2	N.E.U. ab 1. Januar 2019 Erneuerung des Zulassungszeugnisses nach dem 31. Dezember 2022
8.1.2.2 e) – h)	Unterlagen, die sich an Bord befinden müssen	N.E.U. ab 1. Januar 2019 Erneuerung des Zulassungszeugnisses nach dem 31. Dezember 2020
8.6.1.1 8.6.1.2	Änderung Zulassungszeugnis	N.E.U. ab 1. Januar 2019 Erneuerung des Zulassungszeugnisses nach dem 31. Dezember 2018

1.6.7.2.1.1 Tabelle der allgemeinen Übergangsvorschriften: Trockengüter		
Absatz	Inhalt	Frist und Nebenbestimmungen
9.1.0.12.1	Lüftung Laderäume	N.E.U., Erneuerung des Zulassungszeugnisses nach dem 31. Dezember 2018 An Bord von in Betrieb befindlichen Schiffen müssen bis dahin folgende Vorschriften eingehalten werden: Jeder Laderaum muss angemessen natürlich oder künstlich gelüftet werden können; bei Beförderung von Stoffen der Klasse 4.3 muss jeder Laderaum künstlich gelüftet werden; die zu diesem Zweck verwendeten Vorrichtungen müssen so beschaffen sein, dass kein Wasser in den Laderaum eindringen kann.
9.1.0.12.3	Lüftung Betriebsräume	N.E.U., Erneuerung des Zulassungszeugnisses nach dem 31. Dezember 2018
9.1.0.12.3	Lüftung Wohnungen, Steuerhaus	N.E.U. ab 1. Januar 2019 Erneuerung des Zulassungszeugnisses nach dem 31. Dezember 2034
9.1.0.12.3	Ausstattung Wohnung, Steuerhaus, Betriebsräume, wenn höhere Oberflächentemperaturen als unter 9.1.0.51 angegeben auftreten können oder elektrische Anlagen und Geräte betrieben werden, die nicht die Anforderungen in 9.1.0.52.1 erfüllen	N.E.U. ab 1. Januar 2019 Erneuerung des Zulassungszeugnisses nach dem 31. Dezember 2034
9.1.0.12.4	Lüftungsöffnungen	N.E.U. ab 1. Januar 2019 Erneuerung des Zulassungszeugnisses nach dem 31. Dezember 2034
9.1.0.12.5	Ventilatoren im geschützten Bereich und Laderaumventilatoren, die im Luftstrom angeordnet sind: Temperaturklasse, Explosionsgruppe	N.E.U. ab 1. Januar 2019 Erneuerung des Zulassungszeugnisses nach dem 31. Dezember 2034
9.1.0.17.2	Zu den Laderäumen gerichtete Öffnungen müssen gasdicht sein	N.E.U., Erneuerung des Zulassungszeugnisses nach dem 31. Dezember 2018 An Bord von in Betrieb befindlichen Schiffen müssen bis dahin folgende Vorschriften eingehalten werden: Die zu den Laderäumen gerichteten Öffnungen der Wohnungen und des Steuerhauses müssen gut geschlossen werden können.

1.6.7.2.1.1 Tabelle der allgemeinen Übergangsvorschriften: Trockengüter		
Absatz	Inhalt	Frist und Nebenbestimmungen
9.1.0.17.3	Zugänge und Öffnungen zum geschützten Bereich	N.E.U., Erneuerung des Zulassungszeugnisses nach dem 31. Dezember 2018 An Bord von in Betrieb befindlichen Schiffen müssen bis dahin folgende Vorschriften eingehalten werden: Die nach den Laderäumen gerichteten Öffnungen der Wohnungen und des Steuerhauses müssen gut geschlossen werden können.
9.1.0.31.2	Ansaugöffnungen Motoren	N.E.U., Erneuerung des Zulassungszeugnisses nach dem 31. Dezember 2034
9.1.0.32.2	Öffnungen der Lüftungsrohre mindestens 0,50 m über das freie Deck	N.E.U., Erneuerung des Zulassungszeugnisses nach dem 31. Dezember 2018
9.1.0.34.1	Position der Abgasrohre	N.E.U., Erneuerung des Zulassungszeugnisses nach dem 31. Dezember 2018
9.1.0.35	Lenzpumpen im geschützten Bereich	N.E.U., Erneuerung des Zulassungszeugnisses nach dem 31. Dezember 2018 An Bord von in Betrieb befindlichen Schiffen müssen bis dahin folgende Vorschriften eingehalten werden: Bei der Beförderung von Gütern der Klasse 4.1, UN 3175, allen Gütern der Klasse 4.3 in loser Schüttung oder unverpackt und schäumbaren Polymer-Kügelchen der Klasse 9, UN 2211 darf das Lenzen der Laderäume nur mit Hilfe einer im geschützten Bereich aufgestellten Lenzeinrichtung stattfinden. Die Lenzeinrichtung über dem Maschinenraum muss blindgeflanscht sein.
9.1.0.40.1	Feuerlöscheinrichtung, zwei Pumpen usw.	N.E.U., Erneuerung des Zulassungszeugnisses nach dem 31. Dezember 2018
9.1.0.40.2	Fest eingebaute Feuerlöscheinrichtungen im Maschinenraum	N.E.U., Erneuerung des Zulassungszeugnisses nach dem 31. Dezember 2034
9.1.0.41 in Verbindung mit 7.1.3.41	Feuer und offenes Licht	N.E.U., Erneuerung des Zulassungszeugnisses nach dem 31. Dezember 2018 An Bord von in Betrieb befindlichen Schiffen müssen bis dahin folgende Vorschriften eingehalten werden: Die Mündungen der Schornsteine müssen sich mindestens 2 m vom nächstgelegenen Punkt der Laderaumluken entfernt befinden. Heiz- und Kochgeräte sind nur in geschlossenen Wohnungen und Steuer-

		häusern mit Metallunterbau zugelassen. Es ist jedoch zugelassen: – im Maschinenraum Heizgeräte für flüssigen Brennstoff mit einem Flammpunkt von mehr als 55 °C aufzustellen; – Zentralheizungskessel für festen Brennstoff in einem unter Deck gelegenen und nur von Deck aus zugänglichen
9.1.0.51	Oberflächentemperaturen einschließlich der äußeren Teile von Motoren sowie deren Luft- und Abgasschächten	N.E.U. ab 1. Januar 2019 Erneuerung des Zulassungszeugnisses nach dem 31. Dezember 2034
9.1.0.52.1	Elektrische Einrichtungen, die während eines Aufenthalts in einer oder unmittelbar angrenzend an eine landseitig ausgewiesene Zone betrieben werden	N.E.U ab dem 1. Januar 2019 Erneuerung des Zulassungszeugnisses nach dem 31. Dezember 2034
9.1.0.52.1	Elektrische Anlagen, Geräte und Installationsmaterial außerhalb des geschützten Bereichs	N.E.U. ab 1. Januar 2019 Erneuerung des Zulassungszeugnisses nach dem 31. Dezember 2034 An Bord von in Betrieb befindlichen Schiffen müssen bis dahin folgende Vorschriften eingehalten werden: Elektrische Einrichtungen im geschützten Bereich müssen durch zentral angeordnete Schalter spannungslos gemacht werden können, es sei denn, sie entsprechen – in den Laderäumen dem Typ „bescheinigte Sicherheit" mindestens für die Temperaturklasse T4 und die Explosionsgruppe II B und – im geschützten Bereich an Deck dem Typ „begrenzte Explosionsgefahr". Die entsprechenden Stromkreise müssen mit Kontrolllampen versehen sein, die anzeigen, ob der Stromkreis unter Spannung steht oder nicht. Die Schalter müssen gegen unbeabsichtigtes Einschalten gesichert sein. Die in diesem Bereich verwendeten Steckdosen müssen so ausgeführt sein, dass das Herstellen und das Trennen der Steckverbindung nur im spannungslosen Zustand möglich sind. Tauchpumpen, welche in den Laderäumen eingebaut oder benutzt werden, müssen dem Typ „bescheinigte Sicherheit" mindestens für Temperaturklasse T4 und Explosionsgruppe II B entsprechen.

1.6.7.2.1.1 Tabelle der allgemeinen Übergangsvorschriften: Trockengüter		
Absatz	Inhalt	Frist und Nebenbestimmungen
9.1.0.52.2	Rote Kennzeichnung Anlagen und Geräte	N.E.U. ab 1. Januar 2019 Erneuerung des Zulassungszeugnisses nach dem 31. Dezember 2034
9.1.0.52.5	Ausfall der elektrischen Speisung von Sicherheits- und Kontrolleinrichtungen	N.E.U. ab 1. Januar 2019 Erneuerung des Zulassungszeugnisses nach dem 31. Dezember 2024
9.1.0.53.5	Bewegliche elektrische Kabel (Schlauchleitungen des Typs H 07 RN-F)	N.E.U. ab 1. Januar 2019 Erneuerung des Zulassungszeugnisses nach dem 31. Dezember 2034 Bis dahin müssen an Bord von in Betrieb befindlichen Schiffen folgende Vorschriften eingehalten werden: bewegliche elektrische Kabel (Schlauchleitungen des Typs H 07 RN-F) müssen bis dahin der Norm IEC 60245-4:1994 entsprechen
9.1.0.53.6	Nicht-elektrische Anlagen und Geräte im geschützten Bereich	N.E.U. ab 1. Januar 2019 Erneuerung des Zulassungszeugnisses nach dem 31. Dezember 2034
9.2.0.31.2	Ansaugöffnung Motoren	N.E.U., Erneuerung des Zulassungszeugnisses nach dem 31. Dezember 2034
9.2.0.34.1	Position der Abgasrohre	N.E.U., Erneuerung des Zulassungszeugnisses nach dem 31. Dezember 2018
9.2.0.41 in Verbindung mit 7.1.3.41	Feuer und offenes Licht	N.E.U., Erneuerung des Zulassungszeugnisses nach dem 31. Dezember 2018 An Bord von in Betrieb befindlichen Schiffen müssen bis dahin folgende Vorschriften eingehalten werden: Die Mündungen der Schornsteine müssen sich mindestens 2 m vom nächstgelegenen Punkt der Laderaumluken entfernt befinden. Heiz- und Kochgeräte sind nur in geschlossenen Wohnungen und Steuer-häusern mit Metallunterbau zugelassen. Es ist jedoch zugelassen: – im Maschinenraum Heizgeräte für flüssigen Brennstoff mit einem Flammpunkt von mehr als 55 °C aufzustellen; – Zentralheizungskessel für festen Brennstoff in einem unter Deck gelegenen und nur von Deck aus zugänglichen Raum aufzustellen.

1.6.7.2.1.2 (gestrichen)

1.6.7.2.1.3 Abweichend von Unterabschnitt 7.1.4.1 dürfen die Stoffe UN 1690, UN 1812 und UN 2505 bis zum 31. Dezember 2018 in Einhüllenschiffen befördert werden.

1.6.7.2.1.4 Bei Schiffen oder Schubleichtern, die vor dem 1. Juli 2017 auf Kiel gelegt worden sind und nicht den Vorschriften des Unterabschnitts 9.x.0.1 betreffend die Schiffsakte entsprechen, muss spätestens bei der nächsten Erneuerung des Zulassungszeugnisses mit der Aufbewahrung der Dokumente für die Schiffsakte begonnen werden.

1.6.7.2.2 Allgemeine Übergangsvorschriften für Tankschiffe

1.6.7.2.2.1 Im Betrieb befindliche Schiffe müssen:

a) den Vorschriften der in der Tabelle aufgeführten Absätze innerhalb der in der Tabelle festgelegten Fristen entsprechen;

b) den Vorschriften der in der Tabelle nicht aufgeführten Absätze zum Zeitpunkt der Anwendung dieser Verordnung entsprechen.

Bau und Ausrüstung der in Betrieb befindlichen Schiffe müssen mindestens auf dem bisherigen Sicherheitsstand gehalten werden.

1.6.7.2.2.2 Tabelle der allgemeinen Übergangsvorschriften: Tankschiffe

Absatz	Inhalt	Frist und Nebenbestimmungen
1.2.1	Elektrische Einrichtungen vom Typ «begrenzte Explosionsgefahr»	N.E.U., Erneuerung des Zulassungszeugnisses nach dem 31. Dezember 2034 An Bord von in Betrieb befindlichen Schiffen müssen bis dahin folgende Vorschriften eingehalten werden: „Elektrische Einrichtung für begrenzte Explosionsgefahr“, – eine elektrische Einrichtung, die so beschaffen ist, dass bei normalem Betrieb keine Funken erzeugt werden und keine Oberflächentemperatur von mehr als 200 °C auftritt, oder – eine elektrische Einrichtung mit strahlwassergeschützter Kapselung, die so beschaffen ist, dass ihre Oberflächentemperatur unter normalen Betriebsbedingungen 200 °C nicht übersteigt.
1.2.1	Aufstellungsraum	N.E.U. für Typ N offen Schiffe, deren Aufstellungsräume Hilfseinrichtungen enthalten und die nur Stoffe der Klasse 8 mit Bemerkung 30 in Kapitel 3.2 Tabelle C Spalte 20 befördern Erneuerung des Zulassungszeugnisses nach dem 31. Dezember 2038

1.6.7.2.2.2 Tabelle der allgemeinen Übergangsvorschriften: Tankschiffe

Absatz	Inhalt	Frist und Nebenbestimmungen
1.2.1	Flammendurchschlagsicherung Prüfung nach der Norm ISO 16852:2016 bzw. EN ISO 16852:2016	N.E.U. ab 1. Januar 2019 Erneuerung des Zulassungszeugnisses nach dem 31. Dezember 2034 Bis dahin müssen an Bord von in Betrieb befindlichen Schiffen folgende Vorschriften eingehalten werden: Die Flammendurchschlagsicherungen müssen: – nach der Norm ISO 16852:2010 bzw. EN ISO 16852:2010 geprüft sein, wenn sie ab dem 1. Januar 2015 ersetzt wurden oder die Schiffe ab dem 1. Januar 2015 neu gebaut oder umgebaut wurden. – nach der Norm EN 12874:2001 geprüft sein, wenn sie ab dem 1. Januar 2001 ersetzt wurden oder die Schiffe ab dem 1. Januar 2001 neu gebaut oder umgebaut wurden. – von einem von der zuständigen Behörde für den vorgesehenen Zweck zugelassenen Typ sein, wenn sie vor dem 1. Januar 2001 ersetzt wurden oder die Schiffe vor dem 1. Januar 2001 neu gebaut oder umgebaut wurden.
1.2.1	Hochgeschwindigkeitsventil Prüfung nach der Norm ISO 16852:2016 bzw. EN ISO 16852:2016/ Nachweis „entspricht anwendbaren Anforderungen"	N.E.U. ab 1. Januar 2019 Erneuerung des Zulassungszeugnisses nach dem 31. Dezember 2034 Bis dahin müssen an Bord von in Betrieb befindlichen Schiffen folgende Vorschriften eingehalten werden: Die Hochgeschwindigkeitsventile müssen: – nach der Norm ISO 16852:2010 bzw. EN ISO 16852:2010, geprüft sein einschließlich des Nachweises des Herstellers nach Richtlinie 94/9/EG oder gleichwertig, wenn sie ab dem 1. Januar 2015 ersetzt wurden oder die Schiffe ab dem 1. Januar 2015 neu gebaut oder umgebaut wurden. – nach der Norm EN 12874:2001 geprüft sein einschließlich des Nachweises des Herstellers nach Richtlinie 94/9/EG oder gleichwertig, wenn sie ab dem 1. Januar 2001 ersetzt wurden oder die Schiffe ab dem 1. Januar 2001 neu gebaut oder umgebaut wurden. – von einem von der zuständigen Behörde für den vorgesehenen Zweck zugelassenen Typ sein, wenn sie vor dem 1. Januar 2001 ersetzt wurden oder die Schiffe vor dem 1. Januar 2001 neu gebaut oder umgebaut wurden.

1.6.7.2.2.2 Tabelle der allgemeinen Übergangsvorschriften: Tankschiffe		
Absatz	Inhalt	Frist und Nebenbestimmungen
1.2.1	Bereich der Ladung Räumliche Ausdehnung oberhalb des Decks	N.E.U. ab 1. Januar 2019 Erneuerung des Zulassungszeugnisses nach dem 31. Dezember 2034 An Bord von in Betrieb befindlichen Schiffen müssen bis dahin folgende Vorschriften eingehalten werden: Die räumliche Ausdehnung entspricht einem rechteckigen Pyramidenstumpf mit folgenden Abmaßen: Grundfläche: von Bord zu Bord und von äußerem Kofferdammschott zu äußerem Kofferdammschott Neigungswinkel der schmalen Seiten: 45° Neigungswinkel der langen Seiten: 90° Höhe: 3,00 m Räumliche Ausdehnung der Zone 1 entspricht Bereich der Ladung oberhalb des Decks
1.2.1	Flammendurchschlagsicherung Nachweis „entspricht anwendbaren Anforderungen“	N.E.U. ab 1. Januar 2019 Erneuerung des Zulassungszeugnisses nach dem 31. Dezember 2034
1.2.1	Gasspüranlage Prüfung nach der Norm IEC 60079-29-1:2016 und der Norm EN 50271:2010	N.E.U. ab 1. Januar 2019 Erneuerung des Zulassungszeugnisses nach dem 31. Dezember 2024
1.2.1	Gasspürgerät Prüfung nach der Norm IEC 60079-29-1:2016	N.E.U. ab 1. Januar 2019 Erneuerung des Zulassungszeugnisses nach dem 31. Dezember 2020

1.6.7.2.2.2 Tabelle der allgemeinen Übergangsvorschriften: Tankschiffe		
Absatz	Inhalt	Frist und Nebenbestimmungen
1.2.1	Probeentnahmeöffnung Deflagrationssicherheit Prüfung nach ISO 16852:2016 bzw. EN ISO 16852:2016/ Nachweis „entspricht anwendbaren Anforderungen“	N.E.U. ab 1. Januar 2019 Erneuerung des Zulassungszeugnisses nach dem 31. Dezember 2034 Die Deflagrationssicherheit der Probeentnahmeöffnung muss: – nach der Norm ISO 16852:2010 bzw. EN ISO 16852:2010 geprüft sein einschließlich des Nachweises des Herstellers nach Richtlinie 94/9/EG oder gleichwertig, wenn die Öffnungen ab dem 1. Januar 2015 ersetzt wurden oder die Schiffe ab dem 1. Januar 2015 neu gebaut oder umgebaut wurden. – nach der Norm EN ISO 12874:2001 geprüft sein einschließlich des Nachweises des Herstellers nach Richtlinie 94/9/EG oder gleichwertig, wenn die Öffnungen ab dem 1. Januar 2001 ersetzt wurden oder die Schiffe ab dem 1. Januar 2001 neu gebaut oder umgebaut wurden. – von einem von der zuständigen Behörde für den vorgesehenen Zweck zugelassenen Typ sein, wenn die Öffnungen vor dem 1. Januar 2001 ersetzt wurden oder die Schiffe vor dem 1. Januar 2001 neu gebaut oder umgebaut wurden.
1.2.1	Sauerstoffmessanlage Prüfung nach EN 50104:2010	N.E.U. ab 1. Januar 2019 Erneuerung des Zulassungszeugnisses nach dem 31. Dezember 2020
1.2.1	Sauerstoffmessgerät Prüfung nach EN 50104:2010	N.E.U. ab 1. Januar 2019 Erneuerung des Zulassungszeugnisses nach dem 31. Dezember 2020
1.2.1	Vorrichtung zum gefahrlosen Entspannen von Ladetanks Deflagrationssicherheit Prüfung nach der Norm ISO 16852:2016/ Nachweis: „entspricht anwendbaren Anforderungen“	N.E.U. ab 1. Januar 2019 Erneuerung des Zulassungszeugnisses nach dem 31. Dezember 2034 Die Deflagrationssicherheit muss auf Schiffen, die ab dem 1. Januar 2001 neugebaut oder umgebaut wurden, oder wenn die Vorrichtung zum gefahrlosen Entspannen von Ladetanks ab dem 1. Januar 2001 ersetzt wurde, nach der Norm EN 12874:2001 geprüft sein einschließlich des Nachweises des Herstellers nach Richtlinie 94/9/EG oder gleichwertig. In den anderen Fällen müssen sie von einem von der zuständigen Behörde für den vorgesehenen Zweck zugelassenen Typ sein.

1.6.7.2.2.2 Tabelle der allgemeinen Übergangsvorschriften: Tankschiffe		
Absatz	Inhalt	Frist und Nebenbestimmungen
1.2.1	Zoneneinteilung Zone 1 Räumliche Ausdehnung	N.E.U. ab 1. Januar 2019 Erneuerung des Zulassungszeugnisses nach dem 31. Dezember 2034 An Bord von in Betrieb befindlichen Schiffen müssen bis dahin folgende Vorschriften eingehalten werden: Die räumliche Ausdehnung der Zone 1 entspricht einem rechteckigen Pyramidenstumpf mit den Anmaßen: Grundfläche: von Bord zu Bord und von äußerem Kofferdammschott zu äußerem Kofferdammschott Neigungswinkel der schmalen Seiten: 45° Neigungswinkel der langen Seiten: 90° Höhe: 3,00 m
	Zone 2 Räumliche Ausdehnung	N.E.U. ab 1. Januar 2019 Erneuerung des Zulassungszeugnisses nach dem 31. Dezember 2034
1.16.1.4 und 1.16.2.5	Anlage zum Zulassungszeugnis und zum vorläufigen Zulassungszeugnis	Erneuerung des Zulassungszeugnisses nach dem 31. Dezember 2014
7.2.2.6	Zulassung Gasspüranlagen	N.E.U., Erneuerung des Zulassungszeugnisses nach dem 31. Dezember 2010
7.2.2.6	Gasspüranlagen Kalibrieren auf n-Hexan	N.E.U. ab 1. Januar 2019 Erneuerung des Zulassungszeugnisses nach dem 31. Dezember 2020
7.2.2.19.3	Schiffe die für die Fortbewegung verwendet werden Anpassung an die neuen Vorschriften Vorschriften in 9.3.3.12.4, 9.3.3.51 und 9.3.3.52.1 bis 9.3.3.52.8	N.E.U. ab 1. Januar 2019 Erneuerung des Zulassungszeugnisses nach dem 31. Dezember 2034

1.6.7.2.2.2 Tabelle der allgemeinen Übergangsvorschriften: Tankschiffe		
Absatz	Inhalt	Frist und Nebenbestimmungen
7.2.2.19.4	Schiffe der Zusammenstellung für die Explosionsschutz gefordert ist	N.E.U. ab 1. Januar 2019 Erneuerung des Zulassungszeugnisses nach dem 31. Dezember 2034 An Bord von in Betrieb befindlichen Schiffen müssen bis dahin folgende Vorschriften eingehalten werden: Schiffe, die für die Fortbewegung in einem Schubverband oder bei gekuppelten Schiffen verwendet werden, müssen den Abschnitten, Unterabschnitten und Absätzen 1.16.1.1, 1.16.1.2, 1.16.1.3, 7.2.2.5, 8.1.4, 8.1.5, 8.1.6.1, 8.1.6.3, 8.1.7, 9.3.3.0.1, 9.3.3.0.3 d), 9.3.3.0.5, 9.3.3.10.1, 9.3.3.10.2, 9.3.3.12.4 a) mit Ausnahme des Steuerhauses, 9.3.3.12.4 b) mit Ausnahme der T90-Zeit, 9.3.3.12.4 c), 9.3.3.12.6, 9.3.3.16, 9.3.3.17.1 bis 9.3.3.17.4, 9.3.3.31.1 bis 9.3.3.31.5, 9.3.3.32.2, 9.3.3.34.1, 9.3.3.34.2, 9.3.3.40.1 (jedoch genügt eine einzige Feuerlösch- oder Ballastpumpe), 9.3.3.40.2, 9.3.3.41, 9.3.3.50.1 c), 9.3.3.50.2, 9.3.3.51, 9.3.3.52.6, 9.3.3.52.7, 9.3.3.52.8, 9.3.3.56.5, 9.3.3.71 und 9.3.3.74 entsprechen, wenn mindestens ein Tankschiff der Zusammenstellung gefährliche Güter befördert. Schiffe, die ausschließlich zum Fortbewegen von Tankschiffen des Typs N offen genutzt werden, müssen den Absätzen 9.3.3.10.1, 9.3.3.10.2 und 9.3.3.12.6 nicht entsprechen. Diese Abweichungen müssen im Zulassungszeugnis bzw. im vorläufigen Zulassungszeugnis unter Nummer 5 wie folgt eingetragen sein: „Zugelassene Abweichungen“: „Abweichung von 9.3.3.10.1, 9.3.3.10.2 und 9.3.3.12.6; das Schiff darf ausschließlich Tankschiffe des Typs N offen fortbewegen“.
7.2.3.20.1	Ballastwasser Verbot Kofferdämme mit Wasser zu füllen	N.E.U., Erneuerung des Zulassungszeugnisses nach dem 31. Dezember 2038 An Bord von in Betrieb befindlichen Schiffen müssen bis dahin folgende Vorschriften eingehalten werden: Beim Löschen dürfen die Kofferdämme zum Trimmen des Schiffes und zur möglichst restfreien Lenzung mit Wasser gefüllt werden. Während der Fahrt, dürfen die Kofferdämme nur dann mit Ballastwasser gefüllt werden, wenn die Ladetanks leer sind.
7.2.3.20.1	Bedingung Leckstabilitätsnachweis in Verbindung mit Ballastwasser	N.E.U. für Schiffe des Typs G und des Typs N Erneuerung des Zulassungszeugnisses nach dem 31. Dezember 2044

1.6.7.2.2.2 Tabelle der allgemeinen Übergangsvorschriften: Tankschiffe		
Absatz	Inhalt	Frist und Nebenbestimmungen
7.2.3.20.1	Einrichtung von Niveau-Anzeigegeräten für Ballasttanks/-zellen	N.E.U. ab 1. Januar 2013 fur Tankschiffe des Typs C und G und Doppelhüllen-Tankschiffe des Typs N Erneuerung des Zulassungszeugnisses nach dem 31. Dezember 2012
7.2.3.31.2	Motorisierte Fahrzeuge nur außerhalb des Bereichs der Ladung	N.E.U. für Schiffe des Typs N offen Erneuerung des Zulassungszeugnisses nach dem 31. Dezember 2034 An Bord von in Betrieb befindlichen Schiffen müssen bis dahin folgende Vorschriften eingehalten werden: Das Fahrzeug darf nicht an Bord betrieben werden
7.2.3.41	Rauchen	N.E.U. ab 1. Januar 2019 Erneuerung des Zulassungszeugnisses nach dem 31. Dezember 2020
7.2.3.51.4	Abschalten der rot gekennzeichneten nichtelektrischen Anlagen und Geräte	N.E.U. ab 1. Januar 2019 Erneuerung des Zulassungszeugnisses nach dem 31. Dezember 2034
7 2.3.51.5	Oberflächentemperatur, wennT4, T5 oder T6 gefordert ist	N.E.U. ab 1. Januar 2019 Erneuerung des Zulassungszeugnisses nach dem 31. Dezember 2020
7.2.4.22.3	Probeentnahme	N.E.U. für Schiffe des Typs N offen Erneuerung des Zulassungszeugnisses nach dem 31. Dezember 2018 An Bord von in Betrieb befindlichen Schiffen müssen bis dahin folgende Vorschriften eingehalten werden: Die Ladetankluken dürfen zur Kontrolle und Probeentnahme während des Beladens geöffnet werden

1.6.7.2.2.2 Tabelle der allgemeinen Übergangsvorschriften: Tankschiffe		
Absatz	Inhalt	Frist und Nebenbestimmungen
8.1.2.3 r), s), t), v)	Unterlagen, die sich an Bord befinden müssen	N.E.U. ab 1. Januar 2019 Erneuerung des Zulassungszeugnisses nach dem 31. Dezember 2020 An Bord von in Betrieb befindlichen Schiffen müssen bis dahin zusätzlich zu den nach den in Unterabschnitt 1.1.4.6 genannten Vorschriften an Bord vorhanden sein: a) ein Plan mit den Grenzen des Bereichs der Ladung, auf dem die in diesem Bereich installierten elektrischen Betriebsmittel eingetragen sind; b) eine Liste über die unter Buchstabe a) aufgeführten elektrischen Betriebsmittel mit folgenden Angaben: Gerät, Aufstellungsort, Schutzart, Zündschutzart, Prüfstelle und Zulassungsnummer; c) eine Liste oder ein Übersichtsplan über die außerhalb des Bereichs der Ladung vorhandenen Betriebsmittel, die während des Ladens, Löschens und Entgasens betrieben werden dürfen Die vorstehend genannten Unterlagen müssen mit dem Sichtvermerk der zuständigen Behörde, die das Zulassungszeugnis erteilt, versehen sein.
8.1.2.3 u)	Unterlagen, die sich an Bord befinden müssen Plan mit Zoneneinteilung	N.E.U. ab 1. Januar 2019 Erneuerung des Zulassungszeugnisses nach dem 31. Dezember 2034
8.1.6.2	Schlauchleitungen	Schlauchleitungen, die den vorhergehenden Normen EN 12115:1999, EN 13765:2003 oder EN ISO 10380:2003 entsprechen, dürfen bis zum 31. Dezember 2018 weiterverwendet werden.
8.1.6.3	Überprüfung der Sauerstoffmessanlage	N.E.U. ab 1. Januar 2019 Erneuerung des Zulassungszeugnisses nach dem 31. Dezember 2020
8.1.7.2	Anlagen, Geräte, autonome Schutzsysteme, Prüfung der Anlagen, Geräte und autonomen Schutzsysteme sowie Übereinstimmung der nach Absatz 8.1.2.3 r) bis v) geforderten Unterlagen mit den Gegebenheiten an Bord	N.E.U. ab 1. Januar 2019 Erneuerung des Zulassungszeugnisses nach dem 31. Dezember 2020

1.6.7.2.2.2 Tabelle der allgemeinen Übergangsvorschriften: Tankschiffe		
Absatz	Inhalt	Frist und Nebenbestimmungen
8.1.7.2	Kennzeichnung an Anlagen und Geräte zum Einsatz in explosionsgefährdeten Bereichen sowie an den autonomen Schutzsystemen	N.E.U. ab 1. Januar 2019 Erneuerung des Zulassungszeugnisses nach dem 31. Dezember 2024
8.6.1.3 8.6.1.4	Änderung Zulassungszeugnis	N.E.U. ab 1. Januar 2019 Erneuerung des Zulassungszeugnisses nach dem 31. Dezember 2018
9.3.1.8.4 9.3.2.8.4 9.3.3.8.4	Übereinstimmung der Unterlagen nach 8.1.2.3 r) bis v)	N.E.U. ab 1. Januar 2019 Erneuerung des Zulassungszeugnisses nach dem 31. Dezember 2018
9.3.1.10.1 9.3.2.10.1 9 3.3.10.1	Eindringen von Gasen und Flüssigkeiten ins Steuerhaus Zu öffnende Fenster	N.E.U. ab 1. Januar 2019 Erneuerung des Zulassungszeugnisses nach dem 31. Dezember 2024
9.3.1.10.2 9.3.2.10.2 9.3.3.10.2	Höhe des Schutzsülls	N.E.U. ab 1. Januar 2019 Erneuerung des Zulassungszeugnisses nach dem 31. Dezember 2020
9.3.2.0.1c) 9.3.3.0.1c)	Gasabfuhrleitungen gegen Korrosion geschützt	N.E.U. ab 1. Januar 2001, Erneuerung des Zulassungszeugnisses nach dem 31. Dezember 2034
9.3.1.0.3d) 9.3.2.0.3d) 9.3.3.0.3d)	Materialien in Wohnungen und Steuerhaus schwer entflammbar	N.E.U., Erneuerung des Zulassungszeugnisses nach dem 31. Dezember 2034
9.3.3.8.1	Laufende Klasse	N.E.U. für Schiffe des Typs N offen mit Flammendurchschlagsicherung und des Typs N offen Erneuerung des Zulassungszeugnisses nach dem 31. Dezember 2044 An Bord von in Betrieb befindlichen Schiffen müssen bis dahin folgende Vorschriften eingehalten werden: Sofern nicht etwas anderes vorgeschrieben ist, müssen Bauart, Festigkeit, Raumeinteilung, Einrichtung und Ausrüstung des Schiffes den Bauvorschriften einer anerkannten Klassifikationsgesellschaft für die höchste Klasse entsprechen oder ihnen gleichwertig sein.
9.3.1.10.3 9.3.2.10.3 9.3.3.10.3	Schutzwand	N.E.U. ab 1. Januar 2019 Erneuerung des Zulassungszeugnisses nach dem 31. Dezember 2024

1.6.7.2.2.2 Tabelle der allgemeinen Übergangsvorschriften: Tankschiffe		
Absatz	Inhalt	Frist und Nebenbestimmungen
9.3.1.10.4 9.3.2.10.4 9.3.3.10.4	Sülle von Türen usw.	N.E.U., Erneuerung des Zulassungszeugnisses nach dem 31. Dezember 2034 An Bord von in Betrieb befindlichen Schiffen, außer Typ N offen, müssen bis dahin folgende Vorschriften eingehalten werden: Zur Erfüllung dieser Bedingungen dürfen senkrechte Schutzwände mit einer Mindesthöhe von 0,50 m angeordnet werden. An Bord von in Betrieb befindlichen Schiffen mit einer Länge unter 50 m kann bis dahin an Stelle der genannten Höhe von 0,50 m an den Türen zum Deck eine Höhe von 0,30 m zugelassen werden.
9.3.1.11.1 b)	Verhältnis Länge/Durchmesser bei Ladetanks unter Druck	N.E.U., Erneuerung des Zulassungszeugnisses nach dem 31. Dezember 2044
9.3.3.11.1 d)	Längenbegrenzung Ladetanks	N.E.U., Erneuerung des Zulassungszeugnisses nach dem 31. Dezember 2044
9.3.1.11.2 a)	Aufstellung Ladetanks Abstand eingesetzte Ladetanks von Schiffsseitenwand Sattelhöhe	N.E.U. für Schiffe des Typs G, die vor dem 1. Januar 1977 auf Kiel gelegt worden sind. Erneuerung des Zulassungszeugnisses nach dem 31. Dezember 2044

1.6.7.2.2.2 Tabelle der allgemeinen Übergangsvorschriften: Tankschiffe		
Absatz	Inhalt	Frist und Nebenbestimmungen
9.3.1.11.2 a)	Aufstellung Ladetanks Abstand eingesetzte Ladetanks von Schiffsseitenwand Sattelhöhe	N.E.U., Erneuerung des Zulassungszeugnisses nach dem 31. Dezember 2044 An Bord von in Betrieb befindlichen Schiffen, die nach dem 31. Dezember 1976 auf Kiel gelegt worden sind, müssen bis dahin folgende Vorschriften eingehalten werden: Bei Verwendung von Tanks mit mehr als 200 m^3 Inhalt oder von Tanks, bei denen das Verhältnis zwischen Länge und Durchmesser kleiner als 7 aber größer als 5 ist, muss der Schiffskörper im Bereich der Tanks so beschaffen sein, dass bei einer Kollision die Tanks möglichst unbeschädigt bleiben. Diese Bedingung gilt als erfüllt, wenn das Schiff im Tankbereich – entweder als Wallgangschiff mit einem Abstand von mindestens 0,80 m zwischen Seite Schiff und Längsschott, – oder wie folgt ausgeführt ist: a) Zwischen Gangbord und Oberkante Bodenwrangen sind Seitenstringer in einem Abstand von höchstens 0,60 m gleichmäßig verteilt angeordnet. b) Die Seitenstringer sind durch Rahmenträger im Abstand von höchstens 2,00 m unterstützt. Die Höhe dieser Rahmenträger beträgt mindestens 10 % der Seitenhöhe, ohne jedoch 30 cm zu unterschreiten. Sie sind mit einem Gurt aus Flachstahl von mindestens 15 cm^2 Querschnitt versehen. c) Die Stringer nach a) haben die gleiche Höhe wie die Rahmenträger und einen Gurt aus Flachstahl von mindestens 7,5 cm^2 Querschnitt.
9.3.1.11.2 a)	Abstand zwischen Pumpensumpf und Bodenverbänden	N.E.U., Erneuerung des Zulassungszeugnisses nach dem 31. Dezember 2044
9.3.1.11.2 b) 9.3.2.11.2 b) 9.3.3.11.2 a)	Aufschwimmsicherung	N.E.U., Erneuerung des Zulassungszeugnisses nach dem 31. Dezember 2044
9.3.1.11.2 c) 9.3.2.11.2 c) 9.3.3.11.2 b)	Inhalt Pumpensumpf	N.E.U., Erneuerung des Zulassungszeugnisses nach dem 31. Dezember 2044
9.3.1.11.2 d) 9.3.2.11.2 d)	Stützen zwischen Schiffskörper und Ladetanks	N.E.U. ab 1. Januar 2001, Erneuerung des Zulassungszeugnisses nach dem 31. Dezember 2044
9.3.3.11.2 d)	Stützen zwischen Schiffskörper und Ladetanks	N.E.U. ab 1. Januar 2019 Erneuerung des Zulassungszeugnisses nach dem 31. Dezember 2044

1.6.7.2.2.2 Tabelle der allgemeinen Übergangsvorschriften: Tankschiffe		
Absatz	Inhalt	Frist und Nebenbestimmungen
9.3.1.11.3 a)	Endschotte des Bereichs der Ladung „A-60“ isoliert Abstand von 0,50 m der Ladetanks von den Endschotten	N.E.U., Erneuerung des Zulassungszeugnisses nach dem 31. Dezember 2044
9.3.2.11.3 a) 9.3.3.11.3 a)	Kofferdammbreite 0,60 m Aufstellungsräume mit Kofferdamm oder „A-60“ isolierte Schotte Abstand von 0,50 m der Ladetanks im Aufstellungsraum	N.E.U., Erneuerung des Zulassungszeugnisses nach dem 31. Dezember 2044 An Bord von in Betrieb befindlichen Schiffen müssen bis dahin folgende Vorschriften eingehalten werden: Typ C: Mindestbreite der Kofferdämme 0,50 m. Typ N: Mindestbreite der Kofferdämme 0,50 m, auf Schiffen mit einer Tragfähigkeit bis zu 150 t eine Mindestbreite von 0,40 m. Typ N offen: Schiffe mit einer Tragfähigkeit bis zu 150 t und Bilgenentölungsboote brauchen keinen Kofferdamm zu haben. Der Abstand der Ladetanks in einem Aufstellungsraum von den Endschotten muss mindestens 0,40 m betragen.
9.3.3.11.4	Durchführung durch Endschotten von Aufstellungsräumen	N.E.U. ab 1. Januar 2005 für Schiffe des Typs N offen, die vor dem 1. Januar 1977 auf Kiel gelegt worden sind. Erneuerung des Zulassungszeugnisses nach dem 31. Dezember 2044
9.3.3.11.4	Abstand der Leitungen zum Boden	N.E.U. ab 1. Januar 2005, Erneuerung des Zulassungszeugnisses nach dem 31. Dezember 2038
9.3.3.11.4	Absperrarmaturen von Lade- und Löschleitungen in den Ladetanks, aus denen sie herkommen	N.E.U. ab 1. Januar 2005, Erneuerung des Zulassungszeugnisses nach dem 31. Dezember 2018
9.3.3.11.6 a)	Form des als Pumpenraum eingerichteten Kofferdamms	N.E.U. für Schiffe des Typs N, die vor dem 1. Januar 1977 auf Kiel gelegt worden sind. Erneuerung des Zulassungszeugnisses nach dem 31. Dezember 2044
9.3.3.11.7	Abstände der Ladetanks zur Außenhaut	N.E.U. ab 1. Januar 2001, Erneuerung des Zulassungszeugnisses nach dem 31. Dezember 2038
9.3.3.11.7	Breite der Doppelhülle	N.E.U. ab 1. Januar 2007, Erneuerung des Zulassungszeugnisses nach dem 31. Dezember 2038
9.3.3.11.7	Abstand zwischen dem Pumpensumpf und den Bodenverbänden	N.E.U. ab 1. Januar 2003, Erneuerung des Zulassungszeugnisses nach dem 31. Dezember 2038

1.6.7.2.2.2 Tabelle der allgemeinen Übergangsvorschriften: Tankschiffe		
Absatz	Inhalt	Frist und Nebenbestimmungen
9.3.3.11.8	Anordnung vorhandener Betriebsräume im Bereich der Ladung unter Deck	N.E.U. für Schiffe des Typs N offen Erneuerung des Zulassungszeugnisses nach dem 31. Dezember 2038
9.3.1.11.8 9.3.3.11.9	Abmessungen von Zugangsöffnungen zu Räumen im Bereich der Ladung	N.E.U., Erneuerung des Zulassungszeugnisses nach dem 31. Dezember 2018
9.3.1.11.8 9.3.2.11.10 9.3.3.11.9	Abstand zwischen den Verstärkungen	N.E.U., Erneuerung des Zulassungszeugnisses nach dem 31. Dezember 2044
9.3.2.12.1 9.3.3.12.1	Lüftungsöffnungen von Aufstellungsräumen	N.E.U. ab 1. Januar 2003, Erneuerung des Zulassungszeugnisses nach dem 31. Dezember 2018
9.3.1.12.2 9.3.3.12.2	Lüftung von Wallgängen und Doppelböden durch Vorrichtungen	N.E.U., Erneuerung des Zulassungszeugnisses nach dem 31. Dezember 2018
9.3.1.12.3 9.3.2.12.3 9.3.3.12.3	Höhe von Zuluftöffnungen über Deck bei Betriebsräumen unter Deck	N.E.U., Erneuerung des Zulassungszeugnisses nach dem 31. Dezember 2018
9.3.1.12.4 9.3.2.12.4 9.3.3.12.4	Lüftung Steuerhaus	N.E.U. ab 1. Januar 2019 Erneuerung des Zulassungszeugnisses nach dem 31. Dezember 2024
9.3.1.12.4 9.3.2.12.4 9.3.3.12.4	Ausstattung Wohnungen, Steuerhaus, Betriebsräume, wenn höhere Oberflächentemperaturen als unter 9.3.x.51 a) angegeben auftreten können	N.E.U. ab 1. Januar 2019 Erneuerung des Zulassungszeugnisses nach dem 31. Dezember 2034
9.3.1.12.4 9.3.2.12.4 9.3.3.12.4	Ausstattung Steuerhaus, wenn höhere Oberflächentemperaturen als unter 9.3.x.51 a) angegeben auftreten können oder elektrische Geräte betrieben werden, die nicht die Anforderungen in 9.3.x.52.1 erfüllen	N.E.U. ab 1. Januar 2019 Erneuerung des Zulassungszeugnisses nach dem 31. Dezember 2034

1.6.7.2.2.2 Tabelle der allgemeinen Übergangsvorschriften: Tankschiffe		
Absatz	**Inhalt**	**Frist und Nebenbestimmungen**
9.3.1.12.4 9.3.3.12.4	Elektrische Anlagen und Geräte, die während des Ladens, Löschens, Entgasens oder Aufenthalts in einer oder unmittelbar angrenzend an eine landseitig ausgewiesene Zone betrieben werden	N.E.U. ab 1. Januar 2019 Erneuerung des Zulassungszeugnisses nach dem 31. Dezember 2034 An Bord von in Betrieb befindlichen Schiffen des Typs G und N, die vor dem 1. Januar 1977 auf Kiel gelegt worden sind, müssen bis dahin alle elektrischen Einrichtungen mit Ausnahme der Beleuchtungsanlagen in den Wohnungen, der Sprechfunkanlagen in den Wohnungen und im Steuerhaus sowie der Geräte zur Überwachung der Verbrennungsmotoren den folgenden Bedingungen entsprechen: Generatoren, Motoren usw.: Schutzart IP13 Schalttafeln, Schalter, die in der Nähe des Wohnungseinganges angeordnet sind usw.: Schutzart IP23 Installationsmaterial usw.: Schutzart IP55.
9.3.1.12.4 9.3.2.12.4 9.3.3.12.4	Nicht-elektrische Anlagen und Geräte, die während des Ladens, Löschens und Entgasens oder während eines Aufenthalts in einer oder unmittelbar angrenzend an eine landseitig ausgewiesene Zone betrieben werden	N.E.U. ab 1. Januar 2019 Erneuerung des Zulassungszeugnisses nach dem 31. Dezember 2034
9.3.1.12.4 b) 9.3.2.12.4 b) 9.3.3.12.4 b)	Gasspüranlage: T90-Zeit	N.E.U. ab 1. Januar 2019 Erneuerung des Zulassungszeugnisses nach dem 31. Dezember 2034
9.3.1.12.4 9.3.2.12.4 9.3.3.12.4	Alarme bei Nichtquittieren	N.E.U. ab 1. Januar 2019 Erneuerung des Zulassungszeugnisses nach dem 31. Dezember 2024
9.3.1.12.6 9.3.2.12.6 9.3.3.12.6	Abstand der Lüftungsöffnungen von Wohnung und Betriebsräumen zum Bereich der Ladung	N.E.U. ab 1. Januar 2003Erneuerung des Zulassungszeugnisses nach dem 31. Dezember 2034
9.3.1.12.6 9.3.2.12.6 9.3.3.12.6	Fest installierte Vorrichtungen nach 9.3.x.40.2.2 c)	N.E.U. ab 1. Januar 2003 Erneuerung des Zulassungszeugnisses nach dem 31. Dezember 2018
9.3.1.12.6 9.3.2.12.6 9.3.3.12.6	Abstand der Lüftungsöffnungen des Steuerhauses zum Bereich der Ladung	N.E.U. ab 1. Januar 2019 Erneuerung des Zulassungszeugnisses nach dem 31. Dezember 2034
...	...	...
9.3.1.13 9.3.3.13	Stabilität allgemein	N.E.U., Erneuerung des Zulassungszeugnisses nach dem 31. Dezember 2044

1.6.7.2.2.2 Tabelle der allgemeinen Übergangsvorschriften: Tankschiffe		
Absatz	Inhalt	Frist und Nebenbestimmungen
9.3.3.13.3 Absatz 2	Stabilität allgemein	N.E.U. ab 1. Januar 2007, Erneuerung des Zulassungszeugnisses nach dem 31. Dezember 2044
9.3.1.14 9.3.3.14	Stabilität intakt	N.E.U., Erneuerung des Zulassungszeugnisses nach dem 31. Dezember 2044
9.3.1.15	Stabilität im Leckfall	N.E.U., Erneuerung des Zulassungszeugnisses nach dem 31. Dezember 2044
9.3.3.15	Stabilität im Leckfall	N.E.U. ab 1. Januar 2007, Erneuerung des Zulassungszeugnisses nach dem 31. Dezember 2044
9.3.1.16.1 9.3.3.16.1	Abstand von Öffnungen der Maschinenräume zum Bereich der Ladung	N.E.U., Erneuerung des Zulassungszeugnisses nach dem 31. Dezember 2044
9.3.3.16.1	Verbrennungsmotoren außerhalb des Bereichs der Ladung	N.E.U. für Schiffe des Typs N offen Erneuerung des Zulassungszeugnisses nach dem 31. Dezember 2034
9.3.1.16.2 9.3.3.16.2	Anschlag von Türen zum Bereich der Ladung	N.E.U. für Schiffe, die vor dem 1. Januar 1977 auf Kiel gelegt worden sind, wenn durch einen Umbau andere wichtige Zugänge behindert würden. Erneuerung des Zulassungszeugnisses nach dem 31. Dezember 2034
9.3.3.16.2	Maschinenraum von Deck aus zugänglich	N.E.U. für Schiffe des Typs N offen Erneuerung des Zulassungszeugnisses nach dem 31. Dezember 2034
9.3.1.17.1 9.3.3.17.1	Wohnungen und Steuerhaus außerhalb des Bereichs der Ladung	N.E.U. für Schiffe, die vor dem 1. Januar 1977 auf Kiel gelegt worden sind, wenn es zwischen dem Steuerhaus und anderen geschlossenen Räumen keine Verbindung gibt; Erneuerung des Zulassungszeugnisses nach dem 31. Dezember 2044 Erneuerung des Zulassungszeugnisses nach dem 31. Dezember 2044 für Schiffe mit einer Länge bis zu 50 m, die vor dem 1. Januar 1977 auf Kiel gelegt worden sind und deren Steuerhaus im Bereich der Ladung liegt; obwohl es den Eingang zu einem anderen geschlossenen Raum bildet, wenn durch geeignete Betriebsvorschriften der zuständigen Behörde die Sicherheit gewährleistet wird.

1.6.7.2.2.2 Tabelle der allgemeinen Übergangsvorschriften: Tankschiffe		
Absatz	Inhalt	Frist und Nebenbestimmungen
9.3.3.17.1	Wohnungen und Steuerhaus außerhalb des Bereichs der Ladung	N.E.U. für Schiffe des Typs N offen Erneuerung des Zulassungszeugnisses nach dem 31. Dezember 2044
9.3.1.17.2 9.3.2.17.2 9.3.3.17.2	Anordnung der Zugänge und Öffnungen von Aufbauten Vorschiff	N.E.U., Erneuerung des Zulassungszeugnisses nach dem 31. Dezember 2044
9.3.1.17.2 9.3.2.17.2 9.3.3.17.2	Zum Bereich der Ladung zugewandte Zugänge	N.E.U. für Schiffe mit einer Länge bis zu 50 m, die vor dem 1. Januar 1977 auf Kiel gelegt worden sind, wenn geeignete Gassperren angeordnet sind. Erneuerung des Zulassungszeugnisses nach dem 31. Dezember 2044
9.3.3.17.2	Zugänge und Öffnungen	N.E.U. für Schiffe des Typs N offen Erneuerung des Zulassungszeugnisses nach dem 31. Dezember 2044
9.3.1.17.4 9.3.3.17.4	Abstand von Öffnungen zum Bereich der Ladung	N.E.U., Erneuerung des Zulassungszeugnisses nach dem 31. Dezember 2044
9.3.3.17.5 b), c)	Zulassung von Wellendurchführungen und Anschlag der Betriebsanweisungen	N.E.U. für Schiffe des Typs N offen Erneuerung des Zulassungszeugnisses nach dem 31. Dezember 2018
9.3.1.17.6 9.3.3.17.6	Pumpenraum unter Deck	N.E.U., Erneuerung des Zulassungszeugnisses nach dem 31. Dezember 2018. An Bord von in Betrieb befindlichen Schiffen müssen bis dahin folgende Vorschriften eingehalten werden: Die Pumpenräume unter Deck müssen: - den Vorschriften für Betriebsräume entsprechen für Schiffe des Typs G: Absatz 9.3.1.12.3 für Schiffe des Typs N: Absatz 9.3.3.12.3, - mit einer Gasspüranlage nach Absatz 9.3.1.17.6 oder Absatz 9.3.3.17.6 versehen sein.
9.3.1.17.6 9.3.3.17.6 9.3.1.17.6	Abstand Lüftungsöffnung des Pumpenraums zum Steuerhaus	N.E.U. ab 1. Januar 2019 Erneuerung des Zulassungszeugnisses nach dem 31. Dezember 2034
9.3.1.17.6 9.3.3.17.6 9.3.1.17.6	Sauerstoffmessanlage Grenzwert für Alarm	N.E.U. ab 1. Januar 2019 Erneuerung des Zulassungszeugnisses nach dem 31. Dezember 2020

1.6.7.2.2.2 Tabelle der allgemeinen Übergangsvorschriften: Tankschiffe		
Absatz	Inhalt	Frist und Nebenbestimmungen
9.3.1.17.6 9.3.3.17.6 9.3.1.17.6	Alarme bei Nichtquittieren	N.E.U. ab 1. Januar 2019 Erneuerung des Zulassungszeugnisses nach dem 31. Dezember 2024
9.3.2.20.1 9.3.3.20.1	Zugang zu Kofferdämmen oder Kofferdammabteilungen	N.E.U. ab 1.Januar 2015, Erneuerung des Zulassungszeugnisses nach dem 31. Dezember 2034
9.3.2.20.2 9.3.3.20.2	Einlassventil	N.E.U., Erneuerung des Zulassungszeugnisses nach dem 31. Dezember 2018
9.3.3.20.2	Füllen von Kofferdämmen mittels einer Pumpe	N.E.U. für Schiffe des Typs N offen Erneuerung des Zulassungszeugnisses nach dem 31. Dezember 2018
9.3.2.20.2 9.3.3.20.2	Füllen von Kofferdämmen in 30 Minuten	N.E.U., Erneuerung des Zulassungszeugnisses nach dem 31. Dezember 2018
9.3.2.20.4 9.3.3.20.4	Explosionsgruppe/Untergruppe	N.E.U. ab 1. Januar 2019 Erneuerung des Zulassungszeugnisses nach dem 31. Dezember 2024
9.3.3.21.1 b)	Niveauanzeigegerät	N.E.U. ab 1. Januar 2005, für Schiffe des Typs N offen mit Flammendurchschlagsicherung und des Typs N offen Erneuerung des Zulassungszeugnisses nach dem 31. Dezember 2018 An Bord von in Betrieb befindlichen Schiffen, die mit Peilöffnungen versehen sind, müssen bis dahin diese Peilöffnungen: - so beschaffen sein, dass mit einem Peilstab der Füllungsgrad gemessen werden kann, - mit einem selbst schließenden Deckel versehen sein.
9.3.3.21.1 g)	Probeentnahmeöffnung	N.E.U. für Schiffe des Typs N offen Erneuerung des Zulassungszeugnisses nach dem 31. Dezember 2018
9.3.2.21.1 g) 9.3.3.21.1 g)	Explosionsgruppe/Untergruppe	N.E.U. ab 1. Januar 2019 Erneuerung des Zulassungszeugnisses nach dem 31. Dezember 2024
9.3.1.21.3 9.3.2.21.3 9.3.3.21.3	Die höchstzulässigen Füllhöhen des Ladetanks an jedem Anzeigegerät kennzeichnen	N.E.U. ab 1. Januar 2015, Erneuerung des Zulassungszeugnisses nach dem 31. Dezember 2018

1.6.7.2.2.2 Tabelle der allgemeinen Übergangsvorschriften: Tankschiffe		
Absatz	Inhalt	Frist und Nebenbestimmungen
9.3.1.21.4 9.3.2.21.4 9.3.3.21.4	Niveau-Warngerät unabhängig von dem Niveau-Anzeigegerät	N.E.U., Erneuerung des Zulassungszeugnisses nach dem 31.Dezember 2018
9.3.1.21.5 a) 9.3.2.21.5 a) 9.3.3.21.5 a)	Stecker in der Nähe der Landanschlüsse der Lade und Löschleitungen und Abschalten der bordeigenen Löschpumpe	N.E.U., Erneuerung des Zulassungszeugnisses nach dem 31. Dezember 2018
9.3.1.21.5 b) 9.3.2.21.5 b) 9.3.3.21.5 d)	Einrichtung zum Abschalten der Bordpumpe von Land aus	N.E.U., Erneuerung des Zulassungszeugnisses nach dem 31. Dezember 2006
9.3.2.21.5 c)	Schnellschlusseinrichtung zum Unterbrechen des Bunkerns	N.E.U., Erneuerung des Zulassungszeugnisses nach dem 31. Dezember 2008
9.3.1.21.7 9.3.2.21.7 9.3.3.21.7	Alarme für Unter-, Überdruck in Ladetanks bei Stoffen ohne Bemerkung 5 in Kapitel 3.2 Tabelle C Spalte 20	N.E.U. ab Januar 2001, Erneuerung des Zulassungszeugnisses nach dem 31. Dezember 2018
9.3.1.21.7 9.3.2.21.7 9.3.3.21.7	Alarme für die Temperatur in Ladetanks	N.E.U. ab 1. Januar 2001, spätestens bei Erneuerung des Zulassungszeugnisses nach dem 31. Dezember 2018
9.3.1.21.7 9.3.2.21.7 9.3.3.21.7	Alarme bei Nichtquittieren	N.E.U. ab 1. Januar 2019 Erneuerung des Zulassungszeugnisses nach dem 31. Dezember 2024
9.3.1.22.1 b)	Höhe Ladetanköffnungen über Deck	N.E.U., Erneuerung des Zulassungszeugnisses nach dem 31. Dezember 2044
9.3.3.22.1 b)	Ladetanköffnungen 0,50 m über Deck	N.E.U., Erneuerung des Zulassungszeugnisses nach dem 31. Dezember 2044 für Schiffe, die vor dem 1. Januar 1977 auf Kiel gelegt worden sind.
9.3.1.22.4	Verhütung der Funkenbildung der Verschlüsse	N.E.U. ab 1. Januar 2003, Erneuerung des Zulassungszeugnisses nach dem 31. Dezember 2018
9.3.1.22.3 9.3.2.22.4 a) 9.3.3.22.4 a)	Position der Austrittsöffnungen der Überdruck/Hochgeschwindigkeitsventile über Deck	N.E.U., Erneuerung des Zulassungszeugnisses nach dem 31. Dezember 2018
9.3.2.22.4 a) 9.3.3.22.4 e)	Einstelldruck des Überdruck-/ Hochgeschwindigkeitsventils	N.E.U., Erneuerung des Zulassungszeugnisses nach dem 31. Dezember 2018
9.3.2.22.4 e) 9.3.3.22.4 d)	Explosionsgruppe/Untergruppe	N.E.U. ab 1. Januar 2019 Erneuerung des Zulassungszeugnisses nach dem 31. Dezember 2024

1.6.7.2.2.2 Tabelle der allgemeinen Übergangsvorschriften: Tankschiffe		
Absatz	Inhalt	Frist und Nebenbestimmungen
9.3.3.23.2	Prüfdruck der Ladetanks	N.E.U. für Schiffe, die vor dem 1. Januar 1977 auf Kiel gelegt worden sind, für die ein Prüfdruck von 15 kPa (0,15 bar) gefordert wird. Erneuerung des Zulassungszeugnisses nach dem 31. Dezember 2044 Bis dahin genügt ein Prüfdruck von 10 kPa (0,10 bar).
9 3.3.23.2	Prüfdruck der Ladetanks	N.E.U. für Bilgenentölungsboote, die vor dem 1. Januar 1999 in Betrieb waren. Erneuerung des Zulassungszeugnisses nach dem 31. Dezember 2044 Bis dahin genügt ein Prüfdruck von 5 kPa (0,05 bar).
9.3.3.23.3	Prüfdruck der Lade- und Löschleitungen	N.E.U. für Bilgenentölungsboote, die vor dem 1. Januar 1999 in Betrieb waren. Erneuerung des Zulassungszeugnisses spätestens 1. Januar 2039 Bis dahin genügt ein Prüfdruck von 400 kPa (4 bar)
9.3.2.25.1 9.3.3.25.1	Abschalten von Ladepumpen	N.E.U., Erneuerung des Zulassungszeugnisses nach dem 31. Dezember 2018
9.3.1.25.1 9.3.2.25.1 9.3.3.25.1	Abstand Pumpen usw. von Wohnungen usw.	N.E.U., Erneuerung des Zulassungszeugnisses nach dem 31. Dezember 2044
9.3.1.25.2 d) 9.3.2.25.2 d)	Position der Lade- und Löschleitungen an Deck	N.E.U., Erneuerung des Zulassungszeugnisses nach dem 31. Dezember 2044
9.3.1.25.2 e) 9.3.2.25.2 e) 9.3.3.25.2 e)	Abstand Landanschlüsse von Wohnungen usw.	N.E.U., Erneuerung des Zulassungszeugnisses nach dem 31. Dezember 2034

1.6.7.2.2.2 Tabelle der allgemeinen Übergangsvorschriften: Tankschiffe		
Absatz	Inhalt	Frist und Nebenbestimmungen
9.3.2.25.2 i)	Lade- und Löschleitungen sowie Gasabfuhrleitungen dürfen keine flexiblen Verbindungen mit Gleitdichtungen enthalten	N.E.U. ab 1. Januar 2009 Nach der Verlängerung des Zulassungszeugnisses nach dem 31. Dezember 2008 dürfen in Betrieb befindliche Schiffe, die flexible Verbindungen mit Gleitdichtungen enthalten, keine Stoffe mit giftigen oder ätzenden Eigenschaften (siehe Gefahren 6.1 und 8 in Kapitel 3.2 Tabelle C Spalte 5) mehr befördern. Nach der Verlängerung des Zulassungszeugnisses nach dem 31. Dezember 2018 dürfen in Betrieb befindliche Schiffe keine flexiblen Verbindungen mit Gleitdichtungen mehr enthalten.
9.3.3.25.2 h)	Lade- und Löschleitungen sowie Gasabfuhrleitungen dürfen keine flexiblen Verbindungen mit Gleitdichtungen enthalten	N.E.U. ab 1. Januar 2009 Nach der Verlängerung des Zulassungszeugnisses nach dem 31. Dezember 2008 dürfen in Betrieb befindliche Schiffe, die flexible Verbindungen mit Gleitdichtungen enthalten, keine Stoffe mit ätzenden Eigenschaften (siehe Gefahr 8 in Kapitel 3.2 Tabelle C Spalte 5) mehr befördern. Nach der Verlängerung des Zulassungszeugnisses nach dem 31. Dezember 2018 dürfen in Betrieb befindliche Schiffe keine flexiblen Verbindungen mit Gleitdichtungen mehr enthalten.
9.3.3.25.8 a)	Ansaugleitung für Ballastzwecke innerhalb des Bereichs der Ladung, aber außerhalb der Ladetanks	N.E.U., Erneuerung des Zulassungszeugnisses nach dem 31. Dezember 2018
9.3.2.25.9 9.3.3.25.9	Lade- und Löschrate	N.E.U. ab 1. Januar 2003, Erneuerung des Zulassungszeugnisses nach dem 31. Dezember 2018
9.3.3.25.12	9.3.3.25.1 a) und c), 9.3.3.25.2 e), 9.3.3.25.3 und 9.3.3.25.4 a) gelten nicht für Typ N offen, mit Ausnahme von Typ N offen, welche Stoffe mit ätzenden Eigenschaften (siehe Kapitel 3.2 Tabelle C Spalte 5 Gefahr 8) befördern	N.E.U., Erneuerung des Zulassungszeugnisses nach dem 31. Dezember 2018 Diese Frist bezieht sich nur auf Schiffe des Typs N offen, welche Stoffe mit ätzenden Eigenschaften (siehe Kapitel 3.2 Tabelle C Spalte 5 Gefahr 8) befördern.
9.3.2.26.2 9.3.3.26.2 b)	Explosionsgruppe/Untergruppe	N.E.U. ab 1. Januar 2019 Erneuerung des Zulassungszeugnisses nach dem 31. Dezember 2024
9.3.1.31.2 9.3.2.31.2 9.3.3.31.2	Abstand Ansaugöffnungen Motoren vom Bereich der Ladung	N.E.U., Erneuerung des Zulassungszeugnisses nach dem 31. Dezember 2044

1.6.7.2.2.2 Tabelle der allgemeinen Übergangsvorschriften: Tankschiffe		
Absatz	Inhalt	Frist und Nebenbestimmungen
9.3.1.31.5 9.3.2.31.5 9.3.3.31.5	Temperatur im Maschinenraum	N.E.U., Erneuerung des Zulassungszeugnisses nach dem 31. Dezember 2018 An Bord von in Betrieb befindlichen Schiffen müssen bis dahin folgende Vorschriften eingehalten werden: Die Temperatur im Maschinenraum darf einen Wert von 45 °C nicht überschreiten.
...	...	...
9.3.3.34.1	Abgasrohre	N.E.U., Erneuerung des Zulassungszeugnisses nach dem 31. Dezember 2018
9.3.1.35.1 9.3.3.35.1	Lenz- und Ballastpumpen im Bereich der Ladung	N.E.U., Erneuerung des Zulassungszeugnisses nach dem 31. Dezember 2034
9.3.3.35.3	Ansaugleitung für Ballastzwecke innerhalb des Bereichs der Ladung, aber außerhalb der Ladetanks	N.E.U., Erneuerung des Zulassungszeugnisses nach dem 31.Dezember 2018
9.3.1.35.4	Lenzeinrichtung Pumpenraum außerhalb des Pumpenraums	N.E.U. ab 1. Januar 2003, Erneuerung des Zulassungszeugnisses nach dem 31. Dezember 2018
9.3.1.40.1 9.3.2.40.1 9.3.3.40.1	Feuerlöscheinrichtung, zwei Pumpen usw.	N.E.U., Erneuerung des Zulassungszeugnisses nach dem 31. Dezember 2018
9.3.1.40.2 9.3.2.40.2 9.3.3.40.2	Fest eingebaute Feuerlöscheinrichtung im Maschinenraum	N.E.U., Erneuerung des Zulassungszeugnisses nach dem 31.Dezember 2034
9.3.1.41.1 9.3.3.41.1	Mündungen der Schornsteine mindestens 2,00 m außerhalb des Bereichs der Ladung	N.E.U., Erneuerung des Zulassungszeugnisses nach dem 31. Dezember 2044 für Schiffe, die vor dem 1. Januar 1977 auf Kiel gelegt worden sind.
9.3.3.41.1	Mündungen Schornsteine	N.E.U., spätestens 1. Januar 2039 für Bilgenentölungsboote
9.3.1.41.2 9.3.2.41.2 9.3.3.41.2 in Verbindung mit 7.2.3.41	Heiz-, Koch- und Kühlgeräte	N.E.U., Erneuerung des Zulassungszeugnisses nach dem 31. Dezember 2010

1.6.7.2.2.2 Tabelle der allgemeinen Übergangsvorschriften: Tankschiffe		
Absatz	Inhalt	Frist und Nebenbestimmungen
9.3.3.42.2	Ladungsheizungsanlage	N.E.U. für Schiffe des Typs N offen Erneuerung des Zulassungszeugnisses nach dem 31. Dezember 2034 An Bord von in Betrieb befindlichen Schiffen müssen bis dahin folgende Vorschriften eingehalten werden: Dies kann durch einen Ölabscheider, der im Rücklauf des kondensierten Wassers zum Kessel eingebaut ist, sichergestellt werden.
9.3.1.51 a) 9.3.2.51 a) 9.3.3.51 a)	Oberflächentemperatur nichtelektrischer Anlagen und Geräte darf 200 °C nicht überschreiten	N.E.U. ab 1. Januar 2019 Erneuerung des Zulassungszeugnisses nach dem 31. Dezember 2034
9.3.1.51 b) 9.3.2.51 b) 9.3.3.51 b)	Oberflächentemperatur der äußeren Teile von Motoren sowie deren Luft- und Abgasschächten	N.E.U. Erneuerung des Zulassungszeugnisses nach dem 31. Dezember 2018 An Bord von in Betrieb befindlichen Schiffen müssen bis dahin folgende Vorschriften eingehalten werden: Die Oberflächentemperatur darf nicht höher als 300 °C sein.
...	...	...
...	...	...
9.3.1.52.1 9.3.2.52.1 9.3.3.52.1	Elektrische Anlagen und Geräte „begrenzte Explosionsgefahr“	N.E.U. Erneuerung des Zulassungszeugnisses nach dem 31. Dezember 2034 An Bord von in Betrieb befindlichen Schiffen, die nach dem 1. Januar 1995 auf Kiel gelegt worden sind, gelten bis dahin für elektrische Einrichtungen, die während des Ladens, Löschens und Entgasens betrieben werden, die Vorschriften des Absatzes 9.3.1.52.3, 9.3.2.52.3, 9.3.3.52.3 der bis zum 31. Dezember 2018 geltenden Fassung des ADN
9.3.1.52.1 9.3.3.52.1	Elektrische Anlagen und Geräte „begrenzte Explosionsgefahr“	N.E.U. Erneuerung des Zulassungszeugnisses nach dem 31. Dezember 2034 An Bord von in Betrieb befindlichen Schiffen, die vor dem 1. Januar 1977 auf Kiel gelegt worden sind, müssen elektrische Einrichtungen, mit Ausnahme der Beleuchtungsanlagen in den Wohnungen, der Sprechfunkanlagen in den Wohnungen und im Steuerhaus sowie der Geräte zur Überwachung der Verbrennungsmotoren, die während des Ladens, Löschens und Entgasens betrieben werden, den folgenden Bedingungen entsprechen: Generatoren, Motoren, Schalttafeln, Leuchten usw.: Schutzart IP13 Installationsmaterial usw.: Schutzart IP55

1.6.7.2.2.2 Tabelle der allgemeinen Übergangsvorschriften: Tankschiffe		
Absatz	Inhalt	Frist und Nebenbestimmungen
...	...	...
9.3.3.52.1	Elektrische Einrichtungen, die während eines Aufenthalts, in einer oder unmittelbar angrenzend an eine landseitig ausgewiesene Zone betrieben werden	N.E.U. ab dem 1. Januar 2019 für Schiffe des Typs N offen Erneuerung des Zulassungszeugnisses nach dem 31. Dezember 2034
9.3.3.52.2	Elektrische Einrichtungen/ Echolotschwinger	N.E.U. für Schiffe des Typs N offen Erneuerung des Zulassungszeugnisses nach dem 31. Dezember 2034
9.3.1.52.3 9.3.2.52.3 9.3.3.52.3 letzter Satz	Abschalten dieser Einrichtungen an einer zentralen Stelle	N.E.U., Erneuerung des Zulassungszeugnisses nach dem 31. Dezember 2034
9.3.3.52.3	Rote Kennzeichnung an elektrischen Anlagen und Geräten	N.E.U. ab 1. Januar 2019 für Schiffe des Typs N offen Erneuerung des Zulassungszeugnisses nach dem 31. Dezember 2034
9.3.1.52.4 9.3.2.52.4 9.3.3.52.4	Optische und akustische Warnung	N.E.U., Erneuerung des Zulassungszeugnisses nach dem 31. Dezember 2034
...	...	...
9.3.3.52.6	Mehrpolige Entregungs-schalter ständig ange-triebener Generatoren	N.E.U. für Schiffe des Typs N offen Erneuerung des Zulassungszeugnisses nach dem 31. Dezember 2034
9.3.3.52.9	Feste Montierung Steckdosen	N.E.U. für Schiffe des Typs N offen Erneuerung des Zulassungszeugnisses nach dem 31. Dezember 2034
9.3.3.52.10	Akkumulatoren außerhalb des Bereichs der Ladung	N.E.U. für Schiffe des Typs N offen Erneuerung des Zulassungszeugnisses nach dem 31. Dezember 2034

1.6.7.2.2.2 Tabelle der allgemeinen Übergangsvorschriften: Tankschiffe		
Absatz	Inhalt	Frist und Nebenbestimmungen
9.3.1.53.1 9.3.2.53.1 9.3.3.53.1	Art und Aufstellungsort der elektrischen Anlagen und Geräte zum Einsatz in explosionsgefährdeten Bereichen Zone 0, Zone 1	N.E.U. ab 1. Januar 2019 Erneuerung des Zulassungszeugnisses nach dem 31. Dezember 2034 Bis dahin müssen folgende Vorschriften eingehalten werden: a) In Ladetanks sowie in Lade- und Löschleitungen sind nur Mess-, Regel- und Alarmeinrichtungen in Ausführung EEx (ia) zugelassen. b) Die elektrischen Einrichtungen auf Deck innerhalb des Bereichs der Ladung und die Mess-, Regel- und Alarmeinrichtungen, die Motoren für den Antrieb betriebsnotwendiger Einrichtungen wie z. B. von Ballastpumpen in Kofferdämmen, Wallgängen, Doppelböden, Aufstellungsräumen und Betriebsräumen unter Deck im Bereich der Ladung müssen von der zuständigen Behörde hinsichtlich ihrer Betriebssicherheit in explosionsfähiger Atmosphäre geprüft und zugelassen sein, z.B. Einrichtung in eigensicherer Ausführung, Einrichtung in druckfester Kapselung, Einrichtung in Überdruckkapselung, Einrichtung in Sandkapselung, Einrichtung in Vergusskapselung, Einrichtung in erhöhter Sicherheit. c) In Kofferdämmen, Wallgängen, Doppelböden, Aufstellungsräumen und Betriebsräumen unter Deck im Bereich der Ladung müssen Leuchten die Schutzart „druckfeste Kapselung“ oder „Überdruckkapselung“ haben. d) Die Schalt- und Schutzeinrichtungen zu den unter den Buchstaben a), b) und c) genannten Einrichtungen müssen außerhalb des Bereichs der Ladung liegen, wenn sie nicht eigensicher ausgeführt sind. Diese elektrischen Einrichtungen sind unter Berücksichtigung der Explosionsgruppen und Temperaturklassen (siehe Unterabschnitt 3.2.3.2 Tabelle C Spalten (15) und 16)) der zu befördernden Stoffe auszuwählen. An Bord von in Betrieb befindlichen Schiffen, die vor dem 1. Januar 1977 auf Kiel gelegt worden sind, müssen bis dahin die folgenden Vorschriften eingehalten werden:

1.6.7.2.2.2 Tabelle der allgemeinen Übergangsvorschriften: Tankschiffe		
Absatz	Inhalt	Frist und Nebenbestimmungen
		Bei Schiffen, bei denen eine nicht gasdicht verschließbare Öffnung (z.B. Türen und Fenster usw.) des Steuerhauses in den Bereich der Ladung fällt, müssen bis dahin während des Ladens, Löschens und Entgasens folgende Bedingungen erfüllt sein: a) alle elektrischen Einrichtungen, die im Steuerhaus betrieben werden sollen, müssen begrenzt explosionsgeschützt ausgeführt sein, d. h. dass diese elektrischen Einrichtungen so beschaffen sein müssen, dass bei normalem Betrieb keine Funken erzeugt werden und keine Oberflächentemperatur von mehr als 200 °C auftreten kann, oder dass diese elektrischen Einrichtungen strahlwassergeschützt sind und bei normalem Betrieb keine Oberflächentemperatur von mehr als 200 °C auftreten kann. b) elektrische Einrichtungen, welche die Bedingungen unter a) nicht erfüllen, müssen rot markiert sein und über einen zentralen Schalter abgeschaltet werden können.
9.3.1.53.1 9.3.2.53.1 9.3.3.53.1	Art und Aufstellungsort der elektrischen Anlagen und Geräte zum Einsatz in explosionsgefährdeten Bereichen Zone 2	N.E.U. ab 1. Januar 2019 Erneuerung des Zulassungszeugnisses nach dem 31. Dezember 2034
9.3.1.53.1 9.3.2.53.1 9.3.3.53.1	Temperaturklasse und Explosionsgruppe der nicht-elektrischen Anlagen und Geräte	N.E.U. ab 1. Januar 2019 Erneuerung des Zulassungszeugnisses nach dem 31. Dezember 2034
9.3.1.53.1 9.3.2.53.1 9.3.3.53.1	Temperaturklasse und Explosionsgruppe elektrischer Anlagen und Geräte	N.E.U. ab 1. Januar 2019 Erneuerung des Zulassungszeugnisses nach dem 31. Dezember 2034
9.3.1.53.2 9.3.3.53.2	Metallische Abschirmung für alle elektrische Kabel im Bereich der Ladung	N.E.U. für Schiffe, die vor dem 1. Januar 1977 auf Kiel gelegt worden sind. Erneuerung des Zulassungszeugnisses nach dem 31. Dezember 2034
9.3.3.53.2	Metallische Abschirmung für alle elektrische Kabel im Bereich der Ladung	N.E.U., spätestens 1. Januar 2039 für Bilgenentölungsboote

1.6.7.2.2.2 Tabelle der allgemeinen Übergangsvorschriften: Tankschiffe		
Absatz	Inhalt	Frist und Nebenbestimmungen
9.3.1.53.5 9.3.2.53.5 9.3.3.53.5	Bewegliche elektrische Kabel (Schlauchleitungen des Typs H 07 RN-F)	N.E.U. ab 1. Januar 2019 Erneuerung des Zulassungszeugnisses nach dem 31. Dezember 2034 Bis dahin müssen an Bord von in Betrieb befindlichen Schiffen folgende Vorschriften eingehalten werden: bewegliche elektrische Kabel (Schlauchleitungen des Typs H 07 RN-F) müssen bis dahin der Norm IEC 60245-4:1994 entsprechen
9.3.1.60 9.3.2.60 9.3.3.60	Es muss ein federbelastetes Rückschlagventil montiert sein. Das Wasser muss der Qualität des Trinkwassers an Bord entsprechen.	N.E.U., Erneuerung des Zulassungszeugnisses nach dem 31. Dezember 2018

1.6.7.2.2.3 Übergangsvorschriften betreffend die Anwendung der Vorschriften des Kapitels 3.2 Tabelle C für die Beförderung in Tankschiffen.

1.6.7.2.2.3.1 Die Stoffe, für die in Kapitel 3.2 Tabelle C der Typ N geschlossen mit einem Einstelldruck des Hochgeschwindigkeitsventils von mindestens 10 kPa (0,10 bar) vorgeschrieben ist, können in in Betrieb befindlichen Tankschiffen des Typs N geschlossen mit einem Einstelldruck des Hochgeschwindigkeitsventils von mindestens 6 kPa (0,06 bar) befördert werden (Prüfdruck der Ladetanks 10 kPa (0,10 bar). Diese Übergangsvorschrift gilt bis zum 31. Dezember 2018.

1.6.7.2.2.3.2 (gestrichen)

1.6.7.2.2.3.3 (gestrichen)

1.6.7.2.2.4 (gestrichen)

1.6.7.2.2.5 Bei Schiffen oder Schubleichtern, die vor dem 1. Juli 2017 auf Kiel gelegt worden sind und nicht den Vorschriften des Unterabschnitts 9.3.x.1 betreffend die Schiffsakte entsprechen, muss spätestens bei der nächsten Erneuerung des Zulassungszeugnisses mit der Aufbewahrung der Dokumente für die Schiffsakte begonnen werden.

1.6.7.3 Zusätzliche Übergangsvorschriften, die auf besonderen Binnenwasserstraßen gelten

In Betrieb befindliche Schiffe, für die die Übergangsvorschriften dieses Unterabschnitts in Anspruch genommen werden, müssen:

– den Vorschriften der in dieser Tabelle und in der Tabelle der allgemeinen Übergangsvorschriften aufgeführten Absätze und Buchstaben (siehe Absätze 1.6.7.2.1.1 und 1.6.7.2.2.1) innerhalb der in den Tabellen festgelegten Fristen,
– den Vorschriften der in dieser Tabelle oder in der Tabelle der allgemeinen Übergangsvorschriften nicht aufgeführten Absätze und Buchstaben zum Zeitpunkt der Anwendung dieser Verordnung

entsprechen.

Bau und Ausrüstung der in Betrieb befindlichen Schiffe müssen mindestens auf dem bisherigen Sicherheitstand gehalten werden.

Tabelle der zusätzlichen Übergangsvorschriften		
Absatz	Inhalt	Frist und Bemerkungen
9.1.0.11.1 b)	Laderäume, gemeinsame Schotte mit Brennstofftanks	N.E.U. An Bord von in Betrieb befindlichen Schiffen müssen folgende Vorschriften eingehalten werden: Die Laderäume dürfen gemeinsame Schotte mit Brennstofftanks haben, vorausgesetzt, die beförderten Güter oder ihre Verpackung reagieren nicht chemisch mit dem Brennstoff.
9.1.0.92	Notausgang	N.E.U. An Bord von in Betrieb befindlichen Schiffen müssen folgende Vorschriften eingehalten werden: Räume, deren Zu- oder Ausgänge im Leckfall teilweise oder ganz eintauchen, müssen mit einem Notausgang versehen sein, der mindestens 0,075 m über der Schwimmebene im Leckfall liegt.
9.1.0.95.1 c)	Höhe der Öffnungen über der Schwimmebene im Endzustand der Flutung	N.E.U. An Bord von in Betrieb befindlichen Schiffen müssen folgende Vorschriften eingehalten werden: Die Unterkante von nicht wasserdicht verschließbaren Öffnungen (z.B. von Türen, Fenstern, Einstiegluken) muss im Endzustand der Flutung mindestens 0,075 m über der Schwimmebene liegen.
9.3.3.8.1	Klassifikation der Schiffe	N.E.U. für Schiffe des Typs N offen mit Flammendurchschlagssicherung und des Typs N offen Erneuerung des Zulassungszeugnisses nach dem 31. Dezember 2044
9.1.0.95.2 9.3.2.15.2	Umfang der Stabilitätskurve (nach der Flutung)	N.E.U. An Bord von in Betrieb befindlichen Schiffen müssen folgende Vorschriften eingehalten werden: In der Endschwimmlage darf die Neigung des Schiffes folgende Werte nicht überschreiten: • 20° bevor Ergreifen von Maßnahmen zur Aufrichtung • 12° nach Ergreifen von Maßnahmen zur Aufrichtung.
9.3.1.11.1 a) 9.3.2.11.1 a) 9.3.3.11.1 a)	Höchstzulässiger Inhalt des Ladetanks	N.E.U. An Bord von in Betrieb befindlichen Schiffen müssen folgende Vorschriften eingehalten werden: Der höchstzulässige Inhalt eines Ladetanks darf 760 m^3 betragen.
9.3.2.11.1 d)	Länge der Ladetanks	N.E.U. An Bord von in Betrieb befindlichen Schiffen müssen folgende Vorschriften eingehalten werden: Die Länge eines Ladetanks darf 10,00 m und 0,20 L überschreiten.

Tabelle der zusätzlichen Übergangsvorschriften		
Absatz	Inhalt	Frist und Bemerkungen
9.3.1.12.3 9.3.2.12.3 9.3.3.12.3	Lage der Zuluftöffnungen	N.E.U. An Bord von in Betrieb befindlichen Schiffen müssen folgende Vorschriften eingehalten werden: Die Zuluftöffnungen müssen mindestens 5,00 m von Austrittsöffnungen der Sicherheitsventile entfernt angebracht sein.
9.3.2.15.1 c)	Höhe der Öffnungen über der Schwimmebene im Endzustand der Flutung	N.E.U. An Bord von in Betrieb befindlichen Schiffen müssen folgende Vorschriften eingehalten werden: Die Unterkante von nicht wasserdicht verschließbaren Öffnungen (z.B. von Türen, Fenstern, Einstiegluken) muss im Endzustand der Flutung mindestens 0,075 m über der Schwimmebene liegen.
9.3.2.20.2 9.3.3.20.2	Füllen der Kofferdämme	N.E.U. An Bord von in Betrieb befindlichen Schiffen müssen folgende Vorschriften eingehalten werden: Die Kofferdämme müssen mit einem System ausgerüstet sein, mit dem sie mit Wasser oder Inertgas gefüllt werden können.
9.3.1.92 9.3.2.92	Notausgang	N.E.U. An Bord von in Betrieb befindlichen Schiffen müssen folgende Vorschriften eingehalten werden: Räume, deren Zu- oder Ausgänge im Leckfall teilweise oder ganz eintauchen, müssen mit einem Notausgang versehen sein, der mindestens 0,075 m über der Schwimmebene liegt.

1.6.7.4 Übergangsvorschriften für die Beförderung von umwelt- oder gesundheitsgefährdenden Stoffen

1.6.7.4.1 Schiffsbezogene Übergangsvorschriften

...

Die zum 1. Januar 2009 in Betrieb befindlichen Bunkerboote und Bilgenentölungsboote mit einer Tragfähigkeit am 1. Januar 2007 unter 300 t dürfen die am 31. Dezember 2008 für sie zugelassenen Stoffe bis zum 31. Dezember 2038 weiterbefördern.

1.6.7.4.2 (gestrichen)

1.6.7.5 **Übergangsvorschriften im Falle von Umbauten von Tankschiffen**

1.6.7.5.1 Der Umbau eines Schiffes im Bereich der Ladung zum Erreichen eines Schiffstyps N Doppelhülle ist bis zum 31. Dezember 2018 unter folgenden Bedingungen zulässig:

a) Der umgebaute oder neue Bereich der Ladung muss den Vorschriften des ADN entsprechen. Übergangsvorschriften gemäß Absatz 1.6.7.2.2 dürfen für den Bereich der Ladung nicht in Anspruch genommen werden.

b) Die Schiffsteile außerhalb des Bereichs der Ladung müssen den Vorschriften des ADN entsprechen. Außerdem dürfen folgende Übergangsvorschriften gemäß Absatz 1.6.7.2.2 in Anspruch genommen werden:1.2.1, 9.3.3.0.3 d), 9.3.3.51.3, 9.3.3.52.4 letzter Satz.

c) Wenn die Stoffliste nach Absatz 1.16.1.2.5 Güter enthält, für die Explosionsschutz verlangt wird, müssen die Wohnungen und das Steuerhaus mit einem Feuermeldesystem nach Absatz 9.3.3.40.2.3 versehen sein.

d) Die Inanspruchnahme dieses Unterabschnitts ist in das Zulassungszeugnis im Feld 12 (Zusätzliche Bemerkungen) einzutragen.

1.6.7.5.2 Die umgebauten Schiffe dürfen über den 31. Dezember 2018 hinaus weiter betrieben werden. Dabei sind die Fristen der in Anspruch genommenen Übergangsvorschriften gemäß Absatz 1.6.7.2.2 einzuhalten.

1.6.7.6 **Übergangsvorschriften für die Beförderung von Gasen in Tankschiffen**

Am 1. Januar 2011 in Betrieb befindliche Tankschiffe mit einem Pumpenraum unter Deck dürfen bis zur Erneuerung des Zulassungszeugnisses nach dem 1.Januar 2045 die in folgender Tabelle aufgeführten Stoffe weiterhin befördern:

UN-Nummer oder Stoff-nummer	Klassifi-zierung	Benennung und Beschreibung
1005	2, 2TC	AMMONIAK, WASSERFREI
1010	2, 2F	BUTA-1,2-DIEN, STABILISIERT
1010	2, 2F	BUTA-1,3-DIEN, STABILISIERT
1010	2, 2F	BUTADIENE STABILISIERT oder BUTADIENE UND KOHLENWASSERSTOFF, GEMISCH, STABILISIERT, das bei 70°C einen Dampfdruck von nicht mehr als 1,1 MPa (11 bar) hat und dessen Dichte bei 50°C den Wert von 0,525 kg/l nicht unterschreitet
1011	2, 2F	BUTAN
1012	2, 2F	BUT-1-EN
1020	2,2A	CHLORPENTAFLUOROETHAN (GAS ALS KÄLTEMITTEL R 115)
1030	2,2F	1,1-DIFLUORETHAN (GAS ALS KÄLTEMITTEL R 152a)
1033	2,2F	DIMETHYLETHER

UN-Nummer oder Stoff-nummer	Klassifi-zierung	Benennung und Beschreibung
1040	2,2TF	ETHYLENOXID MIT STICKSTOFF bis zu einem Gesamtdruck von 1 MPa (10 bar) bei 50°C
1055	2,2F	ISOBUTEN
1063	2,2F	METHYLCHLORID (GAS ALS KÄLTEMITTEL R 40)
1077	2,2F	PROPYLEN
1083	2,2F	TRIMETHYLAMIN, WASSERFREI
1086	2,2F	VINYLCHLORID, STABILISIERT
1912	2,2F	METHYLCHLORID UND DICHLORMETHAN, GEMISCH
1965	2,2F	KOHLENWASSERSTOFFGAS, GEMISCH, VERFLÜSSIGT, N.A.G. (GEMISCH A)
1965	2,2F	KOHLENWASSERSTOFFGAS, GEMISCH, VERFLÜSSIGT, N.A.G. (GEMISCH A0)
1965	2,2F	KOHLENWASSERSTOFFGAS, GEMISCH, VERFLÜSSIGT, N.A.G. (GEMISCH A01)
1965	2,2F	KOHLENWASSERSTOFFGAS, GEMISCH, VERFLÜSSIGT, N.A.G. (GEMISCH A02)
1965	2,2F	KOHLENWASSERSTOFFGAS, GEMISCH, VERFLÜSSIGT, N.A.G. (GEMISCH A1)
1965	2,2F	KOHLENWASSERSTOFFGAS, GEMISCH, VERFLÜSSIGT, N.A.G. (GEMISCH B)
1965	2,2F	KOHLENWASSERSTOFFGAS, GEMISCH, VERFLÜSSIGT, N.A.G. (GEMISCH B1)
1965	2,2F	KOHLENWASSERSTOFFGAS, GEMISCH, VERFLÜSSIGT, N.A.G. (GEMISCH B2)
1965	2,2F	KOHLENWASSERSTOFFGAS, GEMISCH, VERFLÜSSIGT, N.A.G. (GEMISCH C)
1969	2,2F	ISOBUTAN
1978	2,2F	PROPAN
9000		AMMONIAK, WASSERFREI, TIEFGEKÜHLT

1.6.8 Übergangsbestimmungen betreffend die Ausbildung der Besatzung

1.6.8.1 Hauptverantwortliche Schiffsführer und Verantwortliche für das Laden und Entladen eines Schubleichters müssen bis spätestens 31. Dezember 2019 über eine Sachkundebescheinigung mit dem Eintrag: „Der Inhaber dieser Bescheinigung hat an acht Unterrichtseinheiten Stabilitätsausbildung teilgenommen." verfügen.

Voraussetzung für diesen Eintrag ist die Teilnahme an einem Basiskurs nach den ab 1. Januar 2013 geltenden Vorschriften oder die einmalige Teilnahme an einem Wiederholungskurs zum Basiskurs, der abweichend von 8.2.2.5 24 Unterrichtseinheiten von 45 Minuten umfasst, wobei acht Unterrichtseinheiten für das Prüfungsziel „Stabilität" verwendet werden.

Bis zum 31. Dezember 2018 muss nicht der hauptverantwortliche Schiffsführer (nach Unterabschnitt 7.2.3.15) sondern kann jedes Mitglied der Besatzung Sachkundiger für die Beförderung von Gasen (nach Unterabschnitt 8.2.1.5) sein, wenn ein Tankschiff des Typs G ausschließlich UN 1972 befördert In diesem Fall muss der hauptverantwortliche Schiffsführer den Aufbaukurs „Gas" absolviert haben und zusätzlich nach Absatz 1.3.2.2 über die Beförderung von LNG unterwiesen sein.

1.6.8.2 Anstelle der den Vorschriften des Absatzes 8.2.2.8.2 und des Abschnittes 8.6.2 entsprechenden Bescheinigungen über die besonderen Kenntnisse des ADN dürfen die Vertragsparteien bis zum 31. Dezember 2021 weiterhin Bescheinigungen gemäß dem bis zum 31. Dezember 2018 geltenden Muster ausstellen. Solche Bescheinigungen dürfen bis zum Ablauf ihrer fünfjährigen Geltungsdauer weiterverwendet werden.

1.6.9 Übergangsvorschriften betreffend die Anerkennung von Klassifikationsgesellschaften

1.6.9.1 Die am 31. Dezember 2015 noch geltenden Vorschriften nach 1.15.3.8 betreffend das Aufrechterhalten eines wirksamen Systems für die interne Qualitätssicherung der empfohlenen Klassifikationsgesellschaften dürfen bis zum 14. September 2018 weiter angewendet werden.

1.7.1 Anwendungsbereich

Bem. 1. Bei Unfällen oder Zwischenfällen bei der Beförderung radioaktiver Stoffe sind die von den entsprechenden nationalen und/oder internationalen Organisationen festgelegten Notfallvorschriften zu beachten, um Personen, Eigentum und die Umwelt zu schützen. Geeignete Richtlinien für solche Vorschriften sind "Planning and Preparing for Emergency Response to Transport Accidents Involving Radioactive Material", Safety Standards Series No. TS-G-1.2 (ST-3), IAEA, Wien (2002) enthalten.

2. Die Notfallmaßnahmen müssen die Bildung anderer gefährlicher Stoffe berücksichtigen, die sich aus der Reaktion zwischen dem Inhalt einer Sendung und der Umgebung bei einem Unfall ergeben können.

1.7.1.1 Das ADN setzt Sicherheitsstandards fest, die eine ausreichende Überwachung der Strahlungsgefahr, der Kritikalitätsgefahr und der thermischen Gefahr für Personen, Eigentum und Umwelt ermöglichen, soweit diese mit der Beförderung radioaktiver Stoffe in Zusammenhang stehen. Diese Standards basieren auf den IAEA Regulations for the Safe Transport of Radioactive Material, Ausgabe 2012, IAEA Safety Standards Series No. SSR-6, IAEA, Wien (2012). Das erläuternde Material ist in „Advisory Material for the IAEA Regulations for the Safe Transport of Radioactive Material (2012 edition)", IAEA Safety Standards Series No. SSG-26, IAEA, Wien (2014) enthalten.

1.7.1.2 Das Ziel des ADN besteht darin, Anforderungen aufzustellen, die für die Gewährleistung der Sicherheit und dem Schutz von Personen, Eigentum und der Umwelt vor den Strahlungseinflüssen bei der Beförderung radioaktiver Stoffe zu erfüllen sind. Dieser Schutz wird erreicht durch:

a) Umschließung des radioaktiven Inhalts;

b) Kontrolle der äußeren Dosisleistung;

c) Verhinderung der Kritikalität und

d) Verhinderung von Schäden durch Hitze.

Diese Anforderungen werden erstens durch die Anwendung eines abgestuften Ansatzes zur Begrenzung der Inhalte für Versandstücke und Schiffe zur Aufstellung von Standards, die für Versandstückbauarten in Abhängigkeit von der Gefahr des radioaktiven Inhalts angewendet werden, erreicht. Zweitens werden sie durch das Aufstellen von Bedingungen für die Auslegung und den Betrieb der Versandstücke und an die Instandhaltung der Verpackungen einschließlich der Berücksichtigung der Art des radioaktiven Inhalts erreicht. Schließlich werden sie durch die Forderung administrativer Kontrollen einschließlich, soweit erforderlich, der Genehmigung / Zulassung durch die zuständigen Behörden erreicht.

1.7.1.3 Das ADN gilt für die Beförderung radioaktiver Stoffe auf der Binnenwasserstraße einschließlich der Beförderung, die zum Gebrauch der radioaktiven Stoffe gehört. Die Beförderung schließt alle Tätigkeiten und Maßnahmen ein, die mit der Ortsveränderung radioaktiver Stoffe in Zusammenhang stehen und von dieser umfasst werden; das schließt sowohl die Auslegung, Herstellung, Wartung und Instandsetzung der Verpackung als auch die Vorbereitung, den Versand, das Verladen, die Beförderung einschließlich beförderungsbedingter Zwischenaufenthalt, das Entladen und den Eingang am endgültigen Bestimmungsort von Ladungen radioaktiver Stoffe und Versandstücken ein. Ein abgestufter Ansatz wird für die Leistungsvorgaben dieser Verordnung angewendet, die durch drei Schweregrade charakterisiert sind:

a) Routine-Beförderungsbedingungen (zwischenfallfrei);

b) normale Beförderungsbedingungen (kleinere Zwischenfälle);

c) Unfall-Beförderungsbedingungen.

1.7.1.4 Die Vorschriften des ADN gelten nicht für:

a) radioaktive Stoffe, die integraler Bestandteil der Beförderungsmittel sind;

b) radioaktive Stoffe, die innerhalb von Anlagen befördert werden, in denen geeignete Sicherheitsvorschriften in Kraft sind und wo die Beförderung nicht auf öffentlichen Straßen oder Schienenwegen erfolgt;

c) radioaktive Stoffe, die in Personen oder lebende Tiere für diagnostische oder therapeutische Zwecke implantiert oder inkorporiert wurden;

d) radioaktive Stoffe, die sich im Organismus oder auf dem Körper einer Person befinden, die nach einer zufälligen oder unfreiwilligen Aufnahme radioaktiver Stoffe oder nach einer Kontamination zur medizinischen Behandlung befördert wird;

e) radioaktive Stoffe in Konsumgütern, die eine vorschriftsmäßige Genehmigung/Zulassung erhalten haben, nach ihrem Verkauf an den Endverbraucher;

f) natürliche Stoffe und Erze, die in der Natur vorkommende Radionuklide enthalten (und die bearbeitet worden sein können), vorausgesetzt, die Aktivitätskonzentration dieser Stoffe überschreitet nicht das Zehnfache der in der Tabelle in Absatz 2.2.7.2.2.1 angegebenen oder gemäß den Absätzen 2.2.7.2.2.2 a) und 2.2.7.2.2.3 bis 2.2.7.2.2.6 berechneten Werte. Bei natürlichen Stoffen und Erzen, die in der Natur vorkommende Radionuklide enthalten, die sich nicht im säkularen Gleichgewicht befinden, muss die Berechnung der Aktivitätskonzentration gemäß Absatz 2.2.7.2.2.4 erfolgen;

g) nicht radioaktive feste Gegenstände, bei denen die auf der Oberfläche vorhandenen Mengen radioaktiver Stoffe an keiner Stelle den in der Begriffsbestimmung für Kontamination in Absatz 2.2.7.1.2 festgelegten Grenzwert überschreiten.

1.7.1.5 Besondere Vorschriften für die Beförderung freigestellter Versandstücke

1.7.1.5.1 Freigestellte Versandstücke, die gemäß Absatz 2.2.7.2.4.1 radioaktive Stoffe in begrenzten Mengen, Instrumente, Fabrikate oder leere Verpackungen enthalten können, unterliegen nur den folgenden Vorschriften der Teile 5 bis 7:

a) den anwendbaren Vorschriften des Unterabschnitts 5.1.2.1, des Unterabschnitts 5.1.3.2, des Absatzes 5.1.5.2.2, des Absatzes 5.1.5.2.3, der Unterabschnitte 5.1.5.4 und 5.2.1.10 und der Absätze 7.1.4.14.7.3.1, 7.1.4.14.7.5.1 bis 7.1.4.14.7.5.4 und 7.1.4.14.7.7 und

b) den in Abschnitt 6.4.4 des ADR aufgeführten Vorschriften für freigestellte Versandstücke,

es sei denn, die radioaktiven Stoffe besitzen andere Gefahreneigenschaften und müssen gemäß Sondervorschrift 290 oder 369 des Kapitels 3.3 einer anderen Klasse als der Klasse 7 zugeordnet werden, wobei die in den Absätzen a) und b) aufgeführten Vorschriften nur sofern zutreffend und zusätzlich zu den für die Hauptklasse geltenden Vorschriften gelten.

1.7.1.5.2 Freigestellte Versandstücke unterliegen den entsprechenden Vorschriften aller übrigen Teile des ADN. Wenn das freigestellte Versandstück spaltbare Stoffe enthält, muss eines der in Absatz 2.2.7.2.3.5 vorgesehenen Ausschließungskriterien für spaltbare Stoffe anwendbar und die Vorschriften des Absatzes 7.1.4.14.7.4.3. erfüllt sein.

1.7.2 Strahlenschutzprogramm

1.7.2.1 Die Beförderung radioaktiver Stoffe ist einem Strahlenschutzprogramm zu unterziehen, das aus einer systematischen Zusammenstellung mit dem Ziel besteht, eine angemessene Berücksichtigung von Strahlenschutzmaßnahmen sicherzustellen.

1.7.2.2 Die Personendosen müssen unter den relevanten Dosisgrenzwerten liegen. Schutz und Sicherheit müssen so optimiert sein, dass die Höhe der Individualdosen, die Anzahl der exponierten Personen sowie die Wahrscheinlichkeit der einwirkenden Exposition so niedrig wie vernünftigerweise erreichbar gehalten werden, wobei wirtschaftliche und soziale Faktoren zu berücksichtigen sind, mit der Einschränkung, dass die Dosen für Einzelpersonen Dosisbeschränkungen unterliegen. Ein strukturiertes und systematisches Herangehen ist zu wählen, wobei die Berücksichtigung der Wechselwirkung zwischen der Beförderung und anderen Aktivitäten einzuschließen ist.

1.7.2.3 Art und Umfang der im Programm zu ergreifenden Maßnahmen ist abhängig von der Höhe und Wahrscheinlichkeit der Strahlenexposition. Das Programm muss die Vorschriften der Unterabschnitte 1.7.2.2, 1.7.2.4, 1.7.2.5 sowie des Abschnitts 7.5.11 Sondervorschrift CV 33 (1.1) des ADR einschließen. Programmdokumente müssen auf Anfrage der entsprechenden zuständigen Behörde für eine Begutachtung verfügbar sein.

1.7.2.4 Für berufsbedingte, von Beförderungsaktivitäten herrührende Expositionen, bei denen eingeschätzt wird, dass die Effektivdosis entweder

a) wahrscheinlich zwischen 1 und 6 mSv pro Jahr liegt, ist ein Dosiseinschätzungsprogramm durch Arbeitsplatzüberwachung oder Individualüberwachung durchzuführen, oder

b) wahrscheinlich 6 mSv pro Jahr überschreitet, ist eine Individualüberwachung durchzuführen.

Wenn eine Individual- oder Arbeitsplatzüberwachung durchgeführt wird, ist eine angemessene Buchführung durchzuführen.

Bem.: Für berufsbedingte, von Beförderungsaktivitäten herrührende Expositionen, bei denen eingeschätzt wird, dass die Effektivdosis höchstwahrscheinlich 1 mSv pro Jahr nicht überschreitet, sind keine besonderen Arbeitsverhaltensmuster, genaue Überwachungen, Dosiseinschätzungsprogramme oder Individualbuchführungen erforderlich.

1.7.2.5 Beschäftigte (siehe Absatz 7.1.4.14.7 Bem. 3) müssen bezüglich des Strahlenschutzes, einschließlich der zu beachtenden Vorsichtsmaßnahmen, angemessen unterwiesen sein um ihre berufsbedingte Exposition und die Exposition anderer Personen, die durch ihre Tätigkeiten betroffen sein können, zu beschränken.

1.7.3 Managementsystem

1.7.3.1 Für alle Tätigkeiten in dem durch Unterabschnitt 1.7.1.3 festgelegten Anwendungsbereich des ADN muss ein Managementsystem, das auf internationalen, nationalen oder anderen Standards basiert und durch die zuständige Behörde akzeptiert ist, erstellt und umgesetzt werden, um die Einhaltung der zutreffenden Vorschriften des ADN zu gewährleisten. Die Bescheinigung, dass die Spezifikation der Bauart in vollem Umfang umgesetzt worden ist, muss der zuständigen Behörde zur Verfügung stehen. Der Hersteller, Absender oder Verwender muss auf Anfrage

a) Einrichtungen für die Inspektion während der Herstellung und Verwendung zur Verfügung stellen und

b) der zuständigen Behörde die Einhaltung der Vorschriften des ADN nachweisen.

Soweit eine Genehmigung/Zulassung der zuständigen Behörde erforderlich ist, muss diese Genehmigung/Zulassung die Angemessenheit des Managementsystems berücksichtigen und davon abhängig sein.

1.7.4 Sondervereinbarung

1.7.4.1 Unter Sondervereinbarung versteht man solche Vorschriften, die von der zuständigen Behörde genehmigt sind und nach denen Sendungen, die nicht alle für radioaktive Stoffe geltenden Vorschriften des ADN erfüllen, befördert werden dürfen.

Bem.: Eine Sondervereinbarung gilt nicht als Sonderregelung im Sinne des Abschnitts 1.5.1.

1.7.4.2 Sendungen, für die eine Übereinstimmung mit den Vorschriften für radioaktive Stoffe undurchführbar ist, dürfen nur auf Grund einer Sondervereinbarung befördert werden. Vorausgesetzt, die zuständige Behörde ist überzeugt, dass die Übereinstimmung mit den Vorschriften für radioaktive Stoffe des ADN undurchführbar ist und dass die erforderlichen, durch das ADN festgesetzten Sicherheitsstandards durch alternative Mittel nachgewiesen wurden, kann die zuständige Behörde Sondervereinbarungen für einzelne Sendungen oder für eine geplante Serie von mehreren Sendungen genehmigen. Die insgesamt erreichte Sicherheit bei der Beförderung muss der bei Erfüllung aller anwendbaren Vorschriften erreichbaren Sicherheit mindestens gleichwertig sein. Für internationale Sendungen dieser Art ist eine multilaterale Genehmigung erforderlich.

1.7.5 Radioaktive Stoffe mit weiteren gefährlichen Eigenschaften

Bei der Dokumentation der Verpackung, der Bezettelung, der Kennzeichnung, dem Anbringen von Großzetteln (Placards), der Zwischenlagerung, der Trennung und der Beförderung sind zusätzlich zu den Eigenschaften der Radioaktivität und der Spaltbarkeit alle anderen Nebengefahren des Inhalts des Versandstücks, wie Explosivität, Entzündbarkeit, Pyrophorität, chemische Giftigkeit und Ätzwirkung, zu berücksichtigen, um allen anwendbaren Vorschriften für gefährliche Güter des ADN zu entsprechen.

1.7.6 Nichteinhaltung

1.7.6.1 Bei Nichteinhaltung irgendeines Grenzwertes des ADN für die Dosisleistung oder die Kontamination,

a) müssen der Absender, der Empfänger, der Beförderer und jede gegebenenfalls in die Beförderung eingebundene Stelle, der oder die davon betroffen sein könnte, über die Nichteinhaltung informiert werden
   i. durch den Beförderer, wenn die Nichteinhaltung während der Beförderung festgestellt wird, oder
   ii. durch den Empfänger, wenn die Nichteinhaltung beim Empfang festgestellt wird;
b) muss je nach Fall, der Beförderer, der Absender oder der Empfänger
   i. sofortige Maßnahmen ergreifen, um die Folgen der Nichteinhaltung abzuschwächen;
   ii. die Nichteinhaltung und ihre Ursachen, Umstände und Folgen untersuchen;
   iii. geeignete Maßnahmen ergreifen, um die Ursachen und Umstände, die zu der Nichteinhaltung geführt haben, abzustellen und ein erneutes Auftreten ähnlicher Umstände, die zu der Nichteinhaltung geführt haben, zu verhindern, und
   iv. die zuständige(n) Behörde(n) über die Gründe der Nichteinhaltung und über die eingeleiteten oder einzuleitenden Maßnahmen zur Abhilfe oder Vorbeugung informieren;
c) muss die Mitteilung über die Nichteinhaltung an den Absender und an die zuständige(n) Behörde(n) sobald wie möglich und, wenn sich eine Notfallexpositionssituation entwickelt hat oder entwickelt, sofort erfolgen.

Maßnahmen zur Kontrolle und zur sonstigen Unterstützung der Einhaltung der Sicherheitsvorschriften 1.8

1.8.1 Einhaltung der Vorschriften

1.8.1.1 Allgemeines

1.8.1.1.1 Gemäß Artikel 4 Absatz 3 ADN stellen die Vertragsparteien sicher, dass ein repräsentativer Anteil der Beförderungen gefährlicher Güter den vorgesehenen Kontrollen unterzogen wird, um zu überprüfen, ob die Vorschriften für die Beförderung gefährlicher Güter einschließlich der Vorschriften nach Unterabschnitt 1.10.1.5 eingehalten sind.

1.8.1.1.2 Die an der Beförderung gefährlicher Güter Beteiligten (siehe Kapitel 1.4) haben im Rahmen ihrer jeweiligen Verpflichtung den zuständigen Behörden und deren Beauftragten die zur Durchführung der Kontrollen erforderlichen Auskünfte unverzüglich zu erteilen.

1.8.1.2 Kontrollverfahren

1.8.1.2.1 Für die in Artikel 4 Absatz 3 ADN vorgesehenen Kontrollen verwenden die Vertragsparteien die vom Verwaltungsausschuss angefertigten Kontrolllisten[1]. Eine Ausfertigung dieser Liste wird dem Schiffsführer ausgehändigt. Die zuständigen Behörden anderer Vertragsparteien können beschließen, weitere Kontrollen zu vereinfachen oder so weit als möglich zu vermeiden, wenn innen ein Exemplar der Kontrollliste vorgelegt wird. Dieser Absatz berührt nicht das Recht der Vertragsparteien, spezifische oder detailliertere Kontrollen durchzuführen.

1.8.1.2.2 Die Kontrollen werden im Stichprobenverfahren durchgeführt und erfassen soweit wie möglich einen ausgedehnten Teil des Binnenwasserstraßennetzes.

1.8.1.2.3 Bei der Ausübung dieses Kontrollrechts werden die Behörden alles tun, um zu vermeiden, dass die Schiffe über Gebühr lange stillgelegt oder aufgehalten werden.

1.8.1.3 Verstöße gegen die Vorschriften

Unbeschadet anderer möglicher Sanktionen können Schiffe, bei denen ein oder mehrere Verstöße bei Beförderungen gefährlicher Güter auf Binnenwasserstraßen festgestellt wurden, an einem von den Kontrollbehörden dafür bezeichneten Platz angehalten werden; die Fahrt darf erst fortgesetzt werden, wenn die Vorschriften erfüllt sind; je nach den Gegebenheiten oder Sicherheitserfordernissen können auch andere angemessene Maßnahmen ergriffen werden.

1.8.1.4 Kontrollen in Unternehmen sowie an Be- und Entladestellen

1.8.1.4.1 Aus vorbeugenden Gründen oder wenn unterwegs Verstöße festgestellt wurden, die die Sicherheit der Beförderung gefährlicher Güter gefährden, können auch Kontrollen in den Unternehmen durchgeführt werden.

1.8.1.4.2 Durch diese Kontrollen soll sichergestellt werden, dass die Beförderung gefährlicher Güter auf Binnenwasserstraßen unter Sicherheitsbedingungen erfolgt, die den einschlägigen Rechtsvorschriften entsprechen.

1.8.1.4.3 Probenentnahme

Gegebenenfalls können, sofern dadurch kein Sicherheitsrisiko entsteht, dem beförderten Gut Proben entnommen werden, um sie von einem von der zuständigen Behörde bestimmten Laboratorium untersuchen zu lassen.

---

[1] *Anmerkung des Sekretariats: Die Muster der Kontrolllisten können auf der Webseite der UNECE konsultiert werden (http://www.unece.org/trans/danger/danger.html).*

1.8.1.4.4 Zusammenarbeit der zuständigen Behörden

1.8.1.4.4.1 Die Vertragsparteien gewähren einander Amtshilfe bei der Durchführung dieser Vorschriften.

1.8.1.4.4.2 Wird bei schwerwiegenden oder wiederholten Verstößen durch ein Schiff oder ein Unternehmen die Sicherheit der Beförderung gefährlicher Güter gefährdet, müssen diese Verstöße den zuständigen Behörden der Vertragspartei gemeldet werden, in der das Schiff das Zulassungszeugnis erhalten oder in deren Gebiet das Unternehmen seinen Sitz hat.

1.8.1.4.4.3 Die zuständige Behörde der Vertragspartei, in der schwerwiegende oder wiederholte Verstöße festgestellt worden sind, kann die zuständige Behörde der Vertragspartei, bei der das Schiff das Zulassungszeugnis erhalten oder in deren Gebiet das Unternehmen seinen Sitz hat, ersuchen, gegenüber dem oder den Zuwiderhandelnden angemessene Maßnahmen zu ergreifen.

1.8.1.4.4.4 Die ersuchte Behörde teilt der zuständigen Behörde der Vertragspartei, in der die Verstöße festgestellt worden sind, die gegebenenfalls gegenüber dem oder den Zuwiderhandelnden ergriffenen Maßnahmen mit.

1.8.2 Amtshilfe bei der Kontrolle eines ausländischen Schiffes

Gibt die Kontrolle Anlass zu der Annahme, dass schwerwiegende oder wiederholte Verstöße vorliegen, die bei dieser Kontrolle nicht festgestellt werden können, weil die erforderlichen Erkenntnisse fehlen, gewähren die zuständigen Behörden der betroffenen Vertragsparteien einander Amtshilfe bei der Klärung des Falls.

1.8.3 Sicherheitsberater

1.8.3.1 Jedes Unternehmen, dessen Tätigkeiten den Versand oder die Beförderung gefährlicher Güter auf Binnenwasserstraßen oder das damit zusammenhängende Verpacken, Beladen, Befüllen oder Entladen umfassen, muss einen oder mehrere Sicherheitsberater, nachstehend «Gefahrgutbeauftragter» genannt, für die Beförderung gefährlicher Güter benennen, deren Aufgabe darin besteht, die Risiken verhüten zu helfen, die sich aus solchen Tätigkeiten für Personen, Sachen und die Umwelt ergeben.

Bem. Diese Verpflichtung gilt nicht für Annahmenstellenbetreiber.

1.8.3.2 Die zuständigen Behörden der Vertragsparteien können vorsehen, dass diese Vorschriften nicht für Unternehmen gelten,

a) deren betroffene Tätigkeiten sich auf
   i. die Beförderung gefährlicher Güter, die nach den Vorschriften des Unterabschnitts 1.7.1.4 oder des Kapitels 3.3, 3.4 oder 3.5 vollständig oder teilweise freigestellt sind;
   ii. begrenzte Mengen je Beförderungseinheit, Wagen oder Container, welche die in Unterabschnitt 1.1.3.6 des ADR oder des RID festgelegten Grenzwerte nicht überschreiten;
   iii. begrenzte Mengen je Schiff erstrecken, welche die in Unterabschnitt 1.1.3.6 dieser Verordnung festgelegten Grenzwerte nicht überschreiten, wenn Absatz (ii) keine Anwendung findet;

b) deren Haupt- oder Nebentätigkeit nicht in der Beförderung gefährlicher Güter oder im mit dieser Beförderung zusammenhängenden Verpacken, Befüllen, Be- oder Entladen besteht, sondern die gelegentlich innerstaatliche Beförderungen gefährlicher Güter oder das damit zusammenhängende Verpacken, Befüllen, Be- oder Entladen vornehmen, wenn mit diesen Tätigkeiten nur eine sehr geringe Gefahr oder Umweltbelastung verbunden ist.

1.8.3.3 Der Gefahrgutbeauftragte hat unter der Verantwortung des Unternehmensleiters im Wesentlichen die Aufgabe, im Rahmen der betroffenen Tätigkeiten des Unternehmens nach Mitteln und

Wegen zu suchen und Maßnahmen zu veranlassen, die die Durchführung dieser Tätigkeiten unter Einhaltung der geltenden Bestimmungen und unter optimalen Sicherheitsbedingungen erleichtern.

Seine den Tätigkeiten des Unternehmens entsprechenden Aufgaben sind insbesondere:

- Überwachung der Einhaltung der Vorschriften für die Beförderung gefährlicher Güter;
- Beratung des Unternehmens bei den Tätigkeiten im Zusammenhang mit der Beförderung gefährlicher Güter;
- Erstellung eines Jahresberichts für die Unternehmensleitung oder gegebenenfalls für eine örtliche Behörde über die Tätigkeiten des Unternehmens in Bezug auf die Beförderung gefährlicher Güter. Die Berichte sind fünf Jahre lang aufzubewahren und den einzelstaatlichen Behörden auf Verlangen vorzulegen;

Darüber hinaus umfassen die Aufgaben des Gefahrgutbeauftragten insbesondere die Überprüfung des nachstehenden Vorgehens bzw. der nachstehenden Verfahren hinsichtlich der betroffenen Tätigkeiten:

- Verfahren, mit denen die Einhaltung der Vorschriften zur Identifizierung des beförderten gefährlichen Guts sichergestellt werden soll;
- Vorgehen des Unternehmens, um beim Kauf von Beförderungsmitteln den besonderen Erfordernissen in Bezug auf das beförderte gefährliche Gut Rechnung zu tragen;
- Verfahren, mit denen das für die Beförderung gefährlicher Güter oder für das Verpacken, Befüllen, Be- oder Entladen verwendete Material überprüft wird;
- ausreichende Schulung der betreffenden Arbeitnehmer des Unternehmens, einschließlich zu Änderungen der Vorschriften, und Vermerk über diese Schulung in der Personalakte;
- Durchführung geeigneter Sofortmaßnahmen bei etwaigen Unfällen oder Zwischenfällen, die unter Umständen die Sicherheit während der Beförderung gefährlicher Güter oder während des Verpackens, Befüllens, Be- oder Entladens gefährden;
- Durchführung von Untersuchungen und, sofern erforderlich, Erstellung von Berichten über Unfälle, Zwischenfälle oder schwere Verstöße, die während der Beförderung gefährlicher Güter oder während des Verpackens, Befüllens, Be- oder Entladens festgestellt wurden;
- Einführung geeigneter Maßnahmen, mit denen das erneute Auftreten von Unfällen, Zwischenfällen oder schweren Verstößen verhindert werden soll;
- Berücksichtigung der Rechtsvorschriften und der besonderen Anforderungen der Beförderung gefährlicher Güter bei der Auswahl und dem Einsatz von Subunternehmern oder sonstigen Dritten;
- Überprüfung, ob das mit dem Versenden, der Beförderung, dem Verpacken, Befüllen, Verladen oder Entladen der gefährlichen Güter betraute Personal über ausführliche Arbeitsanleitungen und Anweisungen verfügt;
- Einführung von Maßnahmen zur Aufklärung über die Risiken bei der Beförderung gefährlicher Güter oder beim Verpacken, Befüllen, Verladen oder Entladen der gefährlichen Güter;
- Einführung von Maßnahmen zur Überprüfung des Vorhandenseins der im Beförderungsmittel mitzuführenden Papiere und Sicherheitsausrüstungen sowie der Vorschriftsmäßigkeit dieser Papiere und Ausrüstungen;
- Einführung von Verfahren zur Überprüfung der Einhaltung der Vorschriften für das Verpacken, Befüllen, Be- und Entladen;
- Vorhandensein des Sicherungsplanes gemäß Unterabschnitt 1.10.3.2.

1.8.3.4 Die Funktion des Gefahrgutbeauftragten kann vom Leiter des Unternehmens, von einer Person mit anderen Aufgaben in dem Unternehmen oder von einer dem Unternehmen nicht angehörenden Person wahrgenommen werden, sofern diese tatsächlich in der Lage ist, die Aufgaben des Gefahrgutbeauftragten zu erfüllen.

1.8.3.5 Das Unternehmen teilt der zuständigen Behörde oder der hierzu von der Vertragspartei benannten Stelle auf Verlangen den Namen seines Sicherheitsberaters mit.

1.8.3.6 Der Gefahrgutbeauftragte trägt dafür Sorge, dass nach einem Unfall, der sich während einer von dem jeweiligen Unternehmen durchgeführten Beförderung oder während des von dem Unternehmen vorgenommenen Verpackens, Befüllens, Be- oder Entladens ereignet und bei dem Personen, Sachen oder die Umwelt zu Schaden gekommen sind, nach Einholung aller sachdienlichen Auskünfte ein Unfallbericht für die Unternehmensleitung oder gegebenenfalls für eine örtliche Behörde erstellt wird. Dieser Unfallbericht ersetzt nicht die Berichte der Unternehmensleitung, die entsprechend sonstiger internationaler oder innerstaatlicher Rechtsvorschriften zu erstellen sind.

1.8.3.7 Der Gefahrgutbeauftragte muss Inhaber eines für die Beförderung auf Binnenwasserstraßen gültigen Schulungsnachweises sein. Dieser wird von der zuständigen Behörde oder der hierzu von der Vertragspartei benannten Stelle ausgestellt.

1.8.3.8 Zur Erlangung des Nachweises muss der Bewerber eine Schulung erhalten, die durch das Bestehen einer von der zuständigen Behörde der Vertragspartei anerkannten Prüfung nachgewiesen wird.

1.8.3.9 Mit der Schulung sollen dem Bewerber in erster Linie eine ausreichende Kenntnis über die Risiken bei der Beförderung, dem Verpacken, Befüllen, Be- oder Entladen von gefährlichen Gütern, eine ausreichende Kenntnis der anwendbaren Rechts- und Verwaltungsvorschriften sowie eine ausreichende Kenntnis der in Unterabschnitt 1.8.3.3 festgelegten Aufgaben vermittelt werden.

1.8.3.10 Die Prüfung wird von der zuständigen Behörde oder einer von dieser bestimmten Prüfungsstelle durchgeführt. Die Prüfungsstelle darf nicht Schulungsveranstalter sein.

Die Benennung der Prüfungsstelle erfolgt in schriftlicher Form. Diese Zulassung kann befristet sein und muss unter Zugrundelegung folgender Kriterien erfolgen:

- Kompetenz der Prüfungsstelle;
- Spezifikation der von der Prüfungsstelle vorgeschlagenen Prüfungsmodalitäten, einschließlich gegebenenfalls der Infrastruktur und Organisation elektronischer Prüfungen entsprechend Absatz 1.8.3.12.5, wenn diese durchgeführt werden sollen;
- Maßnahmen zur Gewährleistung der Objektivität der Prüfungen;
- Unabhängigkeit der Prüfungsstelle gegenüber allen natürlichen oder juristischen Personen, die Gefahrgutbeauftragte beschäftigen.

1.8.3.11 Ziel der Prüfung ist es festzustellen, ob die Kandidaten über den erforderlichen Kenntnisstand zur Erfüllung der Aufgaben eines Gefahrgutbeauftragten gemäß Unterabschnitt 1.8.3.3 und somit zum Erhalt des in Unterabschnitt 1.8.3.7 vorgesehenen Schulungsnachweises verfügen; die Prüfung muss mindestens folgende Sachgebiete umfassen:

a) Kenntnisse über Unfallfolgen im Zusammenhang mit der Beförderung gefährlicher Güter und Kenntnisse der wichtigsten Unfallursachen;

b) Bestimmungen in einzelstaatlichen Rechtsvorschriften sowie in internationalen Übereinkommen, die insbesondere folgende Bereiche betreffen:
   - Klassifizierung der gefährlichen Güter (Verfahren zur Klassifizierung von Lösungen und Gemischen, Aufbau des Stoffverzeichnisses, Klassen der gefährlichen Güter und Klassifizierungskriterien, Eigenschaften der beförderten gefährlichen Güter, physikalische und chemische sowie toxikologische Eigenschaften der gefährlichen Güter);
   - allgemeine Vorschriften für Verpackungen, Tanks und Tankcontainer (Typen, Codierung, Kennzeichnung, Bau, erste und wiederkehrende Prüfungen);
   - Kennzeichnung, Bezettelung, Anbringen von Großzetteln (Placards) und Kennzeichnung mit orangefarbenen Tafeln (Kennzeichnung und Bezettelung von Versandstücken, Anbringen und Entfernen der Großzettel (Placards) und der orangefarbenen Tafeln);
   - Vermerke im Beförderungspapier (erforderliche Angaben);

- Versandart und Versandbeschränkungen (geschlossene Ladung, Beförderung in loser Schüttung, Beförderung in Großpackmitteln (IBC), Beförderung in Containern, Beförderung in festverbundenen Tanks oder Aufsetztanks);
- Beförderung von Personen;
- Zusammenladeverbote und Vorsichtsmaßnahmen bei der Zusammenladung;
- Trennung von Gütern;
- begrenzte Mengen und freigestellte Mengen;
- Handhabung und Sicherung der Ladung (Verpacken, Befüllen, Be- und Entladen – Füllungsgrad, Stauen und Trennen);
- Reinigung bzw. Entgasung vor dem Verpacken, Befüllen und Beladen sowie nach dem Entladen;
- Besatzung: Ausbildung;
- mitzuführende Papiere (Beförderungspapiere, schriftliche Weisungen, Zulassungszeugnis des Schiffes, Bescheinigung über die Schulung des ADN-Sachkundigen, Kopie der etwaigen Ausnahme oder Abweichung, sonstige Papiere);
- schriftliche Weisungen (Durchführung der Anweisungen sowie Schutzausrüstung für die Besatzung);
- Überwachungspflichten (Stillliegen);
- Verkehrsregeln und -beschränkungen;
- Freiwerden umweltbelastender Stoffe auf Grund eines Betriebsvorgangs oder eines Unfalls;
- Vorschriften für die Beförderungsausrüstung (Schiff).

1.8.3.12 Prüfungen

1.8.3.12.1 Die Prüfung besteht aus einer schriftlichen Prüfung, die durch eine mündliche Prüfung ergänzt werden kann.

1.8.3.12.2 Die zuständige Behörde oder eine von dieser bestimmte Prüfungsstelle muss jede Prüfung beaufsichtigen. Jegliche Manipulation und Täuschung muss weitestgehend ausgeschlossen sein. Eine Authentifizierung des Teilnehmers muss sichergestellt sein. Bei der schriftlichen Prüfung ist die Verwendung von Unterlagen mit Ausnahme von internationalen oder nationalen Vorschriften nicht zugelassen. Alle Prüfungsunterlagen müssen durch einen Ausdruck oder elektronisch als Datei erfasst und aufbewahrt werden.

1.8.3.12.3 Es dürfen nur die von der Prüfungsstelle zur Verfügung gestellten elektronischen Hilfsmittel verwendet werden. Es darf nicht die Möglichkeit bestehen, dass der Kandidat auf dem zur Verfügung gestellten elektronischen Hilfsmittel andere Daten aufnimmt; der Kandidat darf nur auf die gestellten Fragen antworten.

1.8.3.12.4 Die schriftliche Prüfung besteht aus zwei Teilen:

a) Dem Kandidaten wird ein Fragebogen vorgelegt. Dieser besteht aus mindestens 20 Fragen mit direkter Antwort, die mindestens die in der Liste gemäß Unterabschnitt 1.8.3.11 genannten Sachgebiete betreffen. Multiple-Choice-Fragen sind jedoch auch möglich. In diesem Fall entsprechen zwei Multiple-Choice-Fragen einer Frage mit direkter Antwort. Innerhalb dieser Sachgebiete ist folgenden Aspekten besondere Aufmerksamkeit zu widmen:

- allgemeine Verhütungs- und Sicherheitsmaßnahmen;
- Klassifizierung der gefährlichen Güter;
- allgemeine Vorschriften für Verpackungen, Tanks, Tankcontainer, Tankfahrzeuge, usw.;
- Kennzeichen, Großzettel (Placards) und Gefahrzettel;
- Vermerke im Beförderungspapier;
- Handhabung und Sicherung der Ladung;
- Ausbildung der Besatzung;
- mitzuführende Papiere und Beförderungspapiere;
- schriftliche Weisungen;
- Vorschriften für Schiffe.

b) Jeder Kandidat hat eine Fallstudie zu einer der in Unterabschnitt 1.8.3.3 aufgeführten Aufgaben des Gefahrgutbeauftragten zu bearbeiten, bei der er nachweisen kann, dass er in der Lage ist, die Aufgaben eines Gefahrgutbeauftragten zu erfüllen.

1.8.3.12.5 Schriftliche Prüfungen können ganz oder teilweise auch als elektronische Prüfungen durchgeführt werden, bei denen die Antworten in Arbeitsverfahren der elektronischen Datenverarbeitung (EDV) erfasst und ausgewertet werden, wenn folgende Voraussetzungen erfüllt sind:

a) Die Hard- und Software muss von der zuständigen Behörde oder einer von dieser bestimmten Prüfungsstelle geprüft und akzeptiert sein.

b) Die einwandfreie technische Funktion ist sicherzustellen. Es müssen Vorkehrungen bei Ausfall von Geräten und Anwendungen getroffen werden, ob und wie die Prüfung fortgesetzt werden kann. Die Geräte dürfen über keine Hilfsmittel (z.B. elektronische Suchfunktion) verfügen; bei der gemäß Absatz 1.8.3.12.3 zur Verfügung gestellten Ausrüstung muss die Möglichkeit ausgeschlossen sein, dass die Teilnehmer während der Prüfung mit anderen Geräten kommunizieren können.

c) Die endgültigen Eingaben der jeweiligen Teilnehmer müssen erfasst werden. Die Ergebnisermittlung muss nachvollziehbar sein.

1.8.3.13 Die Mitgliedstaaten können vorsehen, dass die Kandidaten, die für Unternehmen tätig werden wollen, die sich auf die Beförderung bestimmter Arten gefährlicher Güter spezialisiert haben, nur auf den ihre Tätigkeit betreffenden Gebieten geprüft werden. Bei diesen Arten von Gütern handelt es sich um Güter der

- Klasse 1
- Klasse 2
- Klasse 7
- Klassen 3, 4.1, 4.2, 4.3, 5.1, 5.2, 6.1, 6.2, 8 und 9
- UN-Nummern 1202, 1203, 1223, 3475 und Flugbenzin, das der UN-Nummer 1268 oder 1863 zugeordnet ist.

Im Schulungsnachweis gemäß Unterabschnitt 1.8.3.7 ist deutlich anzugeben, dass dieser nur für die unter diesem Unterabschnitt genannten Arten gefährlicher Güter gültig ist, für die der Gefahrgutbeauftragte gemäß den im Unterabschnitt 1.8.3.12 genannten Bedingungen geprüft worden ist.

1.8.3.14 Die zuständige Behörde oder die Prüfungsstelle erstellt im Laufe der Zeit einen Katalog der Fragen, die Gegenstand der Prüfungen waren.

1.8.3.15 Der Schulungsnachweis gemäß Unterabschnitt 1.8.3.7 wird entsprechend dem Muster in Unterabschnitt 1.8.3.18 ausgestellt und von allen Vertragsparteien anerkannt.

1.8.3.16 Geltungsdauer und Verlängerung des Schulungsnachweises

1.8.3.16.1 Der Nachweis hat eine Geltungsdauer von fünf Jahren. Die Geltungsdauer des Nachweises wird ab dem Zeitpunkt seines Ablaufens um fünf Jahre verlängert, wenn der Inhaber des Nachweises im Jahr vor dessen Ablaufen einen Test bestanden hat. Der Test muss von der zuständigen Behörde anerkannt sein.

1.8.3.16.2 Ziel des Tests ist es sicherzustellen, dass der Inhaber die notwendigen Kenntnisse hat, um die in Unterabschnitt 1.8.3.3 aufgeführten Pflichten zu erfüllen. Die erforderlichen Kenntnisse sind in Unterabschnitt 1.8.3.11 b) aufgeführt und müssen die seit dem Erwerb des letzten Schulungsnachweises eingeführten Vorschriftenänderungen einschließen. Der Test muss auf derselben Grundlage, wie in den Unterabschnitten 1.8.3.10 und 1.8.3.12 bis 1.8.3.14 beschrieben, durchgeführt und überwacht werden. Jedoch muss der Inhaber nicht die in Absatz 1.8.3.12.4 b) festgelegte Fallstudie bearbeiten.

1.8.3.17 Die Vorschriften der Unterabschnitte 1.8.3.1 bis 1.8.3.16 gelten als erfüllt, wenn die entsprechenden Bedingungen der Richtlinie 96/35/EG des Rates vom 3. Juni 1996 über die Bestellung und die berufliche Befähigung von Sicherheitsberatern für die Beförderung gefährlicher Güter auf Straße, Schiene oder Binnenwasserstraßen[1] sowie der Richtlinie 2000/18/EG des Europäischen Parlamentes und des Rates vom 17. April 2000 über die Mindestanforderungen für die Prüfung der Sicherheitsberater für die Beförderung gefährlicher Güter auf Straße, Schiene oder Binnenwasserstraßen[2] eingehalten werden.

[1] Amtsblatt der Europäischen Gemeinschaften Nr. L 145 vom 19. Juni 1996, S. 10.
[2] Amtsblatt der Europäischen Gemeinschaften Nr. L 118 vom 19. Mai 2000, S. 41.

1.8.3.18 Muster des Nachweises

Schulungsnachweis des Gefahrgutbeauftragten

Nummer des Schulungsnachweises: ....

Nationalitätszeichen des ausstellenden Staates: ....

Name: ....

Vorname(n): ....

Geburtsdatum und Geburtsort: ....

Staatsangehörigkeit: ....

Unterschrift des Inhabers: ....

Gültig bis ... . (Datum) für gefährliche Güter befördernde Unternehmen sowie Unternehmen, die das Versenden, Verpacken, Befüllen, Be- oder Entladen im Zusammenhang mit Beförderungen gefährlicher Güter durchführen:

O im Straßenverkehr

O im Eisenbahnverkehr

O im Binnenschiffsverkehr

Ausgestellt durch: ....

Datum: ....

Unterschrift: ....

1.8.3.19 Ausdehnung des Schulungsnachweises

Wenn ein Gefahrgutbeauftragter den Geltungsbereich seines Schulungsnachweises während dessen Geltungsdauer unter Einhaltung der Vorschriften des Absatzes 1.8.3.16.2 ausdehnt, bleibt die Geltungsdauer des neuen Schulungsnachweises gegenüber derjenigen des vorherigen Schulungsnachweises unverändert.

1.8.4 Liste der zuständigen Behörden und der von ihnen benannten Stellen

Die Vertragsparteien teilen dem Sekretariat der Wirtschaftskommission der Vereinten Nationen für Europa die Adressen der gemäß Landesrecht für die Anwendung des ADN zuständigen Behörden und der von ihnen benannten Stellen, jeweils bezogen auf die betreffende Bestimmung des ADN, sowie die Adressen mit, an welche die jeweiligen Anträge zu stellen sind.

Das Sekretariat der Wirtschaftskommission der Vereinten Nationen für Europa erstellt aus den erhaltenen Informationen eine Liste und hält sie auf dem Laufenden. Es teilt die Liste und deren Änderungen den Vertragsparteien mit.

1.8.5 Meldungen von Ereignissen mit gefährlichen Gütern

1.8.5.1 Ereignet sich beim Beladen, beim Befüllen, bei der Beförderung oder beim Entladen gefährlicher Güter oder während des Entgasens von Tankschiffen auf dem Gebiet einer Vertragspartei ein schwerer Unfall oder Zwischenfall, so hat jeweils der Verlader, Befüller, Beförderer, Empfänger oder Betreiber der Annahmestelle sicherzustellen, dass der zuständigen Behörde der betreffenden Vertragspartei spätestens ein Monat nach dem Ereignis ein Bericht gemäß dem in Unterabschnitt 1.8.5.4 vorgeschriebenen Muster vorgelegt wird.

1.8.5.2 Diese Vertragspartei leitet erforderlichenfalls ihrerseits einen Bericht an das Sekretariat der Wirtschaftskommission der Vereinten Nationen für Europa zwecks Information der anderen Vertragsparteien weiter.

1.8.5.3 Ein meldepflichtiges Ereignis nach Unterabschnitt 1.8.5.1 liegt vor, wenn gefährliche Güter ausgetreten sind oder die unmittelbare Gefahr eines Produktaustritts bestand, ein Personen-, Sach- oder Umweltschaden eingetreten ist oder Behörden beteiligt waren und ein oder mehrere der nachfolgenden Kriterien erfüllt sind:

Ein Personenschaden ist ein Ereignis, bei dem der Tod oder eine Verletzung im unmittelbaren Zusammenhang mit dem beförderten gefährlichen Gut steht, und die Verletzung

a) zu einer intensiven medizinischen Behandlung führt,

b) einen Krankenhausaufenthalt von mindestens einem Tag zur Folge hat oder

c) eine Arbeitsunfähigkeit von mindestens drei aufeinander folgenden Tagen zur Folge hat.

Ein Produktaustritt liegt vor, wenn gefährliche Güter

a) der Klasse 1 oder 2 oder der Verpackungsgruppe I oder sonstige Stoffe, die keiner Verpackungsgruppe zugeordnet sind, ab 50 kg oder Liter,

b) der Verpackungsgruppe II ab 333 kg oder Liter oder

c) der Verpackungsgruppe III ab 1000 kg oder Liter

ausgetreten sind.

Das Kriterium des Produktaustritts liegt auch vor, wenn die unmittelbare Gefahr eines Produktaustrittes in der vorgenannten Menge bestand. In der Regel ist dies anzunehmen, wenn das Behältnis aufgrund von strukturellen Schäden für die nachfolgende Beförderung nicht mehr geeignet ist oder aus anderen Gründen keine ausreichende Sicherheit gewährleistet ist (z.B. durch Verformung von Tanks oder Containern, Umkippen eines Tanks oder Brand in unmittelbarer Nähe).

Sind gefährliche Güter der Klasse 6.2 beteiligt, gilt die Berichtspflicht ohne Mengenbegrenzung.

Sind bei einem Ereignis radioaktive Stoffe beteiligt, gelten folgende Kriterien für den Produktaustritt:

a) jedes Austreten radioaktiver Stoffe aus Versandstücken;

b) Exposition, die zu einer Überschreitung der in den Regelungen für den Schutz von Beschäftigten und der Öffentlichkeit vor ionisierender Strahlung (Schedule II der IAEA Safety Series No. 115 – «International Basic Safety Standards for Protection against Ionizing Radiation and for Safety of Radiation Sources » (Internationale grundlegende Sicherheitsnormen für den Schutz vor ionisierender Strahlung und für die Sicherheit von Strahlungsquellen)) festgelegten Grenzwerte führt, oder

c) wenn Grund zur Annahme besteht, dass eine bedeutende Verminderung der Sicherheitsfunktionen des Versandstücks (dichte Umschließung, Abschirmung, Wärmeschutz oder Kritikalität) stattgefunden hat, durch die das Versandstück für die Fortsetzung der Beförderung ohne zusätzliche Sicherheitsmaßnahmen ungeeignet geworden ist.

Bem. Siehe Vorschriften für unzustellbare Sendungen in Absatz 7.1.4.14.7.7.

Ein Sach- und/oder Umweltschaden liegt vor, wenn gefährliche Güter in beliebiger Menge ausgetreten sind und dabei eine geschätzte Schadenshöhe von 50 000 Euro überschritten wird. Schäden an unmittelbar betroffenen Beförderungsmitteln mit gefährlichen Gütern und an der Infrastruktur des Verkehrsträgers bleiben dabei unberücksichtigt.

Eine Behördenbeteiligung liegt vor, wenn bei dem Ereignis mit gefährlichen Gütern Behörden oder Hilfsdienste unmittelbar involviert waren und eine Evakuierung von Personen oder die Sperrung von öffentlichen Verkehrswegen (Straße/Schiene/Binnenwasserstraße) bedingt durch die von dem gefährlichen Gut ausgehende Gefahr für eine Dauer von mindestens drei Stunden erfolgte.

Falls erforderlich, kann die zuständige Behörde weitere sachdienliche Auskünfte anfordern.

1.8.5.4 Muster des Berichts über Ereignisse bei der Beförderung gefährlicher Güter

Bericht über Ereignisse bei der Beförderung gefährlicher Güter gemäß Abschnitt 1.8.5 ADN

Bericht Nummer: ....

Beförderer/Befüller/Empfänger/Verlader: ....

Amtliche Schiffsnummer: ....

Trockengüterschiff (Einhülle/Doppelhülle): ....

Tankschiff (Typ): ....

Adresse: ....

Kontaktperson: .... Telefon: .... Telefax/E-Mail: ....

(Dieses Deckblatt ist vor Weitergabe des Berichts durch die zuständige Behörde zu entfernen)

1. Verkehrsträger

☐ Wasserstraße: ....

☐ amtliche Schiffsnummer/Schiffsname (Angabe freigestellt): ....

2. Datum und Ort des Ereignisses

Jahr: .... Monat: .... Tag: .... Stunde: ....

☐ Hafen
☐ Belade-/Entlade-/Umschlaganlage
Ort / Staat: ....
oder
☐ freie Strecke
Streckenbezeichnung: ....
Kilometer: ....
oder
☐ Bauwerk wie Brücke oder Leitwerk

Bemerkungen zur Ortsbeschreibung:
....
....

3. Wasserstraßenverhältnisse

Pegelstand (Referenzpegel): ....
Geschätzte Geschwindigkeit gegen Wasser ....
☐ Hochwasser
☐ Niedrigwasser

4. Besondere Wetterbedingungen

☐ Regen
☐ Schneefall
☐ Nebel
☐ Gewitter
☐ Sturm
Temperatur: ... °C

5. Beschreibung des Ereignisses

☐ Kollision mit Ufer, Bauwerk oder Anlegeanlage
☐ Kollision mit anderem Güterschiff (Zusammenstoß/Aufprall)
☐ Kollision mit Fahrgastschiff (Zusammenstoß/Aufprall)
☐ Grundberührung ohne/mit Festfahrung
☐ Brand
☐ Explosion
☐ Leckage / Lage und Ausdehnung des Schadens (unter zusätzliche Beschreibung)
☐ Sinken
☐ Kenterung
☐ technisches Versagen (Angabe freigestellt)
☐ menschliches Versagen (Angabe freigestellt)

Zusätzliche Beschreibung des Ereignisses:
....
....
....
....

6. Betroffene gefährliche Güter

UN-Nummer bzw. Stoffnummer[1)]	Klasse	Verpackungsgruppe falls vorhanden	Geschätzte Menge des ausgetretenen Produktes (kg oder l)[2)]	Art der Umschließung nach Abschnitt 1.2.1 ADN[3)]	Werkstoff der Umschließung	Art des Versagens der Umschließung[4)]

1) Bei gefährlichen Gütern, die unter eine Sammeleintragung fallen, für die die Sondervorschrift 274 gilt, ist zusätzlich die technische Benennung anzugeben.

2) Für radioaktive Stoffe der Klasse 7 sind die Werte gemäß den Kriterien in Unterabschnitt 1.8.5.3 anzugeben.

3) Es ist die entsprechende Nummer anzugeben:
1 Verpackung
2 Großpackmittel (IBC)
3 Großverpackung
4 Kleincontainer
5 Wagen
6 Straßenfahrzeug
7 Kesselwagen
8 Tankfahrzeug
9 Batteriewagen
10 Batterie-Fahrzeug
11 Wagen mit abnehmbaren Tanks
12 Aufsetztank
13 Container
14 Tankcontainer
15 MEGC
16 ortsbeweglicher Tank
17 Trockengüterschiff-Einhülle/Doppelhülle
18 Tankschiff-Typ:

4) Es ist die entsprechende Nummer anzugeben:
1 Leckage
2 Brand
3 Explosion
4 strukturelles Versagen

7. Ereignisursache (Angabe freigestellt und soweit bekannt)

☐ technischer Mangel
☐ Ladungssicherung
☐ betriebliche Ursache
☐ Sonstiges: ....

8. Auswirkungen des Ereignisses

Personenschaden in Zusammenhang mit den betroffenen gefährlichen Gütern:

☐ Tote (Anzahl: ....)

☐ Verletzte (Anzahl: ....)

Produktaustritt: ☐ ja ☐ nein

☐ unmittelbare Gefahr eines Produktaustritts

Sach-/Umweltschaden: ☐ geschätzte Schadenhöhe ≤ 50.000 Euro

☐ geschätzte Schadenhöhe > 50.000 Euro

Behördenbeteiligung: ☐ ja

☐ durch die betroffenen gefährlichen Güter bedingte Evakuierung von Personen für eine Dauer von mindestens drei Stunden

☐ durch die betroffenen gefährlichen Güter bedingte Sperrung von öffentlichen Verkehrswegen von mindestens drei Stunden

☐ nein

Falls erforderlich, kann die zuständige Behörde weitere sachdienliche Auskünfte anfordern.

Beförderungseinschränkungen durch die zuständigen Behörden 1.9

1.9.1 Gemäß Artikel 6 Absatz 1 des ADN kann die Einfuhr gefährlicher Güter in das Gebiet einer Vertragspartei Vorschriften oder Verboten unterliegen, die aus anderen Gründen als denen der Sicherheit während der Beförderung erlassen wurden. Diese Vorschriften oder Verbote sind in entsprechender Weise bekannt zu geben.

1.9.2 Vorbehaltlich der Vorschriften des Abschnittes 1.9.3 kann eine Vertragspartei für Schiffe, die internationale Beförderungen gefährlicher Güter auf den Binnenwasserstraßen auf ihrem Hoheitsgebiet durchführen, bestimmte ergänzende Vorschriften anwenden, die nicht im ADN enthalten sind, sofern diese Vorschriften nicht im Widerspruch zu den Vorschriften des Artikels 4 Absatz 2 des ADN stehen und die in seinem innerstaatliche Recht aufgeführt sind und auch für Schiffe gelten, die eine innerstaatliche Beförderung gefährlicher Güter auf Binnenwasserstraßen im Hoheitsgebiet der besagten Vertragspartei durchführen.

1.9.3 Die in Abschnitt 1.9.2 genannten ergänzenden Vorschriften sind:

a) zusätzliche Vorschriften oder der Sicherheit dienende Einschränkungen für Schiffe, die bestimmte Ingenieurbauwerke wie Brücken oder Tunnel befahren oder für Schiffe, die in Häfen oder anderen besonderen Beförderungsterminals ankommen oder von diesen ausgehen;

b) Vorschriften, in denen bestimmte von den Schiffen einzuhaltende Fahrstrecken genannt sind, um Wirtschaftszentren, Wohngebiete oder ökologisch sensible Gebiete oder Industriegebiete mit gefährlichen Anlagen oder Binnenwasserstraßen zu umgehen, die bedeutende physische Gefahren aufweisen;

c) besondere Vorschriften, in denen bestimmte einzuhaltende Fahrstrecken genannt sind, oder einzuhaltende Vorschriften für das Halten und Stilliegen der Schiffe mit gefährlichen Gütern bei extremen Witterungsbedingungen, Erdbeben, Unfällen, Demonstrationen, öffentlichen Unruhen oder bewaffneten Aufständen;

d) Einschränkungen für den Verkehr der Schiffe mit gefährlichen Gütern an bestimmten Tagen der Woche oder des Jahres.

1.9.4 Die zuständige Behörde der Vertragspartei, die auf ihrem Hoheitsgebiet die ergänzenden Vorschriften nach Abschnitt 1.9.3 Absätze a) und d) anwendet, unterrichtet das Sekretariat der Wirtschaftkommission der Vereinten Nationen für Europa über die besagten Bestimmungen, das diese den Vertragsparteien zu Kenntnis bringt.

1.9 Beförderungseinschränkungen durch die zuständigen Behörden

Vorschriften für die Sicherung 1.10

Bem. Für Zwecke dieses Kapitels versteht man unter „Sicherung" die Maßnahmen oder Vorkehrungen, die zu treffen sind, um den Diebstahl oder den Missbrauch gefährlicher Güter, durch die Personen, Güter oder die Umwelt gefährdet werden können, zu minimieren.

1.10.1 Allgemeine Vorschriften

1.10.1.1 Alle an der Beförderung gefährlicher Güter beteiligten Personen müssen entsprechend ihren Verantwortlichkeiten die in diesem Kapitel aufgeführten Vorschriften für die Sicherung beachten.

1.10.1.2 Gefährliche Güter dürfen nur Beförderern zur Beförderung übergeben werden, deren Identität in geeigneter Weise festgestellt wurde.

1.10.1.3 Liegeplätze im Bereich von Umschlagsanlagen für gefährliche Güter müssen ordnungsgemäß gesichert, gut beleuchtet und, soweit möglich und angemessen, für die Öffentlichkeit unzugänglich sein.

1.10.1.4 Für jedes Mitglied der Besatzung eines Schiffes, mit dem gefährliche Güter befördert werden, muss während der Beförderung einen Lichtbildausweis an Bord sein.

1.10.1.5 Sicherheitsüberprüfungen gemäß Abschnitt 1.8.1 müssen sich auch auf angemessene Maßnahmen für die Sicherung erstrecken.

1.10.1.6 Die zuständige Behörde muss ein Verzeichnis, das die von ihr oder von ihr anerkannten Organisationen erteilten gültigen Bescheinigungen für Sachkundige nach Abschnitt 8.2.1 beinhaltet, führen.

1.10.2 Unterweisung im Bereich der Sicherung

1.10.2.1 Die in Kapitel 1.3 festgelegte erstmalige Unterweisung und Auffrischungsunterweisung muss auch Bestandteile beinhalten, die der Sensibilisierung gegenüber der Sicherung dienen. Die Auffrischungsunterweisung im Bereich der Sicherung muss nicht unbedingt nur mit Änderungen der Vorschriften zusammenhängen.

1.10.2.2 Die Unterweisung zur Sensibilisierung gegenüber der Sicherung muss sich auf die Art der Sicherungsrisiken, deren Erkennung und die Verfahren zur Verringerung dieser Risiken beziehen. Sie muss Kenntnisse über eventuelle Sicherungspläne entsprechend dem Arbeits- und Verantwortungsbereich des Einzelnen und dessen Rolle bei der Umsetzung dieser Pläne vermitteln.

1.10.2.3 Eine solche Unterweisung muss bei der Aufnahme einer Tätigkeit, welche die Beförderung gefährlicher Güter umfasst, erfolgen oder überprüft und in regelmäßigen Abständen durch Auffrischungskurse ergänzt werden.

1.10.2.4 Eine detaillierte Beschreibung der gesamten im Bereich der Sicherung erhaltenen Unterweisung ist vom Arbeitgeber aufzubewahren und dem Arbeitnehmer oder der zuständigen Behörde auf Verlangen zur Verfügung zu stellen. Die detaillierten Beschreibungen müssen vom Arbeitgeber für den von der zuständigen Behörde festgelegten Zeitraum aufbewahrt werden.

1.10.3 Vorschriften für gefährliche Güter mit hohem Gefahrenpotenzial

Bem. Zusätzlich zu den Vorschriften des ADN für die Sicherung dürfen die zuständigen Behörden weitere Vorschriften für die Sicherung aus anderen Gründen als denen der Sicherheit während der Beförderung in Kraft setzen (siehe Artikel 4 Absatz 1 des Übereinkommens). Um die internationale und multimodale Beförderung nicht durch verschiedene Kennzeichen für die Sicherung von Explosivstoffen zu erschweren, wird empfohlen, solche Kennzeichen in Übereinstimmung mit einer international harmonisierten Norm (z.B. Richtlinie der Europäischen Kommission 2008/43/EG) zu gestalten.

1.10.3.1 Begriffsbestimmung gefährlicher Güter mit hohem Gefahrenpotenzial

1.10.3.1.1 Gefährliche Güter mit hohem Gefahrenpotenzial sind solche, bei denen die Möglichkeit eines Missbrauchs zu terroristischen Zwecken und damit die Gefahr schwerwiegender Folgen, wie der Verlust zahlreicher Menschenleben, massive Zerstörungen oder, insbesondere im Fall der Klasse 7, tiefgreifende sozioökonomische Veränderungen, besteht.

1.10.3.1.2 Gefährliche Güter mit hohem Gefahrenpotenzial der verschiedenen Klassen mit Ausnahme der Klasse 7 sind solche, die in der nachstehenden Tabelle 1.10.3.1.2 aufgeführt sind und in Mengen befördert werden, welche die in der Tabelle angegebenen Mengen überschreiten.

Tabelle 1.10.3.1.2: Liste der gefährlichen Güter mit hohem Gefahrenpotenzial

Klasse	Unterklasse	Stoff oder Gegenstand	Menge		
			Tank oder Ladetank (Liter)[c]	Lose Schüttung*) (kg)[d]	Güter in Verpackungen (kg)
1	1.1	explosive Stoffe und Gegenstände mit Explosivstoff	a)	a)	0
	1.2	explosive Stoffe und Gegenstände mit Explosivstoff	a)	a)	0
	1.3	explosive Stoffe und Gegenstände mit Explosivstoff der Verträglichkeitsgruppe C	a)	a)	0
	1.4	explosive Stoffe und Gegenstände mit Explosivstoff der UN-Nummern 0104, 0237, 0255, 0267, 0289, 0361, 0365, 0366, 0440, 0441, 0455, 0456 und 0500	a)	a)	0
	1.5	explosive Stoffe und Gegenstände mit Explosivstoff	0	a)	0
2		entzündbare, nicht giftige Gase (Klassifizierungscodes, die nur den/die Buchstaben F oder FC enthalten)	3000	a)	b)
		giftige Gase (Klassifizierungscodes, die den/die Buchstaben T, TF, TC, TO, TFC oder TOC enthalten) mit Ausnahme von Druckgaspackungen	0	a)	0
3		entzündbare flüssige Stoffe der Verpackungsgruppen I und II	3000	a)	b)
		desensibilisierte explosive flüssige Stoffe	0	a)	0
4.1		desensibilisierte explosive Stoffe	a)	a)	0
4.2		Stoffe der Verpackungsgruppe I	3000	a)	b)
4.3		Stoffe der Verpackungsgruppe I	3000	a)	b)
5.1		Entzündend (oxidierend) wirkende flüssige Stoffe der Verpackungsgruppe I	3000	a)	b)
		Perchlorate, Ammoniumnitrat, ammoniumnitrathaltige Düngemittel und Ammoniumnitrat-Emulsionen oder -Suspensionen oder -Gele	3000	3000	b)
6.1		giftige Stoffe der Verpackungsgruppe I	0	a)	0
6.2		ansteckungsgefährliche Stoffe der Kategorie A (UN-Nummern 2814 und 2900 mit Ausnahme von tierischen Stoffen).	a)	0	0
8		ätzende Stoffe der Verpackungsgruppe I	3000	a)	b)

a) gegenstandslos

b) Unabhängig von der Menge gelten die Vorschriften des Abschnitts 1.10.3 nicht.

c) Ein in dieser Spalte angegebener Wert gilt nur, wenn die Beförderung in Tanks gemäß ADR oder RID Kapitel 3.2 Tabelle A Spalte 10 oder 12 zugelassen ist
oder wenn in Kapitel 3.2 Tabelle A Spalte 8 ADN «T» eingetragen ist.
Für Stoffe, die nicht zur Beförderung in Tanks zugelassen sind, ist die Angabe in dieser Spalte gegenstandslos.

d) Ein in dieser Spalte angegebener Wert gilt nur, wenn die Beförderung in loser Schüttung gemäß Kapitel 3.2 Tabelle A Spalte 10 oder 17 gemäß ADR zugelassen ist. Für Stoffe, die nicht zur Beförderung in loser Schüttung zugelassen sind, ist die Angabe in dieser Spalte gegenstandslos.

*) Lose Schüttung umfasst die lose Schüttung im Schiff, im Fahrzeug oder im Container.

1.10.3.1.3 Bei gefährlichen Gütern der Klasse 7 sind radioaktive Stoffe mit hohem Gefahrenpotenzial solche mit einer Aktivität, die je Versandstück mindestens so hoch ist wie der Grenzwert für die Beförderungssicherung von 3000 A_2 (siehe auch Absatz 2.2.7.2.2.1), ausgenommen jedoch folgende Radionuklide, für die der Grenzwert fur die Beförderungssicherung in nachstehender Tabelle 1.10.3.1.3 angegeben ist.

Tabelle 1.10.3.1.3: Grenzwerte für die Beförderungssicherung für bestimmte Radionuklide

Element	Radionuklid	Grenzwert für die Beförderungssicherung (TBq)
Americium	Am-241	0,6
Gold	Au-198	2
Cadmium	Cd-109	200
Californium	Cf-252	0,2
Curium	Cm-244	0,5
Cobalt	Co-57	7
Cobalt	Co-60	0,3
Caesium	Cs-137	1
Eisen	Fe-55	8000
Germanium	Ge-68	7
Gadolinium	Gd-153	10
Iridium	Ir-192	0,8
Nickel	Ni-63	600
Palladium	Pd-103	900
Promethium	Pm-147	400
Polonium	Po-210	0,6
Plutonium	Pu-238	0,6
Plutonium	Pu-239	0,6
Radium	Ra-226	0,4
Ruthenium	Ru-106	3
Selenium	Se-75	2
Strontium	Sr-90	10
Thallium	Tl-204	200
Thulium	Tm-170	200
Ytterbium	Yb-169	3

1.10.3.1.4 Für Gemische von Radionukliden kann die Feststellung, ob der Grenzwert für die Beförderungssicherung erreicht oder überschritten wurde, durch Bildung der Summe der Quotienten aus der Aktivität jedes Radionuklids und dem für dieses Radionuklid geltenden Grenzwert für die Beförderungssicherung berechnet werden. Wenn die Summe der Quotienten kleiner als 1 ist, ist der Radioaktivitätsgrenzwert des Gemisches weder erreicht noch überschritten.

Diese Berechnung kann mit folgender Formel erfolgen:

$$\sum_i \frac{A_i}{T_i} < 1,$$

wobei

A_i = Aktivität des im Versandstück enthaltenen Radionuklids i (TBq)

T_i = Grenzwert für die Beförderungssicherung des Radionuklids i (TBq)

1.10.3.1.5 Wenn radioaktive Stoffe Nebengefahren anderer Klassen aufweisen, müssen die Kriterien der Tabelle 1.10.3.1.2 ebenfalls berücksichtigt werden (siehe auch Abschnitt 1.7.5).

1.10.3.2 Sicherungspläne

1.10.3.2.1 Die an der Beförderung gefährlicher Güter mit hohem Gefahrenpotenzial (siehe Tabelle 1.10.3.1.2) oder radioaktiver Stoffe mit hohem Gefahrenpotenzial (siehe Absatz 1.10.3.1.3) beteiligten Beförderer und Absender sowie andere Beteiligte gemäß den Abschnitten 1.4.2 und 1.4.3 müssen Sicherungspläne, die mindestens die in Absatz 1.10.3.2.2 aufgeführten Elemente beinhalten, einführen und tatsächlich anwenden.

1.10.3.2.2 Jeder Sicherungsplan muss mindestens folgende Elemente beinhalten:

a) spezifische Zuweisung der Verantwortlichkeiten im Bereich der Sicherung an Personen, welche über die erforderlichen Kompetenzen und Qualifikationen verfügen und mit den entsprechenden Befugnissen ausgestattet sind;

b) Verzeichnis der betroffenen gefährlichen Güter oder der Arten der betroffenen gefährlichen Güter;

c) Bewertung der üblichen Vorgänge und den sich daraus ergebenden Sicherungsrisiken, einschließlich der transportbedingten Aufenthalte, des verkehrsbedingten Verweilens der Güter an Bord der Schiffe vor, während und nach der Ortsveränderung und des zeitweiligen Abstellens gefährlicher Güter für den Wechsel der Beförderungsart oder des Beförderungsmittels (Umschlag), soweit angemessen;

d) klare Darstellung der Maßnahmen, die für die Verringerung der Sicherungsrisiken entsprechend den Verantwortlichkeiten und Pflichten des Beteiligten zu ergreifen sind, einschließlich:

- Unterweisung;
- Sicherungspolitik (z.B. Maßnahmen bei erhöhter Bedrohung, Überprüfung bei Einstellung von Personal oder Versetzung von Personal auf bestimmte Stellen, usw.);
- Betriebsverfahren (z.B. Wahl und Nutzung von Strecken, sofern diese bekannt sind, Zugang zu gefährlichen Gütern während der Zwischenlagerung (wie in Absatz c) bestimmt, Nähe zu gefährdeten Infrastruktureinrichtungen, usw.);
- für die Verringerung der Sicherungsrisiken zu verwendende Ausrüstungen und Ressourcen;

e) wirksame und aktualisierte Verfahren zur Meldung von und für das Verhalten bei Bedrohungen, Verletzungen der Sicherung oder damit zusammenhängenden Zwischenfällen;

f) Verfahren zur Bewertung und Erprobung der Sicherungspläne und Verfahren zur wiederkehrenden Überprüfung und Aktualisierung der Pläne;

g) Maßnahmen zur Gewährleistung der physischen Sicherung der im Sicherungsplan enthaltenen Beförderungsinformation und

h) Maßnahmen zur Gewährleistung, dass die Verbreitung der im Sicherungsplan enthaltenen

Information betreffend den Beförderungsvorgang auf diejenigen Personen begrenzt ist, die diese Informationen benötigen. Diese Maßnahmen dürfen die an anderen Stellen des ADN vorgeschriebene Bereitstellung von Informationen nicht ausschließen.

Bem. Beförderer, Absender und Empfänger sollten untereinander und mit den zuständigen Behörden zusammenarbeiten, um Hinweise über eventuelle Bedrohungen auszutauschen, geeignete Sicherungsmaßnahmen zu treffen und auf Zwischenfälle, welche die Sicherung gefährden zu reagieren.

1.10.3.3 Schiffe, die gefährliche Güter mit hohem Gefahrenpotenzial (siehe Tabelle 1.10.3.1.2) oder radioaktive Stoffe mit hohem Gefahrenpotenzial (siehe Absatz 1.10.3.1.3) befördern, müssen mit betrieblichen oder technischen Maßnahmen gegen die missbräuchliche Verwendung des Schiffes und der gefährlichen Güter geschützt sein. Die Anwendung dieser Schutzmaßnahmen darf die Reaktion auf Notfälle nicht gefährden.

Bem. Sofern dies geeignet ist und die notwendigen Ausrüstungen bereits vorhanden sind, sollten Telemetriesysteme oder andere Methoden oder Vorrichtungen, die eine Transportverfolgung von gefährlichen Gütern mit hohem Gefahrenpotenzial (siehe Tabelle 1.10.3.1.2) oder von radioaktiven Stoffen mit hohem Gefahrenpotenzial (siehe Absatz 1.10.3.1.3) ermöglichen, eingesetzt werden.

1.10.4 Außer für radioaktive Stoffe gelten die Vorschriften der Abschnitte 1.10.1, 1.10.2 und 1.10.3 nicht. Die Vorschriften der Abschnitte 1.10.1, 1.10.2 und 1.10.3 gelten nicht, wenn die Mengen je Schiff nicht größer sind als die in 1.1.3.6.1 aufgeführten Mengen.

Darüber hinaus gelten die Vorschriften dieses Kapitels nicht für die Beförderung von UN 2912 RADIOAKTIVE STOFFE MIT GERINGER SPEZIFISCHER AKTIVITÄT (LSA-I) und UN 2913 RADIOAKTIVE STOFFE, OBERFLÄCHENKONTAMINIERTE GEGENSTÄNDE (SCO-I).

1.10.5 Bei Anwendung der Vorschriften der Convention on Physical Protection of Nuclear Material (Übereinkommen über den physischen Schutz von Kernmaterial)[1] und des IAEA circular on «The Physical Protection of Nuclear Material and Nuclear Facilties» (IAEA-Rundschreiben über den physischen Schutz von Kernmaterial und Atomanlagen)[2] gelten die Vorschriften dieses Kapitels für radioaktive Stoffe als erfüllt.

---

1) IAEACIRC/274/Rev.1, IAEA, Wien (1980).

2) IAEACIRC/225/Rev.4 (korrigierte Fassung), IAEA, Wien (1999

1.11 – 1.14 (bleibt offen)

1.15.1 Allgemeines

Für den Fall, dass ein internationales Übereinkommen zur allgemeinen Regelung des Binnenschiffsverkehrs abgeschlossen wird, das Bestimmungen für den gesamten Tätigkeitsbereich der Klassifikationsgesellschaften und deren Anerkennung enthält, würden alle Bestimmungen dieses Kapitels, die im Widerspruch zu einer der Bestimmungen dieses internationalen Übereinkommens stünden, in den Beziehungen zwischen den Parteien dieses Übereinkommens, die Parteien des internationalen Übereinkommens würden, vom Tage seiner Inkraftsetzung an automatisch aufgehoben und ipso facto durch die entsprechende Bestimmung des internationalen Übereinkommens ersetzt. Dieses Kapitel würde mit Inkraftsetzung des internationalen Übereinkommens hinfällig, wenn alle Parteien dieses Übereinkommens Parteien des internationalen Übereinkommens würden.

1.15.2 Verfahren zur Anerkennung von Klassifikationsgesellschaften

1.15.2.1 Eine Klassifikationsgesellschaft, die im Sinne dieses Übereinkommens zur Anerkennung empfohlen werden möchte, stellt einen Antrag gemäß den Bestimmungen dieses Kapitels bei der zuständigen Behörde einer Vertragspartei.

Die Klassifikationsgesellschaft muss die zutreffenden Informationen gemäß diesem Kapitel vorbereiten. Sie muss sie mindestens in einer Amtssprache des Staates zur Verfügung stellen, in dem der Antrag gestellt wird, und in Englisch. Die Vertragspartei leitet den Antrag an den Verwaltungsausschuss weiter, es sei denn, sie ist der Auffassung, dass die Voraussetzungen und Kriterien nach Abschnitt 1.15.3 offensichtlich nicht erfüllt sind.

1.15.2.2 Der Verwaltungsausschuss bezeichnet einen Sachverständigenausschuss, dessen Zusammensetzung und Geschäftsordnung er festlegt. Dieser Ausschuss prüft den Antrag, entscheidet, ob die Klassifikationsgesellschaft die Voraussetzungen und Kriterien nach Abschnitt 1.15.3 erfüllt und spricht binnen sechs Monaten eine Empfehlung an den Verwaltungsausschuss aus.

1.15.2.3 Nach Prüfung des Berichts der Sachverständigen beschließt der Verwaltungsausschuss nach dem Verfahren gemäß Artikel 17 Absatz 7 Buchstabe c des ADN innerhalb höchstens eines Jahres, den Vertragsparteien die Anerkennung der betreffenden Klassifikationsgesellschaft zu empfehlen oder nicht zu empfehlen. Der Verwaltungsausschuss führt eine Liste der Klassifikationsgesellschaften, deren Anerkennung den Vertragsparteien empfohlen wird.

1.15.2.4 Allein anhand der Liste nach Unterabschnitt 1.15.2.3 kann jede Vertragspartei über die Anerkennung der hierin aufgeführten Klassifikationsgesellschaften beschließen. Diese Entscheidung ist dem Verwaltungsausschuss und den anderen Vertragsparteien mitzuteilen.

Das Sekretariat des Verwaltungsausschusses führt die Liste der von den Vertragsparteien vorgenommenen Anerkennungen.

1.15.2.5 Ist eine Vertragspartei der Meinung, dass eine auf der Liste aufgeführte Klassifikationsgesellschaft die Bedingungen und Kriterien nach Abschnitt 1.15.3 nicht erfüllt, kann sie dem Verwaltungsausschuss einen Vorschlag zur Absetzung dieser Klassifikationsgesellschaft von der Liste der zur Anerkennung empfohlenen Klassifikationsgesellschaften unterbreiten. Einem solchen Vorschlag sind konkrete Daten, aus denen die Nichterfüllung hervorgeht, beizufügen.

1.15.2.6 Der Verwaltungsausschuss setzt hierzu einen neuen Sachverständigenausschuss nach dem Verfahren nach Unterabschnitt 1.15.2.2 ein, der ihm binnen sechs Monaten einen Bericht vorlegen muss. Die Klassifikationsgesellschaft wird vom Sachverständigenausschuss unterrichtet und aufgefordert, Stellung zu nehmen.

1.15.2.7 Der Verwaltungsausschuss kann bei Verstößen gegen die Bedingungen und Kriterien in Abschnitt 1.15.3 der Klassifikationsgesellschaft Gelegenheit geben, einen Plan zur Behebung der festgestellten Mängel und zur Verhinderung ihres erneuten Auftretens innerhalb von sechs

Monaten vorzulegen, oder nach Artikel 17 Absatz 7 Buchstabe c des ADN beschließen, den Namen der betreffenden Klassifikationsgesellschaft von der Liste der zur Anerkennung empfohlenen Klassifikationsgesellschaften zu streichen.

In diesem Fall ist die betroffene Klassifikationsgesellschaft hiervon unverzüglich in Kenntnis zu setzen. Der Verwaltungsausschuss informiert die Vertragsparteien darüber, dass die Klassifikationsgesellschaft die Voraussetzungen für eine Anerkennung nicht mehr erfüllt und fordert sie auf, die nötigen Maßnahmen zu ergreifen, um mit den Bestimmungen dieser Verordnung in Einklang zu bleiben.

1.15.3 Bedingungen und Kriterien, die von den Klassifikationsgesellschaften bei Anerkennung zu erfüllen sind

Eine Klassifikationsgesellschaft, die im Sinne des Übereinkommens anerkannt werden will, muss alle im Folgenden aufgeführten Bedingungen und Kriterien erfüllen:

1.15.3.1 Die Klassifikationsgesellschaft muss umfassende Kenntnisse und Erfahrungen in der Beurteilung, Konzeption und Bauausführung von Binnenschiffen vorweisen können. Sie sollte über komplette Vorschriften und Regelungen für Konzeption, Bau und periodische Besichtigungen der Schiffe verfügen. Diese Vorschriften und Regelungen werden veröffentlicht, kontinuierlich weiterentwickelt und mit Hilfe von Forschungs- und Entwicklungsprogrammen verbessert.

1.15.3.2 Die Klassifikationsgesellschaft publiziert jährlich ihre Schiffsregister.

1.15.3.3 Die Klassifikationsgesellschaft darf nicht von Schiffseignern oder Schiffsbauern oder sonstigen Personen abhängig sein, die gewerblich Schiffe bauen, ausrüsten, instandhalten oder betreiben. Die Klassifikationsgesellschaft darf in Bezug auf ihre Einnahmen nicht entscheidend von einem einzigen Unternehmen abhängig sein.

1.15.3.4 Die Klassifikationsgesellschaft muss ihren Geschäftssitz oder eine in allen Bereichen, für die sie im Rahmen der für die Binnenschifffahrt geltenden Verordnungen zuständig ist, beschluss- oder handlungsfähige Niederlassung in einer der Vertragsparteien haben.

1.15.3.5 Die Klassifikationsgesellschaft sowie ihre Experten müssen über einen guten Ruf in der Binnenschifffahrt verfügen; diese müssen sich als fachlich qualifiziert ausweisen können.

1.15.3.6 Die Klassifikationsgesellschaft

- verfügt über eine ausreichende Zahl von Mitarbeitern und Ingenieuren für technische Prüfaufgaben und Besichtigung sowie für Leitungs-, Hilfs- und Forschungsaufgaben, die den Aufgaben und der Anzahl der klassifizierten Schiffe angemessen ist und ausreichend ist, um darüber hinaus die Vorschriften auf dem neuesten Stand zu halten und unter Qualitätsanforderungen weiterzuentwickeln;
- unterhält Besichtiger in mindestens zwei Vertragsparteien.

1.15.3.7 Die Klassifikationsgesellschaft arbeitet nach standesrechtlichen Grundsätzen.

1.15.3.8 Die Klassifikationsgesellschaft hat ein wirksames System für die interne Qualitätssicherung entwickelt und umgesetzt, das sich auf geeignete Teile international anerkannter Qualitätssicherungsnormen stützt und mit den Normen EN ISO/IEC 17020:2012 (ausgenommen Absatz 8.1.3) (Inspektionsstellen) und ISO 9001 oder EN ISO 9001:2015 in Einklang steht, und hält dieses aufrecht. Dieses System ist von unabhängigen Überprüfern zertifiziert, die durch die Verwaltung des Staates anerkannt sind, in dem sie ihren Sitz haben.

1.15.4 Pflichten der empfohlenen Klassifikationsgesellschaft

1.15.4.1 Die empfohlenen Klassifikationsgesellschaften verpflichten sich zur gegenseitigen Zusammenarbeit, um so die Gleichwertigkeit der Sicherheit ihrer technischen Normen, die für die Umsetzung der Bestimmungen der vorliegenden Vereinbarung relevant sind, zu garantieren.

1.15.4.2 Sie führen mindestens einmal jährlich in einer gemeinsamen Sitzung einen Erfahrungsaustausch durch. Sie berichten jährlich an den Sicherheitsausschuss. Das Sekretariat des Sicherheitsausschusses ist über diese Sitzungen zu informieren. Den Vertragsparteien ist die Gelegenheit zur Teilnahme als Beobachter zu geben.

1.15.4.3 Die empfohlenen Klassifikationsgesellschaften verpflichten sich, vorhandene und zukünftige Bestimmungen des Übereinkommens anzuwenden, und die Fristen ihres Inkrafttretens zu berücksichtigen. Die empfohlenen Klassifikationsgesellschaften erteilen zu ihren technischen Vorschriften der zuständigen Behörde auf Nachfrage alle sachdienlichen Auskünfte.

1.16.0 Für Zwecke dieses Kapitels versteht man unter „Eigner" den Eigner oder dessen Bevollmächtigten oder, wenn das Schiff von einem Betreiber gechartert wurde, den Betreiber oder dessen Bevollmächtigten.

1.16.1 Zulassungszeugnisse

1.16.1.1 Allgemeines

1.16.1.1.1 Trockengüterschiffe, die gefährliche Güter über die Freimengen hinaus befördern, Schiffe nach Absatz 7.1.2.19.1, Tankschiffe, die gefährliche Güter befördern, und Schiffe nach Absatz 7.2.2.19.3 müssen mit einem auf sie ausgestelltem Zulassungszeugnis versehen sein.

1.16.1.1.2 Das Zulassungszeugnis ist höchstens fünf Jahre gültig, vorbehaltlich der Bestimmungen von Abschnitt 1.16.11.

1.16.1.2 Form des Zulassungszeugnisses, Eintragungen

1.16.1.2.1 Das Zulassungszeugnis muss dem Muster des Unterabschnittes 8.6.1.1 oder 8.6.1.3 in Inhalt, Form und Aufbau entsprechen. Es muss die vorgeschriebenen Eintragungen enthalten. Das Datum, an dem die Gültigkeit abläuft, muss im Zulassungszeugnis angegeben sein.

Seine Abmessungen sind 210 mm x 297 mm (Format A4). Es dürfen Vorder- und Rückseite verwendet werden.

Es ist in der Sprache oder in einer der Sprachen des Staates abzufassen, der es erteilt. Wenn diese Sprache nicht Deutsch, Englisch oder Französisch ist, müssen der Titel des Zulassungszeugnisses sowie jede unter den Nummern 5, 9 und 10 im Zulassungszeugnis „Trockengüterschiffe" (8.6.1.1) bzw. unter den Nummern 12, 16 und 17 im Zulassungszeugnis „Tankschiffe" (8.6.1.3) aufgeführte Bemerkung außerdem in Deutsch, Englisch oder Französisch abgefasst sein.

1.16.1.2.2 Das Zulassungszeugnis muss bestätigen, dass das Schiff untersucht worden ist und dass Bau und Ausrüstung den anwendbaren Vorschriften von dieser Verordnung vollständig entsprechen.

1.16.1.2.3 Alle Vermerke oder Änderungen im Zulassungszeugnis, die in dieser Verordnung und in anderen von allen Vertragsparteien gleichlautend erlassenen Bestimmungen vorgesehen sind, können von der zuständigen Behörde vorgenommen werden.

1.16.1.2.4 Im Zulassungszeugnis von Doppelhüllenschiffen, die den zusätzlichen Vorschriften der Unterabschnitte 9.1.0.80 bis 9.1.0.95 oder 9.2.0.80 bis 9.2.0.95 entsprechen, muss von der zuständigen Behörde folgender Vermerk eingetragen sein:

«Das Schiff entspricht den zusätzlichen Vorschriften für Doppelhüllenschiffe in den Unterabschnitten 9.1.0.80 bis 9.1.0.95» oder

«Das Schiff entspricht den zusätzlichen Vorschriften für Doppelhüllenschiffe in den Unterabschnitten 9.2.0.80 bis 9.2.0.95»

1.16.1.2.5 Für Tankschiffe muss das Zulassungszeugnis ergänzt werden durch eine Liste der im Tankschiff zur Beförderung zugelassenen gefährlichen Güter, die von der anerkannten Klassifikationsgesellschaft erstellt wird, die das Schiff klassifiziert hat (Schiffsstoffliste). Soweit es für eine sichere Beförderung erforderlich ist, muss sie für bestimmte gefährliche Güter Vorbehalte hinsichtlich

- der Kriterien in Bezug auf Schiffsfestigkeit und -stabilität oder

– der Verträglichkeit der zugelassenen gefährlichen Güter mit allen Bauwerkstoffen des Schiffes einschließlich Einrichtung und Ausrüstung, die mit der Ladung in Berührung kommen.

enthalten.

Die Schiffsstoffliste wird bei jeder Klassenerneuerung von der anerkannten Klassifikationsgesellschaft auf der Basis der jeweils gültigen Fassung der beigefügten Verordnung erneuert. Die Klassifikationsgesellschaften informieren die Schiffseigner über die zwischenzeitlich erfolgten relevanten Änderungen in Kapitel 3.2, Tabelle C. Wenn diese Änderungen eine Aktualisierung der Schiffsstoffliste notwendig machen, beantragt der Schiffseigner diese bei der anerkannten Klassifikationsgesellschaft. Diese Aktualisierung der Schiffsstoffliste hat innerhalb der in 1.6.1.1 genannten Frist zu erfolgen.

Die Schiffsstoffliste ist von der anerkannten Klassifikationsgesellschaft innerhalb der in 1.6.1.1 genannten Frist insgesamt zu widerrufen, wenn in ihr aufgeführte Güter aufgrund von Änderungen dieser Verordnung oder aufgrund einer geänderten Klassifizierung nicht mehr in dem Schiff befördert werden dürfen.

Die anerkannte Klassifikationsgesellschaft übermittelt der für die Erteilung des Zulassungszeugnisses zuständigen Behörde nach Aushändigung an den Inhaber des Zulassungszeugnisses unverzüglich eine Ausfertigung der Schiffsstoffliste und unterrichtet sie unverzüglich über Änderungen oder einen Widerruf.

Bem. Bei einer Schiffsstoffliste in elektronischer Form, siehe 5.4.0.2.

1.16.1.2.6 (gestrichen)

1.16.1.3 Vorläufige Zulassungszeugnisse

1.16.1.3.1 Für ein Schiff, das nicht mit einem Zulassungszeugnis versehen ist, kann ein vorläufiges Zulassungszeugnis von begrenzter Gültigkeitsdauer in folgenden Fällen und unter folgenden Bedingungen ausgestellt werden:

a) Das Schiff entspricht den anwendbaren Vorschriften dieser Verordnung, aber das Zulassungszeugnis konnte nicht rechtzeitig ausgestellt werden. Die Gültigkeitsdauer des vorläufigen Zulassungszeugnisses darf einen angemessenen Zeitraum, höchstens aber drei Monate, nicht überschreiten.

b) Das Schiff entspricht nicht allen anwendbaren Vorschriften dieser Verordnung, aber die Sicherheit der Beförderung ist nach Einschätzung der zuständigen Behörde nicht beeinträchtigt.

   Die Gültigkeitsdauer des einmaligen vorläufigen Zulassungszeugnisses darf einen angemessenen Zeitraum, um das Schiff mit den anwendbaren Vorschriften in Übereinstimmung zu bringen, höchstens aber drei Monate, nicht überschreiten.

   Die zuständige Behörde kann zusätzlich zu dem Untersuchungsbericht weitere Berichte verlangen und zusätzliche Bedingungen vorsehen.

   Bem. Für die Ausstellung des endgültigen Zulassungszeugnisses nach Unterabschnitt 1.16.1.2 muss ein neuer Untersuchungsbericht nach Unterabschnitt 1.16.3.1 erstellt werden, der die Konformität auch mit allen bisher nicht eingehaltenen Vorschriften dieser Verordnung bescheinigt.

c) Das Schiff entspricht nach einem Havariefall nicht allen anwendbaren Vorschriften dieser Verordnung. In diesem Fall gilt das vorläufige Zulassungszeugnis nur für eine einzige Fahrt und für eine bestimmte Ladung. Die zuständige Behörde kann zusätzliche Bedingungen auferlegen.

1.16.1.3.2 Das vorläufige Zulassungszeugnis muss dem Muster nach Unterabschnitt 8.6.1.2 oder 8.6.1.4 in Inhalt, Form und Aufbau entsprechen oder einem Muster eines Einheitszeugnisses, das gleichzeitig ein vorläufiges Schiffszeugnis und ein vorläufiges Zulassungszeugnis umfasst. Im letzteren Fall muss das Muster des Einheitszeugnisses dieselben Elemente wie das Muster nach Unterabschnitt 8.6.1.2 oder 8.6.1.4 beinhalten und von der zuständigen Behörde zugelassen sein.

Seine Abmessungen sind 210 mm x 297 mm (Format A4). Es dürfen Vorder- und Rückseite verwendet werden.

Es ist in der Sprache oder in einer der Sprachen des Staates abzufassen, der es erteilt. Wenn diese Sprache nicht Deutsch, Englisch oder Französisch ist, müssen der Titel des Zulassungszeugnisses sowie die unter der Nummer 5 im vorläufigen Zulassungszeugnis „Trockengüterschiffe" (8.6.1.2) bzw. unter der Nummer 12 im vorläufigen Zulassungszeugnis „Tankschiffe" (8.6.1.4) aufgeführte Bemerkung außerdem in Deutsch, Englisch oder Französisch abgefasst sein.

1.16.1.3.3 Bei Tankschiffen muss der Öffnungsdruck der Sicherheitsventile oder Hochgeschwindigkeitsventile im Zulassungszeugnis vermerkt sein.

Hat ein Schiff Ladetanks mit verschiedenen Öffnungsdrücken der Ventile, muss der Öffnungsdruck jedes Ladetanks im Zulassungszeugnis vermerkt sein.

1.16.1.4 Anlage zum Zulassungszeugnis

1.16.1.4.1 Das Zulassungszeugnis und das vorläufige Zulassungszeugnis gemäß 1.16.1.3.1 a) müssen durch eine Anlage zum Zulassungszeugnis nach dem Muster des Unterabschnitts 8.6.1.5 ergänzt werden.

1.16.1.4.2 In die Anlage zum Zulassungszeugnis ist das Datum einzutragen, ab dem Übergangsvorschriften gemäß 1.6.7 angewendet werden können. Dieses Datum ist

a) bei Schiffen gemäß Artikel 8 Abs. 2 des ADN, für die nachgewiesen werden kann, dass sie bereits vor dem 26. Mai 2000 im Hoheitsgebiet einer Vertragspartei zur Beförderung von gefährlichen Gütern zugelassen waren, der 26.05.2000;

b) bei Schiffen gemäß Artikel 8 Abs. 2 des ADN, für die nicht nachgewiesen werden kann, dass sie bereits vor dem 26. Mai 2000 im Hoheitsgebiet einer Vertragspartei zur Beförderung von gefährlichen Gütern zugelassen waren, das nachgewiesene Datum der ersten Überprüfung zur Erteilung einer Zulassung zur Beförderung von gefährlichen Gütern im Hoheitsgebiet einer Vertragspartei oder, wenn dieses Datum nicht bekannt ist, das Datum der Ausstellung der ersten nachgewiesenen Zulassung zur Beförderung von gefährlichen Gütern im Hoheitsgebiet einer Vertragspartei;

c) bei allen anderen Schiffen das nachgewiesene Datum der ersten Überprüfung zur Erteilung eines Zulassungszeugnisses gemäß ADN oder, wenn dieses Datum nicht bekannt ist, das Datum der Ausstellung des ersten Zulassungszeugnisses gemäß ADN;

d) abweichend von Buchstabe a bis c das Datum einer neuerlichen Erstüberprüfung gemäß 1.16.8, wenn das Schiff nach dem 31. Dezember 2014 mehr als zwölf Monate kein gültiges Zulassungszeugnis hatte.

1.16.1.4.3 Alle ab dem Datum gemäß 1.16.1.4.2 gültigen Zulassungen für die Beförderung gefährlicher Güter im Hoheitsgebiet einer Vertragspartei und alle Zulassungszeugnisse und vorläufigen Zulassungszeugnisse gemäß 1.16.1.3.1 a) ADN sind in die Anlage zum Zulassungszeugnis einzutragen. Die Eintragung von Zulassungszeugnissen, die vor der Ausstellung der Anlage zum Zulassungszeugnis ausgestellt worden sind, erfolgt durch die zuständige Behörde, die diese Anlage ausstellt.

1.16.2 Erteilung und Anerkennung der Zulassungszeugnisse

1.16.2.1 Das Zulassungszeugnis nach Abschnitt 1.16.1 wird von der zuständigen Behörde der Vertragspartei erteilt, bei der das Schiff eingetragen ist oder, wenn eine solche Eintragung nicht besteht, der Vertragspartei, in der es seinen Heimathafen hat; trifft keiner dieser beiden Fällen zu, so wird es von der Vertragspartei erteilt, in der der Eigner des Schiffes ansässig ist oder trifft dies nicht zu, von der zuständigen Behörde, die der Eigner gewählt hat.

Die anderen Vertragsparteien erkennen dieses Zulassungszeugnis an.

Die Vertragsparteien benennen dem Sekretariat der Wirtschaftskommission der Vereinten Nationen für Europa (UNECE) die Kontaktdaten der von ihr bestimmten Behörden und Prüfungsstellen, die gemäß Landesrecht für die Erteilung der Zulassungszeugnisse zuständig sind.

Das Sekretariat der UNECE wird diese den Vertragsparteien auf der Webseite mitteilen.

1.16.2.2 Die zuständige Behörde einer Vertragspartei kann die zuständige Behörde einer anderen Vertragspartei auffordern, ein Zulassungszeugnis an ihrer Stelle auszustellen.

1.16.2.3 Die zuständige Behörde einer Vertragspartei kann die Befugnis zur Ausstellung von Zulassungszeugnissen einer Untersuchungsstelle nach Abschnitt 1.16.4 übertragen.

1.16.2.4 Das vorläufige Zulassungszeugnis nach Unterabschnitt 1.16.1.3 wird von der zuständigen Behörde einer Vertragspartei für die dort genannten Fälle und unter den dort vorgesehenen Voraussetzungen erteilt.

Die anderen Vertragsparteien erkennen dieses vorläufige Zulassungszeugnis an.

1.16.2.5 Die Anlage zum Zulassungszeugnis wird von der zuständigen Behörde einer Vertragspartei ausgestellt. Die Vertragsparteien leisten sich gegenseitig Amtshilfe bei der Ausstellung. Sie erkennen diese Anlage zum Zulassungszeugnis an. Jedes weitere erteilte Zulassungszeugnis oder vorläufige Zulassungszeugnis gemäß 1.16.1.3.1 a) ist in die Anlage zum Zulassungszeugnis einzutragen. Wird die Anlage zum Zulassungszeugnis (z.B. im Fall von Unleserlichkeit oder Verlust) ersetzt, sind alle bereits vorhandenen Eintragungen zu übernehmen.

1.16.2.6 Die Anlage zum Zulassungszeugnis ist einzuziehen und eine neue Anlage zum Zulassungszeugnis auszustellen, wenn gemäß 1.16.8 eine neuerliche Erstüberprüfung durchgeführt wird, weil die Gültigkeit des letzten Zulassungszeugnisses nach dem 31. Dezember 2014 mehr als zwölf Monate abgelaufen ist. Stichtag ist der Tag des Eintreffens des Antrags bei der zuständigen Behörde. In diesem Fall sind nur Zulassungszeugnisse einzutragen, die nach der neuerlichen Erstüberprüfung ausgestellt worden sind.

1.16.3 Untersuchungsverfahren

1.16.3.1 Die Untersuchung des Schiffes wird unter der Aufsicht der zuständigen Behörde einer Vertragspartei durchgeführt. Unter diesem Verfahren kann die Untersuchung durch eine von der Vertragspartei benannte Untersuchungsstelle oder durch eine anerkannte Klassifikationsgesellschaft nach Kapitel 1.15 durchgeführt werden. Die Untersuchungsstelle oder die anerkannte Klassifikationsgesellschaft erstellt einen Untersuchungsbericht, in dem sie die teilweise oder völlige Konformität des Schiffes mit den anwendbaren Vorschriften dieser Verordnung hinsichtlich Bau und Ausrüstung des Schiffes bescheinigt.

1.16.3.2 Dieser Untersuchungsbericht soll folgende Elemente umfassen:

- Name und Anschrift der Untersuchungsstelle oder der anerkannten Klassifikationsgesellschaft, die die Untersuchung durchgeführt haben;
- Antragsteller der Untersuchung;
- Datum und Ort der Untersuchung;
- Typ des untersuchten Schiffes;
- Angaben zur Identifizierung des Schiffes (Name, Schiffsnummer, ENI-Nummer usw.);
- Erklärung, dass das Schiff teilweise oder vollständig den anwendbaren Vorschriften des ADN an Bau und Ausrüstung des Schiffes (in der zum Zeitpunkt der Untersuchung oder – wenn dies der spätere Zeitpunkt ist – am voraussichtlichen Ausstellungsdatum des Zulassungszeugnisses gültigen Version) entspricht;
- Angabe (Liste, Beschreibung und Fundstellen im ADN) von Nichtübereinstimmungen;
- Angewendete Übergangsvorschriften;
- Angewendete Gleichwertigkeiten und Abweichungen von den Vorschriften für das Schiff mit Verweis auf die jeweilige Empfehlung des ADN-Verwaltungsausschusses;
- Ausstellungsdatum des Untersuchungsberichtes;
- Unterschrift und Siegel der Untersuchungsstelle oder der anerkannten Klassifikationsgesellschaft.

Ist durch den Untersuchungsbericht nicht sichergestellt, dass alle in Unterabschnitt 1.16.3.1 genannten anwendbaren Vorschriften erfüllt sind, kann die zuständige Behörde zusätzliche Informationen verlangen, um ein vorläufiges Zulassungszeugnis nach Absatz 1.16.1.3.1 b) auszustellen.

Die Behörde, die das Zulassungszeugnis ausstellt, kann Informationen zur Identität des Büros und der Prüfer, die die Untersuchung durchgeführt haben, einschließlich deren E-Mail-Adresse und Telefonnummer, anfordern; diese Informationen sind jedoch nicht Teil der Schiffsakte.

1.16.3.3 Der Bericht ist in einer für die zuständige Behörde akzeptierten Sprache abzufassen und muss alle für die Ausstellung des Zeugnisses erforderlichen Angaben enthalten.

1.16.3.4 Die Bestimmungen der Unterabschnitte 1.16.3.1, 1.16.3.2 und 1.16.3.3 gelten für die Erstuntersuchung nach Abschnitt 1.16.8, die Sonderuntersuchung nach 1.16.9 und die Wiederholungsuntersuchung nach 1.16.10.

1.16.3.5 Wird der Untersuchungsbericht von einer anerkannten Klassifikationsgesellschaft erstellt, kann der Bericht die in den Absätzen 9.1.0.88.1, 9.2.0.88.1, 9.3.1.8.1, 9.3.2.8.1 oder 9.3.3.8.1 genannten Bescheinigungen enthalten.

Das Mitführen der von der Klassifikationsgesellschaft für Zwecke der Unterabschnitte 8.1.2.3 f) und 8.1.2.3 o) erteilten Bescheinigungen an Bord ist weiterhin verpflichtend.

1.16.4 Untersuchungsstelle

1.16.4.1 Die Untersuchungsstellen müssen von der Verwaltung der Vertragspartei als sachverständige Stelle für Schiffbau und Schiffsuntersuchung in der Binnenschifffahrt und als sachverständige Untersuchungsstelle für die Beförderung gefährlicher Güter auf Binnenwasserstraßen anerkannt werden. Sie müssen folgende Kriterien erfüllen:

- sie müssen den Anforderungen der vollkommenen Unabhängigkeit genügen;
- es müssen eine Struktur und ein Personal vorhanden sein, die die Tauglichkeit und Berufserfahrung der Untersuchungsstelle in objektiver Weise belegen;
- sie müssen dem materiellen Inhalt der Norm EN ISO/IEC 17020:2012 (ausgenommen Absatz 8.1.3) entsprechen und gleichzeitig über detaillierte Inspektionsverfahren verfügen.

1.16.4.2 Die Untersuchungsstellen können zu ihrer Unterstützung nach Maßgabe der jeweiligen nationalen Rechtsvorschriften Sachverständige (z.B. für elektrische Anlagen) oder Fachorganismen (z.B. Klassifikationsgesellschaften) heranziehen.

1.16.4.3 Der Verwaltungsausschuss führt eine Liste der berufenen Untersuchungsstellen.

1.16.5 Antrag auf Erteilung eines Zulassungszeugnisses

Der Eigner eines Schiffes hat bei der zuständigen Behörde nach Unterabschnitt 1.16.2.1 einen Antrag für ein Zulassungszeugnis zu stellen. Die zuständige Behörde bestimmt die Unterlagen, die ihr vorzulegen sind. Dem Antrag sind mindestens ein gültiges Schiffszeugnis, der Untersuchungsbericht nach Absatz 1.16.1.3.1 und die Bescheinigung nach Absatz 9.1.0.88.1, 9.2.0.88.1, 9.3.1.8.1, 9.3.2.8.1 oder 9.3.3.8.1 beizufügen.

1.16.6 Änderungen im Zulassungszeugnis

1.16.6.1 Jede Namensänderung des Schiffes sowie jede Änderung der amtlichen Schiffsnummer oder der Registrierung hat der Eigner der zuständigen Behörde mitzuteilen. Er hat dabei das Zulassungszeugnis zur Änderung vorzulegen.

1.16.6.2 Alle Änderungen im Zulassungszeugnis, die in dieser Verordnung und in anderen von allen Vertragsparteien gleichlautend erlassenen Bestimmungen vorgesehen sind, können von der zuständigen Behörde vorgenommen werden.

1.16.6.3 Wenn der Eigner eines Schiffes das Schiff in einer anderen Vertragspartei eintragen lässt, muss er bei der zuständigen Behörde dieser anderen Vertragspartei ein neues Zulassungszeugnis beantragen. Die zuständige Behörde kann das neue Zulassungszeugnis ohne neue Untersuchung für die gemäß dem alten Zulassungszeugnis noch laufende Zeit erteilen, unter der Voraussetzung, dass der Zustand und die technischen Merkmale des Schiffes sich nicht geändert haben.

1.16.6.4 Bei einem Übergang der Zuständigkeit auf eine andere zuständige Behörde nach 1.16.6.3 hat die Behörde, an die das letzte Zulassungszeugnis zurückgegeben worden ist, die Anlage zum Zulassungszeugnis gemäß 1.16.1.4 auf Anfrage der für die Ausstellung des neuen Zulassungszeugnisses zuständigen Behörde zu übermitteln.

1.16.7 Vorführung des Schiffes zur Untersuchung

1.16.7.1 Der Eigner hat das Schiff unbeladen, gereinigt und ausgerüstet zur Untersuchung vorzuführen. Er hat bei der Untersuchung die erforderliche Hilfe zu leisten, wie ein geeignetes Boot und Personal zur Verfügung zu stellen und die Teile des Schiffskörpers oder der Einrichtungen freizulegen, die nicht unmittelbar zugänglich oder sichtbar sind.

1.16.7.2 Bei Erst-, Sonder- oder Wiederholungsuntersuchungen kann die Untersuchungsstelle oder die Klassifikationsgesellschaft eine Trockenstellungsbesichtigung verlangen.

1.16.8 Erstuntersuchung

Hatte ein Schiff noch kein Zulassungszeugnis oder ist die Gültigkeit des Zulassungszeugnisses mehr als zwölf Monate abgelaufen, muss es einer Erstuntersuchung unterzogen werden.

1.16.9 Sonderuntersuchung

Hat der Schiffskörper oder die Ausrüstung des Schiffes Änderungen oder eine Beschädigung erfahren, die die Sicherheit des Schiffes hinsichtlich der Beförderung von gefährlichen Gütern verringern könnte, muss der Eigner das Schiff unverzüglich einer erneuten Untersuchung unterziehen lassen.

1.16.10 Wiederholungsuntersuchung und Erneuerung des Zulassungszeugnisses

1.16.10.1 Zur Erneuerung des Zulassungszeugnisses muss der Eigner das Schiff einer Wiederholungsuntersuchung unterziehen lassen. Der Eigner eines Schiffes kann jederzeit eine Untersuchung verlangen.

1.16.10.2 Wird der Antrag auf Wiederholungsuntersuchung im letzten Jahr vor Ablauf des Zulassungszeugnisses gestellt, beginnt die Geltungsdauer des neuen Zulassungszeugnisses mit dem Ablauf der Gültigkeit des bisherigen Zulassungszeugnisses.

1.16.10.3 Eine Wiederholungsuntersuchung kann auch während eines Zeitraums von zwölf Monaten nach Ablauf des neuen Zulassungszeugnisses verlangt werden. Nach diesem Zeitraum muss das Schiff einer Erstuntersuchung nach Abschnitt 1.16.8 unterzogen werden.

1.16.10.4 Je nach dem Ergebnis dieser Wiederholungsuntersuchung legt die zuständige Behörde die Gültigkeitsdauer des neuen Zulassungszeugnisses fest.

1.16.11 Verlängerung des Zulassungszeugnisses ohne Untersuchung

Abweichend von Abschnitt 1.16.10 kann auf begründeten Antrag des Eigners die zuständige Behörde, die das Zulassungszeugnis ausgestellt hat, die Gültigkeitsdauer des Zulassungszeugnisses ohne Untersuchung um höchstens ein Jahr verlängern. Diese Verlängerung wird schriftlich erteilt und muss sich an Bord des Schiffes befinden. Eine solche Verlängerung kann nur einmal innerhalb zweier Gültigkeitsfristen erteilt werden.

1.16.12 Untersuchung von Amts wegen

1.16.12.1 Hat die zuständige Behörde einer Vertragspartei Grund zu der Annahme, dass ein Schiff in ihrem Hoheitsgebiet eine mit der Beförderung von Gefahrgut verbundene Gefahr für die an Bord befindlichen Personen, für die Schifffahrt oder für die Umwelt darstellt, kann sie die Untersuchung des Schiffes nach Abschnitt 1.16.3 anordnen.

1.16.12.2 Bei Ausübung dieses Rechts zur Untersuchung werden die Behörden alles tun, um zu vermeiden, dass die Schiffe über Gebühren lange stillgelegt oder aufgehalten werden. Ersatzansprüche wegen ungebührend langer Stilllegung oder Frist werden durch dieses Übereinkommen in keiner Weise berührt. Für alle Beschwerden wegen ungebührend langer Stilllegung oder Frist liegt die Beweislast beim Eigner des Schiffes.

1.16.13 Einziehen, Zurückbehalten und Rückgabe des Zulassungszeugnisses

1.16.13.1 Das Zulassungszeugnis kann wegen mangelhafter Instandhaltung des Schiffes oder wenn Bau und Ausrüstung nicht mehr den anwendbaren Vorschriften dieser Anlage entsprechen oder wenn die höchste Klasse des Schiffes nach Absatz 9.2.0.88.1, 9.3.1.8.1, 9.3.2.8.1 oder 9.3.3.8.1 nicht gültig ist, eingezogen werden.

1.16.13.2 Nur die Behörde, die das Zulassungszeugnis ausgestellt hat, ist berechtigt, es einzuziehen.

In den unter Abschnitt 1.16.9 und Unterabschnitt 1.16.13.1 angeführten Fällen kann jedoch die zuständige Behörde des Staates, in dem sich das Schiff befindet, dessen Verwendung für die Beförderung solcher Güter untersagen, für die das Zulassungszeugnis erforderlich ist. Sie kann zu diesem Zweck das Zulassungszeugnis so lange zurückbehalten, bis das Schiff den anwendbaren Vorschriften dieser Verordnung entspricht. In diesem Fall benachrichtigt sie die zuständige Behörde, die das Zulassungszeugnis ausgestellt hat.

1.16.13.3 Abweichend von Unterabschnitt 1.16.2.2 kann jede zuständige Behörde auf Antrag des Schiffseigners das Zulassungszeugnis ändern oder einziehen, sofern sie die zuständige Behörde, die das Zulassungszeugnis ausgestellt hat, davon unterrichtet.

1.16.13.4 Stellt eine Untersuchungsstelle oder eine anerkannte Klassifikationsgesellschaft bei einer Untersuchung fest, dass ein Schiff oder seine Ausrüstung erhebliche mit den Gefahrgütern verbundene Mängel aufweist, durch die die Sicherheit der an Bord befindlichen Personen oder der Schifffahrt oder die Umwelt gefährdet wird, oder ist die höchste Klasse des Schiffes nicht gültig, so unterrichtet sie hiervon unverzüglich die zuständige Behörde, in deren Auftrag sie handelt, die das Zurückbehalten des Zulassungszeugnisses beschließen kann.

Ist die Behörde, die das Zulassungszeugnis zurückbehalten hat, nicht die ausstellende Behörde, so ist diese letztgenannte Behörde unverzüglich über das Zurückbehalten des Zulassungszeugnisses zu informieren und ihr dieses gegebenenfalls zurückzugeben, wenn die Vermutung besteht, dass die Mängel nicht kurzfristig beseitigt werden können.

1.16.13.5 Hat die Untersuchungsstelle oder die anerkannte Klassifikationsgesellschaft nach Unterabschnitt 1.16.13.4 bei einer Sonderuntersuchung nach Abschnitt 1.16.9 festgestellt, dass die vorgenannten Mängel behoben worden sind, wird das Zulassungszeugnis von der zuständigen Behörde an den Eigner zurückgegeben.

Diese Untersuchung kann auf Antrag des Eigners durch eine andere Untersuchungsstelle oder eine andere anerkannte Klassifikationsgesellschaft durchgeführt werden. In diesem Falle wird die Rückgabe des Zulassungszeugnisses durch Vermittlung der zuständigen Behörde besorgt, zu der diese Untersuchungsstelle oder diese anerkannte Klassifikationsgesellschaft gehört.

1.16.13.6 Wird ein Schiff endgültig stillgelegt oder abgewrackt, hat der Eigner das Zulassungszeugnis an die zuständige Behörde zurückzugeben, die es ausgestellt hat.

1.16.14 Ersatzausfertigung

Bei Verlust, Diebstahl oder Vernichtung eines Zulassungszeugnisses oder wenn es sonst unbrauchbar geworden ist, muss der zuständigen Behörde, die es erteilt hat, ein von den entsprechenden Belegen begleiteter Antrag auf eine Ersatzausfertigung gestellt werden.

Diese stellt eine Ersatzausfertigung des Zulassungszeugnisses aus, die als solches zu bezeichnen ist.

1.16.15 Verzeichnis der Zulassungszeugnisse

1.16.15.1 Die zuständigen Behörden versehen die von ihnen erteilten Zulassungszeugnisse mit einer laufenden Nummer. Sie führen ein Verzeichnis aller von ihnen erteilten Zulassungszeugnisse.

1.16.15.2 Die zuständigen Behörden haben von jedem Zulassungszeugnis, das sie erteilt haben, sowie von der zugehörigen von der Klassifikationsgesellschaft erstellten Schiffsstoffliste und von allen Änderungen, Widerrufen, Neuerteilungen und Ungültigkeitserklärungen dieser Dokumente eine Ausfertigung aufzubewahren.

Teil 2
Klassifizierung

2.1	**Allgemeine Vorschriften**
2.1.1	Einleitung
2.1.2	Grundsätze der Klassifizierung
2.1.3	Zuordnung von nicht namentlich genannten Stoffen, einschließlich Lösungen und Gemische (wie Präparate, Zubereitungen und Abfälle)
2.1.4	Zuordnung von Proben
2.1.5	Klassifizierung von Gegenständen als Gegenstände, die gefährliche Güter enthalten, n.a.g.
2.1.6	Klassifizierung von Altverpackungen, leer, ungereinigt
2.2	**Besondere Vorschriften für die einzelnen Klassen**
2.2.1	Klasse 1: Explosive Stoffe und Gegenstände mit Explosivstoff
2.2.1.1	Kriterien
2.2.1.2	Nicht zur Beförderung zugelassene Stoffe und Gegenstände
2.2.1.3	Verzeichnis der Sammeleintragungen
2.2.1.4	Glossar der Benennungen
2.2.2	Klasse 2: Gase
2.2.2.1	Kriterien
2.2.2.2	Nicht zur Beförderung zugelassene Gase
2.2.2.3	Verzeichnis der Sammeleintragungen
2.2.3	Klasse 3: Entzündbare flüssige Stoffe
2.2.3.1	Kriterien
2.2.3.2	Nicht zur Beförderung zugelassene Stoffe
2.2.3.3	Verzeichnis der Sammeleintragungen
2.2.41	Klasse 4.1: Entzündbare feste Stoffe, selbstzersetzliche Stoffe, polymerisierende Stoffe und desensibilisierte explosive feste Stoffe
2.2.41.1	Kriterien
2.2.41.2	Nicht zur Beförderung zugelassene Stoffe
2.2.41.3	Verzeichnis der Sammeleintragungen
2.2.41.4	Verzeichnis der bereits zugeordneten selbstzersetzlichen Stoffe in Verpackungen
2.2.42	Klasse 4.2: Selbstentzündliche Stoffe
2.2.42.1	Kriterien
2.2.42.2	Nicht zur Beförderung zugelassene Stoffe
2.2.42.3	Verzeichnis der Sammeleintragungen
2.2.43	Klasse 4.3: Stoffe, die in Berührung mit Wasser entzündbare Gase entwickeln
2.2.43.1	Kriterien
2.2.43.2	Nicht zur Beförderung zugelassene Stoffe
2.2.43.3	Verzeichnis der Sammeleintragungen
2.2.51	Klasse 5.1: Entzündend (oxidierend) wirkende Stoffe
2.2.51.1	Kriterien
2.2.51.2	Nicht zur Beförderung zugelassene Stoffe
2.2.51.3	Verzeichnis der Sammeleintragungen
2.2.52	Klasse 5.2: Organische Peroxide
2.2.52.1	Kriterien
2.2.52.2	Nicht zur Beförderung zugelassene Stoffe

2.2.52.3 Verzeichnis der Sammeleintragungen
2.2.52.4 Verzeichnis der bereits zugeordneten organischen Peroxide in Verpackungen
2.2.61 Klasse 6.1: Giftige Stoffe
2.2.61.1 Kriterien
2.2.61.2 Nicht zur Beförderung zugelassene Stoffe
2.2.61.3 Verzeichnis der Sammeleintragungen
2.2.62 Klasse 6.2: Ansteckungsgefährliche Stoffe
2.2.62.1 Kriterien
2.2.62.2 Nicht zur Beförderung zugelassene Stoffe
2.2.62.3 Verzeichnis der Sammeleintragungen
2.2.7 Klasse 7: Radioaktive Stoffe
2.2.7.1 Begriffsbestimmungen
2.2.7.2 Klassifizierung
2.2.8 Klasse 8: Ätzende Stoffe
2.2.8.1 Begriffsbestimmung, allgemeine Vorschriften und Kriterien
2.2.8.2 Nicht zur Beförderung zugelassene Stoffe
2.2.8.3 Verzeichnis der Sammeleintragungen
2.2.9 Klasse 9: Verschiedene gefährliche Stoffe und Gegenstände
2.2.9.1 Kriterien
2.2.9.2 Nicht zur Beförderung zugelassene Stoffe und Gegenstände
2.2.9.3 Verzeichnis der Sammeleintragungen

2.3 Prüfverfahren

2.3.0 Allgemeines
2.3.1 Prüfung auf Ausschwitzen für Sprengstoffe des Typs A
2.3.2 Prüfungen bezüglich der nitrierten Cellulosemischungen der Klasse 4.1
2.3.3 Prüfungen der entzündbaren flüssigen Stoffe der Klassen 3, 6.1 und 8
2.3.3.1 Bestimmung des Flammpunktes
2.3.3.2 Bestimmung des Siedebeginns
2.3.3.3 Prüfung zur Bestimmung des Gehalts an Peroxid
2.3.4 Prüfung zur Bestimmung des Fließverhaltens
2.3.5 Zuordnung metallorganischer Stoffe zu den Klassen 4.2 und 4.3

2.4 Kriterien für die aquatische Umwelt gefährdende Stoffe

2.4.1 Allgemeine Begriffsbestimmungen
2.4.2 Begriffsbestimmungen und Anforderungen an die Daten
2.4.2.3 Akute aquatische Toxizität
2.4.2.4 Chronische aquatische Toxizität
2.4.2.5 Bioakkumulation
2.4.2.6 Abbau
2.4.3 Kategorien und Kriterien für die Einstufung von Stoffen
2.4.4 Kategorien und Kriterien für die Einstufung von Gemischen
2.4.4.3 Einstufung von Gemischen, wenn Toxizitätsdaten für das komplette Gemisch vorliegen
2.4.4.4 Einstufung von Gemischen, bei denen keine Toxizitätsdaten für das komplette Gemisch vorliegen: Übertragungsgrundsätze
2.4.4.5 Einstufung von Gemischen, wenn Toxizitätsdaten für alle Bestandteile oder nur manche Bestandteile des Gemisches vorliegen
2.4.4.6 Summierungsmethode

2.1.1 Einleitung

2.1.1.1 Im ADN gibt es folgende Klassen gefährlicher Güter:

Klasse 1	Explosive Stoffe und Gegenstände mit Explosivstoff
Klasse 2	Gase
Klasse 3	Entzündbare flüssige Stoffe
Klasse 4.1	Entzündbare feste Stoffe, selbstzersetzliche Stoffe, polymerisierende Stoffe und desensibilisierte explosive feste Stoffe
Klasse 4.2	Selbstentzündliche Stoffe
Klasse 4.3	Stoffe, die in Berührung mit Wasser entzündbare Gase entwickeln
Klasse 5.1	Entzündend (oxidierend) wirkende Stoffe
Klasse 5.2	Organische Peroxide
Klasse 6.1	Giftige Stoffe
Klasse 6.2	Ansteckungsgefährliche Stoffe
Klasse 7	Radioaktive Stoffe
Klasse 8	Ätzende Stoffe
Klasse 9	Verschiedene gefährliche Stoffe und Gegenstände

2.1.1.2 Jeder Eintragung in den verschiedenen Klassen ist eine UN-Nummer zugeordnet. Folgende Arten von Eintragungen werden verwendet:

A. Einzeleintragungen für genau definierte Stoffe oder Gegenstände, einschließlich Eintragungen für Stoffe, die verschiedene Isomere abdecken, z.B.:

UN 1090 ACETON
UN 1104 AMYLACETATE
UN 1194 ETHYLNITRIT, LÖSUNG

B. Gattungseintragungen für genau definierte Gruppen von Stoffen oder Gegenständen, die nicht unter n.a.g.-Eintragungen fallen, z.B.:

UN 1133 KLEBSTOFFE
UN 1266 PARFÜMERIEERZEUGNISSE
UN 2757 CARBAMAT-PESTIZID, FEST, GIFTIG
UN 3101 ORGANISCHES PEROXID TYP B, FLÜSSIG

C. Spezifische n.a.g.-Eintragungen, die Gruppen von nicht anderweitig genannten Stoffen oder Gegenständen einer bestimmten chemischen oder technischen Beschaffenheit umfassen, z.B.:

UN 1477 NITRATE, ANORGANISCH, N.A.G.
UN 1987 ALKOHOLE, N.A.G.

D. Allgemeine n.a.g.-Eintragungen, die Gruppen von nicht anderweitig genannten Stoffen oder Gegenständen mit einer oder mehreren gefährlichen Eigenschaften umfassen, z.B.:

UN 1325 ENTZÜNDBARER ORGANISCHER FESTER STOFF, N.A.G.
UN 1993 ENTZÜNDBARER FLÜSSIGER STOFF, N.A.G.

Die unter B, C und D aufgeführten Eintragungen werden als Sammeleintragungen bezeichnet.

2.1.1.3 Mit Ausnahme von Stoffen der Klassen 1, 2, 5.2, 6.2 und 7 sowie mit Ausnahme der selbstzersetzlichen Stoffe der Klasse 4.1 sind die Stoffe für Verpackungszwecke auf Grund ihres Gefahrengrades Verpackungsgruppen zugeordnet:

- Verpackungsgruppe I: Stoffe mit hoher Gefahr;
- Verpackungsgruppe II: Stoffe mit mittlerer Gefahr;
- Verpackungsgruppe III: Stoffe mit geringer Gefahr.

Die Verpackungsgruppe(n), der (denen) ein Stoff zugeordnet ist, ist (sind) in Kapitel 3.2 Tabelle A angegeben.

Gegenstände sind keinen Verpackungsgruppen zugeordnet. Für Zwecke der Verpackung sind eventuelle Prüfanforderungen an die Verpackung in der anwendbaren Verpackungsanweisung festgelegt.

2.1.1.4 Bestimmte Stoffe können für die Beförderung in Tankschiffen weiter unterteilt werden.

2.1.2 Grundsätze der Klassifizierung

2.1.2.1 Die gefährlichen Güter, die unter die Überschrift einer Klasse fallen, werden nach Unterabschnitt 2.2.x.1 der entsprechenden Klasse auf der Grundlage ihrer Eigenschaften definiert. Die Zuordnung eines gefährlichen Gutes zu einer Klasse und einer Verpackungsgruppe erfolgt nach den im gleichen Unterabschnitt 2.2.x.1 aufgeführten Kriterien. Die Zuordnung einer oder mehrerer Nebengefahr(en) zu einem gefährlichen Stoff oder Gegenstand erfolgt nach den Kriterien des Unterabschnitts (der Unterabschnitte) 2.2.x.1 der Klasse(n), die diesen Gefahren entsprechen.

2.1.2.2 Alle Eintragungen für gefährliche Güter sind in Kapitel 3.2 Tabelle A in der Reihenfolge ihrer UN-Nummern aufgeführt. Diese Tabelle enthält entsprechende Informationen über das aufgeführte Gut, wie Benennung, Klasse, Verpackungsgruppe(n), anzubringende(r) Zettel sowie Verpackungs- und Beförderungsvorschriften.[1)] Die in Kapitel 3.2 Tabelle A Spalte (2) namentlich genannten Stoffe müssen entsprechend ihrer Klassifizierung in der Tabelle A oder unter den in Unterabschnitt 2.1.2.8 festgelegten Vorschriften befördert werden.

2.1.2.3 Stoffe können technische Unreinheiten (z.B. aus dem Produktionsprozess) oder Additive für die Stabilisierung oder für andere Zwecke enthalten, die keine Auswirkungen auf ihre Klassifizierung haben. Jedoch gilt ein namentlich genannter Stoff, d.h. ein in Kapitel 3.2 Tabelle A als Einzeleintragung aufgeführter Stoff, der technische Unreinheiten oder Additive für die Stabilisierung oder für andere Zwecke enthält, die Auswirkungen auf seine Klassifizierung haben, als Lösung oder Gemisch (siehe Unterabschnitt 2.1.3.3).

2.1.2.4 Die in Unterabschnitt 2.2.x.2 der einzelnen Klassen aufgeführten oder definierten gefährlichen Güter sind nicht zur Beförderung zugelassen.

2.1.2.5 Nicht namentlich genannte Güter, d.h. Güter, die in Kapitel 3.2 Tabelle A nicht als Einzeleintragungen aufgeführt und in einer der oben genannten Unterabschnitte 2.2.x.2 nicht aufgeführt oder definiert sind, sind nach dem Verfahren des Abschnitts 2.1.3 der entsprechenden Klasse zuzuordnen. Zusätzlich ist die Nebengefahr (soweit vorhanden) und die Verpackungsgruppe (soweit vorhanden) zu bestimmen. Nachdem die Klasse, die Nebengefahr (soweit vorhanden) und die Verpackungsgruppe (soweit vorhanden) festgelegt ist, ist die entsprechende UN-Nummer zu bestimmen. In den Entscheidungsbäumen im Unterabschnitt 2.2.x.3 (Verzeichnis der Sammeleintragungen) am Ende jeder Klasse sind die jeweiligen Parameter für die Auswahl der entsprechenden Sammeleintragung (UN-Nummer) angegeben. In allen Fällen ist die jeweils zutreffendste Sammeleintragung, welche die Eigenschaften des Stoffes oder Gegenstandes erfasst, nach der in Unterabschnitt 2.1.1.2 durch die Buchstaben B, C und D dargestellten Rangfolge auszuwählen. Nur wenn der Stoff oder Gegenstand nicht einer Eintragung des Typs B oder C nach Unterabschnitt 2.1.1.2 zugeordnet werden kann, darf er einer Eintragung des Typs D zugeordnet werden.

2.1.2.6 Auf der Grundlage der Prüfverfahren des Kapitels 2.3 und den Unterabschnitten 2.2.x.1 derjenigen Klassen, in denen dies so festgelegt ist, angegebenen Kriterien kann festgestellt werden, dass ein in Kapitel 3.2 Tabelle A namentlich genannter Stoff, eine namentlich genannte Lösung oder ein namentlich genanntes Gemisch einer bestimmten Klasse die Kriterien dieser Klasse nicht erfüllt. In diesem Fall gehört dieser Stoff, diese Lösung oder dieses Gemisch nicht zu dieser Klasse.

2.1.2.7 Für die Klassifizierung gelten Stoffe mit einem Schmelzpunkt oder Schmelzbeginn von 20°C oder darunter bei einem Druck von 101,3 kPa als flüssige Stoffe. Ein viskoser Stoff, für den ein spezifischer Schmelzpunkt nicht bestimmt werden kann, ist dem Prüfverfahren ASTM D 4359-90 oder der in Abschnitt 2.3.4 beschriebenen Prüfung zur Bestimmung des Fließverhaltens (Penetrometerverfahren) zu unterziehen.

[1)] Ein alphabetisches Verzeichnis dieser Eintragungen wurde vom Sekretariat erstellt und ist in Kapitel 3.2 Tabelle B enthalten. Diese Tabelle ist kein offizieller Teil des ADN.

2.1.2.8 Mit Genehmigung der zuständigen Behörde darf ein Absender, der auf der Grundlage von Prüfdaten festgestellt hat, dass ein in Kapitel 3.2 Tabelle A Spalte (2) namentlich genannter Stoff die Klassifizierungskriterien einer in Kapitel 3.2 Tabelle A Spalte (3a) oder (5) nicht ausgewiesenen Klasse erfüllt, den Stoff wie folgt versenden:

- unter der am besten geeigneten in Unterabschnitt 2.2.x.3 aufgeführten Sammeleintragung, die alle Gefahren widerspiegelt, oder
- unter derselben UN-Nummer und Benennung, jedoch mit zusätzlichen Angaben zur Gefahr, die erforderlich sind, um die zusätzliche(n) Nebengefahr(en) abzubilden (Dokumentation, Gefahrzettel, Großzettel (Placard)), vorausgesetzt, die Klasse bleibt unverändert und alle übrigen Beförderungsvorschriften (z.B. begrenzte Mengen, Verpackung und Tankvorschriften), die normalerweise für Stoffe mit einer solchen Gefahrenkombination anwendbar wären, sind dieselben wie die für den aufgeführten Stoff.

Bem. 1. Die zuständige Behörde, welche die Genehmigung erteilt, kann die zuständige Behörde irgendeiner Vertragspartei des ADN sein, wobei diese zuständige Behörde auch eine von der zuständigen Behörde eines Landes, das keine Vertragspartei des ADN ist, erteilte Genehmigung anerkennen kann, vorausgesetzt, diese wurde in Übereinstimmung mit den gemäß dem RID, dem ADR, dem ADN, dem IMDG-Code oder den technischen Anweisungen der ICAO anwendbaren Verfahren erteilt.

2. Wenn eine zuständige Behörde eine solche Genehmigung erteilt, sollte sie den Expertenunterausschuss für die Beförderung gefährlicher Güter der Vereinten Nationen entsprechend unterrichten und einen diesbezüglichen Antrag auf Änderung der Gefahrgutliste der UN-Modellvorschriften unterbreiten. Sollte die vorgeschlagene Änderung abgelehnt werden, sollte die zuständige Behörde ihre Genehmigung zurückziehen.

3. Für Beförderungen gemäß Unterabschnitt 2.1.2.8 siehe auch Absatz 5.4.1.1.20.

2.1.3 Zuordnung von nicht namentlich genannten Stoffen einschließlich Lösungen und Gemische (wie Präparate, Zubereitungen und Abfälle)

2.1.3.1 Nicht namentlich genannte Stoffe, einschließlich Lösungen und Gemische, sind auf der Grundlage der in Unterabschnitt 2.2.x.1 der verschiedenen Klassen aufgeführten Kriterien entsprechend ihrem Gefahrengrad zuzuordnen. Die von einem Stoff ausgehende(n) Gefahr(en) ist (sind) auf der Grundlage seiner physikalischen, chemischen und physiologischen Eigenschaften zu bestimmen. Diese Eigenschaften sind auch zu berücksichtigen, wenn Erfahrungen zu einer strengeren Zuordnung führen.

2.1.3.2 Ein in Kapitel 3.2 Tabelle A nicht namentlich genannter Stoff, der eine einzige Gefahr aufweist, ist in der entsprechenden Klasse einer in Unterabschnitt 2.2.x.3 dieser Klasse aufgeführten Sammeleintragung zuzuordnen.

2.1.3.3 Eine Lösung oder ein Gemisch, die/das den Klassifizierungskriterien des ADN entspricht und nur einen in Kapitel 3.2 Tabelle A namentlich genannten überwiegenden gefährlichen Stoff und einen oder mehrere nicht dem ADN unterliegende Stoffe oder Spuren eines oder mehrerer in Kapitel 3.2 Tabelle A namentlich genannter Stoffe enthält, ist der UN-Nummer und der offiziellen Benennung für die Beförderung des in Kapitel 3.2 Tabelle A genannten überwiegenden Stoffes zuzuordnen, es sei denn:

a) die Lösung oder das Gemisch ist in Kapitel 3.2 Tabelle A namentlich genannt;

b) aus der Benennung und der Beschreibung des in Kapitel 3.2 Tabelle A namentlich genannten Stoffes geht hervor, dass die Eintragung nur für den reinen Stoff gilt;

c) die Klasse, der Klassifizierungscode, die Verpackungsgruppe oder der Aggregatzustand der Lösung oder des Gemisches unterscheidet sich von denen des in Kapitel 3.2 Tabelle A namentlich genannten Stoffes oder

d) die Gefahrenmerkmale und -eigenschaften der Lösung oder des Gemisches machen Notfallmaßnahmen erforderlich, die sich von denen des in Kapitel 3.2 Tabelle A namentlich genannten Stoffes unterscheiden.

In anderen als den in Absatz a) beschriebenen Fällen ist die Lösung oder das Gemisch als nicht namentlich genannter Stoff in der entsprechenden Klasse einer in Unterabschnitt 2.2.x.3 dieser Klasse aufgeführten Sammeleintragung unter Berücksichtigung der eventuell vorhandenen Nebengefahren der Lösung oder des Gemisches zuzuordnen, es sei denn, die Lösung oder das Gemisch entspricht den Kriterien keiner Klasse und unterliegt deshalb nicht den Vorschriften des ADN.

2.1.3.4 Lösungen und Gemische, die einen Stoff einer der in Absatz 2.1.3.4.1 oder 2.1.3.4.2 genannten Eintragungen enthalten, sind nach den in diesen Absätzen genannten Bedingungen zuzuordnen.

2.1.3.4.1 Lösungen und Gemische, die einen der folgenden namentlich genannten Stoffe enthalten, sind immer derselben Eintragung zuzuordnen wie der in ihnen enthaltene Stoff selbst, vorausgesetzt diese Lösungen und Gemische weisen nicht die in Absatz 2.1.3.5.3 angegebenen Gefahreneigenschaften auf:

– Klasse 3

UN 1921 PROPYLENIMIN, STABILISIERT

UN 3064 NITROGLYCERIN, LÖSUNG IN ALKOHOL mit mehr als 1 %, aber höchstens 5 % Nitroglycerin

– Klasse 6.1

UN 1051 CYANWASSERSTOFF, STABILISIERT, mit weniger als 3 % Wasser

UN 1185 ETHYLENIMIN, STABILISIERT

UN 1259 NICKELTETRACARBONYL

UN 1613 CYANWASSERSTOFF, WÄSSERIGE LÖSUNG (CYANWASSERSTOFFSÄURE, WÄSSERIGE LÖSUNG) mit höchstens 20 % Cyanwasserstoff

UN 1614	CYANWASSERSTOFF, STABILISIERT, mit weniger als 3 % Wasser und aufgesaugt durch ein inertes poröses Material
UN 1994	EISENPENTACARBONYL
UN 2480	METHYLISOCYANAT
UN 2481	ETYHLISOCYANAT
UN 3294	Cyanwasserstoff, Lösung in Alkohol mit höchstens 45 % Cyanwasserstoff

– Klasse 8

UN 1052	FLUORWASSERSTOFF, WASSERFREI
UN 1744	BROM ODER
UN 1744	BROM, LÖSUNG
UN 1790	FLUORWASSERSTOFFSÄURE mit mehr als 85 % Fluorwasserstoff
UN 2576	PHOSPHOROXYBROMID, GESCHMOLZEN

2.1.3.4.2 Lösungen und Gemische, die einen der folgenden namentlich genannten Stoffe der Klasse 9 enthalten:

UN 2315	POLYCHLORIERTE BIPHENYLE, FLÜSSIG oder
UN 3432	POLYCHLORIERTE BIPHENYLE, FEST
UN 3151	POLYHALOGENIERTE BIPHENYLE, FLÜSSIG, oder
UN 3151	HALOGENIERTE MONOMETHYLDIPHENYLMETHANE, FLÜSSIG oder
UN 3151	POLYHALOGENIERTE TERPHENYLE, FLÜSSIG
UN 3152	POLYHALOGENIERTE BIPHENYLE, FEST, oder
UN 3152	HALOGENIERTE MONOMETHYLDIPHENYLMETHANE, FEST oder
UN 3152	POLYHALOGENIERTE TERPHENYLE, FEST,

sind immer derselben Eintragung der Klasse 9 zuzuordnen, vorausgesetzt,

– sie enthalten darüber hinaus keine anderen gefährlichen Bestandteile mit Ausnahme von Bestandteilen der Verpackungsgruppe III der Klasse 3, 4.1, 4.2, 4.3, 5.1, 6.1 oder 8 und

– sie weisen nicht die in Absatz 2.1.3.5.3 angegebenen Gefahreneigenschaften auf.

2.1.3.5 In Kapitel 3.2 Tabelle A nicht namentlich genannte Stoffe mit mehreren gefährlichen Eigenschaften sowie Lösungen oder Gemische, die den Klassifizierungskriterien des ADN entsprechen und mehrere gefährliche Stoffe enthalten, sind einer Sammeleintragung (siehe Unterabschnitt 2.1.2.5) und einer den Gefahreneigenschaften entsprechenden Verpackungsgruppe der jeweiligen Klasse zuzuordnen. Bei dieser Zuordnung auf Grund der gefährlichen Eigenschaften ist wie folgt zu verfahren:

2.1.3.5.1 Die physikalischen, chemischen und physiologischen Eigenschaften sind durch Messung oder Berechnung zu bestimmen, und die Zuordnung des Stoffes, der Lösung oder des Gemisches hat nach den Kriterien des Unterabschnitts 2.2.x.1 der einzelnen Klassen zu erfolgen.

2.1.3.5.2 Wenn diese Bestimmung nur mit unverhältnismäßig großem Aufwand möglich ist (z.B. bei gewissen Abfällen), so ist der Stoff, die Lösung oder das Gemisch der Klasse der Komponente mit der überwiegenden Gefahr zuzuordnen.

2.1.3.5.3 Sofern die gefährlichen Eigenschaften des Stoffes, der Lösung oder des Gemisches in mehr als eine der nachstehend aufgeführten Klassen oder Stoffgruppen fallen, ist der Stoff, die Lösung oder das Gemisch der Klasse oder Stoffgruppe mit der überwiegenden Gefahr entsprechend nachstehender Reihenfolge zuzuordnen:

a) Stoffe der Klasse 7 (ausgenommen radioaktive Stoffe in freigestellten Versandstücken für welche für welche mit Ausnahme von UN 3507 URANHEXAFLUORID, RADIOAKTIVE STOFFE, FREIGESTELLTES VERSANDSTÜCK die Sondervorschrift 290 des Kapitels 3.3 gilt und bei denen die anderen gefährlichen Eigenschaften überwiegen);

b) Stoffe der Klasse 1;
c) Stoffe der Klasse 2;
d) desensibilisierte explosive flüssige Stoffe der Klasse 3;
e) selbstzersetzliche Stoffe und desensibilisierte explosive feste Stoffe der Klasse 4.1;
f) pyrophore Stoffe der Klasse 4.2;
g) Stoffe der Klasse 5.2;
h) Stoffe der Klasse 6.1, welche die Kriterien für die Giftigkeit beim Einatmen der Verpackungsgruppe I erfüllen (Stoffe, die die Zuordnungskriterien der Klasse 8 erfüllen und eine Giftigkeit beim Einatmen von Staub und Nebel (LC_{50}) entsprechend Verpackungsgruppe I, aber eine Giftigkeit bei Einnahme oder bei Absorption durch die Haut, die nur Verpackungsgruppe III entspricht, oder eine geringere Giftigkeit aufweisen, sind der Klasse 8 zuzuordnen);
i) ansteckungsgefährliche Stoffe der Klasse 6.2.

2.1.3.5.4 Sofern die gefährlichen Eigenschaften des Stoffes in mehr als eine Klasse oder Stoffgruppe fallen, die in Absatz 2.1.3.5.3 nicht aufgeführt sind, ist der Stoff nach demselben Verfahren zuzuordnen, wobei jedoch die entsprechende Klasse nach der Tabelle der überwiegenden Gefahr in Unterabschnitt 2.1.3.10 auszuwählen ist.

Lassen die Gefahreneigenschaften des Stoffs es zu, dass dem Stoff eine UN-Nummer oder eine Stoffnummer zugewiesen werden kann, so ist die UN-Nummer vorzuziehen.

2.1.3.5.5 Handelt es sich bei dem zu befördernden Stoff um einen Abfall, dessen Zusammensetzung nicht genau bekannt ist, kann die Zuordnung zu einer UN-Nummer und Verpackungsgruppe gemäß Absatz 2.1.3.5.2 auf der Grundlage der Kenntnisse des Absenders, einschließlich aller verfügbaren, von der geltenden Sicherheits- und Umweltgesetzgebung[2)] geforderten technischen und sicherheitstechnischen Daten, erfolgen.

Im Zweifelsfall ist das höchste Gefahrenniveau anzuwenden.

Wenn jedoch auf der Grundlage der Kenntnisse über die Zusammensetzung des Abfalls und der physikalischen und chemischen Eigenschaften der festgestellten Bestandteile der Nachweis möglich ist, dass die Eigenschaften des Abfalls nicht den Eigenschaften der Verpackungsgruppe I entsprechen, darf der Abfall standardmäßig der am besten geeigneten n.a.g.-Eintragung der Verpackungsgruppe II zugeordnet werden. Wenn jedoch bekannt ist, dass der Abfall nur umweltgefährdende Eigenschaften besitzt, darf er der Verpackungsgruppe III der UN-Nummer 3077 oder 3082 zugeordnet werden.

Dieses Verfahren darf nicht für Abfälle angewendet werden, die in Absatz 2.1.3.5.3 genannte Stoffe, Stoffe der Klasse 4.3, Stoffe des in Unterabschnitt 2.1.3.7 genannten Falls oder Stoffe enthalten, die gemäß Unterabschnitt 2.2.x.2 nicht zur Beförderung zugelassen sind.

2.1.3.6 Es ist immer die jeweils zutreffendste Sammeleintragung (siehe Unterabschnitt 2.1.2.5) zu verwenden, d.h. eine allgemeine n.a.g.-Eintragung ist nur zu verwenden, wenn eine Gattungseintragung oder eine spezifische n.a.g.-Eintragung nicht verwendet werden kann.

2.1.3.7 Lösungen und Gemische entzündend (oxidierend) wirkender Stoffe oder Stoffe mit der Nebengefahr entzündend (oxidierend) wirkend können explosive Eigenschaften haben. In diesem Fall sind sie zur Beförderung nicht zugelassen, es sei denn, sie erfüllen die Vorschriften der Klasse 1. Für feste ammoniumnitrathaltige Düngemittel siehe auch Absatz 2.2.51.2.2 dreizehnter und vierzehnter Spiegelstrich und Handbuch Prüfungen und Kriterien Teil III Abschnitt 39.

---

2) Zu diesen Rechtsvorschriften gehört zum Beispiel die Entscheidung der Kommission 2000/532/EG vom 3. Mai 2000 zur Ersetzung der Entscheidung 94/3/EG über ein Abfallverzeichnis gemäß Artikel 1 Buchstabe a) der Richtlinie 75/442/EWG des Rates über Abfälle und der Entscheidung 94/904/EG des Rates über ein Verzeichnis gefährlicher Abfälle im Sinne von Artikel 1 Absatz 4 der Richtlinie 91/689/EWG des Rates über gefährliche Abfälle (Amtsblatt der Europäischen Gemeinschaften Nr. L 226 vom 6. September 2000, Seite 3) in der jeweils geänderten Fassung sowie Richtlinie 2008/98/EG des Europäischen Parlamentes und des Rates vom 19. November 2008 über Abfälle und zur Aufhebung bestimmter Richtlinien (Amtsblatt der Europäischen Union Nr. L 312 vom 22. November 2008, Seiten 3-30) in der jeweils geänderten Fassung.

2.1.3.8 Stoffe der Klassen 1 bis 6.2, 8 und 9 mit Ausnahme von Stoffen der UN-Nummern 3077 und 3082, die den Kriterien des Absatzes 2.2.9.1.10 entsprechen, gelten zusätzlich zu ihren Gefahren der Klassen 1 bis 6.2, 8 und 9 als umweltgefährdende Stoffe. Andere Stoffe, die den Kriterien keiner anderen Klasse, aber den Kriterien des Absatzes 2.2.9.1.10 entsprechen, sind der UN-Nummer 3077 bzw. 3082 oder der Stoffnummer 9005 oder 9006 zuzuordnen.

2.1.3.9 Abfälle, die nicht den Kriterien für eine Zuordnung zu den Klassen 1 bis 9 entsprechen, jedoch unter das Baseler Übereinkommen über die Kontrolle der grenzüberschreitenden Verbringung von gefährlicher Abfällen und ihrer Entsorgung fallen, dürfen unter den UN-Nummern 3077 oder 3082 befördert werden.

2.1.3.10 Tabelle der überwiegenden Gefahr

Klasse und Verpackungsgruppe	4.1 II	4.1 III	4.2 II	4.2 III	4.3 I	4.3 II	4.3 III	5.1 I	5.1 II	5.1 III	6.1 I DERMAL	6.1 I ORAL	6.1 II	6.1 III	8 I	8 II	8 III	9
3 I	SOL 4.1 LIQ 3 I	SOL 4.1 LIQ 3 I	SOL 4.2 LIQ 3 I	SOL 4.2 LIQ 3 I	4.3 I	4.3 I	4.3 I	SOL 5.1 I LIQ 3 I	SOL 5.1 I LIQ 3 I	SOL 5.1 I LIQ 3 I	3 I	3 I	3 I	3 I	3 I	3 I	3 I	3 I
3 II	SOL 4.1 LIQ 3 II	SOL 4.1 LIQ 3 II	SOL 4.2 LIQ 3 II	SOL 4.2 LIQ 3 II	4.3 I	4.3 II	4.3 II	SOL 5.1 I LIQ 3 I	SOL 5.1 II LIQ 3 II	SOL 5.1 II LIQ 3 II	3 I	3 I	3 II	3 II	8 I	3 II	3 II	3 II
3 III	SOL 4.1 LIQ 3 II	SOL 4.1 LIQ 3 III	SOL 4.2 LIQ 3 II	SOL 4.2 LIQ 3 III	4.3 I	4.3 II	4.3 III	SOL 5.1 I LIQ 3 I	SOL 5.1 II LIQ 3 II	SOL 5.1 III LIQ 3 III	6.1 I	6.1 I	6.1 II	3 III *)	8 I	8 II	3 III	3 III
4.1 II			4.2 II	4.2 II	4.3 I	4.3 II	4.3 II	5.1 I	4.1 II	4.1 II	6.1 I	6.1 I	SOL 4.1 II LIQ 6.1 II	SOL 4.1 II LIQ 6.1 II	8 I	SOL 4.1 II LIQ 8 II	SOL 4.1 II LIQ 8 II	4.1 II
4.1 III			4.2 II	4.2 III	4.3 I	4.3 II	4.3 III	5.1 I	4.1 II	4.1 III	6.1 I	6.1 I	6.1 II	SOL 4.1 III LIQ 6.1 III	8 I	8 II	SOL 4.1 III LIQ 8 III	4.1 III
4.2 II					4.3 I	4.3 II	4.3 II	5.1 I	4.2 II	4.2 II	6.1 I	6.1 I	4.2 II	4.2 II	8 I	4.2 II	4.2 II	4.2 II
4.2 III					4.3 I	4.3 II	4.3 III	5.1 I	5.1 II	4.2 III	6.1 I	6.1 I	6.1 II	4.2 III	8 I	8 II	4.2 III	4.2 III
4.3 I								5.1 I	4.3 I	4.3 I	6.1 I	4.3 I	4.3 I	4.3 I	4.3 I	4.3 I	4.3 I	4.3 I
4.3 II								5.1 I	4.3 II	4.3 II	6.1 I	4.3 I	4.3 II	4.3 II	8 I	4.3 II	4.3 II	4.3 II
4.3 III								5.1 I	5.1 II	4.3 III	6.1 I	6.1 I	6.1 II	4.3 III	8 I	8 II	4.3 III	4.3 III
5.1 I											5.1 I	5.1 I	5.1 I	5.1 I	5.1 I	5.1 I	5.1 I	5.1 I
5.1 II											6.1 I	5.1 I	5.1 II	5.1 II	8 I	5.1 II	5.1 II	5.1 II
5.1 III											6.1 I	6.1 I	6.1 II	5.1 III	8 I	8 II	5.1 III	5.1 III
6.1 I DERMAL															SOL 6.1 I LIQ 8 I	6.1 I	6.1 I	6.1 I
6.1 I ORAL															SOL 6.1 I LIQ 8 I	6.1 I	6.1 I	6.1 I
6.1 II INHAL															SOL 6.1 I LIQ 8 I	6.1 II	6.1 II	6.1 II
6.1 II DERMAL															SOL 6.1 I LIQ 8 I	SOL 6.1 II LIQ 8 II	6.1 II	6.1 II

6.1 II ORAL		SOL = feste Stoffe und Gemische LIQ = flüssige Stoffe, Gemische und Lösungen DERMAL = Giftigkeit bei Absorption durch die Haut			8 I	SOL 6.1 II LIQ 8 II	6.1 II	6.1 II
6.1 III		ORAL = Giftigkeit bei Einnahme			8 I	8 II	8 III	6.1 III
8 I		INHAL = Giftigkeit beim Einatmen						8 I
8 II		*) Bei Mitteln zur Schädlingsbekämpfung (Pestizide) Klasse 6.1.						8 II
8 III								8 III

Bem. 1. Beispiele für die Anwendung der Tabelle:

Zuordnung eines einzelnen Stoffes

<u>Beschreibung des zuzuordnenden Stoffes:</u>

Ein nicht namentlich genanntes Amin, das sowohl den Kriterien der Klasse 3 Verpackungsgruppe II als auch den Kriterien der Klasse 8 Verpackungsgruppe I entspricht.

<u>Vorgehensweise:</u>

Schnittpunkt von Zeile 3 II mit Spalte 8 I ergibt 8 I. Dieses Amin ist somit der Klasse 8 zuzuordnen, und zwar unter UN 2734 AMINE, FLÜSSIG, ÄTZEND, ENTZÜNDBAR, N.A.G. oder UN 2734 POLYAMINE, FLÜSSIG, ÄTZEND, ENTZÜNDBAR, N.A.G. Verpackungsgruppe I.

Zuordnung eines Gemisches

<u>Beschreibung des zuzuordnenden Gemisches:</u>

Ein Gemisch bestehend aus einem entzündbaren flüssigen Stoff der Klasse 3 Verpackungsgruppe III, einem giftigen Stoff der Klasse 6.1 Verpackungsgruppe II und einem ätzenden flüssigen Stoff der Klasse 8 Verpackungsgruppe I.

<u>Vorgehensweise:</u>

Schnittpunkt von Zeile 3 III mit Spalte 6.1 II ergibt 6.1 II.

Schnittpunkt von Zeile 6.1 II mit Spalte 8 I ergibt 8 I LIQ.

Dieses nicht näher definierte Gemisch ist somit der Klasse 8 zuzuordnen, und zwar unter UN 2922 ÄTZENDER FLÜSSIGER STOFF, GIFTIG, N.A.G. Verpackungsgruppe I.

2. Beispiele für die Zuordnung der Gemische und Lösungen zu einer Klasse und Verpackungsgruppe:

Eine Lösung von Phenol der Klasse 6.1 Verpackungsgruppe II in Benzen der Klasse 3 Verpackungsgruppe II ist der Klasse 3 Verpackungsgruppe II zuzuordnen; auf Grund der Giftigkeit des Phenols ist diese Lösung der UN-Nummer 1992 ENTZÜNDBARER FLÜSSIGER STOFF, GIFTIG, N.A.G. in Klasse 3 Verpackungsgruppe II zuzuordnen.

Ein festes Gemisch von Natriumarsenat der Klasse 6.1 Verpackungsgruppe II und Natriumhydroxid der Klasse 8 Verpackungsgruppe II ist der UN-Nummer 3290 GIFTIGER ANORGANISCHER FESTER STOFF, ÄTZEND, N.A.G. in Klasse 6.1 Verpackungsgruppe II zuzuordnen.

Eine Lösung von Naphtalen, roh oder raffiniert, der Klasse 4.1 Verpackungsgruppe III in Benzin der Klasse 3 Verpackungsgruppe II ist der UN-Nummer 3295 KOHLENWASSERSTOFFE, FLÜSSIG, N.A.G. in Klasse 3 Verpackungsgruppe II zuzuordnen.

Ein Gemisch von Kohlenwasserstoffen der Klasse 3 Verpackungsgruppe III und polychlorierten Biphenylen (PCB) der Klasse 9 Verpackungsgruppe II ist der UN-NUMMER 2315 POLYCHLORIERTE BIPHENYLE, FLÜSSIG oder 3432 Polychlorierte Biphenyle, fest in Klasse 9 Verpackungsgruppe II zuzuordnen.

Ein Gemisch von Propylenimin der Klasse 3 und polychlorierten Biphenylen (PCB) der Klasse 9 Verpackungsgruppe II ist der Eintragung UN 1921 PROPYLENIMIN, STABILISIERT in Klasse 3 zuzuordnen.

2.1.4 Zuordnung von Proben

2.1.4.1 Wenn die Klasse eines Stoffes unsicher ist und der Stoff zur weiteren Prüfung befördert wird, ist auf der Grundlage der Kenntnis des Absenders über den Stoff eine vorläufige Klasse, offizielle Benennung für die Beförderung und UN-Nummer zuzuordnen, und zwar unter Anwendung:

a) der Klassifizierungskriterien des Kapitels 2.2 und

b) der Vorschriften dieses Kapitels.

Die strengste, für die gewählte offizielle Benennung für die Beförderung mögliche Verpackungsgruppe ist anzuwenden.
Bei Anwendung dieser Vorschrift ist die offizielle Benennung für die Beförderung durch den Ausdruck „PROBE“ zu ergänzen (z.B. „ENTZÜNDBARER FLÜSSIGER STOFF, N.A.G., PROBE“). In den Fällen, in denen für eine Probe eines Stoffes, von dem man annimmt, dass er bestimmten Klassifizierungskriterien entspricht, eine bestimmte Benennung für die Beförderung vorgesehen ist (z.B. „UN 3167 GASPROBE, NICHT UNTER DRUCK STEHEND, ENTZÜNDBAR, N.A.G.“), ist diese offizielle Benennung für die Beförderung zu verwenden. Wenn für die Beförderung einer Probe eine n.a.g.-Eintragung verwendet wird, muss die offizielle Benennung für die Beförderung nicht durch die technische Benennung ergänzt werden, wie dies in Kapitel 3.3 Sondervorschrift 274 vorgeschrieben ist.

2.1.4.2 Proben des Stoffes sind in Übereinstimmung mit den für die vorläufig zugeordnete offizielle Benennung für die Beförderung anwendbaren Vorschriften zu befördern, vorausgesetzt:

a) der Stoff gilt nicht als Stoff, der nach den Unterabschnitten 2.2.x.2 des Kapitels 2.2 oder nach Kapitel 3.2 nicht zur Beförderung zugelassen ist;

b) der Stoff gilt nicht als Stoff, der die Kriterien der Klasse 1 erfüllt, und nicht als ansteckungsgefährlicher oder radioaktiver Stoff;

c) der Stoff entspricht den Vorschriften des Absatzes 2.2.41.1.15 bzw. in 2.2.52.1.9, wenn es sich um einen selbstzersetzlichen Stoff bzw. um ein organisches Peroxid handelt;

d) die Probe wird in einer zusammengesetzten Verpackung mit einer Nettomasse von höchstens 2,5 kg je Versandstück befördert und

e) die Probe wird nicht mit anderen Gütern zu einem Versandstück vereinigt.

2.1.4.3 Proben energetischer Stoffe für Prüfzwecke

2.1.4.3.1 Proben organischer Stoffe, die funktionelle Gruppen enthalten, die in den Tabellen A6.1 und/oder A6.3 in Anhang 6 (Screening Procedures – Voruntersuchungen) des Handbuchs Prüfungen und Kriterien aufgeführt sind, dürfen unter der UN-Nummer 3224 (Selbstzersetzlicher Stoff Typ C, fest) bzw. 3223 (Selbstzersetzlicher Stoff Typ C, flüssig) der Klasse 4.1 befördert werden, vorausgesetzt:

a) die Proben enthalten:
- keine bekannten explosiven Stoffe,
- keine Stoffe, die bei der Prüfung explosive Effekte aufweisen,
- keine Verbindungen, die mit der Absicht entwickelt wurden, einen praktischen explosiven oder pyrotechnischen Effekt zu erzeugen, oder
- keine Bestandteile, die aus synthetischen Grundstoffen beabsichtigter explosiver Stoffe bestehen;

b) die Konzentration des anorganischen oxidierenden Stoffs beträgt bei Gemischen, Komplexen oder Salzen anorganischer entzündend (oxidierend) wirkender Stoffe der Klasse 5.1 mit einem oder mehreren organischen Stoffen:
- weniger als 15 Masse-% bei einer Zuordnung zur Verpackungsgruppe I (hohe Gefahr) oder II (mittlere Gefahr) oder
- weniger als 30 Masse-% bei einer Zuordnung zur Verpackungsgruppe III (niedrige Gefahr);

c) die verfügbaren Daten ermöglichen keine genauere Klassifizierung;

d) die Probe ist nicht mit anderen Gütern zusammengepackt und

e) die Probe ist gemäß der Verpackungsanweisung P 520 und der Sondervorschrift für die Verpackung PP 94 bzw. PP 95 des Unterabschnitts 4.1.4.1 des ADR verpackt.

2.1.5 Klassifizierung von Gegenständen als Gegenstände, die gefährliche Güter enthalten, n.a.g.

Bem. Für Gegenstände, die keine offizielle Benennung für die Beförderung haben, ausgenommen UN-Nummern 3537 bis 3548, und die nur gefährliche Güter im Rahmen der in Kapitel 3.2 Tabelle A Spalte 7a zugelassenen begrenzten Mengen enthalten, siehe UN-Nummer 3363 und Sondervorschriften 301 und 672 des Kapitels 3.3.

2.1.5.1 Gegenstände, die gefährliche Güter enthalten, dürfen, wie an anderer Stelle im ADN vorgesehen, der offiziellen Benennung für die Beförderung der gefährlichen Güter, die in ihnen enthalten sind, zugeordnet oder in Übereinstimmung mit diesem Abschnitt klassifiziert werden.

Für Zwecke dieses Abschnitts ist ein „Gegenstand" eine Maschine, ein Gerät oder eine andere Einrichtung, das/die ein oder mehrere gefährliche Güter (oder Rückstände dieser Güter) enthält, die fester Bestandteil des Gegenstands sind, für die Funktion des Gegenstands notwendig sind und für Beförderungszwecke nicht entfernt werden können.

Eine Innenverpackung ist kein Gegenstand.

2.1.5.2 Solche Gegenstände dürfen darüber hinaus Batterien enthalten. Sofern im ADN nichts anderes bestimmt ist (z.B. für Vorproduktionsprototypen von Gegenständen, die Lithiumbatterien enthalten, oder für kleine Produktionsserien von höchstens 100 solcher Gegenstände), müssen Lithiumbatterien, die Bestandteil des Gegenstands sind, einem Typ entsprechen, für den nachgewiesen wurde, dass er die Prüfvorschriften des Handbuchs Prüfungen und Kriterien Teil III Unterabschnitt 38.3 erfüllt.

2.1.5.3 Dieser Abschnitt gilt nicht für Gegenstände, für die in Kapitel 3.2 Tabelle A bereits eine genauere offizielle Benennung für die Beförderung besteht.

2.1.5.4 Dieser Abschnitt gilt nicht für gefährliche Güter der Klasse 1, der Klasse 6.2 und der Klasse 7 oder für radioaktive Stoffe, die in Gegenständen enthalten sind.

2.1.5.5 Gegenstände, die gefährliche Güter enthalten, müssen der geeigneten Klasse zugeordnet werden, die durch die in jedem einzelnen im Gegenstand enthaltenen gefährlichen Gut vorhandenen Gefahren, gegebenenfalls unter Verwendung der Tabelle der überwiegenden Gefahr in Unterabschnitt 2.1.3.10, bestimmt wird. Wenn im Gegenstand gefährliche Güter enthalten sind, die der Klasse 9 zugeordnet sind, wird davon ausgegangen, dass alle anderen im Gegenstand enthaltenen gefährlichen Güter eine größere Gefahr darstellen.

2.1.5.6 Nebengefahren müssen repräsentativ für die Hauptgefahren der anderen im Gegenstand enthaltenen gefährlichen Güter sein. Wenn im Gegenstand nur ein gefährliches Gut vorhanden ist, ist (sind) die eventuell vorhandenen Nebengefahr(en) diejenige(n), die durch den (die) Nebengefahrzettel in Kapitel 3.2 Tabelle A Spalte (5) ausgewiesen ist (sind). Wenn der Gegenstand mehrere gefährliche Güter enthält und diese während der Beförderung gefährlich miteinander reagieren können, muss jedes gefährliche Gut getrennt umschlossen sein (siehe Unterabschnitt 4.1.1.6 des ADR).

2.1.6 Klassifizierung von Altverpackungen, leer, ungereinigt

Leere ungereinigte Verpackungen, Großverpackungen oder Großpackmittel (IBC) oder Teile davon, die zur Entsorgung, zum Recycling oder zur Wiederverwendung ihrer Werkstoffe, nicht aber zur Rekonditionierung, Reparatur, regelmäßigen Wartung, Wiederaufarbeitung oder Wiederverwendung befördert werden, dürfen der UN-Nummer 3509 zugeordnet werden, wenn sie den Vorschriften dieser Eintragung entsprechen.

2.2.1 Klasse 1: Explosive Stoffe und Gegenstände mit Explosivstoff

2.2.1.1 Kriterien

2.2.1.1.1 Unter den Begriff der Klasse 1 fallen:

a) Explosive Stoffe:
Feste oder flüssige Stoffe (oder Stoffgemische), die durch chemische Reaktion Gase solcher Temperatur, solchen Drucks und solcher Geschwindigkeit entwickeln können, dass hierdurch in der Umgebung Zerstörungen eintreten können.

Pyrotechnische Sätze: Stoffe oder Stoffgemische, mit denen eine Wirkung in Form von Wärme, Licht, Schall, Gas, Nebel oder Rauch oder einer Kombination dieser Wirkungen als Folge nicht detonativer, selbstunterhaltender, exothermer chemischer Reaktionen erzielt werden soll.

Bem. 1. Stoffe, die selbst keine explosiven Stoffe sind, die aber ein explosionsfähiges Gas-, Dampf- oder Staubgemisch bilden können, sind keine Stoffe der Klasse 1.

2. Ausgenommen von der Klasse 1 sind auch wasser- und alkoholfeuchte Explosivstoffe, deren Wasser- bzw. Alkoholgehalt die angegebenen Grenzwerte überschreitet, sowie Explosivstoffe mit Plastifizierungsmitteln - diese explosiven Stoffe sind der Klasse 3 oder 4.1 zugeordnet - sowie explosive Stoffe, die auf Grund ihrer überwiegenden gefährlichen Eigenschaft der Klasse 5.2 zugeordnet sind.

b) Gegenstände mit Explosivstoff: Gegenstände, die einen oder mehrere explosive Stoffe und/ oder pyrotechnische Sätze enthalten.

Bem. Gegenstände, die explosive Stoffe oder pyrotechnische Sätze in so geringer Menge oder solcher Art enthalten, dass ihre unbeabsichtigte oder zufällige Entzündung oder Zündung während der Beförderung außerhalb des Gegenstandes sich nicht durch Splitter, Feuer, Nebel, Rauch, Wärme oder starken Schall bemerkbar macht, unterliegen nicht den Vorschriften der Klasse 1.

c) Stoffe und Gegenstände, die oben nicht genannt sind und die hergestellt worden sind, um einen praktischen explosiven oder pyrotechnischen Effekt zu erzeugen.

Im Sinne der Klasse 1 gilt folgende Begriffsbestimmung:

Phlegmatisiert: Einem explosiven Stoff wurde ein Stoff (oder ein «Phlegmatisierungsmittel») hinzugefügt, um die Sicherheit bei der Handhabung und Beförderung dieses explosiven Stoffes zu erhöhen. Das Phlegmatisierungsmittel macht den explosiven Stoff bei folgenden Einflüssen unempfindlich oder weniger empfindlich: Wärme, Stoß, Aufprall, Schlag oder Reibung. Typische Phlegmatisierungsmittel sind unter anderem: Wachs, Papier, Wasser, Polymere (wie Fluor-Chlor-Polymere), Alkohol und Öle (wie Vaseline und Paraffin).

2.2.1.1.2 Stoffe oder Gegenstände, die explosive Eigenschaften aufweisen oder aufweisen können, werden nach den im Handbuch Prüfungen und Kriterien Teil I aufgeführten Prüfungen, Verfahren und Kriterien für eine Zuordnung nach Klasse 1 in Betracht gezogen.
Ein der Klasse 1 zugeordneter Stoff oder Gegenstand darf nur zur Beförderung zugelassen werden, wenn er einer der Benennungen oder einer der n.a.g.-Eintragungen in Kapitel 3.2 Tabelle A zugeordnet worden ist und den Kriterien des Handbuchs Prüfungen und Kriterien entspricht.

2.2.1.1.3 Die Stoffe und Gegenstände der Klasse 1 müssen einer UN-Nummer und einer Benennung oder n.a.g.-Eintragung zugeordnet sein, die in Kapitel 3.2 Tabelle A aufgeführt ist. Die Interpretation der Benennungen der in Kapitel 3.2 Tabelle A namentlich genannten Stoffe und Gegenstände erfolgt auf der Grundlage des Glossars in Unterabschnitt 2.2.1.4.

Muster von neuen oder bereits bestehenden explosiven Stoffen oder Gegenständen mit Explosivstoff, ausgenommen Initialsprengstoffe, die unter anderem zu Versuchs-, Zuordnungs-, Forschungs- und Entwicklungszwecken, zu Qualitätskontrollzwecken oder als Handelsmuster befördert werden, dürfen der UN-Nummer 0190 EXPLOSIVSTOFF, MUSTER zugeordnet werden.

Die Zuordnung von in Kapitel 3.2 Tabelle A nicht namentlich genannten Stoffen und Gegenständen zu einer n.a.g.-Eintragung oder der UN-Nummer 0190 EXPLOSIVSTOFF, MUSTER sowie die Zuordnung von bestimmten Stoffen, deren Beförderung nach den Sondervorschriften in Kapitel 3.2 Tabelle A Spalte 6 von einer Sondergenehmigung der zuständigen Behörde abhängig ist, erfolgt durch die zuständige Behörde des Ursprungslandes. Diese zuständige Behörde muss auch die Beförderungsbedingungen für diese Stoffe oder Gegenstände schriftlich genehmigen. Ist das Ursprungsland keine Vertragspartei des ADN, müssen die Zuordnung und die Beförderungsbedingungen von der zuständigen Behörde des/der ersten von der Sendung berührten Vertragspartei des ADN anerkannt werden.

2.2.1.1.4 Stoffe und Gegenstände der Klasse 1 müssen einer Unterklasse nach Absatz 2.2.1.1.5 und einer Verträglichkeitsgruppe nach Absatz 2.2.1.1.6 zugeordnet sein. Die Unterklasse muss auf der Grundlage der Ergebnisse der in den Abschnitten 2.3.0 und 2.3.1 beschriebenen Prüfungen unter Verwendung der Beschreibungen in Absatz 2.2.1.1.5 ermittelt sein. Die Verträglichkeitsgruppe muss nach den Beschreibungen in Absatz 2.2.1.1.6 bestimmt sein. Die Nummern der Unterklasse zusammen mit dem Buchstaben der Verträglichkeitsgruppe bilden den Klassifizierungscode.

2.2.1.1.5 Beschreibung der Unterklassen

Unterklasse 1.1 Stoffe und Gegenstände, die massenexplosionsfähig sind. (Eine Massenexplosion ist eine Explosion, die nahezu die gesamte Ladung praktisch gleichzeitig erfasst.)

Unterklasse 1.2 Stoffe und Gegenstände, die die Gefahr der Bildung von Splittern, Spreng- und Wurfstücken aufweisen, aber nicht massenexplosionsfähig sind.

Unterklasse 1.3 Stoffe und Gegenstände, die eine Feuergefahr besitzen und die entweder eine geringe Gefahr durch Luftdruck oder eine geringe Gefahr durch Splitter, Spreng- und Wurfstücke oder durch beides aufweisen, aber nicht massenexplosionsfähig sind,

a) bei deren Verbrennung beträchtliche Strahlungswärme entsteht oder
b) die nacheinander so abbrennen, dass eine geringe Luftdruckwirkung oder Splitter-, Sprengstück-, Wurfstückwirkung oder beide Wirkungen entstehen.

Unterklasse 1.4 Stoffe und Gegenstände, die im Falle der Entzündung oder Zündung während der Beförderung nur eine geringe Explosionsgefahr darstellen. Die Auswirkungen bleiben im Wesentlichen auf das Versandstück beschränkt, und es ist nicht zu erwarten, dass Sprengstücke mit größeren Abmessungen oder größerer Reichweite entstehen. Ein von außen einwirkendes Feuer darf keine praktisch gleichzeitige Explosion des nahezu gesamten Inhalts des Versandstückes nach sich ziehen.

Unterklasse 1.5 Sehr unempfindliche massenexplosionsfähige Stoffe, die so unempfindlich sind, dass die Wahrscheinlichkeit einer Zündung oder des Überganges eines Brandes in eine Detonation unter normalen Beförderungsbedingungen sehr gering ist. Als Minimalanforderung für diese Stoffe gilt, dass sie beim Außenbrandversuch nicht explodieren dürfen.

Unterklasse 1.6 Extrem unempfindliche Gegenstände, die nicht massenexplosionsfähig sind. Diese Gegenstände enthalten überwiegend extrem unempfindliche Stoffe und weisen eine zu vernachlässigende Wahrscheinlichkeit einer unbeabsichtigten Zündung oder Fortpflanzung auf.

Bem. Die von Gegenständen der Unterklasse 1.6 ausgehende Gefahr ist auf die Explosion eines einzigen Gegenstandes beschränkt.

2.2.1.1.6 Beschreibung der Verträglichkeitsgruppen der Stoffe und Gegenstände

A Zündstoff

B Gegenstand mit Zündstoff und weniger als zwei wirksamen Sicherungsvorrichtungen. Eingeschlossen sind einige Gegenstände, wie Sprengkapseln, Zündeinrichtungen für Sprengungen und Anzündhütchen, selbst wenn diese keinen Zündstoff enthalten.

C Treibstoff oder anderer deflagrierender explosiver Stoff oder Gegenstand mit solchem explosiven Stoff

D Detonierender explosiver Stoff oder Schwarzpulver oder Gegenstand mit detonierendem explosivem Stoff, jeweils ohne Zündmittel und ohne treibende Ladung, oder Gegenstand mit Zündstoff mit mindestens zwei wirksamen Sicherungsvorrichtungen

E Gegenstand mit detonierendem explosivem Stoff ohne Zündmittel mit treibender Ladung (andere als solche, die aus entzündbarer Flüssigkeit oder entzündbarem Gel oder Hypergolen bestehen)

F Gegenstand mit detonierendem explosivem Stoff mit seinem eigenen Zündmittel, mit treibender Ladung (andere als solche, die aus entzündbarer Flüssigkeit oder entzündbarem Gel oder Hypergolen bestehen) oder ohne treibende Ladung

G Pyrotechnischer Stoff oder Gegenstand mit pyrotechnischem Stoff oder Gegenstand mit sowohl explosivem Stoff als auch Leucht-, Brand-, Augenreiz- oder Nebelstoff (außer Gegenständen, die durch Wasser aktiviert werden oder die weißen Phosphor, Phosphide, einen pyrophoren Stoff, eine entzündbare Flüssigkeit oder ein entzündbares Gel oder Hypergole enthalten)

H Gegenstand, der sowohl explosiven Stoff als auch weißen Phosphor enthält

J Gegenstand, der sowohl explosiven Stoff als auch entzündbare Flüssigkeit oder entzündbares Gel enthält

K Gegenstand, der sowohl explosiven Stoff als auch giftigen chemischen Wirkstoff enthält

L Explosiver Stoff oder Gegenstand mit explosivem Stoff, der eine besondere Gefahr darstellt (z.B. wegen seiner Aktivierung bei Zutritt von Wasser oder wegen der Anwesenheit von Hypergolen, Phosphiden oder eines pyrophoren Stoffes) und eine Trennung jeder einzelnen Art erfordert

N Gegenstände, die überwiegend extrem unempfindliche Stoffe enthalten

S Stoff oder Gegenstand, der so verpackt oder gestaltet ist, dass jede durch nicht beabsichtigte Reaktion auftretende gefährliche Wirkung auf das Versandstück beschränkt bleibt, außer das Versandstück wurde durch Brand beschädigt. In diesem Falle müssen die Luftdruck- und Splitterwirkung auf ein Maß beschränkt bleiben, dass Feuerbekämpfungs- oder andere Notmaßnahmen in der unmittelbaren Nähe des Versandstückes weder wesentlich eingeschränkt noch verhindert werden.

Bem. 1. Jeder Stoff oder Gegenstand in einer spezifizierten Verpackung darf nur einer Verträglichkeitsgruppe zugeordnet werden. Da das Kriterium der Verträglichkeitsgruppe „S" empirischer Natur ist, ist die Zuordnung zu dieser Gruppe notwendigerweise an die Versuche zur Zuordnung eines Klassifizierungscodes gebunden.

2. Gegenstände der Verträglichkeitsgruppen D und E dürfen mit ihren eigenen Zündmitteln versehen oder mit ihnen zusammengepackt werden, vorausgesetzt, die Zündeinrichtung enthält zumindest zwei wirksame Sicherungsvorrichtungen, um die Auslösung einer Explosion im Falle einer nicht beabsichtigten Reaktion des Zündmittels zu verhindern. Solche Gegenstände und Versandstücke sind der Verträglichkeitsgruppe D oder E zuzuordnen.

3. Gegenstände der Verträglichkeitsgruppen D und E dürfen mit ihren eigenen Zündmitteln, welche nicht zwei wirksame Sicherungsvorrichtungen enthalten, zusammengepackt werden (d.h. Zündmittel, die der Verträglichkeitsgruppe B zugeordnet sind), vorausgesetzt, sie entsprechen der Vorschrift für die Zusammenpackung MP 21 in Abschnitt 4.1.10 des ADR. olche Versandstücke sind der Verträglichkeitsgruppe D oder E zuzuordnen.

4. Gegenstände dürfen mit ihren eigenen Anzündmitteln versehen oder mit ihnen zusammengepackt werden, vorausgesetzt, die Anzündmittel können unter normalen Beförderungsbedingungen nicht ausgelöst werden.
5. Gegenstände der Verträglichkeitsgruppen C, D und E dürfen zusammengepackt werden. Solche Versandstücke sind der Verträglichkeitsgruppe E zuzuordnen.

2.2.1.1.7 Zuordnung von Feuerwerkskörpern zu Unterklassen

2.2.1.1.7.1 Feuerwerkskörper müssen normalerweise auf der Grundlage der von der Prüfreihe 6 des Handbuchs Prüfungen und Kriterien erzielten Prüfdaten den Unterklassen 1.1, 1.2, 1.3 und 1.4 zugeordnet werden. Jedoch gilt Folgendes:

a) Wasserfälle, die einen Blitzknallsatz enthalten (siehe Absatz 2.2.1.1.7.5 Bem. 2), müssen ungeachtet der Ergebnisse der Prüfreihe 6 als 1.1G klassifiziert werden.

b) Da das Angebot an Feuerwerkskörpern sehr umfangreich ist und die Verfügbarkeit von Prüfeinrichtungen begrenzt sein kann, darf die Zuordnung zu Unterklassen auch gemäß dem Verfahren in Absatz 2.2.1.1.7.2 erfolgen.

2.2.1.1.7.2 Die Zuordnung von Feuerwerkskörpern zur UN-Nummer 0333, 0334, 0335 oder 0336 darf ohne Prüfung gemäß Prüfreihe 6 auf der Grundlage eines Analogieschlusses gemäß der Tabelle für die vorgegebene Klassifizierung von Feuerwerkskörpern in Absatz 2.2.1.1.7.5 erfolgen. Eine solche Zuordnung muss mit Zustimmung der zuständigen Behörde erfolgen. Gegenstände, die in der Tabelle nicht aufgeführt sind, müssen auf der Grundlage der von der Prüfreihe 6 erzielten Prüfdaten klassifiziert werden.

Bem. 1. Die Aufnahme anderer Typen von Feuerwerkskörpern in die Spalte 1 der Tabelle in Absatz 2.2.1.1.7.5 darf nur auf der Grundlage vollständiger Prüfdaten, die dem UN-Expertenunterausschuss für die Beförderung gefährlicher Güter zur Prüfung unterbreitet werden, erfolgen.

2. Die von den zuständigen Behörden erzielten Prüfdaten, die eine Bestätigung der oder einen Widerspruch zur Zuordnung von in der Spalte 4 der Tabelle in Absatz 2.2.1.1.7.5 spezifizierten Feuerwerkskörpern zu den Unterklassen der Spalte 5 darstellen, sollten dem UN-Expertenunterausschuss für die Beförderung gefährlicher Güter zur Information unterbreitet werden.

2.2.1.1.7.3 Wenn Feuerwerkskörper, die mehr als einer Unterklasse zugeordnet sind, in einem Versandstück zusammengepackt werden, müssen sie auf der Grundlage der Unterklasse mit der höchsten Gefahr klassifiziert werden, es sei denn, die von der Prüfreihe 6 erzielten Prüfdaten liefern ein anderes Ergebnis.

2.2.1.1.7.4 Die in der Tabelle in Absatz 2.2.1.1.7.5 angegebene Klassifizierung gilt nur für Gegenstände, die in Kisten aus Pappe (4G) verpackt sind.

2.2.1.1.7.5 Tabelle für die vorgegebene Klassifizierung von Feuerwerkskörpern[1]

Bem. 1. Die in der Tabelle angegebenen Prozentsätze beziehen sich, sofern nichts anderes angegeben ist, auf die Masse aller pyrotechnischen Stoffe (z.B. Raketenmotoren, Treibladung, Zerlegerladung und Effektladung).

2. Der in dieser Tabelle verwendete Ausdruck „Blitzknallsatz" bezieht sich auf pyrotechnische Stoffe in Pulverform oder als pyrotechnische Einheiten, wie sie in Feuerwerkskörpern vorhanden sind, die in Wasserfällen verwendet werden, oder für die Erzeugung eines akustischen Effekts oder als Zerlegerladung oder Treibladung verwendet werden, es sei denn,

---

[1] Diese Tabelle enthält ein Verzeichnis von Klassifizierungen für Feuerwerkskörper, die bei fehlenden Prüfdaten der Prüfreihe 6 (siehe Absatz 2.2.1.1.7.2) verwendet werden dürfen.

a) es wird nachgewiesen, dass die Zeit für den Druckanstieg in der HSL-Prüfung für Blitzknallsätze in Anhang 7 des Handbuchs Prüfungen und Kriterien mehr als 6 ms für 0,5 g eines pyrotechnischen Stoffes beträgt, oder

b) der pyrotechnische Stoff liefert beim US Flash Composition Test (US-Blitzknallsatz-Prüfung) in Anhang 7 des Handbuchs Prüfungen und Kriterien ein negatives „-" Ergebnis.

3. Angaben in mm beziehen sich
   - bei kugelförmigen Großfeuerwerksbomben und Mehrfachkugelbomben auf den Kugeldurchmesser der Großfeuerwerksbombe;
   - bei zylindrischen Großfeuerwerksbomben auf die Länge der Großfeuerwerksbombe;
   - bei einer Großfeuerwerksbombe in einem Mörser, einem Römischen Licht, einem Feuerwerkskörper in einem geschlossenen Rohr oder einem Feuerwerkstopf auf den Innendurchmesser des Rohres, das den Feuerwerkskörper einschließt oder enthält;
   - bei einem Feuertopf ohne Mörser oder einem zylindrischen Feuertopf auf den Innendurchmesser des Mörsers, der für die Aufnahme des Feuertopfes vorgesehen ist.

Typ	einschließlich: / Synonyme	Begriffsbestimmung	Spezifikation	Klassifizierung
Großfeuerwerksbombe, kugelförmig oder zylindrisch	Sternbombe, Kugelbombe, Blitzknallbombe, Tageslichtbombe, Wasserbombe, Mehrschlagbombe, Display Shell	Gegenstand mit oder ohne Ausstoßladung, mit Verzögerungszünder und Zerlegerladung, pyrotechnischer Einheit (pyrotechnischen Einheiten) oder losem pyrotechnischen Stoff, für den Abschuss aus einem Mörser ausgelegt	alle Blitzknallbomben	1.1G
			Sterneffektbombe: ≥ 180 mm	1.1G
			Sterneffektbombe: < 180 mm mit > 25 % Blitzknallsatz, als loses Pulver und/oder Knalleffekte	1.1G
			Sterneffektbombe: < 180 mm mit ≤ 25 % Blitzknallsatz, als loses Pulver und/oder Knalleffekte	1.3G
			Sterneffektbombe: ≤ 50 mm mit ≤ 60 g pyrotechnischer Stoff mit ≤ 2 % Blitzknallsatz, als loses Pulver und/oder Knalleffekte	1.4G
	Mehrfachkugelbombe (engl. peanut shell)	Gegenstand mit zwei oder mehreren Kugelbomben in einer gemeinsamen Hülle, die von derselben Ausstoßladung angetrieben werden, mit getrennten externen Verzögerungszündern	Die gefährlichste Kugelbombe bestimmt die Klassifizierung.	
	vorgeladener Mörser, Großfeuerwerksbombe in einem Mörser (engl. shell in mortar)	Anordnung aus einer kugelförmigen oder zylindrischen Großfeuerwerksbombe in einem Mörser, die für einen Abschuss aus diesem Mörser ausgelegt ist	alle Blitzknallbomben	1.1G
			Sterneffektbombe: ≥ 180 mm	1.1G
			Sterneffektbombe: > 25 % Blitzknallsatz, als loses Pulver und/oder Knalleffekte	1.1G
			Sterneffektbombe: > 50 mm und < 180 mm	1.2G
			Sterneffektbombe: ≤ 50 mm mit ≤ 60 g pyrotechnischer Stoff mit ≤ 25 % Blitzknallsatz, als loses Pulver und/oder Knalleffekte	1.3G
	Kugelbombe aus Kugelbomben [engl. shell of shells (spherical)] (die angegebenen Prozentsätze von Kugelbomben aus Kugelbomben beziehen sich auf die Bruttomasse von Feuerwerksartikeln)	Gegenstand ohne Ausstoßladung und mit Verzögerungszünder und Zerlegerladung, der Blitzknallbomben und inertes Material enthält und für den Abschuss aus einem Mörser ausgelegt ist	> 120 mm	1.1G
		Gegenstand ohne Ausstoßladung und mit Verzögerungszünder und Zerlegerladung, der Blitzknallbomben mit ≤ 25 g Blitzknallsatz pro Knalleinheit enthält, mit ≤ 33 % Blitzknallsatz und ≥ 60 % inertem Material, und der für den Abschuss aus einem Mörser ausgelegt ist	≤ 120 mm	1.3G

Typ	einschließlich: / Synonyme	Begriffsbestimmung	Spezifikation	Klassifizierung
Fortsetzung Großfeuerwerksbombe, kugelförmig oder zylindrisch	**Fortsetzung** Kugelbombe aus Kugelbomben [engl. shell of shells (spherical)]	Gegenstand ohne Ausstoßladung und mit Verzögerungszünder und Zerlegerladung, der Sterneffektbomben und/ oder pyrotechnische Einheiten enthält und für den Abschuss aus einem Mörser ausgelegt ist	> 300 mm	1.1G
	(die angegebenen Prozentsätze von Kugelbomben aus Kugelbomben beziehen sich auf die Bruttomasse von Feuerwerksartikeln)	Gegenstand ohne Ausstoßladung und mit Verzögerungszünder und Zerlegerladung, der Sterneffektbomben ≤ 70 mm und/oder pyrotechnische Einheiten enthält, mit ≤ 25 % Blitzknallsatz und ≤ 60 % pyrotechnischem Stoff, und der für den Abschuss aus einem Mörser ausgelegt ist	> 200 mm und ≤ 300 mm	1.3G
		Gegenstand mit Ausstoßladung und mit Verzögerungszünder und Zerlegerladung, der Sterneffektbomben ≤ 70 mm und/oder pyrotechnische Einheiten enthält, mit ≤ 25 % Blitzknallsatz und ≤ 60 % pyrotechnischem Stoff, und der für den Abschuss aus einem Mörser ausgelegt ist	≤ 200 mm	1.3G
Batterie/ Kombination	Kombinationsfeuerwerk, Feuerwerksbatterie, Cake, Battery	Anordnung, die mehrere Elemente desselben Typs oder verschiedener Typen enthält, wobei jeder Typ einem der in dieser Tabelle aufgeführten Feuerwerkstypen entspricht, mit einer oder zwei Anzündstellen	Der gefährlichste Feuerwerkstyp bestimmt die Klassifizierung	
Römisches Licht (engl. Roman candle)		Rohr, das eine Serie pyrotechnischer Einheiten enthält, die abwechselnd aus einem pyrotechnischen Stoff, einer Ausstoßladung und einer Überzündung bestehen	Innendurchmesser ≥ 50 mm mit Blitzknallsatz oder Innendurchmesser < 50 mm mit > 25 % Blitzknallsatz	1.1G
			Innendurchmesser ≥ 50 mm ohne Blitzknallsatz	1.2G
			Innendurchmesser < 50 mm und mit ≤ 25 % Blitzknallsatz	1.3G
			Innendurchmesser ≤ 30 mm, jede pyrotechnische Einheit ≤ 25 g, mit ≤ 5 % Blitzknallsatz	1.4G
Feuerwerksrohr	Römisches Licht mit Einzelschuss (engl. single shot Roman candle), kleiner vorgeladener Mörser (engl. small preloaded mortar)	Rohr, das eine pyrotechnische Einheit enthält, die wiederum aus einem pyrotechnischen Stoff, einer Ausstoßladung und mit oder ohne Überzündung besteht	Innendurchmesser ≤ 30 mm und pyrotechnische Einheit > 25 g oder > 5 % und ≤ 25 % Blitzknallsatz	1.3G
			Innendurchmesser ≤ 30 mm, pyrotechnische Einheit ≤ 25 g und ≤ 5 % Blitzknallsatz	1.4G

Typ	einschließlich: / Synonyme	Begriffsbestimmung	Spezifikation	Klassifizierung
Rakete (engl. rocket)	Signalrakete, Pfeifrakete	Hülse, die einen pyrotechnischen Stoff und/oder pyrotechnische Einheiten enthält, mit Leitstab (Leitstäben) oder anderen Mitteln zur Flugstabilisierung ausgerüstet, und die für einen Aufstieg in die Luft ausgelegt ist	nur Effekte von Blitzknallsätzen	1.1G
			Blitzknallsatz > 25 % des pyrotechnischen Stoffes	1.1G
			pyrotechnischer Stoff > 20 g und Blitzknallsatz ≤ 25 %	1.3G
			pyrotechnischer Stoff ≤ 20 g, Schwarzpulver-Zerlegerladung und Blitzknallsatz ≤ 0,13 g je Knall und ≤ 1 g insgesamt	1.4G
Feuertopf (engl. mine)	Feuertopf, Bodenfeuertopf, Feuertopf ohne Mörser	Rohr, das eine Ausstoßladung und pyrotechnische Einheiten enthält und für ein Abstellen auf dem Boden oder ein Fixieren im Boden ausgelegt ist. Der Haupteffekt besteht darin, alle pyrotechnischen Einheiten mit einem Mal auszustoßen und dabei in der Luft einen großräumig verteilten visuellen und/oder akustischen Effekt zu erzeugen; oder Stoff- und Papiertüte oder Stoff- und Papierzylinder, die/der eine Ausstoßladung und pyrotechnische Einheiten enthält und für ein Einsetzen in einen Mörser und für eine Funktion als Feuertopf ausgelegt ist.	> 25 % Blitzknallsatz, als loses Pulver und/oder als Knalleffekte	1.1G
			≥ 180 mm und ≤ 25 % Blitzknallsatz, als loses Pulver und/oder als Knalleffekte	1.1G
			< 180 mm und ≤ 25 % Blitzknallsatz, als loses Pulver und/oder als Knalleffekte	1.3G
			≤ 150 g pyrotechnischer Stoff mit ≤ 5 % Blitzknallsatz, als loses Pulver und/oder als Knalleffekte. Jede pyrotechnische Einheit ≤ 25 g, jeder Knalleffekt < 2 g; jeder Heuler (sofern vorhanden) ≤ 3 g	1.4G
Fontäne	Vulkane, Lanzen, Bengalisches Feuer, zylindrische Fontänen, Kegelfontänen, Leuchtfackeln	nicht metallener Behälter, der einen gepressten oder verdichteten pyrotechnischen Stoff enthält, der Funken und Flammen erzeugt **Bem.** Fontänen, die dazu bestimmt sind, eine senkrechte Kaskade oder einen Funkenvorhang zu erzeugen, gelten als Wasserfälle (siehe nachfolgende Zeile).	≥ 1 kg pyrotechnischer Stoff	1.3G
			< 1 kg pyrotechnischer Stoff	1.4G
Wasserfall	Kaskade, Schauer	pyrotechnische Fontäne, die dazu bestimmt ist, eine senkrechte Kaskade oder einen Funkenvorhang zu erzeugen	enthält ungeachtet der Ergebnisse der Prüfreihe 6 (siehe Absatz 2.2.1.1.7.1 a)) einen Blitzknallsatz	1.1G
			enthält keinen Blitzknallsatz	1.3G
Wunderkerze (engl. sparkler)	Wunderkerzen, die in der Hand gehalten werden, Wunderkerzen, die nicht in der Hand gehalten werden, Draht-Wunderkerzen	starrer Draht, der teilweise (an einem Ende) mit langsam abbrennendem pyrotechnischen Stoff beschichtet ist, mit oder ohne Anzündkopf	Wunderkerzen auf Perchlorat-Basis: > 5 g je Einheit oder > 10 Einheiten je Packung	1.3G
			Wunderkerzen auf Perchlorat-Basis: ≤ 5 g je Einheit und ≤ 10 g je Packung; Wunderkerzen auf Nitrat-Basis: ≤ 30 g je Einheit	1.4G

Typ	einschließlich: / Synonyme	Begriffsbestimmung	Spezifikation	Klassifizierung
Bengalholz (engl. Bengal stick)		nicht metallener Stock, der teilweise (an einem Ende) mit langsam abbrennendem pyrotechnischen Stoff beschichtet und für das Halten in der Hand ausgelegt ist	Einheiten auf Perchlorat-Basis: > 5 g je Einheit oder > 10 Einheiten je Packung	1.3G
			Einheiten auf Perchlorat-Basis: ≤ 5 g je Einheit und ≤ 10 Einheiten je Packung; Einheiten auf Nitrat-Basis: ≤ 30 g je Einheit	1.4G
Party- und Tischfeuerwerk	Tischbomben, Knallerbsen, Knatterartikel, Rauchkörper, Schlangenmasse, Knaller, Partyknaller, Novelties, Party Poppers	Vorrichtung, die für die Erzeugung sehr beschränkter visueller und/oder akustischer Effekte ausgelegt ist und geringe Mengen eines pyrotechnischen Stoffes und/oder eines explosiven Satzes enthält	Knallerbsen und Knaller dürfen bis zu 1,6 mg Silberfulminat enthalten; Knaller und Partyknaller dürfen bis zu 16 mg eines Gemisches aus Kaliumchlorat und rotem Phosphor enthalten; andere Artikel dürfen bis zu 5 g pyrotechnischen Satz, jedoch keinen Blitzknallsatz enthalten	1.4G
Wirbel (engl. spinner)	Luftkreisel, Hubschrauber, Schwärmer, Bodenkreisel	nicht metallene Hülse(n), die einen Gas oder Funken erzeugenden pyrotechnischen Stoff enthält (enthalten), mit oder ohne Geräusch erzeugenden Satz, mit oder ohne angebaute Flügel	pyrotechnischer Stoff je Einheit > 20 g, die ≤ 3 % Blitzknallsatz als Knalleffekte enthält, oder Pfeifsatz ≤ 5 g	1.3G
			pyrotechnischer Stoff je Einheit ≤ 20 g, die ≤ 3 % Blitzknallsatz als Knalleffekte enthält, oder Pfeifsatz ≤ 5 g	1.4G
Räder (engl. wheels)	Sonnen	Anordnung mit Treiberhülsen, die einen pyrotechnischen Stoff enthält und die mit Hilfsmitteln zur Befestigung an einer Halterung ausgerüstet ist, um eine Rotation zu ermöglichen	gesamter pyrotechnischer Stoff ≥ 1 kg, kein Knalleffekt, jeder Heuler (sofern vorhanden) ≤ 25 g und je Rad ≤ 50 g Pfeifsatz	1.3G
			gesamter pyrotechnischer Stoff < 1 kg, kein Knalleffekt, jeder Heuler (sofern vorhanden) ≤ 5 g und je Rad ≤ 10 g Pfeifsatz	1.4G
Steigende Krone (engl. aerial wheel)	UFO, aufsteigende Krone	Hülsen, die Ausstoßladungen und Funken, Flammen und/oder Geräusch erzeugende pyrotechnische Stoffe enthalten, wobei die Hülsen an einem Trägering befestigt sind.	gesamter pyrpotechnischer Stoff > 200 g oder pyrotechnischer Stoff je Antrieb > 60 g, Blitzknallsatz als Knalleffekte ≤ 3 %, jeder Heuler (sofern vorhanden) ≤ 25 g und je Rad ≤ 50 g Pfeifsatz	1.3G
			gesamter pyrpotechnischer Stoff ≤ 200 g und pyrotechnischer Stoff je Antrieb ≤ 60 g, Blitzknallsatz als Knalleffekte ≤ 3 %, jeder Heuler (sofern vorhanden) ≤ 5 g und je Rad ≤ 10 g Pfeifsatz	1.4G
Sortimente (engl. selection pack)	Sortimentspackung	eine Packung mit mehr als einem Feuerwerkstyp, wobei jeder Typ einem der in dieser Tabelle aufgeführten Typen entspricht	Der gefährlichste Feuerwerkstyp bestimmt die Klassifizierung	

Typ	einschließlich: / Synonyme	Begriffsbestimmung	Spezifikation	Klassifizierung
Knallkörperbatterie	China Cracker, Celebration Cracker	Anordnung von Rohren (aus Papier oder Pappe), die durch eine pyrotechnische Zündschnur verbunden sind, wobei jedes Rohr für die Erzeugung eines akustischen Effekts vorgesehen ist	jedes Rohr ≤ 140 mg Blitzknallsatz oder ≤ 1 g Schwarzpulver	1.4G
Knallkörper (engl. banger)	Salut-Knallkörper, Blitz-Knallkörper Kracher, Lady-Cracker, Böller	nicht metallene Hülse, die einen Knallsatz für die Erzeugung eines akustischen Effekts enthält	Blitzknallsatz je Einheit > 2 g	1.1G
			Blitzknallsatz je Einheit ≤ 2 g und je Innenverpackung ≤ 10 g	1.3G
			Blitzknallsatz je Einheit ≤ 1 g und je Innenverpackung ≤ 10 g oder Schwarzpulver je Einheit ≤ 10 g	1.4G

2.2.1.1.8 Ausschluss aus der Klasse 1

2.2.1.1.8.1 Ein Stoff oder Gegenstand darf auf der Grundlage von Prüfergebnissen und der Begriffsbestimmung der Klasse 1 mit Genehmigung der zuständigen Behörde einer Vertragspartei des ADN aus der Klasse 1 ausgeschlossen werden, wobei diese zuständige Behörde auch eine von der zuständigen Behörde eines Landes, das keine Vertragspartei des ADN ist, erteilte Genehmigung anerkennen kann, vorausgesetzt, diese wurde in Übereinstimmung mit den gemäß dem RID, dem ADR, dem ADN, dem IMDG-Code oder den technischen Anweisungen der ICAO anwendbaren Verfahren erteilt.

2.2.1.1.8.2 Mit Genehmigung der zuständigen Behörde gemäß Absatz 2.2.1.1.8.1 darf ein Gegenstand aus der Klasse 1 ausgeschlossen werden, wenn drei unverpackte Gegenstände, die für die vorgesehene Funktion durch ihre eigenen Zünd- oder Anzündmittel oder durch externe Mittel einzeln aktiviert werden, folgende Prüfkriterien erfüllen:

a) Temperatur an keiner Außenfläche größer als 65 °C; kurzzeitige Temperaturspitzen von bis zu 200 °C sind dabei zulässig;

b) kein Bruch oder keine Zertrümmerung des externen Gehäuses und keine Bewegung des Gegenstandes und davon abgelöster Teile um mehr als einen Meter in jede Richtung;

Bem. Wenn die Unversehrtheit des Gegenstandes im Falle eines externen Brands beeinträchtigt werden kann, müssen diese Kriterien anhand einer Brandprüfung, wie beispielsweise in der Norm ISO 12097-3 beschrieben, geprüft werden.

c) kein hörbarer Knall mit einem Spitzenwert über 135 dB (C) in einem Meter Entfernung;

d) kein Blitz oder keine Flamme, durch die sich ein Stoff, wie beispielsweise ein Blatt Papier von 80 ± 10 g/m², in Kontakt mit dem Gegenstand entzünden kann, und

e) keine Bildung von Rauch, Dämpfen und Staub in Mengen, welche die Sichtbarkeit in einem 1 m³ großen, mit Berstplatten geeigneter Größe ausgestatteten Raum um mehr als 50 % verringern, wobei die Messung durch einen geeichten Belichtungsmesser (Luxmeter) oder Radiometer erfolgt, der sich in einem Abstand von einem Meter von einer in der Mitte der gegenüberliegenden Wand angeordneten konstanten Lichtquelle befindet. Die allgemeinen Leitlinien der Norm ISO 5659-1 zur Prüfung der optischen Dichte und des Abschnitts 7.5 der Norm ISO 5659-2 zum photometrischen Verfahren oder ähnliche Verfahren zur Messung der optischen Dichte, die den gleichen Zweck verfolgen, dürfen angewendet werden. Es muss eine passende Abdeckhaube, die den hinteren Teil und die Seiten des Belichtungsmessers umschließt, verwendet werden, um die Effekte nicht direkt aus der Lichtquelle ausgestrahlten Lichts oder Streulichts zu minimieren.

Bem. 1. Wenn bei den Prüfungen zu den Kriterien in den Absätzen a), b), c) und d) keine oder nur eine sehr geringe Rauchentwicklung festgestellt wird, darf auf die in Absatz e) genannte Prüfung verzichtet werden.

2. Die zuständige Behörde, auf die in Absatz 2.2.1.1.8.1 Bezug genommen wird, kann eine Prüfung des Gegenstandes in seiner Verpackung anordnen, wenn festgestellt wird, dass der für die Beförderung verpackte Gegenstand eine größere Gefahr darstellen kann.

2.2.1.1.9 Klassifizierungsdokumentation

2.2.1.1.9.1 Die zuständige Behörde, die einen Stoff oder Gegenstand der Klasse 1 zuordnet, muss dem Antragsteller diese Klassifizierung schriftlich bestätigen.

2.2.1.1.9.2 Das Klassifizierungsdokument der zuständigen Behörde kann formlos sein und darf aus mehr als einer Seite bestehen, vorausgesetzt, die Seiten sind fortlaufend nummeriert. Das Dokument muss eine einmal vergebene Referenznummer haben.

2.2.1.1.9.3 Die in diesem Dokument zur Verfügung gestellten Informationen müssen leicht erkennbar, lesbar und dauerhaft sein.

2.2.1.1.9.4 Beispiele für Informationen, die im Klassifizierungsdokument zur Verfügung gestellt werden können:

a) der Name der zuständigen Behörde und die Vorschriften in der nationalen Gesetzgebung, nach denen die zuständige Behörde ermächtigt ist;

b) die Verkehrsträgervorschriften oder nationalen Vorschriften, für die das Klassifizierungsdokument anwendbar ist;

c) die Bestätigung, dass die Klassifizierung in Übereinstimmung mit den UN-Modellvorschriften oder den entsprechenden Verkehrsträgervorschriften genehmigt, erfolgt oder angenommen wurde;

d) der Name und die Adresse der juristischen Person, der die Klassifizierung erteilt worden ist, und eine Unternehmensregistrierung, durch die ein Unternehmen oder eine andere Körperschaft nationalen Rechts eindeutig identifiziert wird;

e) die Benennung, unter der die explosiven Stoffe oder Gegenstände mit Explosivstoff in Verkehr gebracht oder anderweitig zur Beförderung aufgegeben werden;

f) die offizielle Benennung für die Beförderung, die UN-Nummer, die Klasse, die Unterklasse und die entsprechende Verträglichkeitsgruppe der explosiven Stoffe oder Gegenstände mit Explosivstoff;

g) gegebenenfalls die höchste im Versandstück oder Gegenstand enthaltene Netto-Explosivstoffmasse;

h) der Name, die Unterschrift, der Stempel, das Siegel oder jedes andere Identifizierungskennzeichen der Person, die von der zuständigen Behörde für die Ausstellung des Klassifizierungsdokuments zugelassen ist, wobei diese deutlich sichtbar sein müssen;

i) wenn die Bewertung ergibt, dass die Beförderungssicherheit oder die Unterklasse von der Verpackung abhängig ist, das Kennzeichen der Verpackung oder eine Beschreibung der zugelassenen Innenverpackungen, Zwischenverpackungen, Außenverpackungen;

j) die Artikelnummer, die Lagernummer oder eine andere Referenznummer, unter der die explosiven Stoffe oder Gegenstände mit Explosivstoff in Verkehr gebracht oder anderweitig zur Beförderung aufgegeben werden;

k) der Name und die Adresse der juristischen Person, welche die explosiven Stoffe oder Gegenstände mit Explosivstoff hergestellt hat, und eine Unternehmensregistrierung, durch die ein Unternehmen oder eine andere Körperschaft nationalen Rechts eindeutig identifiziert wird;

l) jede zusätzliche Information in Bezug auf die anwendbare Verpackungsanweisung und gegebenenfalls auf die anwendbaren Sondervorschriften für die Verpackung;

m) die Grundlage für die Klassifizierung, d.h. Prüfergebnisse, vorgegebene Klassifizierung bei Feuerwerkskörpern, Analogie zu zugeordneten explosiven Stoffen oder Gegenständen mit Explosivstoff, Festlegung in Kapitel 3.2 Tabelle A usw.;

n) besondere Bedingungen oder Beschränkungen, welche die zuständige Behörde für die Beförderungssicherheit der explosiven Stoffe oder der Gegenstände mit Explosivstoff, die Mitteilung der Gefahr und die internationale Beförderung als relevant ermittelt hat;

o) das Ablaufdatum des Klassifizierungsdokuments, sofern die zuständige Behörde dies für erforderlich hält.

2.2.1.2 Nicht zur Beförderung zugelassene Stoffe und Gegenstände

2.2.1.2.1 Explosive Stoffe, die nach den Kriterien des Handbuchs Prüfungen und Kriterien Teil I eine unzulässig hohe Empfindlichkeit aufweisen oder bei denen eine spontane Reaktion eintreten kann, sowie explosive Stoffe und Gegenstände mit Explosivstoff, die einer in Kapitel 3.2 Tabelle A aufgeführten Benennung oder n.a.g.-Eintragung nicht zugeordnet werden können, sind nicht zur Beförderung zugelassen.

2.2.1.2.2 Gegenstände der Verträglichkeitsgruppe „K“ (1.2 K UN-Nummer 0020 und 1.3 K UN-Nummer 0021) sind zur Beförderung nicht zugelassen.

2.2.1.3 Verzeichnis der Sammeleintragungen

Klassifizierungscode (siehe Absatz 2.2.1.1.4)	*UN-Nummer*	Benennung des Stoffes oder Gegenstandes
1.1 A	0473	EXPLOSIVE STOFFE, N.A.G.
1.1 B	0461	BESTANDTEILE, ZÜNDKETTE, N.A.G.
1.1 C	0474 0497 0498 0462	EXPLOSIVE STOFFE, N.A.G. TREIBSTOFF, FLÜSSIG TREIBSTOFF, FEST GEGENSTÄNDE MIT EXPLOSIVSTOFF, N.A.G.
1.1 D	0475 0463	EXPLOSIVE STOFFE, N.A.G GEGENSTÄNDE MIT EXPLOSIVSTOFF, N.A.G.
1.1 E	0464	GEGENSTÄNDE MIT EXPLOSIVSTOFF, N.A.G
1.1 F	0465	GEGENSTÄNDE MIT EXPLOSIVSTOFF, N.A.G.
1.1 G	0476	EXPLOSIVE STOFFE, N.A.G.
1.1 L	0357 0354	EXPLOSIVE STOFFE, N.A.G. GEGENSTÄNDE MIT EXPLOSIVSTOFF, N.A.G.
1.2 B	0382	BESTANDTEILE, ZÜNDKETTE, N.A.G.
1.2 C	0466	GEGENSTÄNDE MIT EXPLOSIVSTOFF, N.A.G.
1.2 D	0467	GEGENSTÄNDE MIT EXPLOSIVSTOFF, N.A.G.
1.2 E	0468	GEGENSTÄNDE MIT EXPLOSIVSTOFF, N.A.G.
1.2 F	0469	GEGENSTÄNDE MIT EXPLOSIVSTOFF, N.A.G.
1.2 L	0358 0248 0355	EXPLOSIVE STOFFE, N.A.G. VORRICHTUNGEN, DURCH WASSER AKTIVIERBAR, mit Zerleger, Ausstoß- oder Treibladung GEGENSTÄNDE MIT EXPLOSIVSTOFF, N.A.G.
1.3 C	0132 0477 0495 0499 0470	DEFLAGRIERENDE METALLSALZE AROMATISCHER NITRO-VERBINDUNGEN, N.A.G. EXPLOSIVE STOFFE, N.A.G. TREIBSTOFF, FLÜSSIG TREIBSTOFF, FEST GEGENSTÄNDE MIT EXPLOSIVSTOFF, N.A.G.
1.3 G	0478	EXPLOSIVE STOFFE, N.A.G.
1.3 L	0359 0249 0356	EXPLOSIVE STOFFE, N.A.G. VORRICHTUNGEN, DURCH WASSER AKTIVIERBAR, mit Zerleger, Ausstoß- oder Treibladung GEGENSTÄNDE MIT EXPLOSIVSTOFF, N.A.G.
1.4 B	0350 0383	GEGENSTÄNDE MIT EXPLOSIVSTOFF, N.A.G. BESTANDTEILE, ZÜNDKETTE, N.A.G.
1.4 C	0479 0501 0351	EXPLOSIVE STOFFE, N.A.G. TREIBSTOFF, FEST GEGENSTÄNDE MIT EXPLOSIVSTOFF, N.A.G
1.4 D	0480 0352	EXPLOSIVE STOFFE, N.A.G. GEGENSTÄNDE MIT EXPLOSIVSTOFF, N.A.G.
1.4 E	0471	GEGENSTÄNDE MIT EXPLOSIVSTOFF, N.A.G.
1.4 F	0472	GEGENSTÄNDE MIT EXPLOSIVSTOFF, N.A.G.
1.4 G	0485 0353	EXPLOSIVE STOFFE, N.A.G. GEGENSTÄNDE MIT EXPLOSIVSTOFF, N.A.G.
1.4 S	0481 0349 0384	EXPLOSIVE STOFFE, N.A.G. GEGENSTÄNDE MIT EXPLOSIVSTOFF, N.A.G. BESTANDTEILE, ZÜNDKETTE, N.A.G.
1.5 D	0482	EXPLOSIVE STOFFE, SEHR UNEMPFINDLICH (STOFFE, EVI[1]), N.A.G.
1.6 N	0486	GEGENSTÄNDE MIT EXPLOSIVSTOFF, EXTREM UNEMPFINDLICH (GEGENSTÄNDE, EEI[b)])
	0190	EXPLOSIVSTOFF, MUSTER, außer Initialsprengstoff **Bem.** Die Unterklasse und die Verträglichkeitsgruppe werden in Übereinstimmung mit der zuständigen Behörde und nach den Grundsätzen des Absatzes 2.2.1.1.4 bestimmt.

[1] EVI = explosive, very insensitive, [b)] EEI = explosive, extremely insensitive

2.2.1.4 Glossar der Benennungen

Bem. 1. Es ist nicht Zweck der Beschreibungen im Glossar, die Prüfverfahren zu ersetzen, noch die Gefahrenklassifizierung eines Stoffes oder Gegenstandes der Klasse 1 zu bestimmen. Die Zuordnung zur richtigen Unterklasse und die Entscheidung darüber, ob sie der Verträglichkeitsgruppe „S" zuzuordnen sind, muss auf Grund der Prüfungen des Produktes gemäß Handbuch Prüfungen und Kriterien Teil I oder in Analogie zu gleichartigen, bereits geprüften und nach den Verfahren des Handbuchs Prüfungen und Kriterien zugeordneten Produkten erfolgen.

2. Nach den Benennungen sind die jeweiligen UN-Nummern (Kapitel 3.2 Tabelle A, Spalte 1) angegeben. Hinsichtlich der Klassifizierungscodes siehe Absatz 2.2.1.1.4.

ANZÜNDER: UN-Nummern 0121, 0314, 0315, 0325, 0454.

Gegenstände, die einen oder mehrere explosive Stoffe enthalten und dazu dienen, eine Deflagration in einer Anzünd- oder Zündkette auszulösen. Die Gegenstände werden chemisch, elektrisch oder mechanisch ausgelöst.

Bem. Die folgenden Gegenstände fallen nicht unter diesen Begriff: ANZÜNDER, ANZÜNDSCHNUR; ANZÜNDHÜTCHEN; ANZÜNDLITZE; ANZÜNDSCHNUR; STOPPINEN, NICHT SPRENGKRÄFTIG; TREIBLADUNGSANZÜNDER; ZÜNDER, NICHT SPRENGKRÄFTIG. Sie sind in diesem Glossar gesondert aufgeführt.

ANZÜNDER, ANZÜNDSCHNUR: UN-Nummer 0131

Gegenstände unterschiedlichen Aufbaus, die zur Anzündung von Anzündschnur dienen und durch Reibung, Perkussion oder elektrisch ausgelöst werden.

ANZÜNDHÜTCHEN: UN-Nummern 0044, 0377, 0378

Gegenstände, die aus Metall- oder Kunststoffkapseln bestehen, in denen eine kleine Menge eines Gemisches aus Zünd- oder Anzündstoffen, die sich leicht durch Schlag entzünden lassen, enthalten ist. Sie dienen als Anzündmittel in Patronen für Handfeuerwaffen und als Perkussionsanzünder für Treibladungen.

ANZÜNDLITZE: UN-Nummer 0066

Gegenstand, der entweder aus Textilfäden, die mit Schwarzpulver oder einer anderen pyrotechnischen Mischung bedeckt sind und sich in einem biegsamen Schlauch befinden, oder aus einer Seele aus Schwarzpulver in einer biegsamen Textilumspinnung bestehen. Er brennt entlang seiner Längenausdehnung mit offener Flamme und dient der Übertragung der Anzündung von einer Einrichtung auf eine Ladung oder einen Anzünder.

ANZÜNDSCHNUR, rohrförmig, mit Metallmantel: UN-Nummer 0103

Gegenstand, der aus einer Metallröhre mit einer Seele aus deflagrierendem Explosivstoff besteht.

ANZÜNDSCHNUR (SICHERHEITSZÜNDSCHNUR): UN-Nummer 0105

Gegenstand, der aus einer Seele aus feinkörnigem Schwarzpulver besteht, die von einem biegsamen Textilgewebe mit einem oder mehreren äußeren Schutzüberzügen umhüllt ist. Er brennt nach dem Anzünden mit vorbestimmter Geschwindigkeit ohne jegliche explosive Wirkung ab.

AUSLÖSEVORRICHTUNG MIT EXPLOSIVSTOFF: UN-Nummer 0173

Gegenstand, der aus einer kleinen Explosivstoffladung, einem Zündmittel und einem Gestänge oder Verbindungsstück besteht. Er dient dazu, Einrichtungen durch Durchtrennen des Gestänges oder Verbindungsstückes rasch auszulösen.

BESTANDTEILE, ZÜNDKETTE, N.A.G.: UN-Nummern 0382, 0383, 0384, 0461

Gegenstände mit Explosivstoff, die dazu bestimmt sind, eine Detonation oder eine Deflagration in einer Zündkette zu übertragen.

BLITZLICHTPULVER: UN-Nummern 0094, 0305

Pyrotechnischer Stoff, der beim Anzünden intensives Licht aussendet.

BOMBEN, mit Sprengladung: UN-Nummern 0034, 0035

Gegenstände mit Explosivstoff, die aus Luftfahrzeugen abgeworfen werden, ohne Zündmittel oder mit Zündmitteln, die mindestens zwei wirksame Sicherungsvorrichtungen beinhalten.

BOMBEN, mit Sprengladung: UN-Nummern 0033, 0291

Gegenstände mit Explosivstoff, die aus Luftfahrzeugen abgeworfen werden, mit Zündmitteln, die weniger als zwei wirksame Sicherungsvorrichtungen haben.

BOMBEN, BLITZLICHT: UN-Nummer 0038

Gegenstände mit Explosivstoff, die aus Luftfahrzeugen abgeworfen werden, um eine kurzzeitig wirkende, intensive Lichtquelle für photographische Zwecke zu liefern. Sie enthalten eine Ladung detonierenden Explosivstoffs ohne Zündmittel oder mit Zündmitteln, die mindestens zwei wirksame Sicherungsvorrichtungen beinhalten.

BOMBEN, BLITZLICHT: UN-Nummer 0037

Gegenstände mit Explosivstoff, die aus Luftfahrzeugen abgeworfen werden, um eine kurzzeitig wirkende, intensive Lichtquelle für photographische Zwecke zu liefern. Sie enthalten eine Ladung detonierenden Explosivstoffs mit Zündmitteln, die weniger als zwei wirksame Sicherungsvorrichtungen haben.

BOMBEN, BLITZLICHT: UN-Nummern 0039, 0299

Gegenstände mit Explosivstoff, die aus Luftfahrzeugen abgeworfen werden, um eine kurzzeitig wirkende, intensive Lichtquelle für photographische Zwecke zu liefern. Sie enthalten einen Blitzsatz.

BOMBEN, DIE ENTZÜNDBARE FLÜSSIGKEIT ENTHALTEN, mit Sprengladung: UN-Nummern 0399, 0400

Gegenstände, die aus Luftfahrzeugen abgeworfen werden und die aus einem Tank, der entzündbare Flüssigkeit enthält, und einer explosiven Sprengladung bestehen.

DETONATOREN FÜR MUNITION: UN-Nummern 0073, 0364, 0365, 0366

Gegenstände, die aus kleinen Metall- oder Kunststoffrohren bestehen und Explosivstoffe wie Bleiazid, PETN oder Kombinationen von Explosivstoffen enthalten. Sie sind zur Auslösung von Zündketten bestimmt.

EXPLOSIVE STOFFE, SEHR UNEMPFINDLICH (STOFFE, EVI), N.A.G.: UN-Nummer 0482

Massenexplosionsgefährliche Stoffe, die aber so unempfindlich sind, dass bei normalen Beförderungsbedingungen nur eine geringe Wahrscheinlichkeit einer Auslösung oder eines Übergangs vom Brand zur Detonation besteht, und die die Prüfserie 5 bestanden haben.

EXPLOSIVSTOFF, MUSTER, außer Initialsprengstoff: UN-Nummer 0190

Neue oder bereits bestehende explosive Stoffe oder Gegenstände mit Explosivstoff, die noch keiner Benennung in Kapitel 3.2 Tabelle A zugeordnet sind und die entsprechend den Anweisungen der zuständigen Behörde im Allgemeinen in kleinen Mengen unter anderem zu Versuchs-, Zuordnungs-, Forschungs- und Entwicklungszwecken, zu Qualitätskontrollzwecken oder als Handelsmuster befördert werden.

Bem. Explosive Stoffe oder Gegenstände mit Explosivstoff, die bereits einer anderen Benennung des Kapitels 3.2 Tabelle A zugeordnet sind, fallen nicht unter diesen Begriff.

FALLOTE, MIT EXPLOSIVSTOFF: UN-Nummern 0374, 0375

Gegenstände, die aus einer Ladung detonierenden Explosivstoffs bestehen, ohne Zündmittel oder mit Zündmitteln, die mindestens zwei wirksame Sicherungsvorrichtungen beinhalten. Sie werden von Schiffen über Bord geworfen und explodieren entweder in vorbestimmter Wassertiefe oder wenn sie auf dem Meeresboden auftreffen.

FALLOTE, MIT EXPLOSIVSTOFF: UN-Nummern 0204, 0296

Gegenstände, die aus einer Ladung detonierenden Explosivstoffs bestehen, mit Zündmitteln, die weniger als zwei wirksame Sicherungsvorrichtungen haben. Sie werden von Schiffen über Bord geworfen und explodieren entweder in vorbestimmter Wassertiefe oder wenn sie auf dem Meeresboden auftreffen.

FEUERWERKSKÖRPER: UN-Nummern 0333, 0334, 0335, 0336, 0337

Pyrotechnische Gegenstände, die für Unterhaltungszwecke bestimmt sind.

FÜLLSPRENGKÖRPER: UN-Nummer 0060

Gegenstände, die aus einer kleinen entfernbaren Verstärkungsladung bestehen, die in Höhlungen von Geschossen zwischen Zünder und Hauptsprengladung eingesetzt werden.

GEFECHTSKÖPFE, RAKETE, mit Sprengladung: UN-Nummern 0286, 0287

Gegenstände, die aus detonierenden Explosivstoffen bestehen, ohne Zündmittel oder mit Zündmitteln, die mindestens zwei wirksame Sicherungsvorrichtungen beinhalten. Sie sind dazu bestimmt, mit einer Rakete verbunden zu werden. Unter diese Benennung fallen auch Gefechtsköpfe für Lenkflugkörper.

GEFECHTSKÖPFE, RAKETE, mit Sprengladung: UN-Nummer 0369

Gegenstände, die aus detonierenden Explosivstoffen bestehen, mit Zündmitteln, die weniger als zwei wirksame Sicherungsvorrichtungen haben. Sie sind dazu bestimmt, mit einer Rakete verbunden zu werden. Unter diese Benennung fallen auch Gefechtsköpfe für Lenkflugkörper.

GEFECHTSKÖPFE, RAKETE, mit Zerleger- oder Ausstoßladung: UN-Nummer 0370

Gegenstände, die aus einer inerten Nutzlast und einer kleinen Ladung aus detonierendem oder deflagrierendem Explosivstoff bestehen, ohne Zündmittel oder mit Zündmitteln, die mindestens zwei wirksame Sicherungsvorrichtungen beinhalten. Sie sind dazu bestimmt, mit einer Rakete verbunden zu werden, um das inerte Material zu zerstreuen. Unter diese Benennung fallen auch Gefechtsköpfe für Lenkflugkörper.

GEFECHTSKÖPFE, RAKETE, mit Zerleger- oder Ausstoßladung: UN-Nummer 0371

Gegenstände, die aus einer inerten Nutzlast und einer kleinen Ladung aus detonierendem oder deflagrierendem Explosivstoff bestehen, mit Zündmitteln, die weniger als zwei wirksame Sicherungsvorrichtungen haben. Sie sind dazu bestimmt, mit einer Rakete verbunden zu werden, um das inerte Material zu zerstreuen. Unter diese Benennung fallen auch Gefechtsköpfe für Lenkflugkörper.

GEFECHTSKÖPFE, TORPEDO, mit Sprengladung: UN-Nummer 0221

Gegenstände, die aus detonierendem Explosivstoff bestehen, ohne Zündmittel oder mit Zündmitteln, die mindestens zwei wirksame Sicherungsvorrichtungen beinhalten. Sie sind dazu bestimmt, mit einem Torpedo verbunden zu werden.

GEGENSTÄNDE MIT EXPLOSIVSTOFF, EXTREM UNEMPFINDLICH (GEGENSTÄNDE, EEI): UN-Nummer 0486

Gegenstände, die nur extrem unempfindliche Stoffe enthalten, die bei normalen Beförderungsbedingungen nur eine geringfügige Wahrscheinlichkeit einer unbeabsichtigten Zündung oder Fortpflanzung aufweisen, und die die Prüfserie 7 bestanden haben.

GEGENSTÄNDE, PYROPHOR: UN-Nummer 0380

Gegenstände, die einen pyrophoren Stoff (selbstentzündungsfähig in Berührung mit Luft) und einen Explosivstoff oder eine explosive Komponente enthalten. Diese Benennung schließt Gegenstände aus, die weißen Phosphor enthalten.

GESCHOSSE, inert, mit Leuchtspurmitteln: UN-Nummern 0345, 0424, 0425

Gegenstände wie Granaten oder Kugeln, die aus Kanonen oder anderen Artilleriegeschützen, Gewehren oder anderen Handfeuerwaffen abgefeuert werden.

GESCHOSSE, mit Sprengladung: UN-Nummern 0168, 0169, 0344

Gegenstände wie Granaten oder Kugeln, die aus Kanonen oder anderen Artilleriegeschützen abgefeuert werden. Sie enthalten keine Zündmittel oder Zündmittel, die mindestens zwei wirksame Sicherungsvorrichtungen beinhalten.

GESCHOSSE, mit Sprengladung: UN-Nummern 0167, 0324

Gegenstände wie Granaten oder Kugeln, die aus Kanonen oder anderen Artilleriegeschützen abgefeuert werden. Sie enthalten Zündmittel, die weniger als zwei wirksame Sicherungsvorrichtungen haben.

GESCHOSSE, mit Zerleger- oder Ausstoßladung: UN-Nummern 0346, 0347

Gegenstände wie Granaten oder Kugeln, die aus Kanonen oder anderen Artilleriegeschützen verschossen werden. Sie enthalten keine Zündmittel oder Zündmittel, die mindestens zwei wirksame Sicherungsvorrichtungen beinhalten. Sie dienen dem Verteilen von Farbstoffen für Markierungszwecke oder von anderen inerten Stoffen.

GESCHOSSE, mit Zerleger- oder Ausstoßladung: UN-Nummern 0426, 0427

Gegenstände wie Granaten oder Kugeln, die aus Kanonen oder anderen Artilleriegeschützen abgefeuert werden. Sie enthalten Zündmittel, die weniger als zwei wirksame Sicherungsvorrichtungen haben. Sie dienen dem Verteilen von Farbstoffen für Markierungszwecke oder von anderen inerten Stoffen.

GESCHOSSE, mit Zerleger- oder Ausstoßladung: UN-Nummern 0434, 0435

Gegenstände wie Granaten oder Kugeln, die aus Kanonen oder anderen Artilleriegeschützen, Gewehren oder anderen Handfeuerwaffen abgefeuert werden. Sie dienen dem Verteilen von Farbstoffen für Markierungszwecke oder von anderen inerten Stoffen.

GRANATEN, Hand oder Gewehr, mit Sprengladung: UN-Nummern 0284, 0285

Gegenstände, die dazu bestimmt sind, mit der Hand geworfen oder aus einem Gewehr abgefeuert zu werden. Sie enthalten keine Zündmittel oder Zündmittel, die mindestens zwei wirksame Sicherungsvorrichtungen beinhalten.

GRANATEN, Hand oder Gewehr, mit Sprengladung: UN-Nummern 0292, 0293

Gegenstände, die dazu bestimmt sind, mit der Hand geworfen oder aus einem Gewehr abgefeuert zu werden. Sie enthalten Zündmittel, die weniger als zwei wirksame Sicherungsvorrichtungen haben.

GRANATEN, ÜBUNG, Hand oder Gewehr: UN-Nummern 0110, 0318, 0372, 0452

Gegenstände ohne Hauptsprengladung, die dazu bestimmt sind, mit der Hand geworfen oder aus einem Gewehr abgefeuert zu werden. Sie enthalten die Anzündeinrichtung und können eine Markierungsladung enthalten.

HEXOLIT (HEXOTOL), trocken oder mit weniger als 15 Masse-% Wasser: UN-Nummer 0118

Stoff, der aus einer innigen Mischung aus Cyclotrimethylentrinitramin (RDX) und Trinitrotoluen (TNT) besteht. Unter diese Benennung fällt auch "Composition B".

HEXOTONAL: UN-Nummer 0393

Stoff, der aus einer innigen Mischung aus Cyclotrimethylentrinitramin (RDX), Trinitrotoluen (TNT) und Aluminium besteht.

HOHLLADUNGEN, ohne Zündmittel: UN-Nummern 0059, 0439, 0440, 0441

Gegenstände, die aus einem Gehäuse mit einer Ladung aus detonierendem Explosivstoff mit einer Höhlung, welche mit festem Material ausgekleidet ist, ohne Zündmittel bestehen. Sie sind dazu bestimmt, einen starken, materialdurchschlagenden Hohlladungseffekt zu erzeugen.

KARTUSCHEN, ERDÖLBOHRLOCH: UN-Nummern 0277, 0278

Gegenstände, die aus einem dünnwandigen Gehäuse aus Pappe, Metall oder anderem Material bestehen und ausschließlich Treibladungspulver enthalten und die dazu dienen, gehärtete Projektile auszustoßen, um damit Verrohrungen von Erdölbohrlöchern zu perforieren.

Bem. Folgende Gegenstände fallen nicht unter diese Benennung: Hohlladungen. Sie sind in diesem Glossar gesondert aufgeführt.

KARTUSCHEN FÜR TECHNISCHE ZWECKE: UN-Nummern 0275, 0276, 0323, 0381

Gegenstände, die dazu bestimmt sind, mechanische Wirkungen hervorzurufen. Sie bestehen aus einem Gehäuse mit einer Ladung aus deflagrierendem Explosivstoff und einem Anzündmittel. Die gasförmigen Deflagrationsprodukte dienen zum Aufblasen, erzeugen lineare oder rotierende Bewegung oder bewirken die Funktion von Unterbrechern, Ventilen oder Schaltern oder sie stoßen Befestigungselemente oder Löschmittel aus.

KNALLKAPSELN, EISENBAHN: UN-Nummern 0192, 0193, 0492, 0493

Gegenstände, die einen pyrotechnischen Stoff enthalten, der bei Zerstörung des Gegenstandes mit lautem Knall explodiert. Sie sind dazu bestimmt, auf Eisenbahngleise gelegt zu werden.

LEUCHTKÖRPER, BODEN: UN-Nummern 0092, 0418, 0419

Gegenstände, die pyrotechnische Stoffe enthalten und dazu bestimmt sind, auf der Erdoberfläche für Beleuchtungs-, Erkennungs-, Signal- oder Warnzwecke verwendet zu werden.

LEUCHTKÖRPER, LUFTFAHRZEUG: UN-Nummern 0093, 0403, 0404, 0420, 0421

Gegenstände, die pyrotechnische Stoffe enthalten und dazu bestimmt sind, für Beleuchtungs-, Erkennungs-, Signal- oder Warnzwecken aus Luftfahrzeugen abgeworfen zu werden.

LEUCHTSPURKÖRPER FÜR MUNITION: UN-Nummern 0212, 0306

Geschlossene Gegenstände, die pyrotechnische Stoffe enthalten und dazu dienen, die Flugbahnen von Geschossen sichtbar zu machen.

LOCKERUNGSSPRENGGERÄTE MIT EXPLOSIVSTOFF, für Erdölbohrungen, ohne Zündmittel: UN-Nummer 0099

Gegenstände, die aus einem Gehäuse mit detonierendem Explosivstoff ohne Zündmittel bestehen. Sie werden zur Auflockerung des Gesteins in der Umgebung eines Bohrlochs eingesetzt, um dadurch den Austritt des Rohöls aus dem Gestein zu erleichtern.

MINEN, mit Sprengladung: UN-Nummern 0137, 0138

Gegenstände, die im Allgemeinen aus Behältern aus Metall oder kombinierten Materialien bestehen, die detonierenden Explosivstoff enthalten, ohne Zündmittel oder mit Zündmitteln, die mindestens zwei wirksame Sicherungsvorrichtungen beinhalten. Sie sind dazu bestimmt, beim Passieren von Schiffen, Fahrzeugen oder Personen ausgelöst zu werden. Unter diese Benennung fallen auch "Bangalore Torpedos".

MINEN, mit Sprengladung: UN-Nummern 0136, 0294

Gegenstände, die im Allgemeinen aus Behältern aus Metall oder kombinierten Materialien bestehen, die detonierenden Explosivstoff enthalten, mit Zündmitteln, die weniger als zwei wirksame Sicherungsvorrichtungen haben. Sie sind dazu bestimmt, beim Passieren von Schiffen, Fahrzeugen oder Personen ausgelöst zu werden. Unter diese Benennung fallen auch "Bangalore Torpedos".

MUNITION, AUGENREIZSTOFF, mit Zerleger, Ausstoß- oder Treibladung: UN-Nummern 0018, 0019, 0301

Munition, die einen Augenreizstoff enthält. Sie enthält außerdem eine oder mehrere der folgenden Komponenten: einen pyrotechnischen Stoff; eine Treibladung mit Treibladungsanzünder und Anzündladung; einen Zünder mit Zerleger oder einer Ausstoßladung.

MUNITION, BRAND, mit flüssigem oder geliertem Brandstoff, mit Zerleger, Ausstoß- oder Treibladung: UN-Nummer 0247

Munition, die einen flüssigen oder gelförmigen Brandstoff enthält. Sofern der Brandstoff selbst kein explosiver Stoff ist, enthält sie außerdem eine oder mehrere der folgenden Komponenten: eine Treibladung mit Treibladungsanzünder und Anzündladung; einen Zünder mit Zerleger oder einer Ausstoßladung.

MUNITION, BRAND, mit oder ohne Zerleger, Ausstoß- oder Treibladung: UN-Nummern 0009, 0010, 0300

Munition, die einen Brandstoff enthält. Sofern der Brandstoff selbst kein explosiver Stoff ist, enthält sie außerdem eine oder mehrere der folgenden Komponenten: eine Treibladung mit Treibladungsanzünder und Anzündladung; einen Zünder mit Zerleger oder Ausstoßladung.

MUNITION, BRAND, WEISSER PHOSPHOR, mit Zerleger, Ausstoß- oder Treibladung: UN-Nummern 0243, 0244

Munition, die weißen Phosphor als Brandstoff enthält. Sie enthält außerdem eine oder mehrere der folgenden Komponenten: eine Treibladung mit Treibladungsanzünder und Anzündladung; einen Zünder mit Zerleger oder Ausstoßladung.

MUNITION, LEUCHT, mit oder ohne Zerleger, Ausstoß- oder Treibladung: UN-Nummern 0171, 0254, 0297

Munition, die eine intensive Lichtquelle erzeugen kann, die zur Beleuchtung eines Gebietes bestimmt ist. Diese Benennung schließt Leuchtgranaten und Leuchtgeschosse sowie Leuchtbomben und Zielerkennungsbomben mit ein.

Bem. Die folgenden Gegenstände fallen nicht unter diese Benennung: LEUCHTKÖRPER, BODEN und LEUCHTKÖRPER, LUFTFAHRZEUG; PATRONEN, SIGNAL; SIGNALKÖRPER, HAND; SIGNALKÖRPER, SEENOT. Sie sind in diesem Glossar gesondert aufgeführt.

MUNITION, NEBEL, mit oder ohne Zerleger, Ausstoß- oder Treibladung: UN-Nummern 0015, 0016, 0303

Munition, die einen Nebelstoff wie Chlorsulfonsäuremischung, Titaniumtetrachlorid oder einen auf Hexachlorethan oder rotem Phosphor basierenden nebelbildenden pyrotechnischen Satz enthält. Sofern der Nebelstoff selbst kein explosiver Stoff ist, enthält die Munition außerdem eine oder mehrere der folgenden Komponenten: eine Treibladung mit Treibladungsanzünder und Anzündladung; einen Zünder mit Zerleger oder einer Ausstoßladung. Diese Benennung schließt Nebelgranaten mit ein.

Bem. Die folgenden Gegenstände fallen nicht unter diese Benennung: SIGNALKÖRPER, RAUCH. Sie sind in diesem Glossar gesondert aufgeführt.

MUNITION, NEBEL, WEISSER PHOSPHOR, mit Zerleger, Ausstoß- oder Treibladung: UN-Nummern 0245, 0246

Munition, die weißen Phosphor als Nebelstoff enthält. Sie enthält außerdem eine oder mehrere der folgenden Komponenten: eine Treibladung mit Treibladungsanzünder und Anzündladung; einen Zünder mit Zerleger oder Ausstoßladung. Diese Benennung schließt Nebelgranaten mit ein.

MUNITION, PRÜF: UN-Nummer 0363

Munition, die pyrotechnische Stoffe enthält und die zur Prüfung der Funktionsfähigkeit und Stärke neuer Munition, Waffenteile oder Waffensysteme dient.

MUNITION, ÜBUNG: UN-Nummern 0362, 0488

Munition ohne Hauptsprengladung, aber mit Zerleger oder Ausstoßladung. Im Allgemeinen enthält die Munition auch einen Zünder und eine Treibladung.

Bem. Die folgenden Gegenstände fallen nicht unter diese Benennung: GRANATEN, ÜBUNG. Sie sind in diesem Glossar gesondert aufgeführt.

OCTONAL: UN-Nummer 0496

Stoff, der aus einer innigen Mischung aus Cyclotetramethylentetranitramin (HMX), Trinitrotoluen (TNT) und Aluminium besteht.

OKTOLIT (OCTOL), trocken oder mit weniger als 15 Masse-% Wasser: UN-Nummer 0266

Stoff, der aus einer innigen Mischung aus Cyclotetramethylentetranitramin (HMX) und Trinitrotoluen (TNT) besteht.

PATRONEN, BLITZLICHT: UN-Nummern 0049, 0050

Gegenstände, die aus einem Gehäuse, einem Anzündelement und einem Blitzsatz bestehen, alle zu einer Einheit vereinigt und fertig zum Abschuss.

PATRONEN FÜR HANDFEUERWAFFEN: UN-Nummern 0012, 0339, 0417

Munition, die aus einer Treibladungshülse mit Zentral- oder Randfeuerung besteht und sowohl eine Treibladung als auch ein Geschoss enthält. Sie ist dazu bestimmt, aus Waffen mit einem Kaliber von höchstens 19,1 mm abgefeuert zu werden. Schrotpatronen jeden Kalibers sind in dieser Benennung eingeschlossen.

Bem. PATRONEN FÜR HANDFEUERWAFFEN, MANÖVER fallen nicht unter diese Benennung. Diese sind getrennt aufgeführt. Einige Patronen für militärische Handfeuerwaffen fallen nicht unter diese Benennung. Diese sind unter PATRONEN FÜR WAFFEN, MIT INERTEM GESCHOSS aufgeführt.

PATRONEN FÜR HANDFEUERWAFFEN, MANÖVER: UN-Nummern 0014, 0327, 0338

Munition, die aus einer geschlossenen Treibladungshülse mit Zentral- oder Randfeuerung und aus einer Ladung aus Treibladungspulver oder aus Schwarzpulver besteht. Die Treibladungshülsen tragen keine Geschosse. Die Patronen sind dazu bestimmt, aus Waffen mit einem Kaliber von höchstens 19,1 mm abgefeuert zu werden und dienen der Erzeugung eines lauten Knalls und werden für Übungszwecke, zum Salutschießen, als Treibladung und für Starterpistolen usw. verwendet.

PATRONEN FÜR WAFFEN, MANÖVER: UN-Nummern 0014, 0326, 0327, 0338, 0413

Munition, die aus einer geschlossenen Treibladungshülse mit Zentral- oder Randfeuerung und aus einer Ladung aus Treibladungspulver oder aus Schwarzpulver besteht, aber ohne Geschosse. Sie dient zur Erzeugung eines lauten Knalls und wird für Übungszwecke, zum Salutschießen, als Treibladungen und für Starterpistolen usw. verwendet. Unter diese Benennung fällt auch Munition, Manöver.

PATRONEN, FÜR WAFFEN, MIT INERTEM GESCHOSS (PATRONEN FÜR HANDFEUERWAFFEN): UN-Nummern 0012, 0328, 0339, 0417

Munition, die aus einem Geschoss ohne Sprengladung und einer Treibladung mit oder ohne Treibladungsanzünder besteht. Die Munition kann ein Lichtspurmittel enthalten, vorausgesetzt, die Hauptgefahr rührt von der Treibladung her.

PATRONEN FÜR WAFFEN, mit Sprengladung: UN-Nummern 0006, 0321, 0412

Munition, die aus einem Geschoss mit Sprengladung und einer Treibladung mit oder ohne Treibladungsanzünder besteht, ohne Zündmittel oder mit Zündmitteln, die mindestens zwei wirksame Sicherungsvorrichtungen beinhalten. Unter diese Benennung fallen auch Patronen ohne Ladungswahl, Patronen mit Ladungswahl und getrennt zu ladende Rohrwaffenmunition, sofern sie zusammengepackt sind.

PATRONEN FÜR WAFFEN, mit Sprengladung: UN-Nummern 0005, 0007, 0348

Munition, die aus einem Geschoss mit Sprengladung und einer Treibladung mit oder ohne Treibladungsanzünder besteht, mit Zündmitteln, die weniger als zwei wirksame Sicherungsvorrichtungen haben. Unter diese Benennung fallen auch Patronen ohne Ladungswahl, Patronen mit Ladungswahl und getrennt zu ladende Rohrwaffenmunition, sofern sie zusammengepackt sind.

PATRONEN FÜR WERKZEUGE, OHNE GESCHOSS: UN-Nummer 0014

In Werkzeugen verwendeter Gegenstand, der aus einer geschlossenen Treibladungshülse mit Zentral- oder Randfeuerung mit oder ohne Ladung aus Treibladungspulver oder aus Schwarzpulver besteht, aber ohne Geschoss.

PATRONEN, SIGNAL: UN-Nummern 0054, 0312, 0405

Gegenstände, die dazu bestimmt sind, farbige Lichtzeichen oder andere Signale auszustoßen und aus Signalpistolen usw. abgefeuert zu werden.

PENTOLIT, trocken oder mit weniger als 15 Masse-% Wasser: UN-Nummer 0151

Stoff, der aus einer innigen Mischung aus Pentaerythritoltetranitrat (PETN) und Trinitrotoluen (TNT) besteht.

PERFORATIONSHOHLLADUNGSTRÄGER, GELADEN, für Erdölbohrlöcher, ohne Zündmittel: UN-Nummern 0124, 0494

Gegenstände, die aus Stahlrohren oder Metallbändern bestehen, in die durch Sprengschnur miteinander verbundene Hohlladungen eingesetzt sind, ohne Zündmittel.

PULVERROHMASSE, ANGEFEUCHTET mit nicht weniger als 17 Masse-% Alkohol: UN-Nummer 0433;

PULVERROHMASSE, ANGEFEUCHTET mit mindestens 25 Masse-% Wasser: UN-Nummer 0159

Stoff, der aus Nitrocellulose besteht, die mit höchstens 60 Masse-% Nitroglycerol, anderen flüssigen organischen Nitraten oder deren Mischungen imprägniert ist.

PYROTECHNISCHE GEGENSTÄNDE für technische Zwecke: UN-Nummern 0428, 0429, 0430, 0431, 0432

Gegenstände, die pyrotechnische Stoffe enthalten und für technische Anwendungszwecke wie Wärmeentwicklung, Gasentwicklung oder Theatereffekte usw. verwendet werden.

Bem. Die folgenden Gegenstände fallen nicht unter diese Benennung: Alle Arten von Munition; AUSLÖSEVORRICHTUNGEN, MIT EXPLOSIVSTOFF; FEUERWERKSKÖRPER; KNALLKAPSELN, EISENBAHN; LEUCHTKÖRPER, BODEN; LEUCHTKÖRPER, LUFTFAHRZEUG; PATRONEN, SIGNAL; SCHNEIDVORRICHTUNGEN, KABEL, MIT EXPLOSIVSTOFF; SIGNALKÖRPER, HAND; SIGNALKÖRPER, RAUCH; SIGNALKÖRPER, SEENOT; SPRENGNIETE. Sie sind in diesem Glossar gesondert aufgeführt.

RAKETEN, mit Ausstoßladung: UN-Nummern 0436, 0437, 0438

Gegenstände, die aus einem Raketenmotor und einer Ausstoßladung zum Ausstoßen der Nutzlast aus dem Raketenkopf bestehen. Unter diese Benennung fallen auch Lenkflugkörper.

RAKETEN, mit inertem Kopf: UN-Nummer 0183, 0502

Gegenstände, die aus einem Raketenmotor und einem inerten Raketenkopf bestehen. Unter diese Benennung fallen auch Lenkflugkörper.

RAKETEN, mit Sprengladung: UN-Nummern 0181, 0182

Gegenstände, die aus einem Raketenmotor und einem Gefechtskopf bestehen, ohne Zündmittel oder mit Zündmitteln, die mindestens zwei wirksame Sicherungsvorrichtungen beinhalten. Unter diese Benennung fallen auch Lenkflugkörper.

RAKETEN, mit Sprengladung: UN-Nummern 0180, 0295

Gegenstände, die aus einem Raketenmotor und einem Gefechtskopf bestehen, mit Zündmitteln, die weniger als zwei wirksame Sicherungsvorrichtungen haben. Unter diese Benennung fallen auch Lenkflugkörper.

RAKETEN, FLÜSSIGTREIBSTOFF, mit Sprengladung: UN-Nummern 0397, 0398

Gegenstände, die aus einem mit flüssigem Treibstoff gefüllten Zylinder mit einer oder mehreren Düsen und einem Gefechtskopf bestehen. Unter diese Benennung fallen auch Lenkflugkörper.

RAKETEN, LEINENWURF: UN-Nummern 0238, 0240, 0453

Gegenstände, die aus einem Raketenmotor bestehen und dazu bestimmt sind, eine Leine hinter sich her zu schleppen.

RAKETENMOTOREN: UN-Nummern 0186, 0280, 0281, 0510

Gegenstände, die aus einer Treibladung, im Allgemeinen einem Festtreibstoff, bestehen, die in einem Zylinder mit einer oder mehreren Düsen enthalten ist. Sie sind dazu bestimmt, eine Rakete oder einen Lenkflugkörper anzutreiben.

RAKETENMOTOREN, FLÜSSIGTREIBSTOFF: UN-Nummern 0395, 0396

Gegenstände, die aus einem Zylinder mit einer oder mehreren Düsen bestehen, der einen Flüssigtreibstoff enthält. Sie sind dazu bestimmt, eine Rakete oder einen Lenkflugkörper anzutreiben.

RAKETENTRIEBWERKE MIT HYPERGOLEN, mit oder ohne Ausstoßladung: UN-Nummern 0250, 0322

Gegenstände, die aus einem Zylinder mit einer oder mehreren Düsen bestehen und einen hypergolischen Treibstoff enthalten. Sie sind dazu bestimmt, eine Rakete oder einen Lenkflugkörper anzutreiben.

SCHNEIDLADUNG, BIEGSAM, GESTRECKT: UN-Nummern 0237, 0288

Gegenstände, die aus einer V-förmigen Seele aus detonierendem Explosivstoff in einem biegsamen Mantel bestehen.

SCHNEIDVORRICHTUNG, KABEL, MIT EXPLOSIVSTOFF: UN-Nummer 0070

Gegenstände, die aus einer messerartigen Vorrichtung bestehen, die durch eine kleine Ladung deflagrierenden Explosivstoffs auf ein Widerlager gepresst wird.

SCHWARZPULVER, gekörnt oder in Mehlform: UN-Nummer 0027

Stoff, aus einem innigen Gemisch aus Holzkohle oder einer anderen Kohleart und entweder Kaliumnitrat oder Natriumnitrat mit oder ohne Schwefel besteht.

SCHWARZPULVER GEPRESST oder als **PELLETS:** UN-Nummer 0028

Stoff, der aus geformtem Schwarzpulver besteht.

SICHERHEITSEINRICHTUNGEN, PYROTECHNISCH: UN-Nummer 0503

Gegenstände, die pyrotechnische Stoffe oder gefährliche Güter anderer Klassen enthalten und zur Erhöhung der Sicherheit von Personen in Fahrzeugen, Schiffen oder Flugzeugen verwendet werden. Beispiele sind: Airbag-Gasgeneratoren, Airbag-Module, Gurtstraffer und pyromechanische Einrichtungen. Bei diesen pyromechanischen Einrichtungen handelt es sich um montierte Bauteile für Aufgaben wie beispielsweise Trennung, Verschluss oder Rückhalt von Insassen.

SIGNALKÖRPER, HAND: UN-Nummern 0191, 0373

Tragbare Gegenstände, die pyrotechnische Stoffe enthalten und die sichtbare Signale oder Warnzeichen aussenden. Unter diese Benennung fallen auch kleine Leuchtkörper, Boden, wie Autobahnfackeln, Eisenbahnfackeln oder kleine Seenotfackeln.

SIGNALKÖRPER, RAUCH: UN-Nummern 0196, 0197, 0313, 0487, 0507

Gegenstände, die pyrotechnische Stoffe enthalten und Rauch ausstoßen. Sie können zusätzlich auch Einrichtungen zum Erzeugen hörbarer Signale enthalten.

SIGNALKÖRPER, SEENOT: UN-Nummern 0194, 0195, 0505, 0506

Gegenstände, die pyrotechnische Stoffe enthalten und dazu bestimmt sind, Signale in Form von Knall, Flammen oder Rauch oder einer Kombination davon zu geben.

SPRENGKAPSELN, ELEKTRISCH: UN-Nummern 0030, 0255, 0456

Gegenstände, die insbesondere zur Auslösung gewerblicher Sprengstoffe bestimmt sind. Es kann sich um Sprengkapseln mit oder ohne Verzögerungselement handeln. Elektrische Sprengkapseln werden durch elektrischen Strom ausgelöst.

SPRENGKAPSELN, NICHT ELEKTRISCH: UN-Nummern 0029, 0267, 0455

Gegenstände, die insbesondere zur Auslösung gewerblicher Sprengstoffe bestimmt sind. Es kann sich um Sprengkapseln mit oder ohne Verzögerungselement handeln. Nicht elektrische Sprengkapseln werden durch Stoßrohr, Anzündschlauch, Anzündschnur, andere Anzündmittel oder schmiegsame Sprengschnur ausgelöst. Unter diese Benennung fallen auch Verbindungsstücke ohne Sprengschnur.

SPRENGKÖRPER: UN-Nummer 0048

Gegenstände, die eine Ladung aus einem detonierenden Explosivstoff in einem Gehäuse aus Pappe, Kunststoff, Metall oder einem anderen Material enthalten. Sie enthalten keine Zündmittel oder sie enthalten Zündmittel, die mindestens zwei wirksame Sicherungsvorrichtungen beinhalten.

Bem. Die folgenden Gegenstände fallen nicht unter diese Benennung: BOMBEN, GESCHOSSE, Minen usw. Sie sind in diesem Glossar gesondert aufgeführt.

SPRENGLADUNGEN, GEWERBLICHE, ohne Zündmittel: UN-Nummern 0442, 0443, 0444, 0445

Gegenstände, die aus einer Ladung eines detonierenden Explosivstoffs ohne Zündmittel bestehen und zum Sprengschweißen, Sprengplattieren, Sprengverformen oder für andere metallurgische Prozesse verwendet werden.

SPRENGLADUNGEN, KUNSTSTOFFGEBUNDEN: UN-Nummern 0457, 0458, 0459, 0460

Gegenstände, die aus einer kunststoffgebundenen Ladung eines detonierenden Explosivstoffs bestehen, in spezieller Form ohne Umhüllung hergestellt sind und keine Zündmittel enthalten. Sie dienen als Bestandteil von Munition, z.B. Gefechtsköpfen.

SPRENGNIETE: UN-Nummer 0174

Gegenstände, die aus kleinen Explosivstoffladungen innerhalb eines Metallniets bestehen.

SPRENGSCHNUR, biegsam: UN-Nummern 0065, 0289

Gegenstand, der aus einer Seele aus detonierendem Explosivstoff in einer Umspinnung aus Textilfäden besteht, mit oder ohne Überzug aus Kunststoff. Der Überzug ist nicht erforderlich, wenn die Umspinnung staubdicht ist.

SPRENGSCHNUR MIT GERINGER WIRKUNG, mit Metallmantel: UN-Nummer 0104

Gegenstand, der aus einer Seele aus detonierendem Explosivstoff in einem Rohr aus weichem Metall mit oder ohne Schutzbeschichtung besteht. Die Menge an Explosivstoff ist so begrenzt, dass nur eine geringe Wirkung nach außen auftritt.

SPRENGSCHNUR, mit Metallmantel: UN-Nummern 0102, 0290

Gegenstand, der aus einer Seele aus detonierendem Explosivstoff in einem Rohr aus weichem Metall mit oder ohne Schutzbeschichtung besteht.

SPRENGSTOFF, TYP A: UN-Nummer 0081

Stoffe, die aus flüssigen organischen Nitraten wie Nitroglycerol oder einer Mischung derartiger Stoffe bestehen, mit einem oder mehreren der folgenden Bestandteile: Nitrocellulose; Ammoniumnitrat oder andere anorganische Nitrate; aromatische Nitroverbindungen oder brennbare Stoffe wie Holzmehl oder Aluminiumpulver. Sie können außerdem inerte Bestandteile, wie Kieselgur, oder geringfügige Zuschläge, wie Farbstoffe oder Stabilisatoren, enthalten. Diese Sprengstoffe haben pulverförmige, gelatinöse oder elastische Konsistenz. Unter diese Benennung fallen auch Dynamite, Sprenggelatine, Gelatinedynamite.

SPRENGSTOFF, TYP B: UN-Nummern 0082, 0331

Stoffe, die aus

a) einer Mischung von Ammoniumnitrat oder anderen anorganischen Nitraten mit Explosivstoffen, wie Trinitrotoluen (TNT), mit oder ohne anderen Stoffen, wie Holzmehl und Aluminium-Pulver, oder

b) einer Mischung aus Ammoniumnitrat oder anderen anorganischen Nitraten mit anderen brennbaren, nicht explosiven Stoffen

bestehen.

In beiden Fällen können die Sprengstoffe inerte Bestandteile, wie Kieselgur, und Zusätze, wie Farbstoffe und Stabilisatoren, enthalten. Diese Sprengstoffe dürfen kein Nitroglycerin oder ähnliche flüssige organische Nitrate und keine Chlorate enthalten.

SPRENGSTOFF, TYP C: UN-Nummer 0083

Stoffe, die aus einer Mischung aus Kalium- oder Natriumchlorat oder Kalium-, Natrium- oder Ammoniumperchlorat mit organischen Nitroverbindungen oder brennbaren Stoffen, wie Holzmehl, Aluminiumpulver oder Kohlenwasserstoffen, bestehen. Sie können außerdem inerte Bestandteile, wie Kieselgur, und Zusätze, wie Farbstoffe und Stabilisatoren, enthalten. Diese Sprengstoffe dürfen kein Nitroglycerin oder ähnliche flüssige organische Nitrate enthalten.

SPRENGSTOFF, TYP D: UN-Nummer 0084

Stoffe, die aus einer Mischung organischer nitrierter Verbindungen und brennbarer Stoffe, wie Kohlenwasserstoffe und Aluminiumpulver, bestehen. Sie können inerte Bestandteile, wie Kieselgur, und Zusätze, wie Farbstoffe und Stabilisatoren, enthalten. Diese Sprengstoffe dürfen kein Nitroglycerin oder ähnliche flüssige organische Nitrate, keine Chlorate und kein Ammoniumnitrat enthalten. Unter diese Benennung fallen im Allgemeinen die Plastiksprengstoffe.

SPRENGSTOFF, TYP E: UN-Nummern 0241, 0332

Stoffe, die aus Wasser als Hauptbestandteil und einem hohen Anteil an Ammoniumnitrat oder anderen Oxidationsmitteln, die ganz oder teilweise gelöst sind, bestehen. Die anderen Bestandteile können Nitroverbindungen, wie Trinitrotoluen, Kohlenwasserstoffe oder Aluminiumpulver, sein. Sie können inerte Bestandteile, wie Kieselgur, und Zusätze, wie Farbstoffe und Stabilisatoren, enthalten. Unter diese Benennung fallen die Emulsionssprengstoffe, die Slurry-Sprengstoffe und die "Wassergele".

STOPPINEN, NICHT SPRENGKRÄFTIG: UN-Nummer 0101

Gegenstände, die aus Baumwollfäden bestehen, die mit feinem Schwarzpulver imprägniert sind (Zündschnur). Sie brennen mit offener Flamme und werden in Anzündketten für Feuerwerkskörper usw. verwendet.

TORPEDOS, MIT FLÜSSIGTREIBSTOFF, mit inertem Kopf: UN-Nummer 0450

Gegenstände, die aus einem flüssigen explosiven Antriebssystem, das den Torpedo durch das Wasser bewegt, und einem inerten Kopf bestehen.

TORPEDOS, MIT FLÜSSIGTREIBSTOFF, mit oder ohne Sprengladung: UN-Nummer 0449

Gegenstände, die entweder aus einem flüssigen, explosiven Antriebssystem bestehen, das den Torpedo durch das Wasser bewegt, mit oder ohne Gefechtskopf, oder aus einem flüssigen, nicht explosiven Antriebssystem, das den Torpedo durch das Wasser bewegt, mit einem Gefechtskopf.

TORPEDOS, mit Sprengladung: UN-Nummer 0451

Gegenstände, die aus einem nicht explosiven Antriebssystem bestehen, das den Torpedo durch das Wasser bewegt, mit einem Gefechtskopf, ohne Zündmittel oder mit Zündmitteln, die mindestens zwei wirksame Sicherungsvorrichtungen beinhalten.

TORPEDOS, mit Sprengladung: UN-Nummer 0329

Gegenstände, die aus einem explosiven Antriebssystem bestehen, das den Torpedo durch das Wasser bewegt, mit einem Gefechtskopf, ohne Zündmittel oder mit Zündmitteln, die mindestens zwei wirksame Sicherungsvorrichtungen beinhalten.

TORPEDOS, mit Sprengladung: UN-Nummer 0330

Gegenstände, die aus einem explosiven oder einem nicht explosiven Antriebssystem bestehen, das den Torpedo durch das Wasser bewegt, und einem Gefechtskopf und mit Zündmitteln, die weniger als zwei wirksame Sicherungsvorrichtungen haben.

TREIBLADUNGEN FÜR GESCHÜTZE: UN-Nummern 0242, 0279, 0414

Treibladungen in jeglicher physikalischer Form für getrennt zu ladende Geschützmunition.

TREIBLADUNGSANZÜNDER: UN-Nummern 0319, 0320, 0376

Gegenstände, die aus einem Anzündmittel und einer zusätzlichen Ladung aus deflagrierendem Explosivstoff, wie Schwarzpulver, bestehen und als Anzünder für Treibladungen in Treibladungshülsen für Geschütze usw. dienen.

TREIBLADUNGSHÜLSEN, LEER, MIT TREIBLADUNGSANZÜNDER: UN-Nummern 0055, 0379

Gegenstände die aus einer Treibladungshülse aus Metall, Kunststoff oder einem anderen nicht entzündbaren Material bestehen, deren einziger explosive Bestandteil der Treibladungsanzünder ist.

TREIBLADUNGSHÜLSEN, VERBRENNLICH, LEER, OHNE TREIBLADUNGSANZÜNDER: UN-Nummern 0446, 0447

Gegenstände, die aus einer Treibladungshülse bestehen, die teilweise oder vollständig aus Nitrocellulose hergestellt ist.

TREIBLADUNGSPULVER: UN-Nummern 0160, 0161, 0509

Stoffe, die auf Nitrocellulosebasis aufgebaut sind und als Treibladungspulver verwendet werden. Unter den Begriff fallen einbasige Treibladungspulver [Nitrocellulose (NC) allein], zweibasige Treibladungspulver [wie NC mit Nitroglycerin (NG)] und dreibasige Treibladungspulver (wie NC/NG/Nitroguanidin).

Bem. Gegossenes, gepresstes oder in Beuteln enthaltenes Treibladungspulver ist unter TREIBLADUNGEN FÜR GESCHÜTZE oder TREIBSÄTZE aufgeführt.

TREIBSTOFF, FEST: UN-Nummern 0498, 0499, 0501

Stoffe, die aus festem deflagrierendem Explosivstoff bestehen und für den Antrieb verwendet werden.

TREIBSTOFF, FLÜSSIG: UN-Nummern 0495, 0497

Stoffe, die aus flüssigem deflagrierendem Explosivstoff bestehen und für den Antrieb verwendet werden.

TREIBSÄTZE: UN-Nummern 0271, 0272, 0415, 0491

Gegenstände, die aus einer Treibladung in beliebiger Form bestehen, mit oder ohne Umhüllung; sie werden als Bestandteile von Raketenmotoren und zur Reduzierung des Luftwiderstands von Geschossen verwendet.

TRITONAL: UN-Nummer 0390

Stoff, der aus einem Gemisch aus Trinitrotoluen (TNT) und Aluminium besteht.

VORRICHTUNGEN, DURCH WASSER AKTIVIERBAR, mit Zerleger, Ausstoß- oder Treibladung: UN-Nummern 0248, 0249.

Gegenstände, deren Funktion auf einer physikalisch-chemische Reaktion ihres Inhalts mit Wasser beruht.

WASSERBOMBEN: UN-Nummer 0056

Gegenstände, die aus einem Fass oder einem Geschoss bestehen, mit einer Ladung eines detonierenden Explosivstoffs, ohne Zündmittel oder mit Zündmitteln, die mindestens zwei wirksame Sicherungsvorrichtungen beinhalten. Sie sind dazu bestimmt, unter Wasser zu detonieren.

ZERLEGER, mit Explosivstoff: UN-Nummer 0043

Gegenstände, die aus einer kleinen Explosivstoffladung bestehen und der Zerlegung von Geschossen oder anderer Munition dienen, um deren Inhalt zu zerstreuen.

ZÜNDEINRICHTUNGEN für Sprengungen, **NICHT ELEKTRISCH:** UN-Nummern 0360, 0361, 0500

Nicht elektrische Sprengkapseln, die aus Anzündschnur, Stoßrohr, Anzündschlauch oder Sprengschnur bestehen und durch diese ausgelöst werden. Dies können Zündeinrichtungen mit oder ohne Verzögerung sein. Unter diese Benennung fallen auch Verbindungsstücke, die eine Sprengschnur enthalten.

ZÜNDER, NICHT SPRENGKRÄFTIG: UN-Nummern 0316, 0317, 0368

Gegenstände, die Bestandteile mit Zündstoffen enthalten und dazu bestimmt sind, eine Deflagration in Munition auszulösen. Sie enthalten mechanisch, elektrisch, chemisch oder hydrostatisch aktivierbare Einrichtungen zur Auslösung der Deflagration. Sie haben im Allgemeinen Sicherungsvorrichtungen.

ZÜNDER, SPRENGKRÄFTIG: UN-Nummern 0106, 0107, 0257, 0367

Gegenstände, die explosive Bestandteile enthalten und dazu bestimmt sind, eine Detonation in Munition auszulösen. Sie enthalten mechanisch, elektrisch, chemisch oder hydrostatisch aktivierbare Einrichtungen zur Auslösung der Detonation. Sie haben im Allgemeinen Sicherungsvorrichtungen.

ZÜNDER, SPRENGKRÄFTIG, mit Sicherungsvorrichtungen: UN-Nummern 0408, 0409, 0410

Gegenstände, die explosive Bestandteile enthalten und dazu bestimmt sind, eine Detonation in Munition auszulösen. Sie enthalten mechanisch, elektrisch, chemisch oder hydrostatisch aktivierbare Einrichtungen zur Auslösung der Detonation. Der sprengkräftige Zünder muss mindestens zwei wirksame Sicherungsvorrichtungen beinhalten.

ZÜNDVERSTÄRKER, MIT DETONATOR: UN-Nummern 0225, 0268

Gegenstände, die aus detonierendem Explosivstoff und einem Zündmittel bestehen. Sie dienen der Verstärkung des Zündimpulses eines Detonators oder einer Sprengschnur.

ZÜNDVERSTÄRKER, ohne Detonator: UN-Nummern 0042, 0283

Gegenstände, die aus detonierendem Explosivstoff ohne Zündmittel bestehen. Sie dienen der Verstärkung des Zündimpulses eines Detonators oder einer Sprengschnur.

2.2.2 Klasse 2: Gase

2.2.2.1 Kriterien

2.2.2.1.1 Der Begriff der Klasse 2 umfasst reine Gase, Gasgemische, Gemische eines oder mehrerer Gase mit einem oder mehreren anderen Stoffen sowie Gegenstände, die solche Stoffe enthalten.

Gase sind Stoffe, die

a) bei 50°C einen Dampfdruck von mehr als 300 kPa (3 bar) haben oder
b) bei 20°C und dem Standarddruck von 101,3 kPa vollständig gasförmig sind.

Bem. 1. UN 1052 Fluorwasserstoff ist dennoch ein Stoff der Klasse 8.

Bem. 2. Ein reines Gas darf andere Bestandteile enthalten, die vom Produktionsprozess herrühren oder die hinzugefügt werden, um die Stabilität des Produkts aufrechtzuerhalten, vorausgesetzt, die Konzentration dieser Bestandteile verändert nicht die Klassifizierung oder die Beförderungsvorschriften wie Füllungsgrad, Fülldruck oder Prüfdruck.

Bem. 3. Die n.a.g.-Eintragungen in Unterabschnitt 2.2.2.3 können sowohl reine Gase als auch Gemische einschließen.

2.2.2.1.2 Die Stoffe und Gegenstände der Klasse 2 sind wie folgt unterteilt:

1. *Verdichtetes Gas:* Ein Gas, das im für die Beförderung unter Druck verpackten Zustand bei -50°C vollständig gasförmig ist; diese Kategorie schließt alle Gase ein, die eine kritische Temperatur von höchstens -50°C haben.
2. *Verflüssigtes Gas:* Ein Gas, das im für die Beförderung unter Druck verpackten Zustand bei Temperaturen über -50°C teilweise flüssig ist. Es wird unterschieden zwischen:

   unter hohem Druck verflüssigtes Gas: ein Gas, das eine kritische Temperatur über -50°C bis höchstens 65°C hat; und

   unter geringem Druck verflüssigtes Gas: ein Gas, das eine kritische Temperatur über 65°C hat.
3. *Tiefgekühlt verflüssigtes Gas:* Ein Gas, das im für die Beförderung verpackten Zustand wegen seiner niedrigen Temperatur teilweise flüssig ist.
4. *Gelöstes Gas:* Ein Gas, das im für die Beförderung unter Druck verpackten Zustand in einem Lösungsmittel in flüssiger Phase gelöst ist.
5. Druckgaspackungen und Gefäße, klein, mit Gas (Gaspatronen).
6. Andere Gegenstände, die Gas unter Druck enthalten.
7. Nicht unter Druck stehende Gase, die besonderen Vorschriften unterliegen (Gasproben).
8. Chemikalien unter Druck: flüssige, pastöse oder pulverförmige Stoffe, die mit einem Treibmittel unter Druck gesetzt werden, das der Begriffsbestimmung für verdichtetes oder verflüssigtes Gas entspricht, und Gemische dieser Stoffe.
9. Adsorbiertes Gas: Ein Gas, das im für die Beförderung verpackten Zustand an einem festen porösen Werkstoff adsorbiert ist, was zu einem Gefäßinnendruck bei 20 °C von weniger als 101,3 kPa und bei 50 °C von weniger als 300 kPa führt.

2.2.2.1.3 Die Stoffe und Gegenstände (ausgenommen Druckgaspackungen und Chemikalien unter Druck) der Klasse 2 werden ihren gefährlichen Eigenschaften entsprechend einer der folgenden Gruppen zugeordnet:

A erstickend
O oxidierend
F entzündbar
T giftig
TF giftig, entzündbar
TC giftig, ätzend

TO giftig, oxidierend

TFC giftig, entzündbar, ätzend

TOC giftig, oxidierend, ätzend.

Wenn nach diesen Kriterien Gase oder Gasgemische gefährliche Eigenschaften haben, die mehr als einer Gruppe zugeordnet werden können, haben die mit dem Buchstaben T bezeichneten Gruppen Vorrang vor allen anderen Gruppen. Die mit dem Buchstaben F bezeichneten Gruppen haben Vorrang vor den mit dem Buchstaben A oder O bezeichneten Gruppen.

Bem. 1. In den UN-Modellvorschriften, im IMDG-Code und in den Technischen Anweisungen der ICAO werden die Gase auf Grund ihrer Hauptgefahr einer der folgenden drei Unterklassen zugeordnet:

Unterklasse 2.1: entzündbare Gase (entspricht den Gruppen, die durch den Buchstaben F bezeichnet sind)

Unterklasse 2.2: nicht entzündbare, nicht giftige Gase (entspricht den Gruppen, die durch den Buchstaben A oder O bezeichnet sind)

Unterklasse 2.3: giftige Gase (entspricht den Gruppen, die durch den Buchstaben T bezeichnet sind, d.h. T, TF, TC, TO, TFC und TOC).

2. Gefäße, klein, mit Gas (UN-Nummer 2037), sind entsprechend der vom Inhalt ausgehenden Gefahren den Gruppen A bis TOC zuzuordnen. Für Druckgaspackungen (UN-Nummer 1950) siehe Absatz 2.2.2.1.6. Für Chemikalien unter Druck (UN-Nummern 3500 bis 3505) siehe Absatz 2.2.2.1.7.

3. Ätzende Gase gelten als giftig und werden daher der Gruppe TC, TFC oder TOC zugeordnet.

2.2.2.1.4 Wenn ein in Kapitel 3.2 Tabelle A namentlich genanntes Gemisch der Klasse 2 anderen als den in Absätzen 2.2.2.1.2 und 2.2.2.1.5 genannten Kriterien entspricht, so ist dieses Gemisch entsprechend den Kriterien einzuordnen und einer geeigneten n.a.g.-Eintragung zuzuordnen.

2.2.2.1.5 Die in Kapitel 3.2 Tabelle A nicht namentlich genannten Stoffe und Gegenstände (ausgenommen Druckgaspackungen und Chemikalien unter Druck) der Klasse 2 sind nach den Absätzen 2.2.2.1.2 und 2.2.2.1.3 einer in Unterabschnitt 2.2.2.3 aufgeführten Sammeleintragung zuzuordnen. Es gelten folgende Kriterien:

Erstickende Gase

Nicht oxidierende, nicht entzündbare und nicht giftige Gase, die in der Atmosphäre normalerweise vorhandenen Sauerstoff verdünnen oder verdrängen.

Entzündbare Gase

Gase, die bei 20 °C und dem Standarddruck von 101,3 kPa

a) in einer Mischung von höchstens 13 Vol.-% mit Luft entzündbar sind oder

b) unabhängig von der unteren Explosionsgrenze einen Explosionsbereich mit Luft von mindestens 12 Prozentpunkten besitzen.

Die Entzündbarkeit muss durch Versuche oder durch Berechnungen nach den von der ISO angenommenen Methoden (siehe Norm ISO 10156:2010) festgestellt werden.

Stehen für die Anwendung dieser Methoden nur unzureichende Daten zur Verfügung, dürfen Prüfungen nach vergleichbaren Methoden, die von der zuständigen Behörde des Ursprungslandes anerkannt sind, angewendet werden.

Ist das Ursprungsland keine Vertragspartei des ADN, so müssen die Methoden von der zuständigen Behörde des ersten von der Sendung berührten Vertragspartei des ADN anerkannt werden.

Oxidierende Gase

Gase, die im Allgemeinen durch Lieferung von Sauerstoff die Verbrennung anderer Stoffe stärker als Luft verursachen oder begünstigen können. Dies sind reine Gase oder Gasgemische mit einer Oxidationsfähigkeit von mehr als 23,5 %, die nach einer in der Norm ISO 10156:2010 festgelegten Methode bestimmt wird.

Giftige Gase

Bem. Gase, die wegen ihrer Ätzwirkung teilweise oder vollständig den Kriterien für die Giftigkeit entsprechen, sind als giftig einzustufen. Wegen der möglichen Nebengefahr der Ätzwirkung siehe auch die Kriterien unter der Überschrift „Ätzende Gase".

Gase,

a) die bekanntermaßen so giftig oder ätzend auf den Menschen wirken, dass sie eine Gefahr für die Gesundheit darstellen; oder
b) von denen man annimmt, dass sie giftig oder ätzend auf den Menschen wirken, weil sie bei den Prüfungen gemäß Unterabschnitt 2.2.61.1 einen LC_{50}-Wert für die akute Giftigkeit von höchstens 5000 ml/m³ (ppm) aufweisen.

Für die Zuordnung von Gasgemischen (einschließlich Dämpfe von Stoffen anderer Klassen) darf folgende Formel verwendet werden:

$$LC_{50} \text{ giftig (Gemisch)} = \frac{1}{\sum_{i=1}^{n} \frac{f_i}{T_i}},$$

wobei

f_i = Molenbruch des i-ten Bestandteils des Gemisches

T_i = Giftigkeitskennzahl des i-ten Bestandteils des Gemisches. Der T_i-Wert entspricht dem LC_{50}-Wert nach Unterabschnitt 4.1.4.1 des ADR, Verpackungsanweisung P 200. Ist der LC_{50}-Wert in Unterabschnitt 4.1.4.1 des ADR, Verpackungsanweisung P 200 nicht aufgeführt, so ist der in der wissenschaftlichen Literatur vorhandene LC_{50}-Wert zu verwenden. Ist der LC_{50}-Wert nicht bekannt, wird die Giftigkeitskennzahl anhand des niedrigsten LC_{50}-Wertes von Stoffen mit ähnlichen physiologischen und chemischen Eigenschaften oder, wenn dies die einzige Möglichkeit ist, anhand von Versuchen berechnet.

Ätzende Gase

Gase oder Gasgemische, die wegen ihrer Ätzwirkung vollständig den Kriterien für die Giftigkeit entsprechen, sind als giftig mit der Nebengefahr der Ätzwirkung einzustufen.
Ein Gasgemisch, das wegen der Verbindung von Ätzwirkung und Giftigkeit als giftig angesehen wird, besitzt die Nebengefahr der Ätzwirkung, wenn durch Erfahrungswerte in bezug auf den Menschen bekannt ist, dass das Gemisch schädlich für die Haut, die Augen oder die Schleimhäute ist, oder wenn der LC_{50}-Wert der ätzenden Bestandteile des Gemisches bei Berechnung nach der folgenden Formel höchstens 5000 ml/m³ (ppm) beträgt:

$$LC_{50} \text{ ätzend (Gemisch)} = \frac{1}{\sum_{i=1}^{n} \frac{fc_i}{Tc_i}},$$

wobei

f_{ci} = Molenbruch des i-ten ätzenden Bestandteils des Gemisches

T_{ci} = Giftigkeitskennzahl des i-ten ätzenden Bestandteils des Gemisches. Der T_{ci}-Wert entspricht dem LC_{50}-Wert nach Unterabschnitt 4.1.4.1 des ADR, Verpackungsanweisung P 200. Ist der LC_{50}-Wert in Unterabschnitt 4.1.4.1 des ADR, Verpackungsanweisung P 200 nicht aufgeführt, so ist der in der wissenschaftlichen Literatur vorhandene LC_{50}-Wert zu verwenden. Ist der LC_{50}-Wert nicht bekannt, wird die Giftigkeitskennzahl anhand des niedrigsten LC_{50}-Wertes von Stoffen mit ähnlichen physiologischen und chemischen Eigenschaften oder, wenn dies die einzige Möglichkeit ist, anhand von Versuchen berechnet.

2.2.2.1.6 Druckgaspackungen

Druckgaspackungen (UN-Nummer 1950) werden ihren gefährlichen Eigenschaften entsprechend einer der folgenden Gruppen zugeordnet:

A	erstickend
O	oxidierend
F	entzündbar
T	giftig
C	ätzend
CO	ätzend, oxidierend
FC	entzündbar, ätzend
TF	giftig, entzündbar
TC	giftig, ätzend
TO	giftig, oxidierend
TFC	giftig, entzündbar, ätzend
TOC	giftig, oxidierend, ätzend.

Die Klassifizierung ist abhängig von der Art des Inhalts der Druckgaspackung.

Bem. Gase, die der Begriffsbestimmung für giftige Gase gemäß Absatz 2.2.2.1.5 entsprechen, und Gase, die durch die Fußnote c) der Tabelle 2 in Verpackungsanweisung P 200 des Unterabschnitts 4.1.4.1 des ADR als „Gilt als selbstentzündlich (pyrophor)" ausgewiesen sind, dürfen nicht als Treibmittel für Druckgaspackungen verwendet werden. Druckgaspackungen mit einem Inhalt, der hinsichtlich der Giftigkeit und der Ätzwirkung den Kriterien de Verpackungsgruppe I entspricht, sind zur Beförderung nicht zugelassen (siehe auch Absatz 2.2.2.2.2).

Es gelten folgende Kriterien:

a) Eine Zuordnung zur Gruppe A erfolgt, wenn der Inhalt nicht den Kriterien einer anderen Gruppe gemäß den Absätzen b) bis f) entspricht.

b) Eine Zuordnung zur Gruppe O erfolgt, wenn die Druckgaspackung ein oxidierendes Gas gemäß Absatz 2.2.2.1.5 enthält.

c) Eine Zuordnung zur Gruppe „F" erfolgt, wenn der Inhalt mindestens 85 Masse-% entzündbare Bestandteile enthält und die chemische Verbrennungswärme mindestens 30 kJ/g beträgt.

Eine Zuordnung zur Gruppe „F" erfolgt nicht, wenn der Inhalt höchstens 1 Masse-% entzündbare Bestandteile enthält und die Verbrennungswärme geringer als 20 kJ/g ist.

Andernfalls ist die Druckgaspackung gemäß den im Handbuch Prüfungen und Kriterien, Teil III, Abschnitt 31 beschriebenen Prüfungen auf Entzündbarkeit zu prüfen. Leicht entzündbare und entzündbare Druckgaspackungen sind der Gruppe „F" zuzuordnen.

Bem. Entzündbare Bestandteile sind entzündbare flüssige Stoffe, entzündbare feste Stoffe oder die im Handbuch Prüfungen und Kriterien, Teil III, Unterabschnitt 31.1.3, Bemerkung 1 bis 3 definierten entzündbare Gase oder Gasgemische. Durch diese Bezeichnung werden pyrophore, selbsterhitzungsfähige oder mit Wasser reagierende Stoffe nicht erfasst. Die chemische Verbrennungswärme ist durch eines der folgenden Verfahren zu bestimmen: ASTM D 240, ISO/FDIS 13943:1999 (E/F) 86.1 bis 86.3 oder NFPA 30B.

d) Eine Zuordnung zur Gruppe T erfolgt, wenn der Inhalt, ausgenommen Treibmittel der Druckgaspackungen, der Klasse 6.1 Verpackungsgruppe II oder III zugeordnet ist.

e) Eine Zuordnung zur Gruppe C erfolgt, wenn der Inhalt, ausgenommen das Treibmittel der Druckgaspackung, den Kriterien der Klasse 8 Verpackungsgruppe II oder III entspricht.

f) Wenn die Kriterien für mehr als eine Gruppe der Gruppen O, F, T und C erfüllt werden, erfolgt eine Zuordnung zu den Gruppen CO, FC, TF, TC, TO, TFC bzw. TOC.

2.2.2.1.7 Chemikalien unter Druck

Chemikalien unter Druck (UN-Nummern 3500 bis 3505) werden ihren gefährlichen Eigenschaften entsprechend einer der folgenden Gruppen zugeordnet:

A erstickend

F entzündbar

T giftig

C ätzend

FC entzündbar, ätzend

TF giftig, entzündbar.

Die Klassifizierung ist abhängig von den Gefahreneigenschaften der Bestandteile in den verschiedenen Aggregatzuständen:

das Treibmittel,

der flüssige Stoff oder

der feste Stoff.

Bem. 1. Gase, die der Begriffsbestimmung für giftige Gase oder für oxidierende Gase gemäß Absatz 2.2.2.1.5 entsprechen, oder Gase, die durch die Fußnote c) der Tabelle 2 in Verpackungsanweisung P 200 des Unterabschnitts 4.1.4.1 des ADR als „Gilt als selbstentzündlich (pyrophor)“ ausgewiesen sind, dürfen nicht als Treibmittel in Chemikalien unter Druck verwendet werden.

2. Chemikalien unter Druck mit einem Inhalt, der hinsichtlich der Giftigkeit oder der Ätzwirkung den Kriterien der Verpackungsgruppe I entspricht, oder mit einem Inhalt, der sowohl hinsichtlich der Giftigkeit als auch hinsichtlich der Ätzwirkung den Kriterien der Verpackungsgruppe II oder III entspricht, sind zur Beförderung unter diesen UN-Nummern nicht zugelassen.

3. Chemikalien unter Druck mit Bestandteilen, die die Eigenschaften der Klasse 1, von desensibilisierten explosiven flüssigen Stoffen der Klasse 3, von selbstzersetzlichen Stoffen und desensibilisierten explosiven festen Stoffen der Klasse 4.1, der Klasse 4.2, der Klasse 4.3, der Klasse 5.1, der Klasse 5.2, der Klasse 6.2 oder der Klasse 7 aufweisen, dürfen nicht für die Beförderung unter diesen UN-Nummern verwendet werden.

4. Eine Chemikalie unter Druck in einer Druckgaspackung muss unter der UN-Nummer 1950 befördert werden.

Es gelten folgende Kriterien:

a) Eine Zuordnung zur Gruppe A erfolgt, wenn der Inhalt nicht den Kriterien einer anderen Gruppe gemäß den Absätzen b) bis e) entspricht.

b) Eine Zuordnung zur Gruppe F erfolgt, wenn einer der Bestandteile, bei dem es sich um einen reinen Stoff oder ein Gemisch handeln kann, als entzündbar klassifiziert werden muss. Entzündbare Bestandteile sind entzündbare flüssige Stoffe und Gemische entzündbarer flüssiger Stoffe, entzündbare feste Stoffe und Gemische entzündbarer fester Stoffe oder entzündbare Gase und Gasgemische, die den folgenden Kriterien entsprechen:

(i) ein entzündbarer flüssiger Stoff ist ein flüssiger Stoff mit einem Flammpunkt von höchstens 93 °C;

(ii) ein entzündbarer fester Stoff ist ein fester Stoff, der den Kriterien des Unterabschnitts 2.2.41.1 entspricht;

(iii) ein entzündbares Gas ist ein Gas, das den Kriterien des Absatzes 2.2.2.1.5 entspricht.

c) Eine Zuordnung zur Gruppe T erfolgt, wenn der Inhalt mit Ausnahme des Treibmittels als gefährliches Gut der Klasse 6.1 Verpackungsgruppe II oder III zugeordnet ist.

d) Eine Zuordnung zur Gruppe C erfolgt, wenn der Inhalt mit Ausnahme des Treibmittels als gefährliches Gut der Klasse 8 Verpackungsgruppe II oder III zugeordnet ist.

e) Wenn die Kriterien zweier Gruppen der Gruppen F, T und C erfüllt werden, erfolgt eine Zuordnung zur Gruppe FC bzw. TF.

2.2.2.2 Nicht zur Beförderung zugelassene Gase

2.2.2.2.1 Chemisch instabile Gase der Klasse 2 sind zur Beförderung nur zugelassen, wenn die erforderlichen Vorsichtsmaßnahmen zur Verhinderung der Möglichkeit einer gefährlichen Zersetzung oder Polymerisation unter normalen Beförderungsbedingungen getroffen wurden oder wenn die Beförderung, sofern zutreffend, gemäß Unterabschnitt 4.1.4.1 des ADR Verpackungsanweisung P 200 (10) Sondervorschrift für die Verpackung r erfolgt. Für die Vorsichtsmaßnahmen zur Verhinderung einer Polymerisation siehe Kapitel 3.3 Sondervorschrift 386. Zu diesem Zweck muss insbesondere dafür gesorgt werden, dass die Gefäße und Tanks keine Stoffe enthalten, die diese Reaktionen begünstigen können.

2.2.2.2.2 Folgende Stoffe und Gemische sind zur Beförderung nicht zugelassen:

- UN 2186 CHLORWASSERSTOFF, TIEFGEKÜHLT, FLÜSSIG;
- UN 2421 DISTICKSTOFFTRIOXID;
- UN 2455 METHYLNITRIT;
- tiefgekühlt verflüssigte Gase, die den Klassifizierungscodes 3 A, 3 O oder 3 F nicht zugeordnet werden können, ausgenommen Stoffnummer 9000 AMMONIAK, WASSERFREI, TIEFGEKÜHLT des Klassifizierungscodes 3 TC in Tankschiffen;
- gelöste Gase, die den UN-Nummern 1001, 2073 oder 3318 nicht zugeordnet werden können.
- Druckgaspackungen, bei denen Gase, die gemäß Absatz 2.2.2.1.5 giftig oder gemäß Unterabschnitt 4.1.4.1 des ADR Verpackungsanweisung P 200 pyrophor sind, als Treibmittel verwendet werden;
- Druckgaspackungen mit einem Inhalt, der hinsichtlich seiner Giftigkeit und Ätzwirkung den Kriterien der Verpackungsgruppe I entspricht (siehe Abschnitte 2.2.61 und 2.2.8);
- Gefäße, klein, mit Gas, die sehr giftige Gase (LC_{50}-Wert kleiner als 200 ppm) oder gemäß Unterabschnitt 4.1.4.1 des ADR Verpackungsanweisung P 200 pyrophore Gase enthalten.

2.2.2.3 Verzeichnis der Sammeleintragungen

Verdichtete Gase		
Klassifizierungs-code	UN-Nummer	Benennung des Stoffes oder Gegenstandes
1 A	1956	VERDICHTETES GAS, N.A.G.
1 O	3156	VERDICHTETES GAS, OXIDIEREND, N.A.G.
1 F	1964	KOHLENWASSERSTOFFGAS, GEMISCH, VERDICHTET, N.A.G.
	1954	VERDICHTETES GAS, ENTZÜNDBAR, N.A.G.
1 T	1955	VERDICHTETES GAS, GIFTIG, N.A.G.
1 TF	1953	VERDICHTETES GAS, GIFTIG, ENTZÜNDBAR, N.A.G.
1 TC	3304	VERDICHTETES GAS, GIFTIG, ÄTZEND, N.A.G.
1 TO	3303	VERDICHTETES GAS, GIFTIG, OXIDIEREND, N.A.G.
1 TFC	3305	VERDICHTETES GAS, GIFTIG, ENTZÜNDBAR, ÄTZEND, N.A.G.
1 TOC	3306	VERDICHTETES GAS, GIFTIG, OXIDIEREND, ÄTZEND, N.A.G.

Verflüssigte Gase		
Klassifizierungs-code	UN-Nummer	Benennung des Stoffes oder Gegenstandes
2 A	1058	VERFLÜSSIGTE GASE, nicht entzündbar, überlagert mit Stickstoff, Kohlendioxid oder Luft
	1078	GAS ALS KÄLTEMITTEL, N.A.G., wie Gemische von Gasen mit der Bezeichnung R..., die als: Gemisch F 1 bei 70°C einen Dampfdruck von höchstens 1,3 MPa (13 bar) und bei 50°C eine Dichte haben, die mindestens der von Dichlorfluormethan (1,30 kg/l) entspricht; Gemisch F 2 bei 70°C einen Dampfdruck von höchstens 1,9 MPa (19 bar) und bei 50°C eine Dichte haben, die mindestens der von Dichlordifluormethan (1,21 kg/l) entspricht; Gemisch F 3 bei 70°C einen Dampfdruck von höchstens 3 MPa (30 bar) und bei 50°C eine Dichte haben, die mindestens der von Chlordifluormethan (1,09 kg/l) entspricht. **Bem.** Trichlorfluormethan (Kältemittel R 11), 1,1,2-Trichlor-1,2,2-trifluorethan (Kältemittel R 113), 1,1,1-Trichlor-2,2,2-trifluorethan (Kältemittel R 113a), 1-Chlor-1,2,2-trifluorethan (Kältemittel R 133) und 1-Chlor-1,1,2-trifluorethan (Kältemittel R 133b) sind keine Stoffe der Klasse 2. Sie können jedoch Bestandteil der Gemische F 1 bis F 3 sein.
	1968	INSEKTENBEKÄMPFUNGSMITTEL, GASFÖRMIG, N.A.G.
	3163	VERFLÜSSIGTES GAS, N.A.G.
2 O	3157	VERFLÜSSIGTES GAS, OXIDIEREND, N.A.G.
2 F	1010	BUTADIENE UND KOHLENWASSERSTOFF, GEMISCH, STABILISIERT, das bei 70°C einen Dampfdruck von nicht mehr als 1,1 MPa (11 bar) hat und dessen Dichte bei 50°C den Wert von 0,525 kg/l nicht unterschreitet. **Bem.** Butadiene, stabilisiert sind der UN-Nummer 1010 zugeordnet, siehe Kapitel 3.2 Tabelle A.
	1060	METHYLACETYLEN UND PROPADIEN, GEMISCH, STABILISIERT, wie Gemische von Methylacetylen und Propadien mit Kohlenwasserstoffen, die als: Gemisch P 1 höchstens 63 Vol.-% Methylacetylen und Propadien und höchstens 24 Vol.-% Propan und Propen enthalten, wobei der Prozentsatz an gesättigten Kohlenwasserstoffen C_4 mindestens 14 Vol.-% betragen muss; Gemisch P 2 höchstens 48 Vol.-% Methylacetylen und Propadien und höchstens 50 Vol.-% Propan und Propen enthalten, wobei der Prozentsatz an gesättigten Kohlenwasserstoffen C_4, mindestens 5 Vol-% betragen muss; sowie Gemische von Propadien mit 1 % bis 4 % Methylacetylen.
	1965	KOHLENWASSERSTOFFGAS, GEMISCH, VERFLÜSSIGT, N.A.G., wie Gemische, die als Gemisch A bei 70°C einen Dampfdruck von höchstens 1,1 MPa (11 bar) und bei 50°C eine Dichte von mindestens 0,525 kg/l haben, Gemisch A 01 bei 70°C einen Dampfdruck von höchstens 1,6 MPa (16 bar) und bei 50°C eine Dichte von mindestens 0,516 kg/l haben, Gemisch A 02 bei 70°C einen Dampfdruck von höchstens 1,6 MPa (16 bar) und bei 50°C eine Dichte von mindestens 0,505 kg/l haben, Gemisch A 0 bei 70°C einen Dampfdruck von höchstens 1,6 MPa (16 bar) und bei 50°C eine Dichte von mindestens 0,495 kg/l haben,

Verflüssigte Gase		
Klassifizierungs-code	UN-Nummer	Benennung des Stoffes oder Gegenstandes
(Fortsetzung) **2 F**	1965	Gemisch A 1 bei 70°C einen Dampfdruck von höchstens 2,1 MPa (21 bar) und bei 50°C eine Dichte von mindestens 0,485 kg/l haben, Gemisch B 1 bei 70°C einen Dampfdruck von höchstens 2,6 MPa (26 bar) und bei 50°C eine Dichte von mindestens 0,474 kg/l haben, Gemisch B 2 bei 70°C einen Dampfdruck von höchstens 2,6 MPa (26 bar) und bei 50°C eine Dichte von mindestens 0,463 kg/l haben, Gemisch B bei 70°C einen Dampfdruck von höchstens 2,6 MPa (26 bar) und bei 50°C eine Dichte von mindestens 0,450 kg/l haben, Gemisch C bei 70°C einen Dampfdruck von höchstens 3,1 MPa (31 bar) und bei 50°C eine Dichte von mindestens 0,440 kg/l haben. **Bem.** 1. Für die vorerwähnten Gemische sind auch folgende Handelsnamen als Stoffbenennung zulässig: für Gemische A, A 01, A 02 und A 0 BUTAN, für Gemisch C PROPAN. 2. Wenn eine See- oder Luftbeförderung vorangeht oder folgt, darf für UN 1965 KOHLENWASSERSTOFFGAS, GEMISCH, VERFLÜSSIGT, N.A.G., die Eintragung UN 1075 PETROLEUMGASE, VERFLÜSSIGT, verwendet werden.
	3354	INSEKTENBEKÄMPFUNGSMITTEL, GASFÖRMIG, ENTZÜNDBAR, N.A.G.
	3161	VERFLÜSSIGTES GAS, ENTZÜNDBAR, N.A.G.
2 T	1967	INSEKTENBEKÄMPFUNGSMITTEL, GASFÖRMIG, GIFTIG, N.A.G.
	3162	VERFLÜSSIGTES GAS, GIFTIG, N.A.G.
2 TF	3355	INSEKTENBEKÄMPFUNGSMITTEL, GASFÖRMIG, GIFTIG, ENTZÜNDBAR, N.A.G.
	3160	VERFLÜSSIGTES GAS, GIFTIG, ENTZÜNDBAR, N.A.G.
2 TC	3308	VERFLÜSSIGTES GAS, GIFTIG, ÄTZEND, N.A.G.
2 TO	3307	VERFLÜSSIGTES GAS, GIFTIG, OXIDIEREND, N.A.G.
2 TFC	3309	VERFLÜSSIGTES GAS, GIFTIG, ENTZÜNDBAR, ÄTZEND, N.A.G.
2 TOC	3310	VERFLÜSSIGTES GAS, GIFTIG, OXIDIEREND, ÄTZEND, N.A.G.

Tiefgekühlt verflüssigte Gase		
Klassifizierungs-code	UN-Nummer	Benennung des Stoffes oder Gegenstandes
3 A	3158	GAS, TIEFGEKÜHLT, FLÜSSIG, N.A.G.
3 O	3311	GAS, TIEFGEKÜHLT, FLÜSSIG, OXIDIEREND, N.A.G.
3 F	3312	GAS, TIEFGEKÜHLT, FLÜSSIG, ENTZÜNDBAR, N.A.G.

Gelöste Gase		
Klassifizierungs-code	UN-Nummer	Benennung des Stoffes oder Gegenstandes
4	Nur die in Kapitel 3.2 Tabelle A namentlich genannten Stoffe sind zur Beförderung zugelassen.	

Druckgaspackungen und Gefäße, klein, mit Gas (Gaspatronen)		
Klassifizierungscode	UN-Nummer	Benennung des Stoffes oder Gegenstandes
5	1950	DRUCKGASPACKUNGEN
	2037	GEFÄSSE, KLEIN, MIT GAS (GASPATRONEN), ohne Entnahmeeinrichtung, nicht nachfüllbar

Andere Gegenstände, die Gas unter Druck enthalten		
Klassifizierungscode	UN-Nummer	Benennung des Stoffes oder Gegenstandes
6 A	2857	KÄLTEMASCHINEN mit nicht entzündbaren, nicht giftigen Gasen oder Ammoniaklösungen (UN 2672)
	3164	GEGENSTÄNDE UNTER PNEUMATISCHEM DRUCK (mit nicht entzündbarem Gas) oder
	3164	GEGENSTÄNDE UNTER HYDRAULISCHEM DRUCK (mit nicht entzündbarem Gas)
	3538	GEGENSTÄNDE, DIE NICHT ENTZÜNDBARES, NICHT GIFTIGES GAS ENTHALTEN, N.A.G.
6 F	3150	GERÄTE, KLEIN, MIT KOHLENWASSERSTOFFGAS, mit Entnahmeeinrichtung, oder
		KOHLENWASSERSTOFFGAS-NACHFÜLLPATRONEN FÜR KLEINE GERÄTE mit Entnahmeeinrichtung
	3478	BRENNSTOFFZELLEN-KARTUSCHEN, verflüssigtes entzündbares Gas enthaltend, oder
	3478	BRENNSTOFFZELLEN-KARTUSCHEN IN AUSRÜSTUNGEN, verflüssigtes entzündbares Gas enthaltend, oder
	3478	BRENNSTOFFZELLEN-KARTUSCHEN, MIT AUSRÜSTUNGEN VERPACKT, verflüssigtes entzündbares Gas enthaltend
	3479	BRENNSTOFFZELLEN-KARTUSCHEN, Wasserstoff in Metallhydrid enthaltend, oder
	3479	BRENNSTOFFZELLEN-KARTUSCHEN IN AUSRÜSTUNGEN, Wasserstoff in Metallhydrid enthaltend, oder
	3479	BRENNSTOFFZELLEN-KARTUSCHEN, MIT AUSRÜSTUNGEN VERPACKT, Wasserstoff in Metallhydrid enthaltend
	3529	VERBRENNUNGSMOTOR MIT ANTRIEB DURCH ENTZÜNDBARES GAS oder
	3529	BRENNSTOFFZELLEN-MOTOR MIT ANTRIEB DURCH ENTZÜNDBARES GAS oder
	3529	VERBRENNUNGSMASCHINE MIT ANTRIEB DURCH ENTZÜNDBARES GAS oder
	3529	MASCHINE MIT BRENNSTOFFZELLEN-MOTOR MIT ANTRIEB DURCH ENTZÜNDBARES GAS
	3537	GEGENSTÄNDE, DIE ENTZÜNDBARES GAS ENTHALTEN, N.A.G.
6 T	3539	GEGENSTÄNDE, DIE GIFTIGES GAS ENTHALTEN, N.A.G.

Gasproben		
Klassifizierungs-code	UN-Nummer	Benennung des Stoffes oder Gegenstandes
7 F	3167	GASPROBE, NICHT UNTER DRUCK STEHEND, ENTZÜNDBAR, N.A.G., nicht tiefgekühlt flüssig
7 T	3169	GASPROBE, NICHT UNTER DRUCK STEHEND, GIFTIG, N.A.G., nicht tiefgekühlt flüssig
7 TF	3168	GASPROBE, NICHT UNTER DRUCK STEHEND, GIFTIG, ENTZÜNDBAR, N.A.G.,nicht tiefgekühlt flüssig

Chemikalien unter Druck		
Klassifizierungs-code	UN-Nummer	Benennung des Stoffes oder Gegenstandes
8 A	3500	CHEMIKALIE UNTER DRUCK, N.A.G.
8 F	3501	CHEMIKALIE UNTER DRUCK, ENTZÜNDBAR, N.A.G.
8 T	3502	CHEMIKALIE UNTER DRUCK, GIFTIG, N.A.G.
8 C	3503	CHEMIKALIE UNTER DRUCK, ÄTZEND, N.A.G.
8 TF	3504	CHEMIKALIE UNTER DRUCK, ENTZÜNDBAR, GIFTIG, N.A.G.
8 FC	3505	CHEMIKALIE UNTER DRUCK, ENTZÜNDBAR, ÄTZEND, N.A.G.

Adsorbierte Gase		
Klassifizierungs-code	UN-Nummer	Benennung des Stoffes oder Gegenstandes
9 A	3511	ADSORBIERTES GAS, N.A.G.
9 O	3513	ADSORBIERTES GAS, OXIDIEREND, N.A.G.
9 F	3510	ADSORBIERTES GAS, ENTZÜNDBAR, N.A.G.
9 T	3512	ADSORBIERTES GAS, GIFTIG, N.A.G.
9 TF	3514	ADSORBIERTES GAS, GIFTIG, ENTZÜNDBAR, N.A.G.
9 TC	3516	ADSORBIERTES GAS, GIFTIG, ÄTZEND, N.A.G.
9 TO	3515	ADSORBIERTES GAS, GIFTIG, OXIDIEREND, N.A.G.
9 TFC	3517	ADSORBIERTES GAS, GIFTIG, ENTZÜNDBAR, ÄTZEND, N.A.G.
9 TOC	3518	ADSORBIERTES GAS, GIFTIG, OXIDIEREND, ÄTZEND, N.A.G.

2.2.3 Klasse 3: Entzündbare flüssige Stoffe

2.2.3.1 Kriterien

2.2.3.1.1 Der Begriff der Klasse 3 umfasst Stoffe sowie Gegenstände, die Stoffe dieser Klasse enthalten, die

- gemäß Absatz a) der Begriffsbestimmung für "flüssig" in Abschnitt 1.2.1 flüssige Stoffe sind;
- einen Dampfdruck bei 50°C von höchstens 300 kPa (3 bar) haben und bei 20°C und dem Standarddruck von 101,3 kPa nicht vollständig gasförmig sind und
- einen Flammpunkt von höchstens 60°C haben (wegen der entsprechenden Prüfung siehe Unterabschnitt 2.3.3.1).

Der Begriff der Klasse 3 umfasst auch flüssige Stoffe und feste Stoffe in geschmolzenem Zustand mit einem Flammpunkt über 60°C, die auf oder über ihren Flammpunkt erwärmt zur Beförderung aufgegeben oder befördert werden. Diese Stoffe sind der UN-Nummer 3256 zugeordnet.

Der Begriff der Klasse 3 umfasst auch desensibilisierte explosive flüssige Stoffe. Desensibilisierte explosive flüssige Stoffe sind explosive Stoffe, die in Wasser oder anderen Flüssigkeiten gelöst oder suspendiert sind, um zur Unterdrückung ihrer explosiven Eigenschaften ein homogenes flüssiges Gemisch zu bilden. In Kapitel 3.2 Tabelle A sind dies die Eintragungen der UN-Nummern 1204, 2059, 3064, 3343, 3357 und 3379.

Bem. 1. Stoffe mit einem Flammpunkt von mehr als 35°C, die gemäß den Kriterien des Handbuchs Prüfungen und Kriterien Teil III, Unterabschnitt 32.2.5 keine selbständige Verbrennung unterhalten, sind keine Stoffe der Klasse 3; werden diese Stoffe jedoch auf oder über ihren Flammpunkt erwärmt zur Beförderung aufgegeben und befördert, sind sie Stoffe dieser Klasse.

2. In Abweichung zu Absatz 2.2.3.1.1 gilt Dieselkraftstoff oder Gasöl oder Heizöl (leicht), einschließlich synthetisch hergestellter Produkte, mit einem Flammpunkt über 60°C bis höchstens 100°C als Stoff der Klasse 3 UN-Nummer 1202.

3. Entzündbare flüssige Stoffe, die nach den Absätzen 2.2.61.1.4 bis 2.2.61.1.9 beim Einatmen sehr giftig sind, und giftige Stoffe mit einem Flammpunkt von 23 °C oder darüber sind Stoffe der Klasse 6.1 (siehe Unterabschnitt 2.2.61.1). Flüssige Stoffe, die beim Einatmen sehr giftig sind, sind in ihrer offiziellen Benennung für die Beförderung in Kapitel 3.2 Tabelle A Spalte (2) als „beim Einatmen giftig“ bezeichnet oder in Spalte (6) durch die Sondervorschrift 354 gekennzeichnet.

4. Als Mittel zur Schädlingsbekämpfung (Pestizide) verwendete flüssige Stoffe und Präparate, die sehr giftig, giftig oder schwach giftig sind und einen Flammpunkt von 23°C oder darüber haben, sind Stoffe der Klasse 6.1 (siehe Unterabschnitt 2.2.61.1).

5. Stoffe mit einem Flammpunkt > 60°C bis höchsten 100°C sind bei der Beförderung in Tankschiffen Stoffe der Klasse 9 (Stoffnummer 9003).

2.2.3.1.2 Die Stoffe und Gegenstände der Klasse 3 sind wie folgt unterteilt:

F Entzündbare flüssige Stoffe ohne Nebengefahr und Gegenstände, die solche Stoffe enthalten

- F1 Entzündbare flüssige Stoffe mit einem Flammpunkt von höchstens 60°C
- F2 Entzündbare flüssige Stoffe mit einem Flammpunkt über 60°C, die auf oder über ihren Flammpunkt erwärmt zur Beförderung aufgegeben oder befördert werden (erwärmte Stoffe)
- F3 Gegenstände, die entzündbare flüssige Stoffe enthalten
- F4 Stoffe mit einem Flammpunkt über 60°C, die in einem Grenzbereich von 15 K unterhalb des Flammpunkts erwärmt zur Beförderung aufgegeben oder befördert werden
- F5 Stoffe mit einer Zündtemperatur von höchstens 200°C und nicht anderweitig aufgeführt.

FT Entzündbare flüssige Stoffe, giftig
FT1 Entzündbare flüssige Stoffe, giftig
FT2 Mittel zur Schädlingsbekämpfung (Pestizide)
FC Entzündbare flüssige Stoffe, ätzend
FTC Entzündbare flüssige Stoffe, giftig, ätzend
D Desensibilisierte explosive flüssige Stoffe

2.2.3.1.3 Die der Klasse 3 zugeordneten Stoffe und Gegenstände sind in Kapitel 3.2 Tabelle A aufgeführt. In Kapitel 3.2 Tabelle A nicht namentlich genannte Stoffe sind nach den Vorschriften dieses Abschnitts der entsprechenden Eintragung des Unterabschnitts 2.2.3.3 und der entsprechenden Verpackungsgruppe zuzuordnen. Entzündbare flüssige Stoffe sind auf Grund ihres Gefahrengrades, den sie bei der Beförderung darstellen, einer der folgenden Verpackungsgruppen zuzuordnen.

Verpackungsgruppe	Flammpunkt (geschlossener Tiegel)	Siedebeginn
I	-	≤ 35°C
II[a)]	< 23°C	> 35°C
III[a)]	≥ 23°C und ≤ 60°C	> 35°C

[a)] Siehe auch Absatz 2.2.3.1.4

Bei flüssigen Stoffen mit (einer) Nebengefahr(en) ist die gemäß oben stehender Tabelle bestimmte Verpackungsgruppe und die auf der Grundlage der Nebengefahr(en) bestimmte Verpackungsgruppe zu berücksichtigen; die Klassifizierung und Verpackungsgruppe ist in Übereinstimmung mit den Vorschriften der Tabelle der überwiegenden Gefahr in Unterabschnitt 2.1.3.10 zu bestimmen.

2.2.3.1.4 Viskose entzündbare flüssige Stoffe, wie Farben, Emaillen, Lacke, Firnisse, Klebstoffe und Polituren, mit einem Flammpunkt unter 23 °C dürfen in Übereinstimmung mit den im Handbuch Prüfungen und Kriterien Teil III Unterabschnitt 32.3 vorgeschriebenen Verfahren der Verpackungsgruppe III zugeordnet werden, vorausgesetzt:

a) die Viskosität[1)] und der Flammpunkt stimmen mit der folgenden Tabelle überein:

Extrapolierte kinematische Viskosität ν (bei einer Schergeschwindigkeit nahe 0) mm²/s bei 23 °C	*Auslaufzeit t in Sekunden*	*Durchmesser der Auslaufdüse (mm)*	*Flammpunkt, geschlossener Tiegel (°C)*
20 < ν ≤ 80	20 < t ≤ 60	4	über 17
80 < ν ≤ 135	60 < t ≤ 100	4	über 10
135 < ν ≤ 220	20 < t ≤ 32	6	über 5
220 < ν ≤ 300	32 < t ≤ 44	6	über -1
300 < ν ≤ 700	44 < t ≤ 100	6	über -5
700 < ν	100 < t	6	keine Begrenzung

[1)] Bestimmung der Viskosität: Wenn der betreffende Stoff sich nicht newtonisch verhält oder wenn die Auslaufbecher-Methode zur Bestimmung der Viskosität ungeeignet ist, muss ein Viskosimeter mit variabler Schergeschwindigkeit verwendet werden, um den Koeffizienten der dynamischen Viskosität des Stoffes bei 23 °C bei einer Anzahl von Schergeschwindigkeiten zu bestimmen. Die ermittelten Werte müssen in Abhängigkeit von den Schergeschwindigkeiten auf eine Schergeschwindigkeit 0 extrapoliert werden. Die auf diese Weise festgestellte dynamische Viskosität dividiert durch die Dichte ergibt die scheinbare kinematische Viskosität bei einer Schergeschwindigkeit nahe 0.

b) bei der Lösungsmittel-Trennprüfung werden weniger als 3 % der Schicht des klaren Lösungsmittels abgetrennt;

c) das Gemisch oder das eventuell abgetrennte Lösungsmittel entspricht nicht den Kriterien der Klasse 6.1 oder 8;

d) die Stoffe werden in Gefäßen mit einem Fassungsraum von höchstens 450 Litern verpackt.

Bem. Diese Vorschriften gelten auch für Gemische mit höchstens 20 % Nitrocellulose mit einem Stickstoffgehalt von höchstens 12,6 % in der Trockenmasse. Gemische mit mehr als 20 %, aber höchstens 55 % Nitrocellulose mit einem Stickstoffgehalt von höchstens 12,6 % in der Trockenmasse sind der UN-Nummer 2059 zugeordnet.

Gemische mit einem Flammpunkt unter 23°C

- mit mehr als 55 % Nitrocellulose mit beliebigem Stickstoffgehalt oder
- mit höchstens 55 % Nitrocellulose mit einem Stickstoffgehalt von mehr als 12,6 % in der Trockenmasse

sind Stoffe der Klasse 1 (UN-Nummer 0340 oder 0342) oder der Klasse 4.1 (UN-Nummer 2555, 2556 oder 2557).

2.2.3.1.5 Viskose flüssige Stoffe

2.2.3.1.5.1 Sofern in Absatz 2.2.3.1.5.2 nicht anderes vorgesehen ist, unterliegen viskose flüssige Stoffe, die

- einen Flammpunkt von mindestens 23 °C und höchstens 60 °C haben,
- nicht giftig, ätzend oder umweltgefährdend sind,
- höchstens 20 % Nitrocellulose enthalten, vorausgesetzt, die Nitrocellulose enthält höchstens 12,6 % Stickstoff in der Trockenmasse, und
- in Gefäßen mit einem Fassungsraum von höchstens 450 Litern verpackt sind,

nicht den Vorschriften des ADN, wenn

a) bei der Lösungsmittel-Trennprüfung (siehe Handbuch Prüfungen und Kriterien Teil III Abschnitt 32.5.1) die Höhe der sich abtrennenden Schicht des Lösungsmittels weniger als 3 % der Gesamthöhe beträgt und

b) die Auslaufzeit bei der Viskositätsprüfung (siehe Handbuch Prüfungen und Kriterien Teil III Abschnitt 32.4.3) mit einer Auslaufdüse von 6 mm
   (i) mindestens 60 Sekunden beträgt oder
   (ii) mindestens 40 Sekunden beträgt, wenn der viskose flüssige Stoff höchstens 60 % Stoffe der Klasse 3 enthält.

2.2.3.1.5.2 Viskose flüssige Stoffe, die auch umweltgefährdend sind, aber allen anderen Kriterien des Absatzes 2.2.3.1.5.1 entsprechen, unterliegen, wenn sie in Einzelverpackungen oder zusammengesetzten Verpackungen mit einer Nettomenge von höchstens 5 Litern je Einzel- oder Innenverpackung befördert werden, nicht den übrigen Vorschriften des ADN, vorausgesetzt, die Verpackungen entsprechen den allgemeinen Vorschriften der Unterabschnitte 4.1.1.1, 4.1.1.2 und 4.1.1.4 bis 4.1.1.8 des ADR.

2.2.3.1.6 Wenn die Stoffe der Klasse 3 durch Beimengungen in andere Gefahrenkategorien fallen als die, zu denen die in Kapitel 3.2 Tabelle A namentlich genannten Stoffe gehören, sind diese Gemische oder Lösungen den Eintragungen zuzuordnen, zu denen sie auf Grund ihrer tatsächlichen Gefahr gehören.

Bem. Für die Zuordnung von Lösungen und Gemischen (wie Präparate, Zubereitungen und Abfälle) siehe auch Abschnitt 2.1.3.

2.2.3.1.7 Auf Grundlage der Prüfverfahren des Unterabschnitts 2.3.3.1 und des Abschnitts 2.3.4 sowie der Kriterien des Absatzes 2.2.3.1.1 kann auch festgestellt werden, ob eine namentlich genannte Lösung oder ein namentlich genanntes Gemisch bzw. eine Lösung oder ein Gemisch, das einen namentlich genannten Stoff enthält, so beschaffen ist, dass diese Lösung oder dieses Gemisch nicht den Vorschriften dieser Klasse unterliegt (siehe auch Abschnitt 2.1.3).

2.2.3.2 Nicht zur Beförderung zugelassene Stoffe

2.2.3.2.1 Stoffe der Klasse 3, die leicht peroxidieren (wie Ether oder gewisse heterozyklische sauerstoffhaltige Stoffe), sind nicht zur Beförderung zugelassen, wenn ihr Gehalt an Peroxid, auf Wasserstoffperoxid (H_2O_2) berechnet, 0,3 % übersteigt. Der Gehalt an Peroxid ist nach den Vorschriften des Unterabschnitts 2.3.3.3 zu bestimmen.

2.2.3.2.2 Chemisch instabile Stoffe der Klasse 3 sind zur Beförderung nur zugelassen, wenn die erforderlichen Vorsichtsmaßnahmen zur Verhinderung der Möglichkeit einer gefährlichen Zersetzung oder Polymerisation unter normalen Beförderungsbedingungen getroffen wurden. Für die Vorsichtsmaßnahmen zur Verhinderung einer Polymerisation siehe Kapitel 3.3 Sondervorschrift 386. Zu diesem Zweck muss insbesondere dafür gesorgt werden, dass die Gefäße und Tanks keine Stoffe enthalten, die diese Reaktionen begünstigen können.

2.2.3.2.3 In Kapitel 3.2 Tabelle A nicht aufgeführte desensibilisierte explosive flüssige Stoffe sind als Stoffe der Klasse 3 nicht zur Beförderung zugelassen.

2.2.3.3 Verzeichnis der Sammeleintragungen

Entzündbare flüssige Stoffe und Gegenstande, die solche Stoffe enthalten

Nebengefahr	Klassifizierungscode	UN-Nummer	Benennung des Stoffes oder Gegenstandes
ohne Nebengefahr F	**F1**	1133	KLEBSTOFFE, mit entzündbarem flüssigem Stoff
		1136	STEINKOHLENTEERDESTILLATE, ENTZÜNDBAR
		1139	SCHUTZANSTRICHLÖSUNG (einschließlich zu Industrie- oder anderen Zwecken verwendete Oberflächenbehandlungen oder Beschichtungen, wie Zwischenbeschichtung für Fahrzeugkarosserien, Auskleidung für Fässer)
		1169	EXTRAKTE, AROMATISCH, FLÜSSIG
		1197	EXTRAKTE, GESCHMACKSTOFFE, FLÜSSIG
		1210	DRUCKFARBE, entzündbar oder
		1210	DRUCKFARBZUBEHÖRSTOFFE (einschließlich Druckfarbverdünnung und -lösemittel), entzündbar
		1263	FARBE (einschließlich Farbe, Lack, Emaille, Beize, Schellack, Firnis, Politur, flüssiger Füllstoff und flüssige Lackgrundlage) oder
		1263	FARBZUBEHÖRSTOFFE(einschließlich Farbverdünnung und -lösemittel)
		1266	PARFÜMERIEERZEUGNISSE mit entzündbaren Lösungsmitteln
		1293	TINKTUREN, MEDIZINISCHE
		1306	HOLZSCHUTZMITTEL, FLÜSSIG
		1866	HARZLÖSUNG, entzündbar
		1999	TEERE, FLÜSSIG, einschließlich Straßenöle und Cutback-Bitumen (Verschnittbitumen)
		3065	ALKOHOLISCHE GETRÄNKE
		1224	KETONE, FLÜSSIG, N.A.G.
		1268	ERDÖLDESTILLATE, N.A.G. oder
		1268	ERDÖLPRODUKTE, N.A.G.
		1987	ALKOHOLE, N.A.G.
		1989	ALDEHYDE, N.A.G.
		2319	TERPENKOHLENWASSERSTOFFE, N.A.G.
		3271	ETHER, N.A.G.
		3272	ESTER, N.A.G.
		3295	KOHLENWASSERSTOFFE, FLÜSSIG, N.A.G.
		3336	MERCAPTANE, FLÜSSIG, ENTZÜNDBAR, N.A.G. oder
		3336	MERCAPTANE, MISCHUNG, FLÜSSIG, ENTZÜNDBAR, N.A.G.
		1993	ENTZÜNDBARER FLÜSSIGER STOFF, N.A.G.
	F2 (erwärmter Stoff)	3256	ERWÄRMTER FLÜSSIGER STOFF, ENTZÜNDBAR, N.A.G., mit einem Flammpunkt über 60°C, bei oder über seinem Flammpunkt
	F3 Gegenstände	3269	POLYESTERHARZ-MEHRKOMPONENTENSYSTEME, flüssiges Grundprodukt
		3473	BRENNSTOFFZELLEN-KARTUSCHEN oder
		3473	BRENNSTOFFZELLEN-KARTUSCHEN IN AUSRÜSTUNGEN oder
		3473	BRENNSTOFFZELLEN-KARTUSCHEN, MIT AUSRÜSTUNGEN VERPACKT
		3528	VERBRENNUNGSMOTOR MIT ANTRIEB DURCH ENTZÜNDBARE FLÜSSIGKEIT oder
		3528	BRENNSTOFFZELLEN-MOTOR MIT ANTRIEB DURCH ENTZÜNDBARE FLÜSSIGKEIT oder
		3528	VERBRENNUNGSMASCHINE MIT ANTRIEB DURCH ENTZÜNDBARE FLÜSSIGKEIT oder
		3528	MASCHINE MIT BRENNSTOFFZELLEN-MOTOR MIT ANTRIEB DURCH ENTZÜNDBARE FLÜSSIGKEIT
		3540	GEGENSTÄNDE, DIE EINEN ENTZÜNDBAREN FLÜSSIGEN STOFF ENTHALTEN, N.A.G.
	F4	9001	STOFFE MIT EINEM FLAMMPUNKT ÜBER 60°C, DIE IN EINEM BEREICH VON 15 K UNTERHALB DES FLAMMPUNKTS ERWÄRMT zur Beförderung aufgegeben oder befördert werden
	F5	9002	STOFFE MIT EINER ZÜNDTEMPERATUR ≤ 200°C UND N.A.G

giftig FT	FT1	1228	MERCAPTANE, FLÜSSIG, ENTZÜNDBAR, GIFTIG, N.A.G. oder
		1228	MERCAPTANE, MISCHUNG, FLÜSSIG, ENTZÜNDBAR, GIFTIG, N.A.G.
		1986	ALKOHOLE, ENTZÜNDBAR, GIFTIG, N.A.G.
		1988	ALDEHYDE, ENTZÜNDBAR, GIFTIG, N.A.G.
		2478	ISOCYANATE, ENTZÜNDBAR, GIFTIG, N.A.G. oder
		2478	ISOCYANATE, LÖSUNG, ENTZÜNDBAR, GIFTIG, N.A.G.
		3248	MEDIKAMENT, FLÜSSIG, ENTZÜNDBAR, GIFTIG, N.A.G.
		3273	NITRILE, ENTZÜNDBAR, GIFTIG, N.A.G.
		1992	ENTZÜNDBARER FLÜSSIGER STOFF, GIFTIG, N.A.G.
	Pestizide (Flammpunkt unter 23°C) FT2	2758	CARBAMAT-PESTIZID, FLÜSSIG, ENTZÜNDBAR, GIFTIG
		2760	ARSENHALTIGES PESTIZID, FLÜSSIG, ENTZÜNDBAR, GIFTIG
		2762	ORGANOCHLOR-PESTIZID, FLÜSSIG, ENTZÜNDBAR, GIFTIG
		2764	TRIAZIN-PESTIZID, FLÜSSIG, ENTZÜNDBAR, GIFTIG
		2772	THIOCARBAMAT-PESTIZID, FLÜSSIG, ENTZÜNDBAR, GIFTIG
		2776	KUPFERHALTIGES PESTIZID, FLÜSSIG, ENTZÜNDBAR, GIFTIG
		2778	QUECKSILBERHALTIGES PESTIZID, FLÜSSIG, ENTZÜNDBAR, GIFTIG
		2780	SUBSTITUIERTES NITROPHENOL-PESTIZID, FLÜSSIG, ENTZÜNDBAR, GIFTIG
		2782	BIPYRIDILIUM-PESTIZID, FLÜSSIG, ENTZÜNDBAR, GIFTIG
		2784	ORGANOPHOSPHOR-PESTIZID, FLÜSSIG, ENTZÜNDBAR, GIFTIG
		2787	ORGANOZINN-PESTIZID, FLÜSSIG, ENTZÜNDBAR, GIFTIG
		3024	CUMARIN-PESTIZID, FLÜSSIG, ENTZÜNDBAR, GIFTIG
		3346	PHENOXYESSIGSÄUREDERIVAT-PESTIZID, FLÜSSIG, ENTZÜNDBAR, GIFTIG
		3350	PYRETHROID-PESTIZID, FLÜSSIG, ENTZÜNDBAR, GIFTIG
		3021	PESTIZID, FLÜSSIG, ENTZÜNDBAR, GIFTIG, N.A.G.
		Bem.	Die Klassifizierung eines Pestizids unter einer Eintragung ist auf der Grundlage des aktiven Bestandteils, des Aggregatzustands des Pestizids und aller möglicherweise gegebenen Nebengefahren durchzuführen.
ätzend	FC	3469	FARBE, ENTZÜNDBAR, ÄTZEND (einschließlich Farbe, Lack, Emaille, Beize, Schellack, Firnis, Politur, flüssiger Füllstoff und flüssige Lackgrundlage) oder
		3469	FARBZUBEHÖRSTOFFE, ENTZÜNDBAR, ÄTZEND (einschließlich Farbverdünnung und -lösemittel)
		2733	AMINE, ENTZÜNDBAR, ÄTZEND, N.A.G. oder
		2733	POLYAMINE, ENTZÜNDBAR, ÄTZEND, N.A.G.
		2985	CHLORSILANE, ENTZÜNDBAR, ÄTZEND, N.A.G.
		3274	ALKOHOLATE, LÖSUNG in Alkohol, N.A.G.
		2924	ENTZÜNDBARER FLÜSSIGER STOFF, ÄTZEND, N.A.G.
giftig, ätzend	FTC	3286	ENTZÜNDBARER FLÜSSIGER STOFF, GIFTIG, ÄTZEND, N.A.G.
desensibilisierter explosiver flüssiger Stoff	D	3343	NITROGLYCEROL, GEMISCH, DESENSIBILISIERT, FLÜSSIG, ENTZÜNDBAR, N.A.G., mit höchstens 30 Masse-% Nitroglycerin
		3357	NITROGLYCEROL, GEMISCH, DESENSIBILISIERT, FLÜSSIG, N.A.G., mit höchstens 30 Masse-% Nitroglycerin
		3379	DESENSIBILISIERTER EXPLOSIVER FLÜSSIGER STOFF, N.A.G.

2.2.41 Klasse 4.1: Entzündbare feste Stoffe, selbstzersetzliche Stoffe, polymerisierende Stoffe und desensibilisierte explosive feste Stoffe

2.2.41.1 Kriterien

2.2.41.1.1 Der Begriff der Klasse 4.1 umfasst entzündbare Stoffe und Gegenstände desensibilisierte explosive Stoffe, die gemäß Absatz a) der Begriffsbestimmung für „fest“ in Abschnitt 1.2.1 feste Stoffe sind, selbstzersetzliche flüssige oder feste Stoffe und polymerisierende Stoffe.

Der Klasse 4.1 sind zugeordnet:

- leicht brennbare feste Stoffe und Gegenstände (siehe Absätze 2.2.41.1.3 bis 2.2.41.1.8);
- selbstzersetzliche feste oder flüssige Stoffe (siehe Absätze 2.2.41.1.9 bis 2.2.41.1.17);
- desensibilisierte explosive feste Stoffe (siehe Absatz 2.2.41.1.18);
- mit selbstzersetzlichen Stoffen verwandte Stoffe (siehe Absatz 2.2.41.1.19);
- polymerisierende Stoffe (siehe Absätze 2.2.41.1.20 und 2.2.41.1.21).

2.2.41.1.2 Die Stoffe und Gegenstände der Klasse 4.1 sind wie folgt unterteilt:

F Entzündbare feste Stoffe ohne Nebengefahr
- F1 organische Stoffe
- F2 organische Stoffe, geschmolzen
- F3 anorganische Stoffe
- F4 Gegenstände

FO Entzündbare feste Stoffe, entzündend (oxidierend) wirkend

FT Entzündbare feste Stoffe, giftig
- FT1 organische Stoffe, giftig
- FT2 anorganische Stoffe, giftig

FC Entzündbare feste Stoffe, ätzend
- FC1 organische Stoffe, ätzend
- FC2 anorganische Stoffe, ätzend

D Desensibilisierte explosive feste Stoffe ohne Nebengefahr

DT Desensibilisierte explosive feste Stoffe, giftig

SR Selbstzersetzliche Stoffe
- SR1 Stoffe, für die keine Temperaturkontrolle erforderlich ist
- SR2 Stoffe, für die eine Temperaturkontrolle erforderlich ist

PM Polymerisierende Stoffe
- PM1 Stoffe, für die keine Temperaturkontrolle erforderlich ist
- PM2 Stoffe, für die eine Temperaturkontrolle erforderlich ist

Entzündbare feste Stoffe

Begriffsbestimmungen und Eigenschaften

2.2.41.1.3 *Entzündbare feste Stoffe* sind leicht brennbare feste Stoffe und feste Stoffe, die durch Reibung in Brand geraten können.

Leicht brennbare feste Stoffe sind pulverförmige, körnige oder pastöse Stoffe, die gefährlich sind, wenn sie durch einen kurzen Kontakt mit einer Zündquelle wie einem brennenden Zündholz leicht entzündet werden können und sich die Flammen schnell ausbreiten. Die Gefahr kann dabei nicht nur vom Feuer, sondern auch von giftigen Verbrennungsprodukten ausgehen. Metallpulver sind wegen der Schwierigkeit beim Löschen eines Feuers besonders gefährlich, da normale Löschmittel wie Kohlendioxid oder Wasser die Gefahr vergrößern können.

Zuordnung

2.2.41.1.4 Stoffe und Gegenstände, die der Klasse 4.1 als entzündbare feste Stoffe zugeordnet sind, sind in Kapitel 3.2 Tabelle A aufgeführt. Die Zuordnung von organischen Stoffen und Gegenständen, die in Kapitel 3.2 Tabelle A nicht namentlich genannt sind, zur entsprechenden Eintragung des Unterabschnitts 2.2.41.3 in Übereinstimmung mit den Vorschriften des Kapitels 2.1 kann auf Grund von Erfahrungen oder auf Grund der Ergebnisse der Prüfverfahren gemäß Handbuch Prüfungen und Kriterien Teil III Unterabschnitt 33.2.1 erfolgen. Die Zuordnung nicht namentlich genannter anorganischer Stoffe muss auf Grund der Ergebnisse der Prüfverfahren gemäß Handbuch Prüfungen und Kriterien Teil III Unterabschnitt 33.2.1 erfolgen; hierbei müssen auch Erfahrungen berücksichtigt werden, wenn sie zu einer strengeren Einstufung führen.

2.2.41.1.5 Wenn nicht namentlich genannte Stoffe auf Grund der Prüfverfahren gemäß Handbuch Prüfungen und Kriterien Teil III Unterabschnitt 33.2.1 einer der in Unterabschnitt 2.2.41.3 aufgeführten Eintragungen zugeordnet werden, gelten folgende Kriterien:

a) Pulverförmige, körnige oder pastöse Stoffe mit Ausnahme der Metallpulver oder der Pulver von Metalllegierungen sind als leicht brennbare Stoffe der Klasse 4.1 zu klassifizieren, wenn sie durch kurzzeitigen Kontakt mit einer Zündquelle leicht entzündet werden können (z.B. durch ein brennendes Zündholz) oder sich die Flamme bei Zündung schnell ausbreitet, die Abbrandzeit für eine Messstrecke von 100 mm kürzer als 45 s ist oder die Abbrandgeschwindigkeit größer als 2,2 mm/s ist.

b) Metallpulver oder Pulver von Metalllegierungen sind der Klasse 4.1 zuzuordnen, wenn sie durch eine Flamme entzündet werden können und die Reaktion sich in 10 Minuten oder weniger über die ganze Probe ausbreitet.

Feste Stoffe, die durch Reibung in Brand geraten können, sind analog zu bestehenden Eintragungen (z.B. Zündhölzer) oder in Übereinstimmung mit einer zutreffenden Sondervorschrift der Klasse 4.1 zuzuordnen.

2.2.41.1.6 Mit den Prüfverfahren gemäß Handbuch Prüfungen und Kriterien Teil III Unterabschnitt 33.2.1 und den Kriterien der Absätze 2.2.41.1.4 und 2.2.41.1.5 kann auch festgestellt werden, ob ein namentlich genannter Stoff so beschaffen ist, dass er nicht den Vorschriften dieser Klasse unterliegt.

2.2.41.1.7 Wenn die Stoffe der Klasse 4.1 durch Beimengungen in andere Gefahrenkategorien fallen als die, zu denen die in Kapitel 3.2 Tabelle A namentlich genannten Stoffe gehören, sind diese Gemische den Eintragungen zuzuordnen, zu denen sie auf Grund ihrer tatsächlichen Gefahr gehören.

Bem. Für die Zuordnung von Lösungen und Gemischen (wie Präparate, Zubereitungen und Abfälle) siehe auch Abschnitt 2.1.3.

Zuordnung zu Verpackungsgruppen

2.2.41.1.8 Die den verschiedenen Eintragungen des Kapitels 3.2 Tabelle A zugeordneten entzündbaren festen Stoffe sind auf Grund der Prüfverfahren des Handbuchs Prüfungen und Kriterien Teil III Unterabschnitt 33.2.1 in Übereinstimmung mit den folgenden Kriterien der Verpackungsgruppe II oder III zuzuordnen:

a) Leicht brennbare feste Stoffe, die bei der Prüfung eine Abbrandzeit für eine Messstrecke von 100 mm haben, die kürzer ist als 45 s, sind
der Verpackungsgruppe II zuzuordnen, wenn die Flamme die befeuchtete Zone durchläuft;
der Verpackungsgruppe III zuzuordnen, wenn die befeuchtete Zone die Ausbreitung der Flamme mindestens vier Minuten lang aufhält.

b) Metallpulver oder Pulver von Metalllegierungen sind
der Verpackungsgruppe II zuzuordnen, wenn sich bei der Prüfung die Reaktion in fünf Minuten oder weniger über die gesamte Länge der Probe ausbreitet;

der Verpackungsgruppe III zuzuordnen, wenn sich bei der Prüfung die Reaktion in mehr als fünf Minuten über die gesamte Länge der Probe ausbreitet.

Bei festen Stoffen, die durch Reibung in Brand geraten können, erfolgt die Zuordnung zu einer Verpackungsgruppe in Analogie zu bestehenden Eintragungen oder in Übereinstimmung mit einer entsprechenden Sondervorschrift.

Selbstzersetzliche Stoffe

Begriffsbestimmungen

2.2.41.1.9 Für Zwecke des ADN sind selbstzersetzliche Stoffe thermisch instabile Stoffe, die sich auch ohne Beteiligung von Sauerstoff (Luft) stark exotherm zersetzen können. Stoffe gelten nicht als selbstzersetzliche Stoffe der Klasse 4.1, wenn:

a) sie explosive Stoffe gemäß den Kriterien der Klasse 1 sind;
b) sie entzündend (oxidierend) wirkende Stoffe gemäß dem Klassifizierungsverfahren der Klasse 5.1 sind (siehe Unterabschnitt 2.2.51.1), ausgenommen Gemische entzündend (oxidierend) wirkender Stoffe, die mindestens 5 % brennbare organische Stoffe enthalten und die dem in Bem. 2 festgelegten Klassifizierungsverfahren zu unterziehen sind;
c) sie organische Peroxide gemäß den Kriterien der Klasse 5.2 sind (siehe Unterabschnitt 2.2.52.1);
d) ihre Zersetzungswärme geringer als 300 J/g ist oder
e) ihre Temperatur der selbstbeschleunigenden Zersetzung (SADT) (siehe Bemerkung 3) bei einem Versandstück von 50 kg höher als 75°C ist.

Bem. 1. Die Zersetzungswärme kann durch eine beliebige international anerkannte Methode bestimmt werden, z.B. der dynamischen Differenz-Kalorimetrie und der adiabatischen Kalorimetrie.

2. Gemische entzündend (oxidierend) wirkender Stoffe, die den Kriterien der Klasse 5.1 entsprechen, mindestens 5 % brennbare organische Stoffe enthalten und nicht den in Absatz a), c), d) oder e) aufgeführten Kriterien entsprechen, sind dem Klassifizierungsverfahren für selbstzersetzliche Stoffe zu unterziehen.

Gemische, welche die Eigenschaften selbstzersetzlicher Stoffe der Typen B bis F aufweisen, sind als selbstzersetzliche Stoffe der Klasse 4.1 zu klassifizieren.

Gemische, welche nach dem Grundsatz des Handbuchs Prüfungen und Kriterien Teil II Abschnitt 20.4.3 g) die Eigenschaften selbstzersetzlicher Stoffe des Typs G aufweisen, gelten für Zwecke der Klassifizierung als Stoffe der Klasse 5.1 (siehe Unterabschnitt 2.2.51.1).

3. Die Temperatur der selbstbeschleunigenden Zersetzung (SADT) ist die niedrigste Temperatur, bei der sich ein Stoff in versandmäßiger Verpackung exotherm zersetzen kann. Die notwendigen Vorschriften zur Bestimmung dieser Temperatur sind im Handbuch Prüfungen und Kriterien Teil II Kapitel 20 und Abschnitt 28.4 enthalten.

4. Stoffe, welche die Eigenschaften von selbstzersetzlichen Stoffen aufweisen, sind als solche zuzuordnen, auch wenn diese Stoffe nach Absatz 2.2.42.1.5 ein positives Prüfergebnis für die Zuordnung zur Klasse 4.2 aufweisen.

Eigenschaften

2.2.41.1.10 Die Zersetzung von selbstzersetzlichen Stoffen kann durch Wärme, Kontakt mit katalytischen Verunreinigungen (z.B. Säuren, Schwermetallverbindungen, Basen), Reibung oder Stoß ausgelöst werden. Die Zersetzungsgeschwindigkeit nimmt mit der Temperatur zu und ist je nach Stoff unterschiedlich. Die Zersetzung kann, besonders wenn keine Entzündung eintritt, die Entwicklung giftiger Gase oder Dämpfe zur Folge haben. Bei bestimmten selbstzersetzlichen Stoffen muss die Temperatur kontrolliert werden. Bestimmte selbstzersetzliche Stoffe können sich vor allem unter Einschluss explosionsartig zersetzen. Diese Eigenschaft kann durch Hinzufügen von Verdünnungsmitteln oder die Verwendung geeigneter Verpackungen verändert werden. Bestimmte selbstzersetzliche Stoffe brennen heftig. Selbstzersetzliche Stoffe sind zum Beispiel bestimmte Verbindungen der unten angegebenen Typen:

aliphatische Azoverbindungen (-C-N=N-C-);

organische Azide ($-C-N_3$);

Diazoniumsalze ($-CN_2^+Z^-$);

N-Nitrosoverbindungen (-N-N=O);

aromatische Sulfohydrazide ($-SO_2-NH-NH_2$).

Diese Aufzählung ist unvollständig, Stoffe mit anderen reaktiven Gruppen und bestimmte Stoffgemische können ähnliche Eigenschaften haben.

Zuordnung

2.2.41.1.11 Selbstzersetzliche Stoffe werden auf Grund ihres Gefahrengrades in sieben Typen eingeteilt. Die Typen reichen von Typ A, der nicht zur Beförderung in der Verpackung, in der er geprüft worden ist, zugelassen ist, bis zu Typ G, der nicht den Vorschriften für selbstzersetzliche Stoffe der Klasse 4.1 unterliegt. Die Zuordnung der selbstzersetzlichen Stoffe der Typen B bis F steht in unmittelbarer Beziehung zu der zulässigen Höchstmenge in einer Verpackung. Die für die Zuordnung anzuwendenden Grundsätze sowie die anwendbaren Zuordnungsverfahren, Prüfmethoden und Kriterien und ein Muster eines geeigneten Prüfberichts sind im Handbuch Prüfungen und Kriterien Teil II aufgeführt.

2.2.41.1.12 Bereits klassifizierte selbstzersetzliche Stoffe, die bereits zur Beförderung in Verpackungen zugelassen sind, sind in Unterabschnitt 2.2.41.4 aufgeführt, diejenigen, die bereits zur Beförderung in Großpackmitteln (IBC) zugelassen sind, sind in Unterabschnitt 4.1.4.2 des ADR, Verpackungsanweisung IBC 520 aufgeführt und diejenigen, die bereits zur Beförderung in Tanks zugelassen sind, sind in Unterabschnitt 4.2.5.2 des ADR, Anweisung für ortsbewegliche Tanks T 23 aufgeführt. Für jeden aufgeführten zugelassenen Stoff ist die Gattungseintragung aus Kapitel 3.2 Tabelle A (UN-Nummern 3221 bis 3240) zugeordnet und sind die entsprechenden Nebengefahren und Bemerkungen mit relevanten Informationen für die Beförderung angegeben.

Diese Sammeleintragungen geben an:

- den Typ (B bis F) des selbstzersetzlichen Stoffes, siehe Absatz 2.2.41.1.11;
- den Aggregatzustand (flüssig/fest) und
- gegebenenfalls die Temperaturkontrolle, siehe Absatz 2.2.41.1.17.

Die Zuordnung der in Unterabschnitt 2.2.41.4 aufgeführten selbstzersetzlichen Stoffe erfolgt auf der Grundlage des technisch reinen Stoffes (sofern nicht eine geringere Konzentration als 100 % besonders angegeben ist).

2.2.41.1.13 Die Klassifizierung selbstzersetzlicher Stoffe, die in Unterabschnitt 2.2.41.4, in Unterabschnitt 4.1.4.2 des ADR, Verpackungsanweisung IBC 520 oder in Unterabschnitt 4.2.5.2 des ADR, Anweisung für ortsbeweglichen Tanks T 23 nicht aufgeführt sind, sowie ihre Zuordnung zu einer Sammeleintragung sind von der zuständigen Behörde des Ursprungslandes auf der Grundlage eines Prüfberichts vorzunehmen. Das Genehmigungszeugnis muss die Zuordnung und die entsprechenden Beförderungsbedingungen enthalten. Ist das Ursprungsland keine Vertragspartei des ADN, so müssen die Zuordnung und die Beförderungsbedingungen von der zuständigen Behörde der ersten von der Sendung berührten Vertragspartei des ADN anerkannt werden.

2.2.41.1.14 Aktivatoren wie Zinkverbindungen dürfen bestimmten selbstzersetzlichen Stoffen zugefügt werden, um deren Reaktionsfähigkeit zu verändern. Je nach Typ und Konzentration des Aktivators kann dies eine Abnahme der thermischen Stabilität und eine Veränderung der explosiven Eigenschaften zur Folge haben. Wenn eine dieser Eigenschaften verändert wird, ist die neue Zubereitung gemäß dem Zuordnungsverfahren zu bewerten.

2.2.41.1.15 Muster von selbstzersetzlichen Stoffen oder Zubereitungen selbstzersetzlicher Stoffe, die in Unterabschnitt 2.2.41.4 nicht genannt sind, für die ein vollständiger Prüfdatensatz nicht vorliegt und die für die Durchführung weiterer Prüfungen und Bewertungen zu befördern sind, sind einer der für selbstzersetzliche Stoffe Typ C zutreffenden Eintragung zuzuordnen, vorausgesetzt,

– aus den vorliegenden Daten geht hervor, dass das Muster nicht gefährlicher ist als ein selbstzersetzlicher Stoff Typ B;
– das Muster ist gemäß Verpackungsmethode OP2 des Unterabschnitts 4.1.4.1 des ADR verpackt und die Masse je Beförderungseinheit beträgt nicht mehr als 10 kg;
– aus den vorliegenden Daten geht hervor, dass die Kontrolltemperatur, falls sie erforderlich ist, so niedrig ist, dass eine gefährliche Zersetzung vermieden wird, und hoch genug ist, um eine gefährliche Phasentrennung zu vermeiden.

Desensibilisierung

2.2.41.1.16 Um eine sichere Beförderung selbstzersetzlicher Stoffe zu gewährleisten, werden sie in vielen Fällen durch ein Verdünnungsmittel desensibilisiert. Wenn ein Prozentgehalt eines Stoffes festgesetzt ist, bezieht sich dieser auf den Massengehalt, gerundet auf die nächste ganze Zahl. Wird ein Verdünnungsmittel verwendet, muss der selbstzersetzliche Stoff zusammen mit dem Verdünnungsmittel in der bei der Beförderung verwendeten Konzentration und Form geprüft werden. Verdünnungsmittel, durch die sich ein selbstzersetzlicher Stoff beim Freiwerden aus einer Verpackung auf einen gefährlichen Grad anreichern kann, dürfen nicht verwendet werden. Jedes Verdünnungsmittel muss mit dem selbstzersetzlichen Stoff verträglich sein. In dieser Hinsicht sind die festen oder flüssigen Verdünnungsmittel verträglich, die keine nachteiligen Auswirkungen auf die thermische Stabilität und den Gefahrentyp des selbstzersetzlichen Stoffes haben.

Flüssige Verdünnungsmittel in Zubereitungen, die eine Temperaturkontrolle erfordern (siehe Absatz 2.2.41.1.14), müssen einen Siedepunkt von mindestens 60°C und einen Flammpunkt von mindestens 5°C besitzen. Der Siedepunkt des flüssigen Stoffes muss um mindestens 50°C höher sein als die Kontrolltemperatur des selbstzersetzlichen Stoffes.

Vorschriften für die Temperaturkontrolle

2.2.41.1.17 Selbstzersetzliche Stoffe mit einer SADT von höchstens 55 °C müssen unter Temperaturkontrolle befördert werden. Siehe Abschnitt 7.1.7.

Desensibilisierte explosive feste Stoffe

2.2.41.1.18 Desensibilisierte explosive feste Stoffe sind Stoffe, die mit Wasser oder mit Alkoholen angefeuchtet oder mit anderen Stoffen verdünnt sind, um ihre explosiven Eigenschaften zu unterdrücken. In Kapitel 3.2 Tabelle A sind dies die Eintragungen der UN-Nummern 1310, 1320, 1321, 1322, 1336, 1337, 1344, 1347, 1348, 1349, 1354, 1355, 1356, 1357, 1517, 1571, 2555, 2556, 2557, 2852, 2907, 3317, 3319, 3344, 3364, 3365, 3366, 3367, 3368, 3369, 3370, 3376, 3380 und 3474.

Mit selbstzersetzlichen Stoffen verwandte Stoffe

2.2.41.1.19 Stoffe, die

a) gemäß den Prüfreihen 1 und 2 vorläufig der Klasse 1 zugeordnet wurden, jedoch durch die Prüfreihe 6 von der Klasse 1 freigestellt sind,
b) keine selbstzersetzlichen Stoffe der Klasse 4.1 sind,
c) keine Stoffe der Klasse 5.1 oder 5.2 sind,

werden ebenfalls der Klasse 4.1 zugeordnet. Die UN-Nummern 2956, 3241, 3242 und 3251 sind solche Eintragungen.

Polymerisierende Stoffe

Begriffsbestimmungen und Eigenschaften

2.2.41.1.20 *Polymerisierende Stoffe* sind Stoffe, die ohne Stabilisierung eine stark exotherme Reaktion eingehen können, die unter normalen Beförderungsbedingungen zur Bildung größerer Moleküle oder zur Bildung von Polymeren führt. Solche Stoffe gelten als polymerisierende Stoffe der Klasse 4.1, wenn:

a) ihre Temperatur der selbstbeschleunigenden Polymerisation (SAPT) unter den Bedingungen (mit oder ohne chemische Stabilisierung bei der Übergabe zur Beförderung) und in den Verpackungen, Großpackmitteln (IBC) oder Tanks, in denen der Stoff oder das Gemisch befördert wird, höchstens 75 °C beträgt;

b) sie eine Reaktionswärme von mehr als 300 J/g aufweisen und

c) sie keine anderen Kriterien für eine Zuordnung zu den Klassen 1 bis 8 erfüllen.

Ein Gemisch, das die Kriterien eines polymerisierenden Stoffes erfüllt, ist als polymerisierender Stoff der Klasse 4.1 zuzuordnen.

Vorschriften für die Temperaturkontrolle

2.2.41.1.21 Polymerisierende Stoffe unterliegen während der Beförderung einer Temperaturkontrolle, wenn:

a) bei der Übergabe zur Beförderung in Verpackungen oder Großpackmitteln (IBC) ihre Temperatur der selbstbeschleunigenden Polymerisation (SAPT) in der Verpackung oder dem Großpackmittel (IBC), in der/dem der Stoff befördert wird, höchstens 50 °C beträgt oder

b) bei der Übergabe zur Beförderung in Tanks ihre Temperatur der selbstbeschleunigenden Polymerisation (SAPT) im Tank, in dem der Stoff befördert wird, höchstens 45 °C beträgt.

Siehe Abschnitt 7.1.7.

Bem. Stoffe, die den Kriterien für polymerisierende Stoffe und darüber hinaus den Kriterien für eine Aufnahme in die Klassen 1 bis 8 entsprechen, unterliegen den Vorschriften der Sondervorschrift 386 des Kapitels 3.3.

2.2.41.2 ***Nicht zur Beförderung zugelassene Stoffe***

2.2.41.2.1 Die chemisch instabilen Stoffe der Klasse 4.1 sind zur Beförderung nur zugelassen, wenn die erforderlichen Maßnahmen zur Verhinderung jeglicher gefährlichen Zerfalls- oder Polymerisationsreaktion während der Beförderung getroffen wurden. Zu diesem Zweck muss insbesondere auch dafür gesorgt werden, dass die Gefäße und Tanks keine Stoffe enthalten, die diese Reaktionen begünstigen können.

2.2.41.2.2 Entzündbare feste Stoffe, entzündend (oxidierend) wirkend, die der UN-Nummer 3097 zugeordnet sind, sind zur Beförderung nicht zugelassen, es sei denn, sie entsprechen den Vorschriften der Klasse 1 (siehe auch Unterabschnitt 2.1.3.7).

2.2.41.2.3 Folgende Stoffe sind nicht zur Beförderung zugelassen:

- selbstzersetzliche Stoffe Typ A (siehe Handbuch Prüfungen und Kriterien Teil II Absatz 20.4.2 a));
- Phosphorsulfide, die nicht frei von weißem oder gelbem Phosphor sind;
- andere als in Kapitel 3.2 Tabelle A aufgeführte desensibilisierte explosive feste Stoffe;
- anorganische entzündbare Stoffe in geschmolzenem Zustand mit Ausnahme von UN 2448 SCHWEFEL, GESCHMOLZEN.
- Bariumazid mit einem Wassergehalt von weniger als 50 Masse-% Wasser

2.2.41.3 Verzeichnis der Sammeleintragungen

	Nebengefahr		Klassifizierungscode	UN-Nummer	Benennung des Stoffes oder Gegenstandes
entzündbare feste Stoffe F	**ohne Nebengefahr**	**organisch**	**F1**	3175	FESTE STOFFE, DIE ENTZÜNDBARE FLÜSSIGE STOFFE ENTHALTEN, N.A.G.
				1353	FASERN, IMPRÄGNIERT MIT SCHWACH NITRIERTER CELLULOSE, N.A.G. oder
				1353	GEWEBE, IMPRÄGNIERT MIT SCHWACH NITRIERTER CELLULOSE, N.A.G.
				1325	ENTZÜNDBARER ORGANISCHER FESTER STOFF, N.A.G.
		organisch, geschmolzen	**F2**	3176	ENTZÜNDBARER ORGANISCHER FESTER STOFF IN GESCHMOLZENEM ZUSTAND, N.A.G.
		anorganisch	**F3**	3089	ENTZÜNDBARES METALLPULVER, N.A.G. [a),b)]
				3181	ENTZÜNDBARE METALLSALZE ORGANISCHER VERBINDUNGEN, N.A.G.
				3182	ENTZÜNDBARE METALLHYDRIDE, N.A.G. [c)]
				3178	ENTZÜNDBARER ANORGANISCHER FESTER STOFF, N.A.G.
		Gegenstände	**F4**	3527	POLYESTERHARZMEHRKOMPONENTEN-SYSTEME, festes Grundprodukt
				3541	GEGENSTÄNDE, DIE EINEN ENTZÜNDBAREN FESTEN STOFF ENTHALTEN, N.A.G.
	entzündend (oxidierend) wirkend		**FO**	3097	ENTZÜNDBARER FESTER STOFF, ENTZÜNDEND (OXIDIEREND) WIRKEND, N.A.G. (nicht zur Beförderung zugelassen, siehe Absatz 2.2.41.2.2)
	giftig FT	**organisch**	**FT1**	2926	ENTZÜNDBARER ORGANISCHER FESTER STOFF, GIFTIG, N.A.G.
		anorganisch	**FT2**	3179	ENTZÜNDBARER ANORGANISCHER FESTER STOFF, GIFTIG, N.A.G.
	ätzend FC	**organisch**	**FC1**	2925	ENTZÜNDBARER ORGANISCHER FESTER STOFF, ÄTZEND, N.A.G.
		anorganisch	**FC2**	3180	ENTZÜNDBARER ANORGANISCHER FESTER STOFF, ÄTZEND, N.A.G.
desensibilisierte explosive feste Stoffe	**ohne Nebengefahr**		**D**	3319	NITROGLYCERIN, GEMISCH, DESENSIBILISIERT, FEST, N.A.G., mit mehr als 2 Masse-%, aber höchstens 10 Masse-% Nitroglycerin
				3344	PENTAERYTHRITTETRANITRAT (PENTAERYTHRITOLTETRANITRAT) (PETN), GEMISCH, DESENSIBILISIERT, FEST, N.A.G., mit mehr als 10 Masse-%, aber höchstens 20 Masse-% PETN
				3380	DESENSIBILISIERTER EXPLOSIVER FESTER STOFF, N.A.G.
	giftig		**DT**		nur die in Kapitel 3.2 Tabelle A aufgeführten Stoffe sind als Stoffe der Klasse 4.1 zur Beförderung zugelassen
					SELBSTZERSETZLICHER STOFF TYP A, FLÜSSIG (nicht zur Beförderung zugelassen, siehe Absatz 2.2.41.2.3)
					SELBSTZERSETZLICHER STOFF TYP A, FEST (nicht zur Beförderung zugelassen, siehe Absatz 2.2.41.2.3)
				3221	SELBSTZERSETZLICHER STOFF TYP B, FLÜSSIG
				3222	SELBSTZERSETZLICHER STOFF TYP B, FEST
				3223	SELBSTZERSETZLICHER STOFF TYP C, FLÜSSIG
				3224	SELBSTZERSETZLICHER STOFF TYP C, FEST

selbstzersetzliche Stoffe SR	keine Temperaturkontrolle erforderlich	SR1	3225 SELBSTZERSETZLICHER STOFF TYP D, FLÜSSIG 3226 SELBSTZERSETZLICHER STOFF TYP D, FEST 3227 SELBSTZERSETZLICHER STOFF TYP E, FLÜSSIG 3228 SELBSTZERSETZLICHER STOFF TYP E, FEST 3229 SELBSTZERSETZLICHER STOFF TYP F, FLÜSSIG 3230 SELBSTZERSETZLICHER STOFF TYP F, FEST SELBSTZERSETZLICHER STOFF TYP G, FLÜSSIG (unterliegt nicht den für die Klasse 4.1 geltenden Vorschriften, siehe Absatz 2.2.41.1.11) SELBSTZERSETZLICHER STOFF TYP G, FEST (unterliegt nicht den für die Klasse 4.1 geltenden Vorschriften, siehe Absatz 2.2.41.1.11)
	Temperaturkontrolle erforderlich	SR2	3231 SELBSTZERSETZLICHER STOFF TYP B, FLÜSSIG, TEMPERATURKONTROLLIERT 3232 SELBSTZERSETZLICHER STOFF TYP B, FEST, TEMPERATURKONTROLLIERT 3233 SELBSTZERSETZLICHER STOFF TYP C, FLÜSSIG, TEMPERATURKONTROLLIERT 3234 SELBSTZERSETZLICHER STOFF TYP C, FEST, TEMPERATURKONTROLLIERT 3235 SELBSTZERSETZLICHER STOFF TYP D, FLÜSSIG, TEMPERATURKONTROLLIERT 3236 SELBSTZERSETZLICHER STOFF TYP D, FEST, TEMPERATURKONTROLLIERT 3237 SELBSTZERSETZLICHER STOFF TYP E, FLÜSSIG, TEMPERATURKONTROLLIERT 3238 SELBSTZERSETZLICHER STOFF TYP E, FEST, TEMPERATURKONTROLLIERT 3239 SELBSTZERSETZLICHER STOFF TYP F, FLÜSSIG, TEMPERATURKONTROLLIERT 3240 SELBSTZERSETZLICHER STOFF TYP F, FEST, TEMPERATURKONTROLLIERT
polymerisierende Stoffe PM	keine Temperaturkontrolle erforderlich	PM1	3531 POLYMERISIERENDER STOFF, FEST, STABILISIERT, N.A.G. 3532 POLYMERISIERENDER STOFF, FLÜSSIG, STABILISIERT, N.A.G.
	Temperaturkontrolle erforderlich	PM2	3533 POLYMERISIERENDER STOFF, FEST, TEMPERATURKONTROLLIERT, N.A.G. 3534 POLYMERISIERENDER STOFF, FLÜSSIG, TEMPERATURKONTROLLIERT, N.A.G

Fußnoten

a) Metalle und Metalllegierungen in Pulverform oder anderer entzündbarer Form, die selbstentzündlich sind, sind Stoffe der Klasse 4.2.

b) Metalle und Metalllegierungen in Pulverform oder anderer entzündbarer Form, die in Berührung mit Wasser entzündliche Gase entwickeln, sind Stoffe der Klasse 4.3.

c) Metallhydride, die in Berührung mit Wasser entzündbare Gase entwickeln, sind Stoffe der Klasse 4.3. Aluminiumborhydrid oder Aluminiumborhydrid in Geräten ist ein Stoff der Klasse 4.2, UN-Nummer 2870.

2.2.41.4 Verzeichnis der bereits zugeordneten selbstzersetzlichen Stoffe in Verpackungen

Die in der Spalte „Verpackungsmethode" angegebenen Codes „OP1" bis „OP8" verweisen auf die Verpackungsmethoden in Unterabschnitt 4.1.4.1 des ADR, Verpackungsanweisung P 520 (siehe auch Unterabschnitt 4.1.7.1 des ADR). Die zu befördernden selbstzersetzlichen Stoffe müssen der angegebenen Klassifizierung und den angegebenen (von der SADT abgeleiteten) Kontroll- und Notfalltemperaturen entsprechen. Für Stoffe, die in Großpackmitteln (IBC) zugelassen sind, siehe Unterabschnitt 4.1.4.2 des ADR, Verpackungsanweisung IBC 520, und für Stoffe, die in Tanks gemäß Kapitel 4.2 des ADR zugelassen sind, siehe Absatz 4.2.5.2.6 des ADR Anweisung für ortsbewegliche Tanks T 23. Die in der Verpackungsanweisung IBC 520 des Unterabschnitts 4.1.4.2 des ADR und in der Anweisung für ortsbewegliche Tanks T 23 des Absatzes 4.2.5.2.6 des ADR aufgeführten Zubereitungen dürfen, gegebenenfalls mit denselben Kontroll- und Notfalltemperaturen, auch gemäß Unterabschnitt 4.1.4.1 des ADR Verpackungsanweisung P 520 Verpackungsmethode OP8 verpackt befördert werden.

Bem. Die in dieser Tabelle enthaltene Zuordnung bezieht sich auf den technisch reinen Stoff (es sei denn, es ist eine Konzentration unter 100 % angegeben). Für andere Konzentrationen kann der Stoff unter Berücksichtigung der Verfahren des Handbuchs Prüfungen und Kriterien Teil II und des Absatzes 2.2.41.1.17 abweichend zugeordnet werden.

Selbstzersetzlicher Stoff	Konzentration (%)	Verpackungsmethode	Kontrolltemperatur (°C)	Notfalltemperatur (°C)	UN-Nummer der Gattungseintragung	Bemerkungen
ACETON-PYROGALLOL-COPOLYMER-2-DIAZO-1-NAPHTHOL-5-SULFONAT	100	OP8			3228	
AZODICARBONAMID, ZUBEREITUNG TYP B, TEMPERATURKONTROLLIERT	< 100	OP5			3232	(1) (2)
AZODICARBONAMID, ZUBEREITUNG TYP C	< 100	OP6			3224	(3)
AZODICARBONAMID, ZUBEREITUNG TYP C, TEMPERATURKONTROLLIERT	< 100	OP6			3234	(4)
AZODICARBONAMID, ZUBEREITUNG TYP D	< 100	OP7			3226	(5)
AZODICARBONAMID, ZUBEREITUNG TYP D, TEMPERATURKONTROLLIERT	< 100	OP7			3236	(6)
2,2'-AZODI(2,4-DIMETHYL-4-METHOXYVALERONITRIL)	100	OP7	- 5	+ 5	3236	
2,2'-AZODI(2,4-DIMETHYL-VALERONITRIL)	100	OP7	+ 10	+ 15	3236	
2,2'-AZODI-(ETHYL-2-METHYLPROPIONAT)	100	OP7	+ 20	+ 25	3235	
1,1'-AZODI-(HEXAHYDROBENZONITRIL)	100	OP7			3226	
2,2'-AZODI-(ISOBUTYRONITRIL)	100	OP6	+ 40	+ 45	3234	
2,2'-AZODI-(ISOBUTYRONITRIL), als Paste auf Wasserbasis	≤ 50	OP6			3224	
2,2'-AZODI(2-METHYLBUTYRONITRIL)	100	OP7	+ 35	+ 40	3236	
BENZEN-1,3-DISULFONYLHYDRAZID, als Paste	52	OP7			3226	
BENZENSULFONYLHYDRAZID	100	OP7			3226	
4-(BENZYL(ETHYL)AMINO)-3-ETHOXYBENZENDIAZONIUM-ZINKCHLORID	100	OP7			3226	
4-(BENZYL(METHYL)AMINO)-3-ETHOXYBENZENDIAZONIUM-ZINKCHLORID	100	OP7	+ 40	+ 45	3236	
3-CHLOR-4-DIETHYLAMINOBENZEN-DIAZONIUM-ZINKCHLORID	100	OP7			3226	
2-DIAZO-1-NAPHTHOL-4-SULFONYLCHLORID	100	OP5			3222	(2)
2-DIAZO-1-NAPHTHOL-5-SULFONYLCHLORID	100	OP5			3222	(2)
2-DIAZO-1-NAPHTHOL-SULFONSÄURE-ESTER, GEMISCH, TYP D	< 100	OP7			3226	(9)
2,5-DIBUTOXY-4-(4-MORPHOLINYL)-BENZENDIAZONIUM, TETRACHLORZINKAT (2:1)	100	OP8			3228	
2,5-DIETHOXY-4-MORPHOLINO-BENZENDIAZONIUM-ZINKCHLORID	67 – 100	OP7	+ 35	+ 40	3236	
2,5-DIETHOXY-4-MORPHOLINO-BENZENDIAZONIUM-ZINKCHLORID	66	OP7	+ 40	+ 45	3236	
2,5-DIETHOXY-4-MORPHOLINOBENZEN-DIAZONIUM-TETRAFLUOROBORAT	100	OP7	+ 30	+ 35	3236	
2,5-DIETHOXY-4-(4-MORPHOLINYL)-BENZENDIAZONIUM-SULFAT	100	OP7			3226	
2,5-DIETHOXY-4-(PHENYLSULFONYL)-BENZENDIAZONIUM-ZINKCHLORID	67	OP7	+ 40	+ 45	3236	

Selbstzersetzlicher Stoff	Konzentration (%)	Verpackungsmethode	Kontrolltemperatur (°C)	Notfalltemperatur (°C)	UN-Nummer der Gattungseintragung	Bemerkungen
DIETHYLENGLYCOL-BIS-(ALLYLCARBONAT) + DIISOPROPYLPEROXYDICARBONAT	≥88 + ≤ 12	OP8	- 10	0	3237	
2,5-DIMETHOXY-4-(4-METHYLPHENYLSULFONYL)-BENZENDIAZONIUM-ZINKCHLORID	79	OP7	+ 40	+ 45	3236	
4-(DIMETHYLAMINO)-BENZENDIAZONIUM-TRICHLORZINKAT(-1)	100	OP8			3228	
4-DIMETHYLAMINO-6-(2-DIMETHYLAMINOETHOXY)TOLUEN-2-DIAZONIUM-ZINKCHLORID	100	OP7	+ 40	+ 45	3236	
N,N'-DINITROSO-N,N'-DIMETHYL-TEREPHTHALAMID, als Paste	72	OP6			3224	
N,N'-DINITROSOPENTAMETHYLEN-TETRAMIN	82	OP6			3224	(7)
DIPHENYLOXID-4,4'-DISULFONYLHYDRAZID	100	OP7			3226	
4-DIPROPYLAMINOBENZENDIAZONIUM-ZINKCHLORID	100	OP7			3226	
2-(N,N-ETHOXYCARBONYLPHENYLAMINO)-3-METHOXY-4-(N-METHYL-N-CYCLOHEXYLAMINO)-BENZENDIAZONIUM-ZINKCHLORID	63 – 92	OP7	+ 40	+ 45	3236	
2-(N,N-ETHOXYCARBONYLPHENYLAMINO)-3-METHOXY-4-(N-METHYL-N-CYCLOHEXYLAMINO)-BENZENDIAZONIUM-ZINKCHLORID	62	OP7	+ 35	+ 40	3236	
N-FORMYL-2-(NITROMETHYLEN)-1,3-PERHYDROTHIAZIN	100	OP7	+ 45	+ 50	3236	
2-(2-HYDROXYETHOXY)-1-(PYRROLIDIN-1-YL)-BENZEN-4-DIAZONIUM-ZINKCHLORID	100	OP7	+ 45	+ 50	3236	
3-(2-HYDROXYETHOXY)-4-(PYRROLIDIN-1-YL)-BENZENDIAZONIUM-ZINKCHLORID	100	OP7	+ 40	+ 45	3236	
2-(N,N-METHYLAMINOETHYLCARBONYL)-4-(3,4-DIMETHYLPHENYLSULFONYL) - BENZENDIAZONIUM-HYDROGENSULFAT	96	OP7	+ 45	+ 50	3236	
4-METHYLBENZENSULFONYL-HYDRAZID	100	OP7			3226	
3-METHYL-4-(PYRROLIDIN-1-YL)-BENZENDIAZONIUM-TETRAFLUOROBORAT	95	OP6	+ 45	+ 50	3234	
NATRIUM-2-DIAZO-1-NAPHTHOL-4-SULFONAT	100	OP7			3226	
NATRIUM-2-DIAZO-1-NAPHTHOL-5-SULFONAT	100	OP7			3226	
4-NITROSOPHENOL	100	OP7	+ 35	+ 40	3236	
SELBSTZERSETZLICHER STOFF, FLÜSSIG, MUSTER		OP2			3223	(8)
SELBSTZERSETZLICHER STOFF, FLÜSSIG, MUSTER, TEMPERATURKONTROLLIERT		OP2			3233	(8)
SELBSTZERSETZLICHER STOFF, FEST, MUSTER		OP2			3224	(8)
SELBSTZERSETZLICHER STOFF, FEST, MUSTER, TEMPERATURKONTROLLIERT		OP2			3234	(8)
TETRAMINOPALLADIUM-(II)-NITRAT	100	OP6	+ 30	+ 35	3234	
THIOPHOSPHORSÄURE-O-[(CYANOPHENYLMETHYL)-AZANYL]-O,O-DIETHYLESTER	82 – 91 (Z-Isomer)	OP8			3227	(10)

Bemerkungen:

(1) Azodicarbonamid-Zubereitungen, die die Kriterien des Handbuchs Prüfungen und Kriterien Teil II Absatz 20.4.2 b) erfüllen. Die Kontrolltemperatur und die Notfalltemperatur sind anhand des Verfahrens in den Absätzen 7.1.7.3.1 bis 7.1.7.3.6 zu bestimmen.

(2) Nebengefahrzettel „EXPLOSIV“ nach Muster 1 (siehe Absatz 5.2.2.2.2) erforderlich.

(3) Azodicarbonamid-Zubereitungen, die die Kriterien des Handbuchs Prüfungen und Kriterien Teil II Absatz 20.4.2 c) erfüllen.

(4) Azodicarbonamid-Zubereitungen, die die Kriterien des Handbuchs Prüfungen und Kriterien Teil II Absatz 20.4.2 c) erfüllen. Die Kontrolltemperatur und die Notfalltemperatur sind anhand des Verfahrens in den Absätzen 7.1.7.3.1 bis 7.1.7.3.6 zu bestimmen.

(5) Azodicarbonamid-Zubereitungen, die die Kriterien des Handbuchs Prüfungen und Kriterien Teil II Absatz 20.4.2 d) erfüllen.

(6) Azodicarbonamid-Zubereitungen, die die Kriterien des Handbuchs Prüfungen und Kriterien Teil II Absatz 20.4.2 d) erfüllen. Die Kontrolltemperatur und die Notfalltemperatur sind anhand des Verfahrens in den Absätzen 7.1.7.3.1 bis 7.1.7.3.6 zu bestimmen.

(7) Mit einem verträglichen Verdünnungsmittel mit einem Siedepunkt von mindestens 150°C.

(8) Siehe Absatz 2.2.41.1.15.

(9) Diese Eintragung bezieht sich auf Gemische von 2-Diazo-1-Naphtol-4-Sulfonsäureester und 2-Diazo-1-Naphtol-5-Sulfonsäureester, die die Kriterien des Handbuchs Prüfungen und Kriterien Teil II Absatz 20.4.2 d) erfüllen.

(10) Diese Eintragung gilt für das technische Gemisch in n-Butanol mit den angegebenen Konzentrationsgrenzwerten des (Z-)Isomers.

2.2.42 Klasse 4.2: Selbstentzündliche Stoffe

2.2.42.1 Kriterien

2.2.42.1.1 Der Begriff der Klasse 4.2 umfasst:

a) *pyrophore Stoffe;* dies sind Stoffe einschließlich Gemische und Lösungen (flüssig oder fest), die sich in Berührung mit Luft schon in kleinen Mengen innerhalb von fünf Minuten entzünden. Diese Stoffe sind die am leichtesten selbstentzündlichen Stoffe der Klasse 4.2; und

b) *selbsterhitzungsfähige Stoffe und Gegenstände;* dies sind Stoffe und Gegenstände einschließlich Gemische und Lösungen, die in Berührung mit Luft ohne Energiezufuhr selbsterhitzungsfähig sind. Diese Stoffe können sich nur in großen Mengen (mehrere Kilogramm) und nach einem längeren Zeitraum (Stunden oder Tagen) entzünden.

2.2.42.1.2 Die Stoffe und Gegenstände der Klasse 4.2 sind wie folgt unterteilt:

S Selbstentzündliche Stoffe ohne Nebengefahr
- S1 organische flüssige Stoffe
- S2 organische feste Stoffe
- S3 anorganische flüssige Stoffe
- S4 anorganische feste Stoffe
- S5 metallorganische Stoffe
- S6 Gegenstände

SW Selbstentzündliche Stoffe, die in Berührung mit Wasser entzündbare Gase entwickeln

SO Selbstentzündliche oxidierende Stoffe

ST Selbstentzündliche giftige Stoffe
- ST1 organische giftige flüssige Stoffe
- ST2 organische giftige feste Stoffe
- ST3 anorganische giftige flüssige Stoffe
- ST4 anorganische giftige feste Stoffe

SC Selbstentzündliche ätzende Stoffe
- SC1 organische ätzende flüssige Stoffe
- SC2 organische ätzende feste Stoffe
- SC3 anorganische ätzende flüssige Stoffe
- SC4 anorganische ätzende feste Stoffe

Eigenschaften

2.2.42.1.3 Die Selbsterhitzung eines Stoffes ist ein Prozess, bei dem die fortschreitende Reaktion dieses Stoffes mit Sauerstoff (der Luft) Wärme erzeugt. Wenn die Menge der entstandenen Wärme größer ist als die Menge der abgeführten Wärme, führt dies zu einem Anstieg der Temperatur des Stoffes, was nach einer Induktionszeit zur Selbstentzündung und Verbrennung führen kann.

Zuordnung

2.2.42.1.4 Die der Klasse 4.2 zugeordneten Stoffe und Gegenstände sind in Kapitel 3.2 Tabelle A aufgeführt. Die Zuordnung der in Kapitel 3.2 Tabelle A nicht namentlich genannten Stoffe und Gegenstände zu den entsprechenden spezifischen n.a.g.-Eintragungen des Unterabschnitts 2.2.42.3 in Übereinstimmung mit den Vorschriften des Kapitels 2.1 kann auf Grund von Erfahrungen oder auf Grund der Ergebnisse der Prüfverfahren gemäß Handbuch Prüfungen und Kriterien Teil III Abschnitt 33.3 erfolgen. Die Zuordnung zu den allgemeinen n.a.g.-Eintragungen der Klasse 4.2 hat auf Grund der Ergebnisse der Prüfverfahren gemäß Handbuch Prüfungen und Kriterien Teil II Abschnitt 33.3 zu erfolgen; hierbei müssen auch Erfahrungen berücksichtigt werden, wenn sie zu einer strengeren Einstufung führen.

2.2.42.1.5 Wenn nicht namentlich genannte Stoffe oder Gegenstände auf Grund der Prüfverfahren gemäß Handbuch Prüfungen und Kriterien Teil III Abschnitt 33.3 einer der in Unterabschnitt 2.2.42.3 aufgeführten Eintragungen zugeordnet werden, gelten folgende Kriterien:

a) selbstentzündliche (pyrophore) feste Stoffe sind der Klasse 4.2 zuzuordnen, wenn sie sich beim Fall aus 1 m Höhe oder innerhalb von fünf Minuten danach entzünden;

b) selbstentzündliche (pyrophore) flüssige Stoffe sind der Klasse 4.2 zuzuordnen,

i wenn sie, aufgetragen auf ein inertes Trägermaterial, sich innerhalb von fünf Minuten entzünden oder

ii. wenn sie bei negativem Ergebnis der Prüfung nach i), aufgetragen auf ein eingerissenes trockenes Filterpapier (Whatman-Filter Nr. 3), dieses innerhalb von 5 Minuten entzünden oder verkohlen;

c) Stoffe, bei denen in einer kubischen Probe von 10 cm Kantenlänge bei 140°C Versuchstemperatur innerhalb von 24 Stunden eine Selbstentzündung oder ein Temperaturanstieg auf über 200°C eintritt, sind der Klasse 4.2 zuzuordnen. Dieses Kriterium basiert auf der Selbstentzündungstemperatur von Holzkohle, die 50°C für eine kubische Probe von 27 m^3 beträgt. Stoffe mit einer Selbstentzündungstemperatur von mehr als 50°C für ein Volumen von 27 m^3 sind nicht der Klasse 4.2 zuzuordnen.

Bem. 1. Stoffe, die in Verpackungen mit einem Volumen von höchstens 3 m^3 befördert werden, unterliegen nicht der Klasse 4.2, wenn bei Prüfung in einer kubischen Probe von 10 cm Kantenlänge bei 120°C innerhalb von 24 Stunden keine Selbstentzündung oder ein Temperaturanstieg auf über 180°C eintritt.

2. Stoffe, die in Verpackungen mit einem Volumen von höchstens 450 Liter befördert werden, unterliegen nicht der Klasse 4.2, wenn bei Prüfung in einer kubischen Probe von 10 cm Kantenlänge bei 100°C innerhalb von 24 Stunden keine Selbstentzündung oder ein Temperaturanstieg auf über 160°C eintritt.

3. Da metallorganische Stoffe in Abhängigkeit von ihren Eigenschaften der Klasse 4.2 oder 4.3 mit zusätzlichen Nebengefahren zugeordnet werden können, ist in Abschnitt 2.3.5 ein besonderes Flussdiagramm für die Klassifizierung dieser Stoffe aufgeführt.

2.2.42.1.6 Wenn die Stoffe der Klasse 4.2 durch Beimengungen in andere Gefahrenkategorien fallen als die, zu denen die in Kapitel 3.2 Tabelle A namentlich genannten Stoffe gehören, sind diese Gemische den Eintragungen zuzuordnen, zu denen sie auf Grund ihrer tatsächlichen Gefahr gehören.

Bem. Für die Zuordnung von Lösungen und Gemischen (wie Präparate, Zubereitungen und Abfälle) siehe auch Abschnitt 2.1.3.

2.2.42.1.7 Mit dem Prüfverfahren gemäß Handbuch Prüfungen und KriterienTeil III Abschnitt 33.3 und den Kriterien des Absatzes 2.2.42.1.5 kann auch fest-gestellt werden, ob ein namentlich genannter Stoff so beschaffen ist, dass er nicht den Vorschriften dieser Klasse unterliegt.

Zuordnung zu Verpackungsgruppen

2.2.42.1.8 Die den verschiedenen Eintragungen des Kapitels 3.2 Tabelle A zugeordneten Stoffe und Gegenstände sind auf Grund der Prüfverfahren des Handbuchs Prüfungen und Kriterien Teil III Abschnitt 33.3 in Übereinstimmung mit den folgenden Kriterien der Verpackungsgruppe I, II oder III zuzuordnen:

a) selbstentzündliche (pyrophore) Stoffe sind der Verpackungsgruppe I zuzuordnen;

b) selbsterhitzungsfähige Stoffe und Gegenstände, bei denen in einer kubischen Probe von 2,5 cm Kantenlänge bei 140°C Versuchstemperatur innerhalb von 24 Stunden eine Selbstentzündung oder ein Temperaturanstieg auf über 200 °C eintritt, sind der Verpackungsgruppe II zuzuordnen;

Stoffe mit einer Selbstentzündungstemperatur von mehr als 50°C für ein Volumen von 450 Litern sind nicht der Verpackungsgruppe II zuzuordnen;

c) weniger selbsterhitzungsfähige Stoffe, bei denen in einer kubischen Probe von 2,5 cm Kantenlänge die unter b) genannten Ereignisse unter den dort genannten Bedingungen nicht eintreten, in einer kubischen Probe von 10 cm Kantenlänge bei 140°C Versuchstemperatur innerhalb von 24 Stunden jedoch eine Selbstentzündung oder ein Temperaturanstieg auf über 200°C eintritt, sind der Verpackungsgruppe III zuzuordnen.

2.2.42.2 Nicht zur Beförderung zugelassene Stoffe

Folgende Stoffe sind nicht zur Beförderung zugelassen:

- UN 3255 tert-BUTYLHYPOCHLORIT;
- SELBSTERHITZUNGSFÄHIGE feste Stoffe, entzündend (oxidierend) wirkend, die der UN-Nummer 3127 zugeordnet sind, es sei denn, sie entsprechen den Vorschriften der Klasse 1 (siehe auch Unterabschnitt 2.1.3.7).

2.2.42.3 Verzeichnis der Sammeleintragungen

Nebengefahr			Klassifizierungscode	UN-Nummer	Benennung des Stoffes oder Gegenstandes
Selbstentzündliche Stoffe					
ohne Nebengefahr S	organisch	flüssig	S1	2845	PYROPHORER ORGANISCHER FLÜSSIGER STOFF, N.A.G.
				3183	SELBSTERHITZUNGSFÄHIGER ORGANISCHER FLÜSSIGER STOFF, N.A.G.
		fest	S2	1373	FASERN, TIERISCHEN oder PFLANZLICHEN oder SYNTHETISCHEN URSPRUNGS, imprägniert mit Öl, N.A.G.
				1373	GEWEBE, TIERISCHEN oder PFLANZLICHEN oder SYNTHETISCHEN URSPRUNGS, imprägniert mit Öl, N.A.G.
				2006	KUNSTSTOFFE AUF NITROCELLULOSEBASIS, SELBSTERHITZUNGSFÄHIG, N.A.G.
				3313	SELBSTERHITZUNGSFÄHIGE ORGANISCHE PIGMENTE
				2846	PYROPHORER ORGANISCHER FESTER STOFF, N.A.G.
				3088	SELBSTERHITZUNGSFÄHIGER ORGANISCHER FESTER STOFF, N.A.G.
	anorganisch	flüssig	S3	3194	PYROPHORER ANORGANISCHER FLÜSSIGER STOFF, N.A.G.
				3186	SELBSTERHITZUNGSFÄHIGER ANORGANISCHER FLÜSSIGER STOFF, N.A.G.
		fest	S4	1383	PYROPHORES METALL, N.A.G. oder
				1383	PYROPHORE LEGIERUNG, N.A.G.
				1378	METALLKATALYSATOR, ANGEFEUCHTET, mit einem sichtbaren Überschuss an Flüssigkeit
				2881	METALLKATALYSATOR, TROCKEN
				3189	SELBSTERHITZUNGSFÄHIGES METALLPULVER, N.A.G.[a)]
				3205	ERDALKALIMETALLALKOHOLATE, N.A.G.
				3200	PYROPHORER ANORGANISCHER FESTER STOFF, N.A.G.
				3190	SELBSTERHITZUNGSFÄHIGER ANORGANISCHER FESTER STOFF, N.A.G.
				3391	PYROPHORER METALLORGANISCHER FESTER STOFF
				3392	PYROPHORER METALLORGANISCHER FLÜSSIGER STOFF
				3400	SELBSTERHITZUNGSFÄHIGER METALLORGANISCHER FESTER STOFF
	Gegenstände		S6	3542	GEGENSTÄNDE, DIE EINEN SELBSTENTZÜNDLICHEN STOFF ENTHALTEN, N.A.G.

mit Wasser reagierend			SW	3393	PYROPHORER METALLORGANISCHER FESTER STOFF, MIT WASSER REAGIEREND
				3394	PYROPHORER METALLORGANISCHER FLÜSSIGER STOFF, MIT WASSER REAGIEREND
oxidierend			SO	3127	SELBSTERHITZUNGSFÄHIGER STOFF, ENTZÜNDEND (OXIDIEREND) WIRKEND, N.A.G. (nicht zur Beförderung zugelassen, siehe Unterabschnitt 2.2.42.2)
giftig ST	organisch	flüssig	ST1	3184	SELBSTERHITZUNGSFÄHIGER ORGANISCHER FLÜSSIGER STOFF, GIFTIG, N.A.G.
		fest	ST2	3128	SELBSTERHITZUNGSFÄHIGER ORGANISCHER FESTER STOFF, GIFTIG, N.A.G.
	anorganisch	flüssig	ST3	3187	SELBSTERHITZUNGSFÄHIGER ANORGANISCHER FLÜSSIGER STOFF, GIFTIG, N.A.G.
		fest	ST4	3191	SELBSTERHITZUNGSFÄHIGER ANORGANISCHER FESTER STOFF, GIFTIG, N.A.G.
ätzend SC	organisch	flüssig	SC1	3185	SELBSTERHITZUNGSFÄHIGER ORGANISCHER FLÜSSIGER STOFF, ÄTZEND, N.A.G.
		fest	SC2	3126	SELBSTERHITZUNGSFÄHIGER ORGANISCHER FESTER STOFF, ÄTZEND, N.A.G.
	anorganisch	flüssig	SC3	3188	SELBSTERHITZUNGSFÄHIGER ANORGANISCHER FLÜSSIGER STOFF, ÄTZEND, N.A.G.
		fest	SC4	3206	ALKALIMETALLALKOHOLATE, SELBSTERHITZUNGSFÄHIG, ÄTZEND, N.A.G.
				3192	SELBSTERHITZUNGSFÄHIGER ANORGANISCHER FESTER STOFF, ÄTZEND, N.A.G.

Fußnote

a) Staub und Pulver von Metallen, nicht giftig, in nicht selbstentzündlicher Form, die jedoch in Berührung mit Wasser entzündbare Gase entwickeln, sind Stoffe der Klasse 4.3.

2.2.43 Klasse 4.3: Stoffe, die in Berührung mit Wasser entzündbare Gase entwickeln

2.2.43.1 Kriterien

2.2.43.1.1 Der Begriff der Klasse 4.3 umfasst Stoffe, die bei Reaktion mit Wasser entzündbare Gase entwickeln, welche mit Luft explosionsfähige Gemische bilden können, sowie Gegenstände, die solche Stoffe enthalten.

2.2.43.1.2 Die Stoffe und Gegenstände der Klasse 4.3 sind wie folgt unterteilt:

W Stoffe, die in Berührung mit Wasser entzündbare Gase entwickeln, ohne Nebengefahr sowie Gegenstände, die solche Stoffe enthalten
- W1 flüssige Stoffe
- W2 feste Stoffe
- W3 Gegenstände

WF1 Stoffe, die in Berührung mit Wasser entzündbare Gase entwickeln, entzündbar, flüssig

WF2 Stoffe, die in Berührung mit Wasser entzündbare Gase entwickeln, entzündbar, fest

WS Stoffe, die in Berührung mit Wasser entzündbare Gase entwickeln, selbsterhitzungsfähig, fest

WO Stoffe, die in Berührung mit Wasser entzündbare Gase entwickeln, entzündend (oxidierend) wirkend, fest

WT Stoffe, die in Berührung mit Wasser entzündbare Gase entwickeln, giftig
- WT1 flüssige Stoffe
- WT2 feste Stoffe

WC Stoffe, die in Berührung mit Wasser entzündbare Gase entwickeln, ätzend
- WC1 flüssige Stoffe
- WC2 feste Stoffe

WFC Stoffe, die in Berührung mit Wasser entzündbare Gase entwickeln, entzündbar, ätzend.

Eigenschaften

2.2.43.1.3 Bestimmte Stoffe können in Berührung mit Wasser entzündbare Gase entwickeln, welche mit Luft explosionsfähige Gemische bilden können. Solche Gemische werden durch alle gewöhnlichen Zündquellen, z.B. offenes Feuer, von einem Werkzeug ausgehende Funken oder ungeschützte Leuchtmittel, leicht entzündet. Die dabei entstehenden Druckwellen und Flammen können Menschen und die Umwelt gefährden. Das Prüfverfahren, auf das in Absatz 2.2.43.1.4 Bezug genommen wird, wird angewendet, um festzustellen, ob die Reaktion eines Stoffes mit Wasser zur Entwicklung einer gefährlichen Menge von möglicherweise entzündbaren Gasen führt. Dieses Prüfverfahren darf nicht bei pyrophoren Stoffen angewendet werden.

Zuordnung

2.2.43.1.4 Die der Klasse 4.3 zugeordneten Stoffe und Gegenstände sind in Kapitel 3.2 Tabelle A aufgeführt. Die Zuordnung der in Kapitel 3.2 Tabelle A nicht namentlich genannten Stoffe und Gegenstände zur entsprechenden Eintragung des Unterabschnitts 2.2.43.3 in Übereinstimmung mit den Vorschriften des Kapitels 2.1 erfolgt auf Grund der Ergebnisse der Prüfverfahren gemäß Handbuch Prüfungen und Kriterien Teil III Abschnitt 33.4; hierbei müssen auch Erfahrungen berücksichtigt werden, wenn sie zu einer strengeren Einstufung führen.

2.2.43.1.5 Wenn nicht namentlich genannte Stoffe auf Grund der Prüfverfahren gemäß Handbuch Prüfungen und Kriterien Teil III Abschnitt 33.4 einer der in Unterabschnitt 2.2.43.3 aufgeführten Eintragungen zugeordnet werden, gelten folgende Kriterien:

Ein Stoff ist der Klasse 4.3 zuzuordnen, wenn

a) sich das entwickelte Gas während irgendeiner Phase der Prüfung selbst entzündet oder

b) die Menge des je Stunde entwickelten entzündbaren Gases größer ist als 1 Liter pro Kilogramm des Stoffes.

Bem. Da metallorganische Stoffe in Abhängigkeit von ihren Eigenschaften der Klasse 4.2 oder 4.3 mit zusätzlichen Nebengefahren zugeordnet werden können, ist in Abschnitt 2.3.5 ein besonderes, Flussdiagramm für die Klassifizierung dieser Stoffe aufgeführt.

2.2.43.1.6 Wenn die Stoffe der Klasse 4.3 durch Beimengungen in andere Gefahrenkategorien fallen als die, zu denen die in Kapitel 3.2 Tabelle A namentlich genannten Stoffe gehören, sind diese Gemische den Eintragungen zuzuordnen, zu denen sie auf Grund ihrer tatsächlichen Gefahr gehören.

Bem. Für die Zuordnung von Lösungen und Gemischen (wie Präparate, Zubereitungen und Abfälle) siehe auch Abschnitt 2.1.3.

2.2.43.1.7 Mit den Prüfverfahren gemäß Handbuch Prüfungen und Kriterien Teil III Abschnitt 33.4 und den Kriterien des Absatzes 2.2.43.1.5 kann auch fest-gestellt werden, ob ein namentlich genannter Stoff so beschaffen ist, dass er nicht den Vorschriften dieser Klasse unterliegt.

Zuordnung zu Verpackungsgruppen

2.2.43.1.8 Die den verschiedenen Eintragungen in Kapitel 3.2 Tabelle A zugeordneten Stoffe und Gegenstände sind auf Grund der Prüfverfahren des Handbuchs Prüfungen und Kriterien Teil III Abschnitt 33.4 in Übereinstimmung mit den folgenden Kriterien der Verpackungsgruppe I, II oder III zuzuordnen:

a) Der Verpackungsgruppe I ist jeder Stoff zuzuordnen, der bei Raumtemperatur heftig mit Wasser reagiert, wobei sich das entwickelte Gas im Allgemeinen selbst entzünden kann, oder der bei Raumtemperatur leicht mit Wasser reagiert, wobei die Menge des entwickelten entzündbaren Gases größer oder gleich 10 Liter pro Kilogramm des Stoffes innerhalb einer Minute ist.

b) Der Verpackungsgruppe II ist jeder Stoff zuzuordnen, der bei Raumtemperatur leicht mit Wasser reagiert, wobei die größte Menge des entwickelten entzündbaren Gases größer oder gleich 20 Liter pro Kilogramm des Stoffes je Stunde ist, und der nicht die Zuordnungskriterien der Verpackungsgruppe I erfüllt.

c) Der Verpackungsgruppe III ist jeder Stoff zuzuordnen, der bei Raumtemperatur langsam mit Wasser reagiert, wobei die größte Menge des entwickelten entzündbaren Gases größer oder gleich 1 Liter pro Kilogramm des Stoffes je Stunde ist, und der nicht die Zuordnungskriterien der Verpackungsgruppe I oder II erfüllt.

2.2.43.2 **Nicht zur Beförderung zugelassene Stoffe**

Mit Wasser reagierende feste Stoffe, entzündend (oxidierend) wirkend, die der UN-Nummer 3133 zugeordnet sind, sind zur Beförderung nicht zugelassen, es sei denn, sie entsprechen den Vorschriften der Klasse 1 (siehe auch Unterabschnitt 2.1.3.7).

2.2.43.3 Verzeichnis der Sammeleintragungen

Stoffe, die in Berührung mit Wasser entzündbare Gase entwickeln

Nebengefahr		Klassifizierungscode	UN-Nummer	Benennung des Stoffes oder Gegenstandes
ohne Nebengefahr W	**flüssig**	**W1**	1389	ALKALIMETALLAMALGAM, FLÜSSIG
			1391	ALKALIMETALLDISPERSION oder
			1391	ERDALKALIMETALLDISPERSION
			1392	ERDALKALIMETALLAMALGAM, FLÜSSIG
			1420	KALIUMMETALLLEGIERUNGEN, FLÜSSIG
			1422	KALIUM-NATRIUM-LEGIERUNGEN, FLÜSSIG
			3398	MIT WASSER REAGIERENDER METALLORGANISCHER FLÜSSIGER STOFF
			1421	ALKALIMETALLLEGIERUNG, FLÜSSIG, N.A.G.
			3148	MIT WASSER REAGIERENDER FLÜSSIGER STOFF, N.A.G.
	fest	**W2[a]**	1390	ALKALIMETALLAMIDE
			3170	NEBENPRODUKTE DER ALUMINIUMHERSTELLUNG oder
			3170	NEBENPRODUKTE DER ALUMINIUMUMSCHMELZUNG
			3401	ALKALIMETALLAMALGAM, FEST
			3402	ERDALKALIMETALLAMALGAM, FEST
			3403	KALIUMMETALLLEGIERUNGEN, FEST
			3404	KALIUM-NATRIUM-LEGIERUNGEN, FEST
			3395	MIT WASSER REAGIERENDER METALLORGANISCHER FESTER STOFF
			1393	ERDALKALIMETALLLEGIERUNG, N.A.G.
			1409	METALLHYDRIDE, MIT WASSER REAGIEREND, N.A.G.
			3208	METALLISCHER STOFF, MIT WASSER REAGIEREND, N.A.G.
			2813	MIT WASSER REAGIERENDER FESTER STOFF, N.A.G.
	Gegenstände	**W3**	3292	NATRIUMBATTERIEN oder
			3292	NATRIUMZELLEN
			3543	GEGENSTÄNDE, DIE EINEN STOFF ENTHALTEN, DER IN BERÜHRUNG MIT WASSER ENTZÜNDBARE GASE ENTWICKELT, N.A.G.
entzündbar, flüssig		**WF1**	3399	MIT WASSER REAGIERENDER METALLORGANISCHER FLÜSSIGER STOFF, ENTZÜNDBAR
			3482	ALKALIMETALLDISPERSION, ENTZÜNDBAR oder
			3482	ERDALKALIMETALLDISPERSION, ENTZÜNDBAR
entzündbar, fest		**WF2**	3396	MIT WASSER REAGIERENDER METALLORGANISCHER FESTER STOFF, ENTZÜNDBAR
			3132	MIT WASSER REAGIERENDER FESTER STOFF, ENTZÜNDBAR, N.A.G.
selbsterhitzungsfähig, fest		**WS[b)]**	3397	MIT WASSER REAGIERENDER METALLORGANISCHER FESTER STOFF, SELBSTERHITZUNGSFÄHIG
			3209	METALLISCHER STOFF, MIT WASSER REAGIEREND, SELBSTERHITZUNGSFÄHIG, N.A.G.
			3135	MIT WASSER REAGIERENDER FESTER STOFF, SELBSTERHITZUNGSFÄHIG, N.A.G.

entzündend (oxidierend) wirkend, fest		**WO**	3133	MIT WASSER REAGIERENDER FESTER STOFF, ENTZÜNDEND (OXIDIEREND) WIRKEND, N.A.G. (nicht zur Beförderung zugelassen, siehe Abschnitt 2.2.43.2)
giftig WT	**flüssig**	**WT1**	3130	MIT WASSER REAGIERENDER FLÜSSIGER STOFF, GIFTIG, N.A.G.
	fest	**WT2**	3134	MIT WASSER REAGIERENDER FESTER STOFF, GIFTIG, N.A.G.
ätzend WC	**flüssig**	**WC1**	3129	MIT WASSER REAGIERENDER FLÜSSIGER STOFF, ÄTZEND, N.A.G.
	fest	**WC2**	3131	MIT WASSER REAGIERENDER FESTER STOFF, ÄTZEND, N.A.G.
entzündbar, ätzend		**WFC**[c]	2988	CHLORSILANE, MIT WASSER REAGIEREND, ENTZÜNDBAR, ÄTZEND, N.A.G. (keine weitere Sammeleintragung mit diesem Klassifizierungscode vorhanden; soweit erforderlich Zuordnung zu einer Sammeleintragung mit einem Klassifizierungscode, der nach der Tabelle der überwiegenden Gefahr in Unterabschnitt 2.1.3.10 zu bestimmen ist.)

Fußnoten

a) Metalle und Metalllegierungen, die in Berührung mit Wasser keine entzündbaren Gase entwickeln, nicht pyrophor oder selbsterhitzungsfähig, aber leicht entzündbar sind, sind Stoffe der Klasse 4.1. Erdalkalimetalle und Erdalkalimetalllegierungen in pyrophorer Form sind Stoffe der Klasse 4.2. Staub und Pulver von Metallen in pyrophorem Zustand sind Stoffe der Klasse 4.2. Metalle und Metalllegierungen in pyrophorem Zustand sind Stoffe der Klasse 4.2. Verbindungen von Phosphor mit Schwermetallen wie Eisen, Kupfer, usw. unterliegen nicht den Vorschriften des ADN.

b) Metalle und Metalllegierungen in pyrophorem Zustand sind Stoffe der Klasse 4.2.

c) Chlorsilane mit einem Flammpunkt unter 23°C, die in Berührung mit Wasser keine entzündbaren Gase entwickeln, sind Stoffe der Klasse 3. Chlorsilane mit einem Flammpunkt von 23°C oder darüber, die in Berührung mit Wasser keine entzündbaren Gase entwickeln, sind Stoffe der Klasse 8.

2.2.51 Klasse 5.1: Entzündend (oxidierend) wirkende Stoffe

2.2.51.1 Kriterien

2.2.51.1.1 Der Begriff der Klasse 5.1 umfasst Stoffe, die obwohl selbst nicht notwendigerweise brennbar, im Allgemeinen durch Abgabe von Sauerstoff einen Brand verursachen oder einen Brand anderer Stoffe unterstützen können, sowie Gegenstände, sie solche Stoffe enthalten.

2.2.51.1.2 Die Stoffe der Klasse 5.1 sowie die Gegenstände, die solche Stoffe enthalten, sind wie folgt unterteilt:

O Entzündend (oxidierend) wirkende Stoffe ohne Nebengefahr oder Gegenstände, die solche Stoffe enthalten
- O1 flüssige Stoffe
- O2 feste Stoffe
- O3 Gegenstände

OF Entzündend (oxidierend) wirkende feste Stoffe, entzündbar

OS Entzündend (oxidierend) wirkende feste Stoffe, selbsterhitzungsfähig

OW Entzündend (oxidierend) wirkende feste Stoffe, die in Berührung mit Wasser entzündbare Gase entwickeln

OT Entzündend (oxidierend) wirkende Stoffe, giftig
- OT1 flüssige Stoffe
- OT2 feste Stoffe

OC Entzündend (oxidierend) wirkende Stoffe, ätzend
- OC1 flüssige Stoffe
- OC2 feste Stoffe

OTC Entzündend (oxidierend) wirkende Stoffe, giftig, ätzend

2.2.51.1.3 Die der Klasse 5.1 zugeordneten Stoffe und Gegenstände sind in Kapitel 3.2 Tabelle A aufgeführt. Die Zuordnung der in Kapitel 3.2 Tabelle A nicht namentlich genannten Stoffe und Gegenstände zur entsprechenden Eintragung des Unterabschnitts 2.2.51.3 in Übereinstimmung mit den Vorschriften des Kapitels 2.1 kann auf Grund der Prüfungen, Methoden und Kriterien der Absätze 2.2.51.1.6 bis 2.2.51.1.10 und des Handbuchs Prüfungen und Kriterien Teil III Abschnitt 34.4 oder – bei festen ammoniumnitrathaltigen Düngemitteln – Abschnitt 39 vorbehaltlich der Einschränkungen in Absatz 2.2.51.2.2 dreizehnter und vierzehnter Spiegelstrich erfolgen. Falls sich die Prüfergebnisse von bekannten Erfahrungen unterscheiden, muss der Beurteilung auf Grund der bekannten Erfahrungen der Vorzug vor den Prüfergebnissen gegeben werden.

2.2.51.1.4 Wenn die Stoffe der Klasse 5.1 durch Beimengungen in andere Gefahrenkategorien fallen als die, zu denen die in Kapitel 3.2 Tabelle A namentlich genannten Stoffe gehören, sind diese Gemische den Eintragungen zuzuordnen, zu denen sie auf Grund ihrer tatsächlichen Gefahr gehören.

Bem. Für die Zuordnung von Lösungen und Gemischen (wie Präparate, Zubereitungen und Abfälle) siehe auch Abschnitt 2.1.3.

2.2.51.1.5 Mit den Prüfverfahren gemäß Handbuch Prüfungen und Kriterien Teil III Abschnitt 34.4 oder – bei festen ammoniumnitrathaltigen Düngemitteln – Abschnitt 39 und den Kriterien der Absätze 2.2.51.1.6 bis 2 2.51.1.10 kann auch festgestellt werden, ob ein in Kapitel 3.2 Tabelle A namentlich genannter Stoff so beschaffen ist, dass er nicht den Vorschriften dieser Klasse unterliegt.

Entzündend (oxidierend) wirkende feste Stoffe

Zuordnung

2.2.51.1.6 Wenn in Kapitel 3.2 Tabelle A nicht namentlich genannte entzündend (oxidierend) wirkende feste Stoffe auf Grund der Prüfverfahren gemäß Handbuch Prüfungen und Kriterien Teil III Unterabschnitt 34.4.1 (Prüfung O.1) oder alternativ Unterabschnitt 34.4.3 (Prüfung O.3) einer der in Unterabschnitt 2.2.51.3 aufgeführten Eintragungen zugeordnet werden, gelten folgende Kriterien:

a) bei der Prüfung O.1 ist ein fester Stoff der Klasse 5.1 zuzuordnen, wenn er sich in einem Gemisch mit Cellulose von 4:1 oder 1:1 (Masseverhältnis) entzündet oder brennt oder eine gleiche oder kürzere durchschnittliche Brenndauer aufweist als ein Gemisch von Kaliumbromat/Cellulose von 3:7 (Masseverhältnis), oder

b) bei der Prüfung O.3 ist ein fester Stoff der Klasse 5.1 zuzuordnen, wenn er in einem Gemisch mit Cellulose von 4:1 oder 1:1 (Masseverhältnis) eine gleiche oder größere durchschnittliche Abbrandgeschwindigkeit aufweist als ein Gemisch von Calciumperoxid/Cellulose von 1:2 (Masseverhältnis).

2.2.51.1.7 Ausgenommen hiervon sind feste ammoniumnitrathaltige Düngemittel, die in Übereinstimmung mit dem im Handbuch Prüfungen und Kriterien Teil III Abschnitt 39 festgelegten Verfahren klassifiziert werden müssen.

Zuordnung zu Verpackungsgruppen

2.2.51.1.8 Die den verschiedenen Eintragungen des Kapitels 3.2 Tabelle A zugeordneten entzündend (oxidierend) wirkenden festen Stoffe sind auf Grund der Prüfverfahren des Handbuchs Prüfungen und Kriterien Teil III Unterabschnitt 34.4.1 (Prüfung O.1) oder Unterabschnitt 34.4.3 (Prüfung O.3) in Übereinstimmung mit den folgenden Kriterien der Verpackungsgruppe I, II oder III zuzuordnen:

a) Prüfung O.1:

(i) *Verpackungsgruppe I:* Stoffe, die in einem Gemisch mit Cellulose von 4:1 oder 1:1 (Masseverhältnis) eine geringere durchschnittliche Brenndauer als die durchschnittliche Brenndauer eines Gemisches Kaliumbromat/Cellulose von 3:2 (Masseverhältnis) aufweisen;

(ii) *Verpackungsgruppe II:* Stoffe, die in einem Gemisch mit Cellulose von 4:1 oder 1:1 (Masseverhältnis) eine gleiche oder geringere durchschnittliche Brenndauer als die durchschnittliche Brenndauer eines Gemisches Kaliumbromat/Cellulose von 2:3 (Masseverhältnis) aufweisen und die Zuordnungskriterien der Verpackungsgruppe I nicht erfüllt werden;

(iii) *Verpackungsgruppe III:* Stoffe, die in einem Gemisch mit Cellulose von 4:1 oder 1:1 (Masseverhältnis) eine gleiche oder geringere durchschnittliche Brenndauer als die durchschnittliche Brenndauer eines Gemisches Kaliumbromat/Cellulose von 3:7 (Masseverhältnis) aufweisen und die Zuordnungskriterien der Verpackungsgruppen I und II nicht erfüllt werden.

b) Prüfung O.3:

(i) *Verpackungsgruppe I:* Stoffe, die in einem Gemisch mit Cellulose von 4:1 oder 1:1 (Masseverhältnis) eine größere durchschnittliche Abbrandgeschwindigkeit aufweisen als ein Gemisch von Calciumperoxid/Cellulose von 3:1 (Masseverhältnis);

(ii) *Verpackungsgruppe II:* Stoffe, die in einem Gemisch mit Cellulose von 4:1 oder 1:1 (Masseverhältnis) eine gleiche oder größere durchschnittliche Abbrandgeschwindigkeit aufweisen als ein Gemisch von Calciumperoxid/Cellulose von 1:1 (Masseverhältnis) und die Kriterien der Verpackungsgruppe I nicht erfüllt werden;

(iii) *Verpackungsgruppe III:* Stoffe, die in einem Gemisch mit Cellulose von 4:1 oder 1:1 (Masseverhältnis) eine gleiche oder größere durchschnittliche Abbrandgeschwindigkeit aufweisen als ein Gemisch von Calciumperoxid/Cellulose von 1:2 (Masseverhältnis) und die Kriterien der Verpackungsgruppen I und II nicht erfüllt werden.

Entzündend (oxidierend) wirkende flüssige Stoffe

Zuordnung

2.2.51.1.9 Wenn in Kapitel 3.2 Tabelle A nicht namentlich genannte entzündend (oxidierend) wirkende flüssige Stoffe auf Grund der Prüfverfahren gemäß Handbuch Prüfungen und Kriterien Teil III Unterabschnitt 34.4.2 einer der in Unterabschnitt 2.2.51.3 aufgeführten Eintragungen zugeordnet werden, gelten folgende Kriterien:

Ein flüssiger Stoff ist der Klasse 5.1 zuzuordnen, wenn er in einem Gemisch mit Cellulose von 1:1 (Masseverhältnis) einen Druck von mindestens 2070 kPa (Überdruck) und eine geringere oder gleiche durchschnittliche Druckanstiegszeit aufweist als ein Gemisch 65 %iger Salpetersäure in wässeriger Lösung/Cellulose von 1:1 (Masseverhältnis).

Zuordnung zu Verpackungsgruppen

2.2.51.1.10 Die den verschiedenen Eintragungen in Kapitel 3.2 Tabelle A zugeordneten entzündend (oxidierend) wirkenden flüssigen Stoffe sind auf Grund der Prüfverfahren des Handbuchs Prüfungen und Kriterien Teil III Unterabschnitt 34.4.2 in Übereinstimmung mit den folgenden Kriterien der Verpackungsgruppe I, II oder III zuzuordnen:

a) Verpackungsgruppe I: Stoffe, die sich in einem Gemisch mit Cellulose von 1:1 (Masseverhältnis) selbst entzünden oder eine geringere durchschnittliche Druckanstiegszeit aufweisen als ein Gemisch 50%iger Perchlorsäure/Cellulose von 1:1 (Masseverhältnis);

b) Verpackungsgruppe II: Stoffe, die in einem Gemisch mit Cellulose von 1:1 (Masseverhältnis) eine geringere oder gleiche durchschnittliche Druckanstiegszeit aufweisen als ein Gemisch von 40%igem Natriumchlorat in wässeriger Lösung/Cellulose von 1:1 (Masseverhältnis) und nicht die Zuordnungskriterien der Verpackungsgruppe I erfüllen;

c) Verpackungsgruppe III: Stoffe, die in einem Gemisch mit Cellulose von 1:1 (Masseverhältnis) eine geringere oder gleiche durchschnittliche Druckanstiegszeit aufweisen als ein Gemisch von 65%iger Salpetersäure in wässeriger Lösung/Cellulose von 1:1 (Masseverhältnis) und nicht die Zuordnungskriterien der Verpackungsgruppen I und II erfüllen.

2.2.51.2 Nicht zur Beförderung zugelassene Stoffe

2.2.51.2.1 Die chemisch instabilen Stoffe der Klasse 5.1 sind zur Beförderung nur zugelassen, wenn die erforderlichen Maßnahmen zur Verhinderung jeglicher gefährlichen Zerfalls- oder Polymerisationsreaktion während der Beförderung getroffen wurden. Zu diesem Zweck muss insbesondere auch dafür gesorgt werden, dass die Gefäße und Tanks keine Stoffe enthalten, die diese Reaktionen begünstigen können.

2.2.51.2.2 Folgende Stoffe und Gemische sind zur Beförderung nicht zugelassen:

- Entzündend (oxidierend) wirkende feste Stoffe, selbsterhitzungsfähig, die der UN-Nummer 3100, entzündend (oxidierend) wirkende feste Stoffe, mit Wasser reagierend, die der UN-Nummer 3121, und entzündend (oxidierend) wirkende feste Stoffe, entzündbar, die der UN-Nummer 3137 zugeordnet sind, es sei denn, sie entsprechen den Vorschriften der Klasse 1 (siehe auch Unterabschnitt 2.1.3.7);
- nicht stabilisiertes Wasserstoffperoxid oder nicht stabilisierte wässerige Lösungen von Wasserstoffperoxid mit mehr als 60 % Wasserstoffperoxid;
- Tetranitromethan, nicht frei von brennbaren Verunreinigungen;
- Lösungen von Perchlorsäure mit mehr als 72 Masse-% Säure oder Gemische von Perchlorsäure mit irgendeinem flüssigen Stoff außer Wasser;
- Lösung von Chlorsäure mit mehr als 10 % Chlorsäure oder Gemische von Chlorsäure mit irgendeinem flüssigen Stoff außer Wasser;
- andere halogenierte Fluorverbindungen als UN 1745 BROMPENTAFLUORID, UN 1746 BROMTRIFLUORID und UN 2495 IODPENTAFLUORID der Klasse 5.1 sowie UN 1749 CHLORTRIFLUORID und UN 2548 CHLORPENTAFLUORID der Klasse 2;
- Ammoniumchlorat und seine wässerigen Lösungen sowie Gemische von Chlorat mit einem Ammoniumsalz;
- Ammoniumchlorit und seine wässerigen Lösungen sowie Gemische eines Chlorits mit einem Ammoniumsalz;
- Hypochloritgemische mit einem Ammoniumsalz;
- Ammoniumbromat und seine wässerigen Lösungen sowie Gemische eines Bromats mit einem Ammoniumsalz;
- Ammoniumpermanganat und seine wässerigen Lösungen sowie Gemische eines Permanganats mit einem Ammoniumsalz;
- Ammoniumnitrat mit mehr als 0,2 % brennbaren Stoffen (einschließlich aller organischen Stoffe als Kohlenstoff-Äquivalent), ausgenommen als Bestandteil eines Stoffes oder Gegenstandes der Klasse 1;
- ammoniumnitrathaltige Düngemittel mit Zusammensetzungen, die zu Ausgang 4, 6, 8, 15, 31 oder 33 des Ablaufdiagramms in Absatz 39.5.1 des Handbuchs Prüfungen und Kriterien Teil III Abschnitt 39 führen, es sei denn, sie wurden einer geeigneten UN-Nummer der Klasse 1 zugeordnet;
- ammoniumnitrathaltige Düngemittel mit Zusammensetzungen, die zu Ausgang 20, 23 oder 39 des Ablaufdiagramms in Absatz 39.5.1 des Handbuchs Prüfungen und Kriterien Teil III Abschnitt 39 führen, es sei denn, sie wurden einer geeigneten UN-Nummer der Klasse 1 oder unter der Voraussetzung, dass die Eignung für die Beförderung nachgewiesen und dies von der zuständigen Behörde genehmigt wurde, einer geeigneten UN-Nummer der Klasse 5.1 mit Ausnahme der UN-Nummer 2067 zugeordnet;

  Bem. Der Begriff „zuständige Behörde" bedeutet die zuständige Behörde des Ursprungslandes. Ist das Ursprungsland keine Vertragspartei des ADN, so müssen die Klassifizierung und die Beförderungsbedingungen von der zuständigen Behörde der ersten von der Sendung berührten Vertragspartei des ADN anerkannt werden.
- Ammoniumnitrit und seine wässerigen Lösungen sowie Gemische von einem anorganischen Nitrit mit einem Ammoniumsalz;
- Gemische von Kaliumnitrat und Natriumnitrit mit einem Ammoniumsalz.

2.2.51.3 Verzeichnis der Sammeleintragungen

Nebengefahr		Klassifizierungscode	UN-Nummer	Benennung des Stoffes oder Gegenstandes
Entzündend (oxidierend) wirkende Stoffe oder Gegenstände, die solche Stoffe enthalten				
ohne Nebengefahr O	**flüssig**	**O1**	3210	CHLORATE, ANORGANISCHE, WÄSSERIGE LÖSUNG, N.A.G.
			3211	PERCHLORATE, ANORGANISCHE, WÄSSERIGE LÖSUNG, N.A.G.
			3213	BROMATE, ANORGANISCHE, WÄSSERIGE LÖSUNG, N.A.G.
			3214	PERMANGANATE, ANORGANISCHE, WÄSSERIGE LÖSUNG, N.A.G.
			3216	PERSULFATE, ANORGANISCHE, WÄSSERIGE LÖSUNG, N.A.G.
			3218	NITRATE, ANORGANISCHE, WÄSSERIGE LÖSUNG, N.A.G.
			3219	NITRITE, ANORGANISCHE, WÄSSERIGE LÖSUNG, N.A.G.
			3139	ENTZÜNDEND (OXIDIEREND) WIRKENDER FLÜSSIGER STOFF, N.A.G.
	fest	**O2**	1450	BROMATE, ANORGANISCHE, N.A.G.
			1461	CHLORATE, ANORGANISCHE, N.A.G.
			1462	CHLORITE, ANORGANISCHE, N.A.G.
			1477	NITRATE, ANORGANISCHE, N.A.G.
			1481	PERCHLORATE, ANORGANISCHE, N.A.G.
			1482	PERMANGANATE, ANORGANISCHE, N.A.G.
			1483	PEROXIDE, ANORGANISCHE, N.A.G.
			2627	NITRITE, ANORGANISCHE, N.A.G.
			3212	HYPOCHLORITE, ANORGANISCHE, N.A.G.
			3215	PERSULFATE, ANORGANISCHE, N.A.G.
			1479	ENTZÜNDEND (OXIDIEREND) WIRKENDER FESTER STOFF, N.A.G.
	Gegenstände	**O3**	3356	SAUERSTOFFGENERATOR, CHEMISCH
			3544	GEGENSTÄNDE, DIE EINEN ENTZÜNDEND (OXIDIEREND) WIRKENDEN STOFF ENTHALTEN, N.A.G.
entzündbar, fest		**OF**	3137	ENTZÜNDEND (OXIDIEREND) WIRKENDER FESTER STOFF, ENTZÜNDBAR, N.A.G. (nicht zur Beförderung zugelassen, siehe Unterabschnitt 2.2.51.2)
selbsterhitzungsfähig, fest		**OS**	3100	ENTZÜNDEND (OXIDIEREND) WIRKENDER FESTER STOFF, SELBSTERHITZUNGSFÄHIG, N.A.G. (nicht zur Beförderung zugelassen, siehe Unterabschnitt 2.2.51.2)
mit Wasser reagierend, fest		**OW**	3121	ENTZÜNDEND (OXIDIEREND) WIRKENDER FESTER STOFF, MIT WASSER REAGIEREND, N.A.G. (nicht zur Beförderung zugelassen, siehe Unterabschnitt 2.2.51.2)
giftig OT	**flüssig**	**OT1**	3099	ENTZÜNDEND (OXIDIEREND) WIRKENDER FLÜSSIGER STOFF, GIFTIG, N.A.G.
	fest	**OT2**	3087	ENTZÜNDEND (OXIDIEREND) WIRKENDER FESTER STOFF, GIFTIG, N.A.G.
ätzend OC	**flüssig**	**OC1**	3098	ENTZÜNDEND (OXIDIEREND) WIRKENDER FLÜSSIGER STOFF, ÄTZEND, N.A.G.
	fest	**OC2**	3085	ENTZÜNDEND (OXIDIEREND) WIRKENDER FESTER STOFF, ÄTZEND, N.A.G.
giftig, ätzend		**OTC**		(keine Sammeleintragung mit diesem Klassifizierungscode vorhanden; soweit erforderlich Zuordnung zu einer Sammeleintragung mit einem Klassifizierungscode, der nach der Tabelle der überwiegenden Gefahr in Unterabschnitt 2.1.3.10 zu bestimmen ist)

2.2.52 Klasse 5.2: Organische Peroxide

2.2.52.1 Kriterien

2.2.52.1.1 Der Begriff der Klasse 5.2 umfasst organische Peroxide und Zubereitungen organischer Peroxide.

2.2.52.1.2 Die Stoffe der Klasse 5.2 sind wie folgt unterteilt:

P1 organische Peroxide, für die keine Temperaturkontrolle erforderlich ist
P2 organische Peroxide, für die eine Temperaturkontrolle erforderlich ist.

Begriffsbestimmung

2.2.52.1.3 Organische Peroxide sind organische Stoffe, die das bivalente -O-O-Strukturelement enthalten und die als Derivate des Wasserstoffperoxids, in welchem ein Wasserstoffatom oder beide Wasserstoffatome durch organische Radikale ersetzt sind, angesehen werden können.

Eigenschaften

2.2.52.1.4 Organische Peroxide können sich bei normalen oder erhöhten Temperaturen exotherm zersetzen. Die Zersetzung kann durch Wärme, Kontakt mit Verunreinigungen (z.B. Säuren, Schwermetallverbindungen, Amine), Reibung oder Stoß ausgelöst werden. Die Zersetzungsgeschwindigkeit nimmt mit der Temperatur zu und ist abhängig von der Zusammensetzung des organischen Peroxids. Bei der Zersetzung können sich schädliche oder entzündliche Gase oder Dämpfe entwickeln. Für bestimmte organische Peroxide ist eine Temperaturkontrolle während der Beförderung erforderlich. Bestimmte organische Peroxide können sich vor allem unter Einschluss explosionsartig zersetzen. Diese Eigenschaft kann durch Hinzufügen von Verdünnungsmitteln oder die Verwendung geeigneter Verpackungen verändert werden. Viele organische Peroxide brennen heftig. Es ist zu vermeiden, dass organische Peroxide mit den Augen in Berührung kommen. Schon nach sehr kurzer Berührung verursachen bestimmte organische Peroxide ernste Hornhautschäden oder Hautverätzungen.

Bem. Prüfverfahren zur Bestimmung der Entzündbarkeit organischer Peroxide sind im Handbuch Prüfungen und Kriterien Teil III Abschnitt 32.4 enthalten. Da organische Peroxide bei Erwärmung heftig reagieren können, wird empfohlen, für die Bestimmung ihres Flammpunktes kleine Probengrößen, wie in ISO-Norm 3679:1983 beschrieben, zu verwenden.

Zuordnung

2.2.52.1.5 Jedes organische Peroxid ist als der Klasse 5.2 zugeordnet anzusehen, es sei denn die Zubereitung des organischen Peroxids

a) enthält nicht mehr als 1,0 % Aktivsauerstoff bei höchstens 1,0 % Wasserstoffperoxid;
b) enthält nicht mehr als 0,5 % Aktivsauerstoff bei mehr als 1,0 %, jedoch höchstens 7,0 % Wasserstoffperoxid.

Bem. Der Aktivsauerstoffgehalt (%) einer Zubereitung eines organischen Peroxids ergibt sich aus der Formel

$$16 \times \Sigma (n_i \times c_i/m_i),$$

wobei:

n_i = Anzahl der Peroxygruppen je Molekül des organischen Peroxids i;
c_i = Konzentration (Masse-%) des organischen Peroxids i;
m_i = molekulare Masse des organischen Peroxids i.

2.2.52.1.6 Organische Peroxide werden auf Grund ihres Gefahrengrades in sieben Typen eingeteilt. Die Typen reichen von Typ A, der nicht zur Beförderung in der Verpackung, in der er geprüft worden ist, zugelassen ist, bis zu Typ G, der nicht den Vorschriften der Klasse 5.2 unterliegt. Die Zuordnung zu den Typen B bis F steht in unmittelbarer Beziehung zu der zulässigen Höchstmenge in einem Versandstück. Die Grundsätze für die Zuordnung von Stoffen, die in Unterabschnitt 2.2.52.4 nicht genannt sind, sind im Handbuch Prüfungen und Kriterien Teil II aufgeführt.

2.2.52.1.7 Bereits klassifizierte organische Peroxide, die bereits zur Beförderung in Verpackungen zugelassen sind, sind in Unterabschnitt 2.2.52.4 aufgeführt, diejenigen, die bereits zur Beförderung in Großpackmitteln (IBC) zugelassen sind, sind in Unterabschnitt 4.1.4.2 des ADR, Verpackungsanweisung IBC 520 aufgeführt und diejenigen, die bereits zur Beförderung in Tanks gemäß den Kapiteln 4.2 und 4.3 des ADR zugelassen sind, sind in Unterabschnitt 4.2.5.2 des ADR, Anweisung für ortsbeweglichen Tanks T 23 aufgeführt. Für jeden aufgeführten zugelassenen Stoff ist die Gattungseintragung aus Kapitel 3.2 Tabelle A (UN-Nummern 3101 bis 3120) zugeordnet und sind die entsprechenden Nebengefahren und Bemerkungen mit relevanten Informationen für die Beförderung angegeben.

Diese Sammeleintragungen geben an:

- den Typ (B bis F) des organischen Peroxids, siehe Absatz 2.2.52.1.6;
- den Aggregatzustand (flüssig/fest) und
- gegebenenfalls die Temperaturkontrolle, siehe Absätze 2.2.52.1.15 und 2.2.52.1.16.

Gemische dieser Zubereitungen können dem Typ des organischen Peroxids, der dem gefährlichsten Bestandteil entspricht, gleichgestellt und unter den für diesen Typ geltenden Beförderungsbedingungen befördert werden. Wenn jedoch zwei stabile Bestandteile ein thermisch weniger stabiles Gemisch bilden können, so ist die Temperatur der selbstbeschleunigenden Zersetzung (SADT) des Gemisches zu bestimmen und, falls erforderlich, die aus der SADT nach den Vorschriften des Absatzes 7.1.7.3.6 berechnete Kontroll- und Notfalltemperatur.

2.2.52.1.8 Die Klassifizierung organischer Peroxide, die in Unterabschnitt 2.2.52.4, in Unterabschnitt 4.1.4.2 des ADR, Verpackungsanweisung IBC 520 oder in Unterabschnitt 4.2.5.2 des ADR, Anweisung für ortsbewegliche Tanks T 23 nicht aufgeführt sind, sowie ihre Zuordnung zu einer Sammeleintragung sind von der zuständigen Behörde des Ursprungslandes vorzunehmen. Das Genehmigungszeugnis muss die Zuordnung und die entsprechenden Beförderungsbedingungen enthalten.

Ist das Ursprungsland keine Vertragspartei des ADN, so müssen die Zuordnung und die Beförderungsbedingungen von der zuständigen Behörde des ersten von der Sendung berührten Vertragspartei des ADN anerkannt werden.

2.2.52.1.9 Muster von organischen Peroxiden oder von Zubereitungen organischer Peroxide, die in Unterabschnitt 2.2.52.4 nicht aufgeführt sind, für die ein vollständiger Prüfdatensatz nicht vorliegt und die für die Durchführung weiterer Prüfungen und Bewertungen zu befördern sind, sind einer der für organische Peroxide Typ C zutreffenden Eintragung zuzuordnen, vorausgesetzt:

- aus den vorliegenden Daten geht hervor, dass das Muster nicht gefährlicher ist als ein organisches Peroxid Typ B;
- das Muster ist gemäß Verpackungsmethode OP2 des Unterabschnitts 4.1.4.1 des ADR verpackt und die Masse je Beförderungseinheit beträgt nicht mehr als 10 kg;
- aus den vorliegenden Daten geht hervor, dass die Kontrolltemperatur, falls sie erforderlich ist, so niedrig ist, dass eine gefährliche Zersetzung vermieden wird, und hoch genug ist, um eine gefährliche Phasentrennung zu vermeiden.

Desensibilisierung organischer Peroxide

2.2.52.1.10 Um eine sichere Beförderung organischer Peroxide zu gewährleisten, werden sie in vielen Fällen durch organische flüssige oder feste Stoffe, anorganische feste Stoffe oder Wasser desensibilisiert. Wenn ein Prozentgehalt eines Stoffes festgesetzt ist, bezieht sich dieser auf den Massengehalt, gerundet auf die nächste ganze Zahl. Grundsätzlich ist die Desensibilisierung so vorzunehmen, dass beim Freiwerden keine gefährliche Aufkonzentrierung des organischen Peroxids eintreten kann.

2.2.52.1.11 Soweit für eine einzelne Zubereitung eines organischen Peroxids nichts anderes bestimmt ist, gelten die nachfolgenden Begriffsbestimmungen für Verdünnungsmittel, die zur Desensibilisierung verwendet werden:

– Verdünnungsmittel des Typs A sind organische flüssige Stoffe, die mit dem organischen Peroxid verträglich sind und die einen Siedepunkt von mindestens 150°C haben. Verdünnungsmittel des Typs A dürfen zur Desensibilisierung aller organischen Peroxide verwendet werden.
– Verdünnungsmittel des Typs B sind organische flüssige Stoffe, die mit dem organischen Peroxid verträglich sind und die einen Siedepunkt unter 150°C, jedoch nicht unter 60°C, und einen Flammpunkt nicht unter 5°C haben.

Verdünnungsmittel des Typs B dürfen zur Desensibilisierung aller organischen Peroxide verwendet werden, vorausgesetzt, der Siedepunkt des flüssigen Stoffes ist mindestens 60°C höher als die SADT in einem Versandstück von 50 kg.

2.2.52.1.12 Verdünnungsmittel, die nicht zum Typ A oder B gehören, dürfen den in Unterabschnitt 2.2.52.4 aufgeführten Zubereitungen organischer Peroxide hinzugefügt werden, wenn sie mit diesen verträglich sind. Das vollständige oder teilweise Ersetzen von Verdünnungsmitteln des Typs A oder B durch ein anderes Verdünnungsmittel mit unterschiedlichen Eigenschaften erfordert jedoch eine erneute Bewertung der Zubereitung nach dem normalen Zuordnungsverfahren für die Klasse 5.2.

2.2.52.1.13 Wasser darf zur Desensibilisierung nur den organischen Peroxiden zugefügt werden, die in Unterabschnitt 2.2.52.4 oder in der Genehmigung der zuständigen Behörde gemäß Absatz 2.2.52.1.8 als “mit Wasser” oder als “stabile Dispersion in Wasser” bezeichnet sind. Muster und Zubereitungen organischer Peroxide, die in Unterabschnitt 2.2.52.4 nicht aufgeführt sind, dürfen ebenfalls mit Wasser desensibilisiert sein, vorausgesetzt, die Bedingungen in Absatz 2.2.52.1.9 sind erfüllt.

2.2.52.1.14 Organische und anorganische feste Stoffe dürfen zur Desensibilisierung organischer Peroxide verwendet werden, wenn sie mit diesen verträglich sind. Flüssige und feste Stoffe gelten als verträglich, wenn sie weder die thermische Stabilität noch den Gefahrentyp der Zubereitung des organischen Peroxids nachteilig beeinflussen.

Vorschriften für die Temperaturkontrolle

2.2.52.1.15 Folgende organische Peroxide unterliegen der Temperaturkontrolle während der Beförderung:

– organische Peroxide der Typen B und C mit einer SADT ≤ 50°C;
– organische Peroxide des Typs D, die eine mäßige Reaktion beim Erwärmen unter Einschluss zeigen, mit einer SADT ≤ 50°C, oder die eine schwache oder keine Reaktion beim Erwärmen unter Einschluss zeigen, mit einer SADT ≤ 45°C, und
– organische Peroxide der Typen E und F mit einer SADT ≤ 45°C.

Bem. Vorschriften zur Bestimmung der Reaktionen beim Erwärmen unter Einschluss sind im Handbuch Prüfungen und Kriterien Teil II Kapitel 20 und Prüfreihe E in Kapitel 25 angegeben.

Siehe Abschnitt 7.1.7.

2.2.52.1.16 Soweit zutreffend, sind die Kontroll- und Notfalltemperaturen in Unterabschnitt 2.2.52.4 angegeben. Die tatsächliche Temperatur während der Beförderung darf niedriger sein als die Kontrolltemperatur, ist aber so zu wählen, dass keine gefährliche Phasentrennung eintritt.

2.2.52.2 Nicht zur Beförderung zugelassene Stoffe

Die organischen Peroxide des Typs A (siehe Handbuch Prüfungen und Kriterien Teil II Absatz 20.4.3 a)) sind unter den Bedingungen der Klasse 5.2 nicht zur Beförderung zugelassen.

2.2.52.3 Verzeichnis der Sammeleintragungen

	Klassifizierungscode	UN-Nummer	Benennung des Stoffes oder Gegenstandes
Organische Percxide			
keine Temperaturkontrolle erforderlich	P1		ORGANISCHES PEROXID TYP A, FLÜSSIG (nicht zur Beförderung zugelassen, siehe Unterabschnitt 2.2.52.2)
			ORGANISCHES PEROXID TYP A, FEST (nicht zur Beförderung zugelassen, siehe Unterabschnitt 2.2.52.2)
		3101	ORGANISCHES PEROXID TYP B, FLÜSSIG
		3102	ORGANISCHES PEROXID TYP B, FEST
		3103	ORGANISCHES PEROXID TYP C, FLÜSSIG
		3104	ORGANISCHES PEROXID TYP C, FEST
		3105	ORGANISCHES PEROXID TYP D, FLÜSSIG
		3106	ORGANISCHES PEROXID TYP D, FEST
		3107	ORGANISCHES PEROXID TYP E, FLÜSSIG
		3108	ORGANISCHES PEROXID TYP E, FEST
		3109	ORGANISCHES PEROXID TYP F, FLÜSSIG
		3110	ORGANISCHES PEROXID TYP F, FEST
			ORGANISCHES PEROXID TYP G, FLÜSSIG (unterliegt nicht den für die Klasse 5.2 geltenden Vorschriften, siehe Absatz 2.2.52.1.6)
			ORGANISCHES PEROXID TYP G, FEST (unterliegt nicht den für die Klasse 5.2 geltenden Vorschriften, siehe Absatz 2.2.52.1.6)
		3545	GEGENSTÄNDE, DIE ORGANISCHES PEROXID ENTHALTEN, N.A.G.
Temperaturkontrolle erforderlich	P2	3111	ORGANISCHES PEROXID TYP B, FLÜSSIG, TEMPERATURKONTROLLIERT
		3112	ORGANISCHES PEROXID TYP B, FEST, TEMPERATURKONTROLLIERT
		3113	ORGANISCHES PEROXID TYP C, FLÜSSIG, TEMPERATURKONTROLLIERT
		3114	ORGANISCHES PEROXID TYP C, FEST, TEMPERATURKONTROLLIERT
		3115	ORGANISCHES PEROXID TYP D, FLÜSSIG, TEMPERATURKONTROLLIERT
		3116	ORGANISCHES PEROXID TYP D, FEST, TEMPERATURKONTROLLIERT
		3117	ORGANISCHES PEROXID TYP E, FLÜSSIG, TEMPERATURKONTROLLIERT
		3118	ORGANISCHES PEROXID TYP E, FEST, TEMPERATURKONTROLLIERT
		3119	ORGANISCHES PEROXID TYP F, FLÜSSIG, TEMPERATURKONTROLLIERT
		3120	ORGANISCHES PEROXID TYP F, FEST, TEMPERATURKONTROLLIERT
		3545	GEGENSTÄNDE, DIE ORGANISCHES PEROXID ENTHALTEN, N.A.G.

2.2.52.4 Verzeichnis der bereits zugeordneten organischen Peroxide in Verpackungen

Die in der Spalte „Verpackungsmethode" angegebenen Codes „OP1" bis „OP8" verweisen auf die Verpackungsmethoden in Unterabschnitt 4.1.4.1 des ADR, Verpackungsanweisung P 520 (siehe auch Unterabschnitt 4.1.7.1 des ADR). Die zu befördernden organischen Peroxide müssen der angegebenen Klassifizierung und den angegebenen (von der SADT abgeleiteten) Kontroll- und Notfalltemperaturen entsprechen. Für Stoffe, die in Großpackmitteln (IBC) zugelassen sind, siehe Unterabschnitt 4.1.4.2 des ADR, Verpackungsanweisung IBC 520, für Stoffe, die in Tanks gemäß den Kapiteln 4.2 und 4.3 des ADR zugelassen sind, siehe Absatz 4.2.5.2.6 des ADR, Anweisung für ortsbewegliche Tanks T 23. Die in der Verpackungsanweisung IBC 520 des Unterabschnitts 4.1.4.2 des ADR und in der Anweisung für ortsbewegliche Tanks T 23 des Absatzes 4.2.5.2.6 des ADR aufgeführten Zubereitungen dürfen, gegebenenfalls mit denselben Kontroll- und Notfalltemperaturen, auch gemäß Unterabschnitt 4.1.4.1 des ADR Verpackungsanweisung P 520 Verpackungsmethode OP8 verpackt befördert werden.

Organisches Peroxid	Konzentration (%)	Verdünnungsmittel Typ A (%)	Verdünnungsmittel Typ B (%)	Inerter fester Stoff (%)	Wasser (%)	Verpackungsmethode	Kontrolltemperatur (°C)	Notfalltemperatur (°C)	UN-Nummer der Gattungseintragung	Nebengefahr und Bemerkungen
Acetylacetonperoxid	≤ 42	≥ 48			≥ 8	OP7			3105	2)
Acetylacetonperoxid (als Paste)	≤ 32					OP7			3106	20)
Acetylcyclohexansulfonylperoxid	≤ 82				≥ 12	OP4	-10	0	3112	3)
Acetylcyclohexansulfonylperoxid	≤ 32		≥ 68			OP7	-10	0	3115	
tert-AMYLHYDROPEROXID	≤ 88	≥ 6			≥ 6	OP8			3107	
tert-AMYLPEROXYACETAT	≤ 62	≥ 38				OP7			3105	
tert-AMYLPEROXYBENZOAT	≤ 100					OP5			3103	
tert-AMYLPEROXY-2-ETHYLHEXANOAT	≤ 100					OP7	20	25	3115	
tert-AMYLPEROXY-2-ETHYLHEXYLCARBONAT	≤ 100					OP7			3105	
tert-AMYLPEROXYISOPROPYLCARBONAT	≤ 77	≥ 23				OP5			3103	
tert-AMYLPEROXYNEODECANOAT	≤ 77		≥ 23			OP7	0	10	3115	
tert-AMYLPEROXYNEODECANOAT	≤ 47	≥ 53				OP8	0	10	3119	
tert-AMYLPEROXYPIVALAT	≤ 77		≥ 23			OP5	10	15	3113	

Organisches Peroxid	Konzen-tration (%)	Verdün-nungsmittel Typ A (%)	Verdün-nungsmittel Typ B (%)	Inerter fester Stoff (%)	Wasser (%)	Ver-packungs-methode	Kontroll-temperatur (ºC)	Notfall-temperatur (ºC)	UN-Nummer der Gattungs-eintragung	Neben-gefahr und Bemer-kungen
tert-AMYLPEROXY-3,5,5-TRIMETHYLHEXANOAT	≤ 100					OP7			3105	
tert-BUTYLCUMYLPEROXID	> 42-100					OP8			3109	
tert-BUTYLCUMYLPEROXID	≤ 52			≥ 48		OP8			3108	
n-BUTYL-4,4-DI-(tert-BUTYLPEROXY)-VALERAT	> 52 – 100					OP5			3103	
n-BUTYL-4,4-DI-(tert-BUTYLPEROXY)-VALERAT	≤ 52			≥ 48		OP8			3108	
tert-BUTYLHYDROPEROXID	> 79 – 90				≥ 10	OP5			3103	13)
tert-BUTYLHYDROPEROXID	≤ 80	≥ 20				OP7			3105	4) 13)
tert-BUTYLHYDROPEROXID	≤ 79				> 14	OP8			3107	13) 23)
tert-BUTYLHYDROPEROXID	≤ 72				≥ 28	OP8			3109	13)
tert-BUTYLHYDROPEROXID + Di-tert-BUTYLPEROXID	< 82 + > 9				≥ 7	OP5			3103	13)
tert-BUTYLMONOPEROXYMALEAT	> 52 - 100					OP5			3102	3)
tert-BUTYLMONOPEROXYMALEAT	≤ 52	≥ 48				OP6			3103	
tert-BUTYLMONOPEROXYMALEAT	≤ 52			≥ 48		OP8			3108	
tert-BUTYLMONOPEROXYMALEAT (als Paste)	≤ 52					OP8			3108	

Organisches Peroxid	Konzentration (%)	Verdünnungsmittel Typ A (%)	Verdünnungsmittel Typ B (%)	Inerter fester Stoff (%)	Wasser (%)	Verpackungsmethode	Kontrolltemperatur (°C)	Notfalltemperatur (°C)	UN-Nummer der Gattungseintragung	Nebengefahr und Bemerkungen
tert-BUTYLPEROXYACETAT	> 52 – 77	≥ 23				OP5			3101	3)
tert-BUTYLPEROXYACETAT	> 32 - 52	≥ 48				OP6			3103	
tert-BUTYLPEROXYACETAT	≤ 32		≥ 68			OP8			3109	
tert-BUTYLPEROXYBENZOAT	> 77 - 100					OP5			3103	
tert-BUTYLPEROXYBENZOAT	> 52 - 77	≥ 23				OP7			3105	
tert-BUTYLPEROXYBENZOAT	≤ 52			≥ 48		OP7			3106	
tert-BUTYLPEROXYBUTYLFUMARAT	≤ 52	≥ 48				OP7			3105	
tert-BUTYLPEROXYCROTONAT	≤ 77	≥ 23				OP7			3105	
tert-BUTYLPEROXYDIETHYLACETAT	≤ 100					OP5	20	25	3113	
tert-BUTYLPEROXY-2-ETHYLHEXANOAT	> 52 - 100					OP6	20	25	3113	
tert-BUTYLPEROXY-2-ETHYLHEXANOAT	> 32 - 52		≥ 48			OP8	30	35	3117	
tert-BUTYLPEROXY-2-ETHYLHEXANOAT	≤ 52			≥ 48		OP8	20	25	3118	
tert-BUTYLPEROXY-2-ETHYLHEXANOAT	≤ 32		≥ 68			OP8	40	45	3119	

Organisches Peroxid	Konzentration (%)	Verdünnungsmittel Typ A (%)	Verdünnungsmittel Typ B (%)	Inerter fester Stoff (%)	Wasser (%)	Verpackungsmethode	Kontrolltemperatur (ºC)	Notfalltemperatur (ºC)	UN-Nummer der Gattungseintragung	Nebengefahr und Bemerkungen
tert-BUTYLPEROXY-2-ETHYLHEXANOAT + 2,2-DI-(tert-BUTYLPEROXY)-BUTAN	≤ 12 + ≤ 14	≥ 14		≥ 60		OP7			3106	
tert-BUTYLPEROXY-2-ETHYLHEXANOAT + 2,2-DI-(TERT-BUTYLPEROXY)-BUTAN	≤ 31 + ≤ 36		≥ 33			OP7	35	40	3115	
tert-BUTYLPEROXY-2-ETHYLHEXYLCARBONAT	≤ 100					OP7			3105	
tert-BUTYLPEROXYISOBUTYRAT	> 52 - 77		≥ 23			OP5	15	20	3111	3)
tert-BUTYLPEROXYISOBUTYRAT	≤ 52		≥ 48			OP7	15	20	3115	
tert-BUTYLPEROXYISOPROPYLCARBONAT	≤ 77	≥ 23				OP5			3103	
1-(2-tert-BUTYLPEROXYISOPROPYL)-3-ISOPROPENYLBENZEN	≤ 77	≥ 23				OP7			3105	
1-(2-tert-BUTYLPEROXYISOPROPYL)-3-ISOPROPENYLBENZEN	≤ 42			≥ 58		OP8			3108	

Organisches Peroxid	Konzentration (%)	Verdünnungsmittel Typ A (%)	Verdünnungsmittel Typ B (%)	Inerter fester Stoff (%)	Wasser (%)	Verpackungsmethode	Kontrolltemperatur (°C)	Notfalltemperatur (°C)	UN-Nummer der Gattungseintragung	Nebengefahr und Bemerkungen
tert-BUTYLPEROXY-2-METHYLBENZOAT	≤ 100					OP5			3103	
tert-BUTYLPEROXYNEODECANOAT	> 77 - 100					OP7	-5	5	3115	
tert-BUTYLPEROXYNEODECANOAT	≤ 77		≥ 23			OP7	0	10	3115	
tert-BUTYLPEROXYNEODECANOAT (als stabile Dispersion in Wasser)	≤ 52					OP8	0	10	3119	
tert-BUTYLPEROXYNEODECANOAT (als stabile Dispersion in Wasser (gefroren))	≤ 42					OP8	0	10	3118	
tert-BUTYLPEROXYNEODECANOAT	≤ 32	≥ 68				OP8	0	10	3119	
tert-BUTYLPEROXYNEOHEPTANOAT	≤ 77	≥ 23				OP7	0	10	3115	
tert-BUTYLPEROXYNEOHEPTANOAT (als stabile Dispersion in Wasser)	≤ 42					OP8	0	10	3117	
tert-BUTYLPEROXYPIVALAT	> 67 - 77	≥ 23				OP5	0	10	3113	

Organisches Peroxid	Konzentration (%)	Verdünnungsmittel Typ A (%)	Verdünnungsmittel Typ B (%)	Inerter fester Stoff (%)	Wasser (%)	Verpackungsmethode	Kontrolltemperatur (°C)	Notfalltemperatur (°C)	UN-Nummer der Gattungseintragung	Nebengefahr und Bemerkungen
tert-BUTYLPEROXYPIVALAT	> 27 - 67		≥ 33			OP7	0	10	3115	
tert-BUTYLPEROXYPIVALAT	≤ 27		≥ 73			OP8	30	35	3119	
tert-BUTYLPEROXYSTEARYLCARBONAT	≤ 100					OP7			3106	
tert-BUTYLPEROXY-3,5,5-TRIMETHYLHEXANOAT	> 37 – 100					OP7			3105	
tert-BUTYLPEROXY-3,5,5-TRIMETHYLHEXANOAT	≤ 42			≥ 58		OP7			3106	
tert-BUTYLPEROXY-3,5,5-TRIMETHYLHEXANOAT	≤ 37		≥ 63			OP8			3109	
3-CHLORPEROXYBENZOESÄURE	> 57 - 86			≥ 14		OP1			3102	3)
3-CHLORPEROXYBENZOESÄURE	≤ 57			≥ 3	≥ 40	OP7			3106	
3-CHLORPEROXYBENZOESÄURE	≤ 77			≥ 6	≥ 17	OP7			3106	
CUMYLHYDROPEROXID	> 90 – 98	≤ 10				OP8			3107	13)
CUMYLHYDROPEROXID	≤ 90	≥ 10				OP8			3109	13), 18)
CUMYLPEROXYNEODECANOAT	≤ 87	≥ 13				OP7	- 10	0	3115	
CUMYLPEROXYNEODECANOAT	≤ 77		≥ 23			OP7	-10	0	3115	
CUMYLPEROXYNEODECANOAT (als stabile Dispersion in Wasser)						OP8	-10	0	3119	

Organisches Peroxid	Konzentration (%)	Verdünnungsmittel Typ A (%)	Verdünnungsmittel Typ B (%)	Inerter fester Stoff (%)	Wasser (%)	Verpackungsmethode	Kontrolltemperatur (°C)	Notfalltemperatur (°C)	UN-Nummer der Gattungseintragung	Nebengefahr und Bemerkungen
CUMYLPEROXYNEOHEPTANOAT	≤ 77	≥ 23				OP7	-10	0	3115	
CUMYLPEROXYPIVALAT	≤ 77		≥ 23			OP7	-5	5	3115	
CYCLOHEXANONPEROXID(E)	≤ 91				≥ 9	OP6			3104	13)
CYCLOHEXANONPEROXID(E)	≤ 72	≥ 28				OP7			3105	5)
CyclOHEXANONPEROXID(E) (als Paste)	≤ 72					OP7			3106	5), 20)
CYCLOHEXANONPEROXID(E)	≤ 32				≥ 68				freigestellt	-29
([3R-(3R,5aS,6S,8aS,9R, 10R,12S, 12aR**)]-Decahydro-10- Methoxy-3,6,9-Trimethyl-3,12-Epoxy-12H-Pyrano[4,3-j]-1,2-Benzodioxepin)	≤ 100					OP7			3106	
DIACETONALKOHOLPEROXIDE	≤ 57		≥ 26		≥ 8	OP7	40	45	3115	6)
DIACETYLPEROXID	≤ 27		≥ 73			OP7	20	25	3115	7), 13)
DI-tert-AMYLPEROXID	≤ 100					OP8			3107	
2,2-DI-(tert-AMYLPEROXY)-BUTAN	≤ 57	≥ 43				OP7			3105	
1,1-DI-(tert-AMYLPEROXY)-CYCLOHEXAN	≤ 82	≥ 18				OP6			3103	
DIBENZOYLPEROXID	> 52 – 100			≤ 48		OP2			3102	3)

Organisches Peroxid	Konzentration (%)	Verdünnungsmittel Typ A (%)	Verdünnungsmittel Typ B (%)	Inerter fester Stoff (%)	Wasser (%)	Verpackungsmethode	Kontrolltemperatur (°C)	Notfalltemperatur (°C)	UN-Nummer der Gattungseintragung	Nebengefahr und Bemerkungen
DIBENZOYLPEROXID	> 77 – 94				≥ 6	OP4			3102	3)
DIBENZOYLPEROXID	≤ 77				≥ 23	OP6			3104	
DIBENZOYLPEROXID	≤ 62				≥ 10	OP7			3106	
DIBENZOYLPEROXID (als Paste)	> 52 - 62					OP7			3106	20)
DIBENZOYLPEROXID	> 35 - 52			≥ 48		OP7			3106	
DIBENZOYLPEROXID	> 36 - 42	≥ 18			≤ 40	OP8			3107	
DIBENZOYLPEROXID (als Paste)	≤ 56,5				≥ 15	OP8			3108	
DIBENZOYLPEROXID (als Paste)	≤ 52					OP8			3108	20)
DIBENZOYLPEROXID (als stabile Dispersion in Wasser)	≤ 42					OP8			3109	
DIBENZOYLPEROXID	≤ 35			≥ 65					freigestellt	-29
DIBERNSTEINSÄUREPEROXID	> 72 – 100					OP4			3102	3), 17)

Organisches Peroxid	Konzentration (%)	Verdünnungsmittel Typ A (%)	Verdünnungsmittel Typ B (%)	Inerter fester Stoff (%)	Wasser (%)	Verpackungsmethode	Kontrolltemperatur (°C)	Notfalltemperatur (°C)	UN-Nummer der Gattungseintragung	Nebengefahr und Bemerkungen
DIBERNSTEINSÄUREPEROXID	≤ 72				≥ 28	OP7	10	15	3116	
DI-(4-tert-BUTYLCYCLOHEXYL)-PEROXYDICARBONAT	≤ 100					OP6	30	35	3114	
DI-(4-tert-BUTYLCYCLOHEXYL)-PEROXYDICARBONAT (als Paste)	≤ 42					OP7	35	40	3116	
DI-(4-tert-BUTYLCYCLOHEXYL)-PEROXYDICARBONAT (als stabile Dispersion in Wasser)	≤ 42					OP8	30	35	3119	
DI-tert-BUTYLPEROXID	> 52-100					OP8			3107	
DI-tert-BUTYLPEROXID	≤ 52		≥ 48			OP8			3109	25)
DI-tert-BUTYLPEROXYAZELAT	≤ 52	≥ 48				OP7			3105	
2,2-DI-(tert-BUTYLPEROXY)-BUTAN	≤ 52	≥ 48				OP6			3103	
1,6-DI-(tert-BUTYLPEROXYCARBONYLOXY)-HEXAN	≤ 72	≥ 28				OP5			3103	
1,1-DI-(tert-BUTYLPEROXY)-CYCLOHEXAN	> 80 – 100					OP5			3101	3)
1,1-DI-(tert-BUTYLPEROXY)-CYCLOHEXAN	≤ 72		≥ 28			OP5			3103	30)
1,1-DI-(tert-BUTYLPEROXY)-CYCLOHEXAN	> 52 - 80	≥ 20				OP5			3103	
1,1-DI-(tert-BUTYLPEROXY)-CYCLOHEXAN	> 42 - 52	≥ 48				OP7			3105	
1,1-DI-(tert-BUTYLPEROXY)-CYCLOHEXAN	≤ 42	≥ 13		≥ 45		OP7			3106	
1,1-DI-(tert-BUTYLPEROXY)-CYCLOHEXAN	≤ 42	≥ 58				OP8			3109	

Organisches Peroxid	Konzentration (%)	Verdünnungsmittel Typ A (%)	Verdünnungsmittel Typ B (%)	Inerter fester Stoff (%)	Wasser (%)	Verpackungsmethode	Kontrolltemperatur (°C)	Notfalltemperatur (°C)	UN-Nummer der Gattungseintragung	Nebengefahr und Bemerkungen
1,1-DI-(tert-BUTYLPEROXY)-CYCLOHEXAN	≤ 27	≥ 25				OP8			3107	21)
1,1-DI-(tert-BUTYLPEROXY)-CYCLOHEXAN	≤ 42	≥ 58				OP8			3109	
1,1-DI-(tert-BUTYLPEROXY)-CYCLOHEXAN	≤ 13	≥ 13	≥ 74			OP8			3109	
1,1-DI-(tert-butylperoxy)-cyclohexan + tert-Butylperoxy-2-Ethylhexanoat	≥ 43 + ≥ 16	≥ 41				OP7			3105	
DI-n-BUTYLPEROXYDICARBONAT	> 27 - 52		≥ 48			OP7	-15	-5	3115	
DI-n-BUTYLPEROXYDICARBONAT	≤ 27		≥ 73			OP8	-10	0	3117	
DI-n-BUTYLPEROXYDICARBONAT (als stabile Dispersion in Wasser (gefroren))	≤ 42					OP8	-15	-5	3118	
DI-sec-BUTYLPEROXYDICARBONAT	> 52 – 100					OP4	-20	-10	3113	
DI-sec-BUTYLPEROXYDICARBONAT	≤ 52		≥ 48			OP7	-15	-5	3115	
DI-(tert-BUTYLPEROXYISOPROPYL)-BENZEN(E)	> 42 – 100			≤ 57		OP7			3106	
DI-(tert-BUTYLPEROXYISOPROPYL)-BENZEN(E)	≤ 42				≥ 58				freigestellt	-29)
DI-(tert-BUTYLPEROXY)-PHTHALAT	> 42 - 52	≥ 48				OP7			3105	
DI-(tert-BUTYLPEROXY)-PHTHALAT (als Paste)	≤ 52					OP7			3106	20)
DI-(tert-BUTYLPEROXY)-PHTHALAT	≤ 42	≥ 58				OP8			3107	
2,2-DI-(tert-BUTYLPEROXY)-PROPAN	≤ 52	≥ 48				OP7			3105	
2,2-DI-(tert-BUTYLPEROXY)-PROPAN	≤ 42	≥ 13		≥ 45		OP7			3106	

Organisches Peroxid	Konzentration (%)	Verdünnungsmittel Typ A (%)	Verdünnungsmittel Typ B (%)	Inerter fester Stoff (%)	Wasser (%)	Verpackungsmethode	Kontrolltemperatur (°C)	Notfalltemperatur (°C)	UN-Nummer der Gattungseintragung	Nebengefahr und Bemerkungen
1,1-DI-(tert-BUTYLPEROXY)-3,3,5-TRIMETHYLCYCLOHEXAN	> 90 – 100					OP5			3101	3)
1,1-DI-(tert-BUTYLPEROXY)-3,3,5-TRIMETHYLCYCLOHEXAN	≤ 90		≥ 10			OP5			3103	30)
1,1-DI-(tert-BUTYLPEROXY)-3,3,5-TRIMETHYLCYCLOHEXAN	> 57 - 90	≥ 10				OP5			3103	
1,1-DI-(tert-BUTYLPEROXY)-3,3,5-TRIMETHYLCYCLOHEXAN	≤ 77		≥ 23			OP5			3103	
1,1-DI-(tert-BUTYLPEROXY)-3,3,5-TRIMETHYLCYCLOHEXAN	≤ 57			≥ 43		OP8			3110	
1,1-DI-(tert-BUTYLPEROXY)-3,3,5-TRIMETHYLCYCLOHEXAN	≤ 57	≥ 43				OP8			3107	
1,1-DI-(tert-BUTYLPEROXY)-3,3,5-TRIMETHYLCYCLOHEXAN	≤ 32	≥ 26	≥ 42			OP8			3107	
DICETYLPEROXYDICARBONAT	≤ 100					OP8	+30	+35	3120	
DICETYLPEROXYDICARBONAT (als stabile Dispersion in Wasser)	≤ 42					OP8	+30	+35	3119	
DI-(4-CHLORBENZOYL)-PEROXID	≤ 77				≥ 23	OP5			3102	3)
DI-(4-CHLORBENZOYL)-PEROXID (als Paste)	≤ 52					OP7			3106	20)
DI-(4-CHLORBENZOYL)-PEROXID	≤ 32			≥ 68					freigestellt	-29)

Organisches Peroxid	Konzen-tration (%)	Verdün-nungsmittel Typ A (%)	Verdün-nungsmittel Typ B (%)	Inerter fester Stoff (%)	Wasser (%)	Ver-packungs-methode	Kontroll-temperatur (°C)	Notfall-temperatur (°C)	UN-Nummer der Gattungs-eintragung	Neben-gefahr und Bemer-kungen
DICUMYLPEROXID	> 52 – 100					OP8			3110	12)
DICUMYLPEROXID	≤ 52			≥ 48					freigestellt	-29
DICYCLOHEXYLPEROXYDICARBONAT	> 91 - 100					OP3	10	15	3112	3)
DICYCLOHEXYLPEROXYDICARBONAT	≤ 91				≥ 9	OP5	10	15	3114	
DICYCLOHEXYLPEROXYDICARBONAT (als stabile Dispersion in Wasser)	≤ 42					OP8	15	20	3119	
DIDECANOYLPEROXID	≤ 100					OP6	30	35	3114	
2,2-DI-(4,4-DI-(TERT-BUTYLPEROXY)-CYCLOHEXYL)-PROPAN	≤ 42			≥ 58		OP7			3106	
2,2-DI-(4,4-DI-(TERT-BUTYLPEROXY)-CYCLOHEXYL)-PROPAN	≤ 22		≥ 78			OP8			3107	
DI-(2,4-DICHLORBENZOYL)-PEROXID	≤ 77				≥ 23	OP5			3102	3)
DI-(2,4-DICHLORBENZOYL)-PEROXID (als Paste)	≤ 52					OP8	+ 20	+ 25	3118	
DI-(2,4-dICHLORBENZOYL)-PEROXID (als Paste mit Silikonöl)	≤ 52					OP7			3106	
DI-(2-ETHOXYETHYL)-PEROXYDICARBONAT	≤ 52		≥ 48			OP7	-10	0	3115	
DI-(2-ETHYLHEXYL)-PEROXYDICARBONAT	> 77 - 100					OP5	-20	-10	3113	

Organisches Peroxid	Konzen-tration (%)	Verdün-nungsmittel Typ A (%)	Verdün-nungsmittel Typ B (%)	Inerter fester Stoff (%)	Wasser (%)	Ver-packungs-methode	Kontroll-temperatur (°C)	Notfall-temperatur (°C)	UN-Nummer der Gattungs-eintragung	Neben-gefahr und Bemer-kungen
DI-(2-ETHYLHEXYL)-PEROXYDICARBONAT	≤ 77		≥ 23			OP7	-15	-5	3115	
DI-(2-ETHYLHEXYL)-PEROXYDICARBONAT (als stabile Dispersion in Wasser)	≤ 62					OP8	-15	-5	3119	
DI-(2-ETHYLHEXYL)-PEROXYDICARBONAT (als stabile Dispersion in Wasser (gefroren))	≤ 52					OP8	-15	-5	3120	
2,2-DIHYDROPEROXYPROPAN	≤ 27			≥ 73		OP5			3102	3)
DI-(1-HYDROXYCYCLOHEXYL)-PEROXID	≤ 100					OP7			3106	
DIISOBUTYRYLPEROXID	> 32 - 52		≥ 48			OP5	-20	-10	3111	3)
DIISOBUTYRYLPEROXID (als stabile Dispersion in Wasser	≤ 42					OP08	-20	-10	3119	
DIISOBUTYRYLPEROXID	≤ 32		≥ 68			OP7	-20	-10	3115	
DIISOPROPYLBENZEN-DIHYDROPEROXID	≤ 82	≥ 5			≥ 5	OP7			3106	24)
DIISOPROPYLPEROXYDICARBONAT	> 52 – 100					OP2	-15	-5	3112	3)
DIISOPROPYLPEROXYDICARBONAT	≤ 52		≥ 48			OP7	-20	-10	3115	
DIISOPROPYLPEROXYDICARBONAT	≤ 32	≥ 68				OP7	-15	-5	3115	
DILAUROYLPEROXID	≤ 100					OP7			3106	

Organisches Peroxid	Konzentration (%)	Verdünnungsmittel Typ A (%)	Verdünnungsmittel Typ B (%)	Inerter fester Stoff (%)	Wasser (%)	Verpackungsmethode	Kontrolltemperatur (ºC)	Notfalltemperatur (ºC)	UN-Nummer der Gattungseintragung	Nebengefahr und Bemerkungen
DILAUROYLPEROXID (als stabile Dispersion in Wasser)	≤ 42					OP8			3109	
DI-(3-METHOXYBUTYL)-PEROXYDICARBONAT	≤ 52		≥ 48			OP7	-5	5	3115	
DI-(2-METHYLBENZOYL)-PEROXID	≤ 87				≥ 13	OP5	30	35	3112	3)
DI-(4-METHYLBENZOYL)-PEROXID (als Paste mit Silikonöl)	≤ 52					OP7			3106	
DI-(3-METHYLBENZOYL)-PEROXID + BENZOYL-(3-METHYLBENZOYL)-PEROXID + DIBENZOYLPEROXID	≤ 20 + ≤ 18 + ≤ 4		≥ 58			OP7	35	40	3115	
2,5-DIMETHYL-2,5-DI-(BENZOYLPEROXY)-HEXAN	> 82 – 100					OP5			3102	3)
2,5-DIMETHYL-2,5-DI-(BENZOYLPEROXY)-HEXAN	≤ 82			≥ 18		OP7			3106	
2,5-DIMETHYL-2,5-DI-(BENZOYLPEROXY)-HEXAN	≤ 82				≥ 18	OP5			3104	
2,5-DIMETHYL-2,5-DI-(tert-BUTYLPEROXY)-HEXAN	≤ 77			≥ 23		OP8			3108	

Organisches Peroxid	Konzen-tration (%)	Verdün-nungsmittel Typ A (%)	Verdün-nungsmittel Typ B (%)	Inerter fester Stoff (%)	Wasser (%)	Ver-packungs-methode	Kontroll-temperatur (°C)	Notfall-temperatur (°C)	UN-Nummer der Gattungs-eintragung	Neben-gefahr und Bemer-kungen
2,5-DIMETHYL-2,5-DI-(tert-BUTYLPEROXY)-HEXAN	≤ 52	≥ 48				OP8			3109	
2,5-Dimethyl-2,5-di-(tert-butylperoxy)-hexan (als Paste)	≤ 47					OP8			3108	
2,5-Dimethyl-2,5-di-(tert-butylperoxy)-hex-3-in	> 86 – 100					OP5			3101	3)
2,5-Dimethyl-2,5-di-(tert-butylperoxy)-hex-3-in	> 52 – 86	≥ 14				OP5			3103	26)
2,5-Dimethyl-2,5-di-(tert-butylperoxy)-hex-3-in	≤ 52			≥ 48		OP7			3106	
2,5-Dimethyl-2,5-di-(2-ethylhexanoylperoxy)-hexan	≤ 100					OP5	20	25	3113	
2,5-DIMETHYL-2-5-DIHYDROPEROXYHEXAN	≤ 82				≥ 18	OP6			3104	
2,5-DIMETHYL-2,5-DI-(3,5,5-TRIMETHYLHEXANOYLPEROXY)-HEXAN	≤ 77	≥ 23				OP7			3105	
1,1-DIMETHYL-3-HYDROXYBUTYLPEROXYNEOHEPTANOAT	≤ 52	≥ 48				OP8	0	10	3117	
DIMYRISTYLPEROXYDICARBONAT	≤ 100					OP7	20	25	3116	
DIMYRISTYLPEROXYDICARBONAT (als stabile Dispersion in Wasser)	≤ 42					OP8	20	25	3119	
DI-(2-NEODECANOYLPEROXYISOPROPYL)-BENZEN	≤ 52	≥ 48				OP7	-10	0	3115	
DI-n-NONANOYLPEROXID	≤ 100					OP7	0	10	3116	
DI-n-OCTANOYLPEROXID	≤ 100					OP5	10	15	3114	
DI-(2-PHENOXYETHYL)-PEROXYDICARBONAT	> 85 – 100					OP5			3102	3)

Organisches Peroxid	Konzentration (%)	Verdünnungsmittel Typ A (%)	Verdünnungsmittel Typ B (%)	Inerter fester Stoff (%)	Wasser (%)	Verpackungsmethode	Kontrolltemperatur (°C)	Notfalltemperatur (°C)	UN-Nummer der Gattungseintragung	Nebengefahr und Bemerkungen
DI-(2-PHENOXYETHYL)-PEROXYDICARBONAT	≤ 85				≥ 15	OP7			3106	
DIPROPIONYLPEROXID	≤ 27		≥ 73			OP8	15	20	3117	
DI-n-PROPYLPEROXYDICARBONAT	≤ 100					OP3	-25	-15	3113	
DI-n-PROPYLPEROXYDICARBONAT	≤ 77		≥ 23			OP5	-20	-10	3113	
DI-(3,5,5-TRIMETHYLHEXANOYL)-PEROXID	> 52 - 82	≥ 18				OP7	0	10	3115	
DI-(3,5,5-TRIMETHYLHEXANOYL)-PEROXID	> 38 - 52	≥ 48				OP8	10	15	3119	
DI-(3,5,5-TRIMETHYLHEXANOYL)-PEROXID (als stabile Dispersion in Wasser)	≤ 52					OP8	10	15	3119	
DI-(3,5,5-TRIMETHYLHEXANOYL)-PEROXID	≤ 38	≥ 62				OP8	20	25	3119	
ETHYL-3,3-DI-(tert-AMYLPEROXY)-BUTYRAT	≤ 67	≥ 33				OP7			3105	
ETHYL-3,3-DI-(tert-BUTYLPEROXY)-BUTYRAT	> 77 – 100					OP5			3103	
ETHYL-3,3-DI-(tert-BUTYLPEROXY)-BUTYRAt	≤ 77	≥ 23				OP7			3105	
ETHYL-3,3-DI-(tert-BUTYLPEROXY)-BUTYRAT	≤ 52			≥ 48		OP7			3106	

Organisches Peroxid	Konzentration (%)	Verdünnungsmittel Typ A (%)	Verdünnungsmittel Typ B (%)	Inerter fester Stoff (%)	Wasser (%)	Verpackungsmethode	Kontrolltemperatur (°C)	Notfalltemperatur (°C)	UN-Nummer der Gattungseintragung	Nebengefahr und Bemerkungen
1-(2-ETHYLHEXANOYLPEROXY)-1,3-DIMETHYLDUTYLPEROXYPIVALAT	≤ 52	≥ 45	≥ 10			OP7	-20	-10	3115	
tert-HEXYLPEROXYNEODECANOAT	≤ 71	≥ 29				OP7	0	10	3115	
tert-HEXYLPEROXYPIVALAT	≤ 72		≥ 28			OP7	10	15	3115	
3-HYDROXY-1,1-DIMETHYL-BUTYLPEROXYNEODECANOAT	≤ 77	≥ 23				OP7	- 5	+ 5	3115	
3-HYDROXY-1,1-DIMETHYL-BUTYLPEROXYNEODECANOAT	≤ 52	≥ 48				OP8	- 5	5	3117	
3-HYDROXY-1,1-DIMETHYL-BUTYLPEROXYNEODECANOAT (als stabile Dispersion in Wasser)	≤ 52					OP8	- 5	5	3119	
ISOPROPYL-sec-BUTYLPEROXYDICARBONAT +	≤ 32 +									
DI-sec-BUTYLPEROXYDICARBONAT +	≤ 15 – 18	> 38				OP7	-20	-10	3115	
DIISOPROPYLPEROXYDICARBONAT	+≤ 12 - 15									
ISOPROPYL-sec-BUTYLPEROXYDICARBONAT +	≤ 52 +									
DI-sec-BUTYLPEROXYDICARBONAT +	≤ 28 +					OP5	-20	-10	3111	3)
DIISOPROPYLPEROXYDICARBONAT	≤ 22									
ISOPROPYLCUMYLHYDROPEROXID	≤ 72	≥ 28				OP8			3109	13)
p-MENTHYLHYDROPEROXID	> 72 - 100					OP7			3105	13)
p-MENTHYLHYDROPEROXID	≤ 72	≥ 28				OP8			3109	27)

Organisches Peroxid	Konzentration (%)	Verdünnungsmittel Typ A (%)	Verdünnungsmittel Typ B (%)	Inerter fester Stoff (%)	Wasser (%)	Verpackungsmethode	Kontrolltemperatur (°C)	Notfalltemperatur (°C)	UN-Nummer der Gattungseintragung	Nebengefahr und Bemerkungen
METHYLCYCLOHEXANONPEROXID(E)	≤ 67		≥ 33			OP7	35	40	3115	
METHYLETHYLKETONPEROXID(E)	s. Bem. 8	≥ 48				OP5			3101	3), 8), 13)
METHYLETHYLKETONPEROXID(E)	s. Bem. 9	≥ 55				OP7			3105	9)
METHYLETHYLKETONPEROXID(E)	s. Bem. 10	≥ 60				OP8			3107	10)
METHYLISOBUTYLKETONPEROXID(E)	≤ 62	≥ 19				OP7			3105	22)
METHYLISOPROPYLKETONPEROXID(E)	s. Bem. 31	≥ 70				OP8			3109	31)
ORGANISCHES PEROXID, FEST, MUSTER						OP2			3104	11)
ORGANISCHES PEROXID, FEST, MUSTER, TEMPERATURKONTROLLIERT						OP2			3114	11)
ORGANISCHES PEROXID, FLÜSSIG, MUSTER						OP2			3103	11)
ORGANISCHES PEROXID, FLÜSSIG, MUSTER, TEMPERATURKONTROLLIERT						OP2			3113	11)
3,3,5,7,7-PENTAMETHYL-1,2,4,-TRIOXEPAN	≤ 100					OP8			3107	

Organisches Peroxid	Konzen-tration (%)	Verdün-nungsmittel Typ A (%)	Verdün-nungsmittel Typ B (%)	Inerter fester Stoff (%)	Wasser (%)	Ver-packungs-methode	Kontroll-temperatur (°C)	Notfall-temperatur (°C)	UN-Nummer der Gattungs-eintragung	Neben-gefahr und Bemer-kungen
PEROXYESSIGSÄURE, TYP D, stabilisiert	≤ 43					OP7			3105	13), 14), 19)
PEROXYESSIGSÄURE, TYP E, stabilisiert	≤ 43					OP8			3107	13), 15), 19)
PEROXYESSIGSÄURE, TYP F, stabilisiert	≤ 43					OP8			3109	13), 16), 19)
PEROXYLAURINSÄURE	≤ 100					OP8	35	40	3118	
1-PHENYLETHYLHYDROPEROXID	≤ 38		≥ 62			OP8			3109	
PINANYLHYDROPEROXID	> 56 - 100					OP7			3105	13)
PINANYLHYDROPEROXID	≤ 56	> 44				OP8			3109	
POLYETHER-POLY-tert-BUTYLPEROXYCARBONAT	≤ 52		≥ 48			OP8			3107	
1,1,3,3-TETRAMETHYLBUTYLHYDROPEROXID	≤ 100					OP7			3105	
1,1,3,3-TETRAMETHYLBUTYLPEROXY-2-ETHYLHEXANOAT	≤ 100					OP7	15	20	3115	
1,1,3,3-TETRAMETHYLBUTYLPEROXYNEO-DECANOAT	≤ 72		≥ 28			OP7	-5	5	3115	
1,1,3,3-TETRAMETHYLBUTYLPEROXYNEO-DECANOAT (als stabile Dispersion in Wasser)	≤ 52					OP8	-5	5	3119	
1,1,3,3-TETRAMETHYLBUTYLPEROXYPIVALAT	≤ 77	≥ 23				OP7	0	10	3115	
3,6,9-TRIETHYL-3,6,9-TRIMETHYL-1,4,7-TRIPEROXONAN	≤ 42	≥ 58				OP7			3105	28)
3,6,9-TRIETHYL-3,6,9-TRIMETHYL-1,4,7-TRIPEROXONAN	≤ 17	≥ 18		≥ 65		OP8			3110	

Bemerkungen (siehe letzte Spalte der Tabelle in Unterabschnitt 2.2.52.4):

1) Verdünnungsmittel Typ B darf jeweils durch Verdünnungsmittel Typ A ersetzt werden. Der Siedepunkt des Verdünnungsmittels Typ B muss mindestens 60°C höher sein als die SADT des organischen Peroxids.
2) Aktivsauerstoffgehalt ≤ 4,7 %.
3) Nebengefahrzettel „EXPLOSIV" nach Muster 1 (siehe Absatz 5.2.2.2.2) erforderlich
4) Verdünnungsmittel darf durch Di-tert-butylperoxid ersetzt werden.
5) Aktivsauerstoffgehalt ≤ 9 %.
6) Mit ≤ 9 % Wasserstoffperoxid; Aktivsauerstoffgehalt ≤ 10 %.
7) Nur in Nichtmetallverpackungen zugelassen.
8) Aktivsauerstoffgehalt > 10 % und ≤ 10,7%, mit oder ohne Wasser.
9) Aktivsauerstoffgehalt ≤ 10 %, mit oder ohne Wasser.
10) Aktivsauerstoffgehalt ≤ 8,2 %, mit oder ohne Wasser.
11) Siehe Absatz 2.2.52.1.9.
12) Bis 2000 kg je Gefäß auf der Grundlage von Großversuchen der Eintragung ORGANISCHES PEROXID TYP F zugeordnet.
13) Nebengefahrzettel „ÄTZEND" nach Muster 8 (siehe Absatz 5.2.2.2.2) erforderlich
14) Zubereitungen von Peroxyessigsäure, die den Kriterien des Handbuchs Prüfungen und Kriterien Absatz 20.4.3 d) entsprechen.
15) Zubereitungen von Peroxyessigsäure, die den Kriterien des Handbuchs Prüfungen und Kriterien Absatz 20.4.3 e) entsprechen.
16) Zubereitungen von Peroxyessigsäure, die den Kriterien des Handbuchs Prüfungen und Kriterien Absatz 20.4.3 f) entsprechen.
17) Durch Wasserzusatz wird die thermische Stabilität dieses organischen Peroxids vermindert.
18) Für Konzentrationen unter 80 % ist kein Nebengefahrzettel „ÄTZEND" nach Muster 8 (siehe Absatz 5.2.2.2.2) erforderlich.
19) Gemische mit Wasserstoffperoxid, Wasser und Säure(n).
20) Mit Verdünnungsmittel Typ A, mit oder ohne Wasser.
21) Mit ≥ 25 Masse-% Verdünnungsmittel Typ A und zusätzlich Ethylbenzen.
22) Mit ≥ 19 Masse-% Verdünnungsmittel Typ A und zusätzlich Methylisobutylketon.
23) Mit < 6 % Di-tert-butylperoxid.
24) Mit ≤ 8 % 1-Isopropylhydroperoxy-4-isopropylhydroxybenzen.
25) Verdünnungsmittel Typ B mit einem Siedepunkt > 110°C.
26) Hydroperoxidgehalt < 0,5 %.
27) Für Konzentrationen über 56 % ist ein Nebengefahrzettel „ÄTZEND" nach Muster 8 (siehe Absatz 5.2.2.2.2) erforderlich.
28) Aktivsauerstoffgehalt ≤ 7,6 % in Verdünnungsmittel Typ A mit einem Siedepunkt, der zu 95 % im Bereich zwischen 200°C und 260°C liegt.
29) Unterliegt nicht den für die Klasse 5.2 geltenden Vorschriften des ADN.
30) Verdünnungsmittel Typ B mit einem Siedepunkt > 130°C.
31) Aktivsauerstoffgehalt ≤ 6,7 %.

2.2.61 Klasse 6.1: Giftige Stoffe

2.2.61.1 Kriterien

2.2.61.1.1 Der Begriff der Klasse 6.1 umfasst Stoffe, von denen aus der Erfahrung bekannt oder nach tierexperimentellen Untersuchungen anzunehmen ist, dass sie bei einmaliger oder kurzdauernder Einwirkung in relativ kleiner Menge beim Einatmen, bei Aufnahme durch die Haut oder Einnahme zu Gesundheitsschäden oder zum Tode eines Menschen führen können.

Bem. Genetisch veränderte Mikroorganismen und Organismen sind dieser Klasse zuzuordnen, wenn sie deren Bedingungen erfüllen.

2.2.61.1.2 Die Stoffe der Klasse 6.1 sind wie folgt unterteilt:

T Giftige Stoffe ohne Nebengefahr
- T1 organische flüssige Stoffe
- T2 organische feste Stoffe
- T3 metallorganische Stoffe
- T4 anorganische flüssige Stoffe
- T5 anorganische feste Stoffe
- T6 Mittel zur Schädlingsbekämpfung (Pestizide), flüssig
- T7 Mittel zur Schädlingsbekämpfung (Pestizide), fest
- T8 Proben
- T9 sonstige giftige Stoffe
- T10 Gegenstände

TF Giftige entzündbare Stoffe
- TF1 flüssige Stoffe
- TF2 flüssige Stoffe, die als Mittel zur Schädlingsbekämpfung (Pestizide) verwendet werden
- TF3 feste Stoffe

TS Giftige selbstentzündungsfähige feste Stoffe

TW Giftige Stoffe, die in Berührung mit Wasser entzündbare Gase bilden
- TW1 flüssige Stoffe
- TW2 feste Stoffe

TO Giftige entzündend (oxidierend) wirkende Stoffe
- TO1 flüssige Stoffe
- TO2 feste Stoffe

TC Giftige ätzende Stoffe
- TC1 organische flüssige Stoffe
- TC2 organische feste Stoffe
- TC3 anorganische flüssige Stoffe
- TC4 anorganische feste Stoffe

TFC Giftige entzündbare ätzende Stoffe

TFW Giftige entzündbare Stoffe, die in Berührung mit Wasser entzündbare Gase bilden

Begriffsbestimmungen

2.2.61.1.3 Für Zwecke des ADN gilt:

LD_{50} (mittlere tödliche Dosis) für die akute Giftigkeit bei Einnahme ist die statistisch abgeleitete Einzeldosis eines Stoffes, bei der erwartet werden kann, dass innerhalb von 14 Tagen bei oraler Einnahme der Tod von 50 Prozent junger ausgewachsener Albino-Ratten herbeigeführt wird. Der LD_{50}-Wert wird in Masse Prüfsubstanz zu Masse Versuchstier (mg/kg) ausgedrückt.

LD_{50}-Wert für die akute Giftigkeit bei Absorption durch die Haut ist diejenige Menge, die bei kontinuierlichem Kontakt während 24 Stunden mit der nackten Haut von Albino-Kaninchen mit der größten Wahrscheinlichkeit den Tod der Hälfte der Tiergruppe innerhalb von 14 Tagen herbeiführt. Die Anzahl Tiere, die diesem Versuch unterworfen wird, muss genügend groß sein, damit das Ergebnis statistisch signifikant ist und den guten Gepflogenheiten der Pharmakologie entspricht. Das Ergebnis wird in mg je kg Körpermasse ausgedrückt.

LC_{50}-Wert für die akute Giftigkeit beim Einatmen ist diejenige Konzentration von Dampf, Nebel oder Staub, die bei kontinuierlichem Einatmen während einer Stunde durch junge, erwachsene männliche und weibliche Albino-Ratten mit der größten Wahrscheinlichkeit den Tod der Hälfte der Tiergruppe innerhalb von 14 Tagen herbeiführt. Ein fester Stoff muss einer Prüfung unterzogen werden, wenn die Gefahr gegeben ist, dass mindestens 10 % seiner Gesamtmasse aus Staub besteht, der eingeatmet werden kann, z.B. wenn der aerodynamische Durchmesser dieser Partikelfraktion höchstens 10 µm beträgt. Ein flüssiger Stoff muss einer Prüfung unterzogen werden, wenn die Gefahr gegeben ist, dass bei einer Undichtigkeit der für die Beförderung verwendeten Umschließung Nebel entsteht. Sowohl bei den festen als auch bei den flüssigen Stoffen müssen mehr als 90 Masse-% einer für die Prüfung vorbereiteten Probe aus Partikeln bestehen, die, wie oben beschrieben, eingeatmet werden können. Das Ergebnis wird in mg je Liter Luft für Staub und Nebel und in ml je m^3 Luft (ppm) für Dampf ausgedrückt.

Klassifizierung und Zuordnung zu Verpackungsgruppen

2.2.61.1.4 Die Stoffe der Klasse 6.1 sind auf Grund ihres Gefahrengrades, den sie bei der Beförderung darstellen, einer der folgenden Verpackungsgruppen zuzuordnen:

Verpackungsgruppe I: sehr giftige Stoffe;
Verpackungsgruppe II: giftige Stoffe;
Verpackungsgruppe III: schwach giftige Stoffe.

2.2.61.1.5 Die der Klasse 6.1 zugeordneten Stoffe, Lösungen, Gemische und Gegenstände sind in Kapitel 3.2 Tabelle A aufgeführt. Die Zuordnung von Stoffen, Lösungen und Gemischen, die in Kapitel 3.2 Tabelle A nicht namentlich genannt sind, zur entsprechenden Eintragung des Unterabschnitts 2.2.61.3 und zur entsprechenden Verpackungsgruppe in Übereinstimmung mit den Vorschriften in 2.1 muss nach den Kriterien der Absätze 2.2.61.1.6 bis 2.2.61.1.11 erfolgen:

2.2.61.1.6 Der Beurteilung des Giftigkeitsgrades sind Erfahrungen aus Vergiftungsfällen bei Menschen zugrunde zu legen. Ferner sollten besondere Eigenschaften des zu beurteilenden Stoffes, wie flüssiger Zustand, hohe Flüchtigkeit, besondere Wahrscheinlichkeit der Aufnahme durch die Haut und besondere biologische Wirkungen, berücksichtigt werden.

2.2.61.1.7 Sofern keine Erfahrungswerte in bezug auf den Menschen vorliegen, wird der Giftigkeitsgrad durch Auswertung von tierexperimentellen Untersuchungen nach nachstehender Tabelle beurteilt:

	Verpackungsgruppe	Giftigkeit bei Einnahme LD_{50} (mg/kg)	Giftigkeit bei Absorption durch die Haut LD_{50} (mg/kg)	Inhalationstoxizität durch Staub und Nebel LC_{50} (mg/l)
sehr giftig	I	≤ 5	≤ 50	≤ 0,2
giftig	II	> 5 und ≤ 50	> 50 und ≤ 200	> 0,2 und ≤ 2
schwach giftig	III[a)]	> 50 und ≤ 300	> 200 und ≤ 1000	> 2 und ≤ 4

[a)] Stoffe zur Herstellung von Tränengasen sind der Verpackungsgruppe II zuzuordnen, selbst wenn die Daten über ihre Giftigkeit den Kriterien der Verpackungsgruppe III entsprechen.

2.2.61.1.7.1 Wenn ein Stoff bei zwei oder mehr verschiedenen Zuführungsarten verschiedene Toxizitätswerte ergibt, so ist die höchste Toxizität zugrunde zu legen.

2.2.61.1.7.2 Stoffe, welche die Kriterien der Klasse 8 erfüllen und eine Giftigkeit beim Einatmen von Staub und Nebel (LC_{50}) entsprechend Verpackungsgruppe I aufweisen, dürfen in die Klasse 6.1 nur eingeordnet werden, wenn gleichzeitig die Giftigkeit bei Einnahme oder bei Absorption durch die Haut mindestens der Verpackungsgruppe I oder II entspricht. Andernfalls ist der Stoff, soweit erforderlich, der Klasse 8 zuzuordnen (siehe Absatz 2.2.8.1.4.5).

2.2.61.1.7.3 Die Kriterien für die Giftigkeit beim Einatmen von Staub und Nebel beruhen auf LC_{50}-Werten bei einer Versuchsdauer von einer Stunde, und diese Werte müssen, soweit sie vorhanden sind, auch verwendet werden. Wenn jedoch nur LC_{50}-Werte bei einer Versuchsdauer von 4 Stunden zur Verfügung stehen, dürfen die entsprechenden Werte mit 4 multipliziert werden, und das Resultat kann an die Stelle des oben genannten Kriteriums treten, d.h. der vervierfachte LC_{50}-Wert (4 Stunden) wird als Äquivalent des LC_{50}-Wertes (1 Stunde) angesehen.

Giftigkeit beim Einatmen von Dämpfen

2.2.61.1.8 Flüssige Stoffe, die giftige Dämpfe abgeben, sind den nachstehenden Gruppen zuzuordnen; der Buchstabe „V“ stellt die gesättigte Dampfkonzentration (Flüchtigkeit) (in ml/m^3 Luft) bei 20°C und Standardatmosphärendruck dar:

	Verpackungsgruppe	
sehr giftig	I	wenn $V \geq 10\ LC_{50}$ und $LC_{50} \leq 1000\ ml/m^3$
giftig	II	wenn $V \geq LC_{50}$ und $LC_{50} \leq 3000\ ml/m^3$ und die Kriterien für Verpackungsgruppe I nicht erfüllt sind
schwach giftig	III[a]	wenn $V \geq 1/5\ LC_{50}$ und $LC_{50} \leq 5000\ ml/m^3$ und die Kriterien für Verpackungsgruppen I und II nicht erfüllt sind

[a] Stoffe zur Herstellung von Tränengasen sind der Verpackungsgruppe II zuzuordnen, selbst wenn die Daten über ihre Giftigkeit den Kriterien der Verpackungsgruppe III entsprechen.

Diese Kriterien beruhen auf LC_{50}-Werten bei einer Versuchsdauer von einer Stunde, und diese Werte müssen, soweit sie vorhanden sind, auch verwendet werden.

Wenn jedoch nur LC_{50}-Werte bei einer Versuchsdauer von 4 Stunden zur Verfügung stehen, dürfen die entsprechenden Werte mit 2 multipliziert werden, und das Resultat kann an die Stelle des oben genannten Kriteriums treten, d.h. der doppelte LC_{50}-Wert (4 Stunden) wird als Äquivalent des LC_{50}-Wertes (1 Stunde) angesehen.

Trennlinien der Verpackungsgruppen – Giftigkeit beim Einatmen von Dämpfen

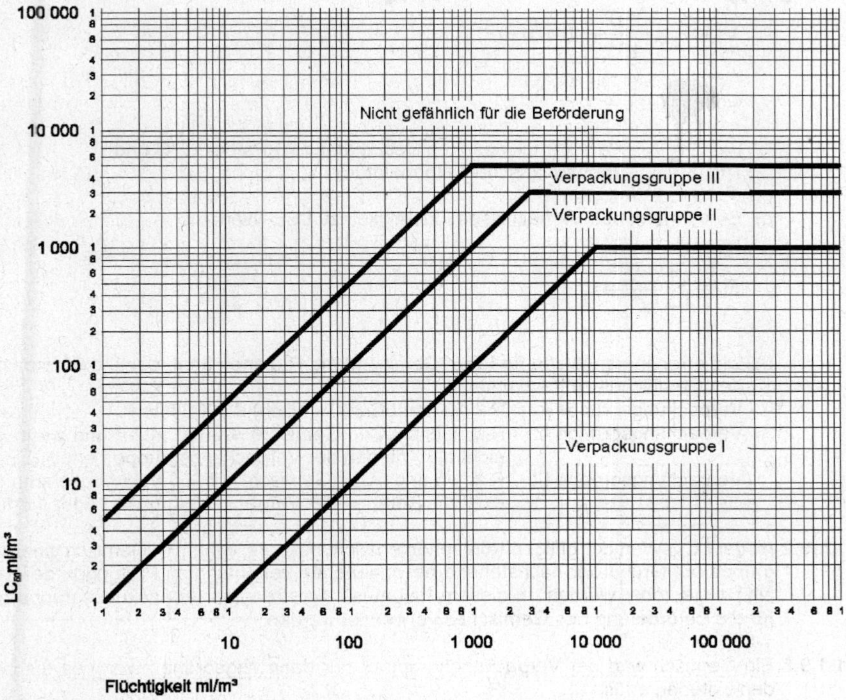

In dieser Abbildung sind die Kriterien graphisch dargestellt, um die Zuordnung zu vereinfachen. Wegen der näherungsweisen Genauigkeit bei Verwendung graphischer Darstellungen sind jedoch Stoffe, die in der Nähe von oder direkt auf Trennlinien liegen, mit Hilfe der numerischen Kriterien zu überprüfen.

Gemische flüssiger Stoffe

2.2.61.1.9 Gemische flüssiger Stoffe, die beim Einatmen giftig sind, sind den Verpackungsgruppen unter Beachtung der nachfolgend aufgeführten Kriterien zuzuordnen:

2.2.61.1.9.1 Ist der LC_{50}-Wert für jeden giftigen Stoff, der Bestandteil des Gemisches ist, bekannt, kann die Verpackungsgruppe wie folgt bestimmt werden:

a) Berechnung des LC_{50}-Wertes des Gemisches:

$$LC_{50}\,(\text{Gemisch}) = \frac{1}{\sum_{i=1}^{n} \frac{f_i}{LC_{50i}}},$$

wobei

f_i = Molbruch des i-ten Bestandteils des Gemisches,
LC_{50i} = mittlere tödliche Konzentration des i-ten Bestandteils in ml/m³.

b) Berechnung der Flüchtigkeit jedes Bestandteils des Gemisches:

$$V_i = P_i \times \frac{10^6}{101{,}3} \text{ (ml/m}^3\text{)},$$

wobei

P_i = Partialdruck des i-ten Bestandteils in kPa bei 20°C und atmosphärischem Normaldruck.

c) Berechnung des Verhältnisses Flüchtigkeit zu LC_{50}-Wert:

$$R = \sum_{i=1}^{n} \frac{V_i}{LC_{50i}}.$$

d) Die errechneten Werte für LC_{50} (Gemisch) und R dienen dann dazu, die Verpackungsgruppe des Gemisches zu bestimmen:

Verpackungsgruppe I: $R \geq 10$ und LC_{50} (Gemisch) ≤ 1000 ml/m³.

Verpackungsgruppe II: $R \geq 1$ und LC_{50} (Gemisch) ≤ 3000 ml/m³ und wenn das Gemisch nicht die Kriterien der Verpackungsgruppe I erfüllt.

Verpackungsgruppe III: $R \geq 1/5$ und LC_{50} (Gemisch) ≤ 5000 ml/m³ und wenn das Gemisch nicht die Kriterien der Verpackungsgruppe I oder II erfüllt.

2.2.61.1.9.2 Ist der LC_{50}-Wert der giftigen Komponenten nicht bekannt, kann das Gemisch einer Verpackungsgruppe auf Grund der nachstehend beschriebenen vereinfachten Prüfungen der Schwellentoxizität zugeordnet werden. In diesem Fall muss die strengste Verpackungsgruppe bestimmt und für die Beförderung des Gemisches verwendet werden.

2.2.61.1.9.3 Ein Gemisch wird der Verpackungsgruppe I nur dann zugeordnet, wenn es die beiden folgenden Kriterien erfüllt:

a) Eine Probe des flüssigen Gemisches wird versprüht und derart mit Luft verdünnt, dass sich eine Prüfatmosphäre von 1000 ml/m³ versprühten Gemisches in Luft bildet. Zehn Albino-Ratten (fünf männliche und fünf weibliche) werden während einer Stunde dieser Prüfatmosphäre ausgesetzt und anschließend 14 Tage beobachtet. Falls fünf oder mehr der Versuchstiere innerhalb der Beobachtungsperiode sterben, wird angenommen, dass das Gemisch einen LC_{50}-Wert von gleich oder weniger als 1000 ml/m³ hat.

b) Eine Probe des Dampfes im Gleichgewicht mit dem flüssigen Gemisch wird mit dem neunfachen Luftvolumen verdünnt, um eine Prüfatmosphäre zu bilden. Zehn Albino-Ratten (fünf männliche und fünf weibliche) werden während einer Stunde dieser Prüfatmosphäre ausgesetzt und anschließend 14 Tage beobachtet. Falls fünf oder mehr der Versuchstiere innerhalb der Beobachtungsperiode sterben, wird angenommen, dass das Gemisch eine Flüchtigkeit hat, die gleich oder größer ist als der zehnfache LC_{50}-Wert des Gemisches.

2.2.61.1.9.4 Ein Gemisch wird der Verpackungsgruppe II nur dann zugeordnet, wenn es die beiden folgenden Kriterien, nicht aber die Kriterien für die Verpackungsgruppe I erfüllt:

a) Eine Probe des flüssigen Gemisches wird versprüht und derart mit Luft verdünnt, dass sich eine Prüfatmosphäre von 3000 ml/m³ versprühten Gemisches in Luft bildet. Zehn Albino-Ratten (fünf männliche und fünf weibliche) werden während einer Stunde dieser Prüfatmosphäre ausgesetzt und anschließend 14 Tage beobachtet. Falls fünf oder mehr der Versuchstiere innerhalb der Beobachtungsperiode sterben, wird angenommen, dass das Gemisch einen LC_{50}-Wert von gleich oder weniger als 3000 ml/m³hat.

b) Eine Probe des Dampfes im Gleichgewicht mit dem flüssigen Gemisch wird verwendet, um eine Prüfatmosphäre zu bilden. Zehn Albino-Ratten (fünf männliche und fünf weibliche) werden während einer Stunde dieser Prüfatmosphäre ausgesetzt und anschließend 14 Tage beobachtet. Falls fünf oder mehr der Versuchstiere innerhalb der Beobachtungsperiode sterben, wird angenommen, dass das Gemisch eine Flüchtigkeit hat, die gleich oder größer ist als der LC_{50}-Wert des Gemisches.

2.2.61.1.9.5 Ein Gemisch wird der Verpackungsgruppe III nur dann zugeordnet, wenn es die beiden folgenden Kriterien, nicht aber die Kriterien für die Verpackungsgruppe I oder II erfüllt:

a) Eine Probe des flüssigen Gemisches wird versprüht und derart mit Luft verdünnt, dass sich eine Prüfatmosphäre von 5000 ml/m³ versprühten Gemisches in Luft bildet. Zehn Albino-Ratten (fünf männliche und fünf weibliche) werden während einer Stunde dieser Prüfatmosphäre ausgesetzt und anschließend 14 Tage beobachtet. Falls fünf oder mehr der Versuchstiere innerhalb der Beobachtungsperiode sterben, wird angenommen, dass das Gemisch einen LC_{50}-Wert von gleich oder weniger als 5000 ml/m³ hat.

b) Die Dampfkonzentration (Flüchtigkeit) des flüssigen Gemisches wird gemessen; ist sie gleich oder größer als 1000 ml/m³, wird angenommen, dass das Gemisch eine Flüchtigkeit hat, die gleich oder größer ist als 1/5 des LC_{50}-Wertes des Gemisches.

Berechnungsmethoden für die Giftigkeit der Gemische bei Einnahme und bei Absorption durch die Haut

2.2.61.1.10 Für die Zuordnung der Gemische der Klasse 6.1 und der Bestimmung der nach den Kriterien für die Giftigkeit bei Einnahme und bei Absorption durch die Haut geeigneten Verpackungsgruppe (siehe Absatz 2.2.61.1.3) ist es notwendig, den akuten LD_{50}-Wert des Gemisches zu berechnen.

2.2.61.1.10.1 Wenn ein Gemisch nur einen Wirkstoff enthält, dessen LD_{50}-Wert bekannt ist, kann bei fehlenden zuverlässigen Daten für die akute Giftigkeit bei Einnahme und bei Absorption durch die Haut des zu befördernden Gemisches der LD_{50}-Wert für die Einnahme oder die Absorption durch die Haut wie folgt bestimmt werden:

$$LD_{50}\text{-Wert der Zubereitung} = \frac{LD_{50}\text{ - Wert des Wirkstoffes } \times 100}{\text{Anteil des Wirkstoffes (Masse - \%)}}$$

2.2.61.1.10.2 Wenn ein Gemisch mehr als einen Wirkstoff enthält, können drei mögliche Methoden für die Berechnung des LD_{50}-Wertes für die Einnahme oder die Absorption durch die Haut verwendet werden. Die bevorzugte Methode besteht darin, zuverlässige Daten für die akute Giftigkeit bei Einnahme und bei Absorption durch die Haut des tatsächlich zu befördernden Gemisches zu erhalten. Wenn keine zuverlässigen genauen Daten vorliegen, greift man auf eine der folgenden Methoden zurück:

a) Zuordnung der Zubereitung in Abhängigkeit des gefährlichsten Wirkstoffes des Gemisches unter der Annahme, dass dieser in der gleichen Konzentration wie die Gesamtkonzentration aller Wirkstoffe vorliegt;

b) Anwendung der Formel:

$$\frac{C_A}{T_A} + \frac{C_B}{T_B} + \ldots + \frac{C_Z}{T_Z} = \frac{100}{T_M},$$

wobei:

C = die Konzentration in Prozent des Bestandteils A, B, ..., Z des Gemisches

T = der LD_{50}-Wert bei Einnahme des Bestandteils A, B, ..., Z

TM = der LD_{50}-Wert bei Einnahme des Gemisches.

Bem. Diese Formel kann auch für die Giftigkeit bei Absorption durch die Haut verwendet werden, vorausgesetzt, diese Informationen liegen in der gleichen Art für alle Bestandteile vor. Die Verwendung dieser Formel berücksichtigt nicht eventuelle Potenzierungs- oder Schutzeffekte.

Klassifizierung und Zuordnung von Mitteln zur Schädlingsbekämpfung (Pestiziden)

2.2.61.1.11 Alle Pestizid-Wirkstoffe und ihre Zubereitungen, für welche die LC_{50}- und/oder LD_{50}-Werte bekannt sind und die der Klasse 6.1 zugeordnet sind, sind in Übereinstimmung mit den Kriterien in den Absätzen 2.2.61.1.6 bis 2.2.61.1.9 den entsprechenden Verpackungsgruppen zuzuordnen. Stoffe und Zubereitungen, die Nebengefahren aufweisen, sind nach der Tabelle der überwiegenden Gefahr in Unterabschnitt 2.1.3.10 mit der Zuordnung der entsprechenden Verpackungsgruppen zu klassifizieren.

2.2.61.1.11.1 Ist für eine Pestizidzubereitung der LD_{50}-Wert für die Einnahme oder die Absorption durch die Haut nicht bekannt, der LD_{50}-Wert des (der) Wirkstoffe(s) jedoch bekannt, kann der LD_{50}-Wert für die Zubereitung durch Anwendung der Verfahren nach Absatz 2.2.61.1.10 ermittelt werden.

Bem. Die LD_{50}-Giftigkeitsdaten für eine gewisse Anzahl gebräuchlicher Schädlingsbekämpfungsmittel (Pestizide) können aus der neuesten Ausgabe des Dokuments "The WHO Recommended Classification of Pesticides by Hazard and Guidelines to Classification", das über die Weltgesundheitsorganisation (WHO), International Programme on Chemical Safety, CH-1211 Genf 27, bezogen werden kann, entnommen werden. Während dieses Dokument als Datenquelle für die LD_{50}-Werte der Schädlingsbekämpfungsmittel (Pestizide) verwendet werden kann, darf das darin enthaltene Zuordnungssystem nicht dafür verwendet werden, die Schädlingsbekämpfungsmittel (Pestizide) für die Beförderung zuzuordnen oder deren Verpackungsgruppen zu bestimmen, was nach den Vorschriften des ADN erfolgen muss.

2.2.61.1.11.2 Die für die Beförderung des Pestizids verwendete offizielle Benennung ist auf der Grundlage des aktiven Bestandteils, des Aggregatzustandes des Pestizids und aller möglicherweise gegebenen Nebengefahren zu wählen (siehe Abschnitt 3.1.2).

2.2.61.1.12 Wenn die Stoffe der Klasse 6.1 durch Beimengungen in andere Gefahrenkategorien fallen als die, zu denen die in Kapitel 3.2 Tabelle A namentlich genannten Stoffe gehören, sind diese Gemische oder Lösungen den Eintragungen zuzuordnen, zu denen sie auf Grund ihrer tatsächlichen Gefahr gehören.

Bem. Für die Zuordnung von Lösungen und Gemischen (wie Präparate, Zubereitungen und Abfälle) siehe auch Abschnitt 2.1.3.

2.2.61.1.13 Auf Grundlage der Kriterien der Absätze 2.2.61.1.6 bis 2.2.61.1.11 kann auch festgestellt werden, ob eine namentlich genannte Lösung oder ein namentlich genanntes Gemisches bzw. eine Lösung oder ein Gemisch, das einen namentlich genannten Stoff enthält, so beschaffen ist, dass diese Lösung oder dieses Gemisch nicht den Vorschriften dieser Klasse unterliegt.

2.2.61.1.14 Stoffe, Lösungen und Gemische – mit Ausnahme der als Mittel zur Schädlingsbekämpfung (Pestizide) dienenden Stoffe und Zubereitungen – die nach der Verordnung (EG) Nr. 1272/2008[3)] nicht als akut giftig der Kategorie 1, 2 oder 3 eingestuft sind, können als nicht zur Klasse 6.1 gehörige Stoffe angesehen werden.

[3)] Verordnung (EG) Nr. 1272/2008 des Europaischen Parlaments und des Rates vom 16. Dezember 2008 uber die Einstufung, Kennzeichnung und Verpackung von Stoffen und Gemischen, zur Änderung und Aufhebung der Richtlinien 67/548/EWG und 1999/45/EG und zur Änderung der Verordnung (EG) Nr. 1907/2006, veröffentlicht im Amtsblatt L 353 vom 31. Dezember 2008, Seiten 1 bis 1355.

2.2.61.2 Nicht zur Beförderung zugelassene Stoffe

2.2.61.2.1 Chemisch instabile Stoffe der Klasse 6.1 sind zur Beförderung nur zugelassen, wenn die erforderlichen Vorsichtsmaßnahmen zur Verhinderung der Möglichkeit einer gefährlichen Zersetzung oder Polymerisation unter normalen Beförderungsbedingungen getroffen wurden. Für die Vorsichtsmaßnahmen zur Verhinderung einer Polymerisation siehe Kapitel 3.3 Sondervorschrift 386. Zu diesem Zweck muss insbesondere dafür gesorgt werden, dass die Gefäße und Tanks keine Stoffe enthalten, die diese Reaktionen begünstigen können.

2.2.61.2.2 Folgende Stoffe und Gemische sind zur Beförderung nicht zugelassen:

- Cyanwasserstoff, wasserfrei, und Cyanwasserstofflösungen (Blausäurelösungen), die nicht den Bedingungen der UN-Nummern 1051, 1613, 1614 und 3294 entsprechen,
- andere Metallcarbonyle als UN 1259 NICKELTETRACARBONYL und UN 1994 EISENPENTACARBONYL mit einem Flammpunkt unter 23°C,
- 2,3,7,8-TETRACHLORDIBENZO-1,4-DIOXIN (TCDD) in Konzentrationen, die nach den Kriterien des Unterabschnitts 2.2.61.1.7 als sehr giftig gelten,
- UN 2249 DICHLORDIMETHYLETHER, SYMMETRISCH,
- Zubereitungen von Phosphiden ohne Zusätze zur Verzögerung der Entwicklung von giftigen entzündbaren Gasen.

2.2.61.3 Verzeichnis der Sammeleintragungen

Giftige Stoffe

Nebengefahr			Klassifizierungscode	UN-Nummer	Benennung des Stoffes oder Gegenstandes
ohne Nebengefahr	**organisch**	**flüssig**[a]	T1	1583	CHLORPIKRIN, MISCHUNG, N.A.G.
				1602	FARBE, FLÜSSIG, GIFTIG, N.A.G. oder
				1602	FARBSTOFFZWISCHENPRODUKT, FLÜSSIG, GIFTIG, N.A.G.
				1693	STOFF ZUR HERSTELLUNG VON TRÄNENGASEN, FLÜSSIG, N.A.G.
				1851	MEDIKAMENT, FLÜSSIG, GIFTIG, N.A.G.
				2206	ISOCYANATE, GIFTIG, N.A.G. oder
				2206	ISOCYANAT, LÖSUNG, GIFTIG, N.A.G.
				3140	ALKALOIDE, FLÜSSIG, N.A.G. oder
				3140	ALKALOIDSALZE, FLÜSSIG, N.A.G.
				3142	DESINFEKTIONSMITTEL, FLÜSSIG, GIFTIG, N.A.G.
				3144	NICOTINVERBINDUNG, FLÜSSIG, N.A.G. oder
				3144	NICOTINZUBEREITUNG, FLÜSSIG, N.A.G.
				3172	TOXINE, GEWONNEN AUS LEBENDEN ORGANISMEN, FLÜSSIG, N.A.G.
				3276	NITRILE, FLÜSSIG, GIFTIG, N.A.G.
				3278	ORGANISCHE PHOSPHORVERBINDUNG, FLÜSSIG, GIFTIG, N.A.G
				3381	BEIM EINATMEN GIFTIGER FLÜSSIGER STOFF, N.A.G., mit einem LC_{50}-Wert von höchstens 200 ml/m^3 und einer gesättigten Dampfkonzentration von mindestens 500 LC_{50}
				3382	BEIM EINATMEN GIFTIGER FLÜSSIGER STOFF, N.A.G., mit einem LC_{50}-Wert von höchstens 1000 ml/m^3 und einer gesättigten Dampfkonzentration von mindestens 10 LC_{50}
				2810	GIFTIGER ORGANISCHER FLÜSSIGER STOFF, N.A.G.
		fest[a), b)]	T2	1544	ALKALOIDE, FEST, N.A.G. oder
				1544	ALKALOIDSALZE, FEST, N.A.G.
				1601	DESINFEKTIONSMITTEL, FEST, GIFTIG, N.A.G.
				1655	NICOTINVERBINDUNG, FEST, N.A.G. oder
				1655	NICOTINZUBEREITUNG, FEST, N.A.G.
				3448	STOFF ZUR HERSTELLUNG VON TRÄNENGASEN, FEST, N.A.G.
				3143	FARBE, FEST, GIFTIG, N.A.G. oder
				3143	FARBSTOFFZWISCHENPRODUKT, FEST, GIFTIG, N.A.G.
				3462	TOXINE, GEWONNEN AUS LEBENDEN ORGANISMEN, FEST, N.A.G.
				3249	MEDIKAMENT, FEST, GIFTIG, N.A.G.
				3464	ORGANISCHE PHOSPHORVERBINDUNG, FEST, GIFTIG, N.A.G.
				3439	NITRILE, FEST, GIFTIG, N.A.G.
				2811	GIFTIGER ORGANISCHER FESTER STOFF, N.A.G.
	metallorganisch[c), d)]		T3	2026	PHENYLQUECKSILBERVERBINDUNG, N.A.G.
				2788	ORGANISCHE ZINNVERBINDUNG, FLÜSSIG, N.A.G.
				3146	ORGANISCHE ZINNVERBINDUNG, FEST, N.A.G.
				3280	ORGANISCHE ARSENVERBINDUNG, FLÜSSIG, N.A.G.
				3281	METALLCARBONYLE, FLÜSSIG, N.A.G.
				3465	ORGANISCHE ARSENVERBINDUNG, FEST, N.A.G
				3466	METALLCARBONYLE, FEST, N.A.G.,
				3282	METALLORGANISCHE VERBINDUNG, FLÜSSIG, GIFTIG, N.A.G.,
				3467	METALLORGANISCHE VERBINDUNG, FEST, GIFTIG, N.A.G.,

ohne Neben-gefahr (Forts.)	**anorga-nisch**	**flüssig**[e] **T4**	1556	ARSENVERBINDUNG, FLÜSSIG, N.A.G., anorganisch, einschließlich Arsenate, n.a.g., Arsenite, n.a.g. und Arsensulfide, n.a.g.
			1935	CYANID, LÖSUNG, N.A.G.
			2024	QUECKSILBERVERBINDUNG, FLÜSSIG, N.A.G.
			3141	ANORGANISCHE ANTIMONVERBINDUNG, FLÜSSIG, N.A.G.
			3440	SELENVERBINDUNG, FLÜSSIG, N.A.G.
			3381	BEIM EINATMEN GIFTIGER FLÜSSIGER STOFF, N.A.G., mit einem LC_{50}-Wert von höchstens 200 ml/m^3 und einer gesättigten Dampfkonzentration von mindestens 500 LC_{50}
			3382	BEIM EINATMEN GIFTIGER FLÜSSIGER STOFF, N.A.G., mit einem LC_{50}-Wert von höchstens 1000 ml/m^3 und einer gesättigten Dampfkonzentration von mindestens 10 LC_{50}
			3287	GIFTIGER ANORGANISCHER FLÜSSIGER STOFF, N.A.G.
		fest[f),g)] **T5**	1549	ANORGANISCHE ANTIMONVERBINDUNG, FEST, N.A.G.
			1557	ARSENVERBINDUNG, FEST, N.A.G., anorganisch, einschließlich Arsenate, n.a.g., Arsenite, n.a.g. und Arsensulfide, n.a.g.
			1564	BARIUMVERBINDUNG, N.A.G.
			1566	BERYLLIUMVERBINDUNG, N.A.G.
			1588	CYANIDE, ANORGANISCH, FEST, N.A.G.
			1707	THALLIUMVERBINDUNG, N.A.G.
			2025	QUECKSILBERVERBINDUNG, FEST, N.A.G.
			2291	BLEIVERBINDUNG, LÖSLICH, N.A.G.
			2570	CADMIUMVERBINDUNG
			2630	SELENATE oder
			2630	SELENITE
			2856	FLUOROSILICATE, N.A.G.
			3283	SELENVERBINDUNG, FEST, N.A.G.
			3284	TELLURVERBINDUNG, N.A.G.
			3285	VANADIUMVERBINDUNG, N.A.G.
			3288	GIFTIGER ANORGANISCHER FESTER STOFF, N.A.G.
	Mittel zur Schäd-lings-bekämp-fung (Pestizi-de)	**flüssig**[h)] **T6**	2992	CARBAMAT-PESTIZID, FLÜSSIG, GIFTIG
			2994	ARSENHALTIGES PESTIZID, FLÜSSIG, GIFTIG
			2996	ORGANOCHLOR-PESTIZID, FLÜSSIG, GIFTIG
			2998	TRIAZIN-PESTIZID, FLÜSSIG, GIFTIG
			3006	THIOCARBAMAT-PESTIZID, FLÜSSIG, GIFTIG
			3010	KUPFERHALTIGES PESTIZID, FLÜSSIG, GIFTIG
			3012	QUECKSILBERHALTIGES PESTIZID, FLÜSSIG, GIFTIG
			3014	SUBSTITUIERTES NITROPHENOL-PESTIZID, FLÜSSIG, GIFTIG
			3016	BIPYRIDILIUM-PESTIZID, FLÜSSIG, GIFTIG
			3018	ORGANOPHOSPHOR-PESTIZID, FLÜSSIG, GIFTIG
			3020	ORGANOZINN-PESTIZID, FLÜSSIG, GIFTIG
			3026	CUMARIN-PESTIZID, FLÜSSIG, GIFTIG
			3348	PHENOXYESSIGSÄUREDERIVAT-PESTIZID, FLÜSSIG, GIFTIG
			3352	PYRETHROID-PESTIZID, FLÜSSIG, GIFTIG
			2902	PESTIZID, FLÜSSIG, GIFTIG, N.A.G

ohne Neben-gefahr (Forts.)			2757	CARBAMAT-PESTIZID, FEST, GIFTIG
			2759	ARSENHALTIGES PESTIZID, FEST, GIFTIG
			2761	ORGANOCHLOR-PESTIZID, FEST, GIFTIG
			2763	TRIAZIN-PESTIZID, FEST, GIFTIG
			2771	THIOCARBAMAT-PESTIZID, FEST, GIFTIG
			2775	KUPFERHALTIGES PESTIZID, FEST, GIFTIG
			2777	QUECKSILBERHALTIGES PESTIZID, FEST, GIFTIG
			2779	SUBSTITUIERTES NITROPHENOL-PESTIZID, FEST, GIFTIG
	fest[h)]	**T7**	2781	BIPYRIDILIUM-PESTIZID, FEST, GIFTIG
			2783	ORGANOPHOSPHOR-PESTIZID, FEST, GIFTIG
			2786	ORGANOZINN-PESTIZID, FEST, GIFTIG
			3027	CUMARIN-PESTIZID, FEST, GIFTIG
			3048	ALUMINIUMPHOSPHID-PESTIZID
			3345	PHENOXYESSIGSÄUREDERIVAT-PESTIZID, FEST, GIFTIG
			3349	PYRETHROID-PESTIZID, FEST, GIFTIG
			2588	PESTIZID, FEST, GIFTIG, N.A.G.
	Proben	**T8**	3315	CHEMISCHE PROBE, GIFTIG
	sonstige giftige Stoffe[i)]	**T9**	3243	FESTE STOFFE MIT GIFTIGEM FLÜSSIGEM STOFF, N.A.G.
	Gegenstände	**T10**	3546	GEGENSTÄNDE, DIE EINEN GIFTIGEN STOFF ENTHALTEN, N.A.G.
			3071	MERCAPTANE, FLÜSSIG, GIFTIG, ENTZÜNDBAR, N.A.G. oder
			3071	MERCAPTANE, MISCHUNG, FLÜSSIG, GIFTIG, ENTZÜNDBAR, N.A.G.
	flüssig [j),k)]	**TF1**	3080	ISOCYANATE, GIFTIG, ENTZÜNDBAR, N.A.G. oder
			3080	ISOCYANAT, LÖSUNG, GIFTIG, ENTZÜNDBAR, N.A.G.
			3275	NITRILE, GIFTIG, ENTZÜNDBAR, N.A.G.
			3279	ORGANISCHE PHOSPHORVERBINDUNG, GIFTIG, ENTZÜNDBAR, N.A.G.
			3383	BEIM EINATMEN GIFTIGER FLÜSSIGER STOFF, ENTZÜNDBAR, N.A.G., mit einem LC_{50}-Wert von höchstens 200 ml/m^3 und einer gesättigten Dampfkonzentration von mindestens 500 LC_{50}
			3384	BEIM EINATMEN GIFTIGER FLÜSSIGER STOFF, ENTZÜNDBAR, N.A.G., mit einem LC_{50}-Wert von höchstens 1000 ml/m^3 und einer gesättigten Dampfkonzentration von mindestens 10 LC_{50}
ent-zünd-bar TF			2929	GIFTIGER ORGANISCHER FLÜSSIGER STOFF, ENTZÜNDBAR, N.A.G.
			2991	CARBAMAT-PESTIZID, FLÜSSIG, GIFTIG, ENTZÜNDBAR
			2993	ARSENHALTIGES PESTIZID, FLÜSSIG, GIFTIG, ENTZÜNDBAR
			2995	ORGANOCHLOR-PESTIZID, FLÜSSIG, GIFTIG, ENTZÜNDBAR
			2997	TRIAZIN-PESTIZID, FLÜSSIG, GIFTIG, ENTZÜNDBAR
			3005	THIOCARBAMAT-PESTIZID, FLÜSSIG, GIFTIG, ENTZÜNDBAR
			3009	KUPFERHALTIGES PESTIZID, FLÜSSIG, GIFTIG, ENTZÜNDBAR
			3011	QUECKSILBERHALTIGES PESTIZID, FLÜSSIG, GIFTIG, ENTZÜNDBAR
	Mittel zur Schädlingsbekämpfung (Pestizide) - (Flammpunkt von 23°C oder darüber)	**TF2**	3013	SUBSTITUIERTES NITROPHENOL-PESTIZID, FLÜSSIG, GIFTIG, ENTZÜNDBAR
			3015	BIPYRIDILIUM-PESTIZID, FLÜSSIG, GIFTIG, ENTZÜNDBAR
			3017	ORGANOPHOSPHOR-PESTIZID, FLÜSSIG, GIFTIG, ENTZÜNDBAR
			3019	ORGANOZINN-PESTIZID, FLÜSSIG, GIFTIG, ENTZÜNDBAR
			3025	CUMARIN-PESTIZID, FLÜSSIG, GIFTIG, ENTZÜNDBAR
			3347	PHENOXYESSIGSÄUREDERIVAT-PESTIZID, FLÜSSIG, GIFTIG, ENTZÜNDBAR

				UN-Nr.	Benennung
entzündbar TF (Forts.)				3351	PYRETHROID-PESTIZID, FLÜSSIG, GIFTIG, ENTZÜNDBAR
				2903	PESTIZID, FLÜSSIG, GIFTIG, ENTZÜNDBAR, N.A.G.
	fest		TF3	1700	TRÄNENGAS-KERZEN
				2930	GIFTIGER ORGANISCHER FESTER STOFF, ENTZÜNDBAR, N.A.G.
				3535	GIFTIGER ANORGANISCHER FESTER STOFF, ENTZÜNDBAR, N.A.G.
selbsterhitzungsfähig, fest[c)]			TS	3124	GIFTIGER FESTER STOFF, SELBSTERHITZUNGSFÄHIG, N.A.G.
mit Wasser reagierend[d)] TW	flüssig		TW1	3385	BEIM EINATMEN GIFTIGER FLÜSSIGER STOFF, MIT WASSER REAGIEREND, N.A.G., mit einem LC_{50}-Wert von höchstens 200 ml/m^3 und einer gesättigten Dampfkonzentration von mindestens 500 LC_{50}
				3386	BEIM EINATMEN GIFTIGER FLÜSSIGER STOFF, MIT WASSER REAGIEREND, N.A.G., mit einem LC_{50}-Wert von höchstens 1000 ml/m^3 und einer gesättigten Dampfkonzentration von mindestens 10 LC_{50}
				3123	GIFTIGER FLÜSSIGER STOFF, MIT WASSER REAGIEREND, N.A.G.
	fest[l)]		TW2	3125	GIFTIGER FESTER STOFF, MIT WASSER REAGIEREND, N.A.G.
entzündend (oxidierend) wirkend[m)] TO	flüssig		TO1	3387	BEIM EINATMEN GIFTIGER FLÜSSIGER STOFF, ENTZÜNDEND (OXIDIEREND) WIRKEND, N.A.G., mit einem LC_{50}-Wert von höchstens 200 ml/m^3 und einer gesättigten Dampfkonzentration von mindestens 500 LC_{50}
				3388	BEIM EINATMEN GIFTIGER FLÜSSIGER STOFF, ENTZÜNDEND (OXIDIEREND) WIRKEND, N.A.G., mit einem LC_{50}-Wert von höchstens 1000 ml/m^3 und einer gesättigten Dampfkonzentration von mindestens 10 LC_{50}
				3122	GIFTIGER FLÜSSIGER STOFF, ENTZÜNDEND (OXIDIEREND) WIRKEND, N.A.G
	fest		TO2	3086	GIFTIGER FESTER STOFF, ENTZÜNDEND (OXIDIEREND) WIRKEND, N.A.G.
ätzend[n)] TC	organisch	flüssig	TC1	3277	CHLORFORMIATE, GIFTIG, ÄTZEND, N.A.G.
				3361	CHLORSILANE, GIFTIG, ÄTZEND, N.A.G.
				3389	BEIM EINATMEN GIFTIGER FLÜSSIGER STOFF, ÄTZEND, N.A.G., mit einem LC_{50}-Wert von höchstens 200 ml/m^3 und einer gesättigten Dampfkonzentration von mindestens 500 LC_{50}
				3390	BEIM EINATMEN GIFTIGER FLÜSSIGER STOFF, ÄTZEND, N.A.G., mit einem LC_{50}-Wert von höchstens 1000 ml/m^3 und einer gesättigten Dampfkonzentration von mindestens 10 LC_{50}
				2927	GIFTIGER ORGANISCHER FLÜSSIGER STOFF, ÄTZEND, N.A.G.
		fest	TC2	2928	GIFTIGER ORGANISCHER FESTER STOFF, ÄTZEND, N.A.G.
	anorganisch	flüssig	TC3	3389	BEIM EINATMEN GIFTIGER FLÜSSIGER STOFF, ÄTZEND, N.A.G., mit einem LC_{50}-Wert von höchstens 200 ml/m^3 und einer gesättigten Dampfkonzentration von mindestens 500 LC_{50}
				3390	BEIM EINATMEN GIFTIGER FLÜSSIGER STOFF, ÄTZEND, N.A.G., mit einem LC_{50}-Wert von höchstens 1000 ml/m^3 und einer gesättigten Dampfkonzentration von mindestens 10 LC_{50}
				3289	GIFTIGER ANORGANISCHER FLÜSSIGER STOFF, ÄTZEND, N.A.G.
		fest	TC4	3290	GIFTIGER ANORGANISCHER FESTER STOFF, ÄTZEND, N.A.G.

ätzend[n)] **TC** (Forts.)		2742	CHLORFORMIATE, GIFTIG, ÄTZEND, ENTZÜNDBAR, N.A.G.
		3362	CHLORSILANE, GIFTIG, ÄTZEND, ENTZÜNDBAR, N.A.G.
		3488	BEIM EINATMEN GIFTIGER FLÜSSIGER STOFF, ENTZÜNDBAR, ÄTZEND, N.A.G., mit einem LC_{50}-Wert von höchstens 200 ml/m^3 und einer gesättigten Dampfkonzentration von mindestens 500 LC_{50}
		3489	BEIM EINATMEN GIFTIGER FLÜSSIGER STOFF, ENTZÜNDBAR, ÄTZEND, N.A.G., mit einem LC_{50}-Wert von höchstens 1000 ml/m^3 und einer gesättigten Dampfkonzentration von mindestens 10 LC_{50}
entzündbar, ätzend	**TFC**		
entzündbar, mit Wasser reagierend	**TFW**	3490	BEIM EINATMEN GIFTIGER FLÜSSIGER STOFF, MIT WASSER REAGIEREND, ENTZÜNDBAR, N.A.G., mit einem LC_{50}-Wert von höchstens 200 ml/m^3 und einer gesättigten Dampfkonzentration von mindestens 500 LC_{50}
		3491	BEIM EINATMEN GIFTIGER FLÜSSIGER STOFF, MIT WASSER REAGIEREND, ENTZÜNDBAR, N.A.G., mit einem LC_{50}-Wert von höchstens 1000 ml/m^3 und einer gesättigten Dampfkonzentration von mindestens 10 LC_{50}

Fußnoten:

a) Stoffe und Zubereitungen zur Schädlingsbekämpfung, die Alkaloide oder Nicotin enthalten, sind den Eintragungen UN 2588 PESTIZID, FEST, GIFTIG, N.A.G., UN 2902 PESTIZID, FLÜSSIG, GIFTIG, N.A.G. oder UN 2903 PESTIZID, FLÜSSIG, GIFTIG, ENTZÜNDBAR, N.A.G. zugeordnet.

b) Wirkstoffe sowie Verreibungen oder Mischungen, die für Labor- und Versuchszwecke sowie zur Herstellung von Arneimitteln bestimmt sind, mit anderen Stoffen sind entsprechend ihrer Toxizität zuzuordnen (siehe Absätze 2.2.61.1.7 bis 2.2.61.1.11).

c) Schwach giftige selbsterhitzungsfähige Stoffe und selbstentzündliche metallorganische Verbindungen sind Stoffe der Klasse 4.2.

d) Schwach giftige Stoffe, die in Berührung mit Wasser entzündbare Gase entwickeln, und metallorganische Verbindungen, die in Berührung mit Wasser entzündbare Gase entwickeln, sind Stoffe der Klasse 4.3.

e) Quecksilberfulminate, angefeuchtet mit mindestens 20 Masse-% Wasser oder einer Alkohol/Wasser-Mischung ist ein Stoff der Klasse 1 UN-Nummer 0135.

f) Die Ferricyanide, Ferrocyanide sowie die Alkali- und Ammoniumthiocyanate (Rhodanide) unterliegen nicht den Vorschriften des ADN.

g) Bleisalze und Bleipigmente, die, wenn sie im Verhältnis von 1:1000 mit 0,07 M-Salzsäure gemischt bei einer Temperatur von 23°C ± 2°C während einer Stunde umgerührt werden, eine Löslichkeit von höchstens 5 % aufweisen, unterliegen nicht den Vorschriften des ADN.

h) Mit diesem Mittel zur Schädlingsbekämpfung (Pestizid) imprägnierte Gegenstände, wie Pappteller, Papierstreifen, Wattekugeln, Kunststoffplatten, in luftdicht verschlossenen Umhüllungen unterliegen nicht den Vorschriften des ADN.

i) Gemische fester Stoffe, die den Vorschriften des ADN nicht unterliegen, mit giftigen flüssigen Stoffen dürfen unter der UN-Nummer 3243 befördert werden, ohne dass zuvor die Klassifizierungskriterien der Klasse 6.1 angewendet werden, vorausgesetzt, zum Zeitpunkt des Verladens des Stoffes oder des Verschließens der Verpackung oder der Beförderungseinheit ist keine freie Flüssigkeit sichtbar. Jede Verpackung muss einer Bauart entsprechen, die erfolgreich eine Dichtheitsprüfung für die Verpackungsgruppe II bestanden hat. Diese Eintragung darf nicht für feste Stoffe verwendet werden, die einen flüssigen Stoff der Verpackungsgruppe I enthalten.

j) Sehr giftige und giftige entzündbare flüssige Stoffe mit einem Flammpunkt unter 23 °C, ausgenommen Stoffe, die nach den Absätzen 2.2.61.1.4 bis 2.2.61.1.9 beim Einatmen sehr giftig sind, sind Stoffe der Klasse 3. Flüssige Stoffe, die beim Einatmen sehr giftig sind, sind in ihrer offiziellen Benennung für die Beförderung in Kapitel 3.2 Tabelle A Spalte (2) als „beim Einatmen giftig" bezeichnet oder in Spalte (6) durch die Sondervorschrift 354 gekennzeichnet.

k) Schwach giftige entzündbare flüssige Stoffe mit einem Flammpunkt von 23°C bis einschließlich 60°C, mit Ausnahme der Mittel zur Schädlingsbekämpfung, sind Stoffe der Klasse 3.

l) Die Metallphosphide der UN-Nummern 1360, 1397, 1432, 1714, 2011 und 2013 sind Stoffe der Klasse 4.3.

m) Schwach giftige entzündend (oxidierend) wirkende Stoffe sind Stoffe der Klasse 5.1.

n) Schwach giftige schwach ätzende Stoffe sind Stoffe der Klasse 8.

2.2.62 Klasse 6.2: Ansteckungsgefährliche Stoffe

2.2.62.1 Kriterien

2.2.62.1.1 Der Begriff der Klasse 6.2 umfasst ansteckungsgefährliche Stoffe. Ansteckungsgefährliche Stoffe im Sinne des ADN sind Stoffe, von denen bekannt oder anzunehmen ist, dass sie Krankheitserreger enthalten. Krankheitserreger sind Mikroorganismen (einschließlich Bakterien, Viren, Rickettsien, Parasiten und Pilze) und andere Erreger wie Prionen, die bei Tieren oder Menschen oder Tieren Krankheiten hervorrufen können.

Bem. 1. Genetisch veränderte Mikroorganismen und Organismen, biologische Produkte, diagnostische Proben und absichtlich infizierte lebende Tiere sind dieser Klasse zuzuordnen, wenn sie deren Bedingungen erfüllen.

Die Beförderung nicht absichtlich oder auf natürliche Weise infizierter lebender Tiere unterliegt nur den relevanten Rechtsvorschriften der jeweiligen Ursprungs-, Transit- und Bestimmungsländern.

2. Toxine aus Pflanzen, Tieren oder Bakterien, die keine ansteckungsgefährlichen Stoffe oder Organismen enthalten oder die nicht in ansteckungsgefährlichen Stoffen oder Organismen enthalten sind, sind Stoffe der Klasse 6.1 UN-Nummer 3172 oder 3462.

2.2.62.1.2 Die Stoffe der Klasse 6.2 sind wie folgt unterteilt:

I1	Ansteckungsgefährliche Stoffe, gefährlich für Menschen
I2	Ansteckungsgefährliche Stoffe, gefährlich nur für Tiere
I3	Klinische Abfälle
I4	Biologische Stoffe, Kategorie B

Begriffsbestimmungen

2.2.62.1.3 Für Zwecke des ADN gilt:

Biologische Produkte sind Produkte von lebenden Organismen, die in Übereinstimmung mit den Vorschriften der entsprechenden nationalen Behörden, die besondere Zulassungsvorschriften erlassen können, hergestellt und verteilt werden und die entweder für die Vorbeugung, Behandlung oder Diagnose von Krankheiten an Menschen oder Tieren oder für diesbezügliche Entwicklungs-, Versuchs- oder Forschungszwecke verwendet werden. Sie schließen Fertigprodukte, wie Impfstoffe oder Zwischenprodukte ein, sind aber nicht auf diese begrenzt.

Kulturen sind das Ergebnis eines Prozesses, bei dem Krankheitserreger absichtlich vermehrt werden. Diese Begriffsbestimmung schließt von menschlichen oder tierischen Patienten entnommene Proben gemäß der in diesem Absatz aufgeführten Begriffsbestimmung nicht ein.

Medizinische oder klinische Abfälle sind Abfälle, die aus der medizinischen Behandlung von Tieren oder Menschen oder aus der biologischen Forschung stammen.

Von Patienten entnommene Proben (Patientenproben) sind solche, die direkt von Menschen oder Tieren entnommen werden, einschließlich, jedoch nicht begrenzt auf Ausscheidungsstoffe, Sekrete, Blut und Blutbestandteile, Gewebe und Abstriche von Gewebsflüssigkeit sowie Körperteile, die insbesondere zu Forschungs-, Diagnose-, Untersuchungs-, Behandlungs- oder Vorsorgezwecken befördert werden.

Zuordnung

2.2.62.1.4 Ansteckungsgefährliche Stoffe sind der Klasse 6.2 und je nach Fall der UN-Nummer 2814, 2900, 3291 oder 3373 zuzuordnen.

Ansteckungsgefährliche Stoffe werden in folgende Kategorien unterteilt:

2.2.62.1.4.1 Kategorie A: Ein ansteckungsgefährlicher Stoff, der in einer solchen Form befördert wird, dass er bei Exposition bei sonst gesunden Menschen oder Tieren eine dauerhafte Behinderung oder eine lebensbedrohende oder tödliche Krankheit hervorrufen kann. Beispiele für Stoffe, die diese Kriterien erfüllen, sind in der Tabelle dieses Absatzes aufgeführt.

Bem. Eine Exposition erfolgt, wenn ein ansteckungsgefährlicher Stoff aus der Schutzverpackung austritt und zu einem physischen Kontakt mit Menschen oder Tieren führt.

a) Ansteckungsgefährliche Stoffe, die diese Kriterien erfüllen und die bei Menschen oder sowohl bei Menschen als auch bei Tieren eine Krankheit hervorrufen können, sind der UN-Nummer 2814 zuzuordnen. Ansteckungsgefährliche Stoffe, die nur bei Tieren eine Krankheit hervorrufen können, sind der UN-Nummer 2900 zuzuordnen.

b) Die Zuordnung zur UN-Nummer 2814 oder 2900 hat auf der Grundlage der bekannten Anamnese und Symptome des erkrankten Menschen oder Tieres, der lokalen endemischen Gegebenheiten oder der Einschätzung eines Spezialisten bezüglich des individuellen Zustands des erkrankten Menschen oder Tieres zu erfolgen.

Bem. 1. Die offizielle Benennung für die Beförderung der UN-Nummer 2814 lautet „ANSTECKUNGSGEFÄHRLICHER STOFF, GEFÄHRLICH FÜR MENSCHEN“. Die offizielle Benennung für die Beförderung der UN-Nummer 2900 lautet „ANSTECKUNGSGEFÄHRLICHER STOFF, nur GEFÄHRLICH FÜR TIERE“.

2. Die nachfolgende Tabelle ist nicht vollständig. Ansteckungsgefährliche Stoffe, einschließlich neue oder auftauchende Krankheitserreger, die in der Tabelle nicht aufgeführt sind, die jedoch dieselben Kriterien erfüllen, sind der Kategorie „A“ zuzuordnen. Darüber hinaus ist ein Stoff in die Kategorie „A“ aufzunehmen, wenn Zweifel darüber bestehen, ob dieser die Kriterien erfüllt oder nicht.

3. Diejenigen Mikroorganismen, die in der nachfolgenden Tabelle in Kursivschrift dargestellt sind, sind Bakterien, Mykoplasmen, Rickettsien oder Pilze.

Beispiele für ansteckungsgefährliche Stoffe, die in jeder Form unter die Kategorie A fallen, sofern nichts anderes angegeben ist (siehe Absatz 2.2.62.1.4.1)	
UN-Nummer und Benennung	**Mikroorganismus**
UN 2814 ANSTECKUNGS-GEFÄHRLICHER STOFF, GEFÄHRLICH FÜR MENSCHEN	*Bacillus anthracis* (nur Kulturen)
	Brucella abortus (nur Kulturen)
	Brucella melitensis (nur Kulturen)
	Brucella suis (nur Kulturen)
	Burkholderia mallei – Pseudomonas mallei – Rotz (nur Kulturen)
	Burkholderia pseudomallei – Pseudomonas pseudomallei (nur Kulturen)
	Chlamydia psittaci – aviäre Stämme (nur Kulturen)
	Clostridium botulinum (nur Kulturen)
	Coccidioides immitis (nur Kulturen)
	Coxiella burnetii (nur Kulturen)
	Virus des hämorrhagischen Krim-Kongo-Fiebers
	Dengue-Virus (nur Kulturen)
	Virus der östlichen Pferde-Encephalitis (nur Kulturen)
	Escherichia coli, verotoxigen (nur Kulturen)*
	Ebola-Virus
	Flexal-Virus
	Francisella tularensis (nur Kulturen)
	Guanarito-Virus
	Hantaan-Virus
	Hanta-Virus, das hämorrhagisches Fieber mit Nierensyndrom hervorruft
	Hendra-Virus
	Hepatitus-B-Virus (nur Kulturen)
	Herpes-B-Virus (nur Kulturen)
	humanes Immundefizienz-Virus (nur Kulturen)
	hoch pathogenes Vogelgrippe-Virus (nur Kulturen)
	japanisches Encephalitis-Virus (nur Kulturen)
	Junin-Virus
	Kyasanur-Waldkrankheit-Virus
	Lassa-Virus
	Machupo-Virus
	Marburg-Virus
	Affenpocken-Virus
	Mycobacterium tuberculosis (nur Kulturen)[a)]
	Nipah-Virus
	Virus des hämorrhagischen Omsk-Fiebers
	Polio-Virus (nur Kulturen)
	Tollwut-Virus (nur Kulturen)
	Rickettsia prowazkii (nur Kulturen)
	Rickettsia rickettsii (nur Kulturen)
	Rifttal-Fiebervirus (nur Kulturen)
	Virus der russischen Frühsommer-Encephalitis (nur Kulturen)
	Sabia-Virus
	Shigella dysenteriae type 1 (nur Kulturen)[a)]
	Zecken-Encephalitis-Virus (nur Kulturen)
	Pocken-Virus
	Virus der Venezuela-Pferde-Encephalitis (nur Kulturen)
	West-Nil-Virus (nur Kulturen)
	Gelbfieber-Virus (nur Kulturen)
	Yersinia pestis (nur Kulturen)

Beispiele für ansteckungsgefährliche Stoffe, die in jeder Form unter die Kategorie A fallen, sofern nichts anderes angegeben ist (siehe Absatz 2.2.62.1.4.1)	
UN-Nummer und Benennung	**Mikroorganismus**
UN 2900 ANSTECKUNGS-GEFÄHRLICHER STOFF, nur GEFÄHRLICH FÜR TIERE	Virus der afrikanischen Schweinepest (nur Kulturen)
	Aviäres Paramyxo-Virus Typ 1 – Virus der velogenen Newcastle-Krankheit (nur Kulturen)
	Klassisches Schweinepest-Virus (nur Kulturen)
	Maul- und Klauenseuche-Virus (nur Kulturen)
	Virus der Dermatitis nodularis (lumpy skin disease) (nur Kulturen)
	Mycoplasma mycoides – Erreger der infektiösen bovinen Pleuropneumonie (nur Kulturen)
	Kleinwiederkäuer-Pest-Virus (nur Kulturen)
	Rinderpest-Virus (nur Kulturen)
	Schafpocken-Virus (nur Kulturen)
	Ziegenpocken-Virus (nur Kulturen)
	Virus der vesikulären Schweinekrankheit (nur Kulturen)
	Vesicular stomatitis Virus (nur Kulturen)

[a] Kulturen, die für diagnostische oder klinische Zwecke vorgesehen sind, dürfen jedoch als ansteckungsgefährliche Stoffe der Kategorie B klassifiziert werden.

2.2.62.1.4.2 Kategorie B: Ein ansteckungsgefährlicher Stoff, der den Kriterien für eine Aufnahme in Kategorie „A" nicht entspricht. Ansteckungsgefährliche Stoffe der Kategorie „B" sind der UN-Nummer 3373 zuzuordnen.

Bem. Die offizielle Benennung für die Beförderung der UN-Nummer 3373 lautet „BIOLOGISCHER STOFF, KATEGORIE B".

2.2.62.1.5 Freistellungen

2.2.62.1.5.1 Stoffe, die keine ansteckungsgefährlichen Stoffe enthalten, oder Stoffe, bei denen es unwahrscheinlich ist, dass sie bei Menschen oder Tieren Krankheiten hervorrufen, unterliegen nicht den Vorschriften des ADN, es sei denn, sie entsprechen den Kriterien für die Aufnahme in eine andere Klasse.

2.2.62.1.5.2 Stoffe, die Mikroorganismen enthalten, die gegenüber Menschen oder Tieren nicht pathogen sind, unterliegen nicht den Vorschriften des ADN, es sei denn, sie entsprechen den Kriterien für die Aufnahme in eine andere Klasse.

2.2.62.1.5.3 Stoffe in einer Form, in der jegliche vorhandene Krankheitserreger so neutralisiert oder deaktiviert wurden, dass sie kein Gesundheitsrisiko mehr darstellen, unterliegen nicht den Vorschriften des ADN, es sei denn, sie entsprechen den Kriterien für die Aufnahme in eine andere Klasse.

Bem. Medizinische Geräte, denen freie Flüssigkeit entzogen wurde, gelten als den Vorschriften dieses Absatzes entsprechend und unterliegen nicht den Vorschriften des ADN.

2.2.62.1.5.4 Stoffe, bei denen sich die Konzentration von Krankheitserregern auf einem in der Natur vorkommenden Niveau befindet (einschließlich Nahrungsmittel und Wasserproben) und bei denen nicht davon auszugehen ist, dass sie ein bedeutsames Infektionsrisiko darstellen, unterliegen nicht den Vorschriften des ADN, es sei denn, sie entsprechen den Kriterien für die Aufnahme in eine andere Klasse.

2.2.62.1.5.5 Getrocknetes Blut, das durch Aufbringen eines Bluttropfens auf ein saugfähiges Material gewonnen wird, unterliegt nicht den Vorschriften des ADN.

2.2.62.1.5.6 Vorsorgeuntersuchungsproben (Screening-Proben) für im Stuhl enthaltenes Blut unterliegen nicht den Vorschriften des ADN.

2.2.62.1.5.7 Blut oder Blutbestandteile, die für Zwecke der Transfusion oder der Zubereitung von Blutprodukten für die Verwendung bei der Transfusion oder der Transplantation gesammelt wurden, und alle Gewebe oder Organe, die zur Transplantation bestimmt sind, sowie Proben, die zu diesen Zwecken entnommen wurden, unterliegen nicht den Vorschriften des ADN.

2.2.62.1.5.8 Von Menschen oder Tieren entnommene Proben (Patientenproben), bei denen eine minimale Wahrscheinlichkeit besteht, dass sie Krankheitserreger enthalten, unterliegen nicht den Vorschriften des ADN, wenn die Probe in einer Verpackung befördert wird, die jegliches Freiwerden verhindert und die mit dem Ausdruck «FREIGESTELLTE MEDIZINISCHE PROBE» bzw. «FREIGESTELLTE VETERINÄRMEDIZINISCHE PROBE» gekennzeichnet ist.

Die Verpackung wird als den oben aufgeführten Vorschriften entsprechend angesehen, wenn sie folgende Bedingungen erfüllt:

a) Die Verpackung besteht aus drei Bestandteilen:
   i. (einem) wasserdichten Primärgefäß(en);
   ii. einer wasserdichten Sekundärverpackung und
   iii. einer in Bezug auf ihren Fassungsraum, ihre Masse und ihre beabsichtigte Verwendung ausreichend festen Außenverpackung, bei der mindestens eine der Oberflächen eine Mindestabmessung von 100 mm x 100 mm aufweist.

b) Für flüssige Stoffe ist zwischen dem (den) Primärgefäß(en) und der Sekundärverpackung absorbierendes Material in einer für die Aufnahme des gesamten Inhalts ausreichenden Menge eingesetzt, so dass ein während der Beförderung austretender oder auslaufender flüssiger Stoff nicht die Außenverpackung erreicht und nicht zu einer Beeinträchtigung der Unversehrtheit des Polstermaterials führt.

c) Wenn mehrere zerbrechliche Primärgefäße in eine einzige Sekundärverpackung eingesetzt werden, sind diese entweder einzeln eingewickelt oder so voneinander getrennt, dass eine gegenseitige Berührung verhindert wird.

Bem. 1. Für die Feststellung, ob ein Stoff nach den Vorschriften dieses Absatzes freigestellt ist, ist eine fachliche Beurteilung erforderlich. Diese Beurteilung sollte auf der Grundlage der bekannten Anamnese, Symptome und individuellen Gegebenheiten des betreffenden Patienten oder Tieres und den lokalen endemischen Bedingungen erfolgen. Beispiele für Proben, die nach den Vorschriften dieses Absatzes befördert werden können, sind

- Blut- oder Urinproben zur Kontrolle des Cholesterin-Spiegels, des Blutzucker-Spiegels, des Hormon-Spiegels oder prostataspezifischer Antikörper (PSA),
- erforderliche Proben zur Kontrolle der Organfunktionen, wie Herz-, Leber- oder Nierenfunktion, bei Menschen oder Tieren mit nicht ansteckenden Krankheiten oder zur therapeutischen Arzneimittel-Kontrolle,
- für Versicherungs- oder Beschäftigungszwecke entnommene Proben mit dem Ziel, Drogen oder Alkohol festzustellen,
- Schwangerschaftstests,
- Biopsien zur Feststellung von Krebs und
- Feststellung von Antikörpern bei Menschen oder Tieren bei Nichtvorhandensein eines Infektionsverdachts (z.B. Bewertung einer durch einen Impfstoff herbeigeführten Immunität, Diagnose einer Autoimmunerkrankung usw.)

2. Im Luftverkehr müssen Verpackungen für Proben, die nach diesem Absatz freigestellt sind, den Vorschriften der Absätze a) bis c) entsprechen.

2.2.62.1.5.9 Mit Ausnahme von

a) medizinischem Abfall (UN 3291),

b) medizinischen Instrumenten oder Geräten, die mit ansteckungsgefährlichen Stoffen der Kategorie A (UN 2814 oder UN 2900) kontaminiert sind oder solche Stoffe enthalten, und

c) medizinischen Instrumenten oder Geräten, die mit gefährlichen Gütern, welche unter die Begriffsbestimmung einer anderen Klasse fallen, kontaminiert sind oder solche Güter enthalten,

unterliegen medizinische Instrumente oder Geräte, die möglicherweise mit ansteckungsgefährlichen Stoffen kontaminiert sind oder solche Stoffen enthalten und die zur Desinfektion, Reinigung, Sterilisation, Reparatur oder zur Beurteilung der Geräte befördert werden, mit Ausnahme der Vorschriften dieses Absatzes nicht den Vorschriften des ADN, wenn sie in Verpackungen verpackt sind, die so ausgelegt und gebaut sind, dass sie unter normalen Beförderungsbedingungen nicht zu Bruch gehen, durchstoßen werden oder ihren Inhalt freisetzen können. Die Verpackungen müssen so ausgelegt sein, dass sie den Bauvorschriften des Abschnitts 6.1.4 oder 6.6.4 des ADR entsprechen.

Diese Verpackungen müssen den allgemeinen Verpackungsvorschriften der Unterabschnitte 4.1.1.1 und 4.1.1.2 des ADR entsprechen und müssen in der Lage sein, nach einem Fall aus einer Höhe von 1,20 m die medizinischen Instrumente und Geräte zurückzuhalten.

Die Verpackungen müssen mit „GEBRAUCHTES MEDIZINISCHES INSTRUMENT" oder „GEBRAUCHTES MEDIZINISCHES GERÄT" gekennzeichnet sein. Bei Verwendung von Umverpackungen müssen diese in gleicher Weise gekennzeichnet sein, es sei denn, die Aufschrift bleibt sichtbar.

2.2.62.1.6 (bleibt offen)

2.2.62.1.7 (bleibt offen)

2.2.62.1.8 (bleibt offen)

2.2.62.1.9 Biologische Produkte

Für Zwecke des ADN werden biologische Produkte in folgende Gruppen unterteilt:

a) solche Produkte, die in Übereinstimmung mit den Vorschriften der zuständigen nationalen Behörden hergestellt und verpackt sind um Zwecke ihrer endgültigen Verpackung oder Verteilung befördert werden und die für die Behandlung durch medizinisches Personal oder Einzelpersonen verwendet werden. Stoffe dieser Gruppe unterliegen nicht den Vorschriften des ADN.

b) solche Produkte, die nicht unter den Absatz a) fallen und von denen bekannt ist oder bei denen Gründe für die Annahme bestehen, dass sie ansteckungsgefährliche Stoffe enthalten, und die den Kriterien für eine Aufnahme in Kategorie A oder B entsprechen. Stoffe dieser Gruppe sind je nach Fall der UN-Nummer 2814, 2900 oder 3373 zuzuordnen.

Bem. Bei einigen amtlich zugelassenen biologischen Produkten ist eine biologische Gefahr nur in bestimmten Teilen der Welt gegeben. In diesem Fall können die zuständigen Behörden vorschreiben, dass diese biologischen Produkte den örtlichen Vorschriften für ansteckungsgefährliche Stoffe entsprechen müssen, oder andere Einschränkungen verfügen.

2.2.62.1.10 Genetisch veränderte Mikroorganismen und Organismen

Genetisch veränderte Mikroorganismen, die nicht der Begriffsbestimmung für ansteckungsgefährliche Stoffe entsprechen, sind nach Abschnitt 2.2.9 zu klassifizieren.

2.2.62.1.11 Medizinische oder klinische Abfälle

2.2.62.1.11.1 Medizinische oder klinische Abfälle, die ansteckungsgefährliche Stoffe der Kategorie A enthalten, sind je nach Fall der UN-Nummer 2814 oder 2900 zuzuordnen. Medizinische oder klinische Abfälle, die ansteckungsgefährliche Stoffe der Kategorie B enthalten, sind der UN-Nummer 3291 zuzuordnen.

Bem. Medizinische oder klinische Abfälle, die nach dem Europäischen Abfallartenkatalog in der Anlage zur Entscheidung der Europäischen Kommission 2000/532/EG[1)] in der jeweils geänderten Fassung der EAK-Nummer 18 01 03 (Abfälle aus der humanmedizinischen oder tierärztlichen Versorgung und Forschung – Abfälle aus der Geburtshilfe, Diagnose, Behandlung oder Vorbeugung von Krankheiten beim Menschen – Abfälle, an deren Sammlung und Entsorgung aus infektionspräventiver Sicht besondere Anforderungen gestellt werden) oder 18 02 02 (Abfälle aus der humanmedizinischen oder tierärztlichen Versorgung und Forschung – Abfälle aus Forschung, Diagnose, Krankenbehandlung und Vorsorge bei Tieren – Abfälle, an deren Sammlung und Entsorgung aus infektionspräventiver Sicht besondere Anforderungen gestellt werden) zugeordnet sind, müssen nach den Vorschriften dieses Absatzes auf Grund der ärztlichen bzw. tierärztlichen Diagnose des betreffenden Patienten bzw. Tieres klassifiziert werden.

2.2.62.1.11.2 Medizinische oder klinische Abfälle, bei denen Gründe für die Annahme bestehen, dass eine geringe Wahrscheinlichkeit für das Vorhandensein ansteckungsgefährliche Stoffe besteht, sind der UN-Nummer 3291 zuzuordnen. Für die Zuordnung dürfen internationale, regionale oder nationale Abfallartenkataloge herangezogen werden.

Bem. 1. Die offizielle Benennung für die Beförderung von UN 3291 lautet „KLINISCHER ABFALL, UNSPEZIFIZIERT, N.A.G." oder „(BIO)MEDIZINISCHER ABFALL, N.A.G." oder „UNTER DIE VORSCHRIFTEN FALLENDER MEDIZINISCHER ABFALL, N.A.G."

2. Ungeachtet der oben aufgeführten Klassifizierungskriterien unterliegen medizinische oder klinische Abfälle, die nach dem Europäischen Abfallartenkatalog in der Anlage zur Entscheidung der Europäischen Kommission 2000/532/EG[1)] in der jeweils geänderten Fassung der EAK-Nummer 18 01 04 (Abfälle aus der humanmedizinischen oder tierärztlichen Versorgung und Forschung – Abfälle aus der Geburtshilfe, Diagnose, Behandlung oder Vorbeugung von Krankheiten beim Menschen – Abfälle, an deren Sammlung und Entsorgung aus infektionspräventiver Sicht keine besonderen Anforderungen gestellt werden (z.B. Wund- und Gipsverbände, Wäsche, Einwegkleidung, Windeln)) oder 18 02 03 (Abfälle aus der humanmedizinischen oder tierärztlichen Versorgung und Forschung – Abfälle aus Forschung, Diagnose, Krankenbehandlung und Vorsorge bei Tieren – Abfälle, an deren Sammlung und Entsorgung aus infektionspräventiver Sicht keine besonderen Anforderungen gestellt werden) zugeordnet sind, nicht den Vorschriften des ADN.

2.2.62.1.11.3 Dekontaminierte medizinische oder klinische Abfälle, die vorher ansteckungsgefährliche Stoffe enthalten haben, unterliegen nicht den Vorschriften des ADN, es sei denn, sie entsprechen den Kriterien für die Aufnahme in eine andere Klasse.

2.2.62.1.11.4 Medizinische oder klinische Abfälle der UN-Nummer 3291 sind der Verpackungsgruppe II zugeordnet.

2.2.62.1.12 Infizierte Tiere

2.2.62.1.12.1 Lebende Tiere dürfen nicht dazu benutzt werden, ansteckungsgefährliche Stoffe zu befördern, es sei denn, dieser kann nicht auf eine andere Weise befördert werden. Lebende Tiere, die absichtlich infiziert wurden und von denen bekannt ist oder bei denen der Verdacht besteht, dass sie einen ansteckungsgefährlichen Stoff enthalten, dürfen nur unter den von den zuständigen Behörden genehmigten Bedingungen.

---

1) Entscheidung der Kommission 2000/532/EG vom 3. Mai 2000 zur Ersetzung der Entscheidung 94/3/EG über ein Abfallverzeichnis gemäß Artikel 1 Buchstabe a) der Richtlinie 75/442/EWG des Rates über Abfälle [ersetzt durch Richtlinie 2006/12/EG des Europäischen Parlaments und des Rates (Amtsblatt der Europäischen Union Nr. L 114 vom 27. April 2006, Seite 9)] und der Entscheidung 94/904/EG des Rates über ein Verzeichnis gefährlicher Abfälle im Sinne von Artikel 1 Absatz 4 der Richtlinie 91/689/EWG des Rates über gefährliche Abfälle (Amtsblatt der Europäischen Gemeinschaften Nr. L 226 vom 6. September 2000, Seite 3).

Bem. Die Genehmigung der zuständigen Behörden ist auf der Grundlage der einschlägigen Regelungen für Tiertransporte zu erteilen, gefahrgutrechtliche Gesichtspunkte sind dabei zu berücksichtigen. Welche Behörden für die Festlegung dieser Bedingungen und Regelungen für eine Genehmigung zuständig sind, ist auf nationaler Ebene zu regeln.

Falls keine Genehmigung der zuständigen Behörde einer Vertragspartei des ADN vorliegt, kann die zuständige Behörde einer Vertragspartei des ADN eine von der zuständigen Behörde eines Landes, das keine Vertragspartei des ADN ist, erteilte Genehmigung anerkennen.

Regelungen für Tiertransporte sind z.B. enthalten in der Verordnung (EG) Nr. 1/2005 des Rates vom 22. Dezember 2004 über den Schutz von Tieren beim Transport (Amtsblatt der Europäischen Union Nr. L 3 vom 5. Januar 2005) in der jeweils geltenden Fassung.

2.2.62.1.12.2 (gestrichen)

2.2.62.2 Nicht zur Beförderung zugelassene Stoffe

Lebende Wirbeltiere oder wirbellose Tiere dürfen nicht dazu benutzt werden, einen ansteckungsgefährlichen Stoff zu befördern, es sei denn, dieser kann nicht auf eine andere Weise befördert werden oder diese Beförderung ist von der zuständigen Behörde zugelassen (siehe 2.2.62.1.12.1)

2.2.62.3 Verzeichnis der Sammeleintragungen

	Klassifizierungscode	UN-Nummer	Benennung des Stoffes oder Gegenstandes
Ansteckungsgefährliche Stoffe			
Ansteckungsgefährliche Stoffe, gefährlich für Menschen	I1	2814	ANSTECKUNGSGEFÄHRLICHER STOFF, GEFÄHRLICH FÜR MENSCHEN
Ansteckungsgefährliche Stoffe, gefährlich nur für Tiere	I2	2900	ANSTECKUNGSGEFÄHRLICHER STOFF, nur GEFÄHRLICH FÜR TIERE
Klinische Abfälle	I3	3291 3291 3291	KLINISCHER ABFALL, UNSPEZIFIZIERT, N.A.G. oder (BIO)MEDIZINISCHER ABFALL, N.A.G oder UNTER DIE VORSCHRIFTEN FALLENDER MEDIZINISCHER ABFALL, N.A.G.
Biologische Stoffe	I4	3373	BIOLOGISCHER STOFF, KATEGORIE B

2.2.7 Klasse 7: Radioaktive Stoffe

2.2.7.1 Begriffsbestimmungen

2.2.7.1.1 ***Radioaktive Stoffe*** sind Stoffe, die Radionuklide enthalten, bei denen sowohl die Aktivitätskonzentration als auch die Gesamtaktivität je Sendung die in den Absätzen 2.2.7.2.2.1 bis 2.2.7.2.2.6 aufgeführten Werte übersteigt.

2.2.7.1.2 ***Kontamination***

Kontamination ist das Vorhandensein eines radioaktiven Stoffes auf einer Oberfläche in Mengen von mehr als 0,4 Bq/cm² für Beta- und Gammastrahler und Alphastrahler geringer Toxizität oder 0,04 Bq/cm² für alle anderen Alphastrahler.

Nicht festhaftende Kontamination ist eine Kontamination, die unter Routine Beförderungsbedingungen von der Oberfläche ablösbar ist.

Festhaftende Kontamination ist jede Kontamination mit Ausnahme der nicht festhaftenden Kontamination.

2.2.7.1.3 **Besondere Begriffsbestimmungen**

A_1 und A_2

A_1 ist der in Tabelle 2.2.7.2.2.1 aufgeführte oder der nach Absatz 2.2.7.2.2.2 abgeleitete Aktivitätswert von radioaktiven Stoffen in besonderer Form, der für die Bestimmung der Aktivitätsgrenzwerte für die Vorschriften des ADN verwendet wird.

A_2 ist der in Tabelle 2.2.7.2.2.1 aufgeführte oder der nach Absatz 2.2.7.2.2.2 abgeleitete Aktivitätswert von radioaktiven Stoffen, ausgenommen radioaktive Stoffe in besonderer Form, der für die Bestimmung der Aktivitätsgrenzwerte für die Vorschriften des ADN verwendet wird.

Alphastrahler geringer Toxizität sind natürliches Uran, abgereichertes Uran, natürliches Thorium, Uran-235 oder Uran-238, Thorium-232, Thorium-228 und Thorium-230, wenn sie in Erzen oder in physikalischen oder chemischen Konzentraten enthalten sind, oder Alphastrahler mit einer Halbwertszeit von weniger als 10 Tagen.

Gering dispergierbarer radioaktiver Stoff ist entweder ein fester radioaktiver Stoff oder ein fester radioaktiver Stoff in einer dichten Kapsel, der eine begrenzte Dispersibilität hat und nicht pulverförmig ist.

Oberflächenkontaminierter Gegenstand (SCO)[1)] ist ein fester Gegenstand, der selbst nicht radioaktiv ist, auf dessen Oberfläche jedoch radioaktive Stoffe verteilt sind.

Radioaktiver Stoff in besonderer Form ist entweder

a) ein nicht dispergierbarer fester radioaktiver Stoff oder
b) eine dichte Kapsel, die radioaktive Stoffe enthält.

Spaltbare Nuklide sind Uran-233, Uran-235, Plutonium-239 und Plutonium-241.

Spaltbare Stoffe sind Stoffe die irgendein spaltbares Nuklid enthalten. Unter diese Begriffsbestimmung fallen nicht:

a) unbestrahltes natürliches oder abgereichertes Uran;
b) natürliches Uran oder abgereichertes Uran, das nur in thermischen Reaktoren bestrahlt worden ist;

[1)] Die Buchstaben «SCO» sind die Abkürzung des englischen Ausdrucks «Surface Contaminated Object».

c) Stoffe mit spaltbaren Nukliden mit einer Gesamtmasse von weniger als 0,25 g;

d) alle Kombinationen von a), b) und/oder c).

Diese Ausnahmen gelten nur, wenn im Versandstück oder in der unverpackt beförderten Sendung kein anderer Stoff mit spaltbaren Nukliden enthalten ist.

Spezifische Aktivität eines Radionuklids ist die Aktivität des Radionuklids je Masseeinheit dieses Nuklids. Die spezifische Aktivität eines Stoffes ist die Aktivität je Masseeinheit dieses Stoffes, in dem die Radionuklide im Wesentlichen gleichmäßig verteilt sind.

Stoff mit geringer spezifischer Aktivität (LSA)[1] ist ein radioaktiver Stoff mit begrenzter spezifischer Eigenaktivität oder ein radioaktiver Stoff, für den die Grenzwerte der geschätzten mittleren spezifischen Aktivität gelten. Äußere, den LSA-Stoff umgebende Abschirmungsmaterialien sind bei der Bestimmung der geschätzten mittleren spezifischen Aktivität nicht zu berücksichtigen.

Unbestrahltes Thorium ist Thorium, das höchstens 10^{-7} g Uran-233 pro Gramm Thorium-232 enthält.

Unbestrahltes Uran ist Uran, das höchstens 2×10^{3} Bq Plutonium pro Gramm Uran-235, höchstens 9×10^{6} Bq Spaltprodukte pro Gramm Uran-235 und höchstens 5×10^{-3} g Uran-236 pro Gramm Uran-235 enthält.

Uran - natürlich, abgereichert, angereichert

Natürliches Uran ist Uran (das chemisch abgetrennt sein darf) mit der natürlichen Zusammensetzung der Uranisotope (ca. 99,28 Masse-% Uran-238 und 0,72 Masse-% Uran-235).

Abgereichertes Uran ist Uran mit einem geringeren Masseanteil an Uran-235 als natürliches Uran.

Angereichertes Uran ist Uran mit einem Masseanteil an Uran-235 von mehr als 0,72 %.

In allen Fällen ist ein sehr kleiner Masseanteil an Uran-234 vorhanden.

2.2.7.2 Klassifizierung

2.2.7.2.1 Allgemeine Vorschriften

2.2.7.2.1.1 Radioaktive Stoffe sind nach den Vorschriften der Absätze 2.2.7.2.4 und 2.2.7.2.5 unter Berücksichtigung der in Absatz 2.2.7.2.3 bestimmten Stoffeigenschaften einer der in der Tabelle 2.2.7.2.1.1 festgelegten UN-Nummern zuzuordnen.

[1] Die Buchstaben «LSA» sind die Abkürzung des englischen Ausdrucks «Low Specific Activity»..

Tabelle 2.2.7.2.1.1: Zuordnung der UN-Nummern

UN-Nummer	offizielle Benennung für die Beförderung und Beschreibung [a)]
Freigestellte Versandstücke (Unterabschnitt 1.7.1.5)	
UN 2908	RADIOAKTIVE STOFFE, FREIGESTELLTES VERSANDSTÜCK – LEERE VERPACKUNG
UN 2909	RADIOAKTIVE STOFFE, FREIGESTELLTES VERSANDSTÜCK – FABRIKATE AUS NATÜRLICHEM URAN oder AUS ABGEREICHERTEM URAN oder AUS NATÜRLICHEM THORIUM
UN 2910	RADIOAKTIVE STOFFE, FREIGESTELLTES VERSANDSTÜCK – BEGRENZTE STOFFMENGE
UN 2911	RADIOAKTIVE STOFFE, FREIGESTELLTES VERSANDSTÜCK – INSTRUMENTE oder FABRIKATE
UN 3507	URANHEXAFLUORID, RADIOAKTIVE STOFFE, FREIGESTELLTES VERSANDSTÜCK mit weniger als 0,1 kg je Versandstück, nicht spaltbar oder spaltbar, freigestellt [b),c)]
Radioaktive Stoffe mit geringer spezifischer Aktivität (Absatz 2.2.7.2.3.1)	
UN 2912	RADIOAKTIVE STOFFE MIT GERINGER SPEZIFISCHER AKTIVITÄT (LSA-I), nicht spaltbar oder spaltbar, freigestellt [b)]
UN 3321	RADIOAKTIVE STOFFE MIT GERINGER SPEZIFISCHER AKTIVITÄT (LSA-II), nicht spaltbar oder spaltbar, freigestellt [b)]
UN 3322	RADIOAKTIVE STOFFE MIT GERINGER SPEZIFISCHER AKTIVITÄT (LSA-III), nicht spaltbar oder spaltbar, freigestellt [b)]
UN 3324	RADIOAKTIVE STOFFE MIT GERINGER SPEZIFISCHER AKTIVITÄT (LSA-II), SPALTBAR
UN 3325	RADIOAKTIVE STOFFE MIT GERINGER SPEZIFISCHER AKTIVITÄT (LSA-III), SPALTBAR
Oberflächenkontaminierte Gegenstände (Absatz 2.2.7.2.3.2)	
UN 2913	RADIOAKTIVE STOFFE, OBERFLÄCHENKONTAMINIERTE GEGENSTÄNDE (SCO-I oder SCO-II), nicht spaltbar oder spaltbar, freigestellt [b)]
UN 3326	RADIOAKTIVE STOFFE, OBERFLÄCHENKONTAMINIERTE GEGENSTÄNDE (SCO-I oder SCO-II), SPALTBAR
Typ A-Versandstücke (Absatz 2.2.7.2.4.4)	
UN 2915	RADIOAKTIVE STOFFE, TYP A-VERSANDSTÜCK, nicht in besonderer Form, nicht spaltbar oder spaltbar, freigestellt [b)]
UN 3327	RADIOAKTIVE STOFFE, TYP A-VERSANDSTÜCK, SPALTBAR, nicht in besonderer Form
UN 3332	RADIOAKTIVE STOFFE, TYP A-VERSANDSTÜCK, IN BESONDERER FORM, nicht spaltbar oder spaltbar, freigestellt [b)]
UN 3333	RADIOAKTIVE STOFFE, TYP A-VERSANDSTÜCK, IN BESONDERER FORM, SPALTBAR
Typ B(U)-Versandstücke (Absatz 2.2.7.2.4.6)	
UN 2916	RADIOAKTIVE STOFFE, TYP B(U)-VERSANDSTÜCK, nicht spaltbar oder spaltbar, freigestellt [b)]
UN 3328	RADIOAKTIVE STOFFE, TYP B(U)-VERSANDSTÜCK, SPALTBAR
Typ B(M)-Versandstücke (Absatz 2.2.7.2.4.6)	
UN 2917	RADIOAKTIVE STOFFE, TYP B(M)-VERSANDSTÜCK, nicht spaltbar oder spaltbar, freigestellt [b)]
UN 3329	RADIOAKTIVE STOFFE, TYP B(M)-VERSANDSTÜCK, SPALTBAR
Typ C-Versandstücke (Absatz 2.2.7.2.4.6)	
UN 3323	RADIOAKTIVE STOFFE, TYP C-VERSANDSTÜCK, nicht spaltbar oder spaltbar, freigestellt [b)]
UN 3330	RADIOAKTIVE STOFFE, TYP C-VERSANDSTÜCK, SPALTBAR
Sondervereinbarung (Absatz 2.2.7.2.5)	
UN 2919	RADIOAKTIVE STOFFE, UNTER SONDERVEREINBARUNG BEFÖRDERT, nicht spaltbar oder spaltbar, freigestellt [b)]
UN 3331	RADIOAKTIVE STOFFE, UNTER SONDERVEREINBARUNG BEFÖRDERT, SPALTBAR

UN-Nummer	offizielle Benennung für die Beförderung und Beschreibung a)
Uranhexafluorid (Absatz 2.2.7 2.4.5)	
UN 2977	RADIOAKTIVE STOFFE, URANHEXAFLUORID, SPALTBAR
UN 2978	RADIOAKTIVE STOFFE, URANHEXAFLUORID, nicht spaltbar oder spaltbar, freigestellt b)
UN 3507	URANHEXAFLUORID, RADIOAKTIVE STOFFE, FREIGESTELLTES VERSANDSTÜCK mit weniger als 0,1 kg je Versandstück, nicht spaltbar oder spaltbar, freigestellt b),c)

a) Die offizielle Benennung für die Beförderung ist in der Spalte „offizielle Benennung für die Beförderung und Beschreibung" enthalten und beschränkt sich auf die Teile, die in Großbuchstaben angegeben sind. In den Fällen der UN-Nummern 2909, 2911, 2913 und 3326, in denen alternative offizielle Benennungen für die Beförderung durch den Ausdruck „oder" getrennt sind, darf nur die zutreffende offizielle Benennung für die Beförderung verwendet werden.

b) Der Ausdruck „spaltbar, freigestellt" bezieht sich nur auf Stoffe, die gemäß Absatz 2.2.7.2.3.5 freigestellt sind.

c) Für UN-Nummer 3507 siehe auch Kapitel 3.3 Sondervorschrift 369.

2.2.7.2.2 Bestimmung grundlegender Radionuklidwerte

2.2.7.2.2.1 Die folgenden grundlegenden Werte für die einzelnen Radionuklide sind in Tabelle 2.2.7.2.2.1 angegeben:

a) A_1 und A_2 in TBq;

b) Aktivitätskonzentrationsgrenzwert für freigestellte Stoffe in Bq/g und

c) Aktivitätsgrenzwerte für freigestellte Sendungen in Bq.

Tabelle 2.2.7.2.2.1: Grundlegende Radionuklidwerte für einzelne Radionuklide

Radionuklid (Atomzahl)	A_1 (TBq)	A_2 (TBq)	Aktivitäts-konzentrations-grenzwert für freigestellte Stoffe (Bq/g)	Aktivitäts-grenzwert für eine freigestellte Sendung (Bq)
Actinium (89)				
Ac-225 a)	8×10^{-1}	6×10^{-3}	1×10^{1}	1×10^{4}
Ac-227 a)	9×10^{-1}	9×10^{-5}	1×10^{-1}	1×10^{3}
Ac-228	6×10^{-1}	5×10^{-1}	1×10^{1}	1×10^{6}
Silber (47)				
Ag-105	2×10^{0}	2×10^{0}	1×10^{2}	1×10^{6}
Ag-108m a)	7×10^{-1}	7×10^{-1}	1×10^{1} b)	1×10^{6} b)
Ag-110m a)	4×10^{-1}	4×10^{-1}	1×10^{1}	1×10^{6}
Ag-111	2×10^{0}	6×10^{-1}	1×10^{3}	1×10^{6}
Aluminium (13)				
Al-26	1×10^{-1}	1×10^{-1}	1×10^{1}	1×10^{5}
Americium (95)				
Am-241	1×10^{1}	1×10^{-3}	1×10^{0}	1×10^{4}
Am-242m a)	1×10^{1}	1×10^{-3}	1×10^{0} b)	1×10^{4} b)
Am-243 a)	5×10^{0}	1×10^{-3}	1×10^{0} b)	1×10^{3} b)
Argon (18)				
Ar-37	4×10^{1}	4×10^{1}	1×10^{6}	1×10^{8}
Ar-39	4×10^{1}	2×10^{1}	1×10^{7}	1×10^{4}
Ar-41	3×10^{-1}	3×10^{-1}	1×10^{2}	1×10^{9}
Arsen (33)				
As-72	3×10^{-1}	3×10^{-1}	1×10^{1}	1×10^{5}
As-73	4×10^{1}	4×10^{1}	1×10^{3}	1×10^{7}
As-74	1×10^{0}	9×10^{-1}	1×10^{1}	1×10^{6}
As-76	3×10^{-1}	3×10^{-1}	1×10^{2}	1×10^{5}
As-77	2×10^{1}	7×10^{-1}	1×10^{3}	1×10^{6}
Astat (85)				
At-211 a)	2×10^{1}	5×10^{-1}	1×10^{3}	1×10^{7}

Radionuklid (Atomzahl)	A_1 (TBq)	A_2 (TBq)	Aktivitäts-konzentrations-grenzwert für freigestellte Stoffe (Bq/g)	Aktivitäts-grenzwert für eine freigestellte Sendung (Bq)
Gold (79)				
Au-193	7×10^0	2×10^0	1×10^2	1×10^7
Au-194	1×10^0	1×10^0	1×10^1	1×10^6
Au-195	1×10^1	6×10^0	1×10^2	1×10^7
Au-198	1×10^0	6×10^{-1}	1×10^2	1×10^6
Au-199	1×10^1	6×10^{-1}	1×10^2	1×10^6
Barium (56)				
Ba-131 a)	2×10^0	2×10^0	1×10^2	1×10^6
Ba-133	3×10^0	3×10^0	1×10^2	1×10^6
Ba-133m	2×10^1	6×10^{-1}	1×10^2	1×10^6
Ba-140 a)	5×10^{-1}	3×10^{-1}	1×10^1 b)	1×10^5 b)
Beryllium (4)				
Be-7	2×10^1	2×10^1	1×10^3	1×10^7
Be-10	4×10^1	6×10^{-1}	1×10^4	1×10^6
Bismut (83)				
Bi-205	7×10^{-1}	7×10^{-1}	1×10^1	1×10^6
Bi-206	3×10^{-1}	3×10^{-1}	1×10^1	1×10^5
Bi-207	7×10^{-1}	7×10^{-1}	1×10^1	1×10^6
Bi-210	1×10^0	6×10^{-1}	1×10^3	1×10^6
Bi-210m a)	6×10^{-1}	2×10^{-2}	1×10^1	1×10^5
Bi-212 a)	7×10^{-1}	6×10^{-1}	1×10^1 b)	1×10^5 b)
Berkelium (97)				
Bk-247	8×10^0	8×10^{-4}	1×10^0	1×10^4
Bk-249 a)	4×10^1	3×10^{-1}	1×10^3	1×10^6
Brom (35)				
Br-76	4×10^{-1}	4×10^{-1}	1×10^1	1×10^5
Br-77	3×10^0	3×10^0	1×10^2	1×10^6
Br-82	4×10^{-1}	4×10^{-1}	1×10^1	1×10^6
Kohlenstoff (6)				
C-11	1×10^0	6×10^{-1}	1×10^1	1×10^6
C-14	4×10^1	3×10^0	1×10^4	1×10^7
Calcium (20)				
Ca-41	unbegrenzt	unbegrenzt	1×10^5	1×10^7
Ca-45	4×10^1	1×10^0	1×10^4	1×10^7
Ca-47 a)	3×10^0	3×10^{-1}	1×10^1	1×10^6

Radionuklid (Atomzahl)	A_1 (TBq)	A_2 (TBq)	Aktivitäts-konzentrations-grenzwert für freigestellte Stoffe (Bq/g)	Aktivitäts-grenzwert für eine freigestellte Sendung (Bq)
Cadmium (48)				
Cd-109	3×10^{1}	2×10^{0}	1×10^{4}	1×10^{6}
Cd-113m	4×10^{1}	5×10^{-1}	1×10^{3}	1×10^{6}
Cd-115 a)	3×10^{0}	4×10^{-1}	1×10^{2}	1×10^{6}
Cd-115m	5×10^{-1}	5×10^{-1}	1×10^{3}	1×10^{6}
Cer (58)				
Ce-139	7×10^{0}	2×10^{0}	1×10^{2}	1×10^{6}
Ce-141	2×10^{1}	6×10^{-1}	1×10^{2}	1×10^{7}
Ce-143	9×10^{-1}	6×10^{-1}	1×10^{2}	1×10^{6}
Ce-144 a)	2×10^{-1}	2×10^{-1}	1×10^{2} b)	1×10^{5} b)
Californium (98)				
Cf-248	4×10^{1}	6×10^{-3}	1×10^{1}	1×10^{4}
Cf-249	3×10^{0}	8×10^{-4}	1×10^{0}	1×10^{3}
Cf-250	2×10^{1}	2×10^{-3}	1×10^{1}	1×10^{4}
Cf-251	7×10^{0}	7×10^{-4}	1×10^{0}	1×10^{3}
Cf-252	1×10^{-1}	3×10^{-3}	1×10^{1}	1×10^{4}
Cf-253 a)	4×10^{1}	4×10^{-2}	1×10^{2}	1×10^{5}
Cf-254	1×10^{-3}	1×10^{-3}	1×10^{0}	1×10^{3}
Chlor (17)				
Cl-36	1×10^{1}	6×10^{-1}	1×10^{4}	1×10^{6}
Cl-38	2×10^{-1}	2×10^{-1}	1×10^{1}	1×10^{5}
Curium (96)				
Cm-240	4×10^{1}	2×10^{-2}	1×10^{2}	1×10^{5}
Cm-241	2×10^{0}	1×10^{0}	1×10^{2}	1×10^{6}
Cm-242	4×10^{1}	1×10^{-2}	1×10^{2}	1×10^{5}
Cm-243	9×10^{0}	1×10^{-3}	1×10^{0}	1×10^{4}
Cm-244	2×10^{1}	2×10^{-3}	1×10^{1}	1×10^{4}
Cm-245	9×10^{0}	9×10^{-4}	1×10^{0}	1×10^{3}
Cm-246	9×10^{0}	9×10^{-4}	1×10^{0}	1×10^{3}
Cm-247 a)	3×10^{0}	1×10^{-3}	1×10^{0}	1×10^{4}
Cm-248	2×10^{-2}	3×10^{-4}	1×10^{0}	1×10^{3}
Cobalt (27)				
Co-55	5×10^{-1}	5×10^{-1}	1×10^{1}	1×10^{6}
Co-56	3×10^{-1}	3×10^{-1}	1×10^{1}	1×10^{5}
Co-57	1×10^{1}	1×10^{1}	1×10^{2}	1×10^{6}
Co-58	1×10^{0}	1×10^{0}	1×10^{1}	1×10^{6}
Co-58m	4×10^{1}	4×10^{1}	1×10^{4}	1×10^{7}
Co-60	4×10^{-1}	4×10^{-1}	1×10^{1}	1×10^{5}

Radionuklid (Atomzahl)	A1 (TBq)	A2 (TBq)	Aktivitätskonzentrationsgrenzwert für freigestellte Stoffe (Bq/g)	Aktivitätsgrenzwert für eine freigestellte Sendung (Bq)
Chrom (24)				
Cr-51	3×10^{1}	3×10^{1}	1×10^{3}	1×10^{7}
Caesium (55)				
Cs-129	4×10^{0}	4×10^{0}	1×10^{2}	1×10^{5}
Cs-131	3×10^{1}	3×10^{1}	1×10^{3}	1×10^{6}
Cs-132	1×10^{0}	1×10^{0}	1×10^{1}	1×10^{5}
Cs-134	7×10^{-1}	7×10^{-1}	1×10^{1}	1×10^{4}
Cs-134m	4×10^{1}	6×10^{-1}	1×10^{3}	1×10^{5}
Cs-135	4×10^{1}	1×10^{0}	1×10^{4}	1×10^{7}
Cs-136	5×10^{-1}	5×10^{-1}	1×10^{1}	1×10^{5}
Cs-137 [a)]	2×10^{0}	6×10^{-1}	1×10^{1} [b)]	1×10^{4} [b)]
Kupfer (29)				
Cu-64	6×10^{0}	1×10^{0}	1×10^{2}	1×10^{6}
Cu-67	1×10^{1}	7×10^{-1}	1×10^{2}	1×10^{6}
Dysprosium (66)				
Dy-159	2×10^{1}	2×10^{1}	1×10^{3}	1×10^{7}
Dy-165	9×10^{-1}	6×10^{-1}	1×10^{3}	1×10^{6}
Dy-166 [a)]	9×10^{-1}	3×10^{-1}	1×10^{3}	1×10^{6}
Erbium (68)				
Er-169	4×10^{1}	1×10^{0}	1×10^{4}	1×10^{7}
Er-171	8×10^{-1}	5×10^{-1}	1×10^{2}	1×10^{6}
Europium (63)				
Eu-147	2×10^{0}	2×10^{0}	1×10^{2}	1×10^{6}
Eu-148	5×10^{-1}	5×10^{-1}	1×10^{1}	1×10^{6}
Eu-149	2×10^{1}	2×10^{1}	1×10^{2}	1×10^{7}
Eu-150 (kurzlebig)	2×10^{0}	7×10^{-1}	1×10^{3}	1×10^{6}
Eu-150 (langlebig)	7×10^{-1}	7×10^{-1}	1×10^{1}	1×10^{6}
Eu-152	1×10^{0}	1×10^{0}	1×10^{1}	1×10^{6}
Eu-152m	8×10^{-1}	8×10^{-1}	1×10^{2}	1×10^{6}
Eu-154	9×10^{-1}	6×10^{-1}	1×10^{1}	1×10^{6}
Eu-155	2×10^{1}	3×10^{0}	1×10^{2}	1×10^{7}
Eu-156	7×10^{-1}	7×10^{-1}	1×10^{1}	1×10^{6}
Fluor (9)				
F-18	1×10^{0}	6×10^{-1}	1×10^{1}	1×10^{6}

Radionuklid (Atomzahl)	A_1 (TBq)	A_2 (TBq)	Aktivitätskonzentrationsgrenzwert für freigestellte Stoffe (Bq/g)	Aktivitätsgrenzwert für eine freigestellte Sendung (Bq)
Eisen (26)				
Fe-52 a)	3×10^{-1}	3×10^{-1}	1×10^{1}	1×10^{6}
Fe-55	4×10^{1}	4×10^{1}	1×10^{4}	1×10^{6}
Fe-59	9×10^{-1}	9×10^{-1}	1×10^{1}	1×10^{6}
Fe-60 a)	4×10^{1}	2×10^{-1}	1×10^{2}	1×10^{5}
Gallium (31)				
Ga-67	7×10^{0}	3×10^{0}	1×10^{2}	1×10^{6}
Ga-68	5×10^{-1}	5×10^{-1}	1×10^{1}	1×10^{5}
Ga-72	4×10^{-1}	4×10^{-1}	1×10^{1}	1×10^{5}
Gadolinium (64)				
Gd-146 a)	5×10^{-1}	5×10^{-1}	1×10^{1}	1×10^{6}
Gd-148	2×10^{1}	2×10^{-3}	1×10^{1}	1×10^{4}
Gd-153	1×10^{1}	9×10^{0}	1×10^{2}	1×10^{7}
Gd-159	3×10^{0}	6×10^{-1}	1×10^{3}	1×10^{6}
Germanium (32)				
Ge-68 a)	5×10^{-1}	5×10^{-1}	1×10^{1}	1×10^{5}
Ge-71	4×10^{1}	4×10^{1}	1×10^{4}	1×10^{8}
Ge-77	3×10^{-1}	3×10^{-1}	1×10^{1}	1×10^{5}
Hafnium (72)				
Hf-172 a)	6×10^{-1}	6×10^{-1}	1×10^{1}	1×10^{6}
Hf-175	3×10^{0}	3×10^{0}	1×10^{2}	1×10^{6}
Hf-181	2×10^{0}	5×10^{-1}	1×10^{1}	1×10^{6}
Hf-182	unbegrenzt	unbegrenzt	1×10^{2}	1×10^{6}
Quecksilber (80)				
Hg-194 a)	1×10^{0}	1×10^{0}	1×10^{1}	1×10^{6}
Hg-195m a)	3×10^{0}	7×10^{-1}	1×10^{2}	1×10^{6}
Hg-197	2×10^{1}	1×10^{1}	1×10^{2}	1×10^{7}
Hg-197m	1×10^{1}	4×10^{-1}	1×10^{2}	1×10^{6}
Hg-203	5×10^{0}	1×10^{0}	1×10^{2}	1×10^{5}
Holmium (67)				
Ho-166	4×10^{-1}	4×10^{-1}	1×10^{3}	1×10^{5}
Ho-166m	6×10^{-1}	5×10^{-1}	1×10^{1}	1×10^{6}

Radionuklid (Atomzahl)	A_1 (TBq)	A_2 (TBq)	Aktivitätskonzentrationsgrenzwert für freigestellte Stoffe (Bq/g)	Aktivitätsgrenzwert für eine freigestellte Sendung (Bq)
Iod (53)				
I-123	6×10^{0}	3×10^{0}	1×10^{2}	1×10^{7}
I-124	1×10^{0}	1×10^{0}	1×10^{1}	1×10^{6}
I-125	2×10^{1}	3×10^{0}	1×10^{3}	1×10^{6}
I-126	2×10^{0}	1×10^{0}	1×10^{2}	1×10^{6}
I-129	unbegrenzt	unbegrenzt	1×10^{2}	1×10^{5}
I-131	3×10^{0}	7×10^{-1}	1×10^{2}	1×10^{6}
I-132	4×10^{-1}	4×10^{-1}	1×10^{1}	1×10^{5}
I-133	7×10^{-1}	6×10^{-1}	1×10^{1}	1×10^{6}
I-134	3×10^{-1}	3×10^{-1}	1×10^{1}	1×10^{5}
I-135 [a)]	6×10^{-1}	6×10^{-1}	1×10^{1}	1×10^{6}
Indium (49)				
In-111	3×10^{0}	3×10^{0}	1×10^{2}	1×10^{6}
In-113m	4×10^{0}	2×10^{0}	1×10^{2}	1×10^{6}
In-114m [a)]	1×10^{1}	5×10^{-1}	1×10^{2}	1×10^{6}
In-115m	7×10^{0}	1×10^{0}	1×10^{2}	1×10^{6}
Iridium (77)				
Ir-189 [a)]	1×10^{1}	1×10^{1}	1×10^{2}	1×10^{7}
Ir-190	7×10^{-1}	7×10^{-1}	1×10^{1}	1×10^{6}
Ir-192	1×10^{0} [c)]	6×10^{-1}	1×10^{1}	1×10^{4}
Ir-194	3×10^{-1}	3×10^{-1}	1×10^{2}	1×10^{5}
Kalium (19)				
K-40	9×10^{-1}	9×10^{-1}	1×10^{2}	1×10^{6}
K-42	2×10^{-1}	2×10^{-1}	1×10^{2}	1×10^{6}
K-43	7×10^{-1}	6×10^{-1}	1×10^{1}	1×10^{6}
Krypton (36)				
Kr-79	4×10^{0}	2×10^{0}	1×10^{3}	1×10^{5}
Kr-81	4×10^{1}	4×10^{1}	1×10^{4}	1×10^{7}
Kr-85	1×10^{1}	1×10^{1}	1×10^{5}	1×10^{4}
Kr-85m	8×10^{0}	3×10^{0}	1×10^{3}	1×10^{10}
Kr-87	2×10^{-1}	2×10^{-1}	1×10^{2}	1×10^{9}
Lanthan (57)				
La-137	3×10^{1}	6×10^{0}	1×10^{3}	1×10^{7}
La-140	4×10^{-1}	4×10^{-1}	1×10^{1}	1×10^{5}

Radionuklid (Atomzahl)	A_1 (TBq)	A_2 (TBq)	Aktivitäts-konzentrations-grenzwert für freigestellte Stoffe (Bq/g)	Aktivitäts-grenzwert für eine freigestellte Sendung (Bq)
Lutetium (71)				
Lu-172	6×10^{-1}	6×10^{-1}	1×10^{1}	1×10^{6}
Lu-173	8×10^{0}	8×10^{0}	1×10^{2}	1×10^{7}
Lu-174	9×10^{0}	9×10^{0}	1×10^{2}	1×10^{7}
Lu-174m	2×10^{1}	1×10^{1}	1×10^{2}	1×10^{7}
Lu-177	3×10^{1}	7×10^{-1}	1×10^{3}	1×10^{7}
Magnesium (12)				
Mg-28 [a)]	3×10^{-1}	3×10^{-1}	1×10^{1}	1×10^{5}
Mangan (25)				
Mn-52	3×10^{-1}	3×10^{-1}	1×10^{1}	1×10^{5}
Mn-53	unbegrenzt	unbegrenzt	1×10^{4}	1×10^{9}
Mn-54	1×10^{0}	1×10^{0}	1×10^{1}	1×10^{6}
Mn-56	3×10^{-1}	3×10^{-1}	1×10^{1}	1×10^{5}
Molybdän (42)				
Mo-93	4×10^{1}	2×10^{1}	1×10^{3}	1×10^{8}
Mo-99 [a)]	1×10^{0}	6×10^{-1}	1×10^{2}	1×10^{6}
Stickstoff (7)				
N-13	9×10^{-1}	6×10^{-1}	1×10^{2}	1×10^{9}
Natrium (11)				
Na-22	5×10^{-1}	5×10^{-1}	1×10^{1}	1×10^{6}
Na-24	2×10^{-1}	2×10^{-1}	1×10^{1}	1×10^{5}
Niobium (41)				
Nb-93m	4×10^{1}	3×10^{1}	1×10^{4}	1×10^{7}
Nb-94	7×10^{-1}	7×10^{-1}	1×10^{1}	1×10^{6}
Nb-95	1×10^{0}	1×10^{0}	1×10^{1}	1×10^{6}
Nb-97	9×10^{-1}	6×10^{-1}	1×10^{1}	1×10^{6}
Neodymium (60)				
Nd-147	6×10^{0}	6×10^{-1}	1×10^{2}	1×10^{6}
Nd-149	6×10^{-1}	5×10^{-1}	1×10^{2}	1×10^{6}
Nickel (28)				
Ni-59	unbegrenzt	unbegrenzt	1×10^{4}	1×10^{8}
Ni-63	4×10^{1}	3×10^{1}	1×10^{5}	1×10^{8}
Ni-65	4×10^{-1}	4×10^{-1}	1×10^{1}	1×10^{6}

Radionuklid (Atomzahl)	A_1 (TBq)	A_2 (TBq)	Aktivitäts-konzentrations-grenzwert für freigestellte Stoffe (Bq/g)	Aktivitäts-grenzwert für eine freigestellte Sendung (Bq)
Neptunium (93)				
Np-235	4×10^1	4×10^1	1×10^3	1×10^7
Np-236 (kurzlebig)	2×10^1	2×10^0	1×10^3	1×10^7
Np-236 (langlebig)	9×10^0	2×10^{-2}	1×10^2	1×10^5
Np-237	2×10^1	2×10^{-3}	1×10^0 b)	1×10^3 b)
Np-239	7×10^0	4×10^{-1}	1×10^2	1×10^7
Osmium (76)				
Os-185	1×10^0	1×10^0	1×10^1	1×10^6
Os-191	1×10^1	2×10^0	1×10^2	1×10^7
Os-191m	4×10^1	3×10^1	1×10^3	1×10^7
Os-193	2×10^0	6×10^{-1}	1×10^2	1×10^6
Os-194 a)	3×10^{-1}	3×10^{-1}	1×10^2	1×10^5
Phosphor (15)				
P-32	5×10^{-1}	5×10^{-1}	1×10^3	1×10^5
P-33	4×10^1	1×10^0	1×10^5	1×10^8
Protactinium (91)				
Pa-230 a)	2×10^0	7×10^{-2}	1×10^1	1×10^6
Pa-231	4×10^0	4×10^{-4}	1×10^0	1×10^3
Pa-233	5×10^0	7×10^{-1}	1×10^2	1×10^7
Blei (82)				
Pb-201	1×10^0	1×10^0	1×10^1	1×10^6
Pb-202	4×10^1	2×10^1	1×10^3	1×10^6
Pb-203	4×10^0	3×10^0	1×10^2	1×10^6
Pb-205	unbegrenzt	unbegrenzt	1×10^4	1×10^7
Pb-210 a)	1×10^0	5×10^{-2}	1×10^1 b)	1×10^4 b)
Pb-212 a)	7×10^{-1}	2×10^{-1}	1×10^1 b)	1×10^5 b)
Palladium (46)				
Pd-103 a)	4×10^1	4×10^1	1×10^3	1×10^8
Pd-107	unbegrenzt	unbegrenzt	1×10^5	1×10^8
Pd-109	2×10^0	5×10^{-1}	1×10^3	1×10^6
Promethium (61)				
Pm-143	3×10^0	3×10^0	1×10^2	1×10^6
Pm-144	7×10^{-1}	7×10^{-1}	1×10^1	1×10^6
Pm-145	3×10^1	1×10^1	1×10^3	1×10^7
Pm-147	4×10^1	2×10^0	1×10^4	1×10^7
Pm-148m a)	8×10^{-1}	7×10^{-1}	1×10^1	1×10^6
Pm-149	2×10^0	6×10^{-1}	1×10^3	1×10^6
Pm-151	2×10^0	6×10^{-1}	1×10^2	1×10^6

Radionuklid (Atomzahl)	A_1 (TBq)	A_2 (TBq)	Aktivitätskonzentrationsgrenzwert für freigestellte Stoffe (Bq/g)	Aktivitätsgrenzwert für eine freigestellte Sendung (Bq)
Silicium (14)				
Si-31	6×10^{-1}	6×10^{-1}	1×10^{3}	1×10^{6}
Si-32	4×10^{1}	5×10^{-1}	1×10^{3}	1×10^{6}
Samarium (62)				
Sm-145	1×10^{1}	1×10^{1}	1×10^{2}	1×10^{7}
Sm-147	unbegrenzt	unbegrenzt	1×10^{1}	1×10^{4}
Sm-151	4×10^{1}	1×10^{1}	1×10^{4}	1×10^{8}
Sm-153	9×10^{0}	6×10^{-1}	1×10^{2}	1×10^{6}
Zinn (50)				
Sn-113 a)	4×10^{0}	2×10^{0}	1×10^{3}	1×10^{7}
Sn-117m	7×10^{0}	4×10^{-1}	1×10^{2}	1×10^{6}
Sn-119m	4×10^{1}	3×10^{1}	1×10^{3}	1×10^{7}
Sn-121m a)	4×10^{1}	9×10^{-1}	1×10^{3}	1×10^{7}
Sn-123	8×10^{-1}	6×10^{-1}	1×10^{3}	1×10^{6}
Sn-125	4×10^{-1}	4×10^{-1}	1×10^{2}	1×10^{5}
Sn-126 a)	6×10^{-1}	4×10^{-1}	1×10^{1}	1×10^{5}
Strontium (38)				
Sr-82 a)	2×10^{-1}	2×10^{-1}	1×10^{1}	1×10^{5}
Sr-85	2×10^{0}	2×10^{0}	1×10^{2}	1×10^{6}
Sr-85m	5×10^{0}	5×10^{0}	1×10^{2}	1×10^{7}
Sr-87m	3×10^{0}	3×10^{0}	1×10^{2}	1×10^{6}
Sr-89	6×10^{-1}	6×10^{-1}	1×10^{3}	1×10^{6}
Sr-90 a)	3×10^{-1}	3×10^{-1}	1×10^{2} b)	1×10^{4} b)
Sr-91 a)	3×10^{-1}	3×10^{-1}	1×10^{1}	1×10^{5}
Sr-92 a)	1×10^{0}	3×10^{-1}	1×10^{1}	1×10^{6}
Tritium (1)				
T (H-3)	4×10^{1}	4×10^{1}	1×10^{6}	1×10^{9}
Tantal (73)				
Ta-178 (langlebig)	1×10^{0}	8×10^{-1}	1×10^{1}	1×10^{6}
Ta-179	3×10^{1}	3×10^{1}	1×10^{3}	1×10^{7}
Ta-182	9×10^{-1}	5×10^{-1}	1×10^{1}	1×10^{4}
Terbium (65)				
Tb-157	4×10^{1}	4×10^{1}	1×10^{4}	1×10^{7}
Tb-158	1×10^{0}	1×10^{0}	1×10^{1}	1×10^{6}
Tb-160	1×10^{0}	6×10^{-1}	1×10^{1}	1×10^{6}

Radionuklid (Atomzahl)	A1 (TBq)	A2 (TBq)	Aktivitäts-konzentrations-grenzwert für freigestellte Stoffe (Bq/g)	Aktivitäts-grenzwert für eine freigestellte Sendung (Bq)
Technetium (43)				
Tc-95m a)	2×10^{0}	2×10^{0}	1×10^{1}	1×10^{6}
Tc-96	4×10^{-1}	4×10^{-1}	1×10^{1}	1×10^{6}
Tc-96m a)	4×10^{-1}	4×10^{-1}	1×10^{3}	1×10^{7}
Tc-97	unbegrenzt	unbegrenzt	1×10^{3}	1×10^{8}
Tc-97m	4×10^{1}	1×10^{0}	1×10^{3}	1×10^{7}
Tc-98	8×10^{-1}	7×10^{-1}	1×10^{1}	1×10^{6}
Tc-99	4×10^{1}	9×10^{-1}	1×10^{4}	1×10^{7}
Tc-99m	1×10^{1}	4×10^{0}	1×10^{2}	1×10^{7}
Tellur (52)				
Te-121	2×10^{0}	2×10^{0}	1×10^{1}	1×10^{6}
Te-121m	5×10^{0}	3×10^{0}	1×10^{2}	1×10^{6}
Te-123m	8×10^{0}	1×10^{0}	1×10^{2}	1×10^{7}
Te-125m	2×10^{1}	9×10^{-1}	1×10^{3}	1×10^{7}
Te-127	2×10^{1}	7×10^{-1}	1×10^{3}	1×10^{6}
Te-127m a)	2×10^{1}	5×10^{-1}	1×10^{3}	1×10^{7}
Te-129	7×10^{-1}	6×10^{-1}	1×10^{2}	1×10^{6}
Te-129m a)	8×10^{-1}	4×10^{-1}	1×10^{3}	1×10^{6}
Te-131m a)	7×10^{-1}	5×10^{-1}	1×10^{1}	1×10^{6}
Te-132 a)	5×10^{-1}	4×10^{-1}	1×10^{2}	1×10^{7}
Thorium (90)				
Th-227	1×10^{1}	5×10^{-3}	1×10^{1}	1×10^{4}
Th-228 a)	5×10^{-1}	1×10^{-3}	1×10^{0} b)	1×10^{4} b)
Th-229	5×10^{0}	5×10^{-4}	1×10^{0} b)	1×10^{3} b)
Th-230	1×10^{1}	1×10^{-3}	1×10^{0}	1×10^{4}
Th-231	4×10^{1}	2×10^{-2}	1×10^{3}	1×10^{7}
Th-232	unbegrenzt	unbegrenzt	1×10^{1}	1×10^{4}
Th-234 a)	3×10^{-1}	3×10^{-1}	1×10^{3} b)	1×10^{5} b)
Th (natürlich)	unbegrenzt	unbegrenzt	1×10^{0} b)	1×10^{3} b)
Titan (22)				
Ti-44 a)	5×10^{-1}	4×10^{-1}	1×10^{1}	1×10^{5}
Thallium (81)				
Tl-200	9×10^{-1}	9×10^{-1}	1×10^{1}	1×10^{6}
Tl-201	1×10^{1}	4×10^{0}	1×10^{2}	1×10^{6}
Tl-202	2×10^{0}	2×10^{0}	1×10^{2}	1×10^{6}
Tl-204	1×10^{1}	7×10^{-1}	1×10^{4}	1×10^{4}

Radionuklid (Atomzahl)	A1 (TBq)	A2 (TBq)	Aktivitäts-konzentrations-grenzwert für freigestellte Stoffe (Bq/g)	Aktivitäts-grenzwert für eine freigestellte Sendung (Bq)
Thulium (69)				
Tm-167	7×10^{0}	8×10^{-1}	1×10^{2}	1×10^{6}
Tm-170	3×10^{0}	6×10^{-1}	1×10^{3}	1×10^{6}
Tm-171	4×10^{1}	4×10^{1}	1×10^{4}	1×10^{8}
Uran (92)				
U-230 (schnelle Absorption durch die Lunge) [a)] [d)]	4×10^{1}	1×10^{-1}	1×10^{1} [b)]	1×10^{5} [b)]
U-230 (mittlere Absorption durch die Lunge) [a)] [e)]	4×10^{1}	4×10^{-3}	1×10^{1}	1×10^{4}
U-230 (langsame Absorption durch die Lunge) [a)] [f)]	3×10^{1}	3×10^{-3}	1×10^{1}	1×10^{4}
U-232 (schnelle Absorption durch die Lunge) [d)]	4×10^{1}	1×10^{-2}	1×10^{0} [b)]	1×10^{3} [b)]
U-232 (mittlere Absorption durch die Lunge) [e)]	4×10^{1}	7×10^{-3}	1×10^{1}	1×10^{4}
U-232 (langsame Absorption durch die Lunge) [f)]	1×10^{1}	1×10^{-3}	1×10^{1}	1×10^{4}
U-233 (schnelle Absorption durch die Lunge) [d)]	4×10^{1}	9×10^{-2}	1×10^{1}	1×10^{4}
U-233 (mittlere Absorption durch die Lunge) [e)]	4×10^{1}	2×10^{-2}	1×10^{2}	1×10^{5}
U-233 (langsame Absorption durch die Lunge) [f)]	4×10^{1}	6×10^{-3}	1×10^{1}	1×10^{5}
U-234 (schnelle Absorption durch die Lunge) [d)]	4×10^{1}	9×10^{-2}	1×10^{1}	1×10^{4}
U-234 (mittlere Absorption durch die Lunge) [e)]	4×10^{1}	2×10^{-2}	1×10^{2}	1×10^{5}
U-234 (langsame Absorption durch die Lunge) [f)]	4×10^{1}	6×10^{-3}	1×10^{1}	1×10^{5}
U-235 (alle Arten der Absorption durch die Lunge) [a)] [d)] [e)] [f)]	unbegrenzt	unbegrenzt	1×10^{1} [b)]	1×10^{4} [b)]
U-236 (schnelle Absorption durch die Lunge) [d)]	unbegrenzt	unbegrenzt	1×10^{1}	1×10^{4}
U-236 (mittlere Absorption durch die Lunge) [e)]	4×10^{1}	2×10^{-2}	1×10^{2}	1×10^{5}
U-236 (langsame Absorption durch die Lunge) [f)]	4×10^{1}	6×10^{-3}	1×10^{1}	1×10^{4}
U-238 (alle Arten der Absorption durch die Lunge) [d)] [e)] [f)]	unbegrenzt	unbegrenzt	1×10^{1} [b)]	1×10^{4} [b)]
U (natürlich)	unbegrenzt	unbegrenzt	1×10^{0} [b)]	1×10^{3} [b)]
U (angereichert ≤ 20 %) [g)]	unbegrenzt	unbegrenzt	1×10^{0}	1×10^{3}
U (abgereichert)	unbegrenzt	unbegrenzt	1×10^{0}	1×10^{3}

Radionuklid (Atomzahl)	A1 (TBq)	A2 (TBq)	Aktivitätskonzentrationsgrenzwert für freigestellte Stoffe (Bq/g)	Aktivitätsgrenzwert für eine freigestellte Sendung (Bq)
Vanadium (23)				
V-48	4×10^{-1}	4×10^{-1}	1×10^{1}	1×10^{5}
V-49	4×10^{1}	4×10^{1}	1×10^{4}	1×10^{7}
Wolfram (74)				
W-178 [a)]	9×10^{0}	5×10^{0}	1×10^{1}	1×10^{6}
W-181	3×10^{1}	3×10^{1}	1×10^{3}	1×10^{7}
W-185	4×10^{1}	8×10^{-1}	1×10^{4}	1×10^{7}
W-187	2×10^{0}	6×10^{-1}	1×10^{2}	1×10^{6}
W-188 [a)]	4×10^{-1}	3×10^{-1}	1×10^{2}	1×10^{5}
Xenon (54)				
Xe-122 [a)]	4×10^{-1}	4×10^{-1}	1×10^{2}	1×10^{9}
Xe-123	2×10^{0}	7×10^{-1}	1×10^{2}	1×10^{9}
Xe-127	4×10^{0}	2×10^{0}	1×10^{3}	1×10^{5}
Xe-131m	4×10^{1}	4×10^{1}	1×10^{4}	1×10^{4}
Xe-133	2×10^{1}	1×10^{1}	1×10^{3}	1×10^{4}
Xe-135	3×10^{0}	2×10^{0}	1×10^{3}	1×10^{10}
Yttrium (39)				
Y-87 [a)]	1×10^{0}	1×10^{0}	1×10^{1}	1×10^{6}
Y-88	4×10^{-1}	4×10^{-1}	1×10^{1}	1×10^{6}
Y-90	3×10^{-1}	3×10^{-1}	1×10^{3}	1×10^{5}
Y-91	6×10^{-1}	6×10^{-1}	1×10^{3}	1×10^{6}
Y-91m	2×10^{0}	2×10^{0}	1×10^{2}	1×10^{6}
Y-92	2×10^{-1}	2×10^{-1}	1×10^{2}	1×10^{5}
Y-93	3×10^{-1}	3×10^{-1}	1×10^{2}	1×10^{5}
Ytterbium (70)				
Yb-169	4×10^{0}	1×10^{0}	1×10^{2}	1×10^{7}
Yb-175	3×10^{1}	9×10^{-1}	1×10^{3}	1×10^{7}
Zink (30)				
Zn-65	2×10^{0}	2×10^{0}	1×10^{1}	1×10^{6}
Zn-69	3×10^{0}	6×10^{-1}	1×10^{4}	1×10^{6}
Zn-69m [a)]	3×10^{0}	6×10^{-1}	1×10^{2}	1×10^{6}
Zirkonium (40)				
Zr-88	3×10^{0}	3×10^{0}	1×10^{2}	1×10^{6}
Zr-93	unbegrenzt	unbegrenzt	1×10^{3} [b)]	1×10^{7} [b)]
Zr-95 [a)]	2×10^{0}	8×10^{-1}	1×10^{1}	1×10^{6}
Zr-97 [a)]	4×10^{-1}	4×10^{-1}	1×10^{1} [b)]	1×10^{5} [b)]

[a] A_1- und/oder A_2-Werte dieser Ausgangsnuklide schließen Beiträge ihrer Zerfallsprodukte mit einer Halbwertszeit von weniger als 10 Tagen wie folgt ein:

Mg-28	Al-28
Ar-42	K-42
Ca-47	Sc-47
Ti-44	Sc-44
Fe-52	Mn-52m
Fe-60	Co-60m
Zn-69m	Zn-69
Ge-68	Ga-68
Rb-83	Kr-83m
Sr-82	Rb-82
Sr-90	Y-90
Sr-91	Y-91m
Sr-92	Y-92
Y-87	Sr-87m
Zr-95	Nb-95m
Zr-97	Nb-97m, Nb-97
Mo-99	Tc-99m
Tc-95m	Tc-95
Tc-96m	Tc-96
Ru-103	Rh-103m
Ru-106	Rh-106
Pd-103	Rh-103m
Ag-108m	Ag-108
Ag-110m	Ag-110
Cd-115	In-115m
In-114m	In-114
Sn-113	In-113m
Sn-121m	Sn-121
Sn-126	Sb-126m
Te-118	Sb-118
Te-127m	Te-127
Te-129m	Te-129
Te-131m	Te-131
Te-132	I-132
I-135	Xe-135m
Xe-122	I-122
Cs-137	Ba-137m
Ba-131	Cs-131

Ba-140	La-140
Ce-144	Pr-144m, Pr-144
Pm-148m	Pm-148
Gd-146	Eu-146
Dy-166	Ho-166
Hf-172	Lu-172
W-178	Ta-178
W-188	Re-188
Re-189	Os-189m
Os-194	Ir-194
Ir-189	Os-189m
Pt-188	Ir-188
Hg-194	Au-194
Hg-195m	Hg-195
Pb-210	Bi-210
Pb-212	Bi-212, Tl-208, Po-212
Bi-210m	Tl-206
Bi-212	Tl-208, Po-212
At-211	Po-211
Rn-222	Po-218, Pb-214, At-218, Bi-214, Po-214
Ra-223	Rn-219, Po-215, Pb-211, Bi-211, Po-211, Tl-207
Ra-224	Rn-220, Po-216, Pb-212, Bi-212, Tl-208, Po-212
Ra-225	Ac-225, Fr-221, At-217, Bi-213, Tl-209, Po-213, Pb-209
Ra-226	Rn-222, Po-218, Pb-214, At-218, Bi-214, Po-214
Ra-228	Ac-228
Ac-225	Fr-221, At-217, Bi-213, Tl-209, Po-213, Pb-209
Ac-227	Fr-223
Th-228	Ra-224, Rn-220, Po-216, Pb-212, Bi-212, Tl-208, Po-212
Th-234	Pa-234m, Pa-234
Pa-230	Ac-226, Th-226, Fr-222, Ra-222, Rn-218, Po-214
U-230	Th-226, Ra-222, Rn-218, Po-214
U-235	Th-231
Pu-241	U-237
Pu-244	U-240, Np-240m
Am-242m	Am-242, Np-238
Am-243	Np-239
Cm-247	Pu-243
Bk-249	Am-245
Cf-253	Cm-249

b) Ausgangsnuklide und ihre im säkularen Gleichgewicht stehenden Nachkommen sind nachfolgend dargestellt:

Sr-90	Y-90
Zr-93	Nb-93m
Zr-97	Nb-97
Ru-106	Rh-106
Ag-108m	Ag-108
Cs-137	Ba-137m
Ce-144	Pr-144
Ba-140	La-140
Bi-212	Tl-208 (0,36), Po-212 (0,64)
Pb-210	Bi-210, Po-210
Pb-212	Bi-212, Tl-208 (0,36), Po-212 (0,64)
Rn-222	Po-218, Pb-214, Bi-214, Po-214
Ra-223	Rn-219, Po-215, Pb-211, Bi-211, Tl-207
Ra-224	Rn-220, Po-216, Pb-212, Bi-212, Tl-208 (0,36), Po-212 (0,64)
Ra-226	Rn-222, Po-218, Pb-214, Bi-214, Po-214, Pb-210, Bi-210, Po-210
Ra-228	Ac-228
Th-228	Ra-224, Rn-220, Po-216, Pb-212, Bi-212, Tl-208 (0,36), Po-212 (0,64)
Th-229	Ra-225, Ac-225, Fr-221, At-217, Bi-213, Po-213, Pb-209
Th (nat)	Ra-228, Ac-228, Th-228, Ra-224, Rn-220, Po-216, Pb-212, Bi-212, Tl-208 (0,36), Po-212 (0,64)
Th-234	Pa-234m
U-230	Th-226, Ra-222, Rn-218, Po-214
U-232	Th-228, Ra-224, Rn-220, Po-216, Pb-212, Bi-212, Tl-208 (0,36), Po-212 (0,64)
U-235	Th-231
U-238	Th-234, Pa-234m
U (nat)	Th-234, Pa-234m, U-234, Th-230, Ra-226, Rn-222, Po-218, Pb-214, Bi-214, Po-214, Pb-210, Bi-210, Po-210
Np-237	Pa-233
Am-242m	Am-242
Am-243	Np-239

c) Die Menge kann durch Messung der Zerfallsrate oder Messung der Dosisleistung in einem vorgeschriebenen Abstand von der Quelle bestimmt werden.

d) Diese Werte gelten nur für Uranverbindungen, die sowohl unter normalen Beförderungsbedingungen als auch unter Unfall-Beförderungsbedingungen die chemische Form UF_6, UO_2F_2 und $UO_2(NO_3)_2$ einnehmen.

e) Diese Werte gelten nur für Uranverbindungen, die sowohl unter normalen Beförderungsbedingungen als auch unter Unfall-Beförderungsbedingungen die chemische Form UO_3, UF_4 und UCl_4 und sechswertige Verbindungen einnehmen.

f) Diese Werte gelten für alle in den Fußnoten d) und e) nicht genannten Uranverbindungen.

g) Diese Werte gelten nur für unbestrahltes Uran.

2.2.7.2.2.2 Für einzelne Radionuklide

a) die nicht in Tabelle 2.2.7.2.2.1 aufgeführt sind, ist für die Bestimmung der in Absatz 2.2.7.2.2.1 genannten grundlegenden Radionuklidwerte eine multilaterale Genehmigung erforderlich. Für diese Radionuklide müssen die Aktivitätskonzentrationsgrenzwerte für freigestellte Stoffe und die Aktivitätsgrenzwerte für freigestellte Sendungen gemäß den in den „International Basic Safety Standards for Protection against Ionizing Radiation and for Safety of Radiation Sources" (Internationale grundlegende Sicherheitsnormen für den Schutz vor ionisierender Strahlung und für die Sicherheit von Strahlungsquellen), Safety Series No. 115, IAEA, Wien (1996) aufgestellten Grundsätzen berechnet werden. Es ist zulässig, einen A_2-Wert zu verwenden, der gemäß der Empfehlung der Internationalen Strahlenschutzkommission (International Commission on Radiological Protection – ICRP) unter Verwendung eines Dosiskoeffizienten für den entsprechenden Lungenabsorptionstyp berechnet wird, sofern die chemischen Formen jedes Radionuklids sowohl unter normalen Beförderungsbedingungen als auch unter Unfall-Beförderungsbedingungen berücksichtigt werden. Alternativ dürfen ohne Genehmigung der zuständigen Behörde die Radionuklidwerte der Tabelle 2.2.7.2.2.2 verwendet werden;

b) in Instrumenten oder Fabrikaten, in denen die radioaktiven Stoffe eingeschlossen oder als Bauteil des Instruments oder eines anderen Fabrikats enthalten sind und die den Vorschriften des Absatzes 2.2.7.2.4.1.3 c) entsprechen, sind zu dem in der Tabelle 2.2.7.2.2.1 angegebenen Aktivitätsgrenzwert für eine freigestellte Sendung alternative grundlegende Radionuklidwerte zugelassen, für die eine multilaterale Genehmigung erforderlich ist. Solche alternativen Aktivitätsgrenzwerte für eine freigestellte Sendung müssen gemäß den in den „International Basic Safety Standards for Protection against Ionizing Radiation and for Safety of Radiation Sources" (Internationale grundlegende Sicherheitsnormen für den Schutz vor ionisierender Strahlung und für die Sicherheit von Strahlungsquellen), Safety Series No. 115, IAEA, Wien (1996) aufgestellten Grundsätzen berechnet werden.

Tabelle 2.2.7.2.2.2: Grundlegende Radionuklidwerte für unbekannte Radionuklide oder Gemische

Radioaktiver Inhalt	A_1 (TBq)	A_2 (TBq)	Aktivitätskonzentrationsgrenzwert für freigestellte Stoffe (Bq/g)	Aktivitätsgrenzwert für freigestellte Sendungen (Bq)
nur das Vorhandensein von Nukliden, die Beta oder Gammastrahlen emittieren, ist bekannt	0,1	0,02	1×10^{1}	1×10^{4}
das Vorhandensein von Nukliden, die Alphastrahlen, jedoch keine Neutronenstrahlen emittieren, ist bekannt	0,2	9×10^{-5}	1×10^{-1}	1×10^{3}
das Vorhandensein von Nukliden, die Neutronenstrahlen emittieren, ist bekannt oder es sind keine relevanten Daten verfügbar	0,001	9×10^{-5}	1×10^{-1}	1×10^{3}

2.2.7.2.2.3 Bei den Berechnungen von A_1 und A_2 für ein in Tabelle 2.2.7.2.2.1 nicht enthaltenes Radionuklid ist eine radioaktive Zerfallskette, in der Radionuklide in ihrem natürlich vorkommenden Maße vorhanden sind und in der kein Tochternuklid eine Halbwertszeit hat, die entweder größer als zehn Tage oder größer als die des Ausgangsnuklids ist, als einzelnes Radionuklid zu betrachten; die zu berücksichtigende Aktivität und der zu verwendende A_1- oder A_2-Wert sind die Werte des Ausgangsnuklids dieser Zerfallskette. Bei radioaktiven Zerfallsketten, in denen ein Tochternuklid eine Halbwertszeit hat, die entweder größer als zehn Tage oder größer als die des Ausgangsnuklids ist, sind das Ausgangsnuklid und derartige Tochternuklide als Gemisch verschiedener Nuklide zu betrachten.

2.2.7.2.2.4 Für Gemische von Radionukliden können die in Absatz 2.2.7.2.2.1 genannten grundlegenden Radionuklidwerte wie folgt bestimmt werden:

$$X_m = \frac{1}{\sum_i \frac{f(i)}{X(i)}},$$

wobei

f(i) der Anteil der Aktivität oder der Aktivitätskonzentration des Radionuklids i im Gemisch ist,

X(i) der entsprechende A_1- oder A_2-Wert oder der Aktivitätskonzentrationsgrenzwert für freigestellte Stoffe oder der Aktivitätsgrenzwert für eine freigestellte Sendung für das entsprechende Radionuklid i ist, und

X_m im Falle von Gemischen der abgeleitete A_1- oder A_2-Wert, der Aktivitätskonzentrationsgrenzwert für freigestellte Stoffe oder der Aktivitätsgrenzwert für eine freigestellte Sendung ist.

2.2.7.2.2.5 Wenn die Identität jedes Radionuklids bekannt ist, aber die Einzelaktivitäten einiger Radionuklide unbekannt sind, dürfen die Radionuklide in Gruppen zusammengefasst werden und der jeweils niedrigste entsprechende Radionuklidwert für die Radionuklide in jeder Gruppe bei der Anwendung der Formeln der Absätze 2.2.7.2.2.4 und 2.2.7.2.4.4 verwendet werden. Basis für die Gruppeneinteilung können die gesamte Alphaaktivität und die gesamte Beta-/Gammaaktivität sein, sofern diese bekannt sind, wobei die niedrigsten Radionuklidwerte für Alphastrahler bzw. Beta-/Gammastrahler zu verwenden sind.

2.2.7.2.2.6 Für einzelne Radionuklide oder Radionuklidgemische, für die keine relevanten Daten vorliegen, sind die Werte aus Tabelle 2.2.7.2.2.2 anzuwenden.

2.2.7.2.3 Bestimmung anderer Stoffeigenschaften

2.2.7.2.3.1 Stoffe mit geringer spezifischer Aktivität (LSA)

2.2.7.2.3.1.1 (bleibt offen)

2.2.7.2.3.1.2 LSA-Stoffe werden in drei Gruppen unterteilt:

a) LSA-I

i. Uran- oder Thoriumerze und deren Konzentrate sowie andere Erze, die in der Natur vorkommende Radionuklide enthalten;

ii. natürliches Uran, abgereichertes Uran, natürliches Thorium oder deren Verbindungen oder Gemische, die unbestrahlt und in festem oder flüssigem Zustand sind;

iii. radioaktive Stoffe, für die der A_2-Wert unbegrenzt ist. Spaltbare Stoffe dürfen nur eingeschlossen werden, wenn sie nach Absatz 2.2.7.2.3.5 freigestellt sind;

iv. andere radioaktive Stoffe, in denen die Aktivität über den gesamten Stoff verteilt ist und die geschätzte mittlere spezifische Aktivität das Dreißigfache der Werte der in den Absätzen 2.2.7.2.2.1 bis 2.2.7.2.2.6 festgelegten Aktivitätskonzentration nicht überschreitet.

Spaltbare Stoffe dürfen nur eingeschlossen werden, wenn sie nach Absatz 2.2.7.2.3.5 freigestellt sind;

b) LSA-II

i. Wasser mit einer Tritium-Konzentration bis zu 0,8 TBq/l;

ii. andere Stoffe, in denen die Aktivität über den gesamten Stoff verteilt ist und die geschätzte mittlere spezifische Aktivität 10^{-4} A_2/g bei festen Stoffen und Gasen und 10^{-5} A_2/g bei flüssigen Stoffen nicht überschreitet.

c) LSA-III

Feste Stoffe (z.B. verfestigte Abfälle, aktivierte Stoffe), ausgenommen den Vorschriften des Absatzes 2.2.7.2.3.1.3 entsprechende pulverförmige Stoffe, bei denen

i. die radioaktiven Stoffe über einen gesamten festen Stoff oder eine gesamte Ansammlung fester Gegenstände verteilt sind oder in einem festen kompakten Bindemittel (wie Beton, Bitumen, Keramik) im Wesentlichen gleichmäßig verteilt sind;

ii. die radioaktiven Stoffe relativ unlöslich oder innerhalb einer relativ unlöslichen Grundmasse enthalten sind, so dass selbst bei Verlust der Verpackung der sich durch vollständiges Eintauchen in Wasser für sieben Tage ergebende Verlust an radioaktiven Stoffen je Versandstück durch Auslaugung 0,1 A_2 nicht übersteigt, und

iii. die geschätzte mittlere spezifische Aktivität des festen Stoffes mit Ausnahme des Abschirmmaterials 2 x 10^{-3} A_2/g nicht übersteigt.

2.2.7.2.3.1.3 Ein LSA-III-Stoff ist ein fester Stoff, der so beschaffen sein muss, dass die Aktivität in Wasser auf 0,1 A_2 nicht überschreitet, wenn der Gesamtinhalt eines Versandstücks der in Absatz 2.2.7.2.3.1.4 vorgeschriebenen Prüfung unterzogen wurde.

2.2.7.2.3.1.4 LSA-III Stoffe sind wie folgt zu prüfen:

Eine feste Stoffprobe, die den gesamten Inhalt des Versandstücks repräsentiert, ist sieben Tage lang in Wasser bei Umgebungstemperatur einzutauchen. Das für die Prüfung zu verwendende Wasservolumen muss ausreichend sein, dass am Ende des Zeitraums von sieben Tagen das freie Volumen des nicht absorbierten und ungebundenen Wassers noch mindestens 10 % des Volumens des festen Prüfmusters beträgt. Das Wasser muss zu Beginn einen pH-Wert von 6 bis 8 und eine maximale Leitfähigkeit von 1 mS/m bei 20 °C aufweisen. Im Anschluss an das siebentägige Eintauchen des Prüfmusters ist die Gesamtaktivität des freien Wasservolumens zu messen.

2.2.7.2.3.1.5 Der Nachweis der Einhaltung der nach Absatz 2.2.7.2.3.1.4 geforderten Leistungsvorgaben muss mit den Unterabschnitten 6.4.12.1 und 6.4.12.2 des ADR übereinstimmen.

2.2.7.2.3.2 Oberflächenkontaminierter Gegenstand (SCO)

SCO werden in zwei Gruppen unterteilt:

a) SCO-I: Ein fester Gegenstand, auf dem

i. die nicht festhaftende Kontamination auf der zugänglichen Oberfläche, gemittelt über 300 cm^2 (oder über die Gesamtoberfläche bei weniger als 300 cm^2), 4 Bq/cm^2 für Beta- und Gammastrahler sowie Alphastrahler geringer Toxizität oder 0,4 Bq/cm^2 für alle anderen Alphastrahler nicht überschreitet und

ii. die festhaftende Kontamination auf der zugänglichen Oberfläche, gemittelt über 300 cm^2 (oder über die Gesamtoberfläche bei weniger als 300 cm^2), 4 x 10^4 Bq/cm^2 für Beta- und Gammastrahler sowie Alphastrahler geringer Toxizität oder 4 x 10^3 Bq/cm^2 für alle anderen Alphastrahler nicht überschreitet und

iii. die Summe aus nicht festhaftender Kontamination und festhaftender Kontamination auf der unzugänglichen Oberfläche, gemittelt über 300 cm^2 (oder über die Gesamtoberfläche bei weniger als 300 cm^2), 4 x 10^4 Bq/cm^2 für Beta- und Gammastrahler sowie Alphastrahler geringer Toxizität oder 4 x 10^3 Bq/cm^2 für alle anderen Alphastrahler nicht überschreitet.

b) SCO-II: Ein fester Gegenstand, auf dessen Oberfläche entweder die festhaftende oder die nicht festhaftende Kontamination die unter a) für SCO-I festgelegten, jeweils zutreffenden Grenzwerte überschreitet und auf dem
   i. die nicht festhaftende Kontamination auf der zugänglichen Oberfläche, gemittelt über 300 cm^2 (oder über die Gesamtoberfläche bei weniger als 300 cm^2), 400 Bq/cm^2 für Beta- und Gammastrahler sowie Alphastrahler geringer Toxizität oder 40 Bq/cm^2 für alle anderen Alphastrahler nicht überschreitet, und
   ii. die festhaftende Kontamination auf der zugänglichen Oberfläche, gemittelt über 300 cm^2 (oder über die Gesamtoberfläche bei weniger als 300 cm^2), 8×10^5 Bq/cm^2 für Beta- und Gammastrahler sowie Alphastrahler geringer Toxizität oder 8×10^4 Bq/cm^2 für alle anderen Alphastrahler nicht überschreitet, und
   iii. die Summe aus nicht festhaftender Kontamination und festhaftender Kontamination auf der unzugänglichen Oberfläche, gemittelt über 300 cm^2 (oder über die Gesamtoberfläche bei weniger als 300 cm^2), 8×10^5 Bq/cm^2 für Beta- und Gammastrahler sowie Alphastrahler geringer Toxizität oder 8×10^4 Bq/cm^2 für alle anderen Alphastrahler nicht überschreitet.

2.2.7.2.3.3 Radioaktive Stoffe in besonderer Form

2.2.7.2.3.3.1 Radioaktive Stoffe in besonderer Form müssen mindestens eine Abmessung von wenigstens 5 mm aufweisen. Wenn eine dichte Kapsel Bestandteil des radioaktiven Stoffs in besonderer Form ist, ist die Kapsel so zu fertigen, dass sie nur durch Zerstörung geöffnet werden kann. Für die Bauart eines radioaktiven Stoffes in besonderer Form ist eine unilaterale Zulassung erforderlich.

2.2.7.2.3.3.2 Radioaktive Stoffe in besonderer Form müssen so beschaffen oder ausgelegt sein, dass sie, wenn sie den Prüfungen der Absätze 2.2.7.2.3.3.4 bis 2.2.7.2.3.3.8 unterzogen werden, folgende Vorschriften erfüllen:

a) Sie dürfen bei den Stoßempfindlichkeits-, Schlag- und Biegeprüfungen der Absätze 2.2.7.2.3.3.5 a), b), c) und, sofern anwendbar, des Absatzes 2.2.7.2.3.3.6 a) weder zerbrechen noch zersplittern.
b) Sie dürfen bei der anzuwendenden Erhitzungsprüfung des Absatzes 2.2.7.2.3.3.5 d) oder, sofern anwendbar, des Absatzes 2.2.7.2.3.3.6 b) weder schmelzen noch dispergieren.
c) Die Aktivität im Wasser darf nach den Auslaugprüfungen der Absätze 2.2.7.2.3.3.7 und 2.2.7.2.3.3.8 2 kBq nicht überschreiten; alternativ darf bei umschlossenen Quellen die Undichtheitsrate bei dem volumetrischen Dichtheitsprüfverfahren gemäß Norm ISO 9978:1992 «Strahlenschutz; Geschlossene radioaktive Quellen – Dichtheitsprüfungen» den anwendbaren und von der zuständigen Behörde akzeptierten Grenzwert nicht überschreiten.

2.2.7.2.3.3.3 Der Nachweis der Einhaltung der nach Absatz 2.2.7.2.3.3.2 geforderten Leistungsvorgaben muss nach den Unterabschnitten 6.4.12.1 und 6.4.12.2 des ADR erfolgen.

2.2.7.2.3.3.4 Prüfmuster, die die radioaktiven Stoffe in besonderer Form darstellen oder simulieren, müssen der in Absatz 2.2.7.2.3.3.5 festgelegten Stoßempfindlichkeitsprüfung, Schlagprüfung, Biegeprüfung und Erhitzungsprüfung oder den in Absatz 2.2.7.2.3.3.6 zugelassenen alternativen Prüfungen unterzogen werden. Für jede Prüfung darf ein anderes Prüfmuster verwendet werden. Im Anschluss an jede Prüfung ist das Prüfmuster nach einem Verfahren, das mindestens so empfindlich ist wie die in Absatz 2.2.7.2.3.3.7 für nicht dispergierbare feste Stoffe oder in Absatz 2.2.7.2.3.3.8 für gekapselte Stoffe beschriebenen Verfahren, einer Auslaugprüfung oder einer volumetrischen Dichtheitsprüfung zu unterziehen.

2.2.7.2.3.3.5 Die anzuwendenden Prüfverfahren sind:

a) Stoßempfindlichkeitsprüfung: Das Prüfmuster muss aus 9 m Höhe auf ein Aufprallfundament fallen. Das Aufprallfundament muss so beschaffen sein, dass es dem Abschnitt 6.4.14 des **ADR** entspricht.

b) Schlagprüfung: Das Prüfmuster wird auf eine Bleiplatte gelegt, die auf einer glatten, festen Unterlage aufliegt; ihm wird mit dem flachen Ende der Baustahlstange ein Schlag versetzt, dessen Wirkung dem freien Fall von 1,4 kg aus 1 m Höhe entspricht. Die untere Seite der Stange muss einen Durchmesser von 25 mm haben, die Kanten sind auf einen Radius von (3,0 ± 0,3) mm abgerundet. Das Blei mit einer Vickers-Härte von 3,5 bis 4,5 und einer Dicke von höchstens 25 mm muss eine größere Fläche als das Prüfmuster überdecken. Für jede Prüfung ist eine neue Bleiplatte zu verwenden. Die Stange muss das Prüfmuster so treffen, dass die größtmögliche Beschädigung eintritt.

c) Biegeprüfung: Die Prüfung gilt nur für lange, dünne Quellen mit einer Mindestlänge von 10 cm und einem Verhältnis von Länge zur minimalen Breite von mindestens 10. Das Prüfmuster wird starr waagerecht eingespannt, so dass eine Hälfte seiner Länge aus der Einspannung herausragt. Das Prüfmuster ist so auszurichten, dass es die größtmögliche Beschädigung erleidet, wenn seinem freien Ende mit der flachen Seite der Stahlstange ein Schlag versetzt wird. Die Stange muss das Prüfmuster so treffen, dass die Wirkung des Schlags dem freien Fall von 1,4 kg aus 1 m Höhe entspricht. Die untere Seite der Stange muss einen Durchmesser von 25 mm haben, die Kanten sind auf einen Radius von (3,0 ± 0,3) mm abgerundet.

d) Erhitzungsprüfung: Das Prüfmuster ist in Luftatmosphäre auf 800°C zu erhitzen und 10 Minuten bei dieser Temperatur zu belassen; danach lässt man es abkühlen.

2.2.7.2.3.3.6 Prüfmuster, die in eine dichte Kapsel eingeschlossene radioaktive Stoffe darstellen oder simulieren, dürfen ausgenommen werden von:

a) den in den Absätzen 2.2.7.2.3.3.5 a) und b) vorgeschriebenen Prüfungen, vorausgesetzt, die Prüfmuster werden alternativ der Stoßempfindlichkeitsprüfung gemäß Norm ISO 2919:2012 „Strahlenschutz – Umschlossene radioaktive Stoffe – Allgemeine Anforderungen und Klassifikation“ unterzogen:
   i. Stoßempfindlichkeitsprüfung der Klasse 4, sofern die Masse der radioaktiven Stoffe in besonderer Form kleiner als 200 g ist;
   ii. Stoßempfindlichkeitsprüfung der Klasse 5, sofern die Masse der radioaktiven Stoffe in besonderer Form mindestens 200 g, aber kleiner als 500 g ist;

b) der in Absatz 2.2.7.2.3.3.5 d) vorgeschriebenen Prüfung, wenn die Prüfmuster alternativ der Erhitzungsprüfung der Klasse 6 gemäß Norm ISO 2919:2012 «Strahlenschutz – Umschlossene radioaktive Stoffe – Allgemeine Anforderungen und Klassifikation» unterzogen werden

2.2.7.2.3.3.7 Bei Prüfmustern, die nicht dispergierbare feste Stoffe darstellen oder simulieren, ist folgende Auslaugprüfung durchzuführen:

a) Das Prüfmuster ist sieben Tage in Wasser bei Umgebungstemperatur einzutauchen. Das für die Prüfung zu verwendende Wasservolumen muss ausreichend sein, dass am Ende des Zeitraums von sieben Tagen das freie Volumen des nicht absorbierten und ungebundenen Wassers noch mindestens 10 % des Volumens des festen Prüfmusters beträgt. Das Wasser muss zu Beginn einen pH-Wert von 6 bis 8 und eine maximale Leitfähigkeit von 1 mS/m bei 20°C aufweisen.

b) Das Wasser mit dem Prüfmuster ist dann auf eine Temperatur von (50 ± 5)°C zu erhitzen und vier Stunden bei dieser Temperatur zu belassen.

c) Danach ist die Aktivität des Wassers zu bestimmen.

d) Anschließend ist das Prüfmuster mindestens sieben Tage in unbewegter Luft bei mindestens 30°C und einer relativen Feuchtigkeit von mindestens 90 % zu lagern.

e) Das Prüfmuster wird dann in Wasser von derselben Beschaffenheit wie in a) eingetaucht, das Wasser mit dem Prüfmuster auf eine Temperatur von (50 ± 5)°C erhitzt und vier Stunden bei dieser Temperatur belassen.

f) Danach ist die Aktivität des Wassers zu bestimmen.

2.2.7.2.3.3.8 Bei Prüfmustern, die in eine dichte Kapsel eingeschlossene radioaktive Stoffe darstellen oder simulieren, ist entweder eine Auslaugprüfung oder eine volumetrische Dichtheitsprüfung wie folgt durchzuführen:

a) Die Auslaugprüfung besteht aus folgenden Schritten:

i. Das Prüfmuster ist in Wasser bei Umgebungstemperatur einzutauchen. Das Wasser muss zu Beginn einen pH-Wert von 6 bis 8 und eine maximale Leitfähigkeit von 1 mS/m bei 20°C aufweisen.

ii. Wasser und Prüfmuster werden auf eine Temperatur von (50 ± 5 °C erhitzt und vier Stunden bei dieser Temperatur belassen.

iii. Danach ist die Aktivität des Wassers zu bestimmen.

iv. Anschließend ist das Prüfmuster mindestens sieben Tage in unbewegter Luft bei mindestens 30°C und einer relativen Feuchtigkeit von mindestens 90 % zu lagern.

v. Die Schritte gemäß den Absätzen (i), (ii) und (iii) sind zu wiederholen.

b) Die alternative volumetrische Dichtheitsprüfung muss eine der in der Norm ISO 9978:1992 «Strahlenschutz; Geschlossene radioaktive Quellen – Dichtheitsprüfungen» beschriebenen Prüfungen, sofern sie für die zuständige Behörde annehmbar sind, umfassen.

2.2.7.2.3.4 Gering dispergierbare radioaktive Stoffe

2.2.7.2.3.4.1 Für die Bauart gering dispergierbarer radioaktiver Stoffe ist eine multilaterale Zulassung erforderlich. Gering dispergierbare radioaktive Stoffe müssen so beschaffen sein, dass die Gesamtmenge dieser radioaktiven Stoffe in einem Versandstück unter Berücksichtigung der Vorschriften des Unterabschnitts 6.4.8.14 des ADR die folgenden Vorschriften erfüllt:

a) Die Dosisleistung darf in einem Abstand von 3 m vom unabgeschirmten radioaktiven Stoff 10 mSv/h nicht übersteigen.

b) Bei den in den Unterabschnitten 6.4.20.3 und 6.4.20.4 des ADR festgelegten Prüfungen darf die Freisetzung in Luft von Gas und Partikeln bis zu einem aerodynamischen äquivalenten Durchmesser von 100 µm den Wert von 100 A_2 nicht überschreiten. Für jede Prüfung darf ein separates Prüfmuster verwendet werden.

c) Bei der in Absatz 2.2.7.2.3.1.4 festgelegten Prüfung darf die Aktivität im Wasser 100 A_2 nicht übersteigen. Bei der Anwendung dieser Prüfung sind die in Absatz b) festgelegten Beschädigungen durch die Prüfungen zu berücksichtigen.

2.2.7.2.3.4.2 Gering dispergierbare radioaktive Stoffe sind wie folgt zu prüfen:

Ein Prüfmuster, das einen gering dispergierbaren radioaktiven Stoff darstellt oder simuliert, muss der in Unterabschnitt 6.4.20.3 festgelegten gesteigerten Erhitzungsprüfung und der in Unterabschnitt 6.4.20.4 festgelegten Aufprallprüfung unterzogen werden. Für jede Prüfung darf ein anderes Prüfmuster verwendet werden. Im Anschluss an jede Prüfung muss das Prüfmuster der in Absatz 2.2.7.2.3.1.4 festgelegten Auslaugprüfung unterzogen werden. Nach jeder Prüfung muss ermittelt werden, ob die anwendbaren Vorschriften des Absatzes 2.2.7.2.3.4.1 erfüllt wurden.

2.2.7.2.3.4.3 Der Nachweis der Einhaltung der Leistungsvorgaben der Absätze 2.2.7.2.3.4.1 und 2.2.7.2.3.4.2 müssen den Unterabschnitten 6.4.12.1 und 6.4.12.2 des ADR entsprechen.

2.2.7.2.3.5 Spaltbare Stoffe

Spaltbare Stoffe und Versandstücke, die spaltbare Stoffe enthalten, müssen der jeweiligen Eintragung gemäß Tabelle 2.2.7.2.1.1 als „SPALTBAR" klassifiziert werden, es sei denn, sie sind durch eine der Vorschriften der nachfolgenden Absätze a) bis f) ausgenommen und werden nach den Vorschriften des Absatzes 7.1.4.14.7.4.3 befördert. Alle Vorschriften gelten nur für Stoffe in Versandstücken, welche die Vorschriften des Unterabschnitts 6.4.7.2 des ADR erfüllen, es sei denn, unverpackte Stoffe sind in der Vorschrift ausdrücklich zugelassen.

a) Uran mit einer auf die Masse bezogenen Anreicherung an Uran-235 von maximal 1 % und mit einem Gesamtgehalt von Plutonium und Uran-233, der 1 % der Uran-235-Masse nicht übersteigt, vorausgesetzt, die spaltbaren Nuklide sind im Wesentlichen homogen über den gesamten Stoff verteilt. Außerdem darf Uran-235 keine gitterförmige Anordnung bilden, wenn es in metallischer, oxidischer oder karbidischer Form vorhanden ist.

b) Flüssige Uranylnitratlösungen mit einer auf die Masse bezogenen Anreicherung an Uran-235 von maximal 2 %, mit einem Gesamtgehalt von Plutonium und Uran-233, der 0,002 % der Uran-Masse nicht übersteigt, und mit einem Atomzahlverhältnis von Stickstoff zu Uran (N/U)von mindestens 2.

c) Uran mit einer maximalen Uran-Anreicherung von 5 Masse-% Uran-235, vorausgesetzt:
   (i) in jedem Versandstück sind höchstens 3,5 g Uran-235 enthalten;
   (ii) der Gesamtinhalt an Plutonium und Uran-233 je Versandstück überschreitet nicht 1 % der Masse an Uran-235 im Versandstück;
   (iii) die Beförderung des Versandstücks unterliegt dem in Absatz 7.1.4.14.7.4.3 c) vorgesehenen Sendungsgrenzwert.

d) Spaltbare Nuklide mit einer Gesamtmasse von höchstens 2,0 g je Versandstück, vorausgesetzt, das Versandstück wird unter dem in Absatz 7.1.4.14.7.4.3 d) vorgesehenen Sendungsgrenzwert befördert.

e) Spaltbare Nuklide mit einer Gesamtmasse von höchstens 45 g entweder verpackt oder unverpackt unter den in Absatz 7.1.4.14.7.4.3 e) vorgesehenen Grenzwerten.

f) Ein spaltbarer Stoff, der den Vorschriften des Absatzes 7.1.4.14.7.4.3 b) und der Absätze 2.2.7.2.3.6 und 5.1.5.2.1 entspricht.

2.2.7.2.3.6 Ein spaltbarer Stoff, der gemäß Absatz 2.2.7.2.3.5 f) von der Klassifizierung als „SPALTBAR" ausgenommen ist, muss unter den folgenden Bedingungen unterkritisch sein, ohne dass eine Überwachung der Ansammlung notwendig ist:

a) den Bedingungen des Unterabschnitts 6.4.11.1 a) des ADR;

b) den Bedingungen, die mit den in den Unterabschnitten 6.4.11.12 b) und 6.4.11.13 b) des ADR für Versandstücke festgelegten Bewertungsvorschriften im Einklang sind.

2.2.7.2.4 Klassifizierung von Versandstücken oder unverpackten Stoffen

Die Menge radioaktiver Stoffe in einem Versandstück darf die nachfolgend festgelegten, dem Versandstück-Typ entsprechenden Grenzwerte nicht übersteigen:

2.2.7.2.4.1 Klassifizierung als freigestelltes Versandstück

2.2.7.2.4.1.1 Ein Versandstück darf als freigestelltes Versandstück klassifiziert werden, wenn es eine der folgenden Bedingungen erfüllt:

a) es handelt sich um ein leeres Versandstück, das radioaktive Stoffe enthalten hat;

b) es enthält Instrumente oder Fabrikate, welche die in den Spalten (2) und (3) der Tabelle 2.2.7.2.4.1.2 festgelegten Aktivitätsgrenzwerte nicht überschreiten;

c) es enthält Fabrikate, die aus natürlichem Uran, abgereichertem Uran oder natürlichem Thorium hergestellt sind;

d) es enthält radioaktive Stoffe, welche die in der Spalte (4) der Tabelle 2.2.7.2.4.1.2 festgelegten Aktivitätsgrenzwerte nicht überschreiten, oder

e) es enthält weniger als 0,1 kg Uranhexafluorid, das die in Spalte (4) der Tabelle 2.2.7.2.4.1.2 festgelegten Aktivitätsgrenzwerte nicht überschreitet.

2.2.7.2.4.1.2 Ein Versandstück, das radioaktive Stoffe enthält, darf als freigestelltes Versandstück klassifiziert werden, vorausgesetzt, die Dosisleistung überschreitet an keinem Punkt der Außenfläche des Versandstückes 5 µSv/h.

Tabelle 2.2.7.2.4.1.2: Aktivitätsgrenzwerte für freigestellte Versandstücke

Aggregatzustand des Inhalts	Instrumente oder Fabrikate		Stoffe
	Grenzwerte je Einzelstück[a)]	Grenzwerte je Versandstück[a)]	Grenzwerte je Versandstück[a)]
(1)	(2)	(3)	(4)
feste Stoffe			
in besonderer Form	10^{-2} A_1	A_1	10^{-3} A_1
in anderer Form	10^{-2} A_2	A_2	10^{-3} A_2
flüssige Stoffe	10^{-3} A_2	10^{-1} A_2	10^{-4} A_2
Gase			
Tritium .	2 x 10^{-2} A_2	2 x 10^{-1} A_2	2 x 10^{-2} A_2
in besonderer Form	10^{-3} A_1	10^{-2} A_1	10^{-3} A_1
in anderer Form	10^{-3} A_2	10^{-2} A_2	10^{-3} A_2

a) Für Radionuklidgemische siehe Absätze 2.2.7.2.2.4 bis 2.2.7.2.2.6.

2.2.7.2.4.1.3 Radioaktive Stoffe, die in einem Instrument oder Fabrikat eingeschlossen oder als Bauteil enthalten sind, dürfen der UN-Nummer 2911 RADIOAKTIVE STOFFE, FREIGESTELLTES VERSANDSTÜCK – INSTRUMENTE oder FABRIKATE zugeordnet werden, vorausgesetzt:

a) die Dosisleistung in 10 cm Abstand von jedem Punkt der Außenfläche jedes unverpackten Instruments oder Fabrikats nicht größer als 0,1 mSv/h ist;

b) jedes Instrument oder Fabrikat auf seiner Außenfläche mit der Kennzeichnung «RADIOACTIVE» versehen ist, mit Ausnahme von:
   i. radiolumineszierenden Uhren oder Geräten;
   ii. Konsumgütern, die entweder eine vorschriftsmäßige Genehmigung/Zulassung gemäß Absatz 1.7.1.4 e) erhalten haben oder einzeln nicht die Aktivitätsgrenzwerte für eine freigestellte Sendung in Spalte (5) der Tabelle 2.2.7.2.2.1 überschreiten, vorausgesetzt, solche Produkte werden in einem Versandstück befördert, das auf seiner Innenfläche so mit dem Kennzeichen „RADIOACTIVE" versehen ist, dass beim Öffnen des Versandstücks vor dem Vorhandensein radioaktiver Stoffe gewarnt wird, und
   iii. anderen Instrumenten oder Fabrikaten, die für das Kennzeichen „RADIOACTIVE" zu klein sind, vorausgesetzt, sie werden in einem Versandstück befördert, das auf seiner Innenfläche so mit dem Kennzeichen „RADIOACTIVE" versehen ist, dass beim Öffnen des Versandstücks vor dem Vorhandensein radioaktiver Stoffe gewarnt wird;

c) die aktiven Stoffe vollständig von nicht aktiven Bestandteilen eingeschlossen sind (ein Gerät, dessen alleinige Funktion in der Umschließung radioaktiver Stoffe besteht, gilt nicht als Instrument oder Fabrikat), und

d) die in Tabelle 2.2.7.2.4.1.2 Spalten 2 bzw. 3 für jedes Einzelstück bzw. für jedes Versandstück festgelegten Grenzwerte eingehalten werden.

2.2.7.2.4.1.4 Radioaktive Stoffe in anderer als der in Absatz 2.2.7.4.1.3 festgelegten Form mit einer Aktivität, welche die in Tabelle 2.2.7.2.4.1.2 Spalte 4 festgelegten Grenzwerte nicht überschreitet, dürfen der UN-Nummer 2910 RADIOAKTIVE STOFFE, FREIGESTELLTES VERSANDSTÜCK – BEGRENZTE STOFFMENGE zugeordnet werden, vorausgesetzt:

a) das Versandstück hält unter Routine-Beförderungsbedingungen den radioaktiven Inhalt eingeschlossen, und

b) das Versandstück ist mit dem Kennzeichen «RADIOACTIVE» versehen, und zwar

i. entweder so auf einer Innenfläche, dass beim Öffnen des Versandstücks vor dem Vorhandensein radioaktiver Stoffe gewarnt wird,

ii. oder auf der Außenseite des Versandstücks, sofern die Kennzeichnung einer Innenfläche unmöglich ist.

2.2.7.2.4.1.5 Uranhexafluorid, das die in Spalte (4) der Tabelle 2.2.7.2.4.1.2 festgelegten Aktivitätsgrenzwerte nicht überschreitet, darf der Eintragung UN 3507 URANHEXAFLUORID, RADIOAKTIVE STOFFE, FREIGESTELLTES VERSANDSTÜCK mit weniger als 0,1 kg je Versandstück, nicht spaltbar oder spaltbar, freigestellt zugeordnet werden, vorausgesetzt:

a) die Masse an Uranhexafluorid im Versandstück ist kleiner als 0,1 kg;

b) die Vorschriften der Absätze 2.2.7.2.4.5.2 und 2.2.7.2.4.1.4 a) und b) werden erfüllt.

2.2.7.2.4.1.6 Fabrikate, die aus natürlichem Uran, abgereichtem Uran oder natürlichem Thorium hergestellt sind, und Fabrikate, in denen unbestrahltes natürliches Uran, unbestrahltes abgereichertes Uran oder unbestrahltes natürliches Thorium die einzigen radioaktiven Stoffe sind, dürfen der UN-Nummer 2909 RADIOAKTIVE STOFFE, FREIGESTELLTES VERSANDSTÜCK – FABRIKATE AUS NATÜRLICHEM URAN oder AUS ABGEREICHERTEM URAN oder AUS NATÜRLICHEM THORIUM zugeordnet werden, vorausgesetzt, die äußere Oberfläche des Urans oder des Thoriums besitzt eine inaktive Ummantelung aus Metall oder einem anderen festen Werkstoff.

2.2.7.2.4.1.7 Eine leere Verpackung, in der vorher radioaktive Stoffe enthalten waren, darf der UN-Nummer 2908 RADIOAKTIVE STOFFE, FREIGESTELLTES VERSANDSTÜCK – LEERE VERPACKUNG zugeordnet werden, vorausgesetzt:

a) die Verpackung ist in einem gut erhaltenen Zustand und sicher verschlossen;

b) die Außenfläche des Urans oder des Thoriums in der Verpackungskonstruktion besitzt eine inaktive Ummantelung aus Metall oder einem anderen festen Werkstoff;

c) die innere nicht festhaftende Kontamination, gemittelt über 300 cm^2, überschreitet nicht:

(i) 400 Bq/cm^2 für Beta- und Gammastrahler sowie Alphastrahler geringer Toxizität und

(ii) 40 Bq/cm^2 für alle anderen Alphastrahler und

d) alle Gefahrzettel, die in Übereinstimmung mit Absatz 5.2.2.1.11.1 gegebenenfalls auf der Verpackung angebracht waren, sind nicht mehr sichtbar.

2.2.7.2.4.2 Klassifizierung als Stoffe mit geringer spezifischer Aktivität (LSA)

Radioaktive Stoffe dürfen nur als LSA-Stoffe klassifiziert werden, wenn die Begriffsbestimmung für LSA in Absatz 2.2.7.1.3 und die Vorschriften des Absatzes 2.2.7.2.3.1, des Unterabschnitts 4.1.9.2 und des Abschnitts 7.5.11 Sondervorschrift CV 33 (2) des ADR erfüllt sind.

2.2.7.2.4.3 Klassifizierung als oberflächenkontaminierte Gegenstände (SCO)

Radioaktive Stoffe dürfen nur als SCO-Gegenstände klassifiziert werden, wenn die Begriffsbestimmung für SCO in Absatz 2.2.7.1.3 und die Vorschriften des Absatzes 2.2.7.2.3.2, des Unterabschnitts 4.1.9.2 und des Abschnitts 7.5.11 Sondervorschrift CV 33 (2) des ADR erfüllt sind.

2.2.7.2.4.4 Klassifizierung als Typ A-Versandstück

Versandstücke, die radioaktive Stoffe enthalten, dürfen als Typ A-Versandstücke klassifiziert werden, vorausgesetzt, die folgenden Vorschriften werden eingehalten:

Typ A-Versandstücke dürfen höchstens eine der beiden folgende Aktivitäten enthalten:

a) radioaktive Stoffe in besonderer Form: A_1;

b) alle anderen radioaktiven Stoffe: A_2.

Bei Radionuklidgemischen, deren Identitäten und jeweiligen Aktivitäten bekannt sind, ist die folgende Bedingung für den radioaktiven Inhalt eines Typ A-Versandstücks anzuwenden:

$$\sum_i \frac{B(i)}{A_1(i)} + \sum_j \frac{C(j)}{A_2(j)} \leq 1,$$

wobei

B(i)	die Aktivität des Radionuklids i als radioaktiver Stoff in besonderer Form ist;
$A_1(i)$	der A_1-Wert für das Radionuklid i ist;
C(j)	die Aktivität des Radionuklids j, das kein radioaktiver Stoff in besonderer Form ist;
$A_2(j)$	der A_2-Wert für das Radionuklid j ist.

2.2.7.2.4.5 Klassifizierung von Uranhexafluorid

2.2.7.2.4.5.1 Uranhexafluorid darf nur einer der folgenden UN-Nummern zugeordnet werden:

a) UN 2977 RADIOAKTIVE STOFFE, URANHEXAFLUORID, SPALTBAR;

b) UN 2978 RADIOAKTIVE STOFFE, URANHEXAFLUORID, nicht spaltbar oder spaltbar, freigestellt, oder

c) UN 3507 URANHEXAFLUORID, RADIOAKTIVE STOFFE, FREIGESTELLTES VERSANDSTÜCK mit weniger als 0,1 kg je Versandstück, nicht spaltbar oder spaltbar, freigestellt.

2.2.7.2.4.5.2 Der Inhalt eines Versandstücks mit Uranhexafluorid muss folgenden Vorschriften entsprechen:

a) für die UN-Nummern 2977 und 2978 darf die Masse an Uranhexafluorid nicht von der für das Versandstückmuster zugelassenen Masse abweichen, für die UN-Nummer 3507 muss die Masse an Uranhexafluorid geringer sein als 0,1 kg;

b) die Masse an Uranhexafluorid darf nicht größer als ein Wert sein, der bei der höchsten Temperatur des Versandstücks, die für die Betriebsanlagen festgelegt ist, in denen das Versandstück verwendet werden soll, zu einem Leerraum von weniger als 5 % führen würde, und

c) das Uranhexafluorid muss in fester Form vorliegen, und der Innendruck darf bei der Übergabe zur Beförderung nicht oberhalb des Luftdrucks liegen.

2.2.7.2.4.6 Klassifizierung als Typ B(U)-, Typ B(M)- oder Typ C-Versandstücke

2.2.7.2.4.6.1 Versandstücke, die gemäß Absatz 2.2.7.2.4 (Absätze 2.2.7.2.4.1 bis 2.2.7.2.4.5) nicht anderweitig klassifiziert sind, sind in Übereinstimmung mit dem von der zuständigen Behörde des Ursprungslandes der Bauart ausgestellten Zulassungszeugnis des Versandstücks zu klassifizieren.

2.2.7.2.4.6.2 Der Inhalt eines Typ B(U)-, Typ B(M)- oder Typ C-Versandstücks muss den Festlegungen im Zulassungszeugnis entsprechen.

2.2.7.2.5 Sondervereinbarungen

Radioaktive Stoffe sind als Beförderung unter Sondervereinbarung zu klassifizieren, wenn sie gemäß Abschnitt 1.7.4 befördert werden sollen.

2.2.8 Klasse 8: Ätzende Stoffe

2.2.8.1 Begriffsbestimmung, allgemeine Vorschriften und Kriterien

2.2.8.1.1 Ätzende Stoffe sind Stoffe, die durch chemische Einwirkung eine irreversible Schädigung der Haut verursachen oder beim Freiwerden materielle Schäden an anderen Gütern oder Transportmitteln herbeiführen oder sie sogar zerstören. Unter den Begriff dieser Klasse fallen auch Stoffe, die erst bei Vorhandensein von Wasser einen ätzenden flüssigen Stoff oder in Gegenwart von natürlicher Luftfeuchtigkeit ätzende Dämpfe oder Nebel bilden.

2.2.8.1.2 Für Stoffe und Gemische, die ätzend für die Haut sind, sind die allgemeinen Zuordnungskriterien in Absatz 2.2.8.1.4 enthalten. Die Ätzwirkung auf die Haut bezieht sich auf die Verursachung einer irreversiblen Schädigung der Haut, und zwar eine sichtbare Nekrose durch die Epidermis und in die Dermis, die nach Exposition gegenüber einem Stoff oder einem Gemisch auftritt.

2.2.8.1.3 Bei flüssigen Stoffen und festen Stoffen, die sich während der Beförderung verflüssigen können, von denen angenommen wird, dass sie nicht ätzend für die Haut sind, ist dennoch die Korrosionswirkung auf bestimmte Metalloberflächen in Übereinstimmung mit den Kriterien in Absatz 2.2.8.1.5.3 c) (ii) zu berücksichtigen.

2.2.8.1.4 Allgemeine Vorschriften für die Klassifizierung

2.2.8.1.4.1 Die Stoffe und Gegenstände der Klasse 8 sind wie folgt unterteilt:

- C1 – C11 Ätzende Stoffe ohne Nebengefahr und Gegenstände, die solche Stoffe enthalten
  - C1-C4 Stoffe sauren Charakters
    - C1 anorganische flüssige Stoffe
    - C2 anorganische feste Stoffe
    - C3 organische flüssige Stoffe
    - C4 organische feste Stoffe
  - C5-C8 Stoffe basischen Charakters
    - C5 anorganische flüssige Stoffe
    - C6 anorganische feste Stoffe
    - C7 organische flüssige Stoffe
    - C8 organische feste Stoffe
  - C9-C10 Sonstige ätzende Stoffe
    - C9 flüssige Stoffe
    - C10 feste Stoffe
  - C11 Gegenstände
- CF Ätzende entzündbare Stoffe
  - CF1 flüssige Stoffe
  - CF2 feste Stoffe
- CS Ätzende selbsterhitzungsfähige Stoffe
  - CS1 flüssige Stoffe
  - CS2 feste Stoffe
- CW Ätzende Stoffe, die in Berührung mit Wasser entzündbare Gase entwickeln
  - CW1 flüssige Stoffe
  - CW2 feste Stoffe
- CO Ätzende entzündend (oxidierend) wirkende Stoffe
  - CO1 flüssige Stoffe
  - CO2 feste Stoffe

CT	Ätzende giftige Stoffe und Gegenstände, die solche Stoffe enthalten	
	CT1	flüssige Stoffe
	CT2	feste Stoffe
	CT3	Gegenstände
CFT	Ätzende entzündbare giftige flüssige Stoffe	
COT	Ätzende entzündend (oxidierend) wirkende giftige Stoffe	

2.2.8.1.4.2 Die Stoffe und Gemische der Klasse 8 sind auf Grund ihres Gefahrengrades während der Beförderung in folgende Verpackungsgruppen unterteilt:

Verpackungsgruppe I:	sehr gefährliche Stoffe und Gemische;
Verpackungsgruppe II:	Stoffe und Gemische, die eine mittlere Gefahr darstellen;
Verpackungsgruppe III:	Stoffe und Gemische, die eine geringe Gefahr darstellen.

2.2.8.1.4.3 Die Zuordnung der in Kapitel 3.2 Tabelle A aufgeführten Stoffe zu Verpackungsgruppen in der Klasse 8 wurde auf Grundlage von Erfahrungen unter Berücksichtigung zusätzlicher Faktoren, wie Risiko des Einatmens (siehe Absatz 2.2.8.1.4.5) und Reaktionsfähigkeit mit Wasser (einschließlich der Bildung gefährlicher Zerfallsprodukte), durchgeführt.

2.2.8.1.4.4 Neue Stoffe und Gemische können, in Übereinstimmung mit den Kriterien des Absatzes 2.2.8.1.5, auf der Grundlage der Länge der Kontaktzeit, die nötig ist, um eine irreversible Schädigung des unverletzten Hautgewebes zu verursachen, den Verpackungsgruppen zugeordnet werden. Für Gemische dürfen alternativ die Kriterien in Absatz 2.2.8.1.6 verwendet werden.

2.2.8.1.4.5 Ein Stoff oder ein Gemisch, der/das die Kriterien der Klasse 8 erfüllt und eine Giftigkeit beim Einatmen von Staub und Nebel (LC_{50}) entsprechend Verpackungsgruppe I, aber eine Giftigkeit bei Einnahme oder bei Absorption durch die Haut entsprechend Verpackungsgruppe III oder eine geringere Giftigkeit aufweist, ist der Klasse 8 zuzuordnen (siehe Absatz 2.2.61.1.7.2).

2.2.8.1.5 Zuordnung von Stoffen und Gemischen zu Verpackungsgruppen

2.2.8.1.5.1 In erster Linie sind bestehende Daten in Bezug auf den Menschen oder auf Tiere, einschließlich Informationen über einzelne oder wiederholte Expositionen, zu betrachten, da sie Informationen liefern, die unmittelbar für die Auswirkungen auf die Haut von Relevanz sind.

2.2.8.1.5.2 Bei der Zuordnung zu Verpackungsgruppen in Übereinstimmung mit Absatz 2.2.8.1.4.4 sind die bei unbeabsichtigter Exposition gemachten Erfahrungen in Bezug auf den Menschen zu berücksichtigen. Fehlen Erfahrungen in Bezug auf den Menschen, ist die Zuordnung zu Verpackungsgruppen auf der Grundlage der Ergebnisse von Versuchen gemäß OECD Test Guideline 404[1] oder 435[2] vorzunehmen. Ein Stoff oder Gemisch, der/das in Übereinstimmung mit der OECD Test Guideline 430[3] oder 431[4] als nicht ätzend bestimmt ist, kann für Zwecke des ADN ohne weitere Prüfungen als nicht ätzend für die Haut angesehen werden.

---

[1] OECD Guideline for the testing of chemicals No. 404 „Acute Dermal Irritation/Corrosion" 2015 (OECD-Richtlinie für die Prüfung von Chemikalien Nr. 404 „Akute Irritation/Verätzung der Haut" 2015).

[2] OECD Guideline for the testing of chemicals No. 435 „In Vitro Membrane Barrier Test Method for Skin Corrosion" 2015 (OECD-Richtlinie für die Prüfung von Chemikalien Nr. 435 „In-vitro-Membranbarriere-Prüfmethode für die Verätzung der Haut" 2015).

[3] OECD Guideline for the testing of chemicals No. 430 „In Vitro Skin Corrosion: Transcutaneous Electrical Resistance Test (TER)" 2015 (OECD-Richtlinie für die Prüfung von Chemikalien Nr. 430 „In-vitro-Verätzung der Haut: Tanskutane elektrische Widerstandsprüfung (TER)" 2015).

[4] OECD Guideline for the testing of chemicals No. 431 „In Vitro Skin Corrosion: Human Skin Model Test" 2015 (OECD-Richtlinie für die Prüfung von Chemikalien Nr. 431 „In-vitro-Verätzung der Haut: Prüfung an einem Modell menschlicher Haut" 2015).

2.2.8.1.5.3 Die Zuordnung von ätzenden Stoffen zu Verpackungsgruppen erfolgt in Übereinstimmung mit den folgenden Kriterien (siehe Tabelle 2.2.8.1.5.3):

a) Der Verpackungsgruppe I sind Stoffe zugeordnet, die innerhalb eines Beobachtungszeitraums von bis zu 60 Minuten nach einer Einwirkungszeit von 3 Minuten oder weniger eine irreversible Schädigung des unverletzten Hautgewebes verursachen.

b) Der Verpackungsgruppe II sind Stoffe zugeordnet, die innerhalb eines Beobachtungszeitraums von bis zu 14 Tagen nach einer Einwirkungszeit von mehr als 3 Minuten, aber höchstens 60 Minuten eine irreversible Schädigung des unverletzten Hautgewebes verursachen.

c) Der Verpackungsgruppe III sind Stoffe zugeordnet:

(i) die innerhalb eines Beobachtungszeitraums von bis zu 14 Tagen nach einer Einwirkungszeit von mehr als 60 Minuten, aber höchstens 4 Stunden irreversible Schädigung des unverletzten Hautgewebes verursachen oder

(ii) von denen angenommen wird, dass sie keine irreversible Schädigung des unverletzten Hautgewebes verursachen, bei denen aber die Korrosionsrate auf Stahl- oder Aluminiumoberflächen bei einer Prüftemperatur von 55 °C den Wert von 6,25 mm pro Jahr überschreitet, wenn die Stoffe an beiden Werkstoffen geprüft wurden. Für Prüfungen an Stahl ist der Typ S235JR+CR (1.0037 bzw. St 37-2), S275J2G3+CR (1.0144 bzw. St 44-3), ISO 3574, „Unified Numbering System (UNS)" G10200 oder ein ähnlicher Typ oder SAE 1020 und für Prüfungen an Aluminium der unbeschichtete Typ 7075-T6 oder AZ5GU-T6 zu verwenden. Eine zulässige Prüfung ist im Handbuch Prüfungen und Kriterien Teil III Abschnitt 37 beschrieben.

Bem. Wenn bei einer anfänglichen Prüfung entweder auf Stahl oder auf Aluminium festgestellt wird, dass der geprüfte Stoff ätzend ist, ist die anschließende Prüfung an dem anderen Metall nicht erforderlich.

Tabelle 2.2.8.1.5.3: Zusammenfassende Darstellung der Kriterien des Absatzes 2.2.8.1.5.3

Verpackungsgruppe	Einwirkungszeit	Beobachtungszeitraum	Auswirkungen
I	≤ 3 min.	≤ 60 min.	irreversible Schädigung des unverletzten Hautgewebes
II	> 3 min. ≤ 1 h	≤ 14 Tage	irreversible Schädigung des unverletzten Hautgewebes
III	> 1 h ≤ 4 h	≤ 14 Tage	irreversible Schädigung des unverletzten Hautgewebes
III	–	–	Korrosionsrate auf Stahl- oder Aluminiumoberflächen, die bei einer Prüftemperatur von 55 °C den Wert von 6,25 mm pro Jahr überschreitet, wenn die Stoffe an beiden Werkstoffen geprüft wurden

2.2.8.1.6 Alternative Methoden für die Zuordnung von Gemischen zu Verpackungsgruppen: schrittweises Vorgehen

2.2.8.1.6.1 Allgemeine Vorschriften

Für Gemische ist es notwendig, Informationen zu erhalten oder abzuleiten, mit denen die Kriterien für Zwecke der Klassifizierung und der Zuordnung von Verpackungsgruppen auf das Gemisch angewendet werden können. Das Vorgehen für die Klassifizierung und die Zuordnung von Verpackungsgruppen ist mehrstufig und hängt von der Menge an Informationen ab, die für das Gemisch selbst, für ähnliche Gemische und/oder für seine Bestandteile verfügbar sind. Das Ablaufdiagramm in Abbildung 2.2.8.1.6.1 zeigt die Schritte des Verfahrens.

Abbildung 2.2.8.1.6.1: Schrittweises Vorgehen für die Klassifizierung von ätzenden Gemischen und die Zuordnung von ätzenden Gemischen zu Verpackungsgruppen

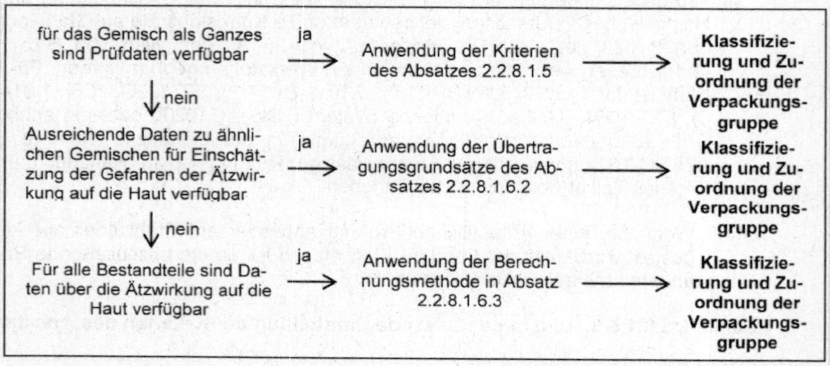

2.2.8.1.6.2 Übertragungsgrundsätze

Wurde das Gemisch selbst nicht auf seine potenzielle Ätzwirkung auf die Haut geprüft, liegen jedoch ausreichende Daten sowohl über die einzelnen Bestandteile als auch über ähnliche geprüfte Gemische vor, um eine angemessene Klassifizierung des Gemisches und die Zuordnung des Gemisches zu einer Verpackungsgruppe vorzunehmen, dann werden diese Daten nach Maßgabe der nachstehenden Übertragungsgrundsätze verwendet. Dies stellt sicher, dass für das Klassifizierungsverfahren die verfügbaren Daten in größtmöglichem Maße für die Beschreibung der Gefahren des Gemisches verwendet werden.

a) Verdünnung: Wenn das geprüfte Gemisch mit einem Verdünnungsmittel verdünnt ist, das nicht den Kriterien der Klasse 8 entspricht und keine Auswirkungen auf die Verpackungsgruppe anderer Bestandteile hat, darf das neue verdünnte Gemisch derselben Verpackungsgruppe zugeordnet werden wie das ursprünglich geprüfte Gemisch.

Bem. In bestimmten Fällen kann die Verdünnung eines Gemisches oder Stoffes zu einer Verstärkung der ätzenden Eigenschaften führen. Wenn dies der Fall ist, darf dieser Übertragungsgrundsatz nicht angewendet werden.

b) Fertigungslose: Es kann angenommen werden, dass die potenzielle Ätzwirkung auf die Haut eines geprüften Fertigungsloses eines Gemisches mit dem eines anderen ungeprüften Fertigungsloses desselben Handelsproduktes, wenn es von oder unter Überwachung desselben Herstellers produziert wurde, im Wesentlichen gleichwertig ist, es sei denn, es besteht Grund zur Annahme, dass bedeutende Schwankungen auftreten, die zu einer Änderung der potenziellen Ätzwirkung auf die Haut des ungeprüften Loses führen. In diesem Fall ist eine neue Klassifizierung erforderlich.

c) Konzentration von Gemischen der Verpackungsgruppe I: Wenn ein geprüftes Gemisch, das den Kriterien für eine Aufnahme in die Verpackungsgruppe I entspricht, konzentriert wird, darf das ungeprüfte Gemisch mit der höheren Konzentration ohne zusätzliche Prüfungen der Verpackungsgruppe I zugeordnet werden.

d) Interpolation innerhalb einer Verpackungsgruppe: Bei drei Gemischen (A, B und C) mit identischen Bestandteilen, wobei die Gemische A und B geprüft wurden und unter dieselbe Verpackungsgruppe in Bezug auf die Ätzwirkung auf die Haut fallen und das ungeprüfte Gemisch C dieselben Bestandteile der Klasse 8 wie die Gemische A und B hat, die Konzentrationen der Bestandteile der Klasse 8 dieses Gemisches jedoch zwischen den Konzentrationen in den Gemischen A und B liegen, wird angenommen, dass das Gemisch C in dieselbe Verpackungsgruppe in Bezug auf die Ätzwirkung auf die Haut fällt wie die Gemische A und B.

e) Im Wesentlichen ähnliche Gemische liegen vor, wenn Folgendes gegeben ist:

(i) zwei Gemische: (A + B) und (C + B);

(ii) die Konzentration des Bestandteils B ist in beiden Gemischen gleich;

(iii) die Konzentration des Bestandteils A im Gemisch (A + B) ist gleich hoch wie die Konzentration des Bestandteils C im Gemisch (C + B);

(iv) Daten über die Ätzwirkung auf die Haut der Bestandteile A und C sind verfügbar und im Wesentlichen gleichwertig, d. h. die Bestandteile fallen unter dieselbe Verpackungsgruppe in Bezug auf die Ätzwirkung auf die Haut, und haben keine Auswirkungen auf die potenzielle Ätzwirkung auf die Haut des Bestandteils B.

Wenn das Gemisch (A + B) oder (C + B) bereits auf der Grundlage von Prüfdaten klassifiziert ist, dann kann das andere Gemisch derselben Verpackungsgruppe zugeordnet werden.

2.2.8.1.6.3 Berechnungsmethode auf der Grundlage der Klassifizierung der Stoffe

2.2.8.1.6.3.1 Wenn ein Gemisch weder zur Bestimmung seiner potenziellen Ätzwirkung auf die Haut geprüft wurde noch genügend Daten zu ähnlichen Gemischen verfügbar sind, müssen für die Klassifizierung und die Zuordnung einer Verpackungsgruppe die ätzenden Eigenschaften der Stoffe im Gemisch betrachtet werden.

Die Anwendung der Berechnungsmethode ist nur zugelassen, wenn es keine Synergieeffekte gibt, durch die das Gemisch ätzender wird als die Summe seiner Stoffe. Diese Einschränkung gilt nur, wenn dem Gemisch die Verpackungsgruppe II oder III zugeordnet würde.

2.2.8.1.6.3.2 Bei der Anwendung der Berechnungsmethode müssen alle Bestandteile der Klasse 8 in Konzentrationen ≥ 1 % berücksichtigt werden oder in Konzentrationen < 1 %, sofern diese Bestandteile in dieser Konzentration noch für die Klassifizierung des Gemisches als ätzend für die Haut relevant sind.

2.2.8.1.6.3.3 Für die Bestimmung, ob ein Gemisch, das ätzende Stoffe enthält, als ätzendes anzusehen ist, und für die Zuordnung einer Verpackungsgruppe muss die Berechnungsmethode im Ablaufdiagramm in Abbildung 2.2.8.1.6.3 angewendet werden.

2.2.8.1.6.3.4 Wenn einem Stoff gemäß seiner Eintragung in Kapitel 3.2 Tabelle A oder durch eine Sondervorschrift ein spezifischer Konzentrationsgrenzwert (SCL) zugeordnet ist, muss dieser Grenzwert anstelle der allgemeinen Konzentrationsgrenzwerte (GCL) angewendet werden. Dies zeigt sich, wenn in der Abbildung 2.2.8.1.6.3 im ersten Schritt für die Bewertung von Stoffen der Verpackungsgruppe I 1 % bzw. in den übrigen Schritten 5 % verwendet wird.

2.2.8.1.6.3.5 Zu diesem Zweck muss die Summenformel für jeden einzelnen Schritt der Berechnungsmethode angepasst werden. Dies bedeutet, dass der allgemeine Konzentrationsgrenzwert, sofern anwendbar, durch den dem Stoff (den Stoffen) zugeordneten spezifischen Konzentrationsgrenzwert (SCLi) ersetzt werden muss; die angepasste Formel ist ein gewichteter Mittelwert der verschiedenen Konzentrationsgrenzwerte, die den verschiedenen Stoffen im Gemisch zugeordnet sind:

$$\frac{VGx_1}{GCL} + \frac{VGx_2}{SCL_2} + \ldots + \frac{VGx_i}{SCL_i} \geq 1,$$

wobei

VGx_i = Konzentration des Stoffes 1, 2 … i im Gemisch, welcher der Verpackungsgruppe x (I, II oder III) zugeordnet ist

GCL = allgemeiner Konzentrationsgrenzwert

SCL_i = spezifischer Konzentrationsgrenzwert, der dem Stoff i zugeordnet ist

Das Kriterium für eine Verpackungsgruppe ist erfüllt, wenn das Ergebnis der Berechnung ≥ 1 ist. Die für die Bewertung in jedem einzelnen Schritt der Berechnungsmethode zu verwendenden allgemeinen Konzentrationsgrenzwerte entsprechen denen in der Abbildung 2.2.8.1.6.3.

Beispiele für die Anwendung der oben genannten Formel können der nachfolgenden Bem. entnommen werden.

Bem. Beispiele für die Anwendung der oben genannten Formel

Beispiel 1: Ein Gemisch enthält einen der Verpackungsgruppe I zugeordneten ätzenden Stoff ohne spezifischen Konzentrationsgrenzwert in einer Konzentration von 5 %:

Berechnung für die Verpackungsgruppe I: $\frac{5}{5(GCL)} = 1$

→ Zuordnung zur Klasse 8, Verpackungsgruppe I.

Beispiel 2: Ein Gemisch enthält drei Stoffe, die ätzend für die Haut sind; zwei dieser Stoffe (A und B) haben spezifische Konzentrationsgrenzwerte; für den dritten Stoff (C) gilt der allgemeine Konzentrationsgrenzwert. Der Rest des Gemisches muss nicht berücksichtigt werden:

Stoff X im Gemisch und die Zuordnung seiner Verpackungsgruppe in Klasse 8	Konzentration (conc) im Gemisch in %	spezifischer Konzentrationsgrenzwert (SCL) für die Verpackungsgruppe I	spezifischer Konzentrationsgrenzwert (SCL) für die Verpackungsgruppe II	spezifischer Konzentrationsgrenzwert (SCL) für die Verpackungsgruppe III
A, der Verpackungsgruppe I zugeordnet	3	30 %	keiner	keiner
B, der Verpackungsgruppe I zugeordnet	2	20 %	10 %	keiner
C, der Verpackungsgruppe III zugeordnet	10	keiner	keiner	keiner

Berechnung für die Verpackungsgruppe I:

$$\frac{3(\text{concA})}{30(\text{SCL VG I})} + \frac{2(\text{concB})}{20(\text{SCL VG I})} = 0{,}2 < 1$$

Das Kriterium für die Verpackungsgruppe I ist nicht erfüllt.

Berechnung für die Verpackungsgruppe II:

$$\frac{3(\text{concA})}{5(\text{GCL VG II})} + \frac{2(\text{concB})}{10(\text{SCL VG II})} = 0{,}8 < 1$$

Das Kriterium für die Verpackungsgruppe II ist nicht erfüllt.

Berechnung für die Verpackungsgruppe III:

$$\frac{3(\text{concA})}{5(\text{GCL VG III})} + \frac{2(\text{concB})}{5(\text{GCL VG III})} + \frac{10(\text{concC})}{5(\text{GCL VGIII})} = 3 \geq 1$$

Das Kriterium für die Verpackungsgruppe III ist erfüllt, das Gemisch muss der Klasse 8 Verpackungsgruppe III zugeordnet werden.

Abbildung 2.2.8.1.6.3: Berechnungsmethode

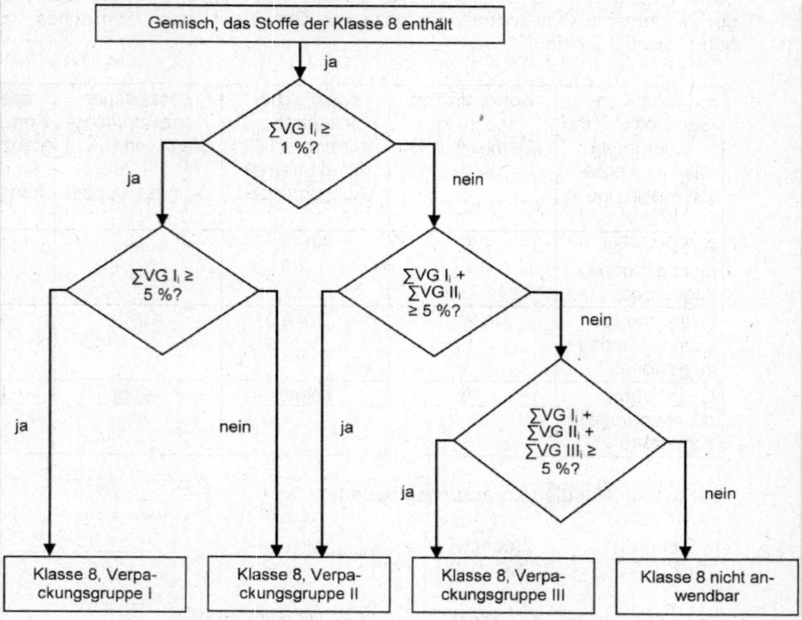

2.2.8.1.7 Wenn die Stoffe der Klasse 8 durch Beimengungen in andere Bereiche der Gefährlichkeit fallen als die, zu denen die in Kapitel 3.2 Tabelle A namentlich genannten Stoffe gehören, sind diese Gemische oder Lösungen den Eintragungen zuzuordnen, zu denen sie auf Grund ihrer tatsächlichen Gefahr gehören.

Bem. Für die Zuordnung von Lösungen und Gemischen (wie Präparate, Zubereitungen und Abfälle) siehe auch Abschnitt 2.1.3.

2.2.8.1.8 Auf Grundlage der Kriterien gemäß 2.2.8.1.6 kann auch festgestellt werden, ob eine namentlich genannte Lösung oder ein namentlich genanntes Gemisch bzw. eine Lösung oder ein Gemisch, das einen namentlich genannten Stoff enthält, so beschaffen ist, dass diese Lösung oder dieses Gemisch nicht den Vorschriften dieser Klasse unterliegt.

Bem. Die in den UN-Modellvorschriftenk aufgeführten Stoffe UN 1910 CALCIUMOXID und UN 2812 NATRIUMALUMINAT unterliegen nicht den Vorschriften des ADN.

2.2.8.1.9 (gestrichen)

2.2.8.2 Nicht zur Beförderung zugelassene Stoffe

2.2.8.2.1 Chemisch instabile Stoffe der Klasse 8 sind zur Beförderung nur zugelassen, wenn die erforderlichen Vorsichtsmaßnahmen zur Verhinderung der Möglichkeit einer gefährlichen Zersetzung oder Polymerisation unter normalen Beförderungsbedingungen getroffen wurden. Für die Vorsichtsmaßnahmen zur Verhinderung einer Polymerisation siehe Kapitel 3.3 Sondervorschrift 386. Zu diesem Zweck muss insbesondere dafür gesorgt werden, dass die Gefäße und Tanks keine Stoffe enthalten, die diese Reaktionen begünstigen können.

2.2.8.2.2 Folgende Stoffe sind zur Beförderung nicht zugelassen:

- UN 1798 GEMISCHE AUS SALPETERSÄURE UND SALZSÄURE,
- chemisch instabile Gemische von Abfallschwefelsäuren,
- chemisch instabile Gemische von Nitriersäure oder Abfallmischsäuren, nicht denitriert,
- Perchlorsäure, wässerige Lösungen mit mehr als 72 Masse-% reiner Säure, oder Gemische von Perchlorsäure mit anderen flüssigen Stoffen als Wasser,

2.2.8.3 Verzeichnis der Sammeleintragungen

Ätzende Stoffe ohne Nebengefahr und Gegenstände, die solche Stoffe enthalten

		Klassifizierungscode	UN-Nummer	Benennung des Stoffes oder Gegenstandes
Stoffe sauren Charakters	anorganisch	flüssig C1	2584	ALKYLSULFONSÄUREN, FLÜSSIG, mit mehr als 5 % freier Schwefelsäure oder
			2584	ARYLSULFONSÄUREN, FLÜSSIG, mit mehr als 5 % freier Schwefelsäure
			2693	HYDROGENSULFITE, WÄSSERIGE LÖSUNG, N.A.G.
			2837	HYDROGENSULFATE, WÄSSERIGE LÖSUNG (Bisulfate, wässerige Lösung)
			3264	ÄTZENDER SAURER ANORGANISCHER FLÜSSIGER STOFF, N.A.G.
		fest C2	1740	HYDROGENDIFLUORIDE, FEST, N.A.G.
			2583	ALKYLSULFONSÄUREN, FEST, mit mehr als 5 % freier Schwefelsäure oder
			2583	ARYLSULFONSÄUREN, FEST, mit mehr als 5 % freier Schwefelsäure
			3260	ÄTZENDER SAURER ANORGANISCHER FESTER STOFF, N.A.G.
	organisch	flüssig C3	2586	ALKYLSULFONSÄUREN, FLÜSSIG, mit höchstens 5 % freier Schwefelsäure oder
			2586	ARYLSULFONSÄUREN, FLÜSSIG, mit höchstens 5 % freier Schwefelsäure
			2987	CHLORSILANE, ÄTZEND, N.A.G.
			3145	ALKYLPHENOLE, FLÜSSIG, N.A.G. (einschließlich C_2-C_{12}-Homologe)
			3265	ÄTZENDER SAURER ORGANISCHER FLÜSSIGER STOFF, N.A.G.
		fest C4	2430	ALKYLPHENOLE, FEST, N.A.G. (einschließlich C_2-C_{12}-Homologe)
			2585	ALKYLSULFONSÄUREN, FEST, mit höchstens 5 % freier Schwefelsäure oder
			2585	ARYLSULFONSÄUREN, FEST, mit höchstens 5 % freier Schwefelsäure
			3261	ÄTZENDER SAURER ORGANISCHER FESTER STOFF, N.A.G.
Stoffe saurer Charakters		flüssig	1719	ÄTZENDER ALKALISCHER FLÜSSIGER STOFF, N.A.G.
			2797	BATTERIEFLÜSSIGKEIT, ALKALISCH

			UN-Nr.	Benennung
(Forts.)				
Stoffe basischen Charakters	anorganisch	C5	3266	ÄTZENDER BASISCHER ANORGANISCHER FLÜSSIGER STOFF, N.A.G.
		fest C6	3262	ÄTZENDER BASISCHER ANORGANISCHER FESTER STOFF, N.A.G.
	organisch	flüssig C7	2735	AMINE, FLÜSSIG, ÄTZEND, N.A.G. oder
			2735	POLYAMINE, FLÜSSIG, ÄTZEND, N.A.G.
			3267	ÄTZENDER BASISCHER ORGANISCHER FLÜSSIGER STOFF, N.A.G.
		fest C8	3259	AMINE, FEST, ÄTZEND, N.A.G. oder
			3259	POLYAMINE, FEST, ÄTZEND, N.A.G.
			3263	ÄTZENDER BASISCHER ORGANISCHER FESTER STOFF, N.A.G.
andere ätzende Stoffe		flüssig C9	1903	DESINFEKTIONSMITTEL, FLÜSSIG, ÄTZEND, N.A.G.
			2801	FARBSTOFF, FLÜSSIG, ÄTZEND, N.A.G. oder
			2801	FARBSTOFFZWISCHENPRODUKT, FLÜSSIG, ÄTZEND, N.A.G.
			3066	FARBE (einschließlich Farbe, Lack, Emaille, Beize, Schellack, Firnis, Politur und flüssige Lackgrundlage) oder
			3066	FARBZUBEHÖRSTOFFE (einschließlich Farbverdünner und Entferner-Komponenten)
			1760	ÄTZENDER FLÜSSIGER STOFF, N.A.G.
		fest[a)] C10	3147	FARBSTOFF, FEST, ÄTZEND, N.A.G. oder
			3147	FARBSTOFFZWISCHENPRODUKT, FEST, ÄTZEND, N.A.G.
			3244	FESTE STOFFE MIT ÄTZENDEM FLÜSSIGEM STOFF, N.A.G.
			1759	ÄTZENDER FESTER STOFF, N.A.G.
Gegenstände		C11	1774	FEUERLÖSCHERLADUNGEN, ätzender flüssiger Stoff
			2028	RAUCHBOMBEN, NEBELBOMBEN, NICHT EXPLOSIV, ätzenden flüssigen Stoff enthaltend, ohne Zünder
			2794	BATTERIEN (AKKUMULATOREN), NASS, GEFÜLLT MIT SÄURE, elektrische Sammler
			2795	BATTERIEN (AKKUMULATOREN), NASS, GEFÜLLT MIT ALKALIEN, elektrische Sammler
			2800	BATTERIEN (AKKUMULATOREN), NASS, AUSLAUFSICHER, elektrische Sammler
			3028	BATTERIEN (AKKUMULATOREN), TROCKEN, KALIUMHYDROXID, FEST, ENTHALTEND, elektrische Sammler
			3477	BRENNSTOFFZELLEN-KARTUSCHEN, ätzende Stoffe enthaltend, oder
			3477	BRENNSTOFFZELLEN-KARTUSCHEN IN AUSRÜSTUNGEN, ätzende Stoffe enthaltend, oder
			3477	BRENNSTOFFZELLEN-KARTUSCHEN, MIT AUSRÜSTUNGEN VERPACKT, ätzende Stoffe enthaltend
			3547	GEGENSTÄNDE, DIE EINEN ÄTZENDEN STOFF ENTHALTEN, N.A.G.

Nebengefahr		Klassifizierungscode	UN-Nummer	Benennung des Stoffes oder Gegenstandes
Ätzende Stoffe mit Nebengefahr(en) und Gegenstände, die solche Stoffe enthalten				
entzündbar CF	**flüssig**[b)]	**CF1**	3470	FARBE, ÄTZEND, ENTZÜNDBAR (einschließlich Farbe, Lack, Emaille, Beize, Schellack, Firnis, Politur, flüssiger Füllstoff und flüssige Lackgrundlage) oder
			3470	FARBZUBEHÖRSTOFFE, ÄTZEND, ENTZÜNDBAR (einschließlich Farbverdünnung und -lösemittel)
			2734	AMINE, FLÜSSIG, ÄTZEND, ENTZÜNDBAR, N.A.G. oder
			2734	POLYAMINE, FLÜSSIG, ÄTZEND, ENTZÜNDBAR, N.A.G.
			2986	CHLORSILANE, ÄTZEND, ENTZÜNDBAR, N.A.G.
			2920	ÄTZENDER FLÜSSIGER STOFF, ENTZÜNDBAR, N.A.G.
	fest	**CF2**	2921	ÄTZENDER FESTER STOFF, ENTZÜNDBAR, N.A.G.
selbsterhitzungsfähig CS	**flüssig**	**CS1**	3301	ÄTZENDER FLÜSSIGER STOFF, SELBSTERHITZUNGSFÄHIG, N.A.G.
	fest	**CS2**	3095	ÄTZENDER FESTER STOFF, SELBSTERHITZUNGSFÄHIG, N.A.G.
mit Wasser reagierend CW	**flüssig**[b]	**CW1**	3094	ÄTZENDER FLÜSSIGER STOFF, MIT WASSER REAGIEREND, N.A.G.
	fest	**CW2**	3096	ÄTZENDER FESTER STOFF, MIT WASSER REAGIEREND, N.A.G.
entzündend (oxidierend) wirkend CO	**flüssig**	**CO1**	3093	ÄTZENDER FLÜSSIGER STOFF, ENTZÜNDEND (OXIDIEREND) WIRKEND, N.A.G.
	fest	**CO2**	3084	ÄTZENDER FESTER STOFF, ENTZÜNDEND (OXIDIEREND) WIRKEND, N.A.G.
giftig[d)] **CT**	**flüssig**[c)]	**CT1**	3471	HYDROGENDIFLUORIDE, LÖSUNG, N.A.G.
			2922	ÄTZENDER FLÜSSIGER STOFF, GIFTIG, N.A.G.
	fest[e)]	**CT2**	2923	ÄTZENDER FESTER STOFF, GIFTIG, N.A.G.
	Gegenstände	**CT3**	3506	QUECKSILBER IN HERGESTELLTEN GEGENSTÄNDEN
entzündbar, giftig, flüssig[d)]		**CFT**		(keine Sammeleintragung mit diesem Klassifizierungscode vorhanden; soweit erforderlich Zuordnung zu einer Sammeleintragung mit einem Klassifizierungscode, der nach der Tabelle der überwiegenden Gefahr in 2.1.3.10 zu bestimmen ist)
entzündend (oxidierend) wirkend, giftig[d)e)]		**COT**		(keine Sammeleintragung mit diesem Klassifizierungscode vorhanden; soweit erforderlich Zuordnung zu einer Sammeleintragung mit einem Klassifizierungscode, der nach der Tabelle der überwiegenden Gefahr in 2.1.3.10 zu bestimmen ist)

Fußnoten:

a) Gemische fester Stoffe, die den Vorschriften des ADR nicht unterliegen, mit ätzenden flüssigen Stoffen dürfen unter der UN-Nummer 3244 befördert werden, ohne dass zuvor die Zuordnungskriterien der Klasse 8 angewendet werden, vorausgesetzt, zum Zeitpunkt des Verladens des Stoffes oder des Verschließens der Verpackung, des Containers oder der Beförderungseinheit ist keine freie Flüssigkeit sichtbar. Jede Verpackung muss einer Bauart entsprechen, die erfolgreich eine Dichtheitsprüfung für die Verpackungsgruppe II bestanden hat.

b) Chlorsilane, die mit Wasser oder an feuchter Luft entzündbare Gase entwickeln, sind Stoffe der Klasse 4.3.

c) Chlorformiate mit vorwiegend giftigen Eigenschaften sind Stoffe der Klasse 6.1.

d) Ätzende Stoffe, die nach den Absätzen 2.2.61.1.4 bis 2.2.61.1.9 beim Einatmen sehr giftig sind, sind Stoffe der Klasse 6.1.

e) UN 1690 NATRIUMFLUORID, FEST, UN 1812 KALIUMFLUORID, FEST, UN 2505 AMMONIUMFLUORID, UN 2674 NATRIUMFLUOROSILICAT, UN 2856 FLUOROSILICATE, N.A.G., UN 3415 NATRIUM-FLUORID, LÖSUNG und UN 3422 KALIUMFLUORID, LÖSUNG sind Stoffe der Klasse 6.1.

2.2.9 Klasse 9: Verschiedene gefährliche Stoffe und Gegenstände

2.2.9.1 Kriterien

2.2.9.1.1 Unter den Begriff der Klasse 9 fallen Stoffe und Gegenstände, die während der Beförderung eine Gefahr darstellen, die nicht unter die Begriffe anderer Klassen fällt.

2.2.9.1.2 Die Stoffe und Gegenstände der Klasse 9 sind wie folgt unterteilt:

M1 Stoffe, die beim Einatmen als Feinstaub die Gesundheit gefährden können
M2 Stoffe und Gegenstände, die im Brandfall Dioxine bilden können
M3 Stoffe, die entzündbare Dämpfe abgeben
M4 Lithiumbatterien
M5 Rettungsmittel
M6–M8 Umweltgefährdende Stoffe
- M6 Wasserverunreinigende flüssige Stoffe
- M7 Wasserverunreinigende feste Stoffe
- M8 Genetisch veränderte Mikro-Organismen und Organismen

M9–M10 Erwärmte Stoffe
- M9 flüssige Stoffe
- M10 feste Stoffe

M11 Andere Stoffe und Gegenstände, die während der Beförderung eine Gefahr darstellen und nicht unter die Definition einer anderen Klasse fallen.

Begriffsbestimmungen und Zuordnung

2.2.9.1.3 Die der Klasse 9 zugeordneten Stoffe und Gegenstände sind in Kapitel 3.2 Tabelle A aufgeführt. Die Zuordnung der in Kapitel 3.2 Tabelle A nicht namentlich genannten Stoffe und Gegenstände zu den entsprechenden Eintragungen dieser Tabelle oder des Unterabschnitts 2.2.9.3 erfolgt in Übereinstimmung mit den Absätzen 2.2.9.1.4 bis 2.2.9.1.8, 2.2.9.1.10, 2.2.9.1.11, 2.2.9.1.13 und 2.2.9.1.14.

Stoffe, die beim Einatmen als Feinstaub die Gesundheit gefährden können

2.2.9.1.4 Stoffe, die beim Einatmen als Feinstaub die Gesundheit gefährden können, umfassen Asbest und asbesthaltige Gemische.

Stoffe und Gegenstände, die im Brandfall Dioxine bilden können

2.2.9.1.5 Stoffe und Gegenstände, die im Brandfall Dioxine bilden können, umfassen polychlorierte Biphenyle (PCB) und Terphenyle (PCT) und polyhalogenierte Biphenyle und Terphenyle sowie Gemische, die diese Stoffe enthalten, sowie Gegenstände wie Transformatoren, Kondensatoren und andere Gegenstände, die solche Stoffe oder Gemische enthalten.

Bem. Gemische mit einem PCB- oder PCT-Gehalt von nicht mehr als 50 mg/kg unterliegen nicht den Vorschriften des ADR.

Stoffe, die entzündbare Dämpfe abgeben

2.2.9.1.6 Stoffe, die entzündbare Dämpfe abgeben, umfassen Polymere, die entzündbare flüssige Stoffe mit einem Flammpunkt bis 55°C enthalten.

Lithiumbatterien

2.2.9.1.7 Sofern im ADN nichts anderes vorgeschrieben ist (z.B. für Batterie-Prototypen und kleine Produktionsserien von Batterien gemäß Sondervorschrift 310 oder beschädigte Batterien gemäß Sondervorschrift 376), müssen Lithiumbatterien den folgenden Vorschriften entsprechen.

Bem. Für UN 3536 LITHIUMBATTERIEN, IN GÜTERBEFÖRDERUNGSEINHEITEN EINGEBAUT, siehe Kapitel 3.3 Sondervorschrift 389.

Zellen und Batterien, Zellen und Batterien in Ausrüstungen oder Zellen und Batterien mit Ausrüstungen verpackt, die Lithium in irgendeiner Form enthalten, müssen der UN-Nummer 3090, 3091, 3480 bzw. 3481 zugeordnet werden. Sie dürfen unter diesen Eintragungen befördert werden, wenn sie den folgenden Vorschriften entsprechen:

a) jede Zelle oder Batterie entspricht einem Typ, für den nachgewiesen wurde, dass er die Anforderungen aller Prüfungen des Handbuchs Prüfungen und Kriterien Teil III Unterabschnitt 38.3 erfüllt;

Bem. Batterien müssen einem Typ entsprechen, für den nachgewiesen wurde, dass er die Prüfanforderungen des Handbuchs Prüfungen und Kriterien Teil III Unterabschnitt 38.3 erfüllt, unabhängig davon, ob die Zellen, aus denen sie zusammengesetzt sind, einem geprüften Typ entsprechen.

b) jede Zelle und Batterie ist mit einer Schutzeinrichtung gegen inneren Überdruck versehen oder so ausgelegt, dass ein Gewaltbruch unter normalen Beförderungsbedingungen verhindert wird;

c) jede Zelle und Batterie ist mit einer wirksamen Vorrichtung zur Verhinderung äußerer Kurzschlüsse ausgerüstet;

d) jede Batterie mit mehreren Zellen oder mit Zellen in Parallelschaltung ist mit wirksamen Einrichtungen ausgerüstet, die einen gefährlichen Rückstrom verhindern (z.B. Dioden, Sicherungen usw.);

e) Zellen und Batterien sind gemäß einem Qualitätssicherungsprogramm hergestellt, das Folgendes beinhaltet:

(i) eine Beschreibung der Organisationsstruktur und der Verantwortlichkeiten des Personals hinsichtlich der Auslegung und der Produktqualität;

(ii) die entsprechenden Anweisungen, die für die Prüfung, die Qualitätskontrolle, die Qualitätssicherung und die Arbeitsabläufe verwendet werden;

(iii) Prozesskontrollen, die entsprechende Aktivitäten zur Vorbeugung und Feststellung innerer Kurzschlussdefekte während der Herstellung von Zellen umfassen sollten;

(iv) Qualitätsaufzeichnungen, wie Prüfberichte, Prüf- und Kalibrierungsdaten und Nachweise; Prüfdaten müssen aufbewahrt und der zuständigen Behörde auf Verlangen zur Verfügung gestellt werden;

(v) Überprüfungen durch die Geschäftsleitung, um die erfolgreiche Wirkungsweise des Qualitätssicherungsprogramms sicherzustellen;

(vi) ein Verfahren für die Kontrolle der Dokumente und deren Überarbeitung;

(vii) ein Mittel für die Kontrolle von Zellen oder Batterien, die dem in Absatz a) genannten geprüften Typ nicht entsprechen;

(viii) Schulungsprogramme und Qualifizierungsverfahren für das betroffene Personal und

(ix) Verfahren um sicherzustellen, dass am Endprodukt keine Schäden vorhanden sind.

Bem. Betriebseigene Qualitätssicherungsprogramme dürfen zugelassen werden. Eine Zertifizierung durch Dritte ist nicht erforderlich, jedoch müssen die in den Absätzen (i) bis (ix) aufgeführten Verfahren genau aufgezeichnet werden und nachvollziehbar sein. Eine Kopie des Qualitätssicherungsprogramms muss der zuständigen Behörde auf Verlangen zur Verfügung gestellt werden.

f) Lithiumbatterien, die sowohl Lithium-Metall-Primärzellen als auch wiederaufladbare Lithium-Ionen-Zellen enthalten und die nicht für eine externe Aufladung ausgelegt sind (siehe Sondervorschrift 387 des Kapitels 3.3), müssen folgenden Vorschriften entsprechen:
   (i) die wiederaufladbaren Lithium-Ionen-Zellen können nur von den Lithium-Metall-Primärzellen aufgeladen werden;
   (ii) eine Überladung der wiederaufladbaren Lithium-Ionen-Zellen ist auslegungsbedingt ausgeschlossen;
   (iii) die Batterie wurde als Lithium-Primärbatterie geprüft;
   (iv) die Komponentenzellen der Batterie müssen einer Bauart entsprechen, für die nachgewiesen wurde, dass sie die entsprechenden Prüfvorschriften des Handbuchs Prüfungen und Kriterien Teil III Unterabschnitt 38.3 erfüllen.

g) Hersteller und Vertreiber von Zellen oder Batterien, die nach dem 30. Juni 2003 hergestellt wurden, müssen die im Handbuch Prüfungen und Kriterien Teil III Unterabschnitt 38.3 Absatz 38.3.5 festgelegte Prüfzusammenfassungzur Verfügung stellen.

Lithiumbatterien unterliegen den Vorschriften des ADN nicht, wenn sie den Anforderungen des Kapitels 3.3 Sondervorschrift 188 entsprechen.

Rettungsmittel

2.2.9.1.8 Rettungsmittel umfassen Rettungsmittel und Automobilteile, die den Beschreibungen des Kapitels 3.3 Sondervorschrift 235 oder 296 entsprechen.

2.2.9.1.9 (gestrichen)

Wasserverunreinigende Stoffe

2.2.9.1.10 Umweltgefährdende Stoffe (aquatische Umwelt)

2.2.9.1.10.1 Für die Beförderung in Versandstücken oder in loser Schüttung gelten als umweltgefährdende Stoffe (aquatische Umwelt) Stoffe, Lösungen und Gemische, die den Kriterien Akute Giftigkeit 1, Chronische Giftigkeit 1 oder Chronische Giftigkeit 2 des Kapitels 2.4 (siehe auch 2.1.3.8) entsprechen. Stoffe, die nicht anderen Klassen des ADN oder anderen Eintragungen der Klasse 9 zugeordnet werden können, müssen den UN-Nummern 3077 UMWELTGEFÄHRDENDER STOFF, FEST, N.A.G. oder 3082 UMWELTGEFÄHRDENDER STOFF, FLÜSSIG, N.A.G. und der Verpackungsgruppe III zugeordnet werden.

2.2.9.1.10.2 Für die Beförderung in Tankschiffen gelten als umweltgefährdende Stoffe die in 2.2.9.1.10.1 genannten Stoffe, Lösungen und Gemische sowie Stoffe, die den Kriterien Akute Giftigkeit 2, Akute Giftigkeit 3 oder Chronische Giftigkeit 3 des Kapitels 2.4 entsprechen.

Der Gruppe „N1“ wird ein als wasserverunreinigend klassifizierter Stoff zugeordnet, wenn er die Kriterien für die Kategorien „Akute Giftigkeit 1“ oder „Chronische Giftigkeit 1“ erfüllt.

Der Gruppe „N2“ wird ein als wasserverunreinigend klassifizierter Stoff zugeordnet, wenn er die Kriterien für die Kategorien „Chronische Giftigkeit 2“ oder „Chronische Giftigkeit 3“ erfüllt.

Der Gruppe „N3“ wird ein als wasserverunreinigend klassifizierter Stoff zugeordnet, wenn er die Kriterien für die Kategorien „Akute Giftigkeit 2“ oder „Akute Giftigkeit 3“ erfüllt.

Stoffe, die den Kriterien des Absatzes 2.2.9.1.10.1 entsprechen, sind den Eintragungen UN 3082 UMWELTGEFÄHRDENDER STOFF, FLÜSSIG, N.A.G. oder UN 3077 UMWELTGEFÄHRDENDER STOFF, FEST, N.A.G., GESCHMOLZEN zuzuordnen. Stoffe, die den zusätzlichen Kriterien dieses Absatzes entsprechen, sind der Stoffnummer 9005 UMWELTGEFÄHRDENDER STOFF, FEST, N.A.G., GESCHMOLZEN oder Stoffnummer 9006 UMWELTGEFÄHRDENDER STOFF, FLÜSSIG, N.A.G. zuzuordnen.

2.2.9.1.10.3 Stoffe oder Gemische, die auf der Grundlage der Verordnung EG Nr. 1272/2008[1] als umweltgefährdende Stoffe (aquatische Umwelt) eingestuft sind

Ungeachtet der Vorschriften des Absatzes 2.2.9.1.10.1 und wenn die Daten für eine Einstufung nach den Kriterien der Absätze 2.4.3 und 2.4.4 nicht vorliegen.

a) muss ein Stoff oder ein Gemisch als umweltgefährdender Stoff (aquatische Umwelt eingestuft werden, wenn ihm nach der Verordnung (EG) Nr. 1272/2008[1] die Katergorie(n) Aquatisch Akut 1, Aquatisch Chronisch 1 oder Aquatisch Chronisch 2 zugeordnet werden muss (müssen);

b) darf ein Stoff oder ein Gemisch als nicht umweltgefährdender Stoff (aquatische Umwelt) für die Beförderung in Versandstücken oder in loser Schüttung im Sinne des Absatzes 2.2.9.10.1 angesehen werden, wenn ihm nach den genannten Richtlinien oder nach der genannten Verordnung keine derartige Kategorie zugeordnet werden muss.

2.2.9.1.10.4 (bleibt offen)

2.2.9.1.10.5 Für die Beförderung in Tankschiffen gelten als schwimmende Stoffe (Floater) Stoffe, Lösungen und Gemische, wenn sie folgende Kriterien erfüllen:*

Wasserlöslichkeit	< 0,1%
Dampfdruck	< 0,3 kPa
relative Dichte	≤1,000.

Für die Beförderung in Tankschiffen gelten als absinkende Stoffe (Sinker) Stoffe, Lösungen und Gemische, wenn sie folgende Kriterien erfüllen:*

Wasserlöslichkeit	< 0,1%
relative Dichte	≥ 1,000.

[1] Verordnung (EG) Nr. 1272/2008 des Europäischen Parlaments und des Rates vom 16. Dezember 2008 über die Einstufung, Kennzeichnung und Verpackung von Stoffen und Gemischen, zur Änderung und Aufhebung der Richtlinien 67/548/EWG und 1999/45/EG und zur Änderung der Verordnung (EG) Nr. 1907/2006, veröffentlicht im Amtsblatt L 353 vom 31. Dezember 2008, Seiten 1 bis 1355.

* Die für die Anwendung des GESAMP-Modells zu verwendenden Werte der relativen Dichte, des Dampfdrucks und der Wasserlöslichkeit sind die Werte bei 20 °C.

Genetisch veränderte Mikroorganismen oder Organismen

2.2.9.1.11 Genetisch veränderte Mikroorganismen (GMMO) und genetisch veränderte Organismen (GMO) sind Mikroorganismen und Organismen, in denen genetische Material durch gentechnische Methoden absichtlich in einer Weise verändert worden ist, wie sie in der Natur nicht vorkommt. Sie sind der Klasse 9 (UN-Nummer 3245) zuzuordnen, wenn sie nicht der Definition für giftige Stoffe oder ansteckungsgefährliche Stoffe entsprechen, sie jedoch in der Lage sind, Tiere, Pflanzen oder mikrobiologische Stoffe in einer Weise zu verändern, dienormalerweise nicht aus natürlicher Reproduktion resultiert.

Bem. 1. GMMO und GMO, die ansteckungsgefährliche Stoffe sind, sind Stoffe der Klasse 6.2 (UN-Nummern 2814, 2900 oder 3373).

2. GMMO oder GMO unterliegen nicht den Vorschriften des ADN, wenn sie von den zuständigen Behörden der Ursprungs-, Transit- und Bestimmungsländer zur Verwendung zugelassen wurden.[1)]

3. Genetisch veränderte lebende Tiere, die nach dem derzeitigen Stand der wissenschaftlichen Erkenntnisse keine pathogenen Auswirkungen auf Menschen, Tiere und Pflanzen haben und die in Behältnissen befördert werden, die geeignet sind, sowohl ein Entweichen der Tiere als auch einen unzulässigen Zugriff sicher zu verhindern, unterliegen nicht den Vorschriften des ADN. Die für den Luftverkehr vom Internationalen Luftverkehrsverband (IATA) festgelegten Bestimmungen "Live Animals Regulations, LAR" (Vorschriften für Lebendtiertransporte) können als Leitfaden für geeignete Behältnisse für die Beförderung lebender Tiere herangezogen werden.

4. Lebende Tiere dürfen nicht dazu benutzt werden, der Klasse 9 zugeordnete genetisch veränderte Mikroorganismen zu befördern, es sei denn, diese können nicht auf eine andere Weise befördert werden. Genetisch veränderte lebende Tiere müssen nach den von den zuständigen Behörden der Ursprungs- und Bestimmungsländer festgelegten Bedingungen befördert werden.

2.2.9.1.12 (gestrichen)

Erwärmte Stoffe

2.2.9.1.13 Erwärmte Stoffe umfassen Stoffe, die in flüssigem Zustand bei oder über 100°C und, sofern diese einen Flammpunkt haben, bei einer Temperatur unter ihrem Flammpunkt befördert oder zur Beförderung aufgegeben werden. Sie umfassen auch feste Stoffe, die bei oder über 240°C befördert oder zur Beförderung aufgegeben werden.

Bem. 1. Erwärmte Stoffe dürfen der Klasse 9 nur dann zugeordnet werden, wenn sie nicht die Kriterien einer anderen Klasse erfüllen.

2. Stoffe mit einem Flammpunkt über 60°C, die in einem Grenzbereich von 15 K unterhalb des Flammpunkts erwärmt zur Beförderung aufgegeben oder befördert werden, sind Stoffe der Klasse 3, Stoffnummer 9001.

Andere Stoffe und Gegenstände, die während der Beförderung eine Gefahr darstellen und nicht unter die Definition einer anderen Klasse fallen.

2.2.9.1.14 Die nachfolgend genannten verschiedenen Stoffe, die nicht unter die Definition einer anderen Klasse fallen, sind der Klasse 9 zugeordnet:

---

1) Siehe Teil C der Richtlinie 2001/18/EG des Europäischen Parlaments und des Rates über die absichtliche Freisetzung genetisch veränderter Organismen in die Umwelt und zur Aufhebung der Richtlinie 90/220/EWG des Rates (Amtsblatt der Europäischen Gemeinschaften Nr. L 106 vom 17. April 2001, Seiten 8 bis 14) und Verordnung (EG) Nr. 1829/2003 des Europäischen Parlaments und des Rates über genetisch veränderte Lebensmittel und Futtermittel (Amtsblatt der Europäischen Union Nr. L 268 vom 18. Oktober 2003, Seiten 1 bis 23), in denen die Zulassungsverfahren für die Europäische Union festgelegt sind.

feste Ammoniakverbindung mit einem Flammpunkt unter 60°C
weniger gefährliches Dithionit
sehr leicht flüchtiger flüssiger Stoff
Stoff, der schädliche Dämpfe abgibt
Stoffe, die Allergene enthalten
Chemie-Testsätze und Erste-Hilfe-Ausrüstungen
elektrische Doppelschicht-Kondensatoren (mit einer Energiespeicherkapazitat von mehr als 0,3 Wh).
Fahrzeuge, Verbrennungsmotoren und Verbrennungsmaschinen
Gegenstände, die verschiedene gefährliche Güter enthalten

Die nachfolgend genannten verschiedenen Stoffe, die nicht unter die Begriffsbestimmung einer anderen Klasse fallen, sind der Klasse 9 zugeordnet, wenn sie in loser Schüttung oder in Tankschiffen befördert werden.

- UN 2071 AMMONIUMNITRATHALTIGES DÜNGEMITTEL

Bem. Feste ammoniumnitrathaltige Düngemittel werden in Übereinstimmung mit dem im Handbuch Prüfungen und Kriterien Teil III Abschnitt 39 festgelegten Verfahren klassifiziert.

- UN 2216 FISCHMEHL, STABILISIERT (Feuchtigkeit zwischen 5 Masse-% und 12 Masse-% und höchstens 15 Masse-% Fett) oder
- UN 2216 FISCHABFALL, STABILISIERT (Feuchtigkeit zwischen 5 Masse-% und 12 Masse-% und höchstens 15 Masse-% Fett);
- Stoffnummer 9003 STOFFE MIT EINEM FLAMMPUNKT ÜBER 60 °C UND HÖCHSTENS 100 °C, die nicht anderen Klassen oder der Klasse 9 zuzuordnen sind. Wenn diese Stoffe auch der Stoffnummer 9005 oder der Stoffnummer 9006 zugeordnet werden können, so hat Stoffnummer 9003 Vorrang;
- Stoffnummer 9004 DIPHENYLMETHAN-4,4'-DIISOCYANAT
- Stoffnummer 9005 UMWELTGEFÄHRDENDER STOFF, FEST, N.A.G., GESCHMOLZEN, der nicht der UN-Nummer 3077 zugeordnet werden kann;
- Stoffnummer 9006 UMWELTGEFÄHRDENDER STOFF, FLÜSSIG, N.A.G., der nicht der UN-Nummer 3082 zugeordnet werden kann.

Bem. Folgende in den UN-Modellvorschriften aufgeführte Stoffe und Gegenstände unterliegen nicht den Vorschriften des ADN:

UN 1845 KOHLENDIOXID, FEST (TROCKENEIS)[1],

...

...

UN 2807 MAGNETISIERTE STOFFE,
UN 3334 FLÜSSIGER STOFF, DEN FÜR DIE LUFTFAHRT GELTENDEN VORSCHRIFTEN UNTERLIEGEND, N.A.G.,
UN 3335 Fester STOFF, DEN FÜR DIE LUFTFAHRT GELTENDEN VORSCHRIFTEN UNTERLIEGEND, N.A.G.

...

[1] Bei der Verwendung von UN 1845 Kohlendioxid, fest (Trockeneis) als Kühlmittel siehe Abschnitt 5.5.3.

Zuordnung zu Verpackungsgruppen

2.2.9.1.15 Auf Grund ihres Gefahrengrades sind die Stoffe und Gegenstände der Klasse 9 einer der folgenden Verpackungsgruppen zugeordnet, sofern diese in Kapitel 3.2 Tabelle A Spalte 4 angegeben ist:

Verpackungsgruppe II:	Stoffe mit mittlerer Gefahr;
Verpackungsgruppe III:	Stoffe mit geringer Gefahr.

2.2.9.2 Nicht zur Beförderung zugelassene Stoffe und Gegenstände

Folgende Stoffe und Gegenstände sind zur Beförderung nicht zugelassen:

- Lithiumbatterien, die den Bedingungen nach Kapitel 3.3 Sondervorschrift 188, 230, 310, 636 oder 670 nicht entsprechen;
- ungereinigte leere Auffangbehältnisse (Auffangwannen) für Geräte wie Transformatoren, Kondensatoren und hydraulische Geräte, die Stoffe der UN-Nummern 2315, 3151, 3152 oder 3432 enthalten.

2.2.9.3 Verzeichnis der Eintragungen

	Klassifizierungscode	UN-Nummer	Benennung des Stoffes oder Gegenstandes
Verschiedene gefährliche Stoffe und Gegenstände			
Stoffe, die beim Einatmen als Feinstaub die Gesundheit gefährden können	M1	2212	ASBEST, AMPHIBOL (Amosit, Tremolit, Aktinolith, Anthophyllit, Krokydolith)
		2590	ASBEST, CHRYSOTIL
Stoffe und Gegenstände, die im Brandfall Dioxine bilden können	M2	2315	POLYCHLORIERTE BIPHENYLE, FLÜSSIG
		3432	POLYCHLORIERTE BIPHENYLE, FEST
		3151	POLYHALOGENIERTE BIPHENYLE, FLÜSSIG oder
		3151	HALOGENIERTE MONOMETHYLDIPHENYLMETHANE, FLÜSSIG oder
		3151	POLYHALOGENIERTE TERPHENYLE, FLÜSSIG
		3152	POLYHALOGENIERTE BIPHENYLE, FEST oder
		3152	HALOGENIERTE MONOMETHYLDIPHENYLMETHANE, FEST oder
		3152	POLYHALOGENIERTE TERPHENYLE, FEST
Stoffe, die entzündbare Dämpfe abgeben	M3	2211	SCHÄUMBARE POLYMER-KÜGELCHEN, entzündbare Dämpfe abgebend
		3314	KUNSTSTOFFPRESSMISCHUNG, in Teig-, Platten- oder Strangpressform, entzündbare Dämpfe abgebend
Lithiumbatterien	M4	3090	LITHIUM-METALL-BATTERIEN (einschließlich Batterien aus Lithiumlegierung)
		3091	LITHIUM-METALL-BATTERIEN IN AUSRÜSTUNGEN (einschließlich Batterien aus Lithiumlegierung) oder
		3091	LITHIUM-METALL-BATTERIEN, MIT AUSRÜSTUNGEN VERPACKT (einschließlich Batterien aus Lithiumlegierung)
		3480	LITHIUM-IONEN-BATTERIEN (einschließlich Lithium-Ionen-Polymer-Batterien)
		3481	LITHIUM-IONEN-BATTERIEN IN AUSRÜSTUNGEN (einschließlich Lithium-Ionen-Polymer-Batterien) oder
		3481	LITHIUM-IONEN-BATTERIEN, MIT AUSRÜSTUNGEN VERPACKT (einschließlich Lithium-Ionen-Polymer-Batterien)
		3536	LITHIUMBATTERIEN, IN GÜTERBEFÖRDERUNGS-EINHEITEN EINGEBAUT, Lithium-Ionen-Batterien oder Lithium-Metall-Batterien
Rettungsmittel	M5	2990	RETTUNGSMITTEL, SELBSTAUFBLASEND, wie Flugzeug-Notrutschen, Flugzeug-Überlebensausrüstungen und Seenotrettungsgeräte
		3072	RETTUNGSMITTEL, NICHT SELBSTAUFBLASEND, gefährliche Güter als Ausrüstung enthaltend
		3268	SICHERHEITSEINRICHTUNGEN, elektrische Auslösung
umweltgefährdende Stoffe – **wasserverunreinigend**	**flüssig M6**	3082	UMWELTGEFÄHRDENDER STOFF, FLÜSSIG, N.A.G.
umweltgefährdende Stoffe – **wasserverunreinigend**	**fest M7**	3077	UMWELTGEFÄHRDENDER STOFF, FEST, N.A.G.
umweltgefährdende Stoffe – **genetisch veränderte Mikroorganismen und Organismen**	**M8**	3245	GENETISCH VERÄNDERTE MIKROORGANISMEN oder
		3245	GENETISCH VERÄNDERTE ORGANISMEN
erwärmte Stoffe	**flüssig M9**	3257	ERWÄRMTER FLÜSSIGER STOFF, N.A.G., bei oder über 100°C und, bei Stoffen mit einem Flammpunkt, unter seinem Flammpunkt (einschließlich geschmolzenes Metall, geschmolzenes Salz, usw.)
	fest M10	3258	ERWÄRMTER FESTER STOFF, N.A.G., bei oder über 240°C

andere Stoffe und Gegenstände, die während der Beförderung eine Gefahr darstellen und nicht unter die Definition einer anderen Klasse fallen	**M11**	▪▪▪ Nur die folgenden, in Kapitel 3.2 Tabelle A mit diesem Klassifizierungscode aufgeführten Stoffe und Gegenstände unterliegen den Vorschriften der Klasse 9: 1841 ACETALDEHYDAMMONIAK 1931 ZINKDITHIONIT 1941 DIBROMDIFLUORMETHAN 1990 BENZALDEHYD 2071 AMMONIUMNITRATHALTIGES DÜNGEMITTEL 2969 RIZINUSSAAT oder 2969 RIZINUSMEHL oder 2969 RIZINUSKUCHEN oder 2969 RIZINUSFLOCKEN 3166 FAHRZEUG MIT ANTRIEB DURCH ENTZÜNDBARES GAS oder 3166 FAHRZEUG MIT ANTRIEB DURCH ENTZÜNDBARE FLÜSSIGKEIT oder 3166 BRENNSTOFFZELLEN-FAHRZEUG MIT ANTRIEB DURCH ENTZÜNDBARES GAS oder 3166 BRENNSTOFFZELLEN-FAHRZEUG MIT ANTRIEB DURCH ENTZÜNDBARE FLÜSSIGKEIT 3171 BATTERIEBETRIEBENES FAHRZEUG oder 3171 BATTERIEBETRIEBENES GERÄT 3316 CHEMIE-TESTSATZ oder 3316 ERSTE-HILFE-AUSRÜSTUNG 3359 BEGASTE GÜTERBEFÖRDERUNGSEINHEIT (CTU) 3363 GEFÄHRLICHE GÜTER IN MASCHINEN oder 3363 GEFÄHRLICHE GÜTER IN GERÄTEN 3499 KONDENSATOR, ELEKTRISCHE DOPPELSCHICHT (mit einer Energiespeicherkapazität von mehr als 0,3 Wh) 3508 KONDENSATOR, ASYMMETRISCH (mit einer Energiespeicherkapazität von mehr als 0,3 Wh) 3509 ALTVERPACKUNGEN, LEER, UNGEREINIGT 3530 VERBRENNUNGSMOTOR oder 3530 VERBRENNUNGSMASCHINE 3548 GEGENSTÄNDE, DIE VERSCHIEDENE GEFÄHRLICHE GÜTER ENTHALTEN, N.A.G.

2.3.0 Allgemeines

Sofern in Kapitel 2.2 oder in diesem Kapitel nichts anderes vorgeschrieben ist, entsprechen die für die Klassifizierung gefährlicher Güter verwendeten Prüfverfahren denen, die im Handbuch Prüfungen und Kriterien beschrieben sind.

2.3.1 Prüfung auf Ausschwitzen für Sprengstoffe des Typs A

2.3.1.1 UN 0081 Sprengstoffe Typ A müssen, wenn sie einen Gehalt an flüssigem Salpetersäureester von mehr als 40 % aufweisen, zusätzlich zu der im Handbuch Prüfungen und Kriterien erwähnten Prüfung noch der nachstehenden Prüfung auf Ausschwitzen genügen.

2.3.1.2 Der Apparat für die Prüfung der Sprengstoffe auf Ausschwitzen (Abbildungen 1 bis 3) besteht aus einem hohlen Bronzezylinder. Dieser Zylinder, der an einer Seite durch eine Platte aus dem gleichen Metall verschlossen ist, hat einen inneren Durchmesser von 15,7 mm und eine Tiefe von 40 mm. Er weist an der Wand 20 Löcher von je 0,5 mm Durchmesser (4 Reihen zu 5 Löchern) auf. Ein auf einer Länge von 48 mm zylindrisch gestalteter Bronzekolben, dessen Gesamtlänge 52 mm beträgt, kann in den senkrecht gestellten Zylinder hineingleiten; dieser Kolben, dessen Durchmesser 15,6 mm beträgt, wird mit einer Masse von 2220 g belastet, so dass ein Druck von 120 kPa (1,2 bar) auf den Zylinderboden ausgeübt wird.

2.3.1.3 Man bildet aus 5 Gramm bis 8 Gramm Sprengstoff einen kleinen Wulst von 30 mm Länge und 15 mm Durchmesser, den man mit ganz feiner Gaze umgibt und in den Zylinder bringt; dann setzt man den Kolben und die Belastungsmasse darauf, damit der Sprengstoff einem Druck von 120 kPa (1,2 bar) ausgesetzt wird.

Man notiert die Zeit, die es braucht, bis die ersten öligen Tröpfchen (Nitroglycerin) an der Außenseite der Löcher des Zylinders erscheinen.

2.3.1.4 Wenn bei einem bei 15°C bis 25°C durchgeführten Versuch die ersten Tröpfchen erst nach einem Zeitraum von mehr als fünf Minuten erscheinen, entspricht der Sprengstoff den Bedingungen.

Prüfung der Sprengstoffe auf Ausschwitzen

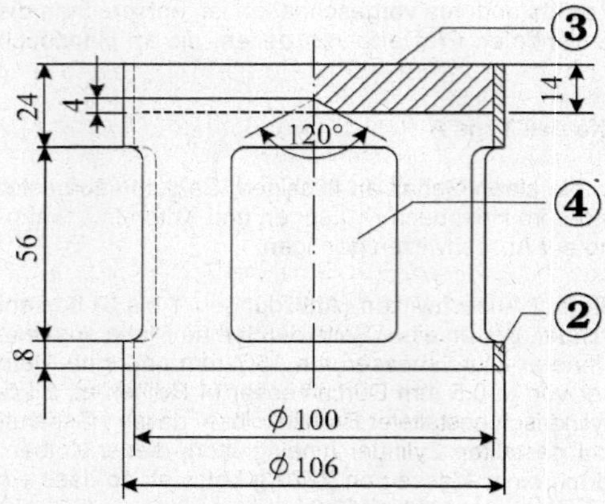

Abb. 1: Belastungskörper, glockenförmig
Masse 2220 g: aufhängbar auf Bronzekolbem

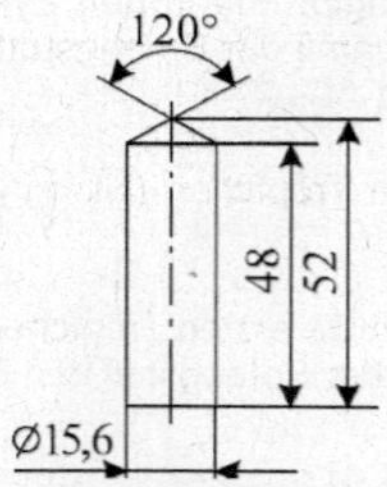

Abb. 2: Zylindrische Bronzekolben; Maße in mm

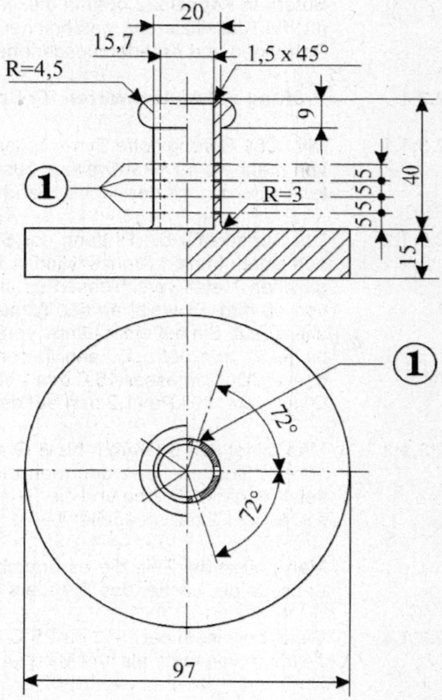

Abb. 3: Hohler Bronzezylinder, einseitig verschlossen.
Auffriss und Grundriss; Maß in mm

zu Abbildungen 1 bis 3:

(1) 4 Reihen zu 5 Löchern mit einem Durchmesser von 0,5

(2) Kupfer

(3) Bleiplatte mit zentrischem Konus an der Unterseite

(4) 4 Öffnungen, ca. 46 x 56, gleichmäßig auf Umfang verteilt

2.3.2 Prüfungen bezüglich der nitrierten Cellulosemischungen der Klasse 4.1

2.3.2.1 Nitrocellulose darf während eines halbstündigen Erhitzens bei 132 °C keine sichtbaren gelbbraunen nitrosen Dämpfe (nitrose Gase) abgeben. Die Entzündungstemperatur muss über 180°C liegen. Siehe Unterabschnitte 2.3.2.3 bis 2.3.2.8, 2.3.2.9 a) und 2.3.2.10.

2.3.2.2 3 g der plastifizierten Nitrocellulose dürfen während eines einstündigen Erhitzens bei 132°C keine sichtbaren gelbbraunen nitrosen Dämpfe (nitrose Gase) abgeben. Die Entzündungstemperatur muss über 170°C liegen. Siehe Unterabschnitte 2.3.2.3 bis 2.3.2.8, 2.3.2.9 b) und 2.3.2.10.

2.3.2.3 Die nachstehend angegebenen Prüfverfahren sind anzuwenden, wenn über die Zulässigkeit der Beförderung auf einem Binnenschiff der Stoffe Meinungsverschiedenheiten entstehen.

2.3.2.4 Wenn andere Verfahren zur Prüfung der in diesem Abschnitt oben angegebenen Beständigkeitsbedingungen gewählt werden, müssen diese zu der gleichen Beurteilung führen wie die nachstehend angegebenen Verfahren.

2.3.2.5 Bei der nachstehend beschriebenen Wärmebeständigkeitsprüfung darf die Temperatur im Trockenschrank, in dem sich das Muster zur Prüfung befindet, nicht mehr als 2°C von der vorgeschriebenen Temperatur abweichen; die Prüfzeit muss bei einer Prüfdauer von 30 oder 60 Minuten mit einer Abweichung von höchstens 2 Minuten eingehalten werden. Der Trockenschrank muss so beschaffen sein, dass nach Einsetzen des Musters die Temperatur die erforderliche Höhe in höchstens 5 Minuten erreicht.

2.3.2.6 Vor den Prüfungen nach den Unterabschnitten 2.3.2.9 und 2.3.2.10 müssen die Proben während mindestens 15 Stunden in einem mit geschmolzenem und gekörntem Chlorcalcium beschickten Vakuum-Exsikkator bei Raumtemperatur getrocknet werden, wobei die Probe in dünner Schicht ausgelegt wird; zu diesem Zwecke müssen die Proben, die weder pulverförmig noch faserig sind, entweder zu Stücken mit kleinen Abmessungen zerbrochen, geraspelt oder geschnitten werden. Der Druck muss im Exsikkator unter 6,5 kPa (0,065 bar) gehalten werden.

2.3.2.7 Vor der unter den Bedingungen des Unterabschnitts 2.3.2.6 vorzunehmenden Trocknung müssen die Stoffe nach 2.3.2.2 einer Vortrocknung in einem Trockenschrank mit guter Durchlüftung, dessen Temperatur auf 70°C eingestellt ist, so lange unterworfen werden, bis der Masseverlust innerhalb von 15 Minuten weniger als 0,3 % der Einwaage beträgt.

2.3.2.8 Schwach nitrierte Nitrocellulose nach Unterabschnitt 2.3.2.1 ist zunächst einer Vortrocknung nach den Bedingungen des Unterabschnitts 2.3.2.7 zu unterwerfen; die Trocknung wird durch einen Aufenthalt von mindestens 15 Stunden in einem mit konzentrierter Schwefelsäure beschickten Exsikkator abgeschlossen.

2.3.2.9 **Prüfung der chemischen Beständigkeit bei Wärme**

a) Prüfung des in Unterabschnitt 2.3.2.1 genannten Stoffes.

i. In jedes der beiden Probiergläser, die

eine Länge von	350	mm,
einen inneren Durchmesser von	16	mm,
eine Wanddicke von	1,5	mm

haben, bringt man 1 g des über Chlorcalcium getrockneten Stoffes (der Stoff ist für die Trocknung erforderlichenfalls in Stücke von nicht mehr als 0,05 g zu zerkleinern). Die beiden Probiergläser, die dicht, aber lose zu bedecken sind, werden dann in einen Trockenschrank gebracht, so dass sie wenigstens zu 4/5 ihrer Länge sichtbar und einer ständigen Temperatur von 132°C während 30 Minuten ausgesetzt sind. Man stellt fest, ob sich während dieser Zeit nitrose Gase in Form von gelbbraunen Dämpfen entwickeln, die besonders vor einem weißen Hintergrund gut erkennbar sind.

ii. Der Stoff gilt als beständig, wenn diese Dämpfe nicht auftreten.

b) Prüfung der plastifizierten Nitrocellulose (siehe Unterabschnitt 2.3.2.2)

i. Es werden 3 g plastifizierter Nitrocellulose in gleiche Probiergläser wie unter a) eingefüllt und diese dann in einen Trockenschrank mit einer konstanten Temperatur von 132°C gebracht.

ii. Die Probiergläser mit der plastifizierten Nitrocellulose bleiben eine Stunde im Trockenschrank. Während dieser Zeit dürfen keine gelbbraunen nitrosen Dämpfe (nitrose Gase) sichtbar werden. Beobachtung und Beurteilung wie unter a).

2.3.2.10 Entzündungstemperatur (siehe Unterabschnitte 2.3.2.1 und 2.3.2.2)

a) Zur Bestimmung der Entzündungstemperatur werden 0,2 g des Stoffes in einem Probierglas erhitzt, das in ein Wood'sches Metallbad eingetaucht ist. Das Probierglas wird in das Bad eingesetzt, nachdem dieses 100 °C erreicht hat. Die Temperatur wird dann um 5°C je Minute erhöht.

b) Die Probiergläser müssen
eine Länge von 125 mm,
einen inneren Durchmesser von 15 mm,
eine Wanddicke von 0,5 mm
haben und 20 mm tief eingetaucht sein.

c) Bei dem dreimal zu wiederholenden Versuch ist jedes Mal festzustellen, bei welcher Temperatur eine Entzündung des Stoffes eintritt, ob unter langsamer oder schneller Verbrennung, ob unter Verpuffung oder Explosion.

d) Die bei den drei Versuchen festgestellte niedrigste Temperatur ist die Entzündungstemperatur.

2.3.3 Prüfungen der entzündbaren flüssigen Stoffe der Klassen 3, 6.1 und 8

2.3.3.1 Bestimmung des Flammpunktes

2.3.3.1.1 Für die Bestimmung des Flammpunktes von entzündbaren flüssigen Stoffen dürfen folgende Methoden verwendet werden:

Internationale Normen:

ISO 1516 (Flammpunktbestimmung – Ja/Nein-Verfahren – Gleichgewichtsverfahren mit geschlossenem Tiegel)

ISO 1523 (Bestimmung des Flammpunktes – Gleichgewichtsverfahren mit geschlossenem Tiegel)

ISO 2719 (Bestimmung des Flammpunktes – Verfahren nach Pensky-Martens mit geschlossenem Tiegel)

ISO 13736 (Bestimmung des Flammpunktes – Verfahren mit geschlossenem Tiegel nach Abel)

ISO 3679 (Bestimmung des Flammpunktes – Schnelles Gleichgewichtsverfahren mit geschlossenem Tiegel)

ISO 3680 (Bestimmung des Flammpunktes – Ja/Nein-Verfahren – Schnelles Gleichgewichtsverfahren mit geschlossenem Tiegel)

Nationale Normen:

American Society for Testing Materials International, 100 Barr Harbor Drive, PO Box C700, West Conshohocken, Pennsylvania, USA 19428-2959:

ASTM D3828-07a, Standard Test Methods for Flash Point by Small Scale Closed-Cup Tester (Standard-Prüfmethoden zur Bestimmung des Flammpunktes mit einem Kleinprüfgerät mit geschlossenem Tiegel)

ASTM D56-05, Standard Test Method for Flash Point by Tag Closed-Cup Tester (Standard-Prüfmethode zur Bestimmung des Flammpunktes mit einem Tag-Prüfgerät mit geschlossenem Tiegel)

ASTM D3278-96(2004)e1, Standard Test Methods for Flash Point of Liquids by Small Scale Closed-Cup Apparatus (Standard-Prüfmethoden zur Bestimmung des Flammpunktes von flüssigen Stoffen mit einem Kleinprüfgerät mit geschlossenem Tiegel)

ASTM D93-08, Standard Test Methods for Flash Point by Pensky-Martens Closed-Cup Tester (Standard-Prüfmethoden zur Bestimmung des Flammpunktes durch Pensky-Martens-Prüfgeräte mit geschlossenem Tiegel)

Association française de normalisation, AFNOR, 11, rue de Pressensé, F-93571 La Plaine Saint-Denis Cedex:

Französische Norm NF M 07 - 019
Französische Normen NF M 07 - 011 / NF T 30 - 050 / NF T 66 - 009
Französische Norm NF M 07 - 036

Deutsches Institut für Normung, Burggrafenstraße 6, D-10787 Berlin:

Norm DIN 51755 (Flammpunkte unter 65 °C)

Staatskomitee des Ministerrates für Normung, RUS-113813, GSP, Moskau, M-49 Leninsky Prospect, 9:

GOST 12.1.044-84.

2.3.3.1.2 Für die Flammpunktbestimmung von Anstrichstoffen, Klebstoffen und ähnlichen viskosen lösungsmittelhaltigen Produkten dürfen nur Apparate und Prüfmethoden verwendet werden, die für die Flammpunktbestimmung viskoser Flüssigkeiten geeignet sind und den folgenden Normen entsprechen:

a) Internationale Norm ISO 3679:1983
b) Internationale Norm ISO 3680:1983
c) Internationale Norm ISO 1523:1983
d) Internationale Normen EN ISO 13736 und EN ISO 2719 Methode B.

2.3.3.1.3 Die in Absatz 2.3.3.1.1 aufgeführten Normen sind nur für die darin angegebenen Flammpunktbereiche anzuwenden. Die Möglichkeit einer chemischen Reaktion zwischen dem Stoff und dem Probenhalter ist bei der Auswahl der anzuwendenden Norm zu beachten. Der Apparat ist, soweit dies mit der Sicherheit vereinbar ist, an einem zugfreien Ort aufzustellen. Aus Sicherheitsgründen dürfen für organische Peroxide und selbstzersetzliche Stoffe (auch als «energetische» Stoffe bekannt) oder für giftige Stoffe nur Prüfverfahren angewendet werden, bei denen kleine Probengrößen von ca. 2 ml verwendet werden.

2.3.3.1.4 Wenn nach einer Ungleichgewichtsmethode ein Flammpunkt von 23 °C ± 2 °C oder von 60 °C ± 2 °C festgestellt wird, ist dieses Ergebnis für jeden Temperaturbereich mit einer Gleichgewichtsmethode zu bestätigen.

2.3.3.1.5 Ist die Zuordnung eines entzündbaren flüssigen Stoffes umstritten, so gilt die vom Absender vorgeschlagene Zuordnung, wenn sich bei der Nachprüfung des Flammpunktes ein Wert ergibt, der um nicht mehr als 2 °C von den in Unterabschnitt 2.2.3.1 festgelegten Grenzwerten (23 °C bzw. 60 °C) abweicht. Ist die Abweichung größer als 2 °C, so ist eine zweite Nachprüfung vorzunehmen, und es gilt der niedrigste der bei den Nachprüfungen festgestellten Werte.

2.3.3.2 Bestimmung des Siedebeginns

Für die Bestimmung des Siedebeginns von entzündbaren flüssigen Stoffen dürfen folgende Methoden verwendet werden:

Internationale Normen:

ISO 3924 (Mineralölerzeugnisse – Bestimmung der Siedebereichsverteilung – Gaschromatographisches Verfahren)
ISO 4626 (Flüchtige organische Flüssigkeiten – Bestimmung des Siedebereiches von organischen Lösemitteln, die als Rohstoffe verwendet werden)
ISO 3405 (Mineralölerzeugnisse – Bestimmung des Siedeverlaufes bei Atmosphärendruck)

Nationale Normen:

American Society for Testing Materials International, 100 Barr Harbor Drive, PO Box C700, West Conshohocken, Pennsylvania, USA 19428-2959:

ASTM D86-07a, Standard Test Method for Distillation of Petroleum Products at Atmospheric Pressure (Standard-Prüfmethode für die Destillation von Erdölprodukten bei Atmosphärendruck)

ASTM D1078-05, Standard Test Method for Distillation Range of Volatile Organic Liquids (Standard-Prüfmethode für den Destillationsbereich flüchtiger organischer flüssiger Stoffe)

Weitere anwendbare Methoden:

Die in Teil A des Anhangs zur Verordnung (EG) Nr. 440/2008[1] der Kommission beschriebene Methode A.2.

2.3.3.3 Prüfung zur Bestimmung des Gehalts an Peroxid

Der Gehalt an Peroxid eines flüssigen Stoffes wird wie folgt bestimmt:

Man gießt eine Menge p (ungefähr 5 g, auf 0,01 g genau gewogen) der zu prüfenden Flüssigkeit in einen Erlenmeyerkolben, fügt 20 cm^3 Essigsäureanhydrid und ungefähr 1 g festes pulverisiertes Kaliumiodid bei und rührt um. Nach 10 Minuten wird die Flüssigkeit während 3 Minuten bis auf 60°C erwärmt, dann lässt man sie 5 Minuten abkühlen und gibt 25 cm^3 Wasser bei. Das freigewordene Iod wird nach einer halben Stunde mit einer zehntelnormalen Natriumthiosulfatlösung ohne Beigabe eines Indikators titriert. Die vollständige Entfärbung zeigt das Ende der Reaktion an. Werden die erforderlichen cm^3 der Thiosulfatlösung mit n bezeichnet, so ergibt sich der prozentuale Peroxidgehalt der Probe (in H_2O_2 berechnet) durch die Formel

$$\frac{17n}{100p}$$

[1] Verordnung (EG) Nr. 440/2008 der Kommission vom 30. Mai 2008 zur Festlegung von Prüfmethoden gemäß der Verordnung (EG) Nr. 1907/2006 des Europäischen Parlaments und des Rates zur Registrierung, Bewertung, Zulassung und Beschränkung chemischer Stoffe (REACH) (Amtsblatt der Europäischen Union Nr. L 142 vom 31. Mai 2008, Seiten 1 – 739 und Nr. L 143 vom 3. Juni 2008, Seite 55.

2.3.4 Prüfung zur Bestimmung des Fließverhaltens

Zur Bestimmung des Fließverhaltens flüssiger, dickflüssiger oder pastenförmiger Stoffe und Gemische ist folgendes Verfahren anzuwenden:

2.3.4.1 *Prüfgerät*

Handelsübliches Penetrometer nach ISO-Norm 2137:1985 mit einer Führungsstange von 47,5 g ± 0,05 g;

Siebscheibe aus Duraluminium mit konischen Bohrungen und einer Masse von 102,5 g ± 0,05 g (siehe Abbildung 1);

Penetrationsgefäß mit einem Innendurchmesser von 72 mm bis 80 mm zur Aufnahme der Probe.

2.3.4.2 *Prüfverfahren*

Die Probe wird mindestens eine halbe Stunde vor der Messung in das Penetrationsgefäß gefüllt. Das Gefäß wird dicht verschlossen und bis zur Messung ruhig gelagert. Die Probe wird in dem dicht verschlossenen Penetrationsgefäß auf 35°C ± 0,5°C erwärmt und erst unmittelbar (höchstens 2 Minuten) vor der Messung auf den Tisch des Penetrometers gebracht. Nun wird die Spitze S der Siebscheibe auf die Flüssigkeitsoberfläche aufgesetzt und die Eindringtiefe in Abhängigkeit von der Zeit gemessen.

2.3.4.3 *Beurteilung der Prüfergebnisse*

Ein Stoff ist pastenförmig, wenn nach Aufsetzen der Spitze S auf die Oberfläche der Probe die auf dem Messgerät abgelesene Penetration

a) nach einer Belastungszeit von 5 s ± 0,1 s weniger als 15 mm ± 0,3 mm oder

b) nach einer Belastungszeit von 5 s ± 0,1 s mehr als 15 mm ± 0,3 mm, jedoch die zusätzliche Penetration nach weiteren 55 s ± 0,5 s weniger als 5,0 mm ± 0,5 mm

beträgt.

Bem. Bei Proben mit einer Fließgrenze ist es häufig nicht möglich, im Penetrationsgefäß eine stabile Oberfläche zu erreichen und somit beim Aufsetzen der Spitze "S" eindeutige Anfangsbedingungen der Messung zu schaffen. Darüber hinaus kann bei manchen Proben eine elastische Verformung der Oberfläche beim Auftreffen der Siebscheibe auftreten und in den ersten Sekunden eine größere Penetration vortäuschen. In all diesen Fällen kann eine Beurteilung der Ergebnisse nach Absatz b) zweckmäßig sein.

Abbildung 1
Penetrometer

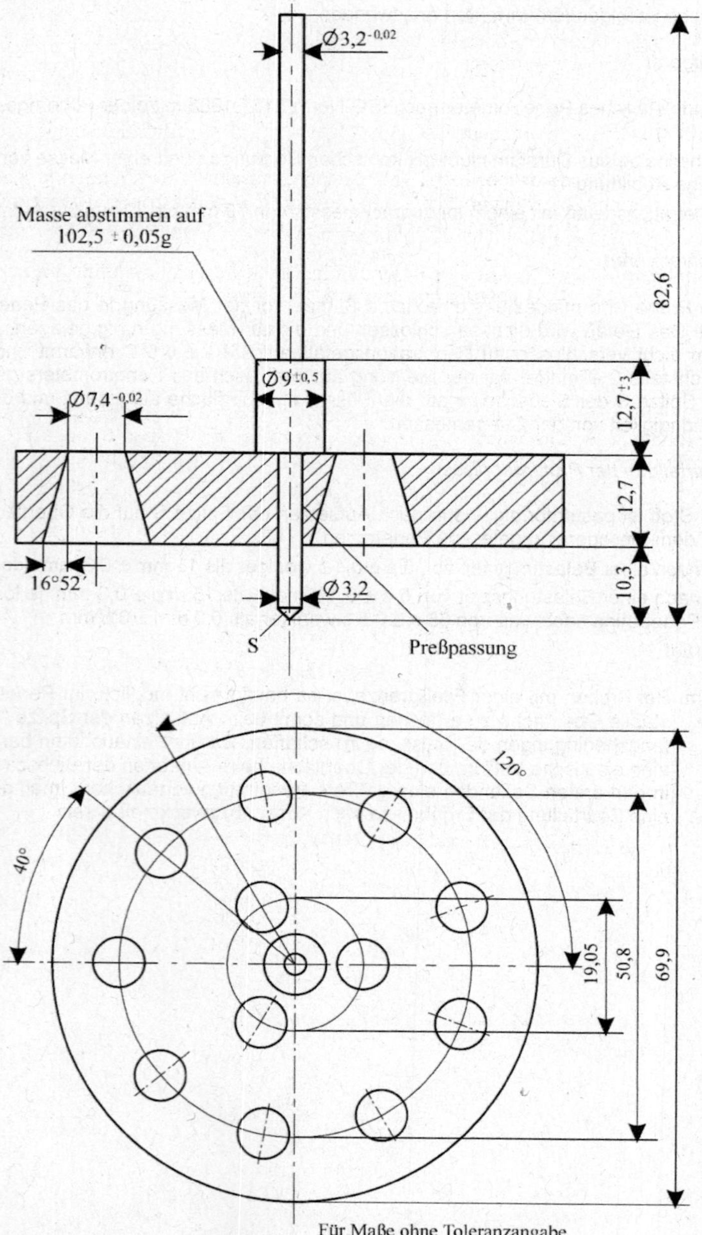

Für Maße ohne Toleranzangabe
gilt ± 0,1 mm

2.3.5 Zuordnung metallorganischer Stoffe zu den Klassen 4.2 und 4.3

Abhängig von ihren gemäß den Prüfungen N.1 bis N.5 des Handbuchs Prüfungen und Kriterien, Teil III, Abschnitt 33 festgestellten Eigenschaften können metallorganische Stoffe in Übereinstimmung mit dem in Abbildung 2.3.5 dargestellten Flussdiagramm je nach Fall der Klasse 4.2 oder 4.3 zugeordnet werden.

Bem. 1. Abhängig von ihren übrigen Eigenschaften und der Tabelle der überwiegenden Gefahr (siehe Unterabschnitt 2.1.3.10) können Stoffe anderen Klassen zugeordnet werden.

2. Entzündbare Lösungen mit metallorganischen Verbindungen in Konzentrationen, die nicht selbstentzündlich sind oder die in Berührung mit Wasser keine entzündbaren Gase in gefährlichen Mengen entwickeln, sind Stoffe der Klasse 3.

Abbildung 2.3.5: Flussdiagramm für die Zuordnung metallorganischer Stoffe zu den Klassen 4.2 und 4.3 [a) b)]

a) Die Prüfverfahren N.1 bis N.5 sind im Handbuch Prüfungen und Kriterien Teil III Abschnitt 33 enthalten.

b) Sofern anwendbar und sofern eine Prüfung unter Berücksichtigung der Reaktionseigenschaften angebracht ist, sind die Eigenschaften der Klassen 6.1 und 8 gemäß der Tabelle der überwiegenden Gefahr in Unterabschnitt 2.1.3.10 zu bestimmen.

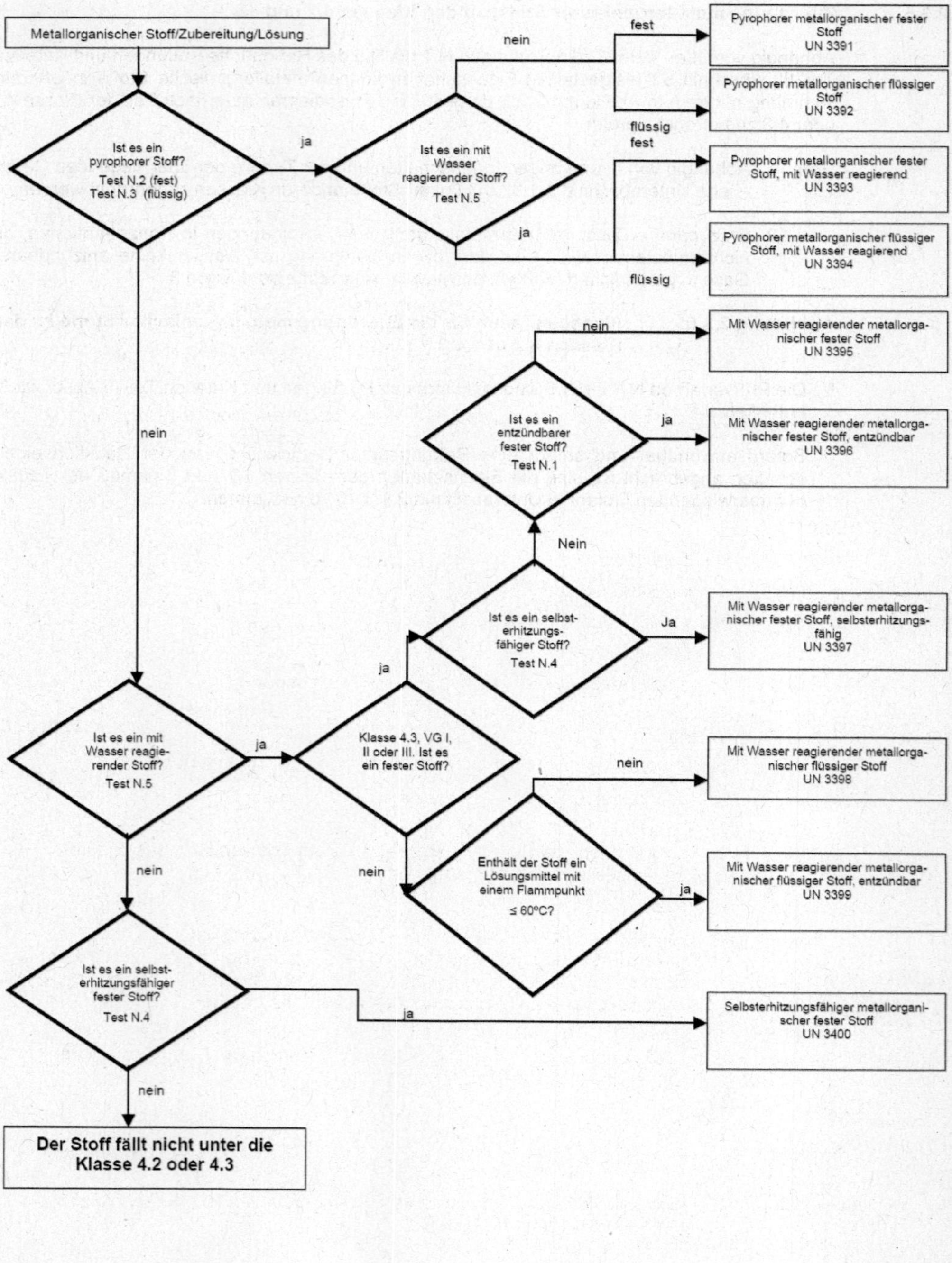
Metallorganischer Stoff/Zubereitung/Lösung
Ist es ein pyrophorer Stoff? Test N.2 (fest) Test N.3 (flüssig)
ja
Ist es ein mit Wasser reagierender Stoff? Test N.5
nein
fest
flüssig
fest
ja
flüssig
Pyrophorer metallorganischer fester Stoff UN 3391
Pyrophorer metallorganischer flüssiger Stoff UN 3392
Pyrophorer metallorganischer fester Stoff, mit Wasser reagierend UN 3393
Pyrophorer metallorganischer flüssiger Stoff, mit Wasser reagierend UN 3394
nein
Mit Wasser reagierender metallorganischer fester Stoff UN 3395
Ist es ein entzündbarer fester Stoff? Test N.1
ja
Mit Wasser reagierender metallorganischer fester Stoff, entzündbar UN 3396
Nein
Ist es ein selbsterhitzungsfähiger Stoff? Test N.4
Ja
Mit Wasser reagierender metallorganischer fester Stoff, selbsterhitzungsfähig UN 3397
ja
nein
Ist es ein mit Wasser reagierender Stoff? Test N.5
ja
Klasse 4.3, VG I, II oder III. Ist es ein fester Stoff?
nein
Mit Wasser reagierender metallorganischer flüssiger Stoff UN 3398
nein
nein
Enthält der Stoff ein Lösungsmittel mit einem Flammpunkt ≤ 60°C?
ja
Mit Wasser reagierender metallorganischer flüssiger Stoff, entzündbar UN 3399
Ist es ein selbsterhitzungsfähiger fester Stoff? Test N.4
ja
Selbsterhitzungsfähiger metallorganischer fester Stoff UN 3400
nein
Der Stoff fällt nicht unter die Klasse 4.2 oder 4.3

Kriterien für die aquatische Umwelt gefährdende Stoffe 2.4

2.4.1 Allgemeine Begriffsbestimmungen

2.4.1.1 Umweltgefährdende Stoffe umfassen unter anderem flüssige oder feste gewässerverunreinigende Stoffe sowie Lösungen und Gemische mit solchen Stoffen (wie Präparate, Zubereitungen und Abfälle).

Im Sinne dieses Kapitels sind „*Stoffe*“ chemische Elemente und deren Verbindungen, wie sie in der Natur vorkommen oder durch ein Herstellungsverfahren gewonnen werden, einschließlich notwendiger Zusatzstoffe für die Aufrechterhaltung der Stabilität des Produkts und durch das verwendete Verfahren entstandene Verunreinigungen, ausgenommen jedoch Lösungsmittel, die ohne Beeinträchtigung der Stabilität des Stoffes oder dessen Zusammensetzung extrahiert werden können.

2.4.1.2 Als aquatische Umwelt können die aquatischen Organismen, die im Wasser leben, und das aquatische Ökosystem, zu dem sie gehören[1], betrachtet werden. Die Basis für die Gefahrenermittlung ist daher die aquatische Toxizität des Stoffes oder Gemisches, auch wenn diese unter Berücksichtigung weiterer Informationen über das Abbau- und Bioakkumulationsverhalten geändert werden kann.

2.4.1.3 Obwohl das folgende Einstufungsverfahren für alle Stoffe und Gemische zur Anwendung vorgesehen ist, wird anerkannt, dass in einigen Fällen, z.B. bei Metallen oder schwach löslichen anorganischen Verbindungen, besondere Richtlinien erforderlich sind[2].

2.4.1.4 Die folgenden Definitionen gelten für die in diesem Abschnitt verwendeten Abkürzungen oder Begriffe:

- BCF: Biokonzentrationsfaktor;
- BOD: biochemischer Sauerstoffbedarf;
- COD: chemischer Sauerstoffbedarf;
- GLP: gute Laborpraxis;
- EC_x: die Konzentration, die mit x % der Reaktion verbunden ist;
- EC_{50}: die wirksame Konzentration des Stoffes, die 50 % der höchsten Reaktion verursacht;
- ErC_{50}: der EC_{50}-Wert als Verringerung der Wachstumsrate;
- K_{ow}: Verteilungskoeffizient Octanol/Wasser;
- LC_{50}: (50 % der tödlichen Konzentration): die Konzentration des Stoffes in Wasser, die zum Tod von 50 % (der Hälfte) der Versuchstiere einer Gruppe führt;
- $L(E)C_{50}$: LC_{50} oder EC_{50};
- NOEC: (höchste geprüfte Konzentration, ohne beobachtete schädliche Wirkung): die Prüfkonzentration unmittelbar unterhalb der niedrigsten geprüften Konzentration mit statistisch signifikanter schädlicher Wirkung. Die NOEC hat im Vergleich zur Kontrolle keine statistisch signifikante schädliche Wirkung;
- OECD-Prüfrichtlinien: die von der Organisation für wirtschaftliche Zusammenarbeit und Entwicklung (OECD) veröffentlichten Prüfrichtlinien.

---

1) Davon werden gewässerverunreinigende Stoffe nicht erfasst, für die es notwendig sein kann, die Auswirkungen über die aquatische Umwelt hinaus, wie z.B. auf die menschliche Gesundheit, zu berücksichtigen.

2) Diese sind in Anlage 10 des GHS enthalten.

2.4.2 Begriffsbestimmungen und Anforderungen an die Daten

2.4.2.1 Die Grundelemente für die Einstufung umweltgefährdender Stoffe (aquatische Umwelt) sind:

a) akute aquatische Toxizität;

b) chronische aquatische Toxizität;

c) potenzielle oder tatsächliche Bioakkumulation sowie

d) Abbau (biotisch oder abiotisch) bei organischen Chemikalien.

2.4.2.2 Obwohl Daten aus international harmonisierten Prüfverfahren bevorzugt werden, dürfen in der Praxis auch aus nationalen Methoden hervorgegangene Daten verwendet werden, wenn diese als gleichwertig gelten. Die Toxizitätsdaten von Süß- und Salzwasserarten gelten allgemein als gleichwertige Daten und sind bevorzugt unter Verwendung der OECD-Prüfrichtlinien oder von Verfahren, die nach den Grundsätzen guter Laborpraxis (GLP) gleichwertig sind, abzuleiten. Liegen keine derartigen Daten vor, erfolgt die Einstufung auf der Grundlage der besten verfügbaren Daten.

2.4.2.3 **Akute aquatische Toxizität**: Die intrinsische Eigenschaft eines Stoffes, einen Organismus bei kurzzeitiger aquatischer Exposition zu schädigen.

Akute (kurzfristige) Gefährdung: Für Einstufungszwecke die durch die akute Toxizität einer Chemikalie für einen Organismus hervorgerufene Gefahr bei kurzfristiger aquatischer Exposition.

Die akute aquatische Toxizität muss normalerweise unter Verwendung eines 96-Stunden-LC_{50}-Wertes für Fische (OECD-Prüfrichtlinie 203 oder ein gleichwertiges Verfahren), eines 48-Stunden-EC_{50}-Wertes für Krebstiere (OECD-Prüfrichtlinie 202 oder ein gleichwertiges Verfahren) und/oder eines 72- oder 96-Stunden-EC_{50}-Wertes für Algen (OECD-Prüfrichtlinie 201 oder ein gleichwertiges Verfahren) bestimmt werden. Diese Spezies werden stellvertretend für alle Wasserorganismen betrachtet, und Daten über andere Spezies, wie Lemna (Wasserlinsen), dürfen bei geeigneter Testmethodik auch berücksichtigt werden.

2.4.2.4 **Chronische aquatische Toxizität**: Die intrinsische Eigenschaft eines Stoffes, schädliche Wirkungen bei Wasserorganismen hervorzurufen im Zuge von aquatischen Expositionen, die im Verhältnis zum Lebenszyklus des Organismus bestimmt werden.

Langfristige Gefährdung: Für Einstufungszwecke die durch die chronische Toxizität einer Chemikalie hervorgerufene Gefahr bei langfristiger aquatischer Exposition.

Es existieren weniger Daten über die **chronische Toxizität** als über die akute Toxizität, und die Gesamtheit der Prüfmethoden ist weniger standardisiert. Daten, die gemäß der OECD-Richtlinie 210 (Fisch in einem frühen Lebensstadium) oder 211 (Reproduktion von Daphnien) und 201 (Hemmung des Algenwachstums) gewonnen wurden, können akzeptiert werden. Andere validierte und international anerkannte Prüfungen dürfen ebenfalls verwendet werden. Es sind die NOEC-Werte oder andere gleichwertige EC_x-Werte zu verwenden.

2.4.2.5 **Bioakkumulation**: Das Nettoergebnis von Aufnahme, Umwandlung und Ausscheidung eines Stoffes in einem Organismus über sämtliche Expositionswege (d.h. Luft, Wasser, Sediment/ Boden und Nahrung).

Das **Bioakkumulationspotenzial** ist in der Regel durch den Octanol/Wasser-Verteilungskoeffizienten zu ermitteln, der üblicherweise als der gemäß OECD-Prüfrichtlinie 107, 117 oder 123 bestimmte log K_{ow} ausgedrückt wird. Dies stellt dann zwar ein Bioakkumulationspotenzial dar, ein experimentell bestimmter Biokonzentrationsfaktor (BCF) eignet sich jedoch besser als Maßzahl und ist, falls verfügbar, vorzuziehen. Der BCF muss gemäß OECD-Prüfrichtlinie 305 bestimmt werden.

2.4.2.6 **Abbau**: Die Zersetzung organischer Moleküle in kleinere Moleküle und schließlich in Kohlendioxid, Wasser und Salze.

Abbau in der Umwelt kann biotisch oder abiotisch (z.B. durch Hydrolyse) erfolgen; die verwendeten Kriterien geben diesen Umstand wieder. Die leichte biologische Abbaubarkeit wird am einfachsten unter Verwendung der Prüfungen für die biologische Abbaubarkeit (A – F) der OECD-Prüfrichtlinie 301 festgestellt. Ein Bestehen dieser Prüfungen kann als Indikator für die schnelle Abbaubarkeit in den meisten Umgebungen angesehen werden. Dies sind Süßwasser-Prüfungen; damit müssen auch die Ergebnisse aus der OECD-Prüfrichtlinie 306 berücksichtigt werden, die für die Meeresumwelt besser geeignet ist. Sind derartige Daten nicht verfügbar, gilt ein BOD_5 (5 Tage)/COD-Verhältnis von ≥ 0,5 als Hinweis auf die schnelle Abbaubarkeit.

Abiotische Abbaubarkeit, wie Hydrolyse, sowohl abiotische als auch biotische Primärabbaubarkeit, Abbaubarkeit in nicht aquatischen Medien und eine nachgewiesene schnelle Abbaubarkeit in der Umwelt dürfen bei der Bestimmung der schnellen Abbaubarkeit berücksichtigt werden[1].

Stoffe gelten als schnell in der Umwelt abbaubar, wenn die folgenden Kriterien erfüllt sind:

a) in 28-tägigen Studien auf leichte Bioabbaubarkeit werden mindestens folgende Abbauwerte erreicht:

   (i) Tests basierend auf gelöstem organischem Kohlenstoff: 70 %;

   (ii) Tests basierend auf Sauerstoffverbrauch oder Kohlendioxidbildung: 60 % des theoretischen Maximums.

Diese Schwellenwerte der Bioabbaubarkeit müssen innerhalb von 10 Tagen nach dem Beginn des Abbauprozesses (Zeitpunkt, zu dem 10 % des Stoffes abgebaut sind) erreicht sein, sofern der Stoff nicht als komplexer Stoff mit mehreren Komponenten mit strukturell ähnlichen Bestandteilen identifiziert ist. In diesem Fall und in Fällen, in denen eine ausreichende Begründung vorliegt, kann auf die Bedingung des Intervalls von 10 Tagen verzichtet und das Niveau für das Bestehen der Prüfung auf 28 Tage[2] angesetzt werden; oder

b) in Fällen, in denen nur BOD- und COD-Daten vorliegen, beträgt das Verhältnis BOD_5/COD ≥ 0,5, oder

c) es liegen andere stichhaltige wissenschaftliche Nachweise darüber vor, dass der Stoff in Gewässern innerhalb von 28 Tagen zu > 70 % (biotisch und/oder abiotisch) abgebaut werden kann.

2.4.3 Kategorien und Kriterien für die Einstufung von Stoffen

Bem. Die Kategorie Chronisch 4 des Kapitels 4.1 des GHS ist in diesem Abschnitt informatorisch aufgeführt, obwohl sie im Rahmen des ADN nicht zutreffend ist.

2.4.3.1 Stoffe sind als „umweltgefährdende Stoffe (aquatische Umwelt)" einzustufen:

a) für die Beförderung in Versandstücken, wenn sie den Kriterien für Akut 1, Chronisch 1 oder Chronisch 2 gemäß der Tabelle 2.4.3.1 entsprechen und

b) für die Beförderung in Tankschiffen, wenn sie den Kriterien für Akut 1, Akut 2, Akut 3, Chronisch 1, Chronisch 2 oder Chronisch 3 gemäß der Tabelle 2.4.3.1 entsprechen:

---

[1] Eine besondere Anleitung für die Interpretation der Daten ist in Kapitel 4.1 und Anlage 9 des GHS enthalten.

[2] Siehe Kapitel 4.1 und Anlage 9 Absatz A9.4.2.2.3 des GHS.

2.4 Kriterien für die aquatische Umwelt gefährdende Stoffe

Tabelle 2.4.3.1: Kategorien von Stoffen, die für die aquatische Umwelt gefährlich sind *(siehe Bem. 1)*

a) akute (kurzzeitige) aquatische Gefahr	
Kategorie Akut 1 (siehe Bem. 1)	
96-Stunden-LC_{50}-Wert (für Fische)	≤ 1 mg/l und/oder
48-Stunden-EC_{50}-Wert (für Krebstiere)	≤ 1 mg/l und/oder
72- oder 96-Stunden-ErC_{50}-Wert (für Algen oder andere Wasserpflanzen)	≤ 1 mg/l *(siehe Bem. 3)*
Kategorie Akut 2	
96-Stunden-LC_{50}-Wert (für Fische)	> 1 bis ≤ 10 mg/l und/oder
48-Stunden-EC_{50}-Wert (für Krebstiere)	> 1 bis ≤ 10 mg/l und/oder
72- oder 96-Stunden-ErC_{50}-Wert (für Algen oder andere Wasserpflanzen)	> 1 bis ≤ 10 mg/l *(siehe Bem. 3)*
Kategorie Akut 3	
96-Stunden-LC_{50}-Wert (für Fische)	> 10 bis ≤ 100 mg/l und/oder
48-Stunden-EC_{50}-Wert (für Krebstiere)	> 10 bis ≤ 100 mg/l und/oder
72- oder 96-Stunden-ErC_{50}-Wert (für Algen oder andere Wasserpflanzen)	> 10 bis ≤ 100 mg/l *(siehe Bem. 3)*
b) Langzeitgefahr *(siehe auch Abbildung 2.4.3.1)*	
(i) nicht schnell abbaubare Stoffe (siehe Bem.4), über die hinreichende Daten über die chronische Toxizität verfügbar sind	
Kategorie Chronisch 1: (siehe Bem. 2)	
chronischer NOEC- oder EC_x-Wert (für Fische)	≤ 0,1 mg/l und/oder
chronischer NOEC- oder EC_x-Wert (für Krebstiere)	≤ 0,1 mg/l und/oder
chronischer NOEC- oder EC_x-Wert (für Algen oder andere Wasserpflanzen)	≤ 0,1 mg/l
Kategorie Chronisch 2:	
chronischer NOEC- oder EC_x-Wert (für Fische)	≤ 1 mg/l und/oder
chronischer NOEC- oder EC_x-Wert (für Krebstiere)	≤ 1 mg/l und/oder
chronischer NOEC- oder EC_x-Wert (für Algen oder andere Wasserpflanzen)	≤ 1 mg/l
(ii) schnell abbaubare Stoffe, über die hinreichende Daten über die chronische Toxizität verfügbar sind	
Kategorie Chronisch 1: (siehe Bem. 2)	
chronischer NOEC- oder EC_x-Wert (für Fische)	≤ 0,01 mg/l und/oder
chronischer NOEC- oder EC_x-Wert (für Krebstiere)	≤ 0,01 mg/l und/oder
chronischer NOEC- oder EC_x-Wert (für Algen oder andere Wasserpflanzen)	≤ 0,01 mg/l
Kategorie Chronisch 2:	
chronischer NOEC- oder EC_x-Wert (für Fische)	≤ 0,1 mg/l und/oder
chronischer NOEC- oder EC_x-Wert (für Krebstiere)	≤ 0,1 mg/l und/oder
chronischer NOEC- oder EC_x-Wert (für Algen oder andere Wasserpflanzen)	≤ 0,1 mg/l
Kategorie Chronisch 3	
chronischer NOEC- oder EC_x-Wert (für Fische)	≤ 1 mg/l und/oder
chronischer NOEC- oder EC_x-Wert (für Krebstiere)	≤ 1 mg/l und/oder
chronischer NOEC- oder EC_x-Wert (für Algen oder andere Wasserpflanzen)	≤ 1 mg/l

(iii) Stoffe, über die keine hinreichende Daten über die chronische Toxizität verfügbar sind

Kategorie Chronisch 1: (siehe Bem. 2)

96-Stunden-LC_{50}-Wert (für Fische)	≤ 1 mg/l und/oder
48-Stunden-EC_{50}-Wert (für Krebstiere)	≤ 1 mg/l und/oder
72- oder 96-Stunden-ErC_{50}-Wert (für Algen oder andere Wasserpflanzen)	≤ 1 mg/l *(siehe Bem. 3)*

und der Stoff ist nicht leicht abbaubar und/oder der experimentell bestimmte BCF ist ≥ 500 (oder, wenn dieser nicht vorliegt, log K_{ow} ≥ 4 (siehe Bem. 4 und 5)

Kategorie Chronisch 2:

96-Stunden-LC_{50}-Wert (für Fische)	> 1 bis ≤ 10 mg/l und/oder
48-Stunden-EC_{50}-Wert (für Krebstiere)	> 1 bis ≤ 10 mg/l und/oder
72- oder 96-Stunden-ErC_{50}-Wert (für Algen oder andere Wasserpflanzen)	> 1 bis ≤ 10 mg/l *(siehe Bem. 3)*

und der Stoff ist nicht leicht abbaubar und/oder der experimentell bestimmte BCF ist ≥ 500 (oder, wenn dieser nicht vorliegt, log K_{ow} ≥ 4 (siehe Bem. 4 und 5)

Kategorie: Chronisch 3

96-Stunden-LC_{50}-Wert (für Fische)	> 10 bis ≤ 100 mg/l und/oder
48-Stunden-EC_{50}-Wert (für Krebstiere)	> 10 bis ≤ 100 mg/l und/oder
72- oder 96-Stunden-ErC_{50}-Wert (für Algen oder andere Wasserpflanzen)	> 10 bis ≤ 100 mg/l *(siehe Bem. 3)*

und der Stoff ist nicht leicht abbaubar und/oder log K_{ow} ≥ 4 (es sei denn, der experimentell bestimmte BCF ist < 500), es sei denn, die NOEC für die chronische Toxizität ist > 1 mg/l.

c) „Safety net" Klassifizierung

Kategorie Chronisch 4

Stoffe, die kaum löslich sind und bei denen keine akute Toxizität in den Konzentrationen bis zu ihrer Löslichkeit in Wasser festgestellt wurde, die nicht leicht abbaubar sind und deren K_{ow} ≥ 4, was anzeigt, dass sie sich in lebenden Organismen akkumulieren können, werden dieser Kategorie zugeordnet, es sei denn, wissenschaftliche Daten zeigen, dass diese Einstufung nicht notwendig ist. Diese Daten enthalten einen experimentell bestimmten BCF < 500 oder die NOEC für die chronische Toxizität ist < 1 mg/l oder die Daten weisen eine schnelle Abbaubarkeit in der Umwelt nach.

Stoffe, die ausschließlich als Chronisch 4 eingestuft sind, gelten nicht als umweltgefährdend im Sinne des ADN.

Bem.:

1. Die Organismen Fisch, Krebstiere und Algen werden als stellvertretende Spezies geprüft, die eine Bandbreite von Nährstoffbelastungen und Gruppen von Lebewesen abdecken; die Prüfmethoden sind stark standardisiert. Daten über andere Organismen können ebenfalls betrachtet werden, sofern sie gleichwertige Spezies und Prüfendpunkte repräsentieren.

2. Bei der Einstufung von Stoffen als Akut 1 und/oder Chronisch 1 muss ein entsprechender M-Faktor für die Anwendung der Summierungsmethode angegeben werden (siehe Absatz 2.4.4.6.4).

3. Wenn die Toxizität für Algen ErC_{50} (= EC_{50} (Wachstumsgeschwindigkeit)) mehr als das Hundertfache unter der der nächst empfindlichsten Spezies liegt und die Einstufung einzig und allein auf dieser Wirkung basiert, muss abgewogen werden, ob diese Toxizität repräsentativ für die Toxizität für Wasserpflanzen ist. Wenn nachgewiesen werden kann, dass dies nicht der Fall ist, muss für die Entscheidung, ob die Einstufung so vorgenommen werden muss, von einem Sachverständigen eine Beurteilung durchgeführt werden. Die Einstufung erfolgt auf der Grundlage des ErC_{50}-Wertes. Ist die Grundlage des EC_{50}-Wertes nicht angegeben und wird kein ErC_{50}-Wert berichtet, hat die Einstufung auf dem niedrigsten verfügbaren EC_{50}-Wert zu basieren.

4. Der Mangel an schneller Abbaubarkeit beruht entweder auf einem Mangel an leichter Bioabbaubarkeit oder auf anderen Anhaltspunkten für einen Mangel an schnellem Abbau. Wenn weder experimentell bestimmte noch geschätzte verwendbare Daten über die Abbaubarkeit verfügbar sind, gilt der Stoff als nicht schnell abbaubar.

5. Bioakkumulationspotenzial auf Grundlage eines experimentell abgeleiteten BCF ≥ 500 oder, sofern dieser nicht vorhanden ist, eines log K_{ow} ≥ 4, vorausgesetzt, log K_{ow} ist ein geeigneter Deskriptor für das Bioakkumulationspotenzial des Stoffes. Gemessene log K_{ow}-Werte haben den Vorrang vor geschätzten Werten und gemessene BCF-Werte haben den Vorrang vor log K_{ow}-Werten.

Abbildung 2.4.3.1: Kategorien für langfristig gewässergefährdende Stoffe

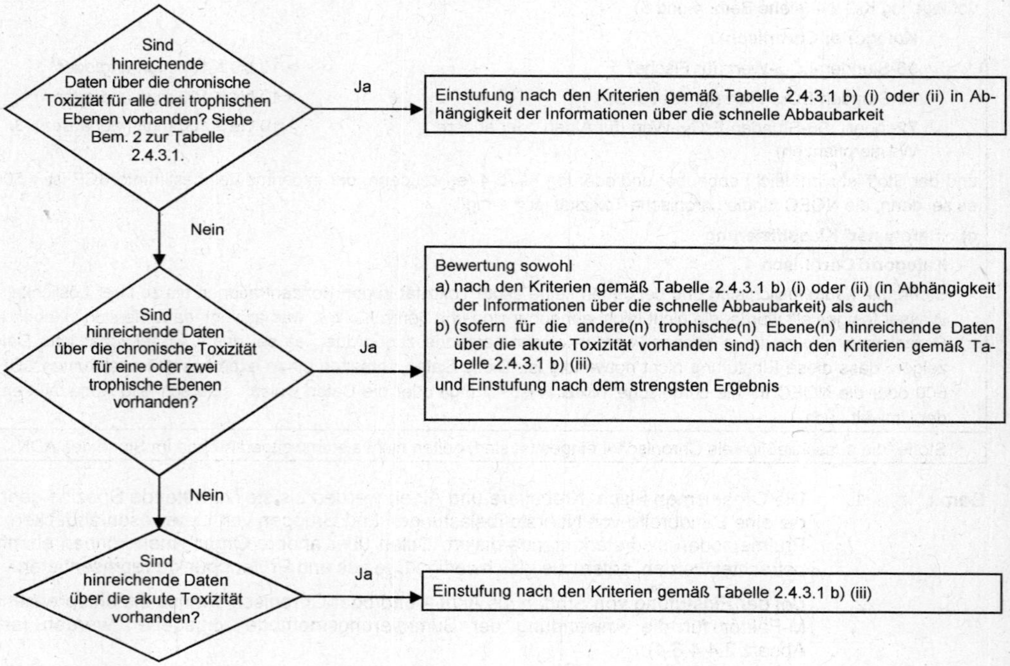

2.4.3.2 **Das Einstufungsschema in der nachstehenden Tabelle 2.4.3.2 fasst die Einstufungskriterien für Stoffe zusammen.**

Tabelle 2.4.3.2: Einstufungsschema für Stoffe, die für die aquatische Umwelt gefährlich sind

Einstufungskategorien			
	Langfristige Gefährdung *(siehe Bem. 2)*		
akute Gefahr *(siehe Bem. 1)*	**hinreichende Daten über die chronische Toxizität vorhanden**		**hinreichende Daten über die chronische Toxizität nicht vorhanden** *(siehe Bem. 1)*
	nicht schnell abbaubare Stoffe *(siehe Bem. 3)*	**schnell abbaubare Stoffe** *(siehe Bem. 3)*	
Kategorie: Akut 1	**Kategorie: Chronisch 1**	**Kategorie: Chronisch 1**	**Kategorie: Chronisch 1**
$L(E)C_{50} \leq 1{,}00$	NOEC oder $EC_x \leq 0{,}1$	NOEC oder $EC_x \leq 0{,}01$	$L(E)C_{50} \leq 1{,}00$ und keine schnelle Abbaubarkeit und/oder BCF ≥ 500 oder, sofern nicht vorhanden, $\log K_{ow} \geq 4$
Kategorie: Akut 2	**Kategorie: Chronisch 2**	**Kategorie: Chronisch 2**	**Kategorie: Chronisch 2**
$1{,}00 < L(E)C_{50} \leq 10{,}0$	$0{,}1 <$ NOEC oder $EC_x \leq 0{,}1$	$0{,}01 <$ NOEC oder $EC_x \leq 0{,}1$	$1{,}00 < L(E)C_{50} \leq 10{,}0$ und keine schnelle Abbaubarkeit und/oder BCF ≥ 500 oder, sofern nicht vorhanden, $\log K_{ow} \geq 4$
Kategorie: Akut 3		**Kategorie: Chronisch 3**	**Kategorie: Chronisch 3**
$10{,}0 < L(E)C_{50} \leq 100$		$0{,}1 <$ NOEC oder $EC_x \leq 1$	$10{,}0 < L(E)C_{50} \leq 100$ und keine schnelle Abbaubarkeit und/oder BCF ≥ 500 oder, sofern nicht vorhanden, $\log K_{ow} \geq 4$
	Kategorie: Chronisch 4 *(siehe Bem. 4)* Beispiel: *(siehe Bem. 5)* Keine akute Toxizität und keine schnelle Abbaubarkeit und BCF ≥ 500 oder, sofern nicht vorhanden, $\log K_{ow} \geq 4$, es sei denn NOEC> 1 mg/l		

Bem.:

1. Bandbreite der akuten Toxizität auf der Grundlage von L(E)C50-Werten in mg/l für Fische, Krebstiere und/oder Algen oder andere Wasserpflanzen (oder, wenn keine experimentell bestimmten Daten vorliegen, Schätzung auf der Grundlage quantitativer Struktur-Wirkungs-Beziehungen (QSAR)[1].

2. Die Stoffe werden in die verschiedenen Kategorien der chronischen Toxizität eingestuft, es sei denn, es sind hinreichende Daten über die chronische Toxizität für alle drei trophischen Ebenen über der Löslichkeit in Wasser oder über 1 mg/l verfügbar.

[1] Eine besondere Anleitung ist in Kapitel 4.1 Absatz 4.1.2.13 und in Anlage 9 Abschnitt A9.6 des GHS enthalten.

(«Hinreichend» bedeutet, dass die Daten den Endpunkt einer Bedeutung ausreichend abdecken. Im Allgemeinen wären dies gemessene Prüfdaten; um jedoch unnötige Versuche zu vermeiden, können dies fallweise auch geschätzte Daten, z.B. (Q)SAR, oder für offensichtliche Fälle eine Beurteilung durch einen Sachverständigen sein.)

3. Bandbreite der chronischen Toxizität auf der Grundlage von NOEC-Werten oder gleichwertigen ECx-Werten in mg/l für Fische oder Krebstiere oder andere anerkannte Maßeinheiten für die chronische Toxizität.

4. Das System führt ebenfalls eine „Sicherheitsnetz-Klassifizierung" ein (als Chronisch 4 bezeichnet) für den Fall, dass die vorhandenen Daten eine Klassifizierung in die formellen Kategorien nicht ermöglichen, jedoch gewisse Gründe einer Gefahr gegeben sind.

5. Stoffe, die kaum löslich sind und bei denen keine akute Toxizität in den Konzentrationen bis zu ihrer Löslichkeit festgestellt wurde, die nicht leicht abbaubar sind und ein Akkumulationspotential besitzen, gehören zu dieser Kategorie, es sei denn, es kann nachgewiesen werden, dass sie keine Langzeitgefahr aufweisen.

2.4.4 Kategorien und Kriterien für die Einstufung von Gemischen

2.4.4.1 Das System für die Einstufung von Gemischen umfasst die Einstufungskategorien, die für Stoffe verwendet werden, d.h. die Kategorien Akut 1 bis 3 und Chronisch 1 bis 4. Um alle verfügbaren Daten zur Einstufung eines Gemisches aufgrund seiner Gewässergefährdung zu nutzen, wird folgende Annahme getroffen und gegebenenfalls angewendet:

Als «relevante Bestandteile» eines Gemisches gelten jene, die für Bestandteile, die als Akut und/oder Chronisch 1 eingestuft sind, in Konzentrationen von mindestens 0,1 Masse-% und für andere Bestandteile in Konzentrationen von mindestens 1 % vorliegen, sofern (z.B. bei hochtoxischen Bestandteilen) kein Anlass zu der Annahme besteht, dass ein in einer Konzentration von weniger als 0,1 % enthaltener Bestandteil dennoch für die Einstufung des Gemisches auf Grund seiner Gefahren für die aquatische Umwelt relevant sein kann.

2.4.4.2 Die Einstufung von Gefahren für die aquatische Umwelt ist ein mehrstufiger Prozess und von der Art der Information abhängig, die zu dem Gemisch selbst und seinen Bestandteilen verfügbar ist. Das Stufenkonzept beinhaltet folgende Elemente:

a) die Einstufung auf der Grundlage von Prüfergebnissen des Gemisches;

b) die Einstufung auf der Grundlage von Übertragungsgrundsätzen;

c) die «Summierung eingestufter Bestandteile» und/oder die Verwendung einer «Additivitätsformel».

Die nachstehende Abbildung 2.4.4.2 zeigt die Schritte des Verfahrens.

Abbildung 2.4.4.2: Mehrstufiges Verfahren zur Einstufung von Gemischen nach ihrer akuten und langfristigen Gewässergefährdung

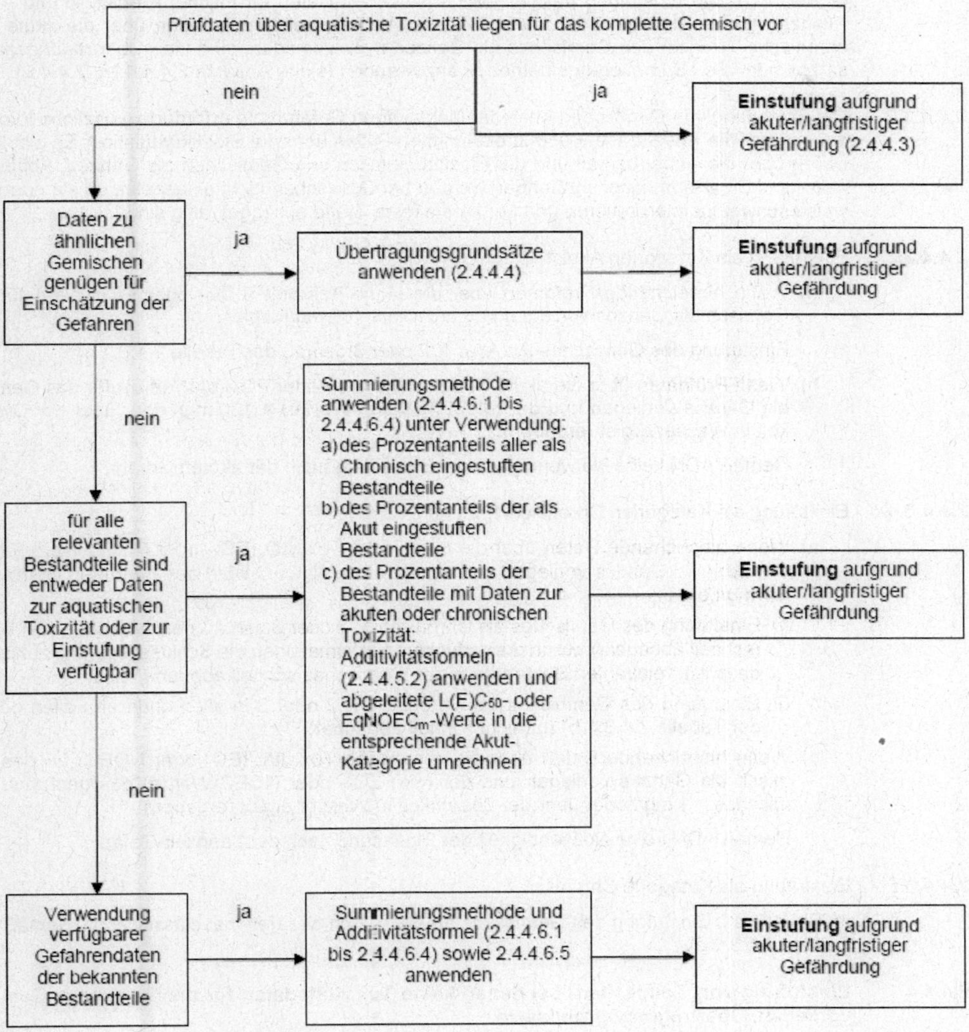

2.4.4.3 Einstufung von Gemischen, wenn Toxizitätsdaten für das komplette Gemisch vorliegen

2.4.4.3.1 Wurde das Gemisch als Ganzes auf seine aquatische Toxizität geprüft, muss diese Information für die Einstufung des Gemisches nach den Kriterien verwendet werden, die für Stoffe festgelegt wurden. Die Einstufung basiert üblicherweise auf Daten für Fische, Krebstiere und Algen/ Pflanzen (siehe Absätze 2.4.2.3 und 2.4.2.4). Wenn hinreichende Daten über die akute oder chronische Toxizität des Gemisches als Ganzes nicht vorliegen, sind die «Übertragungsgrundsätze» oder die «Summierungsmethode» anzuwenden (siehe Absätze 2.4.4.4 bis 2.4.4.6).

2.4.4.3.2 Die Einstufung von Gemischen nach der langfristigen Gefährdung erfordert zusätzliche Informationen über die Abbaubarkeit und in bestimmten Fällen über die Bioakkumulation. Es gibt keine Daten über die Abbaubarkeit und die Bioakkumulation von Gemischen als Ganzes. Abbaubarkeits- und Bioakkumulationsprüfungen werden bei Gemischen nicht eingesetzt, da sie normalerweise schwer zu interpretieren und nur für einzelne Stoffe aussagekräftig sind.

2.4.4.3.3 Einstufung als Kategorien Akut 1, 2 und 3

a) Wenn hinreichende Prüfdaten über die akute Toxizität (LC_{50}- oder EC_{50}-Wert) für das Gemisch als Ganzes vorliegen und $L(E)C_{50} \leq 100$ mg/l ergibt:

   Einstufung des Gemisches als Akut 1, 2 oder 3 gemäß der Tabelle 2.4.3.1 a).

b) Wenn Prüfdaten über die akute Toxizität (LC_{50}(s)- oder EC_{50}(s)-Wert(e)) für das Gemisch als Ganzes vorliegen und der (die) $L(E)C_{50}$(s)-Wert(e) > 100 mg/l oder über der Löslichkeit in Wasser ergibt (ergeben):

   Gemäß ADN keine Notwendigkeit der Einstufung nach der akuten Gefahr.

2.4.4.3.4 Einstufung als Kategorien Chronisch 1, 2 und 3

a) Wenn hinreichende Daten über die chronische Toxizität (EC_x- oder NOEC-Wert) für das Gemisch als Ganzes vorliegen und der EC_x- oder NOEC-Wert des geprüften Gemisches ≤ 1 mg/l ergibt:

   (i) Einstufung des Gemisches als Chronisch 1, 2 oder 3 gemäß der Tabelle 2.4.3.1 b) (ii) (schnell abbaubar), wenn die verfügbaren Informationen die Schlussfolgerung zulassen, dass alle relevanten Bestandteile des Gemisches schnell abbaubar sind;

   (ii) Einstufung des Gemisches als Chronisch 1, 2 oder 3 in allen anderen Fällen gemäß der Tabelle 2.4.3.1 b) (i) (nicht schnell abbaubar).

b) Wenn hinreichende Daten über die chronische Toxizität (EC_x oder NOEC) für das Gemisch als Ganzes vorliegen und der (die) EC_x- oder NOEC-Wert(e) des geprüften Gemisches > 1 mg/l oder über der Löslichkeit in Wasser ergibt (ergeben):

   Gemäß ADN keine Notwendigkeit der Einstufung nach der Langzeit-Gefahr.

2.4.4.3.5 Einstufung als Kategorie Chronisch 4

Im Bedarfsfall, Einstufung des Gemisches als Chronisch 4 (safety net classification) gemäß der Tabelle 2.4.3.1 c)

2.4.4.4 Einstufung von Gemischen, bei denen keine Toxizitätsdaten für das komplette Gemisch vorliegen: Übertragungsgrundsätze

2.4.4.4.1 Wurde das Gemisch selbst nicht auf seine Gefahren über die aquatische Umwelt geprüft, liegen jedoch ausreichende Daten über seine einzelnen Bestandteile und über ähnliche geprüfte Gemische vor, um die Gefahren des Gemisches angemessen zu beschreiben, dann sind diese Daten nach Maßgabe der nachstehenden Übertragungsregeln zu verwenden. Dies stellt sicher, dass für das Einstufungsverfahren in größtmöglichem Maße verfügbare Daten über die Beschreibung der Gefahren des Gemisches verwendet werden, ohne dass die Notwendigkeit für zusätzliche Tierversuche besteht.

2.4.4.4.2 Verdünnung

Entsteht ein neues Gemisch durch Verdünnung eines geprüften Gemisches oder eines Stoffes, wobei der Verdünner in eine gleichwertige oder niedrigere Kategorie der Gewässergefährdung eingestuft wurde als der am wenigsten gewässergefährdende Bestandteil des Ausgangsgemisches, und ist nicht davon auszugehen, dass das Verdünnungsmittel die Gefahren anderer Bestandteile für die aquatische Umwelt beeinflusst, dann kann das neue Gemisch als ebenso gewässergefährdend wie das Ausgangsgemisch oder der Ausgangsstoff eingestuft werden. Alternativ darf die in Absatz 2 4.4.5 erläuterte Methode angewendet werden.

2.4.4.4.3 Fertigungslose

Es wird angenommen, dass die Einstufung der gewässergefährdenden Eigenschaften eines geprüften Fertigungsloses eines Gemisches mit der eines anderen ungeprüften Fertigungsloses desselben Handelsproduktes, wenn es von oder unter Überwachung desselben Herstellers produziert wurde, im Wesentlichen gleichwertig ist, es sei denn, es besteht Grund zur Annahme, dass bedeutende Schwankungen auftreten, die zu einer Änderung der Einstufung der gewässergefährdenden Eigenschaften des ungeprüften Loses führen. In diesem Fall ist eine neue Einstufung erforderlich.

2.4.4.4.4 Konzentration von Gemischen, die als strengste Kategorien (Chronisch 1 und Akut 1) eingestuft sind

Wenn ein geprüftes Gemisch als Chronisch 1 und/oder als Akut 1 eingestuft ist und die Bestandteile des Gemisches, die als Chronisch 1 und/oder als Akut 1 eingestuft sind, weiter ungeprüft konzentriert werden, ist das Gemisch mit der höheren Konzentration ohne zusätzliche Prüfungen in dieselbe Kategorie einzustufen wie das ursprüngliche geprüfte Gemisch.

2.4.4.4.5 Interpolation innerhalb einer Toxizitätskategorie

Bei drei Gemischen (A, B und C) mit identischen Bestandteilen, wobei die Gemische A und B geprüft wurden und unter dieselbe Toxizitätskategorie fallen und das ungeprüfte Gemisch C dieselben toxikologisch aktiven Bestandteile wie die Gemische A und B hat, die Konzentrationen der toxikologisch aktiven Bestandteile dieses Gemisches jedoch zwischen den Konzentrationen in den Gemischen A und B liegen, wird angenommen, dass das Gemisch C in dieselbe Kategorie wie die Gemische A und B fällt.

2.4.4.4.6 Im Wesentlichen ähnliche Gemische

Wenn Folgendes gegeben ist:

a) zwei Gemische:
   (i) A + B;
   (ii) C + B;
b) die Konzentration des Bestandteils B ist in beiden Gemischen im Wesentlichen gleich;
c) die Konzentration des Bestandteils A im Gemisch (i) ist gleich hoch wie die Konzentration des Bestandteils C im Gemisch (ii);
d) die Daten über die Gewässergefährdungseigenschaften der Bestandteile A und C sind verfügbar und substanziell gleichwertig, d.h. die Bestandteile fallen unter dieselbe Gefährdungskategorie, und es ist nicht zu erwarten, dass sie die aquatische Toxizität des Bestandteils B beeinträchtigen,

und die Gemische (i) und (i.) bereits auf der Grundlage von Prüfdaten eingestuft sind, dann kann das andere Gemisch in dieselbe Gefährdungskategorie eingestuft werden.

2.4.4.5 Einstufung von Gemischen, wenn Toxizitätsdaten für alle Bestandteile oder nur manche Bestandteile des Gemisches vorliegen

2.4.4.5.1 Die Einstufung eines Gemisches muss auf der Summierung der Konzentrationen seiner eingestuften Bestandteile basieren. Der Prozentanteil der als akut oder als chronisch gewässergefährdend eingestuften Bestandteile fließt direkt in die Summierungsmethode ein. Diese Methode wird in den Absätzen 2.4.4.6.1 bis 2.4.4.6.4 detailliert beschrieben.

2.4.4.5.2 Gemische können aus einer Kombination sowohl von als Akut 1 bis 3 und/oder Chronisch 1 bis 4 eingestuften Bestandteilen als auch von Bestandteilen bestehen, über die geeignete Prüfdaten über die Toxizität verfügbar sind. Sind geeignete Toxizitätsdaten über mehr als einen Bestandteil des Gemisches verfügbar, wird die kombinierte Toxizität dieser Bestandteile mit Hilfe der Additivitätsformel in Absatz a) oder b) in Abhängigkeit von der Art der Toxizitätsdaten berechnet:

a) auf der Grundlage der akuten aquatischen Toxizität:

$$\frac{\sum C_i}{L(E)C_{50m}} = \sum_n \frac{C_i}{L(E)C_{50i}}$$

wobei:

C_i = Konzentration des Bestandteils i (Masseprozent);

$L(E)C_{50i}$ = (mg/l) LC_{50}- oder EC_{50}-Wert für Bestandteil i;

n = Anzahl der Bestandteile, wobei i zwischen 1 und n liegt;

$L(E)C_{50m}$ = $L(E)C_{50}$-Wert des Teils des Gemisches mit Prüfdaten.

Die errechnete Toxizität dient dazu, diesen Anteil des Gemisches in eine Kategorie der akuten Gefährdung einzustufen, die anschließend in die Anwendung der Summierungsmethode einfließt.

b) auf der Grundlage der chronischen aquatischen Toxizität:

$$\frac{\sum C_i + \sum C_j}{EqNOEC_m} = \sum_n \frac{C_i}{NOEC_i} + \sum_n \frac{C_j}{0{,}1 \cdot NOEC_j},$$

wobei:

C_i = Konzentration des Bestandteils i (Masseprozent), wobei i die schnell abbaubaren Bestandteile umfasst;

C_j = Konzentration des Bestandteils j (Masseprozent), wobei j die nicht schnell abbaubaren Bestandteile umfasst;

$NOEC_i$ = NOEC (oder andere anerkannte Größenwerte für die chronische Toxizität) des Bestandteils i, wobei i die schnell abbaubaren Bestandteile umfasst, in mg/l;

$NOEC_j$ = NOEC (oder andere anerkannte Größenwerte für die chronische Toxizität) des Bestandteils j, wobei j die nicht schnell abbaubaren Bestandteile umfasst, in mg/l;

n = Anzahl der Bestandteile, wobei i und j zwischen 1 und n liegen;

$EqNOEC_m$ = NOEC-Äquivalent des Teils des Gemisches mit Prüfdaten.

Die gleichwertige Toxizität spiegelt somit die Tatsache wider, dass nicht schnell abbaubare Stoffe eine Gefährdungskategorie-Stufe «strenger» als schnell abbaubare Stoffe eingestuft werden.

Die errechnete gleichwertige Toxizität dient dazu, diesen Anteil des Gemisches in Übereinstimmung mit den Kriterien für schnell abbaubare Stoffe (Tabelle 2.4.3.1 b) (ii)) in eine Kategorie der langfristigen Gefährdung einzustufen, die anschließend in die Anwendung der Summierungsmethode einfließt.

2.4.4.5.3 Bei Anwendung der Additivitätsformel auf einen Teil des Gemisches sollten bei der Berechnung der Toxizität dieses Teils des Gemisches für jeden Bestandteil vorzugsweise Toxizitätswerte verwendet werden, die sich auf dieselbe taxonomische Gruppe beziehen (d. h. Fisch, Krebstiere oder Algen); anschließend sollte die höchste errechnete Toxizität (niedrigster Wert) verwendet werden (d.h. Verwendung der sensibelsten der drei taxonomischen Gruppen). Sind die Toxizitätsdaten für die einzelnen Bestandteile jedoch nicht für dieselbe taxonomische Gruppe verfügbar, wird der Toxizitätswert der einzelnen Bestandteile auf dieselbe Art und Weise ausgewählt wie die Toxizitätswerte für die Einstufung von Stoffen, d.h. es wird die höhere Toxizität (des sensibelsten Prüforganismus) verwendet. Anhand der errechneten akuten und chronischen Toxizität wird dieser Teil des Gemisches in Anwendung der auch für Stoffe geltenden Kriterien als Akut 1, 2 oder 3 und/oder als Chronisch 1, 2 oder 3 eingestuft.

2.4.4.5.4 Wird ein Gemisch nach mehreren Methoden eingestuft, ist dem Ergebnis der Methode zu folgen, die das konservativere Ergebnis erbringt.

2.4.4.6 Summierungsmethode

2.4.4.6.1 Einstufungsverfahren

Im Allgemeinen hebt eine strengere Einstufung von Gemischen eine weniger strenge auf, z.B. eine Einstufung als Chronisch 1 hebt eine Einstufung als Chronisch 2 auf. Folglich ist das Einstufungsverfahren bereits abgeschlossen, wenn das Ergebnis der Einstufung Chronisch 1 lautet. Eine strengere Einstufung als Chronisch 1 ist nicht möglich; daher ist es nicht erforderlich, das Einstufungsverfahren fortzusetzen.

2.4.4.6.2 Einstufung als Kategorien Akut 1, 2 und 3

2.4.4.6.2.1 Zunächst werden sämtliche als Akut 1 eingestuften Bestandteile betrachtet. Ist die Summe der Konzentrationen (in %) dieser Bestandteile größer oder gleich 25 %, wird das gesamte Gemisch als Akut 1 eingestuft. Wenn das Ergebnis der Berechnung eine Einstufung des Gemisches als Akut 1 ergibt, ist das Einstufungsverfahren abgeschlossen.

2.4.4.6.2.2 In den Fällen, in denen das Gemisch nicht als Akut 1 eingestuft werden kann, ist die Einstufung als Akut 2 zu berücksichtigen. Ein Gemisch ist als Akut 2 einzustufen, wenn die zehnfache Summe aller als Akut 1 eingestuften Bestandteile plus die Summe aller als Akut 2 eingestuften Bestandteile größer oder gleich 25% ist. Wenn das Ergebnis der Berechnung eine Einstufung des Gemisches als Akut 2 ergibt, ist das Einstufungsverfahren abgeschlossen.

2.4.4.6.2.3 In den Fällen, in denen das Gemisch weder als Akut 1 noch als Akut 2 eingestuft werden kann, ist die Einstufung als Akut 3 zu berücksichtigen. Ein Gemisch ist als Akut 3 einzustufen, wenn die hundertfache Summe aller als Akut 1 eingestuften Bestandteile plus die zehnfache Summe aller als Akut 2 eingestuften Bestandteile plus die Summe aller als Akut 3 eingestuften Bestandteile größer oder gleich 25% ist.

2.4.4.6.2.4 Die Einstufung von Gemischen aufgrund ihrer akuten Gewässergefährdung mit Hilfe dieser Summierung der Konzentrationen der eingestuften Bestandteile ist in der nachstehenden Tabelle 2.4.4.6.2.4 zusammengefasst.

Tabelle 2.4.4.6.2.4: Einstufung eines Gemisches nach seiner akuten Gewässergefährdung auf der Grundlage der Summierung der Konzentrationen der eingestuften Bestandteile

Summe der Konzentrationen (in %) der Bestandteile, die eingestuft sind als	Gemisch wird eingestuft als
Akut 1 × M[a] ≥ 25%	Akut 1
(M x 10 x Akut 1) − Akut 2 ≥ 25%	Akut 2
(M x 100 x Akut 1) + (10 x Akut 2) + Akut 3 ≥ 25%	Akut 3

[a] Siehe Absatz 2.4.4.6.4 zur Erläuterung des Faktors M.

2.4.4.6.3 Einstufung als Kategorien Chronisch 1, 2, 3 und 4

2.4.4.6.3.1 Zunächst werden sämtliche als Chronisch 1 eingestuften Bestandteile betrachtet. Ist die Summe der Konzentrationen (in %) dieser Bestandteile größer oder gleich 25%, wird das gesamte Gemisch als Chronisch 1 eingestuft. Ergibt die Berechnung eine Einstufung des Gemisches als Chronisch 1, ist das Einstufungsverfahren abgeschlossen.

2.4.4.6.3.2 Falls das Gemisch nicht als Chronisch 1 eingestuft wird, wird eine Einstufung als Chronisch 2 geprüft. Ein Gemisch ist dann als Chronisch 2 einzustufen, wenn die zehnfache Summe der Konzentrationen (in %) aller Bestandteile, die als Chronisch 1 eingestuft sind, zuzüglich der Summe der Konzentrationen (in %) aller Bestandteile, die als Chronisch 2 eingestuft sind, größer oder gleich 25 % ist. Ergibt die Berechnung eine Einstufung des Gemisches als Chronisch 2, ist das Einstufungsverfahren abgeschlossen.

2.4.4.6.3.3 Falls das Gemisch weder als Chronisch 1 noch als Chronisch 2 eingestuft wird, wird eine Einstufung als Chronisch 3 geprüft. Ein Gemisch ist dann als Chronisch 3 einzustufen, wenn die hundertfache Summe der Konzentrationen (in %) aller Bestandteile, die als Chronisch 1 eingestuft sind, zuzüglich der zehnfachen Summe der Konzentrationen (in %) aller Bestandteile, die als Chronisch 2 eingestuft sind, plus die Summe aller als Chronisch 3 eingestuften Bestandteile größer oder gleich 25 % ist. Ergibt die Berechnung eine Einstufung des Gemisches als Chronisch 3, ist das Einstufungsverfahren abgeschlossen.

2.4.4.6.3.4 Falls das Gemisch weder als Chronisch 1 noch als Chronisch 2 noch als Chronisch 3 eingestuft wird, ist es im Rahmen des ADN nicht notwendig zu prüfen, ob es als Chronisch 4 einzustufen ist. Ein Gemisch ist als Chronisch 4 einzustufen, wenn die Summe der Prozentsätze der als Chronisch 1, 2, 3, 4 größer oder gleich 25% ist.

2.4.4.6.3.5 Die Einstufung von Gemischen nach ihrer langfristigen Gewässergefährdung mit Hilfe der Summierung der Konzentrationen von eingestuften Bestandteilen wird in der nachstehenden Tabelle 2.4.4.6.3.5 zusammengefasst.

Tabelle 2.4.4.6.3.5: Einstufung eines Gemisches nach seiner langfristigen Gewässergefährdung auf der Grundlage der Summierung der Konzentrationen von eingestuften Bestandteilen

Summe der Konzentrationen (in %) der Bestandteile, die eingestuft sind als	Gemisch wird eingestuft als
Chronisch 1 x M[a)] ≥ 25%	Chronisch 1
(M x 10 x Chronisch 1) + Chronisch 2 ≥ 25%	Chronisch 2
(M x 100 x Chronisch 1) + (10 x Chronisch 2 + Chronisch 3 ≥ 25%	Chronisch 3
Chronisch 1 + Chronisch 2 + Chronisch 3 + Chronisch 4 ≥ 25%	Chronisch 4

[a)] Siehe Absatz 2.4.4.6.4 zur Erläuterung des Faktors M.

2.4.4.6.4 Gemische mit hochtoxischen Bestandteilen

Als Akut 1 oder Chronisch 1 eingestufte Bestandteile mit akuten Toxizitäten von weit unter 1 mg/l und/oder chronischen Toxizitäten weit unter 0,1 mg/l (für nicht schnell abbaubare Bestandteile) und 0,01 mg/l (für schnell abbaubare Bestandteile) tragen zur Toxizität des Gemisches bei und erhalten bei der Einstufung mit Hilfe der Summierungsmethode ein größeres Gewicht. Enthält ein Gemisch Bestandteile, die als Akut 1 oder Chronisch 1 eingestuft sind, ist das unter den Absätzen 2.4.4.6.2 und 2.4.4.6.3 beschriebene Stufenkonzept anzuwenden, das eine gewichtete Summe verwendet, die aus der Multiplikation der Konzentrationen der als Akut 1 und Chronisch 1 eingestuften Bestandteile mit einem Faktor resultiert, anstatt lediglich Prozentanteile zu addieren. Dies bedeutet, dass die Konzentration von «Akut 1» in der linken Spalte der Tabelle 2.4.4.6.2.4 und die Konzentration von «Chronisch 1» in der linken Spalte der Tabelle 2.4.4.6.3.5 mit dem entsprechenden Multiplikationsfaktor multipliziert werden. Die auf diese Bestandteile anzuwendenden Multiplikationsfaktoren werden anhand des Toxizitätswertes bestimmt, wie in nachstehender Tabelle 2.4.4.6.4 zusammenfassend dargestellt. Zur Einstufung eines Gemisches mit als Akut 1 und/oder Chronisch 1 eingestuften Bestandteilen muss daher die für die Einstufung zuständige Person den Wert des Faktors M kennen, um die Summierungsmethode anwenden zu können. Alternativ darf die Additivitätsformel (siehe Absatz 2.4.4.5.2) verwendet werden, sofern für alle hochtoxischen Bestandteile des Gemisches Toxizitätsdaten vorliegen und es schlüssige Belege dafür gibt, dass sämtliche anderen Bestandteile (einschließlich derjenigen, für die keine spezifischen Daten über die akute und/oder chronische Toxizität vorliegen) wenig oder gar nicht toxisch sind und nicht deutlich zur Umweltgefahr des Gemisches beitragen.

Tabelle 2.4.4.6.4: Multiplikationsfaktoren für hochtoxische Bestandteile von Gemischen

akute Toxizität	**M-Faktor**	**chronische Toxizität**	**M-Faktor**	
$L(E)C_{50}$-Wert		**NOEC-Wert**	**nicht schnell abbaubare Bestandteile**	**schnell abbaubare Bestandteile**
$0,1 < L(E)C_{50} \leq 1$	1	$0,01 < NOEC \leq 0,1$	1	–
$0,01 < L(E)C_{50} \leq 0,1$	10	$0,001 < NOEC \leq 0,01$	10	1
$0,001 < L(E)C_{50} \leq 0,01$	100	$0,0001 < NOEC \leq 0,001$	100	10
$0,0001 < L(E)C_{50} \leq 0,001$	1000	$0,00001 < NOEC \leq 0,0001$	1000	100
$0,00001 < L(E)C_{50} \leq 0,0001$	10000	$0,000001 < NOEC \leq 0,00001$	10000	1000
(weiter in Faktor-10-Intervallen)		(weiter in Faktor-10-Intervallen)		

2.4.4.6.5 Einstufung von Gemischen mit Bestandteilen, zu denen keine verwertbaren Informationen vorliegen

Liegen für einen oder mehrere relevante Bestandteile keinerlei verwertbare Informationen über eine akute und/oder chronische aquatische Toxizität vor, führt dies zu dem Schluss, dass eine endgültige Einstufung des Gemisches zu einer oder mehreren Gefahrenkategorien nicht möglich ist. In einem solchen Fall wird das Gemisch lediglich aufgrund der bekannten Bestandteile eingestuft ....

Teil 3

Verzeichnis der gefährlichen Güter, Sondervorschriften und Freistellungen im Zusammenhang mit begrenzten und freigestellten Mengen

3.1 Allgemeines

3.1.1 Einführung

3.1.2 Offizielle Benennung für die Beförderung

3.1.2.8 Benennungen der Gattungseintragungen oder der „nicht anderweitig genannten" (n.a.g.) Eintragungen

3.1.3 Lösungen oder Gemische

3.2 Verzeichnis der gefährlichen Güter

3.2.1 **Erläuterungen zur Tabelle A:** Verzeichnis der gefährlichen Güter in numerischer Reihenfolge

Tabelle A: Verzeichnis der gefährlichen Güter in numerischer Reihenfolge

3.2.2 **Tabelle B:** Verzeichnis der gefährlichen Güter in alphabetischer Reihenfolge

3.2.3 **Tabelle C:** Verzeichnis der zur Beförderung in Tankschiffen zugelassenen gefährlichen Güter in numerischer Reihenfolge

3.2.3.1 Erläuterungen zur Tabelle C

3.2.3.2 Tabelle C

3.2.3.3 Entscheidungsdiagramm, Schemata und Kriterien für die Festlegung der anwendbaren besonderen Vorschriften (Spalte 6 bis 20 der Tabelle C)

3.2.4 Modalitäten für die Anwendung des Abschnitts 1.5.2 bezüglich Ausnahmegenehmigungen für die Beförderung in Tankschiffen

3.3 Für bestimmte Stoffe oder Gegenstände geltende Sondervorschriften

3.4 In begrenzten Mengen verpackte gefährliche Güter

3.5 In freigestellten Mengen verpackte gefährliche Güter

3.5.1 Freigestellte Mengen

3.5.2 Verpackungen

3.5.3 Prüfungen für Versandstücke

3.5.4 Kennzeichnung der Versandstücke

3.5.5 Höchste Anzahl Versandstücke in einem Fahrzeug, Wagen oder Container

3.5.6 Dokumentation

3 Verzeichnis der gefährlichen Güter, Sondervorschriften und Freistellungen im Zusammenhang mit begrenzten und freigestellten Mengen

3.1.1 Einführung

Neben den Vorschriften, die in den Tabellen dieses Teils angegeben sind oder auf die verwiesen wird, sind die allgemeinen Vorschriften jedes Teils, Kapitels und/oder Abschnitts zu beachten. Diese allgemeinen Vorschriften sind in den Tabellen nicht angegeben. Wenn eine allgemeine Vorschrift in Widerspruch zu einer Sondervorschrift steht, hat die Sondervorschrift Vorrang.

3.1.2 Offizielle Benennung für die Beförderung

Bem. Wegen der offiziellen Benennungen für die Beförderung, die für die Beförderung von Proben verwendet werden, siehe 2.1.4.1.

3.1.2.1 Die offizielle Benennung für die Beförderung ist derjenige Teil der Eintragung, der die Güter in Kapitel 3.2 Tabelle A oder C am genauesten beschreibt und in Großbuchstaben erscheint (Zahlen, griechische Buchstaben und die Angaben in Kleinbuchstaben «sec-» «tert-», «m-», «n-», «o-» und «p-» sind Bestandteil der Benennung). Die Angabe zum Dampfdruck (pD) und zum Siedepunkt in Kapitel 3.2 Tabelle C Spalte 2 ist Teil der offiziellen Benennung für die Beförderung. Nach der vorwiegend verwendeten offiziellen Benennung für die Beförderung kann eine alternative offizielle Benennung für die Beförderung in Klammern angegeben sein. In der Tabelle A ist die alternative offizielle Benennung in Großbuchstaben angegeben (z.B. ETHANOL (ETHYLALKOHOL)). In der Tabelle C ist die alternative offizielle Benennung in Kleinbuchstaben angegeben (z.B. ACETONITRIL (Methylcyanid)). Sofern nicht vorstehend anderes bestimmt ist, gelten Teile der Eintragung, die in Kleinbuchstaben angegeben sind, nicht als Bestandteil der offiziellen Benennung für die Beförderung.

3.1.2.2 Wenn unter einer einzelnen UN-Nummer eine Kombination mehrerer unterschiedlicher offizieller Benennungen für die Beförderung aufgeführt ist und diese durch „und" oder „oder" in Kleinbuchstaben oder durch Kommas getrennt sind, darf im Beförderungspapier oder auf den Kennzeichen des Versandstücks nur die am besten geeignete offizielle Benennung für die Beförderung angegeben werden. ▪▪▪ Folgende Beispiele veranschaulichen die Auswahl der offiziellen Benennung für die Beförderung in derartigen Fällen:

a) UN 1057 FEUERZEUGE oder NACHFÜLLPATRONEN FÜR FEUERZEUGE - Die offizielle Benennung für die Beförderung ist diejenige der nachstehenden Benennungen, die am besten geeignet ist:
FEUERZEUGE
NACHFÜLLPATRONEN FÜR FEUERZEUGE;

b) UN 2793 METALLISCHES EISEN als BOHRSPÄNE, FRÄSSPÄNE, DREHSPÄNE, ABFÄLLE in selbsterhitzungsfähiger Form. Die offizielle Benennung für die Beförderung ist die am besten geeignete der nachstehenden Kombinationen:
METALLISCHES EISEN, BOHRSPÄNE
METALLISCHES EISEN, FRÄSSPÄNE
METALLISCHES EISEN, DREHSPÄNE
METALLISCHES EISEN, ABFÄLLE

3.1.2.3 Die offizielle Benennung für die Beförderung darf im Singular oder im Plural verwendet werden. Wenn diese Benennung zur näheren Bestimmung Begriffe enthält, ist außerdem die Reihenfolge dieser Begriffe im Beförderungspapier oder in den Kennzeichen der Versandstücke freigestellt. Zum Beispiel darf anstelle von „DIMETHYLAMIN, WÄSSERIGE LÖSUNG" alternativ angegeben werden „WÄSSERIGE LÖSUNG VON DIMETHYLAMIN". Für Güter der Klasse 1 dürfen Handelsnamen oder militärische Benennungen verwendet werden, welche die durch einen beschreibenden Wortlaut ergänzte offizielle Benennung enthalten.

3.1.2.4 Zahlreiche Stoffe haben sowohl eine Eintragung für den flüssigen und festen Zustand (siehe Begriffsbestimmungen für „flüssigen Stoff" und „festen Stoff" in Abschnitt 1.2.1) als auch für den festen Stoff und die Lösung. Diese sind verschiedenen UN-Nummern zugeordnet, die nicht unbedingt nacheinander erscheinen.[1)]

3.1.2.5 Wird ein Stoff, der gemäß Begriffsbestimmung in Abschnitt 1.2.1 ein fester Stoff ist, in geschmolzenem Zustand befördert oder zur Beförderung aufgegeben, ist die offizielle Benennung für die Beförderung durch die Präzisierung „GESCHMOLZEN" zu ergänzen, sofern dies nicht bereits in Großbuchstaben in Kapitel 3.2 Tabelle A oder C angegebenen Benennung enthalten ist (z.B. ALKYLPHENOL, FEST, N.A.G., GESCHMOLZEN).

3.1.2.6 Mit Ausnahme der selbstzersetzlichen Stoffe und der organischen Peroxide und mit Ausnahme der Fälle, in denen der Ausdruck „STABILISIERT" bereits in der in Kapitel 3.2 Tabelle A Spalte 2 angegebenen Benennung in Großbuchstaben angegeben ist, ist bei einem Stoff, der auf Grund der Vorschriften in den Unterabschnitten 2.2.x.2 ohne Stabilisierung für die Beförderung verboten wäre, da er unter normalen Beförderungsbedingungen in der Lage ist, gefährlich zu reagieren, der Ausdruck „STABILISIERT" als Teil der offiziellen Benennung für die Beförderung hinzuzufügen (z. B. „GIFTIGER ORGANISCHER FLÜSSIGER STOFF, N.A.G., STABILISIERT").

Wenn für die Stabilisierung eines solchen Stoffes eine Temperaturkontrolle angewendet wird, um die Entwicklung eines gefährlichen Überdrucks oder eine zu starke Wärmeentwicklung zu verhindern, oder wenn eine chemische Stabilisierung in Verbindung mit einer Temperaturkontrolle angewendet wird, gilt Folgendes:

a) Wenn bei flüssigen und festen Stoffen die SAPT[2)] (bei Anwendung einer chemischen Stabilisierung mit oder ohne Inhibitor gemessen) höchstens dem in Absatz 2.2.41.1.21 vorgeschriebenen Wert entspricht, gelten die Vorschriften des Absatzes 2.2.41.1.17, die Sondervorschrift 386 des Kapitels 3.3, des Abschnitts 7.1.7, die Sondervorschrift V 8 des Kapitels 7.2 des ADR, die Sondervorschrift S4 des Kapitels 8.5 des ADR und die Vorschriften des Kapitels 9.6 des ADR mit der Ausnahme, dass der in diesen Absätzen verwendete Begriff „SADT" auch die „SAPT" einschließt, wenn der betreffende Stoff durch Polymerisation reagiert;

b) sofern der Ausdruck „TEMPERATURKONTROLLIERT" nicht bereits in der in Kapitel 3.2 Tabelle A Spalte (2) angegebenen Benennung in Großbuchstaben enthalten ist, ist er als Teil der offiziellen Benennung für die Beförderung hinzuzufügen;

c) für Gase: die Beförderungsbedingungen sind von der zuständigen Behörde zu genehmigen.

3.1.2.7 Hydrate dürfen unter der offiziellen Benennung für die Beförderung des wasserfreien Stoffes befördert werden.

---

1) Einzelheiten sind aus dem alphabetischen Verzeichnis (Kapitel 3.2, Tabelle B) ersichtlich, z.B.:

NITROXYLENE, FLÜSSIG	6.1	1665
NITROXYLENE, FEST	6.1	3447

2) Für die Begriffsbestimmung von „Temperatur der selbstbeschleunigenden Polymerisation (SAPT)" siehe Abschnitt 1.2.1.

3.1.2.8 Benennungen der Gattungseintragungen oder der „nicht anderweitig genannten“ (n.a.g.) Eintragungen

3.1.2.8.1 Die offiziellen Benennungen für die Beförderung von Gattungseintragungen und „nicht anderweitig genannten“ Eintragungen, denen in Kapitel 3.2 Tabelle A Spalte 6 die Sondervorschrift 274 oder 318 oder in Kapitel 3.2, Tabelle C, Spalte 20 die Bemerkung 27 zugeordnet ist, sind mit der technischen Benennung des Gutes zu ergänzen, sofern nicht ein nationales Gesetz oder ein internationales Übereinkommen bei Stoffen, die einer Kontrolle unterstehen, die genaue Beschreibung verbietet. Bei explosiven Stoffen und Gegenständen mit Explosivstoff der Klasse 1 darf die Beschreibung der gefährlichen Güter durch eine zusätzliche Beschreibung für die Angabe der Handelsnamen oder der militärischen Benennungen ergänzt werden. Die technischen Benennungen sind unmittelbar nach der offiziellen Benennung für die Beförderung in Klammern anzugeben. Eine geeignete nähere Bestimmung, wie „ENTHÄLT“ oder „ENTHALTEND“, oder andere bezeichnende Ausdrücke, wie „Gemisch“, „Lösung“, usw., und der Prozentsatz des technischen Bestandteils dürfen ebenfalls verwendet werden. Zum Beispiel: „UN 1993 ENTZÜNDBARER FLÜSSIGER STOFF N.A.G. (ENTHÄLT XYLEN UND BENZEN), 3, II.“

3.1.2.8.1.1 Die technische Benennung ist eine anerkannte chemische oder biologische Benennung, oder eine andere Benennung, die üblicherweise in wissenschaftlichen und technischen Handbüchern, Zeitschriften und Texten verwendet wird. Handelsnamen dürfen zu diesem Zweck nicht verwendet werden. Bei Mitteln zur Schädlingsbekämpfung (Pestiziden) darf (dürfen) nur die allgemein gebräuchliche(n) ISO-Benennung(en), (eine) andere Benennung(en) gemäß „The WHO Recommendet Classification of Pesticides by Hazard and Guidelines to Classification“ oder die Benennung(en) des (der) aktiven Bestandteils (Bestandteile) verwendet werden.

3.1.2.8.1.2 Wenn ein Gemisch gefährlicher Güter oder Gegenstände, die gefährliche Güter enthalten, durch eine der „n.a.g.-“ oder „Gattungseintragungen“ beschrieben wird (werden), denen in Kapitel 3.2 Tabelle A Spalte 6 die Sondervorschrift 274 zugeordnet ist, müssen nicht mehr als die zwei Komponenten angegeben werden, die für die Gefahr(en) des Gemisches oder der Gegenstände maßgebend sind, ausgenommen Stoffe, die einer Kontrolle unterstehen und deren Offenlegung durch ein nationales Gesetz oder ein internationales Übereinkommen verboten ist. Ist das Versandstück, das ein Gemisch enthält, mit einem Gefahrzettel für die Nebengefahr versehen, muss eine der beiden in Klammern angegebenen technischen Benennungen die Benennung der Komponente sein, welche die Verwendung des Gefahrzettels für die Nebengefahr erforderlich macht.

Bem. Siehe Absatz 5.4.1.2.2.

3.1.2.8.1.3 Folgende Beispiele veranschaulichen, wie bei den n.a.g.-Eintragungen die offizielle Benennung für die Beförderung durch die technische Benennung ergänzt wird:

UN 3394	PYROPHORER METALLORGANISCHER FLÜSSIGER STOFF, MIT WASSER REAGIEREND (Trimethylgallium)
UN 2902	PESTIZID, FLÜSSIG, GIFTIG, N.A.G. (Drazoxolon)
UN 3540	GEGENSTÄNDE, DIE EINEN ENTZÜNDBAREN FLÜSSIGEN STOFF ENTHALTEN, N.A.G (Pyrrolidin)

3.1.2.8.1.4 Folgende Beispiele veranschaulichen, wie bei den n.a.g.-Eintragungen für die Beförderung in Tankschiffen die Angabe des Dampfdrucks oder Siedepunkts in die offizielle Benennung für die Beförderung eingefügt wird:

UN 1268	ERDÖLPRODUKTE, N.A.G. (NAPHTA), 110 kPa < pD50 ≤ 150 kPa;
UN 1993	ENTZÜNDBARER FLÜSSIGER STOFF, N.A.G., MIT MEHR ALS 10 % BENZEN, 60 °C < SIEDEBEGINN ≤ 85 °C (enthält ACETON).

3.1.3 Lösungen oder Gemische

Bem. Wenn ein Stoff in Kapitel 3.2 Tabelle A namentlich aufgeführt ist, muss er bei der Beförderung durch die offizielle Benennung für die Beförderung gemäß Kapitel 3.2 Tabelle A Spalte 2 identifiziert werden. Solche Stoffe können technische Unreinheiten (die z.B. aus dem Produktionsprozess herrühren) oder Additive für die Stabilisierung oder für andere Zwecke enthalten, die keine Auswirkungen auf ihre Klassifizierung haben. Jedoch gilt ein namentlich genannter Stoff, der technische Unreinheiten oder Additive für die Stabilisierung oder für andere Zwecke enthält, die Auswirkungen auf seine Klassifizierung haben, als Lösung oder Gemisch (siehe Unterabschnitt 2.1.3.3).

3.1.3.1 Eine Lösung oder ein Gemisch unterliegt nicht dem ADN, wenn die Merkmale, Eigenschaften, die Form oder der Aggregatzustand der Lösung oder des Gemisches so ausgeprägt sind, dass die Lösung oder das Gemisch nicht den Kriterien, einschließlich der Kriterien der menschlichen Erfahrung, für die Aufnahme in eine Klasse entspricht.

3.1.3.2 Eine Lösung oder ein Gemisch, die/das den Klassifizierungskriterien des ADN entspricht und nur einen in Kapitel 3.2 Tabelle A namentlich genannten überwiegenden Stoff und einen oder mehrere nicht dem ADN unterliegende Stoffe oder Spuren eines oder mehrerer in Kapitel 3.2 Tabelle A namentlich genannter Stoffe enthält, ist der UN-Nummer und der offiziellen Benennung für die Beförderung des in Kapitel 3.2 Tabelle A genannten überwiegenden Stoffes zuzuordnen, es sei denn:

a) die Lösung oder das Gemisch ist in Kapitel 3.2 Tabelle A namentlich genannt;

b) aus der Benennung und der Beschreibung des in Kapitel 3.2 Tabelle A namentlich genannten Stoffes geht hervor, dass die Eintragung nur für den reinen Stoff gilt;

c) die Klasse, der Klassifizierungscode, die Verpackungsgruppe oder der Aggregatzustand der Lösung oder des Gemisches unterscheidet sich von denen des in Kapitel 3.2 Tabelle A namentlich genannten Stoffes oder

d) die Gefahrenmerkmale und -eigenschaften der Lösung oder des Gemisches machen Notfallmaßnahmen erforderlich, die sich von denen des in Kapitel 3.2 Tabelle A namentlich genannten Stoffes unterscheiden.

Bezeichnende Ausdrücke, wie «LÖSUNG» bzw. «GEMISCH», sind als Teil der offiziellen Benennung für die Beförderung hinzuzufügen, z.B. «ACETON, LÖSUNG». Darüber hinaus darf nach der Grundbeschreibung des Gemisches oder der Lösung auch die Konzentration des Gemisches oder der Lösung angegeben werden, z.B. «ACETON, LÖSUNG, 75 %».

3.1.3.3 Eine Lösung oder ein Gemisch, die/das den Klassifizierungskriterien des ADN entspricht und in Kapitel 3.2 Tabelle A nicht namentlich genannt ist und mehrere gefährliche Güter enthält, ist einer Eintragung zuzuordnen, deren offizielle Benennung für die Beförderung, Beschreibung, Klasse, Klassifizierungscode und Verpackungsgruppe die Lösung oder das Gemisch am genauesten beschreibt.

3.2.1 Erläuterungen zur Tabelle A: Verzeichnis der gefährlichen Güter in numerischer Reihenfolge

Jede Zeile der Tabelle A dieses Kapitels behandelt in der Regel den (die) Stoff(e) oder Gegenstand (Gegenstände), der (die) durch eine bestimmte UN-Nummer oder Stoffnummer erfasst wird (werden). Wenn jedoch Stoffe oder Gegenstände, die zu ein und derselben UN-Nummer oder Stoffnummer gehören, unterschiedliche chemische Eigenschaften, physikalische Eigenschaften und/oder Beförderungsvorschriften haben, können für diese UN-Nummer oder Stoffnummer mehrere aufeinanderfolgende Zeilen verwendet werden.

Jede Spalte der Tabelle A ist, wie in den nachstehenden erläuternden Bemerkungen angegeben, einem bestimmten Thema gewidmet. Der Schnittpunkt von Spalten und Zeilen (Zelle) enthält Informationen zu dem in der Spalte behandelten Thema für den (die) Stoff(e) oder Gegenstand (Gegenstände) dieser Zeile:

- die ersten vier Zellen identifizieren den (die) zu dieser Zeile gehörenden Stoff(e) oder Gegenstand (Gegenstände) (die Sondervorschriften in Spalte 6 können diesbezügliche zusätzliche Informationen angeben);
- die nachfolgenden Zellen geben die anwendbaren besonderen Vorschriften entweder als vollständige Information oder in kodierter Form an. Die Codes verweisen auf detaillierte Informationen, die in den in den nachstehenden erläuternden Bemerkungen angegebenen Teil, Kapitel, Abschnitt und/oder Unterabschnitt enthalten sind. Eine leere Zelle bedeutet entweder, dass es keine besonderen Vorschriften gibt und nur die allgemeinen Vorschriften anwendbar sind oder dass die in den erläuternden Bemerkungen angegebene Beförderungseinschränkung gilt. Ein in dieser Tabelle verwendeter mit den Buchstaben „SV" beginnender alphanumerischer Code bezeichnet eine Sondervorschrift des Kapitels 3.3.

Auf die anwendbaren allgemeinen Vorschriften wird in den entsprechenden Spalten nicht verwiesen.

Erläuternde Bemerkungen für jede Spalte

Spalte 1 **UN-Nummer/Stoffnummer**

Diese Spalte enthält die UN-Nummer oder die Stoffnummer

- des gefährlichen Stoffes oder Gegenstandes, wenn diesem Stoff oder Gegenstand eine spezifische UN-Nummer oder Stoffnummer zugeordnet ist, oder
- der Gattungseintragung oder n.a.g.-Eintragung, welcher die nicht namentlich genannten gefährlichen Stoffe oder Gegenstände gemäß den Kriterien des Teils 2 („Entscheidungsbäume") zuzuordnen sind.

Spalte 2 **Benennung und Beschreibung**

Diese Spalte enthält in Großbuchstaben die Benennung des Stoffes oder Gegenstandes, wenn dem Stoff oder Gegenstand eine spezifische UN-Nummer oder Stoffnummer zugeordnet ist, oder der Gattungseintragung oder n.a.g.-Eintragung, welcher der gefährliche Stoff oder Gegenstand gemäß den Kriterien des Teils 2 („Entscheidungsbäume") zugeordnet ist. Diese Benennung ist als offizielle Benennung für die Beförderung oder gegebenenfalls als Teil der offiziellen Benennung für die Beförderung zu verwenden (für weitere Einzelheiten zur offiziellen Benennung für die Beförderung siehe Abschnitt 3.1.2).

Nach der offiziellen Benennung für die Beförderung ist ein beschreibender Text in Kleinbuchstaben hinzugefügt, um den Anwendungsbereich der Eintragung in den Fällen zu erläutern, in denen die Klassifizierungs- und/oder Beförderungsvorschriften für den Stoff oder Gegenstand unter bestimmten Umständen unterschiedlich sein können.

Spalte 3a **Klasse**

Diese Spalte enthält die Nummer der Klasse, unter deren Begriff der gefährliche Stoff oder Gegenstand fällt. Diese Nummer der Klasse wird nach den Verfahren und Kriterien des Teils 2 zugeordnet.

Spalte 3b **Klassifizierungscode**

Diese Spalte enthält den Klassifizierungscode des gefährlichen Stoffes oder Gegenstandes.

– Für gefährliche Stoffe oder Gegenstände der Klasse 1 besteht der Code aus der Nummer der Unterklasse und dem Buchstaben der Verträglichkeitsgruppe, die nach den Verfahren und Kriterien des Absatzes nach 2.2.1.1.4 zugeordnet werden.
– Für gefährliche Stoffe oder Gegenstände der Klasse 2 besteht der Code aus einer Ziffer und einem oder mehreren, die Gruppe der gefährlichen Eigenschaften wiedergebenden Buchstaben, die in den Absätzen 2.2.2.1.2 und 2.2.2.1.3 erläutert werden.
– Für gefährliche Stoffe oder Gegenstände der Klassen 3, 4.1, 4.2, 4.3, 5.1, 5.2, 6.1, 6.2 ■ und 9 werden die Codes in Absatz 2.2.x.1.2[1)] erläutert.
– Für gefährliche Stoffe oder Gegenstände der Klasse 8 werden die Codes in Absatz 2.2.8.1.4.1 erläutert.
– Gefährliche Stoffe oder Gegenstände der Klasse 7 haben keinen Klassifizierungscode.

Spalte 4 **Verpackungsgruppe**

Diese Spalte enthält die Nummer(n) der Verpackungsgruppe(n) (I, II oder III), die dem gefährlichen Stoff zugeordnet ist (sind). Diese Nummern der Verpackungsgruppen werden auf der Grundlage der Verfahren und Kriterien des Teils 2 zugeordnet. Bestimmte Gegenstände und Stoffe sind keiner Verpackungsgruppe zugeordnet.

Spalte 5 **Gefahrzettel**

Diese Spalte enthält die Nummer des Musters der Gefahrzettel / Großzettel (Placards) (siehe Unterabschnitte 5.2.2.2 und 5.3.1.7), die an Versandstücken, Containern, Tankcontainern, ortsbeweglichen Tanks, MEGC, Fahrzeugen und Wagen anzubringen sind.

Jedoch bedeutet für Stoffe oder Gegenstände der Klasse 7 „7X" abhängig von der Kategorie ein Gefahrzettel nach Muster 7A, 7B bzw. 7C (siehe Absätze 5.1.5.3.4 und 5.2.2.1.11.1) oder ein Großzettel (Placard) nach Muster 7D (siehe Absätze 5.3.1.1.3 und 5.3.1.7.2).

Die allgemeinen Vorschriften für das Anbringen der Gefahrzettel / Großzettel (Placards) (z.B. Nummer der Gefahrzettel oder Stelle, an der diese anzubringen sind) sind für Versandstücke in Unterabschnitt 5.2.2.1 und für Container, Tankcontainer, MEGC, ortsbewegliche Tanks, Fahrzeuge und Wagen in Abschnitt 5.3.1 enthalten.

Bem. Die oben genannten Bezettelungsvorschriften können durch in Spalte 6 angegebene Sondervorschriften abgeändert werden.

[1)] X = Nummer der Klasse des gefährlichen Stoffes oder Gegenstandes, gegebenenfalls ohne Punkt.

Spalte 6 **Sondervorschriften**

Diese Spalte enthält die numerischen Codes der einzuhaltenden Sondervorschriften. Diese Vorschriften betreffen einen ausgedehnten Themenbereich, der hauptsächlich mit dem Inhalt der Spalten 1 bis 5 zusammenhängt (z.B. Beförderungsverbote, Freistellungen von bestimmten Vorschriften, Erläuterungen zur Klassifizierung bestimmter Formen der betreffenden gefährlichen Güter sowie zusätzliche Bezettelungs- und Kennzeichnungsvorschriften), und sind in Kapitel 3.3 in numerischer Reihenfolge aufgeführt. Enthält die Spalte 6 keinen Eintrag, gelten für das betreffende gefährliche Gut in Bezug auf den Inhalt der Spalten 1 bis 5 keine Sondervorschriften. Die speziellen Sondervorschriften für die Binnenschifffahrt beginnen bei 800.

Spalte 7a **Begrenzte Mengen**

Diese Spalte enthält die Höchstmenge des Stoffes je Innenverpackung oder Gegenstand für die Beförderung gefährlicher Güter in begrenzten Mengen in Übereinstimmung mit Kapitel 3.4.

Spalte 7b **Freigestellte Mengen**

Diese Spalte enthält einen alphanumerischen Code mit folgender Bedeutung:

– "E 0“ bedeutet, dass für das in freigestellten Mengen verpackte gefährliche Gut keine Freistellung von den Vorschriften des ADN besteht;
– die übrigen, mit dem Buchstaben „E“ beginnenden alphanumerischen Codes bedeuten, dass die Vorschriften des ADN nicht anwendbar sind, wenn die in Kapitel 3.5 angegebenen Bedingungen erfüllt sind.

Spalte 8 **Beförderung zugelassen**

Diese Spalte enthält die alphabetischen Codes über die Art und Weise, wie der Stoff oder Gegenstand in Binnenschiffen befördert werden darf.

Wenn in der Zelle nichts eingetragen ist, ist die Beförderung des Stoffes oder Gegenstandes nur in Versandstücken zugelassen.

Wenn in der Zelle ein „B“ eingetragen ist, ist die Beförderung in Versandstücken und in loser Schüttung zugelassen (siehe Unterabschnitt 7.1.1.11).

Wenn in der Zelle ein „T“ eingetragen ist, ist die Beförderung in Versandstücken und in Tankschiffen zugelassen. Bei der Beförderung in Tankschiffen gelten die Vorschriften der Tabelle C (siehe Unterabschnitt 7.2.1.21).

Spalte 9 **Ausrüstung erforderlich**

Diese Spalte enthält die alphanumerischen Codes für die bei der Beförderung der gefährlichen Stoffe oder Gegenstände erforderliche Ausrüstung (siehe Abschnitt 8.1.5).

Spalte 10 **Lüftung**

Diese Spalte enthält die alphanumerischen Codes der anzuwendenden Sondervorschriften für die Beförderung:

– die mit den Buchstaben „VE“ beginnenden alphanumerischen Codes beziehen sich auf zusätzlich einzuhaltende Sondervorschriften für die Lüftung während der Beförderung. Diese sind in Unterabschnitt 7.1.6.12 in numerischer Reihenfolge aufgeführt und legen die besonderen Anforderungen fest.

Spalte 11 **Maßnahmen während des Ladens/Löschens/Beförderns**

Diese Spalte enthält die alphanumerischen Codes der anzuwendenden Sondervorschriften für die Beförderung:

- die mit den Buchstaben „CO", „ST" und „RA" beginnenden alphanumerischen Codes beziehen sich auf zusätzlich einzuhaltende Sondervorschriften während der Beförderung in loser Schüttung. Diese sind in Unterabschnitt 7.1.6.11 aufgeführt und legen die besonderen Anforderungen fest.
- die mit den Buchstaben „LO" beginnenden alphanumerischen Codes beziehen sich auf zusätzlich einzuhaltende Sondervorschriften vor dem Laden. Diese sind in Unterabschnitt 7.1.6.13 aufgeführt und legen die besonderen Anforderungen fest.
- die mit den Buchstaben „HA" beginnenden alphanumerischen Codes beziehen sich auf zusätzlich einzuhaltende Sondervorschriften beim Handhaben und Stauen der Ladung. Diese sind in Unterabschnitt 7.1.6.14 aufgeführt und legen die besonderen Anforderungen fest.
- die mit den Buchstaben „IN" beginnenden alphanumerischen Codes beziehen sich auf zusätzlich einzuhaltende Sondervorschriften zur Überwachung des Laderaums während der Beförderung. Diese sind in Unterabschnitt 7.1.6.16 aufgeführt und legen die besonderen Anforderungen fest.

Spalte 12 **Anzahl der blauen Kegel/Lichter**

Diese Spalte enthält die Anzahl der Kegel/Lichter, mit denen das Schiff bei der Beförderung dieses gefährlichen Stoffes oder Gegenstandes bezeichnet werden muss (siehe Abschnitt 7.1.5).

Spalte 13 **Zusätzliche Anforderungen/Bemerkungen**

Diese Spalte enthält die zusätzlichen Anforderungen oder Bemerkungen, welche bei der Beförderung dieses gefährlichen Stoffes oder Gegenstandes zutreffen.

3

Tabelle A
Verzeichnis der gefährlichen Güter in numerischer Reihenfolge

Tabelle A

Stoffnummer/ UN-Nummer	Benennung und Beschreibung	Klasse	Klassifizierungs-code	Verpackungs-gruppe	Gefahrzettel	Sonder-vorschriften	begrenzte Mengen		Beförderung zugelassen	Ausrüstung erforderlich	Lüftung	Maßnahmen während des Ladens / Löschens / Beförderns		Anzahl der Kegel / Lichter	Bemerkungen
	3.1.2	2.2	2.2	2.1.1.3	5.2.2	3.3	3.4 / 3.5.1.2		3.2.1	8.1.5	7.1.6	7.1.6		7.1.5	3.2.1
(1)	(2)	(3a)	(3b)	(4)	(5)	(6)	(7a)	(7b)	(8)	(9)	(10)	(11)		(12)	(13)
0004	AMMONIUMPIKRAT, trocken oder angefeuchtet mit weniger als 10 Masse-% Wasser	1	1.1D		1		0	E0		PP		LO01	HA01 HA02 HA03	3	
0005	PATRONEN FÜR WAFFEN, mit Sprengladung	1	1.1F		1		0	E0		PP		LO01	HA01 HA02 HA03	3	
0006	PATRONEN FÜR WAFFEN, mit Sprengladung	1	1.1E		1		0	E0		PP		LO01	HA01 HA02 HA03	3	
0007	PATRONEN FÜR WAFFEN, mit Sprengladung	1	1.2F		1		0	E0		PP		LO01	HA01 HA02 HA03	3	
0009	MUNITION, BRAND, mit oder ohne Zerleger, Ausstoß- oder Treibladung	1	1.2G		1		0	E0		PP		LO01	HA01 HA03	3	
0010	MUNITION, BRAND, mit oder ohne Zerleger, Ausstoß- oder Treibladung	1	1.3G		1		0	E0		PP		LO01	HA01 HA03	3	
0012	PATRONEN FÜR WAFFEN, MIT INERTEM GESCHOSS oder PATRONEN FÜR HANDFEUERWAFFEN	1	1.4S		1.4	364	5 kg	E0		PP		LO01	HA01 HA03	0	
0014	PATRONEN FÜR WAFFEN, MANÖVER oder PATRONEN FÜR HANDFEUERWAFFEN, MANÖVER oder PATRONEN FÜR WERKZEUGE, OHNE GESCHOSS	1	1.4S		1.4	364	5 kg	E0		PP		LO01	HA01 HA03	0	
0015	MUNITION, NEBEL, mit oder ohne Zerleger, Ausstoß- oder Treibladung	1	1.2G		1		0	E0		PP		LO01	HA01 HA03	3	
0015	MUNITION, NEBEL, mit oder ohne Zerleger, Ausstoß- oder Treibladung, mit ätzenden Stoffen	1	1.2G		1 + 8		0	E0		PP		LO01	HA01 HA03	3	
0015	MUNITION, NEBEL, mit oder ohne Zerleger, Ausstoß- oder Treibladung, mit beim Einatmen giftigen Stoffen	1	1.2G		1+ 6.1		0	E0		PP		LO01	HA01 HA03	3	

Tabelle A

Stoffnummer/ UN-Nummer	Benennung und Beschreibung	Klasse	Klassifizierungs-code	Verpackungs-gruppe	Gefahrzettel	Sonder-vorschriften	begrenzte Mengen		Beförderung zugelassen	Ausrüstung erforderlich	Lüftung	Maßnahmen während des Ladens / Löschens / Beförderns		Anzahl der Kegel / Lichter	Bemerkungen
	3.1.2	2.2	2.2	2.1.1.3	5.2.2	3.3	3.4 / 3.5.1.2		3.2.1	8.1.5	7.1.6	7.1.6		7.1.5	3.2.1
(1)	(2)	(3a)	(3b)	(4)	(5)	(6)	(7a)	(7b)	(8)	(9)	(10)	(11)		(12)	(13)
0016	MUNITION, NEBEL, mit oder ohne Zerleger, Ausstoß- oder Treibladung	1	1.3G		1		0	E0		PP		LO01	HA01 HA03	3	
0016	MUNITION, NEBEL, mit oder ohne Zerleger, Ausstoß- oder Treibladung, mit ätzenden Stoffen	1	1.3G		1 + 8		0	E0		PP		LO01	HA01 HA03	3	
0016	MUNITION, NEBEL, mit oder ohne Zerleger, Ausstoß- oder Treibladung, mit beim Einatmen giftigen Stoffen	1	1.3G		1 + 6.1		0	E0		PP		LO01	HA01 HA03	3	
0018	MUNITION, AUGENREIZSTOFF, mit Zerleger, Ausstoß- oder Treibladung	1	1.2G		1 + 6.1 + 8	802	0	E0		PP		LO01	HA01 HA03	3	
0019	MUNITION, AUGENREIZSTOFF, mit Zerleger, Ausstoß- oder Treibladung	1	1.3G		1 + 6.1 + 8	802	0	E0		PP		LO01	HA01 HA03	3	
0020	MUNITION, GIFTIG, mit Zerleger, Ausstoß- oder Treibladung	1	1.2K	BEFÖRDERUNG VERBOTEN											
0021	MUNITION, GIFTIG, mit Zerleger, Ausstoß- oder Treibladung	1	1.3K	BEFÖRDERUNG VERBOTEN											
0027	SCHWARZPULVER, gekörnt oder in Mehlform	1	1.1D		1		0	E0		PP		LO01	HA01 HA02 HA03	3	
0028	SCHWARZPULVER, GEPRESST oder als PELLETS	1	1.1D		1		0	E0		PP		LO01	HA01 HA02 HA03	3	
0029	SPRENGKAPSELN, NICHT ELEKTRISCH	1	1.1B		1		0	E0		PP		LO01	HA01 HA02 HA03	3	
0030	SPRENGKAPSELN, ELEKTRISCH	1	1.1B		1		0	E0		PP		LO01	HA01 HA02 HA03	3	
0033	BOMBEN, mit Sprengladung	1	1.1F		1		0	E0		PP		LO01	HA01 HA02 HA03	3	

Stoffnummer/ UN-Nummer	Benennung und Beschreibung	Klasse	Klassifizierungs-code	Verpackungs-gruppe	Gefahrzettel	Sonder-vorschriften	begrenzte Mengen		Beförderung zugelassen	Ausrüstung erforderlich	Lüftung	Maßnahmen während des Ladens / Löschens / Beförderns		Anzahl der Kegel / Lichter	Bemerkungen
	3.1.2	2.2	2.2	2.1.1.3	5.2.2	3.3	3.4 / 3.5.1.2		3.2.1	8.1.5	7.1.6	7.1.6		7.1.5	3.2.1
(1)	(2)	(3a)	(3b)	(4)	(5)	(6)	(7a)	(7b)	(8)	(9)	(10)	(11)		(12)	(13)
0034	BOMBEN, mit Sprengladung	1	1.1D		1		0	E0		PP		LO01	HA01 HA02 HA03	3	
0035	BOMBEN, mit Sprengladung	1	1.2D		1		0	E0		PP		LO01	HA01 HA03	3	
0037	BOMBEN, BLITZLICHT	1	1.1F		1		0	E0		PP		LO01	HA01 HA02 HA03	3	
0038	BOMBEN, BLITZLICHT	1	1.1D		1		0	E0		PP		LO01	HA01 HA02 HA03	3	
0039	BOMBEN, BLITZLICHT	1	1.2G		1		0	E0		PP		LO01	HA01 HA03	3	
0042	ZÜNDVERSTÄRKER, ohne Detonator	1	1.1D		1		0	E0		PP		LO01	HA01 HA02 HA03	3	
0043	ZERLEGER, mit Explosivstoff	1	1.1D		1		0	E0		PP		LO01	HA01 HA02 HA03	3	
0044	ANZÜNDHÜTCHEN	1	1.4S		1.4		0	E0		PP		LO01	HA01 HA03	0	
0048	SPRENGKÖRPER	1	1.1D		1		0	E0		PP		LO01	HA01 HA02 HA03	3	
0049	PATRONEN, BLITZLICHT	1	1.1G		1		0	E0		PP		LO01	HA01 HA02 HA03	3	
0050	PATRONEN, BLITZLICHT	1	1.3G		1		0	E0		PP		LO01	HA01 HA03	3	
0054	PATRONEN, SIGNAL	1	1.3G		1		0	E0		PP		LO01	HA01 HA03	3	

Stoffnummer/ UN-Nummer	Benennung und Beschreibung	Klasse	Klassifizierungs-code	Verpackungs-gruppe	Gefahrzettel	Sonder-vorschriften	begrenzte Mengen		Beförderung zugelassen	Ausrüstung erforderlich	Lüftung	Maßnahmen während des Ladens / Löschens / Beförderns		Anzahl der Kegel / Lichter	Bemerkungen
	3.1.2	2.2	2.2	2.1.1.3	5.2.2	3.3	3.4 / 3.5.1.2		3.2.1	8.1.5	7.1.6	7.1.6		7.1.5	3.2.1
(1)	(2)	(3a)	(3b)	(4)	(5)	(6)	(7a)	(7b)	(8)	(9)	(10)	(11)		(12)	(13)
0055	TREIBLADUNGSHÜLSEN, LEER, MIT TREIBLADUNGSANZÜNDER	1	1.4S		1.4	364	5 kg	E0		PP		LO01	HA01 HA03	0	
0056	WASSERBOMBEN	1	1.1D		1		0	E0		PP		LO01	HA01 HA02 HA03	3	
0059	HOHLLADUNGEN, ohne Zündmittel	1	1.1D		1		0	E0		PP		LO01	HA01 HA02 HA03	3	
0060	FÜLLSPRENGKÖRPER	1	1.1D		1		0	E0		PP		LO01	HA01 HA02 HA03	3	
0065	SPRENGSCHNUR, biegsam	1	1.1D		1		0	E0		PP		LO01	HA01 HA02 HA03	3	
0066	ANZÜNDLITZE	1	1.4G		1.4		0	E0		PP		LO01	HA01 HA03	1	
0070	SCHNEIDVORRICHTUNGEN, KABEL, MIT EXPLOSIVSTOFF	1	1.4S		1.4		0	E0		PP		LO01	HA01 HA03	0	
0072	CYCLOTRIMETHYLENTRINITRAMIN (CYCLONIT), (HEXOGEN), (RDX), ANGEFEUCHTET mit mindestens 15 Masse-% Wasser	1	1.1D		1	266	0	E0		PP		LO01	HA01 HA02 HA03	3	
0073	DETONATOREN FÜR MUNITION	1	1.1B		1		0	E0		PP		LO01	HA01 HA02 HA03	3	
0074	DIAZODINITROPHENOL, ANGEFEUCHTET mit mindestens 40 Masse-% Wasser oder einer Alkohol/Wasser-Mischung	1	1.1A		1	266	0	E0		PP		LO01	HA01 HA02 HA03	3	
0075	DIETHYLENGLYCOLDINITRAT, DESENSIBILISIERT, mit mindestens 25 Masse-% nicht flüchtigem, wasserunlöslichem Phlegmatisierungsmittel	1	1.1D		1	266	0	E0		PP		LO01	HA01 HA02 HA03	3	

Stoffnummer/ UN-Nummer	Benennung und Beschreibung	Klasse	Klassifizierungs-code	Verpackungs-gruppe	Gefahrzettel	Sonder-vorschriften	begrenzte Mengen		Beförderung zugelassen	Ausrüstung erforderlich	Lüftung	Maßnahmen während des Ladens / Löschens / Beförderns		Anzahl der Kegel / Lichter	Bemerkungen
	3.1.2	2.2	2.2	2.1.1.3	5.2.2	3.3	3.4 / 3.5.1.2		3.2.1	8.1.5	7.1.6	7.1.6		7.1.5	3.2.1
(1)	(2)	(3a)	(3b)	(4)	(5)	(6)	(7a)	(7b)	(8)	(9)	(10)	(11)		(12)	(13)
0076	DINITROPHENOL, trocken oder angefeuchtet mit weniger als 15 Masse-% Wasser	1	1.1D		1 + 6.1	802	0	E0		PP		LO01	HA01 HA02 HA03	3	
0077	DINITROPHENOLATE der Alkalimetalle, trocken oder angefeuchtet mit weniger als 15 Masse-% Wasser	1	1.3C		1 + 6.1	802	0	E0		PP		LO01	HA01 HA03	3	
0078	DINITRORESORCINOL, trocken oder angefeuchtet mit weniger als 15 Masse-% Wasser	1	1.1D		1		0	E0		PP		LO01	HA01 HA02 HA03	3	
0079	HEXANITRODIPHENYLAMIN (DIPIKRYLAMIN), (HEXYL)	1	1.1D		1		0	E0		PP		LO01	HA01 HA02 HA03	3	
0081	SPRENGSTOFF, TYP A	1	1.1D		1	616 617	0	E0		PP		LO01	HA01 HA02 HA03	3	
0082	SPRENGSTOFF, TYP B	1	1.1D		1	617	0	E0		PP		LO01	HA01 HA02 HA03	3	
0083	SPRENGSTOFF, TYP C	1	1.1D		1	267 617	0	E0		PP		LO01	HA01 HA02 HA03	3	
0084	SPRENGSTOFF, TYP D	1	1.1D		1	617	0	E0		PP		LO01	HA01 HA02 HA03	3	
0092	LEUCHTKÖRPER, BODEN	1	1.3G		1		0	E0		PP		LO01	HA01 HA03	3	
0093	LEUCHTKÖRPER, LUFTFAHRZEUG	1	1.3G		1		0	E0		PP		LO01	HA01 HA03	3	
0094	BLITZLICHTPULVER	1	1.1G		1		0	E0		PP		LO01	HA01 HA02 HA03	3	

Tabelle A

Stoffnummer/ UN-Nummer	Benennung und Beschreibung	Klasse	Klassifizierungs-code	Verpackungs-gruppe	Gefahrzettel	Sonder-vorschriften	begrenzte Mengen		Beförderung zugelassen	Ausrüstung erforderlich	Lüftung	Maßnahmen während des Ladens / Löschens / Beförderns		Anzahl der Kegel / Lichter	Bemerkungen
	3.1.2	2.2	2.2	2.1.1.3	5.2.2	3.3	3.4 / 3.5.1.2		3.2.1	8.1.5	7.1.6	7.1.6		7.1.5	3.2.1
(1)	(2)	(3a)	(3b)	(4)	(5)	(6)	(7a)	(7b)	(8)	(9)	(10)	(11)		(12)	(13)
0099	LOCKERUNGSSPRENGGERÄTE MIT EXPLOSIVSTOFF, für Erdölbohrungen, ohne Zündmittel	1	1.1D		1		0	E0		PP		LO01	HA01 HA02 HA03	3	
0101	STOPPINEN, NICHT SPRENGKRÄFTIG	1	1.3G		1		0	E0		PP		LO01	HA01 HA03	3	
0102	SPRENGSCHNUR, mit Metallmantel	1	1.2D		1		0	E0		PP		LO01	HA01 HA03	3	
0103	ANZÜNDSCHNUR, rohrförmig, mit Metallmantel	1	1.4G		1.4		0	E0		PP		LO01	HA01 HA03	1	
0104	SPRENGSCHNUR MIT GERINGER WIRKUNG, mit Metallmantel	1	1.4D		1.4		0	E0		PP		LO01	HA01 HA03	1	
0105	ANZÜNDSCHNUR (SICHERHEITSZÜNDSCHNUR)	1	1.4S		1.4		0	E0		PP		LO01	HA01 HA03	0	
0106	ZÜNDER, SPRENGKRÄFTIG	1	1.1B		1		0	E0		PP		LO01	HA01 HA02 HA03	3	
0107	ZÜNDER, SPRENGKRÄFTIG	1	1.2B		1		0	E0		PP		LO01	HA01 HA02 HA03	3	
0110	GRANATEN, ÜBUNG, Hand oder Gewehr	1	1.4S		1.4		0	E0		PP		LO01	HA01 HA03	0	
0113	GUANYLNITROSAMINOGUANYLIDEN-HYDRAZIN, ANGEFEUCHTET mit mindestens 30 Masse-% Wasser	1	1.1A		1	266	0	E0		PP		LO01	HA01 HA02 HA03	3	
0114	GUANYLNITROSAMINOGUANYL-TETRAZEN (TETRACEN), ANGEFEUCHTET mit mindestens 30 Masse-% Wasser oder einer Alkohol/Wasser-Mischung	1	1.1A		1	266	0	E0		PP		LO01	HA01 HA02 HA03	3	
0118	HEXOLIT (HEXOTOL), trocken oder angefeuchtet mit weniger als 15 Masse-% Wasser	1	1.1D		1		0	E0		PP		LO01	HA01 HA02 HA03	3	

Stoffnummer/ UN-Nummer	Benennung und Beschreibung	Klasse	Klassifizierungs-code	Verpackungs-gruppe	Gefahrzettel	Sonder-vorschriften	begrenzte Mengen		Beförderung zugelassen	Ausrüstung erforderlich	Lüftung	Maßnahmen während des Ladens / Löschens / Beförderns		Anzahl der Kegel / Lichter	Bemerkungen
	3.1.2	2.2	2.2	2.1.1.3	5.2.2	3.3	3.4 / 3.5.1.2		3.2.1	8.1.5	7.1.6	7.1.6		7.1.5	3.2.1
(1)	(2)	(3a)	(3b)	(4)	(5)	(6)	(7a)	(7b)	(8)	(9)	(10)	(11)		(12)	(13)
0121	ANZÜNDER	1	1.1G		1		0	E0		PP		LO01	HA01 HA02 HA03	3	
0124	PERFORATIONSHOHLLADUNGSTRÄGER, GELADEN, für Erdölbohrlöcher, ohne Zündmittel	1	1.1D		1		0	E0		PP		LO01	HA01 HA02 HA03	3	
0129	BLEIAZID, ANGEFEUCHTET mit mindestens 20 Masse-% Wasser oder einer Alkohol/Wasser-Mischung	1	1.1A		1	266	0	E0		PP		LO01	HA01 HA02 HA03	3	
0130	BLEISTYPHNAT (BLEITRINITRORESORCINAT) ANGEFEUCHTET mit mindestens 20 Masse-% Wasser oder einer Alkohol/Wasser-Mischung	1	1.1A		1	266	0	E0		PP		LO01	HA01 HA02 HA03	3	
0131	ANZÜNDER, ANZÜNDSCHNUR	1	1.4S		1.4		0	E0		PP		LO01	HA01 HA03	0	
0132	DEFLAGRIERENDE METALLSALZE AROMATISCHER NITROVERBINDUNGEN, N.A.G.	1	1.3C		1	274	0	E0		PP		LO01	HA01 HA03	3	
0133	MANNITOLHEXANITRAT (NITROMANNITOL), ANGEFEUCHTET mit mindestens 40 Masse-% Wasser oder einer Alkohol/Wasser-Mischung	1	1.1D		1	266	0	E0		PP		LO01	HA01 HA02 HA03	3	
0135	QUECKSILBERFULMINAT, ANGEFEUCHTET mit mindestens 20 Masse-% Wasser oder einer Alkohol/Wasser-Mischung	1	1.1A		1	266	0	E0		PP		LO01	HA01 HA02 HA03	3	
0136	MINEN, mit Sprengladung	1	1.1F		1		0	E0		PP		LO01	HA01 HA02 HA03	3	
0137	MINEN, mit Sprengladung	1	1.1D		1		0	E0		PP		LO01	HA01 HA02 HA03	3	

Stoffnummer/ UN-Nummer	Benennung und Beschreibung	Klasse	Klassifizierungs-code	Verpackungs-gruppe	Gefahrzettel	Sonder-vorschriften	begrenzte Mengen		Beförderung zugelassen	Ausrüstung erforderlich	Lüftung	Maßnahmen während des Ladens / Löschens / Beförderns		Anzahl der Kegel / Lichter	Bemerkungen
	3.1.2	2.2	2.2	2.1.1.3	5.2.2	3.3	3.4 / 3.5.1.2		3.2.1	8.1.5	7.1.6	7.1.6		7.1.5	3.2.1
(1)	(2)	(3a)	(3b)	(4)	(5)	(6)	(7a)	(7b)	(8)	(9)	(10)	(11)		(12)	(13)
0138	MINEN, mit Sprengladung	1	1.2D		1		0	E0		PP		LO01	HA01 HA03	3	
0143	NITROGLYCERIN, DESENSIBILISIERT mit mindestens 40 Masse-% nicht flüchtigem, wasserunlöslichem Phlegmatisierungsmittel	1	1.1D		1 + 6.1	266 271 802	0	E0		PP		LO01	HA01 HA02 HA03	3	
0144	NITROCLYCERIN, LÖSUNG IN ALKOHOL mit mehr als 1 %, aber nicht mehr als 10 % Nitroglycerin	1	1.1D		1	358	0	E0		PP		LO01	HA01 HA02 HA03	3	
0146	NITROSTÄRKE, trocken oder angefeuchtet mit weniger als 20 Masse-% Wasser	1	1.1D		1		0	E0		PP		LO01	HA01 HA02 HA03	3	
0147	NITROHARNSTOFF	1	1.1D		1		0	E0		PP		LO01	HA01 HA02 HA03	3	
0150	PENTAERYTHRITTETRANITRAT (PENTAERYTHRITOLTETRANITRAT) (PETN), ANGEFEUCHTET mit mindestens 25 Masse-% Wasser oder DESENSIBILISIERT mit mindestens 15 Masse-% Phlegmatisierungsmittel	1	1.1D		1	266	0	E0		PP		LO01	HA01 HA02 HA03	3	
0151	PENTOLIT, trocken oder angefeuchtet mit weniger als 15 Masse-% Wasser	1	1.1D		1		0	E0		PP		LO01	HA01 HA02 HA03	3	
0153	TRINITROANILIN (PIKRAMID)	1	1.1D		1		0	E0		PP		LO01	HA01 HA02 HA03	3	
0154	TRINITROPHENOL (PIKRINSÄURE), trocken oder angefeuchtet mit weniger als 30 Masse-% Wasser	1	1.1D		1		0	E0		PP		LO01	HA01 HA02 HA03	3	
0155	TRINITROCHLORBENZEN (PIKRYLCHLORID)	1	1.1D		1		0	E0		PP		LO01	HA01 HA02 HA03	3	

Tabelle A

Stoffnummer/ UN-Nummer	Benennung und Beschreibung	Klasse	Klassifizierungs-code	Verpackungs-gruppe	Gefahrzettel	Sonder-vorschriften	begrenzte Mengen		Beförderung zugelassen	Ausrüstung erforderlich	Lüftung	Maßnahmen während des Ladens / Löschens / Beförderns		Anzahl der Kegel / Lichter	Bemerkungen
	3.1.2	2.2	2.2	2.1.1.3	5.2.2	3.3	3.4 / 3.5.1.2		3.2.1	8.1.5	7.1.6	7.1.6		7.1.5	3.2.1
(1)	(2)	(3a)	(3b)	(4)	(5)	(6)	(7a)	(7b)	(8)	(9)	(10)	(11)		(12)	(13)
0159	PULVERROHMASSE, ANGEFEUCHTET mit mindestens 25 Masse-% Wasser	1	1.3C		1	266	0	E0		PP		LO01	HA01 HA03	3	
0160	TREIBLADUNGSPULVER	1	1.1C		1		0	E0		PP		LO01	HA01 HA02 HA03	3	
0161	TREIBLADUNGSPULVER	1	1.3C		1		0	E0		PP		LO01	HA01 HA03	3	
0167	GESCHOSSE, mit Sprengladung	1	1.1F		1		0	E0		PP		LO01	HA01 HA02 HA03	3	
0168	GESCHOSSE, mit Sprengladung	1	1.1D		1		0	E0		PP		LO01	HA01 HA02 HA03	3	
0169	GESCHOSSE, mit Sprengladung	1	1.2D		1		0	E0		PP		LO01	HA01 HA03	3	
0171	MUNITION, LEUCHT, mit oder ohne Zerleger, Ausstoß- oder Treibladung	1	1.2G		1		0	E0		PP		LO01	HA01 HA03	3	
0173	AUSLÖSEVORRICHTUNGEN MIT EXPLOSIVSTOFF	1	1.4S		1.4		0	E0		PP		LO01	HA01 HA03	0	
0174	SPRENGNIETE	1	1.4S		1.4		0	E0		PP		LO01	HA01 HA03	0	
0180	RAKETEN, mit Sprengladung	1	1.1F		1		0	E0		PP		LO01	HA01 HA02 HA03	3	
0181	RAKETEN, mit Sprengladung	1	1.1E		1		0	E0		PP		LO01	HA01 HA02 HA03	3	
0182	RAKETEN, mit Sprengladung	1	1.2E		1		0	E0		PP		LO01	HA01 HA03	3	
0183	RAKETEN, mit inertem Kopf	1	1.3C		1		0	E0		PP		LO01	HA01 HA03	3	

Stoffnummer/ UN-Nummer	Benennung und Beschreibung	Klasse	Klassifizierungs-code	Verpackungs-gruppe	Gefahrzettel	Sonder-vorschriften	begrenzte Mengen		Beförderung zugelassen	Ausrüstung erforderlich	Lüftung	Maßnahmen während des Ladens / Löschens / Beförderns		Anzahl der Kegel / Lichter	Bemerkungen
	3.1.2	2.2	2.2	2.1.1.3	5.2.2	3.3	3.4 / 3.5.1.2		3.2.1	8.1.5	7.1.6	7.1.6		7.1.5	3.2.1
(1)	(2)	(3a)	(3b)	(4)	(5)	(6)	(7a)	(7b)	(8)	(9)	(10)	(11)		(12)	(13)
0186	RAKETENMOTOREN	1	1.3C		1		0	E0		PP		LO01	HA01 HA03	3	
0190	EXPLOSIVSTOFF, MUSTER, außer Initialsprengstoff	1				16 274	0	E0		PP		LO01	HA01 HA02 HA03	3	
0191	SIGNALKÖRPER, HAND	1	1.4G		1.4		0	E0		PP		LO01	HA01 HA03	1	
0192	KNALLKAPSELN, EISENBAHN	1	1.1G		1		0	E0		PP		LO01	HA01 HA02 HA03	3	
0193	KNALLKAPSELN, EISENBAHN	1	1.4S		1.4		0	E0		PP		LO01	HA01 HA03	0	
0194	SIGNALKÖRPER, SEENOT	1	1.1G		1		0	E0		PP		LO01	HA01 HA02 HA03	3	
0195	SIGNALKÖRPER, SEENOT	1	1.3G		1		0	E0		PP		LO01	HA01 HA03	3	
0196	SIGNALKÖRPER, RAUCH	1	1.1G		1		0	E0		PP		LO01	HA01 HA02 HA03	3	
0197	SIGNALKÖRPER, RAUCH	1	1.4G		1.4		0	E0		PP		LO01	HA01 HA03	1	
0204	FALLLOTE, MIT EXPLOSIVSTOFF	1	1.2F		1		0	E0		PP		LO01	HA01 HA02 HA03	3	
0207	TETRANITROANILIN	1	1.1D		1		0	E0		PP		LO01	HA01 HA02 HA03	3	
0208	TRINITROPHENYLMETHYLNITRAMIN (TETRYL)	1	1.1D		1		0	E0		PP		LO01	HA01 HA02 HA03	3	

Tabelle A

Stoffnummer/ UN-Nummer	Benennung und Beschreibung	Klasse	Klassifizierungs-code	Verpackungs-gruppe	Gefahrzettel	Sonder-vorschriften	begrenzte Mengen		Beförderung zugelassen	Ausrüstung erforderlich	Lüftung	Maßnahmen während des Ladens / Löschens / Beförderns		Anzahl der Kegel / Lichter	Bemerkungen
	3.1.2	2.2	2.2	2.1.1.3	5.2.2	3.3	3.4 / 3.5.1.2		3.2.1	8.1.5	7.1.6	7.1.6		7.1.5	3.2.1
(1)	(2)	(3a)	(3b)	(4)	(5)	(6)	(7a)	(7b)	(8)	(9)	(10)	(11)		(12)	(13)
0209	TRINITROTOLUEN (TNT), trocken oder angefeuchtet mit weniger als 30 Masse-% Wasser	1	1.1D		1		0	E0		PP		LO01	HA01 HA02 HA03	3	
0212	LEUCHTSPURKÖRPER FÜR MUNITION	1	1.3G		1		0	E0		PP		LO01	HA01 HA03	3	
0213	TRINITROANISOL	1	1.1D		1		0	E0		PP		LO01	HA01 HA02 HA03	3	
0214	TRINITROBENZEN, trocken oder angefeuchtet mit weniger als 30 Masse-% Wasser	1	1.1D		1		0	E0		PP		LO01	HA01 HA02 HA03	3	
0215	TRINITROBENZOESÄURE, trocken oder angefeuchtet mit weniger als 30 Masse-% Wasser	1	1.1D		1		0	E0		PP		LO01	HA01 HA02 HA03	3	
0216	TRINITRO -m- CRESOL	1	1.1D		1		0	E0		PP		LO01	HA01 HA02 HA03	3	
0217	TRINITRONAPHTHALEN	1	1.1D		1		0	E0		PP		LO01	HA01 HA02 HA03	3	
0218	TRINITROPHENETOL	1	1.1D		1		0	E0		PP		LO01	HA01 HA02 HA03	3	
0219	TRINITRORESORCINOL (STYPHNINSÄURE), trocken oder angefeuchtet mit weniger als 20 Masse-% Wasser oder einer Alkohol/Wasser-Mischung	1	1.1D		1		0	E0		PP		LO01	HA01 HA02 HA03	3	
0220	HARNSTOFFNITRAT, trocken oder angefeuchtet mit weniger als 20 Masse-% Wasser	1	1.1D		1		0	E0		PP		LO01	HA01 HA02 HA03	3	
0221	GEFECHTSKÖPFE, TORPEDO, mit Sprengladung	1	1.1D		1		0	E0		PP		LO01	HA01 HA02 HA03	3	

Stoffnummer/ UN-Nummer	Benennung und Beschreibung	Klasse	Klassifizierungs-code	Verpackungs-gruppe	Gefahrzettel	Sonder-vorschriften	begrenzte Mengen		Beförderung zugelassen	Ausrüstung erforderlich	Lüftung	Maßnahmen während des Ladens / Löschens / Beförderns		Anzahl der Kegel / Lichter	Bemerkungen
	3.1.2	2.2	2.2	2.1.1.3	5.2.2	3.3	3.4 / 3.5.1.2		3.2.1	8.1.5	7.1.6	7.1.6		7.1.5	3.2.1
(1)	(2)	(3a)	(3b)	(4)	(5)	(6)	(7a)	(7b)	(8)	(9)	(10)	(11)		(12)	(13)
0222	AMMONIUMNITRAT	1	1.1D		1	370	0	E0		PP		LO01	HA01 HA02 HA03	3	
0224	BARIUMAZID, trocken oder angefeuchtet mit weniger als 50 Masse-% Wasser	1	1.1A		1 + 6.1	802	0	E0		PP		LO01	HA01 HA02 HA03	3	
0225	ZÜNDVERSTÄRKER, MIT DETONATOR	1	1.1B		1		0	E0		PP		LO01	HA01 HA02 HA03	3	
0226	CYCLOTETRAMETHYLENTETRANITRA-MIN (HMX) (OKTOGEN), ANGEFEUCHTET mit mindestens 15 Masse-% Wasser	1	1.1D		1	266	0	E0		PP		LO01	HA01 HA02 HA03	3	
0234	NATRIUMDINITROORTHOCRESOLAT, trocken oder angefeuchtet mit weniger als 15 Masse-% Wasser	1	1.3C		1		0	E0		PP		LO01	HA01 HA03	3	
0235	NATRIUMPIKRAMAT, trocken oder angefeuchtet mit weniger als 20 Masse-% Wasser	1	1.3C		1		0	E0		PP		LO01	HA01 HA03	3	
0236	ZIRKONIUMPIKRAMAT, trocken oder angefeuchtet mit weniger als 20 Masse-% Wasser	1	1.3C		1		0	E0		PP		LO01	HA01 HA03	3	
0237	SCHNEIDLADUNG, BIEGSAM, GESTRECKT	1	1.4D		1.4		0	E0		PP		LO01	HA01 HA03	1	
0238	RAKETEN, LEINENWURF	1	1.2G		1		0	E0		PP		LO01	HA01 HA03	3	
0240	RAKETEN, LEINENWURF	1	1.3G		1		0	E0		PP		LO01	HA01 HA03	3	
0241	SPRENGSTOFF, TYP E	1	1.1D		1	617	0	E0		PP		LO01	HA01 HA02 HA03	3	
0242	TREIBLADUNGEN FÜR GESCHÜTZE	1	1.3C		1		0	E0		PP		LO01	HA01 HA03	3	

Stoffnummer/ UN-Nummer	Benennung und Beschreibung	Klasse	Klassifizierungs-code	Verpackungs-gruppe	Gefahrzettel	Sonder-vorschriften	begrenzte Mengen		Beförderung zugelassen	Ausrüstung erforderlich	Lüftung	Maßnahmen während des Ladens / Löschens / Beförderns		Anzahl der Kegel / Lichter	Bemerkungen
	3.1.2	2.2	2.2	2.1.1.3	5.2.2	3.3	3.4 / 3.5.1.2		3.2.1	8.1.5	7.1.6	7.1.6		7.1.5	3.2.1
(1)	(2)	(3a)	(3b)	(4)	(5)	(6)	(7a)	(7b)	(8)	(9)	(10)	(11)		(12)	(13)
0243	MUNITION, BRAND, WEISSER PHOSPHOR, mit Zerleger, Ausstoß- oder Treibladung	1	1.2H		1		0	E0		PP		LO01	HA01 HA03	3	
0244	MUNITION, BRAND, WEISSER PHOSPHOR, mit Zerleger, Ausstoß- oder Treibladung	1	1.3H		1		0	E0		PP		LO01	HA01 HA03	3	
0245	MUNITION, NEBEL, WEISSER PHOSPHOR, mit Zerleger, Ausstoß- oder Treibladung	1	1.2H		1		0	E0		PP		LO01	HA01 HA03	3	
0246	MUNITION, NEBEL, WEISSER PHOSPHOR, mit Zerleger, Ausstoß- oder Treibladung	1	1.3H		1		0	E0		PP		LO01	HA01 HA03	3	
0247	MUNITION, BRAND, mit flüssigem oder geliertem Brandstoff, mit Zerleger, Ausstoß- oder Treibladung	1	1.3J		1		0	E0		PP		LO01	HA01 HA03	3	
0248	VORRICHTUNGEN, DURCH WASSER AKTIVIERBAR, mit Zerleger, Ausstoß- oder Treibladung	1	1.2L		1	274	0	E0		PP		LO01	HA01 HA03	3	
0249	VORRICHTUNGEN, DURCH WASSER AKTIVIERBAR, mit Zerleger, Ausstoß- oder Treibladung	1	1.3L		1	274	0	E0		PP		LO01	HA01 HA03	3	
0250	RAKETENTRIEBWERKE MIT HYPERGOLEN, mit oder ohne Ausstoßladung	1	1.3L		1		0	E0		PP		LO01	HA01 HA03	3	
0254	MUNITION, LEUCHT, mit oder ohne Zerleger, Ausstoß- oder Treibladung	1	1.3G		1		0	E0		PP		LO01	HA01 HA03	3	
0255	SPRENGKAPSELN, ELEKTRISCH	1	1.4B		1.4		0	E0		PP		LO01	HA01 HA02 HA03	1	
0257	ZÜNDER, SPRENGKRÄFTIG	1	1.4B		1.4		0	E0		PP		LO01	HA01 HA02 HA03	1	

Tabelle A

Stoffnummer/ UN-Nummer	Benennung und Beschreibung	Klasse	Klassifizierungs-code	Verpackungs-gruppe	Gefahrzettel	Sonder-vorschriften	begrenzte Mengen		Beförderung zugelassen	Ausrüstung erforderlich	Lüftung	Maßnahmen während des Ladens / Löschens / Beförderns		Anzahl der Kegel / Lichter	Bemerkungen
	3.1.2	2.2	2.2	2.1.1.3	5.2.2	3.3	3.4 / 3.5.1.2		3.2.1	8.1.5	7.1.6	7.1.6		7.1.5	3.2.1
(1)	(2)	(3a)	(3b)	(4)	(5)	(6)	(7a)	(7b)	(8)	(9)	(10)	(11)		(12)	(13)
0266	OKTOLIT (OCTOL), trocken oder angefeuchtet mit weniger als 15 Masse-% Wasser	1	1.1D		1		0	E0		PP		LO01	HA01 HA02 HA03	3	
0267	SPRENGKAPSELN, NICHT ELEKTRISCH	1	1.4B		1.4		0	E0		PP		LO01	HA01 HA02 HA03	1	
0268	ZÜNDVERSTÄRKER, MIT DETONATOR	1	1.2B		1		0	E0		PP		LO01	HA01 HA02 HA03	3	
0271	TREIBSÄTZE	1	1.1C		1		0	E0		PP		LO01	HA01 HA02 HA03	3	
0272	TREIBSÄTZE	1	1.3C		1		0	E0		PP		LO01	HA01 HA03	3	
0275	KARTUSCHEN FÜR TECHNISCHE ZWECKE	1	1.3C		1		0	E0		PP		LO01	HA01 HA03	3	
0276	KARTUSCHEN FÜR TECHNISCHE ZWECKE	1	1.4C		1.4		0	E0		PP		LO01	HA01 HA03	1	
0277	KARTUSCHEN, ERDÖLBOHRLOCH	1	1.3C		1		0	E0		PP		LO01	HA01 HA03	3	
0278	KARTUSCHEN, ERDÖLBOHRLOCH	1	1.4C		1.4		0	E0		PP		LO01	HA01 HA03	1	
0279	TREIBLADUNGEN FÜR GESCHÜTZE	1	1.1C		1		0	E0		PP		LO01	HA01 HA02 HA03	3	
0280	RAKETENMOTOREN	1	1.1C		1		0	E0		PP		LO01	HA01 HA02 HA03	3	
0281	RAKETENMOTOREN	1	1.2C		1		0	E0		PP		LO01	HA01 HA03	3	

Stoffnummer/ UN-Nummer	Benennung und Beschreibung	Klasse	Klassifizierungs-code	Verpackungs-gruppe	Gefahrzettel	Sonder-vorschriften	begrenzte Mengen		Beförderung zugelassen	Ausrüstung erforderlich	Lüftung	Maßnahmen während des Ladens / Löschens / Beförderns		Anzahl der Kegel / Lichter	Bemerkungen
	3.1.2	2.2	2.2	2.1.1.3	5.2.2	3.3	3.4 / 3.5.1.2		3.2.1	8.1.5	7.1.6	7.1.6		7.1.5	3.2.1
(1)	(2)	(3a)	(3b)	(4)	(5)	(6)	(7a)	(7b)	(8)	(9)	(10)	(11)		(12)	(13)
0282	NITROGUANIDIN (PICRIT), trocken oder angefeuchtet mit weniger als 20 Masse-% Wasser	1	1.1D		1		0	E0		PP		LO01	HA01 HA02 HA03	3	
0283	ZÜNDVERSTÄRKER, ohne Detonator	1	1.2D		1		0	E0		PP		LO01	HA01 HA03	3	
0284	GRANATEN, Hand oder Gewehr, mit Sprengladung	1	1.1D		1		0	E0		PP		LO01	HA01 HA02 HA03	3	
0285	GRANATEN, Hand oder Gewehr, mit Sprengladung	1	1.2D		1		0	E0		PP		LO01	HA01 HA03	3	
0286	GEFECHTSKÖPFE, RAKETE, mit Sprengladung	1	1.1D		1		0	E0		PP		LO01	HA01 HA02 HA03	3	
0287	GEFECHTSKÖPFE, RAKETE, mit Sprengladung	1	1.2D		1		0	E0		PP		LO01	HA01 HA03	3	
0288	SCHNEIDLADUNG, BIEGSAM, GESTRECKT	1	1.1D		1		0	E0		PP		LO01	HA01 HA02 HA03	3	
0289	SPRENGSCHNUR, biegsam	1	1.4D		1.4		0	E0		PP		LO01	HA01 HA03	1	
0290	SPRENGSCHNUR, mit Metallmantel	1	1.1D		1		0	E0		PP		LO01	HA01 HA02 HA03	3	
0291	BOMBEN, mit Sprengladung	1	1.2F		1		0	E0		PP		LO01	HA01 HA02 HA03	3	
0292	GRANATEN, Hand oder Gewehr, mit Sprengladung	1	1.1F		1		0	E0		PP		LO01	HA01 HA02 HA03	3	
0293	GRANATEN, Hand oder Gewehr, mit Sprengladung	1	1.2F		1		0	E0		PP		LO01	HA01 HA02 HA03	3	

Stoffnummer/ UN-Nummer	Benennung und Beschreibung	Klasse	Klassifizierungs-code	Verpackungs-gruppe	Gefahrzettel	Sonder-vorschriften	begrenzte Mengen		Beförderung zugelassen	Ausrüstung erforderlich	Lüftung	Maßnahmen während des Ladens / Löschens / Beförderns		Anzahl der Kegel / Lichter	Bemerkungen
	3.1.2	2.2	2.2	2.1.1.3	5.2.2	3.3	3.4 / 3.5.1.2		3.2.1	8.1.5	7.1.6	7.1.6		7.1.5	3.2.1
(1)	(2)	(3a)	(3b)	(4)	(5)	(6)	(7a)	(7b)	(8)	(9)	(10)	(11)		(12)	(13)
0294	MINEN, mit Sprengladung	1	1.2F		1		0	E0		PP		LO01	HA01 HA02 HA03	3	
0295	RAKETEN, mit Sprengladung	1	1.2F		1		0	E0		PP		LO01	HA01 HA02 HA03	3	
0296	FALLLOTE, MIT EXPLOSIVSTOFF	1	1.1F		1		0	E0		PP		LO01	HA01 HA02 HA03	3	
0297	MUNITION, LEUCHT, mit oder ohne Zerleger, Ausstoß- oder Treibladung	1	1.4G		1.4		0	E0		PP		LO01	HA01 HA03	1	
0299	BOMBEN, BLITZLICHT	1	1.3G		1		0	E0		PP		LO01	HA01 HA03	3	
0300	MUNITION, BRAND, mit oder ohne Zerleger, Ausstoß- oder Treibladung	1	1.4G		1.4		0	E0		PP		LO01	HA01 HA03	1	
0301	MUNITION, AUGENREIZSTOFF, mit Zerleger, Ausstoß- oder Treibladung	1	1.4G		1.4 + 6.1 + 8	802	0	E0		PP		LO01	HA01 HA03	1	
0303	MUNITION, NEBEL, mit oder ohne Zerleger, Ausstoß- oder Treibladung	1	1.4G		1.4		0	E0		PP		LO01	HA01 HA03	1	
0303	MUNITION, NEBEL, mit oder ohne Zerleger, Ausstoß- oder Treibladung, mit ätzenden Stoffen	1	1.4G		1.4 + 8		0	E0		PP		LO01	HA01 HA03	1	
0303	MUNITION, NEBEL, mit oder ohne Zerleger, Ausstoß- oder Treibladung, mit beim Einatmen giftigen Stoffen	1	1.4G		1.4+ 6.1		0	E0		PP		LO01	HA01 HA03	1	
0305	BLITZLICHTPULVER	1	1.3G		1		0	E0		PP		LO01	HA01 HA03	3	
0306	LEUCHTSPURKÖRPER FÜR MUNITION	1	1.4G		1.4		0	E0		PP		LO01	HA01 HA03	1	
0312	PATRONEN, SIGNAL	1	1.4G		1.4		0	E0		PP		LO01	HA01 HA03	1	

Stoffnummer/ UN-Nummer	Benennung und Beschreibung	Klasse	Klassifizierungs-code	Verpackungs-gruppe	Gefahrzettel	Sonder-vorschriften	begrenzte Mengen		Beförderung zugelassen	Ausrüstung erforderlich	Lüftung	Maßnahmen während des Ladens / Löschens / Beförderns		Anzahl der Kegel / Lichter	Bemerkungen
	3.1.2	2.2	2.2	2.1.1.3	5.2.2	3.3	3.4 / 3.5.1.2		3.2.1	8.1.5	7.1.6	7.1.6		7.1.5	3.2.1
(1)	(2)	(3a)	(3b)	(4)	(5)	(6)	(7a)	(7b)	(8)	(9)	(10)	(11)		(12)	(13)
0313	SIGNALKÖRPER, RAUCH	1	1.2G		1		0	E0		PP		LO01	HA01 HA03	3	
0314	ANZÜNDER	1	1.2G		1		0	E0		PP		LO01	HA01 HA03	3	
0315	ANZÜNDER	1	1.3G		1		0	E0		PP		LO01	HA01 HA03	3	
0316	ZÜNDER, NICHT SPRENGKRÄFTIG	1	1.3G		1		0	E0		PP		LO01	HA01 HA03	3	
0317	ZÜNDER, NICHT SPRENGKRÄFTIG	1	1.4G		1.4		0	E0		PP		LO01	HA01 HA03	1	
0318	GRANATEN, ÜBUNG, Hand oder Gewehr	1	1.3G		1		0	E0		PP		LO01	HA01 HA03	3	
0319	TREIBLADUNGSANZÜNDER	1	1.3G		1		0	E0		PP		LO01	HA01 HA03	3	
0320	TREIBLADUNGSANZÜNDER	1	1.4G		1.4		0	E0		PP		LO01	HA01 HA03	1	
0321	PATRONEN FÜR WAFFEN, mit Sprengladung	1	1.2E		1		0	E0		PP		LO01	HA01 HA03	3	
0322	RAKETENTRIEBWERKE, MIT HYPERGOLEN, mit oder ohne Ausstoßladung	1	1.2L		1		0	E0		PP		LO01	HA01 HA03	3	
0323	KARTUSCHEN FÜR TECHNISCHE ZWECKE	1	1.4S		1.4	347	0	E0		PP		LO01	HA01 HA03	0	
0324	GESCHOSSE, mit Sprengladung	1	1.2F		1		0	E0		PP		LO01	HA01 HA02 HA03	3	
0325	ANZÜNDER	1	1.4G		1.4		0	E0		PP		LO01	HA01 HA03	1	
0326	PATRONEN FÜR WAFFEN, MANÖVER	1	1.1C		1		0	E0		PP		LO01	HA01 HA02 HA03	3	

Tabelle A

Stoffnummer/ UN-Nummer	Benennung und Beschreibung	Klasse	Klassifizierungs-code	Verpackungs-gruppe	Gefahrzettel	Sonder-vorschriften	begrenzte Mengen		Beförderung zugelassen	Ausrüstung erforderlich	Lüftung	Maßnahmen während des Ladens / Löschens / Beförderns		Anzahl der Kegel / Lichter	Bemerkungen
	3.1.2	2.2	2.2	2.1.1.3	5.2.2	3.3	3.4 / 3.5.1.2		3.2.1	8.1.5	7.1.6	7.1.6		7.1.5	3.2.1
(1)	(2)	(3a)	(3b)	(4)	(5)	(6)	(7a)	(7b)	(8)	(9)	(10)	(11)		(12)	(13)
0327	PATRONEN FÜR WAFFEN, MANÖVER oder PATRONEN FÜR HANDFEUERWAFFEN, MANÖVER	1	1.3C		1		0	E0		PP		LO01	HA01 HA03	3	
0328	PATRONEN FÜR WAFFEN, MIT INERTEM GESCHOSS	1	1.2C		1		0	E0		PP		LO01	HA01 HA03	3	
0329	TORPEDOS, mit Sprengladung	1	1.1E		1		0	E0		PP		LO01	HA01 HA02 HA03	3	
0330	TORPEDOS, mit Sprengladung	1	1.1F		1		0	E0		PP		LO01	HA01 HA02 HA03	3	
0331	SPRENGSTOFF, TYP B	1	1.5D		1.5	617	0	E0		PP		LO01	HA01 HA03	3	
0332	SPRENGSTOFF, TYP E	1	1.5D		1.5	617	0	E0		PP		LO01	HA01 HA03	3	
0333	FEUERWERKSKÖRPER	1	1.1G		1	645	0	E0		PP		LO01	HA01 HA02 HA03	3	
0334	FEUERWERKSKÖRPER	1	1.2G		1	645	0	E0		PP		LO01	HA01 HA03	3	
0335	FEUERWERKSKÖRPER	1	1.3G		1	645	0	E0		PP		LO01	HA01 HA03	3	
0336	FEUERWERKSKÖRPER	1	1.4G		1.4	645 651	0	E0		PP		LO01	HA01 HA03	1	
0337	FEUERWERKSKÖRPER	1	1.4S		1.4	645	0	E0		PP		LO01	HA01 HA03	0	
0338	PATRONEN FÜR WAFFEN, MANÖVER oder PATRONEN FÜR HANDFEUERWAFFEN, MANÖVER	1	1.4C		1.4		0	E0		PP		LO01	HA01 HA03	1	
0339	PATRONEN FÜR WAFFEN MIT INERTEM GESCHOSS oder PATRONEN FÜR HANDFEUERWAFFEN	1	1.4C		1.4		0	E0		PP		LO01	HA01 HA03	1	

Tabelle A

Stoffnummer/ UN-Nummer	Benennung und Beschreibung	Klasse	Klassifizierungs-code	Verpackungs-gruppe	Gefahrzettel	Sonder-vorschriften	begrenzte Mengen		Beförderung zugelassen	Ausrüstung erforderlich	Lüftung	Maßnahmen während des Ladens / Löschens / Beförderns		Anzahl der Kegel / Lichter	Bemerkungen
	3.1.2	2.2	2.2	2.1.1.3	5.2.2	3.3	3.4 / 3.5.1.2		3.2.1	8.1.5	7.1.6	7.1.6		7.1.5	3.2.1
(1)	(2)	(3a)	(3b)	(4)	(5)	(6)	(7a)	(7b)	(8)	(9)	(10)	(11)		(12)	(13)
0340	NITROCELLULOSE, trocken oder angefeuchtet mit weniger als 25 Masse-% Wasser (oder Alkohol)	1	1.1D		1		0	E0		PP		LO01	HA01 HA02 HA03	3	
0341	NITROCELLULOSE, nicht behandelt oder plastifiziert mit weniger als 18 Masse-% Plastifizierungsmittel	1	1.1D		1		0	E0		PP		LO01	HA01 HA02 HA03	3	
0342	NITROCELLULOSE, ANGEFEUCHTET mit mindestens 25 Masse-% Alkohol	1	1.3C		1	105	0	E0		PP		LO01	HA01 HA03	3	
0343	NITROCELLULOSE, PLASTIFIZIERT, mit mindestens 18 Masse-% Plastifizierungsmittel	1	1.3C		1	105	0	E0		PP		LO01	HA01 HA03	3	
0344	GESCHOSSE, mit Sprengladung	1	1.4D		1.4		0	E0		PP		LO01	HA01 HA03	1	
0345	GESCHOSSE, inert, mit Leuchtspurmitteln	1	1.4S		1.4		0	E0		PP		LO01	HA01 HA03	0	
0346	GESCHOSSE, mit Zerleger oder Ausstoßladung	1	1.2D		1		0	E0		PP		LO01	HA01 HA03	3	
0347	GESCHOSSE, mit Zerleger oder Ausstoßladung	1	1.4D		1.4		0	E0		PP		LO01	HA01 HA03	1	
0348	PATRONEN FÜR WAFFEN, mit Sprengladung	1	1.4F		1.4		0	E0		PP		LO01	HA01 HA02 HA03	1	
0349	GEGENSTÄNDE MIT EXPLOSIVSTOFF, N.A.G.	1	1.4S		1.4	178 274 347	0	E0		PP		LO01	HA01 HA03	0	
0350	GEGENSTÄNDE MIT EXPLOSIVSTOFF, N.A.G.	1	1.4B		1.4	178 274	0	E0		PP		LO01	HA01 HA02 HA03	1	
0351	GEGENSTÄNDE MIT EXPLOSIVSTOFF, N.A.G.	1	1.4C		1.4	178 274	0	E0		PP		LO01	HA01 HA03	1	
0352	GEGENSTÄNDE MIT EXPLOSIVSTOFF, N.A.G.	1	1.4D		1.4	178 274	0	E0		PP		LO01	HA01 HA03	1	

Tabelle A

Stoffnummer/ UN-Nummer	Benennung und Beschreibung	Klasse	Klassifizierungs-code	Verpackungs-gruppe	Gefahrzettel	Sonder-vorschriften	begrenzte Mengen		Beförderung zugelassen	Ausrüstung erforderlich	Lüftung	Maßnahmen während des Ladens / Löschens / Beförderns		Anzahl der Kegel / Lichter	Bemerkungen
	3.1.2	2.2	2.2	2.1.1.3	5.2.2	3.3	3.4 / 3.5.1.2		3.2.1	8.1.5	7.1.6	7.1.6		7.1.5	3.2.1
(1)	(2)	(3a)	(3b)	(4)	(5)	(6)	(7a)	(7b)	(8)	(9)	(10)	(11)		(12)	(13)
0353	GEGENSTÄNDE MIT EXPLOSIVSTOFF, N.A.G.	1	1.4G		1.4	178 274	0	E0		PP		LO01	HA01 HA03	1	
0354	GEGENSTÄNDE MIT EXPLOSIVSTOFF, N.A.G.	1	1.1L		1	178 274	0	E0		PP		LO01	HA01 HA02 HA03	3	
0355	GEGENSTÄNDE MIT EXPLOSIVSTOFF, N.A.C.	1	1.2L		1	178 274	0	E0		PP		LO01	HA01 HA03	3	
0356	GEGENSTÄNDE MIT EXPLOSIVSTOFF, N.A.G.	1	1.3L		1	178 274	0	E0		PP		LO01	HA01 HA03	3	
0357	EXPLOSIVE STOFFE, N.A.G.	1	1.1L		1	178 274	0	E0		PP		LO01	HA01 HA02 HA03	3	
0358	EXPLOSIVE STOFFE, N.A.G.	1	1.2L		1	178 274	0	E0		PP		LO01	HA01 HA03	3	
0359	EXPLOSIVE STOFFE, N.A.G.	1	1.3L		1	178 274	0	E0		PP		LO01	HA01 HA03	3	
0360	ZÜNDEINRICHTUNGEN für Sprengungen, NICHT ELEKTRISCH	1	1.1B		1		0	E0		PP		LO01	HA01 HA02 HA03	3	
0361	ZÜNDEINRICHTUNGEN für Sprengungen, NICHT ELEKTRISCH	1	1.4B		1.4		0	E0		PP		LO01	HA01 HA02 HA03	1	
0362	MUNITION, ÜBUNG	1	1.4G		1.4		0	E0		PP		LO01	HA01 HA03	1	
0363	MUNITION, PRÜF	1	1.4G		1.4		0	E0		PP		LO01	HA01 HA03	1	
0364	DETONATOREN FÜR MUNITION	1	1.2B		1		0	E0		PP		LO01	HA01 HA02 HA03	3	
0365	DETONATOREN FÜR MUNITION	1	1.4B		1.4		0	E0		PP		LO01	HA01 HA02 HA03	1	

Stoffnummer/ UN-Nummer	Benennung und Beschreibung	Klasse	Klassifizierungs-code	Verpackungs-gruppe	Gefahrzettel	Sonder-vorschriften	begrenzte Mengen		Beförderung zugelassen	Ausrüstung erforderlich	Lüftung	Maßnahmen während des Ladens / Löschens / Beförderns	Anzahl der Kegel / Lichter	Bemerkungen
	3.1.2	2.2	2.2	2.1.1.3	5.2.2	3.3	3.4 / 3.5.1.2		3.2.1	8.1.5	7.1.6	7.1.6	7.1.5	3.2.1
(1)	(2)	(3a)	(3b)	(4)	(5)	(6)	(7a)	(7b)	(8)	(9)	(10)	(11)	(12)	(13)
0366	DETONATOREN FÜR MUNITION	1	1.4S		1.4	347	0	E0		PP		LO01 HA01 HA03	0	
0367	ZÜNDER, SPRENGKRÄFTIG	1	1.4S		1.4	347	0	E0		PP		LO01 HA01 HA03	0	
0368	ZÜNDER, NICHT SPRENGKRÄFTIG	1	1.4S		1.4		0	E0		PP		LO01 HA01 HA03	0	
0369	GEFECHTSKÖPFE, RAKETE, mit Sprengladung	1	1.1F		1		0	E0		PP		LO01 HA01 HA02 HA03	3	
0370	GEFECHTSKÖPFE, RAKETE, mit Zerleger oder Ausstoßladung	1	1.4D		1.4		0	E0		PP		LO01 HA01 HA03	1	
0371	GEFECHTSKÖPFE, RAKETE, mit Zerleger oder Ausstoßladung	1	1.4F		1.4		0	E0		PP		LO01 HA01 HA02 HA03	1	
0372	GRANATEN, ÜBUNG, Hand oder Gewehr	1	1.2G		1		0	E0		PP		LO01 HA01 HA03	3	
0373	SIGNALKÖRPER, HAND	1	1.4S		1.4		0	E0		PP		LO01 HA01 HA03	0	
0374	FALLLOTE, MIT EXPLOSIVSTOFF	1	1.1D		1		0	E0		PP		LO01 HA01 HA02 HA03	3	
0375	FALLLOTE, MIT EXPLOSIVSTOFF	1	1.2D		1		0	E0		PP		LO01 HA01 HA03	3	
0376	TREIBLADUNGSANZÜNDER	1	1.4S		1.4		0	E0		PP		LO01 HA01 HA03	0	
0377	ANZÜNDHÜTCHEN	1	1.1B		1		0	E0		PP		LO01 HA01 HA02 HA03	3	
0378	ANZÜNDHÜTCHEN	1	1.4B		1.4		0	E0		PP		LO01 HA01 HA02 HA03	1	

Tabelle A

Stoffnummer/ UN-Nummer	Benennung und Beschreibung	Klasse	Klassifizierungs-code	Verpackungs-gruppe	Gefahrzettel	Sonder-vorschriften	begrenzte Mengen		Beförderung zugelassen	Ausrüstung erforderlich	Lüftung	Maßnahmen während des Ladens / Löschens / Beförderns		Anzahl der Kegel / Lichter	Bemerkungen
	3.1.2	2.2	2.2	2.1.1.3	5.2.2	3.3	3.4 / 3.5.1.2		3.2.1	8.1.5	7.1.6	7.1.6		7.1.5	3.2.1
(1)	(2)	(3a)	(3b)	(4)	(5)	(6)	(7a)	(7b)	(8)	(9)	(10)	(11)		(12)	(13)
0379	TREIBLADUNGSHÜLSEN, LEER, MIT TREIBLADUNGSANZÜNDER	1	1.4C		1.4		0	E0		PP		LO01	HA01 HA03	1	
0380	GEGENSTÄNDE, PYROPHOR	1	1.2L		1		0	E0		PP		LO01	HA01 HA03	3	
0381	KARTUSCHEN FÜR TECHNISCHE ZWECKE	1	1.2C		1		0	E0		PP		LO01	HA01 HA03	3	
0382	BESTANDTEILE, ZÜNDKETTE, N.A.G.	1	1.2B		1	178 274	0	E0		PP		LO01	HA01 HA02 HA03	3	
0383	BESTANDTEILE, ZÜNDKETTE, N.A.G.	1	1.4B		1.4	178 274	0	E0		PP		LO01	HA01 HA02 HA03	1	
0384	BESTANDTEILE, ZÜNDKETTE, N.A.G.	1	1.4S		1.4	178 274 347	0	E0		PP		LO01	HA01 HA03	0	
0385	5-NITROBENZOTRIAZOL	1	1.1D		1		0	E0		PP		LO01	HA01 HA02 HA03	3	
0386	TRINITROBENZENSULFONSÄURE	1	1.1D		1		0	E0		PP		LO01	HA01 HA02 HA03	3	
0387	TRINITROFLUORENON	1	1.1D		1		0	E0		PP		LO01	HA01 HA02 HA03	3	
0388	TRINITROTOLUEN (TNT) IN MISCHUNG MIT TRINITROBENZEN oder TRINITROTOLUEN (TNT) IN MISCHUNG MIT HEXANITROSTILBEN	1	1.1D		1		0	E0		PP		LO01	HA01 HA02 HA03	3	
0389	TRINITROTOLUEN (TNT) IN MISCHUNG MIT TRINITROBENZEN UND HEXANITROSTILBEN	1	1.1D		1		0	E0		PP		LO01	HA01 HA02 HA03	3	

Stoffnummer/ UN-Nummer	Benennung und Beschreibung	Klasse	Klassifizierungs-code	Verpackungs-gruppe	Gefahrzettel	Sonder-vorschriften	begrenzte Mengen		Beförderung zugelassen	Ausrüstung erforderlich	Lüftung	Maßnahmen während des Ladens / Löschens / Beförderns		Anzahl der Kegel / Lichter	Bemerkungen
	3.1.2	2.2	2.2	2.1.1.3	5.2.2	3.3	3.4 / 3.5.1.2		3.2.1	8.1.5	7.1.6	7.1.6		7.1.5	3.2.1
(1)	(2)	(3a)	(3b)	(4)	(5)	(6)	(7a)	(7b)	(8)	(9)	(10)	(11)		(12)	(13)
0390	TRITONAL	1	1.1D		1		0	E0		PP		LO01	HA01 HA02 HA03	3	
0391	CYCLOTRIMETHYLENTRINITRAMIN (CYCLONIT), (HEXOGEN), (RDX), IN MISCHUNG MIT CYCLOTETRAMETHYLEN-TETRANITRAMIN (HMX), (OKTOGEN), ANGEFEUCHTET mit mindestens 15 Masse-% Wasser oder DESENSIBILISIERT mit mindestens 10 Masse-% Phlegmatisierungsmittel	1	1.1D		1	266	0	E0		PP		LO01	HA01 HA02 HA03	3	
0392	HEXANITROSTILBEN	1	1.1D		1		0	E0		PP		LO01	HA01 HA02 HA03	3	
0393	HEXOTONAL	1	1.1D		1		0	E0		PP		LO01	HA01 HA02 HA03	3	
0394	TRINITRORESORCINOL (STYPHNINSÄURE), ANGEFEUCHTET mit mindestens 20 Masse-% Wasser oder einer Alkohol/Wasser-Mischung	1	1.1D		1		0	E0		PP		LO01	HA01 HA02 HA03	3	
0395	RAKETENMOTOREN, FLÜSSIGTREIBSTOFF	1	1.2J		1		0	E0		PP		LO01	HA01 HA03	3	
0396	RAKETENMOTOREN, FLÜSSIGTREIBSTOFF	1	1.3J		1		0	E0		PP		LO01	HA01 HA03	3	
0397	RAKETEN, FLÜSSIGTREIBSTOFF, mit Sprengladung	1	1.1J		1		0	E0		PP		LO01	HA01 HA02 HA03	3	
0398	RAKETEN, FLÜSSIGTREIBSTOFF, mit Sprengladung	1	1.2J		1		0	E0		PP		LO01	HA01 HA03	3	

Stoffnummer/ UN-Nummer	Benennung und Beschreibung	Klasse	Klassifizierungs-code	Verpackungs-gruppe	Gefahrzettel	Sonder-vorschriften	begrenzte Mengen		Beförderung zugelassen	Ausrüstung erforderlich	Lüftung	Maßnahmen während des Ladens / Löschens / Beförderns		Anzahl der Kegel / Lichter	Bemerkungen
	3.1.2	2.2	2.2	2.1.1.3	5.2.2	3.3	3.4 / 3.5.1.2		3.2.1	8.1.5	7.1.6	7.1.6		7.1.5	3.2.1
(1)	(2)	(3a)	(3b)	(4)	(5)	(6)	(7a)	(7b)	(8)	(9)	(10)	(11)		(12)	(13)
0399	BOMBEN, DIE ENTZÜNDBARE FLÜSSIGKEIT ENTHALTEN, mit Sprengladung	1	1.1J		1		0	E0		PP		LO01	HA01 HA02 HA03	3	
0400	BOMBEN, DIE ENTZÜNDBARE FLÜSSIGKEIT ENTHALTEN, mit Sprengladung	1	1.2J		1		0	E0		PP		LO01	HA01 HA03	3	
0401	DIPIKRYLSULFID, trocken oder angefeuchtet mit weniger als 10 Masse-% Wasser	1	1.1D		1		0	E0		PP		LO01	HA01 HA02 HA03	3	
0402	AMMONIUMPERCHLORAT	1	1.1D		1	152	0	E0		PP		LO01	HA01 HA02 HA03	3	
0403	LEUCHTKÖRPER, LUFTFAHRZEUG	1	1.4G		1.4		0	E0		PP		LO01	HA01 HA03	1	
0404	LEUCHTKÖRPER, LUFTFAHRZEUG	1	1.4S		1.4		0	E0		PP		LO01	HA01 HA03	0	
0405	PATRONEN, SIGNAL	1	1.4S		1.4		0	E0		PP		LO01	HA01 HA03	0	
0406	DINITROSOBENZEN	1	1.3C		1		0	E0		PP		LO01	HA01 HA03	3	
0407	TETRAZOL-1-ESSIGSÄURE	1	1.4C		1.4		0	E0		PP		LO01	HA01 HA03	1	
0408	ZÜNDER, SPRENGKRÄFTIG, mit Sicherungsvorrichtungen	1	1.1D		1		0	E0		PP		LO01	HA01 HA02 HA03	3	
0409	ZÜNDER, SPRENGKRÄFTIG, mit Sicherungsvorrichtungen	1	1.2D		1		0	E0		PP		LO01	HA01 HA03	3	
0410	ZÜNDER, SPRENGKRÄFTIG, mit Sicherungsvorrichtungen	1	1.4D		1.4		0	E0		PP		LO01	HA01 HA03	1	

Stoffnummer/ UN-Nummer	Benennung und Beschreibung	Klasse	Klassifizierungs-code	Verpackungs-gruppe	Gefahrzettel	Sonder-vorschriften	begrenzte Mengen		Beförderung zugelassen	Ausrüstung erforderlich	Lüftung	Maßnahmen während des Ladens / Löschens / Beförderns		Anzahl der Kegel / Lichter	Bemerkungen
	3.1.2	2.2	2.2	2.1.1.3	5.2.2	3.3	3.4 / 3.5.1.2		3.2.1	8.1.5	7.1.6	7.1.6		7.1.5	3.2.1
(1)	(2)	(3a)	(3b)	(4)	(5)	(6)	(7a)	(7b)	(8)	(9)	(10)	(11)		(12)	(13)
0411	PENTAERYTHRITTETRANITRAT (PENTAERYTHRITOLTETRANITRAT) (PETN), mit nicht weniger als 7 Masse-% Wachs	1	1.1D		1	131	0	E0		PP		LO01	HA01 HA02 HA03	3	
0412	PATRONEN FÜR WAFFEN, mit Sprengladung	1	1.4E		1.4		0	E0		PP		LO01	HA01 HA03	1	
0413	PATRONEN FÜR WAFFEN, MANÖVER	1	1.2C		1		0	E0		PP		LO01	HA01 HA03	3	
0414	TREIBLADUNGEN FÜR GESCHÜTZE	1	1.2C		1		0	E0		PP		LO01	HA01 HA03	3	
0415	TREIBSÄTZE	1	1.2C		1		0	E0		PP		LO01	HA01 HA03	3	
0417	PATRONEN FÜR WAFFEN, MIT INERTEM GESCHOSS oder PATRONEN FÜR HANDFEUERWAFFEN	1	1.3C		1		0	E0		PP		LO01	HA01 HA03	3	
0418	LEUCHTKÖRPER, BODEN	1	1.1G		1		0	E0		PP		LO01	HA01 HA02 HA03	3	
0419	LEUCHTKÖRPER, BODEN	1	1.2G		1		0	E0		PP		LO01	HA01 HA03	3	
0420	LEUCHTKÖRPER, LUFTFAHRZEUG	1	1.1G		1		0	E0		PP		LO01	HA01 HA02 HA03	3	
0421	LEUCHTKÖRPER, LUFTFAHRZEUG	1	1.2G		1		0	E0		PP		LO01	HA01 HA03	3	
0424	GESCHOSSE, inert, mit Leuchtspurmitteln	1	1.3G		1		0	E0		PP		LO01	HA01 HA03	3	
0425	GESCHOSSE, inert, mit Leuchtspurmitteln	1	1.4G		1.4		0	E0		PP		LO01	HA01 HA03	1	
0426	GESCHOSSE, mit Zerleger oder Ausstoßladung	1	1.2F		1		0	E0		PP		LO01	HA01 HA02 HA03	3	

Tabelle A

Stoffnummer/ UN-Nummer	Benennung und Beschreibung	Klasse	Klassifizierungs-code	Verpackungs-gruppe	Gefahrzettel	Sonder-vorschriften	begrenzte Mengen		Beförderung zugelassen	Ausrüstung erforderlich	Lüftung	Maßnahmen während des Ladens / Löschens / Beförderns		Anzahl der Kegel / Lichter	Bemerkungen
	3.1.2	2.2	2.2	2.1.1.3	5.2.2	3.3	3.4 / 3.5.1.2		3.2.1	8.1.5	7.1.6	7.1.6		7.1.5	3.2.1
(1)	(2)	(3a)	(3b)	(4)	(5)	(6)	(7a)	(7b)	(8)	(9)	(10)	(11)		(12)	(13)
0427	GESCHOSSE, mit Zerleger oder Ausstoßladung	1	1.4F		1.4		0	E0		PP		LO01	HA01 HA02 HA03	1	
0428	PYROTECHNISCHE GEGENSTÄNDE für technische Zwecke	1	1.1G		1		0	E0		PP		LO01	HA01 HA02 HA03	3	
0429	PYROTECHNISCHE GEGENSTÄNDE für technische Zwecke	1	1.2G		1		0	E0		PP		LO01	HA01 HA03	3	
0430	PYROTECHNISCHE GEGENSTÄNDE für technische Zwecke	1	1.3G		1		0	E0		PP		LO01	HA01 HA03	3	
0431	PYROTECHNISCHE GEGENSTÄNDE für technische Zwecke	1	1.4G		1.4		0	E0		PP		LO01	HA01 HA03	1	
0432	PYROTECHNISCHE GEGENSTÄNDE für technische Zwecke	1	1.4S		1.4		0	E0		PP		LO01	HA01 HA03	0	
0433	PULVERROHMASSE, ANGEFEUCHTET mit nicht weniger als 17 Masse-% Alkohol	1	1.1C		1	266	0	E0		PP		LO01	HA01 HA02 HA03	3	
0434	GESCHOSSE, mit Zerleger oder Ausstoßladung	1	1.2G		1		0	E0		PP		LO01	HA01 HA03	3	
0435	GESCHOSSE, mit Zerleger oder Ausstoßladung	1	1.4G		1.4		0	E0		PP		LO01	HA01 HA03	1	
0436	RAKETEN, mit Ausstoßladung	1	1.2C		1		0	E0		PP		LO01	HA01 HA03	3	
0437	RAKETEN, mit Ausstoßladung	1	1.3C		1		0	E0		PP		LO01	HA01 HA03	3	
0438	RAKETEN, mit Ausstoßladung	1	1.4C		1.4		0	E0		PP		LO01	HA01 HA03	1	
0439	HOHLLADUNGEN, ohne Zündmittel	1	1.2D		1		0	E0		PP		LO01	HA01 HA03	3	
0440	HOHLLADUNGEN, ohne Zündmittel	1	1.4D		1.4		0	E0		PP		LO01	HA01 HA03	1	

Tabelle A

Stoffnummer/ UN-Nummer	Benennung und Beschreibung	Klasse	Klassifizierungs-code	Verpackungs-gruppe	Gefahrzettel	Sonder-vorschriften	begrenzte Mengen		Beförderung zugelassen	Ausrüstung erforderlich	Lüftung	Maßnahmen während des Ladens / Löschens / Beförderns		Anzahl der Kegel / Lichter	Bemerkungen
	3.1.2	2.2	2.2	2.1.1.3	5.2.2	3.3	3.4 / 3.5.1.2		3.2.1	8.1.5	7.1.6	7.1.6		7.1.5	3.2.1
(1)	(2)	(3a)	(3b)	(4)	(5)	(6)	(7a)	(7b)	(8)	(9)	(10)	(11)		(12)	(13)
0441	HOHLLADUNGEN, ohne Zündmittel	1	1.4S		1.4	347	0	E0		PP		LO01	HA01 HA03	0	
0442	SPRENGLADUNGEN, GEWERBLICHE, ohne Zündmittel	1	1.1D		1		0	E0		PP		LO01	HA01 HA02 HA03	3	
0443	SPRENGLADUNGEN, GEWERBLICHE, ohne Zündmittel	1	1.2D		1		0	E0		PP		LO01	HA01 HA03	3	
0444	SPRENGLADUNGEN, GEWERBLICHE, ohne Zündmittel	1	1.4D		1.4		0	E0		PP		LO01	HA01 HA03	1	
0445	SPRENGLADUNGEN, GEWERBLICHE, ohne Zündmittel	1	1.4S		1.4	347	0	E0		PP		LO01	HA01 HA03	0	
0446	TREIBLADUNGSHÜLSEN, VERBRENNLICH, LEER, OHNE TREIBLADUNGSANZÜNDER	1	1.4C		1.4		0	E0		PP		LO01	HA01 HA03	1	
0447	TREIBLADUNGSHÜLSEN, VERBRENNLICH, LEER, OHNE TREIBLADUNGSANZÜNDER	1	1.3C		1		0	E0		PP		LO01	HA01 HA03	3	
0448	5-MERCAPTOTETRAZOL-1-ESSIGSÄURE	1	1.4C		1.4		0	E0		PP		LO01	HA01 HA03	1	
0449	TORPEDOS, MIT FLÜSSIGTREIBSTOFF, mit oder ohne Sprengladung	1	1.1J		1		0	E0		PP		LO01	HA01 HA02 HA03	3	
0450	TORPEDOS, MIT FLÜSSIGTREIBSTOFF, mit inertem Kopf	1	1.3J		1		0	E0		PP		LO01	HA01 HA03	3	
0451	TORPEDOS, mit Sprengladung	1	1.1D		1		0	E0		PP		LO01	HA01 HA02 HA03	3	
0452	GRANATEN, ÜBUNG, Hand oder Gewehr	1	1.4G		1.4		0	E0		PP		LO01	HA01 HA03	1	
0453	RAKETEN, LEINENWURF	1	1.4G		1.4		0	E0		PP		LO01	HA01 HA03	1	

Stoffnummer/ UN-Nummer	Benennung und Beschreibung	Klasse	Klassifizierungs-code	Verpackungs-gruppe	Gefahrzettel	Sonder-vorschriften	begrenzte Mengen		Beförderung zugelassen	Ausrüstung erforderlich	Lüftung	Maßnahmen während des Ladens / Löschens / Beförderns		Anzahl der Kegel / Lichter	Bemerkungen
	3.1.2	2.2	2.2	2.1.1.3	5.2.2	3.3	3.4 / 3.5.1.2		3.2.1	8.1.5	7.1.6	7.1.6		7.1.5	3.2.1
(1)	(2)	(3a)	(3b)	(4)	(5)	(6)	(7a)	(7b)	(8)	(9)	(10)	(11)		(12)	(13)
0454	ANZÜNDER	1	1.4S		1.4		0	E0		PP		LO01	HA01 HA03	0	
0455	SPRENGKAPSELN, NICHT ELEKTRISCH	1	1.4S		1.4	347	0	E0		PP		LO01	HA01 HA03	0	
0456	SPRENGKAPSELN, ELEKTRISCH	1	1.4S		1.4	347	0	E0		PP		LO01	HA01 HA03	0	
0457	SPRENGLADUNGEN, KUNSTSTOFFGEBUNDEN	1	1.1D		1		0	E0		PP		LO01	HA01 HA02 HA03	3	
0458	SPRENGLADUNGEN, KUNSTSTOFFGEBUNDEN	1	1.2D		1		0	E0		PP		LO01	HA01 HA03	3	
0459	SPRENGLADUNGEN, KUNSTSTOFFGEBUNDEN	1	1.4D		1.4		0	E0		PP		LO01	HA01 HA03	1	
0460	SPRENGLADUNGEN, KUNSTSTOFFGEBUNDEN	1	1.4S		1.4	347	0	E0		PP		LO01	HA01 HA03	0	
0461	BESTANDTEILE, ZÜNDKETTE, N.A.G.	1	1.1B		1	178 274	0	E0		PP		LO01	HA01 HA02 HA03	3	
0462	GEGENSTÄNDE MIT EXPLOSIVSTOFF, N.A.G.	1	1.1C		1	178 274	0	E0		PP		LO01	HA01 HA02 HA03	3	
0463	GEGENSTÄNDE MIT EXPLOSIVSTOFF, N.A.G.	1	1.1D		1	178 274	0	E0		PP		LO01	HA01 HA02 HA03	3	
0464	GEGENSTÄNDE MIT EXPLOSIVSTOFF, N.A.G.	1	1.1E		1	178 274	0	E0		PP		LO01	HA01 HA02 HA03	3	
0465	GEGENSTÄNDE MIT EXPLOSIVSTOFF, N.A.G.	1	1.1F		1	178 274	0	E0		PP		LO01	HA01 HA02 HA03	3	
0466	GEGENSTÄNDE MIT EXPLOSIVSTOFF, N.A.G.	1	1.2C		1	178 274	0	E0		PP		LO01	HA01 HA03	3	

Stoffnummer/ UN-Nummer	Benennung und Beschreibung	Klasse	Klassifizierungs-code	Verpackungs-gruppe	Gefahrzettel	Sonder-vorschriften	begrenzte Mengen		Beförderung zugelassen	Ausrüstung erforderlich	Lüftung	Maßnahmen während des Ladens / Löschens / Beförderns		Anzahl der Kegel / Lichter	Bemerkungen
	3.1.2	2.2	2.2	2.1.1.3	5.2.2	3.3	3.4 / 3.5.1.2		3.2.1	8.1.5	7.1.6	7.1.6		7.1.5	3.2.1
(1)	(2)	(3a)	(3b)	(4)	(5)	(6)	(7a)	(7b)	(8)	(9)	(10)	(11)		(12)	(13)
0467	GEGENSTÄNDE MIT EXPLOSIVSTOFF, N.A.G.	1	1.2D		1	178 274	0	E0		PP		LO01	HA01 HA03	3	
0468	GEGENSTÄNDE MIT EXPLOSIVSTOFF, N.A.G.	1	1.2E		1	178 274	0	E0		PP		LO01	HA01 HA03	3	
0469	GEGENSTÄNDE MIT EXPLOSIVSTOFF, N.A.G.	1	1.2F		1	178 274	0	E0		PP		LO01	HA01 HA02 HA03	3	
0470	GEGENSTÄNDE MIT EXPLOSIVSTOFF, N.A.G.	1	1.3C		1	178 274	0	E0		PP		LO01	HA01 HA03	3	
0471	GEGENSTÄNDE MIT EXPLOSIVSTOFF, N.A.G.	1	1.4E		1.4	178 274	0	E0		PP		LO01	HA01 HA03	1	
0472	GEGENSTÄNDE MIT EXPLOSIVSTOFF, N.A.G.	1	1.4F		1.4	178 274	0	E0		PP		LO01	HA01 HA02 HA03	1	
0473	EXPLOSIVE STOFFE, N.A.G.	1	1.1A		1	178 274	0	E0		PP		LO01	HA01 HA02 HA03	3	
0474	EXPLOSIVE STOFFE, N.A.G.	1	1.1C		1	178 274	0	E0		PP		LO01	HA01 HA02 HA03	3	
0475	EXPLOSIVE STOFFE, N.A.G.	1	1.1D		1	178 274	0	E0		PP		LO01	HA01 HA02 HA03	3	
0476	EXPLOSIVE STOFFE, N.A.G.	1	1.1G		1	178 274	0	E0		PP		LO01	HA01 HA02 HA03	3	
0477	EXPLOSIVE STOFFE, N.A.G.	1	1.3C		1	178 274	0	E0		PP		LO01	HA01 HA03	3	
0478	EXPLOSIVE STOFFE, N.A.G.	1	1.3G		1	178 274	0	E0		PP		LO01	HA01 HA03	3	
0479	EXPLOSIVE STOFFE, N.A.G.	1	1.4C		1.4	178 274	0	E0		PP		LO01	HA01 HA03	1	

Tabelle A

Stoffnummer/ UN-Nummer	Benennung und Beschreibung	Klasse	Klassifizierungs-code	Verpackungs-gruppe	Gefahrzettel	Sonder-vorschriften	begrenzte Mengen		Beförderung zugelassen	Ausrüstung erforderlich	Lüftung	Maßnahmen während des Ladens / Löschens / Beförderns		Anzahl der Kegel / Lichter	Bemerkungen
	3.1.2	2.2	2.2	2.1.1.3	5.2.2	3.3	3.4 / 3.5.1.2		3.2.1	8.1.5	7.1.6	7.1.6		7.1.5	3.2.1
(1)	(2)	(3a)	(3b)	(4)	(5)	(6)	(7a)	(7b)	(8)	(9)	(10)	(11)		(12)	(13)
0480	EXPLOSIVE STOFFE, N.A.G.	1	1.4D		1.4	178 274	0	E0		PP		LO01	HA01 HA03	1	
0481	EXPLOSIVE STOFFE, N.A.G.	1	1.4S		1.4	178 274 347	0	E0		PP		LO01	HA01 HA03	0	
0482	EXPLOSIVE STOFFE, SEHR UNEMPFINDLICH, N.A.G. (STOFFE, EVI, N.A.G.)	1	1.5D		1.5	178 274	0	E0		PP		LO01	HA01 HA03	3	
0483	CYCLOTRIMETHYLENTRINITRAMIN (CYCLONIT), (HEXOGEN), (RDX), DESENSIBILISIERT	1	1.1D		1		0	E0		PP		LO01	HA01 HA02 HA03	3	
0484	CYCLOTETRAMETHYLENTETRANITRA-MIN (HMX), (OKTOGEN), DESENSIBILISIERT	1	1.1D		1		0	E0		PP		LO01	HA01 HA02 HA03	3	
0485	EXPLOSIVE STOFFE, N.A.G.	1	1.4G		1.4	178 274	0	E0		PP		LO01	HA01 HA03	1	
0486	GEGENSTÄNDE MIT EXPLOSIVSTOFF, EXTREM UNEMPFINDLICH (GEGENSTÄNDE, EEI)	1	1.6N		1.6		0	E0		PP		LO01	HA01 HA03	3	
0487	SIGNALKÖRPER, RAUCH	1	1.3G		1		0	E0		PP		LO01	HA01 HA03	3	
0488	MUNITION, ÜBUNG	1	1.3G		1		0	E0		PP		LO01	HA01 HA03	3	
0489	DINITROGLYCOLURIL (DINGU)	1	1.1D		1		0	E0		PP		LO01	HA01 HA02 HA03	3	
0490	OXYNITROTRIAZOL (ONTA)	1	1.1D		1		0	E0		PP		LO01	HA01 HA02 HA03	3	
0491	TREIBSÄTZE	1	1.4C		1.4		0	E0		PP		LO01	HA01 HA03	1	

3

Stoffnummer/ UN-Nummer	Benennung und Beschreibung	Klasse	Klassifizierungs-code	Verpackungs-gruppe	Gefahrzettel	Sonder-vorschriften	begrenzte Mengen		Beförderung zugelassen	Ausrüstung erforderlich	Lüftung	Maßnahmen während des Ladens / Löschens / Beförderns		Anzahl der Kegel / Lichter	Bemerkungen
	3.1.2	2.2	2.2	2.1.1.3	5.2.2	3.3	3.4 / 3.5.1.2		3.2.1	8.1.5	7.1.6	7.1.6		7.1.5	3.2.1
(1)	(2)	(3a)	(3b)	(4)	(5)	(6)	(7a)	(7b)	(8)	(9)	(10)	(11)		(12)	(13)
0492	KNALLKAPSELN, EISENBAHN	1	1.3G		1		0	E0		PP		LO01	HA01 HA03	3	
0493	KNALLKAPSELN, EISENBAHN	1	1.4G		1.4		0	E0		PP		LO01	HA01 HA03	1	
0494	PERFORATIONSHOHLLADUNGSTRÄGER, GELADEN, für Erdölbohrlöcher, ohne Zündmittel	1	1.4D		1.4		0	E0		PP		LO01	HA01 HA03	1	
0495	TREIBSTOFF, FLÜSSIG	1	1.3C		1	224	0	E0		PP		LO01	HA01 HA03	3	
0496	OCTONAL	1	1.1D		1		0	E0		PP		LO01	HA01 HA02 HA03	3	
0497	TREIBSTOFF, FLÜSSIG	1	1.1C		1	224	0	E0		PP		LO01	HA01 HA02 HA03	3	
0498	TREIBSTOFF, FEST	1	1.1C		1		0	E0		PP		LO01	HA01 HA02 HA03	3	
0499	TREIBSTOFF, FEST	1	1.3C		1		0	E0		PP		LO01	HA01 HA03	3	
0500	ZÜNDEINRICHTUNGEN für Sprengungen, NICHT ELEKTRISCH	1	1.4S		1.4	347	0	E0		PP		LO01	HA01 HA03	0	
0501	TREIBSTOFF, FEST	1	1.4C		1.4		0	E0		PP		LO01	HA01 HA03	1	
0502	RAKETEN, mit inertem Kopf	1	1.2C		1		0	E0		PP		LO01	HA01 HA03	3	
0503	SICHERHEITSEINRICHTUNGEN, PYROTECHNISCH	1	1.4G		1.4	235 289	0	E0		PP		LO01	HA01 HA03	1	
0504	1H-TETRAZOL	1	1.1D		1		0	E0		PP		LO01	HA01 HA02 HA03	3	

Stoffnummer/ UN-Nummer	Benennung und Beschreibung	Klasse	Klassifizierungs-code	Verpackungs-gruppe	Gefahrzettel	Sonder-vorschriften	begrenzte Mengen		Beförderung zugelassen	Ausrüstung erforderlich	Lüftung	Maßnahmen während des Ladens / Löschens / Beförderns			Anzahl der Kegel / Lichter	Bemerkungen
	3.1.2	2.2	2.2	2.1.1.3	5.2.2	3.3	3.4 / 3.5.1.2		3.2.1	8.1.5	7.1.6	7.1.6			7.1.5	3.2.1
(1)	(2)	(3a)	(3b)	(4)	(5)	(6)	(7a)	(7b)	(8)	(9)	(10)	(11)			(12)	(13)
0505	SIGNALKÖRPER, SEENOT	1	1.4G		1.4		0	E0		PP		LO01	HA01 HA03		1	
0506	SIGNALKÖRPER, SEENOT	1	1.4S		1.4		0	E0		PP		LO01	HA01 HA03		0	
0507	SIGNALKÖRPER, RAUCH	1	1.4S		1.4		0	E0		PP		LO01	HA01 HA03		0	
0508	1-HYDROXYBENZOTRIAZOL, WASSERFREI, trocken oder angefeuchtet mit weniger als 20 Masse-% Wasser	1	1.3C		1		0	E0		PP		LO01	HA01 HA03		3	
0509	TREIBLADUNGSPULVER	1	1.4C		1.4		0	E0		PP		LO01	HA01 HA03		1	
0510	RAKETENMOTOREN	1	1.4C		1.4		0	E0		PP		LO01	HA01 HA03		1	
1001	ACETYLEN, GELÖST	2	4F		2.1	662	0	E0		PP EX A	VE01				1	
1002	LUFT, VERDICHTET (DRUCKLUFT)	2	1A		2.2	655 660 662	120 ml	E1		PP					0	
1003	LUFT, TIEFGEKÜHLT, FLÜSSIG	2	3O		2.2 + 5.1		0	E0		PP					0	
1005	AMMONIAK, WASSERFREI	2	2TC		2.3 + 8	23 379	0	E0	T	PP EP TOX A	VE02				2	
1006	ARGON, VERDICHTET	2	1A		2.2	378 653 660 662	120 ml	E1		PP					0	
1008	BORTRIFLUORID	2	2TC		2.3 + 8	373	0	E0		PP EP TOX A	VE02				2	

Tabelle A

Stoffnummer/ UN-Nummer	Benennung und Beschreibung	Klasse	Klassifizierungs-code	Verpackungs-gruppe	Gefahrzettel	Sonder-vorschriften	begrenzte Mengen		Beförderung zugelassen	Ausrüstung erforderlich	Lüftung	Maßnahmen während des Ladens / Löschens / Beförderns	Anzahl der Kegel / Lichter	Bemerkungen
	3.1.2	2.2	2.2	2.1.1.3	5.2.2	3.3	3.4 / 3.5.1.2		3.2.1	8.1.5	7.1.6	7.1.6	7.1.5	3.2.1
(1)	(2)	(3a)	(3b)	(4)	(5)	(6)	(7a)	(7b)	(8)	(9)	(10)	(11)	(12)	(13)
1009	BROMTRIFLUORMETHAN (GAS ALS KÄLTEMITTEL R 13B1)	2	2A		2.2	662	120 ml	E1		PP			0	
1010	BUTADIENE, STABILISIERT oder BUTADIENE UND KOHLENWASSERSTOFF, GEMISCH, STABILISIERT, das bei 70 °C einen Dampfdruck von nicht mehr als 1,1 MPa (11 bar) hat und dessen Dichte bei 50 °C den Wert von 0,525 kg/l nicht unterschreitet	2	2F		2.1	386 618 662	0	E0	T	PP EX A	VE01		1	
1011	BUTAN	2	2F		2.1	392 657 662 674	0	E0	T	PP EX A	VE01		1	
1012	BUT-1-EN oder cis-BUT-2-EN oder trans-BUT-2-EN oder BUTENE, GEMISCH	2	2F		2.1	662	0	E0	T	PP EX A	VE01		1	
1013	KOHLENDIOXID	2	2A		2.2	378 584 653 660 662	120 ml	E1		PP			0	
1016	KOHLENMONOXID, VERDICHTET	2	1TF		2.3 + 2.1		0	E0		PP EP EX TOX A	VE01 VE02		2	
1017	CHLOR	2	2TOC		2.3 + 5.1 + 8		0	E0		PP EP TOX A	VE02		2	
1018	CHLORDIFLUORMETHAN (GAS ALS KÄLTEMITTEL R 22)	2	2A		2.2	662	120 ml	E1		PP			0	

Tabelle A

Stoffnummer/ UN-Nummer	Benennung und Beschreibung	Klasse	Klassifizierungs-code	Verpackungs-gruppe	Gefahrzettel	Sonder-vorschriften	begrenzte Mengen		Beförderung zugelassen	Ausrüstung erforderlich	Lüftung	Maßnahmen während des Ladens / Löschens / Beförderns			Anzahl der Kegel / Lichter	Bemerkungen
	3.1.2	2.2	2.2	2.1.1.3	5.2.2	3.3	3.4 / 3.5.1.2		3.2.1	8.1.5	7.1.6	7.1.6			7.1.5	3.2.1
(1)	(2)	(3a)	(3b)	(4)	(5)	(6)	(7a)	(7b)	(8)	(9)	(10)	(11)			(12)	(13)
1020	CHLORPENTAFLUORETHAN (GAS ALS KÄLTEMITTEL R 115)	2	2A		2.2	662	120 ml	E1	T	PP					0	
1021	1-CHLOR-1,2,2,2-TETRAFLUORETHAN (GAS ALS KÄLTEMITTEL R 124)	2	2A		2.2	662	120 ml	E1		PP					0	
1022	CHLORTRIFLUORMETHAN (GAS ALS KÄLTEMITTEL R 13)	2	2A		2.2	662	120 ml	E1		PP					0	
1023	STADTGAS, VERDICHTET	2	1TF		2.3 + 2.1		0	E0		PP EP EX TOX A	VE01 VE02				2	
1026	DICYAN	2	2TF		2.3 + 2.1		0	E0		PP EP EX TOX A	VE01 VE02				2	
1027	CYCLOPROPAN	2	2F		2.1	662	0	E0		PP EX A	VE01				1	
1028	DICHLORDIFLUORMETHAN (GAS ALS KÄLTEMITTEL R 12)	2	2A		2.2	662	120 ml	E1		PP					0	
1029	DICHLORMONOFLUORMETHAN (GAS ALS KÄLTEMITTEL R 21)	2	2A		2.2	662	120 ml	E1		PP					0	
1030	1,1-DIFLUORETHAN (GAS ALS KÄLTEMITTEL R 152a)	2	2F		2.1	662	0	E0	T	PP EX A	VE01				1	
1032	DIMETHYLAMIN, WASSERFREI	2	2F		2.1	662	0	E0		PP EX A	VE01				1	
1033	DIMETHYLETHER	2	2F		2.1	662	0	E0	T	PP EX A	VE01				1	

Stoffnummer/ UN-Nummer	Benennung und Beschreibung	Klasse	Klassifizierungs-code	Verpackungs-gruppe	Gefahrzettel	Sonder-vorschriften	begrenzte Mengen		Beförderung zugelassen	Ausrüstung erforderlich	Lüftung	Maßnahmen während des Ladens / Löschens / Beförderns	Anzahl der Kegel / Lichter	Bemerkungen
	3.1.2	2.2	2.2	2.1.1.3	5.2.2	3.3	3.4 / 3.5.1.2		3.2.1	8.1.5	7.1.6	7.1.6	7.1.5	3.2.1
(1)	(2)	(3a)	(3b)	(4)	(5)	(6)	(7a)	(7b)	(8)	(9)	(10)	(11)	(12)	(13)
1035	ETHAN	2	2F		2.1	662	0	E0		PP EX A	VE01		1	
1036	ETHYLAMIN	2	2F		2.1	662	0	E0		PP EX A	VE01		1	
1037	ETHYLCHLORID	2	2F		2.1	662	0	E0		PP EX A	VE01		1	
1038	ETHYLEN, TIEFGEKÜHLT, FLÜSSIG	2	3F		2.1		0	E0	T	PP EX A	VE01		1	
1039	ETHYLMETHYLETHER	2	2F		2.1	662	0	E0		PP EX A	VE01		1	
1040	ETHYLENOXID	2	2TF		2.3 + 2.1	342	0	E0		PP EP EX TOX A	VE01 VE02		2	
1040	ETHYLENOXID MIT STICKSTOFF bis zu einem Gesamtdruck von 1 MPa (10 bar) bei 50 °C	2	2TF		2.3 + 2.1	342	0	E0	T	PP EP EX TOX A	VE01 VE02		2	
1041	ETHYLENOXID UND KOHLENDIOXID, GEMISCH mit mehr als 9 %, aber höchstens 87 % Ethylenoxid	2	2F		2.1	662	0	E0		PP EX A	VE01		1	
1043	DÜNGEMITTEL, LÖSUNG, mit freiem Ammoniak	2	4A		2.2			E0		PP			0	
1044	FEUERLÖSCHER mit verdichtetem oder verflüssigtem Gas	2	6A		2.2	225 594	120 ml	E0		PP			0	

Tabelle A

Stoffnummer/ UN-Nummer	Benennung und Beschreibung	Klasse	Klassifizierungs-code	Verpackungs-gruppe	Gefahrzettel	Sonder-vorschriften	begrenzte Mengen		Beförderung zugelassen	Ausrüstung erforderlich	Lüftung	Maßnahmen während des Ladens / Löschens / Beförderns	Anzahl der Kegel / Lichter	Bemerkungen
	3.1.2	2.2	2.2	2.1.1.3	5.2.2	3.3	3.4 / 3.5.1.2		3.2.1	8.1.5	7.1.6	7.1.6	7.1.5	3.2.1
(1)	(2)	(3a)	(3b)	(4)	(5)	(6)	(7a)	(7b)	(8)	(9)	(10)	(11)	(12)	(13)
1045	FLUOR, VERDICHTET	2	1TOC		2.3 + 5.1 + 8		0	E0		PP EP TOX A	VE02		2	
1046	HELIUM, VERDICHTET	2	1A		2.2	378 653 660 662	120 ml	E1		PP			0	
1048	BROMWASSERSTOFF, WASSERFREI	2	2TC		2.3 + 8		0	E0		PP EP TOX A	VE02		2	
1049	WASSERSTOFF, VERDICHTET	2	1F		2.1	392 662	0	E0		PP EX A	VE01		1	
1050	CHLORWASSERSTOFF, WASSERFREI	2	2TC		2.3 + 8		0	E0		PP EP TOX A	VE02		2	
1051	CYANWASSERSTOFF, STABILISIERT, mit weniger als 3 % Wasser	6.1	TF1	I	6.1 + 3	386 603 802	0	E0		PP EP EX TOX A	VE01 VE02		2	
1052	FLUORWASSERSTOFF, WASSERFREI	8	CT1	I	8 + 6.1	802	0	E0		PP EP TOX A	VE02		2	
1053	SCHWEFELWASSERSTOFF	2	2TF		2.3 + 2.1		0	E0		PP EP EX TOX A	VE01 VE02		2	

Stoffnummer/ UN-Nummer	Benennung und Beschreibung	Klasse	Klassifizierungs-code	Verpackungs-gruppe	Gefahrzettel	Sonder-vorschriften	begrenzte Mengen		Beförderung zugelassen	Ausrüstung erforderlich	Lüftung	Maßnahmen während des Ladens / Löschens / Beförderns	Anzahl der Kegel / Lichter	Bemerkungen
	3.1.2	2.2	2.2	2.1.1.3	5.2.2	3.3	3.4 / 3.5.1.2		3.2.1	8.1.5	7.1.6	7.1.6	7.1.5	3.2.1
(1)	(2)	(3a)	(3b)	(4)	(5)	(6)	(7a)	(7b)	(8)	(9)	(10)	(11)	(12)	(13)
1055	ISOBUTEN	2	2F		2.1	662	0	E0	T	PP EX A	VE01		1	
1056	KRYPTON, VERDICHTET	2	1A		2.2	378 660 662	120 ml	E1		PP			0	
1057	FEUERZEUGE mit entzündbarem Gas oder NACHFÜLLPATRONEN FÜR FEUERZEUGE mit entzündbarem Gas	2	6F		2.1	201 654 658	0	E0		PP EX A	VE01		1	
1058	VERFLÜSSIGTE GASE, nicht entzündbar, überlagert mit Stickstoff, Kohlendioxid oder Luft	2	2A		2.2	660 662	120 ml	E1		PP			0	
1060	METHYLACETYLEN UND PROPADIEN, GEMISCH, STABILISIERT (Gemisch P 1) (Gemisch P 2)	2	2F		2.1	386 581 662	0	E0		PP EX A	VE01		1	
1061	METHYLAMIN, WASSERFREI	2	2F		2.1	662	0	E0		PP EX A	VE01		1	
1062	METHYLBROMID mit höchstens 2 % Chlorpikrin	2	2T		2.3	23	0	E0		PP EP TOX A	VE02		2	
1063	METHYLCHLORID (GAS ALS KÄLTEMITTEL R 40)	2	2F		2.1	662	0	E0	T	PP EX A	VE01		1	
1064	METHYLMERCAPTAN	2	2TF		2.3 + 2.1		0	E0		PP EP EX TOX A	VE01 VE02		2	
1065	NEON, VERDICHTET	2	1A		2.2	378 660 662	120 ml	E1		PP			0	

Tabelle A

Stoffnummer/ UN-Nummer	Benennung und Beschreibung	Klasse	Klassifizierungs-code	Verpackungs-gruppe	Gefahrzettel	Sonder-vorschriften	begrenzte Mengen		Beförderung zugelassen	Ausrüstung erforderlich	Lüftung	Maßnahmen während des Ladens / Löschens / Beförderns			Anzahl der Kegel / Lichter	Bemerkungen
	3.1.2	2.2	2.2	2.1.1.3	5.2.2	3.3	3.4 / 3.5.1.2		3.2.1	8.1.5	7.1.6	7.1.6			7.1.5	3.2.1
(1)	(2)	(3a)	(3b)	(4)	(5)	(6)	(7a)	(7b)	(8)	(9)	(10)	(11)			(12)	(13)
1066	STICKSTOFF, VERDICHTET	2	1A		2.2	378 653 660 662	120 ml	E1		PP					0	
1067	DISTICKSTOFFTETROXID (STICKSTOFFDIOXID)	2	2TOC		2.3 + 5.1 + 8		0	E0		PP EP TOX A	VE02				2	
1069	NITROSYLCHLORID	2	2TC		2.3 + 8		0	E0		PP EP TOX A	VE02				2	
1070	DISTICKSTOFFMONOXID	2	2O		2.2 + 5.1	584 662	0	E0		PP					0	
1071	ÖLGAS, VERDICHTET	2	1TF		2.3 + 2.1		0	E0		PP EP EX TOX A	VE01 VE02				2	
1072	SAUERSTOFF, VERDICHTET	2	1O		2.2 + 5.1	355 655 662	0	E0		PP					0	
1073	SAUERSTOFF, TIEFGEKÜHLT, FLÜSSIG	2	3O		2.2 + 5.1		0	E0		PP					0	
1075	PETROLEUMGASE, VERFLÜSSIGT	2	2F		2.1	274 392 583 639 662 674	0	E0		PP EX A	VE01				1	

3

Tabelle A

Stoffnummer/ UN-Nummer	Benennung und Beschreibung	Klasse	Klassifizierungs-code	Verpackungs-gruppe	Gefahrzettel	Sonder-vorschriften	begrenzte Mengen		Beförderung zugelassen	Ausrüstung erforderlich	Lüftung	Maßnahmen während des Ladens / Löschens / Beförderns	Anzahl der Kegel / Lichter	Bemerkungen
	3.1.2	2.2	2.2	2.1.1.3	5.2.2	3.3	3.4 / 3.5.1.2		3.2.1	8.1.5	7.1.6	7.1.6	7.1.5	3.2.1
(1)	(2)	(3a)	(3b)	(4)	(5)	(6)	(7a)	(7b)	(8)	(9)	(10)	(11)	(12)	(13)
1076	PHOSGEN	2	2TC		2.3 + 8		0	E0		PP EP TOX A	VE02		2	
1077	PROPEN	2	2F		2.1	662	0	E0	T	PP EX A	VE01		1	
1078	GAS ALS KÄLTEMITTEL, N.A.G. (Gemisch F 1) (Gemisch F 2) (Gemisch F 3)	2	2A		2.2	274 582 662	120 ml	E1		PP			0	
1079	SCHWEFELDIOXID	2	2TC		2.3 + 8		0	E0		PP EP TOX A	VE02		2	
1080	SCHWEFELHEXAFLUORID	2	2A		2.2	660 662	120 ml	E1		PP			0	
1081	TETRAFLUORETHYLEN, STABILISIERT	2	2F		2.1	386 662	0	E0		PP EX A	VE01		1	
1082	CHLORTRIFLUORETHYLEN, STABILISIERT (GAS ALS KÄLTEMITTEL R 1113)	2	2TF		2.3 + 2.1	386	0	E0		PP EP EX TOX A	VE01 VE02		2	
1083	TRIMETHYLAMIN, WASSERFREI	2	2F		2.1	662	0	E0	T	PP EX A	VE01		1	
1085	VINYLBROMID, STABILISIERT	2	2F		2.1	386 662	0	E0		PP EX A	VE01		1	
1086	VINYLCHLORID, STABILISIERT	2	2F		2.1	386 662	0	E0	T	PP EX A	VE01		1	

Tabelle A

Stoffnummer/ UN-Nummer	Benennung und Beschreibung	Klasse	Klassifizierungs-code	Verpackungs-gruppe	Gefahrzettel	Sonder-vorschriften	begrenzte Mengen		Beförderung zugelassen	Ausrüstung erforderlich	Lüftung	Maßnahmen während des Ladens / Löschens / Beförderns	Anzahl der Kegel / Lichter	Bemerkungen
	3.1.2	2.2	2.2	2.1.1.3	5.2.2	3.3	3.4 / 3.5.1.2		3.2.1	8.1.5	7.1.6	7.1.6	7.1.5	3.2.1
(1)	(2)	(3a)	(3b)	(4)	(5)	(6)	(7a)	(7b)	(8)	(9)	(10)	(11)	(12)	(13)
1087	VINYLMETHYLETHER, STABILISIERT	2	2F		2.1	386 662	0	E0		PP EX A	VE01		1	
1088	ACETAL	3	F1	II	3		1 l	E2	T	PP EX A	VE01		1	
1089	ACETALDEHYD	3	F1	I	3		0	E0	T	PP EX A	VE01		1	
1090	ACETON	3	F1	II	3		1 l	E2	T	PP EX A	VE01		1	
1091	ACETONÖLE	3	F1	II	3		1 l	E2		PP EX A	VE01		1	
1092	ACROLEIN, STABILISIERT	6.1	TF1	I	6.1 + 3	354 386 802	0	E0	T	PP EP EX TOX A	VE01 VE02		2	
1093	ACRYLNITRIL, STABILISIERT	3	FT1	I	3 + 6.1	386 802	0	E0	T	PP EP EX TOX A	VE01 VE02		2	
1098	ALLYLALKOHOL	6.1	TF1	I	6.1 + 3	354 802	0	E0	T	PP EP EX TOX A	VE01 VE02		2	

3

Stoffnummer/ UN-Nummer	Benennung und Beschreibung	Klasse	Klassifizierungs-code	Verpackungs-gruppe	Gefahrzettel	Sonder-vorschriften	begrenzte Mengen		Beförderung zugelassen	Ausrüstung erforderlich	Lüftung	Maßnahmen während des Ladens / Löschens / Beförderns			Anzahl der Kegel / Lichter	Bemerkungen
	3.1.2	2.2	2.2	2.1.1.3	5.2.2	3.3	3.4 / 3.5.1.2		3.2.1	8.1.5	7.1.6	7.1.6			7.1.5	3.2.1
(1)	(2)	(3a)	(3b)	(4)	(5)	(6)	(7a)	(7b)	(8)	(9)	(10)	(11)			(12)	(13)
1099	ALLYLBROMID	3	FT1	I	3 + 6.1	802	0	E0		PP EP EX TOX A	VE01 VE02				2	
1100	ALLYLCHLORID	3	FT1	I	3 + 6.1	802	0	E0	T	PP EP EX TOX A	VE01 VE02				2	
1104	AMYLACETATE	3	F1	III	3		5 l	E1		PP EX A	VE01				0	
1105	PENTANOLE	3	F1	II	3		1 l	E2		PP EX A	VE01				1	
1105	PENTANOLE	3	F1	III	3		5 l	E1	T	PP EX A	VE01				0	
1106	AMYLAMINE	3	FC	II	3 + 8		1 l	E2	T	PP EP EX A	VE01				1	
1106	AMYLAMINE	3	FC	III	3 + 8		5 l	E1		PP EP EX A	VE01				0	
1107	AMYLCHLORIDE	3	F1	II	3		1 l	E2	T	PP EX A	VE01				1	
1108	PENT-1-EN (n-AMYLEN)	3	F1	I	3		0	E3	T	PP EX A	VE01				1	

Stoffnummer/ UN-Nummer	Benennung und Beschreibung	Klasse	Klassifizierungs-code	Verpackungs-gruppe	Gefahrzettel	Sonder-vorschriften	begrenzte Mengen		Beförderung zugelassen	Ausrüstung erforderlich	Lüftung	Maßnahmen während des Ladens / Löschens / Beförderns	Anzahl der Kegel / Lichter	Bemerkungen
	3.1.2	2.2	2.2	2.1.1.3	5.2.2	3.3	3.4 / 3.5.1.2		3.2.1	8.1.5	7.1.6	7.1.6	7.1.5	3.2.1
(1)	(2)	(3a)	(3b)	(4)	(5)	(6)	(7a)	(7b)	(8)	(9)	(10)	(11)	(12)	(13)
1109	AMYLFORMIATE	3	F1	III	3		5 l	E1		PP EX A	VE01		0	
1110	n-AMYLMETHYLKETON	3	F1	III	3		5 l	E1		PP EX A	VE01		0	
1111	AMYLMERCAPTAN	3	F1	II	3		1 l	E2		PP EX A	VE01		1	
1112	AMYLNITRATE	3	F1	III	3		5 l	E1		PP EX A	VE01		0	
1113	AMYLNITRITE	3	F1	II	3		1 l	E2		PP EX A	VE01		1	
1114	BENZEN	3	F1	II	3		1 l	E2	T	PP EX A	VE01		1	
1120	BUTANOLE	3	F1	II	3		1 l	E2	T	PP EX A	VE01		1	
1120	BUTANOLE	3	F1	III	3		5 l	E1	T	PP EX A	VE01		0	
1123	BUTYLACETATE	3	F1	II	3		1 l	E2	T	PP EX A	VE01		1	
1123	BUTYLACETATE	3	F1	III	3		5 l	E1	T	PP EX A	VE01		0	

Stoffnummer/ UN-Nummer	Benennung und Beschreibung	Klasse	Klassifizierungs-code	Verpackungs-gruppe	Gefahrzettel	Sonder-vorschriften	begrenzte Mengen		Beförderung zugelassen	Ausrüstung erforderlich	Lüftung	Maßnahmen während des Ladens / Löschens / Beförderns	Anzahl der Kegel / Lichter	Bemerkungen
	3.1.2	2.2	2.2	2.1.1.3	5.2.2	3.3	3.4 / 3.5.1.2		3.2.1	8.1.5	7.1.6	7.1.6	7.1.5	3.2.1
(1)	(2)	(3a)	(3b)	(4)	(5)	(6)	(7a)	(7b)	(8)	(9)	(10)	(11)	(12)	(13)
1125	n-BUTYLAMIN	3	FC	II	3 + 8		1 l	E2	T	PP EP EX A	VE01		1	
1126	1-BROMBUTAN	3	F1	II	3		1 l	E2		PP EX A	VE01		1	
1127	CHLORBUTANE	3	F1	II	3		1 l	E2	T	PP EX A	VE01		1	
1128	n-BUTYLFORMIAT	3	F1	II	3		1 l	E2		PP EX A	VE01		1	
1129	BUTYRALDEHYD	3	F1	II	3		1 l	E2	T	PP EX A	VE01		1	
1130	KAMPFERÖL	3	F1	III	3		5 l	E1		PP EX A	VE01		0	
1131	KOHLENSTOFFDISULFID	3	FT1	I	3 + 6.1	802	0	E0	T	PP EP EX TOX A	VE01 VE02		2	
1133	KLEBSTOFFE, mit entzündbarem flüssigem Stoff	3	F1	I	3		500 ml	E3		PP EX A	VE01		1	
1133	KLEBSTOFFE, mit entzündbarem flüssigem Stoff (Dampfdruck bei 50 °C größer als 110 kPa)	3	F1	II	3	640C	5 l	E2		PP EX A	VE01		1	
1133	KLEBSTOFFE, mit entzündbarem flüssigem Stoff (Dampfdruck bei 50 °C höchstens 110 kPa)	3	F1	II	3	640D	5 l	E2		PP EX A	VE01		1	

Tabelle A

Stoffnummer/ UN-Nummer	Benennung und Beschreibung	Klasse	Klassifizierungs-code	Verpackungs-gruppe	Gefahrzettel	Sonder-vorschriften	begrenzte Mengen		Beförderung zugelassen	Ausrüstung erforderlich	Lüftung	Maßnahmen während des Ladens / Löschens / Beförderns	Anzahl der Kegel / Lichter	Bemerkungen
	3.1.2	2.2	2.2	2.1.1.3	5.2.2	3.3	3.4 / 3.5.1.2		3.2.1	8.1.5	7.1.6	7.1.6	7.1.5	3.2.1
(1)	(2)	(3a)	(3b)	(4)	(5)	(6)	(7a)	(7b)	(8)	(9)	(10)	(11)	(12)	(13)
1133	KLEBSTOFFE, mit entzündbarem flüssigem Stoff	3	F1	III	3		5 l	E1		PP EX A	VE01		0	
1133	KLEBSTOFFE, mit entzündbarem flüssigem Stoff (mit einem Flammpunkt unter 23 °C und viskos gemäß 2.2.3.1.4) (Dampfdruck bei 50 °C größer als 110 kPa)	3	F1	III	3		5 l	E1		PP EX A	VE01		0	
1133	KLEBSTOFFE, mit entzündbarem flüssigem Stoff (mit einem Flammpunkt unter 23 °C und viskos gemäß 2.2.3.1.4) (Dampfdruck bei 50 °C höchstens 110 kPa)	3	F1	III	3		5 l	E1		PP EX A	VE01		0	
1134	CHLORBENZEN	3	F1	III	3		5 l	E1	T	PP EX A	VE01		0	
1135	ETHYLENCHLORHYDRIN	6.1	TF1	I	6.1 + 3	354 802	0	E0	T	PP EP EX TOX A	VE01 VE02		2	
1136	STEINKOHLENTEERDESTILLATE, ENTZÜNDBAR	3	F1	II	3		1 l	E2		PP EX A	VE01		1	
1136	STEINKOHLENTEERDESTILLATE, ENTZÜNDBAR	3	F1	III	3		5 l	E1		PP EX A	VE01		0	
1139	SCHUTZANSTRICHLÖSUNG (einschließlich zu Industrie- oder anderen Zwecken verwendete Oberflächenbehandlungen oder Beschichtungen, wie Zwischenbeschichtung für Fahrzeugkarosserien, Auskleidung für Fässer)	3	F1	I	3		500 ml	E3		PP EX A	VE01		1	

Tabelle A

Stoffnummer/ UN-Nummer	Benennung und Beschreibung	Klasse	Klassifizierungs-code	Verpackungs-gruppe	Gefahrzettel	Sonder-vorschriften	begrenzte Mengen		Beförderung zugelassen	Ausrüstung erforderlich	Lüftung	Maßnahmen während des Ladens / Löschens / Beförderns	Anzahl der Kegel / Lichter	Bemerkungen
	3.1.2	2.2	2.2	2.1.1.3	5.2.2	3.3	3.4 / 3.5.1.2		3.2.1	8.1.5	7.1.6	7.1.6	7.1.5	3.2.1
(1)	(2)	(3a)	(3b)	(4)	(5)	(6)	(7a)	(7b)	(8)	(9)	(10)	(11)	(12)	(13)
1139	SCHUTZANSTRICHLÖSUNG (einschließlich zu Industrie- oder anderen Zwecken verwendete Oberflächenbehandlungen oder Beschichtungen, wie Zwischenbeschichtung für Fahrzeugkarosserien, Auskleidung für Fässer) (Dampfdruck bei 50 °C größer als 110 kPa)	3	F1	II	3	640C	5 l	E2		PP EX A	VE01		1	
1139	SCHUTZANSTRICHLÖSUNG (einschließlich zu Industrie- oder anderen Zwecken verwendete Oberflächenbehandlungen oder Beschichtungen, wie Zwischenbeschichtung für Fahrzeugkarosserien, Auskleidung für Fässer) (Dampfdruck bei 50 °C höchstens 110 kPa)	3	F1	II	3	640D	5 l	E2		PP EX A	VE01		1	
1139	SCHUTZANSTRICHLÖSUNG (einschließlich zu Industrie- oder anderen Zwecken verwendete Oberflächenbehandlungen oder Beschichtungen, wie Zwischenbeschichtung für Fahrzeugkarosserien, Auskleidung für Fässer)	3	F1	III	3		5 l	E1		PP EX A	VE01		0	
1139	SCHUTZANSTRICHLÖSUNG (einschließlich zu Industrie- oder anderen Zwecken verwendete Oberflächenbehandlungen oder Beschichtungen, wie Zwischenbeschichtung für Fahrzeugkarosserien, Auskleidung für Fässer) (mit einem Flammpunkt unter 23 °C und viskos gemäß 2.2.3.1.4) (Dampfdruck bei 50 °C größer als 110 kPa)	3	F1	III	3		5 l	E1		PP EX A	VE01		0	

Tabelle A

Stoffnummer/ UN-Nummer	Benennung und Beschreibung	Klasse	Klassifizierungs-code	Verpackungs-gruppe	Gefahrzettel	Sonder-vorschriften	begrenzte Mengen		Beförderung zugelassen	Ausrüstung erforderlich	Lüftung	Maßnahmen während des Ladens / Löschens / Beförderns	Anzahl der Kegel / Lichter	Bemerkungen
	3.1.2	2.2	2.2	2.1.1.3	5.2.2	3.3	3.4 / 3.5.1.2		3.2.1	8.1.5	7.1.6	7.1.0	7.1.5	3.2.1
(1)	(2)	(3a)	(3b)	(4)	(5)	(6)	(7a)	(7b)	(8)	(9)	(10)	(11)	(12)	(13)
1139	SCHUTZANSTRICHLÖSUNG (einschließlich zu Industrie- oder anderen Zwecken verwendete Oberflächenbehandlungen oder Beschichtungen, wie Zwischenbeschichtung für Fahrzeugkarosserien, Auskleidung für Fässer) (mit einem Flammpunkt unter 23 °C und viskos gemäß 2.2.3.1.4) (Dampfdruck bei 50 °C höchstens 110 kPa)	3	F1	III	3		5 l	E1		PP EX A	VE01		0	
1143	CROTONALDEHYD oder CROTONALDEHYD, STABILISIERT	6.1	TF1	I	6.1 + 3	324 354 386 802	0	E0	T	PP EP EX TOX A	VE01 VE02		2	
1144	CROTONYLEN	3	F1	I	3		0	E3		PP EX A	VE01		1	
1145	CYCLOHEXAN	3	F1	II	3		1 l	E2	T	PP EX A	VE01		1	
1146	CYCLOPENTAN	3	F1	II	3		1 l	E2	T	PP EX A	VE01		1	
1147	DECAHYDRONAPHTHALEN	3	F1	III	3		5 l	E1		PP EX A	VE01		0	
1148	DIACETONALKOHOL ---	3	F1	II	3		1 l	E2		PP EX A	VE01		1	
1148	DIACETONALKOHOL ---	3	F1	III	3		5 l	E1	T	PP EX A	VE01		0	

Tabelle A

Stoffnummer/ UN-Nummer	Benennung und Beschreibung	Klasse	Klassifizierungs-code	Verpackungs-gruppe	Gefahrzettel	Sonder-vorschriften	begrenzte Mengen		Beförderung zugelassen	Ausrüstung erforderlich	Lüftung	Maßnahmen während des Ladens / Löschens / Beförderns	Anzahl der Kegel / Lichter	Bemerkungen
	3.1.2	2.2	2.2	2.1.1.3	5.2.2	3.3	3.4 / 3.5.1.2		3.2.1	8.1.5	7.1.6	7.1.6	7.1.5	3.2.1
(1)	(2)	(3a)	(3b)	(4)	(5)	(6)	(7a)	(7b)	(8)	(9)	(10)	(11)	(12)	(13)
1149	DIBUTYLETHER	3	F1	III	3		5 l	E1		PP EX A	VE01		0	
1150	1,2-DICHLORETHYLEN	3	F1	II	3		1 l	E2	T	PP EX A	VE01		1	
1152	DICHLORPENTANE	3	F1	III	3		5 l	E1		PP EX A	VE01		0	
1153	ETHYLENGLYCOLDIETHYLETHER	3	F1	II	3		1 l	E2	T	PP EX A	VE01		1	
1153	ETHYLENGLYCOLDIETHYLETHER	3	F1	III	3		5 l	E1	T	PP EX A	VE01		0	
1154	DIETHYLAMIN	3	FC	II	3 + 8		1 l	E2	T	PP EP EX A	VE01		1	
1155	DIETHYLETHER (ETHYLETHER)	3	F1	I	3		0	E3	T	PP EX A	VE01		1	
1156	DIETHYLKETON	3	F1	II	3		1 l	E2		PP EX A	VE01		1	
1157	DIISOBUTYLKETON	3	F1	III	3		5 l	E1	T	PP EX A	VE01		0	
1158	DIISOPROPYLAMIN	3	FC	II	3 + 8		1 l	E2		PP EP EX A	VE01		1	

Stoffnummer/ UN-Nummer	Benennung und Beschreibung	Klasse	Klassifizierungs-code	Verpackungs-gruppe	Gefahrzettel	Sonder-vorschriften	begrenzte Mengen		Beförderung zugelassen	Ausrüstung erforderlich	Lüftung	Maßnahmen während des Ladens / Löschens / Beförderns	Anzahl der Kegel / Lichter	Bemerkungen
	3.1.2	2.2	2.2	2.1.1.3	5.2.2	3.3	3.4 / 3.5.1.2		3.2.1	8.1.5	7.1.6	7.1.6	7.1.5	3.2.1
(1)	(2)	(3a)	(3b)	(4)	(5)	(6)	(7a)	(7b)	(8)	(9)	(10)	(11)	(12)	(13)
1159	DIISOPROPYLETHER	3	F1	II	3		1 l	E2	T	PP EX A	VE01		1	
1160	DIMETHYLAMIN, WÄSSERIGE LÖSUNG	3	FC	II	3 + 8		1 l	E2	T	PP EP EX A	VE01		1	
1161	DIMETHYLCARBONAT	3	F1	II	3		1 l	E2		PP EX A	VE01		1	
1162	DIMETHYLDICHLORSILAN	3	FC	II	3 + 8		0	E0		PP EP EX A	VE01		1	
1163	DIMETHYLHYDRAZIN, ASYMMETRISCH	6.1	TFC	I	6.1 + 3 + 8	354 802	0	E0	T	PP EP EX TOX A	VE01 VE02		2	
1164	DIMETHYLSULFID	3	F1	II	3		1 l	E2		PP EX A	VE01		1	
1165	DIOXAN	3	F1	II	3		1 l	E2	T	PP EX A	VE01		1	
1166	DIOXOLAN	3	F1	II	3		1 l	E2		PP EX A	VE01		1	
1167	DIVINYLETHER, STABILISIERT	3	F1	I	3	386	0	E3	T	PP EX A	VE01		1	

Tabelle A

Stoffnummer/ UN-Nummer	Benennung und Beschreibung	Klasse	Klassifizierungs-code	Verpackungs-gruppe	Gefahrzettel	Sonder-vorschriften	begrenzte Mengen		Beförderung zugelassen	Ausrüstung erforderlich	Lüftung	Maßnahmen während des Ladens / Löschens / Beförderns	Anzahl der Kegel / Lichter	Bemerkungen
	3.1.2	2.2	2.2	2.1.1.3	5.2.2	3.3	3.4 / 3.5.1.2		3.2.1	8.1.5	7.1.6	7.1.6	7.1.5	3.2.1
(1)	(2)	(3a)	(3b)	(4)	(5)	(6)	(7a)	(7b)	(8)	(9)	(10)	(11)	(12)	(13)
1169	EXTRAKTE, AROMATISCH, FLÜSSIG (Dampfdruck bei 50 °C größer als 110 kPa)	3	F1	II	3	601 640C	5 l	E2		PP EX A	VE01		1	
1169	EXTRAKTE, AROMATISCH, FLÜSSIG (Dampfdruck bei 50 °C höchstens 110 kPa)	3	F1	II	3	601 640D	5 l	E2		PP EX A	VE01		1	
1169	EXTRAKTE, AROMATISCH, FLÜSSIG	3	F1	III	3	601	5 l	E1		PP EX A	VE01		0	
1169	EXTRAKTE, AROMATISCH, FLÜSSIG (mit einem Flammpunkt unter 23 °C und viskos gemäß 2.2.3.1.4) (Dampfdruck bei 50 °C größer als 110 kPa)	3	F1	III	3	601	5 l	E1		PP EX A	VE01		0	
1169	EXTRAKTE, AROMATISCH, FLÜSSIG (mit einem Flammpunkt unter 23 °C und viskos gemäß 2.2.3.1.4) (Dampfdruck bei 50 °C höchstens 110 kPa)	3	F1	III	3	601	5 l	E1		PP EX A	VE01		0	
1170	ETHANOL (ETHYLALKOHOL) oder ETHANOL, LÖSUNG (ETHYLALKOHOL, LÖSUNG)	3	F1	II	3	144 601	1 l	E2	T	PP EX A	VE01		1	
1170	ETHANOL, LÖSUNG (ETHYLALKOHOL, LÖSUNG)	3	F1	III	3	144 601	5 l	E1	T	PP EX A	VE01		0	
1171	ETHYLENGLYCOLMONOETHYLETHER	3	F1	III	3		5 l	E1	T	PP EX A	VE01		0	
1172	ETHYLENGLYCOLMONOETHYLETHER-ACETAT	3	F1	III	3		5 l	E1	T	PP EX A	VE01		0	
1173	ETHYLACETAT	3	F1	II	3		1 l	E2	T	PP EX A	VE01		1	

Stoffnummer/ UN-Nummer	Benennung und Beschreibung	Klasse	Klassifizierungs-code	Verpackungs-gruppe	Gefahrzettel	Sonder-vorschriften	begrenzte Mengen		Beförderung zugelassen	Ausrüstung erforderlich	Lüftung	Maßnahmen während des Ladens / Löschens / Beförderns	Anzahl der Kegel / Lichter	Bemerkungen
	3.1.2	2.2	2.2	2.1.1.3	5.2.2	3.3	3.4 / 3.5.1.2		3.2.1	8.1.5	7.1.6	7.1.6	7.1.5	3.2.1
(1)	(2)	(3a)	(3b)	(4)	(5)	(6)	(7a)	(7b)	(8)	(9)	(10)	(11)	(12)	(13)
1175	ETHYLBENZEN	3	F1	II	3		1 l	E2	T	PP EX A	VE01		1	
1176	TRIETHYLBORAT	3	F1	II	3		1 l	E2		PP EX A	VE01		1	
1177	2-ETHYLBUTYLACETAT	3	F1	III	3		5 l	E1	T	PP EX A	VE01		0	
1178	2-ETHYLBUTYRALDEHYD	3	F1	II	3		1 l	E2		PP EX A	VE01		1	
1179	ETHYLBUTYLETHER	3	F1	II	3		1 l	E2	T	PP EX A	VE01		1	
1180	ETHYLBUTYRAT	3	F1	III	3		5 l	E1		PP EX A	VE01		0	
1181	ETHYLCHLORACETAT	6.1	TF1	II	6.1 + 3	802	100 ml	E4		PP EP EX TOX A	VE01 VE02		2	
1182	ETHYLCHLORFORMIAT	6.1	TFC	I	6.1 + 3 + 8	354 802	0	E0		PP EP EX TOX A	VE01 VE02		2	
1183	ETHYLDICHLORSILAN	4.3	WFC	I	4.3 + 3 + 8		0	E0		PP EP EX A	VE01	HA08	1	

Stoffnummer/ UN-Nummer	Benennung und Beschreibung	Klasse	Klassifizierungs-code	Verpackungs-gruppe	Gefahrzettel	Sonder-vorschriften	begrenzte Mengen		Beförderung zugelassen	Ausrüstung erforderlich	Lüftung	Maßnahmen während des Ladens / Löschens / Beförderns			Anzahl der Kegel / Lichter	Bemerkungen
	3.1.2	2.2	2.2	2.1.1.3	5.2.2	3.3	3.4 / 3.5.1.2		3.2.1	8.1.5	7.1.6	7.1.6			7.1.5	3.2.1
(1)	(2)	(3a)	(3b)	(4)	(5)	(6)	(7a)	(7b)	(8)	(9)	(10)	(11)			(12)	(13)
1184	ETHYLENDICHLORID	3	FT1	II	3 + 6.1	802	1 l	E2	T	PP EP EX TOX A	VE01 VE02				2	
1185	ETHYLENIMIN, STABILISIERT	6.1	TF1	I	6.1 + 3	354 386 802	0	E0		PP EP EX TOX A	VE01 VE02				2	
1188	ETHYLENGLYCOLMONOMETHYLETHER	3	F1	III	3		5 l	E1	T	PP EX A	VE01				0	
1189	ETHYLENGLYCOLMONOMETHYLETHER-ACETAT	3	F1	III	3		5 l	E1		PP EX A	VE01				0	
1190	ETHYLFORMIAT	3	F1	II	3		1 l	E2		PP EX A	VE01				1	
1191	OCTYLALDEHYDE	3	F1	III	3		5 l	E1	T	PP EX A	VE01				0	
1192	ETHYLLACTAT	3	F1	III	3		5 l	E1		PP EX A	VE01				0	
1193	ETHYLMETHYLKETON (METHYLETHYLKETON)	3	F1	II	3		1 l	E2	T	PP EX A	VE01				1	
1194	ETHYLNITRIT, LÖSUNG	3	FT1	I	3 + 6.1	802	0	E0		PP EP EX TOX A	VE01 VE02				2	

Stoffnummer/ UN-Nummer	Benennung und Beschreibung	Klasse	Klassifizierungs-code	Verpackungs-gruppe	Gefahrzettel	Sonder-vorschriften	begrenzte Mengen		Beförderung zugelassen	Ausrüstung erforderlich	Lüftung	Maßnahmen während des Ladens / Löschens / Beförderns	Anzahl der Kegel / Lichter	Bemerkungen
	3.1.2	2.2	2.2	2.1.1.3	5.2.2	3.3	3.4 / 3.5.1.2		3.2.1	8.1.5	7.1.6	7.1.6	7.1.5	3.2.1
(1)	(2)	(3a)	(3b)	(4)	(5)	(6)	(7a)	(7b)	(8)	(9)	(10)	(11)	(12)	(13)
1195	ETHYLPROPIONAT	3	F1	II	3		1 l	E2		PP EX A	VE01		1	
1196	ETHYLTRICHLORSILAN	3	FC	II	3 + 8		0	E0		PP EP EX A	VE01		1	
1197	EXTRAKTE, GESCHMACKSTOFFE, FLÜSSIG (Dampfdruck bei 50 °C größer als 110 kPa)	3	F1	II	3	601 640C	5 l	E2		PP EX A	VE01		1	
1197	EXTRAKTE, GESCHMACKSTOFFE, FLÜSSIG (Dampfdruck bei 50 °C höchstens 110 kPa)	3	F1	II	3	601 640D	5 l	E2		PP EX A	VE01		1	
1197	EXTRAKTE, GESCHMACKSTOFFE, FLÜSSIG	3	F1	III	3	601	5 l	E1		PP EX A	VE01		0	
1197	EXTRAKTE, GESCHMACKSTOFFE, FLÜSSIG (mit einem Flammpunkt unter 23 °C und viskos gemäß 2.2.3.1.4) (Dampfdruck bei 50 °C größer als 110 kPa)	3	F1	III	3	601	5 l	E1		PP EX A	VE01		0	
1197	EXTRAKTE, GESCHMACKSTOFFE, FLÜSSIG (mit einem Flammpunkt unter 23 °C und viskos gemäß 2.2.3.1.4) (Dampfdruck bei 50 °C höchstens 110 kPa)	3	F1	III	3	601	5 l	E1		PP EX A	VE01		0	
1198	FORMALDEHYDLÖSUNG, ENTZÜNDBAR	3	FC	III	3 + 8		5 l	E1	T	PP EP EX A	VE01		0	
1199	FURALDEHYDE	6.1	TF1	II	6.1 + 3	802	100 ml	E4	T	PP EP EX TOX A	VE01 VE02		2	

Stoffnummer/ UN-Nummer	Benennung und Beschreibung	Klasse	Klassifizierungs-code	Verpackungs-gruppe	Gefahrzettel	Sonder-vorschriften	begrenzte Mengen		Beförderung zugelassen	Ausrüstung erforderlich	Lüftung	Maßnahmen während des Ladens / Löschens / Beförderns	Anzahl der Kegel / Lichter	Bemerkungen
	3.1.2	2.2	2.2	2.1.1.3	5.2.2	3.3	3.4 / 3.5.1.2		3.2.1	8.1.5	7.1.6	7.1.6	7.1.5	3.2.1
(1)	(2)	(3a)	(3b)	(4)	(5)	(6)	(7a)	(7b)	(8)	(9)	(10)	(11)	(12)	(13)
1201	FUSELÖL	3	F1	II	3		1 l	E2		PP EX A	VE01		1	
1201	FUSELÖL	3	F1	III	3		5 l	E1		PP EX A	VE01		0	
1202	DIESELKRAFTSTOFF oder GASÖL oder HEIZÖL, LEICHT (Flammpunkt höchstens 60 °C)	3	F1	III	3	640K	5 l	E1	T	PP EX A	VE01		0	
1202	DIESELKRAFTSTOFF, der Norm EN 590:2013 + A1:2017 entsprechend, oder GASÖL oder HEIZÖL, LEICHT mit einem Flammpunkt gemäß Norm EN 590:2013 + A1:2017	3	F1	III	3	640L	5 l	E1	T	PP EX A	VE01		0	
1202	DIESELKRAFTSTOFF oder GASÖL oder HEIZÖL, LEICHT (Flammpunkt über 60 °C bis einschließlich 100 °C)	3	F1	III	3	640M	5 l	E1	T	PP EX A	VE01		0	
1203	BENZIN oder OTTOKRAFTSTOFF	3	F1	II	3	243 534	1 l	E2	T	PP EX A	VE01		1	
1204	NITROGLYCERIN, LÖSUNG IN ALKOHOL mit höchstens 1 % Nitroglycerin	3	D	II	3	601	1 l	E0		PP EX A	VE01		1	
1206	HEPTANE	3	F1	II	3		1 l	E2	T	PP EX A	VE01		1	
1207	HEXALDEHYD	3	F1	III	3		5 l	E1		PP EX A	VE01		0	
1208	HEXANE	3	F1	II	3		1 l	E2	T	PP EX A	VE01		1	

Tabelle A

Stoffnummer/ UN-Nummer	Benennung und Beschreibung	Klasse	Klassifizierungs-code	Verpackungs-gruppe	Gefahrzettel	Sonder-vorschriften	begrenzte Mengen		Beförderung zugelassen	Ausrüstung erforderlich	Lüftung	Maßnahmen während des Ladens / Löschens / Beförderns	Anzahl der Kegel / Lichter	Bemerkungen
	3.1.2	2.2	2.2	2.1.1.3	5.2.2	3.3	3.4 / 3.5.1.2		3.2.1	8.1.5	7.1.6	7.1.6	7.1.5	3.2.1
(1)	(2)	(3a)	(3b)	(4)	(5)	(6)	(7a)	(7b)	(8)	(9)	(10)	(11)	(12)	(13)
1210	DRUCKFARBE, entzündbar oder DRUCKFARBZUBEHÖRSTOFFE (einschließlich Druckfarbverdünnung und -lösemittel), entzündbar	3	F1	I	3	163 367	500 ml	E3		PP EX A	VE01		1	
1210	DRUCKFARBE, entzündbar oder DRUCKFARBZUBEHÖRSTOFFE (einschließlich Druckfarbverdünnung und -lösemittel), entzündbar (Dampfdruck bei 50 °C größer als 110 kPa)	3	F1	II	3	163 367 640C	5 l	E2		PP EX A	VE01		1	
1210	DRUCKFARBE, entzündbar oder DRUCKFARBZUBEHÖRSTOFFE (einschließlich Druckfarbverdünnung und -lösemittel), entzündbar (Dampfdruck bei 50 °C höchstens 110 kPa)	3	F1	II	3	163 367 640D	5 l	E2		PP EX A	VE01		1	
1210	DRUCKFARBE, entzündbar oder DRUCKFARBZUBEHÖRSTOFFE (einschließlich Druckfarbverdünnung und -lösemittel), entzündbar	3	F1	III	3	163 367	5 l	E1		PP EX A	VE01		0	
1210	DRUCKFARBE, entzündbar oder DRUCKFARBZUBEHÖRSTOFFE (einschließlich Druckfarbverdünnung und -lösemittel), entzündbar (mit einem Flammpunkt unter 23 °C und viskos gemäß 2.2.3.1.4) (Dampfdruck bei 50 °C größer als 110 kPa)	3	F1	III	3	163 367	5 l	E1		PP EX A	VE01		0	
1210	DRUCKFARBE, entzündbar oder DRUCKFARBZUBEHÖRSTOFFE (einschließlich Druckfarbverdünnung und -lösemittel), entzündbar (mit einem Flammpunkt unter 23 °C und viskos gemäß 2.2.3.1.4) (Dampfdruck bei 50 °C höchstens 110 kPa)	3	F1	III	3	163 367	5 l	E1		PP EX A	VE01		0	

Stoffnummer/ UN-Nummer	Benennung und Beschreibung	Klasse	Klassifizierungs-code	Verpackungs-gruppe	Gefahrzettel	Sonder-vorschriften	begrenzte Mengen		Beförderung zugelassen	Ausrüstung erforderlich	Lüftung	Maßnahmen während des Ladens / Löschens / Beförderns			Anzahl der Kegel / Lichter	Bemerkungen
	3.1.2	2.2	2.2	2.1.1.3	5.2.2	3.3	3.4 / 3.5.1.2		3.2.1	8.1.5	7.1.6	7.1.6			7.1.5	3.2.1
(1)	(2)	(3a)	(3b)	(4)	(5)	(6)	(7a)	(7b)	(8)	(9)	(10)	(11)			(12)	(13)
1212	ISOBUTANOL (ISOBUTYLALKOHOL)	3	F1	III	3		5 l	E1	T	PP EX A	VE01				0	
1213	ISOBUTYLACETAT	3	F1	II	3		1 l	E2	T	PP EX A	VE01				1	
1214	ISOBUTYLAMIN	3	FC	II	3 + 8		1 l	E2	T	PP EP EX A	VE01				1	
1216	ISOOCTENE	3	F1	II	3		1 l	E2	T	PP EX A	VE01				1	
1218	ISOPREN, STABILISIERT	3	F1	I	3	386	0	E3	T	PP EX A	VE01				1	
1219	ISOPROPANOL (ISOPROPYLALKOHOL)	3	F1	II	3	601	1 l	E2	T	PP EX A	VE01				1	
1220	ISOPROPYLACETAT	3	F1	II	3		1 l	E2	T	PP EX A	VE01				1	
1221	ISOPROPYLAMIN	3	FC	I	3 + 8		0	E0	T	PP EP EX A	VE01				1	
1222	ISOPROPYLNITRAT	3	F1	II	3		1 l	E2		PP EX A	VE01				1	
1223	KEROSIN	3	F1	III	3		5 l	E1	T	PP EX A	VE01				0	

Tabelle A

Stoffnummer/ UN-Nummer	Benennung und Beschreibung	Klasse	Klassifizierungs-code	Verpackungs-gruppe	Gefahrzettel	Sonder-vorschriften	begrenzte Mengen		Beförderung zugelassen	Ausrüstung erforderlich	Lüftung	Maßnahmen während des Ladens / Löschens / Beförderns			Anzahl der Kegel / Lichter	Bemerkungen
	3.1.2	2.2	2.2	2.1.1.3	5.2.2	3.3	3.4 / 3.5.1.2		3.2.1	8.1.5	7.1.6	7.1.6			7.1.5	3.2.1
(1)	(2)	(3a)	(3b)	(4)	(5)	(6)	(7a)	(7b)	(8)	(9)	(10)	(11)			(12)	(13)
1224	KETONE, FLÜSSIG, N.A.G. (Dampfdruck bei 50 °C größer als 110 kPa)	3	F1	II	3	274 640C	1 l	E2	T	PP EX A	VE01				1	
1224	KETONE, FLÜSSIG, N.A.G. (Dampfdruck bei 50 °C höchstens 110 kPa)	3	F1	II	3	274 640D	1 l	E2	T	PP EX A	VE01				1	
1224	KETONE, FLÜSSIG, N.A.G.	3	F1	III	3	274	5 l	E1	T	PP EX A	VE01				0	
1228	MERCAPTANE, FLÜSSIG, ENTZÜNDBAR, GIFTIG, N.A.G. oder MERCAPTANE, MISCHUNG, FLÜSSIG, ENTZÜNDBAR, GIFTIG, N.A.G.	3	FT1	II	3 + 6.1	274 802	1 l	E0		PP EP EX TOX A	VE01 VE02				2	
1228	MERCAPTANE, FLÜSSIG, ENTZÜNDBAR, GIFTIG, N.A.G. oder MERCAPTANE, MISCHUNG, FLÜSSIG, ENTZÜNDBAR, GIFTIG, N.A.G.	3	FT1	III	3 + 6.1	274 802	5 l	E1		PP EP EX TOX A	VE01 VE02				0	
1229	MESITYLOXID	3	F1	III	3		5 l	E1	T	PP EX A	VE01				0	
1230	METHANOL	3	FT1	II	3 + 6.1	279 802	1 l	E2	T	PP EP EX TOX A	VE01 VE02				2	
1231	METHYLACETAT	3	F1	II	3		1 l	E2	T	PP EX A	VE01				1	
1233	METHYLAMYLACETAT	3	F1	III	3		5 l	E1		PP EX A	VE01				0	

Tabelle A

Stoffnummer/ UN-Nummer	Benennung und Beschreibung	Klasse	Klassifizierungs-code	Verpackungs-gruppe	Gefahrzettel	Sonder-vorschriften	begrenzte Mengen		Beförderung zugelassen	Ausrüstung erforderlich	Lüftung	Maßnahmen während des Ladens / Löschens / Beförderns	Anzahl der Kegel / Lichter	Bemerkungen
	3.1.2	2.2	2.2	2.1.1.3	5.2.2	3.3	3.4 / 3.5.1.2		3.2.1	8.1.5	7.1.6	7.1.6	7.1.5	3.2.1
(1)	(2)	(3a)	(3b)	(4)	(5)	(6)	(7a)	(7b)	(8)	(9)	(10)	(11)	(12)	(13)
1234	METHYLAL	3	F1	II	3		1 l	E2		PP EX A	VE01		1	
1235	METHYLAMIN, WÄSSERIGE LÖSUNG	3	FC	II	3 + 8		1 l	E2	T	PP EP EX A	VE01		1	
1237	METHYLBUTYRAT	3	F1	II	3		1 l	E2		PP EX A	VE01		1	
1238	METHYLCHLORFORMIAT	6.1	TFC	I	6.1 + 3 + 8	354 802	0	E0		PP EP EX TOX A	VE01 VE02		2	
1239	METHYLCHLORMETHYLETHER	6.1	TF1	I	6.1 + 3	354 802	0	E0		PP EP EX TOX A	VE01 VE02		2	
1242	METHYLDICHLORSILAN	4.3	WFC	I	4.3 + 3 + 8		0	E0		PP EP EX A	VE01	HA08	1	
1243	METHYLFORMIAT	3	F1	I	3		0	E3	T	PP EX A	VE01		1	
1244	METHYLHYDRAZIN	6.1	TFC	I	6.1 + 3 + 8	354 802	0	E0	T	PP EP EX TOX A	VE01 VE02		2	

Tabelle A

Stoffnummer/ UN-Nummer	Benennung und Beschreibung	Klasse	Klassifizierungs-code	Verpackungs-gruppe	Gefahrzettel	Sonder-vorschriften	begrenzte Mengen		Beförderung zugelassen	Ausrüstung erforderlich	Lüftung	Maßnahmen während des Ladens / Löschens / Beförderns	Anzahl der Kegel / Lichter	Bemerkungen
	3.1.2	2.2	2.2	2.1.1.3	5.2.2	3.3	3.4 / 3.5.1.2		3.2.1	8.1.5	7.1.6	7.1.6	7.1.5	3.2.1
(1)	(2)	(3a)	(3b)	(4)	(5)	(6)	(7a)	(7b)	(8)	(9)	(10)	(11)	(12)	(13)
1245	METHYLISOBUTYLKETON	3	F1	II	3		1 l	E2	T	PP EX A	VE01		1	
1246	METHYLISOPROPENYLKETON, STABILISIERT	3	F1	II	3	386	1 l	E2		PP EX A	VE01		1	
1247	METHYLMETHACRYLAT, MONOMER, STABILISIERT	3	F1	II	3	386	1 l	E2	T	PP FX A	VE01		1	
1248	METHYLPROPIONAT	3	F1	II	3		1 l	E2		PP EX A	VE01		1	
1249	METHYLPROPYLKETON	3	F1	II	3		1 l	E2		PP EX A	VE01		1	
1250	METHYLTRICHLORSILAN	3	FC	II	3 + 8		0	E0		PP EP EX A	VE01		1	
1251	METHYLVINYLKETON, STABILISIERT	6.1	TFC	I	6.1 + 3 + 8	354 386 802	0	E0		PP EP EX TOX A	VE01 VE02		2	
1259	NICKELTETRACARBONYL	6.1	TF1	I	6.1 + 3	802	0	E0		PP EP EX TOX A	VE01 VE02		2	
1261	NITROMETHAN	3	F1	II	3		1 l	E0		PP EX A	VE01		1	

Tabelle A

Stoffnummer/ UN-Nummer	Benennung und Beschreibung	Klasse	Klassifizierungs-code	Verpackungs-gruppe	Gefahrzettel	Sonder-vorschriften	begrenzte Mengen		Beförderung zugelassen	Ausrüstung erforderlich	Lüftung	Maßnahmen während des Ladens / Löschens / Beförderns			Anzahl der Kegel / Lichter	Bemerkungen
	3.1.2	2.2	2.2	2.1.1.3	5.2.2	3.3	3.4 / 3.5.1.2		3.2.1	8.1.5	7.1.6	7.1.6			7.1.5	3.2.1
(1)	(2)	(3a)	(3b)	(4)	(5)	(6)	(7a)	(7b)	(8)	(9)	(10)	(11)			(12)	(13)
1262	OCTANE	3	F1	II	3		1 l	E2	T	PP EX A	VE01				1	
1263	FARBE (einschließlich Farbe, Lack, Emaille, Beize, Schellack, Firnis, Politur, flüssiger Füllstoff und flüssige Lackgrundlage) oder FARBZUBEHÖRSTOFFE (einschließlich Farbverdünnung und -lösemittel)	3	F1	I	3	163 367 650	500 ml	E3		PP EX A	VE01				1	
1263	FARBE (einschließlich Farbe, Lack, Emaille, Beize, Schellack, Firnis, Politur, flüssiger Füllstoff und flüssige Lackgrundlage) oder FARBZUBEHÖRSTOFFE (einschließlich Farbverdünnung und -lösemittel) (Dampfdruck bei 50 °C größer als 110 kPa)	3	F1	II	3	163 367 640C 650	5 l	E2		PP EX A	VE01				1	
1263	FARBE (einschließlich Farbe, Lack, Emaille, Beize, Schellack, Firnis, Politur, flüssiger Füllstoff und flüssige Lackgrundlage) oder FARBZUBEHÖRSTOFFE (einschließlich Farbverdünnung und -lösemittel) (Dampfdruck bei 50 °C höchstens 110 kPa)	3	F1	II	3	163 367 640D 650	5 l	E2		PP EX A	VE01				1	
1263	FARBE (einschließlich Farbe, Lack, Emaille, Beize, Schellack, Firnis, Politur, flüssiger Füllstoff und flüssige Lackgrundlage) oder FARBZUBEHÖRSTOFFE (einschließlich Farbverdünnung und -lösemittel)	3	F1	III	3	163 367 650	5 l	E1		PP EX A	VE01				0	
1263	FARBE (einschließlich Farbe, Lack, Emaille, Beize, Schellack, Firnis, Politur, flüssiger Füllstoff und flüssige Lackgrundlage) oder FARBZUBEHÖRSTOFFE (einschließlich Farbverdünnung und -lösemittel) (mit einem Flammpunkt unter 23 °C und viskos gemäß 2.2.3.1.4) (Dampfdruck bei 50 °C größer als 110 kPa)	3	F1	III	3	163 367 650	5 l	E1		PP EX A	VE01				0	

Stoffnummer/ UN-Nummer	Benennung und Beschreibung	Klasse	Klassifizierungs-code	Verpackungs-gruppe	Gefahrzettel	Sonder-vorschriften	begrenzte Mengen		Beförderung zugelassen	Ausrüstung erforderlich	Lüftung	Maßnahmen während des Ladens / Löschens / Beförderns	Anzahl der Kegel / Lichter	Bemerkungen
	3.1.2	2.2	2.2	2.1.1.3	5.2.2	3.3	3.4 / 3.5.1.2		3.2.1	8.1.5	7.1.6	7.1.6	7.1.5	3.2.1
(1)	(2)	(3a)	(3b)	(4)	(5)	(6)	(7a)	(7b)	(8)	(9)	(10)	(11)	(12)	(13)
1263	FARBE (einschließlich Farbe, Lack, Emaille, Beize, Schellack, Firnis, Politur, flüssiger Füllstoff und flüssige Lackgrundlage) oder FARBZUBEHÖRSTOFFE (einschließlich Farbverdünnung und -lösemittel) (mit einem Flammpunkt unter 23 °C und viskos gemäß 2.2.3.1.4) (Dampfdruck bei 50 °C höchstens 110 kPa)	3	F1	III	3	163 367 650	5 l	E1		PP EX A	VE01		0	
1264	PARALDEHYD	3	F1	III	3		5 l	E1	T	PP EX A	VE01		0	
1265	PENTANE, flüssig	3	F1	I	3		0	E3	T	PP EX A	VE01		1	
1265	PENTANE, flüssig	3	F1	II	3		1 l	E2	T	PP EX A	VE01		1	
1266	PARFÜMERIEERZEUGNISSE mit entzündbaren Lösungsmitteln (Dampfdruck bei 50 °C größer als 110 kPa)	3	F1	II	3	163 640C	5 l	E2		PP EX A	VE01		1	
1266	PARFÜMERIEERZEUGNISSE mit entzündbaren Lösungsmitteln (Dampfdruck bei 50 °C höchstens 110 kPa)	3	F1	II	3	163 640D	5 l	E2		PP EX A	VE01		1	
1266	PARFÜMERIEERZEUGNISSE mit entzündbaren Lösungsmitteln	3	F1	III	3	163	5 l	E1		PP EX A	VE01		0	
1266	PARFÜMERIEERZEUGNISSE mit entzündbaren Lösungsmitteln (mit einem Flammpunkt unter 23 °C und viskos gemäß 2.2.3.1.4) (Dampfdruck bei 50 °C größer als 110 kPa)	3	F1	III	3	163	5 l	E1		PP EX A	VE01		0	

Tabelle A

Stoffnummer/ UN-Nummer	Benennung und Beschreibung	Klasse	Klassifizierungs-code	Verpackungs-gruppe	Gefahrzettel	Sonder-vorschriften	begrenzte Mengen		Beförderung zugelassen	Ausrüstung erforderlich	Lüftung	Maßnahmen während des Ladens / Löschens / Beförderns	Anzahl der Kegel / Lichter	Bemerkungen
	3.1.2	2.2	2.2	2.1.1.3	5.2.2	3.3	3.4 / 3.5.1.2		3.2.1	8.1.5	7.1.6	7.1.6	7.1.5	3.2.1
(1)	(2)	(3a)	(3b)	(4)	(5)	(6)	(7a)	(7b)	(8)	(9)	(10)	(11)	(12)	(13)
1266	PARFÜMERIEERZEUGNISSE mit entzündbaren Lösungsmitteln (mit einem Flammpunkt unter 23 °C und viskos gemäß 2.2.3.1.4) (Dampfdruck bei 50 °C höchstens 110 kPa)	3	F1	III	3	163	5 l	E1		PP EX A	VE01		0	
1267	ROHERDÖL	3	F1	I	3	357	500 ml	E3	T	PP EX A	VE01		1	
1267	ROHERDÖL (Dampfdruck bei 50 °C größer als 110 kPa)	3	F1	II	3	357 640C	1 l	E2	T	PP EX A	VE01		1	
1267	ROHERDÖL (Dampfdruck bei 50 °C höchstens 110 kPa)	3	F1	II	3	357 640D	1 l	E2	T	PP EX A	VE01		1	
1267	ROHERDÖL	3	F1	III	3	357	5 l	E1	T	PP EX A	VE01		0	
1268	ERDÖLDESTILLATE, N.A.G. oder ERDÖLPRODUKTE, N.A.G.	3	F1	I	3		500 ml	E3	T	PP EX A	VE01		1	
1268	ERDÖLDESTILLATE, N.A.G. oder ERDÖLPRODUKTE, N.A.G. (Dampfdruck bei 50 °C größer als 110 kPa)	3	F1	II	3	640C	1 l	E2	T	PP EX A	VE01		1	
1268	ERDÖLDESTILLATE, N.A.G. oder ERDÖLPRODUKTE, N.A.G. (Dampfdruck bei 50 °C höchstens 110 kPa)	3	F1	II	3	640D	1 l	E2	T	PP EX A	VE01		1	
1268	ERDÖLDESTILLATE, N.A.G. oder ERDÖLPRODUKTE, N.A.G.	3	F1	III	3		5 l	E1	T	PP EX A	VE01		0	
1272	KIEFERNÖL	3	F1	III	3		5 l	E1		PP EX A	VE01		0	

Stoffnummer/ UN-Nummer	Benennung und Beschreibung	Klasse	Klassifizierungs-code	Verpackungs-gruppe	Gefahrzettel	Sonder-vorschriften	begrenzte Mengen		Beförderung zugelassen	Ausrüstung erforderlich	Lüftung	Maßnahmen während des Ladens / Löschens / Beförderns	Anzahl der Kegel / Lichter	Bemerkungen
	3.1.2	2.2	2.2	2.1.1.3	5.2.2	3.3	3.4 / 3.5.1.2		3.2.1	8.1.5	7.1.6	7.1.6	7.1.5	3.2.1
(1)	(2)	(3a)	(3b)	(4)	(5)	(6)	(7a)	(7b)	(8)	(9)	(10)	(11)	(12)	(13)
1274	n-PROPANOL (n-PROPYLALKOHOL)	3	F1	II	3		1 l	E2	T	PP EX A	VE01		1	
1274	n-PROPANOL (n-PROPYLALKOHOL)	3	F1	III	3		5 l	E1	T	PP EX A	VE01		0	
1275	PROPIONALDEHYD	3	F1	II	3		1 l	E2	T	PP EX A	VE01		1	
1276	n-PROPYLACETAT	3	F1	II	3		1 l	E2	T	PP EX A	VE01		1	
1277	PROPYLAMIN	3	FC	II	3 + 8		1 l	E2	T	PP EP EX A	VE01		1	
1278	1-CHLORPROPAN	3	F1	II	3		1 l	E0	T	PP EX A	VE01		1	
1279	1,2-DICHLORPROPAN	3	F1	II	3		1 l	E2	T	PP EX A	VE01		1	
1280	PROPYLENOXID	3	F1	I	3		0	E3	T	PP EX A	VE01		1	
1281	PROPYLFORMIATE	3	F1	II	3		1 l	E2		PP EX A	VE01		1	
1282	PYRIDIN	3	F1	II	3		1 l	E2	T	PP EX A	VE01		1	

Stoffnummer/ UN-Nummer	Benennung und Beschreibung	Klasse	Klassifizierungs-code	Verpackungs-gruppe	Gefahrzettel	Sonder-vorschriften	begrenzte Mengen		Beförderung zugelassen	Ausrüstung erforderlich	Lüftung	Maßnahmen während des Ladens / Löschens / Beförderns	Anzahl der Kegel / Lichter	Bemerkungen
	3.1.2	2.2	2.2	2.1.1.3	5.2.2	3.3	3.4 / 3.5.1.2		3.2.1	8.1.5	7.1.6	7.1.6	7.1.5	3.2.1
(1)	(2)	(3a)	(3b)	(4)	(5)	(6)	(7a)	(7b)	(8)	(9)	(10)	(11)	(12)	(13)
1286	HARZÖL (Dampfdruck bei 50 °C größer als 110 kPa)	3	F1	II	3	640C	5 l	E2		PP EX A	VE01		1	
1286	HARZÖL (Dampfdruck bei 50 °C höchstens 110 kPa)	3	F1	II	3	640D	5 l	E2		PP EX A	VE01		1	
1286	HARZÖL	3	F1	III	3		5 l	E1		PP EX A	VE01		0	
1286	HARZÖL (mit einem Flammpunkt unter 23 °C und viskos gemäß 2.2.3.1.4) (Dampfdruck bei 50 °C größer als 110 kPa)	3	F1	III	3		5 l	E1		PP EX A	VE01		0	
1286	HARZÖL (mit einem Flammpunkt unter 23 °C und viskos gemäß 2.2.3.1.4) (Dampfdruck bei 50 °C höchstens 110 kPa)	3	F1	III	3		5 l	E1		PP EX A	VE01		0	
1287	GUMMILÖSUNG (Dampfdruck bei 50 °C größer als 110 kPa)	3	F1	II	3	640C	5 l	E2		PP EX A	VE01		1	
1287	GUMMILÖSUNG (Dampfdruck bei 50 °C höchstens 110 kPa)	3	F1	II	3	640D	5 l	E2		PP EX A	VE01		1	
1287	GUMMILÖSUNG	3	F1	III	3		5 l	E1		PP EX A	VE01		0	
1287	GUMMILÖSUNG (mit einem Flammpunkt unter 23 °C und viskos gemäß 2.2.3.1.4) (Dampfdruck bei 50 °C größer als 110 kPa)	3	F1	III	3		5 l	E1		PP EX A	VE01		0	
1287	GUMMILÖSUNG (mit einem Flammpunkt unter 23 °C und viskos gemäß 2.2.3.1.4) (Dampfdruck bei 50 °C höchstens 110 kPa)	3	F1	III	3		5 l	E1		PP EX A	VE01		0	
1288	SCHIEFERÖL	3	F1	II	3		1 l	E2		PP EX A	VE01		1	

Tabelle A

Stoffnummer/ UN-Nummer	Benennung und Beschreibung	Klasse	Klassifizierungscode	Verpackungsgruppe	Gefahrzettel	Sondervorschriften	begrenzte Mengen		Beförderung zugelassen	Ausrüstung erforderlich	Lüftung	Maßnahmen während des Ladens / Löschens / Beförderns	Anzahl der Kegel / Lichter	Bemerkungen
	3.1.2	2.2	2.2	2.1.1.3	5.2.2	3.3	3.4 / 3.5.1.2		3.2.1	8.1.5	7.1.6	7.1.6	7.1.5	3.2.1
(1)	(2)	(3a)	(3b)	(4)	(5)	(6)	(7a)	(7b)	(8)	(9)	(10)	(11)	(12)	(13)
1288	SCHIEFERÖL	3	F1	III	3		5 l	E1		PP EX A	VE01		0	
1289	NATRIUMMETHYLAT, LÖSUNG in Alkohol	3	FC	II	3 + 8		1 l	E2		PP EP EX A	VE01		1	
1289	NATRIUMMETHYLAT, LÖSUNG in Alkohol	3	FC	III	3 + 8		5 l	E1	T	PP EP EX A	VE01		0	
1292	TETRAETHYLSILICAT	3	F1	III	3		5 l	E1		PP EX A	VE01		0	
1293	TINKTUREN, MEDIZINISCHE	3	F1	II	3	601	1 l	E2		PP EX A	VE01		1	
1293	TINKTUREN, MEDIZINISCHE	3	F1	III	3	601	5 l	E1		PP EX A	VE01		0	
1294	TOLUEN	3	F1	II	3		1 l	E2	T	PP EX A	VE01		1	
1295	TRICHLORSILAN	4.3	WFC	I	4.3 + 3 + 8		0	E0		PP EP EX A	VE01	HA08	1	
1296	TRIETHYLAMIN	3	FC	II	3 + 8		1 l	E2	T	PP EP EX A	VE01		1	

Stoffnummer/ UN-Nummer	Benennung und Beschreibung	Klasse	Klassifizierungs-code	Verpackungs-gruppe	Gefahrzettel	Sonder-vorschriften	begrenzte Mengen		Beförderung zugelassen	Ausrüstung erforderlich	Lüftung	Maßnahmen während des Ladens / Löschens / Beförderns	Anzahl der Kegel / Lichter	Bemerkungen
	3.1.2	2.2	2.2	2.1.1.3	5.2.2	3.3	3.4 / 3.5.1.2		3.2.1	8.1.5	7.1.6	7.1.6	7.1.5	3.2.1
(1)	(2)	(3a)	(3b)	(4)	(5)	(6)	(7a)	(7b)	(8)	(9)	(10)	(11)	(12)	(13)
1297	TRIMETHYLAMIN, WÄSSERIGE LÖSUNG mit höchstens 50 Masse-% Trimethylamin	3	FC	I	3 + 8		0	E0		PP EP EX A	VE01		1	
1297	TRIMETHYLAMIN, WÄSSERIGE LÖSUNG mit höchstens 50 Masse-% Trimethylamin	3	FC	II	3 + 8		1 l	E2		PP EP EX A	VE01		1	
1297	TRIMETHYLAMIN, WÄSSERIGE LÖSUNG mit höchstens 50 Masse-% Trimethylamin	3	FC	III	3 + 8		5 l	E1		PP EP EX A	VE01		0	
1298	TRIMETHYLCHLORSILAN	3	FC	II	3 + 8		0	E0		PP EP EX A	VE01		1	
1299	TERPENTIN	3	F1	III	3		5 l	E1		PP EX A	VE01		0	
1300	TERPENTINÖLERSATZ	3	F1	II	3		1 l	E2		PP EX A	VE01		1	
1300	TERPENTINÖLERSATZ	3	F1	III	3		5 l	E1	T	PP EX A	VE01		0	
1301	VINYLACETAT, STABILISIERT	3	F1	II	3	386	1 l	E2	T	PP EX A	VE01		1	
1302	VINYLETHYLETHER, STABILISIERT	3	F1	I	3	386	0	E3		PP EX A	VE01		1	

Tabelle A

Stoffnummer/ UN-Nummer	Benennung und Beschreibung	Klasse	Klassifizierungs-code	Verpackungs-gruppe	Gefahrzettel	Sonder-vorschriften	begrenzte Mengen		Beförderung zugelassen	Ausrüstung erforderlich	Lüftung	Maßnahmen während des Ladens / Löschens / Beförderns	Anzahl der Kegel / Lichter	Bemerkungen
	3.1.2	2.2	2.2	2.1.1.3	5.2.2	3.3	3.4 / 3.5.1.2		3.2.1	8.1.5	7.1.6	7.1.6	7.1.5	3.2.1
(1)	(2)	(3a)	(3b)	(4)	(5)	(6)	(7a)	(7b)	(8)	(9)	(10)	(11)	(12)	(13)
1303	VINYLIDENCHLORID, STABILISIERT	3	F1	I	3	386	0	E3		PP EX A	VE01		1	
1304	VINYLISOBUTYLETHER, STABILISIERT	3	F1	II	3	386	1 l	E2		PP EX A	VE01		1	
1305	VINYLTRICHLORSILAN	3	FC	II	3 + 8		0	E0		PP EP EX A	VE01		1	
1306	HOLZSCHUTZMITTEL, FLÜSSIG (Dampfdruck bei 50 °C größer als 110 kPa)	3	F1	II	3	640C	5 l	E2		PP EX A	VE01		1	
1306	HOLZSCHUTZMITTEL, FLÜSSIG (Dampfdruck bei 50 °C höchstens 110 kPa)	3	F1	II	3	640D	5 l	E2		PP EX A	VE01		1	
1306	HOLZSCHUTZMITTEL, FLÜSSIG	3	F1	III	3		5 l	E1		PP EX A	VE01		0	
1306	HOLZSCHUTZMITTEL, FLÜSSIG (mit einem Flammpunkt unter 23 °C und viskos gemäß 2.2.3.1.4) (Dampfdruck bei 50 °C größer als 110 kPa)	3	F1	III	3		5 l	E1		PP EX A	VE01		0	
1306	HOLZSCHUTZMITTEL, FLÜSSIG (mit einem Flammpunkt unter 23 °C und viskos gemäß 2.2.3.1.4) (Dampfdruck bei 50 °C höchstens 110 kPa)	3	F1	III	3		5 l	E1		PP EX A	VE01		0	
1307	XYLENE	3	F1	II	3		1 l	E2	T	PP EX A	VE01		1	
1307	XYLENE	3	F1	III	3		5 l	E1	T	PP EX A	VE01		0	

Tabelle A

Stoffnummer/ UN-Nummer	Benennung und Beschreibung	Klasse	Klassifizierungs-code	Verpackungs-gruppe	Gefahrzettel	Sonder-vorschriften	begrenzte Mengen		Beförderung zugelassen	Ausrüstung erforderlich	Lüftung	Maßnahmen während des Ladens / Löschens / Beförderns	Anzahl der Kegel / Lichter	Bemerkungen
	3.1.2	2.2	2.2	2.1.1.3	5.2.2	3.3	3.4 / 3.5.1.2		3.2.1	8.1.5	7.1.6	7.1.6	7.1.5	3.2.1
(1)	(2)	(3a)	(3b)	(4)	(5)	(6)	(7a)	(7b)	(8)	(9)	(10)	(11)	(12)	(13)
1308	ZIRKONIUM, SUSPENDIERT IN EINEM ENTZÜNDBAREN FLÜSSIGEN STOFF	3	F1	I	3		0	E0		PP EX A	VE01		1	
1308	ZIRKONIUM, SUSPENDIERT IN EINEM ENTZÜNDBAREN FLÜSSIGEN STOFF (Dampfdruck bei 50 °C größer als 110 kPa)	3	F1	II	3	640C	1 l	E2		PP EX A	VE01		1	
1308	ZIRKONIUM, SUSPENDIERT IN EINEM ENTZÜNDBAREN FLÜSSIGEN STOFF (Dampfdruck bei 50 °C höchstens 110 kPa)	3	F1	II	3	640D	1 l	E2		PP EX A	VE01		1	
1308	ZIRKONIUM, SUSPENDIERT IN EINEM ENTZÜNDBAREN FLÜSSIGEN STOFF	3	F1	III	3		5 l	E1		PP EX A	VE01		0	
1309	ALUMINIUM-PULVER, ÜBERZOGEN	4.1	F3	II	4.1		1 kg	E2		PP			1	
1309	ALUMINIUM-PULVER, ÜBERZOGEN	4.1	F3	III	4.1		5 kg	E1		PP			0	
1310	AMMONIUMPIKRAT, ANGEFEUCHTET mit mindestens 10 Masse-% Wasser	4.1	D	I	4.1		0	E0		PP			1	
1312	BORNEOL	4.1	F1	III	4.1		5 kg	E1		PP			0	
1313	CALCIUMRESINAT	4.1	F3	III	4.1		5 kg	E1		PP			0	
1314	CALCIUMRESINAT, GESCHMOLZEN und erstarrt	4.1	F3	III	4.1		5 kg	E1		PP			0	
1318	COBALTRESINAT, GEFÄLLT	4.1	F3	III	4.1		5 kg	E1		PP			0	
1320	DINITROPHENOL, ANGEFEUCHTET mit mindestens 15 Masse-% Wasser	4.1	DT	I	4.1 + 6.1	802	0	E0		PP EP			2	
1321	DINITROPHENOLATE, ANGEFEUCHTET mit mindestens 15 Masse-% Wasser	4.1	DT	I	4.1 + 6.1	802	0	E0		PP EP			2	
1322	DINITRORESORCINOL, ANGEFEUCHTET mit mindestens 15 Masse-% Wasser	4.1	D	I	4.1		0	E0		PP			1	
1323	EISENCER	4.1	F3	II	4.1	249	1 kg	E2		PP			1	
1324	FILME AUF NITROCELLULOSEBASIS, gelatiniert, ausgenommen Abfälle	4.1	F1	III	4.1		5 kg	E1		PP			0	

Stoffnummer/ UN-Nummer	Benennung und Beschreibung	Klasse	Klassifizierungs-code	Verpackungs-gruppe	Gefahrzettel	Sonder-vorschriften	begrenzte Mengen		Beförderung zugelassen	Ausrüstung erforderlich	Lüftung	Maßnahmen während des Ladens / Löschens / Beförderns	Anzahl der Kegel / Lichter	Bemerkungen
	3.1.2	2.2	2.2	2.1.1.3	5.2.2	3.3	3.4 / 3.5.1.2		3.2.1	8.1.5	7.1.6	7.1.6	7.1.5	3.2.1
(1)	(2)	(3a)	(3b)	(4)	(5)	(6)	(7a)	(7b)	(8)	(9)	(10)	(11)	(12)	(13)
1325	ENTZÜNDBARER ORGANISCHER FESTER STOFF, N.A.G.	4.1	F1	II	4.1	274	1 kg	E2		PP			1	
1325	ENTZÜNDBARER ORGANISCHER FESTER STOFF, N.A.G.	4.1	F1	III	4.1	274	5 kg	E1		PP			0	
1326	HAFNIUM-PULVER, ANGEFEUCHTET mit mindestens 25 % Wasser	4.1	F3	II	4.1	586	1 kg	E2		PP			1	
1327	Heu oder Stroh oder Bhusa	4.1	F1	UNTERLIEGT NICHT DEM ADN										
1328	HEXAMETHYLENTETRAMIN	4.1	F1	III	4.1		5 kg	E1		PP			0	
1330	MANGANRESINAT	4.1	F3	III	4.1		5 kg	E1		PP			0	
1331	ZÜNDHÖLZER, ÜBERALL ZÜNDBAR	4.1	F1	III	4.1	293	5 kg	E0		PP			0	
1332	METALDEHYD	4.1	F1	III	4.1		5 kg	E1		PP			0	
1333	CER, Platten, Barren, Stangen	4.1	F3	II	4.1		1 kg	E2		PP			1	
1334	NAPHTHALEN, ROH oder NAPHTHALEN, RAFFINIERT	4.1	F1	III	4.1	501	5 kg	E1	B	PP		CO01	0	
1336	NITROGUANIDIN (PICRIT), ANGEFEUCHTET mit mindestens 20 Masse-% Wasser	4.1	D	I	4.1		0	E0		PP			1	
1337	NITROSTÄRKE, ANGEFEUCHTET mit mindestens 20 Masse-% Wasser	4.1	D	I	4.1		0	E0		PP			1	
1338	PHOSPHOR, AMORPH	4.1	F3	III	4.1		5 kg	E1		PP			0	
1339	PHOSPHORHEPTASULFID (chemische Formel P_4S_7), frei von gelbem oder weißem Phosphor	4.1	F3	II	4.1	602	1 kg	E2		PP			1	
1340	PHOSPHORPENTASULFID (chemische Formel P_2S_5), frei von gelbem oder weißem Phosphor	4.3	WF2	II	4.3 + 4.1	602	500 g	E2		PP EX A	VE01	HA08	1	
1341	PHOSPHORSESQUISULFID (chemische Formel P_4S_3), frei von gelbem oder weißem Phosphor	4.1	F3	II	4.1	602	1 kg	E2		PP			1	

Stoffnummer/ UN-Nummer	Benennung und Beschreibung	Klasse	Klassifizierungs-code	Verpackungs-gruppe	Gefahrzettel	Sonder-vorschriften	begrenzte Mengen		Beförderung zugelassen	Ausrüstung erforderlich	Lüftung	Maßnahmen während des Ladens / Löschens / Beförderns	Anzahl der Kegel / Lichter	Bemerkungen
	3.1.2	2.2	2.2	2.1.1.3	5.2.2	3.3	3.4 / 3.5.1.2		3.2.1	8.1.5	7.1.6	7.1.6	7.1.5	3.2.1
(1)	(2)	(3a)	(3b)	(4)	(5)	(6)	(7a)	(7b)	(8)	(9)	(10)	(11)	(12)	(13)
1343	PHOSPHORTRISULFID (chemische Formel P_4S_6), frei von gelbem oder weißem Phosphor	4.1	F3	II	4.1	602	1 kg	E2		PP			1	
1344	TRINITROPHENOL (PIKRINSÄURE), ANGEFEUCHTET mit mindestens 30 Masse-% Wasser	4.1	D	I	4.1		0	E0		PP			1	
1345	KAUTSCHUK- (Gummi-) ABFÄLLE, gemahlen oder KAUTSCHUK- (Gummi-) RESTE, pulverförmig oder granuliert	4.1	F1	II	4.1		1 kg	E2		PP			1	
1346	SILICIUM-PULVER, AMORPH	4.1	F3	III	4.1	32	5 kg	E1		PP			0	
1347	SILBERPIKRAT, ANGEFEUCHTET mit mindestens 30 Masse-% Wasser	4.1	D	I	4.1		0	E0		PP			1	
1348	NATRIUMDINITROORTHOCRESOLAT, ANGEFEUCHTET mit mindestens 15 Masse-% Wasser	4.1	DT	I	4.1 + 6.1	802	0	E0		PP EP			2	
1349	NATRIUMPIKRAMAT, ANGEFEUCHTET mit mindestens 20 Masse-% Wasser	4.1	D	I	4.1		0	E0		PP			1	
1350	SCHWEFEL	4.1	F3	III	4.1	242	5 kg	E1	B	PP			0	
1352	TITAN-PULVER, ANGEFEUCHTET mit mindestens 25 % Wasser	4.1	F3	II	4.1	586	1 kg	E2		PP			1	
1353	FASERN, IMPRÄGNIERT MIT SCHWACH NITRIERTER CELLULOSE, N.A.G. oder GEWEBE, IMPRÄGNIERT MIT SCHWACH NITRIERTER CELLULOSE, N.A.G.	4.1	F1	III	4.1	502	5 kg	E1		PP			0	
1354	TRINITROBENZEN, ANGEFEUCHTET mit mindestens 30 Masse-% Wasser	4.1	D	I	4.1		0	E0		PP			1	
1355	TRINITROBENZOESÄURE, ANGEFEUCHTET mit mindestens 30 Masse-% Wasser	4.1	D	I	4.1		0	E0		PP			1	
1356	TRINITROTOLUEN (TNT), ANGEFEUCHTET mit mindestens 30 Masse-% Wasser	4.1	D	I	4.1		0	E0		PP			1	

Tabelle A

Stoffnummer/ UN-Nummer	Benennung und Beschreibung	Klasse	Klassifizierungs-code	Verpackungs-gruppe	Gefahrzettel	Sonder-vorschriften	begrenzte Mengen		Beförderung zugelassen	Ausrüstung erforderlich	Lüftung	Maßnahmen während des Ladens / Löschens / Beförderns	Anzahl der Kegel / Lichter	Bemerkungen
	3.1.2	2.2	2.2	2.1.1.3	5.2.2	3.3	3.4 / 3.5.1.2		3.2.1	8.1.5	7.1.6	7.1.6	7.1.5	3.2.1
(1)	(2)	(3a)	(3b)	(4)	(5)	(6)	(7a)	(7b)	(8)	(9)	(10)	(11)	(12)	(13)
1357	HARNSTOFFNITRAT, ANGEFEUCHTET mit mindestens 20 Masse-% Wasser	4.1	D	I	4.1	227	0	E0		PP			1	
1358	ZIRKONIUM-PULVER, ANGEFEUCHTET mit mindestens 25 % Wasser	4.1	F3	II	4.1	586	1 kg	E2		PP			1	
1360	CALCIUMPHOSPHID	4.3	WT2	I	4.3 + 6.1	802	0	E0		PP EP EX TOX A	VE01 VE02	HA08	2	
1361	KOHLE oder RUSS, tierischen oder pflanzlichen Ursprungs	4.2	S2	II	4.2		0	E0		PP			0	
1361	KOHLE oder RUSS, tierischen oder pflanzlichen Ursprungs	4.2	S2	III	4.2	665 803	0	E0		PP			0	
1362	KOHLE, AKTIVIERT	4.2	S2	III	4.2	646	0	E1		PP			0	
1363	KOPRA	4.2	S2	III	4.2		0	E0	B	PP		IN01 IN02	0	IN01 und IN02 gelten nur, wenn der Stoff in loser Schüttung oder unverpackt befördert wird.
1364	BAUMWOLLABFÄLLE, ÖLHALTIG	4.2	S2	III	4.2		0	E0	B	PP			0	
1365	BAUMWOLLE, NASS	4.2	S2	III	4.2		0	E0	B	PP			0	
1369	p-NITROSODIMETHYLANILIN	4.2	S2	II	4.2		0	E2		PP			0	
1372	Fasern, tierischen Ursprungs oder Fasern, pflanzlichen Ursprungs, gebrannt, nass oder feucht	4.2	S2	UNTERLIEGT NICHT DEM ADN										
1373	FASERN oder GEWEBE, TIERISCHEN oder PFLANZLICHEN oder SYNTHETISCHEN URSPRUNGS, N.A.G., imprägniert mit Öl	4.2	S2	III	4.2		0	E0	B	PP			0	
1374	FISCHMEHL (FISCHABFALL), NICHT STABILISIERT	4.2	S2	II	4.2	300	0	E2		PP			0	

Tabelle A

Stoffnummer/ UN-Nummer	Benennung und Beschreibung	Klasse	Klassifizierungs-code	Verpackungs-gruppe	Gefahrzettel	Sonder-vorschriften	begrenzte Mengen		Beförderung zugelassen	Ausrüstung erforderlich	Lüftung	Maßnahmen während des Ladens / Löschens / Beförderns	Anzahl der Kegel / Lichter	Bemerkungen
	3.1.2	2.2	2.2	2.1.1.3	5.2.2	3.3	3.4 / 3.5.1.2		3.2.1	8.1.5	7.1.6	7.1.6	7.1.5	3.2.1
(1)	(2)	(3a)	(3b)	(4)	(5)	(6)	(7a)	(7b)	(8)	(9)	(10)	(11)	(12)	(13)
1376	EISENOXID, GEBRAUCHT oder EISENSCHWAMM, GEBRAUCHT, aus der Kokereigasreinigung	4.2	S4	III	4.2	592	0	E0	B	PP			0	
1378	METALLKATALYSATOR, ANGEFEUCHTET mit einem sichtbaren Überschuss an Flüssigkeit	4.2	S4	II	4.2	274	0	E0		PP			0	
1379	PAPIER, MIT UNGESÄTTIGTEN ÖLEN BEHANDELT, unvollständig getrocknet (auch Kohlepapier)	4.2	S2	III	4.2		0	E0	B	PP			0	
1380	PENTABORAN	4.2	ST3	I	4.2 + 6.1	802	0	E0		PP EP TOX A	VE02		2	
1381	PHOSPHOR, WEISS oder GELB, UNTER WASSER oder IN LÖSUNG	4.2	ST3	I	4.2 + 6.1	503 802	0	E0		PP EP TOX A	VE02		2	
1381	PHOSPHOR, WEISS oder GELB, TROCKEN	4.2	ST4	I	4.2 + 6.1	503 802	0	E0		PP EP			2	
1382	KALIUMSULFID, WASSERFREI oder KALIUMSULFID mit weniger als 30 % Kristallwasser	4.2	S4	II	4.2	504	0	E2		PP			0	
1383	PYROPHORES METALL, N.A.G. oder PYROPHORE LEGIERUNG, N.A.G.	4.2	S4	I	4.2	274	0	E0		PP			0	
1384	NATRIUMDITHIONIT (NATRIUMHYDROSULFIT)	4.2	S4	II	4.2		0	E2		PP			0	
1385	NATRIUMSULFID, WASSERFREI oder NATRIUMSULFID mit weniger als 30 % Kristallwasser	4.2	S4	II	4.2	504	0	E2		PP			0	
1386	ÖLSAATKUCHEN mit mehr als 1,5 Masse-% Öl und höchstens 11 Masse-% Feuchtigkeit	4.2	S2	III	4.2	800	0	E0	B	PP		IN01 IN02	0	IN01 und IN02 gelten nur, wenn der Stoff in loser Schüttung oder unverpackt befördert wird.

Stoffnummer/ UN-Nummer	Benennung und Beschreibung	Klasse	Klassifizierungs-code	Verpackungs-gruppe	Gefahrzettel	Sonder-vorschriften	begrenzte Mengen		Beförderung zugelassen	Ausrüstung erforderlich	Lüftung	Maßnahmen während des Ladens / Löschens / Beförderns	Anzahl der Kegel / Lichter	Bemerkungen
	3.1.2	2.2	2.2	2.1.1.3	5.2.2	3.3	3.4 / 3.5.1.2		3.2.1	8.1.5	7.1.6	7.1.6	7.1.5	3.2.1
(1)	(2)	(3a)	(3b)	(4)	(5)	(6)	(7a)	(7b)	(8)	(9)	(10)	(11)	(12)	(13)
1387	Wollabfälle, nass	4.2	S2	UNTERLIEGT NICHT DEM ADN										
1389	ALKALIMETALLAMALGAM, FLÜSSIG	4.3	W1	I	4.3	182	0	E0		PP EX A	VE01	HA08	0	
1390	ALKALIMETALLAMIDE	4.3	W2	II	4.3	182 505	500 g	E2		PP EX A	VE01	HA08	0	
1391	ALKALIMETALLDISPERSION oder ERDALKALIMETALLDISPERSION	4.3	W1	I	4.3	182 183 506	0	E0		PP EX A	VE01	HA08	1	
1392	ERDALKALIMETALLAMALGAM, FLÜSSIG	4.3	W1	I	4.3	183 506	0	E0		PP EX A	VE01	HA08	0	
1393	ERDALKALIMETALLLEGIERUNG, N.A.G.	4.3	W2	II	4.3	183 506	500 g	E2		PP EX A	VE01	HA08	0	
1394	ALUMINIUMCARBID	4.3	W2	II	4.3		500 g	E2		PP EX A	VE01	HA08	0	
1395	ALUMINIUMFERROSILICIUM-PULVER	4.3	WT2	II	4.3 + 6.1	802	500 g	E2		PP EP EX TOX A	VE01 VE02	HA08	2	
1396	ALUMINIUM-PULVER, NICHT ÜBERZOGEN	4.3	W2	II	4.3		500 g	E2		PP EX A	VE01	HA08	0	
1396	ALUMINIUM-PULVER, NICHT ÜBERZOGEN	4.3	W2	III	4.3		1 kg	E1		PP EX A	VE01	HA08	0	

Stoffnummer/ UN-Nummer	Benennung und Beschreibung	Klasse	Klassifizierungs-code	Verpackungs-gruppe	Gefahrzettel	Sonder-vorschriften	begrenzte Mengen		Beförderung zugelassen	Ausrüstung erforderlich	Lüftung	Maßnahmen während des Ladens / Löschens / Beförderns			Anzahl der Kegel / Lichter	Bemerkungen
	3.1.2	2.2	2.2	2.1.1.3	5.2.2	3.3	3.4 / 3.5.1.2		3.2.1	8.1.5	7.1.6	7.1.6			7.1.5	3.2.1
(1)	(2)	(3a)	(3b)	(4)	(5)	(6)	(7a)	(7b)	(8)	(9)	(10)	(11)			(12)	(13)
1397	ALUMINIUMPHOSPHID	4.3	WT2	I	4.3 + 6.1	507 802	0	E0		PP EP EX TOX A	VE01 VE02		HA08		2	
1398	ALUMINIUMSILICIUM-PULVER, NICHT ÜBERZOGEN	4.3	W2	III	4.3	37	1 kg	E1	B	PP EX A	VE01 VE03	LO03	HA07 HA08	IN01 IN03	0	VE03, LO03, HA07, IN01und IN03 gelten nur, wenn der Stoff in loser Schüttung oder unverpackt befördert wird.
1400	BARIUM	4.3	W2	II	4.3		500 g	E2		PP EX A	VE01		HA08		0	
1401	CALCIUM	4.3	W2	II	4.3		500 g	E2		PP EX A	VE01		HA08		0	
1402	CALCIUMCARBID	4.3	W2	I	4.3		0	E0		PP EX A	VE01		HA08		0	
1402	CALCIUMCARBID	4.3	W2	II	4.3		500 g	E2		PP EX A	VE01		HA08		0	
1403	CALCIUMCYANAMID mit mehr als 0,1 Masse-% Calciumcarbid	4.3	W2	III	4.3	38	1 kg	E1		PP EX A	VE01		HA08		0	
1404	CALCIUMHYDRID	4.3	W2	I	4.3		0	E0		PP EX A	VE01		HA08		0	
1405	CALCIUMSILICID	4.3	W2	II	4.3		500 g	E2		PP EX A	VE01		HA08		0	
1405	CALCIUMSILICID	4.3	W2	III	4.3		1 kg	E1		PP EX A	VE01		HA08		0	

Tabelle A

Stoffnummer/ UN-Nummer	Benennung und Beschreibung	Klasse	Klassifizierungs-code	Verpackungs-gruppe	Gefahrzettel	Sonder-vorschriften	begrenzte Mengen		Beförderung zugelassen	Ausrüstung erforderlich	Lüftung	Maßnahmen während des Ladens / Löschens / Beförderns			Anzahl der Kegel / Lichter	Bemerkungen
	3.1.2	2.2	2.2	2.1.1.3	5.2.2	3.3	3.4 / 3.5.1.2		3.2.1	8.1.5	7.1.6	7.1.6			7.1.5	3.2.1
(1)	(2)	(3a)	(3b)	(4)	(5)	(6)	(7a)	(7b)	(8)	(9)	(10)	(11)			(12)	(13)
1407	CAESIUM	4.3	W2	I	4.3		0	E0		PP EX A	VE01		HA08		0	
1408	FERROSILICIUM mit mindestens 30 Masse-%, aber weniger als 90 Masse-% Silicium	4.3	WT2	III	4.3 + 6.1	39 801	1 kg	E1	B	PP EP EX TOX A	VE01 VE02 VE03	LO03	HA07 HA08	IN01 IN02 IN03	0	VE03, LO03, HA07, IN01 und IN03 gelten nur, wenn der Stoff in loser Schüttung oder unverpackt befördert wird.
1409	METALLHYDRIDE, MIT WASSER REAGIEREND, N.A.G.	4.3	W2	I	4.3	274 508	0	E0		PP EX A	VE01		HA08		0	
1409	METALLHYDRIDE, MIT WASSER REAGIEREND, N.A.G.	4.3	W2	II	4.3	274 508	500 g	E2		PP EX A	VE01		HA08		0	
1410	LITHIUMALUMINIUMHYDRID	4.3	W2	I	4.3		0	E0		PP EX A	VE01		HA08		0	
1411	LITHIUMALUMINIUMHYDRID IN ETHER	4.3	WF1	I	4.3 + 3		0	E0		PP EX A	VE01		HA08		1	
1413	LITHIUMBORHYDRID	4.3	W2	I	4.3		0	E0		PP EX A	VE01		HA08		0	
1414	LITHIUMHYDRID	4.3	W2	I	4.3		0	E0		PP EX A	VE01		HA08		0	
1415	LITHIUM	4.3	W2	I	4.3		0	E0		PP EX A	VE01		HA08		0	
1417	LITHIUMSILICIUM	4.3	W2	II	4.3		500 g	E2		PP EX A	VE01		HA08		0	

Stoffnummer/ UN-Nummer	Benennung und Beschreibung	Klasse	Klassifizierungs-code	Verpackungs-gruppe	Gefahrzettel	Sonder-vorschriften	begrenzte Mengen		Beförderung zugelassen	Ausrüstung erforderlich	Lüftung	Maßnahmen während des Ladens / Löschens / Beförderns	Anzahl der Kegel / Lichter	Bemerkungen
	3.1.2	2.2	2.2	2.1.1.3	5.2.2	3.3	3.4 / 3.5.1.2		3.2.1	8.1.5	7.1.6	7.1.6	7.1.5	3.2.1
(1)	(2)	(3a)	(3b)	(4)	(5)	(6)	(7a)	(7b)	(8)	(9)	(10)	(11)	(12)	(13)
1418	MAGNESIUM-PULVER oder MAGNESIUMLEGIERUNGSPULVER	4.3	WS	I	4.3 + 4.2		0	E0		PP EX A	VE01	HA08	0	
1418	MAGNESIUM-PULVER oder MAGNESIUMLEGIERUNGSPULVER	4.3	WS	II	4.3 + 4.2		0	E2		PP EX A	VE01	HA08	0	
1418	MAGNESIUM-PULVER oder MAGNESIUMLEGIERUNGSPULVER	4.3	WS	III	4.3 + 4.2		0	E1		PP EX A	VE01	HA08	0	
1419	MAGNESIUMALUMINIUMPHOSPHID	4.3	WT2	I	4.3 + 6.1	802	0	E0		PP EP EX TOX A	VE01 VE02	HA08	2	
1420	KALIUMMETALLLEGIERUNGEN, FLÜSSIG	4.3	W1	I	4.3		0	E0		PP EX A	VE01	HA08	0	
1421	ALKALIMETALLLEGIERUNG, FLÜSSIG, N.A.G.	4.3	W1	I	4.3	182	0	E0		PP EX A	VE01	HA08	0	
1422	KALIUM-NATRIUMLEGIERUNGEN, FLÜSSIG	4.3	W1	I	4.3		0	E0		PP EX A	VE01	HA08	0	
1423	RUBIDIUM	4.3	W2	I	4.3		0	E0		PP EX A	VE01	HA08	0	
1426	NATRIUMBORHYDRID	4.3	W2	I	4.3		0	E0		PP EX A	VE01	HA08	0	
1427	NATRIUMHYDRID	4.3	W2	I	4.3		0	E0		PP EX A	VE01	HA08	0	

Tabelle A

Stoffnummer/ UN-Nummer	Benennung und Beschreibung	Klasse	Klassifizierungscode	Verpackungsgruppe	Gefahrzettel	Sondervorschriften	begrenzte Mengen		Beförderung zugelassen	Ausrüstung erforderlich	Lüftung	Maßnahmen während des Ladens / Löschens / Beförderns			Anzahl der Kegel / Lichter	Bemerkungen
	3.1.2	2.2	2.2	2.1.1.3	5.2.2	3.3	3.4 / 3.5.1.2		3.2.1	8.1.5	7.1.6	7.1.6			7.1.5	3.2.1
(1)	(2)	(3a)	(3b)	(4)	(5)	(6)	(7a)	(7b)	(8)	(9)	(10)	(11)			(12)	(13)
1428	NATRIUM	4.3	W2	I	4.3		0	E0		PP EX A	VE01		HA08		0	
1431	NATRIUMMETHYLAT	4.2	SC4	II	4.2 + 8		0	E2		PP EP					0	
1432	NATRIUMPHOSPHID	4.3	WT2	I	4.3 + 6.1	802	0	E0		PP EP EX TOX A	VE01 VE02		HA08		2	
1433	ZINNPHOSPHIDE	4.3	WT2	I	4.3 + 6.1	802	0	E0		PP EP EX TOX A	VE01 VE02		HA08		2	
1435	ZINK-ASCHEN	4.3	W2	III	4.3		1 kg	E1	B	PP EX A	VE01 VE03	LO03	HA07 HA08	IN01 IN03	0	VE03, LO03, HA07, IN01und IN03 gelten nur, wenn der Stoff in loser Schüttung oder unverpackt befördert wird.
1436	ZINK-PULVER oder ZINK-STAUB	4.3	WS	I	4.3 + 4.2		0	E0		PP EX A	VE01		HA08		0	
1436	ZINK-PULVER oder ZINK-STAUB	4.3	WS	II	4.3 + 4.2		0	E2		PP EX A	VE01		HA08		0	
1436	ZINK-PULVER oder ZINK-STAUB	4.3	WS	III	4.3 + 4.2		0	E1		PP EX A	VE01		HA08		0	
1437	ZIRKONIUMHYDRID	4.1	F3	II	4.1		1 kg	E2		PP					1	
1438	ALUMINIUMNITRAT	5.1	O2	III	5.1		5 kg	E1	B	PP		CO02 LO04			0	CO02 und LO04 gelten nur, wenn der Stoff in loser Schüttung oder unverpackt befördert wird.

Stoffnummer/ UN-Nummer	Benennung und Beschreibung	Klasse	Klassifizierungs-code	Verpackungs-gruppe	Gefahrzettel	Sonder-vorschriften	begrenzte Mengen		Beförderung zugelassen	Ausrüstung erforderlich	Lüftung	Maßnahmen während des Ladens / Löschens / Beförderns	Anzahl der Kegel / Lichter	Bemerkungen
	3.1.2	2.2	2.2	2.1.1.3	5.2.2	3.3	3.4 / 3.5.1.2		3.2.1	8.1.5	7.1.6	7.1.6	7.1.5	3.2.1
(1)	(2)	(3a)	(3b)	(4)	(5)	(6)	(7a)	(7b)	(8)	(9)	(10)	(11)	(12)	(13)
1439	AMMONIUMDICHROMAT	5.1	O2	II	5.1		1 kg	E2		PP			0	
1442	AMMONIUMPERCHLORAT	5.1	O2	II	5.1	152	1 kg	E2		PP			0	
1444	AMMONIUMPERSULFAT	5.1	O2	III	5.1		5 kg	E1		PP			0	
1445	BARIUMCHLORAT, FEST	5.1	OT2	II	5.1 + 6.1	802	1 kg	E2		PP EP			2	
1446	BARIUMNITRAT	5.1	OT2	II	5.1 + 6.1	802	1 kg	E2		PP EP			2	
1447	BARIUMPERCHLORAT, FEST	5.1	OT2	II	5.1 + 6.1	802	1 kg	E2		PP EP			2	
1448	BARIUMPERMANGANAT	5.1	OT2	II	5.1 + 6.1	802	1 kg	E2		PP EP			2	
1449	BARIUMPEROXID	5.1	OT2	II	5.1 + 6.1	802	1 kg	E2		PP EP			2	
1450	BROMATE, ANORGANISCHE, N.A.G.	5.1	O2	II	5.1	274 350	1 kg	E2		PP			0	
1451	CAESIUMNITRAT	5.1	O2	III	5.1		5 kg	E1	B	PP		CO02 LO04	0	CO02 und LO04 gelten nur, wenn der Stoff in loser Schüttung oder unverpackt befördert wird.
1452	CALCIUMCHLORAT	5.1	O2	II	5.1		1 kg	E2		PP			0	
1453	CALCIUMCHLORIT	5.1	O2	II	5.1		1 kg	E2		PP			0	
1454	CALCIUMNITRAT	5.1	O2	III	5.1	208	5 kg	E1	B	PP		CO02 LO04	0	CO02 und LO04 gelten nur, wenn der Stoff in loser Schüttung oder unverpackt befördert wird.
1455	CALCIUMPERCHLORAT	5.1	O2	II	5.1		1 kg	E2		PP			0	
1456	CALCIUMPERMANGANAT	5.1	O2	II	5.1		1 kg	E2		PP			0	
1457	CALCIUMPEROXID	5.1	O2	II	5.1		1 kg	E2		PP			0	
1458	BORAT UND CHLORAT, MISCHUNG	5.1	O2	II	5.1		1 kg	E2		PP			0	

Tabelle A

Stoffnummer/ UN-Nummer	Benennung und Beschreibung	Klasse	Klassifizierungs-code	Verpackungs-gruppe	Gefahrzettel	Sonder-vorschriften	begrenzte Mengen		Beförderung zugelassen	Ausrüstung erforderlich	Lüftung	Maßnahmen während des Ladens / Löschens / Beförderns			Anzahl der Kegel / Lichter	Bemerkungen
	3.1.2	2.2	2.2	2.1.1.3	5.2.2	3.3	3.4 / 3.5.1.2		3.2.1	8.1.5	7.1.6	7.1.6			7.1.5	3.2.1
(1)	(2)	(3a)	(3b)	(4)	(5)	(6)	(7a)	(7b)	(8)	(9)	(10)	(11)			(12)	(13)
1458	BORAT UND CHLORAT, MISCHUNG	5.1	O2	III	5.1		5 kg	E1		PP					0	
1459	CHLORAT UND MAGNESIUMCHLORID, MISCHUNG, FEST	5.1	O2	II	5.1		1 kg	E2		PP					0	
1459	CHLORAT UND MAGNESIUMCHLORID, MISCHUNG, FEST	5.1	O2	III	5.1		5 kg	E1		PP					0	
1461	CHLORATE, ANORGANISCHE, N.A.G.	5.1	O2	II	5.1	274 351	1 kg	E2		PP					0	
1462	CHLORITE, ANORGANISCHE, N.A.G.	5.1	O2	II	5.1	274 352 509	1 kg	E2		PP					0	
1463	CHROMTRIOXID, WASSERFREI	5.1	OTC	II	5.1 + 6.1 + 8	510	1 kg	E2		PP EP					2	
1465	DIDYMIUMNITRAT	5.1	O2	III	5.1		5 kg	E1	B	PP		CO02 LO04			0	CO02 und LO04 gelten nur, wenn der Stoff in loser Schüttung oder unverpackt befördert wird.
1466	EISEN(III)NITRAT	5.1	O2	III	5.1		5 kg	E1	B	PP		CO02 LO04			0	CO02 und LO04 gelten nur, wenn der Stoff in loser Schüttung oder unverpackt befördert wird.
1467	GUANIDINNITRAT	5.1	O2	III	5.1		5 kg	E1	B	PP		CO02 LO04			0	CO02 und LO04 gelten nur, wenn der Stoff in loser Schüttung oder unverpackt befördert wird.
1469	BLEINITRAT	5.1	OT2	II	5.1 + 6.1	802	1 kg	E2		PP EP					2	
1470	BLEIPERCHLORAT, FEST	5.1	OT2	II	5.1 + 6.1	802	1 kg	E2		PP EP					2	
1471	LITHIUMHYPOCHLORIT, TROCKEN oder LITHIUMHYPOCHLORIT, MISCHUNG	5.1	O2	II	5.1		1 kg	E2		PP					0	

Stoffnummer/ UN-Nummer	Benennung und Beschreibung	Klasse	Klassifizierungscode	Verpackungsgruppe	Gefahrzettel	Sondervorschriften	begrenzte Mengen		Beförderung zugelassen	Ausrüstung erforderlich	Lüftung	Maßnahmen während des Ladens / Löschens / Beförderns	Anzahl der Kegel / Lichter	Bemerkungen
	3.1.2	2.2	2.2	2.1.1.3	5.2.2	3.3	3.4 / 3.5.1.2		3.2.1	8.1.5	7.1.6	7.1.6	7.1.5	3.2.1
(1)	(2)	(3a)	(3b)	(4)	(5)	(6)	(7a)	(7b)	(8)	(9)	(10)	(11)	(12)	(13)
1471	LITHIUMHYPOCHLORIT, TROCKEN oder LITHIUMHYPOCHLORIT, MISCHUNG	5.1	O2	III	5.1		5 kg	E1		PP			0	
1472	LITHIUMPEROXID	5.1	O2	II	5.1		1 kg	E2		PP			0	
1473	MAGNESIUMBROMAT	5.1	O2	II	5.1		1 kg	E2		PP			0	
1474	MAGNESIUMNITRAT	5.1	O2	III	5.1	332	5 kg	E1	B	PP		CO02 LO04	0	CO02 und LO04 gelten nur, wenn der Stoff in loser Schüttung oder unverpackt befördert wird.
1475	MAGNESIUMPERCHLORAT	5.1	O2	II	5.1		1 kg	E2		PP			0	
1476	MAGNESIUMPEROXID	5.1	O2	II	5.1		1 kg	E2		PP			0	
1477	NITRATE, ANORGANISCHE, N.A.G.	5.1	O2	II	5.1	511	1 kg	E2		PP			0	
1477	NITRATE, ANORGANISCHE, N.A.G.	5.1	O2	III	5.1	511	5 kg	E1	B	PP		CO02 LO04	0	CO02 und LO04 gelten nur, wenn der Stoff in loser Schüttung oder unverpackt befördert wird.
1479	ENTZÜNDEND (OXIDIEREND) WIRKENDER FESTER STOFF, N.A.G.	5.1	O2	I	5.1	274	0	E0		PP			0	
1479	ENTZÜNDEND (OXIDIEREND) WIRKENDER FESTER STOFF, N.A.G.	5.1	O2	II	5.1	274	1 kg	E2		PP			0	
1479	ENTZÜNDEND (OXIDIEREND) WIRKENDER FESTER STOFF, N.A.G.	5.1	O2	III	5.1	274	5 kg	E1		PP			0	
1481	PERCHLORATE, ANORGANISCHE, N.A.G.	5.1	O2	II	5.1		1 kg	E2		PP			0	
1481	PERCHLORATE, ANORGANISCHE, N.A.G.	5.1	O2	III	5.1		5 kg	E1		PP			0	
1482	PERMANGANATE, ANORGANISCHE, N.A.G.	5.1	O2	II	5.1	274 353	1 kg	E2		PP			0	
1482	PERMANGANATE, ANORGANISCHE, N.A.G.	5.1	O2	III	5.1	274 353	5 kg	E1		PP			0	
1483	PEROXIDE, ANORGANISCHE, N.A.G.	5.1	O2	II	5.1		1 kg	E2		PP			0	
1483	PEROXIDE, ANORGANISCHE, N.A.G.	5.1	O2	III	5.1		5 kg	E1		PP			0	

Stoffnummer/ UN-Nummer	Benennung und Beschreibung	Klasse	Klassifizierungs-code	Verpackungs-gruppe	Gefahrzettel	Sonder-vorschriften	begrenzte Mengen		Beförderung zugelassen	Ausrüstung erforderlich	Lüftung	Maßnahmen während des Ladens / Löschens / Beförderns			Anzahl der Kegel / Lichter	Bemerkungen
	3.1.2	2.2	2.2	2.1.1.3	5.2.2	3.3	3.4 / 3.5.1.2		3.2.1	8.1.5	7.1.6	7.1.6			7.1.5	3.2.1
(1)	(2)	(3a)	(3b)	(4)	(5)	(6)	(7a)	(7b)	(8)	(9)	(10)	(11)			(12)	(13)
1484	KALIUMBROMAT	5.1	O2	II	5.1		1 kg	E2		PP					0	
1485	KALIUMCHLORAT	5.1	O2	II	5.1		1 kg	E2		PP					0	
1486	KALIUMNITRAT	5.1	O2	III	5.1		5 kg	E1	B	PP		CO02 LO04			0	CO02 und LO04 gelten nur, wenn der Stoff in loser Schüttung oder unverpackt befördert wird.
1407	KALIUMNITRAT UND NATRIUMNITRIT, MISCHUNG	5.1	O2	II	5.1	607	1 kg	E2		PP					0	
1488	KALIUMNITRIT	5.1	O2	II	5.1		1 kg	E2		PP					0	
1489	KALIUMPERCHLORAT	5.1	O2	II	5.1		1 kg	E2		PP					0	
1490	KALIUMPERMANGANAT	5.1	O2	II	5.1		1 kg	E2		PP					0	
1491	KALIUMPEROXID	5.1	O2	I	5.1		0	E0		PP					0	
1492	KALIUMPERSULFAT	5.1	O2	III	5.1		5 kg	E1		PP					0	
1493	SILBERNITRAT	5.1	O2	II	5.1		1 kg	E2		PP					0	
1494	NATRIUMBROMAT	5.1	O2	II	5.1		1 kg	E2		PP					0	
1495	NATRIUMCHLORAT	5.1	O2	II	5.1		1 kg	E2		PP					0	
1496	NATRIUMCHLORIT	5.1	O2	II	5.1		1 kg	E2		PP					0	
1498	NATRIUMNITRAT	5.1	O2	III	5.1		5 kg	E1	B	PP		CO02 LO04			0	CO02 und LO04 gelten nur, wenn der Stoff in loser Schüttung oder unverpackt befördert wird.
1499	NATRIUMNITRAT UND KALIUMNITRAT, MISCHUNG	5.1	O2	III	5.1		5 kg	E1	B	PP		CO02 LO04			0	CO02 und LO04 gelten nur, wenn der Stoff in loser Schüttung oder unverpackt befördert wird.
1500	NATRIUMNITRIT	5.1	OT2	III	5.1 + 6.1	802	5 kg	E1		PP EP					0	
1502	NATRIUMPERCHLORAT	5.1	O2	II	5.1		1 kg	E2		PP					0	

Stoffnummer/ UN-Nummer	Benennung und Beschreibung	Klasse	Klassifizierungs-code	Verpackungs-gruppe	Gefahrzettel	Sonder-vorschriften	begrenzte Mengen		Beförderung zugelassen	Ausrüstung erforderlich	Lüftung	Maßnahmen während des Ladens / Löschens / Beförderns			Anzahl der Kegel / Lichter	Bemerkungen
	3.1.2	2.2	2.2	2.1.1.3	5.2.2	3.3	3.4 / 3.5.1.2		3.2.1	8.1.5	7.1.6	7.1.6			7.1.5	3.2.1
(1)	(2)	(3a)	(3b)	(4)	(5)	(6)	(7a)	(7b)	(8)	(9)	(10)	(11)			(12)	(13)
1503	NATRIUMPERMANGANAT	5.1	O2	II	5.1		1 kg	E2		PP					0	
1504	NATRIUMPEROXID	5.1	O2	I	5.1		0	E0		PP					0	
1505	NATRIUMPERSULFAT	5.1	O2	III	5.1		5 kg	E1		PP					0	
1506	STRONTIUMCHLORAT	5.1	O2	II	5.1		1 kg	E2		PP					0	
1507	STRONTIUMNITRAT	5.1	O2	III	5.1		5 kg	E1	B	PP		CO02 LO04			0	CO02 und LO04 gelten nur, wenn der Stoff in loser Schüttung oder unverpackt befördert wird.
1508	STRONTIUMPERCHLORAT	5.1	O2	II	5.1		1 kg	E2		PP					0	
1509	STRONTIUMPEROXID	5.1	O2	II	5.1		1 kg	E2		PP					0	
1510	TETRANITROMETHAN	6.1	TO1	I	6.1 + 5.1	354 609 802	0	E0		PP EP TOX A	VE02				2	
1511	HARNSTOFFWASSERSTOFFPEROXID	5.1	OC2	III	5.1 + 8		5 kg	E1		PP EP					0	
1512	ZINKAMMONIUMNITRIT	5.1	O2	II	5.1		1 kg	E2		PP					0	
1513	ZINKCHLORAT	5.1	O2	II	5.1		1 kg	E2		PP					0	
1514	ZINKNITRAT	5.1	O2	II	5.1		1 kg	E2		PP					0	
1515	ZINKPERMANGANAT	5.1	O2	II	5.1		1 kg	E2		PP					0	
1516	ZINKPEROXID	5.1	O2	II	5.1		1 kg	E2		PP					0	
1517	ZIRKONIUMPIKRAMAT, ANGEFEUCHTET mit mindestens 20 Masse-% Wasser	4.1	D	I	4.1		0	E0		PP					1	
1541	ACETONCYANHYDRIN, STABILISIERT	6.1	T1	I	6.1	354 802	0	E0	T	PP EP TOX A	VE02				2	

Tabelle A

Stoffnummer/ UN-Nummer	Benennung und Beschreibung	Klasse	Klassifizierungs-code	Verpackungs-gruppe	Gefahrzettel	Sonder-vorschriften	begrenzte Mengen		Beförderung zugelassen	Ausrüstung erforderlich	Lüftung	Maßnahmen während des Ladens / Löschens / Beförderns	Anzahl der Kegel / Lichter	Bemerkungen
	3.1.2	2.2	2.2	2.1.1.3	5.2.2	3.3	3.1 / 3.5.1.2		3.2.1	8.1.5	7.1.6	7.1.6	7.1.5	3.2.1
(1)	(2)	(3a)	(3b)	(4)	(5)	(6)	(7a)	(7b)	(8)	(9)	(10)	(11)	(12)	(13)
1544	ALKALOIDE, FEST, N.A.G. oder ALKALOIDSALZE, FEST, N.A.G.	6.1	T2	I	6.1	43 274 802	0	E5		PP EP			2	
1544	ALKALOIDE, FEST, N.A.G. oder ALKALOIDSALZE, FEST, N.A.G.	6.1	T2	II	6.1	43 274 802	500 g	E4		PP EP			2	
1544	ALKALOIDE, FEST, N.A.G. oder ALKALOIDSALZE, FEST, N.A.G.	6.1	T2	III	6.1	43 274 802	5 kg	E1		PP EP			0	
1545	ALLYLISOTHIOCYANAT, STABILISIERT	6.1	TF1	II	6.1 + 3	386 802	100 ml	E0	T	PP EP EX TOX A	VE01 VE02		2	
1546	AMMONIUMARSENAT	6.1	T5	II	6.1	802	500 g	E4		PP EP			2	
1547	ANILIN	6.1	T1	II	6.1	279 802	100 ml	E4	T	PP EP TOX A	VE02		2	
1548	ANILINHYDROCHLORID	6.1	T2	III	6.1	802	5 kg	E1		PP EP			0	
1549	ANORGANISCHE ANTIMONVERBINDUNG, FEST, N.A.G.	6.1	T5	III	6.1	45 274 512 802	5 kg	E1		PP EP			0	
1550	ANTIMONLAKTAT	6.1	T5	III	6.1	802	5 kg	E1		PP EP			0	
1551	ANTIMONYLKALIUMTARTRAT	6.1	T5	III	6.1	802	5 kg	E1		PP EP			0	

Tabelle A

Stoffnummer/ UN-Nummer	Benennung und Beschreibung	Klasse	Klassifizierungs-code	Verpackungs-gruppe	Gefahrzettel	Sonder-vorschriften	begrenzte Mengen		Beförderung zugelassen	Ausrüstung erforderlich	Lüftung	Maßnahmen während des Ladens / Löschens / Beförderns	Anzahl der Kegel / Lichter	Bemerkungen
	3.1.2	2.2	2.2	2.1.1.3	5.2.2	3.3	3.4 / 3.5.1.2		3.2.1	8.1.5	7.1.6	7.1.6	7.1.5	3.2.1
(1)	(2)	(3a)	(3b)	(4)	(5)	(6)	(7a)	(7b)	(8)	(9)	(10)	(11)	(12)	(13)
1553	ARSENSÄURE, FLÜSSIG	6.1	T4	I	6.1	802	0	E5		PP EP TOX A	VE02		2	
1554	ARSENSÄURE, FEST	6.1	T5	II	6.1	802	500 g	E4		PP EP			2	
1555	ARSENBROMID	6.1	T5	II	6.1	802	500 g	E4		PP EP			2	
1556	ARSENVERBINDUNG, FLÜSSIG, N.A.G., anorganisch, einschließlich Arsenate, n.a.g., Arsenite, n.a.g. und Arsensulfide, n.a.g.	6.1	T4	I	6.1	43 274 802	0	E5		PP EP TOX A	VE02		2	
1556	ARSENVERBINDUNG, FLÜSSIG, N.A.G., anorganisch, einschließlich Arsenate, n.a.g., Arsenite, n.a.g. und Arsensulfide, n.a.g.	6.1	T4	II	6.1	43 274 802	100 ml	E4		PP EP TOX A	VE02		2	
1556	ARSENVERBINDUNG, FLÜSSIG, N.A.G., anorganisch, einschließlich Arsenate, n.a.g., Arsenite, n.a.g. und Arsensulfide, n.a.g.	6.1	T4	III	6.1	43 274 802	5 l	E1		PP EP TOX A	VE02		0	
1557	ARSENVERBINDUNG, FEST, N.A.G., anorganisch, einschließlich Arsenate, n.a.g., Arsenite, n.a.g. und Arsensulfide, n.a.g.	6.1	T5	I	6.1	43 274 802	0	E5		PP EP			2	
1557	ARSENVERBINDUNG, FEST, N.A.G., anorganisch, einschließlich Arsenate, n.a.g., Arsenite, n.a.g. und Arsensulfide, n.a.g.	6.1	T5	II	6.1	43 274 802	500 g	E4		PP EP			2	
1557	ARSENVERBINDUNG, FEST, N.A.G., anorganisch, einschließlich Arsenate, n.a.g., Arsenite, n.a.g. und Arsensulfide, n.a.g.	6.1	T5	III	6.1	43 274 802	5 kg	E1		PP EP			0	
1558	ARSEN	6.1	T5	II	6.1	802	500 g	E4		PP EP			2	
1559	ARSENPENTOXID	6.1	T5	II	6.1	802	500 g	E4		PP EP			2	

Tabelle A

Stoffnummer/ UN-Nummer	Benennung und Beschreibung	Klasse	Klassifizierungs-code	Verpackungs-gruppe	Gefahrzettel	Sonder-vorschriften	begrenzte Mengen		Beförderung zugelassen	Ausrüstung erforderlich	Lüftung	Maßnahmen während des Ladens / Löschens / Beförderns	Anzahl der Kegel / Lichter	Bemerkungen
	3.1.2	2.2	2.2	2.1.1.3	5.2.2	3.3	3.4 / 3.5.1.2		3.2.1	8.1.5	7.1.6	7.1.6	7.1.5	3.2.1
(1)	(2)	(3a)	(3b)	(4)	(5)	(6)	(7a)	(7b)	(8)	(9)	(10)	(11)	(12)	(13)
1560	ARSENTRICHLORID	6.1	T4	I	6.1	802	0	E0		PP EP TOX A	VE02		2	
1561	ARSENTRIOXID	6.1	T5	II	6.1	802	500 g	E4		PP EP			2	
1502	ARSEN-STAUD	6.1	T5	II	6.1	802	500 g	E4		PP EP			2	
1564	BARIUMVERBINDUNG, N.A.G.	6.1	T5	II	6.1	177 274 513 587 802	500 g	E4		PP EP			2	
1564	BARIUMVERBINDUNG, N.A.G.	6.1	T5	III	6.1	177 274 513 587 802	5 kg	E1		PP EP			0	
1565	BARIUMCYANID	6.1	T5	I	6.1	802	0	E5		PP EP			2	
1566	BERYLLIUMVERBINDUNG, N.A.G.	6.1	T5	II	6.1	274 514 802	500 g	E4		PP EP			2	
1566	BERYLLIUMVERBINDUNG, N.A.G.	6.1	T5	III	6.1	274 514 802	5 kg	E1		PP EP			0	
1567	BERYLLIUM-PULVER	6.1	TF3	II	6.1 + 4.1	802	500 g	E4		PP EP			2	
1569	BROMACETON	6.1	TF1	II	6.1 + 3	802	0	E0		PP EP EX TOX A	VE01 VE02		2	

Stoffnummer/ UN-Nummer	Benennung und Beschreibung	Klasse	Klassifizierungs-code	Verpackungs-gruppe	Gefahrzettel	Sonder-vorschriften	begrenzte Mengen		Beförderung zugelassen	Ausrüstung erforderlich	Lüftung	Maßnahmen während des Ladens / Löschens / Beförderns	Anzahl der Kegel / Lichter	Bemerkungen
	3.1.2	2.2	2.2	2.1.1.3	5.2.2	3.3	3.4 / 3.5.1.2		3.2.1	8.1.5	7.1.6	7.1.6	7.1.5	3.2.1
(1)	(2)	(3a)	(3b)	(4)	(5)	(6)	(7a)	(7b)	(8)	(9)	(10)	(11)	(12)	(13)
1570	BRUCIN	6.1	T2	I	6.1	43 802	0	E5		PP EP			2	
1571	BARIUMAZID, ANGEFEUCHTET mit mindestens 50 Masse-% Wasser	4.1	DT	I	4.1 + 6.1	568 802	0	E0		PP EP			2	
1572	KAKODYLSÄURE	6.1	T5	II	6.1	802	500 g	E4		PP EP			2	
1573	CALCIUMARSENAT	6.1	T5	II	6.1	802	500 g	E4		PP EP			2	
1574	CALCIUMARSENAT UND CALCIUMARSENIT, MISCHUNG, FEST	6.1	T5	II	6.1	802	500 g	E4		PP EP			2	
1575	CALCIUMCYANID	6.1	T5	I	6.1	802	0	E5		PP EP			2	
1577	CHLORDINITROBENZENE, FLÜSSIG	6.1	T1	II	6,1	279 802	100 ml	E4		PP EP TOX A	VE02		2	
1578	CHLORNITROBENZENE, FEST	6.1	T2	II	6.1	279 802	500 g	E4	T	PP EP TOX A	VE02		2	
1579	4-CHLOR-o-TOLUIDIN-HYDROCHLORID, FEST	6.1	T2	III	6.1	802	5 kg	E1		PP EP			0	
1580	CHLORPIKRIN	6.1	T1	I	6.1	354 802	0	E0		PP EP TOX A	VE02		2	
1581	CHLORPIKRIN UND METHYLBROMID, GEMISCH mit mehr als 2 % Chlorpikrin	2	2T		2.3		0	E0		PP EP TOX A	VE02		2	

Tabelle A

Stoffnummer/ UN-Nummer	Benennung und Beschreibung	Klasse	Klassifizierungs-code	Verpackungs-gruppe	Gefahrzettel	Sonder-vorschriften	begrenzte Mengen		Beförderung zugelassen	Ausrüstung erforderlich	Lüftung	Maßnahmen während des Ladens / Löschens / Beförderns	Anzahl der Kegel / Lichter	Bemerkungen
	3.1.2	2.2	2.2	2.1.1.3	5.2.2	3.3	3.4 / 3.5.1.2		3.2.1	8.1.5	7.1.6	7.1.6	7.1.5	3.2.1
(1)	(2)	(3a)	(3b)	(4)	(5)	(6)	(7a)	(7b)	(8)	(9)	(10)	(11)	(12)	(13)
1582	CHLORPIKRIN UND METHYLCHLORID, GEMISCH	2	2T		2.3		0	E0		PP EP TOX A	VE02		2	
1583	CHLORPIKRIN, MISCHUNG, N.A.G.	6.1	T1	I	6.1	274 315 515 802	0	E0		PP EP TOX A	VE02		2	
1583	CHLORPIKRIN, MISCHUNG, N.A.G.	6.1	T1	II	6.1	274 515 802	100 ml	E0		PP EP TOX A	VE02		2	
1583	CHLORPIKRIN, MISCHUNG, N.A.G.	6.1	T1	III	6.1	274 515 802	5 l	E0		PP EP TOX A	VE02		0	
1585	KUPFERACETOARSENIT	6.1	T5	II	6.1	802	500 g	E4		PP EP			2	
1586	KUPFERARSENIT	6.1	T5	II	6.1	802	500 g	E4		PP EP			2	
1587	KUPFERCYANID	6.1	T5	II	6.1	802	500 g	E4		PP EP			2	
1588	CYANIDE, ANORGANISCH, FEST, N.A.G.	6.1	T5	I	6.1	47 274 802	0	E5		PP EP			2	
1588	CYANIDE, ANORGANISCH, FEST, N.A.G.	6.1	T5	II	6.1	47 274 802	500 g	E4		PP EP			2	
1588	CYANIDE, ANORGANISCH, FEST, N.A.G.	6.1	T5	III	6.1	47 274 802	5 kg	E1		PP EP			0	

Tabelle A

Stoffnummer/ UN-Nummer	Benennung und Beschreibung	Klasse	Klassifizierungs-code	Verpackungs-gruppe	Gefahrzettel	Sonder-vorschriften	begrenzte Mengen		Beförderung zugelassen	Ausrüstung erforderlich	Lüftung	Maßnahmen während des Ladens / Löschens / Beförderns	Anzahl der Kegel / Lichter	Bemerkungen
	3.1.2	2.2	2.2	2.1.1.3	5.2.2	3.3	3.4 / 3.5.1.2		3.2.1	8.1.5	7.1.6	7.1.6	7.1.5	3.2.1
(1)	(2)	(3a)	(3b)	(4)	(5)	(6)	(7a)	(7b)	(8)	(9)	(10)	(11)	(12)	(13)
1589	CHLORCYAN, STABILISIERT	2	2TC		2.3 + 8	386	0	E0		PP EP TOX A	VE02		2	
1590	DICHLORANILINE, FLÜSSIG	6.1	T1	II	6.1	279 802	100 ml	E4		PP EP TOX A	VE02		2	
1591	o-DICHLORBENZEN	6.1	T1	III	6.1	279 802	5 l	E1	T	PP EP TOX A	VE02		0	
1593	DICHLORMETHAN	6.1	T1	III	6.1	516 802	5 l	E1	T	PP EP TOX A	VE02		0	
1594	DIETHYLSULFAT	6.1	T1	II	6.1	802	100 ml	E4	T	PP EP TOX A	VE02		2	
1595	DIMETHYLSULFAT	6.1	TC1	I	6.1 + 8	354 802	0	E0	T	PP EP TOX A	VE02		2	
1596	DINITROANILINE	6.1	T2	II	6.1	802	500 g	E4		PP EP			2	
1597	DINITROBENZENE, FLÜSSIG	6.1	T1	II	6.1	802	100 ml	E4		PP EP TOX A	VE02		2	

Stoffnummer/ UN-Nummer	Benennung und Beschreibung	Klasse	Klassifizierungs-code	Verpackungs-gruppe	Gefahrzettel	Sonder-vorschriften	begrenzte Mengen		Beförderung zugelassen	Ausrüstung erforderlich	Lüftung	Maßnahmen während des Ladens / Löschens / Beförderns	Anzahl der Kegel / Lichter	Bemerkungen
	3.1.2	2.2	2.2	2.1.1.3	5.2.2	3.3	3.4 / 3.5.1.2		3.2.1	8.1.5	7.1.6	7.1.6	7.1.5	3.2.1
(1)	(2)	(3a)	(3b)	(4)	(5)	(6)	(7a)	(7b)	(8)	(9)	(10)	(11)	(12)	(13)
1597	DINITROBENZENE, FLÜSSIG	6.1	T1	III	6.1	802	5 l	E1		PP EP TOX A	VE02		0	
1598	DINITRO-o-CRESOL	6.1	T2	II	6.1	43 802	500 g	E4		PP EP			2	
1599	DINITROPHENOL, LÖSUNG	6.1	T1	II	6.1	802	100 ml	E4		PP EP A			2	
1599	DINITROPHENOL, LÖSUNG	6.1	T1	III	6.1	802	5 l	E1		PP EP A			0	
1600	DINITROTOLUENE, GESCHMOLZEN	6.1	T1	II	6.1	802	0	E0		PP EP TOX A	VE02		2	
1601	DESINFEKTIONSMITTEL, FEST, GIFTIG, N.A.G.	6.1	T2	I	6.1	274 802	0	E5		PP EP			2	
1601	DESINFEKTIONSMITTEL, FEST, GIFTIG, N.A.G.	6.1	T2	II	6.1	274 802	500 g	E4		PP EP			2	
1601	DESINFEKTIONSMITTEL, FEST, GIFTIG, N.A.G.	6.1	T2	III	6.1	274 802	5 kg	E1		PP EP			0	
1602	FARBSTOFF, FLÜSSIG, GIFTIG, N.A.G. oder FARBSTOFFZWISCHENPRODUKT, FLÜSSIG, GIFTIG, N.A.G.	6.1	T1	I	6.1	274 802	0	E5		PP EP TOX A	VE02		2	
1602	FARBSTOFF, FLÜSSIG, GIFTIG, N.A.G. oder FARBSTOFFZWISCHENPRODUKT, FLÜSSIG, GIFTIG, N.A.G.	6.1	T1	II	6.1	274 802	100 ml	E4		PP EP TOX A	VE02		2	

Tabelle A

Stoffnummer/ UN-Nummer	Benennung und Beschreibung	Klasse	Klassifizierungs-code	Verpackungs-gruppe	Gefahrzettel	Sonder-vorschriften	begrenzte Mengen		Beförderung zugelassen	Ausrüstung erforderlich	Lüftung	Maßnahmen während des Ladens / Löschens / Beförderns	Anzahl der Kegel / Lichter	Bemerkungen
	3.1.2	2.2	2.2	2.1.1.3	5.2.2	3.3	3.4 / 3.5.1.2		3.2.1	8.1.5	7.1.6	7.1.6	7.1.5	3.2.1
(1)	(2)	(3a)	(3b)	(4)	(5)	(6)	(7a)	(7b)	(8)	(9)	(10)	(11)	(12)	(13)
1602	FARBSTOFF, FLÜSSIG, GIFTIG, N.A.G. oder FARBSTOFFZWISCHENPRODUKT, FLÜSSIG, GIFTIG, N.A.G.	6.1	T1	III	6.1	274 802	5 l	E1		PP EP TOX A	VE02		0	
1603	ETHYLBROMACETAT	6.1	TF1	II	6.1 + 3	802	100 ml	E0		PP EP EX TOX A	VE01 VE02		2	
1604	ETHYLENDIAMIN	8	CF1	II	8 + 3		1 l	E2	T	PP EP EX A	VE01		1	
1605	ETHYLENDIBROMID	6.1	T1	I	6.1	354 802	0	E0	T	PP EP TOX A	VE02		2	
1606	EISEN(III)ARSENAT	6.1	T5	II	6.1	802	500 g	E4		PP EP			2	
1607	EISEN(III)ARSENIT	6.1	T5	II	6.1	802	500 g	E4		PP EP			2	
1608	EISEN(II)ARSENAT	6.1	T5	II	6.1	802	500 g	E4		PP EP			2	
1611	HEXAETHYLTETRAPHOSPHAT	6.1	T1	II	6.1	802	100 ml	E4		PP EP TOX A	VE02		2	
1612	HEXAETHYLTETRAPHOSPHAT UND VERDICHTETES GAS, GEMISCH	2	1T		2.3		0	E0		PP EP TOX A	VE02		2	

Stoffnummer/ UN-Nummer	Benennung und Beschreibung	Klasse	Klassifizierungs-code	Verpackungs-gruppe	Gefahrzettel	Sonder-vorschriften	begrenzte Mengen		Beförderung zugelassen	Ausrüstung erforderlich	Lüftung	Maßnahmen während des Ladens / Löschens / Beförderns	Anzahl der Kegel / Lichter	Bemerkungen
	3.1.2	2.2	2.2	2.1.1.3	5.2.2	3.3	3.4 / 3.5.1.2		3.2.1	8.1.5	7.1.6	7.1.6	7.1.5	3.2.1
(1)	(2)	(3a)	(3b)	(4)	(5)	(6)	(7a)	(7b)	(8)	(9)	(10)	(11)	(12)	(13)
1613	CYANWASSERSTOFF, WÄSSERIGE LÖSUNG (CYANWASSERSTOFFSÄURE, WÄSSERIGE LÖSUNG) mit höchstens 20 % Cyanwasserstoff	6.1	TF1	I	6.1 + 3	48 802	0	E0		PP EP EX TOX A	VE01 VE02		2	
1614	CYANWASSERSTOFF, STABILISIERT, mit weniger als 3 % Wasser und aufgesaugt durch ein inertes poröses Material	6.1	TF1	I	6.1 + 3	386 603 802	0	E0		PP EP EX TOX A	VE01 VE02		2	
1616	BLEIACETAT	6.1	T5	III	6.1	802	5 kg	E1		PP EP			0	
1617	BLEIARSENATE	6.1	T5	II	6.1	802	500 g	E4		PP EP			2	
1618	BLEIARSENITE	6.1	T5	II	6.1	802	500 g	E4		PP EP			2	
1620	BLEICYANID	6.1	T5	II	6.1	802	500 g	E4		PP EP			2	
1621	LONDON PURPLE	6.1	T5	II	6.1	43 802	500 g	E4		PP EP			2	
1622	MAGNESIUMARSENAT	6.1	T5	II	6.1	802	500 g	E4		PP EP			2	
1623	QUECKSILBER(II)ARSENAT	6.1	T5	II	6.1	802	500 g	E4		PP EP			2	
1624	QUECKSILBER(II)CHLORID	6.1	T5	II	6.1	802	500 g	E4		PP EP			2	
1625	QUECKSILBER(II)NITRAT	6.1	T5	II	6.1	802	500 g	E4		PP EP			2	
1626	KALIUMQUECKSILBER(II)CYANID	6.1	T5	I	6.1	802	0	E5		PP EP			2	
1627	QUECKSILBER(I)NITRAT	6.1	T5	II	6.1	802	500 g	E4		PP EP			2	

Stoffnummer/ UN-Nummer	Benennung und Beschreibung	Klasse	Klassifizierungs-code	Verpackungs-gruppe	Gefahrzettel	Sonder-vorschriften	begrenzte Mengen		Beförderung zugelassen	Ausrüstung erforderlich	Lüftung	Maßnahmen während des Ladens / Löschens / Beförderns			Anzahl der Kegel / Lichter	Bemerkungen
	3.1.2	2.2	2.2	2.1.1.3	5.2.2	3.3	3.4 / 3.5.1.2		3.2.1	8.1.5	7.1.6	7.1.6			7.1.5	3.2.1
(1)	(2)	(3a)	(3b)	(4)	(5)	(6)	(7a)	(7b)	(8)	(9)	(10)	(11)			(12)	(13)
1629	QUECKSILBERACETAT	6.1	T5	II	6.1	802	500 g	E4		PP EP					2	
1630	QUECKSILBER(II)AMMONIUMCHLORID	6.1	T5	II	6.1	802	500 g	E4		PP EP					2	
1631	QUECKSILBER(II)BENZOAT	6.1	T5	II	6.1	802	500 g	E4		PP EP					2	
1634	QUECKSILBERBROMIDE	6.1	T5	II	6.1	802	500 g	E4		PP EP					2	
1636	QUECKSILBERCYANID	6.1	T5	II	6.1	802	500 g	E4		PP EP					2	
1637	QUECKSILBERGLUCONAT	6.1	T5	II	6.1	802	500 g	E4		PP EP					2	
1638	QUECKSILBERIODID	6.1	T5	II	6.1	802	500 g	E4		PP EP					2	
1639	QUECKSILBERNUCLEAT	6.1	T5	II	6.1	802	500 g	E4		PP EP					2	
1640	QUECKSILBEROLEAT	6.1	T5	II	6.1	802	500 g	E4		PP EP					2	
1641	QUECKSILBEROXID	6.1	T5	II	6.1	802	500 g	E4		PP EP					2	
1642	QUECKSILBEROXYCYANID, DESENSIBILISIERT	6.1	T5	II	6.1	802	500 g	E4		PP EP					2	
1643	KALIUMQUECKSILBER(II)IODID	6.1	T5	II	6.1	802	500 g	E4		PP EP					2	
1644	QUECKSILBERSALICYLAT	6.1	T5	II	6.1	802	500 g	E4		PP EP					2	
1645	QUECKSILBERSULFAT	6.1	T5	II	6.1	802	500 g	E4		PP EP					2	
1646	QUECKSILBERTHIOCYANAT	6.1	T5	II	6.1	802	500 g	E4		PP EP					2	

Tabelle A

Stoffnummer/ UN-Nummer	Benennung und Beschreibung	Klasse	Klassifizierungs-code	Verpackungs-gruppe	Gefahrzettel	Sonder-vorschriften	begrenzte Mengen		Beförderung zugelassen	Ausrüstung erforderlich	Lüftung	Maßnahmen während des Ladens / Löschens / Beförderns			Anzahl der Kegel / Lichter	Bemerkungen
	3.1.2	2.2	2.2	2.1.1.3	5.2.2	3.3	3.4 / 3.5.1.2		3.2.1	8.1.5	7.1.6	7.1.6			7.1.5	3.2.1
(1)	(2)	(3a)	(3b)	(4)	(5)	(6)	(7a)	(7b)	(8)	(9)	(10)	(11)			(12)	(13)
1647	METHYLBROMID UND ETHYLENDIBROMID, MISCHUNG, FLÜSSIG	6.1	T1	I	6.1	354 802	0	E0		PP EP TOX A	VE02				2	
1648	ACETONITRIL	3	F1	II	3		1 l	E2	T	PP EX A	VE01				1	
1649	ANTIKLOPFMISCHUNG FÜR MOTORKRAFTSTOFF	6.1	T3	I	6.1	802	0	E0		PP EP TOX A	VE02				2	
1650	beta-NAPHTHYLAMIN, FEST	6.1	T2	II	6.1	802	500 g	E4		PP EP					2	
1651	NAPHTHYLTHIOHARNSTOFF	6.1	T2	II	6.1	43 802	500 g	E4		PP EP					2	
1652	NAPHTHYLHARNSTOFF	6.1	T2	II	6.1	802	500 g	E4		PP EP					2	
1653	NICKELCYANID	6.1	T5	II	6.1	802	500 g	E4		PP EP					2	
1654	NICOTIN	6.1	T1	II	6.1	802	100 ml	E4		PP EP TOX A	VE02				2	
1655	NICOTINVERBINDUNG, FEST, N.A.G. oder NICOTINZUBEREITUNG, FEST, N.A.G.	6.1	T2	I	6.1	43 274 802	0	E5		PP EP					2	
1655	NICOTINVERBINDUNG, FEST, N.A.G. oder NICOTINZUBEREITUNG, FEST, N.A.G.	6.1	T2	II	6.1	43 274 802	500 g	E4		PP EP					2	
1655	NICOTINVERBINDUNG, FEST, N.A.G. oder NICOTINZUBEREITUNG, FEST, N.A.G.	6.1	T2	III	6.1	43 274 802	5 kg	E1		PP EP					0	

Stoffnummer/ UN-Nummer	Benennung und Beschreibung	Klasse	Klassifizierungs-code	Verpackungs-gruppe	Gefahrzettel	Sonder-vorschriften	begrenzte Mengen		Beförderung zugelassen	Ausrüstung erforderlich	Lüftung	Maßnahmen während des Ladens / Löschens / Beförderns	Anzahl der Kegel / Lichter	Bemerkungen
	3.1.2	2.2	2.2	2.1.1.3	5.2.2	3.3	3.4 / 3.5.1.2		3.2.1	8.1.5	7.1.6	7.1.6	7.1.5	3.2.1
(1)	(2)	(3a)	(3b)	(4)	(5)	(6)	(7a)	(7b)	(8)	(9)	(10)	(11)	(12)	(13)
1656	NICOTINHYDROCHLORID, FLÜSSIG oder NICOTINHYDROCHLORID, LÖSUNG	6.1	T1	II	6.1	43 802	100 ml	E4		PP EP TOX A	VE02		2	
1656	NICOTINHYDROCHLORID, FLÜSSIG oder NICOTINHYDROCHLORID, LÖSUNG	6.1	T1	III	6.1	43 802	5 l	E1		PP EP TOX A	VE02		0	
1657	NICOTINSALICYLAT	6.1	T2	II	6.1	802	500 g	E4		PP EP			2	
1658	NICOTINSULFAT, LÖSUNG	6.1	T1	II	6.1	802	100 ml	E4		PP EP TOX A	VE02		2	
1658	NICOTINSULFAT, LÖSUNG	6.1	T1	III	6.1	802	5 l	E1		PP EP TOX A	VE02		0	
1659	NICOTINTARTRAT	6.1	T2	II	6.1	802	500 g	E4		PP EP			2	
1660	STICKSTOFFMONOXID, VERDICHTET (STICKSTOFFOXID, VERDICHTET)	2	1TOC		2.3 + 5.1 + 8		0	E0		PP EP TOX A	VE02		2	
1661	NITROANILINE (o-, m-, p-)	6.1	T2	II	6.1	279 802	500 g	E4		PP EP			2	
1662	NITROBENZEN	6.1	T1	II	6.1	279 802	100 ml	E4	T	PP EP TOX A	VE02		2	
1663	NITROPHENOLE (o-, m-, p-)	6.1	T2	III	6.1	279 802	5 kg	E1	T	PP EP			0	

Tabelle A

Stoffnummer/ UN-Nummer	Benennung und Beschreibung	Klasse	Klassifizierungs-code	Verpackungs-gruppe	Gefahrzettel	Sonder-vorschriften	begrenzte Mengen		Beförderung zugelassen	Ausrüstung erforderlich	Lüftung	Maßnahmen während des Ladens / Löschens / Beförderns	Anzahl der Kegel / Lichter	Bemerkungen
	3.1.2	2.2	2.2	2.1.1.3	5.2.2	3.3	3.4 / 3.5.1.2		3.2.1	8.1.5	7.1.6	7.1.6	7.1.5	3.2.1
(1)	(2)	(3a)	(3b)	(4)	(5)	(6)	(7a)	(7b)	(8)	(9)	(10)	(11)	(12)	(13)
1664	NITROTOLUENE, FLÜSSIG	6.1	T1	II	6.1	802	100 ml	E4	T	PP EP TOX A	VE02		2	
1665	NITROXYLENE, FLÜSSIG	6.1	T1	II	6.1	802	100 ml	E4		PP EP TOX A	VE02		2	
1669	PENTACHLORETHAN	6.1	T1	II	6.1	802	100 ml	E4		PP EP TOX A	VE02		2	
1670	PERCHLORMETHYLMERCAPTAN	6.1	T1	I	6.1	354 802	0	E0		PP EP TOX A	VE02		2	
1671	PHENOL, FEST	6.1	T2	II	6.1	279 802	500 g	E4		PP EP			2	
1672	PHENYLCARBYLAMINCHLORID	6.1	T1	I	6.1	802	0	E0		PP EP TOX A	VE02		2	
1673	PHENYLENDIAMINE (o-, m-, p-)	6.1	T2	III	6.1	279 802	5 kg	E1		PP EP			0	
1674	PHENYLQUECKSILBER(II)ACETAT	6.1	T3	II	6.1	43 802	500 g	E4		PP EP TOX A	VE02		2	
1677	KALIUMARSENAT	6.1	T5	II	6.1	802	500 g	E4		PP EP			2	
1678	KALIUMARSENIT	6.1	T5	II	6.1	802	500 g	E4		PP EP			2	

Tabelle A

Stoffnummer/ UN-Nummer	Benennung und Beschreibung	Klasse	Klassifizierungs-code	Verpackungs-gruppe	Gefahrzettel	Sonder-vorschriften	begrenzte Mengen		Beförderung zugelassen	Ausrüstung erforderlich	Lüftung	Maßnahmen während des Ladens / Löschens / Beförderns	Anzahl der Kegel / Lichter	Bemerkungen
	3.1.2	2.2	2.2	2.1.1.3	5.2.2	3.3	3.4 / 3.5.1.2		3.2.1	8.1.5	7.1.6	7.1.6	7.1.5	3.2.1
(1)	(2)	(3a)	(3b)	(4)	(5)	(6)	(7a)	(7b)	(8)	(9)	(10)	(11)	(12)	(13)
1679	KALIUMKUPFER(I)CYANID	6.1	T5	II	6.1	802	500 g	E4		PP EP			2	
1680	KALIUMCYANID, FEST	6.1	T5	I	6.1	802	0	E5		PP EP			2	
1683	SILBERARSENIT	6.1	T5	II	6.1	802	500 g	E4		PP EP			2	
1684	SILBERCYANID	6.1	T5	II	6.1	802	500 g	E4		PP EP			2	
1685	NATRIUMARSENAT	6.1	T5	II	6.1	802	500 g	E4		PP EP			2	
1686	NATRIUMARSENIT, WÄSSERIGE LÖSUNG	6.1	T4	II	6.1	43 802	100 ml	E4		PP EP			2	
1686	NATRIUMARSENIT, WÄSSERIGE LÖSUNG	6.1	T4	III	6.1	43 802	5 l	E1		PP EP			0	
1687	NATRIUMAZID	6.1	T5	II	6.1	802	500 g	E4		PP EP			2	
1688	NATRIUMKAKODYLAT	6.1	T5	II	6.1	802	500 g	E4		PP EP			2	
1689	NATRIUMCYANID, FEST	6.1	T5	I	6.1	802	0	E5		PP EP			2	
1690	NATRIUMFLUORID, FEST	6.1	T5	III	6.1	802	5 kg	E1	B	PP EP			0	
1691	STRONTIUMARSENIT	6.1	T5	II	6.1	802	500 g	E4		PP EP			2	
1692	STRYCHNIN oder STRYCHNINSALZE	6.1	T2	I	6.1	802	0	E5		PP EP			2	
1693	STOFF ZUR HERSTELLUNG VON TRÄNENGASEN, FLÜSSIG, N.A.G.	6.1	T1	I	6.1	274 802	0	E0		PP EP TOX A	VE02		2	

Stoffnummer/ UN-Nummer	Benennung und Beschreibung	Klasse	Klassifizierungs-code	Verpackungs-gruppe	Gefahrzettel	Sonder-vorschriften	begrenzte Mengen		Beförderung zugelassen	Ausrüstung erforderlich	Lüftung	Maßnahmen während des Ladens / Löschens / Beförderns			Anzahl der Kegel / Lichter	Bemerkungen
	3.1.2	2.2	2.2	2.1.1.3	5.2.2	3.3	3.4 / 3.5.1.2		3.2.1	8.1.5	7.1.6	7.1.6			7.1.5	3.2.1
(1)	(2)	(3a)	(3b)	(4)	(5)	(6)	(7a)	(7b)	(8)	(9)	(10)	(11)			(12)	(13)
1693	STOFF ZUR HERSTELLUNG VON TRÄNENGASEN, FLÜSSIG, N.A.G.	6.1	T1	II	6.1	274 802	0	E0		PP EP TOX A	VE02				2	
1694	BROMBENZYLCYANIDE, FLÜSSIG	6.1	T1	I	6.1	138 302	0	E0		PP EP TOX A	VE02				2	
1695	CHLORACETON, STABILISIERT	6.1	TFC	I	6.1 + 3 + 8	354 802	0	E0		PP EP EX TOX A	VE01 VE02				2	
1697	CHLORACETOPHENON, FEST	6.1	T2	II	6.1	802	0	E0		PP EP TOX A	VE02				2	
1698	DIPHENYLAMINOCHLORARSIN	6.1	T3	I	6.1	802	0	E0		PP EP TOX A	VE02				2	
1699	DIPHENYLCHLORARSIN, FLÜSSIG	6.1	T3	I	6.1	802	0	E0		PP EP TOX A	VE02				2	
1700	TRÄNENGAS-KERZEN	6.1	TF3		6.1 + 4.1	802	0	E0		PP EP					2	
1701	XYLYLBROMID, FLÜSSIG	6.1	T1	II	6.1	802	0	E0		PP EP TOX A	VE02				2	

Stoffnummer/ UN-Nummer	Benennung und Beschreibung	Klasse	Klassifizierungs-code	Verpackungs-gruppe	Gefahrzettel	Sonder-vorschriften	begrenzte Mengen		Beförderung zugelassen	Ausrüstung erforderlich	Lüftung	Maßnahmen während des Ladens / Löschens / Beförderns	Anzahl der Kegel / Lichter	Bemerkungen
	3.1.2	2.2	2.2	2.1.1.3	5.2.2	3.3	3.4 / 3.5.1.2		3.2.1	8.1.5	7.1.6	7.1.6	7.1.5	3.2.1
(1)	(2)	(3a)	(3b)	(4)	(5)	(6)	(7a)	(7b)	(8)	(9)	(10)	(11)	(12)	(13)
1702	1,1,2,2-TETRACHLORETHAN	6.1	T1	II	6.1	802	100 ml	E4		PP EP TOX A	VE02		2	
1704	TETRAETHYLDITHIOPYROPHOSPHAT	6.1	T1	II	6.1	43 802	100 ml	E4		PP EP			2	
1707	THALLIUMVERBINDUNG, N.A.G.	6.1	T5	II	6.1	43 274 802	500 g	E4		PP EP			2	
1708	TOLUIDINE, FLÜSSIG	6.1	T1	II	6.1	279 802	100 ml	E4	T	PP EP TOX A	VE02		2	
1709	2,4-TOLUYLENDIAMIN, FEST	6.1	T2	III	6.1	802	5 kg	E1		PP EP			0	
1710	TRICHLORETHYLEN	6.1	T1	III	6.1	802	5 l	E1	T	PP EP TOX A	VE02		0	
1711	XYLIDINE, FLÜSSIG	6.1	T1	II	6.1	802	100 ml	E4		PP EP TOX A	VE02		2	
1712	ZINKARSENAT oder ZINKARSENIT oder ZINKARSENAT UND ZINKARSENIT, MISCHUNG	6.1	T5	II	6.1	802	500 g	E4		PP EP			2	
1713	ZINKCYANID	6.1	T5	I	6.1	802	0	E5		PP EP			2	
1714	ZINKPHOSPHID	4.3	WT2	I	4.3 + 6.1	802	0	E0		PP EP EX TOX A	VE01 VE02	HA08	2	

Tabelle A

Stoffnummer/ UN-Nummer	Benennung und Beschreibung	Klasse	Klassifizierungs-code	Verpackungs-gruppe	Gefahrzettel	Sonder-vorschriften	begrenzte Mengen		Beförderung zugelassen	Ausrüstung erforderlich	Lüftung	Maßnahmen während des Ladens / Löschens / Beförderns	Anzahl der Kegel / Lichter	Bemerkungen
	3.1.2	2.2	2.2	2.1.1.3	5.2.2	3.3	3.4 / 3.5.1.2		3.2.1	8.1.5	7.1.6	7.1.6	7.1.5	3.2.1
(1)	(2)	(3a)	(3b)	(4)	(5)	(6)	(7a)	(7b)	(8)	(9)	(10)	(11)	(12)	(13)
1715	ESSIGSÄUREANHYDRID	8	CF1	II	8 + 3		1 l	E2	T	PP EP EX A	VE01		1	
1716	ACETYLBROMID	8	C3	II	8		1 l	E2		PP EP			0	
1717	ACETYLCHLORID	3	FC	II	3 + 0		1 l	E2	T	PP EP EX A	VE01		1	
1718	BUTYLPHOSPHAT	8	C3	III	8		5 l	E1	T	PP EP			0	
1719	ÄTZENDER ALKALISCHER FLÜSSIGER STOFF, N.A.G.	8	C5	II	8	274	1 l	E2	T	PP EP			0	
1719	ÄTZENDER ALKALISCHER FLÜSSIGER STOFF, N.A.G.	8	C5	III	8	274	5 l	E1	T	PP EP			0	
1722	ALLYLCHLORFORMIAT	6.1	TFC	I	6.1 + 3 + 8	802	0	E0		PP EP EX TOX A	VE01 VE02		2	
1723	ALLYLIODID	3	FC	II	3 + 8		1 l	E2		PP EP EX A	VE01		1	
1724	ALLYLTRICHLORSILAN, STABILISIERT	8	CF1	II	8 + 3	386	0	E0		PP EP EX A	VE01		1	
1725	ALUMINIUMBROMID, WASSERFREI	8	C2	II	8	588	1 kg	E2		PP EP			0	
1726	ALUMINIUMCHLORID, WASSERFREI	8	C2	II	8	588	1 kg	E2		PP EP			0	

Stoffnummer/ UN-Nummer	Benennung und Beschreibung	Klasse	Klassifizierungs-code	Verpackungs-gruppe	Gefahrzettel	Sonder-vorschriften	begrenzte Mengen		Beförderung zugelassen	Ausrüstung erforderlich	Lüftung	Maßnahmen während des Ladens / Löschens / Beförderns	Anzahl der Kegel / Lichter	Bemerkungen
	3.1.2	2.2	2.2	2.1.1.3	5.2.2	3.3	3.4 / 3.5.1.2		3.2.1	8.1.5	7.1.6	7.1.6	7.1.5	3.2.1
(1)	(2)	(3a)	(3b)	(4)	(5)	(6)	(7a)	(7b)	(8)	(9)	(10)	(11)	(12)	(13)
1727	AMMONIUMHYDROGENDIFLUORID, FEST	8	C2	II	8		1 kg	E2		PP EP			0	
1728	AMYLTRICHLORSILAN	8	C3	II	8		0	E0		PP EP			0	
1729	ANISOYLCHLORID	8	C4	II	8		1 kg	E2		PP EP			0	
1730	ANTIMONPENTACHLORID, FLÜSSIG	8	C1	II	8		1 l	E2		PP EP			0	
1731	ANTIMONPENTACHLORID, LÖSUNG	8	C1	II	8		1 l	E2		PP EP			0	
1731	ANTIMONPENTACHLORID, LÖSUNG	8	C1	III	8		5 l	E1		PP EP			0	
1732	ANTIMONPENTAFLUORID	8	CT1	II	8 + 6.1	802	1 l	E0		PP EP TOX A	VE02		2	
1733	ANTIMONTRICHLORID	8	C2	II	8		1 kg	E2		PP EP			0	
1736	BENZOYLCHLORID	8	C3	II	8		1 l	E2		PP EP			0	
1737	BENZYLBROMID	6.1	TC1	II	6.1 + 8	802	0	E4		PP EP TOX A	VE02		2	
1738	BENZYLCHLORID	6.1	TC1	II	6.1 + 8	802	0	E4	T	PP EP TOX A	VE02		2	
1739	BENZYLCHLORFORMIAT	8	C9	I	8		0	E0		PP EP			0	
1740	HYDROGENDIFLUORIDE, FEST, N.A.G.	8	C2	II	8	517	1 kg	E2		PP EP			0	

Tabelle A

Stoffnummer/ UN-Nummer	Benennung und Beschreibung	Klasse	Klassifizierungs-code	Verpackungs-gruppe	Gefahrzettel	Sonder-vorschriften	begrenzte Mengen		Beförderung zugelassen	Ausrüstung erforderlich	Lüftung	Maßnahmen während des Ladens / Löschens / Beförderns	Anzahl der Kegel / Lichter	Bemerkungen
	3.1.2	2.2	2.2	2.1.1.3	5.2.2	3.3	3.4 / 3.5.1.2		3.2.1	8.1.5	7.1.6	7.1.6	7.1.5	3.2.1
(1)	(2)	(3a)	(3b)	(4)	(5)	(6)	(7a)	(7b)	(8)	(9)	(10)	(11)	(12)	(13)
1740	HYDROGENDIFLUORIDE, FEST, N.A.G.	8	C2	III	8	517	5 kg	E1		PP EP			0	
1741	BORTRICHLORID	2	2TC		2.3 + 8		0	E0		PP EP TOX A	VE02		2	
1742	BORTRIFLUORID-ESSIGSÄURE-KOMPLEX, FLÜSSIG	8	C3	II	8		1 l	E2	T	PP EP			0	
1743	BORTRIFLUORID-PROPIONSÄURE-KOMPLEX, FLÜSSIG	8	C3	II	8		1 l	E2		PP EP			0	
1744	BROM oder BROM, LÖSUNG	8	CT1	I	8 + 6.1	802	0	E0		PP EP TOX A	VE02		2	
1745	BROMPENTAFLUORID	5.1	OTC	I	5.1 + 6.1 + 8	802	0	E0		PP EP TOX A	VE02		2	
1746	BROMTRIFLUORID	5.1	OTC	I	5.1 + 6.1 + 8	802	0	E0		PP EP TOX A	VE02		2	
1747	BUTYLTRICHLORSILAN	8	CF1	II	8 + 3		0	E0		PP EP EX A	VE01		1	
1748	CALCIUMHYPOCHLORIT, TROCKEN oder CALCIUMHYPOCHLORIT, MISCHUNG, TROCKEN, mit mehr als 39 % aktivem Chlor (8,8 % aktivem Sauerstoff)	5.1	O2	II	5.1	314	1 kg	E2		PP			0	

Tabelle A

Stoffnummer/ UN-Nummer	Benennung und Beschreibung	Klasse	Klassifizierungs-code	Verpackungs-gruppe	Gefahrzettel	Sonder-vorschriften	begrenzte Mengen		Beförderung zugelassen	Ausrüstung erforderlich	Lüftung	Maßnahmen während des Ladens / Löschens / Beförderns	Anzahl der Kegel / Lichter	Bemerkungen
	3.1.2	2.2	2.2	2.1.1.3	5.2.2	3.3	3.4 / 3.5.1.2		3.2.1	8.1.5	7.1.6	7.1.6	7.1.5	3.2.1
(1)	(2)	(3a)	(3b)	(4)	(5)	(6)	(7a)	(7b)	(8)	(9)	(10)	(11)	(12)	(13)
1748	CALCIUMHYPOCHLORIT, TROCKEN oder CALCIUMHYPOCHLORIT, MISCHUNG, TROCKEN, mit mehr als 39 % aktivem Chlor (8,8 % aktivem Sauerstoff)	5.1	O2	III	5.1	316	5 kg	E1		PP			0	
1749	CHLORTRIFLUORID	2	2TOC		2.3 + 5.1 + 8		0	E0		PP EP TOX A	VE02		2	
1750	CHLORESSIGSÄURE, LÖSUNG	6.1	TC1	II	6.1 + 8	802	100 ml	E4	T	PP EP TOX A	VE02		2	
1751	CHLORESSIGSÄURE, FEST	6.1	TC2	II	6.1 + 8	802	500 g	E4		PP EP			2	
1752	CHLORACETYLCHLORID	6.1	TC1	I	6.1 + 8	354 802	0	E0		PP EP TOX A	VE02		2	
1753	CHLORPHENYLTRICHLORSILAN	8	C3	II	8		0	E0		PP EP			0	
1754	CHLORSULFONSÄURE mit oder ohne Schwefeltrioxid	8	C1	I	8		0	E0		PP EP			0	
1755	CHROMSÄURE, LÖSUNG	8	C1	II	8	518	1 l	E2		PP EP			0	
1755	CHROMSÄURE, LÖSUNG	8	C1	III	8	518	5 l	E1		PP EP			0	
1756	CHROMFLUORID, FEST	8	C2	II	8		1 kg	E2		PP EP			0	
1757	CHROMFLUORID, LÖSUNG	8	C1	II	8		1 l	E2		PP EP			0	
1757	CHROMFLUORID, LÖSUNG	8	C1	III	8		5 l	E1		PP EP			0	

Stoffnummer/ UN-Nummer	Benennung und Beschreibung	Klasse	Klassifizierungs-code	Verpackungs-gruppe	Gefahrzettel	Sonder-vorschriften	begrenzte Mengen		Beförderung zugelassen	Ausrüstung erforderlich	Lüftung	Maßnahmen während des Ladens / Löschens / Beförderns			Anzahl der Kegel / Lichter	Bemerkungen
	3.1.2	2.2	2.2	2.1.1.3	5.2.2	3.3	3.4 / 3.5.1.2		3.2.1	8.1.5	7.1.6	7.1.6			7.1.5	3.2.1
(1)	(2)	(3a)	(3b)	(4)	(5)	(6)	(7a)	(7b)	(8)	(9)	(10)	(11)			(12)	(13)
1758	CHROMOXYCHLORID	8	C1	I	8		0	E0		PP EP					0	
1759	ÄTZENDER FESTER STOFF, N.A.G.	8	C10	I	8	274	0	E0		PP EP					0	
1759	ÄTZENDER FESTER STOFF, N.A.G.	8	C10	II	8	274	1 kg	E2		PP EP					0	
1759	ÄTZENDER FESTER STOFF, N.A.G.	8	C10	III	8	274	5 kg	E1		PP EP					0	
1760	ÄTZENDER FLÜSSIGER STOFF, N.A.G.	8	C9	I	8	274	0	E0	T	PP EP					0	
1760	ÄTZENDER FLÜSSIGER STOFF, N.A.G.	8	C9	II	8	274	1 l	E2	T	PP EP					0	
1760	ÄTZENDER FLÜSSIGER STOFF, N.A.G.	8	C9	III	8	274	5 l	E1	T	PP EP					0	
1761	KUPFERETHYLENDIAMIN, LÖSUNG	8	CT1	II	8 + 6.1	802	1 l	E2		PP EP A					2	
1761	KUPFERETHYLENDIAMIN, LÖSUNG	8	CT1	III	8 + 6.1	802	5 l	E1		PP EP A					0	
1762	CYCLOHEXENYLTRICHLORSILAN	8	C3	II	8		0	E0		PP EP					0	
1763	CYCLOHEXYLTRICHLORSILAN	8	C3	II	8		0	E0		PP EP					0	
1764	DICHLORESSIGSÄURE	8	C3	II	8		1 l	E2	T	PP EP					0	
1765	DICHLORACETYLCHLORID	8	C3	II	8		1 l	E2		PP EP					0	
1766	DICHLORPHENYLTRICHLORSILAN	8	C3	II	8		0	E0		PP EP					0	

Tabelle A

Stoffnummer/ UN-Nummer	Benennung und Beschreibung	Klasse	Klassifizierungs-code	Verpackungs-gruppe	Gefahrzettel	Sonder-vorschriften	begrenzte Mengen		Beförderung zugelassen	Ausrüstung erforderlich	Lüftung	Maßnahmen während des Ladens / Löschens / Beförderns	Anzahl der Kegel / Lichter	Bemerkungen
	3.1.2	2.2	2.2	2.1.1.3	5.2.2	3.3	3.4 / 3.5.1.2		3.2.1	8.1.5	7.1.6	7.1.6	7.1.5	3.2.1
(1)	(2)	(3a)	(3b)	(4)	(5)	(6)	(7a)	(7b)	(8)	(9)	(10)	(11)	(12)	(13)
1767	DIETHYLDICHLORSILAN	8	CF1	II	8 + 3		0	E0		PP EP EX A	VE01		1	
1768	DIFLUORPHOSPHORSÄURE, WASSERFREI	8	C1	II	8		1 l	E2		PP EP			0	
1769	DIPHENYLDICHLORSILAN	8	C3	II	8		0	E0		PP EP			0	
1770	DIPHENYLBROMMETHAN	8	C10	II	8		1 kg	E2		PP EP			0	
1771	DODECYLTRICHLORSILAN	8	C3	II	8		0	E0		PP EP			0	
1773	EISENCHLORID, WASSERFREI	8	C2	III	8	590	5 kg	E1		PP EP			0	
1774	FEUERLÖSCHER-LADUNGEN, ätzender flüssiger Stoff	8	C11	II	8		1 l	E0		PP EP			0	
1775	FLUORBORSÄURE	8	C1	II	8		1 l	E2		PP EP			0	
1776	FLUORPHOSPHORSÄURE, WASSERFREI	8	C1	II	8		1 l	E2		PP EP			0	
1777	FLUORSULFONSÄURE	8	C1	I	8		0	E0		PP EP			0	
1778	FLUORKIESELSÄURE	8	C1	II	8		1 l	E2	T	PP EP			0	
1779	AMEISENSÄURE mit mehr als 85 Masse-% Säure	8	CF1	II	8 + 3		1 l	E2	T	PP EP EX A	VE01		1	
1780	FUMARYLCHLORID	8	C3	II	8		1 l	E2	T	PP EP			0	
1781	HEXADECYLTRICHLORSILAN	8	C3	II	8		0	E0		PP EP			0	

Stoffnummer/ UN-Nummer	Benennung und Beschreibung	Klasse	Klassifizierungs-code	Verpackungs-gruppe	Gefahrzettel	Sonder-vorschriften	begrenzte Mengen		Beförderung zugelassen	Ausrüstung erforderlich	Lüftung	Maßnahmen während des Ladens / Löschens / Beförderns	Anzahl der Kegel / Lichter	Bemerkungen
	3.1.2	2.2	2.2	2.1.1.3	5.2.2	3.3	3.4 / 3.5.1.2		3.2.1	8.1.5	7.1.6	7.1.6	7.1.5	3.2.1
(1)	(2)	(3a)	(3b)	(4)	(5)	(6)	(7a)	(7b)	(8)	(9)	(10)	(11)	(12)	(13)
1782	HEXAFLUORPHOSPHORSÄURE	8	C1	II	8		1 l	E2		PP EP			0	
1783	HEXAMETHYLENDIAMIN, LÖSUNG	8	C7	II	8		1 l	E2	T	PP EP			0	
1783	HEXAMETHYLENDIAMIN, LÖSUNG	8	C7	III	8		5 l	E1	T	PP EP			0	
1784	HEXYLTRICHLORSILAN	8	C3	II	8		0	E0		PP EP			0	
1786	FLUORWASSERSTOFFSÄURE UND SCHWEFELSÄURE, MISCHUNG	8	CT1	I	8 + 6.1	802	0	E0		PP EP TOX A	VE02		2	
1787	IODWASSERSTOFFSÄURE	8	C1	II	8		1 l	E2		PP EP			0	
1787	IODWASSERSTOFFSÄURE	8	C1	III	8		5 l	E1		PP EP			0	
1788	BROMWASSERSTOFFSÄURE	8	C1	II	8	519	1 l	E2		PP EP			0	
1788	BROMWASSERSTOFFSÄURE	8	C1	III	8	519	5 l	E1		PP EP			0	
1789	CHLORWASSERSTOFFSÄURE	8	C1	II	8	520	1 l	E2	T	PP EP			0	
1789	CHLORWASSERSTOFFSÄURE	8	C1	III	8	520	5 l	E1	T	PP EP			0	
1790	FLUORWASSERSTOFFSÄURE mit mehr als 85 % Fluorwasserstoff	8	CT1	I	8 + 6.1	640I 802	0	E0		PP EP TOX A	VE02		2	
1790	FLUORWASSERSTOFFSÄURE mit mehr als 60 % Fluorwasserstoff, aber höchstens 85 % Fluorwasserstoff	8	CT1	I	8 + 6.1	640J 802	0	E0		PP EP TOX A	VE02		2	

Stoffnummer/ UN-Nummer	Benennung und Beschreibung	Klasse	Klassifizierungs-code	Verpackungs-gruppe	Gefahrzettel	Sonder-vorschriften	begrenzte Mengen		Beförderung zugelassen	Ausrüstung erforderlich	Lüftung	Maßnahmen während des Ladens / Löschens / Beförderns	Anzahl der Kegel / Lichter	Bemerkungen
	3.1.2	2.2	2.2	2.1.1.3	5.2.2	3.3	3.4 / 3.5.1.2		3.2.1	8.1.5	7.1.6	7.1.6	7.1.5	3.2.1
(1)	(2)	(3a)	(3b)	(4)	(5)	(6)	(7a)	(7b)	(8)	(9)	(10)	(11)	(12)	(13)
1790	FLUORWASSERSTOFFSÄURE mit höchstens 60 % Fluorwasserstoff	8	CT1	II	8 + 6.1	802	1 l	E2		PP EP TOX A	VE02		2	
1791	HYPOCHLORITLÖSUNG	8	C9	II	8	521	1 l	E2		PP EP			0	
1791	HYPOCHLORITLÖSUNG	8	C9	III	8	521	5 l	E1		PP EP			0	
1792	IODMONOCHLORID, FEST	8	C2	II	8		1 kg	E0		PP EP			0	
1793	ISOPROPYLPHOSPHAT	8	C3	III	8		5 l	E1		PP EP			0	
1794	BLEISULFAT mit mehr als 3 % freier Säure	8	C2	II	8	591	1 kg	E2		PP EP			0	
1796	NITRIERSÄUREMISCHUNG mit mehr als 50 % Salpetersäure	8	CO1	I	8 + 5.1		0	E0		PP EP			0	
1796	NITRIERSÄUREMISCHUNG mit höchstens 50 % Salpetersäure	8	C1	II	8		1 l	E0		PP EP			0	
1798	GEMISCHE AUS SALPETERSÄURE UND SALZSÄURE	8	COT	BEFÖRDERUNG VERBOTEN										
1799	NONYLTRICHLORSILAN	8	C3	II	8		0	E0		PP EP			0	
1800	OCTADECYLTRICHLORSILAN	8	C3	II	8		0	E0		PP EP			0	
1801	OCTYLTRICHLORSILAN	8	C3	II	8		0	E0		PP EP			0	
1802	PERCHLORSÄURE mit höchstens 50 Masse-% Säure	8	CO1	II	8 + 5.1	522	1 l	E0		PP EP			0	
1803	PHENOLSULFONSÄURE, FLÜSSIG	8	C3	II	8		1 l	E2		PP EP			0	
1804	PHENYLTRICHLORSILAN	8	C3	II	8		0	E0		PP EP			0	

Tabelle A

Stoffnummer/ UN-Nummer	Benennung und Beschreibung	Klasse	Klassifizierungs-code	Verpackungs-gruppe	Gefahrzettel	Sonder-vorschriften	begrenzte Mengen		Beförderung zugelassen	Ausrüstung erforderlich	Lüftung	Maßnahmen während des Ladens / Löschens / Beförderns			Anzahl der Kegel / Lichter	Bemerkungen
	3.1.2	2.2	2.2	2.1.1.3	5.2.2	3.3	3.4 / 3.5.1.2		3.2.1	8.1.5	7.1.6	7.1.6			7.1.5	3.2.1
(1)	(2)	(3a)	(3b)	(4)	(5)	(6)	(7a)	(7b)	(8)	(9)	(10)	(11)			(12)	(13)
1805	PHOSPHORSÄURE, LÖSUNG	8	C1	III	8		5 l	E1	T	PP EP					0	
1806	PHOSPHORPENTACHLORID	8	C2	II	8		1 kg	E0		PP EP					0	
1807	PHOSPHORPENTOXID	8	C2	II	8		1 kg	E2		PP EP					0	
1808	PHOSPHORTRIBROMID	8	C1	II	8		1 l	E0		PP EP					0	
1809	PHOSPHORTRICHLORID	6.1	TC3	I	6.1 + 8	354 802	0	E0		PP EP TOX A	VE02				2	
1810	PHOSPHOROXYCHLORID	6.1	TC3	I	6.1 + 8	354	0	E0		PP EP TOX A	VE02				2	
1811	KALIUMHYDROGENDIFLUORID, FEST	8	CT2	II	8 + 6.1	802	1 kg	E2		PP EP					2	
1812	KALIUMFLUORID, FEST	6.1	T5	III	6.1	802	5 kg	E1	B	PP EP					0	
1813	KALIUMHYDROXID, FEST	8	C6	II	8		1 kg	E2		PP EP					0	
1814	KALIUMHYDROXIDLÖSUNG	8	C5	II	8		1 l	E2	T	PP EP					0	
1814	KALIUMHYDROXIDLÖSUNG	8	C5	III	8		5 l	E1	T	PP EP					0	
1815	PROPIONYLCHLORID	3	FC	II	3 + 8		1 l	E2		PP EP EX A	VE01				1	

Stoffnummer/ UN-Nummer	Benennung und Beschreibung	Klasse	Klassifizierungs-code	Verpackungs-gruppe	Gefahrzettel	Sonder-vorschriften	begrenzte Mengen		Beförderung zugelassen	Ausrüstung erforderlich	Lüftung	Maßnahmen während des Ladens / Löschens / Beförderns	Anzahl der Kegel / Lichter	Bemerkungen
	3.1.2	2.2	2.2	2.1.1.3	5.2.2	3.3	3.4 / 3.5.1.2		3.2.1	8.1.5	7.1.6	7.1.6	7.1.5	3.2.1
(1)	(2)	(3a)	(3b)	(4)	(5)	(6)	(7a)	(7b)	(8)	(9)	(10)	(11)	(12)	(13)
1816	PROPYLTRICHLORSILAN	8	CF1	II	8 + 3		0	E0		PP EP EX A	VE01		1	
1817	PYROSULFURYLCHLORID	8	C1	II	8		1 l	E2		PP EP			0	
1818	SILICIUMTETRACHLORID	8	C1	II	8		0	E0		PP EP			0	
1819	NATRIUMALUMINATLÖSUNG	8	C5	II	8		1 l	E2		PP EP			0	
1819	NATRIUMALUMINATLÖSUNG	8	C5	III	8		5 l	E1		PP EP			0	
1823	NATRIUMHYDROXID, FEST	8	C6	II	8		1 kg	E2	T	PP EP			0	
1824	NATRIUMHYDROXIDLÖSUNG	8	C5	II	8		1 l	E2	T	PP EP			0	
1824	NATRIUMHYDROXIDLÖSUNG	8	C5	III	8		5 l	E1	T	PP EP			0	
1825	NATRIUMMONOXID	8	C6	II	8		1 kg	E2		PP EP			0	
1826	ABFALLNITRIERSÄUREMISCHUNG mit mehr als 50 % Salpetersäure	8	CO1	I	8 + 5.1	113	0	E0		PP EP			0	
1826	ABFALLNITRIERSÄUREMISCHUNG mit höchstens 50 % Salpetersäure	8	C1	II	8	113	1 l	E0		PP EP			0	
1827	ZINNTETRACHLORID, WASSERFREI	8	C1	II	8		1 l	E2		PP EP			0	
1828	SCHWEFELCHLORIDE	8	C1	I	8		0	E0		PP EP			0	
1829	SCHWEFELTRIOXID, STABILISIERT	8	C1	I	8	386 623	0	E0		PP EP			0	
1830	SCHWEFELSÄURE mit mehr als 51 % Säure	8	C1	II	8		1 l	E2	T	PP EP			0	

Tabelle A

Stoffnummer/ UN-Nummer	Benennung und Beschreibung	Klasse	Klassifizierungs-code	Verpackungs-gruppe	Gefahrzettel	Sonder-vorschriften	begrenzte Mengen		Beförderung zugelassen	Ausrüstung erforderlich	Lüftung	Maßnahmen während des Ladens / Löschens / Beförderns	Anzahl der Kegel / Lichter	Bemerkungen
	3.1.2	2.2	2.2	2.1.1.3	5.2.2	3.3	3.4 / 3.5.1.2		3.2.1	8.1.5	7.1.6	7.1.6	7.1.5	3.2.1
(1)	(2)	(3a)	(3b)	(4)	(5)	(6)	(7a)	(7b)	(8)	(9)	(10)	(11)	(12)	(13)
1831	SCHWEFELSÄURE, RAUCHEND	8	CT1	I	8 + 6.1	802	0	E0	T	PP EP TOX A	VE02		2	
1832	SCHWEFELSÄURE, GEBRAUCHT	8	C1	II	8	113	1 l	E0	T	PP EP			0	
1833	SCHWEFELIGE SÄURE	8	C1	II	8		1 l	E2		PP EP			0	
1834	SULFURYLCHLORID	6.1	TC3	I	6.1 + 8	354	0	E0		PP EP TOX A	VE02		2	
1835	TETRAMETHYLAMMONIUMHYDROXID, LÖSUNG	8	C7	II	8		1 l	E2		PP EP			0	
1835	TETRAMETHYLAMMONIUMHYDROXID, LÖSUNG	8	C7	III	8		5 l	E1		PP EP			0	
1836	THIONYLCHLORID	8	C1	I	8		0	E0		PP EP			0	
1837	THIOPHOSPHORYLCHLORID	8	C1	II	8		1 l	E0		PP EP			0	
1838	TITANTETRACHLORID	6.1	TC3	I	6.1 + 8	354	0	E0		PP EP TOX A	VE02		2	
1839	TRICHLORESSIGSÄURE	8	C4	II	8		1 kg	E2		PP EP			0	
1840	ZINKCHLORID, LÖSUNG	8	C1	III	8		5 l	E1		PP EP			0	
1841	ACETALDEHYDAMMONIAK	9	M11	III	9		5 kg	E1		PP			0	
1843	AMMONIUMDINITRO-o-CRESOLAT, FEST	6.1	T2	II	6.1	802	500 g	E4		PP EP			2	
1845	Kohlendioxid, fest (Trockeneis)	9	M11	UNTERLIEGT NICHT DEM ADN mit Ausnahme von Abschnitt 5.5.3										

Stoffnummer/ UN-Nummer	Benennung und Beschreibung	Klasse	Klassifizierungs-code	Verpackungs-gruppe	Gefahrzettel	Sonder-vorschriften	begrenzte Mengen		Beförderung zugelassen	Ausrüstung erforderlich	Lüftung	Maßnahmen während des Ladens / Löschens / Beförderns	Anzahl der Kegel / Lichter	Bemerkungen
	3.1.2	2.2	2.2	2.1.1.3	5.2.2	3.3	3.4 / 3.5.1.2		3.2.1	8.1.5	7.1.6	7.1.6	7.1.5	3.2.1
(1)	(2)	(3a)	(3b)	(4)	(5)	(6)	(7a)	(7b)	(8)	(9)	(10)	(11)	(12)	(13)
1846	TETRACHLORKOHLENSTOFF	6.1	T1	II	6.1	802	100 ml	E4	T	PP EP TOX A	VE02		2	
1847	KALIUMSULFID, HYDRATISIERT mit mindestens 30 % Kristallwasser	8	C6	II	8	523	1 kg	E2		PP EP			0	
1848	PROPIONSÄURE mit mindestens 10 % und weniger als 90 Masse-% Säure	8	C3	III	8		5 l	E1	T	PP EP			0	
1849	NATRIUMSULFID, HYDRATISIERT mit mindestens 30 % Kristallwasser	8	C6	II	8	523	1 kg	E2		PP EP			0	
1851	MEDIKAMENT, FLÜSSIG, GIFTIG, N.A.G.	6.1	T1	II	6.1	221 601 802	100 ml	E4		PP EP TOX A	VE02		2	
1851	MEDIKAMENT, FLÜSSIG, GIFTIG, N.A.G.	6.1	T1	III	6.1	221 601 802	5 l	E1		PP EP TOX A	VE02		0	
1854	BARIUMLEGIERUNGEN, PYROPHOR	4.2	S4	I	4.2		0	E0		PP			0	
1855	CALCIUM, PYROPHOR oder CALCIUMLEGIERUNGEN, PYROPHOR	4.2	S4	I	4.2		0	E0		PP			0	
1856	Lappen, ölhaltig	4.2	S2	UNTERLIEGT NICHT DEM ADN										
1857	Textilabfälle, nass	4.2	S2	UNTERLIEGT NICHT DEM ADN										
1858	HEXAFLUORPROPYLEN (GAS ALS KÄLTEMITTEL R 1216)	2	2A		2.2	662	120 ml	E1		PP			0	
1859	SILICIUMTETRAFLUORID	2	2TC		2.3 + 8		0	E0		PP EP TOX A	VE02		2	
1860	VINYLFLUORID, STABILISIERT	2	2F		2.1	386 662	0	E0		PP EX A	VE01		1	

Stoffnummer/ UN-Nummer	Benennung und Beschreibung	Klasse	Klassifizierungs-code	Verpackungs-gruppe	Gefahrzettel	Sonder-vorschriften	begrenzte Mengen		Beförderung zugelassen	Ausrüstung erforderlich	Lüftung	Maßnahmen während des Ladens / Löschens / Beförderns			Anzahl der Kegel / Lichter	Bemerkungen
	3.1.2	2.2	2.2	2.1.1.3	5.2.2	3.3	3.4 / 3.5.1.2		3.2.1	8.1.5	7.1.6	7.1.6			7.1.5	3.2.1
(1)	(2)	(3a)	(3b)	(4)	(5)	(6)	(7a)	(7b)	(8)	(9)	(10)	(11)			(12)	(13)
1862	ETHYLCROTONAT	3	F1	II	3		1 l	E2		PP EX A	VE01				1	
1863	DÜSENKRAFTSTOFF	3	F1	I	3		500 ml	E3	T	PP EX A	VE01				1	
1863	DÜSENKRAFTSTOFF (Dampfdruck bei 50 °C größer als 110 kPa)	3	F1	II	3	640C	1 l	E2	T	PP EX A	VE01				1	
1863	DÜSENKRAFTSTOFF (Dampfdruck bei 50 °C höchstens 110 kPa)	3	F1	II	3	640D	1 l	E2	T	PP EX A	VE01				1	
1863	DÜSENKRAFTSTOFF	3	F1	III	3		5 l	E1	T	PP EX A	VE01				0	
1865	n-PROPYLNITRAT	3	F1	II	3		1 l	E2		PP EX A	VE01				1	
1866	HARZLÖSUNG, entzündbar	3	F1	I	3		500 ml	E3		PP EX A	VE01				1	
1866	HARZLÖSUNG, entzündbar (Dampfdruck bei 50 °C größer als 110 kPa)	3	F1	II	3	640C	5 l	E2		PP EX A	VE01				1	
1866	HARZLÖSUNG, entzündbar (Dampfdruck bei 50 °C höchstens 110 kPa)	3	F1	II	3	640D	5 l	E2		PP EX A	VE01				1	
1866	HARZLÖSUNG, entzündbar	3	F1	III	3		5 l	E1		PP EX A	VE01				0	

Stoffnummer/ UN-Nummer	Benennung und Beschreibung	Klasse	Klassifizierungs-code	Verpackungs-gruppe	Gefahrzettel	Sonder-vorschriften	begrenzte Mengen		Beförderung zugelassen	Ausrüstung erforderlich	Lüftung	Maßnahmen während des Ladens / Löschens / Beförderns	Anzahl der Kegel / Lichter	Bemerkungen
	3.1.2	2.2	2.2	2.1.1.3	5.2.2	3.3	3.4 / 3.5.1.2		3.2.1	8.1.5	7.1.6	7.1.6	7.1.5	3.2.1
(1)	(2)	(3a)	(3b)	(4)	(5)	(6)	(7a)	(7b)	(8)	(9)	(10)	(11)	(12)	(13)
1866	HARZLÖSUNG, entzündbar (mit einem Flammpunkt unter 23 °C und viskos gemäß 2.2.3.1.4) (Dampfdruck bei 50 °C größer als 110 kPa)	3	F1	III	3		5 l	E1		PP EX A	VE01		0	
1866	HARZLÖSUNG, entzündbar (mit einem Flammpunkt unter 23 °C und viskos gemäß 2.2.3.1.4) (Dampfdruck bei 50 °C höchstens 110 kPa)	3	F1	III	3		5 l	E1		PP EX A	VE01		0	
1868	DECABORAN	4.1	FT2	II	4.1 + 6.1	802	1 kg	E0		PP EP			2	
1869	MAGNESIUM oder MAGNESIUMLEGIERUNGEN, mit mehr als 50 % Magnesium, in Pellets, Spänen, Bändern	4.1	F3	III	4.1	59	5 kg	E1		PP			0	
1870	KALIUMBORHYDRID	4.3	W2	I	4.3		0	E0		PP EX A	VE01	HA08	0	
1871	TITANHYDRID	4.1	F3	II	4.1		1 kg	E2		PP			1	
1872	BLEIDIOXID	5.1	OT2	III	5.1 + 6.1	802	5 kg	E1		PP EP			0	
1873	PERCHLORSÄURE mit mehr als 50 Masse-%, aber höchstens 72 Masse-% Säure	5.1	OC1	I	5.1 + 8	60	0	E0		PP EP			0	
1884	BARIUMOXID	6.1	T5	III	6.1	802	5 kg	E1		PP EP			0	
1885	BENZIDIN	6.1	T2	II	6.1	802	500 g	E4		PP EP			2	
1886	BENZYLIDENCHLORID	6.1	T1	II	6.1	802	100 ml	E4		PP EP TOX A	VE02		2	

Tabelle A

Stoffnummer/ UN-Nummer	Benennung und Beschreibung	Klasse	Klassifizierungs-code	Verpackungs-gruppe	Gefahrzettel	Sonder-vorschriften	begrenzte Mengen		Beförderung zugelassen	Ausrüstung erforderlich	Lüftung	Maßnahmen während des Ladens / Löschens / Beförderns			Anzahl der Kegel / Lichter	Bemerkungen
	3.1.2	2.2	2.2	2.1.1.3	5.2.2	3.3	3.4 / 3.5.1.2		3.2.1	8.1.5	7.1.6	7.1.6			7.1.5	3.2.1
(1)	(2)	(3a)	(3b)	(4)	(5)	(6)	(7a)	(7b)	(8)	(9)	(10)	(11)			(12)	(13)
1887	BROMCHLORMETHAN	6.1	T1	III	6.1	802	5 l	E1		PP EP TOX A	VE02				0	
1888	CHLOROFORM	6.1	T1	III	6.1	802	5 l	E1	T	PP EP TOX A	VE02				0	
1889	CYANBROMID	6.1	TC2	I	6.1 + 8	802	0	E0		PP EP					2	
1891	ETHYLBROMID	6.1	T1	II	6.1	802	100 ml	E4		PP EP TOX A	VE02				2	
1892	ETHYLDICHLORARSIN	6.1	T3	I	6.1	354 802	0	E0		PP EP TOX A	VE02				2	
1894	PHENYLQUECKSILBER(II)HYDROXID	6.1	T3	II	6.1	802	500 g	E4		PP EP TOX A	VE02				2	
1895	PHENYLQUECKSILBER(II)NITRAT	6.1	T3	II	6.1	802	500 g	E4		PP EP TOX A	VE02				2	
1897	TETRACHLORETHYLEN	6.1	T1	III	6.1	802	5 l	E1	T	PP EP TOX A	VE02				0	
1898	ACETYLIODID	8	C3	II	8		1 l	E2		PP EP					0	

Tabelle A

Stoffnummer/ UN-Nummer	Benennung und Beschreibung	Klasse	Klassifizierungs-code	Verpackungs-gruppe	Gefahrzettel	Sonder-vorschriften	begrenzte Mengen		Beförderung zugelassen	Ausrüstung erforderlich	Lüftung	Maßnahmen während des Ladens / Löschens / Beförderns	Anzahl der Kegel / Lichter	Bemerkungen
	3.1.2	2.2	2.2	2.1.1.3	5.2.2	3.3	3.4 / 3.5.1.2		3.2.1	8.1.5	7.1.6	7.1.6	7.1.5	3.2.1
(1)	(2)	(3a)	(3b)	(4)	(5)	(6)	(7a)	(7b)	(8)	(9)	(10)	(11)	(12)	(13)
1902	DIISOOCTYLPHOSPHAT	8	C3	III	8		5 l	E1		PP EP			0	
1903	DESINFEKTIONSMITTEL, FLÜSSIG, ÄTZEND, N.A.G.	8	C9	I	8	274	0	E0		PP EP			0	
1903	DESINFEKTIONSMITTEL, FLÜSSIG, ÄTZEND, N.A.G.	8	C9	II	8	274	1 l	E2		PP EP			0	
1903	DESINFEKTIONSMITTEL, FLÜSSIG, ÄTZEND, N.A.G.	8	C9	III	8	274	5 l	E1		PP EP			0	
1905	SELENSÄURE	8	C2	I	8		0	E0		PP EP			0	
1906	ABFALLSCHWEFELSÄURE	8	C1	II	8		1 l	E0		PP EP			0	
1907	NATRONKALK mit mehr als 4 % Natriumhydroxid	8	C6	III	8	62	5 kg	E1		PP EP			0	
1908	CHLORITLÖSUNG	8	C9	II	8	521	1 l	E2		PP EP			0	
1908	CHLORITLÖSUNG	8	C9	III	8	521	5 l	E1		PP EP			0	
1910	Calciumoxid	8	C6	UNTERLIEGT NICHT DEM ADN										
1911	DIBORAN	2	2TF		2.3 + 2.1		0	E0		PP EP EX TOX A	VE01 VE02		2	
1912	METHYLCHLORID UND DICHLORMETHAN, GEMISCH	2	2F		2.1	228 662	0	E0	T	PP EX A	VE01		1	
1913	NEON, TIEFGEKÜHLT, FLÜSSIG	2	3A		2.2	593	120 ml	E1		PP			0	
1914	BUTYLPROPIONATE	3	F1	III	3		5 l	E1		PP EX A	VE01		0	

Tabelle A

Stoffnummer/ UN-Nummer	Benennung und Beschreibung	Klasse	Klassifizierungs-code	Verpackungs-gruppe	Gefahrzettel	Sonder-vorschriften	begrenzte Mengen		Beförderung zugelassen	Ausrüstung erforderlich	Lüftung	Maßnahmen während des Ladens / Löschens / Beförderns	Anzahl der Kegel / Lichter	Bemerkungen
	0.1.2	2.2	2.2	2.1.1.3	5.2.2	3.3	3.4 / 3.5.1.2		3.2.1	8.1.5	7.1.6	7.1.6	7.1.5	3.2.1
(1)	(2)	(3a)	(3b)	(4)	(5)	(6)	(7a)	(7b)	(8)	(9)	(10)	(11)	(12)	(13)
1915	CYCLOHEXANON	3	F1	III	3		5 l	E1	T	PP EX A	VE01		0	
1916	2,2'-DICHLORDIETHYLETHER	6.1	TF1	II	6.1 + 3	802	100 ml	E4		PP EP EX TOX A	VE01 VE02		2	
1917	ETHYLACRYLAT, STABILISIERT	3	F1	II	3	386	1 l	E2	T	PP EX A	VE01		1	
1918	ISOPROPYLBENZEN	3	F1	III	3		5 l	E1	T	PP EX A	VE01		0	
1919	METHYLACRYLAT, STABILISIERT	3	F1	II	3	386	1 l	E2	T	PP EX A	VE01		1	
1920	NONANE	3	F1	III	3		5 l	E1	T	PP EX A	VE01		0	
1921	PROPYLENIMIN, STABILISIERT	3	FT1	I	3 + 6.1	386 802	0	E0		PP EP EX TOX A	VE01 VE02		2	
1922	PYRROLIDIN	3	FC	II	3 + 8		1 l	E2	T	PP EP EX A	VE01		1	
1923	CALCIUMDITHIONIT (CALCIUMHYDROSULFIT)	4.2	S4	II	4.2		0	E2		PP			0	

Stoffnummer/ UN-Nummer	Benennung und Beschreibung	Klasse	Klassifizierungs-code	Verpackungs-gruppe	Gefahrzettel	Sonder-vorschriften	begrenzte Mengen		Beförderung zugelassen	Ausrüstung erforderlich	Lüftung	Maßnahmen während des Ladens / Löschens / Beförderns	Anzahl der Kegel / Lichter	Bemerkungen
	3.1.2	2.2	2.2	2.1.1.3	5.2.2	3.3	3.4 / 3.5.1.2		3.2.1	8.1.5	7.1.6	7.1.6	7.1.5	3.2.1
(1)	(2)	(3a)	(3b)	(4)	(5)	(6)	(7a)	(7b)	(8)	(9)	(10)	(11)	(12)	(13)
1928	METHYLMAGNESIUMBROMID IN ETHYLETHER	4.3	WF1	I	4.3 + 3		0	E0		PP EX A	VE01	HA08	1	
1929	KALIUMDITHIONIT (KALIUMHYDROSULFIT)	4.2	S4	II	4.2		0	E2		PP			0	
1931	ZINKDITHIONIT	9	M11	III	9		5 kg	E1		PP			0	
1932	ZIRKONIUMABFALL	4.2	S4	III	4.2	524 592	0	E0		PP			0	
1935	CYANID, LÖSUNG, N.A.G.	6.1	T4	I	6.1	274 525 802	0	E5		PP EP TOX A	VE02		2	
1935	CYANID, LÖSUNG, N.A.G.	6.1	T4	II	6.1	274 525 802	100 ml	E4		PP EP TOX A	VE02		2	
1935	CYANID, LÖSUNG, N.A.G.	6.1	T4	III	6.1	274 525 802	5 l	E1		PP EP TOX A	VE02		0	
1938	BROMESSIGSÄURE, LÖSUNG	8	C3	II	8		1 l	E2		PP EP			0	
1938	BROMESSIGSÄURE, LÖSUNG	8	C3	III	8		5 l	E1		PP EP			0	
1939	PHOSPHOROXYBROMID	8	C2	II	8		1 kg	E0		PP EP			0	
1940	THIOGLYCOLSÄURE	8	C3	II	8		1 l	E2		PP EP			0	
1941	DIBROMDIFLUORMETHAN	9	M11	III	9		5 l	E1		PP			0	

Stoffnummer/ UN-Nummer	Benennung und Beschreibung	Klasse	Klassifizierungs-code	Verpackungs-gruppe	Gefahrzettel	Sonder-vorschriften	begrenzte Mengen		Beförderung zugelassen	Ausrüstung erforderlich	Lüftung	Maßnahmen während des Ladens / Löschens / Beförderns			Anzahl der Kegel / Lichter	Bemerkungen
	3.1.2	2.2	2.2	2.1.1.3	5.2.2	3.3	3.4 / 3.5.1.2		3.2.1	8.1.5	7.1.6	7.1.6			7.1.5	3.2.1
(1)	(2)	(3a)	(3b)	(4)	(5)	(6)	(7a)	(7b)	(8)	(9)	(10)	(11)			(12)	(13)
1942	AMMONIUMNITRAT mit höchstens 0,2 % brennbaren Stoffen, einschließlich jedes als Kohlenstoff berechneten organischen Stoffes, unter Ausschluss jedes anderen zugesetzten Stoffes.	5.1	O2	III	5.1	306 611	5 kg	E1	B	PP		ST01 CO02 LO04	HA09		0	CO02 und HA09 gelten nur, wenn der Stoff in loser Schüttung oder unverpackt befördert wird.
1944	SICHERHEITSZÜNDHÖLZER (Heftchen, Briefchen oder Schachteln)	4.1	F1	III	4.1	293	5 kg	E1		PP					0	
1945	WACHSZÜNDHÖLZER	4.1	F1	III	4.1	293	5 kg	E1		PP					0	
1950	DRUCKGASPACKUNGEN, erstickend	2	5A		2.2	190 327 344 625	1 l	E0		PP	VE04				0	
1950	DRUCKGASPACKUNGEN, ätzend	2	5C		2.2 + 8	190 327 344 625	1 l	E0		PP EX	VE04				0	
1950	DRUCKGASPACKUNGEN, ätzend, oxidierend	2	5CO		2.2 + 5.1 + 8	190 327 344 625	1 l	E0		PP EP	VE04				0	
1950	DRUCKGASPACKUNGEN, entzündbar	2	5F		2.1	190 327 344 625	1 l	E0		PP EX A	VE01 VE04				1	
1950	DRUCKGASPACKUNGEN, entzündbar, ätzend	2	5FC		2.1 + 8	190 327 344 625	1 l	E0		PP EP EX A	VE01 VE04				1	
1950	DRUCKGASPACKUNGEN, oxidierend	2	5O		2.2 + 5.1	190 327 344 625	1 l	E0		PP	VE04				0	

Tabelle A

Stoffnummer/ UN-Nummer	Benennung und Beschreibung	Klasse	Klassifizierungs-code	Verpackungs-gruppe	Gefahrzettel	Sonder-vorschriften	begrenzte Mengen		Beförderung zugelassen	Ausrüstung erforderlich	Lüftung	Maßnahmen während des Ladens / Löschens / Beförderns	Anzahl der Kegel / Lichter	Bemerkungen
	3.1.2	2.2	2.2	2.1.1.3	5.2.2	3.3	3.4 / 3.5.1.2		3.2.1	8.1.5	7.1.6	7.1.6	7.1.5	3.2.1
(1)	(2)	(3a)	(3b)	(4)	(5)	(6)	(7a)	(7b)	(8)	(9)	(10)	(11)	(12)	(13)
1950	DRUCKGASPACKUNGEN, giftig	2	5T		2.2 + 6.1	190 327 344 625	120 ml	E0		PP EP TOX A	VE02 VE04		2	
1950	DRUCKGASPACKUNGEN, giftig, ätzend	2	5TC		2.2 + 6.1 + 8	190 327 344 625	120 ml	E0		PP EP TOX A	VE02 VE04		2	
1950	DRUCKGASPACKUNGEN, giftig, entzündbar	2	5TF		2.1 + 6.1	190 327 344 625	120 ml	E0		PP EP EX TOX A	VE01 VE02 VE04		2	
1950	DRUCKGASPACKUNGEN, giftig, entzündbar, ätzend	2	5TFC		2.1 + 6.1 + 8	190 327 344 625	120 ml	E0		PP EP EX TOX A	VE01 VE02		2	
1950	DRUCKGASPACKUNGEN, giftig, oxidierend	2	5TO		2.2 + 5.1 + 6.1	190 327 344 625	120 ml	E0		PP EP TOX A	VE02 VE04		2	
1950	DRUCKGASPACKUNGEN, giftig, oxidierend, ätzend	2	5TOC		2.2 + 5.1 + 6.1 + 8	190 327 344 625	120 ml	E0		PP EP TOX A	VE02 VE04		2	
1951	ARGON, TIEFGEKÜHLT, FLÜSSIG	2	3A		2.2	593	120 ml	E1		PP			0	
1952	ETHYLENOXID UND KOHLENDIOXID, GEMISCH mit höchstens 9 % Ethylenoxid	2	2A		2.2	660 662	120 ml	E1		PP			0	

Stoffnummer/ UN-Nummer	Benennung und Beschreibung	Klasse	Klassifizierungs-code	Verpackungs-gruppe	Gefahrzettel	Sonder-vorschriften	begrenzte Mengen		Beförderung zugelassen	Ausrüstung erforderlich	Lüftung	Maßnahmen während des Ladens / Löschens / Beförderns	Anzahl der Kegel / Lichter	Bemerkungen
	3.1.2	2.2	2.2	2.1.1.3	5.2.2	3.3	3.4 / 3.5.1.2		3.2.1	8.1.5	7.1.6	7.1.6	7.1.5	3.2.1
(1)	(2)	(3a)	(3b)	(4)	(5)	(6)	(7a)	(7b)	(8)	(9)	(10)	(11)	(12)	(13)
1953	VERDICHTETES GAS, GIFTIG, ENTZÜNDBAR, N.A.G.	2	1TF		2.3 + 2.1	274	0	E0		PP EP EX TOX A	VE01 VE02		2	
1954	VERDICHTETES GAS, ENTZÜNDBAR, N.A.G.	2	1F		2.1	274 392 662	0	E0		PP EX A	VE01		1	
1955	VERDICHTETES GAS, GIFTIG, N.A.G.	2	1T		2.3	274	0	E0		PP EP TOX A	VE02		2	
1956	VERDICHTETES GAS, N.A.G.	2	1A		2.2	274 378 655 660 662	120 ml	E1		PP			0	
1957	DEUTERIUM, VERDICHTET	2	1F		2.1	662	0	E0		PP EX A	VE01		1	
1958	1,2-DICHLOR-1,1,2,2-TETRAFLUORETHAN (GAS ALS KÄLTEMITTEL R 114)	2	2A		2.2	662	120 ml	E1		PP			0	
1959	1,1-DIFLUORETHYLEN (GAS ALS KÄLTEMITTEL R 1132a)	2	2F		2.1	662	0	E0		PP EX A	VE01		1	
1961	ETHAN, TIEFGEKÜHLT, FLÜSSIG	2	3F		2.1		0	E0		PP EX A	VE01		1	
1962	ETHYLEN	2	2F		2.1	662	0	E0		PP EX A	VE01		1	
1963	HELIUM, TIEFGEKÜHLT, FLÜSSIG	2	3A		2.2	593	120 ml	E1		PP			0	

Stoffnummer/ UN-Nummer	Benennung und Beschreibung	Klasse	Klassifizierungs-code	Verpackungs-gruppe	Gefahrzettel	Sonder-vorschriften	begrenzte Mengen		Beförderung zugelassen	Ausrüstung erforderlich	Lüftung	Maßnahmen während des Ladens / Löschens / Beförderns	Anzahl der Kegel / Lichter	Bemerkungen
	3.1.2	2.2	2.2	2.1.1.3	5.2.2	3.3	3.4 / 3.5.1.2		3.2.1	8.1.5	7.1.6	7.1.6	7.1.5	3.2.1
(1)	(2)	(3a)	(3b)	(4)	(5)	(6)	(7a)	(7b)	(8)	(9)	(10)	(11)	(12)	(13)
1964	KOHLENWASSERSTOFFGAS, GEMISCH, VERDICHTET, N.A.G.	2	1F		2.1	274 662	0	E0		PP EX A	VE01		1	
1965	KOHLENWASSERSTOFFGAS, GEMISCH, VERFLÜSSIGT, N.A.G. (Gemisch A, A 01, A 02, A 0, A 1, B 1, B 2, B oder C)	2	2F		2.1	274 392 583 662 674	0	E0	T	PP EX A	VE01		1	
1966	WASSERSTOFF, TIEFGEKÜHLT, FLÜSSIG	2	3F		2.1		0	E0		PP EX A	VE01		1	
1967	INSEKTENBEKÄMPFUNGSMITTEL, GASFÖRMIG, GIFTIG, N.A.G.	2	2T		2.3	274	0	E0		PP EP TOX A	VE02		2	
1968	INSEKTENBEKÄMPFUNGSMITTEL, GASFÖRMIG, N.A.G.	2	2A		2.2	274 662	120 ml	E1		PP			0	
1969	ISOBUTAN	2	2F		2.1	392 657 662 674	0	E0	T	PP EX A	VE01		1	
1970	KRYPTON, TIEFGEKÜHLT, FLÜSSIG	2	3A		2.2	593	120 ml	E1		PP			0	
1971	METHAN, VERDICHTET oder ERDGAS, VERDICHTET, mit hohem Methangehalt	2	1F		2.1	392 662	0	E0		PP EX A	VE01		1	
1972	METHAN, TIEFGEKÜHLT, FLÜSSIG oder ERDGAS, TIEFGEKÜHLT, FLÜSSIG, mit hohem Methangehalt	2	3F		2.1	392	0	E0	T	PP EX A	VE01		1	
1973	CHLORDIFLUORMETHAN UND CHLORPENTAFLUORETHAN, GEMISCH mit einem konstanten Siedepunkt, mit ca. 49 % Chlordifluormethan (GAS ALS KÄLTEMITTEL R 502)	2	2A		2.2	662	120 ml	E1		PP			0	

Stoffnummer/ UN-Nummer	Benennung und Beschreibung	Klasse	Klassifizierungs-code	Verpackungs-gruppe	Gefahrzettel	Sonder-vorschriften	begrenzte Mengen		Beförderung zugelassen	Ausrüstung erforderlich	Lüftung	Maßnahmen während des Ladens / Löschens / Beförderns	Anzahl der Kegel / Lichter	Bemerkungen
	3.1.2	2.2	2.2	2.1.1.3	5.2.2	3.3	3.4 / 3.5.1.2		3.2.1	8.1.5	7.1.6	7.1.6	7.1.5	3.2.1
(1)	(2)	(3a)	(3b)	(4)	(5)	(6)	(7a)	(7b)	(8)	(9)	(10)	(11)	(12)	(13)
1974	BROMCHLORDIFLUORMETHAN (GAS ALS KÄLTEMITTEL R 12B1)	2	2A		2.2	662	120 ml	E1		PP			0	
1975	STICKSTOFFMONOXID UND DISTICKSTOFFTETROXID, GEMISCH (STICKSTOFFMONOXID UND STICKSTOFFDIOXID, GEMISCH)	2	2TOC		2.3 + 5.1 + 8		0	E0		PP EP TOX A	VE02		2	
1076	OCTAFLUORCYCLOBUTAN (GAS ALS KÄLTEMITTEL RC 318)	2	2A		2.2	662	120 ml	E1		PP			0	
1977	STICKSTOFF, TIEFGEKÜHLT, FLÜSSIG	2	3A		2.2	345 346 593	120 ml	E1		PP			0	
1978	PROPAN	2	2F		2.1	392 657 662 674	0	E0	T	PP EX A	VE01		1	
1982	TETRAFLUORMETHAN (GAS ALS KÄLTEMITTEL R 14)	2	2A		2.2	662	120 ml	E1		PP			0	
1983	1-CHLOR-2,2,2-TRIFLUORETHAN (GAS ALS KÄLTEMITTEL R 133a)	2	2A		2.2	662	120 ml	E1		PP			0	
1984	TRIFLUORMETHAN (GAS ALS KÄLTEMITTEL R 23)	2	2A		2.2	662	120 ml	E1		PP			0	
1986	ALKOHOLE, ENTZÜNDBAR, GIFTIG, N.A.G.	3	FT1	I	3 + 6.1	274 802	0	E0	T	PP EP EX TOX A	VE01 VE02		2	
1986	ALKOHOLE, ENTZÜNDBAR, GIFTIG, N.A.G.	3	FT1	II	3 + 6.1	274 802	1 l	E2	T	PP EP EX TOX A	VE01 VE02		2	

Stoffnummer/ UN-Nummer	Benennung und Beschreibung	Klasse	Klassifizierungs-code	Verpackungs-gruppe	Gefahrzettel	Sonder-vorschriften	begrenzte Mengen		Beförderung zugelassen	Ausrüstung erforderlich	Lüftung	Maßnahmen während des Ladens / Löschens / Beförderns	Anzahl der Kegel / Lichter	Bemerkungen
	3.1.2	2.2	2.2	2.1.1.3	5.2.2	3.3	3.4 / 3.5.1.2		3.2.1	8.1.5	7.1.6	7.1.6	7.1.5	3.2.1
(1)	(2)	(3a)	(3b)	(4)	(5)	(6)	(7a)	(7b)	(8)	(9)	(10)	(11)	(12)	(13)
1986	ALKOHOLE, ENTZÜNDBAR, GIFTIG, N.A.G.	3	FT1	III	3 + 6.1	274 802	5 l	E1	T	PP EP EX TOX A	VE01 VE02		0	
1987	ALKOHOLE, N.A.G. (Dampfdruck bei 50 °C größer als 110 kPa)	3	F1	II	3	274 601 640C	1 l	E2	T	PP EX A	VE01		1	
1987	ALKOHOLE, N.A.G. (Dampfdruck bei 50 °C höchstens 110 kPa)	3	F1	II	3	274 601 640D	1 l	E2	T	PP EX A	VE01		1	
1987	ALKOHOLE, N.A.G.	3	F1	III	3	274 601	5 l	E1	T	PP EX A	VE01		0	
1988	ALDEHYDE, ENTZÜNDBAR, GIFTIG, N.A.G.	3	FT1	I	3 + 6.1	274 802	0	E0		PP EP EX TOX A	VE01 VE02		2	
1988	ALDEHYDE, ENTZÜNDBAR, GIFTIG, N.A.G.	3	FT1	II	3 + 6.1	274 802	1 l	E2		PP EP EX TOX A	VE01 VE02		2	
1988	ALDEHYDE, ENTZÜNDBAR, GIFTIG, N.A.G.	3	FT1	III	3 + 6.1	274 802	5 l	E1		PP EP EX TOX A	VE01 VE02		0	
1989	ALDEHYDE, N.A.G.	3	F1	I	3	274	0	E3		PP EX A	VE01		1	

Tabelle A

Stoffnummer/ UN-Nummer	Benennung und Beschreibung	Klasse	Klassifizierungs-code	Verpackungs-gruppe	Gefahrzettel	Sonder-vorschriften	begrenzte Mengen		Beförderung zugelassen	Ausrüstung erforderlich	Lüftung	Maßnahmen während des Ladens / Löschens / Beförderns	Anzahl der Kegel / Lichter	Bemerkungen
	3.1.2	2.2	2.2	2.1.1.3	5.2.2	3.3	3.4 / 3.5.1.2		3.2.1	8.1.5	7.1.6	7.1.6	7.1.5	3.2.1
(1)	(2)	(3a)	(3b)	(4)	(5)	(6)	(7a)	(7b)	(8)	(9)	(10)	(11)	(12)	(13)
1989	ALDEHYDE, N.A.G. (Dampfdruck bei 50 °C größer als 110 kPa)	3	F1	II	3	274 640C	1 l	E2	T	PP EX A	VE01		1	
1989	ALDEHYDE, N.A.G. (Dampfdruck bei 50 °C höchstens 110 kPa)	3	F1	II	3	274 640D	1 l	E2	T	PP EX A	VE01		1	
1989	ALDEHYDE, N.A.G.	3	F1	III	3	274	5 l	E1	T	PP EX A	VE01		0	
1990	BENZALDEHYD	9	M11	III	9		5 l	E1		PP			0	
1991	CHLOROPREN, STABILISIERT	3	FT1	I	3 + 6.1	386 802	0	E0	T	PP EP EX TOX A	VE01 VE02		2	
1992	ENTZÜNDBARER FLÜSSIGER STOFF, GIFTIG, N.A.G.	3	FT1	I	3 + 6.1	274 802	0	E0	T	PP EP EX TOX A	VE01 VE02		2	
1992	ENTZÜNDBARER FLÜSSIGER STOFF, GIFTIG, N.A.G.	3	FT1	II	3 + 6.1	274 802	1 l	E2	T	PP EP EX TOX A	VE01 VE02		2	
1992	ENTZÜNDBARER FLÜSSIGER STOFF, GIFTIG, N.A.G.	3	FT1	III	3 + 6.1	274 802	5 l	E1	T	PP EP EX TOX A	VE01 VE02		0	
1993	ENTZÜNDBARER FLÜSSIGER STOFF, N.A.G.	3	F1	I	3	274	0	E3	T	PP EX A	VE01		1	

Stoffnummer/ UN-Nummer	Benennung und Beschreibung	Klasse	Klassifizierungs-code	Verpackungs-gruppe	Gefahrzettel	Sonder-vorschriften	begrenzte Mengen		Beförderung zugelassen	Ausrüstung erforderlich	Lüftung	Maßnahmen während des Ladens / Löschens / Beförderns	Anzahl der Kegel / Lichter	Bemerkungen
	3.1.2	2.2	2.2	2.1.1.3	5.2.2	3.3	3.4 / 3.5.1.2		3.2.1	8.1.5	7.1.6	7.1.6	7.1.5	3.2.1
(1)	(2)	(3a)	(3b)	(4)	(5)	(6)	(7a)	(7b)	(8)	(9)	(10)	(11)	(12)	(13)
1993	ENTZÜNDBARER FLÜSSIGER STOFF, N.A.G. (Dampfdruck bei 50 °C größer als 110 kPa)	3	F1	II	3	274 601 640C	1 l	E2	T	PP EX A	VE01		1	
1993	ENTZÜNDBARER FLÜSSIGER STOFF, N.A.G. (Dampfdruck bei 50 °C höchstens 110 kPa)	3	F1	II	3	274 601 640D	1 l	E2	T	PP EX A	VE01		1	
1993	ENTZÜNDBARER FLÜSSIGER STOFF, N.A.G.	3	F1	III	3	274 601	5 l	E1	T	PP EX A	VE01		0	
1993	ENTZÜNDBARER FLÜSSIGER STOFF, N.A.G. (mit einem Flammpunkt unter 23 °C und viskos gemäß 2.2.3.1.4) (Dampfdruck bei 50 °C größer als 110 kPa)	3	F1	III	3	274 601	5 l	E1	T	PP EX A	VE01		0	
1993	ENTZÜNDBARER FLÜSSIGER STOFF, N.A.G. (mit einem Flammpunkt unter 23 °C und viskos gemäß 2.2.3.1.4) (Dampfdruck bei 50 °C höchstens 110 kPa)	3	F1	III	3	274 601	5 l	E1	T	PP EX A	VE01		0	
1994	EISENPENTACARBONYL	6.1	TF1	I	6.1 + 3	354 802	0	E0		PP EP EX TOX A	VE01 VE02		2	
1999	TEERE, FLÜSSIG, einschließlich Straßenöle und Cutback-Bitumen (Verschnittbitumen) (Dampfdruck bei 50 °C größer als 110 kPa)	3	F1	II	3	640C	5 l	E2		PP EX A	VE01		1	
1999	TEERE, FLÜSSIG, einschließlich Straßenöle und Cutback-Bitumen (Verschnittbitumen) (Dampfdruck bei 50 °C höchstens 110 kPa)	3	F1	II	3	640D	5 l	E2		PP EX A	VE01		1	
1999	TEERE, FLÜSSIG, einschließlich Straßenöle und Cutback-Bitumen (Verschnittbitumen)	3	F1	III	3		5 l	E1	T	PP EX A	VE01		0	

Stoffnummer/ UN-Nummer	Benennung und Beschreibung	Klasse	Klassifizierungs-code	Verpackungs-gruppe	Gefahrzettel	Sonder-vorschriften	begrenzte Mengen		Beförderung zugelassen	Ausrüstung erforderlich	Lüftung	Maßnahmen während des Ladens / Löschens / Beförderns	Anzahl der Kegel / Lichter	Bemerkungen
	3.1.2	2.2	2.2	2.1.1.3	5.2.2	3.3	3.4 / 3.5.1.2		3.2.1	8.1.5	7.1.6	7.1.6	7.1.5	3.2.1
(1)	(2)	(3a)	(3b)	(4)	(5)	(6)	(7a)	(7b)	(8)	(9)	(10)	(11)	(12)	(13)
1999	TEERE, FLÜSSIG, einschließlich Straßenöle und Cutback-Bitumen (Verschnittbitumen) (mit einem Flammpunkt unter 23 °C und viskos gemäß 2.2.3.1.4) (Dampfdruck bei 50 °C größer als 110 kPa)	3	F1	III	3		5 l	E1		PP EX A	VE01		0	
1999	TEERE, FLÜSSIG, einschließlich Straßenöle und Cutback-Bitumen (Verschnittbitumen) (mit einem Flammpunkt unter 23 °C und viskos gemäß 2.2.3.1.4) (Dampfdruck bei 50 °C höchstens 110 kPa)	3	F1	III	3		5 l	E1		PP EX A	VE01		0	
2000	ZELLULOID in Blöcken, Stangen, Platten, Rohren, usw. (ausgenommen Abfälle)	4.1	F1	III	4.1	383 502	5 kg	E1		PP			0	
2001	COBALTNAPHTHENAT-PULVER	4.1	F3	III	4.1		5 kg	E1		PP			0	
2002	ZELLULOID, ABFALL	4.2	S2	III	4.2	526 592	0	E0		PP			0	
2004	MAGNESIUMDIAMID	4.2	S4	II	4.2		0	E2		PP			0	
2006	KUNSTSTOFFE AUF NITROCELLULOSEBASIS, SELBSTERHITZUNGSFÄHIG, N.A.G.	4.2	S2	III	4.2	274 528	0	E0		PP			0	
2008	ZIRKONIUM-PULVER, TROCKEN	4.2	S4	I	4.2	524 540	0	E0		PP			0	
2008	ZIRKONIUM-PULVER, TROCKEN	4.2	S4	II	4.2	524 540	0	E2		PP			0	
2008	ZIRKONIUM-PULVER, TROCKEN	4.2	S4	III	4.2	540	0	E1		PP			0	
2009	ZIRKONIUM, TROCKEN, Bleche, Streifen oder gerollter Draht (dünner als 18 µm)	4.2	S4	III	4.2	524 592	0	E1		PP			0	
2010	MAGNESIUMHYDRID	4.3	W2	I	4.3		0	E0		PP EX A	VE01	HA08	0	

Tabelle A

Stoffnummer/ UN-Nummer	Benennung und Beschreibung	Klasse	Klassifizierungs-code	Verpackungs-gruppe	Gefahrzettel	Sonder-vorschriften	begrenzte Mengen		Beförderung zugelassen	Ausrüstung erforderlich	Lüftung	Maßnahmen während des Ladens / Löschens / Beförderns	Anzahl der Kegel / Lichter	Bemerkungen
	3.1.2	2.2	2.2	2.1.1.3	5.2.2	3.3	3.4 / 3.5.1.2		3.2.1	8.1.5	7.1.6	7.1.6	7.1.5	3.2.1
(1)	(2)	(3a)	(3b)	(4)	(5)	(6)	(7a)	(7b)	(8)	(9)	(10)	(11)	(12)	(13)
2011	MAGNESIUMPHOSPHID	4.3	WT2	I	4.3 + 6.1	802	0	E0		PP EP EX TOX A	VE01 VE02	HA08	2	
2012	KALIUMPHOSPHID	4.3	WT2	I	4.3 + 6.1	802	0	E0		PP EP EX TOX A	VE01 VE02	HA08	2	
2013	STRONTIUMPHOSPHID	4.3	WT2	I	4.3 + 6.1	802	0	E0		PP EP EX TOX A	VE01 VE02	HA08	2	
2014	WASSERSTOFFPEROXID, WÄSSERIGE LÖSUNG mit mindestens 20 %, aber höchstens 60 % Wasserstoffperoxid (Stabilisierung nach Bedarf)	5.1	OC1	II	5.1 + 8		1 l	E2	T	PP EP			0	
2015	WASSERSTOFFPEROXID, WÄSSERIGE LÖSUNG, STABILISIERT, mit mehr als 70 % Wasserstoffperoxid	5.1	OC1	I	5.1 + 8	640N	0	E0		PP EP			0	
2015	WASSERSTOFFPEROXID, WÄSSERIGE LÖSUNG, STABILISIERT, mit mehr als 60 %, aber höchstens 70 % Wasserstoffperoxid	5.1	OC1	I	5.1 + 8	640O	0	E0		PP EP			0	
2016	MUNITION, GIFTIG, NICHT EXPLOSIV, ohne Zerleger oder Ausstoßladung, nicht scharf	6.1	T2		6.1	802	0	E0		PP EP			2	
2017	MUNITION, TRÄNENERZEUGEND, NICHT EXPLOSIV, ohne Zerleger oder Ausstoßladung, nicht scharf	6.1	TC2		6.1 + 8	802	0	E0		PP EP			2	

Tabelle A

Stoffnummer/ UN-Nummer	Benennung und Beschreibung	Klasse	Klassifizierungs-code	Verpackungs-gruppe	Gefahrzettel	Sonder-vorschriften	begrenzte Mengen		Beförderung zugelassen	Ausrüstung erforderlich	Lüftung	Maßnahmen während des Ladens / Löschens / Beförderns	Anzahl der Kegel / Lichter	Bemerkungen
	3.1.2	2.2	2.2	2.1.1.3	5.2.2	3.3	3.4 / 3.5.1.2		3.2.1	8.1.5	7.1.6	7.1.6	7.1.5	3.2.1
(1)	(2)	(3a)	(3b)	(4)	(5)	(6)	(7a)	(7b)	(8)	(9)	(10)	(11)	(12)	(13)
2018	CHLORANILINE, FEST	6.1	T2	II	6.1	802	500 g	E4		PP EP			2	
2019	CHLORANILINE, FLÜSSIG	6.1	T1	II	6.1	802	100 ml	E4		PP EP TOX A	VE02		2	
2020	CHLORPHENOLE, FEST	6.1	T2	III	6.1	205 802	5 kg	E1		PP EP			0	
2021	CHLORPHENOLE, FLÜSSIG	6.1	T1	III	6.1	802	5 l	E1	T	PP EP TOX A	VE02		0	
2022	CRESYLSÄURE	6.1	TC1	II	6.1 + 8	802	100 ml	E4	T	PP EP TOX A	VE02		2	
2023	EPICHLORHYDRIN	6.1	TF1	II	6.1 + 3	279 802	100 ml	E4	T	PP EP EX TOX A	VE01 VE02		2	
2024	QUECKSILBERVERBINDUNG, FLÜSSIG, N.A.G.	6.1	T4	I	6.1	43 274 802	0	E5		PP EP TOX A	VE02		2	
2024	QUECKSILBERVERBINDUNG, FLÜSSIG, N.A.G.	6.1	T4	II	6.1	43 274 802	100 ml	E4		PP EP TOX A	VE02		2	
2024	QUECKSILBERVERBINDUNG, FLÜSSIG, N.A.G.	6.1	T4	III	6.1	43 274 802	5 l	E1		PP EP TOX A	VE02		0	

Tabelle A

Stoffnummer/ UN-Nummer	Benennung und Beschreibung	Klasse	Klassifizierungs-code	Verpackungs-gruppe	Gefahrzettel	Sonder-vorschriften	begrenzte Mengen		Beförderung zugelassen	Ausrüstung erforderlich	Lüftung	Maßnahmen während des Ladens / Löschens / Beförderns	Anzahl der Kegel / Lichter	Bemerkungen
	3.1.2	2.2	2.2	2.1.1.3	5.2.2	3.3	3.4 / 3.5.1.2		3.2.1	8.1.5	7.1.6	7.1.6	7.1.5	3.2.1
(1)	(2)	(3a)	(3b)	(4)	(5)	(6)	(7a)	(7b)	(8)	(9)	(10)	(11)	(12)	(13)
2025	QUECKSILBERVERBINDUNG, FEST, N.A.G.	6.1	T5	I	6.1	43 66 274 529 802	0	E5		PP EP			2	
2025	QUECKSILBERVERBINDUNG, FEST, N.A.G.	6.1	T5	II	6.1	43 66 274 529 802	500 g	E4		PP EP			2	
2025	QUECKSILBERVERBINDUNG, FEST, N.A.G.	6.1	T5	III	6.1	43 66 274 529 802	5 kg	E1		PP EP			0	
2026	PHENYLQUECKSILBERVERBINDUNG, N.A.G.	6.1	T3	I	6.1	43 274 802	0	E5		PP EP TOX A	VE02		2	
2026	PHENYLQUECKSILBERVERBINDUNG, N.A.G.	6.1	T3	II	6.1	43 274 802	500 g	E4		PP EP TOX A	VE02		2	
2026	PHENYLQUECKSILBERVERBINDUNG, N.A.G.	6.1	T3	III	6.1	43 274 802	5 kg	E1		PP EP TOX A	VE02		0	
2027	NATRIUMARSENIT, FEST	6.1	T5	II	6.1	43 802	500 g	E4		PP EP			2	
2028	RAUCHBOMBEN, NEBELBOMBEN, NICHT EXPLOSIV, ätzenden flüssigen Stoff enthaltend, ohne Zünder	8	C11	II	8		0	E0		PP EP			0	

Stoffnummer/ UN-Nummer	Benennung und Beschreibung	Klasse	Klassifizierungs-code	Verpackungs-gruppe	Gefahrzettel	Sonder-vorschriften	begrenzte Mengen		Beförderung zugelassen	Ausrüstung erforderlich	Lüftung	Maßnahmen während des Ladens / Löschens / Beförderns	Anzahl der Kegel / Lichter	Bemerkungen
	3.1.2	2.2	2.2	2.1.1.3	5.2.2	3.3	3.4 / 3.5.1.2		3.2.1	8.1.5	7.1.6	7.1.6	7.1.5	3.2.1
(1)	(2)	(3a)	(3b)	(4)	(5)	(6)	(7a)	(7b)	(8)	(9)	(10)	(11)	(12)	(13)
2029	HYDRAZIN, WASSERFREI	8	CFT	I	8 + 3 + 6.1	802	0	E0		PP EP EX TOX A	VE01 VE02		2	
2030	HYDRAZIN, WÄSSERIGE LÖSUNG mit mehr als 37 Masse-% Hydrazin	8	CT1	I	8 + 6.1	530 802	0	E0		PP EP TOX A	VE02		2	
2030	HYDRAZIN, WÄSSERIGE LÖSUNG mit mehr als 37 Masse-% Hydrazin	8	CT1	II	8 + 6.1	530 802	1 l	E0		PP EP TOX A	VE02		2	
2030	HYDRAZIN, WÄSSERIGE LÖSUNG mit mehr als 37 Masse-% Hydrazin	8	CT1	III	8 + 6.1	530 802	5 l	E1		PP EP TOX A	VE02		0	
2031	SALPETERSÄURE, andere als rotrauchende, mit mehr als 70 % Säure	8	CO1	I	8 + 5.1		0	E0	T	PP EP			0	
2031	SALPETERSÄURE, andere als rotrauchende, mit mindestens 65%, aber höchstens 70 % Säure	8	CO1	II	8 + 5.1		1 l	E2	T	PP EP			0	
2031	SALPETERSÄURE, andere als rotrauchende, mit weniger als 65% Säure	8	C1	II	8		1 l	E2	T	PP EP			0	
2032	SALPETERSÄURE, ROTRAUCHEND	8	COT	I	8 + 5.1 + 6.1	802	0	E0	T	PP EP TOX A	VE02		2	
2033	KALIUMMONOXID	8	C6	II	8		1 kg	E2		PP EP			0	
2034	WASSERSTOFF UND METHAN, GEMISCH, VERDICHTET	2	1F		2.1	662	0	E0		PP EX A	VE01		1	

Tabelle A

Stoffnummer/ UN-Nummer	Benennung und Beschreibung	Klasse	Klassifizierungs-code	Verpackungs-gruppe	Gefahrzettel	Sonder-vorschriften	begrenzte Mengen		Beförderung zugelassen	Ausrüstung erforderlich	Lüftung	Maßnahmen während des Ladens / Löschens / Beförderns	Anzahl der Kegel / Lichter	Bemerkungen
	3.1.2	2.2	2.2	2.1.1.3	5.2.2	3.3	3.4 / 3.5.1.2		3.2.1	8.1.5	7.1.6	7.1.6	7.1.5	3.2.1
(1)	(2)	(3a)	(3b)	(4)	(5)	(6)	(7a)	(7b)	(8)	(9)	(10)	(11)	(12)	(13)
2035	1,1,1-TRIFLUORETHAN (GAS ALS KÄLTEMITTEL R 143a)	2	2F		2.1	662	0	E0		PP EX A	VE01		1	
2036	XENON	2	2A		2.2	378 660 662	120 ml	E1		PP			0	
2037	GEFÄSSE, KLEIN, MIT GAS (GASPATRONEN), ohne Entnahmeeinrichtung, nicht nachfüllbar	2	5A		2.2	191 303 344	1 l	E0		PP			0	
2037	GEFÄSSE, KLEIN, MIT GAS (GASPATRONEN), ohne Entnahmeeinrichtung, nicht nachfüllbar	2	5F		2.1	191 303 344	1 l	E0		PP EX A	VE01		1	
2037	GEFÄSSE, KLEIN, MIT GAS (GASPATRONEN), ohne Entnahmeeinrichtung, nicht nachfüllbar	2	5O		2.2 + 5.1	191 303 344	1 l	E0		PP			0	
2037	GEFÄSSE, KLEIN, MIT GAS (GASPATRONEN), ohne Entnahmeeinrichtung, nicht nachfüllbar	2	5T		2.3	303 344	120 ml	E0		PP EP TOX A	VE02		2	
2037	GEFÄSSE, KLEIN, MIT GAS (GASPATRONEN), ohne Entnahmeeinrichtung, nicht nachfüllbar	2	5TC		2.3 + 8	303 344	120 ml	E0		PP EP TOX A	VE02		2	
2037	GEFÄSSE, KLEIN, MIT GAS (GASPATRONEN), ohne Entnahmeeinrichtung, nicht nachfüllbar	2	5TF		2.3 + 2.1	303 344	120 ml	E0		PP EP EX TOX A	VE01 VE02		2	
2037	GEFÄSSE, KLEIN, MIT GAS (GASPATRONEN), ohne Entnahmeeinrichtung, nicht nachfüllbar	2	5TFC		2.3 + 2.1 + 8	303 344	120 ml	E0		PP EP EX TOX A	VE01 VE02		2	

Tabelle A

Stoffnummer/ UN-Nummer	Benennung und Beschreibung	Klasse	Klassifizierungs-code	Verpackungs-gruppe	Gefahrzettel	Sonder-vorschriften	begrenzte Mengen		Beförderung zugelassen	Ausrüstung erforderlich	Lüftung	Maßnahmen während des Ladens / Löschens / Beförderns	Anzahl der Kegel / Lichter	Bemerkungen
	3.1.2	2.2	2.2	2.1.1.3	5.2.2	3.3	3.4 / 3.5.1.2		3.2.1	8.1.5	7.1.0	7.1.0	7.1.5	3.2.1
(1)	(2)	(3a)	(3b)	(4)	(5)	(6)	(7a)	(7b)	(8)	(9)	(10)	(11)	(12)	(13)
2037	GEFÄSSE, KLEIN, MIT GAS (GASPATRONEN), ohne Entnahmeeinrichtung, nicht nachfüllbar	2	5TO		2.3 + 5.1	303 344	120 ml	E0		PP EP TOX A	VE02		2	
2037	GEFÄSSE, KLEIN, MIT GAS (GASPATRONEN), ohne Entnahmeeinrichtung, nicht nachfüllbar	2	5TOC		2.3 + 5.1 + 8	303 344	120 ml	E0		PP EP TOX A	VE02		2	
2038	DINITROTOLUENE, FLÜSSIG	6.1	T1	II	6.1	802	100 ml	E4		PP EP TOX A	VE02		2	
2044	2,2-DIMETHYLPROPAN	2	2F		2.1	662	0	E0		PP EX A	VE01		1	
2045	ISOBUTYRALDEHYD (ISOBUTYLALDEHYD)	3	F1	II	3		1 l	E2	T	PP EX A	VE01		1	
2046	CYMENE	3	F1	III	3		5 l	E1	T	PP EX A	VE01		0	
2047	DICHLORPROPENE	3	F1	II	3		1 l	E2	T	PP EX A	VE01		1	
2047	DICHLORPROPENE	3	F1	III	3		5 l	E1	T	PP EX A	VE01		0	
2048	DICYCLOPENTADIEN	3	F1	III	3		5 l	E1	T	PP EX A	VE01		0	
2049	DIETHYLBENZEN	3	F1	III	3		5 l	E1		PP EX A	VE01		0	

Tabelle A

Stoffnummer/ UN-Nummer	Benennung und Beschreibung	Klasse	Klassifizierungs-code	Verpackungs-gruppe	Gefahrzettel	Sonder-vorschriften	begrenzte Mengen		Beförderung zugelassen	Ausrüstung erforderlich	Lüftung	Maßnahmen während des Ladens / Löschens / Beförderns	Anzahl der Kegel / Lichter	Bemerkungen
	3.1.2	2.2	2.2	2.1.1.3	5.2.2	3.3	3.4 / 3.5.1.2		3.2.1	8.1.5	7.1.6	7.1.6	7.1.5	3.2.1
(1)	(2)	(3a)	(3b)	(4)	(5)	(6)	(7a)	(7b)	(8)	(9)	(10)	(11)	(12)	(13)
2050	DIISOBUTYLEN, ISOMERE VERBINDUNGEN	3	F1	II	3		1 l	E2	T	PP EX A	VE01		1	
2051	2-DIMETHYLAMINOETHANOL	8	CF1	II	8 + 3		1 l	E2	T	PP EP EX A	VE01		1	
2052	DIPENTEN	3	F1	III	3		5 l	E1		PP EX A	VE01		0	
2053	METHYLISOBUTYLCARBINOL	3	F1	III	3		5 l	E1	T	PP EX A	VE01		0	
2054	MORPHOLIN	8	CF1	I	8 + 3		0	E0	T	PP EP EX A	VE01		1	
2055	STYREN, MONOMER, STABILISIERT	3	F1	III	3	386	5 l	E1	T	PP EX A	VE01		0	
2056	TETRAHYDROFURAN	3	F1	II	3		1 l	E2	T	PP EX A	VE01		1	
2057	TRIPROPYLEN	3	F1	II	3		1 l	E2	T	PP EX A	VE01		1	
2057	TRIPROPYLEN	3	F1	III	3		5 l	E1	T	PP EX A	VE01		0	
2058	VALERALDEHYD	3	F1	II	3		1 l	E2		PP EX A	VE01		1	

Stoffnummer/ UN-Nummer	Benennung und Beschreibung	Klasse	Klassifizierungs-code	Verpackungs-gruppe	Gefahrzettel	Sonder-vorschriften	begrenzte Mengen		Beförderung zugelassen	Ausrüstung erforderlich	Lüftung	Maßnahmen während des Ladens / Löschens / Beförderns			Anzahl der Kegel / Lichter	Bemerkungen
	3.1.2	2.2	2.2	2.1.1.3	5.2.2	3.3	3.4 / 3.5.1.2		3.2.1	8.1.5	7.1.6	7.1.6			7.1.5	3.2.1
(1)	(2)	(3a)	(3b)	(4)	(5)	(6)	(7a)	(7b)	(8)	(9)	(10)	(11)			(12)	(13)
2059	NITROCELLULOSE, LÖSUNG, ENTZÜNDBAR, mit höchstens 12,6 % Stickstoff in der Trockenmasse und höchstens 55 % Nitrocellulose	3	D	I	3	198 531	0	E0		PP EX A	VE01				1	
2059	NITROCELLULOSE, LÖSUNG, ENTZÜNDBAR, mit höchstens 12,6 % Stickstoff in der Trockenmasse und höchstens 55 % Nitrocellulose (Dampfdruck bei 50 °C größer als 110 kPa)	3	D	II	3	198 531 640C	1 l	E0		PP EX A	VE01				1	
2059	NITROCELLULOSE, LÖSUNG, ENTZÜNDBAR, mit höchstens 12,6 % Stickstoff in der Trockenmasse und höchstens 55 % Nitrocellulose (Dampfdruck bei 50 °C höchstens 110 kPa)	3	D	II	3	198 531 640D	1 l	E0		PP EX A	VE01				1	
2059	NITROCELLULOSE, LÖSUNG, ENTZÜNDBAR, mit höchstens 12,6 % Stickstoff in der Trockenmasse und höchstens 55 % Nitrocellulose	3	D	III	3	198 531	5 l	E0		PP EX A	VE01				0	
2067	AMMONIUMNITRATHALTIGES DÜNGEMITTEL	5.1	O2	III	5.1	--- 306 307	5 kg	E1	B	PP		CO02 ST01 LO04	HA09		0	CO02, LO04 und HA09 gelten nur, wenn der Stoff in loser Schüttung oder unverpackt befördert wird.
2071	AMMONIUMNITRATHALTIGES DÜNGEMITTEL	9	M11			--- 193		E1	B	PP		CO02 ST02	HA09		0	Nur in loser Schüttung oder unverpackt gefährlich. CO02, ST02 und HA09 gelten nur, wenn der Stoff in loser Schüttung oder unverpackt befördert wird.
2073	AMMONIAKLÖSUNG in Wasser, relative Dichte kleiner als 0,880 bei 15 °C, mit mehr als 35 %, aber höchstens 50 % Ammoniak	2	4A		2.2	532	120 ml	E0		PP					0	
2074	ACRYLAMID, FEST	6.1	T2	III	6.1	802	5 kg	E1	T	PP EP					0	

Tabelle A

Stoffnummer/ UN-Nummer	Benennung und Beschreibung	Klasse	Klassifizierungs-code	Verpackungs-gruppe	Gefahrzettel	Sonder-vorschriften	begrenzte Mengen		Beförderung zugelassen	Ausrüstung erforderlich	Lüftung	Maßnahmen während des Ladens / Löschens / Beförderns	Anzahl der Kegel / Lichter	Bemerkungen
	3.1.2	2.2	2.2	2.1.1.3	5.2.2	3.3	3.4 / 3.5.1.2		3.2.1	8.1.5	7.1.6	7.1.6	7.1.5	3.2.1
(1)	(2)	(3a)	(3b)	(4)	(5)	(6)	(7a)	(7b)	(8)	(9)	(10)	(11)	(12)	(13)
2075	CHLORAL, WASSERFREI, STABILISIERT	6.1	T1	II	6.1	802	100 ml	E4		PP EP TOX A	VE02		2	
2076	CRESOLE, FLÜSSIG	6.1	TC1	II	6.1 + 8	802	100 ml	E4		PP EP TOX A	VE02		2	
2077	alpha-NAPHTHYLAMIN	6.1	T2	III	6.1	802	5 kg	E1		PP EP			0	
2078	TOLUENDIISOCYANAT	6.1	T1	II	6.1	279 802	100 ml	E4	T*	PP EP TOX A	VE02		2	* Gilt nur für 2,4-Toluendiisocyanat.
2079	DIETHYLENTRIAMIN	8	C7	II	8		1 l	E2	T	PP EP			0	
2186	CHLORWASSERSTOFF, TIEFGEKÜHLT, FLÜSSIG	2	3TC	BEFÖRDERUNG VERBOTEN										
2187	KOHLENDIOXID, TIEFGEKÜHLT, FLÜSSIG	2	3A		2.2		120 ml	E1	T	PP			0	
2188	ARSENWASSERSTOFF (ARSIN)	2	2TF		2.3 + 2.1		0	E0		PP EP EX TOX A	VE01 VE02		2	
2189	DICHLORSILAN	2	2TFC		2.3 + 2.1 + 8		0	E0		PP EP EX TOX A	VE01 VE02		2	
2190	SAUERSTOFFDIFLUORID, VERDICHTET	2	1TOC		2.3 + 5.1 + 8		0	E0		PP EP TOX A	VE02		2	

Tabelle A

Stoffnummer/ UN-Nummer	Benennung und Beschreibung	Klasse	Klassifizierungscode	Verpackungsgruppe	Gefahrzettel	Sondervorschriften	begrenzte Mengen		Beförderung zugelassen	Ausrüstung erforderlich	Lüftung	Maßnahmen während des Ladens / Löschens / Beförderns	Anzahl der Kegel / Lichter	Bemerkungen
	3.1.2	2.2	2.2	2.1.1.3	5.2.2	3.3	3.4 / 3.5.1.2		3.2.1	8.1.5	7.1.6	7.1.6	7.1.5	3.2.1
(1)	(2)	(3a)	(3b)	(4)	(5)	(6)	(7a)	(7b)	(8)	(9)	(10)	(11)	(12)	(13)
2191	SULFURYLFLUORID	2	2T		2.3		0	E0		PP EP TOX A	VE02		2	
2192	GERMANIUMWASSERSTOFF (GERMAN)	2	2TF		2.3 + 2.1	632	0	E0		PP EP EX TOX A	VE01 VE02		2	
2193	HEXAFLUORETHAN (GAS ALS KÄLTEMITTEL R 116)	2	2A		2.2	662	120 ml	E1		PP			0	
2194	SELENHEXAFLUORID	2	2TC		2.3 + 8		0	E0		PP EP TOX A	VE02		2	
2195	TELLURHEXAFLUORID	2	2TC		2.3 + 8		0	E0		PP EP TOX A	VE02		2	
2196	WOLFRAMHEXAFLUORID	2	2TC		2.3 + 8		0	E0		PP EP TOX A	VE02		2	
2197	IODWASSERSTOFF, WASSERFREI	2	2TC		2.3 + 8		0	E0		PP EP TOX A	VE02		2	
2198	PHOSPHORPENTAFLUORID	2	2TC		2.3 + 8		0	E0		PP EP TOX A	VE02		2	

Stoffnummer/ UN-Nummer	Benennung und Beschreibung	Klasse	Klassifizierungs-code	Verpackungs-gruppe	Gefahrzettel	Sonder-vorschriften	begrenzte Mengen		Beförderung zugelassen	Ausrüstung erforderlich	Lüftung	Maßnahmen während des Ladens / Löschens / Beförderns	Anzahl der Kegel / Lichter	Bemerkungen
	3.1.2	2.2	2.2	2.1.1.3	5.2.2	3.3	3.4 / 3.5.1.2		3.2.1	8.1.5	7.1.6	7.1.6	7.1.5	3.2.1
(1)	(2)	(3a)	(3b)	(4)	(5)	(6)	(7a)	(7b)	(8)	(9)	(10)	(11)	(12)	(13)
2199	PHOSPHORWASSERSTOFF (PHOSPHIN)	2	2TF		2.3 + 2.1	632	0	E0		PP EP EX TOX A	VE01 VE02		2	
2200	PROPADIEN, STABILISIERT	2	2F		2.1	386 662	0	E0		PP EX A	VE01		1	
2201	DISTICKSTOFFMONOXID, TIEFGEKÜHLT, FLÜSSIG	2	3O		2.2 + 5.1		0	E0		PP			0	
2202	SELENWASSERSTOFF, WASSERFREI	2	2TF		2.3 + 2.1		0	E0		PP EP EX TOX A	VE01 VE02		2	
2203	SILICIUMWASSERSTOFF (SILAN)	2	2F		2.1	632 662	0	E0		PP EX A	VE01		1	
2204	CARBONYLSULFID	2	2TF		2.3 + 2.1		0	E0		PP EP EX TOX A	VE01 VE02		2	
2205	ADIPONITRIL	6.1	T1	III	6.1	802	5 l	E1	T	PP EP TOX A	VE02		0	
2206	ISOCYANATE, GIFTIG, N.A.G. oder ISOCYANAT, LÖSUNG, GIFTIG, N.A.G.	6.1	T1	II	6.1	274 551 802	100 ml	E4	T	PP EP TOX A	VE02		2	

Tabelle A

Stoffnummer/ UN-Nummer	Benennung und Beschreibung	Klasse	Klassifizierungs-code	Verpackungs-gruppe	Gefahrzettel	Sonder-vorschriften	begrenzte Mengen		Beförderung zugelassen	Ausrüstung erforderlich	Lüftung	Maßnahmen während des Ladens / Löschens / Beförderns	Anzahl der Kegel / Lichter	Bemerkungen
	3.1.2	2.2	2.2	2.1.1.3	5.2.2	3.3	3.4 / 3.5.1.2		3.2.1	8.1.5	7.1.6	7.1.6	7.1.5	3.2.1
(1)	(2)	(3a)	(3b)	(4)	(5)	(6)	(7a)	(7b)	(8)	(9)	(10)	(11)	(12)	(13)
2206	ISOCYANATE, GIFTIG, N.A.G. oder ISOCYANAT, LÖSUNG, GIFTIG, N.A.G.	6.1	T1	III	6.1	274 551 802	5 l	E1		PP EP TOX A	VE02		0	
2208	CALCIUMHYPOCHLORIT, MISCHUNG, TROCKEN, mit mehr als 10 %, aber höchstens 39 % aktivem Chlor	5.1	O2	III	5.1	314	5 kg	E1		PP			0	
2209	FORMALDEHYDLÖSUNG mit mindestens 25 % Formaldehyd	8	C9	III	8	533	5 l	E1	T	PP EP			0	
2210	MANEB oder MANEBZUBEREITUNGEN mit mindestens 60 Masse-% Maneb	4.2	SW	III	4.2 + 4.3	273	0	E1	B	PP EX A	VE01 VE03	IN01 IN03	0	VE03, IN01 und IN03 gelten nur, wenn der Stoff in loser Schüttung oder unverpackt befördert wird.
2211	SCHÄUMBARE POLYMERKÜGELCHEN, entzündbare Dämpfe abgebend	9	M3	III	keine	382 633	5 kg	E1	B	PP EX EP A	VE01 VE03	IN01	0	VE03 und IN01 gelten nur, wenn der Stoff in loser Schüttung oder unverpackt befördert wird.
2212	ASBEST, AMPHIBOL (Amosit, Tremolit, Aktinolith, Anthophyllit, Krokydolith)	9	M1	II	9	168 274 542 802	1 kg	E0		PP			0	
2213	PARAFORMALDEHYD	4.1	F1	III	4.1		5 kg	E1		PP			0	
2214	PHTHALSÄUREANHYDRID mit mehr als 0,05 % Maleinsäureanhydrid	8	C4	III	8	169	5 kg	E1		PP EP			0	
2215	MALEINSÄUREANHYDRID, GESCHMOLZEN	8	C3	III	8		0	E0	T	PP EP			0	
2215	MALEINSÄUREANHYDRID	8	C4	III	8		5 kg	E1		PP EP			0	
2216	Fischmehl (Fischabfälle), stabilisiert	9	M11						B	PP			0	
2217	ÖLSAATKUCHEN mit höchstens 1,5 Masse-% Öl und höchstens 11 Masse-% Feuchtigkeit	4.2	S2	III	4.2	142 800	0	E0	B	PP		IN01	0	IN01 gilt nur, wenn der Stoff in loser Schüttung oder unverpackt befördert wird.

Stoffnummer/ UN-Nummer	Benennung und Beschreibung	Klasse	Klassifizierungs-code	Verpackungs-gruppe	Gefahrzettel	Sonder-vorschriften	begrenzte Mengen		Beförderung zugelassen	Ausrüstung erforderlich	Lüftung	Maßnahmen während des Ladens / Löschens / Beförderns	Anzahl der Kegel / Lichter	Bemerkungen
	3.1.2	2.2	2.2	2.1.1.3	5.2.2	3.3	3.4 / 3.5.1.2		3.2.1	8.1.5	7.1.6	7.1.6	7.1.5	3.2.1
(1)	(2)	(3a)	(3b)	(4)	(5)	(6)	(7a)	(7b)	(8)	(9)	(10)	(11)	(12)	(13)
2218	ACRYLSÄURE, STABILISIERT	8	CF1	II	8 + 3	386	1 l	E2	T	PP EP EX A	VE01		1	
2219	ALLYLGLYCIDYLETHER	3	F1	III	3		5 l	E1		PP EX A	VE01		0	
2222	ANISOL	3	F1	III	3		5 l	E1		PP EX A	VE01		0	
2224	BENZONITRIL	6.1	T1	II	6.1	802	100 ml	E4		PP EP TOX A	VE02		2	
2225	BENZENSULFONYLCHLORID	8	C3	III	8		5 l	E1		PP EP			0	
2226	BENZOTRICHLORID	8	C9	II	8		1 l	E2		PP EP			0	
2227	n-BUTYLMETHACRYLAT, STABILISIERT	3	F1	III	3	386	5 l	E1	T	PP EX A	VE01		0	
2232	2-CHLORETHANAL	6.1	T1	I	6.1	354 802	0	E0		PP EP TOX A	VE02		2	
2233	CHLORANISIDINE	6.1	T2	III	6.1	802	5 kg	E1		PP EP			0	
2234	CHLORBENZOTRIFLUORIDE	3	F1	III	3		5 l	E1		PP EX A	VE01		0	

Stoffnummer/ UN-Nummer	Benennung und Beschreibung	Klasse	Klassifizierungs-code	Verpackungs-gruppe	Gefahrzettel	Sonder-vorschriften	begrenzte Mengen		Beförderung zugelassen	Ausrüstung erforderlich	Lüftung	Maßnahmen während des Ladens / Löschens / Beförderns			Anzahl der Kegel / Lichter	Bemerkungen
	3.1.2	2.2	2.2	2.1.1.3	5.2.2	3.3	3.4 / 3.5.1.2		3.2.1	8.1.5	7.1.6	7.1.6			7.1.5	3.2.1
(1)	(2)	(3a)	(3b)	(4)	(5)	(6)	(7a)	(7b)	(8)	(9)	(10)	(11)			(12)	(13)
2235	CHLORBENZYLCHLORIDE, FLÜSSIG	6.1	T1	III	6.1	802	5 l	E1		PP EP TOX A	VE02				0	
2236	3-CHLOR-4-METHYLPHENYLISOCYANAT, FLÜSSIG	6.1	T1	II	6.1	802	100 ml	E4		PP EP TOX A	VE02				2	
2237	CHLORNITROANILINE	6.1	T2	III	6.1	802	5 kg	E1		PP EP					0	
2238	CHLORTOLUENE	3	F1	III	3		5 l	E1	T	PP EX A	VE01				0	
2239	CHLORTOLUIDINE, FEST	6.1	T2	III	6.1	802	5 kg	E1		PP EP					0	
2240	CHROMSCHWEFELSÄURE	8	C1	I	8		0	E0		PP EP					0	
2241	CYCLOHEPTAN	3	F1	II	3		1 l	E2	T	PP EX A	VE01				1	
2242	CYCLOHEPTEN	3	F1	II	3		1 l	E2		PP EX A	VE01				1	
2243	CYCLOHEXYLACETAT	3	F1	III	3		5 l	E1		PP EX A	VE01				0	
2244	CYCLOPENTANOL	3	F1	III	3		5 l	E1		PP EX A	VE01				0	
2245	CYCLOPENTANON	3	F1	III	3		5 l	E1		PP EX A	VE01				0	

Stoffnummer/ UN-Nummer	Benennung und Beschreibung	Klasse	Klassifizierungs-code	Verpackungs-gruppe	Gefahrzettel	Sonder-vorschriften	begrenzte Mengen		Beförderung zugelassen	Ausrüstung erforderlich	Lüftung	Maßnahmen während des Ladens / Löschens / Beförderns	Anzahl der Kegel / Lichter	Bemerkungen
	3.1.2	2.2	2.2	2.1.1.3	5.2.2	3.3	3.4 / 3.5.1.2		3.2.1	8.1.5	7.1.6	7.1.6	7.1.5	3.2.1
(1)	(2)	(3a)	(3b)	(4)	(5)	(6)	(7a)	(7b)	(8)	(9)	(10)	(11)	(12)	(13)
2246	CYCLOPENTEN	3	F1	II	3		1 l	E2		PP EX A	VE01		1	
2247	n-DECAN	3	F1	III	3		5 l	E1	T	PP EX A	VE01		0	
2248	DI-n-BUTYLAMIN	8	CF1	II	8 + 3		1 l	E2	T	PP EP EX A	VE01		1	
2249	DICHLORDIMETHYLETHER, SYMMETRISCH	6.1	TF1	BEFÖRDERUNG VERBOTEN										
2250	DICHLORPHENYLISOCYANATE	6.1	T2	II	6.1	802	500 g	E4		PP EP			2	
2251	BICYCLO-[2,2,1]-HEPTA-2,5-DIEN, STABILISIERT (NORBORNAN-2,5-DIEN, STABILISIERT)	3	F1	II	3	386	1 l	E2		PP EX A	VE01		1	
2252	1,2-DIMETHOXYETHAN	3	F1	II	3		1 l	E2		PP EX A	VE01		1	
2253	N,N-DIMETHYLANILIN	6.1	T1	II	6.1	802	100 ml	E4		PP EP TOX A	VE02		2	
2254	STURMZÜNDHÖLZER	4.1	F1	III	4.1	293	5 kg	E0		PP			0	
2256	CYCLOHEXEN	3	F1	II	3		1 l	E2		PP EX A	VE01		1	
2257	KALIUM	4.3	W2	I	4.3		0	E0		PP EX A	VE01	HA08	0	

Stoffnummer/ UN-Nummer	Benennung und Beschreibung	Klasse	Klassifizierungs-code	Verpackungs-gruppe	Gefahrzettel	Sonder-vorschriften	begrenzte Mengen		Beförderung zugelassen	Ausrüstung erforderlich	Lüftung	Maßnahmen während des Ladens / Löschens / Beförderns	Anzahl der Kegel / Lichter	Bemerkungen
	3.1.2	2.2	2.2	2.1.1.3	5.2.2	3.3	3.4 / 3.5.1.2		3.2.1	8.1.5	7.1.6	7.1.6	7.1.5	3.2.1
(1)	(2)	(3a)	(3b)	(4)	(5)	(6)	(7a)	(7b)	(8)	(9)	(10)	(11)	(12)	(13)
2258	1,2-PROPYLENDIAMIN	8	CF1	II	8 + 3		1 l	E2		PP EP EX A	VE01		1	
2259	TRIETHYLENTETRAMIN	8	C7	II	8		1 l	E2	T	PP EP			0	
2260	TRIPROPYLAMIN	3	FC	III	3 + 8		5 l	E1		PP EP EX A	VE01		0	
2261	XYLENOLE, FEST	6.1	T2	II	6.1	802	500 g	E4		PP EP			2	
2262	N,N-DIMETHYLCARBAMOYLCHLORID	8	C3	II	8		1 l	E2		PP EP			0	
2263	DIMETHYLCYCLOHEXANE	3	F1	II	3		1 l	E2	T	PP EX A	VE01		1	
2264	N,N-DIMETHYLCYCLOHEXYLAMIN	8	CF1	II	8 + 3		1 l	E2	T	PP EP EX A	VE01		1	
2265	N,N-DIMETHYLFORMAMID	3	F1	III	3		5 l	E1	T	PP EX A	VE01		0	
2266	DIMETHYL-N-PROPYLAMIN	3	FC	II	3 + 8		1 l	E2	T	PP EP EX A	VE01		1	
2267	DIMETHYLTHIOPHOSPHORYLCHLORID	6.1	TC1	II	6.1 + 8	802	100 ml	E4		PP EP TOX A	VE02		2	

Stoffnummer/ UN-Nummer	Benennung und Beschreibung	Klasse	Klassifizierungs-code	Verpackungs-gruppe	Gefahrzettel	Sonder-vorschriften	begrenzte Mengen		Beförderung zugelassen	Ausrüstung erforderlich	Lüftung	Maßnahmen während des Ladens / Löschens / Beförderns	Anzahl der Kegel / Lichter	Bemerkungen
	3.1.2	2.2	2.2	2.1.1.3	5.2.2	3.3	3.4 / 3.5.1.2		3.2.1	8.1.5	7.1.6	7.1.6	7.1.5	3.2.1
(1)	(2)	(3a)	(3b)	(4)	(5)	(6)	(7a)	(7b)	(8)	(9)	(10)	(11)	(12)	(13)
2269	3,3'-IMINOBISPROPYLAMIN	8	C7	III	8		5 l	E1		PP EP			0	
2270	ETHYLAMIN, WÄSSERIGE LÖSUNG mit mindestens 50 Masse-% und höchstens 70 Masse-% Ethylamin	3	FC	II	3 + 8		1 l	E2		PP EP EX A	VE01		1	
2271	ETHYLAMYLKETON	3	F1	III	3		5 l	E1		PP EX A	VE01		0	
2272	N-ETHYLANILIN	6.1	T1	III	6.1	802	5 l	E1		PP EP TOX A	VE02		0	
2273	2-ETHYLANILIN	6.1	T1	III	6.1	802	5 l	E1		PP EP TOX A	VE02		0	
2274	N-ETHYL-N-BENZYLANILIN	6.1	T1	III	6.1	802	5 l	E1		PP EP TOX A	VE02		0	
2275	2-ETHYLBUTANOL	3	F1	III	3		5 l	E1		PP EX A	VE01		0	
2276	2-ETHYLHEXYLAMIN	3	FC	III	3 + 8		5 l	E1	T	PP EP EX A	VE01		0	
2277	ETHYLMETHACRYLAT, STABILISIERT	3	F1	II	3	386	1 l	E2		PP EX A	VE01		1	

Tabelle A

Stoffnummer/ UN-Nummer	Benennung und Beschreibung	Klasse	Klassifizierungs-code	Verpackungs-gruppe	Gefahrzettel	Sonder-vorschriften	begrenzte Mengen		Beförderung zugelassen	Ausrüstung erforderlich	Lüftung	Maßnahmen während des Ladens / Löschens / Beförderns			Anzahl der Kegel / Lichter	Bemerkungen
	3.1.2	2.2	2.2	2.1.1.3	5.2.2	3.3	3.4 / 3.5.1.2		3.2.1	8.1.5	7.1.6	7.1.6			7.1.5	3.2.1
(1)	(2)	(3a)	(3b)	(4)	(5)	(6)	(7a)	(7b)	(8)	(9)	(10)	(11)			(12)	(13)
2278	n-HEPTEN	3	F1	II	3		1 l	E2	T	PP EX A	VE01				1	
2279	HEXACHLORBUTADIEN	6.1	T1	III	6.1	802	5 l	E1		PP EP TOX A	VE02				0	
2280	HEXAMETHYLENDIAMIN, FEST	8	C8	III	8		5 kg	E1	T	PP EP					0	
2281	HEXAMETHYLENDIISOCYANAT	6.1	T1	II	6.1	802	100 ml	E4		PP EP TOX A	VE02				2	
2282	HEXANOLE	3	F1	III	3		5 l	E1	T	PP EX A	VE01				0	
2283	ISOBUTYLMETHACRYLAT, STABILISIERT	3	F1	III	3	386	5 l	E1		PP EX A	VE01				0	
2284	ISOBUTYRONITRIL	3	FT1	II	3 + 6.1	802	1 l	E2		PP EP EX TOX A	VE01 VE02				2	
2285	ISOCYANATOBENZOTRIFLUORIDE	6.1	TF1	II	6.1 + 3	802	100 ml	E4		PP EP EX TOX A	VE01 VE02				2	
2286	PENTAMETHYLHEPTAN	3	F1	III	3		5 l	E1	T	PP EX A	VE01				0	

3

Stoffnummer/ UN-Nummer	Benennung und Beschreibung	Klasse	Klassifizierungs-code	Verpackungs-gruppe	Gefahrzettel	Sonder-vorschriften	begrenzte Mengen		Beförderung zugelassen	Ausrüstung erforderlich	Lüftung	Maßnahmen während des Ladens / Löschens / Beförderns	Anzahl der Kegel / Lichter	Bemerkungen
	3.1.2	2.2	2.2	2.1.1.3	5.2.2	3.3	3.4 / 3.5.1.2		3.2.1	8.1.5	7.1.6	7.1.6	7.1.5	3.2.1
(1)	(2)	(3a)	(3b)	(4)	(5)	(6)	(7a)	(7b)	(8)	(9)	(10)	(11)	(12)	(13)
2287	ISOHEPTENE	3	F1	II	3		1 l	E2		PP EX A	VE01		1	
2288	ISOHEXENE	3	F1	II	3		1 l	E2		PP EX A	VE01		1	
2289	ISOPHORONDIAMIN	8	C7	III	8		5 l	E1	T	PP EP			0	
2290	ISOPHORONDIISOCYANAT	6.1	T1	III	6.1	802	5 l	E1		PP EP TOX A	VE02		0	
2291	BLEIVERBINDUNG, LÖSLICH, N.A.G.	6.1	T5	III	6.1	199 274 535 802	5 kg	E1	B	PP EP A			0	
2293	4-METHOXY-4-METHYLPENTAN-2-ON	3	F1	III	3		5 l	E1		PP EX A	VE01		0	
2294	N-METHYLANILIN	6.1	T1	III	6.1	802	5 l	E1		PP EP TOX A	VE02		0	
2295	METHYLCHLORACETAT	6.1	TF1	I	6.1 + 3	802	0	E0		PP EP EX TOX A	VE01 VE02		2	
2296	METHYLCYCLOHEXAN	3	F1	II	3		1 l	E2		PP EX A	VE01		1	

Tabelle A

Stoffnummer/ UN-Nummer	Benennung und Beschreibung	Klasse	Klassifizierungs-code	Verpackungs-gruppe	Gefahrzettel	Sonder-vorschriften	begrenzte Mengen		Beförderung zugelassen	Ausrüstung erforderlich	Lüftung	Maßnahmen während des Ladens / Löschens / Beförderns			Anzahl der Kegel / Lichter	Bemerkungen
	3.1.2	2.2	2.2	2.1.1.3	5.2.2	3.3	3.4 / 3.5.1.2		3.2.1	8.1.5	7.1.6	7.1.6			7.1.5	3.2.1
(1)	(2)	(3a)	(3b)	(4)	(5)	(6)	(7a)	(7b)	(8)	(9)	(10)	(11)			(12)	(13)
2297	METHYLCYCLOHEXANON	3	F1	III	3		5 l	E1		PP EX A	VE01				0	
2298	METHYLCYCLOPENTAN	3	F1	II	3		1 l	E2		PP EX A	VE01				1	
2299	METHYLDICHLORACETAT	6.1	T1	III	6.1	802	5 l	E1		PP EP TOX A	VE02				0	
2300	2-METHYL-5-ETHYLPYRIDIN	6.1	T1	III	6.1	802	5 l	E1		PP EP TOX A	VE02				0	
2301	2-METHYLFURAN	3	F1	II	3		1 l	E2		PP EX A	VE01				1	
2302	5-METHYLHEXAN-2-ON	3	F1	III	3		5 l	E1	T	PP EX A	VE01				0	
2303	ISOPROPENYLBENZEN	3	F1	III	3		5 l	E1	T	PP EX A	VE01				0	
2304	NAPHTHALEN, GESCHMOLZEN	4.1	F2	III	4.1	536	0	E0		PP					0	
2305	NITROBENZENSULFONSÄURE	8	C4	II	8		1 kg	E2		PP EP					0	
2306	NITROBENZOTRIFLUORIDE, FLÜSSIG	6.1	T1	II	6.1	802	100 ml	E4		PP EP TOX A	VE02				2	

3

Stoffnummer/ UN-Nummer	Benennung und Beschreibung	Klasse	Klassifizierungs-code	Verpackungs-gruppe	Gefahrzettel	Sonder-vorschriften	begrenzte Mengen		Beförderung zugelassen	Ausrüstung erforderlich	Lüftung	Maßnahmen während des Ladens / Löschens / Beförderns	Anzahl der Kegel / Lichter	Bemerkungen
	3.1.2	2.2	2.2	2.1.1.3	5.2.2	3.3	3.4 / 3.5.1.2		3.2.1	8.1.5	7.1.6	7.1.6	7.1.5	3.2.1
(1)	(2)	(3a)	(3b)	(4)	(5)	(6)	(7a)	(7b)	(8)	(9)	(10)	(11)	(12)	(13)
2307	3-NITRO-4-CHLORBENZOTRIFLUORID	6.1	T1	II	6.1	802	100 ml	E4		PP EP TOX A	VE02		2	
2308	NITROSYLSCHWEFELSÄURE, FLÜSSIG	8	C1	II	8		1 l	E2		PP EP			0	
2309	OCTADIENE	3	F1	II	3		1 l	E2	T	PP EX A	VE01		1	
2310	PENTAN-2,4-DION	3	FT1	III	3 + 6.1	802	5 l	E1		PP EP EX TOX A	VE01 VE02		0	
2311	PHENETIDINE	6.1	T1	III	6.1	279 802	5 l	E1	T	PP EP TOX A	VE02		0	
2312	PHENOL, GESCHMOLZEN	6.1	T1	II	6.1	802	0	E0	T	PP EP TOX A	VE02		2	
2313	PICOLINE	3	F1	III	3		5 l	E1		PP EX A	VE01		0	
2315	POLYCHLORIERTE BIPHENYLE, FLÜSSIG	9	M2	II	9	305 802	1 l	E2		PP EP			0	
2316	NATRIUMKUPFER(I)CYANID, FEST	6.1	T5	I	6.1	802	0	E5		PP EP			2	
2317	NATRIUMKUPFER(I)CYANID, LÖSUNG	6.1	T4	I	6.1	802	0	E5		PP EP			2	
2318	NATRIUMHYDROGENSULFID mit weniger als 25 % Kristallwasser	4.2	S4	II	4.2	504	0	E2		PP			0	

Tabelle A

Stoffnummer/ UN-Nummer	Benennung und Beschreibung	Klasse	Klassifizierungs-code	Verpackungs-gruppe	Gefahrzettel	Sonder-vorschriften	begrenzte Mengen		Beförderung zugelassen	Ausrüstung erforderlich	Lüftung	Maßnahmen während des Ladens / Löschens / Beförderns			Anzahl der Kegel / Lichter	Bemerkungen
	3.1.2	2.2	2.2	2.1.1.3	5.2.2	3.3	3.4 / 3.5.1.2		3.2.1	8.1.5	7.1.6	7.1.6			7.1.5	3.2.1
(1)	(2)	(3a)	(3b)	(4)	(5)	(6)	(7a)	(7b)	(8)	(9)	(10)	(11)			(12)	(13)
2319	TERPENKOHLENWASSERSTOFFE, N.A.G.	3	F1	III	3		5 l	E1		PP EX A	VE01				0	
2320	TETRAETHYLENPENTAMIN	8	C7	III	8		5 l	E1	T	PP EP					0	
2321	TRICHLORBENZENE, FLÜSSIG	6.1	T1	III	6.1	802	5 l	E1	T	PP EP TOX A	VE02				0	
2322	TRICHLORBUTEN	6.1	T1	II	6.1	802	100 ml	E4		PP EP TOX A	VE02				2	
2323	TRIETHYLPHOSPHIT	3	F1	III	3		5 l	E1	T	PP EX A	VE01				0	
2324	TRIISOBUTYLEN	3	F1	III	3		5 l	E1	T	PP EX A	VE01				0	
2325	1,3,5-TRIMETHYLBENZEN	3	F1	III	3		5 l	E1	T	PP EX A	VE01				0	
2326	TRIMETHYLCYCLOHEXYLAMIN	8	C7	III	8		5 l	E1		PP EP					0	
2327	TRIMETHYLHEXAMETHYLENDIAMINE	8	C7	III	8		5 l	E1		PP EP					0	
2328	TRIMETHYLHEXAMETHYLENDIISO-CYANAT (und isomere Gemische)	6.1	T1	III	6.1	802	5 l	E1		PP EP TOX A	VE02				0	
2329	TRIMETHYLPHOSPHIT	3	F1	III	3		5 l	E1		PP EX A	VE01				0	

Stoffnummer/ UN-Nummer	Benennung und Beschreibung	Klasse	Klassifizierungs-code	Verpackungs-gruppe	Gefahrzettel	Sonder-vorschriften	begrenzte Mengen		Beförderung zugelassen	Ausrüstung erforderlich	Lüftung	Maßnahmen während des Ladens / Löschens / Beförderns	Anzahl der Kegel / Lichter	Bemerkungen
	3.1.2	2.2	2.2	2.1.1.3	5.2.2	3.3	3.4 / 3.5.1.2		3.2.1	8.1.5	7.1.6	7.1.6	7.1.5	3.2.1
(1)	(2)	(3a)	(3b)	(4)	(5)	(6)	(7a)	(7b)	(8)	(9)	(10)	(11)	(12)	(13)
2330	UNDECAN	3	F1	III	3		5 l	E1		PP EX A	VE01		0	
2331	ZINKCHLORID, WASSERFREI	8	C2	III	8		5 kg	E1		PP EP			0	
2332	ACETALDEHYDOXIM	3	F1	III	3		5 l	E1		PP EX A	VE01		0	
2333	ALLYLACETAT	3	FT1	II	3 + 6.1	802	1 l	E2	T	PP EP EX TOX A	VE01 VE02		2	
2334	ALLYLAMIN	6.1	TF1	I	6.1 + 3	354 802	0	E0		PP EP EX TOX A	VE01 VE02		2	
2335	ALLYLETHYLETHER	3	FT1	II	3 + 6.1	802	1 l	E2		PP EP EX TOX A	VE01 VE02		2	
2336	ALLYLFORMIAT	3	FT1	I	3 + 6.1	802	0	E0		PP EP EX TOX A	VE01 VE02		2	
2337	PHENYLMERCAPTAN	6.1	TF1	I	6.1 + 3	354 802	0	E0		PP EP EX TOX A	VE01 VE02		2	

Tabelle A

Stoffnummer/ UN-Nummer	Benennung und Beschreibung	Klasse	Klassifizierungs-code	Verpackungs-gruppe	Gefahrzettel	Sonder-vorschriften	begrenzte Mengen		Beförderung zugelassen	Ausrüstung erforderlich	Lüftung	Maßnahmen während des Ladens / Löschens / Beförderns	Anzahl der Kegel / Lichter	Bemerkungen
	3.1.2	2.2	2.2	2.1.1.3	5.2.2	3.3	3.4 / 3.5.1.2		3.2.1	8.1.5	7.1.6	7.1.6	7.1.5	3.2.1
(1)	(2)	(3a)	(3b)	(4)	(5)	(6)	(7a)	(7b)	(8)	(9)	(10)	(11)	(12)	(13)
2338	BENZOTRIFLUORID	3	F1	II	3		1 l	E2		PP EX A	VE01		1	
2339	2-BROMBUTAN	3	F1	II	3		1 l	E2		PP EX A	VE01		1	
2340	2-BROMETHYLETHYLETHER	3	F1	II	3		1 l	E2		PP EX A	VE01		1	
2341	1-BROM-3-METHYLBUTAN	3	F1	III	3		5 l	E1		PP EX A	VE01		0	
2342	BROMMETHYLPROPANE	3	F1	II	3		1 l	E2		PP EX A	VE01		1	
2343	2-BROMPENTAN	3	F1	II	3		1 l	E2		PP EX A	VE01		1	
2344	BROMPROPANE	3	F1	II	3		1 l	E2		PP EX A	VE01		1	
2344	BROMPROPANE	3	F1	III	3		5 l	E1		PP EX A	VE01		0	
2345	3-BROMPROPIN	3	F1	II	3		1 l	E2		PP EX A	VE01		1	
2346	BUTANDION	3	F1	II	3		1 l	E2		PP EX A	VE01		1	
2347	BUTYLMERCAPTAN	3	F1	II	3		1 l	E2		PP EX A	VE01		1	

Stoffnummer/ UN-Nummer	Benennung und Beschreibung	Klasse	Klassifizierungs-code	Verpackungs-gruppe	Gefahrzettel	Sonder-vorschriften	begrenzte Mengen		Beförderung zugelassen	Ausrüstung erforderlich	Lüftung	Maßnahmen während des Ladens / Löschens / Beförderns			Anzahl der Kegel / Lichter	Bemerkungen
	3.1.2	2.2	2.2	2.1.1.3	5.2.2	3.3	3.4 / 3.5.1.2		3.2.1	8.1.5	7.1.6	7.1.6			7.1.5	3.2.1
(1)	(2)	(3a)	(3b)	(4)	(5)	(6)	(7a)	(7b)	(8)	(9)	(10)	(11)			(12)	(13)
2348	BUTYLACRYLATE, STABILISIERT	3	F1	III	3	386	5 l	E1	T	PP EX A	VE01				0	
2350	BUTYLMETHYLETHER	3	F1	II	3		1 l	E2	T	PP EX A	VE01				1	
2351	BUTYLNITRITE	3	F1	II	3		1 l	E2		PP EX A	VE01				1	
2351	BUTYLNITRITE	3	F1	III	3		5 l	E1		PP EX A	VE01				0	
2352	BUTYLVINYLETHER, STABILISIERT	3	F1	II	3	386	1 l	E2		PP EX A	VE01				1	
2353	BUTYRYLCHLORID	3	FC	II	3 + 8		1 l	E2		PP EP EX A	VE01				1	
2354	CHLORMETHYLETHYLETHER	3	FT1	II	3 + 6.1	802	1 l	E2		PP EP EX TOX A	VE01 VE02				2	
2356	2-CHLORPROPAN	3	F1	I	3		0	E3	T	PP EX A	VE01				1	
2357	CYCLOHEXYLAMIN	8	CF1	II	8 + 3		1 l	E2	T	PP EP EX A	VE01				1	

Tabelle A

Stoffnummer/ UN-Nummer	Benennung und Beschreibung	Klasse	Klassifizierungs-code	Verpackungs-gruppe	Gefahrzettel	Sonder-vorschriften	begrenzte Mengen		Beförderung zugelassen	Ausrüstung erforderlich	Lüftung	Maßnahmen während des Ladens / Löschens / Beförderns	Anzahl der Kegel / Lichter	Bemerkungen
	3.1.2	2.2	2.2	2.1.1.3	5.2.2	3.3	3.4 / 3.5.1.2		3.2.1	8.1.5	7.1.6	7.1.6	7.1.5	3.2.1
(1)	(2)	(3a)	(3b)	(4)	(5)	(6)	(7a)	(7b)	(8)	(9)	(10)	(11)	(12)	(13)
2358	CYCLOOCTATETRAEN	3	F1	II	3		1 l	E2		PP EX A	VE01		1	
2359	DIALLYLAMIN	3	FTC	II	3 + 6.1 + 8	802	1 l	E2		PP EP EX TOX A	VE01 VE02		2	
2360	DIALLYLETHER	3	FT1	II	3 + 6.1	802	1 l	E2		PP EP EX TOX A	VE01 VE02		2	
2361	DIISOBUTYLAMIN	3	FC	III	3 + 8		5 l	E1		PP EP EX A	VE01		0	
2362	1,1-DICHLORETHAN	3	F1	II	3		1 l	E2	T	PP EX A	VE01		1	
2363	ETHYLMERCAPTAN	3	F1	I	3		0	E0		PP EX A	VE01		1	
2364	n-PROPYLBENZEN	3	F1	III	3		5 l	E1		PP EX A	VE01		0	
2366	DIETHYLCARBONAT	3	F1	III	3		5 l	E1		PP EX A	VE01		0	
2367	alpha-METHYLVALERALDEHYD	3	F1	II	3		1 l	E2		PP EX A	VE01		1	

Tabelle A

Stoffnummer/ UN-Nummer	Benennung und Beschreibung	Klasse	Klassifizierungs-code	Verpackungs-gruppe	Gefahrzettel	Sonder-vorschriften	begrenzte Mengen		Beförderung zugelassen	Ausrüstung erforderlich	Lüftung	Maßnahmen während des Ladens / Löschens / Beförderns			Anzahl der Kegel / Lichter	Bemerkungen
	3.1.2	2.2	2.2	2.1.1.3	5.2.2	3.3	3.4 / 3.5.1.2		3.2.1	8.1.5	7.1.6	7.1.6			7.1.5	3.2.1
(1)	(2)	(3a)	(3b)	(4)	(5)	(6)	(7a)	(7b)	(8)	(9)	(10)	(11)			(12)	(13)
2368	alpha-PINEN	3	F1	III	3		5 l	E1		PP EX A	VE01				0	
2370	HEX-1-EN	3	F1	II	3		1 l	E2	T	PP EX A	VE01				1	
2371	ISOPENTENE	3	F1	I	3		0	E3		PP EX A	VE01				1	
2372	1,2-DI-(DIMETHYLAMINO)-ETHAN	3	F1	II	3		1 l	E2		PP EX A	VE01				1	
2373	DIETHOXYMETHAN	3	F1	II	3		1 l	E2		PP EX A	VE01				1	
2374	3,3-DIETHOXYPROPEN	3	F1	II	3		1 l	E2		PP EX A	VE01				1	
2375	DIETHYLSULFID	3	F1	II	3		1 l	E2		PP EX A	VE01				1	
2376	2,3-DIHYDROPYRAN	3	F1	II	3		1 l	E2		PP EX A	VE01				1	
2377	1,1-DIMETHOXYETHAN	3	F1	II	3		1 l	E2		PP EX A	VE01				1	
2378	2-DIMETHYLAMINOACETONITRIL	3	FT1	II	3 + 6.1	802	1 l	E2		PP EP EX TOX A	VE01 VE02				2	

Tabelle A

Stoffnummer/ UN-Nummer	Benennung und Beschreibung	Klasse	Klassifizierungs-code	Verpackungs-gruppe	Gefahrzettel	Sonder-vorschriften	begrenzte Mengen		Beförderung zugelassen	Ausrüstung erforderlich	Lüftung	Maßnahmen während des Ladens / Löschens / Beförderns			Anzahl der Kegel / Lichter	Bemerkungen
	3.1.2	2.2	2.2	2.1.1.3	5.2.2	3.3	3.4 / 3.5.1.2		3.2.1	8.1.5	7.1.6	7.1.6			7.1.5	3.2.1
(1)	(2)	(3a)	(3b)	(4)	(5)	(6)	(7a)	(7b)	(8)	(9)	(10)	(11)			(12)	(13)
2379	1,3-DIMETHYLBUTYLAMIN	3	FC	II	3 + 8		1 l	E2		PP EP EX A	VE01				1	
2380	DIMETHYLDIETHOXYSILAN	3	F1	II	3		1 l	E2		PP EX A	VE01				1	
2381	DIMETHYLDISULFID	3	FT1	II	3+ 6.1		1 l	E0	T	PP EP EX EP A	VE01 VE02				2	
2382	DIMETHYLHYDRAZIN, SYMMETRISCH	6.1	TF1	I	6.1 + 3	354 802	0	E0	T	PP EP EX TOX A	VE01 VE02				2	
2383	DIPROPYLAMIN	3	FC	II	3 + 8	386	1 l	E2	T	PP EP EX A	VE01				1	
2384	DI-n-PROPYLETHER	3	F1	II	3		1 l	E2		PP EX A	VE01				1	
2385	ETHYLISOBUTYRAT	3	F1	II	3		1 l	E2		PP EX A	VE01				1	
2386	1-ETHYLPIPERIDIN	3	FC	II	3 + 8		1 l	E2		PP EP EX A	VE01				1	

Stoffnummer/ UN-Nummer	Benennung und Beschreibung	Klasse	Klassifizierungs-code	Verpackungs-gruppe	Gefahrzettel	Sonder-vorschriften	begrenzte Mengen		Beförderung zugelassen	Ausrüstung erforderlich	Lüftung	Maßnahmen während des Ladens / Löschens / Beförderns	Anzahl der Kegel / Lichter	Bemerkungen
	3.1.2	2.2	2.2	2.1.1.3	5.2.2	3.3	3.4 / 3.5.1.2		3.2.1	8.1.5	7.1.6	7.1.6	7.1.5	3.2.1
(1)	(2)	(3a)	(3b)	(4)	(5)	(6)	(7a)	(7b)	(8)	(9)	(10)	(11)	(12)	(13)
2387	FLUORBENZEN	3	F1	II	3		1 l	E2		PP EX A	VE01		1	
2388	FLUORTOLUENE	3	F1	II	3		1 l	E2		PP EX A	VE01		1	
2389	FURAN	3	F1	I	3		0	E3		PP EX A	VE01		1	
2390	2-IODBUTAN	3	F1	II	3		1 l	E2		PP EX A	VE01		1	
2391	IODMETHYLPROPANE	3	F1	II	3		1 l	E2		PP EX A	VE01		1	
2392	IODPROPANE	3	F1	III	3		5 l	E1		PP EX A	VE01		0	
2393	ISOBUTYLFORMIAT	3	F1	II	3		1 l	E2		PP EX A	VE01		1	
2394	ISOBUTYLPROPIONAT	3	F1	III	3		5 l	E1		PP EX A	VE01		0	
2395	ISOBUTYRYLCHLORID	3	FC	II	3 + 8		1 l	E2		PP EP EX A	VE01		1	
2396	METHACRYLALDEHYD, STABILISIERT	3	FT1	II	3 + 6.1	386 802	1 l	E2		PP EP EX TOX A	VE01 VE02		2	

Tabelle A

Stoffnummer/ UN-Nummer	Benennung und Beschreibung	Klasse	Klassifizierungscode	Verpackungsgruppe	Gefahrzettel	Sondervorschriften	begrenzte Mengen		Beförderung zugelassen	Ausrüstung erforderlich	Lüftung	Maßnahmen während des Ladens / Löschens / Beförderns	Anzahl der Kegel / Lichter	Bemerkungen
	3.1.2	2.2	2.2	2.1.1.3	5.2.2	3.3	3.4 / 3.5.1.2		3.2.1	8.1.5	7.1.6	7.1.6	7.1.5	3.2.1
(1)	(2)	(3a)	(3b)	(4)	(5)	(6)	(7a)	(7b)	(8)	(9)	(10)	(11)	(12)	(13)
2397	3-METHYLBUTAN-2-ON	3	F1	II	3		1 l	E2	T	PP EX A	VE01		1	
2398	METHYL-tert-BUTYLETHER	3	F1	II	3		1 l	E2	T	PP EX A	VE01		1	
2399	1-METHYLPIPERIDIN	3	FC	II	3 + 8		1 l	E2		PP EP EX A	VE01		1	
2400	METHYLISOVALERAT	3	F1	II	3		1 l	E2		PP EX A	VE01		1	
2401	PIPERIDIN	8	CF1	I	8 + 3		0	E0		PP EP EX A	VE01		1	
2402	PROPANTHIOLE	3	F1	II	3		1 l	E2		PP EX A	VE01		1	
2403	ISOPROPENYLACETAT	3	F1	II	3		1 l	E2		PP EX A	VE01		1	
2404	PROPIONITRIL	3	FT1	II	3 + 6.1	802	1 l	E0	T	PP EP EX TOX A	VE01 VE02		2	
2405	ISOPROPYLBUTYRAT	3	F1	III	3		5 l	E1		PP EX A	VE01		0	

Stoffnummer/ UN-Nummer	Benennung und Beschreibung	Klasse	Klassifizierungs-code	Verpackungs-gruppe	Gefahrzettel	Sonder-vorschriften	begrenzte Mengen		Beförderung zugelassen	Ausrüstung erforderlich	Lüftung	Maßnahmen während des Ladens / Löschens / Beförderns	Anzahl der Kegel / Lichter	Bemerkungen
	3.1.2	2.2	2.2	2.1.1.3	5.2.2	3.3	3.4 / 3.5.1.2		3.2.1	8.1.5	7.1.6	7.1.6	7.1.5	3.2.1
(1)	(2)	(3a)	(3b)	(4)	(5)	(6)	(7a)	(7b)	(8)	(9)	(10)	(11)	(12)	(13)
2406	ISOPROPYLISOBUTYRAT	3	F1	II	3		1 l	E2		PP EX A	VE01		1	
2407	ISOPROPYLCHLORFORMIAT	6.1	TFC	I	6.1 + 3 + 8	354 802	0	E0		PP EP EX TOX A	VE01 VE02		2	
2409	ISOPROPYLPROPIONAT	3	F1	II	3		1 l	E2		PP EX A	VE01		1	
2410	1,2,3,6-TETRAHYDROPYRIDIN	3	F1	II	3		1 l	E2		PP EX A	VE01		1	
2411	BUTYRONITRIL	3	FT1	II	3 + 6.1	802	1 l	E2		PP EP EX TOX A	VE01 VE02		2	
2412	TETRAHYDROTHIOPHEN	3	F1	II	3		1 l	E2		PP EX A	VE01		1	
2413	TETRAPROPYLORTHOTITANAT	3	F1	III	3		5 l	E1		PP EX A	VE01		0	
2414	THIOPHEN	3	F1	II	3		1 l	E2	T	PP EX A	VE01		1	
2416	TRIMETHYLBORAT	3	F1	II	3		1 l	E2		PP EX A	VE01		1	

Stoffnummer/ UN-Nummer	Benennung und Beschreibung	Klasse	Klassifizierungs-code	Verpackungs-gruppe	Gefahrzettel	Sonder-vorschriften	begrenzte Mengen		Beförderung zugelassen	Ausrüstung erforderlich	Lüftung	Maßnahmen während des Ladens / Löschens / Beförderns			Anzahl der Kegel / Lichter	Bemerkungen
	3.1.2	2.2	2.2	2.1.1.3	5.2.2	3.3	3.4 / 3.5.1.2		3.2.1	8.1.5	7.1.6	7.1.6			7.1.5	3.2.1
(1)	(2)	(3a)	(3b)	(4)	(5)	(6)	(7a)	(7b)	(8)	(9)	(10)	(11)			(12)	(13)
2417	CARBONYLFLUORID	2	2TC		2.3 + 8		0	E0		PP EP TOX A	VE02				2	
2418	SCHWEFELTETRAFLUORID	2	2TC		2.3 + 8		0	E0		PP EP TOX A	VE02				2	
2419	BROMTRIFLUORETHYLEN	2	2F		2.1	662	0	E0		PP EX A	VE01				1	
2420	HEXAFLUORACETON	2	2TC		2.3 + 8		0	E0		PP EP TOX A	VE02				2	
2421	DISTICKSTOFFTRIOXID	2	2TOC	BEFÖRDERUNG VERBOTEN												
2422	OCTAFLUORBUT-2-EN (GAS ALS KÄLTEMITTEL R 1318)	2	2A		2.2	662	120 ml	E1		PP					0	
2424	OCTAFLUORPROPAN (GAS ALS KÄLTEMITTEL R 218)	2	2A		2.2	662	120 ml	E1		PP					0	
2426	AMMONIUMNITRAT, FLÜSSIG, heiße konzentrierte Lösung mit einer Konzentration von mehr als 80 %, aber höchstens 93 %	5.1	O1		5.1	252 644	0	E0		PP					0	
2427	KALIUMCHLORAT, WÄSSERIGE LÖSUNG	5.1	O1	II	5.1		1 l	E2		PP					0	
2427	KALIUMCHLORAT, WÄSSERIGE LÖSUNG	5.1	O1	III	5.1		5 l	E1		PP					0	
2428	NATRIUMCHLORAT, WÄSSERIGE LÖSUNG	5.1	O1	II	5.1		1 l	E2		PP					0	
2428	NATRIUMCHLORAT, WÄSSERIGE LÖSUNG	5.1	O1	III	5.1		5 l	E1		PP					0	
2429	CALCIUMCHLORAT, WÄSSERIGE LÖSUNG	5.1	O1	II	5.1		1 l	E2		PP					0	

Stoffnummer/ UN-Nummer	Benennung und Beschreibung	Klasse	Klassifizierungs-code	Verpackungs-gruppe	Gefahrzettel	Sonder-vorschriften	begrenzte Mengen		Beförderung zugelassen	Ausrüstung erforderlich	Lüftung	Maßnahmen während des Ladens / Löschens / Beförderns			Anzahl der Kegel / Lichter	Bemerkungen
	3.1.2	2.2	2.2	2.1.1.3	5.2.2	3.3	3.4 / 3.5.1.2		3.2.1	8.1.5	7.1.6	7.1.6			7.1.5	3.2.1
(1)	(2)	(3a)	(3b)	(4)	(5)	(6)	(7a)	(7b)	(8)	(9)	(10)	(11)			(12)	(13)
2429	CALCIUMCHLORAT, WÄSSERIGE LÖSUNG	5.1	O1	III	5.1		5 l	E1		PP					0	
2430	ALKYLPHENOLE, FEST, N.A.G. (einschließlich C2-C12-Homologe)	8	C4	I	8		0	E0		PP EP					0	
2430	ALKYLPHENOLE, FEST, N.A.G. (einschließlich C2-C12-Homologe)	8	C4	II	8		1 kg	E2	T	PP EP					0	
2430	ALKYLPHENOLE, FEST, N.A.G. (einschließlich C2-C12-Homologe)	8	C4	III	8		5 kg	E1		PP EP					0	
2431	ANISIDINE	6.1	T1	III	6.1	802	5 l	E1		PP EP TOX A	VE02				0	
2432	N,N-DIETHYLANILIN	6.1	T1	III	6.1	279 802	5 l	E1	T	PP EP TOX A	VE02				0	
2433	CHLORNITROTOLUENE, FLÜSSIG	6.1	T1	III	6.1	802	5 l	E1		PP EP TOX A	VE02				0	
2434	DIBENZYLDICHLORSILAN	8	C3	II	8		0	E0		PP EP					0	
2435	ETHYLPHENYLDICHLORSILAN	8	C3	II	8		0	E0		PP EP					0	
2436	THIOESSIGSÄURE	3	F1	II	3		1 l	E2		PP EX A	VE01				1	
2437	METHYLPHENYLDICHLORSILAN	8	C3	II	8		0	E0		PP EP					0	

Stoffnummer/ UN-Nummer	Benennung und Beschreibung	Klasse	Klassifizierungs-code	Verpackungs-gruppe	Gefahrzettel	Sonder-vorschriften	begrenzte Mengen		Beförderung zugelassen	Ausrüstung erforderlich	Lüftung	Maßnahmen während des Ladens / Löschens / Beförderns	Anzahl der Kegel / Lichter	Bemerkungen
	3.1.2	2.2	2.2	2.1.1.3	5.2.2	3.3	3.4 / 3.5.1.2		3.2.1	8.1.5	7.1.6	7.1.6	7.1.5	3.2.1
(1)	(2)	(3a)	(3b)	(4)	(5)	(6)	(7a)	(7b)	(8)	(9)	(10)	(11)	(12)	(13)
2438	TRIMETHYLACETYLCHLORID	6.1	TFC	I	6.1 + 3 + 8	802	0	E0		PP EP EX TOX A	VE01 VE02		2	
2439	NATRIUMHYDROGENDIFLUORID	8	C2	II	8		1 kg	E2		PP EP			0	
2440	ZINNTETRACHLORID-PENTAHYDRAT	8	C2	III	8		5 kg	E1		PP EP			0	
2441	TITANTRICHLORID, PYROPHOR oder TITANTRICHLORIDMISCHUNGEN, PYROPHOR	4.2	SC4	I	4.2 + 8	537	0	E0		PP EP			0	
2442	TRICHLORACETYLCHLORID	8	C3	II	8		0	E0		PP EP			0	
2443	VANADIUMOXYTRICHLORID	8	C1	II	8		1 l	E0		PP EP			0	
2444	VANADIUMTETRACHLORID	8	C1	I	8		0	E0		PP EP			0	
2446	NITROCRESOLE, FEST	6.1	T2	III	6.1	802	5 kg	E1		PP EP			0	
2447	PHOSPHOR, WEISS GESCHMOLZEN	4.2	ST3	I	4.2 + 6.1	802	0	E0		PP EP TOX A	VE02		2	
2448	SCHWEFEL, GESCHMOLZEN	4.1	F3	III	4.1	538	0	E0	T	PP			0	
2451	STICKSTOFFTRIFLUORID	2	2O		2.2 + 5.1	662	0	E0		PP			0	
2452	ETHYLACETYLEN, STABILISIERT	2	2F		2.1	386 662	0	E0		PP EX A	VE01		1	

Stoffnummer/ UN-Nummer	Benennung und Beschreibung	Klasse	Klassifizierungs-code	Verpackungs-gruppe	Gefahrzettel	Sonder-vorschriften	begrenzte Mengen		Beförderung zugelassen	Ausrüstung erforderlich	Lüftung	Maßnahmen während des Ladens / Löschens / Beförderns			Anzahl der Kegel / Lichter	Bemerkungen
	3.1.2	2.2	2.2	2.1.1.3	5.2.2	3.3	3.4 / 3.5.1.2		3.2.1	8.1.5	7.1.6	7.1.6			7.1.5	3.2.1
(1)	(2)	(3a)	(3b)	(4)	(5)	(6)	(7a)	(7b)	(8)	(9)	(10)	(11)			(12)	(13)
2453	ETHYLFLUORID (GAS ALS KÄLTEMITTEL R 161)	2	2F		2.1	662	0	E0		PP EX A	VE01				1	
2454	METHYLFLUORID (GAS ALS KÄLTEMITTEL R 41)	2	2F		2.1	662	0	E0		PP EX A	VE01				1	
2455	METHYLNITRIT	2	2A	BEFÖRDERUNG VERBOTEN												
2456	2-CHLORPROPEN	3	F1	I	3		0	E3		PP EX A	VE01				1	
2457	2,3-DIMETHYLBUTAN	3	F1	II	3		1 l	E2		PP EX A	VE01				1	
2458	HEXADIENE	3	F1	II	3		1 l	E2	T	PP EX A	VE01				1	
2459	2-METHYLBUT-1-EN	3	F1	I	3		0	E3		PP EX A	VE01				1	
2460	2-METHYLBUT-2-EN	3	F1	II	3		1 l	E2		PP EX A	VE01				1	
2461	METHYLPENTADIENE	3	F1	II	3		1 l	E2		PP EX A	VE01				1	
2463	ALUMINIUMHYDRID	4.3	W2	I	4.3		0	E0		PP EX A	VE01		HA08		0	
2464	BERYLLIUMNITRAT	5.1	OT2	II	5.1 + 6.1	802	1 kg	E2		PP EP					2	
2465	DICHLORISOCYANURSÄURE, TROCKEN oder DICHLORISOCYANURSÄURESALZE	5.1	O2	II	5.1	135	1 kg	E2		PP					0	

Stoffnummer/ UN-Nummer	Benennung und Beschreibung	Klasse	Klassifizierungs-code	Verpackungs-gruppe	Gefahrzettel	Sonder-vorschriften	begrenzte Mengen		Beförderung zugelassen	Ausrüstung erforderlich	Lüftung	Maßnahmen während des Ladens / Löschens / Beförderns	Anzahl der Kegel / Lichter	Bemerkungen
	3.1.2	2.2	2.2	2.1.1.3	5.2.2	3.3	3.4 / 3.5.1.2		3.2.1	8.1.5	7.1.6	7.1.6	7.1.5	3.2.1
(1)	(2)	(3a)	(3b)	(4)	(5)	(6)	(7a)	(7b)	(8)	(9)	(10)	(11)	(12)	(13)
2466	KALIUMSUPEROXID	5.1	O2	I	5.1		0	E0		PP			0	
2468	TRICHLORISOCYANURSÄURE, TROCKEN	5.1	O2	II	5.1		1 kg	E2		PP			0	
2469	ZINKBROMAT	5.1	O2	III	5.1		5 kg	E1		PP			0	
2470	PHENYLACETONITRIL, FLÜSSIG	6.1	T1	III	6.1	802	5 l	E1		PP EP TOX A	VE02		0	
2471	OSMIUMTETROXID	6.1	T5	I	6.1	802	0	E5		PP EP			2	
2473	NATRIUMARSANILAT	6.1	T3	III	6.1	802	5 kg	E1		PP EP TOX A	VE02		0	
2474	THIOPHOSGEN	6.1	T1	I	6.1	279 354 802	0	E0		PP EP TOX A	VE02		2	
2475	VANADIUMTRICHLORID	8	C2	III	8		5 kg	E1		PP EP			0	
2477	METHYLISOTHIOCYANAT	6.1	TF1	I	6.1 + 3	354 802	0	E0	T	PP EP EX TOX A	VE01 VE02		2	
2478	ISOCYANATE, ENTZÜNDBAR, GIFTIG, N.A.G. oder ISOCYANAT, LÖSUNG, ENTZÜNDBAR, GIFTIG, N.A.G.	3	FT1	II	3 + 6.1	274 539 802	1 l	E2		PP EP EX TOX A	VE01 VE02		2	

Stoffnummer/ UN-Nummer	Benennung und Beschreibung	Klasse	Klassifizierungscode	Verpackungsgruppe	Gefahrzettel	Sondervorschriften	begrenzte Mengen		Beförderung zugelassen	Ausrüstung erforderlich	Lüftung	Maßnahmen während des Ladens / Löschens / Beförderns	Anzahl der Kegel / Lichter	Bemerkungen
	3.1.2	2.2	2.2	2.1.1.3	5.2.2	3.3	3.4 / 3.5.1.2		3.2.1	8.1.5	7.1.6	7.1.6	7.1.5	3.2.1
(1)	(2)	(3a)	(3b)	(4)	(5)	(6)	(7a)	(7b)	(8)	(9)	(10)	(11)	(12)	(13)
2478	ISOCYANATE, ENTZÜNDBAR, GIFTIG, N.A.G. oder ISOCYANAT, LÖSUNG, ENTZÜNDBAR, GIFTIG, N.A.G.	3	FT1	III	3 + 6.1	274 802	5 l	E1		PP EP EX TOX A	VE01 VE02		0	
2480	METHYLISOCYANAT	6.1	TF1	I	6.1 + 3	354 802	0	E0		PP EP EX TOX A	VE01 VE02		2	
2481	ETHYLISOCYANAT	6.1	TF1	I	6.1 + 3	354 802	0	E0		PP EP EX TOX A	VE01 VE02		2	
2482	n-PROPYLISOCYANAT	6.1	TF1	I	6.1 + 3	354 802	0	E0		PP EP EX TOX A	VE01 VE02		2	
2483	ISOPROPYLISOCYANAT	6.1	TF1	I	6.1 + 3	354 802	0	E0		PP EP EX TOX A	VE01 VE02		2	
2484	tert-BUTYLISOCYANAT	6.1	TF1	I	6.1 + 3	354 802	0	E0		PP EP EX TOX A	VE01 VE02		2	

Tabelle A

Stoffnummer/ UN-Nummer	Benennung und Beschreibung	Klasse	Klassifizierungs-code	Verpackungs-gruppe	Gefahrzettel	Sonder-vorschriften	begrenzte Mengen		Beförderung zugelassen	Ausrüstung erforderlich	Lüftung	Maßnahmen während des Ladens / Löschens / Beförderns	Anzahl der Kegel / Lichter	Bemerkungen
	3.1.2	2.2	2.2	2.1.1.3	5.2.2	3.3	3.4 / 3.5.1.2		3.2.1	8.1.5	7.1.6	7.1.6	7.1.5	3.2.1
(1)	(2)	(3a)	(3b)	(4)	(5)	(6)	(7a)	(7b)	(8)	(9)	(10)	(11)	(12)	(13)
2485	n-BUTYLISOCYANAT	6.1	TF1	I	6.1 + 3	354 802	0	E0	T	PP EP EX TOX A	VE01 VE02		2	
2486	ISOBUTYLISOCYANAT	6.1	TF1	I	6.1 + 3	354 802	0	E0	T	PP EP EX TOX A	VE01 VE02		2	
2487	PHENYLISOCYANAT	6.1	TF1	I	6.1 + 3	354 802	0	E0	T	PP EP EX TOX A	VE01 VE02		2	
2488	CYCLOHEXYLISOCYANAT	6.1	TF1	I	6.1 + 3	354 802	0	E0		PP EP EX TOX A	VE01 VE02		2	
2490	DICHLORISOPROPYLETHER	6.1	T1	II	6.1	802	100 ml	E4	T	PP EP TOX A	VE02		2	
2491	ETHANOLAMIN oder ETHANOLAMIN, LÖSUNG	8	C7	III	8		5 l	E1	T	PP EP			0	
2493	HEXAMETHYLENIMIN	3	FC	II	3 + 8		1 l	E2	T	PP EP EX A	VE01		1	
2495	IODPENTAFLUORID	5.1	OTC	I	5.1 + 6.1 + 8	802	0	E0		PP EP TOX A	VE02		2	

Stoffnummer/ UN-Nummer	Benennung und Beschreibung	Klasse	Klassifizierungs-code	Verpackungs-gruppe	Gefahrzettel	Sonder-vorschriften	begrenzte Mengen		Beförderung zugelassen	Ausrüstung erforderlich	Lüftung	Maßnahmen während des Ladens / Löschens / Beförderns	Anzahl der Kegel / Lichter	Bemerkungen
	3.1.2	2.2	2.2	2.1.1.3	5.2.2	3.3	3.4 / 3.5.1.2		3.2.1	8.1.5	7.1.6	7.1.6	7.1.5	3.2.1
(1)	(2)	(3a)	(3b)	(4)	(5)	(6)	(7a)	(7b)	(8)	(9)	(10)	(11)	(12)	(13)
2496	PROPIONSÄUREANHYDRID	8	C3	III	8		5 l	E1	T	PP EP			0	
2498	1,2,3,6-TETRAHYDROBENZALDEHYD	3	F1	III	3		5 l	E1		PP EX A	VE01		0	
2501	TRIS-(1-AZIRIDINYL)-PHOSPHINOXID, LÖSUNG	6.1	T1	II	6.1	802	100 ml	E4		PP EP TOX A	VE02		2	
2501	TRIS-(1-AZIRIDINYL)-PHOSPHINOXID, LÖSUNG	6.1	T1	III	6.1	802	5 l	E1		PP EP TOX A	VE02		0	
2502	VALERYLCHLORID	8	CF1	II	8 + 3		1 l	E2		PP EP EX A	VE01		1	
2503	ZIRKONIUMTETRACHLORID	8	C2	III	8		5 kg	E1		PP EP			0	
2504	TETRABROMETHAN	6.1	T1	III	6.1	802	5 l	E1		PP EP TOX A	VE02		0	
2505	AMMONIUMFLUORID	6.1	T5	III	6.1	802	5 kg	E1	B	PP EP			0	
2506	AMMONIUMHYDROGENSULFAT	8	C2	II	8		1 kg	E2	B	PP EP		CO03	0	CO03 gilt nur, wenn der Stoff in loser Schüttung oder unverpackt befördert wird.
2507	HEXACHLORPLATINSÄURE, FEST	8	C2	III	8		5 kg	E1		PP EP			0	
2508	MOLYBDÄNPENTACHLORID	8	C2	III	8		5 kg	E1		PP EP			0	

Stoffnummer/ UN-Nummer	Benennung und Beschreibung	Klasse	Klassifizierungs-code	Verpackungs-gruppe	Gefahrzettel	Sonder-vorschriften	begrenzte Mengen		Beförderung zugelassen	Ausrüstung erforderlich	Lüftung	Maßnahmen während des Ladens / Löschens / Beförderns	Anzahl der Kegel / Lichter	Bemerkungen
	3.1.2	2.2	2.2	2.1.1.3	5.2.2	3.3	3.4 / 3.5.1.2		3.2.1	8.1.5	7.1.6	7.1.6	7.1.5	3.2.1
(1)	(2)	(3a)	(3b)	(4)	(5)	(6)	(7a)	(7b)	(8)	(9)	(10)	(11)	(12)	(13)
2509	KALIUMHYDROGENSULFAT	8	C2	II	8		1 kg	E2	B	PP EP		CO03	0	CO03 gilt nur, wenn der Stoff in loser Schüttung oder unverpackt befördert wird.
2511	alpha-CHLORPROPIONSÄURE	8	C3	III	8		5 l	E1		PP EP			0	
2512	AMINOPHENOLE (o-, m-, p-)	6.1	T2	III	6.1	279 802	5 kg	E1		PP EP			0	
2513	BROMACETYLBROMID	8	C3	II	8		1 l	E2		PP EP			0	
2514	BROMBENZEN	3	F1*	III	3		5 l	E1		PP EX A	VE01		0	
2515	BROMOFORM	6.1	T1	III	6.1	802	5 l	E1		PP EP TOX A	VE02		0	
2516	TETRABROMKOHLENSTOFF	6.1	T2	III	6.1	802	5 kg	E1		PP EP			0	
2517	1-CHLOR-1,1-DIFLUORETHAN (GAS ALS KÄLTEMITTEL R 142b)	2	2F		2.1	662	0	E0		PP EX A	VE01		1	
2518	1,5,9-CYCLODODECATRIEN	6.1	T1	III	6.1	802	5 l	E1	T	PP EP TOX A	VE02		0	
2520	CYCLOOCTADIENE	3	F1	III	3		5 l	E1		PP EX A	VE01		0	
2521	DIKETEN, STABILISIERT	6.1	TF1	I	6.1 + 3	354 386 802	0	E0		PP EP EX TOX A	VE01 VE02		2	

Tabelle A

Stoffnummer/ UN-Nummer	Benennung und Beschreibung	Klasse	Klassifizierungs-code	Verpackungs-gruppe	Gefahrzettel	Sonder-vorschriften	begrenzte Mengen		Beförderung zugelassen	Ausrüstung erforderlich	Lüftung	Maßnahmen während des Ladens / Löschens / Beförderns	Anzahl der Kegel / Lichter	Bemerkungen
	3.1.2	2.2	2.2	2.1.1.3	5.2.2	3.3	3.4 / 3.5.1.2		3.2.1	8.1.5	7.1.6	7.1.6	7.1.5	3.2.1
(1)	(2)	(3a)	(3b)	(4)	(5)	(6)	(7a)	(7b)	(8)	(9)	(10)	(11)	(12)	(13)
2522	2-DIMETHYLAMINOETHYLMETHACRYLAT	6.1	T1	II	6.1	802	100 ml	E4		PP EP TOX A	VE02		2	
2524	ETHYLORTHOFORMIAT	3	F1	III	3		5 l	E1		PP EX A	VE01		0	
2525	ETHYLOXALAT	6.1	T1	III	6.1	802	5 l	E1		PP EP TOX A	VE02		0	
2526	FURFURYLAMIN	3	FC	III	3 + 8		5 l	E1		PP EP EX A	VE01		0	
2527	ISOBUTYLACRYLAT, STABILISIERT	3	F1	III	3	386	5 l	E1	T	PP EX A	VE01		0	
2528	ISOBUTYLISOBUTYRAT	3	F1	III	3		5 l	E1	T	PP EX A	VE01		0	
2529	ISOBUTTERSÄURE	3	FC	III	3 + 8		5 l	E1		PP EP EX A	VE01		0	
2531	METHACRYLSÄURE, STABILISIERT	8	C3	II	8	386	1 l	E2	T	PP EP			0	
2533	METHYLTRICHLORACETAT	6.1	T1	III	6.1	802	5 l	E1		PP EP TOX A	VE02		0	

Stoffnummer/ UN-Nummer	Benennung und Beschreibung	Klasse	Klassifizierungs-code	Verpackungs-gruppe	Gefahrzettel	Sonder-vorschriften	begrenzte Mengen		Beförderung zugelassen	Ausrüstung erforderlich	Lüftung	Maßnahmen während des Ladens / Löschens / Beförderns	Anzahl der Kegel / Lichter	Bemerkungen
	3.1.2	2.2	2.2	2.1.1.3	5.2.2	3.3	3.4 / 3.5.1.2		3.2.1	8.1.5	7.1.6	7.1.6	7.1.5	3.2.1
(1)	(2)	(3a)	(3b)	(4)	(5)	(6)	(7a)	(7b)	(8)	(9)	(10)	(11)	(12)	(13)
2534	METHYLCHLORSILAN	2	2TFC		2.3 + 2.1 + 8		0	E0		PP EP EX TOX A	VE01 VE02		2	
2535	4-METHYLMORPHOLIN (N-METHYLMORPHOLIN)	3	FC	II	3 + 8		1 l	E2		PP EP EX A	VE01		1	
2536	METHYLTETRAHYDROFURAN	3	F1	II	3		1 l	E2		PP EX A	VE01		1	
2538	NITRONAPHTHALEN	4.1	F1	III	4.1		5 kg	E1		PP			0	
2541	TERPINOLEN	3	F1	III	3		5 l	E1		PP EX A	VE01		0	
2542	TRIBUTYLAMIN	6.1	T1	II	6.1	802	100 ml	E4		PP EP TOX A	VE02		2	
2545	HAFNIUM-PULVER, TROCKEN	4.2	S4	I	4.2	540	0	E0		PP			0	
2545	HAFNIUM-PULVER, TROCKEN	4.2	S4	II	4.2	540	0	E2		PP			0	
2545	HAFNIUM-PULVER, TROCKEN	4.2	S4	III	4.2	540	0	E1		PP			0	
2546	TITAN-PULVER, TROCKEN	4.2	S4	I	4.2	540	0	E0		PP			0	
2546	TITAN-PULVER, TROCKEN	4.2	S4	II	4.2	540	0	E2		PP			0	
2546	TITAN-PULVER, TROCKEN	4.2	S4	III	4.2	540	0	E1		PP			0	
2547	NATRIUMSUPEROXID	5.1	O2	I	5.1		0	E0		PP			0	

Stoffnummer/ UN-Nummer	Benennung und Beschreibung	Klasse	Klassifizierungs-code	Verpackungs-gruppe	Gefahrzettel	Sonder-vorschriften	begrenzte Mengen		Beförderung zugelassen	Ausrüstung erforderlich	Lüftung	Maßnahmen während des Ladens / Löschens / Beförderns	Anzahl der Kegel / Lichter	Bemerkungen
	3.1.2	2.2	2.2	2.1.1.3	5.2.2	3.3	3.4 / 3.5.1.2		3.2.1	8.1.5	7.1.6	7.1.6	7.1.5	3.2.1
(1)	(2)	(3a)	(3b)	(4)	(5)	(6)	(7a)	(7b)	(8)	(9)	(10)	(11)	(12)	(13)
2548	CHLORPENTAFLUORID	2	2TOC		2.3 + 5.1 + 8		0	E0		PP EP TOX A	VE02		2	
2552	HEXAFLUORACETONHYDRAT, FLÜSSIG	6.1	T1	II	6.1	802	100 ml	E4		PP EP TOX A	VE02		2	
2554	METHYLALLYLCHLORID	3	F1	II	3		1 l	E2		PP EX A	VE01		1	
2555	NITROCELLULOSE MIT mindestens 25 Masse-% WASSER	4.1	D	II	4.1	541	0	E0		PP			0	
2556	NITROCELLULOSE MIT mindestens 25 Masse-% ALKOHOL und höchstens 12,6 % Stickstoff in der Trockenmasse	4.1	D	II	4.1	541	0	E0		PP			0	
2557	NITROCELLULOSE, MISCHUNG mit höchstens 12,6% Stickstoff in der Trockenmasse, MIT oder OHNE PLASTIFIZIERUNGSMITTEL, MIT oder OHNE PIGMENT	4.1	D	II	4.1	241 541	0	E0		PP			0	
2558	EPIBROMHYDRIN	6.1	TF1	I	6.1 + 3	802	0	E0		PP EP EX TOX A	VE01 VE02		2	
2560	2-METHYLPENTAN-2-OL	3	F1	III	3		5 l	E1		PP EX A	VE01		0	
2561	3-METHYLBUT-1-EN	3	F1	I	3		0	E3		PP EX A	VE01		1	

Tabelle A

Stoffnummer/ UN-Nummer	Benennung und Beschreibung	Klasse	Klassifizierungs-code	Verpackungs-gruppe	Gefahrzettel	Sonder-vorschriften	begrenzte Mengen		Beförderung zugelassen	Ausrüstung erforderlich	Lüftung	Maßnahmen während des Ladens / Löschens / Beförderns	Anzahl der Kegel / Lichter	Bemerkungen
	3.1.2	2.2	2.2	2.1.1.3	5.2.2	3.3	3.4 / 3.5.1.2		3.2.1	8.1.5	7.1.6	7.1.6	7.1.5	3.2.1
(1)	(2)	(3a)	(3b)	(4)	(5)	(6)	(7a)	(7b)	(8)	(9)	(10)	(11)	(12)	(13)
2564	TRICHLORESSIGSÄURE, LÖSUNG	8	C3	II	8		1 l	E2	T	PP EP			0	
2564	TRICHLORESSIGSÄURE, LÖSUNG	8	C3	III	8		5 l	E1	T	PP EP			0	
2565	DICYCLOHEXYLAMIN	8	C7	III	8		5 l	E1		PP EP			0	
2567	NATRIUMPENTACHLORPHENOLAT	6.1	T2	II	6.1	802	500 g	E4		PP EP			2	
2570	CADMIUMVERBINDUNG	6.1	T5	I	6.1	274 596 802	0	E5		PP EP			2	
2570	CADMIUMVERBINDUNG	6.1	T5	II	6.1	274 596 802	500 g	E4		PP EP			2	
2570	CADMIUMVERBINDUNG	6.1	T5	III	6.1	274 596 802	5 kg	E1		PP EP			0	
2571	ALKYLSCHWEFELSÄUREN	8	C3	II	8		1 l	E2		PP EP			0	
2572	PHENYLHYDRAZIN	6.1	T1	II	6.1	802	100 ml	E4		PP EP TOX A	VE02		2	
2573	THALLIUMCHLORAT	5.1	OT2	II	5.1 + 6.1	802	1 kg	E2		PP EP			2	
2574	TRICRESYLPHOSPHAT mit mehr als 3 % ortho-Isomer	6.1	T1	II	6.1	802	100 ml	E4	T	PP EP TOX A	VE02		2	
2576	PHOSPHOROXYBROMID, GESCHMOLZEN	8	C1	II	8		0	E0		PP EP			0	

Tabelle A

Stoffnummer/ UN-Nummer	Benennung und Beschreibung	Klasse	Klassifizierungs-code	Verpackungs-gruppe	Gefahrzettel	Sonder-vorschriften	begrenzte Mengen		Beförderung zugelassen	Ausrüstung erforderlich	Lüftung	Maßnahmen während des Ladens / Löschens / Beförderns	Anzahl der Kegel / Lichter	Bemerkungen
	3.1.2	2.2	2.2	2.1.1.3	5.2.2	3.3	3.4 / 3.5.1.2		3.2.1	8.1.5	7.1.6	7.1.6	7.1.5	3.2.1
(1)	(2)	(3a)	(3b)	(4)	(5)	(6)	(7a)	(7b)	(8)	(9)	(10)	(11)	(12)	(13)
2577	PHENYLACETYLCHLORID	8	C3	II	8		1 l	E2		PP EP			0	
2578	PHOSPHORTRIOXID	8	C2	III	8		5 kg	E1		PP EP			0	
2579	PIPERAZIN	8	C8	III	8		5 kg	E1	T	PP EP			0	
2580	ALUMINIUMBROMID, LÖSUNG	8	C1	III	8		5 l	E1		PP EP			0	
2581	ALUMINIUMCHLORID, LÖSUNG	8	C1	III	8		5 l	E1		PP EP			0	
2582	EISEN(III)CHLORID, LÖSUNG	8	C1	III	8		5 l	E1		PP EP			0	
2583	ALKYLSULFONSÄUREN, FEST oder ARYLSULFONSÄUREN, FEST, mit mehr als 5 % freier Schwefelsäure	8	C2	II	8		1 kg	E2		PP EP			0	
2584	ALKYLSULFONSÄUREN, FLÜSSIG oder ARYLSULFONSÄUREN, FLÜSSIG, mit mehr als 5 % freier Schwefelsäure	8	C1	II	8		1 l	E2		PP EP			0	
2585	ALKYLSULFONSÄUREN, FEST oder ARYLSULFONSÄUREN, FEST, mit höchstens 5 % freier Schwefelsäure	8	C4	III	8		5 kg	E1		PP EP			0	
2586	ALKYLSULFONSÄUREN, FLÜSSIG oder ARYLSULFONSÄUREN, FLÜSSIG, mit höchstens 5 % freier Schwefelsäure	8	C3	III	8		5 l	E1	T	PP EP			0	
2587	BENZOCHINON	6.1	T2	II	6.1	802	500 g	E4		PP EP			2	
2588	PESTIZID, FEST, GIFTIG, N.A.G.	6.1	T7	I	6.1	61 274 648 802	0	E5		PP EP			2	

Stoffnummer/ UN-Nummer	Benennung und Beschreibung	Klasse	Klassifizierungs-code	Verpackungs-gruppe	Gefahrzettel	Sonder-vorschriften	begrenzte Mengen		Beförderung zugelassen	Ausrüstung erforderlich	Lüftung	Maßnahmen während des Ladens / Löschens / Beförderns	Anzahl der Kegel / Lichter	Bemerkungen
	3.1.2	2.2	2.2	2.1.1.3	5.2.2	3.3	3.4 / 3.5.1.2		3.2.1	8.1.5	7.1.6	7.1.6	7.1.5	3.2.1
(1)	(2)	(3a)	(3b)	(4)	(5)	(6)	(7a)	(7b)	(8)	(9)	(10)	(11)	(12)	(13)
2588	PESTIZID, FEST, GIFTIG, N.A.G.	6.1	T7	II	6.1	61 274 648 802	500 g	E4		PP EP			2	
2588	PESTIZID, FEST, GIFTIG, N.A.G.	6.1	T7	III	6.1	61 274 648 802	5 kg	E1		PP EP			0	
2589	VINYLCHLORACETAT	6.1	TF1	II	6.1 + 3	802	100 ml	E4		PP EP EX TOX A	VE01 VE02		2	
2590	ASBEST, CHRYSOTIL	9	M1	III	9	168 802	5 kg	E1		PP			0	
2591	XENON, TIEFGEKÜHLT, FLÜSSIG	2	3A		2.2	593	120 ml	E1		PP			0	
2599	CHLORTRIFLUORMETHAN UND TRIFLUORMETHAN, AZEOTROPES GEMISCH mit ca. 60 % Chlortrifluormethan (GAS ALS KÄLTEMITTEL R 503)	2	2A		2.2	662	120 ml	E1		PP			0	
2601	CYCLOBUTAN	2	2F		2.1	662	0	E0		PP EX A	VE01		1	
2602	DICHLORDIFLUORMETHAN UND 1,1-DIFLUORETHAN, AZEOTROPES GEMISCH mit ca. 74 % Dichlordifluormethan (GAS ALS KÄLTEMITTEL R 500)	2	2A		2.2	662	120 ml	E1		PP			0	
2603	CYCLOHEPTATRIEN	3	FT1	II	3 + 6.1	802	1 l	E2		PP EP EX TOX A	VE01 VE02		2	

Tabelle A

Stoffnummer/ UN-Nummer	Benennung und Beschreibung	Klasse	Klassifizierungs-code	Verpackungs-gruppe	Gefahrzettel	Sonder-vorschriften	begrenzte Mengen		Beförderung zugelassen	Ausrüstung erforderlich	Lüftung	Maßnahmen während des Ladens / Löschens / Beförderns	Anzahl der Kegel / Lichter	Bemerkungen
	3.1.2	2.2	2.2	2.1.1.3	5.2.2	3.3	3.4 / 3.5.1.2		3.2.1	8.1.5	7.1.6	7.1.6	7.1.5	3.2.1
(1)	(2)	(3a)	(3b)	(4)	(5)	(6)	(7a)	(7b)	(8)	(9)	(10)	(11)	(12)	(13)
2604	BORTRIFLUORIDDIETHYLETHERAT	8	CF1	I	8 + 3		0	E0		PP EP EX A	VE01		1	
2605	METHOXYMETHYLISOCYANAT	6.1	TF1	I	6.1 + 3	354 802	0	E0		PP EP EX TOX A	VE01 VE02		2	
2606	METHYLORTHOSILICAT	6.1	TF1	I	6.1 + 3	354 802	0	E0		PP EP EX TOX A	VE01 VE02		2	
2607	ACROLEIN, DIMER, STABILISIERT	3	F1	III	3	386	5 l	E1		PP EX A	VE01		0	
2608	NITROPROPANE	3	F1	III	3		5 l	E1	T	PP EX A	VE01		0	
2609	TRIALLYLBORAT	6.1	T1	III	6.1	802	5 l	E1		PP EP TOX A	VE02		0	
2610	TRIALLYLAMIN	3	FC	III	3 + 8		5 l	E1		PP EP EX A	VE01		0	
2611	1-CHLORPROPAN-2-OL	6.1	TF1	II	6.1 + 3	802	100 ml	E4		PP EP EX TOX A	VE01 VE02		2	

Tabelle A

Stoffnummer/ UN-Nummer	Benennung und Beschreibung	Klasse	Klassifizierungs-code	Verpackungs-gruppe	Gefahrzettel	Sonder-vorschriften	begrenzte Mengen		Beförderung zugelassen	Ausrüstung erforderlich	Lüftung	Maßnahmen während des Ladens / Löschens / Beförderns			Anzahl der Kegel / Lichter	Bemerkungen
	3.1.2	2.2	2.2	2.1.1.3	5.2.2	3.3	3.4 / 3.5.1.2		3.2.1	8.1.5	7.1.6	7.1.6			7.1.5	3.2.1
(1)	(2)	(3a)	(3b)	(4)	(5)	(6)	(7a)	(7b)	(8)	(9)	(10)	(11)			(12)	(13)
2612	METHYLPROPYLETHER	3	F1	II	3		1 l	E2		PP EX A	VE01				1	
2614	METHYLALLYLALKOHOL	3	F1	III	3		5 l	E1		PP EX A	VE01				0	
2615	ETHYLPROPYLETHER	3	F1	II	3		1 l	E2	T	PP EX A	VE01				1	
2616	TRIISOPROPYLBORAT	3	F1	II	3		1 l	E2		PP EX A	VE01				1	
2616	TRIISOPROPYLBORAT	3	F1	III	3		5 l	E1		PP EX A	VE01				0	
2617	METHYLCYCLOHEXANOLE, entzündbar	3	F1	III	3		5 l	E1		PP EX A	VE01				0	
2618	VINYLTOLUENE, STABILISIERT	3	F1	III	3	386	5 l	E1	T	PP EX A	VE01				0	
2619	BENZYLDIMETHYLAMIN	8	CF1	II	8 + 3		1 l	E2		PP EP EX A	VE01				1	
2620	AMYLBUTYRATE	3	F1	III	3		5 l	E1		PP EX A	VE01				0	
2621	ACETYLMETHYLCARBINOL	3	F1	III	3		5 l	E1		PP EX A	VE01				0	

Tabelle A

Stoffnummer/ UN-Nummer	Benennung und Beschreibung	Klasse	Klassifizierungs-code	Verpackungs-gruppe	Gefahrzettel	Sonder-vorschriften	begrenzte Mengen		Beförderung zugelassen	Ausrüstung erforderlich	Lüftung	Maßnahmen während des Ladens / Löschens / Beförderns	Anzahl der Kegel / Lichter	Bemerkungen
	3.1.2	2.2	2.2	2.1.1.3	5.2.2	3.3	3.4 / 3.5.1.2		3.2.1	8.1.5	7.1.6	7.1.6	7.1.5	3.2.1
(1)	(2)	(3a)	(3b)	(4)	(5)	(6)	(7a)	(7b)	(8)	(9)	(10)	(11)	(12)	(13)
2622	GLYCIDALDEHYD	3	FT1	II	3 + 6.1	802	1 l	E2		PP EP EX TOX A	VE01 VE02		2	
2623	FEUERANZÜNDER, FEST, mit entzündbarem flüssigem Stoff getränkt	4.1	F1	III	4.1		5 kg	E1		PP			0	
2624	MAGNESIUMSILICID	4.3	W2	II	4.3		500 g	E2		PP EX A	VE01	HA08	0	
2626	CHLORSÄURE, WÄSSERIGE LÖSUNG mit höchstens 10 % Säure	5.1	O1	II	5.1	613	1 l	E0		PP			0	
2627	NITRITE, ANORGANISCHE, N.A.G.	5.1	O2	II	5.1	103 274	1 kg	E2		PP			0	
2628	KALIUMFLUORACETAT	6.1	T2	I	6.1	802	0	E5		PP EP			2	
2629	NATRIUMFLUORACETAT	6.1	T2	I	6.1	802	0	E5		PP EP			2	
2630	SELENATE oder SELENITE	6.1	T5	I	6.1	274 802	0	E5		PP EP			2	
2642	FLUORESSIGSÄURE	6.1	T2	I	6.1	802	0	E5		PP EP			2	
2643	METHYLBROMACETAT	6.1	T1	II	6.1	802	100 ml	E4		PP EP TOX A	VE02		2	
2644	METHYLIODID	6.1	T1	I	6.1	354 802	0	E0		PP EP TOX A	VE02		2	
2645	PHENACYLBROMID	6.1	T2	II	6.1	802	500 g	E4		PP EP			2	

Tabelle A

Stoffnummer/ UN-Nummer	Benennung und Beschreibung	Klasse	Klassifizierungs-code	Verpackungs-gruppe	Gefahrzettel	Sonder-vorschriften	begrenzte Mengen		Beförderung zugelassen	Ausrüstung erforderlich	Lüftung	Maßnahmen während des Ladens / Löschens / Beförderns			Anzahl der Kegel / Lichter	Bemerkungen
	3.1.2	2.2	2.2	2.1.1.3	5.2.2	3.3	3.4 / 3.5.1.2		3.2.1	8.1.5	7.1.6	7.1.6			7.1.5	3.2.1
(1)	(2)	(3a)	(3b)	(4)	(5)	(6)	(7a)	(7b)	(8)	(9)	(10)	(11)			(12)	(13)
2646	HEXACHLORCYCLOPENTADIEN	6.1	T1	I	6.1	354 802	0	E0		PP EP TOX A	VE02				2	
2647	MALONONITRIL	6.1	T2	II	6.1	802	500 g	E4		PP EP					2	
2648	1,2-DIBROMBUTAN-3-ON	6.1	T1	II	6.1	802	100 ml	E4		PP EP TOX A	VE02				2	
2649	1,3-DICHLORACETON	6.1	T2	II	6.1	802	500 g	E4		PP EP					2	
2650	1,1-DICHLOR-1-NITROETHAN	6.1	T1	II	6.1	802	100 ml	E4		PP EP TOX A	VE02				2	
2651	4,4'-DIAMINODIPHENYLMETHAN	6.1	T2	III	6.1	802	5 kg	E1	T	PP EP					0	
2653	BENZYLIODID	6.1	T1	II	6.1	802	100 ml	E4		PP EP TOX A	VE02				2	
2655	KALIUMFLUOROSILICAT	6.1	T5	III	6.1	802	5 kg	E1		PP EP					0	
2656	CHINOLIN	6.1	T1	III	6.1	802	5 l	E1		PP EP TOX A	VE02				0	
2657	SELENDISULFID	6.1	T5	II	6.1	802	500 g	E4		PP EP					2	
2659	NATRIUMCHLORACETAT	6.1	T2	III	6.1	802	5 kg	E1		PP EP					0	

Stoffnummer/ UN-Nummer	Benennung und Beschreibung	Klasse	Klassifizierungs-code	Verpackungs-gruppe	Gefahrzettel	Sonder-vorschriften	begrenzte Mengen		Beförderung zugelassen	Ausrüstung erforderlich	Lüftung	Maßnahmen während des Ladens / Löschens / Beförderns	Anzahl der Kegel / Lichter	Bemerkungen
	3.1.2	2.2	2.2	2.1.1.3	5.2.2	3.3	3.4 / 3.5.1.2		3.2.1	8.1.5	7.1.6	7.1.6	7.1.5	3.2.1
(1)	(2)	(3a)	(3b)	(4)	(5)	(6)	(7a)	(7b)	(8)	(9)	(10)	(11)	(12)	(13)
2660	NITROTOLUIDINE (MONO)	6.1	T2	III	6.1	802	5 kg	E1		PP EP			0	
2661	HEXACHLORACETON	6.1	T1	III	6.1	802	5 l	E1		PP EP TOX A	VE02		0	
2664	DIBROMMETHAN	6.1	T1	III	6.1	802	5 l	E1		PP EP TOX A	VE02		0	
2667	BUTYLTOLUENE	6.1	T1	III	6.1	802	5 l	E1		PP EP TOX A	VE02		0	
2668	CHLORACETONITRIL	6.1	TF1	I	6.1 + 3	354 802	0	E0		PP EP EX TOX A	VE01 VE02		2	
2669	CHLORCRESOLE, LÖSUNG	6.1	T1	II	6.1	802	100 ml	E4		PP EP TOX A	VE02		2	
2669	CHLORCRESOLE, LÖSUNG	6.1	T1	III	6.1	802	5 l	E1		PP EP TOX A	VE02		0	
2670	CYANURCHLORID	8	C4	II	8		1 kg	E2		PP EP			0	
2671	AMINOPYRIDINE (o-, m-, p-)	6.1	T2	II	6.1	802	500 g	E4		PP EP			2	

Stoffnummer/ UN-Nummer	Benennung und Beschreibung	Klasse	Klassifizierungs-code	Verpackungs-gruppe	Gefahrzettel	Sonder-vorschriften	begrenzte Mengen		Beförderung zugelassen	Ausrüstung erforderlich	Lüftung	Maßnahmen während des Ladens / Löschens / Beförderns	Anzahl der Kegel / Lichter	Bemerkungen
	3.1.2	2.2	2.2	2.1.1.3	5.2.2	3.3	3.4 / 3.5.1.2		3.2.1	8.1.5	7.1.6	7.1.6	7.1.5	3.2.1
(1)	(2)	(3a)	(3b)	(4)	(5)	(6)	(7a)	(7b)	(8)	(9)	(10)	(11)	(12)	(13)
2672	AMMONIAKLÖSUNG in Wasser, relative Dichte zwischen 0,880 und 0,957 bei 15 °C, mit mehr als 10 %, aber höchstens 35 % Ammoniak	8	C5	III	8	543	5 l	E1	T	PP EP			0	
2673	2-AMINO-4-CHLORPHENOL	6.1	T2	II	6.1	802	500 g	E4		PP EP			2	
2674	NATRIUMFLUOROSILICAT	6.1	T5	III	6.1	802	5 kg	E1		PP EP			0	
2676	ANTIMONWASSERSTOFF (STIBIN)	2	2TF		2.3 + 2.1		0	E0		PP EP EX TOX A	VE01 VE02		2	
2677	RUBIDIUMHYDROXIDLÖSUNG	8	C5	II	8		1 l	E2		PP EP			0	
2677	RUBIDIUMHYDROXIDLÖSUNG	8	C5	III	8		5 l	E1		PP EP			0	
2678	RUBIDIUMHYDROXID	8	C6	II	8		1 kg	E2		PP EP			0	
2679	LITHIUMHYDROXIDLÖSUNG	8	C5	II	8		1 l	E2		PP EP			0	
2679	LITHIUMHYDROXIDLÖSUNG	8	C5	III	8		5 l	E1		PP EP			0	
2680	LITHIUMHYDROXID	8	C6	II	8		1 kg	E2		PP EP			0	
2681	CAESIUMHYDROXIDLÖSUNG	8	C5	II	8		1 l	E2		PP EP			0	
2681	CAESIUMHYDROXIDLÖSUNG	8	C5	III	8		5 l	E1		PP EP			0	
2682	CAESIUMHYDROXID	8	C6	II	8		1 kg	E2		PP EP			0	

Stoffnummer/ UN-Nummer	Benennung und Beschreibung	Klasse	Klassifizierungs-code	Verpackungs-gruppe	Gefahrzettel	Sonder-vorschriften	begrenzte Mengen		Beförderung zugelassen	Ausrüstung erforderlich	Lüftung	Maßnahmen während des Ladens / Löschens / Beförderns	Anzahl der Kegel / Lichter	Bemerkungen
	3.1.2	2.2	2.2	2.1.1.3	5.2.2	3.3	3.4 / 3.5.1.2		3.2.1	8.1.5	7.1.6	7.1.6	7.1.5	3.2.1
(1)	(2)	(3a)	(3b)	(4)	(5)	(6)	(7a)	(7b)	(8)	(9)	(10)	(11)	(12)	(13)
2683	AMMONIUMSULFID, LÖSUNG	8	CFT	II	8 + 3 + 6.1	802	1 l	E2	T	PP EP EX TOX A	VE01 VE02		2	
2684	3-DIETHYLAMINOPROPYLAMIN	3	FC	III	3 + 8		5 l	E1		PP EP EX A	VE01		0	
2685	N,N-DIETHYLETHYLENDIAMIN	8	CF1	II	8 + 3		1 l	E2		PP EP EX A	VE01		1	
2686	2-DIETHYLAMINOETHANOL	8	CF1	II	8 + 3		1 l	E2		PP EP EX A	VE01		1	
2687	DICYCLOHEXYLAMMONIUMNITRIT	4.1	F3	III	4.1		5 kg	E1		PP			0	
2688	1-BROM-3-CHLORPROPAN	6.1	T1	III	6.1	802	5 l	E1		PP EP TOX A	VE02		0	
2689	GLYCEROL-alpha-MONOCHLORHYDRIN	6.1	T1	III	6.1	802	5 l	E1		PP EP TOX A	VE02		0	
2690	N,n-BUTYLIMIDAZOL	6.1	T1	II	6.1	802	100 ml	E4		PP EP TOX A	VE02		2	
2691	PHOSPHORPENTABROMID	8	C2	II	8		1 kg	E0		PP EP			0	

Stoffnummer/ UN-Nummer	Benennung und Beschreibung	Klasse	Klassifizierungs-code	Verpackungs-gruppe	Gefahrzettel	Sonder-vorschriften	begrenzte Mengen		Beförderung zugelassen	Ausrüstung erforderlich	Lüftung	Maßnahmen während des Ladens / Löschens / Beförderns	Anzahl der Kegel / Lichter	Bemerkungen
	3.1.2	2.2	2.2	2.1.1.3	5.2.2	3.3	3.4 / 3.5.1.2		3.2.1	8.1.5	7.1.6	7.1.6	7.1.5	3.2.1
(1)	(2)	(3a)	(3b)	(4)	(5)	(6)	(7a)	(7b)	(8)	(9)	(10)	(11)	(12)	(13)
2692	BORTRIBROMID	8	C1	I	8		0	E0		PP EP			0	
2693	HYDROGENSULFITE, WÄSSERIGE LÖSUNG, N.A.G.	8	C1	III	8	274	5 l	E1	T	PP EP			0	
2698	TETRAHYDROPHTHALSÄUREANHYDRIDE mit mehr als 0,05 % Maleinsäureanhydrid	8	C4	III	8	169	5 kg	E1		PP EP			0	
2699	TRIFLUORESSIGSÄURE	8	C3	I	8		0	E0		PP EP			0	
2705	1-PENTOL	8	C9	II	8		1 l	E2		PP EP			0	
2707	DIMETHYLDIOXANE	3	F1	II	3		1 l	E2		PP EX A	VE01		1	
2707	DIMETHYLDIOXANE	3	F1	III	3		5 l	E1		PP EX A	VE01		0	
2709	BUTYLBENZENE	3	F1	III	3		5 l	E1	T	PP EX A	VE01		0	
2710	DIPROPYLKETON	3	F1	III	3		5 l	E1		PP EX A	VE01		0	
2713	ACRIDIN	6.1	T2	III	6.1	802	5 kg	E1		PP EP			0	
2714	ZINKRESINAT	4.1	F3	III	4.1		5 kg	E1		PP			0	
2715	ALUMINIUMRESINAT	4.1	F3	III	4.1		5 kg	E1		PP			0	
2716	BUTIN-1,4-DIOL	6.1	T2	III	6.1	802	5 kg	E1		PP EP			0	
2717	CAMPHER, synthetisch	4.1	F1	III	4.1		5 kg	E1		PP			0	

Stoffnummer/ UN-Nummer	Benennung und Beschreibung	Klasse	Klassifizierungs-code	Verpackungs-gruppe	Gefahrzettel	Sonder-vorschriften	begrenzte Mengen		Beförderung zugelassen	Ausrüstung erforderlich	Lüftung	Maßnahmen während des Ladens / Löschens / Beförderns	Anzahl der Kegel / Lichter	Bemerkungen
	3.1.2	2.2	2.2	2.1.1.3	5.2.2	3.3	3.4 / 3.5.1.2		3.2.1	8.1.5	7.1.6	7.1.6	7.1.5	3.2.1
(1)	(2)	(3a)	(3b)	(4)	(5)	(6)	(7a)	(7b)	(8)	(9)	(10)	(11)	(12)	(13)
2719	BARIUMBROMAT	5.1	OT2	II	5.1 + 6.1	802	1 kg	E2		PP EP			2	
2720	CHROMNITRAT	5.1	O2	III	5.1		5 kg	E1	B	PP		CO02 LO04	0	CO02 und LO04 gelten nur, wenn der Stoff in loser Schüttung oder unverpackt befördert wird.
2721	KUPFERCHLORAT	5.1	O2	II	5.1		1 kg	E2		PP			0	
2722	LITHIUMNITRAT	5.1	O2	III	5.1		5 kg	E1	B	PP		CO02 LO04	0	CO02 und LO04 gelten nur, wenn der Stoff in loser Schüttung oder unverpackt befördert wird.
2723	MAGNESIUMCHLORAT	5.1	O2	II	5.1		1 kg	E2		PP			0	
2724	MANGANNITRAT	5.1	O2	III	5.1		5 kg	E1	B	PP		CO02 LO04	0	CO02 und LO04 gelten nur, wenn der Stoff in loser Schüttung oder unverpackt befördert wird.
2725	NICKELNITRAT	5.1	O2	III	5.1		5 kg	E1	B	PP		CO02 LO04	0	CO02 und LO04 gelten nur, wenn der Stoff in loser Schüttung oder unverpackt befördert wird.
2726	NICKELNITRIT	5.1	O2	III	5.1		5 kg	E1		PP			0	
2727	THALLIUMNITRAT	6.1	TO2	II	6.1 + 5.1	802	500 g	E4		PP EP			2	
2728	ZIRKONIUMNITRAT	5.1	O2	III	5.1		5 kg	E1	B	PP		CO02 LO04	0	CO02 und LO04 gelten nur, wenn der Stoff in loser Schüttung oder unverpackt befördert wird.
2729	HEXACHLORBENZEN	6.1	T2	III	6.1	802	5 kg	E1		PP EP			0	

Stoffnummer/ UN-Nummer	Benennung und Beschreibung	Klasse	Klassifizierungs-code	Verpackungs-gruppe	Gefahrzettel	Sonder-vorschriften	begrenzte Mengen		Beförderung zugelassen	Ausrüstung erforderlich	Lüftung	Maßnahmen während des Ladens / Löschens / Beförderns	Anzahl der Kegel / Lichter	Bemerkungen
	3.1.2	2.2	2.2	2.1.1.3	5.2.2	3.3	3.4 / 3.5.1.2		3.2.1	8.1.5	7.1.6	7.1.6	7.1.5	3.2.1
(1)	(2)	(3a)	(3b)	(4)	(5)	(6)	(7a)	(7b)	(8)	(9)	(10)	(11)	(12)	(13)
2730	NITROANISOLE, FLÜSSIG	6.1	T1	III	6.1	279 802	5 l	E1		PP EP TOX A	VE02		0	
2732	NITROBROMBENZENE, FLÜSSIG	6.1	T1	III	6.1	802	5 l	E1		PP EP TOX A	VE02		0	
2733	AMINE, ENTZÜNDBAR, ÄTZEND, N.A.G. oder POLYAMINE, ENTZÜNDBAR, ÄTZEND, N.A.G.	3	FC	I	3 + 8	274 544	0	E0		PP EP EX A	VE01		1	
2733	AMINE, ENTZÜNDBAR, ÄTZEND, N.A.G. oder POLYAMINE, ENTZÜNDBAR, ÄTZEND, N.A.G.	3	FC	II	3 + 8	274 544	1 l	E2	T	PP EP EX A	VE01		1	
2733	AMINE, ENTZÜNDBAR, ÄTZEND, N.A.G. oder POLYAMINE, ENTZÜNDBAR, ÄTZEND, N.A.G.	3	FC	III	3 + 8	274 544	5 l	E1		PP EP EX A	VE01		0	
2734	AMINE, FLÜSSIG, ÄTZEND, ENTZÜNDBAR, N.A.G. oder POLYAMINE, FLÜSSIG, ÄTZEND, ENTZÜNDBAR, N.A.G.	8	CF1	I	8 + 3	274	0	E0		PP EP EX A	VE01		1	
2734	AMINE, FLÜSSIG, ÄTZEND, ENTZÜNDBAR, N.A.G. oder POLYAMINE, FLÜSSIG, ÄTZEND, ENTZÜNDBAR, N.A.G.	8	CF1	II	8 + 3	274	1 l	E2		PP EP EX A	VE01		1	
2735	AMINE, FLÜSSIG, ÄTZEND, N.A.G. oder POLYAMINE, FLÜSSIG, ÄTZEND, N.A.G.	8	C7	I	8	274	0	E0	T	PP EP			0	
2735	AMINE, FLÜSSIG, ÄTZEND, N.A.G. oder POLYAMINE, FLÜSSIG, ÄTZEND, N.A.G.	8	C7	II	8	274	1 l	E2	T	PP EP			0	

Tabelle A

Stoffnummer/ UN-Nummer	Benennung und Beschreibung	Klasse	Klassifizierungs-code	Verpackungs-gruppe	Gefahrzettel	Sonder-vorschriften	begrenzte Mengen		Beförderung zugelassen	Ausrüstung erforderlich	Lüftung	Maßnahmen während des Ladens / Löschens / Beförderns	Anzahl der Kegel / Lichter	Bemerkungen
	3.1.2	2.2	2.2	2.1.1.3	5.2.2	3.3	3.4 / 3.5.1.2		3.2.1	8.1.5	7.1.6	7.1.6	7.1.5	3.2.1
(1)	(2)	(3a)	(3b)	(4)	(5)	(6)	(7a)	(7b)	(8)	(9)	(10)	(11)	(12)	(13)
2735	AMINE, FLÜSSIG, ÄTZEND, N.A.G. oder POLYAMINE, FLÜSSIG, ÄTZEND, N.A.G.	8	C7	III	8	274	5 l	E1	T	PP EP			0	
2738	N-BUTYLANILIN	6.1	T1	II	6.1	802	100 ml	E4		PP EP TOX A	VE02		2	
2739	BUTTERSÄUREANHYDRID	8	C3	III	8		5 l	E1		PP EP			0	
2740	n-PROPYLCHLORFORMIAT	6.1	TFC	I	6.1 + 3 + 8	802	0	E0		PP EP EX TOX A	VE01 VE02		2	
2741	BARIUMHYPOCHLORIT mit mehr als 22 % aktivem Chlor	5.1	OT2	II	5.1 + 6.1	802	1 kg	E2		PP EP			2	
2742	CHLORFORMIATE, GIFTIG, ÄTZEND, ENTZÜNDBAR, N.A.G.	6.1	TFC	II	6.1 + 3 + 8	274 561 802	100 ml	E4		PP EP EX TOX A	VE01 VE02		2	
2743	n-BUTYLCHLORFORMIAT	6.1	TFC	II	6.1 + 3 + 8	802	100 ml	E0		PP EP EX TOX A	VE01 VE02		2	
2744	CYCLOBUTYLCHLORFORMIAT	6.1	TFC	II	6.1 + 3 + 8	802	100 ml	E4		PP EP EX TOX A	VE01 VE02		2	

Tabelle A

Stoffnummer/ UN-Nummer	Benennung und Beschreibung	Klasse	Klassifizierungs-code	Verpackungs-gruppe	Gefahrzettel	Sonder-vorschriften	begrenzte Mengen		Beförderung zugelassen	Ausrüstung erforderlich	Lüftung	Maßnahmen während des Ladens / Löschens / Beförderns			Anzahl der Kegel / Lichter	Bemerkungen
	3.1.2	2.2	2.2	2.1.1.3	5.2.2	3.3	3.4 / 3.5.1.2		3.2.1	8.1.5	7.1.6	7.1.6			7.1.5	3.2.1
(1)	(2)	(3a)	(3b)	(4)	(5)	(6)	(7a)	(7b)	(8)	(9)	(10)	(11)			(12)	(13)
2745	CHLORMETHYLCHLORFORMIAT	6.1	TC1	II	6.1 + 8	802	100 ml	E4		PP EP TOX A	VE02				2	
2746	PHENYLCHLORFORMIAT	6.1	TC1	II	6.1 + 8	802	100 ml	E4		PP EP TOX A	VE02				2	
2747	tert-BUTYLCYCLOHEXYLCHLORFORMIAT	6.1	T1	III	6.1	802	5 l	E1		PP EP TOX A	VE02				0	
2748	2-ETHYLHEXYLCHLORFORMIAT	6.1	TC1	II	6.1 + 8	802	100 ml	E4		PP EP TOX A	VE02				2	
2749	TETRAMETHYLSILAN	3	F1	I	3		0	E0		PP EX A	VE01				1	
2750	1,3-DICHLORPROPAN-2-OL	6.1	T1	II	6.1	802	100 ml	E4		PP EP TOX A	VE02				2	
2751	DIETHYLTHIOPHOSPHORYLCHLORID	8	C3	II	8		1 l	E2		PP EP					0	
2752	1,2-EPOXY-3-ETHOXYPROPAN	3	F1	III	3		5 l	E1		PP EX A	VE01				0	
2753	N-ETHYL-N-BENZYLTOLUIDINE, FLÜSSIG	6.1	T1	III	6.1	802	5 l	E1		PP EP TOX A	VE02				0	

Tabelle A

Stoffnummer/ UN-Nummer	Benennung und Beschreibung	Klasse	Klassifizierungs-code	Verpackungs-gruppe	Gefahrzettel	Sonder-vorschriften	begrenzte Mengen		Beförderung zugelassen	Ausrüstung erforderlich	Lüftung	Maßnahmen während des Ladens / Löschens / Beförderns	Anzahl der Kegel / Lichter	Bemerkungen
	3.1.2	2.2	2.2	2.1.1.3	5.2.2	3.3	3.4 / 3.5.1.2		3.2.1	8.1.5	7.1.6	7.1.6	7.1.5	3.2.1
(1)	(2)	(3a)	(3b)	(4)	(5)	(6)	(7a)	(7b)	(8)	(9)	(10)	(11)	(12)	(13)
2754	N-ETHYLTOLUIDINE	6.1	T1	II	6.1	802	100 ml	E4	T	PP EP TOX A	VE02		2	
2757	CARBAMAT-PESTIZID, FEST, GIFTIG	6.1	T7	I	6.1	61 274 648 802	0	E5		PP EP			2	
2757	CARBAMAT-PESTIZID, FEST, GIFTIG	6.1	T7	II	6.1	61 274 648 802	500 g	E4		PP EP			2	
2757	CARBAMAT-PESTIZID, FEST, GIFTIG	6.1	T7	III	6.1	61 274 648 802	5 kg	E1		PP EP			0	
2758	CARBAMAT-PESTIZID, FLÜSSIG, ENTZÜNDBAR, GIFTIG, Flammpunkt unter 23 °C	3	FT2	I	3 + 6.1	61 274 802	0	E0		PP EP EX TOX A	VE01 VE02		2	
2758	CARBAMAT-PESTIZID, FLÜSSIG, ENTZÜNDBAR, GIFTIG, Flammpunkt unter 23 °C	3	FT2	II	3 + 6.1	61 274 802	1 l	E2		PP EP EX TOX A	VE01 VE02		2	
2759	ARSENHALTIGES PESTIZID, FEST, GIFTIG	6.1	T7	I	6.1	61 274 648 802	0	E5		PP EP			2	
2759	ARSENHALTIGES PESTIZID, FEST, GIFTIG	6.1	T7	II	6.1	61 274 648 802	500 g	E4		PP EP			2	

Stoffnummer/ UN-Nummer	Benennung und Beschreibung	Klasse	Klassifizierungs-code	Verpackungs-gruppe	Gefahrzettel	Sonder-vorschriften	begrenzte Mengen		Beförderung zugelassen	Ausrüstung erforderlich	Lüftung	Maßnahmen während des Ladens / Löschens / Beförderns	Anzahl der Kegel / Lichter	Bemerkungen
	3.1.2	2.2	2.2	2.1.1.3	5.2.2	3.3	3.4 / 3.5.1.2		3.2.1	8.1.5	7.1.6	7.1.6	7.1.5	3.2.1
(1)	(2)	(3a)	(3b)	(4)	(5)	(6)	(7a)	(7b)	(8)	(9)	(10)	(11)	(12)	(13)
2759	ARSENHALTIGES PESTIZID, FEST, GIFTIG	6.1	T7	III	6.1	61 274 648 802	5 kg	E1		PP EP			0	
2760	ARSENHALTIGES PESTIZID, FLÜSSIG, ENTZÜNDBAR, GIFTIG, Flammpunkt unter 23 °C	3	FT2	I	3 + 6.1	61 274 802	0	E0		PP EP EX TOX A	VE01 VE02		2	
2760	ARSENHALTIGES PESTIZID, FLÜSSIG, ENTZÜNDBAR, GIFTIG, Flammpunkt unter 23 °C	3	FT2	II	3 + 6.1	61 274 802	1 l	E2		PP EP EX TOX A	VE01 VE02		2	
2761	ORGANOCHLOR-PESTIZID, FEST, GIFTIG	6.1	T7	I	6.1	61 274 648 802	0	E5		PP EP			2	
2761	ORGANOCHLOR-PESTIZID, FEST, GIFTIG	6.1	T7	II	6.1	61 274 648 802	500 g	E4		PP EP			2	
2761	ORGANOCHLOR-PESTIZID, FEST, GIFTIG	6.1	T7	III	6.1	61 274 648 802	5 kg	E1		PP EP			0	
2762	ORGANOCHLOR-PESTIZID, FLÜSSIG, ENTZÜNDBAR, GIFTIG, Flammpunkt unter 23 °C	3	FT2	I	3 + 6.1	61 274 802	0	E0		PP EP EX TOX A	VE01 VE02		2	

Stoffnummer/ UN-Nummer	Benennung und Beschreibung	Klasse	Klassifizierungs-code	Verpackungs-gruppe	Gefahrzettel	Sonder-vorschriften	begrenzte Mengen		Beförderung zugelassen	Ausrüstung erforderlich	Lüftung	Maßnahmen während des Ladens / Löschens / Beförderns	Anzahl der Kegel / Lichter	Bemerkungen
	3.1.2	2.2	2.2	2.1.1.3	5.2.2	3.3	3.4 / 3.5.1.2		3.2.1	8.1.5	7.1.6	7.1.6	7.1.5	3.2.1
(1)	(2)	(3a)	(3b)	(4)	(5)	(6)	(7a)	(7b)	(8)	(9)	(10)	(11)	(12)	(13)
2762	ORGANOCHLOR-PESTIZID, FLÜSSIG, ENTZÜNDBAR, GIFTIG, Flammpunkt unter 23 °C	3	FT2	II	3 + 6.1	61 274 802	1 l	E2		PP EP EX TOX A	VE01 VE02		2	
2763	TRIAZIN-PESTIZID, FEST, GIFTIG	6.1	T7	I	6.1	61 274 648 802	0	E5		PP EP			2	
2763	TRIAZIN-PESTIZID, FEST, GIFTIG	6.1	T7	II	6.1	61 274 648 802	500 g	E4		PP EP			2	
2763	TRIAZIN-PESTIZID, FEST, GIFTIG	6.1	T7	III	6.1	61 274 648 802	5 kg	E1		PP EP			0	
2764	TRIAZIN-PESTIZID, FLÜSSIG, ENTZÜNDBAR, GIFTIG, Flammpunkt unter 23 °C	3	FT2	I	3 + 6.1	61 274 802	0	E0		PP EP EX TOX A	VE01 VE02		2	
2764	TRIAZIN-PESTIZID, FLÜSSIG, ENTZÜNDBAR, GIFTIG, Flammpunkt unter 23 °C	3	FT2	II	3 + 6.1	61 274 802	1 l	E2		PP EP EX TOX A	VE01 VE02		2	
2771	THIOCARBAMAT-PESTIZID, FEST, GIFTIG	6.1	T7	I	6.1	61 274 648 802	0	E5		PP EP			2	

Tabelle A

Stoffnummer/ UN-Nummer	Benennung und Beschreibung	Klasse	Klassifizierungs-code	Verpackungs-gruppe	Gefahrzettel	Sonder-vorschriften	begrenzte Mengen		Beförderung zugelassen	Ausrüstung erforderlich	Lüftung	Maßnahmen während des Ladens / Löschens / Beförderns			Anzahl der Kegel / Lichter	Bemerkungen
	3.1.2	2.2	2.2	2.1.1.3	5.2.2	3.3	3.4 / 3.5.1.2		3.2.1	8.1.5	7.1.6	7.1.6			7.1.5	3.2.1
(1)	(2)	(3a)	(3b)	(4)	(5)	(6)	(7a)	(7b)	(8)	(9)	(10)	(11)			(12)	(13)
2771	THIOCARBAMAT-PESTIZID, FEST, GIFTIG	6.1	T7	II	6.1	61 274 648 802	500 g	E4		PP EP					2	
2771	THIOCARBAMAT-PESTIZID, FEST, GIFTIG	6.1	T7	III	6.1	61 274 648 802	5 kg	E1		PP EP					0	
2772	THIOCARBAMAT-PESTIZID, FLÜSSIG, ENTZÜNDBAR, GIFTIG, Flammpunkt unter 23 °C	3	FT2	I	3 + 6.1	61 274 802	0	E0		PP EP EX TOX A	VE01 VE02				2	
2772	THIOCARBAMAT-PESTIZID, FLÜSSIG, ENTZÜNDBAR, GIFTIG, Flammpunkt unter 23 °C	3	FT2	II	3 + 6.1	61 274 802	1 l	E2		PP EP EX TOX A	VE01 VE02				2	
2775	KUPFERHALTIGES PESTIZID, FEST, GIFTIG	6.1	T7	I	6.1	61 274 648 802	0	E5		PP EP					2	
2775	KUPFERHALTIGES PESTIZID, FEST, GIFTIG	6.1	T7	II	6.1	61 274 648 802	500 g	E4		PP EP					2	
2775	KUPFERHALTIGES PESTIZID, FEST, GIFTIG	6.1	T7	III	6.1	61 274 648 802	5 kg	E1		PP EP					0	

Stoffnummer/ UN-Nummer	Benennung und Beschreibung	Klasse	Klassifizierungs-code	Verpackungs-gruppe	Gefahrzettel	Sonder-vorschriften	begrenzte Mengen		Beförderung zugelassen	Ausrüstung erforderlich	Lüftung	Maßnahmen während des Ladens / Löschens / Beförderns	Anzahl der Kegel / Lichter	Bemerkungen
	3.1.2	2.2	2.2	2.1.1.3	5.2.2	3.3	3.4 / 3.5.1.2		3.2.1	8.1.5	7.1.6	7.1.6	7.1.5	3.2.1
(1)	(2)	(3a)	(3b)	(4)	(5)	(6)	(7a)	(7b)	(8)	(9)	(10)	(11)	(12)	(13)
2776	KUPFERHALTIGES PESTIZID, FLÜSSIG, ENTZÜNDBAR, GIFTIG, Flammpunkt unter 23 °C	3	FT2	I	3 + 6.1	61 274 802	0	E0		PP EP EX TOX A	VE01 VE02		2	
2776	KUPFERHALTIGES PESTIZID, FLÜSSIG, ENTZÜNDBAR, GIFTIG, Flammpunkt unter 23 °C	3	FT2	II	3 + 6.1	61 274 802	1 l	E2		PP EP EX TOX A	VE01 VE02		2	
2777	QUECKSILBERHALTIGES PESTIZID, FEST, GIFTIG	6.1	T7	I	6.1	61 274 648 802	0	E5		PP EP			2	
2777	QUECKSILBERHALTIGES PESTIZID, FEST, GIFTIG	6.1	T7	II	6.1	61 274 648 802	500 g	E4		PP EP			2	
2777	QUECKSILBERHALTIGES PESTIZID, FEST, GIFTIG	6.1	T7	III	6.1	61 274 648 802	5 kg	E1		PP EP			0	
2778	QUECKSILBERHALTIGES PESTIZID, FLÜSSIG, ENTZÜNDBAR, GIFTIG, Flammpunkt unter 23 °C	3	FT2	I	3 + 6.1	61 274 802	0	E0		PP EP EX TOX A	VE01 VE02		2	
2778	QUECKSILBERHALTIGES PESTIZID, FLÜSSIG, ENTZÜNDBAR, GIFTIG, Flammpunkt unter 23 °C	3	FT2	II	3 + 6.1	61 274 802	1 l	E2		PP EP EX TOX A	VE01 VE02		2	

Stoffnummer/ UN-Nummer	Benennung und Beschreibung	Klasse	Klassifizierungscode	Verpackungsgruppe	Gefahrzettel	Sondervorschriften	begrenzte Mengen		Beförderung zugelassen	Ausrüstung erforderlich	Lüftung	Maßnahmen während des Ladens / Löschens / Beförderns	Anzahl der Kegel / Lichter	Bemerkungen
	3.1.2	2.2	2.2	2.1.1.3	5.2.2	3.3	3.4 / 3.5.1.2		3.2.1	8.1.5	7.1.6	7.1.6	7.1.5	3.2.1
(1)	(2)	(3a)	(3b)	(4)	(5)	(6)	(7a)	(7b)	(8)	(9)	(10)	(11)	(12)	(13)
2779	SUBSTITUIERTES NITROPHENOL-PESTIZID, FEST, GIFTIG	6.1	T7	I	6.1	61 274 648 802	0	E5		PP EP			2	
2779	SUBSTITUIERTES NITROPHENOL-PESTIZID, FEST, GIFTIG	6.1	T7	II	6.1	61 274 648 802	500 g	E4		PP EP			2	
2779	SUBSTITUIERTES NITROPHENOL-PESTIZID, FEST, GIFTIG	6.1	T7	III	6.1	61 274 648 802	5 kg	E1		PP EP			0	
2780	SUBSTITUIERTES NITROPHENOL-PESTIZID, FLÜSSIG, ENTZÜNDBAR, GIFTIG, Flammpunkt unter 23 °C	3	FT2	I	3 + 6.1	61 274 802	0	E0		PP EP EX TOX A	VE01 VE02		2	
2780	SUBSTITUIERTES NITROPHENOL-PESTIZID, FLÜSSIG, ENTZÜNDBAR, GIFTIG, Flammpunkt unter 23 °C	3	FT2	II	3 + 6.1	61 274 802	1 l	E2		PP EP EX TOX A	VE01 VE02		2	
2781	BIPYRIDILIUM-PESTIZID, FEST, GIFTIG	6.1	T7	I	6.1	61 274 648 802	0	E5		PP EP			2	
2781	BIPYRIDILIUM-PESTIZID, FEST, GIFTIG	6.1	T7	II	6.1	61 274 648 802	500 g	E4		PP EP			2	
2781	BIPYRIDILIUM-PESTIZID, FEST, GIFTIG	6.1	T7	III	6.1	61 274 648 802	5 kg	E1		PP EP			0	

Tabelle A

Stoffnummer/ UN-Nummer	Benennung und Beschreibung	Klasse	Klassifizierungs-code	Verpackungs-gruppe	Gefahrzettel	Sonder-vorschriften	begrenzte Mengen		Beförderung zugelassen	Ausrüstung erforderlich	Lüftung	Maßnahmen während des Ladens / Löschens / Beförderns	Anzahl der Kegel / Lichter	Bemerkungen
	3.1.2	2.2	2.2	2.1.1.3	5.2.2	3.3	3.4 / 3.5.1.2		3.2.1	8.1.5	7.1.6	7.1.6	7.1.5	3.2.1
(1)	(2)	(3a)	(3b)	(4)	(5)	(6)	(7a)	(7b)	(8)	(9)	(10)	(11)	(12)	(13)
2782	BIPYRIDILIUM-PESTIZID, FLÜSSIG, ENTZÜNDBAR, GIFTIG, Flammpunkt unter 23 °C	3	FT2	I	3 + 6.1	61 274 802	0	E0		PP EP EX TOX A	VE01 VE02		2	
2782	BIPYRIDILIUM-PESTIZID, FLÜSSIG, ENTZÜNDBAR, GIFTIG, Flammpunkt unter 23 °C	3	FT2	II	3 + 6.1	61 274 802	1 l	E2		PP EP EX TOX A	VE01 VE02		2	
2783	ORGANOPHOSPHOR-PESTIZID, FEST, GIFTIG	6.1	T7	I	6.1	61 274 648 802	0	E5		PP EP			2	
2783	ORGANOPHOSPHOR-PESTIZID, FEST, GIFTIG	6.1	T7	II	6.1	61 274 648 802	500 g	E4		PP EP			2	
2783	ORGANOPHOSPHOR-PESTIZID, FEST, GIFTIG	6.1	T7	III	6.1	61 274 648 802	5 kg	E1		PP EP			0	
2784	ORGANOPHOSPHOR-PESTIZID, FLÜSSIG, ENTZÜNDBAR, GIFTIG, Flammpunkt unter 23 °C	3	FT2	I	3 + 6.1	61 274 802	0	E0		PP EP EX TOX A	VE01 VE02		2	
2784	ORGANOPHOSPHOR-PESTIZID, FLÜSSIG, ENTZÜNDBAR, GIFTIG, Flammpunkt unter 23 °C	3	FT2	II	3 + 6.1	61 274 802	1 l	E2		PP EP EX TOX A	VE01 VE02		2	

Tabelle A

Stoffnummer/ UN-Nummer	Benennung und Beschreibung	Klasse	Klassifizierungs-code	Verpackungs-gruppe	Gefahrzettel	Sonder-vorschriften	begrenzte Mengen		Beförderung zugelassen	Ausrüstung erforderlich	Lüftung	Maßnahmen während des Ladens / Löschens / Beförderns	Anzahl der Kegel / Lichter	Bemerkungen
	3.1.2	2.2	2.2	2.1.1.3	5.2.2	3.3	3.4 / 3.5.1.2		3.2.1	8.1.5	7.1.6	7.1.6	7.1.5	3.2.1
(1)	(2)	(3a)	(3b)	(4)	(5)	(6)	(7a)	(7b)	(8)	(9)	(10)	(11)	(12)	(13)
2785	4-THIAPENTANAL	6.1	T1	III	6.1	802	5 l	E1		PP EP TOX A	VE02		0	
2786	ORGANOZINN-PESTIZID, FEST, GIFTIG	6.1	T7	I	6.1	61 274 648 802	0	E5		PP EP			2	
2786	ORGANOZINN-PESTIZID, FEST, GIFTIG	6.1	T7	II	6.1	61 274 648 802	500 g	E4		PP EP			2	
2786	ORGANOZINN-PESTIZID, FEST, GIFTIG	6.1	T7	III	6.1	61 274 648 802	5 kg	E1		PP EP			0	
2787	ORGANOZINN-PESTIZID, FLÜSSIG, ENTZÜNDBAR, GIFTIG, Flammpunkt unter 23 °C	3	FT2	I	3 + 6.1	61 274 802	0	E0		PP EP EX TOX A	VE01 VE02		2	
2787	ORGANOZINN-PESTIZID, FLÜSSIG, ENTZÜNDBAR, GIFTIG, Flammpunkt unter 23 °C	3	FT2	II	3 + 6.1	61 274 802	1 l	E2		PP EP EX TOX A	VE01 VE02		2	
2788	ORGANISCHE ZINNVERBINDUNG, FLÜSSIG, N.A.G.	6.1	T3	I	6.1	43 274 802	0	E5		PP EP TOX A	VE02		2	
2788	ORGANISCHE ZINNVERBINDUNG, FLÜSSIG, N.A.G.	6.1	T3	II	6.1	43 274 802	100 ml	E4		PP EP TOX A	VE02		2	

3

Tabelle A

Stoffnummer/ UN-Nummer	Benennung und Beschreibung	Klasse	Klassifizierungs-code	Verpackungs-gruppe	Gefahrzettel	Sonder-vorschriften	begrenzte Mengen		Beförderung zugelassen	Ausrüstung erforderlich	Lüftung	Maßnahmen während des Ladens / Löschens / Beförderns	Anzahl der Kegel / Lichter	Bemerkungen
	3.1.2	2.2	2.2	2.1.1.3	5.2.2	3.3	3.4 / 3.5.1.2		3.2.1	8.1.5	7.1.6	7.1.6	7.1.5	3.2.1
(1)	(2)	(3a)	(3b)	(4)	(5)	(6)	(7a)	(7b)	(8)	(9)	(10)	(11)	(12)	(13)
2788	ORGANISCHE ZINNVERBINDUNG, FLÜSSIG, N.A.G.	6.1	T3	III	6.1	43 274 802	5 l	E1		PP EP TOX A	VE02		0	
2789	EISESSIG oder ESSIGSÄURE, LÖSUNG mit mehr als 80 Masse-% Säure	8	CF1	II	8 + 3		1 l	E2	T	PP EP EX A	VE01		1	
2790	ESSIGSÄURE, LÖSUNG mit mindestens 50 Masse-% und höchstens 80 Masse-% Säure	8	C3	II	8		1 l	E2	T	PP EP			0	
2790	ESSIGSÄURE, LÖSUNG mit mehr als 10 Masse-%, aber weniger als 50 Masse-% Säure	8	C3	III	8	597 647	5 l	E1	T	PP EP			0	
2793	METALLISCHES EISEN als BOHRSPÄNE, FRÄSSPÄNE, DREHSPÄNE, ABFÄLLE in selbsterhitzungsfähiger Form	4.2	S4	III	4.2	592	0	E1	B	PP		LO02	0	LO02 gilt nur, wenn der Stoff in loser Schüttung oder unverpackt befördert wird.
2794	BATTERIEN (AKKUMULATOREN), NASS, GEFÜLLT MIT SÄURE, elektrische Sammler	8	C11		8	295 598	1 l	E0		PP EP			0	
2795	BATTERIEN (AKKUMULATOREN), NASS, GEFÜLLT MIT ALKALIEN, elektrische Sammler	8	C11		8	295 598	1 l	E0		PP EP			0	
2796	SCHWEFELSÄURE mit höchstens 51 % Säure oder BATTERIEFLÜSSIGKEIT, SAUER	8	C1	II	8		1 l	E2	T	PP EP			0	
2797	BATTERIEFLÜSSIGKEIT, ALKALISCH	8	C5	II	8		1 l	E2	T	PP EP			0	
2798	PHENYLPHOSPHORDICHLORID	8	C3	II	8		1 l	E0		PP EP			0	
2799	PHENYLPHOSPHORTHIODICHLORID	8	C3	II	8		1 l	E0		PP EP			0	

Tabelle A

Stoffnummer/ UN-Nummer	Benennung und Beschreibung	Klasse	Klassifizierungs-code	Verpackungs-gruppe	Gefahrzettel	Sonder-vorschriften	begrenzte Mengen		Beförderung zugelassen	Ausrüstung erforderlich	Lüftung	Maßnahmen während des Ladens / Löschens / Beförderns	Anzahl der Kegel / Lichter	Bemerkungen
	3.1.2	2.2	2.2	2.1.1.3	5.2.2	3.3	3.4 / 3.5.1.2		3.2.1	8.1.5	7.1.6	7.1.6	7.1.5	3.2.1
(1)	(2)	(3a)	(3b)	(4)	(5)	(6)	(7a)	(7b)	(8)	(9)	(10)	(11)	(12)	(13)
2800	BATTERIEN (AKKUMULATOREN), NASS, AUSLAUFSICHER, elektrische Sammler	8	C11		8	238 295 598	1 l	E0		PP EP			0	
2801	FARBSTOFF, FLÜSSIG, ÄTZEND, N.A.G. oder FARBSTOFFZWISCHENPRODUKT, FLÜSSIG, ÄTZEND, N.A.G.	8	C9	I	8	274	0	E0		PP EP			0	
2801	FARBSTOFF, FLÜSSIG, ÄTZEND, N.A.G. oder FARBSTOFFZWISCHENPRODUKT, FLÜSSIG, ÄTZEND, N.A.G.	8	C9	II	8	274	1 l	E2		PP EP			0	
2801	FARBSTOFF, FLÜSSIG, ÄTZEND, N.A.G. oder FARBSTOFFZWISCHENPRODUKT, FLÜSSIG, ÄTZEND, N.A.G.	8	C9	III	8	274	5 l	E1		PP EP			0	
2802	KUPFERCHLORID	8	C2	III	8		5 kg	E1		PP EP			0	
2803	GALLIUM	8	C10	III	8		5 kg	E0		PP EP			0	
2805	LITHIUMHYDRID, GESCHMOLZEN UND ERSTARRT	4.3	W2	II	4.3		500 g	E2		PP EX A	VE01	HA08	0	
2806	LITHIUMNITRID	4.3	W2	I	4.3		0	E0		PP EX A	VE01	HA08	0	
2807	Magnetisierte Stoffe	9	M11	UNTERLIEGT NICHT DEM ADN										
2809	QUECKSILBER	8	CT1	III	8+ 6.1	365	5 kg	E0		PP EP EX TOX A	VE02		0	
2810	GIFTIGER ORGANISCHER FLÜSSIGER STOFF, N.A.G.	6.1	T1	I	6.1	274 315 614 802	0	E5	T	PP EP TOX A	VE02		2	

Stoffnummer/ UN-Nummer	Benennung und Beschreibung	Klasse	Klassifizierungs-code	Verpackungs-gruppe	Gefahrzettel	Sonder-vorschriften	begrenzte Mengen		Beförderung zugelassen	Ausrüstung erforderlich	Lüftung	Maßnahmen während des Ladens / Löschens / Beförderns	Anzahl der Kegel / Lichter	Bemerkungen
	3.1.2	2.2	2.2	2.1.1.3	5.2.2	3.3	3.4 / 3.5.1.2		3.2.1	8.1.5	7.1.6	7.1.6	7.1.5	3.2.1
(1)	(2)	(3a)	(3b)	(4)	(5)	(6)	(7a)	(7b)	(8)	(9)	(10)	(11)	(12)	(13)
2810	GIFTIGER ORGANISCHER FLÜSSIGER STOFF, N.A.G.	6.1	T1	II	6.1	274 614 802	100 ml	E4	T	PP EP TOX A	VE02		2	
2810	GIFTIGER ORGANISCHER FLÜSSIGER STOFF, N.A.G.	6.1	T1	III	6.1	274 614 802	5 l	E1	T	PP EP TOX A	VE02		0	
2811	GIFTIGER ORGANISCHER FESTER STOFF, N.A.G.	6.1	T2	I	6.1	274 614 802	0	E5		PP EP			2	
2811	GIFTIGER ORGANISCHER FESTER STOFF, N.A.G.	6.1	T2	II	6.1	274 614 802	500 g	E4		PP EP			2	
2811	GIFTIGER ORGANISCHER FESTER STOFF, N.A.G.	6.1	T2	III	6.1	274 614 802	5 kg	E1	T	PP EP			0	
2812	Natriumaluminat, fest	8	C6	UNTERLIEGT NICHT DEM ADN										
2813	MIT WASSER REAGIERENDER FESTER STOFF, N.A.G.	4.3	W2	I	4.3	274	0	E0		PP EX A	VE01	HA08	0	
2813	MIT WASSER REAGIERENDER FESTER STOFF, N.A.G.	4.3	W2	II	4.3	274	500 g	E2		PP EX A	VE01	HA08	0	
2813	MIT WASSER REAGIERENDER FESTER STOFF, N.A.G.	4.3	W2	III	4.3	274	1 kg	E1		PP EX A	VE01	HA08	0	
2814	ANSTECKUNGSGEFÄHRLICHER STOFF, GEFÄHRLICH FÜR MENSCHEN	6.2	I1		6.2	318 802	0	E0		PP			0	
2814	ANSTECKUNGSGEFÄHRLICHER STOFF, GEFÄHRLICH FÜR MENSCHEN, in tiefgekühlt verflüssigtem Stickstoff	6.2	I1		6.2 + 2.2	318 802	0	E0		PP			0	

Tabelle A

Stoffnummer/ UN-Nummer	Benennung und Beschreibung	Klasse	Klassifizierungscode	Verpackungsgruppe	Gefahrzettel	Sondervorschriften	begrenzte Mengen		Beförderung zugelassen	Ausrüstung erforderlich	Lüftung	Maßnahmen während des Ladens / Löschens / Beförderns			Anzahl der Kegel / Lichter	Bemerkungen
	3.1.2	2.2	2.2	2.1.1.3	5.2.2	3.3	3.4 / 3.5.1.2		3.2.1	8.1.5	7.1.6	7.1.6			7.1.5	3.2.1
(1)	(2)	(3a)	(3b)	(4)	(5)	(6)	(7a)	(7b)	(8)	(9)	(10)	(11)			(12)	(13)
2814	ANSTECKUNGSGEFÄHRLICHER STOFF, GEFÄHRLICH FÜR MENSCHEN (nur tierische Stoffe)	6.2	I1		6.2	318 802	0	E0		PP					0	
2815	N-AMINOETHYLPIPERAZIN	8	CT1	III	8+ 6.1		5 l	E1	T	PP EP					0	
2817	AMMONIUMHYDROGENDIFLUORID, LÖSUNG	8	CT1	II	8 + 6.1	802	1 l	E2		PP EP					2	
2817	AMMONIUMHYDROGENDIFLUORID, LÖSUNG	8	CT1	III	8 + 6.1	802	5 l	E1		PP EP					0	
2818	AMMONIUMPOLYSULFID, LÖSUNG	8	CT1	II	8 + 6.1	802	1 l	E2		PP EP					2	
2818	AMMONIUMPOLYSULFID, LÖSUNG	8	CT1	III	8 + 6.1	802	5 l	E1		PP EP					0	
2819	AMYLPHOSPHAT	8	C3	III	8		5 l	E1		PP EP					0	
2820	BUTTERSÄURE	8	C3	III	8		5 l	E1	T	PP EP					0	
2821	PHENOL, LÖSUNG	6.1	T1	II	6.1	802	100 ml	E4		PP EP TOX A	VE02				2	
2821	PHENOL, LÖSUNG	6.1	T1	III	6.1	802	5 l	E1		PP EP TOX A	VE02				0	
2822	2-CHLORPYRIDIN	6.1	T1	II	6.1	802	100 ml	E4		PP EP TOX A	VE02				2	
2823	CROTONSÄURE, FEST	8	C4	III	8		5 kg	E1		PP EP					0	

Stoffnummer/ UN-Nummer	Benennung und Beschreibung	Klasse	Klassifizierungs-code	Verpackungs-gruppe	Gefahrzettel	Sonder-vorschriften	begrenzte Mengen		Beförderung zugelassen	Ausrüstung erforderlich	Lüftung	Maßnahmen während des Ladens / Löschens / Beförderns	Anzahl der Kegel / Lichter	Bemerkungen
	3.1.2	2.2	2.2	2.1.1.3	5.2.2	3.3	3.4 / 3.5.1.2		3.2.1	8.1.5	7.1.6	7.1.6	7.1.5	3.2.1
(1)	(2)	(3a)	(3b)	(4)	(5)	(6)	(7a)	(7b)	(8)	(9)	(10)	(11)	(12)	(13)
2826	ETHYLCHLORTHIOFORMIAT	8	CF1	II	8 + 3		0	E0		PP EP EX A	VE01		1	
2829	CAPRONSÄURE	8	C3	III	8		5 l	E1	T	PP EP			0	
2830	LITHIUMFERROSILICID	4.3	W2	II	4.3		500 g	E2		PP EX A	VE01	HA08	0	
2831	1,1,1-TRICHLORETHAN	6.1	T1	III	6.1	802	5 l	E1	T	PP EP TOX A	VE02		0	
2834	PHOSPHORIGE SÄURE	8	C2	III	8		5 kg	E1		PP EP			0	
2835	NATRIUMALUMINIUMHYDRID	4.3	W2	II	4.3		500 g	E0		PP EX A	VE01	HA08	0	
2837	HYDROGENSULFATE, WÄSSERIGE LÖSUNG	8	C1	II	8		1 l	E2		PP EP			0	
2837	HYDROGENSULFATE, WÄSSERIGE LÖSUNG	8	C1	III	8		5 l	E1		PP EP			0	
2838	VINYLBUTYRAT, STABILISIERT	3	F1	II	3	386	1 l	E2		PP EX A	VE01		1	
2839	ALDOL (3-HYDROXYBUTYRALDEHYD)	6.1	T1	II	6.1	802	100 ml	E4		PP EP TOX A	VE02		2	
2840	BUTYRALDOXIM	3	F1	III	3		5 l	E1		PP EX A	VE01		0	

Stoffnummer/ UN-Nummer	Benennung und Beschreibung	Klasse	Klassifizierungs-code	Verpackungs-gruppe	Gefahrzettel	Sonder-vorschriften	begrenzte Mengen		Beförderung zugelassen	Ausrüstung erforderlich	Lüftung	Maßnahmen während des Ladens / Löschens / Beförderns	Anzahl der Kegel / Lichter	Bemerkungen
	3.1.2	2.2	2.2	2.1.1.3	5.2.2	3.3	3.4 / 3.5.1.2		3.2.1	8.1.5	7.1.6	7.1.6	7.1.5	3.2.1
(1)	(2)	(3a)	(3b)	(4)	(5)	(6)	(7a)	(7b)	(8)	(9)	(10)	(11)	(12)	(13)
2841	DI-n-AMYLAMIN	3	FT1	III	3 + 6.1	802	5 l	E1		PP EP EX TOX A	VE01 VE02		2	
2842	NITROETHAN	3	F1	III	3		5 l	E1		PP EX A	VE01		0	
2844	CALCIUMMANGANSILICIUM	4.3	W2	III	4.3		1 kg	E1		PP EX A	VE01	HA08	0	
2845	PYROPHORER ORGANISCHER FLÜSSIGER STOFF, N.A.G.	4.2	S1	I	4.2	274	0	E0		PP			0	
2846	PYROPHORER ORGANISCHER FESTER STOFF, N.A.G.	4.2	S2	I	4.2	274	0	E0		PP			0	
2849	3-CHLORPROPAN-1-OL	6.1	T1	III	6.1	802	5 l	E1		PP EP TOX A	VE02		0	
2850	TETRAPROPYLEN (PROPYLENTETRAMER)	3	F1	III	3		5 l	E1	T	PP EX A	VE01		0	
2851	BORTRIFLUORID-DIHYDRAT	8	C1	II	8		1 l	E2		PP EP			0	
2852	DIPIKRYLSULFID, ANGEFEUCHTET mit mindestens 10 Masse-% Wasser	4.1	D	I	4.1	545	0	E0		PP			1	
2853	MAGNESIUMFLUOROSILICAT	6.1	T5	III	6.1	802	5 kg	E1		PP EP			0	
2854	AMMONIUMFLUOROSILICAT	6.1	T5	III	6.1	802	5 kg	E1		PP EP			0	
2855	ZINKFLUOROSILICAT	6.1	T5	III	6.1	802	5 kg	E1		PP EP			0	

Stoffnummer/ UN-Nummer	Benennung und Beschreibung	Klasse	Klassifizierungs-code	Verpackungs-gruppe	Gefahrzettel	Sonder-vorschriften	begrenzte Mengen		Beförderung zugelassen	Ausrüstung erforderlich	Lüftung	Maßnahmen während des Ladens / Löschens / Beförderns			Anzahl der Kegel / Lichter	Bemerkungen
	3.1.2	2.2	2.2	2.1.1.3	5.2.2	3.3	3.4 / 3.5.1.2		3.2.1	8.1.5	7.1.6	7.1.6			7.1.5	3.2.1
(1)	(2)	(3a)	(3b)	(4)	(5)	(6)	(7a)	(7b)	(8)	(9)	(10)	(11)			(12)	(13)
2856	FLUOROSILICATE, N.A.G.	6.1	T5	III	6.1	274 802	5 kg	E1		PP EP					0	
2857	KÄLTEMASCHINEN mit nicht entzündbaren, nicht giftigen Gasen oder Ammoniaklösungen (UN 2672)	2	6A		2.2	119	0	E0		PP					0	
2858	ZIRKONIUM, TROCKEN, gerollter Draht, fertige Bleche, Streifen (dünner als 254 µm, aber nicht dünner als 18 µm)	4.1	F3	III	4.1	546	5 kg	E1		PP					0	
2859	AMMONIUMMETAVANADAT	6.1	T5	II	6.1	802	500 g	E4		PP EP					2	
2861	AMMONIUMPOLYVANADAT	6.1	T5	II	6.1	802	500 g	E4		PP EP					2	
2862	VANADIUMPENTOXID, nicht geschmolzen	6.1	T5	III	6.1	600 802	5 kg	E1		PP EP					0	
2863	NATRIUMAMMONIUMVANADAT	6.1	T5	II	6.1	802	500 g	E4		PP EP					2	
2864	KALIUMMETAVANADAT	6.1	T5	II	6.1	802	500 g	E4		PP EP					2	
2865	HYDROXYLAMINSULFAT	8	C2	III	8		5 kg	E1		PP EP					0	
2869	TITANTRICHLORID, GEMISCH	8	C2	II	8		1 kg	E2		PP EP					0	
2869	TITANTRICHLORID, GEMISCH	8	C2	III	8		5 kg	E1		PP EP					0	
2870	ALUMINIUMBORHYDRID	4.2	SW	I	4.2 + 4.3		0	E0		PP EX A	VE01				0	
2870	ALUMINIUMBORHYDRID IN GERÄTEN	4.2	SW	I	4.2 + 4.3	662	0	E0		PP EX A	VE01				0	
2871	ANTIMON-PULVER	6.1	T5	III	6.1	802	5 kg	E1		PP EP					0	

Stoffnummer/ UN-Nummer	Benennung und Beschreibung	Klasse	Klassifizierungs-code	Verpackungs-gruppe	Gefahrzettel	Sonder-vorschriften	begrenzte Mengen		Beförderung zugelassen	Ausrüstung erforderlich	Lüftung	Maßnahmen während des Ladens / Löschens / Beförderns	Anzahl der Kegel / Lichter	Bemerkungen
	3.1.2	2.2	2.2	2.1.1.3	5.2.2	3.3	3.4 / 3.5.1.2		3.2.1	8.1.5	7.1.6	7.1.6	7.1.5	3.2.1
(1)	(2)	(3a)	(3b)	(4)	(5)	(6)	(7a)	(7b)	(8)	(9)	(10)	(11)	(12)	(13)
2872	DIBROMCHLORPROPANE	6.1	T1	II	6.1	802	100 ml	E4		PP EP TOX A	VE02		2	
2872	DIBROMCHLORPROPANE	6.1	T1	III	6.1	802	5 l	E1		PP EP TOX A	VE02		0	
2873	DIBUTYLAMINOETHANOL	6.1	T1	III	6.1	802	5 l	E1		PP EP TOX A	VE02		0	
2874	FURFURYLALKOHOL	6.1	T1	III	6.1	802	5 l	E1	T	PP EP TOX A	VE02		0	
2875	HEXACHLOROPHEN	6.1	T2	III	6.1	802	5 kg	E1		PP EP			0	
2876	RESORCINOL	6.1	T2	III	6.1	802	5 kg	E1		PP EP			0	
2878	TITAN-SCHWAMMGRANULATE oder TITAN-SCHWAMMPULVER	4.1	F3	III	4.1		5 kg	E1		PP			0	
2879	SELENOXYCHLORID	8	CT1	I	8 + 6.1	802	0	E0		PP EP TOX A	VE02		2	
2880	CALCIUMHYPOCHLORIT, HYDRATISIERT oder CALCIUMHYPOCHLORIT, HYDRATISIERTE MISCHUNG mit mindestens 5,5 %, aber höchstens 16 % Wasser	5.1	O2	II	5.1	314 322	1 kg	E2		PP			0	

Tabelle A

Stoffnummer/ UN-Nummer	Benennung und Beschreibung	Klasse	Klassifizierungs-code	Verpackungs-gruppe	Gefahrzettel	Sonder-vorschriften	begrenzte Mengen		Beförderung zugelassen	Ausrüstung erforderlich	Lüftung	Maßnahmen während des Ladens / Löschens / Beförderns	Anzahl der Kegel / Lichter	Bemerkungen
	3.1.2	2.2	2.2	2.1.1.3	5.2.2	3.3	3.4 / 3.5.1.2		3.2.1	8.1.5	7.1.6	7.1.6	7.1.5	3.2.1
(1)	(2)	(3a)	(3b)	(4)	(5)	(6)	(7a)	(7b)	(8)	(9)	(10)	(11)	(12)	(13)
2880	CALCIUMHYPOCHLORIT, HYDRATISIERT oder CALCIUMHYPOCHLORIT, HYDRATISIERTE MISCHUNG mit mindestens 5,5 %, aber höchstens 16 % Wasser	5.1	O2	III	5.1	314	5 kg	E1		PP			0	
2881	METALLKATALYSATOR, TROCKEN	4.2	S4	I	4.2	274	0	E0		PP			0	
2881	METALLKATALYSATOR, TROCKEN	4.2	S4	II	4.2	274	0	E0		PP			0	
2881	METALLKATALYSATOR, TROCKEN	4.2	S4	III	4.2	274	0	E1		PP			0	
2900	ANSTECKUNGSGEFÄHRLICHER STOFF, nur GEFÄHRLICH FÜR TIERE	6.2	I2		6.2	318 802	0	E0		PP			0	
2900	ANSTECKUNGSGEFÄHRLICHER STOFF, nur GEFÄHRLICH FÜR TIERE, in tiefgekühlt verflüssigtem Stickstoff	6.2	I2		6.2 + 2.2	318 802	0	E0		PP			0	
2900	ANSTECKUNGSGEFÄHRLICHER STOFF, nur GEFÄHRLICH FÜR TIERE (nur tierische Stoffe)	6.2	I2		6.2	318 802	0	E0		PP			0	
2901	BROMCHLORID	2	2TOC		2.3 + 5.1 + 8		0	E0		PP EP TOX A	VE02		2	
2902	PESTIZID, FLÜSSIG, GIFTIG, N.A.G.	6.1	T6	I	6.1	61 274 648 802	0	E5		PP EP TOX A	VE02		2	
2902	PESTIZID, FLÜSSIG, GIFTIG, N.A.G.	6.1	T6	II	6.1	61 274 648 802	100 ml	E4		PP EP TOX A	VE02		2	
2902	PESTIZID, FLÜSSIG, GIFTIG, N.A.G.	6.1	T6	III	6.1	61 274 648 802	5 l	E1		PP EP TOX A	VE02		0	

Stoffnummer/ UN-Nummer	Benennung und Beschreibung	Klasse	Klassifizierungs-code	Verpackungs-gruppe	Gefahrzettel	Sonder-vorschriften	begrenzte Mengen		Beförderung zugelassen	Ausrüstung erforderlich	Lüftung	Maßnahmen während des Ladens / Löschens / Beförderns	Anzahl der Kegel / Lichter	Bemerkungen
	3.1.2	2.2	2.2	2.1.1.3	5.2.2	3.3	3.4 / 3.5.1.2		3.2.1	8.1.5	7.1.6	7.1.6	7.1.5	3.2.1
(1)	(2)	(3a)	(3b)	(4)	(5)	(6)	(7a)	(7b)	(8)	(9)	(10)	(11)	(12)	(13)
2903	PESTIZID, FLÜSSIG, GIFTIG, ENTZÜNDBAR, N.A.G., mit einem Flammpunkt von 23 °C oder darüber	6.1	TF2	I	6.1 + 3	61 274 802	0	E5		PP EP EX TOX A	VE01 VE02		2	
2903	PESTIZID, FLÜSSIG, GIFTIG, ENTZÜNDBAR, N.A.G., mit einem Flammpunkt von 23 °C oder darüber	6.1	TF2	II	6.1 + 3	61 274 802	100 ml	E4		PP EP EX TOX A	VE01 VE02		2	
2903	PESTIZID, FLÜSSIG, GIFTIG, ENTZÜNDBAR, N.A.G., mit einem Flammpunkt von 23 °C oder darüber	6.1	TF2	III	6.1 + 3	61 274 802	5 l	E1		PP EP EX TOX A	VE01 VE02		0	
2904	CHLORPHENOLATE, FLÜSSIG oder PHENOLATE, FLÜSSIG	8	C9	III	8		5 l	E1	T*	PP EP			0	* gilt nur für Phenolate und nicht für Chlorphenolate
2905	CHLORPHENOLATE, FEST oder PHENOLATE, FEST	8	C10	III	8		5 kg	E1		PP EP			0	
2907	ISOSORBIDDINITRAT, MISCHUNG mit mindestens 60 % Lactose, Mannose, Stärke oder Calciumhydrogenphosphat	4.1	D	II	4.1	127	0	E0		PP			0	
2908	RADIOAKTIVE STOFFE, FREIGESTELLTES VERSANDSTÜCK - LEERE VERPACKUNG	7				290 368	0	E0		PP			0	
2909	RADIOAKTIVE STOFFE, FREIGESTELLTES VERSANDSTÜCK - FABRIKATE AUS NATÜRLICHEM URAN oder AUS ABGEREICHERTEM URAN oder AUS NATÜRLICHEM THORIUM	7				290	0	E0		PP			0	
2910	RADIOAKTIVE STOFFE, FREIGESTELLTES VERSANDSTÜCK - BEGRENZTE STOFFMENGE	7				290 368	0	E0		PP			0	

Stoffnummer/ UN-Nummer	Benennung und Beschreibung	Klasse	Klassifizierungs-code	Verpackungs-gruppe	Gefahrzettel	Sonder-vorschriften	begrenzte Mengen		Beförderung zugelassen	Ausrüstung erforderlich	Lüftung	Maßnahmen während des Ladens / Löschens / Beförderns			Anzahl der Kegel / Lichter	Bemerkungen
	3.1.2	2.2	2.2	2.1.1.3	5.2.2	3.3	3.4 / 3.5.1.2		3.2.1	8.1.5	7.1.6	7.1.6			7.1.5	3.2.1
(1)	(2)	(3a)	(3b)	(4)	(5)	(6)	(7a)	(7b)	(8)	(9)	(10)	(11)			(12)	(13)
2911	RADIOAKTIVE STOFFE, FREIGESTELLTES VERSANDSTÜCK - INSTRUMENTE oder FABRIKATE	7				290	0	E0		PP					0	
2912	RADIOAKTIVE STOFFE MIT GERINGER SPEZIFISCHER AKTIVITÄT (LSA-I), nicht spaltbar oder spaltbar, freigestellt	7			7X	172 317 325	0	E0	B	PP				RA01	2	
2913	RADIOAKTIVE STOFFE, OBERFLÄCHENKONTAMINIERTE GEGENSTÄNDE (SCO-I oder SCO-II), nicht spaltbar oder spaltbar, freigestellt	7			7X	172 317 325 ---	0	E0	B	PP				RA02	2	
2915	RADIOAKTIVE STOFFE, TYP A-VERSANDSTÜCK, nicht in besonderer Form, nicht spaltbar oder spaltbar, freigestellt	7			7X	172 317 325	0	E0		PP					2	
2916	RADIOAKTIVE STOFFE, TYP B(U)-VERSANDSTÜCK, nicht spaltbar oder spaltbar, freigestellt	7			7X	172 317 325 337	0	E0		PP					2	
2917	RADIOAKTIVE STOFFE, TYP B(M)-VERSANDSTÜCK, nicht spaltbar oder spaltbar, freigestellt	7			7X	172 317 325 337	0	E0		PP					2	
2919	RADIOAKTIVE STOFFE, UNTER SONDERVEREINBARUNG BEFÖRDERT, nicht spaltbar oder spaltbar, freigestellt	7			7X	172 317 325	0	E0		PP					2	
2920	ÄTZENDER FLÜSSIGER STOFF, ENTZÜNDBAR, N.A.G.	8	CF1	I	8 + 3	274	0	E0		PP EP EX A	VE01				1	
2920	ÄTZENDER FLÜSSIGER STOFF, ENTZÜNDBAR, N.A.G.	8	CF1	II	8 + 3	274	1 l	E2	T	PP EP EX A	VE01				1	

Tabelle A

Stoffnummer/ UN-Nummer	Benennung und Beschreibung	Klasse	Klassifizierungs-code	Verpackungs-gruppe	Gefahrzettel	Sonder-vorschriften	begrenzte Mengen		Beförderung zugelassen	Ausrüstung erforderlich	Lüftung	Maßnahmen während des Ladens / Löschens / Beförderns	Anzahl der Kegel / Lichter	Bemerkungen
	3.1.2	2.2	2.2	2.1.1.3	5.2.2	3.3	3.4 / 3.5.1.2		3.2.1	8.1.5	7.1.6	7.1.6	7.1.5	3.2.1
(1)	(2)	(3a)	(3b)	(4)	(5)	(6)	(7a)	(7b)	(8)	(9)	(10)	(11)	(12)	(13)
2921	ÄTZENDER FESTER STOFF, ENTZÜNDBAR, N.A.G.	8	CF2	I	8 + 4.1	274	0	E0		PP EP			1	
2921	ÄTZENDER FESTER STOFF, ENTZÜNDBAR, N.A.G.	8	CF2	II	8 + 4.1	274	1 kg	E2		PP EP			1	
2922	ÄTZENDER FLÜSSIGER STOFF, GIFTIG, N.A.G.	8	CT1	I	8 + 6.1	274 802	0	E0	T	PP EP TOX A	VE02		2	
2922	ÄTZENDER FLÜSSIGER STOFF, GIFTIG, N.A.G.	8	CT1	II	8 + 6.1	274 802	1 l	E2	T	PP EP TOX A	VE02		2	
2922	ÄTZENDER FLÜSSIGER STOFF, GIFTIG, N.A.G.	8	CT1	III	8 + 6.1	274 802	5 l	E1	T	PP EP TOX A	VE02		0	
2923	ÄTZENDER FESTER STOFF, GIFTIG, N.A.G.	8	CT2	I	8 + 6.1	274 802	0	E0		PP EP			2	
2923	ÄTZENDER FESTER STOFF, GIFTIG, N.A.G.	8	CT2	II	8 + 6.1	274 802	1 kg	E2		PP EP			2	
2923	ÄTZENDER FESTER STOFF, GIFTIG, N.A.G.	8	CT2	III	8 + 6.1	274 802	5 kg	E1		PP EP			0	
2924	ENTZÜNDBARER FLÜSSIGER STOFF, ÄTZEND, N.A.G.	3	FC	I	3 + 8	274	0	E0	T	PP EP EX A	VE01		1	
2924	ENTZÜNDBARER FLÜSSIGER STOFF, ÄTZEND, N.A.G.	3	FC	II	3 + 8	274	1 l	E2	T	PP EP EX A	VE01		1	

Stoffnummer/ UN-Nummer	Benennung und Beschreibung	Klasse	Klassifizierungs-code	Verpackungs-gruppe	Gefahrzettel	Sonder-vorschriften	begrenzte Mengen		Beförderung zugelassen	Ausrüstung erforderlich	Lüftung	Maßnahmen während des Ladens / Löschens / Beförderns	Anzahl der Kegel / Lichter	Bemerkungen
	3.1.2	2.2	2.2	2.1.1.3	5.2.2	3.3	3.4 / 3.5.1.2		3.2.1	8.1.5	7.1.6	7.1.6	7.1.5	3.2.1
(1)	(2)	(3a)	(3b)	(4)	(5)	(6)	(7a)	(7b)	(8)	(9)	(10)	(11)	(12)	(13)
2924	ENTZÜNDBARER FLÜSSIGER STOFF, ÄTZEND, N.A.G.	3	FC	III	3 + 8	274	5 l	E1	T	PP EP EX A	VE01		0	
2925	ENTZÜNDBARER ORGANISCHER FESTER STOFF, ÄTZEND, N.A.G.	4.1	FC1	II	4.1 + 8	274	1 kg	E2		PP EP			1	
2925	ENTZÜNDBARER ORGANISCHER FESTER STOFF, ÄTZEND, N.A.G.	4.1	FC1	III	4.1 + 8	274	5 kg	E1		PP EP			0	
2926	ENTZÜNDBARER ORGANISCHER FESTER STOFF, GIFTIG, N.A.G.	4.1	FT1	II	4.1 + 6.1	274 802	1 kg	E2		PP EP			2	
2926	ENTZÜNDBARER ORGANISCHER FESTER STOFF, GIFTIG, N.A.G.	4.1	FT1	III	4.1 + 6.1	274 802	5 kg	E1		PP EP			0	
2927	GIFTIGER ORGANISCHER FLÜSSIGER STOFF, ÄTZEND, N.A.G.	6.1	TC1	I	6.1 + 8	274 315 802	0	E5	T	PP EP TOX A	VE02		2	
2927	GIFTIGER ORGANISCHER FLÜSSIGER STOFF, ÄTZEND, N.A.G.	6.1	TC1	II	6.1 + 8	274 802	100 ml	E4	T	PP EP TOX A	VE02		2	
2928	GIFTIGER ORGANISCHER FESTER STOFF, ÄTZEND, N.A.G.	6.1	TC2	I	6.1 + 8	274 802	0	E5		PP EP			2	
2928	GIFTIGER ORGANISCHER FESTER STOFF, ÄTZEND, N.A.G.	6.1	TC2	II	6.1 + 8	274 802	500 g	E4		PP EP			2	
2929	GIFTIGER ORGANISCHER FLÜSSIGER STOFF, ENTZÜNDBAR, N.A.G.	6.1	TF1	I	6.1 + 3	274 315 802	0	E5	T	PP EP EX TOX A	VE01 VE02		2	

Tabelle A

Stoffnummer/ UN-Nummer	Benennung und Beschreibung	Klasse	Klassifizierungs-code	Verpackungs-gruppe	Gefahrzettel	Sonder-vorschriften	begrenzte Mengen		Beförderung zugelassen	Ausrüstung erforderlich	Lüftung	Maßnahmen während des Ladens / Löschens / Beförderns	Anzahl der Kegel / Lichter	Bemerkungen
	3.1.2	2.2	2.2	2.1.1.3	5.2.2	3.3	3.4 / 3.5.1.2		3.2.1	8.1.5	7.1.6	7.1.6	7.1.5	3.2.1
(1)	(2)	(3a)	(3b)	(4)	(5)	(6)	(7a)	(7b)	(8)	(9)	(10)	(11)	(12)	(13)
2929	GIFTIGER ORGANISCHER FLÜSSIGER STOFF, ENTZÜNDBAR, N.A.G.	6.1	TF1	II	6.1 + 3	274 802	100 ml	E4	T	PP EP EX TOX A	VE01 VE02		2	
2930	GIFTIGER ORGANISCHER FESTER STOFF, ENTZÜNDBAR, N.A.G.	6.1	TF3	I	6.1 + 4.1	274 802	0	E5		PP EP			2	
2930	GIFTIGER ORGANISCHER FESTER STOFF, ENTZÜNDBAR, N.A.G.	6.1	TF3	II	6.1 + 4.1	274 802	500 g	E4		PP EP			2	
2931	VANADYLSULFAT	6.1	T5	II	6.1	802	500 g	E4		PP EP			2	
2933	METHYL-2-CHLORPROPIONAT	3	F1	III	3		5 l	E1		PP EX A	VE01		0	
2934	ISOPROPYL-2-CHLORPROPIONAT	3	F1	III	3		5 l	E1		PP EX A	VE01		0	
2935	ETHYL-2-CHLORPROPIONAT	3	F1	III	3		5 l	E1	T	PP EX A	VE01		0	
2936	THIOMILCHSÄURE	6.1	T1	II	6.1	802	100 ml	E4		PP EP TOX A	VE02		2	
2937	alpha-METHYLBENZYLALKOHOL, FLÜSSIG	6.1	T1	III	6.1	802	5 l	E1		PP EP TOX A	VE02		0	
2940	9-PHOSPHABICYCLONONANE (CYCLOOCTADIENPHOSPHINE)	4.2	S2	II	4.2		0	E2		PP			0	

Stoffnummer/ UN-Nummer	Benennung und Beschreibung	Klasse	Klassifizierungs-code	Verpackungs-gruppe	Gefahrzettel	Sonder-vorschriften	begrenzte Mengen		Beförderung zugelassen	Ausrüstung erforderlich	Lüftung	Maßnahmen während des Ladens / Löschens / Beförderns	Anzahl der Kegel / Lichter	Bemerkungen
	3.1.2	2.2	2.2	2.1.1.3	5.2.2	3.3	3.4 / 3.5.1.2		3.2.1	8.1.5	7.1.6	7.1.6	7.1.5	3.2.1
(1)	(2)	(3a)	(3b)	(4)	(5)	(6)	(7a)	(7b)	(8)	(9)	(10)	(11)	(12)	(13)
2941	FLUORANILINE	6.1	T1	III	6.1	802	5 l	E1		PP EP TOX A	VE02		0	
2942	2-TRIFLUORMETHYLANILIN	6.1	T1	III	6.1	802	5 l	E1		PP EP TOX A	VE02		0	
2943	TETRAHYDROFURFURYLAMIN	3	F1	III	3		5 l	E1		PP EX A	VE01		0	
2945	N-METHYLBUTYLAMIN	3	FC	II	3 + 8		1 l	E2		PP EP EX A	VE01		1	
2946	2-AMINO-5-DIETHYLAMINOPENTAN	6.1	T1	III	6.1	802	5 l	E1		PP EP TOX A	VE02		0	
2947	ISOPROPYLCHLORACETAT	3	F1	III	3		5 l	E1	T	PP EX A	VE01		0	
2948	3-TRIFLUORMETHYLANILIN	6.1	T1	II	6.1	802	100 ml	E4		PP EP TOX A	VE02		2	
2949	NATRIUMHYDROGENSULFID, HYDRATISIERT mit mindestens 25 % Kristallwasser	8	C6	II	8	523	1 kg	E2		PP EP			0	
2950	MAGNESIUM-GRANULATE, ÜBERZOGEN, mit einer Teilchengröße von mindestens 149 µm	4.3	W2	III	4.3		1 kg	E1		PP EX A	VE01	HA08	0	

Stoffnummer/ UN-Nummer	Benennung und Beschreibung	Klasse	Klassifizierungs-code	Verpackungs-gruppe	Gefahrzettel	Sonder-vorschriften	begrenzte Mengen		Beförderung zugelassen	Ausrüstung erforderlich	Lüftung	Maßnahmen während des Ladens / Löschens / Beförderns			Anzahl der Kegel / Lichter	Bemerkungen
	3.1.2	2.2	2.2	2.1.1.3	5.2.2	3.3	3.4 / 3.5.1.2		3.2.1	8.1.5	7.1.6	7.1.6			7.1.5	3.2.1
(1)	(2)	(3a)	(3b)	(4)	(5)	(6)	(7a)	(7b)	(8)	(9)	(10)	(11)			(12)	(13)
2956	5-tert-BUTYL-2,4,6-TRINITRO-m-XYLEN (XYLENMOSCHUS)	4.1	SR1	III	4.1	638	5 kg	E0		PP					0	
2965	BORTRIFLUORIDDIMETHYLETHERAT	4.3	WFC	I	4.3 + 3 + 8		0	E0		PP EP EX A	VE01		HA08		1	
2966	THIOGLYCOL	6.1	T1	II	6.1	802	100 ml	E4	T	PP EP TOX A	VE02				2	
2967	SULFAMINSÄURE	8	C2	III	8		5 kg	E1		PP EP					0	
2968	MANEB, STABILISIERT oder MANEBZUBEREITUNGEN, STABILISIERT gegen Selbsterhitzung	4.3	W2	III	4.3	547	1 kg	E1		PP EX A	VE01		HA08		0	
2969	RIZINUSSAAT oder RIZINUSMEHL oder RIZINUSSAATKUCHEN oder RIZINUSFLOCKEN	9	M11	II	9	141	5 kg	E2	B	PP					0	
2977	RADIOAKTIVE STOFFE, URANHEXAFLUORID, SPALTBAR	7			7X + 7E + 6.1+ 8		0	E0		EP PP					2	
2978	RADIOAKTIVE STOFFE, URANHEXAFLUORID, nicht spaltbar oder spaltbar, freigestellt	7			7X + 6.1+ 8	317	0	E0		PP EP				RA01	2	
2983	ETHYLENOXID UND PROPYLENOXID, MISCHUNG mit höchstens 30 % Ethylenoxid	3	FT1	I	3 + 6.1	802	0	E0	T	PP EP EX TOX A	VE01 VE02				2	

Tabelle A

Stoffnummer/ UN-Nummer	Benennung und Beschreibung	Klasse	Klassifizierungs-code	Verpackungs-gruppe	Gefahrzettel	Sonder-vorschriften	begrenzte Mengen		Beförderung zugelassen	Ausrüstung erforderlich	Lüftung	Maßnahmen während des Ladens / Löschens / Beförderns	Anzahl der Kegel / Lichter	Bemerkungen
	3.1.2	2.2	2.2	2.1.1.3	5.2.2	3.3	3.4 / 3.5.1.2		3.2.1	8.1.5	7.1.6	7.1.6	7.1.5	3.2.1
(1)	(2)	(3a)	(3b)	(4)	(5)	(6)	(7a)	(7b)	(8)	(9)	(10)	(11)	(12)	(13)
2984	WASSERSTOFFPEROXID, WÄSSERIGE LÖSUNG mit mindestens 8 %, aber weniger als 20 % Wasserstoffperoxid (Stabilisierung nach Bedarf)	5.1	O1	III	5.1	65	5 l	E1		PP			0	
2985	CHLORSILANE, ENTZÜNDBAR, ÄTZEND, N.A.G.	3	FC	II	3 + 8	548	0	E0		PP EP EX A	VE01		1	
2986	CHLORSILANE, ÄTZEND, ENTZÜNDBAR, N.A.G.	8	CF1	II	8 + 3	548	0	E0		PP EP EX A	VE01		1	
2987	CHLORSILANE, ÄTZEND, N.A.G.	8	C3	II	8	548	0	E0		PP EP			0	
2988	CHLORSILANE, MIT WASSER REAGIEREND, ENTZÜNDBAR, ÄTZEND, N.A.G.	4.3	WFC	I	4.3 + 3 + 8	549	0	E0		PP EP EX A	VE01	HA08	1	
2989	BLEIPHOSPHIT, ZWEIBASIG	4.1	F3	II	4.1		1 kg	E2		PP			1	
2989	BLEIPHOSPHIT, ZWEIBASIG	4.1	F3	III	4.1		5 kg	E1		PP			0	
2990	RETTUNGSMITTEL, SELBSTAUFBLASEND	9	M5		9	296 635	0	E0		PP			0	
2991	CARBAMAT-PESTIZID, FLÜSSIG, GIFTIG, ENTZÜNDBAR, mit einem Flammpunkt von 23 °C oder darüber	6.1	TF2	I	6.1 + 3	61 274 802	0	E5		PP EP EX TOX A	VE01 VE02		2	
2991	CARBAMAT-PESTIZID, FLÜSSIG, GIFTIG, ENTZÜNDBAR, mit einem Flammpunkt von 23 °C oder darüber	6.1	TF2	II	6.1 + 3	61 274 802	100 ml	E4		PP EP EX TOX A	VE01 VE02		2	

Stoffnummer/ UN-Nummer	Benennung und Beschreibung	Klasse	Klassifizierungs-code	Verpackungs-gruppe	Gefahrzettel	Sonder-vorschriften	begrenzte Mengen		Beförderung zugelassen	Ausrüstung erforderlich	Lüftung	Maßnahmen während des Ladens / Löschens / Beförderns	Anzahl der Kegel / Lichter	Bemerkungen
	3.1.2	2.2	2.2	2.1.1.3	5.2.2	3.3	3.4 / 3.5.1.2		3.2.1	8.1.5	7.1.6	7.1.6	7.1.5	3.2.1
(1)	(2)	(3a)	(3b)	(4)	(5)	(6)	(7a)	(7b)	(8)	(9)	(10)	(11)	(12)	(13)
2991	CARBAMAT-PESTIZID, FLÜSSIG, GIFTIG, ENTZÜNDBAR, mit einem Flammpunkt von 23 °C oder darüber	6.1	TF2	III	6.1 + 3	61 274 802	5 l	E1		PP EP EX TOX A	VE01 VE02		0	
2992	CARBAMAT-PESTIZID, FLÜSSIG, GIFTIG	6.1	T6	I	6.1	61 274 648 802	0	E5		PP EP TOX A	VE02		2	
2992	CARBAMAT-PESTIZID, FLÜSSIG, GIFTIG	6.1	T6	II	6.1	61 274 648 802	100 ml	E4		PP EP TOX A	VE02		2	
2992	CARBAMAT-PESTIZID, FLÜSSIG, GIFTIG	6.1	T6	III	6.1	61 274 648 802	5 l	E1		PP EP TOX A	VE02		0	
2993	ARSENHALTIGES PESTIZID, FLÜSSIG, GIFTIG, ENTZÜNDBAR, mit einem Flammpunkt von 23 °C oder darüber	6.1	TF2	I	6.1 + 3	61 274 802	0	E5		PP EP EX TOX A	VE01 VE02		2	
2993	ARSENHALTIGES PESTIZID, FLÜSSIG, GIFTIG, ENTZÜNDBAR, mit einem Flammpunkt von 23 °C oder darüber	6.1	TF2	II	6.1 + 3	61 274 802	100 ml	E4		PP EP EX TOX A	VE01 VE02		2	
2993	ARSENHALTIGES PESTIZID, FLÜSSIG, GIFTIG, ENTZÜNDBAR, mit einem Flammpunkt von 23 °C oder darüber	6.1	TF2	III	6.1 + 3	61 274 802	5 l	E1		PP EP EX TOX A	VE01 VE02		0	

Stoffnummer/ UN-Nummer	Benennung und Beschreibung	Klasse	Klassifizierungscode	Verpackungsgruppe	Gefahrzettel	Sondervorschriften	begrenzte Mengen		Beförderung zugelassen	Ausrüstung erforderlich	Lüftung	Maßnahmen während des Ladens / Löschens / Beförderns	Anzahl der Kegel / Lichter	Bemerkungen
	3.1.2	2.2	2.2	2.1.1.3	5.2.2	3.3	3.4 / 3.5.1.2		3.2.1	8.1.5	7.1.6	7.1.6	7.1.5	3.2.1
(1)	(2)	(3a)	(3b)	(4)	(5)	(6)	(7a)	(7b)	(8)	(9)	(10)	(11)	(12)	(13)
2994	ARSENHALTIGES PESTIZID, FLÜSSIG, GIFTIG	6.1	T6	I	6.1	61 274 648 802	0	E5		PP EP TOX A	VE02		2	
2994	ARSENHALTIGES PESTIZID, FLÜSSIG, GIFTIG	6.1	T6	II	6.1	61 274 648 802	100 ml	E4		PP EP TOX A	VE02		2	
2994	ARSENHALTIGES PESTIZID, FLÜSSIG, GIFTIG	6.1	T6	III	6.1	61 274 648 802	5 l	E1		PP EP TOX A	VE02		0	
2995	ORGANOCHLOR-PESTIZID, FLÜSSIG, GIFTIG, ENTZÜNDBAR, mit einem Flammpunkt von 23 °C oder darüber	6.1	TF2	I	6.1 + 3	61 274 802	0	E5		PP EP EX TOX A	VE01 VE02		2	
2995	ORGANOCHLOR-PESTIZID, FLÜSSIG, GIFTIG, ENTZÜNDBAR, mit einem Flammpunkt von 23 °C oder darüber	6.1	TF2	II	6.1 + 3	61 274 802	100 ml	E4		PP EP EX TOX A	VE01 VE02		2	
2995	ORGANOCHLOR-PESTIZID, FLÜSSIG, GIFTIG, ENTZÜNDBAR, mit einem Flammpunkt von 23 °C oder darüber	6.1	TF2	III	6.1 + 3	61 274 802	5 l	E1		PP EP EX TOX A	VE01 VE02		0	
2996	ORGANOCHLOR-PESTIZID, FLÜSSIG, GIFTIG	6.1	T6	I	6.1	61 274 648 802	0	E5		PP EP TOX A	VE02		2	

Stoffnummer/ UN-Nummer	Benennung und Beschreibung	Klasse	Klassifizierungs-code	Verpackungs-gruppe	Gefahrzettel	Sonder-vorschriften	begrenzte Mengen		Beförderung zugelassen	Ausrüstung erforderlich	Lüftung	Maßnahmen während des Ladens / Löschens / Beförderns	Anzahl der Kegel / Lichter	Bemerkungen
	3.1.2	2.2	2.2	2.1.1.3	5.2.2	3.3	3.4 / 3.5.1.2		3.2.1	8.1.5	7.1.6	7.1.6	7.1.5	3.2.1
(1)	(2)	(3a)	(3b)	(4)	(5)	(6)	(7a)	(7b)	(8)	(9)	(10)	(11)	(12)	(13)
2996	ORGANOCHLOR-PESTIZID, FLÜSSIG, GIFTIG	6.1	T6	II	6.1	61 274 648 802	100 ml	E4		PP EP TOX A	VE02		2	
2996	ORGANOCHLOR-PESTIZID, FLÜSSIG, GIFTIG	6.1	T6	III	6.1	61 274 648 802	5 l	E1		PP EP TOX A	VE02		0	
2997	TRIAZIN-PESTIZID, FLÜSSIG, GIFTIG, ENTZÜNDBAR, mit einem Flammpunkt von 23 °C oder darüber	6.1	TF2	I	6.1 + 3	61 274 802	0	E5		PP EP EX TOX A	VE01 VE02		2	
2997	TRIAZIN-PESTIZID, FLÜSSIG, GIFTIG, ENTZÜNDBAR, mit einem Flammpunkt von 23 °C oder darüber	6.1	TF2	II	6.1 + 3	61 274 802	100 ml	E4		PP EP EX TOX A	VE01 VE02		2	
2997	TRIAZIN-PESTIZID, FLÜSSIG, GIFTIG, ENTZÜNDBAR, mit einem Flammpunkt von 23 °C oder darüber	6.1	TF2	III	6.1 + 3	61 274 802	5 l	E1		PP EP EX TOX A	VE01 VE02		0	
2998	TRIAZIN-PESTIZID, FLÜSSIG, GIFTIG	6.1	T6	I	6.1	61 274 648 802	0	E5		PP EP TOX A	VE02		2	
2998	TRIAZIN-PESTIZID, FLÜSSIG, GIFTIG	6.1	T6	II	6.1	61 274 648 802	100 ml	E4		PP EP TOX A	VE02		2	

Stoffnummer/ UN-Nummer	Benennung und Beschreibung	Klasse	Klassifizierungs-code	Verpackungs-gruppe	Gefahrzettel	Sonder-vorschriften	begrenzte Mengen		Beförderung zugelassen	Ausrüstung erforderlich	Lüftung	Maßnahmen während des Ladens / Löschens / Beförderns	Anzahl der Kegel / Lichter	Bemerkungen
	3.1.2	2.2	2.2	2.1.1.3	5.2.2	3.3	3.4 / 3.5.1.2		3.2.1	8.1.5	7.1.6	7.1.6	7.1.5	3.2.1
(1)	(2)	(3a)	(3b)	(4)	(5)	(6)	(7a)	(7b)	(8)	(9)	(10)	(11)	(12)	(13)
2998	TRIAZIN-PESTIZID, FLÜSSIG, GIFTIG	6.1	T6	III	6.1	61 274 648 802	5 l	E1		PP EP TOX A	VE02		0	
3005	THIOCARBAMAT-PESTIZID, FLÜSSIG, GIFTIG, ENTZÜNDBAR, mit einem Flammpunkt von 23 °C oder darüber	6.1	TF2	I	6.1 + 3	61 274 802	0	E5		PP EP EX TOX A	VE01 VE02		2	
3005	THIOCARBAMAT-PESTIZID, FLÜSSIG, GIFTIG, ENTZÜNDBAR, mit einem Flammpunkt von 23 °C oder darüber	6.1	TF2	II	6.1 + 3	61 274 802	100 ml	E4		PP EP EX TOX A	VE01 VE02		2	
3005	THIOCARBAMAT-PESTIZID, FLÜSSIG, GIFTIG, ENTZÜNDBAR, mit einem Flammpunkt von 23 °C oder darüber	6.1	TF2	III	6.1 + 3	61 274 802	5 l	E1		PP EP EX TOX A	VE01 VE02		0	
3006	THIOCARBAMAT-PESTIZID, FLÜSSIG, GIFTIG	6.1	T6	I	6.1	61 274 648 802	0	E5		PP EP TOX A	VE02		2	
3006	THIOCARBAMAT-PESTIZID, FLÜSSIG, GIFTIG	6.1	T6	II	6.1	61 274 648 802	100 ml	E4		PP EP TOX A	VE02		2	
3006	THIOCARBAMAT-PESTIZID, FLÜSSIG, GIFTIG	6.1	T6	III	6.1	61 274 648 802	5 l	E1		PP EP TOX A	VE02		0	

Stoffnummer/ UN-Nummer	Benennung und Beschreibung	Klasse	Klassifizierungs-code	Verpackungs-gruppe	Gefahrzettel	Sonder-vorschriften	begrenzte Mengen		Beförderung zugelassen	Ausrüstung erforderlich	Lüftung	Maßnahmen während des Ladens / Löschens / Beförderns	Anzahl der Kegel / Lichter	Bemerkungen
	3.1.2	2.2	2.2	2.1.1.3	5.2.2	3.3	3.4 / 3.5.1.2		3.2.1	8.1.5	7.1.6	7.1.6	7.1.5	3.2.1
(1)	(2)	(3a)	(3b)	(4)	(5)	(6)	(7a)	(7b)	(8)	(9)	(10)	(11)	(12)	(13)
3009	KUPFERHALTIGES PESTIZID, FLÜSSIG, GIFTIG, ENTZÜNDBAR, mit einem Flammpunkt von 23 °C oder darüber	6.1	TF2	I	6.1 + 3	61 274 802	0	E5		PP EP EX TOX A	VE01 VE02		2	
3009	KUPFERHALTIGES PESTIZID, FLÜSSIG, GIFTIG, ENTZÜNDBAR, mit einem Flammpunkt von 23 °C oder darüber	6.1	TF2	II	6.1 + 3	61 274 802	100 ml	E4		PP EP EX TOX A	VE01 VE02		2	
3009	KUPFERHALTIGES PESTIZID, FLÜSSIG, GIFTIG, ENTZÜNDBAR, mit einem Flammpunkt von 23 °C oder darüber	6.1	TF2	III	6.1 + 3	61 274 802	5 l	E1		PP EP EX TOX A	VE01 VE02		0	
3010	KUPFERHALTIGES PESTIZID, FLÜSSIG, GIFTIG	6.1	T6	I	6.1	61 274 648 802	0	E5		PP EP TOX A	VE02		2	
3010	KUPFERHALTIGES PESTIZID, FLÜSSIG, GIFTIG	6.1	T6	II	6.1	61 274 648 802	100 ml	E4		PP EP TOX A	VE02		2	
3010	KUPFERHALTIGES PESTIZID, FLÜSSIG, GIFTIG	6.1	T6	III	6.1	61 274 648 802	5 l	E1		PP EP TOX A	VE02		0	
3011	QUECKSILBERHALTIGES PESTIZID, FLÜSSIG, GIFTIG, ENTZÜNDBAR, mit einem Flammpunkt von 23 °C oder darüber	6.1	TF2	I	6.1 + 3	61 274 802	0	E5		PP EP EX TOX A	VE01 VE02		2	

Stoffnummer/ UN-Nummer	Benennung und Beschreibung	Klasse	Klassifizierungs-code	Verpackungs-gruppe	Gefahrzettel	Sonder-vorschriften	begrenzte Mengen		Beförderung zugelassen	Ausrüstung erforderlich	Lüftung	Maßnahmen während des Ladens / Löschens / Beförderns	Anzahl der Kegel / Lichter	Bemerkungen
	3.1.2	2.2	2.2	2.1.1.3	5.2.2	3.3	3.4 / 3.5.1.2		3.2.1	8.1.5	7.1.6	7.1.6	7.1.5	3.2.1
(1)	(2)	(3a)	(3b)	(4)	(5)	(6)	(7a)	(7b)	(8)	(9)	(10)	(11)	(12)	(13)
3011	QUECKSILBERHALTIGES PESTIZID, FLÜSSIG, GIFTIG, ENTZÜNDBAR, mit einem Flammpunkt von 23 °C oder darüber	6.1	TF2	II	6.1 + 3	61 274 802	100 ml	E4		PP EP EX TOX A	VE01 VE02		2	
3011	QUECKSILBERHALTIGES PESTIZID, FLÜSSIG, GIFTIG, ENTZÜNDBAR, mit einem Flammpunkt von 23 °C oder darüber	6.1	TF2	III	6.1 + 3	61 274 802	5 l	E1		PP EP EX TOX A	VE01 VE02		0	
3012	QUECKSILBERHALTIGES PESTIZID, FLÜSSIG, GIFTIG	6.1	T6	I	6.1	61 274 648 802	0	E5		PP EP TOX A	VE02		2	
3012	QUECKSILBERHALTIGES PESTIZID, FLÜSSIG, GIFTIG	6.1	T6	II	6.1	61 274 648 802	100 ml	E4		PP EP TOX A	VE02		2	
3012	QUECKSILBERHALTIGES PESTIZID, FLÜSSIG, GIFTIG	6.1	T6	III	6.1	61 274 648 802	5 l	E1		PP EP TOX A	VE02		0	
3013	SUBSTITUIERTES NITROPHENOL-PESTIZID, FLÜSSIG, GIFTIG, ENTZÜNDBAR, mit einem Flammpunkt von 23 °C oder darüber	6.1	TF2	I	6.1 + 3	61 274 802	0	E5		PP EP EX TOX A	VE01 VE02		2	
3013	SUBSTITUIERTES NITROPHENOL-PESTIZID, FLÜSSIG, GIFTIG, ENTZÜNDBAR, mit einem Flammpunkt von 23 °C oder darüber	6.1	TF2	II	6.1 + 3	61 274 802	100 ml	E4		PP EP EX TOX A	VE01 VE02		2	

Stoffnummer/ UN-Nummer	Benennung und Beschreibung	Klasse	Klassifizierungs-code	Verpackungs-gruppe	Gefahrzettel	Sonder-vorschriften	begrenzte Mengen		Beförderung zugelassen	Ausrüstung erforderlich	Lüftung	Maßnahmen während des Ladens / Löschens / Beförderns	Anzahl der Kegel / Lichter	Bemerkungen
	3.1.2	2.2	2.2	2.1.1.3	5.2.2	3.3	3.4 / 3.5.1.2		3.2.1	8.1.5	7.1.6	7.1.6	7.1.5	3.2.1
(1)	(2)	(3a)	(3b)	(4)	(5)	(6)	(7a)	(7b)	(8)	(9)	(10)	(11)	(12)	(13)
3013	SUBSTITUIERTES NITROPHENOL-PESTIZID, FLÜSSIG, GIFTIG, ENTZÜNDBAR, mit einem Flammpunkt von 23 °C oder darüber	6.1	TF2	III	6.1 + 3	61 274 802	5 l	E1		PP EP EX TOX A	VE01 VE02		0	
3014	SUBSTITUIERTES NITROPHENOL-PESTIZID, FLÜSSIG, GIFTIG	6.1	T6	I	6.1	61 274 648 802	0	E5		PP EP TOX A	VE02		2	
3014	SUBSTITUIERTES NITROPHENOL-PESTIZID, FLÜSSIG, GIFTIG	6.1	T6	II	6.1	61 274 648 802	100 ml	E4		PP EP TOX A	VE02		2	
3014	SUBSTITUIERTES NITROPHENOL-PESTIZID, FLÜSSIG, GIFTIG	6.1	T6	III	6.1	61 274 648 802	5 l	E1		PP EP TOX A	VE02		0	
3015	BIPYRIDILIUM-PESTIZID, FLÜSSIG, GIFTIG, ENTZÜNDBAR, mit einem Flammpunkt von 23 °C oder darüber	6.1	TF2	I	6.1 + 3	61 274 802	0	E5		PP EP EX TOX A	VE01 VE02		2	
3015	BIPYRIDILIUM-PESTIZID, FLÜSSIG, GIFTIG, ENTZÜNDBAR, mit einem Flammpunkt von 23 °C oder darüber	6.1	TF2	II	6.1 + 3	61 274 802	100 ml	E4		PP EP EX TOX A	VE01 VE02		2	
3015	BIPYRIDILIUM-PESTIZID, FLÜSSIG, GIFTIG, ENTZÜNDBAR, mit einem Flammpunkt von 23 °C oder darüber	6.1	TF2	III	6.1 + 3	61 274 802	5 l	E1		PP EP EX TOX A	VE01 VE02		0	

Stoffnummer/ UN-Nummer	Benennung und Beschreibung	Klasse	Klassifizierungs-code	Verpackungs-gruppe	Gefahrzettel	Sonder-vorschriften	begrenzte Mengen		Beförderung zugelassen	Ausrüstung erforderlich	Lüftung	Maßnahmen während des Ladens / Löschens / Beförderns	Anzahl der Kegel / Lichter	Bemerkungen
	3.1.2	2.2	2.2	2.1.1.3	5.2.2	3.3	3.4 / 3.5.1.2		3.2.1	8.1.5	7.1.6	7.1.6	7.1.5	3.2.1
(1)	(2)	(3a)	(3b)	(4)	(5)	(6)	(7a)	(7b)	(8)	(9)	(10)	(11)	(12)	(13)
3016	BIPYRIDILIUM-PESTIZID, FLÜSSIG, GIFTIG	6.1	T6	I	6.1	61 274 648 802	0	E5		PP EP TOX A	VE02		2	
3016	BIPYRIDILIUM-PESTIZID, FLÜSSIG, GIFTIG	6.1	T6	II	6.1	61 274 648 802	100 ml	E4		PP EP TOX A	VE02		2	
3016	BIPYRIDILIUM-PESTIZID, FLÜSSIG, GIFTIG	6.1	T6	III	6.1	61 274 648 802	5 l	E1		PP EP TOX A	VE02		0	
3017	ORGANOPHOSPHOR-PESTIZID, FLÜSSIG, GIFTIG, ENTZÜNDBAR, mit einem Flammpunkt von 23 °C oder darüber	6.1	TF2	I	6.1 + 3	61 274 802	0	E5		PP EP EX TOX A	VE01 VE02		2	
3017	ORGANOPHOSPHOR-PESTIZID, FLÜSSIG, GIFTIG, ENTZÜNDBAR, mit einem Flammpunkt von 23 °C oder darüber	6.1	TF2	II	6.1 + 3	61 274 802	100 ml	E4		PP EP EX TOX A	VE01 VE02		2	
3017	ORGANOPHOSPHOR-PESTIZID, FLÜSSIG, GIFTIG, ENTZÜNDBAR, mit einem Flammpunkt von 23 °C oder darüber	6.1	TF2	III	6.1 + 3	61 274 802	5 l	E1		PP EP EX TOX A	VE01 VE02		0	
3018	ORGANOPHOSPHOR-PESTIZID, FLÜSSIG, GIFTIG	6.1	T6	I	6.1	61 274 648 802	0	E5		PP EP TOX A	VE02		2	

Stoffnummer/ UN-Nummer	Benennung und Beschreibung	Klasse	Klassifizierungs-code	Verpackungs-gruppe	Gefahrzettel	Sonder-vorschriften	begrenzte Mengen		Beförderung zugelassen	Ausrüstung erforderlich	Lüftung	Maßnahmen während des Ladens / Löschens / Beförderns	Anzahl der Kegel / Lichter	Bemerkungen
	3.1.2	2.2	2.2	2.1.1.3	5.2.2	3.3	3.4 / 3.5.1.2		3.2.1	8.1.5	7.1.6	7.1.6	7.1.5	3.2.1
(1)	(2)	(3a)	(3b)	(4)	(5)	(6)	(7a)	(7b)	(8)	(9)	(10)	(11)	(12)	(13)
3018	ORGANOPHOSPHOR-PESTIZID, FLÜSSIG, GIFTIG	6.1	T6	II	6.1	61 274 648 802	100 ml	E4		PP EP TOX A	VE02		2	
3018	ORGANOPHOSPHOR-PESTIZID, FLÜSSIG, GIFTIG	6.1	T6	III	6.1	61 274 648 802	5 l	E1		PP EP TOX A	VE02		0	
3019	ORGANOZINN-PESTIZID, FLÜSSIG, GIFTIG, ENTZÜNDBAR, mit einem Flammpunkt von 23 °C oder darüber	6.1	TF2	I	6.1 + 3	61 274 802	0	E5		PP EP EX TOX A	VE01 VE02		2	
3019	ORGANOZINN-PESTIZID, FLÜSSIG, GIFTIG, ENTZÜNDBAR, mit einem Flammpunkt von 23 °C oder darüber	6.1	TF2	II	6.1 + 3	61 274 802	100 ml	E4		PP EP EX TOX A	VE01 VE02		2	
3019	ORGANOZINN-PESTIZID, FLÜSSIG, GIFTIG, ENTZÜNDBAR, mit einem Flammpunkt von 23 °C oder darüber	6.1	TF2	III	6.1 + 3	61 274 802	5 l	E1		PP EP EX TOX A	VE01 VE02		0	
3020	ORGANOZINN-PESTIZID, FLÜSSIG, GIFTIG	6.1	T6	I	6.1	61 274 648 802	0	E5		PP EP TOX A	VE02		2	
3020	ORGANOZINN-PESTIZID, FLÜSSIG, GIFTIG	6.1	T6	II	6.1	61 274 648 802	100 ml	E4		PP EP TOX A	VE02		2	

Stoffnummer/ UN-Nummer	Benennung und Beschreibung	Klasse	Klassifizierungs-code	Verpackungs-gruppe	Gefahrzettel	Sonder-vorschriften	begrenzte Mengen		Beförderung zugelassen	Ausrüstung erforderlich	Lüftung	Maßnahmen während des Ladens / Löschens / Beförderns	Anzahl der Kegel / Lichter	Bemerkungen
	3.1.2	2.2	2.2	2.1.1.3	5.2.2	3.3	3.4 / 3.5.1.2		3.2.1	8.1.5	7.1.6	7.1.6	7.1.5	3.2.1
(1)	(2)	(3a)	(3b)	(4)	(5)	(6)	(7a)	(7b)	(8)	(9)	(10)	(11)	(12)	(13)
3020	ORGANOZINN-PESTIZID, FLÜSSIG, GIFTIG	6.1	T6	III	6.1	61 274 648 802	5 l	E1		PP EP TOX A	VE02		0	
3021	PESTIZID, FLÜSSIG, ENTZÜNDBAR, GIFTIG, N.A.G., Flammpunkt unter 23 °C	3	FT2	I	3 + 6.1	61 274 802	0	E0		PP EP EX TOX A	VE01 VE02		2	
3021	PESTIZID, FLÜSSIG, ENTZÜNDBAR, GIFTIG, N.A.G., Flammpunkt unter 23 °C	3	FT2	II	3 + 6.1	61 274 802	1 l	E2		PP EP EX TOX A	VE01 VE02		2	
3022	1,2-BUTYLENOXID, STABILISIERT	3	F1	II	3	386	1 l	E2		PP EX A	VE01		1	
3023	2-METHYL-2-HEPTANTHIOL	6.1	TF1	I	6.1 + 3	354 802	0	E0		PP EP EX TOX A	VE01 VE02		2	
3024	CUMARIN-PESTIZID, FLÜSSIG, ENTZÜNDBAR, GIFTIG, Flammpunkt unter 23 °C	3	FT2	I	3 + 6.1	61 274 802	0	E0		PP EP EX TOX A	VE01 VE02		2	
3024	CUMARIN-PESTIZID, FLÜSSIG, ENTZÜNDBAR, GIFTIG, Flammpunkt unter 23 °C	3	FT2	II	3 + 6.1	61 274 802	1 l	E2		PP EP EX TOX A	VE01 VE02		2	

Tabelle A

Stoffnummer/ UN-Nummer	Benennung und Beschreibung	Klasse	Klassifizierungs-code	Verpackungs-gruppe	Gefahrzettel	Sonder-vorschriften	begrenzte Mengen		Beförderung zugelassen	Ausrüstung erforderlich	Lüftung	Maßnahmen während des Ladens / Löschens / Beförderns	Anzahl der Kegel / Lichter	Bemerkungen
	3.1.2	2.2	2.2	2.1.1.3	5.2.2	3.3	3.4 / 3.5.1.2		3.2.1	8.1.5	7.1.6	7.1.6	7.1.5	3.2.1
(1)	(2)	(3a)	(3b)	(4)	(5)	(6)	(7a)	(7b)	(8)	(9)	(10)	(11)	(12)	(13)
3025	CUMARIN-PESTIZID, FLÜSSIG, GIFTIG, ENTZÜNDBAR, mit einem Flammpunkt von 23 °C oder darüber	6.1	TF2	I	6.1 + 3	61 274 802	0	E5		PP EP EX TOX A	VE01 VE02		2	
3025	CUMARIN-PESTIZID, FLÜSSIG, GIFTIG, ENTZÜNDBAR, mit einem Flammpunkt von 23 °C oder darüber	6.1	TF2	II	6.1 + 3	61 274 802	100 ml	E4		PP EP EX TOX A	VE01 VE02		2	
3025	CUMARIN-PESTIZID, FLÜSSIG, GIFTIG, ENTZÜNDBAR, mit einem Flammpunkt von 23 °C oder darüber	6.1	TF2	III	6.1 + 3	61 274 802	5 l	E1		PP EP EX TOX A	VE01 VE02		0	
3026	CUMARIN-PESTIZID, FLÜSSIG, GIFTIG	6.1	T6	I	6.1	61 274 648 802	0	E5		PP EP TOX A	VE02		2	
3026	CUMARIN-PESTIZID, FLÜSSIG, GIFTIG	6.1	T6	II	6.1	61 274 648 802	100 ml	E4		PP EP TOX A	VE02		2	
3026	CUMARIN-PESTIZID, FLÜSSIG, GIFTIG	6.1	T6	III	6.1	61 274 648 802	5 l	E1		PP EP TOX A	VE02		0	
3027	CUMARIN-PESTIZID, FEST, GIFTIG	6.1	T7	I	6.1	61 274 648 802	0	E5		PP EP			2	

Tabelle A

Stoffnummer/ UN-Nummer	Benennung und Beschreibung	Klasse	Klassifizierungs-code	Verpackungs-gruppe	Gefahrzettel	Sonder-vorschriften	begrenzte Mengen		Beförderung zugelassen	Ausrüstung erforderlich	Lüftung	Maßnahmen während des Ladens / Löschens / Beförderns	Anzahl der Kegel / Lichter	Bemerkungen
	3.1.2	2.2	2.2	2.1.1.3	5.2.2	3.3	3.4 / 3.5.1.2		3.2.1	8.1.5	7.1.6	7.1.6	7.1.5	3.2.1
(1)	(2)	(3a)	(3b)	(4)	(5)	(6)	(7a)	(7b)	(8)	(9)	(10)	(11)	(12)	(13)
3027	CUMARIN-PESTIZID, FEST, GIFTIG	6.1	T7	II	6.1	61 274 648 802	500 g	E4		PP EP			2	
3027	CUMARIN-PESTIZID, FEST, GIFTIG	6.1	T7	III	6.1	61 274 648 802	5 kg	E1		PP EP			0	
3028	BATTERIEN (AKKUMULATOREN), TROCKEN, KALIUMHYDROXID, FEST, ENTHALTEND, elektrische Sammler	8	C11		8	295 304 598	2 kg	E0		PP EP			0	
3048	ALUMINIUMPHOSPHID-PESTIZID	6.1	T7	I	6.1	153 648 802	0	E0		PP EP			2	
3054	CYCLOHEXYLMERCAPTAN	3	F1	III	3		5 l	E1		PP EX A	VE01		0	
3055	2-(2-AMINOETHOXY)-ETHANOL	8	C7	III	8		5 l	E1		PP EP			0	
3056	n-HEPTALDEHYD	3	F1	III	3		5 l	E1		PP EX A	VE01		0	
3057	TRIFLUORACETYLCHLORID	2	2TC		2.3 + 8		0	E0		PP EP TOX A	VE02		2	
3064	NITROGLYCERIN, LÖSUNG IN ALKOHOL mit mehr als 1 %, aber höchstens 5 % Nitroglycerin	3	D	II	3	359	0	E0		PP EX A	VE01		1	
3065	ALKOHOLISCHE GETRÄNKE mit mehr als 70 Vol.-% Alkohol	3	F1	II	3		5 l	E2		PP EX A	VE01		1	

Tabelle A

Stoffnummer/ UN-Nummer	Benennung und Beschreibung	Klasse	Klassifizierungs-code	Verpackungs-gruppe	Gefahrzettel	Sonder-vorschriften	begrenzte Mengen		Beförderung zugelassen	Ausrüstung erforderlich	Lüftung	Maßnahmen während des Ladens / Löschens / Beförderns	Anzahl der Kegel / Lichter	Bemerkungen
	3.1.2	2.2	2.2	2.1.1.3	5.2.2	3.3	3.4 / 3.5.1.2		3.2.1	8.1.5	7.1.6	7.1.6	7.1.5	3.2.1
(1)	(2)	(3a)	(3b)	(4)	(5)	(6)	(7a)	(7b)	(8)	(9)	(10)	(11)	(12)	(13)
3065	ALKOHOLISCHE GETRÄNKE mit mehr als 24 Vol.-% und höchstens 70 Vol.-% Alkohol	3	F1	III	3	144 145 247	5 l	E1		PP EX A	VE01		0	
3066	FARBE (einschließlich Farbe, Lack, Emaille, Beize, Schellack, Firnis, Politur, flüssiger Füllstoff und flüssige Lackgrundlage) oder FARBZUBEHÖRSTOFFE (einschließlich Farbverdünnung und -lösemittel)	8	C9	II	8	163 367	1 l	E2		PP EP			0	
3066	FARBE (einschließlich Farbe, Lack, Emaille, Beize, Schellack, Firnis, Politur, flüssiger Füllstoff und flüssige Lackgrundlage) oder FARBZUBEHÖRSTOFFE (einschließlich Farbverdünnung und -lösemittel)	8	C9	III	8	163 367	5 l	E1		PP EP			0	
3070	ETHYLENOXID UND DICHLORDIFLUORMETHAN, GEMISCH mit höchstens 12,5 % Ethylenoxid	2	2A		2.2	660 662	120 ml	E1		PP			0	
3071	MERCAPTANE, FLÜSSIG, GIFTIG, ENTZÜNDBAR, N.A.G. oder MERCAPTANE, MISCHUNG, FLÜSSIG, GIFTIG, ENTZÜNDBAR, N.A.G.	6.1	TF1	II	6.1 + 3	274 802	100 ml	E4		PP EP EX TOX A	VE01 VE02		2	
3072	RETTUNGSMITTEL, NICHT SELBSTAUFBLASEND, gefährliche Güter als Ausrüstung enthaltend	9	M5		9	296 635	0	E0		PP			0	
3073	VINYLPYRIDINE, STABILISIERT	6.1	TFC	II	6.1 + 3 + 8	386 802	100 ml	E4		PP EP EX TOX A	VE01 VE02		2	

Stoffnummer/ UN-Nummer	Benennung und Beschreibung	Klasse	Klassifizierungs-code	Verpackungs-gruppe	Gefahrzettel	Sonder-vorschriften	begrenzte Mengen		Beförderung zugelassen	Ausrüstung erforderlich	Lüftung	Maßnahmen während des Ladens / Löschens / Beförderns	Anzahl der Kegel / Lichter	Bemerkungen
	3.1.2	2.2	2.2	2.1.1.3	5.2.2	3.3	3.4 / 3.5.1.2		3.2.1	8.1.5	7.1.6	7.1.6	7.1.5	3.2.1
(1)	(2)	(3a)	(3b)	(4)	(5)	(6)	(7a)	(7b)	(8)	(9)	(10)	(11)	(12)	(13)
3077	UMWELTGEFÄHRDENDER STOFF, FEST, N.A.G.	9	M7	III	9	274 335 375 601	5 kg	E1	T* B**	PP A***			0	* Nur in geschmolzenem Zustand. ** Bei Beförderung in loser Schüttung siehe auch 7.1.4.1 *** Nur bei Beförderung in loser Schüttung
3078	CER, Späne oder Grieß	4.3	W2	II	4.3	550	500 g	E2		PP EX A	VE01	HA08	0	
3079	METHACRYLNITRIL, STABILISIERT	6.1	TF1	I	6.1 + 3	354 386 802	0	E0	T	PP EP EX TOX A	VE01 VE02		2	
3080	ISOCYANATE, GIFTIG, ENTZÜNDBAR, N.A.G. oder ISOCYANAT, LÖSUNG, GIFTIG, ENTZÜNDBAR, N.A.G.	6.1	TF1	II	6.1 + 3	274 551 802	100 ml	E4		PP EP EX TOX A	VE01 VE02		2	
3082	UMWELTGEFÄHRDENDER STOFF, FLÜSSIG, N.A.G.	9	M6	III	9	274 335 375 601	5 l	E1	T	PP			0	
3083	PERCHLORYLFLUORID	2	2TO		2.3 + 5.1		0	E0		PP EP TOX A	VE02		2	
3084	ÄTZENDER FESTER STOFF, ENTZÜNDEND (OXIDIEREND) WIRKEND, N.A.G.	8	CO2	I	8 + 5.1	274	0	E0		PP EP			0	
3084	ÄTZENDER FESTER STOFF, ENTZÜNDEND (OXIDIEREND) WIRKEND, N.A.G.	8	CO2	II	8 + 5.1	274	1 kg	E2		PP EP			0	

Tabelle A

Stoffnummer/ UN-Nummer	Benennung und Beschreibung	Klasse	Klassifizierungs-code	Verpackungs-gruppe	Gefahrzettel	Sonder-vorschriften	begrenzte Mengen		Beförderung zugelassen	Ausrüstung erforderlich	Lüftung	Maßnahmen während des Ladens / Löschens / Beförderns	Anzahl der Kegel / Lichter	Bemerkungen
	3.1.2	2.2	2.2	2.1.1.3	5.2.2	3.3	3.4 / 3.5.1.2		3.2.1	8.1.5	7.1.6	7.1.6	7.1.5	3.2.1
(1)	(2)	(3a)	(3b)	(4)	(5)	(6)	(7a)	(7b)	(8)	(9)	(10)	(11)	(12)	(13)
3085	ENTZÜNDEND (OXIDIEREND) WIRKENDER FESTER STOFF, ÄTZEND, N.A.G.	5.1	OC2	I	5.1 + 8	274	0	E0		PP EP			0	
3085	ENTZÜNDEND (OXIDIEREND) WIRKENDER FESTER STOFF, ÄTZEND, N.A.G.	5.1	OC2	II	5.1 + 8	274	1 kg	E2		PP EP			0	
3085	ENTZÜNDEND (OXIDIEREND) WIRKENDER FESTER STOFF, ÄTZEND, N.A.G.	5.1	OC2	III	5.1 + 8	274	5 kg	E1		PP EP			0	
3086	GIFTIGER FESTER STOFF, ENTZÜNDEND (OXIDIEREND) WIRKEND, N.A.G.	6.1	TO2	I	6.1 + 5.1	274 802	0	E5		PP EP			2	
3086	GIFTIGER FESTER STOFF, ENTZÜNDEND (OXIDIEREND) WIRKEND, N.A.G.	6.1	TO2	II	6.1 + 5.1	274 802	500 g	E4		PP EP			2	
3087	ENTZÜNDEND (OXIDIEREND) WIRKENDER FESTER STOFF, GIFTIG, N.A.G.	5.1	OT2	I	5.1 + 6.1	274 802	0	E0		PP EP			2	
3087	ENTZÜNDEND (OXIDIEREND) WIRKENDER FESTER STOFF, GIFTIG, N.A.G.	5.1	OT2	II	5.1 + 6.1	274 802	1 kg	E2		PP EP			2	
3087	ENTZÜNDEND (OXIDIEREND) WIRKENDER FESTER STOFF, GIFTIG, N.A.G.	5.1	OT2	III	5.1 + 6.1	274 802	5 kg	E1		PP EP			0	
3088	SELBSTERHITZUNGSFÄHIGER ORGANISCHER FESTER STOFF, N.A.G.	4.2	S2	II	4.2	274	0	E2		PP			0	
3088	SELBSTERHITZUNGSFÄHIGER ORGANISCHER FESTER STOFF, N.A.G.	4.2	S2	III	4.2	274 665	0	E1		PP			0	
3089	ENTZÜNDBARES METALLPULVER, N.A.G.	4.1	F3	II	4.1	552	1 kg	E2		PP			1	
3089	ENTZÜNDBARES METALLPULVER, N.A.G.	4.1	F3	III	4.1	552	5 kg	E1		PP			0	

Tabelle A

Stoffnummer/ UN-Nummer	Benennung und Beschreibung	Klasse	Klassifizierungs-code	Verpackungs-gruppe	Gefahrzettel	Sonder-vorschriften	begrenzte Mengen		Beförderung zugelassen	Ausrüstung erforderlich	Lüftung	Maßnahmen während des Ladens / Löschens / Beförderns	Anzahl der Kegel / Lichter	Bemerkungen
	3.1.2	2.2	2.2	2.1.1.3	5.2.2	3.3	3.4 / 3.5.1.2		3.2.1	8.1.5	7.1.6	7.1.6	7.1.5	3.2.1
(1)	(2)	(3a)	(3b)	(4)	(5)	(6)	(7a)	(7b)	(8)	(9)	(10)	(11)	(12)	(13)
3090	LITHIUM-METALL-BATTERIEN (einschließlich Batterien aus Lithiumlegierung)	9	M4		9A	188 230 310 376 377 387 636	0	E0		PP			0	
3091	LITHIUM-METALL-BATTERIEN IN AUSRÜSTUNGEN oder LITHIUM-METALL-BATTERIEN, MIT AUSRÜSTUNGEN VERPACKT (einschließlich Batterien aus Lithiumlegierung)	9	M4		9A	188 230 310 360 376 377 387 670	0	E0		PP			0	
3092	1-METHOXY-2-PROPANOL	3	F1	III	3		5 l	E1	T	PP EX A	VE01		0	
3093	ÄTZENDER FLÜSSIGER STOFF, ENTZÜNDEND (OXIDIEREND) WIRKEND, N.A.G.	8	CO1	I	8 + 5.1	274	0	E0		PP EP			0	
3093	ÄTZENDER FLÜSSIGER STOFF, ENTZÜNDEND (OXIDIEREND) WIRKEND, N.A.G.	8	CO1	II	8 + 5.1	274	1 l	E2		PP EP			0	
3094	ÄTZENDER FLÜSSIGER STOFF, MIT WASSER REAGIEREND, N.A.G.	8	CW1	I	8 + 4.3	274	0	E0		PP EP			0	
3094	ÄTZENDER FLÜSSIGER STOFF, MIT WASSER REAGIEREND, N.A.G.	8	CW1	II	8 + 4.3	274	1 l	E2		PP EP			0	
3095	ÄTZENDER FESTER STOFF, SELBSTERHITZUNGSFÄHIG, N.A.G.	8	CS2	I	8 + 4.2	274	0	E0		PP EP			0	
3095	ÄTZENDER FESTER STOFF, SELBSTERHITZUNGSFÄHIG, N.A.G.	8	CS2	II	8 + 4.2	274	1 kg	E2		PP EP			0	

Tabelle A

Stoffnummer/ UN-Nummer	Benennung und Beschreibung	Klasse	Klassifizierungs-code	Verpackungs-gruppe	Gefahrzettel	Sonder-vorschriften	begrenzte Mengen		Beförderung zugelassen	Ausrüstung erforderlich	Lüftung	Maßnahmen während des Ladens / Löschens / Beförderns	Anzahl der Kegel / Lichter	Bemerkungen
	3.1.2	2.2	2.2	2.1.1.3	5.2.2	3.3	3.4 / 3.5.1.2		3.2.1	8.1.5	7.1.6	7.1.6	7.1.5	3.2.1
(1)	(2)	(3a)	(3b)	(4)	(5)	(6)	(7a)	(7b)	(8)	(9)	(10)	(11)	(12)	(13)
3096	ÄTZENDER FESTER STOFF, MIT WASSER REAGIEREND, N.A.G.	8	CW2	I	8 + 4.3	274	0	E0		PP EP			0	
3096	ÄTZENDER FESTER STOFF, MIT WASSER REAGIEREND, N.A.G.	8	CW2	II	8 + 4.3	274	1 kg	E2		PP EP			0	
3097	ENTZÜNDBARER FESTER STOFF, ENTZÜNDEND (OXIDIEREND) WIRKEND, N.A.G.	4.1	FO	BEFÖRDERUNG VERBOTEN										
3090	ENTZÜNDEND (OXIDIEREND) WIRKENDER FLÜSSIGER STOFF, ÄTZEND, N.A.G.	5.1	OC1	I	5.1 + 8	274	0	E0		PP EP			0	
3098	ENTZÜNDEND (OXIDIEREND) WIRKENDER FLÜSSIGER STOFF, ÄTZEND, N.A.G.	5.1	OC1	II	5.1 + 8	274	1 l	E2		PP EP			0	
3098	ENTZÜNDEND (OXIDIEREND) WIRKENDER FLÜSSIGER STOFF, ÄTZEND, N.A.G.	5.1	OC1	III	5.1 + 8	274	5 l	E1		PP EP			0	
3099	ENTZÜNDEND (OXIDIEREND) WIRKENDER FLÜSSIGER STOFF, GIFTIG, N.A.G.	5.1	OT1	I	5.1 + 6.1	274 802	0	E0		PP EP TOX A	VE02		2	
3099	ENTZÜNDEND (OXIDIEREND) WIRKENDER FLÜSSIGER STOFF, GIFTIG, N.A.G.	5.1	OT1	II	5.1 + 6.1	274 802	1 l	E2		PP EP TOX A	VE02		2	
3099	ENTZÜNDEND (OXIDIEREND) WIRKENDER FLÜSSIGER STOFF, GIFTIG, N.A.G.	5.1	OT1	III	5.1 + 6.1	274 802	5 l	E1		PP EP TOX A	VE02		0	
3100	ENTZÜNDEND (OXIDIEREND) WIRKENDER FESTER STOFF, SELBSTERHITZUNGSFÄHIG, N.A.G.	5.1	OS	BEFÖRDERUNG VERBOTEN										

Tabelle A

Stoffnummer/ UN-Nummer	Benennung und Beschreibung	Klasse	Klassifizierungs-code	Verpackungs-gruppe	Gefahrzettel	Sonder-vorschriften	begrenzte Mengen		Beförderung zugelassen	Ausrüstung erforderlich	Lüftung	Maßnahmen während des Ladens / Löschens / Beförderns	Anzahl der Kegel / Lichter	Bemerkungen
	3.1.2	2.2	2.2	2.1.1.3	5.2.2	3.3	3.4 / 3.5.1.2		3.2.1	8.1.5	7.1.6	7.1.6	7.1.5	3.2.1
(1)	(2)	(3a)	(3b)	(4)	(5)	(6)	(7a)	(7b)	(8)	(9)	(10)	(11)	(12)	(13)
3101	ORGANISCHES PEROXID TYP B, FLÜSSIG	5.2	P1		5.2 + 1	122 181 274	25 ml	E0		PP EX A	VE01	HA01 HA10	3	
3102	ORGANISCHES PEROXID TYP B, FEST	5.2	P1		5.2 + 1	122 181 274	100 g	E0		PP EX A	VE01	HA01 HA10	3	
3103	ORGANISCHES PEROXID TYP C, FLÜSSIG	5.2	P1		5.2	122 274	25 ml	E0		PP EX A	VE01		0	
3104	ORGANISCHES PEROXID TYP C, FEST	5.2	P1		5.2	122 274	100 g	E0		PP EX A	VE01		0	
3105	ORGANISCHES PEROXID TYP D, FLÜSSIG	5.2	P1		5.2	122 274	125 ml	E0		PP EX A	VE01		0	
3106	ORGANISCHES PEROXID TYP D, FEST	5.2	P1		5.2	122 274	500 g	E0		PP EX A	VE01		0	
3107	ORGANISCHES PEROXID TYP E, FLÜSSIG	5.2	P1		5.2	122 274	125 ml	E0		PP EX A	VE01		0	
3108	ORGANISCHES PEROXID TYP E, FEST	5.2	P1		5.2	122 274	500 g	E0		PP EX A	VE01		0	
3109	ORGANISCHES PEROXID TYP F, FLÜSSIG	5.2	P1		5.2	122 274	125 ml	E0		PP EX A	VE01		0	
3110	ORGANISCHES PEROXID TYP F, FEST	5.2	P1		5.2	122 274	500 g	E0		PP EX A	VE01		0	
3111	ORGANISCHES PEROXID TYP B, FLÜSSIG, TEMPERATURKONTROLLIERT	5.2	P2		5.2 + 1	122 181 274	0	E0		PP EX A	VE01	HA01 HA10	3	

Stoffnummer/ UN-Nummer	Benennung und Beschreibung	Klasse	Klassifizierungs-code	Verpackungs-gruppe	Gefahrzettel	Sonder-vorschriften	begrenzte Mengen		Beförderung zugelassen	Ausrüstung erforderlich	Lüftung	Maßnahmen während des Ladens / Löschens / Beförderns	Anzahl der Kegel / Lichter	Bemerkungen
	3.1.2	2.2	2.2	2.1.1.3	5.2.2	3.3	3.4 / 3.5.1.2		3.2.1	8.1.5	7.1.6	7.1.6	7.1.5	3.2.1
(1)	(2)	(3a)	(3b)	(4)	(5)	(6)	(7a)	(7b)	(8)	(9)	(10)	(11)	(12)	(13)
3112	ORGANISCHES PEROXID TYP B, FEST, TEMPERATURKONTROLLIERT	5.2	P2		5.2 + 1	122 181 274	0	E0		PP EX A	VE01	HA01 HA10	3	
3113	ORGANISCHES PEROXID TYP C, FLÜSSIG, TEMPERATURKONTROLLIERT	5.2	P2		5.2	122 274	0	E0		PP EX A	VE01		0	
3114	ORGANISCHES PEROXID TYP C, FEST, TEMPERATURKONTROLLIERT	5.2	P2		5.2	122 274	0	E0		PP EX A	VE01		0	
3115	ORGANISCHES PEROXID TYP D, FLÜSSIG, TEMPERATURKONTROLLIERT	5.2	P2		5.2	122 274	0	E0		PP EX A	VE01		0	
3116	ORGANISCHES PEROXID TYP D, FEST, TEMPERATURKONTROLLIERT	5.2	P2		5.2	122 274	0	E0		PP EX A	VE01		0	
3117	ORGANISCHES PEROXID TYP E, FLÜSSIG, TEMPERATURKONTROLLIERT	5.2	P2		5.2	122 274	0	E0		PP EX A	VE01		0	
3118	ORGANISCHES PEROXID TYP E, FEST, TEMPERATURKONTROLLIERT	5.2	P2		5.2	122 274	0	E0		PP EX A	VE01		0	
3119	ORGANISCHES PEROXID TYP F, FLÜSSIG, TEMPERATURKONTROLLIERT	5.2	P2		5.2	122 274	0	E0		PP EX A	VE01		0	
3120	ORGANISCHES PEROXID TYP F, FEST, TEMPERATURKONTROLLIERT	5.2	P2		5.2	122 274	0	E0		PP EX A	VE01		0	
3121	ENTZÜNDEND (OXIDIEREND) WIRKENDER FESTER STOFF, MIT WASSER REAGIEREND, N.A.G.	5.1	OW	BEFÖRDERUNG VERBOTEN										

Stoffnummer/ UN-Nummer	Benennung und Beschreibung	Klasse	Klassifizierungs-code	Verpackungs-gruppe	Gefahrzettel	Sonder-vorschriften	begrenzte Mengen		Beförderung zugelassen	Ausrüstung erforderlich	Lüftung	Maßnahmen während des Ladens / Löschens / Beförderns	Anzahl der Kegel / Lichter	Bemerkungen
	3.1.2	2.2	2.2	2.1.1.3	5.2.2	3.3	3.4 / 3.5.1.2		3.2.1	8.1.5	7.1.6	7.1.6	7.1.5	3.2.1
(1)	(2)	(3a)	(3b)	(4)	(5)	(6)	(7a)	(7b)	(8)	(9)	(10)	(11)	(12)	(13)
3122	GIFTIGER FLÜSSIGER STOFF, ENTZÜNDEND (OXIDIEREND) WIRKEND, N.A.G.	6.1	TO1	I	6.1 + 5.1	274 315 802	0	E0		PP EP TOX A	VE02		2	
3122	GIFTIGER FLÜSSIGER STOFF, ENTZÜNDEND (OXIDIEREND) WIRKEND, N.A.G.	6.1	TO1	II	6.1 + 5.1	274 802	100 ml	E4		PP EP TOX A	VE02		2	
3123	GIFTIGER FLÜSSIGER STOFF, MIT WASSER REAGIEREND, N.A.G.	6.1	TW1	I	6.1 + 4.3	274 315 802	0	E0		PP EP TOX A	VE02		2	
3123	GIFTIGER FLÜSSIGER STOFF, MIT WASSER REAGIEREND, N.A.G.	6.1	TW1	II	6.1 + 4.3	274 802	100 ml	E4		PP EP TOX A	VE02		2	
3124	GIFTIGER FESTER STOFF, SELBSTERHITZUNGSFÄHIG, N.A.G.	6.1	TS	I	6.1 + 4.2	274 802	0	E5		PP EP			2	
3124	GIFTIGER FESTER STOFF, SELBSTERHITZUNGSFÄHIG, N.A.G.	6.1	TS	II	6.1 + 4.2	274 802	0	E4		PP EP			2	
3125	GIFTIGER FESTER STOFF, MIT WASSER REAGIEREND, N.A.G,	6.1	TW2	I	6.1 + 4.3	274 802	0	E5		PP EP			2	
3125	GIFTIGER FESTER STOFF, MIT WASSER REAGIEREND, N.A.G.	6.1	TW2	II	6.1 + 4.3	274 802	500 g	E4		PP EP			2	
3126	SELBSTERHITZUNGSFÄHIGER ORGANISCHER FESTER STOFF, ÄTZEND, N.A.G.	4.2	SC2	II	4.2 + 8	274	0	E2		PP EP			0	
3126	SELBSTERHITZUNGSFÄHIGER ORGANISCHER FESTER STOFF, ÄTZEND, N.A.G.	4.2	SC2	III	4.2 + 8	274	0	E1		PP EP			0	
3127	SELBSTERHITZUNGSFÄHIGER FESTER STOFF, ENTZÜNDEND (OXIDIEREND) WIRKEND, N.A.G.	4.2	SO	BEFÖRDERUNG VERBOTEN										

Stoffnummer/ UN-Nummer	Benennung und Beschreibung	Klasse	Klassifizierungs-code	Verpackungs-gruppe	Gefahrzettel	Sonder-vorschriften	begrenzte Mengen		Beförderung zugelassen	Ausrüstung erforderlich	Lüftung	Maßnahmen während des Ladens / Löschens / Beförderns	Anzahl der Kegel / Lichter	Bemerkungen
	3.1.2	2.2	2.2	2.1.1.3	5.2.2	3.3	3.4 / 3.5.1.2		3.2.1	8.1.5	7.1.6	7.1.6	7.1.5	3.2.1
(1)	(2)	(3a)	(3b)	(4)	(5)	(6)	(7a)	(7b)	(8)	(9)	(10)	(11)	(12)	(13)
3128	SELBSTERHITZUNGSFÄHIGER ORGANISCHER FESTER STOFF, GIFTIG, N.A.G.	4.2	ST2	II	4.2 + 6.1	274 802	0	E2		PP EP			2	
3128	SELBSTERHITZUNGSFÄHIGER ORGANISCHER FESTER STOFF, GIFTIG, N.A.G.	4.2	ST2	III	4.2 + 6.1	274 802	0	E1		PP EP			0	
3129	MIT WASSER REAGIERENDER FLÜSSIGER STOFF, ÄTZEND, N.A.G.	4.3	WC1	I	4.3 + 8	274	0	E0		PP EP EX A	VE01	HA08	0	
3129	MIT WASSER REAGIERENDER FLÜSSIGER STOFF, ÄTZEND, N.A.G.	4.3	WC1	II	4.3 + 8	274	500 ml	E0		PP EP EX A	VE01	HA08	0	
3129	MIT WASSER REAGIERENDER FLÜSSIGER STOFF, ÄTZEND, N.A.G.	4.3	WC1	III	4.3 + 8	274	1 l	E1		PP EP EX A	VE01	HA08	0	
3130	MIT WASSER REAGIERENDER FLÜSSIGER STOFF, GIFTIG, N.A.G.	4.3	WT1	I	4.3 + 6.1	274 802	0	E0		PP EP EX TOX A	VE01 VE02	HA08	2	
3130	MIT WASSER REAGIERENDER FLÜSSIGER STOFF, GIFTIG, N.A.G.	4.3	WT1	II	4.3 + 6.1	274 802	500 ml	E0		PP EP EX TOX A	VE01 VE02	HA08	2	
3130	MIT WASSER REAGIERENDER FLÜSSIGER STOFF, GIFTIG, N.A.G.	4.3	WT1	III	4.3 + 6.1	274 802	1 l	E1		PP EP EX TOX A	VE01 VE02	HA08	0	

Tabelle A

Stoffnummer/ UN-Nummer	Benennung und Beschreibung	Klasse	Klassifizierungs-code	Verpackungs-gruppe	Gefahrzettel	Sonder-vorschriften	begrenzte Mengen		Beförderung zugelassen	Ausrüstung erforderlich	Lüftung	Maßnahmen während des Ladens / Löschens / Beförderns	Anzahl der Kegel / Lichter	Bemerkungen
	3.1.2	2.2	2.2	2.1.1.3	5.2.2	3.3	3.4 / 3.5.1.2		3.2.1	8.1.5	7.1.6	7.1.6	7.1.5	3.2.1
(1)	(2)	(3a)	(3b)	(4)	(5)	(6)	(7a)	(7b)	(8)	(9)	(10)	(11)	(12)	(13)
3131	MIT WASSER REAGIERENDER FESTER STOFF, ÄTZEND, N.A.G.	4.3	WC2	I	4.3 + 8	274	0	E0		PP EP EX A	VE01	HA08	0	
3131	MIT WASSER REAGIERENDER FESTER STOFF, ÄTZEND, N.A.G.	4.3	WC2	II	4.3 + 8	274	500 g	E2		PP EP EX A	VE01	HA08	0	
3131	MIT WASSER REAGIERENDER FESTER STOFF, ÄTZEND, N.A.G.	4.3	WC2	III	4.3 + 8	274	1 kg	E1		PP EP EX A	VE01	HA08	0	
3132	MIT WASSER REAGIERENDER FESTER STOFF, ENTZÜNDBAR, N.A.G.	4.3	WF2	I	4.3 + 4.1	274	0	E0		PP EX A	VE01	HA08	1	
3132	MIT WASSER REAGIERENDER FESTER STOFF, ENTZÜNDBAR, N.A.G.	4.3	WF2	II	4.3 + 4.1	274	500 g	E2		PP EX A	VE01	HA08	1	
3132	MIT WASSER REAGIERENDER FESTER STOFF, ENTZÜNDBAR, N.A.G.	4.3	WF2	III	4.3 + 4.1	274	1 kg	E1		PP EX A	VE01	HA08	0	
3133	MIT WASSER REAGIERENDER FESTER STOFF, ENTZÜNDEND (OXIDIEREND) WIRKEND, N.A.G.	4.3	WO	BEFÖRDERUNG VERBOTEN										
3134	MIT WASSER REAGIERENDER FESTER STOFF, GIFTIG, N.A.G.	4.3	WT2	I	4.3 + 6.1	274 802	0	E0		PP EP EX A TOX	VE01	HA08	2	

Stoffnummer/ UN-Nummer	Benennung und Beschreibung	Klasse	Klassifizierungs-code	Verpackungs-gruppe	Gefahrzettel	Sonder-vorschriften	begrenzte Mengen		Beförderung zugelassen	Ausrüstung erforderlich	Lüftung	Maßnahmen während des Ladens / Löschens / Beförderns	Anzahl der Kegel / Lichter	Bemerkungen
	3.1.2	2.2	2.2	2.1.1.3	5.2.2	3.3	3.4 / 3.5.1.2		3.2.1	8.1.5	7.1.6	7.1.6	7.1.5	3.2.1
(1)	(2)	(3a)	(3b)	(4)	(5)	(6)	(7a)	(7b)	(8)	(9)	(10)	(11)	(12)	(13)
3134	MIT WASSER REAGIERENDER FESTER STOFF, GIFTIG, N.A.G.	4.3	WT2	II	4.3 + 6.1	274 802	500 g	E2		PP EP EX A TOX	VE01	HA08	2	
3134	MIT WASSER REAGIERENDER FESTER STOFF, GIFTIG, N.A.G.	4.3	WT2	III	4.3 + 6.1	274 802	1 kg	E1		PP EP EX A TOX	VE01	HA08	0	
3135	MIT WASSER REAGIERENDER FESTER STOFF, SELBSTERHITZUNGSFÄHIG, N.A.G.	4.3	WS	I	4.3 + 4.2	274	0	E0		PP EX A	VE01	HA08	0	
3135	MIT WASSER REAGIERENDER FESTER STOFF, SELBSTERHITZUNGSFÄHIG, N.A.G.	4.3	WS	II	4.3 + 4.2	274	0	E2		PP EX A	VE01	HA08	0	
3135	MIT WASSER REAGIERENDER FESTER STOFF, SELBSTERHITZUNGSFÄHIG, N.A.G.	4.3	WS	III	4.3 + 4.2	274	0	E1		PP EX A	VE01	HA08	0	
3136	TRIFLUORMETHAN, TIEFGEKÜHLT, FLÜSSIG	2	3A		2.2	593	120 ml	E1		PP			0	
3137	ENTZÜNDEND (OXIDIEREND) WIRKENDER FESTER STOFF, ENTZÜNDBAR, N.A.G.	5.1	OF	BEFÖRDERUNG VERBOTEN										
3138	ETHYLEN, ACETYLEN UND PROPYLEN, GEMISCH, TIEFGEKÜHLT, FLÜSSIG, mit mindestens 71,5 % Ethylen, höchstens 22,5 % Acetylen und höchstens 6 % Propylen	2	3F		2.1		0	E0		PP EX A	VE01		1	
3139	ENTZÜNDEND (OXIDIEREND) WIRKENDER FLÜSSIGER STOFF, N.A.G.	5.1	O1	I	5.1	274	0	E0		PP			0	
3139	ENTZÜNDEND (OXIDIEREND) WIRKENDER FLÜSSIGER STOFF, N.A.G.	5.1	O1	II	5.1	274	1 l	E2		PP			0	

Stoffnummer/ UN-Nummer	Benennung und Beschreibung	Klasse	Klassifizierungs-code	Verpackungs-gruppe	Gefahrzettel	Sonder-vorschriften	begrenzte Mengen		Beförderung zugelassen	Ausrüstung erforderlich	Lüftung	Maßnahmen während des Ladens / Löschens / Beförderns	Anzahl der Kegel / Lichter	Bemerkungen
	3.1.2	2.2	2.2	2.1.1.3	5.2.2	3.3	3.4 / 3.5.1.2		3.2.1	8.1.5	7.1.6	7.1.6	7.1.5	3.2.1
(1)	(2)	(3a)	(3b)	(4)	(5)	(6)	(7a)	(7b)	(8)	(9)	(10)	(11)	(12)	(13)
3139	ENTZÜNDEND (OXIDIEREND) WIRKENDER FLÜSSIGER STOFF, N.A.G.	5.1	O1	III	5.1	274	5 l	E1		PP			0	
3140	ALKALOIDE, FLÜSSIG, N.A.G. oder ALKALOIDSALZE, FLÜSSIG, N.A.G.	6.1	T1	I	6.1	43 274 802	0	E5		PP EP TOX A	VE02		2	
3140	ALKALOIDE, FLÜSSIG, N.A.G. oder ALKALOIDSALZE, FLÜSSIG, N.A.G.	6.1	T1	II	6.1	43 274 802	100 ml	E4		PP EP TOX A	VE02		2	
3140	ALKALOIDE, FLÜSSIG, N.A.G. oder ALKALOIDSALZE, FLÜSSIG, N.A.G.	6.1	T1	III	6.1	43 274 802	5 l	E1		PP EP TOX A	VE02		0	
3141	ANORGANISCHE ANTIMONVERBINDUNG, FLÜSSIG, N.A.G.	6.1	T4	III	6.1	45 274 512 802	5 l	E1		PP EP TOX A	VE02		0	
3142	DESINFEKTIONSMITTEL, FLÜSSIG, GIFTIG, N.A.G.	6.1	T1	I	6.1	274 802	0	E5		PP EP TOX A	VE02		2	
3142	DESINFEKTIONSMITTEL, FLÜSSIG, GIFTIG, N.A.G.	6.1	T1	II	6.1	274 802	100 ml	E4		PP EP TOX A	VE02		2	
3142	DESINFEKTIONSMITTEL, FLÜSSIG, GIFTIG, N.A.G.	6.1	T1	III	6.1	274 802	5 l	E1		PP EP TOX A	VE02		0	
3143	FARBSTOFF, FEST, GIFTIG, N.A.G. oder FARBSTOFFZWISCHENPRODUKT, FEST, GIFTIG, N.A.G.	6.1	T2	I	6.1	274 802	0	E5		PP EP			2	

Stoffnummer/ UN-Nummer	Benennung und Beschreibung	Klasse	Klassifizierungs-code	Verpackungs-gruppe	Gefahrzettel	Sonder-vorschriften	begrenzte Mengen		Beförderung zugelassen	Ausrüstung erforderlich	Lüftung	Maßnahmen während des Ladens / Löschens / Beförderns	Anzahl der Kegel / Lichter	Bemerkungen
	3.1.2	2.2	2.2	2.1.1.3	5.2.2	3.3	3.4 / 3.5.1.2		3.2.1	8.1.5	7.1.6	7.1.6	7.1.5	3.2.1
(1)	(2)	(3a)	(3b)	(4)	(5)	(6)	(7a)	(7b)	(8)	(9)	(10)	(11)	(12)	(13)
3143	FARBSTOFF, FEST, GIFTIG, N.A.G. oder FARBSTOFFZWISCHENPRODUKT, FEST, GIFTIG, N.A.G.	6.1	T2	II	6.1	274 802	500 g	E4		PP EP			2	
3143	FARBSTOFF, FEST, GIFTIG, N.A.G. oder FARBSTOFFZWISCHENPRODUKT, FEST, GIFTIG, N.A.G.	6.1	T2	III	6.1	274 802	5 kg	E1		PP EP			0	
3144	NICOTINVERBINDUNG, FLÜSSIG, N.A.G. oder NICOTINZUBEREITUNG, FLÜSSIC, N.A.G.	6.1	T1	I	6.1	43 274 802	0	E5		PP EP TOX A	VE02		2	
3144	NICOTINVERBINDUNG, FLÜSSIG, N.A.G. oder NICOTINZUBEREITUNG, FLÜSSIG, N.A.G.	6.1	T1	II	6.1	43 274 802	100 ml	E4		PP EP TOX A	VE02		2	
3144	NICOTINVERBINDUNG, FLÜSSIG, N.A.G. oder NICOTINZUBEREITUNG, FLÜSSIG, N.A.G.	6.1	T1	III	6.1	43 274 802	5 l	E1		PP EP TOX A	VE02		0	
3145	ALKYLPHENOLE, FLÜSSIG, N.A.G. (einschließlich C_2-C_{12}-Homologe)	8	C3	I	8		0	E0		PP EP			0	
3145	ALKYLPHENOLE, FLÜSSIG, N.A.G. (einschließlich C_2-C_{12}-Homologe)	8	C3	II	8		1 l	E2	T	PP EP			0	
3145	ALKYLPHENOLE, FLÜSSIG, N.A.G. (einschließlich C_2-C_{12}-Homologe)	8	C3	III	8		5 l	E1	T	PP EP			0	
3146	ORGANISCHE ZINNVERBINDUNG, FEST, N.A.G.	6.1	T3	I	6.1	43 274 802	0	E5		PP EP			2	
3146	ORGANISCHE ZINNVERBINDUNG, FEST, N.A.G.	6.1	T3	II	6.1	43 274 802	500 g	E4		PP EP			2	
3146	ORGANISCHE ZINNVERBINDUNG, FEST, N.A.G.	6.1	T3	III	6.1	43 274 802	5 kg	E1		PP EP			0	

Tabelle A

Stoffnummer/ UN-Nummer	Benennung und Beschreibung	Klasse	Klassifizierungs-code	Verpackungs-gruppe	Gefahrzettel	Sonder-vorschriften	begrenzte Mengen		Beförderung zugelassen	Ausrüstung erforderlich	Lüftung	Maßnahmen während des Ladens / Löschens / Beförderns	Anzahl der Kegel / Lichter	Bemerkungen
	3.1.2	2.2	2.2	2.1.1.3	5.2.2	3.3	3.4 / 3.5.1.2		3.2.1	8.1.5	7.1.6	7.1.6	7.1.5	3.2.1
(1)	(2)	(3a)	(3b)	(4)	(5)	(6)	(7a)	(7b)	(8)	(9)	(10)	(11)	(12)	(13)
3147	FARBSTOFF, FEST, ÄTZEND, N.A.G. oder FARBSTOFFZWISCHENPRODUKT, FEST, ÄTZEND, N.A.G.	8	C10	I	8	274	0	E0		PP EP			0	
3147	FARBSTOFF, FEST, ÄTZEND, N.A.G. oder FARBSTOFFZWISCHENPRODUKT, FEST, ÄTZEND, N.A.G.	8	C10	II	8	274	1 kg	E2		PP EP			0	
3147	FARBSTOFF, FEST, ÄTZEND, N.A.G. oder FARBSTOFFZWISCHENPRODUKT, FEST, ÄTZEND, N.A.G.	8	C10	III	8	274	5 kg	E1		PP EP			0	
3148	MIT WASSER REAGIERENDER FLÜSSIGER STOFF, N.A.G.	4.3	W1	I	4.3	274	0	E0		PP EX A	VE01	HA08	0	
3148	MIT WASSER REAGIERENDER FLÜSSIGER STOFF, N.A.G.	4.3	W1	II	4.3	274	500 ml	E2		PP EX A	VE01	HA08	0	
3148	MIT WASSER REAGIERENDER FLÜSSIGER STOFF, N.A.G.	4.3	W1	III	4.3	274	1 l	E1		PP EX A	VE01	HA08	0	
3149	WASSERSTOFFPEROXID UND PERESSIGSÄURE, MISCHUNG, mit Säure(n), Wasser und höchstens 5 % Peressigsäure, STABILISIERT	5.1	OC1	II	5.1 + 8	196 553	1 l	E2		PP EP			0	
3150	GERÄTE, KLEIN, MIT KOHLENWASSERSTOFFGAS, mit Entnahmeeinrichtung oder KOHLENWASSERSTOFFGAS-NACHFÜLL-PATRONEN FÜR KLEINE GERÄTE, mit Entnahmeeinrichtung	2	6F		2.1		0	E0		PP EX A	VE01		1	
3151	POLYHALOGENIERTE BIPHENYLE, FLÜSSIG oder HALOGENIERTE MONOMETHYLDIPHENYLMETHANE, FLÜSSIG oder POLYHALOGENIERTE TERPHENYLE, FLÜSSIG	9	M2	II	9	203 305 802	1 l	E2		PP EP			0	

Stoffnummer/ UN-Nummer	Benennung und Beschreibung	Klasse	Klassifizierungs-code	Verpackungs-gruppe	Gefahrzettel	Sonder-vorschriften	begrenzte Mengen		Beförderung zugelassen	Ausrüstung erforderlich	Lüftung	Maßnahmen während des Ladens / Löschens / Beförderns	Anzahl der Kegel'/ Lichter	Bemerkungen
	3.1.2	2.2	2.2	2.1.1.3	5.2.2	3.3	3.4 / 3.5.1.2		3.2.1	8.1.5	7.1.6	7.1.6	7.1.5	3.2.1
(1)	(2)	(3a)	(3b)	(4)	(5)	(6)	(7a)	(7b)	(8)	(9)	(10)	(11)	(12)	(13)
3152	POLYHALOGENIERTE BIPHENYLE, FEST oder HALOGENIERTE MONOMETHYLDIPHENYLMETHANE, FEST oder POLYHALOGENIERTE TERPHENYLE, FEST	9	M2	II	9	203 305 802	1 kg	E2		PP EP			0	
3153	PERFLUOR(METHYL-VINYL-ETHER)	2	2F		2.1	662	0	E0		PP EX A	VE01		1	
3154	PERFLUOR(ETHYL-VINYL-ETHER)	2	2F		2.1	662	0	E0		PP EX A	VE01		1	
3155	PENTACHLORPHENOL	6.1	T2	II	6.1	43 802	500 g	E4		PP EP			2	
3156	VERDICHTETES GAS, OXIDIEREND, N.A.G.	2	1O		2.2 + 5.1	274 655 662	0	E0		PP			0	
3157	VERFLÜSSIGTES GAS, OXIDIEREND, N.A.G.	2	2O		2.2 + 5.1	274 662	0	E0		PP			0	
3158	GAS, TIEFGEKÜHLT, FLÜSSIG, N.A.G.	2	3A		2.2	274 593	120 ml	E1		PP			0	
3159	1,1,1,2-TETRAFLUORETHAN (GAS ALS KÄLTEMITTEL R 134a)	2	2A		2.2	662	120 ml	E1		PP			0	
3160	VERFLÜSSIGTES GAS, GIFTIG, ENTZÜNDBAR, N.A.G.	2	2TF		2.3 + 2.1	274	0	E0		PP EP EX TOX A	VE01 VE02		2	
3161	VERFLÜSSIGTES GAS, ENTZÜNDBAR, N.A.G.	2	2F		2.1	274 662	0	E0		PP EX A	VE01		1	

Stoffnummer/ UN-Nummer	Benennung und Beschreibung	Klasse	Klassifizierungs-code	Verpackungs-gruppe	Gefahrzettel	Sonder-vorschriften	begrenzte Mengen		Beförderung zugelassen	Ausrüstung erforderlich	Lüftung	Maßnahmen während des Ladens / Löschens / Beförderns	Anzahl der Kegel / Lichter	Bemerkungen
	3.1.2	2.2	2.2	2.1.1.3	5.2.2	3.3	3.4 / 3.5.1.2		3.2.1	8.1.5	7.1.6	7.1.6	7.1.5	3.2.1
(1)	(2)	(3a)	(3b)	(4)	(5)	(6)	(7a)	(7b)	(8)	(9)	(10)	(11)	(12)	(13)
3162	VERFLÜSSIGTES GAS, GIFTIG, N.A.G.	2	2T		2.3	274	0	E0		PP EP TOX A	VE02		2	
3163	VERFLÜSSIGTES GAS, N.A.G.	2	2A		2.2	274 660 662	120 ml	E1		PP			0	
3164	GEGENSTÄNDE UNTER PNEUMATISCHEM DRUCK oder GEGENSTÄNDE UNTER HYDRAULISCHEM DRUCK (mit nicht entzündbarem Gas)	2	6A		2.2	283 371 594	120 ml			PP			0	
3165	KRAFTSTOFFTANK FÜR HYDRAULISCHES AGGREGAT FÜR FLUGZEUGE (mit einer Mischung von wasserfreiem Hydrazin und Methylhydrazin) (Kraftstoff M86)	3	FTC	I	3 + 6.1 + 8	802	0	E0		PP EP EX TOX A	VE01 VE02		2	
3166	FAHRZEUG MIT ANTRIEB DURCH ENTZÜNDBARES GAS oder FAHRZEUG MIT ANTRIEB DURCH ENTZÜNDBARE FLÜSSIGKEIT oder BRENNSTOFFZELLEN-FAHRZEUG MIT ANTRIEB DURCH ENTZÜNDBARES GAS oder BRENNSTOFFZELLEN-FAHRZEUG MIT ANTRIEB DURCH ENTZÜNDBARE FLÜSSIGKEIT	9	M11			--- --- 388 666 667 669				PP			0	
3167	GASPROBE, NICHT UNTER DRUCK STEHEND, ENTZÜNDBAR, N.A.G., nicht tiefgekühlt flüssig	2	7F		2.1		0	E0		PP EX A	VE01		1	
3168	GASPROBE, NICHT UNTER DRUCK STEHEND, GIFTIG, ENTZÜNDBAR, N.A.G., nicht tiefgekühlt flüssig	2	7TF		2.3 + 2.1		0	E0		PP EP EX TOX A	VE01 VE02		2	

Stoffnummer/ UN-Nummer	Benennung und Beschreibung	Klasse	Klassifizierungscode	Verpackungsgruppe	Gefahrzettel	Sondervorschriften	begrenzte Mengen		Beförderung zugelassen	Ausrüstung erforderlich	Lüftung	Maßnahmen während des Ladens / Löschens / Beförderns			Anzahl der Kegel / Lichter	Bemerkungen
	3.1.2	2.2	2.2	2.1.1.3	5.2.2	3.3	3.4 / 3.5.1.2		3.2.1	8.1.5	7.1.6	7.1.6			7.1.5	3.2.1
(1)	(2)	(3a)	(3b)	(4)	(5)	(6)	(7a)	(7b)	(8)	(9)	(10)	(11)			(12)	(13)
3169	GASPROBE, NICHT UNTER DRUCK STEHEND, GIFTIG, N.A.G., nicht tiefgekühlt flüssig	2	7T		2.3		0	E0		PP EP TOX A	VE02				2	
3170	NEBENPRODUKTE DER ALUMINIUMHERSTELLUNG oder NEBENPRODUKTE DER ALUMINIUMUMSCHMELZUNG	4.3	W2	II	4.3	244	500 g	E2		PP EX A	VE01		HA08		0	
3170	NEBENPRODUKTE DER ALUMINIUMHERSTELLUNG oder NEBENPRODUKTE DER ALUMINIUMUMSCHMELZUNG	4.3	W2	III	4.3	244	1 kg	E1	B	PP EX A	VE01 VE03	LO03	HA07 HA08	IN01 IN02 IN03	0	VE03, LO03, HA07, IN01, IN02 und IN03 gelten nur, wenn der Stoff in loser Schüttung oder unverpackt befördert wird.
3171	BATTERIEBETRIEBENES FAHRZEUG oder BATTERIEBETRIEBENES GERÄT	9	M11			--- 388 666 667 669				PP					0	
3172	TOXINE, GEWONNEN AUS LEBENDEN ORGANISMEN, FLÜSSIG, N.A.G.	6.1	T1	I	6.1	210 274 802	0	E5		PP EP TOX A	VE02				2	
3172	TOXINE, GEWONNEN AUS LEBENDEN ORGANISMEN, FLÜSSIG, N.A.G.	6.1	T1	II	6.1	210 274 802	100 ml	E4		PP EP TOX A	VE02				2	
3172	TOXINE, GEWONNEN AUS LEBENDEN ORGANISMEN, FLÜSSIG, N.A.G.	6.1	T1	III	6.1	210 274 802	5 l	E1		PP EP TOX A	VE02				0	
3174	TITANDISULFID	4.2	S4	III	4.2		0	E1		PP					0	

Tabelle A

Stoffnummer/ UN-Nummer	Benennung und Beschreibung	Klasse	Klassifizierungs-code	Verpackungs-gruppe	Gefahrzettel	Sonder-vorschriften	begrenzte Mengen		Beförderung zugelassen	Ausrüstung erforderlich	Lüftung	Maßnahmen während des Ladens / Löschens / Beförderns			Anzahl der Kegel / Lichter	Bemerkungen
	3.1.2	2.2	2.2	2.1.1.3	5.2.2	3.3	3.4 / 3.5.1.2		3.2.1	8.1.5	7.1.6	7.1.6			7.1.5	3.2.1
(1)	(2)	(3a)	(3b)	(4)	(5)	(6)	(7a)	(7b)	(8)	(9)	(10)	(11)			(12)	(13)
3175	FESTE STOFFE oder Gemische aus festen Stoffen (wie Präparate, Zubereitungen und Abfälle), DIE ENTZÜNDBARE FLÜSSIGE STOFFE mit einem Flammpunkt von höchstens 60 °C ENTHALTEN, N.A.G.	4.1	F1	II	4.1	216 274 601 800	1 kg	E2	B	PP EX A	VE01 VE03			IN01 IN02	1	VE03, IN01 und IN02 gelten nur, wenn der Stoff in loser Schüttung oder unverpackt befördert wird.
3175	FESTE STOFFE, DIE ENTZÜNDBARE FLÜSSIGE STOFFE mit einem Flammpunkt von höchstens 60 °C ENTHALTEN, GESCHMOLZEN, N.A.G.	4.1	F1	II	4.1	216 274 601 800	1 kg	E2	T	PP EX A	VE01 VE03			IN01 IN02	1	VE03, IN01 und IN02 gelten nur, wenn der Stoff in loser Schüttung oder unverpackt befördert wird.
3176	ENTZÜNDBARER ORGANISCHER FESTER STOFF IN GESCHMOLZENEM ZUSTAND, N.A.G.	4.1	F2	II	4.1	274	0	E0		PP					1	
3176	ENTZÜNDBARER ORGANISCHER FESTER STOFF IN GESCHMOLZENEM ZUSTAND, N.A.G.	4.1	F2	III	4.1	274	0	E0		PP					0	
3178	ENTZÜNDBARER ANORGANISCHER FESTER STOFF, N.A.G.	4.1	F3	II	4.1	274	1 kg	E2		PP					1	
3178	ENTZÜNDBARER ANORGANISCHER FESTER STOFF, N.A.G.	4.1	F3	III	4.1	274	5 kg	E1		PP					0	
3179	ENTZÜNDBARER ANORGANISCHER FESTER STOFF, GIFTIG, N.A.G.	4.1	FT2	II	4.1 + 6.1	274 802	1 kg	E2		PP EP					2	
3179	ENTZÜNDBARER ANORGANISCHER FESTER STOFF, GIFTIG, N.A.G.	4.1	FT2	III	4.1 + 6.1	274 802	5 kg	E1		PP EP					0	
3180	ENTZÜNDBARER ANORGANISCHER FESTER STOFF, ÄTZEND, N.A.G.	4.1	FC2	II	4.1 + 8	274	1 kg	E2		PP EP					1	
3180	ENTZÜNDBARER ANORGANISCHER FESTER STOFF, ÄTZEND, N.A.G.	4.1	FC2	III	4.1 + 8	274	5 kg	E1		PP EP					0	
3181	ENTZÜNDBARE METALLSALZE ORGANISCHER VERBINDUNGEN, N.A.G.	4.1	F3	II	4.1	274	1 kg	E2		PP					1	
3181	ENTZÜNDBARE METALLSALZE ORGANISCHER VERBINDUNGEN, N.A.G.	4.1	F3	III	4.1	274	5 kg	E1		PP					0	

Tabelle A

Stoffnummer/ UN-Nummer	Benennung und Beschreibung	Klasse	Klassifizierungs-code	Verpackungs-gruppe	Gefahrzettel	Sonder-vorschriften	begrenzte Mengen		Beförderung zugelassen	Ausrüstung erforderlich	Lüftung	Maßnahmen während des Ladens / Löschens / Beförderns			Anzahl der Kegel / Lichter	Bemerkungen
	3.1.2	2.2	2.2	2.1.1.3	5.2.2	3.3	3.4 / 3.5.1.2		3.2.1	8.1.5	7.1.6	7.1.6			7.1.5	3.2.1
(1)	(2)	(3a)	(3b)	(4)	(5)	(6)	(7a)	(7b)	(8)	(9)	(10)	(11)			(12)	(13)
3182	ENTZÜNDBARE METALLHYDRIDE, N.A.G.	4.1	F3	II	4.1	274 554	1 kg	E2		PP					1	
3182	ENTZÜNDBARE METALLHYDRIDE, N.A.G.	4.1	F3	III	4.1	274 554	5 kg	E1		PP					0	
3183	SELBSTERHITZUNGSFÄHIGER ORGANISCHER FLÜSSIGER STOFF, N.A.G.	4.2	S1	II	4.2	274	0	E2		PP					0	
3183	SELBSTERHITZUNGSFÄHIGER ORGANISCHER FLÜSSIGER STOFF, N.A.G.	4.2	S1	III	4.2	274	0	E1		PP					0	
3184	SELBSTERHITZUNGSFÄHIGER ORGANISCHER FLÜSSIGER STOFF, GIFTIG, N.A.G.	4.2	ST1	II	4.2 + 6.1	274 802	0	E2		PP EP TOX A	VE02				2	
3184	SELBSTERHITZUNGSFÄHIGER ORGANISCHER FLÜSSIGER STOFF, GIFTIG, N.A.G.	4.2	ST1	III	4.2 + 6.1	274 802	0	E1		PP EP TOX A	VE02				0	
3185	SELBSTERHITZUNGSFÄHIGER ORGANISCHER FLÜSSIGER STOFF, ÄTZEND, N.A.G.	4.2	SC1	II	4.2 + 8	274	0	E2		PP EP					0	
3185	SELBSTERHITZUNGSFÄHIGER ORGANISCHER FLÜSSIGER STOFF, ÄTZEND, N.A.G.	4.2	SC1	III	4.2 + 8	274	0	E1		PP EP					0	
3186	SELBSTERHITZUNGSFÄHIGER ANORGANISCHER FLÜSSIGER STOFF, N.A.G.	4.2	S3	II	4.2	274	0	E2		PP					0	
3186	SELBSTERHITZUNGSFÄHIGER ANORGANISCHER FLÜSSIGER STOFF, N.A.G.	4.2	S3	III	4.2	274	0	E1		PP					0	

Stoffnummer/ UN-Nummer	Benennung und Beschreibung	Klasse	Klassifizierungs-code	Verpackungs-gruppe	Gefahrzettel	Sonder-vorschriften	begrenzte Mengen		Beförderung zugelassen	Ausrüstung erforderlich	Lüftung	Maßnahmen während des Ladens / Löschens / Beförderns	Anzahl der Kegel / Lichter	Bemerkungen
	3.1.2	2.2	2.2	2.1.1.3	5.2.2	3.3	3.4 / 3.5.1.2		3.2.1	8.1.5	7.1.6	7.1.6	7.1.5	3.2.1
(1)	(2)	(3a)	(3b)	(4)	(5)	(6)	(7a)	(7b)	(8)	(9)	(10)	(11)	(12)	(13)
3187	SELBSTERHITZUNGSFÄHIGER ANORGANISCHER FLÜSSIGER STOFF, GIFTIG, N.A.G.	4.2	ST3	II	4.2 + 6.1	274 802	0	E2		PP EP TOX A	VE02		2	
3187	SELBSTERHITZUNGSFÄHIGER ANORGANISCHER FLÜSSIGER STOFF, GIFTIG, N.A.G.	4.2	ST3	III	4.2 + 6.1	274 802	0	E1		PP EP TOX A	VE02		0	
3188	SELBSTERHITZUNGSFÄHIGER ANORGANISCHER FLÜSSIGER STOFF, ÄTZEND, N.A.G.	4.2	SC3	II	4.2 + 8	274	0	E2		PP EP			0	
3188	SELBSTERHITZUNGSFÄHIGER ANORGANISCHER FLÜSSIGER STOFF, ÄTZEND, N.A.G.	4.2	SC3	III	4.2 + 8	274	0	E1		PP EP			0	
3189	SELBSTERHITZUNGSFÄHIGES METALLPULVER, N.A.G.	4.2	S4	II	4.2	274 555	0	E2		PP			0	
3189	SELBSTERHITZUNGSFÄHIGES METALLPULVER, N.A.G.	4.2	S4	III	4.2	274 555	0	E1		PP			0	
3190	SELBSTERHITZUNGSFÄHIGER ANORGANISCHER FESTER STOFF, N.A.G.	4.2	S4	II	4.2	274	0	E2		PP			0	
3190	SELBSTERHITZUNGSFÄHIGER ANORGANISCHER FESTER STOFF, N.A.G.	4.2	S4	III	4.2	274	0	E1	B	PP			0	
3191	SELBSTERHITZUNGSFÄHIGER ANORGANISCHER FESTER STOFF, GIFTIG, N.A.G.	4.2	ST4	II	4.2 + 6.1	274 802	0	E2		PP EP			2	
3191	SELBSTERHITZUNGSFÄHIGER ANORGANISCHER FESTER STOFF, GIFTIG, N.A.G.	4.2	ST4	III	4.2 + 6.1	274 802	0	E1		PP EP			0	
3192	SELBSTERHITZUNGSFÄHIGER ANORGANISCHER FESTER STOFF, ÄTZEND, N.A.G.	4.2	SC4	II	4.2 + 8	274	0	E2		PP EP			0	

Stoffnummer/ UN-Nummer	Benennung und Beschreibung	Klasse	Klassifizierungs-code	Verpackungs-gruppe	Gefahrzettel	Sonder-vorschriften	begrenzte Mengen		Beförderung zugelassen	Ausrüstung erforderlich	Lüftung	Maßnahmen während des Ladens / Löschens / Beförderns	Anzahl der Kegel / Lichter	Bemerkungen
	3.1.2	2.2	2.2	2.1.1.3	5.2.2	3.3	3.4 / 3.5.1.2		3.2.1	8.1.5	7.1.6	7.1.6	7.1.5	3.2.1
(1)	(2)	(3a)	(3b)	(4)	(5)	(6)	(7a)	(7b)	(8)	(9)	(10)	(11)	(12)	(13)
3192	SELBSTERHITZUNGSFÄHIGER ANORGANISCHER FESTER STOFF, ÄTZEND, N.A.G.	4.2	SC4	III	4.2 + 8	274	0	E1		PP EP			0	
3194	PYROPHORER ANORGANISCHER FLÜSSIGER STOFF, N.A.G.	4.2	S3	I	4.2	274	0	E0		PP			0	
3200	PYROPHORER ANORGANISCHER FESTER STOFF, N.A.G.	4.2	S4	I	4.2	274	0	E0		PP			0	
3205	ERDALKALIMETALLALKOHOLATE, N.A.G.	4.2	S4	II	4.2	183 274	0	E2		PP			0	
3205	ERDALKALIMETALLALKOHOLATE, N.A.G.	4.2	S4	III	4.2	183 274	0	E1		PP			0	
3206	ALKALIMETALLALKOHOLATE, SELBST-ERHITZUNGSFÄHIG, ÄTZEND, N.A.G.	4.2	SC4	II	4.2 + 8	182 274	0	E2		PP EP			0	
3206	ALKALIMETALLALKOHOLATE, SELBST-ERHITZUNGSFÄHIG, ÄTZEND, N.A.G.	4.2	SC4	III	4.2 + 8	183 274	0	E1		PP EP			0	
3208	METALLISCHER STOFF, MIT WASSER REAGIEREND, N.A.G.	4.3	W2	I	4.3	274 557	0	E0		PP EX A	VE01	HA08	0	
3208	METALLISCHER STOFF, MIT WASSER REAGIEREND, N.A.G.	4.3	W2	II	4.3	274 557	500 g	E0		PP EX A	VE01	HA08	0	
3208	METALLISCHER STOFF, MIT WASSER REAGIEREND, N.A.G.	4.3	W2	III	4.3	274 557	1 kg	E1		PP EX A	VE01	HA08	0	
3209	METALLISCHER STOFF, MIT WASSER REAGIEREND, SELBSTERHITZUNGSFÄHIG, N.A.G.	4.3	WS	I	4.3 + 4.2	274 558	0	E0		PP EX A	VE01	HA08	0	
3209	METALLISCHER STOFF, MIT WASSER REAGIEREND, SELBSTERHITZUNGSFÄHIG, N.A.G.	4.3	WS	II	4.3 + 4.2	274 558	0	E2		PP EX A	VE01	HA08	0	

Stoffnummer/ UN-Nummer	Benennung und Beschreibung	Klasse	Klassifizierungs-code	Verpackungs-gruppe	Gefahrzettel	Sonder-vorschriften	begrenzte Mengen		Beförderung zugelassen	Ausrüstung erforderlich	Lüftung	Maßnahmen während des Ladens / Löschens / Beförderns	Anzahl der Kegel / Lichter	Bemerkungen
	3.1.2	2.2	2.2	2.1.1.3	5.2.2	3.3	3.4 / 3.5.1.2		3.2.1	8.1.5	7.1.6	7.1.6	7.1.5	3.2.1
(1)	(2)	(3a)	(3b)	(4)	(5)	(6)	(7a)	(7b)	(8)	(9)	(10)	(11)	(12)	(13)
3209	METALLISCHER STOFF, MIT WASSER REAGIEREND, SELBSTERHITZUNGSFÄHIG, N.A.G.	4.3	WS	III	4.3 + 4.2	274 558	0	E1		PP EX A	VE01	HA08	0	
3210	CHLORATE, ANORGANISCHE, WÄSSERIGE LÖSUNG, N.A.G.	5.1	O1	II	5.1	274 351	1 l	E2		PP			0	
3210	CHLORATE, ANORGANISCHE, WÄSSERIGE LÖSUNG, N.A.G.	5.1	O1	III	5.1	274 351	5 l	E1		PP			0	
3211	PERCHLORATE, ANORGANISCHE, WÄSSERIGE LÖSUNG, N.A.G.	5.1	O1	II	5.1		1 l	E2		PP			0	
3211	PERCHLORATE, ANORGANISCHE, WÄSSERIGE LÖSUNG, N.A.G.	5.1	O1	III	5.1		5 l	E1		PP			0	
3212	HYPOCHLORITE, ANORGANISCHE, N.A.G.	5.1	O2	II	5.1	274 349	1 kg	E2		PP			0	
3213	BROMATE, ANORGANISCHE, WÄSSERIGE LÖSUNG, N.A.G.	5.1	O1	II	5.1	274 350	1 l	E2		PP			0	
3213	BROMATE, ANORGANISCHE, WÄSSERIGE LÖSUNG, N.A.G.	5.1	O1	III	5.1	274 350	5 l	E1		PP			0	
3214	PERMANGANATE, ANORGANISCHE, WÄSSERIGE LÖSUNG, N.A.G.	5.1	O1	II	5.1	274 353	1 l	E2		PP			0	
3215	PERSULFATE, ANORGANISCHE, N.A.G.	5.1	O2	III	5.1		5 kg	E1		PP			0	
3216	PERSULFATE, ANORGANISCHE, WÄSSERIGE LÖSUNG, N.A.G.	5.1	O1	III	5.1		5 l	E1		PP			0	
3218	NITRATE, ANORGANISCHE, WÄSSERIGE LÖSUNG, N.A.G.	5.1	O1	II	5.1	270 511	1 l	E2		PP			0	
3218	NITRATE, ANORGANISCHE, WÄSSERIGE LÖSUNG, N.A.G.	5.1	O1	III	5.1	270 511	5 l	E1		PP			0	
3219	NITRITE, ANORGANISCHE, WÄSSERIGE LÖSUNG, N.A.G.	5.1	O1	II	5.1	103 274	1 l	E2		PP			0	
3219	NITRITE, ANORGANISCHE, WÄSSERIGE LÖSUNG, N.A.G.	5.1	O1	III	5.1	103 274	5 l	E1		PP			0	

Stoffnummer/ UN-Nummer	Benennung und Beschreibung	Klasse	Klassifizierungs-code	Verpackungs-gruppe	Gefahrzettel	Sonder-vorschriften	begrenzte Mengen		Beförderung zugelassen	Ausrüstung erforderlich	Lüftung	Maßnahmen während des Ladens / Löschens / Beförderns	Anzahl der Kegel / Lichter	Bemerkungen
	3.1.2	2.2	2.2	2.1.1.3	5.2.2	3.3	3.4 / 3.5.1.2		3.2.1	8.1.5	7.1.6	7.1.6	7.1.5	3.2.1
(1)	(2)	(3a)	(3b)	(4)	(5)	(6)	(7a)	(7b)	(8)	(9)	(10)	(11)	(12)	(13)
3220	PENTAFLUORETHAN (GAS ALS KÄLTEMITTEL R 125)	2	2A		2.2	662	120 ml	E1		PP			0	
3221	SELBSTZERSETZLICHER STOFF TYP B, FLÜSSIG	4.1	SR1		4.1 + 1	181 194 274	25 ml	E0		PP		HA01 HA10	3	
3222	SELBSTZERSETZLICHER STOFF TYP B, FEST	4.1	SR1		4.1 + 1	181 194 274	100 g	E0		PP		HA01 HA10	3	
3223	SELBSTZERSETZLICHER STOFF TYP C, FLÜSSIG	4.1	SR1		4.1	194 274	25 ml	E0		PP			0	
3224	SELBSTZERSETZLICHER STOFF TYP C, FEST	4.1	SR1		4.1	194 274	100 g	E0		PP			0	
3225	SELBSTZERSETZLICHER STOFF TYP D, FLÜSSIG	4.1	SR1		4.1	194 274	125 ml	E0		PP			0	
3226	SELBSTZERSETZLICHER STOFF TYP D, FEST	4.1	SR1		4.1	194 274	500 g	E0		PP			0	
3227	SELBSTZERSETZLICHER STOFF TYP E, FLÜSSIG	4.1	SR1		4.1	194 274	125 ml	E0		PP			0	
3228	SELBSTZERSETZLICHER STOFF TYP E, FEST	4.1	SR1		4.1	194 274	500 g	E0		PP			0	
3229	SELBSTZERSETZLICHER STOFF TYP F, FLÜSSIG	4.1	SR1		4.1	194 274	125 ml	E0		PP			0	
3230	SELBSTZERSETZLICHER STOFF TYP F, FEST	4.1	SR1		4.1	194 274	500 g	E0		PP			0	
3231	SELBSTZERSETZLICHER STOFF TYP B, FLÜSSIG, TEMPERATURKONTROLLIERT	4.1	SR2		4.1 + 1	181 194 274	0	E0		PP		HA01 HA10	3	
3232	SELBSTZERSETZLICHER STOFF TYP B, FEST, TEMPERATURKONTROLLIERT	4.1	SR2		4.1 + 1	181 194 274	0	E0		PP		HA01 HA10	3	
3233	SELBSTZERSETZLICHER STOFF TYP C, FLÜSSIG, TEMPERATURKONTROLLIERT	4.1	SR2		4.1	194 274	0	E0		PP			0	

Stoffnummer/ UN-Nummer	Benennung und Beschreibung	Klasse	Klassifizierungs-code	Verpackungs-gruppe	Gefahrzettel	Sonder-vorschriften	begrenzte Mengen		Beförderung zugelassen	Ausrüstung erforderlich	Lüftung	Maßnahmen während des Ladens / Löschens / Beförderns	Anzahl der Kegel / Lichter	Bemerkungen
	3.1.2	2.2	2.2	2.1.1.3	5.2.2	3.3	3.4 / 3.5.1.2		3.2.1	8.1.5	7.1.6	7.1.6	7.1.5	3.2.1
(1)	(2)	(3a)	(3b)	(4)	(5)	(6)	(7a)	(7b)	(8)	(9)	(10)	(11)	(12)	(13)
3234	SELBSTZERSETZLICHER STOFF TYP C, FEST, TEMPERATURKONTROLLIERT	4.1	SR2		4.1	194 274	0	E0		PP			0	
3235	SELBSTZERSETZLICHER STOFF TYP D, FLÜSSIG, TEMPERATURKONTROLLIERT	4.1	SR2		4.1	194 274	0	E0		PP			0	
3236	SELBSTZERSETZLICHER STOFF TYP D, FEST, TEMPERATURKONTROLLIERT	4.1	SR2		4.1	194 274	0	E0		PP			0	
3237	SELBSTZERSETZLICHER STOFF TYP E, FLÜSSIG, TEMPERATURKONTROLLIERT	4.1	SR2		4.1	194 274	0	E0		PP			0	
3238	SELBSTZERSETZLICHER STOFF TYP E, FEST, TEMPERATURKONTROLLIERT	4.1	SR2		4.1	194 274	0	E0		PP			0	
3239	SELBSTZERSETZLICHER STOFF TYP F, FLÜSSIG, TEMPERATURKONTROLLIERT	4.1	SR2		4.1	194 274	0	E0		PP			0	
3240	SELBSTZERSETZLICHER STOFF TYP F, FEST, TEMPERATURKONTROLLIERT	4.1	SR2		4.1	194 274	0	E0		PP			0	
3241	2-BROM-2-NITROPROPAN-1,3-DIOL	4.1	SR1	III	4.1	638	5 kg	E1		PP			0	
3242	AZODICARBONAMID	4.1	SR1	II	4.1	215 638	1 kg	E0		PP			0	
3243	FESTE STOFFE MIT GIFTIGEM FLÜSSIGEM STOFF, N.A.G.	6.1	T9	II	6.1	217 274 601 802	500 g	E4		PP EP TOX A	VE02		2	
3244	FESTE STOFFE MIT ÄTZENDEM FLÜSSIGEM STOFF, N.A.G.	8	C10	II	8	218 274	1 kg	E2		PP EP			0	
3245	GENETISCH VERÄNDERTE MIKROORGANISMEN oder GENETISCH VERÄNDERTE ORGANISMEN	9	M8		9	219 637 802	0	E0		PP			0	
3245	GENETISCH VERÄNDERTE MIKROORGANISMEN oder GENETISCH VERÄNDERTE ORGANISMEN, in tiefgekühlt verflüssigtem Stickstoff	9	M8		9 + 2.2	219 637 802	0	E0		PP			0	

Tabelle A

Stoffnummer/ UN-Nummer	Benennung und Beschreibung	Klasse	Klassifizierungs-code	Verpackungs-gruppe	Gefahrzettel	Sonder-vorschriften	begrenzte Mengen		Beförderung zugelassen	Ausrüstung erforderlich	Lüftung	Maßnahmen während des Ladens / Löschens / Beförderns	Anzahl der Kegel / Lichter	Bemerkungen
	3.1.2	2.2	2.2	2.1.1.3	5.2.2	3.3	3.4 / 3.5.1.2		3.2.1	8.1.5	7.1.6	7.1.6	7.1.5	3.2.1
(1)	(2)	(3a)	(3b)	(4)	(5)	(6)	(7a)	(7b)	(8)	(9)	(10)	(11)	(12)	(13)
3246	METHANSULFONYLCHLORID	6.1	TC1	I	6.1 + 8	354 802	0	E0		PP EP TOX A	VE02		2	
3247	NATRIUMPEROXOBORAT, WASSERFREI	5.1	O2	II	5.1		1 kg	E2		PP			0	
3248	MEDIKAMENT, FLÜSSIG, ENTZÜNDBAR, GIFTIG, N.A.G.	3	FT1	II	3 + 6.1	220 221 601 802	1 l	E2		PP EP EX TOX A	VE01 VE02		2	
3248	MEDIKAMENT, FLÜSSIG, ENTZÜNDBAR, GIFTIG, N.A.G.	3	FT1	III	3 + 6.1	220 221 601 802	5 l	E1		PP EP EX TOX A	VE01 VE02		0	
3249	MEDIKAMENT, FEST, GIFTIG, N.A.G.	6.1	T2	II	6.1	221 601 802	500 g	E4		PP EP			2	
3249	MEDIKAMENT, FEST, GIFTIG, N.A.G.	6.1	T2	III	6.1	221 601 802	5 kg	E1		PP EP			0	
3250	CHLORESSIGSÄURE, GESCHMOLZEN	6.1	TC1	II	6.1 + 8	802	0	E0		PP EP TOX A	VE02		2	
3251	ISOSORBID-5-MONONITRAT	4.1	SR1	III	4.1	226 638	5 kg	E0		PP			0	
3252	DIFLUORMETHAN (GAS ALS KÄLTEMITTEL R 32)	2	2F		2.1	662	0	E0		PP EX A	VE01		1	
3253	DINATRIUMTRIOXOSILICAT	8	C6	III	8		5 kg	E1		PP EP			0	

Tabelle A

Stoffnummer/ UN-Nummer	Benennung und Beschreibung	Klasse	Klassifizierungs-code	Verpackungs-gruppe	Gefahrzettel	Sonder-vorschriften	begrenzte Mengen		Beförderung zugelassen	Ausrüstung erforderlich	Lüftung	Maßnahmen während des Ladens / Löschens / Beförderns	Anzahl der Kegel / Lichter	Bemerkungen
	3.1.2	2.2	2.2	2.1.1.3	5.2.2	3.3	3.4 / 3.5.1.2		3.2.1	8.1.5	7.1.6	7.1.6	7.1.5	3.2.1
(1)	(2)	(3a)	(3b)	(4)	(5)	(6)	(7a)	(7b)	(8)	(9)	(10)	(11)	(12)	(13)
3254	TRIBUTYLPHOSPHANE	4.2	S1	I	4.2		0	E0		PP			0	
3255	tert-BUTYLHYPOCHLORIT	4.2	SC1	BEFÖRDERUNG VERBOTEN										
3256	ERWÄRMTER FLÜSSIGER STOFF, ENTZÜNDBAR, N.A.G., mit einem Flammpunkt über 60 °C, bei oder über seinem Flammpunkt und unter 100 °C	3	F2	III	3	274 560	0	E0	T	PP EX A	VE01		0	
3256	ERWÄRMTER FLÜSSIGER STOFF, ENTZÜNDBAR, N.A.G., mit einem Flammpunkt über 60 °C, bei oder über seinem Flammpunkt und bei oder über 100 °C	3	F2	III	3	274 560	0	E0	T	PP EX A	VE01		0	
3257	ERWÄRMTER FLÜSSIGER STOFF, N.A.G., bei oder über 100 °C und, bei Stoffen mit einem Flammpunkt, unter seinem Flammpunkt (einschließlich geschmolzenes Metall, geschmolzenes Salz usw.)	9	M9	III	9	274 643 668	0	E0	T	PP			0	
3258	ERWÄRMTER FESTER STOFF, N.A.G., bei oder über 240 °C	9	M10	III	9	274 643	0	E0		PP			0	
3259	AMINE, FEST, ÄTZEND, N.A.G. oder POLYAMINE, FEST, ÄTZEND, N.A.G.	8	C8	I	8	274	0	E0		PP EP			0	
3259	AMINE, FEST, ÄTZEND, N.A.G. oder POLYAMINE, FEST, ÄTZEND, N.A.G.	8	C8	II	8	274	1 kg	E2		PP EP			0	
3259	AMINE, FEST, ÄTZEND, N.A.G. oder POLYAMINE, FEST, ÄTZEND, N.A.G.	8	C8	III	8	274	5 kg	E1	T	PP EP			0	
3260	ÄTZENDER SAURER ANORGANISCHER FESTER STOFF, N.A.G.	8	C2	I	8	274	0	E0		PP EP			0	
3260	ÄTZENDER SAURER ANORGANISCHER FESTER STOFF, N.A.G.	8	C2	II	8	274	1 kg	E2		PP EP			0	
3260	ÄTZENDER SAURER ANORGANISCHER FESTER STOFF, N.A.G.	8	C2	III	8	274	5 kg	E1		PP EP			0	
3261	ÄTZENDER SAURER ORGANISCHER FESTER STOFF, N.A.G.	8	C4	I	8	274	0	E0		PP EP			0	

Tabelle A

Stoffnummer/ UN-Nummer	Benennung und Beschreibung	Klasse	Klassifizierungs-code	Verpackungs-gruppe	Gefahrzettel	Sonder-vorschriften	begrenzte Mengen		Beförderung zugelassen	Ausrüstung erforderlich	Lüftung	Maßnahmen während des Ladens / Löschens / Beförderns	Anzahl der Kegel / Lichter	Bemerkungen
	3.1.2	2.2	2.2	2.1.1.3	5.2.2	3.3	3.4 / 3.5.1.2		3.2.1	8.1.5	7.1.6	7.1.6	7.1.5	3.2.1
(1)	(2)	(3a)	(3b)	(4)	(5)	(6)	(7a)	(7b)	(8)	(9)	(10)	(11)	(12)	(13)
3261	ÄTZENDER SAURER ORGANISCHER FESTER STOFF, N.A.G.	8	C4	II	8	274	1 kg	E2		PP EP			0	
3261	ÄTZENDER SAURER ORGANISCHER FESTER STOFF, N.A.G.	8	C4	III	8	274	5 kg	E1		PP EP			0	
3262	ÄTZENDER BASISCHER ANORGANISCHER FESTER STOFF, N.A.G.	8	C6	I	8	274	0	E0		PP EP			0	
3262	ÄTZENDER BASISCHER ANORGANISCHER FESTER STOFF, N.A.G.	8	C6	II	8	274	1 kg	E2		PP EP			0	
3262	ÄTZENDER BASISCHER ANORGANISCHER FESTER STOFF, N.A.G.	8	C6	III	8	274	5 kg	E1		PP EP			0	
3263	ÄTZENDER BASISCHER ORGANISCHER FESTER STOFF, N.A.G.	8	C8	I	8	274	0	E0		PP EP			0	
3263	ÄTZENDER BASISCHER ORGANISCHER FESTER STOFF, N.A.G.	8	C8	II	8	274	1 kg	E2		PP EP			0	
3263	ÄTZENDER BASISCHER ORGANISCHER FESTER STOFF, N.A.G.	8	C8	III	8	274	5 kg	E1		PP EP			0	
3264	ÄTZENDER SAURER ANORGANISCHER FLÜSSIGER STOFF, N.A.G.	8	C1	I	8	274	0	E0	T	PP EP			0	
3264	ÄTZENDER SAURER ANORGANISCHER FLÜSSIGER STOFF, N.A.G.	8	C1	II	8	274	1 l	E2	T	PP EP			0	
3264	ÄTZENDER SAURER ANORGANISCHER FLÜSSIGER STOFF, N.A.G.	8	C1	III	8	274	5 l	E1	T	PP EP			0	
3265	ÄTZENDER SAURER ORGANISCHER FLÜSSIGER STOFF, N.A.G.	8	C3	I	8	274	0	E0	T	PP EP			0	
3265	ÄTZENDER SAURER ORGANISCHER FLÜSSIGER STOFF, N.A.G.	8	C3	II	8	274	1 l	E2	T	PP EP			0	
3265	ÄTZENDER SAURER ORGANISCHER FLÜSSIGER STOFF, N.A.G.	8	C3	III	8	274	5 l	E1	T	PP EP			0	

Tabelle A

Stoffnummer/ UN-Nummer	Benennung und Beschreibung	Klasse	Klassifizierungs-code	Verpackungs-gruppe	Gefahrzettel	Sonder-vorschriften	begrenzte Mengen		Beförderung zugelassen	Ausrüstung erforderlich	Lüftung	Maßnahmen während des Ladens / Löschens / Beförderns	Anzahl der Kegel / Lichter	Bemerkungen
	3.1.2	2.2	2.2	2.1.1.3	5.2.2	3.3	3.4 / 3.5.1.2		3.2.1	8.1.5	7.1.6	7.1.6	7.1.5	3.2.1
(1)	(2)	(3a)	(3b)	(4)	(5)	(6)	(7a)	(7b)	(8)	(9)	(10)	(11)	(12)	(13)
3266	ÄTZENDER BASISCHER ANORGANISCHER FLÜSSIGER STOFF, N.A.G.	8	C5	I	8	274	0	E0	T	PP EP			0	
3266	ÄTZENDER BASISCHER ANORGANISCHER FLÜSSIGER STOFF, N.A.G.	8	C5	II	8	274	1 l	E2	T	PP EP			0	
3266	ÄTZENDER BASISCHER ANORGANISCHER FLÜSSIGER STOFF, N.A.G.	8	C5	III	8	274	5 l	E1	T	PP EP			0	
3267	ÄTZENDER BASISCHER ORGANISCHER FLÜSSIGER STOFF, N.A.G.	8	C7	I	8	274	0	E0	T	PP EP			0	
3267	ÄTZENDER BASISCHER ORGANISCHER FLÜSSIGER STOFF, N.A.G.	8	C7	II	8	274	1 l	E2	T	PP EP			0	
3267	ÄTZENDER BASISCHER ORGANISCHER FLÜSSIGER STOFF, N.A.G.	8	C7	III	8	274	5 l	E1	T	PP EP			0	
3268	SICHERHEITSEINRICHTUNGEN, elektrische Auslösung	9	M5		9	280 289	0	E0		PP			0	
3269	POLYESTERHARZ-MEHRKOMPONENTENSYSTEME, flüssiges Grundprodukt	3	F3	II	3	236 340	5 l	E0		PP EX A	VE01		1	
3269	POLYESTERHARZ-MEHRKOMPONENTENSYSTEME, flüssiges Grundprodukt	3	F3	III	3	236 340	5 l	E0		PP EX A	VE01		0	
3270	MEMBRANFILTER AUS NITROCELLULOSE, mit höchstens 12,6 % Stickstoff in der Trockenmasse	4.1	F1	II	4.1	237 286	1 kg	E2		PP			1	
3271	ETHER, N.A.G.	3	F1	II	3	274	1 l	E2	T	PP EX A	VE01		1	
3271	ETHER, N.A.G.	3	F1	III	3	274	5 l	E1	T	PP EX A	VE01		0	

Tabelle A

Stoffnummer/ UN-Nummer	Benennung und Beschreibung	Klasse	Klassifizierungs-code	Verpackungs-gruppe	Gefahrzettel	Sonder-vorschriften	begrenzte Mengen		Beförderung zugelassen	Ausrüstung erforderlich	Lüftung	Maßnahmen während des Ladens / Löschens / Beförderns			Anzahl der Kegel / Lichter	Bemerkungen
	3.1.2	2.2	2.2	2.1.1.3	5.2.2	3.3	3.4 / 3.5.1.2		3.2.1	8.1.5	7.1.6	7.1.6			7.1.5	3.2.1
(1)	(2)	(3a)	(3b)	(4)	(5)	(6)	(7a)	(7b)	(8)	(9)	(10)	(11)			(12)	(13)
3272	ESTER, N.A.G.	3	F1	II	3	274 601	1 l	E2	T	PP EX A	VE01				1	
3272	ESTER, N.A.G.	3	F1	III	3	274 601	5 l	E1	T	PP EX A	VE01				0	
3273	NITRILE, ENTZÜNDBAR, GIFTIG, N.A.G.	3	FT1	I	3 + 6.1	274 802	0	E0		PP EP EX TOX A	VE01 VE02				2	
3273	NITRILE, ENTZÜNDBAR, GIFTIG, N.A.G.	3	FT1	II	3 + 6.1	274 802	1 l	E2		PP EP EX TOX A	VE01 VE02				2	
3274	ALKOHOLATE, LÖSUNG in Alkohol, N.A.G.	3	FC	II	3 + 8	274	1 l	E2		PP EP EX A	VE01				1	
3275	NITRILE, GIFTIG, ENTZÜNDBAR, N.A.G.	6.1	TF1	I	6.1 + 3	274 315 802	0	E5		PP EP EX TOX A	VE01 VE02				2	
3275	NITRILE, GIFTIG, ENTZÜNDBAR, N.A.G.	6.1	TF1	II	6.1 + 3	274 802	100 ml	E4		PP EP EX TOX A	VE01 VE02				2	
3276	NITRILE, FLÜSSIG, GIFTIG, N.A.G.	6.1	T1	I	6.1	274 315 802	0	E5		PP EP TOX A	VE02				2	

Stoffnummer/ UN-Nummer	Benennung und Beschreibung	Klasse	Klassifizierungs-code	Verpackungs-gruppe	Gefahrzettel	Sonder-vorschriften	begrenzte Mengen		Beförderung zugelassen	Ausrüstung erforderlich	Lüftung	Maßnahmen während des Ladens / Löschens / Beförderns	Anzahl der Kegel / Lichter	Bemerkungen
	3.1.2	2.2	2.2	2.1.1.3	5.2.2	3.3	3.4 / 3.5.1.2		3.2.1	8.1.5	7.1.6	7.1.6	7.1.5	3.2.1
(1)	(2)	(3a)	(3b)	(4)	(5)	(6)	(7a)	(7b)	(8)	(9)	(10)	(11)	(12)	(13)
3276	NITRILE, FLÜSSIG, GIFTIG, N.A.G.	6.1	T1	II	6.1	274 802	100 ml	E4	T	PP EP TOX A	VE02		2	
3276	NITRILE, FLÜSSIG, GIFTIG, N.A.G.	6.1	T1	III	6.1	274 802	5 l	E1		PP EP TOX A	VE02		0	
3277	CHLORFORMIATE, GIFTIG, ÄTZEND, N.A.G.	6.1	TC1	II	6.1 + 8	274 561 802	100 ml	E4		PP EP TOX A	VE02		2	
3278	ORGANISCHE PHOSPHORVERBINDUNG, FLÜSSIG, GIFTIG, N.A.G.	6.1	T1	I	6.1	43 274 315 802	0	E5		PP EP TOX A	VE02		2	
3278	ORGANISCHE PHOSPHORVERBINDUNG, FLÜSSIG, GIFTIG, N.A.G.	6.1	T1	II	6.1	43 274 802	100 ml	E4		PP EP TOX A	VE02		2	
3278	ORGANISCHE PHOSPHORVERBINDUNG, FLÜSSIG, GIFTIG, N.A.G.	6.1	T1	III	6.1	43 274 802	5 l	E1		PP EP TOX A	VE02		0	
3279	ORGANISCHE PHOSPHORVERBINDUNG, GIFTIG, ENTZÜNDBAR, N.A.G.	6.1	TF1	I	6.1 + 3	43 274 315 802	0	E5		PP EP EX TOX A	VE01 VE02		2	
3279	ORGANISCHE PHOSPHORVERBINDUNG, GIFTIG, ENTZÜNDBAR, N.A.G.	6.1	TF1	II	6.1 + 3	43 274 802	100 ml	E4		PP EP EX TOX A	VE01 VE02		2	

Stoffnummer/ UN-Nummer	Benennung und Beschreibung	Klasse	Klassifizierungs-code	Verpackungs-gruppe	Gefahrzettel	Sonder-vorschriften	begrenzte Mengen		Beförderung zugelassen	Ausrüstung erforderlich	Lüftung	Maßnahmen während des Ladens / Löschens / Beförderns			Anzahl der Kegel / Lichter	Bemerkungen
	3.1.2	2.2	2.2	2.1.1.3	5.2.2	3.3	3.4 / 3.5.1.2		3.2.1	8.1.5	7.1.6	7.1.6			7.1.5	3.2.1
(1)	(2)	(3a)	(3b)	(4)	(5)	(6)	(7a)	(7b)	(8)	(9)	(10)	(11)			(12)	(13)
3280	ORGANISCHE ARSENVERBINDUNG, FLÜSSIG, N.A.G.	6.1	T3	I	6.1	274 315 802	0	E5		PP EP TOX A	VE02				2	
3280	ORGANISCHE ARSENVERBINDUNG, FLÜSSIG, N.A.G.	6.1	T3	II	6.1	274 802	100 ml	E4		PP EP TOX A	VE02				2	
3280	ORGANISCHE ARSENVERBINDUNG, FLÜSSIG, N.A.G.	6.1	T3	III	6.1	274 802	5 l	E1		PP EP TOX A	VE02				0	
3281	METALLCARBONYLE, FLÜSSIG, N.A.G.	6.1	T3	I	6.1	274 315 562 802	0	E5		PP EP TOX A	VE02				2	
3281	METALLCARBONYLE, FLÜSSIG, N.A.G.	6.1	T3	II	6.1	274 562 802	100 ml	E4		PP EP TOX A	VE02				2	
3281	METALLCARBONYLE, FLÜSSIG, N.A.G.	6.1	T3	III	6.1	274 562 802	5 l	E1		PP EP TOX A	VE02				0	
3282	METALLORGANISCHE VERBINDUNG, FLÜSSIG, GIFTIG, N.A.G.	6.1	T3	I	6.1	274 562 802	0	E5		PP EP TOX A	VE02				2	
3282	METALLORGANISCHE VERBINDUNG, FLÜSSIG, GIFTIG, N.A.G.	6.1	T3	II	6.1	274 562 802	100 ml	E4		PP EP TOX A	VE02				2	

Stoffnummer/ UN-Nummer	Benennung und Beschreibung	Klasse	Klassifizierungs-code	Verpackungs-gruppe	Gefahrzettel	Sonder-vorschriften	begrenzte Mengen		Beförderung zugelassen	Ausrüstung erforderlich	Lüftung	Maßnahmen während des Ladens / Löschens / Beförderns	Anzahl der Kegel / Lichter	Bemerkungen
	3.1.2	2.2	2.2	2.1.1.3	5.2.2	3.3	3.4 / 3.5.1.2		3.2.1	8.1.5	7.1.6	7.1.6	7.1.5	3.2.1
(1)	(2)	(3a)	(3b)	(4)	(5)	(6)	(7a)	(7b)	(8)	(9)	(10)	(11)	(12)	(13)
3282	METALLORGANISCHE VERBINDUNG, FLÜSSIG, GIFTIG, N.A.G.	6.1	T3	III	6.1	274 562 802	5 l	E1		PP EP TOX A	VE02		0	
3283	SELENVERBINDUNG, FEST, N.A.G.	6.1	T5	I	6.1	274 563 802	0	E5		PP EP			2	
3283	SELENVERBINDUNG, FEST, N.A.G.	6.1	T5	II	6.1	274 563 802	500 g	E4		PP EP			2	
3283	SELENVERBINDUNG, FEST, N.A.G.	6.1	T5	III	6.1	274 563 802	5 kg	E1		PP EP			0	
3284	TELLURVERBINDUNG, N.A.G.	6.1	T5	I	6.1	274 802	0	E5		PP EP			2	
3284	TELLURVERBINDUNG, N.A.G.	6.1	T5	II	6.1	274 802	500 g	E4		PP EP			2	
3284	TELLURVERBINDUNG, N.A.G.	6.1	T5	III	6.1	274 802	5 kg	E1		PP EP			0	
3285	VANADIUMVERBINDUNG, N.A.G.	6.1	T5	I	6.1	274 564 802	0	E5		PP EP			2	
3285	VANADIUMVERBINDUNG, N.A.G.	6.1	T5	II	6.1	274 564 802	500 g	E4		PP EP			2	
3285	VANADIUMVERBINDUNG, N.A.G.	6.1	T5	III	6.1	274 564 802	5 kg	E1		PP EP			0	
3286	ENTZÜNDBARER FLÜSSIGER STOFF, GIFTIG, ÄTZEND, N.A.G.	3	FTC	I	3 + 6.1 + 8	274 802	0	E0	T	PP EP EX TOX A	VE01 VE02		2	

Stoffnummer/ UN-Nummer	Benennung und Beschreibung	Klasse	Klassifizierungs-code	Verpackungs-gruppe	Gefahrzettel	Sonder-vorschriften	begrenzte Mengen		Beförderung zugelassen	Ausrüstung erforderlich	Lüftung	Maßnahmen während des Ladens / Löschens / Beförderns	Anzahl der Kegel / Lichter	Bemerkungen
	3.1.2	2.2	2.2	2.1.1.3	5.2.2	3.3	3.4 / 3.5.1.2		3.2.1	8.1.5	7.1.6	7.1.6	7.1.5	3.2.1
(1)	(2)	(3a)	(3b)	(4)	(5)	(6)	(7a)	(7b)	(8)	(9)	(10)	(11)	(12)	(13)
3286	ENTZÜNDBARER FLÜSSIGER STOFF, GIFTIG, ÄTZEND, N.A.G.	3	FTC	II	3 + 6.1 + 8	274 802	1 l	E2	T	PP EP EX TOX A	VE01 VE02		2	
3287	GIFTIGER ANORGANISCHER FLÜSSIGER STOFF, N.A.G.	6.1	T4	I	6.1	274 315 802	0	E5	T	PP EP TOX A	VE02		2	
3287	GIFTIGER ANORGANISCHER FLÜSSIGER STOFF, N.A.G.	6.1	T4	II	6.1	274 802	100 ml	E4	T	PP EP TOX A	VE02		2	
3287	GIFTIGER ANORGANISCHER FLÜSSIGER STOFF, N.A.G.	6.1	T4	III	6.1	274 802	5 l	E1	T	PP EP TOX A	VE02		0	
3288	GIFTIGER ANORGANISCHER FESTER STOFF, N.A.G.	6.1	T5	I	6.1	274 802	0	E5		PP EP			2	
3288	GIFTIGER ANORGANISCHER FESTER STOFF, N.A.G.	6.1	T5	II	6.1	274 802	500 g	E4		PP EP			2	
3288	GIFTIGER ANORGANISCHER FESTER STOFF, N.A.G.	6.1	T5	III	6.1	274 802	5 kg	E1		PP EP			0	
3289	GIFTIGER ANORGANISCHER FLÜSSIGER STOFF, ÄTZEND, N.A.G.	6.1	TC3	I	6.1 + 8	274 315 802	0	E5	T	PP EP TOX A	VE02		2	
3289	GIFTIGER ANORGANISCHER FLÜSSIGER STOFF, ÄTZEND, N.A.G.	6.1	TC3	II	6.1 + 8	274 802	100 ml	E4	T	PP EP TOX A	VE02		2	
3290	GIFTIGER ANORGANISCHER FESTER STOFF, ÄTZEND, N.A.G.	6.1	TC4	I	6.1 + 8	274 802	0	E5		PP EP			2	

Stoffnummer/ UN-Nummer	Benennung und Beschreibung	Klasse	Klassifizierungs-code	Verpackungs-gruppe	Gefahrzettel	Sonder-vorschriften	begrenzte Mengen		Beförderung zugelassen	Ausrüstung erforderlich	Lüftung	Maßnahmen während des Ladens / Löschens / Beförderns	Anzahl der Kegel / Lichter	Bemerkungen
	3.1.2	2.2	2.2	2.1.1.3	5.2.2	3.3	3.4 / 3.5.1.2		3.2.1	8.1.5	7.1.6	7.1.6	7.1.5	3.2.1
(1)	(2)	(3a)	(3b)	(4)	(5)	(6)	(7a)	(7b)	(8)	(9)	(10)	(11)	(12)	(13)
3290	GIFTIGER ANORGANISCHER FESTER STOFF, ÄTZEND, N.A.G.	6.1	TC4	II	6.1 + 8	274 802	500 g	E4		PP EP			2	
3291	KLINISCHER ABFALL, UNSPEZIFIZIERT, N.A.G. oder (BIO)MEDIZINISCHER ABFALL, N.A.G. oder UNTER DIE VORSCHRIFTEN FALLENDER MEDIZINISCHER ABFALL, N.A.G.	6.2	I3	II	6.2	565 802	0	E0		PP			0	
3291	KLINISCHER ABFALL UNSPEZIFIZIERT, N.A.G. oder (BIO)MEDIZINISCHER ABFALL, N.A.G. oder UNTER DIE VORSCHRIFTEN FALLENDER MEDIZINISCHER ABFALL, N.A.G., in tiefgekühlt verflüssigtem Stickstoff	6.2	I3	II	6.2 + 2.2	565 802	0	E0		PP			0	
3292	NATRIUMBATTERIEN oder NATRIUMZELLEN	4.3	W3		4.3	239 295	0	E0		PP EX A	VE01	HA08	0	
3293	HYDRAZIN, WÄSSERIGE LÖSUNG mit höchstens 37 Masse-% Hydrazin	6.1	T4	III	6.1	566 802	5 l	E1		PP EP TOX A	VE02		0	
3294	CYANWASSERSTOFF, LÖSUNG IN ALKOHOL mit höchstens 45 % Cyanwasserstoff	6.1	TF1	I	6.1 + 3	610 802	0	E0		PP EP EX TOX A	VE01 VE02		2	
3295	KOHLENWASSERSTOFFE, FLÜSSIG, N.A.G.	3	F1	I	3		500 ml	E3	T	PP EX A	VE01		1	
3295	KOHLENWASSERSTOFFE, FLÜSSIG, N.A.G. (Dampfdruck bei 50 °C größer als 110 kPa)	3	F1	II	3	640C	1 l	E2	T	PP EX A	VE01		1	

Tabelle A

Stoffnummer/ UN-Nummer	Benennung und Beschreibung	Klasse	Klassifizierungs-code	Verpackungs-gruppe	Gefahrzettel	Sonder-vorschriften	begrenzte Mengen		Beförderung zugelassen	Ausrüstung erforderlich	Lüftung	Maßnahmen während des Ladens / Löschens / Beförderns	Anzahl der Kegel / Lichter	Bemerkungen
	3.1.2	2.2	2.2	2.1.1.3	5.2.2	3.3	3.4 / 3.5.1.2		3.2.1	8.1.5	7.1.6	7.1.6	7.1.5	3.2.1
(1)	(2)	(3a)	(3b)	(4)	(5)	(6)	(7a)	(7b)	(8)	(9)	(10)	(11)	(12)	(13)
3295	KOHLENWASSERSTOFFE, FLÜSSIG, N.A.G. (Dampfdruck bei 50 °C höchstens 110 kPa)	3	F1	II	3	640D	1 l	E2	T	PP EX A	VE01		1	
3295	KOHLENWASSERSTOFFE, FLÜSSIG, N.A.G.	3	F1	III	3		5 l	E1	T	PP EX A	VE01		0	
3296	HEPTAFLUORPROPAN (GAS ALS KÄLTEMITTEL R 227)	2	2A		2.2	662	120 ml	E1		PP			0	
3297	ETHYLENOXID UND CHLORTETRAFLUORETHAN, GEMISCH mit höchstens 8,8 % Ethylenoxid	2	2A		2.2	660 662	120 ml	E1		PP			0	
3298	ETHYLENOXID UND PENTAFLUORETHAN, GEMISCH mit höchstens 7,9 % Ethylenoxid	2	2A		2.2	660 662	120 ml	E1		PP			0	
3299	ETHYLENOXID UND TETRAFLUORETHAN, GEMISCH mit höchstens 5,6 % Ethylenoxid	2	2A		2.2	660 662	120 ml	E1		PP			0	
3300	ETHYLENOXID UND KOHLENDIOXID, GEMISCH mit mehr als 87 % Ethylenoxid	2	2TF		2.3 + 2.1		0	E0		PP EP EX TOX A	VE01 VE02		2	
3301	ÄTZENDER FLÜSSIGER STOFF, SELBSTERHITZUNGSFÄHIG, N.A.G.	8	CS1	I	8 + 4.2	274	0	E0		PP EP			0	
3301	ÄTZENDER FLÜSSIGER STOFF, SELBSTERHITZUNGSFÄHIG, N.A.G.	8	CS1	II	8 + 4.2	274	0	E2		PP EP			0	
3302	2-DIMETHYLAMINOETHYLACRYLAT, STABILISIERT	6.1	T1	II	6.1	386 802	100 ml	E4		PP EP TOX A	VE02		2	

Stoffnummer/ UN-Nummer	Benennung und Beschreibung	Klasse	Klassifizierungs-code	Verpackungs-gruppe	Gefahrzettel	Sonder-vorschriften	begrenzte Mengen		Beförderung zugelassen	Ausrüstung erforderlich	Lüftung	Maßnahmen während des Ladens / Löschens / Beförderns	Anzahl der Kegel / Lichter	Bemerkungen
	3.1.2	2.2	2.2	2.1.1.3	5.2.2	3.3	3.4 / 3.5.1.2		3.2.1	8.1.5	7.1.6	7.1.6	7.1.5	3.2.1
(1)	(2)	(3a)	(3b)	(4)	(5)	(6)	(7a)	(7b)	(8)	(9)	(10)	(11)	(12)	(13)
3303	VERDICHTETES GAS, GIFTIG, OXIDIEREND, N.A.G.	2	1TO		2.3 + 5.1	274	0	E0		PP EP TOX A	VE02		2	
3304	VERDICHTETES GAS, GIFTIG, ÄTZEND, N.A.G.	2	1TC		2.3 + 8	274	0	E0		PP EP TOX A	VE02		2	
3305	VERDICHTETES GAS, GIFTIG, ENTZÜNDBAR, ÄTZEND, N.A.G.	2	1TFC		2.3 + 2.1 + 8	274	0	E0		PP EP EX TOX A	VE01 VE02		2	
3306	VERDICHTETES GAS, GIFTIG, OXIDIEREND, ÄTZEND, N.A.G.	2	1TOC		2.3 + 5.1 + 8	274	0	E0		PP EP TOX A	VE02		2	
3307	VERFLÜSSIGTES GAS, GIFTIG, OXIDIEREND, N.A.G.	2	2TO		2.3 + 5.1	274	0	E0		PP EP TOX A	VE02		2	
3308	VERFLÜSSIGTES GAS, GIFTIG, ÄTZEND, N.A.G.	2	2TC		2.3 + 8	274	0	E0		PP EP TOX A	VE02		2	
3309	VERFLÜSSIGTES GAS, GIFTIG, ENTZÜNDBAR, ÄTZEND, N.A.G.	2	2TFC		2.3 + 2.1 + 8	274	0	E0		PP EP EX TOX A	VE01 VE02		2	
3310	VERFLÜSSIGTES GAS, GIFTIG, OXIDIEREND, ÄTZEND, N.A.G.	2	2TOC		2.3 + 5.1 + 8	274	0	E0		PP EP TOX A	VE02		2	

Stoffnummer/ UN-Nummer	Benennung und Beschreibung	Klasse	Klassifizierungs-code	Verpackungs-gruppe	Gefahrzettel	Sonder-vorschriften	begrenzte Mengen		Beförderung zugelassen	Ausrüstung erforderlich	Lüftung	Maßnahmen während des Ladens / Löschens / Beförderns	Anzahl der Kegel / Lichter	Bemerkungen
	3.1.2	2.2	2.2	2.1.1.3	5.2.2	3.3	3.4 / 3.5.1.2		3.2.1	8.1.5	7.1.6	7.1.6	7.1.5	3.2.1
(1)	(2)	(3a)	(3b)	(4)	(5)	(6)	(7a)	(7b)	(8)	(9)	(10)	(11)	(12)	(13)
3311	GAS, TIEFGEKÜHLT, FLÜSSIG, OXIDIEREND, N.A.G.	2	3O		2.2 + 5.1	274	0	E0		PP			0	
3312	GAS, TIEFGEKÜHLT, FLÜSSIG, ENTZÜNDBAR, N.A.G.	2	3F		2.1	274	0	E0		PP EX A	VE01		1	
3313	SELBSTERHITZUNGSFÄHIGE ORGANISCHE PIGMENTE	4.2	S2	II	4.2		0	E2		PP			0	
3313	SELBSTERHITZUNGSFÄHIGE ORGANISCHE PIGMENTE	4.2	S2	III	4.2		0	E1		PP			0	
3314	KUNSTSTOFFPRESSMISCHUNG, in Teig-, Platten- oder Strangpressform, entzündbare Dämpfe abgebend	9	M3	III	keine	207 633	5 kg	E1		PP EP EX A	VE01		0	
3315	CHEMISCHE PROBE, GIFTIG	6.1	T8	I	6.1	250 802	0	E0		PP EP TOX A	VE02		2	
3316	CHEMIE-TESTSATZ oder ERSTE-HILFE-AUSRÜSTUNG	9	M11	---	9	251 340 671	siehe SV 251	siehe SV 340		PP			0	
---	---	---	---	---	---	---	---	---		---			---	
3317	2-AMINO-4,6-DINITROPHENOL, ANGEFEUCHTET mit mindestens 20 Masse-% Wasser	4.1	D	I	4.1		0	E0		PP			1	
3318	AMMONIAKLÖSUNG IN WASSER, relative Dichte kleiner als 0,880 bei 15 °C, mit mehr als 50 % Ammoniak	2	4TC		2.3 + 8	23	0	E0		PP EP TOX A	VE02		2	
3319	NITROGLYCERIN, GEMISCH, DESENSIBILISIERT, FEST, N.A.G., mit mehr als 2 Masse-%, aber höchstens 10 Masse-% Nitroglycerin	4.1	D	II	4.1	272 274	0	E0		PP			0	

Stoffnummer/ UN-Nummer	Benennung und Beschreibung	Klasse	Klassifizierungs-code	Verpackungs-gruppe	Gefahrzettel	Sonder-vorschriften	begrenzte Mengen		Beförderung zugelassen	Ausrüstung erforderlich	Lüftung	Maßnahmen während des Ladens / Löschens / Beförderns	Anzahl der Kegel / Lichter	Bemerkungen
	3.1.2	2.2	2.2	2.1.1.3	5.2.2	3.3	3.4 / 3.5.1.2		3.2.1	8.1.5	7.1.6	7.1.6	7.1.5	3.2.1
(1)	(2)	(3a)	(3b)	(4)	(5)	(6)	(7a)	(7b)	(8)	(9)	(10)	(11)	(12)	(13)
3320	NATRIUMBORHYDRID UND NATRIUMHYDROXID, LÖSUNG mit höchstens 12 Masse-% Natriumborhydrid und höchstens 40 Masse-% Natriumhydroxid	8	C5	II	8		1 l	E2		PP EP			0	
3320	NATRIUMBORHYDRID UND NATRIUMHYDROXID, LÖSUNG mit höchstens 12 Masse-% Natriumborhydrid und höchstens 40 Masse-% Natriumhydroxid	8	C5	III	8		5 l	E1		PP EP			0	
3321	RADIOAKTIVE STOFFE MIT GERINGER SPEZIFISCHER AKTIVITÄT (LSA-II), nicht spaltbar oder spaltbar, freigestellt	7			7X	172 317 325 336	0	E0		PP			2	
3322	RADIOAKTIVE STOFFE MIT GERINGER SPEZIFISCHER AKTIVITÄT (LSA-III), nicht spaltbar oder spaltbar, freigestellt	7			7X	172 317 325 336	0	E0		PP			2	
3323	RADIOAKTIVE STOFFE, TYP C-VERSANDSTÜCK, nicht spaltbar oder spaltbar, freigestellt	7			7X	172 317 325	0	E0		PP			2	
3324	RADIOAKTIVE STOFFE MIT GERINGER SPEZIFISCHER AKTIVITÄT (LSA-II), SPALTBAR	7			7X + 7E	172 326 336	0	E0		PP			2	
3325	RADIOAKTIVE STOFFE MIT GERINGER SPEZIFISCHER AKTIVITÄT (LSA-III), SPALTBAR	7			7X + 7E	172 326 336	0	E0		PP			2	
3326	RADIOAKTIVE STOFFE, OBERFLÄCHENKONTAMINIERTE GEGENSTÄNDE (SCO-I oder SCO-II), SPALTBAR	7			7X + 7E	172 326 ---	0	E0		PP			2	
3327	RADIOAKTIVE STOFFE, TYP A-VERSANDSTÜCK, SPALTBAR, nicht in besonderer Form	7			7X + 7E	172 326	0	E0		PP			2	

Tabelle A

Stoffnummer/ UN-Nummer	Benennung und Beschreibung	Klasse	Klassifizierungs-code	Verpackungs-gruppe	Gefahrzettel	Sonder-vorschriften	begrenzte Mengen		Beförderung zugelassen	Ausrüstung erforderlich	Lüftung	Maßnahmen während des Ladens / Löschens / Beförderns	Anzahl der Kegel / Lichter	Bemerkungen
	3.1.2	2.2	2.2	2.1.1.3	5.2.2	3.3	3.4 / 3.5.1.2		3.2.1	8.1.5	7.1.6	7.1.6	7.1.5	3.2.1
(1)	(2)	(3a)	(3b)	(4)	(5)	(6)	(7a)	(7b)	(8)	(9)	(10)	(11)	(12)	(13)
3328	RADIOAKTIVE STOFFE, TYP B(U)-VERSANDSTÜCK, SPALTBAR	7			7X + 7E	172 326 337	0	E0		PP			2	
3329	RADIOAKTIVE STOFFE, TYP B(M)-VERSANDSTÜCK, SPALTBAR	7			7X + 7E	172 326 337	0	E0		PP			2	
3330	RADIOAKTIVE STOFFE, TYP C-VERSANDSTÜCK, SPALTBAR	7			7X + 7E	172 326	0	E0		PP			2	
3331	RADIOAKTIVE STOFFE, UNTER SONDERVEREINBARUNG BEFÖRDERT, SPALTBAR	7			7X + 7E	172 326	0	E0		PP			2	
3332	RADIOAKTIVE STOFFE, TYP A-VERSANDSTÜCK, IN BESONDERER FORM, nicht spaltbar oder spaltbar, freigestellt	7			7X	172 317	0	E0		PP			2	
3333	RADIOAKTIVE STOFFE, TYP A-VERSANDSTÜCK, IN BESONDERER FORM, SPALTBAR	7			7X + 7E	172	0	E0		PP			2	
3334	Flüssiger Stoff, den für die Luftfahrt geltenden Vorschriften unterliegend, n.a.g.	9	M11	UNTERLIEGT NICHT DEM ADN										
3335	Fester Stoff, den für die Luftfahrt geltenden Vorschriften unterliegend, n.a.g.	9	M11	UNTERLIEGT NICHT DEM ADN										
3336	MERCAPTANE, FLÜSSIG, ENTZÜNDBAR, N.A.G. oder MERCAPTANE, MISCHUNG, FLÜSSIG, ENTZÜNDBAR, N.A.G.	3	F1	I	3	274	0	E0		PP EX A	VE01		1	
3336	MERCAPTANE, FLÜSSIG, ENTZÜNDBAR, N.A.G. oder MERCAPTANE, MISCHUNG, FLÜSSIG, ENTZÜNDBAR, N.A.G. (Dampfdruck bei 50 °C größer als 110 kPa)	3	F1	II	3	274 640C	1 l	E2		PP EX A	VE01		1	
3336	MERCAPTANE, FLÜSSIG, ENTZÜNDBAR, N.A.G. oder MERCAPTANE, MISCHUNG, FLÜSSIG, ENTZÜNDBAR, N.A.G. (Dampfdruck bei 50 °C höchstens 110 kPa)	3	F1	II	3	274 640D	1 l	E2		PP EX A	VE01		1	

Tabelle A

Stoffnummer/ UN-Nummer	Benennung und Beschreibung	Klasse	Klassifizierungs-code	Verpackungs-gruppe	Gefahrzettel	Sonder-vorschriften	begrenzte Mengen		Beförderung zugelassen	Ausrüstung erforderlich	Lüftung	Maßnahmen während des Ladens / Löschens / Beförderns			Anzahl der Kegel / Lichter	Bemerkungen
	3.1.2	2.2	2.2	2.1.1.3	5.2.2	3.3	3.4 / 3.5.1.2		3.2.1	8.1.5	7.1.6	7.1.6			7.1.5	3.2.1
(1)	(2)	(3a)	(3b)	(4)	(5)	(6)	(7a)	(7b)	(8)	(9)	(10)	(11)			(12)	(13)
3336	MERCAPTANE, FLÜSSIG, ENTZÜNDBAR, N.A.G. oder MERCAPTANE, MISCHUNG, FLÜSSIG, ENTZÜNDBAR, N.A.G.	3	F1	III	3	274	5 l	E1		PP EX A	VE01				0	
3337	GAS ALS KÄLTEMITTEL R 404A (Pentafluorethan, 1,1,1-Trifluorethan und 1,1,1,2-Tetrafluorethan, zeotropes Gemisch mit ca. 44 % Pentafluorethan und 52 % 1,1,1-Trifluorethan)	2	2A		2.2	662	120 ml	E1		PP					0	
3338	GAS ALS KÄLTEMITTEL R 407A (Difluormethan, Pentafluorethan und 1,1,1,2-Tetrafluorethan, zeotropes Gemisch mit ca. 20 % Difluormethan und 40 % Pentafluorethan)	2	2A		2.2	662	120 ml	E1		PP					0	
3339	GAS ALS KÄLTEMITTEL R 407B (Difluormethan, Pentafluorethan und 1,1,1,2-Tetrafluorethan, zeotropes Gemisch mit ca. 10 % Difluormethan und 70 % Pentafluorethan)	2	2A		2.2	662	120 ml	E1		PP					0	
3340	GAS ALS KÄLTEMITTEL R 407C (Difluormethan, Pentafluorethan und 1,1,1,2-Tetrafluorethan, zeotropes Gemisch mit ca. 23 % Difluormethan und 25 % Pentafluorethan)	2	2A		2.2	662	120 ml	E1		PP					0	
3341	THIOHARNSTOFFDIOXID	4.2	S2	II	4.2		0	E2		PP					0	
3341	THIOHARNSTOFFDIOXID	4.2	S2	III	4.2		0	E1		PP					0	
3342	XANTHATE	4.2	S2	II	4.2		0	E2		PP					0	
3342	XANTHATE	4.2	S2	III	4.2		0	E1		PP					0	
3343	NITROGLYCERIN, GEMISCH, DESENSIBILISIERT, FLÜSSIG, ENTZÜNDBAR, N.A.G., mit höchstens 30 Masse-% Nitroglycerin	3	D		3	274 278	0	E0		PP EX A	VE01				0	

Stoffnummer/ UN-Nummer	Benennung und Beschreibung	Klasse	Klassifizierungs-code	Verpackungs-gruppe	Gefahrzettel	Sonder-vorschriften	begrenzte Mengen		Beförderung zugelassen	Ausrüstung erforderlich	Lüftung	Maßnahmen während des Ladens / Löschens / Beförderns	Anzahl der Kegel / Lichter	Bemerkungen
	3.1.2	2.2	2.2	2.1.1.3	5.2.2	3.3	3.4 / 3.5.1.2		3.2.1	8.1.5	7.1.6	7.1.6	7.1.5	3.2.1
(1)	(2)	(3a)	(3b)	(4)	(5)	(6)	(7a)	(7b)	(8)	(9)	(10)	(11)	(12)	(13)
3344	PENTAERYTHRITTETRANITRAT (PENTAERYTHRITOLTETRANITRAT) (PETN), GEMISCH, DESENSIBILISIERT, FEST, N.A.G., mit mehr als 10 Masse-%, aber höchstens 20 Masse-% PETN	4.1	D	II	4.1	272 274	0	E0		PP			1	
3345	PHENOXYESSIGSÄUREDERIVAT-PESTIZID, FEST, GIFTIG	6.1	T7	I	6.1	61 274 648 802	0	E5		PP EP			2	
3345	PHENOXYESSIGSÄUREDERIVAT-PESTIZID, FEST, GIFTIG	6.1	T7	II	6.1	61 274 648 802	500 g	E4		PP EP			2	
3345	PHENOXYESSIGSÄUREDERIVAT-PESTIZID, FEST, GIFTIG	6.1	T7	III	6.1	61 274 648 802	5 kg	E1		PP EP			0	
3346	PHENOXYESSIGSÄUREDERIVAT-PESTIZID, FLÜSSIG, ENTZÜNDBAR, GIFTIG, Flammpunkt unter 23 °C	3	FT2	I	3 + 6.1	61 274 802	0	E0		PP EP EX TOX A	VE01 VE02		2	
3346	PHENOXYESSIGSÄUREDERIVAT-PESTIZID, FLÜSSIG, ENTZÜNDBAR, GIFTIG, Flammpunkt unter 23 °C	3	FT2	II	3 + 6.1	61 274 802	1 l	E2		PP EP EX TOX A	VE01 VE02		2	
3347	PHENOXYESSIGSÄUREDERIVAT-PESTIZID, FLÜSSIG, GIFTIG, ENTZÜNDBAR, mit einem Flammpunkt von 23 °C oder darüber	6.1	TF2	I	6.1 + 3	61 274 802	0	E5		PP EP EX TOX A	VE01 VE02		2	

Stoffnummer/ UN-Nummer	Benennung und Beschreibung	Klasse	Klassifizierungs-code	Verpackungs-gruppe	Gefahrzettel	Sonder-vorschriften	begrenzte Mengen		Beförderung zugelassen	Ausrüstung erforderlich	Lüftung	Maßnahmen während des Ladens / Löschens / Beförderns	Anzahl der Kegel / Lichter	Bemerkungen
	3.1.2	2.2	2.2	2.1.1.3	5.2.2	3.3	3.4 / 3.5.1.2		3.2.1	8.1.5	7.1.6	7.1.6	7.1.5	3.2.1
(1)	(2)	(3a)	(3b)	(4)	(5)	(6)	(7a)	(7b)	(8)	(9)	(10)	(11)	(12)	(13)
3347	PHENOXYESSIGSÄUREDERIVAT-PESTIZID, FLÜSSIG, GIFTIG, ENTZÜNDBAR, mit einem Flammpunkt von 23 °C oder darüber	6.1	TF2	II	6.1 + 3	61 274 802	100 ml	E4		PP EP EX TOX A	VE01 VE02		2	
3347	PHENOXYESSIGSÄUREDERIVAT-PESTIZID, FLÜSSIG, GIFTIG, ENTZÜNDBAR, mit einem Flammpunkt von 23 °C oder darüber	6.1	TF2	III	6.1 + 3	61 274 802	5 l	E1		PP EP EX TOX A	VE01 VE02		0	
3348	PHENOXYESSIGSÄUREDERIVAT-PESTIZID, FLÜSSIG, GIFTIG	6.1	T6	I	6.1	61 274 648 802	0	E5		PP EP TOX A	VE02		2	
3348	PHENOXYESSIGSÄUREDERIVAT-PESTIZID, FLÜSSIG, GIFTIG	6.1	T6	II	6.1	61 274 648 802	100 ml	E4		PP EP TOX A	VE02		2	
3348	PHENOXYESSIGSÄUREDERIVAT-PESTIZID, FLÜSSIG, GIFTIG	6.1	T6	III	6.1	61 274 648 802	5 l	E1		PP EP TOX A	VE02		0	
3349	PYRETHROID-PESTIZID, FEST, GIFTIG	6.1	T7	I	6.1	61 274 648 802	0	E5		PP EP			2	
3349	PYRETHROID-PESTIZID, FEST, GIFTIG	6.1	T7	II	6.1	61 274 648 802	500 g	E4		PP EP			2	
3349	PYRETHROID-PESTIZID, FEST, GIFTIG	6.1	T7	III	6.1	61 274 648 802	5 kg	E1		PP EP			0	

Tabelle A

Stoffnummer/ UN-Nummer	Benennung und Beschreibung	Klasse	Klassifizierungs-code	Verpackungs-gruppe	Gefahrzettel	Sonder-vorschriften	begrenzte Mengen		Beförderung zugelassen	Ausrüstung erforderlich	Lüftung	Maßnahmen während des Ladens / Löschens / Beförderns	Anzahl der Kegel / Lichter	Bemerkungen
	3.1.2	2.2	2.2	2.1.1.3	5.2.2	3.3	3.4 / 3.5.1.2		3.2.1	8.1.5	7.1.6	7.1.6	7.1.5	3.2.1
(1)	(2)	(3a)	(3b)	(4)	(5)	(6)	(7a)	(7b)	(8)	(9)	(10)	(11)	(12)	(13)
3350	PYRETHROID-PESTIZID, FLÜSSIG, ENTZÜNDBAR, GIFTIG, Flammpunkt unter 23 °C	3	FT2	I	3 + 6.1	61 274 802	0	E0		PP EP EX TOX A	VE01 VE02		2	
3350	PYRETHROID-PESTIZID, FLÜSSIG, ENTZÜNDBAR, GIFTIG, Flammpunkt unter 23 °C	3	FT2	II	3 + 6.1	61 274 802	1 l	E2		PP EP EX TOX A	VE01 VE02		2	
3351	PYRETHROID-PESTIZID, FLÜSSIG, GIFTIG, ENTZÜNDBAR, mit einem Flammpunkt von 23 °C oder darüber	6.1	TF2	I	6.1 + 3	61 274 802	0	E5		PP EP EX TOX A	VE01 VE02		2	
3351	PYRETHROID-PESTIZID, FLÜSSIG, GIFTIG, ENTZÜNDBAR, mit einem Flammpunkt von 23 °C oder darüber	6.1	TF2	II	6.1 + 3	61 274 802	100 ml	E4		PP EP EX TOX A	VE01 VE02		2	
3351	PYRETHROID-PESTIZID, FLÜSSIG, GIFTIG, ENTZÜNDBAR, mit einem Flammpunkt von 23 °C oder darüber	6.1	TF2	III	6.1 + 3	61 274 802	5 l	E1		PP EP EX TOX A	VE01 VE02		0	
3352	PYRETHROID-PESTIZID, FLÜSSIG, GIFTIG	6.1	T6	I	6.1	61 274 648 802	0	E5		PP EP TOX A	VE02		2	
3352	PYRETHROID-PESTIZID, FLÜSSIG, GIFTIG	6.1	T6	II	6.1	61 274 648 802	100 ml	E4		PP EP TOX A	VE02		2	

Tabelle A

Stoffnummer/ UN-Nummer	Benennung und Beschreibung	Klasse	Klassifizierungs-code	Verpackungs-gruppe	Gefahrzettel	Sonder-vorschriften	begrenzte Mengen		Beförderung zugelassen	Ausrüstung erforderlich	Lüftung	Maßnahmen während des Ladens / Löschens / Beförderns	Anzahl der Kegel / Lichter	Bemerkungen
	3.1.2	2.2	2.2	2.1.1.3	5.2.2	3.3	3.4 / 3.5.1.2		3.2.1	8.1.5	7.1.6	7.1.6	7.1.5	3.2.1
(1)	(2)	(3a)	(3b)	(4)	(5)	(6)	(7a)	(7b)	(8)	(9)	(10)	(11)	(12)	(13)
3352	PYRETHROID-PESTIZID, FLÜSSIG, GIFTIG	6.1	T6	III	6.1	61 274 648 802	5 l	E1		PP EP TOX A	VE02		0	
3354	INSEKTENBEKÄMPFUNGSMITTEL, GASFÖRMIG, ENTZÜNDBAR, N.A.G.	2	2F		2.1	274 662	0	E0		PP EX A	VE01		1	
3355	INSEKTENBEKÄMPFUNGSMITTEL, GASFÖRMIG, GIFTIG, ENTZÜNDBAR, N.A.G.	2	2TF		2.3 + 2.1	274	0	E0		PP EP EX TOX A	VE01 VE02		2	
3356	SAUERSTOFFGENERATOR, CHEMISCH	5.1	O3		5.1	284	0	E0		PP			0	
3357	NITROGLYCERIN, GEMISCH, DESENSIBILISIERT, FLÜSSIG, N.A.G., mit höchstens 30 Masse-% Nitroglycerin	3	D	II	3	274 288	0	E0		PP EX A	VE01		1	
3358	KÄLTEMASCHINEN mit entzündbarem, nicht giftigem verflüssigtem Gas	2	6F		2.1	291	0	E0		PP EX A	VE01		1	
3359	BEGASTE GÜTERBEFÖRDERUNGSEINHEIT (CTU)	9	M11			302				PP				
3360	Fasern, pflanzlichen Ursprungs, trocken	4.1	F1	UNTERLIEGT NICHT DEM ADN										
3361	CHLORSILANE, GIFTIG, ÄTZEND, N.A.G.	6.1	TC1	II	6.1 + 8	274 802	0	E0		PP EP TOX A	VE02		2	
3362	CHLORSILANE, GIFTIG, ÄTZEND, ENTZÜNDBAR, N.A.G.	6.1	TFC	II	6.1 + 3 + 8	274	0	E0		PP EP EX TOX A	VE01 VE02		2	

Stoffnummer/ UN-Nummer	Benennung und Beschreibung	Klasse	Klassifizierungs-code	Verpackungs-gruppe	Gefahrzettel	Sonder-vorschriften	begrenzte Mengen		Beförderung zugelassen	Ausrüstung erforderlich	Lüftung	Maßnahmen während des Ladens / Löschens / Beförderns	Anzahl der Kegel / Lichter	Bemerkungen
	3.1.2	2.2	2.2	2.1.1.3	5.2.2	3.3	3.4 / 3.5.1.2		3.2.1	8.1.5	7.1.6	7.1.6	7.1.5	3.2.1
(1)	(2)	(3a)	(3b)	(4)	(5)	(6)	(7a)	(7b)	(8)	(9)	(10)	(11)	(12)	(13)
3363	GEFÄHRLICHE GÜTER IN MASCHINEN oder GEFÄHRLICHE GÜTER IN GERÄTEN	9	M11		9	301 672	0	E0						
3364	TRINITROPHENOL (PIKRINSÄURE), ANGEFEUCHTET mit mindestens 10 Masse-% Wasser	4.1	D	I	4.1		0	E0		PP			1	
3365	TRINITROCHLORBENZEN (PIKRYLCHLORID), ANGEFEUCHTET mit mindestens 10 Masse-% Wasser	4.1	D	I	4.1		0	E0		PP			1	
3366	TRINITROTOLUEN (TNT), ANGEFEUCHTET mit mindestens 10 Masse-% Wasser	4.1	D	I	4.1		0	E0		PP			1	
3367	TRINITROBENZEN, ANGEFEUCHTET mit mindestens 10 Masse-% Wasser	4.1	D	I	4.1		0	E0		PP			1	
3368	TRINITROBENZOESÄURE, ANGEFEUCHTET mit mindestens 10 Masse-% Wasser	4.1	D	I	4.1		0	E0		PP			1	
3369	NATRIUMDINITROORTHOCRESOLAT, ANGEFEUCHTET mit mindestens 10 Masse-% Wasser	4.1	DT	I	4.1 + 6.1	802	0	E0		PP EP			2	
3370	HARNSTOFFNITRAT, ANGEFEUCHTET mit mindestens 10 Masse-% Wasser	4.1	D	I	4.1		0	E0		PP			1	
3371	2-METHYLBUTANAL	3	F1	II	3		1 l	E2		PP EX A	VE01		1	
3373	BIOLOGISCHER STOFF, KATEGORIE B	6.2	I4		6.2	319	0	E0		PP			0	
3373	BIOLOGISCHER STOFF, KATEGORIE B (nur tierische Stoffe)	6.2	I4		6.2	319	0	E0		PP			0	
3374	ACETYLEN, LÖSUNGSMITTELFREI	2	2F		2.1	662	0	E0		PP EX A	VE01		1	

Stoffnummer/ UN-Nummer	Benennung und Beschreibung	Klasse	Klassifizierungs-code	Verpackungs-gruppe	Gefahrzettel	Sonder-vorschriften	begrenzte Mengen		Beförderung zugelassen	Ausrüstung erforderlich	Lüftung	Maßnahmen während des Ladens / Löschens / Beförderns	Anzahl der Kegel / Lichter	Bemerkungen
	3.1.2	2.2	2.2	2.1.1.3	5.2.2	3.3	3.4 / 3.5.1.2		3.2.1	8.1.5	7.1.6	7.1.6	7.1.5	3.2.1
(1)	(2)	(3a)	(3b)	(4)	(5)	(6)	(7a)	(7b)	(8)	(9)	(10)	(11)	(12)	(13)
3375	AMMONIUMNITRAT-EMULSION oder AMMONIUMNITRAT-SUSPENSION oder AMMONIUMNITRAT-GEL, Zwischenprodukt für die Herstellung von Sprengstoffen, flüssig	5.1	O1	II	5.1	309	0	E2		PP			0	
3375	AMMONIUMNITRAT-EMULSION oder AMMONIUMNITRAT-SUSPENSION oder AMMONIUMNITRAT-GEL, Zwischenprodukt für die Herstellung von Sprengstoffen, fest	5.1	O2	II	5.1	309	0	E2		PP			0	
3376	4-NITROPHENYLHYDRAZIN, mit mindestens 30 Masse-% Wasser	4.1	D	I	4.1		0	E0		PP			1	
3377	NATRIUMPERBORAT-MONOHYDRAT	5.1	O2	III	5.1		5 kg	E1		PP			0	
3378	NATRIUMCARBONAT-PEROXYHYDRAT	5.1	O2	II	5.1		1 kg	E2		PP			0	
3378	NATRIUMCARBONAT-PEROXYHYDRAT	5.1	O2	III	5.1		5 kg	E1		PP			0	
3379	DESENSIBILISIERTER EXPLOSIVER FLÜSSIGER STOFF, N.A.G.	3	D	I	3	274 311	0	E0		PP EX A	VE01		1	
3380	DESENSIBILISIERTER EXPLOSIVER FESTER STOFF, N.A.G.	4.1	D	I	4.1	274 311	0	E0		PP			1	
3381	BEIM EINATMEN GIFTIGER FLÜSSIGER STOFF, N.A.G., mit einem LC_{50}-Wert von höchstens 200 ml/m^3 und einer gesättigten Dampfkonzentration von mindestens 500 LC_{50}	6.1	T1 oder T4	I	6.1	274 802	0	E0		PP EP TOX A	VE02		2	
3382	BEIM EINATMEN GIFTIGER FLÜSSIGER STOFF, N.A.G., mit einem LC_{50}-Wert von höchstens 1000 ml/m^3 und einer gesättigten Dampfkonzentration von mindestens 10 LC_{50}	6.1	T1 oder T4	I	6.1	274 802	0	E0		PP EP TOX A	VE02		2	
3383	BEIM EINATMEN GIFTIGER FLÜSSIGER STOFF, ENTZÜNDBAR, N.A.G., mit einem LC_{50}-Wert von höchstens 200 ml/m^3 und einer gesättigten Dampfkonzentration von mindestens 500 LC_{50}	6.1	TF1	I	6.1 + 3	274 802	0	E0		PP EP EX TOX A	VE01 VE02		2	

Stoffnummer/ UN-Nummer	Benennung und Beschreibung	Klasse	Klassifizierungs-code	Verpackungs-gruppe	Gefahrzettel	Sonder-vorschriften	begrenzte Mengen		Beförderung zugelassen	Ausrüstung erforderlich	Lüftung	Maßnahmen während des Ladens / Löschens / Beförderns	Anzahl der Kegel / Lichter	Bemerkungen
	3.1.2	2.2	2.2	2.1.1.3	5.2.2	3.3	3.4 / 3.5.1.2		3.2.1	8.1.5	7.1.6	7.1.6	7.1.5	3.2.1
(1)	(2)	(3a)	(3b)	(4)	(5)	(6)	(7a)	(7b)	(8)	(9)	(10)	(11)	(12)	(13)
3384	BEIM EINATMEN GIFTIGER FLÜSSIGER STOFF, ENTZÜNDBAR, N.A.G., einem LC_{50}-Wert von höchstens 1000 ml/m³ und einer gesättigten Dampfkonzentration von mindestens 10 LC_{50}	6.1	TF1	I	6.1 + 3	274 802	0	E0		PP EP EX TOX A	VE01 VE02		2	
3385	BEIM EINATMEN GIFTIGER FLÜSSIGER STOFF, MIT WASSER REAGIEREND, N.A.G., mit einem LC_{50}-Wert von höchstens 200 ml/m³ und einer gesättigten Dampfkonzentration von mindestens 500 LC_{50}	6.1	TW1	I	6.1 + 4.3	274 802	0	E0		PP EP TOX A	VE02		2	
3386	BEIM EINATMEN GIFTIGER FLÜSSIGER STOFF, MIT WASSER REAGIEREND, N.A.G., mit einem LC_{50}-Wert von höchstens 1000 ml/m³ und einer gesättigten Dampfkonzentration von mindestens 10 LC_{50}	6.1	TW1	I	6.1 + 4.3	274 802	0	E0		PP EP TOX A	VE02		2	
3387	BEIM EINATMEN GIFTIGER FLÜSSIGER STOFF, ENTZÜNDEND (OXIDIEREND) WIRKEND, N.A.G., mit einem LC_{50}-Wert von höchstens 200 ml/m³ und einer gesättigten Dampfkonzentration von mindestens 500 LC_{50}	6.1	TO1	I	6.1 + 5.1	274 802	0	E0		PP EP TOX A	VE02		2	
3388	BEIM EINATMEN GIFTIGER FLÜSSIGER STOFF, ENTZÜNDEND (OXIDIEREND) WIRKEND, N.A.G., mit einem LC_{50}-Wert von höchstens 1000 ml/m³ und einer gesättigten Dampfkonzentration von mindestens 10 LC_{50}	6.1	TO1	I	6.1 + 5.1	274 802	0	E0		PP EP TOX A	VE02		2	
3389	BEIM EINATMEN GIFTIGER FLÜSSIGER STOFF, ÄTZEND, N.A.G., mit einem LC_{50}-Wert von höchstens 200 ml/m³ und einer gesättigten Dampfkonzentration von mindestens 500 LC_{50}	6.1	TC1 oder TC3	I	6.1 + 8	274 802	0	E0		PP EP TOX A	VE02		2	

Stoffnummer/ UN-Nummer	Benennung und Beschreibung	Klasse	Klassifizierungs-code	Verpackungs-gruppe	Gefahrzettel	Sonder-vorschriften	begrenzte Mengen		Beförderung zugelassen	Ausrüstung erforderlich	Lüftung	Maßnahmen während des Ladens / Löschens / Beförderns	Anzahl der Kegel / Lichter	Bemerkungen
	3.1.2	2.2	2.2	2.1.1.3	5.2.2	3.3	3.4 / 3.5.1.2		3.2.1	8.1.5	7.1.6	7.1.6	7.1.5	3.2.1
(1)	(2)	(3a)	(3b)	(4)	(5)	(6)	(7a)	(7b)	(8)	(9)	(10)	(11)	(12)	(13)
3390	BEIM EINATMEN GIFTIGER FLÜSSIGER STOFF, ÄTZEND, N.A.G., mit einem LC_{50}-Wert von höchstens 1000 ml/m^3 und einer gesättigten Dampfkonzentration von mindestens 10 LC_{50}	6.1	TC1 oder TC3	I	6.1 + 8	274 802	0	E0		PP EP TOX A	VE02		2	
3391	PYROPHORER METALLORGANISCHER FESTER STOFF	4.2	S5	I	4.2	274	0	E0		PP			0	
3392	PYROPHORER METALLORGANISCHER FLÜSSIGER STOFF	4.2	S5	I	4.2	274	0	E0		PP			0	
3393	PYROPHORER METALLORGANISCHER FESTER STOFF, MIT WASSER REAGIEREND	4.2	SW	I	4.2 + 4.3	274	0	E0		PP EX A	VE01		0	
3394	PYROPHORER METALLORGANISCHER FLÜSSIGER STOFF, MIT WASSER REAGIEREND	4.2	SW	I	4.2 + 4.3	274	0	E0		PP EX A	VE01		0	
3395	MIT WASSER REAGIERENDER METALLORGANISCHER FESTER STOFF	4.3	W2	I	4.3	274	0	E0		PP EX A	VE01	HA08	0	
3395	MIT WASSER REAGIERENDER METALLORGANISCHER FESTER STOFF	4.3	W2	II	4.3	274	500 g	E2		PP EX A	VE01	HA08	0	
3395	MIT WASSER REAGIERENDER METALLORGANISCHER FESTER STOFF	4.3	W2	III	4.3	274	1 kg	E1		PP EX A	VE01	HA08	0	
3396	MIT WASSER REAGIERENDER METALLORGANISCHER FESTER STOFF, ENTZÜNDBAR	4.3	WF2	I	4.3 + 4.1	274	0	E0		PP EX A	VE01	HA08	1	
3396	MIT WASSER REAGIERENDER METALLORGANISCHER FESTER STOFF, ENTZÜNDBAR	4.3	WF2	II	4.3 + 4.1	274	500 g	E2		PP EX A	VE01	HA08	1	
3396	MIT WASSER REAGIERENDER METALLORGANISCHER FESTER STOFF, ENTZÜNDBAR	4.3	WF2	III	4.3 + 4.1	274	1 kg	E1		PP EX A	VE01	HA08	0	

Stoffnummer/ UN-Nummer	Benennung und Beschreibung	Klasse	Klassifizierungs-code	Verpackungs-gruppe	Gefahrzettel	Sonder-vorschriften	begrenzte Mengen		Beförderung zugelassen	Ausrüstung erforderlich	Lüftung	Maßnahmen während des Ladens / Löschens / Beförderns	Anzahl der Kegel / Lichter	Bemerkungen
	3.1.2	2.2	2.2	2.1.1.3	5.2.2	3.3	3.4 / 3.5.1.2		3.2.1	8.1.5	7.1.6	7.1.6	7.1.5	3.2.1
(1)	(2)	(3a)	(3b)	(4)	(5)	(6)	(7a)	(7b)	(8)	(9)	(10)	(11)	(12)	(13)
3397	MIT WASSER REAGIERENDER METALLORGANISCHER FESTER STOFF, SELBSTERHITZUNGSFÄHIG	4.3	WS	I	4.3 + 4.2	274	0	E0		PP EX A	VE01	HA08	0	
3397	MIT WASSER REAGIERENDER METALLORGANISCHER FESTER STOFF, SELBSTERHITZUNGSFÄHIG	4.3	WS	II	4.3 + 4.2	274	500 g	E2		PP EX A	VE01	HA08	0	
3397	MIT WASSER REAGIERENDER METALLORGANISCHER FESTER STOFF, SELBSTERHITZUNGSFÄHIG	4.3	WS	III	4.3 + 4.2	274	1 kg	E1		PP EX A	VE01	HA08	0	
3398	MIT WASSER REAGIERENDER METALLORGANISCHER FLÜSSIGER STOFF	4.3	W1	I	4.3	274	0	E0		PP EX A	VE01	HA08	0	
3398	MIT WASSER REAGIERENDER METALLORGANISCHER FLÜSSIGER STOFF	4.3	W1	II	4.3	274	500 ml	E2		PP EX A	VE01	HA08	0	
3398	MIT WASSER REAGIERENDER METALLORGANISCHER FLÜSSIGER STOFF	4.3	W1	III	4.3	274	1 l	E1		PP EX A	VE01	HA08	0	
3399	MIT WASSER REAGIERENDER METALLORGANISCHER FLÜSSIGER STOFF, ENTZÜNDBAR	4.3	WF1	I	4.3 + 3	274	0	E0		PP EX A	VE01	HA08	1	
3399	MIT WASSER REAGIERENDER METALLORGANISCHER FLÜSSIGER STOFF, ENTZÜNDBAR	4.3	WF1	II	4.3 + 3	274	500 ml	E2		PP EX A	VE01	HA08	1	
3399	MIT WASSER REAGIERENDER METALLORGANISCHER FLÜSSIGER STOFF, ENTZÜNDBAR	4.3	WF1	III	4.3 + 3	274	1 l	E1		PP EX A	VE01	HA08	0	
3400	SELBSTERHITZUNGSFÄHIGER METALLORGANISCHER FESTER STOFF	4.2	S5	II	4.2	274	500 g	E2		PP			0	
3400	SELBSTERHITZUNGSFÄHIGER METALLORGANISCHER FESTER STOFF	4.2	S5	III	4.2	274	1 kg	E1		PP			0	

Stoffnummer/ UN-Nummer	Benennung und Beschreibung	Klasse	Klassifizierungs-code	Verpackungs-gruppe	Gefahrzettel	Sonder-vorschriften	begrenzte Mengen		Beförderung zugelassen	Ausrüstung erforderlich	Lüftung	Maßnahmen während des Ladens / Löschens / Beförderns	Anzahl der Kegel / Lichter	Bemerkungen
	3.1.2	2.2	2.2	2.1.1.3	5.2.2	3.3	3.4 / 3.5.1.2		3.2.1	8.1.5	7.1.6	7.1.6	7.1.5	3.2.1
(1)	(2)	(3a)	(3b)	(4)	(5)	(6)	(7a)	(7b)	(8)	(9)	(10)	(11)	(12)	(13)
3401	ALKALIMETALLAMALGAM, FEST	4.3	W2	I	4.3	182	0	E0		PP EX A	VE01	HA08	0	
3402	ERDALKALIMETALLAMALGAM, FEST	4.3	W2	I	4.3	183 506	0	E0		PP EX A	VE01	HA08	0	
3403	KALIUMMETALLLEGIERUNGEN, FEST	4.3	W2	I	4.3		0	E0		PP EX A	VE01	HA08	0	
3404	KALIUM-NATRIUMLEGIERUNGEN, FEST	4.3	W2	I	4.3		0	E0		PP EX A	VE01	HA08	0	
3405	BARIUMCHLORAT, LÖSUNG	5.1	OT1	II	5.1 + 6.1	802	1 l	E2		PP EP TOX A	VE02		2	
3405	BARIUMCHLORAT, LÖSUNG	5.1	OT1	III	5.1 + 6.1	802	5 l	E1		PP EP TOX A	VE02		0	
3406	BARIUMPERCHLORAT, LÖSUNG	5.1	OT1	II	5.1 + 6.1	802	1 l	E2		PP EP TOX A	VE02		2	
3406	BARIUMPERCHLORAT, LÖSUNG	5.1	OT1	III	5.1 + 6.1	802	5 l	E1		PP EP TOX A	VE02		0	
3407	CHLORAT UND MAGNESIUMCHLORID, MISCHUNG, LÖSUNG	5.1	O1	II	5.1		1 l	E2		PP			0	
3407	CHLORAT UND MAGNESIUMCHLORID, MISCHUNG, LÖSUNG	5.1	O1	III	5.1		5 l	E1		PP			0	

Tabelle A

Stoffnummer/ UN-Nummer	Benennung und Beschreibung	Klasse	Klassifizierungs-code	Verpackungs-gruppe	Gefahrzettel	Sonder-vorschriften	begrenzte Mengen		Beförderung zugelassen	Ausrüstung erforderlich	Lüftung	Maßnahmen während des Ladens / Löschens / Beförderns	Anzahl der Kegel / Lichter	Bemerkungen
	3.1.2	2.2	2.2	2.1.1.3	5.2.2	3.3	3.4 / 3.5.1.2		3.2.1	8.1.5	7.1.6	7.1.6	7.1.5	3.2.1
(1)	(2)	(3a)	(3b)	(4)	(5)	(6)	(7a)	(7b)	(8)	(9)	(10)	(11)	(12)	(13)
3408	BLEIPERCHLORAT, LÖSUNG	5.1	OT1	II	5.1 + 6.1		1 l	E2		PP EP			2	
3408	BLEIPERCHLORAT, LÖSUNG	5.1	OT1	III	5.1 + 6.1		5 l	E1		PP EP			0	
3409	CHLORNITROBENZENE, FLÜSSIG	6.1	T1	II	6.1	279 802	100 ml	E4		PP EP TOX A	VE02		2	
3410	4-CHLOR-o-TOLUIDINHYDROCHLORID, LÖSUNG	6.1	T1	III	6.1	802	5 l	E1		PP EP TOX A	VE02		0	
3411	beta-NAPHTHYLAMIN, LÖSUNG	6.1	T1	II	6.1	802	100 ml	E4		PP EP TOX A	VE02		2	
3411	beta-NAPHTHYLAMIN, LÖSUNG	6.1	T1	III	6.1	802	5 l	E1		PP EP TOX A	VE02		0	
3412	AMEISENSÄURE mit mindestens 10 Masse-%, aber höchstens 85 Masse-% Säure	8	C3	II	8		1 l	E2	T	PP EP			0	
3412	AMEISENSÄURE mit mindestens 5 Masse-%, aber weniger als 10 Masse-% Säure	8	C3	III	8		5 l	E1	T	PP EP			0	
3413	KALIUMCYANID, LÖSUNG	6.1	T4	I	6.1	802	0	E5		PP EP TOX A	VE02		2	

Stoffnummer/ UN-Nummer	Benennung und Beschreibung	Klasse	Klassifizierungs-code	Verpackungs-gruppe	Gefahrzettel	Sonder-vorschriften	begrenzte Mengen		Beförderung zugelassen	Ausrüstung erforderlich	Lüftung	Maßnahmen während des Ladens / Löschens / Beförderns	Anzahl der Kegel / Lichter	Bemerkungen
	3.1.2	2.2	2.2	2.1.1.3	5.2.2	3.3	3.4 / 3.5.1.2		3.2.1	8.1.5	7.1.6	7.1.6	7.1.5	3.2.1
(1)	(2)	(3a)	(3b)	(4)	(5)	(6)	(7a)	(7b)	(8)	(9)	(10)	(11)	(12)	(13)
3413	KALIUMCYANID, LÖSUNG	6.1	T4	II	6.1	802	100 ml	E4		PP EP TOX A	VE02		2	
3413	KALIUMCYANID, LÖSUNG	6.1	T4	III	6.1	802	5 l	E1		PP EP TOX A	VE02		0	
3414	NATRIUMCYANID, LÖSUNG	6.1	T4	I	6.1	802	0	E5		PP EP TOX A	VE02		2	
3414	NATRIUMCYANID, LÖSUNG	6.1	T4	II	6.1	802	100 ml	E4		PP EP TOX A	VE02		2	
3414	NATRIUMCYANID, LÖSUNG	6.1	T4	III	6.1	802	5 l	E1		PP EP TOX A	VE02		0	
3415	NATRIUMFLUORID, LÖSUNG	6.1	T4	III	6.1	802	5 l	E1		PP EP TOX A	VE02		0	
3416	CHLORACETOPHENON, FLÜSSIG	6.1	T1	II	6.1	802	0	E0		PP EP TOX A	VE02		2	
3417	XYLYLBROMID, FEST	6.1	T2	II	6.1	802	0	E4		PP EP			2	

Tabelle A

Stoffnummer/ UN-Nummer	Benennung und Beschreibung	Klasse	Klassifizierungs-code	Verpackungs-gruppe	Gefahrzettel	Sonder-vorschriften	begrenzte Mengen		Beförderung zugelassen	Ausrüstung erforderlich	Lüftung	Maßnahmen während des Ladens / Löschens / Beförderns	Anzahl der Kegel / Lichter	Bemerkungen
	-3.1.2	2.2	2.2	2.1.1.3	5.2.2	3.3	3.4 / 3.5.1.2		3.2.1	8.1.5	7.1.6	7.1.6	7.1.5	3.2.1
(1)	(2)	(3a)	(3b)	(4)	(5)	(6)	(7a)	(7b)	(8)	(9)	(10)	(11)	(12)	(13)
3418	2,4-TOLUYLENDIAMIN, LÖSUNG	6.1	T1	III	6.1	802	5 l	E1		PP EP TOX A	VE02		0	
3419	BORTRIFLUORID-ESSIGSÄURE-KOMPLEX, FEST	8	C4	II	8		1 kg	E2		PP EP			0	
3420	BORTRIFLUORID-PROPIONSÄURE-KOMPLEX, FEST	8	C4	II	8		1 kg	E2		PP EP			0	
3421	KALIUMHYDROGENDIFLUORID, LÖSUNG	8	CT1	II	8 + 6.1	802	1 l	E2		PP EP TOX A	VE02		2	
3421	KALIUMHYDROGENDIFLUORID, LÖSUNG	8	CT1	III	8 + 6.1	802	5 l	E1		PP EP TOX A	VE02		0	
3422	KALIUMFLUORID, LÖSUNG	6.1	T4	III	6.1	802	5 l	E1		PP EP TOX A	VE02		0	
3423	TETRAMETHYLAMMONIUMHYDROXID, FEST	8	C8	II	8		1 kg	E2		PP EP			0	
3424	AMMONIUMDINITRO-o-CRESOLAT, LÖSUNG	6.1	T1	II	6.1	802	100 ml	E4		PP EP TOX A	VE02		2	
3424	AMMONIUMDINITRO-o-CRESOLAT, LÖSUNG	6.1	T1	III	6.1	802	5 l	E1		PP EP TOX A	VE02		0	
3425	BROMESSIGSÄURE, FEST	8	C4	II	8		1 kg	E2		PP EP			0	

Tabelle A

Stoffnummer/ UN-Nummer	Benennung und Beschreibung	Klasse	Klassifizierungs-code	Verpackungs-gruppe	Gefahrzettel	Sonder-vorschriften	begrenzte Mengen		Beförderung zugelassen	Ausrüstung erforderlich	Lüftung	Maßnahmen während des Ladens / Löschens / Beförderns	Anzahl der Kegel / Lichter	Bemerkungen
	3.1.2	2.2	2.2	2.1.1.3	5.2.2	3.3	3.4 / 3.5.1.2		3.2.1	8.1.5	7.1.6	7.1.6	7.1.5	3.2.1
(1)	(2)	(3a)	(3b)	(4)	(5)	(6)	(7a)	(7b)	(8)	(9)	(10)	(11)	(12)	(13)
3426	ACRYLAMID, LÖSUNG	6.1	T1	III	6.1		5 l	E1	T	PP EP TOX A	VE02		0	
3427	CHLORBENZYLCHLORIDE, FEST	6.1	T2	III	6.1	802	5 kg	E1		PP EP			0	
3428	3-CHLOR-4-METHYLPHENYLISOCYANAT, FEST	6.1	T2	II	6.1	802	500 g	E4		PP EP			2	
3429	CHLORTOLUIDINE, FLÜSSIG	6.1	T1	III	6.1	802	5 l	E1		PP EP TOX A	VE02		0	
3430	XYLENOLE, FLÜSSIG	6.1	T1	II	6.1	802	100 ml	E4		PP EP TOX A	VE02		2	
3431	NITROBENZOTRIFLUORIDE, FEST	6.1	T2	II	6.1	802	500 g	E4		PP EP			2	
3432	POLYCHLORIERTE BIPHENYLE, FEST	9	M2	II	9	305 802	1 kg	E2		PP EP			0	
3434	NITROCRESOLE, FLÜSSIG	6.1	T1	III	6.1	802	5 l	E1		PP EP TOX A	VE02		0	
3436	HEXAFLUORACETONHYDRAT, FEST	6.1	T2	II	6.1	802	500 g	E4		PP EP			2	
3437	CHLORCRESOLE, FEST	6.1	T2	II	6.1	802	500 g	E4		PP EP			2	
3438	alpha-METHYLBENZYLALKOHOL, FEST	6.1	T2	III	6.1	802	5 kg	E1		PP EP			0	
3439	NITRILE, FEST, GIFTIG, N.A.G.	6.1	T2	I	6.1	274 802	0	E5		PP EP			2	

Stoffnummer/ UN-Nummer	Benennung und Beschreibung	Klasse	Klassifizierungs-code	Verpackungs-gruppe	Gefahrzettel	Sonder-vorschriften	begrenzte Mengen		Beförderung zugelassen	Ausrüstung erforderlich	Lüftung	Maßnahmen während des Ladens / Löschens / Beförderns	Anzahl der Kegel / Lichter	Bemerkungen
	3.1.2	2.2	2.2	2.1.1.3	5.2.2	3.3	3.4 / 3.5.1.2		3.2.1	8.1.5	7.1.6	7.1.6	7.1.5	3.2.1
(1)	(2)	(3a)	(3b)	(4)	(5)	(6)	(7a)	(7b)	(8)	(9)	(10)	(11)	(12)	(13)
3439	NITRILE, FEST, GIFTIG, N.A.G.	6.1	T2	II	6.1	274 802	500 g	E4		PP EP			2	
3439	NITRILE, FEST, GIFTIG, N.A.G.	6.1	T2	III	6.1	274 802	5 kg	E1		PP EP			0	
3440	SELENVERBINDUNG, FLÜSSIG, N.A.G.	6.1	T4	I	6.1	274 802	0	E5		PP EP TOX A	VE02		2	
3440	SELENVERBINDUNG, FLÜSSIG, N.A.G.	6.1	T4	II	6.1	274 802	100 ml	E4		PP EP TOX A	VE02		2	
3440	SELENVERBINDUNG, FLÜSSIG, N.A.G.	6.1	T4	III	6.1	274 802	5 l	E1		PP EP TOX A	VE02		0	
3441	CHLORDINITROBENZENE, FEST	6.1	T2	II	6.1	279 802	500 g	E4		PP EP			2	
3442	DICHLORANILINE, FEST	6.1	T2	II	6.1	279 802	500 g	E4		PP EP			2	
3443	DINITROBENZENE, FEST	6.1	T2	II	6.1	802	500 g	E4		PP EP			2	
3444	NICOTINHYDROCHLORID, FEST	6.1	T2	II	6.1	43 802	500 g	E4		PP EP			2	
3445	NICOTINSULFAT, FEST	6.1	T2	II	6.1	802	500 g	E4		PP EP			2	
3446	NITROTOLUENE, FEST	6.1	T2	II	6.1	802	500 g	E4	T	PP EP			2	
3447	NITROXYLENE, FEST	6.1	T2	II	6.1	802	500 g	E4		PP EP			2	
3448	STOFF ZUR HERSTELLUNG VON TRÄNENGASEN, FEST, N.A.G.	6.1	T2	I	6.1	274 802	0	E0		PP EP			2	

Tabelle A

Stoffnummer/ UN-Nummer	Benennung und Beschreibung	Klasse	Klassifizierungs-code	Verpackungs-gruppe	Gefahrzettel	Sonder-vorschriften	begrenzte Mengen		Beförderung zugelassen	Ausrüstung erforderlich	Lüftung	Maßnahmen während des Ladens / Löschens / Beförderns			Anzahl der Kegel / Lichter	Bemerkungen
	3.1.2	2.2	2.2	2.1.1.3	5.2.2	3.3	3.4 / 3.5.1.2		3.2.1	8.1.5	7.1.6	7.1.6			7.1.5	3.2.1
(1)	(2)	(3a)	(3b)	(4)	(5)	(6)	(7a)	(7b)	(8)	(9)	(10)	(11)			(12)	(13)
3448	STOFF ZUR HERSTELLUNG VON TRÄNENGASEN, FEST, N.A.G.	6.1	T2	II	6.1	274 802	0	E0		PP EP					2	
3449	BROMBENZYLCYANIDE, FEST	6.1	T2	I	6.1	138 802	0	E5		PP EP					2	
3450	DIPHENYLCHLORARSIN, FEST	6.1	T3	I	6.1	802	0	E0		PP EP					2	
3451	TOLUIDINE, FEST	6.1	T2	II	6.1	279 802	500 g	E4	T	PP EP					2	
3452	XYLIDINE, FEST	6.1	T2	II	6.1	802	500 g	E4		PP EP					2	
3453	PHOSPHORSÄURE, FEST	8	C2	III	8		5 kg	E1		PP EP					0	
3454	DINITROTOLUENE, FEST	6.1	T2	II	6.1	802	500 g	E4		PP EP					2	
3455	CRESOLE, FEST	6.1	TC2	II	6.1 + 8	802	500 g	E4	T	PP EP					2	
3456	NITROSYLSCHWEFELSÄURE, FEST	8	C2	II	8		1 kg	E2	T3	PP EP					0	
3457	CHLORNITROTOLUENE, FEST	6.1	T2	III	6.1	802	5 kg	E1		PP EP					0	
3458	NITROANISOLE, FEST	6.1	T2	III	6.1	279 802	5 kg	E1		PP EP					0	
3459	NITROBROMBENZENE, FEST	6.1	T2	III	6.1	802	5 kg	E1		PP EP					0	
3460	N-ETHYL-N-BENZYLTOLUIDINE, FEST	6.1	T2	III	6.1	802	5 kg	E1		PP EP					0	
3462	TOXINE, GEWONNEN AUS LEBENDEN ORGANISMEN, FEST, N.A.G.	6.1	T2	I	6.1	210 274 802	0	E5		PP EP					2	
3462	TOXINE, GEWONNEN AUS LEBENDEN ORGANISMEN, FEST, N.A.G.	6.1	T2	II	6.1	210 274 802	500 g	E4		PP EP					2	

Stoffnummer/ UN-Nummer	Benennung und Beschreibung	Klasse	Klassifizierungs-code	Verpackungs-gruppe	Gefahrzettel	Sonder-vorschriften	begrenzte Mengen		Beförderung zugelassen	Ausrüstung erforderlich	Lüftung	Maßnahmen während des Ladens / Löschens / Beförderns	Anzahl der Kegel / Lichter	Bemerkungen
	3.1.2	2.2	2.2	2.1.1.3	5.2.2	3.3	3.4 / 3.5.1.2		3.2.1	8.1.5	7.1.6	7.1.6	7.1.5	3.2.1
(1)	(2)	(3a)	(3b)	(4)	(5)	(6)	(7a)	(7b)	(8)	(9)	(10)	(11)	(12)	(13)
3462	TOXINE, GEWONNEN AUS LEBENDEN ORGANISMEN, FEST, N.A.G.	6.1	T2	III	6.1	210 274 802	5 kg	E1		PP EP			0	
3463	PROPIONSÄURE mit mindestens 90 Masse-% Säure	8	CF1	II	8 + 3		1 l	E2	T	PP EP EX A	VE01		1	
3464	ORGANISCHE PHOSPHORVERBINDUNG, FEST, GIFTIG, N.A.G.	6.1	T2	I	6.1	43 274 802	0	E5		PP EP			2	
3464	ORGANISCHE PHOSPHORVERBINDUNG, FEST, GIFTIG, N.A.G.	6.1	T2	II	6.1	43 274 802	500 g	E4		PP EP			2	
3464	ORGANISCHE PHOSPHORVERBINDUNG, FEST, GIFTIG, N.A.G.	6.1	T2	III	6.1	43 274 802	5 kg	E1		PP EP			0	
3465	ORGANISCHE ARSENVERBINDUNG, FEST, N.A.G.	6.1	T3	I	6.1	274 802	0	E5		PP EP			2	
3465	ORGANISCHE ARSENVERBINDUNG, FEST, N.A.G.	6.1	T3	II	6.1	274 802	500 g	E4		PP EP			2	
3465	ORGANISCHE ARSENVERBINDUNG, FEST, N.A.G.	6.1	T3	III	6.1	274 802	5 kg	E1		PP EP			0	
3466	METALLCARBONYLE, FEST, N.A.G.	6.1	T3	I	6.1	274 562 802	0	E5		PP EP			2	
3466	METALLCARBONYLE, FEST, N.A.G.	6.1	T3	II	6.1	274 562 802	500 g	E4		PP EP			2	
3466	METALLCARBONYLE, FEST, N.A.G.	6.1	T3	III	6.1	274 562 802	5 kg	E1		PP EP			0	

Stoffnummer/ UN-Nummer	Benennung und Beschreibung	Klasse	Klassifizierungs-code	Verpackungs-gruppe	Gefahrzettel	Sonder-vorschriften	begrenzte Mengen		Beförderung zugelassen	Ausrüstung erforderlich	Lüftung	Maßnahmen während des Ladens / Löschens / Beförderns	Anzahl der Kegel / Lichter	Bemerkungen
	3.1.2	2.2	2.2	2.1.1.3	5.2.2	3.3	3.4 / 3.5.1.2		3.2.1	8.1.5	7.1.6	7.1.6	7.1.5	3.2.1
(1)	(2)	(3a)	(3b)	(4)	(5)	(6)	(7a)	(7b)	(8)	(9)	(10)	(11)	(12)	(13)
3467	METALLORGANISCHE VERBINDUNG, FEST, GIFTIG, N.A.G.	6.1	T3	I	6.1	274 562 802	0	E5		PP EP			2	
3467	METALLORGANISCHE VERBINDUNG, FEST, GIFTIG, N.A.G.	6.1	T3	II	6.1	274 562 802	500 g	E4		PP EP			2	
3467	METALLORGANISCHE VERBINDUNG, FEST, GIFTIG, N.A.G.	6.1	T3	III	6.1	274 562 802	5 kg	E1		PP EP			0	
3468	WASSERSTOFF IN EINEM METALLHYDRID-SPEICHERSYSTEM oder WASSERSTOFF IN EINEM METALLHYDRID-SPEICHERSYSTEM IN AUSRÜSTUNGEN oder WASSERSTOFF IN EINEM METALLHYDRID-SPEICHERSYSTEM, MIT AUSRÜSTUNGEN VERPACKT	2	1F		2.1	321 356	0	E0	T	PP EX A	VE01		1	
3469	FARBE, ENTZÜNDBAR, ÄTZEND (einschließlich Farbe, Lack, Emaille, Beize, Schellack, Firnis, Politur, flüssiger Füllstoff und flüssige Lackgrundlage) oder FARBZUBEHÖRSTOFFE, ENTZÜNDBAR, ÄTZEND (einschließlich Farbverdünnung und -lösemittel)	3	FC	I	3 + 8	163 367	0	E0		PP EX A	VE01		1	
3469	FARBE, ENTZÜNDBAR, ÄTZEND (einschließlich Farbe, Lack, Emaille, Beize, Schellack, Firnis, Politur, flüssiger Füllstoff und flüssige Lackgrundlage) oder FARBZUBEHÖRSTOFFE, ENTZÜNDBAR, ÄTZEND (einschließlich Farbverdünnung und -lösemittel)	3	FC	II	3 + 8	163 367	1 l	E2		PP EX A	VE01		1	

Tabelle A

Stoffnummer/ UN-Nummer	Benennung und Beschreibung	Klasse	Klassifizierungs-code	Verpackungs-gruppe	Gefahrzettel	Sonder-vorschriften	begrenzte Mengen		Beförderung zugelassen	Ausrüstung erforderlich	Lüftung	Maßnahmen während des Ladens / Löschens / Beförderns	Anzahl der Kegel / Lichter	Bemerkungen
	3.1.2	2.2	2.2	2.1.1.3	5.2.2	3.3	3.4 / 3.5.1.2		3.2.1	8.1.5	7.1.6	7.1.6	7.1.5	3.2.1
(1)	(2)	(3a)	(3b)	(4)	(5)	(6)	(7a)	(7b)	(8)	(9)	(10)	(11)	(12)	(13)
3469	FARBE, ENTZÜNDBAR, ÄTZEND (einschließlich Farbe, Lack, Emaille, Beize, Schellack, Firnis, Politur, flüssiger Füllstoff und flüssige Lackgrundlage) oder FARBZUBEHÖRSTOFFE, ENTZÜNDBAR, ÄTZEND (einschließlich Farbverdünnung und -lösemittel)	3	FC	III	3 + 8	163 367	5 l	E1		PP EX A	VE01		0	
3470	FARBE, ÄTZEND, ENTZÜNDBAR (einschließlich Farbe, Lack, Emaille, Beize, Schellack, Firnis, Politur, flüssiger Füllstoff und flüssige Lackgrundlage) oder FARBZUBEHÖRSTOFFE, ÄTZEND, ENTZÜNDBAR (einschließlich Farbverdünnung und -lösemittel)	8	CF1	II	8 + 3	163 367	1 l	E2		PP EP EX A	VE01		1	
3471	HYDROGENDIFLUORIDE, LÖSUNG, N.A.G.	8	CT1	II	8 + 6.1	802	1 l	E2		PP EP			2	
3471	HYDROGENDIFLUORIDE, LÖSUNG, N.A.G.	8	CT1	III	8 + 6.1	802	5 l	E1		PP EP			0	
3472	CROTONSÄURE, FLÜSSIG	8	C3	III	8		5 l	E1		PP EP			0	
3473	BRENNSTOFFZELLENKARTUSCHEN, oder BRENNSTOFFZELLENKARTUSCHEN IN AUSRÜSTUNGEN, oder BRENNSTOFFZELLENKARTUSCHEN, MIT AUSRÜSTUNGEN VERPACKT, entzündbare flüssige Stoffe enthaltend	3	F3		3	328	1 l	E0		PP EX A	VE01			
3474	1-HYDROXYBENZOTRIAZOL-MONOHYDRAT	4.1	D	I	4.1		0	E0		PP			1	
3475	ETHANOL UND BENZIN, GEMISCH oder ETHANOL UND OTTOKRAFTSTOFF, GEMISCH mit mehr als 10% Ethanol	3	F1	II	3	333	1 l	E2	T	PP EX A	VE01		1	

Stoffnummer/ UN-Nummer	Benennung und Beschreibung	Klasse	Klassifizierungs-code	Verpackungs-gruppe	Gefahrzettel	Sonder-vorschriften	begrenzte Mengen		Beförderung zugelassen	Ausrüstung erforderlich	Lüftung	Maßnahmen während des Ladens / Löschens / Beförderns	Anzahl der Kegel / Lichter	Bemerkungen
	3.1.2	2.2	2.2	2.1.1.3	5.2.2	3.3	3.4 / 3.5.1.2		3.2.1	8.1.5	7.1.6	7.1.6	7.1.5	3.2.1
(1)	(2)	(3a)	(3b)	(4)	(5)	(6)	(7a)	(7b)	(8)	(9)	(10)	(11)	(12)	(13)
3476	BRENNSTOFFZELLENKARTUSCHEN oder BRENNSTOFFZELLENKARTUSCHEN IN AUSRÜSTUNGEN oder BRENNSTOFFZELLENKARTUSCHEN, MIT AUSRÜSTUNGEN VERPACKT, mit Wasser reagierende Stoffe enthaltend	4.3	W3		4.3	328 334	500 ml oder 500 g	E0		PP EX A	VE01	HA08	0	
3477	BRENNSTOFFZELLENKARTUSCHEN oder BRENNSTOFFZELLENKARTUSCHEN IN AUSRÜSTUNGEN oder BRENNSTOFFZELLENKARTUSCHEN, MIT AUSRÜSTUNGEN VERPACKT, ätzende Stoffe enthaltend	8	C11		8	328 334	1 l oder 1 kg	E0		PP EP A			0	
3478	BRENNSTOFFZELLENKARTUSCHEN oder BRENNSTOFFZELLENKARTUSCHEN IN AUSRÜSTUNGEN oder BRENNSTOFFZELLENKARTUSCHEN, MIT AUSRÜSTUNGEN VERPACKT, verflüssigtes entzündbares Gas enthaltend	2	6F		2.1	328 338	120 ml	E0		PP EX A	VE01		1	
3479	BRENNSTOFFZELLENKARTUSCHEN oder BRENNSTOFFZELLENKARTUSCHEN IN AUSRÜSTUNGEN oder BRENNSTOFFZELLENKARTUSCHEN, MIT AUSRÜSTUNGEN VERPACKT, Wasserstoff in Metallhydrid enthaltend	2	6F		2.1	328 339	120 ml	E0		PP EX A	VE01		1	
3480	LITHIUM-IONEN-BATTERIEN (einschließlich Lithium-Ionen-Polymer-Batterien)	9	M4		9A	188 230 310 348 376 377 387 636	0	E0		PP			0	

Stoffnummer/ UN-Nummer	Benennung und Beschreibung	Klasse	Klassifizierungs-code	Verpackungs-gruppe	Gefahrzettel	Sonder-vorschriften	begrenzte Mengen		Beförderung zugelassen	Ausrüstung erforderlich	Lüftung	Maßnahmen während des Ladens / Löschens / Beförderns	Anzahl der Kegel / Lichter	Bemerkungen
	3.1.2	2.2	2.2	2.1.1.3	5.2.2	3.3	3.4 / 3.5.1.2		3.2.1	8.1.5	7.1.6	7.1.6	7.1.5	3.2.1
(1)	(2)	(3a)	(3b)	(4)	(5)	(6)	(7a)	(7b)	(8)	(9)	(10)	(11)	(12)	(13)
3481	LITHIUM-IONEN-BATTERIEN IN AUSRÜSTUNGEN oder LITHIUM-IONEN-BATTERIEN, MIT AUSRÜSTUNGEN VERPACKT (einschließlich Lithium-Ionen-Polymer-Batterien)	9	M4		9A	188 230 310 348 360 376 377 307 670	0	E0		PP			0	
3482	ALKALIMETALLDISPERSION, ENTZÜNDBAR oder ERDALKALI-METALLDISPERSION, ENTZÜNDBAR	4.3	WF1	I	4.3 + 3	182 183 506	0	E0		PP EX A	VE01	HA08	1	
3483	ANTIKLOPFMISCHUNG FÜR MOTORKRAFTSTOFF, ENTZÜNDBAR	6.1	TF1	I	6.1 + 3		0	E0		PP EP EX TOX A	VE01 VE02		2	
3484	HYDRAZIN, WÄSSERIGE LÖSUNG, ENTZÜNDBAR, mit mehr als 37 Masse-% Hydrazin	8	CFT	I	8 + 3 + 6.1	530	0	E0		PP EP EX TOX A	VE01 VE02		2	
3485	CALCIUMHYPOCHLORIT, TROCKEN, ÄTZEND oder CALCIUMHYPOCHLORIT, MISCHUNG, TROCKEN, ÄTZEND mit mehr als 39 % aktivem Chlor (8,8 % aktivem Sauerstoff)	5.1	OC2	II	5.1 + 8	314	1 kg	E2		PP			0	
3486	CALCIUMHYPOCHLORIT, MISCHUNG, TROCKEN, ÄTZEND mit mehr als 10 %, aber höchstens 39 % aktivem Chlor	5.1	OC2	III	5.1 + 8	314	5 kg	E1		PP			0	

Tabelle A

Stoffnummer/ UN-Nummer	Benennung und Beschreibung	Klasse	Klassifizierungs-code	Verpackungs-gruppe	Gefahrzettel	Sonder-vorschriften	begrenzte Mengen		Beförderung zugelassen	Ausrüstung erforderlich	Lüftung	Maßnahmen während des Ladens / Löschens / Beförderns	Anzahl der Kegel / Lichter	Bemerkungen
	3.1.2	2.2	2.2	2.1.1.3	5.2.2	3.3	3.4 / 3.5.1.2		3.2.1	8.1.5	7.1.6	7.1.6	7.1.5	3.2.1
(1)	(2)	(3a)	(3b)	(4)	(5)	(6)	(7a)	(7b)	(8)	(9)	(10)	(11)	(12)	(13)
3487	CALCIUMHYPOCHLORIT, HYDRATISIERT, ÄTZEND oder CALCIUMHYPOCHLORIT, HYDRATISIERTE MISCHUNG, ÄTZEND mit mindestens 5,5 %, aber höchstens 16 % Wasser	5.1	OC2	II	5.1 + 8	314 322	1 kg	E2		PP			0	
3487	CALCIUMHYPOCHLORIT, HYDRATISIERT, ÄTZEND oder CALCIUMHYPOCHLORIT, HYDRATISIERTE MISCHUNG, ÄTZEND mit mindestens 5,5 %, aber höchstens 16 % Wasser	5.1	OC2	III	5.1 + 8	314	5 kg	E1		PP			0	
3488	BEIM EINATMEN GIFTIGER FLÜSSIGER STOFF, ENTZÜNDBAR, ÄTZEND, N.A.G., mit einem LC_{50}-Wert von höchstens 200 ml/m^3 und einer gesättigten Dampfkonzentration von mindestens 500 LC_{50}	6.1	TFC	I	6.1+ 3+ 8	274	0	E0		PP EP EX TOX A	VE01 VE02		2	
3489	BEIM EINATMEN GIFTIGER FLÜSSIGER STOFF, ENTZÜNDBAR, ÄTZEND, N.A.G., mit einem LC_{50}-Wert von höchstens 1000 ml/m^3 und einer gesättigten Dampfkonzentration von mindestens 10 LC_{50}	6.1	TFC	I	6.1 + 3 + 8	274	0	E0		PP EP EX TOX A	VE01 VE02		2	
3490	BEIM EINATMEN GIFTIGER FLÜSSIGER STOFF, MIT WASSER REAGIEREND, ENTZÜNDBAR, N.A.G., mit einem LC_{50}-Wert von höchstens 200 ml/m^3 und einer gesättigten Dampfkonzentration von mindestens 500 LC_{50}	6.1	TFW	I	6.1 + 4.3 + 3	274	0	E0		PP EP EX TOX A	VE01 VE02		2	
3491	BEIM EINATMEN GIFTIGER FLÜSSIGER STOFF, MIT WASSER REAGIEREND, ENTZÜNDBAR, N.A.G., mit einem LC_{50}-Wert von höchstens 1000 ml/m^3 und einer gesättigten Dampfkonzentration von mindestens 10 LC_{50}	6.1	TFW	I	6.1 + 4.3 + 3	274	0	E0		PP EP EX TOX A	VE01 VE02		2	

Stoffnummer/ UN-Nummer	Benennung und Beschreibung	Klasse	Klassifizierungs-code	Verpackungs-gruppe	Gefahrzettel	Sonder-vorschriften	begrenzte Mengen		Beförderung zugelassen	Ausrüstung erforderlich	Lüftung	Maßnahmen während des Ladens / Löschens / Beförderns	Anzahl der Kegel / Lichter	Bemerkungen
	3.1.2	2.2	2.2	2.1.1.3	5.2.2	3.3	3.4 / 3.5.1.2		3.2.1	8.1.5	7.1.6	7.1.6	7.1.5	3.2.1
(1)	(2)	(3a)	(3b)	(4)	(5)	(6)	(7a)	(7b)	(8)	(9)	(10)	(11)	(12)	(13)
3494	SCHWEFELREICHES ROHERDÖL, ENTZÜNDBAR, GIFTIG	3	FT1	I	3 + 6.1	343 649	0	E0	T	PP EX EX TOX A	VE01 VE02		2	
3494	SCHWEFELREICHES ROHERDÖL, ENTZÜNDBAR, GIFTIG	3	FT1	II	3 + 6.1	343 649	1 l	E2	T	PP EP EX TOX A	VE01 VE02		2	
3494	SCHWEFELREICHES ROHERDÖL, ENTZÜNDBAR, GIFTIG	3	FT1	III	3 + 6.1	343 649	5 l	E1	T	PP EP EX TOX A	VE01 VE02		0	
3495	IOD	8	CT2	III	8 + 6.1	279 802	5 kg	E1		PP EP TOX A	VE02		0	
3496	Batterien, Nickelmetallhydrid	9	M11	UNTERLIEGT NICHT DEN VORSCHRIFTEN DES ADN										
3497	KRILLMEHL	4.2	S2	II	4.2	300	0	E2		PP			0	
3497	KRILLMEHL	4.2	S2	III	4.2	300	0	E1		PP			0	
3498	IODMONOCHLORID, FLÜSSIG	8	C1	II	8		1 L	E0		PP EP			0	
3499	KONDENSATOR, ELEKTRISCHE DOPPELSCHICHT (mit einer Energiespeicherkapazität von mehr als 0,3 Wh)	9	M11		9	361	0	E0		PP			0	
3500	CHEMIKALIEN UNTER DRUCK, N.A.G.	2	8A		2.2	274 659	0	E0		PP			0	
3501	CHEMIKALIEN UNTER DRUCK, ENTZÜNDBAR, N.A.G.	2	8F		2.1	274 659	0	E0		PP EX A	VE01		1	

Tabelle A

Stoffnummer/ UN-Nummer	Benennung und Beschreibung	Klasse	Klassifizierungs-code	Verpackungs-gruppe	Gefahrzettel	Sonder-vorschriften	begrenzte Mengen		Beförderung zugelassen	Ausrüstung erforderlich	Lüftung	Maßnahmen während des Ladens / Löschens / Beförderns			Anzahl der Kegel / Lichter	Bemerkungen
	3.1.2	2.2	2.2	2.1.1.3	5.2.2	3.3	3.4 / 3.5.1.2		3.2.1	8.1.5	7.1.6	7.1.6			7.1.5	3.2.1
(1)	(2)	(3a)	(3b)	(4)	(5)	(6)	(7a)	(7b)	(8)	(9)	(10)	(11)			(12)	(13)
3502	CHEMIKALIEN UNTER DRUCK, GIFTIG, N.A.G.	2	8T		2.2+ 6.1	274 659	0	E0		PP EP TOX A	VE02				2	
3503	CHEMIKALIEN UNTER DRUCK, ÄTZEND, N.A.G.	2	8C		2.2+ 8	274 659	0	E0		PP EP					0	
3504	CHEMIKALIEN UNTER DRUCK, ENTZÜNDBAR, GIFTIG, N.A.G.	2	8TF		2.1+ 6.1	274 659	0	E0		PP EP EX TOX A	VE01 VE02				2	
3505	CHEMIKALIEN UNTER DRUCK, ENTZÜNDBAR, ÄTZEND, N.A.G.	2	8FC		2.1+ 8	274 659	0	E0		PP EP EX A	VE01				1	
3506	QUECKSILBER IN HERGESTELLTEN GEGENSTÄNDEN	8	CT3		8+ 6.1	366	5 kg	E0		PP EP TOX A	VE02				0	
3507	URANHEXAFLUORID, RADIOAKTIVE STOFFE, FREIGESTELLTES VERSANDSTÜCK mit weniger als 0,1 kg je Versandstück, nicht spaltbar oder spaltbar, freigestellt	6.1		I	6.1+ 8	317 369	0	E0		PP EP					0	
3508	KONDENSATOR, ASYMMETRISCH (mit einer Energiespeicherkapazität von mehr als 0,3 Wh)	9	M11		9	372	0	E0		PP					0	
3509	ALTVERPACKUNGEN, LEER, UNGEREINIGT	9	M11		9	663	0	E0		PP					0	
3510	ADSORBIERTES GAS, ENTZÜNDBAR, N.A.G.	2	9F		2.1	274	0	E0		PP EX A	VE01				1	
3511	ADSORBIERTES GAS, N.A.G.	2	9A		2.2	274	0	E0		PP					0	

Tabelle A

Stoffnummer/ UN-Nummer	Benennung und Beschreibung	Klasse	Klassifizierungs-code	Verpackungs-gruppe	Gefahrzettel	Sonder-vorschriften	begrenzte Mengen		Beförderung zugelassen	Ausrüstung erforderlich	Lüftung	Maßnahmen während des Ladens / Löschens / Beförderns	Anzahl der Kegel / Lichter	Bemerkungen
	3.1.2	2.2	2.2	2.1.1.3	5.2.2	3.3	3.4 / 3.5.1.2		3.2.1	8.1.5	7.1.6	7.1.6	7.1.5	3.2.1
(1)	(2)	(3a)	(3b)	(4)	(5)	(6)	(7a)	(7b)	(8)	(9)	(10)	(11)	(12)	(13)
3512	ADSORBIERTES GAS, GIFTIG, N.A.G.	2	9T		2.3	274	0	E0		PP EP TOX A	VE02		2	
3513	ADSORBIERTES GAS, OXIDIEREND, N.A.G.	2	9O		2.2+ 5.1	274	0	E0		PP			0	
3514	ADSORBIERTES GAS, GIFTIG, ENTZÜNDBAR, N.A.G.	2	9TF		2.3+ 2.1	274	0	E0		PP EP EX TOX A	VE01 VE02		2	
3515	ADSORBIERTES GAS, GIFTIG, OXIDIEREND, N.A.G.	2	9TO		2.3+ 5.1	274	0	E0		PP EP TOX A	VE02		2	
3516	ADSORBIERTES GAS, GIFTIG, ÄTZEND, N.A.G.	2	9TC		2.3+ 8	274 379	0	E0		PP EP TOX A	VE02		2	
3517	ADSORBIERTES GAS, GIFTIG, ENTZÜNDBAR, ÄTZEND, N.A.G.	2	9TFC		2.3+ 2.1+ 8	274	0	E0		PP EP EX TOX A	VE01 VE02		2	
3518	ADSORBIERTES GAS, GIFTIG, OXIDIEREND, ÄTZEND, N.A.G.	2	9TOC		2.3+ 5.1+ 8	274	0	E0		PP EP TOX A	VE02		2	
3519	BORTRIFLUORID, ADSORBIERT	2	9TC		2.3+ 8		0	E0		PP EP TOX A	VE02		2	

Tabelle A

Stoffnummer/ UN-Nummer	Benennung und Beschreibung	Klasse	Klassifizierungs-code	Verpackungs-gruppe	Gefahrzettel	Sonder-vorschriften	begrenzte Mengen		Beförderung zugelassen	Ausrüstung erforderlich	Lüftung	Maßnahmen während des Ladens / Löschens / Beförderns	Anzahl der Kegel / Lichter	Bemerkungen
	3.1.2	2.2	2.2	2.1.1.3	5.2.2	3.3	3.4 / 3.5.1.2		3.2.1	8.1.5	7.1.6	7.1.6	7.1.5	3.2.1
(1)	(2)	(3a)	(3b)	(4)	(5)	(6)	(7a)	(7b)	(8)	(9)	(10)	(11)	(12)	(13)
3520	CHLOR, ADSORBIERT	2	9TOC		2.3+ 5.1+ 8		0	E0		PP EP TOX A	VE02		2	
3521	SILICIUMTETRAFLUORID, ADSORBIERT	2	9TC		2.3+ 8		0	E0		PP EP TOX A	VE02		2	
3522	ARSENWASSERSTOFF (ARSIN), ADSORBIERT	2	9TF		2.3+ 2.1		0	E0		PP EP EX TOX A	VE01 VE02		2	
3523	GERMANIUMWASSERSTOFF (GERMAN), ADSORBIERT	2	9TF		2.3+ 2.1		0	E0		PP EP EX TOX A	VE01 VE02		2	
3524	PHOSPHORPENTAFLUORID, ADSORBIERT	2	9TC		2.3+ 8		0	E0		PP EP TOX A	VE02		2	
3525	PHOSPHORWASSERSTOFF (PHOSPHIN), ADSORBIERT	2	9TF		2.3+ 2.1		0	E0		PP EP EX TOX A	VE01 VE02		2	
3526	SELENWASSERSTOFF, ADSORBIERT	2	9TF		2.3+ 2.1		0	E0		PP EP EX TOX A	VE01 VE02		2	
3527	POLYESTERHARZMEHRKOMPONENTEN-SYSTEME, festes Grundprodukt	4.1	F4	II	4.1	236 340	5kg	E0		PP			1	

Tabelle A

Stoffnummer/ UN-Nummer	Benennung und Beschreibung	Klasse	Klassifizierungs-code	Verpackungs-gruppe	Gefahrzettel	Sonder-vorschriften	begrenzte Mengen		Beförderung zugelassen	Ausrüstung erforderlich	Lüftung	Maßnahmen während des Ladens / Löschens / Beförderns	Anzahl der Kegel / Lichter	Bemerkungen
	3.1.2	2.2	2.2	2.1.1.3	5.2.2	3.3	3.4 / 3.5.1.2		3.2.1	8.1.5	7.1.6	7.1.6	7.1.5	3.2.1
(1)	(2)	(3a)	(3b)	(4)	(5)	(6)	(7a)	(7b)	(8)	(9)	(10)	(11)	(12)	(13)
3527	POLYESTERHARZMEHRKOMPONENTEN-SYSTEME, festes Grundprodukt	4.1	F4	III	4.1	236 340	5kg	E0		PP			0	
3528	VERBRENNUNGSMOTOR MIT ANTRIEB DURCH ENTZÜNDBARE FLÜSSIGKEIT ODER BRENNSTOFFZELLEN-MOTOR MIT ANTRIEB DURCH ENTZÜNDBARE FLÜSSIGKEIT ODER VERBRENNUNGSMASCHINE MIT ANTRIEB DURCH ENTZÜNDBARE FLÜSSIGKEIT ODER MASCHINE MIT BRENNSTOFFZELLEN-MOTOR MIT ANTRIEB DURCH ENTZÜNDBARE FLÜSSIGKEIT	3	F3		3	363 667 669	0	E0		PP EX A	VE01		0	
3529	VERBRENNUNGSMOTOR MIT ANTRIEB DURCH ENTZÜNDBARES GAS ODER BRENNSTOFFZELLEN-MOTOR MIT ANTRIEB DURCH ENTZÜNDBARES GAS ODER VERBRENNUNGSMASCHINE MIT ANTRIEB DURCH ENTZÜNDBARES GAS ODER MASCHINE MIT BRENNSTOFFZELLEN-MOTOR MIT ANTRIEB DURCH ENTZÜNDBARES GAS	2	6F		2.1	363 667 669	0	E0		PP EX A	VE01		0	
3530	VERBRENNUNGSMOTOR ODER VERBRENNUNGSMASCHINE	9	M11		9	363 667 669	0	E0		PP			0	
3531	POLYMERISIERENDER STOFF, FEST, STABILISIERT, N.A.G.	4.1	PM1	III	4.1	274 386	0	E0		PP			0	
3532	POLYMERISIERENDER STOFF, FLÜSSIG, STABILISIERT, N.A.G.	4.1	PM1	III	4.1	274 386	0	E0		PP			0	
3533	POLYMERISIERENDER STOFF, FEST, TEMPERATURKONTROLLIERT, N.A.G.	4.1	PM2	III	4.1	274 386	0	E0		PP			0	
3534	POLYMERISIERENDER STOFF, FLÜSSIG, TEMPERATURKONTROLLIERT, N.A.G.	4.1	PM2	III	4.1	274 386	0	E0		PP			0	

Stoffnummer/ UN-Nummer	Benennung und Beschreibung	Klasse	Klassifizierungs-code	Verpackungs-gruppe	Gefahrzettel	Sonder-vorschriften	begrenzte Mengen		Beförderung zugelassen	Ausrüstung erforderlich	Lüftung	Maßnahmen während des Ladens / Löschens / Beförderns	Anzahl der Kegel / Lichter	Bemerkungen
	3.1.2	2.2	2.2	2.1.1.3	5.2.2	3.3	3.4 / 3.5.1.2		3.2.1	8.1.5	7.1.6	7.1.6	7.1.5	3.2.1
(1)	(2)	(3a)	(3b)	(4)	(5)	(6)	(7a)	(7b)	(8)	(9)	(10)	(11)	(12)	(13)
3535	GIFTIGER ANORGANISCHER FESTER STOFF, ENTZÜNDBAR, N.A.G.	6.1	TF3	I	6.1+ 4.1	274	0	E5		PP EP EX A	VE01		2	
3535	GIFTIGER ANORGANISCHER FESTER STOFF, ENTZÜNDBAR, N.A.G.	6.1	TF3	II	6.1+ 4.1	274	500 g	E4		PP EP EX A	VE01		2	
3536	LITHIUMBATTERIEN, IN GÜTERBEFÖRDERUNGSEINHEITEN EINGEBAUT, Lithium-Ionen-Batterien oder Lithium-Metall-Batterien	9	M4		9	389	0	E0		PP			0	
3537	GEGENSTÄNDE, DIE ENTZÜNDBARES GAS ENTHALTEN, N.A.G.	2	6F		siehe 5.2.2.1.12	274 667	0	E0		PP EX A	VE01		1	
3538	GEGENSTÄNDE, DIE NICHT ENTZÜNDBARES, NICHT GIFTIGES GAS ENTHALTEN, N.A.G.	2	6A		siehe 5.2.2.1.12	274 667	0	E0		PP			0	
3539	GEGENSTÄNDE, DIE GIFTIGES GAS ENTHALTEN, N.A.G.	2	6T		siehe 5.2.2.1.12	274 667	0	E0		PP EP TOX A	VE02		2	
3540	GEGENSTÄNDE, DIE EINEN ENTZÜNDBAREN FLÜSSIGEN STOFF ENTHALTEN, N.A.G.	3	F3		siehe 5.2.2.1.12	274 667	0	E0		PP EX A	VE01		1	

Tabelle A

Stoffnummer/ UN-Nummer	Benennung und Beschreibung	Klasse	Klassifizierungs-code	Verpackungs-gruppe	Gefahrzettel	Sonder-vorschriften	begrenzte Mengen		Beförderung zugelassen	Ausrüstung erforderlich	Lüftung	Maßnahmen während des Ladens / Löschens / Beförderns	Anzahl der Kegel / Lichter	Bemerkungen
	3.1.2	2.2	2.2	2.1.1.3	5.2.2	3.3	3.4 / 3.5.1.2		3.2.1	8.1.5	7.1.6	7.1.6	7.1.5	3.2.1
(1)	(2)	(3a)	(3b)	(4)	(5)	(6)	(7a)	(7b)	(8)	(9)	(10)	(11)	(12)	(13)
3541	GEGENSTÄNDE, DIE EINEN ENTZÜNDBAREN FESTEN STOFF ENTHALTEN, N.A.G.	4.1	F4		siehe 5.2.2.1.12	274 667	0	E0		PP			0	
3542	GEGENSTÄNDE, DIE EINEN SELBSTENTZÜNDLICHEN STOFF ENTHALTEN, N.A.G.	4.2	S6		siehe 5.2.2.1.12	274 667	0	E0		PP			0	
3543	GEGENSTÄNDE, DIE EINEN STOFF ENTHALTEN, DER IN BERÜHRUNG MIT WASSER ENTZÜNDBARE GASE ENTWICKELT, N.A.G.	4.3	W3		siehe 5.2.2.1.12	274 667	0	E0		PP EX A	VE01	HA08	0	
3544	GEGENSTÄNDE, DIE EINEN ENTZÜNDEND (OXIDIEREND) WIRKENDEN STOFF ENTHALTEN, N.A.G.	5.1	O3		siehe 5.2.2.1.12	274 667	0	E0		PP			0	
3545	GEGENSTÄNDE, DIE ORGANISCHES PEROXID ENTHALTEN, N.A.G.	5.2	P1 oder P2		siehe 5.2.2.1.12	274 667	0	E0		PP EX A	VE01		0	
3546	GEGENSTÄNDE, DIE EINEN GIFTIGEN STOFF ENTHALTEN, N.A.G.	6.1	T10		siehe 5.2.2.1.12	274 667	0	E0		PP EP TOX A	VE02		0	

Tabelle A

Stoffnummer/ UN-Nummer	Benennung und Beschreibung	Klasse	Klassifizierungs-code	Verpackungs-gruppe	Gefahrzettel	Sonder-vorschriften	begrenzte Mengen		Beförderung zugelassen	Ausrüstung erforderlich	Lüftung	Maßnahmen während des Ladens / Löschens / Beförderns	Anzahl der Kegel / Lichter	Bemerkungen
	3.1.2	2.2	2.2	2.1.1.3	5.2.2	3.3	3.4 / 3.5.1.2		3.2.1	8.1.5	7.1.6	7.1.6	7.1.5	3.2.1
(1)	(2)	(3a)	(3b)	(4)	(5)	(6)	(7a)	(7b)	(8)	(9)	(10)	(11)	(12)	(13)
3547	GEGENSTÄNDE, DIE EINEN ÄTZENDEN STOFF ENTHALTEN, N.A.G.	8	C11		siehe 5.2.2.1.12	274 667	0	E0		PP EP			0	
3548	GEGENSTÄNDE, DIE VERSCHIEDENE GEFÄHRLICHE GÜTER ENTHALTEN, N.A.G.	9	M11		siehe 5.2.2.1.12	274 667	0	E0		PP			0	
9000	AMMONIAK, TIEFGEKÜHLT	2	3TC		2.3 + 8			E0	T	PP EP TOX A	VE02		2	Nur zugelassen für die Beförderung in Tankschiffen.
9001	STOFFE MIT EINEM FLAMMPUNKT ÜBER 60 °C, DIE IN EINEM BEREICH VON 15 K UNTERHALB DES FLAMMPUNKTS ERWÄRMT, zur Beförderung aufgegeben oder befördert werden	3	F4		keine				T	PP			0	Nur gefährlich bei Beförderung in Tankschiffen.
9002	STOFFE MIT EINER ZÜNDTEMPERATUR ≤ 200°C, N.A.G.	3	F5		keine				T	PP			0	Nur gefährlich bei Beförderung in Tankschiffen.
9003	STOFFE MIT EINEM FLAMMPUNKT ÜBER 60 °C UND HÖCHSTENS 100 °C, die nicht anderen Klassen zuzuordnen sind	9			keine				T	PP			0	Nur gefährlich bei Beförderung in Tankschiffen.
9004	DIPHENYLMETHAN-4,4'-DIISOCYANAT	9			keine				T	PP			0	Nur gefährlich bei Beförderung in Tankschiffen.
9005	UMWELTGEFÄHRDENDER STOFF, FEST, GESCHMOLZEN, N.A.G..	9			keine				T	PP			0	Nur gefährlich bei Beförderung in Tankschiffen
9006	UMWELTGEFÄHRDENDER STOFF, FLÜSSIG, N.A.G..	9			keine				T	PP			0	Nur gefährlich bei Beförderung in Tankschiffen

3.2.2 Tabelle B
Verzeichnis der gefährlichen Güter in alphabetischer Reihenfolge

Die nachstehende Tabelle B enthält ein alphabetisches Verzeichnis der Stoffe und Gegenstände, die in Abschnitt 3.2.1 Tabelle A in UN-numerischer Reihenfolge dargestellt sind. Sie ist nicht Bestandteil des ADN. Sie wurde vom Sekretariat der Wirtschaftskommission der Vereinten Nationen für Europa mit der notwendigen Sorgfalt erstellt, um das Nachschlagen in den Anlagen A und B des ADN zu erleichtern; sie kann jedoch in keinem Fall die Vorschriften dieser Anlagen ersetzen, die im Zweifelsfall verbindlich sind und die daher sorgfältig zu prüfen und beachten sind.

Bem. 1. Ziffern, griechische Buchstaben, die Buchstaben «n», «N», «m» (meta), «o» (ortho) und «p» (para), die Ausdrücke «sec» und «tert» sowie Präpositionen, die jedoch Teil der offiziellen Benennung für die Beförderung sind, wurden in der alphabetischen Reihenfolge nicht berücksichtigt. Darüber hinaus wurden die Mehrzahl und die Abkürzung «N.A.G.» (nicht anderweitig genannt) nicht berücksichtigt.

2. Die Verwendung von Großbuchstaben für die Bezeichnung eines Stoffes oder Gegenstandes bedeutet, dass es sich um eine offizielle Benennung für die Beförderung handelt (siehe Abschnitt 3.1.2).

3. Wenn die Bezeichnung des Stoffes oder Gegenstandes in Großbuchstaben angegeben ist und der Ausdruck «siehe» nachgestellt ist, handelt es sich um eine Alternative für die offizielle Benennung für die Beförderung oder für einen Teil davon (ausgenommen PCB) (siehe Unterabschnitt 3.1.2.1).

4. Wenn die Bezeichnung des Stoffes oder Gegenstandes in Groß- und Kleinbuchstaben angegeben ist und der Ausdruck «siehe» nachgestellt ist, handelt es sich nicht um die offizielle Benennung für die Beförderung, sondern um ein Synonym.

5. Wenn bei einer Benennung ein Teil in Großbuchstaben und ein Teil in Groß- und Kleinbuchstaben angegeben ist, gilt der Teil in Groß- und Kleinbuchstaben nicht als Teil der offiziellen Benennung für die Beförderung (siehe Unterabschnitt 3.1.2.1).

6. Auf den Dokumenten und Versandstücken darf die offizielle Benennung für die Beförderung je nach Zweckmäßigkeit in der Einzahl oder in der Mehrzahl erscheinen (siehe Unterabschnitt 3.1.2.3).

7. Für die genaue Bestimmung der offiziellen Benennung für die Beförderung siehe Abschnitt 3.1.2.

Benennung und Beschreibung	Stoffnummer/ UN-Nummer
Abfälle, die entzündbare flüssige Stoffe mit einem Flammpunkt von höchstens 60 °C enthalten: siehe	3175
ABFALLNITRIERSÄUREMISCHUNG mit höchstens 50 % Salpetersäure	1826
ABFALLNITRIERSÄUREMISCHUNG mit mehr als 50 % Salpetersäure	1826
ABFALLSCHWEFELSÄURE	1906
ACETAL	1088
ACETALDEHYD	1089
ACETALDEHYDAMMONIAK	1841
ACETALDEHYDOXIM	2332
Acetoin: siehe	2621
ACETON	1090
ACETONCYANHYDRIN, STABILISIERT	1541
ACETONITRIL	1648
ACETONÖLE	1091
Acetylaceton: siehe	2310
ACETYLBROMID	1716
ACETYLCHLORID	1717
ACETYLEN, GELÖST	1001
ACETYLEN, LÖSUNGSMITTELFREI	3374
Acetylentetrabromid: siehe	2504
Acetylentetrachlorid: siehe	1702
ACETYLIODID	1898
ACETYLMETHYLCARBINOL	2621
ACRIDIN	2713
ACROLEIN, DIMER, STABILISIERT	2607
ACROLEIN, STABILISIERT	1092
ACRYLAMID, FEST	2074
ACRYLAMID, LÖSUNG	3426
ACRYLNITRIL, STABILISIERT	1093
ACRYLSÄURE, STABILISIERT	2218
ADIPONITRIL	2205
ADSORBIERTES GAS, N.A.G.	3511
ADSORBIERTES GAS, ENTZÜNDBAR, N.A.G.	3510
ADSORBIERTES GAS, GIFTIG, N.A.G.	3512
ADSORBIERTES GAS, GIFTIG, ÄTZEND, N.A.G.	3516
ADSORBIERTES GAS, GIFTIG, ENTZÜNDBAR, N.A.G.	3514
ADSORBIERTES GAS, GIFTIG, ENTZÜNDBAR, ÄTZEND, N.A.G.	3517
ADSORBIERTES GAS, GIFTIG, OXIDIEREND, N.A.G.	3515
ADSORBIERTES GAS, GIFTIG, OXIDIEREND, ÄTZEND, N.A.G.	3518
ADSORBIERTES GAS, OXIDIEREND, N.A.G.	3513
Airbag-Gasgeneratoren: siehe	0503
Airbag-Gasgeneratoren: siehe	3268
Airbag-Module: siehe	0503
Airbag-Module: siehe	3268
AKKUMULATOREN, NASS, AUSLAUFSICHER, elektrische Sammler	2800
AKKUMULATOREN, NASS, GEFÜLLT MIT ALKALIEN, elektrische Sammler	2795
AKKUMULATOREN, NASS, GEFÜLLT MIT SÄURE, elektrische Sammler	2794
AKKUMULATOREN, TROCKEN, KALIUMHYDROXID, FEST, ENTHALTEND, elektrische Sammler	3028
Aktinolith: siehe	2212
ALDEHYDE, N.A.G.	1989

Benennung und Beschreibung	Stoffnummer/ UN-Nummer
ALDEHYDE, ENTZÜNDBAR, GIFTIG, N.A.G.	1988
ALDOL	2839
ALKALIMETALLALKOHOLATE, SELBSTERHITZUNGSFÄHIG, ÄTZEND, N.A.G.	3206
ALKALIMETALLAMALGAM, FEST	3401
ALKALIMETALLAMALGAM, FLÜSSIG	1389
ALKALIMETALLAMIDE	1390
ALKALIMETALLDISPERSION	1391
ALKALIMETALLDISPERSION, ENTZÜNDBAR	3482
ALKALIMETALLLEGIERUNG, FLÜSSIG, N.A.G.	1421
ALKALOIDE, FEST, N.A.G.	1544
ALKALOIDE, FLÜSSIG, N.A.G.	3140
ALKALOIDSALZE, FEST, N.A.G.	1544
ALKALOIDSALZE, FLÜSSIG, N.A.G.	3140
ALKOHOLATE, LÖSUNG in Alkohol, N.A.G.	3274
ALKOHOLE, N.A.G.	1987
ALKOHOLE, ENTZÜNDBAR, GIFTIG, N.A.G.	1986
ALKOHOLISCHE GETRÄNKE	3065
ALKYLPHENOLE, FEST, N.A.G. (einschließlich C_2-C_{12}-Homologe)	2430
ALKYLPHENOLE, FLÜSSIG, N.A.G. (einschließlich C_2-C_{12}-Homologe)	3145
ALKYLSCHWEFELSÄUREN	2571
ALKYLSULFONSÄUREN, FEST, mit höchstens 5 % freier Schwefelsäure	2585
ALKYLSULFONSÄUREN, FEST, mit mehr als 5 % freier Schwefelsäure	2583
ALKYLSULFONSÄUREN, FLÜSSIG, mit höchstens 5 % freier Schwefelsäure	2586
ALKYLSULFONSÄUREN, FLÜSSIG, mit mehr als 5 % freier Schwefelsäure	2584
ALLYLACETAT	2333
ALLYLALKOHOL	1098
ALLYLAMIN	2334
ALLYLBROMID	1099
ALLYLCHLORFORMIAT	1722
ALLYLCHLORID	1100
ALLYLETHYLETHER	2335
ALLYLFORMIAT	2336
ALLYLGLYCIDYLETHER	2219
ALLYLIODID	1723
ALLYLISOTHIOCYANAT, STABILISIERT	1545
ALLYLTRICHLORSILAN, STABILISIERT	1724
ALTVERPACKUNGEN, LEER, UNGEREINIGT	3509
ALUMINIUMBORHYDRID	2870
ALUMINIUMBORHYDRID IN GERÄTEN	2870
ALUMINIUMBROMID, LÖSUNG	2580
ALUMINIUMBROMID, WASSERFREI	1725
ALUMINIUMCARBID	1394
ALUMINIUMCHLORID, LÖSUNG	2581
ALUMINIUMCHLORID, WASSERFREI	1726
Aluminiumeisensilicium-Pulver: siehe	1395
ALUMINIUMFERROSILICIUM-PULVER	1395
ALUMINIUMHYDRID	2463
ALUMINIUMNITRAT	1438
ALUMINIUMPHOSPHID	1397

Benennung und Beschreibung	Stoffnummer/ UN-Nummer
ALUMINIUMPHOSPHID-PESTIZID	3048
ALUMINIUM-PULVER, NICHT ÜBERZOGEN	1396
ALUMINIUM-PULVER, ÜBERZOGEN	1309
ALUMINIUMRESINAT	2715
ALUMINIUMSILICIUM-PULVER, NICHT ÜBERZOGEN	1398
AMEISENSÄURE mit mehr als 85 Masse-% Säure	1779
AMEISENSÄURE mit mindestens 5 Masse-%, aber höchstens 85 Masse-% Säure	3412
Ameisensäuremethylester: siehe	1243
AMINE, ENTZÜNDBAR, ÄTZEND, N.A.G.	2733
AMINE, FEST, ÄTZEND, N.A.G.	3259
AMINE, FLÜSSIG, ÄTZEND, N.A.G.	2735
AMINE, FLÜSSIG, ÄTZEND, ENTZÜNDBAR, N.A.G.	2734
2-AMINO-4-CHLORPHENOL	2673
2-AMINO-5-DIETHYLAMINOPENTAN	2946
2-AMINO-4,6-DINITROPHENOL, ANGEFEUCHTET mit mindestens 20 Masse-% Wasser	3317
2-(2-AMINOETHOXY)-ETHANOL	3055
N-AMINOETHYLPIPERAZIN	2815
AMINOPHENOLE (o-, m-, p-)	2512
AMINOPYRIDINE (o-, m-, p-)	2671
Aminosulfonsäure: siehe	2967
AMMONIAK, TIEFGEKÜHLT	9000
AMMONIAK, WASSERFREI	1005
AMMONIAKLÖSUNG in Wasser, Dichte kleiner als 0,880 kg/l bei 15 °C, mit mehr als 35 %, aber höchstens 50 % Ammoniak	2073
AMMONIAKLÖSUNG in Wasser, Dichte kleiner als 0,880 kg/l bei 15 °C, mit mehr als 50 % Ammoniak	3318
AMMONIAKLÖSUNG in Wasser, relative Dichte zwischen 0,880 und 0,957 bei 15 °C, mit mehr als 10 %, aber höchstens 35 % Ammoniak	2672
AMMONIUMARSENAT	1546
Ammoniumbifluorid: siehe	1727
Ammoniumbifluorid, Lösung: siehe	2817
AMMONIUMDICHROMAT	1439
AMMONIUMDINITRO-o-CRESOLAT, FEST	1843
AMMONIUMDINITRO-o-CRESOLAT, LÖSUNG	3424
Ammoniumdisulfat: siehe	2506
AMMONIUMFLUORID	2505
AMMONIUMFLUOROSILICAT	2854
AMMONIUMHYDROGENDIFLUORID, FEST	1727
AMMONIUMHYDROGENDIFLUORID, LÖSUNG	2817
AMMONIUMHYDROGENSULFAT	2506
AMMONIUMMETAVANADAT	2859
AMMONIUMNITRAT	0222
AMMONIUMNITRAT-EMULSION, Zwischenprodukt für die Herstellung von Sprengstoffen	3375
AMMONIUMNITRAT, FLÜSSIG, heiße konzentrierte Lösung mit einer Konzentration von mehr als 80 %, aber höchstens 93 %	2426
AMMONIUMNITRAT-GEL, Zwischenprodukt für die Herstellung von Sprengstoffen	3375
AMMONIUMNITRATHALTIGES DÜNGEMITTEL	2067
AMMONIUMNITRATHALTIGES DÜNGEMITTEL	2071
AMMONIUMNITRAT mit höchstens 0,2 % brennbaren Stoffen, einschließlich jedes als Kohlenstoff berechneten organischen Stoffes, unter Ausschluss jedes anderen zugesetzten Stoffess	1942
AMMONIUMNITRAT-SUSPENSION, Zwischenprodukt für die Herstellung von Sprengstoffen	3375

Benennung und Beschreibung	Stoffnummer/ UN-Nummer
AMMONIUMPERCHLORAT	0402
AMMONIUMPERCHLORAT	1442
AMMONIUMPERSULFAT	1444
AMMONIUMPIKRAT, ANGEFEUCHTET mit mindestens 10 Masse-% Wasser	1310
AMMONIUMPIKRAT, trocken oder angefeuchtet mit weniger als 10 Masse-% Wasser	0004
AMMONIUMPOLYSULFID, LÖSUNG	2818
AMMONIUMPOLYVANADAT	2861
AMMONIUMSULFID, LÖSUNG	2683
Amosit: siehe	2212
AMYLACETATE	1104
n-Amylamin: siehe	1106
sec-Amylamin: siehe	1106
tert-Amylamin: siehe	1106
AMYLAMINE	1106
AMYLBUTYRATE	2620
AMYLCHLORIDE	1107
n-AMYLEN	1108
AMYLFORMIATE	1109
AMYLMERCAPTAN	1111
n-AMYLMETHYLKETON	1110
AMYLNITRAT	1112
AMYLNITRITE	1113
AMYLPHOSPHAT	2819
AMYLTRICHLORSILAN	1728
ANILIN	1547
ANILINHYDROCHLORID	1548
ANISIDINE	2431
ANISOL	2222
ANISOYLCHLORID	1729
ANORGANISCHE ANTIMONVERBINDUNG, FEST, N.A.G.	1549
ANORGANISCHE ANTIMONVERBINDUNG, FLÜSSIG, N.A.G.	3141
ANSTECKUNGSGEFÄHRLICHER STOFF, GEFÄHRLICH FÜR MENSCHEN	2814
ANSTECKUNGSGEFÄHRLICHER STOFF, nur GEFÄHRLICH FÜR TIERE	2900
Anthophyllit: siehe	2212
ANTIKLOPFMISCHUNG FÜR MOTORKRAFTSTOFF	1649
ANTIKLOPFMISCHUNG FÜR MOTORKRAFTSTOFF, ENTZÜNDBAR	3483
ANTIMONLAKTAT	1550
ANTIMONPENTACHLORID, FLÜSSIG	1730
ANTIMONPENTACHLORID, LÖSUNG	1731
ANTIMONPENTAFLUORID	1732
ANTIMON-PULVER	2871
ANTIMONTRICHLORID	1733
ANTIMONWASSERSTOFF	2676
ANTIMONYLKALIUMTARTRAT	1551
ANZÜNDER	0121
ANZÜNDER	0314
ANZÜNDER	0315
ANZÜNDER	0325
ANZÜNDER	0454

Benennung und Beschreibung	Stoffnummer/ UN-Nummer
ANZÜNDER, ANZÜNDSCHNUR	0131
ANZÜNDHÜTCHEN	0044
ANZÜNDHÜTCHEN	0377
ANZÜNDHÜTCHEN	0378
ANZÜNDLITZE	0066
ANZÜNDSCHNUR	0105
ANZÜNDSCHNUR, rohrförmig, mit Metallmantel	0103
ARGON, TIEFGEKÜHLT, FLÜSSIG	1951
ARGON, VERDICHTET	1006
ARSEN	1558
Arsenate, n.a.g.: siehe	1556
Arsenate, n.a.g.: siehe	1557
ARSENBROMID	1555
ARSENHALTIGES PESTIZID, FEST, GIFTIG	2759
ARSENHALTIGES PESTIZID, FLÜSSIG, ENTZÜNDBAR, GIFTIG, Flammpunkt unter 23 °C	2760
ARSENHALTIGES PESTIZID, FLÜSSIG, GIFTIG	2994
ARSENHALTIGES PESTIZID, FLÜSSIG, GIFTIG, ENTZÜNDBAR, mit einem Flammpunkt von 23 °C oder darüber	2993
Arsenite, n.a.g.: siehe	1556
Arsenite, n.a.g.: siehe	1557
ARSENPENTOXID	1559
ARSENSÄURE, FEST	1554
ARSENSÄURE, FLÜSSIG	1553
ARSEN-STAUB	1562
Arsensulfide, n.a.g.: siehe	1556
Arsensulfide, n.a.g.: siehe	1557
ARSENTRICHLORID	1560
ARSENTRIOXID	1561
ARSENVERBINDUNG, FEST, N.A.G., anorganisch	1557
ARSENVERBINDUNG, FLÜSSIG, N.A.G., anorganisch	1556
ARSENWASSERSTOFF	2188
ARSENWASSERSTOFF, ADSORBIERT	3522
ARSIN	2188
ARSIN, ADSORBIERT	3522
ARYLSULFONSÄUREN, FEST, mit höchstens 5 % freier Schwefelsäure	2585
ARYLSULFONSÄUREN, FEST, mit mehr als 5 % freier Schwefelsäure	2583
ARYLSULFONSÄUREN, FLÜSSIG, mit höchstens 5 % freier Schwefelsäure	2586
ARYLSULFONSÄUREN, FLÜSSIG, mit mehr als 5 % freier Schwefelsäure	2584
ASBEST, AMPHIBOL	2212
ASBEST, CHRYSOTIL	2590
ÄTZENDER ALKALISCHER FLÜSSIGER STOFF, N.A.G.	1719
ÄTZENDER BASISCHER ANORGANISCHER FESTER STOFF, N.A.G.	3262
ÄTZENDER BASISCHER ANORGANISCHER FLÜSSIGER STOFF, N.A.G.	3266
ÄTZENDER BASISCHER ORGANISCHER FESTER STOFF, N.A.G.	3263
ÄTZENDER BASISCHER ORGANISCHER FLÜSSIGER STOFF, N.A.G.	3267
ÄTZENDER FESTER STOFF, N.A.G.	1759
ÄTZENDER FESTER STOFF, ENTZÜNDBAR, N.A.G.	2921
ÄTZENDER FESTER STOFF, ENTZÜNDEND (OXIDIEREND) WIRKEND, N.A.G.	3084
ÄTZENDER FESTER STOFF, GIFTIG, N.A.G.	2923

Benennung und Beschreibung	Stoffnummer/ UN-Nummer
ÄTZENDER FESTER STOFF, MIT WASSER REAGIEREND, N.A.G.	3096
ÄTZENDER FESTER STOFF, SELBSTERHITZUNGSFÄHIG, N.A.G.	3095
ÄTZENDER FLÜSSIGER STOFF, N.A.G.	1760
ÄTZENDER FLÜSSIGER STOFF, ENTZÜNDBAR, N.A.G.	2920
ÄTZENDER FLÜSSIGER STOFF, ENTZÜNDEND (OXIDIEREND) WIRKEND, N.A.G.	3093
ÄTZENDER FLÜSSIGER STOFF, GIFTIG, N.A.G.	2922
ÄTZENDER FLÜSSIGER STOFF, MIT WASSER REAGIEREND, N.A.G.	3094
ÄTZENDER FLÜSSIGER STOFF, SELBSTERHITZUNGSFÄHIG, N.A.G.	3301
ÄTZENDER SAURER ANORGANISCHER FESTER STOFF, N.A.G.	3260
ÄTZENDER SAURER ANORGANISCHER FLÜSSIGER STOFF, N.A.G.	3264
ÄTZENDER SAURER ORGANISCHER FESTER STOFF, N.A.G.	3261
ÄTZENDER SAURER ORGANISCHER FLÜSSIGER STOFF, N.A.G.	3265
Ätzkali: siehe	1813
Ätznatron: siehe	1823
Auskleidung für Fässer: siehe	1139
AUSLÖSEVORRICHTUNGEN MIT EXPLOSIVSTOFF	0173
AZODICARBONAMID	3242
BARIUM	1400
BARIUMAZID, ANGEFEUCHTET mit mindestens 50 Masse-% Wasser	1571
BARIUMAZID, trocken oder angefeuchtet mit weniger als 50 Masse-% Wasser	0224
BARIUMBROMAT	2719
BARIUMCHLORAT, FEST	1445
BARIUMCHLORAT, LÖSUNG	3405
BARIUMCYANID	1565
BARIUMHYPOCHLORIT mit mehr als 22 % aktivem Chlor	2741
BARIUMLEGIERUNGEN, PYROPHOR	1854
BARIUMNITRAT	1446
BARIUMOXID	1884
BARIUMPERCHLORAT, FEST	1447
BARIUMPERCHLORAT, LÖSUNG	3406
BARIUMPERMANGANAT	1448
BARIUMPEROXID	1449
BARIUMVERBINDUNG, N.A.G.	1564
BATTERIEBETRIEBENES FAHRZEUG	3171
BATTERIEBETRIEBENES GERÄT	3171
BATTERIEFLÜSSIGKEIT, ALKALISCH	2797
BATTERIEFLÜSSIGKEIT, SAUER	2796
BATTERIEN, NASS, AUSLAUFSICHER, elektrische Sammler	2800
BATTERIEN, NASS, GEFÜLLT MIT ALKALIEN, elektrische Sammler	2795
BATTERIEN, NASS, GEFÜLLT MIT SÄURE, elektrische Sammler	2794
Batterien, Nickelmetallhydrid	3496
BATTERIEN, TROCKEN, KALIUMHYDROXID, FEST, ENTHALTEND, elektrische Sammler	3028
BAUMWOLLABFÄLLE, ÖLHALTIG	1364
BAUMWOLLE, NASS	1365
BEGASTE GÜTERBEFÖRDERUNGSEINHEIT (CTU)	3359
BEIM EINATMEN GIFTIGER FLÜSSIGER STOFF, ÄTZEND, ENTZÜNDBAR, N.A.G., mit einem LC_{50}-Wert von höchstens 1000 ml/m^3 und einer gesättigten Dampfkonzentration von mindestens 10 LC_{50}	3489
BEIM EINATMEN GIFTIGER FLÜSSIGER STOFF, ÄTZEND, N.A.G., mit einem LC_{50}-Wert von höchstens 1000 ml/m^3 und einer gesättigten Dampfkonzentration von mindestens 10 LC_{50}	3390

Benennung und Beschreibung	Stoffnummer/ UN-Nummer
BEIM EINATMEN GIFTIGER FLÜSSIGER STOFF, ÄTZEND, N.A.G., mit einem LC_{50}-Wert von höchstens 200 ml/m³ und einer gesättigten Dampfkonzentration von mindestens 500 LC_{50}	3389
BEIM EINATMEN GIFTIGER FLÜSSIGER STOFF, ENTZÜNDBAR, ÄTZEND, N.A.G., mit einem LC_{50}-Wert von höchstens 1000 ml/m³ und einer gesättigten Dampfkonzentration von mindestens 10 LC_{50}	3489
BEIM EINATMEN GIFTIGER FLÜSSIGER STOFF, ENTZÜNDBAR, ÄTZEND, N.A.G., mit einem LC_{50}-Wert von höchstens 200 ml/m³ und einer gesättigten Dampfkonzentration von mindestens 500 LC_{50}	3488
BEIM EINATMEN GIFTIGER FLÜSSIGER STOFF, ENTZÜNDBAR, N.A.G., mit einem LC_{50}-Wert von höchstens 1000 ml/m³ und einer gesättigten Dampfkonzentration von mindestens 10 LC_{50}	3384
BEIM EINATMEN GIFTIGER FLÜSSIGER STOFF, ENTZÜNDBAR, N.A.G., mit einem LC_{50}-Wert von höchstens 200 ml/m³ und einer gesättigten Dampfkonzentration von mindestens 500 LC_{50}	3383
BEIM EINATMEN GIFTIGER FLÜSSIGER STOFF, ENTZÜNDEND (OXIDIEREND) WIRKEND, N.A.G., mit einem LC_{50}-Wert von höchstens 1000 ml/m³ und einer gesättigten Dampfkonzentration von mindestens 10 LC_{50}	3388
BEIM EINATMEN GIFTIGER FLÜSSIGER STOFF, ENTZÜNDEND (OXIDIEREND) WIRKEND, N.A.G., mit einem LC_{50}-Wert von höchstens 200 ml/m³ und einer gesättigten Dampfkonzentration von mindestens 500 LC_{50}	3387
BEIM EINATMEN GIFTIGER FLÜSSIGER STOFF, N.A.G., mit einem LC_{50}-Wert von höchstens 1000 ml/m³ und einer gesättigten Dampfkonzentration von mindestens 10 LC_{50}	3382
BEIM EINATMEN GIFTIGER FLÜSSIGER STOFF, N.A.G., mit einem LC_{50}-Wert von höchstens 200 ml/m³ und einer gesättigten Dampfkonzentration von mindestens 500 LC_{50}	3381
BEIM EINATMEN GIFTIGER FLÜSSIGER STOFF, MIT WASSER REAGIEREND, ENTZÜNDBAR, N.A.G., mit einem LC_{50}-Wert von höchstens 1000 ml/m³ und einer gesättigten Dampfkonzentration von mindestens 10 LC_{50}	3491
BEIM EINATMEN GIFTIGER FLÜSSIGER STOFF, MIT WASSER REAGIEREND, ENTZÜNDBAR, N.A.G., mit einem LC_{50}-Wert von höchstens 200 ml/m³ und einer gesättigten Dampfkonzentration von mindestens 500 LC_{50}	3490
BEIM EINATMEN GIFTIGER FLÜSSIGER STOFF, MIT WASSER REAGIEREND, N.A.G., mit einem LC_{50}-Wert von höchstens 1000 ml/m³ und einer gesättigten Dampfkonzentration von mindestens 10 LC_{50}	3386
BEIM EINATMEN GIFTIGER FLÜSSIGER STOFF, MIT WASSER REAGIEREND, N.A.G., mit einem LC_{50}-Wert von höchstens 200 ml/m³ und einer gesättigten Dampfkonzentration von mindestens 500 LC_{50}	3385
Beize: siehe	1263
Beize: siehe	3066
Beize: siehe	3469
Beize: siehe	3470
BENZALDEHYD	1990
BENZEN	1114
BENZENSULFONYLCHLORID	2225
BENZIDIN	1885
BENZIN	1203
BENZOCHINON	2587
BENZONITRIL	2224
BENZOTRICHLORID	2226
BENZOTRIFLUORID	2338
BENZOYLCHLORID	1736
BENZYLBROMID	1737
BENZYLCHLORFORMIAT	1739
BENZYLCHLORID	1738
Benzylcyanid: siehe	2470
BENZYLDIMETHYLAMIN	2619
BENZYLIDENCHLORID	1886
BENZYLIODID	2653

Benennung und Beschreibung	Stoffnummer/ UN-Nummer
BERYLLIUMNITRAT	2464
BERYLLIUM-PULVER	1567
BERYLLIUMVERBINDUNG, N.A.G.	1566
BESTANDTEILE, ZÜNDKETTE, N.A.G.	0382
BESTANDTEILE, ZÜNDKETTE, N.A.G.	0383
BESTANDTEILE, ZÜNDKETTE, N.A.G.	0384
BESTANDTEILE, ZÜNDKETTE, N.A.G.	0461
Bhusa	1327
BICYCLO-[2,2,1]-HEPTA-2,5-DIEN, STABILISIERT	2251
BIOLOGISCHER STOFF, KATEGORIE B	3373
BIOMEDIZINISCHER ABFALL, N.A.G.	3291
BIPYRIDILIUM-PESTIZID, FEST, GIFTIG	2781
BIPYRIDILIUM-PESTIZID, FLÜSSIG, ENTZÜNDBAR, GIFTIG, Flammpunkt unter 23 °C	2782
BIPYRIDILIUM-PESTIZID, FLÜSSIG, GIFTIG	3016
BIPYRIDILIUM-PESTIZID, FLÜSSIG, GIFTIG, ENTZÜNDBAR, mit einem Flammpunkt von 23 °C oder darüber	3015
Bisulfate, wässerige Lösung: siehe	2837
BLEIACETAT	1616
BLEIARSENATE	1617
BLEIARSENITE	1618
BLEIAZID, ANGEFEUCHTET mit mindestens 20 Masse-% Wasser oder einer Alkohol/Wasser-Mischung	0129
BLEICYANID	1620
BLEIDIOXID	1872
BLEINITRAT	1469
BLEIPERCHLORAT, FEST	1470
BLEIPERCHLORAT, LÖSUNG	3408
BLEIPHOSPHIT, ZWEIBASIG	2989
BLEISTYPHNAT, ANGEFEUCHTET mit mindestens 20 Masse-% Wasser oder einer Alkohol/Wasser-Mischung	0130
BLEISULFAT mit mehr als 3 % freier Säure	1794
BLEITRINITRORESORCINAT, ANGEFEUCHTET mit mindestens 20 Masse-% Wasser oder einer Alkohol/Wasser-Mischung	0130
BLEIVERBINDUNG, LÖSLICH, N.A.G.	2291
BLITZLICHTPULVER	0094
BLITZLICHTPULVER	0305
BOMBEN, BLITZLICHT	0037
BOMBEN, BLITZLICHT	0038
BOMBEN, BLITZLICHT	0039
BOMBEN, BLITZLICHT	0299
BOMBEN, DIE ENTZÜNDBARE FLÜSSIGKEIT ENTHALTEN, mit Sprengladung	0399
BOMBEN, DIE ENTZÜNDBARE FLÜSSIGKEIT ENTHALTEN, mit Sprengladung	0400
BOMBEN, mit Sprengladung	0033
BOMBEN, mit Sprengladung	0034
BOMBEN, mit Sprengladung	0035
BOMBEN, mit Sprengladung	0291
BORAT UND CHLORAT, MISCHUNG	1458
BORNEOL	1312
BORTRIBROMID	2692
BORTRICHLORID	1741

Benennung und Beschreibung	Stoffnummer/ UN-Nummer
BORTRIFLUORID	1008
BORTRIFLUORID, ADSORBIERT	3519
BORTRIFLUORIDDIETHYLETHERAT	2604
BORTRIFLUORID-DIHYDRAT	2851
BORTRIFLUORIDDIMETHYLETHERAT	2965
BORTRIFLUORID-ESSIGSÄURE-KOMPLEX, FEST	3419
BORTRIFLUORID-ESSIGSÄURE-KOMPLEX, FLÜSSIG	1742
BORTRIFLUORID-PROPIONSÄURE-KOMPLEX, FEST	3420
BORTRIFLUORID-PROPIONSÄURE-KOMPLEX, FLÜSSIG	1743
Bortrifluorid-Ether-Komplex: siehe	2604
BRENNSTOFFZELLEN-FAHRZEUG MIT ANTRIEB DURCH ENTZÜNDBARE FLÜSSIGKEIT	3166
BRENNSTOFFZELLEN-FAHRZEUG MIT ANTRIEB DURCH ENTZÜNDBARES GAS	3166
BRENNSTOFFZELLEN-KARTUSCHEN, ätzende Stoffe enthaltend	3477
BRENNSTOFFZELLEN-KARTUSCHEN, entzündbare flüssige Stoffe enthaltend	3473
BRENNSTOFFZELLEN-KARTUSCHEN IN AUSRÜSTUNGEN, ätzende Stoffe enthaltend	3477
BRENNSTOFFZELLEN-KARTUSCHEN IN AUSRÜSTUNGEN, entzündbare flüssige Stoffe enthaltend	3473
BRENNSTOFFZELLEN-KARTUSCHEN IN AUSRÜSTUNGEN, mit Wasser reagierende Stoffe enthaltend	3476
BRENNSTOFFZELLEN-KARTUSCHEN IN AUSRÜSTUNGEN, verflüssigtes entzündbares Gas enthaltend	3478
BRENNSTOFFZELLEN-KARTUSCHEN IN AUSRÜSTUNGEN, Wasserstoff in Metallhydrid enthaltend	3479
BRENNSTOFFZELLEN-KARTUSCHEN, MIT AUSRÜSTUNGEN VERPACKT, ätzende Stoffe enthaltend	3477
BRENNSTOFFZELLEN-KARTUSCHEN, MIT AUSRÜSTUNGEN VERPACKT, entzündbare flüssige Stoffe enthaltend	3473
BRENNSTOFFZELLEN-KARTUSCHEN, MIT AUSRÜSTUNGEN VERPACKT, mit Wasser reagierende Stoffe enthaltend	3476
BRENNSTOFFZELLEN-KARTUSCHEN, MIT AUSRÜSTUNGEN VERPACKT, verflüssigtes entzündbares Gas enthaltend	3478
BRENNSTOFFZELLEN-KARTUSCHEN, MIT AUSRÜSTUNGEN VERPACKT, Wasserstoff in Metallhydrid enthaltend	3479
BRENNSTOFFZELLEN-KARTUSCHEN, mit Wasser reagierende Stoffe enthaltend	3476
BRENNSTOFFZELLEN-KARTUSCHEN, verflüssigtes entzündbares Gas enthaltend	3478
BRENNSTOFFZELLEN-KARTUSCHEN, Wasserstoff in Metallhydrid enthaltend	3479
BRENNSTOFFZELLEN-MOTOR MIT ANTRIEB DURCH ENTZÜNDBARE FLÜSSIGKEIT	3528
BRENNSTOFFZELLEN-MOTOR MIT ANTRIEB DURCH ENTZÜNDBARES GAS	3529
BROM	1744
BROM, LÖSUNG	1744
BROMACETON	1569
omega-Bromacetophenon: siehe	2645
BROMACETYLBROMID	2513
BROMATE, ANORGANISCHE, N.A.G.	1450
BROMATE, ANORGANISCHE, WÄSSERIGE LÖSUNG, N.A.G.	3213
BROMBENZEN	2514
BROMBENZYLCYANIDE, FEST	3449
BROMBENZYLCYANIDE, FLÜSSIG	1694
1-BROMBUTAN	1126
2-BROMBUTAN	2339
BROMCHLORDIFLUORMETHAN	1974
BROMCHLORID	2901

Benennung und Beschreibung	Stoffnummer/ UN-Nummer
BROMCHLORMETHAN	1887
1-BROM-3-CHLORPROPAN	2688
BROMESSIGSÄURE, FEST	3425
BROMESSIGSÄURE, LÖSUNG	1938
2-BROMETHYLETHYLETHER	2340
1-BROM-3-METHYLBUTAN	2341
BROMMETHYLPROPANE	2342
2-BROM-2-NITROPROPAN-1,3-DIOL	3241
BROMOFORM	2515
BROMPENTAFLUORID	1745
2-BROMPENTAN	2343
BROMPROPANE	2344
3-BROMPROPIN	2345
BROMTRIFLUORETHYLEN	2419
BROMTRIFLUORID	1746
BROMTRIFLUORMETHAN	1009
BROMWASSERSTOFFSÄURE	1788
BROMWASSERSTOFF, WASSERFREI	1048
BRUCIN	1570
BUTADIENE, STABILISIERT (Buta-1,2-dien)	1010
BUTADIENE, STABILISIERT (Buta-1,3-dien)	1010
BUTADIENE UND KOHLENWASSERSTOFF, GEMISCH, STABILISIERT, das bei 70 °C einen Dampfdruck von nicht mehr als 1,1 MPa (11 bar) hat und dessen Dichte bei 50 °C den Wert von 0,525 kg/l nicht unterschreitet	1010
BUTAN	1011
BUTANDION	2346
BUTANOLE	1120
BUT-1-EN	1012
cis-BUT-2-EN	1012
trans-BUT-2-EN	1012
BUTENE, GEMISCH	1012
BUTIN-1,4-DIOL	2716
But-2-in: siehe	1144
BUTTERSÄURE	2820
BUTTERSÄUREANHYDRID	2739
BUTYLACETATE	1123
BUTYLACRYLATE, STABILISIERT	2348
n-BUTYLAMIN	1125
N-BUTYLANILIN	2738
BUTYLBENZENE	2709
n-Butylbromid: siehe	1126
n-BUTYLCHLORFORMIAT	2743
Butylchloride: siehe	1127
tert-BUTYLCYCLOHEXYLCHLORFORMIAT	2747
1,2-BUTYLENOXID, STABILISIERT	3022
n-BUTYLFORMIAT	1128
tert-BUTYLHYPOCHLORIT	3255
N,n-BUTYLIMIDAZOL	2690
n-BUTYLISOCYANAT	2485

Benennung und Beschreibung	Stoffnummer/ UN-Nummer
tert-BUTYLISOCYANAT	2484
BUTYLMERCAPTAN	2347
n-BUTYLMETHACRYLAT, STABILISIERT	2227
BUTYLMETHYLETHER	2350
BUTYLNITRITE	2351
BUTYLPHOSPHAT	1718
BUTYLPROPIONATE	1914
BUTYLTOLUENE	2667
BUTYLTRICHLORSILAN	1747
5-tert-BUTYL-2,4,6-TRINITRO-m-XYLEN	2956
BUTYLVINYLETHER, STABILISIERT	2352
BUTYRALDEHYD	1129
BUTYRALDOXIM	2840
BUTYRONITRIL	2411
BUTYRYLCHLORID	2353
CADMIUMVERBINDUNG	2570
CAESIUM	1407
CAESIUMHYDROXID	2682
CAESIUMHYDROXIDLÖSUNG	2681
CAESIUMNITRAT	1451
CALCIUM	1401
CALCIUM, PYROPHOR	1855
CALCIUMARSENAT	1573
CALCIUMARSENAT UND CALCIUMARSENIT, MISCHUNG, FEST	1574
CALCIUMCARBID	1402
CALCIUMCHLORAT	1452
CALCIUMCHLORAT, WÄSSERIGE LÖSUNG	2429
CALCIUMCHLORIT	1453
CALCIUMCYANAMID mit mehr als 0,1 Masse-% Calciumcarbid	1403
CALCIUMCYANID	1575
CALCIUMDITHIONIT	1923
CALCIUMHYDRID	1404
CALCIUMHYDROSULFIT	1923
CALCIUMHYPOCHLORIT, HYDRATISIERT, ÄTZEND mit mindestens 5,5 %, aber höchstens 16 % Wasser	3487
CALCIUMHYPOCHLORIT, HYDRATISIERTE MISCHUNG, ÄTZEND mit mindestens 5,5 %, aber höchstens 16 % Wasser	3487
CALCIUMHYPOCHLORIT, HYDRATISIERTE MISCHUNG mit mindestens 5,5 %, aber höchstens 16 % Wasser	2880
CALCIUMHYPOCHLORIT, HYDRATISIERT mit mindestens 5,5 %, aber höchstens 16 % Wasser	2880
CALCIUMHYPOCHLORIT, MISCHUNG, TROCKEN, ÄTZEND mit mehr als 10 %, aber höchstens 39 % aktivem Chlor	3486
CALCIUMHYPOCHLORIT, MISCHUNG, TROCKEN, ÄTZEND mit mehr als 39 % aktivem Chlor (8,8 % aktivem Sauerstoff)	3485
CALCIUMHYPOCHLORIT, MISCHUNG, TROCKEN mit mehr als 10 %, aber höchstens 39 % aktivem Chlor	2208
CALCIUMHYPOCHLORIT, MISCHUNG, TROCKEN, mit mehr als 39 % aktivem Chlor (8,8 % aktivem Sauerstoff)	1748
CALCIUMHYPOCHLORIT, TROCKEN	1748
CALCIUMHYPOCHLORIT, TROCKEN, ÄTZEND	3485

Benennung und Beschreibung	Stoffnummer/ UN-Nummer
CALCIUMLEGIERUNGEN, PYROPHOR	1855
CALCIUMMANGANSILICIUM	2844
CALCIUMNITRAT	1454
Calciumoxid	1910
CALCIUMPERCHLORAT	1455
CALCIUMPERMANGANAT	1456
CALCIUMPEROXID	1457
CALCIUMPHOSPHID	1360
CALCIUMRESINAT	1313
CALCIUMRESINAT, GESCHMOLZEN und erstarrt	1314
CALCIUMSILICID	1405
CAMPHER, synthetisch	2717
CAPRONSÄURE	2829
CARBAMAT-PESTIZID, FEST, GIFTIG	2757
CARBAMAT-PESTIZID, FLÜSSIG, ENTZÜNDBAR, GIFTIG, Flammpunkt unter 23 °C	2758
CARBAMAT-PESTIZID, FLÜSSIG, GIFTIG	2992
CARBAMAT-PESTIZID, FLÜSSIG, GIFTIG, ENTZÜNDBAR, mit einem Flammpunkt von 23 °C oder darüber	2991
CARBONYLFLUORID	2417
CARBONYLSULFID	2204
CER, Platten, Barren, Stangen	1333
CER, Späne oder Grieß	3078
CHEMIE-TESTSATZ	3316
CHEMIKALIE UNTER DRUCK, N.A.G.	3500
CHEMIKALIE UNTER DRUCK, ÄTZEND, N.A.G.	3503
CHEMIKALIE UNTER DRUCK, ENTZÜNDBAR, N.A.G.	3501
CHEMIKALIE UNTER DRUCK, ENTZÜNDBAR, ÄTZEND, N.A.G.	3505
CHEMIKALIE UNTER DRUCK, ENTZÜNDBAR, GIFTIG, N.A.G.	3504
CHEMIKALIE UNTER DRUCK, GIFTIG, N.A.G.	3502
CHEMISCHE PROBE, GIFTIG	3315
CHINOLIN	2656
CHLOR	1017
CHLOR, ADSORBIERT	3520
Chloracetaldehyd: siehe	2232
CHLORACETON, STABILISIERT	1695
CHLORACETONITRIL	2668
CHLORACETOPHENON, FEST	1697
CHLORACETOPHENON, FLÜSSIG	3416
CHLORACETYLCHLORID	1752
CHLORAL, WASSERFREI, STABILISIERT	2075
CHLORANILINE, FEST	2018
CHLORANILINE, FLÜSSIG	2019
CHLORANISIDINE	2233
CHLORAT UND MAGNESIUMCHLORID, MISCHUNG, FEST	1459
CHLORAT UND MAGNESIUMCHLORID, MISCHUNG, LÖSUNG	3407
CHLORATE, ANORGANISCHE, N.A.G.	1461
CHLORATE, ANORGANISCHE, WÄSSERIGE LÖSUNG, N.A.G.	3210
CHLORBENZEN	1134
CHLORBENZOTRIFLUORIDE	2234

Benennung und Beschreibung	Stoffnummer/ UN-Nummer
Chlorbenzotriflurid (o-, m-, p-): siehe	2234
CHLORBENZYLCHLORIDE, FEST	3427
CHLORBENZYLCHLORIDE, FLÜSSIG	2235
CHLORBUTANE	1127
CHLORCRESOLE, FEST	3437
CHLORCRESOLE, LÖSUNG	2669
CHLORCYAN, STABILISIERT	1589
1-CHLOR-1,1-DIFLUORETHAN	2517
CHLORDIFLUORMETHAN	1018
CHLORDIFLUORMETHAN UND CHLORPENTAFLUORETHAN, GEMISCH mit einem konstanten Siedepunkt, mit ca. 49 % Chlordifluormethan	1973
CHLORDINITROBENZENE, FEST	3441
CHLORDINITROBENZENE, FLÜSSIG	1577
CHLORESSIGSÄURE, FEST	1751
CHLORESSIGSÄURE, GESCHMOLZEN	3250
CHLORESSIGSÄURE, LÖSUNG	1750
2-CHLORETHANAL	2232
2-Chlorethanol: siehe	1135
CHLORFORMIATE, GIFTIG, ÄTZEND, N.A.G.	3277
CHLORFORMIATE, GIFTIG, ÄTZEND, ENTZÜNDBAR, N.A.G.	2742
CHLORITE, ANORGANISCHE, N.A.G.	1462
CHLORITLÖSUNG	1908
CHLORMETHYLCHLORFORMIAT	2745
CHLORMETHYLETHYLETHER	2354
3-CHLOR-4-METHYLPHENYLISOCYANAT, FEST	3428
3-CHLOR-4-METHYLPHENYLISOCYANAT, FLÜSSIG	2236
CHLORNITROANILINE	2237
CHLORNITROBENZENE, FEST	1578
CHLORNITROBENZENE, FLÜSSIG	3409
CHLORNITROTOLUENE, FEST	3457
CHLORNITROTOLUENE, FLÜSSIG	2433
CHLOROFORM	1888
CHLOROPREN, STABILISIERT	1991
CHLORPENTAFLUORETHAN	1020
CHLORPENTAFLUORID	2548
CHLORPHENOLATE, FEST	2905
CHLORPHENOLATE, FLÜSSIG	2904
CHLORPHENOLE, FEST	2020
CHLORPHENOLE, FLÜSSIG	2021
CHLORPHENYLTRICHLORSILAN	1753
CHLORPIKRIN	1580
CHLORPIKRIN, MISCHUNG, N.A.G.	1583
CHLORPIKRIN UND METHYLBROMID, GEMISCH mit mehr als 2 % Chlorpikrin	1581
CHLORPIKRIN UND METHYLCHLORID, GEMISCH	1582
1-CHLORPROPAN	1278
2-CHLORPROPAN	2356
1-CHLORPROPAN-2-OL	2611
3-CHLORPROPAN-1-OL	2849
2-CHLORPROPEN	2456

Benennung und Beschreibung	Stoffnummer/ UN-Nummer
alpha-CHLORPROPIONSÄURE	2511
2-CHLORPYRIDIN	2822
CHLORSÄURE, WÄSSERIGE LÖSUNG mit höchstens 10 % Säure	2626
CHLORSILANE, ÄTZEND, N.A.G.	2987
CHLORSILANE, ÄTZEND, ENTZÜNDBAR, N.A.G.	2986
CHLORSILANE, ENTZÜNDBAR, ÄTZEND, N.A.G.	2985
CHLORSILANE, GIFTIG, ÄTZEND, N.A.G.	3361
CHLORSILANE, GIFTIG, ÄTZEND, ENTZÜNDBAR, N.A.G.	3362
CHLORSILANE, MIT WASSER REAGIEREND, ENTZÜNDBAR, ÄTZEND, N.A.G.	2988
CHLORSULFONSÄURE mit oder ohne Schwefeltrioxid	1754
1-CHLOR-1,2,2,2-TETRAFLUORETHAN	1021
Chlortoluen (o-, m, p-): siehe	2238
CHLORTOLUENE	2238
CHLORTOLUIDINE, FEST	2239
CHLORTOLUIDINE, FLÜSSIG	3429
4-CHLOR-o-TOLUIDIN-HYDROCHLORID, FEST	1579
4-CHLOR-o-TOLUIDIN-HYDROCHLORID, LÖSUNG	3410
1-CHLOR-2,2,2-TRIFLUORETHAN	1983
CHLORTRIFLUORETHYLEN, STABILISIERT	1082
CHLORTRIFLUORID	1749
CHLORTRIFLUORMETHAN	1022
CHLORTRIFLUORMETHAN UND TRIFLUORMETHAN, AZEOTROPES GEMISCH mit ca. 60 % Chlortrifluormethan	2599
CHLORWASSERSTOFFSÄURE	1789
CHLORWASSERSTOFF, TIEFGEKÜHLT, FLÜSSIG	2186
CHLORWASSERSTOFF, WASSERFREI	1050
CHROMFLUORID, FEST	1756
CHROMFLUORID, LÖSUNG	1757
CHROMNITRAT	2720
CHROMOXYCHLORID	1758
CHROMSÄURE, LÖSUNG	1755
CHROMSCHWEFELSÄURE	2240
Chromtrifluorid, fest: siehe	1756
Chromtrifluorid, flüssig: siehe	1757
CHROMTRIOXID, WASSERFREI	1463
Chromylchlorid: siehe	1758
Chrysotil: siehe	2590
COBALTNAPHTHENAT-PULVER	2001
COBALTRESINAT, GEFÄLLT	1318
CRESOLE, FEST	3455
CRESOLE, FLÜSSIG	2076
CRESYLSÄURE	2022
CROTONALDEHYD	1143
CROTONALDEHYD, STABILISIERT	1143
CROTONSÄURE, FEST	2823
CROTONSÄURE, FLÜSSIG	3472
CROTONYLEN	1144
CUMARIN-PESTIZID, FEST, GIFTIG	3027
CUMARIN-PESTIZID, FLÜSSIG, ENTZÜNDEAR, GIFTIG, Flammpunkt unter 23 °C	3024

Benennung und Beschreibung	Stoffnummer/ UN-Nummer
CUMARIN-PESTIZID, FLÜSSIG, GIFTIG	3026
CUMARIN-PESTIZID, FLÜSSIG, GIFTIG, ENTZÜNDBAR, mit einem Flammpunkt von 23 °C oder darüber	3025
Cutback-Bitumen bei oder über 100 °C und unter seinem Flammpunkt: siehe	3257
Cutback-Bitumen mit einem Flammpunkt über 60 °C, bei oder über seinem Flammpunkt: siehe	3256
Cutback-Bitumen mit einem Flammpunkt von höchstens 60 °C: siehe	1999
CYANBROMID	1889
CYANID, LÖSUNG, N.A.G.	1935
CYANIDE, ANORGANISCH, FEST, N.A.G.	1588
CYANURCHLORID	2670
CYANWASSERSTOFFSÄURE, WÄSSERIGE LÖSUNG mit höchstens 20 % Cyanwasserstoff	1613
CYANWASSERSTOFF, STABILISIERT, mit weniger als 3 % Wasser	1051
CYANWASSERSTOFF, STABILISIERT, mit weniger als 3 % Wasser und aufgesaugt durch ein inertes poröses Material	1614
CYANWASSERSTOFF, WÄSSERIGE LÖSUNG mit höchstens 20 % Cyanwasserstoff	1613
CYANWASSERSTOFF, LÖSUNG IN ALKOHOL, mit höchstens 45 % Cyanwasserstoff	3294
CYCLOBUTAN	2601
CYCLOBUTYLCHLORFORMIAT	2744
1,5,9-CYCLODODECATRIEN	2518
CYCLOHEPTAN	2241
CYCLOHEPTATRIEN	2603
CYCLOHEPTEN	2242
CYCLOHEXAN	1145
CYCLOHEXANON	1915
CYCLOHEXEN	2256
CYCLOHEXENYLTRICHLORSILAN	1762
CYCLOHEXYLACETAT	2243
CYCLOHEXYLAMIN	2357
CYCLOHEXYLISOCYANAT	2488
CYCLOHEXYLMERCAPTAN	3054
CYCLOHEXYLTRICHLORSILAN	1763
CYCLONIT, ANGEFEUCHTET mit mindestens 15 Masse-% Wasser	0072
CYCLONIT, DESENSIBILISIERT	0483
CYCLONIT IN MISCHUNG MIT CYCLOTETRAMETHYLENTETRANITRAMIN, ANGEFEUCHTET mit mindestens 15 Masse-% Wasser	0391
CYCLONIT IN MISCHUNG MIT CYCLOTETRAMETHYLENTETRANITRAMIN, DESENSIBILISIERT mit mindestens 10 Masse-% Phlegmatisierungsmittel	0391
CYCLONIT IN MISCHUNG MIT HMX, ANGEFEUCHTET mit mindestens 15 Masse-% Wasser	0391
CYCLONIT IN MISCHUNG MIT HMX, DESENSIBILISIERT mit mindestens 10 Masse-% Phlegmatisierungsmittel	0391
CYCLONIT IN MISCHUNG MIT OKTOGEN, ANGEFEUCHTET mit mindestens 15 Masse-% Wasser	0391
CYCLONIT IN MISCHUNG MIT OKTOGEN, DESENSIBILISIERT mit mindestens 10 Masse-% Phlegmatisierungsmittel	0391
CYCLOOCTADIENE	2520
CYCLOOCTADIENPHOSPHINE	2940
CYCLOOCTATETRAEN	2358
CYCLOPENTAN	1146
CYCLOPENTANOL	2244
CYCLOPENTANON	2245
CYCLOPENTEN	2246

Benennung und Beschreibung	Stoffnummer/ UN-Nummer
CYCLOPROPAN	1027
CYCLOTETRAMETHYLENTETRANITRAMIN, ANGEFEUCHTET mit mindestens 15 Masse-% Wasser	0226
CYCLOTETRAMETHYLENTETRANITRAMIN, DESENSIBILISIERT	0484
CYCLOTRIMETHYLENTRINITRAMIN, ANGEFEUCHTET mit mindestens 15 Masse-% Wasser	0072
CYCLOTRIMETHYLENTRINITRAMIN, DESENSIBILISIERT	0483
CYCLOTRIMETHYLENTRINITRAMIN IN MISCHUNG MIT CYCLOTETRAMETHYLENTETRANITRAMIN, ANGEFEUCHTET mit mindestens 15 Masse-% Wasser	0391
CYCLOTRIMETHYLENTRINITRAMIN IN MISCHUNG MIT CYCLOTETRAMETHYLENTETRANITRAMIN, DESENSIBILISIERT mit mindestens 10 Masse-% Phlegmatisierungsmittel	0391
CYCLOTRIMETHYLENTRINITRAMIN IN MISCHUNG MIT HMX, ANGEFEUCHTET mit mindestens 15 Masse-% Wasser	0391
CYCLOTRIMETHYLENTRINITRAMIN IN MISCHUNG MIT HMX, DESENSIBILISIERT mit mindestens 10 Masse-% Phlegmatisierungsmittel	0391
CYCLOTRIMETHYLENTRINITRAMIN IN MISCHUNG MIT OKTOGEN, ANGEFEUCHTET mit mindestens 15 Masse-% Wasser	0391
CYCLOTRIMETHYLENTRINITRAMIN IN MISCHUNG MIT OKTOGEN, DESENSIBILISIERT mit mindestens 10 Masse-% Phlegmatisierungsmittel	0391
Cymen (o-, m- p-): siehe	2046
CYMENE	2046
DECABORAN	1868
DECAHYDRONAPHTHALEN	1147
Decalin: siehe	1147
n-DECAN	2247
DEFLAGRIERENDE METALLSALZE AROMATISCHER NITROVERBINDUNGEN, N.A.G.	0132
DESENSIBILISIERTER EXPLOSIVER FESTER STOFF, N.A.G.	3380
DESENSIBILISIERTER EXPLOSIVER FLÜSSIGER STOFF, N.A.G.	3379
DESINFEKTIONSMITTEL, FEST, GIFTIG, N.A.G.	1601
DESINFEKTIONSMITTEL, FLÜSSIG, ÄTZEND N.A.G.	1903
DESINFEKTIONSMITTEL, FLÜSSIG, GIFTIG, N.A.G.	3142
DETONATOREN FÜR MUNITION	0073
DETONATOREN FÜR MUNITION	0364
DETONATOREN FÜR MUNITION	0365
DETONATOREN FÜR MUNITION	0366
DEUTERIUM, VERDICHTET	1957
DIACETONALKOHOL ---	1148
DIACETONALKOHOL ---	1148
Diacetyl: siehe BIOLOGISCHER STOFF, KATEGORIE B	2346
DIALLYLAMIN	2359
DIALLYLETHER	2360
4,4'-DIAMINODIPHENYLMETHAN	2651
DI-n-AMYLAMIN	2841
DIAZODINITROPHENOL, ANGEFEUCHTET mit mindestens 40 Masse-% Wasser oder einer Alkohol/Wasser-Mischung	0074
DIBENZYLDICHLORSILAN	2434
DIBORAN	1911
1,2-DIBROMBUTAN-3-ON	2648
DIBROMCHLORPROPANE	2872
DIBROMDIFLUORMETHAN	1941
1,2-Dibromethan: siehe	1605
DIBROMMETHAN	2664

Benennung und Beschreibung	Stoffnummer/ UN-Nummer
DI-n-BUTYLAMIN	2248
DIBUTYLAMINOETHANOL	2873
DIBUTYLETHER	1149
1,3-DICHLORACETON	2649
DICHLORACETYLCHLORID	1765
DICHLORANILINE, FEST	3442
DICHLORANILINE, FLÜSSIG	1590
o-DICHLORBENZEN	1591
2,2'-DICHLORDIETHYLETHER	1916
DICHLORDIFLUORMETHAN	1028
DICHLORDIFLUORMETHAN UND 1,1-DIFLUORETHAN, AZEOTROPES GEMISCH mit ca. 74 % Dichlordifluormethan	2602
DICHLORDIMETHYLETHER, SYMMETRISCH	2249
DICHLORESSIGSÄURE	1764
1,1-DICHLORETHAN	2362
1,2-Dichlorethan: siehe	1184
1,2-DICHLORETHYLEN	1150
1,1-Dichlorethylen, stabilisiert: siehe	1303
alpha-Dichlorhydrin: siehe	2750
DICHLORISOCYANURSÄURESALZE	2465
DICHLORISOCYANURSÄURE, TROCKEN	2465
DICHLORISOPROPYLETHER	2490
DICHLORMETHAN	1593
DICHLORMONOFLUORMETHAN	1029
1,1-DICHLOR-1-NITROETHAN	2650
DICHLORPENTANE	1152
DICHLORPHENYLISOCYANATE	2250
DICHLORPHENYLTRICHLORSILAN	1766
1,2-DICHLORPROPAN	1279
1,3-DICHLORPROPAN-2-OL	2750
DICHLORPROPENE	2047
DICHLORSILAN	2189
1,2-DICHLOR-1,1,2,2-TETRAFLUORETHAN	1958
DICYAN	1026
DICYCLOHEXYLAMIN	2565
DICYCLOHEXYLAMMONIUMNITRIT	2687
DICYCLOPENTADIEN	2048
1,2-DI-(DIMETHYLAMINO)-ETHAN	2372
DIDYMIUMNITRAT	1465
DIESELKRAFTSTOFF	1202
1,1-Diethoxyethan: siehe	1088
1,2-Diethoxyethan: siehe	1153
DIETHOXYMETHAN	2373
3,3-DIETHOXYPROPEN	2374
DIETHYLAMIN	1154
2-DIETHYLAMINOETHANOL	2686
3-DIETHYLAMINO-PROPYLAMIN	2684
N,N-DIETHYLANILIN	2432
Diethylbenzen (o-, m-, p-): siehe	2049

Benennung und Beschreibung	Stoffnummer/ UN-Nummer
DIETHYLBENZEN	2049
DIETHYLCARBONAT	2366
DIETHYLDICHLORSILAN	1767
Diethylendiamin: siehe	2579
DIETHYLENGLYCOLDINITRAT, DESENSIBILISIERT mit mindestens 25 Masse-% nicht flüchtigem, wasserunlöslichem Phlegmatisierungsmittel	0075
DIETHYLENTRIAMIN	2079
DIETHYLETHER	1155
N,N-DIETHYLETHYLENDIAMIN	2685
DIETHYLKETON	1156
DIETHYLSULFAT	1594
DIETHYLSULFID	2375
DIETHYLTHIOPHOSPHORYLCHLORID	2751
Difluordibrommethan: siehe	1941
1,1-DIFLUORETHAN	1030
1,1-DIFLUORETHYLEN	1959
DIFLUORMETHAN	3252
Difluormethan, Pentafluorethan und 1,1,1,2-Tetrafluorethan, zeotropes Gemisch mit ca. 10 % Difluormethan und 70 % Pentafluorethan: siehe	3339
Difluormethan, Pentafluorethan und 1,1,1,2-Tetrafluorethan, zeotropes Gemisch mit ca. 20 % Difluormethan und 40 % Pentafluorethan: siehe	3338
Difluormethan, Pentafluorethan und 1,1,1,2-Tetrafluorethan, zeotropes Gemisch mit ca. 23 % Difluormethan und 25 % Pentafluorethan: siehe	3340
DIFLUORPHOSPHORSÄURE, WASSERFREI	1768
2,3-DIHYDROPYRAN	2376
DIISOBUTYLAMIN	2361
DIISOBUTYLEN, ISOMERE VERBINDUNGEN	2050
DIISOBUTYLKETON	1157
DIISOOCTYLPHOSPHAT	1902
DIISOPROPYLAMIN	1158
DIISOPROPYLETHER	1159
DIKETEN, STABILISIERT	2521
1,1-DIMETHOXYETHAN	2377
1,2-DIMETHOXYETHAN	2252
Dimethoxymethan: siehe	1234
DIMETHYLAMIN, WASSERFREI	1032
DIMETHYLAMIN, WÄSSERIGE LÖSUNG	1160
2-DIMETHYLAMINOACETONITRIL	2378
2-DIMETHYLAMINOETHANOL	2051
2-DIMETHYLAMINOETHYLACRYLAT, STABILISIERT	3302
2-DIMETHYLAMINOETHYLMETHACRYLAT	2522
N,N-DIMETHYLANILIN	2253
2,3-DIMETHYLBUTAN	2457
1,3-DIMETHYLBUTYLAMIN	2379
N,N-DIMETHYLCARBAMOYLCHLORID	2262
DIMETHYLCARBONAT	1161
DIMETHYLCYCLOHEXANE	2263
N,N-DIMETHYLCYCLOHEXYLAMIN	2264
DIMETHYLDICHLORSILAN	1162
DIMETHYLDIETHOXYSILAN	2380

Benennung und Beschreibung	Stoffnummer/ UN-Nummer
DIMETHYLDIOXANE	2707
DIMETHYLDISULFID	2381
DIMETHYLETHER	1033
N,N-DIMETHYLFORMAMID	2265
DIMETHYLHYDRAZIN, ASYMMETRISCH	1163
DIMETHYLHYDRAZIN, SYMMETRISCH	2382
2,2-DIMETHYLPROPAN	2044
DIMETHYL-N-PROPYLAMIN	2266
N,N-Dimethylpropylamin: siehe	2266
DIMETHYLSULFAT	1595
DIMETHYLSULFID	1164
DIMETHYLTHIOPHOSPHORYLCHLORID	2267
DINATRIUMTRIOXOSILICAT	3253
DINGU	0489
DINITROANILINE	1596
DINITROBENZENE, FEST	3443
DINITROBENZENE, FLÜSSIG	1597
DINITRO-o-CRESOL	1598
DINITROGLYCOLURIL	0489
DINITROPHENOL, ANGEFEUCHTET mit mindestens 15 Masse-% Wasser	1320
DINITROPHENOL, LÖSUNG	1599
DINITROPHENOL, trocken oder angefeuchtet mit weniger als 15 Masse-% Wasser	0076
DINITROPHENOLATE, ANGEFEUCHTET mit mindestens 15 Masse-% Wasser	1321
DINITROPHENOLATE der Alkalimetalle, trocken oder angefeuchtet mit weniger als 15 Masse-% Wasser	0077
DINITRORESORCINOL, ANGEFEUCHTET mit mindestens 15 Masse-% Wasser	1322
DINITRORESORCINOL, trocken oder angefeuchtet mit weniger als 15 Masse-% Wasser	0078
DINITROSOBENZEN	0406
DINITROTOLUENE, FEST	3454
DINITROTOLUENE, FLÜSSIG	2038
DINITROTOLUENE, GESCHMOLZEN	1600
DIOXAN	1165
DIOXOLAN	1166
DIPENTEN	2052
DIPHENYLAMINOCHLORARSIN	1698
DIPHENYLBROMMETHAN	1770
DIPHENYLCHLORARSIN, FEST	3450
DIPHENYLCHLORARSIN, FLÜSSIG	1699
DIPHENYLDICHLORSILAN	1769
DIPHENYLMETHAN-4,4'-DIISOCYANAT	9004
DIPIKRYLAMIN	0079
DIPIKRYLSULFID, ANGEFEUCHTET mit mindestens 10 Masse-% Wasser	2852
DIPIKRYLSULFID, trocken oder angefeuchtet mit weniger als 10 Masse-% Wasser	0401
DIPROPYLAMIN	2383
Dipropylendiamin: siehe	2269
DI-n-PROPYLETHER	2384
DIPROPYLKETON	2710
DISTICKSTOFFMONOXID	1070
DISTICKSTOFFMONOXID, TIEFGEKÜHLT, FLÜSSIG	2201

Benennung und Beschreibung	Stoffnummer/ UN-Nummer
DISTICKSTOFFTETROXID	1067
DISTICKSTOFFTRIOXID	2421
DIVINYLETHER, STABILISIERT	1167
DODECYLTRICHLORSILAN	1771
DRUCKFARBE, entzündbar	1210
DRUCKFARBZUBEHÖRSTOFFE (einschließlich Druckfarbverdünnung und -lösemittel), entzündbar	1210
DRUCKGASPACKUNGEN	1950
DRUCKLUFT	1002
DÜNGEMITTEL, LÖSUNG, mit freiem Ammoniak	1043
DÜSENKRAFTSTOFF	1863
EISENCER	1323
EISENCHLORID, WASSERFREI	1773
EISEN(II)ARSENAT	1608
EISEN(III)ARSENAT	1606
EISEN(III)ARSENIT	1607
EISEN(III)CHLORID, LÖSUNG	2582
Eisen(III)chlorid, wasserfrei: siehe	1773
EISEN(III)NITRAT	1466
EISENOXID, GEBRAUCHT, aus der Kokereigasreinigung	1376
EISENPENTACARBONYL	1994
EISEN-SCHWAMM, GEBRAUCHT, aus der Kokereigasreinigung	1376
EISESSIG	2789
Emaille: siehe	1263
Emaille: siehe	3066
Emaille: siehe	3469
Emaille: siehe	3470
ENTZÜNDBARE METALLHYDRIDE, N.A.G.	3182
ENTZÜNDBARE METALLSALZE ORGANISCHER VERBINDUNGEN, N.A.G.	3181
ENTZÜNDBARER ANORGANISCHER FESTER STOFF, N.A.G.	3178
ENTZÜNDBARER ANORGANISCHER FESTER STOFF, ÄTZEND, N.A.G.	3180
ENTZÜNDBARER ANORGANISCHER FESTER STOFF, GIFTIG, N.A.G.	3179
ENTZÜNDBARER FESTER STOFF, ENTZÜNDEND (OXIDIEREND) WIRKEND, N.A.G.	3097
ENTZÜNDBARER FLÜSSIGER STOFF, N.A.G.	1993
ENTZÜNDBARER FLÜSSIGER STOFF, ÄTZEND, N.A.G.	2924
ENTZÜNDBARER FLÜSSIGER STOFF, GIFTIG, N.A.G.	1992
ENTZÜNDBARER FLÜSSIGER STOFF, GIFTIG, ÄTZEND, N.A.G.	3286
ENTZÜNDBARER ORGANISCHER FESTER STOFF, N.A.G.	1325
ENTZÜNDBARER ORGANISCHER FESTER STOFF, ÄTZEND, N.A.G.	2925
ENTZÜNDBARER ORGANISCHER FESTER STOFF, GIFTIG, N.A.G.	2926
ENTZÜNDBARER ORGANISCHER FESTER STOFF IN GESCHMOLZENEM ZUSTAND, N.A.G.	3176
ENTZÜNDBARES METALLPULVER, N.A.G.	3089
ENTZÜNDEND (OXIDIEREND) WIRKENDER FESTER STOFF, N.A.G.	1479
ENTZÜNDEND (OXIDIEREND) WIRKENDER FESTER STOFF, ÄTZEND, N.A.G.	3085
ENTZÜNDEND (OXIDIEREND) WIRKENDER FESTER STOFF, ENTZÜNDBAR, N.A.G.	3137
ENTZÜNDEND (OXIDIEREND) WIRKENDER FESTER STOFF, GIFTIG, N.A.G.	3087
ENTZÜNDEND (OXIDIEREND) WIRKENDER FESTER STOFF, MIT WASSER REAGIEREND, N.A.G.	3121
ENTZÜNDEND (OXIDIEREND) WIRKENDER FESTER STOFF, SELBSTERHITZUNGSFÄHIG, N.A.G.	3100
ENTZÜNDEND (OXIDIEREND) WIRKENDER FLÜSSIGER STOFF, N.A.G.	3139

Benennung und Beschreibung	Stoffnummer/ UN-Nummer
ENTZÜNDEND (OXIDIEREND) WIRKENDER FLÜSSIGER STOFF, ÄTZEND, N.A.G.	3098
ENTZÜNDEND (OXIDIEREND) WIRKENDER FLÜSSIGER STOFF, GIFTIG, N.A.G.	3099
EPIBROMHYDRIN	2558
EPICHLORHYDRIN	2023
1,2-EPOXY-3-ETHOXYPROPAN	2752
ERDALKALIMETALLALKOHOLATE, N.A.G.	3205
ERDALKALIMETALLAMALGAM, FEST	3402
ERDALKALIMETALLAMALGAM, FLÜSSIG	1392
ERDALKALIMETALLDISPERSION	1391
ERDALKALIMETALLDISPERSION, ENTZÜNDBAR	3482
ERDALKALIMETALLLEGIERUNG, N.A.G.	1393
ERDGAS, TIEFGEKÜHLT, FLÜSSIG, mit hohem Methangehalt	1972
ERDGAS, VERDICHTET, mit hohem Methangehalt	1971
ERDÖLDESTILLATE, N.A.G.	1268
ERDÖLPRODUKTE, N.A.G.	1268
ERSTE-HILFE-AUSRÜSTUNG	3316
ERWÄRMTER FESTER STOFF, N.A.G., bei oder über 240 °C	3258
ERWÄRMTER FLÜSSIGER STOFF, N.A.G., bei oder über 100 °C und, bei Stoffen mit einem Flammpunkt, unter seinem Flammpunkt (einschließlich geschmolzenes Metall, geschmolzenes Salz usw.)	3257
ERWÄRMTER FLÜSSIGER STOFF, ENTZÜNDBAR, N.A.G., mit einem Flammpunkt über 60 °C, bei oder über seinem Flammpunkt	3256
ESSIGSÄUREANHYDRID	1715
ESSIGSÄURE, LÖSUNG mit mehr als 10 Masse-%, aber höchstens 80 Masse-% Säure	2790
ESSIGSÄURE, LÖSUNG mit mehr als 80 Masse-% Säure	2789
ESTER, N.A.G.	3272
ETHAN	1035
ETHAN, TIEFGEKÜHLT, FLÜSSIG	1961
Ethanal: siehe	1089
ETHANOL	1170
ETHANOLAMIN	2491
ETHANOLAMIN, LÖSUNG	2491
ETHANOL, LÖSUNG	1170
ETHANOL UND BENZIN, GEMISCH mit mehr als 10 % Ethanol	3475
ETHANOL UND OTTOKRAFTSTOFF, GEMISCH mit mehr als 10 % Ethanol	3475
ETHER, N.A.G.	3271
Ethoxyethanol: siehe	1171
Ethoxyethylacetate: siehe	1172
ETHYLACETAT	1173
ETHYLACETYLEN, STABILISIERT	2452
ETHYLACRYLAT, STABILISIERT	1917
ETHYLALKOHOL	1170
ETHYLALKOHOL, LÖSUNG	1170
ETHYLAMIN	1036
ETHYLAMIN, WÄSSERIGE LÖSUNG mit mindestens 50 Masse-% und höchstens 70 Masse-% Ethylamin	2270
ETHYLAMYLKETON	2271
2-ETHYLANILIN	2273
N-ETHYLANILIN	2272
ETHYLBENZEN	1175

Benennung und Beschreibung	Stoffnummer/ UN-Nummer
N-ETHYL-N-BENZYLANILIN	2274
N-ETHYL-N-BENZYLTOLUIDINE, FEST	3460
N-ETHYL-N-BENZYLTOLUIDINE, FLÜSSIG	2753
ETHYLBROMACETAT	1603
ETHYLBROMID	1891
2-ETHYLBUTANOL	2275
2-ETHYLBUTYLACETAT	1177
ETHYLBUTYLETHER	1179
2-ETHYLBUTYRALDEHYD	1178
ETHYLBUTYRAT	1180
Ethylcarbonat: siehe	2366
ETHYLCHLORACETAT	1181
ETHYLCHLORFORMIAT	1182
ETHYLCHLORID	1037
ETHYL-2-CHLORPROPIONAT	2935
ETHYLCHLORTHIOFORMIAT	2826
ETHYLCROTONAT	1862
ETHYLDICHLORARSIN	1892
ETHYLDICHLORSILAN	1183
ETHYLEN	1962
ETHYLEN, ACETYLEN UND PROPYLEN, GEMISCH, TIEFGEKÜHLT, FLÜSSIG, mit mindestens 71,5 % Ethylen, höchstens 22,5 % Acetylen und höchstens 6 % Propylen	3138
ETHYLEN, TIEFGEKÜHLT, FLÜSSIG	1038
ETHYLENCHLORHYDRIN	1135
ETHYLENDIAMIN	1604
ETHYLENDIBROMID	1605
ETHYLENDICHLORID	1184
ETHYLENGLYCOLDIETHYLETHER	1153
ETHYLENGLYCOLMONOETHYLETHER	1171
ETHYLENGLYCOLMONOETHYLETHERACETAT	1172
ETHYLENGLYCOLMONOMETHYLETHER	1188
ETHYLENGLYCOLMONOMETHYLETHERACETAT	1189
ETHYLENIMIN, STABILISIERT	1185
ETHYLENOXID	1040
ETHYLENOXID MIT STICKSTOFF bis zu einem Gesamtdruck von 1 MPa (10 bar) bei 50 °C	1040
ETHYLENOXID UND CHLORTETRAFLUORETHAN, GEMISCH mit höchstens 8,8 % Ethylenoxid	3297
ETHYLENOXID UND DICHLORDIFLUORMETHAN, GEMISCH mit höchstens 12,5 % Ethylenoxid	3070
ETHYLENOXID UND KOHLENDIOXID, GEMISCH mit höchstens 9 % Ethylenoxid	1952
ETHYLENOXID UND KOHLENDIOXID, GEMISCH mit mehr als 87 % Ethylenoxid	3300
ETHYLENOXID UND KOHLENDIOXID, GEMISCH mit mehr als 9 %, aber höchstens 87 % Ethylenoxid	1041
ETHYLENOXID UND PENTAFLUORETHAN, GEMISCH mit höchstens 7,9 % Ethylenoxid	3298
ETHYLENOXID UND PROPYLENOXID, MISCHUNG mit höchstens 30 % Ethylenoxid	2983
ETHYLENOXID UND TETRAFLUORETHAN, GEMISCH mit höchstens 5,6 % Ethylenoxid	3299
ETHYLETHER	1155
ETHYLFLUORID	2453
ETHYLFORMIAT	1190
2-Ethylhexaldehyd: siehe	1191
3-Ethylhexaldehyd: siehe	1191

Benennung und Beschreibung	Stoffnummer/ UN-Nummer
Ethylhexaldehyde: siehe	1191
2-ETHYLHEXYLAMIN	2276
2-ETHYLHEXYLCHLORFORMIAT	2748
ETHYLISOBUTYRAT	2385
ETHYLISOCYANAT	2481
ETHYLLACTAT	1192
ETHYLMERCAPTAN	2363
ETHYLMETHACRYLAT, STABILISIERT	2277
ETHYLMETHYLETHER	1039
ETHYLMETHYLKETON	1193
ETHYLNITRIT, LÖSUNG	1194
ETHYLORTHOFORMIAT	2524
ETHYLOXALAT	2525
ETHYLPHENYLDICHLORSILAN	2435
1-ETHYLPIPERIDIN	2386
ETHYLPROPIONAT	1195
ETHYLPROPYLETHER	2615
N-ETHYLTOLUIDINE	2754
ETHYLTRICHLORSILAN	1196
EXPLOSIVE STOFFE, N.A.G.	0357
EXPLOSIVE STOFFE, N.A.G.	0358
EXPLOSIVE STOFFE, N.A.G.	0359
EXPLOSIVE STOFFE, N.A.G.	0473
EXPLOSIVE STOFFE, N.A.G.	0474
EXPLOSIVE STOFFE, N.A.G.	0475
EXPLOSIVE STOFFE, N.A.G.	0476
EXPLOSIVE STOFFE, N.A.G.	0477
EXPLOSIVE STOFFE, N.A.G.	0478
EXPLOSIVE STOFFE, N.A.G.	0479
EXPLOSIVE STOFFE, N.A.G.	0480
EXPLOSIVE STOFFE, N.A.G.	0481
EXPLOSIVE STOFFE, N.A.G.	0485
EXPLOSIVE STOFFE, SEHR UNEMPFINDLICH, N.A.G.	0482
EXPLOSIVSTOFF, MUSTER, außer Initialsprengstoff	0190
EXTRAKTE, AROMATISCH, FLÜSSIG	1169
EXTRAKTE, GESCHMACKSTOFFE, FLÜSSIG	1197
FAHRZEUG MIT ANTRIEB DURCH ENTZÜNDBARE FLÜSSIGKEIT	3166
FAHRZEUG MIT ANTRIEB DURCH ENTZÜNDBARES GAS	3166
FALLLOTE, MIT EXPLOSIVSTOFF	0204
FALLLOTE, MIT EXPLOSIVSTOFF	0296
FALLLOTE, MIT EXPLOSIVSTOFF	0374
FALLLOTE, MIT EXPLOSIVSTOFF	0375
FARBE, ÄTZEND, ENTZÜNDBAR (einschließlich Farbe, Lack, Emaille, Beize, Schellack, Firnis, Politur, flüssiger Füllstoff und flüssige Lackgrundlage)	3470
FARBE (einschließlich Farbe, Lack, Emaille, Beize, Schellack, Firnis, Politur, flüssiger Füllstoff und flüssige Lackgrundlage)	1263
FARBE (einschließlich Farbe, Lack, Emaille, Beize, Schellack, Firnis, Politur, flüssiger Füllstoff und flüssige Lackgrundlage)	3066
FARBE, ENTZÜNDBAR, ÄTZEND (einschließlich Farbe, Lack, Emaille, Beize, Schellack, Firnis, Politur, flüssiger Füllstoff und flüssige Lackgrundlage)	3469

Benennung und Beschreibung	Stoffnummer/ UN-Nummer
Farblösemittel: siehe	1263
Farblösemittel: siehe	3066
Farblösemittel: siehe	3469
Farblösemittel: siehe	3470
FARBSTOFF, FEST, ÄTZEND, N.A.G.	3147
FARBSTOFF, FEST, GIFTIG, N.A.G.	3143
FARBSTOFF, FLÜSSIG, ÄTZEND, N.A.G.	2801
FARBSTOFF, FLÜSSIG, GIFTIG, N.A.G.	1602
FARBSTOFFZWISCHENPRODUKT, FEST, ÄTZEND, N.A.G.	3147
FARBSTOFFZWISCHENPRODUKT, FEST, GIFTIG, N.A.G.	3143
FARBSTOFFZWISCHENPRODUKT, FLÜSSIG, ÄTZEND, N.A.G.	2801
FARBSTOFFZWISCHENPRODUKT, FLÜSSIG, GIFTIG, N.A.G.	1602
Farbverdünnung: siehe	1263
Farbverdünnung: siehe	3066
Farbverdünnung: siehe	3469
Farbverdünnung: siehe	3470
FARBZUBEHÖRSTOFFE (einschließlich Farbverdünnung und -lösemittel)	1263
FARBZUBEHÖRSTOFFE (einschließlich Farbverdünnung und -lösemittel)	3066
FARBZUBEHÖRSTOFFE, ÄTZEND, ENTZÜNDBAR (einschließlich Farbverdünnung und -lösemittel)	3470
FARBZUBEHÖRSTOFFE, ENTZÜNDBAR, ÄTZEND (einschließlich Farbverdünnung und -lösemittel)	3469
FASERN, IMPRÄGNIERT MIT SCHWACH NITRIERTER CELLULOSE, N.A.G.	1353
Fasern, pflanzlichen Ursprungs, gebrannt, nass oder feucht	1372
Fasern, pflanzlichen Ursprungs, trocken	3360
FASERN, TIERISCHEN oder PFLANZLICHEN oder SYNTHETISCHEN URSPRUNGS, N.A.G., imprägniert mit Öl	1373
Fasern, tierischen Ursprungs, gebrannt, nass oder feucht	1372
FERROSILICIUM mit mindestens 30 Masse-%, aber weniger als 90 Masse-% Silicium	1408
FESTE STOFFE, DIE ENTZÜNDBARE FLÜSSIGE STOFFE mit einem Flammpunkt von höchstens 60 °C ENTHALTEN, N.A.G.	3175
FESTE STOFFE MIT ÄTZENDEM FLÜSSIGEM STOFF, N.A.G.	3244
FESTE STOFFE MIT GIFTIGEM FLÜSSIGEM STOFF, N.A.G.	3243
Fester Stoff, den für die Luftfahrt geltenden Vorschriften unterliegend, n.a.g.	3335
FEUERANZÜNDER, FEST, mit entzündbarem flüssigem Stoff getränkt	2623
FEUERLÖSCHER-LADUNGEN, ätzender flüssiger Stoff	1774
FEUERLÖSCHER mit verdichtetem oder verflüssigtem Gas	1044
FEUERWERKSKÖRPER	0333
FEUERWERKSKÖRPER	0334
FEUERWERKSKÖRPER	0335
FEUERWERKSKÖRPER	0336
FEUERWERKSKÖRPER	0337
FEUERZEUGE mit entzündbarem Gas	1057
FILME AUF NITROCELLULOSEBASIS, gelatiniert	1324
Firnis: siehe	1263
Firnis: siehe	3066
Firnis: siehe	3469
Firnis: siehe	3470
FISCHABFALL, NICHT STABILISIERT	1374
Fischabfälle, stabilisiert	2216
FISCHMEHL, NICHT STABILISIERT	1374

Benennung und Beschreibung	Stoffnummer/ UN-Nummer
Fischmehl, stabilisiert	2216
Flugzeugnotrutschen: siehe	2990
Flugzeugüberlebensausrüstungen: siehe	2990
FLUOR, VERDICHTET	1045
FLUORANILINE	2941
FLUORBENZEN	2387
FLUORBORSÄURE	1775
FLUORESSIGSÄURE	2642
FLUORKIESELSÄURE	1778
FLUOROSILICATE, N.A.G.	2856
FLUORPHOSPHORSÄURE, WASSERFREI	1776
FLUORSULFONSÄURE	1777
FLUORTOLUENE	2388
FLUORWASSERSTOFF, WASSERFREI	1052
FLUORWASSERSTOFFSÄURE	1790
FLUORWASSERSTOFFSÄURE UND SCHWEFELSÄURE, MISCHUNG	1786
flüssige Lackgrundlage: siehe	1263
flüssige Lackgrundlage: siehe	3066
flüssige Lackgrundlage: siehe	3469
flüssige Lackgrundlage: siehe	3470
flüssiger Füllstoff: siehe	1263
flüssiger Füllstoff: siehe	3066
flüssiger Füllstoff: siehe	3469
flüssiger Füllstoff: siehe	3470
Flüssiger Stoff, den für die Luftfahrt geltenden Vorschriften unterliegend, n.a.g.	3334
FORMALDEHYDLÖSUNG, ENTZÜNDBAR	1198
FORMALDEHYDLÖSUNG mit mindestens 25 % Formaldehyd	2209
FÜLLSPRENGKÖRPER	0060
FUMARYLCHLORID	1780
FURALDEHYDE	1199
FURAN	2389
Furfural: siehe	1199
FURFURYLALKOHOL	2874
FURFURYLAMIN	2526
FUSELÖL	1201
GALLIUM	2803
GAS ALS KÄLTEMITTEL, N.A.G.	1078
GAS ALS KÄLTEMITTEL R 1113	1082
GAS ALS KÄLTEMITTEL R 114	1958
GAS ALS KÄLTEMITTEL R 115	1020
GAS ALS KÄLTEMITTEL R 116	2193
GAS ALS KÄLTEMITTEL R 12	1028
GAS ALS KÄLTEMITTEL R 1216	1858
GAS ALS KÄLTEMITTEL R 124	1021
GAS ALS KÄLTEMITTEL R 125	3220
GAS ALS KÄLTEMITTEL R 13	1022
GAS ALS KÄLTEMITTEL R 1318	2422
GAS ALS KÄLTEMITTEL R 14	1982
GAS ALS KÄLTEMITTEL R 161	2453

Benennung und Beschreibung	Stoffnummer/ UN-Nummer
GAS ALS KÄLTEMITTEL R 21	1029
GAS ALS KÄLTEMITTEL R 218	2424
GAS ALS KÄLTEMITTEL R 22	1018
GAS ALS KÄLTEMITTEL R 227	3296
GAS ALS KÄLTEMITTEL R 23	1984
GAS ALS KÄLTEMITTEL R 32	3252
GAS ALS KÄLTEMITTEL R 40	1063
GAS ALS KÄLTEMITTEL R 41	2454
GAS ALS KÄLTEMITTEL R 500	2602
GAS ALS KÄLTEMITTEL R 502	1973
GAS ALS KÄLTEMITTEL R 503	2599
GAS ALS KÄLTEMITTEL R 1132a	1959
GAS ALS KÄLTEMITTEL R 133a	1983
GAS ALS KÄLTEMITTEL R 134a	3159
GAS ALS KÄLTEMITTEL R 143a	2035
GAS ALS KÄLTEMITTEL R 152a	1030
GAS ALS KÄLTEMITTEL R 404A	3337
GAS ALS KÄLTEMITTEL R 407A	3338
GAS ALS KÄLTEMITTEL R 12B1	1974
GAS ALS KÄLTEMITTEL R 13B1	1009
GAS ALS KÄLTEMITTEL R 142b	2517
GAS ALS KÄLTEMITTEL R 407B	3339
GAS ALS KÄLTEMITTEL R 407C	3340
GAS ALS KÄLTEMITTEL RC 318	1976
GASÖL	1202
GASPATRONEN, ohne Entnahmeeinrichtung, nicht nachfüllbar	2037
GASPROBE, NICHT UNTER DRUCK STEHEND, ENTZÜNDBAR, N.A.G., nicht tiefgekühlt flüssig	3167
GASPROBE, NICHT UNTER DRUCK STEHEND, GIFTIG, ENTZÜNDBAR, N.A.G., nicht tiefgekühlt flüssig	3168
GASPROBE, NICHT UNTER DRUCK STEHEND, GIFTIG, N.A.G., nicht tiefgekühlt flüssig	3169
GAS, TIEFGEKÜHLT, FLÜSSIG, N.A.G.	3158
GAS, TIEFGEKÜHLT, FLÜSSIG, ENTZÜNDBAR, N.A.G.	3312
GAS, TIEFGEKÜHLT, FLÜSSIG, OXIDIEREND, N.A.G.	3311
GEFÄHRLICHE GÜTER IN GERÄTEN	3363
GEFÄHRLICHE GÜTER IN MASCHINEN	3363
GEFÄSSE, KLEIN, MIT GAS, ohne Entnahmeeinrichtung, nicht nachfüllbar	2037
GEFECHTSKÖPFE, RAKETE, mit Sprengladung	0286
GEFECHTSKÖPFE, RAKETE, mit Sprengladung	0287
GEFECHTSKÖPFE, RAKETE, mit Sprengladung	0369
GEFECHTSKÖPFE, RAKETE, mit Zerleger oder Ausstoßladung	0370
GEFECHTSKÖPFE, RAKETE, mit Zerleger oder Ausstoßladung	0371
GEFECHTSKÖPFE, TORPEDO, mit Sprengladung	0221
GEGENSTÄNDE, DIE EINEN ÄTZENDEN STOFF ENTHALTEN, N.A.G.	3547
GEGENSTÄNDE, DIE EINEN ENTZÜNDBAREN FESTEN STOFF ENTHALTEN, N.A.G.	3541
GEGENSTÄNDE, DIE EINEN ENTZÜNDBAREN FLÜSSIGEN STOFF ENTHALTEN, N.A.G.	3540
GEGENSTÄNDE, DIE EINEN ENTZÜNDEND (OXIDIEREND) WIRKENDEN STOFF ENTHALTEN, N.A.G.	3544
GEGENSTÄNDE, DIE EINEN GIFTIGEN STOFF ENTHALTEN, N.A.G.	3546
GEGENSTÄNDE, DIE EINEN SELBSTENTZÜNDLICHEN STOFF ENTHALTEN, N.A.G.	3542

Benennung und Beschreibung	Stoffnummer/ UN-Nummer
GEGENSTÄNDE, DIE EINEN STOFF ENTHALTEN, DER IN BERÜHRUNG MIT WASSER ENTZÜNDBARE GASE ENTWICKELT, N.A.G.	3543
GEGENSTÄNDE, DIE ENTZÜNDBARES GAS ENTHALTEN, N.A.G.	3537
GEGENSTÄNDE, DIE GIFTIGES GAS ENTHALTEN, N.A.G.	3539
GEGENSTÄNDE, DIE NICHT ENTZÜNDBARES, NICHT GIFTIGES GAS ENTHALTEN, N.A.G.	3538
GEGENSTÄNDE, DIE ORGANISCHES PEROXID ENTHALTEN, N.A.G.	3545
GEGENSTÄNDE, DIE VERSCHIEDENE GEFÄHRLICHE GÜTER ENTHALTEN, N.A.G.	3548
GEGENSTÄNDE, EEI	0486
GEGENSTÄNDE MIT EXPLOSIVSTOFF, N.A.G.	0349
GEGENSTÄNDE MIT EXPLOSIVSTOFF, N.A.G.	0350
GEGENSTÄNDE MIT EXPLOSIVSTOFF, N.A.G.	0351
GEGENSTÄNDE MIT EXPLOSIVSTOFF, N.A.G.	0352
GEGENSTÄNDE MIT EXPLOSIVSTOFF, N.A.G.	0353
GEGENSTÄNDE MIT EXPLOSIVSTOFF, N.A.G.	0354
GEGENSTÄNDE MIT EXPLOSIVSTOFF, N.A.G.	0355
GEGENSTÄNDE MIT EXPLOSIVSTOFF, N.A.G.	0356
GEGENSTÄNDE MIT EXPLOSIVSTOFF, N.A.G.	0462
GEGENSTÄNDE MIT EXPLOSIVSTOFF, N.A.G.	0463
GEGENSTÄNDE MIT EXPLOSIVSTOFF, N.A.G.	0464
GEGENSTÄNDE MIT EXPLOSIVSTOFF, N.A.G.	0465
GEGENSTÄNDE MIT EXPLOSIVSTOFF, N.A.G.	0466
GEGENSTÄNDE MIT EXPLOSIVSTOFF, N.A.G.	0467
GEGENSTÄNDE MIT EXPLOSIVSTOFF, N.A.G.	0468
GEGENSTÄNDE MIT EXPLOSIVSTOFF, N.A.G.	0469
GEGENSTÄNDE MIT EXPLOSIVSTOFF, N.A.G.	0470
GEGENSTÄNDE MIT EXPLOSIVSTOFF, N.A.G.	0471
GEGENSTÄNDE MIT EXPLOSIVSTOFF, N.A.G.	0472
GEGENSTÄNDE MIT EXPLOSIVSTOFF, EXTREM UNEMPFINDLICH	0486
GEGENSTÄNDE, PYROPHOR	0380
GEGENSTÄNDE UNTER HYDRAULISCHEM DRUCK (mit nicht entzündbarem Gas)	3164
GEGENSTÄNDE UNTER PNEUMATISCHEM DRUCK (mit nicht entzündbarem Gas)	3164
Gemisch A: siehe	1965
Gemisch A 0: siehe	1965
Gemisch A 01: siehe	1965
Gemisch A 02: siehe	1965
Gemisch A 1: siehe	1965
Gemisch B: siehe	1965
Gemisch B 1: siehe	1965
Gemisch B 2: siehe	1965
Gemisch C: siehe	1965
Gemische aus festen Stoffen, die entzündbare flüssige Stoffe mit einem Flammpunkt von höchstens 60 °C enthalten: siehe	3175
GEMISCHE AUS SALPETERSÄURE UND SALZSÄURE	1798
Gemisch F 1: siehe	1078
Gemisch F 2: siehe	1078
Gemisch F 3: siehe	1078
Gemisch P 1: siehe	1060
Gemisch P 2: siehe	1060
Gemisch von Methylacetylen und Propadien mit Kohlenwasserstoffen: siehe	1060

Benennung und Beschreibung	Stoffnummer/ UN-Nummer
GENETISCH VERÄNDERTE MIKROORGANISMEN	3245
GENETISCH VERÄNDERTE ORGANISMEN	3245
GERÄTE, KLEIN, MIT KOHLENWASSERSTOFFGAS, mit Entnahmeeinrichtung	3150
GERMAN	2192
GERMAN, ADSORBIERT	3523
GERMANIUMWASSERSTOFF	2192
GERMANIUMWASSERSTOFF, ADSORBIERT	3523
GERMANIUMWASSERSTOFF (GERMAN), ADSORBIERT	3523
GESCHOSSE, inert, mit Leuchtspurmitteln	0345
GESCHOSSE, inert, mit Leuchtspurmitteln	0424
GESCHOSSE, inert, mit Leuchtspurmitteln	0425
GESCHOSSE, mit Sprengladung	0167
GESCHOSSE, mit Sprengladung	0168
GESCHOSSE, mit Sprengladung	0169
GESCHOSSE, mit Sprengladung	0324
GESCHOSSE, mit Sprengladung	0344
GESCHOSSE, mit Zerleger oder Ausstoßladung	0346
GESCHOSSE, mit Zerleger oder Ausstoßladung	0347
GESCHOSSE, mit Zerleger oder Ausstoßladung	0426
GESCHOSSE, mit Zerleger oder Ausstoßladung	0427
GESCHOSSE, mit Zerleger oder Ausstoßladung	0434
GESCHOSSE, mit Zerleger oder Ausstoßladung	0435
GEWEBE, IMPRÄGNIERT MIT SCHWACH NITRIERTER CELLULOSE, N.A.G.	1353
GEWEBE, TIERISCHEN oder PFLANZLICHEN oder SYNTHETISCHEN URSPRUNGS, N.A.G., imprägniert mit Öl	1373
GIFTIGER ANORGANISCHER FESTER STOFF, N.A.G.	3288
GIFTIGER ANORGANISCHER FESTER STOFF, ÄTZEND, N.A.G.	3290
GIFTIGER ANORGANISCHER FESTER STOFF, ENTZÜNDBAR, N.A.G.	3535
GIFTIGER ANORGANISCHER FLÜSSIGER STOFF, N.A.G.	3287
GIFTIGER ANORGANISCHER FLÜSSIGER STOFF, ÄTZEND, N.A.G.	3289
GIFTIGER FESTER STOFF, ENTZÜNDEND (OXIDIEREND) WIRKEND, N.A.G.	3086
GIFTIGER FESTER STOFF, MIT WASSER REAGIEREND, N.A.G.	3125
GIFTIGER FESTER STOFF, SELBSTERHITZUNGSFÄHIG, N.A.G.	3124
GIFTIGER FLÜSSIGER STOFF, ENTZÜNDEND (OXIDIEREND) WIRKEND, N.A.G.	3122
GIFTIGER FLÜSSIGER STOFF, MIT WASSER REAGIEREND, N.A.G.	3123
GIFTIGER ORGANISCHER FESTER STOFF, N.A.G.	2811
GIFTIGER ORGANISCHER FESTER STOFF, ÄTZEND, N.A.G.	2928
GIFTIGER ORGANISCHER FESTER STOFF, ENTZÜNDBAR, N.A.G.	2930
GIFTIGER ORGANISCHER FLÜSSIGER STOFF, N.A.G.	2810
GIFTIGER ORGANISCHER FLÜSSIGER STOFF, ÄTZEND, N.A.G.	2927
GIFTIGER ORGANISCHER FLÜSSIGER STOFF, ENTZÜNDBAR, N.A.G.	2929
GLYCEROL-alpha-MONOCHLORHYDRIN	2689
GLYCIDALDEHYD	2622
GRANATEN, Hand oder Gewehr, mit Sprengladung	0284
GRANATEN, Hand oder Gewehr, mit Sprengladung	0285
GRANATEN, Hand oder Gewehr, mit Sprengladung	0292
GRANATEN, Hand oder Gewehr, mit Sprengladung	0293
GRANATEN, ÜBUNG, Hand oder Gewehr	0110
GRANATEN, ÜBUNG, Hand oder Gewehr	0318

Benennung und Beschreibung	Stoffnummer/ UN-Nummer
GRANATEN, ÜBUNG, Hand oder Gewehr	0372
GRANATEN, ÜBUNG, Hand oder Gewehr	0452
GUANIDINNITRAT	1467
GUANYLNITROSAMINOGUANYLIDENHYDRAZIN, ANGEFEUCHTET mit mindestens 30 Masse-% Wasser	0113
GUANYLNITROSAMINOGUANYLTETRAZEN, ANGEFEUCHTET mit mindestens 30 Masse-% Wasser oder einer Alkohol/Wasser-Mischung	0114
Gummi-Abfälle, gemahlen: siehe	1345
GUMMILÖSUNG	1287
Gummi-Reste, pulverförmig oder granuliert: siehe	1345
Gurtstraffer: siehe	0503
Gurtstraffer: siehe	3268
HAFNIUM-PULVER, ANGEFEUCHTET mit mindestens 25 % Wasser	1326
HAFNIUM-PULVER, TROCKEN	2545
HALOGENIERTE MONOMETHYLDIPHENYLMETHANE, FEST	3152
HALOGENIERTE MONOMETHYLDIPHENYLMETHANE, FLÜSSIG	3151
HARNSTOFFNITRAT, ANGEFEUCHTET mit mindestens 10 Masse-% Wasser	3370
HARNSTOFFNITRAT, ANGEFEUCHTET mit mindestens 20 Masse-% Wasser	1357
HARNSTOFFNITRAT, trocken oder angefeuchtet mit weniger als 20 Masse-% Wasser	0220
HARNSTOFFWASSERSTOFFPEROXID	1511
HARZLÖSUNG, entzündbar	1866
HARZÖL	1286
HEIZÖL, LEICHT	1202
HELIUM, TIEFGEKÜHLT, FLÜSSIG	1963
HELIUM, VERDICHTET	1046
HEPTAFLUORPROPAN	3296
n-HEPTALDEHYD	3056
HEPTANE	1206
n-HEPTEN	2278
Heu	1327
HEXACHLORACETON	2661
HEXACHLORBENZEN	2729
HEXACHLORBUTADIEN	2279
HEXACHLORCYCLOPENTADIEN	2646
HEXACHLOROPHEN	2875
HEXACHLORPLATINSÄURE, FEST	2507
HEXADECYLTRICHLORSILAN	1781
HEXADIENE	2458
HEXAETHYLTETRAPHOSPHAT	1611
HEXAETHYLTETRAPHOSPHAT UND VERDICHTETES GAS, GEMISCH	1612
HEXAFLUORACETON	2420
HEXAFLUORACETONHYDRAT, FEST	3436
HEXAFLUORACETONHYDRAT, FLÜSSIG	2552
HEXAFLUORETHAN	2193
HEXAFLUORPHOSPHORSÄURE	1782
HEXAFLUORPROPYLEN	1858
HEXALDEHYD	1207
HEXAMETHYLENDIAMIN, FEST	2280
HEXAMETHYLENDIAMIN, LÖSUNG	1783

Benennung und Beschreibung	Stoffnummer/ UN-Nummer
HEXAMETHYLENDIISOCYANAT	2281
HEXAMETHYLENIMIN	2493
HEXAMETHYLENTETRAMIN	1328
HEXANE	1208
HEXANITRODIPHENYLAMIN	0079
HEXANITROSTILBEN	0392
HEXANOLE	2282
HEX-1-EN	2370
HEXOGEN, ANGEFEUCHTET mit mindestens 15 Masse-% Wasser	0072
HEXOGEN, DESENSIBILISIERT	0483
HEXOGEN IN MISCHUNG MIT CYCLOTETRAMETHYLENTETRANITRAMIN, ANGEFEUCHTET mit mindestens 15 Masse-% Wasser	0391
HEXOGEN IN MISCHUNG MIT CYCLOTETRAMETHYLENTETRANITRAMIN, DESENSIBILISIERT mit mindestens 10 Masse-% Phlegmatisierungsmittel	0391
HEXOGEN IN MISCHUNG MIT HMX, ANGEFEUCHTET mit mindestens 15 Masse-% Wasser	0391
HEXOGEN IN MISCHUNG MIT HMX, DESENSIBILISIERT mit mindestens 10 Masse-% Phlegmatisierungsmittel	0391
HEXOGEN IN MISCHUNG MIT OKTOGEN, ANGEFEUCHTET mit mindestens 15 Masse-% Wasser	0391
HEXOGEN IN MISCHUNG MIT OKTOGEN, DESENSIBILISIERT mit mindestens 10 Masse-% Phlegmatisierungsmittel	0391
HEXOLIT, trocken oder angefeuchtet mit weniger als 15 Masse-% Wasser	0118
HEXOTOL, trocken oder angefeuchtet mit weniger als 15 Masse-% Wasser	0118
HEXOTONAL	0393
HEXYL	0079
HEXYLTRICHLORSILAN	1784
HMX, ANGEFEUCHTET mit mindestens 15 Masse-% Wasser	0226
HMX, DESENSIBILISIERT	0484
HOHLLADUNGEN, ohne Zündmittel	0059
HOHLLADUNGEN, ohne Zündmittel	0439
HOHLLADUNGEN, ohne Zündmittel	0440
HOHLLADUNGEN, ohne Zündmittel	0441
HOLZSCHUTZMITTEL, FLÜSSIG	1306
HYDRAZIN, WÄSSERIGE LÖSUNG, ENTZÜNDBAR mit mehr als 37 Masse-% Hydrazin	3484
HYDRAZIN, WÄSSERIGE LÖSUNG mit höchstens 37 Masse-% Hydrazin	3293
HYDRAZIN, WÄSSERIGE LÖSUNG mit mehr als 37 Masse-% Hydrazin	2030
HYDRAZIN, WASSERFREI	2029
HYDROGENDIFLUORIDE, FEST, N.A.G.	1740
HYDROGENDIFLUORIDE, LÖSUNG, N.A.G.	3471
HYDROGENSULFATE, WÄSSERIGE LÖSUNG	2837
HYDROGENSULFITE, WÄSSERIGE LÖSUNG, N.A.G.	2693
1-HYDROXYBENZOTRIAZOL-MONOHYDRAT	3474
1-HYDROXYBENZOTRIAZOL, WASSERFREI, trocken oder angefeuchtet mit weniger als 20 Masse-% Wasser	0508
3-Hydroxybutyraldehyd: siehe	2839
HYDROXYLAMINSULFAT	2865
HYPOCHLORITE, ANORGANISCHE, N.A.G.	3212
HYPOCHLORITLÖSUNG	1791
3,3'-IMINOBISPROPYLAMIN	2269
INSEKTENBEKÄMPFUNGSMITTEL, GASFÖRMIG, N.A.G.	1968
INSEKTENBEKÄMPFUNGSMITTEL, GASFÖRMIG, ENTZÜNDBAR, N.A.G.	3354

Benennung und Beschreibung	Stoffnummer/ UN-Nummer
INSEKTENBEKÄMPFUNGSMITTEL, GASFÖRMIG, GIFTIG, N.A.G.	1967
INSEKTENBEKÄMPFUNGSMITTEL, GASFÖRMIG, GIFTIG, ENTZÜNDBAR, N.A.G.	3355
IOD	3495
2-IODBUTAN	2390
IODMETHYLPROPANE	2391
IODMONOCHLORID, FEST	1792
IODMONOCHLORID, FLÜSSIG	3498
IODPENTAFLUORID	2495
IODPROPANE	2392
IODWASSERSTOFF, WASSERFREI	2197
IODWASSERSTOFFSÄURE	1787
Isoamyl-1-en: siehe	2561
ISOBUTAN	1969
ISOBUTANOL	1212
ISOBUTEN	1055
ISOBUTTERSÄURE	2529
ISOBUTYLACETAT	1213
ISOBUTYLACRYLAT, STABILISIERT	2527
ISOBUTYLALDEHYD	2045
ISOBUTYLALKOHOL	1212
ISOBUTYLAMIN	1214
ISOBUTYLFORMIAT	2393
ISOBUTYLISOBUTYRAT	2528
ISOBUTYLISOCYANAT	2486
ISOBUTYLMETHACRYLAT, STABILISIERT	2283
ISOBUTYLPROPIONAT	2394
ISOBUTYRALDEHYD	2045
ISOBUTYRONITRIL	2284
ISOBUTYRYLCHLORID	2395
ISOCYANAT, LÖSUNG, ENTZÜNDBAR, GIFTIG, N.A.G.	2478
ISOCYANAT, LÖSUNG, GIFTIG, N.A.G.	2206
ISOCYANAT, LÖSUNG, GIFTIG, ENTZÜNDBAR, N.A.G.	3080
ISOCYANATE, ENTZÜNDBAR, GIFTIG, N.A.G.	2478
ISOCYANATE, GIFTIG, N.A.G.	2206
ISOCYANATE, GIFTIG, ENTZÜNDBAR, N.A.G.	3080
ISOCYANATOBENZOTRIFLUORIDE	2285
3-Isocyantomethyl-3,5,5-trimethylcyclohexylisocyanat: siehe	2290
Isododecan: siehe	2286
ISOHEPTENE	2287
ISOHEXENE	2288
ISOOCTENE	1216
Isopentan: siehe	1265
ISOPENTENE	2371
ISOPHORONDIAMIN	2289
ISOPHORONDIISOCYANAT	2290
ISOPREN, STABILISIERT	1218
ISOPROPANOL	1219
ISOPROPENYLACETAT	2403
ISOPROPENYLBENZEN	2303

Benennung und Beschreibung	Stoffnummer/ UN-Nummer
ISOPROPYLACETAT	1220
ISOPROPYLALKOHOL	1219
ISOPROPYLAMIN	1221
ISOPROPYLBENZEN	1918
ISOPROPYLBUTYRAT	2405
ISOPROPYLCHLORACETAT	2947
ISOPROPYLCHLORFORMIAT	2407
Isopropylchlorid: siehe	2356
ISOPROPYL-2-CHLORPROPIONAT	2934
Isopropylenethylen: siehe	2561
ISOPROPYLISOBUTYRAT	2406
ISOPROPYLISOCYANAT	2483
ISOPROPYLNITRAT	1222
ISOPROPYLPHOSPHAT	1793
ISOPROPYLPROPIONAT	2409
ISOSORBIDDINITRAT, MISCHUNG mit mindestens 60 % Lactose, Mannose, Stärke oder Calciumhydrogenphosphat oder mit anderen Phlegmatisierungsmitteln, die mindestens ebenso wirksame inertisierende Eigenschaften haben	2907
ISOSORBID-5-MONONITRAT	3251
KAKODYLSÄURE	1572
Kalilauge: siehe	1814
KALIUM	2257
KALIUMARSENAT	1677
KALIUMARSENIT	1678
Kaliumbifluorid, fest: siehe	1811
Kaliumbifluorid, Lösung: siehe	3421
Kaliumbisulfat: siehe	2509
KALIUMBORHYDRID	1870
KALIUMBROMAT	1484
KALIUMCHLORAT	1485
KALIUMCHLORAT, WÄSSERIGE LÖSUNG	2427
KALIUMCYANID, FEST	1680
KALIUMCYANID, LÖSUNG	3413
KALIUMDITHIONIT	1929
KALIUMFLUORACETAT	2628
KALIUMFLUORID, FEST	1812
KALIUMFLUORID, LÖSUNG	3422
KALIUMFLUOROSILICAT	2655
KALIUMHYDROGENDIFLUORID, FEST	1811
KALIUMHYDROGENDIFLUORID, LÖSUNG	3421
KALIUMHYDROGENSULFAT	2509
KALIUMHYDROSULFIT	1929
KALIUMHYDROXID, FEST	1813
KALIUMHYDROXIDLÖSUNG	1814
KALIUMKUPFER(I)CYANID	1679
KALIUMMETALLLEGIERUNGEN, FEST	3403
KALIUMMETALLLEGIERUNGEN, FLÜSSIG	1420
KALIUMMETAVANADAT	2864
KALIUMMONOXID	2033

Benennung und Beschreibung	Stoffnummer/ UN-Nummer
KALIUM-NATRIUM-LEGIERUNGEN, FEST	3404
KALIUM-NATRIUM-LEGIERUNGEN, FLÜSSIG	1422
KALIUMNITRAT	1486
KALIUMNITRAT UND NATRIUMNITRIT, MISCHUNG	1487
KALIUMNITRIT	1488
Kaliumoxid: siehe	2033
KALIUMPERCHLORAT	1489
KALIUMPERMANGANAT	1490
KALIUMPEROXID	1491
KALIUMPERSULFAT	1492
KALIUMPHOSPHID	2012
KALIUMQUECKSILBER(II)CYANID	1626
KALIUMQUECKSILBER(II)IODID	1643
KALIUMSULFID, HYDRATISIERT mit mindestens 30 % Kristallwasser	1847
KALIUMSULFID mit weniger als 30 % Kristallwasser	1382
KALIUMSULFID, WASSERFREI	1382
KALIUMSUPEROXID	2466
KÄLTEMASCHINEN mit entzündbarem, nicht giftigem verflüssigtem Gas	3358
KÄLTEMASCHINEN mit nicht entzündbaren, nicht giftigen Gasen oder Ammoniaklösungen (UN 2672)	2857
KAMPFERÖL	1130
KARTUSCHEN, ERDÖLBOHRLOCH	0277
KARTUSCHEN, ERDÖLBOHRLOCH	0278
KARTUSCHEN FÜR TECHNISCHE ZWECKE	0275
KARTUSCHEN FÜR TECHNISCHE ZWECKE	0276
KARTUSCHEN FÜR TECHNISCHE ZWECKE	0323
KARTUSCHEN FÜR TECHNISCHE ZWECKE	0381
KAUTSCHUK-ABFÄLLE, gemahlen	1345
KAUTSCHUK-RESTE, pulverförmig oder granuliert	1345
KEROSIN	1223
KETONE, FLÜSSIG, N.A.G.	1224
KIEFERNÖL	1272
KLEBSTOFFE, mit entzündbarem flüssigem Stoff	1133
KLINISCHER ABFALL, UNSPEZIFIZIERT, N.A.G.	3291
KNALLKAPSELN, EISENBAHN	0192
KNALLKAPSELN, EISENBAHN	0193
KNALLKAPSELN, EISENBAHN	0492
KNALLKAPSELN, EISENBAHN	0493
KOHLE, AKTIVIERT	1362
KOHLE, tierischen oder pflanzlichen Ursprungs	1361
KOHLENDIOXID	1013
Kohlendioxid, fest	1845
KOHLENDIOXID, TIEFGEKÜHLT, FLÜSSIG	2187
KOHLENMONOXID, VERDICHTET	1016
KOHLENSTOFFDISULFID	1131
KOHLENWASSERSTOFFE, FLÜSSIG, N.A.G.	3295
KOHLENWASSERSTOFFGAS, GEMISCH, VERDICHTET, N.A.G.	1964
KOHLENWASSERSTOFFGAS, GEMISCH, VERFLÜSSIGT, N.A.G.	1965
KOHLENWASSERSTOFFGAS-NACHFÜLLPATRONEN FÜR KLEINE GERÄTE, mit Entnahmeeinrichtung	3150

Benennung und Beschreibung	Stoffnummer/ UN-Nummer
Kohlepapier: siehe	1379
KONDENSATOR, ASYMMETRISCH (mit einer Energiespeicherkapazität von mehr als 0,3 Wh)	3508
KONDENSATOR, ELEKTRISCHE DOPPELSCHICHT (mit einer Energiespeicherkapazität von mehr als 0,3 Wh)	3499
KOPRA	1363
KRAFTSTOFFTANK FÜR HYDRAULISCHES AGGREGAT FÜR FLUGZEUGE (mit einer Mischung von wasserfreiem Hydrazin und Methylhydrazin) (Kraftstoff M86)	3165
KRILLMEHL	3497
Krokydolith: siehe	2212
KRYPTON, TIEFGEKÜHLT, FLÜSSIG	1970
KRYPTON, VERDICHTET	1056
KUNSTSTOFFE AUF NITROCELLULOSEBASIS, SELBSTERHITZUNGSFÄHIG, N.A.G.	2006
KUNSTSTOFFPRESSMISCHUNG, in Teig-, Platten- oder Strangpressform, entzündbare Dämpfe abgebend	3314
KUPFERACETOARSENIT	1585
KUPFERARSENIT	1586
KUPFERCHLORAT	2721
KUPFERCHLORID	2802
KUPFERCYANID	1587
KUPFERETHYLENDIAMIN, LÖSUNG	1761
KUPFERHALTIGES PESTIZID, FEST, GIFTIG	2775
KUPFERHALTIGES PESTIZID, FLÜSSIG, ENTZÜNDBAR, GIFTIG, Flammpunkt unter 23 °C	2776
KUPFERHALTIGES PESTIZID, FLÜSSIG, GIFTIG	3010
KUPFERHALTIGES PESTIZID, FLÜSSIG, GIFTIG, ENTZÜNDBAR, mit einem Flammpunkt von 23 °C oder darüber	3009
Lack: siehe	1263
Lack: siehe	3066
Lack: siehe	3469
Lack: siehe	3470
Lackgrundlage, flüssig: siehe	3066
Lappen, ölhaltig	1856
LEERE GROSSVERPACKUNG	
LEERER AUFSETZTANK	
LEERER FESTVERBUNDENER TANK	
LEERER GROSSCONTAINER	
LEERER IBC	
LEERER KLEINCONTAINER	
LEERER MEGC	
LEERER ORTSBEWEGLICHER TANK	
LEERER TANKCONTAINER	
LEERES BATTERIE-FAHRZEUG	
LEERES FAHRZEUG	
LEERES GEFÄSS	
LEERES GROSSPACKMITTEL (IBC)	
LEERES TANKFAHRZEUG	
LEERE VERPACKUNG	
LEUCHTKÖRPER, BODEN	0092
LEUCHTKÖRPER, BODEN	0418
LEUCHTKÖRPER, BODEN	0419
LEUCHTKÖRPER, LUFTFAHRZEUG	0093

Benennung und Beschreibung	Stoffnummer/ UN-Nummer
LEUCHTKÖRPER, LUFTFAHRZEUG	0403
LEUCHTKÖRPER, LUFTFAHRZEUG	0404
LEUCHTKÖRPER, LUFTFAHRZEUG	0420
LEUCHTKÖRPER, LUFTFAHRZEUG	0421
LEUCHTSPURKÖRPER FÜR MUNITION	0212
LEUCHTSPURKÖRPER FÜR MUNITION	0306
Limonen: siehe	2052
LITHIUM	1415
LITHIUMALUMINIUMHYDRID	1410
LITHIUMALUMINIUMHYDRID IN ETHER	1411
LITHIUMBATTERIEN, IN GÜTERBEFÖRDERUNGSEINHEITEN EINGEBAUT, Lithium-Ionen-Batterien oder Lithium-Metall-Batterien	3536
LITHIUMBORHYDRID	1413
Lithiumeisensilicium: siehe	2830
LITHIUMFERROSILICID	2830
LITHIUMHYDRID	1414
LITHIUMHYDRID, GESCHMOLZEN UND ERSTARRT	2805
LITHIUMHYDROXID	2680
LITHIUMHYDROXIDLÖSUNG	2679
LITHIUMHYPOCHLORIT, MISCHUNG	1471
LITHIUMHYPOCHLORIT, TROCKEN	1471
LITHIUM-IONEN-BATTERIEN (einschließlich Lithium-Ionen-Polymer-Batterien)	3480
LITHIUM-IONEN-BATTERIEN IN AUSRÜSTUNGEN (einschließlich Lithium-Ionen-Polymer-Batterien)	3481
LITHIUM-IONEN-BATTERIEN, MIT AUSRÜSTUNGEN VERPACKT (einschließlich Lithium-Ionen-Polymer-Batterien)	3481
LITHIUM-METALL-BATTERIEN (einschließlich Batterien aus Lithiumlegierung)	3090
LITHIUM-METALL-BATTERIEN IN AUSRÜSTUNGEN (einschließlich Batterien aus Lithiumlegierung)	3091
LITHIUM-METALL-BATTERIEN, MIT AUSRÜSTUNGEN VERPACKT (einschließlich Batterien aus Lithiumlegierung)	3091
LITHIUMNITRAT	2722
LITHIUMNITRID	2806
LITHIUMPEROXID	1472
LITHIUMSILICIUM	1417
LOCKERUNGSSPRENGGERÄTE MIT EXPLOSIVSTOFF, für Erdölbohrungen, ohne Zündmittel	0099
LONDON PURPLE	1621
LUFT, TIEFGEKÜHLT, FLÜSSIG	1003
LUFT, VERDICHTET	1002
MAGNESIUM, in Pellets, Spänen, Bändern	1869
MAGNESIUMALUMINIUMPHOSPHID	1419
MAGNESIUMARSENAT	1622
MAGNESIUMBROMAT	1473
MAGNESIUMCHLORAT	2723
MAGNESIUMDIAMID	2004
MAGNESIUMFLUOROSILICAT	2853
MAGNESIUM-GRANULATE, ÜBERZOGEN, mit einer Teilchengröße von mindestens 149 µm	2950
MAGNESIUMHYDRID	2010
MAGNESIUMLEGIERUNGEN mit mehr als 50 % Magnesium, in Pellets, Spänen, Bändern	1869
MAGNESIUMLEGIERUNGSPULVER	1418
MAGNESIUMNITRAT	1474
MAGNESIUMPERCHLORAT	1475

Benennung und Beschreibung	Stoffnummer/ UN-Nummer
MAGNESIUMPEROXID	1476
MAGNESIUMPHOSPHID	2011
MAGNESIUM-PULVER	1418
MAGNESIUMSILICID	2624
Magnetisierte Stoffe	2807
MALEINSÄUREANHYDRID	2215
MALEINSÄUREANHYDRID, GESCHMOLZEN	2215
MALONONITRIL	2647
MANEB	2210
MANEB, STABILISIERT gegen Selbsterhitzung	2968
MANEBZUBEREITUNGEN mit mindestens 60 Masse-% Maneb	2210
MANEBZUBEREITUNGEN, STABILISIERT gegen Selbsterhitzung	2968
Manganethylen-1,2-bisdithiocarbamat, stabilisiert gegen Selbsterhitzung: siehe	2968
Manganethylen-1,2-bisdithiocarbamet: siehe	2210
MANGANNITRAT	2724
MANGANRESINAT	1330
MANNITOLHEXANITRAT, ANGEFEUCHTET mit mindestens 40 Masse-% Wasser oder einer Alkohol/Wasser-Mischung	0133
MASCHINE MIT BRENNSTOFFZELLEN-MOTOR MIT ANTRIEB DURCH ENTZÜNDBARE FLÜSSIGKEIT	3528
MASCHINE MIT BRENNSTOFFZELLEN-MOTOR MIT ANTRIEB DURCH ENTZÜNDBARES GAS	3529
MEDIKAMENT, FEST, GIFTIG, N.A.G.	3249
MEDIKAMENT, FLÜSSIG, ENTZÜNDBAR, GIFTIG, N.A.G.	3248
MEDIKAMENT, FLÜSSIG, GIFTIG, N.A.G.	1851
MEDIZINISCHER ABFALL, N.A.G.	3291
MEMBRANFILTER AUS NITROCELLULOSE	3270
MERCAPTANE, FLÜSSIG, ENTZÜNDBAR, N A.G.	3336
MERCAPTANE, FLÜSSIG, ENTZÜNDBAR, GIFTIG, N.A.G.	1228
MERCAPTANE, FLÜSSIG, GIFTIG, ENTZÜNDBAR, N.A.G.	3071
MERCAPTANE, MISCHUNG, FLÜSSIG, ENTZÜNDBAR, N.A.G.	3336
MERCAPTANE, MISCHUNG, FLÜSSIG, ENTZÜNDBAR, GIFTIG, N.A.G.	1228
MERCAPTANE, MISCHUNG, FLÜSSIG, GIFTIG, ENTZÜNDBAR, N.A.G.	3071
Mercaptoethanol: siehe	2966
5-MERCAPTOTETRAZOL-1-ESSIGSÄURE	0448
Mesitylen: siehe	2325
MESITYLOXID	1229
METALDEHYD	1332
METALLCARBONYLE, FEST, N.A.G.	3466
METALLCARBONYLE, FLÜSSIG, N.A.G.	3281
METALLHYDRIDE, MIT WASSER REAGIEREND, N.A.G.	1409
METALLISCHER STOFF, MIT WASSER REAGIEREND, N.A.G.	3208
METALLISCHER STOFF, MIT WASSER REAGIEREND, SELBSTERHITZUNGSFÄHIG, N.A.G.	3209
METALLISCHES EISEN als BOHRSPÄNE, FRÄSSPÄNE, DREHSPÄNE, ABFÄLLE in selbsterhitzungsfähiger Form	2793
METALLKATALYSATOR, ANGEFEUCHTET mit einem sichtbaren Überschuss an Flüssigkeit	1378
METALLKATALYSATOR, TROCKEN	2881
METALLORGANISCHE VERBINDUNG, FEST, GIFTIG, N.A.G.	3467
METALLORGANISCHE VERBINDUNG, FLÜSSIG, GIFTIG, N.A.G.	3282
METHACRYLALDEHYD, STABILISIERT	2396
METHACRYLNITRIL, STABILISIERT	3079

Benennung und Beschreibung	Stoffnummer/ UN-Nummer
METHACRYLSÄURE, STABILISIERT	2531
METHAN, TIEFGEKÜHLT, FLÜSSIG	1972
METHAN, VERDICHTET	1971
METHANOL	1230
METHANSULFONYLCHLORID	3246
2-Methoxyethanol: siehe	1188
METHOXYMETHYLISOCYANAT	2605
4-METHOXY-4-METHYLPENTAN-2-ON	2293
1-METHOXY-2-PROPANOL	3092
METHYLACETAT	1231
METHYLACETYLEN UND PROPADIEN, GEMISCH, STABILISIERT	1060
METHYLACRYLAT, STABILISIERT	1919
METHYLAL	1234
METHYLALLYLALKOHOL	2614
METHYLALLYLCHLORID	2554
METHYLAMIN, WÄSSERIGE LÖSUNG	1235
METHYLAMIN, WASSERFREI	1061
METHYLAMYLACETAT	1233
Methylamylalkohol: siehe	2053
N-METHYLANILIN	2294
alpha-METHYLBENZYLALKOHOL, FEST	3438
alpha-METHYLBENZYLALKOHOL, FLÜSSIG	2937
METHYLBROMACETAT	2643
METHYLBROMID mit höchstens 2 % Chlorpikrin	1062
METHYLBROMID UND ETHYLENDIBROMID, MISCHUNG, FLÜSSIG	1647
2-METHYLBUTAN	3371
3-METHYLBUTAN-2-ON	2397
2-METHYLBUT-1-EN	2459
2-METHYLBUT-2-EN	2460
3-METHYLBUT-1-EN	2561
N-METHYLBUTYLAMIN	2945
METHYL-tert-BUTYLETHER	2398
METHYLBUTYRAT	1237
METHYLCHLORACETAT	2295
METHYLCHLORFORMIAT	1238
METHYLCHLORID	1063
METHYLCHLORID UND DICHLORMETHAN, GEMISCH	1912
METHYLCHLORMETHYLETHER	1239
METHYL-2-CHLORPROPIONAT	2933
METHYLCHLORSILAN	2534
Methylcyanid: siehe	1648
METHYLCYCLOHEXAN	2296
METHYLCYCLOHEXANOLE, entzündbar	2617
METHYLCYCLOHEXANON	2297
METHYLCYCLOPENTAN	2298
METHYLDICHLORACETAT	2299
METHYLDICHLORSILAN	1242
Methylenchlorid: siehe	1593
METHYLETHYLKETON	1193

3

Benennung und Beschreibung	Stoffnummer/ UN-Nummer
2-METHYL-5-ETHYLPYRIDIN	2300
METHYLFLUORID	2454
METHYLFORMIAT	1243
2-METHYLFURAN	2301
2-METHYL-2-HEPTANTHIOL	3023
5-METHYLHEXAN-2-ON	2302
METHYLHYDRAZIN	1244
METHYLIODID	2644
METHYLISOBUTYLCARBINOL	2053
METHYLISOBUTYLKETON	1245
METHYLISOCYANAT	2480
METHYLISOPROPENYLKETON, STABILISIERT	1246
Methylisopropylbenzene: siehe	2046
METHYLISOTHIOCYANAT	2477
METHYLISOVALERAT	2400
METHYLMAGNESIUMBROMID IN ETHYLETHER	1928
METHYLMERCAPTAN	1064
3-Methylmercaptopropionaldehyd: siehe	2785
METHYLMETHACRYLAT, MONOMER, STABILISIERT	1247
4-METHYLMORPHOLIN	2535
N-METHYLMORPHOLIN	2535
METHYLNITRIT	2455
METHYLORTHOSILICAT	2606
METHYLPENTADIENE	2461
2-METHYLPENTAN-2-OL	2560
3-Methylpent-2-en-4-in-1-ol: siehe	2705
METHYLPHENYLDICHLORSILAN	2437
1-METHYLPIPERIDIN	2399
Methylpiridine: siehe	2313
METHYLPROPIONAT	1248
METHYLPROPYLETHER	2612
METHYLPROPYLKETON	1249
METHYLTETRAHYDROFURAN	2536
METHYLTRICHLORACETAT	2533
METHYLTRICHLORSILAN	1250
alpha-METHYLVALERALDEHYD	2367
METHYLVINYLKETON, STABILISIERT	1251
MINEN, mit Sprengladung	0136
MINEN, mit Sprengladung	0137
MINEN, mit Sprengladung	0138
MINEN, mit Sprengladung	0294
MIT WASSER REAGIERENDER FESTER STOFF, N.A.G.	2813
MIT WASSER REAGIERENDER FESTER STOFF, ÄTZEND, N.A.G.	3131
MIT WASSER REAGIERENDER FESTER STOFF, ENTZÜNDBAR, N.A.G.	3132
MIT WASSER REAGIERENDER FESTER STOFF, ENTZÜNDEND (OXIDIEREND) WIRKEND, N.A.G.	3133
MIT WASSER REAGIERENDER FESTER STOFF, GIFTIG, N.A.G.	3134
MIT WASSER REAGIERENDER FESTER STOFF, SELBSTERHITZUNGSFÄHIG, N.A.G.	3135
MIT WASSER REAGIERENDER FLÜSSIGER STOFF, N.A.G.	3148
MIT WASSER REAGIERENDER FLÜSSIGER STOFF, ÄTZEND, N.A.G.	3129

Benennung und Beschreibung	Stoffnummer/ UN-Nummer
MIT WASSER REAGIERENDER FLÜSSIGER STOFF, GIFTIG, N.A.G.	3130
MIT WASSER REAGIERENDER METALLORGANISCHER FESTER STOFF	3395
MIT WASSER REAGIERENDER METALLORGANISCHER FESTER STOFF, ENTZÜNDBAR	3396
MIT WASSER REAGIERENDER METALLORGANISCHER FESTER STOFF, SELBSTERHITZUNGSFÄHIG	3397
MIT WASSER REAGIERENDER METALLORGANISCHER FLÜSSIGER STOFF	3398
MIT WASSER REAGIERENDER METALLORGANISCHER FLÜSSIGER STOFF, ENTZÜNDBAR	3399
MOLYBDÄNPENTACHLORID	2508
MONONITROTOLUIDINE	2660
MORPHOLIN	2054
MUNITION, AUGENREIZSTOFF, mit Zerleger, Ausstoß- oder Treibladung	0018
MUNITION, AUGENREIZSTOFF, mit Zerleger, Ausstoß- oder Treibladung	0019
MUNITION, AUGENREIZSTOFF, mit Zerleger, Ausstoß- oder Treibladung	0301
MUNITION, BRAND, mit flüssigem oder geliertem Brandstoff, mit Zerleger, Ausstoß- oder Treibladung	0247
MUNITION, BRAND, mit oder ohne Zerleger, Ausstoß- oder Treibladung	0009
MUNITION, BRAND, mit oder ohne Zerleger, Ausstoß- oder Treibladung	0010
MUNITION, BRAND, mit oder ohne Zerleger, Ausstoß- oder Treibladung	0300
MUNITION, BRAND, WEISSER PHOSPHOR, mit Zerleger, Ausstoß- oder Treibladung	0243
MUNITION, BRAND, WEISSER PHOSPHOR, mit Zerleger, Ausstoß- oder Treibladung	0244
MUNITION, GIFTIG, mit Zerleger, Ausstoß- oder Treibladung	0020
MUNITION, GIFTIG, mit Zerleger, Ausstoß- oder Treibladung	0021
MUNITION, GIFTIG, NICHT EXPLOSIV, ohne Zerleger oder Ausstoßladung, nicht scharf	2016
MUNITION, LEUCHT, mit oder ohne Zerleger, Ausstoß- oder Treibladung	0171
MUNITION, LEUCHT, mit oder ohne Zerleger, Ausstoß- oder Treibladung	0254
MUNITION, LEUCHT, mit oder ohne Zerleger, Ausstoß- oder Treibladung	0297
MUNITION, NEBEL, mit oder ohne Zerleger, Ausstoß- oder Treibladung	0015
MUNITION, NEBEL, mit oder ohne Zerleger, Ausstoß- oder Treibladung	0016
MUNITION, NEBEL, mit oder ohne Zerleger, Ausstoß- oder Treibladung	0303
MUNITION, NEBEL, WEISSER PHOSPHOR, mit Zerleger, Ausstoß- oder Treibladung	0245
MUNITION, NEBEL, WEISSER PHOSPHOR, mit Zerleger, Ausstoß- oder Treibladung	0246
MUNITION, PRÜF	0363
MUNITION, TRÄNENERZEUGEND, NICHT EXPLOSIV, ohne Zerleger oder Ausstoßladung, nicht scharf	2017
MUNITION, ÜBUNG	0362
MUNITION, ÜBUNG	0488
NACHFÜLLPATRONEN FÜR FEUERZEUGE mit entzündbarem Gas	1057
NAPHTHALEN, GESCHMOLZEN	2304
NAPHTHALEN, RAFFINIERT	1334
NAPHTHALEN, ROH	1334
alpha-NAPHTHYLAMIN	2077
beta-NAPHTHYLAMIN, FEST	1650
beta-NAPHTHYLAMIN, LÖSUNG	3411
NAPHTHYLHARNSTOFF	1652
NAPHTHYLTHIOHARNSTOFF	1651
NATRIUM	1428
Natriumaluminat, fest	2812
NATRIUMALUMINATLÖSUNG	1819
NATRIUMALUMINIUMHYDRID	2835
NATRIUMAMMONIUMVANADAT	2863

Benennung und Beschreibung	Stoffnummer/ UN-Nummer
NATRIUMARSANILAT	2473
NATRIUMARSENAT	1685
NATRIUMARSENIT, FEST	2027
NATRIUMARSENIT, WÄSSERIGE LÖSUNG	1686
NATRIUMAZID	1687
NATRIUMBATTERIEN	3292
Natriumbifluorid: siehe	2439
NATRIUMBORHYDRID	1426
NATRIUMBORHYDRID UND NATRIUMHYDROXID, LÖSUNG mit höchstens 12 Masse-% Natriumborhydrid und höchstens 40 Masse-% Natriumhydroxid	3320
NATRIUMBROMAT	1494
NATRIUMCARBONAT-PEROXYHYDRAT	3378
NATRIUMCHLORACETAT	2659
NATRIUMCHLORAT	1495
NATRIUMCHLORAT, WÄSSERIGE LÖSUNG	2428
NATRIUMCHLORIT	1496
NATRIUMCYANID, FEST	1689
NATRIUMCYANID, LÖSUNG	3414
NATRIUMDINITROORTHOCRESOLAT, ANGEFEUCHTET mit mindestens 10 Masse-% Wasser	3369
NATRIUMDINITROORTHOCRESOLAT, ANGEFEUCHTET mit mindestens 15 Masse-% Wasser	1348
NATRIUMDINITROORTHOCRESOLAT, trocken oder angefeuchtet mit weniger als 15 Masse-% Wasser	0234
NATRIUMDITHIONIT	1384
NATRIUMFLUORACETAT	2629
NATRIUMFLUORID, FEST	1690
NATRIUMFLUORID, LÖSUNG	3415
NATRIUMFLUOROSILICAT	2674
NATRIUMHYDRID	1427
NATRIUMHYDROGENDIFLUORID	2439
NATRIUMHYDROGENSULFID, HYDRATISIERT mit mindestens 25 % Kristallwasser	2949
NATRIUMHYDROGENSULFID mit weniger als 25 % Kristallwasser	2318
NATRIUMHYDROSULFIT	1384
NATRIUMHYDROXID, FEST	1823
NATRIUMHYDROXIDLÖSUNG	1824
NATRIUMKAKODYLAT	1688
NATRIUMKUPFER(I)CYANID, FEST	2316
NATRIUMKUPFER(I)CYANID, LÖSUNG	2317
Natriummetasilicat: siehe	3253
NATRIUMMETHYLAT	1431
NATRIUMMETHYLAT, LÖSUNG in Alkohol	1289
NATRIUMMONOXID	1825
NATRIUMNITRAT	1498
NATRIUMNITRAT UND KALIUMNITRAT, MISCHUNG	1499
NATRIUMNITRIT	1500
Natriumoxid: siehe	1825
NATRIUMPENTACHLORPHENOLAT	2567
NATRIUMPERBORAT-MONOHYDRAT	3377
NATRIUMPERCHLORAT	1502
NATRIUMPERMANGANAT	1503

Benennung und Beschreibung	Stoffnummer/ UN-Nummer
NATRIUMPEROXID	1504
NATRIUMPEROXOBORAT, WASSERFREI	3247
NATRIUMPERSULFAT	1505
NATRIUMPHOSPHID	1432
NATRIUMPIKRAMAT, ANGEFEUCHTET mit mindestens 20 Masse-% Wasser	1349
NATRIUMPIKRAMAT, trocken oder angefeuchtet mit weniger als 20 Masse-% Wasser	0235
NATRIUMSULFID, HYDRATISIERT mit mindestens 30 % Kristallwasser	1849
NATRIUMSULFID mit weniger als 30 % Kristallwasser	1385
NATRIUMSULFID, WASSERFREI	1385
NATRIUMSUPEROXID	2547
NATRIUMZELLEN	3292
NATRONKALK mit mehr als 4 % Natriumhydroxid	1907
Natronlauge: siehe	1824
N,n-BUTYLIMIDAZOL	2690
N,N-DIETHYLANILIN	2432
N,N-DIETHYLETHYLENDIAMIN	2685
N,N-DIMETHYLANILIN	2253
N,N-DIMETHYLCARBAMOYLCHLORID	2262
N,N-DIMETHYLCYCLOHEXYLAMIN	2264
N,N-DIMETHYLFORMAMID	2265
N,N-Dimethylpropylamin: siehe	2266
NEBENPRODUKTE DER ALUMINIUMHERSTELLUNG	3170
NEBENPRODUKTE DER ALUMINIUMUMSCHMELZUNG	3170
NEON, TIEFGEKÜHLT, FLÜSSIG	1913
NEON, VERDICHTET	1065
NICKELCYANID	1653
NICKELNITRAT	2725
NICKELNITRIT	2726
NICKELTETRACARBONYL	1259
NICOTIN	1654
NICOTINHYDROCHLORID, FEST	3444
NICOTINHYDROCHLORID, FLÜSSIG	1656
NICOTINHYDROCHLORID, LÖSUNG	1656
NICOTINSALICYLAT, fest	1657
NICOTINSULFAT, FEST	3445
NICOTINSULFAT, LÖSUNG	1658
NICOTINTARTRAT	1659
NICOTINVERBINDUNG, FEST, N.A.G.	1655
NICOTINVERBINDUNG, FLÜSSIG, N.A.G.	3144
NICOTINZUBEREITUNG, FEST, N.A.G.	1655
NICOTINZUBEREITUNG, FLÜSSIG, N.A.G.	3144
NITRATE, ANORGANISCHE, N.A.G.	1477
NITRATE, ANORGANISCHE, WÄSSERIGE LÖSUNG, N.A.G.	3218
NITRIERSÄUREMISCHUNG mit höchstens 50 % Salpetersäure	1796
NITRIERSÄUREMISCHUNG mit mehr als 50 % Salpetersäure	1796
NITRILE, ENTZÜNDBAR, GIFTIG, N.A.G.	3273
NITRILE, FEST, GIFTIG, N.A.G.	3439
NITRILE, FLÜSSIG, GIFTIG, N.A.G.	3276
NITRILE, GIFTIG, ENTZÜNDBAR, N.A.G.	3275

Benennung und Beschreibung	Stoffnummer/ UN-Nummer
NITRITE, ANORGANISCHE, N.A.G.	2627
NITRITE, ANORGANISCHE, WÄSSERIGE LÖSUNG, N.A.G.	3219
NITROANILINE (o-, m-, p-)	1661
NITROANISOLE, FEST	3458
NITROANISOLE, FLÜSSIG	2730
NITROBENZEN	1662
NITROBENZENSULFONSÄURE	2305
5-NITROBENZOTRIAZOL	0385
NITROBENZOTRIFLUORIDE, FEST	3431
NITROBENZOTRIFLUORIDE, FLÜSSIG	2306
NITROBROMBENZENE, FEST	3459
NITROBROMBENZENE, FLÜSSIG	2732
NITROCELLULOSE, ANGEFEUCHTET mit mindestens 25 Masse-% Alkohol	0342
NITROCELLULOSE, LÖSUNG, ENTZÜNDBAR, mit höchstens 12,6 % Stickstoff in der Trockenmasse und höchstens 55 % Nitrocellulose	2059
NITROCELLULOSE, MISCHUNG mit höchstens 12,6 % Stickstoff in der Trockenmasse, MIT oder OHNE PLASTIFIZIERUNGSMITTEL, MIT oder OHNE PIGMENT	2557
NITROCELLULOSE MIT mindestens 25 Masse-% ALKOHOL und höchstens 12,6 % Stickstoff in der Trockenmasse	2556
NITROCELLULOSE MIT mindestens 25 Masse-% WASSER	2555
NITROCELLULOSE, nicht behandelt oder plastifiziert mit weniger als 18 Masse-% Plastifizierungsmittel	0341
NITROCELLULOSE, PLASTIFIZIERT mit mindestens 18 Masse-% Plastifizierungsmittel	0343
NITROCELLULOSE, trocken oder angefeuchtet mit weniger als 25 Masse-% Wasser (oder Alkohol)	0340
3-NITRO-4-CHLORBENZOTRIFLUORID	2307
NITROCRESOLE, FEST	2446
NITROCRESOLE, FLÜSSIG	3434
NITROETHAN	2842
NITROGLYCERIN, DESENSIBILISIERT mit mindestens 40 Masse-% nicht flüchtigem, wasserunlöslichem Phlegmatisierungsmittel	0143
NITROGLYCERIN, GEMISCH, DESENSIBILISIERT, FEST, N.A.G., mit mehr als 2 Masse-%, aber höchstens 10 Masse-% Nitroglycerin	3319
NITROGLYCERIN, GEMISCH, DESENSIBILISIERT, FLÜSSIG, ENTZÜNDBAR, N.A.G., mit höchstens 30 Masse-% Nitroglycerin	3343
NITROGLYCERIN, GEMISCH, DESENSIBILISIERT, FLÜSSIG, N.A.G., mit höchstens 30 Masse-% Nitroglycerin	3357
NITROGLYCERIN, LÖSUNG IN ALKOHOL mit höchstens 1 % Nitroglycerin	1204
NITROGLYCERIN, LÖSUNG IN ALKOHOL mit mehr als 1 %, aber höchstens 5 % Nitroglycerin	3064
NITROGLYCERIN, LÖSUNG IN ALKOHOL mit mehr als 1 %, aber nicht mehr als 10 % Nitroglycerin	0144
NITROGUANIDIN, ANGEFEUCHTET mit mindestens 20 Masse-% Wasser	1336
NITROGUANIDIN, trocken oder angefeuchtet mit weniger als 20 Masse-% Wasser	0282
NITROHARNSTOFF	0147
NITROMANNITOL, ANGEFEUCHTET mit mindestens 40 Masse-% Wasser oder einer Alkohol/Wasser-Mischung	0133
NITROMETHAN	1261
NITRONAPHTHALEN	2538
NITROPHENOLE (o-, m-, p-)	1663
4-NITROPHENYLHYDRAZIN, mit mindestens 30 Masse-% Wasser	3376
NITROPROPANE	2608
p-NITROSODIMETHYLANILIN	1369
NITROSTÄRKE, ANGEFEUCHTET mit mindestens 20 Masse-% Wasser	1337

Benennung und Beschreibung	Stoffnummer/ UN-Nummer
NITROSTÄRKE, trocken oder angefeuchtet mit weniger als 20 Masse-% Wasser	0146
NITROSYLCHLORID	1069
NITROSYLSCHWEFELSÄURE, FEST	3456
NITROSYLSCHWEFELSÄURE, FLÜSSIG	2308
Nitrotoluen (o-, m-): siehe	1664
p-Nitrotoluen: siehe	3446
NITROTOLUENE, FEST	3446
NITROTOLUENE, FLÜSSIG	1664
NITROXYLENE, FEST	3447
NITROXYLENE, FLÜSSIG	1665
NONANE	1920
NONYLTRICHLORSILAN	1799
NORBORNAN-2,5-DIEN, STABILISIERT	2251
OCTADECYLTRICHLORSILAN	1800
OCTADIENE	2309
OCTAFLUORBUT-2-EN	2422
OCTAFLUORCYCLOBUTAN	1976
OCTAFLUORPROPAN	2424
OCTANE	1262
OCTOL, trocken oder angefeuchtet mit weniger als 15 Masse-% Wasser	0266
OCTONAL	0496
OCTYLALDEHYDE	1191
OCTYLTRICHLORSILAN	1801
OKTOGEN, ANGEFEUCHTET mit mindestens 15 Masse-% Wasser	0226
OKTOGEN, DESENSIBILISIERT	0484
OKTOLIT, trocken oder angefeuchtet mit weniger als 15 Masse-% Wasser	0266
ÖLGAS, VERDICHTET	1071
ÖLSAATKUCHEN mit höchstens 1,5 Masse-% Öl und höchstens 11 Masse-% Feuchtigkeit	2217
ÖLSAATKUCHEN mit mehr als 1,5 Masse-% Öl und höchstens 11 Masse-% Feuchtigkeit	1386
Oleum: siehe	1831
ONTA	0490
ORGANISCHE ARSENVERBINDUNG, FEST, N.A.G.	3465
ORGANISCHE ARSENVERBINDUNG, FLÜSSIG, N.A.G.	3280
ORGANISCHE PEROXIDE (Verzeichnis)	
ORGANISCHE PHOSPHORVERBINDUNG, GIFTIG, ENTZÜNDBAR, N.A.G.	3279
ORGANISCHE PHOSPHORVERBINDUNG, FEST, GIFTIG, N.A.G.	3464
ORGANISCHE PHOSPHORVERBINDUNG, FLÜSSIG, GIFTIG, N.A.G.	3278
ORGANISCHE ZINNVERBINDUNG, FEST, N.A.G.	3146
ORGANISCHE ZINNVERBINDUNG, FLÜSSIG, N.A.G.	2788
ORGANISCHES PEROXID TYP B, FEST	3102
ORGANISCHES PEROXID TYP B, FEST, TEMPERATURKONTROLLIERT	3112
ORGANISCHES PEROXID TYP B, FLÜSSIG	3101
ORGANISCHES PEROXID TYP B, FLÜSSIG, TEMPERATURKONTROLLIERT	3111
ORGANISCHES PEROXID TYP C, FEST	3104
ORGANISCHES PEROXID TYP C, FEST, TEMPERATURKONTROLLIERT	3114
ORGANISCHES PEROXID TYP C, FLÜSSIG	3103
ORGANISCHES PEROXID TYP C, FLÜSSIG, TEMPERATURKONTROLLIERT	3113
ORGANISCHES PEROXID TYP D, FEST	3106
ORGANISCHES PEROXID TYP D, FEST, TEMPERATURKONTROLLIERT	3116

Benennung und Beschreibung	Stoffnummer/ UN-Nummer
ORGANISCHES PEROXID TYP D, FLÜSSIG	3105
ORGANISCHES PEROXID TYP D, FLÜSSIG, TEMPERATURKONTROLLIERT	3115
ORGANISCHES PEROXID TYP E, FEST	3108
ORGANISCHES PEROXID TYP E, FEST, TEMPERATURKONTROLLIERT	3118
ORGANISCHES PEROXID TYP E, FLÜSSIG	3107
ORGANISCHES PEROXID TYP E, FLÜSSIG, TEMPERATURKONTROLLIERT	3117
ORGANISCHES PEROXID TYP F, FEST	3110
ORGANISCHES PEROXID TYP F, FEST, TEMPERATURKONTROLLIERT	3120
ORGANISCHES PEROXID TYP F, FLÜSSIG	3109
ORGANISCHES PEROXID TYP F, FLÜSSIG, TEMPERATURKONTROLLIERT	3119
ORGANOCHLOR-PESTIZID, FEST, GIFTIG	2761
ORGANOCHLOR-PESTIZID, FLÜSSIG, ENTZÜNDBAR, GIFTIG, Flammpunkt unter 23 °C	2762
ORGANOCHLOR-PESTIZID, FLÜSSIG, GIFTIG	2996
ORGANOCHLOR-PESTIZID, FLÜSSIG, GIFTIG, ENTZÜNDBAR, mit einem Flammpunkt von 23 °C oder darüber	2995
ORGANOPHOSPHOR-PESTIZID, FEST, GIFTIG	2783
ORGANOPHOSPHOR-PESTIZID, FLÜSSIG, ENTZÜNDBAR, GIFTIG, Flammpunkt unter 23 °C	2784
ORGANOPHOSPHOR-PESTIZID, FLÜSSIG, GIFTIG	3018
ORGANOPHOSPHOR-PESTIZID, FLÜSSIG, GIFTIG, ENTZÜNDBAR, mit einem Flammpunkt von 23 °C oder darüber	3017
ORGANOZINN-PESTIZID, FEST, GIFTIG	2786
ORGANOZINN-PESTIZID, FLÜSSIG, ENTZÜNDBAR, GIFTIG, Flammpunkt unter 23 °C	2787
ORGANOZINN-PESTIZID, FLÜSSIG, GIFTIG	3020
ORGANOZINN-PESTIZID, FLÜSSIG, GIFTIG, ENTZÜNDBAR, mit einem Flammpunkt von 23 °C oder darüber	3019
OSMIUMTETROXID	2471
OTTOKRAFTSTOFF	1203
OXYNITROTRIAZOL	0490
PAPIER, MIT UNGESÄTTIGTEN ÖLEN BEHANDELT, unvollständig getrocknet	1379
PARAFORMALDEHYD	2213
PARALDEHYD	1264
PARFÜMERIEERZEUGNISSE, mit entzündbaren Lösungsmitteln	1266
PATRONEN, BLITZLICHT	0049
PATRONEN, BLITZLICHT	0050
PATRONEN FÜR HANDFEUERWAFFEN	0012
PATRONEN FÜR HANDFEUERWAFFEN	0339
PATRONEN FÜR HANDFEUERWAFFEN	0417
PATRONEN FÜR HANDFEUERWAFFEN, MANÖVER	0014
PATRONEN FÜR HANDFEUERWAFFEN, MANÖVER	0327
PATRONEN FÜR HANDFEUERWAFFEN, MANÖVER	0338
PATRONEN FÜR WAFFEN, MANÖVER	0014
PATRONEN FÜR WAFFEN, MANÖVER	0326
PATRONEN FÜR WAFFEN, MANÖVER	0327
PATRONEN FÜR WAFFEN, MANÖVER	0338
PATRONEN FÜR WAFFEN, MANÖVER	0413
PATRONEN FÜR WAFFEN, MIT INERTEM GESCHOSS	0012
PATRONEN FÜR WAFFEN, MIT INERTEM GESCHOSS	0328
PATRONEN FÜR WAFFEN, MIT INERTEM GESCHOSS	0339
PATRONEN FÜR WAFFEN, MIT INERTEM GESCHOSS	0417
PATRONEN FÜR WAFFEN, mit Sprengladung	0005

Benennung und Beschreibung	Stoffnummer/ UN-Nummer
PATRONEN FÜR WAFFEN, mit Sprengladung	0006
PATRONEN FÜR WAFFEN, mit Sprengladung	0007
PATRONEN FÜR WAFFEN, mit Sprengladung	0321
PATRONEN FÜR WAFFEN, mit Sprengladung	0348
PATRONEN FÜR WAFFEN, mit Sprengladung	0412
PATRONEN FÜR WERKZEUGE, OHNE GESCHOSS	0014
PATRONEN, SIGNAL	0054
PATRONEN, SIGNAL	0312
PATRONEN, SIGNAL	0405
PENTABORAN	1380
PENTACHLORETHAN	1669
PENTACHLORPHENOL	3155
PENTAERYTHRITOLTETRANITRAT, ANGEFEUCHTET mit mindestens 25 Masse-% Wasser	0150
PENTAERYTHRITOLTETRANITRAT, DESENSIBILISIERT mit mindestens 15 Masse-% Phlegmatisierungsmittel	0150
PENTAERYTHRITOLTETRANITRAT, GEMISCH, DESENSIBILISIERT, FEST, N.A.G., mit mehr als 10 Masse-%, aber höchstens 20 Masse-% PETN	3344
PENTAERYTHRITOLTETRANITRAT, mit nicht weniger als 7 Masse-% Wachs	0411
PENTAERYTHRITTETRANITRAT, ANGEFEUCHTET mit mindestens 25 Masse-% Wasser	0150
PENTAERYTHRITTETRANITRAT, DESENSIBILISIERT mit mindestens 15 Masse-% Phlegmatisierungsmittel	0150
PENTAERYTHRITTETRANITRAT, GEMISCH, DESENSIBILISIERT, FEST, N.A.G., mit mehr als 10 Masse-%, aber höchstens 20 Masse-% PETN	3344
PENTAERYTHRITTETRANITRAT, mit nicht weniger als 7 Masse-% Wachs	0411
PENTAFLUORETHAN	3220
Pentafluorethan, 1,1,1-Trifluorethan und 1,1,1,2-Tetrafluorethan, zeotropes Gemisch mit ca. 44 % Pentafluorethan und 52 % 1,1,1-Trifluorethan: siehe	3337
PENTAMETHYLHEPTAN	2286
n-Pentan: siehe	1265
PENTAN-2,4-DION	2310
PENTANE, flüssig	1265
PENTANOLE	1105
PENT-1-EN	1108
1-PENTOL	2705
PENTOLIT, trocken oder angefeuchtet mit weniger als 15 Masse-% Wasser	0151
PERCHLORATE, ANORGANISCHE, N.A.G.	1481
PERCHLORATE, ANORGANISCHE, WÄSSERIGE LÖSUNG, N.A.G.	3211
Perchlorethylen: siehe	1897
PERCHLORMETHYLMERCAPTAN	1670
PERCHLORSÄURE mit höchstens 50 Masse-% Säure	1802
PERCHLORSÄURE mit mehr als 50 Masse-%, aber höchstens 72 Masse-% Säure	1873
PERCHLORYLFLUORID	3083
PERFLUOR(ETHYL-VINYL-ETHER)	3154
PERFLUOR(METHYL-VINYL-ETHER)	3153
PERFORATIONSHOHLLADUNGSTRÄGER, GELADEN, für Erdölbohrlöcher, ohne Zündmittel	0124
PERFORATIONSHOHLLADUNGSTRÄGER, GELADEN, für Erdölbohrlöcher, ohne Zündmittel	0494
PERMANGANATE, ANORGANISCHE, N.A.G.	1482
PERMANGANATE, ANORGANISCHE, WÄSSERIGE LÖSUNG, N.A.G.	3214
PEROXIDE, ANORGANISCHE, N.A.G.	1483
PERSULFATE, ANORGANISCHE, N.A.G.	3215

Benennung und Beschreibung	Stoffnummer/ UN-Nummer
PERSULFATE, ANORGANISCHE, WÄSSERIGE LÖSUNG, N.A.G.	3216
PESTIZID, FEST, GIFTIG, N.A.G.	2588
PESTIZID, FLÜSSIG, ENTZÜNDBAR, GIFTIG, N.A.G., Flammpunkt unter 23 °C	3021
PESTIZID, FLÜSSIG, GIFTIG, N.A.G.	2902
PESTIZID, FLÜSSIG, GIFTIG, ENTZÜNDBAR, N.A.G., mit einem Flammpunkt von 23 °C oder darüber	2903
PETN, ANGEFEUCHTET mit mindestens 25 Masse-% Wasser	0150
PETN, DESENSIBILISIERT mit mindestens 15 Masse-% Phlegmatisierungsmittel	0150
PETN, GEMISCH, DESENSIBILISIERT, FEST, N.A.G., mit mehr als 10 Masse-%, aber höchstens 20 Masse-% PETN	3344
PETN, mit nicht weniger als 7 Masse-% Wachs	0411
PETROLEUMGASE, VERFLÜSSIGT	1075
Phenacethylchlorid: siehe	1697
PHENACYLBROMID	2645
PHENETIDINE	2311
PHENOLATE, FEST	2905
PHENOLATE, FLÜSSIG	2904
PHENOL, FEST	1671
PHENOL, GESCHMOLZEN	2312
PHENOL, LÖSUNG	2821
PHENOLSULFONSÄURE, FLÜSSIG	1803
PHENOXYESSIGSÄUREDERIVAT-PESTIZID, FEST, GIFTIG	3345
PHENOXYESSIGSÄUREDERIVAT-PESTIZID, FLÜSSIG, ENTZÜNDBAR, GIFTIG, Flammpunkt unter 23 °C	3346
PHENOXYESSIGSÄUREDERIVAT-PESTIZID, FLÜSSIG, GIFTIG	3348
PHENOXYESSIGSÄUREDERIVAT-PESTIZID, FLÜSSIG, GIFTIG, ENTZÜNDBAR, mit einem Flammpunkt von 23 °C oder darüber	3347
PHENYLACETONITRIL, FLÜSSIG	2470
PHENYLACETYLCHLORID	2577
PHENYLCARBYLAMINCHLORID	1672
PHENYLCHLORFORMIAT	2746
Phenylchlorid: siehe	1134
PHENYLENDIAMINE (o-, m-, p-)	1673
PHENYLHYDRAZIN	2572
PHENYLISOCYANAT	2487
PHENYLMERCAPTAN	2337
Phenylmethylether: siehe	2222
PHENYLPHOSPHORDICHLORID	2798
PHENYLPHOSPHORTHIODICHLORID	2799
PHENYLQUECKSILBER(II)ACETAT	1674
PHENYLQUECKSILBER(II)HYDROXID	1894
PHENYLQUECKSILBER(II)NITRAT	1895
PHENYLQUECKSILBERVERBINDUNG, N.A.G.	2026
PHENYLTRICHLORSILAN	1804
PHOSGEN	1076
9-PHOSPHABICYCLONONANE	2940
PHOSPHIN	2199
PHOSPHIN, ADSORBIERT	3525
PHOSPHOR, AMORPH	1338
Phosphor, gelb, geschmolzen: siehe	2447
PHOSPHOR, GELB, TROCKEN oder UNTER WASSER oder IN LÖSUNG	1381

Benennung und Beschreibung	Stoffnummer/ UN-Nummer
Phosphor, rot: siehe	1338
PHOSPHOR, WEISS, GESCHMOLZEN	2447
PHOSPHOR, WEISS, TROCKEN oder UNTER WASSER oder IN LÖSUNG	1381
PHOSPHORHEPTASULFID (chemische Formel P_4S_7), frei von gelbem oder weißem Phosphor	1339
PHOSPHORIGE SÄURE	2834
PHOSPHOROXYBROMID	1939
PHOSPHOROXYBROMID, GESCHMOLZEN	2576
PHOSPHOROXYCHLORID	1810
PHOSPHORPENTABROMID	2691
PHOSPHORPENTACHLORID	1806
PHOSPHORPENTAFLUORID	2198
PHOSPHORPENTAFLUORID, ADSORBIERT	3524
PHOSPHORPENTAFLUORID, ADSORBIERT	3524
PHOSPHORPENTASULFID (chemische Formel P_2S_5), frei von gelbem oder weißem Phosphor	1340
PHOSPHORPENTOXID	1807
Phosphorsäureanhydrid: siehe	1807
PHOSPHORSÄURE, FEST	3453
PHOSPHORSÄURE, LÖSUNG	1805
PHOSPHORSESQUISULFID (chemische Formel P_4S_3), frei von gelbem oder weißem Phosphor	1341
PHOSPHORTRIBROMID	1808
PHOSPHORTRICHLORID	1809
PHOSPHORTRIOXID	2578
PHOSPHORTRISULFID (chemische Formel P_4S_6), frei von gelbem oder weißem Phosphor	1343
PHOSPHORWASSERSTOFF	2199
PHOSPHORWASSERSTOFF, ADSORBIERT	3525
PHTHALSÄUREANHYDRID mit mehr als 0,05 % Maleinsäureanhydrid	2214
PICOLINE	2313
PICRIT, ANGEFEUCHTET mit mindestens 20 Masse-% Wasser	1336
PICRIT, trocken oder angefeuchtet mit weniger als 20 Masse-% Wasser	0282
PIKRAMID	0153
PIKRINSÄURE, ANGEFEUCHTET mit mindestens 10 Masse-% Wasser	3364
PIKRINSÄURE, ANGEFEUCHTET mit mindestens 30 Masse-% Wasser	1344
PIKRINSÄURE, trocken oder angefeuchtet mit weniger als 30 Masse-% Wasser	0154
PIKRYLCHLORID	0155
PIKRYLCHLORID, ANGEFEUCHTET mit mindestens 10 Masse-% Wasser	3365
alpha-PINEN	2368
PIPERAZIN	2579
PIPERIDIN	2401
Pivaloylchlorid: siehe	2438
Politur: siehe	1263
Politur: siehe	3066
Politur: siehe	3469
Politur: siehe	3470
POLYAMINE, ENTZÜNDBAR, ÄTZEND, N.A.G.	2733
POLYAMINE, FEST, ÄTZEND, N.A.G.	3259
POLYAMINE, FLÜSSIG, ÄTZEND, N.A.G.	2735
POLYAMINE, FLÜSSIG, ÄTZEND, ENTZÜNDBAR, N.A.G.	2734
POLYCHLORIERTE BIPHENYLE, FEST	3432
POLYCHLORIERTE BIPHENYLE, FLÜSSIG	2315

Benennung und Beschreibung	Stoffnummer/ UN-Nummer
POLYESTERHARZ-MEHRKOMPONENTENSYSTEME, festes Grundprodukt	3527
POLYESTERHARZ-MEHRKOMPONENTENSYSTEME, flüssiges Grundprodukt	3269
POLYHALOGENIERTE BIPHENYLE, FEST	3152
POLYHALOGENIERTE BIPHENYLE, FLÜSSIG	3151
POLYHALOGENIERTE TERPHENYLE, FEST	3152
POLYHALOGENIERTE TERPHENYLE, FLÜSSIG	3151
POLYMERISIERENDER STOFF, FEST, STABILISIERT, N.A.G.	3531
POLYMERISIERENDER STOFF, FEST, TEMPERATURKONTROLLIERT, N.A.G.	3533
POLYMERISIERENDER STOFF, FLÜSSIG, STABILISIERT, N.A.G.	3532
POLYMERISIERENDER STOFF, FLÜSSIG, TEMPERATURKONTROLLIERT, N.A.G.	3534
Präparate, die entzündbare flüssige Stoffe mit einem Flammpunkt von höchstens 60 °C enthalten: siehe	3175
PROPADIEN, STABILISIERT	2200
PROPAN	1978
n-PROPANOL	1274
PROPANTHIOLE	2402
PROPEN	1077
PROPIONALDEHYD	1275
PROPIONITRIL	2404
PROPIONSÄUREANHYDRID	2496
PROPIONSÄURE mit mindestens 90 Masse-% Säure	3463
PROPIONSÄURE mit mindestens 10 Masse-% und weniger als 90 Masse-% Säure	1848
PROPIONYLCHLORID	1815
n-PROPYLACETAT	1276
n-PROPYLALKOHOL	1274
PROPYLAMIN	1277
n-PROPYLBENZEN	2364
n-PROPYLCHLORFORMIAT	2740
Propylchlorid: siehe	1278
1,2-PROPYLENDIAMIN	2258
Propylendichlorid: siehe	1279
PROPYLENIMIN, STABILISIERT	1921
PROPYLENOXID	1280
Propylentetramer: siehe	2850
Propylentrimer: siehe	2057
PROPYLFORMIATE	1281
n-PROPYLISOCYANAT	2482
Propylmercaptane: siehe	2402
n-PROPYLNITRAT	1865
PROPYLTRICHLORSILAN	1816
PULVERROHMASSE, ANGEFEUCHTET mit mindestens 25 Masse-% Wasser	0159
PULVERROHMASSE, ANGEFEUCHTET mit nicht weniger als 17 Masse-% Alkohol	0433
PYRETHROID-PESTIZID, FEST, GIFTIG	3349
PYRETHROID-PESTIZID, FLÜSSIG, ENTZÜNDBAR, GIFTIG, Flammpunkt unter 23 °C	3350
PYRETHROID-PESTIZID, FLÜSSIG, GIFTIG	3352
PYRETHROID-PESTIZID, FLÜSSIG, GIFTIG, ENTZÜNDBAR, mit einem Flammpunkt von 23 °C oder darüber	3351
PYRIDIN	1282
PYROPHORE LEGIERUNG, N.A.G.	1383

Benennung und Beschreibung	Stoffnummer/ UN-Nummer
PYROPHORER ANORGANISCHER FESTER STOFF, N.A.G.	3200
PYROPHORER ANORGANISCHER FLÜSSIGER STOFF, N.A.G.	3194
PYROPHORER METALLORGANISCHER FESTER STOFF	3391
PYROPHORER METALLORGANISCHER FESTER STOFF, MIT WASSER REAGIEREND	3393
PYROPHORER METALLORGANISCHER FLÜSSIGER STOFF	3392
PYROPHORER METALLORGANISCHER FLÜSSIGER STOFF, MIT WASSER REAGIEREND	3394
PYROPHORER ORGANISCHER FESTER STOFF, N.A.G.	2846
PYROPHORER ORGANISCHER FLÜSSIGER STOFF, N.A.G.	2845
PYROPHORES METALL, N.A.G.	1383
PYROSULFURYLCHLORID	1817
PYROTECHNISCHE GEGENSTÄNDE für technische Zwecke	0428
PYROTECHNISCHE GEGENSTÄNDE für technische Zwecke	0429
PYROTECHNISCHE GEGENSTÄNDE für technische Zwecke	0430
PYROTECHNISCHE GEGENSTÄNDE für technische Zwecke	0431
PYROTECHNISCHE GEGENSTÄNDE für technische Zwecke	0432
PYRROLIDIN	1922
QUECKSILBER	2809
QUECKSILBERACETAT	1629
QUECKSILBER(II)AMMONIUMCHLORID	1630
QUECKSILBER(II)ARSENAT	1623
QUECKSILBER(II)BENZOAT	1631
QUECKSILBERBROMIDE	1634
Quecksilber(I)chlorid: siehe	2025
QUECKSILBER(II)CHLORID	1624
QUECKSILBERCYANID	1636
QUECKSILBERFULMINAT, ANGEFEUCHTET mit mindestens 20 Masse-% Wasser oder einer Alkohol/Wasser-Mischung	0135
QUECKSILBERGLUCONAT	1637
QUECKSILBERHALTIGES PESTIZID, FEST, GIFTIG	2777
QUECKSILBERHALTIGES PESTIZID, FLÜSSIG, ENTZÜNDBAR, GIFTIG, Flammpunkt unter 23 °C	2778
QUECKSILBERHALTIGES PESTIZID, FLÜSSIG, GIFTIG	3012
QUECKSILBERHALTIGES PESTIZID, FLÜSSIG, GIFTIG, ENTZÜNDBAR, mit einem Flammpunkt von 23 °C oder darüber	3011
QUECKSILBER IN HERGESTELLTEN GEGENSTÄNDEN	3506
QUECKSILBERIODID	1638
QUECKSILBER(I)NITRAT	1627
QUECKSILBER(II)NITRAT	1625
QUECKSILBERNUCLEAT	1639
QUECKSILBEROLEAT	1640
QUECKSILBEROXID	1641
QUECKSILBEROXYCYANID, DESENSIBILISIERT	1642
QUECKSILBERSALICYLAT	1644
QUECKSILBERSULFAT	1645
QUECKSILBERTHIOCYANAT	1646
QUECKSILBERVERBINDUNG, FEST, N.A.G.	2025
QUECKSILBERVERBINDUNG, FLÜSSIG, N.A.G.	2024
RADIOAKTIVE STOFFE, FREIGESTELLTES VERSANDSTÜCK - BEGRENZTE STOFFMENGE	2910
RADIOAKTIVE STOFFE, FREIGESTELLTES VERSANDSTÜCK - FABRIKATE	2911
RADIOAKTIVE STOFFE, FREIGESTELLTES VERSANDSTÜCK - FABRIKATE AUS NATÜRLICHEM URAN oder AUS ABGEREICHERTEM URAN oder AUS NATÜRLICHEM THORIUM	2909

Benennung und Beschreibung	Stoffnummer/ UN-Nummer
RADIOAKTIVE STOFFE, FREIGESTELLTES VERSANDSTÜCK - INSTRUMENTE	2911
RADIOAKTIVE STOFFE, FREIGESTELLTES VERSANDSTÜCK - LEERE VERPACKUNG	2908
RADIOAKTIVE STOFFE MIT GERINGER SPEZIFISCHER AKTIVITÄT (LSA-III), nicht spaltbar oder spaltbar, freigestellt	3322
RADIOAKTIVE STOFFE MIT GERINGER SPEZIFISCHER AKTIVITÄT (LSA-III), SPALTBAR	3325
RADIOAKTIVE STOFFE MIT GERINGER SPEZIFISCHER AKTIVITÄT (LSA-II), nicht spaltbar oder spaltbar, freigestellt	3321
RADIOAKTIVE STOFFE MIT GERINGER SPEZIFISCHER AKTIVITÄT (LSA-II), SPALTBAR	3324
RADIOAKTIVE STOFFE MIT GERINGER SPEZIFISCHER AKTIVITÄT (LSA-I), nicht spaltbar oder spaltbar, freigestellt	2912
RADIOAKTIVE STOFFE, OBERFLÄCHENKONTAMINIERTE GEGENSTÄNDE (SCO-I oder SCO-II), nicht spaltbar oder spaltbar, freigestellt	2913
RADIOAKTIVE STOFFE, OBERFLÄCHENKONTAMINIERTE GEGENSTÄNDE (SCO-I oder SCO-II), SPALTBAR	3326
RADIOAKTIVE STOFFE, TYP A-VERSANDSTÜCK, IN BESONDERER FORM, nicht spaltbar oder spaltbar, freigestellt	3332
RADIOAKTIVE STOFFE, TYP A-VERSANDSTÜCK, IN BESONDERER FORM, SPALTBAR	3333
RADIOAKTIVE STOFFE, TYP A-VERSANDSTÜCK, nicht in besonderer Form, nicht spaltbar oder spaltbar, freigestellt	2915
RADIOAKTIVE STOFFE, TYP A-VERSANDSTÜCK, SPALTBAR, nicht in besonderer Form	3327
RADIOAKTIVE STOFFE, TYP B(M)-VERSANDSTÜCK, nicht spaltbar oder spaltbar, freigestellt	2917
RADIOAKTIVE STOFFE, TYP B(M)-VERSANDSTÜCK, SPALTBAR	3329
RADIOAKTIVE STOFFE, TYP B(U)-VERSANDSTÜCK, nicht spaltbar oder spaltbar, freigestellt	2916
RADIOAKTIVE STOFFE, TYP B(U)-VERSANDSTÜCK, SPALTBAR	3328
RADIOAKTIVE STOFFE, TYP C-VERSANDSTÜCK, nicht spaltbar oder spaltbar, freigestellt	3323
RADIOAKTIVE STOFFE, TYP C-VERSANDSTÜCK, SPALTBAR	3330
RADIOAKTIVE STOFFE, UNTER SONDERVEREINBARUNG BEFÖRDERT, nicht spaltbar oder spaltbar, freigestellt	2919
RADIOAKTIVE STOFFE, UNTER SONDERVEREINBARUNG BEFÖRDERT, SPALTBAR	3331
RADIOAKTIVE STOFFE, URANHEXAFLUORID, nicht spaltbar oder spaltbar, freigestellt	2978
RADIOAKTIVE STOFFE, URANHEXAFLUORID, SPALTBAR	2977
RAKETEN, FLÜSSIGTREIBSTOFF, mit Sprengladung	0397
RAKETEN, FLÜSSIGTREIBSTOFF, mit Sprengladung	0398
RAKETEN, LEINENWURF	0238
RAKETEN, LEINENWURF	0240
RAKETEN, LEINENWURF	0453
RAKETEN, mit Ausstoßladung	0436
RAKETEN, mit Ausstoßladung	0437
RAKETEN, mit Ausstoßladung	0438
RAKETEN, mit inertem Kopf	0183
RAKETEN, mit inertem Kopf	0502
RAKETEN, mit Sprengladung	0180
RAKETEN, mit Sprengladung	0181
RAKETEN, mit Sprengladung	0182
RAKETEN, mit Sprengladung	0295
RAKETENMOTOREN	0510
RAKETENMOTOREN	0186
RAKETENMOTOREN	0280
RAKETENMOTOREN	0281
RAKETENMOTOREN, FLÜSSIGTREIBSTOFF	0395
RAKETENMOTOREN, FLÜSSIGTREIBSTOFF	0396

Benennung und Beschreibung	Stoffnummer/ UN-Nummer
RAKETENTRIEBWERKE MIT HYPERGOLEN, mit oder ohne Ausstoßladung	0250
RAKETENTRIEBWERKE, MIT HYPERGOLEN, mit oder ohne Ausstoßladung	0322
RAUCHBOMBEN, NEBELBOMBEN, NICHT EXPLOSIV, ätzenden flüssigen Stoff enthaltend, ohne Zünder	2028
RDX, ANGEFEUCHTET mit mindestens 15 Masse-% Wasser	0072
RDX, DESENSIBILISIERT	0483
RDX IN MISCHUNG MIT CYCLOTETRAMETHYLENTETRANITRAMIN, ANGEFEUCHTET mit mindestens 15 Masse-% Wasser	0391
RDX IN MISCHUNG MIT CYCLOTETRAMETHYLENTETRANITRAMIN, DESENSIBILISIERT mit mindestens 10 Masse-% Phlegmatisierungsmittel	0391
RDX IN MISCHUNG MIT HMX, ANGEFEUCHTET mit mindestens 15 Masse-% Wasser	0391
RDX IN MISCHUNG MIT HMX, DESENSIBILISIERT mit mindestens 10 Masse-% Phlegmatisierungsmittel	0391
RDX IN MISCHUNG MIT OKTOGEN, ANGEFEUCHTET mit mindestens 15 Masse-% Wasser	0391
RDX IN MISCHUNG MIT OKTOGEN, DESENSIBILISIERT mit mindestens 10 Masse-% Phlegmatisierungsmittel	0391
RESORCINOL	2876
RETTUNGSMITTEL, NICHT SELBSTAUFBLASEND, gefährliche Güter als Ausrüstung enthaltend	3072
RETTUNGSMITTEL, SELBSTAUFBLASEND	2990
RIZINUSFLOCKEN	2969
RIZINUSMEHL	2969
RIZINUSSAAT	2969
RIZINUSSAATKUCHEN	2969
ROHERDÖL	1267
roter Phosphor: siehe	1338
RUBIDIUM	1423
RUBIDIUMHYDROXID	2678
RUBIDIUMHYDROXIDLÖSUNG	2677
Rubidiumnitrat: siehe	1477
RUSS, tierischen oder pflanzlichen Ursprungs	1361
SALPETERSÄURE, andere als rotrauchende	2031
SALPETERSÄURE, ROTRAUCHEND	2032
Salzsäure: siehe	1789
SAUERSTOFF, TIEFGEKÜHLT, FLÜSSIG	1073
SAUERSTOFF, VERDICHTET	1072
SAUERSTOFFDIFLUORID, VERDICHTET	2190
SAUERSTOFFGENERATOR, CHEMISCH	3356
SCHÄUMBARE POLYMER-KÜGELCHEN, entzündbare Dämpfe abgebend	2211
Schellack: siehe	1263
Schellack: siehe	3066
Schellack: siehe	3469
Schellack: siehe	3470
SCHIEFERÖL	1288
SCHNEIDLADUNG, BIEGSAM, GESTRECKT	0237
SCHNEIDLADUNG, BIEGSAM, GESTRECKT	0288
SCHNEIDVORRICHTUNGEN, KABEL, MIT EXPLOSIVSTOFF	0070
SCHUTZANSTRICHLÖSUNG (einschließlich zu Industrie- oder anderen Zwecken verwendete Oberflächenbehandlungen oder Beschichtungen, wie Zwischenbeschichtung für Fahrzeugkarosserien, Auskleidung für Fässer)	1139
SCHWARZPULVER, gekörnt oder in Mehlform	0027

Benennung und Beschreibung	Stoffnummer/ UN-Nummer
SCHWARZPULVER, GEPRESST oder als PELLETS	0028
SCHWEFEL	1350
SCHWEFEL, GESCHMOLZEN	2448
Schwefelblume: siehe	1350
SCHWEFELCHLORIDE	1828
SCHWEFELDIOXID	1079
SCHWEFELHEXAFLUORID	1080
SCHWEFELIGE SÄURE	1833
Schwefelkohlenstoff: siehe	1131
SCHWEFELREICHES ROHERDÖL, ENTZÜNDBAR, GIFTIG	3494
SCHWEFELSÄURE, GEBRAUCHT	1832
SCHWEFELSÄURE mit höchstens 51 % Säure	2796
SCHWEFELSÄURE mit mehr als 51 % Säure	1830
SCHWEFELSÄURE, RAUCHEND	1831
Schwefelsäureanhydrid, stabilisiert: siehe	1829
SCHWEFELTETRAFLUORID	2418
SCHWEFELTRIOXID, STABILISIERT	1829
SCHWEFELWASSERSTOFF	1053
Seenotrettungsgeräte: siehe	2990
SELBSTERHITZUNGSFÄHIGE ORGANISCHE PIGMENTE	3313
SELBSTERHITZUNGSFÄHIGER ANORGANISCHER FESTER STOFF, N.A.G.	3190
SELBSTERHITZUNGSFÄHIGER ANORGANISCHER FESTER STOFF, ÄTZEND, N.A.G.	3192
SELBSTERHITZUNGSFÄHIGER ANORGANISCHER FESTER STOFF, GIFTIG, N.A.G.	3191
SELBSTERHITZUNGSFÄHIGER ANORGANISCHER FLÜSSIGER STOFF, N.A.G.	3186
SELBSTERHITZUNGSFÄHIGER ANORGANISCHER FLÜSSIGER STOFF, ÄTZEND, N.A.G.	3188
SELBSTERHITZUNGSFÄHIGER ANORGANISCHER FLÜSSIGER STOFF, GIFTIG, N.A.G.	3187
SELBSTERHITZUNGSFÄHIGER FESTER STOFF, ENTZÜNDEND (OXIDIEREND) WIRKEND, N.A.G.	3127
SELBSTERHITZUNGSFÄHIGER METALLORGANISCHER FESTER STOFF	3400
SELBSTERHITZUNGSFÄHIGER ORGANISCHER FESTER STOFF, N.A.G.	3088
SELBSTERHITZUNGSFÄHIGER ORGANISCHER FESTER STOFF, ÄTZEND, N.A.G.	3126
SELBSTERHITZUNGSFÄHIGER ORGANISCHER FESTER STOFF, GIFTIG, N.A.G.	3128
SELBSTERHITZUNGSFÄHIGER ORGANISCHER FLÜSSIGER STOFF, N.A.G.	3183
SELBSTERHITZUNGSFÄHIGER ORGANISCHER FLÜSSIGER STOFF, ÄTZEND, N.A.G.	3185
SELBSTERHITZUNGSFÄHIGER ORGANISCHER FLÜSSIGER STOFF, GIFTIG, N.A.G.	3184
SELBSTERHITZUNGSFÄHIGES METALLPULVER, N.A.G.	3189
SELBSTZERSETZLICHER STOFF TYP B, FEST	3222
SELBSTZERSETZLICHER STOFF TYP B, FEST, TEMPERATURKONTROLLIERT	3232
SELBSTZERSETZLICHER STOFF TYP B, FLÜSSIG	3221
SELBSTZERSETZLICHER STOFF TYP B, FLÜSSIG, TEMPERATURKONTROLLIERT	3231
SELBSTZERSETZLICHER STOFF TYP C FEST	3224
SELBSTZERSETZLICHER STOFF TYP C FEST, TEMPERATURKONTROLLIERT	3234
SELBSTZERSETZLICHER STOFF TYP C, FLÜSSIG	3223
SELBSTZERSETZLICHER STOFF TYP C, FLÜSSIG, TEMPERATURKONTROLLIERT	3233
SELBSTZERSETZLICHER STOFF TYP D, FEST	3226
SELBSTZERSETZLICHER STOFF TYP D, FEST, TEMPERATURKONTROLLIERT	3236
SELBSTZERSETZLICHER STOFF TYP D, FLÜSSIG	3225
SELBSTZERSETZLICHER STOFF TYP D, FLÜSSIG, TEMPERATURKONTROLLIERT	3235
SELBSTZERSETZLICHER STOFF TYP E, FEST	3228

Benennung und Beschreibung	Stoffnummer/ UN-Nummer
SELBSTZERSETZLICHER STOFF TYP E, FEST, TEMPERATURKONTROLLIERT	3238
SELBSTZERSETZLICHER STOFF TYP E, FLÜSSIG	3227
SELBSTZERSETZLICHER STOFF TYP E, FLÜSSIG, TEMPERATURKONTROLLIERT	3237
SELBSTZERSETZLICHER STOFF TYP F, FEST	3230
SELBSTZERSETZLICHER STOFF TYP F, FEST, TEMPERATURKONTROLLIERT	3240
SELBSTZERSETZLICHER STOFF TYP F, FLÜSSIG	3229
SELBSTZERSETZLICHER STOFF TYP F, FLÜSSIG, TEMPERATURKONTROLLIERT	3239
SELBSTZERSETZLICHE STOFFE (Verzeichnis)	
SELENATE	2630
SELENDISULFID	2657
SELENHEXAFLUORID	2194
SELENITE	2630
SELENOXYCHLORID	2879
Selenoxydichlorid: siehe	2879
SELENSÄURE	1905
SELENVERBINDUNG, FEST, N.A.G.	3283
SELENVERBINDUNG, FLÜSSIG, N.A.G.	3440
SELENWASSERSTOFF, ADSORBIERT	3526
SELENWASSERSTOFF, WASSERFREI	2202
SICHERHEITSEINRICHTUNGEN, elektrische Auslösung	3268
SICHERHEITSEINRICHTUNGEN, PYROTECHNISCH	0503
SICHERHEITSZÜNDHÖLZER (Heftchen, Briefchen oder Schachteln)	1944
SICHERHEITSZÜNDSCHNUR	0105
SIGNALKÖRPER, HAND	0191
SIGNALKÖRPER, HAND	0373
SIGNALKÖRPER, RAUCH	0196
SIGNALKÖRPER, RAUCH	0197
SIGNALKÖRPER, RAUCH	0313
SIGNALKÖRPER, RAUCH	0487
SIGNALKÖRPER, RAUCH	0507
SIGNALKÖRPER, SEENOT	0194
SIGNALKÖRPER, SEENOT	0195
SIGNALKÖRPER, SEENOT	0505
SIGNALKÖRPER, SEENOT	0506
SILAN	2203
SILBERARSENIT	1683
SILBERCYANID	1684
SILBERNITRAT	1493
SILBERPIKRAT, ANGEFEUCHTET mit mindestens 30 Masse-% Wasser	1347
Siliciumchloroform: siehe	1295
SILICIUM-PULVER, AMORPH	1346
SILICIUMTETRACHLORID	1818
SILICIUMTETRAFLUORID	1859
SILICIUMTETRAFLUORID, ADSORBIERT	3521
SILICIUMWASSERSTOFF	2203
SPRENGKAPSELN, ELEKTRISCH	0030
SPRENGKAPSELN, ELEKTRISCH	0255
SPRENGKAPSELN, ELEKTRISCH	0456
SPRENGKAPSELN, NICHT ELEKTRISCH	0029

Benennung und Beschreibung	Stoffnummer/ UN-Nummer
SPRENGKAPSELN, NICHT ELEKTRISCH	0267
SPRENGKAPSELN, NICHT ELEKTRISCH	0455
SPRENGKÖRPER	0048
SPRENGLADUNGEN, GEWERBLICHE, ohne Zündmittel	0442
SPRENGLADUNGEN, GEWERBLICHE, ohne Zündmittel	0443
SPRENGLADUNGEN, GEWERBLICHE, ohne Zündmittel	0444
SPRENGLADUNGEN, GEWERBLICHE, ohne Zündmittel	0445
SPRENGLADUNGEN, KUNSTSTOFFGEBUNDEN	0457
SPRENGLADUNGEN, KUNSTSTOFFGEBUNDEN	0458
SPRENGLADUNGEN, KUNSTSTOFFGEBUNDEN	0459
SPRENGLADUNGEN, KUNSTSTOFFGEBUNDEN	0460
SPRENGNIETE	0174
SPRENGSCHNUR, biegsam	0065
SPRENGSCHNUR, biegsam	0289
SPRENGSCHNUR MIT GERINGER WIRKUNG, mit Metallmantel	0104
SPRENGSCHNUR, mit Metallmantel	0102
SPRENGSCHNUR, mit Metallmantel	0290
SPRENGSTOFF, TYP A	0081
SPRENGSTOFF, TYP B	0082
SPRENGSTOFF, TYP B	0331
SPRENGSTOFF, TYP C	0083
SPRENGSTOFF, TYP D	0084
SPRENGSTOFF, TYP E	0241
SPRENGSTOFF, TYP E	0332
STADTGAS, VERDICHTET	1023
STEINKOHLENTEERDESTILLATE, ENTZÜNDBAR	1136
STIBIN	2676
STICKSTOFFDIOXID	1067
STICKSTOFFMONOXID UND DISTICKSTOFFTETROXID, GEMISCH	1975
STICKSTOFFMONOXID UND STICKSTOFFDIOXID, GEMISCH	1975
STICKSTOFFMONOXID, VERDICHTET	1660
STICKSTOFFOXID, VERDICHTET	1660
STICKSTOFF, TIEFGEKÜHLT, FLÜSSIG	1977
STICKSTOFFTRIFLUORID	2451
STICKSTOFF, VERDICHTET	1066
STOFFE, EVI, N.A.G.	0482
STOFFE MIT EINEM FLAMMPUNKT ÜBER 60 °C, DIE IN EINEM BEREICH VON 15 K UNTERHALB DES FLAMMPUNKTS ERWÄRMT zur Beförderung aufgegeben oder befördert werden	9001
STOFFE MIT EINEM FLAMMPUNKT ÜBER 60 °C UND HÖCHSTENS 100 °C, die nicht anderen Klassen zuzuordnen sind	9003
STOFFE MIT EINER ZÜNDTEMPERATUR ≤ 200°C, N.A.G.	9002
STOFF ZUR HERSTELLUNG VON TRÄNENGASEN, FEST, N.A.G.	3448
STOFF ZUR HERSTELLUNG VON TRÄNENGASEN, FLÜSSIG, N.A.G.	1693
STOPPINEN, NICHT SPRENGKRÄFTIG	0101
Straßenöl bei oder über 100 °C und unter seinem Flammpunkt: siehe	3257
Straßenöl mit einem Flammpunkt über 60 °C, bei oder über seinem Flammpunkt: siehe	3256
Straßenöl mit einem Flammpunkt von höchstens 60 °C: siehe	1999
Stroh	1327
STRONTIUMARSENIT	1691

Benennung und Beschreibung	Stoffnummer/ UN-Nummer
STRONTIUMCHLORAT	1506
STRONTIUMNITRAT	1507
STRONTIUMPERCHLORAT	1508
STRONTIUMPEROXID	1509
STRONTIUMPHOSPHID	2013
STRYCHNIN	1692
STRYCHNINSALZE	1692
STURMZÜNDHÖLZER	2254
STYPHNINSÄURE, ANGEFEUCHTET mit mindestens 20 Masse-% Wasser oder einer Alkohol/Wasser-Mischung	0394
STYPHNINSÄURE, trocken oder angefeuchtet mit weniger als 20 Masse-% Wasser oder einer Alkohol/Wasser-Mischung	0219
STYREN, MONOMER, STABILISIERT	2055
SUBSTITUIERTES NITROPHENOL-PESTIZID, FEST, GIFTIG	2779
SUBSTITUIERTES NITROPHENOL-PESTIZID, FLÜSSIG, ENTZÜNDBAR, GIFTIG, Flammpunkt unter 23 °C	2780
SUBSTITUIERTES NITROPHENOL-PESTIZID, FLÜSSIG, GIFTIG	3014
SUBSTITUIERTES NITROPHENOL-PESTIZID, FLÜSSIG, GIFTIG, ENTZÜNDBAR, mit einem Flammpunkt von 23 °C oder darüber	3013
SULFAMINSÄURE	2967
SULFURYLCHLORID	1834
SULFURYLFLUORID	2191
Teere, flüssig, einschließlich Straßenöle und Cutback-Bitumen (Verschnittbitumen), bei oder über 100 °C und unter seinem Flammpunkt: siehe	3257
Teere, flüssig, einschließlich Straßenöle und Cutback-Bitumen (Verschnittbitumen), mit einem Flammpunkt über 60 °C, bei oder über seinem Flammpunkt: siehe	3256
TEERE, FLÜSSIG, einschließlich Straßenöle und Cutback-Bitumen (Verschnittbitumen) mit einem Flammpunkt von höchstens 60 °C	1999
TELLURHEXAFLUORID	2195
TELLURVERBINDUNG, N.A.G.	3284
TERPENKOHLENWASSERSTOFFE, N.A.G.	2319
TERPENTIN	1299
TERPENTINÖLERSATZ	1300
TERPINOLEN	2541
TETRABROMETHAN	2504
TETRABROMKOHLENSTOFF	2516
TETRACEN, ANGEFEUCHTET mit mindestens 30 Masse-% Wasser oder einer Alkohol/Wasser-Mischung	0114
1,1,2,2-TETRACHLORETHAN	1702
TETRACHLORETHYLEN	1897
TETRACHLORKOHLENSTOFF	1846
Tetraethylblei: siehe	1649
TETRAETHYLDITHIOPYROPHOSPHAT	1704
TETRAETHYLENPENTAMIN	2320
TETRAETHYLSILICAT	1292
1,1,1,2-TETRAFLUORETHAN	3159
TETRAFLUORETHYLEN, STABILISIERT	1081
TETRAFLUORMETHAN	1982
1,2,3,6-TETRAHYDROBENZALDEHYD	2498
TETRAHYDROFURAN	2056
TETRAHYDROFURFURYLAMIN	2943

Benennung und Beschreibung	Stoffnummer/ UN-Nummer
TETRAHYDROPHTHALSÄUREANHYDRIDE mit mehr als 0,05 % Maleinsäureanhydrid	2698
1,2,3,6-TETRAHYDROPYRIDIN	2410
TETRAHYDROTHIOPHEN	2412
Tetramethoxysilan: siehe	2606
TETRAMETHYLAMMONIUMHYDROXID, FEST	3423
TETRAMETHYLAMMONIUMHYDROXID, LÖSUNG	1835
Tetramethylblei: siehe	1649
TETRAMETHYLSILAN	2749
Tetramethylsulfid: siehe	2412
TETRANITROANILIN	0207
TETRANITROMETHAN	1510
TETRAPROPYLEN	2850
TETRAPROPYLORTHOTITANAT	2413
1H-TETRAZOL	0504
TETRAZOL-1-ESSIGSÄURE	0407
TETRYL	0208
Textilabfälle, nass	1857
THALLIUMCHLORAT	2573
THALLIUMNITRAT	2727
THALLIUMVERBINDUNG, N.A.G.	1707
4-THIAPENTANAL	2785
THIOCARBAMAT-PESTIZID, FEST, GIFTIG	2771
THIOCARBAMAT-PESTIZID, FLÜSSIG, ENTZÜNDBAR, GIFTIG, Flammpunkt unter 23 °C	2772
THIOCARBAMAT-PESTIZID, FLÜSSIG, GIFTIG	3006
THIOCARBAMAT-PESTIZID, FLÜSSIG, GIFTIG, ENTZÜNDBAR, mit einem Flammpunkt von 23 °C oder darüber	3005
THIOESSIGSÄURE	2436
THIOGLYCOL	2966
THIOGLYCOLSÄURE	1940
THIOHARNSTOFFDIOXID	3341
THIOMILCHSÄURE	2936
THIONYLCHLORID	1836
THIOPHEN	2414
Thiophenol: siehe	2327
THIOPHOSGEN	2474
THIOPHOSPHORYLCHLORID	1837
TINKTUREN, MEDIZINISCHE	1293
Tischtennisbälle: siehe	2000
TITANDISULFID	3174
TITANHYDRID	1871
TITAN-PULVER, ANGEFEUCHTET mit mindestens 25 % Wasser	1352
TITAN-PULVER, TROCKEN	2546
TITAN-SCHWAMMGRANULATE	2878
TITAN-SCHWAMMPULVER	2878
TITANTETRACHLORID	1838
TITANTRICHLORID, GEMISCH	2869
TITANTRICHLORID, PYROPHOR	2441
TITANTRICHLORIDMISCHUNGEN, PYROPHOR	2441
TNT, ANGEFEUCHTET mit mindestens 10 Masse-% Wasser	3366

Benennung und Beschreibung	Stoffnummer/ UN-Nummer
TNT, ANGEFEUCHTET mit mindestens 30 Masse-% Wasser	1356
TNT IN MISCHUNG MIT HEXANITROSTILBEN	0388
TNT IN MISCHUNG MIT TRINITROBENZEN	0388
TNT IN MISCHUNG MIT TRINITROBENZEN UND HEXANITROSTILBEN	0389
TNT, trocken oder angefeuchtet mit weniger als 30 Masse-% Wasser	0209
TOLUEN	1294
TOLUENDIISOCYANAT	2078
TOLUIDINE, FEST	3451
TOLUIDINE, FLÜSSIG	1708
2,4-TOLUYLENDIAMIN, FEST	1709
2,4-TOLUYLENDIAMIN, LÖSUNG	3418
TORPEDOS, MIT FLÜSSIGTREIBSTOFF, mit inertem Kopf	0450
TORPEDOS, MIT FLÜSSIGTREIBSTOFF, mit oder ohne Sprengladung	0449
TORPEDOS, mit Sprengladung	0329
TORPEDOS, mit Sprengladung	0330
TORPEDOS, mit Sprengladung	0451
TOXINE, GEWONNEN AUS LEBENDEN ORGANISMEN, FEST, N.A.G.	3462
TOXINE, GEWONNEN AUS LEBENDEN ORGANISMEN, FLÜSSIG, N.A.G.	3172
TRÄNENGAS-KERZEN	1700
TREIBLADUNGEN FÜR GESCHÜTZE	0242
TREIBLADUNGEN FÜR GESCHÜTZE	0279
TREIBLADUNGEN FÜR GESCHÜTZE	0414
TREIBLADUNGSANZÜNDER	0319
TREIBLADUNGSANZÜNDER	0320
TREIBLADUNGSANZÜNDER	0376
TREIBLADUNGSHÜLSEN, LEER, MIT TREIBLADUNGSANZÜNDER	0055
TREIBLADUNGSHÜLSEN, LEER, MIT TREIBLADUNGSANZÜNDER	0379
TREIBLADUNGSHÜLSEN, VERBRENNLICH, LEER, OHNE TREIBLADUNGSANZÜNDER	0446
TREIBLADUNGSHÜLSEN, VERBRENNLICH, LEER, OHNE TREIBLADUNGSANZÜNDER	0447
TREIBLADUNGSPULVER	0160
TREIBLADUNGSPULVER	0161
TREIBLADUNGSPULVER	0509
TREIBSÄTZE	0271
TREIBSÄTZE	0272
TREIBSÄTZE	0415
TREIBSÄTZE	0491
TREIBSTOFF, FEST	0498
TREIBSTOFF, FEST	0499
TREIBSTOFF, FEST	0501
TREIBSTOFF, FLÜSSIG	0495
TREIBSTOFF, FLÜSSIG	0497
Tremolit: siehe	2212
TRIALLYLAMIN	2610
TRIALLYLBORAT	2609
TRIAZIN-PESTIZID, FEST, GIFTIG	2763
TRIAZIN-PESTIZID, FLÜSSIG, ENTZÜNDBAR, GIFTIG, Flammpunkt unter 23 °C	2764
TRIAZIN-PESTIZID, FLÜSSIG, GIFTIG	2998
TRIAZIN-PESTIZID, FLÜSSIG, GIFTIG, ENTZÜNDBAR, mit einem Flammpunkt von 23 °C oder darüber	2997

Benennung und Beschreibung	Stoffnummer/ UN-Nummer
TRIBUTYLAMIN	2542
TRIBUTYLPHOSPHAN	3254
TRICHLORACETYLCHLORID	2442
TRICHLORBENZENE, FLÜSSIG	2321
TRICHLORBUTEN	2322
TRICHLORESSIGSÄURE	1839
TRICHLORESSIGSÄURE, LÖSUNG	2564
1,1,1-TRICHLORETHAN	2831
TRICHLORETHYLEN	1710
TRICHLORISOCYANURSÄURE, TROCKEN	2468
Trichlormethylbenzen: siehe	2226
TRICHLORSILAN	1295
TRICRESYLPHOSPHAT mit mehr als 3 % ortho-Isomer	2574
TRIETHYLAMIN	1296
TRIETHYLBORAT	1176
TRIETHYLENTETRAMIN	2259
TRIETHYLPHOSPHIT	2323
TRIFLUORACETYLCHLORID	3057
TRIFLUORESSIGSÄURE	2699
1,1,1-TRIFLUORETHAN	2035
TRIFLUORMETHAN	1984
TRIFLUORMETHAN, TIEFGEKÜHLT, FLÜSSIG	3136
2-TRIFLUORMETHYLANILIN	2942
3-TRIFLUORMETHYLANILIN	2948
TRIISOBUTYLEN	2324
TRIISOPROPYLBORAT	2616
TRIMETHYLACETYLCHLORID	2438
TRIMETHYLAMIN, WÄSSERIGE LÖSUNG mit höchstens 50 Masse-% Trimethylamin	1297
TRIMETHYLAMIN, WASSERFREI	1083
1,3,5-TRIMETHYLBENZEN	2325
TRIMETHYLBORAT	2416
TRIMETHYLCHLORSILAN	1298
TRIMETHYLCYCLOHEXYLAMIN	2326
TRIMETHYLHEXAMETHYLENDIAMINE	2327
TRIMETHYLHEXAMETHYLENDIISOCYANAT (und isomere Gemische)	2328
TRIMETHYLPHOSPHIT	2329
TRINITROANILIN	0153
TRINITROANISOL	0213
TRINITROBENZEN, ANGEFEUCHTET mit mindestens 10 Masse-% Wasser	3367
TRINITROBENZEN, ANGEFEUCHTET mit mindestens 30 Masse-% Wasser	1354
TRINITROBENZEN, trocken oder angefeuchtet mit weniger als 30 Masse-% Wasser	0214
TRINITROBENZENSULFONSÄURE	0386
TRINITROBENZOESÄURE, ANGEFEUCHTET mit mindestens 10 Masse-% Wasser	3368
TRINITROBENZOESÄURE, ANGEFEUCHTET mit mindestens 30 Masse-% Wasser	1355
TRINITROBENZOESÄURE, trocken oder angefeuchtet mit weniger als 30 Masse-% Wasser	0215
TRINITROCHLORBENZEN	0155
TRINITROCHLORBENZEN, ANGEFEUCHTET mit mindestens 10 Masse-% Wasser	3365
TRINITROFLUORENON	0387
TRINITRO-m-CRESOL	0216

Benennung und Beschreibung	Stoffnummer/ UN-Nummer
TRINITRONAPHTHALEN	0217
TRINITROPHENETOL	0218
TRINITROPHENOL, ANGEFEUCHTET mit mindestens 10 Masse-% Wasser	3364
TRINITROPHENOL, ANGEFEUCHTET mit mindestens 30 Masse-% Wasser	1344
TRINITROPHENOL, trocken oder angefeuchtet mit weniger als 30 Masse-% Wasser	0154
TRINITROPHENYLMETHYLNITRAMIN	0208
TRINITRORESORCINOL, ANGEFEUCHTET mit mindestens 20 Masse-% Wasser oder einer Alkohol/Wasser-Mischung	0394
TRINITRORESORCINOL, trocken oder angefeuchtet mit weniger als 20 Masse-% Wasser oder einer Alkohol/Wasser-Mischung	0219
TRINITROTOLUEN, ANGEFEUCHTET mit mindestens 10 Masse-% Wasser	3366
TRINITROTOLUEN, ANGEFEUCHTET mit mindestens 30 Masse-% Wasser	1356
TRINITROTOLUEN IN MISCHUNG MIT HEXANITROSTILBEN	0388
TRINITROTOLUEN IN MISCHUNG MIT TRINITROBENZEN	0388
TRINITROTOLUEN IN MISCHUNG MIT TRINITROBENZEN UND HEXANITROSTILBEN	0389
TRINITROTOLUEN, trocken oder angefeuchtet mit weniger als 30 Masse-% Wasser	0209
TRIPROPYLAMIN	2260
TRIPROPYLEN	2057
TRIS-(1-AZIRIDINYL)-PHOSPHINOXID, LÖSUNG	2501
TRITONAL	0390
Trockeneis	1845
UMWELTGEFÄHRDENDER STOFF, FEST, N.A.G.	3077
UMWELTGEFÄHRDENDER STOFF, FEST, GESCHMOLZEN, N.A.G.	9005
UMWELTGEFÄHRDENDER STOFF, FLÜSSIG, N.A.G.	3082
UMWELTGEFÄHRDENDER STOFF, FLÜSSIG, N.A.G.	9006
UNDECAN	2330
UNTER DIE VORSCHRIFTEN FALLENDER MEDIZINISCHER ABFALL, N.A.G.	3291
URANHEXAFLUORID, RADIOAKTIVE STOFFE, FREIGESTELLTES VERSANDSTÜCK mit weniger als 0,1 kg je Versandstück, nicht spaltbar oder spaltbar, freigestellt	3507
URANHEXAFLUORID, RADIOAKTIVE STOFFE, FREIGESTELLTES VERSANDSTÜCK mit weniger als 0,1 kg je Versandstück, nicht spaltbar oder spaltbar, freigestellt	3507
VALERALDEHYD	2058
Valeriansäurechlorid: siehe	2502
VALERYLCHLORID	2502
VANADIUMOXYTRICHLORID	2443
VANADIUMPENTOXID, nicht geschmolzen	2862
VANADIUMTETRACHLORID	2444
VANADIUMTRICHLORID	2475
VANADIUMVERBINDUNG, N.A.G.	3285
VANADYLSULFAT	2931
VERBRENNUNGSMASCHINE	3530
VERBRENNUNGSMASCHINE MIT ANTRIEB DURCH ENTZÜNDBARE FLÜSSIGKEIT	3528
VERBRENNUNGSMASCHINE MIT ANTRIEB DURCH ENTZÜNDBARES GAS	3529
VERBRENNUNGSMOTOR	3530
VERBRENNUNGSMOTOR MIT ANTRIEB DURCH ENTZÜNDBARE FLÜSSIGKEIT	3528
VERBRENNUNGSMOTOR MIT ANTRIEB DURCH ENTZÜNDBARES GAS	3529
VERDICHTETES GAS, N.A.G.	1956
VERDICHTETES GAS, ENTZÜNDBAR, N.A.G.	1954
VERDICHTETES GAS, GIFTIG, N.A.G.	1955
VERDICHTETES GAS, GIFTIG, ÄTZEND, N.A.G.	3304

Benennung und Beschreibung	Stoffnummer/ UN-Nummer
VERDICHTETES GAS, GIFTIG, ENTZÜNDBAR, N.A.G.	1953
VERDICHTETES GAS, GIFTIG, ENTZÜNDBAR, ÄTZEND, N.A.G.	3305
VERDICHTETES GAS, GIFTIG, OXIDIEREND, N.A.G.	3303
VERDICHTETES GAS, GIFTIG, OXIDIEREND, ÄTZEND, N.A.G.	3306
VERDICHTETES GAS, OXIDIEREND, N.A.G.	3156
VERFLÜSSIGTE GASE, nicht entzündbar, überlagert mit Stickstoff, Kohlendioxid oder Luft	1058
VERFLÜSSIGTES GAS, N.A.G.	3163
VERFLÜSSIGTES GAS, ENTZÜNDBAR, N.A.G.	3161
VERFLÜSSIGTES GAS, GIFTIG, N.A.G.	3162
VERFLÜSSIGTES GAS, GIFTIG, ÄTZEND, N.A.G.	3308
VERFLÜSSIGTES GAS, GIFTIG, ENTZÜNDBAR, N.A.G.	3160
VERFLÜSSIGTES GAS, GIFTIG, ENTZÜNDBAR, ÄTZEND, N.A.G.	3309
VERFLÜSSIGTES GAS, GIFTIG, OXIDIEREND, N.A.G.	3307
VERFLÜSSIGTES GAS, GIFTIG, OXIDIEREND, ÄTZEND, N.A.G.	3310
VERFLÜSSIGTES GAS, OXIDIEREND, N.A.G.	3157
Verschnittbitumen bei oder über 100 °C und unter seinem Flammpunkt: siehe	3257
Verschnittbitumen mit einem Flammpunkt über 60 °C, bei oder über seinem Flammpunkt: siehe	3256
Verschnittbitumen mit einem Flammpunkt von höchstens 60 °C: siehe	1999
VINYLACETAT, STABILISIERT	1301
Vinylbenzen, monomer, stabilisiert: siehe	2055
VINYLBROMID, STABILISIERT	1085
VINYLBUTYRAT, STABILISIERT	2838
VINYLCHLORACETAT	2589
VINYLCHLORID, STABILISIERT	1086
VINYLETHYLETHER, STABILISIERT	1302
VINYLFLUORID, STABILISIERT	1860
VINYLIDENCHLORID, STABILISIERT	1303
VINYLISOBUTYLETHER, STABILISIERT	1304
VINYLMETHYLETHER, STABILISIERT	1087
VINYLPYRIDINE, STABILISIERT	3073
VINYLTOLUENE, STABILISIERT	2618
VINYLTRICHLORSILAN	1305
VORRICHTUNGEN, DURCH WASSER AKTIVIERBAR, mit Zerleger, Ausstoß- oder Treibladung	0248
VORRICHTUNGEN, DURCH WASSER AKTIVIERBAR, mit Zerleger, Ausstoß- oder Treibladung	0249
WACHSZÜNDHÖLZER	1945
WASSERBOMBEN	0056
WASSERSTOFF IN EINEM METALLHYDRID-SPEICHERSYSTEM	3468
WASSERSTOFF IN EINEM METALLHYDRID-SPEICHERSYSTEM IN AUSRÜSTUNGEN	3468
WASSERSTOFF IN EINEM METALLHYDRID-SPEICHERSYSTEM, MIT AUSRÜSTUNGEN VERPACKT	3468
WASSERSTOFFPEROXID UND PERESSIGSÄURE, MISCHUNG, STABILISIERT mit Säure(n), Wasser und höchstens 5 % Peressigsäure	3149
WASSERSTOFFPEROXID, WÄSSERIGE LÖSUNG mit mindestens 20 %, aber höchstens 60 % Wasserstoffperoxid (Stabilisierung nach Bedarf)	2014
WASSERSTOFFPEROXID, WÄSSERIGE LÖSUNG mit mindestens 8 %, aber weniger als 20 % Wasserstoffperoxid (Stabilisierung nach Bedarf)	2984
WASSERSTOFFPEROXID, WÄSSERIGE LÖSUNG, STABILISIERT, mit mehr als 60 %, aber höchstens 70 % Wasserstoffperoxid	2015
WASSERSTOFFPEROXID, WÄSSERIGE LÖSUNG, STABILISIERT, mit mehr als 70 % Wasserstoffperoxid	2015

Benennung und Beschreibung	Stoffnummer/ UN-Nummer
WASSERSTOFF, TIEFGEKÜHLT, FLÜSSIG	1966
WASSERSTOFF UND METHAN, GEMISCH, VERDICHTET	2034
WASSERSTOFF, VERDICHTET	1049
White Spirit: siehe	1300
WOLFRAMHEXAFLUORID	2196
Wollabfälle, nass	1387
XANTHATE	3342
XENON	2036
XENON, TIEFGEKÜHLT, FLÜSSIG	2591
XYLENE	1307
XYLENMOSCHUS	2956
XYLENOLE, FEST	2261
XYLENOLE, FLÜSSIG	3430
XYLIDINE, FEST	3452
XYLIDINE, FLÜSSIG	1711
XYLYLBROMID, FEST	3417
XYLYLBROMID, FLÜSSIG	1701
ZELLULOID, ABFALL	2002
ZELLULOID in Blöcken, Stangen, Platten, Rohren, usw. (ausgenommen Abfälle)	2000
ZERLEGER, mit Explosivstoff	0043
ZINKAMMONIUMNITRIT	1512
ZINKARSENAT	1712
ZINKARSENAT UND ZINKARSENIT, MISCHUNG	1712
ZINKARSENIT	1712
ZINK-ASCHEN	1435
ZINKBROMAT	2469
ZINKCHLORAT	1513
ZINKCHLORID, LÖSUNG	1840
ZINKCHLORID, WASSERFREI	2331
ZINKCYANID	1713
ZINKDITHIONIT	1931
ZINKFLUOROSILICAT	2855
ZINKNITRAT	1514
ZINKPERMANGANAT	1515
ZINKPEROXID	1516
ZINKPHOSPHID	1714
ZINK-PULVER	1436
ZINKRESINAT	2714
ZINK-STAUB	1436
ZINNPHOSPHIDE	1433
ZINNTETRACHLORID-PENTAHYDRAT	2440
ZINNTETRACHLORID, WASSERFREI	1827
ZIRKONIUM, SUSPENDIERT IN EINEM ENTZÜNDBAREN FLÜSSIGEN STOFF	1308
ZIRKONIUM, TROCKEN, Bleche, Streifen oder gerollter Draht (dünner als 18 µm)	2009
ZIRKONIUM, TROCKEN, gerollter Draht, Bleche, Streifen (dünner als 254 µm, aber nicht dünner als 18 µm)	2858
ZIRKONIUM-ABFALL	1932
ZIRKONIUMHYDRID	1437
ZIRKONIUMNITRAT	2728

Benennung und Beschreibung	Stoffnummer/ UN-Nummer
ZIRKONIUMPIKRAMAT, ANGEFEUCHTET mit mindestens 20 Masse-% Wasser	1517
ZIRKONIUMPIKRAMAT, trocken oder angefeuchtet mit weniger als 20 Masse-% Wasser	0236
ZIRKONIUM-PULVER, ANGEFEUCHTET mit mindestens 25 % Wasser	1358
ZIRKONIUM-PULVER, TROCKEN	2008
ZIRKONIUMTETRACHLORID	2503
Zubereitungen, die entzündbare flüssige Stoffe mit einem Flammpunkt von höchstens 60 °C enthalten: siehe	3175
ZÜNDEINRICHTUNGEN für Sprengungen, NICHT ELEKTRISCH	0360
ZÜNDEINRICHTUNGEN für Sprengungen, NICHT ELEKTRISCH	0361
ZÜNDEINRICHTUNGEN für Sprengungen, NICHT ELEKTRISCH	0500
ZÜNDER, NICHT SPRENGKRÄFTIG	0316
ZÜNDER, NICHT SPRENGKRÄFTIG	0317
ZÜNDER, NICHT SPRENGKRÄFTIG	0368
ZÜNDER, SPRENGKRÄFTIG	0106
ZÜNDER, SPRENGKRÄFTIG	0107
ZÜNDER, SPRENGKRÄFTIG	0257
ZÜNDER, SPRENGKRÄFTIG	0367
ZÜNDER, SPRENGKRÄFTIG, mit Sicherungsvorrichtungen	0408
ZÜNDER, SPRENGKRÄFTIG, mit Sicherungsvorrichtungen	0409
ZÜNDER, SPRENGKRÄFTIG, mit Sicherungsvorrichtungen	0410
ZÜNDHÖLZER, ÜBERALL ZÜNDBAR	1331
ZÜNDVERSTÄRKER, MIT DETONATOR	0225
ZÜNDVERSTÄRKER, MIT DETONATOR	0268
ZÜNDVERSTÄRKER, ohne Detonator	0042
ZÜNDVERSTÄRKER, ohne Detonator	0283
Zwischenbeschichtung für Fahrzeugkarosserien: siehe	1139

3.2.3 Tabelle C Verzeichnis der zur Beförderung in Tankschiffen zugelassenen gefährlichen Güter in numerischer Reihenfolge

3.2.3.1 Erläuterungen zur Tabelle C

Jede Zeile der Tabelle C behandelt in der Regel den (die) Stoff(e), der (die) durch eine bestimmte UN-Nummer oder Stoffnummer erfasst wird (werden). Wenn jedoch Stoffe, die zu ein und derselben UN-Nummer oder Stoffnummer gehören, unterschiedliche chemische Eigenschaften, physikalische Eigenschaften und/oder Beförderungsvorschriften haben, können für diese UN-Nummer oder Stoffnummer mehrere aufeinanderfolgende Zeilen verwendet werden.

Jede Spalte der Tabelle C ist, wie in den nachstehenden erläuternden Bemerkungen angegeben, einem bestimmten Thema gewidmet. Der Schnittpunkt von Spalten und Zeilen (Zelle) enthält Informationen zu dem in der Spalte behandelten Thema für den (die) Stoff(e) dieser Zeile:

- die ersten vier Zellen identifizieren den (die) zu dieser Zeile gehörenden Stoff(e);
- die nachfolgenden Zellen geben die anwendbaren besonderen Vorschriften entweder als vollständige Information oder in kodierter Form an. Die Codes verweisen auf detaillierte Informationen, die in den in den nachstehenden erläuternden Bemerkungen angegebenen Nummern enthalten sind. Eine leere Zelle bedeutet entweder, dass es keine besonderen Vorschriften gibt und nur die allgemeinen Vorschriften anwendbar sind oder dass die in den erläuternden Bemerkungen angegebene Beförderungseinschränkung gilt.
- ist in einer Zelle ein „*" angegeben, so sind die anzuwendenden Vorschriften in Anwendung von 3.2.3.3 zu ermitteln. Der Ermittlung der anzuwendenden Vorschriften in Anwendung von 3.2.3.3 ist gegenüber der Nutzung der Einträge für Gemische mit Mangel an Daten der Vorrang zu geben.

Auf die anwendbaren allgemeinen Vorschriften wird in den entsprechenden Spalten nicht verwiesen.

Erläuternde Bemerkungen für jede Spalte:

Spalte 1 **UN-Nummer/Stoffnummer**

Diese Spalte enthält die UN-Nummer oder Stoffnummer

- des gefährlichen Stoffes, wenn dem Stoff eine eigene spezifische UN-Nummer oder Stoffnummer zugeordnet ist, oder
- der Gattungseintragung oder n.a.g.-Eintragung, welcher die nicht namentlich genannten gefährlichen Stoffe gemäß den Kriterien des Teils 2 („Entscheidungsbäume") zuzuordnen sind.

Spalte 2 **Benennung und Beschreibung**

Diese Spalte enthält in Großbuchstaben die Benennung des Stoffes, wenn dem Stoff eine spezifische UN-Nummer oder Stoffnummer zugeordnet ist, oder der Gattungseintragung oder n.a.g.-Eintragung, welcher der gefährliche Stoff gemäß den Kriterien des Teils 2 („Entscheidungsbäume") zugeordnet ist. Diese Benennung ist als offizielle Benennung für die Beförderung oder gegebenenfalls als Teil der offiziellen Benennung für die Beförderung zu verwenden (für weitere Einzelheiten zur offiziellen Benennung für die Beförderung siehe Abschnitt 3.1.2).

Nach der offiziellen Benennung für die Beförderung ist ein beschreibender Text in Kleinbuchstaben hinzugefügt, um den Anwendungsbereich der Eintragung in den Fällen zu erläutern, in denen die Klassifizierungs- und/oder Beförderungsvorschriften des Stoffes unter bestimmten Umständen unterschiedlich sein können.

Spalte 3a **Klasse**

Diese Spalte enthält die Nummer der Klasse, unter deren Begriff der gefährliche Stoff fällt. Die Nummer der Klasse wird nach den Verfahren und Kriterien des Teils 2 zugeordnet.

Spalte 3b **Klassifizierungscode**

Diese Spalte enthält den Klassifizierungscode des gefährlichen Stoffes.

- Für gefährliche Stoffe der Klasse 2 besteht der Code aus einer Ziffer und einem oder mehreren, die Gruppe der gefährlichen Eigenschaften wiedergebenden Buchstaben, die in den Absätzen 2.2.2.1.2 und 2.2.2.1.3 erläutert werden
- Für gefährliche Stoffe der Klassen 3, 4.1, 6.1 ■ und 9 werden die Codes in Absatz 2.2.x.1.2[1)] erläutert.
- Für gefährliche Stoffe oder Gegenstände der Klasse 8 werden die Codes in Absatz 2.2.8.1.4.1 erläutert.

Spalte 4 **Verpackungsgruppe**

Diese Spalte enthält die Nummer(n) der Verpackungsgruppe(n) (I, II oder III), die dem gefährlichen Stoff zugeordnet ist (sind). Diese Nummern der Verpackungsgruppen werden auf der Grundlage der Verfahren und Kriterien des Teils 2 zugeordnet. Bestimmte Stoffe sind keiner Verpackungsgruppe zugeordnet.

Spalte 5 **Gefahren**

Diese Spalte enthält Angaben über die Gefahren, die von dem gefährlichen Stoff oder der gefährliche Mischung ausgehen können. Dabei werden im Allgemeinen die Angaben über die Gefahrzettel in Tabelle A Spalte 5 übernommen.

Handelt es sich um einen chemisch instabilen Stoff, werden diese Angaben durch den Code „inst.“ ergänzt.

Handelt es sich um einen Stoff oder um eine Mischung mit CMR-Eigenschaften werden diese Angaben durch den Code „CMR“ ergänzt.

CMR dient zur Kennzeichnung von Stoffen mit längerfristigen Wirkungen (*krebserzeugend, erbgutverändernd oder fortpflanzungsgefährdend*, Kategorien 1A und 1B gemäß den Kriterien der Kapitel 3.5, 3.6 und 3.7 des GHS).

Handelt es sich um einen wasserverunreinigenden Stoff oder eine wasserverunreinigende Mischung, werden diese Angaben durch den Code „N1“, „N2“ oder „N3“ ergänzt (siehe Absatz 2.2.9.1.10).

Handelt es sich um einen Stoff oder um eine Mischung, der oder die auf der Wasseroberfläche aufschwimmt, nicht verdampft und schlecht wasserlöslich ist bzw. auf den Gewässergrund absinkt und schlecht wasserlöslich ist, werden diese Angaben durch den Code «F» (für den englischen Begriff «Floater» bzw. «S» (für den englischen Begriff «Sinker») ergänzt.

Bei Angaben über Gefahren in Klammern sind nur die für den konkret beförderten Stoff zutreffenden Codes zu verwenden.

Spalte 6 **Tankschiffstyp**

Diese Spalte enthält den Typ des Tankschiffs, Typ G, C oder N.

Spalte 7 **Ladetankzustand**

Diese Spalte enthält Angaben über den Zustand des Ladetanks.

1. Drucktank
2. Ladetank, geschlossen
3. Ladetank, offen mit Flammendurchschlagsicherung
4. Ladetank, offen.

[1)] x = Nummer der Klasse des gefährlichen Stoffes, gegebenenfalls ohne Punkt.

Spalte 8 **Ladetanktyp**

Diese Spalte enthält Angaben über den Typ des Ladetanks.

1. Unabhängiger Ladetank
2. Integraler Ladetank
3. Ladetankwandung nicht Außenhaut.

Spalte 9 **Ladetankausrüstung**

Diese Spalte enthält Angaben über die Ausrüstung des Ladetanks.

1. Kühlanlage
2. Ladungsheizmöglichkeit
3. Berieselungsanlage
4. Ladungsheizungsanlage an Bord

Spalte 10 **Öffnungsdruck des Überdruck-/Hochgeschwindigkeitsventils**

Diese Spalte enthält Angaben über den vorgeschriebenen Mindestöffnungsdruck des Überdruck-/Hochgeschwindigkeitsventils in kPa.

Spalte 11 **Maximal zulässiger Füllungsgrad in %**

Diese Spalte enthält Angaben über den maximal zulässigen Füllungsgrad des Ladetanks in %.

Spalte 12 **Relative Dichte**

Diese Spalte enthält Angaben über die relative Dichte des Stoffes bei 20°C. Die Angaben zur relativen Dichte haben nur informatorischen Charakter.

Spalte 13 **Art der Probeentnahmeeinrichtung**

Diese Spalte enthält Angaben über die vorgeschriebene Probeentnahmeeinrichtung.

1. Geschlossene Probeentnahmeeinrichtung
2. Teilweise geschlossene Probeentnahmeeinrichtung
3. Probeentnahmeöffnung

Spalte 14 **Pumpenraum unter Deck erlaubt**

Diese Spalte enthält Angaben, ob ein Pumpenraum unter Deck erlaubt ist.

Ja Pumpenraum unter Deck erlaubt
Nein Pumpenraum unter Deck nicht erlaubt

Spalte 15 **Temperaturklasse**

Diese Spalte gibt die Temperaturklasse des Stoffes an.

Spalte 16 **Explosionsgruppe**

Diese Spalte gibt die Explosionsgruppe des Stoffs an.

Die Werte in Klammern sind die Angaben der Untergruppen der Explosionsgruppe II B zur Auswahl der entsprechenden autonomen Schutzsysteme (Flammendurchschlagsicherungen, Unterdruckventile, Überdruck/Hochgeschwindigkeitsventile und Vorrichtungen zum gefahrlosen Entspannen der Ladetanks mit integrierter Flammensperre).

Bem. Bei Ausrüstung mit autonomen Schutzsystemen der Explosions-Gruppe II B können Produkte befördert werden, für die die Explosionsgruppe II A oder II B einschließlich der Untergruppen II B3, II B2, II B1 zutrifft.

Bei Ausrüstung mit autonomen Schutzsystemen der Explosions-Untergruppe II B3 können nur Produkte befördert werden, für die die Untergruppe II B3, II B2, II B1 oder die Explosionsgruppe II A zutrifft.

Bei Ausrüstung mit autonomen Schutzsystemen der Explosions-Untergruppe II B2 können nur Produkte befördert werden, für die die Untergruppe II B2, II B1 oder die Explosionsgruppe II A zutrifft.

Bei Ausrüstung mit autonomen Schutzsystemen der Explosions-Untergruppe II B1 können nur Produkte befördert werden, für die die Untergruppe II B1 oder die Explosionsgruppe II A zutrifft.

Spalte 17 **Explosionsschutz erforderlich**

Diese Spalte enthält die Angabe, ob Explosionsschutz bei diesem Stoff erforderlich ist.

Ja Explosionsschutz erforderlich
Nein Explosionsschutz nicht erforderlich

Spalte 18 **Ausrüstung erforderlich**

Diese Spalte enthält einen alphanumerischen Code für die bei der Beförderung des gefährlichen Stoffes erforderliche Ausrüstung (siehe Abschnitt 8.1.5).

Spalte 19 **Anzahl der blauen Kegel/Lichter**

Diese Spalte enthält die Anzahl der Kegel/Lichter, mit denen das Schiff bei der Beförderung dieses Stoffes bezeichnet werden muss.

Spalte 20 **Zusätzliche Anforderungen/Bemerkungen**

Diese Spalte enthält die zusätzlichen Anforderungen/Bemerkungen, welche für den Stoff zutreffen.
Die zusätzlichen Anforderungen oder Bemerkungen sind:

1. Wasserfreies Ammoniak kann Spannungsrisskorrosion in Ladungsbehälter- und Kühlsystemen verursachen, die aus Kohlenstoff-Manganstahl oder Nickelstahl hergestellt sind. Um das Risiko des Auftretens der Spannungsrisskorrosion so klein wie möglich zu halten, sind die nachfolgend aufgeführten Maßnahmen zu treffen:

a) Wird Kohlenstoff-Manganstahl verwendet, sind Ladetanks, Kühldruckbehälter und Ladeleitungen aus Feinkornstahl mit einer Mindestnennstreckgrenze von nicht mehr als 355 N/mm² herzustellen. Die aktuelle Streckgrenze darf 440 N/mm² nicht überschreiten. Eine der folgenden konstruktiven oder betrieblichen Maßnahmen ist zusätzlich zu ergreifen:

1. Werkstoff mit niedriger Zugfestigkeit (Rm < 410 N/mm²) ist zu verwenden; oder
2. Ladetanks usw. sind nach dem Schweißen einer Wärmebehandlung zwecks Spannungsabbau zu unterziehen; oder
3. die Beförderungstemperatur soll vorzugsweise dicht bei der Verdampfungstemperatur der Ladung von -33°C, aber in keinem Fall bei einer höheren Temperatur als -20°C gehalten werden; oder
4. das Ammoniak darf nicht weniger als 0,1 Gew. % Wasser enthalten.

b) Wenn Kohlenstoff-Manganstähle mit höheren Streckgrenzen als in a) angegeben verwendet werden, sind die fertig gestellten Tanks, Rohrleitungsabschnitte usw. nach dem Schweißen einer Wärmebehandlung zwecks Spannungsabbau zu unterziehen.

c) Kühldruckbehälter und Rohrleitungssysteme des Kondensationsteils der Ladungskühlanlage, die aus Kohlenstoff-Mangan oder Nickelstahl bestehen, sind nach dem Schweißen einer Wärmebehandlung zwecks Spannungsabbau zu unterziehen.

d) Streckgrenze und Zugfestigkeit von Schweißzusatzwerkstoffen dürfen die entsprechenden Werte des Tank- und Rohrleitungswerkstoffes nur um das kleinstmögliche Maß überschreiten.

e) Nickelstähle mit mehr als 5 % Nickelgehalt und Kohlenstoff-Manganstähle, die nicht die Anforderungen gemäß a) und b) erfüllen, dürfen nicht für Ladungsbehälter- und Rohrleitungssysteme für die Beförderung dieses Stoffes verwendet werden.

f) Nickelstähle mit nicht mehr als 5 % Nickelgehalt dürfen verwendet werden, wenn die Beförderungstemperatur innerhalb der unter a) angegebenen Grenzen liegt.

g) Der Gehalt des im Ammoniak gelösten Sauerstoffes darf den in der Tabelle angegebenen Wert nicht überschreiten.

Temperatur in °C	O_2 in %
-30 und darunter	0,90
-20	0,50
-10	0,28
0	0,16
10	0,10
20	0,05
30	0,03

Spalte 20

2. Aus den Ladetanks und den zugehörigen Rohrleitungen muss vor dem Beladen die Luft durch Inertgas ausreichend entfernt und anschließend ferngehalten werden (siehe auch 7.2.4.18).

3. Es sind Vorkehrungen zu treffen, um sicherzustellen, dass die Ladung ausreichend stabilisiert ist, um eine Reaktion zu jedem Zeitpunkt während der Beförderung zu verhindern. Das Beförderungspapier muss folgende zusätzliche Angaben enthalten:

   a) Bezeichnung und Menge des hinzugegebenen Stabilisators;

   b) Datum an welchem der Stabilisator hinzugegeben wurde, und seine unter normalen Umständen zu erwartende Wirksamkeitsdauer;

   c) Temperaturgrenzen, die den Stabilisator beeinflussen.

   Wird die Stabilisierung nur durch Inertgasabdeckung erreicht, braucht im Beförderungspapier nur die Bezeichnung des Inertgases angegeben zu werden.

   Wird die Stabilisierung durch andere Maßnahme - z.B. besondere Reinheit des Produktes - erreicht, ist diese Maßnahme im Beförderungspapier zu nennen.

4. Der Stoff darf nicht erstarren; die Beförderungstemperatur muss oberhalb des Schmelzpunktes gehalten werden. Falls Einrichtungen zum Erwärmen der Ladung erforderlich sind, müssen diese so ausgeführt werden, dass in jedem Teil des Ladetanks die Möglichkeit einer Polymerisation infolge Überhitzung ausgeschlossen ist. Wenn die Temperatur von Dampfheizschlangen Überhitzung bewirken könnte, sind indirekte Heizsysteme mit geringen Temperaturen vorzusehen.

5. Dieser Stoff kann gegebenenfalls die Gasabfuhrleitung und ihre Armaturen bzw. die Armaturen der Ladetanks zusetzen. Eine gute Überwachung sollte gewährleistet sein.

   Ist für die Beförderung dieses Stoffes ein geschlossener Ladetank und Explosionsschutz erforderlich oder wird dieser Stoff, für den Explosionsschutz gefordert ist, in einem geschlossenen Ladetank befördert, muss der Ladetank nach Absatz 9.3.2.22.4 oder Absatz 9.3.3.22.4 bzw. die Gasabfuhrleitung nach Absatz 9.3.2.22.5 a) bzw. 9.3.2.22.5 b) oder Absatz 9.3.3.22.5 a) bzw. 9.3.3.22.5 b) ausgeführt sein.

   Dies gilt nicht, wenn die Ladetanks und die zugehörigen Leitungen gemäß Unterabschnitt 7.2.4.18 inertisiert sind.

6. Bei Außentemperaturen, wie sie in Spalte 20 angegeben sind und darunter, darf die Beförderung dieses Stoffes nur in Tankschiffen erfolgen, die über eine Ladungsheizmöglichkeit verfügen.

   Darüber hinaus müssen bei der Beförderung in einem geschlossenen Ladetank die Gasabfuhrleitung, die Sicherheitsventile und die Flammendurchschlagsicherungen beheizbar ausgeführt sein.

   Die Temperatur der Gasabfuhrleitung, der Sicherheitsventile und der Flammendurchschlagsicherungen muss mindestens über dem Schmelzpunkt des Stoffes gehalten werden.

7. Ist für die Beförderung dieses Stoffes ein geschlossener Ladetank erforderlich oder wird dieser Stoff in einem geschlossenen Ladetank befördert, müssen die Gasabfuhrleitung, die Sicherheitsventile und die Flammendurchschlagsicherungen beheizbar ausgeführt sein.

   Die Temperatur der Gasabfuhrleitungen, der Sicherheitsventile und der Flammendurchschlagsicherungen muss mindestens über dem Schmelzpunkt des Stoffes gehalten werden.

Spalte 20

8. Wallgänge, Doppelböden und Heizschlangen dürfen kein Wasser enthalten.

9. a) Während der Reise ist im verbleibenden Leerraum über dem Flüssigkeitsspiegel eine Inertgasabdeckung aufrechtzuerhalten.

   b) Lade- und Lüftungsleitungen müssen von den für andere Ladungen benutzen Lade- und Lüftungsleitungen unabhängig sein.

   c) Sicherheitsventile müssen aus nicht rostendem Stahl bestehen.

10. (bleibt offen)

11. a) Für die Ladetanks und die Lade- und Löschleitungen dürfen nicht rostende Stähle der Typen 416 und 442 und Gusseisen nicht verwendet werden.

   b) Die Ladung darf nur mittels Tauchpumpen oder mittels Druckentleerung durch Inertgas gelöscht werden. Jede Pumpe muss so angeordnet werden, dass der Stoff nicht wesentlich erwärmt wird, falls die Pumpendruckleitung abgesperrt oder in anderer Weise blockiert wird.

   c) Die Ladung muss gekühlt und bei Temperaturen unter 30°C gehalten werden.

   d) Die Sicherheitsventile müssen auf einen Druck von nicht weniger als 550 kPa (5,5 bar) Überdruck eingestellt sein. Der maximale Einstelldruck muss besonders genehmigt sein.

   e) Während der Beförderung muss der Freiraum über der Ladung mit Stickstoff abgedeckt werden (siehe auch Unterabschnitt 7.2.4.18). Ein automatisches Stickstoffversorgungssystem muss installiert werden, damit der Innendruck des Ladetanks nicht unter 7 kPa (0,07 bar) abfällt, wenn die Ladungstemperatur infolge der Außentemperatur oder aus anderen Gründen abfällt. Zur Gewährleistung der automatischen Druckregelung muss eine ausreichende Stickstoffmenge an Bord mitgeführt werden. Für die Abdeckung ist Stickstoff mit einem handelsüblichen Reinheitsgrad von 99,9 Vol.-% zu verwenden. Eine Batterie von Stickstoff-Flaschen, die über ein Druckreduzierventil mit den Ladetanks verbunden ist, kann in diesem Zusammenhang als «automatisch» angesehen werden.

   Das erforderliche Stickstoffpolster muss so beschaffen sein, dass die Stickstoffkonzentration im Dampfraum des Ladetanks zu keiner Zeit geringer als 45 % ist.

   f) Vor dem Beladen und, solange ein Ladetank diesen Stoff flüssig oder gasförmig enthält, muss der Ladetank und die zugehörigen Leitungen mit Stickstoff inertisiert sein.

   g) Die Berieselung muss mit fernbetätigten Armaturen versehen sein, welche vom Steuerhaus oder im Falle eines Kontrollraumes von dort aus betätigt werden können.

   h) Es ist eine Übergabeeinrichtung vorzusehen, um die Notabgabe von Ethylenoxid im Falle unkontrollierbarer Selbstreaktion zu ermöglichen.

12. a) Die Stoffe müssen acetylenfrei sein.

   b) Solange keine geeignete Reinigung der Ladetanks erfolgt ist, dürfen diese Stoffe nicht in Ladetanks befördert werden, die als eine der drei vorherigen Ladungen Stoffe enthalten haben, die als Katalysatoren für die Polymerisation bekannt sind, wie

      1. anorganische Säuren (z.B. Schwefelsäure, Salzsäure, Salpetersäure);
      2. organische Säuren und Säureanhydride (z.B. Ameisensäure, Essigsäure);
      3. Halogencarbonsäuren (z.B. Chloressigsäure);
      4. Sulfonsäuren (z.B. Benzolsulfonsäure);
      5. ätzende Alkaliverbindungen (z.B. Natriumhydroxid, Kaliumhydroxid);

Spalte 20

6. Ammoniak und seine Lösungen;
7. Amine und deren Lösungen;
8. oxidierende Stoffe.

c) Vor dem Beladen müssen die Ladetanks und den dazugehörigen Rohrleitungen gründlich und wirksam gereinigt werden, um alle Spuren vorangegangener Ladungen zu entfernen, sofern nicht die unmittelbar vorher beförderte Ladung Propylenoxid oder ein Gemisch aus Ethylenoxid und Propylenoxid war. Es muss besondere Sorgfalt geübt werden, wenn vorher Ammoniak in Ladetanks aus anderen als rostfreien Stählen befördert wurde.

d) In allen Fällen muss die Wirksamkeit der Reinigungsverfahren für Ladetanks und zugehörige Rohrleitungen durch geeignete Untersuchungen oder Besichtigungen überprüft werden, um sicherzustellen, dass keine Spuren von säurehaltigen oder alkalischen Stoffen zurückbleiben, die zusammen mit diesen Stoffen zu einer Gefährdung führen können.

e) Die Ladetanks müssen vor jeder neuen Beladung mit diesen Stoffen begangen und besichtigt werden, um sicherzustellen, dass keine Verunreinigungen, größere Rostablagerungen und sichtbare bauliche Schäden vorhanden sind.

Wenn die Ladetanks in Tankschiffe des Typs C mit Ladetankzustand 1 und Ladetanktyp 1 eingebaut sind und diese Stoffe ständig in den Ladetanks befördert werden, müssen solche Besichtigungen in Abständen von höchstens zweieinhalb Jahren durchgeführt werden.

Wenn die Ladetanks in Tankschiffe des Typs G mit Ladetankzustand 1 und Ladetanktyp 1 eingebaut sind und diese Stoffe ständig in den Ladetanks befördert werden, müssen solche Besichtigungen gemäß Abschnitt 1.16.10 während der Wiederholungsuntersuchung für die Erneuerung des Zulassungszeugnisses durchgeführt werden.

f) Ladetanks, die diese Stoffe enthielten, dürfen nach gründlicher Reinigung der Ladetanks und zugehöriger Rohrleitungen durch Waschen oder Spülen mit Inertgas für andere Ladungen benutzt werden.

g) Die Stoffe müssen so geladen und gelöscht werden, dass eine Entlüftung der Ladetanks in die Atmosphäre ausgeschlossen ist. Wenn während des Beladens eine Gasrückgabe zur Landanlage erfolgt, muss das Gasrückführsystem, das mit dem Ladetanks für den Stoff verbunden ist, unabhängig von allen anderen Ladetanks sein.

h) Während der Entladevorgänge muss im Ladetank ein Überdruck von mehr als 7 kPa (0,07 bar) gehalten werden.

i) Die Ladung darf nur mit Tauchpumpen (deepwell) oder hydraulisch betriebenen Unterwasserpumpen oder mittels Druckentleerung durch Inertgas entladen werden. Jede Pumpe muss so angeordnet werden, dass der Stoff nicht wesentlich erwärmt wird, falls die Pumpendruckleitung abgesperrt oder in anderer Weise blockiert wird.

j) Die Ladetanks, in denen diese Stoffe befördert werden, müssen durch eine von anderen Ladetanks, in denen andere Stoffe befördert werden, unabhängigen Einrichtung entlüftet werden.

k) Schlauchleitungen, die für den Umschlag dieser Stoffe benutzt werden, müssen wie folgt gekennzeichnet sein:

„Nur für den Umschlag von Alkylenoxid"

l) (bleibt offen)

m) Es ist sicherzustellen, dass keine Luft in die Ladepumpen und Lade- und Löschleitungen eindringen kann, wenn das System diese Stoffe enthält.

Spalte 20

n) Vor dem Lösen der Landverbindungen müssen die flüssigkeit- und gasführenden Rohrleitungen durch geeignete Absperrarmaturen am Landanschluss drucklos gemacht werden.

o) Das Lade- und Löschsystem für Ladetanks, die mit diesen Stoffen beladen werden sollen, muss von den Lade- und Löschsystemen für alle anderen Ladetanks, einschließlich nicht beladener Ladetanks, getrennt werden. Falls das Lade- und Löschsystem zu beladender Ladetanks nicht unabhängig ist, muss die erforderliche Trennung durch das Herausnehmen von Zwischenstücken, Absperrarmaturen oder anderen Rohrleitungsabschnitten und das Anbringen von Blindflanschen an diesen Stellen erfolgen. Die erforderliche Trennung bezieht sich auf alle Flüssigkeit- und gasführenden Rohrleitungen und auf alle anderen möglichen Verbindungen wie z.B. gemeinsame Inertgas-Versorgungsleitungen.

p) Diese Stoffe dürfen nur entsprechend den von einer zuständigen Behörde genehmigten Ladeplänen befördert werden. Jede beabsichtigte Ladungsanordnung muss auf einem besonderen Ladeplan angegeben werden. Auf den Ladeplänen müssen das gesamte Lade- und Löschleitungssystem und die Stellen für das Anbringen der erforderlichen Blindflanschen angegeben werden, mit denen die oben genannten Anforderungen bezüglich Rohrleitungstrennung erfüllt werden. Eine Ausfertigung des genehmigten Ladeplanes muss sich an Bord des Schiffes befinden. Im Zulassungszeugnis muss auf die genehmigten Ladepläne verwiesen werden.

q) Vor jeder Beladung mit diesen Stoffen und vor jeder Wiederaufnahme solcher Transporte muss von einer von der zuständigen Behörde zugelassenen sachkundigen Person bescheinigt werden, dass die erforderliche Rohrleitungstrennung vorgenommen wurde; diese Bescheinigung muss sich an Bord des Schiffes befinden. Jede Verbindung zwischen einem Blindflansch und einem Rohrleitungsflansch muss von der verantwortlichen Person mit einem Draht und einer Plombe versehen werden, so dass eine unbeabsichtigte Beseitigung des Blindflansches unmöglich ist.

r) Während der Reise muss der Freiraum bei der Ladung mit Stickstoff abgedeckt werden. Ein automatisches Stickstoffversorgungssystem muss eingebaut werden, damit der Innendruck des Ladetanks nicht unter 7 kPa (0,07 bar) abfällt, wenn die Ladungstemperatur infolge der Außentemperatur oder aus anderen Gründen abfällt. Zur Gewährleistung der automatischen Druckregelung muss eine ausreichende Stickstoffmenge an Bord mitgeführt werden. Für die Abdeckung muss Stickstoff mit einem handelsüblichen Reinheitsgrad (99,9 Vol-%) verwendet werden. Eine Batterie von Stickstoff-Flaschen, die über ein Druckreduzierventil mit den Ladetanks verbunden ist, kann in diesem Zusammenhang als „automatisch" angesehen werden.

s) Der Dampfraum der Ladetanks muss vor und nach jeder Beladung überprüft werden, um sicherzustellen, dass der Sauerstoffgehalt 2 Vol-% oder weniger beträgt.

t) Laderate
Die Laderate (L_R) des Ladetanks darf den folgenden Wert nicht überschreiten:

$L_R = 3600 \cdot U/t$ (m^3/h)

wobei

U = das freie Volumen (m^3) bei dem Füllstand ist, bei dem die Überfüllsicherung ausgelöst wird;

t = die Zeit (s) ist, die vom Auslösen der Überfüllsicherung bis zur

Spalte 20

völligen Beendigung des Ladungsflusses in den Ladetank benötigt wird; die Zeit ist die Summe der Einzelzeiten, die für die nacheinander getroffenen Maßnahmen benötigt wird, wie z.B. Reaktionszeit des Bedienungspersonals, Abschaltzeit für die Pumpen und Schließzeit der Absperrarmaturen;

und die Laderate muss auch den Auslegungsdruck des Rohrleitungssystems berücksichtigen.

13. Wenn keine oder nur unzureichend Stabilisatoren zugegeben werden, darf der Sauerstoffgehalt in der Gasphase nicht größer als 0,1 % sein. In den Ladetanks muss jederzeit ein Überdruck aufrechterhalten werden. Dies gilt auch für Ballast- und Leerreisen mit ungereinigten Ladetanks zwischen zwei Beförderungen.

14. Folgende Stoffe dürfen nicht in einem N-Schiff befördert werden:
    - Stoffe, deren Zündtemperatur ≤ 200°C ist
    - Stoffe, deren Flammpunkt < 23°C und deren Explosionsbereich > 15 Prozentpunkte ist
    - Gemische, die halogenierte Kohlenwasserstoffe enthalten
    - Gemische, die mehr als 10 % Benzen enthalten
    - Stoffe und Gemische, die stabilisiert befördert werden.

15. Es ist sicherzustellen, dass alkalische oder saure Stoffe, wie Natronlauge oder Schwefelsäure, die betreffende Ladung nicht verunreinigen können.

16. Wenn durch örtlich übermäßige Erwärmung der Ladung im Ladetank oder zugehörigem Rohrleitungssystem die Möglichkeit einer gefährlichen Reaktion besteht, wie z. B. Polymerisation, Zerfall, thermische Instabilität oder Gasentwicklung, muss diese Ladung ausreichend getrennt von anderen Stoffen geladen und befördert werden, deren Temperatur ausreicht, um eine solche Reaktion auszulösen. Heizschlangen in Ladetanks, in denen diese Ladung befördert wird, müssen blindgeflanscht oder durch gleichwertige Einrichtungen gesichert werden.

17. Der Schmelzpunkt der Ladung muss im Beförderungspapier angegeben werden.

18. (bleibt offen)

19. Es ist sicherzustellen, dass die Ladung nicht mit Wasser in Berührung kommen kann. Zusätzlich gelten folgende Bestimmungen: die Ladung darf nicht in Ladetanks befördert werden, die an Restetanks oder Ladetanks, in denen sich Ballastwasser, Slops oder andere Wasser enthaltende Ladung befindet, angrenzen. Pumpen, Rohrleitungen oder Lüftungsleitungen, die an solche Tanks angeschlossen sind, müssen von den entsprechenden Einrichtungen solcher Ladetanks, die diese Ladung enthalten, getrennt werden. Rohrleitungen von Restetanks oder Ballastwasserleitungen dürfen nicht durch Ladetanks, die diese Ladung enthalten, geführt werden, sofern sie nicht in einem Rohrtunnel verlegt sind.

20. Die in Spalte 20 angegebene höchstzulässige Beförderungstemperatur darf nicht überschritten werden.

21. (bleibt offen)

22. Die relative Dichte der Ladung muss im Beförderungspapier angegeben werden.

23. Bei einem Innendruck des Ladetanks von 40 kPa (0,4 bar) muss die Einrichtung zum Messen des Überdrucks den Alarm dieser Einrichtung auslösen. Die Berieselungsanlage muss sofort in Betrieb genommen werden und solange in Betrieb bleiben, bis der Innendruck des Ladetanks unter 30 kPa (0,3 bar) fällt.

Spalte 20

24. Stoffe mit einem Flammpunkt über 60°C, die in einem Grenzbereich von 15 K unterhalb des Flammpunktes erwärmt zur Beförderung aufgegeben oder befördert werden, müssen unter den Bedingungen der Stoffnummer 9001 befördert werden.

25. Für die Beförderung dieser Stoffe darf der Ladetanktyp 3 verwendet werden, wenn die Konstruktion des Ladetanks durch eine anerkannte Klassifikationsgesellschaft ausdrücklich für die maximale Beförderungstemperatur genehmigt wurde.

26. Für die Beförderung dieser Stoffe darf der Ladetanktyp 2 verwendet werden, wenn die Konstruktion des Ladetanks durch eine anerkannte Klassifikationsgesellschaft ausdrücklich für die maximale Beförderungstemperatur genehmigt wurde.

27. Es gelten die Vorschriften nach Absatz 3.1.2.8.1.

28. a) Bei der Beförderung von UN 2448, SCHWEFEL, GESCHMOLZEN muss die Zwangsbelüftung der Ladetanks spätestens bei einer Schwefelwasserstoffkonzentration von 1,0 Vol-% in Betrieb genommen werden.

    b) Wenn bei der Beförderung von UN 2448, SCHWEFEL, GESCHMOLZEN die Konzentration von Schwefelwasserstoff in den Ladetanks über 1,85 % ansteigt, muss der Schiffsführer unverzüglich die nächste zuständige Behörde unterrichten.

    Wenn ein bedeutsamer Anstieg der Konzentration von Schwefelwasserstoff in einem Aufstellungsraum ein Entweichen von Schwefel vermuten lässt, müssen die Ladetanks innerhalb kürzester Frist gelöscht werden. Neue Ladung darf erst nach erneuter Untersuchung durch die Behörde, die das Zulassungszeugnis ausgestellt hat, an Bord genommen werden.

    c) Durch Messung muss bei der Beförderung von UN 2448, SCHWEFEL, GESCHMOLZEN die Konzentration von Schwefelwasserstoff im freien Raum der Ladetanks und die Konzentration von Schwefeldioxid und Schwefelwasserstoff in den Aufstellungsräumen festgestellt werden.

    d) Die in Absatz c) geforderte Messung ist alle acht Stunden einmal durchzuführen. Diese Messergebnisse müssen schriftlich festgehalten werden.

29. Wenn in der Spalte 2 Angaben zum Dampfdruck und/oder zum Siedepunkt enthalten sind, muss die offizielle Benennung im Beförderungspapier entsprechend ergänzt werden, z.B.

    UN 1224 KETONE, FLÜSSIG, N.A.G. 110 kPa < pD50 ≤ 175kPa oder
    UN 2929 GIFTIGER ORGANISCHER FLÜSSIGER STOFF,
    ENTZÜNDBAR, N.A.G., SIEDEPUNKT ≤ 60°C.

30. Bei der Beförderung dieser Stoffe dürfen die Aufstellungsräume im Tankschiff des Typs N offen Hilfseinrichtungen enthalten.

31. Bei der Beförderung dieser Stoffe muss das Schiff mit einem Schnellschlussventil direkt am Landanschluss versehen sein.

32. Bei der Beförderung dieses Stoffes gelten folgende zusätzliche Anforderungen:

    a) Die Ladetanks, müssen außen mit einer schwer entflammbaren Isolierung versehen sein. Diese Isolierung muss ausreichend widerstandsfähig gegen Stöße und Erschütterungen sein. Über Deck muss die Isolierung durch eine Abdeckung geschützt sein.

    Die Temperatur darf an der Außenseite der Isolierung 70°C nicht überschreiten.

Spalte 20

b) Die Aufstellungsräume, in denen Ladetanks enthalten sind, müssen an den Lüftungsöffnungen mit Anschlüssen für eine Zwangsbelüftung versehen sein.

c) Die Ladetanks müssen mit einer Zwangsbelüftungseinrichtung versehen sein, die gewährleistet, dass während aller Beförderungsbedingungen die Konzentration von Schwefelwasserstoff oberhalb des Flüssigkeitsspiegels unter 1,85 Vol.-% bleibt.

Die Einrichtungen zum Lüften müssen so beschaffen sein, dass eine Ablagerung von den zu befördernden Stoffen verhindert wird.

Die Entlüftungsleitung muss so angeordnet sein, dass eine Gefährdung von Personen verhindert wird.

d) Die Ladetanks und die Aufstellungsräume müssen mit Öffnungen und Leitungen zur Entnahme von Gasproben versehen sein.

e) Die Öffnungen der Ladetanks müssen so hoch angeordnet sein, dass bei einem Trimm des Schiffes von 2° und einer Krängung von 10° Schwefel nicht ausfließen kann. Alle Öffnungen müssen sich oberhalb des Decks im Freien befinden. Für jede Öffnung der Ladetanks muss eine geeignete Verschlusseinrichtung vorhanden sein, die in dauerhafter Weise befestigt ist.

Eine dieser Verschlusseinrichtung muss sich bei geringem Überdruck im Ladetank öffnen.

f) Die Lade- und Löschleitungen müssen ausreichend isoliert werden. Sie müssen beheizt werden können.

g) Das Wärmeübertragungsmittel muss so beschaffen sein, dass bei dessen Auslaufen in einem Ladetank eine gefährliche Reaktion mit dem Schwefel nicht zu erwarten ist.

33. Bei der Beförderung dieses Stoffes gelten folgende zusätzliche Anforderungen:

Bauvorschriften:

a) Wasserstoffperoxid-Lösungen dürfen nur in Ladetanks mit Tauchpumpen befördert werden.

b) Ladetanks und zugehörige Einrichtungen müssen aus massivem rostfreiem Stahl einer für Wasserstoffperoxid-Lösungen geeigneten Sorte bestehen (z.B. 304, 304L, 316, 316L oder 316 Ti). Alle nichtmetallischen Werkstoffe für das Ladungsbehältersystem dürfen weder durch Wasserstoffperoxid-Lösung angegriffen werden noch den Zerfall des Stoffes fördern.

c) In die Ladetanks sind direkt unterhalb des Decks und am Boden Temperaturfühler zu installieren. Einrichtungen zur Fernanzeige und der ständigen Überwachung der Temperaturen sind im Steuerhaus vorzusehen.

d) In den an Ladetanks angrenzenden Leerräumen sind fest installierte Sauerstoff Überwachungsgeräte (oder Gasproben-Entnahmeleitungen) anzubringen, um Leckagen der Ladung in diesen Räumen anzuzeigen. Die Vergrößerung der Gefahr der Entzündbarkeit durch Sauerstoffanreicherung ist zu beachten. Fernanzeigegeräte, Einrichtungen zur ständigen Überwachung (sofern Gasproben- Entnahmeleitungen benutzt werden, ist intermittierende Überwachung ausreichend) sowie optische und akustische Alarme, ähnlich wie jene für die Temperaturmessung, sind ebenfalls im Steuerhaus anzuordnen. Die optischen und akustischen Alarme müssen ausgelöst werden, wenn die Konzentration von Sauerstoff in diesen Leerräumen 30 Vol.-% überschreitet. Darüber hinaus sind zwei zusätzliche Sauerstoff-Messgeräte bereitzustellen.

e) Mit Filtern versehene Ladetankbe- und -entlüftungseinrichtungen müssen mit Über-/Unterdruckventilen für geschlossene Lüftung ausgerüstet

Spalte 20

werden sowie mit einer Not-Entlüftungseinrichtung für den Fall, dass der Druck im Ladetank als Folge eines unkontrollierten Zerfalls schnell ansteigt, wie in m) angegeben. Diese Be- und Entlüftungssysteme sind konstruktiv so zu gestalten, dass kein Wasser in die Ladetanks eindringen kann. Bei der Auslegung der Not-Entlüftungseinrichtung sind der Auslegungsdruck und die Größe des Ladetanks zu berücksichtigen.

f) Es ist eine festinstallierte Berieselungsanlage vorzusehen, damit an Deck ausgeflossene konzentrierte Wasserstoffperoxid-Lösung verdünnt und weggewaschen werden kann. Die Fläche, die von dem Wasserstrahl erreicht wird, muss die Landanschlüsse sowie die Ladetankdecks der für die Beförderung von Wasserstoffperoxid-Lösungen vorgesehenen Ladetanks umfassen.

Folgende Mindestbedingungen sind dabei zu erfüllen:

1. Der Stoff muss von der ursprünglichen Konzentration auf 35 % innerhalb von fünf Minuten nach dem Auslaufen an Deck verdünnt werden können.
2. Die Ausflussrate und die geschätzte Menge der an Deck ausgelaufenen Ladung sind zu bestimmen unter Berücksichtigung der größten anzunehmenden Lade- und Löschraten, der Zeit, die benötigt wird, um den Ladungsaustritt im Falle eines Überlaufens oder eines Versagens von Rohrleitungssystemen oder Schlauchleitungen zu stoppen sowie der Zeit, die notwendig ist, um nach Auslösung des Alarms an der Ladekontrollstation oder im Steuerhaus mit der Verdünnung beginnen zu können.

g) Die Austrittsöffnungen der Überdruckventile sind mindestens 2 m oberhalb einer Laufbrücke anzuordnen, sofern ihr Abstand zur Laufbrücke weniger als 4 m beträgt.

h) Bei jeder Ladepumpe muss zur Übertragung der Ladungstemperatur beim Löschen zwecks Feststellung von Überhitzung infolge eines Pumpendefekts ein Temperaturfühler angeordnet sein.

Betriebsvorschriften:

Beförderer

i) Wasserstoffperoxid-Lösungen dürfen nur in Ladetanks befördert werden, die gemäß dem in j) beschriebenen Verfahren sorgfältig und wirksam von allen Resten früherer Ladungen und ihrer Dämpfe oder von Ballastwasser gereinigt und passiviert wurden. Eine Bescheinigung über die Beachtung der Verfahren gemäß j) ist an Bord mitzuführen.

Besondere Sorgfalt ist in diesem Zusammenhang erforderlich, um die sichere Beförderung von Wasserstoffperoxid-Lösungen zu gewährleisten:

1. Wenn eine Wasserstoffperoxid-Lösung befördert wird, dürfen andere Ladungen nicht gleichzeitig befördert werden.
2. Ladetanks, in denen Wasserstoffperoxid-Lösungen befördert wurden, dürfen nach Reinigung durch hierfür von der zuständigen Behörde zugelassenen sachkundige Personen oder Firmen für andere Ladungen benutzt werden.
3. Bei der Konstruktion der Ladetanks ist auf möglichst wenige Ladetankeinbauten, freien Ablauf, Vermeidung von gefangenen Räumen und gute Besichtigungsmöglichkeiten zu achten.

j) Verfahren für die Besichtigung, Reinigung, Passivierung und Beladung von Ladetanks für die Beförderung von Wasserstoffperoxid-Lösungen in Konzentrationen von 8 – 60 %, in denen andere Ladungen befördert wurden.

Spalte 20 Ladetanks, in denen andere Ladungen als Wasserstoffperoxid-Lösungen befördert wurden, müssen vor ihrer Wiederbenutzung zur Beförderung von Wasserstoffperoxid-Lösungen besichtigt, gereinigt und passiviert werden. Die in 1. bis 7. beschriebenen Verfahren für die Besichtigung und Reinigung gelten für Ladetanks aus nicht rostendem Stahl. Verfahren für die Passivierung von nicht rostendem Stahl sind in 8. beschrieben. Sofern nicht anders angegeben, gelten alle Maßnahmen für die mit anderer Ladung in Berührung gekommenen Ladetanks und sämtliche zugehörige Ausrüstung.

1. Nach dem Löschen der vorherigen Ladung sind die Ladetanks gasfrei zu machen und im Hinblick auf Reste, Zunder und Rost zu besichtigen.
2. Ladetanks und ihre Ausrüstung sind mit sauberem, gefiltertem Wasser zu waschen. Das verwendete Wasser muss mindestens Trinkwasserqualität mit niedrigem Chlorgehalt haben.
3. Spuren von Rückständen und Dämpfen der vorherigen Ladung sind durch Ausdampfen der Ladetanks und zugehöriger Ausrüstung zu beseitigen.
4. Ladetanks und Ausrüstung sind erneut mit sauberem Wasser, von in 2. genannter Qualität, zu waschen und mittels gefilterter, ölfreier Luft zu trocknen.
5. Von der Ladetankatmosphäre sind Proben zu entnehmen, die auf organische Dämpfe und Sauerstoffkonzentration zu untersuchen sind.
6. Die Ladetanks sind erneut im Hinblick auf Reste der vorherigen Ladung, Zunder und Rost zu besichtigen und auf Geruch der vorherigen Ladung zu prüfen.
7. Wenn die Besichtigungen und Messungen das Vorhandensein von Resten der vorherigen Ladung oder ihrer Dämpfe anzeigt, sind die Schritte gemäß 2. bis 4. zu wiederholen.
8. Ladetanks und zugehörige Ausrüstung aus rostfreiem Stahl, die andere Ladung als Wasserstoffperoxid-Lösungen enthalten haben oder die repariert worden sind, sind ungeachtet früherer Passivierungen entsprechend dem folgend beschriebenen Verfahren zu reinigen oder zu passivieren:

   8.1 Neue Schweißnähte und andere reparierte Teile sind zu reinigen und mit nicht rostender Stahlbürste, Meißel, Sandpapier und Poliermittel zu bearbeiten. Raue Oberflächen sind zu glätten; abschließend ist zu polieren.

   8.2 Fettige und ölige Rückstände sind mittels geeigneter organischer Lösungsmittel oder Reinigungslösungen in Wasser zu entfernen. Die Verwendung chlorhaltiger Mittel ist zu vermeiden, da diese die Passivierung gefährlich beeinträchtigen können.

   8.3 Die Rückstände sind zu beseitigen. Anschließend ist mit Wasser zu waschen.

k) Während des Umschlags von Wasserstoffperoxid-Lösung ist das betreffende Rohrleitungssystem von allen anderen Systemen zu trennen. Lade- und Löschleitungen, die für den Umschlag von Wasserstoffperoxid-Lösungen benutzt werden, müssen wie folgt gekennzeichnet sein:

„Nur für den Umschlag von Wasserstoffperoxid-Lösungen"

l) Wenn die Temperatur in Ladetanks auf über 35°C ansteigt, müssen optische und akustische Alarme im Steuerhaus ausgelöst werden.

Spalte 20 *Schiffsführer*

m) Wenn ein Anstieg der Temperatur von mehr als 4°C in 2 Stunden erfolgt oder wenn die Temperatur in Ladetanks 40°C überschreitet muss der Schiffsführer sich direkt mit dem Absender in Verbindung setzen, um eventuelle Maßnahmen treffen zu können.

Befüller

n) Wasserstoffperoxid-Lösungen müssen stabilisiert sein, um einen Zerfall zu verhindern. Der Hersteller hat eine Stabilisierungsbescheinigung auszustellen, die an Bord mitzuführen ist und aus der folgendes hervorgeht:
   1. Datum der Zusetzung des Stabilisators und Wirksamkeitsdauer;
   2. Maßnahmen für den Fall, dass der Stoff während der Reise instabil wird.

o) Befördert werden dürfen nur solche Wasserstoffperoxid-Lösungen, die bei 25°C eine Zerfallsrate von höchstens 1,0% pro Jahr aufweisen. Eine Bescheinigung des Befüllers, aus der hervorgeht, dass der Stoff dieser Bedingung entspricht, ist dem Schiffsführer zu übergeben und an Bord mitzuführen.

   Ein Beauftragter des Herstellers muss sich an Bord befinden, um das Laden zu beaufsichtigen und die Stabilität der Wasserstoffperoxid-Lösung überprüfen zu können. Er hat dem Schiffsführer zu bescheinigen, dass die Ladung in stabilem Zustand geladen wurde.

34. Flansche und Stopfbuchsen der Lade- und Löschleitungen müssen bei Beförderung in Typ N Schiffen mit einer Spritzschutzvorrichtung versehen sein.

35. Für diesen Stoff darf als Kühlanlage nur ein indirektes System benutzt werden. Direkte und kombinierte Systeme sind nicht erlaubt.

36. zusammengefasst mit Bemerkung 35.

37. Für diesen Stoff muss das Ladungsbehältersystem dem vollen Dampfdruck der Ladung bei den oberen Umgebungstemperaturen standhalten können, unabhängig vom gewählten System für die Behandlung von verdampfenden Gasen.

38. Bei einem Siedebeginn von größer 60 °C und kleiner gleich 85 °C, bestimmt nach der Norm SATM D86-01, sind die Beförderungsbedingungen wie bei einem Siedebeginn von kleiner gleich 60 °C anzuwenden.

39. a. Die Abdichtungen, Ablassöffnungen, Verschließvorrichtungen und andere technische Einrichtungen müssen so ausgeführt sein, dass unter normalen Beförderungsbedingungen kein Kohlendioxid austreten kann (Kälte, Brüchigkeit von Materialien, gefrorene Verkleidungen, Ausströmöffnungen usw.).

    b. Im Beförderungspapier ist die Ladetemperatur (am Ladeort) anzugeben.

    c. Ein Sauerstoff-Messgerät mit einer Bedienungsanweisung, die von jedem an Bord gelesen werden kann, muss sich an Bord des Schiffes befinden. Das Sauerstoff-Messgerät muss beim Betreten von Laderäumen, Pumpenräumen, tief gelegenen Räumen und beim Verrichten von Arbeiten an Bord als Beweismittel gebraucht werden.

    d Vor der Wohnung und anderen Räumen, in denen sich die Besatzung aufhält, muss ein geeignetes Messgerät angebracht sein, das bei einem zu niedrigen Sauerstoffgehalt oder zu hohem CO_2-Gehalt einen Alarm auslöst.

    e. Im Beförderungspapier sind die (nach dem Laden gemessene) Ladetemperatur und die maximale Beförderungsdauer anzugeben

Spalte 20

40. (gestrichen)

41. n-Butylbenzen ist der Eintragung UN 2709 BUTYLBENZENE (n-BUTYLBENZEN) zuzuordnen.

42. Tiefgekühlt verflüssigte Gase sind so zu verladen, dass gewährleistet ist, dass in den Ladetanks, Rohrleitungen und Zubehörteilen keine ungünstigen Temperaturgradienten entstehen. Bei der (in Absatz 7.2.4.16.17 beschriebenen) Berechnung der Haltezeit muss sichergestellt sein, dass der Füllungsgrad 98 % nicht überschreitet, um zu verhindern, dass sich die Sicherheitsventile im flüssig gefüllten Zustand des Tanks öffnen. Wenn in 9.3.1.24.1 b) oder c) genannte Systeme für den Transport von tiefgekühlten verflüssigten Gasen verwendet werden, ist eine Kühlanlage nicht erforderlich.

43. Es besteht die Möglichkeit, dass die Mischung konservativ als Floater bewertet wurde, da enthaltene Komponenten die entsprechenden Kriterien erfüllen.

44. Ein Stoff darf diesem Eintrag nur zugeordnet werden, wenn Messdaten oder verifizierte Informationen gemäß IEC 60079-20-1 oder vergleichbar vorliegen, die eine Zuordnung zur Untergruppe II B3 der Explosionsgruppe II B erlauben.

3

3.2.3.2 Tabelle C

Verzeichnis der zur Beförderung in Tankschiffen zugelassenen gefährlichen Güter in numerischer Reihenfolge

Tabelle C

UN-Nummer oder Stoffnummer	Benennung und Beschreibung	Klasse	Klassifizierungscode	Verpackungsgruppe	Gefahren	Tankschiffstyp	Ladetankzustand	Ladetanktyp	Ladetankausrüstung	Öffnungsdruck des Überdruck-/Hochgeschwindigkeitsventils in kPa	max. zul. Tankfüllungsgrad in %	relative Dichte bei 20 °C	Art der Probeentnahmeeinrichtung	Pumpenraum unter Deck erlaubt	Temperaturklasse	Explosionsgruppe	Explosionsschutz erforderlich	Ausrüstung erforderlich	Anzahl der Kegel/Lichter	zusätzliche Anforderungen oder Bemerkungen
(1)	(2)	(3a)	(3b)	(4)	(5)	(6)	(7)	(8)	(9)	(10)	(11)	(12)	(13)	(14)	(15)	(16)	(17)	(18)	(19)	(20)
1005	AMMONIAK, WASSERFREI	2	2TC		2.3 + 8 + 2.1+ N1	G	1	1	3		91		1	nein	T1[12)]	II A	ja	PP EP EX TOX A	2	1 2 31
1010	BUTA-1,2-DIEN, STABILISIERT	2	2F		2.1 + inst.	G	1	1			91		1	nein	T2[12)]	II B[4)]	ja	PP EX A	1	2 3 31
1010	BUTA-1,3-DIEN, STABILISIERT	2	2F		2.1 + inst. + CMR	G	1	1			91		1	nein	T2[12)]	II B (II B2[4)])	ja	PP EP EX TOX A	1	2 3 31
1010	BUTADIENE, STABILISIERT oder BUTADIENE UND KOHLENWASSERSTOFF, GEMISCH, STABILISIERT, das bei 70 °C einen Dampfdruck von nicht mehr als 1,1 MPa (11 bar) hat und dessen Dichte bei 50 °C den Wert von 0,525 kg/l nicht unterschreitet (enthält weniger als 0,1 % Buta-1,3-dien)	2	2F		2.1 + inst.	G	1	1			91		1	nein	T2[12)]	II B [4)] (II B2[4)])	ja	PP EX A	1	2 3 31
1010	BUTADIENE, STABILISIERT oder BUTADIENE UND KOHLENWASSERSTOFF, GEMISCH, STABILISIERT, das bei 70 °C einen Dampfdruck von nicht mehr als 1,1 MPa (11 bar) hat und dessen Dichte bei 50 °C den Wert von 0,525 kg/l nicht unterschreitet (enthält 0,1 % oder mehr Buta-1,3-dien)	2	2F		2.1+ inst.+ CMR	G	1	1			91		1	nein	T2[12)]	II B[4)] (II B2[4)])	ja	PP EP EX TOX A	1	2 3 31
1011	BUTAN (enthält weniger als 0,1 % Buta-1,3-dien)	2	2F		2.1	G	1	1			91		1	nein	T2[12)]	II A	ja	PP EX A	1	2 31

Tabelle C

UN-Nummer oder Stoffnummer	Benennung und Beschreibung	Klasse	Klassifizierungscode	Verpackungsgruppe	Gefahren	Tankschiffstyp	Ladetankzustand	Ladetanktyp	Ladetankausrüstung	Öffnungsdruck des Überdruck-/Hochgeschwindigkeitsventils in kPa	max. zul. Tankfüllungsgrad in %	relative Dichte bei 20 °C	Art der Probeentnahmeeinrichtung	Pumpenraum unter Deck erlaubt	Temperaturklasse	Explosionsgruppe	Explosionsschutz erforderlich	Ausrüstung erforderlich	Anzahl der Kegel/Lichter	zusätzliche Anforderungen oder Bemerkungen
(1)	(2)	(3a)	(3b)	(4)	(5)	(6)	(7)	(8)	(9)	(10)	(11)	(12)	(13)	(14)	(15)	(16)	(17)	(18)	(19)	(20)
1011	BUTAN (enthält 0,1 % oder mehr Buta-1,3-dien)	2	2F		2.1+ CMR	G	1	1	1		91		1	nein	T2[12)]	II A	ja	PP EP EX TOX A	1	2 31
1012	BUT-1-EN	2	2F		2.1	G	1	1			91		1	nein	T2[12)]	II A	ja	PP EX A	1	2 31
1020	CHLORPENTAFLUORETHAN oder GAS ALS KÄLTEMITTEL R 115	2	2A		2.2	G	1	1			91		1	nein			nein	PP	0	31
1030	1,1-DIFLUORETHAN (GAS ALS KÄLTEMITTEL R 152a)	2	2F		2.1	G	1	1			91		1	nein	T1[12)]	II A	ja	PP EX A	1	2 31
1033	DIMETHYLETHER	2	2F		2.1	G	1	1			91		1	nein	T3	II B (II B2)	ja	PP EX A	1	2 31
1038	ETHYLEN, TIEFGEKÜHLT, FLÜSSIG	2	3F		2.1	G	1	1	1		95		1	nein	T1[12)]	II B (II B3)	ja	PP EX A	1	2 31 42
1040	ETHYLENOXID MIT STICKSTOFF bis zu einem Gesamtdruck von 1 MPa (10 bar) bei 50 °C	2	2TF		2.3 + 2.1	G	1	1			91		1	nein	T2[12)]	II B (II B3)	ja	PP EP EX TOX A	2	2 3 11 31 35
1055	ISOBUTEN	2	2F		2.1	G	1	1			91		1	nein	T2[1)] [12)]	II A	ja	PP EX A	1	2 31
1063	METHYLCHLORID (GAS ALS KÄLTEMITTEL R 40)	2	2F		2.1	G	1	1			91		1	nein	T1[12)]	II A	ja	PP EX A	1	2 31
1077	PROPEN	2	2F		2.1	G	1	1			91		1	nein	T1[12)]	II A	ja	PP EX A	1	2 31

Tabelle C

UN-Nummer oder Stoffnummer	Benennung und Beschreibung	Klasse	Klassifizierungscode	Verpackungsgruppe	Gefahren	Tankschiffstyp	Ladetankzustand	Ladetanktyp	Ladetankausrüstung	Öffnungsdruck des Überdruck-/Hochgeschwindigkeitsventils in kPa	max. zul. Tankfüllungsgrad in %	relative Dichte bei 20 °C	Art der Probeentnahmeeinrichtung	Pumpenraum unter Deck erlaubt	Temperaturklasse	Explosionsgruppe	Explosionsschutz erforderlich	Ausrüstung erforderlich	Anzahl der Kegel/Lichter	zusätzliche Anforderungen oder Bemerkungen
(1)	(2)	(3a)	(3b)	(4)	(5)	(6)	(7)	(8)	(9)	(10)	(11)	(12)	(13)	(14)	(15)	(16)	(17)	(18)	(19)	(20)
1083	TRIMETHYLAMIN, WASSERFREI	2	2F		2.1	G	1	1			91		1	nein	T4	II A	ja	PP EX A	1	2 31
1086	VINYLCHLORID, STABILISIERT	2	2F		2.1 + inst.	G	1	1			91		1	nein	T2[12)]	II A	ja	PP EX A	1	2 3 13 31
1088	ACETAL	3	F1	II	3	N	2	2		10	97	0,83	3	ja	T3	II B[4)]	ja	PP EX A	1	
1089	ACETALDEHYD (Ethanal)	3	F1	I	3 + N3	C	1	1			95	0,78	1	ja	T4	II A	ja	PP EX A	1	35
1090	ACETON	3	F1	II	3	N	2	2		10	97	0,79	3	ja	T1[12)]	II A	ja	PP EX A	1	
1092	ACROLEIN, STABILISIERT	6.1	TF1	I	6.1 + 3 + inst. + N1	C	2	2	3	50	95	0,84	1	nein	T3[2)]	II B (II B3)	ja	PP EP EX TOX A	2	2 3 5 23
1093	ACRYLNITRIL, STABILISIERT	3	FT1	I	3 + 6.1 + inst. + N2 + CMR	C	2	2	3	50	95	0,8	1	nein	T1[12)]	II B (II B2)	ja	PP EP EX TOX A	2	3 5 23
1098	ALLYLALKOHOL	6.1	TF1	I	6.1 + 3 + N1	C	2	2		40	95	0,85	1	nein	T2[12)]	II B (II B3)	ja	PP EP EX TOX A	2	

Tabelle C

UN-Nummer oder Stoffnummer	Benennung und Beschreibung	Klasse	Klassifizierungscode	Verpackungsgruppe	Gefahren	Tankschiffstyp	Ladetankzustand	Ladetanktyp	Ladetankausrüstung	Öffnungsdruck des Überdruck-/Hochgeschwindigkeitsventils in kPa	max. zul. Tankfüllungsgrad in %	relative Dichte bei 20 °C	Art der Probeentnahmeeinrichtung	Pumpenraum unter Deck erlaubt	Temperaturklasse	Explosionsgruppe	Explosionsschutz erforderlich	Ausrüstung erforderlich	Anzahl der Kegel/Lichter	zusätzliche Anforderungen oder Bemerkungen
(1)	(2)	(3a)	(3b)	(4)	(5)	(6)	(7)	(8)	(9)	(10)	(11)	(12)	(13)	(14)	(15)	(16)	(17)	(18)	(19)	(20)
1100	ALLYLCHLORID	3	FT1	I	3 + 6.1 + N1	C	2	2	3	50	95	0,94	1	nein	T2[12)]	II A	ja	PP EP EX TOX A	2	23
1105	PENTANOLE (n-PENTANOL)	3	F1	III	3	N	3	2			97	0,81	3	ja	T2[12)]	II A	ja	PP EX A	0	
1106	AMYLAMINE (n-AMYLAMIN)	3	FC	II	3 + 8	C	2	2		40	95	0,76	2	ja	T4[3)]	II A [7)]	ja	PP EP EX A	1	
1107	AMYLCHLORIDE	3	F1	II	3	C	1	1			95	0,9	1	ja	T3[2)]	II A	ja	PP EX A	1	27
1107	AMYLCHLORIDE (1-CHLOR-2,2-DIMETHYLPROPAN)	3	F1	II	3	C	2	2		50	95	0,87	2	ja	T3[2)]	II A	ja	PP EX A	1	
1107	AMYLCHLORIDE (1-CHLOR-3-METHYLBUTAN)	3	F1	II	3	C	2	2		45	95	0,89	2	ja	T3	II A	ja	PP EX A	1	
1107	AMYLCHLORIDE (1-CHLORPENTAN)	3	F1	II	3	C	2	2		40	95	0,88	2	ja	T3	II A	ja	PP EX A	1	
1107	AMYLCHLORIDE (2-CHLOR-2-METHYLBUTAN)	3	F1	II	3	C	2	2		50	95	0,87	2	ja	T2[12)]	II A	ja	PP EX A	1	
1108	PENT-1-EN (n-AMYLEN)	3	F1	I	3 + N3	N	1	1			97	0,64	1	ja	T3	II B[4)]	ja	PP EX A	1	

3

UN-Nummer oder Stoffnummer	Benennung und Beschreibung	Klasse	Klassifizierungscode	Verpackungsgruppe	Gefahren	Tankschiffstyp	Ladetankzustand	Ladetanktyp	Ladetankausrüstung	Öffnungsdruck des Überdruck-/Hochgeschwindigkeitsventils in kPa	max. zul. Tankfüllungsgrad in %	relative Dichte bei 20 °C	Art der Probeentnahmeeinrichtung	Pumpenraum unter Deck erlaubt	Temperaturklasse	Explosionsgruppe	Explosionsschutz erforderlich	Ausrüstung erforderlich	Anzahl der Kegel/Lichter	zusätzliche Anforderungen oder Bemerkungen
(1)	(2)	(3a)	(3b)	(4)	(5)	(6)	(7)	(8)	(9)	(10)	(11)	(12)	(13)	(14)	(15)	(16)	(17)	(18)	(19)	(20)
1114	BENZEN	3	F1	II	3 + N3 + CMR	C	2	2	3	50	95	0,88	2	ja	T1 12)	II A	ja	PP EP EX TOX A	1	6:+10ºC 17 23
1120	BUTANOLE (n-BUTYLALKOHOL)	3	F1	III	3	N	3	2			97	0,81	3	ja	T2 12)	II B (II B2)	ja	PP EX A	0	
1120	BUTANOLE (sec.-BUTYLALKOHOL)	3	F1	III	3	N	3	2			97	0,81	3	ja	T2 12)	II A	ja	PP EX A	0	
1120	BUTANOLE (tert.-BUTYLALKOHOL)	3	F1	II	3	N	2	2	2	10	97	0,79	3	ja	T1 12)	II A 7)	ja	PP EX A	1	7 17
1123	BUTYLACETATE (n-BUTYLACETAT)	3	F1	III	3 + N3	N	3	2			97	0,86	3	ja	T2 12)	II A	ja	PP EX A	0	
1123	BUTYLACETATE (sec-BUTYLACETAT)	3	F1	II	3	N	2	2		10	97	0,86	3	ja	T2 12)	II A 7)	ja	PP EX A	1	
1125	n-BUTYLAMIN	3	FC	II	3 + 8 + N3	C	2	2	3	50	95	0,75	2	ja	T2 12)	II A	ja	PP EP EX A	1	23
1127	CHLORBUTANE	3	F1	II	3	C	1	1			95	0,89	1	ja	T4 3)	II A	ja	PP EX A	1	27
1127	CHLORBUTANE (1-CHLOR-2-METHYLPROPAN)	3	F1	II	3	C	2	2	3	50	95	0,88	2	ja	T3	II A	ja	PP EX A	1	23
1127	CHLORBUTANE (1-CHLORBUTAN)	3	F1	II	3	C	2	2	3	50	95	0,89	2	ja	T3	II A	ja	PP EX A	1	23

Tabelle C

UN-Nummer oder Stoffnummer	Benennung und Beschreibung	Klasse	Klassifizierungscode	Verpackungsgruppe	Gefahren	Tankschiffstyp	Ladetankzustand	Ladetanktyp	Ladetankausrüstung	Öffnungsdruck des Überdruck-/Hochgeschwindigkeitsventils in kPa	max. zul. Tankfüllungsgrad in %	relative Dichte bei 20 °C	Art der Probeentnahmeeinrichtung	Pumpenraum unter Deck erlaubt	Temperaturklasse	Explosionsgruppe	Explosionsschutz erforderlich	Ausrüstung erforderlich	Anzahl der Kegel/Lichter	zusätzliche Anforderungen oder Bemerkungen
(1)	(2)	(3a)	(3b)	(4)	(5)	(6)	(7)	(8)	(9)	(10)	(11)	(12)	(13)	(14)	(15)	(16)	(17)	(18)	(19)	(20)
1127	CHLORBUTANE (2-CHLOR-2-METHYLPROPAN)	3	F1	II	3	C	2	2	3	50	95	0,84	2	ja	T1[12)]	II A	ja	PP EX A	1	23
1127	CHLORBUTANE (2-CHLORBUTAN)	3	F1	II	3	C	2	2	3	50	95	0,87	2	ja	T3	II A	ja	PP EX A	1	23
1129	BUTYRALDEHYDE (n-BUTYRALDEHYD)	3	F1	II	3 + N3	C	2	2	3	50	95	0,8	2	ja	T4	II A	ja	PP EX A	1	15 23
1131	KOHLENSTOFFDISULFID oder SCHWEFELKOHLENSTOFF	3	FT1	I	3 + 6.1 + N2	C	2	2	3	50	95	1,26	1	nein	T6	II C	ja	PP EP EX TOX A	2	2 9 23
1134	CHLORBENZEN (phenylchlorid)	3	F1	III	3 + N2 + S	C	2	2		30	95	1,11	2	ja	T1[12)]	II A[8)]	ja	PP EX A	0	
1135	ETHYLENCHLORHYDRIN (2-CHLORETHANOL)	6.1	TF1	I	6.1 + 3+ N3	C	2	2		30	95	1,21	1	nein	T2[12)]	II A[8)]	ja	PP EP EX TOX A	2	
1143	CROTONALDEHYD, STABILISIERT	6.1	TF1	I	6.1 + 3 + inst. + N1	C	2	2		40	95	0,85	1	nein	T3	II B (II B2)	ja	PP EP EX TOX A	2	3 5 15
1145	CYCLOHEXAN	3	F1	II	3 + N1	C	2	2	3	50	95	0,78	2	ja	T3	II A	ja	PP EX A	1	6:+11°C 17
1146	CYCLOPENTAN	3	F1	II	3 + N2	N	2	3		10	97	0,75	3	ja	T2[12)]	II A	ja	PP EX A	1	

Tabelle C

UN-Nummer oder Stoffnummer	Benennung und Beschreibung	Klasse	Klassifizierungscode	Verpackungsgruppe	Gefahren	Tankschiffstyp	Ladetankzustand	Ladetanktyp	Ladetankausrüstung	Öffnungsdruck des Überdruck-/Hochgeschwindigkeitsventils in kPa	max. zul. Tankfüllungsgrad in %	relative Dichte bei 20 °C	Art der Probeentnahmeeinrichtung	Pumpenraum unter Deck erlaubt	Temperaturklasse	Explosionsgruppe	Explosionsschutz erforderlich	Ausrüstung erforderlich	Anzahl der Kegel/Lichter	zusätzliche Anforderungen oder Bemerkungen
(1)	(2)	(3a)	(3b)	(4)	(5)	(6)	(7)	(8)	(9)	(10)	(11)	(12)	(13)	(14)	(15)	(16)	(17)	(18)	(19)	(20)
1148	DIACETONALKOHOL, chemisch rein	3	F1	III	3	N	3	2			97	0,93	3	ja	T1[12)]	II A	ja	PP, EX, A	0	
1150	1,2-DICHLORETHYLEN (cis-1,2-DICHLORETHYLEN)	3	F1	II	3 + N2	C	2	2	3	50	95	1,28	2	ja	T2[1) 12)]	II A	ja	PP EX A	1	23
1150	1,2-DICHLORETHYLEN (trans-1,2-DICHLORETHYLEN)	3	F1	II	3 + N2	C	2	2	3	50	95	1,26	2	ja	T2[12)]	II A	ja	PP EX A	1	23
1153	ETHYLENGLYCOLDIETHYLETHER	3	F1	III	3	N	3	2			97	0,84	3	ja	T4	II B (II B2)	ja	PP EX A	0	
1154	DIETHYLAMIN	3	FC	II	3 + 8 + N3	C	2	2	3	50	95	0,7	2	ja	T2[12)]	II A	ja	PP EP EX A	1	23
1155	DIETHYLETHER	3	F1	I	3	C	1	1			95	0,71	1	ja	T4	II B (II B1)	ja	PP EX A	1	
1157	DIISOBUTYLKETON	3	F1	III	3 + N3 + F	N	3	3			97	0,81	3	ja	T2[12)]	II B[4)]	ja	PP EX A	0	
1159	DIISOPROPYLETHER	3	F1	II	3 + N2	C	2	2	3	50	95	0,72	2	ja	T2[12)]	II A	ja	PP EX A	1	
1160	DIMETHYLAMIN, WÄSSERIGE LÖSUNG	3	FC	II	3 + 8+ N3	C	2	2	3	50	95	0,82	2	ja	T2[12)]	II A	ja	PP EP EX A	1	23

UN-Nummer oder Stoffnummer	Benennung und Beschreibung	Klasse	Klassifizierungscode	Verpackungsgruppe	Gefahren	Tankschiffstyp	Ladetankzustand	Ladetanktyp	Ladetankausrüstung	Öffnungsdruck des Überdruck-/ Hochgeschwindigkeits-ventils in kPa	max. zul. Tank-füllungsgrad in %	relative Dichte bei 20 °C	Art der Probe-entnahmeeinrichtung	Pumpenraum unter Deck erlaubt	Temperaturklasse	Explosionsgruppe	Explosionsschutz erforderlich	Ausrüstung erforderlich	Anzahl der Kegel/Lichter	zusätzliche Anforderungen oder Bemerkungen
(1)	(2)	(3a)	(3b)	(4)	(5)	(6)	(7)	(8)	(9)	(10)	(11)	(12)	(13)	(14)	(15)	(16)	(17)	(18)	(19)	(20)
1163	DIMETHYLHYDRAZIN, ASYMMETRISCH	6.1	TFC	I	6.1 + 3 + 8 + N2 + CMR	C	2	2	3	50	95	0,78	1	nein	T3	II B (II B1)	ja	PP EP EX TOX A	2	23
1165	DIOXAN	3	F1	II	3	N	2	2		10	97	1,03	3	ja	T2 12)	II B (II B3)	ja	PP EX A	1	6:+14°C 17
1167	DIVINYLETHER, STABILISIERT	3	F1	I	3 + inst.	C	1	1			95	0,77	1	ja	T2 12)	II B	ja	PP EX A	1	2 3
1170	ETHANOL (ETHYLALKOHOL) oder ETHANOL, LÖSUNG (ETHYLALKOHOL, LÖSUNG), wässerige Lösung mit mehr als 70 Vol-% Alkohol	3	F1	II	3	N	2	2		10	97	0,79 - 0,87	3	ja	T2 12)	II B (II B1)	ja	PP EX A	1	
1170	ETHANOL, LÖSUNG (ETHYLALKOHOL, LÖSUNG), mit mehr als 24 Vol.-% und höchstens 70 Vol.-% Alkohol	3	F1	III	3	N	3	2			97	0,87 - 0,96	3	ja	T2 12)	II B (II B1 4))	ja	PP EX A	0	
1171	ETHYLENGLYCOLMONOETHYLETHER	3	F1	III	3 + CMR	N	2	3	3	10	97	0,93	3	ja	T3	II B (II B2)	ja	PP EP EX TOX A	0	
1172	ETHYLENGLYCOLMONOETHYL-ETHERACETAT	3	F1	III	3 + N3 + CMR	N	2	3	3	10	97	0,98	3	ja	T2 12)	II A	ja	PP EP EX TOX A	0	
1173	ETHYLACETAT	3	F1	II	3	N	2	2		10	97	0,9	3	ja	T1 12)	II A	ja	PP EX A	1	
1175	ETHYLBENZEN	3	F1	II	3 + N3	N	2	2		10	97	0,87	3	ja	T2 12)	II A	ja	PP EX A	1	

Tabelle C

UN-Nummer oder Stoffnummer	Benennung und Beschreibung	Klasse	Klassifizierungscode	Verpackungsgruppe	Gefahren	Tankschiffstyp	Ladetankzustand	Ladetanktyp	Ladetankausrüstung	Öffnungsdruck des Überdruck-/Hochgeschwindigkeitsventils in kPa	max. zul. Tankfüllungsgrad in %	relative Dichte bei 20 °C	Art der Probeentnahmeeinrichtung	Pumpenraum unter Deck erlaubt	Temperaturklasse	Explosionsgruppe	Explosionsschutz erforderlich	Ausrüstung erforderlich	Anzahl der Kegel/Lichter	zusätzliche Anforderungen oder Bemerkungen
(1)	(2)	(3a)	(3b)	(4)	(5)	(6)	(7)	(8)	(9)	(10)	(11)	(12)	(13)	(14)	(15)	(16)	(17)	(18)	(19)	(20)
1177	2-ETHYLBUTYLACETAT	3	F1	III	3	N	3	2			97	0,88	3	ja	T3	II A[7)]	ja	PP EX A	0	
1179	ETHYL BUTYL ETHER (ETHYL tert-BUTYL ETHER	3	F1	II	3+ N3	N	2	2		10	97	0,74	3	ja	T2[12)]	II B[4)]	ja	PP EX A	1	
1184	ETHYLENDICHLORID (1,2-Dichlorethan)	3	FT1	II	3 + 6.1 + CMR	C	2	2		50	95	1,25	2	nein	T2[12)]	II A	ja	PP EP EX TOX A	2	
1188	ETHYLENGLYCOLMONO-METHYLETHER	3	F1	III	3 + CMR	N	2	3	3	10	97	0,97	3	ja	T3	II B (II B2)	ja	PP EP EX TOX A	0	
1191	OCTYLALDEHYDE (2-ETHYLCAPRONALDEHYD)	3	F1	III	3 + N3+ F	C	2	2		30	95	0,82	2	ja	T4	II A[7)]	ja	PP EX A	0	
1191	OCTYLALDEHYDE (n-OCTYLALDEHYD)	3	F1	III	3 + N3 + F	N	3	3			97	0,82	3	ja	T3	II A	ja	PP EX A	0	
1193	ETHYLMETHYLKETON oder METHYLETHYLKETON	3	F1	II	3	N	2	2		10	97	0,8	3	ja	T1[12)]	II A	ja	PP EX A	1	
1198	FORMALDEHYDLÖSUNG, ENTZÜNDBAR	3	FC	III	3 + 8 + N3	N	3	2			97	1,09	3	ja	T2[12)]	II B	ja	PP EP EX A	0	34

Tabelle C

UN-Nummer oder Stoffnummer	Benennung und Beschreibung	Klasse	Klassifizierungscode	Verpackungsgruppe	Gefahren	Tankschiffstyp	Ladetankzustand	Ladetanktyp	Ladetankausrüstung	Öffnungsdruck des Überdruck-/Hochgeschwindigkeitsventils in kPa	max. zul. Tankfüllungsgrad in %	relative Dichte bei 20 °C	Art der Probeentnahmeeinrichtung	Pumpenraum unter Deck erlaubt	Temperaturklasse	Explosionsgruppe	Explosionsschutz erforderlich	Ausrüstung erforderlich	Anzahl der Kegel/Lichter	zusätzliche Anforderungen oder Bemerkungen
(1)	(2)	(3a)	(3b)	(4)	(5)	(6)	(7)	(8)	(9)	(10)	(11)	(12)	(13)	(14)	(15)	(16)	(17)	(18)	(19)	(20)
1199	FURALDEHYDE (a-FURALDEHYD) oder FURFURALDEHYDE (a-FURFURALDEHYD)	6.1	TF1	II	6.1 + 3	C	2	2		25	95	1,16	2	nein	T3[2]	II B (II B1)	ja	PP EP EX TOX A	2	15
1202	DIESELKRAFTSTOFF oder GASÖL oder HEIZÖL, LEICHT (Flammpunkt höchstens 60 °C)	3	F1	III	3 + (N1, N2, N3, CMR, F oder S)	*)	*)	*)	*)	*)	*)	≤ 0,05	*)	ja			nein	*	0	*siehe 3.2.3.3
1202	DIESELKRAFTSTOFF entsprechend Norm EN 590:2013 + A1:2017 oder GASÖL oder HEIZÖL, LEICHT mit einem Flammpunkt entsprechend Norm EN 590:2013 + A1:2017	3	F1	III	3 + N2 + F	N	4	3			97	0,82-0,85	3	ja			nein	PP	0	
1202	DIESELKRAFTSTOFF oder GASÖL oder HEIZÖL, LEICHT (Flammpunkt über 60 °C bis einschließlich 100 °C)	3	F1	III	3 + (N1, N2, N3, CMR, F oder S)	*)	*)	*)	*)	*)	*)	< 1,1	*)	ja			nein	*	0	*siehe 3.2.3.3
1203	BENZIN oder OTTOKRAFTSTOFF	3	F1	II	3 + N2 + CMR + F	N	2	3	3	10	97	0,68 - 0,72[10]	3	ja	T3	II A	ja	PP EP EX TOX A	1	
1203	BENZIN oder OTTOKRAFTSTOFF, MIT MEHR ALS 10 % BENZEN	3	F1	II	3+N2+ CMR+ F	C	*)	*)	*)	*)	*)		*)	ja	T3	II A	ja	*)	1	*siehe 3.2.3.3
1203	BENZIN oder OTTOKRAFTSTOFF, MIT MEHR ALS 10% BENZEN SIEDEPUNKT ≤ 60 °C	3	F1	II	3 + N2+ CMR + F	C	1	1			95		1	ja	T3	II A	ja	PP EP EX TOX A	1	29

Tabelle C

UN-Nummer oder Stoffnummer	Benennung und Beschreibung	Klasse	Klassifizierungscode	Verpackungsgruppe	Gefahren	Tankschiffstyp	Ladetankzustand	Ladetanktyp	Ladetankausrüstung	Öffnungsdruck des Überdruck-/Hochgeschwindigkeitsventils in kPa	max. zul. Tankfüllungsgrad in %	relative Dichte bei 20 °C	Art der Probeentnahmeeinrichtung	Pumpenraum unter Deck erlaubt	Temperaturklasse	Explosionsgruppe	Explosionsschutz erforderlich	Ausrüstung erforderlich	Anzahl der Kegel/Lichter	zusätzliche Anforderungen oder Bemerkungen
(1)	(2)	(3a)	(3b)	(4)	(5)	(6)	(7)	(8)	(9)	(10)	(11)	(12)	(13)	(14)	(15)	(16)	(17)	(18)	(19)	(20)
1203	BENZIN oder OTTOKRAFTSTOFF, MIT MEHR ALS 10% BENZEN 60 °C < SIEDEPUNKT ≤ 85 °C	3	F1	II	3 + N2+ CMR + F	C	2	2	3	50	95		2	ja	T3	II A	ja	PP EP EX TOX A	1	23 29
1203	BENZIN oder OTTOKRAFTSTOFF, MIT MEHR ALS 10% BENZEN 85 °C < SIEDEPUNKT ≤ 115 °C	3	F1	II	3 + N2+ CMR + F	C	2	2		50	95		2	ja	T3	II A	ja	PP EP EX TOX A	1	29
1203	BENZIN oder OTTOKRAFTSTOFF, MIT MEHR ALS 10% BENZEN SIEDEPUNKT > 115 °C	3	F1	II	3 + N2+ CMR + F	C	2	2		35	95		2	ja	T3	II A	ja	PP EP EX TOX A	1	29
1206	HEPTANE	3	F1	II	3 + N1	C	2	2	3	50	95	0,67 - 0,70	2	ja	T3	II A	ja	PP EX A	1	
1208	HEXANE	3	F1	II	3+ N2	N	2	3		50	97	0,65 - 0,70	2	ja	T3	II A	ja	PP EX A	1	
1208	HEXANE	3	F1	II	3+ N2	N	2	3	3	10	97	0.65 - 0.70	3	ja	T3	II A	ja	PP EX A	1	
1212	ISOBUTANOL oder ISOBUTYLALKOHOL	3	F1	III	3	N	3	2			97	0,8	3	ja	T2[12)]	II A	ja	PP EX A	0	
1213	ISOBUTYLACETAT	3	F1	II	3 + N3	N	2	2		10	97	0,87	3	ja	T2[12)]	II A[7)]	ja	PP EX A	1	

Tabelle C

UN-Nummer oder Stoffnummer	Benennung und Beschreibung	Klasse	Klassifizierungscode	Verpackungsgruppe	Gefahren	Tankschiffstyp	Ladetankzustand	Ladetanktyp	Ladetankausrüstung	Öffnungsdruck des Überdruck-/Hochgeschwindigkeitsventils in kPa	max. zul. Tankfüllungsgrad in %	relative Dichte bei 20 °C	Art der Probeentnahmeeinrichtung	Pumpenraum unter Deck erlaubt	Temperaturklasse	Explosionsgruppe	Explosionsschutz erforderlich	Ausrüstung erforderlich	Anzahl der Kegel/Lichter	zusätzliche Anforderungen oder Bemerkungen
(1)	(2)	(3a)	(3b)	(4)	(5)	(6)	(7)	(8)	(9)	(10)	(11)	(12)	(13)	(14)	(15)	(16)	(17)	(18)	(19)	(20)
1214	ISOBUTYLAMIN	3	FC	II	3 + 8+ N3	C	2	2	3	50	95	0,73	2	ja	T2[12)]	II A[7)]	ja	PP EP EX A	1	23
1216	ISOOCTENE	3	F1	II	3 + N2	N	2	3		10	97	0,73	3	ja	T3	II B[4)]	ja	PP EX A	1	
1218	ISOPREN, STABILISIERT	3	F1	I	3 + inst. + N2 + CMR	N	1	1			95	0,68	1	ja	T3	II B (II B2)	ja	PP EP EX TOX A	1	2 3 5 16
1219	ISOPROPANOL oder ISOPROPYLALKOHOL	3	F1	II	3	N	2	2		10	97	0,78	3	ja	T2[12)]	II A	ja	PP EX A	1	
1220	ISOPROPYLACETAT	3	F1	II	3	N	2	2		10	97	0,88	3	ja	T2[12)]	II A[7)]	ja	PP EX A	1	
1221	ISOPROPYLAMIN	3	FC	I	3 + 8 + N3	C	1	1			95	0,69	1	ja	T2[12)]	II A[7)]	ja	PP EP EX A	1	
1223	KEROSIN	3	F1	III	3 + N2 + F	N	3	3			97	≤ 0,83	3	ja	T3	II A[7)]	ja	PP EX A	0	14

3

Tabelle C

UN-Nummer oder Stoffnummer	Benennung und Beschreibung	Klasse	Klassifizierungscode	Verpackungsgruppe	Gefahren	Tankschiffstyp	Ladetankzustand	Ladetanktyp	Ladetankausrüstung	Öffnungsdruck des Überdruck-/Hochgeschwindigkeitsventils in kPa	max. zul. Tankfüllungsgrad in %	relative Dichte bei 20 °C	Art der Probeentnahmeeinrichtung	Pumpenraum unter Deck erlaubt	Temperaturklasse	Explosionsgruppe	Explosionsschutz erforderlich	Ausrüstung erforderlich	Anzahl der Kegel/Lichter	zusätzliche Anforderungen oder Bemerkungen
(1)	(2)	(3a)	(3b)	(4)	(5)	(6)	(7)	(8)	(9)	(10)	(11)	(12)	(13)	(14)	(15)	(16)	(17)	(18)	(19)	(20)
1224	KETONE, FLÜSSIG, N.A.G.	3	F1	II	3 + (N1, N2, N3, CMR, F oder S)	*)	*)	*)	*)	*)	*)		*)	ja	T4[3)]	II B[4)]	ja	*	1	14; 27; 29 *siehe 3.2.3.3
1224	KETONE, FLÜSSIG, N.A.G.	3	F1	II	3+(N1, N2, N3, CMR, F oder S)	*	*	*	*	*	*		*	ja	T4[3)]	II B[4)] (II B3)	ja	*	1	14; 27; 29; 44 *siehe 3.2.3.3
1224	KETONE, FLÜSSIG, N.A.G.	3	F1	III	3 + (N1, N2, N3, CMR, F oder S)	*)	*)	*)	*)	*)	*)		*)	ja	T4[3)]	II B[4)]	ja	*	0	14; 27 *siehe 3.2.3.3
1224	KETONE, FLÜSSIG, N.A.G.	3	F1	III	3+(N1, N2, N3, CMR, F oder S)	*)	*)	*)	*)	*)	*)		*)	ja	T4[3)]	II B[4)] (II B3)	ja	*)	0	14; 27; 44 *siehe 3.2.3.3
1229	MESITYLOXID	3	F1	III	3	N	3	2			97	0,85	3	ja	T2[12)]	II A	ja	PP EX A	0	
1230	METHANOL	3	FT1	II	3 + 6.1	N	2	2	3	50	95	0,79	2	ja	T2[12)]	II A	ja	PP EP EX TOX A	2	23
1231	METHYLACETAT	3	F1	II	3	N	2	2		10	97	0,93	3	ja	T1[12)]	II A	ja	PP EX A	1	

Tabelle C

UN-Nummer oder Stoffnummer	Benennung und Beschreibung	Klasse	Klassifizierungscode	Verpackungsgruppe	Gefahren	Tankschiffstyp	Ladetankzustand	Ladetanktyp	Ladetankausrüstung	Öffnungsdruck des Überdruck-/Hochgeschwindigkeitsventils in kPa	max. zul. Tankfüllungsgrad in %	relative Dichte bei 20 °C	Art der Probeentnahmeeinrichtung	Pumpenraum unter Deck erlaubt	Temperaturklasse	Explosionsgruppe	Explosionsschutz erforderlich	Ausrüstung erforderlich	Anzahl der Kegel/Lichter	zusätzliche Anforderungen oder Bemerkungen
(1)	(2)	(3a)	(3b)	(4)	(5)	(6)	(7)	(8)	(9)	(10)	(11)	(12)	(13)	(14)	(15)	(16)	(17)	(18)	(19)	(20)
1235	METHYLAMIN, WÄSSERIGE LÖSUNG	3	FC	II	3 + 8+ N3	C	2	2		50	95		2	ja	T2[12)]	II A	ja	PP EP EX A	1	
1243	METHYLFORMIAT	3	F1	I	3	C	1	1			95	0,97	1	ja	T2[12)]	II A	ja	PP EX A	1	
1244	METHYLHYDRAZIN	6.1	TFC	I	6.1 + 3 + 8	C	2	2		45	95	0,88	1	nein	T4	II C[5)]	ja	PP EP EX TOX A	2	
1245	METHYLISOBUTYLKETON	3	F1	II	3	N	2	2		10	97	0,8	3	ja	T1[12)]	II A	ja	PP EX A	1	
1247	METHYLMETHACRYLAT, MONOMER, STABILISIERT	3	F1	II	3 + inst.+ N3	C	2	2		40	95	0,94	1	ja	T2[12)]	II A	ja	PP EX A	1	3 5 16
1262	OCTANE	3	F1	II	3 + N1	C	2	2		45	95	0,69 - 0,71	2	ja	T3	II A	ja	PP EX A	1	
1264	PARALDEHYD	3	F1	III	3	N	3	2			97	0,99	3	ja	T3	II A[7)]	ja	PP EX A	0	6:+16°C; 17
1265	PENTANE, flüssig	3	F1	I	3+ N2	*	*	*	*	*	*	*	*	ja	*	II A	ja	PP EX A	1	14 * siehe 3.2.3.3
1265	PENTANE, flüssig	3	F1	II	3+ N2	*	*	*	*	*	*	*	*	ja	*	II A	ja	PP EX A	1	14 * siehe 3.2.3.3
1265	PENTANE, flüssig (2-METHYLBUTAN)	3	F1	I	3 + N2	N	1	1			97	0,62	1	ja	T2[12)]	II A	ja	PP EX A	1	

Tabelle C

UN-Nummer oder Stoffnummer	Benennung und Beschreibung	Klasse	Klassifizierungscode	Verpackungsgruppe	Gefahren	Tankschiffstyp	Ladetankzustand	Ladetanktyp	Ladetankausrüstung	Öffnungsdruck des Überdruck-/Hochgeschwindigkeitsventils in kPa	max. zul. Tankfüllungsgrad in %	relative Dichte bei 20 °C	Art der Probeentnahmeeinrichtung	Pumpenraum unter Deck erlaubt	Temperaturklasse	Explosionsgruppe	Explosionsschutz erforderlich	Ausrüstung erforderlich	Anzahl der Kegel/Lichter	zusätzliche Anforderungen oder Bemerkungen
(1)	(2)	(3a)	(3b)	(4)	(5)	(6)	(7)	(8)	(9)	(10)	(11)	(12)	(13)	(14)	(15)	(16)	(17)	(18)	(19)	(20)
1265	PENTANE, flüssig (n-PENTAN)	3	F1	II	3 + N2	N	2	3		50	97	0,63	3	ja	T3	II A	ja	PP EX A	1	
1265	PENTANE, flüssig (n-PENTAN)	3	F1	II	3 + N2	N	2	3	3	10	97	0,63	3	ja	T3	II A	ja	PP EX A	1	
1267	ROHERDÖL	3	F1	I	3+ (N1, N2, N3, CMR, F)	*	*	*	*	*	*		*	ja	T4[3]	II B[4]	ja	*	1	14 *siehe 3.2.3.3
1267	ROHERDÖL	3	F1	I	3+(N1, N2, N3, CMR, F)	*)	*)	*)	*)	*)	*)		*)	ja	T4[3]	II B[4] (II B3)	ja	*)	1	14; 44 *siehe 3.2.3.3
1267	ROHERDÖL	3	F1	II	3+ (N1, N2, N3, CMR, F)	*	*	*	*	*	*		*	ja	T4[3]	II B[4]	ja	*	1	14 *siehe 3.2.3.3
1267	ROHERDÖL	3	F1	II	3+(N1, N2, N3, CMR, F)	*)	*)	*)	*)	*)	*)		*)	ja	T4[3]	II B[4] (II B3)	ja	*)	1	14; 44 *siehe 3.2.3.3
1267	ROHERDÖL	3	F1	III	3+ (N1, N2, N3, CMR, F)	*	*	*	*	*	*		*	ja	T4[3]	II B[4]	ja	*	0	14 *siehe 3.2.3.3
1267	ROHERDÖL	3	F1	III	3+(N1, N2, N3, CMR, F)	*)	*)	*)	*)	*)	*)		*)	ja	T4[3]	II B[4] (II B3)	ja	*)	0	14; 44 *siehe 3.2.3.3

Tabelle C

UN-Nummer oder Stoffnummer	Benennung und Beschreibung	Klasse	Klassifizierungscode	Verpackungsgruppe	Gefahren	Tankschiffstyp	Ladetankzustand	Ladetanktyp	Ladetankausrüstung	Öffnungsdruck des Überdruck-/Hochgeschwindigkeits-ventils in kPa	max. zul. Tank-füllungsgrad in %	relative Dichte bei 20 °C	Art der Probe-entnahmeeinrichtung	Pumpenraum unter Deck erlaubt	Temperaturklasse	Explosionsgruppe	Explosionsschutz erforderlich	Ausrüstung erforderlich	Anzahl der Kegel/Lichter	zusätzliche Anforderungen oder Bemerkungen
(1)	(2)	(3a)	(3b)	(4)	(5)	(6)	(7)	(8)	(9)	(10)	(11)	(12)	(13)	(14)	(15)	(16)	(17)	(18)	(19)	(20)
1267	ROHERDÖL MIT MEHR ALS 10 % BENZEN	3	F1	I	3+CMR +F+ (N1, N2, N3)	C	*)	*)	*)	*)	*)		*)	ja	T4[3)]	II B[4)]	ja	*)	1	*siehe 3.2.3.3
1267	ROHERDÖL MIT MEHR ALS 10 % BENZEN	3	F1	I	3+CMR +F+ (N1, N2, N3)	C	*)	*)	*)	*)	*)		*)	ja	T4[3)]	II B[4)] (II B3)	ja	*)	1	44 *siehe 3.2.3.3
1267	ROHERDÖL MIT MEHR ALS 10 % BENZEN	3	F1	II	3+CMR +F+ (N1, N2, N3)	C	*)	*)	*)	*)	*)		*)	ja	T4[3)]	II B[4)]	ja	*)	1	*siehe 3.2.3.3
1267	ROHERDÖL MIT MEHR ALS 10 % BENZEN	3	F1	II	3+CMR +F+ (N1, N2, N3)	C	*)	*)	*)	*)	*)		*)	ja	T4[3)]	II B[4)] (II B3)	ja	*)	1	44 *siehe 3.2.3.3
1267	ROHERDÖL MIT MEHR ALS 10 % BENZEN	3	F1	III	3+CMR +F+ (N1, N2, N3)	C	*)	*)	*)	*)	*)		*)	ja	T4[3)]	II B[4)]	ja	*)	0	*siehe 3.2.3.3
1267	ROHERDÖL MIT MEHR ALS 10 % BENZEN	3	F1	III	3+CMR +F+ (N1, N2, N3)	C	*)	*)	*)	*)	*)		*)	ja	T4[3)]	II B[4)] (II B3)	ja	*)	0	44 *siehe 3.2.3.3
1267	ROHERDÖL MIT MEHR ALS 10 % BENZEN SIEDEBEGINN ≤ 60 °C	3	F1	I	3+ CMR+ F+ (N1, N2, N3)	C	1	1			95		1	ja	T4[3)]	II B[4)]	ja	PP EP EX TOX A	1	29 43

Tabelle C

UN-Nummer oder Stoffnummer	Benennung und Beschreibung	Klasse	Klassifizierungscode	Verpackungsgruppe	Gefahren	Tankschiffstyp	Ladetankzustand	Ladetanktyp	Ladetankausrüstung	Öffnungsdruck des Überdruck-/Hochgeschwindigkeits-ventils in kPa	max. zul. Tank-füllungsgrad in %	relative Dichte bei 20 °C	Art der Probe-entnahmeeinrichtung	Pumpenraum unter Deck erlaubt	Temperaturklasse	Explosionsgruppe	Explosionsschutz erforderlich	Ausrüstung erforderlich	Anzahl der Kegel/Lichter	zusätzliche Anforderungen oder Bemerkungen
(1)	(2)	(3a)	(3b)	(4)	(5)	(6)	(7)	(8)	(9)	(10)	(11)	(12)	(13)	(14)	(15)	(16)	(17)	(18)	(19)	(20)
1267	ROHERDÖL MIT MEHR ALS 10 % BENZEN SIEDEBEGINN ≤ 60 °C	3	F1	I	3+CMR +F+ (N1, N2, N3)	C	1	1			95		1	ja	T4[3)]	II B[4)] (II B3)	ja	PP EP EX TOX A	1	29; 43; 44
1267	ROHERDÖL MIT MEHR ALS 10 % BENZEN SIEDEBEGINN ≤ 60 °C	3	F1	II	3+ CMR+ F+ (N1, N2, N3)	C	1	1			95		1	ja	T4[3)]	II B[4)]	ja	PP EP EX TOX A	1	29
1267	ROHERDÖL MIT MEHR ALS 10 % BENZEN SIEDEBEGINN ≤ 60 °C	3	F1	II	3+CMR +F+ (N1, N2, N3)	C	1	1			95		1	ja	T4[3)]	II B[4)] (II B3)	ja	PP EP EX TOX A	1	29; 44
1267	ROHERDÖL MIT MEHR ALS 10 % BENZEN SIEDEBEGINN ≤ 60 °C	3	F1	III	3+ CMR+ F+ (N1, N2, N3)	C	1	1			95		1	ja	T4[3)]	II B[4)]	ja	PP EP EX TOX A	0	29
1267	ROHERDÖL MIT MEHR ALS 10 % BENZEN SIEDEBEGINN ≤ 60 °C	3	F1	III	3+CMR +F+ (N1, N2, N3)	C	1	1			95		1	ja	T4[3)]	II B[4)] (II B3)	ja	PP EP EX TOX A	0	29; 44
1267	ROHERDÖL MIT MEHR ALS 10 % BENZEN 60 °C < SIEDEBEGINN ≤ 85 °C	3	F1	II	3+ CMR+ F+ (N1, N2, N3)	C	2	2	3	50	95		2	ja	T4[3)]	II B[4)]	ja	PP EP EX TOX A	1	23 29 38

Tabelle C

UN-Nummer oder Stoffnummer	Benennung und Beschreibung	Klasse	Klassifizierungscode	Verpackungsgruppe	Gefahren	Tankschiffstyp	Ladetankzustand	Ladetanktyp	Ladetankausrüstung	Öffnungsdruck des Überdruck-/Hochgeschwindigkeitsventils in kPa	max. zul. Tankfüllungsgrad in %	relative Dichte bei 20 °C	Art der Probeentnahmeeinrichtung	Pumpenraum unter Deck erlaubt	Temperaturklasse	Explosionsgruppe	Explosionsschutz erforderlich	Ausrüstung erforderlich	Anzahl der Kegel/Lichter	zusätzliche Anforderungen oder Bemerkungen
(1)	(2)	(3a)	(3b)	(4)	(5)	(6)	(7)	(8)	(9)	(10)	(11)	(12)	(13)	(14)	(15)	(16)	(17)	(18)	(19)	(20)
1267	ROHERDÖL MIT MEHR ALS 10 % BENZEN 60 °C < SIEDEBEGINN ≤ 85 °C	3	F1	II	3+CMR+F+ (N1, N2, N3)	C	2	2	3	50	95		2	ja	T4[3]	II B[4] (II B3)	ja	PP EP EX TOX A	1	23; 29; 38; 44
1267	ROHERDÖL MIT MEHR ALS 10 % BENZEN 60 °C < SIEDEBEGINN ≤ 85 °C	3	F1	III	3+ CMR+ F+ (N1, N2, N3)	C	2	2	3	50	95		2	ja	T4[3]	II B[4]	ja	PP EP EX TOX A	0	23 29 38
1267	ROHERDÖL MIT MEHR ALS 10 % BENZEN 60 °C < SIEDEBEGINN ≤ 85 °C	3	F1	III	3+CMR+F+ (N1, N2, N3)	C	2	2	3	50	95		2	ja	T4[3]	II B[4] (II B3)	ja	PP EP EX TOX A	1	23; 29; 38; 44
1267	ROHERDÖL MIT MEHR ALS 10 % BENZEN 85 °C < SIEDEBEGINN ≤ 115 °C	3	F1	II	3+ CMR+ F+ (N1, N2, N3)	C	2	2		50	95		2	ja	T4[3]	II B[4]	ja	PP EP EX TOX A	1	29
1267	ROHERDÖL MIT MEHR ALS 10 % BENZEN 85 °C < SIEDEBEGINN ≤ 115 °C	3	F1	II	3+CMR+F+ (N1, N2, N3)	C	2	2		50	95		2	ja	T4[3]	II B[4] (II B3)	ja	PP EP EX TOX A	1	29; 44
1267	ROHERDÖL MIT MEHR ALS 10 % BENZEN 85 °C < SIEDEBEGINN ≤ 115 °C	3	F1	III	3+ CMR+ F+ (N1, N2, N3)	C	2	2		50	95		2	ja	T4[3]	II B[4]	ja	PP EP EX TOX A	0	29

3

Tabelle C

UN-Nummer oder Stoffnummer	Benennung und Beschreibung	Klasse	Klassifizierungscode	Verpackungsgruppe	Gefahren	Tankschiffstyp	Ladetankzustand	Ladetanktyp	Ladetankausrüstung	Öffnungsdruck des Überdruck-/Hochgeschwindigkeitsventils in kPa	max. zul. Tankfüllungsgrad in %	relative Dichte bei 20 °C	Art der Probeentnahmeeinrichtung	Pumpenraum unter Deck erlaubt	Temperaturklasse	Explosionsgruppe	Explosionsschutz erforderlich	Ausrüstung erforderlich	Anzahl der Kegel/Lichter	zusätzliche Anforderungen oder Bemerkungen
(1)	(2)	(3a)	(3b)	(4)	(5)	(6)	(7)	(8)	(9)	(10)	(11)	(12)	(13)	(14)	(15)	(16)	(17)	(18)	(19)	(20)
1267	ROHERDÖL MIT MEHR ALS 10 % BENZEN 85 °C < SIEDEBEGINN ≤ 115 °C	3	F1	III	3+CMR +F+ (N1, N2, N3)	C	2	2		50	95		2	ja	T4[3]	II B[4] (II B3)	ja	PP EP EX TOX A	0	29; 44
1267	ROHERDÖL MIT MEHR ALS 10 % BENZEN SIEDEBEGINN > 115 °C	3	F1	II	3+ CMR+ F+ (N1, N2, N3)	C	2	2		35	95		2	ja	T4[3]	II B[4]	ja	PP EP EX TOX A	1	29
1267	ROHERDÖL MIT MEHR ALS 10 % BENZEN SIEDEBEGINN > 115 °C	3	F1	II	3+CMR +F+ (N1, N2, N3)	C	2	2		35	95		2	ja	T4[3]	II B[4] (II B3)	ja	PP EP EX TOX A	1	29; 44
1267	ROHERDÖL MIT MEHR ALS 10 % BENZEN SIEDEBEGINN > 115 °C	3	F1	III	3+ CMR+ F+ (N1, N2, N3)	C	2	2		35	95		2	ja	T4[3]	II B[4]	ja	PP EP EX TOX A	0	29
1267	ROHERDÖL MIT MEHR ALS 10 % BENZEN SIEDEBEGINN > 115 °C	3	F1	III	3+CMR +F+ (N1, N2, N3)	C	2	2		35	95		2	ja	T4[3]	II B[4] (II B3)	ja	PP EP EX TOX A	0	29; 44
1268	ERDÖLDESTILLATE, N.A.G. oder ERDÖLPRODUKTE, N.A.G.	3	F1	I	3+ (N1, N2, N3, CMR, F)	*	*	*	*	*	*		*	ja	T4[3]	II B[4]	ja	*	1	14; 27 *siehe 3.2.3.3

Tabelle C

UN-Nummer oder Stoffnummer	Benennung und Beschreibung	Klasse	Klassifizierungscode	Verpackungsgruppe	Gefahren	Tankschiffstyp	Ladetankzustand	Ladetanktyp	Ladetankausrüstung	Öffnungsdruck des Überdruck-/Hochgeschwindigkeitsventils in kPa	max. zul. Tankfüllungsgrad in %	relative Dichte bei 20 °C	Art der Probeentnahmeeinrichtung	Pumpenraum unter Deck erlaubt	Temperaturklasse	Explosionsgruppe	Explosionsschutz erforderlich	Ausrüstung erforderlich	Anzahl der Kegel/Lichter	zusätzliche Anforderungen oder Bemerkungen
(1)	(2)	(3a)	(3b)	(4)	(5)	(6)	(7)	(8)	(9)	(10)	(11)	(12)	(13)	(14)	(15)	(16)	(17)	(18)	(19)	(20)
1268	ERDÖLDESTILLATE, N.A.G. oder ERDÖLPRODUKTE, N.A.G.	3	F1	I	3+(N1, N2, N3, CMR, F)	*	*	*	*	*	*		*	ja	T4[3)]	II B[4)] (II B3)	ja	*	1	14; 27; 44 *siehe 3.2.3.3
1268	ERDÖLDESTILLATE, N.A.G. oder ERDÖLPRODUKTE, N.A.G.	3	F1	II	3+ (N1, N2, N3, CMR, F)	*	*	*	*	*	*		*	ja	T4[3)]	II B[4)]	ja	*	1	14 27 *siehe 3.2.3.3
1268	ERDÖLDESTILLATE, N.A.G. oder ERDÖLPRODUKTE, N.A.G.	3	F1	II	3+(N1, N2, N3, CMR, F)	*	*	*	*	*	*		*	ja	T4[3)]	II B[4)] (II B3)	ja	*	1	14; 27; 44 *siehe 3.2.3.3
1268	ERDÖLDESTILLATE, N.A.G. oder ERDÖLPRODUKTE, N.A.G.	3	F1	III	3+ (N1, N2, N3, CMR, F)	*	*	*	*	*	*		*	ja	T4[3)]	II B[4)]	ja	*	0	14 27 *siehe 3.2.3.3
1268	ERDÖLDESTILLATE, N.A.G. oder ERDÖLPRODUKTE, N.A.G.	3	F1	III	3+(N1, N2, N3, CMR, F)	*	*	*	*	*	*		*	ja	T4[3)]	II B[4)] (II B3)	ja	*	0	14; 27; 44 *siehe 3.2.3.3
1268	ERDÖLDESTILLATE, N.A.G. MIT MEHR ALS 10 % BENZEN oder ERDÖLPRODUKTE, N.A.G. MIT MEHR ALS 10 % BENZEN	3	F1	I	3+CMR +F+ (N1, N2, N3)	C	*	*	*	*	*		*	ja	T4[3)]	II B[4)]	ja	*	1	27 *siehe 3.2.3.3
1268	ERDÖLDESTILLATE, N.A.G. MIT MEHR ALS 10 % BENZEN oder ERDÖLPRODUKTE, N.A.G. MIT MEHR ALS 10 % BENZEN	3	F1	I	3+CMR +F+ (N1, N2, N3)	C	*	*	*	*	*		*	ja	T4[3)]	II B[4)] (II B3)	ja	*	1	27; 44 *siehe 3.2.3.3

UN-Nummer oder Stoffnummer	Benennung und Beschreibung	Klasse	Klassifizierungscode	Verpackungsgruppe	Gefahren	Tankschiffstyp	Ladetankzustand	Ladetanktyp	Ladetankausrüstung	Öffnungsdruck des Überdruck-/Hochgeschwindigkeitsventils in kPa	max. zul. Tankfüllungsgrad in %	relative Dichte bei 20 °C	Art der Probeentnahmeeinrichtung	Pumpenraum unter Deck erlaubt	Temperaturklasse	Explosionsgruppe	Explosionsschutz erforderlich	Ausrüstung erforderlich	Anzahl der Kegel/Lichter	zusätzliche Anforderungen oder Bemerkungen
(1)	(2)	(3a)	(3b)	(4)	(5)	(6)	(7)	(8)	(9)	(10)	(11)	(12)	(13)	(14)	(15)	(16)	(17)	(18)	(19)	(20)
1268	ERDÖLDESTILLATE, N.A.G. MIT MEHR ALS 10 % BENZEN oder ERDÖLPRODUKTE, N.A.G. MIT MEHR ALS 10 % BENZEN	3	F1	II	3+CMR +F+ (N1, N2, N3)	C	*	*	*	*	*		*	ja	T4[3)]	II B[4)]	ja	*	1	27 *siehe 3.2.3.3
1268	ERDÖLDESTILLATE, N.A.G. MIT MEHR ALS 10 % BENZEN oder ERDÖLPRODUKTE, N.A.G. MIT MEHR ALS 10 % BENZEN	3	F1	II	3+CMR +F+ (N1, N2, N3)	C	*	*	*	*	*		*	ja	T4[3)]	II B[4)] (II B3)	ja	*	1	27; 44 *siehe 3.2.3.3
1268	ERDÖLDESTILLATE, N.A.G. MIT MEHR ALS 10 % BENZEN oder ERDÖLPRODUKTE, N.A.G. MIT MEHR ALS 10 % BENZEN	3	F1	III	3+CMR +F+ (N1, N2, N3)	C	*	*	*	*	*		*	ja	T4[3)]	II B[4)]	ja	*	0	27 *siehe 3.2.3.3
1268	ERDÖLDESTILLATE, N.A.G. MIT MEHR ALS 10 % BENZEN oder ERDÖLPRODUKTE, N.A.G. MIT MEHR ALS 10 % BENZEN	3	F1	III	3+CMR +F+ (N1, N2, N3)	C	*	*	*	*	*		*	ja	T4[3)]	II B[4)] (II B3)	ja	*	0	27; 44 *siehe 3.2.3.3
1268	ERDÖLDESTILLATE, N.A.G. MIT MEHR ALS 10 % BENZEN oder ERDÖLPRODUKTE, N.A.G. MIT MEHR ALS 10 % BENZEN SIEDEBEGINN ≤ 60 °C	3	F1	I	3+ CMR+ F+ (N1, N2, N3)	C	1	1			95		1	ja	T4[3)]	II B[4)]	ja	PP EP EX TOX A	1	27 29 43
1268	ERDÖLDESTILLATE, N.A.G. MIT MEHR ALS 10 % BENZEN oder ERDÖLPRODUKTE, N.A.G. MIT MEHR ALS 10 % BENZEN SIEDEBEGINN ≤ 60 °C	3	F1	I	3+CMR +F+ (N1, N2, N3)	C	1	1			95		1	ja	T4[3)]	II B[4)] (II B3)	ja	PP EP EX TOX A	1	27; 29; 43; 44
1268	ERDÖLDESTILLATE, N.A.G. MIT MEHR ALS 10 % BENZEN oder ERDÖLPRODUKTE, N.A.G. MIT MEHR ALS 10 % BENZEN SIEDEBEGINN ≤ 60 °C	3	F1	II	3+ CMR+ F+ (N1, N2, N3)	C	1	1			95		1	ja	T4[3)]	II B[4)]	ja	PP EP EX TOX A	1	27 29

Tabelle C

UN-Nummer oder Stoffnummer	Benennung und Beschreibung	Klasse	Klassifizierungscode	Verpackungsgruppe	Gefahren	Tankschiffstyp	Ladetankzustand	Ladetanktyp	Ladetankausrüstung	Öffnungsdruck des Überdruck-/Hochgeschwindigkeits-ventils in kPa	max. zul. Tank-füllungsgrad in %	relative Dichte bei 20 °C	Art der Probe-entnahmeeinrichtung	Pumpenraum unter Deck erlaubt	Temperaturklasse	Explosionsgruppe	Explosionsschutz erforderlich	Ausrüstung erforderlich	Anzahl der Kegel/Lichter	zusätzliche Anforderungen oder Bemerkungen
(1)	(2)	(3a)	(3b)	(4)	(5)	(6)	(7)	(8)	(9)	(10)	(11)	(12)	(13)	(14)	(15)	(16)	(17)	(18)	(19)	(20)
1268	ERDÖLDESTILLATE, N.A.G. MIT MEHR ALS 10 % BENZEN oder ERDÖLPRODUKTE, N.A.G. MIT MEHR ALS 10 % BENZEN SIEDEBEGINN ≤ 60 °C	3	F1	II	3+CMR +F+ (N1, N2, N3)	C	1	1			95		1	ja	T4[3)]	II B[4)] (II B3)	ja	PP EP EX TOX A	1	27; 29; 44
1268	ERDÖLDESTILLATE, N.A.G. MIT MEHR ALS 10 % BENZEN oder ERDÖLPRODUKTE, N.A.G. MIT MEHR ALS 10 % BENZEN 60 °C < SIEDEBEGINN ≤ 85 °C	3	F1	II	3+ CMR+ F+ (N1, N2, N3)	C	2	2	3	50	95		2	ja	T4[3)]	II B[4)]	ja	PP EP EX TOX A	1	23 27 29 38
1268	ERDÖLDESTILLATE, N.A.G. MIT MEHR ALS 10 % BENZEN oder ERDÖLPRODUKTE, N.A.G. MIT MEHR ALS 10 % BENZEN 60 °C < SIEDEBEGINN ≤ 85 °C	3	F1	II	3+CMR +F+ (N1, N2, N3)	C	2	2	3	50	95		2	ja	T4[3)]	II B[4)] (II B3)	ja	PP EP EX TOX A	1	23; 27; 29; 38; 44
1268	ERDÖLDESTILLATE, N.A.G. MIT MEHR ALS 10 % BENZEN oder ERDÖLPRODUKTE, N.A.G. MIT MEHR ALS 10 % BENZEN 85 °C < SIEDEPUNKT ≤ 115 °C	3	F1	II	3+ CMR+ F+ (N1, N2, N3)	C	2	2		50	95		2	ja	T4[3)]	II B[4)]	ja	PP EP EX TOX A	1	27 29
1268	ERDÖLDESTILLATE, N.A.G. MIT MEHR ALS 10 % BENZEN oder ERDÖLPRODUKTE, N.A.G. MIT MEHR ALS 10 % BENZEN 85 ºC < SIEDEPUNKT ≤ 115 °C	3	F1	II	3+CMR +F+ (N1, N2, N3)	C	2	2		50	95		2	ja	T4[3)]	II B[4)] (II B3)	ja	PP EP EX TOX A	1	27; 29; 44
1268	ERDÖLDESTILLATE, N.A.G. MIT MEHR ALS 10 % BENZEN oder ERDÖLPRODUKTE, N.A.G. MIT MEHR ALS 10 % BENZEN SIEDEBEGINN > 115 °C	3	F1	II	3+ CMR+ F+ (N1, N2, N3)	C	2	2		35	95		2	ja	T4[3)]	II B[4)]	ja	PP EP EX TOX A	1	27 29

Tabelle C

UN-Nummer oder Stoffnummer	Benennung und Beschreibung	Klasse	Klassifizierungscode	Verpackungsgruppe	Gefahren	Tankschiffstyp	Ladetankzustand	Ladetanktyp	Ladetankausrüstung	Öffnungsdruck des Überdruck-/Hochgeschwindigkeitsventils in kPa	max. zul. Tankfüllungsgrad in %	relative Dichte bei 20 °C	Art der Probeentnahmeeinrichtung	Pumpenraum unter Deck erlaubt	Temperaturklasse	Explosionsgruppe	Explosionsschutz erforderlich	Ausrüstung erforderlich	Anzahl der Kegel/Lichter	zusätzliche Anforderungen oder Bemerkungen
(1)	(2)	(3a)	(3b)	(4)	(5)	(6)	(7)	(8)	(9)	(10)	(11)	(12)	(13)	(14)	(15)	(16)	(17)	(18)	(19)	(20)
1268	ERDÖLDESTILLATE, N.A.G. MIT MEHR ALS 10 % BENZEN oder ERDÖLPRODUKTE, N.A.G. MIT MEHR ALS 10 % BENZEN SIEDEBEGINN > 115 °C	3	F1	II	3+CMR +F+ (N1, N2, N3)	C	2	2		35	95		2	ja	T4[3)]	II B[4)] (II B3)	ja	PP EP EX TOX A	1	27; 29; 44
1268	ERDÖLDESTILLATE, N.A.G. oder ERDÖLPRODUKTE, N.A.G. (NAPHTA) 110 kPa < pD50 ≤ 175 kPa	3	F1	II	3+ N2+ CMR+ F	N	2	3		50	97	0,735	3	ja	T3	II A	ja	PP EP EX TOX A	1	14 29
1268	ERDÖLDESTILLATE, N.A.G. oder ERDÖLPRODUKTE, N.A.G. (NAPHTA) 110 kPa < pD50 ≤ 150 kPa	3	F1	II	3+ N2+ CMR+ F	N	2	3	3	10	97	0,735	3	ja	T3	II A	ja	PP EP EX TOX A	1	14 29
1268	ERDÖLDESTILLATE, N.A.G. oder ERDÖLPRODUKTE, N.A.G. (NAPHTA) pD50 ≤ 110 kPa	3	F1	II	3+ N2+ CMR+ F	N	2	3		10	97	0,735	3	ja	T3	II A	ja	PP EP EX TOX A	1	14 29
1268	ERDÖLDESTILLATE, N.A.G. oder ERDÖLPRODUKTE, N.A.G. (BENZENE HEART CUT) pD50 ≤ 110 kPa	3	F1	II	3+ N2+ CMR+ F	N	2	3		10	97	0,765	3	ja	T3	II A	ja	PP EP EX TOX A	1	14 29
1274	n-PROPANOL oder n-PROPYLALKOHOL	3	F1	II	3	N	2	2		10	97	0,8	3	ja	T2[12)]	II B (II B1)	ja	PP EX A	1	
1274	n-PROPANOL oder n-PROPYLALKOHOL	3	F1	III	3	N	3	2			97	0,8	3	ja	T2[12)]	II B (II B1)	ja	PP EX A	0	

Tabelle C

UN-Nummer oder Stoffnummer	Benennung und Beschreibung	Klasse	Klassifizierungscode	Verpackungsgruppe	Gefahren	Tankschiffstyp	Ladetankzustand	Ladetanktyp	Ladetankausrüstung	Öffnungsdruck des Überdruck-/Hochgeschwindigkeitsventils in kPa	max. zul. Tankfüllungsgrad in %	relative Dichte bei 20 °C	Art der Probeentnahmeeinrichtung	Pumpenraum unter Deck erlaubt	Temperaturklasse	Explosionsgruppe	Explosionsschutz erforderlich	Ausrüstung erforderlich	Anzahl der Kegel/Lichter	zusätzliche Anforderungen oder Bemerkungen
(1)	(2)	(3a)	(3b)	(4)	(5)	(6)	(7)	(8)	(9)	(10)	(11)	(12)	(13)	(14)	(15)	(16)	(17)	(18)	(19)	(20)
1275	PROPIONALDEHYD	3	F1	II	3 + N3	C	2	2	3	50	95	0,81	2	ja	T4	II B (II B2)	ja	PP EX A	1	15 23
1276	n-PROPYLACETAT	3	F1	II	3 + N3	N	2	2		10	97	0,88	3	ja	T1[12)]	II A	ja	PP EX A	1	
1277	PROPYLAMIN (1-Aminopropan)	3	FC	II	3 + 8	C	2	2	3	50	95	0,72	2	ja	T2[12)]	II A	ja	PP EP EX A	1	23
1278	1-CHLORPROPAN (Propylchlorid)	3	F1	II	3	C	2	2	3	50	95	0,89	2	ja	T1[12)]	II A	ja	PP EX A	1	23
1279	1,2-DICHLORPROPAN	3	F1	II	3 + N2	C	2	2		45	95	1,16	2	ja	T1[12)]	II A [8)]	ja	PP EX A	1	
1280	PROPYLENOXID	3	F1	I	3 + inst. + N3 + CMR	C	1	1			95	0,83	1	ja	T2[12)]	II B (II B3)	ja	PP EP EX TOX A	1	2 12 31 35
1282	PYRIDIN	3	F1	II	3 + N3	N	2	2		10	97	0,98	3	ja	T1[12)]	II A [8)]	ja	PP EX A	1	
1289	NATRIUMMETHYLAT, LÖSUNG in Alkohol	3	FC	III	3 + 8	N	3	2			97	0,969	3	ja	T2[12)]	II A	ja	PP EP EX A	0	34
1294	TOLUEN	3	F1	II	3 + N3	N	2	2		10	97	0,87	3	ja	T1[12)]	II A	ja	PP EX A	1	

3

Tabelle C

UN-Nummer oder Stoffnummer	Benennung und Beschreibung	Klasse	Klassifizierungscode	Verpackungsgruppe	Gefahren	Tankschiffstyp	Ladetankzustand	Ladetanktyp	Ladetankausrüstung	Öffnungsdruck des Überdruck-/Hochgeschwindigkeitsventils in kPa	max. zul. Tankfüllungsgrad in %	relative Dichte bei 20 °C	Art der Probeentnahmeeinrichtung	Pumpenraum unter Deck erlaubt	Temperaturklasse	Explosionsgruppe	Explosionsschutz erforderlich	Ausrüstung erforderlich	Anzahl der Kegel/Lichter	zusätzliche Anforderungen oder Bemerkungen
(1)	(2)	(3a)	(3b)	(4)	(5)	(6)	(7)	(8)	(9)	(10)	(11)	(12)	(13)	(14)	(15)	(16)	(17)	(18)	(19)	(20)
1296	TRIETHYLAMIN	3	FC	II	3 + 8 + N3	C	2	2		50	95	0,73	2	ja	T3	II A 8)	ja	PP EP EX A	1	
1300	TERPENTINÖLERSATZ	3	F1	III	3 + N2 + F	N	3	3			97	0,78	3	ja	T3	II B4)	ja	PP EX A	0	
1301	VINYLACETAT, STABILISIERT	3	F1	II	3 + inst. + N3	N	2	2		10	97	0,93	2	ja	T2 12)	II A	ja	PP EX A	1	3 5 16
1307	XYLENE (Gemische mit 0 °C < Schmelzpunkt < 13 °C)	3	F1	III	3 + N2	N	3	3	2		97		3	ja	T1 12)	II A	ja	PP EX A	0	6:+17°C 17
1307	XYLENE (Gemische mit Schmelzpunkt ≤ 0 °C)	3	F1	III	3 + N2	N	3	3			97		3	ja	T1 12)	II A	ja	PP EX A	0	
1307	XYLENE (m-XYLEN)	3	F1	III	3 + N2	N	3	3			97	0,86	3	ja	T1 12)	II A	ja	PP EX A	0	
1307	XYLENE (o-XYLEN)	3	F1	III	3 + N2	N	3	3			97	0,88	3	ja	T1 12)	II A	ja	PP EX A	0	
1307	XYLENE (p-XYLEN)	3	F1	III	3 + N2	N	3	3	2		97	0,86	3	ja	T1 12)	II A	ja	PP EX A	0	6:+17°C 17
1307	XYLENE B200 (Gemische mit Schmelzpunkt ≤ 0 °C)	3	F1	II	3 + N2	N	3	3			97		3	ja	T1 12)	II A	ja	PP EX A	1	
1541	ACETONCYANHYDRIN, STABILISIERT	6.1	T1	I	6.1 + inst. + N1	C	2	2		50	95	0,932	1	nein			nein	PP EP TOX A	2	3

Tabelle C

UN-Nummer oder Stoffnummer	Benennung und Beschreibung	Klasse	Klassifizierungscode	Verpackungsgruppe	Gefahren	Tankschiffstyp	Ladetankzustand	Ladetanktyp	Ladetankausrüstung	Öffnungsdruck des Überdruck-/Hochgeschwindigkeitsventils in kPa	max. zul. Tankfüllungsgrad in %	relative Dichte bei 20 °C	Art der Probeentnahmeeinrichtung	Pumpenraum unter Deck erlaubt	Temperaturklasse	Explosionsgruppe	Explosionsschutz erforderlich	Ausrüstung erforderlich	Anzahl der Kegel/Lichter	zusätzliche Anforderungen oder Bemerkungen
(1)	(2)	(3a)	(3b)	(4)	(5)	(6)	(7)	(8)	(9)	(10)	(11)	(12)	(13)	(14)	(15)	(16)	(17)	(18)	(19)	(20)
1545	ALLYLISOTHIOCYANAT, STABILISIERT	6.1	TF1	II	6.1 + 3 + inst.	C	2	2		30	95	1,02	1	nein	T4[3)]	II B[4)]	ja	PP EP EX TOX A	2	2 3
1547	ANILIN	6.1	T1	II	6.1 + N1	C	2	2		25	95	1,02	2	nein			nein	PP EP TOX A	2	
1578	CHLORNITROBENZENE, FEST, GESCHMOLZEN (p-CHLORNITROBENZEN)	6.1	T2	II	6.1 + N2 + S	C	2	1	2	25	95	1,37	2	nein	T1[12)]	II B (II B3[14)])	ja	PP EP EX TOX A	2	7 17 26
1578	CHLORNITROBENZENE, FEST, GESCHMOLZEN (p-CHLORNITROBENZEN)	6.1	T2	II	6.1 + N2 + S	C	2	1	4	25	95	1,37	2	nein			nein	PP EP TOX A	2	7 17 20:+112ºC 26
1591	o-DICHLORBENZEN	6.1	T1	III	6.1 + N1 + S	C	2	2		25	95	1,32	2	nein			nein	PP EP TOX A	0	
1593	DICHLORMETHAN (Methylenchlorid)	6.1	T1	III	6.1	C	2	2	3	50	95	1,33	2	nein			nein	PP EP TOX A	0	23
1594	DIETHYLSULFAT	6.1	T1	II	6.1 + N2 + CMR	C	2	2		25	95	1,18	2	nein			nein	PP EP TOX A	2	

3

Tabelle C

UN-Nummer oder Stoffnummer	Benennung und Beschreibung	Klasse	Klassifizierungscode	Verpackungsgruppe	Gefahren	Tankschiffstyp	Ladetankzustand	Ladetanktyp	Ladetankausrüstung	Öffnungsdruck des Überdruck-/Hochgeschwindigkeitsventils in kPa	max. zul. Tankfüllungsgrad in %	relative Dichte bei 20 °C	Art der Probeentnahmeeinrichtung	Pumpenraum unter Deck erlaubt	Temperaturklasse	Explosionsgruppe	Explosionsschutz erforderlich	Ausrüstung erforderlich	Anzahl der Kegel/Lichter	zusätzliche Anforderungen oder Bemerkungen
(1)	(2)	(3a)	(3b)	(4)	(5)	(6)	(7)	(8)	(9)	(10)	(11)	(12)	(13)	(14)	(15)	(16)	(17)	(18)	(19)	(20)
1595	DIMETHYLSULFAT	6.1	TC1	I	6.1 + 8 + N3 + CMR	C	2	2		25	95	1,33	1	nein			nein	PP EP TOX A	2	
1604	ETHYLENDIAMIN	8	CF1	II	8 + 3 + N3	N	3	2			97	0,9	3	ja	T2[12)]	II A	ja	PP EP EX A	1	6:+12°C 17 34
1605	ETHYLENDIBROMID	6.1	T1	I	6.1 + N2 + CMR	C	2	2		30	95	2,18	1	nein			nein	PP EP TOX A	2	6:+14°C 17
1648	ACETONITRIL (Methylcyanid)	3	F1	II	3	N	2	2		10	97	0,78	3	ja	T1[12)]	II A	ja	PP EX A	1	
1662	NITROBENZEN	6.1	T1	II	6.1 + N2	C	2	2	2	25	95	1,21	2	nein	T1[12)]	II B (II B1)	ja	PP EP EX TOX A	2	6:+10°C 17
1663	NITROPHENOLE	6.1	T2	III	6.1 + N3 + S	C	2	2	2	25	95		2	nein	T1[12)]	II B (II B3[14)])	ja	PP EP EX TOX A	0	7 17
1663	NITROPHENOLE	6.1	T2	III	6.1 + N3 + S	C	2	2	4	25	95		2	nein			nein	PP EP TOX A	0	7 17 20:+65°C
1664	NITROTOLUENE, FLÜSSIG (o-NITROTOLUEN)	6.1	T1	II	6.1 + N2 + CMR + S	C	2	2		25	95	1,16	2	nein			nein	PP EP TOX A	2	---

Tabelle C

UN-Nummer oder Stoffnummer	Benennung und Beschreibung	Klasse	Klassifizierungscode	Verpackungsgruppe	Gefahren	Tankschiffstyp	Ladetankzustand	Ladetanktyp	Ladetankausrüstung	Öffnungsdruck des Überdruck-/Hochgeschwindigkeitsventils in kPa	max. zul. Tankfüllungsgrad in %	relative Dichte bei 20 °C	Art der Probeentnahmeeinrichtung	Pumpenraum unter Deck erlaubt	Temperaturklasse	Explosionsgruppe	Explosionsschutz erforderlich	Ausrüstung erforderlich	Anzahl der Kegel/Lichter	zusätzliche Anforderungen oder Bemerkungen
(1)	(2)	(3a)	(3b)	(4)	(5)	(6)	(7)	(8)	(9)	(10)	(11)	(12)	(13)	(14)	(15)	(16)	(17)	(18)	(19)	(20)
1708	TOLUIDINE, FLÜSSIG (m-TOLUIDIN)	6.1	T1	II	6.1 + N1	C	2	2		25	95	1,03	2	nein			nein	PP EP TOX A	2	
1708	TOLUIDINE, FLÜSSIG (o-TOLUIDIN)	6.1	T1	II	6.1 + N1+ CMR	C	2	2		25	95	1	2	nein			nein	PP EP TOX A	2	
1710	TRICHLORETHYLEN	6.1	T1	III	6.1 + N2 + CMR	C	2	2		50	95	1,46	2	nein			nein	PP EP TOX A	0	15
1715	ESSIGSÄUREANHYDRID	8	CF1	II	8 + 3	N	2	3		10	97	1,08	3	ja	T2[12]	II A	ja	PP EP EX A	1	34
1717	ACETYLCHLORID	3	FC	II	3 + 8	C	2	2	3	50	95	1,1	2	ja	T2[12]	II A[8]	ja	PP EP EX A	1	23
1718	BUTYLPHOSPHAT	8	C3	III	8 + N3	N	4	3			97	0,98	3	ja			nein	PP EP	0	34
1719	ÄTZENDER ALKALISCHER FLÜSSIGER STOFF, N.A.G.	8	C5	II	8 + (N1, N2, N3, CMR, F oder S)	*)	*)	*)	*)	*)	*)		*)	ja			nein	*	0	27; 30; 34 *siehe 3.2.3.3
1719	ÄTZENDER ALKALISCHER FLÜSSIGER STOFF, N.A.G.	8	C5	III	8 + (N1, N2, N3, CMR, F oder S)	*)	*)	*)	*)	*)	*)		*)	ja			nein	*	0	27; 30; 34 *siehe 3.2.3.3

Tabelle C

UN-Nummer oder Stoffnummer	Benennung und Beschreibung	Klasse	Klassifizierungscode	Verpackungsgruppe	Gefahren	Tankschiffstyp	Ladetankzustand	Ladetanktyp	Ladetankausrüstung	Öffnungsdruck des Überdruck-/Hochgeschwindigkeitsventils in kPa	max. zul. Tankfüllungsgrad in %	relative Dichte bei 20 °C	Art der Probeentnahmeeinrichtung	Pumpenraum unter Deck erlaubt	Temperaturklasse	Explosionsgruppe	Explosionsschutz erforderlich	Ausrüstung erforderlich	Anzahl der Kegel/Lichter	zusätzliche Anforderungen oder Bemerkungen
(1)	(2)	(3a)	(3b)	(4)	(5)	(6)	(7)	(8)	(9)	(10)	(11)	(12)	(13)	(14)	(15)	(16)	(17)	(18)	(19)	(20)
1738	BENZYLCHLORID	6.1	TC1	II	6.1 + 8 + 3 + N3 + CMR + S	C	2	2		25	95	1,1	2	nein	T1 12)	II A 8)	ja	PP EP EX TOX A	2	
1742	BORTRIFLUORID-ESSIGSÄURE-KOMPLEX, FLÜSSIG	8	C3	II	8	N	4	2			97	1,35	3	ja			nein	PP EP	0	34
1750	CHLORESSIGSÄURE, LÖSUNG	6.1	TC1	II	6.1 + 8 + N1	C	2	2	2	25	95	1,58	2	nein	T1 12)	II A	ja	PP EP EX TOX A	2	7 17
1750	CHLORESSIGSÄURE, LÖSUNG	6.1	TC1	II	6.1 + 8 + N1	C	2	1	4	25	95	1,58	2	nein			nein	PP EP TOX A	2	7 17 20:+111ºC 26
1760	ÄTZENDER FLÜSSIGER STOFF, N.A.G.	8	C9	I	8 + (N1, N2, N3, CMR, F oder S)	*)	*)	*)	*)	*)	*)		*)	ja			nein	*	0	27; 34 *siehe 3.2.3.3
1760	ÄTZENDER FLÜSSIGER STOFF, N.A.G.	8	C9	II	8 + (N1, N2, N3, CMR, F oder S)	*)	*)	*)	*)	*)	*)		*)	ja			nein	*	0	27; 34 *siehe 3.2.3.3
1760	ÄTZENDER FLÜSSIGER STOFF, N.A.G.	8	C9	III	8 + (N1, N2, N3, CMR, F oder S)	*)	*)	*)	*)	*)	*)		*)	ja			nein	*	0	27; 34 *siehe 3.2.3.3

Tabelle C

UN-Nummer oder Stoffnummer	Benennung und Beschreibung	Klasse	Klassifizierungscode	Verpackungsgruppe	Gefahren	Tankschiffstyp	Ladetankzustand	Ladetanktyp	Ladetankausrüstung	Öffnungsdruck des Überdruck-/Hochgeschwindigkeitsventils in kPa	max. zul. Tankfüllungsgrad in %	relative Dichte bei 20 °C	Art der Probeentnahmeeinrichtung	Pumpenraum unter Deck erlaubt	Temperaturklasse	Explosionsgruppe	Explosionsschutz erforderlich	Ausrüstung erforderlich	Anzahl der Kegel/Lichter	zusätzliche Anforderungen oder Bemerkungen
(1)	(2)	(3a)	(3b)	(4)	(5)	(6)	(7)	(8)	(9)	(10)	(11)	(12)	(13)	(14)	(15)	(16)	(17)	(18)	(19)	(20)
1760	ÄTZENDER FLÜSSIGER STOFF, N.A.G. (ETHYLENDIAMINTETRA-ESSIGSÄURETETRANATRIUM-SALZ, 40%, WÄSSERIGE LÖSUNG)	8	C9	III	8 + N2	N	4	3			97	1,28	3	ja			nein	PP EP	0	34
1760	ÄTZENDER FLÜSSIGER STOFF, N.A.G. (FETTALKOHOL C_{12}-C_{14})	8	C9	III	8 + F	N	4	3			97	0,89	3	ja			nein	PP EP	0	34
1760	ÄTZENDER FLÜSSIGER STOFF, N.A.G. (NATRIUMMERCAPTOBENZO-THIAZOL 50%, WÄSSERIGE LÖSUNG)	8	C9	II	8 + N1 + F	C	2	2		40	95	1,25	2	ja			nein	PP EP	0	
1764	DICHLORESSIGSÄURE	8	C3	II	8 + N1	N	3	3			97	1,56	2	ja	T1[12)]	II A	ja	PP EP EX A	0	6: +13 °C; 17
1778	FLUORKIESELSÄURE	8	C1	II	8 + N3	N	2	3		10	97		3	ja			nein	PP EP	0	34
1779	AMEISENSÄURE mit mehr als 85 Masse-% Säure	8	CF1	II	8 + 3 + N3	N	2	3		10	97	1,22	3	ja	T1[12)]	II A	ja	PP EP EX A	1	6:+12ºC 17 34
1780	FUMARYLCHLORID	8	C3	II	8 + N3	N	2	3		10	97	1,41	3	ja			nein	PP EP	0	8 34
1783	HEXAMETHYLENDIAMIN, LÖSUNG	8	C7	II	8 + N3	N	3	2	2		97		3	ja	T4[3)]	II A	ja	PP EP EX A	0	7 17 34
1783	HEXAMETHYLENDIAMIN, LÖSUNG	8	C7	III	8 + N3	N	3	2	2		97		3	ja	T3	II A	ja	PP EP EX A	0	7 17 34
1789	CHLORWASSERSTOFFSÄURE	8	C1	II	8	N	2	3		10	97		3	ja			nein	PP EP	0	34

Tabelle C

UN-Nummer oder Stoffnummer	Benennung und Beschreibung	Klasse	Klassifizierungscode	Verpackungsgruppe	Gefahren	Tankschiffstyp	Ladetankzustand	Ladetanktyp	Ladetankausrüstung	Öffnungsdruck des Überdruck-/Hochgeschwindigkeits-ventils in kPa	max. zul. Tank-füllungsgrad in %	relative Dichte bei 20 °C	Art der Probe-entnahmeeinrichtung	Pumpenraum unter Deck erlaubt	Temperaturklasse	Explosionsgruppe	Explosionsschutz erforderlich	Ausrüstung erforderlich	Anzahl der Kegel/Lichter	zusätzliche Anforderungen oder Bemerkungen
(1)	(2)	(3a)	(3b)	(4)	(5)	(6)	(7)	(8)	(9)	(10)	(11)	(12)	(13)	(14)	(15)	(16)	(17)	(18)	(19)	(20)
1789	CHLORWASSERSTOFFSÄURE	8	C1	III	8	N	4	3			97		3	ja			nein	PP EP	0	34
1805	PHOSPHORSÄURE, LÖSUNG MIT 80 VOL.-% SÄURE ODER WENIGER	8	C1	III	8	N	4	3			97	1,00 - 1,6	3	ja			nein	PP EP	0	22 34
1805	PHOSPHORSÄURE, LÖSUNG MIT MEHR ALS 80 VOL.-% SÄURE	8	C1	III	8	N	4	3	2		95	> 1,6	3	ja			nein	PP EP	0	7 17 22 34
1814	KALIUMHYDROXIDLÖSUNG	8	C5	II	8 + N3	N	4	2			97		3	ja			nein	PP EP	0	30 34
1814	KALIUMHYDROXIDLÖSUNG	8	C5	III	8 + N3	N	4	2			97		3	ja			nein	PP EP	0	30 34
1823	NATRIUMHYDROXID, GESCHMOLZEN	8	C6	II	8 + N3	N	4	1	4		95	2,13	3	ja			nein	PP EP	0	7 17 34
1824	NATRIUMHYDROXIDLÖSUNG	8	C5	II	8 + N3	N	4	2			97		3	ja			nein	PP EP	0	30 34
1824	NATRIUMHYDROXIDLÖSUNG	8	C5	III	8 + N3	N	4	2			97		3	ja			nein	PP EP	0	30 34
1830	SCHWEFELSÄURE mit mehr als 51% Säure	8	C1	II	8 + N3	N	4	3			97	1,4 - 1,84	3	ja			nein	PP EP	0	8 22 30 34
1831	SCHWEFELSÄURE, RAUCHEND	8	CT1	I	8 + 6.1	C	2	2		50	95	1,94	1	nein			nein	PP EP TOX A	2	8
1832	SCHWEFELSÄURE, GEBRAUCHT	8	C1	II	8	N	4	3			97		3	ja			nein	PP EP	0	8 30 34

Tabelle C

UN-Nummer oder Stoffnummer	Benennung und Beschreibung	Klasse	Klassifizierungscode	Verpackungsgruppe	Gefahren	Tankschiffstyp	Ladetankzustand	Ladetanktyp	Ladetankausrüstung	Öffnungsdruck des Überdruck-/Hochgeschwindigkeitsventils in kPa	max. zul. Tankfüllungsgrad in %	relative Dichte bei 20 °C	Art der Probeentnahmeeinrichtung	Pumpenraum unter Deck erlaubt	Temperaturklasse	Explosionsgruppe	Explosionsschutz erforderlich	Ausrüstung erforderlich	Anzahl der Kegel/Lichter	zusätzliche Anforderungen oder Bemerkungen
(1)	(2)	(3a)	(3b)	(4)	(5)	(6)	(7)	(8)	(9)	(10)	(11)	(12)	(13)	(14)	(15)	(16)	(17)	(18)	(19)	(20)
1846	TETRACHLORKOHLENSTOFF	6.1	T1	II	6.1 + N2 + S	C	2	2	3	50	95	1,59	2	nein			nein	PP EP TOX A	2	23
1848	PROPIONSÄURE mit mindestens 10 Masse-% und weniger als 90 Masse-% Säure	8	C3	III	8 + N3	N	3	3			97	0,99	3	ja			nein	PP EP	0	34
1863	DÜSENKRAFTSTOFF	3	F1	I	3+ (N1, N2, N3, CMR, F)	*	*	*	*	*	*		*	ja	T4[3)]	II B[4)]	ja	*	1	14 *siehe 3.2.3.3
1863	DÜSENKRAFTSTOFF	3	F1	I	3+(N1, N2, N3, CMR, F)	*	*	*	*	*	*		*	ja	T4[3)]	II B[4)] (II B3)	ja	*	1	14; 44 *siehe 3.2.3.3
1863	DÜSENKRAFTSTOFF	3	F1	II	3+ (N1, N2, N3, CMR, F)	*	*	*	*	*	*		*	ja	T4[3)]	II B[4)]	ja	*	1	14 *siehe 3.2.3.3
1863	DÜSENKRAFTSTOFF	3	F1	II	3+(N1, N2, N3, CMR, F)	*	*	*	*	*	*		*	ja	T4[3)]	II B[4)] (II B3)	ja	*	1	14; 44 *siehe 3.2.3.3
1863	DÜSENKRAFTSTOFF	3	F1	III	3+ (N1, N2, N3, CMR, F)	*	*	*	*	*	*		*	ja	T4[3)]	II B[4)]	ja	*	0	14 *siehe 3.2.3.3
1863	DÜSENKRAFTSTOFF	3	F1	III	3+(N1, N2, N3, CMR, F)	*	*	*	*	*	*		*	ja	T4[3)]	II B[4)] (II B3)	ja	*	0	14; 44 *siehe 3.2.3.3

Tabelle C

UN-Nummer oder Stoffnummer	Benennung und Beschreibung	Klasse	Klassifizierungscode	Verpackungsgruppe	Gefahren	Tankschiffstyp	Ladetankzustand	Ladetanktyp	Ladetankausrüstung	Öffnungsdruck des Überdruck-/Hochgeschwindigkeitsventils in kPa	max. zul. Tankfüllungsgrad in %	relative Dichte bei 20 °C	Art der Probeentnahmeeinrichtung	Pumpenraum unter Deck erlaubt	Temperaturklasse	Explosionsgruppe	Explosionsschutz erforderlich	Ausrüstung erforderlich	Anzahl der Kegel/Lichter	zusätzliche Anforderungen oder Bemerkungen
(1)	(2)	(3a)	(3b)	(4)	(5)	(6)	(7)	(8)	(9)	(10)	(11)	(12)	(13)	(14)	(15)	(16)	(17)	(18)	(19)	(20)
1863	DÜSENKRAFTSTOFF MIT MEHR ALS 10 % BENZEN	3	F1	I	3+CMR +F+ (N1, N2, N3)	C	*	*	*	*	*		*	ja	T4[3)]	II B[4)]	ja	*	1	*siehe 3.2.3.3
1863	DÜSENKRAFTSTOFF MIT MEHR ALS 10 % BENZEN	3	F1	I	3+CMR +F+ (N1, N2, N3)	C	*	*	*	*	*		*	ja	T4[3)]	II B[4)] (II B3)	ja	*	1	44 *siehe 3.2.3.3
1863	DÜSENKRAFTSTOFF MIT MEHR ALS 10 % BENZEN	3	F1	II	3+CMR +F+ (N1, N2, N3)	C	*	*	*	*	*		*	ja	T4[3)]	II B[4)]	ja	*	1	*siehe 3.2.3.3
1863	DÜSENKRAFTSTOFF MIT MEHR ALS 10 % BENZEN	3	F1	II	3+CMR +F+ (N1, N2, N3)	C	*	*	*	*	*		*	ja	T4[3)]	II B[4)] (II B3)	ja	*	1	44 *siehe 3.2.3.3
1863	DÜSENKRAFTSTOFF MIT MEHR ALS 10 % BENZEN	3	F1	III	3+CMR +F+ (N1, N2, N3)	C	*	*	*	*	*		*	ja	T4[3)]	II B[4)]	ja	*	0	*siehe 3.2.3.3
1863	DÜSENKRAFTSTOFF MIT MEHR ALS 10 % BENZEN	3	F1	III	3+CMR +F+ (N1, N2, N3)	C	*	*	*	*	*		*	ja	T4[3)]	II B[4)] (II B3)	ja	*	0	44 *siehe 3.2.3.3
1863	DÜSENKRAFTSTOFF MIT MEHR ALS 10 % BENZEN SIEDEBEGINN ≤ 60 °C	3	F1	I	3+ CMR+ F+ (N1, N2, N3)	C	1	1			95		1	ja	T4[3)]	II B[4)]	ja	PP EP EX TOX A	1	29; 43

Tabelle C

UN-Nummer oder Stoffnummer	Benennung und Beschreibung	Klasse	Klassifizierungscode	Verpackungsgruppe	Gefahren	Tankschiffstyp	Ladetankzustand	Ladetanktyp	Ladetankausrüstung	Öffnungsdruck des Überdruck-/Hochgeschwindigkeitsventils in kPa	max. zul. Tankfüllungsgrad in %	relative Dichte bei 20 °C	Art der Probeentnahmeeinrichtung	Pumpenraum unter Deck erlaubt	Temperaturklasse	Explosionsgruppe	Explosionsschutz erforderlich	Ausrüstung erforderlich	Anzahl der Kegel/Lichter	zusätzliche Anforderungen oder Bemerkungen
(1)	(2)	(3a)	(3b)	(4)	(5)	(6)	(7)	(8)	(9)	(10)	(11)	(12)	(13)	(14)	(15)	(16)	(17)	(18)	(19)	(20)
1863	DÜSENKRAFTSTOFF MIT MEHR ALS 10 % BENZEN SIEDEBEGINN ≤ 60 °C	3	F1	I	3+CMR +F+ (N1, N2, N3)	C	1	1			95		1	ja	T4[3]	II B[4] (II B3)	ja	PP EP EX TOX A	1	29; 43; 44
1863	DÜSENKRAFTSTOFF MIT MEHR ALS 10 % BENZEN SIEDEBEGINN ≤ 60 °C	3	F1	II	3+ CMR+ F+ (N1, N2, N3)	C	1	1			95		1	ja	T4[3]	II B[4]	ja	PP EP EX TOX A	1	29
1863	DÜSENKRAFTSTOFF MIT MEHR ALS 10 % BENZEN SIEDEBEGINN ≤ 60 °C	3	F1	II	3+CMR +F+ (N1, N2, N3)	C	1	1			95		1	ja	T4[3]	II B[4] (II B3)	ja	PP EP EX TOX A	1	29; 44
1863	DÜSENKRAFTSTOFF MIT MEHR ALS 10 % BENZEN 60 °C < SIEDEBEGINN ≤ 85 °C	3	F1	III	3+ CMR+ F+ (N1, N2, N3)	C	2	2	3	50	95		2	ja	T4[3]	II B[4]	ja	PP EP EX TOX A	0	23 29 38
1863	DÜSENKRAFTSTOFF MIT MEHR ALS 10 % BENZEN 60 °C < SIEDEBEGINN ≤ 85 °C	3	F1	III	3+CMR +F+ (N1, N2, N3)	C	2	2	3	50	95		2	ja	T4[3]	II B[4] (II B3)	ja	PP EP EX TOX A	0	23; 29; 38; 44
1863	DÜSENKRAFTSTOFF MIT MEHR ALS 10 % BENZEN 85 °C < SIEDEBEGINN ≤ 115 °C	3	F1	III	3+ CMR+ F+ (N1, N2, N3)	C	2	2		50	95		2	ja	T4[3]	II B[4]	ja	PP EP EX TOX A	0	29

UN-Nummer oder Stoffnummer	Benennung und Beschreibung	Klasse	Klassifizierungscode	Verpackungsgruppe	Gefahren	Tankschiffstyp	Ladetankzustand	Ladetanktyp	Ladetankausrüstung	Öffnungsdruck des Überdruck-/Hochgeschwindigkeitsventils in kPa	max. zul. Tankfüllungsgrad in %	relative Dichte bei 20 °C	Art der Probeentnahmeeinrichtung	Pumpenraum unter Deck erlaubt	Temperaturklasse	Explosionsgruppe	Explosionsschutz erforderlich	Ausrüstung erforderlich	Anzahl der Kegel/Lichter	zusätzliche Anforderungen oder Bemerkungen
(1)	(2)	(3a)	(3b)	(4)	(5)	(6)	(7)	(8)	(9)	(10)	(11)	(12)	(13)	(14)	(15)	(16)	(17)	(18)	(19)	(20)
1863	DÜSENKRAFTSTOFF MIT MEHR ALS 10 % BENZEN 85 °C < SIEDEBEGINN ≤ 115 °C	3	F1	III	3+CMR +F+ (N1, N2, N3)	C	2	2		50	95		2	ja	T4[3)]	II B[4)] (II B3)	ja	PP EP EX TOX A	0	29; 44
1863	DÜSENKRAFTSTOFF MIT MEHR ALS 10 % BENZEN SIEDEBEGINN > 115 °C	3	F1	III	3+ CMR+ F+ (N1, N2, N3)	C	2	2		35	95		2	ja	T4[3)]	II B[4)]	ja	PP EP EX TOX A	0	29
1863	DÜSENKRAFTSTOFF MIT MEHR ALS 10 % BENZEN SIEDEBEGINN > 115 °C	3	F1	III	3+CMR +F+ (N1, N2, N3)	C	2	2		35	95		2	ja	T4[3)]	II B[4)] (II B3)	ja	PP EP EX TOX A	0	29; 44
1888	CHLOROFORM	6.1	T1	III	6.1 + N2 + CMR	C	2	2	3	50	95	1,48	2	nein			nein	PP EP TOX A	0	23
1897	TETRACHLORETHYLEN	6.1	T1	III	6.1 + N2 + S	C	2	2		50	95	1,62	2	nein			nein	PP EP TOX A	0	
1912	METHYLCHLORID UND DICHLORMETHAN, GEMISCH	2	2F		2.1	G	1	1			91		1	nein	T1[12)]	II A[8)]	ja	PP EX A	1	2 31
1915	CYCLOHEXANON	3	F1	III	3	N	3	2			97	0,95	3	ja	T2[12)]	II A	ja	PP EX A	0	
1917	ETHYLACRYLAT, STABILISIERT	3	F1	II	3 + inst. + N3	C	2	2		40	95	0,92	1	ja	T2[12)]	II B (II B1)	ja	PP EX A	1	3 5

Tabelle C

UN-Nummer oder Stoffnummer	Benennung und Beschreibung	Klasse	Klassifizierungscode	Verpackungsgruppe	Gefahren	Tankschiffstyp	Ladetankzustand	Ladetanktyp	Ladetankausrüstung	Öffnungsdruck des Überdruck-/Hochgeschwindigkeitsventils in kPa	max. zul. Tankfüllungsgrad in %	relative Dichte bei 20 °C	Art der Probeentnahmeeinrichtung	Pumpenraum unter Deck erlaubt	Temperaturklasse	Explosionsgruppe	Explosionsschutz erforderlich	Ausrüstung erforderlich	Anzahl der Kegel/Lichter	zusätzliche Anforderungen oder Bemerkungen
(1)	(2)	(3a)	(3b)	(4)	(5)	(6)	(7)	(8)	(9)	(10)	(11)	(12)	(13)	(14)	(15)	(16)	(17)	(18)	(19)	(20)
1918	ISOPROPYLBENZEN (Cumen)	3	F1	III	3 + N2	N	3	3			97	0,86	3	ja	T2[12)]	II A[8)]	ja	PP EX A	0	
1919	METHYLACRYLAT, STABILISIERT	3	F1	II	3 + inst. + N3	C	2	2	3	50	95	0,95	1	ja	T2[12)]	II B (II B1)	ja	PP EX A	1	3 5 23
1920	NONANE	3	F1	III	3 + N2 + F	N	3	3			97	0,70 - 0,75	3	ja	T3	II A	ja	PP EX A	0	
1922	PYRROLIDIN	3	FC	II	3 + 8	C	2	2		50	95	0,86	2	ja	T2[12)]	II A[7)]	ja	PP EP EX A	1	
1965	KOHLENWASSERSTOFFGAS, GEMISCH, VERFLÜSSIGT, N.A.G.	2	2F		2.1 + CMR	G	1	1			91		1	nein	T4[3)]	II B[4)]	ja	PP EP EX TOX A	1	2; 31
1965	KOHLENWASSERSTOFFGAS, GEMISCH, VERFLÜSSIGT, N.A.G. (GEMISCH A)	2	2F		2.1	G	1	1			91		1	nein	T4[3)]	II B[4)]	ja	PP EX A	1	2 31
1965	KOHLENWASSERSTOFFGAS, GEMISCH, VERFLÜSSIGT, N.A.G. (GEMISCH A0)	2	2F		2.1	G	1	1			91		1	nein	T4[3)]	II B[4)]	ja	PP EX A	1	2 31
1965	KOHLENWASSERSTOFFGAS, GEMISCH, VERFLÜSSIGT, N.A.G. (GEMISCH A01)	2	2F		2.1	G	1	1			91		1	nein	T4[3)]	II B[4)]	ja	PP EX A	1	2 31
1965	KOHLENWASSERSTOFFGAS, GEMISCH, VERFLÜSSIGT, N.A.G. (GEMISCH A02)	2	2F		2.1	G	1	1			91		1	nein	T4[3)]	II B[4)]	ja	PP EX A	1	2 31
1965	KOHLENWASSERSTOFFGAS, GEMISCH, VERFLÜSSIGT, N.A.G. (GEMISCH A1)	2	2F		2.1	G	1	1			91		1	nein	T4[3)]	II B[4)]	ja	PP EX A	1	2 31

UN-Nummer oder Stoffnummer	Benennung und Beschreibung	Klasse	Klassifizierungscode	Verpackungsgruppe	Gefahren	Tankschiffstyp	Ladetankzustand	Ladetanktyp	Ladetankausrüstung	Öffnungsdruck des Überdruck-/Hochgeschwindigkeitsventils in kPa	max. zul. Tankfüllungsgrad in %	relative Dichte bei 20 °C	Art der Probeentnahmeeinrichtung	Pumpenraum unter Deck erlaubt	Temperaturklasse	Explosionsgruppe	Explosionsschutz erforderlich	Ausrüstung erforderlich	Anzahl der Kegel/Lichter	zusätzliche Anforderungen oder Bemerkungen
(1)	(2)	(3a)	(3b)	(4)	(5)	(6)	(7)	(8)	(9)	(10)	(11)	(12)	(13)	(14)	(15)	(16)	(17)	(18)	(19)	(20)
1965	KOHLENWASSERSTOFFGAS, GEMISCH, VERFLÜSSIGT, N.A.G. (GEMISCH B)	2	2F		2.1	G	1	1			91		1	nein	T4 3)	II B 4)	ja	PP EX A	1	2 31
1965	KOHLENWASSERSTOFFGAS, GEMISCH, VERFLÜSSIGT, N.A.G. (GEMISCH B1)	2	2F		2.1	G	1	1			91		1	nein	T4 3)	II B 4)	ja	PP EX A	1	2 31
1965	KOHLENWASSERSTOFFGAS, GEMISCH, VERFLÜSSIGT, N.A.G. (GEMISCH B2)	2	2F		2.1	G	1	1			91		1	nein	T4 3)	II B 4)	ja	PP EX A	1	2 31
1965	KOHLENWASSERSTOFFGAS, GEMISCH, VERFLÜSSIGT, N.A.G. (GEMISCH C)	2	2F		2.1	G	1	1			91		1	nein	T4 3)	II B 4)	ja	PP EX A	1	2 31
1969	ISOBUTAN (enthält 0,1 % oder mehr Buta- 1,3-dien)	2	2F		2.1+ CMR	G	1	1			91		1	nein	T2 1) 12)	II A	ja	PP EP EX TOX A	1	2 31
1969	ISOBUTAN (enthält weniger als 0,1 % Buta-1,3-dien)	2	2F		2.1	G	1	1			91		1	nein	T2 1) 12)	II A 7)	ja	PP EX A	1	2 31
1972	METHAN, TIEFGEKÜHLT, FLÜSSIG oder ERDGAS, TIEFGEKÜHLT, FLÜSSIG, mit hohem Methangehalt	2	3F		2.1	G	1	1	1		95		1	nein	T1 12)	II A	ja	PP EX A	1	2 31 42
1978	PROPAN	2	2F		2.1	G	1	1			91		1	nein	T1 12)	II A	ja	PP EX A	1	2 31
1986	ALKOHOLE, ENTZÜNDBAR, GIFTIG, N.A.G.	3	FT1	I	3+ 6.1+ (N1, N2, N3, CMR, F oder S)	C	1	1	*	*	95		1	nein	T4 3)	II B 4)	ja	PP EP EX TOX A	2	27; 29 *siehe 3.2.3.3

Tabelle C

UN-Nummer oder Stoffnummer	Benennung und Beschreibung	Klasse	Klassifizierungscode	Verpackungsgruppe	Gefahren	Tankschiffstyp	Ladetankzustand	Ladetanktyp	Ladetankausrüstung	Öffnungsdruck des Überdruck-/Hochgeschwindigkeitsventils in kPa	max. zul. Tankfüllungsgrad in %	relative Dichte bei 20 °C	Art der Probeentnahmeeinrichtung	Pumpenraum unter Deck erlaubt	Temperaturklasse	Explosionsgruppe	Explosionsschutz erforderlich	Ausrüstung erforderlich	Anzahl der Kegel/Lichter	zusätzliche Anforderungen oder Bemerkungen
(1)	(2)	(3a)	(3b)	(4)	(5)	(6)	(7)	(8)	(9)	(10)	(11)	(12)	(13)	(14)	(15)	(16)	(17)	(18)	(19)	(20)
1986	ALKOHOLE, ENTZÜNDBAR, GIFTIG, N.A.G.	3	FT1	I	3+6.1+ (N1, N2, N3, CMR, F oder S)	C	1	1	*	*	95		1	nein	T4[3)]	II B[4)] (II B3)	ja	PP EP EX TOX A	2	27; 29; 44 *siehe 3.2.3.3
1986	ALKOHOLE, ENTZÜNDBAR, GIFTIG, N.A.G.	3	FT1	I	3 + 6.1 + (N1, N2, N3, CMR, F oder S)	C	2	2	*)	*)	95		1	nein	T4 [3)]	II B[4)]	ja	PP EP EX TOX A	2	27; 29 *siehe 3.2.3.3
1986	ALKOHOLE, ENTZÜNDBAR, GIFTIG, N.A.G.	3	FT1	I	3+6.1+ (N1, N2, N3, CMR, F oder S)	C	2	2	*	*	95		1	nein	T4[3)]	II B[4)] (II B3)	ja	PP EP EX TOX A	2	27; 29; 44 *siehe 3.2.3.3
1986	ALKOHOLE, ENTZÜNDBAR, GIFTIG, N.A.G.	3	FT1	II	3 + 6.1 + (N1, N2, N3, CMR, F oder S)	C	2	2	*)	*)	95		2	nein	T4[3)]	II B[4)]	ja	PP EP EX TOX A	2	27; 29 *siehe 3.2.3.3
1986	ALKOHOLE, ENTZÜNDBAR, GIFTIG, N.A.G.	3	FT1	II	3+6.1+ (N1, N2, N3, CMR, F oder S)	C	2	2	*	*	95		2	nein	T4[3)]	II B[4)] (II B3)	ja	PP EP EX TOX A	2	27; 29; 44 *siehe 3.2.3.3
1986	ALKOHOLE, ENTZÜNDBAR, GIFTIG, N.A.G.	3	FT1	III	3 + 6.1 + (N1, N2, N3, CMR, F oder S)	C	2	2	*)	*)	95		2	nein	T4[3)]	II B[4)]	ja	PP EP EX TOX A	0	27; 29 *siehe 3.2.3.3

Tabelle C

UN-Nummer oder Stoffnummer	Benennung und Beschreibung	Klasse	Klassifizierungscode	Verpackungsgruppe	Gefahren	Tankschiffstyp	Ladetankzustand	Ladetanktyp	Ladetankausrüstung	Öffnungsdruck des Überdruck-/Hochgeschwindigkeitsventils in kPa	max. zul. Tankfüllungsgrad in %	relative Dichte bei 20 °C	Art der Probeentnahmeeinrichtung	Pumpenraum unter Deck erlaubt	Temperaturklasse	Explosionsgruppe	Explosionsschutz erforderlich	Ausrüstung erforderlich	Anzahl der Kegel/Lichter	zusätzliche Anforderungen oder Bemerkungen
(1)	(2)	(3a)	(3b)	(4)	(5)	(6)	(7)	(8)	(9)	(10)	(11)	(12)	(13)	(14)	(15)	(16)	(17)	(18)	(19)	(20)
1986	ALKOHOLE, ENTZÜNDBAR, GIFTIG, N.A.G.	3	FT1	III	3+6.1+ (N1, N2, N3, CMR, F oder S)	C	2	2	*	*	95		2	nein	T4[3)]	II B[4)] (II B3)	ja	PP EP EX TOX A	0	27; 29; 44 *siehe 3.2.3.3
1987	ALKOHOLE, N.A.G.	3	F1	II	3 + (N1, N2, N3, CMR, F oder S)	*)	*)	*)	*)	*)	*)		*)	ja	T4[3)]	II B[4)]	ja	*	1	14; 27; 29 *siehe 3.2.3.3
1987	ALKOHOLE, N.A.G.	3	F1	II	3+(N1, N2, N3, CMR, F oder S)	*	*	*	*	*	*		*	ja	T4[3)]	II B[4)] (II B3)	ja	*	1	14; 27; 29; 44 *siehe 3.2.3.3
1987	ALKOHOLE, N.A.G.	3	F1	III	3 + (N1, N2, N3, CMR, F oder S)	*)	*)	*)	*)	*)	*)		*)	ja	T4[3)]	II B[4)]	ja	*	0	14; 27 *siehe 3.2.3.3
1987	ALKOHOLE, N.A.G.	3	F1	III	3+(N1, N2, N3, CMR, F oder S)	*	*	*	*	*	*		*	ja	T4[3)]	II B[4)] (II B3)	ja	*	0	14; 27; 44 *siehe 3.2.3.3
1987	ALKOHOLE, N.A.G. (CYCLOHEXANOL)	3	F1	III	3 + N3 + F	N	3	3	2		95	0,95	3	ja	T3	II A	ja	PP EX A	0	7 17
1987	ALKOHOLE, N.A.G. (CYCLOHEXANOL)	3	F1	III	3 + N3 + F	N	3	3	4		95	0,95	3	ja			nein	PP	0	7 17 20:+46ºC
1987	ALKOHOLE, N.A.G. (90 MASSE-% tert.-BUTANOL und 10 MASSE-% METHANOL, GEMISCH)	3	F1	II	3	N	2	2		10	97		3	ja	T1[12)]	II A	ja	PP EX A	1	

Tabelle C

UN-Nummer oder Stoffnummer	Benennung und Beschreibung	Klasse	Klassifizierungscode	Verpackungsgruppe	Gefahren	Tankschiffstyp	Ladetankzustand	Ladetanktyp	Ladetankausrüstung	Öffnungsdruck des Überdruck-/Hochgeschwindigkeitsventils in kPa	max. zul. Tankfüllungsgrad in %	relative Dichte bei 20 °C	Art der Probeentnahmeeinrichtung	Pumpenraum unter Deck erlaubt	Temperaturklasse	Explosionsgruppe	Explosionsschutz erforderlich	Ausrüstung erforderlich	Anzahl der Kegel/Lichter	zusätzliche Anforderungen oder Bemerkungen
(1)	(2)	(3a)	(3b)	(4)	(5)	(6)	(7)	(8)	(9)	(10)	(11)	(12)	(13)	(14)	(15)	(16)	(17)	(18)	(19)	(20)
1989	ALDEHYDE, N.A.G.	3	F1	II	3 + N1, N2, N3, CMR, F oder S)	*)	*)	*)	*)	*)	*)		*)	ja	T4[3)]	II B[4)]	ja	*	1	14; 27; 29 *siehe 3.2.3.3
1989	ALDEHYDE, N.A.G.	3	F1	II	3+(N1, N2, N3, CMR, F oder S)	*	*	*	*	*	*		*	ja	T4[3)]	II B[4)] (II B3)	ja	*	1	14; 27; 29; 44 *siehe 3.2.3.3
1989	ALDEHYDE, N.A.G.	3	F1	III	3 + N1, N2, N3, CMR, F oder S)	*)	*)	*)	*)	*)	*)		*)	ja	T4[3)]	II B[4)]	ja	*	0	14; 27 *siehe 3.2.3.3
1989	ALDEHYDE, N.A.G.	3	F1	III	3+(N1, N2, N3, CMR, F oder S)	*	*	*	*	*	*		*	ja	T4[3)]	II B[4)] (II B3)	ja	*	0	14; 27; 44 *siehe 3.2.3.3
1991	CHLOROPREN, STABILISIERT	3	FT1	I	3 + 6.1 + inst. + CMR	C	2	2	3	50	95	0,96	1	nein	T2[12)]	II B (II B3)	ja	PP EP EX TOX A	2	3 5 23
1992	ENTZÜNDBARER FLÜSSIGER STOFF, GIFTIG, N.A.G.	3	FT1	I	3+ 6.1+ (N1, N2, N3, CMR, F oder S)	C	1	1	*	*	95		1	nein	T4[3)]	II B[4)]	ja	PP EP EX TOX A	2	27; 29 *siehe 3.2.3.3

3

Tabelle C

UN-Nummer oder Stoffnummer	Benennung und Beschreibung	Klasse	Klassifizierungscode	Verpackungsgruppe	Gefahren	Tankschiffstyp	Ladetankzustand	Ladetanktyp	Ladetankausrüstung	Öffnungsdruck des Überdruck-/Hochgeschwindigkeitsventils in kPa	max. zul. Tankfüllungsgrad in %	relative Dichte bei 20 °C	Art der Probeentnahmeeinrichtung	Pumpenraum unter Deck erlaubt	Temperaturklasse	Explosionsgruppe	Explosionsschutz erforderlich	Ausrüstung erforderlich	Anzahl der Kegel/Lichter	zusätzliche Anforderungen oder Bemerkungen
(1)	(2)	(3a)	(3b)	(4)	(5)	(6)	(7)	(8)	(9)	(10)	(11)	(12)	(13)	(14)	(15)	(16)	(17)	(18)	(19)	(20)
1992	ENTZÜNDBARER FLÜSSIGER STOFF, GIFTIG, N.A.G.	3	FT1	I	3+6.1+ (N1, N2, N3, CMR, F oder S)	C	1	1	*	*	95		1	nein	T4[3)]	II B[4)] (II B3)	ja	PP EP EX TOX A	2	27; 29; 44 *siehe 3.2.3.3
1992	ENTZÜNDBARER FLÜSSIGER STOFF, GIFTIG, N.A.G.	3	FT1	I	3 + 6.1 + (N1, N2, N3, CMR, F oder S)	C	2	2	*)	*)	95		1	nein	T4[3)]	II B[4)]	ja	PP EP EX TOX A	2	27; 29 *siehe 3.2.3.3
1992	ENTZÜNDBARER FLÜSSIGER STOFF, GIFTIG, N.A.G.	3	FT1	I	3+6.1+ (N1, N2, N3, CMR, F oder S)	C	2	2	*	*	95		1	nein	T4[3)]	II B[4)] (II B3)	ja	PP EP EX TOX A	2	27; 29; 44 *siehe 3.2.3.3
1992	ENTZÜNDBARER FLÜSSIGER STOFF, GIFTIG, N.A.G.	3	FT1	II	3 + 6.1 + (N1, N2, N3, CMR, F oder S)	C	2	2	*)	*)	95		2	nein	T4[3)]	II B[4)]	ja	PP EP EX TOX A	2	27; 29 *siehe 3.2.3.3
1992	ENTZÜNDBARER FLÜSSIGER STOFF, GIFTIG, N.A.G.	3	FT1	II	3+6.1+ (N1, N2, N3, CMR, F oder S)	C	2	2	*	*	95		2	nein	T4[3)]	II B[4)] (II B3)	ja	PP EP EX TOX A	2	27; 29; 44 *siehe 3.2.3.3
1992	ENTZÜNDBARER FLÜSSIGER STOFF, GIFTIG, N.A.G.	3	FT1	III	3 + 6.1 + (N1, N2, N3, CMR, F oder S)	C	2	2	*)	*)	95		2	nein	T4[3)]	II B[4)]	ja	PP EP EX TOX A	0	27; 29 *siehe 3.2.3.3

Tabelle C

UN-Nummer oder Stoffnummer	Benennung und Beschreibung	Klasse	Klassifizierungscode	Verpackungsgruppe	Gefahren	Tankschiffstyp	Ladetankzustand	Ladetanktyp	Ladetankausrüstung	Öffnungsdruck des Überdruck-/Hochgeschwindigkeits-ventils in kPa	max. zul. Tank-füllungsgrad in %	relative Dichte bei 20 °C	Art der Probe-entnahmeeinrichtung	Pumpenraum unter Deck erlaubt	Temperaturklasse	Explosionsgruppe	Explosionsschutz erforderlich	Ausrüstung erforderlich	Anzahl der Kegel/Lichter	zusätzliche Anforderungen oder Bemerkungen
(1)	(2)	(3a)	(3b)	(4)	(5)	(6)	(7)	(8)	(9)	(10)	(11)	(12)	(13)	(14)	(15)	(16)	(17)	(18)	(19)	(20)
1992	ENTZÜNDBARER FLÜSSIGER STOFF, GIFTIG, N.A.G.	3	FT1	III	3+6.1+ (N1, N2, N3, CMR, F oder S)	C	2	2	*	*	95		2	nein	T4[3]	II B[4] (II B3)	ja	PP EP EX TOX A	0	27; 29; 44 *siehe 3.2.3.3
1993	ENTZÜNDBARER FLÜSSIGER STOFF, N.A.G.	3	F1	I	3+ (N1, N2, N3, CMR, F)	*	*	*	*	*	*		*	ja	T4[3]	II B[4]	ja	*	1	14 *siehe 3.2.3.3
1993	ENTZÜNDBARER FLÜSSIGER STOFF, N.A.G.	3	F1	I	3+(N1, N2, N3, CMR, F)	*	*	*	*	*	*		*	ja	T4[3]	II B[4] (II B3)	ja	*	1	14; 44 *siehe 3.2.3.3
1993	ENTZÜNDBARER FLÜSSIGER STOFF, N.A.G.	3	F1	II	3+ (N1, N2, N3, CMR, F)	*	*	*	*	*	*		*	ja	T4[3]	II B[4]	ja	*	1	14 *siehe 3.2.3.3
1993	ENTZÜNDBARER FLÜSSIGER STOFF, N.A.G.	3	F1	II	3+(N1, N2, N3, CMR, F)	*	*	*	*	*	*		*	ja	T4[3]	II B[4] (II B3)	ja	*	1	14; 44 *siehe 3.2.3.3
1993	ENTZÜNDBARER FLÜSSIGER STOFF, N.A.G.	3	F1	III	3+ (N1, N2, N3, CMR, F)	*	*	*	*	*	*		*	ja	T4[3]	II B[4]	ja	*	0	14 *siehe 3.2.3.3
1993	ENTZÜNDBARER FLÜSSIGER STOFF, N.A.G.	3	F1	III	3+(N1, N2, N3, CMR, F)	*	*	*	*	*	*		*	ja	T4[3]	II B[4] (II B3)	ja	*	0	14; 44 *siehe 3.2.3.3

UN-Nummer oder Stoffnummer	Benennung und Beschreibung	Klasse	Klassifizierungscode	Verpackungsgruppe	Gefahren	Tankschiffstyp	Ladetankzustand	Ladetanktyp	Ladetankausrüstung	Öffnungsdruck des Überdruck-/Hochgeschwindigkeitsventils in kPa	max. zul. Tankfüllungsgrad in %	relative Dichte bei 20 °C	Art der Probeentnahmeeinrichtung	Pumpenraum unter Deck erlaubt	Temperaturklasse	Explosionsgruppe	Explosionsschutz erforderlich	Ausrüstung erforderlich	Anzahl der Kegel/Lichter	zusätzliche Anforderungen oder Bemerkungen
(1)	(2)	(3a)	(3b)	(4)	(5)	(6)	(7)	(8)	(9)	(10)	(11)	(12)	(13)	(14)	(15)	(16)	(17)	(18)	(19)	(20)
1993	ENTZÜNDBARER FLÜSSIGER STOFF, N.A.G. MIT MEHR ALS 10 % BENZEN	3	F1	I	3+(N1, N2, N3, CMR, F)	C	*	*	*	*	*		*	ja	T4[3)]	II B[4)]	ja	*	1	*siehe 3.2.3.3
1993	ENTZÜNDBARER FLÜSSIGER STOFF, N.A.G. MIT MEHR ALS 10 % BENZEN	3	F1	I	3+(N1, N2, N3, CMR, F)	C	*	*	*	*	*		*	ja	T4[3)]	II B[4)] (II B3)	ja	*	1	44* siehe 3.2.3.3
1993	ENTZÜNDBARER FLÜSSIGER STOFF, N.A.G. MIT MEHR ALS 10 % BENZEN	3	F1	II	3+(N1, N2, N3, CMR, F)	C	*	*	*	*	*		*	ja	T4[3)]	II B[4)]	ja	*	1	*siehe 3.2.3.3
1993	ENTZÜNDBARER FLÜSSIGER STOFF, N.A.G. MIT MEHR ALS 10 % BENZEN	3	F1	II	3+(N1, N2, N3, CMR, F)	C	*	*	*	*	*		*	ja	T4[3)]	II B[4)] (II B3)	ja	*	1	44 *siehe 3.2.3.3
1993	ENTZÜNDBARER FLÜSSIGER STOFF, N.A.G. MIT MEHR ALS 10 % BENZEN	3	F1	III	3+(N1, N2, N3, CMR, F)	C	*	*	*	*	*		*	ja	T4[3)]	II B[4)]	ja	*	0	*siehe 3.2.3.3
1993	ENTZÜNDBARER FLÜSSIGER STOFF, N.A.G. MIT MEHR ALS 10 % BENZEN	3	F1	III	3+(N1, N2, N3, CMR, F)	C	*	*	*	*	*		*	ja	T4[3)]	II B[4)] (II B3)	ja	*	0	44 *siehe 3.2.3.3
1993	ENTZÜNDBARER FLÜSSIGER STOFF, N.A.G., MIT MEHR ALS 10 % BENZEN SIEDEBEGINN ≤ 60 °C	3	F1	I	3+ (N1, N2, N3, CMR, F)	C	1	1			95		1	ja	T4[3)]	II B[4)]	ja	PP EP EX TOX A	1	29

Tabelle C

UN-Nummer oder Stoffnummer	Benennung und Beschreibung	Klasse	Klassifizierungscode	Verpackungsgruppe	Gefahren	Tankschiffstyp	Ladetankzustand	Ladetanktyp	Ladetankausrüstung	Öffnungsdruck des Überdruck-/Hochgeschwindigkeitsventils in kPa	max. zul. Tankfüllungsgrad in %	relative Dichte bei 20 °C	Art der Probeentnahmeeinrichtung	Pumpenraum unter Deck erlaubt	Temperaturklasse	Explosionsgruppe	Explosionsschutz erforderlich	Ausrüstung erforderlich	Anzahl der Kegel/Lichter	zusätzliche Anforderungen oder Bemerkungen
(1)	(2)	(3a)	(3b)	(4)	(5)	(6)	(7)	(8)	(9)	(10)	(11)	(12)	(13)	(14)	(15)	(16)	(17)	(18)	(19)	(20)
1993	ENTZÜNDBARER FLÜSSIGER STOFF, N.A.G. MIT MEHR ALS 10 % BENZEN SIEDEBEGINN ≤ 60 °C	3	F1	I	3+(N1, N2, N3, CMR, F)	C	1	1			95		1	ja	T4[3]	II B[4] (II B3)	ja	PP EP EX TOX A	1	29; 44
1993	ENTZÜNDBARER FLÜSSIGER STOFF, N.A.G., MIT MEHR ALS 10 % BENZEN SIEDEBEGINN ≤ 60 °C	3	F1	II	3+ (N1, N2, N3, CMR, F)	C	1	1			95		1	ja	T4[3]	II B[4]	ja	PP EP EX TOX A	1	29
1993	ENTZÜNDBARER FLÜSSIGER STOFF, N.A.G.MIT MEHR ALS 10 % BENZEN SIEDEBEGINN ≤ 60 °C	3	F1	II	3+(N1, N2, N3, CMR, F)	C	1	1			95		1	ja	T4[3]	II B[4] (II B3)	ja	PP EP EX TOX A	1	29; 44
1993	ENTZÜNDBARER FLÜSSIGER STOFF, N.A.G., MIT MEHR ALS 10 % BENZEN SIEDEBEGINN ≤ 60 °C	3	F1	III	3+ (N1, N2, N3, CMR, F)	C	1	1			95		1	ja	T4[3]	II B[4]	ja	PP EP EX TOX A	0	29
1993	ENTZÜNDBARER FLÜSSIGER STOFF, N.A.G. MIT MEHR ALS 10 % BENZEN SIEDEBEGINN ≤ 60 °C	3	F1	III	3+(N1, N2, N3, CMR, F)	C	1	1			95		1	ja	T4[3]	II B[4] (II B3)	ja	PP EP EX TOX A	0	29; 44
1993	ENTZÜNDBARER FLÜSSIGER STOFF, N.A.G., MIT MEHR ALS 10 % BENZEN 60 °C < SIEDEBEGINN ≤ 85 °C	3	F1	II	3+ (N1, N2, N3, CMR, F)	C	2	2	3	50	95		2	ja	T4[3]	II B[4]	ja	PP EP EX TOX A	1	23 29 38

3

Tabelle C

UN-Nummer oder Stoffnummer	Benennung und Beschreibung	Klasse	Klassifizierungscode	Verpackungsgruppe	Gefahren	Tankschiffstyp	Ladetankzustand	Ladetanktyp	Ladetankausrüstung	Öffnungsdruck des Überdruck-/Hochgeschwindigkeitsventils in kPa	max. zul. Tankfüllungsgrad in %	relative Dichte bei 20 °C	Art der Probeentnahmeeinrichtung	Pumpenraum unter Deck erlaubt	Temperaturklasse	Explosionsgruppe	Explosionsschutz erforderlich	Ausrüstung erforderlich	Anzahl der Kegel/Lichter	zusätzliche Anforderungen oder Bemerkungen
(1)	(2)	(3a)	(3b)	(4)	(5)	(6)	(7)	(8)	(9)	(10)	(11)	(12)	(13)	(14)	(15)	(16)	(17)	(18)	(19)	(20)
1993	ENTZÜNDBARER FLÜSSIGER STOFF, N.A.G. MIT MEHR ALS 10 % BENZEN 60 °C < SIEDEBEGINN ≤ 85 °C	3	F1	II	3+(N1, N2, N3, CMR, F)	C	2	2	3	50	95		2	ja	T4[3)]	II B[4)] (II B3)	ja	PP EP EX TOX A	1	23; 29; 38; 44
1993	ENTZÜNDBARER FLÜSSIGER STOFF, N.A.G., MIT MEHR ALS 10 % BENZEN 60 °C < SIEDEBEGINN ≤ 85 °C	3	F1	III	3+ (N1, N2, N3, CMR, F)	C	2	2	3	50	95		2	ja	T4[3)]	II B[4)]	ja	PP EP EX TOX A	0	23 29 38
1993	ENTZÜNDBARER FLÜSSIGER STOFF, N.A.G. MIT MEHR ALS 10 % BENZEN 60 °C < SIEDEBEGINN ≤ 85 °C	3	F1	III	3+(N1, N2, N3, CMR, F)	C	2	2	3	50	95		2	ja	T4[3)]	II B[4)] (II B3)	ja	PP EP EX TOX A	0	23; 29; 38; 44
1993	ENTZÜNDBARER FLÜSSIGER STOFF, N.A.G., MIT MEHR ALS 10 % BENZEN 85 °C < SIEDEBEGINN ≤ 115 °C	3	F1	II	3+ (N1, N2, N3, CMR, F)	C	2	2		50	95		2	ja	T4[3)]	II B[4)]	ja	PP EP EX TOX A	1	29
1993	ENTZÜNDBARER FLÜSSIGER STOFF, N.A.G. MIT MEHR ALS 10 % BENZEN 85 °C < SIEDEBEGINN ≤ 115 °C	3	F1	II	3+(N1, N2, N3, CMR, F)	C	2			50	95		2	ja	T4[3)]	II B[4)] (II B3)	ja	PP EP EX TOX A	1	29; 44
1993	ENTZÜNDBARER FLÜSSIGER STOFF, N.A.G., MIT MEHR ALS 10 % BENZEN 85 °C < SIEDEBEGINN ≤ 115 °C	3	F1	III	3+ (N1, N2, N3, CMR, F)	C	2	2		50	95		2	ja	T4[3)]	II B[4)]	ja	PP EP EX TOX A	0	29

Tabelle C

UN-Nummer oder Stoffnummer	Benennung und Beschreibung	Klasse	Klassifizierungscode	Verpackungsgruppe	Gefahren	Tankschiffstyp	Ladetankzustand	Ladetanktyp	Ladetankausrüstung	Öffnungsdruck des Überdruck-/Hochgeschwindigkeitsventils in kPa	max. zul. Tankfüllungsgrad in %	relative Dichte bei 20 °C	Art der Probeentnahmeeinrichtung	Pumpenraum unter Deck erlaubt	Temperaturklasse	Explosionsgruppe	Explosionsschutz erforderlich	Ausrüstung erforderlich	Anzahl der Kegel/Lichter	zusätzliche Anforderungen oder Bemerkungen
(1)	(2)	(3a)	(3b)	(4)	(5)	(6)	(7)	(8)	(9)	(10)	(11)	(12)	(13)	(14)	(15)	(16)	(17)	(18)	(19)	(20)
1993	ENTZÜNDBARER FLÜSSIGER STOFF, N.A.G. MIT MEHR ALS 10 % BENZEN 85 °C < SIEDEGEGINN ≤ 115 °C	3	F1	III	3+(N1, N2, N3, CMR, F)	C	2	2		50	95		2	ja	T4[3)]	II B[4)] (II B3)	ja	PP EP EX TOX A	0	29; 44
1993	ENTZÜNDBARER FLÜSSIGER STOFF, N.A.G., MIT MEHR ALS 10 % BENZEN SIEDEBEGINN > 115 °C	3	F1	II	3+ (N1, N2, N3, CMR, F)	C	2	2		35	95		2	ja	T4[3)]	II B[4)]	ja	PP EP EX TOX A	1	29
1993	ENTZÜNDBARER FLÜSSIGER STOFF, N.A.G. MIT MEHR ALS 10 % BENZEN SIEDEBEGINN > 115 °C	3	F1	II	3+(N1, N2, N3, CMR, F)	C	2	2		35	95		2	ja	T4[3)]	II B[4)] (II B3)	ja	PP EP EX TOX A	1	29; 44
1993	ENTZÜNDBARER FLÜSSIGER STOFF, N.A.G., MIT MEHR ALS 10 % BENZEN SIEDEBEGINN > 115 °C	3	F1	III	3+ (N1, N2, N3, CMR, F)	C	2	2		35	95		2	ja	T4[3)]	II B[4)]	ja	PP EP EX TOX A	0	29
1993	ENTZÜNDBARER FLÜSSIGER STOFF, N.A.G. MIT MEHR ALS 10 % BENZEN SIEDEBEGINN > 115 °C	3	F1	III	3+(N1, N2, N3, CMR, F)	C	2	2		35	95		2	ja	T4[3)]	II B[4)] (II B3)	ja	PP EP EX TOX A	0	29; 44
1993	ENTZÜNDBARER FLÜSSIGER STOFF, N.A.G. (CYCLOHEXANON-CYCLOHEXANOL GEMISCH)	3	F1	III	3+ F	N	3	3			97	0,95	3	ja	T3	II A	ja	PP EX A	0	
1999	TEERE, FLÜSSIG einschließlich Straßenöle und Cutback-Bitumen (Verschnittbitumen)	3	F1	III	3 + S	N	4	3	2		97		3	ja	T3	II A[7)]	ja	PP EX A	0	

3

Tabelle C

UN-Nummer oder Stoffnummer	Benennung und Beschreibung	Klasse	Klassifizierungscode	Verpackungsgruppe	Gefahren	Tankschiffstyp	Ladetankzustand	Ladetanktyp	Ladetankausrüstung	Öffnungsdruck des Überdruck-/Hochgeschwindigkeitsventils in kPa	max. zul. Tankfüllungsgrad in %	relative Dichte bei 20 °C	Art der Probeentnahmeeinrichtung	Pumpenraum unter Deck erlaubt	Temperaturklasse	Explosionsgruppe	Explosionsschutz erforderlich	Ausrüstung erforderlich	Anzahl der Kegel/Lichter	zusätzliche Anforderungen oder Bemerkungen
(1)	(2)	(3a)	(3b)	(4)	(5)	(6)	(7)	(8)	(9)	(10)	(11)	(12)	(13)	(14)	(15)	(16)	(17)	(18)	(19)	(20)
2014	WASSERSTOFFPEROXID, WÄSSERIGE LÖSUNG mit mindestens 20 % aber höchstens 60 % Wasserstoffperoxid (Stabilisierung nach Bedarf)	5.1	OC1	II	5.1 + 8 + inst.	C	2	2		35	95	1,2	2	ja			nein	PP EP	0	3 33
2021	CHLORPHENOLE, FLÜSSIG (2-CHLORPHENOL)	6.1	T1	III	6.1 + N2	C	2	2		25	95	1,23	2	nein	T1 12)	II A 7)	ja	PP EP EX TOX A	0	6:+10ºC 17
2022	CRESYLSÄURE	6.1	TC1	II	6.1 + 8 + 3 + S	C	2	2		25	95	1,03	2	nein	T1 12)	II A 7)	ja	PP EP EX TOX A	2	6:+16ºC 17
2023	EPICHLORHYDRIN	6.1	TF1	II	6.1 + 3 + N3	C	2	2		35	95	1,18	2	nein	T2 12)	II B (II B3)	ja	PP EP EX TOX A	2	5
2031	SALPETERSÄURE, andere als rotrauchende, mit mehr als 70% Säure	8	CO1	I	8 + 5.1 + N3	N	2	3		10	97	1,41 - 1,48	3	ja			nein	PP EP	0	34
2031	SALPETERSÄURE, andere als rotrauchende, mit mindestens 65% Säure aber höchstens 70% Säure	8	CO1	II	8 + 5.1 + N3	N	2	3		10	97	1,39 - 1,41	3	ja			nein	PP EP	0	34
2031	SALPETERSÄURE, andere als rotrauchende, mit weniger als 65 % Säure	8	CO1	II	8 + N3	N	2	3		10	97	1,02- 1,39	3	ja			nein	PP EP	0	34
2032	SALPETERSÄURE, ROTRAUCHEND	8	COT	I	8 + 5.1 + 6.1 + N3	C	2	2		50	95	1,48- 1,51	1	nein			nein	PP EP TOX A	2	

Tabelle C

UN-Nummer oder Stoffnummer	Benennung und Beschreibung	Klasse	Klassifizierungscode	Verpackungsgruppe	Gefahren	Tankschiffstyp	Ladetankzustand	Ladetanktyp	Ladetankausrüstung	Öffnungsdruck des Überdruck-/Hochgeschwindigkeitsventils in kPa	max. zul. Tankfüllungsgrad in %	relative Dichte bei 20 °C	Art der Probeentnahmeeinrichtung	Pumpenraum unter Deck erlaubt	Temperaturklasse	Explosionsgruppe	Explosionsschutz erforderlich	Ausrüstung erforderlich	Anzahl der Kegel/Lichter	zusätzliche Anforderungen oder Bemerkungen
(1)	(2)	(3a)	(3b)	(4)	(5)	(6)	(7)	(8)	(9)	(10)	(11)	(12)	(13)	(14)	(15)	(16)	(17)	(18)	(19)	(20)
2045	ISOBUTYRALDEHYD (ISOBUTYLALDEHYD)	3	F1	II	3 + N3	C	2	2	3	50	95	0,79	2	ja	T4	II A[7)]	ja	PP EX A	1	15 23
2046	CYMENE	3	F1	III	3 + N2 + F	N	3	3			97	0,88	3	ja	T2[12)]	II A[7)]	ja	PP EX A	0	
2047	DICHLORPROPENE (1,3-DICHLORPROPEN)	3	F1	III	3 + N1 + CMR	C	2	2		40	95	1,23	2	ja	T2[1)][12)]	II A[7)]	ja	PP EP EX TOX A	0	
2047	DICHLORPROPENE (2,3-DICHLORPROPEN-1)	3	F1	II	3 + N2 + CMR	C	2	2		45	95	1,2	2	ja	T1[12)]	II A[7)]	ja	PP EP EX TOX A	1	
2047	DICHLORPROPENE (GEMISCH VON 2,3-DICHLORPROPEN-1 UND 1,3-DICHLORPROPEN)	3	F1	II	3 + N1 + CMR	C	2	2		45	95	1,23	2	ja	T2[1)][12)]	IIA[7)] A	ja	PP EP EX TOX A	1	
2047	DICHLORPROPENE (GEMISCH VON 2,3-DICHLORPROPEN-1 UND 1,3-DICHLORPROPEN)	3	F1	III	3 + N1 + CMR	C	2	2		45	95	1,23	2	ja	T2[1)][12)]	II A[7)]	ja	PP EP EX TOX A	0	
2048	DICYCLOPENTADIEN	3	F1	III	3 + N2 + F	N	3	3	2		95	0,94	3	ja	T1[12)]	II A	ja	PP EX A	0	7 17
2050	DIISOBUTYLEN, ISOMERE VERBINDUNGEN	3	F1	II	3 + N2 + F	N	2	3	3	10	97	0,72	3	ja	T3[2)]	II A[7)]	ja	PP EX A	1	

UN-Nummer oder Stoffnummer	Benennung und Beschreibung	Klasse	Klassifizierungscode	Verpackungsgruppe	Gefahren	Tankschiffstyp	Ladetankzustand	Ladetanktyp	Ladetankausrüstung	Öffnungsdruck des Überdruck-/Hochgeschwindigkeitsventils in kPa	max. zul. Tankfüllungsgrad in %	relative Dichte bei 20 °C	Art der Probeentnahmeeinrichtung	Pumpenraum unter Deck erlaubt	Temperaturklasse	Explosionsgruppe	Explosionsschutz erforderlich	Ausrüstung erforderlich	Anzahl der Kegel/Lichter	zusätzliche Anforderungen oder Bemerkungen
(1)	(2)	(3a)	(3b)	(4)	(5)	(6)	(7)	(8)	(9)	(10)	(11)	(12)	(13)	(14)	(15)	(16)	(17)	(18)	(19)	(20)
2051	2-DIMETHYLAMINOETHANOL	8	CF1	II	8 + 3 + N3	N	3	2			97	0,89	3	ja	T3	II A[7]	ja	PP EP EX A	1	34
2053	METHYLISOBUTYLCARBINOL	3	F1	III	3	N	3	2			97	0,81	3	ja	T2[12]	II A	ja	PP EX A	0	
2054	MORPHOLIN	8	CF1	I	8 + 3 + N3	N	3	2			97	1	3	ja	T3	II A	ja	PP EP EX A	1	34
2055	STYREN, MONOMER, STABILISIERT	3	F1	III	3 + inst. + N3	N	3	2			97	0,91	3	ja	T1[12]	II A	ja	PP EX A	0	3 5 16
2056	TETRAHYDROFURAN	3	F1	II	3	N	2	2		10	97	0,89	3	ja	T3	II B (II B1)	ja	PP EX A	1	
2057	TRIPROPYLEN	3	F1	II	3+ N1	C	2	2		10	97	0,744	2	ja	T3	II A	ja	PP EX A	1	
2057	TRIPROPYLEN	3	F1	III	3+ N1	C	2	2			97	0,73	2	ja	T3	II A	ja	PP EX A	0	
2078	TOLUENDIISOCYANAT (und isomere Gemische) (2,4-TOLUYLENDIISOCYANAT)	6.1	T1	II	6.1 + N2 + S	C	2	2	2	25	95	1,22	2	nein	T1[12]	II B (II B3[14])	ja	PP EP EX TOX A	2	2 7 8 17

Tabelle C

UN-Nummer oder Stoffnummer	Benennung und Beschreibung	Klasse	Klassifizierungscode	Verpackungsgruppe	Gefahren	Tankschiffstyp	Ladetankzustand	Ladetanktyp	Ladetankausrüstung	Öffnungsdruck des Überdruck-/Hochgeschwindigkeitsventils in kPa	max. zul. Tankfüllungsgrad in %	relative Dichte bei 20 °C	Art der Probeentnahmeeinrichtung	Pumpenraum unter Deck erlaubt	Temperaturklasse	Explosionsgruppe	Explosionsschutz erforderlich	Ausrüstung erforderlich	Anzahl der Kegel/Lichter	zusätzliche Anforderungen oder Bemerkungen
(1)	(2)	(3a)	(3b)	(4)	(5)	(6)	(7)	(8)	(9)	(10)	(11)	(12)	(13)	(14)	(15)	(16)	(17)	(18)	(19)	(20)
2078	TOLUENDIISOCYANAT (und isomere Gemische) (2,4-TOLUYLENDIISOCYANAT)	6.1	T1	II	6.1 + N2 + S	C	2	1	4	25	95	1,22	2	nein			nein	PP EP TOX A	2	2 7 8 17 20:+112°C 26
2079	DIETHYLENTRIAMIN	8	C7	II	8 + N3	N	4	2			97	0,96	3	ja			nein	PP EP	0	34
2187	KOHLENDIOXID, TIEFGEKÜHLT, FLÜSSIG	2	3A		2.2	G	1	1	1		95		1	ja			nein	PP	0	31 39
2205	ADIPONITRIL	6.1	T1	III	6.1	C	2	2		25	95	0,96	2	nein	T4	II B (II B3[14])	ja	PP EP EX TOX A	0	6: 6 °C 17
2206	ISOCYANATE, GIFTIG, N.A.G. (4-CHLORPHENYLISOCYANAT)	6.1	T1	II	6.1 + S	C	2	2	4	25	95	1,25	2	nein			nein	PP EP TOX A	2	7 17
2209	FORMALDEHYDLÖSUNG mit mindestens 25% Formaldehyd	8	C9	III	8 + N3	N	4	2			97	1,09	3	ja			nein	PP EP	0	15 34
2215	MALEINSÄUREANHYDRID, GESCHMOLZEN	8	C3	III	8 + N3	N	3	3	2		95	0,93	3	ja	T2[12]	II B[4]	ja	PP EP EX A	0	7 17 25 34
2215	MALEINSÄUREANHYDRID, GESCHMOLZEN	8	C3	III	8 + N3	N	3	1	4		95	0,93	3	ja			nein	PP EP	0	7 17 20:+88°C 25 34

Tabelle C

UN-Nummer oder Stoffnummer	Benennung und Beschreibung	Klasse	Klassifizierungscode	Verpackungsgruppe	Gefahren	Tankschiffstyp	Ladetankzustand	Ladetanktyp	Ladetankausrüstung	Öffnungsdruck des Überdruck-/Hochgeschwindigkeits-ventils in kPa	max. zul. Tank-füllungsgrad in %	relative Dichte bei 20 °C	Art der Probe-entnahmeeinrichtung	Pumpenraum unter Deck erlaubt	Temperaturklasse	Explosionsgruppe	Explosionsschutz erforderlich	Ausrüstung erforderlich	Anzahl der Kegel/Lichter	zusätzliche Anforderungen oder Bemerkungen
(1)	(2)	(3a)	(3b)	(4)	(5)	(6)	(7)	(8)	(9)	(10)	(11)	(12)	(13)	(14)	(15)	(16)	(17)	(18)	(19)	(20)
2218	ACRYLSÄURE, STABILISIERT	8	CF1	II	8 + 3 + inst. + N1	C	2	2	4	30	95	1,05	1	ja	T2[12)]	II B (II B1)	ja	PP EP EX A	1	3 4 5 17
2227	n-BUTYLMETHACRYLAT, STABILISIERT	3	F1	III	3 + inst.+ N3+ F	C	2	2		25	95	0,9	1	ja	T3	II A	ja	PP EX A	0	3 5
2238	CHLORTOLUENE (m-CHLORTOLUEN)	3	F1	III	3 + N2 + S	C	2	2		30	95	1,08	2	ja	T1[12)]	II A[7)]	ja	PP EX A	0	
2238	CHLORTOLUENE (o-CHLORTOLUEN)	3	F1	III	3 + N2+ S	C	2	2		30	95	1,08	2	ja	T1[12)]	II A[7)]	ja	PP EX A	0	
2238	CHLORTOLUENE (p-CHLORTOLUEN)	3	F1	III	3 + N2+ S	C	2	2		30	95	1,07	2	ja	T1[12)]	II A[7)]	ja	PP EX A	0	6:+11ºC 17
2241	CYCLOHEPTAN	3	F1	II	3 + N2	N	2	3		10	97	0,81	3	ja	T4[3)]	II A[7)]	ja	PP EX A	1	
2247	n-DECAN	3	F1	III	3 + F	C	2	2		30	95	0,73	2	ja	T4	II A	ja	PP EX A	0	
2248	DI-n-BUTYLAMIN	8	CF1	II	8 + 3 + N3	N	3	2			97	0,76	3	ja	T3	II A[7)]	ja	PP EP EX A	1	34
2259	TRIETHYLENTETRAMIN	8	C7	II	8 + N2	N	3	3			97	0,98	3	ja	T2[12)]	II B (II B3[14)])	ja	PP EP EX A	0	6: 16 °C 17 34

Tabelle C

UN-Nummer oder Stoffnummer	Benennung und Beschreibung	Klasse	Klassifizierungscode	Verpackungsgruppe	Gefahren	Tankschiffstyp	Ladetankzustand	Ladetanktyp	Ladetankausrüstung	Öffnungsdruck des Überdruck-/Hochgeschwindigkeitsventils in kPa	max. zul. Tankfüllungsgrad in %	relative Dichte bei 20 °C	Art der Probeentnahmeeinrichtung	Pumpenraum unter Deck erlaubt	Temperaturklasse	Explosionsgruppe	Explosionsschutz erforderlich	Ausrüstung erforderlich	Anzahl der Kegel/Lichter	zusätzliche Anforderungen oder Bemerkungen
(1)	(2)	(3a)	(3b)	(4)	(5)	(6)	(7)	(8)	(9)	(10)	(11)	(12)	(13)	(14)	(15)	(16)	(17)	(18)	(19)	(20)
2263	DIMETHYLCYCLOHEXANE (cis-1,4-DIMETHYLCYCLOHEXAN)	3	F1	II	3	C	2	2		35	95	0,78	2	ja	T4[3)]	II A[7)]	ja	PP EX A	1	
2263	DIMETHYLCYCLOHEXANE (trans-1,4-DIMETHYLCYCLOHEXAN)	3	F1	II	3	C	2	2		35	95	0,76	2	ja	T4[3)]	II A[7)]	ja	PP EX A	1	
2264	N,N-DIMETHYLCYCLOHEXYLAMIN	8	CF1	II	8 + 3 + N2	N	3	3			97	0,85	3	ja	T3	II B[4)]	ja	PP EP EX A	1	34
2265	N,N-DIMETHYLFORMAMID	3	F1	III	3 + CMR	N	2	3	3	10	97	0,95	3	ja	T2[12)]	II A	ja	PP EP EX TOX A	0	
2266	DIMETHYL-N-PROPYLAMIN	3	FC	II	3 + 8	C	2	2	3	50	95	0,72	2	ja	T4	II A[7)]	ja	PP EP EX A	1	23
2276	2-ETHYLHEXYLAMIN	3	FC	III	3 + 8 + N3	N	3	2			97	0,79	3	ja	T3	II A[7)]	ja	PP EP EX A	0	34
2278	n-HEPTEN	3	F1	II	3 + N3	N	2	2		10	97	0,7	3	ja	T3	II B[4)] (II B1)	ja	PP EX A	1	
2280	HEXAMETHYLENDIAMIN, FEST, GESCHMOLZEN	8	C8	III	8 + N3	N	3	3	2		95	0,83	3	ja	T3	II B (II B3[14)])	ja	PP EP EX A	0	7 17 34

Tabelle C

UN-Nummer oder Stoffnummer	Benennung und Beschreibung	Klasse	Klassifizierungscode	Verpackungsgruppe	Gefahren	Tankschiffstyp	Ladetankzustand	Ladetanktyp	Ladetankausrüstung	Öffnungsdruck des Überdruck-/Hochgeschwindigkeitsventils in kPa	max. zul. Tankfüllungsgrad in %	relative Dichte bei 20 °C	Art der Probeentnahmeeinrichtung	Pumpenraum unter Deck erlaubt	Temperaturklasse	Explosionsgruppe	Explosionsschutz erforderlich	Ausrüstung erforderlich	Anzahl der Kegel/Lichter	zusätzliche Anforderungen oder Bemerkungen
(1)	(2)	(3a)	(3b)	(4)	(5)	(6)	(7)	(8)	(9)	(10)	(11)	(12)	(13)	(14)	(15)	(16)	(17)	(18)	(19)	(20)
2280	HEXAMETHYLENDIAMIN, FEST, GESCHMOLZEN	8	C8	III	8 + N3	N	3	3	4		95	0,83	3	ja			nein	PP EP	0	7 17 20:+66°C 34
2282	HEXANOLE	3	F1	III	3 + N3	N	3	2			97	0,83	3	ja	T3	II A	ja	PP EX A	0	
2286	PENTAMETHYLHEPTAN	3	F1	III	3 + F	N	3	3			97	0,75	3	ja	T2[12)]	II A[7)]	ja	PP EX A	0	
2288	ISOHEXENE	3	F1	II	3 + inst.+ N3	C	2	2	3	50	95	0,735	2	ja	T2[12)]	II B[4)]	ja	PP EX A	1	3 23
2289	ISOPHORONDIAMIN	8	C7	III	8 + N2	N	3	3			97	0,92	3	ja	T2[12)]	II A[7)]	ja	PP EP EX A	0	6: 14°C 17 34
2302	5-METHYLHEXAN-2-ON	3	F1	III	3	N	3	2			97	0,81	3	ja	T1[12)]	II A	ja	PP EX A	0	
2303	ISOPROPENYLBENZEN	3	F1	III	3 + N2 + F	N	3	3			97	0,91	3	ja	T2[12)]	II B (II B1)	ja	PP EX A	0	
2309	OCTADIENE (1,7-OCTADIEN)	3	F1	II	3 + N2	N	2	3		10	97	0,75	3	ja	T3	II B (II B3)	ja	PP EX A	1	
2311	PHENETIDINE	6.1	T1	III	6.1	C	2	2		25	95	1,07	2	nein			nein	PP EP TOX A	0	6:+7°C 17

Tabelle C

UN-Nummer oder Stoffnummer	Benennung und Beschreibung	Klasse	Klassifizierungscode	Verpackungsgruppe	Gefahren	Tankschiffstyp	Ladetankzustand	Ladetanktyp	Ladetankausrüstung	Öffnungsdruck des Überdruck-/Hochgeschwindigkeitsventils in kPa	max. zul. Tankfüllungsgrad in %	relative Dichte bei 20 °C	Art der Probeentnahmeeinrichtung	Pumpenraum unter Deck erlaubt	Temperaturklasse	Explosionsgruppe	Explosionsschutz erforderlich	Ausrüstung erforderlich	Anzahl der Kegel/Lichter	zusätzliche Anforderungen oder Bemerkungen
(1)	(2)	(3a)	(3b)	(4)	(5)	(6)	(7)	(8)	(9)	(10)	(11)	(12)	(13)	(14)	(15)	(16)	(17)	(18)	(19)	(20)
2312	PHENOL, GESCHMOLZEN	6.1	T1	II	6.1 + N3 + S	C	2	2	4	25	95	1,07	2	nein	T1[12)]	II A[8)]	ja	PP EP EX TOX A	2	7 17
2312	PHENOL, GESCHMOLZEN	6.1	T1	II	6.1 + N3 + S	C	2	2	4	25	95	1,07	2	nein			nein	PP EP TOX A	2	7 17 20:+67ºC
2320	TETRAETHYLENPENTAMIN	8	C7	III	8 + N2	N	4	3			97	1	3	ja			nein	PP EP	0	34
2321	TRICHLORBENZENE, FLÜSSIG (1,2,4-TRICHLORBENZEN)	6.1	T1	III	6.1 + N1 + S	C	2	2	2	25	95	1,45	2	nein	T1[12)]	II A[7)]	ja	PP EP EX TOX A	0	7 17
2321	TRICHLORBENZENE, FLÜSSIG (1,2,4-TRICHLORBENZEN)	6.1	T1	III	6.1 + N1 + S	C	2	1	4	25	95	1,45	2	nein		II A[7)]	nein	PP EP TOX A	0	7 17 20:+95ºC 26
2323	TRIETHYLPHOSPHIT	3	F1	III	3	N	3	2			97	0,8	3	ja	T3	II B[4)]	ja	PP EX A	0	
2324	TRIISOBUTYLEN	3	F1	III	3 + N1 + F	C	2	2		35	95	0,76	2	ja	T2[12)]	II B[4)]	ja	PP EX A	0	
2325	1,3,5-TRIMETHYLBENZEN	3	F1	III	3 + N1	C	2	2		35	95	0,87	2	ja	T1[12)]	II A[7)]	ja	PP EX A	0	

Tabelle C

UN-Nummer oder Stoffnummer	Benennung und Beschreibung	Klasse	Klassifizierungscode	Verpackungsgruppe	Gefahren	Tankschiffstyp	Ladetankzustand	Ladetanktyp	Ladetankausrüstung	Öffnungsdruck des Überdruck-/Hochgeschwindigkeitsventils in kPa	max. zul. Tankfüllungsgrad in %	relative Dichte bei 20 °C	Art der Probeentnahmeeinrichtung	Pumpenraum unter Deck erlaubt	Temperaturklasse	Explosionsgruppe	Explosionsschutz erforderlich	Ausrüstung erforderlich	Anzahl der Kegel/Lichter	zusätzliche Anforderungen oder Bemerkungen
(1)	(2)	(3a)	(3b)	(4)	(5)	(6)	(7)	(8)	(9)	(10)	(11)	(12)	(13)	(14)	(15)	(16)	(17)	(18)	(19)	(20)
2333	ALLYLACETAT	3	FT1	II	3 + 6.1	C	2	2		40	95	0,93	2	nein	T2[12)]	II A[7)]	ja	PP EP EX TOX A	2	
2348	BUTYLACRYLATE, STABILISIERT (n-BUTYLACRYLAT, STABILISIERT)	3	F1	III	3 + inst. + N3	C	2	2		30	95	0,9	1	ja	T3	II B (II B1)	ja	PP EX A	0	3 5
2350	BUTYLMETHYLETHER	3	F1	II	3	N	2	2		10	97	0,74	3	ja	T4[3)]	II B[4)]	ja	PP EX A	1	
2356	2-CHLORPROPAN	3	F1	I	3	C	2	2	3	50	95	0,86	2	ja	T1[12)]	II A	ja	PP EX A	1	23
2357	CYCLOHEXYLAMIN	8	CF1	II	8 + 3 + N3	N	3	2			97	0,86	3	ja	T3	II A	ja	PP EP EX A	1	34
2362	1,1-DICHLORETHAN	3	F1	II	3 + N2	C	2	2	3	50	95	1,17	2	ja	T2[12)]	II A	ja	PP EX A	1	23
2370	HEX-1-EN	3	F1	II	3 + N3	N	2	2		10	97	0,67	3	ja	T3	II B[4)]	ja	PP EX A	1	
2381	DIMETHYLDISULFID	3	FT1	II	3+ 6.1	C	2	2		40	95	1,063	2	ja	T2[12)]	II A	ja	PP EP EX TOX A	2	

Tabelle C

UN-Nummer oder Stoffnummer	Benennung und Beschreibung	Klasse	Klassifizierungscode	Verpackungsgruppe	Gefahren	Tankschiffstyp	Ladetankzustand	Ladetanktyp	Ladetankausrüstung	Öffnungsdruck des Überdruck-/Hochgeschwindigkeitsventils in kPa	max. zul. Tankfüllungsgrad in %	relative Dichte bei 20 °C	Art der Probeentnahmeeinrichtung	Pumpenraum unter Deck erlaubt	Temperaturklasse	Explosionsgruppe	Explosionsschutz erforderlich	Ausrüstung erforderlich	Anzahl der Kegel/Lichter	zusätzliche Anforderungen oder Bemerkungen
(1)	(2)	(3a)	(3b)	(4)	(5)	(6)	(7)	(8)	(9)	(10)	(11)	(12)	(13)	(14)	(15)	(16)	(17)	(18)	(19)	(20)
2382	DIMETHYLHYDRAZIN, SYMMETRISCH	6.1	TF1	I	6.1 + 3 + CMR	C	2	2		50	95	0,83	1	nein	T4[3)]	II C[5)]	ja	PP EP EX TOX A	2	
2383	DIPROPYLAMIN	3	FC	II	3 + 8+ N3	C	2	2		35	95	0,74	2	ja	T3	II A	ja	PP EP EX A	1	
2397	3-METHYLBUTAN-2-ON	3	F1	II	3	N	2	2		10	97	0,81	3	ja	T1[12)]	II A[7)]	ja	PP EX A	1	
2398	METHYL-tert-BUTYLETHER	3	F1	II	3	N	2	2		10	97	0,74	3	ja	T1[12)]	II A	ja	PP EX A	1	
2404	PROPIONITRIL	3	FT1	II	3 + 6.1	C	2	2		45	95	0,78	2	nein	T1[9) 12)]	II A[7)]	ja	PP EP EX TOX A	2	
2414	THIOPHEN	3	F1	II	3 + N3 + S	N	2	3		10	97	1,06	3	ja	T2[12)]	II A	ja	PP EX A	1	
2430	ALKYLPHENOLE, FEST, N.A.G. (NONYLPHENOL-ISOMEREN-GEMISCH, GESCHMOLZEN)	8	C4	II	8 + N1 + F	N	3	1	2		95	0,95	2	ja	T2[12)]	II A[7)]	ja	PP EP EX A	0	7 17
2430	ALKYLPHENOLE, FEST, N.A.G. (NONYLPHENOL-ISOMEREN-GEMISCH, GESCHMOLZEN)	8	C4	II	8 + N1 + F	N	3	2	4		95	0,95	2	ja			nein	PP EP	0	7 17 20: +125 °C

Tabelle C

UN-Nummer oder Stoffnummer	Benennung und Beschreibung	Klasse	Klassifizierungscode	Verpackungsgruppe	Gefahren	Tankschiffstyp	Ladetankzustand	Ladetanktyp	Ladetankausrüstung	Öffnungsdruck des Überdruck-/Hochgeschwindigkeitsventils in kPa	max. zul. Tankfüllungsgrad in %	relative Dichte bei 20 °C	Art der Probeentnahmeeinrichtung	Pumpenraum unter Deck erlaubt	Temperaturklasse	Explosionsgruppe	Explosionsschutz erforderlich	Ausrüstung erforderlich	Anzahl der Kegel/Lichter	zusätzliche Anforderungen oder Bemerkungen
(1)	(2)	(3a)	(3b)	(4)	(5)	(6)	(7)	(8)	(9)	(10)	(11)	(12)	(13)	(14)	(15)	(16)	(17)	(18)	(19)	(20)
2432	N,N-DIETHYLANILIN	6.1	T1	III	6.1 + N2	C	2	2		25	95	0,93	2	nein			nein	PP EP TOX A	0	
2448	SCHWEFEL, GESCHMOLZEN	4.1	F3	III	4.1 + S	N	4	1	4		95	2,07	3	ja			nein	PP EP TOX * A	0	*) Toximeter für H2S 7; 17 20: +150°C 28 32
2458	HEXADIENE	3	F1	II	3 + N3	N	2	2		10	97	0,72	3	ja	T4[3)]	II A[7)]	ja	PP EX A	1	
2477	METHYLISOTHIOCYANAT	6.1	TF1	I	6.1 + 3 + N1	C	2	2	2	35	95	1,07[11)]	1	nein	T4[3)]	II B[4)]	ja	PP EP EX TOX A	2	7 17
2485	n-BUTYLISOCYANAT	6.1	TF1	I	6.1 + 3	C	2	2		35	95	0,89	1	nein	T2[12)]	II A	ja	PP EP EX TOX A	2	
2486	ISOBUTYLISOCYANAT	6.1	TF1	I	6.1+ 3	C	2	2		40	95		2	nein	T4[3)]	II A	ja	PP EP EX TOX A	2	
2487	PHENYLISOCYANAT	6.1	TF1	I	6.1 + 3	C	2	2		25	95	1,1	1	nein	T1[12)]	II A	ja	PP EP EX TOX A	2	

Tabelle C

UN-Nummer oder Stoffnummer	Benennung und Beschreibung	Klasse	Klassifizierungscode	Verpackungsgruppe	Gefahren	Tankschiffstyp	Ladetankzustand	Ladetanktyp	Ladetankausrüstung	Öffnungsdruck des Überdruck-/Hochgeschwindigkeitsventils in kPa	max. zul. Tankfüllungsgrad in %	relative Dichte bei 20 °C	Art der Probeentnahmeeinrichtung	Pumpenraum unter Deck erlaubt	Temperaturklasse	Explosionsgruppe	Explosionsschutz erforderlich	Ausrüstung erforderlich	Anzahl der Kegel/Lichter	zusätzliche Anforderungen oder Bemerkungen
(1)	(2)	(3a)	(3b)	(4)	(5)	(6)	(7)	(8)	(9)	(10)	(11)	(12)	(13)	(14)	(15)	(16)	(17)	(18)	(19)	(20)
2490	DICHLORISOPROPYLETHER	6.1	T1	II	6.1	C	2	2		25	95	1,11	2	nein			nein	PP EP TOX A	2	
2491	ETHANOLAMIN oder ETHANOLAMIN, LÖSUNG	8	C7	III	8 + N3	N	3	2			97	1,02	3	ja	T2[12)]	II A[7)]	ja	PP EP EX A	0	6: 14°C 17 31
2493	HEXAMETHYLENIMIN	3	FC	II	3 + 8 + N3	N	3	2			97	0,88	3	ja	T3[2)]	II A	ja	PP EP EX A	1	34
2496	PROPIONSÄUREANHYDRID	8	C3	III	8 + N3	N	4	3			97	1,02	3	ja			nein	PP EP	0	34
2518	1,5,9-CYCLODODECATRIEN	6.1	T1	III	6.1 + F	C	2	2		25	95	0,9	2	nein			nein	PP EP TOX A	0	
2527	ISOBUTYLACRYLAT, STABILISIERT	3	F1	III	3 + inst.	C	2	2		30	95	0,89	1	ja	T2[12)]	II B[9)]	ja	PP EX A	0	3 5
2528	ISOBUTYLISOBUTYRAT	3	F1	III	3 + N3	N	3	2			97	0,86	3	ja	T2[12)]	II A	ja	PP EX A	0	
2531	METHACRYLSÄURE, STABILISIERT	8	C3	II	8 + inst. + N3	C	2	2	4	25	95	1,02	1	ja	T2[12)]	II A	ja	PP EP EX A	0	3 4 5 7 17
2564	TRICHLORESSIGSÄURE, LÖSUNG	8	C3	II	8 + N1	C	2	2	2	25	95	1,62[11)]	2	ja	T1[12)]	II A[7)]	ja	PP EP EX A	0	7 17 22

3

Tabelle C

UN-Nummer oder Stoffnummer	Benennung und Beschreibung	Klasse	Klassifizierungscode	Verpackungsgruppe	Gefahren	Tankschiffstyp	Ladetankzustand	Ladetanktyp	Ladetankausrüstung	Öffnungsdruck des Überdruck-/Hochgeschwindigkeitsventils in kPa	max. zul. Tankfüllungsgrad in %	relative Dichte bei 20 °C	Art der Probeentnahmeeinrichtung	Pumpenraum unter Deck erlaubt	Temperaturklasse	Explosionsgruppe	Explosionsschutz erforderlich	Ausrüstung erforderlich	Anzahl der Kegel/Lichter	zusätzliche Anforderungen oder Bemerkungen
(1)	(2)	(3a)	(3b)	(4)	(5)	(6)	(7)	(8)	(9)	(10)	(11)	(12)	(13)	(14)	(15)	(16)	(17)	(18)	(19)	(20)
2564	TRICHLORESSIGSÄURE, LÖSUNG	8	C3	III	8 + N1	C	2	2		25	95	1,62[11)]	2	ja			nein	PP EP	0	22
2574	TRICRESYLPHOSPHAT mit mehr als 3% ortho-Isomer	6.1	T1	II	6.1 + N1+ S	C	2	2		25	95	1,18	2	nein			nein	PP EP TOX A	2	
2579	PIPERAZIN, GESCHMOLZEN	8	C8	III	8 + N2	N	3	3	2		95	0,9	3	ja			nein	PP EP	0	7 17 34
2582	EISEN(III)CHLORID, LÖSUNG	8	C1	III	8	N	4	3			97	1,45	3	ja			nein	PP EP	0	22 30 34
2586	ALKYLSULFONSÄUREN, FLÜSSIG oder ARYLSULFONSÄUREN, FLÜSSIG mit höchstens 5% freier Schwefelsäure	8	C3	III	8	N	4	3			97		3	ja			nein	PP EP	0	34
2608	NITROPROPANE	3	F1	III	3	N	3	2			97	1	3	ja	T2[12)]	II B[7)] (II B2)	ja	PP EX A	0	
2615	ETHYLPROPYLETHER	3	F1	II	3	N	2	2		10	97	0,73	3	ja	T4[3)]	II A[7)]	ja	PP EX A	1	
2618	VINYLTOLUENE, STABILISIERT	3	F1	III	3 + inst. + N2 F	C	2	2		25	95	0,92	1	ja	T1[12)]	II A	ja	PP EX A	0	3 5
2651	4,4'-DIAMINODIPHENYLMETHAN	6.1	T2	III	6.1 + N2 + CMR + S	C	2	2	2	25	95	1	2	nein			nein	PP EP TOX A	0	7 17
2672	AMMONIAKLÖSUNG in Wasser mit relative Dichte zwischen 0,880 und 0,957 bei 15 °C, mehr als 10 % aber höchstens 35 % Ammoniak (mehr als 25% aber höchstens 35% Ammoniak)	8	C5	III	8 + N1	C	2	2	1	50	95	0,88[10)] - 0,96[10)]	2	ja			nein	PP EP	0	

Tabelle C

UN-Nummer oder Stoffnummer	Benennung und Beschreibung	Klasse	Klassifizierungscode	Verpackungsgruppe	Gefahren	Tankschiffstyp	Ladetankzustand	Ladetanktyp	Ladetankausrüstung	Öffnungsdruck des Überdruck-/Hochgeschwindigkeitsventils in kPa	max. zul. Tankfüllungsgrad in %	relative Dichte bei 20 °C	Art der Probeentnahmeeinrichtung	Pumpenraum unter Deck erlaubt	Temperaturklasse	Explosionsgruppe	Explosionsschutz erforderlich	Ausrüstung erforderlich	Anzahl der Kegel/Lichter	zusätzliche Anforderungen oder Bemerkungen
(1)	(2)	(3a)	(3b)	(4)	(5)	(6)	(7)	(8)	(9)	(10)	(11)	(12)	(13)	(14)	(15)	(16)	(17)	(18)	(19)	(20)
2672	AMMONIAKLÖSUNG in Wasser mit relative Dichte zwischen 0,880 und 0,957 bei 15 °C, mehr als 10 % aber höchstens 35 % Ammoniak (höchstens 25% Ammoniak)	8	C5	III	8 + N3	N	2	2		10	95	0,88[10] - 0,96[10]	2	ja			nein	PP EP	0	34
2683	AMMONIUMSULFID, LÖSUNG	8	CFT	II	8 + 3 + 6.1	C	2	2		50	95		2	nein	T4[3]	II B[4]	ja	PP EP EX TOX A	2	15 16
2693	HYDROGENSULFIT, WÄSSERIGE LÖSUNG, N.A.G.	8	C1	III	8	N	4	3			97		3	ja			nein	PP EP	0	27 34
2709	BUTYLBENZENE	3	F1	III	3 + N1 + F	N	2	3		35	97	0,87	2	ja	T2[12]	II A[7]	ja	PP EX A	0	41
2709	BUTYLBENZENE (n-BUTYLBENZEN)	3	F1	III	3+ N1+ F	N	3	3			97	0.87	2	ja	T2[12]	II A	ja	PP EX A	0	41
2733	AMINE, ENTZÜNDBAR, ÄTZEND, N.A.G. oder POLYAMINE, ENTZÜNDBAR, ÄTZEND, N.A.G. (2-AMINOBUTAN)	3	FC	II	3 + 8+ N1	C	2	2	3	50	95	0,72	2	ja	T4[3]	II A[7]	ja	PP EP EX A	1	23
2735	AMINE, FLÜSSIG, ÄTZEND, N.A.G. oder POLYAMINE, FLÜSSIG, ÄTZEND, N.A.G.	8	C7	I	8 + (N1, N2, N3, CMR, F oder S)	*)	*)	*)	*)	*)	*)		*)	ja			nein	*	0	27; 34 *siehe 3.2.3.3
2735	AMINE, FLÜSSIG, ÄTZEND, N.A.G. oder POLYAMINE, FLÜSSIG, ÄTZEND, N.A.G.	8	C7	II	8 + (N1, N2, N3, CMR, F oder S)	*)	*)	*)	*)	*)	*)		*)	ja			nein	*	0	27; 34 *siehe 3.2.3.3

Tabelle C

UN-Nummer oder Stoffnummer	Benennung und Beschreibung	Klasse	Klassifizierungscode	Verpackungsgruppe	Gefahren	Tankschiffstyp	Ladetankzustand	Ladetanktyp	Ladetankausrüstung	Öffnungsdruck des Überdruck-/Hochgeschwindigkeitsventils in kPa	max. zul. Tankfüllungsgrad in %	relative Dichte bei 20 °C	Art der Probeentnahmeeinrichtung	Pumpenraum unter Deck erlaubt	Temperaturklasse	Explosionsgruppe	Explosionsschutz erforderlich	Ausrüstung erforderlich	Anzahl der Kegel/Lichter	zusätzliche Anforderungen oder Bemerkungen
(1)	(2)	(3a)	(3b)	(4)	(5)	(6)	(7)	(8)	(9)	(10)	(11)	(12)	(13)	(14)	(15)	(16)	(17)	(18)	(19)	(20)
2735	AMINE, FLÜSSIG, ÄTZEND, N.A.G. oder POLYAMINE, FLÜSSIG, ÄTZEND, N.A.G.	8	C7	III	8 + (N1, N2, N3, CMR, F oder S)	*)	*)	*)	*)	*)	*)		*)	ja			nein	*	0	27; 34 *siehe 3.2.3.3
2754	N-ETHYLTOLUIDINE (N-ETHYL-m-TOLUIDIN)	6.1	T1	II	6.1 + F	C	2	2		25	95	0,94	2	nein			nein	PP EP TOX A	2	
2754	N-ETHYLTOLUIDINE (N-ETHYL-o-TOLUIDIN)	6.1	T1	II	6.1 + F	C	2	2		25	95	0,94	2	nein			nein	PP EP TOX A	2	
2754	N-ETHYLTOLUIDINE (N-ETHYL-p-TOLUIDIN)	6.1	T1	II	6.1 + F	C	2	2	2	25	95	0,94	2	nein			nein	PP EP TOX A	2	7 17
2754	N-ETHYLTOLUIDINE, GEMISCHE VON N-ETHYL-o-TOLUIDIN UND N-ETHYL-m-TOLUIDIN	6.1	T1	II	6.1 + F	C	2	2		25	95	0,94	2	nein			nein	PP EP TOX A	2	
2785	4-THIAPENTANAL (3-METHYLMERCAPTO-PROPIONALDEHYD)	6.1	T1	III	6.1	C	2	2		25	95	1,04	2	nein			nein	PP EP TOX A	0	
2789	EISESSIG oder ESSIGSÄURE, LÖSUNG mit mehr als 80 Masse-% Säure	8	CF1	II	8 + 3	N	2	3	2	10	95	1,05 bei 100% Säure	3	ja	T1[12)]	II A[7)]	ja	PP EP EX A	1	7 17 34
2790	ESSIGSÄURE, LÖSUNG, mit mindestens 10 Masse-% und höchstens 50 Masse-% Säure	8	C3	III	8	N	2	3		10	97		3	ja			nein	PP EP	0	34
2790	ESSIGSÄURE, LÖSUNG, mit mindestens 50 Masse-% und höchstens 80 Masse-% Säure	8	C3	II	8	N	2	3		10	97		3	ja			nein	PP EP	0	34

Tabelle C

UN-Nummer oder Stoffnummer	Benennung und Beschreibung	Klasse	Klassifizierungscode	Verpackungsgruppe	Gefahren	Tankschiffstyp	Ladetankzustand	Ladetanktyp	Ladetankausrüstung	Öffnungsdruck des Überdruck-/Hochgeschwindigkeitsventils in kPa	max. zul. Tankfüllungsgrad in %	relative Dichte bei 20 °C	Art der Probeentnahmeeinrichtung	Pumpenraum unter Deck erlaubt	Temperaturklasse	Explosionsgruppe	Explosionsschutz erforderlich	Ausrüstung erforderlich	Anzahl der Kegel/Lichter	zusätzliche Anforderungen oder Bemerkungen
(1)	(2)	(3a)	(3b)	(4)	(5)	(6)	(7)	(8)	(9)	(10)	(11)	(12)	(13)	(14)	(15)	(16)	(17)	(18)	(19)	(20)
2796	BATTERIEFLÜSSIGKEIT, SÄUER	8	C1	II	8 + N3	N	4	3			97	1,00 - 1,84	3	ja			nein	PP EP	0	8 22 30 34
2796	SCHWEFELSÄURE mit höchstens 51% Säure	8	C1	II	8 + N3	N	4	3			97	1,00 - 1,41	3	ja			nein	PP EP	0	8 22 30 34
2797	BATTERIEFLÜSSIGKEIT, ALKALISCH	8	C5	II	8 + N3	N	4	3			97	1,00 - 2,13	3	ja			nein	PP EP	0	22 30 34
2810	GIFTIGER ORGANISCHER FLÜSSIGER STOFF, N.A.G.	6.1	T1	I	6.1 + (N1, N2, N3, CMR, F oder S)	C	2	2	*)	*)	95		1	nein			nein	PP EP TOX A	2	27; 29 *siehe 3.2.3.3
2810	GIFTIGER ORGANISCHER FLÜSSIGER STOFF, N.A.G.	6.1	T1	II	6.1 + (N1, N2, N3, CMR, F oder S)	C	2	2	*)	*)	95		2	nein			nein	PP EP TOX A	2	27; 29 *siehe 3.2.3.3
2810	GIFTIGER ORGANISCHER FLÜSSIGER STOFF, N.A.G.	6.1	T1	III	6.1 + (N1, N2, N3, CMR, F oder S)	C	2	2	*)	*)	95		2	nein			nein	PP EP TOX A	0	27; 29 *siehe 3.2.3.3
2811	GIFTIGER ORGANISCHER FESTER STOFF, N.A.G. (1,2,3-TRICHLORBENZEN, GESCHMOLZEN)	6.1	T2	III	6.1 + S	C	2	2	2	25	95		2	nein	T4[3)]	II A[7)]	ja	PP EP EX TOX A	0	7 17 22

Tabelle C

UN-Nummer oder Stoffnummer	Benennung und Beschreibung	Klasse	Klassifizierungscode	Verpackungsgruppe	Gefahren	Tankschiffstyp	Ladetankzustand	Ladetanktyp	Ladetankausrüstung	Öffnungsdruck des Überdruck-/Hochgeschwindigkeitsventils in kPa	max. zul. Tankfüllungsgrad in %	relative Dichte bei 20 °C	Art der Probeentnahmeeinrichtung	Pumpenraum unter Deck erlaubt	Temperaturklasse	Explosionsgruppe	Explosionsschutz erforderlich	Ausrüstung erforderlich	Anzahl der Kegel/Lichter	zusätzliche Anforderungen oder Bemerkungen
(1)	(2)	(3a)	(3b)	(4)	(5)	(6)	(7)	(8)	(9)	(10)	(11)	(12)	(13)	(14)	(15)	(16)	(17)	(18)	(19)	(20)
2811	GIFTIGER ORGANISCHER FESTER STOFF, N.A.G. (1,2,3-TRICHLORBENZEN, GESCHMOLZEN)	6.1	T2	III	6.1 + S	C	2	1	4	25	95		2	nein			nein	PP EP TOX A	0	7 17 20:+92°C 22
2811	GIFTIGER ORGANISCHER FESTER STOFF, N.A.G. (1,3,5-TRICHLORBENZEN, GESCHMOLZEN)	6.1	T2	III	6.1 + S	C	2	2	2	25	95		2	nein	T4[3)]	II A[7)]	ja	PP EP EX TOX A	0	7 17 22
2811	GIFTIGER ORGANISCHER FESTER STOFF, N.A.G. (1,3,5-TRICHLORBENZEN, GESCHMOLZEN)	6.1	T2	III	6.1 + S	C	2	1	4	25	95		2	nein			nein	PP EP TOX A	0	7 17 20:+92 °C 22 26
2815	N-AMINOETHYLPIPERAZIN	8	C7	III	8 + N2	N	4	3			97	0,98	3	ja			nein	PP EP	0	34
2820	BUTTERSÄURE	8	C3	III	8 + N3	N	2	3		10	97	0,96	3	ja			nein	PP EP	0	34
2829	CAPRONSÄURE	8	C3	III	8 + N3	N	4	3			97	0,92	3	ja			nein	PP EP	0	34
2831	1,1,1-TRICHLORETHAN	6.1	T1	III	6.1 + N2	C	2	2	3	50	95	1,34	2	nein			nein	PP EP TOX A	0	23
2850	PROPYLENTETRAMER oder TETRAPROPYLEN	3	F1	III	3 + N1 + F	N	4	3			97	0,76	2	ja			nein	PP	0	
2874	FURFURYLALKOHOL	6.1	T1	III	6.1 + N3	C	2	2		25	95	1,13	2	nein			nein	PP EP TOX A	0	
2904	PHENOLATE, FLÜSSIG	8	C9	III	8	N	4	2			97	1,13-1,18	3	ja			nein	PP EP	0	34

Tabelle C

UN-Nummer oder Stoffnummer	Benennung und Beschreibung	Klasse	Klassifizierungscode	Verpackungsgruppe	Gefahren	Tankschiffstyp	Ladetankzustand	Ladetanktyp	Ladetankausrüstung	Öffnungsdruck des Überdruck-/Hochgeschwindigkeitsventils in kPa	max. zul. Tankfüllungsgrad in %	relative Dichte bei 20 °C	Art der Probeentnahmeeinrichtung	Pumpenraum unter Deck erlaubt	Temperaturklasse	Explosionsgruppe	Explosionsschutz erforderlich	Ausrüstung erforderlich	Anzahl der Kegel/Lichter	zusätzliche Anforderungen oder Bemerkungen
(1)	(2)	(3a)	(3b)	(4)	(5)	(6)	(7)	(8)	(9)	(10)	(11)	(12)	(13)	(14)	(15)	(16)	(17)	(18)	(19)	(20)
2920	ÄTZENDER FLÜSSIGER STOFF, ENTZÜNDBAR, N.A.G. (WÄSSERIGE LÖSUNG VON DODECYLDIMETHYLAMMONIUMCHLORID UND 2-PROPANOL)	8	CF1	II	8 + 3 + F	N	3	3			97	0,95	3	ja	T3	II A	ja	PP EP EX A	1	34
2920	ÄTZENDER FLÜSSIGER STOFF, ENTZÜNDBAR, N.A.G. (WÄSSERIGE LÖSUNG VON HEXADECYLTRIMETHYLAMINECHLORID (50%) UND ETHANOL (35%))	8	CF1	II	8 + 3 + F	N	2	3		10	95	0,9	3	ja	T2[12)]	II B	ja	PP EP EX A	1	6:+7ºC 17 34
2920	ÄTZENDER FLÜSSIGER STOFF, ENTZÜNDBAR, N.A.G. (WÄSSERIGE LÖSUNG VON HEXADECYLTRI-METHYLAMINECHLORID (50 %) UND ETHANOL (35 %))	8	CF1	II	8+3+F	N	2	3		10	95	0,9	3	ja	T2[12)]	II B (II B3)	ja	PP EP EX A	1	6: +7 ºC; 17; 34; 44
2922	ÄTZENDER FLÜSSIGER STOFF, GIFTIG, N.A.G.	8	CT1	I	8 + 6.1 + (N1, N2, N3, CMR, F oder S)	C	2	2	*)	*)	95		1	nein			nein	PP EP TOX A	2	27; 29 *siehe 3.2.3.3
2922	ÄTZENDER FLÜSSIGER STOFF, GIFTIG, N.A.G.	8	CT1	II	8 + 6.1 + (N1, N2, N3, CMR, F oder S)	C	2	2	*)	*)	95		2	nein			nein	PP EP TOX A	2	27; 29 *siehe 3.2.3.3
2922	ÄTZENDER FLÜSSIGER STOFF, GIFTIG, N.A.G.	8	CT1	III	8 + 6.1 + (N1, N2, N3, CMR, F oder S)	C	2	2	*)	*)	95		2	nein			nein	PP EP TOX A	0	27; 29 *siehe 3.2.3.3

Tabelle C

UN-Nummer oder Stoffnummer	Benennung und Beschreibung	Klasse	Klassifizierungscode	Verpackungsgruppe	Gefahren	Tankschiffstyp	Ladetankzustand	Ladetanktyp	Ladetankausrüstung	Öffnungsdruck des Überdruck-/Hochgeschwindigkeitsventils in kPa	max. zul. Tankfüllungsgrad in %	relative Dichte bei 20 °C	Art der Probeentnahmeeinrichtung	Pumpenraum unter Deck erlaubt	Temperaturklasse	Explosionsgruppe	Explosionsschutz erforderlich	Ausrüstung erforderlich	Anzahl der Kegel/Lichter	zusätzliche Anforderungen oder Bemerkungen
(1)	(2)	(3a)	(3b)	(4)	(5)	(6)	(7)	(8)	(9)	(10)	(11)	(12)	(13)	(14)	(15)	(16)	(17)	(18)	(19)	(20)
2924	ENTZÜNDBARER FLÜSSIGER STOFF, ATZEND, N.A.G.	3	FC	I	3+ 8+ (N1, N2, N3, CMR, F oder S)	C	1	1	*	*	95		1	ja	T4[3)]	II B[4)]	ja	*	1	27; 29 *siehe 3.2.3.3
2924	ENTZÜNDBARER FLÜSSIGER STOFF, ÄTZEND, N.A.G.	3	FC	I	3+8+(N1, N2, N3, CMR, F oder S)	C	1	1	*	*	95		1	ja	T4[3)]	II B[4)] (II B3)	ja	*	1	27; 29; 44 *siehe 3.2.3.3
2924	ENTZÜNDBARER FLÜSSIGER STOFF, ÄTZEND, N.A.G.	3	FC	I	3 + 8 + (N1, N2, N3, CMR, F oder S)	C	2	2	*)	*)	95		1	ja	T4[3)]	II B[4)]	ja	*	1	27; 29 *siehe 3.2.3.3
2924	ENTZÜNDBARER FLÜSSIGER STOFF, ÄTZEND, N.A.G.	3	FC	I	3+8+(N1, N2, N3, CMR, F oder S)	C	2	2	*	*	95		1	ja	T4[3)]	II B[4)] (II B3)	ja	*	1	27; 29; 44 *siehe 3.2.3.3
2924	ENTZÜNDBARER FLÜSSIGER STOFF, ÄTZEND, N.A.G.	3	FC	II	3 + 8 + (N1, N2, N3, CMR, F oder S)	C	2	2	*)	*)	95		2	ja	T4[3)]	II B[4)]	ja	*	1	27; 29 *siehe 3.2.3.3
2924	ENTZÜNDBARER FLÜSSIGER STOFF, ÄTZEND, N.A.G.	3	FC	II	3+8+(N1, N2, N3, CMR, F oder S)	C	2	2	*	*	95		2	ja	T4[3)]	II B[4)] (II B3)	ja	*	1	27; 29; 44 *siehe 3.2.3.3

Tabelle C

UN-Nummer oder Stoffnummer	Benennung und Beschreibung	Klasse	Klassifizierungscode	Verpackungsgruppe	Gefahren	Tankschiffstyp	Ladetankzustand	Ladetanktyp	Ladetankausrüstung	Öffnungsdruck des Überdruck-/Hochgeschwindigkeitsventils in kPa	max. zul. Tankfüllungsgrad in %	relative Dichte bei 20 °C	Art der Probeentnahmeeinrichtung	Pumpenraum unter Deck erlaubt	Temperaturklasse	Explosionsgruppe	Explosionsschutz erforderlich	Ausrüstung erforderlich	Anzahl der Kegel/Lichter	zusätzliche Anforderungen oder Bemerkungen
(1)	(2)	(3a)	(3b)	(4)	(5)	(6)	(7)	(8)	(9)	(10)	(11)	(12)	(13)	(14)	(15)	(16)	(17)	(18)	(19)	(20)
2924	ENTZÜNDBARER FLÜSSIGER STOFF, ÄTZEND, N.A.G.	3	FC	III	3 + 8 + (N1, N2, N3, CMR, F oder S)	*)	*)	*)	*)	*)	*)		*)	ja	T4[3)]	II B[4)]	ja	*	0	27; 34 *siehe 3.2.3.3
2024	ENTZÜNDBARER FLÜSSIGER STOFF, ÄTZEND, N.A.G.	3	FC	III	3+8+(N 1, N2, N3, CMR, F oder S)	*	*	*	*	*	*		*	ja	T4[3)]	II B[4)] (II B3)	ja	*	0	27; 34 *siehe 3.2.3.3
2924	ENTZÜNDBARER FLÜSSIGER STOFF, ÄTZEND, N.A.G. (WÄSSERIGE LÖSUNG VON DIALKYLDIMETHYLAMMONIUMCHLORID (C8 bis C18) UND 2-PROPANOL	3	FC	II	3 + 8 + F	C	2	2		50	95	0,88	2	ja	T2[12)]	II A	ja	PP EP EX A	1	
2927	GIFTIGER ORGANISCHER FLÜSSIGER STOFF, ÄTZEND, N.A.G.	6.1	TC1	I	6.1 + 8 + (N1, N2, N3, CMR, F oder S)	C	2	2	*)	*)	95		1	nein			nein	PP EP TOX A	2	27; 29 *siehe 3.2.3.3
2927	GIFTIGER ORGANISCHER FLÜSSIGER STOFF, ÄTZEND, N.A.G.	6.1	TC1	II	6.1 + 8 + (N1, N2, N3, CMR, F oder S)	C	2	2	*)	*)	95		2	nein			nein	PP EP TOX A	2	27; 29 *siehe 3.2.3.3
2929	GIFTIGER ORGANISCHER FLÜSSIGER STOFF, ENTZÜNDBAR, N.A.G.	6.1	TF1	I	6.1 + 3 + (N1, N2, N3, CMR, F oder S)	C	2	2	*)	*)	95		1	nein	T4[3)]	II B[4)]	ja	PP EP EX TOX A	2	27; 29 *siehe 3.2.3.3

3

UN-Nummer oder Stoffnummer	Benennung und Beschreibung	Klasse	Klassifizierungscode	Verpackungsgruppe	Gefahren	Tankschiffstyp	Ladetankzustand	Ladetanktyp	Ladetankausrüstung	Öffnungsdruck des Überdruck-/Hochgeschwindigkeitsventils in kPa	max. zul. Tankfüllungsgrad in %	relative Dichte bei 20 °C	Art der Probeentnahmeeinrichtung	Pumpenraum unter Deck erlaubt	Temperaturklasse	Explosionsgruppe	Explosionsschutz erforderlich	Ausrüstung erforderlich	Anzahl der Kegel/Lichter	zusätzliche Anforderungen oder Bemerkungen
(1)	(2)	(3a)	(3b)	(4)	(5)	(6)	(7)	(8)	(9)	(10)	(11)	(12)	(13)	(14)	(15)	(16)	(17)	(18)	(19)	(20)
2929	GIFTIGER ORGANISCHER FLÜSSIGER STOFF, ENTZÜNDBAR, N.A.G.	6.1	TF1	I	6.1+3+ (N1, N2, N3, CMR, F oder S)	C	2	2	*	*	95		1	nein	T4[3]	II B[4] (II B3)	ja	PP EP EX TOX A	2	27; 29; 44 *siehe 3.2.3.3
2929	GIFTIGER ORGANISCHER FLÜSSIGER STOFF, ENTZÜNDBAR, N.A.G.	6.1	TF1	II	6.1 + 3 + (N1, N2, N3, CMR, F oder S)	C	2	2	*)	*)	95		2	nein	T4[3]	II B[4]	ja	PP EP EX TOX A	2	27; 29 *siehe 3.2.3.3
2929	GIFTIGER ORGANISCHER FLÜSSIGER STOFF, ENTZÜNDBAR, N.A.G.	6.1	TF1	II	6.1+3+ (N1, N2, N3, CMR, F oder S)	C	2	2	*	*	95		2	nein	T4[3]	II B[4] (II B3)	ja	PP EP EX TOX A	2	27; 29; 44 *siehe 3.2.3.3
2935	ETHYL-2-CHLORPROPIONAT	3	F1	III	3	C	2	2		30	95	1,08	2	ja	TA	II A[3]	ja	PP EX A	0	
2947	ISOPROPYLCHLORACETAT	3	F1	III	3	C	2	2		30	95	1,09	2	ja	T4[3]	II A	ja	PP EX A	0	
2966	THIOGLYCOL	6.1	T1	II	6.1	C	2	2		25	95	1,12	2	nein			nein	PP EP TOX A	2	
2983	ETHYLENOXID UND PROPYLENOXID, MISCHUNG, mit höchstens 30% Ethylenoxid	3	FT1	I	3 + 6.1 + inst.	C	1	1	3		95	0,85	1	nein	T2	II B (II B3)	ja	PP EP EX TOX A	2	2 3 12 31 35

UN-Nummer oder Stoffnummer	Benennung und Beschreibung	Klasse	Klassifizierungscode	Verpackungsgruppe	Gefahren	Tankschiffstyp	Ladetankzustand	Ladetanktyp	Ladetankausrüstung	Öffnungsdruck des Überdruck-/Hochgeschwindigkeitsventils in kPa	max. zul. Tankfüllungsgrad in %	relative Dichte bei 20 °C	Art der Probeentnahmeeinrichtung	Pumpenraum unter Deck erlaubt	Temperaturklasse	Explosionsgruppe	Explosionsschutz erforderlich	Ausrüstung erforderlich	Anzahl der Kegel/Lichter	zusätzliche Anforderungen oder Bemerkungen
(1)	(2)	(3a)	(3b)	(4)	(5)	(6)	(7)	(8)	(9)	(10)	(11)	(12)	(13)	(14)	(15)	(16)	(17)	(18)	(19)	(20)
2984	WASSERSTOFFPEROXID, WÄSSERIGE LÖSUNG mit mindestens 8 %, aber weniger als 20 % Wasserstoffperoxid (Stabilisierung nach Bedarf)	5.1	O1	III	5.1 + inst.	C	2	2		35	95	1,06	2	ja			nein	PP	0	3 33
3077	UMWELTGEFÄHRDENDER STOFF, GESCHMOLZEN, N.A.G. (ALKYLAMIN (C_{12}-C_{18}))	9	M7	III	9 + F	N	4	3	2		95	0,79	3	ja			nein	PP	0	7 17
3079	METHACRYLNITRIL, STABILISIERT	6.1	TF1	I	6.1 + 3 + inst. + N3	C	2	2		45	95	0,8	1	nein	T1[12)]	II B[4)]	ja	PP EP EX TOX A	2	3 5
3082	UMWELTGEFÄHRDENDER STOFF, FLÜSSIG, N.A.G.	9	M6	III	9 + (N1, N2, CMR, F oder S)	*)	*)	*)	*)	*)	*)		*)	ja			nein	*	0	22; 27 *siehe 3.2.3.3
3082	UMWELTGEFÄHRDENDER STOFF, FLÜSSIG, N.A.G. (BILGENWASSER)	9	M6	III	9 + N2 + F	N	4	3			97		3	ja			nein	PP	0	
3082	UMWELTGEFÄHRDENDER STOFF, FLÜSSIG, N.A.G. (SCHWERES HEIZÖL)	9	M6	III	9+ CMR (N1, N2, F oder S)	N	2	3		10	97		3	ja			nein	PP	0	
3092	1-METHOXY-2-PROPANOL	3	F1	III	3	N	3	2			97	0,92	3	ja	T3	II B (II B1)	ja	PP EX A	0	
3145	ALKYLPHENOLE, FLÜSSIG, N.A.G. (einschliesslich C_2-C_{12}-Homologe)	8	C3	II	8 + N3	N	4	3			97	0,95	3	ja			nein	PP EP	0	34
3145	ALKYLPHENOLE, FLÜSSIG, N.A.G. (einschliesslich C_2-C_{12}-Homologe)	8	C3	III	8 + N3	N	4	3			97	0,95	3	ja			nein	PP EP	0	34

3

Tabelle C

UN-Nummer oder Stoffnummer	Benennung und Beschreibung	Klasse	Klassifizierungscode	Verpackungsgruppe	Gefahren	Tankschiffstyp	Ladetankzustand	Ladetanktyp	Ladetankausrüstung	Öffnungsdruck des Überdruck-/Hochgeschwindigkeitsventils in kPa	max. zul. Tankfüllungsgrad in %	relative Dichte bei 20 °C	Art der Probeentnahmeeinrichtung	Pumpenraum unter Deck erlaubt	Temperaturklasse	Explosionsgruppe	Explosionsschutz erforderlich	Ausrüstung erforderlich	Anzahl der Kegel/Lichter	zusätzliche Anforderungen oder Bemerkungen
(1)	(2)	(3a)	(3b)	(4)	(5)	(6)	(7)	(8)	(9)	(10)	(11)	(12)	(13)	(14)	(15)	(16)	(17)	(18)	(19)	(20)
3175	FESTE STOFFE, DIE ENTZÜNDBARE FLÜSSIGE STOFFE mit einem Flammpunkt von höchstens 60°C ENTHALTEN, N.A.G. GESCHMOLZEN (DIALKYLDIMETHYLAMMONIUMCHLORID (C_{12}-C_{18}) und 2-PROPANOL)	4.1	F1	II	4.1	N	3	3	4		95	0,86	3	ja	T2 12)	II A 7)	ja	PP EX A	1	7 17
3256	ERWÄRMTER FLÜSSIGER STOFF, ENTZÜNDBAR, N.A.G., mit einem Flammpunkt über 60°C, bei oder über seinem Flammpunkt	3	F2	III	3 + (N1, N2, N3, CMR, F oder S)	*)	*)	*)	*)	*)	95		*)	ja	T4 3)	II B 4)	ja	*	0	7; 17; 27; *siehe 3.2.3.3
3256	ERWÄRMTER FLÜSSIGER STOFF, ENTZÜNDBAR, N.A.G., mit einem Flammpunkt über 60 °C, bei oder über seinem Flammpunkt	3	F2	III	3+(N1, N2, N3, CMR, F oder S)	*	*	*	*	*	95		*	ja	T4 3)	II B 4) (II B3)	ja	*	0	7; 17; 27; 44 *siehe 3.2.3.3
3256	ERWÄRMTER FLÜSSIGER STOFF, ENTZÜNDBAR, N.A.G., mit einem Flammpunkt über 60°C, bei oder über seinem Flammpunkt (CARBON BLACK REEDSTOCK - E (PYROLYSEÖL)	3	F2	III	3 + F	N	3	3	2		95		3	ja	T1 12)	II B	ja	PP EX A	0	7; 17
3256	ERWÄRMTER FLÜSSIGER STOFF, ENTZÜNDBAR, N.A.G., mit einem Flammpunkt über 60°C, bei oder über seinem Flammpunkt (PYROLYSEÖL A)	3	F2	III	3 + F	N	3	3	2		95		3	ja	T1 12)	II B	ja	PP EX A	0	7; 17
3256	ERWÄRMTER FLÜSSIGER STOFF, ENTZÜNDBAR, N.A.G., mit einem Flammpunkt über 60°C, bei oder über seinem Flammpunkt (RÜCKSTANDSÖL)	3	F2	III	3 + F	N	3	3	2		95		3	ja	T1 12)	II B	ja	PP EX A	0	7; 17
3256	ERWÄRMTER FLÜSSIGER STOFF, ENTZÜNDBAR, N.A.G., mit einem Flammpunkt über 60°C, bei oder über seinem Flammpunkt (ROHNAPHTALIN-GEMISCH)	3	F2	III	3 + F	N	3	3	2		95		3	ja	T1 12)	II B	ja	PP EX A	0	7; 17

Tabelle C

UN-Nummer oder Stoffnummer	Benennung und Beschreibung	Klasse	Klassifizierungscode	Verpackungsgruppe	Gefahren	Tankschiffstyp	Ladetankzustand	Ladetanktyp	Ladetankausrüstung	Öffnungsdruck des Überdruck-/Hochgeschwindigkeitsventils in kPa	max. zul. Tankfüllungsgrad in %	relative Dichte bei 20 °C	Art der Probeentnahmeeinrichtung	Pumpenraum unter Deck erlaubt	Temperaturklasse	Explosionsgruppe	Explosionsschutz erforderlich	Ausrüstung erforderlich	Anzahl der Kegel/Lichter	zusätzliche Anforderungen oder Bemerkungen
(1)	(2)	(3a)	(3b)	(4)	(5)	(6)	(7)	(8)	(9)	(10)	(11)	(12)	(13)	(14)	(15)	(16)	(17)	(18)	(19)	(20)
3256	ERWÄRMTER FLÜSSIGER STOFF, ENTZÜNDBAR, N.A.G., mit einem Flammpunkt über 60°C, bei oder über seinem Flammpunkt (KREOSOTÖL)	3	F2	III	3 + N1 + F	C	2	2	2	10	95		2	ja	T2[12)]	II B	ja	PP EX A	0	7; 17
3256	ERWÄRMTER FLÜSSIGER STOFF, ENTZÜNDBAR, N.A.G., mit einem Flammpunkt über 60 °C, bei oder über seinem Flammpunkt (Low QI Pitch)	3	F2	III	3 + N2 + CMR + S	N	3	1	4		95	1,1-1,3	3	ja	T2[12)]	II B	ja	PP EP EX TOX A	0	7; 17
3257	ERWÄRMTER FLÜSSIGER STOFF, N.A.G. bei oder über 100 °C und unter seinem Flammpunkt (einschließlich geschmolzenes Metall, geschmolzenes Salz usw.)	9	M9	III	9+ (N1, N2, N3, CMR, F oder S)	*	*	*	*	*	95		*	ja			nein	*	0	7; 17 20: +250°C 22 24 27 *siehe 3.2.3.3
3257	ERWÄRMTER FLÜSSIGER STOFF, N.A.G., bei oder über 100°C und bei Stoffen mit einem Flammpunkt unter ihrem Flammpunkt (einschliesslich geschmolzenes Metall, geschmolzenes Salz, usw.)	9	M9	III	9 + (N1, N2, N3, CMR, F oder S)	*)	*)	*)	*)	*)	95		*)	ja			nein	*	0	7; 17; 20: +225 ºC; 22; 24; 27 *siehe 3.2.3.3
3257	ERWÄRMTER FLÜSSIGER STOFF, N.A.G., bei oder über 100°C und bei Stoffen mit einem Flammpunkt unter ihrem Flammpunkt (einschliesslich geschmolzenes Metall, geschmolzenes Salz, usw.)	9	M9	III	9 + (N1, N2, N3, CMR, F oder S)	*)	*)	*)	*)	*)	95		*)	ja			nein	*	0	7; 17; 20: +250 ºC; 22; 24; 27 *siehe 3.2.3.3
3259	AMINE, FEST, ÄTZEND, N.A.G. (MONOALKYLAMINEACETAT, GESCHMOLZEN (C_{12} bis C_{18}))	8	C8	III	8	N	4	3	2		95	0,87	3	ja			nein	PP EP	0	7 17 34
3264	ÄTZENDER SAURER ANORGANISCHER FLÜSSIGER STOFF, N.A.G.	8	C1	I	8 + (N1, N2, N3, CMR, F oder S)	*)	*)	*)	*)	*)	*)		*)	ja			nein	*	0	27; 34 *siehe 3.2.3.3

Tabelle C

UN-Nummer oder Stoffnummer	Benennung und Beschreibung	Klasse	Klassifizierungscode	Verpackungsgruppe	Gefahren	Tankschiffstyp	Ladetankzustand	Ladetanktyp	Ladetankausrüstung	Öffnungsdruck des Überdruck-/Hochgeschwindigkeitsventils in kPa	max. zul. Tankfüllungsgrad in %	relative Dichte bei 20 °C	Art der Probeentnahmeeinrichtung	Pumpenraum unter Deck erlaubt	Temperaturklasse	Explosionsgruppe	Explosionsschutz erforderlich	Ausrüstung erforderlich	Anzahl der Kegel/Lichter	zusätzliche Anforderungen oder Bemerkungen
(1)	(2)	(3a)	(3b)	(4)	(5)	(6)	(7)	(8)	(9)	(10)	(11)	(12)	(13)	(14)	(15)	(16)	(17)	(18)	(19)	(20)
3264	ÄTZENDER SAURER ANORGANISCHER FLÜSSIGER STOFF, N.A.G.	8	C1	II	8 + (N1, N2, N3, CMR, F oder S)	*)	*)	*)	*)	*)	*)		*)	ja			nein	*	0	27; 34 *siehe 3.2.3.3
3264	ÄTZENDER SAURER ANORGANISCHER FLÜSSIGER STOFF, N.A.G.	8	C1	III	8 + (N1, N2, N3, CMR, F oder S)	*)	*)	*)	*)	*)	*)		*)	ja			nein	*	0	27; 34 *siehe 3.2.3.3
3264	ÄTZENDER SAURER ANORGANISCHER FLÜSSIGER STOFF, N.A.G. (WÄSSERIGE LÖSUNG VON PHOSPHORSÄURE UND SALPETERSÄURE)	8	C1	I	8	N	2	3		10	97		3	ja			nein	PP EP	0	34
3264	ÄTZENDER SAURER ANORGANISCHER FLÜSSIGER STOFF, N.A.G. (WÄSSERIGE LÖSUNG VON PHOSPHORSÄURE UND SALPETERSÄURE)	8	C1	II	8	N	4	3			97		3	ja			nein	PP EP	0	34
3264	ÄTZENDER SAURER ANORGANISCHER FLÜSSIGER STOFF, N.A.G. (WÄSSERIGE LÖSUNG VON PHOSPHORSÄURE UND SALPETERSÄURE)	8	C1	III	8	N	4	3			97		3	ja			nein	PP EP	0	34
3265	ÄTZENDER SAURER ORGANISCHER FLÜSSIGER STOFF, N.A.G.	8	C3	I	8 + (N1, N2, N3, CMR, F oder S)	*)	*)	*)	*)	*)	*)		*)	ja			nein	*	0	27; 34 *siehe 3.2.3.3
3265	ÄTZENDER SAURER ORGANISCHER FLÜSSIGER STOFF, N.A.G.	8	C3	II	8 + (N1, N2, N3, CMR, F oder S)	*)	*)	*)	*)	*)	*)		*)	ja			nein	*	0	27; 34 *siehe 3.2.3.3

Tabelle C

UN-Nummer oder Stoffnummer	Benennung und Beschreibung	Klasse	Klassifizierungscode	Verpackungsgruppe	Gefahren	Tankschiffstyp	Ladetankzustand	Ladetanktyp	Ladetankausrüstung	Öffnungsdruck des Überdruck-/Hochgeschwindigkeitsventils in kPa	max. zul. Tankfüllungsgrad in %	relative Dichte bei 20 °C	Art der Probeentnahmeeinrichtung	Pumpenraum unter Deck erlaubt	Temperaturklasse	Explosionsgruppe	Explosionsschutz erforderlich	Ausrüstung erforderlich	Anzahl der Kegel/Lichter	zusätzliche Anforderungen oder Bemerkungen
(1)	(2)	(3a)	(3b)	(4)	(5)	(6)	(7)	(8)	(9)	(10)	(11)	(12)	(13)	(14)	(15)	(16)	(17)	(18)	(19)	(20)
3265	ÄTZENDER SAURER ORGANISCHER FLÜSSIGER STOFF, N.A.G.	8	C3	III	8 + (N1, N2, N3, CMR, F oder S)	*)	*)	*)	*)	*)	*)		*)	ja			nein	*	0	27; 34 *siehe 3.2.3.3
3266	ÄTZENDER BASISCHER ANORGANISCHER FLÜSSIGER STOFF, N.A.G.	8	C5	I	8 + (N1, N2, N3, CMR, F oder S)	*)	*)	*)	*)	*)	*)		*)	ja			nein	*	0	27; 34 *siehe 3.2.3.3
3266	ÄTZENDER BASISCHER ANORGANISCHER FLÜSSIGER STOFF, N.A.G.	8	C5	II	8 + (N1, N2, N3, CMR, F oder S)	*)	*)	*)	*)	*)	*)		*)	ja			nein	*	0	27; 34 *siehe 3.2.3.3
3266	ÄTZENDER BASISCHER ANORGANISCHER FLÜSSIGER STOFF, N.A.G.	8	C5	III	8 + (N1, N2, N3, CMR, F oder S)	*)	*)	*)	*)	*)	*)		*)	ja			nein	*	0	27; 34 *siehe 3.2.3.3
3267	ÄTZENDER BASISCHER ORGANISCHER FLÜSSIGER STOFF, N.A.G.	8	C7	I	8 + (N1, N2, N3, CMR, F oder S)	*)	*)	*)	*)	*)	*)		*)	ja			nein	*	0	27; 34 *siehe 3.2.3.3
3267	ÄTZENDER BASISCHER ORGANISCHER FLÜSSIGER STOFF, N.A.G.	8	C7	II	8 + (N1, N2, N3, CMR, F oder S)	*)	*)	*)	*)	*)	*)		*)	ja			nein	*	0	27; 34 *siehe 3.2.3.3

Tabelle C

UN-Nummer oder Stoffnummer	Benennung und Beschreibung	Klasse	Klassifizierungscode	Verpackungsgruppe	Gefahren	Tankschiffstyp	Ladetankzustand	Ladetanktyp	Ladetankausrüstung	Öffnungsdruck des Überdruck-/Hochgeschwindigkeitsventils in kPa	max. zul. Tankfüllungsgrad in %	relative Dichte bei 20 °C	Art der Probeentnahmeeinrichtung	Pumpenraum unter Deck erlaubt	Temperaturklasse	Explosionsgruppe	Explosionsschutz erforderlich	Ausrüstung erforderlich	Anzahl der Kegel/Lichter	zusätzliche Anforderungen oder Bemerkungen
(1)	(2)	(3a)	(3b)	(4)	(5)	(6)	(7)	(8)	(9)	(10)	(11)	(12)	(13)	(14)	(15)	(16)	(17)	(18)	(19)	(20)
3267	ÄTZENDER BASISCHER ORGANISCHER FLÜSSIGER STOFF, N.A.G.	8	C7	III	8 + (N1, N2, N3, CMR, F oder S)	*)	*)	*)	*)	*)	*)		*)	ja			nein	*	0	27; 34 *siehe 3.2.3.3
3271	ETHER, N.A.G.	3	F1	II	3 + (N1, N2, N3, CMR, F oder S)	*)	*)	*)	*)	*)	*)		*)	ja	T4[3)]	II B[4)]	ja	*	1	14, 27; 29 *siehe 3.2.3.3
3271	ETHER, N.A.G.	3	F1	II	3+(N1, N2, N3, CMR, F oder S)	*	*	*	*	*	*		*	ja	T4[3)]	II B[4)] (II B3)	ja	*	1	14, 27; 29; 44 *siehe 3.2.3.3
3271	ETHER, N.A.G. (tert.-AMYLMETHYLETHER)	3	F1	II	3 + N1	C	2	2	3	50	95	0,77	2	ja	T2[12)]	II B[4)]	ja	PP EX A	1	
3271	ETHER, N.A.G.	3	F1	III	3 + (N1, N2, N3, CMR, F oder S)	*)	*)	*)	*)	*)	*)		*)	ja	T4[3)]	II B[4)]	ja	*	0	14, 27 *siehe 3.2.3.3
3271	ETHER, N.A.G.	3	F1	III	3+(N1, N2, N3, CMR, F oder S)	*	*	*	*	*	*		*	ja	T4[3)]	II B[4)] (II B3)	ja	*	0	14; 27; 44 *siehe 3.2.3.3
3272	ESTER, N.A.G.	3	F1	II	3 + (N1, N2, N3, CMR, F oder S)	*)	*)	*)	*)	*)	*)		*)	ja	T2[12)]	II B[4)]	ja	*	1	14; 27; 29 *siehe 3.2.3.3

Tabelle C

UN-Nummer oder Stoffnummer	Benennung und Beschreibung	Klasse	Klassifizierungscode	Verpackungsgruppe	Gefahren	Tankschiffstyp	Ladetankzustand	Ladetanktyp	Ladetankausrüstung	Öffnungsdruck des Überdruck-/Hochgeschwindigkeitsventils in kPa	max. zul. Tankfüllungsgrad in %	relative Dichte bei 20 °C	Art der Probeentnahmeeinrichtung	Pumpenraum unter Deck erlaubt	Temperaturklasse	Explosionsgruppe	Explosionsschutz erforderlich	Ausrüstung erforderlich	Anzahl der Kegel/Lichter	zusätzliche Anforderungen oder Bemerkungen
(1)	(2)	(3a)	(3b)	(4)	(5)	(6)	(7)	(8)	(9)	(10)	(11)	(12)	(13)	(14)	(15)	(16)	(17)	(18)	(19)	(20)
3272	ESTER, N.A.G.	3	F1	II	3+(N1, N2, N3, CMR, F oder S)	*	*	*	*	*	*		*	ja	T2[12)]	II B[4)] (II B3)	ja	*	1	14; 27; 29; 44 *siehe 3.2.3.3
3272	ESTER, N.A.G.	3	F1	III	3 + (N1, N2, N3, CMR, F oder S)	*)	*)	*)	*)	*)	*)		*)	ja	T4[3)]	II B[4)]	ja	*	0	14; 27 *siehe 3.2.3.3
3272	ESTER, N.A.G.	3	F1	III	3+(N1, N2, N3, CMR, F oder S)	*	*	*	*	*	*		*	ja	T4[3)]	II B[4)] (II B3)	ja	*	0	14; 27; 44 *siehe 3.2.3.3
3276	NITRILE, FLÜSSIG, GIFTIG, N.A.G. (2-METHYLGLUTARONITRIL)	6.1	T1	II	6.1	C	2	2		10	95	0,95	2	nein			nein	PP EP TOX A	2	
3286	ENTZÜNDBARER FLÜSSIGER STOFF, GIFTIG, ATZEND, N.A.G.	3	FTC	I	3+ 6.1+ 8+ (N1, N2, N3, CMR, F oder S)	C	1	1	*	*	95		1	nein	T4[3)]	II B[4)]	ja	PP EP EX TOX A	2	27; 29 *siehe 3.2.3.3
3286	ENTZÜNDBARER FLÜSSIGER STOFF, GIFTIG, ÄTZEND, N.A.G.	3	FTC	I	3+6.1+8 + (N1, N2, N3, CMR, F oder S)	C	1	1	*	*	95		1	nein	T4[3)]	II B[4)] (II B3)	ja	PP EP EX TOX A	2	27; 29; 44 *siehe 3.2.3.3

3

UN-Nummer oder Stoffnummer	Benennung und Beschreibung	Klasse	Klassifizierungscode	Verpackungsgruppe	Gefahren	Tankschiffstyp	Ladetankzustand	Ladetanktyp	Ladetankausrüstung	Öffnungsdruck des Überdruck-/Hochgeschwindigkeitsventils in kPa	max. zul. Tankfüllungsgrad in %	relative Dichte bei 20 °C	Art der Probeentnahmeeinrichtung	Pumpenraum unter Deck erlaubt	Temperaturklasse	Explosionsgruppe	Explosionsschutz erforderlich	Ausrüstung erforderlich	Anzahl der Kegel/Lichter	zusätzliche Anforderungen oder Bemerkungen
(1)	(2)	(3a)	(3b)	(4)	(5)	(6)	(7)	(8)	(9)	(10)	(11)	(12)	(13)	(14)	(15)	(16)	(17)	(18)	(19)	(20)
3286	ENTZÜNDBARER FLÜSSIGER STOFF, GIFTIG, ÄTZEND, N.A.G.	3	FTC	I	3 + 6.1 + 8 + (N1, N2, N3, CMR, F oder S)	C	2	2	*)	*)	95		1	nein	T4[3)]	II B[4)]	ja	PP EP EX TOX A	2	27; 29 *siehe 3.2.3.3
3286	ENTZÜNDBARER FLÜSSIGER STOFF, GIFTIG, ÄTZEND, N.A.G.	3	FTC	I	3+6.1+8 + (N1, N2, N3, CMR, F oder S)	C	2	2	*	*	95		1	nein	T4[3)]	II B[4)] (II B3)	ja	PP EP EX TOX A	2	27; 29; 44 *siehe 3.2.3.3
3286	ENTZÜNDBARER FLÜSSIGER STOFF, GIFTIG, ÄTZEND, N.A.G.	3	FTC	II	3 + 6.1 + 8 + (N1, N2, N3, CMR, F oder S)	C	2	2	*)	*)	95		2	nein	T4[3)]	II B[4)]	ja	PP EP EX TOX A	2	27; 29 *siehe 3.2.3.3
3286	ENTZÜNDBARER FLÜSSIGER STOFF, GIFTIG, ÄTZEND, N.A.G.	3	FTC	II	3+6.1+8 + (N1, N2, N3, MR, F oder S)	C	2	2	*	*	95		2	nein	T4[3)]	II B[4)] (II B3)	ja	PP EP EX TOX A	2	27; 29; 44 *siehe 3.2.3.3
3287	GIFTIGER ANORGANISCHER FLÜSSIGER STOFF, N.A.G.	6.1	T4	I	6.1 + (N1, N2, N3, CMR, F oder S)	C	2	2	*)	*)	95		1	nein			nein	PP EP TOX A	2	*siehe 3.2.3.3
3287	GIFTIGER ANORGANISCHER FLÜSSIGER STOFF, N.A.G.	6.1	T4	II	6.1 + (N1, N2, N3, CMR, F oder S)	C	2	2	*)	*)	95		2	nein			nein	PP EP TOX A	2	*siehe 3.2.3.3

UN-Nummer oder Stoffnummer	Benennung und Beschreibung	Klasse	Klassifizierungscode	Verpackungsgruppe	Gefahren	Tankschiffstyp	Ladetankzustand	Ladetanktyp	Ladetankausrüstung	Öffnungsdruck des Überdruck-/Hochgeschwindigkeitsventils in kPa	max. zul. Tankfüllungsgrad in %	relative Dichte bei 20 °C	Art der Probeentnahmeeinrichtung	Pumpenraum unter Deck erlaubt	Temperaturklasse	Explosionsgruppe	Explosionsschutz erforderlich	Ausrüstung erforderlich	Anzahl der Kegel/Lichter	zusätzliche Anforderungen oder Bemerkungen
(1)	(2)	(3a)	(3b)	(4)	(5)	(6)	(7)	(8)	(9)	(10)	(11)	(12)	(13)	(14)	(15)	(16)	(17)	(18)	(19)	(20)
3287	GIFTIGER ANORGANISCHER FLÜSSIGER STOFF, N.A.G.	6.1	T4	III	6.1 + (N1, N2, N3, CMR, F oder S)	C	2	2	*)	*)	95		2	nein			nein	PP EP TOX A	0	*siehe 3.2.3.3
3287	GIFTIGER ANORGANISCHER FLÜSSIGER STOFF, N.A.G. (NATRIUMDICHROMATLÖSUNG)	6.1	T4	III	6.1 + CMR	C	2	2		30	95	1,68	2	nein			nein	PP EP TOX A	0	
3289	GIFTIGER ANORGANISCHER FLÜSSIGER STOFF, ÄTZEND, N.A.G. SIEDEPUNKT > 115 °C	6.1	TC3	I	6.1 + 8 + (N1, N2, N3, CMR, F oder S)	C	2	2	*)	*)	95		1	nein			nein	PP EP TOX A	2	*siehe 3.2.3.3
3289	GIFTIGER ANORGANISCHER FLÜSSIGER STOFF, ÄTZEND, N.A.G. SIEDEPUNKT > 115 °C	6.1	TC3	II	6.1 + 8 + (N1, N2, N3, CMR, F oder S)	C	2	2	*)	*)	95		2	nein			nein	PP EP TOX A	2	*siehe 3.2.3.3
3295	KOHLENWASSERSTOFFE, FLÜSSIG, N.A.G.	3	F1	I	3+ (N1, N2, N3, CMR, F)	*	*	*	*	*	*		*	ja	T4[3)]	II B[4)]	ja	*	1	14 *siehe 3.2.3.3
3295	KOHLENWASSERSTOFFE, FLÜSSIG, N.A.G.	3	F1	I	3+(N1, N2, N3, CMR, F)	*	*	*	*	*	*		*	ja	T4[3)]	II B[4)] (II B3)	ja	*	1	14; 44 *siehe 3.2.3.3

Tabelle C

UN-Nummer oder Stoffnummer	Benennung und Beschreibung	Klasse	Klassifizierungscode	Verpackungsgruppe	Gefahren	Tankschiffstyp	Ladetankzustand	Ladetanktyp	Ladetankausrüstung	Öffnungsdruck des Überdruck-/Hochgeschwindigkeitsventils in kPa	max. zul. Tankfüllungsgrad in %	relative Dichte bei 20 °C	Art der Probeentnahmeeinrichtung	Pumpenraum unter Deck erlaubt	Temperaturklasse	Explosionsgruppe	Explosionsschutz erforderlich	Ausrüstung erforderlich	Anzahl der Kegel/Lichter	zusätzliche Anforderungen oder Bemerkungen
(1)	(2)	(3a)	(3b)	(4)	(5)	(6)	(7)	(8)	(9)	(10)	(11)	(12)	(13)	(14)	(15)	(16)	(17)	(18)	(19)	(20)
3295	KOHLENWASSERSTOFFE, FLÜSSIG, N.A.G.	3	F1	II	3+ (N1, N2, N3, CMR, F)	*	*	*	*	*	*		*	ja	T4[3)]	II B[4)]	ja	*	1	14 *siehe 3.2.3.3
3295	KOHLENWASSERSTOFFE, FLÜSSIG, N.A.G.	3	F1	II	3+(N1, N2, N3, CMR, F)	*	*	*	*	*	*		*	ja	T4[3)]	II B[4)] (II B3)	ja	*	1	14; 44 *siehe 3.2.3.3
3295	KOHLENWASSERSTOFFE, FLÜSSIG, N.A.G.	3	F1	III	3+ (N1, N2, N3, CMR, F)	*	*	*	*	*	*		*	ja	T4[3)]	II B[4)]	ja	*	0	14 *siehe 3.2.3.3
3295	KOHLENWASSERSTOFFE, FLÜSSIG, N.A.G.	3	F1	III	3+(N1, N2, N3, CMR, F)	*	*	*	*	*	*		*	ja	T4[3)]	II B[4)] (II B3)	ja	*	0	14; 44 *siehe 3.2.3.3
3295	KOHLENWASSERSTOFFE, FLÜSSIG, N.A.G. MIT MEHR ALS 10 % BENZEN	3	F1	I	3+CMR + (N1, N2, N3)	C	*	*	*	*	*		*	ja	T4[3)]	II B[4)]	ja	*	1	*siehe 3.2.3.3
3295	KOHLENWASSERSTOFFE, FLÜSSIG, N.A.G. MIT MEHR ALS 10 % BENZEN	3	F1	I	3+CMR + (N1, N2, N3)	C	*	*	*	*	*		*	ja	T4[3)]	II B[4)] (II B3)	ja	*	1	44 *siehe 3.2.3.3
3295	KOHLENWASSERSTOFFE, FLÜSSIG, N.A.G. MIT MEHR ALS 10 % BENZEN	3	F1	II	3+CMR + (N1, N2, N3)	C	*	*	*	*	*		*	ja	T4[3)]	II B[4)]	ja	*	1	*siehe 3.2.3.3
3295	KOHLENWASSERSTOFFE, FLÜSSIG, N.A.G. MIT MEHR ALS 10 % BENZEN	3	F1	II	3+CMR + (N1, N2, N3)	C	*	*	*	*	*		*	ja	T4[3)]	II B[4)] (II B3)	ja	*	1	44 *siehe 3.2.3.3
3295	KOHLENWASSERSTOFFE, FLÜSSIG, N.A.G. MIT MEHR ALS 10 % BENZEN	3	F1	III	3+CMR + (N1, N2, N3)	C	*	*	*	*	*		*	ja	T4[3)]	II B[4)]	ja	*	0	*siehe 3.2.3.3

Tabelle C

UN-Nummer oder Stoffnummer	Benennung und Beschreibung	Klasse	Klassifizierungscode	Verpackungsgruppe	Gefahren	Tankschiffstyp	Ladetankzustand	Ladetanktyp	Ladetankausrüstung	Öffnungsdruck des Überdruck-/Hochgeschwindigkeitsventils in kPa	max. zul. Tankfüllungsgrad in %	relative Dichte bei 20 °C	Art der Probeentnahmeeinrichtung	Pumpenraum unter Deck erlaubt	Temperaturklasse	Explosionsgruppe	Explosionsschutz erforderlich	Ausrüstung erforderlich	Anzahl der Kegel/Lichter	zusätzliche Anforderungen oder Bemerkungen
(1)	(2)	(3a)	(3b)	(4)	(5)	(6)	(7)	(8)	(9)	(10)	(11)	(12)	(13)	(14)	(15)	(16)	(17)	(18)	(19)	(20)
3295	KOHLENWASSERSTOFFE, FLÜSSIG, N.A.G. MIT MEHR ALS 10 % BENZEN	3	F1	III	3+CMR + (N1, N2, N3)	C	*	*	*	*	*		*	ja	T4[3)]	II B[4)] (II B3)	ja	*	0	44 *siehe 3.2.3.3
3295	KOHLENWASSERSTOFFE, FLÜSSIG, N.A.G., MIT MEHR ALS 10 % BENZEN SIEDEBEGINN ≤ 60 °C	3	F1	I	3+ CMR+ (N1, N2, N3, F)	C	1	1			95		1	ja	T4[3)]	II B[4)]	ja	PP EP EX TOX A	1	29
3295	KOHLENWASSERSTOFFE, FLÜSSIG, N.A.G. MIT MEHR ALS 10 % BENZEN SIEDEBEGINN ≤ 60 °C	3	F1	I	3+CMR + (N1, N2, N3)	C	1	1			95		1	ja	T4[3)]	II B[4)] (II B3)	ja	PP EP EX TOX A	1	29; 44
3295	KOHLENWASSERSTOFFE, FLÜSSIG, N.A.G., MIT MEHR ALS 10 % BENZEN SIEDEBEGINN ≤ 60 °C	3	F1	II	3+ CMR+ (N1, N2, N3, F)	C	1	1			95		1	ja	T4[3)]	II B[4)]	ja	PP EP EX TOX A	1	29
3295	KOHLENWASSERSTOFFE, FLÜSSIG, N.A.G MIT MEHR ALS 10 % BENZEN SIEDEBEGINN ≤ 60 °C	3	F1	II	3+CMR + (N1, N2, N3)	C	1	1			95		1	ja	T4[3)]	II B[4)] (II B3)	ja	PP EP EX TOX A	1	29; 44
3295	KOHLENWASSERSTOFFE, FLÜSSIG, N.A.G., MIT MEHR ALS 10 % BENZEN SIEDEBEGINN ≤ 60 °C	3	F1	III	3+ CMR+ (N1, N2, N3, F)	C	1	1			95		1	ja	T4[3)]	II B[4)]	ja	PP EP EX TOX A	0	29
3295	KOHLENWASSERSTOFFE, FLÜSSIG, N.A.G. MIT MEHR ALS 10 % BENZEN SIEDEBEGINN ≤ 60 °C	3	F1	III	3+CMR + (N1, N2, N3)	C	1	1			95		1	ja	T4[3)]	II B[4)] (II B3)	ja	PP EP EX TOX A	0	29; 44

UN-Nummer oder Stoffnummer	Benennung und Beschreibung	Klasse	Klassifizierungscode	Verpackungsgruppe	Gefahren	Tankschiffstyp	Ladetankzustand	Ladetanktyp	Ladetankausrüstung	Öffnungsdruck des Überdruck-/Hochgeschwindigkeitsventils in kPa	max. zul. Tankfüllungsgrad in %	relative Dichte bei 20 °C	Art der Probeentnahmeeinrichtung	Pumpenraum unter Deck erlaubt	Temperaturklasse	Explosionsgruppe	Explosionsschutz erforderlich	Ausrüstung erforderlich	Anzahl der Kegel/Lichter	zusätzliche Anforderungen oder Bemerkungen
(1)	(2)	(3a)	(3b)	(4)	(5)	(6)	(7)	(8)	(9)	(10)	(11)	(12)	(13)	(14)	(15)	(16)	(17)	(18)	(19)	(20)
3295	KOHLENWASSERSTOFFE, FLÜSSIG, N.A.G., MIT MEHR ALS 10 % BENZEN 60 °C < SIEDEBEGINN ≤ 85 °C	3	F1	II	3+ CMR+ (N1, N2, N3, F)	C	2	2	3	50	95		2	ja	T4[3)]	II B[4)]	ja	PP EP EX TOX A	1	23 29 38
3295	KOHLENWASSERSTOFFE, FLÜSSIG, N.A.G. MIT MEHR ALS 10 % BENZEN 60 °C < SIEDEBEGINN ≤ 85 °C	3	F1	II	3+CMR + (N1, N2, N3)	C	2	2	3	50	95		2	ja	T4[3)]	II B[4)] (II B3)	ja	PP EP EX TOX A	1	23; 29; 38; 44
3295	KOHLENWASSERSTOFFE, FLÜSSIG, N.A.G., MIT MEHR ALS 10 % BENZEN 60 °C < SIEDEBEGINN ≤ 85 °C	3	F1	III	3+ CMR+ (N1, N2, N3, F)	C	2	2	3	50	95		2	ja	T4[3)]	II B[4)]	ja	PP EP EX TOX A	0	23 29 38
3295	KOHLENWASSERSTOFFE, FLÜSSIG, N.A.G. MIT MEHR ALS 10 % BENZEN 60 °C < SIEDEBEGINN ≤ 85 °C	3	F1	III	3+CMR + (N1, N2, N3)	C	2	2	3	50	95		2	ja	T4[3)]	II B[4)] (II B3)	ja	PP EP EX TOX A	0	23; 29; 38; 44
3295	KOHLENWASSERSTOFFE, FLÜSSIG, N.A.G., MIT MEHR ALS 10 % BENZEN 85 °C < SIEDEBEGINN ≤ 115 °C	3	F1	II	3+ CMR+ (N1, N2, N3, F)	C	2	2		50	95		2	ja	T4[3)]	II B[4)]	ja	PP EP EX TOX A	1	29
3295	KOHLENWASSERSTOFFE, FLÜSSIG, N.A.G. MIT MEHR ALS 10 % BENZEN 85 °C < SIEDEBEGINN ≤ 115 °C	3	F1	II	3+CMR + (N1, N2, N3)	C	2	2		50	95		2	ja	T4[3)]	II B[4)] (II B3)	ja	PP EP EX TOX A	1	29; 44

Tabelle C

UN-Nummer oder Stoffnummer	Benennung und Beschreibung	Klasse	Klassifizierungscode	Verpackungsgruppe	Gefahren	Tankschiffstyp	Ladetankzustand	Ladetanktyp	Ladetankausrüstung	Öffnungsdruck des Überdruck-/Hochgeschwindigkeitsventils in kPa	max. zul. Tankfüllungsgrad in %	relative Dichte bei 20 °C	Art der Probeentnahmeeinrichtung	Pumpenraum unter Deck erlaubt	Temperaturklasse	Explosionsgruppe	Explosionsschutz erforderlich	Ausrüstung erforderlich	Anzahl der Kegel/Lichter	zusätzliche Anforderungen oder Bemerkungen
(1)	(2)	(3a)	(3b)	(4)	(5)	(6)	(7)	(8)	(9)	(10)	(11)	(12)	(13)	(14)	(15)	(16)	(17)	(18)	(19)	(20)
3295	KOHLENWASSERSTOFFE, FLÜSSIG, N.A.G., MIT MEHR ALS 10 % BENZEN 85 °C < SIEDEBEGINN ≤ 115 °C	3	F1	III	3+ CMR+ (N1, N2, N3, F)	C	2	2		50	95		2	ja	T4[3]	II B[4]	ja	PP EP EX TOX A	0	29
3295	KOHLENWASSERSTOFFE, FLÜSSIG, N.A.G. MIT MEHR ALS 10 % BENZEN 85 °C < SIEDEBEGINN ≤ 115 °C	3	F1	III	3+CMR + (N1, N2, N3)	C	2	2		50	95		2	ja	T4[3]	II B[4] (II B3)	ja	PP EP EX TOX A	0	29; 44
3295	KOHLENWASSERSTOFFE, FLÜSSIG, N.A.G., MIT MEHR ALS 10 % BENZEN SIEDEBEGINN > 115 °C	3	F1	II	3+ CMR+ (N1, N2, N3, F)	C	2	2		35	95		2	ja	T4[3]	II B[4]	ja	PP EP EX TOX A	1	29
3295	KOHLENWASSERSTOFFE, FLÜSSIG, N.A.G.MIT MEHR ALS 10 % BENZEN SIEDEBEGINN > 115 °C	3	F1	II	3+CMR + (N1, N2, N3)	C	2	2		35	95		2	ja	T4[3]	II B[4] (II B3)	ja	PP EP EX TOX A	1	29; 44
3295	KOHLENWASSERSTOFFE, FLÜSSIG, N.A.G., MIT MEHR ALS 10 % BENZEN SIEDEBEGINN > 115 °C	3	F1	III	3+ CMR+ (N1, N2, N3, F)	C	2	2		35	95		2	ja	T4[3]	II B[4]	ja	PP EP EX TOX A	0	29
3295	KOHLENWASSERSTOFFE, FLÜSSIG, N.A.G. MIT MEHR ALS 10 % BENZEN SIEDEBEGINN > 115 °C	3	F1	III	3+CMR + (N1, N2, N3)	C	2	2		35	95		2	ja	T4[3]	II B[4] (II B3)	ja	PP EP EX TOX A	0	29; 44

Tabelle C

UN-Nummer oder Stoffnummer	Benennung und Beschreibung	Klasse	Klassifizierungscode	Verpackungsgruppe	Gefahren	Tankschiffstyp	Ladetankzustand	Ladetanktyp	Ladetankausrüstung	Öffnungsdruck des Überdruck-/Hochgeschwindigkeitsventils in kPa	max. zul. Tankfüllungsgrad in %	relative Dichte bei 20 °C	Art der Probeentnahmeeinrichtung	Pumpenraum unter Deck erlaubt	Temperaturklasse	Explosionsgruppe	Explosionsschutz erforderlich	Ausrüstung erforderlich	Anzahl der Kegel/Lichter	zusätzliche Anforderungen oder Bemerkungen
(1)	(2)	(3a)	(3b)	(4)	(5)	(6)	(7)	(8)	(9)	(10)	(11)	(12)	(13)	(14)	(15)	(16)	(17)	(18)	(19)	(20)
3295	KOHLENWASSERSTOFFE, FLÜSSIG, N.A.G., ISOPREN UND PENTADIEN ENTHALTEND, STABILISIERT	3	F1	I	3+ inst.+ N2+ CMR	C	2	2	3	50	95	0,678	1	ja	T4[3)]	II B[4)]	ja	PP EP EX TOX A	1	3 27
3295	KOHLENWASSERSTOFFE, FLÜSSIG, N.A.G., ISOPREN UND PENTADIEN ENTHALTEND, STABILISIERT	3	F1	I	3+inst.+ N2+ CMR	C	2	2	3	50	95	0,678	1	ja	T4[3)]	II B[4)] (II B3)	ja	PP EX A	1	3; 27; 44
3295	KOHLENWASSERSTOFFE, FLÜSSIG, N.A.G. (1-OCTEN)	3	F1	II	3+ N2+ F	N	2	3		10	97	0,71	3	ja	T3	II B[4)]	ja	PP EP EX TOX A	1	14
3295	KOHLENWASSERSTOFFE, FLÜSSIG, N.A.G. (GEMISCH VON POLYZYKLISCHEN AROMATEN)	3	F1	III	3+ CMR+ F	N	2	3	3	10	97	1,08	3	ja	T1[12)]	II A	ja	PP --- EX --- A	0	14
3412	AMEISENSÄURE mit mindestens 10 Masse-%, aber höchstens 85 Masse-% Säure	8	C3	II	8 + N3	N	2	3		10	97	1,22	3	ja	T1[12)]	II A	ja	PP EP EX A	0	6:+12°C 17 34
3412	AMEISENSÄURE mit mindestens 5 Masse-%, aber höchstens 10 Masse-% Säure	8	C3	III	8	N	2	3		10	97	1,22	3	ja	T1[12)]	II A	ja	PP EP EX A	0	6:+12°C 17 34
3426	ACRYLAMID, LÖSUNG	6.1	T1	III	6.1	C	2	2		30	95	1,03	2	nein			nein	PP EP TOX A	0	3 5 16

Tabelle C

UN-Nummer oder Stoffnummer	Benennung und Beschreibung	Klasse	Klassifizierungscode	Verpackungsgruppe	Gefahren	Tankschiffstyp	Ladetankzustand	Ladetanktyp	Ladetankausrüstung	Öffnungsdruck des Überdruck-/Hochgeschwindigkeitsventils in kPa	max. zul. Tankfüllungsgrad in %	relative Dichte bei 20 °C	Art der Probeentnahmeeinrichtung	Pumpenraum unter Deck erlaubt	Temperaturklasse	Explosionsgruppe	Explosionsschutz erforderlich	Ausrüstung erforderlich	Anzahl der Kegel/Lichter	zusätzliche Anforderungen oder Bemerkungen
(1)	(2)	(3a)	(3b)	(4)	(5)	(6)	(7)	(8)	(9)	(10)	(11)	(12)	(13)	(14)	(15)	(16)	(17)	(18)	(19)	(20)
3429	CHLORTOLUIDINE, FLÜSSIG	6.1	T1	III	6.1 + S	C	2	2		25	95	1,15	2	nein	T1[12)]	II A[7)]	ja	PP EP EX TOX A	0	6:+6°C 17
3446	NITROTOLUENE, FEST, GESCHMOLZEN (p-NITROTOLUEN)	6.1	T2	II	6.1 + N2 + S	C	2	2	2	25	95	1,16	2	nein	T2[12)]	II B (II B3[14)])	ja	PP EP EX TOX A	2	7 17
3446	NITROTOLUENE, FEST, GESCHMOLZEN (p-NITROTOLUEN)	6.1	T2	II	6.1 + N2+ S	C	2	1	4	25	95	1,16	2	nein			nein	PP EP TOX A	2	7 17 20:+88°C 26
3451	TOLUIDINE, FEST, GESCHMOLZEN (p-TOLUIDIN)	6.1	T2	II	6.1+ N1	C	2	2	2	25	95	1,05	2	nein	T1[12)]	II A[8)]	ja	PP EP EX TOX A	2	7 17
3451	TOLUIDINE, FEST, GESCHMOLZEN (p-TOLUIDIN)	6.1	T2	II	6.1+ N1	C	2	2	4	25	95	1,05	2	nein			nein	PP EP TOX A	2	7 17 20:+60°C
3455	CRESOLE, FEST, GESCHMOLZEN	6.1	TC2	II	6.1 + 8+ N3	C	2	2	2	25	95	1,03 - 1,05	2	nein	T1[12)]	II A[8)]	ja	PP EP EX TOX A	2	7 17
3455	CRESOLE, FEST, GESCHMOLZEN	6.1	TC2	II	6.1 + 8+ N3	C	2	2	4	25	95	1,03 - 1,05	2	nein			nein	PP EP TOX A	2	7 17 20:+66°C

3

Tabelle C

UN-Nummer oder Stoffnummer	Benennung und Beschreibung	Klasse	Klassifizierungscode	Verpackungsgruppe	Gefahren	Tankschiffstyp	Ladetankzustand	Ladetanktyp	Ladetankausrüstung	Öffnungsdruck des Überdruck-/Hochgeschwindigkeitsventils in kPa	max. zul. Tankfüllungsgrad in %	relative Dichte bei 20 °C	Art der Probeentnahmeeinrichtung	Pumpenraum unter Deck erlaubt	Temperaturklasse	Explosionsgruppe	Explosionsschutz erforderlich	Ausrüstung erforderlich	Anzahl der Kegel/Lichter	zusätzliche Anforderungen oder Bemerkungen
(1)	(2)	(3a)	(3b)	(4)	(5)	(6)	(7)	(8)	(9)	(10)	(11)	(12)	(13)	(14)	(15)	(16)	(17)	(18)	(19)	(20)
3463	PROPIONSÄURE mit mindestens 90 Masse-% Säure	8	CF1	II	8 + 3 + N3	N	3	3			97	0,99	3	ja	T1[12)]	II A[7)]	ja	PP EP EX A	1	34
3475	ETHANOL UND BENZIN, GEMISCH oder ETHANOL UND OTTOKRAFTSTOFF, GEMISCH mit mehr als 10 % und nicht mehr als 90 % Ethanol	3	F1	II	3+ N2+ CMR+ F	N	2	3	3	10	97	0,69 - 0,78[10)]	3	ja	T3	II A	ja	PP EP EX TOX A	1	
3475	ETHANOL UND BENZIN, GEMISCH oder ETHANOL UND OTTOKRAFTSTOFF, GEMISCH mit mehr als 90 % Ethanol	3	F1	II	3+ N2+ CMR+ F	N	2	3	3	10	97	0,78- 0,79[10)]	3	ja	T2[12)]	II B (II B1)	ja	PP EP EX TOX A	1	
3494	SCHWEFELREICHES ROHERDÖL, ENTZÜNDBAR, GIFTIG	3	FT1	I	3+6.1+ (N1, N2, N3, CMR, F)	C	*)	*)	*)	*)	95		1	nein	T4[3)]	II B[4)]	ja	PP EP EX TOX A	2	14; 27 *siehe 3.2.3.3
3494	SCHWEFELREICHES ROHERDÖL, ENTZÜNDBAR, GIFTIG	3	FT1	I	3+6.1+ (N1, N2, N3, CMR, F)	C	*	*	*	*	95		1	nein	T4[3)]	II B[4)] (II B3)	ja	PP EP EX TOX A	2	14; 27; 44 * siehe 3.2.3.3
3494	SCHWEFELREICHES ROHERDÖL, ENTZÜNDBAR, GIFTIG	3	FT1	II	3+6.1+ (N1, N2, N3, CMR, F)	C	*)	*)	*)	*)	95		2	nein	T4[3)]	II B[4)]	ja	PP EP EX TOX A	2	14; 27 *siehe 3.2.3.3

Tabelle C

UN-Nummer oder Stoffnummer	Benennung und Beschreibung	Klasse	Klassifizierungscode	Verpackungsgruppe	Gefahren	Tankschiffstyp	Ladetankzustand	Ladetanktyp	Ladetankausrüstung	Öffnungsdruck des Überdruck-/ Hochgeschwindigkeitsventils in kPa	max. zul. Tankfüllungsgrad in %	relative Dichte bei 20 °C	Art der Probeentnahmeeinrichtung	Pumpenraum unter Deck erlaubt	Temperaturklasse	Explosionsgruppe	Explosionsschutz erforderlich	Ausrüstung erforderlich	Anzahl der Kegel/Lichter	zusätzliche Anforderungen oder Bemerkungen
(1)	(2)	(3a)	(3b)	(4)	(5)	(6)	(7)	(8)	(9)	(10)	(11)	(12)	(13)	(14)	(15)	(16)	(17)	(18)	(19)	(20)
3494	SCHWEFELREICHES ROHERDÖL, ENTZÜNDBAR, GIFTIG	3	FT1	II	3+6.1+ (N1, N2, N3, CMR, F)	C	*	*	*	*	95		2	nein	T4[3)]	II B[4)] (II B3)	ja	PP EP EX TOX A	2	14; 27; 44 * siehe 3.2.3.3
3494	SCHWEFELREICHES ROHERDÖL, ENTZÜNDBAR, GIFTIG	3	FT1	III	3+6.1+ (N1, N2, N3, CMR, F)	C	*)	*)	*)	*)	95		3	nein	T4[3)]	II B[4)]	ja	PP EP EX TOX A	0	14; 27 *siehe 3.2.3.3
3494	SCHWEFELREICHES ROHERDÖL, ENTZÜNDBAR, GIFTIG	3	FT1	III	3+6.1+ (N1, N2, N3, CMR, F)	C	*	*	*	*	95		2	nein	T4[3)]	II B[4)] (II B3)	ja	PP EP EX TOX A	0	14; 27; 44 * siehe 3.2.3.3
9000	AMMONIAK, WASSERFREI, TIEFGEKÜHLT	2	3TC		2.1 + 2.3 + 8 + N1	G	1	1	1; 3		95		1	nein	T1[12)]	II A	ja	PP EP EX TOX A	2	1 2 31
9001	STOFFE MIT EINEM FLAMMPUNKT ÜBER 60 °C, DIE IN EINEM GRENZBEREICH VON 15 K UNTERHALB DES FLAMMPUNKTS ERWÄRMT zur Beförderung aufgegeben oder befördert werden	3	F 4		3 + (N1, N2, N3, CMR, F oder S)	*)	*)	*)	*)	*)	*)		*)	ja	T4[3)]	II B[4)]	ja	*	0	27 *siehe 3.2.3.3
9001	STOFFE MIT EINEM FLAMMPUNKT ÜBER 60 °C, DIE IN EINEM BEREICH VON 15 K UNTERHALB DES FLAMMPUNKTS ERWÄRMT zur Beförderung aufgegeben oder befördert werden	3	F4		3+(N1, N2, N3, CMR, F oder S)	*	*	*	*	*	*		*	ja	T4[3)]	II B[4)] (II B3)	ja	*	0	27; 44 *siehe 3.2.3.3

Tabelle C

UN-Nummer oder Stoffnummer	Benennung und Beschreibung	Klasse	Klassifizierungscode	Verpackungsgruppe	Gefahren	Tankschiffstyp	Ladetankzustand	Ladetanktyp	Ladetankausrüstung	Öffnungsdruck des Überdruck-/Hochgeschwindigkeits-ventils in kPa	max. zul. Tank-füllungsgrad in %	relative Dichte bei 20 °C	Art der Probe-entnahmeeinrichtung	Pumpenraum unter Deck erlaubt	Temperaturklasse	Explosionsgruppe	Explosionsschutz erforderlich	Ausrüstung erforderlich	Anzahl der Kegel/Lichter	zusätzliche Anforderungen oder Bemerkungen
(1)	(2)	(3a)	(3b)	(4)	(5)	(6)	(7)	(8)	(9)	(10)	(11)	(12)	(13)	(14)	(15)	(16)	(17)	(18)	(19)	(20)
9002	STOFFE MIT EINER ZÜNDTEMPERATUR ≤ 200 °C, N.A.G.	3	F5		3 + (N1, N2, N3, CMR, F oder S)	C	1	1	*)	*)	95		1	ja	T4	II B[4)]	ja	*	0	*siehe 3.2.3.3
9002	STOFFE MIT EINER ZÜNDTEMPERATUR ≤ 200 °C, N.A.G.	3	F5		3+(N1, N2, N3, CMR, F oder S)	C	1	1	*	*	95		1	ja	T4	II B[4)] (II B3)	ja	*	0	44 *siehe 3.2.3.3
9003	STOFFE MIT EINEM FLAMMPUNKT ÜBER 60 °C UND HÖCHSTENS 100 °C oder STOFFE MIT 60 °C < Fp ≤ 100 °C, die nicht anderen Klassen zuzuordnen sind	9			9 + (N1, N2, N3, CMR, F oder S)	*)	*)	*)	*)	*)	*)		*)	ja			nein	*	0	27 *siehe 3.2.3.3
9003	STOFFE MIT EINEM FLAMMPUNKT ÜBER 60 °C UND HÖCHSTENS 100 °C oder STOFFE MIT 60 °C < Fp ≤ 100 °C, die nicht anderen Klassen zuzuordnen sind (ETHYLENGLYCOLMONOBUTYLETHER)	9			9 + N3 + F	N	4	3			97	0,9	3	ja			nein	PP	0	
9003	STOFFE MIT EINEM FLAMMPUNKT ÜBER 60 °C UND HÖCHSTENS 100 °C oder STOFFE MIT 60 °C < Fp ≤ 100 °C, die nicht anderen Klassen zuzuordnen sind (2-ETHYLHEXYLACRYLAT, STABILISIERT)	9			9 + N3 + F	N	4	3			97	0,89	3	ja			nein	PP	0	3 5 16
9004	DIPHENYLMETHAN-4,4'-DIISOCYANAT	9			9 + S	N	2	3	4	10	95	1,21[11)]	3	ja			nein	PP	0	7 8 17 19
9005	UMWELTGEFÄHRDENDER STOFF, FEST, GESCHMOLZEN, N.A.G.	9			9 + (N2, N3, CMR, F oder S)	*)	*)	*)	*)	*)	95		*)	ja			nein	*	0	*siehe 3.2.3.3

Tabelle C

UN-Nummer oder Stoffnummer	Benennung und Beschreibung	Klasse	Klassifizierungscode	Verpackungsgruppe	Gefahren	Tankschiffstyp	Ladetankzustand	Ladetanktyp	Ladetankausrüstung	Öffnungsdruck des Überdruck-/Hochgeschwindigkeitsventils in kPa	max. zul. Tankfüllungsgrad in %	relative Dichte bei 20 °C	Art der Probeentnahmeeinrichtung	Pumpenraum unter Deck erlaubt	Temperaturklasse	Explosionsgruppe	Explosionsschutz erforderlich	Ausrüstung erforderlich	Anzahl der Kegel/Lichter	zusätzliche Anforderungen oder Bemerkungen
(1)	(2)	(3a)	(3b)	(4)	(5)	(6)	(7)	(8)	(9)	(10)	(11)	(12)	(13)	(14)	(15)	(16)	(17)	(18)	(19)	(20)
9006	UMWELTGEFÄHRDENDER STOFF, FLÜSSIG, N.A.G.	9			9 + (N2, N3, CMR, F oder S)	*)	*)			*)	97		*)	ja			nein	*	0	*siehe 3.2.3.3

Fußnoten zur Tabelle C

1) Die Zündtemperatur ist nicht nach einem genormten Bestimmungsverfahren ermittelt, deshalb erfolgt eine vorläufige Einstufung in die als sicher geschätzte Temperaturklasse T2.

2) Die Zündtemperatur ist nicht nach einem genormten Bestimmungsverfahren ermittelt, deshalb erfolgt eine vorläufige Einstufung in die als sicher geschätzte Temperaturklasse T3.

3) Die Zündtemperatur ist nicht nach einem genormten Bestimmungsverfahren ermittelt, deshalb erfolgt eine vorläufige Einstufung in die als sicher geschätzte Temperaturklasse T4.

4) Es wurde keine Normspaltweite (NSW) nach einem genormten Bestimmungsverfahren gemessen, deshalb erfolgt eine vorläufige Einstufung in die als sicher geschätzte Explosionsgruppe IIB.

5) Es wurde keine Normspaltweite (NSW) nach einem genormten Bestimmungsverfahren gemessen, deshalb erfolgt eine vorläufige Einstufung in die als sicher geschätzte Explosionsgruppe IIC.

6) (gestrichen)

7) Es wurde keine Normspaltweite (NSW) nach einem genormten Bestimmungsverfahren gemessen, deshalb erfolgt eine Einstufung in die als sicherheitstechnisch verlässlich angesehene Explosionsgruppe.

8) Es wurde keine Normspaltweite (NSW) nach einem genormten Bestimmungsverfahren gemessen, deshalb erfolgt eine Einstufung in die in IEC 60079-20-1 angegebene Explosionsgruppe.

9) Einstufung in Übereinstimmung mit dem IBC-Code der IMO.

10) Relative Dichte bei 15 °C.

11) Relative Dichte bei 25 °C.

12) Diese Temperaturklasse findet keine Anwendung für die Auswahl der explosionsgeschützten Anlagen und Geräte. Die Oberflächentemperatur der explosionsgeschützten Anlagen und Geräte darf 200 °C nicht überschreiten.

13) (gestrichen)

14) Es wurde keine Normspaltweite (NSW) nach einem genormten Bestimmungsverfahren gemessen, deshalb erfolgt eine vorläufige Einstufung in die als sicher geschätzte Explosionsgruppe II B3.

3.2.3.3 Entscheidungsdiagramm, Schemata und Kriterien für die Festlegung der anwendbaren besonderen Vorschriften (Spalten 6 bis 20 der Tabelle C)

Entscheidungsdiagramm zur Bewertung der flüssigen Stoffe der Klassen 3, 6.1, 8 und 9 in der Binnentankschifffahrt

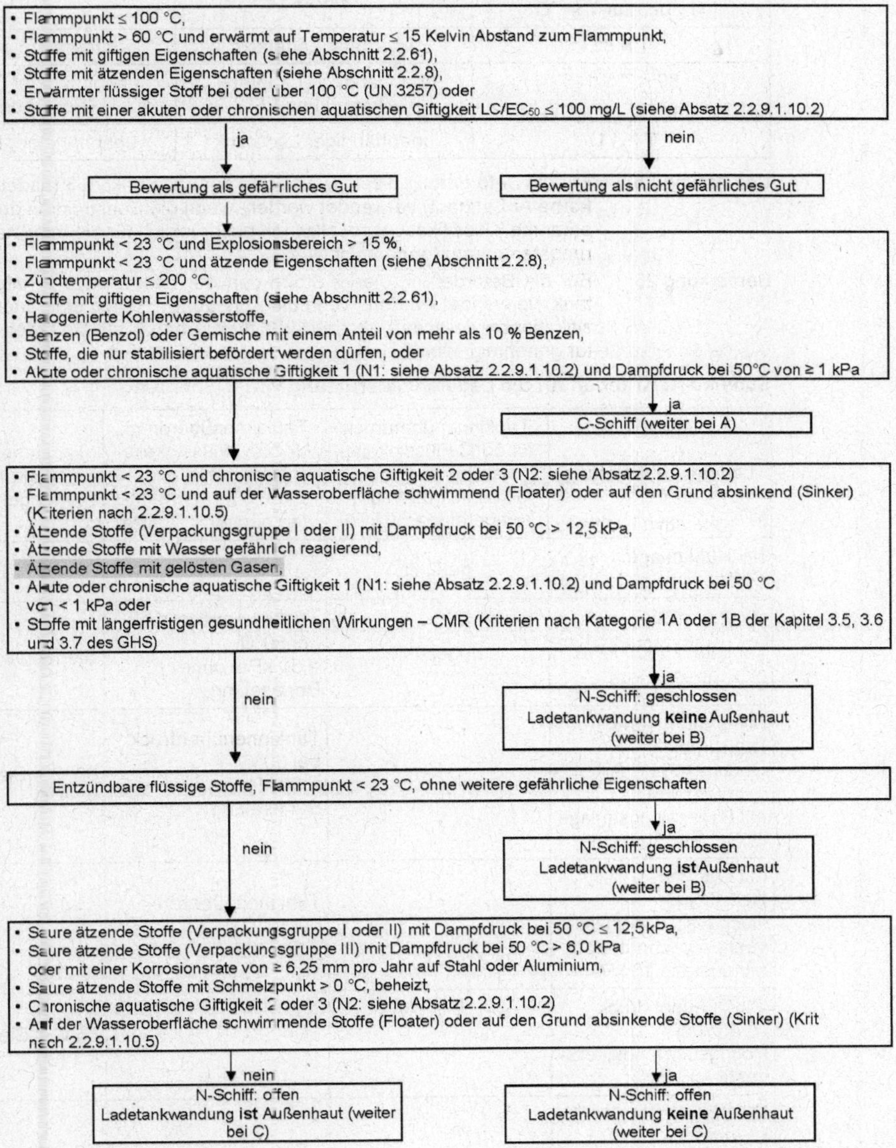

Beheizt beförderte Stoffe

Unabhängig von den vorstehenden Zuordnungen wird für Stoffe, die beheizt befördert werden müssen, der Ladetanktyp abhängig von der Beförderungstemperatur wie folgt bestimmt:

Maximale Beförderungs-temperatur T in °C	Typ N	Typ C
T ≤ 80	integraler Ladetank	integraler Ladetank
80 < T ≤ 115	unabhängiger Ladetank, Bemerkung 25	unabhängiger Ladetank, Bemerkung 26
T > 115	unabhängiger Ladetank	unabhängiger Ladetank

Bemerkung 25: Für die Beförderung dieser Stoffe darf der Ladetanktyp 3 (Ladetankwandung **keine** Außenhaut) verwendet werden, wenn die Konstruktion durch eine anerkannte Klassifikationsgesellschaft ausdrücklich für die maximale Beförderungstemperatur genehmigt wurde.

Bemerkung 26: Für die Beförderung dieser Stoffe darf der Ladetanktyp 2 (integraler Ladetank) verwendet werden, wenn die Konstruktion durch eine anerkannte Klassifikationsgesellschaft ausdrücklich für die maximale Beförderungstemperatur genehmigt wurde.

Schema A: Kriterien für die Ladetankausrüstung von C-Schiffen

Ladetankausrüstung	Tankinnenüberdruck für 30°C Flüssigkeits-temperatur und 37,8°C Dampfraum-temperatur > 50 kPa	Tankinnenüberdruck für 30°C Flüssigkeits-temperatur und 37,8°C Dampfraum-temperatur ≤ 50 kPa	Tankinnenüberdruck unbekannt wegen Mangel an Daten
Mit Kühlanlage (Ziffer 1 in Spalte 9)	gekühlt		
Drucktank (400 kPa)	ungekühlt	Tankinnenüberdruck bei 50°C > 50 kPa, ohne Berieselung	Siedepunkt ≤ 60°C
Mit Öffnungsdruck Überdruck-/Hochgeschwindigkeits-ventil 50 kPa, mit Berieselungsanlage (Ziffer 3 in Spalte 9)		Tankinnenüberdruck bei 50°C > 50 kPa, mit Berieselung	60°C < Siedepunkt ≤ 85°C
Mit Öffnungsdruck Überdruck-/Hochgeschwindigkeits-ventil berechnet, aber mindestens 10 kPa		Tankinnenüberdruck bei 50°C ≤ 50 kPa	
Mit Öffnungsdruck Überdruck-/Hochgeschwindigkeits-ventil 50 kPa			85°C < Siedepunkt ≤ 115°C
Mit Öffnungsdruck Überdruck-/Hochgeschwindigkeits-ventil 35 kPa			Siedepunkt > 115°C

Schema B: Kriterien für die Ladetankausrüstung von N-Schiffen mit geschlossenen Ladetanks

Ladetank-ausrüstung	Klasse 3, Flammpunkt < 23°C				Ätzende Stoffe	CMR-Stoffe
Drucktank (400 kPa)	175 kPa ≤ $P_{d\,50}$ < 300 kPa, ohne Kühlung					
Mit Öffnungsdruck Überdruck-/ Hochgeschwin-digkeitsventil 50 kPa	175 kPa ≤ $P_{d\,50}$ < 300 kPa, mit Kühlung (Ziffer 1 in Spalte 9)	110 kPa ≤ $P_{d\,50}$ < 175 kPa, ohne Berieselung				
Mit Öffnungsdruck Überdruck-/ Hochgeschwin-digkeitsventil 10 kPa			110 kPa ≤ $P_{d\,50}$ < 150 kPa, mit Berieselung (Ziffer 3 in Spalte 9	$P_{d\,50}$< 110 kPa	Verpackungs-gruppe I oder II mit $P_{d\,50}$ > 12,5 kPa oder mit Wasser gefährlich reagierend oder mit gelösten Gasen	Öffnungsdruck Überdruck-/ Hochgeschwin-digkeitsventil 10 kPa; wenn Tankinnenüber-druck höher als 10 kPa, mit Berieselung (Berechnung des Dampfdrucks nach der Formel für Spalte 10, jedoch v_a = 0,03)

Schema C: Kriterien für die Ladetankausrüstung von N-Schiffen mit offenen Ladetanks

Ladetankausrüstung	Klassen 3 und 9	Entzündbare Stoffe	Ätzende Stoffe
Mit Flammendurch-schlagsicherung	23°C ≤ Flammpunkt ≤ 60°C	Flammpunkt > 60°C, erwärmt auf ≤ 15 K unter Flammpunkt oder Flammpunkt > 60°C, erwärmt bei oder über seinem Flammpunkt	Entzündbar oder sauer, beheizt transportiert
Ohne Flammendurch-schlagsicherung	60°C < Flammpunkt ≤ 100°C oder erwärmter Stoff der Klasse 9		Nicht entzündbar

Spalte 9: Ladetankausrüstung für geschmolzen beförderte Stoffe

– **Ladungsheizmöglichkeit (Ziffer 2 in Spalte 9)**
  Eine Ladungsheizmöglichkeit ist erforderlich,
  – wenn der Schmelzpunkt des zu befördernden Stoffes größer oder gleich 15°C ist oder
  – wenn der Schmelzpunkt des zu befördernden Stoffes größer als 0°C und kleiner als 15°C ist und die Außentemperatur höchstens 4 K über dem Schmelzpunkt liegt. In der Spalte 20 wird die Nr. «6» eingetragen sowie die Temperatur, die sich ergibt aus: Schmelzpunkt + 4 K.

– **Ladungsheizungsanlage an Bord (Ziffer 4 in Spalte 9)**
  Eine Ladungsheizungsanlage an Bord ist erforderlich
  – bei Stoffen, die nicht erstarren dürfen, da beim Wiederaufheizen gefährliche Reaktionen nicht auszuschließen sind, und
  – bei Stoffen, deren Temperatur zuverlässig einen Abstand von mindestens 15 K zum Flammpunkt des Stoffes aufweisen muss.

Spalte 10: Bestimmung des Öffnungsdrucks des Hochgeschwindigkeitsventils in kPa

Der Öffnungsdruck des Hochgeschwindigkeitsventils ist für Typ C-Schiffe auf der Grundlage des Innendrucks des Tanks, aufgerundet auf jeweils 5 kPa, festzulegen.

Für die Berechnung des Innendrucks wird nachstehende Formel benutzt:

$$P_{max} = P_{Obmax} + \frac{k \cdot v_a (P_0 - P_{Da})}{v_a - \alpha \cdot \delta_t + \alpha \cdot \delta_t \cdot v_a} - P_0$$

$$k = \frac{T_{Dmax}}{T_a},$$

wobei:

P_{max}	:	Maximaler Innendruck in kPa
P_{Obmax}	:	Dampfdruck (absolut) bei maximaler Oberflächentemperatur der Flüssigkeit in kPa
P_{Da}	:	Dampfdruck (absolut) bei Einfülltemperatur in kPa
P_o	:	Luftdruck in kPa
V_a	:	Relatives freies Volumen bei Einfülltemperatur, bezogen auf den Fassungsraum des Ladetanks
α	:	Kubischer Ausdehnungskoeffizient in K^{-1}
δ_t	:	Mittlerer Temperaturanstieg der Flüssigkeit bei Erwärmung in K
T_{Dmax}	:	Maximale Dampftemperatur in K
T_a	:	Einfülltemperatur in K
k	:	Temperaturkorrekturfaktor

In der Formel werden die folgenden Ausgangsgrößen benützt:

P_{Obmax}	:	bei 50°C bzw. 30°C
P_{Da}	:	bei 15°C
P_o	:	101,3 kPa
v_a	:	5 % = 0,05
δ_t	:	5 K
T_{dmax}	:	323 K und 310,8 K
T_a	:	288 K
t_{Ob}	:	50 °C und 30 °C

Spalte 11: Bestimmung des höchsten zulässigen Füllungsgrads der Ladetanks

Wenn sich aus der in Absatz A aufgeführten Bestimmung des Tankschiffstyps

- ein Typ G ergibt: 91 %, für tiefgekühlte Stoffe jedoch 95 %
- ein Typ C ergibt: 95 %
- ein Typ N ergibt: 97 %, für geschmolzene Stoffe und für entzündbare flüssige Stoffe mit 175 kPa $\leq P_{d50} <$ 300 kPa jedoch 95 %.

Spalte 12: Relative Dichte des Stoffes bei 20°C

Diese Daten werden nur zur Information angegeben.

Spalte 13: Bestimmung der Art der Probeentnahmeeinrichtung

1 = geschlossen:
- Stoffe, die in Drucktanks zu befördern sind
- Stoffe mit T in der Spalte 3b), die unter Verpackungsgruppe I der einzelnen Ziffern fallen
- stabilisierte Stoffe, die unter Inertgasabdeckung zu befördern sind

2 = teilweise geschlossen:
- alle übrigen Stoffe, für die ein Typ C gefordert wird

3 = offen:
- alle übrigen Stoffe

Spalte 14: Bestimmung, ob Pumpenraum unter Deck erlaubt ist

nein – alle Stoffe mit T in der Spalte 3b) mit Ausnahme von Stoffen der Klasse 2
ja – alle übrigen Stoffe

Spalte 15: Bestimmung der Temperaturklasse

Die entzündbaren Stoffe werden auf der Grundlage ihrer Zündtemperatur der jeweiligen Temperaturklasse zugeordnet:

Temperaturklasse	Zündtemperatur T der entzündbaren flüssigen Stoffe und Gase in °C
T 1	T > 450
T 2	300 < T ≤ 450
T 3	200 < T ≤ 300
T 4	135 < T ≤ 200
T 5	100 < T ≤ 135
T 6	85 < T ≤ 100

Falls Explosionsschutz erforderlich ist und die Zündtemperatur nicht bekannt ist, muss die als sicher geschätzte Temperaturklasse T 4 eingetragen werden.

Spalte 16: Bestimmung der Explosionsgruppe

Die entzündbaren Stoffe werden auf der Grundlage ihrer Normspaltweite der jeweiligen Explosionsgruppe zugeordnet.
Die Ermittlung der Normspaltweite erfolgt nach IEC 60079-20-1.

Folgende Explosionsgruppen werden unterschieden:

Explosionsgruppe	Normspaltweite in mm
II A	> 0,9
II B	≥ 0,5 bis ≤ 0,9
II C	< 0,5

Falls Explosionsschutz erforderlich ist und die Daten bezüglich Explosionsschutz nicht vorliegen, muss die als sicher geschätzte Explosionsgruppe II B eingetragen werden.

Spalte 17: Bestimmung, ob Explosionsschutz ▪▪▪ erforderlich ist

ja
- für Stoffe, die einen Flammpunkt ≤ 60°C besitzen
- für Stoffe, die beheizt befördert werden müssen, bei einer Temperatur von weniger als 15 K unterhalb des Flammpunktes
- für Stoffe, die beheizt befördert werden müssen, bei einer Temperatur von 15 K oder mehr unterhalb des Flammpunktes und wenn in Spalte 9 (Ladetankausrüstung) nur eine Ladungsheizmöglichkeit (2) und keine Ladungsheizungsanlage an Bord (4) gefordert wird
- für entzündliche Gase

nein
- für alle übrigen Stoffe

Spalte 18: Bestimmung ob persönliche Schutzausrüstung, ein Fluchtgerät, ein tragbares Gasspürgerät, ein tragbares Messgerät zum Nachweis von toxischen Gasen oder ein umluftunabhängiges Atemschutzgerät erforderlich ist

- PP: bei allen Stoffen der Klassen 1 bis 9
- EP: bei allen
  - Stoffen der Klasse 2 mit dem Buchstaben T oder C in dem in der Spalte (3b) angegebenen Klassifizierungscode,
  - Stoffen der Klasse 3 mit dem Buchstaben T oder C in dem in der Spalte (3b) angegebenen Klassifizierungscode,
  - Stoffen der Klasse 4.1,
  - Stoffen der Klasse 6.1,
  - Stoffen der Klasse 8
  - Stoffen mit CMR-Eigenschaften der Kategorie 1A oder 1B der Kapitel 3.5, 3.6 und 3.7 des GHS
- EX: bei allen Stoffe, für die Explosionsschutz gefordert wird
- TOX: bei allen
  - Stoffen der Klasse 6.1,
  - Stoffen der übrigen Klassen, mit dem Buchstaben T in dem in der Spalte (3b) angegebenen Klassifizierungscode,
  - Stoffen mit CMR-Eigenschaften der Kategorie 1A oder 1B nach Kapitel 3.5, 3.6 und 3.7 des GHS
- A: bei allen Stoffe, für die EX oder/und TOX gefordert wird

Spalte 19: Bestimmung der Anzahl blauer Kegel/Lichter

Bei allen Stoffen der Klasse 2 mit F in der Spalte 3b):	1 Kegel/Licht
Bei allen Stoffen der Klassen 3 bis 9 mit F in der Spalte 3b) Verpackungsgruppe I oder II:	1 Kegel/Licht
Bei allen Stoffen der Klasse 2 mit T in der Spalte 3b):	2 Kegel/Licht
Bei allen Stoffen der Klassen 3 bis 9 mit T in der Spalte 3b) Verpackungsgruppe I oder II:	2 Kegel/Licht

Spalte 20: Bestimmung der zusätzlichen Anforderungen oder Bemerkungen

Bemerkung 1: Bemerkung 1 ist in Spalte 20 einzutragen bei UN 1005 AMMONIAK, WASSERFREI.

Bemerkung 2: Bemerkung 2 ist in Spalte 20 einzutragen bei stabilisierten Stoffen, die mit Sauerstoff reagieren können sowie bei Gasen mit der Gefahr 2.1, die in Spalte (5) angegeben ist.

Bemerkung 3: Bemerkung 3 ist in Spalte 20 einzutragen bei Stoffen, die stabilisiert werden müssen.

Bemerkung 4:	Bemerkung 4 ist in Spalte 20 einzutragen bei Stoffen, die nicht erstarren dürfen, weil die Aufheizung zu gefährlichen Reaktionen führen kann.
Bemerkung 5:	Bemerkung 5 ist in Spalte 20 einzutragen bei Stoffen, welche polymerisieren können.
Bemerkung 6:	Bemerkung 6 ist in Spalte 20 einzutragen bei Stoffen, welche kristallisieren können sowie bei Stoffen, für die eine Heizungsanlage oder eine Heizungsmöglichkeit gefordert wird und deren Dampfdruck bei 20ºC höher als 0,1 kPa ist.
Bemerkung 7:	Bemerkung 7 ist in Spalte 20 einzutragen bei Stoffen, deren Schmelzpunkt größer oder gleich 15°C ist.
Bemerkung 8:	Bemerkung 8 ist in Spalte 20 einzutragen bei Stoffen, die mit Wasser gefährlich reagieren.
Bemerkung 9:	Bemerkung 9 ist in Spalte 20 einzutragen bei UN 1131 KOHLENSTOFFDISULFID.
Bemerkung 10:	Ist nicht mehr zu verwenden.
Bemerkung 11:	Bemerkung 11 ist in Spalte 20 einzutragen bei UN 1040 ETHYLENOXID MIT STICKSTOFF.
Bemerkung 12:	Bemerkung 12 ist in Spalte 20 einzutragen bei UN 1280 PROPRYLENOXID und UN 2983 ETHYLENOXID UND PROPRYLENOXID, MISCHUNG.
Bemerkung 13:	Bemerkung 13 ist in Spalte 20 einzutragen bei UN 1086 VINYLCHLORID STABILISIERT.
Bemerkung 14:	Bemerkung 14 ist in Spalte 20 einzutragen bei Gemischen oder N.A.G.-Positionen, die nicht eindeutig beschrieben sind und für die nach den Einstufungskriterien ein Typ N vorgesehen ist.
Bemerkung 15:	Bemerkung 15 ist in Spalte 20 einzutragen bei Stoffen, die mit alkalischen oder sauren Stoffen wie Natronlauge oder Schwefelsäure gefährlich reagieren.
Bemerkung 16:	Bemerkung 16 ist in Spalte 20 einzutragen bei Stoffen, bei denen durch örtlich übermäßige Erwärmung eine gefährliche Reaktion entstehen kann.
Bemerkung 17:	Bemerkung 17 ist in Spalte 20 einzutragen bei Stoffen, wenn Bemerkung 4, 6 oder 7 eingetragen wird.
Bemerkung 18:	Ist nicht mehr zu verwenden.
Bemerkung 19:	Bemerkung 19 ist in Spalte 20 einzutragen bei Stoffen, die nie mit Wasser in Berührung kommen dürfen.
Bemerkung 20:	Bemerkung 20 ist in Spalte 20 einzutragen bei Stoffen, deren Beförderungstemperatur auf Grund des Materials der Ladetanks usw. eine maximale Temperatur nicht überschreiten darf. Diese höchstzulässige Beförderungstemperatur ist unmittelbar hinter der Ziffer 20 einzutragen.
Bemerkung 21:	Ist nicht mehr zu verwenden.
Bemerkung 22:	Bemerkung 22 ist in Spalte 20 einzutragen bei Stoffen, bei denen in Spalte 12 ein Bereich angegeben ist oder kein exakter Wert der Dichte angegeben werden kann.
Bemerkung 23:	Bemerkung 23 ist in Spalte 20 einzutragen bei Stoffen, die einen Tankinnenüberdruck bei 30ºC < 50 kPa haben und mit Berieselung befördert werden.
Bemerkung 24:	Bemerkung 24 ist in Spalte 20 einzutragen bei UN 3257 ERWÄRMTER FLÜSSIGER STOFF, N.A.G.
Bemerkung 25:	Bemerkung 25 ist in Spalte 20 einzutragen bei Stoffen, die beheizt in einem Ladetanktyp 3 befördert werden sollen.
Bemerkung 26:	Bemerkung 26 ist in Spalte 20 einzutragen bei Stoffen, die beheizt in einem Ladetanktyp 2 befördert werden sollen.

Bemerkung 27:	Bemerkung 27 ist in Spalte 20 einzutragen bei Stoffen, für die in der Spalte 2 eine N.A.G.- oder Gattungseintragung aufgenommen ist.
Bemerkung 28:	Bemerkung 28 ist in Spalte 20 einzutragen bei UN 2448 SCHWEFEL, GESCHMOLZEN.
Bemerkung 29:	Bemerkung 29 ist in Spalte 20 einzutragen bei Stoffen, für die in der Spalte 2 Angaben zum Dampfdruck und/oder zum Siedepunkt enthalten sind.
Bemerkung 30:	Bemerkung 30 ist in Spalte 20 einzutragen bei UN 1719, 1794, 1814, 1819, 1824, 1829, 1830, 1832, 1833, 1906, 2240, 2308, 2583, 2584, 2677, 2679, 2681, 2796, 2797, 2837 und 3320, jeweils wenn ein Typ N offen gefordert wird.
Bemerkung 31:	Bemerkung 31 ist in Spalte 20 einzutragen bei Stoffen der Klasse 2 und bei UN 1280 PROPYLENOXID und UN 2983 ETHYLENOXID UND PROPYLENOXID, MISCHUNG der Klasse 3.
Bemerkung 32:	Bemerkung 32 ist in Spalte 20 einzutragen bei Stoffen der Klasse 4.1 bei UN 2448 SCHWEFEL, GESCHMOLZEN.
Bemerkung 33:	Bemerkung 33 ist in Spalte 20 einzutragen bei Stoffen der Klasse 5.1 bei UN 2014 und 2984 WASSERSTOFFPEROXID, WÄSSERIGE LÖSUNG.
Bemerkung 34:	Bemerkung 34 ist in Spalte 20 einzutragen bei Stoffen mit Gefahr 8 in der Spalte 5 und Typ N in der Spalte 6.
Bemerkung 35:	Bemerkung 35 ist in Spalte 20 einzutragen bei Stoffen, bei denen die Kühlung vollständig unter Verdichtung zu gefährlichen Reaktionen führen kann. Dies gilt auch, wenn die Kühlung nur teilweise durch Verdichtung erfolgt.
Bemerkung 36:	(nicht mehr anwendbar)
Bemerkung 37:	Bemerkung 37 ist in Spalte 20 einzutragen bei Stoffen, bei denen das Ladungsbehältersystem dem vollen Dampfdruck der Ladung bei den oberen Umgebungstemperaturen ohne Berücksichtigung eines Systems, das mit verdampfendem Gas arbeitet, standhalten muss.
Bemerkung 38:	Bemerkung 38 ist in Spalte 20 einzutragen bei Mischungen, deren Siedebeginn gemäß Norm ASTMD 86-01 grösser als 60 °C und kleiner gleich 85 °C ist.
Bemerkung 39:	Bemerkung 39 ist in Spalte 20 einzutragen bei UN 2187 KOHLENDIOXID, TIEFGEKÜHLT, FLÜSSIG, der Klasse 2.
Bemerkung 40:	(nicht mehr anwendbar)
Bemerkung 41:	Bemerkung 41 ist in Spalte 20 einzutragen bei UN 2709 BUTYLBENZENE (n-BUTYLBENZEN).
Bemerkung 42:	Bemerkung 42 ist in Spalte 20 einzutragen bei UN 1038 ETHYLEN, TIEFGEKÜHLT, FLÜSSIG und bei UN 1972 METHAN, TIEFGEKÜHLT, FLÜSSIG oder ERDGAS, TIEFGEKÜHLT, FLÜSSIG, mit hohem Methangehalt.
Bemerkung 43:	Bemerkung 43 ist in Spalte 20 einzutragen bei allen Einträgen der Verpackungsgruppe I, bei denen in Spalte 3b der Klassifizierungscode ein „F“ (entzündbar) enthält und in Spalte 5 Gefahren ein „F“ (Floater) zu finden ist.

3.2.4 **Modalitäten für die Anwendung des Abschnitts 1.5.2 bezüglich Ausnahmegenehmigungen für die Beförderung in Tankschiffen**

3.2.4.1 **Muster einer Ausnahmegenehmigung nach Abschnitt 1.5.2**

Ausnahmegenehmigung
nach Abschnitt 1.5.2 des ADN

Nach Abschnitt 1.5.2 des ADN ist die Beförderung des in der Anlage zu dieser Ausnahmegenehmigung bezeichneten Stoffes in Tankschiffen unter den dort festgelegten Bedingungen zugelassen.

Der Beförderer muss den Stoff vor der Beförderung von einer zugelassenen Klassifikationsgesellschaft in die in Absatz 1.16.1.2.5 des ADN genannte Liste eintragen lassen.

Diese Ausnahmegenehmigung ist gültig ....
(Geltungsbereich und/oder Strecken)

Sie gilt vom Tag der Unterzeichnung, vorbehaltlich vorherigen Widerrufs, zwei Jahre.

Ausstellender Staat: ....

Zuständige Behörde: ....

Datum: ....

Unterschrift: ....

3.2.4.2 **Antragsvordruck für Ausnahmegenehmigungen nach Abschnitt 1.5.2**

Bei Anträgen für Ausnahmegenehmigungen sind Angaben zu folgenden Fragen oder Punkten zu machen*). Die Angaben werden nur für amtliche Zwecke verwendet und vertraulich behandelt.

Antragsteller

....
(Name) (Firma)

....

( ) ....

....
(Anschrift)

Kurzfassung des Antrags

Zulassung der Beförderung in Tankschiffen von .... als Stoff der Klasse ....

Anlagen (mit kurzer Beschreibung)

Antrag aufgestellt:

Ort: ....

Datum: ....

Unterschrift: ....
(der für die Angaben verantwortlichen Person)

*) Bei Fragen, die für den betreffenden Antragsgegenstand nicht zutreffen, ist „entfällt“ einzutragen.

1. Allgemeine Angaben zum gefährlichen Stoff

1.1 Handelt es sich um einen reinen Stoff □, ein Gemisch □, eine Lösung □?

1.2 Technische Benennung (möglichst ADN- oder gegebenenfalls IBC Code-Nomenklatur).

1.3 Synonym.

1.4 Handelsname.

1.5 Strukturformel und bei Gemischen die Zusammensetzung und/oder Konzentration.

1.6 Gefahrenklasse und gegebenenfalls Klassifizierungscode, Verpackungsgruppe.

1.7 UN-Nummer oder Stoffnummer (soweit bekannt).

2. Physikalisch-chemische Eigenschaften

2.1 Zustand während der Beförderung (z.B. gasförmig, flüssig, geschmolzen, ...).

2.2 Relative Dichte der Flüssigkeit bei 20°C oder bei der Beförderungstemperatur bei Stoffen, die in erwärmtem oder gekühltem Zustand befördert werden.

2.3 Beförderungstemperatur (bei Stoffen, die in erwärmtem oder gekühltem Zustand befördert werden).

2.4 Schmelzpunkt oder Schmelzbereich ....°C.

2.5 Siedepunkt oder Siedebereich ....°C.

2.6 Dampfdruck bei 15°C ...., 20°C ...., 30°C ...., 37,8°C ...., bei 50°C ....,
(bei verflüssigten Gasen: Dampfdruck bei 70°C ....),
(bei Permanentgasen: Füllungsdruck bei 15°C ....).

2.7 Kubischer Ausdehnungskoeffizient .... K^{-1}.

2.8 Löslichkeit in Wasser bei 20°C
Sättigungskonzentration .... mg/l, oder
Mischbarkeit mit Wasser bei 15°C
□ vollständig □ teilweise □ keine
(Wenn möglich, bei Lösungen und Gemischen die Konzentration angeben).

2.9 Farbe.

2.10 Geruch.

2.11 Viskosität .... mm^2/s.

2.12 Auslaufzeit (ISO 2431-1996) .... s.

2.13 Lösemittel-Trennprüfung ....

2.14 pH-Wert des Stoffes oder der wässerigen Lösung (Konzentration angeben).

2.15 Sonstige Angaben.

3. Sicherheitstechnische Eigenschaften

3.1 Zündtemperatur nach IEC 60079-20-1:2010, EN 14522:2005, DIN 51 794:2003 in °C; gegebenenfalls Angabe der Temperaturklasse nach IEC 60079-20-1:2010.

3.2 Flammpunkt
Bei Flammpunkten bis 175°C
Prüfmethoden mit geschlossenem Tiegel – Ungleichgewichtsverfahren:
Methode nach Abel: EN ISO 13736: 2008
Methode nach Abel-Pensky: DIN 51755–1:1974 oder NF M T60-103:1968
Methode nach Pensky-Martens: EN ISO 2719: 2012
Luchaire-Gerät: französische Norm NF T60-103:1968
Methode nach Tag: ASTM D56-05(2010)
Prüfmethoden mit geschlossenem Tiegel – Gleichgewichtsverfahren
Schnelles Gleichgewichtsverfahren: EN ISO 3679:2004; ASTM D3278-96(2011)
Gleichgewichtsverfahren mit geschlossenem Tiegel: EN ISO 1523:2002+AC1:2006; ASTM D3941-90(2007)

Bei Flammpunkten über 175°C

Zusätzlich zu den oben aufgeführten Methoden ist folgende Prüfmethode mit offenem Tiegel anwendbar:

Methode nach Cleveland: EN ISO 2592:2002; ASTM D92-12.

3.3 Explosionsgrenzen (Zündgrenzen):

Bestimmung der unteren Explosionsgrenze (UEG) und der oberen Explosionsgrenzen (OEG) nach EN 1839:2012.

3.4 Normenspaltweite nach IEC 60079-20-1:2010 .... mm.

3.5 Wird der Stoff in stabilisiertem Zustand befördert? Gegebenenfalls Angaben zum Stabilisierungsmittel:

....

3.6 Zersetzungsprodukte bei Brand unter Luftkontakt oder bei Einwirkung eines Fremdbrandes:

....

3.7 Ist der Stoff brandfördernd?

3.8 Abtragungsraten (Korrosionsraten) .... mm/Jahr.

3.9 Reagiert der Stoff mit Wasser oder feuchter Luft unter Entwicklung entzündbarer oder giftiger Gase? Ja/Nein. Entstehende Gase:

....

3.10 Reagiert der Stoff auf irgendeine andere Weise gefährlich?

3.11 Reagiert der Stoff beim Wiederaufheizen gefährlich?

Ja/Nein.

4. Physiologische Gefahren

4.1 LD_{50}- und/oder LC_{50}-Wert. Nekrosewert (gegebenenfalls sonstige Kriterien der Giftigkeit nach Unterabschnitt 2.2.61.1 des ADN):

....

CMR-Eigenschaften gemäß Kategorien 1A und 1B der Kapitel 3.5, 3.6 und 3.7 des GHS:

....

4.2 Entstehen bei Zersetzung oder Reaktion physiologisch gefährliche Stoffe (soweit bekannt, bitte angeben)?

....

4.3 Ökologische Eigenschaften (siehe Unterabschnitt 2.4.2.1 ADN):

Akute Giftigkeit:

96 Stunden-LC_{50}-Wert für Fische .... mg/l

48 Stunden-EC_{50}-Wert für Daphnien .... mg/l

72 Stunden-IC_{50}-Wert für Algen .... mg/l

Chronische Giftigkeit:

NOEC .... mg/l

BCF .... mg/l oder $\log K_{ow}$ ....

Leicht biologisch abbaubar ja/nein.

5. Angaben zum Gefahrenpotential

5.1 Mit welchen konkreten Schäden muss gerechnet werden, wenn die gefährlichen Eigenschaften wirksam werden?

- ☐ Verbrennung
- ☐ Verletzung
- ☐ Verätzung
- ☐ Vergiftung bei Aufnahme durch die Haut

- □ Vergiftung beim Einatmen
- □ mechanische Beschädigung
- □ Zerstörung
- □ Brand
- □ Abtragung (Korrosion bei Metallen)
- □ Umweltschädigung.

6. Angaben zum Beförderungsmittel

6.1 Sind besondere Beladevorschriften vorgesehen/erforderlich (welche?)

....

7. Beförderung gefährlicher Stoffe in Tanks

7.1 Mit welchem Werkstoff ist das Füllgut verträglich?

....

8. Sicherheitstechnische Anforderungen

8.1 Welche Sicherheitsvorkehrungen sind nach dem Stand von Wissenschaft und Technik im Hinblick auf die vom Stoff ausgehenden oder im Verlauf der gesamten Beförderung möglichen Gefahren erforderlich?

....

8.2 Zusätzliche Sicherheitsvorkehrungen

Einsatz von stationärer und mobiler Messtechnik zur Messung entzündbarer Gase und Dämpfe entzündbarer flüssiger Stoffe;

Einsatz von stationärer und mobiler Messtechnik (Toximeter) zur Konzentrationsmessung von giftigen Stoffen.

3.2.4.3 Zuordnungskriterien für die Stoffe

A. Spalten 6, 7 und 8: Bestimmung des Tankschiffstyps

1. *Gase* (Zuordnungskriterien nach UN-Empfehlungen)
   - ohne Kühlung: Typ G Druck
   - mit Kühlung: Typ G gekühlt

2. *Halogenierte Kohlenwasserstoffe*

   Stoffe, die nur in stabilisiertem Zustand befördert werden dürfen

   Stoffe mit giftigen Eigenschaften (siehe Abschnitt 2.2.61 ADN)

   Stoffe mit entzündbaren (Flammpunkt < 23°C) und korrosiven Eigenschaften (siehe Abschnitt 2.2.8 ADN)

   Stoffe mit einer Selbstentzündungstemperatur ≤ 200°C

   Stoffe mit einem Flammpunkt < 23°C und einem Explosionsbereich > 15 % bei 20°C

   Benzen und Gemische von nicht giftigen und nicht ätzenden Stoffen mit einem Anteil von mehr als 10 % Benzen

   Umweltgefährdende Stoffe, aquatische Giftigkeitskategorie akut 1 oder chronisch 1 (Gruppe N1 gemäß 2.2.9.1.10.2 ADN) und Dampfdruck bei 50 °C von ≥ 1 kPa

   - Innendruck des Ladetanks bei 30°C Flüssigkeitstemperatur und 37,8°C Dampfraumtemperatur > 50 kPa:
     - ohne Kühlung Typ C Druck (400 kPa)
     - mit Kühlung Typ C gekühlt

- Innendruck des Ladetanks bei 30°C Flüssigkeitstemperatur und 37,8°C Dampfraumtemperatur ≤ 50 kPa, aber mit einem Innendruck des Ladetanks > 50 kPa bei 50°C:
  - ohne Berieselung — Typ C — Druck (400 kPa)
  - mit Berieselung — Typ C — mit Öffnungsdruck Überdruck-/Hochgeschwindigkeitsventil 50 kPa
- Innendruck des Ladetanks bei 30°C Flüssigkeitstemperatur und 37,8°C Dampfraumtemperatur ≤ 50 kPa mit einem Innendruck des Ladetanks ≤ 50 kPa bei 50°C:
  Typ C — mit Öffnungsdruck Überdruck-/Hochgeschwindigkeitsventil berechnet, aber mindestens 10 kPa

2.1 *Gemische mit Mangel an Daten, wofür nach den Kriterien in 2. ein Typ C-Schiff gefordert wird*

Falls der Innendruck des Ladetanks aus Mangel an Daten nicht berechnet werden kann, dürfen folgende Kriterien verwendet werden:

- Siedepunkt ≤ 60°C — Typ C — Druck (400 kPa)
- 60°C < Siedebeginn ≤ 85°C — Typ C — mit Öffnungsdruck Überdruck-/Hochgeschwindigkeitsventil 50 kPa und mit Berieselung
- 85°C < Siedebeginn ≤ 115°C — Typ C — mit Öffnungsdruck Überdruck-/Hochgeschwindigkeitsventil 50 kPa
- 115°C < Siedebeginn — Typ C — mit Öffnungsdruck Überdruck-/Hochgeschwindigkeitsventil 35 kPa

3. *Stoffe mit nur entzündbaren Eigenschaften* (siehe Abschnitt 2.2.3 ADN)

- Flammpunkt < 23°C
  mit 175 kPa ≤ $P_{d\,50}$ < 300 kPa
  - ohne Kühlung: — Typ N geschlossen — Druck (400 kPa)
  - mit Kühlung: — Typ N geschlossen — gekühlt mit Öffnungsdruck Überdruck/Hochgeschwindigkeitsventil 50kPa
- Flammpunkt < 23°C
  mit 150 kPa ≤ $P_{d\,50}$ < 175 kPa: — Typ N geschlossen — mit Öffnungsdruck Überdruck-/Hochgeschwindigkeitsventil 50kPa
- Flammpunkt < 23°C
  mit 110 kPa ≤ $P_{d\,50}$ < 150 kPa
  - ohne Berieselung: — Typ N geschlossen — mit Öffnungsdruck Überdruck-/Hochgeschwindigkeitsventil 50kPa
  - mit Berieselung: — Typ N geschlossen — mit Öffnungsdruck Überdruck-/Hochgeschwindigkeitsventil 10kPa
- Flammpunkt < 23°C
  mit $P_{d\,50}$ < 110 kPa: — Typ N geschlossen — mit Öffnungsdruck Überdruck-/Hochgeschwindigkeitsventil 10kPa
- Flammpunkt ≥ 23°C
  und mit ≤60°C: — Typ N offen — mit Flammendurchschlagsicherung
- Stoffe mit Flammpunkt > 60°C, erwärmt auf Temperaturen ≤ 15 K unter Flammpunkt, n.a.g (…): — Typ N offen — mit Flammendurchschlagsicherung
- Stoffe mit Flammpunkt > 60°C, erwärmt auf oder über ihrem Flammpunkt, n.a.g (.....): — Typ N offen — mit Flammendurchschlag-

		schlagsicherung
4. Stoffe mit korrosiven Eigenschaften (siehe Abschnitt 2.2.8 ADN)		
– Ätzende Stoffe, die ätzende Dämpfe bilden können:		
• Stoffe, die der Verpackungsgruppe I oder II zugeordnet sind, und mit einem Dampfdruck[1] > 12,5 kPa (125 mbar) bei 50°C oder	Typ N geschlossen	Ladetankwandung keine Außenhaut mit Öffnungsdruck Überdruck/-Hochgeschwindigkeitsventil 10 kPa
• Stoffe, die mit Wasser gefährlich reagieren können (z.B. Säurechloride) oder		
• Stoffe mit gelösten Gasen		
– Saure Stoffe mit korrosiven Eigenschaften:		
• Stoffe, die der Verpackungsgruppe I oder II zugeordnet sind, und mit einem Dampfdruck[1] > 12,5 kPa (125 mbar) bei 50°C oder	Typ N offen	Ladetankwandung keine Außenhaut
• Stoffe, die der Verpackungsgruppe III zugeordnet sind und mit einem Dampfdruck[1] > 6,0 kPa (60 mbar) bei 50°C oder	Typ N offen	Ladetankwandung keine Außenhaut
• Stoffe, die der Verpackungsgruppe III zugeordnet sind, aufgrund der Korrosionsrate auf Stahl oder Aluminium oder	Typ N offen	Ladetankwandung keine Außenhaut
• Stoffe mit einem Schmelzpunkt > 0°C, die unter Beheizung befördert werden	Typ N offen	Ladetankwandung keine Außenhaut
• entzündbare Stoffe	Typ N offen	mit Flammendurchschlagsicherung
• in erwärmten Zustand beförderte Stoffe	Typ N offen	mit Flammendurchschlagsicherung
• nicht entzündbare Stoffe	Typ N offen	ohne Flammendurchschlagsicherung
– Alle übrigen ätzenden Stoffe		
• entzündbar	Typ N offen	mit Flammendurchschlagsicherung
• nicht entzündbar	Typ N offen	ohne Flammendurchschlagsicherung

[1] Falls Daten vorhanden, darf anstatt des Dampfdrucks die Summe der Partialdrücke der gefährlichen Stoffe verwendet werden.

5. *Umweltgefährdende Stoffe* (siehe Unterabschnitt 2.2.9.1 ADN)

• aquatische Giftigkeit akut 1 chronisch 1 (Gruppe N1 gemäß Absatz 2.2.9.1.10.2 ADN) und Dampfdruck bei 50 °C von < 1 kPa	Typ N geschlossen	Ladetankwandung keine Außenhaut
• chronische Giftigkeit 2 und 3 Gruppe N2 gemäß Absatz 2.2.9.1.10.2 ADN)	Typ N offen	Ladetankwandung keine Außenhaut
• akute Giftigkeit 2 und 3 (Gruppe N3 gemäß Absatz 2.2.9.1.10.2 ADN)	Typ N offen	----------------

6. *Stoffe der Klasse 9, UN-Nummer 3257* — Typ N offen — unabhängige Ladetanks

7. *Stoffe der Klasse 9, Stoffnummer 9003*
   Flammpunkt > 60°C und ≤ 100°C — Typ N offen — ----------------

8. *Stoffe, die in erwärmtem Zustand befördert werden müssen*
   Für Stoffe, die in erwärmtem Zustand befördert werden müssen, wird der Ladetanktyp in Abhängigkeit der Beförderungstemperatur nach folgender Tabelle bestimmt:

Maximale Beförderungstemperatur T in °C	Typ N	Typ C
T ≤ 80	2	2
80 < T≤ 115	1 + Bem. 25	1 + Bem. 26
T > 115	1	1

1 = Ladetanktyp: unabhängiger Ladetank
2 = Ladetanktyp: integraler Ladetank
Bem. 25 = Bemerkung Nr. 25 in Spalte 20 der Stoffliste in Teil 3.2 Tabelle C.
Bem. 26 = Bemerkung Nr. 26 in Spalte 20 der Stoffliste in Teil 3.2 Tabelle C.

9. *Stoffe mit längerfristigen gesundheitlichen Wirkungen – CMR-Stoffe – (Kategorien 1A und 1B gemäß den Kriterien der Kapitel 3.5, 3.6 und 3.7 des GHS[1)]), soweit sie bereits auf Grund anderer Kriterien den Klassen 2 bis 9 zugeordnet sind*
   C Krebserzeugend
   M Erbgutverändernd
   R Fortpflanzungsgefährdend — Typ N geschlossen — Ladetankwandung keine Außenhaut; Öffnungsdruck Über-druck-/Hochgeschwindigkeitsventils mindestens 10 kPa und, wenn Innendruck des Ladetanks höher als 10 kPa, mit Berieselungsanlage; (Berechnung des Dampfdrucks nach der Formel für Spalte 10, jedoch $v_a = 0{,}03$).

1) Da bisher noch keine international verbindliche Liste von CMR-Stoffen der Kategorie 1A und 1B existiert, findet hier in der Übergangszeit, bis zum Vorliegen einer solchen Liste, die Liste der CMR-Stoffe der Kategorie 1A und 1B entsprechend der Verordnung (EG) Nr. 1272/2008 des Europäischen Parlaments und des Rates in der jeweils geänderten Fassung Berücksichtigung.

10. *Auf der Wasseroberfläche schwimmende Stoffe («Floater») oder auf den Gewässergrund absinkende Stoffe («Sinker») (Kriterien nach 2.2.9.1.10.5), soweit sie bereits auf Grund anderer Kriterien den Klassen 3 bis 9 zugeordnet sind und sich für sie aus der vorgenannten Einteilung ein Typ N ergibt*

Typ N offen — Ladetankwandung keine Außenhaut

B. Spalte 9: Bestimmung der Ladetankausrüstung

(1) Kühlanlage

Ob eine Kühlanlage erforderlich ist, ergibt sich aus Absatz A.

(2) Ladungsheizmöglichkeit

Eine Ladungsheizmöglichkeit ist erforderlich,

- wenn der Schmelzpunkt des zu befördernden Stoffes größer oder gleich + 15°C ist oder
- wenn der Schmelzpunkt des zu befördernden Stoffes größer als 0°C und kleiner als + 15°C ist und die Außentemperatur höchstens 4 K über dem Schmelzpunkt liegt. In der Spalte 20 wird die Bemerkung 6 eingetragen sowie die Temperatur, die sich ergibt aus: Schmelzpunkt + 4 K.

(3) Berieselungsanlage

Ob eine Berieselungsanlage erforderlich ist, ergibt sich aus Absatz A.

(4) Ladungsheizungsanlage an Bord

Eine Ladungsheizungsanlage an Bord ist erforderlich

- bei Stoffen, die nicht erstarren dürfen, da beim Wiederaufheizen gefährliche Reaktionen nicht auszuschließen sind, und
- bei Stoffen, deren Temperatur zuverlässig mindestens 15 K unter dem Flammpunkt des Stoffes gehalten werden muss.

C. Spalte 10: Bestimmung des Öffnungsdrucks des Hochgeschwindigkeitsventils in kPa

Der Öffnungsdruck des Hochgeschwindigkeitsventils ist für Typ C-Schiffe auf der Grundlage es Innendrucks des Ladetanks, aufgerundet auf 5 kPa, festzulegen.

Für die Berechnung des Innendrucks wird nachstehende Formel benutzt:

$$P_{max} = P_{Ob\,max} + \frac{k \cdot v_a (P_0 - P_{Da})}{v_a - \alpha \cdot \delta_t + \alpha \cdot \delta_t \cdot v_a} - P_0$$

$$k = \frac{T_{D\,max}}{T_a},$$

wobei:

P_{max}	:	Maximaler Innendruck in kPa
P_{Obmax}	:	Dampfdruck (absolut) bei maximaler Oberflächentemperatur der Flüssigkeit in kPa
P_{Da}	:	Dampfdruck (absolut) bei Einfülltemperatur in kPa
P_o	:	Luftdruck in kPa
V_a	:	Relatives freies Volumen bei Einfülltemperatur, bezogen auf den Fassungsraum des Ladetanks
α	:	Kubischer Ausdehnungskoeffizient in K^{-1}
δ_t	:	Mittlerer Temperaturanstieg der Flüssigkeit bei Erwärmung in K
T_{Dmax}	:	Maximale Dampftemperatur in K
T_a	:	Einfülltemperatur in K
k	:	Temperaturkorrekturfaktor
t_{Ob}	:	Maximale Oberflächentemperatur der Flüssigkeit in °C

In der Formel werden die folgenden Ausgangsgrößen benützt:

P_{Obmax}	:	bei 50°C bzw. 30°C
P_{Da}	:	bei 15°C
P_o	:	101,3kPa
V_a	:	5 % = 0,05
ϑ_t	:	5 K
T_{Dmax}	:	323 K und 310,8 K
T_a	:	288 K
t_{Ob}	:	50°C und 30°C

D. Spalte 11: Bestimmung des höchsten Füllungsgrads der Ladetanks

Wenn sich aus der in Absatz A aufgeführten Bestimmung des Tankschiffstyps

- ein Typ G ergibt: 91 %, für tiefgekühlte Stoffe jedoch 95 %
- ein Typ C ergibt: 95 %
- ein Typ N ergibt: 97 %, für geschmolzene Stoffe und für entzündbare flüssige Stoffe mit 175 kPa ≤ $P_{d\,50}$ < 300 kPa jedoch 95 %.

E. Spalte 13: Bestimmung der Art der Probeentnahmeeinrichtung

1 = geschlossen:
- Stoffe, die in Druckladetanks zu befördern sind
- Stoffe mit Buchstabe T im Klassifizierungscode gemäß Spalte 3b), die der Verpackungsgruppe I zugeordnet sind
- stabiliserte Stoffe, die unter Inertgasabdeckung zu befördern sind

2 = teilweise geschlossen:
- alle übrigen Stoffe, für die ein Typ C gefordert wird

3 = offen:
- alle übrigen Stoffe

F. Spalte 14: Bestimmung, ob Pumpenraum unter Deck erlaubt ist

nein
- alle Stoffe mit Buchstabe T im Klassifizierungscode gemäß Spalte 3b) mit Ausnahme von Stoffen der Klasse 2

ja
- alle übrigen Stoffe

G. Spalte 15: Bestimmung der Temperaturklasse

Die entzündbaren Stoffe werden auf der Grundlage ihrer Selbstentzündungstemperatur der jeweiligen Temperaturklasse zugeordnet:

Temperaturklasse	Zündtemperatur T der entzündbaren flüssigen Stoffe und Gase in °C
T 1	T > 450
T 2	300 < T ≤450
T 3	200 < T ≤300
T 4	135 < T ≤200
T 5	100 < T ≤135
T 6	85 < T ≤100

Falls Explosionsschutz erforderlich ist und die Selbstentzündungstemperatur nicht bekannt ist, muss die als sicher geschätzte Temperaturklasse T 4 eingetragen werden.

H. Spalte 16: Bestimmung der Explosionsgruppe

Die entzündbaren Stoffe werden auf der Grundlage ihrer Normspaltweite der jeweiligen Explosionsgruppe zugeordnet.

Die Ermittlung der Normspaltweite erfolgt nach Standard IEC 60079-20-1.

Folgende Explosionsgruppen werden unterschieden:

Explosionsgruppe	Normspaltweite in mm
II A	> 0,9
II B	≥ 0,5 bis ≤ 0,9
II C	< 0,5

Falls Explosionsschutz erforderlich ist und die Daten bezüglich Explosionsschutz nicht vorliegen, muss die als sicher geschätzte Explosionsgruppe II B eingetragen werden.

I. Spalte 17: Bestimmung, ob Explosionsschutz erforderlich ist

ja
- für Stoffe mit einem Flammpunkt ≤ 60°C
- für Stoffe, die beheizt bei einer Temperatur von weniger als 15 K unterhalb des Flammpunktes befördert werden müssen
- für Stoffe, die beheizt bei einer Temperatur von 15 K oder mehr unterhalb des Flammpunktes befördert werden müssen
- für entzündbare Gase

nein
- für alle übrigen Stoffe

J. Spalte 18: Bestimmung, ob eine persönliche Schutzausrüstung, ein Fluchtgerät, ein tragbares Gasspürgerät, ein tragbares Messgerät zum Nachweis von toxi-schen Gasen oder ein umluftabhängiges Atemschutzgerät erforderlich ist

- PP: bei allen Stoffen der Klasse 1 bis 9;
- EP: bei allen Stoffen
  - der Klasse 2 mit Buchstabe T oder C im Klassifizierungscode, der in Spalte 3b) angegeben ist,
  - der Klasse 3 mit Buchstabe T oder C im Klassifizierungscode, der in der Spalte 3b) angegeben ist,
  - der Klasse 4.1,
  - der Klasse 6.1 und
  - der Klasse 8,
  - mit CMR-Eigenschaften der Kategorie 1A oder 1B der Kapitel 3.5, 3.6 und 3.7 des GHS**);
- EX: für alle Stoffe, für die Explosionsschutz gefordert wird
- TOX: für alle Stoffe der Klasse 6.1
  für alle Stoffe der übrigen Klassen, mit Buchstabe T in der Spalte 3b)
  für Stoffe mit CMR-Eigenschaften der Kategorie 1A und 1B der Kapitel 3.5, 3.6 und 3.7 des GHS[7]
- A: für alle Stoffe, für die EX oder TOX gefordert wird

7) Da bisher noch keine international verbindliche Liste von CMR-Stoffen der Kategorie 1A und 1B existiert, findet hier in der Übergangszeit, bis zum Vorliegen einer solchen Liste, die Liste der CMR-Stoffe der Kategorie 1A und 1B entsprechend der Verordnung (EG) Nr. 1272/2008 des Europäischen Parlaments und des Rates in der jeweils geänderten Fassung Berücksichtigung.

K. Spalte 19: Bestimmung der Anzahl blauer Kegel/Lichter

Bei allen Stoffen der Klasse 2 mit Buchstabe F in der Spalte 3b):	1 Kegel/Licht
Bei allen Stoffen der Klassen 3 bis 9 mit Buchstabe F in der Spalte 3b), die der Verpackungsgruppe I oder II zugeordnet sind:	1 Kegel/Licht
Bei allen Stoffen der Klasse 2 mit Buchstabe T in der Spalte 3b):	2 Kegel/Lichter
Bei allen Stoffen der Klassen 3 bis 9 mit Buchstabe T in der Spalte 3b), die der Verpackungsgruppe I oder II zugeordnet sind:	2 Kegel/Lichter

L. Spalte 20: Bestimmung der Eintragungen der zusätzlichen Anforderungen und Bemerkungen

Bemerkung 1: Bemerkung 1 ist in Spalte 20 einzutragen bei UN 1005 AMMONIAK, WASSERFREI.

Bemerkung 2: Bemerkung 2 ist in Spalte 20 einzutragen bei stabilisierten Stoffen, die mit Sauerstoff reagieren können sowie bei Gasen mit der Gefahr 2.1, die in Spalte (5) angegeben ist.

Bemerkung 3: Bemerkung 3 ist in Spalte 20 einzutragen bei Stoffen, die stabilisiert werden müssen.

Bemerkung 4: Bemerkung 4 ist in Spalte 20 einzutragen bei Stoffen, die nicht erstarren dürfen, weil die Aufheizung zu gefährlichen Reaktionen führen kann.

Bemerkung 5: Bemerkung 5 ist in Spalte 20 einzutragen bei Stoffen, welche polymerisieren können.

Bemerkung 6: Bemerkung 6 ist in Spalte 20 einzutragen bei Stoffen, welche kristallisieren können sowie bei Stoffen, für die eine Heizungsanlage oder eine Heizungsmöglichkeit gefordert wird und deren Dampfdruck bei 20°C höher als 0,1 kPa ist.

Bemerkung 7: Bemerkung 7 ist in Spalte 20 einzutragen bei Stoffen, deren Schmelzpunkt größer oder gleich + 15°C ist.

Bemerkung 8: Bemerkung 8 ist in Spalte 20 einzutragen bei Stoffen, die mit Wasser gefährlich reagieren.

Bemerkung 9: Bemerkung 9 ist in Spalte 20 einzutragen bei UN 1131 KOHLENSTOFFDISULFID.

Bemerkung 10: Ist nicht mehr zu verwenden.

Bemerkung 11: Bemerkung 11 ist in Spalte 20 einzutragen bei UN 1040 ETHYLENOXID MIT STICKSTOFF.

Bemerkung 12: Bemerkung 12 ist in Spalte 20 einzutragen bei UN 1280 PROPYLENOXID und UN 2983 ETHYLENOXID UND PROPRYLENOXID, MISCHUNG.

Bemerkung 13: Bemerkung 13 ist in Spalte 20 einzutragen bei UN 1086 VINYLCHLORID STABILISIERT.

Bemerkung 14: Bemerkung 14 ist in Spalte 20 einzutragen bei Gemischen oder N.A.G.-Einträgen, die nicht eindeutig beschrieben sind und für die nach den Einstufungskriterien ein Typ N vorgesehen ist.

Bemerkung 15: Bemerkung 15 ist in Spalte 20 einzutragen bei Stoffen, die mit alkalischen oder sauren Stoffen wie Natronlauge oder Schwefelsäure gefährlich reagieren.

Bemerkung 16: Bemerkung 16 ist in Spalte 20 einzutragen bei Stoffen, bei denen durch örtlich übermäßige Erwärmung eine gefährliche Reaktion entstehen kann.

Bemerkung 17: Bemerkung 17 ist in Spalte 20 einzutragen bei Stoffen, wenn Bemerkung 4, 6 oder 7 eingetragen wird.

Bemerkung 18: Ist nicht mehr zu verwenden.

Bemerkung 19: Bemerkung 19 ist in Spalte 20 einzutragen bei Stoffen, die nie mit Wasser in Berührung kommen dürfen.

Bemerkung 20:	Bemerkung 20 ist in Spalte 20 einzutragen bei Stoffen, deren Beförderungstemperatur auf Grund des Werkstoffs der Ladetanks eine maximale Temperatur nicht überschreiten darf. Diese höchstzulässige Beförderungstemperatur ist unmittelbar hinter der Nummer 20 einzutragen.
Bemerkung 21:	Ist nicht mehr zu verwenden.
Bemerkung 22:	Bemerkung 22 ist in Spalte 20 einzutragen bei Stoffen, bei denen in Spalte 12 ein Bereich oder kein Wert angegeben ist.
Bemerkung 23:	Bemerkung 23 ist in Spalte 20 einzutragen bei Stoffen, die einen Innendruck des Ladetanks bei 30°C von weniger als 50 kPa haben und mit Berieselung befördert werden.
Bemerkung 24:	Bemerkung 24 ist in Spalte 20 einzutragen bei UN 3257 ERWÄRMTER FLÜSSIGER STOFF, N.A.G.
Bemerkung 25:	Bemerkung 25 ist in Spalte 20 einzutragen bei Stoffen, die beheizt in einem Ladetanktyp 3 befördert werden müssen.
Bemerkung 26:	Bemerkung 26 ist in Spalte 20 einzutragen bei Stoffen, die beheizt in einem Ladetanktyp 2 befördert werden müssen.
Bemerkung 27:	Bemerkung 27 ist in Spalte 20 einzutragen bei Stoffen, für die in der Spalte 2 eine N.A.G.- oder Gattungseintragung aufgenommen ist.
Bemerkung 28:	Bemerkung 28 ist in Spalte 20 einzutragen bei UN 2448 SCHWEFEL, GESCHMOLZEN.
Bemerkung 29:	Bemerkung 29 ist in Spalte 20 einzutragen bei Stoffen, für die in der Spalte 2 Angaben zum Dampfdruck oder zum Siedepunkt enthalten sind.
Bemerkung 30:	Bemerkung 30 ist in Spalte 20 einzutragen bei UN 1719, 1794, 1814, 1819, 1824, 1829, 1830, 1832, 1833, 1906, 2240, 2308, 2583, 2584, 2677, 2679, 2681, 2796, 2797, 2837 und 3320 unter den Eintragungen, für die ein Typ N offen gefordert wird.
Bemerkung 31:	Bemerkung 31 ist in Spalte 20 einzutragen bei Stoffen der Klasse 2 und bei UN 1280 PROPYLENOXID und UN 2983 ETHYLENOXID UND PROPYLENOXID, MISCHUNG der Klasse 3.
Bemerkung 32:	Bemerkung 32 ist in Spalte 20 einzutragen bei UN 2448 SCHWEFEL, GESCHMOLZEN der Klasse 4.1.
Bemerkung 33:	Bemerkung 33 ist in Spalte 20 einzutragen bei UN 2014 WASSERSTOFFPEROXID, WÄSSERIGE LÖSUNG und UN 2984 WASSERSTOFFPEROXID, WÄSSERIGE LÖSUNG der Klasse 5.1.
Bemerkung 34:	Bemerkung 34 ist in Spalte 20 einzutragen bei Stoffen, bei denen in der Spalte 5 die Gefahr 8 und in der Spalte 6 der Typ N angegeben ist.
Bemerkung 35:	Bemerkung 35 ist in Spalte (20) einzutragen bei Stoffen, bei denen die Kühlung vollständig unter Verdichtung zu gefährlichen Reaktionen führen kann. Dies gilt auch, wenn die Kühlung nur teilweise durch Verdichtung erfolgt.
Bemerkung 36:	(nicht mehr anwendbar)
Bemerkung 37:	Bemerkung 37 ist in Spalte 20 einzutragen bei Stoffen, bei denen das Ladungsbehältersystem dem vollen Dampfdruck der Ladung bei den oberen Grenzwerten der Auslegungsumgebungstemperaturen standhalten muss, unabhängig davon, welches System für das verdampfende Gas gewählt wurde.
Bemerkung 38:	Bemerkung 38 ist in Spalte 20 einzutragen bei Gemischen, deren Siedebeginn gemäß Norm ASTMD 86-01 größer als 60°C und kleiner gleich 85 °C ist.
Bemerkung 39:	Bemerkung 39 ist in Spalte 20 einzutragen bei UN 2187 KOHLENDIOXID, TIEFGEKÜHLT, FLÜSSIG, der Klasse 2
Bemerkung 40:	(nicht mehr anwendbar)
Bemerkung 41:	Bemerkung 41 ist in Spalte (20) einzutragen bei UN 2709 BUTYLBENZENE (n- BUTYLBENZEN).

Bemerkung 42: Bemerkung 42 ist in Spalte (20) einzutragen bei UN 1038 ETHYLEN, TIEFGEKÜHLT, FLÜSSIG und bei UN 1972 METHAN, TIEFGEKÜHLT, FLÜSSIG oder ERDGAS, TIEFGEKÜHLT, FLÜSSIG, mit hohem Methangehalt.

Bemerkung 43: Bemerkung 43 ist in Spalte (20) einzutragen bei allen Einträgen der Verpackungsgruppe I, bei denen in Spalte (3b) der Klassifizierungscode ein „F" (entzündbar) enthält und in Spalte (5) Gefahren ein „F" (Floater) zu finden ist.

Für bestimmte Stoffe oder Gegenstände geltende Sondervorschriften 3.3

3.3.1 Die in Kapitel 3.2 Tabelle A Spalte 6 bei Stoffen oder Gegenständen angegebenen Nummern entsprechen den in diesem Kapitel erläuterten Sondervorschriften, die für diese Stoffe oder Gegenstände gelten.

Wenn eine Sondervorschrift eine Vorschrift für die Kennzeichnung des Versandstücks enthält, müssen die Vorschriften des Unterabschnittes 5.2.1.2 a) und b) eingehalten werden. Wenn das erforderliche Kennzeichen ein besonderer Wortlaut ist, der in Anführungszeichen („") angegeben ist, wie „LITHIUMBATTERIEN ZUR ENTSORGUNG", muss das Kennzeichen eine Zeichenhöhe von mindestens 12 mm haben, sofern in der Sondervorschrift oder an anderer Stelle im ADN nichts anderes angegeben ist.

16 Muster von neuen oder bereits bestehenden explosiven Stoffen oder Gegenständen mit Explosivstoff, die unter anderem zu Versuchs-, Zuordnungs-, Forschungs- und Entwicklungszwecken, zu Qualitätskontrollzwecken oder als Handelsmuster befördert werden, dürfen nach den Vorschriften der zuständigen Behörde befördert werden (siehe Absatz 2.2.1.1.3). Die Masse nicht angefeuchteter oder nicht desensibilisierter explosiver Muster ist entsprechend den Vorschriften der zuständigen Behörde auf 10 kg in kleinen Versandstücken begrenzt. Die Masse angefeuchteter oder desensibilisierter Muster ist auf 25 kg begrenzt.

23 Dieser Stoff weist eine Gefahr der Entzündbarkeit auf, die aber nur unter extremen Brandbedingungen in einem abgeschlossenen Raum zutage tritt.

32 In anderer Form unterliegt dieser Stoff nicht den Vorschriften des ADN.

37 Dieser Stoff unterliegt nicht den Vorschriften des ADN, wenn er überzogen ist.

38 Dieser Stoff unterliegt nicht den Vorschriften des ADN, wenn er höchstens 0,1 Masse-% Calciumcarbid enthält.

39 Dieser Stoff unterliegt nicht den Vorschriften des ADN, wenn er weniger als 30 Masse-% oder mindestens 90 Masse-% Silicium enthält.

43 Werden diese Stoffe als Mittel zur Schädlingsbekämpfung (Pestizide) zur Beförderung aufgegeben, müssen sie unter der entsprechenden Pestizid-Eintragung und in Übereinstimmung mit den entsprechenden für Pestizide geltenden Vorschriften befördert werden (siehe Absätze 2.2.61.1.10 bis 2.2.61.1.11.2).

45 Antimonsulfide und -oxide mit einem Arsengehalt von höchstens 0,5 %, bezogen auf die Gesamtmasse, unterliegen nicht den Vorschriften des ADN.

47 Ferricyanide und Ferrocyanide unterliegen nicht den Vorschriften des ADN.

48 Enthält dieser Stoff mehr als 20 % Cyanwasserstoff, ist er nicht zur Beförderung zugelassen.

59 Diese Stoffe unterliegen nicht den Vorschriften des ADN, wenn sie höchstens 50 % Magnesium enthalten.

60 Beträgt die Konzentration mehr als 72 %, ist der Stoff nicht zur Beförderung zugelassen.

61 Die technische Benennung, durch die die offizielle Bezeichnung für die Beförderung ergänzt wird, ist die allgemein gebräuchliche, von der ISO zugelassene Benennung (siehe ISO-Norm 1750:1981 „Schädlingsbekämpfungsmittel und andere Agrarchemikalien - Gruppennamen" in der jeweils geänderten Fassung), eine andere Benennung gemäß „The WHO Recommended Classification of Pesticides by Hazard and Guidelines to Classification" oder die Benennung des aktiven Bestandteils (siehe auch Absätze 3.1.2.8.1 und 3.1.2.8.1.1).

62 Dieser Stoff unterliegt nicht den Vorschriften des ADN, wenn er höchstens 4 % Natriumhydroxid enthält.

65 Wasserstoffperoxid, wässerige Lösung mit weniger als 8 % Wasserstoffperoxid, unterliegt nicht den Vorschriften des ADN.

66 Quecksilbersulfid (Zinnober) unterliegt nicht den Vorschriften des ADN.

103 Ammoniumnitrit und Gemische von einem anorganischen Nitrit mit einem Ammoniumsalz sind zur Beförderung nicht zugelassen.

105 Nitrocellulose, die der Beschreibung der UN-Nummer 2556 oder 2557 entspricht, darf der Klasse 4.1 zugeordnet werden.

113 Die Beförderung chemisch instabiler Mischungen ist nicht zugelassen.

119 Kältemaschinen umfassen Maschinen oder andere Geräte, die speziell dafür ausgelegt sind, Lebensmittel oder andere Produkte in einem Innenabteil auf geringer Temperatur zu halten, sowie Klimaanlagen. Kältemaschinen und Bauteile von Kältemaschinen, die weniger als 12 kg Gas der Klasse 2 Buchstaben „A" oder „O" gemäß Absatz 2.2.2.1.3 oder weniger als 12 Liter Ammoniaklösung (UN-Nummer 2672) enthalten, unterliegen nicht den Vorschriften des ADN.

122 Die Nebengefahren und, soweit erforderlich, die Kontroll- und Notfalltemperatur sowie die UN-Nummer (Gattungseintragung) für jede bereits zugeordnete Zubereitung organischer Peroxide sind in Unterabschnitt 2.2.52.4, in Unterabschnitt 4.1.4.2 Verpackungsanweisung IBC 520 und in Absatz 4.2.5.2.6 des ADR Anweisung für ortsbewegliche Tanks T 23 angegeben.

123 (bleibt offen)

127 Ein anderer inerter Stoff oder ein anderes inertes Stoffgemisch darf verwendet werden, vorausgesetzt, dieser inerte Stoff hat gleiche Phlegmatisierungseigenschaften.

131 Der phlegmatisierte Stoff muss deutlich unempfindlicher sein als das trockene PETN.

135 Natriumdihydratsalz von Dichlorisocyanursäure unterliegt nicht den Kriterien für eine Aufnahme in die Klasse 5.1 und unterliegt nicht den Vorschriften des ADN, es sei denn, es entspricht den Kriterien für die Aufnahme in eine andere Klasse.

138 p-Brombenzylcyanid unterliegt nicht den Vorschriften des ADN.

141 Stoffe, die einer ausreichenden Wärmebehandlung unterzogen wurden, so dass sie während der Beförderung keine Gefahr darstellen, unterliegen nicht den Vorschriften des ADN.

142 Sojabohnenmehl, das mit Lösungsmittel extrahiert wurde, höchstens 1,5 % Öl und 11 % Feuchtigkeit und praktisch kein entzündbares Lösungsmittel enthält, unterliegt nicht den Vorschriften des ADN.

144 Wässerige Lösungen mit höchstens 24 Vol.-% Alkohol unterliegen nicht den Vorschriften des ADN.

145 Alkoholische Getränke der Verpackungsgruppe III unterliegen nicht den Vorschriften des ADN, wenn sie in Behältern mit einem Fassungsraum von höchstens 250 Litern befördert werden.

152 Die Zuordnung dieses Stoffes hängt von der Partikelgröße und der Verpackung ab, Grenzwerte wurden bisher nicht experimentell bestimmt. Die entsprechende Zuordnung muss nach den Vorschriften des Abschnitts 2.2.1 erfolgen.

153 Diese Eintragung gilt nur, wenn auf der Grundlage von Prüfungen nachgewiesen wird, dass die Stoffe in Berührung mit Wasser weder brennbar sind noch eine Tendenz zur Selbstentzündung zeigen und das entwickelte Gasgemisch nicht entzündbar ist.

163 Ein in Kapitel 3.2, Tabelle A namentlich genannter Stoff darf nicht unter dieser Eintragung befördert werden. Stoffe, die unter dieser Eintragung befördert werden, dürfen höchstens 20 % Nitrocellulose enthalten, vorausgesetzt, die Nitrocellulose enthält höchstens 12,6 % Stickstoff (in der Trockenmasse).

168 Asbest, der so in ein natürliches oder künstliches Bindemittel (wie Zement, Kunststoff, Asphalt, Harze oder Mineralien) eingebettet oder daran befestigt ist, dass es während der Beförderung nicht zum Freiwerden gefährlicher Mengen lungengängiger Asbestfasern kommen kann, unterliegt nicht den Vorschriften des ADN. Hergestellte Gegenstände, die Asbest enthalten und dieser Vorschrift nicht entsprechen, unterliegen den Vorschriften des ADN nicht, wenn sie so verpackt sind, dass es während der Beförderung nicht zum Freiwerden gefährlicher Mengen lungengängiger Asbestfasern kommen kann.

169 Phthalsäureanhydrid im festen Zustand und Tetrahydrophthalsäureanhydrid mit höchstens 0,05 % Maleinsäureanhydrid unterliegen nicht den Vorschriften des ADN.
Phthalsäureanhydrid mit höchstens 0,05 % Maleinsäureanhydrid, das in geschmolzenem Zustand über seinen Flammpunkt erwärmt zur Beförderung aufgegeben oder befördert wird, ist der UN-Nummer 3256 zuzuordnen.

172 Wenn ein radioaktiver Stoff eine oder mehrere Nebengefahren hat:

a) muss der Stoff gegebenenfalls unter Anwendung der in Teil 2 vorgesehenen und der Art der überwiegenden Nebengefahr entsprechenden Kriterien für die Verpackungsgruppe der Verpackungsgruppe I, II oder III zugeordnet werden;

b) müssen die Versandstücke mit den Gefahrzetteln bezettelt werden, die den einzelnen, von den Stoffen ausgehenden Nebengefahren entsprechen; entsprechende Großzettel (Placards) müssen in Übereinstimmung mit den anwendbaren Vorschriften des Abschnitts 5.3.1 an Güterbeförderungseinheiten angebracht werden;

c) muss für Zwecke der Dokumentation und der Kennzeichnung des Versandstücks die offizielle Benennung für die Beförderung mit dem Namen der Bestandteile, die am überwiegendsten für diese Nebengefahr(en) verantwortlich sind, in Klammern ergänzt werden;

d) müssen im Beförderungspapier die jeder Nebengefahr entsprechende(n) Nummer(n) der Gefahrzettelmuster nach der Nummer der Klasse „7" in Klammern und, sofern eine Verpackungsgruppe zugeordnet ist, die Verpackungsgruppe gemäß Absatz 5.4.1.1.1 d) angegeben werden.

Für das Verpacken siehe auch Absatz 4.1.9.1.5. des ADR

177 Bariumsulfat unterliegt nicht den Vorschriften des ADN.

178 Diese Bezeichnung darf nur mit Zustimmung der zuständigen Behörde des Ursprungslandes verwendet werden (siehe Absatz 2.2.1.1.3) und nur dann, wenn keine andere geeignete Bezeichnung in Kapitel 3.2, Tabelle A enthalten ist.

181 Versandstücke mit diesem Stoff sind außerdem mit einem Gefahrzettel nach Muster 1 (siehe Absatz 5.2.2.2.2) zu versehen, es sei denn, die zuständige Behörde des Ursprungslandes hat zugelassen, dass auf diesen Zettel beim geprüften Verpackungstyp verzichtet werden kann, weil Prüfungsergebnisse gezeigt haben, dass der Stoff in einer solchen Verpackung kein explosives Verhalten aufweist (siehe Absatz 5.2.2.1.9).

182 Die Gruppe der Alkalimetalle umfasst die Elemente Lithium, Natrium, Kalium, Rubidium und Caesium.

183 Die Gruppe der Erdalkalimetalle umfasst die Elemente Magnesium, Calcium, Strontium und Barium.

186 (gestrichen)

188 Die zur Beförderung aufgegebenen Zellen und Batterien unterliegen nicht den übrigen Vorschriften des ADN, wenn folgende Vorschriften erfüllt sind:

a) Eine Zelle mit Lithiummetall oder Lithiumlegierung enthält höchstens 1 g Lithium und eine Zelle mit Lithiumionen hat eine Nennenergie in Wattstunden von höchstens 20 Wh.

Bem. Wenn Lithiumbatterien, die dem Absatz 2.2.9.1.7 f) entsprechen, in Übereinstimmung mit dieser Sondervorschrift befördert werden, darf die Gesamtmenge an Lithium aller in der Batterie enthaltenen Lithium-Metall-Zellen nicht größer als 1,5 g und die Gesamtkapazität aller in der Batterie enthaltenen Lithium-Ionen-Zellen nicht größer als 10 Wh sein (siehe Sondervorschrift 387).

b) Eine Batterie mit Lithiummetall oder Lithiumlegierung enthält höchstens eine Gesamtmenge von 2 g Lithium und eine Batterie mit Lithiumionen hat eine Nennenergie in Wattstunden von höchstens 100 Wh. Batterien mit Lithium-Ionen, die unter diese Vorschrift fallen, müssen auf dem Außengehäuse mit der Nennenergie in Wattstunden gekennzeichnet sein, ausgenommen vor dem 1. Januar 2009 hergestellte Batterien.

Bem. Wenn Lithiumbatterien, die dem Absatz 2.2.9.1.7 f) entsprechen, in Übereinstimmung mit dieser Sondervorschrift befördert werden, darf die Gesamtmenge an Lithium aller in der Batterie enthaltenen Lithium-Metall-Zellen nicht größer als 1,5 g und die Gesamtkapazität aller in der Batterie enthaltenen Lithium-Ionen-Zellen nicht größer als 10 Wh sein (siehe Sondervorschrift 387).

c) Jede Zelle oder Batterie entspricht entspricht den Vorschriften der Absätze 2.2.9.1.7 a), e), gegebenenfalls f), und g).

d) Die Zellen und Batterien müssen, sofern sie nicht in Ausrüstungen eingebaut sind, in Innenverpackungen verpackt sein, welche die Zelle oder Batterie vollständig einschließen. Die Zellen und Batterien müssen so geschützt sein, dass Kurzschlüsse verhindert werden. Dies schließt den Schutz vor Kontakt mit elektrisch leitfähigen Werkstoffen innerhalb derselben Verpackung ein, der zu einem Kurzschluss führen kann. Die Innenverpackungen müssen in starken Außenverpackungen verpackt sein, die den Vorschriften der Unterabschnitte 4.1.1.1, 4.1.1.2 und 4.1.1.5 des ADR entsprechen.

e) Zellen und Batterien, die in Ausrüstungen eingebaut sind, müssen gegen Beschädigung und Kurzschluss geschützt sein; die Ausrüstungen müssen mit wirksamen Mitteln zur Verhinderung einer unbeabsichtigten Auslösung ausgestattet sein. Wenn Batterien in Ausrüstungen eingebaut sind, müssen die Ausrüstungen in starken Außenverpackungen verpackt sein, die aus einem geeigneten Werkstoff gefertigt sind, der in Bezug auf den Fassungsraum der Verpackung und die beabsichtigte Verwendung der Verpackung ausreichend stark und dimensioniert ist, es sei denn, die Batterie ist durch die Ausrüstung, in der sie enthalten ist, selbst entsprechend geschützt. Diese Vorschrift gilt nicht für Einrichtungen, die während der Beförderung absichtlich aktiv sind (Sender für die Identifizierung mit Hilfe elektromagnetischer Wellen (RFID), Uhren, Sensoren usw.) und die nicht in der Lage sind eine gefährliche Hitzeentwicklung zu erzeugen.

f) Jedes Versandstück muss mit dem entsprechenden in Unterabschnitt 5.2.1.9 abgebildeten Kennzeichen für Lithiumbatterien gekennzeichnet sein.

Diese Vorschrift gilt nicht für:

(i) Versandstücke, die nur in Ausrüstungen (einschließlich Platinen) eingebaute Knopfzellen-Batterien enthalten, und

(ii) Versandstücke, die höchstens vier in Ausrüstungen eingebaute Zellen oder zwei in Ausrüstungen eingebaute Batterien enthalten, sofern die Sendung höchstens zwei solcher Versandstücke umfasst

Wenn Versandstücke in eine Umverpackung eingesetzt werden, muss das Kennzeichen für Lithiumbatterien entweder deutlich sichtbar sein oder auf der Außenseite der Umverpackung wiederholt werden und die Umverpackung muss mit dem Ausdruck „UMVERPACKUNG“ gekennzeichnet sein. Die Buchstabenhöhe des Ausdrucks „UMVERPACKUNG“ muss mindestens 12 mm sein.

Bem. Versandstücke mit Lithiumbatterien, die in Übereinstimmung mit den Vorschriften des Teils 4 Kapitel 11 Verpackungsanweisung 965 oder 968 Abschnitt IB der Technischen Anweisungen der ICAO verpackt sind und mit dem Kennzeichen gemäß Unterabschnitt 5.2.1.9 (Kennzeichen für Lithiumbatterien) und dem Gefahrzettel nach Muster 9A gemäß Absatz 5.2.2.2.2 versehen sind, gelten als den Vorschriften dieser Sondervorschrift entsprechend.

g) Jedes Versandstück muss, sofern die Batterien nicht in Ausrüstungen eingebaut sind, in der Lage sein, einer Fallprüfung aus 1,2 m Höhe, unabhängig von seiner Ausrichtung, ohne Beschädigung der darin enthaltenen Zellen oder Batterien, ohne Verschiebung des Inhalts, die zu einer Berührung der Batterien (oder der Zellen) führt, und ohne Freisetzen des Inhalts standzuhalten.

h) Die Bruttomasse der Versandstücke darf 30 kg nicht überschreiten, es sei denn die Batterien sind in Ausrüstungen eingebaut oder mit Ausrüstungen verpackt.

In den oben aufgeführten Vorschriften und im gesamten ADN versteht man unter «Lithiummenge» die Masse des Lithiums in der Anode einer Zelle mit Lithiummetall oder Lithiumlegierung. „Ausrüstung" im Sinne dieser Sondervorschrift ist ein Gerät, für dessen Betrieb die Lithiumzellen oder -batterien elektrische Energie liefern.

Es bestehen verschiedene Eintragungen für Lithium-Metall-Batterien und Lithium-Ionen-Batterien, um für besondere Verkehrsträger die Beförderung dieser Batterien zu erleichtern und die Anwendung unterschiedlicher Notfalleinsatzmaßnahmen zu ermöglichen.

Eine aus einer einzelnen Zelle bestehende Batterie gemäß der Definition in Teil III Unterabschnitt 38.3.2.3 des Handbuchs Prüfungen und Kriterien gilt als „Zelle" und muss fur Zwecke dieser Sondervorschrift gemäß den Vorschriften für „Zellen" befördert werden.

190 Druckgaspackungen sind mit einem Schutz gegen unbeabsichtigtes Entleeren zu versehen. Druckgaspackungen mit einem Fassungsraum von höchstens 50 ml, die nur nicht giftige Stoffe enthalten, unterliegen nicht den Vorschriften des ADN.

191 Gefäße, klein, mit Gas (Gaspatronen) mit einem Fassungsraum von höchstens 50 ml, die nur nicht giftige Stoffe enthalten, unterliegen nicht den Vorschriften des ADN.

193 Diese Eintragung darf nur für ammoniumnitrathaltige Mehrnährstoffdüngemittel verwendet werden. Diese müssen in Übereinstimmung mit dem im Handbuch Prüfungen und Kriterien Teil III Abschnitt 39 festgelegten Verfahren klassifiziert werden. Düngemittel, die den Kriterien dieser UN-Nummer entsprechen, unterliegen den Vorschriften des ADN nur, wenn sie in loser Schüttung befördert werden.

194 Die Kontroll- und Notfalltemperatur, soweit erforderlich, und die UN-Nummer (Gattungseintragung) für jeden bereits zugeordneten selbstzersetzlichen Stoff sind in Unterabschnitt 2.2.41.4 angegeben.

196 Zubereitungen, die bei Laborversuchen weder im kavitierten Zustand detonieren noch deflagrieren, die bei Erhitzung unter Einschluss nicht reagieren und die keine Explosionskraft zeigen, dürfen unter dieser Eintragung befördert werden. Die Zubereitung muss auch thermisch stabil sein [d.h. die Temperatur der selbstbeschleunigenden Zersetzung (SADT) für ein Versandstück von 50 kg beträgt mindestens 60 °C]. Zubereitungen, die diesen Kriterien nicht entsprechen, sind unter den Vorschriften der Klasse 5.2 zu befördern (siehe Unterabschnitt 2.2.52.4).

198 Nitrocellulose, Lösungen, mit höchstens 20 % Nitrocellulose dürfen als Farbe, Druckfarbe bzw. Parfümerieerzeugnis befördert werden (siehe UN-Nummern 1210, 1263, 1266, 3066, 3469 und 3470).

199 Bleiverbindungen, die, wenn sie im Verhältnis von 1:1000 mit 0,07M-Salzsäure gemischt und die während einer Stunde bei einer Temperatur von 23°C ± 2°C umgerührt werden, eine Löslichkeit von höchstens 5 % aufweisen, (siehe Norm ISO 3711:1990 „Bleichromat-Pigmente und Bleichromat/molybdat-Pigmente – Anforderungen und Prüfung"), gelten als nicht löslich und unterliegen nicht den Vorschriften des ADN, es sei denn, sie entsprechen den Kriterien für die Aufnahme in eine andere Klasse.

201 Feuerzeuge und Nachfüllpatronen für Feuerzeuge müssen den Vorschriften des Staates entsprechen, in dem sie befüllt wurden. Sie müssen mit einem Schutz gegen unbeabsichtigtes Entleeren ausgerüstet sein. Die flüssige Phase des Gases darf 85 % des Fassungsraums des Gefäßes bei 15°C nicht überschreiten. Die Gefäße einschließlich der Verschlusseinrichtungen müssen einem Innendruck standhalten können, der dem doppelten Druck des verflüssigten Kohlenwasserstoffgases bei einer Temperatur von 55°C entspricht. Die Ventilmechanismen und Zündeinrichtungen müssen dicht verschlossen, mit einem Klebeband umschlossen oder durch ein anderes Mittel gesichert oder aber so ausgelegt sein, dass eine Betätigung oder ein Freiwerden des Inhalts während der Beförderung verhindert wird. Feuerzeuge dürfen nicht mehr als 10 g verflüssigtes Kohlenwasserstoffgas enthalten. Nachfüllpatronen für Feuerzeuge dürfen nicht mehr als 65 g verflüssigtes Kohlenwasserstoffgas enthalten.

Bem. Für Abfall-Feuerzeuge, die getrennt gesammelt werden, siehe Kapitel 3.3 Sondervorschrift 654.

203 Diese Eintragung darf nicht für UN 2315 POLYCHLORIERTE BIPHENYLE, FLÜSSIG und UN 3432 POLYCHLORIERTE BIPHENYLE, FEST verwendet werden.

204 gestrichen

205 Diese Eintragung darf nicht für UN 3155 PENTACHLORPHENOL verwendet werden.

207 Kunstoffpressmischungen können aus Polystyrol, Polymethylmethacrylat oder einem anderen Polymer sein.

208 Die handelsübliche Form von calciumnitrathaltigem Düngemittel, bestehend hauptsächlich aus einem Doppelsalz (Calciumnitrat und Ammoniumnitrat), das höchstens 10 % Ammoniumnitrat und mindestens 12 % Kristallwasser enthält, unterliegt nicht den Vorschriften des ADN.

210 Toxine aus Pflanzen, Tieren oder Bakterien, die ansteckungsgefährliche Stoffe enthalten, oder Toxine, die in ansteckungsgefährlichen Stoffen enthalten sind, sind Stoffe der Klasse 6.2.

215 Diese Eintragung gilt nur für den technisch reinen Stoff oder für Zubereitungen mit diesem Stoff, die eine SADT über 75°C haben; sie gilt deshalb nicht für Zubereitungen, die selbstzersetzliche Stoffe sind (selbstzersetzliche Stoffe siehe Unterabschnitt 2.2.41.4). Homogene Gemische mit höchstens 35 Masse-% Azodicarbonamid und mindestens 65 % eines inerten Stoffes unterliegen nicht den Vorschriften des ADN, sofern nicht die Kriterien einer anderen Klasse erfüllt werden.

216 Gemische fester Stoffe, die den Vorschriften des ADN nicht unterliegen, mit entzündbaren flüssigen Stoffen dürfen unter dieser Eintragung befördert werden, ohne dass zuvor die Klassifizierungskriterien der Klasse 4.1 angewendet werden, vorausgesetzt, zum Zeitpunkt des Verladens des Stoffes oder des Verschließens der Verpackung oder der Güterbeförderungseinheit ist keine freie Flüssigkeit sichtbar. Dicht verschlossene Päckchen und Gegenstände, die weniger als 10 ml eines in einem festen Stoff absorbierten entzündbaren flüssigen Stoffes der Verpackungsgruppe II oder III enthalten, unterliegen nicht den Vorschriften des ADN, vorausgesetzt, das Päckchen oder der Gegenstand enthält keine freie Flüssigkeit.

217 Gemische fester Stoffe, die den Vorschriften des ADN nicht unterliegen, mit giftigen flüssigen Stoffen dürfen unter dieser Eintragung befördert werden, ohne dass zuvor die Klassifizierungskriterien der Klasse 6.1 angewendet werden, vorausgesetzt, zum Zeitpunkt des Verladens des Stoffes oder des Verschließens der Verpackung oder der Güterbeförderungseinheit ist keine freie Flüssigkeit sichtbar. Diese Eintragung darf nicht für feste Stoffe verwendet werden, die einen flüssigen Stoff der Verpackungsgruppe I enthalten.

218 Gemische fester Stoffe, die den Vorschriften des ADN nicht unterliegen, mit ätzenden flüssigen Stoffen dürfen unter dieser Eintragung befördert werden, ohne dass zuvor die Klassifizierungskriterien der Klasse 8 angewendet werden, vorausgesetzt, zum Zeitpunkt des Verladens des Stoffes oder des Verschließens der Verpackung oder der Güterbeförderungseinheit ist keine freie Flüssigkeit sichtbar.

219 Genetisch veränderte Mikroorganismen (GMMO) und genetisch veränderte Organismen (GMO), die in Übereinstimmung mit der Verpackungsanweisung P 904 des Unterabschnitts 4.1.4.1 des ADR verpackt und gekennzeichnet sind, unterliegen nicht den übrigen Vorschriften des ADN.

Wenn GMMO oder GMO den Kriterien für eine Aufnahme in die Klasse 6.1 oder 6.2 (siehe Unterabschnitte 2.2.61.1 und 2.2.62.1) entsprechen, gelten die Vorschriften des ADN für die Beförderung giftiger oder ansteckungsgefährlicher Stoffe.

220 Unmittelbar nach der offiziellen Benennung für die Beförderung ist nur die technische Benennung des entzündbaren flüssigen Bestandteils dieser Lösung oder dieses Gemisches in Klammern anzugeben.

221 Stoffe, die unter diese Eintragung fallen, dürfen nicht der Verpackungsgruppe I angehören.

224 Der Stoff muss unter normalen Beförderungsbedingungen flüssig bleiben, es sei denn, durch Versuche kann nachgewiesen werden, dass die Empfindlichkeit in gefrorenem Zustand nicht größer ist als in flüssigem Zustand. Bei Temperaturen über – 15°C darf er nicht gefrieren.

225 Feuerlöscher, die unter diese Eintragung fallen, dürfen zur Sicherstellung ihrer Funktion mit Kartuschen ausgerüstet sein (Kartuschen für den mechanischen Antrieb des Klassifizierungscodes 1.4C oder 1.4S), ohne dass dadurch die Zuordnung zur Klasse 2 Gruppe A oder O gemäß 2.2.2.1.3 verändert wird, vorausgesetzt, die Gesamtmenge deflagrierender Explosivstoffe (Treibstoffe) beträgt höchstens 3,2 g je Feuerlöscher. Feuerlöscher müssen nach den im Herstellungsland angewendeten Vorschriften hergestellt, geprüft, zugelassen und bezettelt sein.

Bem. „Im Herstellungsland angewendete Vorschriften" bedeuten im Herstellungsland oder im Verwendungsland anwendbare Vorschriften.

Feuerlöscher unter dieser Eintragung umfassen:

a) tragbare Feuerlöscher für manuelle Handhabung und manuellen Betrieb;

b) Feuerlöscher für den Einbau in Flugzeugen;

c) auf Rädern montierte Feuerlöscher für manuelle Handhabung;

d) Feuerlöschausrüstungen oder -geräte, die auf Rädern oder auf Plattformen oder Einheiten mit Rädern montiert sind und die ähnlich wie (kleine) Anhänger befördert werden, und

e) Feuerlöscher, die aus einem nicht rollbaren Druckfass und einer Ausrüstung zusammengesetzt sind und deren Handhabung beispielsweise beim Be- oder Entladen mit einer Hubgabel oder einem Kran erfolgt.

Bem. Druckgefäße, die Gase für die Verwendung in oben genannten Feuerlöschern oder in stationären Feuerlöschanlagen enthalten, müssen, wenn sie getrennt befördert werden, den Vorschriften des Kapitels 6.2 des ADR und allen für das jeweilige gefährliche Gut anwendbaren Vorschriften entsprechen.

226 Zubereitungen dieses Stoffes, die mindestens 30 % nicht flüchtige, nicht entzündbare Phlegmatisierungsmittel enthalten, unterliegen nicht den Vorschriften des ADN.

227 Der Harnstoffnitratgehalt darf bei Phlegmatisierung mit Wasser und anorganischen inerten Stoffen 75 Masse-% nicht überschreiten, und das Gemisch darf durch den Test der Prüfreihe 1 Typ a) des Handbuchs Prüfungen und Kriterien Teil I nicht zur Explosion gebracht werden können.

228 Gemische, die nicht den Kriterien für entzündbare Gase entsprechen (siehe Absatz 2.2.2.1.5), sind unter UN 3163 zu befördern.

230 Lithiumzellen und -batterien dürfen unter dieser Eintragung befördert werden, wenn sie den Vorschriften des Absatzes 2.2.9.1.7 entsprechen.

235 Diese Eintragung gilt für Gegenstände, die explosive Stoffe der Klasse 1 enthalten und die auch gefährliche Güter anderer Klassen enthalten können. Diese Gegenstände werden zur Erhöhung der Sicherheit in Fahrzeugen, Schiffen oder Flugzeugen, z.B. als Airbag-Gasgeneratoren, Airbag-Module, Gurtstraffer und pyromechanische Einrichtungen verwendet.

236 Polyesterharz-Mehrkomponentensysteme bestehen aus zwei Komponenten: einem Grundprodukt (entweder Klasse 3 oder Klasse 4.1, jeweils Verpackungsgruppe II oder III) und einem Aktivierungsmittel (organisches Peroxid). Das organische Peroxid muss vom Typ D, E oder F sein und darf keine Temperaturkontrolle erfordern. Die Verpackungsgruppe nach den auf das Grundprodukt angewendeten Kriterien der Klasse 3 bzw. 4.1 muss II oder III sein. Die in Kapitel 3.2 Tabelle A Spalte (7a) angegebene Mengenbegrenzung gilt für das Grundprodukt.

237 Die Membranfilter einschließlich der Papiertrennblätter und der Überzugs- und Verstärkungswerkstoffe, usw., die während der Beförderung vorhanden sind, dürfen nach einer der im Handbuch Prüfungen und Kriterien Teil 1 Prüfreihe 1 a) beschriebenen Prüfungen nicht dazu neigen, eine Explosion zu übertragen.
Darüber hinaus kann die zuständige Behörde auf der Grundlage der Ergebnisse von geeigneten Prüfungen der Abbrandgeschwindigkeit unter Berücksichtigung der Standardprüfungen im Handbuch Prüfungen und Kriterien Teil III, Unterabschnitt 33.2.1 festlegen, dass Membranfilter aus Nitrocellulose in der Form, in der sie befördert werden sollen, nicht den für entzündbare feste Stoffe der Klasse 4.1 geltenden Vorschriften unterliegen.

238 a) Batterien gelten als auslaufsicher, wenn sie ohne Flüssigkeitsverlust die unten angegebene Vibrations- und Druckprüfung überstehen.

Vibrationsprüfung: Die Batterie wird auf der Prüfplatte eines Vibrationsgeräts festgeklemmt und einer einfachen sinusförmigen Bewegung mit einer Amplitude von 0,8 mm (1,6 mm Gesamtausschlag) ausgesetzt. Die Frequenz wird in Stufen von 1 Hz/min zwischen 10 Hz und 55 Hz verändert. Die gesamte Bandbreite der Frequenzen wird in beiden Richtungen in 95 ± 5 Minuten für jede Befestigungslage (Vibrationsrichtung) der Batterie durchlaufen. Die Batterie wird in drei zueinander senkrechten Positionen (einschließlich einer Position, bei der sich die Füll- und Entlüftungsöffnungen, soweit vorhanden, in umgekehrter Lage befinden) in Zeitabschnitten gleicher Dauer geprüft.

Druckprüfung: Im Anschluss an die Vibrationsprüfung wird die Batterie bei 24°C ± 4°C sechs Stunden lang einem Druckunterschied von mindestens 88 kPa ausgesetzt. Die Batterie wird in drei zueinander senkrechten Positionen (einschließlich einer Position, bei der sich die Füll- und Entlüftungsöffnungen, soweit vorhanden, in umgekehrter Lage befinden) jeweils mindestens sechs Stunden lang geprüft.

b) Auslaufsichere Batterien unterliegen nicht den Vorschriften des ADN, wenn bei einer Temperatur von 55°C im Falle eines Gehäusebruchs oder eines Risses im Gehäuse der Elektrolyt nicht austritt, keine freie Flüssigkeit vorhanden ist, die austreten kann, und die Pole der Batterien in versandfertiger Verpackung gegen Kurzschluss geschützt sind.

239 Die Batterien oder Zellen dürfen mit Ausnahme von Natrium, Schwefel oder Natriumverbindungen (z.B. Natriumpolysulfide und Natriumtetrachloraluminat) keine gefährlichen Stoffe enthalten. Die Batterien oder Zellen dürfen bei einer Temperatur, bei der sich das in ihnen enthaltene elementare Natrium verflüssigen kann, nur mit Zustimmung der zuständigen Behörde des Ursprungslandes und unter den von dieser festgelegten Bedingungen zur Beförderung aufgegeben werden. Ist das Ursprungsland keine Vertragspartei des ADN, müssen die Zustimmung und die Beförderungsvorschriften von der zuständigen Behörde der ersten von der Sendung berührten Vertragspartei des ADN anerkannt werden.

Die Zellen müssen aus dicht verschlossenen Metallgehäusen bestehen, die die gefährlichen Stoffe vollständig umschließen und die so gebaut und verschlossen sind, dass ein Freisetzen dieser Stoffe unter normalen Beförderungsbedingungen verhindert wird.

Die Batterien müssen aus Zellen bestehen, die in einem Metallgehäuse vollständig eingeschlossen und festgelegt sind, welches so gebaut und verschlossen ist, dass ein Freisetzen der gefährlichen Stoffe unter normalen Beförderungsbedingungen verhindert wird.

240 (gestrichen)

241 Die Zubereitung muss so hergestellt sein, dass sie homogen bleibt und während der Beförderung keine Phasentrennung erfolgt. Den Vorschriften des ADN unterliegen nicht Zubereitungen mit niedrigem Nitrocellulosegehalt, die keine gefährlichen Eigenschaften aufweisen, wenn sie den Prüfungen für die Bestimmung ihrer Detonations-, Deflagrations- oder Explosionsfähigkeit bei Erwärmung unter Einschluss nach den Prüfungen der Prüfreihen 1a), 2b) und 2c) des Teils I des Handbuchs Prüfungen und Kriterien unterzogen werden, und die sich nicht wie entzündbare Stoffe verhalten, wenn sie der Prüfung Nr.1 des Handbuchs Prüfungen und Kriterien Teil III, Unterabschnitt 33.2.1.4 unterzogen werden (für diese Prüfungen muss der Stoff in Plättchenform – soweit erforderlich – gemahlen und gesiebt werden, um die Korngröße auf höchstens 1,25 mm zu reduzieren).

242 Schwefel unterliegt nicht den Vorschriften des ADNR, wenn der Stoff in besonderer Form (z.B. Perlen, Granulat, Pellets, Pastillen oder Flocken) vorliegt.

243 Benzin und Ottokraftstoff für die Verwendung in Ottomotoren (z.B. Kraftfahrzeugen, ortsfesten Motoren und andere Motoren) sind ungeachtet der Bandbreite der Flüchtigkeit dieser Eintragung zuzuordnen.

244 Diese Eintragung umfasst z.B. Aluminiumkrätze, Aluminiumschlacke, gebrauchte Kathoden, gebrauchte Behälterauskleidungen und Aluminiumsalzschlacke.

247 Alkoholische Getränke mit mehr als 24 Vol.-%, aber höchstens 70 Vol.-% Alkohol dürfen, soweit sie im Rahmen des Herstellungsverfahrens befördert werden, unter den nachfolgend genannten Bedingungen in Holzfässern mit einem Fassungsraum von mehr als 250 Litern und höchstens 500 Litern, die, soweit anwendbar, den allgemeinen Vorschriften des Abschnitts 4.1.1 des ADR entsprechen, befördert werden:

a) die Holzfässer müssen vor dem Befüllen auf Dichtheit geprüft werden,

b) für die Ausdehnung der Flüssigkeit muss genügend füllungsfreier Raum (mindestens 3 %) vorgesehen werden,

c) die Holzfässer müssen mit nach oben gerichteten Spundlöchern befördert werden und

d) die Holzfässer müssen in Containern befördert werden, welche die Vorschriften des Internationalen Übereinkommens über sichere Container (CSC) erfüllen. Jedes Holzfass muss auf einem speziellen Schlitten befestigt und mit Hilfe geeigneter Mittel so verkeilt sein, dass jegliches Verschieben während der Beförderung ausgeschlossen wird.

249 Gegen Korrosion stabilisiertes Eisencer mit einem Eisengehalt von mindestens 10 % unterliegt nicht den Vorschriften des ADN.

250 Diese Eintragung darf nur für Proben chemischer Substanzen verwendet werden, die in Zusammenhang mit der Anwendung des Übereinkommens über das Verbot der Entwicklung, Herstellung, Lagerung und des Einsatzes chemischer Waffen und über die Vernichtung solcher Waffen zu Analysezwecken genommen wurden. Die Beförderung von Stoffen, die unter diese Eintragung fallen, muss nach der Verfahrenskette für den Schutz und die Sicherheit, die von der Organisation für das Verbot chemischer Waffen festgelegt wurde, erfolgen.

Die chemische Probe darf erst befördert werden, nachdem die zuständige Behörde oder der Generaldirektor der Organisation für das Verbot chemischer Waffen eine Genehmigung erteilt hat und sofern die Probe folgenden Vorschriften entspricht:

a) sie muss nach der Verpackungsanweisung 623 ▪▪▪ der Technischen Anweisungen der ICAO verpackt sein und

b) bei der Beförderung muss dem Beförderungspapier eine Ausfertigung des Dokuments über die Genehmigung der Beförderung, in der die Mengenbeschränkungen und die Verpackungsvorschriften angegeben sind, beigefügt sein.

251 Die Eintragung UN 3316 CHEMIE-TESTSATZ oder UN 3316 ERSTE-HILFE-AUSRÜSTUNG bezieht sich auf Kästen, Kassetten, usw., die kleine Mengen gefährlicher Güter enthalten, die z.B. für medizinische Zwecke, Analyse-, Prüf- oder Reparaturzwecke verwendet werden, enthalten. Diese Testsätze oder Ausrüstungen dürfen nur gefährliche Güter enthalten,

a) die als freigestellte Mengen zugelassen sind, welche die durch den Code in Kapitel 3.2 Tabelle A Spalte (7b) angegebene Menge nicht überschreiten, vorausgesetzt, die Nettomenge je Innenverpackung und die Nettomenge je Versandstück entsprechen den Vorschriften der Unterabschnitte 3.5.1.2 und 3.5.1.3, oder

b) die als begrenzte Mengen wie in Kapitel 3.2 Tabelle A Spalte (7a) angegeben zugelassen sind, vorausgesetzt, die Nettomenge je Innenverpackung ist nicht größer als 250 ml oder 250 g.

Die Bestandteile dieser Testsätze oder Ausrüstungen dürfen nicht gefährlich miteinander reagieren (siehe Begriffsbestimmung für gefährliche Reaktion in Abschnitt 1.2.1). Die Gesamtmenge gefährlicher Güter je Testsatz oder Ausrüstung darf nicht größer sein als 1 Liter oder 1 kg. ▪▪▪

Für Zwecke der Beschreibung der gefährlichen Güter im Beförderungspapier gemäß Absatz 5.4.1.1.1 muss die im Beförderungspapier angegebene Verpackungsgruppe der strengsten Verpackungsgruppe entsprechen, die einem der im Testsatz oder in der Ausrüstung enthaltenen Stoffe zugeordnet ist. Wenn der Testsatz oder die Ausrüstung nur gefährliche Güter enthält, denen keine Verpackungsgruppe zugeordnet ist, muss im Beförderungspapier keine Verpackungsgruppe angegeben werden.

Testsätze oder Ausrüstungen, die an Bord von Schiffen zu Zwecken der Ersten Hilfe oder der Verwendung an Ort und Stelle befördert werden, unterliegen nicht den Vorschriften des ADN.

Chemie-Testsätze und Erste-Hilfe-Ausrüstungen, die gefährliche Güter in Innenverpackungen in Mengen enthalten, welche die für die jeweiligen Stoffe anwendbaren und in Kapitel 3.2 Tabelle A Spalte (7a) festgelegten Mengengrenzen für begrenzte Mengen nicht überschreiten, dürfen nach den Vorschriften des Kapitels 3.4 befördert werden.

252 Wässerige Lösungen von Ammoniumnitrat mit höchstens 0,2 % brennbarer Stoffe und mit einer Konzentration von höchstens 80 % unterliegen nicht den Vorschriften des ADN, wenn das Ammoniumnitrat unter allen Beförderungsbedingungen gelöst bleibt.

266 Dieser Stoff darf, wenn er weniger Alkohol, Wasser oder Phlegmatisierungsmittel als angegeben enthält, nicht befördert werden, es sei denn, die zuständige Behörde hat eine besondere Genehmigung erteilt (siehe Unterabschnitt 2.2.1.1).

267 Sprengstoffe, Typ C, die Chlorate enthalten, müssen von explosiven Stoffen, die Ammoniumnitrat oder andere Ammoniumsalze enthalten, getrennt werden.

270 Wässerige Lösungen anorganischer fester Nitrate der Klasse 5.1 entsprechen nicht den Kriterien der Klasse 5.1, wenn die Konzentration der Stoffe in der Lösung bei der geringsten während der Beförderung erreichbaren Temperatur 80 % der Sättigungsgrenze nicht übersteigt.

271 Als Phlegmatisierungsmittel dürfen Lactose, Glucose oder ähnliche Mittel verwendet werden, vorausgesetzt, der Stoff enthält mindestens 90 Masse-% Phlegmatisierungsmittel. Die zuständige Behörde kann auf der Grundlage von Prüfungen der Prüfreihe 6 c) des Handbuchs Prüfungen und Kriterien Teil I Abschnitt 16, die an mindestens drei versandfertig vorbereiteten Verpackungen durchgeführt wurden, die Zuordnung dieser Gemische unter der Klasse 4.1 zulassen. Gemische mit mindestens 98 Masse-% Phlegmatisierungsmittel unterliegen nicht den Vorschriften des ADN. Versandstücke, die Gemische mit mindestens 90 Masse-% Phlegmatisierungsmittel enthalten, müssen nicht mit einem Gefahrzettel nach Muster 6.1 versehen sein.

272 Dieser Stoff darf unter den Vorschriften der Klasse 4.1 nur mit besonderer Genehmigung der zuständigen Behörde befördert werden (siehe UN-Nummer 0143 bzw. 0150).

273 Maneb und Manebzubereitungen, die gegen Selbsterhitzung stabilisiert sind, müssen nicht der Klasse 4.2 zugeordnet werden, wenn durch Prüfungen nachgewiesen werden kann, dass sich ein kubisches Volumen von 1 m^3 des Stoffes nicht selbst entzündet und die Temperatur in der Mitte der Probe 200°C nicht übersteigt, wenn die Probe während 24 Stunden auf einer Temperatur von mindestens 75°C ± 2°C gehalten wird.

274 Es gelten die Vorschriften nach Unterabschnitt 3.1.2.8.

278 Dieser Stoff darf nur mit Zustimmung der zuständigen Behörde auf der Grundlage der Ergebnisse der Prüfungen der Prüfreihe 2 und einer Prüfung der Prüfreihe 6 c) des Handbuchs Prüfungen und Kriterien Teil I an versandfertigen Versandstücken klassifiziert und befördert werden (siehe Unterabschnitt 2.2.1.1). Die zuständige Behörde muss die Verpackungsgruppe auf der Grundlage der Kriterien des Abschnitts 2.2.3 und des für die Prüfreihe 6 c) verwendeten Verpackungstyps festlegen.

279 Anstelle der strikten Anwendung der Klassifizierungskriterien des ADN wurde dieser Stoff auf Grund von Erfahrungen in Bezug auf den Menschen klassifiziert oder einer Verpackungsgruppe zugeordnet.

280 Diese Eintragung gilt für Sicherheitseinrichtungen für Fahrzeuge, Schiffe oder Flugzeuge, z.B. Airbag-Gasgeneratoren, Airbag-Module, Gurtstraffer und pyromechanische Einrichtungen, die gefährliche Güter der Klasse 1 oder anderer Klassen enthalten, sofern diese als Bauteile befördert werden und sofern diese Gegenstände im versandfertigen Zustand in Übereinstimmung mit der Prüfreihe 6 c) des Handbuchs *Prüfungen und Kriterien Teil I* geprüft worden sind, ohne dass eine Explosion der Einrichtung, eine Zertrümmerung des Einrichtungsgehäuses oder des Druckgefäßes und weder eine Splittergefahr noch eine thermische Reaktion festgestellt wurde, die Maßnahmen zur Feuerbekämpfung oder andere Notfallmaßnahmen in unmittelbarer Umgebung wesentlich behindern könnten. Diese Eintragung gilt nicht für die in der Sondervorschrift 296 beschriebenen Rettungsmittel (UN-Nummern 2990 und 3072).

283 Gegenstände, die ein Gas enthalten und als Stoßdämpfer dienen, einschließlich Stoßenergie absorbierence Einrichtungen oder Druckluftfedern unterliegen nicht den Vorschriften des ADN, vorausgesetzt:

a) jeder Gegenstand hat einen Gasbehälter mit einem Fassungsraum von höchstens 1,6 Liter und einen Ladedruck von höchstens 280 bar, wobei das Produkt aus Fassungsraum (Liter) und Ladedruck (bar) 80 nicht überschreitet (d.h. 0,5 Liter Fassungsraum und 160 bar Ladedruck, 1 Liter Fassungsraum und 80 bar Ladedruck, 1,6 Liter Fassungsraum und 50 bar Ladedruck, 0,28 Liter Fassungsraum und 280 bar Ladedruck);

b) jeder Gegenstand hat einen Berstdruck, der bei Produkten mit einem Fassungsraum des Gasbehälters von höchstens 0,5 Liter mindestens dem vierfachen Ladedruck und bei Produkten mit einem Fassungsraum des Gasbehälters von mehr als 0,5 Liter mindestens dem fünffachen Ladedruck bei 20°C entspricht;

c) jeder Gegenstand ist aus einem Werkstoff hergestellt, der bei Bruch nicht splittert;

d) jeder Gegenstand ist nach einer für die zuständige Behörde annehmbaren Qualitätssicherungsnorm gefertigt und

e) die Bauart wurde einem Brandtest unterzogen, bei dem nachgewiesen wurde, dass der Innendruck des Gegenstandes mittels einer Schmelzsicherung oder einer anderen Druckentlastungseinrichtung abgebaut wird, so dass der Gegenstand nicht splittern oder hochschießen kann.

Wegen Ausrüstungsteilen zum Betrieb von Fahrzeugen siehe auch 1.1.3.2 d) des ADR.

284 Ein Sauerstoffgenerator, chemisch, der oxidierende Stoffe enthält, muss folgenden Bedingungen entsprechen:

a) der Generator darf, wenn er eine Vorrichtung zur Auslösung von Explosivstoffen enthält, unter dieser Eintragung nur befördert werden, wenn er gemäß Bem. zu Absatz 2.2.1.1.1 b) von der Klasse 1 ausgeschlossen ist.

b) der Generator muss ohne seine Verpackung einer Fallprüfung aus 1,8 m Höhe auf eine starre, nicht federnde, ebene und horizontale Oberfläche in der Stellung, in der die Wahrscheinlichkeit eines Schadens am größten ist, ohne Austreten von Füllgut und ohne Auslösen standhalten.

c) wenn ein Generator mit einer Auslösevorrichtung ausgerüstet ist, muss er mindestens zwei wirksame Sicherungsvorrichtungen gegen unbeabsichtigtes Auslösen haben.

286 Membranfilter aus Nitrocellulose, die unter diese Eintragung fallen und jeweils eine Masse von höchstens 0,5 g haben, unterliegen den Vorschriften des ADN nicht, wenn sie einzeln in einem Gegenstand oder in einem dicht verschlossenen Päckchen enthalten sind.

288 Diese Stoffe dürfen nur mit Zustimmung der zuständigen Behörde auf der Grundlage der Ergebnisse von Prüfungen der Prüfreihe 2 und einer Prüfung der Prüfreihe 6 c) des Handbuchs Prüfungen und Kriterien Teil I an versandfertigen Versandstücken klassifiziert und befördert werden (siehe Unterabschnitt 2.2.1.1).

3.3 Für bestimmte Stoffe oder Gegenstände geltende Sondervorschriften

289 Sicherheitseinrichtungen, elektrische Auslösung, und Sicherheitseinrichtungen, pyrotechnisch, die in Fahrzeugen, Wagen, Schiffen oder Flugzeugen oder einbaufertigen Teilen, wie Lenksäulen, Türfüllungen, Sitze usw., montiert sind, unterliegen nicht den Vorschriften des ADN.

290 Wenn dieser radioaktive Stoff den Begriffsbestimmungen und Kriterien anderer in Teil 2 aufgeführter Klassen entspricht, ist er wie folgt zu klassifizieren:

a) Wenn der Stoff den in Kapitel 3.5 aufgeführten Kriterien für gefährliche Güter in freigestellten Mengen entspricht, müssen die Verpackungen dem Abschnitt 3.5.2 entsprechen und die Prüfvorschriften des Abschnitts 3.5.3 erfüllen. Alle übrigen für freigestellte Versandstücke radioaktiver Stoffe in Unterabschnitt 1.7.1.5 aufgeführten anwendbaren Vorschriften gelten ohne Verweis auf die andere Klasse.

b) Wenn die Menge die in Unterabschnitt 3.5.1.2 festgelegten Grenzwerte überschreitet, muss der Stoff nach der überwiegenden Nebengefahr klassifiziert werden. Das Beförderungspapier muss den Stoff mit der UN-Nummer und der offiziellen Benennung für die Beförderung beschreiben, die für die andere Klasse gelten, und durch die gemäß Kapitel 3.2 Tabelle A Spalte 2 für das freigestellte Versandstück radioaktiver Stoffe geltende Benennung ergänzt werden. Der Stoff muss nach den für diese UN-Nummer anwendbaren Vorschriften befördert werden. Nachfolgend ist ein Beispiel für die Angaben im Beförderungspapier dargestellt:
«UN 1993 ENTZÜNDBARER FLÜSSIGER STOFF, N.A.G. (Gemisch aus Ethanol und Toluen), radioaktive Stoffe, freigestelltes Versandstück – begrenzte Stoffmenge, 3, VG II».
Darüber hinaus gelten die Vorschriften des Absatzes 2.2.7.2.4.1.

c) Die Vorschriften des Kapitels 3.4 für die Beförderung von in begrenzten Mengen verpackten gefährlichen Gütern gelten nicht für gemäß Absatz b) klassifizierte Stoffe.

d) Wenn der Stoff einer Sondervorschrift entspricht, welche diesen Stoff von allen Vorschriften für gefährliche Güter der übrigen Klassen freistellt, muss er in Übereinstimmung mit der anwendbaren UN-Nummer der Klasse 7 zugeordnet werden und es gelten alle in Unterabschnitt 1.7.1.5 festgelegten Vorschriften.

291 Verflüssigte entzündbare Gase müssen in Bauteilen von Kältemaschinen enthalten sein. Diese Bauteile müssen mindestens für den dreifachen Betriebsdruck der Kältemaschine ausgelegt und geprüft sein. Die Kältemaschinen müssen so ausgelegt und gebaut sein, dass unter normalen Beförderungsbedingungen das verflüssigte Gas zurückgehalten und das Risiko des Berstens oder der Rissbildung der unter Druck stehenden Bauteile ausgeschlossen wird. Kältemaschinen und Bauteile von Kältemaschinen, die weniger als 12 kg Gas enthalten, unterliegen nicht den Vorschriften des ADN.

292 (gestrichen)

293 Für Zündhölzer gelten folgende Begriffsbestimmungen:

a) Sturmzündhölzer sind Zündhölzer, deren Köpfe mit einer reibungsempfindlichen Zündzusammensetzung und einer pyrotechnischen Zusammensetzung vorbereitet sind, die mit kleiner oder ohne Flamme, jedoch mit starker Hitze brennt;

b) Sicherheitszündhölzer sind Zündhölzer, die mit dem Heftchen, dem Briefchen oder der Schachtel kombiniert oder verbunden sind und nur auf einer vorbereiteten Oberfläche durch Reibung entzündet werden können;

c) Zündhölzer, überall zündbar, sind Zündhölzer, die auf einer festen Oberfläche durch Reibung entzündet werden können;

d) Wachszündhölzer sind Zündhölzer, die sowohl auf einer vorbereiteten als auch auf einer festen Oberfläche durch Reibung entzündet werden können.

295 Es ist nicht erforderlich, jede Batterie mit einem Kennzeichen und einem Gefahrzettel zu versehen, wenn auf der palettierten Ladung ein entsprechendes Kennzeichen und ein entsprechender Gefahrzettel angebracht sind.

296 Diese Eintragungen gelten für Rettungsmittel, wie Rettungsinseln oder -flöße, Auftriebshilfen und selbstaufblasende Rutschen. Die UN-Nummer 2990 gilt für selbstaufblasende Rettungsmittel, die UN-Nummer 3072 für nicht selbstaufblasende Rettungsmittel. Rettungsmittel dürfen enthalten:

a) Signalkörper (Klasse 1), die Rauch- und Leuchtkugeln enthalten dürfen und die in Verpackungen eingesetzt sind, die sie vor einer unbeabsichtigten Auslösung schützen;

b) nur die UN-Nummer 2990 darf Patronen – Antriebseinrichtungen der Unterklasse 1.4 Verträglichkeitsgruppe S – für den Selbstaufblas-Mechanismus enthalten, vorausgesetzt die Explosivstoffmenge je Rettungsmittel ist nicht größer als 3,2 g;

c) verdichtete oder verflüssigte Gase der Klasse 2 Gruppe A oder O gemäß Absatz 2.2.2.1.3;

d) Batterien (Akkumulatoren) (Klasse 8) und Lithiumbatterien (Klasse 9);

e) Erste-Hilfe-Ausrüstungen oder Reparaturausrüstungen, die geringe Mengen gefährlicher Güter enthalten (z.B. Stoffe der Klasse 3, 4.1, 5.2, 8 oder 9), oder

f) Zündhölzer, überall zündbar, die in Verpackungen eingesetzt sind, die sie vor einer unbeabsichtigten Auslösung schützen.

Rettungsmittel, die in widerstandsfähigen starren Außenverpackungen mit einer höchsten Gesamtbruttomasse von 40 kg verpackt sind und keine anderen gefährlichen Güter als verdichtete oder verflüssigte Gase der Klasse 2 Gruppe A oder O in Gefäßen mit einem Fassungsraum von höchstens 120 ml enthalten, die ausschließlich zum Zweck der Aktivierung des Rettungsmittels eingebaut sind, unterliegen nicht den Vorschriften des ADN.

300 Fischmehl, Fischabfälle und Krillmehl dürfen nicht verladen werden, wenn die Temperatur zum Zeitpunkt des Verladens mehr als 35°C oder 5°C mehr als Umgebungstemperatur beträgt, je nachdem, welcher der beiden Werte höher ist.

301 Diese Eintragung gilt nur für Maschinen oder Geräte, die gefährliche Güter als Rückstände oder als Bestandteil der Maschinen oder Geräte enthalten. Sie darf nicht für Maschinen oder Geräte verwendet werden, für die in Kapitel 3.2 Tabelle A bereits eine offizielle Benennung für die Beförderung besteht. Maschinen und Geräte, die unter dieser Eintragung befördert werden, dürfen nur gefährliche Güter enthalten, die für eine Beförderung in Übereinstimmung mit den Vorschriften des Kapitels 3.4 (begrenzte Mengen) zugelassen sind. Die Menge gefährlicher Güter in der Maschine oder im Gerät darf die in Kapitel 3.2 Tabelle A Spalte 7a für jedes einzelne enthaltene gefährliche Gut angegebene Menge nicht überschreiten. Wenn die Maschine oder das Gerät mehrere gefährliche Güter enthält, muss jedes gefährliche Gut getrennt eingeschlossen sein, um zu verhindern, dass diese während der Beförderung gefährlich miteinander reagieren (siehe Unterabschnitt 4.1.1.6 des ADR). Wenn sichergestellt werden muss, dass flüssige gefährliche Güter in ihrer vorgesehenen Ausrichtung verbleiben, müssen Ausrichtungspfeile gemäß den Vorschriften des Unterabschnitt 5.2.1.10 mindestens auf zwei gegenüberliegenden senkrechten Seiten angebracht sein, wobei die Pfeile in die richtige Richtung zeigen.

Bem. In dieser Sondervorschrift schließt der Verweis „bereits eine offizielle Benennung für die Beförderung existiert“ die spezifischen n.a.g.-Eintragungen der UN-Nummern 3537 bis 3548 aus.

302 Begaste Güterbeförderungseinheiten (CTU), die keine anderen gefährlichen Güter enthalten, unterliegen nur den Vorschriften des Abschnitts 5.5.2.

303 Die Gefäße müssen dem Klassifizierungscode des darin enthaltenen Gases oder Gasgemisches zugeordnet werden, der nach den Vorschriften des Abschnitts 2.2.2 zu bestimmen ist.

304 Diese Eintragung darf nur für die Beförderung nicht aktivierter Batterien verwendet werden, die Kaliumhydroxid, trocken, enthalten und die dazu bestimmt sind, vor der Verwendung durch die Hinzufügung einer geeigneten Menge von Wasser in die einzelnen Zellen aktiviert zu werden.

305 Diese Stoffe unterliegen in Konzentrationen von höchstens 50 mg/kg nicht den Vorschriften des ADN.

306 Diese Eintragung darf nur für Stoffe verwendet werden, die bei den Prüfungen gemäß Prüfreihe 2 (siehe Handbuch Prüfungen und Kriterien Teil I) zu unempfindlich für eine Zuordnung zur Klasse 1 sind.

307 Diese Eintragung darf nur für ammoniumnitrathaltige Düngemittel verwendet werden. Diese müssen in Übereinstimmung mit dem im Handbuch Prüfungen und Kriterien Teil III Abschnitt 39 festgelegten Verfahren vorbehaltlich der Einschränkungen in Absatz 2.2.51.2.2 dreizehnter und vierzehnter Spiegelstrich klassifiziert werden. Der im genannten Abschnitt 39 verwendete Begriff „zuständige Behörde" bedeutet die zuständige Behörde des Ursprungslandes. Ist das Ursprungsland keine Vertragspartei des ADN, so müssen die Klassifizierung und die Beförderungsbedingungen von der zuständigen Behörde der ersten von der Sendung berührten Vertragspartei des ADN anerkannt werden.

309 Diese Eintragung gilt für nicht sensibilisierte Emulsionen, Suspensionen und Gele, die sich hauptsächlich aus einem Gemisch von Ammoniumnitrat und einem Brennstoff zusammensetzen und die für die Herstellung eines Sprengstoffs Typ E nach einer zwingenden Vorbehandlung vor der Verwendung bestimmt sind.

Das Gemisch für Emulsionen hat typischerweise folgende Zusammensetzung: 60 bis 85 % Ammoniumnitrat, 5 bis 30 % Wasser, 2 bis 8 % Brennstoff, 0,5 bis 4 % Emulgator, 0 bis 10 % lösliche Flammenunterdrücker sowie Spurenzusätze. Ammoniumnitrat darf teilweise durch andere anorganische Nitratsalze ersetzt werden.

Das Gemisch für Suspensionen und Gele hat typischerweise folgende Zusammensetzung: 60 bis 85 % Ammoniumnitrat, 0 bis 5 % Natrium- oder Kaliumperchlorat, 0 bis 17 % Hexaminnitrat oder Monomethylaminnitrat, 5 bis 30 % Wasser, 2 bis 15 % Brennstoff, 0,5 bis 4 % Verdickungsmittel, 0 bis 10 % lösliche Flammenunterdrücker sowie Spurenzusätze. Ammoniumnitrat darf teilweise durch andere anorganische Nitratsalze ersetzt werden.

Diese Stoffe müssen die Prüfungen 8 a), b) und c) der Prüfreihe 8 des Handbuchs Prüfungen und Kriterien Teil I Abschnitt 18 bestehen und von der zuständigen Behörde zugelassen sein.

310 Die Prüfvorschriften des Handbuchs Prüfungen und Kriterien Teil III Unterabschnitt 38.3 gelten nicht für Produktionsserien von höchstens 100 Zellen oder Batterien oder für Vorproduktionsprototypen von Zellen oder Batterien, sofern diese Prototypen für die Prüfung befördert werden und gemäß Verpackungsanweisung P 910 des Unterabschnitts 4.1.4.1 des ADR bzw. Verpackungsanweisung LP 905 des Unterabschnitts 4.1.4.3 des ADR verpackt sind.

Im Beförderungspapier muss folgende Angabe enthalten sein: „BEFÖRDERUNG NACH SONDERVORSCHRIFT 310".

Beschädigte oder defekte Zellen und Batterien oder Ausrüstungen mit solchen Zellen und Batterien müssen in Übereinstimmung mit der Sondervorschrift 376 befördert werden und gemäß Verpackungsanweisung P 908 des Unterabschnitts 4.1.4.1 bzw. der Verpackungsanweisung LP 904 des Unterabschnitts 4.1.4.3 des ADR verpackt sein.

Zellen, Batterien oder Ausrüstungen mit Zellen und Batterien, die zur Entsorgung oder zum Recycling befördert werden, dürfen gemäß Sondervorschrift 377 und Verpackungsanweisung P 909 des Unterabschnitts 4.1.4.1 des ADR verpackt sein.

311 Die Stoffe dürfen nur mit Genehmigung der zuständigen Behörde auf der Grundlage der Ergebnisse der entsprechenden Prüfungen gemäß Handbuch Prüfungen und Kriterien Teil I unter dieser Eintragung befördert werden. Die Verpackung muss sicherstellen, dass der Prozentsatz des Lösungsmittels zu keinem Zeitpunkt während der Beförderung unter den in der Genehmigung der zuständigen Behörde festgelegten Wert fällt.

312 (gestrichen)

313 (gestrichen)

314 a) Diese Stoffe neigen bei erhöhten Temperaturen zur exothermen Zersetzung. Die Zersetzung kann durch Wärme oder durch Unreinheiten [d.h. pulverförmige Metalle (Eisen, Mangan, Kobalt, Magnesium) und ihre Verbindungen] ausgelöst werden.

b) Während der Beförderung dürfen diese Stoffe keiner direkten Sonneneinstrahlung und keinen Wärmquellen ausgesetzt sein und müssen an entsprechend belüfteten Stellen abgestellt sein.

315 Diese Eintragung darf nicht für Stoffe der Klasse 6.1 verwendet werden, welche den in Absatz 2.2.61.1.8 beschriebenen Kriterien für die Giftigkeit beim Einatmen für die Verpackungsgruppe I entsprechen.

316 Diese Eintragung gilt nur für Calciumhypochlorit, trocken, dass in Form nicht krümelnder Tabletten befördert wird.

317 „Spaltbar, freigestellt" gilt nur für solche spaltbaren Stoffe und Versandstücke, die spaltbare Stoffe enthalten, die gemäß Absatz 2.2.7.2.3.5 ausgenommen sind.

318 Für Zwecke der Dokumentation ist die offizielle Benennung für die Beförderung durch die technische Benennung zu ergänzen (siehe Unterabschnitt 3.1.2.8). Wenn die zu befördernden ansteckungsgefährlichen Stoffe nicht bekannt sind, jedoch der Verdacht besteht, dass sie den Kriterien für eine Aufnahme in Kategorie „A" und für eine Zuordnung zur UN-Nummer 2814 oder 2900 entsprechen, muss im Beförderungspapier der Wortlaut „Verdacht auf ansteckungsgefährlichen Stoff der Kategorie A" nach der offiziellen Benennung für die Beförderung in Klammern angegeben werden.

319 Stoffe, die in Übereinstimmung mit der Verpackungsanweisung P 650 des ADR verpackt bzw. gekennzeichnet sind, unterliegen keinen weiteren Vorschriften des ADN.

321 Bei diesen Speichersystemen ist immer davon auszugehen, dass sie Wasserstoff enthalten.

322 Diese Güter sind, wenn sie in Form nicht krümelnder Tabletten befördert werden, der Verpackungsgruppe III zugeordnet.

323 (bleibt offen)

324 Dieser Stoff muss in Konzentrationen von höchstens 99 % stabilisiert werden.

325 Im Falle von Uranhexafluorid, nicht spaltbar oder spaltbar, freigestellt, ist der Stoff der UN-Nummer 2978 zuzuordnen.

326 Im Falle von Uranhexafluorid, spaltbar, ist der Stoff der UN-Nummer 2977 zuzuordnen.

327 Abfall-Druckgaspackungen, die gemäß Absatz 5.4.1.1.3 versandt werden, dürfen für Wiederaufarbeitungs- oder Entsorgungszwecke unter dieser Eintragung befördert werden. Sie müssen nicht gegen Bewegung und unbeabsichtigtes Entleeren geschützt sein, vorausgesetzt, es werden Maßnahmen getroffen, um einen gefährlichen Druckaufbau und die Bildung einer gefährlichen Atmosphäre zu verhindern. Abfall-Druckgaspackungen mit Ausnahme von undichten oder stark verformten müssen gemäß Verpackungsanweisung P 207 des ADR und Sondervorschrift für die Verpackung PP 87 des ADR oder Verpackungsanweisung LP 200 des ADR und Sondervorschrift für die Verpackung L 2 des ADR verpackt sein. Undichte oder stark verformte Abfall-Druckgaspackungen müssen in Bergungsverpackungen befördert werden, vorausgesetzt, es werden geeignete Maßnahmen ergriffen, um einen gefährlichen Druckaufbau zu verhindern.

Bem. Im Seeverkehr dürfen Abfall-Druckgaspackungen nicht in geschlossenen Containern befördert werden.

328 Diese Eintragung gilt für Brennstoffzellen-Kartuschen, einschließlich Brennstoffzellen-Kartuschen in Ausrüstungen oder mit Ausrüstungen verpackt. Brennstoffzellen-Kartuschen, die in ein Brennstoffzellen-System eingebaut oder Bestandteil eines solchen Systems sind, gelten als Brennstoffzellen in Ausrüstungen. Eine Brennstoffzellen-Kartusche ist ein Gegenstand, in dem Brennstoff gespeichert wird, der über ein oder mehrere Ventile in die Brennstoffzelle abgegeben wird, welche die Abgabe von Brennstoff in die Brennstoffzelle steuern. Brennstoffzellen-Kartuschen, einschließlich solche, die in Ausrüstungen enthalten sind, müssen so ausgelegt und gebaut sein, dass unter normalen Beförderungsbedingungen ein Freiwerden des Brennstoffs verhindert wird.

Bauarten von Brennstoffzellen-Kartuschen, bei denen flüssige Stoffe als Brennstoffe verwendet werden, müssen einer Innendruckprüfung bei einem Druck von 100 kPa (Überdruck) unterzogen werden, ohne dass es zu einer Undichtheit kommt.

Mit Ausnahme von Brennstoffzellen-Kartuschen, die Wasserstoff in einem Metallhydrid enthalten und die der Sondervorschrift 339 entsprechen, muss für jede Bauart von Brennstoffzellen-Kartuschen nachgewiesen werden, dass sie einer Fallprüfung aus 1,2 Metern Höhe auf eine unnachgiebige Oberfläche in der Ausrichtung, die mit größter Wahrscheinlichkeit zu einem Versagen des Umschließungssystems führt, standhalten, ohne dass es zu einem Freiwerden des Inhalts kommt.

Wenn Lithium-Metall- oder Lithium-Ionen-Batterien im Brennstoffzellen-System enthalten sind, muss die Sendung unter dieser Eintragung und unter der jeweils geeigneten Eintragung UN 3091 LITHIUM-METALL-BATTERIEN IN AUSRÜSTUNGEN oder UN 3481 LITHIUM-IONENBATTERIEN IN AUSRÜSTUNGEN versandt werden.

329 (bleibt offen)

331 (bleibt offen)

332 Magnesiumnitrat-Hexahydrat unterliegt nicht den Vorschriften des ADN.

333 Gemische von Ethanol und Benzin oder Ottokraftstoff für die Verwendung in Ottomotoren (z.B. in Kraftfahrzeugen, ortsfesten Motoren und anderen Motoren) sind ungeachtet der Bandbreite der Flüchtigkeit dieser Eintragung zuzuordnen.

334 Eine Brennstoffzellen-Kartusche darf einen Aktivator enthalten, vorausgesetzt, dieser ist mit zwei voneinander unabhängigen Vorrichtungen ausgerüstet, die während der Beförderung eine unbeabsichtigte Mischung mit dem Brennstoff verhindern.

335 Gemische fester Stoffe, die nicht den Vorschriften des ADN unterliegen, und umweltgefährdender flüssiger oder fester Stoffe sind der UN-Nummer 3077 zuzuordnen und dürfen unter dieser Eintragung befördert werden, vorausgesetzt, zum Zeitpunkt des Verladens des Stoffes oder des Verschließens der Verpackung oder der Güterbeförderungseinheit ist keine freie Flüssigkeit sichtbar. Jede Güterbeförderungseinheit muss bei der Verwendung für die Beförderung in loser Schüttung flüssigkeitsdicht sein. Wenn zum Zeitpunkt des Verladens des Gemisches oder des Verschließens der Verpackung oder der Güterbeförderungseinheit freie Flüssigkeit sichtbar ist, ist das Gemisch der UN-Nummer 3082 zuzuordnen. Dicht verschlossene Päckchen und Gegenstände, die weniger als 10 ml eines in einem festen Stoff absorbierten umweltgefährdenden flüssigen Stoffes enthalten, wobei das Päckchen oder der Gegenstand jedoch keine freie Flüssigkeit enthalten darf, oder die weniger als 10 g eines umweltgefährdenden festen Stoffes enthalten, unterliegen nicht den Vorschriften des ADN.

336 Ein einzelnes Versandstück mit nicht brennbaren festen LSA-II- oder LSA-III-Stoffen darf bei Beförderung als Luftfracht höchstens eine Aktivität von 3000 A_2 aufweisen.

337 Typ B(U)- und Typ B(M)-Versandstücke dürfen bei Beförderung als Luftfracht höchstens folgende Aktivitäten aufweisen:

a) bei gering dispergierbaren radioaktiven Stoffen: wie für das Versandstückmuster zugelassen und im Zulassungszeugnis festgelegt;

b) bei radioaktiven Stoffen in besonderer Form: 3000 A_1 oder 100000 A_2, je nachdem welcher Wert niedriger ist, oder

c) bei allen anderen radioaktiven Stoffen: 3000 A_2.

338 Jede Brennstoffzellen-Kartusche, die unter dieser Eintragung befördert wird und für die Aufnahme eines verflüssigten entzündbaren Gases ausgelegt ist, muss folgenden Vorschriften entsprechen:

a) sie muss in der Lage sein, einem Druck standzuhalten, der mindestens dem Zweifachen des Gleichgewichtsdrucks des Inhalts bei 55°C entspricht, ohne dass zu einer Undichtheit oder einem Zerbersten kommt;

b) sie darf höchstens 200 ml verflüssigtes entzündbares Gas enthalten, dessen Dampfdruck bei 55°C 1000 kPa nicht übersteigen darf, und

c) sie muss die in Unterabschnitt 6.2.6.3.1 des ADR beschriebene Prüfung in einem Heißwasserbad bestehen.

339 Brennstoffzellen-Kartuschen, die Wasserstoff in einem Metallhydrid enthalten und unter dieser Eintragung befördert werden, müssen einen mit Wasser ausgeliterten Fassungsraum von höchstens 120 ml haben.

Der Druck in der Brennstoffzellen-Kartusche darf bei 55°C 5 MPa nicht überschreiten. Das Baumuster muss einem Druck standhalten, der dem zweifachen Auslegungsdruck der Kartusche bei 55°C oder dem um 200 kPa erhöhten Auslegungsdruck der Kartusche bei 55°C entspricht, je nachdem, welcher der beiden Werte höher ist, ohne dass es zu einer Undichtheit oder einem Zerbersten kommt. Der Druck, bei dem diese Prüfung durchgeführt wird, ist in der Freifallprüfung und der Prüfung der zyklischen Wasserstoffbefüllung und -entleerung als „Mindestberstdruck des Gehäuses" bezeichnet.

Brennstoffzellen-Kartuschen müssen nach den vom Hersteller vorgegebenen Verfahren befüllt werden. Der Hersteller muss für jede Brennstoffzellen-Kartusche folgende Information zur Verfügung stellen:

a) vor der ersten Befüllung und vor der Wiederbefüllung der Brennstoffzellen-Kartusche durchzuführende Prüfverfahren;

b) zu beachtende Sicherheitsvorkehrungen und potenzielle Gefahren;

c) Methode für die Bestimmung, wann der nominale Fassungsraum erreicht ist;

d) minimaler und maximaler Druckbereich;

e) minimaler und maximaler Temperaturbereich und

f) sonstige Vorschriften, die bei der ersten Befüllung und der Wiederbefüllung einzuhalten sind, einschließlich der Art der für die erste Befüllung und die Wiederbefüllung zu verwendenden Ausrüstung.

Die Brennstoffzellen-Kartuschen müssen so ausgelegt und gebaut sein, dass unter normalen Beförderungsbedingungen ein Austreten von Brennstoff verhindert wird. Jedes Kartuschen-Baumuster, einschließlich Kartuschen, die Bestandteil einer Brennstoffzelle sind, muss folgenden Prüfungen erfolgreich unterzogen werden:

Freifallprüfung

Eine Freifallprüfung aus 1,8 Metern Höhe auf eine unnachgiebige Oberfläche in vier verschiedenen Ausrichtungen:

a) vertikal auf das Ende, welches das Absperrventil enthält;

b) vertikal auf das Ende, welches dem Absperrventil gegenüber liegt;

c) horizontal auf eine nach oben zeigende Stahlspitze mit einem Durchmesser von 38 mm und

d) in einem 45°-Winkel auf das Ende, welches das Absperrventil enthält.

Beim Aufbringen einer Seifenlösung oder anderer gleichwertiger Mittel auf allen möglichen Undichtheitspunkten darf keine Undichtheit festgestellt werden, wenn die Kartusche bis zu ihrem nominalen Fülldruck aufgeladen wird. Die Brennstoffzellen-Kartusche muss anschließend bis zur Zerstörung hydrostatisch unter Druck gesetzt werden. Der aufgezeichnete Berstdruck muss 85 % des Mindestberstdrucks des Gehäuses überschreiten.

Brandprüfung

Eine Brennstoffzellen-Kartusche, die bis zum nominalen Fassungsraum mit Wasserstoff gefüllt ist, muss einer Brandprüfung unter Flammeneinschluss unterzogen werden. Es wird davon ausgegangen, dass das Kartuschen-Baumuster, das eine eingebaute Lüftungseinrichtung enthalten darf, die Brandprüfung bestanden hat, wenn:

a) der innere Druck ohne Zerbersten der Kartusche auf 0 bar Überdruck entlastet wird oder

b) die Kartusche dem Brand ohne Zerbersten mindestens 20 Minuten standhält.

Prüfung der zyklischen Wasserstoffbefüllung und -entleerung

Durch diese Prüfung soll sichergestellt werden, dass die Auslegungsbeanspruchungsgrenzwerte einer Brennstoffzellen-Kartusche während der Verwendung nicht überschritten werden.

Die Brennstoffzellen-Kartusche muss zyklisch von höchstens 5 % des nominalen Wasserstofffassungsraums auf mindestens 95 % des nominalen Wasserstofffassungsraums aufgefüllt und auf höchstens 5 % des nominalen Wasserstofffassungsraums entleert werden. Bei der Befüllung muss der nominale Fülldruck verwendet werden, und die Temperaturen müssen innerhalb des Betriebstemperaturbereichs liegen. Die zyklische Befüllung und Entleerung muss mindestens 100 Mal durchgeführt werden.

Nach der zyklischen Prüfung muss die Brennstoffzellen-Kartusche aufgefüllt und das durch die Kartusche verdrängte Wasservolumen gemessen werden. Es wird davon ausgegangen, dass das Kartuschen-Baumuster die Prüfung der zyklischen Wasserstoffbefüllung und -entleerung bestanden hat, wenn das Wasservolumen, das durch die der zyklischen Befüllung und Entleerung unterzogenen Kartusche verdrängt wird, nicht das Wasservolumen überschreitet, das von einer nicht der zyklischen Befüllung und Entleerung unterzogenen Kartusche, die zu 95 % ihres nominalen Fassungsraums aufgefüllt und zu 75 % des Mindestberstdrucks des Gehäuses unter Druck gesetzt ist, verdrängt wird.

Produktionsdichtheitsprüfung

Jede Brennstoffzellen-Kartusche muss, während sie mit ihrem nominalen Fülldruck unter Druck gesetzt ist, bei 15°C ± 5°C auf Undichtheiten geprüft werden. Beim Aufbringen einer Seifenlösung oder anderer gleichwertiger Mittel auf allen möglichen Undichtheitspunkten darf keine Undichtheit festgestellt werden.

Jede Brennstoffzellen-Kartusche muss dauerhaft mit folgenden Informationen gekennzeichnet sein:

a) dem nominalen Fülldruck in MPa;

b) der vom Hersteller vergebenen Seriennummer der Brennstoffzellen-Kartusche oder einer einmal vergebenen Identifizierungsnummer und

c) dem auf der höchsten Lebensdauer basierenden Ablaufdatum (Angabe des Jahres in vier Ziffern, des Monats in zwei Ziffern).

340 Chemie-Testsätze, Erste-Hilfe-Ausrüstungen oder Polyesterharz-Mehrkomponentensysteme, die gefährliche Stoffe in Innenverpackungen in Mengen enthalten, welche die für einzelne Stoffe anwendbaren, in Kapitel 3.2 Tabelle A Spalte 7b festgelegten Mengengrenzwerte für freigestellte Mengen nicht überschreiten, dürfen in Übereinstimmung mit Kapitel 3.5 befördert werden. Obwohl Stoffe der Klasse 5.2 in Kapitel 3.2 Tabelle A Spalte 7b nicht als freigestellte Mengen zugelassen sind, sind sie in solchen Testsätzen, Ausrüstungen oder Systemen zugelassen und dem Code E 2 zugeordnet (siehe Unterabschnitt 3.5.1.2).

341 (bleibt offen)

342 Innengefäße aus Glas (wie Ampullen oder Kapseln), die nur für die Verwendung in Sterilisationsgeräten vorgesehen sind, dürfen, wenn sie weniger als 30 ml Ethylenoxid je Innenverpackung und höchstens 300 ml je Außenverpackung enthalten, unabhängig von der Angabe «E 0» in Kapitel 3.2 Tabelle A Spalte 7b nach den Vorschriften des Kapitels 3.5 befördert werden, vorausgesetzt:

a) nach dem Befüllen wurde für jedes Innengefäß aus Glas die Dichtheit festgestellt, indem das Innengefäß aus Glas in ein Heißwasserbad mit einer Temperatur und für eine Dauer eingesetzt wird, die ausreichend sind, um sicherzustellen, dass ein Innendruck erreicht wird, der dem Dampfdruck von Ethylenoxid bei 55 C entspricht. Innengefäße aus Glas, die bei dieser Prüfung Anzeichen für eine Undichtheit, eine Verformung oder einen anderen Mangel liefern, dürfen nicht nach dieser Sondervorschrift befördert werden;

b) zusätzlich zu der in Abschnitt 3.5.2 vorgeschriebenen Verpackung wird jedes Innengefäß aus Glas in einen dichten Kunststoffsack eingesetzt, der mit Ethylenoxid verträglich und in der Lage ist, den Inhalt im Fall eines Bruchs oder einer Undichtheit des Innengefäßes aus Glas aufzunehmen, und

c) jedes Innengefäß aus Glas ist durch Mittel (z.B. Schutzhülsen oder Polsterung) geschützt, die ein Durchstoßen des Kunststoffsacks im Fall einer Beschädigung der Verpackung (z.B. durch Zerdrücken) verhindern.

343 Diese Eintragung gilt für Roherdöl, das Schwefelwasserstoff in ausreichender Konzentration enthält, so dass die vom Roherdöl entwickelten Dämpfe eine Gefahr beim Einatmen darstellen können. Die zugeordnete Verpackungsgruppe muss anhand der Gefahr der Entzündbarkeit und der Gefahr beim Einatmen nach dem Gefahrengrad bestimmt werden.

344 Die Vorschriften des Abschnitts 6.2.6 des ADR müssen eingehalten werden.

345 Dieses Gas, das in offenen Kryo-Behältern mit einem höchsten Fassungsraum von einem Liter und Doppelwänden aus Glas enthalten ist, bei denen der Zwischenraum zwischen der Innen- und Außenwand luftleer (vakuumisoliert) ist, unterliegt nicht den Vorschriften des ADN, vorausgesetzt, jeder Behälter wird in einer Außenverpackung mit ausreichendem Polstermaterial oder saugfähigem Material befördert, um ihn vor Beschädigungen durch Stoß zu schützen.

346 Offene Kryo-Behälter, die den Vorschriften der Verpackungsanweisung P 203 des Unterabschnitts 4.1.4.1 des ADR entsprechen und keine gefährlichen Güter mit Ausnahme von UN 1977 Stickstoff, tiefgekühlt, flüssig, der vollständig von einem porösen Material aufgesaugt ist, enthalten, unterliegen keinen weiteren Vorschriften des ADN.

347 Diese Eintragung darf nur verwendet werden, wenn die Ergebnisse der Prüfreihe 6 d) des Handbuchs Prüfungen und Kriterien Teil I gezeigt haben, dass alle aus der Funktion herrührenden Gefahren auf das Innere des Versandstücks beschränkt bleiben.

348 Batterien, die nach dem 31. Dezember 2011 hergestellt werden, müssen auf dem Außengehäuse mit der Nennenergie in Wattstunden gekennzeichnet sein.

349 Gemische eines Hypochlorits mit einem Ammoniumsalz sind zur Beförderung nicht zugelassen. UN 1791 Hypochloritlösung ist ein Stoff der Klasse 8.

350 Ammoniumbromat und seine wässerigen Lösungen sowie Gemische eines Bromats mit einem Ammoniumsalz sind zur Beförderung nicht zugelassen.

351 Ammoniumchlorat und seine wässerigen Lösungen sowie Gemische eines Chlorats mit einem Ammoniumsalz sind zur Beförderung nicht zugelassen.

352 Ammoniumchlorit und seine wässerigen Lösungen sowie Gemische eines Chlorits mit einem Ammoniumsalz sind zur Beförderung nicht zugelassen.

353 Ammoniumpermanganat und seine wässerigen Lösungen sowie Gemische eines Permanganats mit einem Ammoniumsalz sind zur Beförderung nicht zugelassen.

354 Dieser Stoff ist beim Einatmen giftig.

355 Sauerstoffflaschen für Notfallzwecke, die unter dieser Eintragung befördert werden, dürfen eingebaute Auslösekartuschen (Kartusche mit Antriebseinrichtung der Unterklasse 1.4 Verträglichkeitsgruppe C oder S) enthalten, ohne dass dadurch die Zuordnung zur Klasse 2 verändert wird vorausgesetzt, die Gesamtmenge der deflagrierenden (antreibenden) explosiven Stoffe je Sauerstoffflasche überschreitet nicht 3,2 g. Die versandfertigen Flaschen mit den eingebauten Auslösekartuschen müssen über eine wirksame Vorrichtung zum Schutz vor unbeabsichtigtem Auslösen versehen sein.

356 Metallhydrid-Speichersystem(e), die für einen Einbau in Fahrzeugen, Wagen, Schiffen oder Flugzeugen vorgesehen sind, müssen vor der Annahme zur Beförderung von der zuständigen Behörde des Herstellungslandes[1)] zugelassen werden. Das Beförderungspapier muss die Angabe enthalten, dass das Versandstück von der zuständigen Behörde des Herstellungslandes[1)] zugelassen wurde, oder jede Sendung muss durch eine Kopie der Zulassung der zuständigen Behörde des Herstellungslandes[1)] begleitet werden.

1) Ist das Herstellungsland keine Vertragspartei des ADN, muss die Zulassung von der zuständigen Behörde einer Vertragspartei des ADN anerkannt werden.

357 Roherdöl, das Schwefelwasserstoff in ausreichender Konzentration enthält, so dass die vom Roherdöl entwickelten Dämpfe eine Gefahr beim Einatmen darstellen können, muss unter der Eintragung UN 3494 SCHWEFELREICHES ROHERDÖL, ENTZÜNDBAR, GIFTIG versandt werden.

358 Nitroglycerin, Lösung in Alkohol mit mehr als 1 %, aber höchstens 5 % Nitroglycerin darf der Klasse 3 und der UN-Nummer 3064 zugeordnet werden, vorausgesetzt, alle Vorschriften der Verpackungsanweisung P 300 des Unterabschnitts 4.1.4.1 des ADR werden erfüllt.

359 Nitroglycerin, Lösung in Alkohol mit mehr als 1 %, aber höchstens 5 % Nitroglycerin muss der Klasse 1 und der UN-Nummer 0144 zugeordnet werden, wenn nicht alle Vorschriften der Verpackungsanweisung P 300 des Unterabschnitts 4.1.4.1 des ADR erfüllt werden.

360 Fahrzeuge, die nur durch Lithium-Metall- oder Lithium-Ionen-Batterien angetrieben werden, müssen der Entragung UN 3171 Batteriebetriebenes Fahrzeug zugeordnet werden.

361 Diese Eintragung gilt für Doppelschicht-Kondensatoren mit einer Energiespeicher-Kapazität von mehr als 0,3 Wh. Kondensatoren mit einer Energiespeicherkapazität von höchstens 0,3 Wh unterliegen nicht den Vorschriften des ADN. Unter Energiespeicherkapazität versteht man die aus der Nennspannung und Nennkapazität errechnete Energie, die von dem Kondensator gespeichert wird. Alle Kondensatoren, für die diese Eintragung anwendbar ist, einschließlich Kondensatoren, die einen Elektrolyt enthalten, welcher nicht den Klassifizierungskriterien einer Gefahrgutklasse entspricht, müssen den folgenden Vorschriften entsprechen:

a) Kondensatoren, die nicht in Ausrüstungen eingebaut sind, müssen in ungeladenem Zustand befördert werden. Kondensatoren, die in Ausrüstungen eingebaut sind, müssen entweder in ungeladenem Zustand befördert werden oder gegen Kurzschluss geschützt sein;

b) Jeder Kondensator muss gegen die potenzielle Gefahr eines Kurzschlusses während der Beförderung wie folgt geschützt sein:

   (i) wenn die Energiespeicherkapazität eines Kondensators höchstens 10 Wh beträgt oder wenn die Energiespeicherkapazität jedes Kondensators in einem Modul höchstens 10 Wh beträgt, muss der Kondensator oder das Modul gegen Kurzschluss geschützt sein oder mit einem Metallbügel ausgestattet sein, der die Pole miteinander verbindet; und

   (ii) wenn die Energiespeicherkapazität eines Kondensators oder eines Kondensators in einem Modul mehr als 10 Wh beträgt, muss der Kondensator oder das Modul mit einem Metallbügel ausgestattet sein, der die Pole miteinander verbindet;

c) Kondensatoren, die gefährliche Güter enthalten, müssen so ausgelegt sein, dass sie einem Druckunterschied von 95 kPa standhalten;

d) Kondensatoren müssen so ausgelegt und gebaut sein, dass sie den Druck, der sich bei der Verwendung aufbauen kann, über ein Ventil oder über eine Sollbruchstelle im Kondensatorgehäuse sicher abbauen. Die bei der Entlüftung eventuell freiwerdende Flüssigkeit muss durch die Verpackung oder die Ausrüstung, in die der Kondensator eingebaut ist, zurückgehalten werden; und

e) Kondensatoren müssen mit der Energiespeicherkapazität in Wh gekennzeichnet sein.

Kondensatoren, die einen Elektrolyt enthalten, der den Klassifizierungskriterien keiner Gefahrgutklasse entspricht, einschließlich Kondensatoren in Ausrüstungen, unterliegen nicht den übrigenVorschriften des ADN.

Kondensatoren, die einen den Klassifizierungskriterien einer Gefahrgutklasse entsprechenden Elektrolyt enthalten und eine Energiespeicherkapazität von höchstens 10 Wh haben, unterliegen nicht den übrigen Vorschriften des ADN, wenn sie in der Lage sind, in unverpacktem Zustand einer Fallprüfung aus 1,2 Metern Höhe auf eine unnachgiebige Oberfläche ohne Verlust von Inhalt standzuhalten.

Kondensatoren, die einen den Klassifizierungskriterien einer Gefahrgutklasse entsprechenden Elektrolyt enthalten, nicht in Ausrüstungen eingebaut sind und eine Energiespeicherkapazität von mehr als 10 Wh haben, unterliegen den Vorschriften des ADN.

Kondensatoren, die in Ausrüstungen eingebaut sind und einen den Klassifizierungskriterien einer Gefahrgutklasse entsprechenden Elektrolyt enthalten, unterliegen nicht den übrigen Vorschriften des ADN, vorausgesetzt, die Ausrüstung ist in einer widerstandsfähigen Außenverpackung verpackt, die aus einem geeigneten Werkstoff hergestellt ist und hinsichtlich ihrer beabsichtigten Verwendung eine geeignete Festigkeit und Auslegung aufweist; die Außenverpackung muss außerdem so gebaut sein, dass ein unbeabsichtigter Betrieb der Kondensatoren während der Beförderung verhindert wird. Große widerstandsfähige Ausrüstungen mit Kondensatoren dürfen unverpackt oder auf Paletten zur Beförderung aufgegeben werden, wenn die Kondensatoren durch die Ausrüstung, in der sie enthalten sind, in gleichwertiger Weise geschützt werden.

Bem. Kondensatoren, die auf Grund ihrer Auslegung eine Endspannung aufrechterhalten (z.B. asymmetrische Kondensatoren) fallen nicht unter diese Eintragung.

362 (bleibt offen)

363 Diese Eintragung darf nur verwendet werden, wenn die Bedingungen dieser Sondervorschrift erfüllt werden. Die übrigen Vorschriften des ADN gelten nicht.

a) Diese Eintragung gilt für Motoren oder Maschinen, die durch als gefährliche Güter klassifizierte Brennstoffe[1] über Verbrennungssysteme oder Brennstoffzellen angetrieben werden (z. B. Verbrennungsmotoren, Generatoren, Kompressoren, Turbinen, Heizvorrichtungen usw.), ausgenommen Ausrüstungen von Fahrzeugen, die gemäß Sondervorschrift 666 der UN-Nummer 3166 zugeordnet sind.

Bem. Diese Eintragung gilt nicht für Einrichtungen gemäß den Unterabschnitten 1.1.3.2 a), d) und e), 1.1.3.3 und 1.1.3.7.

b) Motoren oder Maschinen, die frei von flüssigen oder gasförmigen Brennstoffen sind und keine anderen gefährlichen Güter enthalten, unterliegen nicht dem ADN.

Bem. 1. Ein Motor oder eine Maschine gilt als frei von flüssigen Brennstoffen, wenn der Flüssigbrennstoffbehälter entleert wurde und der Motor oder die Maschine wegen Brennstoffmangels nicht betrieben werden kann. Motoren- oder Maschinenbauteile wie Brennstoffleitungen, -filter und -einspritzer müssen nicht gereinigt, entleert oder entgast werden, damit sie als frei von flüssigen Brennstoffen gelten. Darüber hinaus muss der Flüssigbrennstoffbehälter nicht gereinigt oder entgast werden.

Bem. 2. Ein Motor oder eine Maschine gilt als frei von gasförmigen Brennstoffen, wenn die Behälter für gasförmige Brennstoffe frei von Flüssigkeiten (bei verflüssigten Gasen) sind, der Druck in den Behältern nicht größer als 2 bar ist und der Brennstoffabsperrhahn oder das Brennstoffabsperrventil geschlossen und gesichert ist.

---

[1] Der Begriff „Brennstoff" schließt auch Kraftstoffe ein.

c) Motoren und Maschinen, die Brennstoffe enthalten, die den Klassifizierungskriterien der Klasse 3 entsprechen, müssen je nach Fall der Eintragung UN 3528 VERBRENNUNGSMOTOR MIT ANTRIEB DURCH ENTZÜNDBARE FLÜSSIGKEIT oder UN 3528 BRENNSTOFFZELLEN-MOTOR MIT ANTRIEB DURCH ENTZÜNDBARE FLÜSSIGKEIT oder UN 3528 VERBRENNUNGSMASCHINE MIT ANTRIEB DURCH ENTZÜNDBARE FLÜSSIGKEIT oder UN 3528 MASCHINE MIT BRENNSTOFFZELLEN-MOTOR MIT ANTRIEB DURCH ENTZÜNDBARE FLÜSSIGKEIT zugeordnet werden.

d) Motoren und Maschinen, die Brennstoffe enthalten, die den Klassifizierungskriterien für entzündbare Gase der Klasse 2 entsprechen, müssen je nach Fall der Eintragung UN 3529 VERBRENNUNGSMOTOR MIT ANTRIEB DURCH ENTZÜNDBARES GAS oder UN 3529 BRENNSTOFFZELLEN-MOTOR MIT ANTRIEB DURCH ENTZÜNDBARES GAS oder UN 3529 VERBRENNUNGS-MASCHINE MIT ANTRIEB DURCH ENTZÜNDBARES GAS oder UN 3529 MASCHINE MIT BRENNSTOFFZELLEN-MOTOR MIT ANTRIEB DURCH ENTZÜNDBARES GAS zugeordnet werden.
Motoren und Maschinen, die sowohl durch ein entzündbares Gas als auch durch eine entzündbare Flüssigkeit angetrieben werden, müssen der entsprechenden Eintragung der UN-Nummer 3529 zugeordnet werden.

e) Motoren und Maschinen, die entzündbare Brennstoffe enthalten, die den Klassifizierungskriterien des Absatzes 2.2.9.1.10 für umweltgefährdende Stoffe und nicht den Klassifizierungskriterien einer anderen Klasse entsprechen, müssen der Eintragung UN 3530 VERBRENNUNGSMOTOR bzw. UN 3530 VERBRENNUNGS MASCHINE zugeordnet werden.

f) Sofern im ADN nichts anderes vorgeschrieben ist, dürfen Motoren oder Maschinen neben Brennstoffen auch andere gefährliche Güter enthalten (z. B. Batterien, Feuerlöscher, Druckgasspeicher oder Sicherheitseinrichtungen), die für ihre Funktion oder ihren sicheren Betrieb erforderlich sind, ohne dass sie in Bezug auf diese anderen gefährlichen Güter zusätzlichen Vorschriften unterliegen. Sofern in der Sondervorschrift 667 nichts anderes vorgesehen ist, müssen Lithiumbatterien jedoch den Vorschriften des Absatzes 2.2.9.1.7 entsprechen.

g) ▪▪▪ Der Motor oder die Maschine, einschließlich des Umschließungsmittels, das die gefährlichen Güter enthält, entspricht den Bauvorschriften der zuständigen Behörde des Herstellungslandes[1].

h) Alle Ventile oder Öffnungen (z. B. Luftungseinrichtungen) sind während der Beförderung geschlossen.

i) Die Motoren oder Maschinen sind so ausgerichtet, dass ein unbeabsichtigtes Freiwerden gefährlicher Güter verhindert wird, und sie sind durch Mittel gesichert, mit denen die Motoren oder Maschinen so fixiert werden können, dass Bewegungen während der Beförderung, die zu einer Veränderung der Ausrichtung oder zu einer Beschädigung führen können, verhindert werden.

j) Für die UN-Nummern 3528 und 3530:

Wenn der Motor oder die Maschine mehr als 60 Liter flüssigen Brennstoff bei einem Fassungsraum von mehr als 450 Litern, aber höchstens 3 000 Litern enthält, ist der Motor oder die Maschine gemäß Abschnitt 5.2.2 an zwei gegenüberliegenden Seiten bezettelt.

[1] Zum Beispiel Übereinstimmung mit den entsprechenden Vorschriften der Richtlinie 2006/42/EG des Europäischen Parlaments und des Rates vom 17. Mai 2006 über Maschinen und zur Änderung der Richtlinie 95/16/EG (Amtsblatt der Europäischen Union L 157 vom 9. Juni 2006, Seiten 24 bis 86).

Wenn der Motor oder die Maschine mehr als 60 Liter flüssigen Brennstoff bei einem Fassungsraum von mehr als 3 000 Litern enthält, ist der Motor oder die Maschine an zwei gegenüberliegenden Seiten mit Groszetteln (Placards) versehen. Die Großzettel (Placards) entsprechen den in Kapitel 3.2 Tabelle A Spalte 5 vorgeschriebenen Gefahrzetteln und den in Unterabschnitt 5.3.1.7 aufgeführten Beschreibungen. Die Großzettel (Placards) sind auf einem farblich kontrastierenden Hintergrund angebracht oder weisen entweder eine gestrichelte oder eine durchgehende äußere Begrenzungslinie auf.

k) Für die UN-Nummer 3529:

Wenn der Brennstoffbehälter des Motors oder der Maschine einen mit Wasser ausgeliterten Fassungsraum von mehr als 450 Litern, aber höchstens 1 000 Litern hat, ist der Motor oder die Maschine gemäß Abschnitt 5.2.2 an zwei gegenüberliegenden Seiten bezettelt.

Wenn der Brennstoffbehälter des Motors oder der Maschine einen mit Wasser ausgeliterten Fassungsraum von mehr als 1 000 Litern hat, ist der Motor oder die Maschine an zwei gegenüberliegenden Seiten mit Großzetteln (Placards) versehen. Die Großzettel (Placards) entsprechen den in Kapitel 3.2 Tabelle A Spalte 5 vorgeschriebenen Gefahrzetteln und den in Unterabschnitt 5.3.1.7 aufgeführten Beschreibungen. Die Großzettel (Placards) sind auf einem farblich kontrastierenden Hintergrund angebracht oder weisen entweder eine gestrichelte oder eine durchgehende äußere Begrenzungslinie auf.

l) Wenn der Motor oder die Maschine im Falle der UN-Nummern 3528 und 3530 mehr als 1000 Liter flüssige Brennstoffe enthält oder wenn der Brennstoffbehälter im Falle der UN-Nummer 3529 einen mit Wasser ausgeliterten Fassungsraum von mehr als 1000 Litern hat, ist ein Beförderungspapier gemäß Abschnitt 5.4.1 erforderlich.

In diesem Beförderungspapier ist zusätzlich zu vermerken: „BEFÖRDERUNG NACH SONDERVORSCHRIFT 363".

m) Die in der Verpackungsanweisung P 005 des Unterabschnitts 4.1.4.1 des ADR festgelegten Vorschriften müssen erfüllt werden.

364 Dieser Gegenstand darf unter den Vorschriften des Kapitels 3.4 nur dann befördert werden, wenn das versandfertige Versandstück in der Lage ist, die Prüfreihe 6 d) des Handbuchs Prüfungen und Kriterien Teil I nach den Bestimmungen der zuständigen Behörde erfolgreich zu bestehen.

365 Für hergestellte Instrumente und Gegenstände, die Quecksilber enthalten, siehe UN-Nummer 3506.

366 Hergestellte Instrumente und Gegenstände, die höchstens 1 kg Quecksilber enthalten, unterliegen nicht den Vorschriften des ADN.

367 Für Zwecke der Dokumentation gilt Folgendes:

Die offizielle Benennung für die Beförderung „Farbzubehörstoffe" darf für Sendungen von Versandstücken verwendet werden, die „Farbe" und „Farbzubehörstoffe" in ein und demselben Versandstück enthalten.

Die offizielle Benennung für die Beförderung „Farbzubehörstoffe, ätzend, entzündbar" darf für Sendungen von Versandstücken verwendet werden, die „Farbe, ätzend, entzündbar" und „Farbzubehörstoffe, ätzend, entzündbar" in ein und demselben Versandstück enthalten.

Die offizielle Benennung für die Beförderung „Farbzubehörstoffe, entzündbar, ätzend" darf für Sendungen von Versandstücken verwendet werden, die „Farbe, entzündbar, ätzend" und „Farbzubehörstoffe, entzündbar, ätzend" in ein und demselben Versandstück enthalten.

Die offizielle Benennung für die Beförderung „Druckfarbzubehörstoffe" darf für Sendungen von Versandstücken verwendet werden, die „Druckfarbe" und „Druckfarbzubehörstoffe" in ein und demselben Versandstück enthalten.

368 Im Fall von nicht spaltbarem oder spaltbarem freigestelltem Uranhexafluorid muss der Stoff der UN-Nummer 3507 oder 2978 zugeordnet werden.

369 Gemäß Absatz 2.1.3.5.3 a) ist dieser radioaktive Stoff in einem freigestellten Versandstück, der giftige und ätzende Eigenschaften besitzt, der Klasse 6.1 mit den Nebengefahren der Radioaktivität und der Ätzwirkung zugeordnet.

Uranhexafluorid darf dieser Eintragung nur zugeordnet werden, wenn die Vorschriften der Absätze 2.2.7.2.4.1.2, 2.2.7.2.4.1.5, 2.2.7.2.4.5.2 und für spaltbare freigestellte Stoffe des Absatzes 2.2.7.2.3.5 erfüllt sind.

Zusätzlich zu den für die Beförderung von Stoffen der Klasse 6.1 mit der Nebengefahr der Ätzwirkung anwendbaren Vorschriften gelten die Vorschriften des Unterabschnitts 5.1.3.2, der Absätze 5.1.5.2.2 und 5.1.5.4.1 b) sowie der Absätze (3.1), (5.1) bis (5.4) und (6) der Sondervorschrift CV 33 des Abschnitts 7.5.11 des ADR.

Das Anbringen eines Gefahrzettels der Klasse 7 ist nicht erforderlich.

370 Diese Eintragung gilt für:

– Ammoniumnitrat mit mehr als 0,2 % brennbaren Stoffen, einschließlich jedes als Kohlenstoff berechneten organischen Stoffes, unter Ausschluss jedes anderen zugesetzten Stoffes und
– Ammoniumnitrat mit nicht mehr als 0,2 % brennbaren Stoffen, einschließlich jedes als Kohlenstoff berechneten organischen Stoffes, unter Ausschluss jedes anderen zugesetzten Stoffes, das bei den Prüfungen gemäß Prüfreihe 2 (siehe *Handbuch Prüfungen und Kriterien* Teil I) zu einem positiven Ergebnis geführt hat. Siehe auch UN-Nummer 1942.

371 (1) Diese Eintragung gilt auch für Gegenstände, die ein kleines Druckgefäß mit einer Auslöseeinrichtung enthalten. Diese Gegenstände müssen folgenden Vorschriften entsprechen:

a) Der mit Wasser ausgeliterte Fassungsraum des Druckgefäßes darf 0,5 Liter und der Betriebsdruck bei 15 °C 25 bar nicht übersteigen.

b) Der Mindestberstdruck des Druckgefäßes muss mindestens dem vierfachen Gasdruck bei 15 °C entsprechen.

c) Jeder Gegenstand muss so hergestellt sein, dass unter normalen Handhabungs-, Verpackungs-, Beförderungs- und Verwendungsbedingungen ein unbeabsichtigtes Abfeuern oder Auslösen vermieden wird. Dies kann durch eine zusätzliche mit dem Auslöser verbundene Verschlusseinrichtung erfüllt werden.

d) Jeder Gegenstand muss so hergestellt sein, dass ein gefährliches Wegschleudern des Druckgefäßes oder Teile des Druckgefäßes verhindert wird.

e) Jedes Druckgefäß muss aus einem Werkstoff hergestellt sein, der bei Bruch nicht splittert.

f) Die Bauart des Gegenstands muss einer Brandprüfung unterzogen werden. Für diese Prüfung müssen die Vorschriften des Unterabschnitts 16.6.1.2 mit Ausnahme des Absatzes g) und die Vorschriften der Absätze 16.6.1.3.1 bis 16.6.1.3.6, 16.6.1.3.7 b) und 16.6.1.3.8 des Handbuchs Prüfungen und Kriterien angewendet werden. Es muss nachgewiesen werden, dass der Druck im Gegenstand mittels einer Schmelzsicherung oder einer anderen Druckentlastungseinrichtung abgebaut wird, so dass das Druckgefäß nicht splittern kann und der Gegenstand oder Splitter des Gegenstandes nicht mehr als 10 Meter hochschießen können.

g) Die Bauart des Gegenstandes muss der folgenden Prüfung unterzogen werden. Für die Auslösung eines Gegenstands in der Mitte der Verpackung muss ein Aktivierungsmechanismus verwendet werden. Außerhalb des Versandstücks darf es zu keinen gefährlichen Auswirkungen kommen, wie Bersten des Versandstücks oder Austreten von Metallteilen oder des Gefäßes selbst aus der Verpackung.

(2) Der Hersteller muss eine technische Dokumentation über die Bauart, die Herstellung sowie die Prüfungen und deren Ergebnisse anfertigen. Der Hersteller muss Verfahren anwenden, um sicherzustellen, dass in Serie hergestellte Gegenstände von guter Qualität sind, der Bauart entsprechen und in der Lage sind, die Vorschriften des Absatzes (1) zu erfüllen. Der Hersteller muss diese Informationen der zuständigen Behörde auf Verlangen zur Verfügung stellen.

372 Diese Eintragung gilt für asymmetrische Kondensatoren mit einer Energiespeicherkapazität von mehr als 0,3 Wh. Kondensatoren mit einer Energiespeicherkapazität von höchstens 0,3 Wh unterliegen nicht den Vorschriften des ADN.

Unter Energiespeicherkapazität versteht man die in einem Kondensator gespeicherte Energie, die anhand folgender Formel berechnet wird:

$$Wh = \frac{1}{2} C_N \left(U_R^2 - U_L^2 \right) \times \frac{1}{3600}$$

unter Verwendung der Nennkapazität (C_N), der Nennspannung (U_R) und der Nennspannungsuntergrenze (U_L).

Alle asymmetrischen Kondensatoren, für die diese Eintragung anwendbar ist, müssen den folgenden Vorschriften entsprechen:

a) Kondensatoren oder Module müssen gegen Kurzschluss geschützt sein;

b) Kondensatoren müssen so ausgelegt und gebaut sein, dass sie den Druck, der sich bei der Verwendung aufbauen kann, über ein Ventil oder über eine Sollbruchstelle im Kondensatorgehäuse sicher abbauen. Die bei der Entlüftung eventuell frei werdende Flüssigkeit muss durch die Verpackung oder die Ausrüstung, in die der Kondensator eingebaut ist, zurückgehalten werden;

c) Kondensatoren müssen mit der Energiespeicherkapazität in Wh gekennzeichnet sein und

d) Kondensatoren, die einen den Klassifizierungskriterien einer Gefahrgutklasse entsprechenden Elektrolyt enthalten, müssen so ausgelegt sein, dass sie einem Druckunterschied von 95 kPa standhalten.

Kondensatoren, die einen Elektrolyt enthalten, der den Klassifizierungskriterien keiner Gefahrgutklasse entspricht, einschließlich in einem Modul konfigurierte oder in Ausrüstungen eingebaute Kondensatoren, unterliegen nicht den übrigen Vorschriften des ADN.

Kondensatoren, die einen den Klassifizierungskriterien einer Gefahrgutklasse entsprechenden Elektrolyt enthalten und eine Energiespeicherkapazität von höchstens 20 Wh haben, einschließlich in einem Modul konfigurierte Kondensatoren, unterliegen nicht den übrigen Vorschriften des ADN, wenn die Kondensatoren in der Lage sind, in unverpacktem Zustand einer Fallprüfung aus 1,2 Metern Höhe auf eine unnachgiebige Oberfläche ohne Verlust von Inhalt standzuhalten.

Kondensatoren, die einen den Klassifizierungskriterien einer Gefahrgutklasse entsprechenden Elektrolyt enthalten, nicht in Ausrüstungen eingebaut sind und eine Energiespeicherkapazität von mehr als 20 Wh haben, unterliegen den Vorschriften des ADN.

Kondensatoren, die in Ausrüstungen eingebaut sind und einen den Klassifizierungskriterien einer Gefahrgutklasse entsprechenden Elektrolyt enthalten, unterliegen nicht den übrigen Vorschriften des ADN, vorausgesetzt, die Ausrüstung ist in einer widerstandsfähigen Außenverpackung verpackt, die aus einem geeigneten Werkstoff hergestellt ist und hinsichtlich ihrer beabsichtigten Verwendung eine geeignete Festigkeit und Auslegung aufweist; die Außenverpackung muss außerdem so gebaut sein, dass ein unbeabsichtigter Betrieb der Kondensatoren während der Beförderung verhindert wird. Große widerstandsfähige Ausrüstungen mit Kondensatoren dürfen unverpackt oder auf Paletten zur Beförderung aufgegeben werden, wenn die Kondensatoren durch die Ausrüstung, in der sie enthalten sind, in gleichwertiger Weise geschützt werden.

Bem. Ungeachtet der Bestimmungen dieser Sondervorschrift müssen asymmetrische Nickel-Kohlenstoff-Kondensatoren, die alkalische Elektrolyte der Klasse 8 enthalten, unter UN 2795 BATTERIEN (AKKUMULATOREN), NASS, GEFÜLLT MIT ALKALIEN, elektrische Sammler, befördert werden.

373 Neutronenstrahlungsdetektoren, die druckloses Bortrifluorid-Gas enthalten, dürfen unter dieser Eintragung befördert werden, vorausgesetzt, die folgenden Vorschriften werden erfüllt.

a) Jeder Strahlendetektor muss folgende Vorschriften erfüllen:

(i) der Absolutdruck bei 20 °C in jedem Detektor darf nicht größer sein als 105 kPa;

(ii) die Gasmenge je Detektor darf nicht größer sein als 13 g;

(iii) jeder Detektor muss gemäß einem registrierten Qualitätssicherungsprogramm hergestellt werden;

Bem. Die Norm ISO 9001 darf für diesen Zweck verwendet werden.

(iv) jeder Neutronenstrahlungsdetektor muss aus einer geschweißten Metallkonstruktion mit hartgelötetem Metall an keramischen Durchführungsbauteilen bestehen. Diese Detektoren müssen einen durch eine Bauartqualifizierungsprüfung nachgewiesenen Mindestberstdruck von 1800 kPa haben und

(v) jeder Detektor muss vor dem Befüllen auf einen Dichtheitsstandard von 1×10^{-10} cm^3/s geprüft werden.

b) Strahlendetektoren, die in Einzelteilen befördert werden, müssen wie folgt befördert werden:
   (i) die Detektoren müssen in einer dicht verschlossenen Zwischenauskleidung aus Kunststoff mit absorbierendem oder adsorbierendem Material verpackt sein, das ausreichend ist, um den gesamten Gasinhalt zu absorbieren oder adsorbieren;
   (ii) sie müssen in widerstandsfähigen Außenverpackungen verpackt sein. Das fertige Versandstück muss in der Lage sein, einer Fallprüfung aus 1,8 m Höhe ohne Verlust von Gasinhalt aus den Detektoren standzuhalten;
   (iii) die Gesamtmenge an Gas aller Detektoren je Außenverpackung darf nicht größer sein als 52 g.

c) Fertig gestellte Neutronenstrahlungsdetektionssysteme, die den Vorschriften des Absatzes a) entsprechende Detektoren enthalten, müssen wie folgt befördert werden:
   (i) die Detektoren müssen in einem widerstandsfähigen dicht verschlossenen Außengehäuse enthalten sein;
   (ii) das Gehäuse muss absorbierendes oder adsorbierendes Material enthalten, das ausreichend ist, um den gesamten Gasinhalt zu absorbieren oder adsorbieren;
   (iii) die fertig gestellten Systeme müssen in widerstandsfähigen Außenverpackungen verpackt sein, die in der Lage sind, einer Fallprüfung aus 1,8 m Höhe ohne Verlust von Inhalt standzuhalten, es sei denn, das Außengehäuse des Systems bietet einen gleichwertigen Schutz.

Die Verpackungsanweisung P 200 des Unterabschnitts 4.1.4.1 des ADR ist nicht anwendbar.

Das Beförderungspapier muss folgende Angabe enthalten:

„BEFÖRDERUNG GEMÄSS SONDERVORSCHRIFT 373".

Neutronenstrahlungsdetektoren, die höchstens 1 g Bortrifluorid enthalten, einschließlich solche mit gelöteter Glasverbindung, unterliegen nicht dem ADN, vorausgesetzt, sie entsprechen den Vorschriften des Absatzes a) und sind in Übereinstimmung mit Absatz b) verpackt. Strahlungsdetektionssysteme, die solche Detektoren enthalten, unterliegen nicht dem ADN, vorausgesetzt, sie sind in Übereinstimmung mit Absatz c) verpackt.

374 (bleibt offen)

375 Diese Stoffe unterliegen, wenn sie in Einzelverpackungen oder zusammengesetzten Verpackungen mit einer Nettomenge von höchstens 5 l flüssiger Stoffe oder einer Nettomasse von höchstens 5 kg fester Stoffe je Einzel- oder Innenverpackung befördert

werden, nicht den übrigen Vorschriften des ADN, vorausgesetzt, die Verpackungen entsprechen den allgemeinen Vorschriften der Unterabschnitte 4.1.1.1, 4.1.1.2 und 4.1.1.4 bis 4.1.1.8 des ADR.

376 Lithium-Ionen-Zellen oder -Batterien und Lithium-Metall-Zellen oder -Batterien, bei denen festgestellt wurde, dass sie so beschädigt oder defekt sind, dass sie nicht mehr dem nach den anwendbaren Vorschriften des Handbuchs Prüfungen und Kriterien geprüften Typ entsprechen, müssen den Vorschriften dieser Sondervorschrift entsprechen.

Für Zwecke dieser Sondervorschrift können dazu unter anderem gehören:

– Zellen oder Batterien, die aus Sicherheitsgründen als defekt identifiziert worden sind;

- ausgelaufene oder entgaste Zellen oder Batterien;
- Zellen oder Batterien, die vor der Beförderung nicht diagnostiziert werden können, oder
- Zellen oder Batterien, die eine äußerliche oder mechanische Beschädigung erlitten haben.

Bem. Bei der Beurteilung, ob eine Batterie beschädigt oder defekt ist, muss der Batterietyp und die vorherige Verwendung und Fehlnutzung der Batterie berücksichtigt werden.

Sofern in dieser Sondervorschrift nichts anderes festgelegt ist, müssen Zellen und Batterien nach den für die UN-Nummern 3090, 3091, 3480 und 3481 geltenden Vorschriften mit Ausnahme der Sondervorschrift 230 befördert werden.

Zellen und Batterien müssen in Übereinstimmung mit der Verpackungsanweisung P 908 des Unterabschnitts 4.1.4.1 des ADR bzw. LP 904 des Unterabschnitts 4.1.4.3 des ADR verpackt sein.

Zellen und Batterien, bei denen festgestellt wurde, dass sie beschädigt oder defekt sind und unter normalen Beförderungsbedingungen zu einer schnellen Zerlegung, gefährlichen Reaktion, Flammenbildung, gefährlichen Wärmeentwicklung oder einem gefährlichen Ausstoß giftiger, ätzender oder entzündbarer Gase oder Dämpfe neigen, müssen in Übereinstimmung mit der Verpackungsanweisung P 911 des Unterabschnitts 4.1.4.1 des ADR bzw. LP 906 des Unterabschnitts 4.1.4.3 des ADR befördert werden. Alternative Verpackungs- und/oder Beförderungsbedingungen dürfen von der zuständigen Behörde einer Vertragspartei des ADN zugelassen werden, wobei diese zuständige Behörde auch eine von der zuständigen Behörde eines Landes, das keine Vertragspartei des ADN ist, erteilte Genehmigung anerkennen kann, vorausgesetzt, diese wurde in Übereinstimmung mit den gemäß dem RID, dem ADR, dem ADN, dem IMDG-Code oder den Technischen Anweisungen der ICAO anwendbaren Verfahren erteilt. In beiden Fällen sind die Zellen und Batterien der Beförderungskategorie 0 zugeordnet.

Versandstücke müssen mit der Aufschrift „BESCHÄDIGTE/DEFEKTE LITHIUM-IONEN-BATTERIEN" bzw. „BESCHÄDIGTE/DEFEKTE LITHIUM-METALL-BATTERIEN" gekennzeichnet sein.

Im Beförderungspapier muss folgende Angabe enthalten sein: „BEFÖRDERUNG NACH SONDERVORSCHRIFT 376".

Sofern zutreffend, muss den Beförderungsunterlagen eine Kopie der Zulassung der zuständigen Behörde beigefügt werden.

377 Lithium-Ionen- und Lithium-Metall-Zellen und -Batterien und Ausrüstungen mit solchen Zellen und Batterien, die zur Entsorgung oder zum Recycling befördert werden und die mit oder ohne andere Batterien verpackt sind, die keine Lithiumbatterien sind, dürfen gemäß Verpackungsanweisung P 909 des Unterabschnitts 4.1.4.1 des ADR verpackt sein.

Diese Zellen und Batterien unterliegen nicht den Vorschriften des Absatzes 2.2.9.1.7 a) bis g).

Die Versandstücke müssen mit der Aufschrift „LITHIUMBATTERIEN ZUR ENTSORGUNG" oder „LITHIUMBATTERIEN ZUM RECYCLING" gekennzeichnet sein.

Batterien, bei denen eine Beschädigung oder ein Defekt festgestellt wurde, müssen in Übereinstimmung mit Sondervorschrift 376 befördert und in Übereinstimmung mit der Verpackungsanweisung P 908 des Unterabschnitts 4.1.4.1 bzw. LP 904 des Unterabschnitts 4.1.4.3 des ADR verpackt sein.

378 Strahlungsdetektoren, die dieses Gas in nicht nachfüllbaren Druckgefäßen enthalten, welche die Vorschriften des Kapitels 6.2 und des Unterabschnitts 4.1.4.1 des ADR Verpackungsanweisung P 200 nicht erfüllen, dürfen unter dieser Eintragung befördert werden, vorausgesetzt:

a) der Betriebsdruck in jedem Gefäß überschreitet nicht 50 bar;

b) der Fassungsraum des Gefäßes überschreitet nicht 12 Liter;

c) jedes Gefäß hat, sofern eine Entlastungseinrichtung angebracht ist, einen Mindestberstdruck von mindestens dem Dreifachen des Betriebsdrucks oder, sofern keine Entlastungseinrichtung angebracht ist, einen Mindestberstdruck von mindestens dem Vierfachen des Betriebsdrucks;

d) jedes Gefäß ist aus einem Werkstoff hergestellt, der bei Bruch nicht splittert;

e) jeder Detektor ist gemäß einem registrierten Qualitatssicherungsprogramm hergestellt;

Bem. Die Norm ISO 9001 darf für diesen Zweck verwendet werden.

f) die Detektoren werden in widerstandsfähigen Außenverpackungen befördert. Das fertige Versandstück muss in der Lage sein, einer Fallprüfung aus 1,2 m Höhe ohne Bruch des Detektors oder der Außenverpackung standzuhalten. Geräte, die einen Detektor enthalten, müssen in einer widerstandsfähigen Ausenverpackung verpackt sein, es sei denn, der Detektor wird durch das Gerät, in dem er enthalten ist, in gleichwertiger Weise geschützt, und

g) das Beförderungspapier enthalt folgende Angabe: „BEFÖRDERUNG GEMÄSS SONDERVORSCHRIFT 378".

Strahlungsdetektoren, einschließlich Detektoren in Strahlungsdetektionssystemen, unterliegen nicht den übrigen Vorschriften des ADN, wenn sie den Vorschriften der Absatze a) bis f) entsprechen und der Fassungsraum der Detektorgefäße 50 ml nicht überschreitet.

379 Ammoniak, wasserfrei, das an einem festen Stoff adsorbiert oder von einem festen Stoff absorbiert ist, der in Ammoniak-Dosiersystemen oder in Gefäßen, die als Bestandteile solcher Systeme vorgesehen sind, enthalten ist, unterliegt nicht den übrigen Vorschriften des ADN, wenn folgende Vorschriften beachtet werden:

a) Die Adsorption oder Absorption führt zu folgenden Eigenschaften:

(i) bei einer Temperatur von 20 °C ist der Druck im Gefäß kleiner als 0,6 bar;

(ii) bei einer Temperatur von 35 °C ist der Druck im Gefäß kleiner als 1 bar;

(iii) bei einer Temperatur von 85 °C ist der Druck im Gefäß kleiner als 12 bar;

b) der adsorbierende oder absorbierende Stoff hat keine gefährlichen Eigenschaften der Klassen 1 bis 8;

c) der höchstzulässige Inhalt eines Gefäßes beträgt 10 kg Ammoniak und

d) die Gefäße, die adsorbiertes oder absorbiertes Ammoniak enthalten, müssen folgenden Vorschriften entsprechen:

(i) die Gefäße müssen aus einem Werkstoff hergestellt sein, der gemäß Norm ISO 11114-1:2012 mit Ammoniak verträglich ist;

(ii) die Gefäße und ihre Verschlussmittel müssen luftdicht verschlossen und in der Lage sein, das gebildete Ammoniak zurückzuhalten;

(iii) jedes Gefäß muss in der Lage sein, dem bei 85 °C gebildeten Druck mit einer volumetrischen Ausdehnung von höchstens 0,1 % standzuhalten;

(iv) jedes Gefäß muss mit einer Einrichtung versehen sein, die ohne Gewaltbruch, Explosion oder Splittern eine Gasfreisetzung ermöglicht, sobald der Druck 15 bar überschreitet, und

(v) jedes Gefäß muss bei deaktivierter Druckentlastungseinrichtung einem Druck von 20 bar ohne Undichtheit standhalten.

Bei der Beförderung in einem Ammoniak-Dosiersystem müssen die Gefäße so mit der Dosiereinrichtung verbunden sein, dass diese Einheit dieselbe Festigkeit wie ein einzelnes Gefäß gewährleistet.

Die in dieser Sondervorschrift genannten mechanischen Festigkeitseigenschaften müssen unter Verwendung eines Prototyps eines bis zu seinem nominalen Fassungsraum gefüllter Gefäßes oder Dosiersystems geprüft werden, indem die Temperatur erhöht wird, bis die festgelegten Drücke erreicht sind.

Die Prüfergebnisse müssen dokumentiert werden, nachverfolgbar sein und den zutreffenden Behörden auf Anfrage mitgeteilt werden.

380 (bleibt offen)

381 (bleibt offen)

382 Polymer-Kügelchen können aus Polystyrol, Poly(methylmethacrylat) oder anderen polymeren Werkstoffen hergestellt sein. Wenn nachgewiesen werden kann, dass gemäß der Prüfung U1 (Prüfmethode für Stoffe, die entzündbare Dämpfe entwickeln können) des Handbuchs Prüfungen und Kriterien Teil III Unterabschnitt 38.4.4 keine entzündbaren Dämpfe entwickelt werden, die zu einer entzündbaren Atmosphäre führen, müssen schäumbare Polymer-Kügelchen nicht dieser UN-Nummer zugeordnet werden. Diese Prüfung sollte nur vorgenommen werden, wenn eine Ausstufung in Betracht gezogen wird.

383 Aus Zelluloid hergestellte Tischtennisbälle unterliegen nicht den Vorschriften des ADN, wenn die Nettomasse jedes einzelnen Tischtennisballs höchstens 3,0 g und die Gesamtnettomasse der Tischtennisbälle je Versandstück höchstens 500 g beträgt.

384 (bleibt offen)

385 (gestrichen)

386 Wenn Stoffe durch Temperaturkontrolle stabilisiert werden, gelten die Vorschriften des Absatzes 2.2.41.1.17, des Abschnitts 7.1.7, der Sondervorschrift V 8 des Kapitels 7.2 des ADR, der Sondervorschrift S4 des Kapitels 8.5 des ADR und die Vorschriften des Kapitels 9.6. Wenn eine chemische Stabilisierung angewendet wird, muss die Person, welche die Verpackung, das Großpackmittel (IBC) oder den Tank zur Beförderung übergibt, sicherstellen, dass das Ausmaß der Stabilisierung ausreichend ist, um eine gefährliche Polymerisation des Stoffes in der Verpackung, dem Grospackmittel (IBC) oder dem Tank bei einer mittleren Temperatur des Füllguts von 50 °C oder bei ortsbeweglichen Tanks von 45 °C zu verhindern. Wenn eine chemische Stabilisierung bei geringeren Temperaturen während der vorhergesehenen Beförderungsdauer unwirksam wird, ist eine Temperaturkontrolle erforderlich. Zu den Faktoren, die bei dieser Bestimmung zu berücksichtigen sind, zählen unter anderem der Fassungsraum und die Geometrie der Verpackung, des Großpackmittels (IBC) oder des Tanks, die Wirkung einer gegebenenfalls vorhandenen Isolierung, die Temperatur des Stoffes bei der Übergabe zur Beförderung, die Dauer der Beförderung und die während der Beförderung üblicherweise auftretenden Temperaturbedingungen (auch unter Berücksichtigung der Jahreszeit), die Wirksamkeit und die übrigen Eigenschaften des verwendeten Stabilisators, die vorgeschriebenen anwendbaren betrieblichen Kontrollen (z. B. Vorschriften in Bezug auf den Schutz vor Wärmequellen, einschließlich anderer Ladungen, die über der Umgebungstemperatur befördert werden) sowie alle übrigen relevanten Faktoren.

387 Lithiumbatterien gemäß Absatz 2.2.9.1.7 f), die sowohl Lithium-Metall-Primärzellen als auch wiederaufladbare Lithium-Ionen-Zellen enthalten, müssen der UN-Nummer 3090 bzw. 3091 zugeordnet werden. Wenn solche Batterien in Übereinstimmung mit der Sondervorschrift 188 befördert werden, darf die Gesamtmenge an Lithium aller in der Batterie enthaltenen Lithium-Metall-Zellen nicht größer sein als 1,5 g und die Gesamtkapazität aller in der Batterie enthaltenen Lithium-Ionen-Zellen darf nicht größer sein als 10 Wh.

388 Die Eintragungen der UN-Nummer 3166 gelten für Fahrzeuge, die durch Verbrennungsmotoren oder Brennstoffzellen mit entzündbarer Flüssigkeit oder entzündbarem Gas angetrieben werden.

Fahrzeuge, die durch einen Brennstoffzellen-Motor angetrieben werden, müssen der Eintragung UN 3166 BRENNSTOFFZELLEN-FAHRZEUG MIT ANTRIEB DURCH ENTZÜNDBARES GAS bzw. UN 3166 BRENNSTOFFZELLEN-FAHRZEUG MIT ANTRIEB DURCH ENTZÜNDBARE FLÜSSIGKEIT zugeordnet werden. Diese Eintragungen schließen elektrische Hybridfahrzeuge ein, die sowohl durch eine Brennstoffzelle als auch durch einen Verbrennungsmotor mit Nassbatterien, Natriumbatterien, Lithium-Metall-Batterien oder Lithium-Ionen-Batterien angetrieben und mit diesen Batterien im eingebauten Zustand befördert werden.

Andere Fahrzeuge, die einen Verbrennungsmotor enthalten, müssen der Eintragung UN 3166 FAHRZEUG MIT ANTRIEB DURCH ENTZÜNDBARES GAS bzw. UN 3166 FAHRZEUG MIT ANTRIEB DURCH ENTZÜNDBARE FLÜSSIGKEIT zugeordnet werden. Diese Eintragungen schließen elektrische Hybridfahrzeuge ein, die sowohl durch einen Verbrennungsmotor als auch durch Nassbatterien, Natriumbatterien, Lithium-Metall-Batterien oder Lithium-Ionen-Batterien angetrieben und mit diesen Batterien im eingebauten Zustand befördert werden.

Ein Fahrzeug, das durch einen Verbrennungsmotor mit Antrieb durch entzündbare Flüssigkeit und entzündbares Gas angetrieben wird, muss der Eintragung UN 3166 FAHRZEUG MIT ANTRIEB DURCH ENTZÜNDBARES GAS zugeordnet werden.

Die Eintragung der UN-Nummer 3171 gilt nur für Fahrzeuge, die durch Nassbatterien, Natriumbatterien, Lithium-Metall-Batterien oder Lithium-Ionen-Batterien, und für Geräte, die durch Nassbatterien oder Natriumbatterien angetrieben und mit diesen Batterien im eingebauten Zustand befördert werden.

„Fahrzeuge" im Sinne dieser Sondervorschrift sind selbstfahrende Geräte, die für die Beförderung einer oder mehrerer Personen oder von Gütern ausgelegt sind. Beispiele solcher Fahrzeuge sind Personenkraftwagen, Motorräder, Motorroller, Drei- oder Vierradfahrzeuge oder -motorräder, Lastkraftwagen, Lokomotiven, Fahrräder (mit Motor) oder andere Fahrzeuge dieser Art (z. B. selbstausbalancierende Fahrzeuge oder Fahrzeuge, die nicht mit mindestens einer Sitzgelegenheit ausgerüstet sind), Rollstühle, Aufsitzrasenmäher, selbstfahrende Landwirtschaftsgeräte und Baumaschinen, Boote und Flugzeuge. Dies schließt Fahrzeuge ein, die in einer Verpackung befördert werden. In diesem Fall dürfen einige Teile des Fahrzeugs vom Rahmen abgebaut werden, damit sie in die Verpackung passen.

Beispiele für Geräte sind Rasenmäher, Reinigungsmaschinen, Modellboote oder Modellflugzeuge. Geräte, die durch Lithium-Metall-Batterien oder Lithium-Ionen-Batterien angetrieben werden, müssen der Eintragung UN 3091 LITHIUM-METALL-BATTERIEN IN AUSRÜSTUNGEN, UN 3091 LITHIUM-METALL-BATTERIEN, MIT AUSRÜSTUNGEN VERPACKT, UN 3481 LITHIUM-IONENBATTERIEN IN AUSRÜSTUNGEN bzw. UN 3481 LITHIUM-IONEN-BATTERIEN, MIT AUSRÜSTUNGEN VERPACKT zugeordnet werden.

Gefährliche Güter, wie Batterien, Airbags, Feuerlöscher, Druckgasspeicher, Sicherheitseinrichtungen und andere integrale Bauteile des Fahrzeugs, die für den Betrieb des Fahrzeugs oder für die Sicherheit seines Bedienpersonals oder der Fahrgäste erforderlich sind, müssen sicher im Fahrzeug eingebaut sein und unterliegen nicht den übrigen Vorschriften des ADN. Sofern in der Sondervorschrift 667 nichts anderes vorgesehen ist, müssen Lithiumbatterien jedoch den Vorschriften des Absatzes 2.2.9.1.7 entsprechen.

Wenn eine in einem Fahrzeug oder einem Gerät eingebaute Lithiumbatterie beschädigt oder defekt ist, muss das Fahrzeug oder Gerät in Übereinstimmung mit den in der Sondervorschrift 667 c) festgelegten Bedingungen befördert werden.

389 Diese Eintragung gilt nur für Güterbeförderungseinheiten, in denen Lithium-Ionen-Batterien oder Lithium-Metall-Batterien eingebaut sind und die nur dafür ausgelegt sind, Energie außerhalb der Einheit bereitzustellen. Die Lithiumbatterien müssen den Vorschriften des Absatzes 2.2.9.1.7 a) bis g) entsprechen und die Systeme enthalten, die für die Verhinderung einer Überladung oder Tiefentladung der Batterien erforderlich sind.

Die Batterien müssen sicher am Innenaufbau der Güterbeförderungseinheit befestigt sein (z.B. in Gestellen oder Schränken), so dass bei Stößen, Belastungen und Vibrationen, die normalerweise während der Beförderung auftreten, Kurzschlüsse, eine unbeabsichtigte Bedienung und nennenswerte Bewegungen in der Güterbeförderungseinheit verhindert werden. Gefährliche Güter, die für den sicheren und ordnungsgemäßen Betrieb der Güterbeförderungseinheit erforderlich sind (z.B. Feuerlöschsysteme und Klimaanlagen), müssen in der Güterbeförderungseinheit ordnungsgemäß befestigt oder eingebaut sein und unterliegen nicht den übrigen Vorschriften des ADN. Gefährliche Güter, die für den sicheren und ordnungsgemäßen Betrieb der Güterbeförderungseinheit nicht erforderlich sind, dürfen nicht in der Güterbeförderungseinheit befördert werden.

Die Batterien in der Güterbeförderungseinheit unterliegen nicht den Vorschriften für die Kennzeichnung oder Bezettelung. Die Güterbeförderungseinheit muss auf zwei gegenüberliegenden Seiten mit orangefarbenen Tafeln in Übereinstimmung mit Unterabschnitt 5.3.2.2 und mit Großzetteln (Placards) in Übereinstimmung mit Unterabschnitt 5.3.1.1 versehen sein.

390 (bleibt offen)

391 (bleibt offen)

392 Bei der Beförderung von Gasspeichersystemen, die für den Einbau in Kraftfahrzeugen ausgelegt und zugelassen sind und dieses Gas enthalten, zur Entsorgung, zum Recycling, zur Reparatur, zur Prüfung, zur Wartung oder vom Herstellungsort zum Fahrzeugmontagewerk müssen die Vorschriften des Unterabschnitts 4.1.4.1 und des Kapitels 6.2 des ADR nicht angewendet werden, vorausgesetzt, die folgenden Vorschriften werden erfüllt:

a) Die Gasspeichersysteme entsprechen den jeweils zutreffenden Normen bzw. Vorschriften für Kraftstoffbehälter von Fahrzeugen. Beispiele anwendbarer Normen und Vorschriften sind:

Flüssiggas-Behälter	
UN-Regelung Nr. 67 Revision 2	Einheitliche Bedingungen über die: I. Genehmigung der speziellen Ausrüstung von Fahrzeugen der Klassen M und N, in deren Antriebssystem verflüssigte Gase verwendet werden; II. Genehmigung von Fahrzeugen der Klassen M und N, die mit der speziellen Ausrüstung für die Verwendung von verflüssigten Gasen in ihrem Antriebssystem ausgestattet sind, in Bezug auf den Einbau dieser Ausrüstung
UN-Regelung Nr. 115	Einheitliche Bedingungen für die Genehmigung der I. speziellen Nachrüstsysteme für Flüssiggas (LPG) zum Einbau in Kraftfahrzeuge zur Verwendung von Flüssiggas in ihrem Antriebssystem; II. speziellen Nachrüstsysteme für komprimiertes Erdgas (CNG) zum Einbau in Kraftfahrzeuge zur Verwendung von komprimiertem Erdgas in ihrem Antriebssystem

Behälter für verdichtetes Erdgas (CNG) und verflüssigtes Erdgas (LNG)	
UN-Regelung Nr. 110	Einheitliche Bedingungen für die Genehmigung: I. der speziellen Bauteile von Kraftfahrzeugen, in deren Antriebssystem komprimiertes Erdgas (CNG) und/oder Flüssigerdgas (LNG) verwendet wird, II. von Fahrzeugen hinsichtlich des Einbaus spezieller Bauteile eines genehmigten Typs für die Verwendung von komprimiertem Erdgas (CNG) und/oder Flüssigerdgas (LNG) in ihrem Antriebssystem
UN-Regelung Nr. 115	Einheitliche Bedingungen für die Genehmigung der I. speziellen Nachrüstsysteme für Flüssiggas (LPG) zum Einbau in Kraftfahrzeuge zur Verwendung von Flüssiggas in ihrem Antriebssystem; II. speziellen Nachrüstsysteme für komprimiertes Erdgas (CNG) zum Einbau in Kraftfahrzeuge zur Verwendung von komprimiertem Erdgas in ihrem Antriebssystem
ISO 11439:2013	Gasflaschen – Hochdruck-Flaschen für die fahrzeuginterne Speicherung von Erdgas als Treibstoff für Kraftfahrzeuge
ISO 15500-Reihe	Road vehicles – Compressed natural gas (CNG) fuel system components – several parts as applicable
ANSI NGV 2	Compressed natural gas vehicle fuel containers
CSA B51 Part 2:2014	Boiler, pressure vessel, and pressure piping code – Part 2 Requirements for high-pressure cylinders for on-board storage of fuels for automotive vehicles (Norm für Kessel, Druckbehälter und Druckrohrleitungen – Teil 2: Vorschriften für Hochdruckflaschen zur fahrzeuginternen Speicherung von Kraftstoffen für Kraftfahrzeuge)

Wasserstoff-Druckbehälter	
Global Technical Regulation (GTR) No. 13	Global technical regulation on hydrogen and fuel cell vehicles (Globale technische Regelung über mit Wasserstoff und mit Brennstoffzellen angetriebene Kraftfahrzeuge) (ECE/TRANS/180/Add.13)
ISO/TS 15869:2009	Gasförmiger Wasserstoff und Wasserstoffgemische – Kraftstofftanks für Landfahrzeuge
Verordnung (EG) Nr. 79/2009	Verordnung (EG) Nr. 79/2009 des Europäischen Parlaments und des Rates vom 14. Januar 2009 über die Typgenehmigung von wasserstoffbetriebenen Kraftfahrzeugen und zur Änderung der Richtlinie 2007/46/EG
Verordnung (EU) Nr. 406/2010	Verordnung (EU) Nr. 406/2010 der Kommission vom 26. April 2010 zur Durchführung der Verordnung (EG) Nr. 79/2009 des Europäischen Parlaments und des Rates über die Typgenehmigung von wasserstoffbetriebenen Kraftfahrzeugen
UN-Regelung Nr. 134	Einheitliche Bedingungen für die Genehmigung der Kraftfahrzeuge und ihrer Bauteile hinsichtlich der Sicherheitsvorschriften für Fahrzeuge, die mit Wasserstoff betrieben werden
CSA B51 Part 2:2014	Boiler, pressure vessel, and pressure piping code – Part 2: Requirements for high-pressure cylinders for on-board storage of fuels for automotive vehicles (Norm für Kessel, Druckbehälter und Druckrohrleitungen – Teil 2: Vorschriften für Hochdruckflaschen zur fahrzeuginternen Speicherung von Kraftstoffen für Kraftfahrzeuge)

Gasbehälter, die in Übereinstimmung mit früheren Ausgaben entsprechender Normen oder Vorschriften für Gasbehälter von Kraftfahrzeugen ausgelegt und gebaut wurden, die zum Zeitpunkt der Zulassung der Fahrzeuge, für welche die Gasbehälter ausgelegt und gebaut wurden, anwendbar waren, dürfen weiterhin befördert werden.

b) Die Gasspeichersysteme sind dicht und weisen keine Zeichen äußerer Beschädigung auf, welche ihre Sicherheit beeinträchtigen könnte.

Bem. 1. Kriterien können der Norm ISO 11623:2015 Gasflaschen – Verbundbauweise (Composite-Bauweise) – Wiederkehrende Inspektion und Prüfung (oder ISO 19078:2013 Gasflaschen – Prüfung der Flascheninstallation und Wiederholungsprüfung von Gashochdruck-Flaschen zum Mitführen für den Brennstoff bei erdgasbetriebenen Fahrzeugen) entnommen werden.

Bem. 2. Wenn die Gasspeichersysteme nicht dicht oder überfüllt sind oder Beschädigungen aufweisen, die ihre Sicherheit beeinträchtigen könnten (z.B. im Falle eines sicherheitstechnischen Rückrufs), dürfen sie nur in Bergungsdruckgefäßen gemäß ADN befördert werden.

c) Wenn das Gasspeichersystem mit mindestens zwei hintereinander eingebauten Ventilen ausgerüstet ist, sind die beiden Ventile so verschlossen, dass sie unter normalen Beförderungsbedingungen gasdicht sind. Wenn nur ein Ventil vorhanden oder funktionsfähig ist, sind alle Öffnungen mit Ausnahme der Öffnung der Druckentlastungseinrichtung so verschlossen, dass sie unter normalen Beförderungsbedingungen gasdicht sind.

d) Die Gasspeichersysteme werden so befördert, dass eine Behinderung der Druckentlastungseinrichtung oder eine Beschädigung der Ventile und aller übrigen unter Druck stehenden Teile der Gasspeichersysteme und ein unbeabsichtigtes Freiwerden des Gases unter normalen Beförderungsbedingungen verhindert werden. Die Gasspeichersysteme sind gegen Verrutschen, Rollen oder vertikale Bewegung gesichert.

e) Die Ventile sind in Übereinstimmung mit einer der in Unterabschnitt 4.1.6.8 a) bis e) des ADR beschriebenen Methoden geschützt.

f) Die Gasspeichersysteme, ausgenommen solche, die zur Entsorgung, zum Recycling, zur Reparatur, zur Prüfung oder zur Wartung ausgebaut wurden, sind nicht zu mehr als 20 % ihres nominalen Füllungsgrades bzw. ihres nominalen Betriebsdrucks befüllt.

g) Sofern die Gasspeichersysteme in einer Handhabungseinrichtung versandt werden, dürfen die Kennzeichen und Gefahrzettel ungeachtet der Vorschriften des Kapitels 5.2 auf der Handhabungseinrichtung angebracht werden.

h) Ungeachtet der Vorschriften des Absatzes 5.4.1.1.1 f) darf die Angabe der Gesamtmenge der gefährlichen Güter durch folgende Angaben ersetzt werden:

(i) die Anzahl der Gasspeichersysteme und

(ii) bei verflüssigten Gasen die gesamte Nettomasse (kg) des Gases jedes Gasspeichersystems und bei verdichteten Gasen der gesamte mit Wasser ausgeliterte Fassungsraum (l) jedes Gasspeichersystems, dem der nominale Betriebsdruck nachgestellt ist.

Beispiele für die Angaben im Beförderungspapier:

Beispiel 1: „UN 1971 ERDGAS, VERDICHTET, 2.1, 1 GASSPEICHERSYSTEM MIT INSGESAMT 50 L, 200 BAR“.

Beispiel 2: „UN 1965 KOHLENWASSERSTOFFGAS, GEMISCH, VERFLÜSSIGT, N.A.G., 2.1, 3 GASSPEICHERSYSTEME MIT EINER NETTOMASSE DES GASES VON JEWEILS 15 KG“.

393–499 (bleibt offen)

500 (gestrichen)

501 Naphthalen, geschmolzen, siehe UN 2304.

502 UN 2006 Kunststoff auf Nitrocellulosebasis, selbsterhitzungsfähig, n.a.g., und UN 2002 Zelluloid, Abfall, sind Stoffe der Klasse 4.2.

503 Phosphor, weiß, geschmolzen, siehe UN 2447.

504 UN 1847 Kaliumsulfid, hydratisiert mit mindestens 30 % Kristallwasser, UN 1849 Natriumsulfid, hydratisiert mit mindestens 30 % Kristallwasser und UN 2949 Natriumhydrogensulfid, hydratisiert, mit mindestens 25 % Kristallwasser sind Stoffe der Klasse 8.

505 UN 2004 Magnesiumdiamid ist ein Stoff der Klasse 4.2.

506 Erdalkalimetalle und Erdalkalimetalllegierungen in pyrophorer Form sind Stoffe der Klasse 4.2.

UN 1869 Magnesium oder UN 1869 Magnesiumlegierungen mit mehr als 50 % Magnesium als Pellets, Späne oder Bänder sind Stoffe der Klasse 4.1.

507 UN 3048 Aluminiumphosphid-Pestizide mit Zusätzen zur Verzögerung der Entwicklung von giftigen entzündbaren Gasen sind Stoffe der Klasse 6.1.

508 UN 1871 Titaniumhydrid und UN 1437 Zirkoniumhydrid sind Stoffe der Klasse 4.1. UN 2870 Aluminiumborhydrid ist ein Stoff der Klasse 4.2.

509 UN 1908 Chloritlösung ist ein Stoff der Klasse 8.

510 UN 1755 Chromiumsäure, Lösung, ist ein Stoff der Klasse 8.

511 UN 1625 Quecksilber(II)nitrat, UN 1627 Quecksilber(I)nitrat und UN 2727 Thalliumnitrat sind Stoffe der Klasse 6.1. Thoriumnitrat, fest, Uranylnitrathexahydrat-Lösung und Uranylnitrat, fest, sind Stoffe der Klasse 7.

512 UN 1730 Antimonpentachlorid, flüssig, UN 1731 Antimonpentachlorid, Lösung, UN 1732 Antimonpentafluorid und UN 1733 Antimontrichlorid sind Stoffe der Klasse 8.

513 UN 0224 Bariumazid, trocken oder angefeuchtet mit weniger als 50 Masse-% Wasser ist ein Stoff der Klasse 1. UN 1571 Bariumazid, angefeuchtet mit mindestens 50 Masse-% Wasser ist ein Stoff der Klasse 4.1. UN 1854 Bariumlegierungen, pyrophor sind Stoffe der Klasse 4.2. UN 1445 Bariumchlorat, fest, UN 1446 Bariumnitrat, UN 1447 Bariumperchlorat, fest, UN 1448 Bariumpermanganat, UN 1449 Bariumperoxid, UN 2719 Bariumbromat, UN 2741 Bariumhypochlorit mit mehr als 22 % aktivem Chlor, UN 3405 Bariumchlorat, Lösung und UN 3406 Bariumperchlorat, Lösung sind Stoffe der Klasse 5.1. UN 1565 Bariumcyanid und UN 1884 Bariumoxid sind Stoffe der Klasse 6.1.

514 UN 2464 Berylliumnitrat ist ein Stoff der Klasse 5.1.

515 UN 1581 Chlorpikrin und Methylbromid, Gemisch, und UN 1582 Chlorpikrin und Methylchlorid, Gemisch, sind Stoffe der Klasse 2

516 UN 1912 Methylchlorid und Dichlormethan, Gemisch, ist ein Stoff der Klasse 2.

517 UN 1690 Natriumfluorid, fest, UN 1812 Kaliumfluorid, fest, UN 2505 Ammoniumfluorid, UN 2674 Natriumfluorosilicat, UN 2856 Fluorosilicate, n.a.g., UN 3415 Natriumfluorid, Lösung und UN 3422 Kaliumfluorid, Lösung sind Stoffe der Klasse 6.1.

518 UN 1463 Chromiumtrioxid, wasserfrei (Chromsäure, fest) ist ein Stoff der Klasse 5.1.

519 UN 1048 Bromwasserstoff, wasserfrei, ist ein Stoff der Klasse 2.

520 UN 1050 Chlorwasserstoff, wasserfrei, ist ein Stoff der Klasse 2.

521 Feste Chlorite und Hypochlorite sind Stoffe der Klasse 5.1.

522 UN 1873 Perchlorsäure, wässerige Lösung mit mehr als 50 Masse-% aber höchstens 72 Masse-% reiner Säure, ist ein Stoff der Klasse 5.1. Perchlorsäure, wässerige Lösungen mit mehr als 72 Masse-% reiner Säure, oder Gemische von Perchlorsäure mit anderen flüssigen Stoffen als Wasser sind zur Beförderung nicht zugelassen.

523 UN 1382 Wasserfreies Kaliumsulfid und UN 1385 Wasserfreies Natriumsulfid sowie deren Hydrate mit weniger als 30 % Kristallwasser sowie UN 2318 Natriumhydrogensulfid mit weniger als 25 % Kristallwasser sind Stoffe der Klasse 4.2.

524 UN 2858 Fertigwaren aus Zirkonium mit einer Dicke von mindestens18 µm sind Stoffe der Klasse 4.1.

525 Lösungen anorganischer Cyanide mit einem Gesamtgehalt an Cyanidionen von mehr als 30 % sind der Verpackungsgruppe I, mit einem Gesamtgehalt an Cyanidionen von mehr als 3 % bis 30 % der Verpackungsgruppe II und mit einem Gesamtgehalt an Cyanidionen von mehr als 0,3 % bis 3 % der Verpackungsgruppe III zuzuordnen.

526 UN 2000 Zelluloid ist der Klasse 4.1 zugeordnet.

527 (bleibt offen)

528 UN 1353 Fasern und Gewebe, imprägniert mit schwach nitrierter Cellulose, nicht selbsterhitzungsfähig sind Stoffe der Klasse 4.1.

529 UN 0135 Quecksilberfulminat angefeuchtet mit mindestens 20 Masse-% Wasser oder einer Alkohol/Wasser-Mischung ist ein Stoff der Klasse 1.
Quecksilber(I)chlorid (Calomel) ist ein Stoff der Klasse 6.1 (UN-Nummer 2025).

530 UN 3293 Hydrazin, wässerige Lösung mit höchstens 37 Masse-% Hydrazin, ist ein Stoff der Klasse 6.1.

531 Gemische mit einem Flammpunkt unter 23°C mit mehr als 55% Nitrocellulose mit beliebigem Stickstoffgehalt oder mit höchstens 55 % Nitrocellulose mit einem Stickstoffgehalt von mehr als 12,6 % in der Trockenmasse sind Stoffe der Klasse 1 (siehe UN-Nummer 0340 oder 0342) oder der Klasse 4.1 (UN-Nummer 2555, 2556 oder 2557).

532 UN 2672 Ammoniaklösung mit mindestens 10 % und höchstens 35 % Ammoniak ist ein Stoff der Klasse 8.

533 UN 1198 Formaldehydlösung, entzündbar, ist ein Stoff der Klasse 3.
Formaldehydlösungen, nicht entzündbar, mit weniger als 25 % Formaldehyd unterliegen nicht den Vorschriften des ADN.

534 Obwohl Benzin unter gewissen klimatischen Bedingungen bei 50°C einen Dampfdruck von mehr als 110 kPa (1,10 bar) bis höchstens 150 kPa (1,50 bar) haben kann, muss es einem Stoff gleichgestellt bleiben, der bei 50 °C einen Dampfdruck von höchstens 110 kPa (1,10 bar) hat.

535 UN 1469 Bleinitrat, UN 1470 Bleiperchlorat, fest und UN 3408 Bleiperchlorat, Lösung sind Stoffe der Klasse 5.1.

536 Naphthalen, fest, siehe UN 1334.

537 UN 2869 Titaniumtrichlorid, Gemisch, nicht pyrophor, ist ein Stoff der Klasse 8.

538 Schwefel (in festem Zustand) siehe UN 1350.

539 Lösungen von Isocyanaten mit einem Flammpunkt von 23°C oder darüber sind Stoffe der Klasse 6.1.

540 UN 1326 Hafnium-Pulver, angefeuchtet, UN 1352 Titan-Pulver, angefeuchtet oder UN 1358 Zirkon-Pulver, angefeuchtet, mit mindestens 25 % Wasser, sind Stoffe der Klasse 4.1.

541 Nitrocellulosemischungen, deren Wasser-, Alkohol- oder Plastifizierungsmittelgehalte niedriger sind als in den Grenzwerten angegeben, sind Stoffe der Klasse 1.

542 Talkum mit Tremolit und/oder Aktinolith ist ein Stoff dieser Eintragung.

543 UN 1005 Ammoniak, wasserfrei, UN 3318 Ammoniaklösung in Wasser, mit mehr als 50 % Ammoniak, und UN 2073 Ammoniaklösung in Wasser, mit mehr als 35 %, aber höchstens 50 % Ammoniak, sind Stoffe der Klasse 2. Ammoniaklösungen mit höchstens 10 % Ammoniak unterliegen nicht den Vorschriften des ADN.

544 UN 1032 Dimethylamin, wasserfrei, UN 1036 Ethylamin, UN 1061 Methylamin, wasserfrei, und UN 1083 Trimethylamin, wasserfrei, sind Stoffe der Klasse 2.

545 UN 0401 Dipikrylsulfid, angefeuchtet mit weniger als 10 Masse-% Wasser, ist ein Stoff der Klasse 1.

546 UN 2009 Zirkonium, trocken, gerollter Draht, fertige Bleche oder Streifen mit einer Dicke von weniger als 18 µm, ist ein Stoff der Klasse 4.2. Zirkonium, trocken, gerollter Draht, fertige Bleche oder Streifen von mindestens 254 µm, unterliegt nicht den Vorschriften des ADN.

547 UN 2210 Maneb oder UN 2210 Manebzubereitungen in selbsterhitzungsfähiger Form sind Stoffe der Klasse 4.2.

548 Chlorsilane, die in Berührung mit Wasser entzündbare Gase entwickeln, sind Stoffe der Klasse 4.3.

549 Chlorsilane mit einem Flammpunkt unter 23°C, die in Berührung mit Wasser keine entzündbaren Gase entwickeln, sind Stoffe der Klasse 3. Chlorsilane mit einem Flammpunkt von 23°C und darüber, die in Berührung mit Wasser keine entzündbaren Gase entwickeln, sind Stoffe der Klasse 8.

550 UN 1333 Cer in Platten, Barren oder Stangen ist ein Stoff der Klasse 4.1.

551 Lösungen von diesen Isocyanaten mit einem Flammpunkt unter 23°C sind Stoffe der Klasse 3.

552 Metalle und Metalllegierungen in Pulver- oder anderer entzündbarer Form, die selbstentzündlich sind, sind Stoffe der Klasse 4.2. Metalle und Metalllegierungen in Pulver- oder anderer entzündbarer Form, die in Berührung mit Wasser entzündliche Gase entwickeln, sind Stoffe der Klasse 4.3.

553 Diese Mischung von Wasserstoffperoxid und Peressigsäure, Mischung, stabilisiert, darf unter Laborversuchsbedingungen (siehe Handbuch Prüfungen und Kriterien, Teil II, Abschnitt 20) weder unter Einschluss detonieren noch deflagrieren und soll auch im verdämmten Zustand weder beim Erhitzen noch infolge Sprengwirkung irgendwelche Explosionskräfte zeigen. Dieses Präparat (Zubereitung) muss thermisch stabil sein (Selbstzersetzungstemperatur 60°C oder höher für ein Versandstück von 50 kg) und zur Desensibilisierung einen flüssigen Stoff enthalten, der mit Peressigsäure verträglich ist. Präparate (Zubereitungen), die diesen Kriterien nicht entsprechen, gelten als Stoffe der Klasse 5.2 (siehe Handbuch Prüfungen und Kriterien Teil II Absatz 20.4.3 g)).

554 Metallhydride, die in Berührung mit Wasser entzündbare Gase entwickeln, sind Stoffe der Klasse 4.3.
UN 2870 Aluminiumborhydrid oder UN 2870 Aluminiumborhydrid in Geräten ist ein Stoff der Klasse 4.2.

555 Staub und Pulver von Metallen, nicht giftig, in nicht selbstentzündlicher Form, die jedoch in Berührung mit Wasser entzündbare Gase entwickeln, sind Stoffe der Klasse 4.3.

556 Metallorganische Verbindungen und deren Lösungen, die selbstentzündlich sind, sind Stoffe der Klasse 4.2.
Entzündbare Lösungen mit metallorganischen Verbindungen in Konzentrationen, die in Berührung mit Wasser weder entzündbare Gase in gefährlicher Menge entwickeln, noch selbstentzündlich sind, sind Stoffe der Klasse 3.

557 Staub und Pulver von Metallen in pyrophorem Zustand sind Stoffe der Klasse 4.2.

558 Metalle und Metalllegierungen in pyrophorem Zustand sind Stoffe der Klasse 4.2. Metalle und Metalllegierungen, die in Berührung mit Wasser keine entzündbaren Gase entwickeln, nicht pyrophor oder selbsterhitzungsfähig, aber leicht entzündbar sind, sind Stoffe der Klasse 4.1.

559 (gestrichen)

560 Ein erwärmter flüssiger Stoff, N.A.G., bei oder über 100 °C (einschließlich geschmolzener Metalle und geschmolzener Salze) und im Falle eines Stoffes, der einen Flammpunkt hat, bei einer Temperatur unter seinem Flammpunkt ist ein Stoff der Klasse 9 (UN-Nummer 3257).

561 Chlorformiate mit überwiegend ätzenden Eigenschaften sind Stoffe der Klasse 8.

562 Die selbstentzündlichen metallorganischen Verbindungen sind Stoffe der Klasse 4.2. Metallorganische Verbindungen, die in Berührung mit Wasser entzündbare Gase entwickeln, sind Stoffe der Klasse 4.3.

563 UN 1905 Selensäure ist ein Stoff der Klasse 8.

564 UN 2443 Vanadiumoxytrichlorid, UN 2444 Vanadiumtetrachlorid und UN 2475 Vanadiumtrichlorid sind Stoffe der Klasse 8.

565 Dieser Eintragung sind unspezifizierte Abfälle zuzuordnen, die aus ärztlicher / tierärztlicher Behandlung von Menschen / Tieren oder aus biologischer Forschung stammen und bei denen die Wahrscheinlichkeit gering ist, dass sie Stoffe der Klasse 6.2 enthalten. Dekontaminierte klinische oder aus biologischer Forschung stammende Abfälle, die ansteckungsgefährliche Stoffe enthalten haben, unterliegen nicht den Vorschriften der Klasse 6.2.

566 UN 2030 Hydrazin, wässerige Lösung mit mehr als 37 Masse-% Hydrazin ist ein Stoff der Klasse 8.

567 (gestrichen)

568 Bariumazid mit einem Wassergehalt unter dem vorgeschriebenen Grenzwert ist der Klasse 1 UN 0224 zugeordnet.

569–579 (bleibt offen)

580 (gestrichen)

581 Diese Eintragung umfasst Gemische von Propadien mit 1 % bis 4 % Methylacetylen sowie folgende Gemische:

Gemisch	Inhalt in Vol.-%			
	Methylacetylen und Propadien, höchstens	Propan und Propylen, höchstens	gesättigte Kohlenwasserstoffe C_4, mindestens	zulässige technische Benennung für Zwecke des Unterabschnitts 5.4.1.1
P 1	63	24	14	„Gemisch P 1"
P 2	48	50	5	„Gemisch P 2"

582 Diese Eintragung umfasst unter anderem Gemische von Gasen, die mit dem Buchstaben „R ..." bezeichnet sind und folgende Eigenschaften aufweisen:

Gemisch	höchster Dampfdruck bei 70 °C (MPa)	minimale Dichte bei 50 °C (kg/l)	zulässige technische Benennung für Zwecke des Unterabschnitts 5.4.1.1
F1	**1,3**	**1,30**	**„Gemisch F1"**
F2	**1,9**	**1,21**	**„Gemisch F2"**
F3	**3,0**	**1,09**	**„Gemisch F3"**

Bem. 1. Trichlorfluormethan (Kältemittel R 11), 1,1,2-Trichlor-1,2,2-trifluorethan (Kältemittel R 113), 1,1,1-Trichlor-2,2,2-trifluorethan (Kältemittel R 113a), 1-Chlor-1,2,2-trifluorethan (Kältemittel R 133) und 1-Chlor-1,1,2-trifluorethan (Kältemittel R 133b) sind keine Stoffe der Klasse 2. Sie können jedoch Bestandteil der Gemische F 1 bis F 3 sein.

2. Die Referenzdichten entsprechen denen von Dichlorfluormethan (1,30 kg/l), Dichlordifluormethan (1,21 kg/l) und Chlordifluormethan (1,09 kg/l).

583 Diese Eintragung umfasst unter anderem Gemische von Gasen, die folgende Eigenschaften aufweisen:

Gemisch	höchster Dampfdruck bei 70 °C (MPa)	minimale Dichte bei 50 °C (kg/l)	zulässige technische Benennung[a] für Zwecke des Unterabschnitts 5.4.1.1
A	1.1	0.525	„Gemisch A" oder „Butan"
A01	1.6	0.516	„Gemisch A 01" oder „Butan"
A02	1.6	0.505	„Gemisch A 02" oder „Butan"
A0	1.6	0.495	„Gemisch A 0" oder „Butan"
A1	2.1	0.485	„Gemisch A 1"
B1	2.6	0.474	„Gemisch B 1"
B2	2.6	0.463	„Gemisch B 2"
B	2.6	0.450	„Gemisch B"
C	3.1	0.440	„Gemisch C" oder „Propan"

[a] Bei Beförderungen in Tanks dürfen die Handelsnamen „Butan" und „Propan" nur als Zusatz verwendet werden.

584 Dieses Gas unterliegt nicht den Vorschriften des ADN, wenn:
- es im gasförmigen Zustand höchstens 0,5% Luft enthält;
- es in metallenen Kapseln (Sodors, Sparklets) enthalten ist, die frei von Fehlern sind, die ihre Festigkeit verringern könnten;
- die Dichtheit des Verschlusses der Kapsel sichergestellt ist;
- eine Kapsel höchstens 25 g dieses Gases enthält und
- eine Kapsel höchstens 0,75 g dieses Gases je cm^3 Fassungsraum enthält.

585 (gestrichen)

586 Hafnium-, Titan- und Zirkon-Pulver müssen einen sichtbaren Wasserüberschuss enthalten. Hafnium-, Titan- und Zirkon-Pulver, angefeuchtet, mechanisch hergestellt mit einer Teilchengröße von mindestens 53 µm, chemisch hergestellt mit einer Teilchengröße von mindestens 840 µm, unterliegen nicht den Vorschriften des ADN.

587 Bariumstearat und Bariumtitanat unterliegen nicht den Vorschriften des ADN.

588 Aluminiumbromid und Aluminiumchlorid in fester hydratisierter Form unterliegen nicht den Vorschriften des ADN.

589 (gestrichen)

590 Eisen(III)chlorid-Hexahydrat unterliegt nicht den Vorschriften des ADN.

591 Bleisulfat mit höchstens 3 % freier Säure unterliegt nicht den Vorschriften des ADN.

592 Ungereinigte leere Verpackungen, einschließlich leere Großpackmittel (IBC) und leere Großverpackungen, leere Tankfahrzeuge, leere Aufsetztanks, leere Kesselwagen, leere abnehmbare Tanks, leere ortsbewegliche Tanks, leere Tankcontainer und leere Kleincontainer, die diesen Stoff enthalten haben, unterliegen nicht den Vorschriften des ADN.

593 Dieses Gas, das für die Kühlung von z.B. medizinischen oder biologischen Proben verwendet wird, unterliegt mit Ausnahme des Abschnitts 5.5.3 nicht den Vorschriften des ADN, wenn es in doppelwandigen Gefäßen, die den Vorschriften des Unterabschnitts 4.1.4.1 des ADR, Verpackungsanweisung P 203 Vorschriften für offene Kryo-Behälter Absatz (6) entsprechen, enthalten ist.

594 Folgende nach der im Herstellungsland angewendeten Vorschriften hergestellte und befüllte Gegenstände unterliegen nicht den Vorschriften des ADN:

a) UN 1044 Feuerlöscher, die mit einem Schutz gegen unbeabsichtigte Betätigung versehen sind, wenn:
   - sie in einer starken Außenverpackung verpackt sind oder
   - es sich um große Feuerlöscher handelt, die der Sondervorschrift für die Verpackung PP 91 der Verpackungsanweisung P 003 des Unterabschnitts 4.1.4.1 des ADR entsprechen;

b) UN 3164 Gegenstände unter pneumatischem oder hydraulischem Druck, die gegenüber der Beanspruchung durch den Innendruck des Gases aus Gründen der Kraftübertragung, ihrer Formsteifigkeit oder der Fertigungsnormen überdimensioniert sind, wenn sie in einer starken Außenverpackung verpackt sind.

Bem. „Im Herstellungsland angewendete Vorschriften" bedeuten im Herstellungsland oder im Verwendungsland anwendbare Vorschriften.

596 Cadmiumpigmente, wie Cadmiumsulfide, Cadmiumsulfoselenide und Cadmiumsalze höherer Fettsäuren (z.B. Cadmiumstearat) unterliegen nicht den Vorschriften des ADN.

597 Essigsäure, Lösungen mit höchstens 10 Masse-% reiner Säure, unterliegen nicht den Vorschriften des ADN.

598 Folgende Batterien unterliegen nicht den Vorschriften des ADN:

a) Neue Batterien, wenn:

- sie gegen Rutschen, Umfallen und Beschädigung gesichert sind;
- sie mit Trageeinrichtungen versehen sind, es sei denn, sie sind z.B. auf Paletten gestapelt;
- sie außen keine gefährlichen Spuren von Laugen oder Säuren aufweisen;
- sie gegen Kurzschluss gesichert sind.

b) Gebrauchte Batterien, wenn:

- ihre Gehäuse keine Beschädigung aufweisen;
- sie gegen Auslaufen, Rutschen, Umfallen und Beschädigung gesichert sind, z.B. auf Paletten gestapelt;
- sie außen keine gefährlichen Spuren von Laugen oder Säuren aufweisen;
- sie gegen Kurzschluss gesichert sind.

„Gebrauchte Batterien" sind solche, die nach normalem Gebrauch zu Zwecken des Recyclings befördert werden.

599 (gestrichen)

600 Vanadiumpentoxid, geschmolzen und erstarrt, unterliegt nicht den Vorschriften des ADN.

601 Gebrauchsfertige pharmazeutische Produkte (Medikamente), die für den Einzelhandel oder den Vertrieb für den persönlichen oder häuslichen Gebrauch hergestellt und abgepackt sind, unterliegen nicht den Vorschriften des ADN.

602 Phosphorsulfide, die nicht frei von weißem und gelbem Phosphor sind, sind zur Beförderung nicht zugelassen.

603 Cyanwasserstoff, wasserfrei, der der Beschreibung für die UN-Nummer 1051 oder 1614 nicht entspricht, ist zur Beförderung nicht zugelassen. Cyanwasserstoff (Blausäure) mit weniger als 3 % Wasser ist stabil, wenn der pH-Wert 2,5 ± 0,5 beträgt und die Flüssigkeit klar und farblos ist.

604 (gestrichen)

605 (gestrichen)

606 (gestrichen)

607 Gemische von Kaliumnitrat und Natriumnitrit mit einem Ammoniumsalz sind zur Beförderung nicht zugelassen.

608 (gestrichen)

609 Tetranitromethan, nicht frei von brennbaren Verunreinigungen, ist zur Beförderung nicht zugelassen.

610 Dieser Stoff ist, wenn er mehr als 45 % Cyanwasserstoff enthält, nicht zur Beförderung zugelassen.

611 Ammoniumnitrat mit mehr als 0,2 % brennbaren Stoffen (einschließlich organischer Stoffe als Kohlenstoff-Äquivalent) ist zur Beförderung nicht zugelassen, ausgenommen als Bestandteil eines Stoffes oder Gegenstandes der Klasse 1.

612 (bleibt offen)

613 Lösung von Chlorsäure mit mehr als 10 % Chlorsäure oder Gemische von Chlorsäure mit irgendeinem flüssigen Stoff außer Wasser sind zur Beförderung nicht zugelassen.

614 2,3,7,8-Tetrachlordibenzo-1,4-dioxin (TCDD) ist in Konzentrationen, die nach den Kriterien des Unterabschnitts 2.2.61.1 als sehr giftig gelten, zur Beförderung nicht zugelassen.

615 (bleibt offen)

616 Stoffe mit einem Gehalt an flüssigen Salpetersäureestern von mehr als 40 % müssen die im Abschnitt 2.3.1 genannte Prüfung auf Ausschwitzen bestehen.

617 Zusätzlich zum Sprengstofftyp ist auf dem Versandstück der Handelsname des Sprengstoffes anzugeben.

618 In Gefäßen mit Buta-1,2-dien darf die Sauerstoffkonzentration in der Gasphase höchstens 50 ml/m^3 betragen.

619–622 (bleibt offen)

623 UN 1829 Schwefeltrioxid muss durch Zusatz eines Inhibitors stabilisiert werden. Schwefeltrioxid, mindestens 99,95 % rein, darf auch ohne Inhibitor in Tanks befördert werden, vorausgesetzt, seine Temperatur wird auf 32,5°C oder darüber gehalten. Bei Beförderung dieses Stoffes ohne Inhibitor in Tanks bei einer Mindesttemperatur des Stoffes von 32,5°C ist im Beförderungspapier anzugeben: „BEFÖRDERUNG BEI EINER MINDESTTEMPERATUR DES STOFFES VON 32,5°C“.

625 Versandstücke mit diesen Gegenständen sind deutlich mit der Kennzeichnung „UN 1950 AEROSOLE“ zu versehen.

626–631 (bleibt offen)

632 Dieser Stoff gilt als selbstentzündlich (pyrophor).

633 Versandstücke und Kleincontainer mit diesem Stoff sind mit folgendem Kennzeichen zu versehen: «VON ZÜNDQUELLEN FERNHALTEN». Dieses Kennzeichen muss in einer amtlichen Sprache des Versandlandes abgefasst sein und, wenn diese Sprache nicht Deutsch, Englisch oder Französisch ist, außerdem in Deutsch, Englisch oder Französisch, sofern nicht Vereinbarungen zwischen den von der Beförderung berührten Staaten etwas anderes vorschreiben.

635 Versandstücke mit diesen Gegenständen müssen nur dann mit einem Gefahrzettel nach Muster 9 versehen zu werden, wenn der Gegenstand völlig in der Verpackung, in einer Kiste oder anderen Mitteln eingeschlossen ist, die eine schnelle Identifizierung des Gegenstandes behindern.

636 Bis zur Zwischenverarbeitungsstelle unterliegen Lithiumzellen und -batterien mit einer Bruttomasse von jeweils höchstens 500 g, Lithium-Ionen-Zellen mit einer Nennenergie in Wattstunden von höchstens 20 Wh, Lithium-Ionen-Batterien mit einer Nennenergie in Wattstunden von höchstens 100 Wh, Lithium-Metall-Zellen mit einer Menge von höchstens 1 g Lithium und Lithium-Metall-Batterien mit einer Gesamtmenge von höchstens 2 g Lithium, die nicht in Geräten enthalten sind und die zur Sortierung, zur Entsorgung oder zum Recycling gesammelt und zur Beförderung aufgegeben werden, auch zusammen mit anderen Zellen oder Batterien, die keine Lithiumzellen oder -batterien sind, nicht den übrigen Vorschriften des ADN, einschließlich der Sondervorschrift 376 und des Absatzes 2.2.9.1.7, wenn folgende Bedingungen erfüllt werden:

a) Die Zellen und Batterien sind nach den Vorschriften der Verpackungsanweisung P 909 des Unterabschnitts 4.1.4.1 des ADR mit Ausnahme der zusätzlichen Vorschriften 1 und 2 verpackt.

b) Es besteht ein Qualitätssicherungssystem, um sicherzustellen, dass die Gesamtmenge an Lithiumzellen und -batterien je Beförderungseinheit 333 kg nicht überschreitet.

Bem. Die Gesamtmenge an Lithiumzellen und -batterien im Gemisch darf anhand einer im Qualitätssicherungssystem enthaltenen statistischen Methode abgeschätzt werden. Eine Kopie der Qualitätssicherungsaufzeichnungen muss der zuständigen Behörde auf Anforderung zur Verfügung gestellt werden.

c) Die Versandstücke sind mit folgendem Kennzeichen versehen:

„LITHIUMBATTERIEN ZUR ENTSORGUNG“ bzw. „LITHIUMBATTERIEN ZUM RECYCLING“.

637 Genetisch veränderte Mikroorganismen und genetisch veränderte Organismen sind solche, die für Menschen und Tiere nicht gefährlich sind, die aber Tiere, Pflanzen, mikrobiologiche Stoffe und Ökosysteme in einer Weise verändern können, die in der Natur nicht vorkommen kann.

Genetisch veränderte Mikroorganismen und genetisch veränderte Organismen unterliegen nicht den Vorschriften des ADN, wenn sie von den zuständigen Behörden der Ursprungs-, Transit- und Bestimmungsländer zur Verwendung zugelassen wurden.[1)]

Lebende Wirbeltiere oder wirbellose Tiere dürfen nicht dazu benutzt werden, dieser UN-Nummer zugeordnete Stoffe zu befördern, es sei denn, dieser Stoff kann nicht auf eine andere Weise befördert werden.

Bei der Beförderung von leicht verderblichen Stoffen dieser UN-Nummer sind geeignete Hinweise erforderlich, z.B.: „KÜHLEN AUF + 2°C / + 4°C“ oder „BEFÖRDERUNG IN GEFRORENEM ZUSTAND“ oder „NICHT GEFRIEREN“.

638 Dieser Stoff ist ein mit selbstzersetzlichen Stoffen verwandter Stoff (siehe Absatz 2.2.41.1.19).

639 Siehe Unterabschnitt 2.2.2.3 Klassifizierungscode 2 F UN 1965 Bemerkung 2.

[1)] Siehe insbesondere Teil C der Richtlinie 2001/18/EG des Europäischen Parlaments und des Rates über die absichtliche Freisetzung genetisch veränderter Organismen in die Umwelt und zur Aufhebung der Richtlinie 90/220/EWG des Rates (Amtsblatt der Europäischen Gemeinschaften Nr. L 106 vom 17. April 2001, S. 8 bis 14), in dem die Genehmigungsverfahren für die Europäischen Gemeinschaften festgelegt sind.

640 Die in Kapitel 3.2 Tabelle A Spalte 2 aufgeführten physikalischen und technischen Eigenschaften führen bei der Beförderung des Stoffes in ADR- oder RID-Tanks gemäß Kapitel 6.8 des ADR oder RID zu unterschiedlichen Tankcodierungen für ein und dieselbe Verpackungsgruppe.

Zur Identifizierung dieser physikalischen und technischen Eigenschaften des in einem Tank beförderten Produkts ist nur bei der Beförderung in ADR- oder RID-Tanks gemäß Kapitel 6.8 des ADR oder RID zu den im Beförderungspapier vorgeschriebenen Informationen folgende Angabe hinzufügen:

„Sondervorschrift 640X“, wobei X der entsprechende Großbuchstabe ist, der in Kapitel 3.2 Tabelle A Spalte 6 nach dem Verweis auf Sondervorschrift 640 erscheint.“

Auf diese Angabe kann bei Beförderung in einem Tanktyp, der für eine bestimmte Verpackungsgruppe einer bestimmten UN-Nummer mindestens den höchsten Anforderungen genügt, verzichtet werden.

642 (bleibt offen)

643 Gussasphalt unterliegt nicht den für die Klasse 9 geltenden Vorschriften.

644 Für die Beförderung dieses Stoffes müssen folgende Bedingungen erfüllt sein:

1. der in einer zehnprozentigen wässerigen Lösung des zu befördernden Stoffes gemessene pH-Wert liegt zwischen 5 und 7,
2. die Lösung enthält keine brennbaren Stoffe in Mengen von mehr als 0,2 % oder Chlorverbindungen in Mengen, bei denen der Chlorgehalt 0,02 % übersteigt.

645 Der in Kapitel 3.2 Tabelle A Spalte 3b angegebene Klassifizierungscode darf nur verwendet werden, wenn die zuständige Behörde einer Vertragspartei des ADN vor der Beförderung ihre Zustimmung erteilt hat. Die Zustimmung muss schriftlich in Form einer Klassifizierungsbestätigung (siehe Absatz 5.4.1.2.1 g)) erfolgen und mit einer unverwechselbaren Referenz versehen sein. Wenn die Zuordnung zu einer Unterklasse nach dem Verfahren des Absatzes 2.2.1.1.7.2 vorgenommen wird, kann die zuständige Behörde vorschreiben, dass die vorgegebene Klassifizierung auf der Grundlage der von der Prüfreihe 6 des Handbuchs Prüfungen und Kriterien Teil I Abschnitt 16 erzielten Prüfdaten überprüft wird.

646 Wasserdampfaktivierte Kohle unterliegt nicht den Vorschriften des ADN.

647 Außer bei Beförderung in Tankschiffen unterliegt die Beförderung von Gärungsessig und Essigsäure in Lebensmittelqualität mit höchstens 25 Masse-% reiner Säure nur den folgenden Vorschriften:

a) Verpackungen, einschließlich Großpackmittel (IBC) und Großverpackungen, sowie Tanks müssen aus rostfreiem Stahl oder Kunststoff hergestellt sein, der gegenüber Gärungsessig oder Essigsäure in Lebensmittelqualität dauerhaft korrosionsfest ist.

b) Verpackungen, einschließlich Großpackmittel (IBC) und Großverpackungen, sowie Tanks müssen mindestens einmal jährliche einer Sichtprüfung durch den Eigentümer unterzogen werden. Die Ergebnisse dieser Prüfungen sind aufzuzeichnen und für mindestens ein Jahr aufzubewahren. Beschädigte Verpackungen, einschließlich Großpackmittel (IBC) und Großverpackungen, sowie Tanks dürfen nicht befüllt werden.

c) Verpackungen, einschließlich Großpackmittel (IBC) und Großverpackungen, sowie Tanks müssen so befüllt werden, dass das Füllgut nicht verschüttet wird und an der Außenseite anhaftet.

d) Dichtungen oder Verschlüsse müssen gegenüber Gärungsessig oder Essigsäure in

Lebensmittelqualität widerstandsfähig sein. Verpackungen, einschließlich Großpackmittel (IBC) und Großverpackungen, sowie Tanks müssen durch den Verpacker und/oder den Befüller so dicht verschlossen werden, dass unter normalen Beförderungsbedingungen kein Füllgut austritt.

e) Zusammengesetzte Verpackungen mit einer Innenverpackung aus Glas oder Kunststoff (siehe Unterabschnitt 4.1.4.1 des ADR, Verpackungsanweisung P 001) die die allgemeinen Verpackungsvorschriften der Unterabschnitte 4.1.1.1, 4.1.1.2, 4.1.1.4, 4.1.1.5, 4.1.1.6, 4.1.1.7 und 4.1.1.8 des ADR erfüllen, dürfen verwendet werden.

Die übrigen Vorschriften des ADN außer denen, die die Beförderung in Tankschiffen betreffen, gelten nicht.

648 Mit diesem Mittel zur Schädlingsbekämpfung (Pestizid) imprägnierte Gegenstände, wie Pappteller, Papierstreifen, Wattekugeln, Kunststoffplatten, in luftdicht verschlossenen Umhüllungen unterliegen nicht den Vorschriften des ADN.

649 (gestrichen)

650 Abfälle, die aus Verpackungsresten, verfestigten und flüssigen Farbresten bestehen, dürfen unter den Vorschriften der Verpackungsgruppe II befördert werden. Zusätzlich zu den Vorschriften für die UN-Nummer 1263 Verpackungsgruppe II dürfen Abfälle auch wie folgt verpackt und befördert werden:

a) Die Abfälle dürfen nach Unterabschnitt 4.1.4.1 des ADR Verpackungsanweisung P 002 oder Unterabschnitt 4.1.4.2 des ADR, Verpackungsanweisung IBC 06 verpackt sein.

b) Die Abfälle dürfen in flexiblen Großpackmitteln (IBC) der Arten 13H3, 13H4 und 13H5 in vollwandigen Umverpackungen verpackt sein.

c) Die Prüfung der unter a) und b) angegebenen Verpackungen und Großpackmitteln (IBC) darf nach den Vorschriften des Kapitels 6.1 bzw. 6.5 des ADR für feste Stoffe mit der Prüfanforderungen für die Verpackungsgruppe II durchgeführt werden. Die Prüfungen sind an Verpackungen und Großpackmitteln (IBC) durchzuführen, die mit einer repräsentativen Probe der Abfälle versandfertig befüllt sind.

d) Die Beförderung in loser Schüttung in vollwandigen bedeckten Fahrzeugen, vollwandigen offenen Wagen mit Decken, vollwandigen Wagen mit öffnungsfähigem Dach, vollwandigen geschlossenen Containern oder vollwandigen bedeckten Großcontainern ist zugelassen. Der Aufbau der Fahrzeuge, Wagen oder Container muss dicht sein oder beispielsweise mit Hilfe einer geeigneten und ausreichend festen Innenbeschichtung abgedichtet werden.

e) Wenn die Abfälle nach den Vorschriften dieser Sondervorschrift befördert werden, muss dies gemäß Absatz 5.4.1.1.3 wie folgt im Beförderungspapier angegeben werden: „UN 1263 ABFALL FARBE, 3, II, (D/E)“ oder „UN 1263 ABFALL FARBE, 3, VG II, (D/E)“.

651 Die Sondervorschrift V 2 (1) des ADR ist nicht anwendbar, wenn die Nettoexplosivstoffmasse je Beförderungseinheit nicht höher ist als 4000 kg, vorausgesetzt die Nettoexplosivstoffmasse je Fahrzeug ist nicht höher als 3000 kg.

652 (bleibt offen)

653 Die Beförderung dieses Gases unterliegt in Flaschen, deren Produkt aus Prüfdruck und Fassungsraum höchstens 15,2 MPa·Liter (152 bar·Liter) beträgt, nicht den übrigen Vorschriften des ADN, vorausgesetzt,

- die für Flaschen geltenden Bau- und Prüfvorschriften sind eingehalten;
- die Flaschen sind in Außenverpackungen verpackt, die mindestens den Vorschriften

des Teils 4 des ADR für zusammengesetzte Verpackungen entsprechen. Die „Allgemeinen Verpackungsvorschriften" in den Unterabschnitten 4.1.1.1, 4.1.1.2 und 4.1.1.5 bis 4.1.1.7 des ADR sind zu beachten;

- die Flaschen sind nicht mit anderen gefährlichen Gütern zusammen verpackt;
- die Bruttomasse eines Versandstücks ist nicht größer als 30 kg und
- jedes Versandstück ist deutlich und dauerhaft mit der Aufschrift „UN 1006" für Argon, verdichtet, „UN 1013" für Kohlendioxid, „UN 1046" für Helium, verdichtet, oder „UN 1066" für Stickstoff, verdichtet, gekennzeichnet; dieses Kennzeichen ist von einer Linie eingefasst, die ein auf die Spitze gestelltes Quadrat mit einer Seitenlänge von mindestens 100 mm x 100 mm bildet.

654 Abfall-Feuerzeuge, die getrennt gesammelt und gemäß Absatz 5.4.1.1.3 versandt werden, dürfen für Entsorgungszwecke unter dieser Eintragung befördert werden. Sie müssen nicht gegen unbeabsichtigtes Entleeren geschützt sein, vorausgesetzt, es werden Maßnahmen getroffen, um einen gefährlichen Druckaufbau und die Bildung einer gefährlichen Atmosphäre zu verhindern.

Abfall-Feuerzeuge mit Ausnahme von undichten oder stark verformten müssen gemäß Verpackungsanweisung P 003 verpackt sein. Darüber hinaus gelten folgenden Vorschriften:

- es dürfen nur starre Verpackungen mit einem höchsten Fassungsraum von 60 Litern verwendet werden;
- die Verpackungen müssen mit Wasser oder einem anderen geeigneten Schutzwerkstoff befüllt werden, um eine Zündung zu verhindern;
- unter normalen Beförderungsbedingungen müssen alle Zündeinrichtungen der Feuerzeuge vollständig durch den Schutzwerkstoff bedeckt sein;
- die Verpackung muss ausreichend belüftet sein, um die Bildung einer entzündbaren Atmosphäre und einen Druckaufbau zu verhindern;
- die Versandstücke dürfen nur in belüfteten oder offenen Fahrzeugen, Wagen oder Containern befördert werden.

Undichte oder stark verformte Feuerzeuge müssen in Bergungsverpackungen befördert werden, vorausgesetzt, es werden geeignete Maßnahmen ergriffen, um einen gefährlichen Druckaufbau zu verhindern.

Bem. Die Sondervorschrift 201 und die Sondervorschriften für die Verpackung PP 84 und RR 5 der Verpackungsanweisung P 002 des Unterabschnitts 4.1.4.1 gelten nicht für Abfall-Feuerzeuge.

655 Flaschen und ihre Verschlüsse, die nach der Richtlinie 97/23/EG[1] oder der Richtlinie 2014/68/EU[2] ausgelegt, gebaut, zugelassen und gekennzeichnet wurden und für Atemschutzgeräte verwendet werden, dürfen, ohne dem Kapitel 6.2 des ADR zu entsprechen, befördert werden, vorausgesetzt, sie werden den Prüfungen des Absatzes 6.2.1.6.1 des ADR unterzogen und die in Unterabschnitt 4.1.4.1 Verpackungsanweisung P 200 des ADR festgelegte Frist zwischen den Prüfungen wird nicht überschritten. Der für die Wasserdruckprüfung anzuwendende Druck ist der auf der Flasche gemäß Richtlinie 97/23/EG oder der Richtlinie 2014/68/EU angegebene Druck.

656 (gestrichen)

---

[1] Richtlinie 97/23/EG des Europäischen Parlaments und des Rates vom 29. Mai 1997 zur Angleichung der Rechtsvorschriften der Mitgliedstaaten über Druckgeräte (Amtsblatt der Europäischen Gemeinschaften Nr. L 181 vom 9. Juli 1997, Seiten 1 bis 55).

[2] Richtlinie 2014/68/EU des Europäischen Parlaments und des Rates vom 15. Mai 2014 zur Harmonisierung der Rechtsvorschriften der Mitgliedstaaten über die Bereitstellung von Druckgeräten auf dem Markt (Amtsblatt der Europäischen Union Nr. L 189 vom 27. Juni 2014, Seiten 164 bis 259).

657 Diese Eintragung darf nur für den technisch reinen Stoff verwendet werden; für Gemische von Flüssiggas-Bestandteilen siehe UN 1965 oder UN 1075 in Verbindung mit Bem. 2 in Unterabschnitt 2.2.2.3.

658 Die Beförderung von UN 1057 FEUERZEUGE, die der Norm EN ISO 9994:2006 + A1:2008 „Feuerzeuge – Festlegungen für die Sicherheit" entsprechen, und UN 1057 NACHFÜLLPATRONEN FÜR FEUERZEUGE unterliegt nur den Bedingungen der Abschnitte 3.4.1 a) bis f), 3.4.2 (mit Ausnahme der gesamten Bruttomasse von 30 kg), 3.4.3 (mit Ausnahme der gesamten Bruttomasse von 20 kg), 3.4.11 und 3.4.12, wenn die folgenden Voraussetzungen erfüllt sind:

a) die gesamte Bruttomasse jedes Versandstücks ist nicht größer als 10 kg,

b) die Bruttomasse solcher Versandstücke, die in einem Wagen oder Fahrzeug oder Großcontainer befördert werden, beträgt höchstens 100 kg und

c) jede Außenverpackung ist deutlich und dauerhaft mit der Aufschrift „UN 1057 FEUERZEUGE" bzw. „UN 1057 NACHFÜLLPATRONEN FÜR FEUERZEUGE" gekennzeichnet.

659 Stoffe, denen in Kapitel 3.2 Tabelle A des ADR Spalte (9a) die Sondervorschrift für die Verpackung PP 86 oder in Spalte (11) die Sondervorschrift für die Beförderung in ortsbeweglichen Tanks TP 7 zugeordnet ist und bei denen deshalb die im Dampfraum vorhandene Luft zu entfernen ist, dürfen nicht unter dieser UN-Nummer, sondern müssen unter ihren jeweiligen in Kapitel 3.2 Tabelle A aufgeführten UN-Nummern befördert werden.

Bem. Siehe auch Absatz 2.2.2.1.7.

660 Bei der Beförderung von Gasspeichersystemen, die für den Einbau in Kraftfahrzeugen ausgelegt und zugelassen sind und dieses Gas enthalten, zur Entsorgung, zum Recycling, zur Reparatur, zur Prüfung, zur Wartung oder vom Herstellungsort zum Fahrzeugmontagewerk müssen die Vorschriften des Unterabschnitts 4.1.4.1 und des Kapitels 6.2 des ADR nicht angewendet werden, vorausgesetzt, die Bedingungen der Sondervorschrift 392 werden erfüllt. Dies gilt auch für Gemische von Gasen, die der Sondervorschrift 392 unterliegen, mit Gasen der Gruppe A, die dieser Sondervorschrift unterliegen.

661 (gestrichen)

662 Flaschen, die den Vorschriften des Kapitels 6.2 des ADR nicht entsprechen und die ausschließlich an Bord von Schiffen oder Flugzeugen verwendet werden, dürfen für Zwecke der Befüllung oder Prüfung und der nachfolgenden Rücksendung befördert werden, vorausgesetzt, die Flaschen wurden in Übereinstimmung mit einer von der zuständigen Behörde des Zulassungslandes anerkannten Norm ausgelegt und gebaut und alle übrigen zutreffenden Vorschriften des ADN werden erfüllt, einschließlich:

a) die Flaschen müssen mit einem Ventilschutz gemäß Unterabschnitt 4.1.6.8 des ADR befördert werden;

b) die Flaschen müssen in Übereinstimmung mit den Abschnitten 5.2.1 und 5.2.2 gekennzeichnet und bezettelt sein und

c) alle zutreffenden Vorschriften für die Befüllung der Verpackungsanweisung P 200 des Unterabschnitts 4.1.4.1 des ADR müssen erfüllt sein.

Das Beförderungspapier muss folgenden Vermerk enthalten: „Beförderung nach Sondervorschrift 662".

663 Diese Eintragung darf nur für Verpackungen, Großverpackungen oder Großpackmittel (IBC) oder Teile davon verwendet werden, die gefährliche Güter enthalten haben und die zur Entsorgung, zum Recycling oder zur Wiederverwendung ihrer Werkstoffe, nicht aber zur Rekonditionierung, Reparatur, regelmäßigen Wartung, Wiederaufarbeitung oder Wiederverwendung befördert werden und die so weit entleert wurden, dass bei der Übergabe zur Beförderung nur an den Verpackungsteilen anhaftende Rückstände gefährlicher Güter vorhanden sind.

<u>Anwendungsbereich:</u>

Bei den in leeren, ungereinigten Altverpackungen enthaltenen Rückstände darf es sich nur um gefährliche Güter der Klasse 3, 4.1, 5.1, 6.1, 8 oder 9 handeln. Darüber hinaus darf es sich dabei nicht um Rückstände der folgenden Stoffe handeln:

- Stoffe, die der Verpackungsgruppe I zugeordnet sind oder denen in Kapitel 3.2 Tabelle A Spalte 7a „0" zugeordnet ist, oder
- Stoffe, die als desensibilisierte explosive Stoffe der Klasse 3 oder 4.1 klassifiziert sind, oder
- Stoffe, die als selbstzersetzliche Stoffe der Klasse 4.1 klassifiziert sind, oder
- radioaktive Stoffe oder
- Asbest (UN 2212 und UN 2590), polychlorierte Biphenyle (UN 2315 und UN 3432) und polyhalogenierte Biphenyle, halogenierte Monomethyldiphenylmethane oder polyhalogenierte Terphenyle (UN 3151 und UN 3152).

<u>Allgemeine Vorschriften:</u>

Leere, ungereinigte Altverpackungen mit Rückständen, die eine Haupt- oder Nebengefahr der Klasse 5.1 aufweisen, dürfen nicht mit anderen leeren, ungereinigten Altverpackungen zusammengepackt oder mit anderen leeren, ungereinigten Altverpackungen zusammen in denselben Container, denselben Wagen, dasselbe Fahrzeug oder denselben Schüttgut-Container verladen werden.

Am Verladeort müssen dokumentierte Sortierverfahren angewendet werden, um die Einhaltung der für diese Eintragung geltenden Vorschriften sicherzustellen.

Bem. Die übrigen Vorschriften des ADN finden Anwendung.

664 (bleibt offen)

665 Unvermahlene Steinkohle, Koks und Anthrazitkohle, die den Klassifizierungskriterien der Klasse 4.2 Verpackungsgruppe III entsprechen, unterliegen nicht den Vorschriften des ADN.

666 Als Ladung beförderte Fahrzeuge oder batteriebetriebene Geräte, auf die in der Sondervorschrift 388 Bezug genommen wird, sowie die in ihnen enthaltenen gefährlichen Güter, die für ihren Betrieb oder den Betrieb ihrer Einrichtungen dienen, unterliegen nicht den übrigen Vorschriften des ADN, wenn folgende Vorschriften erfüllt sind:

a) Bei flüssigen Brennstoffen[1] müssen die Ventile zwischen dem Motor oder der Einrichtung und dem Brennstoffbehälter während der Beförderung geschlossen sein, es sei denn, es ist von Bedeutung, dass die Einrichtung in Betrieb bleibt. Soweit erforderlich müssen die Fahrzeuge aufrecht und gegen Umfallen gesichert verladen werden.

b) Bei gasförmigen Brennstoffen muss das Ventil zwischen dem Gastank und dem Motor geschlossen und der elektrische Kontakt unterbrochen sein, es sei denn, es ist von Bedeutung, dass die Einrichtung in Betrieb bleibt.

c) Metallhydrid-Speichersysteme müssen von der zuständigen Behörde des Herstellungslandes zugelassen sein. Ist das Herstellungsland keine Vertragspartei des ADN, muss die Zulassung von der zuständigen Behörde einer Vertragspartei des ADN anerkannt werden.

d) Die Vorschriften der Absatze a) und b) gelten nicht für Fahrzeuge, die frei von flüssigen oder gasformigen Brennstoffen sind.

Bem. 1. Ein Fahrzeug gilt als frei von flüssigen Brennstoffen, wenn der Flüssigbrennstoffbehälter entleert wurde und das Fahrzeug wegen Brennstoffmangels nicht betrieben werden kann. Fahrzeugbauteile wie Brennstoffleitungen, -filter und -einspritzer müssen nicht gereinigt, entleert oder gespült werden, damit sie als frei von flüssigen Brennstoffen gelten. Darüber hinaus muss der Flüssigbrennstoffbehälter nicht gereinigt oder gespült werden.

Bem. 2. Ein Fahrzeug gilt als frei von gasförmigen Brennstoffen, wenn die Behälter für gasförmige Brennstoffe frei von Flüssigkeiten (bei verflüssigten Gasen) sind, der Druck in den Behältern nicht größer als 2 bar ist und der Brennstoffabsperrhahn oder das Brennstoffabsperrventil geschlossen und gesichert ist.

667 a) Die Vorschriften des Absatzes 2.2.9.1.7 a) gelten nicht für Produktionsserien von höchstens 100 Zellen oder Batterien oder für Vorproduktionsprototypen von Zellen oder Batterien, die in Fahrzeugen, Motoren, Maschinen oder Gegenständen eingebaut sind.

b) Die Vorschriften des Absatzes 2.2.9.1.7 gelten nicht für Lithiumzellen oder -batterien, die in beschädigten oder defekten Fahrzeugen, Motoren, Maschinen oder Gegenständen eingebaut sind. In diesen Fällen müssen folgende Bedingungen erfüllt werden:

(i) Wenn die Beschädigung oder der Defekt keinen maßgeblichen Einfluss auf die Sicherheit der Zelle oder Batterie hat, dürfen beschädigte oder defekte Fahrzeuge, Motoren, Maschinen oder Gegenständen unter den in der Sondervorschrift 363 bzw. 666 festgelegten Bedingungen befördert werden.

[1] Der Begriff „Brennstoff" schließt auch Kraftstoffe ein.

(ii) Wenn die Beschädigung oder der Defekt einen maßgeblichen Einfluss auf die Sicherheit der Zelle oder Batterie hat, muss die Lithiumzelle oder -batterie entnommen und in Übereinstimmung mit der Sondervorschrift 376 befördert werden.

Wenn jedoch ein sicheres Entnehmen der Zelle oder Batterie nicht möglich ist oder wenn der Zustand der Zelle oder Batterie nicht überpruft werden kann, darf das Fahrzeug, der Motor, die Maschine oder der Gegenstand wie in Absatz (i) festgelegt abgeschleppt oder befördert werden.

c) Die in Absatz b) beschriebenen Verfahren gelten auch für in Fahrzeugen, Motoren, Maschinen oder Gegenständen enthaltene beschädigte Lithiumzellen oder -batterien.

668 Erwärmte Stoffe für Zwecke der Anbringung von Straßenmarkierungen unterliegen nicht den übrigen Vorschriften des ADN, vorausgesetzt, folgende Bedingungen werden erfüllt:

a) sie entsprechen nicht den Kriterien einer anderen Klasse als der Klasse 9;

b) die Temperatur an der äußeren Oberfläche des Kessels ist nicht größer als 70 °C;

c) der Kessel ist so verschlossen, dass ein Austreten von Füllgut während der Beförderung verhindert wird;

d) der höchste Fassungsraum des Kessels ist auf 3 000 Liter begrenzt.

669 Ein Anhänger, der mit einer Einrichtung ausgerüstet ist, die mit einem flüssigen oder gasförmigen Brennstoff oder einer Einrichtung zur Speicherung und Erzeugung elektrischer Energie angetrieben wird und die für die Verwendung während einer Beförderung vorgesehen ist, die von diesem Anhänger als Teil einer Beförderungseinheit durchgeführt wird, muss der UN-Nummer 3166 oder 3171 zugeordnet werden und unterliegt den für diese UN-Nummern geltenden Vorschriften, wenn er auf einem Schiff als Ladung befördert wird, vorausgesetzt, der Fassungsraum der Behälter, die flüssigen Brennstoff enthalten, ist nicht größer als 500 Liter.

670 a) Lithiumzellen und -batterien, die in Geräten von privaten Haushalten enthalten sind und die zur Beseitigung von Schadstoffen, zur Demontage, zum Recycling oder zur Entsorgung gesammelt und zur Beförderung aufgegeben werden, unterliegen nicht den übrigen Vorschriften des ADN, einschließlich der Sondervorschrift 376 und des Absatzes 2.2.9.1.7, wenn

(i) sie nicht die Hauptenergiequelle für den Betrieb des Geräts darstellen, in dem sie enthalten sind,

(ii) das Gerät, in dem sie enthalten sind, keine anderen Lithiumzellen oder -batterien enthält, die als Hauptenergiequelle verwendet werden, und

(iii) sie durch das Gerät geschützt werden, in dem sie enthalten sind.

Beispiele von Zellen und Batterien, die unter diesen Absatz fallen, sind Knopfzellen, die für die Datensicherheit in Haushaltsgeräten (z. B. Kühlschränke, Waschmaschinen, Geschirrspüler) oder in anderen elektrischen oder elektronischen Geräten verwendet werden.

b) Bis zur Zwischenverarbeitungsstelle unterliegen Lithiumzellen und -batterien, die in Geräten von privaten Haushalten enthalten sind, die die Vorschriften des Absatzes a) nicht erfüllen und die zur Beseitigung von Schadstoffen, zur Demontage, zum Recycling oder zur Entsorgung gesammelt und zur Beförderung aufgegeben werden, nicht den übrigen Vorschriften des ADN, einschließlich der Sondervorschrift 376 und des Absatzes 2.2.9.1.7, wenn folgende Bedingungen erfüllt werden:

(i) Die Geräte sind in Übereinstimmung mit der Verpackungsanweisung P 909 des Unterabschnitts 4.1.4.1 des ADR mit Ausnahme der zusätzlichen Vorschriften 1 und 2 verpackt oder sie sind in widerstandsfähigen Außenverpackungen, z. B. besonders ausgelegte Sammelbehälter, verpackt, welche die folgenden Vorschriften erfüllen:
- Die Verpackungen müssen aus einem geeigneten Werkstoff hergestellt sein und in Bezug auf den Fassungsraum der Verpackung und die beabsichtigte Verwendung der Verpackung ausreichend stark und dimensioniert sein. Die Verpackungen müssen die Vorschriften des Unterabschnitts 4.1.1.3 des ADR nicht erfüllen.
- Es müssen geeignete Maßnahmen ergriffen werden, um Beschädigungen der Geräte beim Befüllen oder Handhaben der Verpackung, z. B. durch die Verwendung von Gummimatten, zu minimieren.
- Die Verpackungen müssen so hergestellt und verschlossen sein, dass ein Verlust von Ladegut während der Beförderung verhindert wird, z. B. durch Deckel, widerstandsfähige Innenauskleidungen, Abdeckungen für die Beförderung. Öffnungen, die für das Befüllen ausgelegt sind, sind zulässig, sofern sie so gebaut sind, dass ein Verlust von Ladegut verhindert wird.

(ii) Es besteht ein Qualitätssicherungssystem, um sicherzustellen, dass die Gesamtmenge an Lithiumzellen und -batterien je Beförderungseinheit 333 kg nicht überschreitet.

Bem. Die Gesamtmenge an Lithiumzellen und -batterien in Geräten von privaten Haushalten darf anhand einer im Qualitätssicherungssystem enthaltenen statistischen Methode abgeschätzt werden. Eine Kopie der Qualitätssicherungsaufzeichnungen muss der zuständigen Behörde auf Anforderung zur Verfügung gestellt werden.

(iii) Die Versandstücke sind wie folgt gekennzeichnet:
„LITHIUMBATTERIEN ZUR ENTSORGUNG“ bzw.
„LITHIUMBATTERIEN ZUM RECYCLING“.

Wenn Geräte, die Lithiumzellen oder -batterien enthalten, in Übereinstimmung mit der Verpackungsanweisung P 909 (3) des Unterabschnitts 4.1.4.1 des ADR unverpackt oder auf Paletten befördert werden, darf dieses Kennzeichen alternativ auf der äußeren Oberfläche von Fahrzeugen, Wagen oder Containern angebracht werden.

Bem. „Geräte von privaten Haushalten“ sind Geräte, die aus privaten Haushalten stammen, und Geräte, die aus kommerziellen, industriellen, institutionellen und anderen Quellen stammen und die aufgrund ihrer Beschaffenheit und Menge den Geräten von privaten Haushalten ähnlich sind. Geräte, bei denen die Wahrscheinlichkeit besteht, dass sie sowohl von privaten Haushalten als auch von anderen Anwendern verwendet werden, gelten in jedem Fall als Geräte von privaten Haushalten.

671 Für Zwecke der Freistellung in Zusammenhang mit an Bord von Schiffen beförderten Mengen (siehe Unterabschnitt 1.1.3.6), ist die Beförderungskategorie in Zusammenhang mit der Verpackungsgruppe zu bestimmen (siehe Sondervorschrift 251 dritter Unterabsatz):

- Beförderungskategorie 3 für Testsätze oder Ausrüstungen, die der Verpackungsgruppe III zugeordnet sind;
- Beförderungskategorie 2 für Testsätze oder Ausrüstungen, die der Verpackungsgruppe II zugeordnet sind;
- Beförderungskategorie 1 für Testsätze oder Ausrüstungen, die der Verpackungsgruppe I zugeordnet sind.

672 Maschinen und Geräte, die unter dieser Eintragung und in Übereinstimmung mit der Sondervorschrift 301 befördert werden, unterliegen nicht den übrigen Vorschriften des ADN, vorausgesetzt:

- sie sind entweder in einer widerstandsfähigen Außenverpackung verpackt, die aus einem geeigneten Werkstoff hergestellt ist und hinsichtlich ihres Fassungsraums und ihrer beabsichtigten Verwendung eine ausreichende Festigkeit und Auslegung aufweist und die den anwendbaren Vorschriften des Unterabschnitts 4.1.1.1 des ADR entspricht, oder
- sie werden ohne Außenverpackung befördert, wenn die Maschine oder das Gerät so gebaut und ausgelegt ist, dass die Gefäße, welche die gefährlichen Güter enthalten, ausreichend geschützt sind.

673 (bleibt offen)

674 Diese Sondervorschrift gilt für die wiederkehrende Prüfung von umformten Flaschen gemäß der Begriffsbestimmung in Abschnitt 1.2.1.

Umformte Flaschen, die dem Absatz 6.2.3.5.3.1 des ADR unterliegen, müssen einer wiederkehrenden Prüfung in Übereinstimmung mit Absatz 6.2.1.6.1 des ADR unterzogen werden, die durch die folgende alternative Methode angepasst wird:

- Die in Absatz 6.2.1.6.1 d) des ADR vorgeschriebene Prüfung muss durch alternative zerstörende Prüfungen ersetzt werden.
- Es müssen besondere, zusätzliche zerstörende Prüfungen durchgeführt werden, die sich auf die Eigenschaften der umformten Flaschen beziehen.

Die Verfahren und Anforderungen dieser alternativen Methode sind nachstehend beschrieben.

Alternative Methode:

a) Allgemeines

Die folgenden Vorschriften gelten für umformte Flaschen, die in Serie und auf der Grundlage von geschweißten Stahlflaschen gemäß der Norm EN 1442:2017, EN 14140:2014 + AC:2015 oder der Anlage I, Teile 1 bis 3 der Richtlinie des Rates 84/527/EWG hergestellt sind. Die Auslegung der Umformung muss das Vordringen von Wasser zur inneren Stahlflasche verhindern. Die Umwandlung der Flasche aus Stahl in eine umformte Flasche muss den entsprechenden Vorschriften der Normen EN 1442:2017 und EN 14140:2014 + AC:2015 genügen.

Umformte Flaschen müssen mit selbstschließenden Ventilen ausgerüstet sein.

b) Grundgesamtheit

Eine Grundgesamtheit umformter Flaschen ist definiert als die Produktion von Flaschen eines einzelnen Herstellers von Umformungen unter Verwendung von durch einen einzelnen Hersteller hergestellten neuen Innenflaschen innerhalb eines Kalenderjahres, die auf Flaschen derselben Bauart, derselben Werkstoffe und derselben Herstellungsverfahren basieren.

c) Untergruppen einer Grundgesamtheit

Innerhalb der oben definierten Grundgesamtheit müssen umformte Flaschen, die verschiedenen Eigentümern gehören, in spezifische Untergruppen, und zwar eine je Eigentümer, aufgeteilt werden.

Wenn die gesamte Grundgesamtheit einem einzigen Eigentümer gehört, entspricht die Untergruppe der Grundgesamtheit.

d) Rückverfolgbarkeit

Die Kennzeichen der Innenflaschen aus Stahl in Übereinstimmung mit Unterabschnitt 6.2.3.9 des ADR müssen auf der Umformung wiederholt werden. Darüber hinaus muss jede umformte Flasche mit einer individuellen widerstandsfähigen elektronischen Erkennungseinrichtung ausgestattet sein. Die genauen Eigenschaften der umformten Flaschen müssen vom Eigentümer in einer zentralen Datenbank aufgezeichnet werden. Die Datenbank muss für Folgendes verwendet werden:

– die Identifizierung der spezifischen Untergruppe;
– die Zurverfügungstellung der spezifischen technischen Eigenschaften der Flaschen, zumindest bestehend aus Seriennummer, Produktionslos der Stahlflasche, Produktionslos der Umformung, Zeitpunkt der Umformung, für die Prüfstellen, Befüllzentren und zuständigen Behörden;
– die Identifizierung der Flasche, indem eine Verbindung zwischen der elektronischen Einrichtung und der Datenbank anhand der Seriennummer hergestellt wird;
– die Prüfung der Vorgeschichte der einzelnen Flasche und die Festlegung von Maßnahmen (z.B. Befüllung, Stichprobenentnahme, Wiederholungsprüfung, Zurückziehung);
– die Aufzeichnung der durchgeführten Maßnahmen, einschließlich des Datums und der Adresse des Ortes der Durchführung.

Die aufgezeichneten Daten müssen durch den Eigentümer der umformten Flaschen während der gesamten Lebensdauer der Untergruppe zur Verfügung gehalten werden.

e) Stichprobenentnahme für die statistische Auswertung

Die Stichprobenentnahme muss nach Zufallsprinzip aus einer in Absatz c) definierten Untergruppe erfolgen. Die Größe jeder Stichprobe je Untergruppe muss der Tabelle in Absatz g) entsprechen.

f) Prüfverfahren für die zerstörende Prüfung

Die in Absatz 6.2.1.6.1 des ADR vorgeschriebenen Prüfungen müssen durchgeführt werden, mit Ausnahme der Prüfung des Absatzes d), die durch das folgende Prüfverfahren ersetzt wird:

– Berstprüfung (in Übereinstimmung mit der Norm EN 1442:2017 oder EN 14140:2014 + AC:2015).

Darüber hinaus müssen die folgenden Prüfungen durchgeführt werden:

– Haftfestigkeitsprüfung (in Übereinstimmung mit der Norm EN 1442:2017 oder EN 14140:2014 + AC:2015),
– Abschäl- und Korrosionsprüfungen (in Übereinstimmung mit der Norm EN ISO 4628-3:2016).

Die Haftfestigkeitsprüfung, die Abschäl- und Korrosionsprüfungen und die Berstprüfung müssen an jeder zugehörigen Stichprobe gemäß der Tabelle in Absatz g) erstmalig nach 3 Jahren Betrieb und danach alle 5 Jahre durchgeführt werden.

g) Statistische Auswertung der Prüfergebnisse – Methode und Mindestanforderungen

Das Verfahren für die statistische Auswertung in Übereinstimmung mit den zugehörigen Zurückweisungskriterien ist im Folgenden beschrieben.

Prüf-intervall (Jahre)	**Art der Prüfung**	**Norm**	**Zurückweisungskriterien**	**Bildung einer Stichprobe aus einer Untergruppe**
nach 3 Jahren Betrieb (siehe Absatz f))	Berst-prüfung	EN 1442:2017	Berstdruckpunkt der repräsentativen Stichprobe muss über dem unteren Grenzwert des Toleranzintervalls im Stichproben-Arbeitsdiagramm liegen $\Omega_m \geq 1 + \Omega_s \times k3(n;p;1-\alpha)$ [a] kein einzelnes Prüfergebnis darf geringer sein als der Prüfdruck	$3\sqrt[3]{Q}$ oder Q/200, je nachdem, welcher der beiden Werte geringer ist, und mindestens 20 pro Untergruppe (Q)
	Abschä-lung und Korrosion	EN ISO 4628-3:2016	höchster Korrosionsgrad: Ri2	Q/1000
	Haftfes-tigkeit des Poly-urethans	ISO 2859-1:1999 + A1:2011 EN 1442:2017 EN 14140:2014 + AC:2015	Haftfestigkeitswert > 0,5 N/mm^2	siehe ISO 2859-1:1999 + A1:2011, angewendet auf Q/1000
danach alle 5 Jahre (siehe Absatz f))	Berst-prüfung	EN 1442:2017	Berstdruckpunkt der repräsentativen Stichprobe muss über dem unteren Grenzwert des Toleranzintervalls im Stichproben-Arbeitsdiagramm liegen $\Omega_m \geq 1 + \Omega_s \times k3(n;p;1-\alpha)$ [a] kein einzelnes Prüfergebnis darf geringer sein als der Prüfdruck	$6\sqrt[3]{Q}$ oder Q/100, je nachdem, welcher der beiden Werte geringer ist, und mindestens 40 pro Untergruppe (Q)
	Abschä-lung und Korrosion	EN ISO 4628-3:2016	höchster Korrosionsgrad: Ri2	Q/1000
	Haftfes-tigkeit des Poly-urethans	ISO 2859-1:1999 + A1:2011 EN 1442:2017 EN 14140:2014 + AC:2015	Haftfestigkeitswert > 0,5 N/mm^2	siehe ISO 2859-1:1999 + A1:2011, angewendet auf Q/1000

[a] Der Berstdruckpunkt (BPP) der repräsentativen Stichprobe wird für die Auswertung der Prüfergebnisse mit Hilfe eines Stichproben-Arbeitsdiagramms verwendet.

Schritt 1: Bestimmung des Berstdruckpunkts (BPP) einer repräsentativen Stichprobe

Jede Stichprobe wird durch einen Punkt repräsentiert, dessen Koordinaten der Mittelwert der Ergebnisse der Berstprüfung und die Standardabweichung der Ergebnisse der Berstprüfung sind, jeweils bezogen auf den entsprechenden Prüfdruck:

$$\text{BPP: } \left(\Omega_s = \frac{s}{PH} ; \Omega_m = \frac{x}{PH} \right)$$

wobei:

x	=	Mittelwert der Stichprobe;
s	=	Standardabweichung der Stichprobe;
PH	=	Prüfdruck

Schritt 2: Grafische Darstellung in einem Stichproben-Arbeitsdiagramm

Jeder Berstdruckpunkt wird auf ein Stichproben-Arbeitsdiagramm mit folgenden Achsen eingezeichnet:

- Abszisse: Standardabweichung bezogen auf den Prüfdruck (Ω_s)
- Ordinate: Mittelwert bezogen auf den Prüfdruck (Ω^m)

Schritt 3: Bestimmung des entsprechenden unteren Grenzwerts des Toleranzintervalls im Stichproben-Arbeitsdiagramm

Die Ergebnisse der Berstprüfung müssen zunächst gemäß dem Joint Test (gemeinsamer Test) (multidirektionaler Test) unter Anwendung eines Signifikanzniveaus von $\alpha = 0{,}05$ (siehe Absatz 7 der Norm ISO 5479:1997) geprüft werden, um festzustellen, ob die Ergebnisverteilung für jede Stichprobe normal oder nicht normal ist.

- Für eine normale Verteilung ist die Bestimmung des entsprechenden unteren Toleranzgrenzwerts in Schritt 3.1 dargestellt.
- Für eine nicht normale Verteilung ist die Bestimmung des entsprechenden unteren Toleranzgrenzwerts in Schritt 3.2 dargestellt.

Schritt 3.1: Unterer Grenzwert des Toleranzintervalls für Ergebnisse mit normaler Verteilung

In Übereinstimmung mit der Norm ISO 16269-6:2014 und unter Berücksichtigung, dass die Varianz unbekannt ist, muss das einseitige statistische Toleranzintervall für ein Konfidenzniveau von 95 % und einen Anteil der Gesamtheit von 99,9999 % betrachtet werden.

Nach Auftragen im Stichproben-Arbeitsdiagramm wird der untere Grenzwert des Toleranzintervalls durch eine Linie der konstanten Überlebensrate repräsentiert, die durch folgende Formel definiert ist:

$$\Omega_m = 1 + \Omega_s \times k3(n;p;1\text{-}\alpha)$$

k3 = Faktorfunktion von n, p und 1-α;

p = Anteil der für das Toleranzintervall gewählten Gesamtheit (99,9999 %);

1-α = Konfidenzniveau (95 %);

n = Stichprobengröße.

Der für normale Verteilungen zugeordnete Wert für k3 muss der Tabelle am Ende von Schritt 3 entnommen werden.

Schritt 3.2: Unterer Grenzwert des Toleranzintervalls für Ergebnisse mit nicht normaler Verteilung

Das einseitige statistische Toleranzintervall muss für ein Konfidenzniveau von 95 % und einen Anteil der Gesamtheit von 99,9999 % betrachtet werden.

Der untere Toleranzgrenzwert wird durch eine Linie der konstanten Überlebensrate repräsentiert, die durch die im vorhergehenden Schritt 3.1 dargestellte Formel bestimmt ist, wobei der Faktor k3 auf den Eigenschaften einer Weibull-Verteilung basiert und danach berechnet wird.

Der für Weibull-Verteilungen zugeordnete Wert für k3 muss der nachstehenden Tabelle am Ende von Schritt 3 entnommen werden.

Tabelle für k3 p = 99,9999 % und (1-α) = 0,95		
Stichprobengröße n	**normale Verteilung k3**	**Weibull-Verteilung k3**
20	6,901	16,021
22	6,765	15,722
24	6,651	15,472
26	6,553	15,258
28	6,468	15,072
30	6,393	14,909
35	6,241	14,578
40	6,123	14,321
45	6,028	14,116
50	5,949	13,947
60	5,827	13,683
70	5,735	13,485
80	5,662	13,329
90	5,603	13,203
100	5,554	13,098
150	5,393	12,754
200	5,300	12,557
250	5,238	12,426
300	5,193	12,330
400	5,131	12,199
500	5,089	12,111
1000	4,988	11,897
∞	4,753	11,408

Bem. Wenn die Stichprobengröße zwischen zwei Werten liegt, muss die am nächsten liegende kleinere Stichprobengröße gewählt werden.

h) Maßnahmen, wenn die Akzeptanzkriterien nicht erfüllt werden

Wenn ein Ergebnis der Berstprüfung, der Abschäl- und Korrosionsprüfung oder der Haftfestigkeitsprüfung die Kriterien, die in der Tabelle in Absatz g) angegeben sind, nicht erfüllt, muss die betroffene Untergruppe umformter Flaschen vom Eigentümer für weitere Untersuchungen ausgesondert werden und darf nicht befüllt oder für die Beförderung und Verwendung freigegeben werden.

In Absprache mit der zuständigen Behörde oder der Xa-Stelle, welche die Baumusterzulassung erteilt hat, müssen zusätzliche Prüfungen durchgeführt werden, um die Grundursache des Versagens zu ermitteln.

Wenn nicht nachgewiesen werden kann, dass die Grundursache auf die betroffene Untergruppe des Eigentümers begrenzt ist, muss die zuständige Behörde oder die Xa-Stelle Maßnahmen in Bezug auf die gesamte Grundgesamtheit und eventuell andere Herstellungsjahre ergreifen.

Wenn nachgewiesen werden kann, dass die Grundursache auf einen Teil der betroffenen Untergruppe begrenzt ist, dürfen die nicht betroffenen Teile von der zuständigen Behörde für die Wiederinbetriebnahme zugelassen werden. Es muss nachgewiesen werden, dass keine einzelne umformte Flasche, die wieder in Betrieb genommen wird, betroffen ist.

i) Anforderungen an Befüllzentren

Der Eigentümer muss der zuständigen Behörde Nachweise zur Verfügung stellen, dass die Befüllzentren

- den Vorschriften des Unterabschnitts 4.1.4.1 des ADR Verpackungsanweisung P 200 (7) entsprechen und die Anforderungen der in der Tabelle in Unterabschnitt 4.1.4.1 des ADR Verpackungsanweisung P 200 (11) in Bezug genommenen Norm für Prüfungen vor dem Befüllen erfüllt und richtig angewendet werden;
- über die angemessenen Mittel zur Erkennung umformter Flaschen durch die elektronische Erkennungseinrichtung verfügen;
- Zugang zu der in Absatz d) festgelegten Datenbank haben;
- die Fähigkeit besitzen, die Datenbank zu aktualisieren;
- ein Qualitätssystem gemäß der Normenreihe ISO 9000 oder gleichwertiger Normen anwenden, das von einer von der zuständigen Behörde anerkannten akkreditierten unabhängigen Stelle zertifiziert ist.

800 Ölschrote, Ölsaatkuchen und Ölkuchen, welche pflanzliches Öl enthalten, lösemittelbehandelt und nicht selbstentzündlich sind, sind der UN-Nummer 3175 zuzuordnen. Diese Stoffe unterliegen nicht den Vorschriften des ADN, wenn sie so vorbereitet oder behandelt sind, dass sie während der Beförderung keine gefährlichen Gase in gefährlichen Mengen freisetzen können (keine Explosionsgefahr) und dies im Beförderungspapier vermerkt ist.

801 Ferrosilicium mit 25 bis 30 Masse-% oder mit 90 Masse-% oder mehr Silicium gilt bei der Beförderung in Binnenschiffen in loser Schüttung oder unverpackt als gefährlicher Stoff der Klasse 4.3.

802 Siehe Unterabschnitt 7.1.4.10.

803 Steinkohle, Koks und Anthrazitkohle, die in loser Schüttung befördert werden, unterliegen nicht den Bestimmungen des ADN, wenn

a) die Temperatur der Ladung vor, während oder unmittelbar nach der Beladung des Laderaums mit einem geeigneten Messverfahren bestimmt wurde und 60 °C nicht überschreitet,

b) die vorgesehene Beförderungsdauer ohne Temperaturüberwachung, die in der nachfolgenden Tabelle in Abhängigkeit von der Temperatur der Ladung vor, während oder unmittelbar nach der Beladung des Laderaums aufgeführte maximale Anzahl an Tagen nicht überschreitet:

maximale Verladetemperatur in °C	maximale Reisedauer in Tagen
60	10
50	18
40	32
30	57

c) im Falle, dass die tatsächliche Beförderungsdauer die unter b) genannte maximale Reisedauer überschreitet, ab dem ersten Tag der Überschreitung eine Temperaturüberwachung sichergestellt ist. Das erforderliche Überwachungsgerät muss sich ab dem ersten Beförderungstag nach der maximalen Reisedauer an Bord befinden,

d) der Schiffsführer bei der Beladung in nachweisbarer Form Instruktionen erhält, wie im Falle einer wesentlichen Erwärmung der Ladung zu verfahren ist.

3.4.1 Dieses Kapitel enthält die Vorschriften, die für die Beförderung von in begrenzten Mengen verpackten gefährlichen Gütern bestimmter Klassen anzuwenden sind. Die für die Innenverpackung oder den Gegenstand anwendbare Mengengrenze ist für jeden Stoff in der Spalte 7a der Tabelle A in Kapitel 3.2 festgelegt. Darüber hinaus ist in dieser Spalte bei jeder Eintragung, die nicht für die Beförderung nach diesem Kapitel zugelassen ist, die Menge «0» angegeben.

In derartigen begrenzten Mengen verpackte gefährliche Güter, die den Vorschriften dieses Kapitels entsprechen, unterliegen keinen anderen Vorschriften des ADN mit Ausnahme der entsprechenden Vorschriften von:

a) Teil 1 Kapitel 1.1, 1.2, 1.3 1.4, 1.5, 1.6, 1.8 und 1.9,

b) Teil 2,

c) Teil 3 Kapitel 3.1, 3.2 und 3.3 (mit Ausnahme der Sondervorschriften 61, 178, 181, 220, 274, 625, 633 und 650 e)),

d) Teil 4 Unterabschnitte 4.1.1.1, 4.1.1.2 und 4.1.1.4 bis 4.1.1.8 des ADR,

e) Teil 5 Unterabschnitte 5.1.2.1 a) (i) und b), 5.1.2.2, 5.1.2.3 und 5.2.1.10 sowie Abschnitt 5.4.2,

f) Teil 6 Bauvorschriften des Abschnitts 6.1.4 sowie Unterabschnitte 6.2.5.1 und 6.2.6.1 bis 6.2.6.3 des ADR.

3.4.2 Gefährliche Güter dürfen nur in Innenverpackungen verpackt sein, die in geeignete Außenverpackungen eingesetzt sind. Zwischenverpackungen dürfen verwendet werden. Darüber hinaus müssen für Gegenstände der Unterklasse 1.4 Verträglichkeitsgruppe S die Vorschriften des Abschnitts 4.1.5 ADR vollständig erfüllt sein. Für die Beförderung von Gegenständen, wie Druckgaspackungen oder „Gefäße, klein, mit Gas", ist die Verwendung von Innenverpackungen nicht erforderlich. Die Gesamtbruttomasse des Versandstücks darf 30 kg nicht überschreiten.

3.4.3 Mit Ausnahme von Gegenständen der Unterklasse 1.4 Verträglichkeitsgruppe S sind Trays in Dehn- oder Schrumpffolie, die den Vorschriften der Unterabschnitte 4.1.1.1, 4.1.1.2 und 4.1.1.4 bis 4.1.1.8 des ADR entsprechen, als Außenverpackungen für Gegenstände oder Innenverpackungen mit gefährlichen Gütern, die nach den Vorschriften dieses Kapitels befördert werden, zulässig. Innenverpackungen, die bruchanfällig sind oder leicht durchstoßen werden können, wie Gefäße aus Glas, Porzellan, Steinzeug oder gewissen Kunststoffen, müssen in geeignete Zwischenverpackungen eingesetzt werden, die den Vorschriften der Unterabschnitte 4.1.1.1, 4.1.1.2 und 4.1.1.4 bis 4.1.1.8 des ADR entsprechen und so ausgelegt sein müssen, dass sie den Bauvorschriften des Abschnitts 6.1.4 des ADR entsprechen. Die gesamte Bruttomasse des Versandstücks darf 20 kg nicht überschreiten.

3.4.4 Flüssige Stoffe der Klasse 3 Verpackungsgruppe II in Innenverpackungen aus Glas, Porzellan oder Steinzeug müssen in einer verträglichen und starren Zwischenverpackung eingeschlossen sein.

3.4.5 (bleibt offen)

3.4.6 (bleibt offen)

3.4.7 Kennzeichnung von Versandstücken, die begrenzte Mengen enthalten

3.4.7.1 Ausgenommen für die Luftbeförderung müssen Versandstücke mit gefährlichen Gütern in begrenzten Mengen mit dem in Abbildung 3.4.7.1 dargestellten Kennzeichen versehen sein:

Abbildung 3.4.7.1

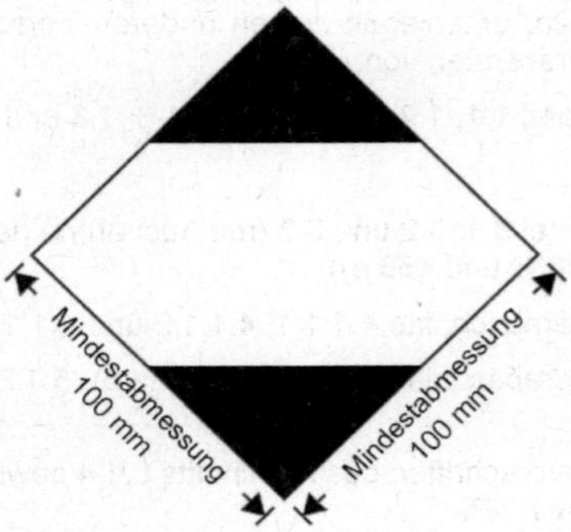

Kennzeichen für Versandstücke, die begrenzte Mengen enthalten

Das Kennzeichen muss leicht erkennbar und lesbar sein und der Witterung ohne nennenswerte Beeinträchtigung seiner Wirkung standhalten können.

Das Kennzeichen muss die Form eines auf die Spitze gestellten Quadrats (Raute) haben. Die oberen und unteren Teilbereiche und die Randlinie müssen schwarz sein. Der mittlere Bereich muss weiß oder ein ausreichend kontrastierender Hintergrund sein. Die Mindestabmessungen müssen 100 mm × 100 mm und die Mindestbreite der Begrenzungslinie der Raute 2 mm betragen. Wenn Abmessungen nicht näher spezifiziert sind, müssen die Proportionen aller Merkmale den abgebildeten in etwa entsprechen.

3.4.7.2 Wenn es die Größe des Versandstücks erfordert, dürfen die in der Abbildung 3.4.7.1 angegebenen äußeren Mindestabmessungen auf nicht weniger als 50 mm × 50 mm reduziert werden, sofern das Kennzeichen deutlich sichtbar bleibt. Die Mindestbreite der Begrenzungslinie der Raute darf auf ein Minimum von 1 mm reduziert werden.

3.4.8 Kennzeichnung von Versandstücken, die begrenzte Mengen enthalten, gemäß Teil 3 Kapitel 4 der Technischen Anweisungen der ICAO

3.4.8.1 Versandstücke mit gefährlichen Gütern, die in Übereinstimmung mit den Vorschriften des Teils 3 Kapitel 4 der Technischen Anweisungen der ICAO verpackt sind, dürfen zur Bestätigung der Übereinstimmung mit diesen Vorschriften mit dem in Abbildung 3.4.8.1 dargestellten Kennzeichen versehen sein:

Abbildung 3.4.8.1

Kennzeichen für Versandstücke, die begrenzte Mengen enthalten, gemäß Teil 3 Kapitel 4 der Technischen Anweisungen der ICAO

Das Kennzeichen muss leicht erkennbar und lesbar sein und der Witterung ohne nennenswerte Beeinträchtigung ihrer Wirkung standhalten können.

Das Kennzeichen muss die Form eines auf die Spitze gestellten Quadrats (Raute) haben. Die oberen und unteren Teilbereiche und die Randlinie müssen schwarz sein. Der mittlere Bereich muss weiß oder ein ausreichend kontrastierender Hintergrund sein. Die Mindestabmessungen müssen 100 mm × 100 mm und die Mindestbreite der Begrenzungslinie der Raute 2 mm betragen. Das Symbol „Y" muss in der Mitte des Kennzeichens angebracht und deutlich erkennbar sein. Wenn Abmessungen nicht näher spezifiziert sind, müssen die Proportionen aller Merkmale den abgebildeten in etwa entsprechen.

3.4.8.2 Wenn es die Größe des Versandstücks erfordert, dürfen die in der Abbildung 3.4.8.1 angegebenen äußeren Mindestabmessungen auf nicht weniger als 50 mm × 50 mm reduziert werden, sofern das Kennzeichen deutlich sichtbar bleibt. Die Mindestbreite der Begrenzungslinie der Raute darf auf ein Minimum von 1 mm reduziert werden. Die Proportionen des Symbols „Y" müssen der Darstellung in Abbildung 3.4.8.1 in etwa entsprechen.

3.4.9 Versandstücke mit gefährlichen Gütern, die mit dem in Abschnitt 3.4.8 abgebildeten Kennzeichen mit oder ohne die zusätzlichen Gefahrzettel und Kennzeichen für den Luftverkehr versehen sind, gelten als den jeweils zutreffenden Vorschriften des Abschnitts 3.4.1 und den Vorschriften der Abschnitte 3.4.2 bis 3.4.4 entsprechend und müssen nicht mit dem in Abschnitt 3.4.7 abgebildeten Kennzeichen versehen sein.

3.4.10 Versandstücke mit gefährlichen Gütern in begrenzten Mengen, die mit dem in Abschnitt 3.4.7 abgebildeten Kennzeichen versehen sind und die den Vorschriften der Technischen Anweisungen der ICAO, einschließlich aller in den Teilen 5 und 6 festgelegten notwendigen Kennzeichen und Gefahrzettel, entsprechen, gelten als den jeweils zutreffenden Vorschriften des Abschnitts 3.4.1 und den Vorschriften der Abschnitte 3.4.2 bis 3.4.4 entsprechend.

3.4.11 **Verwendung von Umverpackungen**

Für eine Umverpackung, die in begrenzten Mengen verpackte gefährlicher Güter enthält, gilt Folgendes:

Sofern die für alle in einer Umverpackung enthaltenen gefährlichen Güter repräsentativen Kennzeichen nicht sichtbar sind, muss die Umverpackung mit

– dem Ausdruck „UMVERPACKUNG" gekennzeichnet sein; die Buchstabenhöhe des Kennzeichens „UMVERPACKUNG" muss mindestens 12 mm sein. Das Kennzeichen muss in einer Amtssprache des Ursprungslandes und, wenn diese Sprache nicht Deutsch, Englisch oder Französisch ist, außerdem in Deutsch, Englisch oder Französisch angegeben sein, sofern nicht Vereinbarungen zwischen den von der Beförderung berührten Staaten etwas anderes vorschreiben; und
– den in diesem Kapitel vorgeschriebenen Kennzeichen gekennzeichnet sein.

Mit Ausnahme des Luftverkehrs gelten die übrigen Vorschriften des Unterabschnitts 5.1.2.1 nur, wenn andere gefährliche Güter in der Umverpackung enthalten sind, die nicht in begrenzten Mengen verpackt sind, und nur in Bezug auf diese anderen gefährlichen Güter.

3.4.12 Absender von in begrenzten Mengen verpackten gefährlichen Gütern müssen den Beförderer vor der Beförderung in nachweisbarer Form über die Bruttomasse der so zu versendenden Güter informieren.

3.4.13

a) Beförderungseinheiten mit einer höchstzulässigen Gesamtmasse über 12 Tonnen, mit denen in begrenzten Mengen verpackte gefährliche Güter befördert werden, müssen gemäß Abschnitt 3.4.15 vorn und hinten gekennzeichnet sein, sofern die Beförderungseinheit nicht andere gefährliche Güter enthält, für die eine Kennzeichnung mit orangefarbenen Tafeln gemäß Abschnitt 5.3.2 vorgeschrieben ist. In letzterem Fall darf die Beförderungseinheit nur mit den vorgeschriebenen orangefarbenen Tafeln oder gleichzeitig mit orangefarbenen Tafeln gemäß Abschnitt 5.3.2 und mit den Kennzeichen gemäß Abschnitt 3.4.15 versehen sein.

b) Wagen, mit denen Versandstücke mit gefährlichen Gütern in begrenzten Mengen befördert werden, müssen gemäß Absatz 3.4.15 auf beiden Längsseiten gekennzeichnet sein, sofern sie nicht bereits gemäß Abschnitt 5.3.1 mit Großzetteln (Placards) versehen sind.

c) Container, mit denen in begrenzten Mengen verpackte gefährliche Güter befördert werden und die auf Beförderungseinheiten mit einer höchstzulässigen Gesamtmasse über 12 Tonnen verladen sind, müssen gemäß Abschnitt 3.4.15 auf allen vier Seiten gekennzeichnet sein, sofern der Container nicht andere gefährliche Güter enthält, für die das Anbringen von Großzetteln (Placards) gemäß Abschnitt 5.3.1 vorgeschrieben ist. In letzterem Fall darf der Container nur mit den vorgeschriebenen Großzetteln (Placards) oder gleichzeitig mit Großzetteln (Placards) gemäß Abschnitt 5.3.1 und mit den Kennzeichen gemäß Abschnitt 3.4.15 versehen sein.

Wenn Container auf einer Beförderungseinheit oder auf einem Wagen verladen sind, muss die tragende Beförderungseinheit oder der Tragwagen nicht gekennzeichnet werden, es sei denn, die an den Containern angebrachten Kennzeichen sind außerhalb der tragenden Beförderungseinheit oder des Tragwagens nicht sichtbar. Im letztgenannten Fall müssen die gleichen Kennzeichen an der tragenden Beförderungseinheit vorn und hinten oder an beiden Längsseiten des Tragwagens angebracht werden.

3.4.14 Auf die in Abschnitt 3.4.13 festgelegten Kennzeichen kann verzichtet werden, wenn die Bruttogesamtmasse der beförderten Versandstücke, die in begrenzten Mengen verpackte gefährliche Güter enthalten, 8 Tonnen je Beförderungseinheit, Wagen oder Großcontainer nicht überschreitet.

3.4.15 Die in Abschnitt 3.4.13 vorgeschriebenen Kennzeichen entsprechen den in Abschnitt 3.4.7 vorgeschriebenen Kennzeichen mit der Ausnahme, dass die Mindestabmessungen 250 mm x 250 mm betragen müssen. Diese Kennzeichen müssen entfernt oder abgedeckt sein, wenn keine gefährlichen Güter in begrenzten Mengen befördert werden.

3.5.1 Freigestellte Mengen

3.5.1.1 Freigestellte Mengen gefährlicher Güter bestimmter Klassen – ausgenommen Gegenstände –, die den Vorschriften dieses Kapitels entsprechen, unterliegen keinen anderen Vorschriften des ADN mit Ausnahme:

a) der Vorschriften für die Unterweisung des Kapitels 1.3;

b) der Klassifizierungsverfahren und der Kriterien für die Verpackungsgruppen in Teil 2;

c) der Verpackungsvorschriften der Unterabschnitte 4.1.1.1, 4.1.1.2, 4.1.1.4 und 4.1.1.6.des ADR

Bem. Für radioaktive Stoffe finden die Vorschriften für radioaktive Stoffe in freigestellten Versandstücken in Unterabschnitt 1.7.1.5 Anwendung.

3.5.1.2 Gefährliche Güter, die in Übereinstimmung mit den Vorschriften dieses Kapitels in freigestellten Mengen befördert werden dürfen, sind in Kapitel 3.2 Tabelle A Spalte 7b durch einen alphanumerischen Code wie folgt dargestellt:

Code	**höchste Nettomenge je Innenverpackung** (für feste Stoffe in Gramm und für flüssige Stoffe und Gase in ml)	**höchste Nettomenge je Außenverpackung** (für feste Stoffe in Gramm und für flüssige Stoffe und Gase in ml oder bei Zusammenpackung die Summe aus Gramm und ml)
E 0	in freigestellten Mengen nicht zugelassen	
E 1	30	1000
E 2	30	500
E 3	30	300
E 4	1	500
E 5	1	300

Bei Gasen bezieht sich das für Innenverpackungen angegebene Volumen auf den mit Wasser ausgeliterten Fassungsraum des Innengefäßes und das für Außenverpackungen angegebene Volumen auf den mit Wasser ausgeliterten Gesamtfassungsraum aller Innenverpackungen innerhalb einer einzigen Außenverpackung.

3.5.1.3 Wenn gefährliche Güter in freigestellten Mengen, denen unterschiedliche Codes zugeordnet sind, zusammengepackt werden, muss die Gesamtmenge je Außenverpackung auf den Wert begrenzt werden, der dem restriktivsten Code entspricht.

3.5.1.4 Freigestellte Mengen gefährlicher Güter, die den Codes E 1, E 2, E 4 und E 5 zugeordnet sind, mit einer höchsten Nettomenge gefährlicher Güter, die für flüssige Stoffe und Gase auf 1 ml und für feste Stoffe auf 1 g je Innenverpackung begrenzt ist, und einer höchsten Nettomenge gefährlicher Güter je Außenverpackung, die bei festen Stoffen 100 g und bei flüssigen Stoffen und Gasen 100 ml nicht überschreitet, unterliegen nur:

a) den Vorschriften des Abschnitts 3.5.2, mit der Ausnahme, dass eine Zwischenverpackung nicht erforderlich ist, wenn die Innenverpackungen mit Polstermaterial sicher in einer Außenverpackung verpackt sind, so dass sie unter normalen Beförderungsbedingungen nicht zu Bruch gehen oder durchstoßen werden können oder ihr Inhalt austreten kann, und wenn bei flüssigen Stoffen die Außenverpackung genügend saugfähiges Material enthält, um den gesamten Inhalt der Innenverpackungen aufzunehmen, und

b) den Vorschriften des Abschnitts 3.5.3.

3.5.2 Verpackungen

Verpackungen, die für die Beförderung gefährlicher Güter in freigestellten Mengen verwendet werden, müssen nachfolgende Vorschriften erfüllen:

a) Sie müssen eine Innenverpackung enthalten, die aus Kunststoff (mit einer Dicke von mindestens 0,2 mm bei der Verwendung für flüssige Stoffe) oder aus Glas, Porzellan, Steinzeug, Ton oder Metall (siehe auch Unterabschnitt 4.1.1.2 des ADR) hergestellt sein muss und deren Verschluss mit Draht, Klebeband oder anderen wirksamen Mitteln sicher fixiert sein muss; Gefäße, die einen Hals mit gegossenem Schraubgewinde haben, müssen eine flüssigkeitsdichte Schraubkappe haben. Der Verschluss muss gegenüber dem Inhalt beständig sein.

b) Jede Innenverpackung muss unter Verwendung von Polstermaterial sicher in eine Zwischenverpackung verpackt sein, so dass es unter normalen Beförderungsbedingungen nicht zu einem Zubruchgehen, Durchstoßen oder Freiwerden von Inhalt kommen kann. Bei flüssigen Stoffen muss die Zwischenverpackung oder Außenverpackung genügend saugfähiges Material enthalten, um den gesamten Inhalt der Innenverpackungen aufzunehmen. Beim Einsetzen in eine Zwischenverpackung darf das saugfähige Material gleichzeitig als Polstermaterial verwendet werden. Die gefährlichen Güter dürfen weder mit dem Polstermaterial, dem saugfähigen Material und dem Verpackungsmaterial gefährlich reagieren noch die Unversehrtheit oder Funktion der Werkstoffe beeinträchtigen. Das Versandstück muss im Falle eines Bruches oder einer Undichtheit unabhängig von der Versandstückausrichtung den Inhalt vollständig zurückhalten.

c) Die Zwischenverpackung muss sicher in eine starke, starre Außenverpackung (aus Holz, aus Pappe oder aus einem anderen ebenso starken Werkstoff) verpackt sein.

d) Jedes Versandstück-Baumuster muss den Vorschriften des Abschnitts 3.5.3 entsprechen.

e) Jedes Versandstück muss eine Größe haben, die ausreichend Platz für die Anbringung aller notwendigen Kennzeichen bietet.

f) Umverpackungen dürfen verwendet werden und dürfen auch Versandstücke mit gefährlichen Gütern oder Gütern, die den Vorschriften des ADN nicht unterliegen, enthalten.

3.5.3 Prüfungen für Versandstücke

Für das vollständige versandfertige Versandstück mit Innenverpackungen, die bei festen Stoffen mindestens zu 95 % ihres Fassungsraumes und bei flüssigen Stoffen mindestens zu 98 % ihres Fassungsraumes gefüllt sind, muss der Nachweis erbracht werden, dass es in der Lage ist, ohne Zubruchgehen oder Undichtheit einer Innenverpackung und ohne nennenswerte Verringerung der Wirksamkeit folgenden entsprechend dokumentierten Prüfungen standzuhalten:

a) Freifallversuche auf eine starre, nicht federnde, ebene und horizontale Oberfläche aus einer Höhe von 1,8 m:

   i. Wenn das Prüfmuster die Form einer Kiste hat, muss es in jeder der folgenden Ausrichtungen fallen gelassen werden:
   - flach auf den Boden;
   - flach auf das Oberteil;
   - flach auf die längste Seite;
   - flach auf die kürzeste Seite;
   - auf eine Ecke.

3.5.3.1 ii. Wenn das Prüfmuster die Form eines Fasses hat, muss es in jeder der folgenden Ausrichtungen fallen gelassen werden:
   - diagonal auf die obere Zarge, wobei der Schwerpunkt direkt über der Aufprallstelle liegt;
   - diagonal auf die untere Zarge;
   - flach auf die Seite.

Bem. Jeder der oben aufgeführten Freifallversuche darf mit verschiedenen, jedoch identischen Versandstücken durchgeführt werden.

b) Eine auf die Fläche der oberen Seite wirkende Kraft für eine Dauer von 24 Stunden, die dem Gesamtgewicht bis zu einer Höhe von 3 m gestapelter identischer Versandstücke (einschließlich Prüfmuster) entspricht.

3.5.3.2 Für Zwecke der Prüfung dürfen die in der Verpackung zu befördernden Stoffe durch andere Stoffe ersetzt werden, sofern dadurch die Prüfergebnisse nicht verfälscht werden. Werden feste Stoffe durch andere Stoffe ersetzt, müssen diese die gleichen physikalischen Eigenschaften (Masse, Korngröße usw.) haben wie der zu befördernde Stoff. Wird bei den Freifallversuchen für flüssige Stoffe ein anderer Stoff verwendet, so muss dieser eine vergleichbare relative Dichte (volumenbezogene Masse) und Viskosität haben wie der zu befördernde Stoff.

3.5.4 Kennzeichnung der Versandstücke

3.5.4.1 In Übereinstimmung mit diesem Kapitel vorbereitete Versandstücke, die gefährliche Güter in freigestellten Mengen enthalten, müssen dauerhaft und lesbar mit dem in Unterabschnitt 3.5.4.2 dargestellten Kennzeichen gekennzeichnet sein. Die erste oder einzige in Kapitel 3.2 Tabelle A Spalte 5 angegebene Nummer des Gefahrzettels jedes im Versandstück enthaltenen gefährlichen Guts muss auf dem Kennzeichen angegeben werden. Sofern der Name des Absenders oder des Empfängers nicht an einer anderen Stelle des Versandstücks angegeben ist, muss das Kennzeichen diese Information enthalten.

3.5.4.2 Kennzeichen für freigestellte Mengen

Abbildung 3.5.4.2

Kennzeichen für freigestellte Mengen

* An dieser Stelle ist die Nummer des ersten oder einzigen in Kapitel 3.2 Tabelle A Spalte (5) angegebenen Gefahrzettels anzugeben.

** Sofern nicht bereits an anderer Stelle auf dem Versandstück angegeben, ist an dieser Stelle der Name des Absenders oder des Empfängers anzugeben.

Das Kennzeichen muss die Form eines Quadrates haben. Die Schraffierung und das Symbol müssen in derselben Farbe, schwarz oder rot, sein und auf einem weißen oder ausreichend kontrastierenden Grund erscheinen. Die Mindestabmessungen müssen 100 mm × 100 mm betragen. Wenn Abmessungen nicht näher spezifiziert sind, müssen die Proportionen aller Merkmale den abgebildeten in etwa entsprechen.

3.5.4.3 Verwendung von Umverpackungen

Für eine Umverpackung, die in freigestellten Mengen verpackte gefährliche Güter enthält, gilt Folgendes:

Sofern die für alle in einer Umverpackung enthaltenen gefährlichen Güter reprasentativen Kennzeichen nicht sichtbar sind, muss die Umverpackung mit

- dem Ausdruck „UMVERPACKUNG“ gekennzeichnet sein; die Buchstabenhöhe des Kennzeichens „UMVER PACKUNG“ muss mindestens 12 mm sein. Das Kennzeichen muss in einer Amtssprache des Ursprungslandes und, wenn diese Sprache nicht Deutsch, Englisch oder Franzosisch ist, außerdem in Deutsch, Englisch oder Französisch angegeben sein, sofern nicht Vereinbarungen zwischen den von der Beförderung berührten Staaten etwas anderes vorschreiben; und

- den in diesem Kapitel vorgeschriebenen Kennzeichen gekennzeichnet sein.

Die übrigen Vorschriften des Unterabschnitts 5.1.2.1 gelten nur, wenn andere gefährliche Güter in der Umverpackung enthalten sind, die nicht in freigestellten Mengen verpackt sind, und nur in Bezug auf diese anderen gefährlichen Güter.

3.5.5 Höchste Anzahl Versandstücke in einem Fahrzeug, Wagen oder Container

Die Anzahl der Versandstücke in einem Fahrzeug, Wagen oder Container darf 1000 nicht überschreiten.

3.5.6 Dokumentation

Wenn gefährliche Güter in freigestellten Mengen durch ein oder mehrere Dokumente (wie ein Konnossement, Luftfrachtbrief oder CMR/CIM-Frachtbrief) begleitet werden, muss in mindestens einem dieser Dokumente der Vermerk «GEFÄHRLICHE GÜTER IN FREIGESTELLTEN MENGEN» und die Anzahl der Versandstücke angegeben sein.

Teil 4

Vorschriften für die Verwendung von Verpackungen, Tanks und CTU für die Beförderung in loser Schüttung

4.1 Allgemeine Vorschriften

4.1 Allgemeine Vorschriften

4.1.1 Die Verwendung von Verpackungen und Tanks muss den Vorschriften einer internationalen Regelung unter Berücksichtigung der in der Liste der Stoffe in diesen internationalen Regelungen angeführten Bedingungen entsprechen und zwar:

- Für die Verpackungen (einschließlich Großpackmitteln (IBC) und Großverpackungen): Spalte 8, 9a und 9b von Kapitel 3 2 Tabelle A des ADR oder des RID oder Liste der Stoffe des Kapitels 3.2 IMDG-Codes oder der Technischen Anweisungen der ICAO;
- Für ortsbewegliche Tanks: Spalte 10 und 11 von Kapitel 3.2 Tabelle A des ADR oder des RID oder Liste der Stoffe des IMDG-Codes;
- Für ADR- oder RID-Tanks: Spalte 12 und 13 von Kapitel 3.2 Tabelle A des ADR oder RID.

4.1.2 Die anwendbaren Vorschriften sind:

- Für Verpackungen (einschließlich Großpackmitteln (IBC) und Großverpackungen): Kapitel 4.1 des ADR, des RID, des IMDG-Code oder der Technischen Anweisungen der ICAO;
- Für ortsbewegliche Tanks: Kapitel 4.2 des ADR, des RID oder des IMDG-Codes;
- Für RID- oder ADR-Tanks: Kapitel 4.3 des ADR oder des RID und, gegebenenfalls, Abschnitt 4.2.5 oder 4.2.6 des IMDG-Codes;
- Für Tanks aus faserverstärkten Kunststoffen: Kapitel 4.4 des ADR;
- Für Saug-Druck-Tanks für Abfälle: Kapitel 4.5 des ADR.
- Für mobile Einheiten zur Herstellung von explosiven Stoffen (MEMU): siehe Kapitel 4.7 des ADR.

4.1.3 Für die Beförderung von festen Stoffen in loser Schüttung in Fahrzeugen, Wagen, Schüttgut-Containern oder Containern gelten folgende Vorschriften der internationalen Regelungen:

- Kapitel 4.3 des IMDG-Codes; oder
- Kapitel 7.3 des ADR unter Berücksichtigung der Angaben in Spalte 10 oder 17 von Kapitel 3.2 Tabelle A des ADR, jedoch sind gedeckte oder bedeckte Fahrzeuge und bedeckte Container nicht zugelassen; oder
- Kapitel 7.3 des RID unter Berücksichtigung der Angaben in Spalte 10 oder 17 von Kapitel 3.2 Tabelle A des RID, jedoch sind gedeckte oder bedeckte Wagen und bedeckte Container nicht zugelassen.

4.1.4 Es dürfen nur Verpackungen und Tanks verwendet werden, die den Vorschriften des Teils 6 des ADR oder RID entsprechen.

Teil 5

Vorschriften für den Versand

5.1	**Allgemeine Vorschriften**
5.1.1	Anwendungsbereich und allgemeine Vorschriften
5.1.2	Verwendung von Umverpackungen
5.1.3	Ungereinigte leere Verpackungen (einschließlich Großpackmittel (IBC) und Großverpackungen), Tanks, MEMU, Fahrzeuge, Wagen und Container für Güter in loser Schüttung
5.1.4	Zusammenpackung
5.1.5	Allgemeine Vorschriften für die Klasse 7
5.1.5.1	Beförderungsgenehmigung und Benachrichtigung
5.1.5.1.1	Allgemeines
5.1.5.1.2	Beförderungsgenehmigung
5.1.5.1.3	Beförderungsgenehmigung durch Sondervereinbarung
5.1.5.1.4	Benachrichtigungen
5.1.5.2	Zulassung/Genehmigung durch die zuständige Behörde
5.1.5.3	Bestimmung der Transportkennzahl (TI) und der Kritikalitätssicherheitskennzahl (CSI)
5.1.5.4	Besondere Vorschriften für freigestellte Versandstücke radioaktiver Stoffe der Klasse 7
5.1.5.5	Zusammenfassung der Vorschriften für Zulassung/Genehmigung und vorherige Benachrichtigung

5.2	**Kennzeichnung und Bezettelung**
5.2.1	Kennzeichnung von Versandstücken
5.2.1.5	Zusätzliche Vorschriften für Güter der Klasse 1
5.2.1.6	Zusätzliche Vorschriften für Gase der Klasse 2
5.2.1.7	Besondere Vorschriften für die Kennzeichnung von radioaktiven Stoffen
5.2.1.8	Besondere Vorschriften für die Kennzeichnung von umweltgefährdenden Stoffen
5.2.1.9	Kennzeichen für Lithiumbatterien
5.2.1.10	Ausrichtungspfeile
5.2.2	Bezettelung von Versandstücken
5.2.2.1	Bezettelungsvorschriften
5.2.2.1.9	Besondere Vorschriften für die Bezettelung von selbstzersetzlichen Stoffen und organischen Peroxiden
5.2.2.1.10	Besondere Vorschriften für die Bezettelung von Versandstücken mit ansteckungsgefährlichen Stoffen
5.2.2.1.11	Besondere Vorschriften für die Bezettelung radioaktiver Stoffe
5.2.2.2	Vorschriften für Gefahrzettel
5.2.2.2.2	Gefahrzettelmuster

5.3	**Anbringen von Großzetteln (Placards) an und Kennzeichnung von Containern, Schüttgut-Containern, MEGC, MEMU, Tankcontainern, ortsbeweglichen Tanks, Fahrzeugen und Wagen**
5.3.1	Anbringen von Großzetteln (Placards)
5.3.1.1	Allgemeine Vorschriften
5.3.1.2	Anbringen von Großzetteln (Placards) an Container, MEGC, Tankcontainern und ortsbeweglichen Tanks

5.3.1.3 Anbringen von Großzetteln (Placards) an Trägerfahrzeugen und Tragwagen, auf denen Container, MEGC, Tankcontainer oder ortsbewegliche Tanks befördert werden
5.3.1.4 Anbringen von Großzetteln (Placards) an Fahrzeugen und Wagen für die Beförderung in loser Schüttung, Tankfahrzeugen, Kesselwagen, Batterie-Fahrzeugen, Batteriewagen, MEMU, Fahrzeugen mit Aufsetztanks und Wagen mit abnehmbaren Tanks
5.3.1.5 Anbringen von Großzetteln (Placards) an Fahrzeugen und Wagen, in denen nur Versandstücke befördert werden
5.3.1.6 Anbringen von Großzetteln (Placards) an leeren Tankfahrzeugen, Kesselwagen, Fahrzeugen mit Aufsetztanks, Wagen mit abnehmbaren Tanks, Batterie-Fahrzeugen, Batteriewagen, MEGC, MEMU, Tankcontainern und ortsbeweglichen Tanks sowie an leeren Fahrzeugen, Wagen und Containern für die Beförderung in loser Schüttung
5.3.1.7 Beschreibung der Großzettel (Placards)
5.3.2 Kennzeichnung mit orangefarbenen Tafeln
5.3.2.1 Allgemeine Vorschriften für die Kennzeichnung mit orangefarbenen Tafeln
5.3.2.2 Beschreibung der orangefarbenen Tafeln
5.3.2.2.3 Beispiel einer orangefarbenen Tafel mit Nummer zur Kennzeichnung der Gefahr und UN-Nummer
5.3.2.3 Bedeutung der Nummern zur Kennzeichnung der Gefahr
5.3.3 Kennzeichen für erwärmte Stoffe
5.3.4 Kennzeichnung bei einer Beförderung in einer Transportkette, die eine Seebeförderung beinhaltet
5.3.5 (bleibt offen)
5.3.6 Kennzeichen für umweltgefährdende Stoffe

5.4 Dokumentation

5.4.0 Allgemeine Vorschriften
5.4.1 Beförderungspapier für die Beförderung gefährlicher Güter und damit zusammenhängende Informationen
5.4.1.1 Allgemeine Angaben, die im Beförderungspapier enthalten sein müssen
5.4.1.1.1 Allgemeine Angaben, die bei der Beförderung in loser Schüttung oder in Versandstücken im Beförderungspapier enthalten sein müssen
5.4.1.1.2 Allgemeine Angaben, die bei der Beförderung in Tankschiffen im Beförderungspapier enthalten sein müssen
5 4.1.1.3 Sondervorschriften für Abfälle
5.4.1.1.4 (gestrichen)
5.4.1.1.5 Sondervorschriften für Bergungsverpackungen und Bergungsdruckgefäße
5.4.1.1.6 Sondervorschriften für ungereinigte leere Umschließungsmittel und leere Ladetanks von Tankschiffen
5.4.1.1.7 Sondervorschriften für Beförderungen in einer Transportkette, die eine See-, Straßen-, Eisenbahn- oder Luftbeförderung einschließt
5.4.1.1.8 – 5.4.1.1.9 (bleibt offen)
5.4.1.1.10 (gestrichen)
5.4.1.1.11 Sondervorschriften für die Beförderung von Großpackmitteln (IBC), Tanks, Batterie-Fahrzeugen, ortsbeweglichen Tanks und MEGC nach Ablauf der Frist für die wiederkehrende Prüfung oder Inspektion
5.4.1.1.12 – 5.4.1.1.13 (bleibt offen)
5.4.1.1.14 Sondervorschriften für Beförderung von erwärmten Stoffen

5.4.1.1.15 Sondervorschriften für die Beförderung von Stoffen, die durch Temperaturkontrolle stabilisiert werden
5.4.1.1.16 Erforderliche Angaben gemäß Kapitel 3.3 Sondervorschrift 640
5.4.1.1.17 Sondervorschriften für die Beförderung fester Stoffe in Schüttgut-Containern gemäß Abschnitt 6.11.4 des ADR
5.4.1.1.18 Sondervorschriften für die Beförderung umweltgefährdender Stoffe (aquatische Umwelt)
5.4.1.1.19 Sondervorschriften für die Beförderung von Altverpackungen, leer, ungereinigt (UN 3509)
5.4.1.1.20 Sondervorschriften für die Beförderung von gemäß Absatz 2.1.2.8 klassifizierten Stoffen
5.4.1.1.21 Sondervorschriften für Beförderung von UN 3528, UN 3529 und UN 3530
5.4.1.1.22 Sondervorschriften für Beförderung in Bilgenentölungsbooten und Bunkerbooten
5.4.1.2 Zusätzliche oder besondere Angaben für bestimmte Klassen
5.4.1.2.1 Sondervorschriften für die Klasse 1
5.4.1.2.2 Zusätzliche Vorschriften für die Klasse 2
5.4.1.2.3 Zusätzliche Vorschriften für selbstzersetzliche Stoffe und polymerisierende Stoffe der Klasse 4.1 und organische Peroxide der Klasse 5.2
5.4.1.2.4 Zusätzliche Vorschriften für die Klasse 6.2
5.4.1.2.5 Zusätzliche Vorschriften für die Klasse 7
5.4.1.3 (bleibt offen)
5.4.1.4 Form und Sprache
5.4.1.5 Nicht gefährliche Güter
5.4.2 Container- oder Wagen-/Fahrzeugpackzertifikat
5.4.3 Schriftliche Weisungen
5.4.4 Aufbewahrung von Informationen über die Beförderung gefährlicher Güter
5.4.5 Beispiel eines Formulars für die multimodale Beförderung gefährlicher Güter

5.5 Sondervorschriften

5.5.1 (gestrichen)
5.5.2 Sondervorschriften für begaste Güterbeförderungseinheiten (CTU) (UN-Nummer 3359)
5.5.2.1 Allgemeine Vorschriften
5.5.2.2 Unterweisung
5.5.2.3 Kennzeichnung und Anbringen von Großzetteln (Placards)
5.5.2.4 Dokumentation
5.5.3 Sondervorschriften für Versandstücke, Fahrzeuge, Wagen und Container mit Stoffen, die bei der Verwendung zu Kühl- oder Konditionierungszwecken ein Erstickungsrisiko darstellen können (wie Trockeneis (UN 1845), Stickstoff, tiefgekühlt, flüssig (UN 1977) oder Argon, tiefgekühlt, flüssig (UN 1951))
5.5.3.1 Anwendungsbereich
5.5.3.2 Allgemeine Vorschriften
5.5.3.3 Versandstücke, die ein Kühl- oder Konditionierungsmittel enthalten
5.5.3.4 Kennzeichnung von Versandstücken, die ein Kühl- oder Konditionierungsmittel enthalten
5.5.3.5 Fahrzeuge, Wagen und Container, die unverpacktes Trockeneis enthalten
5.5.3.6 Kennzeichnung der Fahrzeuge, Wagen und Container
5.5.3.7 Dokumentation

5

5.1.1 Anwendungsbereich und allgemeine Vorschriften

Dieser Teil enthält Vorschriften für den Versand gefährlicher Güter bezüglich der Kennzeichnung, Bezettelung und Dokumentation und gegebenenfalls der Genehmigung des Versands und die vorherige Benachrichtigung.

5.1.2 Verwendung von Umverpackungen

5.1.2.1 a) Sofern nicht alle für die gefährlichen Güter in der Umverpackung repräsentativen Kennzeichen und Gefahrzettel des Kapitels 5.2 mit Ausnahme der Unterabschnitte 5.2.1.3 bis 5.2.1.6, der Absätze 5.2.1.7.2 bis 5.2.1.7.8 und des Unterabschnitts 5.2.1.10 sichtbar sind, muss die Umverpackung

(i) mit dem Ausdruck „UMVERPACKUNG" gekennzeichnet sein. Die Buchstabenhöhe des Ausdrucks „UMVERPACKUNG" muss mindestens 12 mm sein. Das Kennzeichen muss in einer Amtssprache des Ursprungslandes und, wenn diese Sprache nicht Deutsch, Englisch oder Französisch ist, auserdem in Deutsch, Englisch oder Französisch angegeben sein, sofern nicht Vereinbarungen zwischen den von der Beförderung berührten Staaten etwas anderes vorschreiben; und

(ii) für jedes einzelne in der Umverpackung enthaltene gefährliche Gut mit dem Kennzeichen der UN-Nummer sowie mit den gemäß Kapitel 5.2 mit Ausnahme der Unterabschnitte 5.2.1.3 bis 5.2.1.6, der Absätze 5.2.1.7.2 bis 5.2.1.7.8 und des Unterabschnitts 5.2.1.10 für Versandstücke vorgeschriebenen Gefahrzetteln und übrigen Kennzeichen versehen sein. Jedes anwendbare Kennzeichen oder jeder anwendbare Gefahrzettel muss nur einmal angebracht werden.

Die Bezettelung von Umverpackungen, die radioaktive Stoffe enthalten, muss gemas Absatz 5.2.2.1.11 erfolgen.

b) Die in Unterabschnitt 5.2.1.10 abgebildeten Ausrichtungspfeile sind auf zwei gegenüberliegenden Seiten von Umverpackungen anzubringen, die Versandstücke enthalten, die gemäß Absatz 5.2.1.10.1 zu kennzeichnen sind, es sei denn, die Kennzeichnung bleibt sichtbar.

5.1.2.2 Jedes Versandstück mit gefährlichen Gütern, das in einer Umverpackung enthalten ist, muss allen anwendbaren Vorschriften des ADN entsprechen. Die vorgesehene Funktion der einzelnen Verpackungen darf durch die Umverpackung nicht beeinträchtigt werden.

5.1.2.3 Jedes Versandstück, das mit den in Unterabschnitt 5.2.1.10 beschriebenen Ausrichtungszeichen versehen und in eine Umverpackung oder in eine Großverpackung eingesetzt ist, muss gemäß diesen Kennzeichen ausgerichtet sein.

5.1.2.4 Die Zusammenladeverbote gelten auch für diese Umverpackungen.

5.1.3 Ungereinigte leere Verpackungen (einschließlich Großpackmittel (IBC) und Großverpackungen), Tanks, MEMU, Fahrzeuge, Wagen und Container für Güter in loser Schüttung

5.1.3.1 Ungereinigte leere Verpackungen (einschließlich Großpackmittel (IBC) und Großverpackungen), Tanks (einschließlich Tankfahrzeuge, Kesselwagen, Batterie-Fahrzeuge, Batteriewagen, Aufsetztanks, abnehmbare Tanks, ortsbewegliche Tanks, Tankcontainer, MEGC und MEMU) sowie Fahrzeuge, Wagen und Container für Güter in loser Schüttung, die gefährliche Güter der einzelnen Klassen mit Ausnahme der Klasse 7 enthalten haben, müssen mit den gleichen Kennzeichen und Gefahrzetteln oder Großzetteln (Placards) versehen sein wie in gefülltem Zustand.

Bem. Wegen der Dokumentation siehe Kapitel 5.4.

5.1.3.2 Container, Tanks, Großpackmittel (IBC) sowie andere Verpackungen und Umverpackungen, die für die Beförderung radioaktiver Stoffe verwendet werden, dürfen nicht für die Lagerung oder die Beförderung anderer Güter verwendet werden, es sei denn, diese wurden unter 0,4 Bq/cm² für Beta- und Gammastrahler sowie für Alphastrahler geringer Toxizität und unter 0,04 Bq/cm² für alle anderen Alphastrahler dekontaminiert.

5.1.4 Zusammenpackung

Werden zwei oder mehrere gefährliche Güter zusammen in derselben Außenverpackung verpackt, muss das Versandstück mit den für jedes Gut vorgeschriebenen Gefahrzetteln und Kennzeichen versehen sein. Ist ein und derselbe Gefahrzettel für verschiedene Güter vorgeschrieben, muss er nur einmal angebracht werden.

5.1.5 Allgemeine Vorschriften für die Klasse 7

5.1.5.1 Beförderungsgenehmigung und Benachrichtigung

5.1.5.1.1 Allgemeines

Zusätzlich zu der in Kapitel 6.4 des ADR beschriebenen Zulassung der Bauart des Versandstücks ist unter bestimmten Umständen auch eine multilaterale Beförderungsgenehmigung (Absätze 5.1.5.1.2 und 5.1.5.1.3) erforderlich. Unter bestimmten Umständen ist es auch erforderlich, die zuständigen Behörden über eine Beförderung zu benachrichtigen (Absatz 5.1.5.1.4).

5.1.5.1.2 Beförderungsgenehmigung

Eine multilaterale Genehmigung ist erforderlich für:

a) Die Beförderung von Typ B(M)-Versandstücken, die nicht den Vorschriften des Unterabschnitts 6.4.7.5 des ADR entsprechen oder die für eine kontrollierte zeitweilige Entlüftung ausgelegt sind;

b) die Beförderung von Typ B(M)-Versandstücken mit radioaktiven Stoffen, deren Aktivität größer ist als 3000 A_1 oder gegebenenfalls 3000 A_2 oder 1000 TBq, je nachdem, welcher Wert der niedrigere ist;

c) die Beförderung von Versandstücken mit spaltbaren Stoffen, wenn die Summe der Kritikalitätssicherheitskennzahlen der Versandstücke in einem einzigen Schiff, Fahrzeug, Wagen oder Container 50 übersteigt.

d) Strahlenschutzprogramme für Sendungen mit Spezialschiffen gemäß Absatz 7.1.4.14.7.3.7.

Eine zuständige Behörde kann durch eine besondere Bestimmung in ihrer Bauartzulassung (siehe Absatz 5.1.5.2.1) die Beförderung in oder durch ihren Staat ohne Beförderungsgenehmigung genehmigen.

5.1.5.1.3 Beförderungsgenehmigung durch Sondervereinbarung

Von der zuständigen Behörde dürfen Vorschriften genehmigt werden, unter denen eine Sendung, die nicht allen anwendbaren Vorschriften des ADN entspricht, mit einer Sondervereinbarung befördert werden dürfen (siehe Abschnitt 1.7.4).

5.1.5.1.4 Benachrichtigungen

Eine Benachrichtigung der zuständigen Behörden ist in folgenden Fällen vorgeschrieben:

a) Vor der ersten Beförderung eines Versandstückes, das die Genehmigung einer zuständigen Behörde erfordert, muss der Absender sicherstellen, dass Kopien aller zutreffenden Zeugnisse, die für die Bauart des Versandstückes erforderlich sind, der zuständigen Behörde des Ursprungslandes der Beförderung und der zuständigen Behörde eines jeden Staates, durch oder in den die Sendung befördert wird, zugestellt worden sind. Der Absender muss keine Bestätigung der zuständigen Behörde abwarten, und die zuständige Behörde ist nicht verpflichtet, eine Empfangsbestätigung für das Genehmigungszeugnis abzugeben;

b) Bei jeder der folgenden Beförderungen muss der Absender der zuständigen Behörde des Ursprungslandes der Beförderung und die zuständige Behörde eines jeden Staates benachrichtigen, durch oder in den die Sendung befördert werden soll. Diese Benachrichtigung muss vor Beginn der Beförderung, möglichst mindestens 7 Tage vorher, im Besitz jeder zuständigen Behörde sein:
   i. Typ C-Versandstücke mit radioaktiven Stoffen mit einer Aktivität von mehr als 3000 A_1 oder gegebenenfalls 3000 A_2 oder 1000 TBq, je nachdem, welcher Wert der niedrigere ist;
   ii. Typ B(U)-Versandstücke mit radioaktiven Stoffen mit einer Aktivität von mehr als 3000 A_1 oder gegebenenfalls 3000 A_2 oder 1000 TBq, je nachdem, welcher Wert der niedrigere ist;
   iii. Typ B(M)-Versandstücke;
   iv. Beförderung auf Grund einer Sondervereinbarung;

c) Der Absender muss keine getrennte Benachrichtigung versenden, wenn die erforderlichen Informationen im Antrag auf Erteilung einer Beförderungsgenehmigung (siehe Absatz 6.4.23.2 des ADR) gegeben worden sind;

d) Die Versandbenachrichtigung muss enthalten:
   i. Ausreichende Angaben, die eine Identifizierung des (der) Versandstücke(s) ermöglichen, einschließlich aller zutreffenden Zeugnisnummern und Kennzeichen;
   ii. Angaben über das Versanddatum, das voraussichtliche Ankunftsdatum und den vorgesehenen Beförderungsweg;
   iii. Name(n) des (der) radioaktiven Stoffes (Stoffe) oder Nuklids (Nuklide);
   iv. Beschreibung der physikalischen und chemischen Form der radioaktiven Stoffe oder die Angabe, dass es sich um radioaktive Stoffe in besonderer Form oder um gering dispergierbare radioaktive Stoffe handelt, und
   v. die höchste Aktivität des radioaktiven Inhalts während der Beförderung in Becquerel (Bq) mit dem zugehörigen SI-Vorsatzzeichen (siehe Unterabschnitt 1.2.2.1). Bei spaltbaren Stoffen kann anstelle der Aktivität die Masse der spaltbaren Stoffe (oder gegebenenfalls bei Gemischen die Masse jedes spaltbaren Nuklids) in Gramm (g) oder in Vielfachen davon angegeben werden.

5.1.5.2 Zulassung/Genehmigung durch die zuständige Behörde

5.1.5.2.1 Die Zulassung/Genehmigung durch die zuständige Behörde ist erforderlich für:

a) Bauarten von
   i. radioaktiven Stoffen in besonderer Form;
   ii. gering dispergierbaren radioaktiven Stoffen;
   iii. gemäß Absatz 2.2.7.2.3.5 f) freigestellten spaltbaren Stoffen
   iv. Versandstücken, die mindestens 0,1 kg Uraniumhexafluorid enthalten;
   v. Versandstücken, die spaltbare Stoffe enthalten, sofern nicht durch Absatz 2.2.7.2.3.5 dieser Verordnung, Unterabschnitt 6.4.11.2 oder 6.4.11.3 des ADR ausgenommen;
   vi. Typ B(U)-Versandstücken und Typ B(M)-Versandstücken;
   vii. Typ C-Versandstücken;

b) Sondervereinbarungen;

c) bestimmte Beförderungen (siehe Absatz 5.1.5.1.2);

d) die Bestimmung der in Absatz 2.2.7.2.2.1 genannten grundlegenden Radionuklidwerte für einzelne Radionuklide, die in der Tabelle 2.2.7.2.2.1 nicht aufgeführt sind (siehe Absatz 2.2.7.2.2.2 a));

e) alternative Aktivitätsgrenzwerte für eine freigestellte Sendung von Instrumenten oder Fabrikaten (siehe Absatz 2.2.7.2.2.2 b)).

Durch das Zulassungs-/Genehmigungszeugnis wird bescheinigt, dass die anwendbaren Vorschriften erfüllt sind; bei Zulassungen für die Bauart wird im Zulassungszeugnis der Bauart ein Kennzeichen zugeteilt.

Das Zulassungszeugnis für Versandstückmuster und das Genehmigungszeugnis für die Beförderung dürfen in einem Zeugnis zusammengefasst werden.

Die Zulassungszeugnisse und die Anträge auf Zulassung müssen den Vorschriften des Abschnitts 6.4.23 des ADR entsprechen.

5.1.5.2.2 Der Absender muss im Besitz einer Kopie jedes erforderlichen Zeugnisses sein.

5.1.5.2.3 Für Versandstückmuster, für die die Ausstellung eines Zulassungszeugnisses durch die zuständige Behörde nicht erforderlich ist, muss der Absender auf Anfrage für die Überprüfung durch die zuständige Behörde Aufzeichnungen, die die Übereinstimmung des Versandstückmusters mit allen anwendbaren Vorschriften nachweisen, zur Verfügung stellen.

5.1.5.3 Bestimmung der Transportkennzahl (TI) und der Kritikalitätssicherheitskennzahl (CSI)

5.1.5.3.1 Die Transportkennzahl (TI) für ein Versandstück, eine Umverpackung oder einen Container oder für unverpackte LSA-I-Stoffe oder für unverpackte SCO-I-Gegenstände ist nach folgendem Verfahren zu ermitteln:

a) Die höchste Dosisleistung in Millisievert pro Stunde (mSv/h) in einem Abstand von 1 m von den Außenflächen des Versandstücks, der Umverpackung, des Containers oder der unverpackten LSA-I-Stoffe oder SCO-I-Gegenständen ist zu ermitteln. Der ermittelte Wert ist mit 100 zu multiplizieren; diese Zahl ist die Transportkennzahl.

   Bei Uran- und Thoriumerzen und deren Konzentraten dürfen für die höchsten Dosisleistungen an jedem Punkt im Abstand von 1 m von den Außenflächen der Ladung folgende Werte angenommen werden:
   0,4 mSv/h für Erze und physikalische Konzentrate von Uran und Thorium;
   0,3 mSv/h für chemische Thoriumkonzentrate;
   0,02 mSv/h für chemische Urankonzentrate außer Uranhexafluorid.

b) Für Tanks, Container und unverpackte LSA-I-Stoffe und SCO-I-Gegenstände ist der gemäß a) ermittelte Wert mit dem entsprechenden Faktor aus der Tabelle 5.1.5.3.1 zu multiplizieren.

c) Die gemäß a) und b) ermittelten Werte sind auf die erste Dezimalstelle aufzurunden z.B. aus 1,13 wird 1,2) mit der Ausnahme, dass ein Wert von 0,05 oder kleiner gleich Null gesetzt werden darf.

Tabelle 5.1.5.3.1: Multiplikationsfaktoren für Tanks, Container und unverpackte LSA-I-Stoffe und SCO-I-Gegenstände

Fläche der Ladung [a]	Multiplikationsfaktor
Fläche der Ladung ≤ 1 m^2	1
1 m^2 < Fläche der Ladung ≤ 5 m^2	2
5 m^2 < Fläche der Ladung ≤ 20 m^2	3
20 m^2 < Fläche der Ladung	10

5.1.5.3.2 Die Transportkennzahl für jede Umverpackung, jedes Schiff oder jede CTU wird entweder durch die Summe der Transportkennzahlen aller enthaltenen Versandstücke oder durch direkte Messung der Dosisleistung bestimmt, außer für den Fall der nicht formstabilen Umverpackungen, für die die Transportkennzahl nur durch die Summe der Transportkennzahlen aller Versandstücke bestimmt wird.

[a] Größte gemessene Querschnittsfläche der Ladung

5.1.5.3.3 Für jede Umverpackung oder für jeden Container ist die Kritikalitätssicherheitskennzahl (CSI) als Summe der CSI aller enthaltenen Versandstücke zu ermitteln. Das gleiche Verfahren ist für die Bestimmung der Gesamtsumme der CSI in einer Sendung oder in einem Schiff oder einer CTU anzuwenden.

5.1.5.3.4 Versandstücke, Umverpackungen und Container sind in Übereinstimmung mit den in Tabelle 5.1.5.3.4 festgelegten Bedingungen und mit den nachstehenden Vorschriften einer der Kategorien I-WEISS, II-GELB oder III-GELB zuzuordnen:

a) Bei der Bestimmung der zugehörigen Kategorie für ein Versandstück, eine Umverpackung oder einen Container müssen die Transportkennzahl und die Oberflächendosisleistung berücksichtigt werden. Erfüllt die Transportkennzahl die Bedingung für eine Kategorie, die Oberflächendosisleistung aber die einer anderen Kategorie, so ist das Versandstück, die Umverpackung oder der Container der höheren Kategorie zuzuordnen. Für diesen Zweck ist die Kategorie I-WEISS als die unterste Kategorie anzusehen.

b) Die Transportkennzahl ist entsprechend den in den Absätzen 5.1.5.3.1 und 5.1.5.3.2 festgelegten Verfahren zu bestimmen.

c) Ist die Oberflächendosisleistung höher als 2 mSv/h, muss das Versandstück oder die Umverpackung unter ausschließlicher Verwendung und nach den Vorschriften der Absätze 7.1.4.14.7.1.3 und 7.1.4.14.7.3.5a) befördert werden.

d) Mit Ausnahme von Beförderungen nach den Vorschriften des Absatzes 5.1.5.3.5 ist ein Versandstück, das auf Grund einer Sondervereinbarung befördert wird, der Kategorie III-GELB zuzuordnen.

e) Mit Ausnahme von Beförderungen nach den Vorschriften des Absatzes 5.1.5.3.5 sind Umverpackungen oder Container, die auf Grund einer Sondervereinbarung zu befördernde Versandstücke enthalten, der Kategorie III-GELB zuzuordnen.

Tabelle 5.1.5.3.4: Kategorien der Versandstücke, Umverpackungen und Container

Bedingungen		Kategorie
Transportkennzahl (TI)	**höchste Dosisleistung an jedem Punkt einer Außenfläche**	
0[a]	nicht größer als 0,005 mSv/h	I-WEISS
größer als 0, aber nicht größer als 1[a]	größer als 0,005 mSv/h, aber nicht größer als 0,5 mSv/h	II-GELB
größer als 1, aber nicht größer als 10	größer als 0,5 mSv/h, aber nicht größer als 2 mSv/h	III-GELB
größer als 10	größer als 2 mSv/h, aber nicht größer als 10 mSv/h	III-GELB[b]

5.1.5.3.5 Bei allen internationalen Beförderungen von Versandstücken, für die eine Zulassung der Bauart oder eine Genehmigung der Beförderung durch die zuständige Behörde erforderlich ist und für die in den verschiedenen von der Beförderung berührten Staaten unterschiedliche Zulassungs- oder Genehmigungstypen gelten, muss die vorgeschriebene Zuordnung zu den Kategorien in Übereinstimmung mit dem Zulassungszeugnis des Ursprungslandes der Bauart erfolgen.

[a] Ist die gemessene Transportkennzahl nicht größer als 0,05, darf ihr Wert entsprechend Absatz 5.1.5.3.1 c) gleich Null gesetzt werden.

[b] Ist mit Ausnahme von Containern (siehe Absatz 7.1.4.14.7.3.3 Tabelle D) außerdem unter ausschließlicher Verwendung zu befördern.

5.1.5.4 Besondere Vorschriften für freigestellte Versandstücke radioaktiver Stoffe der Klasse 7

5.1.5.4.1 Freigestellte Versandstücke radioaktiver Stoffe der Klasse 7 müssen auf der Außenseite der Verpackung deutlich lesbar und dauerhaft gekennzeichnet sein mit:

a) der UN-Nummer, der die Buchstaben «UN» vorangestellt werden;

b) die Angabe des Absenders und/oder des Empfängers und

c) die höchstzulässige Bruttomasse, sofern diese 50 kg überschreitet.

5.1.5.4.2 Die Dokumentationsvorschriften des Kapitels 5.4 gelten nicht für freigestellte Versandstücke radioaktiver Stoffe der Klasse 7, mit der Ausnahme, dass

a) die UN-Nummer, der die Buchstaben „UN" vorangestellt sind, sowie der Name und die Adresse des Absenders und des Empfängers und, sofern zutreffend, das Identifizierungskennzeichen für jedes Zulassungs-/Genehmigungszeugnis der zuständigen Behörde (siehe Absatz 5.4.1.2.5.1 g)) auf einem Beförderungspapier, wie ein Konnossement, Luftfrachtbrief oder CIM- oder CMR-Frachtbrief, angegeben werden müssen;

b) sofern zutreffend, die Vorschriften des Absatzes 5.4.1.2.5.1 g), 5.4.1.2.5.3 und 5.4.1.2.5.4 anwendbar sind;

c) die Vorschriften der Abschnitte 5.4.2 und 5.4.4 anwendbar sind.

5.1.5.4.3 Die Vorschriften der Absätze 5.2.1.7.8 und 5.2.2.1.11.5 sind, sofern zutreffend, anwendbar.

5

5.1.5.5 Zusammenfassung der Vorschriften für Zulassung/Genehmigung und vorherige Benachrichtigung

Bem. 1. Vor der ersten Beförderung eines Versandstückes, für das die Versandstückmuster-zulassung der zuständigen Behörde erforderlich ist, muss der Absender sicherstellen, dass eine Kopie der Versandstückmuster-Zulassung der zuständigen Behörde eines jeden berührten Staates zugestellt worden ist (siehe Absatz 5.1.5.1.4 a)).

2. Die Benachrichtigung ist erforderlich, wenn der Inhalt höher ist als 3 x 10^3 A_1 oder 3 x 10^3 A_2 oder 1000 TBq (siehe Absatz 5.1.5.1.4 b)).

3. Eine multilaterale Genehmigung für die Beförderung ist erforderlich, wenn der Inhalt höher ist als 3 x 10^3 A_1 oder 3 x 10^3 A_2 oder 1000 TBq oder wenn eine gelegentliche kontrollierte Druckentlastung zu-gelassen ist (siehe Unterabschnitt 5.1.5.1).

4. Für Zulassung und vorherige Benachrichtigung siehe Vorschriften für das für die Beförderung dieses Stoffes verwendete Versandstück.

Gegenstand	UN-Nummer	Zulassung/Genehmigung der zuständigen Behörde erforderlich		Benachrichtigung der zuständigen Behörden des Ursprungslandes und der berührten Staaten vor jeder Beförderung durch den Absender[a)]	Verweis
		Ursprungs-land	berührte Staaten [a]		
Berechnung von nicht aufgelisteten A_1-und A_2-Werten	-	Ja	Ja	Nein	2.2.7.2.2.2 a), 5.1.5.2.1 d)
Freigestellte Versandstücke	2908, 2909, 2910, 2911				-
– Versandstückmuster		Nein	Nein	Nein	
– Beförderung		Nein	Nein	Nein	
LSA-Stoffe[b)] und SCO-Gegenstände[b)] / Industrieversandstücke Typ 1, 2 oder 3, nicht spaltbar und spaltbar, freigestellt	2912, 2913, 3321, 3322				-
– Versandstückmuster		Nein	Nein	Nein	
– Beförderung		Nein	Nein	Nein	
Typ A-Versandstücke[b)], nicht spaltbar und spaltbar, freigestellt	2915, 3332				-
– Versandstückmuster		Nein	Nein	Nein	
– Beförderung		Nein	Nein	Nein	
Typ B(U)-Versandstücke[b)], nicht spaltbar und spaltbar, freigestellt	2916				5.1.5.1.4 b), 5.1.5.2.1 a), 6.4.22.2 (ADR)
– Versandstückmuster		Ja	Nein	siehe Bem. 1	
– Beförderung		Nein	Nein	siehe Bem. 2	
Typ B(M)-Versandstücke[b)], nicht spaltbar und spaltbar, freigestellt	2917				5.1.5.1.4 b), 5.1.5.2.1 a), 5.1.5.1.2 6.4.22.3 (ADR)
– Versandstückmuster		Ja	Ja	Nein	
– Beförderung		siehe Bem. 3	siehe Bem. 3	Ja	
Typ C-Versandstücke[b)], nicht spaltbar und spaltbar, freigestellt	3323				5.1.5.1.4 b), 5.1.5.2.1 a), 6.4.22.2 (ADR)
– Versandstückmuster		Ja	Nein	siehe Bem. 1	
– Beförderung		Nein	Nein	siehe Bem. 2	

Gegenstand	UN-Nummer	Zulassung/Genehmigung der zuständigen Behörde erforderlich		Benachrichtigung der zuständigen Behörden des Ursprungslandes und der berührten Staaten vor jeder Beförderung durch den Absender[a)]	Verweis
		Ursprungsland	berührte Staaten [a]		
Versandstücke, die spaltbare Stoffe enthalten – Versandstückmuster – Beförderung: Summe der Kritikalitätssicherheitskennzahlen nicht größer als 50 Summe der Kritikalitätssicherheitskennzahlen größer als 50	2977, 3324, 3325, 3326, 3327, 3328, 3329, 3330, 3331, 3333	Ja[c)] Nein[d)] Ja	Ja[c)] Nein[d)] Ja	Nein siehe Bem. 2 siehe Bem. 2	5.1.5.2.1 a), 5.1.5.1.2, 6.4.22.4 (ADR)
Radioaktive Stoffe in besonderer Form – Baumuster – Beförderung	- siehe Bem. 4	Ja siehe Bem. 4	Nein siehe Bem. 4	Nein siehe Bem. 4	1.6.6.4 5.1.5.2.1 a), 6.4.22.5 (ADR)
gering dispergierbare radioaktive Stoffe – Baumuster – Beförderung	- siehe Bem. 4	Ja siehe Bem. 4	Nein siehe Bem. 4	Nein siehe Bem. 4	5.1.5.2.1 a), 6.4.22.5 (ADR)
Versandstücke, die mindestens 0,1 kg Uraniumhexafluorid enthalten - Baumuster - Beförderung	- siehe Bem. 4	Ja siehe Bem. 4	Nein siehe Bem. 4	Nein siehe Bem. 4	5.1.5.2.1 a), 6.4.22.1 (ADR)
Sondervereinbarung – Beförderung	2919, 3331	Ja	Ja	Ja	1.7.4.2 5.1.5.2.1 b), 5.1.5.1.4 b)
zugelassene Versandstückmuster, die Übergangsvorschriften unterliegen	-	siehe Abschnitt 1.6.6 (ADR)	siehe Abschnitt 1.6.6 (ADR)	siehe Bem. 1	1.6.6.2 (ADR), 5.1.5.1.4 b), 5.1.5.2.1 a), 5.1.5.1.2 6.4.22.9 (ADR)
alternative Aktivitätsgrenzwerte für eine freigestellte Sendung von Instrumenten oder Fabrikaten	-	Ja	Ja	Nein	5.1.5.2.1 e), 6.4.22.7 (ADR)
gemäß Absatz 2.2.7.2.3.5 f) freigestellte spaltbare Stoffe	-	Ja	Ja	Nein	5.1.5.2.1 a) (iii), 6.4.22.6 (ADR)

[a)] Staaten, von denen aus, durch die oder in die die Sendung befördert wird.

[b)] Besteht der radioaktive Inhalt aus spaltbaren Stoffen, die von den Vorschriften für Versandstücke, die spaltbare Stoffe enthalten, nicht freigestellt sind, so gelten die Vorschriften für Versandstücke, die spaltbare Stoffe enthalten (siehe Abschnitt 6.4.11 des ADR).

[c)] Für Versandstückmuster für spaltbare Stoffe kann auch eine Genehmigung nach einem der anderen Punkte der Tabelle erforderlich sein.

[d)] Für die Beförderung kann jedoch eine Genehmigung nach einem der anderen Punkte der Tabelle erforderlich sein.

5.2.1 Kennzeichnung von Versandstücken

Bem. 1. Wegen dem Kennzeichen hinsichtlich des Baus, der Prüfung und der Zulassung von Verpackungen, Großverpackungen, Druckgefäßen und Großpackmitteln (IBC) siehe Teil 6 des ADR.

Bem. 2. In Übereinstimmung mit dem GHS sollte ein nach dem ADN nicht vorgeschriebenes GHS-Piktogramm während der Beförderung nur als vollständiges GHS-Kennzeichnungsetikett und nicht eigenständig erscheinen (siehe Absatz 1.4.10.4.4 des GHS).

5.2.1.1 Sofern im ADN nichts anderes vorgeschrieben ist, ist jedes Versandstück deutlich und dauerhaft mit der UN-Nummer der enthaltenen Güter, der die Buchstaben „UN" vorangestellt werden, zu versehen. Die UN-Nummer und die Buchstaben „UN" müssen eine Zeichenhöhe von mindestens 12 mm haben, ausgenommen an Versandstücken mit einem Fassungsraum von höchstens 30 Litern oder einer Nettomasse von höchstens 30 kg und ausgenommen an Flaschen mit einem mit Wasser ausgeliterten Fassungsraum von höchstens 60 Litern, bei denen die Zeichenhöhe mindestens 6 mm betragen muss, und ausgenommen an Versandstücken mit einem Fassungsraum von höchstens 5 Litern oder einer Nettomasse von höchstens 5 kg, bei denen sie eine angemessene Größe aufweisen müssen. Bei unverpackten Gegenständen ist das Kennzeichen auf dem Gegenstand, seinem Schlitten oder seiner Handhabungs-, Lagerungs- oder Abschusseinrichtung anzubringen.

5.2.1.2 Alle in diesem Kapitel vorgeschriebenen Kennzeichen müssen:

a) gut sichtbar und lesbar sein.

b) der Witterung ohne nennenswerte Beeinträchtigung ihrer Wirkung standhalten.

5.2.1.3 Bergungsverpackungen, einschließlich Bergungsgroßverpackungen, und Bergungsdruckgefäße sind zusätzlich mit dem Kennzeichen „BERGUNG" zu versehen. Die Buchstabenhöhe des Kennzeichens „BERGUNG" muss mindestens 12 mm sein.

5.2.1.4 Großpackmittel (IBC) mit einem Fassungsraum von mehr als 450 Litern und Großverpackungen sind auf zwei gegenüberliegenden Seiten mit Kennzeichen zu versehen.

5.2.1.5 Zusätzliche Vorschriften für Güter der Klasse 1

Versandstücke mit Gütern der Klasse 1 müssen zusätzlich mit der gemäß 3.1.2 bestimmten offiziellen Benennung für die Beförderung versehen sein. Dieses Kennzeichen muss gut lesbar und unauslöschbar in einer oder mehreren Sprachen angegeben sein, wobei eine dieser Sprachen Französisch, Deutsch oder Englisch sein muss, sofern nicht Vereinbarungen zwischen den von der Beförderung berührten Staaten etwas anderes vorschreiben.

5.2.1.6 Zusätzliche Vorschriften für Güter der Klasse 2

Auf den nachfüllbaren Gefäßen muss gut lesbar und dauerhaft angegeben sein:

a) die UN-Nummer und die gemäß Abschnitt 3.1.2 bestimmte offizielle Benennung für die Beförderung des Gases oder des Gasgemisches;
   - bei Gasen, die einer n.a.g.-Eintragung zugeordnet sind, muss zusätzlich zur UN-Nummer nur die technische Benennung[1] des Gases angegeben werden;
   - bei Gemischen von Gasen müssen nicht mehr als zwei Komponenten angegeben werden, die für die Gefahren maßgeblich sind;

b) bei verdichteten Gasen, die nach Masse gefüllt werden, und bei verflüssigten Gasen entwe-

---

[1] Anstelle der technischen Benennung ist die Verwendung einer der folgenden Benennungen zugelassen:
- für UN 1078 Gas als Kältemittel, n.a.g.: Gemisch F 1, Gemisch F 2, Gemisch F 3;
- für UN 1060 Methylacetylen und Propadien, Gemische, stabilisiert: Gemisch P 1, Gemisch P 2;
- für UN 1965 Kohlenwasserstoffgas, Gemisch, verflüssigt, n.a.g.: Gemisch A oder Butan, Gemisch A 01 oder Butan, Gemisch A 02 oder Butan, Gemisch A 0 oder Butan, Gemisch A 1 Gemisch B 1, Gemisch B 2, Gemisch B, Gemisch C oder Propan.
- für UN 1010 Butadiene, stabilisiert: Buta-1,2-dien, stabilisiert, Buta-1,3-dien, stabilisiert.

der die höchstzulässige Masse der Füllung und die Eigenmasse des Gefäßes einschließlich Ausrüstungsteile, die zum Zeitpunkt des Befüllens angebracht sind, oder die Bruttomasse;

c) das Datum (Jahr) der nächsten wiederkehrenden Prüfung.

Diese Angaben dürfen entweder eingeprägt oder auf einem am Gefäß befestigten dauerhaften Schild oder Zettel oder durch ein haftendes und deutlich sichtbares Kennzeichen, z.B. durch Lackierung oder ein anderes gleichwertiges Verfahren, angebracht sein.

Bem. 1. Siehe auch Unterabschnitt 6.2.2.7 des ADR.
2. Für nicht nachfüllbare Gefäße siehe Unterabschnitt 6.2.2.8 des ADR.

5.2.1.7 Besondere Vorschriften für die Kennzeichnung von radioaktiven Stoffen

5.2.1.7.1 Jedes Versandstück ist auf der Außenseite der Verpackung deutlich lesbar und dauerhaft mit einem Identifizierungskennzeichen des Absenders und/oder des Empfangers zu versehen. Jede Umverpackung ist auf der Außenseite der Umverpackung deutlich lesbar und dauerhaft mit einem Identifizierungskennzeichen des Absenders und/oder des Empfangers zu versehen, es sei denn, diese Kennzeichen aller Versandstücke innerhalb der Umverpackung sind deutlich sichtbar.

5.2.1.7.2 Mit Ausnahme der freigestellten Versandstücke ist jedes Versandstück auf der Außenseite der Verpackung deutlich lesbar und dauerhaft mit der UN-Nummer, der die Buchstaben „UN" vorangestellt werden, und der offiziellen Benennung für die Beförderung zu kennzeichnen. Die Kennzeichnung freigestellter Versandstücke muss dem Absatz 5.1.5.4.1 entsprechen.

5.2.1.7.3 Jedes Versandstück mit einer Bruttomasse von mehr als 50 kg ist auf der Außenseite der Verpackung deutlich lesbar und dauerhaft mit der Angabe der zulässigen Bruttomasse zu kennzeichnen.

5.2.1.7.4 Jedes Versandstück, das

a) einem Typ IP-1-Versandstückmuster, einem Typ IP-2-Versandstückmuster oder einem Typ IP-3-Versandstückmuster entspricht, ist auf der Außenseite der Verpackung deutlich lesbar und dauerhaft mit der Angabe «TYP IP-1», «TYP IP-2» bzw. «TYP IP-3» zu kennzeichnen;

b) einem Typ A-Versandstückmuster entspricht, ist auf der Außenseite der Verpackung deutlich lesbar und dauerhaft mit der Angabe «TYP A» zu kennzeichnen;

c) einem Typ IP-2-Versandstückmuster oder einem Typ IP-3-Versandstückmuster oder einem Typ A-Versandstückmuster entspricht, ist auf der Außenseite der Verpackung deutlich lesbar und dauerhaft mit dem Unterscheidungszeichen für Kraftfahrzeuge im internationalen Verkehr[1] des Ursprungslandes der Bauart und entweder dem Namen des Herstellers oder anderen von der zuständigen Behörde des Ursprungslandes der Bauart festgelegten Identifikationen der Verpackung zu kennzeichnen.

5.2.1.7.5 Jedes Versandstück, das einer Bauart entspricht, die nach einem oder mehreren der Absätze und Abschnitte 5.1.5.2.1 des ADN, 6.4.22.1 bis 6.4.22.4, 6.4.23.4 bis 6.4.23.7 und 6.4.24.2 des ADR zugelassen sind, ist auf der Außenseite des Versandstücks deutlich lesbar und dauerhaft mit folgenden Angaben zu kennzeichnen:

a) das Kennzeichen, das dieser Bauart von der zuständigen Behörde zugeteilt wurde;

b) eine Seriennummer, die eine eindeutige Zuordnung der einzelnen, dieser Bauart entsprechenden Verpackungen erlaubt;

c) „TYP B(U)", „TYP B(M)" oder „TYP C" bei einem Typ B(U)-, Typ B(M)- oder Typ C-Versandstückmuster.

[1] Das für Kraftfahrzeuge und Anhänger im internationalen Straßenverkehr verwendete Unterscheidungszeichen des Zulassungsstaates, z.B. gemäß dem Genfer Übereinkommen über den Straßenverkehr von 1949 oder dem Wiener Übereinkommen über den Straßenverkehr von 1968.

5.2.1.7.6 Jedes Versandstück, das einem Typ B(U)-, Typ B(M)- oder Typ C-Versandstückmuster entspricht, ist auf der Außenseite des äußersten feuer- und wasserbeständigen Behälters mit dem unten abgebildeten Strahlensymbol durch Einstanzen, Prägen oder anderen feuer- und wasserbeständigen Verfahren zu kennzeichnen.

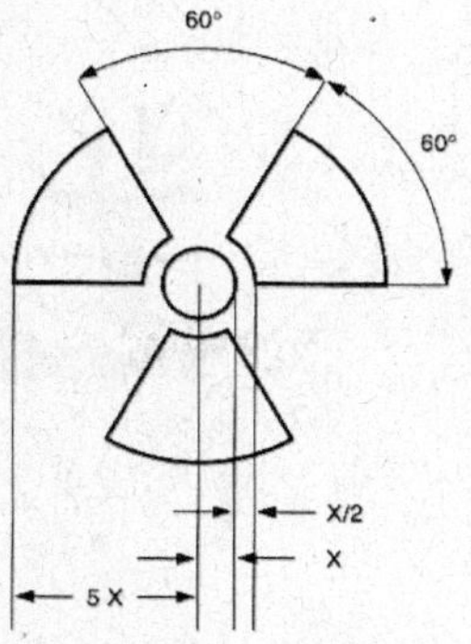

Strahlensymbol.
Für die Proportionen gilt ein innerer Kreis mit dem Radius X.
X muss mindestens 4 mm betragen.

5.2.1.7.7 Wenn LSA-I-Stoffe oder SCO-I-Gegenstände in Behältern oder in Verpackungsmaterialien enthalten sind und unter ausschließlicher Verwendung gemäß Absatz 4.1.9.2.4 des ADR befördert werden, darf die Außenseite dieser Behälter oder Verpackungsmaterialien mit dem Kennzeichen „RADIOACTIVE LSA-I" bzw. „RADIOACTIVE SCO-I" versehen sein.

5.2.1.7.8 Bei allen internationalen Beförderungen von Versandstücken, für die eine Zulassung der Bauart oder eine Genehmigung der Beförderung durch die zuständige Behörde erforderlich ist und für die in den verschiedenen von der Beförderung berührten Staaten unterschiedliche Zulassungs- oder Genehmigungstypen gelten, muss die Kennzeichnung in Übereinstimmung mit dem Zulassungszeugnis des Ursprungslandes der Bauart erfolgen.

5.2.1.8 Besondere Vorschriften für die Kennzeichnung von umweltgefährdenden Stoffen

5.2.1.8.1 Versandstücke mit umweltgefährdenden Stoffen, die den Kriterien des Absatzes 2.2.9.1.10 entsprechen, müssen dauerhaft mit dem in Absatz 5.2.1.8.3 abgebildeten Kennzeichen für umweltgefährdende Stoffe gekennzeichnet sein, ausgenommen Einzelverpackungen und zusammengesetzte Verpackungen, sofern diese Einzelverpackungen oder die Innenverpackungen dieser zusammengesetzten Verpackungen:

– für flüssige Stoffe eine Menge von höchstens 5 l haben oder

– für feste Stoffe eine Nettomasse von 5 kg haben.

5.2.1.8.2 Das Kennzeichen für umweltgefährdende Stoffe ist neben den gemäß Unterabschnitt 5.2.1.1 vorgeschriebenen Kennzeichen anzuordnen. Die Vorschriften der Unterabschnitte 5.2.1.2 und 5.2.1.4 sind zu erfüllen.

5.2.1.8.3 Das Kennzeichen für umweltgefährdende Stoffe muss der Abbildung 5.2.1.8.3 entsprechen.

Abbildung 5.2.1.8.3

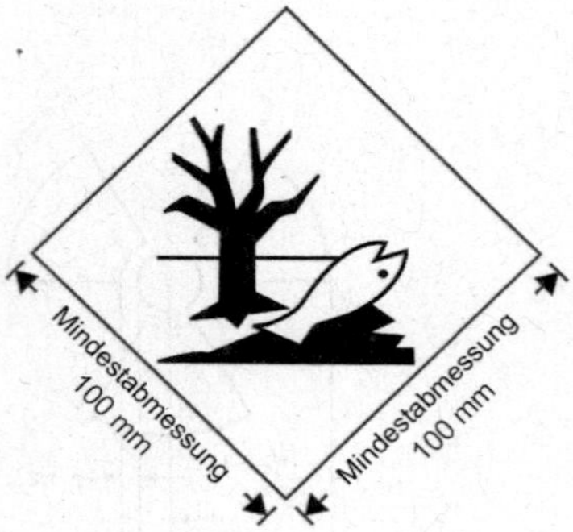

Kennzeichen für umweltgefährdende Stoffe

Das Kennzeichen muss die Form eines auf die Spitze gestellten Quadrats (Raute) haben. Das Symbol (Fisch und Baum) muss schwarz sein und auf einem weißen oder ausreichend kontrastierenden Grund erscheinen. Die Mindestabmessungen müssen 100 mm × 100 mm und die Mindestbreite der Begrenzungslinie der Raute 2 mm betragen. Wenn es die Größe des Versandstücks erfordert, dürfen die Abmessungen/Linienbreite reduziert werden, sofern das Kennzeichen deutlich sichtbar bleibt. Wenn Abmessungen nicht näher spezifiziert sind, müssen die Proportionen aller Merkmale den abgebildeten in etwa entsprechen.

Bem. Die Bezettelungsvorschriften des Abschnitts 5.2.2 gelten zusätzlich zu den möglicherweise anwendbaren Vorschriften für das Anbringen des Kennzeichens für umweltgefährdende Stoffe an Versandstücken.

5.2.1.9 **Kennzeichen für Lithiumbatterien**

5.2.1.9.1 Versandstücke mit Lithiumzellen oder -batterien, die gemäß Kapitel 3.3 Sondervorschrift 188 vorbereitet sind, müssen mit dem in Abbildung 5.2.1.9.2 abgebildeten Kennzeichen versehen sein.

5.2.1.9.2 Auf dem Kennzeichen muss die UN-Nummer, der die Buchstaben «UN» vorangestellt sind, angegeben werden, d.h. «UN 3090» für Lithium-Metall-Zellen oder -Batterien oder «UN 3480» für Lithium-Ionen-Zellen oder -Batterien. Wenn die Lithiumzellen oder -batterien in Ausrüstungen enthalten oder mit diesen verpackt sind, muss die UN-Nummer, der die Buchstaben «UN» vorangestellt sind, angegeben werden, d.h. «UN 3091» bzw. «UN 3481». Wenn ein Versandstück Lithiumzellen oder -batterien enthält, die unterschiedlichen UN-Nummern zugeordnet sind, müssen alle zutreffenden UN-Nummern auf einem oder mehreren Kennzeichen angegeben werden.

Abbildung 5.2.1.9.2

Kennzeichen für Lithiumbatterien

* Platz für die UN-Nummer(n)
** Platz für die Telefonnummer, unter der zusätzliche Informationen zu erhalten sind

Das Kennzeichen muss die Form eines Rechtecks mit einem schraffierten Rand haben. Die Mindestabmessungen müssen 120 mm in der Breite und 110 mm in der Höhe und die Mindestbreite der Schraffierung 5 mm betragen. Das Symbol (Ansammlung von Batterien, von denen eine beschädigt und entflammt ist, über der UN-Nummer für Lithium-Ionen- oder Lithium-Metall-Batterien oder -Zellen) muss schwarz sein und auf einem weißen oder ausreichend kontrastierenden Hintergrund erscheinen. Die Schraffierung muss rot sein. Wenn es die Größe des Versandstücks erfordert, dürfen/darf die Abmessungen/Linienbreite auf bis zu 105 mm in der Breite und 74 mm in der Höhe reduziert werden. Wenn Abmessungen nicht näher spezifiziert sind, müssen die Proportionen aller Merkmale den abgebildeten in etwa entsprechen.

5.2.1.10 Ausrichtungspfeile

5.2.1.10.1 Sofern in Absatz 5.2.1.10.2 nichts anderes vorgeschrieben ist, müssen

– zusammengesetzte Verpackungen mit Innenverpackungen, die flüssige Stoffe enthalten,
– Einzelverpackungen, die mit Lüftungseinrichtungen ausgerüstet sind,
– Kryo-Behälter zur Beförderung tiefgekühlt verflüssigter Gase und
– Maschinen oder Geräte, die flüssige gefährliche Güter enthalten, wenn sichergestellt werden muss, dass die flüssigen gefährlichen Güter in ihrer vorgesehenen Ausrichtung verbleiben (siehe Kapitel 3.3 Sondervorschrift 301)

lesbar mit Pfeilen für die Ausrichtung des Versandstücks gekennzeichnet sein, die der nachstehenden Abbildung ähnlich sind oder die den Spezifikationen der Norm ISO 780:1997 entsprechen. Die Ausrichtungspfeile müssen auf zwei gegenüberliegenden senkrechten Seiten des Versandstückes angebracht sein, wobei die Pfeile korrekt nach oben zeigen. Sie müssen rechtwinklig und so groß sein, dass sie entsprechend der Größe des Versandstücks deutlich sichtbar sind. Die Abbildung einer rechteckigen Abgrenzung um die Pfeile ist optional.

Abbildung 5.2.1.10.1.1

oder

Abbildung 5.2.1.10.1.2

Zwei schwarze oder rote Pfeile
auf weißem oder ausreichend kontrastierendem Grund.
Der rechteckige Rahmen ist optional.
Die Proportionen aller charakteristischen Merkmale müssen den abgebildeten in etwa entsprechen.

5.2.1.10.2 Ausrichtungspfeile sind nicht erforderlich an

a) Außenverpackungen, die Druckgefäße mit Ausnahme von Kryo-Behältern enthalten;
b) Außenverpackungen, die gefährliche Güter in Innenverpackungen enthalten, wobei jede einzelne Innenverpackung nicht mehr als 120 ml enthält, mit einer für die Aufnahme des gesamten flüssigen Inhalts ausreichenden Menge saugfähigen Materials zwischen den Innen- und Außenverpackungen;
c) Außenverpackungen, die ansteckungsgefährliche Stoffe der Klasse 6.2 in Primärgefäßen enthalten, wobei jedes einzelne Primärgefäß nicht mehr als 50 ml enthält;
d) Typ IP-2-, Typ IP-3-, Typ A-, Typ B(U)-, Typ B(M)- oder Typ C-Versandstücke, die radioaktive Stoffe der Klasse 7 enthalten;
e) Außenverpackungen, die Gegenstände enthalten, die unabhängig von ihrer Ausrichtung dicht sind (z.B. Alkohol oder Quecksilber in Thermometern, Druckgaspackungen usw.), oder
f) Außenverpackungen, die gefährliche Güter in dicht verschlossenen Innenverpackungen enthalten, wobei jede einzelne Innenverpackung nicht mehr als 500 ml enthält.

5.2.1.10.3 Auf einem Versandstück, das in Übereinstimmung mit diesem Unterabschnitt gekennzeichnet ist, dürfen keine Pfeile für andere Zwecke als der Angabe der richtigen Versandstückausrichtung abgebildet sein.

5.2.2 Bezettelung von Versandstücken

5.2.2.1 Bezettelungsvorschriften

5.2.2.1.1 Für jeden in Kapitel 3.2 Tabelle A aufgeführten Stoff oder Gegenstand sind die in Spalte 5 angegebenen Gefahrzettel anzubringen, sofern durch eine Sondervorschrift in Spalte 6 nichts anderes vorgesehen ist.

5.2.2.1.2 Statt Gefahrzettel dürfen auch unauslöschbare Gefahrkennzeichen angebracht werden, die den vorgeschriebenen Mustern genau entsprechen.

5.2.2.1.3– 5.2.2.1.5 (bleibt offen)

5.2.2.1.6 Abgesehen von den Vorschriften des Absatzes 5.2.2.2.1.2 müssen alle Gefahrzettel

a) auf derselben Fläche des Versandstücks angebracht werden, sofern die Abmessungen des Versandstücks dies zulassen; bei Versandstücken mit Gütern der Klasse 1 oder 7 müssen sie in der Nähe des Kennzeichens mit der offiziellen Benennung für die Beförderung angebracht werden;

b) so auf dem Versandstück angebracht werden, dass sie durch ein Teil der Verpackung, ein an der Verpackung angebrachtes Teil, einen anderen Gefahrzettel oder ein Kennzeichen weder abgedeckt noch verdeckt werden;

c) nahe beieinander angebracht werden, wenn mehr als ein Gefahrzettel vorgeschrieben ist.

Wenn die Form eines Versandstücks zu unregelmäßig oder das Versandstück zu klein ist, so dass ein Gefahrzettel nicht auf zufriedenstellende Weise angebracht werden kann, darf dieser durch eine Schnur oder durch ein anderes geeignetes Mittel fest mit dem Versandstück verbunden werden.

5.2.2.1.7 Großpackmittel (IBC) mit einem Fassungsraum von mehr als 450 Litern und Großverpackungen sind auf zwei gegenüberliegenden Seiten mit Gefahrzetteln zu versehen.

5.2.2.1.8 (bleibt offen)

5.2.2.1.9 **Besondere Vorschriften für die Bezettelung von selbstzersetzlichen Stoffen und organischen Peroxiden**

a) Der Gefahrzettel nach Muster 4.1 zeigt auch an, dass das Produkt entzündbar sein kann, so dass ein Gefahrzettel nach Muster 3 daher nicht erforderlich ist. Für selbstzersetzliche Stoffe des Typs B ist zusätzlich ein Gefahrzettel nach Muster 1 anzubringen, es sei denn, die zuständige Behörde hat zugelassen, dass auf diesen Zettel bei einer bestimmten Verpackung verzichtet werden kann, weil Prüfungsergebnisse gezeigt haben, dass der selbstzersetzliche Stoff in einer solchen Verpackung kein explosives Verhalten aufweist.

b) Der Gefahrzettel nach Muster 5.2 zeigt auch an, dass das Produkt entzündbar sein kann, so dass ein Gefahrzettel nach Muster 3 daher nicht erforderlich ist. Zusätzlich sind folgende Gefahrzettel anzubringen:

   i. bei organischen Peroxiden des Typs B ein Gefahrzettel nach Muster 1, es sei denn, die zuständige Behörde hat zugelassen, dass auf diesen Zettel bei einer bestimmten Verpackung verzichtet werden kann, weil Prüfungsergebnisse gezeigt haben, dass das organische Peroxid in einer solchen Verpackung kein explosives Verhalten aufweist;

   ii. ein Gefahrzettel nach Muster 8, wenn der Stoff den Kriterien der Verpackungsgruppe I oder II der Klasse 8 entspricht.

Für namentlich genannte selbstzersetzliche Stoffe und organische Peroxide sind die anzubringenden Gefahrzettel im Verzeichnis des Unterabschnitts 2.2.41.4 bzw. 2.2.52.4 angegeben.

5.2.2.1.10 **Besondere Vorschriften für die Bezettelung von Versandstücken mit ansteckungsgefährlichen Stoffen**

Zusätzlich zum Gefahrzettel nach Muster 6.2 müssen Versandstücke mit ansteckungsgefährlichen Stoffen mit allen anderen Gefahrzetteln versehen sein, die durch die Eigenschaften des Inhalts erforderlich sind.

5.2.2.1.11 Besondere Vorschriften für die Bezettelung radioaktiver Stoffe

5.2.2.1.11.1 Abgesehen von den Fällen, in denen gemäß Absatz 5.3.1.1.3 vergrößerte Gefahrzettel verwendet werden, müssen alle Versandstücke, Umverpackungen und Container, die radioaktive Stoffe enthalten, der Kategorie dieser Stoffe entsprechend mit den Gefahrzetteln nach den anwendbaren Mustern 7A, 7B und 7C versehen sein. Die Gefahrzettel sind außen an zwei gegenüberliegenden Seiten des Versandstücks oder der Umverpackung oder an allen vier Seiten eines Containers oder Tanks anzubringen. Alle Versandstücke, Umverpackungen und Container mit spaltbaren Stoffen, ausgenommen spaltbare Stoffe, die nach den Vorschriften des Absatzes 2.2.7.2.3.5 freigestellt sind, müssen zusätzlich mit Gefahrzetteln nach Muster 7E versehen sein; soweit erforderlich, sind diese Gefahrzettel direkt neben den Gefahrzetteln nach dem anwendbaren Muster 7A, 7B oder 7C anzubringen. Die Zettel dürfen die in Abschnitt 5.2.1 aufgeführten Kennzeichen nicht abdecken. Zettel, die sich nicht auf den Inhalt beziehen, sind zu entfernen oder abzudecken.

5.2.2.1.11.2 Jeder Gefahrzettel nach dem anwendbaren Muster 7A, 7B oder 7C ist durch folgende Angaben zu ergänzen:

a) Inhalt:

i. Außer bei LSA-I-Stoffen ist (sind) der (die) Name(n) des (der) Radionuklids (Radionuklide) gemäß Tabelle 2.2.7.2.2.1 mit den dort genannten Symbolen anzugeben. Für Radionuklidgemische sind die Nuklide mit dem restriktivsten Wert anzugeben, soweit der in der Zeile verfügbare Raum dies zulässt. Die LSA- oder SCO-Gruppe ist hinter dem (den) Namen des (der) Radionuklids (Radionuklide) einzutragen. Dafür sind die Bezeichnungen „LSA-II", „LSA-III", „SCO-I" und „SCO-II" zu verwenden.

ii. Für LSA-I-Stoffe ist die Bezeichnung „LSA-I" ausreichend; der Name des Radionuklids ist nicht erforderlich.

b) Aktivität:
Die maximale Aktivität des radioaktiven Inhalts während der Beförderung wird in Becquerel (Bq) mit dem entsprechenden SI-Vorsatzzeichen ausgedrückt (siehe Unterabschnitt 1.2.2.1). Bei spaltbaren Stoffen kann die Gesamtmasse der spaltbaren Nuklide in Einheiten von Gramm (g) oder in Vielfachen davon anstelle der Aktivität angegeben werden.

c) Bei Umverpackungen und Containern müssen die Eintragungen für „Inhalt" und „Aktivität" auf dem Gefahrzettel den in a) und b) geforderten Angaben entsprechen, wobei über den gesamten Inhalt der Umverpackung oder des Containers zu summieren ist, ausgenommen hiervon sind Gefahrzettel von Umverpackungen oder Containern, die Zusammenladungen von Versandstücken mit unterschiedlichen Radionukliden enthalten, deren Eintragung „Siehe Beförderungspapier" lauten darf.

d) Transportkennzahl: Die nach den Absätzen 5.1.5.3.1 und 5.1.5.3.2 bestimmte Zahl. (Für Kategorie I-WEISS ist die Eintragung der Transportkennzahl nicht erforderlich).

5.2.2.1.11.3 Jeder Gefahrzettel nach Muster 7E muss mit der Kritikalitätssicherheitskennzahl (CSI) ergänzt werden, wie sie in dem von der zuständigen Behörde erteilten Genehmigungszeugnis angegeben ist, das in den Ländern anwendbar ist, in oder durch die die Sendung befördert wird, oder wie sie in Unterabschnitt 6.4.11.2 oder 6.4.11.3 des ADR festgelegt ist.

5.2.2.1.11.4 Bei Umverpackungen und Containern muss auf dem Gefahrzettel nach Muster 7E die Summe der Kritikalitätssicherheitskennzahlen (CSI) aller darin enthaltener Versandstücke angegeben sein.

5.2.2.1.11.5 Bei allen internationalen Beförderungen von Versandstücken, für die eine Zulassung der Bauart oder eine Genehmigung der Beförderung durch die zuständige Behörde erforderlich ist und für die in den verschiedenen von der Beförderung berührten Staaten unterschiedliche Zulassungs- oder Genehmigungstypen gelten, muss die Bezettelung in Übereinstimmung mit dem Zulassungszeugnis des Ursprungslandes der Bauart erfolgen.

5.2.2.1.12 Besondere Vorschriften für die Bezettelung von Gegenständen, die gefährliche Güter enthalten und die unter den UN-Nummern 3537, 3538, 3539, 3540, 3541, 3542, 3543, 3544, 3545, 3546, 3547 und 3548 befördert werden.

5.2.2.1.12.1 Versandstücke, die Gegenstände enthalten, oder Gegenstände, die unverpackt befördert werden, müssen gemäß Unterabschnitt 5.2.2.1 mit Gefahrzetteln versehen sein, welche die gemäß Abschnitt 2.1.5 festgestellten Gefahren wiedergeben, mit der Ausnahme, dass für Gegenstände, die zusätzlich Lithiumbatterien enthalten, ein Kennzeichen für Lithiumbatterien oder ein Gefahrzettel nach Muster 9A nicht erforderlich ist.

5.2.2.1.12.2 Wenn sichergestellt werden muss, dass Gegenstände, die flüssige gefährliche Güter enthalten, in ihrer vorgesehenen Ausrichtung verbleiben, müssen, sofern möglich, Ausrichtungspfeile gemäß den Vorschriften des Absatzes 5.2.1.10.1 mindestens auf zwei gegenüberliegenden senkrechten Seiten des Versandstücks oder des unverpackten Gegenstands angebracht und sichtbar sein, wobei die Pfeile korrekt nach oben zeigen.

5.2.2.2 Vorschriften für Gefahrzettel

5.2.2.2.1 Die Gefahrzettel müssen den nachstehenden Vorschriften und hinsichtlich der Farbe, der Symbole und der allgemeinen Form den Gefahrzettelmustern in Absatz 5.2.2.2.2 entsprechen. Entsprechende Muster, die für andere Verkehrsträger vorgeschrieben sind, mit geringfügigen Abweichungen, welche die offensichtliche Bedeutung des Gefahrzettels nicht beeinträchtigen, sind ebenfalls zugelassen.

Bem. In bestimmten Fällen sind die Gefahrzettel in Absatz 5.2.2.2.2 mit einer gestrichelten äußeren Linie gemäß Absatz 5.2.2.2.1.1 dargestellt. Diese ist nicht erforderlich, wenn der Gefahrzettel auf einem farblich kontrastierenden Hintergrund angebracht ist.

5.2.2.2.1.1 Die Gefahrzettel müssen wie in Abbildung 5.2.2.2.1.1 dargestellt gestaltet sein.

Abbildung 5.2.2.2.1.1

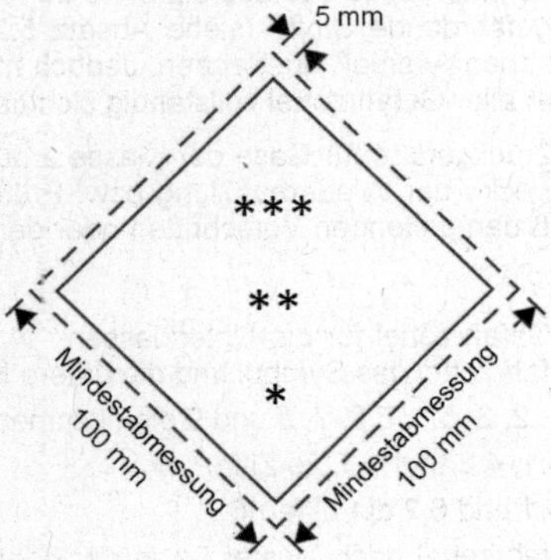

Gefahrzettel für die Klasse/Unterklasse

* In der unteren Ecke muss die Nummer der Klasse, für die Klassen 4.1, 4.2 und 4.3 die Ziffer „4“ oder für die Klassen 6.1 und 6.2 die Ziffer „6“ angegeben werden.

** In der unteren Hälfte müssen (sofern vorgeschrieben) oder dürfen (sofern nicht verbindlich vorgeschrieben) zusätzlicher Text bzw. zusätzliche Nummern/Buchstaben/Symbole angegeben werden.

*** In der oberen Hälfte muss das Symbol der Klasse oder für die Unterklassen 1.4, 1.5 und 1.6 die Nummer der Unterklasse und bei Gefahrzetteln nach Muster 7E der Ausdruck „FISSILE“ angegeben sein.

5.2.2.2.1.1.1 Die Gefahrzettel müssen auf einem farblich kontrastierenden Hintergrund angebracht werden oder müssen entweder eine gestrichelte oder eine durchgehende äußere Begrenzungslinie aufweisen.

5.2.2.2.1.1.2 Die Gefahrzettel müssen die Form eines auf die Spitze gestellten Quadrats (Raute) haben. Die Mindestabmessungen müssen 100 mm x 100 mm betragen. Innerhalb des Rands der Raute muss parallel zum Rand eine Linie verlaufen, wobei der Abstand zwischen dieser Linie und dem Rand des Gefahrzettels etwa 5 mm betragen muss. In der oberen Hälfte muss die Linie innerhalb des Rands dieselbe Farbe wie das Symbol, in der unteren Hälfte dieselbe Farbe wie die Nummer der Klasse oder Unterklasse in der unteren Ecke haben. Wenn Abmessungen nicht näher spezifiziert sind, müssen die Proportionen aller charakteristischen Merkmale den abgebildeten in etwa entsprechen.

5.2.2.2.1.1.3 Wenn es die Größe des Versandstücks erfordert, dürfen die Abmessungen proportional reduziert werden, sofern die Symbole und die übrigen Elemente des Gefahrzettels deutlich sichtbar bleiben. Die Abmessungen der Gefahrzettel für Flaschen müssen den Vorschriften des Absatzes 5.2.2.2.1.2 entsprechen.

5.2.2.2.1.2 Flaschen für Gase der Klasse 2 dürfen, soweit dies wegen ihrer Form, ihrer Ausrichtung und ihres Befestigungssystems für die Beförderung erforderlich ist, mit Gefahrzetteln, die den in diesem Abschnitt beschriebenen Gefahrzetteln gleichartig sind, und gegebenenfalls mit dem Kennzeichen für umweltgefährdende Stoffe versehen sein, deren (dessen) Abmessungen entsprechend der Norm ISO 7225:2005 „Gasflaschen – Gefahrgutaufkleber" verkleinert sind (ist), um auf dem nicht zylindrischen Teil solcher Flaschen (Flaschenschulter) angebracht werden zu können.

Bem. Wenn der Durchmesser der Flasche zu gering ist, um das Anbringen von Gefahrzetteln mit verkleinerten Abmessungen auf dem nicht zylindrischen oberen Teil der Flasche zu ermöglichen, dürfen die Gefahrzettel mit verkleinerten Abmessungen auf dem zylindrischen Teil angebracht werden.

Ungeachtet der Vorschriften des Absatzes 5.2.2.1.6 dürfen sich die Gefahrzettel und das Kennzeichen für umweltgefährdende Stoffe (siehe Absatz 5.2.1.8.3) bis zu dem in der Norm ISO 7225:2005 vorgesehenen Ausmaß überlappen. Jedoch müssen der Gefahrzettel für die Hauptgefahr und die Ziffern aller Gefahrzettel vollständig sichtbar und die Symbole erkennbar bleiben.

Ungereinigte leere Druckgefäße für Gase der Klasse 2 dürfen mit veralteten oder beschädigten Gefahrzetteln für Zwecke der Wiederbefüllung bzw. Prüfung und zur Anbringung eines neuen Gefahrzettels gemäß den geltenden Vorschriften oder der Entsorgung des Druckgefäßes befördert werden.

5.2.2.2.1.3 Mit Ausnahme der Gefahrzettel für die Unterklassen 1.4, 1.5 und 1.6 der Klasse 1 enthält die obere Hälfte der Gefahrzettel das Symbol und die untere Hälfte:

a) für die Klassen 1, 2, 3, 5.1, 5.2, 7, 8 und 9 die Nummer der Klasse;
b) für die Klassen 4.1, 4.2 und 4.3 die Ziffer „4";
c) für die Klassen 6.1 und 6.2 die Ziffer „6".

Jedoch darf der Gefahrzettel nach Muster 9A in der oberen Hälfte nur die sieben senkrechten Streifen des Symbols und in der unteren Hälfte die Ansammlung von Batterien des Symbols und die Nummer der Klasse enthalten.

Mit Ausnahme des Gefahrzettels nach Muster 9A dürfen die Gefahrzettel in Übereinstimmung mit Absatz 5.2.2.2.1.5 einen Text wie die UN-Nummer oder eine textliche Beschreibung der Gefahr (z.B. „entzündbar") enthalten, vorausgesetzt, der Text verdeckt oder beeinträchtigt nicht die anderen vorgeschriebenen Elemente des Gefahrzettels.

5.2.2.2.1.4 Mit Ausnahme der Unterklassen 1.4, 1.5 und 1.6 ist darüber hinaus bei Gefahrzetteln der Klasse 1 in der unteren Hälfte über der Nummer der Klasse die Nummer der Unterklasse und der Buchstabe der Verträglichkeitsgruppe des Stoffes oder Gegenstandes angegeben. Bei den Gefahrzetteln der Unterklassen 1.4, 1.5 und 1.6 ist in der oberen Hälfte die Nummer der Unterklasse und in der unteren Hälfte die Nummer der Klasse und der Buchstabe der Verträglichkeitsgruppe angegeben.

5.2.2.2.1.5 Auf den Gefahrzetteln mit Ausnahme der Gefahrzettel der Klasse 7 darf ein etwaiger Text im Bereich unter dem Symbol (abgesehen von der Nummer der Klasse) nur freiwillige Angaben über die Art der Gefahr und die bei der Handhabung zu treffenden Vorsichtsmaßnahmen umfassen.

5.2.2.2.1.6 Die Symbole, der Text und die Zahlen müssen gut lesbar und unauslöschbar sein und auf allen Gefahrzetteln in schwarz erscheinen, ausgenommen:

a) der Gefahrzettel der Klasse 8, bei dem ein eventueller Text und die Ziffer der Klasse in weiß anzugeben ist,

b) die Gefahrzettel mit grünem, rotem oder blauem Grund, bei denen das Symbol, der Text und die Ziffer der Klasse in weiß angegeben werden darf,

c) der Gefahrzettel der Klasse 5.2, bei dem das Symbol weiß dargestellt werden darf, und

d) die auf Flaschen und Gaspatronen für Flüssiggas angebrachten Gefahrzettel nach Muster 2.1, bei denen das Symbol, der Text und die Ziffer bei ausreichendem Kontrast in der Farbe des Gefäßes angegeben werden dürfen.

5.2.2.2.1.7 Die Gefahrzettel müssen der Witterung ohne nennenswerte Beeinträchtigung ihrer Wirkung standhalten können.

5.2.2.2.2 Gefahrzettelmuster

Gefahrzettel-muster Nr.	Unterklasse oder Kategorie	Symbol und Farbe des Symbols	Hinter-grund	Ziffer in der unteren Ecke (und Farbe der Ziffer)	Gefahrzettelmuster	Bemerkung
Gefahr der Klasse 1: Explosive Stoffe und Gegenstände mit Explosivstoff						
1	Unter-klassen 1.1, 1.2, 1.3	explodierende Bombe: schwarz	orange	1 (schwarz)		** Angabe der Unterklasse – keine Angabe, wenn die explosive Eigenschaft die Nebengefahr darstellt * Angabe der Verträglichkeitsgruppe – keine Angabe, wenn die explosive Eigenschaft die Nebengefahr darstellt
1.4	Unter-klasse 1.4	1.4: schwarz Die Ziffern müssen eine Zeichenhöhe von ca. 30 mm und eine Dicke von ca. 5 mm haben (bei einem Gefahrzettel von 100 mm × 100 mm).	orange	1 (schwarz)		* Angabe der Verträglichkeitsgruppe
1.5	Unter-klasse 1.5	1.5: schwarz Die Ziffern müssen eine Zeichenhöhe von ca. 30 mm und eine Dicke von ca. 5 mm haben (bei einem Gefahrzettel von 100 mm × 100 mm).	orange	1 (schwarz)		* Angabe der Verträglichkeitsgruppe
1.6	Unter-klasse 1.6	1.6: schwarz Die Ziffern müssen eine Zeichenhöhe von ca. 30 mm und eine Dicke von ca. 5 mm haben (bei einem Gefahrzettel von 100 mm × 100 mm).	orange	1 (schwarz)		* Angabe der Verträglichkeitsgruppe

Gefahrzettel-muster Nr.	Unterklasse oder Kategorie	Symbol und Farbe des Symbols	Hinter-grund	Ziffer in der unteren Ecke (und Farbe der Ziffer)	Gefahrzettelmuster	Bemerkung
Gefahr der Klasse 2: Gase						
2.1	Entzündbare Gase	Flamme: schwarz oder weiß (mit Ausnahme der in Absatz 5.2.2.2.1.6 d) vorgesehenen Fälle)	rot	2 (schwarz oder weiß) (mit Ausnahme der in Absatz 5.2.2.2.1.6 d) vorgesehenen Fälle)		–
2.2	Nicht entzündbare, nicht giftige Gase	Gasflasche: schwarz oder weiß	grün	2 (schwarz oder weiß)		–
2.3	Giftige Gase	Totenkopf mit gekreuzten Gebeinen: schwarz	weiß	2 (schwarz)		–

Gefahrzettel-muster Nr.	Unterklasse oder Kategorie	Symbol und Farbe des Symbols	Hinter-grund	Ziffer in der unteren Ecke (und Farbe der Ziffer)	Gefahrzettelmuster	Bemerkung
Gefahr der Klasse 3: Entzündbare flüssige Stoffe						
3	–	Flamme: schwarz oder weiß	rot	3 (schwarz oder weiß)	 	–
Gefahr der Klasse 4.1: Entzündbare feste Stoffe, selbstzersetzliche Stoffe, polymerisierende Stoffe und desensibilisierte explosive feste Stoffe						
4.1	–	Flamme: schwarz	weiß mit sieben senkrechten roten Streifen	4 (schwarz)		–
Gefahr der Klasse 4.2: Selbstentzündliche Stoffe						
4.2	–	Flamme: schwarz	obere Hälfte weiß, untere Hälfte rot	4 (schwarz)		–

Gefahrzettel-muster Nr.	Unterklasse oder Kategorie	Symbol und Farbe des Symbols	Hinter-grund	Ziffer in der unteren Ecke (und Farbe der Ziffer)	Gefahrzettelmuster	Bemerkung
Gefahr der Klasse 4.3: Stoffe, die in Berührung mit Wasser entzündbare Gase entwickeln						
4.3	–	Flamme: schwarz oder weiß	blau	4 (schwarz oder weiß)	 	–
Gefahr der Klasse 5.1: Entzündend (oxidierend) wirkende Stoffe						
5.1	–	Flamme über einem Kreis: schwarz	gelb	5.1 (schwarz)		–
Gefahr der Klasse 5.2: Organische Peroxide						
5.2	–	Flamme: schwarz oder weiß	obere Hälfte rot, untere Hälfte gelb	5.2 (schwarz)	 	–

Gefahrzettel-muster Nr.	Unterklasse oder Kategorie	Symbol und Farbe des Symbols	Hinter-grund	Ziffer in der unteren Ecke (und Farbe der Ziffer)	Gefahrzettelmuster	Bemerkung
Gefahr der Klasse 6.1: Giftige Stoffe						
6.1	–	Totenkopf mit gekreuzten Gebeinen: schwarz	weiß	6 (schwarz)		–
Gefahr der Klasse 6.2: Ansteckungsgefährliche Stoffe						
6.2	–	Kreis, der von drei sichelförmigen Zeichen überlagert wird: schwarz	weiß	6 (schwarz)		In der unteren Hälfte des Gefahrzettels darf in Schwarz angegeben sein: «ANSTECKUNGSGE-FÄHRLICHE STOFFE» und «BEI BESCHÄDI-GUNG ODER FREI-WERDEN UNVERZÜG-LICH GESUNDHEITS-BEHÖRDEN VER-STÄNDIGEN».

Gefahrzettel-muster Nr.	Unterklasse oder Kategorie	Symbol und Farbe des Symbols	Hinter-grund	Ziffer in der unteren Ecke (und Farbe der Ziffer)	Gefahrzettelmuster	Bemerkung
Gefahr der Klasse 7: Radioaktive Stoffe						
7A	Kategorie I – WEISS	Strahlensymbol: schwarz	weiß	7 (schwarz)		(vorgeschriebener) Text, schwarz, in der unteren Hälfte des Gefahrzettels: «RADIOACTIVE» «CONTENTS ...» «ACTIVITY ...»; dem Ausdruck «RADIO-ACTIVE» folgt ein senkrechter roter Streifen
7B	Kategorie II – GELB	Strahlensymbol: schwarz	obere Hälfte gelb mit weißem Rand, untere Hälfte weiß	7 (schwarz)		(vorgeschriebener) Text, schwarz, in der unteren Hälfte des Gefahrzettels: «RADIOACTIVE» «CONTENTS ...» «ACTIVITY ...»; in einem schwarz eingerahmten Feld: «TRANSPORT INDEX»; dem Ausdruck «RADIO-ACTIVE» folgen zwei senkrechte rote Streifen
7C	Kategorie III – GELB	Strahlensymbol: schwarz	obere Hälfte gelb mit weißem Rand, untere Hälfte weiß	7 (schwarz)		(vorgeschriebener) Text, schwarz, in der unteren Hälfte des Gefahrzettels: «RADIOACTIVE» «CONTENTS ...» «ACTIVITY ...»; in einem schwarz eingerahmten Feld: «TRANSPORT INDEX»; dem Ausdruck «RADIO-ACTIVE» folgen drei senkrechte rote Streifen
7E	Spaltbare Stoffe	–	weiß	7 (schwarz)	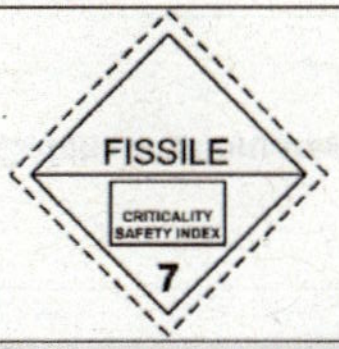	(vorgeschriebener) Text, schwarz, in der oberen Hälfte des Gefahrzettels: «FISSILE»; in einem schwarz eingerahmten Feld in der unteren Hälfte des Gefahrzettels: «CRITICALITY SAFETY INDEX»

Gefahrzettel-muster Nr.	Unterklasse oder Kategorie	Symbol und Farbe des Symbols	Hinter-grund	Ziffer in der unteren Ecke (und Farbe der Ziffer)	Gefahrzettelmuster	Bemerkung
Gefahr der Klasse 8: Ätzende Stoffe						
8	–	Flüssigkeiten, die aus zwei Reagenzgläsern ausgeschüttet werden und eine Hand und ein Metall angreifen: schwarz	obere Hälfte weiß, untere Hälfte schwarz mit weißem Rand	8 (weiß)	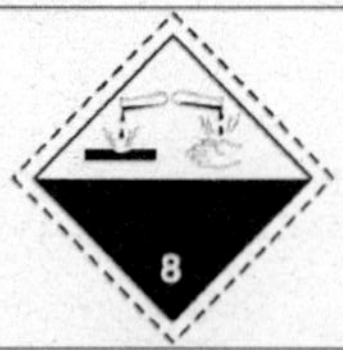	–
Gefahr der Klasse 9: Verschiedene gefährliche Stoffe und Gegenstände						
9	–	sieben senkrechte Streifen in der oberen Hälfte: schwarz	weiß	9 unter-strichen (schwarz)		–
9A	–	sieben senkrechte Streifen in der oberen Hälfte: schwarz; Ansammlung von Batterien, von denen eine beschädigt und entflammt ist, in der unteren Hälfte: schwarz	weiß	9 unter-strichen (schwarz)		–

Anbringen von Großzetteln (Placards) an und Kennzeichnung von Containern, Schüttgut-Containern, MEGC, MEMU, Tankcontainern, ortsbeweglichen Tanks, Fahrzeugen und Wagen 5.3

Bem. 1. Wegen des Anbringens von Großzetteln (Placards) und der Kennzeichnung von Containern, Schüttgut-Containern, MEGC, Tankcontainern und ortsbeweglichen Tanks bei einer Beförderung in einer Transportkette, die eine Seebeförderung einschließt, siehe auch Absatz 1.1.4.2.1. Bei Anwendung der Vorschriften des Absatzes 1.1.4.2.1 c) gelten nur Unterabschnitt 5.3.1.3 und der Absatz 5.3.2.1.1.

Bem. 2. In Übereinstimmung mit dem GHS sollte ein nach dem ADN nicht vorgeschriebenes GHS-Piktogramm während der Beförderung nur als vollständiges GHS-Kennzeichnungsetikett und nicht eigenständig erscheinen (siehe Absatz 1.4.10.4.4 des GHS).

5.3.1 Anbringen von Großzetteln (Placards)

5.3.1.1 Allgemeine Vorschriften

5.3.1.1.1 Die Großzettel (Placards) sind auf der äußeren Oberfläche der Container, Schüttgut-Container, MEGC, MEMU, Tankcontainer, ortsbeweglichen Tanks, Fahrzeuge und Wagen nach den Vorschriften dieses Abschnitts anzubringen. Die Großzettel (Placards) müssen den in Kapitel 3.2 Tabelle A Spalte 5 und gegebenenfalls 6 für die im Container, Schüttgut-Container, MEGC, MEMU, Tankcontainer, ortsbeweglichen Tank, Fahrzeug oder Wagen enthaltenen gefährlichen Güter vorgeschriebenen Gefahrzetteln und den in Unterabschnitt 5.3.1.7 aufgeführten Beschreibungen entsprechen. Die Großzettel (Placards) müssen auf einem farblich kontrastierenden Hintergrund angebracht werden oder müssen entweder eine gestrichelte oder eine durchgehende äußere Begrenzungslinie aufweisen. Die Großzettel (Placards) müssen witterungsbeständig sein und eine dauerhafte Kennzeichnung während der gesamten Beförderung gewährleisten.

5.3.1.1.2 Für die Klasse 1 sind die Verträglichkeitsgruppen auf den Großzetteln (Placards) nicht anzugeben, wenn im Fahrzeug, im Wagen, im Container oder in besonderen Laderäumen von MEMU Stoffe oder Gegenstände mehrerer Verträglichkeitsgruppen befördert werden.

Fahrzeuge, Wagen, Container oder besondere Laderäume von MEMU, in denen Stoffe oder Gegenstände verschiedener Unterklassen befördert werden, sind nur mit Großzetteln (Placards) des Musters der gefährlichsten Unterklasse zu versehen, und zwar in der Rangfolge:

1.1 (am gefährlichsten), 1.5, 1.2, 1.3, 1.6, 1.4 (am wenigsten gefährlich).

Werden Stoffe des Klassifizierungscodes 1.5 D mit Stoffen oder Gegenständen der Unterklasse 1.2 befördert, so sind am Fahrzeug, am Wagen oder am Container Großzettel (Placards) für die Unterklasse 1.1 anzubringen.

Großzettel (Placards) sind nicht erforderlich für die Beförderung von explosiven Stoffen und Gegenständen mit Explosivstoff der Unterklasse 1.4 Verträglichkeitsgruppe S.

5.3.1.1.3 Für die Klasse 7 muss der Großzettel (Placard) für die Hauptgefahr dem in Absatz 5.3.1.7.2 beschriebenen Muster 7D entsprechen. Dieser Großzettel (Placard) ist weder erforderlich für Fahrzeuge, Wagen oder Container, in denen freigestellte Versandstücke befördert werden, noch für Kleincontainer.

Sofern die Anbringung sowohl von Gefahrzetteln als auch von Großzetteln (Placards) für die Klasse 7 auf Fahrzeugen, Wagen Containern, MEGC, Tankcontainern oder ortsbeweglichen Tanks vorgeschrieben ist, darf anstelle des Großzettels (Placards) nach Muster 7D ein dem vorgeschriebenen Gefahrzettel nach Muster 7A, 7B oder 7C entsprechender vergrößerter Gefahrzettel angebracht werden, der beide Zwecke erfüllt. In diesem Fall dürfen die Abmessungen nicht geringer sein als 250 mm × 250 mm.

5.3 Anbringen von Großzetteln (Placards) an und Kennzeichnung von Containern, Schüttgut-Containern, MEGC, MEMU, Tankcontainern, ortsbeweglichen Tanks, Fahrzeugen und Wagen

5.3.1.1.4 Für die Klasse 9 muss der Großzettel (Placard) dem Gefahrzettel nach Muster 9 gemäß Absatz 5.2.2.2.2 entsprechen; der Gefahrzettel nach Muster 9A darf nicht für Zwecke des Anbringens von Großzetteln (Placards) verwendet werden.

5.3.1.1.5 Container, MEGC, MEMU, Tankcontainer, ortsbewegliche Tanks, Fahrzeuge oder Wagen die Güter mehrerer Klassen enthalten, müssen nicht mit einem Großzettel (Placard) für die Nebengefahr versehen sein, wenn die durch diesen Großzettel (Placard) dargestellte Gefahr bereits durch einen Großzettel (Placard) für die Haupt- oder Nebengefahr angegeben wird.

5.3.1.1.6 Großzettel (Placards), die sich nicht auf die beförderten gefährlichen Güter oder deren Reste beziehen, müssen entfernt oder abgedeckt sein.

5.3.1.1.7 Wenn die Großzettel (Placards) auf Klapptafeln angebracht werden, müssen diese so ausgelegt und gesichert sein, dass jegliches Umklappen oder Lösen aus der Halterung während der Beförderung (insbesondere durch Stöße und unabsichtliche Handlungen) ausgeschlossen ist.

5.3.1.2 Anbringen von Großzetteln (Placards) an Containern, Schüttgut-Containern, MEGC, Tankcontainern und ortsbeweglichen Tanks

Bem. Dieser Unterabschnitt gilt nicht für auf Fahrzeugen mit orangefarbenen Kennzeichnung nach Abschnitt 5.3.2 beförderten Wechselaufbauten (Wechselbehälter), ausgenommen Tankwechselaufbauten (Tankwechselbehälter).

Die Großzettel (Placards) sind an beiden Längsseiten und an jedem Ende des Containers, Schüttgut-Containers, MEGC, Tankcontainers oder ortsbeweglichen Tanks und im Falle von flexiblen Schüttgut-Containern an zwei gegenüberliegenden Seiten anzubringen.

Wenn der MEGC, Tankcontainer oder ortsbewegliche Tank mehrere Tankabteile hat, in denen zwei oder mehrere gefährliche Güter befördert werden, sind die entsprechenden Großzettel (Placards) an beiden Längsseiten in der Höhe des jeweiligen Tankabteils und jeweils ein Muster der an den Längsseiten angebrachten Großzettel (Placards) an beiden Enden anzubringen. Wenn an allen Tankabteilen die gleichen Großzettel (Placards) anzubringen sind, müssen diese Großzettel (Placards) an beiden Längsseiten und an jedem Ende des Tankcontainers oder ortsbeweglichen Tanks nur einmal angebracht werden.

5.3.1.3 Anbringen von Großzetteln (Placards) an Trägerfahrzeugen und Tragwagen, auf denen Container, Schüttgut-Container, MEGC, Tankcontainer oder ortsbewegliche Tanks befördert werden

Bem. Dieser Unterabschnitt gilt nicht für auf Fahrzeugen mit orangefarbener Kennzeichnung nach Abschnitt 5.3.2 beförderten Wechselaufbauten (Wechselbehälter), ausgenommen Tankwechselaufbauten (Tankwechselbehälter).

Wenn die an Containern, Schüttgut-Containern, MEGC, Tankcontainern oder ortsbeweglichen Tanks angebrachten Großzettel (Placards) außerhalb des Trägerfahrzeugs oder des Tragwagens nicht sichtbar sind, müssen die gleichen Großzettel (Placards) auch an beiden Längsseiten und hinten am Fahrzeug oder an beiden Längsseiten des Wagens angebracht werden. In den übrigen Fällen muss am Trägerfahrzeug oder am Tragwagen kein Großzettel (Placard) angebracht werden.

5.3.1.4 Anbringen von Großzetteln (Placards) an Fahrzeugen und Wagen für die Beförderung in loser Schüttung, Tankfahrzeugen, Kesselwagen, Batterie-Fahrzeugen, Batteriewagen, MEMU, Fahrzeugen mit Aufsetztanks und Wagen mit abnehmbaren Tanks

5.3.1.4.1 Die Großzettel (Placards) sind bei Fahrzeugen an beiden Längsseiten und hinten und bei Wagen an beiden Längsseiten anzubringen.

Wenn das Tankfahrzeug, der Kesselwagen, der auf dem Fahrzeug beförderte Aufsetztank oder der auf dem Wagen beförderte abnehmbare Tank mehrere Tankabteile hat, in denen zwei oder mehrere gefährliche Güter befördert werden, sind die entsprechenden Großzettel (Placards) an beiden Längsseiten in der Höhe des jeweiligen Tankabteils und (nur bei Fahrzeugen) jeweils ein Muster der an den Längsseiten angebrachten Großzettel (Placards) hinten anzubringen. Wenn an allen Tankabteilen die gleichen Großzettel (Placards) anzubringen sind, müssen diese Großzettel (Placards) an beiden Längsseiten und (nur bei Fahrzeugen) hinten nur einmal angebracht werden.

Wenn mehr als ein Großzettel (Placard) für dasselbe Tankabteil vorgeschrieben ist, müssen die Großzettel (Placards) nahe beieinander angebracht werden.

Bem. Wird ein Tanksattelauflieger von seiner Zugmaschine getrennt, um auf ein Seeschiff oder Binnenschiff verladen zu werden, müssen die Großzettel (Placards) auch vorn am Tanksattelauflieger angebracht werden.

5.3.1.4.2 MEMU mit Tanks und Schüttgut-Containern müssen für die darin enthaltenen Stoffe nach Absatz 5.3.1.4.1 mit Großzetteln (Placards) versehen sein. Für Tanks mit einem Fassungsraum von höchstens 1 000 Litern dürfen die Großzettel (Placards) durch Gefahrzettel nach Unterabschnitt 5.2.2.2 ersetzt werden.

5.3.1.4.3 An MEMU, in denen Versandstücke mit Stoffen oder Gegenständen der Klasse 1 (ausgenommen Unterklasse 1.4 Verträglichkeitsgruppe S) befördert werden, sind an beiden Längsseiten und hinten Großzettel (Placards) anzubringen.

Besondere Laderäume für explosive Stoffe sind nach den Vorschriften des Absatzes 5.3.1.1.2 mit Großzetteln (Placards) zu versehen. Der letzte Satz des Absatzes 5.3.1.1.2 findet keine Anwendung.

5.3.1.5 Anbringen von Großzetteln (Placards) an Fahrzeugen und Wagen, in denen nur Versandstücke befördert werden

Bem. Dieser Unterabschnitt gilt auch für Trägerfahrzeuge, auf denen mit Versandstücken beladene Wechselaufbauten (Wechselbehälter) befördert werden.

5.3.1.5.1 An Fahrzeugen, in denen Versandstücke mit Stoffen oder Gegenständen der Klasse 1 (ausgenommen Unterklasse 1.4 Verträglichkeitsgruppe S) befördert werden, sind an beiden Längsseiten und hinten Großzettel (Placards) anzubringen.

5.3.1.5.2 An Fahrzeugen, in denen radioaktive Stoffe der Klasse 7 in Verpackungen oder Großpackmitteln (IBC) (ausgenommen freigestellte Versandstücke) befördert werden, sind an beiden Längsseiten und hinten Großzettel (Placards) anzubringen.

Bem. Wird ein Fahrzeug, in dem Versandstücke mit gefährlichen Gütern – ausgenommen gefährliche Güter der Klassen 1 und 7 – befördert werden, für eine ADN-Beförderung, die einer Seebeförderung vorangeht, auf ein Schiff verladen, sind an beiden Längsseiten und hinten am Fahrzeug Großzettel (Placards) anzubringen. Nach einer Seebeförderung dürfen die Großzettel (Placards) an beiden Längsseiten und hinten am Fahrzeug verbleiben.

5.3.1.5.3 An Wagen, in denen Versandstücke befördert werden, sind an beiden Längsseiten Großzettel (Placards) entsprechend der beförderten Güter anzubringen.

5.3.1.6 Anbringen von Großzetteln (Placards) an leeren Tankfahrzeugen, Kesselwagen, Fahrzeugen mit Aufsetztanks, Wagen mit abnehmbaren Tanks, Batterie-Fahrzeugen, Batteriewagen, MEGC, MEMU, Tankcontainern und ortsbeweglichen Tanks sowie an leeren Fahrzeugen, Wagen und Containern für die Beförderung in loser Schüttung

5.3.1.6.1 Ungereinigte und nicht entgaste leere Tankfahrzeuge, Kesselwagen, Fahrzeuge mit Aufsetztanks, Wagen mit abnehmbaren Tanks, Batterie-Fahrzeuge, Batteriewagen, MEGC, MEMU, Tankcontainer und ortsbewegliche Tanks sowie ungereinigte leere Fahrzeuge, Wagen und Container für die Beförderung in loser Schüttung müssen mit den für die vorherige Ladung vorgeschriebenen Großzetteln (Placards) versehen sein.

5.3.1.7 Beschreibung der Großzettel (Placards)

5.3.1.7.1 Mit Ausnahme des in Absatz 5.3.1.7.2 beschriebenen Großzettels (Placards) für die Klasse 7 und des in Unterabschnitt 5.3.6.2 beschriebenen Kennzeichens für umweltgefährdende Stoffe muss ein Großzettel (Placard) wie in Abbildung 5.3.1.7.1 dargestellt gestaltet sein:

Abbildung 5.3.1.7.1

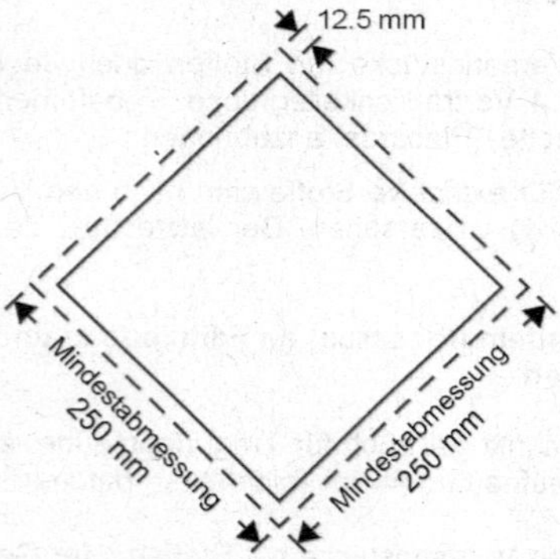

Großzettel (Placard) (ausgenommen für Klasse 7)

Der Großzettel muss die Form eines auf die Spitze gestellten Quadrats (Raute) haben. Die Mindestabmessungen müssen 250 mm × 250 mm (bis zum Rand des Großzettels (Placards)) betragen. Die Linie innerhalb des Rands muss parallel zum Rand des Großzettels (Placards) verlaufen, wobei der Abstand zwischen dieser Linie und dem Rand 12,5 mm betragen muss. Die Farbe des Symbols und der Linie innerhalb des Rands muss derjenigen des Gefahrzettels für die Klasse oder Unterklasse des jeweiligen gefährlichen Guts entsprechen. Die Position und die Größe des Symbols/der Ziffer der Klasse oder Unterklasse muss proportional zu dem Symbol/der Ziffer sein, das/die in Unterabschnitt 5.2.2.2 für die entsprechende Klasse oder Unterklasse des jeweiligen gefährlichen Guts vorgeschrieben ist. Auf dem Großzettel (Placard) muss die Nummer der Klasse oder Unterklasse (und für Güter der Klasse 1 der Buchstabe der Verträglichkeitsgruppe) des jeweiligen gefährlichen Guts in derselben Art angezeigt werden, wie es in Unterabschnitt 5.2.2.2 für den entsprechenden Gefahrzettel vorgeschrieben ist, jedoch mit einer Zeichenhöhe von mindestens 25 mm. Wenn Abmessungen nicht näher spezifiziert sind, müssen die Proportionen aller charakteristischen Merkmale den abgebildeten in etwa entsprechen. Die in den Absätzen 5.2.2.2.1 Satz 2, 5.2.2.2.1.3 Satz 3 und 5.2.2.2.1.5 geregelten Abweichungen für Gefahrzettel gelten auch für Großzettel (Placards).

5.3.1.7.2 Der Großzettel (Placard) für die Klasse 7 muss eine Größe von mindestens 250 mm x 250 mm aufweisen und mit einer schwarzen Umrandung versehen sein, die parallel zum Rand in einem Abstand von 5 mm verläuft; ansonsten muss der Großzettel (Placard) der unten stehenden Abbildung (Muster 7D) entsprechen. Die Ziffer „7" muss eine Zeichenhöhe von mindestens 25 mm haben. Die Hintergrundfarbe der oberen Hälfte des Großzettels (Placards) muss gelb, die der unteren Hälfte weiß sein; die Farbe des Strahlensymbols und der Aufdruck müssen schwarz sein. Die Verwendung des Ausdrucks „RADIOACTIVE" in der unteren Hälfte ist freigestellt, um die alternative Verwendung dieses Großzettels (Placards) zur Angabe der entsprechenden UN-Nummer für die Sendung zu ermöglichen.

Großzettel (Placard) für radioaktive Stoffe der Klasse 7

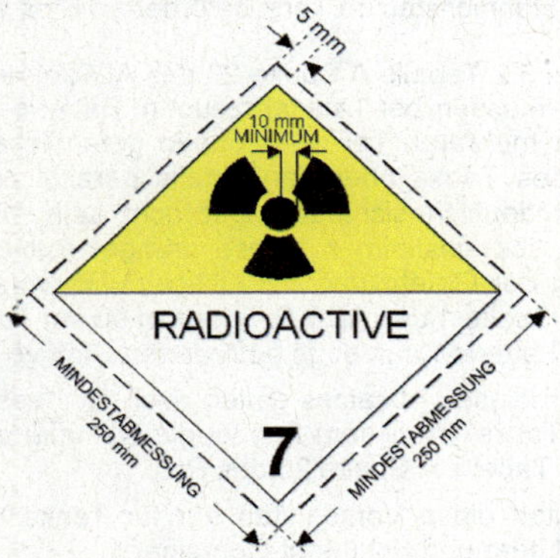

(Muster 7D)
Symbol (Strahlensymbol): schwarz;
Hintergrund: obere Hälfte gelb mit weißem Rand, unter Hälfte weiß;
In der unteren Hälfte muss der Ausdruck „RADIOACTIVE" oder an seiner Stelle, die entsprechende UN-Nummer und die Ziffer „**7**" angegeben sein.

5.3.1.7.3 Für Tanks mit einem Fassungsraum von höchstens 3 m^3 und Kleincontainer dürfen die Großzettel (Placards) durch Gefahrzettel nach Unterabschnitt 5.2.2.2 ersetzt werden. Wenn diese Gefahrzettel außerhalb des Tragwagens oder Trägerfahrzeuges nicht sichtbar sind, müssen Großzettel (Placards) nach Absatz 5.3.1.7.1 auch an beiden Längsseiten des Wagens oder an beiden Längsseiten und hinten am Fahrzeug angebracht werden.

5.3.1.7.4 Für die Klassen 1 und 7 dürfen die Abmessungen der Großzettel (Placards) auf eine Seitenlänge von100 mm reduziert werden, wenn wegen der Größe und des Baus der Fahrzeuge die verfügbare Fläche für das Anbringen der vorgeschriebenen Großzettel (Placards) nicht ausreicht.

Für Wagen darf die Größe der Großzettel (Placards) auf 150 mm x 150 mm verkleinert werden. In diesem Fall sind die übrigen, für die Symbole, Linien, Ziffern und Buchstaben festgelegten Abmessungen nicht anwendbar.

5.3 Anbringen von Großzetteln (Placards) an und Kennzeichnung von Containern, Schüttgut-Containern, MEGC, MEMU, Tankcontainern, ortsbeweglichen Tanks, Fahrzeugen und Wagen

5.3.2 Kennzeichnung mit orangefarbenen Tafeln

5.3.2.1 Allgemeine Vorschriften für die Kennzeichnung mit orangefarbenen Tafeln

5.3.2.1.1 Beförderungseinheiten, in denen gefährliche Güter befördert werden, müssen mit zwei rechteckigen, senkrecht angebrachten orangefarbenen Tafeln nach Absatz 5.3.2.2.1 versehen sein. Sie sind vorne und hinten an der Beförderungseinheit senkrecht zu deren Längsachse anzubringen. Sie müssen deutlich sichtbar bleiben.

Wenn während der Beförderung gefährlicher Güter ein Anhänger mit gefährlichen Gütern von seinem Zugfahrzeug getrennt wird, muss an der Heckseite des Anhängers eine orangefarbene Tafel angebracht bleiben. Wenn Tanks gemäß Absatz 5.3.2.1.3 gekennzeichnet sind, muss diese Tafel dem gefährlichsten im Tank beförderten Stoff entsprechen.

5.3.2.1.2 Wenn in Kapitel 3.2 Tabelle A Spalte 20 des ADR eine Nummer zur Kennzeichnung der Gefahr angegeben ist, müssen bei Tankfahrzeugen, Batterie-Fahrzeugen oder Beförderungseinheiten mit einem oder mehreren Tanks, in denen gefährliche Güter befördert werden, außerdem an den Seiten jedes Tanks oder Tankabteils parallel zur Längsachse des Fahrzeugs orangefarbene Tafeln deutlich sichtbar angebracht sein, die mit den nach Absatz 5.3.2.1.1 vorgeschriebenen übereinstimmen. Diese orangefarbenen Tafeln müssen mit der Nummer zur Kennzeichnung der Gefahr und der UN-Nummer versehen sein, die in Kapitel 3.2 Tabelle A Spalte 20 bzw. Spalte 1 des ADR für jeden in einem Tank, in einem Tankabteil oder in einem Element eines Batterie-Fahrzeugs beförderten Stoff vorgeschrieben sind.

Die Vorschriften dieses Absatzes gelten auch für Kesselwagen, Batteriewagen und Wagen mit abnehmbaren Tanks. In diesem Fall ist die Nummer zur Kennzeichnung der Gefahr diejenige von Kapitel 3.2 Tabelle A Spalte 20 des RID.

Bei MEMU gelten diese Vorschriften nur für Tanks mit einem Fassungsvermögen von mindestens 1 000 Litern und Schüttgut-Container.

5.3.2.1.3 Bei Tankfahrzeugen oder Beförderungseinheiten mit einem oder mehreren Tanks, in denen Stoffe der UN-Nummer 1202, 1203 oder 1223 oder Flugbenzin, das der UN-Nummer 1268 oder 1863 zugeordnet ist, aber keine anderen gefährlichen Stoffe befördert werden, müssen die in Absatz 5.3.2.1.2 vorgeschriebenen orangefarbenen Tafeln nicht angebracht werden, wenn auf den gemäß Absatz 5.3.2.1.1 vorne und hinten angebrachten Tafeln, die für den gefährlichsten beförderten Stoff, d.h. für den Stoff mit dem niedrigsten Flammpunkt, vorgeschriebene Nummer zur Kennzeichnung der Gefahr und UN-Nummer angegeben sind.

5.3.2.1.4 Wenn in Kapitel 3.2 Tabelle A Spalte 20 des ADR eine Nummer zur Kennzeichnung der Gefahr angegeben ist, müssen bei Fahrzeugen, Containern und Schüttgut-Containern, in denen unverpackte feste Stoffe oder Gegenstände oder unter ausschließlicher Verwendung zu befördernde verpackte radioaktive Stoffe mit einer einzigen UN-Nummer und keine anderen gefährlichen Güter befördert werden, außerdem an den Seiten jedes Fahrzeugs, jedes Containers oder jedes Schüttgut-Containers parallel zur Längsachse des Fahrzeugs orangefarbene Tafeln deutlich sichtbar angebracht sein, die mit den nach Absatz 5.3.2.1.1 vorgeschriebenen übereinstimmen. Diese orangefarbenen Tafeln müssen mit der Nummer zur Kennzeichnung der Gefahr und der UN-Nummer versehen sein, die in Kapitel 3.2 Tabelle A Spalte 20 bzw. Spalte 1 des ADR für jeden im Fahrzeug, Container oder Schüttgut-Container in loser Schüttung beförderten Stoff oder für den im Fahrzeug oder im Container beförderten verpackten radioaktiven Stoff vorgeschrieben sind, sofern dieser unter ausschließlicher Verwendung zu befördern ist.

Die Vorschriften dieses Absatzes gelten auch für Wagen für die Beförderung in loser Schüttung und für Wagen unter ausschließlicher Verwendung, die nur mit Versandstücken mit einem einzigen gefährlichen Gut beladen sind. In diesem Fall ist die Nummer zur Kennzeichnung der Gefahr diejenige von Kapitel 3.2 Tabelle A Spalte 20 des RID.

5.3.2.1.5 Wenn die an Containern, Schüttgut-Containern, Tankcontainern, MEGC oder ortsbeweglichen Tanks angebrachten, gemäß den Absätzen 5.3.2.1.2 und 5.3.2.1.4 vorgeschriebenen orangefarbenen Tafeln außerhalb des Trägerfahrzeugs oder des Tragwagens nicht deutlich sichtbar sind, müssen dieselben Tafeln auch an den beiden Längsseiten des Fahrzeugs oder Wagens angebracht werden.

Bem. Dieser Absatz muss nicht für die Kennzeichnung von gedeckten Fahrzeugen oder Wagen und bedeckten Fahrzeugen oder Wagen mit Decken mit orangefarbenen Tafeln angewendet werden, die Tanks mit einem höchsten Fassungsraum von 3000 Litern befördern.

5.3.2.1.6 An Beförderungseinheiten, in denen nur ein gefährlicher Stoff und kein nicht gefährlicher Stoff befördert wird, sind die nach den Absätzen 5.3.2.1.2, 5.3.2.1.4 und 5.3.2.1.5 vorgeschriebenen orangefarbenen Tafeln nicht erforderlich, wenn die vorn und hinten gemäß Absatz 5.3.2.1.1 angebrachten Tafeln mit der nach Kapitel 3.2 Tabelle A Spalte 20 bzw. Spalte 1 des ADR für diesen Stoff vorgeschriebenen Nummer zur Kennzeichnung der Gefahr und UN-Nummer versehen sind.

5.3.2.1.7 Die Vorschriften der Absätze 5.3.2.1.1 bis 5.3.2.1.5 gelten auch für ungereinigte, nicht entgaste oder nicht entgiftete leere festverbundene Tanks, Aufsetztanks, Batterie-Fahrzeuge, Tankcontainer, ortsbewegliche Tanks, MEGC, Kesselwagen, Batteriewagen, Wagen mit abnehmbaren Tanks, ungereinigte MEMU sowie für ungereinigte oder nicht entgiftete leere Fahrzeuge, Wagen und Container für Güter in loser Schüttung.

5.3.2.1.8 Orangefarbene Tafeln, die sich nicht auf die beförderten gefährlichen Güter oder deren Reste beziehen, müssen entfernt oder verdeckt sein. Wenn die Tafeln verdeckt sind, muss die Abdeckung vollständig und nach einer 15-minütigen Feuereinwirkung noch wirksam sein.

5.3.2.2 Beschreibung der orangefarbenen Tafeln

5.3.2.2.1 Die orangefarbenen Tafeln müssen rückstrahlend sein und eine Grundlinie von 40 cm, eine Höhe von 30 cm und einen schwarzen Rand von 15 mm Breite haben. Der verwendete Werkstoff muss witterungsbeständig sein und eine dauerhafte Kennzeichnung gewährleisten. Die Tafel darf sich bei einer 15-minütigen Feuereinwirkung nicht von der Befestigung lösen. Sie muss unabhängig von der Ausrichtung des Fahrzeugs oder Wagens befestigt bleiben. Die orangefarbenen Tafeln dürfen in der Mitte durch eine waagerechte schwarze Linie mit einer Strichbreite von 15 mm unterteilt werden.

Wenn wegen der Größe und des Baus des Fahrzeugs die verfügbare Fläche für das Anbringen dieser orangefarbenen Tafeln nicht ausreicht, dürfen deren Abmessungen auf mindestens 300 mm für die Grundlinie, 120 mm für die Höhe und 10 mm für den schwarzen Rand verringert werden. In diesem Fall dürfen für die beiden in Absatz 5.3.2.1.1 vorgegebenen orangefarbenen Tafeln unterschiedliche Abmessungen innerhalb der festgelegten Bandbreite verwendet werden.

Wenn orangefarbene Tafeln mit verringerten Abmessungen verwendet werden, ist bei verpackten radioaktiven Stoffen, die unter ausschließlicher Verwendung befördert werden, nur die UN-Nummer erforderlich und die Größe der in Absatz 5.3.2.2.2 genannten Ziffern darf auf eine Zeichenhöhe von 65 mm und auf eine Strichbreite von 10 mm verringert werden.

Für Wagen ist eine nicht rückstrahlende Farbe zulässig.

Bei Containern, in denen gefährliche feste Stoffe in loser Schüttung befördert werden, und bei Tankcontainern, MEGC und ortsbeweglichen Tanks dürfen die nach den Absätzen 5.3.2.1.2, 5.3.2.1.4 und 5.3.2.1.5 vorgeschriebenen Tafeln durch eine Selbstklebefolie, einen Farbanstrich oder jedes andere gleichwertige Verfahren ersetzt werden.

Diese alternative Kennzeichnung muss den in diesem Unterabschnitt aufgeführten Anforderungen mit Ausnahme der in den Absätzen 5.3.2.2.1 und 5.3.2.2.2 aufgeführten Vorschriften betreffend die Feuerfestigkeit entsprechen.

5.3 Anbringen von Großzetteln (Placards) an und Kennzeichnung von Containern, Schüttgut-Containern, MEGC, MEMU, Tankcontainern, ortsbeweglichen Tanks, Fahrzeugen und Wagen

Bem. Der Farbton der orangefarbenen Tafel sollte im normalen Gebrauchszustand in dem Bereich des trichromatischen Normvalenzsystems liegen, der durch die mit Geraden verbundenen Punkte folgender Normfarbwertanteile beschrieben ist:

Trichromatische Farbwertpunkte im Winkelbereich des trichromatischen Normvalenzsystems				
x y	0,52 0,38	0,52 0,40	0,578 0,422	0,618 0,38

Leuchtdichtefaktor bei rückstrahlender Farbe: $\beta > 0{,}12$.

Leuchtdichtefaktor bei nicht rückstrahlender Farbe (Wagen): $\beta \geq 0{,}22$. Mittelpunktvalenz E, Normlichtart C, Messgeometrie 45°/0°

Rückstrahlwert unter einem Anleuchtungswinkel von 5° und einem Beobachtungswinkel von 0,2:

mindestens 20 Candela pro Lux und pro m^2 (nicht erforderlich für Wagen).

5.3.2.2.2 Die Nummer zur Kennzeichnung der Gefahr und die UN-Nummer bestehen aus schwarzen Ziffern mit einer Zeichenhöhe von 100 mm und einer Strichbreite von 15 mm. Die Nummer zur Kennzeichnung der Gefahr muss im oberen Teil, die UN-Nummer im unteren Teil der Tafel angegeben sein; sie müssen durch eine waagrechte schwarze Linie mit einer Strichbreite von 15 mm in der Mitte der Tafel getrennt sein (siehe 5.3.2.2.3). Die Nummer zur Kennzeichnung der Gefahr und die UN-Nummer müssen unauslöschbar und nach einer 15-minütigen Feuereinwirkung noch lesbar sein.

Auswechselbare Ziffern und Buchstaben auf Tafeln, mit denen die Nummer zur Kennzeichnung der Gefahr und die UN-Nummer dargestellt werden, müssen während der Beförderung und unabhängig von der Ausrichtung des Fahrzeugs oder Wagens an der vorgesehenen Stelle verbleiben.

5.3.2.2.3 Beispiel einer orangefarbenen Tafel mit Nummer zur Kennzeichnung der Gefahr und UN-Nummer

Grund: orange.
Rand, waagrechte Linie und Ziffern: schwarz, Strichbreite 15 mm.

5.3.2.2.4 Alle in diesem Unterabschnitt angegebenen Abmessungen dürfen eine Toleranz von ± 10 % aufweisen.

5.3.2.2.5 Wenn die orangefarbene Tafel auf Klapptafeln angebracht wird, müssen diese so ausgelegt und gesichert sein, dass jegliches Umklappen oder Lösen aus der Halterung während der Beförderung (insbesondere durch Stöße und unabsichtliche Handlungen) ausgeschlossen ist.

5.3.2.3 Bedeutung der Nummern zur Kennzeichnung der Gefahr

5.3.2.3.1 Die Nummer zur Kennzeichnung der Gefahr besteht aus zwei oder drei Ziffern.

Die Ziffern weisen im Allgemeinen auf folgende Gefahren hin:

2 Entweichen von Gas durch Druck oder durch chemische Reaktion
3 Entzündbarkeit von flüssigen Stoffen (Dämpfen) und Gasen oder selbsterhitzungsfähiger flüssiger Stoff
4 Entzündbarkeit von festen Stoffen oder selbsterhitzungsfähiger fester Stoff
5 Oxidierende (brandfördernde) Wirkung
6 Giftigkeit oder Ansteckungsgefahr
7 Radioaktivität
8 Ätzwirkung
9 Gefahr einer spontanen heftigen Reaktion

Bem. Spontane heftige Reaktion im Sinne der Ziffer 9 umfasst eine sich aus dem Stoff ergebende Möglichkeit der Explosionsgefahr, einer gefährlichen Zerfalls- oder Polymerisationsreaktion unter Entwicklung beträchtlicher Wärme oder die Entwicklung von entzündbaren und/oder giftigen Gasen.

Die Verdoppelung einer Ziffer weist auf die Zunahme der entsprechenden Gefahr hin.

Wenn die Gefahr eines Stoffes ausreichend durch eine einzige Ziffer angegeben werden kann, wird dieser Ziffer eine Null angefügt.

Folgende Ziffernkombinationen haben jedoch eine besondere Bedeutung: 22, 323, 333, 362, 382, 423, 44, 446, 462, 482, 539, 606, 623, 642, 823, 842, 90 und 99 (siehe 5.3.2.3.2).

Wenn der Nummer zur Kennzeichnung der Gefahr der Buchstabe "X" vorangestellt ist, bedeutet dies, dass der Stoff in gefährlicher Weise mit Wasser reagiert. Bei solchen Stoffen darf Wasser nur im Einverständnis mit Sachverständigen verwendet werden.

Für die Stoffe der Klasse 1 wird als Nummer zur Kennzeichnung der Gefahr der Klassifizierungscode gemäß Kapitel 3 2 Tabelle A Spalte 3b verwendet. Der Klassifizierungscode besteht aus:

- der Nummer der Unterklasse nach Absatz 2.2.1.1.5 und
- dem Buchstaben der Verträglichkeitsgruppe nach Absatz 2.2.1.1.6.

5.3.2.3.2 Die in Kapitel 3.2 Tabelle A Spalte 20 des ADR oder des RID aufgeführten Nummern zur Kennzeichnung der Gefahr haben folgende Bedeutung:

20	erstickendes Gas oder Gas, das keine Nebengefahr aufweist
22	tiefgekühlt verflüssigtes Gas, erstickend
223	tiefgekühlt verflüssigtes Gas, entzündbar
225	tiefgekühlt verflüssigtes Gas, oxidierend (brandfördernd)
23	entzündbares Gas
238	entzündbares Gas, ätzend
239	entzündbares Gas, das spontan zu einer heftigen Reaktion führen kann
25	oxidierendes (brandförderndes) Gas
26	giftiges Gas
263	giftiges Gas, entzündbar
265	giftiges Gas, oxidierend (brandfördernd)
268	giftiges Gas, ätzend
28	ätzendes Gas
285	ätzendes Gas, oxidierend (brandfördernd)
30	– entzündbarer flüssiger Stoff (Flammpunkt von 23°C bis einschließlich 60°C) oder – entzündbarer flüssiger Stoff oder fester Stoff in geschmolzenem Zustand mit einem Flammpunkt über 60°C, auf oder über seinen Flammpunkt erwärmt, oder – selbsterhitzungsfähiger flüssiger Stoff
323	entzündbarer flüssiger Stoff, der mit Wasser reagiert und entzündbare Gase bildet
X323	entzündbarer flüssiger Stoff, der mit Wasser gefährlich reagiert[1)] und entzündbare Gase bildet
33	leicht entzündbarer flüssiger Stoff (Flammpunkt unter 23°C)
333	pyrophorer flüssiger Stoff
X333	pyrophorer flüssiger Stoff, der mit Wasser gefährlich reagiert[1)]
336	leicht entzündbarer flüssiger Stoff, giftig
338	leicht entzündbarer flüssiger Stoff, ätzend
X338	leicht entzündbarer flüssiger Stoff, ätzend, der mit Wasser gefährlich reagiert[1)]
339	leicht entzündbarer flüssiger Stoff, der spontan zu einer heftigen Reaktion führen kann
36	entzündbarer flüssiger Stoff (Flammpunkt von 23°C bis einschließlich 60°C), schwach giftig, oder selbsterhitzungsfähiger flüssiger Stoff, giftig
362	entzündbarer flüssiger Stoff, giftig, der mit Wasser reagiert und entzündbare Gase bildet
X362	entzündbarer flüssiger Stoff, giftig, der mit Wasser gefährlich reagiert[1)] und entzündbare Gase bildet
368	entzündbarer flüssiger Stoff, giftig, ätzend
38	entzündbarer flüssiger Stoff (Flammpunkt von 23°C bis einschließlich 60°C), schwach ätzend, oder selbsterhitzungsfähiger flüssiger Stoff, ätzend
382	entzündbarer flüssiger Stoff, ätzend, der mit Wasser reagiert und entzündbare Gase bildet
X382	entzündbarer flüssiger Stoff, ätzend, der mit Wasser gefährlich reagiert[1)] und entzündbare Gase bildet
39	entzündbarer flüssiger Stoff, der spontan zu einer heftigen Reaktion führen kann

[1)] Wasser darf nur im Einverständnis mit Sachverständigen verwendet werden.

40	entzündbarer fester Stoff oder selbsterhitzungsfähiger Stoff oder selbstzersetzlicher Stoff oder polymerisierender Stoff
423	fester Stoff, der mit Wasser reagiert und entzündbare Gase bildet, oder entzündbarer fester Stoff, der mit Wasser reagiert und entzündbare Gase bildet, oder selbsterhitzungsfähiger fester Stoff, der mit Wasser reagiert und entzündbare Gase bildet
X423	fester Stoff, der mit Wasser gefährlich reagiert[1] und entzündbare Gase bildet, oder entzündbarer fester Stoff, der mit Wasser gefährlich reagiert[1] und entzündbare Gase bildet, oder selbsterhitzungsfähiger fester Stoff, der mit Wasser gefährlich reagiert[1] und entzündbare Gase bildet
43	selbstentzündlicher (pyrophorer) fester Stoff
X432	selbstentzündlicher (pyrophorer) fester Stoff, der mit Wasser gefährlich reagiert[1] und entzündbare Gase bildet
44	entzündbarer fester Stoff, der sich bei erhöhter Temperatur in geschmolzenem Zustand befindet
446	entzündbarer fester Stoff, giftig, der sich bei erhöhter Temperatur in geschmolzenem Zustand befindet
46	entzündbarer oder selbsterhitzungsfähiger fester Stoff, giftig
462	fester Stoff, giftig, der mit Wasser reagiert und entzündbare Gase bildet
X462	fester Stoff, der mit Wasser gefährlich reagiert[1] und giftige Gase bildet
48	entzündbarer oder selbsterhitzungsfähiger fester Stoff, ätzend
482	fester Stoff, ätzend, der mit Wasser reagiert und entzündbare Gase bildet
X482	fester Stoff, der mit Wasser gefährlich reagiert[1]und ätzende Gase bildet
50	oxidierender (brandfördernder) Stoff
539	entzündbares organisches Peroxid
55	stark oxidierender (brandfördernder) Stoff
556	stark oxidierender (brandfördernder) Stoff, giftig
558	stark oxidierender (brandfördernder) Stoff, ätzend
559	stark oxidierender (brandfördernder) Stoff, der spontan zu einer heftigen Reaktion führen kann
56	oxidierender (brandfördernder) Stoff, giftig
568	oxidierender (brandfördernder) Stoff, giftig, ätzend
58	oxidierender (brandfördernder) Stoff, ätzend
59	oxidierender (brandfördernder) Stoff, der spontan zu einer heftigen Reaktion führen kann
60	giftiger oder schwach giftiger Stoff
606	ansteckungsgefährlicher Stoff
623	giftiger flüssiger Stoff, der mit Wasser reagiert und entzündbare Gase bildet
63	giftiger Stoff, entzündbar (Flammpunkt von 23°C bis einschließlich 60°C)
638	giftiger Stoff, entzündbar (Flammpunkt von 23°C bis einschließlich 60°C), ätzend
639	giftiger Stoff, entzündbar (Flammpunkt nicht über 60°C), der spontan zu einer heftigen Reaktion führen kann
64	giftiger fester Stoff entzündbar oder selbsterhitzungsfähig
642	giftiger fester Stoff der mit Wasser reagiert und entzündbare Gase bildet
65	giftiger Stoff, oxidierend (brandfördernd)

[1] Wasser darf nur im Einverständnis mit Sachverständigen verwendet werden.

66	sehr giftiger Stoff
663	sehr giftiger Stoff, entzündbar (Flammpunkt nicht über 60°C)
664	sehr giftiger fester Stoff, entzündbar oder selbsterhitzungsfähig
665	sehr giftiger Stoff, oxidierend (brandfördernd)
668	sehr giftiger Stoff, ätzend
X668	sehr giftiger Stoff, ätzend, der mit Wasser gefährlich reagiert[1)]
669	sehr giftiger Stoff, der spontan zu einer heftigen Reaktion führen kann
68	giftiger Stoff, ätzend
687	giftiger Stoff, ätzend, radioaktiv
69	giftiger oder schwach giftiger Stoff, der spontan zu einer heftigen Reaktion führen kann
70	radioaktiver Stoff
768	radioaktiver Stoff, giftig, ätzend
78	radioaktiver Stoff, ätzend
80	ätzender oder schwach ätzender Stoff
X80	ätzender oder schwach ätzender Stoff, der mit Wasser gefährlich reagiert[1)]
823	ätzender flüssiger Stoff, der mit Wasser reagiert und entzündbare Gase bildet
83	ätzender oder schwach ätzender Stoff, entzündbar (Flammpunkt von 23°C bis einschließlich 60°C)
X83	ätzender oder schwach ätzender Stoff, entzündbar (Flammpunkt von 23°C bis einschließlich 60°C), der mit Wasser gefährlich reagiert[1)]
839	ätzender oder schwach ätzender Stoff, entzündbar (Flammpunkt von 23°C bis einschließlich 60°C), der spontan zu einer heftigen Reaktion führen kann
X839	ätzender oder schwach ätzender Stoff, entzündbar (Flammpunkt von 23°C bis einschließlich 60°C), der spontan zu einer heftigen Reaktion führen kann und der mit Wasser gefährlich reagiert[1)]
84	ätzender fester Stoff, entzündbar oder selbsterhitzungsfähig
842	ätzender fester Stoff, der mit Wasser reagiert und entzündbare Gase bildet
85	ätzender oder schwach ätzender Stoff, oxidierend (brandfördernd)
856	ätzender oder schwach ätzender Stoff, oxidierend (brandfördernd) und giftig
86	ätzender oder schwach ätzender Stoff, giftig
88	stark ätzender Stoff
X88	stark ätzender Stoff, der mit Wasser gefährlich reagiert[1)]
883	stark ätzender Stoff, entzündbar (Flammpunkt von 23°C bis einschließlich 60°C)
884	stark ätzender fester Stoff, entzündbar oder selbsterhitzungsfähig
885	stark ätzender Stoff, oxidierend (brandfördernd)
886	stark ätzender Stoff, giftig
X886	stark ätzender Stoff, giftig, der mit Wasser gefährlich reagiert[1)]
89	ätzender oder schwach ätzender Stoff, der spontan zu einer heftigen Reaktion führen kann
90	umweltgefährdender Stoff, verschiedene gefährliche Stoffe
99	verschiedene gefährliche erwärmte Stoffe.

[1)] Wasser darf nur im Einverständnis mit Sachverständigen verwendet werden.

5.3.3 Kennzeichen für erwärmte Stoffe

Tankfahrzeuge, Kesselwagen, Tankcontainer, ortsbewegliche Tanks, Spezialfahrzeuge, Spezialwagen oder Spezialcontainer oder besonders ausgerüstete Fahrzeuge, Wagen oder Großcontainer, die einen Stoff enthalten, der im flüssigen Zustand bei oder über 100 °C oder im festen Zustand bei oder über 240 °C befördert oder zur Beförderung aufgegeben wird, müssen im Falle der Wagen an beiden Längsseiten, im Falle der Fahrzeuge an beiden Längsseiten und hinten und im Falle der Großcontainer, Container, Tankcontainer und ortsbeweglichen Tanks an allen vier Seiten mit dem in Abbildung 5.3.3 dargestellten Kennzeichen versehen sein.

Abbildung 5.3.3

Kennzeichen für Beförderung bei erhöhter Temperatur

Das Kennzeichen muss die Form eines gleichseitigen Dreiecks haben. Die Farbe des Kennzeichens muss rot sein. Die Mindestabmessung der Seiten muss 250 mm betragen. Bei Tankcontainern und ortsbeweglichen Tanks mit einem Fassungsraum von höchstens 3000 Litern, deren verfügbare Fläche nicht für die Anbringung der vorgeschriebenen Kennzeichen ausreicht, dürfen die Mindestabmessungen der Seiten auf 100 mm verringert werden. Wenn Abmessungen nicht näher spezifiziert sind, müssen die Proportionen aller Merkmale den abgebildeten in etwa entsprechen. Das Kennzeichen muss witterungsbeständig sein und eine dauerhafte Kennzeichnung während der gesamten Beförderung gewährleisten.

5.3.4 Kennzeichnung bei der Beförderung in einer Transportkette, die eine Seebeförderung beinhaltet

5.3.4.1 Bei Beförderungen in einer Transportkette, die eine Seebeförderung beinhaltet, sind die Container, ortsbeweglichen Tanks und MEGC von der orangefarbenen Kennzeichnung nach Abschnitt 5.3.2 befreit, wenn sie mit der in Abschnitt 5.3.2 des IMDG-Codes vorgeschriebenen Kennzeichnung versehen sind, und zwar:

a) Der richtige technische Name des Inhalts ist auf mindestens zwei Seiten der folgenden Einheiten angegeben:
   - ortsbewegliche Tanks und MEGC,
   - Container für lose Schüttung,
   - Container mit gefährlichen Gütern in Versandstücken, die nur ein gefährliches Gut enthalten, für das kein Großzettel (Placard) und keine Markierung für Meeresschadstoffe erforderlich ist.

b) Die UN-Nummer der Güter ist in schwarzen Zeichen von mindestens 65 mm Höhe wie folgt angegeben:
   - entweder auf weißem Grund in der unteren Hälfte des Großzettels (Placards) der CTU
   - oder auf einer orangefarbigen rechteckigen Tafel mit Mindestabmessungen von 120 mm Höhe x 300 mm Breite und einem 10 mm breiten schwarzen Rand, die direkt neben dem Großzettel (Placard) oder der Markierung für Meeresschadstoffe des IMDG-Codes angebracht wird. Ist kein Großzettel (Placard) oder keine Markierung für Meeresschadstoffe erforderlich, muss die UN-Nummer direkt neben dem technischen Namen angegeben werden.

Beispiel für die Kennzeichnung eines ortsbeweglichen Tanks, in dem Acetal, Klasse 3, UN 1088 nach IMDG-Code befördert wird

Erste Variante

schwarze Flamme auf rotem Grund

Zweite Variante

schwarze Flamme auf rotem Grund

Grund: orange
Rand und Ziffern: schwarz

5.3.4.2 Werden auf dem Schiff ortsbewegliche Tanks, MEGC oder Container mit einer Kennzeichnung nach Unterabschnitt 5.3.4.1 befördert, die auf Fahrzeugen verladen sind, gilt nur Absatz 5.3.2.1.1 für das Trägerfahrzeug.

5.3.4.3 Neben den Großzetteln (Placards), der orangefarbenen Kennzeichnung und den nach dem ADN vorgeschriebenen oder zugelassenen Kennzeichnungen können die CTU mit nach dem IMDG-Code gegebenenfalls vorgeschriebenen zusätzlichen Kennzeichnungen versehen sein, wie zum Beispiel die Kennzeichnung «MARINE POLLUANT» oder die Kennzeichnung «BEGRENZTE MENGEN/LIMITED QUANTITIES».

5.3.5 (bleibt offen)

5.3.6 Kennzeichen für umweltgefährdende Stoffe

5.3.6.1 Wenn nach den Vorschriften des Abschnitts 5.3.1 das Anbringen eines Großzettels (Placards) vorgeschrieben ist, müssen Container, Schüttgut-Container, MEGC, Tankcontainer, ortsbewegliche Tanks und Fahrzeuge und Wagen mit umweltgefährdenden Stoffen, die den Kriterien des Absatzes 2.2.9.1.10 entsprechen, mit dem in Absatz 5.2.1.8.3 abgebildeten Kennzeichen für umweltgefährdende Stoffe gekennzeichnet sein. Dies gilt nicht für die in Absatz 5.2.1.8.1 genannten Ausnahmen.

5.3.6.2 Das Kennzeichen für umweltgefährdende Stoffe für Großcontainer, Container, Schüttgut-Container, MEGC, Tankcontainer, ortsbewegliche Tanks, Fahrzeuge und Wagen muss den Vorschriften des Absatzes 5.2.1.8.3 und der Abbildung 5.2.1.8.3 entsprechen, mit der Ausnahme, dass die Mindestabmessungen 250 mm × 250 mm betragen müssen. Bei Tankcontainern und ortsbeweglichen Tanks mit einem Fassungsraum von höchstens 3000 Litern und mit einer für die Anbringung der vorgeschriebenen Kennzeichen nicht ausreichenden verfügbaren Fläche dürfen die Mindestabmessungen auf 100 mm x 100 mm verringert werden. Für das Kennzeichen sind die übrigen Vorschriften des Abschnitts 5.3.1 für Großzettel (Placards) entsprechend anzuwenden.

5.3 Anbringen von Großzetteln (Placards) an und Kennzeichnung von Containern, Schüttgut-Containern, MEGC, MEMU, Tankcontainern, ortsbeweglichen Tanks, Fahrzeugen und Wagen

5.4.0 Allgemeine Vorschriften

5.4.0.1 Sofern nichts anderes festgelegt ist, sind bei jeder durch das ADN geregelten Beförderung von Gütern die in diesem Kapitel jeweils vorgeschriebenen Dokumente mitzuführen.

Bem. Wegen des Verzeichnisses der auf den Schiffen mitzuführenden Dokumente siehe Abschnitt 8.1.2.

5.4.0.2 Arbeitsverfahren der elektronischen Datenverarbeitung (EDV) oder des elektronischen Datenaustauschs (EDI) zur Unterstützung oder anstelle der schriftlichen Dokumentation sind zugelassen, sofern die zur Aufzeichnung und Verarbeitung der elektronischen Daten verwendeten Verfahren den juristischen Anforderungen hinsichtlich der Beweiskraft und der Verfügbarkeit während der Beförderung mindestens den Verfahren mit schriftlichen Dokumenten entsprechen.

5.4.0.3 Wenn die Informationen über die Beförderung gefährlicher Güter dem Beförderer durch Arbeitsverfahren mit elektronischer Datenverarbeitung (EDV) oder elektronischem Datenaustausch (EDI) übermittelt werden, muss der Absender in der Lage sein, dem Beförderer die Informationen als Papierdokument zu übergeben, wobei die Informationen in der in diesem Kapitel vorgeschriebenen Reihenfolge erscheinen müssen.

5.4.1 Beförderungspapier für die Beförderung gefährlicher Güter und damit zusammenhängende Informationen

5.4.1.1 Allgemeine Angaben, die im Beförderungspapier enthalten sein müssen

5.4.1.1.1 Allgemeine Angaben, die bei der Beförderung in loser Schüttung oder in Versandstücken im Beförderungspapier enthalten sein müssen

Das oder die Beförderungspapier(e) für jeden zur Beförderung aufgegebenen Stoff oder Gegenstand muss (müssen) folgenden Angaben enthalten:

a) die UN-Nummer, der die Buchstaben „UN" vorangestellt werden, oder die Stoffnummer;

b) die gemäß Abschnitt 3.1.2 bestimmte offizielle Benennung für die Beförderung, sofern zutreffend (siehe Absatz 3.1.2.8.1), ergänzt durch die technische Benennung in Klammern (siehe Absatz 3.1.2.8.1.1)

c) – für Stoffe und Gegenstände der Klasse 1: der in Kapitel 3.2 Tabelle A Spalte 3b angegebene Klassifizierungscode

   Wenn in Kapitel 3.2 Tabelle A Spalte 5 andere Nummern der Gefahrzettelmuster als 1, 1.4, 1.5, 1.6 angegeben sind, müssen diese nach dem Klassifizierungscode in Klammern angegeben werden;

   – für radioaktive Stoffe der Klasse 7: die Nummer der Klasse «7»;

   Bem. Für radioaktive Stoffe mit einer Nebengefahr siehe auch Kapitel 3.3 Sondervorschrift 172.

   – für Lithiumbatterien der UN-Nummern 3090, 3091, 3480 und 3481: die Nummer der Klasse «9»;

   – für die übrigen Stoffe und Gegenstände der übrigen Klassen: die in Kapitel 3.2 Tabelle A Spalte 5 angegebenen oder nach einer Sondervorschrift gemäß Spalte 6 anwendbaren Nummern der Gefahrzettelmuster. Wenn mehrere Nummern der Gefahrzettelmuster angegeben sind, sind die Nummern nach der ersten Nummer in Klammern anzugeben. Bei Stoffen und Gegenständen, für die in Kapitel 3.2 Tabelle A Spalte 5 keine Nummern der Gefahrzettelmuster angegeben sind, ist anstelle dessen die Klasse gemäß Spalte 3a anzugeben;

d) gegebenenfalls die dem Stoff zugeordnete Verpackungsgruppe, der die Buchstaben „VG" (z.B. „VG II") oder die Initialen vorangestellt werden dürfen, die dem Ausdruck „Verpackungsgruppe" in den gemäß Absatz 5.4.1.4.1 verwendeten Sprachen entsprechen;

Bem. Für radioaktive Stoffe der Klasse 7 mit Nebengefahren siehe auch Kapitel 3.3 Sondervorschrift 172 d).

e) soweit anwendbar, die Anzahl und Beschreibung der Versandstücke; UN-Verpackungscodes dürfen nur als Ergänzung zur Beschreibung der Art der Versandstücke angegeben werden (z.B. eine Kiste (4G));

Bem. Die Angabe der Anzahl, des Typs und des Fassungsraums jeder Innenverpackung innerhalb der Außenverpackung einer zusammengesetzten Verpackung ist nicht erforderlich.

f) die Gesamtmenge jedes gefährlichen Gutes mit unterschiedlicher UN-Nummer, unterschiedlicher, offizieller Benennung für die Beförderung oder unterschiedlicher Verpackungsgruppe (als Volumen bzw. als Brutto- oder Nettomasse);

Bem. Für gefährliche Güter in Geräten oder Ausrüstungen, die in dieser Verordnung näher bezeichnet sind, ist die anzugebende Menge die Gesamtmenge der darin enthaltenen gefährlichen Güter in Kilogramm bzw. in Litern.

g) den Namen und die Anschrift des Absenders;
h) den Namen und die Anschrift des Empfängers (der Empfänger);
i) eine Erklärung entsprechend den Vorschriften einer Sondervereinbarung.

Die Stelle und die Reihenfolge der Angaben, die im Beförderungspapier erscheinen müssen, dürfen frei gewählt werden; a), b), c) und d) müssen jedoch in der oben angegebenen Reihenfolge (d.h. a), b), c), d)) ohne eingeschobene weitere Angaben mit Ausnahme der im ADN vorgesehenen angegeben werden.

Beispiele für zugelassene Beschreibungen gefährlicher Güter sind:

«UN 1098 ALLYLALKOHOL, 6.1 (3), I» oder

«UN 1098 ALLYLALKOHOL, 6.1 (3), VG I»

Die für das Beförderungspapier vorgeschriebenen Angaben müssen lesbar sein.

Obwohl in Kapitel 3.1 und in Kapitel 3.2 Tabelle A zur Angabe der Elemente, die Bestandteil der offiziellen Benennung für die Beförderung sein müssen, Großbuchstaben verwendet werden und obwohl in diesem Kapitel zur Angabe der für das Beförderungspapier vorgeschriebenen Informationen Großbuchstaben und Kleinbuchstaben verwendet werden, darf die Verwendung von Großbuchstaben oder Kleinbuchstaben für die im Beförderungspapier erforderlichen Angaben frei gewählt werden.

5.4.1.1.2 Allgemeine Angaben, die bei der Beförderung in Tankschiffen im Beförderungspapier enthalten sein müssen

Das oder die Beförderungspapier(e) für jeden zur Beförderung aufgegebenen Stoff muss (müssen) folgende Angaben enthalten:

a) die UN-Nummer, der die Buchstaben „UN“ vorangestellt werden, oder die Stoffnummer;
b) die gemäß Kapitel 3.2 Tabelle C Spalte 2 bestimmte offizielle Benennung des Stoffes für die Beförderung, und sofern zutreffend, ergänzt durch die technische Benennung in Klammern;
c) die Angaben in Kapitel 3.2 Tabelle C Spalte 5. Wenn mehrere Angaben aufgeführt sind, sind diejenigen nach der ersten in Klammern anzugeben. Bei Stoffen, die in Tabelle C nicht namentlich genannt sind (einer Gattungseintragung oder einer N.A.G-Eintragung zugeordnet sind und für die das Entscheidungsdiagramm im Unterabschnitt 3.2.3.3 anzuwenden ist), sind nur die zutreffenden gefährlichen Eigenschaften des Stoffes anzugeben;
d) gegebenenfalls die dem Stoff zugeordnete Verpackungsgruppe, der die Buchstaben „VG“ (z.B. „VG II“) oder die Initialen vorangestellt werden dürfen, die dem Ausdruck „Verpackungsgruppe“ in den gemäß Absatz 5.4.1.4.1 verwendeten Sprachen entsprechen;
e) die Masse in Tonnen;
f) den Namen und die Anschrift des Absenders;

g) den Namen und die Anschrift des (der) Empfänger(s).

Die Stelle und die Reihenfolge der Angaben, die im Beförderungspapier erscheinen müssen, dürfen frei gewählt werden; a), b), c) und d) müssen jedoch in der oben angegebenen Reihenfolge (d.h. a), b), c), d)) ohne eingeschobene weitere Angaben mit Ausnahme der im ADN vorgesehenen angegeben werden.

Beispiele für zugelassene Beschreibungen gefährlicher Güter sind:

«UN 1203 BENZIN, 3 (N2, CMR, F), II» oder
«UN 1203 BENZIN, 3 (N2, CMR, F), VG II»

Die für das Beförderungspapier vorgeschriebenen Angaben müssen lesbar sein.

Obwohl in Kapitel 3.1 und in Kapitel 3.2 Tabelle C zur Angabe der Elemente, die Bestandteil der offiziellen Benennung für die Beförderung sein müssen, Großbuchstaben verwendet werden und obwohl in diesem Kapitel zur Angabe der für das Beförderungspapier vorgeschriebenen Informationen Großbuchstaben und Kleinbuchstaben verwendet werden, darf die Verwendung von Großbuchstaben oder Kleinbuchstaben für die im Beförderungspapier erforderlichen Angaben frei gewählt werden.

5.4.1.1.3 Sondervorschriften für Abfälle

Wenn Abfälle (ausgenommen radioaktive Abfälle), die gefährliche Güter enthalten, befördert werden, ist der offiziellen Benennung für die Beförderung der Ausdruck «Abfall» voranzustellen, sofern dieser Ausdruck nicht bereits Bestandteil der offiziellen Benennung für die Beförderung ist, z.B.

«UN 1230 ABFALL, METHANOL, 3 (6.1), II» oder
«UN 1230 ABFALL, METHANOL, 3 (6.1), VG II»
«UN 1993 ABFALL, ENTZÜNDBARER FLÜSSIGER STOFF, N.A.G. (Toluen und Ethylalkohol) 3, II» oder
«UN 1993 ABFALL, ENTZÜNDBARER FLÜSSIGER STOFF, N.A.G. (Toluen und Ethylalkohol) 3, VG II».

Bei Anwendung der Vorschrift für Abfälle des Absatzes 2.1.3.5.5 ist die in Absatz 5.4.1.1.1 a) bis d) und k) vorgeschriebene Beschreibung der gefährlichen Güter wie folgt zu ergänzen:

«ABFALL NACH ABSATZ 2.1.3.5.5» (z.B. «UN 3264 ÄTZENDER SAURER ANORGANISCHER FLÜSSIGER STOFF, N.A.G., 8, II, ABFALL NACH ABSATZ 2.1.3.5.5»).

Die gemäß Kapitel 3.3 Sondervorschrift 274 vorgeschriebene technische Benennung muss nicht hinzugefügt werden.

5.4.1.1.4 (gestrichen)

5.4.1.1.5 Sondervorschriften für Bergungsverpackungen, einschließlich Bergungsgroßverpackungen, und Bergungsdruckgefäße

Wenn gefährliche Güter in einer Bergungsverpackung, einschließlich einer Bergungsgroßverpackung oder in einem Bergungsdruckgefäß befördert werden, ist im Beförderungspapier nach der Beschreibung der Güter der Ausdruck „BERGUNGSVERPACKUNG" oder „BERGUNGSDRUCKGEFÄSS" hinzuzufügen.

5.4.1.1.6 Sondervorschriften für ungereinigte leere Umschließungsmittel und leere Ladetanks von Tankschiffen

5.4.1.1.6.1 Für ungereinigte leere Umschließungsmittel, die Rückstände gefährlicher Güter anderer Klassen als der Klasse 7 enthalten, muss vor oder nach der gemäß Absatz 5.4.1.1.1 a) bis d) festgelegten Beschreibung der gefährlichen Güter der Ausdruck „LEER, UNGEREINIGT" oder „RÜCKSTÄNDE DES ZULETZT ENTHALTENEN STOFFES" angegeben werden. Darüber hinaus findet der Absatz 5.4.1.1.1 f) keine Anwendung.

5.4.1.1.6.2 Die Sondervorschrift des Absatzes 5.4.1.1.6.1 darf durch die Vorschriften des Absatzes 5.4.1.1.6.2.1, 5.4.1.1.6.2.2 bzw. 5.4.1.1.6.2.3 ersetzt werden.

5.4.1.1.6.2.1 Für ungereinigte leere Verpackungen, die Rückstände gefährlicher Güter anderer Klassen als der Klasse 7 enthalten, einschließlich ungereinigte leere Gefäße für Gase mit einem Fassungsraum von höchstens 1000 Litern, werden die Angaben gemäß Absatz 5.4.1.1.1 a), b), c), d), e) und f) durch den Ausdruck „LEERE VERPACKUNG", „LEERES GEFÄSS", „LEERES GROSSPACKMITTEL (IBC)" bzw. „LEERE GROSSVERPACKUNG", ergänzt durch die Angaben gemäß Absatz 5.4.1.1.1 c) für das letzte Ladegut ersetzt.

Beispiel: «LEERE VERPACKUNG, 6.1 (3)».

Wenn es sich bei dem letzten Ladegut um gefährliche Güter

a) der Klasse 2 handelt, darf in diesem Fall darüber hinaus die in Absatz 5.4.1.1.1 c) vorgeschriebene Information durch die Nummer der Klasse «2» ersetzt werden;

b) der Klasse 3, 4.1, 4.2, 4.3, 5.1, 5.2, 6.1, 8 oder 9 handelt, darf in diesem Fall darüber hinaus die in Absatz 5.4.1.1.1 c) vorgeschriebene Information durch den Ausdruck «MIT RÜCKSTÄNDEN VON [...]», ergänzt durch die den verschiedenen Rückständen entsprechende(n) Klasse(n) und Nebengefahr(en) in der Reihenfolge der Klassen, ersetzt werden.

Beispiel: Ungereinigte leere Verpackungen, die Güter der Klasse 3 enthalten haben und die zusammen mit ungereinigten leeren Verpackungen befördert werden, die Güter der Klasse 8 mit der Nebengefahr der Klasse 6.1 enthalten haben, dürfen im Beförderungspapier bezeichnet werden als:

«LEERE VERPACKUNGEN MIT RÜCKSTÄNDEN VON 3, 6.1, 8».

5.4.1.1.6.2.2 Für ungereinigte leere Umschließungsmittel, ausgenommen Verpackungen, die Rückstände gefährlicher Güter anderer Klassen als der Klasse 7 enthalten, sowie für ungereinigte leere Gefäße für Gase mit einem Fassungsraum von mehr als 1000 Litern wird den Angaben gemäß Absatz 5.4.1.1.1 a) bis d) der Ausdruck „LEERER KESSELWAGEN", „LEERES TANKFAHRZEUG", „LEERER AUFSETZTANK", „LEERER BATTERIEWAGEN", „LEERES BATTERIEFAHRZEUG", „LEERER ORTSBEWEGLICHER TANK", „LEERER TANKCONTAINER", „LEERER MEGC", „LEERE MEMU", „LEERER WAGEN", „LEERES FAHRZEUG", „LEERER CONTAINER" bzw. „LEERES GEFÄSS", ergänzt durch den Ausdruck „LETZTES LADEGUT", vorangestellt. Darüber hinaus findet der Absatz 5.4.1.1.1 f) keine Anwendung.

Beispiele:

«LEERER TANKCONTAINER, LETZTES LADEGUT: UN 1098 ALLYLALKOHOL, 6.1 (3), I»
oder

«LEERER TANKCONTAINER, LETZTES LADEGUT: UN 1098 ALLYLALKOHOL, 6.1 (3), VG I».

5.4.1.1.6.2.3 Werden ungereinigte leere Umschließungsmittel, die Rückstände gefährlicher Güter anderer Klassen als der Klasse 7 enthalten, an deren Absender zurückgesandt, so dürfen auch die für die Beförderung dieser Güter im befüllten Zustand erstellten Beförderungspapiere verwendet werden. In diesen Fällen ist die Mengenangabe zu entfernen (durch Löschung, Streichung oder auf andere Weise) und durch den Ausdruck „LEERE, UNGEREINIGTE RÜCKSENDUNG" zu ersetzen.

5.4.1.1.6.3 a) Werden ungereinigte leere Tanks, ungereinigte leere Batterie-Fahrzeuge, ungereinigte leere Batteriewagen oder ungereinigte leere MEGC nach den Vorschriften des Absatzes 4.3.2.4.3 des ADR oder des RID der nächsten geeigneten Stelle, wo eine Reinigung oder Reparatur durchgeführt werden kann, zugeführt, ist im Beförderungspapier zusätzlich zu vermerken:
«BEFÖRDERUNG NACH ABSATZ 4.3.2.4.3 des ADR (oder des RID)».

b) Werden ungereinigte leere Fahrzeuge, ungereinigte leere Wagen oder ungereinigte leere Container nach den Vorschriften des Unterabschnitts 7.5.8.1 des ADR oder des RID der nächsten geeigneten Stelle, wo eine Reinigung oder Reparatur durchgeführt werden kann, zugeführt, ist im Beförderungspapier zusätzlich zu vermerken:
«BEFÖRDERUNG NACH UNTERABSCHNITT 7.5.8.1 des ADR (oder des RID)».

5.4.1.1.6.4 Bei der Beförderung von festverbundenen Tanks (Tankfahrzeugen), Kesselwagen, Aufsetztanks, Wagen mit abnehmbaren Tanks, Batterie-Fahrzeugen, Batteriewagen, Tankcontainern und MEGC nach den Vorschriften des Absatzes 4.3.2.4.4 des ADR oder des RID ist im Beförderungspapier zu vermerken:
«BEFÖRDERUNG NACH ABSATZ 4.3.2.4.4 des ADR (oder des RID)».

5.4.1.1.6.5 Bei Tankschiffen mit leeren oder entladenen Ladetanks wird hinsichtlich der erforderlichen Beförderungspapiere der Schiffsführer als Absender angesehen. In diesem Falle muss das Beförderungspapier für jeden leeren oder entladenen Ladetank folgende Angaben enthalten:

a) Ladetanknummer;
b) die UN-Nummer der die Buchstaben „UN“ vorangestellt werden oder Stoffnummer;
c) die offizielle Benennung für die Beförderung des letzten beförderten Stoffes, die Klasse und gegebenenfalls die Verpackungsgruppe nach den Vorschriften des Absatzes 5.4.1.1.2.

5.4.1.1.7 **Sondervorschriften für Beförderungen in einer Transportkette, die eine See-, Straßen-, Eisenbahn- oder Luftbeförderung einschließt**

Bei Beförderungen gemäß Absatz 1.1.4.2.1 ist im Beförderungspapier zu vermerken:
«BEFÖRDERUNG NACH ABSATZ 1.1.4.2.1».

5.4.1.1.8-5.4.1.1.9 (bleibt offen)

5.4.1.1.10 (gestrichen)

5.4.1.1.11 **Sondervorschriften für die Beförderung von Großpackmitteln (IBC), Tanks, Batterie-Fahrzeugen, ortsbeweglichen Tanks und MEGC nach Ablauf der Frist für die wiederkehrende Prüfung oder Inspektion**

Für Beförderungen gemäß Unterabschnitt 4.1.2.2 b), Absatz 4.3.2.3.7 b), Absatz 6.7.2.19.6 b), Absatz 6.7.3.15.6 b) oder Absatz 6.7.4.14.6 b) des ADR (oder des RID) ist im Beförderungspapier zu vermerken:
«BEFÖRDERUNG NACH UNTERABSCHNITT 4.1.2.2 b) des ADR (oder des RID)»,
«BEFÖRDERUNG NACH ABSATZ 4.3.2.3.7 b) des ADR (oder des RID)»,
«BEFÖRDERUNG NACH ABSATZ 6.7.2.19.6 b) des ADR (oder des RID)»,
«BEFÖRDERUNG NACH ABSATZ 6.7.3.15.6 b) des ADR (oder des RID)» bzw.
«BEFÖRDERUNG NACH ABSATZ 6.7.4.14.6 b) des ADR (oder des RID)».

5.4.1.1.12-5.4.1.1.13 (bleibt offen)

5.4.1.1.14 Sondervorschriften für die Beförderung von erwärmten Stoffen

Wenn die offizielle Benennung für die Beförderung eines Stoffes, der in flüssigem Zustand bei einer Temperatur von mindestens 100 °C oder in festem Zustand bei einer Temperatur von mindestens 240°C befördert oder zur Beförderung aufgegeben wird, nicht angibt, dass es sich um einen Stoff handelt, der unter erhöhter Temperatur befördert wird (zum Beispiel durch Verwendung des Ausdrucks „GESCHMOLZEN" oder „ERWÄRMT" als Teil der offiziellen Benennung für die Beförderung), ist direkt nach der offiziellen Benennung für die Beförderung des Ausdruck „HEISS" hinzuzufügen.

5.4.1.1.15 Sondervorschriften für die Beförderung von Stoffen, die durch Temperaturkontrolle stabilisiert werden

Wenn der Ausdruck „STABILISIERT" Teil der offiziellen Benennung für die Beförderung ist (siehe auch Unterabschnitt 3.1.2.6) und wenn die Stabilisierung durch eine Temperaturkontrolle erfolgt, sind die Kontrolltemperatur und die Notfalltemperatur (siehe Abschnitt 7.1.7) wie folgt im Beförderungspapier anzugeben:

«KONTROLLTEMPERATUR: ....°C
NOTFALLTEMPERATUR: ....°C».

5.4.1.1.16 Erforderliche Angaben gemäß Kapitel 3.3 Sondervorschrift 640

Sofern dies durch Kapitel 3.3 Sondervorschrift 640 vorgeschrieben ist, ist im Beförderungspapier „SONDERVORSCHRIFT 640X" zu vermerken, wobei „X" der Großbuchstabe ist, der in Kapitel 3.2 Tabelle A Spalte 6 nach dem Verweis auf Sondervorschrift 640 erscheint.

5.4.1.1.17 Sondervorschrift für die Beförderung fester Stoffe in Schüttgut-Containern gemäß Abschnitt 6.11.4 des ADR

Wenn feste Stoffe in Schüttgut-Container gemäß Abschnitt 6.11.4 des ADR befördert werden, ist im Beförderungspapier anzugeben (siehe Bemerkung am Anfang des Abschnitts 6.11.4 des ADR)

«SCHÜTTGUT-CONTAINER BK (x)[1] VON DER ZUSTÄNDIGEN BEHÖRDE VON .... ZUGELASSEN».

5.4.1.1.18 Sondervorschriften für die Beförderung umweltgefährdender Stoffe (aquatische Umwelt)

Wenn ein Stoff der Klassen 1 bis 9 den Klassifizierungskriterien des Absatzes 2.2.9.1.10 entspricht, muss im Beförderungspapier der zusätzliche Ausdruck «UMWELTGEFÄHRDEND» oder „MEERESSCHADSTOFF/UMWELTGEFÄHRDEND" angegeben sein. Diese zusätzliche Vorschrift gilt nicht für die UN-Nummern 3077 und 3082 und für die in Absatz 5.2.1.8.1 aufgeführten Ausnahmen.

Für Beförderungen in einer Transportkette, die eine Seebeförderung einschließt, ist die Angabe «MEERESSCHADSTOFF» (gemäß Absatz 5.4.1.4.3 des IMDG-Codes) zugelassen.

5.4.1.1.19 Sondervorschriften für die Beförderung von Altverpackungen, leer, ungereinigt (UN 3509)

Bei leeren, ungereinigten Altverpackungen muss die in Absatz 5.4.1.1.1 b) festgelegte offizielle Benennung für die Beförderung durch den Ausdruck „(MIT RÜCKSTÄNDEN VON [...])", gefolgt von der (den) den Rückständen entsprechenden Klasse(n) und Nebengefahr(en) in numerischer Reihenfolge, ergänzt werden. Darüber hinaus findet der Absatz 5.4.1.1.1 f) keine Anwendung.

Zum Beispiel sollten leere, ungereinigte Altverpackungen, die Güter der Klasse 4.1 enthalten haben und mit leeren, ungereinigten Altverpackungen, die Güter der Klasse 3 mit der Nebengefahr der Klasse 6.1 enthalten haben, zusammengepackt sind, wie folgt im Beförderungspapier angegeben werden:

„UN 3509 ALTVERPACKUNGEN, LEER, UNGEREINIGT (MIT RÜCKSTÄNDEN VON 3, 4.1, 6.1), 9".

---

[1] (X) muss durch „1" bzw. „2" ersetzt werden.

5.4.1.1.20 Sondervorschriften für die Beförderung von gemäß Absatz 2.1.2.8 klassifizierten Stoffen

Bei Beförderungen gemäß Absatz 2.1.2.8 ist im Beförderungspapier anzugeben:

«GEMÄSS ABSCHNITT 2.1.2.8 KLASSIFIZIERT».

5.4.1.1.21 Sondervorschriften für Beförderung von UN 3528, UN 3529 und UN 3530

Für die Beförderung von UN 3528, UN 3529 und UN 3530 ist im Beförderungspapier, sofern dieses gemäß Kapitel 3.3 Sondervorschrift 363 erforderlich ist, zusätzlich zu vermerken:

«BEFÖRDERUNG NACH SONDERVORSCHRIFT 363».

5.4.1.1.22 Sondervorschriften für Beförderung in Bilgenentölungsbooten und Bunkerbooten

Die Absätze 5.4.1.1.2 und 5.4.1.1.6.5 gelten nicht für Bilgenentölungsboote und Bunkerboote.

5.4.1.2 Zusätzliche oder besondere Angaben für bestimmte Klassen

5.4.1.2.1 Sondervorschriften für die Klasse 1

a) Zusätzlich zu den Vorschriften des Absatzes 5.4.1.1.1 f) muss im Beförderungspapier angegeben sein:
   - die gesamte Nettomasse in kg des Inhalts an Explosivstoff[2] für jeden Stoff oder Gegenstand, mit unterschiedlicher UN-Nummer;
   - die gesamte Nettomasse in kg des Inhalts an Explosivstoff[2] für alle Stoffe und Gegenstände, für die das Beförderungspapier gilt.

b) Als Bezeichnung des Gutes im Beförderungspapier sind beim Zusammenpacken von zwei verschiedenen Gütern die in Kapitel 3.2, Tabelle A, Spalte 1 aufgeführten UN-Nummern und die in Spalte 2 in Großbuchstaben gedruckten offiziellen Benennungen für die Beförderung beider Stoffe oder Gegenstände anzugeben. Werden mehr als zwei verschiedene Güter nach Abschnitt 4.1.10, Sondervorschriften MP 1, MP 2 und MP 20 bis MP 24 des ADR in einem Versandstück vereinigt, so müssen im Beförderungspapier unter der Bezeichnung des Gutes die UN-Nummern aller im Versandstück enthaltenen Stoffe und Gegenstände in der Form „Güter der UN-NUMMER ....“ angegeben werden.

c) Bei Beförderung von Stoffen und Gegenständen, die einer n.a.g.-Eintragung oder der Eintragung „0190 Explosivstof", Muster” zugeordnet sind oder die nach der Verpackungsanweisung P 101 des Unterabschnittes 4.1.4.1 des ADR verpackt sind, ist dem Beförderungspapier eine Kopie der Genehmigung der zuständigen Behörde mit den Beförderungsbedingungen beizufügen. Sie muss in einer amtlichen Sprache des Versandlandes abgefasst sein und, wenn diese Sprache nicht Deutsch, Englisch oder Französisch ist, außerdem in Deutsch, Englisch oder Französisch, sofern nicht Vereinbarungen zwischen den von der Beförderung berührten Staaten etwas anderes vorschreiben.

d) Wenn Versandstücke mit Stoffen und Gegenständen der Verträglichkeitsgruppen «B» und «D» nach den Vorschriften des Unterabschnitts 7.5.2.2 des ADR oder des RID zusammen in einem Fahrzeug oder Wagen verladen werden, ist dem Beförderungspapier eine Kopie der Zulassung des Schutzabteils oder des Schutzumschließungssystems durch die zuständige Behörde nach Unterabschnitt 7.5.2.2 Fußnote a) des ADR oder des RID beizufügen. Sie muss in einer amtlichen Sprache des Versandlandes abgefasst sein und, wenn diese Sprache nicht Deutsch, Englisch oder Französisch ist, außerdem in Deutsch, Englisch oder Französisch, sofern nicht Vereinbarungen zwischen den von der Beförderung berührten Staaten etwas anderes vorschreiben.

e) Wenn explosive Stoffe oder Gegenstände mit Explosivstoff in Verpackungen gemäß Verpackungsanweisung P 101 des ADR befördert werden, ist im Beförderungspapier zu vermerken:

[2] Für Gegenstände versteht man unter „Inhalt explosiver Stoff" den im Gegenstand enthaltenen explosiven Stoff.

«VERPACKUNG VON DER ZUSTÄNDIGEN BEHÖRDE VON ... ZUGELASSEN» (siehe Unterabschnitt 4.1.4.1 Verpackungsanweisung P 101 des ADR).

f) (bleibt offen)

g) Bei der Beförderung von Feuerwerkskörpern der UN-Nummern 0333, 0334, 0335, 0336 und 0337 ist im Beförderungspapier zu vermerken:

«KLASSIFIZIERUNG VON FEUERWERKSKÖRPERN DURCH DIE ZUSTÄNDIGE BEHÖRDE VON XX MIT DER REFERENZ FÜR FEUERWERKSKÖRPER XX/YYZZZZ BESTÄTIGT».

Die Klassifizierungsbestätigung muss während der Beförderung nicht mitgeführt werden, ist jedoch vom Absender dem Beförderer oder den zuständigen Behörden bei Kontrollen zugänglich zu machen. Die Klassifizierungsbestätigung oder eine Kopie muss in einer amtlichen Sprache des Versandlandes abgefasst sein und, wenn diese nicht Deutsch, Englisch oder Französisch ist, außerdem in Deutsch, Englisch oder Französisch.

Bem. 1 Die handelsübliche oder technische Benennung der Güter darf zusätzlich zur offiziellen Benennung für die Beförderung im Beförderungspapier angegeben werden.

Bem. 2 Diese Klassifizierungsreferenz(en) muss (müssen) aus der Angabe der ADN-Vertragspartei, in der gemäß Sondervorschrift 645 des Abschnitts 3.3.1 dem Klassifizierungscode zugestimmt wurde, angegeben durch das für Kraftfahrzeuge im internationalen Verkehr verwendete Unterscheidungszeichen (XX)[3], der Identifikation der zuständigen Behörde (YY) und einer einmal vergebenen Serienreferenz (ZZZZ) bestehen.
Beispiel solcher Klassifizierungsreferenzen:

GB/HSE123456
D/BAM1234

5.4.1.2.2 Zusätzliche Vorschriften für die Klasse 2

a) Bei der Beförderung von Gemischen (siehe Absatz 2.2.2.1.1) in Tanks (Aufsetztanks, abnehmbare Tanks, festverbundene Tanks, Kesselwagen, ortsbewegliche Tanks, Tankcontainer oder Elemente von Batterie-Fahrzeugen, von Batteriewagen oder von MEGC) muss die Zusammensetzung des Gemisches in Vol.-% oder Masse-% angegeben werden. Bestandteile mit weniger als 1 % müssen dabei nicht aufgeführt werden (siehe auch Absatz 3.1.2.8.1.2). Die Zusammensetzung des Gemisches muss nicht angegeben werden, wenn als Ergänzung zur offiziellen Benennung für die Beförderung die durch die Sondervorschrift 581, 582 oder 583 zugelassenen technischen Benennungen verwendet werden.

b) Bei Beförderung von Flaschen, Großflaschen, Druckfässern, Kryo-Behältern und Flaschenbündeln unter den Bedingungen des Unterabschnitts 4.1.6.10 des ADR ist im Beförderungspapier zu vermerken:
«BEFÖRDERUNG GEMÄSS UNTERABSCHNITT 4.1.6.10 DES ADR».

c) (bleibt offen)

d) Für Tankcontainer mit tiefgekühlt verflüssigten Gasen muss der Absender das Datum, an dem die tatsächliche Haltezeit endet, wie folgt im Beförderungspapier eintragen:

«Ende der Haltezeit: .... (TT/MM/JJJJ)».

[3] Das für Kraftfahrzeuge und Anhänger im internationalen Straßenverkehr verwendete Unterscheidungszeichen des Zulassungsstaates, z.B. gemäß dem Genfer Übereinkommen über den Straßenverkehr von 1949 oder dem Wiener Übereinkommen über den Straßenverkehr von 1968.

5.4.1.2.3 Zusätzliche Vorschriften für selbstzersetzliche Stoffe und polymerisierende Stoffe der Klasse 4.1 und organische Peroxide der Klasse 5.2

5.4.1.2.3.1 Für selbstzersetzliche Stoffe oder polymerisierende Stoffe der Klasse 4.1 und organische Peroxide der Klasse 5.2 mit Temperaturkontrolle während der Beförderung (für selbstzersetzliche Stoffe siehe Absatz 2.2.52.1.15, für polymerisierende Stoffe siehe Absatz 2.2.41.1.21, für organische Peroxide siehe Absätze 2.2.52.1.15 bis 2.2.52.1.17) sind die Kontroll- und Notfalltemperaturen wie folgt im Beförderungspapier anzugeben:

«KONTROLLTEMPERATUR: ....°C
NOTFALLTEMPERATUR: ....°C».

5.4.1.2.3.2 Für bestimmte selbstzersetzliche Stoffe der Klasse 4.1 und für bestimmte organische Peroxide der Klasse 5.2, für welche die zuständige Behörde für eine bestimmte Verpackung den Wegfall des Gefahrzettels nach Muster 1 genehmigt hat (siehe Absatz 5.2.2.1.9), ist im Beförderungspapier zu vermerken:

«GEFAHRZETTEL NACH MUSTER 1 NICHT ERFORDERLICH».

5.4.1.2.3.3 Wenn selbstzersetzliche Stoffe und organische Peroxide unter Bedingungen befördert werden, für die eine Genehmigung erforderlich ist (für selbstzersetzliche Stoffe siehe Absatz 2.2.41.1.13 und Absatz 4.1.7.2.2 des ADR; für organische Peroxide siehe 2.2.52.1.8 und Absatz 4.1.7.2.2 des ADR sowie Abschnitt 6.8.4 Sondervorschrift TA 2 des ADR) ist im Beförderungspapier z.B. zu vermerken:

«BEFÖRDERUNG GEMÄSS ABSATZ 2.2.52.1.8».

Eine Kopie der Genehmigung der zuständigen Behörde mit den Beförderungsbedingungen ist dem Beförderungspapier beizufügen. Sie muss in einer amtlichen Sprache des Versandlandes abgefasst sein und, wenn diese Sprache nicht Deutsch, Englisch oder Französisch ist, außerdem in Deutsch, Englisch oder Französisch, sofern nicht Vereinbarungen zwischen den von der Beförderung berührten Staaten etwas anderes vorschreiben.

5.4.1.2.3.4 Wenn ein Muster eines selbstzersetzlichen Stoffes (siehe Absatz 2.2.41.1.15) oder eines organischen Peroxids (siehe Absatz 2.2.52.1.9) befördert wird, ist im Beförderungspapier z.B. zu vermerken:

«BEFÖRDERUNG GEMÄSS ABSATZ 2.2.52.1.9.»

5.4.1.2.3.5 Bei der Beförderung von selbstzersetzlichen Stoffen des Typs G (siehe Handbuch Prüfungen und Kriterien II Absatz 20.4.2 g)) darf im Beförderungspapier vermerkt werden:

«KEIN SELBSTZERSETZLICHER STOFF DER KLASSE 4.1».

Bei der Beförderung von organischen Peroxiden des Typs G (siehe Handbuch Prüfungen und Kriterien II Absatz 20.4.3 g)) darf im Beförderungspapier vermerkt werden:

«KEIN STOFF DER KLASSE 5.2».

5.4.1.2.4 Zusätzliche Vorschriften für die Klasse 6.2

Neben der Angabe des Empfängers (siehe Absatz 5.4.1.1.1 h) ist der Name und die Telefonnummer einer verantwortlichen Person anzugeben.

5.4.1.2.5 Zusätzliche Vorschriften für die Klasse 7

5.4.1.2.5.1 Für jede Sendung von Stoffen der Klasse 7 sind im Beförderungspapier, soweit anwendbar, folgende Angaben in der vorgegebenen Reihenfolge direkt nach den Angaben gemäß Absatz 5.4.1.1.1 a) bis c) vermerkt werden:

a) Name oder Symbol jedes Radionuklids oder bei Gemischen von Radionukliden eine geeignete allgemeine Bezeichnung oder ein Verzeichnis der einschränkendsten Nuklide;
b) eine Beschreibung der physikalischen und chemischen Form des Stoffes oder die Angabe, dass es sich um einen radioaktiven Stoff in besonderer Form oder um einen gering disper-

gierbaren radioaktiven Stoff handelt. Für die chemische Form ist eine Gattungsbezeichnung ausreichend. Für radioaktive Stoffe mit Nebengefahren siehe Absatz c) der Sondervorschrift 172 in Kapitel 3.3.;

c) die maximale Aktivität des radioaktiven Inhalts während der Beförderung in Becquerel (Bq) mit dem entsprechenden SI-Vorsatzzeichen (siehe Unterabschnitt 1.2.2.1). Bei spaltbaren Stoffen darf anstelle der Aktivität die Masse der spaltbaren Stoffe (oder gegebenenfalls bei Gemischen die Masse jedes spaltbaren Nuklids) in Gramm (g) oder in Vielfachen davon angegeben werden;

d) die Versandstückkategorie, d.h. I-WEISS, II-GELB, III-GELB;

e) die Transportkennzahl (nur bei den Kategorien II-GELB und III-GELB);

f) für spaltbare Stoffe,
   (i) die unter einer der Freistellungen der Absätze a) bis f) des Absatzes 2.2.7.2.3.5 befördert werden, der Verweis auf diesen Absatz;
   (ii) die unter den Absätzen c) bis e) des Absatzes 2.2.7.2.3.5 befördert werden, die Gesamtmasse der spaltbaren Nuklide;
   (iii) die in einem Versandstück enthalten sind, für das einer der Absätze a) bis c) des Unterabschnitts 6.4.11.2 oder der Unterabschnitt 6.4.11.3 des ADR angewendet wird, der Verweis auf den zutreffenden Absatz oder Unterabschnitt;
   (iv) soweit anwendbar, die Kritikalitätssicherheitskennzahl;

g) das Kennzeichen jedes Zulassungs-/Genehmigungszeugnisses einer zuständigen Behörde (radioaktive Stoffe in besonderer Form, gering dispergierbare radioaktive Stoffe, gem. Absatz 2.2.7.2.3.5 f) freigestellte spaltbare Stoffe, Sondervereinbarung, Versandstückmuster oder Beförderung), soweit für die Sendung zutreffend;

h) für Sendungen mit mehr als einem Versandstück muss die in Absatz 5.4.1.1.1 und in den Absätzen a) bis g) vorgeschrieben Information für jedes Versandstück angegeben werden. Für Versandstücke in einer Umverpackung, einem Container oder einem Beförderungsmittel muss eine detaillierte Aufstellung des Inhalts jedes Versandstücks innerhalb der Umverpackung, des Containers oder des Beförderungsmittels und gegebenenfalls jeder Umverpackung, jeder Container oder jedes Beförderungsmittels beigefügt werden. Sind an einem Zwischenentladeort einzelne Versandstücke aus der Umverpackung, dem Container oder dem Beförderungsmittel zu entladen, müssen die zugehörigen Beförderungspapiere zur Verfügung gestellt werden;

i) falls eine Sendung unter ausschließlicher Verwendung zu befördern ist, der Vermerk «BEFÖRDERUNG UNTER AUSSCHLIESSLICHER VERWENDUNG»;

j) bei LSA-II- oder LSA-III-Stoffen und bei SCO-I- oder SCO-II-Gegenständen die Gesamtaktivität der Sendung als Vielfaches des A_2-Wertes. Bei radioaktiven Stoffen, bei denen der A_2-Wert unbegrenzt ist, muss das Vielfache des A_2-Wertes Null sein.

5.4.1.2.5.2 Der Absender hat zusammen mit dem Beförderungspapier auf die Maßnahmen hinzuweisen, die vom Beförderer gegebenenfalls zu ergreifen sind. Diese schriftlichen Hinweise müssen in den Sprachen abgefasst sein, die vom Beförderer und den zuständigen Behörden für notwendig erachtet werden, und müssen mindestens folgende Informationen enthalten:

a) zusätzliche Maßnahmen bei der Verladung, der Verstauung, der Beförderung, der Handhabung und der Entladung des Versandstücks, der Umverpackung oder des Containers, einschließlich besonderer die Wärmeableitung betreffende Ladevorschriften (siehe Absatz 7.1.4.14.7.3.2), oder einen Hinweis, dass solche Maßnahmen nicht erforderlich sind;

b) Einschränkungen hinsichtlich der Versandart, des Fahrzeugs oder Wagens und notwendige Angaben über den Beförderungsweg;

c) für die Sendung geeignete Notfallvorkehrungen.

5.4.1.2.5.3 Bei allen internationalen Beförderungen von Versandstücken, für die eine Zulassung der Bauart oder eine Genehmigung der Beförderung durch die zuständige Behörde erforderlich ist und für die in den verschiedenen von der Beförderung berührten Staaten unterschiedliche Zulassungs- oder Genehmigungstypen gelten, muss die in Absatz 5.4.1.1.1 vorgeschriebene Angabe der UN-Nummer und der offiziellen Benennung für die Beförderung in Übereinstimmung mit dem Zulassungszeugnis des Ursprungslandes der Bauart erfolgen.

5.4.1.2.5.4 Die erforderlichen Zeugnisse der zuständigen Behörde müssen der Sendung nicht unbedingt beigefügt sein. Der Absender muss diese dem (den) Beförderer(n) vor dem Be- und Entladen zugänglich machen.

5.4.1.3 (bleibt offen)

5.4.1.4 Form und Sprache

5.4.1.4.1 Ein Papier mit den Angaben gemäß den Unterabschnitten 5.4.1.1 und 5.4.1.2 kann auch ein solches sein, das bereits durch andere geltende Vorschriften für die Beförderung mit einem anderen Verkehrsträger verlangt wird. Bei mehreren Empfängern dürfen die Namen und die Anschriften der Empfänger sowie die Liefermengen, die es ermöglichen, die jeweils beförderte Art und Menge zu ermitteln, auch in anderen zu verwendenden oder durch andere Vorschriften verlangten Papieren enthalten sein, die an Bord mitzuführen sind.

Die in das Papier einzutragenden Vermerke sind in einer amtlichen Sprache des Versandlandes abzufassen und, wenn diese Sprache nicht Deutsch, Englisch, Französisch ist, außerdem in Deutsch, Englisch oder Französisch, sofern nicht internationale Vereinbarungen zwischen den von der Beförderung berührten Staaten etwas anderes vorschreiben.

5.4.1.4.2 Kann eine Sendung wegen der Größe der Ladung nicht vollständig in eine einzige Beförderungseinheit verladen werden, sind mindestens so viele getrennte Beförderungspapiere oder Kopien des einen Beförderungspapiers auszufertigen, wie Fahrzeuge beladen werden. Ferner sind in allen Fällen getrennte Beförderungspapiere auszufertigen für Sendungen oder Teile einer Sendung, die wegen der Verbote in Abschnitt 7.5.2 des ADR nicht zusammen in ein Fahrzeug verladen werden dürfen.

Die Informationen über die von den zu befördernden Gütern ausgehenden Gefahren (nach den Angaben des Unterabschnitts 5.4.1.1) dürfen in ein übliches Beförderungspapier oder Ladungspapier aufgenommen oder mit diesem verbunden werden. Die Darstellung der Informationen im Papier (oder die Reihenfolge der Übertragung entsprechender Daten bei der Verwendung von Arbeitsverfahren mit elektronischer Datenübertragung (EDV) oder elektronischem Datenaustausch (EDI)) muss den Angaben in Absatz 5.4.1.1.1 bzw. 5.4.1.1.2 entsprechen.

Kann ein übliches Beförderungspapier oder Ladungspapier nicht als multimodales Beförderungspapier für gefährliche Güter verwendet werden, wird die Verwendung von Dokumenten gemäß dem in Abschnitt 5.4.5 dargestellten Beispiel empfohlen[1)].

5.4.1.5 Nicht gefährliche Güter

Unterliegen in Kapitel 3.2 Tabelle A namentlich genannte Güter nicht den Vorschriften des ADN, da sie gemäß Teil 2 als nicht gefährlich gelten, darf der Absender zu diesem Zweck eine Erklärung in den Beförde-rungspapier aufnehmen, z.B.:

«KEINE GÜTER DER KLASSE ...»

Bem. Diese Vorschrift darf insbesondere angewendet werden, wenn der Absender der Ansicht ist, dass die Sendung auf Grund der chemischen Beschaffenheit der beförderten Güter (z.B. Lösungen oder Gemische) oder auf Grund der Tatsache, dass diese Güter nach anderen Vorschriften als gefährlich gelten, während der Beförderung Gegenstand einer Überprüfung werden könnte.

1) Für die Verwendung dieses Dokuments können die entsprechenden Empfehlungen der UNECE United Nations Centre for Trade Facilitation and Electronic Business (Zentrum der Vereinten Nationen für Handelserleichterungen und elektronischem Geschäftsverkehr) (UN/CEFACT) herangezogen werden, insbesondere Empfehlung Nr. 1 (United Nations Layout Key for Trade Documents – Formularentwurf der Vereinten Nationen für Handelsdokumente) (ECE/TRADE/137, Ausgabe 81.3), UN Layout Key for Trade Documents – Guidelines for Applications (Formularentwurf der Vereinten Nationen für Handelsdokumente – Leitfaden für Anwendungen) (ECE/TRADE/270, Ausgabe 2002), Empfehlung Nr. 11 (Documentary Aspects of the International Transport of Dangerous Goods – Aspekte der Dokumentation bei der internationalen Beförderung gefährlicher Güter) (ECE/TRADE/204, Ausgabe 96.1 – in Überarbeitung) und die Empfehlung Nr. 22 (Layout Key for Standard Consignment Instructions – Formularentwurf für standardisierte Versandanweisungen) (ECE/TRADE/168, Ausgabe 1989). Siehe auch UN/CEFACT Summary of Trade Facilitation Recommendations (Zusammenfassung der Empfehlungen für Handelserleichterungen) (ECE/TRADE/346, Ausgabe 2006) und United Nations Trade Data Elements Directory (Verzeichnis der Handelsdatenelemente der Vereinten Nationen) (UNTDED) (ECE/TRADE/362, Ausgabe 2005).

5.4.2 Container- oder Wagen-/Fahrzeugpackzertifikat

Bem. Im Sinne dieses Abschnitts beinhaltet der Begriff „Fahrzeug" auch die Wagen.

Wenn einer Beförderung gefährlicher Güter in Containern eine Seebeförderung folgt, ist dem Beförderungspapier ein Container-/Fahrzeugpackzertifikat nach Abschnitt 5.4.2 des IMDG-Codes[1)2)] beizugeben.

Die Aufgaben des gemäß Abschnitt 5.4.1 vorgeschriebenen Beförderungspapiers und des oben genannten Container-/Fahrzeugpackzertifikats können durch ein einziges Dokument erfüllt werden; andernfalls müssen diese Dokumente miteinander verbunden sein. Werden die Aufgaben dieser Dokumente durch ein einziges Dokument erfüllt, genügt die Aufnahme einer Erklärung im Beförderungspapier, dass die Beladung des Containers oder des Fahrzeugs in Übereinstimmung mit den für die jeweiligen Verkehrsträger anwendbaren Vorschriften durchgeführt wurde, sowie die Angabe der für das Container-/Fahrzeugpackzertifikat verantwortliche Person.

Bem. Für ortsbewegliche Tanks, Tankcontainer und MEGC ist das Container-/Fahrzeugpackzertifikat nicht erforderlich.

---

1) Die Internationale Seeschifffahrtsorganisation (IMO), die Internationale Arbeitsorganisation (ILO) und die Wirtschaftskommission der Vereinten Nationen für Europa ((UNECE) haben auch Richtlinien für das Verladen von Gütern in Beförderungseinheiten und die entsprechende Ausbildung aufgestellt, die von der IMO veröffentlicht wurden («IMO/ILO/UNECE Code of Practice for Packing of Cargo Transport Units (CTU Code)» (Verfahrensregeln der IMO/ILO/UNECE für das Packen von Güterbeförderungseinheiten)).

2) Abschnitt 5.4.2 des IMDG-Codes (Amendment 38-16) schreibt Folgendes vor:

„5.4.2 Container-/Fahrzeugpackzertifikat

5.4.2.1 Werden gefährliche Güter in einen Container oder auf ein Fahrzeug gepackt oder verladen, müssen die für das Packen des Containers oder Fahrzeugs verantwortlichen Personen ein "Container-/Fahrzeugpackzertifikat" vorlegen, in dem die Kennzeichnungsnummer(n) des Containers/ Fahrzeugs angegeben werden, und in dem bescheinigt wird, dass das Packen gemäß den folgenden Bedingungen durchgeführt wurde:

.1 der Container/das Fahrzeug war sauber, trocken und offensichtlich für die Aufnahme der Güter geeignet;

.2 Versandstücke, die nach den anwendbaren Trennvorschriften, die voneinander getrennt werden müssen, wurden nicht zusammen auf oder in den Container/das Fahrzeug gepackt es sei denn, dies wurde von der zuständigen Behörde gemäß 7.3.4.1 (des IMDG-Codes) zugelassen;

.3 alle Versandstücke wurden äußerlich auf Schäden überprüft, und es wurden nur Versandstücke in einwandfreiem Zustand geladen;

.4 Fässer (Trommeln) wurden aufrecht gestaut, es sei denn, es wurde von der zuständigen Behörde etwas anderes zugelassen und alle Güter wurden ordnungsgemäß geladen und, soweit erforderlich, mit Sicherungsmaterial angemessen verzurrt, um für den (die) Verkehrsträger der beabsichtigten Beförderung geeignet zu sein;

.5 in loser Schüttung geladene Güter wurden gleichmäßig im Container/Fahrzeug verteilt;

.6 für Sendungen mit Gütern der Klasse 1 außer Unterklasse 1.4 befindet sich der Container/das Fahrzeug in einem für die Verwendung bautechnisch einwandfreien Zustand gemäß 7.1.2 (des IMDG-Codes);

.7 der Container/das Fahrzeug und die Versandstücke sind ordnungsgemäß beschriftet, markiert, gekennzeichnet und plakatiert;

.8 bei Verwendung von Stoffen, die ein Erstickungsrisiko darstellen, zu Kühl- oder Konditionierzwecken (wie Trockeneis (UN 1845), Stickstoff, tiefgekühlt, flüssig (UN 1977) oder Argon, tiefgekühlt, flüssig (UN 1951)) ist der Container oder das Fahrzeug außen gemäß Unterabschnitt 5.5.3.6 (des IMDG-Codes) gekennzeichnet; und

.9 ein in 5.4.1 (des IMDG-Codes) angegebenes Beförderungspapier für gefährliche Güter liegt für jede in den Container/das Fahrzeug verladene Sendung mit gefährlichen Gütern vor.

Bemerkung: Für ortsbewegliche Tanks sind Container-/Fahrzeugpackzertifikate nicht erforderlich

5.4.2.2 Die für das Beförderungspapiers für gefährliche Güter und das Container-/Fahrzeugpackzertifikat erforderlichen Angaben können in einem einzelnen Papier zusammengefasst werden; andernfalls müssen diese Papiere miteinander verbunden sein. Werden die Angaben in einem einzelnen Papier zusammengefasst, muss das Papier eine unterzeichnete Erklärung enthalten, die wie folgt lauten kann: „Es wird erklärt, dass das Packen der Güter in den Container/das Fahrzeug gemäß den anwendbaren Bestimmungen durchgeführt wurde". Diese Erklärung muss mit dem Datum versehen sein, und die Person, die diese Erklärung unterzeichnet, muss auf dem Dokument genannt werden. Faksimile-Unterschriften sind zulässig, sofern anwendbare Gesetze und Vorschriften die Rechtsgültigkeit von Faksimile-Unterschriften anerkennen.

5.4.2.3 Wenn das Container-/Fahrzeugpackzertifikat dem Beförderer durch Arbeitsverfahren der elektronischen Datenverarbeitung (EDV) oder des elektronischen Datenaustauschs (EDI) übermittelt wird, darf (dürfen) die Unterschrift(en) elektronisch erfolgen oder durch den (die) Namen der zur Unterzeichnung berechtigten Person (in Großbuchstaben) ersetzt werden.

5.4.2.4 Wenn das Container-/Fahrzeugpackzertifikat dem Beförderer dem Beförderer durch EDV- oder EDI-Arbeitsverfahren übermittelt werden und die gefährlichen Güter anschließend einem Beförderer übergeben werden, der ein Container-/Fahrzeugpackzertifikat in Papierform benötigt, muss der Beförderer sicherstellen, dass auf dem Papierdokument die Angabe «ursprünglich elektronisch erhalten» und der Name des Unterzeichners in Großbuchstaben erscheint.

Wenn einer Beförderung gefährlicher Güter in Fahrzeugen eine Seebeförderung folgt, darf dem Beförderungspapier ein Container-/Fahrzeugpackzertifikat nach Abschnitt 5.4.2 des IMDG-Codes [1)2)] beigegeben werden.

5.4.3 Schriftliche Weisungen

5.4.3.1 Für die Hilfe bei unfallbedingten Notfallsituationen, die sich während der Beförderung ereignen können, sind im Steuerhaus an leicht zugänglicher Stelle schriftliche Weisungen in der in Unterabschnitt 5.4.3.4 festgelegten Form mitzuführen.

5.4.3.2 Diese Weisungen sind vom Beförderer vor dem Ladebeginn dem Schiffsführer in einer Sprache (in Sprachen) bereitzustellen, die der Schiffsführer und der Sachkundige lesen und verstehen können. Der Schiffsführer hat darauf zu achten, dass jedes betreffende Mitglied der Besatzung die Weisungen versteht und in der Lage ist, diese richtig anzuwenden.

5.4.3.3 Vor dem Ladebeginn müssen sich die Mitglieder der Besatzung selbst über die zu ladenden gefährlichen Güter informieren und die schriftlichen Weisungen wegen der bei einem Unfall oder Notfall zu ergreifenden Maßnahmen einsehen.

5.4.3.4 Die schriftlichen Weisungen müssen hinsichtlich ihrer Form und ihres Inhalts dem folgenden vierseitigen Muster entsprechen.

5.4.3.5 Die Vertragsparteien müssen dem Sekretariat der UNECE die offizielle Übersetzung der schriftlichen Weisungen in ihrer (ihren) Landessprache(n) in Übereinstimmung mit diesem Abschnitt zur Verfügung stellen. Das Sekretariat der UNECE muss die erhaltenen nationalen Fassungen der schriftlichen Weisungen allen Vertragsparteien zugänglich machen.

---

[1] siehe Fußnote vorherige Seite

[2] siehe Fußnote vorherige Seite

SCHRIFTLICHE WEISUNGEN GEMÄSS ADN

Maßnahmen bei einem Unfall oder Zwischenfall

Bei einem Unfall oder Zwischenfall, der sich während der Beförderung ereignen kann, müssen die Mitglieder der Besatzung folgende Maßnahmen ergreifen, sofern diese sicher und praktisch durchgeführt werden können:

- alle an Bord befindlichen anderen Personen über die Notsituation verständigen und soweit möglich aus der Gefahrenzone retten. Andere Schiffe in unmittelbarer Nähe warnen;
- Zündquellen vermeiden, insbesondere nicht rauchen oder elektronische Zigaretten oder ähnliche Geräte verwenden und keine Anlagen und Geräte ein- oder ausschalten, sofern sie nicht mindestens die Anforderungen für den Betrieb in Zone 1 erfüllen (d.h. keine Anlagen und Geräte, die gemäß Absatz 9.1.0.52.1, 9.3.1.52.2, 9.3.2.52.2 oder 9.3.3.52.2 rot gekennzeichnet sind) und nicht als Notfallmaßnahme dienen;
- die zuständigen Stellen verständigen und dabei soviel Informationen wie möglich über den Unfall oder Zwischenfall und die betroffenen Stoffe liefern;
- Beförderungspapiere und Stauplan bei der Ankunft der Einsatzkräfte bereit halten;
- nicht in ausgelaufene Stoffe treten oder diese berühren und das Einatmen von Dunst, Rauch, Staub und Dämpfen durch Aufhalten auf der dem Wind zugewandten Seite vermeiden;
- sofern dies gefahrlos möglich ist, kleine Brände/Entstehungsbrände bekämpfen;
- sofern dies gefahrlos möglich ist, Bordausrüstung verwenden, um den Eintrag von Stoffen in Gewässer zu verhindern und um ausgetretene Stoffe einzudämmen;
- falls erforderlich und gefahrlos möglich, das Schiff gegen Abtreiben sichern;
- sich aus der unmittelbaren Umgebung des Unfalls oder Zwischenfalls entfernen und die Weisungen der Notfalldienste befolgen;
- kontaminierte Kleidung und gebrauchte kontaminierte Schutzausrüstung ausziehen und Körper mit geeigneten Mitteln reinigen;
- die den Gefahren aller betroffenen Güter in der nachfolgenden Tabelle zugeordneten zusätzlichen Hinweise beachten. Die Gefahren entsprechen bei der Beförderung in Versandstücken oder loser Schüttung der Nummer der Gefahrzettelmuster, bei Beförderung in Tankschiffen den Angaben gemäß Absatz 5.4.1.1.2 c).

Zusätzliche Hinweise für die Mitglieder der Besatzung über die Gefahreneigenschaften von gefährlichen Gütern nach Klassen und über die in Abhängigkeit von den vorherrschenden Umständen zu ergreifenden Maßnahmen		
Gefahrzettel und Großzettel (Placards), Bezeichnung der Gefahren	**Gefahreneigenschaften**	**Zusätzliche Hinweise**
(1)	**(2)**	**(3)**
Explosive Stoffe und Gegenstände mit Explosivstoff  1 1.5 1.6	Kann eine Reihe von Eigenschaften und Auswirkungen wie Massendetonation, Splitterwirkung, starker Brand/Wärmefluss, Bildung von hellem Licht, Lärm oder Rauch haben. Schlagempfindlich und/oder stoßempfindlich und/oder wärmeempfindlich.	Schutz abseits von Fenstern suchen. Schiff möglichst von bewohnten Gebieten und Infrastruktureinrichtungen entfernen.
Explosive Stoffe und Gegenstände mit Explosivstoff  1.4	Leichte Explosions- und Brandgefahr.	Schutz suchen.
Entzündbare Gase  2.1	Brandgefahr. Explosionsgefahr. Kann unter Druck stehen. Erstickungsgefahr. Kann Verbrennungen und/oder Erfrierungen hervorrufen. Umschließungen können unter Hitzeeinwirkung bersten.	Schutz suchen. Nicht in tief liegenden Bereichen aufhalten.
Nicht entzündbare, nicht giftige Gase  2.2	Erstickungsgefahr. Kann unter Druck stehen. Kann Erfrierungen hervorrufen. Umschließungen können unter Hitzeeinwirkung bersten.	Schutz suchen. Nicht in tief liegenden Bereichen aufhalten.
Giftige Gase  2.3	Vergiftungsgefahr. Kann unter Druck stehen. Kann Verbrennungen und/oder Erfrierungen hervorrufen. Umschließungen können unter Hitzeeinwirkung bersten.	Notfallfluchtmaske verwenden. Schutz suchen. Nicht in tief liegenden Bereichen aufhalten.
Entzündbare flüssige Stoffe  3	Brandgefahr. Explosionsgefahr. Umschließungen können unter Hitzeeinwirkung bersten.	Schutz suchen. Nicht in tief liegenden Bereichen aufhalten.
Entzündbare feste Stoffe, selbstzersetzliche Stoffe, polymerisierende Stoffe und desensibilisierte explosive feste Stoffe  4.1	Brandgefahr. Entzündbar oder brennbar, kann sich bei Hitze, Funken oder Flammen entzünden. Kann selbstzersetzliche Stoffe enthalten, die unter Einwirkung von Hitze, bei Kontakt mit anderen Stoffen (wie Säuren, Schwermetallverbindungen oder Aminen), bei Reibung oder Stößen zu exothermer Zersetzung neigen. Dies kann zur Bildung gesundheitsgefährdender und entzündbarer Gase oder Dämpfe oder zur Selbstentzündung führen. Umschließungen können unter Hitzeeinwirkung bersten. Explosionsgefahr desensibilisierter explosiver Stoffe bei Verlust des Desensibilisierungsmittels.	
Selbstentzündliche Stoffe  4.2	Brandgefahr durch Selbstentzündung bei Beschädigung von Versandstücken oder Austritt von Füllgut. Kann heftig mit Wasser reagieren.	Ausgetretene Stoffe sollten durch Abdecken trocken gehalten werden.
Stoffe, die in Berührung mit Wasser entzündbare Gase entwickeln  4.3	Bei Kontakt mit Wasser Brand- und Explosionsgefahr.	Ausgetretene Stoffe sollten durch Abdecken trocken gehalten werden.

Zusätzliche Hinweise für die Mitglieder der Besatzung über die Gefahreneigenschaften von gefährlichen Gütern nach Klassen und über die in Abhängigkeit von den vorherrschenden Umständen zu ergreifenden Maßnahmen		
Gefahrzettel und Großzettel (Placards), Bezeichnung der Gefahr	**Gefahreneigenschaften**	**Zusätzliche Hinweise**
(1)	**(2)**	**(3)**
Entzündend (oxidierend) wirkende Stoffe  5.1	Gefahr heftiger Reaktion, Entzündung und Explosion bei Berührung mit brennbaren oder entzündbaren Stoffen.	Vermischen mit entzündbaren oder brennbaren Stoffen (z.B. Sägespäne) vermeiden.
Organische Peroxide   5.2	Gefahr exothermer Zersetzung bei erhöhten Temperaturen, bei Kontakt mit anderen Stoffen (wie Säuren, Schwermetallverbindungen oder Aminen), Reibung oder Stößen. Dies kann zur Bildung gesundheitsgefährdender und entzündbarer Gase oder Dämpfe oder zur Selbstentzündung führen.	Vermischen mit entzündbaren oder brennbaren Stoffen (z.B. Sägespäne) vermeiden.
Giftige Stoffe  6.1	Gefahr der Vergiftung beim Einatmen, bei Berührung mit der Haut oder bei Einnahme. Gefahr für Gewässer.	Notfallfluchtmaske verwenden.
Ansteckungsgefährliche Stoffe  6.2	Ansteckungsgefahr. Kann bei Menschen oder Tieren schwere Krankheiten hervorrufen. Gefahr für Gewässer.	
Radioaktive Stoffe  7A  7B  7C  7D	Gefahr der Aufnahme und der äußeren Bestrahlung.	Expositionszeit beschränken.
Spaltbare Stoffe  7E	Gefahr nuklearer Kettenreaktion.	
Ätzende Stoffe  8	Verätzungsgefahr. Kann untereinander, mit Wasser und mit anderen Stoffen heftig reagieren. Ausgetretener Stoff kann ätzende Dämpfe entwickeln. Gefahr für Gewässer.	
Verschiedene gefährliche Stoffe und Gegenstände  9  9A	Verbrennungsgefahr. Brandgefahr. Explosionsgefahr. Gefahr für Gewässer.	

Bem. 1. Bei gefährlichen Gütern mit mehrfachen Gefahren und bei Zusammenladungen muss jede anwendbare Eintragung beachtet werden.

2. Die in der Spalte 3 der Tabelle angegebenen zusätzlichen Hinweise können angepasst werden, um die Klassen der zu befördernden gefährlichen Güter und die Beförderungsmittel wiederzugeben.

3. Gefahren siehe auch Einträge im Beförderungspapier und Kapitel 3.2, Tabelle C, Spalte 5

Zusätzliche Hinweise für die Mitglieder der Besatzung über die Gefahreneigenschaften von gefährlichen Gütern, die durch Kennzeichen angegeben sind, und über die in Abhängigkeit von den vorherrschenden Umständen zu ergreifenden Maßnahmen

Kennzeichen	Gefahreneigenschaften	Zusätzliche Hinweise
(1)	(2)	(3)
 Umweltgefährdende Stoffe	Gefahr für Gewässer.	
 Erwärmte Stoffe	Gefahr von Verbrennungen durch Hitze.	Berührung heißer Teile der Beförderungseinheit und des ausgetretenen Stoffes vermeiden.

Ausrüstung für den persönlichen und allgemeinen Schutz für die Durchführung allgemeiner und gefahrenspezifischer Notfallmaßnahmen, die sich gemäß Abschnitt 8.1.5 des ADN an Bord des Schiffes befinden muss

Die in Kapitel 3.2 Tabelle A Spalte 9 und Tabelle C Spalte 18 geforderte Ausrüstung muss sich für alle im Beförderungspapier aufgeführten Gefahren an Bord des Schiffes befinden.

5.4.4 Aufbewahrung von Informationen über die Beförderung gefährlicher Güter

5.4.4.1 Der Absender und der Beförderer müssen eine Kopie des Beförderungspapiers für gefährliche Güter und der im ADN festgelegten zusätzlichen Informationen und Dokumentation für einen Mindestzeitraum von drei Monaten aufbewahren.

5.4.4.2 Wenn die Dokumente elektronisch oder in einem EDV-System gespeichert werden, müssen der Absender und der Beförderer in der Lage sein, einen Ausdruck herzustellen.

5.4.5 Beispiel eines Formulars für die multimodale Beförderung gefährlicher Güter

Beispiel eines Formulars, das für die multimodale Beförderung gefährlicher Güter als kombiniertes Dokument für die Erklärung gefährlicher Güter und das Container-Packzertifikat verwendet werden darf.

FORMULAR FÜR DIE MULTIMODALE BEFÖRDERUNG GEFÄHRLICHER GÜTER (rechter Rand schwarz schraffiert)

1. Absender	2. Nummer des Beförderungspapiers	
	3. Seite 1 von ... Seiten	4. Referenznummer des Beförderers
		5. Referenznummer des Spediteurs
6. Empfänger	7. Beförderer (vom Beförderer auszufüllen)	
	ERKLÄRUNG DES ABSENDERS Hiermit erkläre ich, dass der Inhalt dieser Sendung vollständig und genau durch die unten angegebene offizielle Benennung für die Beförderung beschrieben und richtig klassifiziert, verpackt, gekennzeichnet, bezettelt und mit Großzetteln (Placards) versehen ist und sich nach den anwendbaren internationalen und nationalen Vorschriften in jeder Hinsicht in einem für die Beförderung geeigneten Zustand befindet.	

8. Diese Sendung entspricht den vorgeschriebenen Grenzwerten für (nicht Zutreffendes streichen)		9. Zusätzliche Informationen für die Handhabung
PASSAGIER- UND FRACHTFLUGZEUG	NUR FRACHTFLUGZEUG	
10. Schiff/Flugnummer und Datum	11. Hafen/Ladestelle	
12. Hafen/Entladestelle	13. Bestimmungsort	

14. Kennzeichen für die Beförderung	* Anzahl und Art der Versandstücke; Beschreibung der Güter	Bruttomasse (kg)	Nettomasse	Rauminhalt (m^3)

* FÜR GEFÄHRLICHE GÜTER: Es ist anzugeben: UN-Nummer, offizielle Benennung für die Beförderung, Gefahrenklasse, Verpackungsgruppe (soweit vorhanden) und alle sonstigen Informationsbestandteile, die durch geltende nationale oder internationale Regelwerke vorgeschrieben werden.

15. Kennzeichnungsnummer des Containers/Zulassungsnummer des Fahrzeugs	16. Siegelnummer(n)	17. Abmessungen und Typ des Containers/Fahrzeugs	18. Tara (kg)	19. Bruttogesamtmasse (einschließlich Tara) (kg)

CONTAINER-/FAHRZEUG-PACKZERTIFIKAT **Hiermit erkläre ich, dass die oben beschriebenen Güter in den oben angegebenen Container/in das oben angegebene Fahrzeug gemäß den geltenden Vorschriften** verpackt/verladen wurden.** **FÜR JEDE LADUNG IN CONTAINERN/FAHRZEUGEN VON DER FÜR DAS PACKEN/VERLADEN VERANTWORTLICHEN PERSON ZU VERVOLLSTÄNDIGEN UND ZU UNTERZEICHNEN**	21. EMPFANGSBESTÄTIGUNG Die oben bezeichnete Anzahl Versandstücke/Container/Anhänger in scheinbar gutem Zustand erhalten, mit Ausnahme von:	
20. Name der Firma	Name des Frachtführers	22. Name der Firma (DES ABSENDERS, DER DIESES DOKUMENT VORBEREITET)
Name und Funktion des Erklärenden	Zulassungsnummer des Fahrzeugs	Name und Funktion des Erklärenden
Ort und Datum	Unterschrift und Datum	Ort und Datum
Unterschrift des Erklärenden	UNTERSCHRIFT DES FAHRZEUGFÜHRERS	Unterschrift des Erklärenden

** Siehe Abschnitt 5.4.2.

FORMULAR FÜR DIE MULTIMODALE BEFÖRDERUNG GEFÄHRLICHER GÜTER **Fortsetzungsblatt**
(rechter Rand schwarz schraffiert)

1. Absender	2. Nummer des Beförderungspapiers	
	3. Seite 2 von ... Seiten	4. Referenznummer des Beförderers
		5. Referenznummer des Spediteurs

14. Kennzeichen für die Beförderung	* Anzahl und Art der Versandstücke; Beschreibung der Güter	Bruttomasse (kg)	Nettomasse	Rauminhalt (m^3)
* FÜR GEFÄHRLICHE GÜTER: Es ist anzugeben: UN-Nummer, offizielle Benennung für die Beförderung, Gefahrenklasse, Verpackungsgruppe (soweit vorhanden) und alle sonstigen Informationsbestandteile, die durch geltende nationale oder internationale Regelwerke vorgeschrieben werden.				

5.5.1 (gestrichen)

5.5.2 Sondervorschriften für begaste Güterbeförderungseinheiten (CTU) (UN-Nummer 3359)

5.5.2.1 Allgemeine Vorschriften

5.5.2.1.1 Begaste Güterbeförderungseinheiten (CTU) (UN-Nummer 3359), die keine anderen gefährlichen Güter enthalten, unterliegen neben den Vorschriften dieses Abschnitts keinen weiteren Vorschriften des ADN.

5.5.2.1.2 Wenn die begaste Güterbeförderungseinheit (CTU) zusätzlich zu dem Begasungsmittel auch mit gefährlichen Gütern beladen wird, gelten neben den Vorschriften dieses Abschnitts alle für diese Güter anwendbaren Vorschriften des ADN (einschließlich Anbringen von Großzetteln (Placards), Bezettelung und Dokumentation).

5.5.2.1.3 Für die Beförderung von Gütern unter Begasung dürfen nur Güterbeförderungseinheiten (CTU) verwendet werden, die so verschlossen werden können, dass das Entweichen von Gas auf ein Minimum reduziert wird.

5.5.2.2 Unterweisung

Die mit der Handhabung von begasten Güterbeförderungseinheiten (CTU) befassten Personen müssen entsprechend ihren Pflichten unterwiesen sein.

5.5.2.3 Kennzeichnung und Anbringen von Großzetteln (Placards)

5.5.2.3.1 Eine begaste Güterbeförderungseinheit (CTU) muss an jedem Zugang an einer von Personen, welche die Güterbeförderungseinheit (CTU) öffnen oder betreten, leicht einsehbaren Stelle mit einem Warnkennzeichen gemäß Absatz 5.5.2.3.2 versehen sein. Das vorgeschriebene Warnkennzeichen muss solange auf der Güterbeförderungseinheit (CTU) verbleiben, bis folgende Vorschriften erfüllt sind:

a) die begaste Güterbeförderungseinheit (CTU) wurde belüftet, um schädliche Konzentrationen des Begasungsmittels abzubauen, und

b) die begasten Güter oder Werkstoffe wurden entladen.

5.5.2.3.2 Das Warnkennzeichen für Begasung muss der Abbildung 5.5.2.3.2 entsprechen.

Abbildung 5.5.2.3.2

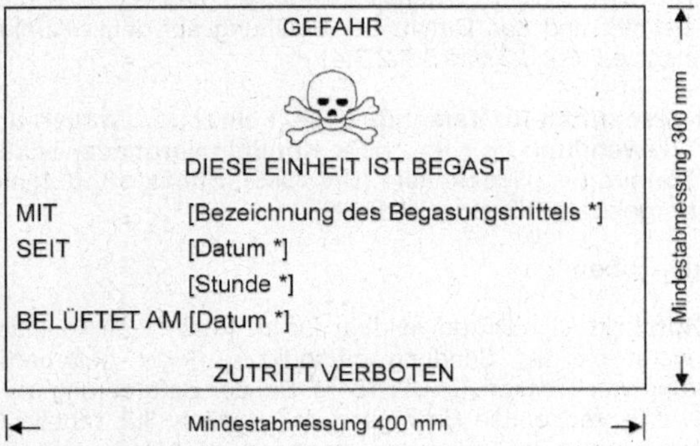

* entsprechende Angabe einfügen

Warnkennzeichen für Begasung

Das Kennzeichen muss rechteckig sein. Die Mindestabmessungen müssen 400 mm in der Breite und 300 mm in der Höhe und die Mindestbreite der Außenlinie 2 mm betragen. Das Kennzeichen muss schwarz auf weißem Grund sein, die Buchstabenhöhe muss mindestens 25 mm betragen. Wenn Abmessungen nicht näher spezifiziert sind, müssen die Proportionen aller Merkmale den abgebildeten in etwa entsprechen.

5.5.2.3.3 Wenn die begaste Güterbeförderungseinheit (CTU) entweder durch Öffnen der Türen oder durch mechanische Belüftung nach der Begasung vollständig belüftet wurde, muss das Datum der Belüftung auf dem Warnkennzeichen für Begasung angegeben werden.

5.5.2.3.4 Wenn die begaste Güterbeförderungseinheit (CTU) belüftet und entladen wurde, muss das Warnkennzeichen für Begasung entfernt werden.

5.5.2.3.5 Großzettel (Placards) nach Muster 9 (siehe Absatz 5.2.2.2.2) dürfen nicht an einer begasten Güterbeförderungseinheit (CTU) angebracht werden, sofern sie nicht für andere in der Güterbeförderungseinheit (CTU) verladenen Stoffe oder Gegenstände der Klasse 9 erforderlich sind.

5.5.2.4 Dokumentation

5.5.2.4.1 Dokumente im Zusammenhang mit der Beförderung von Güterbeförderungseinheiten (CTU), die begast und vor der Beförderung nicht vollständig belüftet wurden, müssen folgende Angaben enthalten:

- «UN 3359 BEGASTE GÜTERBEFÖRDERUNGSEINHEIT (CTU), 9» oder «UN 3359 BEGASTE GÜTERBEFÖRDERUNGSEINHEIT (CTU), Klasse 9»;
- das Datum und die Uhrzeit der Begasung und
- Typ und Menge des verwendeten Begasungsmittels.

Diese Angaben sind in einer amtlichen Sprache des Versandlandes abzufassen und, wenn diese Sprache nicht Deutsch, Englisch oder Französisch ist, außerdem in Deutsch, Englisch oder Französisch, sofern nicht Vereinbarungen zwischen den von der Beförderung berührten Staaten etwas anderes vorschreiben.

5.5.2.4.2 Die Dokumente können formlos sein, vorausgesetzt, sie enthalten die in Absatz 5.5.2.4.1 vorgeschriebenen Angaben. Diese Angaben müssen leicht erkennbar, lesbar und dauerhaft sein.

5.5.2.4.3 Es müssen Anweisungen für die Beseitigung von Rückständen des Begasungsmittels einschließlich Angaben über die (gegebenenfalls) verwendeten Begasungsgeräte bereitgestellt werden.

5.5.2.4.4 Dokumente sind nicht erforderlich, wenn die begaste Güterbeförderungseinheit (CTU) vollständig belüftet und das Datum der Belüftung auf dem Warnkennzeichen angegeben wurde (siehe Absätze 5.5.2.3.3 und 5.5.2.3.4).

5.5.3 Sondervorschriften für Versandstücke, Fahrzeuge, Wagen und Container mit Stoffen, die bei der Verwendung zu Kühl- oder Konditionierungszwecken ein Erstickungsrisiko darstellen können (wie Trockeneis (UN 1845), Stickstoff, tiefgekühlt, flüssig (UN 1977) oder Argon, tiefgekühlt, flüssig (UN 1951))

5.5.3.1 Anwendungsbereich

5.5.3.1.1 Dieser Abschnitt ist nicht anwendbar für zu Kühl- oder Konditionierungszwecken einsetzbare Stoffe, wenn sie als Sendung gefährlicher Güter befördert werden, ausgenommen die Beförderung von Trockeneis (UN 1845). Bei der Beförderung als Sendung müssen diese Stoffe unter der entsprechenden Eintragung des Kapitels 3.2 Tabelle A in Übereinstimmung mit den damit verbundenen Beförderungsbedingungen befördert werden.

Für UN 1845 gelten die in diesem Abschnitt mit Ausnahme von Absatz 5.5.3.3.1 festgelegten Beförderungsbedingungen für alle Arten von Beförderungen, unabhängig davon, ob dieser Stoff als Kühl- oder Konditionierungsmittel oder als Sendung befördert wird. Für die Beförderung von UN 1845 finden die übrigen Vorschriften des ADN keine Anwendung.

5

5.5.3.1.2 Dieser Abschnitt gilt nicht für Gase in Kühlkreisläufen.

5.5.3.1.3 Gefährliche Güter, die während der Beförderung zur Kühlung oder Konditionierung von Tanks oder MEGC verwendet werden, unterliegen nicht den Vorschriften dieses Abschnitts.

5.5.3.1.4 Fahrzeuge, Wagen und Container, die zu Kühl- oder Konditionierungszwecken verwendete Stoffe enthalten, schließen sowohl Fahrzeuge, Wagen und Container, die zu Kühl- oder Konditionierungszwecken verwendete Stoffe innerhalb von Versandstücken enthalten, als auch Fahrzeuge, Wagen und Container, die zu Kühl- oder Konditionierungszwecken verwendete unverpackte Stoffe enthalten, ein.

5.5.3.1.5 Die Unterabschnitte 5.5.3.6 und 5.5.3.7 finden nur dann Anwendung, wenn ein tatsächliches Erstickungsrisiko im Fahrzeug, Wagen oder Container besteht. Den betroffenen Beteiligten obliegt es, dieses Risiko unter Berücksichtigung der von den für die Kühlung oder Konditionierung verwendeten Stoffen ausgehenden Gefahren, der Menge der zu befördernden Stoffe, der Dauer der Beförderung, der zu verwendenden Umschließungsarten und der in der Bem. zu Absatz 5.5.3.3.3 angegebenen Gaskonzentrationswerte zu beurteilen.

5.5.3.2 **Allgemeine Vorschriften**

5.5.3.2.1 Fahrzeuge, Wagen und Container mit Stoffen, die zu Kühl- oder Konditionierungszwecken (ausgenommen zur Begasung) während der Beförderung verwendet werden, unterliegen neben den Vorschriften dieses Abschnitts keinen weiteren Vorschriften des ADN.

5.5.3.2.2 Wenn gefährliche Güter in Fahrzeuge, Wagen oder Container, die zu Kühl- oder Konditionierungszwecken verwendete Stoffe enthalten, verladen werden, gelten neben den Vorschriften dieses Abschnitts alle für diese gefährlichen Güter anwendbaren Vorschriften des ADN.

5.5.3.2.3 (bleibt offen)

5.5.3.2.4 Die mit der Handhabung oder Beförderung von Fahrzeugen, Wagen und Containern, die zu Kühl- oder Konditionierungszwecken verwendete Stoffe enthalten, befassten Personen müssen entsprechend ihren Pflichten unterwiesen sein.

5.5.3.3 **Versandstücke, die ein Kühl- oder Konditionierungsmittel enthalten**

5.5.3.3.1 Verpackte gefährliche Güter, für die eine Kühlung oder Konditionierung erforderlich ist und denen die Verpackungsanweisung P 203, P 620, P 650, P 800, P 901 oder P 904 des Unterabschnitts 4.1.4.1 ADR zugeordnet ist, müssen den entsprechenden Vorschriften der jeweiligen Verpackungsanweisung entsprechen.

5.5.3.3.2 Bei verpackten gefährlichen Gütern, für die eine Kühlung oder Konditionierung erforderlich ist und denen eine andere Verpackungsanweisung zugeordnet ist, müssen die Versandstücke in der Lage sein, sehr geringen Temperaturen standzuhalten, und dürfen durch das Kühl- oder Konditionierungsmittel nicht beeinträchtigt oder bedeutsam geschwächt werden. Die Versandstücke müssen so ausgelegt und gebaut sein, dass eine Gasentlastung zur Verhinderung eines Druckaufbaus, der zu einem Bersten der Verpackung führen könnte, ermöglicht wird. Die gefährlichen Güter müssen so verpackt sein, dass nach der Dissipation des Kühl- oder Konditionierungsmittels Bewegungen verhindert werden.

5.5.3.3.3 Versandstücke, die ein Kühl- oder Konditionierungsmittel enthalten, müssen in gut belüfteten Fahrzeugen, Wagen und Containern befördert werden. Eine Kennzeichnung gemäß Unterabschnitt 5.5.3.6 ist in diesem Fall nicht erforderlich.

Eine Kennzeichnung gemäß Unterabschnitt 5.5.3.6, nicht aber eine Belüftung ist erforderlich, wenn:

- das Ladeabteil wärmegedämmt oder mit Kältespeicher oder Kältemaschine ausgerüstet ist, wie dies zum Beispiel im Übereinkommen über internationale Beförderungen leicht verderblicher Lebensmittel und über die besonderen Beförderungsmittel, die für diese Beförderungen zu verwenden sind (ATP), geregelt ist, und das Ladeabteil von dem Fahrerhaus getrennt ist.
- Bei Fahrzeugen ein Gasaustausch zwischen dem Ladeabteil und dem Fahrerhaus verhindert wird.

Bem. «Gut belüftet» bedeutet in diesem Zusammenhang, dass eine Atmosphäre vorhanden ist, in der die Kohlendioxid-Konzentration unter 0,5 Vol.-% und die Sauerstoff-Konzentration über 19,5 Vol.-% liegt.

5.5.3.4 Kennzeichnung von Versandstücken, die ein Kühl- oder Konditionierungsmittel enthalten

5.5.3.4.1 Versandstücke, die gefährliche Güter für die Kühlung oder Konditionierung enthalten, müssen mit der in Kapitel 3.2 Tabelle A Spalte 2 angegebenen Benennung dieser gefährlichen Güter, gefolgt von dem Ausdruck „ALS KÜHLMITTEL“ bzw. „ALS KONDITIONIERUNGSMITTEL“, gekennzeichnet sein; diese Angaben sind in einer amtlichen Sprache des Ursprungslandes abzufassen und, wenn diese Sprache nicht Deutsch, Englisch oder Französisch ist, außerdem in Deutsch, Englisch oder Französisch, sofern nicht Vereinbarungen zwischen den von der Beförderung berührten Staaten etwas anderes vorschreiben.

5.5.3.4.2 Die Kennzeichen müssen dauerhaft und lesbar sein und an einer Stelle und in einer in Bezug auf das Versandstück verhältnismäßigen Größe angebracht sein, dass sie leicht sichtbar sind.

5.5.3.5 Fahrzeuge, Wagen und Container, die unverpacktes Trockeneis enthalten

5.5.3.5.1 Wenn Trockeneis in unverpackter Form verwendet wird, darf es nicht in direkten Kontakt mit dem Metallaufbau des Fahrzeugs, Wagens oder Containers gelangen, um eine Versprödung des Metalls zu verhindern. Um eine ausreichende Isolierung zwischen dem Trockeneis und dem Fahrzeug, Wagen oder Container sicherzustellen, muss ein Abstand von mindestens 30 mm eingehalten werden (z.B. durch Verwendung von Werkstoffen mit geringer Wärmeleitfähigkeit, wie Holzbohlen, Paletten usw.).

5.5.3.5.2 Wenn Trockeneis um Versandstücke angeordnet wird, müssen Maßnahmen ergriffen werden, um sicherzustellen, dass nach der Dissipation des Trockeneises die Versandstücke während der Beförderung in ihrer ursprünglichen Lage verbleiben.

5.5.3.6 Kennzeichnung der Fahrzeuge, Wagen und Container

5.5.3.6.1 Nicht gut belüftete Fahrzeuge, Wagen und Container, die gefährliche Güter zu Kühl- und Konditionierungszwecken enthalten, müssen an jedem Zugang an einer für Personen, welche das Fahrzeug, den Wagen oder Container öffnen oder betreten, leicht einsehbaren Stelle mit einem Warnkennzeichen gemäß Absatz 5.5.3.6.2 versehen sein. Dieses Kennzeichen muss so lange auf dem Fahrzeug, Wagen oder Container verbleiben, bis folgende Vorschriften erfüllt sind:

a) das Fahrzeug, der Wagen oder Container wurde gut belüftet, um schädliche Konzentrationen des Kühl- oder Konditionierungsmittels abzubauen, und

b) die gekühlten oder konditionierten Güter wurden entladen.

Solange das Fahrzeug, der Wagen oder der Container gekennzeichnet sind, müssen vor dem Betreten die notwendigen Vorsichtsmaßnahmen ergriffen werden. Die Notwendigkeit einer Belüftung über die Ladetüren oder mit anderen Mitteln (z.B. Zwangsbelüftung) muss bewertet und in die Schulung der beteiligten Personen aufgenommen werden.

5.5.3.6.2 Das Warnkennzeichen muss der Abbildung 5.5.3.6.2 entsprechen.

Abbildung 5.5.3.6.2

Warnkennzeichen für Kühlung/Konditionierung
für Fahrzeuge, Wagen und Container

* Die in Kapitel 3.2 Tabelle A Spalte (2) angegebene Benennung des Kühl-/Konditionierungsmittels einfügen. Die Angabe muss in Großbuchstaben mit einer Zeichenhöhe von 25 mm in einer Zeile erfolgen. Wenn die Länge der offiziellen Benennung für die Beförderung zu groß für den zur Verfügung stehenden Platz ist, darf die Angabe auf die größtmögliche passende Größe reduziert werden. Zum Beispiel: „KOHLENDIOXID, FEST“.

** „ALS KÜHLMITTEL“ bzw. „ALS KONDITIONIERUNGSMITTEL“, einfügen. Die Angabe muss in Großbuchstaben mit einer Zeichenhöhe von 25 mm in einer Zeile erfolgen.“

Das Kennzeichen muss rechteckig sein. Die Mindestabmessungen müssen 150 mm in der Breite und 250 mm betragen. Der Ausdruck „WARNUNG“ muss in roten oder weißen Buchstaben mit einer Buchstabenhöhe von mindestens 25 mm erscheinen. Wenn Abmessungen nicht näher spezifiziert sind, müssen die Proportionen aller Merkmale den abgebildeten in etwa entsprechen.

Die Worte „WARNUNG“ und „ALS KÜHLMITTEL“ bzw. „ALS KONDITIONIERUNGSMITTEL“ sind in einer amtlichen Sprache des Ursprungslandes abzufassen und, wenn diese Sprache nicht Deutsch, Englisch oder Französisch ist, außerdem in Deutsch, Englisch oder Französisch, sofern nicht Vereinbarungen zwischen den von der Beförderung berührten Staaten etwas anderes vorschreiben.

5.5.3.7 Dokumentation

5.5.3.7.1 Dokumente (wie ein Konnossement, Ladungsmanifest oder CMR/CIM/CMNI-Frachtbrief) im Zusammenhang mit der Beförderung von Fahrzeugen, Wagen oder Containern, die zur Kühlung oder Konditionierung Kühlmittel oder Konditionierungsmittel enthalten oder enthalten haben und vor der Beförderung nicht vollständig belüftet wurden, müssen folgende Angaben enthalten:

a) die UN-Nummer, der die Buchstaben „UN“ vorangestellt sind, und

b) die in Kapitel 3.2 Tabelle A Spalte 2 angegebene Benennung, gefolgt von dem Ausdruck „ALS KÜHLMITTEL“ bzw. „ALS KONDITIONIERUNGSMITTEL“ in einer amtlichen Sprache des Ursprungslandes und, wenn diese Sprache nicht Deutsch, Englisch oder Französisch ist, außerdem in Deutsch, Englisch oder Französisch, sofern nicht Vereinbarungen zwischen den von der Beförderung berührten Staaten etwas anderes vorschreiben.

Beispiel: „UN 1845 KOHLENDIOXID, FEST, ALS KÜHLMITTEL“.

5.5.3.7.2 Das Beförderungspapier kann formlos sein, vorausgesetzt, es enthält die in Absatz 5.5.3.7.1 vorgeschriebenen Angaben. Diese Angaben müssen leicht erkennbar, lesbar und dauerhaft sein.

Teil 6

Bau- und Prüfvorschriften für Verpackungen (einschließlich Großpackmittel (IBC) und Großverpackungen), Tanks und CTU für die Beförderung in loser Schüttung

6.1 Allgemeine Vorschriften

6 Bau- und Prüfvorschriften für Verpackungen (einschließlich Großpackmittel (IBC) und Großverpackungen), Tanks und CTU für die Beförderung in loser Schüttung

6.1.1 Verpackungen (einschließlich Großpackmittel (IBC) und Großverpackungen) und Tanks müssen hinsichtlich Bau und Prüfung folgenden Vorschriften des ADR entsprechen:

Kapitel 6.1	Bau- und Prüfvorschriften für Verpackungen;
Kapitel 6.2	Bau- und Prüfvorschriften für Druckgefäße, Druckgaspackungen, Gefäße, klein, mit Gas (Gaspatronen) und Brennstoffzellen-Kartuschen mit verflüssigtem entzündbarem Gas;
Kapitel 6.3	Bau- und Prüfvorschriften für Verpackungen für ansteckungsgefährliche Stoffe der Kategorie A der Klasse 6.2;
Kapitel 6.4	Bau-, Prüf- und Zulassungsvorschriften für Versandstücke und Stoffe der Klasse 7;
Kapitel 6.5	Bau- und Prüfvorschriften für Großpackmittel (IBC);
Kapitel 6.6	Bau- und Prüfvorschriften für Großverpackungen;
Kapitel 6.7	Vorschriften für die Auslegung, den Bau und die Prüfung von ortsbeweglichen Tanks und UN-Gascontainern mit mehreren Elementen (MEGC);
Kapitel 6.8	Vorschriften für den Bau, die Ausrüstung, die Zulassung des Baumusters, die Prüfung und die Kennzeichnung von festverbundenen Tanks (Tankfahrzeugen), Aufsetztanks, Tankcontainern und Tankwechselaufbauten (Tankwechselbehältern), deren Tankkörper aus metallenen Werkstoffen hergestellt sind, sowie von Batterie-Fahrzeugen und Gascontainern mit mehreren Elementen (MEGC);
Kapitel 6.9	Vorschriften für die Auslegung, den Bau, die Ausrüstung, die Zulassung des Baumusters, die Prüfung und die Kennzeichnung von festverbundenen Tanks (Tankfahrzeugen), Aufsetztanks, Tankcontainern und Tankwechselaufbauten (Tankwechselbehältern) aus faserverstärkten Kunststoffen (FVK);
Kapitel 6.10	Vorschriften für den Bau, die Ausrüstung, die Zulassung, die Prüfung und die Kennzeichnung von Saug-Druck-Tanks für Abfälle.
Kapitel 6.11	Vorschriften für die Auslegung, den Bau und die Prüfung von Schüttgut-Containern;
Kapitel 6.12	Vorschriften für den Bau, die Ausrüstung, die Zulassung des Baumusters, die Prüfung und die Kennzeichnung von Tanks, Schüttgut-Containern und besonderen Laderäumen für explosive Stoffe oder Gegenstände mit Explosivstoff in mobilen Einheiten zur Herstellung von explosiven Stoffen (MEMU).

6.1.2 Ortsbewegliche Tanks dürfen auch den Vorschriften des Kapitels 6.7 oder gegebenenfalls des Kapitels 6.9 des IMDG-Codes entsprechen.

6.1.3 Tankfahrzeuge dürfen auch den Vorschriften des Kapitels 6.8 des IMDG-Codes entsprechen.

6.1.4 Kesselwagen, abnehmbare Tanks und Batteriewagen müssen den Vorschriften des Kapitels 6.8 des RID entsprechen.

6.1.5 Die Aufbauten der Fahrzeuge zur Beförderung in loser Schüttung müssen gegebenenfalls den Vorschriften des Kapitels 6 11 oder 9.5 des ADR entsprechen.

6.1.6 Wenn die Vorschriften nach Unterabschnitt 7.3.1.1 a) des ADR oder RID zutreffen, müssen die Schüttgut-Container den Vorschriften des Kapitels 6.11 des ADR oder RID entsprechen.

Teil 7

Vorschriften für das Laden, Befördern, Löschen und sonstige Handhaben der Ladung

7.1	**Trockengüterschiffe**
7.1.0	Allgemeine Vorschriften
7.1.0.2-7.1.0.99	(bleibt offen)
7.1.1	Beförderungsart
7.1.1.1-7.1.1.9	(bleibt offen)
7.1.1.10	Beförderung von Versandstücken
7.1.1.11	Beförderung in loser Schüttung
7.1.1.12	Lüftung
7.1.1.13	Maßnahmen vor dem Laden
7.1.1.14	Handhaben und Stauen der Ladung
7.1.1.15	(bleibt offen)
7.1.1.16	Maßnahmen während des Ladens, Beförderns, Löschens und Handhabens der Ladung
7.1.1.17	(bleibt offen)
7.1.1.18	Container, flexible Schüttgut-Container, Großpackmittel (IBC), Großverpackungen, MEGC, ortsbewegliche Tanks und Tankcontainer
7.1.1.19	Fahrzeuge und Wagen
7.1.1.20	(bleibt offen)
7.1.1.21	Beförderung in Ladetanks
7.1.1.22-7.1.1.99	(bleibt offen)
7.1.2	Anforderungen an die Schiffe
7.1.2.0	Zugelassene Schiffe
7.1.2.1-7.1.2.4	(bleibt offen)
7.1.2.5	Gebrauchsanweisungen für Geräte und Einrichtungen
7.1.2.6-7.1.2.18	(bleibt offen)
7.1.2.19	Schubverbände und gekuppelte Schiffe
7.1.2.20-7.1.2.99	(bleibt offen)
7.1.3	Allgemeine Betriebsvorschriften
7.1.3.1	Zugang zu Laderäumen, Wallgängen und Doppelböden; Kontrollen
7.1.3.2-7.1.3.14	(bleibt offen)
7.1.3.15	Sachkundiger an Bord
7.1.3.16-7.1.3.19	(bleibt offen)
7.1.3.20	Ballastwasser

7.1.3.21	(bleibt offen)
7.1.3.22	Öffnen von Laderäumen
7.1.3.23-7.1.3.30	(bleibt offen)
7.1.3.31	Maschinen
7.1.3.32	Brennstofftanks
7.1.3.33-7.1.3.40	(bleibt offen)
7.1.3.41	Feuer und offenes Licht
7.1.3.42	Beheizen der Laderäume
7.1.3.43	(bleibt offen)
7.1.3.44	Reinigungsarbeiten
7.1.3.45-7.1.3.50	(bleibt offen)
7.1.3.51	Elektrische Einrichtungen
7.1.3.52-7.1.3.69	(bleibt offen)
7.1.3.70	Antennen, Blitzableiter, Drahtseile, Masten
7.1.3.71-7.1.3.99	(bleibt offen)
7.1.4	Zusätzliche Vorschriften für das Laden, Befördern, Löschen und sonstige Handhaben der Ladung
7.1.4.1	Begrenzung der beförderten Mengen
7.1.4.2	Zusammenladeverbot (lose Schüttung)
7.1.4.3	Zusammenladeverbot (Versandstücke in Laderäume)
7.1.4.4	Zusammenladeverbot (Container, Fahrzeuge, Wagen)
7.1.4.5	Zusammenladeverbote (Seeschiffe; Binnenschiffe, die Container befördern).
7.1.4.6	(bleibt offen)
7.1.4.7	Lade- und Löschstellen
7.1.4.8	Zeitpunkt und Dauer der Lade- und Löscharbeiten
7.1.4.9	Umladen
7.1.4.10	Vorsichtsmaßnahmen bei Nahrungs-, Genuss- und Futtermitteln
7.1.4.11	Stauplan
7.1.4.12	Lüftung
7.1.4.13	Maßnahmen vor dem Laden
7.1.4.14	Handhaben und Stauen der Ladung
7.1.4.15	Maßnahmen nach dem Löschen
7.1.4.16	Maßnahmen während des Ladens, Beförderns, Löschens und Handhabens der Ladung
7.1.4.17-7.1.4.40	(bleibt offen)
7.1.4.41	Feuer und offenes Licht
7.1.4.42-7.1.4.50	(bleibt offen)
7.1.4.51	Elektrische Einrichtungen
7.1.4.52	(bleibt offen)
7.1.4.53	Beleuchtung

7.1.4.54-7.1.4.74	(bleibt offen)
7.1.4.75	Gefahr der Funkenbildung
7.1.4.76	Kunststofftrossen
7.1.4.77	Mögliche Evakuierungsmittel im Notfall
7.1.4.78-7.1.4.99	(bleibt offen)
7.1.5	Zusätzliche Vorschriften für den Verkehr der Schiffe
7.1.5.0	Bezeichnung
7.1.5.1	Beförderungsart
7.1.5.2	Fahrt der Schiffe
7.1.5.3	Festmachen
7.1.5.4	Stillliegen
7.1.5.5	Anhalten der Schiffe
7.1.5.6-7.1.5.7	(bleibt offen)
7.1.5.8	Meldepflicht
7.1.5.9-7.1.5.99	(bleibt offen)
7.1.6	Zusätzliche Anforderungen
7.1.6.1-7.1.6.10	(bleibt offen)
7.1.6.11	Beförderung in loser Schüttung
7.1.6.12	Lüftung
7.1.6.13	Maßnahmen vor dem Laden
7.1.6.14	Handhaben und Stauen der Ladung
7.1.6.15	(bleibt offen)
7.1.6.16	Maßnahmen während des Ladens, Beförderns, Löschens und Handhabens der Ladung
7.1.6.17-7.1.6.99	(bleibt offen)
7.2	**Tankschiffe**
7.2.0	Allgemeine Vorschriften
7.2.0.2-7.2.0.99	(bleibt offen)
7.2.1	Beförderungsart
7.2.1.1-7.2.1.20	(bleibt offen)
7.2.1.21	Beförderung in Ladetanks
7.2.1.22-7.2.1.99	(bleibt offen)
7.2.2	Anforderungen an die Schiffe
7.2.2.0	Zugelassene Schiffe

7.2.2.1- 7.2.2.4	(bleibt offen)
7.2.2.5	Gebrauchsanweisungen für Geräte und Einrichtungen
7.2.2.6	Gasspüranlagen
7.2.2.7- 7.2.2.18	(bleibt offen)
7.2.2.19	Schubverbände und gekuppelte Schiffe
7.2.2.20	(bleibt offen)
7.2.2.21	Sicherheits- und Kontrolleinrichtungen
7.2.2.22	Öffnungen der Ladetanks
7.2.2.23- 7.2.2.99	(bleibt offen)
7.2.3	Allgemeine Betriebsvorschriften
7.2.3.1	Zugang zu Ladetanks, Restetanks, Pumpenräumen unter Deck, Kofferdämmen, Wallgängen, Doppelböden und Aufstellungsräumen; Kontrollen
7.2.3.2	Pumpenräume unter Deck
7.2.3.3- 7.2.3.5	(bleibt offen)
7.2.3.6	Gasspüranlagen
7.2.3.7	Entgasen leerer Ladetanks
7.2.3.8- 7.2.3.11	(bleibt offen)
7.2.3.12	Lüftung
7.2.3.13- 7.2.3.14	(bleibt offen)
7.2.3.15	Sachkundiger an Bord
7.2.3.16- 7.2.3.19	(bleibt offen)
7.2.3.20	Ballastwasser
7.2.3.21	(bleibt offen)
7.2.3.22	Zugangsöffnungen von Aufstellungsräumen, Pumpenräumen unter Deck, und Kofferdämmen; Öffnungen der Ladetanks und Restetanks; Abschlussvorrichtungen
7.2.3.23- 7.2.3.24	(bleibt offen)
7.2.3.25	Verbindung zwischen Rohrleitungen
7.2.3.26- 7.2.3.27	(bleibt offen)
7.2.3.28	Kühlanlage
7.2.3.29	Beiboote
7.2.3.30	(bleibt offen)
7.2.3.31	Maschinen
7.2.3.32	Brennstofftanks
7.2.3.33- 7.2.3.40	(bleibt offen)
7.2.3.41	Feuer und offenes Licht

7.2.3.42	Ladungsheizungsanlage
7.2.3.43	(bleibt offen)
7.2.3.44	Reinigungsarbeiten
7.2.3.45-7.2.3.50	(bleibt offen)
7.2.3.51	Elektrische Einrichtungen
7.2.3.52-7.2.3.99	(bleibt offen)
7.2.4	Zusätzliche Vorschriften für das Laden, Befördern, Löschen und sonstige Handhaben der Ladung
7.2.4.1	Begrenzung der beförderten Mengen
7.2.4.2	Übernahme von öl- und fetthaltigen Schiffsbetriebsabfällen und Übergabe von Schiffsbetriebsstoffen
7.2.4.3-7.2.4.6	(bleibt offen)
7.2.4.7	Lade- und Löschstellen
7.2.4.8	(bleibt offen)
7.2.4.9	Umladen
7.2.4.10	Prüfliste
7.2.4.11	Stauplan
7.2.4.12	Reiseregistrierung
7.2.4.13	Maßnahmen vor dem Laden
7.2.4.14	Handhaben und Stauen der Ladung
7.2.4.15	Maßnahmen nach dem Löschen (Nachlenzsystem)
7.2.4.16	Maßnahmen während des Ladens, Beförderns, Löschens und Handhabens der Ladung
7.2.4.17	Verschließen der Fenster und Türen
7.2.4.18	Abdeckung der Ladung und Inertisierung
7.2.4.19	(gestrichen)
7.2.4.20	(bleibt offen)
7.2.4.21	Füllen von Ladetanks
7.2.4.22	Öffnen von Öffnungen der Ladetanks
7.2.4.23	(bleibt offen)
7.2.4.24	Gleichzeitiges Laden und Löschen
7.2.4.25	Lade- und Löschleitungen
7.2.4.26-7.2.4.27	(bleibt offen)
7.2.4.28	Berieselungsanlage
7.2.4.29	Beförderung tiefgekühlt verflüssigter Gase
7.2.4.30-7.2.4.39	(bleibt offen)
7.2.4.40	Feuerlöscheinrichtungen
7.2.4.41	Feuer und offenes Licht
7.2.4.42	Ladungsheizungsanlage

7.2.4.43- 7.2.4.50	(bleibt offen)
7.2.4.51	Elektrische Einrichtungen
7.2.4.52	(bleibt offen)
7.2.4.53	Beleuchtung
7.2.4.54- 7.2.4.59	(bleibt offen)
7.2.4.60	Besondere Ausrüstung
7.2.4.61- 7.2.4.73	(bleibt offen)
7.2.4.74	Rauchverbot, Verbot von Feuer und offenem Licht
7.2.4.75	Gefahr der Funkenbildung
7.2.4.76	Kunststofftrossen
7.2.4.77	Mögliche Evakuierungsmittel im Notfall
7.2.4.78- 7.2.4.99	(bleibt offen)
7.2.5	Zusätzliche Vorschriften für den Verkehr der Schiffe
7.2.5.0	Bezeichnung
7.2.5.1	Beförderungsart
7.2.5.3	Festmachen
7.2.5.4	Stillliegen
7.2.5.5- 7.2.5.7	(bleibt offen)
7.2.5.8	Meldepflicht
7.2.5.9- 7.2.5.99	(bleibt offen)

7.1.0 **Allgemeine Vorschriften**

7.1.0.1 Die Vorschriften der Abschnitte 7.1.0 bis 7.1.7 gelten für Trockengüterschiffe.

7.1.0.2–7.1.0.99 (bleibt offen)

7.1.1 **Beförderungsart**

7.1.1.1–7.1.1.9 (bleibt offen)

7.1.1.10 **Beförderung von Versandstücken**

In den Vorschriften über die Beförderung von Versandstücken sind, sofern nichts anderes bestimmt ist, die Bruttomassen angegeben.

Wenn Versandstücke in Containern, Fahrzeugen oder Wagen befördert werden, gehört die Masse des Containers, Fahrzeugs oder Wagen nicht zur Bruttomasse dieser Versandstücke.

7.1.1.11 **Beförderung in loser Schüttung**

Es ist verboten, gefährliche Güter in loser Schüttung zu befördern, ausgenommen wenn dies in Kapitel 3.2 Tabelle A Spalte (8) ausdrücklich zugelassen ist. In dieser Spalte ist dann ein "B" eingetragen.

7.1.1.12 **Lüftung**

Das Lüften der Laderäume ist nur erforderlich, wenn dies in Absatz 7.1.4.12 oder in Kapitel 3.2 Tabelle A Spalte (10) durch eine zusätzliche Vorschrift „VE..." vorgeschrieben ist.

7.1.1.13 **Maßnahmen vor dem Laden**

Vor dem Laden sind zusätzliche Maßnahmen nur erforderlich, wenn dies in Absatz 7.1.4.13 oder in Kapitel 3.2 Tabelle A Spalte (11) durch eine zusätzliche Vorschrift „LO..." vorgeschrieben ist.

7.1.1.14 **Handhaben und Stauen der Ladung**

Während des Handhabens und Stauens der Ladung sind zusätzliche Maßnahmen nur erforderlich, wenn dies in Absatz 7.1 4.14 oder in Kapitel 3.2 Tabelle A Spalte (11) durch eine zusätzliche Vorschrift „HA...." vorgeschrieben ist.

7.1.1.15 (bleibt offen)

7.1.1.16 **Maßnahmen während des Ladens, Beförderns, Löschens und Handhabens der Ladung**

Während des Ladens, Beförderns, Löschens und Handhabens der Ladung sind zusätzliche Maßnahmen nur erforderlich, wenn dies in Absatz 7.1.4.16 oder in Kapitel 3.2 Tabelle A Spalte (11) durch eine zusätzliche Vorschrift „IN..." vorgeschrieben ist.

7.1.1.17 (bleibt offen)

7.1.1.18 Container, flexible Schüttgut-Container, Großpackmittel (IBC), Großverpackungen, MEGC, ortsbewegliche Tanks und Tankcontainer

Die Beförderung von Containern, flexiblen Schüttgut-Containern, Großpackmitteln (IBC), Großverpackungen, MEGC, ortsbeweglichen Tanks und Tankcontainern muss den Vorschriften über die Beförderung von Versandstücken entsprechen.

7.1.1.19 Fahrzeuge und Wagen

Die Beförderung von Fahrzeugen und Wagen muss den Vorschriften über die Beförderung von Versandstücken entsprechen.

7.1.1.20 (bleibt offen)

7.1.1.21 Beförderung in Ladetanks

Es ist verboten, gefährliche Güter in Ladetanks in Trockengüterschiffen zu befördern.

7.1.1.22–7.1.1.99 (bleibt offen)

7.1.2 Anforderungen an die Schiffe

7.1.2.0 Zugelassene Schiffe

7.1.2.0.1 Die gefährlichen Güter dürfen befördert werden in Mengen, die diejenigen von Absatz 7.1.4.1.1 bzw. 7.1.4.1.2 nicht überschreiten:
- in Trockengüterschiffen, die den anwendbaren Bauvorschriften der Unterabschnitte 9.1.0.0 bis 9.1.0.79 entsprechen, oder
- in Seeschiffen, die den anwendbaren Bauvorschriften der Unterabschnitte 9.1.0.0 bis 9.1.0.79, oder wenn dies nicht der Fall ist, den Vorschriften des Abschnitts 9.2.0 bis Unterabschnitt 9.2.0.79 entsprechen.

7.1.2.0.2 Die gefährlichen Güter der Klassen 2, 3, 4.1, 4.2, 4.3, 5.1, 5.2, 6.1, 7, 8 oder 9, ausgenommen diejenigen mit Gefahrzettel 1 in Kapitel 3.2 Tabelle A Spalte 5, dürfen in größeren als den in den Absätzen 7.1.4.1.1 und 7.1.4.1.2 aufgeführten Mengen befördert werden:
- in Trockengüterschiffen in Doppelhüllenbauweise, die den anwendbaren Bauvorschriften der Unterabschnitte 9.1.0.80 bis 9.1.0.95 entsprechen; oder
- in Seeschiffen in Doppelhüllenbauweise, die den anwendbaren Bauvorschriften der Unterabschnitte 9.1.0.80 bis 9.1.0.95 oder 9.2.0 bis 9.2.0.95 entsprechen.

7.1.2.1–7.1.2.4 (bleibt offen)

7.1.2.5 Gebrauchsanweisungen für Geräte und Einrichtungen

Wenn für die Benutzung irgendeines Gerätes oder irgendeiner Einrichtung besondere Sicherheitsvorschriften erforderlich sind, muss die Gebrauchsanweisung des Gerätes oder der Einrichtung in der an Bord üblichen Sprache und, wenn diese Sprache nicht Deutsch, Englisch oder Französisch ist, außerdem in Deutsch, Englisch oder Französisch ausgelegt sein und eingesehen werden können, sofern nicht internationale Vereinbarungen zwischen den von der Beförderung berührten Staaten etwas anderes vorschreiben.

7.1.2.6–7.1.2.18 (bleibt offen)

7.1.2.19 Schubverbände und gekuppelte Schiffe

7.1.2.19.1 Wenn in einem Schubverband oder bei gekuppelten Schiffen mindestens ein Schiff mit einem Zulassungszeugnis für die Beförderung von gefährlichen Gütern versehen sein muss, müssen alle Schiffe dieser Schiffszusammenstellung mit einem auf sie ausgestellten Zulassungszeugnis versehen sein.

Schiffe, welche keine gefährlichen Güter befördern, müssen den nachstehend aufgeführten Abschnitten, Unterabschnitten und Absätzen des ADN entsprechen: 1.16.1.1, 1.16.1.2, 1.16.1.3, 1.16.1.4, 7.1.2.5, 8.1.4, 8.1.5, 8.1.6.1, 8.1.6.3, 8.1.7, 8.3.5, 9.1.0.0, 9.1.0.12.3, 9.1.0.12.4, 9.1.0.17.2, 9.1.0.17.3, 9.1.0.31, 9.1.0.32.2, 9.1.0.34, 9.1.0.40.2, 9.1.0.41, 9.1.0.51, 9.1.0.52, 9.1.0.71 und 9.1.0.74.

7.1.2.19.2 Hinsichtlich der Anwendung der Vorschriften des Teils 7 mit Ausnahme der Absätze 7.1.4.1.1 und 7.1.4.1.2 wird der ganze Schubverband oder werden die gekuppelten Schiffe als ein einziges Schiff angesehen.

7.1.2.20– 7.1.2.99 (bleibt offen)

7.1.3 Allgemeine Betriebsvorschriften

7.1.3.1 Zugang zu Laderäumen, Wallgängen und Doppelböden; Kontrollen

7.1.3.1.1 Das Betreten der Laderäume ist nur zum Laden und Löschen, zur Durchführung der Kontrollen und für Reinigungsarbeiten gestattet.

7.1.3.1.2 Wallgänge und Doppelböden dürfen während der Fahrt nicht betreten werden.

7.1.3.1.3 Wenn vor dem Betreten der Laderäume, Wallgänge oder Doppelböden die aus der Ladung herrührende Konzentration von Gasen und Dämpfen oder der Sauerstoffgehalt gemessen werden muss, müssen diese Messergebnisse schriftlich festgehalten werden. Die Messung darf nur von einem in Abschnitt 8.2.1.2 genannten Sachkundigen durchgeführt werden, der mit einem für den beförderten Stoff geeigneten Atemschutzgerät ausgerüstet ist.

Die zu prüfenden Räume dürfen zur Messung nicht betreten werden.

7.1.3.1.4 Beförderung von gefährlichen Gütern in loser Schüttung oder unverpackt

Bevor Personen Laderäume betreten, muss bei Beförderung von gefährlichen Gütern in loser Schüttung oder unverpackt, für die EX und/oder TOX in Kapitel 3.2 Tabelle A Spalte (9) eingetragen ist, die Konzentration von aus der Ladung herrührenden entzündbaren und/oder giftigen Gasen und Dämpfen in diesen Laderäumen und in den benachbarten Laderäumen gemessen werden.

7.1.3.1.5 Bei Beförderung von gefährlichen Gütern in loser Schüttung oder unverpackt ist das Betreten der Laderäume sowie das Betreten der Wallgänge und Doppelböden nur zugelassen, wenn:

– die Konzentration von aus der Ladung herrührenden entzündbaren Gasen und Dämpfen im Laderaum, Wallgang oder Doppelboden unter 10 % der UEG liegt, die Konzentration von aus der Ladung herrührenden giftigen Gasen und Dämpfen unter den national zulässigen Expositionsgrenzwerten liegt und der Sauerstoffanteil zwischen 20 und 23,5 Vol.-% beträgt,

oder

– die Konzentration von aus der Ladung herrührenden entzündbaren Gasen und Dämpfen unter 10 % der UEG liegt und die Person, welche den Raum betritt, ein umluftunabhängiges Atemschutzgerät und andere erforderliche Schutz- und Rettungsausrüstungen trägt sowie durch eine Leine gesichert ist. Das Betreten dieser Räume darf nur unter Aufsicht einer zweiten Person geschehen, für welche die gleiche Ausrüstung bereitgelegt ist. Zwei zusätzliche Personen, die im Notfall Hilfe leisten können, müssen sich in Rufweite auf dem Schiff befinden.

In Abweichung zu Unterabschnitt 1.1.4.6 gehen strengere nationale Vorschriften über das Betreten von Laderäumen den Bestimmungen des ADN vor.

7.1.3.1.6 Beförderung in Versandstücken

Bevor Personen Laderäume betreten, muss bei Beförderung von gefährlichen Gütern der Klassen 2, 3, 4.3, 5.2, 6.1 und 8, für die EX und/oder TOX in Kapitel 3.2 Tabelle A Spalte (9) eingetragen ist, bei Verdacht auf Beschädigung von Versandstücken die Konzentration von aus der Ladung herrührenden entzündbaren und/oder giftigen Gasen und Dämpfen in diesen Laderäumen gemessen werden.

7.1.3.1.7 Bei Beförderung von gefährlichen Gütern der Klassen 2, 3, 4.3, 5.2, 6.1 und 8 ist das Betreten der Laderäume bei einem Schadensverdacht sowie das Betreten der Wallgänge und Doppelböden nur zugelassen, wenn:

– die Konzentration von aus der Ladung herrührenden entzündbaren Gasen und Dämpfen im Laderaum, Wallgang oder Doppelboden unter 10 % der UEG liegt, die Konzentration von aus der Ladung herrührenden giftigen Gasen und Dämpfen unter den national zulässigen Expositionsgrenzwerten liegt und der Sauerstoffanteil zwischen 20 und 23.5 Vol.-% beträgt,

oder

– die Konzentration von aus der Ladung herrührenden entzündbaren Gasen und Dämpfen im Laderaum unter 10 % der UEG liegt und die Person, welche den Raum betritt, ein umluftunabhängiges Atemschutzgerät und andere erforderliche Schutz- und Rettungsausrüstungen trägt sowie durch eine Leine gesichert ist. Das Betreten dieser Räume darf nur unter Aufsicht einer zweiten Person geschehen, für welche die gleiche Ausrüstung bereitgelegt ist. Zwei zusätzliche Personen, die im Notfall Hilfe leisten können, müssen sich in Rufweite auf dem Schiff befinden.

In Abweichung zu Unterabschnitt 1.1.4.6 gehen strengere nationale Vorschriften über das Betreten von Laderäumen den Bestimmungen des ADN vor.

7.1.3.2– 7.1.3.14 (bleibt offen)

7.1.3.15 Sachkundiger an Bord

Bei der Beförderung von gefährlichen Gütern muss der hauptverantwortliche Schiffsführer zugleich Sachkundiger gemäß Unterabschnitt 8.2.1.2 sein.

Bem. Welches Mitglied der Schiffsbesatzung hauptverantwortlicher Schiffsführer ist, hat der Beförderer festzulegen und an Bord zu dokumentieren. Erfolgt keine Festlegung, so gilt die Anforderung für jeden Schiffsführer.

Abweichend davon ist es bei der Be- oder Entladung gefährlicher Güter in Schubleichter ausreichend, dass derjenige, der für die Be- und Entladung und für die Ballastierung des Schubleichters die Verantwortung trägt, über die geforderte Sachkunde nach 8.2.1.2 verfügt.

7.1.3.16 Alle Messungen an Bord müssen von einem Sachkundigen gemäß Unterabschnitt 8.2.1.2 durchgeführt werden, sofern in der dem ADN beigefügten Verordnung nichts anderes vorgeschrieben ist. Die Messergebnisse müssen in dem Prüfbuch gemäß Unterabschnitt 8.1.2.1 Buchstabe g) schriftlich festgehalten werden.

7.1.3.17– 7.1.3.19 (bleibt offen)

7.1.3.20 Ballastwasser

Wallgänge und Doppelböden dürfen zur Aufnahme von Ballastwasser benutzt werden.

7.1.3.21 (bleibt offen)

7.1.3.22 Öffnen von Laderäumen

7.1.3.22.1 Gefährliche Güter müssen, ausgenommen während des Ladens oder Löschens oder während einer Kontrolle, gegen Witterungseinflüsse und Spritzwasser geschützt sein.

Dies gilt nicht für gefährliche Güter in spritzwasserdichten Containern, Großpackmitteln (IBC), Großverpackungen, in MEGC, in ortsbeweglichen Tanks, in Tankcontainern, in bedeckten oder gedeckten Fahrzeugen, in Wagen mit Decken oder in gedeckten Wagen.

7.1.3.22.2 Bei der Beförderung von gefährlichen Gütern in loser Schüttung muss der Laderaum mit Lukenabdeckungen versehen sein.

7.1.3.23– 7.1.3.30 (bleibt offen)

7.1.3.31 Maschinen

Es ist verboten, Motoren zu verwenden, die mit Kraftstoff mit einem Flammpunkt von 55 °C oder darunter betrieben werden (z. B. Benzinmotoren). Diese Vorschrift gilt nicht für

- benzinbetriebene Außenbordmotoren von Beibooten;
- Antriebs- und Hilfssysteme, die den Anforderungen des Kapitels 30 und der Anlage 8 Abschnitt 1 des Europäischen Standards der technischen Vorschriften für Binnenschiffe in der jeweils geltenden Fassung entsprechen*.

Wenn Stoffe in loser Schüttung befördert werden, für die in Abschnitt 3.2.1 Tabelle A, Spalte (9) der Code EX eingetragen ist, dürfen

- benzinbetriebene Außenbordmotore und deren Kraftstoffbehälter nur außerhalb des geschützten Bereichs mitgeführt werden und
- mechanische Aufblasvorrichtungen, Außenbordmotoren und deren elektrische Einrichtungen nur außerhalb des geschützten Bereichs in Betrieb genommen werden.

* Erhältlich auf der Website des Europäischen Ausschusses zur Ausarbeitung von Standards in der Binnenschifffahrt (CESNI), https://www.cesni.eu/de/documents/es-trin/.

7.1.3.32 Brennstofftanks

Doppelböden mit einer Höhe von mindestens 0,60 m dürfen als Brennstofftanks benutzt werden, wenn diese nach den Vorschriften des Kapitels 9.1 und 9.2 gebaut worden sind.

7.1.3.33– 7.1.3.40 (bleibt offen)

7.1.3.41 Rauchen, Feuer und offenes Licht

7.1.3.41.1 Rauchen, einschließlich elektronischer Zigaretten und ähnlicher Geräte, Feuer und offenes Licht sind an Bord verboten.

Dieses Verbot ist mittels Hinweistafeln an geeigneten Stellen anzuschlagen.

Das Verbot gilt nicht in Wohnungen und Steuerhaus, wenn Fenster, Türen, Oberlichter und Luken geschlossen sind oder das Lüftungssystem so eingestellt wird, dass ein Überdruck von 0,1 kPa gewährleistet ist.

7.1.3.41.2 Heiz-, Koch- und Kühlgeräte dürfen weder mit flüssigen Kraftstoffen, noch mit Flüssiggas oder mit festen Brennstoffen betrieben werden.

Koch- und Kühlgeräte dürfen nur in Wohnungen und im Steuerhaus verwendet werden.

7.1.3.41.3 Wenn Heizgeräte oder Heizkessel im Maschinenraum oder in einem besonders dafür geeigneten Raum aufgestellt sind, dürfen diese jedoch mit flüssigen Kraftstoffen mit einem Flammpunkt von mehr als 55°C betrieben werden.

7.1.3.42 Beheizen der Laderäume

Es ist verboten, Laderäume zu beheizen oder in ihnen eine Heizung zu betreiben.

7.1.3.43 (bleibt offen)

7.1.3.44 Reinigungsarbeiten

Es ist verboten, Reinigungsarbeiten mit Flüssigkeiten mit einem Flammpunkt von weniger als 55°C auszuführen.

7.1.3.45– 7.1.3.50 (bleibt offen)

7.1.3.51 Elektrische und nicht-elektrische Anlagen und Geräte

7.1.3.51.1 Elektrische und nicht-elektrische Anlagen und Geräte.

7.1.3.51.2 Es ist verboten, im geschützten Bereich bewegliche elektrische Kabel zu verwenden. Dies gilt nicht für die in Absatz 9.1.0.53.5 genannten beweglichen elektrischen Kabel.

Bewegliche elektrische Kabel müssen vor jedem Einsatz einer Sichtprüfung unterzogen werden. Sie müssen so geführt werden, dass eine Beschädigung nicht zu befürchten ist. Leitungskupplungen müssen sich außerhalb des geschützten Bereichs befinden.

Elektrische Kabel zum Anschluss des Schiffsstromnetzes an ein Landstromnetz dürfen nicht verwendet werden

- beim Laden und Löschen von Stoffen, für die in Abschnitt 3.2.1, Tabelle A, Spalte (9) der Code EX eingetragen ist, oder
- wenn sich das Schiff in einer oder unmittelbar angrenzend an eine landseitig ausgewiesene Zone befindet.

7.1.3.51.3 Steckdosen für den Anschluss der Signal- und Landstegbeleuchtung und für den Anschluss von Containern, Tauchpumpen, Lukendeckelwagen oder Laderaumventilatoren dürfen nur dann unter Spannung stehen, wenn die Signal- oder die Landstegbeleuchtung, die Container, die Tauchpumpen, die Lukendeckelwagen oder die Laderaumventilatoren in Betrieb sind. Das Herstellen und das Trennen der Steckverbindungen ▪▪▪ darf nur in spannungslosem Zustand der Steckdosen möglich sein.

7.1.3.51.4 Elektrische Anlagen und Geräte in Laderäumen müssen spannungslos und gegen unbeabsichtigtes Einschalten gesichert sein.

Dies gilt nicht für durchgehende, fest installierte elektrische Kabel, für bewegliche elektrische Kabel zum Anschluss von nach Absatz 7.1.4.4.4 gestauten Containern sowie für elektrische Anlagen und Geräte, die mindestens die Anforderungen für den Betrieb in Zone 1 erfüllen.

7.1.3.51.5 Während eines Aufenthalts in einer oder unmittelbar angrenzend an eine landseitig ausgewiesene Zone müssen elektrische und nicht-elektrische Anlagen und Geräte, die den in Absatz 9.1.0.52.1 angegebenen Vorschriften nicht entsprechen, oder bei denen höhere Oberflächentemperaturen als 200 °C auftreten können (gemäß Unterabschnitt 9.1.0.51 und Absatz 9.1.0.52.2 rot gekennzeichnet), abgeschaltet sein, auf Temperaturen unterhalb 200 °C abgekühlt sein oder es müssen die in 7.1.3.51.6 aufgeführten Maßnahmen ergriffen sein.

7.1.3.51.6 Absatz 7.1.3.51.5 gilt nicht in Wohnungen, Steuerhaus und Betriebsräumen außerhalb des geschützten Bereichs, wenn

a) das Lüftungssystem so eingestellt wird, dass ein Überdruck von mindestens 0,1 kPa gewährleistet ist und
b) die Gasspüranlage eingeschaltet ist und stetig misst.

7.1.3.51.7 Anlagen und Geräte gemäß 7.1.3.51.5, die während des Ladens oder Löschens oder während eines Aufenthalts in einer oder unmittelbar angrenzend an eine landseitig ausgewiesene Zone, abgeschaltet waren, dürfen erst wieder eingeschaltet werden,

a) nachdem sich das Schiff nicht mehr in einer oder unmittelbar angrenzend an eine landseitig ausgewiesene Zone aufhält
oder
b) im Steuerhaus, in den Wohnungen und Betriebsräumen außerhalb des geschützten Bereichs 10 % der UEG von n-Hexan unterschritten sind. Die Messergebnisse müssen schriftlich festgehalten werden.

7.1.3.51.8 Können die Schiffe die Anforderungen aus 7.1.3.51.5 und 7.1.3.51.6 nicht erfüllen, ist ein Aufenthalt in einer oder unmittelbar angrenzend an eine landseitig ausgewiesene Zone nicht gestattet. Die zuständige Behörde kann im Einzelfall Ausnahmen zulassen.

7.1.3.52– 7.1.3.69 (bleibt offen)

7.1.3.70 **Antennen, Blitzableiter, Drahtseile, Masten**

7.1.3.70.1 Kein Teil von Antennen für elektronische Geräte, kein Blitzableiter und kein Drahtseil darf sich über den Laderäumen befinden.

7.1.3.70.2 Kein Teil von Antennen für Sprechfunkgeräte darf sich in einem Umkreis von 2 m um die Stoffe und Gegenstände der Klasse 1 befinden.

7.1.3.71– 7.1.3.99 (bleibt offen)

7.1.4 Zusätzliche Vorschriften für das Laden, Befördern, Löschen und sonstige Handhaben der Ladung

7.1.4.1 Begrenzung der beförderten Mengen

7.1.4.1.1 Vorbehaltlich des Absatzes 7.1.4.1.3 dürfen auf einem Schiff die folgenden Bruttomassen nicht überschritten werden. Bei Schubverbänden und gekuppelten Schiffen gilt diese Bruttomasse pro Einheit.

Klasse 1

alle Stoffe und Gegenstände der Unterklasse 1.1 der Verträglichkeitsgruppe A	90 kg[1)]
alle Stoffe und Gegenstände der Unterklasse 1.1 der Verträglichkeitsgruppe B, C, D, E, F, G, J oder L	15 000 kg[2)]
alle Stoffe und Gegenstände der Unterklasse 1.2 der Verträglichkeitsgruppe B, C, D, E, F, G, H, J oder L	50 000 kg
alle Stoffe und Gegenstände der Unterklasse 1.3 der Verträglichkeitsgruppe C, G, H, J oder L	300 000 kg[3)]
alle Stoffe und Gegenstände der Unterklasse 1.4 der Verträglichkeitsgruppe B, C, D, E, F, G oder S	1 100 000 kg
alle Stoffe der Unterklasse 1.5 der Verträglichkeitsgruppe D	15 000 kg[2)]
alle Gegenstände der Unterklasse 1.6 der Verträglichkeitsgruppe N	300 000 kg[3)]
ungereinigte, leere Verpackungen	1 100 000 kg

Bem. 1) In mindestens drei Partien zu maximal je 30 kg und mindestens 10 m Abstand zwischen den einzelnen Partien.

2) In mindestens drei Partien zu maximal je 5 000 kg und mindestens 10 m Abstand zwischen den einzelnen Partien.

3) Nicht mehr als 100 000 kg pro Laderaum. Ein eingesetztes Holzschott wird als Laderaumtrennung anerkannt.

Klasse 2

alle Güter mit Gefahrzettel 2.1 in Kapitel 3.2 Tabelle A Spalte (5): insgesamt	300 000 kg
alle Güter mit Gefahrzettel 2.3 in Kapitel 3.2 Tabelle A Spalte (5): insgesamt	120 000 kg
andere Güter	unbeschränkt

Klasse 3

alle Güter mit Verpackungsgruppe I oder II, für die ein Gefahrzettel 6.1 in Kapitel 3.2 Tabelle A Spalte (5) vorgeschrieben ist: insgesamt	120 000 kg
andere Güter: insgesamt	300 000 kg

Klasse 4.1

UN-Nummern 3221, 3222, 3231 und 3232, insgesamt	15 000 kg
alle Güter der Verpackungsgruppe I; alle Güter der Verpackungsgruppe II, für die ein Gefahrzettel 6.1 in Kapitel 3.2 Tabelle A Spalte 5 vorgeschrieben ist; selbstzersetzliche Stoffe des Typs C, D, E, und F (UN-Nummern 3223 bis 3230 und 3233 bis 3240); alle anderen Stoffe des Klassifizierungscodes SR1 oder SR2 (UN-Nummern 2956, 3241, 3242 und 3251); die desensibilisierten explosiven Stoffe der Verpackungsgruppe II (UN-Nummern 2907, 3319 und 3344): insgesamt	120 000 kg
andere Güter	unbeschränkt

Klasse 4.2

alle Güter der Verpackungsgruppe I oder II, für die ein Gefahrzettel 6.1 in Kapitel 3.2 Tabelle A Spalte (5) vorgeschrieben ist: insgesamt	300 000 kg
andere Güter	unbeschränkt

Klasse 4.3

alle Güter der Verpackungsgruppe I oder II, für die ein Gefahrzettel 3, 4.1 oder 6.1 in Kapitel 3.2 Tabelle A Spalte (5) vorgeschrieben ist: insgesamt	300 000 kg
andere Güter	unbeschränkt

Klasse 5.1

alle Güter der Verpackungsgruppe I oder II, für die ein Gefahrzettel 6.1 in Kapitel 3.2 Tabelle A Spalte (5) vorgeschrieben ist: insgesamt	300 000 kg
andere Güter	unbeschränkt

Klasse 5.2

UN-Nummern 3101, 3102, 3111 und 3112: insgesamt	15 000 kg
andere Güter:	120 000 kg

Klasse 6.1

alle Güter mit Verpackungsgruppe I : insgesamt	120 000 kg
alle Güter mit Verpackungsgruppe II: insgesamt	300 000 kg
alle in loser Schüttung beförderte Güter	0 kg
andere Güter	unbeschränkt

Klasse 7

UN-Nummern 2912, 2913, 2915, 2916, 2917, 2919, 2977, 2978 und 3321 bis 3333	0 kg
andere Güter	unbeschränkt

Klasse 8

alle Güter mit Verpackungsgruppe I; alle Güter mit Verpackungsgruppe II, für die ein Gefahrzettel 3 oder 6.1 in Kapitel 3.2 Tabelle A Spalte (5) vorgeschrieben ist: insgesamt	300 000 kg
andere Güter	unbeschränkt

7

Klasse 9

alle Güter mit Verpackungsgruppe II: insgesamt 300 000 kg
UN 3077, Güter, die in loser Schüttung befördert werden und als umweltgefährdende Stoffe (aquatische Umwelt), Kategorien Akute Giftigkeit 1 oder Chronische Giftigkeit 1, eingestuft sind, in Übereinstimmung mit 2.4.3: 0 kg
andere Güter unbeschränkt

7.1.4.1.2 Vorbehaltlich des Absatzes 7.1.4.1.3 sind auf einem Schiff oder bei Schubverbänden und gekuppelten Schiffen pro Einheit höchstens 1 100 000 kg gefährliche Güter zugelassen.

7.1.4.1.3 Die Begrenzung der beförderten Mengen von gefährlichen Gütern der Klassen 2, 3, 4.1, 4.2, 4.3, 5.1, 5.2, 6.1, 7, 8 und 9 nach den Absätzen 7.1.4.1.1 und 7.1.4.1.2, ausgenommen diejenigen mit Gefahrzettel 1 in Kapitel 3.2 Tabelle A Spalte 5, gilt nicht für Doppelhüllenschiffe, die den zusätzlichen Bauvorschriften in den Unterabschnitten 9.1.0.88 bis 9.1.0.95 oder 9.2.0.88 bis 9.2.0.95 entsprechen.

7.1.4.1.4 Werden auf einem Schiff unter Beachtung der Zusammenladeverbote des Absatzes 7.1.4.3.3 oder 7.1.4.3.4 Stoffe und Gegenstände verschiedener Unterklassen der Klasse 1 verladen, unterliegt die gesamte Ladung der in Absatz 7.1.4.1.1 vorgeschriebenen kleinsten Höchstmasse der zur Verladung kommenden gefährlichsten Unterklasse in der Rangfolge 1.1, 1.5, 1.2, 1.3, 1.6, 1.4.

7.1.4.1.5 (gestrichen)

7.1.4.1.6 Für die Aktivitätsgrenzen, Transportkennzahlen (TI) und Kritikalitätssicherheitskennzahlen (CSI) bei der Beförderung von radioaktiven Stoffen siehe Absatz 7.1.4.14.7.

7.1.4.2 **Zusammenladeverbot (lose Schüttung)**

Auf Schiffen mit Stoffen der Klasse 5.1 in loser Schüttung dürfen sich keine anderen Güter befinden.

7.1.4.3 **Zusammenladeverbot (Versandstücke in Laderäumen)**

7.1.4.3.1 Güter verschiedener Klassen müssen durch einen horizontalen Abstand von mindestens 3,00 m voneinander getrennt sein. Sie dürfen nicht übereinander gestaut werden.

7.1.4.3.2 Unabhängig von ihrer Menge dürfen gefährliche Güter, für die in Kapitel 3.2 Tabelle A Spalte 12 die Bezeichnung mit zwei blauen Kegeln oder zwei blauen Lichtern vorgeschrieben ist, nicht im gleichen Laderaum mit entzündbaren Stoffen, für die in Kapitel 3.2 Tabelle A Spalte 12 die Bezeichnung mit einem blauen Kegel oder einem blauen Licht vorgeschrieben ist, gestaut werden.

7.1.4.3.3 Versandstücke mit Stoffen und Gegenständen der Klasse 1 und Versandstücke mit Stoffen der Klasse 4.1 oder 5.2, für die in Kapitel 3.2 Tabelle A Spalte 12 die Bezeichnung mit drei blauen Kegeln oder drei blauen Lichtern vorgeschrieben ist, müssen durch einen Abstand von mindestens 12 m von Gütern aller anderen Klassen getrennt sein.

7.1.4.3.4 Stoffe und Gegenstände der Klasse 1 dürfen nur dann im gleichen Laderaum gestaut werden, wenn sich dies auf der Grundlage der nachfolgenden Tabelle ergibt:

Verträglichkeitsgruppe	A	B	C	D	E	F	G	H	J	L	N	S
A	X	-	-	-	-	-	-	-	-	-	-	-
B	-	X	-	1)	-	-	-	-	-	-	-	X
C	-	-	X	X	X	-	X	-	-	-	2)3)	X
D	-	1)	X	X	X	-	X	-	-	-	2)3)	X
E	-	-	X	X	X	-	X	-	-	-	2)3)	X
F	-	-	-	-	-	X	-	-	-	-	-	X
G	-	-	X	X	X	-	X	-	-	-	-	X
H	-	-	-	-	-	-	-	X	-	-	-	X
J	-	-	-	-	-	-	-	-	X	-	-	X
L	-	-	-	-	-	-	-	-	-	4)	-	-
N	-	-	2)3)	2)3)	2)3)	-	-	-	-	-	2)	X
S	-	X	X	X	X	X	X	X	X	-	X	X

„X": zeigt an, dass die explosiven Stoffe und Gegenstände der entsprechenden Verträglichkeitsgruppen gemäß Teil 2 dieser Verordnung im gleichen Laderaum gestaut werden dürfen.

1) Versandstücke mit Gegenständen der Verträglichkeitsgruppe „B" und Versandstücke mit Stoffen und Gegenständen der Verträglichkeitsgruppe „D" dürfen nur zusammen in einem Laderaum gestaut werden, wenn sie in geschlossenen Containern, gedeckten Fahrzeugen oder gedeckten Wagen verladen sind.

2) Verschiedene Arten von Gegenständen der Klassifizierung 1.6 N dürfen nur als Gegenstände der Klassifizierung 1.6 N zusammen befördert werden, wenn durch Prüfungen oder Analogieschluss nachgewiesen ist, dass keine zusätzliche Detonationsgefahr durch Übertragung unter den Gegenständen besteht. Andernfalls sind sie als Gegenstände der Unterklasse 1.1 zu behandeln.

3) Wenn Gegenstände der Verträglichkeitsgruppe "N" mit Stoffen oder Gegenständen der Verträglichkeitsgruppe "C", "D" oder "E" zusammengeladen werden, sind die Gegenstände der Verträglichkeitsgruppe "N" so zu behandeln, als hätten sie die Eigenschaften der Verträglichkeitsgruppe "D".

4) Versandstücke mit Stoffen und Gegenständen der Verträglichkeitsgruppe "L" dürfen mit Versandstücken mit gleichartigen Stoffen und Gegenständen dieser Verträglichkeitsgruppe zusammen im gleichen Laderaum verladen werden.

7.1.4.3.5 Bei Beförderung von Stoffen der Klasse 7 (UN-Nummern 2916, 2917, 3323, 3328, 3329 und 3330) in Typ B(U)-, Typ B(M)- oder Typ C-Versandstücken sind die in der von der zuständigen Behörde erteilten Genehmigung enthaltenen Kontrollen, Beschränkungen und Vorschriften zu erfüllen.

7.1.4.3.6 Bei Beförderung von Stoffen der Klasse 7 aufgrund einer Sondervereinbarung (UN-Nummern 2919 und 3331), sind die von der zuständigen Behörde festgelegten besonderen Vorschriften einzuhalten. Insbesondere ist die Zusammenladung nur dann gestattet, wenn sie von der zuständigen Behörde genehmigt wurde.

7.1.4.4 **Zusammenladeverbote (Container, Fahrzeuge, Wagen)**

7.1.4.4.1 Der Unterabschnitt 7.1.4.3 gilt nicht für Versandstücke innerhalb eines Containers, Fahrzeugs oder Wagens, die gemäß einer der internationalen Regelungen gestaut sind.

7.1.4.4.2 Der Unterabschnitt 7.1.4.3 gilt nicht für:

- geschlossene Container;
- gedeckte Fahrzeuge und Wagen ▪▪▪;
- Tankcontainer, ortsbewegliche Tanks und MEGC;
- Tankfahrzeuge und Kesselwagen.

7.1.4.4.3 Für andere als in den Absätzen 7.1.4.4.1 und 7.1.4.4.2 genannte Container kann der Abstand nach Absatz 7.1.4.3.1 auf 2,40 m (eine Containerbreite) reduziert werden.

7.1.4.4.4 Außen an einem geschlossenen Container angebrachte elektrische Anlagen und Geräte dürfen mit beweglichen elektrischen Kabeln nach Absatz 9.1.0.53.5 verbunden oder in Betrieb genommen werden, wenn

a) die elektrischen Anlagen und Geräte mindestens für den Betrieb in Zone 1 geeignet sind und die Anforderungen für die Temperaturklasse T4 und Explosionsgruppe II B erfüllen; oder

b) die elektrischen Anlagen und Geräte die Anforderungen unter a) nicht erfüllen, jedoch ausreichend von anderen Containern getrennt sind, die Stoffe der

- Klasse 2 mit Gefahrzettel 2.1 in Abschnitt 3.2.1 Tabelle A Spalte (5);
- Klasse 3, Verpackungsgruppe I oder II;
- Klasse 4.3;
- Klasse 6.1, Verpackungsgruppe I oder II, mit einer zusätzlichen Gefahr der Klasse 4.3;
- Klasse 8, Verpackungsgruppe I, mit einer zusätzlichen Gefahr der Klasse 3; und
- Klasse 8, Verpackungsgruppe I oder II, mit einer zusätzlichen Gefahr der Klasse 4.3

enthalten. Diese Voraussetzung gilt als erfüllt, wenn kein Container, der die oben genannten Stoffe enthält, in einem zylindrischen Bereich mit einem Radius von 2,40 m um die elektrischen Anlagen und Geräte und von unbegrenzter vertikaler Ausdehnung gestaut ist.

a) oder b) ist nicht erforderlich, wenn die Container mit elektrischen Anlagen und Geräten, die die Anforderungen für den Einsatz in explosionsgefährdeten Bereichen nicht erfüllen und Container, die die oben genannten Stoffe enthalten, in getrennten Laderäumen gestaut sind.

Beispiele für die Stauung und Trennung der Container

Legende

R Container (z. B. Reefer) mit elektrischen Anlagen, die nicht vom Typ „bescheinigte Sicherheit“ sind.

Z Elektrische Anlagen, die nicht vom Typ „bescheinigte Sicherheit“ sind.

X Container nicht zugelassen, wenn gefährliche Stoffe enthalten sind, für die eine ausreichende Trennung erforderlich ist.

Draufsicht

1. Auf Deck

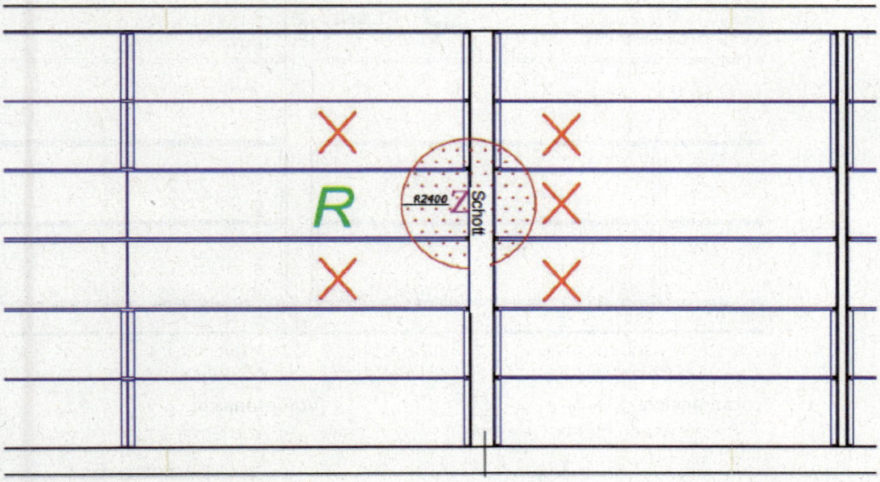

Draufsicht

2. Im Laderaum

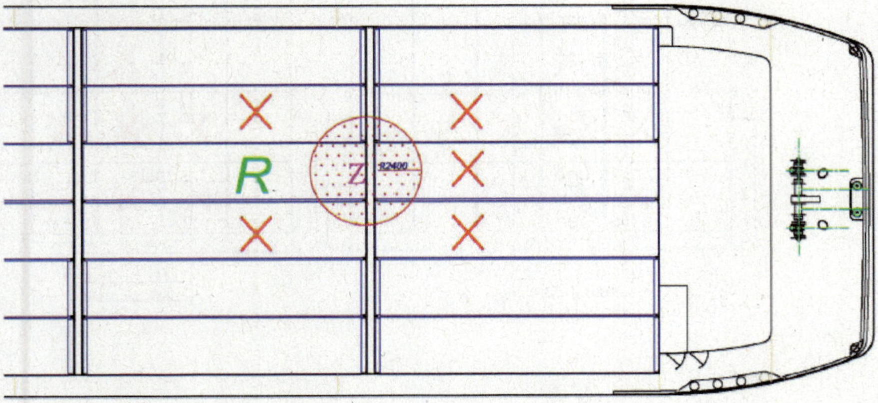

Draufsicht

2. Im Laderaum

Vorderansicht

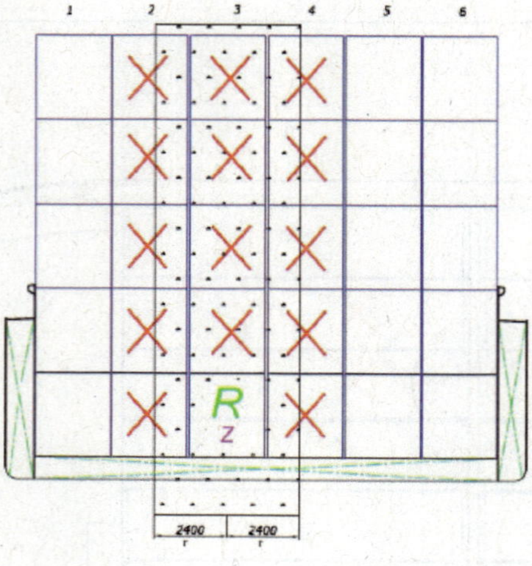

Vorderansicht

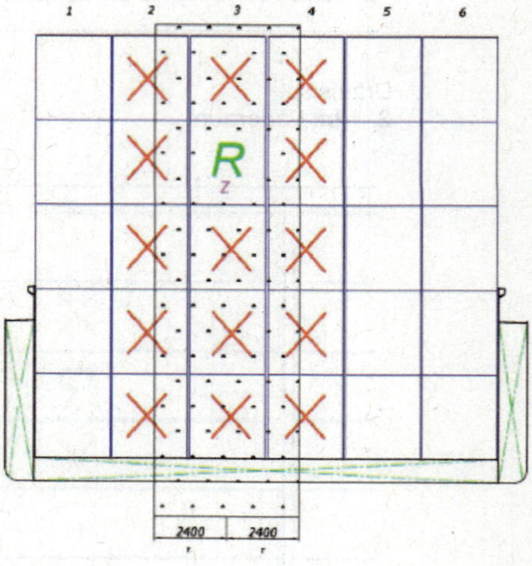

7.1.4.4.5 An einem offenen Container angebrachte elektrische Anlagen und Geräte dürfen weder mit beweglichen elektrischen Kabeln nach Absatz 9.1.0.53.5 verbunden noch in Betrieb genommen werden, es sei denn, sie sind mindestens für den Betrieb in Zone 1 geeignet und erfüllen die Anforderungen für die Temperaturklasse T4 und Explosionsgruppe II B oder der Container befindet sich in einen Laderaum, der keine Container mit den in Absatz 7.1.4.4.4. Buchstabe b) genannten Stoffen enthält.

7.1.4.5 Zusammenladeverbote (Seeschiffe; Binnenschiffe, die Container befördern)

Für Seeschiffe und für Binnenschiffe, wenn letztere nur Container geladen haben, gelten die Zusammenladeverbote als eingehalten, wenn die Stau- und Trennvorschriften des IMDG Codes erfüllt sind.

7.1.4.6 (bleibt offen)

7.1.4.7 Lade- und Löschstellen

7.1.4.7.1 Gefährliche Güter dürfen nur an den von der zuständigen Behörde bezeichneten oder für diesen Zweck zugelassener Stellen geladen oder gelöscht werden. An diesen Stellen müssen Evakuierungsmittel nach Maßgabe des Unterabschnitts 7.1.4.77 zur Verfügung stehen. Andernfalls ist der Umschlag nur mit Zustimmung der zuständigen Behörde gestattet.

7.1.4.7.2 Wenn Stoffe und Gegenstände der Klasse 1 und Stoffe der Klasse 4.1 oder 5.2, für die in Kapitel 3.2 Tabelle A Spalte 12 die Bezeichnung mit drei blauen Kegeln oder drei blauen Lichtern vorgeschrieben ist, an Bord sind, dürfen Stoffe jeder Art nur an den von der zuständigen Behörde für diesen Zweck bezeichneten oder zugelassenen Stellen geladen oder gelöscht werden.

7.1.4.7.3 Ist an der Lade- oder Löschstelle landseitig eine Zone ausgewiesen, darf sich das Schiff nur dann in dieser oder unmittelbar angrenzend an diese Zone aufhalten, wenn es die Anforderungen der Absätze 9.1.0.12.3 b) oder c), 9.1.0.51, 9.1.0.52.1 und 9.1.0.52.2 erfüllt. Die zuständige Behörde kann im Einzelfall Ausnahmen zulassen.

7.1.4.8 Zeitpunkt und Dauer der Lade- und Löscharbeiten

7.1.4.8.1 Lade- und Löscharbeiten von Stoffen und Gegenständen der Klasse 1 und Stoffe der Klasse 4.1 oder 5.2, für die in Kapitel 3.2 Tabelle A Spalte 12 die Bezeichnung mit drei blauen Kegeln oder drei blauen Lichtern vorgeschrieben ist, dürfen nicht ohne schriftliche Genehmigung der zuständigen Behörde begonnen werden. Dies gilt auch für das Laden und Löschen anderer Güter, wenn Stoffe und Gegenstände der Klasse 1 und Stoffe der Klasse 4.1 oder 5.2, für die in Kapitel 3.2 Tabelle A Spalte 12 die Bezeichnung mit drei blauen Kegeln oder drei blauen Lichtern vorgeschrieben ist, an Bord sind.

7.1.4.8.2 Lade- und Löscharbeiten von Stoffen und Gegenständen der Klasse 1 und von Stoffen der Klasse 4.1 oder 5.2, für die in Kapitel 3.2 Tabelle A Spalte 12 die Bezeichnung mit drei blauen Kegeln oder drei blauen Lichtern vorgeschrieben ist, müssen während eines Gewitters unterbrochen werden.

7.1.4.9 Umladen

Es ist verboten, ohne Genehmigung der zuständigen Behörde die Ladung vollständig oder teilweise außerhalb einer dafür zugelassenen Umschlagstelle in ein anderes Schiff umzuladen.

Bem. Für den Umschlag auf einen anderen Verkehrsträger, siehe 7.1.4.7.1.

7.1.4.10 Vorsichtsmaßnahmen bei Nahrungs-, Genuss- und Futtermitteln

7.1.4.10.1 Wenn in Kapitel 3.2 Tabelle A Spalte 6 bei einem gefährlichen Gut die Sondervorschrift 802 angegeben ist, müssen folgende Vorsichtsmaßnahmen bei Nahrungs-, Genuss- und Futtermitteln ergriffen werden:

Versandstücke sowie ungereinigte leere Verpackungen, einschließlich Großverpackungen und Großpackmittel (IBC), mit Zetteln nach Muster 6.1. oder 6.2 oder solche mit Zetteln nach Muster 9, die Güter der Klasse 9 UN-Nummern 2212, 2315, 2590, 3151, 3152 oder 3245 enthalten, dürfen in Laderäumen, in Containern und an Belade-, Entlade- und Umladestellen nicht mit Versandstücken, von denen bekannt ist, dass sie Nahrungs-, Genuss- und Futtermittel enthalten, übereinander gestapelt werden oder in deren unmittelbarer Nähe verladen werden.

Werden diese Versandstücke mit den genannten Zetteln in unmittelbarer Nähe von Versandstücken verladen, von denen bekannt ist, dass sie Nahrungs-, Genuss- oder Futtermittel enthalten, müssen sie von diesen getrennt sein:

a) durch vollwandige Trennwände. Diese Trennwände müssen so hoch sein wie die Versandstücke mit oben genannten Zetteln, oder

b) durch Versandstücke, die nicht mit Zetteln nach Muster 6.1, 6.2 oder 9 versehen sind oder mit Zetteln nach Muster 9 versehen sind aber die keine Güter der Klasse 9 UN-Nummer 2212, 2315, 2590, 3151, 3152 und 3245 enthalten, oder

c) durch einen Abstand von mindestens 0,80 m,

es sei denn, Versandstücke mit diesen Zetteln sind zusätzlich verpackt oder vollständig abgedeckt (z.B. durch Folie, Stülpkarton oder sonstige Maßnahmen).

7.1.4.11 Stauplan

7.1.4.11.1 Der Schiffsführer muss in einen Stauplan eintragen, welche gefährlichen Güter in den einzelnen Laderäumen oder an Deck gestaut sind.

Die Güter sind wie im Beförderungspapier gemäß Absatz 5.4.1.1.1 a), b), c) und d) zu bezeichnen.

7.1.4.11.2 Bei der Beförderung von gefährlichen Gütern in Containern genügt die Nummer des Containers. In diesem Fall muss der Stauplan als Anlage eine Liste von allen Containern mit ihrer Nummer und der Beschreibung der in diesen enthaltenen Gütern gemäß 5.4.1.1.1 a), b), c) und d) enthalten.

7.1.4.12 Lüftung

7.1.4.12.1 Beim Be- und Entladen der Laderäume von Ro-Ro-Schiffen mit Fahrzeugen oder Wagen muss die Luft mindestens fünfmal je Stunde vollständig erneuert werden. Dabei ist mit dem Volumen des leeren Laderaums zu rechnen.

7.1.4.12.2 Auf Schiffen, welche nur gefährliche Güter in Containern in offenen Laderäumen befördern, brauchen die Ventilatoren nicht eingebaut zu sein, sie müssen aber an Bord mitgeführt werden. Bei Verdacht auf Beschädigung der Container oder bei Verdacht, dass der Inhalt sich innerhalb der Container freigesetzt hat, müssen die Laderäume so gelüftet werden, dass bei aus der Ladung herrührenden entzündbaren Gasen und Dämpfen, deren Konzentration unter 10 % der UEG oder bei aus der Ladung herrührenden giftigen Gasen und Dämpfen unter den national zulässigen Expositionsgrenzwerten liegt.

7.1.4.12.3 Werden Tankcontainer, ortsbewegliche Tanks, MEGC, Tankfahrzeuge oder Kesselwagen in geschlossenen Laderäumen gestaut, müssen diese Laderäume ständig einem fünffachen Luftwechsel pro Stunde ausgesetzt sein.

7.1.4.13 Maßnahmen vor dem Laden

Die Laderäume und -flächen müssen vor dem Laden gereinigt werden. Laderäume müssen gelüftet werden.

7.1.4.14 Handhaben und Stauen der Ladung

7.1.4.14.1 Die einzelnen Teile einer Ladung müssen so gestaut werden, dass sie ihre Lage zueinander und zum Schiff nicht verändern können und nicht von anderer Ladung beschädigt werden können.

7.1.4.14.1.1 Versandstücke, die gefährliche Güter enthalten, und unverpackte gefährliche Gegenstände müssen durch geeignete Mittel gesichert werden, die in der Lage sind, die Güter so zurückzuhalten (z.B. Befestigungsgurte, Schiebewände, verstellbare Halterungen), dass eine Bewegung während der Beförderung, durch die die Ausrichtung der Versandstücke verändert wird oder die zu einer Beschädigung der Versandstücke führt, verhindert wird. Wenn gefährliche Güter zusammen mit anderen Gütern (z.B. schwere Maschinen oder Kisten) befördert werden, müssen alle Güter so gesichert oder verpackt werden, dass das Austreten gefährlicher Güter verhindert wird. Die Bewegung der Versandstücke kann auch durch das Auffüllen von Hohlräumen mit Hilfe von Stauhölzern oder durch Blockieren und Verspannen verhindert werden. Wenn Verspannungen wie Bänder oder Gurte verwendet werden, dürfen diese nicht überspannt werden, so dass es zu einer Beschädigung oder Verformung des Versandstücks kommt. Flexible Schüttgut-Container müssen so gestaut werden, dass keine Leerräume zwischen den flexiblen Schüttgut-Containern im Laderaum bestehen. Füllen die flexiblen Schüttgut-Container den Laderaum nicht vollständig aus, müssen angemessene Maßnahmen getroffen werden, um ein Verrutschen der Ladung zu verhindern.

7.1.4.14.1.2 Versandstücke dürfen nicht gestapelt werden, es sei denn, sie sind für diesen Zweck ausgelegt. Wenn verschiedene Arten von Versandstücken, die für eine Stapelung ausgelegt sind, zusammen zu verladen sind, ist auf die gegenseitige Stapelverträglichkeit Rücksicht zu nehmen. Soweit erforderlich müssen gestapelte Versandstücke durch die Verwendung tragender Hilfsmittel gegen eine Beschädigung der unteren Versandstücke geschützt werden. Flexible Schüttgut-Container dürfen in Laderäumen übereinander gestapelt werden, vorausgesetzt, die Stapelhöhe überschreitet nicht drei flexible Schüttgut-Container. Wenn die flexiblen Schüttgut-Container mit Lüftungseinrichtungen ausgerüstet sind, darf die Funktion dieser Einrichtungen nicht durch die Stauung behindert werden.

7.1.4.14.1.3 Während des Ladens und Löschens müssen Versandstücke mit gefährlichen Gütern gegen Beschädigung geschützt werden.

Bem. Besondere Beachtung ist der Handhabung der Versandstücke bei der Vorbereitung zur Beförderung, der Art des Schiffes, mit dem die Versandstücke befördert werden sollen, und der Lade- und Löschmethode zu schenken, so dass eine unbeabsichtigte Beschädigung durch Ziehen der Versandstücke über den Boden oder durch falsche Behandlung der Versandstücke vermieden wird.

7.1.4.14.1.4 Wenn Ausrichtungspfeile vorgeschrieben sind, müssen die Versandstücke und Umverpackungen in Übereinstimmung mit diesen Kennzeichnungen ausgerichtet werden.

Bem. Flüssige gefährliche Güter müssen, sofern dies durchführbar ist, unter trockenen gefährlichen Gütern verladen werden.

7.1.4.14.2 Gefährliche Güter müssen mindestens 1,00 m von Wohnungen, Maschinenräumen, vom Steuerhaus und von Wärmequellen entfernt gestaut werden.

Wenn Wohnungen oder das Steuerhaus über einem Laderaum angeordnet sind, dürfen gefährliche Güter unter diesen Wohnungen oder dem Steuerhaus nicht gestaut werden.

7.1.4.14.3 Versandstücke müssen vor Wärme, Sonnenbestrahlung und Witterungseinflüssen geschützt werden. Dies gilt nicht für Fahrzeuge, Wagen, Tankcontainer, ortsbewegliche Tanks, MEGC und Container.

Versandstücke auf Deck, die nicht in Fahrzeugen, Wagen oder Containern gestaut sind, müssen mit schwer entflammbaren Planen abgedeckt sein. Die Lüftung darf nicht behindert sein.

7

7.1.4.14.4 Gefährliche Güter müssen innerhalb der Laderäume untergebracht sein, jedoch dürfen Stoffe in:
- geschlossenen Containern;
- MEGC;
- gedeckten Fahrzeugen oder gedeckten Wagen;
- Tankcontainern oder ortsbeweglichen Tanks;
- Tankfahrzeugen oder Kesselwagen

auch außerhalb der Laderäume im geschützten Bereich an Deck befördert werden.

7.1.4.14.5 Versandstücke mit gefährlichen Gütern der Klassen 3, 4.1, 4.2, 5.1 oder 8 können an Deck im geschützten Bereich gestaut werden, wenn sie in Fässern, vollwandigen Containern oder vollwandigen Fahrzeugen oder Wagen untergebracht sind. Stoffe der Klasse 2 dürfen an Deck im geschützten Bereich gestaut werden, wenn sie in Flaschen enthalten sind.

7.1.4.14.6 Für Seeschiffe gelten die Stauvorschriften der Unterabschnitte 7.1.4.14.1 bis 7.1.4.14.5 und 7.1.4.14.7 als eingehalten, wenn die Vorschriften des IMDG-Codes und im Falle der Beförderung von gefährlichen Gütern in loser Schüttung die Stauvorschriften des Kapitels 9.3 des IMSBC-Codes erfüllt sind.

7.1.4.14.7 Handhaben und Stauen von radioaktiven Stoffen

Bem. 1. „Kritische Gruppe" ist eine Gruppe der Öffentlichkeit, die in Bezug auf ihre Exposition gegenüber einer vorhandenen Strahlungsquelle und einem vorhandenen Expositionspfad hinreichend homogen ist und die charakteristisch ist für Einzelpersonen, die durch den vorhandenen Expositionspfad von der vorhandenen Strahlungsquelle die höchste effektive Dosis erhalten.

2. „Öffentlichkeit" sind im Allgemeinen alle Einzelpersonen aus der Bevölkerung, ausgenommen solche, die aus beruflichen oder medizinischen Gründen einer Strahlung ausgesetzt sind.

3. „Beschäftigte" sind alle Personen, die entweder in Vollzeit, in Teilzeit oder zeitweise für einen Arbeitgeber beschäftigt sind und die bezüglich des beruflichen Strahlenschutzes Rechte und Pflichten übernommen haben.

7.1.4.14.7.1 Trennung

7.1.4.14.7.1.1 Versandstücke, Umverpackungen, Container, Tanks, Fahrzeuge und Wagen, die radioaktive Stoffe enthalten, und unverpackte radioaktive Stoffe sind während der Beförderung getrennt zu halten:

a) von Beschäftigten in regelmäßig benutzten Arbeitsbereichen:
   i. gemäß nachstehender Tabelle A oder
   ii. durch einen Abstand, der unter Verwendung konservativer Modellparameter so berechnet ist, dass die sich in diesem Bereich aufhaltenden Beschäftigten weniger als 5 mSv pro Jahr erhalten;

Bem. Beschäftigte, die für Zwecke des Strahlenschutzes einer Individualüberwachung unterliegen, müssen für Zwecke der Trennung nicht in Betracht gezogen werden.

b) von Personen der kritischen Gruppe der Öffentlichkeit in Bereichen, zu denen die Öf fentlichkeit regelmäßigen Zugang hat:
   i. gemäß nachstehender Tabelle A oder
   ii. durch einen Abstand, der unter Verwendung konservativer Modellparameter so berechnet ist, dass die sich in diesem Bereich aufhaltenden Personen der kritischen Gruppe weniger als 1 mSv pro Jahr erhalten;

c) von unentwickelten Filmen sowie von Postsäcken:
   i. gemäß nachstehender Tabelle B oder
   ii. durch einen Abstand, der so berechnet ist, dass die Strahlenexposition für unentwickelte Filme bei der Beförderung radioaktiver Stoffe auf 0,1 mSv pro Filmsendung beschränkt ist; und

Bem. Postsäcke müssen so behandelt werden, als ob sie unentwickelte Filme und Fotoplatten enthielten, und müssen daher in gleicher Weise von radioaktiven Stoffen getrennt werden.

d) von anderen gefährlichen Gütern gemäß Unterabschnitt 7.1.4.3.

Tabelle A: Mindestabstände zwischen Versandstücken der Kategorie II-GELB oder III-GELB und Personen

Summe der Transportkennzahlen nicht größer als	Dauer der Exposition pro Jahr (in Stunden)			
	Bereiche, zu denen die Öffentlichkeit keinen regelmäßigen Zugang hat		regelmäßig benutzte Arbeitsbereiche	
	50	250	50	250
	Mindestabstand in Metern, wenn kein abschirmendes Material vorhanden ist			
2	1	3	0,5	1
4	1,5	4	0,5	1,5
8	2,5	6	1,0	2,5
12	3	7,5	1,0	3
20	4	9,5	1,5	4
30	5	12	2	5
40	5,5	13,5	2,5	5,5
50	6,5	15,5	3	6,5

Tabelle B: Mindestabstände zwischen Versandstücken der Kategorie II-Gelb oder III-Gelb und Versandstücken mit der Aufschrift „FOTO" oder Postsäcken

Gesamtzahl der Versandstücke nicht mehr als		Summe der Transportkennzahlen nicht größer als	Dauer der Beförderung oder Lagerung in Stunden							
Kategorie			1	2	4	10	24	48	120	240
GELB-III	GELB-II		Mindestabstand in Metern							
		0,2	0,5	0,5	0,5	0,5	1	1	2	3
		0,5	0,5	0,5	0,5	1	1	2	3	5
	1	1	0,5	0,5	1	1	2	3	5	7
	2	2	0,5	1	1	1,5	3	4	7	9
	4	4	1	1	1,5	3	4	6	9	13
	8	8	1	1,5	2	4	6	8	13	18
1	10	10	1	2	3	4	7	9	14	20
2	20	20	1,5	3	4	6	9	13	20	30
3	30	30	2	3	5	7	11	16	25	35
4	40	40	3	4	5	8	13	18	30	40
5	50	50	3	4	6	9	14	20	32	45

7.1.4.14.7.1.2 Versandstücke oder Umverpackungen der Kategorie II-GELB oder III-GELB dürfen in von Personen besetzten Abteilen nicht befördert werden; ausgenommen hiervon sind Abteile, die für Personen mit einer Genehmigung zur Begleitung solcher Versandstücke oder Umverpackungen reserviert sind.

7.1.4.14.7.1.3 Außer dem Schiffsführer, dem Führer des verladenen Fahrzeugs, den anderen Mitgliedern der Besatzung und den Personen, die sich aus dienstlichen Gründen an Bord befinden, sind auf Schiffen, in denen Versandstücke, Umverpackungen oder Container mit Gefahrzetteln der Kategorie II-GELB oder III-GELB befördert werden, keine anderen Personen zugelassen.

7.1.4.14.7.2 Aktivitätsgrenzwerte

Die Gesamtaktivität darf in einem Laderaum oder einer Abteilung des Schiffes oder in einem anderen Beförderungsmittel zur Beförderung von LSA-Stoffen oder SCO-Gegenständen in Industrieversandstücken Typ 1, Typ 2 oder Typ 3 oder unverpackt die in nachstehender Tabelle C angegebenen Grenzwerte nicht überschreiten.

Tabelle C: Aktivitätsgrenzwerte je Beförderungsmittel für LSA und SCO-Gegenstände in Industrieversandstücken oder unverpackt

Art des Stoffes oder Gegenstandes	Aktivitätsgrenzwerte für andere Beförderungsmittel als Schiffe	Aktivitätsgrenzwerte für einen Laderaum oder eine Abteilung des Schiffes
LSA-I	unbegrenzt	unbegrenzt
LSA-II und LSA-III nicht brennbare feste Stoffe	unbegrenzt	100 A_2
LSA-II und LSA-III brennbare feste Stoffe und alle flüssige Stoffe und Gase	100 A_2	10 A_2
SCO	100 A_2	10 A_2

7.1.4.14.7.3 Verstauung für die Beförderung und Zwischenlagerung

7.1.4.14.7.3.1 Die Sendungen sind sicher zu verstauen.

7.1.4.14.7.3.2 Unter der Voraussetzung, dass der mittlere Wärmefluss an der Oberfläche 15 W/m² nicht überschreitet und die Güter in unmittelbarer Umgebung nicht in Säcken verpackt sind, darf ein Versandstück oder eine Umverpackung ohne besondere Ladevorschriften zusammen mit anderen verpackten Gütern befördert oder gelagert werden, sofern ein Genehmigungszeugnis der zuständigen Behörden nicht ausdrücklich etwas anderes bestimmt.

7.1.4.14.7.3.3 Die folgenden Vorschriften sind beim Beladen der Container und beim Verladen von Versandstücken, Umverpackungen und Containern anzuwenden:

a) Mit Ausnahme der Beförderung unter ausschließlicher Verwendung und der Beförderung von LSA-I-Stoffen ist die Gesamtzahl von Versandstücken, Umverpackungen und Containern in einem Beförderungsmittel so zu begrenzen, dass die Summe der Transportkennzahlen im Beförderungsmittel die in nachstehender Tabelle D aufgeführten Werte nicht überschreitet.

b) Die Dosisleistung unter Routine-Beförderungsbedingungen darf auf der Außenfläche des Beförderungsmittels an keinem Punkt 2 mSv/h und in einem Abstand von 2 m an keinem Punkt 0,1 mSv/h überschreiten, ausgenommen Sendungen unter ausschließlicher Verwendung, für die die Dosisleistungsgrenzwerte in der Umgebung des Beförderungsmittels in Absatz 7.1.4.14.7.3.5 b) und c) festgelegt sind.

c) Die Summe der Kritikalitätssicherheitskennzahlen in einem Container und an Bord eines Beförderungsmittels darf die in nachstehender Tabelle E aufgeführten Werte nicht überschreiten.

Tabelle D: Grenzwerte für die Transportkennzahl je Container und Transportmittel, die nicht unter ausschließlicher Verwendung stehen

Art des Containers oder Beförderungsmittels	Grenzwerte für die Summe der Transportkennzahlen in einem Container oder Transportmittel/Beförderungsmittel
Kleincontainer	50
Großcontainer	50
Fahrzeug oder Wagen	50
Schiff	50

Tabelle E: Grenzwerte für die Kritikalitätssicherheitskennzahlen je Container und Transportmittel mit spaltbaren Stoffen

Art des Containers oder des Beförderungsmittels	Grenzwerte für die Summe der Kritikalitätssicherheitskennzahlen	
	nicht unter ausschließlicher Verwendung	unter ausschließlicher Verwendung
Kleincontainer	50	nicht zutreffend
Großcontainer	50	100
Fahrzeug oder Wagen	50	100
Schiff	50	100

7.1.4.14.7.3.4 Alle Versandstücke oder Umverpackungen mit einer höheren Transportkennzahl als 10 und alle Sendungen mit einer höheren Kritikalitätssicherheitskennzahl als 50 dürfen nur unter ausschließlicher Verwendung befördert werden.

7.1.4.14.7.3.5 Die Dosisleistung darf bei Sendungen, die unter ausschließlicher Verwendung befördert werden, folgende Werte nicht überschreiten:

a) 10 mSv/h an keinem Punkt der Außenflächen von Versandstücken oder Umverpackungen; sie darf 2 mSv/h nur überschreiten, wenn
   i. das Fahrzeug oder der Wagen mit einer Umhüllung ausgerüstet ist, die unter Routine-Beförderungsbedingungen den Zugang Unbefugter in das Innere der Umhüllung verwehrt, und
   ii. Vorkehrungen getroffen worden sind, um das Versandstück oder die Umverpackung so zu befestigen, dass deren Lage innerhalb der Umhüllung des Fahrzeugs oder Wagens während der Routinebeförderung unverändert bleibt, und
   iii. während der Beförderung keine Be- oder Entladung vorgenommen wird;

b) 2 mSv/h an keinem Punkt der Außenfläche des Fahrzeugs oder des Wagens einschließlich der Dach- und Bodenflächen oder bei einem offenen Fahrzeug oder Wagen an keinem Punkt, der sich auf den von den äußeren Kanten des Fahrzeugs oder Wagens projizierten senkrechten Ebenen, der Oberfläche der Ladung und der unteren Außenfläche des Fahrzeugs oder Wagens befindet, und

c) 0,1 mSv/h an keinem Punkt im Abstand von 2,00 m von den senkrechten Flächen, die von den Außenflächen des Fahrzeugs oder Wagens gebildet werden, oder, falls die Ladung auf einem offenen Fahrzeug oder Wagen befördert wird, an keinem Punkt im Abstand von 2,00 m von den durch die äußeren Kanten des Fahrzeugs oder Wagens projizierten senkrechten Ebenen.

7.1.4.14.7.3.6 Versandstücke oder Umverpackungen mit einer höheren Oberflächendosisleistung als 2 mSv/h dürfen, außer wenn sie in oder auf einem Fahrzeug oder Wagen unter ausschließlicher Verwendung befördert werden und an Bord des Schiffes nicht vom Fahrzeug oder Wagen weggenommen werden, mit einem Schiff nur aufgrund einer Sondervereinbarung befördert werden.

7.1.4.14.7.3.7 Die Beförderung von Sendungen mit einem Spezialschiff, das aufgrund seiner Konstruktion oder aufgrund von Verträgen ausschließlich für die Beförderung radioaktiver Stoffe bestimmt ist, ist von den Anforderungen des Absatzes 7.1.4.14.7.3.3 ausgenommen, vorausgesetzt, die nachstehenden Bedingungen werden erfüllt:

a) Für die Beförderung muss ein Strahlenschutzprogramm von der zuständigen Behörde des Flaggenstaates des Schiffes und, auf Verlangen, von der zuständigen Behörde jedes Anlaufhafens genehmigt sein;

b) für die gesamte Reiseroute muss im Voraus ein Stauungsplan erstellt werden, der sämtliche Zuladungen in den Anlaufhäfen enthält; und

c) die Beladung, Beförderung und Entladung der Sendungen muss von Personen beaufsichtigt werden, die für die Beförderung radioaktiver Stoffe qualifiziert sind.

7.1.4.14.7.4 Trennung von Versandstücken mit spaltbaren Stoffen während der Beförderung und Zwischenlagerung

7.1.4.14.7.4.1 Jede Gruppe von Versandstücken, Umverpackungen und Containern, die spaltbare Stoffe enthalten und in einem Lagerbereich zwischengelagert werden, ist so zu begrenzen, dass die Gesamtsumme der Kritikalitätssicherheitskennzahlen in der Gruppe den Wert 50 nicht überschreitet. Jede Gruppe ist so zu lagern, dass von anderen derartigen Gruppen ein Mindestabstand von 6,00 m eingehalten wird.

7.1.4.14.7.4.2 Wenn die Summe der Kritikalitätssicherheitskennzahlen in einem Fahrzeug, Wagen oder Container in Übereinstimmung mit Tabelle E größer ist als 50, so hat die Lagerung so zu erfolgen, dass zu anderen Gruppen von Versandstücken, Umverpackungen oder Containern mit spaltbaren Stoffen oder anderen Fahrzeugen oder Wagen mit radioaktiven Stoffen ein Mindestabstand von 6,00 m eingehalten wird. Der Zwischenraum zwischen den Gruppen darf für andere gefährliche Stoffe gemäß ADN genutzt werden. Die Beförderung von anderen Stoffen zusammen mit Sendungen unter ausschließlicher Verwendung ist gestattet unter der Voraussetzung, dass die Vorkehrungen dafür ausschließlich vom Absender getroffen wurden und die Beförderung nicht aufgrund anderer Vorschriften untersagt ist.

7.1.4.14.7.4.3 Spaltbare Stoffe, die eine der Vorschriften der Absätze a) bis f) des Absatzes 2.2.7.2.3.5 erfüllen, müssen folgenden Anforderungen entsprechen:

a) je Sendung ist nur eine der Vorschriften der Absätze a) bis f) des Absatzes 2.2.7.2.3.5 zugelassen;

b) je Sendung ist nur ein gemäß Absatz 2.2.7.2.3.5 f) zugeordneter, zugelassener spaltbarer Stoff in Versandstücken zugelassen, es sei denn, im Zulassungszeugnis sind mehrere Stoffe zugelassen;

c) gemäß Absatz 2.2.7.2.3.5 c) zugeordnete spaltbare Stoffe in Versandstücken müssen in einer Sendung mit höchstens 45 g spaltbaren Nukliden befördert werden;

d) gemäß Absatz 2.2.7.2.3.5 d) zugeordnete spaltbare Stoffe in Versandstücken müssen in einer Sendung mit höchstens 15 g spaltbaren Nukliden befördert werden;

e) gemäß Absatz 2.2.7.2.3.5 e) zugeordnete unverpackte oder verpackte spaltbare Stoffe müssen in einem Schiff unter ausschließlicher Verwendung mit höchstens 45 g spaltbaren Nukliden befördert werden.

7.1.4.14.7.5 Beschädigte oder undichte Versandstücke, kontaminierte Verpackungen

7.1.4.14.7.5.1 Ist ein Versandstück offensichtlich beschädigt oder undicht oder wird vermutet, dass das Versandstück beschädigt wurde oder undicht war, ist der Zugang zu diesem Versandstück zu beschränken und das Ausmaß der Kontamination und die daraus resultierende Dosisleistung des Versandstücks durch eine qualifizierte Person so schnell wie möglich abzuschätzen. Der Umfang der Abschätzung muss sich auf das Versandstück, das Fahrzeug, den Wagen, das Schiff, die angrenzenden Be- und Entladebereiche und gegebenenfalls auf alle anderen mit dem Schiff beförderten Güter erstrecken. Falls erforderlich, sind zum Schutz von Personen, Eigentum und der Umwelt in Übereinstimmung mit den von der zuständigen Behörde aufgestellten Bestimmungen zusätzliche Maßnahmen zu ergreifen, um die Folgen derartiger Undichtheiten oder Beschädigungen zu beseitigen und zu verringern.

7.1.4.14.7.5.2 Versandstücke, die beschädigt sind oder aus denen radioaktiver Inhalt über die für normale Beförderungsbedingungen zulässigen Grenzwerte hinaus entweicht, dürfen unter Aufsicht zu einem annehmbaren Zwischenlagerplatz gebracht, aber erst weiterbefördert werden, nachdem sie repariert oder instandgesetzt und dekontaminiert worden sind.

7.1.4.14.7.5.3 Regelmäßig für die Beförderung radioaktiver Stoffe verwendete Fahrzeuge, Wagen, Schiffe und Ausrüstungen sind wiederkehrend auf Kontamination zu überprüfen. Die Häufigkeit derartiger Überprüfungen richtet sich nach der Wahrscheinlichkeit einer Kontamination und nach dem Umfang, in dem radioaktive Stoffe befördert werden.

7.1.4.14.7.5.4 Sofern in Absatz 7.1.4.14.7.5.6 nicht anderes vorgesehen ist, müssen alle Schiffe oder Ausrüstungen oder Teile davon, die während der Beförderung radioaktiver Stoffe über die in Absatz 7.1.4.14.7.5.5 festgelegten Grenzwerte hinaus kontaminiert wurden oder auf der Oberfläche eine Dosisleistung von mehr als 5 µSv/h aufweisen, so schnell wie möglich durch eine qualifizierte Person dekontaminiert werden und dürfen nicht wieder verwendet werden, es sei denn, folgende Vorschriften sind erfüllt:

a) die nicht festhaftende Kontamination überschreitet nicht die in Absatz 4.1.9.1.2 des ADR festgelegten Grenzwerte;

b) die aus der festhaftenden Kontamination resultierende Dosisleistung an der Oberfläche ist nicht größer als 5 µSv/h.

7.1.4.14.7.5.5 Für die Anwendung des Absatzes 7.1.4.14.7.5.4 darf die nicht festhaftende Kontamination folgende Grenzwerte nicht überschreiten:

– 4 Bq/cm² für Beta und Gammastrahler sowie Alphastrahler niedriger Toxizität;

– 0,4 Bq/cm² für alle anderen Alphastrahler.

Diese Grenzwerte sind Mittelwerte für jede Fläche von 300 m² eines jeden Teils der Oberfläche.

7.1.4.14.7.5.6 Die für die Beförderung radioaktiver Stoffe unter ausschließlicher Verwendung eingesetzten Schiffe sind von den Vorschriften des Absatzes 7.1.4.14.7.5.4 nur bezüglich ihrer Innenflächen und nur solange ausgenommen, wie es bei dieser speziellen ausschließlichen Verwendung bleibt.

7.1.4.14.7.6 Beschränkung des Wärmeeffekts

7.1.4.14.7.6.1 Kann die Temperatur an den berührbaren Außenflächen des Typ-B (U)- oder des Typ-B (M)-Versandstückes im Schatten 50°C übersteigen, darf die Beförderung nur unter ausschließlicher Verwendung erfolgen; soweit möglich, ist die Außenflächentemperatur auf 85°C zu begrenzen. Dabei dürfen Absperrungen und Trennwände, die zum Schutz des Beförderungspersonals angebracht sind, berücksichtigt werden, ohne dass diese Absperrungen und Trennwände einer Prüfung unterliegen.

7.1.4.14.7.6.2 Kann der mittlere Wärmefluss an der Außenseite eines Typ B (U)- oder B (M)-Versandstücks 15 W/m² übersteigen, müssen die besonderen Stauvorschriften, die in der Zulassung des Versandstückmusters von der zuständigen Behörde angegeben sind, beachtet werden.

7.1.4.14.7.7 Sonstige Vorschriften

Ist weder der Absender noch der Empfänger identifizierbar oder bei Unzustellbarkeit der Sendung, ist diese an einem sicheren Ort zu lagern; die zuständige Behörde ist unverzüglich zu unterrichten und um Weisung für das weitere Vorgehen zu ersuchen.

7.1.4.15 Maßnahmen nach dem Löschen

7.1.4.15.1 Nach dem Löschen müssen die Laderäume kontrolliert und nötigenfalls gereinigt werden. Diese Vorschrift gilt nicht bei der Beförderung in loser Schüttung, wenn die neue Ladung aus dem gleichen Gut besteht wie die vorhergehende.

7.1.4.15.2 Für Stoffe der Klasse 7 siehe auch Absatz 7.1.4.14.7.5.

7.1.4.15.3 Jede CTU oder jeder Laderaum, der für die Beförderung von ansteckungsgefährlichen Stoffen verwendet wurde, muss vor einer Wiederverwendung einer Inspektion unterzogen werden, um festzustellen, ob während der Beförderung ansteckungsgefährliche Stoffe frei geworden sind. Ist dies der Fall, muss die CTU oder der Laderaum vor einer Wiederverwendung dekontaminiert werden. Die Dekontaminierung kann durch jedes Mittel geschehen, das den frei gewordenen ansteckungsgefährlichen Stoff wirksam neutralisiert.

7.1.4.16 Maßnahmen während des Ladens, Beförderns, Löschens und Handhabens der Ladung

Ohne Genehmigung durch die zuständige Behörde ist das Füllen und Entleeren von Gefäßen, Tankfahrzeugen, Kesselwagen, Großpackmitteln (IBC), Großverpackungen, MEGC, ortsbewegliche Tanks oder Tankcontainern auf dem Schiff verboten.

7.1.4.17–7.1.4.40 (bleibt offen)

7.1.4.41 Feuer und offenes Licht

Es ist verboten, Feuer oder offenes Licht zu verwenden, wenn Stoffe und Gegenstände der Klasse 1, Unterklassen 1.1, 1.2, 1.3, 1.5 oder 1.6 an Bord und die Laderäume geöffnet sind, oder wenn die zu ladenden Stoffe sich innerhalb eines Abstands von 50 m vom Schiff befinden.

7.1.4.42–7.1.4.50 (bleibt offen)

7.1.4.51 Elektrische Einrichtungen

Während des Ladens und Löschens von Stoffen und Gegenständen der Klasse 1, Unterklassen 1.1, 1.2, 1.3, 1.5 oder 1.6 dürfen keine Radio- oder Radarsender verwendet werden. Dies gilt nicht für UKW-Sender des Schiffes, in Kränen oder in der Nähe des Schiffes, sofern die Leistung des UKW-Senders 25 W nicht übersteigt und sich kein Teil seiner Antenne innerhalb eines Abstandes von 2,00 m von den vorgenannten Stoffen und Gegenständen befindet.

7.1.4.52 (bleibt offen)

7.1.4.53 **Beleuchtung**

Für das Laden oder Löschen bei Nacht oder schlechter Sicht muss eine wirksame Beleuchtung sichergestellt sein.

Erfolgt die Beleuchtung von Deck aus, hat diese durch gut befestigte elektrische Lampen zu geschehen, die so angebracht sind, dass sie nicht beschädigt werden können.

Sind diese Leuchten an Deck in Zone 2 angeordnet, müssen sie die Anforderungen für den Betrieb in Zone 2 erfüllen.

7.1.4.54–7.1.4.74 (bleibt offen)

7.1.4.75 **Gefahr der Funkenbildung**

Elektrisch leitende Verbindungen zwischen Schiff und Land müssen so beschaffen sein, dass sie keine Zündquelle darstellen. Wenn Stoffe befördert werden, für die in Abschnitt 3.2.1 Tabelle A Spalte (9) der Code EX eingetragen ist, ist im geschützten Bereich das Ablegen von nicht ausreichend ableitfähiger Kleidung verboten.

7.1.4.76 **Kunststofftrossen**

Während des Ladens und Löschens darf das Schiff nur dann mit Kunststofftrossen festgemacht werden, wenn das Abtreiben des Schiffes durch Drahtseile verhindert ist.

Drahtseile mit Kunststoff- oder Naturfaserumwicklungen gelten als gleichwertig, wenn die nach den Regelungen gemäß Unterabschnitt 1.1.4.6 geforderte Mindestbruchkraft allein durch die Stahldrahtlitzen erreicht wird.

Jedoch dürfen Schiffe beim Laden oder Löschen von Containern mit Kunststofftrossen festgemacht werden.

7.1.4.77 **Mögliche Evakuierungsmittel im Notfall**

		Trockenmassengut (Schiff und Leichter)		*Container (Schiff und Leichter) und verpacktes Gut*
		Klasse		*Klasse*
		4.1, 4.2, 4.3	*5.1, 6.1, 7, 8, 9*	*Alle Klassen*
1	Zwei Fluchtwege innerhalb oder außerhalb des geschützten Bereichs in entgegengesetzten Richtungen	•	•	•
2	Ein Fluchtweg außerhalb des geschützten Bereichs und ein Zufluchtsort außerhalb des Schiffs, einschließlich des zu ihm führenden Fluchtwegs am entgegengesetzten Ende	•	•	•
3	Ein Fluchtweg außerhalb des geschützten Bereichs und ein Zufluchtsort auf dem Schiff am entgegengesetzten Ende	•	•	•
4	Ein Fluchtweg außerhalb des geschützten Bereichs und ein Beiboot am entgegengesetzten Ende	•	•	•
5	Ein Fluchtweg außerhalb des geschützten Bereichs und ein Fluchtboot am entgegengesetzten Ende	•	•	•

		Trockenmassengut (Schiff und Leichter)		*Container (Schiff und Leichter) und verpacktes Gut*
		Klasse		*Klasse*
		4.1, 4.2, 4.3	*5.1, 6.1, 7, 8, 9*	*Alle Klassen*
6	Ein Fluchtweg innerhalb des geschützten Bereichs und ein Fluchtweg außerhalb des geschützten Bereichs am entgegengesetzten Ende	•	•	•
7	Ein Fluchtweg innerhalb des geschützten Bereichs und ein Zufluchtsort außerhalb des Schiffs in entgegengesetzter Richtung	•	•	•
8	Ein Fluchtweg innerhalb des geschützten Bereichs und ein Zufluchtsort auf dem Schiff in entgegengesetzter Richtung	•	•	•
9	Ein Fluchtweg innerhalb des geschützten Bereichs und ein Beiboot am entgegengesetzten Ende	•	•	•
10	Ein Fluchtweg innerhalb des geschützten Bereichs und ein Fluchtboot am entgegengesetzten Ende	•	•	•
11	Ein Fluchtweg innerhalb oder außerhalb des geschützten Bereichs und zwei Zufluchtsorte auf dem Schiff an den entgegengesetzten Enden	•	•	•
12	Ein Fluchtweg innerhalb oder außerhalb des geschützten Bereichs und zwei Schutzzonen auf dem Schiff an den entgegengesetzten Enden	•	•	•
13	Ein Fluchtweg außerhalb des geschützten Bereichs	•	•	•
14	Ein Fluchtweg innerhalb des geschützten Bereichs	•	•	•
15	Ein oder mehrere Zufluchtsorte außerhalb des Schiffs, einschließlich des zu ihm führenden Fluchtwegs	•	•	•
16	Ein oder mehrere Zufluchtsorte auf dem Schiff		•	•
17	Ein oder mehrere Fluchtboote	•	•	•
18	Ein Flucht- und ein Evakuierungsboot	•	•	•
19	Ein oder mehrere Evakuierungsboote	•	•	•

• = mögliche Option.

Die zuständigen Behörden können aufgrund der örtlichen Verhältnisse zusätzliche Anforderungen bezüglich der Verfügbarkeit von Evakuierungsmitteln nach lokalem Recht vorschreiben.

7.1.4.78– 7.1.4.99 (bleibt offen)

7.1.5 **Zusätzliche Vorschriften für den Verkehr der Schiffe**

7.1.5.0 **Bezeichnung**

7.1.5.0.1 Schiffe, welche die in Kapitel 3.2 Tabelle A aufgeführten gefährlichen Güter befördern, müssen die in der Spalte 12 dieser Tabelle angegebene Bezeichnung gemäß Kapitel 3 des CEVNI führen.

7.1.5.0.2 Schiffe, welche die in Kapitel 3.2 Tabelle A aufgeführten gefährlichen verpackten Güter ausschließlich in Containern befördern, müssen die blauen Kegel oder Lichter gemäß Spalte 12 dieser Tabelle führen sofern:

- drei blaue Kegel oder dre blaue Lichter gefordert sind, oder
- zwei blaue Kegel oder zwei blaue Lichter gefordert sind, es sich um Stoffe der Klasse 2 handelt oder in Spalte 4 dieser Tabelle die Verpackungsgruppe I angegeben ist und die Bruttomassen dieser Güter zusammen mehr als 30 000 kg betragen, oder
- ein blauer Kegel oder ein blaues Licht gefordert ist, es sich um Stoffe der Klasse 2 handelt oder in Spalte 4 dieser Tabelle die Verpackungsgruppe I angegeben ist und die Bruttomassen dieser Güter zusammen mehr als 130 000 kg betragen.

7.1.5.0.3 Schiffe, welche leere, nicht gereinigte Tanks, Batterie-Fahrzeuge, Batteriewagen oder MEGC befördern, müssen die Bezeichnung gemäß Kapitel 3.2 Tabelle A Spalte 12 führen, wenn diese CTU gefährliche Güter enthielten, für die in dieser Tabelle eine Bezeichnung gefordert wird.

7.1.5.0.4 Wenn ein Schiff unter mehrere Bezeichnungsvorschriften fällt, ist diejenige Bezeichnung zu führen, die nachstehend zuerst genannt ist:

- drei blaue Kegel oder drei blaue Lichter;
- zwei blaue Kegel oder zwei blaue Lichter;
- ein blauer Kegel oder ein blaues Licht.

7.1.5.0.5 Abweichend von Absatz 7.1.5.0.1 und gemäß den Fußnoten zu § 3.14 des CEVNI kann die zuständige Behörde zulassen, dass anstelle der Bezeichnung nach Absatz 7.1.5.0.1 Seeschiffe, die nur zeitweilig in Binnenschifffahrtszonen im Gebiet dieser Vertragspartei verkehren, die Nacht- und Tagbezeichnung verwenden, die in den vom Sicherheitsausschuss der IMO angenommenen Empfehlungen für die Sicherheit der Beförderung gefährlicher Ladungen und vergleichbarer Handlungen in Hafengebieten vorgeschrieben sind (bei Nacht ein von allen Seiten sichtbares festes rotes Licht und bei Tag die Flagge «B» des internationalen Zeichencodes). Die Vertragspartei, die eine solche zeitweilige Abweichung erteilt hat, informiert hierüber den Exekutiv-Sekretär der Wirtschaftskommission der Vereinten Nationen für Europa (UNECE), der sie dem Verwaltungsausschuss zur Kenntnis bringt.

7.1.5.1 **Beförderungsart**

7.1.5.1.1 Die zuständigen Behörden können Beschränkungen bezüglich der Einbeziehung von Schiffen, die gefährliche Güter befördern, in großen Schubverbänden auferlegen.

7.1.5.1.2 Wenn Schiffe Stoffe und Gegenstände der Klasse 1 oder Stoffe der Klasse 4.1 oder 5.2, für die in Kapitel 3.2 Tabelle A Spalte 12 eine Bezeichnung mit drei blauen Kegeln oder drei blauen Lichtern vorgeschrieben ist, oder Stoffe der Klasse 7 (UN-Nummern 2912, 2913, 2915, 2916, 2917, 2919, 2977, 2978 und 3321 bis 3333) befördern, kann die zuständige Behörde Beschränkungen bezüglich der Abmessungen der Verbände oder gekuppelten Schiffe auferlegen.

Zeitweiliger Vorspann ist jedoch gestattet.

7

7.1.5.2 Fahrt der Schiffe

Schiffe, welche Stoffe oder Gegenstände der Klasse 1 oder Stoffe der Klasse 4.1 oder 5.2 befördern, für die in Kapitel 3.2 Tabelle A Spalte 12 eine Bezeichnung mit drei blauen Kegeln oder drei blauen Lichtern vorgeschrieben ist, müssen während der Fahrt, soweit möglich, einen Abstand von mindestens 50 m von jedem anderen Schiff einhalten.

7.1.5.3 Festmachen

Schiffe müssen sicher, jedoch so festgemacht sein, dass sie bei Gefahr rasch losgemacht werden können und dass elektrische Leitungen nicht gequetscht oder geknickt werden und keinen Zugbeanspruchungen ausgesetzt sind.

7.1.5.4 Stillliegen

7.1.5.4.1 Schiffe, die gefährliche Güter befördern, dürfen nicht in geringerer Entfernung von anderen Schiffen stillliegen als in den in Unterabschnitt 1.1.4.6 genannten Vorschriften vorgeschrieben.

7.1.5.4.2 An Bord stillliegender Schiffe, die nach Kapitel 3.2 Tabelle A Spalte 12 eine Bezeichnung führen müssen, muss sich ständig ein Sachkundiger nach Unterabschnitt 8.2.1.2 aufhalten. Die zuständige Behörde kann jedoch die Schiffe, die in einem Hafenbecken oder an dafür zugelassenen Stellen stillliegen, von dieser Verpflichtung befreien.

7.1.5.4.3 Außerhalb der von der örtlich zuständigen Behörde besonders angegebenen Liegeplätze darf beim Stillliegen der nachstehende Abstand nicht unterschritten werden:

- 100 m von geschlossenen Wohngebieten, Ingenieurbauwerken und Tanklagern, wenn das Schiff nach Kapitel 3.2 Tabelle A Spalte 12 eine Bezeichnung mit einem blauen Kegel oder einem blauen Licht führen muss,
- 100 m von Ingenieurbauwerken und Tanklagern und 300 m von geschlossenen Wohngebieten, wenn das Schiff nach Kapitel 3.2 Tabelle A Spalte 12 eine Bezeichnung mit zwei blauen Kegeln oder zwei blauen Lichtern führen muss,
- 500 m von geschlossenen Wohngebieten, Ingenieurbauwerken und Tanklagern, wenn das Schiff nach Kapitel 3.2 Tabelle A Spalte 12 eine Bezeichnung mit drei blauen Kegeln oder drei blauen Lichtern führen muss.

Während des Wartens vor Schleusen oder Brücken ist es zulässig, geringere Abstände als die oben genannten einzuhalten. Der Abstand darf in keinem Fall weniger als 100 m betragen.

7.1.5.4.4 Die zuständige Behörde kann unter Berücksichtigung der örtlichen Verhältnisse geringere als die in Absatz 7.1.5.4.3 genannten Abstände zulassen.

7.1.5.5 Anhalten der Schiffe

Wenn der Verkehr eines Schiffes, das Stoffe oder Gegenstände der Klasse 1 oder Stoffe der Klasse 4.1 oder 5.2 befördert, für die in Kapitel 3.2 Tabelle A Spalte 12 eine Bezeichnung mit drei blauen Kegeln oder drei blauen Lichtern vorgeschrieben ist, gefährlich zu werden droht,

- sei es infolge äußerer Einflüsse (ungünstige Wetterbedingungen, ungünstige Bedingungen der Wasserstraße usw.),
- sei es infolge von Umständen, die mit dem Schiff selbst zusammenhängen (Unfall oder Zwischenfall),

muss das Schiff, unbeschadet der Vorschriften gemäß des Unterabschnitts 7.1.5.4 an einer geeigneten und von Wohnhäusern, Häfen, Ingenieurbauwerken oder Lagern für Gase oder entzündbare Flüssigkeiten möglichst weit entfernten Stelle anhalten.

Die zuständige Behörde muss unverzüglich benachrichtigt werden.

7.1.5.6–7.1.5.7 (bleibt offen)

7.1.5.8 Meldepflicht

7.1.5.8.1 In den Ländern, in denen eine Meldepflicht besteht, muss der Schiffsführer die Angaben gemäß Absatz 1.1.4.6.1 machen.

7.1.5.8.2 (gestrichen)

7.1.5.8.3 (gestrichen)

7.1.5.8.4 (gestrichen)

7.1.5.9–7.1.5.99 (bleibt offen)

7.1.6 Zusätzliche Anforderungen

7.1.6.1–7.1.6.10 (bleibt offen)

7.1.6.11 Beförderung in loser Schüttung

Die folgenden zusätzlichen Anforderungen müssen erfüllt werden, wenn sie in Kapitel 3.2 Tabelle A Spalte 11 erwähnt werden:

CO01: Die Innenflächen der Laderäume müssen so ausgekleidet oder behandelt sein, dass sie schwer entflammbar sind und eine Durchtränkung mit Ladegut ausgeschlossen ist.

CO02: Alle Teile der Laderäume und die Lukenabdeckungen, die mit diesen Stoffen in Berührung kommen können, müssen aus Metall oder aus Holz mit einer spezifischen Dichte von mindestens 0,75 kg/dm^3 (lufttrocken) hergestellt sein.

CO03: Die Innenflächen der Laderäume müssen so ausgekleidet oder behandelt sein, dass Korrosion ausgeschlossen ist.

ST01: Dieser Stoff muss stabilisiert sein und diese Stabilisierung muss den auf ammoniumnitrathaltige Düngemittel bezogenen Vorschriften des IMSBC-Codes entsprechen. Die erfolgte Stabilisierung ist durch den Absender im Beförderungspapier zu bestätigen.

In den Staaten, in deren dies erforderlich ist, ist die Beförderung dieses Stoffes in loser Schüttung nur mit Zustimmung der zuständigen Behörde zulässig.

ST02: Die Beförderung dieser Stoffe in loser Schüttung ist nur zulässig, wenn mit Hilfe des Trog-Testes nach Unterabschnitt 38.2 des Handbuchs Prüfungen und Kriterien festgestellt wurde, dass die Fortpflanzungsrate der selbstunterhaltenden fortschreitenden Zersetzung nicht mehr als 25 cm/h beträgt.

RA01: Die Beförderung dieser Stoffe in loser Schüttung ist nur zugelassen, wenn:

a) bei allen Stoffen, mit Ausnahme von Naturerzen, die Beförderung unter ausschließlicher Verwendung erfolgt und unter normalen Beförderungsbedingungen kein Entweichen des Inhalts und kein Verlust der Abschirmung auf dem Schiff eintreten kann; oder

b) bei Naturerzen die Beförderung unter ausschließlicher Verwendung erfolgt.

RA02 Die Beförderung dieser Stoffe in loser Schüttung ist nur zugelassen, wenn:

a) sie so in einem Schiff befördert werden, dass unter normalen Beförderungsbedingungen kein Entweichen des Inhalts und kein Verlust der Abschirmung eintritt;

b) sie unter ausschließlicher Verwendung befördert werden, wenn an den berührbaren und an den unzugänglichen Oberflächen die Kontamination für Beta- und Gammastrahler und Alphastrahler niedriger Toxizität 4 Bq/cm^2 (10^{-4} $\mu Ci/cm^2$) oder für alle anderen Alphastrahler 0,4 Bq/cm^2 (10^{-5} $\mu Ci/cm^2$) überschreitet;

c) Maßnahmen getroffen werden, um sicherzustellen, dass der radioaktive Stoff nicht im Schiff freigesetzt wird, wenn vermutet wird, dass die nicht fest haftende Kontamination auf den unzugänglichen Oberflächen 4 Bq/cm^2 (10^{-4} $\mu Ci/cm^2$) für Beta- und Gammastrahler und Alphastrahler niedriger Toxizität oder 0,4 Bq/cm^2 (10^{-5} $\mu Ci/cm^2$) für alle anderen Alphastrahler überschreitet.

Oberflächenkontaminierte Gegenstände der Gruppe SCO-II dürfen nicht in loser Schüttung befördert werden.

RA03: *Zusammengefasst mit RA02*

7.1.6.12 Lüftung

Die folgenden zusätzlichen Anforderungen müssen erfüllt werden, wenn sie in Kapitel 3.2 Tabelle A Spalte 10 erwähnt werden:

VE01: Laderäume, die diese Stoffe enthalten, müssen mit der vollen Leistung der Ventilatoren gelüftet werden, wenn nach Messung festgestellt wird, dass die Konzentration an von aus der Ladung herrührenden entzündbaren Gasen und Dämpfen 10 % der UEG übersteigt. Diese Messung ist sofort nach dem Beladen durchzuführen. Eine Kontrollmessung muss nach einer Stunde wiederholt werden. Diese Messergebnisse müssen schriftlich festgehalten werden.

VE02: Laderäume, die diese Stoffe enthalten, müssen mit der vollen Leistung der Ventilatoren gelüftet werden, wenn nach Messung festgestellt wird, dass die Laderäume nicht frei von aus der Ladung herrührenden giftigen Gasen und Dämpfen sind. Diese Messung ist sofort nach dem Beladen durchzuführen. Eine Kontrollmessung muss nach einer Stunde wiederholt werden. Diese Messergebnisse müssen schriftlich festgehalten werden. Abweichend davon müssen auf Schiffen, welche gefährliche Güter nur in Containern in offenen Laderäumen befördern, diese Laderäume nur dann mit der vollen Leistung der Ventilatoren gelüftet werden, wenn ein Verdacht besteht, dass sie nicht frei von aus der Ladung herrührenden giftigen Gasen und Dämpfen sind. Vor dem Löschen muss der Entlader über den Verdacht informiert werden.

VE03: Räume, wie Laderäume, Wohnungen und Maschinenräume, die an einen Laderaum angrenzen, der diese Stoffe enthält, müssen gelüftet werden.

Die Laderäume, die diese Stoffe enthalten haben, müssen nach dem Löschen zwangsbelüftet werden.

Nach dem Belüften muss die Konzentration von aus der Ladung herrührenden entzündbaren oder giftigen Gasen und Dämpfen in diesen Laderäumen gemessen werden.

Diese Messergebnisse müssen schriftlich festgehalten werden.

VE04: Werden Druckgaspackungen gemäß Sondervorschrift 327 des Kapitels 3.3 für Wiederaufarbeitungs- oder Entsorgungszwecke befördert, sind die Sondervorschriften VE01 und VE02 anwendbar.

7.1.6.13 Maßnahmen vor dem Laden

Die folgenden zusätzlichen Anforderungen müssen erfüllt werden, wenn sie in Kapitel 3.2 Tabelle A Spalte 11 erwähnt werden:

LO01: Vor dem Laden dieser Stoffe oder Gegenstände muss sichergestellt sein dass im Innern des Laderaums metallene Gegenstände, die kein integrierter Bestandteil des Schiffes sind, nicht vorhanden sind.

LO02: Das Laden dieser Stoffe in loser Schüttung darf nur dann stattfinden, wenn ihre Temperatur nicht höher als 55°C ist.

LO03: Vor dem Laden dieser Stoffe in loser Schüttung oder unverpackt, muss sichergestellt sein dass die entsprechenden Laderäumen so trocken wie möglich sind.

LO04: Vor dem Laden dieser Stoffe in loser Schüttung, muss sichergestellt sein, dass im Innern des Laderaums keine losen organischen Materialien vorhanden sind.

LO05: Vor der Beförderung der Druckgefäße ist sicherzustellen, dass sich der Druck infolge einer potentiellen Wasserstoffbildung nicht erhöht hat.

7.1.6.14 Handhaben und Stauen der Ladung

Die folgenden zusätzlichen Anforderungen müssen erfüllt werden, wenn sie in Kapitel 3.2 Tabelle A Spalte 11 erwähnt werden:

HA01: Diese Stoffe oder Gegenstände müssen mindestens 3,00 m von Wohnungen, Maschinenräumen, vom Steuerhaus und von Wärmequellen entfernt gestaut werden.

HA02: Diese Stoffe oder Gegenstände müssen mindestens 2,00 m von den senkrechten Ebenen, die mit den Seitenwänden des Schiffes zusammenfallen, entfernt gestaut werden.

HA03: Bei der Handhabung dieser Stoffe oder Gegenstände muss Reibung, Stoß, Erschütterung, Umkippen und Sturz vermieden werden.

Alle sich im gleichen Laderaum befindenden Versandstücke müssen so gestaut und verkeilt werden, dass Erschütterungen und Reibungen während der Beförderung ausgeschlossen sind.

Es ist verboten, Versandstücke, die diese Stoffe oder Gegenstände enthalten, mit ungefährlichen Stoffen zu überstapeln.

Beim Zusammenladen dieser Stoffe oder Gegenstände im gleichen Laderaum müssen diese nach allen anderen geladen und vor allen anderen gelöscht werden.

Das Laden nach allen anderen und das Löschen vor allen anderen beim Zusammenladen dieser Stoffe oder Gegenstände im gleichen Laderaum ist nicht erforderlich, wenn diese Stoffe oder Gegenstände in Containern enthalten sind.

Während diese Stoffe oder Gegenstände geladen oder gelöscht werden, dürfen andere Laderäume nicht beladen oder gelöscht und Brennstofftanks nicht befüllt oder entleert werden. Die zuständige Behörde kann Ausnahmen zulassen.

HA04: *Zusammengefasst mit HA03*

HA05: *Zusammengefasst mit HA03*

HA06: *Zusammengefasst mit HA03*

HA07: Es ist verboten, diese Stoffe in loser Schüttung oder unverpackt zu laden oder zu löschen, wenn die Gefahr besteht, dass die Stoffe durch Witterungseinflüsse nass werden.

HA08: Wenn die Versandstücke, die diese Güter enthalten, nicht in einem Container enthalten sind, müssen sie auf Lattenroste gesetzt und mit undurchlässigen Planen abgedeckt werden, die so angebracht sind, dass das Wasser nach außen abfließt und die Lüftung nicht behindert wird.

HA09: Bei der Beförderung dieser Stoffe in loser Schüttung dürfen im gleichen Laderaum keine brennbaren Stoffe gestaut werden.

HA10: Diese Stoffe müssen an Deck im geschützten Bereich gestaut werden. Für Seeschiffe gelten diese Stauvorschriften als eingehalten, wenn die Vorschriften des IMDG-Codes erfüllt sind.

7.1.6.15 (bleibt offen)

7.1.6.16 Maßnahmen während des Ladens, Beförderns, Löschens und Handhabens der Ladung

Die folgenden zusätzlichen Anforderungen müssen erfüllt werden, wenn sie in Kapitel 3.2 Tabelle A Spalte 11 erwähnt werden:

IN01: Nach dem Laden und Löschen dieser Stoffe in loser Schüttung oder unverpackt und vor dem Verlassen der Umschlagstelle muss vom Verlader oder vom Entlader oder von einem Sachkundigen nach Unterabschnitt 8.2.1.2 in den Wohnungen, Maschinenräumen und angrenzenden Laderäumen die Konzentration von aus der Ladung herrührenden entzündbaren Gasen und Dämpfen mit einem Gasspürgerät gemessen werden. Die Messergebnisse müssen schriftlich festgehalten werden.

Bevor Personen die Laderäume betreten und vor dem Löschen muss die Konzentration von aus der Ladung herrührenden entzündbaren Gasen und Dämpfen vom Entlader der Ladung oder von einem Sachkundigen nach Unterabschnitt 8.2.1.2 gemessen werden. Die Messergebnisse müssen schriftlich festgehalten werden.

Der Laderaum darf erst betreten und mit dem Löschen darf erst begonnen werden, wenn die Konzentration von aus der Ladung herrührenden entzündbaren Gasen und Dämpfen im freien Luftraum über der Ladung unter 50 % der UEG liegt.

Liegt in diesen Räumen die Konzentration von aus der Ladung herrührenden entzündbaren Gasen und Dämpfen nicht unter 50 % der UEG, müssen durch den Verlader, den Entlader oder den Schiffsführer die für die Sicherheit notwendigen Sofortmaßnahmen getroffen werden.

IN02: Wenn ein Laderaum diese Stoffe in loser Schüttung oder unverpackt enthält, muss in allen anderen Räumen des Schiffes, die von der Besatzung betreten werden, die Konzentration von aus der Ladung herrührenden giftigen Gasen und Dämpfen mindestens einmal in acht Stunden mit einem Toximeter gemessen werden. Die Messergebnisse müssen schriftlich festgehalten werden.

IN03: Wenn ein Laderaum diese Stoffe in loser Schüttung oder unverpackt enthält, muss der Schiffsführer sich täglich an den Lenzbrunnen oder Pumpenrohren davon überzeugen, dass in die Laderaumbilgen kein Wasser eingedrungen ist.

Wenn in die Laderaumbilgen Wasser eingedrungen ist, muss dieses unverzüglich entfernt werden.

7.1.6.17– 7.1.6.99 (bleibt offen)

7.1.7 Besondere Vorschriften für die Beförderung selbstzersetzlicher Stoffe der Klasse 4.1, organischer Peroxide der Klasse 5.2 und anderer Stoffe (als selbstzersetzliche Stoffe und organische Peroxide), die durch Temperaturkontrolle stabilisiert werden

7.1.7.1 Alle selbstzersetzlichen Stoffe, organischen Peroxide und polymerisierenden Stoffe dürfen keiner direkten Sonneneinstrahlung und keinen Wärmequellen ausgesetzt sein und müssen an ausreichend belüfteten Stellen abgestellt sein.

7.1.7.2 Wenn in einen Container oder ein geschlossenes Fahrzeug mehrere Versandstücke zusammen verladen werden, darf die Gesamtmenge des Stoffes, die Art und die Anzahl der Versandstücke und die Anordnung in Stapeln keine Explosionsgefahr verursachen.

7.1.7.3 Vorschriften für die Temperaturkontrolle

7.1.7.3.1 Diese Vorschriften gelten für bestimmte selbstzersetzliche Stoffe, sofern dies gemäß Absatz 2.2.41.1.17 vorgeschrieben ist, für bestimmte organische Peroxide, sofern dies gemäß Absatz 2.2.52.1.15 vorgeschrieben ist, und für bestimmte polymerisierende Stoffe, sofern dies gemäß Absatz 2.2.41.1.21 oder gemäß Kapitel 3.3 Sondervorschrift 386 vorgeschrieben ist, die nur unter Bedingungen befördert werden dürfen, bei denen die Temperatur kontrolliert wird.

7.1.7.3.2 Diese Vorschriften gelten auch für die Beförderung von Stoffen, bei denen:

a) die offizielle Benennung für die Beförderung in Kapitel 3.2 Tabelle A Spalte (2) oder gemäß Unterabschnitt 3.1.2.6 den Ausdruck „STABILISIERT" enthält und

b) die für den Stoff (mit oder ohne chemische Stabilisierung) im zur Beförderung aufgegebenen Zustand bestimmte SADT oder SAPT

(i) höchstens 50 °C für Einzelverpackungen und Großpackmittel (IBC) oder

(ii) höchstens 45 °C für Tanks

beträgt.

Wenn zur Stabilisierung eines reaktiven Stoffes, der unter normalen Beförderungsbedingungen gefährliche Mengen Wärme und Gase oder Dämpfe erzeugen kann, keine chemische Stabilisierung verwendet wird, muss dieser Stoff unter Temperaturkontrolle befördert werden. Diese Vorschriften gelten nicht für Stoffe, die durch Hinzufügen chemischer Inhibitoren stabilisiert werden, so dass die SADT oder SAPT höher ist als in Absatz b) (i) oder (ii) vorgeschrieben.

7.1.7.3.3 Wenn ein selbstzersetzlicher Stoff, ein organisches Peroxid oder ein Stoff, dessen offizielle Benennung für die Beförderung den Ausdruck „STABILISIERT" enthält und der normalerweise nicht unter Temperaturkontrolle befördert werden muss, unter Bedingungen befördert wird, bei denen die Temperatur 55 °C übersteigen kann, kann darüber hinaus eine Temperaturkontrolle erforderlich sein.

7.1.7.3.4 Die „Kontrolltemperatur" ist die höchste Temperatur, bei der der Stoff sicher befördert werden kann. Es wird davon ausgegangen, dass die Temperatur in der unmittelbaren Umgebung des Versandstücks während der Beförderung 55 °C nicht übersteigt und diesen Wert nur während eines relativ kurzen Zeitraums innerhalb von jeweils 24 Stunden erreicht. Bei Ausfall der Temperaturkontrolle kann es erforderlich werden, Notfallmaßnahmen zu ergreifen. Die „Notfalltemperatur" ist die Temperatur, bei der diese Maßnahmen einzuleiten sind.

7.1.7.3.5 Ableitung von Kontroll- und Notfalltemperatur

Art des Gefäßes	SADT[a)]/SAPT[a)]	Kontrolltemperatur	Notfalltemperatur
Einzelverpackungen und Großpackmittel (IBC)	≤ 20 °C	20 °C unter SADT/SAPT	10 °C unter SADT/SAPT
	> 20 °C ≤ 35 °C	15 °C unter SADT/SAPT	10 °C unter SADT/SAPT
	> 35 °C	10 °C unter SADT/SAPT	5 °C unter SADT/SAPT
Tanks	≤ 45 °C	10 °C unter SADT/SAPT	5 °C unter SADT/SAPT

a) Die Temperatur der selbstbeschleunigenden Zersetzung (SADT) oder die Temperatur der selbstbeschleunigenden Polymerisation (SAPT) des für die Beförderung verpackten Stoffes.

7.1.7.3.6 Die Kontrolltemperatur und die Notfalltemperatur werden unter Verwendung der Tabelle in Absatz 7.1.7.3.5 von der SADT oder der SAPT abgeleitet, die als die niedrigsten Temperaturen definiert sind, bei denen bei einem Stoff in den für die Beförderung verwendeten Verpackungen, Großpackmitteln (IBC) oder Tanks eine selbstbeschleunigende Zersetzung oder Polymerisation auftreten kann. Die SADT oder SAPT wird ermittelt, um zu entscheiden, ob ein Stoff unter Temperaturkontrolle befördert werden muss. Vorschriften für die Bestimmung der SADT und der SAPT sind im Handbuch Prüfung und Kriterien Teil II Abschnitt 28 enthalten.

7.1.7.3.7 Kontroll- und Notfalltemperaturen sind, sofern zutreffend, für die momentan zugeordneten selbstzersetzlichen Stoffe in Unterabschnitt 2.2.41.4 und für die momentan zugeordneten Zubereitungen organischer Peroxide in Unterabschnitt 2.2.52.4 angegeben.

7.1.7.3.8 Die tatsächliche Beförderungstemperatur darf niedriger als die Kontrolltemperatur sein, muss aber so gewählt werden, dass eine gefährliche Phasentrennung vermieden wird.

7.1.7.4 **Beförderung unter Temperaturkontrolle**

7.1.7.4.1 Die Aufrechterhaltung der vorgeschriebenen Temperatur ist von wesentlicher Bedeutung für die sichere Beförderung von Stoffen, die durch Temperaturkontrolle stabilisiert werden. Im Allgemeinen ist Folgendes erforderlich:

a) eine sorgfältige Inspektion der Güterbeförderungseinheit vor dem Beladen;
b) Hinweise für den Beförderer über den Betrieb des Kühlsystems, einschließlich einer Liste der an der Fahrstrecke gelegenen Kühlmittellieferanten;
c) Verfahren, die bei Ausfall der Temperaturkontrolle zu befolgen sind;
d) die regelmäßige Überwachung der Betriebstemperaturen und
e) die Verfügbarkeit eines Reservekühlsystems oder von Ersatzteilen.

7.1.7.4.2 Alle Kontrolleinrichtungen und Temperaturmesseinrichtungen des Kühlsystems müssen leicht zugänglich und alle elektrischen Verbindungen müssen witterungsbeständig sein. Die Lufttemperatur im Inneren der Güterbeförderungseinheit muss mit zwei voneinander unabhängigen Messfühlern gemessen werden und die Daten müssen so aufgezeichnet werden, dass jede Temperaturänderung leicht festgestellt werden kann. Die Temperatur muss alle vier bis sechs Stunden kontrolliert und aufgezeichnet werden. Wenn Stoffe mit einer Kontrolltemperatur von weniger als +25 °C befördert werden, muss die Güterbeförderungseinheit mit einem optischen und akustischen Alarm ausgerüstet sein, der unabhängig vom Kühlsystem mit Energie versorgt wird und bei oder unter der Kontrolltemperatur anspricht.

7.1.7.4.3 Wenn während der Beförderung die Kontrolltemperatur überschritten wird, muss ein Alarmverfahren eingeleitet werden, das gegebenenfalls eine notwendige Reparatur der Kühlanlage oder eine Erhöhung der Kühlkapazität (z.B. durch Hinzufügen flüssiger oder fester Kühlmittel) umfasst. Außerdem muss die Temperatur häufig kontrolliert werden und es müssen Vorkehrungen für Notfallmaßnahmen getroffen werden. Wird die Notfalltemperatur erreicht, müssen die Notfallmaßnahmen eingeleitet werden.

7.1.7.4.4 Die Eignung einer bestimmten Temperaturkontrolleinrichtung für die Beförderung ist abhängig von verschiedenen Faktoren. Zu betrachtende Faktoren sind unter anderem:

a) die Kontrolltemperatur(en) des (der) zu befördernden Stoffes (Stoffe);
b) die Differenz zwischen der Kontrolltemperatur und den zu erwartenden Umgebungstemperaturbedingungen;
c) die Wirksamkeit der Wärmedämmung;
d) die Beförderungsdauer und
e) die Berücksichtigung einer Sicherheitsreserve für Verzögerungen.

7.1.7.4.5 Geeignete Methoden zur Vermeidung der Überschreitung der Kontrolltemperatur sind in der Reihenfolge zunehmender Wirksamkeit:

a) Wärmedämmung, vorausgesetzt, die Anfangstemperatur des (der) zu befördernden Stoffes (Stoffe) liegt in ausreichendem Maße unter der Kontrolltemperatur;

b) Wärmedämmung mit Kältespeicher, vorausgesetzt:

(i) eine ausreichende Menge nicht entzündbaren Kühlmittels (z. B. flüssiger Stickstoff oder Trockeneis) unter Berücksichtigung einer angemessenen Reserve für Verzögerungen wird mitgeführt oder eine Nachschubmöglichkeit ist sichergestellt;

(ii) als Kühlmittel wird weder flüssiger Sauerstoff noch flüssige Luft verwendet;

(iii) eine gleichbleibende Kühlwirkung ist auch dann gewährleistet, wenn der größte Teil des Kühlmittels verbraucht ist, und

(iv) auf der Tür (den Türen) der Beförderungseinheit befindet sich ein deutlich sichtbarer Warnhinweis, dass die Beförderungseinheit vor dem Betreten belüftet werden muss;

c) Wärmedämmung und eine einzelne Kühlmaschine, vorausgesetzt, für zu befördernde Stoffe mit einem Flammpunkt, der niedriger ist als die um 5 °C erhöhte Notfalltemperatur, wird innerhalb des Kühlraums eine explosionsgeschützte elektrische Ausrüstung EEx IIB T3 verwendet, um die Entzündung der von den Stoffen freigesetzten entzündbaren Dämpfe zu vermeiden;

d) Wärmedämmung und eine Kombination aus einer Kältemaschine und einem Kältespeicher, vorausgesetzt,

(i) die beiden Systeme sind voneinander unabhängig und

(ii) die Vorschriften der Absätze b) und c) sind erfüllt;

e) Wärmedämmung und doppelt vorhandene Kältemaschinen, vorausgesetzt,

(i) beide Systeme sind, abgesehen von der gemeinsamen Stromversorgung, voneinander unabhängig;

(ii) jedes System kann allein eine ausreichende Temperaturkontrolle aufrechterhalten und

(iii) für zu befördernde Stoffe mit einem Flammpunkt, der niedriger ist als die um 5 °C erhöhte Notfalltemperatur, wird innerhalb des Kühlraums eine explosionsgeschützte elektrische Ausrüstung EEx IIB T3 verwendet, um die Entzündung der von den Stoffen freigesetzten entzündbaren Dämpfe zu vermeiden.

7.1.7.4.6 Die in Absatz 7.1.7.4.5 d) und e) beschriebenen Methoden dürfen für alle organischen Peroxide, selbstzersetzlichen Stoffe und polymerisierenden Stoffe angewendet werden.

Die in Absatz 7.1.7.4.5 c) beschriebene Methode darf für organische Peroxide und selbstzersetzliche Stoffe der Typen C, D, E und F und, wenn die zu erwartende höchste Umgebungstemperatur während der Beförderung die Kontrolltemperatur um nicht mehr als 10 °C übersteigt, für organische Peroxide und selbstzersetzliche Stoffe des Typs B sowie für polymerisierende Stoffe angewendet werden.

Die in Absatz 7.1.7.4.5 b) beschriebene Methode darf für organische Peroxide und selbstzersetzliche Stoffe der Typen C, D, E und F sowie für polymerisierende Stoffe angewendet werden, wenn die während der Beförderung zu erwartende höchste Umgebungstemperatur die Kontrolltemperatur um nicht mehr als 30 °C übersteigt.

Die in Absatz 7.1.7.4.5 a) beschriebene Methode darf für organische Peroxide und selbstzersetzliche Stoffe der Typen C, D, E und F sowie für polymerisierende Stoffe angewendet werden, wenn die zu während der Beförderung zu erwartende höchste Umgebungstemperatur mindestens 10 °C niedriger ist als die Kontrolltemperatur.

7.1.7.4.7 Wenn die Stoffe in Fahrzeugen oder Containern mit Wärmedämmung, Kältespeicher oder Kälte-/Kühlmaschine befördert werden müssen, müssen diese Fahrzeuge oder Container den Vorschriften des Kapitels 9.6 des ADR entsprechen.

7.1.7.4.8 Wenn die Stoffe in mit Kühlmitteln befüllten Schutzverpackungen enthalten sind, sind sie in gedeckte oder bedeckte Fahrzeuge oder in geschlossene oder bedeckte Container zu verladen. Bei Verwendung von gedeckten Fahrzeugen oder geschlossenen Containern muss eine ausreichende Belüftung sichergestellt sein. Bedeckte Fahrzeuge und Container müssen mit Seitenwänden und einer Rückwand versehen sein. Die Plane dieser Fahrzeuge und Container muss aus einem undurchlässigen und nicht brennbaren Werkstoff bestehen.

7.1.7.5–7.1.9.99 (bleibt offen)

7.2.0 Allgemeine Vorschriften

7.2.0.1 Die Vorschriften der Abschnitte 7.2.0 bis 7.2.5 gelten für Tankschiffe.

7.2.0.2– 7.2.0.99 (bleibt offen)

7.2.1 Beförderungsart

7.2.1.1– 7.2.1.20 (bleibt offen)

7.2.1.21 Beförderung in Ladetanks

7.2.1.21.1 Die Stoffe, ihre Zuordnung zu den einzelnen Schiffstypen und besondere Bedingungen, unter denen sie in diesen Tankschiffen befördert werden dürfen, sind in Kapitel 3.2 Tabelle C enthalten.

7.2.1.21.2 Ein Stoff, der nach den Angaben in Kapitel 3.2 Tabelle C Spalte 6 in einem Schiff des Typs N offen zu befördern ist, darf auch in einem Schiff des Typs N offen mit Flammendurchschlagsicherung, N geschlossen, C oder G befördert werden, sofern mindestens die Beförderungsbedingungen des vorgeschriebenen Typs N offen und auch alle anderen gemäß Kapitel 3.2 Tabelle C für diesen Stoff geforderten Beförderungsbedingungen eingehalten sind.

7.2.1.21.3 Ein Stoff, der nach den Angaben in Kapitel 3.2 Tabelle C Spalte 6 in einem Schiff des Typs N offen mit Flammendurchschlagsicherung zu befördern ist, darf auch in einem Schiff des Typs N geschlossen, C oder G befördert werden, sofern mindestens die Beförderungsbedingungen des vorgeschriebenen Typs N offen mit Flammendurchschlagsicherung und auch alle anderen gemäß Kapitel 3.2 Tabelle C für diesen Stoff geforderten Beförderungsbedingungen eingehalten sind.

7.2.1.21.4 Ein Stoff, der nach den Angaben in Kapitel 3.2 Tabelle C Spalte 6 in einem Schiff des Typs N geschlossen zu befördern ist, darf auch in einem Schiff des Typs C oder G befördert werden, sofern mindestens die Beförderungsbedingungen des vorgeschriebenen Typs N geschlossen und auch alle anderen gemäß Kapitel 3.2 Tabelle C für diesen Stoff geforderten Beförderungsbedingungen eingehalten sind.

7.2.1.21.5 Ein Stoff, der nach den Angaben in Kapitel 3.2 Tabelle C Spalte 6 in einem Schiff des Typs C zu befördern ist, darf auch in einem Schiff des Typs G befördert werden, sofern mindestens die Beförderungsbedingungen des vorgeschriebenen Typs C eingehalten und auch alle anderen gemäß Kapitel 3.2 Tabelle C für diesen Stoff geforderten Beförderungsbedingungen eingehalten sind.

7.2.1.21.6 Die öl- und fetthaltigen Schiffsbetriebsabfälle dürfen nur in feuerbeständigen Behältern mit Deckel oder in Ladetanks befördert werden.

7.2.1.21.7 Ein Stoff, der nach den Angaben in Kapitel 3.2 Tabelle C Spalte 8 in einem Ladetanktyp 2 (integraler Ladetank) zu befördern ist, darf auch in einem Ladetanktyp 1 (unabhängiger Ladetank) oder Ladetanktyp 3 (Ladetankwandung nicht Außenhaut) des Schiffstyps nach Tabelle C oder eines Schiffstyps nach 7.2.1.21.2 bis 7.2.1.21.5 befördert werden, sofern alle anderen gemäß Kapitel 3.2 Tabelle C für diesen Stoff geforderten Beförderungsbedingungen eingehalten sind.

7.2.1.21.8 Ein Stoff, der nach den Angaben in Kapitel 3.2 Tabelle C Spalte 8 in einem Ladetanktyp 3 (Ladetankwandung nicht Außenhaut) zu befördern ist, darf auch in einem Ladetanktyp 1 (unabhängiger Ladetank) des Schiffstyps nach Tabelle C oder eines Schiffstyps nach 7.2.1.21.2 bis 7.2.1.21.5 oder in einem Schiff des Typs C mit Ladetanktyp 2 (integraler Ladetank) befördert werden, sofern mindestens die Beförderungsbedingungen des vorgeschriebenen Typs N eingehalten und auch alle anderen gemäß Kapitel 3.2 Tabelle C oder 7.2.1.21.2 bis 7.2.1.21.5 für diesen Stoff geforderten Beförderungsbedingungen eingehalten sind.

7.2.1.22– 7.2.1.99 (bleibt offen)

7

7.2.2 Anforderungen an die Schiffe

7.2.2.0 Zugelassene Schiffe

Bem.
1. Der Öffnungsdruck der Sicherheitsventile ▪▪▪ muss im Zulassungszeugnis vermerkt werden (siehe Unterabschnitt 8.6.1.3).
2. Der Auslegungsdruck und der Prüfdruck der Ladetanks müssen im nach Absatz 9.3.1.8.1, 9.3.2.8.1 oder 9.3.3.8.1 vorgeschriebenen Zeugnis der anerkannten Klassifikationsgesellschaft vermerkt werden.
3. Wenn ein Schiff Ladetanks mit verschiedenen Öffnungsdrücken der Ventile hat, muss der Öffnungsdruck der Ventile eines jeden Ladetanks im Zulassungszeugnis und der Entwurfsdruck und Prüfdruck eines jeden Ladetanks im Zeugnis der anerkannten Klassifikationsgesellschaft vermerkt werden.

7.2.2.0.1 Die gefährlichen Stoffe dürfen in Tankschiffen des Typs N, C oder G, die den Vorschriften des Abschnitts 9.3.3, 9.3.2 bzw. 9.3.1 entsprechen, befördert werden. Der zu verwendende Tankschiffstyp ergibt sich aus Kapitel 3.2 Tabelle C Spalte 6 und aus Unterabschnitt 7.2.1.21.

Bem. Die im Schiff zur Beförderung zugelassenen Stoffe sind in der von der anerkannten Klassifikationsgesellschaft zu erstellenden Schiffsstoffliste aufgeführt (siehe 1.16.1.2.5).

7.2.2.1– 7.2.2.4 (bleibt offen)

7.2.2.5 Gebrauchsanweisungen für Geräte und Einrichtungen

Wenn für die Benutzung irgendeines Gerätes oder irgendeiner Einrichtung besondere Sicherheitsvorschriften erforderlich sind, muss die Gebrauchsanweisung des Gerätes oder der Einrichtung in der an Bord üblichen Sprache und, wenn diese Sprache nicht Deutsch, Englisch oder Französisch ist, außerdem in Deutsch, Englisch oder Französisch ausgelegt sein und eingesehen werden können, sofern nicht internationale Vereinbarungen zwischen den von der Beförderung berührten Staaten etwas anderes vorschreiben.

7.2.2.6 Gasspüranlagen

Enthält die Schiffsstoffliste nach Absatz 1.16.1.2.5 Stoffe, für die n-Hexan nicht als repräsentativ gelten kann, muss die Gasspüranlage zusätzlich bezüglich der kritischsten UEG der zur Beförderung im Schiff zugelassenen Stoffe kalibriert sein.

7.2.2.7– 7.2.2.18 (bleibt offen)

7.2.2.19 Schubverbände und gekuppelte Schiffe

7.2.2.19.1 Wenn in einem Schubverband oder bei gekuppelten Schiffen mindestens ein Schiff mit einem Zulassungszeugnis für die Beförderung von gefährlichen Stoffen versehen sein muss, müssen alle Schiffe dieser Schiffszusammenstellung mit einem auf sie ausgestellten Zulassungszeugnis versehen sein.

Schiffe, die keine gefährlichen Güter befördern, müssen den Vorschriften des Unterabschnitts 7.1.2.19 entsprechen.

7.2.2.19.2 Hinsichtlich der Anwendung der Vorschriften dieses Teils wird der ganze Schubverband oder werden die gekuppelten Schiffe als ein einziges Schiff angesehen.

7.2.2.19.3 Wenn in einem Schubverband oder bei gekuppelten Schiffen mindestens ein Tankschiff gefährliche Güter befördert, müssen die Schiffe, die für die Fortbewegung verwendet werden, den nachstehend aufgeführten Abschnitten, Unterabschnitten und Absätzen entsprechen: 1.16.1.1, 1.16.1.2, 1.16.1.3, 1.16.1.4, 7.2.2.5, 8.1.4, 8.1.5, 8.1.6.1, 8.1.6.3, 8.1.7, 8.3.5, 9.3.3.0.1, 9.3.3.0.3 d), 9.3.3.0.5, 9.3.3.10.1, 9.3.3.10.2, 9.3.3.10.5, 9.3.3.12.4, 9.3.3.12.6, 9.3.3.16.1, 9.3.3.16.2, 9.3.3.17.1 bis 9.3.3.17.4, 9.3.3.31.1 bis 9.3.3.31.5, 9.3.3.32.2, 9.3.3.34.1, 9.3.3.34.2, 9.3.3.40.1, (jedoch genügt eine einzige Feuerlösch- oder Ballastpumpe), 9.3.3.40.2, 9.3.3.41, 9.3.3.51, 9.3.3.52.1 bis 9.3.3.52.8, 9.3.3.71 und 9.3.3.74.

Schiffe, die ausschließlich zum Fortbewegen von Tankschiffen, deren Stoffliste nach Absatz 1.16.1.2.5 ausschließlich Stoffe enthält, für die Explosionsschutz nicht erforderlich ist, genutzt werden, müssen den Absätzen 9.3.3.10.1, 9.3.3.10.5, 9.3.3.12.6, 9.3.3.51 und 9.3.3.52.1 nicht entsprechen. In diesem Fall ist im Zulassungszeugnis bzw. im vorläufigen Zulassungszeugnis unter Nummer 5, „Zugelassene Abweichungen", einzutragen: „Abweichung von 9.3.3.10.1, 9.3.3.10.5, 9.3.3.12.6, 9.3.3.51 und 9.3.3.52.1; das Schiff darf ausschließlich Tankschiffe, deren Stoffliste nach Absatz 1.16.1.2.5 ausschließlich Stoffe enthält, für die Explosionsschutzschutz nicht erforderlich ist, fortbewegen.

7.2.2.19.4 Während des Ladens und Löschens von Stoffen, für die nach Unterabschnitt 3.2.3.2 Tabelle C, Spalte (17) Explosionsschutz gefordert ist, dürfen auf den anderen Schiffen der Zusammenstellung an Deck nur Anlagen und Geräte betrieben werden die die Anforderungen nach 9.3.3.53 erfüllen. Davon ausgenommen sind

a) Anlagen und Geräte auf Schiffen, die vor oder hinter dem ladenden oder löschenden Schiff gekuppelt sind, wenn das ladende oder löschende Tankschiff an diesem Ende des Bereichs der Ladung mit einer Schutzwand ausgerüstet ist oder die mindestens einen Abstand von 12,00 m zur Begrenzungsebene des Bereichs der Ladung des ladenden oder löschenden Tankschiffes haben.

b) Anlagen und Geräte auf Tankschiffen, die längsseits an das ladende oder löschende Schiff gekuppelt sind, wenn diese Anlagen und Geräte hinter einer Schutzwand gemäß 9.3.3.10.3 angeordnet sind und diese Schutzwand nicht neben dem Bereich der Ladung des ladenden oder löschenden Schiffes liegt oder die mindestens einen Abstand von 12,00 m zur Begrenzungsebene des Bereichs der Ladung des ladenden oder löschenden Schiffes haben.

7.2.2.20 (bleibt offen)

7.2.2.21 **Sicherheits- und Kontrolleinrichtungen**

Beim Laden oder Löschen von Stoffen der Klasse 2 und von Stoffen der UN-Nummern 1280 und 2983 der Klasse 3 muss an zwei Stellen auf dem Schiff (vorn und hinten) und an zwei Stellen an Land (direkt am Zugang zum Schiff und in ausreichender Entfernung an Land) durch Schalter der Lade-/Löschvorgang unterbrochen werden können. Die Unterbrechung des Lade-/Löschvorgangs muss durch ein Schnellschlussventil erfolgen, das sich direkt an der beweglichen Verbindungsleitung zwischen Schiff und Landanlage befindet.

Das Unterbrechungssystem muss im Ruhestromprinzip arbeiten.

7.2.2.22 (gestrichen)

7.2.2.23–7.2.2.99 (bleibt offen)

7

7.2.3 **Allgemeine Betriebsvorschriften**

7.2.3.1 **Zugang zu Ladetanks, Restetanks, Pumpenräumen unter Deck, Kofferdämmen, Wallgängen, Doppelböden und Aufstellungsräumen; Kontrollen**

7.2.3.1.1 Kofferdämme müssen leer sein. Es muss täglich kontrolliert werden, ob die Kofferdämme trocken sind (Kondenswasser ausgenommen).

7.2.3.1.2 Das Betreten der Ladetanks, Restetanks, Kofferdämme, Wallgänge, Doppelböden und Aufstellungsräume ist nur gestattet zur Durchführung der Kontrollen und für Reinigungsarbeiten.

7.2.3.1.3 Wallgänge und Doppelböden dürfen während der Fahrt nicht betreten werden.

7.2.3.1.4 Wenn vor dem Betreten der Ladetanks, Restetanks, Pumpenräume unter Deck, Kofferdämme, Wallgänge, Doppelböden oder Aufstellungsräume die Konzentration von aus der Ladung herrührenden entzündbaren oder giftigen Gasen und Dämpfen oder der Sauerstoffgehalt gemessen werden muss, müssen diese Messergebnisse schriftlich festgehalten werden.

Die Messung darf nur von einem in Abschnitt 8.2.1.2 genannten Sachkundigen durchgeführt werden, der mit einem für den zu befördernden Stoff geeigneten Atemfilter ausgerüstet ist.

Die zu prüfenden Räume dürfen zur Messung nicht betreten werden.

7.2.3.1.5 Bevor Personen Ladetanks, Restetanks, Pumpenräume unter Deck, Kofferdämme, Wallgänge, Doppelböden, Aufstellungsräume oder andere geschlossene Räume betreten, muss:

a) wenn das Schiff gefährliche Stoffe der Klasse 2, 3, 4.1, 6.1, 8 oder 9 befördert, für die in Unterabschnitt 3.2.3.2 Tabelle C Spalte (18) ein Gasspürgerät gefordert wird, mit Hilfe dieses Gerätes festgestellt sein, dass die Konzentration von aus der Ladung herrührenden entzündbaren Gasen und Dämpfen in diesen Ladetanks, Restetanks, Pumpenräumen unter Deck, Kofferdämmen, Wallgängen, Doppelböden oder Aufstellungsräumen 50 % der UEG nicht übersteigt. In Pumpenräumen unter Deck darf dies mit Hilfe der fest eingebauten Gasspüranlage festgestellt werden;

b) wenn das Schiff gefährliche Stoffe der Klasse 2, 3, 4.1, 6.1, 8 oder 9 befördert, für die in Unterabschnitt 3.2.3.2 Tabelle C Spalte (18) ein Toximeter gefordert wird, mit Hilfe dieses Gerätes festgestellt sein, dass in diesen Ladetanks, Restetanks, Pumpenräumen unter Deck, Kofferdämmen, Wallgängen, Doppelböden oder Aufstellungsräumen keine Konzentration von aus der Ladung herrührenden giftigen Gasen und Dämpfen enthalten ist, welche die national zulässigen Expositionsgrenzwerte überschreitet.

In Abweichung zu Unterabschnitt 1.1.4.6 gehen strengere nationale Vorschriften über das Betreten von Laderäumen den Bestimmungen des ADN vor.

7.2.3.1.6 Das Betreten leerer Ladetanks, Pumpenräume unter Deck, Kofferdämme, Wallgänge, Doppelböden und Aufstellungsräume ist nur zugelassen, wenn:

– die Konzentration von aus der Ladung herrührenden entzündbaren Gasen und Dämpfen in Ladetanks, Restetanks, Pumpenräumen unter Deck, Kofferdämmen, Wallgängen, Doppelböden, Aufstellungsräumen oder anderen geschlossenen Räumen unter 10 % UEG liegt, die Konzentration von aus der Ladung herrührenden giftigen Gasen und Dämpfen unter den national zulässigen Expositionsgrenzwerten liegt und der Sauerstoffanteil zwischen 20% und 23,5 Vol.-% beträgt,

  oder

- die Konzentration von aus der Ladung herrührenden entzündbaren Gasen und Dämpfen in Ladetanks, Restetanks, Pumpenräumen unter Deck, Kofferdämmen, Wallgängen, Doppelböden, Aufstellungsräumen oder anderen geschlossenen Räumen unter 10 % UEG liegt und die Person, welche den Raum betritt, ein umluftunabhängiges Atemschutzgerät und andere erforderliche Schutz- und Rettungsausrüstung trägt sowie durch eine Leine gesichert ist. Das Betreten dieser Räume darf nur unter Aufsicht einer zweiten Person erfolgen, für welche die gleiche Ausrüstung bereitgelegt ist. Zwei zusätzliche Personen, die im Notfall Hilfe leisten können, müssen sich in Rufweite auf dem Schiff befinden. Falls eine Rettungswinde angebracht ist, genügt eine zusätzliche Person.

  In Notfällen oder bei mechanischen Problemen darf der Tank bei einer Konzentration von aus der Ladung herrührenden entzündbaren Gasen und Dämpfen von 10 % bis 50 % der UEG betreten werden. Das verwendete Atemschutzgerät (umluftunabhängig) muss so beschaffen sein, dass Funkenbildung vermieden wird.

  In Abweichung zu Unterabschnitt 1.1.4.6 gehen strengere nationale Vorschriften über das Betreten von Ladetanks den Bestimmungen des ADN vor.

7.2.3.2 Pumpenräume unter Deck

7.2.3.2.1 Pumpenräume unter Deck müssen bei der Beförderung von Stoffen der Klasse 3, 4.1, 6.1, 8 oder 9 täglich einmal auf Leckagen geprüft werden. Die Bilgen und Auffangwannen müssen in produktfreiem Zustand gehalten werden.

7.2.3.2.2 Beim Ansprechen der Gasspüranlage ist der Lade- oder Löschvorgang sofort einzustellen.

Alle Absperrorgane sind zu schließen und der Pumpenraum ist sofort zu verlassen.

Alle Zugangsöffnungen müssen geschlossen werden. Das Laden oder Löschen darf erst nach der Schadens- oder Störungsbeseitigung fortgesetzt werden.

7.2.3.3–7.2.3.5 (bleibt offen)

7.2.3.6 Gasspüranlagen

Gasspüranlagen müssen entsprechend den Vorschriften des Herstellers durch geschultes und eingewiesenes Personal gewartet werden.

7.2.3.7 Entgasen entladener oder leerer Ladetanks und Lade- und Löschleitungen

7.2.3.7.0 Das Entgasen entladener oder leerer Ladetanks und Lade- und Löschleitungen in die Atmosphäre oder an Annahmestellen ist unter den nachfolgenden Bedingungen nur dann gestattet, wenn und soweit es aufgrund anderer Rechtsvorschriften nicht verboten ist.

7.2.3.7.1 Entgasen von entladenen oder leeren Ladetanks und Lade- und Löschleitungen in die Atmosphäre

7.2.3.7.1.1 Entladene oder leere Ladetanks, die gefährliche Stoffe:

- der Klasse 2 oder der Klasse 3 mit einem Klassifizierungscode in Kapitel 3.2 Tabelle C Spalte 3b, der den Buchstaben „T“ enthält,
- der Klasse 6.1 oder
- der Klasse 8 mit Verpackungsgruppe I

enthalten haben, dürfen einen Sachkundigen gemäß Unterabschnitt 8.2.1.2 entgast werden. Dies darf nur an von der zuständigen Behörde zugelassenen Stellen erfolgen.

7.2.3.7.1.2 Wenn das Entgasen von Ladetanks, die die in Absatz 7.2.3.7.1.1 genannten gefährlichen Stoffe enthalten haben, an den von der zuständigen Behörde für diesen Zweck zugelassenen Stellen nicht möglich ist, kann ein Entgasen während der Fahrt erfolgen, wenn:

- die im ersten Absatz von 7.2.3.7.1.3 genannten Bedingungen eingehalten werden, wobei jedoch in dem ausgeblasenen Gemisch die Konzentration von aus der Ladung herrührenden entzündbaren Gasen und Dämpfen an der Austrittsstelle nicht mehr als 10 % der UEG betragen darf;
- die Besatzung nicht einer Konzentration von Gasen und Dämpfen ausgesetzt ist, welche die national zulässigen Expositionsgrenzwerte überschreitet;
- alle Zugänge und Öffnungen von Räumen, die mit dem Freien in Verbindung stehen, geschlossen sind. Dies gilt nicht für die Zuluftöffnungen des Maschinenraumes und von Überdruckanlagen;
- an Deck arbeitende Besatzungsmitglieder geeignete Schutzausrüstungen tragen;
- dies nicht im Bereich von Schleusen einschließlich ihrer Vorhäfen, unter Brücken oder in dicht besiedelten Gebieten stattfindet.

7.2.3.7.1.3 Entladene oder leere Ladetanks, die andere als die in Absatz 7.2.3.7.1.1 genannten gefährlichen Stoffe enthalten haben, dürfen bei einer Konzentration von aus der Ladung herrührenden entzündbaren Gasen und Dämpfen von 10 % der UEG oder mehr während der Fahrt oder an von der zuständigen Behörde zugelassenen Stellen mittels geeigneter Lüftungseinrichtungen bei geschlossenen Tanklukendeckeln und Abführung der Gas/Luftgemische durch dauerbrandsichere Flammendurchschlagsicherungen entgast werden (Explosionsgruppe/Untergruppe gemäß 3.2.3.2 Tabelle C, Spalte 16).

An der Austrittsstelle des Gas-/Luftgemisches muss die Konzentration von entzündbaren Gasen und Dämpfen weniger als 50 % der UEG betragen. Geeignete Lüftungseinrichtungen bei der saugenden Entgasung dürfen nur mit einer unmittelbar auf der Saugseite des Ventilators vorgeschalteten Flammendurchschlagsicherung betrieben werden (Explosionsgruppe/Untergruppe gemäß 3.2.3.2 Tabelle C, Spalte 16). Die Konzentration von entzündbaren Gasen und Dämpfen ist bei blasendem oder saugendem Betrieb der Lüftungseinrichtungen während der ersten zwei Stunden nach Beginn des Entgasens stündlich von einem Sachkundigen nach Absatz 8.2.1.2 zu messen. Die Messergebnisse müssen schriftlich festgehalten werden.

Im Bereich von Schleusen einschließlich ihrer Vorhäfen, unter Brücken oder in dicht besiedelten Gebieten ist das Entgasen verboten.

Entladene oder leere Ladetanks, die andere als die in Absatz 7.2.3.7.1.1 genannten gefährlichen Stoffe enthalten haben, dürfen bei einer aus der Ladung herrührenden Konzentration von Gasen und Dämpfen unter 10 % der UEG entgast werden und es dürfen auch zusätzliche Tanköffnungen geöffnet werden, solange die Besatzung nicht einer Konzentration von Gasen und Dämpfen ausgesetzt ist, welche die national zulässigen Expositionsgrenzwerte überschreitet. Es besteht auch keine Pflicht zur Verwendung einer Flammendurchschlagsicherung.

Im Bereich von Schleusen einschließlich ihrer Vorhäfen, unter Brücken oder in dicht besiedelten Gebieten ist das Entgasen verboten.

7.2.3.7.1.4 Der Entgasungsvorgang muss während eines Gewitters und, wenn infolge ungünstiger Windverhältnisse außerhalb des Bereichs der Ladung vor der Wohnung, dem Steuerhaus oder Betriebsräumen mit gefährlichen Konzentrationen an entzündbaren oder giftigen Gasen und Dämpfen zu rechnen ist, unterbrochen werden. Der kritische Zustand ist erreicht, sobald durch Messung mittels tragbaren Messgeräte Konzentrationen von aus der Ladung herrührenden entzündbaren Gasen und Dämpfen von mehr als 20 % der UEG oder von giftigen Gasen und Dämpfen, welche die national zulässigen Expositionsgrenzwerte überschreiten, in diesen Bereichen nachgewiesen worden sind.

7.2.3.7.1.5 Wenn nach dem Entgasen der Ladetanks mit Hilfe der in Unterabschnitt 3.2.3.2 Tabelle C Spalte 18 genannten Geräte festgestellt wird, dass in keinem Ladetank die Konzentration an entzündbaren Gasen und Dämpfen über 20 % der UEG liegt oder die Konzentration an giftigen Gasen und Dämpfen die national zulässigen Expositionsgrenzwerte überschreitet, darf die Bezeichnung nach Absatz 7.2.5.0.1 auf Anordnung des Schiffsführers weggenommen werden. Die Messergebnisse müssen schriftlich festgehalten werden.

7.2.3.7.1.6 Vor der Durchführung von Arbeiten, die mit Gefahren gemäß Abschnitt 8.3.5 verbunden sein können, sind alle Ladetanks und die im Bereich der Ladung befindlichen Rohrleitungen gasfrei zu machen. Dies ist in einer am Tag des Beginns der Arbeiten gültigen Gasfreiheitsbescheinigung festzuhalten. Die Gasfreiheit darf nur durch eine Person festgestellt und bescheinigt werden, die hierfür von der zuständigen Behörde zugelassen ist.

7.2.3.7.2 Entgasen von leeren oder entladenen Ladetanks und Lade- und Löschleitungen an Annahmestellen

7.2.3.7.2.1 Leere oder entladene Ladetanks dürfen nur von einem Sachkundigen gemäß Unterabschnitt 8.2.1.2 entgast werden. Wenn es nach internationalem oder nationalem Recht vorgeschrieben ist, darf dies nur an den von der zuständigen Behörde zugelassenen Stellen geschehen. Das Entgasen an einer mobilen Annahmestelle während der Fahrt des Schiffes ist verboten. Das Entgasen an einer mobilen Annahmestelle, während ein anderes Schiff an derselben Stelle entgast wird, ist verboten. Das Entgasen an einer bordeigenen mobilen Annahmestelle ist verboten.

7.2.3.7.2.2 Vor Beginn des Entgasungsvorgangs muss das zu entgasende Schiff geerdet werden. Der Schiffsführer des zu entgasenden Schiffes oder ein von ihm beauftragter Sachkundiger nach Unterabschnitt 8.2.1.2 und der Betreiber der Annahmestelle müssen eine Prüfliste gemäß Abschnitt 8.6.4 ADN ausgefüllt und unterzeichnet haben.

Die Prüfliste ist mindestens in einer für den Schiffsführer oder Sachkundigen und einer für den Betreiber der Annahmestelle verständlichen Sprache zu drucken.

Können nicht alle zutreffenden Fragen mit „JA“ beantwortet werden, ist das Entgasen an einer Annahmestelle nur mit Zustimmung der zuständigen Behörde gestattet.

7.2.3.7.2.3 Das Entgasen an Annahmestellen kann durch die Lade- und Löschleitung oder die Gasabfuhrleitung erfolgen, um die Gase und Dämpfe aus den Ladetanks zu entfernen, wobei die jeweils andere Leitung dazu dient, eine Überschreitung des höchstzulässigen Über- oder Unterdrucks der Ladetanks zu verhindern.

Die Leitungen müssen Teil eines geschlossenen Systems sein oder, wenn sie dazu dienen, eine Überschreitung des höchstzulässigen Unterdrucks in den Ladetanks zu verhindern, mit einem fest eingebauten oder beweglichen, federbelasteten Niederdruckventil, mit Flammendurchschlagsicherung (Explosionsgruppe/-untergruppe nach Unterabschnitt 3.2.3.2 Tabelle C, Spalte 16) versehen sein, falls Explosionsschutz erforderlich ist (Unterabschnitt 3.2.3.2 Tabelle C, Spalte 17). Das Niederdruckventil muss so eingebaut sein, dass das Unterdruckventil unter normalen Betriebsbedingungen nicht betätigt wird. Ein fest eingebautes Ventil oder die Öffnung, an die ein bewegliches Ventil angeschlossen ist, muss mit einem Blindflansch geschlossen bleiben, wenn das Schiff nicht an einer Annahmestelle entgast wird.

Alle zwischen dem zu entgasenden Schiff und der Annahmestelle angeschlossenen Leitungen müssen mit einer geeigneten Flammendurchschlagsicherung versehen sein, falls Explosionsschutz erforderlich ist (Unterabschnitt 3.2.3.2 Tabelle C, Spalte 17). Die Anforderungen für die Leitungen an Bord sind: Explosionsgruppe/-untergruppe nach Unterabschnitt 3.2.3.2 Tabelle C, Spalte 16.

7.2.3.7.2.4 Der Entgasungsvorgang muss durch Schalter, die an zwei Stellen auf dem Schiff (vorn und hinten) und an zwei Stellen an der Annahmestelle (direkt am Zugang zum Schiff und an der Stelle, von der aus die Annahmestelle betrieben wird) unterbrochen werden können. Die Unterbrechung des Entgasungsvorgangs muss durch ein Schnellschlussventil erfolgen, das sich direkt in der Verbindungsleitung zwischen dem zu entgasenden Schiff und der Annahmestelle befindet. Das Unterbrechungssystem muss im Ruhestromprinzip arbeiten und kann in die Notabschalteinrichtung der in Absatz 9.3.1.21.5, 9.3.2.21.5 und 9.3.3.21.5 vorgeschriebenen Ladepumpen und Überfüllsicherungen integriert werden.

Während eines Gewitters muss der Entgasungsvorgang unterbrochen werden.

7.2.3.7.2.5 Wenn nach dem Entgasen der Ladetanks mit Hilfe der in Unterabschnitt 3.2.3.2 Tabelle C Spalte 18 genannten Geräte festgestellt wird, dass in keinem Ladetank die Konzentration an entzündbaren Gasen und Dämpfen über 20 % der UEG liegt oder die Konzentration an giftigen Gasen und Dämpfen die national zulässigen Expositionsgrenzwerte überschreitet, darf die Bezeichnung nach Unterabschnitt 3.2.3.2 Tabelle C Spalte 19 auf Anordnung des Schiffsführers weggenommen werden. Die Messergebnisse müssen schriftlich festgehalten werden.

7.2.3.7.2.6 Vor der Durchführung von Arbeiten, die mit Gefahren gemäß Abschnitt 8.3.5 verbunden sein können, sind alle Ladetanks und die im Bereich der Ladung befindlichen Rohrleitungen gasfrei zu machen. Dies ist in einer am Tag des Beginns der Arbeiten gültigen Gasfreiheitsbescheinigung festzuhalten. Die Gasfreiheit darf nur durch Personen festgestellt und bescheinigt werden, die hierfür von der zuständigen Behörde zugelassen sind

7.2.3.7.3 Wenn das Entgasen von Ladetanks, die die in Absatz 7.2.3.7.1 genannten gefährlichen Stoffe enthalten haben, an den von der zuständigen Behörde bezeichneten oder für diesen Zweck zugelassenen Stellen nicht möglich ist, kann ein Entgasen während der Fahrt erfolgen, wenn:

- die in Absatz 7.2.3.7.2 genannten Bedingungen eingehalten werden, wobei jedoch in dem ausgeblasenen Gemisch die Produktkonzentration an der Austrittsstelle nicht mehr als 10 % der unteren Explosionsgrenze betragen darf;
- eine Gefährdung der Besatzung ausgeschlossen ist;
- alle Zugänge und Öffnungen von Räumen, die mit dem Freien in Verbindung stehen, geschlossen sind. Dies gilt nicht für die Zuluftöffnungen des Maschinenraumes und von Überdruckanlagen;
- an Deck arbeitende Besatzungsmitglieder geeignete Schutzausrüstungen tragen;
- dies nicht im Bereich von Schleusen einschließlich ihrer Vorhäfen, unter Brücken oder in dicht besiedelten Gebieten stattfindet.

7.2.3.7.4 Der Entgasungsvorgang muss während eines Gewitters und, wenn infolge ungünstiger Windverhältnisse außerhalb des Bereichs der Ladung vor der Wohnung, dem Steuerhaus oder Betriebsräumen mit gefährlichen Gaskonzentrationen zu rechnen ist, unterbrochen werden. Der kritische Zustand ist erreicht, sobald durch Messung mittels tragbaren Messgeräts Konzentrationen von mehr als 20 % der unteren Explosionsgrenze in diesen Bereichen nachgewiesen worden sind.

7.2.3.7.5 Wenn nach dem Entgasen der Ladetanks mit Hilfe des in Kapitel 3.2 Tabelle C Spalte 18 genannten Geräte festgestellt wird, dass weder die Konzentration an brennbaren Gasen innerhalb der Ladetanks über 20 % der unteren Explosionsgrenze liegt noch eine bedeutsame Konzentration an giftigen Gasen feststellbar ist, darf die Bezeichnung nach Kapitel 3.2 Tabelle C Spalte 19 vom Schiffsführer weggenommen werden.

7.2.3.7.6 Vor der Durchführung von Arbeiten, die mit Gefahren gemäß Abschnitt 8.3.5 verbunden sein können, sind die Ladetanks und die im Bereich der Ladung befindlichen Rohrleitungen zu reinigen und zu entgasen. Das Ergebnis des Entgasens ist in einer Gasfreiheitsbescheinigung festzuhalten. Die Gasfreiheit darf nur durch Personen festgestellt und bescheinigt werden, die hierfür von der zuständigen Behörde zugelassen sind.

7.2.3.8– 7.2.3.11 (bleibt offen)

7.2.3.12 Lüftung

7.2.3.12.1 Wenn Maschinenanlagen in Betriebsräumen in Betrieb genommen werden, müssen vorhandene Verlängerungsrohre von Zuluftöffnungen aufrecht stehen. Ansonsten müssen die Öffnungen verschlossen sein. Dies gilt nicht für Zuluftöffnungen von Betriebsräumen außerhalb des Bereichs der Ladung, wenn die Öffnung ohne Verlängerungsrohr mindestens 0,50 m über Deck angeordnet ist.

7.2.3.12.2 Die Lüftung von Pumpenräumen muss

- mindestens 30 Minuten vor dem Betreten sowie während des gesamten Aufenthaltes
- während des Ladens, Löschens und Entgasens und
- nach dem Ansprechen der Gasspüranlage

in Betrieb sein.

7.2.3.13–7.2.3.14 (bleibt offen)

7.2.3.15 Sachkundiger an Bord

Bei der Beförderung von gefährlichen Stoffen muss der hauptverantwortliche Schiffsführer zugleich Sachkundiger nach Unterabschnitt 8.2.1.2 sein. Zusätzlich muss er

- bei der Beförderung von Stoffen, für die in Kapitel 3.2 Tabelle C Spalte 6 ein Tankschiff des Typs G vorgeschrieben ist, ein Sachkundiger nach Unterabschnitt 8.2.1.5, und
- bei der Beförderung von Stoffen, für die in Kapitel 3.2 Tabelle C Spalte 6 ein Tankschiff des Typs C vorgeschrieben ist, ein Sachkundiger nach Unterabschnitt 8.2.1.7

sein.

Bem.: Welches Mitglied der Schiffsbesatzung hauptverantwortlicher Schiffsführer ist, hat der Beförderer festzulegen und an Bord zu dokumentieren. Erfolgt keine Festlegung, so gilt die Anforderung für jeden Schiffsführer.
Abweichend davon ist es bei der Be- oder Entladung gefährlicher Güter in Tankschubleichter ausreichend, dass derjenige, der für die Be- und Entladung und für die Ballastierung des Tankschubleichters die Verantwortung trägt, über die geforderte Sachkunde nach 8.2.1.2 verfügt.

Bei der Beförderung von Stoffen, für die in Kapitel 3.2 Tabelle C Spalte (6) ein Tankschiff des Typs C und in Spalte (8) ein Ladetanktyp 1 vorgeschrieben ist, genügt bei der Beförderung in einem Tankschiff des Typs G ein Sachkundiger nach Unterabschnitt 8.2.1.5.

7.2.3.16 Alle Messungen an Bord müssen von einem Sachkundigen gemäß Unterabschnitt 8.2.1.2 durchgeführt werden, sofern in der dem ADN beigefügten Verordnung nichts anderes vorgeschrieben ist. Die Messergebnisse müssen in dem Prüfbuch gemäß Unterabschnitt 8.1.2.1 Buchstabe g) schriftlich festgehalten werden.

7.2.3.17–7.2.3.19 (bleibt offen)

7.2.3.20 Ballastwasser

7.2.3.20.1 Kofferdämme und Aufstellungsräume, welche isolierte Ladetanks enthalten, dürfen nicht mit Wasser gefüllt werden. Wallgänge, Doppelböden und Aufstellungsräume, die keine isolierten Ladetanks enthalten, dürfen mit Ballastwasser gefüllt werden, wenn

- dies in der Intaktstabilitätsberechnung und der Leckstabilitätsberechnung mitberücksichtigt worden ist, und
- das Füllen in Kapitel 3.2 Tabelle C Spalte 20 nicht verboten ist.

Wenn das Wasser in den Ballasttanks/-zellen dazu führt, dass das Schiff die Stabilitätskriterien nicht mehr erfüllt, müssen

- fest installierte Niveau-Anzeigegeräte zur Kontrolle verwendet werden, oder
- vor Abfahrt und täglich die Ballasttanks/-zellen auf ihren Füllstand hin kontrolliert werden.

Sind Niveau-Anzeigegeräte vorhanden, sind auch Teilfüllungen der Ballasttanks/-zellen zulässig, sonst dürfen diese nur vollgefüllt oder leer sein.

7.2.3.20.2 (gestrichen)

7.2.3.21 (bleibt offen)

7.2.3.22 Zugangsöffnungen von Aufstellungsräumen, Pumpenräumen unter Deck, und Kofferdämmen; Öffnungen der Ladetanks und Restetanks; Abschlussvorrichtungen

Die Ladetanks, Restetanks und die Zugangsöffnungen von Pumpenräumen unter Deck, Kofferdämmen und Aufstellungsräumen müssen geschlossen bleiben, ausgenommen davon sind Pumpenräume an Bord von Bilgenentölungsbooten und Bunkerbooten sowie weitere in diesem Teil zugelassene Ausnahmen.

7.2.3.23–7.2.3.24 (bleibt offen)

7.2.3.25 Verbindung zwischen Rohrleitungen

7.2.3.25.1 Es ist verboten, zwischen zwei oder mehreren der folgenden Rohrleitungsgruppen Verbindungen herzustellen:

a) Rohrleitungen für das Laden und Löschen;
b) Rohrleitungen für das Ballasten und Lenzen der Ladetanks, Kofferdämme, Aufstellungsräume, Wallgänge und Doppelböden;
c) Rohrleitungen, die außerhalb des Bereichs der Ladung liegen.

7.2.3.25.2 Die Vorschriften des Absatzes 7.2.3.25.1 gelten nicht für abnehmbare Verbindungen zwischen Rohrleitungen der Kofferdämme und:

- Rohrleitungen für das Laden und Löschen;
- Rohrleitungen, die außerhalb des Bereichs der Ladung liegen, falls im Notfall die Kofferdämme mit Wasser gefüllt werden müssen.

In diesen Fällen müssen die Verbindungen so beschaffen sein, dass aus den Ladetanks kein Wasser angesaugt werden kann. Das Auspumpen der Kofferdämme darf nur mittels Ejektoren oder einer unabhängigen Einrichtung im Bereich der Ladung erfolgen.

7.2.3.25.3 Die Vorschriften des Absatzes 7.2.3.25.1 b) und c) gelten nicht für:

- Rohrleitungen für das Ballasten und Lenzen von Wallgängen und Doppelböden, wenn sie keine gemeinsame Wand mit den Ladetanks haben;
- Rohrleitungen für das Ballasten von Aufstellungsräumen, wenn dies über die Wasserleitung der Feuerlöscheinrichtung im Bereich der Ladung erfolgt. Das Lenzen der Wallgänge, Doppelböden und Aufstellungsräume darf nur mittels Ejektoren oder einer unabhängigen Einrichtung im Bereich der Ladung erfolgen.

7.2.3.26–7.2.3.27 (bleibt offen)

7.2.3.28 Kühlanlage

Bei der Beförderung von Stoffen, welche gekühlt befördert werden, ist eine Instruktion an Bord mitzuführen, in der die höchstzulässige Ladetemperatur im Verhältnis mit der Leistungsfähigkeit der Kühlanlage und der Ausführung der Isolierung der Ladetanks enthalten ist.

7.2.3.29 Beiboote

7.2.3.29.1 Das nach den Regelungen des Unterabschnitts 1.1.4.6 vorgeschriebene Beiboot muss außerhalb des Bereichs der Ladung aufgestellt werden. Es darf jedoch im Bereich der Ladung aufgestellt werden, wenn sich im Bereich der Wohnungen ein leicht erreichbares Sammelrettungsmittel gemäß den Regelungen des Unterabschnitts 1.1.4.6 befindet.

Wenn die Schiffsstoffliste nach Absatz 1.16.1.2.5 Stoffe enthält, für die nach Unterabschnitt 3.2.3.2 Tabelle C, Spalte (17) Explosionsschutz gefordert ist, dürfen

– benzinbetriebene Außenbordmotore und deren Kraftstoffbehälter nur außerhalb des Bereichs der Ladung mitgeführt werden

und

– mechanische Aufblasvorrichtungen, Außenbordmotore und deren elektrische Einrichtungen nur außerhalb des Bereichs der Ladung in Betrieb genommen werden.

7.2.3.29.2 Die Vorschriften des Absatzes 7.2.3.29.1 gelten nicht für Bilgenentölungsboote und Bunkerboote.

7.2.3.30 (bleibt offen)

7.2.3.31 Maschinen

7.2.3.31.1 Es ist verboten, Motoren zu verwenden, die mit Kraftstoff mit einem Flammpunkt von 55 °C oder darunter betrieben werden (z.B. Benzinmotoren). Diese Vorschrift gilt nicht für

– benzinbetriebene Außenbordmotoren von Beibooten;
– Antriebs- und Hilfssysteme, die den Anforderungen des Kapitels 30 und der Anlage 8 Abschnitt 1 des Europäischen Standards der technischen Vorschriften für Binnenschiffe (ES-TRIN) in der jeweils geltenden Fassung entsprechen.*

7.2.3.31.2 Es ist verboten, motorisierte Beförderungsmittel wie Personenkraftwagen und Motorboote im Bereich der Ladung mitzuführen.

7.2.3.32 Brennstofftanks

Doppelböden mit einer Höhe von mindestens 0,60 m dürfen als Brennstofftanks benutzt werden, wenn diese nach den Vorschriften des Teils 9 gebaut worden sind.

7.2.3.33–7.2.3.40 (bleibt offen)

7.2.3.41 Rauchen, Feuer und offenes Licht

7.2.3.41.1 Rauchen, einschließlich elektronischer Zigaretten und ähnlicher Geräte, Feuer und offenes Licht sind an Bord verboten.

Dieses Verbot ist mittels Hinweistafeln an geeigneten Stellen anzuschlagen.

Das Rauchverbot gilt nicht in Wohnungen und Steuerhaus, wenn Fenster, Türen, Oberlichter und Luken geschlossen sind oder das Lüftungssystem so eingestellt wird, dass ein Überdruck von 0,1 kPa gewährleistet ist.

* Erhältlich auf der Website des Europäischen Ausschusses zur Ausarbeitung von Standards in der Binnenschifffahrt (CESNI), https://www.cesni.eu/de/documents/es-trin/.

7.2.3.41.2 Heiz-, Koch- und Kühlgeräte dürfen weder mit flüssigen Kraftstoffen, noch mit Flüssiggas oder mit festen Brennstoffen betrieben werden.

Koch- und Kühlgeräte dürfen nur in Wohnungen und im Steuerhaus verwendet werden.

7.2.3.41.3 Wenn Heizgeräte oder Heizkessel im Maschinenraum oder in einem besonders dafür geeigneten Raum aufgestellt sind, dürfen diese jedoch mit flüssigem Kraftstoff mit einem Flammpunkt von mehr als 55°C betrieben werden.

7.2.3.42 Ladungsheizungsanlage

7.2.3.42.1 Heizen der Ladung ist nur zugelassen, wenn Erstarrungsgefahr für die Ladung besteht oder wenn wegen der Viskosität der Ladung ein normales Löschen nicht möglich ist.

Im Allgemeinen darf eine Flüssigkeit nicht über ihren Flammpunkt erhitzt werden.

Sonderbestimmungen sind in Kapitel 3.2 Tabelle C Spalte 20 enthalten.

7.2.3.42.2 Die Ladetanks müssen bei der Beförderung von Stoffen, die in erwärmtem Zustand befördert werden, mit einer Einrichtung zum Messen der Temperatur der Ladung versehen sein.

7.2.3.42.3 Während des Löschens darf die Ladungsheizungsanlage benutzt werden, wenn der Raum, in dem die Anlage aufgestellt ist, den Anforderungen des Absatzes 9.3.2.52.3 oder 9.3.3.52.3 vollständig entspricht.

7.2.3.42.4 Die Forderungen des Absatzes 7.2.3.42.3 brauchen nicht erfüllt zu sein, wenn die Ladungsheizungsanlage von Land aus mit Dampf versorgt wird und nur die Umwälzpumpe in Betrieb ist, sowie bei dem Löschen von Stoffen mit einem Flammpunkt von mindestens 60°C

7.2.3.43 (bleibt offen)

7.2.3.44 Reinigungsarbeiten

Die Verwendung von Flüssigkeiten mit einem Flammpunkt von weniger als 55 °C für Reinigungszwecke ist nur im explosionsgefährdeten Bereich erlaubt.

7.2.3.45–7.2.3.50 (bleibt offen)

7.2.3.51 Elektrische und nicht-elektrische Anlagen und Geräte

7.2.3.51.1 Elektrische und nicht-elektrische Anlagen und Geräte müssen in einwandfreiem Zustand erhalten werden.

7.2.3.51.2 Es ist verboten, im explosionsgefährdeten Bereich bewegliche elektrische Kabel zu verwenden. Dies gilt nicht für die in Absatz 9.3.1.53.3, 9.3.2.53.3, 9.3.3.53.3 genannten beweglichen elektrischen Kabel.

Bewegliche elektrische Kabel müssen vor jedem Einsatz einer Sichtprüfung unterzogen werden. Sie müssen so geführt werden, dass eine Beschädigung nicht zu befürchten ist. Leitungskupplungen müssen sich außerhalb des explosionsgefährdeten Bereichs befinden.

Elektrische Kabel zum Anschluss des Schiffsstromnetzes an ein Landstromnetz dürfen nicht verwendet werden

- beim Laden und Löschen von Stoffen, für die nach Unterabschnitt 3.2.3.2, Tabelle C, Spalte (17) Explosionsschutz gefordert ist

oder

- wenn sich das Schiff in einer oder unmittelbar angrenzend an eine landseitig ausgewiesene Zone befindet.

7.2.3.51.3 Steckdosen für den Anschluss der Signal- und Landstegbeleuchtung oder der Tauchpumpen von Bilgenentölungsbooten dürfen nur dann unter Spannung stehen, wenn die Signal- oder die Landstegbeleuchtung oder die Tauchpumpen von Bilgenentölungsbooten in Betrieb sind.

Das Herstellen und das Trennen der Steckverbindungen darf nur in spannungslosem Zustand der Steckdosen möglich sein.

7.2.3.51.4 Während des Aufenthalts in einer oder unmittelbar angrenzend an eine landseitig ausgewiesene Zone müssen elektrische und nicht-elektrische Anlagen und Geräte, die den in Absatz 9.3.x.51 a), 9.3.x.51 b), 9.3.x.51 c) oder 9.3.x.52.1 angegebenen Vorschriften nicht entsprechen (rot gekennzeichnet gemäß Absatz 9.3.x.51 und 9.3.x.52.3), abgeschaltet werden, unter die jeweils in 9.3.x.51 a), bzw. 9.3.x.51 b) angegebene Temperatur abgekühlt sein, oder es müssen die in 7.2.3.51.6 aufgeführten Maßnahmen ergriffen sein.

Wenn die Schiffsstoffliste nach Absatz 1.16.1.2.5 Stoffe enthält, für die nach Unterabschnitt 3.2.3.2 Tabelle C Spalte (17) Explosionsschutz gefordert ist, gilt dies auch während des Ladens und Löschens und während des Entgasens beim Stillliegen.

7.2.3.51.5 Wenn die Schiffsstoffliste nach Absatz 1.16.1.2.5 Stoffe enthält, für die nach Unterabschnitt 3.2.3.2 Tabelle C Spalte (15) eine Temperaturklasse T4, T5 oder T6 eingetragen ist, dürfen in den ausgewiesenen Zonen die entsprechenden Oberflächentemperaturen 135 °C (T4), 100 °C (T5) beziehungsweise 85 °C (T6) nicht überschreiten.

7

7.2.3.51.6 Die Absätze 7.2.3.51.4 und 7.2.3.51.5 gelten nicht in den Wohnungen, Steuerhaus und Betriebsräumen außerhalb des Bereichs der Ladung, wenn

a) das Lüftungssystem so eingestellt wird, dass ein Überdruck von 0,1 kPa gewährleistet ist und

b) die Gasspüranlage eingeschaltet ist und stetig misst.

7.2.3.51.7 Anlagen und Geräte gemäß 7.2.3.51.4, die während des Ladens, des Löschens, des Entgasens beim Stillliegen oder während eines Aufenthalts in einer oder unmittelbar angrenzend an eine landseitig ausgewiesene Zone, abgeschaltet waren, dürfen erst wieder eingeschaltet werden,

– nachdem sich das Schiff nicht mehr in einer oder unmittelbar angrenzend an eine landseitig ausgewiesene Zone aufhält

oder

– im Steuerhaus, in den Wohnungen und Betriebsräumen außerhalb des Bereichs der Ladung 10 % der UEG der Ladung oder 10 % der UEG n-Hexan unterschritten sind, je nachdem welche UEG die kritischere ist.

Die Messergebnisse müssen schriftlich festgehalten werden.

7.2.3.51.8 Können die Schiffe die Anforderungen aus 7.2.3.51.4 und 7.2.3.51.6 nicht erfüllen, ist ein Aufenthalt in einer oder unmittelbar angrenzend an eine landseitig ausgewiesene Zone nicht gestattet.

7.2.3.52– 7.2.3.99 (bleibt offen)

7.2.4 Zusätzliche Vorschriften für das Laden, Befördern, Löschen und sonstige Handhaben der Ladung

7.2.4.1 Begrenzung der beförderten Mengen

7.2.4.1.1 Es ist verboten, im Bereich der Ladung Versandstücke zu befördern, ausgenommen:

– Restladung, Waschwasser, Ladungsrückstände und Slops in nicht mehr als sechs zugelassenen Restebehältern und Slopbehältern mit einem Fassungvermögen von nicht mehr als 2 m³. Diese Restebehälter müssen den Anforderungen einer der internationalen Regelungen für den betreffenden Stoff entsprechen. Die Restebehälter und Slopbehälter müssen in sicherer Weise im Bereich der Ladung aufgestellt sein und den sie betreffenden Anforderungen in Absatz 9.3.2.26.4 oder 9.3.3.26.4 entsprechen;

– maximal 30 Ladungsproben von Stoffen, die im Tankschiff befördert werden dürfen, mit einem maximalen Inhalt von 500 ml pro Gefäß. Die Gefäße müssen den Verpackungsvorschriften in Teil 4 des ADR entsprechen und an Bord an einem bestimmten Platz innerhalb des Ladungsbereichs aufbewahrt und so aufgestellt werden, dass sie unter normalen Beförderungsbedingungen nicht zerbrechen oder durchlöchert werden können oder deren Inhalt nicht in den Aufstellungsraum austreten kann. Zerbrechliche Probeflaschen müssen mit geeigneten Polsterstoffen eingebettet werden.

7.2.4.1.2 An Bord von Bilgenentölungsbooten dürfen Behälter für öl- und fetthaltige Schiffsbetriebsabfälle von maximal 2 m^3 Inhalt im Bereich der Ladung mitgeführt werden, wenn sie in sicherer Weise aufgestellt sind.

7.2.4.1.3 An Bord von Bunkerbooten oder anderen Schiffen, die Schiffsbetriebsstoffe abgeben, dürfen Versandstücke mit gefährlichen Gütern oder Versandstücke mit nicht gefährlichen Gütern von einer Bruttomasse bis 5 000 kg im Bereich der Ladung befördert werden, soweit es im Zulassungszeugnis vermerkt ist. Die Versandstücke müssen in sicherer Weise aufgestellt sein und vor Wärme, Sonnenbestrahlung und Witterungseinflüssen geschützt werden.

7.2.4.1.4 An Bord von Bunkerbooten oder anderen Schiffen, die Schiffsbetriebsstoffe übergeben, darf die Anzahl Ladungsproben nach Absatz 7.2.4.1.1 von 30 auf maximal 500 erhöht werden.

7.2.4.2 Übernahme von öl- und fetthaltigen Schiffsbetriebsabfällen und Übergabe von Schiffsbetriebsstoffen

7.2.4.2.1 Die Übernahme von flüssigen, unverpackten öl- und fetthaltigen Schiffsbetriebsabfällen darf nur im Saugbetrieb erfolgen.

7.2.4.2.2 Das Festmachen und die Übernahme von öl- und fetthaltigen Schiffsbetriebsabfällen darf nicht während des Ladens und Löschens von Stoffen, bei denen nach Kapitel 3.2 Tabelle C Spalte 17 Explosionsschutz erforderlich ist, sowie während des Entgasens von Tankschiffen erfolgen. Dies gilt nicht für Bilgenentölungsboote, sofern die Explosionsschutzbestimmungen für das gefährliche Gut eingehalten werden.

7.2.4.2.3 Das Festmachen und die Übergabe von Schiffsbetriebsstoffen darf nicht während des Ladens und Löschens von Stoffen, bei denen nach Kapitel 3.2 Tabelle C Spalte 17 Explosionsschutz erforderlich ist, und während des Entgasens von Tankschiffen erfolgen. Dies gilt nicht für Bunkerboote, sofern die Explosionsschutzbestimmungen für das gefährliche Gut eingehalten werden.

7.2.4.2.4 Die zuständige Behörde kann Abweichungen von den Absätzen 7.2.4.2.1 und 7.2.4.2.2 zulassen; während des Löschens kann sie auch Abweichungen von Absatz 7.2.4.2.3 zulassen.

7.2.4.3– 7.2.4.6 (bleibt offen)

7.2.4.7 Lade- und Löschstellen

7.2.4.7.1 Tankschiffe dürfen nur an den von der zuständigen Behörde bezeichneten oder für diesen Zweck zugelassenen Stellen beladen oder gelöscht werden.

Ist an der Lade- oder Löschstelle landseitig eine Zone ausgewiesen, darf sich das Schiff nur dann in dieser oder unmittelbar angrenzend an diese landseitig ausgewiesene Zone aufhalten, wenn es die Anforderungen der Absätze 9.3.x.12.4 b) oder c), 9.3.x.51, 9.3.x.52.1 und 9.3.x.52.3 erfüllt. Die zuständige Behörde kann im Einzelfall Ausnahmen zulassen.

7.2.4.7.2 Die Übernahme von flüssigen, unverpackten öl- und fetthaltigen Schiffsbetriebsabfällen von anderen Schiffen und die Abgabe von Schiffsbetriebsstoffen in Bunker anderer Schiffe gilt nicht als Laden oder Löschen im Sinne des Absatzes 7.2.4.7.1 oder als Umladen im Sinne des Unterabschnittes 7.2.4.9.

7.2.4.8 (bleibt offen)

7.2.4.9 Umladen

Es ist verboten, ohne Genehmigung der zuständigen Behörde die Ladung vollständig oder teilweise außerhalb einer dafür zugelassenen Umschlagstelle in ein anderes Schiff umzuladen.

Bem. 1. Für den Umschlag auf einen anderen Verkehrsträger, siehe 7.2.4.7.1.

Bem. 2. Dieses Verbot gilt auch für das Umladen zwischen Bunkerbooten.

7.2.4.10 Prüfliste

7.2.4.10.1 Mit dem Laden und Löschen darf erst dann begonnen werden, wenn eine Prüfliste nach Abschnitt 8.6.3 ADN für das betreffende Umschlaggut ausgefüllt worden ist und die Fragen 1 bis 19 der Prüfliste zur Bestätigung mit „X" angekreuzt sind. Nicht zutreffende Fragen sind zu streichen. Die Liste muss nach dem Anschluss der für den Umschlag vorgesehenen Leitungen und vor Umschlagsbeginn in zweifacher Ausfertigung ausgefüllt und vom Schiffsführer oder von einer von ihm beauftragten Person sowie von der an der Landanlage für den Umschlag verantwortlichen Person unterschrieben werden. Können nicht alle zutreffenden Fragen mit „JA" beantwortet werden, ist der Umschlag nur mit Zustimmung der zuständigen Behörde gestattet.

...

7.2.4.10.2 Die Prüfliste muss dem Muster nach Abschnitt 8.6.3 entsprechen.

7.2.4.10.3 Die Prüfliste ist mindestens in für den Schiffsführer und die für die Bedienung der Landanlage verantwortliche Person verständlichen Sprachen zu drucken.

7.2.4.10.4 Die Vorschriften der Absätze 7.2.4.10.1 bis 7.2.4.10.3 gelten nicht bei der Übernahme von öl- und fetthaltigen Schiffsbetriebsabfällen in Bilgenentölungsbooten und bei der Übergabe von Schiffsbetriebsstoffen durch Bunkerboote.

7.2.4.11 Stauplan

7.2.4.11.1 (gestrichen)

7.2.4.11.2 Der Schiffsführer muss in einem Stauplan eintragen, welche Stoffe in den einzelnen Ladetanks untergebracht sind. Die Stoffe sind entsprechend dem Beförderungspapier einzutragen (Angaben gemäß Absatz 5.4.1.1.2 a) bis d)).

7.2.4.12 Reiseregistrierung

In der Reiseregistrierung nach Abschnitt 8.1.11 müssen unverzüglich mindestens folgende Angaben erfasst werden:

Laden:	Ort und Ladestelle, Datum und Zeit, UN-Nummer oder Stoffnummer, offizielle Benennung des Stoffes, Klasse und gegebenenfalls Verpackungsgruppe;
Löschen:	Ort und Löschstelle, Datum und Zeit.
Entgasen von UN 1203 Benzin oder Ottokraftstoff:	Ort und Anlage oder Entgasungsstrecke, Datum und Zeit.

Diese Angaben müssen für jeden Ladetank vorhanden sein.

7.2.4.16.9 a) Beim Laden oder Löschen von Stoffen, für die in Kapitel 3.2 Tabelle C Spalte 6 und 7 ein Typ N offen mit Flammendurchschlagsicherung ausreichend ist, dürfen bei einem geschlossenen Tankschiff die Ladetanks mittels der in Absatz 9.3.2.22.4 a) oder 9.3.3.22.4 a) genannten Einrichtung zum gefahrlosen Entspannen der Ladetanks geöffnet werden.

b) Beim Laden oder Löschen von Stoffen, für die in Kapitel 3.2 Tabelle C Spalte 6 und 7 ein Typ N offen gefordert wird, dürfen bei einem geschlossenen Tankschiff die Ladetanks mittels der in Absatz 9.3.2.22.4 a) oder 9.3.3.22.4 a) genannten Einrichtung zum gefahrlosen Entspannen der Ladetanks oder über eine andere geeignete Öffnung der Gasabfuhrleitung geöffnet werden, wenn jede Ansammlung von Wasser und dessen Eindringen in die Ladetanks verhindert wird und die Öffnung nach dem Laden oder Löschen ordnungsgemäß verschlossen wird.

7.2.4.16.10 Die Vorschriften des Absatzes 7.2.4.16.9 gilt nicht, wenn die Ladetanks Gase oder Dämpfe von Stoffen enthalten, für die in Kapitel 3.2 Tabelle C Spalte 7 ein geschlossenes Tankschiff gefordert wird.

7.2.4.16.11 Das Absperrorgan des Anschlusses nach Absatz 9.3.1.21.1 g), 9.3.2.21.1 g) oder 9.3.3.21.1 g) darf erst nach gasdichter Verbindung mit der geschlossenen oder teilweise geschlossenen Probeentnahmeeinrichtung geöffnet werden.

7.2.4.16.12 Bei Stoffen, für die in Unterabschnitt 3.2.3.2 Tabelle C Spalte 17 Explosionsschutz erforderlich ist, muss die Verbindung der Gasabfuhrleitung zur Landanlage so ausgeführt sein, dass das Schiff gegen Detonation und Flammendurchschlag von Land aus geschützt wird (Explosionsgruppe/Untergruppe entsprechend Unterabschnitt 3.2.3.2 Tabelle C Spalte (16)).

Der Schutz des Schiffes gegen Detonation und Flammendurchschlag von Land aus ist nicht erforderlich, wenn die Ladetanks nach Unterabschnitt 7.2.4.18 inertisiert sind.

7.2.4.16.13 Die Öffnungen in Schanzkleidern, Fußleisten usw. dürfen bei der Beförderung von UN 2448 oder von Gütern der Klasse 5.1 oder 8 nicht verschlossen werden. Während der Fahrt dürfen die Öffnungen auch bei der Beförderung von anderen gefährlichen Gütern nicht verschlossen werden.

7.2.4.16.14 Wenn bei Stoffen der Klasse 2 oder 6.1 in Kapitel 3.2 Tabelle C Spalte 20 eine Aufsicht gefordert wird, muss das Laden und Löschen unter der Aufsicht einer hierfür vom Absender oder Empfänger bevollmächtigten Person, die nicht zur Besatzung gehört, vorgenommen werden.

7.2.4.16.15 In der Ladeinstruktion muss die Laderate beim Beginn der Ladevorgang so sein, dass eine elektrostatische Aufladung am Beginn des Ladens ausgeschlossen ist.

7.2.4.16.16 Maßnahmen vor dem Laden tiefgekühlt verflüssigter Gase

Soweit die Temperatur nicht gemäß Absatz 9.3.1.24.1 Buchstabe a oder Absatz 9.3.1.24.1 Buchstabe c überprüft wird, die die Nutzung des maximalen Boil-Off in jedem Betriebszustand sicherstellen, muss die Haltezeit vor dem Laden vom Schiffsführer oder in dessen Namen berechnet und während des Ladens vom Schiffsführer oder in dessen Namen bestätigt sowie an Bord dokumentiert werden.

7.2.4.16.17 Berechnung der Haltezeit

An Bord muss eine Tabelle aufbewahrt werden, die das Verhältnis zwischen Haltezeit und Füllständen angibt und die untenstehenden Parameter enthält. Die Tabelle muss von der anerkannten Klassifikationsgesellschaft, die das Schiff zertifiziert hat, genehmigt sein.
Die Haltezeit der Ladung muss anhand der folgenden Parameter bestimmt werden:

- Wärmeübergangswert gemäß Absatz 9.3.1.27.9;
- Ansprechdruck der Sicherheitsventile;
- Ursprüngliche Füllbedingungen (Temperatur der Ladung während des Ladens und Füllungsgrad);

- Umgebungstemperatur gemäß Absatz 9.3.1.24.2.
- Bei der Nutzung der Boil-Off-Gase kann der garantierte Mindestverbrauch an Boil-Off-Gasen (d. h. die Menge an Boil-Off-Gasen, die in jedem Betriebszustand genutzt wird) berücksichtigt werden.

Angemessene Sicherheitsspanne

Zur Sicherstellung einer angemessenen Sicherheitsspanne beträgt die Haltezeit mindestens das Dreifache der voraussichtlichen Dauer der Fahrt, wobei Folgendes gilt:

- Zur Gewährleistung der Sicherheit bei kurzen Fahrten von (erwartungsgemäß) nicht mehr als 5 Tagen beträgt die Mindesthaltezeit für Schiffe mit tiefgekühlt verflüssigten Gasen an Bord 15 Tage.
- Bei langen Fahrten von (erwartungsgemäß) mehr als 10 Tagen beträgt die Mindesthaltezeit 30 Tage und verlängert sich für jeden Tag, den die Fahrten länger als zehn Tage dauern, um weitere zwei Tage.

Sobald klar wird, dass die Ladung nicht innerhalb der Haltezeit gelöscht werden kann, muss der Schiffsführer die nächstgelegenen Einsatz- und Sicherheitskräfte gemäß Unterabschnitt 1.4.1.2 verständigen.

7.2.4.17 Verschließen der Fenster und Türen

7.2.4.17.1 Während des Ladens, Löschens, Entgasens oder während eines Aufenthalts in einer oder unmittelbar angrenzend an eine landseitig ausgewiesene Zone müssen alle Zugänge und Öffnungen von Räumen, welche von Deck zugänglich sind, und alle Öffnungen von Räumen ins Freie geschlossen sein.

Dies gilt nicht für:

- Ansaugöffnungen von Motoren in Betrieb;
- Lüftungsöffnungen von Maschinenräumen, wenn die Motoren in Betrieb sind;
- Lüftungsöffnungen eines Lüftungssystems gemäß Absatz 9.3.1.12.4, 9.3.2.12.4 oder 9.3.3.12.4 und
- Lüftungsöffnungen, wenn diese Öffnungen mit einer Gasspüranlage gemäß Absatz 9.3.1.12.4, 9.3.2.12.4 oder 9.3.3.12.4 versehen sind.

Zugänge und Öffnungen dürfen nur soweit notwendig für kurze Zeit mit der Genehmigung des Schiffsführers geöffnet werden.

7.2.4.17.2 Nach dem Laden, Löschen und Entgasen müssen die von Deck aus zugänglichen Räume gelüftet werden.

7.2.4.17.3 Die Vorschriften der Absätze 7.2.4.17.1 und 7.2.4.17.2 gelten nicht bei der Übernahme von öl- und fetthaltigen Schiffsbetriebsabfällen und bei der Übergabe von Schiffsbetriebsstoffen.

7.2.4.18 Abdeckung der Ladung und Inertisierung

7.2.4.18.1 Für die Gasphasen innerhalb von Ladetanks und angeschlossenen Rohrleitungen kann eine Inertisierung oder eine Abdeckung der Ladung erforderlich sein. Diese sind wie folgt definiert:

- Inertisierung: Der Ladetank und die angeschlossenen Rohrleitungen sowie andere Räume, für die dies nach Kapitel 3.2 Tabelle C Spalte (20) vorgeschrieben ist, sind mit Gasen oder Dämpfen gefüllt, die eine Verbrennung verhindern, mit der Ladung nicht reagieren und diesen Zustand erhalten;
- Abdeckung der Ladung: Der Bereich des Ladetanks über der Ladung und die angeschlossenen Rohrleitungen sind mit einer Flüssigkeit, einem Gas oder einem Dampf gefüllt, wodurch die Ladung von der Luft getrennt wird und dieser Zustand erhalten bleibt.

7.2.4.18.2 Für bestimmte Stoffe sind die Anforderungen hinsichtlich der Inertisierung und der Abdeckung der Ladung in Ladetanks und angeschlossenen Rohrleitungen sowie in den angrenzenden leeren Räumen in Kapitel 3.2 Tabelle C Spalte (20) angegeben.

7.2.4.18.3 (bleibt offen)

7.2.4.18.4 Die Inertisierung oder Abdeckung bei entzündbarer Ladung muss so durchgeführt werden, dass die elektrostatische Aufladung bei der Zuführung des Inertisierungsmittels möglichst gering ist.

7.2.4.19 (gestrichen)

7.2.4.20 (bleibt offen)

7.2.4.21 Füllen von Ladetanks

7.2.4.21.1 Der in Kapitel 3.2 Tabelle C Spalte 11 aufgeführte oder nach 7.2.4.21.3 umgerechnete Füllungsgrad für den einzelnen Ladetank darf nicht überschritten werden.

7.2.4.21.2 Die Vorschriften des Absatzes 7.2.4.21.1 gelten nicht für Ladetanks, deren Inhalt während der Beförderung durch eine Heizeinrichtung auf der Einfülltemperatur gehalten wird. In diesem Fall muss der Füllungsgrad bei Transportbeginn so bemessen sein und die Temperatur so geregelt werden, dass der höchstzulässige Füllungsgrad nicht überschritten wird.

7.2.4.21.3 Bei der Beförderung von Stoffen mit einer höheren als der im Zulassungszeugnis berücksichtigten relativen Dichte wird der maximal zulässige Füllungsgrad der Ladetanks mit nachstehender Formel bestimmt:

maximal zulässiger Füllungsgrad (%) = a * 100/b

a = relative Dichte laut Zulassungszeugnis;

b = relative Dichte des Stoffes.

Der in Kapitel 3.2 Tabelle C Spalte 11 genannte Füllungsgrad darf jedoch nicht überschritten werden.

Bem. Bei der Befüllung der Ladetanks sind darüber hinaus die Anforderungen an die Stabilität, die Längsfestigkeit und die größte Einsenkung des Schiffes zu beachten.

7.2.4.21.4 Bei einer Überschreitung des Füllungsgrades von 97,5 % darf durch eine technische Einrichtung das Abpumpen der Überfüllung ermöglicht werden. Während dieses Vorganges muss automatisch ein optischer Alarm an Deck ausgelöst werden.

7.2.4.22 Öffnen von Öffnungen der Ladetanks

7.2.4.22.1 Das Öffnen von Öffnungen der Ladetanks darf nur erfolgen, nachdem die entsprechenden Ladetanks entspannt worden sind.

Das Entspannen der Ladetanks ist nur mit Hilfe der in Absatz 9.3.2.22.4 a) und 9.3.2.22.4 b) oder 9.3.3.22.4 a) und 9.3.3.22.4 b) vorgeschriebenen Vorrichtung zum gefahrlosen Entspannen der Ladetanks gestattet. Wenn in Unterabschnitt 3.2.3.2 Tabelle C Spalte 17 Explosionsschutz gefordert wird, ist das Öffnen der Ladetankluken erst gestattet, wenn die Ladetanks entladen sind und die Konzentration an entzündbaren Gasen im Ladetank unter 10 % der UEG der Ladung/Vorladung liegt. Die Messergebnisse müssen schriftlich festgehalten werden. Die zu prüfenden Ladetanks dürfen zur Messung nicht betreten werden.

7.2.4.22.2 Das Öffnen der Probeentnahmeöffnungen ist nur zur Probeentnahme sowie zur Kontrolle oder bei Reinigung leerer Ladetanks gestattet.

7.2.4.22.3 Die Probeentnahme ist nur über die im Unterabschnitt 3.2.3.2 Tabelle C Spalte 13 angegebene oder eine Probeentnahmeeinrichtung, die ein höheres Sicherheitsniveau bietet, gestattet.

Das Öffnen der Probeentnahmeöffnungen … ist bei Ladetanks, die mit Stoffen beladen sind, für die nach Unterabschnitt 3.2 3.2 Tabelle C Spalte 19 eine Bezeichnung mit einem oder zwei blauen Kegeln oder zwei blauen Lichtern vorgeschrieben ist, nur gestattet, nachdem das Laden seit mindestens 10 Minuten unterbrochen ist.

7.2.4.22.4 Die Probeentnahmegefäße einschließlich aller Zubehörteile, wie Seile usw., müssen aus elektrostatisch leitfähigem Material bestehen und beim Probeentnehmen mit dem Schiffskörper leitfähig verbunden sein.

7.2.4.22.5 Das Öffnen des Gehäuses der Flammendurchschlagsicherungen ist nur zum Reinigen der Flammensperre oder zum Austausch gegen baugleiche Flammensperren gestattet.

Das Öffnen darf erst erfolgen, wenn die Ladetanks entladen sind und die Konzentration an entzündbaren Gasen im Ladetank unter 10 % der UEG der Ladung/Vorladung liegt.

Die Messergebnisse müssen schriftlich festgehalten werden.

Die Reinigung und der Austausch der Flammensperre darf nur durch geschultes und eingewiesenes Personal erfolgen.

7.2.4.22.6 Für die Tätigkeiten nach 7.2.4.22.4 und 7.2.4.22.5 darf nur funkenarmes Werkzeug wie z.B. Schraubendreher und Schraubenschlüssel aus Chrom-Vanadium-Stahl benutzt werden.

7.2.4.22.7 Die Öffnungsdauer muss auf die Zeit der Kontrolle, der Reinigung, des Austauschs der Flammensperre oder der Probeentnahme beschränkt bleiben.

7.2.4.22.8 Die Vorschriften der Absätze 7.2.4.22.1 bis 7.2.4.22.7 gelten nicht für Bilgenentölungsboote und für Bunkerboote.

7.2.4.23 (bleibt offen)

7.2.4.24 **Gleichzeitiges Laden und Löschen**

Während des Ladens oder Löschens von Ladetanks darf nichts anderes geladen oder gelöscht werden. Die zuständige Behörde kann während des Löschens Ausnahmen zulassen.

7.2.4.25 **Lade-, Lösch- und Gasabfuhrleitungen**

7.2.4.25.1 Das Laden und Löschen sowie das Nachlenzen muss mit den fest eingebauten Rohrleitungen des Schiffes ausgeführt werden.

Metallarmaturen der Verbindungsschläuche zur Landrohrleitung müssen so geerdet werden, dass eine elektrostatische Aufladung verhindert wird.

7.2.4.25.2 Lade- und Löschleitungen dürfen nicht durch Rohrleitungen oder Schlauchleitungen über die Kofferdämme hinaus nach vorne oder hinten verlängert werden. Dies gilt nicht für die Schlauchleitungen, welche bei der Übernahme von öl- und fetthaltigen Schiffsbetriebsabfällen und bei der Übergabe von Schiffsbetriebsstoffen benutzt werden.

7.2.4.25.3 (bleibt offen)

7.2.4.25.4 Die in den Rohrleitungen zurückbleibende Flüssigkeit muss möglichst vollständig in die Ladetanks ablaufen oder gefahrlos entfernt werden. Dies gilt nicht für Bunkerboote.

7.2.4.25.5 Die beim Beladen austretenden Gas/Luftgemische sind über eine Gasrückfuhrleitung an Land abzuführen, wenn

– in Unterabschnitt 3.2.3.2 Tabelle C Spalte (7) ein geschlossener Ladetank gefordert wird

oder

– für die vorherige Ladung in Unterabschnitt 3.2.3.2 Tabelle C Spalte (7) ein geschlossener Ladetank erforderlich war und die Konzentration an entzündbaren Gasen im Ladetank vor dem Beladen über 10 % der UEG beträgt oder der Ladetank giftige Gase, ätzende Gase (Verpackungsgruppe I oder II) oder Gase mit CMR-Eigenschaften (Kategorien 1A oder 1B) in einer Konzentration oberhalb der national zulässigen Expositionsgrenzen enthält. Die Messergebnisse müssen schriftlich festgehalten werden.

Wenn für den Stoff, der geladen werden soll, in Unterabschnitt 3.2.3.2 Tabelle C Spalte (17) Explosionsschutz erforderlich ist und die Benutzung einer Gasabfuhrleitung vorgeschrieben ist, muss sichergestellt sein, dass die Gasrückfuhrleitung so ausgeführt ist, dass das Schiff gegen Detonation und Flammendurchschlag von Land aus geschützt wird. Der Schutz des Schiffes gegen Detonation und Flammendurchschlag von Land aus ist nicht erforderlich, wenn die Ladetanks nach Unterabschnitt 7.2.4.18 inertisiert sind.

7.2.4.25.6 Bei Beförderung von Stoffen der Klasse 2 gilt die Bedingung des Absatzes 7.2.4.25.4 als erfüllt, wenn die Lade- oder Löschleitungen mit Eigengas oder Stickstoff nachgedrückt worden sind.

7.2.4.25.7 Für das An- und Abflanschen der Lade-/Löschleitung, sowie der Gasabfuhrleitung ist funkenarmes Werkzeug wie z.B Schraubendreher und Schraubenschlüsseln aus Chrom-Vanadium-Stahl zu verwenden.

7.2.4.26–7.2.4.27 (bleibt offen)

7.2.4.28 Berieselungsanlage

7.2.4.28.1 Wenn in Kapitel 3.2 Tabelle C Spalte 9 eine Berieselungsanlage zum Niederschlagen von Gasen bzw. Dämpfen gefordert wird, muss diese beim Laden und Löschen und während der Beförderung betriebsbereit sein. Wenn eine Berieselungsanlage zum Kühlen des Decks der Ladetanks gefordert wird, muss diese während der Beförderung betriebsbereit sein.

7.2.4.28.2 Wenn in Unterabschnitt 3.2.3.2 Tabelle C Spalte 9 Berieselung gefordert wird, muss der Schiffsführer, wenn der Innendruck des Ladetanks 80 % des Öffnungsdrucks des Überdruck-/ Hochgeschwindigkeitsventils zu erreichen droht, alle mit der Sicherheit zu vereinbarenden erforderlichen Maßnahmen treffen, um zu verhindern, dass dieser Innendruck des Ladetanks erreicht wird. Er muss insbesondere die Berieselungsanlage in Betrieb nehmen.

7.2.4.28.3 Wenn bei Stoffen, für die in Kapitel 3.2 Tabelle C Spalte 9 Berieselung gefordert wird, in der Spalte 20 die Bemerkung 23 eingetragen ist und ein Innendruck des Ladetanks von 40 kPa (0,4 bar) erreicht wird, muss die Einrichtung zum Messen des Innendrucks des Ladetanks den Alarm auslösen. Die Berieselungsanlage muss sofort in Betrieb genommen werden und solange in Betrieb bleiben, bis der Innendruck des Ladetanks auf unter 30 kPa (0,3 bar) gefallen ist.

7.2.4.29 Beförderung tiefgekühlt verflüssigter Gase

Während des Ladens oder Löschens muss unter das genutzte Sammelrohr die in Absatz 9.3.1.21.11 genannte Auffangwanne gestellt werden und über dem genutzten Sammelrohr ein Wasserfilm gemäß Absatz 9.3.1.21.11 aktiviert werden.

7.2.4.30–7.2.4.39 (bleibt offen)

7.2.4.40 Feuerlöscheinrichtungen

Während des Ladens oder Löschens müssen auf Deck im Bereich der Ladung die Feuerlöscheinrichtungen, die Feuerlöschleitung mit Wasserentnahmeanschlüssen einschließlich Anschlussstücken und Strahl-/Sprührohren oder Schlauchleitungen einschließlich Anschlussstücken und Strahl-/Sprührohren in Bereitschaft gehalten werden.

Die Feuerlöschleitungen und Wasserentnahmeanschlüsse müssen vor dem Einfrieren geschützt werden.

7.2.4.41 Rauchen, Feuer und offenes Licht

Während des Ladens, Löschens oder Entgasens ist auf dem Schiff Feuer, offenes Licht und das Rauchen verboten. Jedoch sind die Vorschriften der Absätze 7.2.3.42.3 und 7.2.3.42.4 anwendbar.

7.2.4.42 Ladungsheizungsanlage

Die in Kapitel 3.2 Tabelle C Spalte 20 angegebene höchstzulässige Beförderungstemperatur der Ladung darf nicht überschritten werden.

7.2.4.43–7.2.4.50 (bleibt offen)

7.2.4.51 Elektrische Anlagen und Geräte

7.2.4.51.1 (gestrichen)

7.2.4.51.2 (gestrichen)

7.2.4.51.3 Kathodische Fremdstrom-Korrosionsschutzanlagen müssen vor dem Anlegen abgeschaltet und dürfen frühestens nach dem Ablegen wieder angeschaltet werden.

7.2.4.52 (bleibt offen)

7.2.4.53 Beleuchtung

Für das Laden oder Löschen bei Nacht oder schlechter Sicht muss eine wirksame Beleuchtung sichergestellt sein. Erfolgt diese von Deck aus, hat sie durch gut befestigte elektrische Leuchten zu geschehen, die so angebracht sind, dass sie nicht beschädigt werden können. ▪▪▪

7.2.4.54–7.2.4.59 (bleibt offen)

7.2.4.60 Besondere Ausrüstung

Die in den Bauvorschriften vorgeschriebene Dusche und das Augen- und Gesichtsbad müssen unter allen Wetterbedingungen während des Ladens, Löschens und beim Umpumpen bereit gehalten werden.

7.2.4.61–7.2.4.73 (bleibt offen)

7.2.4.74 (gestrichen)

7

7.2.4.75 Gefahr der Funkenbildung

Elektrisch leitende Verbindungen zwischen Schiff und Land müssen so beschaffen sein, dass sie keine Zündquelle darstellen. Wenn die Schiffsstoffliste nach Absatz 1.16.1.2.5 Stoffe enthält, für die nach Unterabschnitt 3.2.3.2 Tabelle C Spalte 17 Explosionsschutz gefordert wird, ist in Zone 1 das Ablegen von nicht ausreichend ableitfähiger Kleidung verboten.

7.2.4.76 Kunststofftrossen

Während des Ladens und Löschens darf das Schiff nur dann mit Kunststofftrossen festgemacht werden, wenn das Abtreiben des Schiffes durch Drahtseile verhindert ist.

Drahtseile mit Kunststoff- oder Naturfaserumwicklungen gelten als gleichwertig, wenn die nach den Regelungen nach Absatz 1.1.4.6.1 geforderte Mindestbruchkraft allein durch die Stahldrahtlitzen erreicht wird.

Jedoch dürfen Bilgenentölungsboote während der Übernahme von öl- und fetthaltigen Schiffsbetriebsabfällen und Bunkerboote sowie andere Schiffe, die Schiffsbetriebsstoffe abgeben, während der Abgabe von Schiffsbetriebsstoffen mit Kunststofftrossen festgemacht werden.

7.2.4.77 Mögliche Evakuierungsmittel im Notfall

		Tankschiff/Tankleichter Klasse				
		2, 3 (außer zweite und dritte Eintragung für UN-Nr. 1202, Verpackungsgruppe III, in Tabelle C)	*3 (nur zweite und dritte Eintragung für UN-Nr. 1202, Verpackungsgruppe III, in Tabelle C), 4.1*	*5.1, 6.1*	*8*	*9*
1	Zwei Fluchtwege innerhalb oder außerhalb des Bereichs der Ladung in entgegengesetzter Richtung vom genutzten Landanschluss der Lade- und Löschleitung	•	•	•	•	•
2	Ein Fluchtweg außerhalb des Bereichs der Ladung und ein Zufluchtsort außerhalb des Schiffs, einschließlich des zu ihm führenden Fluchtwegs vom entgegengesetzten Ende	•	•	•	•	•
3	Ein Fluchtweg außerhalb des Bereichs der Ladung und ein Zufluchtsort am entgegengesetzten Ende	•	•	•**	•	•
4	Ein Fluchtweg außerhalb des Bereichs der Ladung und ein Beiboot am entgegengesetzten Ende		•		•	•
5	Ein Fluchtweg außerhalb des Bereichs der Ladung und ein Fluchtboot am entgegengesetzten Ende	•	•	•	•	•
6	Ein Fluchtweg innerhalb des Bereichs der Ladung und ein Fluchtweg außerhalb des Bereichs der Ladung am entgegengesetzten Ende	•	•	•	•	•
7	Ein Fluchtweg innerhalb des Bereichs der Ladung und ein Zufluchtsort außerhalb des Schiffs in entgegengesetzter Richtung	•	•	•	•	•
8	Ein Fluchtweg außerhalb des Bereichs der Ladung und ein Zufluchtsort in entgegengesetzter Richtung	•	•	•**	•	•
9	Ein Fluchtweg innerhalb des Bereichs der Ladung und ein Beiboot am entgegengesetzten Ende		•		•	•
10	Ein Fluchtweg innerhalb des Bereichs der Ladung und ein Fluchtboot am entgegengesetzten Ende	•	•	•	•	•
11	Ein Fluchtweg innerhalb oder außerhalb des Bereichs der Ladung und zwei Zufluchtsorte auf dem Schiff an den entgegengesetzten Enden	•	•	•**	•	•
12	Ein Fluchtweg innerhalb oder außerhalb des Bereichs der Ladung und zwei Schutzzonen auf dem Schiff an den entgegen gesetzten Enden	•	•	•**	•	•
13	Ein Fluchtweg außerhalb des Bereichs der Ladung		•		*•	•
14	Ein Fluchtweg innerhalb des Bereichs der Ladung		•		*•	•
15	Ein oder mehrere Zufluchtsorte außerhalb des Schiffs, einschließlich der zu ihnen führenden Fluchtwege	•	•	•	*•	•

• = mögliche Option
* = Bei TFC, CF oder CFT unzulässig.
** = Nicht zulässig, wenn die Gefahr besteht, dass oxidierende Stoffe in Verbindung mit brennbaren Flüssigkeiten eine Explosion hervorrufen können.

Die zuständigen Behörden können aufgrund der örtlichen Verhältnisse zusätzliche Anforderungen bezüglich der Verfügbarkeit von Evakuierungsmitteln nach lokalem Recht vorschreiben.

7.2.4.78– 7.2.4.99 (bleibt offen)

7.2.5 Zusätzliche Vorschriften für den Verkehr der Schiffe

7.2.5.0 Bezeichnung

7.2.5.0.1 Schiffe, welche die in Kapitel 3.2 Tabelle C aufgeführten Stoffe befördern, müssen die in der Spalte 19 angegebene Anzahl blauer Kegel oder blauer Lichter gemäß CEVNI führen. Wenn auf Grund der beförderten Ladung keine blauen Kegel/Lichter erforderlich sind, aber die Konzentration an entzündbaren oder giftigen Gasen und Dämpfen innerhalb der Ladetanks über 20 % der UEG der letzten Ladung, für welche diese Bezeichnung notwendig war, liegt oder die national zulässigen Expositionsgrenzwerte überschreitet, wird die Anzahl der blauen Kegel oder blauen Lichter von der letzten bezeichnungspflichtigen Ladung bestimmt.

7.2.5.0.2 Wenn ein Schiff unter mehrere Bezeichnungsvorschriften fällt, ist diejenige Bezeichnung zu führen, die nachstehend zuerst genannt ist:

- zwei blaue Kegel oder zwei blaue Lichter;
- ein blauer Kegel oder ein blaues Licht.

7.2.5.0.3 Abweichend von Absatz 7.2.5.0.1 und gemäß den Fußnoten zu § 3.14 des CEVNI kann die zuständige Behörde zulassen, dass anstelle der Bezeichnung nach Absatz 7.2.5.0.1 Seeschiffe, die nur zeitweilig in Binnenschifffahrtszonen im Gebiet dieser Vertragspartei verkehren, die Nacht- und Tagbezeichnung verwenden, die in den vom Sicherheitsausschuss der IMO angenommenen Empfehlungen für die Sicherheit der Beförderung gefährlicher Ladungen und vergleichbarer Handlungen in Hafengebieten vorgeschrieben sind (bei Nacht ein von allen Seiten sichtbares festes rotes Licht und bei Tag die Flagge «B» des internationalen Zeichencodes) angenommen worden sind. Die Vertragspartei, die eine solche zeitweilige Abweichung erteilt hat, informiert hierüber den Exekutiv-Sekretär der Wirtschaftskommission der Vereinten Nation für Europa (UNECE), der sie dem Verwaltungsausschuss zur Kenntnis bringt.

7.2.5.1 Beförderungsart

Die zuständigen Behörden können Beschränkungen bezüglich der Einbeziehung von Tankschiffen in großen Schubverbänden auferlegen.

7.2.5.2 (bleibt offen)

7.2.5.3 Festmachen

Schiffe müssen sicher, jedoch so festgemacht sein, dass sie bei Gefahr rasch losgemacht werden können und dass elektrische Leitungen und Schlauchleitungen nicht gequetscht oder geknickt werden und keinen Zugbeanspruchungen ausgesetzt sind.

7.2.5.4 Stillliegen

7.2.5.4.1 Schiffe, die gefährliche Güter befördern, dürfen nicht in geringerer Entfernung von anderen Schiffen stillliegen als in den in Unterabschnitt 1.1.4.6 genannten Vorschriften vorgeschrieben.

7.2.5.4.2 An Bord stillliegender Schiffe, die gefährliche Güter befördern, muss sich ständig ein Sachkundiger nach Abschnitt 8.2.1 aufhalten. Die örtlich zuständige Behörde kann jedoch die Schiffe, die in einem Hafenbecken oder an dafür zugelassenen Stellen stillliegen, von dieser Verpflichtung befreien.

7.2.5.4.3 Außerhalb der von der zuständigen Behörde besonders angegebenen Liegeplätze darf beim Stillliegen der nachstehende Abstand nicht unterschritten werden:

- 100 m von geschlossenen Wohngebieten, Ingenieurbauwerken und Tanklagern, wenn das Schiff nach Kapitel 3.2 Tabelle C Spalte 19 eine Bezeichnung mit einem blauen Kegel oder einem blauen Licht führen muss;
- 100 m von Ingenieurbauwerken und Tanklagern und 300 m von geschlossenen Wohngebieten, wenn das Schiff nach Kapitel 3.2 Tabelle C Spalte 19 eine Bezeichnung mit zwei blauen Kegeln oder zwei blauen Lichtern führen muss.

Während des Wartens vor Schleusen oder Brücken ist es zulässig, geringere Abstände als die oben genannten einzuhalten. Der Abstand darf in keinem Fall weniger als 100 m betragen.

7.2.5.4.4 Die zuständige Behörde kann unter Berücksichtigung der örtlichen Verhältnisse geringere als die in Absatz 7.2.5.4.3 genannten Abstände zulassen.

7.2.5.5– 7.2.5.7 (bleibt offen)

7.2.5.8 **Meldepflicht**

7.2.5.8.1 In den Ländern, in denen eine Meldepflicht besteht, muss der Schiffsführer die Angaben gemäß Absatz 1.1.4.6.1 machen.

7.2.5.8.2 (gestrichen)

7.2.5.8.3 (gestrichen)

7.2.5.8.4 (gestrichen)

7.2.5.9– 7.2.5.99 (bleibt offen)

7

Teil 8

Vorschriften für die Besatzung, die Ausrüstung, den Betrieb und die Dokumentation

8.1	**Allgemeine Vorschriften für die Schiffe und die Ausrüstung**
8.1.1	(bleibt offen)
8.1.2	Dokumente
8.1.3	(bleibt offen)
8.1.4	Feuerlöscheinrichtungen
8.1.5	Besondere Ausrüstung
8.1.6	Prüfung und Untersuchung der Ausrüstung
8.1.7	Anlagen, Geräte und autonome Schutzsysteme
8.1.8	Kontrolle der Pumpenräume von Tankschiffen
8.1.9	(gestrichen)
8.1.10	(gestrichen)
8.1.11	Reiseregistrierung bei der Beförderung von UN 1203
8.2	**Vorschriften für die Ausbildung**
8.2.1	Allgemeine Vorschriften für die Ausbildung der Sachkundigen
8.2.2	Besondere Vorschriften für die Schulung der Sachkundigen
8.2.2.3	Aufbau der Schulung
8.2.2.3.1	Basiskurse
8.2.2.3.2	Wiederholungskurse
8.2.2.3.3	Aufbaukurse
8.2.2.3.4	Wiederholungskurse
8.2.2.4	Lehrplan für die Basis- und Aufbaukurse
8.2.2.5	Lehrplan für die Wiederholungskurse
8.2.2.6	Anerkennung der Schulungen
8.2.2.7	Prüfungen und Abschlusstests
8.2.2.7.1	Basiskurs
8.2.2.7.2	Aufbaukurse Gas und Chemie
8.2.2.7.3	Wiederholungskurse
8.2.2.8	Bescheinigung über besondere Kenntnisse des ADN
8.3	**Verschiedene Vorschriften, die von der Schiffsbesatzung zu beachten sind**
8.3.1	Personen an Bord
8.3.2	Tragbare Leuchten
8.3.3	Zutritt an Bord
8.3.4	Rauchverbot, Verbot von Feuer und offenem Licht
8.3.5	Arbeiten an Bord
8.4	**(bleibt offen)**
8.5	**(bleibt offen)**

8

8.6	**Dokumente**
8.6.1	Zulassungszeugnis
8.6.1.1	Muster für das Zulassungszeugnis „Trockengüterschiffe“
8.6.1.2	Muster des vorläufigen Zulassungszeugnisses „Trockengüterschiffe“
8.6.1.3	Muster des Zulassungszeugnisses „Tankschiffe“
8.6.1.4	Muster des vorläufigen Zulassungszeugnisses „Tankschiffe“
8.6.1.5	Anlage zum Zulassungszeugnis und zum vorläufigen Zulassungszeugnis gemäß 1.16.1.3.1 a)
8.6.2	Bescheinigung über besondere Kenntnisse des ADN gemäß Unterabschnitt 8.2.1.2, 8.2.1.5 oder 8.2.1.7
8.6.3	Prüfliste ADN
8.6.4	(gestrichen)

8.1.1 (bleibt offen)

8.1.2 Dokumente

8.1.2.1 Außer den nach anderen Vorschriften erforderlichen Dokumenten müssen die folgenden Dokumente an Bord mitgeführt werden:

a) das in Unterabschnitt 1.16.1.1 vorgeschriebene Zulassungszeugnis des Schiffes oder das in Unterabschnitt 1.16.1.3 vorgeschriebene vorläufige Zulassungszeugnis des Schiffes und die in Unterabschnitt 1.16.1 4 genannte Anlage;

b) die nach Abschnitt 5.4 1 vorgeschriebenen Beförderungspapiere und gegebenenfalls das Container-/Fahrzeugpackzertifikat (siehe Abschnitt 5.4.2).

c) die in Abschnitt 5.4.3 vorgeschriebenen schriftlichen Weisungen

d) ein Abdruck des ADN mit der beigefügten Verordnung in der jeweils geltenden Fassung, der auch eine auf elektronischem Wege jeder Zeit lesbare Textfassung sein darf;

e) die in Unterabschnitt 8.1.7.1 vorgeschriebene Bescheinigung der Isolationswiderstände der elektrischen Einrichtungen und die nach Unterabschnitt 8.1.7.2 vorgeschriebenen Bescheinigungen über die Prüfung der Anlagen und Geräte und autonomen Schutzsysteme sowie zur Übereinstimmung der nach Absatz 8.1.2.2 e) bis h) bzw. 8.1.2.3 Buchstabe r) bis v) geforderten Unterlagen mit den Gegebenheiten an Bord;

f) die in Unterabschnitt 8 1.6.1 vorgeschriebene Bescheinigung über die Prüfung der Feuerlöschschläuche und die in Unterabschnitt 8.1.6.3 vorgeschriebene Bescheinigung über die Prüfung der besonderen Ausrüstung;

g) ein Prüfbuch, in dem alle geforderten Messergebnisse festgehalten werden;

h) eine Kopie des wesentlichen Textes der Sonderregelung(en) gemäß Kapitel 1.5, wenn die Beförderung auf Grund dieser Sonderregelung(en) erfolgt;

i) den in Unterabschnitt 1.10.1.4 vorgeschriebenen Lichtbildausweis für jedes Mitglied der Besatzung;

j) (gestrichen)

8.1.2.2 Außer den nach Unterabschnitt 8.1.2.1 erforderlichen Dokumenten müssen an Bord von Trockengüterschiffen folgende Dokumente zusätzlich an Bord mitgeführt werden:

a) der in Unterabschnitt 7.1.4.11 vorgeschriebene Stauplan;

b) die in 8.2.1.2 vorgeschriebene Bescheinigung über besondere Kenntnisse des ADN;

c) bei Schiffen, die den zusätzlichen Bauvorschriften für Doppelhüllenschiffe entsprechen, ...
   - ein Lecksicherheitsplan;
   - die Intaktstabilitätsunterlagen sowie alle der Leckrechnung zu Grunde liegenden Intaktstabilitätsfälle in einer für den Schiffsführer verständlichen Form;
   - die Bescheinigung der anerkannten Klassifikationsgesellschaft (siehe Unterabschnitt 9.1.0.88 oder 9.2.0.88).

d) die Prüfbescheinigungen über die fest installierten Feuerlöscheinrichtungen gemäß 9.1.0.40.2.9.

e) eine Liste oder ein Übersichtsplan der fest installierten Anlagen und Geräte, die mindestens für den Betrieb in Zone 1 geeignet sind und der Anlagen und Geräte die 9.1.0.51 entsprechen;

f) eine Liste oder ein Übersichtsplan der fest installierten Anlagen und Geräte, die während des Ladens, Löschens, beim Stillliegen und während des Aufenthalts in einer oder unmittelbar angrenzend an eine landseitig ausgewiesene Zone nicht betrieben werden dürfen (rot gekennzeichnet gemäß 9.1.0.52.2);

g) ein Plan mit den Grenzen der Zonen, auf dem die in der jeweiligen Zone installierten elektrischen und nicht-elektrischen Anlagen und Geräte zum Einsatz in explosionsgefährdeten Bereiche eingetragen sind;

h) eine Liste über die unter Buchstabe g) aufgeführten Geräte mit folgenden Angaben:
   - Anlage/Gerät, Aufstellungsort, Kennzeichnung (Geräteschutzniveau nach IEC 60079-0 oder Gerätekategorie nach Richtlinie 2014/34/EU[1] oder vergleichbares Schutzniveau Explosions-

[1] Amtsblatt der Europäischen Union Nr. L 96 vom 29. März 2014, S. 309

gruppe und Temperaturklasse, Zündschutzart, Prüfstelle), bei elektrischen Geräten zum Einsatz in Zone 1 (alternativ Kopie z.B. Konformitätserklärung nach Richtlinie 2014/34/EU[1])

- Anlage / Gerät, Aufstellungsort, Kennzeichnung (Geräteschutzniveau nach IEC 60079-0 oder Gerätekategorie nach Richtlinie 2014/34/EU[1] oder vergleichbares Schutzniveau einschließlich Explosionsgruppe und Temperaturklasse, Zündschutzart, Identifikationsnummer), bei elektrischen Geräten zum Einsatz in Zone 2 sowie bei nicht elektrischen Geräten zum Einsatz in Zone 1 und Zone 2 (alternativ Kopie z.B. Konformitätserklärung nach Richtlinie 2014/34/EU[1]).

Die unter e) bis h) genannten Unterlagen müssen mit dem Sichtvermerk der zuständigen Behörde versehen sein, die das Zulassungszeugnis erteilt.

8.1.2.3 Außer den nach Unterabschnitt 8.1.2.1 erforderlichen Dokumenten müssen an Bord von Tankschiffen folgende Dokumente zusätzlich an Bord mitgeführt werden:

a) der in Unterabschnitt 7.2.4.11.2 vorgeschriebene Stauplan;
b) die in Unterabschnitt 8.2.1.2 vorgeschriebene Bescheinigung über besondere Kenntnisse des ADN;
c) bei Schiffen, die den Bedingungen für die Lecksicherheit (siehe Unterabschnitt 9.3.1.15, 9.3.2.15 oder 9.3.3.15) entsprechen ▪▪▪,
   - ein Lecksicherheitsplan;
   - das Stabilitätshandbuch und der Beleg, dass der Ladungsrechner durch eine anerkannte Klassifikationsgesellschaft genehmigt wurde;
d) (gestrichen)
e) das in Absatz 9.3.1.8.1, 9.3.2.8.1 oder 9.3.3.8.1 vorgeschriebene und von der anerkannten Klassifikationsgesellschaft erteilte Klassifikationszeugnis;
f) die in Unterabschnitt 8.1.6.3 vorgeschriebenen Bescheinigungen über die Prüfung der besonderen Ausrüstung, der Gasspüranlagen und der Sauerstoffmessanlage;
g) die in Absatz 1.16.1.2.5 vorgeschriebene Schiffsstoffliste;
h) die in Unterabschnitt 8.1.6.2 vorgeschriebene Bescheinigung über die Prüfung der Schlauchleitungen für das Laden und Löschen;
i) die in Absatz 9.3.2.25.9 oder 9.3.3.25.9 vorgeschriebene Instruktion für die Lade- und Löschraten;
j) die in Abschnitt 8.1.8 vorgeschriebene Bescheinigung über die Kontrolle der Pumpenräume;
k) die Heizinstruktion bei der Beförderung von Stoffen mit einem Schmelzpunkt ≥ 0°C;
l) (gestrichen)
m) die Reiseregistrierung nach Abschnitt 8.1.11;
n) bei der Beförderung von Stoffen in gekühlter Form die in Unterabschnitt 7.2.3.28 geforderte Instruktion;
o) die in Absatz 9.3.1.27.10, 9.3.2.27.10 oder 9.3.3.27.10 vorgeschriebene Bescheinigung über die Kühlanlage;
p) die Prüfbescheinigungen über die fest installierten Feuerlöscheinrichtungen gemäß 9.3.1.40.2.9, 9.3.2.40.2.9 und 9.3.3.40.2.9;
q) bei der Beförderung tiefgekühlt verflüssigter Gase und fehlender Kontrolle der Ladungstemperatur gemäß Absatz 9.3.1.24.1 a) oder 9.3.1.24.1 c) die Berechnung der Haltezeit (7.2.4.16.16, 7.2.4.16.17 und die Dokumentation des Wärmeübergangswertes);
r) eine Liste oder ein Übersichtsplan der fest installierten Anlagen und Geräte, die mindestens für den Betrieb in Zone 1 geeignet sind und der Anlagen und Geräte die 9.3.x.51 entsprechen;
s) eine Liste oder ein Übersichtsplan der fest installierten Anlagen und Geräte, die während des Ladens, Löschens, Entgasens beim Stillliegen oder während des Aufenthalts in einer oder unmittelbar angrenzend an eine landseitig ausgewiesene Zone, nicht betrieben werden dürfen (rot gekennzeichnet gemäß Absatz 9.3.1.52.3, 9.3.2.52.3 oder 9.3.3.52.3);

[1] Amtsblatt der Europäischen Union Nr. L 96 vom 29. März 2014, S. 309

t) ein von einer anerkannten Klassifikationsgesellschaft genehmigter Plan mit den Grenzen der Zonen, auf dem die in der jeweiligen Zone installierten elektrischen und nicht-elektrischen Anlagen und Geräte zum Einsatz in explosionsgefährdeten Bereiche sowie die autonomen Schutzsysteme eingetragen sind;

u) eine Liste der unter Buchstabe t) aufgeführten Anlagen und Geräte sowie der autonomen Schutzsysteme mit folgenden Angaben:

- Anlage/Gerät, Aufstellungsort, Kennzeichnung (Geräteschutzniveau nach IEC 60079-0 oder Kategorie nach Richtlinie 2014/34/EU[1] oder mindestens gleichwertig) einschließlich Explosionsgruppe und Temperaturklasse, Zündschutzart, Prüfstelle, bei elektrischen Geräten zum Einsatz in Zone 0 und Zone 1 sowie bei nichtelektrischen Geräten zum Einsatz in Zone 0; (alternativ Kopie der Prüfbescheinigung z.B. Konformitätserklärung nach Richtlinie 2014/34/EU[1])
- Anlage/Gerät, Aufstellungsort, Kennzeichnung (Geräteschutzniveau nach IEC 60079-0 oder Kategorie nach Richtlinie 2014/34/EU[1] oder vergleichbares Schutzniveau einschließlich Explosionsgruppe und Temperaturklasse, Zündschutzart, Identifikationsnummer), bei elektrischen Geräten zum Einsatz in Zone 2 sowie bei nicht-elektrischen Geräten zum Einsatz in Zone 1 und Zone 2 (oder Kopie der der Prüfbescheinigung z.B. Konformitätserklärung nach Richtlinie 2014/34/EU[1])
- autonomes Schutzsystem, Einbauort, Kennzeichnung (Explosionsgruppe/Untergruppe);

v) eine Liste oder ein Übersichtsplan über die außerhalb der explosionsgefährdeten Bereiche fest installierten Anlagen und Geräte, die während des Ladens, Löschens, Entgasens beim Stillliegen oder während des Aufenthalts in einer oder unmittelbar angrenzend an eine landseitig ausgewiesene Zone, betrieben werden dürfen, soweit sie nicht unter r) und u) fallen.

Die vorstehend in r) bis v) genannten Unterlagen müssen mit dem Sichtvermerk der zuständigen Behörde versehen sein, die das Zulassungszeugnis erteilt hat.

w) die nach Unterabschnitt 3.2.3.1, Erläuterungen zur Tabelle C, Erläuternde Bemerkung zu Spalte 20, Zusätzliche Anforderung/Bemerkung 12, Buchstaben p) und q) geforderten Bescheinigungen, wenn zutreffend;

x) die nach Unterabschnitt 3.2.3.1, Erläuterungen zur Tabelle C, Erläuternde Bemerkung zu Spalte 20, Zusätzliche Anforderung/Bemerkung 33, Buchstaben i), n) und o) geforderten Bescheinigungen, wenn zutreffend.

8.1.2.4 Die schriftlichen Weisungen nach Abschnitt 5.4.3 müssen vor dem Beladen dem Schiffsführer übergeben werden. Sie sind im Steuerhaus so aufzubewahren, dass sie leicht auffindbar sind.

Die Beförderungspapiere müssen an Bord von Trockengüterschiffen vor dem Beladen und an Bord von Tankschiffen direkt nach dem Beladen und bevor die Fahrt beginnt dem Schiffsführer übergeben werden.

8.1.2.5 (bleibt offen)

[1] Amtsblatt der Europäischen Union Nr. L 96 vom 29. März 2014, S. 309

8.1.2.6 Für Trockengüter-Schubleichter, die keine gefährlichen Güter befördern, ist das Mitführen des Zulassungszeugnisses nicht erforderlich, sofern die Tafel nach CEVNI in gleichen Schriftzeichen durch folgende Angaben ergänzt wird:

Nr. des Zulassungszeugnisses: ...
Ausgestellt durch: ...
Gültig bis: ...

Das Zulassungszeugnis und die Anlage gemäß Absatz 1.16.1.4 sind in diesem Falle beim Eigner des Schubleichters aufzubewahren.

Die Übereinstimmung der auf der Tafel vermerkten Angaben mit denjenigen des Zulassungszeugnisses muss durch eine zuständige Behörde festgestellt und deren Zeichen auf der Tafel eingeschlagen werden.

8.1.2.7 Für Trockengüter- oder Tankschubleichter, die gefährliche Güter befördern, ist das Mitführen des Zulassungszeugnisses nicht erforderlich, sofern die Tafel nach CEVNI durch eine zweite Metall- oder Kunststofftafel mit einer fotooptischen Kopie des gesamten Zulassungszeugnisses ergänzt wird. Eine fotooptische Kopie der Anlage gemäß Absatz 1.16.1.4 ist nicht erforderlich.

Das Zulassungszeugnis und die Anlage gemäß Absatz 1.16.1.4 sind in diesem Fall beim Eigner des Schubleichters aufzubewahren.

Die Übereinstimmung der Kopie auf der Tafel mit dem Zulassungszeugnis muss durch eine zuständige Behörde festgestellt und deren Zeichen auf der Tafel eingeschlagen werden.

8.1.2.8 Alle Dokumente sind in einer Sprache mitzuführen, die der Schiffsführer lesen und verstehen kann. Wenn diese Sprache nicht Deutsch, Englisch oder Französisch ist, müssen alle Dokumente mit Ausnahme des Abdrucks des ADN und der beigefügten Verordnung sowie jener, für die in dieser Verordnung eine besondere Sprachenregelung besteht, außerdem in Deutsch, Englisch oder Französisch mitgeführt werden, wenn die Vereinbarungen zwischen den von der Beförderung berührten Staaten nichts anderes vorschreiben.

8.1.2.9 Die Unterabschnitte 8.1.2.1 b), 8.1.2.1 g), 8.1.2.4 und 8.1.2.5 gelten nicht für Bilgenentölungsboote und Bunkerboote. Der Unterabschnitt 8.1.2.1 c) gilt nicht für Bilgenentölungsboote.

8.1.3 (bleibt offen)

8.1.4 Feuerlöscheinrichtungen

Jedes Schiff muss zusätzlich zu den nach den in Unterabschnitt 1.1.4.6 genannten Vorschriften vorgeschriebenen Feuerlöschgeräten mit mindestens zwei weiteren Handfeuerlöschern gleichen Fassungsvermögens ausgerüstet sein.

Das Löschmittel in diesen zusätzlichen Handfeuerlöschern muss für das Bekämpfen von Bränden der beförderten gefährlichen Güter geeignet sein.

8.1.5 Besondere Ausrüstung

8.1.5.1 Sofern dies in Kapitel 3.2, Tabelle A oder C gefordert wird, muss die nachstehende Ausrüstung an Bord sein:

FP: Je Besatzungsmitglied eine Schutzbrille, ein Paar Schutzhandschuhe, ein Schutzanzug und ein Paar geeignete Schutzschuhe (ggf. Schutzstiefel). An Bord von Tankschiffen in jedem Fall Schutzstiefel;

EP: ein geeignetes Fluchtgerät für jede an Bord befindliche Person;

EX: ein Gasspürgerät sowie eine Gebrauchsanweisung für dieses Gerät;

TOX: Ein für die aktuelle und vorhergehende Ladung geeignetes Toximeter sowie Zubehörteile und eine Gebrauchsanweisung für dieses Gerät;

A: ein geeignetes umluftabhängiges Atemschutzgerät.

8.1.5.2 Für entsprechende Tätigkeiten, die in den explosionsgefährdeten Bereichen sowie während eines Aufenthalts in oder unmittelbar angrenzend an eine landseitig ausgewiesenen Zone durchgeführt werden, ist funkenarmes Werkzeug wie z.B. Schraubendreher und Schraubenschlüssel aus Chrom-Vanadium-Stahl zu verwenden.

8.1.5.3 Für Schubverbände oder gekuppelte Zusammenstellungen in Fahrt genügt es jedoch, wenn sich die in Unterabschnitt 8.1.5.1 aufgeführte Ausrüstung, soweit sie in Kapitel 3.2 Tabelle A oder C vorgeschrieben ist, an Bord des Schubbootes oder des Schiffes befindet, das die gekuppelte Zusammenstellung fortbewegt.

8.1.6 Prüfung und Untersuchung der Ausrüstung

8.1.6.1 Handfeuerlöscher und Feuerlöschschläuche müssen mindestens einmal innerhalb von zwei Jahren durch hierfür von der zuständigen Behörde zugelassene Personen untersucht werden. Auf den Handfeuerlöschern muss der Prüfnachweis angebracht sein. Eine Bescheinigung über die Prüfung der Feuerlöschschläuche muss sich an Bord befinden.

8.1.6.2 Schlauchleitungen

Die für das Laden und Löschen und die Abgabe von Schiffsbetriebsstoffen und von Restladung benutzten Schlauchleitungen müssen der Norm EN 12115:2011-04 (Gummi- und Kunststoffschläuche und -schlauchleitungen für flüssige oder gasförmige Chemikalien – Spezifikation) oder EN 13765:2010-08 (Thermoplastische, mehrlagige (nicht vulkanisierte) Schläuche und Schlauchleitungen für die Förderung von Kohlenwasserstoffen, Lösungsmitteln und Chemikalien – Spezifikation) oder EN ISO 10380:2003-10 (Rohrleitungen – Gewellte Metallschläuche und Metallschlauchleitungen) entsprechen. Sie müssen mindestens einmal pro Jahr entsprechend den Angaben des jeweiligen Herstellers durch hierfür von der zuständigen Behörde zugelassene Personen nach Tabelle A.1 der Norm EN 12115:2011-04 oder Tabelle K.1 der Norm EN 13765:2010-08 oder Absatz 7 der Norm EN ISO 10380:2003-10 geprüft werden. Eine Bescheinigung über diese Prüfung muss sich an Bord befinden.

8

8.1.6.3 Die ordnungsgemäße Funktion der besonderen Ausrüstung gemäß Unterabschnitt 8.1.5.1 sowie die ordnungsgemäße Funktion der Gasspüranlagen nach den Absätzen 9.3.1.12.4, 9.3.2.12.4 und 9.3.3.12.4 und der Sauerstoffmessanlage nach den Absätzen 9.3.1.17.6, 9.3.2.17.6 und 9.3.3.17.6 muss entsprechend den Angaben der jeweiligen Hersteller durch von diesen zugelassene Personen geprüft werden. Eine Bescheinigung über die jeweils letzte Prüfung der besonderen Ausrüstung muss sich an Bord befinden. Aus den Bescheinigungen müssen das Ergebnis und das Datum der Prüfung ersichtlich sein.

Die Gasspüranlagen und die Sauerstoffmessanlagen müssen zusätzlich bei jeder Erneuerung des Zulassungszeugnisses sowie innerhalb des dritten Jahres der Gültigkeit des Zulassungszeugnisses von einer anerkannten Klassifikationsgesellschaft geprüft werden. Diese Prüfung umfasst mindestens eine allgemeine Sichtprüfung der Anlagen und ob die in Satz 1 geforderten Prüfungen erfolgt sind.

Eine Bescheinigung der anerkannten Klassifikationsgesellschaft über die jeweils letzte durchgeführte Prüfung muss sich an Bord befinden. Aus den Bescheinigungen müssen mindestens die oben erwähnten Kontrollen und die dabei erzielten Resultate sowie das Datum der Kontrolle ersichtlich sein.

8.1.6.4 Die in Unterabschnitt 8.1.5.1 vorgeschriebenen Messgeräte müssen vor jedem Gebrauch entsprechend ihrer Betriebsanweisung vom Sachkundigen geprüft werden.

8.1.6.5 (gestrichen)

8.1.6.6 (gestrichen)

8.1.7 Anlagen, Geräte und autonome Schutzsysteme

8.1.7.1 Elektrische Anlagen und Geräte

Die Isolationswiderstände der fest installierten elektrischen Anlagen und Geräte sowie deren Erdung müssen bei jeder Erneuerung des Zulassungszeugnisses sowie innerhalb des dritten Jahres der Gültigkeit des Zulassungszeugnisses von einer hierfür von der zuständigen Behörde zugelassenen Person geprüft werden.

Eine Bescheinigung über diese Prüfung muss sich an Bord befinden.

8.1.7.2 Anlagen und Geräte zum Einsatz in explosionsgefährdeten Bereichen, Geräte vom Typ „begrenzte Explosionsgefahr", Anlagen und Geräte, die 9.3.1.51, 9.3.2.51, 9.3.3.51 entsprechen, sowie autonome Schutzsysteme

Diese Anlagen und Geräte und autonomen Schutzsysteme sowie die Übereinstimmung der nach Absatz 8.1.2.2 e) bis h) bzw. 8.1.2.3 Buchstabe r) bis v) geforderten Unterlagen mit den Gegebenheiten an Bord müssen bei jeder Erneuerung des Zulassungszeugnisses sowie innerhalb des dritten Jahres der Gültigkeit des Zulassungszeugnisses von einer hierfür von der Klassifikationsgesellschaft, die das Schiff klassifiziert hat oder der zuständigen Behörde zugelassenen Person geprüft werden. Eine Bescheinigung über diese Prüfung muss sich an Bord befinden.

Die an Anlagen und Geräten zum Einsatz in explosionsgefährdeten Bereichen angebrachte Kennzeichnung, die ihre Eignung für den Einsatz in explosionsgefährdeten Bereichen nachweist sowie die an den autonomen Schutzsystemen angebrachte Kennzeichnung die ihre Einsatzbedingungen angeben, muß über die gesamte Verwendungsdauer an Bord erhalten bleiben.

Herstellerangaben zu den Flammendurchschlagsicherungen und Hochgeschwindigkeits-/Sicherheitsventilen können eine kürzere Prüffrist erforderlich machen.

8.1.7.3 Reparaturen an explosionsgeschützten Anlagen und Geräten sowie an autonomen Schutzsystemen

Reparaturen an explosionsgeschützten Anlagen und Geräten sowie an autonomen Schutzsystemen dürfen nur durch einen Sachkundigen einer Fachfirma ausgeführt werden. Nach Instandsetzung muss ihre weitere Verwendbarkeit in explosionsgefährdeten Bereichen bescheinigt sein. Diese Bescheinigung muss sich an Bord befinden.

8.1.8 Kontrolle der Pumpenräume von Tankschiffen

Pumpenräume müssen bei jeder Erneuerung des Zulassungszeugnisses sowie innerhalb des dritten Jahres der Gültigkeit des Zulassungszeugnisses von einer anerkannten Klassifikationsgesellschaft kontrolliert werden.

Diese Kontrolle hat mindestens zu umfassen:

– Inspektion des ganzen Systems auf Zustand, Korrosion, Leckage oder unerlaubte Umbauten;
– Allgemeine Sichtprüfung des Zustandes der Gasspüranlage im Pumpenraum.;
– Vorhandensein der nach 8.1.6.3 geforderten Bescheinigung des Herstellers oder einer zugelassenen Person.

Von der anerkannten Klassifikationsgesellschaft unterzeichnete Bescheinigungen über die Kontrolle des Pumpenraumes sind an Bord mitzuführen. Aus den Bescheinigungen müssen mindestens die oben erwähnten Kontrollen und die dabei erzielten Resultate sowie das Datum der Kontrolle ersichtlich sein.

8.1.9 (gestrichen)

8.1.10 (gestrichen)

8.1.11 Reiseregistrierung bei der Beförderung von UN 1203

Tankschiffe, die zur Beförderung von UN 1203 Benzin oder Ottokraftstoff zugelassen sind, müssen eine Registrierung von Handlungen während der Beförderung an Bord mitführen. Diese Registrierung kann auch aus anderen Dokumenten bestehen, aus denen die erforderlichen Angaben hervorgehen. Diese Registrierung oder diese anderen Dokumente müssen mindestens drei Monate an Bord aufbewahrt werden und mindestens die letzten drei Ladungen umfassen.

8.2.1 Allgemeine Vorschriften für die Ausbildung der Sachkundigen

8.2.1.1 Ein Sachkundiger muss mindestens 18 Jahre alt sein.

8.2.1.2 Ein Sachkundiger ist eine Person, die beweisen kann, dass sie besondere Kenntnisse des ADN hat. Der Beweis dieser Kenntnisse ist durch eine von der zuständigen Behörde oder von einer von dieser Behörde anerkannten Stelle ausgestellten Bescheinigung zu erbringen.

Diese Bescheinigung wird den Personen erteilt, die im Anschluss an ihre Schulung mit Erfolg eine Prüfung über Kenntnisse des ADN abgelegt haben.

8.2.1.3 Sachkundige nach Unterabschnitt 8.2.1.2 müssen an einem Basiskurs teilnehmen. Der Kurs muss im Rahmen eines von der zuständigen Behörde anerkannten Lehrgangs erfolgen. Wichtigstes Ziel des Kurses ist es, den Sachkundigen die Gefahren bewusst zu machen, die mit der Beförderung gefährlicher Güter verbunden sind, und ihnen Grundkenntnisse zu vermitteln, die erforderlich sind, um die Gefahr eines Zwischenfalls auf ein Mindestmaß zu beschränken und, sofern ein solcher eintritt, ihnen zu ermöglichen, die Maßnahmen zu treffen, die für ihre eigene Sicherheit, die der Allgemeinheit und zum Schutz der Umwelt sowie zur Begrenzung der Folgen des Zwischenfalls erforderlich sind. Diese Schulung, zu der praktische Einzelübungen gehören müssen, erfolgt als Basiskurs und muss mindestens die in Absatz 8.2.2.3.1.1 und die in Absatz 8.2.2.3.1.2 oder 8.2.2.3.1.3 genannten Prüfungsziele beinhalten.

8.2.1.4 Jeweils nach fünf Jahren wird die Bescheinigung durch die zuständige Behörde oder eine von dieser Behörde anerkannten Stelle erneuert, wenn der Sachkundige nachweist, dass er innerhalb des letzten Jahres vor Ablauf der Gültigkeit seiner Bescheinigung mit Erfolg einen Wiederholungskurs durchlaufen hat, der auf die in Absatz 8.2.2.3.1.1 und die in Absatz 8.2.2.3.1.2 oder 8.2.2.3.1.3 genannten Prüfungsziele aufbaut und insbesondere Neuerungen enthält. Ein Wiederholungskurs wurde mit Erfolg durchlaufen, wenn ein vom Schulungsveranstalter nach 8.2.2.2 durchgeführter schriftlicher Abschlusstest bestanden wurde. Der Test kann innerhalb der Laufzeit der Bescheinigung zweimal wiederholt werden. ▪▪▪

Falls der Test nach zweimaliger Wiederholung nicht bestanden wurde, kann innerhalb der Laufzeit der Bescheinigung ein Wiederholungskurs erneut besucht werden.

8.2.1.5 Sachkundige für die Beförderung von Gasen müssen an einem Aufbaukurs teilnehmen, in dem mindestens die in Absatz 8.2.2.3.3.1 genannten Prüfungsziele behandelt werden. Der Kurs muss im Rahmen eines von der zuständigen Behörde anerkannten Lehrgangs erfolgen. Nach erfolgter Schulung und einer mit Erfolg abgelegten Prüfung über die Beförderung von Gasen sowie dem Nachweis von mindestens einem Jahr Arbeit an Bord eines Typ G-Schiffs wird eine Bescheinigung ausgestellt. Die Arbeit an Bord muss innerhalb von zwei Jahren vor oder spätestens innerhalb von zwei Jahren nach der Fachprüfung durchgeführt werden.

8.2.1.6 Nach fünf Jahren wird die Bescheinigung durch die zuständige Behörde oder durch eine von dieser Behörde anerkannte Stelle erneuert, wenn der Sachkundige für die Beförderung von Gasen nachweist, dass er:

– innerhalb des letzten Jahres vor Ablauf der Gültigkeit seiner Bescheinigung einen Wiederholungskurs durchlaufen hat, der mindestens die in Absatz 8.2.2.3.3.1 genannten Prüfungsziele umfasst und insbesondere Neuerungen enthält, oder

– innerhalb der letzten zwei Jahre mindestens ein Jahr an Bord eines Tankschiffs des Typs G gearbeitet hat.

▪▪▪

8

8.2.1.7 Sachkundige für die Beförderung von Chemikalien müssen an einem Aufbaukurs Chemie teilnehmen, in dem mindestens die in Absatz 8.2.2.3.3.2 genannten Prüfungsziele behandelt werden. Der Kurs muss im Rahmen eines von der zuständigen Behörde anerkannten Lehrgangs erfolgen. Nach erfolgter Schulung und einer mit Erfolg abgelegten Prüfung über die Beförderung von Chemikalien sowie dem Nachweis von mindestens einem Jahr Arbeit an Bord eines Typ C-Schiffs wird eine Bescheinigung ausgestellt. Die Arbeit an Bord muss innerhalb von zwei Jahren vor oder spätestens innerhalb von zwei Jahren nach der Fachprüfung durchgeführt werden.

8.2.1.8 Nach fünf Jahren wird die Bescheinigung durch die zuständige Behörde oder durch eine von dieser Behörde anerkannte Stelle erneuert, wenn der Sachkundige für die Beförderung von Chemikalien nachweist, dass er:

- innerhalb des letzten Jahres vor Ablauf der Gültigkeit seiner Bescheinigung einen Wiederholungskurs durchlaufen hat, der mindestens die in Absatz 8.2.2.3.3.2 genannten Prüfungsziele umfasst und insbesondere Neuerungen enthält, oder
- innerhalb der letzten zwei Jahre mindestens ein Jahr an Bord eines Tankschiffs des Typs C gearbeitet hat.

...

8.2.1.9 Das Dokument, welches die Ausbildung und Erfahrung auf Tankschiffen zur Beförderung verflüssigter Gase in Übereinstimmung mit Kapitel V des Internationalen Übereinkommens vom 7. Juli 1978 über Normen für die Ausbildung, die Erteilung von Befähigungszeugnissen und den Wachdienst von Seeleuten (STCW-Übereinkommen) in der jeweils geänderten Fassung bescheinigt, ist der Bescheinigung nach Unterabschnitt 8.2.1.5 gleichgestellt, vorausgesetzt, die zuständige Behörde hat dies anerkannt. Die Ausstellung oder Verlängerung der Gültigkeit dieses Dokuments muss vor weniger als fünf Jahren stattgefunden haben.

8.2.1.10 Das Dokument, welches die Ausbildung und Erfahrung auf Tankschiffen zur Beförderung von Chemikalien in Übereinstimmung mit Kapitel V des Internationalen Übereinkommens vom 7. Juli 1978 über Normen für die Ausbildung, die Erteilung von Befähigungszeugnissen und den Wachdienst von Seeleuten (STCW-Übereinkommen) in der jeweils geänderten Fassung bescheinigt, ist der Bescheinigung nach Unterabschnitt 8.2.1.7 gleichgestellt, vorausgesetzt, die zuständige Behörde hat dies anerkannt. Die Ausstellung oder Verlängerung der Gültigkeit dieses Dokuments muss vor weniger als fünf Jahren stattgefunden haben.

8.2.1.11 (gestrichen)

8.2.2 Besondere Vorschriften für die Schulung der Sachkundigen

8.2.2.1 Die erforderlichen theoretischen Kenntnisse und praktischen Fähigkeiten sind durch theoretische Schulung und praktische Übungen zu vermitteln. Die theoretischen Kenntnisse sind durch eine Prüfung nachzuweisen. Während des Wiederholungskurses muss mittels Übungen und Tests sichergestellt werden, dass der Teilnehmer aktiv am Kurs teilnimmt.

8.2.2.2 Der Schulungsveranstalter hat sicherzustellen, dass die Lehrkräfte über gute Kenntnisse verfügen und die neuesten Entwicklungen hinsichtlich der Regelungen und Schulungsvorschriften für die Gefahrgutbeförderung berücksichtigen. Der Unterricht muss praxisnah sein. Der Lehrplan muss entsprechend der Anerkennung auf der Grundlage der in den Absätzen 8.2.2.3.1.1 bis 8.2.2.3.1.3 und 8.2.2.3.3.1 oder 8.2.2.3.3.2 genannten Prüfungsziele erstellt sein. Basiskurse und ihre Wiederholungen müssen praktische Einzelübungen umfassen (siehe Absatz 8.2.2.3.1.1).

8.2.2.3 **Aufbau der Schulung**

Die Erst- und Wiederholungskurse sind im Rahmen von Basiskursen (siehe Absatz 8.2.2.3.1) und gegebenenfalls Aufbaukursen (siehe Absatz 8.2.2.3.3) durchzuführen. Die Kurse nach Absatz 8.2.2.3.1 können in drei Varianten angeboten werden: Beförderung von Trockengütern, Beförderung in Tankschiffen und Kombination aus Beförderung von Trockengütern und Beförderung in Tankschiffen.

8.2.2.3.1 **Basiskurse**

Basiskurs für die Beförderung von Trockengütern

Vorbildung:	Keine
Kenntnisse:	ADN allgemein mit Ausnahme von Kapitel 3.2 (Tabelle C), 7.2 und 9.3
Befugnis:	Trockengüterschiffe
Ausbildung:	Allgemein Absatz 8.2.2.3.1.1 und Trockengüterschiffe Absatz 8.2.2.3.1.2

Basiskurs für die Beförderung in Tankschiffen

Vorbildung:	Keine
Kenntnisse:	ADN allgemein mit Ausnahme von Kapitel 3.2 (Tabelle A und B), Kapitel 7.1, 9.1, 9.2, Abschnitte 9.3.1 und 9.3.2
Befugnis:	Tankschiffe, bei der Beförderung von Stoffen, für die ein Tankschiff des Typs N vorgeschrieben ist
Ausbildung:	Allgemein Absatz 8.2.2.3.1.1 und Tankschiffe Absatz 8.2.2.3.1.3

Basiskurs «Kombination aus Beförderung von Trockengütern und Beförderung in Tankschiffen»

Vorbildung:	Keine
Kenntnisse:	ADN allgemein mit Ausnahme der Abschnitte 9.3.1 und 9.3.2
Befugnis:	Trockengüterschiffe und Tankschiffe, bei der Beförderung von Stoffen, für die ein Tankschiff des Typs N vorgeschrieben ist
Ausbildung:	Allgemein Absatz 8.2.2.3.1.1, Trockengüterschiffe Absatz 8.2.2.3.1.2 und Tankschiffe Absatz 8.2.2.3.1.3

8.2.2.3.1.1 Der allgemeine Teil des Basiskurses muss mindestens folgende Prüfungsziele umfassen:

Allgemein:

- Zielsetzung und Aufbau des ADN.

Bau und Ausrüstung:

- Bau und Ausrüstung der ADN-Schiffe.

Messtechnik:

- Messen von Toxizität, Sauerstoffgehalt und Konzentration entzündbarer Gase.

Produktkenntnisse:

- Einstufung und Gefahreneigenschaften gefährlicher Güter.

Laden, Löschen und Befördern:

- Laden, Löschen, allgemeine Betriebsvorschriften und Vorschriften für die Beförderung.

Dokumente:

- Urkunden, die während der Beförderung an Bord mitgeführt werden müssen.

Gefährdung und Präventionsmaßnahmen:

- Allgemeine Sicherheitsmaßnahmen.

Praktische Übungen:

- Praktische Übungen, insbesondere Betreten von Räumen, Gebrauch von Feuerlöschern, Feuerlöscheinrichtungen, der persönlichen Schutzausrüstung sowie von Gasspürgeräten, Sauerstoffmessgeräten und Toximetern.

Stabilität:

– stabilitätsrelevante Kennwerte,

– krängende Momente,

– Beispielrechnungen,

– Leckstabilität, Zwischenzustände und Endzustand der Flutung,

– Einfluss freier Oberflächen,

– Bewertung der Stabilität auf Basis bestehender Stabilitätskriterien (Verordnungstext),

– Bewertung der Intaktstabilität mit Hilfe der Hebelarmkurve,

– Anwendung von Ladungsrechnern,

– Verwenden von Ladungsrechnern,

– Anwendung des Stabilitätshandbuchs gemäß Absatz 9.3.x.13.3.

Grundlagen des Explosionsschutzes:

– Entsprechend der Begriffsbestimmung „Explosionsschutz",

– Auswahl geeigneter Geräte und Anlagen.

8.2.2.3.1.2 Der Trockengüterschiffsteil des Basiskurses muss mindestens folgende Prüfungsziele umfassen:

Bau und Ausrüstung:

- Bau und Ausrüstung der Trockengüterschiffe.

Behandlung der Laderäume und angrenzenden Räume:

- Gasfreimachen, Reinigen und Instandhalten.
- Ventilieren der Laderäume und der Räume außerhalb des geschützten Bereiches.

Laden, Löschen und Befördern:

- Laden und Löschen, allgemeine Betriebs- und Beförderungsvorschriften.
- Bezettelung der Versandstücke.

Dokumente:

- Urkunden, die während der Beförderung an Bord mitgeführt werden müssen.

Gefährdung und Präventionsmaßnahmen:

- Prävention und allgemeine Sicherheitsmaßnahmen.
- Persönliche Schutz- und Sicherheitsausrüstung.

8.2.2.3.1.3 Der Tankschiffsteil des Basiskurses muss mindestens folgende Prüfungsziele umfassen:

Bau und Ausrüstung:

- Bau und Ausrüstung der Tankschiffe.
- Be- und Entlüftungssysteme.
- Lade- und Löschsysteme.

Behandlung der Ladetanks und angrenzenden Räume:
- Entgasen in die Atmosphäre und an Annahmestellen, Reinigen und Instandhalten,
- Heizen und Kühlen der Ladung.
- Umgang mit Restebehältern.

Messtechnik und Probeentnahme:
- Messen von Toxizität, Sauerstoffgehalt und Konzentration entzündbarer Gase.
- Probeentnahme.

Laden, Löschen und Befördern:
- Laden und Löschen, allgemeine Betriebs- und Beförderungsvorschriften.

Dokumente:
- Dokumente, die während der Beförderung an Bord mitgeführt werden müssen.

Gefährdung und Präventionsmaßnahmen:
- Prävention und allgemeine Sicherheitsmaßnahmen.
- Funkenbildung.
- Persönliche Schutz- und Sicherheitsausrüstung.
- Brand und Brandbekämpfung.

Grundlagen des Explosionsschutzes:

– Entsprechend der Begriffsbestimmung „Explosionsschutz“,

– Auswahl geeigneter Geräte und Anlagen.

8.2.2.3.2 Wiederholungskurse

Wiederholungskurs «Beförderung von Trockengütern»

Voraussetzung:	Gültige ADN-Bescheinigung „Trockengüterschiffe“ oder „Kombination Trockengüter-/Tankschiffe“
Kenntnisse:	ADN allgemein mit Ausnahme von Kapitel 3.2 (Tabelle C), Kapitel 7.2 und 9.3
Befugnis:	Trockengüterschiffe
Ausbildung:	Allgemein Absatz 8.2.2.3.1.1 und Trockengüterschiffe Absatz 8.2.2.3.1.2

Wiederholungskurs «Beförderung in Tankschiffen»

Voraussetzung:	Gültige ADN-Bescheinigung „Tankschiffe“ oder „Kombination Trockengüter-/Tankschiffe“
Kenntnisse:	ADN allgemein mit Ausnahme von Kapitel 3.2 (Tabelle A und B), Kapitel 7.1, 9.1, 9.2, Abschnitte 9.3.1 und 9.3.2
Befugnis:	Tankschiffe bei der Beförderung von Stoffen, für die ein Tankschiff des Typs N vorgeschrieben ist
Ausbildung:	Allgemein Absatz 8.2.2.3.1.1 und Tankschiffe Absatz 8.2.2.3.1.3

Wiederholungskurs «Kombination Beförderung von Trockengütern und Beförderung in Tankschiffen»

Voraussetzung:	Gültige ADN-Bescheinigung „Kombination Trockengüter-/Tankschiffe“
Kenntnisse:	ADN allgemein mit den Abschnitten 9.3.1 und 9.3.2
Befugnis:	Trockengüterschiffe und Tankschiffe, bei der Beförderung von Stoffen, für die ein Tankschiff des Typs N vorgeschrieben ist
Ausbildung:	Allgemein Absatz 8.2.2.3.1.1, Trockengüterschiffe Absatz 8.2.2.3.1.2 und Tankschiffe Absatz 8.2.2.3.1.3

8.2.2.3.3 Aufbaukurse

Aufbaukurs Gas

Voraussetzung:	Gültige ADN-Bescheinigung „Tankschiffe" oder „Kombination Trockengüter-/Tankschiffe"
Kenntnisse:	ADN insbesondere Kenntnisse in Bezug auf das Laden, die Beförderung, das Löschen und das Handhaben von Gasen
Befugnis:	Tankschiffe, bei der Beförderung von Stoffen, für die ein Tankschiff des Typs G vorgeschrieben ist, und Tankschiffe bei der Beförderung von Stoffen in einem Tankschiff des Typs G, für die in Kapitel 3.2 Tabelle C ein Tankschiff des Typs C und in Spalte 7 ein Ladetankzustand 1 vorgeschrieben ist.
Ausbildung:	Gas Absatz 8.2.2.3.3.1

Aufbaukurs Chemie

Voraussetzung:	Gültige ADN-Bescheinigung „Tankschiffe" oder „Kombination Trockengüter-/ Tankschiffe"
Kenntnisse:	ADN insbesondere Kenntnisse in Bezug auf das Laden, die Beförderung, das Löschen und das Handhaben von Chemikalien
Befugnis:	Tankschiffe bei der Beförderung von Stoffen, für die ein Tankschiff des Typs C vorgeschrieben ist.
Ausbildung:	Chemie Absatz 8.2.2.3.3.2

8.2.2.3.3.1 Der Aufbaukurs „Gas" muss mindestens folgende Prüfungsziele umfassen:

Physikalische und chemische Kenntnisse:

- Gasgesetze, wie z.B. Boyle, Gay-Lussac und das allgemeine Gasgesetz
- Partialdrücke und Gasgemische, wie z.B. Begriffsbestimmungen und einfache Berechnungen, Druckerhöhungen und Abblasen der Ladetanks
- Avogadro Zahl und Massenberechnungen Idealgase und Anwendung Massenformel
- Dichte/relative Dichte und Flüssigkeitsvolumen, wie z.B. Dichte/relative Dichte, Volumen bei Temperaturanstieg und maximaler Füllungsgrad
- kritischer Druck und kritische Temperatur
- Polymerisation, wie z.B. Theoriefragen, Praxisfragen und Beförderungsbedingungen
- Verdampfen und Kondensieren, wie z.B. Begriffsbestimmungen, mengenmäßige Sättigungsdampfspannung
- Gemische, wie z.B. Dampfdruck, Zusammensetzung und Gefahreneigenschaften
- Verbindungen und chemische Formeln.

Praxis:

- Spülen der Ladetanks, wie z.B. Spülen bei Ladungswechsel, Spülen von Luft zu Ladung und Spülmethoden und Spülen vor Betreten der Ladetanks
- Probeentnahmen
- Explosionsgefahren
- Gesundheitsrisiken
- Gaskonzentrationsmessungen, wie z.B. welche Geräte muss man verwenden und wie muss man diese Geräte anwenden
- Prüfen und Betreten von geschlossenen Räumen
- Gasfreiheitsbescheinigungen und zugelassene Arbeiten
- Füllungsgrad und Überfüllung
- Sicherheitseinrichtungen
- Pumpen und Kompressoren
- Umgang mit tiefgekühlt verflüssigten Gasen.

Maßnahmen bei Notfällen:
- Personenschaden, wie z.B. Stoffe auf der Haut, Einatmen von Gas und allgemeine Hilfeleistung
- Unregelmäßigkeiten im Zusammenhang mit der Ladung, wie z.B. Leckage an einem Flansch, Überfüllung, Polymerisation und Gefahren in der Umgebung des Schiffes.

8.2.2.3.3.2 Der Aufbaukurs „Chemie" muss mindestens folgende Prüfungsziele umfassen:

Physikalische und chemische Kenntnisse:
- Chemikalien, wie z.B. Moleküle, Atome, Aggregatzustand, Säuren und Laugen, Oxidation
- Dichte/relative Dichte, Druck und Flüssigkeitsvolumen, wie z.B. Dichte/relative Dichte, Volumen und Druck bei Temperaturanstieg und maximale Füllungsgrade
- kritische Temperatur
- Polymerisation, wie z.B. Theoriefragen, Praxisfragen und Beförderungsbedingungen
- Gemische, wie z.B. Dampfdruck, Zusammensetzung und Gefahreneigenschaften
- Verbindungen und chemische Formeln.

Praxis:
- Reinigen der Ladetanks, wie z.B. Entgasen, Waschen, Restladung und Restebehälter
- Laden und Löschen, wie z.B. Gasabfuhrsysteme, Schnellschlusssysteme und Temperatureinflüsse
- Probeentnahmen
- Explosionsgefahren
- Gesundheitsrisiken
- Gaskonzentrationsmessungen, wie z.B. welche Geräte muss man verwenden und wie muss man diese Geräte anwenden
- Prüfen und Betreten von geschlossenen Räumen
- Gasfreiheitsbescheinigungen und zugelassenen Arbeiten
- Füllungsgrad und Überfüllung
- Sicherheitseinrichtungen
- Pumpen und Kompressoren.

Maßnahmen bei Notfällen:
- Personenschaden, wie z.B. In-Berührung-Kommen mit der Ladung, Einatmen von Dämpfen und allgemeine Hilfeleistung
- Unregelmäßigkeiten im Zusammenhang mit der Ladung, wie z.B. Leckage an einem Flansch, Überfüllung, Polymerisation und Gefahren in der Umgebung des Schiffes.

8.2.2.3.4 Wiederholungskurse

Wiederholungskurs „Gas"

Voraussetzung:	Gültige ADN-Bescheinigung „Tankschiffe" oder „Kombination Trockengüter-/ Tankschiffe" und gültige ADN Bescheinigung Gas
Kenntnisse:	ADN insbesondere Kenntnisse in Bezug auf das Laden, die Beförderung, das Löschen und das Handhaben von Gasen
Befugnis:	Tankschiffe bei der Beförderung von Stoffen, für die ein Tankschiff des Typs G vorgeschrieben ist, und Tankschiffe bei der Beförderung von Stoffen in einem Tankschiff des Typs G, für die in Kapitel 3.2 Tabelle C ein Tankschiff des Typs C und in Spalte 7 ein Ladetankzustand 1 vorgeschrieben ist.
Ausbildung:	Gas Absatz 8.2.2.3.3.1

8

Wiederholungskurs „Chemie“

Voraussetzung:	Gültige ADN-Bescheinigung „Tankschiffe“ oder „Kombination Trockengüter-/ Tankschiffe“ und gültige ADN-Bescheinigung „Chemie“
Kenntnisse:	ADN insbesondere Kenntnisse in Bezug auf das Laden, die Beförderung, das Löschen und das Handhaben von Chemikalien
Befugnis:	Tankschiffe bei der Beförderung von Stoffen, für die ein Tankschiff des Typs C vorgeschrieben ist.
Ausbildung:	Chemie Absatz 8.2.2.3.3.2

8.2.2.4 Lehrplan für die Basis- und Aufbaukurse

Es sind mindestens folgende Zeitansätze zu Grunde zu legen:

Basiskurs Trockengüterschifffahrt	32 Unterrichtseinheiten von 45 Minuten
Basiskurs Tankschifffahrt	32 Unterrichtseinheiten von 45 Minuten
Basiskurs Kombination	40 Unterrichtseinheiten von 45 Minuten
Aufbaukurs Gas	16 Unterrichtseinheiten von 45 Minuten
Aufbaukurs Chemie	16 Unterrichtseinheiten von 45 Minuten

Ein Unterrichtstag darf höchstens 8 Unterrichtseinheiten umfassen.

Wird die theoretische Schulung im Fernunterricht durchgeführt, sind gleichwertige Unterrichtseinheiten zu Grunde zu legen. Der Fernunterricht muss innerhalb von 9 Monaten durchgeführt werden.

Der Anteil der praktischen Übungen am Basiskurs muss etwa 30 % betragen. Die praktischen Übungen sollen möglichst im zeitlichen Zusammenhang mit der theoretischen Schulung stehen; sie müssen aber spätestens 3 Monate nach Ablauf der theoretischen Schulung durchgeführt werden.

8.2.2.5 Lehrplan für die Wiederholungskurse

Wiederholungskurse müssen vor Ablauf der in Unterabschnitt 8.2.1.4, 8.2.1.6 oder 8.2.1.8 genannten Frist absolviert worden sein.

Es sind mindestens folgende Zeitansätze zu Grunde zu legen:

Wiederholungskurs zum Basiskurs	
Trockengüterschiffe	16 Unterrichtseinheiten von 45 Minuten
Tankschiffe	16 Unterrichtseinheiten von 45 Minuten
Kombination Trockengüter-/Tankschiffe	16 Unterrichtseinheiten von 45 Minuten
Wiederholungskurs zum Aufbaukurs Gas	8 Unterrichtseinheiten von 45 Minuten
Wiederholungskurs zum Aufbaukurs Chemie	8 Unterrichtseinheiten von 45 Minuten

Ein Unterrichtstag darf höchstens 8 Unterrichtseinheiten umfassen.

Der Anteil der praktischen Übungen am Wiederholungskurs zum Basiskurs muss etwa 30% betragen. Die praktischen Übungen sollen möglichst im zeitlichen Zusammenhang mit der theoretischen Schulung stehen; sie müssen aber spätestens 3 Monate nach Ablauf der theoretischen Schulung durchgeführt werden. Der Anteil der Stabilitätsausbildung am Wiederholungskurs zum Basiskurs muss mindestens zwei Unterrichtseinheiten betragen.

8.2.2.6 Anerkennung der Schulung

8.2.2.6.1 Die Schulungskurse müssen von der zuständigen Behörde anerkannt sein.

8.2.2.6.2 Diese Anerkennung wird nur auf schriftlichen Antrag hin erteilt.

8.2.2.6.3 Dem Antrag auf Anerkennung sind folgende Unterlagen beizufügen:

a) ein ausführlicher Lehrplan mit Angaben zu Lehrstoff und Zeitplan sowie den vorgesehenen Unterrichtsmethoden;
b) Verzeichnis der Lehrkräfte, Qualifikation und Tätigkeitsbereiche der Lehrkräfte;
c) Angaben über die Schulungsräume und Lehrmittel sowie über die für die praktische Übungen bereitgestellten Einrichtungen;
d) Bedingungen für die Teilnahme an den Kursen, wie z.B. die Anzahl der Teilnehmer;
e) ein detailliertes Konzept für die Durchführung des Abschlusstests, einschließlich gegebenenfalls der Infrastruktur und Organisation elektronischer Tests entsprechend Absatz 8.2.2.7.1.7, wenn diese durchgeführt werden sollen.

8.2.2.6.4 Der zuständigen Behörde obliegt die Aufsicht über die Schulungen und Prüfungen.

8.2.2.6.5 Die Anerkennung enthält mindestens folgende Bedingungen:

a) die Schulungen werden in Übereinstimmung mit den Antragsunterlagen durchgeführt;
b) die zuständige Behörde wird berechtigt, Beauftragte zu den Schulungskursen und Prüfungen zu entsenden;
c) der zuständigen Behörde wird der genaue Termin und der Ort jeder Lehrveranstaltung zuvor mitgeteilt.

Sie ist schriftlich zu erteilen und soll befristet werden. Sie kann widerrufen werden, wenn die Bedingungen für die Anerkennung nicht eingehalten werden.

8.2.2.6.6 Aus der Anerkennung muss ersichtlich sein, ob es sich bei den Kursen um Basis- oder Aufbaukurse oder um Wiederholungskurse handelt.

8.2.2.6.7 Beabsichtigt der Schulungsveranstalter nach Erteilung der Anerkennung, Änderungen in einzelnen Punkten, die für die Anerkennung von Bedeutung sind, so hat er vorher die Erlaubnis der zuständigen Behörde hierzu einzuholen. Dies gilt insbesondere für Änderungen der Lehrpläne.

8.2.2.6.8 Die Kurse müssen dem aktuellen Stand der Entwicklungen in den jeweiligen Schulungsbereichen Rechnung tragen. Der Schulungsveranstalter trägt die Verantwortung dafür, dass die Entwicklungen in den Schulungsbereichen von den eingesetzten Lehrkräften beachtet und beherrscht werden.

8.2.2.7 Prüfungen und Abschlusstests

8.2.2.7.0 Die Prüfung wird von der zuständigen Behörde oder einer von dieser bestimmten Prüfungsstelle durchgeführt. Die Prüfungsstelle darf nicht Schulungsveranstalter sein.

Die Benennung der Prüfungsstelle erfolgt in schriftlicher Form. Diese Zulassung kann befristet sein und muss unter Zugrundelegung folgender Kriterien erfolgen:

- Kompetenz der Prüfungsstelle;
- Spezifikation der von der Prüfungsstelle vorgeschlagenen Prüfungsmodalitäten, einschließlich gegebenenfalls der Infrastruktur und Organisation elektronischer Prüfungen entsprechend Absatz 8.2.2.7.1.7, wenn diese durchgeführt werden sollen;
- Maßnahmen zur Gewährleistung der Objektivität der Prüfungen;
- Unabhängigkeit der Prüfungsstelle gegenüber allen natürlichen oder juristischen Personen, die ADN-Sachkundigen beschäftigen.

8.2.2.7.1 Basiskurs

8.2.2.7.1.1 Nach Abschluss des Basiskurses ist eine Prüfung durchzuführen. Diese kann entweder unmittelbar nach dem Lehrgang oder innerhalb von sechs Monaten nach Lehrgangsende durchgeführt werden.

8.2.2.7.1.2 Der Kandidat hat bei der Prüfung nachzuweisen, dass er, wie im Basiskurs vorgesehen, über die Kenntnisse, das Verständnis und die Fähigkeiten verfügt, die für den Sachkundigen an Bord von Schiffen erforderlich sind.

8.2.2.7.1.3 Hierzu erstellt der Verwaltungsausschuss einen Fragenkatalog, der die in den Absätzen 8.2.2.3.1.1 bis 8.2.2.3.1.3 aufgeführten Prüfungsziele umfasst und eine Richtlinie für die Verwendung des Fragenkatalogs[1]. Die bei der Prüfung zu stellenden Fragen sind diesem Katalog zu entnehmen. Vor der Prüfung dürfen den Kandidaten die aus dem Fragenkatalog ausgewählten Fragen nicht bekannt sein.

8.2.2.7.1.4 Die der Richtlinie für die Verwendung des Fragenkatalogs beigefügte Matrix ist bei der Zusammenstellung der Prüfungsfragen anzuwenden.

8.2.2.7.1.5 Die Prüfung wird als schriftliche Prüfung durchgeführt. Den Kandidaten sind jeweils 30 Fragen zu stellen. Die Dauer der Prüfung beträgt 60 Minuten. Die Prüfung ist bestanden, wenn mindestens 25 der 30 Fragen richtig beantwortet sind.

8.2.2.7.1.6 Die zuständige Behörde oder eine von dieser bestimmte Prüfungsstelle muss jede Prüfung beaufsichtigen. Jegliche Manipulation und Täuschung muss weitestgehend ausgeschlossen sein. Eine Authentifizierung des Teilnehmers muss sichergestellt sein.

Bei der schriftlichen Prüfung ist die Verwendung von Unterlagen mit Ausnahme von Texten der Gefahrgutverordnungen und des CEVNI oder darauf beruhender Polizeiverordnungen nicht zugelassen. Nicht programmierbare Taschenrechner sind bei Aufbaukursen erlaubt, sie sind von der zuständigen Behörde oder durch die von ihr bestimmte Prüfungsstelle zur Verfügung zu stellen.

Die Prüfungsunterlagen (Fragen und Antworten) müssen durch einen Ausdruck oder elektronisch als Datei erfasst und aufbewahrt werden.

8.2.2.7.1.7 Schriftliche Prüfungen können ganz oder teilweise auch als elektronische Prüfungen durchgeführt werden, bei denen die Antworten in Arbeitsverfahren der elektronischen Datenverarbeitung (EDV) erfasst und ausgewertet werden, wenn folgende zusätzlichen Voraussetzungen erfüllt sind:

a) Die Hard- und Software muss von der zuständigen Behörde oder der von dieser bestimmten Prüfungsstelle geprüft und akzeptiert sein;

b) Es dürfen nur die von der zuständigen Behörde oder der von dieser bestimmten Prüfungsstelle zur Verfügung gestellten elektronischen Hilfsmittel (Geräte) verwendet werden;

c) Die einwandfreie technische Funktion ist sicherzustellen. Es müssen Vorkehrungen bei Ausfall von Geräten und Anwendungen getroffen werden, ob und wie die Prüfung fortgesetzt werden kann. Die Geräte dürfen über keine Hilfsmittel (z.B. elektronische Suchfunktion) verfügen; bei der gemäß 1.8.3.12.3 zur Verfügung gestellten Ausrüstung muss die Möglichkeit ausgeschlossen sein, dass die Kandidaten während der Prüfung mit anderen Geräten kommunizieren können;

d) Es darf nicht die Möglichkeit bestehen, dass der Kandidat auf dem zur Verfügung gestellten elektronischen Hilfsmittel andere Daten aufnimmt; der Kandidat darf nur auf die gestellten Fragen antworten;

e) Die endgültigen Eingaben der jeweiligen Teilnehmer müssen erfasst werden. Die Ergebnisermittlung muss nachvollziehbar sein.

---

[1] Anmerkung des Sekretariats: Der Fragenkatalog und die Richtlinie für seine Verwendung sind auf der Webseite des UNECE-Sekretariats erhältlich (http://www.unece.org/trans/danger/publi/adn/catalog_of_questions.html).

8.2.2.7.2 Aufbaukurse „Gas“ und „Chemie“

8.2.2.7.2.1 Kandidaten, die erfolgreich die Prüfung für den ADN-Basiskurs absolviert haben, dürfen sich für einen Aufbaukurs «Gas» oder «Chemie» anmelden, dem eine Prüfung folgt. Die Prüfung erfolgt auf der Grundlage des Fragenkatalogs des Verwaltungsausschusses.

8.2.2.7.2.2 Der Kandidat hat bei der Prüfung nachzuweisen, dass er, wie im Aufbaukurs vorgesehen, über die Kenntnisse, das Verständnis und die Fähigkeiten verfügt, die für den Sachkundigen an Bord von Schiffen bei der Beförderung von Gasen bzw. Chemikalien erforderlich sind.

8.2.2.7.2.3 Hierzu erstellt der Verwaltungsausschuss einen Fragenkatalog, der die in Absatz 8.2.2.3.3.1 oder 8.2.2.3.3.2 aufgeführten Prüfungsziele umfasst und eine Richtlinie für die Verwendung des Fragenkatalogs[2]. Die bei der Prüfung zu stellenden Fragen sind diesem Katalog zu entnehmen. Vor der Prüfung dürfen den Kandidaten die aus dem Fragenkatalog ausgewählten Fragen nicht bekannt sein.

8.2.2.7.2.4 Die der Richtlinie für die Verwendung des Fragenkatalogs beigefügte Matrix ist bei der Zusammenstellung der Prüfungsfragen anzuwenden.

8.2.2.7.2.5 Die Prüfung wird als schriftliche Prüfung durchgeführt. Den Kandidaten sind jeweils 30 Multiple-Choice-Fragen und eine Fallfrage zu stellen. Die Dauer der Prüfung beträgt insgesamt 150 Minuten, wobei 60 Minuten für die Multiple-Choice-Fragen und 90 Minuten für die Fallfrage einzuräumen sind.

Bei der Beurteilung ist die gesamte Prüfung mit 60 Punkten zu bewerten, 30 Punkte für die Multiple-Choice-Fragen, (jede Frage ein Punkt), und 30 Punkte für die Fallfrage (die Verteilung der Punkte auf die Elemente der Fallfrage ist von der zuständigen Behörde zu beurteilen). Die Prüfung ist bestanden, wenn insgesamt mindestens 44 Punkte erreicht sind. Dabei müssen jedoch in jedem Teil mindestens 20 Punkte erreicht werden. Sind die 44 Punkte erreicht, jedoch in einem Teil nicht die 20, kann dieser Teil einmal wiederholt werden.

Die Vorschriften der Absätze 8.2.2.7.1.6 und 8.2.2.7.1.7 gelten entsprechend.

8.2.2.7.3 Wiederholungskurse

8.2.2.7.3.1 Zum Abschluss des Wiederholungskurses nach 8.2.1.4 ist vom Schulungsveranstalter ein Test durchzuführen.

8.2.2.7.3.2 Der Test wird als schriftlicher Test durchgeführt. Dem Kandidaten sind jeweils 20 Multiple-Choice-Fragen zu stellen. Nach jedem Wiederholungskurs ist ein neuer Fragebogen zu erstellen. Die Dauer des Tests beträgt 40 Minuten. Er ist bestanden, wenn mindestens 16 der 20 Fragen richtig beantwortet sind.

8.2.2.7.3.3 Für die Durchführung der Tests gelten die Vorschriften der Absätze 8.2.2.7.1.2, 8.2.2.7.1.3, 8.2.2.7.1.6 und 8.2.2.7.1.7 (ohne die Bestimmungen der Richtlinie zur Verwendung des Fragenkatalogs über Prüfungsbehörden und -stellen) entsprechend.

8.2.2.7.3.4 Der Schulungsveranstalter stellt dem Kandidaten nach bestandenem Test hierüber eine schriftliche Bescheinigung zur Vorlage bei der zuständigen Behörde nach 8.2.2.8 aus.

8.2.2.7.3.5 Die Testunterlagen der Kandidaten sind vom Schulungsveranstalter fünf Jahre ab dem Tag der Durchführung des Tests aufzubewahren.

[2] Anmerkung des Sekretariats: Der Fragenkatalog und die Richtlinie für seine Verwendung sind auf der Webseite des UNECE-Sekretariats erhältlich (http://www.unece.org/trans/pupl/adn/catalog_of_questions.htm).

8.2.2.8 Bescheinigung über besondere Kenntnisse des ADN

8.2.2.8.1 Die Erteilung und Erneuerung der Bescheinigung über besondere Kenntnisse des ADN nach dem Muster in Abschnitt 8.6.2 erfolgt durch die zuständige Behörde oder durch eine von dieser Behörde anerkannte Stelle.

8.2.2.8.2 Die Abmessungen der Bescheinigung müssen der Norm ISO/IEC 7810:2003, Variante ID-1, entsprechen und sie muss aus Kunststoff hergestellt sein. Die Farbe muss weiß mit schwarzen Buchstaben sein. Die Bescheinigung muss ein zusätzliches Sicherheitsmerkmal, wie ein Hologramm, UV-Druck oder ein geätztes Profil, enthalten. Sie muss in der (den) Sprache(n) oder in einer der Sprachen des Staates der zuständigen Behörde abgefasst werden, welche die Bescheinigung ausgestellt hat. Wenn keine dieser Sprachen Deutsch, Englisch oder Französisch ist, müssen der Titel der Bescheinigung, der Titel der Ziffer 8 und auf der Rückseite gegebenenfalls der Zusatz „Tankschiffe“ oder „Trockengüterschiffe“ außerdem in Deutsch, Englisch oder Französisch abgefasst werden.

8.2.2.8.3 Die Bescheinigung ist zu erteilen,

a) wenn die Voraussetzungen nach Unterabschnitt 8.2.1.2, Satz 2 und Unterabschnitt 8.2.1.3 erfüllt sind (Basiskurs), sie hat eine Gültigkeit von fünf Jahren ab dem Datum der bestandenen Prüfung nach dem Basiskurs;
b) wenn die Voraussetzungen nach Unterabschnitt 8.2.1.5 oder Unterabschnitt 8.2.1.7 erfüllt sind (Aufbaukurse „Gas“ oder „Chemie“); in diesem Fall wird eine neue Bescheinigung ausgestellt, die alle erworbenen Bescheinigungen über Basis- und Aufbaukurse beinhaltet. Die neu auszustellende Bescheinigung hat eine Gültigkeit von fünf Jahren ab dem Datum der bestandenen Prüfung nach dem Basiskurs.

8.2.2.8.4 Die Bescheinigung ist zu erneuern

a) wenn der Nachweis nach Unterabschnitt 8.2.1.4 erbracht ist (Basiskurs); die neue Geltungsdauer beginnt mit dem Ablaufdatum der vorhergehenden Bescheinigung. Wenn der Test mehr als ein Jahr vor Ablauf der Bescheinigung bestanden wurde, beginnt sie mit dem Datum der Teilnahmebescheinigung;
b) wenn die Nachweise nach den Unterabschnitten 8.2.1.6 und 8.2.1.8 erbracht sind (Aufbaukurse „Gas“ oder „Chemie“). In diesem Fall wird eine neue Bescheinigung ausgestellt, die alle Bescheinigungen über Basis- und Aufbaukurse beinhaltet. Die neu auszustellende Bescheinigung hat eine Gültigkeit von fünf Jahren ab dem Datum des erfolgreich durchlaufenen Wiederholungskurses zum Basiskurs. Wurde der Wiederholungskurs innerhalb des letzten Jahres vor Ablauf der Gültigkeit der Bescheinigung durchlaufen, beginnt die neue Geltungsdauer mit dem Ablaufdatum der vorherigen Bescheinigung, in den übrigen Fällen mit dem Datum der Teilnahmebescheinigung.

8.2.2.8.5 Wurde für die Erneuerung der Bescheinigung der Wiederholungskurs nicht in vollem Umfang vor Ablauf der Gültigkeitsdauer der Bescheinigung mit Erfolg absolviert oder wurde die Arbeit von einem Jahr an Bord nicht innerhalb der letzten zwei Jahre vor Ablauf der Bescheinigung nachgewiesen, wird eine neue Bescheinigung erteilt, für die eine erneute Teilnahme an einer erstmaligen Schulung und Ablegung einer Prüfung nach Unterabschnitt 8.2.2.7 erforderlich ist.

8.2.2.8.6 Wird eine neue Bescheinigung nach 8.2.2.8.3 b) ausgestellt oder eine Bescheinigung nach 8.2.2.8.4 erneuert, deren vorhergehende Bescheinigung von einer anderen Behörde oder einer von dieser Behörde anerkannten Stelle ausgestellt wurde, so ist die ausstellende Behörde oder die von dieser Behörde anerkannte Stelle, welche die vorhergehende Bescheinigung ausgestellt hat, unverzüglich zu informieren.

8.2.2.8.7 Die Vertragsparteien müssen dem Sekretariat der UNECE ein Muster jeder nationalen Bescheinigung, die in Übereinstimmung mit diesem Abschnitt zur Ausstellung vorgesehen ist, sowie Muster der noch gültigen Bescheinigungen zur Verfügung stellen. Die Vertragsparteien dürfen zusätzlich erläuternde Bemerkungen einreichen. Das Sekretariat der UNECE muss die erhaltenen Informationen allen Vertragsparteien zugänglich machen.

Verschiedene Vorschriften, die von der Schiffsbesatzung zu beachten sind

8.3.1 Personen an Bord

8.3.1.1 Soweit nicht in Teil 7 etwas anders bestimmt ist, dürfen sich an Bord nur aufhalten:

a) Besatzungsmitglieder;
b) nicht zur Besatzung gehörende, normalerweise aber an Bord lebende Personen und;
c) Personen, die sich aus dienstlichen Gründen an Bord befinden.

8.3.1.2 Im geschützten Bereich an Bord von Trockengüterschiffen und im Bereich der Ladung an Bord von Tankschiffen dürfen sich die unter Unterabschnitt 8.3.1.1 b) genannten Personen nur kurzfristig aufhalten.

8.3.1.3 Wenn das Schiff gemäß Kapitel 3.2 Tabelle C Spalte 19 eine Bezeichnung mit zwei blauen Kegeln oder zwei blauen Lichtern führen muss, dürfen Personen unter 14 Jahren nicht an Bord sein.

8.3.2 Tragbare Leuchten

An Bord dürfen in explosionsgefährdeten Bereichen und an Deck nur tragbare Leuchten mit eigener Stromquelle verwendet werden.

In explosionsgefährdeten Bereichen müssen sie mindestens die Anforderungen für den Einsatz in der jeweiligen Zone erfüllen.

8

8.3.3 Zutritt an Bord

Unbefugten ist der Zutritt an Bord verboten. Dieses Verbot ist mittels Hinweistafeln an geeigneten Stellen anzuschlagen.

8.3.4 Rauchverbot, Verbot von Feuer und offenem Licht

Rauchen, einschließlich elektronischer Zigaretten und ähnlicher Geräte, Feuer und offenes Licht sind an Bord verboten. Jedoch sind die Vorschriften der Absätze 7.1.3.41.1 und 7.2.3.41.1 anwendbar.

Dieses Verbot ist mittels Hinweistafeln an geeigneten Stellen anzuschlagen.

Das Verbot gilt nicht in Wohnungen und Steuerhaus, wenn Fenster, Türen, Oberlichter und Luken geschlossen sind oder das Lüftungssystem so eingestellt wird, dass ein Überdruck von 0,1 kPa gewährleistet ist.

8.3.5 Arbeiten an Bord

Es ist verboten, an Bord Arbeiten durchzuführen, die die Verwendung von Feuer oder elektrischem Strom erfordern oder bei deren Ausführung Funken entstehen können.

Dies gilt nicht

- für Festmacharbeiten,
- in Betriebsräumen außerhalb des geschützten Bereichs oder des Bereichs der Ladung, wenn deren Türen und Öffnungen für die Dauer der Arbeiten geschlossen sind und das Schiff nicht beladen, gelöscht oder entgast wird, oder
- wenn sich das Schiff nicht in einer oder unmittelbar angrenzend an eine landseitig ausgewiesene Zone aufhält und bei Tankschiffen eine Gasfreiheitsbescheinigung nach Absatz 7.2.3.7.6 für das Schiff oder eine Genehmigung der zuständigen Behörde vorliegt, bzw. bei Trockengüterschiffen eine Gasfreiheitsbescheinigung für den geschützten Bereich oder eine Genehmigung der zuständigen Behörde vorliegt.

Die Verwendung von funkenarmem Werkzeug (Schraubendrehern und Schraubenschlüsseln aus Chrom-Vanadium-Stahl oder hinsichtlich Funkenbildung gleichwertigen Materialien) sowie Geräten, die mindestens für den Betrieb in der jeweiligen Zone geeignet sind, ist erlaubt.

Bem.: Daneben sind auch alle anderen anwendbaren Vorschriften der Arbeits- und Betriebssicherheit zu beachten.

8.6.1 Zulassungszeugnis

8.6.1.1 Muster für das Zulassungszeugnis Trockengüterschiffe

1

Zuständige Behörde:
(Platz für Staatswappen und Name des Staates)

ADN-Zulassungszeugnis Nr.:

1. Name des Schiffes: ....

2. Amtliche Schiffsnummer: ....

3. Art des Schiffes: ....

4. Zusätzliche Anforderungen: Schiff aufgrund von Absatz 7.1.2.19.1[1)]
Schiff aufgrund von Absatz 7.2.2.19.3[1)]
Das Schiff entspricht den zusätzlichen Bauvorschriften für Doppelhüllenschiffe der Unterabschnitte 9.1.0.80 bis 9.1.0.95/9.2.0.80 bis 9.2.0.95[1)]
Das Schiff entspricht den Bauvorschriften 9.1.0.12.3 b) oder c), 9.1.0.51, 9.1.0.52[1)]
Lüftungssystem nach 9.1.0.12.3 b)[1)]
in ....
Das Schiff entspricht den Bauvorschriften 9.1.0.53[1)]
Elektrische und nicht-elektrische Anlagen und Geräte für den Einsatz in geschützten Bereichen:
Temperaturklasse: ....
Explosionsgruppe: ....

5. Zugelassene Abweichungen: ....
....
....

6. Die Gültigkeit dieses Zulassungszeugnisses erlischt am .... (Datum)

7. Das vorhergehende Zulassungszeugnis Nr. .... wurde am .... (Datum)
von .... (zuständige Behörde) ausgestellt.

8. Das Schiff ist zur Beförderung von gefährlichen Gütern zugelassen auf Grund:
   – eigener Untersuchung vom[1)] .... (Datum)
   – des Untersuchungsberichts der anerkannten Klassifikationsgesellschaft[1)]
   (Name der Klassifikationsgesellschaft) .... vom .... (Datum)
   – des Untersuchungsberichts der anerkannten Untersuchungsstelle[1)]
   (Name der Untersuchungsstelle) .... vom .... (Datum).

9. unter Zulassung der Gleichwertigkeiten:[1)] ....
....
....
....

10. anhand von Ausnahmegenehmigungen:[1)] ....

11. Ausgestellt in .... am ....
(Ort) (Datum)

12. (Siegel) ....
(zuständige Behörde)

....
(Unterschrift)

[1)] Nicht Zutreffendes streichen

8

2

Verlängerung der Gültigkeit des Zulassungszeugnisses

13. Die Gültigkeit dieses Zulassungszeugnisses wird gemäß Kapitel 1.16 ADN verlängert.

bis zum ....
(Datum)

14. .... den ....
(Ort) (Datum)

15. (Siegel) ....
(zuständige Behörde)

....
(Unterschrift)

8.6.1.2 Muster des vorläufigen Zulassungszeugnisses „Trockengüterschiffe“

1

Zuständige Behörde:
(Platz für Staatswappen und Name des Staates)

Vorläufiges ADN-Zulassungszeugnis Nr.: ....

1. Name des Schiffes: ....
2. Amtliche Schiffsnummer: ....
3. Art des Schiffes: ....
4. Zusätzliche Anforderungen: Schiff aufgrund von Absatz 7.1.2.19.1[1)]
   Schiff aufgrund von Absatz 7.2.2.19.3[1)]
   Das Schiff entspricht den zusätzlichen Bauvorschriften für Doppelhüllenschiffe der Unterabschnitte 9.1.0.80 bis 9.1.0.95/9.2.0.80 bis 9.2.0.95
   Das Schiff entspricht den Bauvorschriften 9.1.0.12.3 b) oder c), 9.1.0.51, 9.1.0.52
   Lüftungssystem nach 9.1.0.12.3 b)
   in ....
   Das Schiff entspricht den Bauvorschriften 9.1.0.53
   Elektrische und nicht-elektrische Anlagen und Geräte für den Einsatz in geschützten Bereichen:
   Temperaturklasse: ....
   Explosionsgruppe: ....
5. Zugelassene Abweichungen[1)]: ....
   ....
   ....
6. Dieses vorläufige Zulassungszeugnis ist gültig[1)]
   6.1 bis zum ....
   6.2 für eine einzige Reise .... bis ....
7. Ausgestellt in .... am ....
   (Ort) (Datum)
8. (Siegel) ....
   (Zuständige Behörde)

   ....
   (Unterschrift)

[1)] Nicht Zutreffendes streichen

Bem. Dieses Muster kann durch ein einheitliches Dokument für das vorläufige Schiffsattest und das vorläufige Zulassungszeugnis ersetzt werden, unter der Voraussetzung, dass dieses Dokument dieselben Angaben enthält und von der zuständigen Behörde zugelassen ist.

8.6.1.3 Muster des Zulassungszeugnisses Tankschiffe

1

Zuständige Behörde:
(Platz für Staatswappen und Name des Staates)

ADN-Zulassungszeugnis Nr.:

1. Name des Schiffes: ....
2. Amtliche Schiffsnummer: ....
3. Art des Schiffes: ....
4. Tankschiff des Typs: ....
5. Ladetankzustand:
   1. Drucktank[1)2)]
   2. Ladetank, geschlossen[1)2)]
   3. Ladetank, offen mit Flammendurchschlagsicherung[1)2)]
   4. Ladetank, offen[1)2)]
6. Ladetanktyp:
   1. unabhängiger Ladetank[1)2)]
   2. integraler Ladetank[1)2)]
   3. Ladetankwandung nicht Außenhaut[1)2)]
7. Öffnungsdruck Überdruck-/Hochgeschwindigkeitsventil/Sicherheitsventil .... kPa[1)2)]
8. Zusätzliche Einrichtungen:
   - Probeentnahmeeinrichtung
     Anschluss für eine Probeentnahmeeinrichtung Ja/Nein[1)2)]
     Probeentnahmeöffnung Ja/Nein[1)2)]
   - Berieselungsanlage Ja/Nein[1)2)]
     Druckalarmeinrichtung 40 kPa Ja/Nein[1)2)]
   - Heizung
     Heizmöglichkeit von Land Ja/Nein[1)2)]
     Heizanlage an Bord Ja/Nein[1)2)]
   - Kühlanlage Ja/Nein[1)2)]
   - Inertgasanlage Ja/Nein[1)2)]
   - Pumpenraum unter Deck Ja/Nein[1)]
   - Lüftungssystem nach 9.3.x.12.4 b) Ja/Nein[1) 3)]
     in ....
   - entspricht den Bauvorschriften in 9.3.x.12.4 b) oder 9.3.x.12.4 c), 9.3.x.51 und 9.3.x.52 Ja/Nein[1) 3)]
   - Gasabfuhrleitung und Einrichtungen beheizt .... Ja/Nein[1) 2)]
   - entspricht den Bauvorschriften, die sich aus der(n) Bemerkung(en) ………………… in Unterabschnitt 3.2.3.2 Tabelle C Spalte 20 ergeben[1)2)].
9. Elektrische Einrichtungen:
   - Temperaturklasse: ....
   - Explosionsgruppe: ....
10. Lade-/Löschrate: .... m^3/h[1)] oder siehe Instruktionen für die Lade- und Löschrate[1)]
11. Zugelassene relative Dichte: ....
12. Zusätzliche Bemerkungen: ....
    ....

---
1) Nicht Zutreffendes streichen
2) Falls kein einheitlicher Typ der Ladetanks: siehe Seite 3
3) Für „x“ zutreffendes eintragen.

2

13. Die Gültigkeit dieses Zulassungszeugnisses erlischt am .... (Datum)

14. Das vorhergehende Zulassungszeugnis Nr. .... wurde am .... (Datum) von der .... (zuständige Behörde) ausgestellt.

15. Das Schiff ist zur Beförderung der in der Schiffsstoffliste nach 1.16.1.2.5 eingetragenen gefährlichen Güter zugelassen auf Grund
   – eigener Untersuchung vom[1] .... (Datum)
   – des Untersuchungsberichts der anerkannten Klassifikationsgesellschaft[1] (Name der Klassifikationsgesellschaft) .... vom .... (Datum)
   – des Untersuchungsberichts der anerkannten Untersuchungsstelle[1] (Name der Untersuchungsstelle) .... vom .... (Datum).

16. unter Zulassung der Gleichwertigkeiten oder Abweichungen: [1]
   ....
   ....

17. anhand von Ausnahmegenehmigungen: [1]
   ....
   ....

18. ausgestellt in: .... am ....
   (Ort) (Datum)

19. (Siegel) ....
   (zuständige Behörde)

   ....
   (Unterschrift)

[1] Nichtzutreffendes streichen

Verlängerung der Gültigkeit des Zulassungszeugnisses

20. Die Gültigkeit dieses Zulassungszeugnisses wird gemäß Kapitel 1.16 ADN verlängert.

bis zum ....
(Datum)

21. .... den ....
(Ort) (Datum)

22. (Siegel) ....
(zuständige Behörde)

....
(Unterschrift)

3

Wenn die Ladetanks des Tankschiffs kein einheitlicher Typ sind oder deren Ausführung und Ausrüstung nicht gleich sind, dann müssen deren Typ, deren Ausführung und deren Ausrüstung hierunter angegeben werden.

Tanknummer	1	2	3	4	5	6	7	8	9	10	11	12
Drucktank												
Ladetank geschlossen												
Ladetank offen mit Flammendurchschlagsicherung												
Ladetank offen												
unabhängiger Ladetank												
integraler Ladetank												
Ladetankwandung nicht Außenhaut												
Öffnungsdruck Überdruck-/Hochgeschwindigkeitsventil /Sicherheitsventil in kPa												
Anschluss für eine Probeentnahmeeinrichtung												
Probeentnahmeöffnung												
Berieselungsanlage												
Druckalarmeinrichtung 40 kPa												
Heizmöglichkeit von Land												
Heizanlage an Bord												
Kühlanlage												
Inertgasanlage												
...												
Gasabfuhrleitung und Einrichtungen beheizt												
Entspricht den Bauvorschriften, die sich aus der (den) Bemerkung(en) ………… in Unterabschnitt 3.2.3.2 Tabelle C Spalte 20 ergeben												

8.6.1.4 Muster des vorläufigen Zulassungszeugnisses „Tankschiffe"

1

Zuständige Behörde:
(Platz für Staatswappen und Name des Staates)

Vorläufiges ADN-Zulassungszeugnis Nr.:

1. Name des Schiffes: ....
2. Amtliche Schiffsnummer: ....
3. Art des Schiffes: ....
4. Tankschiff des Typs: ....
5. Ladetankzustand:
   1. Drucktank[1)2)]
   2. Ladetank, geschlossen[1)2)]
   3. Ladetank, offen mit Flammendurchschlagsicherung[1)2)]
   4. Ladetank, offen[1)2)]
6. Ladetanktyp:
   1. unabhängiger Ladetank[1)2)]
   2. integraler Ladetank[1)2)]
   3. Ladetankwandung nicht Außenhaut[1)2)]
7. Öffnungsdruck Überdruck-/Hochgeschwindigkeitsventil/Sicherheitsventil .... kPa[1)2)]
8. Zusätzliche Einrichtungen
   - Probeentnahmeeinrichtung
     Anschluss für eine Probeentnahmeeinrichtung Ja/Nein[1)2)]
     Probeentnahmeöffnung Ja/Nein[1)2)]
   - Berieselungsanlage Ja/Nein[1)2)]
     Druckalarmeinrichtung 40 kPa Ja/Nein[1)2)]
   - Heizung
     Heizmöglichkeit von Land Ja/Nein[1)2)]
     Heizanlage an Bord Ja/Nein[1)2)]
   - Kühlanlage Ja/Nein[1)2)]
   - Inertgasanlage Ja/Nein[1)2)]
   - Pumpenraum unter Deck Ja/Nein[1)]
   - Lüftungssystem nach 9.3.x.12.4 b) Ja/Nein[1) 3)]
     in ....
   - entspricht den Bauvorschriften in 9.3.x.12.4 b) oder 9.3.x.12.4 c), 9.3.x.51 und 9.3.x.52 Ja/Nein[1) 3)]
   - Gasabfuhrleitung und Einrichtungen beheizt.............. Ja/Nein[1) 2)]
   - entspricht den Bauvorschriften, die sich aus der(n) Bemerkung(en) .... in Unterabschnitt 3.2.3.2 Tabelle C Spalte 20 ergeben[1)2)].
9. Elektrische und nicht-elektrische Anlagen und Geräte zum Einsatz in explosionsgefährdeten Bereichen:
   - Temperaturklasse: ....
   - Explosionsgruppe: ....
10. Autonome Schutzsysteme
    Explosionsgruppe / Untergruppe der Explosionsgruppe II B: ....
11. Lade-/Löschrate: m³/h[1)] oder siehe Instruktionen für die Lade- und Löschrate[1)]
12. Zugelassene relative Dichte: ....
13. Zusätzliche Bemerkungen:

Schiff entspricht Bauvorschriften 9.3.x.12, 9.3.x.51, 9.3.x.52 ... Ja/Nein[1) 3)]
....

1) Nicht Zutreffendes streichen
2) Falls kein einheitlicher Typ der Ladetanks: siehe Seite 3
3) Für „x" zutreffendes eintragen.

8

2

14. Dieses vorläufige Zulassungszeugnis ist gültig

14.1[1)] bis zum .... (Datum)

14.2[1)] für eine einzige Reise von .... bis ....

15. ausgestellt in: .... am ....
(Ort) (Datum)

16. (Siegel) ....
(zuständige Behörde)

....
(Unterschrift)

[1)] Nichtzutreffendes streichen

Bem. Dieses Muster für ein vorläufiges Zulassungszeugnis kann ersetzt werden durch ein einheitliches Muster, das ein vorläufiges Schiffsattest und ein vorläufiges Zulassungszeugnis kombiniert, vorausgesetzt, dieses Muster für ein einheitliches Zeugnis beinhaltet dieselben Angaben wie das vorstehende Muster und ist von der zuständigen Behörde zugelassen.

3

Wenn die Ladetanks des Tankschiffs kein einheitlicher Typ sind oder deren Ausführung und Ausrüstung nicht gleich sind, dann müssen deren Typ, deren Ausführung und deren Ausrüstung hierunter angegeben werden.

Tanknummer	1	2	3	4	5	6	7	8	9	10	11	12
Drucktank												
Ladetank geschlossen												
Ladetank offen mit Flammendurchschlagsicherung												
Ladetank offen												
unabhängiger Ladetank												
integraler Ladetank												
Ladetankwandung nicht Außenhaut												
Öffnungsdruck Überdruck-/Hochgeschwindigkeitsventil /Sicherheitsventil in kPa												
Anschluss für eine Probeentnahmeeinrichtung												
Probeentnahmeöffnung												
Berieselungsanlage												
Druckalarmeinrichtung 40 kPa												
Heizmöglichkeit von Land												
Heizanlage an Bord												
Kühlanlage												
Inertgasanlage												
...												
Gasabfuhrleitung und Einrichtungen beheizt												
Entspricht den Bauvorschriften, die sich aus der (den) Bemerkung(en) .... in Unterabschnitt 3.2.3.2 Tabelle C Spalte 20 ergeben												

8

8.6.1.5 Anlage zum Zulassungszeugnis und zum vorläufigen Zulassungszeugnis gemäß 1.16.1.3.1 a)

Anlage zum Zulassungszeugnis

1. Amtliche Schiffsnummer: ....
2. Art des Schiffes: ....
3. Übergangsbestimmungen anwendbar ab ....

ADN-Zulassungszeugnis Nr.	Zuständige Behörde	Ausgestellt am	Gültig bis	Siegel und Unterschrift

ADN-Zulassungszeugnis Nr.	Zuständige Behörde	Ausgestellt am	Gültig bis	Siegel und Unterschrift

8

8.6.2 Bescheinigung über besondere Kenntnisse des ADN gemäß Unterabschnitt 8.2.1.2, 8.2.1.5 oder 8.2.1.7

(Vorderseite)

(**)
Bescheinigung über besondere Kenntnisse des ADN

1. (Nummer der Bescheinigung)
2. (Name)
3. (Vorname(n))
4. (Geburtsdatum TT/MM/JJJJ)
5. (Staatsangehörigkeit)
6. (Unterschrift des Sachkundigen)
7. (Ausstellende Behörde)
8. GÜLTIG BIS: (TT/MM/JJJJ)

Foto des Sachkundigen

(Rückseite)

1. (Nummer der Bescheinigung)

Diese Bescheinigung ist gültig für besondere Kenntnisse des ADN gemäß:

(zutreffenden Unterabschnitt gemäß 8.2.1 ADN, ggf. mit dem Zusatz „nur Trockengüterschiffe“ oder „nur Tankschiffe“ einfügen)

** Das für Schifffahrt im internationalen Verkehr verwendete Unterscheidungszeichen (CEVNI – Anlage I).

8.6.3 Prüfliste ADN

PRÜFLISTE ADN

1

über die Beachtung von Sicherheitsvorschriften, die Umsetzung von notwendigen Maßnahmen für das Laden oder Löschen

– Angaben zum Schiff

.... Amtliche Schiffsnummer ....
(Schiffsname)

....
(Schiffstyp)

– Angaben zum Laden oder Löschen

....
(Lade- oder Löschstelle) (Ort)

....
(Datum) (Uhrzeit)

– Angaben zur Ladung *laut Beförderungspapier*

Menge m³	Offizielle Benennung für die Beförderung***)	UN-Nummer oder Stoffnummer	Gefahren*)	Verpackungsgruppe
....	....	....	....	....
....	....	....	....	....
....	....	....	....	....

– Angaben zur letzten Ladung)**

Offizielle Benennung für die Beförderung***)	UN-Nummer oder Stoffnummer	Gefahren*)	Verpackungsgruppe
....	....	....	....
....	....	....	....
....	....	....	....

*) Gefahren, die in Spalte 5 der Tabelle C aufgeführt werden, sofern zutreffend (laut Beförderungspapier gemäß Absatz 5.4.1.1.2 c)

**) Nur bei Beladung auszufüllen

***) Die gemäß Kapitel 3.2 Tabelle C Spalte 2 bestimmte offizielle Benennung des Stoffes für die Beförderung und, sofern zutreffend, ergänzt durch die technische Benennung in Klammern.

2

Lade-/Löschrate (nicht auszufüllen beim Laden und Löschen von Gasen)

Offizielle Benennung	Ladetank Nr.	vereinbarte Lade-/Löschrate					
		Anfang		Mitte		Ende	
		Rate m³/h	Menge m³	Rate m³/h	Menge m³	Rate m³/h	Menge m³
....	....	....	....	....	....	....	....
....	....	....	....	....	....	....	....
....	....	....	....	....	....	....	....

Wie wird die Lade-/Löschleitung von der Landanlage/vom Schiff*) aus nach dem Laden oder Löschen leer gedrückt bzw. gesaugt?

gedrückt*)

gesaugt*)

Wenn gedrückt, auf welche Weise?

....
(z. B. Luft, Inertgas, Molch)

.... kPa
(maximal zulässiger Druck im Ladetank)

.... Liter
(geschätzte Nachlaufmenge)

Fragen an den Schiffsführer oder an die von ihm beauftragte Person an Bord und an die verantwortliche Person der Lade-/Löschstelle

Mit dem Laden oder Löschen darf erst begonnen werden, wenn alle nachfolgenden Fragen der Prüfliste mit „X" angekreuzt, d.h. mit JA beantwortet sind und die Liste von beiden Personen unterschrieben ist.

Nicht zutreffende Fragen sind zu streichen.

Können nicht alle zutreffenden Fragen mit JA beantwortet werden, ist das Laden oder das Löschen nur mit Zustimmung der örtlich zuständigen Behörde gestattet.

---

*) Nicht Zutreffendes streichen

**) Die gemäß Kapitel 3.2 Tabelle C Spalte 2 bestimmte offizielle Benennung des Stoffes für die Beförderung und, sofern zutreffend, ergänzt durch die technische Benennung in Klammern.

	Schiff	Lade-/Löschstelle 3
1. Ist das Schiff zur Beförderung der Ladung zugelassen?	O*)	O*)
2. (bleibt offen)		
3. Ist das Schiff den örtlichen Verhältnissen entsprechend gut festgemacht?	O	–
4. Sind geeignete Mittel gemäß 7.2.4.77 vorhanden, um das Schiff auch in Notfällen zu verlassen?	O	O
5. Ist eine wirksame Beleuchtung der Lade-/Löschstelle und der Fluchtwege sichergestellt?	O	O
6. Schiff-Land-Verbindung		
6.1 Befinden sich die Lade-/Löschschläuche zwischen Schiff und Land in gutem Zustand?	–	O
Sind sie richtig angeschlossen?	–	O
6.2 Sind alle Verbindungsflanschen mit geeigneten Dichtungen versehen?	–	O
6.3 Sind alle Verbindungsbolzen eingesetzt und angezogen?	O	O
6.4 Sind die Gelenkarme in allen Betriebsachsen frei beweglich und haben sie und die Schlauchleitungen genügend Spielraum?	–	O
7. Sind alle unbenutzten Anschlüsse der Lade-/Löschleitungen und der Gasabfuhrleitung einwandfrei blindgeflanscht?	O	O
8. Sind unter den benutzten Anschlussstutzen geeignete Mittel vorhanden, um Leckflüssigkeit aufzunehmen und sind diese leer?	O	O
9. Sind die abnehmbaren Verbindungen zwischen Ballast- und Lenzleitungen einerseits und Lade-/Löschleitungen anderseits ausgebaut?	O	–
10. Ist für die gesamte Dauer des Ladens oder Löschens eine stetige und zweckmäßige Überwachung sichergestellt?	O	O
11. Ist die Verständigung zwischen Schiff und Land sichergestellt?	O	O
12.1 Ist die Gasabfuhrleitung bei der Beladung des Schiffes an die Gasrückfuhrleitung an Land - soweit erforderlich bzw. vorhanden - angeschlossen?	O	O
12.2 Ist durch die Landanlage sichergestellt, dass der Druck an der Übergabestelle der Gasabfuhr- und Gasrückfuhrleitung den Öffnungsdruck des Überdruck-/Hochgeschwindigkeitsventils nicht übersteigt (Druck an der Übergabestelle in __kPa)?	–	O*)
12.3 Ist, wenn nach Unterabschnitt 3.2.3.2 Tabelle C Spalte 17 Explosionsschutz erforderlich ist, durch die Landanlage sichergestellt, dass ihre Gasrückfuhrleitung so ausgeführt ist, dass das Schiff gegen Detonation und Flammendurchschlag von Land aus geschützt ist?	–	O

*) *Nur bei Beladung auszufüllen*

		Schiff	4 Lade-/Löschstelle
13.	Sind die Maßnahmen hinsichtlich "Not-Stop" und "Alarm" bekannt?	O	O
14.	Kontrolle der wichtigsten Betriebsvorschriften:		
	- Sind die vorgeschriebenen Feuerlöscheinrichtungen und -geräte betriebsfähig?	O	O
	- Sind alle Ventile und Absperrorgane auf richtige Stellung kontrolliert?	O	O
	- Ist ein generelles Rauchverbot angeordnet?	O	O
	- Sind die Heizgeräte mit offener Flamme außer Betrieb?	O	-
	- Sind die Radargeräte spannungsfrei gemacht?	O	-
	- Sind alle elektrischen Einrichtungen mit roter Kennzeichnung abgeschaltet?	O	-
	- Sind alle Fenster und Türen geschlossen?	O	-
15.1	Ist der Ausgangsdruck der bordeigenen Löschpumpe auf den zulässigen Betriebsdruck der Landanlage abgestimmt (Vereinbarter Druck __kPa)?	O	-
15.2	Ist der Ausgangsdruck der landseitigen Ladepumpe auf den zulässigen Betriebsdruck der Bordanlage abgestimmt (Vereinbarter Druck __kPa)?	-	O
16.	Ist das Niveau-Warngerät betriebsfähig?	O	-
17.	Ist das nachfolgende System angeschlossen, betriebsfähig und überprüft?		
	– Auslösung der Überlaufsicherung (□ beim Laden □ beim Löschen)	O	O
	– Abschaltung der bordeigenen Pumpe von Land aus (nur beim Löschen des Schiffes)	O	O
18.	Nur auszufüllen vor dem Umschlag von Stoffen, für deren Beförderung ein geschlossener Ladetank oder ein offener Ladetank mit Flammendurchschlagsicherungen vorgeschrieben ist: Sind die Tankluken, Sicht- und Probeentnahmeöffnungen der Ladetanks geschlossen oder gegebenenfalls durch Flammendurchschlagsicherungen, die mindestens die Anforderungen in Unterabschnitt 3.2.3.2 Tabelle C Spalte (16) erfüllen, gesichert?	O	-
19.	Bei der Beförderung tiefgekühlt verflüssigter Gase: Wurde die Haltezeit berechnet und ist sie an Bord bekannt und verfügbar?	O**)	O**)

Geprüft, ausgefüllt und unterzeichnet

für das Schiff:	für die Lade-/Löschstelle:
....	....
Name (in Großbuchstaben)	Name (in Großbuchstaben)
....	....
(Unterschrift)	(Unterschrift)

**) Nur bei Beladung auszufüllen

Erklärung:

Frage 3:

Unter "gut festgemacht" wird verstanden, dass das Schiff derartig an der Landungsbrücke bzw. am Umschlagsteiger befestigt ist, dass es ohne übergebührliche Einwirkung Dritter in keiner Richtung eine Bewegung ausführen kann, die das Umschlagsgerät überbeanspruchen könnte. Dabei ist den an dieser Örtlichkeit gegebenen bzw. voraussehbaren Wasserspiegelschwankungen und Besonderheiten Rechnung zu tragen.

Frage 4:

Das Schiff muss jederzeit sicher verlassen werden können. Stehen landseitig keine geschützten Fluchtwege oder nur ein Fluchtweg zum schnellen Verlassen des Schiffes im Notfall zur Verfügung, muss schiffseitig ein weiteres geeignetes Fluchtmittel vorhanden sein, wenn es gemäß ▪▪▪ 7.2.4.77 erforderlich ist.

Frage 6:

Für die zum Laden und Löschen verwendeten Schlauchleitungen müssen gültige Prüfbescheinigungen an Bord vorhanden sein. Das Material der Lade- und Löschleitungen muss den vorgesehenen Beanspruchungen widerstehen können und für den Umschlag der jeweiligen Stoffe geeignet sein. Die Lade- und Löschleitungen zwischen Schiff und Land müssen so angebracht sein, dass sie durch die üblichen Schiffsbewegungen während des Lade- und Löschvorgangs sowie infolge Wasserspiegeländerungen nicht beschädigt werden können. Ebenso müssen alle Flanschverbindungen mit den passenden Dichtungen und genügend Befestigungsmitteln versehen sein, damit Leckage ausgeschlossen ist.

Frage 10:

Das Laden oder Löschen muss an Bord und an Land derart beaufsichtigt werden, dass im Bereich der Lade-/Löschleitungen zwischen Schiff und Land auftretende Gefahren sofort erkannt werden können. Wenn die Überwachung mit technischen Hilfsmitteln ausgeführt wird, muss zwischen der Landanlage und dem Schiff vereinbart werden, in welcher Weise die Überwachung gesichert ist.

Frage 11:

Für einen sicheren Lade-/Löschvorgang ist eine gute Verständigung zwischen Schiff und Land erforderlich. Zu diesem Zweck dürfen Telefon- und Funkgeräte nur verwendet werden, wenn sie explosionsgeschützt und in Reichweite der Aufsichtsperson angeordnet sind.

Frage 13:

Vor Beginn des Lade-/Löschvorgangs müssen sich der Vertreter der Landanlage und der Schiffsführer oder die von ihm beauftragte Person an Bord über die anzuwendenden Verfahren einigen. Den besonderen Eigenschaften der zu ladenden oder zu löschenden Stoffe ist Rechnung zu tragen.

Frage 17:

Um eine Rückströmung von der Landseite zu vermeiden, ist das Aktivieren der Überlaufsicherung auf dem Schiff in manchen Fällen beim Löschen erforderlich. Beim Laden ist dies verpflichtend, beim Löschen optional. Falls beim Löschen nicht erforderlich, Frage streichen.

8

8.6.4 Prüfliste Entgasen an Annahmestellen

1

Prüfliste ADN

über die Beachtung von Sicherheitsvorschriften, die Umsetzung von notwendigen Maßnahmen für das Entgasen an Annahmestellen

– Angaben zum Schiff

.... Amtliche Schiffsnummer ....
(Schiffsname)

....
(Schiffstyp)

– Angaben zur Annahmestelle

....
(Annahmestelle) (Ort)

....
(Datum) (Uhrzeit)

Gemäß CDNI zugelassene Annahmestelle ☐ Ja ☐ Nein

– Angaben zur vorherigen Ladung im Tank vor dem Entgasen laut Beförderungspapier

Ladetank-nummer	Menge m³	Offizielle Benennung für die Beförderung**)	UN-Nummer oder Stoffnummer	Gefahren*)	Verpackungs-gruppe
....	....	....	....	....	....
....	....	....	....	....	....
....	....	....	....	....	....

*) *Gefahren die in Spalte (5) der Tabelle C aufgeführt werden, sofern zutreffend (laut Beförderungspapier gemäß Absatz 5.4.1.1.2 c).*

**) *Die gemäß Unterabschnitt 3.2.3.2 Tabelle C Spalte (2) bestimmte offizielle Benennung des Stoffes für die Beförderung und, sofern zutreffend, ergänzt durch die technische Benennung in Klammern.*

2

Entgasungsrate

Offizielle Benennung**)	Ladetank Nr.	vereinbarte Entgasungsrate Rate m³/h
....	....	....
....	....	....
....	....	....

Fragen an den Schiffsführer oder an die von ihm beauftragte Person an Bord und an die verantwortliche Person der Annahmestelle

Mit dem Entgasen darf erst begonnen werden, wenn alle nachfolgenden Fragen der Prüfliste mit „X" angekreuzt, d.h. mit JA beantwortet sind und die Liste von beiden Personen unterschrieben ist.

Nicht zutreffende Fragen sind zu streichen.

Können nicht alle zutreffenden Fragen mit JA beantwortet werden, ist das Entgasen nur mit Zustimmung der zuständigen Behörde gestattet.

**) *Die gemäß Unterabschnitt 3.2.3.2 Tabelle C Spalte (2) bestimmte offizielle Benennung des Stoffes für die Beförderung und, sofern zutreffend, ergänzt durch die technische Benennung in Klammern.*

		Schiff	Annahmestelle 3
1.	Ist das Schiff den örtlichen Verhältnissen entsprechend gut festgemacht?	O	–
2.	Befinden sich die Entgasungsleitungen zwischen Schiff und Annahmestelle in gutem Zustand?	–	O
	Sind sie richtig angeschlossen und sind in den Leitungen zwischen Schiff und Annahmestelle geeignete Flammendurchschlagsicherungen vorhanden?	O	O
3.	Sind alle unbenutzten Anschlüsse der Lade-/Löschleitungen und der Gasabfuhrleitung einwandfrei blindgeflanscht?	O	O
4.	Ist für die gesamte Dauer des Entgasens eine stetige und zweckmäßige Überwachung sichergestellt?	O	O
5.	Ist die Verständigung zwischen Schiff und Annahmestelle sichergestellt?	O	O
6.1	Ist durch die Annahmestelle sichergestellt, dass der Druck an der Übergabestelle den Öffnungsdruck des Hochgeschwindigkeitsventils nicht übersteigt (Druck an der Übergabestelle in __kPa)?	–	O*)
6.2	Ist die Zuluftöffnung Teil eines geschlossenen Systems oder mit einem federbelasteten Niederdruckventil versehen?	–	O**)
6.3	Ist, falls nach Unterabschnitt 3.2.3.2 Tabelle C Spalte 17 Explosionsschutz erforderlich ist, durch die Annahmestelle sichergestellt, dass ihre Leitungen so ausgeführt sind, dass das Schiff gegen Detonation und Flammendurchschlag von der Annahmestelle aus geschützt wird?	–	O
7.	Sind die Maßnahmen hinsichtlich „Not-Stop“ und „Alarm“ bekannt?	O	O

*) *Gilt nicht, wenn die Luftströme durch Unterdruck erzeugt werden.*

**) *Gilt nur, wenn die Luftströme durch Unterdruck erzeugt werden.*

		Schiff	Annahmestelle 4
8.	Kontrolle der wichtigsten Betriebsvorschriften:		
	– Sind die vorgeschriebenen Feuerlöscheinrichtungen und -geräte betriebsfähig?	O	O
	– Sind alle Ventile und Absperrorgane auf richtige Stellung kontrolliert?	O	O
	– Ist ein generelles Rauchverbot angeordnet?	O	O
	– Sind die Heizgeräte mit offener Flamme außer Betrieb?	O	–
	– Sind die Radargeräte spannungsfrei gemacht?	O	–
	– Sind alle elektrischen Einrichtungen mit roter Kennzeichnung abgeschaltet?	O	–
	– Sind alle Fenster und Türen geschlossen?	O	–
9.1	Ist der Druck der bordeigenen Leitungen auf den zulässigen Betriebsdruck der Annahmestelle abgestimmt (Vereinbarter Druck __kPa)?	O	–
9.2	Ist der Druck der annahmestellenseitigen Leitungen auf den zulässigen Betriebsdruck der Bordanlage abgestimmt (Vereinbarter Druck __kPa)?	–	O
10.	Sind die Tankluken, Sicht-, Peil- und Probeentnahmeöffnungen der Ladetanks geschlossen oder gegebenenfalls durch in gutem Zustand befindliche Flammendurchschlagsicherungen gesichert?	O	–

Geprüft, ausgefüllt und unterzeichnet

für das Schiff:

....

Name (in Großbuchstaben)

....

(Unterschrift)

für die Annahmestelle:

....

Name (in Großbuchstaben)

....

(Unterschrift)

Erklärung

Frage 1:

Unter „gut festgemacht" wird verstanden, dass das Schiff derartig an der Landungsbrücke bzw. an der Annahmestelle befestigt ist, dass es ohne übergebührliche Einwirkung Dritter in keiner Richtung eine Bewegung ausführen kann, die den Entgasungsvorgang behindern könnte. Dabei ist den an dieser Örtlichkeit gegebenen bzw. voraussehbaren Wasserspiegelschwankungen und Besonderheiten Rechnung zu tragen.

Frage 2:

Das Material der Leitungen muss den vorgesehenen Raten widerstehen können und zum Entgasen geeignet sein. Die Leitungen zwischen Schiff und Annahmestelle müssen so angebracht sein, dass sie durch die üblichen Schiffsbewegungen während des Entgasungsvorgangs sowie infolge Wasserspiegeländerungen nicht beschädigt werden können.

Frage 4:

Das Entgasen muss an Bord und an der Annahmestelle derart beaufsichtigt werden, dass im Bereich der Leitungen zwischen Schiff und Annahmestelle auftretende Gefahren sofort erkannt werden können. Wenn die Überwachung mit technischen Hilfsmitteln ausgeführt wird, muss zwischen der Annahmestelle und dem Schiff vereinbart werden, in welcher Weise die Überwachung gesichert ist.

Frage 5:

Für einen sicheren Entgasungsvorgang ist eine gute Verständigung zwischen Schiff und Land erforderlich. Zu diesem Zweck dürfen Telefon- und Funkgeräte nur verwendet werden, wenn sie explosionsgeschützt und in Reichweite der Aufsichtsperson angeordnet sind.

Frage 7:

Vor Beginn des Entgasungsvorgangs müssen sich der Vertreter der Annahmestelle und der Schiffsführer oder die von ihm beauftragte Person an Bord über die anzuwendenden Verfahren einigen. Den besonderen Eigenschaften der zu entgasenden Stoffe ist Rechnung zu tragen.

Teil 9

Bauvorschriften

9.1	**Bauvorschriften für Trockengüterschiffe**
9.1.0	Für Trockengüterschiffe anwendbare Bauvorschriften
9.1.0.0	Bauwerkstoffe
9.1.0.1	Schiffsakte
9.1.0.2-9.1.0.10	(bleibt offen)
9.1.0.11	Laderäume
9.1.0.12	Lüftung
9.1.0.13-9.1.0.16	(bleibt offen)
9.1.0.17	Wohnungen und Betriebsräume
9.1.0.18-9.1.0.19	(bleibt offen)
9.1.0.20	Ballastwasser
9.1.0.21-9.1.0.30	(bleibt offen)
9.1.0.31	Maschinen
9.1.0.32	Brennstofftanks
9.1.0.33	(bleibt offen)
9.1.0.34	Abgasrohre
9.1.0.35	Lenzeinrichtung
9.1.0.36-9.1.0.39	(bleibt offen)
9.1.0.40	Feuerlöscheinrichtungen
9.1.0.41	Feuer und offenes Licht
9.1.0.42-9.1.0.51	(bleibt offen)
9.1.0.52	Art und Aufstellungsort der elektrischen Einrichtungen
9.1.0.53-9.1.0.55	(bleibt offen)
9.1.0.56	Elektrische Kabel
9.1.0.57-9.1.0.69	(bleibt offen)
9.1.0.70	Drahtseile, Masten
9.1.0.71	Zutritt an Bord
9.1.0.72-9.1.0.73	(bleibt offen)
9.1.0.74	Rauchverbot, Verbot von Feuer und offenem Licht
9.1.0.75-9.1.0.79	(bleibt offen)
9.1.0.80	Zusätzliche Vorschriften für Doppelhüllenschiffe

9.1.0.81- 9.1.0.87	(bleibt offen)
9.1.0.88	Klassifikation
9.1.0.89- 9.1.0.90	(bleibt offen)
9.1.0.91	Laderäume
9.1.0.92	Notausgang
9.1.0.93	Stabilität (allgemein)
9.1.0.94	Stabilität (intakt)
9.1.0.95	Stabilität (im Leckfall)
9.1.0.96- 9.1.0.99	(bleibt offen)

9.2 Bauvorschriften für Seeschiffe, die den Vorschriften von SOLAS 74 Kapitel II-2 Regel 19 oder SOLAS 74 Kapitel II-2 Regel 54 entsprechen

9.2.0.0	Bauwerkstoffe
9.2.0.1- 9.2.0.19	(bleibt offen)
9.2.0.20	Ballastwasser
9.2.0.21- 9.2.0.30	(bleibt offen)
9.2.0.31	Maschinen
9.2.0.32- 9.2.0.33	(bleibt offen)
9.2.0.34	Abgasrohre
9.2.0.35- 9.2.0.40	(bleibt offen)
9.2.0.41	Feuer und offenes Licht
9.2.0.42- 9.2.0.70	(bleibt offen)
9.2.0.71	Zutritt an Bord
9.2.0.72- 9.2.0.73	(bleibt offen)
9.2.0.74	Rauchverbot, Verbot von Feuer und offenem Licht
9.2.0.75- 9.2.0.79	(bleibt offen)
9.2.0.80	Zusätzliche Vorschriften für Doppelhüllen-Seeschiffe
9.2.0.81- 9.2.0.87	(bleibt offen)
9.2.0.88	Klassifikation
9.2.0.89- 9.2.0.90	(bleibt offen)
9.2.0.91	Laderäume
9.2.0.92	(bleibt offen)
9.2 0.93	Stabilität (allgemein)

9.2.0.94 Stabilität (intakt)
9.2.0.95 Stabilität (im Leckfall)
9.2.0.96-9.2.0.99 (bleibt offen)

9.3 Bauvorschriften für Tankschiffe

9.3.1 Bauvorschriften für Tankschiffe des Typs G
9.3.1.0 Bauwerkstoffe
9.3.1.1 Schiffsakte
9.3.1.2-9.3.1.7 (bleibt offen)
9.3.1.8 Klassifikation
9.3.1.9 (bleibt offen)
9.3.1.10 Schutz gegen das Eindringen von Gasen
9.3.1.11 Aufstellungsräume und Ladetanks
9.3.1.12 Lüftung
9.3.1.13 Stabilität (allgemein)
9.3.1.14 Stabilität (intakt)
9.3.1.15 Stabilität (im Leckfall)
9.3.1.16 Maschinenräume
9.3.1.17 Wohnungen und Betriebsräume
9.3.1.18 Inertgasanlage
9.3.1.19-9.3.1.20 (bleibt offen)
9.3.1.21 Sicherheits- und Kontrolleinrichtungen
9.3.1.22 Öffnungen der Ladetanks
9.3.1.23 Druckprüfung
9.3.1.24 Druck- und Temperaturregelung der Ladung
9.3.1.25 Pumpen und Leitungen
9.3.1.26 (bleibt offen)
9.3.1.27 Kühlanlage
9.3.1.28 Berieselungsanlage
9.3.1.29-9.3.1.30 (bleibt offen)
9.3.1.31 Maschinen
9.3.1.32 Brennstofftanks
9.3.1.33 (bleibt offen)
9.3.1.34 Abgasrohre
9.3.1.35 Lenz- und Ballasteinrichtung
9.3.1.36-9.3.1.39 (bleibt offen)
9.3.1.40 Feuerlöscheinrichtungen
9.3.1.41 Feuer und offenes Licht
9.3.1.42-9.3.1.49 (bleibt offen)

9.3.1.50	Unterlagen für die elektrischen Anlagen
9.3.1.51	Elektrische Einrichtungen
9.3.1.52	Art und Aufstellungsort der elektrischen Einrichtungen
9.3.1.53	Erdung
9.3.1.54-9.3.1.55	(bleibt offen)
9.3.1.56	Elektrische Kabel
9.3.1.57-9.3.1.59	(bleibt offen)
9.3.1.60	Besondere Ausrüstung
9.3.1.61-9.3.1.70	(bleibt offen)
9.3.1.71	Zutritt an Bord
9.3.1.72-9.3.1.73	(bleibt offen)
9.3.1.74	Rauchverbot, Verbot von Feuer und offenem Licht
9.3.1.75-9.3.1.91	(bleibt offen)
9.3.1.92	Notausgang
9.3.1.93-9.3.1.99	(bleibt offen)
9.3.2	Bauvorschriften für Tankschiffe des Typs C
9.3.2.0	Bauwerkstoffe
9.3.2.1	Schiffsakte
9.3.2.2-9.3.2.7	(bleibt offen)
9.3.2.8	Klassifikation
9.3.2.9	(bleibt offen)
9.3.2.10	Schutz gegen das Eindringen von Gasen
9.3.2.11	Aufstellungsräume und Ladetanks
9.3.2.12	Lüftung
9.3.2.13	Stabilität (allgemein)
9.3.2.14	Stabilität (intakt)
9.3.2.15	Stabilität (im Leckfall)
9.3.2.16	Maschinenräume
9.3.2.17	Wohnungen und Betriebsräume
9.3.2.18	Inertgasanlage
9.3.2.19	(bleibt offen)
9.3.2.20	Einrichtung der Kofferdämme
9.3.2.21	Sicherheits- und Kontrolleinrichtungen
9.3.2.22	Öffnungen der Ladetanks
9.3.2.23	Druckprüfung
9.3.2.24	Druck- und Temperaturregelung der Ladung
9.3.2.25	Pumpen und Leitungen
9.3.2.26	Restebehälter und Slopbehälter

9.3.2.27 Kühlanlage
9.3.2.28 Berieselungsanlage
9.3.2.29-9.3.2.30 (bleibt offen)
9.3.2.31 Maschinen
9.3.2.32 Brennstofftanks
9.3.2.33 (bleibt offen)
9.3.2.34 Abgasrohre
9.3.2.35 Lenz- und Ballasteinrichtung
9.3.2.36-9.3.2.39 (bleibt offen)
9.3.2.40 Feuerlöscheinrichtungen
9.3.2.41 Feuer und offenes Licht
9.3.2.42 Ladungsheizungsanlage
9.3.2.43-9.3.2.49 (bleibt offen)
9.3.2.50 Unterlagen für die elektrischen Anlagen
9.3.2.51 Elektrische Einrichtungen
9.3.2.52 Art und Aufstellungsort der elektrischen Einrichtungen
9.3.2.53 Erdung
9.3.2.54-9.3.2.55 (bleibt offen)
9.3.2.56 Elektrische Kabel
9.3.2.57-9.3.2.59 (bleibt offen)
9.3.2.60 Besondere Ausrüstung
9.3.2.61-9.3.2.70 (bleibt offen)
9.3.2.71 Zutritt an Bord
9.3.2.72-9.3.2.73 (bleibt offen)
9.3.2.74 Rauchverbot, Verbot von Feuer und offenem Licht
9.3.2.75-9.3.2.91 (bleibt offen)
9.3.2.92 Notausgang
9.3.2.93-9.3.2.99 (bleibt offen)
9.3.3 Bauvorschriften für Tankschiffe des Typs N
9.3.3.0 Bauwerkstoffe
9.3.3.1 Schiffsakte
9.3.3.2-9.3.3.7 (bleibt offen)
9.3.3.8 Klassifikation
9.3.3.9 (bleibt offen)
9.3.3.10 Schutz gegen das Eindringen von Gasen

9

9.3.3.11	Aufstellungsräume und Ladetanks
9.3.3.12	Lüftung
9.3.3.13	Stabilität (allgemein)
9.3.3.14	Stabilität (intakt)
9.3.3.15	Stabilität (im Leckfall)
9.3.3.16	Maschinenräume
9.3.3.17	Wohnungen und Betriebsräume
9.3.3.18	Inertgasanlage
9.3.3.19	(bleibt offen)
9.3.3.20	Einrichtung der Kofferdämme
9.3.3.21	Sicherheits- und Kontrolleinrichtungen
9.3.3.22	Öffnungen der Ladetanks
9.3.3.23	Druckprüfung
9.3.3.24	Druck- und Temperaturregelung der Ladung
9.3.3.25	Pumpen und Leitungen
9.3.3.26	Restebehälter und Slopbehälter
9.3.3.27	Kühlanlage
9.3.3.28	Berieselungsanlage
9.3.3.29- 9.3.3.30	(bleibt offen)
9.3.3.31	Maschinen
9.3.3.32	Brennstofftanks
9.3.3.33	(bleibt offen)
9.3.3.34	Abgasrohre
9.3.3.35	Lenz- und Ballasteinrichtung
9.3.3.36- 9.3.3.39	(bleibt offen)
9.3.3.40	Feuerlöscheinrichtungen
9.3.3.41	Feuer und offenes Licht
9.3.3.42	Ladungsheizungsanlage
9.3.3.43- 9.3.3.49	(bleibt offen)
9.3.3.50	Unterlagen für die elektrischen Anlagen
9.3.3.51	Elektrische Einrichtungen
9.3.3.52	Art und Aufstellungsort der elektrischen Einrichtungen
9.3.3.53	Erdung
9.3.3.54- 9.3.3.55	(bleibt offen)
9.3.3.56	Elektrische Kabel
9.3.3.57- 9.3.3.59	(bleibt offen)
9.3.3.60	Besondere Ausrüstung
9.3.3.61- 9.3.3.70	(bleibt offen)
9.3.3.71	Zutritt an Bord

9.3.3.72-9.3.3.73	(bleibt offen)
9.3.3.74	Rauchverbot, Verbot von Feuer und offenem Licht
9.3.3.75-9.3.3.91	(bleibt offen)
9.3.3.93-9.3.3.99	(bleibt offen)
9.3.4	Alternative Bauweisen
9.3.4.1	Allgemeines
9.3.4.2	Vorgehensweise
9.3.4.3	Berechnungsverfahren
9.3.4.4	Ermittlung des Kollisionsenergie-Absorptionsvermögens

9.1.0 **Für Trockengüterschiffe anwendbare Bauvorschriften**

Die Vorschriften der Unterabschnitte 9.1.0.0 bis 9.1.0.79 gelten für Trockengüterschiffe.

9.1.0.0 **Bauwerkstoffe**

Der Schiffskörper muss aus Schiffbaustahl oder aus einem anderen mindestens gleichwertigen Metall gebaut sein, wobei die Gleichwertigkeit sich auf die mechanischen Eigenschaften und auf Beständigkeit gegen Temperatur- und Feuereinwirkung bezieht.

9.1.0.1 **Schiffsakte**

Bem. Für Zwecke dieses Absatzes hat der Ausdruck „Eigner" dieselbe Bedeutung wie in Abschnitt 1.16.0.

Die Schiffsakte muss vom Eigner aufbewahrt werden, der in der Lage sein muss, diese Dokumente auf Anforderung der zuständigen Behörde und der anerkannten Klassifikationsgesellschaft vorzulegen.

Die Schiffsakte muss während der gesamten Lebensdauer des Schiffes geführt und aktualisiert und bis sechs Monate nach der Außerbetriebnahme des Schiffes aufbewahrt werden.

Bei einem Wechsel des Eigners während der Lebensdauer des Schiffes ist die Schiffsakte an den neuen Eigner zu übergeben.

Kopien der Schiffsakte und alle notwendigen Dokumente sind der zuständigen Behörde für die Erteilung des Zulassungszeugnisses und der anerkannten Klassifikationsgesellschaft oder der Untersuchungsstelle für die Erstuntersuchung, Wiederholungsuntersuchung, Sonderuntersuchung oder außerordentliche Prüfungen auf Anforderung zur Verfügung zu stellen.

9.1.0.2-9.1.0.10 (bleibt offen)

9.1.0.11 **Laderäume**

9.1.0.11.1 a) Jeder Laderaum muss vorn und hinten durch wasserdichte Metallschotte begrenzt sein.

b) Die Laderäume dürfen kein gemeinsames Schott mit den Brennstofftanks haben.

9.1.0.11.2 Die Laderaumböden müssen so gebaut sein, dass sie gereinigt und getrocknet werden können.

9.1.0.11.3 Die Lukenabdeckungen müssen sprühwasserdicht und wetterdicht sein oder durch wasserdichte Planen abgedeckt sein.

Planen, die zum Abdecken der Laderäume verwendet werden, müssen schwer entflammbar sein.

9.1.0.11.4 In den Laderäumen darf keine Heizeinrichtung eingebaut sein.

9.1.0.12 **Lüftung**

9.1.0.12.1 Jeder Laderaum muss mit zwei voneinander unabhängigen Saugventilatoren belüftet werden können. Die Kapazität muss so ausgelegt sein, dass das Volumen des leeren Laderaums mindestens fünfmal je Stunde erneuert werden kann. Die Absaugschächte müssen bis zu 50 mm Abstand an den Laderaumboden geführt sein und sich an dessen äußersten Enden befinden. Die Zuströmung von Gasen und Dämpfen zum Absaugschacht muss auch bei Beförderung in loser Schüttung gewährleistet sein.

Sind die Absaugschächte abnehmbar, müssen sie für den Zusammenbau mit dem Ventilator geeignet sein und sicher befestigt werden können. Der Schutz gegen Witterungseinflüsse und Spritzwasser muss gegeben sein. Die Zuluft muss während des Ventilierens gewährleistet sein.

9.1.0.12.2 Die Lüftungseinrichtung eines Laderaumes muss so angeordnet sein, dass gefährliche Gase nicht in die Wohnungen, das Steuerhaus oder die Maschinenräume eindringen können.

9.1.0.12.3 a) Wohnungen, Steuerhaus und Betriebsräume müssen belüftet werden können.

b) Das Lüftungssystem in diesen Räumen muss nachfolgende Anforderungen erfüllen:

(i) Die Ansaugöffnungen sind so weit wie möglich, mindestens jedoch 6 m vom geschützten Bereich entfernt und mindestens 2 m über Deck angeordnet;

(ii) Ein Überdruck von mindestens 0,1 kPa (0,001 bar) kann in den Räumen gewährleistet werden;

(iii) Eine Ausfallalarmierung ist integriert;

(iv) Das Lüftungssystem einschließlich der Ausfallalarmierung entspricht mindestens dem Typ „begrenzte Explosionsgefahr“;

(v) Eine Gasspüranlage, welche folgende Bedingungen 1. bis 4. erfüllt, ist mit dem Lüftungssystem verbunden:

1. sie ist mindestens für den Betrieb in Zone 1 Explosionsgruppe II C, Temperaturklasse T6 geeignet;
2. sie hat Messstellen
   – in den Ansaugöffnungen der Lüftungssysteme und
   – direkt unterhalb der Oberkante des Türsülls der Eingänge;
3. ihre T90-Zeit ist kleiner oder gleich 4 s;
4. die Messungen erfolgen stetig;

(vi) In den Betriebsräumen ist das Lüftungssystem mit einer Notbeleuchtung, die mindestens vom Typ „begrenzte Explosionsgefahr“ ist, verbunden.
Diese Notbeleuchtung ist nicht erforderlich, wenn die Beleuchtungsanlagen in den Betriebsräumen mindestens vom Typ „begrenzte Explosionsgefahr“ sind;

(vii) Die Ansaugung des Lüftungssystems und die Anlagen und Geräte, die den unter 9.1.0.51 und 9.1.0.52.1 genannten Bedingungen nicht entsprechen, werden abgeschaltet sobald eine Konzentration von 20 % der UEG von n-Hexan erreicht wird.
Das Abschalten wird in den Wohnungen und im Steuerhaus optisch und akustisch gemeldet;

(viii) Bei einem Ausfall des Lüftungssystems oder der Gasspüranlagen in den Wohnungen werden die Anlagen und Geräte in den Wohnungen, die den unter 9.1.0.51 und 9.1.0.52.1 genannten Bedingungen nicht entsprechen, abgeschaltet.
Der Ausfall wird optisch und akustisch in den Wohnungen, im Steuerhaus, und an Deck gemeldet;

(ix) Bei einem Ausfall des Lüftungssystems oder der Gasspüranlagen des Steuerhauses oder der Betriebsräume werden die Anlagen und Geräte in diesen Räumen, die den unter 9.1.0.51 und 9.1.0.52.1 genannten Bedingungen nicht entsprechen, abgeschaltet.
Der Ausfall wird optisch und akustisch im Steuerhaus und an Deck gemeldet werden.
Bei Nichtquittieren muss die Alarmierung automatisch in den Wohnungen erfolgen;

(x) Jede Abschaltung erfolgt sofort und automatisch und setzt gegebenenfalls die Notbeleuchtung in Betrieb.
Die automatische Abschaltung ist so eingestellt, dass sie nicht während der Fahrt erfolgen kann.

c) Ist ein Lüftungssystem nicht vorhanden oder erfüllt das Lüftungssystem des jeweiligen Raumes nicht alle in Buchstabe b) genannten Anforderungen, müssen in dem jeweiligen Raum die Anlagen und Geräte, bei deren Betrieb höhere Oberflächentemperaturen als unter 9.1.0.51 angegeben auftreten können oder die nicht die Anforderungen nach 9.1.0.52.1 erfüllen, abschaltbar ausgeführt sein.

9.1.0.12.4 An Lüftungsöffnungen müssen Hinweisschilder angebracht sein, welche die Bedingungen für das Schließen angeben. Alle Lüftungsöffnungen, die von Wohnungen, Steuerhaus und Betriebsräumen außerhalb des geschützten Bereichs ins Freie führen, müssen mindestens 2,00 m vom geschützten Bereich entfernt angeordnet sein.

Alle Lüftungsöffnungen müssen mit fest installierten Vorrichtungen nach 9.1.0.40.2.2 c) versehen sein, die schnell zu schließen sind. Der Verschlusszustand muss eindeutig erkennbar sein.

9.1.0.12.5 Ventilatoren einschließlich ihrer Antriebsmotoren im geschützten Bereich und Antriebsmotoren der Laderaumventilatoren, die im Luftstrom angeordnet sind, müssen mindestens für den Betrieb in Zone 1 geeignet sein. Sie müssen mindestens die Anforderungen für die Temperaturklasse T4 und Explosionsgruppe II B erfüllen.

9.1.0.12.6 Die Anforderungen der Absätze 9.1.0.12.3 b) oder c) müssen nur erfüllt werden, sofern sich das Schiff in einer oder unmittelbar angrenzend an eine landseitig ausgewiesene Zone aufhalten wird.

9.1.0.13-9.1.0.16 (bleibt offen)

9.1.0.17 Wohnungen und Betriebsräume

9.1.0.17.1 Wohnungen müssen durch Metallschotte ohne Öffnungen von den Laderäumen getrennt sein.

9.1.0.17.2 Die zu den Laderäumen gerichteten Öffnungen der Wohnungen und des Steuerhauses müssen gasdicht geschlossen werden können.

9.1.0.17.3 Zugänge und Öffnungen von Maschinenräumen und Betriebsräumen dürfen nicht zum geschützten Bereich gerichtet sein.

9.1.0.18-9.1.0.19 (bleibt offen)

9.1.0.20 Ballastwasser

Wallgänge und Doppelböden dürfen zur Aufnahme von Ballastwasser eingerichtet werden.

9.1.0.21-9.1.0.30 (bleibt offen)

9.1.0.31 Maschinen

9.1.0.31.1 Es dürfen nur Verbrennungsmotoren eingebaut sein, die mit Kraftstoff betrieben werden, der einen Flammpunkt von mehr als 55°C hat. Diese Vorschrift gilt nicht für Verbrennungsmotoren, die Bestandteil von Antriebs- und Hilfssystemen sind. Diese Systeme müssen den Anforderungen des Kapitels 30 und der Anlage 8 Abschnitt 1 des Europäischen Standards der technischen Vorschriften für Binnenschiffe (ES-TRIN) in der jeweils geltenden Fassung entsprechen*.

9.1.0.31.2 Öffnungen der Lüftungsrohre von Maschinenräumen und Ansaugöffnungen von Motoren, wenn die Motoren die Luft nicht direkt aus dem Maschinenraum ansaugen, müssen mindestens 2 m vom geschützten Bereich entfernt sein.

9.1.0.31.3 Funkenbildung muss im geschützten Bereich ausgeschlossen sein.

---

* Erhältlich auf der Website des Europäischen Ausschusses zur Ausarbeitung von Standards in der Binnenschifffahrt (CESNI), https://www.cesni.eu/de/documents/es-trin/

9.1.0.32 Brennstofftanks

9.1.0.32.1 Doppelböden im Laderaumbereich dürfen als Brennstofftank eingerichtet werden, wenn ihre Höhe mindestens 0,60 m beträgt.

Brennstoffleitungen und Öffnungen dieser Tanks im Laderaum sind verboten.

9.1.0.32.2 Die Öffnungen der Lüftungsrohre aller Brennstofftanks müssen mindestens 0,50 m über das freie Deck geführt sein. Diese Öffnungen und die Öffnungen von Überlaufrohren, die auf Deck führen, müssen mit einem durch ein Gitter oder eine Lochplatte gebildeten Schutz versehen sein.

9.1.0.33 (bleibt offen)

9.1.0.34 Abgasrohre

9.1.0.34.1 Abgase müssen durch ein Abgasrohr nach oben oder durch die Bordwand ins Freie geleitet werden. Die Austrittsöffnung muss mindestens 2,00 m von den Laderaumöffnungen entfernt sein. Die Abgasrohre von Motoren müssen so verlegt sein, dass die Abgase sich vom Schiff entfernen. Abgasrohre dürfen nicht im geschützten Bereich angeordnet sein.

9.1.0.34.2 Abgasrohre müssen mit einer Vorrichtung zum Schutz gegen das Austreten von Funken versehen sein, z. B. Funkenfänger.

9.1.0.35 Lenzeinrichtung

Lenzpumpen für Laderäume müssen innerhalb des geschützten Bereichs aufgestellt sein.

Dies gilt nicht, wenn das Lenzen mittels Ejektoren erfolgt.

9.1.0.36-9.1.0.39 (bleibt offen)

9.1.0.40 Feuerlöscheinrichtungen

9.1.0.40.1 Das Schiff muss mit einer Feuerlöscheinrichtung versehen sein. Die Einrichtung muss den nachstehenden Anforderungen entsprechen:

- Sie muss von zwei unabhängigen Feuerlösch- oder Ballastpumpen gespeist werden; eine davon muss jederzeit betriebsbereit sein. Diese Pumpe sowie deren Antrieb und deren elektrischen Anlagen dürfen nicht im gleichen Raum aufgestellt sein.
- Sie muss durch eine Wasserleitung versorgt werden, die im geschützten Bereich oberhalb des Decks mindestens drei Wasserentnahmeanschlüsse hat. Es müssen drei dazu passende, ausreichend lange Schlauchleitungen mit Strahl-/Sprührohren mit einem Durchmesser von mindestens 12 mm vorhanden sein. Alternativ können ein oder mehrere Schlauchleitungen durch ausrichtbare Strahl-/Sprührohre mit einem Durchmesser von mindestens 12 mm ersetzt werden. Mindestens zwei nicht vom gleichen Anschlussstutzen ausgehende Wasserstrahle müssen gleichzeitig jede Stelle des Decks im geschützten Bereich erreichen können.

  Durch ein federbelastetes Rückschlagventil muss sichergestellt sein, dass Gase nicht durch die Feuerlöscheinrichtung in Wohnungen oder Betriebsräume außerhalb des geschützten Bereichs gelangen können.
- Die Kapazität der Einrichtung muss mindestens so ausgelegt sein, dass bei gleichzeitiger Benutzung von zwei Sprühstrahlrohren von jeder Stelle an Bord aus eine Wurfweite erreicht wird, die mindestens der Schiffsbreite entspricht.
- Die Wasserversorgungsanlage muss vom Steuerstand und von Deck aus in Betrieb gesetzt werden können.
- Die Feuerlöschleitungen und Wasserentnahmeanschlüsse müssen vor dem Einfrieren geschützt werden.

An Bord von Schubleichtern ohne eigenen Antrieb genügt eine Feuerlösch- oder Ballastpumpe.

9.1.0.40.2 Zusätzlich müssen Maschinenräume mit einer festinstallierten Feuerlöscheinrichtung versehen sein, die folgenden Anforderungen entspricht:

9.1.0.40.2.1 Löschmittel

Für den Raumschutz in Maschinen-, Kessel- und Pumpenräumen dürfen in fest installierten Feuerlöscheinrichtungen folgende Löschmittel verwendet werden:

a) CO_2 (Kohlendioxid);
b) HFC 227ea (Heptafluorpropan);
c) IG-541 (52 % Stickstoff, 40 % Argon, 8 % Kohlendioxid);
d) FK-5-1-12 (Dodecafluor-2-methylpentan-3-on).
e) (bleibt offen);
f) K_2CO_3 (Kaliumcarbonat)

Andere Löschmittel sind nur auf Grund von Empfehlungen des Verwaltungsausschusses zulässig.

9.1.0.40.2.2 Lüftung, Luftansaugung

a) Verbrennungsluft für die im Fahrbetrieb notwendigen Verbrennungskraftmaschinen darf nicht aus durch fest installierte Feuerlöscheinrichtungen zu schützenden Räumen angesaugt werden. Dies gilt nicht, wenn zwei voneinander unabhängige, gasdicht getrennte Hauptmaschinenräume vorhanden sind oder wenn neben dem Hauptmaschinenraum ein separater Maschinenraum mit einem Bugruderantrieb vorhanden ist, durch den bei Brand im Hauptmaschinenraum die Fortbewegung aus eigener Kraft sichergestellt ist.

b) Eine vorhandene Zwangsbelüftung des zu schützenden Raumes muss bei Auslösung der Feuerlöscheinrichtung selbsttätig abschalten.

c) Es müssen Vorrichtungen vorhanden sein, mit denen alle Öffnungen, die bei dem zu schützenden Raum Luft ein- oder Gas austreten lassen können, schnell geschlossen werden können. Der Verschlusszustand muss eindeutig erkennbar sein.

d) Die aus den Überdruckventilen von in den Maschinenräumen installierten Druckluftbehältern ausströmende Luft muss ins Freie geführt werden.

e) Beim Einströmen des Löschmittels entstehender Über- oder Unterdruck darf die Umfassungsbauteile des zu schützenden Raums nicht zerstören. Der Druckausgleich muss gefahrlos erfolgen können.

f) Geschützte Räume müssen über eine Möglichkeit zum Absaugen des Löschmittels und der Brandgase verfügen. Solche Vorrichtungen müssen von einer Position außerhalb der geschützten Räume aus bedienbar sein, die durch einen Brand in diesen Räumen nicht unzugänglich gemacht werden dürfen. Sind fest installierte Absaugeinrichtungen vorhanden, dürfen diese während des Löschvorganges nicht eingeschaltet werden können.

9.1.0.40.2.3 Feuermeldesystem

Der zu schützende Raum ist durch ein zweckmäßiges Feuermeldesystem zu überwachen. Die Meldung muss im Steuerhaus, in den Wohnungen und in dem zu schützenden Raum wahrgenommen werden können.

9

9.1.0.40.2.4 Rohrleitungssystem

a) Das Löschmittel muss durch ein fest verlegtes Rohrleitungssystem zum zu schützenden Raum hingeführt und dort verteilt werden. Innerhalb des zu schützenden Raums müssen die Rohrleitungen und die dazu gehörenden Armaturen aus Stahl hergestellt sein. Behälteranschlussleitungen und Kompensatoren sind davon ausgenommen sofern die verwendeten Werkstoffe im Brandfall über gleichwertige Eigenschaften verfügen. Die Rohrleitungen sind sowohl in- als auch auswandig gegen Korrosion zu schützen.

b) Die Austrittsdüsen müssen so bemessen und angebracht sein, dass das Löschmittel gleichmäßig verteilt wird. Insbesondere muss das Löschmittel auch unter den Flurplatten wirken.

9.1.0.40.2.5 Auslöseeinrichtung

a) Feuerlöscheinrichtungen mit automatischer Auslösung sind nicht zulässig.

b) Die Feuerlöscheinrichtung muss an einer geeigneten Stelle außerhalb des zu schützenden Raumes ausgelöst werden können.

c) Auslöseeinrichtungen müssen so installiert sein, dass deren Betätigung auch im Brandfall möglich ist und im Falle einer Beschädigung durch Brand oder Explosion in dem zu schützenden Raum die dafür geforderte Menge Löschmittel zugeführt werden kann.

Nichtmechanische Auslöseeinrichtungen müssen von zwei verschiedenen voneinander unabhängigen Energiequellen gespeist werden. Diese Energiequellen müssen sich außerhalb des zu schützenden Raumes befinden. Steuerleitungen im geschützten Raum müssen so ausgeführt sein, dass sie im Brandfall mindestens 30 Minuten funktionsfähig bleiben. Für elektrische Leitungen ist diese Anforderung erfüllt, wenn sie der Norm IEC 60331-21:1999 entsprechen.

Sind Auslöseeinrichtungen verdeckt installiert, muss die Abdeckung durch das Symbol «Feuerlöscheinrichtung» mit einer Kantenlänge von mindestens 10 cm und dem folgenden Text in roter Schrift auf weißem Grund gekennzeichnet sein:

Feuerlöscheinrichtung

d) Ist die Feuerlöscheinrichtung zum Schutz mehrerer Räume vorgesehen, so müssen die Auslöseeinrichtungen für jeden Raum getrennt und deutlich gekennzeichnet sein.

e) Bei jeder Auslöseeinrichtung muss eine Bedienungsanweisung deutlich sichtbar und in dauerhafter Ausführung angebracht sein. Diese Bedienungsanweisung muss in einer vom Schiffsführer lesbaren und verständlichen Sprache gefasst sein und, wenn diese Sprache nicht Deutsch, Englisch oder Französisch ist, in Deutsch, Englisch oder Französisch. Diese muss insbesondere Angaben enthalten über

(i) die Auslösung der Feuerlöscheinrichtung;

(ii) die Notwendigkeit der Kontrolle, dass alle Personen den zu schützenden Raum verlassen haben;

(iii) das Verhalten der Besatzung bei Auslösung und beim Betreten des zu schützenden Raumes nach Auslösung oder Flutung, insbesondere hinsichtlich des möglichen Auftretens gefährlicher Substanzen;

(iv) das Verhalten der Besatzung im Fall einer Störung der Feuerlöscheinrichtung.

f) Die Bedienungsanweisung muss darauf hinweisen, dass vor Auslösung der Feuerlöscheinrichtung die im Raum aufgestellten Verbrennungskraftmaschinen mit Luftansaugung aus dem zu schützenden Raum außer Betrieb zu setzen sind.

9.1.0.40.2.6 Warnanlage

a) Fest eingebaute Feuerlöscheinrichtungen müssen mit einer akustischen und optischen Warnanlage versehen sein.

b) Die Warnanlage muss automatisch bei der ersten Betätigung zur Auslösung der Feuerlöscheinrichtung ausgelöst werden. Das Warnsignal muss eine angemessene Zeit vor Abgabe des Löschmittels ertönen und darf nicht ausschaltbar sein.

c) Die Warnsignale müssen in den zu schützenden Räumen sowie vor deren Zugängen deutlich sichtbar und auch unter den Betriebsbedingungen mit dem größten Eigenlärm deutlich hörbar sein. Sie müssen sich eindeutig von allen anderen akustischen und optischen Signalzeichen im zu schützenden Raum unterscheiden.

d) Die akustischen Warnsignale müssen auch bei geschlossenen Verbindungstüren unter den Betriebsbedingungen mit dem größten Eigenlärm in den benachbarten Räumen deutlich hörbar sein.

e) Ist die Warnanlage nicht selbstüberwachend hinsichtlich Kurzschluss, Drahtbruch und Spannungsabfall ausgeführt, muss ihre Funktion überprüfbar sein.

f) An jedem Eingang eines Raumes, der mit Löschmittel beschickt werden kann, muss deutlich sichtbar ein Schild mit dem folgenden Text in roter Schrift auf weißem Grund, angebracht sein:

Vorsicht, Feuerlöscheinrichtung!
Bei Ertönen des Warnsignals (Beschreibung des Signals) den Raum sofort verlassen!

9.1.0.40.2.7 Druckbehälter, Armaturen und Druckleitungen

a) Druckbehälter, Armaturen und Druckleitungen müssen den Vorschriften der zuständigen Behörde oder, wenn sie diesen nicht unterliegen, einer anerkannten Klassifikationsgesellschaft entsprechen.

b) Druckbehälter müssen gemäß den Vorgaben der Hersteller aufgestellt sein.

c) Druckbehälter, Armaturen und Druckleitungen dürfen nicht in Wohnungen installiert sein.

d) Die Temperatur in den Schränken und Aufstellungsräumen der Druckbehälter darf 50° C nicht überschreiten.

e) Schränke oder Aufstellungsräume an Deck müssen fest verankert sein und über Lüftungsöffnungen verfügen, die so anzuordnen sind, dass im Falle einer Undichtheit der Druckbehälter kein entweichendes Gas in das Schiffsinnere dringen kann. Direkte Verbindungen zu anderen Räumen sind nicht zulässig.

9.1.0.40.2.8 Menge des Löschmittels

Ist die Menge des Löschmittels zum Schutz von mehr als einem Raum bestimmt, braucht die Gesamtmenge des verfügbaren Löschmittels nicht größer zu sein als die Menge, die für den größten zu schützenden Raum erforderlich ist.

9.1.0.40.2.9 Installation, Instandhaltung, Prüfung und Dokumentation

a) Die Anlage darf nur durch eine Fachfirma für Feuerlöscheinrichtungen installiert oder umgebaut sein. Die Auflagen (Produktdatenblatt, Sicherheitsdatenblatt) des Löschmittelherstellers und des Anlagenherstellers sind zu beachten.

b) Die Anlage ist durch einen Sachverständigen zu prüfen
   (i) vor Inbetriebnahme;
   (ii) vor Wiederinbetriebnahme nach Auslösung;
   (iii) nach Änderung oder Instandsetzung;
   (iv) regelmäßig mindestens alle zwei Jahre.

c) Bei der Prüfung hat der Sachverständige zu prüfen, ob die Anlage den Anforderungen des Absatzes 9.1.0.40.2 entspricht.

d) Die Prüfung hat mindestens zu umfassen:
   (i) äußere Inspektion der gesamten Einrichtung;
   (ii) Prüfung der Rohrleitungen auf Dichtheit;
   (iii) Kontrolle der Funktionsfähigkeit der Bedien- und Auslösesysteme;
   (iv) Kontrolle des Behälterdrucks und -inhalts;
   (v) Kontrolle der Dichtheit der Verschlusseinrichtungen des zu schützenden Raums;
   (vi) Prüfung des Feuermeldesystems;
   (vii) Prüfung der Warnanlage.

e) Über die Prüfung ist eine vom Prüfer unterzeichnete Bescheinigung auszustellen, aus der das Datum der Prüfung ersichtlich ist.

f) Die Anzahl der fest installierten Feuerlöscheinrichtung ist im Schiffszeugnis zu vermerken.

9.1.0.40.2.10 CO_2-Feuerlöscheinrichtungen

Feuerlöscheinrichtungen, die mit CO_2 als Löschmittel betrieben werden, müssen über die Anforderungen der Absätze 9.1.0.40.2.1 bis 9.1.0.40.2.9 hinaus den folgenden Bestimmungen entsprechen:

a) CO_2-Behälter müssen außerhalb des zu schützenden Raums in einem von anderen Räumen gasdicht getrennten Raum oder Schrank untergebracht sein. Die Türen dieser Aufstellungsräume und Schränke müssen nach außen öffnen, abschließbar sein und auf der Außenseite ein Symbol für «Warnung vor allgemeiner Gefahr» mit einer Höhe von mindestens 5 cm sowie dem Zusatz «CO_2» in gleicher Farbgebung und Höhe gekennzeichnet sein.

b) Unter Deck liegende Aufstellungsräume für CO_2-Behälter dürfen nur vom Freien her zugänglich sein. Diese Räume müssen über eine eigene, von anderen Lüftungssystemen an Bord vollständig getrennte, ausreichende künstliche Lüftung mit Absaugschächten verfügen.

c) Der Füllungsgrad der Behälter mit CO_2 darf 0,75 kg/l nicht überschreiten. Für das spezifische Volumen des entspannten CO_2-Gases sind 0,56 m^3/kg zu Grunde zu legen.

d) Das Volumen an CO_2 für den zu schützenden Raum muss mindestens 40 % dessen Bruttoraumvolumens betragen. Dieses Volumen muss innerhalb von 120 Sekunden zugeführt werden können. Die erfolgte Zuführung muss kontrollierbar sein.

e) Das Öffnen der Behälterventile und das Betätigen des Flutventils muss durch getrennte Bedienhandlungen erfolgen.

f) Die in Absatz 9.1.10.40.2.6 b) erwähnte angemessene Zeit beträgt mindestens 20 Sekunden. Die Verzögerung bis zur Abgabe des CO_2-Gases muss durch eine zuverlässige Einrichtung sichergestellt sein.

9.1.0.40.2.11 HFC-227ea (Heptafluorpropan)-Feuerlöscheinrichtungen

Feuerlöscheinrichtungen, die mit HFC-227ea als Löschmittel betrieben werden, müssen über die Anforderungen der Absätze 9.1.0.40.2.1 bis 9.1.0.40.2.9 hinaus den folgenden Bestimmungen entsprechen:

a) Sind mehrere zu schützende Räume mit unterschiedlichen Bruttoraumvolumina vorhanden, ist jeder Raum mit einer eigenen Feuerlöscheinrichtung zu versehen.

b) Jeder Behälter, der HFC-227ea enthält und in dem zu schützenden Raum aufgestellt ist, muss mit einer Überdrucksicherung ausgerüstet sein. Diese hat den Inhalt des Behälters gefahrlos in den zu schützenden Raum abzugeben, wenn der Behälter Brandeinwirkungen ausgesetzt ist und die Feuerlöscheinrichtung nicht ausgelöst wurde.

c) Jeder Behälter muss mit einer Einrichtung, die die Kontrolle des Gasdrucks erlaubt, ausgestattet sein.

d) Der Füllungsgrad der Behälter darf 1,15 kg/l nicht überschreiten. Für das spezifische Volumen des entspannten HFC-227ea sind 0,1374 m^3/kg zu Grunde zu legen.

e) Das Volumen an HFC-227ea für den zu schützenden Raum muss mindestens 8 % dessen Bruttoraumvolumens betragen. Dieses Volumen muss innerhalb von 10 Sekunden zugeführt sein.

f) Die HFC-227ea-Behälter sind mit einer Drucküberwachung zu versehen, die im Steuerhaus bei einem unzulässigen Verlust von Treibgas ein akustisches und optisches Alarmsignal auslöst. Wenn kein Steuerhaus vorhanden ist, muss dieses Alarmsignal außerhalb des zu schützenden Raumes erfolgen.

g) Nach Flutung darf die Konzentration im zu schützenden Raum nicht größer als 10,5 Vol.-% sein.

h) Die Feuerlöscheinrichtung darf keine Teile aus Aluminium enthalten.

9

9.1.0.40.2.12 IG-541-Feuerlöschrichtungen

Feuerlöscheinrichtungen, die mit IG-541 als Löschmittel betrieben werden, müssen über die Anforderungen der Absätze 9.1.0.40.2.1 bis 9.1.0.40.2.9 hinaus den folgenden Bestimmungen entsprechen:

a) Sind mehrere zu schützende Räume mit unterschiedlichen Bruttoraumvolumina vorhanden, ist jeder Raum mit einer eigenen Feuerlöscheinrichtung zu versehen.

b) Jeder Behälter, der IG-541 enthält und in dem zu schützenden Raum aufgestellt ist, muss mit einer Überdrucksicherung ausgerüstet sein. Diese hat den Inhalt des Behälters gefahrlos in den zu schützenden Raum abzugeben, wenn der Behälter Brandeinwirkungen ausgesetzt ist und die Feuerlöscheinrichtung nicht ausgelöst wurde.

c) Jeder Behälter muss mit einer Einrichtung, die die Kontrolle des Inhalts erlaubt, ausgestattet sein.

d) Der Fülldruck der Behälter darf bei +15°C 200 bar nicht überschreiten.

e) Die Konzentration von IG-541 in dem zu schützenden Raum muss mindestens 44 % und darf höchstens 50 % dessen Bruttoraumvolumens betragen. Dieses Volumen muss innerhalb von 120 Sekunden zugeführt sein.

9.1.0.40.2.13 FK-5-1-12-Feuerlöscheinrichtungen

Feuerlöscheinrichtungen, die mit FK-5-1-12 als Löschmittel betrieben werden, müssen über die Anforderungen der Absätze 9.1.0.40.2.1 bis 9.1.0.40.2.9 hinaus den folgenden Bestimmungen entsprechen:

a) Sind mehrere zu schützende Räume mit unterschiedlichen Bruttoraumvolumina vorhanden, ist jeder Raum mit einer eigenen Feuerlöscheinrichtung zu versehen.

b) Jeder Behälter, der FK-5-1-12 enthält und in dem zu schützenden Raum aufgestellt ist, muss mit einer Überdrucksicherung ausgerüstet sein. Diese hat den Inhalt des Behälters gefahrlos in den zu schützenden Raum abzugeben, wenn der Behälter Brandeinwirkungen ausgesetzt ist und die Feuerlöscheinrichtung nicht ausgelöst wurde.

c) Jeder Behälter muss mit einer Einrichtung, die die Kontrolle des Gasdrucks erlaubt, ausgestattet sein.

d) Der Füllungsgrad der Behälter darf 1,00 kg/l nicht überschreiten. Für das spezifische Volumen des entspannten FK-5-1-12 sind 0,0719 m^3/kg zu Grunde zu legen.

e) Das Volumen an FK-5-1-12 für den zu schützenden Raum muss mindestens 5,5 % dessen Bruttoraumvolumens betragen. Dieses Volumen muss innerhalb von 10 Sekunden zugeführt sein.

f) Die FK-5-1-12-Behälter sind mit einer Drucküberwachung zu versehen, die im Steuerhaus bei einem unzulässigen Verlust von Treibgas ein akustisches und optisches Alarmsignal auslöst. Wenn kein Steuerhaus vorhanden ist, muss dieses Alarmsignal außerhalb des zu schützenden Raumes erfolgen.

g) Nach Flutung darf die Konzentration im zu schützenden Raum nicht größer als 10,0 % sein.

9.1.0.40.2.14 (bleibt offen)

9.1.0.40.2.15 Mit K_2CO_3 als Löschmittel betriebene Feuerlöscheinrichtungen

Feuerlöscheinrichtungen, die mit K_2CO_3 als Löschmittel betrieben werden, müssen über die Anforderungen nach den Absätzen 9.1.0.40.2.1 bis 9.1.0.40.2.3, 9.1.0.40.2.5, 9.1.0.40.2.6 und 9.1.0.40.2.9 hinaus den folgenden Bestimmungen entsprechen:

a) Die Feuerlöscheinrichtung muss über eine Typgenehmigung nach der Richtlinie 2014/90/EU[1] oder nach MSC/Circ. 1270[2] verfügen;

b) Jeder Raum ist mit einer eigenen Löscheinrichtung zu versehen;

c) Das Löschmittel muss in speziell dafür vorgesehenen drucklosen Behältern im zu schützenden Raum aufbewahrt werden. Diese Behälter müssen so angebracht sein, dass das Löschmittel gleichmäßig im Raum verteilt wird. Insbesondere muss das Löschmittel auch unter den Bodenplatten wirken;

d) Jeder Behälter ist separat mit der Auslöseeinrichtung zu verbinden;

Die Menge an trockenem aerosolbildendem Löschmittel für den zu schützenden Raum muss mindestens 120 g/m^3 des Nettovolumens des Raums betragen. Das Nettovolumen errechnet sich nach der Richtlinie 2014/90/EU[1] oder nach MSC/Circ. 1270[2]. Das Löschmittel muss innerhalb von 120 Sekunden zugeführt werden können.

9.1.0.40.2.16 Fest installierte Feuerlöscheinrichtung für den Objektschutz

Für den Objektschutz in Maschinen-, Kessel- und Pumpenräumen sind fest installierte Feuerlöscheinrichtungen nur auf Grund von Empfehlungen des Verwaltungsausschusses zulässig.

9.1.0.40.3 Die in Abschnitt 8.1.4 vorgeschriebenen zwei Handfeuerlöscher müssen sich im geschützten Bereich oder in unmittelbarer Nähe davon befinden.

---

[1] Amtsblatt der Europäischen Union Nr. L 257 vom 28. August 2014, S. 146.

[2] Rundschreiben MSC/Circ. 1270 einschließlich Korrigenda der Internationalen Seeschifffahrtsorganisation – Überarbeitete Richtlinien für die Zulassung fest eingebauter aerosolbildender Feuerlöscheinrichtungen für Maschinenräume, die fest eingebauten Gasfeuerlöscheinrichtungen gleichwertig sind, auf die das SOLAS-Übereinkommen von 1974 Bezug nimmt – angenommen am 4. Juni 2008.

9.1.0.40.4 Löschmittel und Löschmittelmenge festinstallierter Feuerlöscheinrichtungen müssen für das Bekämpfen von Bränden geeignet und ausreichend sein.

9.1.0.41 Feuer und offenes Licht

9.1.0.41.1 Die Mündungen der Schornsteine müssen sich mindestens 2 m von den Laderaumöffnungen befinden. Es müssen Einrichtungen vorhanden sein, die das Austreten von Funken und das Eindringen von Wasser verhindern.

9.1.0.41.2 Heiz-, Koch- und Kühlgeräte dürfen weder mit flüssigen Kraftstoffen, noch mit Flüssiggas noch mit festen Brennstoffen betrieben werden. Wenn Heizgeräte oder Heizkessel im Maschinenraum oder in einem besonders dafür geeigneten Raum aufgestellt sind, dürfen diese jedoch mit flüssigem Kraftstoff mit einem Flammpunkt von mehr als 55°C betrieben werden.

Koch- und Kühlgeräte sind nur in Steuerhäusern mit metallischem Unterteil und in Wohnungen zugelassen.

9.1.0.41.3 Außerhalb der Wohnungen und des Steuerhauses sind nur elektrische Beleuchtungsgeräte zugelassen.

9.1.0.42-
9.1.0.50 (bleibt offen)

9.1.0.51 Oberflächentemperaturen von elektrischen und nicht-elektrischen Anlagen und Geräten

a) Oberflächentemperaturen von elektrischen und nicht-elektrischen Anlagen und Geräten sowie von äußeren Teilen von Motoren und deren Luft- und Abgasschächten dürfen 200 °C nicht überschreiten.

b) Dies gilt nicht, wenn folgende Forderungen eingehalten sind:
   – Wohnungen, Steuerhaus und Betriebsräume, in denen höhere Oberflächentemperaturen als 200 °C auftreten, sind mit einen Lüftungssystem nach 9.1.0.12.3 ausgestattet,

oder
   – Anlagen und Geräte, die höhere Oberflächentemperaturen als 200 °C erzeugen, sind abschaltbar. Solche Anlagen und Geräte müssen rot gekennzeichnet sein.

c) Im geschützten Bereich gilt 9.1.0.53.1.

c) Die Anforderungen des Absatzes 9.1.0.51 a) und b) müssen nur erfüllt werden, sofern sich das Schiff in einer oder unmittelbar angrenzend an eine landseitig ausgewiesene Zone aufhalten wird.

9.1.0.52 Art und Aufstellungsort der elektrischen Anlagen und Geräte

9.1.0.52.1 Elektrische Anlagen und Geräte außerhalb des geschützten Bereiches müssen mindestens dem Typ „begrenzte Explosionsgefahr“ entsprechen. Dies gilt nicht für

a) Beleuchtungsanlagen in den Wohnungen und im Steuerhaus mit Ausnahme der Schalter, die in der Nähe der Eingänge angeordnet sind;

b) tragbare Telefone, fest installierte Telefonanlagen sowie stationäre und tragbare Computer in den Wohnungen und im Steuerhaus;

c) elektrische Anlagen und Geräte, die während des Aufenthalts in einer oder unmittelbar angrenzend an eine landseitig ausgewiesene Zone,
   – abgeschaltet sind, oder
   – sich in Räumen befinden, die mit einem Lüftungssystem entsprechend 9.1.0.12.3 ausgestattet sind.

d) Sprechfunkanlagen und Inland AIS-Geräte (Automatic Identification System) in den Wohnungen und im Steuerhaus, unter der Voraussetzung, dass sich kein Teil von Antennen für Sprechfunkanlagen oder AIS-Geräte über oder innerhalb eines Abstandes von 2,00 m vom geschützten Bereich befindet.

9.1.0.52.2 Fest installierte elektrische Anlagen und Geräte, die den in Absatz 9.1.0.52.1 angegebenen Vorschriften nicht entsprechen, sowie ihre Schaltgeräte müssen rot gekennzeichnet sein. Das Abschalten solcher Anlagen und Geräte muss an einer zentralen Stelle an Bord erfolgen.

9.1.0.52.3 Steckdosen für den Anschluss von Signalleuchten und Landstegbeleuchtung müssen in unmittelbarer Nähe des Signalmastes oder des Landsteges am Schiff fest montiert sein. Steckdosen für den Anschluss von Tauchpumpen, Laderaumventilatoren und Containern müssen in unmittelbarer Nähe der Laderaumöffnung am Schiff fest montiert sein. Diese Steckdosen müssen so ausgeführt sein, dass das Herstellen und das Trennen der Steckverbindungen nur in spannungslosem Zustand möglich ist.

9.1.0.52.4 Akkumulatoren müssen außerhalb des geschützten Bereichs untergebracht sein.

9.1.0.52.5 Ein Ausfall der elektrischen Speisung von Sicherheits- und Kontrolleinrichtungen muss sofort optisch und akustisch im Steuerhaus und an Deck gemeldet werden. Bei Nichtquittieren muss die Alarmierung automatisch in den Wohnungen erfolgen.

9.1.0.52.6 Schalter, Steckdosen und elektrische Kabel an Deck müssen gegen mechanische Beschädigung geschützt sein.

9.1.0.52.7 Die Anforderungen der Absätze 9.1.0.52.1 und 9.1.0.52.2 müssen nur erfüllt werden, sofern sich das Schiff in einer oder unmittelbar angrenzend an eine landseitig ausgewiesene Zone aufhalten wird.

9.1.0.53 **Art und Aufstellungsort der elektrischen und nicht-elektrischen Anlagen und Geräte zum Einsatz im geschützten Bereich**

9.1.0.53.1 Elektrische Anlagen und Geräte im geschützten Bereich müssen durch zentral angeordnete Schalter spannungslos gemacht werden können, es sei denn, sie sind

– in den Laderäumen mindestens für den Einsatz in Zone 1, für die Temperaturklasse T4 und die Explosionsgruppe II B geeignet und
– im geschützten Bereich an Deck vom Typ „begrenzte Explosionsgefahr".

Die entsprechenden Stromkreise müssen mit Kontrolllampen versehen sein, die anzeigen, ob der Stromkreis unter Spannung steht oder nicht.

Die Trennschalter müssen gegen unbeabsichtigtes Einschalten gesichert sein. Tauchpumpen, welche in den Laderäumen eingebaut oder benutzt werden, müssen mindestens für den Einsatz in Zone 1, Temperaturklasse T4 und Explosionsgruppe II B geeignet sein.

9.1.0.53.2 Die im geschützten Bereich verwendeten Steckdosen müssen so ausgeführt sein, dass das Herstellen und das Trennen der Steckverbindung nur im spannungslosen Zustand möglich sind.

9.1.0.53.3 Elektrische Kabel im geschützten Bereich müssen armiert sein oder eine metallene Abschirmung haben oder in Schutzrohren verlegt sein, ausgenommen Lichtwellenleiter.

9.1.0.53.4 Bewegliche elektrische Kabel im geschützten Bereich sind verboten, ausgenommen elektrische Kabel für eigensichere Stromkreise sowie für den Anschluss

a) von Signal- und Landstegbeleuchtung, wenn die Anschlussstelle (z.B. Steckdose) in unmittelbare Nähe des Signalmastes oder des Landstegs am Schiff fest montiert ist;
b) von Containern;
c) von elektrisch betriebenen Lukendeckelwagen;
d) von Tauchpumpen;
e) von Laderaumventilatoren;
f) des Schiffsstromnetzes an ein Landstromnetz, wenn
   - diese elektrischen Kabel und die Einspeiseeinheit an Bord einer gültigen Norm (z.B. EN 15869-03:2010) entsprechen,
   - Einspeiseeinheit und Leitungskupplungen außerhalb des geschützten Bereiches liegen.

Das Herstellen und das Trennen der entsprechenden Steckverbindungen/Leitungskupplungen darf nur spannungslos möglich sein.

9.1.0.53.5 Für die nach Absatz 9.1.0.53.4 zulässigen beweglichen elektrischen Kabel dürfen nur schwere Gummischlauchleitungen H07RN-F nach Norm IEC 60245-4:2011[3] oder elektrische Kabel mindestens gleichwertiger Ausführung mit einem Mindestquerschnitt der Leiter von 1,50 mm² verwendet werden.

9.1.0.53.6 Nicht-elektrische Anlagen und Geräte im geschützten Bereich, die während des Ladens und Löschens oder während eines Aufenthalts in einer oder unmittelbar angrenzend an eine landseitig ausgewiesene Zone betrieben werden sollen, müssen mindestens die Anforderungen für den Einsatz in der jeweiligen Zone erfüllen. Sie müssen mindestens der Temperaturklasse T4 und der Explosionsgruppe II B entsprechen.

9.1.0.54-9.1.0.55 (bleibt offen)

9.1.0.56 (gestrichen)

...

9.1.0.57-9.1.0.69 (bleibt offen)

9.1.0.70 **Drahtseile, Masten**

Drahtseile, die über den Laderäumen verlaufen, sowie alle Masten müssen geerdet sein sofern sie nicht durch die Art ihres Einbaus mit dem Schiffskörper metallisch leitend verbunden sind.

9.1.0.71 **Zutritt an Bord**

Die Hinweistafeln mit dem Zutrittsverbot gemäß Abschnitt 8.3.3 müssen von beiden Schiffsseiten aus deutlich lesbar sein.

9.1.0.72-9.1.0.73 (bleibt offen)

9.1.0.74 **Rauchverbot, Verbot von Feuer und offenem Licht**

9.1.0.74.1 Die Hinweistafeln mit dem Rauchverbot gemäß 8.3.4 müssen von beiden Schiffsseiten aus deutlich lesbar sein.

[3] Identisch mit EN 50525-2-21:2011

9.1.0.74.2 In der Nähe des Zugangs zu Stellen, an denen das Rauchen oder die Verwendung von Feuer oder offenem Licht nicht immer verboten ist, müssen Hinweisschilder die Umstände angeben, unter denen das Verbot gilt.

9.1.0.74.3 In den Wohnungen und im Steuerhaus muss in der Nähe jedes Ausgangs ein Aschenbecher angebracht sein.

9.1.0.75-9.1.0.79 (bleibt offen)

9.1.0.80 **Zusätzliche Vorschriften für Doppelhüllenschiffe**

Die Vorschriften der Unterabschnitte 9.1.0.88 bis 9.1.0.99 gelten für Doppelhüllenschiffe, die dazu bestimmt sind, gefährliche Güter der Klassen 2, 3, 4.1, 4.2, 4.3, 5.1, 5.2, 6.1, 7, 8 oder 9, ausgenommen diejenigen mit Gefahrzettel 1 in Kapitel 3.2, Tabelle A, Spalte 5, in größeren als den in Absatz 7.1.4.1.1 aufgeführten Mengen zu befördern.

9.1.0.81-9.1.0.87 (bleibt offen)

9.1.0.88 **Klassifikation**

9.1.0.88.1 Doppelhüllenschiffe, die dazu bestimmt sind gefährliche Güter der Klassen 2, 3, 4.1, 4.2, 4.3, 5.1, 5.2, 6.1, 7, 8 oder 9, ausgenommen diejenigen mit Gefahrzettel 1 in Kapitel 3.2 Tabelle A Spalte 5, in größeren als den in Absatz 7.1.4.1.1 aufgeführten Mengen zu befördern, müssen unter Aufsicht einer anerkannten Klassifikationsgesellschaft für deren höchste Klasse gebaut oder umgebaut sein. Dies muss durch eine Bescheinigung der Klassifikationsgesellschaft bestätigt sein.

9.1.0.88.2 Laufende Klasse ist nicht erforderlich.

9.1.0.88.3 Spätere Umbauten und Großreparaturen am Schiffskörper müssen unter Aufsicht dieser Klassifikationsgesellschaft durchgeführt werden.

9.1.0.89-9.1.0.90 (bleibt offen)

9.1.0.91 **Laderäume**

9.1.0.91.1 Das Schiff muss im geschützten Bereich als Doppelhüllenschiff mit Wallgängen und Doppelboden ausgeführt sein.

9.1.0.91.2 Der Abstand zwischen der Seitenwand des Schiffes und der Seitenwand des Laderaums muss mindestens 0,80 m betragen. Unbeschadet der Vorschriften hinsichtlich der Breite der Verkehrswege an Deck ist eine Verringerung dieses Abstandes bis auf 0,60 m zulässig, wenn gegenüber den Dimensionierungs-Vorschriften nach der Bauvorschrift einer anerkannten Klassifikationsgesellschaft folgende Verstärkungen vorhanden sind:

a) Bei Ausführung der Seite des Schiffes im Längsspantensystem darf der Spantabstand nicht größer als 0,60 m sein.

   Die Längsspanten sind durch Rahmen, ähnlich Bodenträgern mit Erleichterungslöchern versehen, in Abständen von höchstens 1,80 m abzufangen. Diese Abstände können vergrößert werden, wenn die Konstruktion in entsprechender Weise verstärkt wird.

b) Bei Ausführung der Seite des Schiffes im Querspantensystem müssen entweder:

   – zwei Längsstringer angeordnet werden. Der Abstand der Längsstringer voneinander und vom Gangbord darf nicht größer als 0,80 m sein. Die Stringer müssen mindestens die gleiche Höhe wie die Querspanten haben und der Gurtquerschnitt darf nicht weniger als 15 cm² betragen.

Die Längsstringer sind durch Rahmen, ähnlich Bodenträgern mit Erleichterungslöchern versehen, in Abständen von höchstens 3,60 m abzufangen. Der Seitenquerspant und die Laderaumlängsschottsteife müssen an der Kimm durch ein Knieblech mit einer Mindesthöhe von 0,90 m und der Dicke der Bodenwrangen miteinander verbunden sein.

oder:

– auf jedem Spant Rahmen, ähnlich Bodenträgern mit Erleichterungslöchern versehen, angeordnet werden.

c) Die Gangborde müssen in Abständen von höchstens 32,00 m durch Querschotte oder Stützrohre miteinander verbunden sein.

Anstelle der unter c) genannten Bedingung genügt der rechnerische Nachweis durch eine anerkannte Klassifikationsgesellschaft, dass durch die Anordnung zusätzlicher Verstärkungen in den Wallgängen ausreichende Querfestigkeit vorhanden ist.

9.1.0.91.3 Die Doppelbodenhöhe muss mindestens 0,50 m betragen, jedoch darf sie unter den Lenzbrunnen verringert werden. Der Abstand vom Boden des Lenzbrunnens bis zum Schiffsboden muss aber mindestens 0,40 m betragen. Bei Abständen zwischen 0,40 m und 0,49 m darf die Oberfläche des Lenzbrunnens nicht mehr als 0,50 m² betragen.

Der Inhalt von Lenzbrunnen darf nicht mehr als 0,120 m³ betragen.

9.1.0.92 Notausgang

Räume, deren Zu- oder Ausgänge im Leckfall teilweise oder ganz eintauchen, müssen mit einem Notausgang versehen werden, der mindestens 0,10 m über der Schwimmebene liegt. Dies gilt nicht für Vor- und Achterpiek.

9.1.0.93 Stabilität (allgemein)

9.1.0.93.1 Eine ausreichende Stabilität einschließlich Leckstabilität muss nachgewiesen sein.

9.1.0.93.2 Die Grundwerte für die Stabilitätsberechnung – Schiffsleergewicht und Lage des Gewichts-Schwerpunktes – müssen entweder durch einen Krängungsversuch oder durch eine detaillierte Gewichtsberechnung ermittelt werden. Hierbei muss das Schiffsleergewicht durch einen Tiefgangsnachweis am Schiff kontrolliert werden, wobei die durch Gewichtsberechnung ermittelten Massen nicht mehr als ± 5 % von dem durch Tiefgangsablesung ermittelten Deplacement abweichen dürfen.

9.1.0.93.3 Ausreichende Intaktstabilität muss für alle Stadien des Be- und Entladens und für den Beladungsendzustand nachgewiesen werden.

Die Schwimmfähigkeit im Leckfall muss für den ungünstigsten Beladungszustand nachgewiesen werden. Hierbei muss für die kritischen Zwischenzustände und für den Endzustand der Flutung der rechnerische Nachweis der genügenden Stabilität erbracht werden. Treten in Zwischenzuständen negative Stabilitätswerte auf, können sie akzeptiert werden, wenn der weitere Verlauf der Leckhebelarmkurve ausreichende positive Stabilitätswerte aufweist.

9.1.0.94 Stabilität (intakt)

9.1.0.94.1 Die sich aus der Leckrechnung ergebenden Intaktstabilitätsforderungen dürfen nicht unterschritten werden.

9.1.0.94.2 Bei Beförderung der Ladung in Containern ist darüber hinaus ausreichende Stabilität gemäß den Bestimmungen der in Unterabschnitt 1.1.4.6 genannten Vorschriften nachzuweisen.

9.1.0.94.3 Die strengere der Forderungen aus den Absätzen 9.1.0.94.1 und 9.1.0.94.2 ist für das Schiff maßgebend.

9

9.1.0.95 Stabilität (im Leckfall)

9.1.0.95.1 Für den Leckfall sind folgende Annahmen zu berücksichtigen:

a) Ausdehnung des Schadens an einer Schiffsseite:

Längsausdehnung	:	mindestens 0,10 L, jedoch nicht weniger als 5,00 m,
Querausdehnung	:	0,59 m bordseitig von der Schiffsseite im rechten Winkel zur Mittellängsachse auf dem Niveau des maximalen Tiefgangs,
senkrechte Ausdehnung	:	von der Basis aufwärts unbegrenzt.

b) Ausdehnung des Schadens am Schiffsboden:

Längsausdehnung	:	mindestens 0,10 L, jedoch nicht weniger als 5,00 m,
Querausdehnung	:	3,00 m,
senkrechte Ausdehnung	:	von der Basis 0,49 m aufwärts, Sumpf ausgenommen.

c) Alle in den Beschädigungsbereich fallenden Schotte sind als Leck anzusehen, das heißt, die Schotteinteilung muss so gewählt sein, dass das Schiff auch nach dem Fluten von zwei oder mehr direkt hintereinander liegenden Abteilungen schwimmfähig bleibt.

Dabei ist Folgendes zu beachten:

– Bei einer Bodenbeschädigung sind auch querschiffs nebeneinander liegende Abteilungen als geflutet anzusehen.
– Die Unterkante von nicht wasserdicht verschließbaren Öffnungen (z. B. von Türen, Fenstern, Einstiegluken) muss im Endzustand der Flutung mindestens 0,10 m über der Schwimmebene liegen.
– Im Allgemeinen ist mit einer Flutbarkeit von 95 % zu rechnen. Wird durch eine Berechnung nachgewiesen, dass die mittlere Flutbarkeit in irgendeiner Abteilung kleiner als 95 % ist, so kann der errechnete Wert eingesetzt werden.

Es sind jedoch die folgenden Mindestwerte einzusetzen:

– Maschinenräume	85 %
– Besatzungsräume	95 %
– Doppelböden, Brennstofftanks, Ballasttanks usw. je nachdem, ob sie ihrer Bestimmung entsprechend für das auf der Ebene der tiefsten Einsenkung schwimmende Schiff als voll oder leer angenommen werden müssen	0 oder 95 %

Für den Hauptmaschinenraum braucht nur die Schwimmfähigkeit für den Einabteilungsstatus nachgewiesen zu werden, d.h. Maschinenraumendschotte gelten als nicht beschädigt.

9.1.0.95.2 In der Gleichgewichtslage (Endschwimmlage) darf die Neigung des Schiffes 12° nicht überschreiten. Nicht wasserdicht verschlossene Öffnungen dürfen erst nach Erreichen der Gleichgewichtslage eintauchen. Tauchen derartige Öffnungen vorher ein, sind die dazugehörigen Räume bei der Leckrechnung als geflutet anzusehen.

Über die Gleichgewichtslage hinaus muss der positive Bereich der Hebelarmkurve einen aufrichtenden Hebel ≥ 0,05 m in Verbindung mit einer Fläche ≥ 0,0065 m·rad aufweisen. Diese Mindestwerte der Stabilität sind bis zum Eintauchen der ersten nicht wetterdicht verschlossenen Öffnung, jedoch vor einem Neigungswinkel ≤ 27° einzuhalten. Tauchen nicht wetterdicht verschlossene Öffnungen vorher ein, sind die dazugehörigen Räume bei der Leckrechnung als geflutet anzusehen.

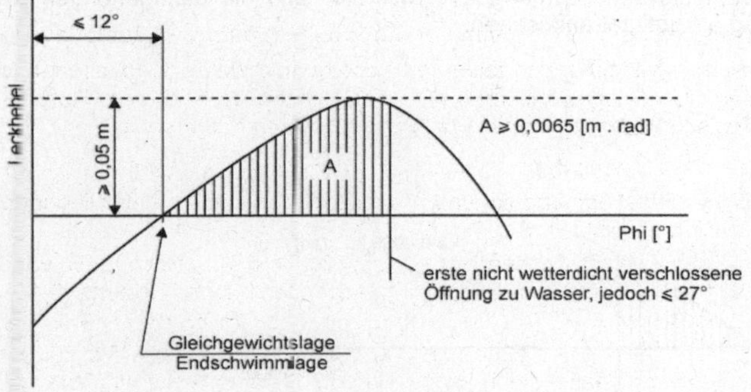

9.1.0.95.3 Binnenschiffe mit ungesicherter Containerladung haben folgende Leckstabilitätskriterien einzuhalten:

- In der Gleichgewichtslage (Endschwimmlage) darf die Neigung des Schiffes 5° nicht überschreiten.
- Nicht wasserdicht verschlossene Öffnungen dürfen erst nach Erreichen der Gleichgewichtslage eintauchen. Tauchen derartige Öffnungen vorher ein, sind die dazugehörigen Räume bei der Leckrechnung als geflutet anzusehen.
- Über die Gleichgewichtslage hinaus muss der positive Bereich der Hebelarmkurve eine Fläche ≥ 0,0065 m·rad aufweisen.
- Diese Mindestwerte der Stabilität sind bis zum Eintauchen der ersten nicht wetterdicht verschlossenen Öffnung, jedoch vor einem Neigungswinkel ≤ 10° einzuhalten. Tauchen nicht wetterdicht verschlossene Öffnungen vorher ein, sind die dazugehörigen Räume bei der Leckrechnung als geflutet anzusehen.

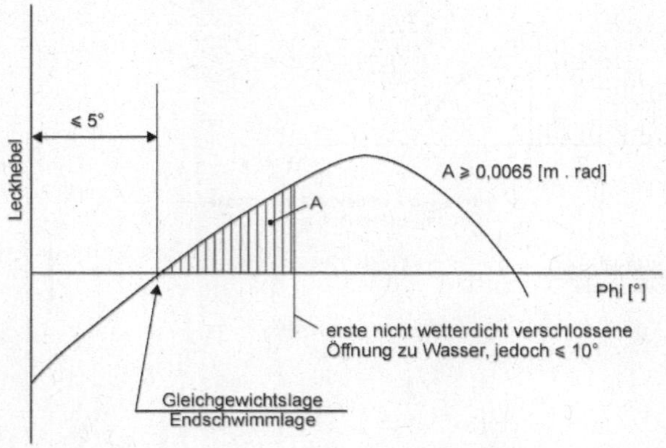

9.1.0.95.4 Wenn Öffnungen, über die unbeschädigte Abteilungen zusätzlich fluten können, wasserdicht verschlossen werden können, müssen diese Verschlusseinrichtungen entsprechend ihren Anforderungen beschriftet sein.

9.1.0.95.5 Werden Quer- oder Niederflutöffnungen zur Verringerung von Asymmetrien vorgesehen, muss der Ausgleich innerhalb von 15 Minuten erfolgen, wenn im Zwischenzustand ausreichende Leckstabilitätswerte nachgewiesen werden.

9.1.0.96- 9.1.0.99 (bleibt offen)

9.2.0 Die Vorschriften der Unterabschnitte 9.2.0.0 bis 9.2.0.79 gelten für Seeschiffe, die folgenden Vorschriften entsprechen:

- SOLAS 74 Kapitel II-2 Regel 19 in der jeweils geänderten Fassung - oder
- SOLAS 74 Kapitel II-2 Regel 54 in der jeweils geänderten Fassung nach den in Kapitel II-2/1.2.1 angegebenen anwendbaren Entschließungen, wenn das Schiff vor dem 1. Juli 2002 gebaut worden ist.

Seeschiffe, die den Vorschriften von SOLAS 1974 nicht entsprechen, müssen den Vorschriften der Unterabschnitte 9.1.0.0 bis 9.1.0.79 entsprechen.

9.2.0.0 Bauwerkstoffe

Der Schiffskörper muss aus Schiffbaustahl oder aus einem anderen mindestens gleichwertigen Metall gebaut sein, wobei die Gleichwertigkeit sich auf die mechanischen Eigenschaften und auf Beständigkeit gegen Temperatur- und Feuereinwirkung bezieht.

9.2.0.01-9.2.0.19 (bleibt offen)

9.2.0.20 Ballastwasser

Wallgänge und Doppelböden dürfen zur Aufnahme von Ballastwasser eingerichtet werden.

9.2.0.21-9.2.0.30 (bleibt offen)

9.2.0.31 Maschinen

9.2.0.31.1 Es dürfen nur Verbrennungsmotoren eingebaut sein, die mit Kraftstoff betrieben werden, der einen Flammpunkt von mehr als 60°C hat.

9.2.0.31.2 Lüftungsöffnungen von Maschinenräumen und Ansaugöffnungen von Motoren, wenn die Motoren die Luft nicht direkt aus dem Maschinenraum ansaugen, müssen mindestens 2 m vom geschützten Bereich entfernt sein.

9.2.0.31.3 Funkenbildung muss im geschützten Bereich ausgeschlossen sein.

9.2.0.32-9.2.0.33 (bleibt offen)

9.2.0.34 Abgasrohre

9.2.0.34.1 Abgase müssen durch ein Abgasrohr nach oben oder durch die Bordwand ins Freie geleitet werden. Die Austrittsöffnung muss mindestens 2 m von den Laderaumöffnungen entfernt sein. Die Abgasrohre von Motoren müssen so verlegt sein, dass die Abgase sich vom Schiff entfernen. Abgasrohre dürfen nicht im geschützten Bereich angeordnet werden.

9.2.0.34.2 Abgasrohre müssen mit einer Vorrichtung zum Schutz gegen das Austreten von Funken versehen sein; z. B. Funkenfänger.

9.2.0.35-9.2.0.40 (bleibt offen)

9.2 Bauvorschriften für Seeschiffe, die den Vorschriften von SOLAS 74 Kapitel II-2 Regel 19 oder SOLAS 74 Kapitel II-2 Regel 54 entsprechen

9.2.0.41 Feuer und offenes Licht

9.2.0.41.1 Die Mündungen der Schornsteine müssen sich mindestens 2 m von den Laderaumöffnungen befinden. Es müssen Einrichtungen vorhanden sein, die das Austreten von Funken und das Eindringen von Wasser verhindern.

9.2.0.41.2 Heiz-, Koch- und Kühlgeräte dürfen weder mit flüssigen Kraftstoffen, noch mit Flüssiggas noch mit festen Brennstoffen betrieben werden. Wenn Heizgeräte oder Heizkessel im Maschinenraum oder in einem besonders dafür geeigneten Raum aufgestellt sind, dürfen diese jedoch mit flüssigem Kraftstoff mit einem Flammpunkt von mehr als 55°C betrieben werden.

Koch- und Kühlgeräte sind nur in Steuerhäusern mit metallischem Unterteil und in Wohnungen zugelassen.

9.2.0.41.3 Außerhalb der Wohnungen und des Steuerhauses sind nur elektrische Beleuchtungsgeräte zugelassen.

9.2.0.42- 9.2.0.70 (bleibt offen)

9.2.0.71 Zutritt an Bord

Die Hinweistafeln mit dem Zutrittsverbot gemäß Abschnitt 8.3.3 müssen von beiden Schiffsseiten aus deutlich lesbar sein.

9.2.0.72- 9.2.0.73 (bleibt offen)

9.2.0.74 Rauchverbot, Verbot von Feuer und offenem Licht

9.2.0.74.1 Die Hinweistafeln mit dem Rauchverbot gemäß Abschnitt 8.3.4 müssen von beiden Schiffsseiten aus deutlich lesbar sein.

9.2.0.74.2 In der Nähe des Zugangs zu Stellen, an denen das Rauchen oder die Verwendung von Feuer oder offenem Licht nicht immer verboten ist, müssen Hinweisschilder die Umstände angeben, unter denen das Verbot gilt.

9.2.0.74.3 In den Wohnungen und im Steuerhaus muss in der Nähe jedes Ausgangs ein Aschenbecher angebracht sein.

9.2.0.75- 9.2.0.79 (bleibt offen)

9.2.0.80 Zusätzliche Vorschriften für Doppelhüllen-Seeschiffe

Die Vorschriften der Unterabschnitte 9.2.0.88 bis 9.2.0.99 gelten für Doppelhüllen-Seeschiffe die dazu bestimmt sind, gefährliche Güter der Klassen 2, 3, 4.1, 4.2, 4.3, 5.1, 5.2, 6.1, 7, 8 oder 9, ausgenommen diejenigen mit Gefahrzettel 1 in Kapitel 3.2 Tabelle A Spalte 5, in größeren als den in Absatz 7.1.4.1.1 aufgeführten Mengen zu befördern.

9.2.0.81- 9.2.0.87 (bleibt offen)

9.2.0.88 Klassifikation

9.2.0.88.1 Doppelhüllen-Seeschiffe, die dazu bestimmt sind gefährliche Güter der Klassen 2, 3, 4.1, 4.2, 4.3, 5.1, 5.2, 6.1, 7, 8 oder 9, ausgenommen diejenigen mit Gefahrzettel 1 in Kapitel 3.2 Tabelle A Spalte 5, in größeren als den in Absatz 7.1.4.1.1 aufgeführten Mengen zu befördern, müssen unter Aufsicht einer anerkannten Klassifikationsgesellschaft für deren höchste Klasse gebaut oder umgebaut sein.

Dies muss durch eine Bescheinigung der Klassifikationsgesellschaft bestätigt sein.

9.2.0.88.2 Die höchste Klasse muss aufrechterhalten werden.

9.2.0.89- 9.2.0.90 (bleibt offen)

9.2.0.91 Laderäume

9.2.0.91.1 Das Schiff muss im geschützten Bereich als Doppelhüllenschiff mit Wallgängen und Doppelboden ausgeführt sein.

9.2.0.91.2 Der Abstand zwischen der Seitenwand des Schiffes und der Seitenwand des Laderaums muss mindestens 0,80 m betragen. An den Schiffsenden ist eine lokale Unterschreitung zulässig, sofern das kleinste Maß zwischen den Wänden (lotrecht gemessen) 0,60 m nicht unterschreitet. Eine ausreichende Festigkeit der Verbände (Längs- und Querfestigkeit sowie örtliche Festigkeit) ist durch Vorlage des Klassenzeugnisses nachzuweisen.

9.2.0.91.3 Die Doppelbodenhöhe muss mindestens 0,50 m betragen, jedoch darf sie unter den Lenzbrunnen auf 0,40 m verringert werden, wobei ein Lenzbrunnen nicht mehr als 0,03 m^3 Inhalt haben darf.

9.2.0.92 (bleibt offen)

9.2.0.93 Stabilität (allgemein)

9.2.0.93.1 Eine ausreichende Stabilität einschließlich Leckstabilität muss nachgewiesen sein.

9.2.0.93.2 Die Grundwerte für die Stabilitätsberechnung – Schiffsleergewicht und Lage des Gewichtsschwerpunktes – müssen entweder durch einen Krängungsversuch oder durch eine detaillierte Gewichtsberechnung ermittelt werden. Hierbei muss das Schiffsleergewicht durch einen Tiefgangsnachweis am Schiff kontrolliert werden, wobei die durch Gewichtsberechnung ermittelten Massen nicht mehr als ± 5 % von dem durch Tiefgangsablesung ermittelten Deplacement abweichen dürfen.

9.2.0.93.3 Ausreichende Intaktstabilität muss für alle Stadien des Be- und Entladens und für den Beladungsendzustand nachgewiesen werden.

Die Schwimmfähigkeit im Leckfall muss für den ungünstigsten Beladungszustand nachgewiesen werden. Hierbei muss für die kritischen Zwischenzustände und für den Endzustand der Flutung der rechnerische Nachweis der genügenden Stabilität erbracht werden. Treten in Zwischenzuständen negative Stabilitätswerte auf, können sie akzeptiert werden, wenn der weitere Verlauf der Leckhebelarmkurve ausreichende positive Stabilitätswerte aufweist.

9.2.0.94 Stabilität (intakt)

9.2.0.94.1 Die sich aus der Leckrechnung ergebenden Intaktstabilitätsforderungen dürfen nicht unterschritten werden.

9.2 Bauvorschriften für Seeschiffe, die den Vorschriften von SOLAS 74 Kapitel II-2 Regel 19 oder SOLAS 74 Kapitel II-2 Regel 54 entsprechen

9.3.1 Bauvorschriften für Tankschiffe des Typs G

Die Bauvorschriften der Unterabschnitte 9.3.1.0 bis 9.3.1.99 gelten für Tankschiffe des Typs G.

9.3.1.0 Bauwerkstoffe

9.3.1.0.1 a) Der Schiffskörper und die Ladetanks müssen aus Schiffbaustahl oder aus einem anderen mindestens gleichwertigen Metall gebaut sein.

Für die Ladetanks dürfen auch andere gleichwertige Werkstoffe verwendet werden. Die Gleichwertigkeit muss sich auf die mechanischen Eigenschaften sowie auf Beständigkeit gegen Temperatur- und Feuereinwirkung beziehen.

b) Alle Teile des Schiffes einschließlich Einrichtung und Ausrüstung, welche mit der Ladung in Berührung kommen können, müssen aus Werkstoffen bestehen, die weder durch die Ladung angegriffen werden oder eine Zersetzung der Ladung verursachen noch mit ihr schädliche oder gefährliche Verbindungen eingehen können. Falls dies bei der Klassifikation und Untersuchung des Schiffes nicht abschließend geprüft werden konnte, ist ein entsprechender Vorbehalt in die Schiffsstoffliste nach 1.16.1.2.5 aufzunehmen.

9.3.1.0.2 Die Verwendung von Holz, Aluminiumlegierungen, Kunststoffen oder Gummi im Bereich der Ladung ist verboten, sofern dies nicht in 9.3.1.0.3 oder im Zulassungszeugnis ausdrücklich zugelassen ist.

9.3.1.0.3 Die Verwendung von Holz, Aluminiumlegierungen, Kunststoff und Gummi im Bereich der Ladung ist gemäß folgender Tabelle zulässig.

Die Verwendung von Holz, Aluminiumlegierungen, Kunststoff und Gummi ist nur zulässig für (X bedeutet zugelassen)	Holz	Aluminiumlegierungen	Kunststoff	Gummi
Landstege	X	X	X	X
Außenbordtreppen und Gehwege (Laufstege)*		X	X	X
Reinigungsmaterial wie Besen usw.	X		X	X
lose Ausrüstungsgegenstände wie Feuerlöscher, mobile Gasspürgeräte, Bergegeräte usw.		X	X	X
Leckwannen, Tropftassen			X	
Fender	X		X	X
Trossen zum Festmachen, Taue für Fender			X	
die Lagerung der vom Schiffskörper unabhängigen Tanks sowie die Lagerung von Einrichtungen und Ausrüstungen	X		X	
Masten und ähnliche Rundhölzer	X	X	X	
Maschinenteile		X	X	
Schutzkleider von Motoren und Pumpen			X	
Teile der elektrischen Anlage		X	X	
Teile der Lade- und Löschanlage wie z.B. Abdichtungen usw.		X	X	X
Kisten, Schränke oder sonstige Behälter an Deck für die Lagerung von Material zum Auffangen von Leckflüssigkeiten, Reinigungsmitteln, Feuerlöschgeräte, Feuerlöschschläuchen, Abfälle usw.		X	X	
Auflagerblöcke und Anschläge aller Art	X		X	
Ventilatoren einschließlich der Schlauchleitungen für die Belüftung		X	X	
Teile der Wassersprühanlage und der Dusche und das Augen- und Gesichtsbad		X	X	
Isolierung der Ladetanks, Lade- und Löschleitungen, der Gasabfuhrleitungen und Heizungsleitungen			X	X
Auskleidung der Tanks und der Lade-/Löschleitungen		X	X	X
Dichtungen aller Art (z.B. Dom- und Lukendeckel)			X	X
Kabel für die elektrischen Einrichtungen			X	X
Matte unter dem Landanschluss der Lade- und Löschleitung			X	X
Feuerlöschschläuche, Luftschläuche, Deckwaschschläuche, usw.			X	X
Probegeräte und Probeflaschen			X	
Fotooptische Kopien des gesamten Zulassungszeugnisses nach 8.1.2.6 oder 8.1.2.7 sowie des Schiffszeugnisses, des Eichscheins und der Rheinschifffahrtszugehörigkeitsurkunde		X	X	

* *Beachte 9.3.1.0.5, 9.3.2.0.5 bzw. 9.3.3.0.5*

Peilstäbe aus Aluminium sind zugelassen, wenn sie zur Verhinderung der Funkenbildung mit einem Fuß aus Messing versehen sind oder in anderer Weise geschützt sind.

Alle in den Wohnungen und im Steuerhaus verwendeten fest eingebauten Werkstoffe, mit Ausnahme der Möbel, müssen schwer entflammbar sein. Im Brandfall dürfen sie Rauch oder giftige Gase nicht in gefährlichem Maße entwickeln.

9.3.1.0.4 Die im Bereich der Ladung verwendete Farbe darf insbesondere bei Schlagbeanspruchung keine Funkenbildung hervorrufen können.

9.3.1.0.5 Die Verwendung von Kunststoffen für Beiboote ist nur zulässig, wenn das Material schwer entflammbar ist. Die Verwendung von Holz, Aluminiumlegierungen, Kunststoffen oder Gummi ist verboten, sofern dies nicht in Absatz 9.3.1.0.3 oder im Zulassungszeugnis ausdrücklich zugelassen ist.

Die Verwendung von Aluminiumlegierungen oder Kunststoffen für Gehwege (Laufstege) im Bereich der Ladung ist nur zulässig, wenn das Material schwer entflammbar und elektrisch leitfähig ist.

9.3.1.1 **Schiffsakte**

Bem. Für Zwecke dieses Absatzes hat der Ausdruck „Eigner" dieselbe Bedeutung wie in Abschnitt 1.16.0.

Die Schiffsakte muss vom Eigner aufbewahrt werden, der in der Lage sein muss, diese Dokumente auf Anforderung der zuständigen Behörde und der anerkannten Klassifikationsgesellschaft vorzulegen.

Die Schiffsakte muss während der gesamten Lebensdauer des Schiffes geführt und aktualisiert und bis sechs Monate nach der Außerbetriebnahme des Schiffes aufbewahrt werden.

Bei einem Wechsel des Eigners während der Lebensdauer des Schiffes ist die Schiffsakte an den neuen Eigner zu übergeben.

Kopien der Schiffsakte und alle notwendigen Dokumente sind der zuständigen Behörde für die Erteilung des Zulassungszeugnisses und der anerkannten Klassifikationsgesellschaft oder der Untersuchungsstelle für die Erstuntersuchung, Wiederholungsuntersuchung, Sonderuntersuchung oder außerordentliche Prüfungen auf Anforderung zur Verfügung zu stellen.

9.3.1.2- 9.3.1.7 (bleibt offen)

9.3.1.8 **Klassifikation**

9.3.1.8.1 Das Tankschiff muss unter Aufsicht einer anerkannten Klassifikationsgesellschaft für deren höchste Klasse gebaut und in ihre höchste Klasse eingestuft sein.

Die höchste Klasse muss aufrechterhalten werden. Dies muss durch eine entsprechende Bescheinigung der anerkannten Klassifikationsgesellschaft (Klassifikationszeugnis) bestätigt sein.

Durch das Klassifikationszeugnis wird bescheinigt, dass das Schiff den für seinen Verwendungszweck zusätzlich geltenden eigenen Vorschriften und Regelungen entspricht.

Der Auslegungsdruck und der Prüfdruck des Ladetanks müssen in diesem Zeugnis vermerkt sein.

Hat ein Schiff Ladetanks mit verschiedenen Öffnungsdrücken der Ventile, müssen der Auslegungsdruck und Prüfdruck eines jeden einzelnen Tanks im Zeugnis vermerkt sein.

Die anerkannte Klassifikationsgesellschaft muss eine Schiffsstoffliste erstellen, in der die im Tankschiff zur Beförderung zugelassenen gefährlichen Güter vermerkt sind (siehe auch Absatz 1.16.1.2.5).

9.3.1.8.2 (gestrichen)

9.3.1.8.3 (gestrichen)

9.3.1.8.4 Die Übereinstimmung der nach Absatz 8.1.2.3 r) bis v) geforderten Unterlagen mit den Gegebenheiten an Bord muss bei jeder Erneuerung des Zulassungszeugnisses sowie innerhalb des dritten Jahres der Gültigkeit des Zulassungszeugnisses einmal von einer anerkannten Klassifikationsgesellschaft, Unteruntersuchungsstelle oder durch eine hierfür von der zuständigen Behörde zugelassene Person geprüft werden. Eine unterzeichnete Bescheinigung muss sich an Bord befinden.

9.3.1.9 (bleibt offen)

9.3.1.10 Schutz vor dem Eindringen gefährlicher Gase und dem Ausbreiten gefährlicher Flüssigkeiten

9.3.1.10.1 Das Schiff muss so beschaffen sein, dass gefährliche Gase und Flüssigkeiten nicht in Wohnungen, Steuerhaus und Betriebsräume gelangen können. Die Fenster dieser Räume dürfen nicht geöffnet werden können, sofern sie nicht als Notausstieg vorgesehen und als solche gekennzeichnet sind.

9.3.1.10.2 An Deck sind flüssigkeitsdichte Schutzsülle auf Höhe der äußersten Ladetankschotte, höchstens jedoch 0,60 m innerhalb der äußeren Kofferdammschotte oder der Begrenzungsschotte der Aufstellungsräume anzubringen. Die Schutzsülle müssen entweder über die gesamte Schiffsbreite reichen oder zwischen den seitlich, in Längsrichtung des Schiffes verlaufenden Spillsüllen angebracht sein, sodass keine Flüssigkeit zum Achter- bzw. Vorschiff gelangen kann. Die Höhe der Schutzsülle und der Spillsülle muss mindestens 0,075 m betragen. Das Schutzsüll kann mit der Schutzwand nach 9.3.1.10.3 zusammenfallen sofern die Schutzwand über die gesamte Schiffsbreite reicht.

9.3.1.10.3 Wenn die Schiffsstoffliste nach Absatz 1.16.1.2.5 Stoffe enthalten soll, für die nach Unterabschnitt 3.2.3.2 Tabelle C, Spalte 17 Explosionsschutz gefordert ist, dürfen in Bereichen an Deck außerhalb des Bereichs der Ladung Anlagen und Geräte, die nicht mindestens dem Typ „begrenzte Explosionsgefahr" entsprechen, während des Ladens oder Löschens nicht betrieben werden, es sei denn dieser Bereich ist durch eine gas- und flüssigkeitsdichte Schutzwand vor dem Eindringen von Flüssigkeiten und Gasen geschützt. Diese Wand muss entweder über die gesamte Schiffsbreite reichen oder diese Bereiche an Deck U-förmig umschließen. Dabei muss sich die Wand über die gesamte Breite des zu schützenden Bereiches erstrecken und 1,00 m in Richtung der dem Bereich der Ladung abgewandten Seite fortgeführt werden (siehe Skizze Zoneneinteilung). Die Höhe der Wand muss mindestens 1,00 m bezogen auf das anschließende Ladetankdeck im Bereich der Ladung betragen. Außenwand und die Seitenwände der Wohnungen können als Schutzwand gelten, sofern sie keine Öffnungen aufweisen und die Abmessungen eingehalten sind.

Diese Schutzwand ist nicht erforderlich, wenn vor den zu schützenden Bereichen ein Abstand zum nächstgelegenen Sicherheitsventil, Landanschluss der Lade-, Lösch- und Gasabfuhrleitungen, Kompressor an Deck und zur nächstgelegenen Öffnung der Ladetanks von mindestens 12,00 m eingehalten ist.

9.3.1.10.4 An Deck muss die Höhe der Unterkante der Öffnungen in den Seitenwänden von Aufbauten und die Höhe der Sülle von Zugangsluken und Lüftungsöffnungen von Räumen unter Deck mindestens 0,50 m über Deck betragen.

Dies gilt nicht für Öffnungen von Wallgängen und Doppelböden.

9.3.1.10.5 Schanzkleider, Fußleisten usw. müssen mit genügend großen, direkt über dem Deck angeordneten Öffnungen versehen sein.

9.3.1.11 Aufstellungsräume und Ladetanks

9.3.1.11.1 a) Der höchstzulässige Inhalt eines Ladetanks ist nach folgender Tabelle zu ermitteln:

L · B · H in m^3	Höchstzulässiger Inhalt eines Ladetanks in m^3
< 600	L · B · H · 0,3
600 - 3 750	180 + (L · B · H - 600) · 0,0635
> 3 750	380

Alternative Bauweisen nach 9.3.4 sind zulässig.

In vorstehender Tabelle ist L · B · H das Produkt aus den Hauptabmessungen des Tankschiffes in Metern (nach dem Eichschein).

Es ist:

L = größte Länge des Schiffsrumpfes in m;

B = größte Breite des Schiffsrumpfes in m;

H = kleinster senkrechter Abstand zwischen Unterkante Kiel und dem tiefsten Punkt des Decks an der Seite des Schiffes (Seitenhöhe) im Bereich der Ladung in m;

Bei Trunkdeckschiffen ist H durch H' zu ersetzen.

H' ist nach folgender Formel zu ermitteln:

H' = H + (ht · bt/B · lt/L)

wobei

ht = Höhe des Trunks (Abstand zwischen Trunkdeck und Hauptdeck an Seite Trunk auf L/2 gemessen) in m;

bt = Breite des Trunks in m;

lt = Länge des Trunks in m.

b) Verboten sind Drucktanks mit einem Verhältnis von Länge zu Durchmesser von mehr als 7.

c) Die Drucktanks sind für eine Temperatur der Ladung von 40°C auszulegen.

9.3.1.11.2 a) Der Schiffskörper ist im Bereich der Ladung wie folgt auszuführen[1]:

– als Doppelhüllenschiff mit Wallgängen und Doppelboden. Der Abstand zwischen der Seitenwand des Schiffes und dem Längsschott muss mindestens 0,80 m betragen. Die Höhe des Doppelbodens muss mindestens 0,60 m betragen. Die Ladetanks müssen in Sätteln gelagert sein, welche mindestens bis 20° unter die Mittellinie des Ladetanks hochgezogen sind.

Gekühlte Ladetanks und Ladetanks zur Beförderung tiefgekühlt verflüssigter Gase dürfen nur in einem Aufstellungsraum aufgestellt sein, der durch Wallgänge und Doppelboden gebildet wird. Die Lagerung muss den Vorschriften einer anerkannten Klassifikationsgesellschaft entsprechen, oder

– als Einhüllenschiff, wobei die Seitenwand des Schiffes zwischen Gangbord und Oberkante Bodenwrangen mit Seitenstringern versehen ist, die im Abstand von höchstens 0,60 m gleichmäßig verteilt und die durch Rahmenträger im Abstand von höchstens 2 m voneinander unterstützt sind. Die Seitenstringer und die Rahmenträger müssen eine Mindesthöhe von 10 % der Seitenhöhe, jedoch nicht weniger als 0,30 m haben.

[1] Eine andere Bauausführung des Schiffskörpers im Bereich der Ladung setzt den rechnerischen Nachweis voraus, dass bei einer Queranfahrung durch ein anderes Schiff mit gerader Bugform eine Energie von 22 Mio J aufgenommen werden kann, ohne dass die Ladetanks leckschlagen oder die zu den Ladetanks führenden Rohrleitungen abreißen. Alternative Bauweisen nach 9.3.4 sind zulässig.

Die Seitenstringer und die Rahmenträger müssen mit einem Gurt aus Flachstahl mit einem Querschnitt von mindestens 7,50 cm² bzw. 15,00 cm² versehen sein.

Der Abstand zwischen der Seitenwand des Schiffes und den Ladetanks muss mindestens 0,80 m und zwischen dem Boden des Schiffes und den Ladetanks mindestens 0,60 m betragen. Unter den Pumpensümpfen darf die lichte Höhe auf 0,50 m verringert werden.

Der Abstand zwischen dem Pumpensumpf eines Ladetanks und den Bodenverbänden muss mindestens 0,10 m betragen.

Die Ladetanks müssen in Sätteln liegen, die mindestens bis 10° unter die Mittellinie der Ladetanks hochgezogen sind.

b) Ladetanks müssen gegen Aufschwimmen gesichert sein.

c) Ein Pumpensumpf darf nicht mehr als 0,10 m³ Inhalt haben. Bei Drucktanks darf er jedoch einen Inhalt von 0,20 m³ haben.

d) Stützen, welche tragende Teile der Schiffseitenwände mit tragenden Teilen des Längsschotts der Ladetanks verbindet, und Stützen, welche tragende Teile des Schiffsbodens mit dem Boden der Ladetanks verbinden, sind nicht zulässig.

e) Ladetanks, die zur Aufnahme von Produkten bei einer Temperatur von unter -10 °C bestimmt sind, müssen ausreichend isoliert sein, damit gewährleistet ist, dass die Temperatur des Schiffskörpers nicht unter die minimal zulässige Werkstoff-/Auslegungstemperatur fällt. Das Isolationsmaterial muss widerstandsfähig gegen Feuer und Flammenausbreitung sein.

9.3.1.11.3 a) Aufstellungsräume müssen von den Wohnungen, den Maschinenräumen und den Betriebsräumen unter Deck außerhalb des Bereichs der Ladung durch Schotte mit einer „A-60"-Isolierung nach SOLAS 74 Kapitel II-2 Regel 3 getrennt sein. Die Ladetanks müssen mindestens 0,20 m von den Endschotten der Aufstellungsräume entfernt sein. Bei ebenen Endschotten der Ladetanks muss dieser Abstand mindestens 0,50 m betragen.

b) Aufstellungsräume und Ladetanks müssen untersucht werden können.

c) Alle Räume im Bereich der Ladung müssen gelüftet werden können. Es muss geprüft werden können, ob sie gasfrei sind.

9.3.1.11.4 Die die Aufstellungsräume begrenzenden Schotte müssen wasserdicht sein. Die Ladetanks und die Endschotte der Aufstellungsräume sowie die den Bereich der Ladung begrenzenden Schotte dürfen unter Deck keine Öffnungen oder Durchführungen enthalten.

Im Schott zwischen Maschinenraum und Betriebsraum im Bereich der Ladung oder zwischen Maschinenraum und Aufstellungsraum dürfen Durchführungen vorhanden sein, wenn sie den in Absatz 9.3.1.17.5 enthaltenen Bestimmungen entsprechen.

9.3.1.11.5 Wallgänge und Doppelböden im Bereich der Ladung dürfen nur für Ballastaufnahme eingerichtet sein. Doppelböden dürfen nur als Brennstofftank eingerichtet werden, wenn sie die Vorschriften des Unterabschnitts 9.3.1.32 erfüllen.

9.3.1.11.6 a) Ein unter Deck gelegener Raum im Bereich der Ladung darf als Betriebsraum eingerichtet sein, wenn die den Betriebsraum begrenzenden Wände senkrecht bis auf den Boden geführt sind und das dem Ladungsbereich abgewandte Schott von Bord zu Bord in einer Spantebene angeordnet ist. Dieser Betriebsraum darf nur von Deck aus zugänglich sein.

b) Ein solcher Betriebsraum muss mit Ausnahme der Zugangs- und Lüftungsöffnungen wasserdicht sein.

c) In dem unter Buchstabe a) genannten Betriebsraum dürfen keine Lade- und Löschleitungen vorhanden sein.

Im Pumpenraum unter Deck dürfen Lade- und Löschleitungen vorhanden sein, wenn der Pumpenraum den Vorschriften des Absatzes 9.3.1.17.6 vollständig entspricht.

9.3.1.11.7 Im Bereich der Ladung unter Deck vorhandene Betriebsräume müssen so angeordnet sein, dass sie gut zugänglich sind und die darin vorhandenen Betriebseinrichtungen auch von Personen, welche die persönliche Schutzausrüstung und Atemschutzgeräte tragen, sicher bedient werden können. Sie müssen so gebaut sein, dass Verletzte oder ohnmächtige Personen aus ihnen ohne Schwierigkeiten geborgen werden können, gegebenenfalls mit Hilfe von fest angebrachten Vorrichtungen.

9.3.1.11.8 Aufstellungsräume und andere begehbare Räume im Bereich der Ladung müssen so angeordnet sein, dass sie angemessen und vollständig gereinigt und untersucht werden können. Mit Ausnahme von Wallgängen und Doppelböden, wenn sie keine gemeinsame Wand mit den Ladetanks haben, müssen Zugangsöffnungen so bemessen sein, dass eine Person mit angelegtem Atemgerät ungehindert in den Raum hinein oder aus ihm heraus gelangen kann. Mindestgröße der Öffnung: 0,36 m²; kleinste Seitenlänge: 0,50 m. Zugangsöffnungen müssen so gebaut sein, dass verletzte oder ohnmächtige Personen vom Boden des betreffenden Raumes ohne Schwierigkeiten geborgen werden können, gegebenenfalls mit Hilfe von fest angebrachten Vorrichtungen. Der Abstand zwischen den Verstärkungen in oben genannten Räumen darf nicht weniger als 0,50 m betragen. Im Doppelboden darf dieser Abstand auf 0,45 m verringert werden.

Ladetanks dürfen mit runden Öffnungen mit einem Mindestdurchmesser von 0,68 m versehen sein.

9.3.1.11.9 Wenn das Schiff über isolierte Ladetanks verfügt, dürfen die Tankräume nur trockene Luft enthalten, um die Isolation der Ladetanks vor Feuchtigkeit zu schützen.

9.3.1.12 **Lüftung**

9.3.1.12.1 In jedem Aufstellungsraum müssen zwei Öffnungen vorhanden sein, deren Abmessungen und Anordnung so beschaffen sein müssen, dass die Lüftung an jeder Stelle des Aufstellungsraumes wirksam ist. Sind diese Öffnungen nicht vorhanden, muss der Aufstellungsraum mit inertem Gas oder trockener Luft gefüllt werden können.

9.3.1.12.2 Wallgänge und Doppelböden im Bereich der Ladung, welche nicht für Ballastzwecke eingerichtet sind, und eventuell vorhandene Kofferdämme müssen durch Vorrichtungen gelüftet werden können.

9.3.1.12.3 a) Ein im Bereich der Ladung unter Deck angeordneter Betriebsraum muss mit einer technischen Lüftung versehen sein. Die Kapazität der Ventilatoren muss so ausgelegt sein, dass das Volumen des Betriebsraums mindestens zwanzig Mal je Stunde vollständig erneuert werden kann.

Die Absaugschächte müssen bis zu einem Abstand von 50 mm an den Betriebsraumboden herangeführt sein. Die Zuluft muss durch einen Schacht von oben in den Betriebsraum eingeführt werden.

b) Wenn die Schiffsstoffliste nach Absatz 1.16.1.2.5 Stoffe enthalten soll, für die nach Unterabschnitt 3.2.3.2 Tabelle C Spalte (17) Explosionsschutz gefordert ist, müssen die Zuluftöffnungen mindestens 2,00 m über Deck, 2,00 m von Ladetanköffnungen und 6,00 m von Austrittsöffnungen der Sicherheitsventile entfernt angebracht sein.

Die hierzu gegebenenfalls notwendigen Verlängerungsrohre dürfen klappbar ausgeführt sein.

9

9.3.1.12.4 a) Wohnungen, Steuerhaus und Betriebsräume müssen belüftet werden können.

b) Das Lüftungssystem in diesen Räumen muss nachfolgende Anforderungen erfüllen:

(i) Die Ansaugöffnungen sind so weit wie möglich, mindestens jedoch 6,00 m vom geschützten Bereich entfernt und mindestens 2,00 m über Deck angeordnet,

(ii) Ein Überdruck von mindestens 0,1 kPa (0,001 bar) kann in den Räumen gewährleistet werden,

(iii) Eine Ausfallalarmierung ist integriert.

(iv) Lüftungssystem einschließlich der Ausfallalarmierung entspricht mindestens den Typ „begrenzte Explosionsgefahr“,

(v) Eine Gasspüranlage, welche folgende Bedingungen 1. bis 4. erfüllt ist mit dem Lüftungssystem verbunden:

1. sie ist mindestens für den Betrieb in Zone 1 Explosionsgruppe II C, Temperaturklasse T6 geeignet
2. sie hat Messstellen
   - in den Ansaugöffnungen der Lüftungssysteme und
   - direkt unterhalb der Oberkante des Türsülls der Eingänge.
3. ihre T90-Zeit ist kleiner oder gleich 4 s,
4. die Messungen erfolgen stetig.

(vi) In den Betriebsräumen ist das Lüftungssystem mit einer Notbeleuchtung, die mindestens vom Typ „begrenzte Explosionsgefahr“ ist, verbunden. Diese Notbeleuchtung ist nicht erforderlich, wenn die Beleuchtungsanlagen in den Betriebsräumen vom Typ „begrenzte Explosionsgefahr“ sind.

(vii) Die Ansaugung des Lüftungssystems und die Anlagen und Geräte, die den unter 9.3.1.51 Buchstaben a) und b) und 9.3.1.52.1 genannten Bedingungen nicht entsprechen, werden abgeschaltet sobald eine Konzentration von 20 % der UEG von n-Hexan erreicht wird. Das Abschalten wird in den Wohnungen und im Steuerhaus optisch und akustisch gemeldet.

(viii) Bei einem Ausfall des Lüftungssystems oder der Gasspüranlagen in den Wohnungen werden die Anlagen und Geräte in den Wohnungen, die den unter 9.3.1.51 Buchstaben a) und b) und 9.3.1.52.1 genannten Bedingungen nicht entsprechen abgeschaltet. Der Ausfall wird optisch und akustisch in den Wohnungen, im Steuerhaus, und an Deck gemeldet.

(ix) Bei einem Ausfall des Lüftungssystems oder der Gasspüranlagen des Steuerhauses oder der Betriebsräume werden die Anlagen und Geräte in diesen Räumen, die den unter 9.3.1.51 Buchstaben a) und b) und 9.3.1.52.1 genannten Bedingungen nicht entsprechen, abgeschaltet.

Der Ausfall wird optisch und akustisch im Steuerhaus und an Deck gemeldet werden. Bei Nichtquittieren muss die Alarmierung automatisch in den Wohnungen erfolgen.

(x) Jede Abschaltung erfolgt sofort und automatisch und setzt gegebenenfalls die Notbeleuchtung in Betrieb. Die automatische Abschaltung ist so eingestellt, dass sie nicht während der Fahrt erfolgen kann.

c) Ist ein Lüftungssystem nicht vorhanden oder erfüllt das Lüftungssystem des jeweiligen Raumes nicht alle in Buchstabe b) genannten Anforderungen, müssen in dem jeweiligen Raum die Anlagen und Geräte, bei deren Betrieb höhere Oberflächentemperaturen als unter 9.3.1.51 Buchstaben a) und b) angegeben, auftreten können oder die nicht die Anforderungen nach 9.3.1.52.1 erfüllen, abschaltbar ausgeführt sein.

9.3.1.12.5 (gestrichen)

9.3.1.12.6 An Lüftungsöffnungen müssen Hinweisschilder angebracht sein, welche die Bedingungen für das Schließen angeben. Alle Lüftungsöffnungen, die von Wohnungen, Steuerhaus und Betriebsräumen außerhalb des Bereichs der Ladung ins Freie führen, müssen mit fest installierten Vorrichtungen nach 9.3.1.40.2.2 c) versehen sein, die schnell zu schließen sind. Der Verschlusszustand muss eindeutig erkennbar sein.

Solche Lüftungsöffnungen müssen mindestens 2,00 m vom Bereich der Ladung entfernt angeordnet sein.

Lüftungsöffnungen von im Bereich der Ladung gelegenen Betriebsräumen dürfen in diesem Bereich angeordnet sein.

9.3.1.13 **Stabilität (allgemein)**

9.3.1.13.1 Eine ausreichende Stabilität einschließlich Leckstabilität muss nachgewiesen sein.

9.3.1.13.2 Die Grundwerte für die Stabilitätsberechnung - Schiffsleergewicht und Lage des Gewichts-Schwerpunktes - müssen entweder durch einen Krängungsversuch oder durch eine detaillierte Gewichtsberechnung ermittelt werden. Hierbei muss das Schiffsleergewicht durch einen Tiefgangsnachweis am Schiff kontrolliert werden, wobei die durch Gewichtsberechnung ermittelten Massen nicht mehr als ± 5 % von dem durch Tiefgangsablesung ermittelten Deplacement abweichen dürfen.

9.3.1.13.3 Ausreichende Intaktstabilität muss für alle Stadien des Be- und Entladens und für den Endbeladungszustand bei den relativen Dichten aller in der Schiffsstoffliste nach 1.16.1.2.5 enthaltenen Stoffe nachgewiesen werden.

Das Schiff muss für jeden Ladefall unter Berücksichtigung tatsächlicher Füllung der Ladetanks, Ballasttanks/-zellen und Berücksichtigung der Trinkwasser-/Abwassertanks und der Tanks für flüssige Schiffsbetriebsstoffe sowie Endschwimmlagen, die Intakt- und Leckstabilitätsanforderungen erfüllen.

Zwischenzustände der Reise müssen ebenfalls berücksichtigt werden.

Die Stabilitätsunterlagen mit diesem Nachweis und den durch die anerkannte Klassifikationsgesellschaft, die das Schiff klassifiziert hat, genehmigten Ladefallen sind in einem Stabilitätshandbuch zusammenzufassen. Wenn nicht alle Ladefälle und Ballastfälle konkret berücksichtigt wurden, muss zusätzlich ein von der anerkannten Klassifikationsgesellschaft, die das Schiff klassifiziert hat, genehmigter Ladungsrechner, der die Inhalte des Stabilitätshandbuches abbildet, installiert und genutzt werden.

Bem. Ein Stabilitätshandbuch muss in für den Schiffsführer verständlicher Form und Sprache abgefasst sein und muss folgende Angaben enthalten:

- allgemeine Beschreibung des Schiffes;
- allgemeine Anordnungs- und Kapazitätspläne mit Angabe der zugewiesenen Nutzung von Laderäumen und -flächen (Ladetanks, Lager, Wohnräume usw.);
- eine Skizze mit Angabe der Position der Einsenkungsmarken in Bezug auf die Lote des Schiffs;
- die Schemata von Ballast und Lenzpumpen und Überfüllsicherungssystemen;
- hydrostatische Kurven oder Tabellen entsprechend der geplanten Schwimmlagen, und, sofern signifikante Trimmwinkel während des normalen Betriebs des Schiffs vorgesehen sind, sind Kurven bzw. Tabellen, die diesem Trimmbereich entsprechen, beizufügen;
- Cross-Curves bzw. Tabellen für die Stabilität, berechnet auf der Grundlage einer freien Schwimmlage für die Verdrängungs- und Trimmbereiche, die während des normalen Betriebs zu erwarten sind, mit Angabe der als schwimmend geltenden Volumen;

9

- Echolot-Tabellen oder Kurven für den Füllstand von Ladetanks, Ballasttanks/-zellen und Trinkwasser-/Abwassertanks und der Tanks für flüssige Schiffsbetriebsstoffe mit Angabe der Kapazitäten, des Massenschwerpunkts und Angaben zu freien Oberflächen für jeden Ladetank, Ballasttank/-zelle, Trinkwasser-/Abwassertank und der Tanks für flüssige Schiffsbetriebsstoffe;
- Leerschiffsdaten (Gewicht und Massenschwerpunkt) infolge eines Krängungsversuchs oder einer Messung des Leergewichts in Kombination mit einer detaillierten Massenbilanz oder anderen annehmbaren Maßen; dort, wo die vorstehenden Angaben von einem Schwesterschiff abgeleitet sind, ist ein eindeutiger Hinweis auf das Schwesterschiff erforderlich und ist eine Kopie des bestätigten Krängungsversuchsberichts für dieses Schwesterschiff beizulegen;
- eine Kopie des bestätigten Prüfberichts ist dem Stabilitätshandbuch beizulegen;
- betriebliche Ladebedingungen mit allen relevanten Einzelheiten wie:
  - Leerschiffsdaten, Tankfüllungen, Lager, Schiffsbesatzung und andere relevante Positionen an Bord (Masse und Massenschwerpunkt für jede Position, freie Oberflächenmomente für flüssige Ladungen),
  - Tiefgang mittschiffs und an den Loten,
  - GM, GM korrigiert für freien Oberflächeneffekt,
  - GZ-Werte und Kurve,
  - Längsbiegemomente und Querkräfte an Ablesepunkten,
  - Informationen über Öffnungen (Lage, Art der Dichtung, Verschlussvorrichtungen) und
  - Informationen für den Schiffsführer;
- Berechnung des Einflusses des Ballastwassers auf die Stabilität mit Angabe, ob fest installierte Niveau- Anzeigegeräte für die Ballasttanks/-zellen vorhanden sein müssen, oder die Ballasttanks/-zellen nur vollständig befüllt oder leer gefahren werden dürfen.

9.3.1.13.4 Die Schwimmfähigkeit im Leckfall muss für den ungünstigsten Beladungszustand nachgewiesen werden. Hierbei muss für die kritischen Zwischenzustände und für den Endzustand der Flutung der rechnerische Nachweis der genügenden Stabilität erbracht werden.

9.3.1.14.1 Stabilität (intakt)

Die sich aus der Leckrechnung ergebenden Intaktstabilitätsforderungen dürfen nicht unterschritten werden.

9.3.1.14.2 Für Schiffe mit Tankbreiten von mehr als 0,70 B sind folgende Stabilitätsanforderungen nachzuweisen:

a) Innerhalb des positiven Bereiches der Hebelarmkurve bis zum Eintauchen der ersten nicht wetterdicht verschlossenen Öffnung muss ein aufrichtender Hebelarm (GZ) von mindestens 0,10 m vorhanden sein.

b) Die Fläche des positiven Bereichs der Hebelarmkurve bis zum Eintauchen der ersten nicht wetterdicht verschlossenen Öffnung, jedoch vor einem Neigungswinkel ≤ 27° darf 0,024 m·rad nicht unterschreiten.

c) Die metazentrische Höhe (MG) muss mindestens 0,10 m betragen.

Diese Anforderungen müssen eingehalten werden unter Berücksichtigung des Einflusses aller freien Flüssigkeitsoberflächen in Tanks für alle Stadien des Be- und Entladens.

9.3.1.14.3 Die strengere der Forderungen gemäß den Absätzen 9.3.1.14.1 und 9.3.1.14.2 ist für das Schiff maßgebend.

9.3.1.15 Stabilität (im Leckfall)

9.3.1.15.1 Für den Leckfall sind folgende Annahmen zu berücksichtigen:

a) Ausdehnung des Schadens an einer Schiffsseite:

Längsausdehnung	:	mindestens 0,10 L jedoch nicht weniger als 5,00 m,
Querausdehnung	:	0,79 m bordseitig von der Schiffsseite im rechten Winkel zur Mittellängsachse auf dem Niveau des maximalen Tiefgangs oder, falls zutreffend, der zulässige Abstand gemäß Abschnitt 9.3.4 abzüglich 0,01 m
Senkrechte Ausdehnung	:	von der Basis aufwärts unbegrenzt.

b) Ausdehnung des Schadens am Schiffsboden:

Längsausdehnung	:	mindestens 0,10 L jedoch nicht weniger als 5,00 m,
Querausdehnung	:	3,00 m
Senkrechte Ausdehnung	:	von der Basis 0,59 m aufwärts, Sumpf ausgenommen.

c) Alle in den Beschädigungsbereich fallenden Schotte sind als leck anzusehen, das heißt, die Schotteinteilung muss so gewählt sein, dass das Schiff auch nach dem Fluten von zwei oder mehr direkt hintereinander liegenden Abteilungen schwimmfähig bleibt.

Dabei ist Folgendes zu beachten:

– Bei einer Bodenbeschädigung sind auch querschiffs nebeneinander liegende Abteilungen als geflutet anzusehen.
– Die Unterkante von nicht wasserdicht verschließbaren Öffnungen (z. B. von Türen, Fenstern, Einstiegluken) muss im Endzustand der Flutung mindestens 0,10 m über der Schwimmebene liegen.
– Im Allgemeinen ist mit einer Flutbarkeit von 95 % zu rechnen. Wird durch eine Berechnung nachgewiesen, dass die mittlere Flutbarkeit in irgendeiner Abteilung kleiner als 95 % ist, so kann der errechnete Wert eingesetzt werden.

Es sind jedoch die folgenden Mindestwerte einzusetzen:

– Maschinenräume	85 %
– Besatzungsräume	95 %
– Doppelböden, Brennstofftanks, Ballasttanks usw. je nachdem, ob sie ihrer Bestimmung entsprechend für das auf der Ebene der tiefsten Einsenkung schwimmende Schiff als voll oder leer angenommen werden müssen	0 oder 95 %

Für den Hauptmaschinenraum braucht nur die Schwimmfähigkeit für den Einabteilungsstatus nachgewiesen zu werden, d.h. Maschinenraumendschotte gelten als nicht beschädigt.

9.3.1.15.2 Für den Zwischenzustand der Flutung müssen folgende Kriterien erfüllt sein:

GZ ≥ 0,03 m

Bereich des positiven Hebelarms GZ: 5°.

In der Gleichgewichtslage (Endschwimmlage) darf die Neigung des Schiffes 12° nicht überschreiten. Nicht wasserdicht verschlossene Öffnungen dürfen erst nach Erreichen der Gleichgewichtslage eintauchen. Tauchen derartige Öffnungen vorher ein, sind die dazugehörigen Räume bei der Leckrechnung als geflutet anzusehen.

Über die Gleichgewichtslage hinaus muss der positive Bereich der Hebelarmkurve einen aufrichtenden Hebel ≥ 0,05 m in Verbindung mit einer Fläche ≥ 0,0065 m·rad aufweisen. Diese Mindestwerte der Stabilität sind bis zum Eintauchen der ersten nicht wetterdicht verschlossenen Öffnung, jedoch vor einem Neigungswinkel ≤ 27° einzuhalten. Tauchen nicht wetterdicht verschlossene Öffnungen vorher ein, sind die dazugehörigen Räume bei der Leckrechnung als geflutet anzusehen.

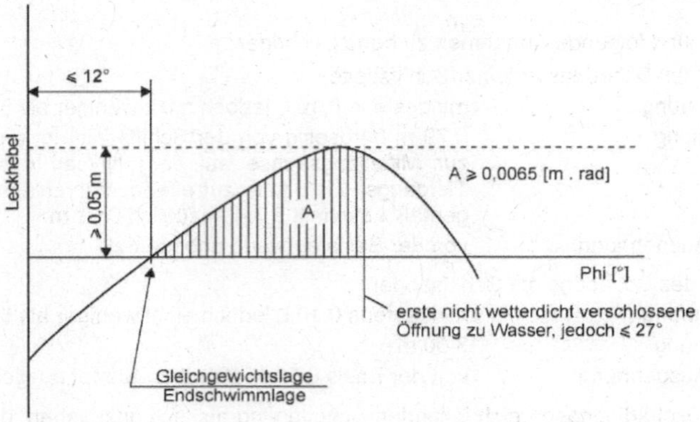

9.3.1.15.3 Wenn Öffnungen, über die unbeschädigte Abteilungen zusätzlich fluten können, wasserdicht verschlossen werden können, müssen diese Verschlusseinrichtungen entsprechend ihren Anforderungen beschriftet sein.

9.3.1.15.4 Werden Quer- oder Niederflutöffnungen zur Verringerung von Asymmetrien vorgesehen, muss der Ausgleich innerhalb von 15 Minuten erfolgen, wenn im Zwischenzustand ausreichende Leckstabilitätswerte nachgewiesen werden.

9.3.1.16 Maschinenräume

9.3.1.16.1 Verbrennungsmotoren für den Schiffsantrieb sowie Verbrennungsmotoren von Hilfsmaschinen müssen außerhalb des Bereichs der Ladung angeordnet sein. Zugänge und andere Öffnungen von Maschinenräumen müssen mindestens 2,00 m vom Bereich der Ladung entfernt sein.

9.3.1.16.2 Maschinenräume müssen von Deck aus zugänglich sein. Zugänge dürfen nicht zum Bereich der Ladung gerichtet sein. Wenn die Türen nicht in einer Nische untergebracht sind, deren Tiefe mindestens der Türbreite entspricht, müssen die Scharniere dem Bereich der Ladung zugewendet sein.

9.3.1.17 Wohnungen und Betriebsräume

9.3.1.17.1 Wohnungen und Steuerhaus müssen außerhalb des Bereichs der Ladung (hinter der hinteren oder vor der vorderen Begrenzungsebene des Bereichs der Ladung) liegen. Fenster des Steuerhauses, welche mindestens 1 m über dem Steuerhausboden liegen, dürfen nach vorn geneigt sein.

9.3.1.17.2 Zugänge von Räumen und Öffnungen in den Aufbauten dürfen nicht zum Bereich der Ladung gerichtet sein. Scharniere von Türen, die nach außen öffnen und nicht in einer Nische untergebracht sind, deren Tiefe mindestens der Türbreite entspricht, müssen dem Bereich der Ladung zugewendet sein.

9.3.1.17.3 Zugänge von Deck aus und Öffnungen von Räumen ins Freie müssen geschlossen werden können. Folgender Hinweis muss am Zugang zu diesen Räumen angebracht sein:

Während des Ladens, Löschens und Entgasens
nicht ohne Erlaubnis des Schiffsführers öffnen.
Sofort wieder schließen.

9.3.1.17.4 Eingänge und zu öffnende Fenster von Aufbauten und Wohnungen sowie andere Öffnungen zu diesen Räumen müssen mindestens 2 m vom Bereich der Ladung entfernt sein. Steuerhaustüren und -fenster dürfen innerhalb dieser 2 m nur angeordnet sein, wenn keine direkte Verbindung vom Steuerhaus zur Wohnung besteht.

9.3.1.17.5 a) Antriebswellen der Lenz- und Ballastpumpen im Bereich der Ladung dürfen durch das Schott zwischen Betriebsraum und Maschinenraum hindurchgeführt werden, wenn die Betriebsraumanordnung den Vorschriften des Absatzes 9.3.1.11.6 entspricht.

b) Die Durchführung der Welle durch das Schott muss gasdicht und von einer anerkannten Klassifikationsgesellschaft zugelassen sein.

c) Ein Anschlag muss die erforderlichen Betriebsanweisungen enthalten.

d) Im Schott zwischen Maschinenraum und Betriebsraum im Bereich der Ladung und zwischen Maschinenraum und Aufstellungsraum dürfen Durchführungen für elektrische Kabel, Hydraulikleitungen und Rohrleitungen für Mess-, Regel- und Alarmeinrichtungen angebracht werden, wenn die Durchführungen gasdicht und von einer anerkannten Klassifikationsgesellschaft zugelassen sind. Durchführungen durch ein Schott, das mit einer Brandschutz-Isolierung „A-60" nach SOLAS 74 Kapitel II-2, Regel 3 versehen ist, müssen eine gleichwertige Brandschutzisolierung haben.

e) Durch das Schott zwischen Maschinenraum und Betriebsraum im Bereich der Ladung dürfen Rohrleitungen hindurchgeführt werden, wenn es sich dabei um Rohrleitungen zwischen maschinellen Anlagen im Maschinenraum und im Betriebsraum handelt, welche im Betriebsraum keine Öffnungen enthalten.

f) Vom Maschinenraum aus dürfen abweichend von Absatz 9.3.1.11.4 Rohrleitungen durch den Betriebsraum im Bereich der Ladung, den Kofferdamm, den Aufstellungsraum oder den Wallgang hindurch ins Freie geführt werden, wenn sie innerhalb des Betriebsraumes, des Kofferdammes, des Aufstellungsraumes oder des Wallgangs in dickwandiger Ausführung verlegt sind und im Betriebsraum, im Kofferdamm, im Aufstellungsraum oder im Wallgang keine Flanschverbindungen oder Öffnungen haben.

g) Wenn eine Antriebswelle von Hilfsmaschinen durch eine über Deck gelegene Wand führt, muss die Durchführung gasdicht sein.

9.3.1.17.6 Ein im Bereich der Ladung unter Deck angeordneter Betriebsraum ist als Pumpenraum für die Aufstellung einer Eigengaslöschanlage, wie z.B. Kompressoren oder Kompressor-/Wärmetauscher-Pumpenkombinationen nur zulässig, wenn:

- der Pumpenraum durch einen Kofferdamm oder ein Schott mit einer „A-60"-Isolierung nach SOLAS 74 Kapitel II-2 Regel 3 versehen ist oder durch einen Betriebsraum oder einen Aufstellungsraum vom Maschinenraum oder von Betriebsräumen außerhalb des Bereichs der Ladung getrennt ist;
- das vorstehend geforderte „A-60"-Schott keine Durchbrüche gemäß Absatz 9.3.1.17.5 a) hat;
- Lüftungsaustrittsöffnungen mindestens 6,00 m von Zugängen und Öffnungen der Wohnungen, des Steuerhauses und der Betriebsräume außerhalb des Bereichs der Ladung entfernt angeordnet sind;
- Zugangs- und Lüftungsöffnungen von außen verschließbar sind;
- alle Lade- und Löschleitungen (saug- und druckseitig) durch das Deck über dem Pumpenraum geführt sind. Die erforderliche Bedienung der Armaturen im Pumpenraum und das Starten der Pumpen oder Kompressoren sowie die notwendige Regulierung des Flüssigkeitsstromes muss von Deck aus erfolgen;
- die Anlage voll in das Gas- und Flüssigkeitsrohrleitungssystem integriert ist;
- der Pumpenraum mit einer fest eingebauten Sauerstoffmessanlage versehen ist, welche den Sauerstoffgehalt automatisch anzeigt und bei einer Sauerstoffkonzentration von 19,5 Vol.-% einen optischen und akustischen Alarm auslöst. Die Sensoren dieser Anlage müssen sich an geeigneten Stellen am Boden und in 2,00 m Höhe befinden. Die Messungen müssen stetig

erfolgen und nahe des Einganges angezeigt werden. Die Alarme müssen optisch und akustisch im Steuerhaus und im Pumpenraum gemeldet werden und müssen die Lade- und Löschanlage abschalten.

Ein Ausfall der Sauerstoffmessanlage muss optischen und akustischen Alarm im Steuerhaus und an Deck auslösen. Bei Nichtquittieren muss die Alarmierung automatisch in den Wohnungen erfolgen.

– das in Absatz 9.3.1.12.3 vorgeschriebene Lüftungssystem eine Stundenleistung von mindestens dem dreißigfachen des Rauminhalts des Betriebsraums besitzt.

Wenn die Schiffsstoffliste nach Absatz 1.16.1.2.5 Stoffe enthalten soll, für die nach Unterabschnitt 3.2.3.2 Tabelle C Spalte 17 Explosionsschutz gefordert ist, muss der Pumpenraum zusätzlich mit einer fest eingebauten Gasspüranlage versehen sein, welche, die Anwesenheit entzündbarer Gase automatisch anzeigt und beim Erreichen einer Gaskonzentration von 20 % der UEG der Ladung oder 20 % der UEG von n-Hexan einen optischen und akustischen Alarm auslöst, je nachdem welche UEG die kritischere ist.

Die Sensoren der Gasspüranlage müssen sich an geeigneten Stellen am Boden und direkt unterhalb der Decke befinden.

Die Messungen müssen stetig erfolgen und nahe des Einganges angezeigt werden.

Die Alarme müssen optisch und akustisch im Steuerhaus und im Pumpenraum gemeldet werden und müssen die Lade- und Löschanlage abschalten.

Ein Ausfall der Gasspüranlage muss optisch und akustisch im Steuerhaus und an Deck gemeldet werden. Bei Nichtquittieren muss die Alarmierung automatisch in den Wohnungen erfolgen.

9.3.1.17.7 Am Zugang zum Pumpenraum muss folgender Hinweis angebracht sein:

**Vor Betreten des Pumpenraumes
auf Gasfreiheit sowie ausreichenden Sauerstoffgehalt überprüfen.
Türen und Einstiegöffnungen nicht ohne Erlaubnis des Schiffsführers öffnen.
Bei Alarm den Raum sofort verlassen.**

9.3.1.18 Inertgasanlage

Wenn Inertisierung oder Abdeckung der Ladung vorgeschrieben ist, muss das Schiff mit einer Inertgasanlage ausgestattet sein.

Diese Anlage muss in der Lage sein, einen Mindestdruck von 7 kPa (0,07 bar) in den zu inertisierenden Räumen jederzeit aufrechtzuerhalten. Außerdem darf die Inertgasanlage den Druck im Ladetank nicht über den Einstelldruck des Überdruckventils hinaus erhöhen. Der Einstelldruck des Unterdruckventils muss 3,5 kPa (0,035 bar) betragen.

Eine für das Laden oder Löschen ausreichende Menge Inertgas ist an Bord mitzuführen oder zu erzeugen, soweit sie nicht von Land bezogen werden kann. Außerdem muss an Bord eine ausreichende Menge Inertgas zum Ausgleich normaler Verluste während der Beförderung verfügbar sein.

Die zu inertisierenden Räume müssen mit Anschlüssen für die Zufuhr des Inertgases und mit Kontrolleinrichtungen zur ständigen Erhaltung der richtigen Atmosphäre versehen sein.

Diese Kontrolleinrichtungen müssen beim Unterschreiten eines vorgegebenen Druckes oder einer vorgegebenen Inertgaskonzentration im Dampfraum einen optischen und akustischen Alarm im Steuerhaus auslösen. Wenn das Steuerhaus nicht besetzt ist, muss der Alarm zusätzlich an einer von einem Besatzungsmitglied besetzten Stelle wahrnehmbar sein.

9.3.1.19-9.3.1.20 (bleibt offen)

9.3.1.21 Sicherheits- und Kontrolleinrichtungen

9.3.1.21.1 Jeder Ladetank muss versehen sein mit:

a) (bleibt offen)
b) einem Niveau-Anzeigegerät;
c) einem Niveau-Warngerät, das spätestens bei einer Füllung von 86 % anspricht;
d) einem Grenzwertgeber für die Auslösung der Überlaufsicherung, der spätestens bei einer Füllung von 97,5 % auslöst;
e) einer Einrichtung zum Messen des Drucks der Gasphase im Ladetank;
f) einer Einrichtung zum Messen der Temperatur der Ladung;
g) einem Anschluss für eine geschlossene Probeentnahmeeinrichtung.

9.3.1.21.2 Der Füllungsgrad in % muss mit einem Fehler von höchstens 0,5 % ermittelt werden können. Er wird bezogen auf den Gesamtinhalt des Ladetanks einschließlich des Ausdehnungsschachtes.

9.3.1.21.3 Das Niveau-Anzeigegerät muss von den Bedienungsstellen der Absperrorgane für den entsprechenden Ladetank aus abgelesen werden können. Bei jedem Anzeigegerät müssen die nach der Schiffsstoffliste höchstzulässigen Füllhöhen von 91 %, 95 % und 97 % kenntlich gemacht werden.

Der Über- und Unterdruck muss jederzeit von einer Stelle aus abgelesen werden können, von der das Laden oder Löschen unterbrochen werden kann. Der höchstzulässige Über- oder Unterdruck muss bei jeder Einrichtung kenntlich gemacht sein.

Das Ablesen muss unter allen Witterungsbedingungen stattfinden können.

9.3.1.21.4 Das Niveau-Warngerät hat an Bord einen optischen und akustischen Alarm auszulösen und muss vom Niveau-Anzeigegerät unabhängig sein.

9.3.1.21.5 a) Der Grenzwertgeber nach Absatz 9.3.1.21.1 d) hat an Bord einen optischen und akustischen Alarm auszulösen und gleichzeitig einen elektrischen Kontakt zu betätigen, der in Form eines binären Signals die von der Landanlage übergebene und gespeiste Stromschleife unterbrechen und landseitige Maßnahmen gegen ein Überlaufen beim Beladen einleiten kann.

Das Signal muss an die Landanlage mittels eines zweipoligen wasserdichten Gerätesteckers einer Kupplungssteckvorrichtung nach der Norm EN 60309-2:1999 + A1:2007 + A2:2012 für Gleichstrom von 40 bis 50 V, Kennfarbe weiß, Lage der Hilfsnase 10h, übergeben werden können.
Der Stecker muss in unmittelbarer Nähe der Landanschlüsse der Lade- und Löschleitungen fest am Schiff montiert sein.

Der Grenzwertgeber muss auch in der Lage sein, die eigene Löschpumpe abzuschalten.

Der Grenzwertgeber muss vom Niveau-Warngerät unabhängig sein, darf aber mit dem Niveau-Anzeigegerät gekoppelt sein.

b) Beim Löschen unter Verwendung der bordeigenen Pumpe muss diese von der Landanlage abgeschaltet werden können. Hierfür muss eine separate, bordseitig gespeiste, eigensichere Stromschleife landseitig durch einen elektrischen Kontakt unterbrochen werden.

Das binäre Signal von der Landanlage muss mittels einer zweipoligen wasserdichten Steckdose einer Kupplungssteckverbindung nach der Norm EN 60309-2:1999 + A1:2007 + A2:2012 für Gleichstrom von 40 bis 50 V, Kennfarbe weiß, Lage der Hilfsnase 10 Uhr, übernommen werden können.
Die Steckdose muss in unmittelbarer Nähe der Landanschlüsse der Löschleitungen fest am Schiff montiert sein.

9.3.1.21.6 Die optischen und akustischen Alarme des Niveau-Warngerätes und des Grenzwertgebers müssen sich deutlich voneinander unterscheiden.

Die optischen Alarme müssen an jedem Bedienungsstand der Absperrarmaturen der Ladetanks wahrnehmbar sein. Die Funktion der Messfühler und Stromkreise muss leicht kontrollierbar sein oder sie müssen der Ausführung „failsafe" (eigensicher) genügen.

9.3.1.21.7 Einrichtungen zum Messen des Drucks und der Temperatur der Ladung müssen beim Überschreiten eines vorgegebenen Druckes oder einer vorgegeben Temperatur einen optischen und akustischen Alarm im Steuerhaus auslösen. Wenn das Steuerhaus nicht besetzt ist, muss der Alarm zusätzlich an einer von einem Besatzungsmitglied besetzten Stelle wahrnehmbar sein.

Beim Laden oder Löschen muss die Einrichtung zum Messen des Drucks beim Erreichen eines vorgegebenen Wertes gleichzeitig einen elektrischen Kontakt betätigen, der mit Hilfe des in Absatz 9.3.1.21.5 genannten Steckers Maßnahmen einleiten kann, durch die das Laden oder Löschen unterbrochen wird. Bei Verwendung der bordeigenen Löschpumpe muss diese automatisch abgeschaltet werden. Die Geber der in diesem Absatz erwähnten Alarme dürfen an die Alarmeinrichtung des Grenzwertgebers angeschlossen sein.

9.3.1.21.8 Falls sich die Bedienung der Absperrarmaturen der Ladetanks in einem Kontrollraum befindet, müssen dort die Ladepumpen abgeschaltet und die Niveau-Anzeigegeräte abgelesen werden können. Die optischen und akustischen Alarme des Niveau-Warngeräts, des Grenzwertgebers nach Absatz 9.3.2.21.1 d) und der Einrichtungen zum Messen des Drucks und der Temperatur der Ladung müssen sowohl im Kontrollraum als auch an Deck wahrnehmbar sein. Die Überwachung des Bereichs der Ladung vom Kontrollraum aus muss gewährleistet sein.

9.3.1.21.9 Das Schiff muss so ausgerüstet sein, dass der Lade-/Löschvorgang durch Schalter unterbrochen werden kann, d.h. das Schnellschlussventil direkt an der beweglichen Verbindungsleitung zwischen Schiff und Land muss geschlossen werden können. Diese Schalter müssen an zwei Stellen auf dem Schiff (vorne und hinten) angebracht sein.

Die Abschaltung muss im Ruhestromprinzip ausgeführt sein.

9.3.1.21.10 Bei der Beförderung von Stoffen in gekühlter Form wird der Öffnungsdruck der Sicherheitseinrichtung von der Ausführung des Ladetanks bestimmt. Bei der Beförderung von Stoffen, welche gekühlt befördert werden müssen, muss der Öffnungsdruck der Sicherheitseinrichtung mindestens 25 kPa (0,25 bar) über dem höchstberechneten Druck nach Unterabschnitt 9.3.1.27 liegen.

9.3.1.21.11 Auf Schiffen, die für die Beförderung tiefgekühlt verflüssigter Gase zugelassen sind, müssen im Bereich der Ladung folgende Schutzmaßnahmen getroffen werden:

- Unter den Landanschlüssen der Lade- und Löschleitungen, durch welche geladen und gelöscht wird, müssen Auffangwannen angebracht werden. Diese müssen aus Werkstoffen bestehen, die der Temperatur der Ladung standhalten können und gegen Deck isoliert sein. Die Auffangwannen müssen über eine ausreichende Kapazität verfügen und mit einem Über-Bord-Abfluss versehen sein.
- Eine Berieselungsanlage muss folgende Bereiche absichern:
  1. freiliegende Ladetankdome und freiliegende Ladetankteile;
  2. an Deck befindliche freiliegende Lagerbehälter für brennbare oder giftige Produkte;
  3. Teile des Decks im Bereich der Ladung, wo eine Leckage entstehen kann.

  Die Kapazität der Berieselungsanlage muss mindestens so ausgelegt sein, dass bei gleichzeitiger Benutzung aller Düsen pro Stunde 300 Liter pro m^2 Decksfläche im Ladungsbereich erreicht werden. Die Anlage muss vom Steuerstand und von Deck aus in Betrieb gesetzt werden können;
- Um das genutzte Sammelrohr muss zum Schutz des Decks und der Bordwand ein Wasserfilm gebildet werden, um beim An- und Abkoppeln des Ladearms oder Schlauchs Schutz vor Sprödbruch zu bieten. Der Wasserfilm muss eine ausreichende Kapazität aufweisen. Die Anlage muss vom Steuerstand und von Deck aus in Betrieb gesetzt werden können.

9.3.1.21.12 Schiffe, die tiefgekühlt verflüssigte Gase befördern, müssen an Bord ein schriftliches Verfahren zum Vorkühlen der Ladetanks und der Leitungen haben, um eine Beschädigung der Ladetanks während des Ladens und der Lade- und Löschleitungen während des Ladens und Löschens zu verhindern. Dieses Verfahren muss vor der Inbetriebnahme des Schiffes und nach langfristigen Wartungsarbeiten durchgeführt werden.

9.3.1.22 Öffnungen der Ladetanks

9.3.1.22.1 a) Ladetanköffnungen müssen sich über Deck im Bereich der Ladung befinden.

b) Ladetanköffnungen mit einem Querschnitt von mehr als 0,10 m² müssen sich mindestens 0,50 m über Deck befinden.

9.3.1.22.2 Ladetanköffnungen müssen mit gasdichten Verschlüssen versehen sein, die den in Absatz 9.3.1.23.1 genannten Vorschriften entsprechen.

9.3.1.22.3 Austrittsöffnungen für Gase aus den Überdruckventilen müssen mindestens 2 m über Deck angeordnet und mindestens 6 m von den Wohnungen sowie 6 m von außerhalb des Bereichs der Ladung gelegenen Betriebsräumen entfernt sein. Diese Höhe kann verringert werden, wenn unmittelbar um die Austrittsöffnung des Überdruckventils in einem Umkreis von 1 m keine Bedienungseinrichtungen vorhanden sind und dieser Bereich als Gefahrenbereich gekennzeichnet ist.

9.3.1.22.4 Verschlüsse, die normalerweise während des Ladens und Löschens benutzt werden, dürfen beim Betätigen keine Funkenbildung hervorrufen können

9.3.1.22.5 Jeder Ladetank, in dem Stoffe in gekühlter Form befördert werden, muss mit einer Sicherheitseinrichtung versehen sein, die unzulässige Über- und Unterdrücke verhindert.

9.3.1.23 Druckprüfung

9.3.1.23.1 Ladetanks und Lade- und Löschleitungen müssen den Vorschriften über Druckbehälter entsprechen, die von der zuständigen Behörde oder einer anerkannten Klassifikationsgesellschaft für die zu befördernden Stoffe erlassen worden sind.

9.3.1.23.2 Kofferdämme, wenn vorhanden, sind erstmalig vor der Inbetriebnahme und regelmäßig innerhalb vorgeschriebener Fristen zu prüfen.

Der Prüfdruck muss mindestens 10 kPa (0,10 bar) Überdruck betragen.

9.3.1.23.3 Die maximale Frist für die wiederkehrenden Prüfungen gemäß Absatz 9.3.1.23.2 beträgt elf Jahre.

9.3.1.24 Druck- und Temperaturregelung der Ladung

9.3.1.24.1 Wenn das gesamte Ladungssystem nicht für den vollen Dampfdruck bei den oberen Auslegungsgrenzwerten für die Umgebungstemperatur ausgelegt ist, muss der Ladetankdruck unterhalb des höchstzulässigen Öffnungsdrucks der Sicherheitsventile durch eine oder mehrere der folgenden Maßnahmen gehalten werden:

a) ein System, das den Druck in den Ladetanks mittels mechanischer Kühlung regelt.

b) ein System, welches bei einer Erwärmung oder Druckerhöhung der Ladung die Sicherheit gewährleistet. Die Isolierung und der Auslegungsdruck des Ladetanks müssen zusammen eine angemessene Sicherheit im Hinblick auf Betriebsdauer und Betriebstemperatur gewährleisten. Das System muss in jedem Einzelfall von einer anerkannten Klassifikationsgesellschaft zugelassen sein und für einen Zeitraum der dreifachen Betriebsdauer die Sicherheit gewährleisten;

c) Nur für UN-Nr. 1972: ein System, das den Druck in den Ladetanks regelt, wobei die Boil-Off-Gase als Brennstoff an Bord genutzt werden.

d) andere von einer anerkannten Klassifikationsgesellschaft zugelassenen Systeme zur Regelung des Ladungsdrucks und der Ladungstemperatur.

9.3.1.24.2 Die nach Absatz 9.3.1.24.1 erforderlichen Systeme sind entsprechend den Anforderungen der anerkannten Klassifikationsgesellschaft auszuführen, einzubauen und zu prüfen. Die Bauwerkstoffe müssen für die zu befördernden Stoffe geeignet sein. Für den Normalbetrieb sind als obere Auslegungsgrenzwerte der Umgebungstemperatur folgende Werte anzusetzen:

Lufttemperatur	:	+ 30 °C,
Wassertemperatur	:	+ 20 °C.

9.3.1.24.3 Das Ladungsbehältersystem muss dem vollen Dampfdruck der Ladung bei den oberen Auslegungsgrenzwerten der Umgebungstemperaturen standhalten können ohne Berücksichtigung eines Systems, das mit verdampfendem Gas arbeitet. Dies wird in Kapitel 3.2 Tabelle C Spalte 20 mit Bemerkung 37 angegeben.

9.3.1.25 Pumpen und Leitungen

9.3.1.25.1 Pumpen, Kompressoren und zugehörigen Lade- und Löschleitungen müssen im Bereich der Ladung untergebracht sein. Ladepumpen und Kompressoren müssen im Bereich der Ladung und zusätzlich von einer Stelle außerhalb dieses Bereichs abgeschaltet werden können. Ladepumpen und Kompressoren an Deck müssen mindestens 6 m von Zugängen oder Öffnungen der Wohnungen und der außerhalb des Bereichs der Ladung gelegenen Betriebsräumen entfernt sein.

9.3.1.25.2

a) Lade- und Löschleitungen müssen von jeder anderen Rohrleitung des Schiffes unabhängig sein. Unter Deck, mit Ausnahme des Ladetankinnern und der für die Aufstellung der Eigengaslöschanlage bestimmten Betriebsräume, dürfen keine produktführenden Leitungen vorhanden sein.

b) (bleibt offen)

c) Lade- und Löschleitungen müssen sich deutlich von den übrigen Rohrleitungen unterscheiden, zum Beispiel durch farbliche Kennzeichnung.

d) Lade- und Löschleitungen an Deck und Gasabfuhrleitungen, mit Ausnahme der Landanschlüsse, jedoch einschließlich der Sicherheitsventile, müssen sich mit den zugehörigen Trennschiebern und Ventilen innerhalb der längsschiffs verlaufenden außenseitigen Begrenzung der Dome und mindestens im Abstand von einem Viertel der Schiffsbreite zur Außenhaut befinden. Dies gilt nicht für die Entlastungsrohrleitungen hinter den Sicherheitsventilen. Wenn es jedoch querschiffs nur einen Tankdom gibt, müssen sich diese Leitungen mit den zugehörigen Trennschiebern und Ventilen mindestens in einem Abstand von 2,70 m von der Außenhaut befinden.

   Bei nebeneinander angeordneten Ladetanks sind alle Anschlüsse an die Tankdome auf der nach mittschiffs liegenden Tankdomseite anzuordnen. Dabei dürfen die äußeren Anschlüsse auf der Mittellinie, die parallel zur Mittschiffsachse durch die Tankdome führt, liegen. Die Absperrarmaturen sind möglichst dicht oder direkt am Tankdom anzuordnen. Absperrarmaturen der Lade- und Löschleitungen sind in doppelter Ausführung vorzusehen, wovon eine Armatur als Schnellschlussventil auszuführen ist. Bei einem Innendurchmesser < 50 mm darf eine der Absperrarmaturen als Rohrbruchsicherung ausgeführt werden.

e) Landanschlüsse müssen mindestens 6 m von Zugängen und Öffnungen der Wohnungen und der außerhalb des Bereichs der Ladung gelegenen Betriebsräume entfernt sein.

f) Alle Landanschlüsse der Gasabfuhrleitung und der Landanschluss der Lade- und Löschleitung, über den geladen oder gelöscht wird, müssen mit einer Absperrarmatur und einem Schnellschlussventil versehen sein. Alle Landanschlüsse müssen jedoch, wenn sie nicht in Betrieb sind, mit einem Blindflansch versehen sein.

g) Lade- und Löschleitungen sowie Gasabfuhrleitungen dürfen keine flexiblen Verbindungen mit Gleitdichtungen enthalten.

Für die Beförderung tiefgekühlt verflüssigter Gase

h) Die Ladeleitungen und Ladetanks müssen mittels S-Stücken, Rohrschleifen oder Rohrbögen vor Beanspruchungen durch thermische Bewegung und Bewegungen der Tank- und Rumpfkonstruktion geschützt werden.

i) Soweit erforderlich, müssen die Lade- und Löschleitungen zur angrenzenden Rumpfkonstruktion hin thermisch isoliert werden, um zu verhindern, dass die Temperatur des Schiffskörpers unter die Auslegungstemperatur des Rumpfwerkstoffs fällt.

j) Alle Ladeleitungen, die in einem mit Flüssigkeit (Rückstand) gefüllten Zustand isoliert sein können, müssen mit Sicherheitsventilen versehen sein. Die Sicherheitsventile müssen in die Ladetanks ableiten und gegen versehentliches Schließen geschützt sein.

9.3.1.25.3 (gestrichen)

9.3.1.25.4 Alle Einzelteile der Lade- und Löschleitungen müssen elektrisch leitend mit dem Schiffskörper verbunden sein.

9.3.1.25.5 Es muss erkennbar sein, ob Absperrarmaturen oder andere Abschlussvorrichtungen der Lade- und Löschleitungen offen oder geschlossen sind.

9.3.1.25.6 Lade- und Löschleitungen müssen die erforderliche Elastizität, Dichtheit und Druckfestigkeit beim Prüfdruck aufweisen

9.3.1.25.7 Löschleitungen müssen am Eingang und Ausgang der Eigengaslöschanlage mit Messeinrichtungen zum Messen des Drucks versehen sein.

Die gemessenen Werte müssen jederzeit vom Bedienungsstand der Eigengaslöschanlage aus abgelesen werden können. Der höchstzulässige Über- oder Unterdruck muss bei jeder Messeinrichtung kenntlich gemacht sein.

Das Ablesen muss unter allen Witterungsbedingungen stattfinden können.

9.3.1.25.8 Lade- und Löschleitungen dürfen nicht für Ballastzwecke benutzt werden können.

9.3.1.25.9 (bleibt offen)

9.3.1.25.10 Im Bereich der Ladung kann außerhalb des Bereichs der Ladung ▪▪▪ erzeugte Druckluft verwendet werden, sofern durch ein federbelastetes Rückschlagventil sichergestellt ist, dass Gase nicht durch die Druckluftanlage aus dem Bereich der Ladung in Wohnungen, das Steuerhaus oder Betriebsräume außerhalb des Bereichs der Ladung gelangen können.

9.3.1.26 (bleibt offen)

9.3.1.27 Kühlanlage

9.3.1.27.1 Eine Kühlanlage nach Absatz 9.3.1.24.1 a) muss aus einer oder mehreren Einheiten bestehen, die die Ladung auf dem erforderlichen Druck bzw. der erforderlichen Temperatur bei den oberen Auslegungsgrenzwerten der Umgebungstemperatur halten können. Wenn keine Alternativmaßnahmen zur Druck- und Temperaturregelung der Ladung entsprechend den Anforderungen einer anerkannten Klassifikationsgesellschaft vorgesehen sind, müssen eine oder mehrere Reserveeinheiten vorgesehen werden, die mindestens die gleiche Kälteleistung wie die größte Einzeleinheit haben. Eine Reserveeinheit muss aus einem Kompressor einschließlich Antriebsmotor, Regelsystem und allen notwendigen Ausrüstungen bestehen, um einen von den normalen Einheiten unabhängigen Betrieb zu ermöglichen. Ein Reservewärmeaustauscher muss dann vorgesehen werden, wenn der für den Normalbetrieb vorgesehene Wärmetauscher nicht für eine Mehrleistung von mindestens 25 % der größten erforderlichen Kälteleistung ausgelegt ist. Getrennte Rohrleitungssysteme sind nicht erforderlich.

Ladetanks, Rohrleitungen und Zubehör müssen so isoliert sein, dass beim Ausfall der ganzen Kühlanlage die gesamte Ladung mindestens 52 Stunden lang in einem Zustand verbleibt, bei dem die Sicherheitsventile nicht öffnen.

9

9.3.1.27.2 Sicherheitseinrichtungen und Verbindungsleitungen zur Kühlanlage müssen oberhalb der flüssigen Phase der Ladung bei höchstzulässiger Füllung an die Ladetanks angeschlossen sein. Sie müssen auch im Bereich der Gasphase liegen, wenn das Schiff 12° krängt.

9.3.1.27.3 Werden mehrere gekühlte Ladungen, die chemisch gefährlich miteinander reagieren können, gleichzeitig befördert, ist bei der Auslegung der Kühlanlagen darauf zu achten, dass sich die Ladungen nicht vermischen können. Für die Beförderung solcher Ladungen sind für jede Ladungsart getrennte, aber vollständige Kühlanlagen jeweils mit Reserveeinheit gemäß Absatz 9.3.1.27.1 vorzusehen. Wenn jedoch die Kühlung durch ein indirektes oder kombiniertes System erfolgt, und eine Leckage im Wärmeaustausch unter allen möglichen Betriebsbedingungen nicht eine Vermischung der Ladungen verursachen kann, brauchen keine getrennten Kühlanlagen angeordnet zu werden.

9.3.1.27.4 Sind mehrere gekühlte Ladungen unter den Beförderungsbedingungen nicht miteinander löslich, so dass ihre Dampfdrücke sich beim Vermischen addieren, ist bei der Auslegung der Kühlanlagen darauf zu achten, dass sich die Ladungen nicht vermischen können.

9.3.1.27.5 Wenn für Kühlanlagen Kühlwasser erforderlich ist, ist eine ausreichende Kühlwasserversorgung mittels Pumpe oder Pumpen vorzusehen, die nur für diesen Zweck verwendet werden dürfen. Diese Pumpe bzw. Pumpen müssen mindestens zwei Wassersaugleitungen haben, von denen eine zum Steuerbord-, die andere zum Backbordseekasten führt. Es ist eine Reservepumpe von ausreichender Leistung vorzusehen. Diese Pumpe kann dann eine für andere Zwecke verwendete Pumpe sein, wenn ihre Benutzung im Kühlbetrieb nicht einem anderen wichtigen Betrieb zuwiderläuft.

9.3.1.27.6 Die Kühlanlage kann einem der folgenden Systeme entsprechen:

a) Direktes System, wobei verdampfte Ladung verdichtet, verflüssigt und anschließend den Ladetanks wieder zugeführt wird. Für einige bestimmte Stoffe in Kapitel 3.2 Tabelle C darf dieses System nicht benutzt werden. Dies wird in Kapitel 3.2 Tabelle C Spalte 20 mit Bemerkung 35 angegeben.

b) Indirektes System, wobei Ladung oder verdampfte Ladung durch ein Kältemittel gekühlt oder verflüssigt wird, ohne verdichtet zu werden.

c) Kombiniertes System, wobei verdampfte Ladung verdichtet und in einem Ladungs-/Kältemittelwärmetauscher verflüssigt und anschließend den Ladetanks wieder zugeführt wird. Für einige bestimmte Stoffe in Kapitel 3.2 Tabelle C darf dieses System nicht benutzt werden. Dies wird in Kapitel 3.2 Tabelle C Spalte 20 mit Bemerkung 36 angegeben.

9.3.1.27.7 Alle primären und sekundären Kältemittel müssen miteinander und mit der Ladung, mit der sie in Berührung kommen können, verträglich sein. Der Wärmeaustausch kann entweder getrennt vom Ladetank oder durch Kühlrohre, die im oder am Ladetank befestigt sind, erfolgen.

9.3.1.27.8 Wenn die Kühlanlage in einem besonderen Betriebsraum aufgestellt wird, muss dieser Betriebsraum die Anforderungen nach Absatz 9.3.1.17.6 erfüllen.

9.3.1.27.9 Der zur Berechnung der Haltezeit (Absätze 7.2.4.16.16 und 7.2.4.16.17) verwendete Wärmeübergangswert ist durch Berechnung zu ermitteln. Nach Fertigstellung des Schiffes muss die Richtigkeit der Berechnung mittels eines Wärmebilanztests überprüft werden. Die Berechnung und der Test müssen unter der Aufsicht der anerkannten Klassifikationsgesellschaft, die das Schiff klassifiziert hat, durchgeführt werden.

Der Wärmeübergangswert muss dokumentiert und an Bord mitgeführt werden. Der Wärmeübergangswert muss bei jeder Erneuerung des Zulassungszeugnisses überprüft werden.

9.3.1.27.10 Dem Antrag auf Erteilung oder Verlängerung des Zulassungszeugnisses ist eine Bescheinigung einer anerkannten Klassifikationsgesellschaft beizufügen, aus der hervorgeht, dass die Anforderungen der Absätze nach 9.3.1.24.1 bis 9.3.1.24.3, 9.3.1.27.1 und 9.3.1.27.9 erfüllt sind.

9.3.1.28 Berieselungsanlage

Wenn in Unterabschnitt 3.2.3.2 Tabelle C Spalte 9 Berieselung gefordert ist, muss das Schiff im Bereich der Ladung an Deck mit einer Berieselungsanlage versehen sein, mit der Gase aus der Ladung niedergeschlagen werden können.

Die Anlage muss mit einem Anschluss zur Versorgung von Land aus versehen sein. Die Düsen müssen so angebracht sein, dass frei gewordene Gase sicher niedergeschlagen werden. Die Anlage muss vom Steuerstand und von Deck aus in Betrieb gesetzt werden können. Die Kapazität der Berieselungsanlage muss mindestens so ausgelegt sein, dass bei gleichzeitiger Benutzung aller Düsen pro Stunde 50 Liter pro m² Decksfläche im Bereich der Ladung erreicht werden.

9.3.1.29-9.3.1.30 (bleibt offen)

9.3.1.31 Maschinen

9.3.1.31.1 Es dürfen nur Verbrennungsmotoren eingebaut sein, die mit Kraftstoff betrieben werden, der einen Flammpunkt von mehr als 55 °C hat. Diese Vorschrift gilt nicht für Verbrennungsmotoren, die Bestandteil von Antriebs- und Hilfssystemen sind. Diese Systeme müssen den Anforderungen des Kapitels 30 und der Anlage 8 Abschnitt 1 des Europäischen Standards der technischen Vorschriften für Binnenschiffe (ES-TRIN) in der jeweils geltenden Fassung entsprechen[1].

9.3.1.31.2 Lüftungsöffnungen von Maschinenräumen und Ansaugöffnungen von Motoren, wenn die Motoren die Luft nicht direkt aus dem Maschinenraum ansaugen, müssen mindestens 2 m vom Bereich der Ladung entfernt sein.

9.3.1.31.3 (gestrichen)

9.3.1.31.4 (gestrichen)

9.3.1.31.5 Die Lüftung des geschlossenen Maschinenraums ist so auszulegen, dass bei einer Außentemperatur von 20°C die mittlere Temperatur des Maschinenraums einen Wert von 40°C nicht übersteigt.

9.3.1.32 Brennstofftanks

9.3.1.32.1 Wenn das Schiff mit Aufstellungsräumen versehen ist, darf der Doppelboden in diesem Bereich als Brennstofftank eingerichtet werden, wenn seine Höhe mindestens 0,60 m beträgt.

Brennstoffrohrleitungen und Öffnungen dieser Tanks in Aufstellungsräumen sind verboten.

9.3.1.32.2 Die Öffnungen der Lüftungsrohre aller Brennstofftanks müssen mindestens 0,50 m über das freie Deck geführt sein. Diese Öffnungen und die Öffnungen von Überlaufrohren, die auf Deck führen, müssen mit einem durch ein Gitter oder eine Lochplatte gebildeten Schutz versehen sein.

9.3.1.33 (bleibt offen)

9.3.1.34 Abgasrohre

9.3.1.34.1 Abgase müssen durch ein Abgasrohr nach oben oder durch die Bordwand ins Freie geleitet werden. Die Austrittsöffnung muss mindestens 2 m vom Bereich der Ladung entfernt sein. Die Abgasrohre von Motoren müssen so gerichtet sein, dass die Abgase sich vom Schiff entfernen. Abgasrohre dürfen nicht im Bereich der Ladung angeordnet sein.

[1] Erhältlich auf der Website des Europäischen Ausschusses zur Ausarbeitung von Standards in der Binnenschifffahrt (CESNI), https://www.cesni.eu/de/documents/es-trin/

9.3.1.34.2 Abgasrohre von Motoren müssen mit einer Vorrichtung zum Schutz gegen das Austreten von Funken versehen sein, z.B. Funkenfänger.

9.3.1.35 Lenz- und Ballasteinrichtung

9.3.1.35.1 Lenz- und Ballastpumpen für Räume innerhalb des Bereichs der Ladung müssen im Bereich der Ladung aufgestellt sein.

Dies gilt nicht für:

- Wallgänge und Doppelböden, wenn sie keine gemeinsame Wand mit den Ladetanks haben,
- Kofferdämme und Aufstellungsräume, wenn das Ballasten über die Wasserleitung der Feuerlöscheinrichtung im Bereich der Ladung und das Lenzen mittels Ejektoren erfolgt, die im Bereich der Ladung aufgestellt sind.

9.3.1.35.2 Bei Verwendung des Doppelbodens als Brennstofftank darf dieser nicht an das Lenzsystem angeschlossen sein.

9.3.1.35.3 Das Standrohr und dessen Außenbordanschluss für das Ansaugen von Ballastwasser müssen sich, wenn die Ballastpumpe im Bereich der Ladung aufgestellt ist, innerhalb des Bereichs der Ladung befinden.

9.3.1.35.4 Ein Pumpenraum unter Deck muss im Notfall durch eine von allen anderen Einrichtungen unabhängige Einrichtung im Bereich der Ladung gelenzt werden können. Diese Lenzeinrichtung muss außerhalb des Pumpenraums aufgestellt sein.

9.3.1.36- 9.3.1.39 (bleibt offen)

9.3.1.40 Feuerlöscheinrichtungen

9.3.1.40.1 Das Schiff muss mit einer Feuerlöscheinrichtung versehen sein.

Die Einrichtung muss den nachstehenden Anforderungen entsprechen:

- Sie muss von zwei unabhängigen Feuerlösch- oder Ballastpumpen gespeist werden; eine davon muss jederzeit betriebsbereit sein.

  Diese Pumpen sowie deren Antrieb und deren elektrischen Anlagen dürfen nicht im gleichen Raum aufgestellt sein;
- Sie muss durch eine Wasserleitung versorgt werden, die im Bereich der Ladung oberhalb des Decks mindestens drei Wasserentnahmeanschlüsse hat. Es müssen drei dazu passende, ausreichend lange Schlauchleitungen mit Strahl-/Sprührohren mit einem Durchmesser von mindestens 12 mm vorhanden sein. Alternativ können ein oder mehrere Schlauchleitungen durch ausrichtbare Strahl-/Sprührohre mit einem Durchmesser von mindestens 12 mm ersetzt werden. Mindestens zwei nicht vom gleichen Anschlussstutzen ausgehende Wasserstrahle müssen gleichzeitig jede Stelle des Decks im Bereich der Ladung erreichen können.

  Durch ein federbelastetes Rückschlagventil muss sichergestellt sein, dass Gase nicht durch die Feuerlöscheinrichtung in Wohnungen, das Steuerhaus oder Betriebsräume außerhalb des Bereichs der Ladung gelangen können.
- Die Kapazität der Einrichtung muss mindestens so ausgelegt sein, dass bei gleichzeitiger Benutzung von zwei Sprühstrahlrohren von jeder Stelle an Bord aus eine Wurfweite erreicht wird, die mindestens der Schiffsbreite entspricht;
- Die Wasserversorgungsanlage muss vom Steuerstand und von Deck aus in Betrieb gesetzt werden können.
- Die Feuerlöschleitungen und Wasserentnahmeanschlüsse müssen vor dem Einfrieren geschützt werden.

9.3.1.40.2 Zusätzlich müssen Maschinenräume, Pumpenräume und gegebenenfalls alle Räume mit für die Kühlanlage wichtigen Einrichtungen (Schalttafeln, Kompressoren usw.) mit einer festinstallierten Feuerlöscheinrichtung versehen sein, die folgenden Anforderungen entspricht:

9.3.1.40.2.1 Löschmittel

Für den Raumschutz in Maschinen-, Kessel- und Pumpenräumen dürfen in fest installierten Feuerlöscheinrichtungen folgende Löschmittel verwendet werden:

a) CO_2 (Kohlendioxid);
b) HFC 227ea (Heptafluorpropan);
c) IG-541 (52 % Stickstoff, 40 % Argon, 8 % Kohlendioxid);
d) FK-5-1-12 (Dodecafluor-2-methylpentan-3-on);
e) (bleibt offen);
f) K_2CO_3 (Kaliumcarbonat).

Andere Löschmittel sind nur auf Grund von Empfehlungen des Verwaltungsausschusses zulässig.

9.3.1.40.2.2 Lüftung, Luftansaugung

a) Verbrennungsluft für die im Fahrbetrieb notwendigen Verbrennungskraftmaschinen darf nicht aus durch fest installierte Feuerlöscheinrichtungen zu schützenden Räumen angesaugt werden. Dies gilt nicht, wenn zwei voneinander unabhängige, gasdicht getrennte Hauptmaschinenräume vorhanden sind oder wenn neben dem Hauptmaschinenraum ein separater Maschinenraum mit einem Bugruderantrieb vorhanden ist, durch den bei Brand im Hauptmaschinenraum die Fortbewegung aus eigener Kraft sichergestellt ist.
b) Eine vorhandene Zwangsbelüftung des zu schützenden Raumes muss bei Auslösung der Feuerlöscheinrichtung selbsttätig abschalten.
c) Es müssen Vorrichtungen vorhanden sein, mit denen alle Öffnungen, die bei dem zu schützenden Raum Luft ein- oder Gas austreten lassen können, schnell geschlossen werden können. Der Verschlusszustand muss eindeutig erkennbar sein.
d) Die aus den Überdruckventilen von in den Maschinenräumen installierten Druckluftbehältern ausströmende Luft muss ins Freie geführt werden.
e) Beim Einströmen des Löschmittels entstehender Über- oder Unterdruck darf die Umfassungsbauteile des zu schützenden Raums nicht zerstören. Der Druckausgleich muss gefahrlos erfolgen können.
f) Geschützte Räume müssen über eine Vorrichtung zum Absaugen des Löschmittels und der Brandgase verfügen. Solche Vorrichtungen müssen von einer Position außerhalb der geschützten Räume aus bedienbar sein, die durch einen Brand in diesen Räumen nicht unzugänglich gemacht werden dürfen. Sind fest installierte Absaugeinrichtungen vorhanden, dürfen diese während des Löschvorganges nicht eingeschaltet werden können.

9.3.1.40.2.3 Feuermeldesystem

Der zu schützende Raum ist durch ein zweckmäßiges Feuermeldesystem zu überwachen. Die Meldung muss im Steuerhaus, in den Wohnungen und in dem zu schützenden Raum wahrgenommen werden können.

9.3.1.40.2.4 Rohrleitungssystem

a) Das Löschmittel muss durch ein fest verlegtes Rohrleitungssystem zum zu schützenden Raum hingeführt und dort verteilt werden. Innerhalb des zu schützenden Raums müssen die Rohrleitungen und die dazu gehörenden Armaturen aus Stahl hergestellt sein. Behälteranschlussleitungen und Kompensatoren sind davon ausgenommen, sofern die verwendeten Werkstoffe im Brandfall über gleichwertige Eigenschaften verfügen. Die Rohrleitungen sind sowohl in- als auch auswandig gegen Korrosion zu schützen.

b) Die Austrittsdüsen müssen so bemessen und angebracht sein, dass das Löschmittel gleichmäßig verteilt wird. Insbesondere muss das Löschmittel auch unter den Flurplatten wirken.

9.3.1.40.2.5 Auslöseeinrichtung

a) Feuerlöscheinrichtungen mit automatischer Auslösung sind nicht zulässig.

b) Die Feuerlöscheinrichtung muss an einer geeigneten Stelle außerhalb des zu schützenden Raumes ausgelöst werden können.

c) Auslöseeinrichtungen müssen so installiert sein, dass deren Betätigung auch im Brandfall möglich ist und im Falle einer Beschädigung durch Brand oder Explosion in dem zu schützenden Raum die dafür geforderte Menge Löschmittel zugeführt werden kann.

   Nichtmechanische Auslöseeinrichtungen müssen von zwei verschiedenen voneinander unabhängigen Energiequellen gespeist werden. Diese Energiequellen müssen sich außerhalb des zu schützenden Raumes befinden. Steuerleitungen im geschützten Raum müssen so ausgeführt sein, dass sie im Brandfall mindestens 30 Minuten funktionsfähig bleiben. Für elektrische Leitungen ist diese Anforderung erfüllt, wenn sie der Norm IEC 60331-21:1999 entsprechen.

   Sind Auslöseeinrichtungen verdeckt installiert, muss die Abdeckung durch das Symbol «Feuerlöscheinrichtung» mit einer Kantenlänge von mindestens 10 cm und dem folgenden Text in roter Schrift auf weißem Grund gekennzeichnet sein:

   Feuerlöscheinrichtung

d) Ist die Feuerlöscheinrichtung zum Schutz mehrerer Räume vorgesehen, so müssen die Auslöseeinrichtungen für jeden Raum getrennt und deutlich gekennzeichnet sein.

e) Bei jeder Auslöseeinrichtung muss eine Bedienungsanweisung deutlich sichtbar und in dauerhafter Ausführung angebracht sein. Diese Bedienungsanweisung muss in einer vom Schiffsführer lesbaren und verständlichen Sprache gefasst sein und wenn diese Sprache nicht Deutsch, Englisch oder Französisch ist, in Deutsch, Englisch oder Französisch. Diese muss insbesondere Angaben enthalten über

   (i) die Auslösung der Feuerlöscheinrichtung;

   (ii) die Notwendigkeit der Kontrolle, dass alle Personen den zu schützenden Raum verlassen haben;

   (iii) das Verhalten der Besatzung bei Auslösung und beim Betreten des zu schützenden Raumes nach Auslösung oder Flutung, insbesondere hinsichtlich des möglichen Auftretens gefährlicher Substanzen;

   (iv) das Verhalten der Besatzung im Fall einer Störung der Feuerlöscheinrichtung.

f) Die Bedienungsanweisung muss darauf hinweisen, dass vor Auslösung der Feuerlöscheinrichtung die im Raum aufgestellten Verbrennungskraftmaschinen mit Luftansaugung aus dem zu schützenden Raum außer Betrieb zu setzen sind.

9.3.1.40.2.6 Warnanlage

a) Fest eingebaute Feuerlöscheinrichtungen müssen mit einer akustischen und optischen Warnanlage versehen sein.

b) Die Warnanlage muss automatisch bei der ersten Betätigung zur Auslösung der Feuerlöscheinrichtung ausgelöst werden. Das Warnsignal muss eine angemessene Zeit vor Abgabe des Löschmittels ertönen und darf nicht ausschaltbar sein.

c) Die Warnsignale müssen in den zu schützenden Räumen sowie vor deren Zugängen deutlich sichtbar und auch unter den Betriebsbedingungen mit dem größten Eigenlärm deutlich hörbar sein. Sie müssen sich eindeutig von allen anderen akustischen und optischen Signalzeichen im zu schützenden Raum unterscheiden.

d) Die akustischen Warnsignale müssen auch bei geschlossenen Verbindungstüren unter den Betriebsbedingungen mit dem größten Eigenlärm in den benachbarten Räumen deutlich hörbar sein.

e) Ist die Warnanlage nicht selbstüberwachend hinsichtlich Kurzschluss, Drahtbruch und Spannungsabfall ausgeführt, muss ihre Funktion überprüfbar sein.

f) An jedem Eingang eines Raumes, der mit Löschmittel beschickt werden kann, muss deutlich sichtbar ein Schild mit dem folgenden Text in roter Schrift auf weißem Grund, angebracht sein:

Vorsicht, Feuerlöscheinrichtung!
Bei Ertönen des Warnsignals (Beschreibung des Signals) den Raum sofort verlassen!

9.3.1.40.2.7 Druckbehälter, Armaturen und Druckleitungen

a) Druckbehälter, Armaturen und Druckleitungen müssen den Vorschriften der zuständigen Behörde oder, wenn sie diesen nicht unterliegen, einer anerkannten Klassifikationsgesellschaft entsprechen.

b) Druckbehälter müssen gemäß den Vorgaben der Hersteller aufgestellt sein.

c) Druckbehälter, Armaturen und Druckleitungen dürfen nicht in Wohnungen installiert sein.

d) Die Temperatur in den Schränken und Aufstellungsräumen der Druckbehälter darf 50°C nicht überschreiten.

e) Schränke oder Aufstellungsräume an Deck müssen fest verankert sein und über Lüftungsöffnungen verfügen, die so anzuordnen sind, dass im Falle einer Undichtheit der Druckbehälter kein entweichendes Gas in das Schiffsinnere dringen kann. Direkte Verbindungen zu anderen Räumen sind nicht zulässig.

9.3.1.40.2.8 Menge des Löschmittels

Ist die Menge des Löschmittels zum Schutz von mehr als einem Raum bestimmt, braucht die Gesamtmenge des verfügbaren Löschmittels nicht größer zu sein als die Menge, die für den größten zu schützenden Raum erforderlich ist.

9.3.1.40.2.9 Installation, Instandhaltung, Prüfung und Dokumentation

a) Die Anlage darf nur durch eine Fachfirma für Feuerlöscheinrichtungen installiert oder umgebaut sein. Die Auflagen (Produktdatenblatt, Sicherheitsdatenblatt) des Löschmittelherstellers und des Anlagenherstellers sind zu beachten.

b) Die Anlage ist durch einen Sachverständigen zu prüfen
(i) vor Inbetriebnahme;
(ii) vor Wiederinbetriebnahme nach Auslösung;
(iii) nach Änderung oder Instandsetzung;
(iv) regelmäßig mindestens alle zwei Jahre.

c) Bei der Prüfung hat der Sachverständige zu prüfen, ob die Anlage den Anforderungen des Absatzes 9.3.1.40.2 entspricht.

d) Die Prüfung hat mindestens zu umfassen:
(i) äußere Inspektion der gesamten Einrichtung;
(ii) Prüfung der Rohrleitungen auf Dichtheit;
(iii) Kontrolle der Funktionsfähigkeit der Bedien- und Auslösesysteme;
(iv) Kontrolle des Behälterdrucks und -inhalts;
(v) Kontrolle der Dichtheit der Verschlusseinrichtungen des zu schützenden Raums;

(vi) Prüfung des Feuermeldesystems;

(vii) Prüfung der Warnanlage.

e) Über die Prüfung ist eine vom Prüfer unterzeichnete Bescheinigung auszustellen, aus der das Datum der Prüfung ersichtlich ist.

f) Die Anzahl der fest installierten Feuerlöscheinrichtungen ist im Schiffszeugnis zu vermerken.

9.3.1.40.2.10 CO_2-Feuerlöscheinrichtungen

Feuerlöscheinrichtungen, die mit CO_2 als Löschmittel betrieben werden, müssen über die Anforderungen der Absätze 9.3.1.40.2.1 bis 9.3.1.40.2.9 hinaus den folgenden Bestimmungen entsprechen:

a) CO_2-Behälter müssen außerhalb des zu schützenden Raums in einem von anderen Räumen gasdicht getrennten Raum oder Schrank untergebracht sein. Die Türen dieser Aufstellungsräume und Schränke müssen nach außen öffnen, abschließbar sein und auf der Außenseite ein Symbol für «Warnung vor allgemeiner Gefahr» mit einer Höhe von mindestens 5 cm sowie dem Zusatz «CO_2» in gleicher Farbgebung und Höhe gekennzeichnet sein.

b) Unter Deck liegende Aufstellungsräume für CO_2-Behälter dürfen nur vom Freien her zugänglich sein. Diese Räume müssen über eine eigene, von anderen Lüftungssystemen an Bord vollständig getrennte, ausreichende künstliche Lüftung mit Absaugschächten verfügen.

c) Der Füllungsgrad der Behälter mit CO_2 darf 0,75 kg/l nicht überschreiten. Für das spezifische Volumen des entspannten CO_2-Gases sind 0,56 m^3/kg zu Grunde zu legen.

d) Das Volumen an CO_2 für den zu schützenden Raum muss mindestens 40 % dessen Bruttoraumvolumens betragen. Dieses Volumen muss innerhalb von 120 Sekunden zugeführt werden können. Die erfolgte Zuführung muss kontrollierbar sein.

e) Das Öffnen der Behälterventile und das Betätigen des Flutventils muss durch getrennte Bedienhandlungen erfolgen.

f) Die in Absatz 9.3.1.40.2.6 b) erwähnte angemessene Zeit beträgt mindestens 20 Sekunden. Die Verzögerung bis zur Abgabe des CO_2-Gases muss durch eine zuverlässige Einrichtung sichergestellt sein.

9.3.1.40.2.11 HFC-227ea (Heptafluorpropan)-Feuerlöscheinrichtungen

Feuerlöscheinrichtungen, die mit HFC-227ea als Löschmittel betrieben werden, müssen über die Anforderungen der Absätze 9.3.1.40.2.1 bis 9.3.1.40.2.9 hinaus den folgenden Bestimmungen entsprechen:

a) Sind mehrere zu schützende Räume mit unterschiedlichen Bruttoraumvolumina vorhanden, ist jeder Raum mit einer eigenen Feuerlöscheinrichtung zu versehen.

b) Jeder Behälter, der HFC-227ea enthält und in dem zu schützenden Raum aufgestellt ist, muss mit einer Überdrucksicherung ausgerüstet sein. Diese hat den Inhalt des Behälters gefahrlos in den zu schützenden Raum abzugeben, wenn der Behälter Brandeinwirkungen ausgesetzt ist und die Feuerlöscheinrichtung nicht ausgelöst wurde.

c) Jeder Behälter muss mit einer Einrichtung, die die Kontrolle des Gasdrucks erlaubt, ausgestattet sein.

d) Der Füllungsgrad der Behälter darf 1,15 kg/l nicht überschreiten. Für das spezifische Volumen des entspannten HFC-227ea sind 0,1374 m^3/kg zu Grunde zu legen.

e) Das Volumen an HFC-227ea für den zu schützenden Raum muss mindestens 8 % dessen Bruttoraumvolumens betragen. Dieses Volumen muss innerhalb von 10 Sekunden zugeführt sein.

f) Die HFC-227ea-Behälter sind mit einer Drucküberwachung zu versehen, die im Steuerhaus bei einem unzulässigen Verlust von Treibgas ein akustisches und optisches Alarmsignal auslöst. Wenn kein Steuerhaus vorhanden ist, muss dieses Alarmsignal außerhalb des zu schützenden Raumes erfolgen.

g) Nach Flutung darf die Konzentration im zu schützenden Raum nicht größer als 10,5 Vol.-% sein.

h) Die Feuerlöscheinrichtung darf keine Teile aus Aluminium enthalten.

9.3.1.40.2.12 IG-541-Feuerlöscheinrichtungen

Feuerlöscheinrichtungen, die mit IG-541 als Löschmittel betrieben werden, müssen über die Anforderungen der Absätze 9.3.1.40.2.1 bis 9.3.1.40.2.9 hinaus den folgenden Bestimmungen entsprechen:

a) Sind mehrere zu schützende Räume mit unterschiedlichen Bruttoraumvolumina vorhanden, ist jeder Raum mit einer eigenen Feuerlöscheinrichtung zu versehen.

b) Jeder Behälter, der IG-541 enthält und in dem zu schützenden Raum aufgestellt ist, muss mit einer Überdrucksicherung ausgerüstet sein. Diese hat den Inhalt des Behälters gefahrlos in den zu schützenden Raum abzugeben, wenn der Behälter Brandeinwirkungen ausgesetzt ist und die Feuerlöscheinrichtung nicht ausgelöst wurde.

c) Jeder Behälter muss mit einer Einrichtung, die die Kontrolle des Inhalts erlaubt, ausgestattet sein.

d) Der Fülldruck der Behälter darf bei +15°C 200 bar nicht überschreiten.

e) Die Konzentration von IG-541 in dem zu schützenden Raum muss mindestens 44 % und darf höchstens 50 % dessen Bruttoraumvolumens betragen. Dieses Volumen muss innerhalb von 120 Sekunden zugeführt sein.

9.3.1.40.2.13 FK-5-1-12-Feuerlöscheinrichtungen

Feuerlöscheinrichtungen, die mit FK-5-1-12 als Löschmittel betrieben werden, müssen über die Anforderungen der Absätze 9.3.1.40.2.1 bis 9.3.1.40.2.9 hinaus den folgenden Bestimmungen entsprechen:

a) Sind mehrere zu schützende Räume mit unterschiedlichen Bruttoraumvolumina vorhanden, ist jeder Raum mit einer eigenen Feuerlöscheinrichtung zu versehen.

b) Jeder Behälter, der FK-5-1-12 enthält und in dem zu schützenden Raum aufgestellt ist, muss mit einer Überdrucksicherung ausgerüstet sein. Diese hat den Inhalt des Behälters gefahrlos in den zu schützenden Raum abzugeben, wenn der Behälter Brandeinwirkungen ausgesetzt ist und die Feuerlöscheinrichtung nicht ausgelöst wurde.

c) Jeder Behälter muss mit einer Einrichtung, die die Kontrolle des Gasdrucks erlaubt, ausgestattet sein.

d) Der Füllungsgrad der Behälter darf 1,00 kg/l nicht überschreiten. Für das spezifische Volumen des entspannten FK-5-1-12 sind 0,0719 m³/kg zu Grunde zu legen.

e) Das Volumen an FK-5-1-12 für den zu schützenden Raum muss mindestens 5,5 % dessen Bruttoraumvolumens betragen. Dieses Volumen muss innerhalb von 10 Sekunden zugeführt sein.

f) Die FK-5-1-12-Behälter sind mit einer Drucküberwachung zu versehen, die im Steuerhaus bei einem unzulässigen Verlust von Treibgas ein akustisches und optisches Alarmsignal auslöst. Wenn kein Steuerhaus vorhanden ist, muss dieses Alarmsignal außerhalb des zu schützenden Raumes erfolgen.

g) Nach Flutung darf die Konzentration im zu schützenden Raum nicht größer als 10,0 % sein.

9.3.1.40.2.14 (bleibt offen)

9.3.1.40.2.15 Mit K_2CO_3 als Löschmittel betriebene Feuerlöscheinrichtungen

Feuerlöscheinrichtungen, die mit K_2CO_3 als Löschmittel betrieben werden, müssen über die Anforderungen nach den Absätzen 9.3.1.40.2.1 bis 9.3.1.40.2.3, 9.3.1.40.2.5, 9.3.1.40.2.6 und 9.3.1.40.2.9 hinaus den folgenden Bestimmungen entsprechen:

a) Die Feuerlöscheinrichtung muss über eine Typgenehmigung nach der Richtlinie 2014/90/EU[1] oder nach MSC/Circ. 1270[2] verfügen;

b) Jeder Raum ist mit einer eigenen Löscheinrichtung zu versehen;

c) Das Löschmittel muss in speziell dafür vorgesehenen drucklosen Behältern im zu schützenden Raum aufbewahrt werden. Diese Behälter müssen so angebracht sein, dass das Löschmittel gleichmäßig im Raum verteilt wird. Insbesondere muss das Löschmittel auch unter den Bodenplatten wirken;

d) Jeder Behälter ist separat mit der Auslöseeinrichtung zu verbinden;

Die Menge an trockenem aerosolbildendem Löschmittel für den zu schützenden Raum muss mindestens 120 g/m^3 des Nettovolumens des Raums betragen. Das Nettovolumen errechnet sich nach der Richtlinie 2014/90/EU[1] oder nach MSC/Circ. 1270[2]. Das Löschmittel muss innerhalb von 120 Sekunden zugeführt werden können.

9.3.1.40.2.16 Fest installierte Feuerlöscheinrichtungen für den Objektschutz

Für den Objektschutz in Maschinen-, Kessel- und Pumpenräumen sind fest installierte Feuerlöscheinrichtungen nur auf Grund von Empfehlungen des Verwaltungsausschusses zulässig.

9.3.1.40.3 Die in Abschnitt 8.1.4 vorgeschriebenen zwei Handfeuerlöscher müssen sich im Bereich der Ladung befinden.

9.3.1.40.4 Löschmittel und Löschmittelmenge festinstallierter Feuerlöscheinrichtungen müssen für das Bekämpfen von Bränden geeignet und ausreichend sein.

9.3.1.41 Feuer und offenes Licht

9.3.1.41.1 Die Mündungen der Schornsteine müssen sich mindestens 2 m außerhalb des Bereichs der Ladung befinden. Es müssen Einrichtungen vorhanden sein, die das Austreten von Funken und das Eindringen von Wasser verhindern.

9.3.1.41.2 Heiz-, Koch- und Kühlgeräte dürfen weder mit flüssigen Kraftstoffen, noch mit Flüssiggas, noch mit festen Brennstoffen betrieben werden.

Wenn Heizgeräte oder Heizkessel im Maschinenraum oder in einem besonders dafür geeigneten Raum aufgestellt sind, dürfen diese jedoch mit flüssigem Kraftstoff mit einem Flammpunkt von mehr als 55°C betrieben werden.

Koch- und Kühlgeräte sind nur in den Wohnungen zugelassen.

9.3.1.41.3 Es sind nur elektrische Leuchtmittel zugelassen.

9.3.1.42- 9.3.1.49 (bleibt offen)

9.3.1.50 (gestrichen)

[1] Amtsblatt der Europäischen Union Nr. L 257 vom 28. August 2014, S. 146.

[2] Rundschreiben MSC/Circ. 1270 einschließlich Korrigenda der Internationalen Seeschifffahrtsorganisation – Überarbeitete Richtlinien für die Zulassung fest eingebauter aerosolbildender Feuerlöscheinrichtungen für Maschinenräume, die fest eingebauten Gasfeuerlöscheinrichtungen gleichwertig sind, auf die das SOLAS-Übereinkommen von 1974 Bezug nimmt – angenommen am 4. Juni 2008.

9.3.1.51 Oberflächentemperaturen von Anlagen und Geräten

a) Oberflächentemperaturen von elektrischen und nicht-elektrischen Anlagen und Geräten dürfen 200 °C nicht überschreiten.
b) Oberflächentemperaturen von äußeren Teilen von Motoren und deren Luft- und Abgasschächten dürfen 200 °C nicht überschreiten.
c) Wenn die Schiffsstoffliste nach Absatz 1.16.1.2.5 Stoffe enthalten soll, für die nach Unterabschnitt 3.2.3.2 Tabelle C, Spalte (15) eine Temperaturklasse T4, T5 oder T6 eingetragen ist, dürfen in den an Bord ausgewiesenen Zonen die entsprechenden Oberflächentemperaturen 135 °C (T4), 100 °C (T5) und 85 °C (T6) nicht überschreiten.
d) Buchstaben a) und b) gelten nicht, wenn folgende Forderungen eingehalten sind (siehe auch 7.2.3.51.4):
   (i) Wohnungen, Steuerhaus und Betriebsräume, in denen höhere Oberflächentemperaturen als unter Buchstaben a) und b) angegeben, auftreten, sind mit einen Lüftungssystem nach 9.3.1.12.4 b) ausgestattet,
   oder
   (ii) Anlagen und Geräte, die höhere Oberflächentemperaturen als unter Buchstabe a) bzw. b) angegeben erzeugen, sind abschaltbar. Solche Anlagen und Geräte müssen rot gekennzeichnet sein.

9.3.1.52 Art und Aufstellungsort der elektrischen Anlagen und Geräte

9.3.1.52.1 Elektrische Anlagen und Geräte müssen mindestens dem Typ „begrenzte Explosionsgefahr“ entsprechen.

Dies gilt nicht für
a) Beleuchtungsanlagen in den Wohnungen und im Steuerhaus mit Ausnahme der Schalter, die in der Nähe der Eingänge angeordnet sind;
b) tragbare Telefone, fest installierte Telefonanlagen, Ladungsrechner sowie stationäre und tragbare Computer in den Wohnungen und im Steuerhaus;
c) elektrische Anlagen und Geräte die während des Aufenthalts in einer oder unmittelbar angrenzend an eine landseitig ausgewiesenen Zone
   – abgeschaltet sind, oder
   – sich in Räumen befinden, die mit einer Lüftungsanlage entsprechend 9.3.1.12.4 ausgestattet sind.
d) Sprechfunkanlagen und Inland AIS-Geräte (Automatic Identification System) in den Wohnungen und im Steuerhaus, unter der Voraussetzung, dass sich kein Teil von Antennen für Sprechfunkanlagen bzw. AIS-Geräte über oder innerhalb eines Abstandes von 2,00 m vom Bereich der Ladung befindet.

9.3.1.52.2 In Kofferdämmen, Wallgängen, Doppelböden und Aufstellungsräumen sind nur hermetisch abgeschlossene Echolotschwinger, deren Kabel in dickwandigen Stahlrohren mit gasdichten Verbindungen bis über das Hauptdeck geführt sind, erlaubt.

9.3.1.52.3 Fest installierte elektrische Anlagen und Geräte, die den in den Absätzen 9.3.1.51 a), 9.3.1.51 b) und 9.3.1.52.1 angegebenen Vorschriften nicht entsprechen, sowie ihre Schaltgeräte müssen rot gekennzeichnet sein. Das Abschalten solcher Anlagen und Geräte muss an einer zentralen Stelle an Bord erfolgen.

9.3.1.52.4 In jedem isolierten Versorgungssystem muss eine selbsttätige Isolationskontrolleinrichtung mit optischer und akustischer Warnung eingebaut sein.

9.3.1.52.5 Es sind nur Verteilersysteme ohne Schiffskörperrückleitung zugelassen. Dies gilt nicht für:

- kathodische Fremdstrom-Korrosionsschutzanlagen;
- örtlich begrenzte und außerhalb des Bereichs der Ladung liegende Anlageteile (z.B. Anlasseinrichtungen der Dieselmotoren);
- die Isolationskontrolleinrichtung nach Absatz 9.3.1.52.4.

9.3.1.52.6 Ein elektrischer Generator, der den in Absatz 9.3.1.52.1 angegebenen Vorschriften nicht entspricht, aber durch eine Maschine ständig angetrieben wird, muss mit einem mehrpoligen Schalter versehen sein, der den Generator herunterfährt. Eine Hinweistafel mit den Bedienungsvorschriften muss beim Schalter angebracht sein.

9.3.1.52.7 Ein Ausfall der elektrischen Speisung von Sicherheits- und Kontrolleinrichtungen muss sofort optisch und akustisch im Steuerhaus und an Deck gemeldet werden. Bei Nichtquittieren muss die Alarmierung automatisch in den Wohnungen erfolgen.

9.3.1.52.8 Schalter, Steckdosen und elektrische Kabel an Deck müssen gegen mechanische Beschädigung geschützt sein.

9.3.1.52.9 Steckdosen für den Anschluss von Signalleuchten und Landstegbeleuchtung müssen in unmittelbarer Nähe des Signalmastes bzw. des Landsteges am Schiff fest montiert sein. Diese Steckdosen müssen so ausgeführt sein, dass das Herstellen und das Trennen der Steckverbindungen nur in spannungslosem Zustand möglich ist.

9.3.1.52.10 Akkumulatoren müssen außerhalb des Bereichs der Ladung untergebracht sein.

9.3.1.53 **Art und Aufstellungsort der elektrischen und nicht-elektrischen Anlagen und Geräte zum Einsatz in explosionsgefährdeten Bereichen**

9.3.1.53.1 An Bord von Schiffen, für die die Zoneneinteilung gemäß der Begriffsbestimmung in Abschnitt 1.2.1 gilt, müssen die elektrischen und nicht-elektrischen Anlagen und Geräte die in den explosionsgefährdeten Bereichen betrieben werden, mindestens die Anforderungen für den Einsatz in der jeweiligen Zone erfüllen.

Sie sind unter Berücksichtigung der zu befördernden Stoffe entsprechend den dafür erforderlichen Explosionsgruppen und Temperaturklassen, auszuwählen (siehe Unterabschnitt 3.2.3.2 Tabelle C Spalten 15 und 16).

Wenn die Schiffsstoffliste nach Absatz 1.16.1.2.5 Stoffe enthalten soll, für die nach Unterabschnitt 3.2.3.2 Tabelle C Spalte 15 eine Temperaturklasse T4, T5 oder T6 eingetragen ist, dürfen in den ausgewiesenen Zonen die entsprechenden Oberflächentemperaturen 135 °C (T4), 100 °C (T5) beziehungsweise 85 °C (T6) nicht überschreiten.

Wenn die Schiffsstoffliste nach Absatz 1.16.1.2.5 Stoffe enthalten soll, für die nach Unterabschnitt 3.2.3.2 Tabelle C Spalte 15 eine Temperaturklasse T1 oder T2 eingetragen ist, dürfen in den ausgewiesenen Zonen die entsprechenden Oberflächentemperaturen 200 °C nicht überschreiten.

9.3.1.53.2 Elektrische Kabel müssen armiert sein, eine metallene Abschirmung haben oder in Schutzrohren verlegt sein, ausgenommen Lichtwellenleiter.

Elektrische Kabel für den aktiven Kathodenschutz der Außenhaut müssen in dickwandigen Schutzrohren aus Stahl mit gasdichten Verbindungen bis über das Hauptdeck geführt sein.

9.3.1.53.3 Bewegliche elektrische Kabel im explosionsgefährdeten Bereich sind verboten, ausgenommen elektrische Kabel für eigensichere Stromkreise sowie für den Anschluss

- von Signal- und Landstegbeleuchtung, wenn die Anschlussstelle (z.B. Steckdose) in unmittelbare Nähe des Signalmastes oder des Landstegs am Schiff fest montiert ist;
- des Schiffsstromnetzes an ein Landstromnetz, wenn
  a) diese elektrischen Kabel und die Einspeiseeinheit an Bord einer gültigen Norm (z.B. EN 15869-03: 2010) entsprechen,
  b) Einspeiseeinheit und Leitungskupplung außerhalb des explosionsgefährdeten Bereiches liegen.

Das Herstellen und das Trennen der entsprechenden Steckverbindungen/Leitungskupplungen darf nur spannungslos möglich sein.

9.3.1.53.4 Elektrische Kabel für eigensichere Stromkreise müssen von anderen Kabeln, die nicht zu solchen Stromkreisen gehören, getrennt verlegt und gekennzeichnet sein (z.B. nicht zusammen im gleichen Kabelbündel und nicht durch gemeinsame Kabelschellen gehalten).

9.3.1.53.5 Für die nach Absatz 9.3.1.53.3 zulässigen beweglichen elektrischen Kabel dürfen nur Schlauchleitungen des Typs H 07 RN-F nach Norm IEC 60245-4:2011[4] oder elektrische Kabel mindestens gleichwertiger Ausführung mit einem Mindestquerschnitt der Leiter von 1,50 mm² verwendet werden.

9.3.1.54 **Erdung**

9.3.1.54.1 Im Bereich der Ladung müssen die betriebsmäßig nicht unter Spannung stehenden Metallteile elektrischer Anlagen und Geräte sowie Metallarmierungen und Metallmäntel von Kabeln geerdet sein, sofern sie nicht durch die Art ihres Einbaus mit dem Schiffskörper metallisch leitend verbunden sind.

9.3.1.54.2 Die Vorschriften des Absatzes 9.3.1.54.1 gelten auch für Anlagen mit einer Spannung unter 50 Volt.

9.3.1.54.3 Unabhängige Ladetanks, metallene Großpackmittel und Tankcontainer müssen geerdet sein.

9.3.1.54.4 Restebehälter müssen geerdet werden können.

9.3.1.55 (bleibt offen)

9.3.1.56 (gestrichen)

...

9.3.1.57-9.3.1.59 (bleibt offen)

9.3.1.60 **Besondere Ausrüstung**

Das Schiff muss mit einer Dusche und einem Augen- und Gesichtsbad an einer direkt vom Bereich der Ladung zugänglichen Stelle ausgerüstet sein.

Das Wasser muss der Qualität des Trinkwassers an Bord entsprechen.

Bem. Weitere Dekontaminationsmittel zur Vermeidung von Augen- und Hautverätzungen sind zugelassen.

Eine Verbindung dieser besonderen Ausrüstung mit dem Bereich außerhalb des Ladungsbereichs ist zulässig.

Es muss ein federbelastetes Rückschlagventil montiert sein, um sicherzustellen, dass durch das Dusch- und das Augen- und Gesichtsbadsystem keine Gase außerhalb des Ladungsbereichs gelangen können.

---

[4] Identisch mit EN 50525-2-21:2011.

9

9.3.1.61 (bleibt offen)

9.3.1.62 Ventil zum Entgasen an Annahmestellen

Die für das Luftabsaugen bestimmte Leitung muss mit einem fest eingebauten oder beweglichen, federbelasteten Niederdruckventil, das während des Entgasens an Annahmestellen benutzt wird, versehen sein. Wenn die Schiffsstoffliste nach Absatz 1.16.1.2.5 Stoffe enthält, für die nach Unterabschnitt 3.2.3.2 Tabelle C Spalte 17 Explosionsschutz erforderlich ist, muss dieses Ventil mit einer deflagrationssicheren Flammendurchschlagsicherung versehen sein. Wenn das Schiff nicht an einer Annahmestelle entgast wird, muss das Ventil mit einem Blindflansch geschlossen werden. Das Niederdruckventil muss so eingebaut sein, dass das Unterdruckventil unter sonst normalen Betriebsbedingungen nicht betätigt wird.

Bem. Die Entgasungsvorgänge fallen unter die normalen Betriebsbedingungen.

9.3.1.63-9.3.1.70 (bleibt offen)

9.3.1.71 Zutritt an Bord

Die Hinweistafeln mit dem Zutrittsverbot gemäß Abschnitt 8.3.3 müssen von beiden Schiffsseiten aus deutlich lesbar sein.

9.3.1.72-9.3.1.73 (bleibt offen)

9.3.1.74 Rauchverbot, Verbot von Feuer und offenem Licht

9.3.1.74.1 Die Hinweistafeln mit dem Rauchverbot gemäß Abschnitt 8.3.4 müssen von beiden Schiffsseiten aus deutlich lesbar sein.

9.3.1.74.2 In der Nähe des Zugangs zu Stellen, an denen das Rauchen oder die Verwendung von Feuer oder offenem Licht nicht immer verboten ist, müssen Hinweisschilder die Umstände angeben, unter denen das Verbot gilt.

9.3.1.74.3 In den Wohnungen und im Steuerhaus muss in der Nähe jedes Ausgangs ein Aschenbecher angebracht sein.

9.3.1.75-9.3.1.91 (bleibt offen)

9.3.1.92 Notausgang

Räume, deren Zu- oder Ausgänge im Leckfall teilweise oder ganz eintauchen, müssen mit einem Notausgang versehen werden, der mindestens 0,10 m über der Schwimmebene liegt. Dies gilt nicht für Vor- und Achterpiek.

9.3.1.93-9.3.1.99 (bleibt offen)

9.3.2 Bauvorschriften für Tankschiffe des Typs C

Die Bauvorschriften der Unterabschnitte 9.3.2.0 bis 9.3.2.99 gelten für Tankschiffe des Typs C.

9.3.2.0 Bauwerkstoffe

9.3.2.0.1 a) Der Schiffskörper und die Ladetanks müssen aus Schiffbaustahl oder aus einem anderen mindestens gleichwertigen Metall gebaut sein.

Für unabhängige Ladetanks dürfen auch andere, gleichwertige Werkstoffe verwendet werden. Die Gleichwertigkeit muss sich auf die mechanischen Eigenschaften und auf die Beständigkeit gegen Temperatur- und Feuereinwirkung beziehen.

b) Alle Teile des Schiffes einschließlich Einrichtung und Ausrüstung, welche mit der Ladung in Berührung kommen können, müssen aus Bauwerkstoffen bestehen, die weder durch die Ladung angegriffen werden oder eine Zersetzung der Ladung verursachen, noch mit ihr schädliche oder gefährliche Verbindungen eingehen können. Falls dies bei der Klassifikation und Untersuchung des Schiffes nicht abschließend geprüft werden konnte, ist ein entsprechender Vorbehalt in die Schiffsstoffliste nach 1.16.1.2.5 aufzunehmen.

c) Gasabfuhrleitungen müssen gegen Korrosion geschützt sein.

9.3.2.0.2 Die Verwendung von Holz, Aluminiumlegierungen, Kunststoffen oder Gummi im Bereich der Ladung ist verboten, sofern dies nicht in Absatz 9.3.2.0.3 oder im Zulassungszeugnis ausdrücklich zugelassen ist.

9.3.2.0.3 Die Verwendung von Holz, Aluminiumlegierungen, Kunststoff und Gummi im Bereich der Ladung ist gemäß folgender Tabelle zulässig.

9

Die Verwendung von Holz, Aluminiumlegierungen, Kunststoff und Gummi ist nur zulässig für **(X bedeutet zugelassen)**				
	Holz	Aluminiumlegierungen	Kunststoff	Gummi
Landstege	X	X	X	X
Außenbordtreppen und Gehwege (Laufstege)*		X	X	X
Reinigungsmaterial wie Besen usw.	X		X	X
lose Ausrüstungsgegenstände wie Feuerlöscher, mobile Gasspürgeräte, Bergegeräte usw.		X	X	X
Leckwannen, Tropftassen			X	
Fender	X		X	X
Trossen zum Festmachen, Taue für Fender			X	
die Lagerung der vom Schiffskörper unabhängigen Tanks sowie die Lagerung von Einrichtungen und Ausrüstungen	X		X	
Masten und ähnliche Rundhölzer	X	X	X	
Maschinenteile		X	X	
Schutzkleider von Motoren und Pumpen			X	
Teile der elektrischen Anlage		X	X	
Teile der Lade- und Löschanlage wie z.B. Abdichtungen usw.		X	X	X
Kisten, Schränke oder sonstige Behälter an Deck für die Lagerung von Material zum Auffangen von Leckflüssigkeiten, Reinigungsmitteln, Feuerlöschgeräte, Feuerlöschschläuchen, Abfälle usw.		X	X	
Auflagerblöcke und Anschläge aller Art	X		X	
Ventilatoren einschließlich der Schlauchleitungen für die Belüftung		X	X	
Teile der Wassersprühanlage und der Dusche und das Augen- und Gesichtsbad		X	X	
Isolierung der Ladetanks, Lade- und Löschleitungen, der Gasabfuhrleitungen und Heizungsleitungen			X	X
Auskleidung der Tanks und der Lade-/Löschleitungen		X	X	X
Dichtungen aller Art (z.B. Dom- und Lukendeckel)			X	X
Kabel für die elektrischen Einrichtungen			X	X
Matte unter dem Landanschluss der Lade- und Löschleitung			X	X
Feuerlöschschläuche, Luftschläuche, Deckwaschschläuche, usw.			X	X
Probegeräte und Probeflaschen			X	
Fotooptische Kopien des gesamten Zulassungszeugnisses nach 8.1.2.6 oder 8.1.2.7 sowie des Schiffszeugnisses, des Eichscheins und der Rheinschifffahrtszugehörigkeitsurkunde		X	X	

* *Beachte 9.3.1.0.5, 9.3.2.0.5 bzw. 9.3.3.0.5*

Peilstäbe aus Aluminium sind zugelassen, wenn sie zur Verhinderung der Funkenbildung mit einem Fuß aus Messing versehen sind oder in anderer Weise geschützt sind.

Alle in den Wohnungen und im Steuerhaus verwendeten fest eingebauten Werkstoffe, mit Ausnahme der Möbel, müssen schwer entflammbar sein. Im Brandfall dürfen sie Rauch oder giftige Gase nicht in gefährlichem Maße entwickeln.

9.3.2.0.4 Die im Bereich der Ladung verwendete Farbe darf insbesondere bei Schlagbeanspruchung keine Funkenbildung hervorrufen können.

9.3.2.0.5 Die Verwendung von Kunststoffen für Beiboote ist nur zulässig, wenn das Material schwer entflammbar ist. Die Verwendung von Holz, Aluminiumlegierungen, Kunststoffen oder Gummi ist verboten, sofern dies nicht in Absatz 9.3.2.0.3 oder im Zulassungszeugnis ausdrücklich zugelassen ist.

Die Verwendung von Aluminiumlegierungen oder Kunststoffen für Gehwege (Laufstege) im Bereich der Ladung ist nur zulässig, wenn das Material schwer entflammbar und elektrisch leitfähig ist.

9.3.2.1 **Schiffsakte**

Bem. Für Zwecke dieses Absatzes hat der Ausdruck „Eigner" dieselbe Bedeutung wie in Abschnitt 1.16.0.

Die Schiffsakte muss vom Eigner aufbewahrt werden, der in der Lage sein muss, diese Dokumente auf Anforderung der zuständigen Behörde und der anerkannten Klassifikationsgesellschaft vorzulegen.

Die Schiffsakte muss während der gesamten Lebensdauer des Schiffes geführt und aktualisiert und bis sechs Monate nach der Außerbetriebnahme des Schiffes aufbewahrt werden.

Bei einem Wechsel des Eigners während der Lebensdauer des Schiffes ist die Schiffsakte an den neuen Eigner zu übergeben.

Kopien der Schiffsakte und alle notwendigen Dokumente sind der zuständigen Behörde für die Erteilung des Zulassungszeugnisses und der anerkannten Klassifikationsgesellschaft oder der Untersuchungsstelle für die Erstuntersuchung, Wiederholungsuntersuchung, Sonderuntersuchung oder außerordentliche Prüfungen auf Anforderung zur Verfügung zu stellen.

9.3.2.1- 9.3.2.7 (bleibt offen)

9.3.2.8 **Klassifikation**

9.3.2.8.1 Das Tankschiff muss unter Aufsicht einer anerkannten Klassifikationsgesellschaft für deren höchste Klasse gebaut und in ihre höchste Klasse eingestuft sein.

Die höchste Klasse muss aufrechterhalten werden. Dies muss durch eine entsprechende Bescheinigung der anerkannten Klassifikationsgesellschaft (Klassifikationszeugnis) bestätigt sein.

Der Auslegungsdruck und der Prüfdruck des Ladetanks müssen in diesem Zeugnis vermerkt sein.

Hat ein Schiff Ladetanks mit verschiedenen Öffnungsdrücken der Ventile, müssen der Auslegungsdruck und Prüfdruck eines jeden einzelnen Tanks im Zeugnis vermerkt sein.

Die anerkannte Klassifikationsgesellschaft muss eine Schiffsstoffliste erstellen, in der die im Tankschiff zur Beförderung zugelassenen gefährlichen Güter vermerkt sind (siehe auch Absatz 1.16.1.2.5).

9.3.2.8.2 (gestrichen)

9.3.2.8.3 (gestrichen)

9

9.3.2.8.4 Die Übereinstimmung der nach Absatz 8.1.2.3 r) bis v) geforderten Unterlagen mit den Gegebenheiten an Bord muss bei jeder Erneuerung des Zulassungszeugnisses sowie innerhalb des dritten Jahres der Gültigkeit des Zulassungszeugnisses einmal von einer anerkannten Klassifikationsgesellschaft, Unteruntersuchungsstelle oder durch eine hierfür von der zuständigen Behörde zugelassene Person geprüft werden. Eine unterzeichnete Bescheinigung muss sich an Bord befinden.

9.3.2.9 (bleibt offen)

9.3.2.10 **Schutz vor dem Eindringen gefährlicher Gase und dem Ausbreiten gefährlicher Flüssigkeiten**

9.3.2.10.1 Das Schiff muss so beschaffen sein, dass gefährliche Gase und Flüssigkeiten nicht in Wohnungen, Steuerhaus und Betriebsräume gelangen können. Die Fenster dieser Räume dürfen nicht geöffnet werden können, sofern sie nicht als Notausstieg vorgesehen und als solche gekennzeichnet sind.

9.3.2.10.2 An Deck sind flüssigkeitsdichte Schutzsülle auf Höhe der äußersten Ladetankschotte, höchstens jedoch 0,60 m innerhalb der äußeren Kofferdammschotte oder der Begrenzungsschotte der Aufstellungsräume anzubringen. Die Schutzsülle müssen entweder über die gesamte Schiffsbreite reichen oder zwischen den seitlich, in Längsrichtung des Schiffes verlaufenden Spillsüllen angebracht sein, sodass keine Flüssigkeit zum Achter- bzw. Vorschiff gelangen kann. Die Höhe der Schutzsülle und der Spillsülle muss mindestens 0,075 m betragen. Das Schutzsüll kann mit der Schutzwand nach 9.3.2.10.3 zusammenfallen sofern die Schutzwand über die gesamte Schiffsbreite reicht.

9.3.2.10.3 Wenn die Schiffsstoffliste nach Absatz 1.16.1.2.5 Stoffe enthalten soll, für die nach Unterabschnitt 3.2.3.2 Tabelle C, Spalte 17 Explosionsschutz gefordert ist, dürfen in Bereichen an Deck außerhalb des Bereichs der Ladung Anlagen und Geräte, die nicht mindestens dem Typ „begrenzte Explosionsgefahr“ entsprechen, während des Ladens oder Löschens nicht betrieben werden, es sei denn dieser Bereich ist durch eine gas- und flüssigkeitsdichte Schutzwand vor dem Eindringen von Flüssigkeiten und Gasen geschützt. Diese Wand muss entweder über die gesamte Schiffsbreite reichen oder diese Bereiche an Deck U-förmig umschließen. Dabei muss sich die Wand über die gesamte Breite des zu schützenden Bereiches erstrecken und 1,00 m in Richtung der dem Bereich der Ladung abgewandten Seite fortgeführt werden (siehe Skizze Zoneneinteilung). Die Höhe der Wand muss mindestens 1,00 m bezogen auf das anschließende Ladetankdeck im Bereich der Ladung betragen. Außenwand und die Seitenwände der Wohnungen können als Schutzwand gelten, sofern sie keine Öffnungen aufweisen und die Abmessungen eingehalten sind.

Diese Schutzwand ist nicht erforderlich, wenn vor den zu schützenden Bereichen ein Abstand zum nächstgelegenen Hochgeschwindigkeitsventil, Ladeanschluss der Lade- und Löschleitungen, Ladepumpe an Deck und zur nächstgelegenen Öffnung der Ladetanks von mindestens 12,00 m eingehalten ist.

9.3.2.10.4 An Deck muss die Höhe der Unterkante der Öffnungen in den Seitenwänden von Aufbauten und die Höhe der Sülle von Zugangsluken und Lüftungsöffnungen von Räumen unter Deck mindestens 0,50 m über Deck betragen.

Dies gilt nicht für Öffnungen von Wallgängen und Doppelböden.

9.3.2.10.5 Schanzkleider, Fußleisten usw. müssen mit genügend großen, direkt über dem Deck angeordneten Öffnungen versehen sein.

9.3.2.11 Aufstellungsräume und Ladetanks

9.3.2.11.1 a) Der höchstzulässige Inhalt eines Ladetanks ist nach folgender Tabelle zu ermitteln:

L·B·H in m^3	Höchstzulässiger Inhalt eines Ladetanks in m^3
< 600	L · B · H · 0,3
600 - 3 750	180 + (L · B · H - 600) · 0,0635
> 3 750	380

Alternative Bauweisen nach Absatz 9.3.4 sind zulässig.

In vorstehender Tabelle ist L · B · H das Produkt aus den Hauptabmessungen des Tankschiffes in Metern (nach dem Eichschein).

Es ist:

L = größte Länge des Schiffsrumpfes in m;

B = größte Breite des Schiffsrumpfes in m;

H = kleinster senkrechter Abstand zwischen Unterkante Kiel und dem tiefsten Punkt des Decks an der Seite des Schiffes (Seitenhöhe) im Bereich der Ladung in m;

b) Die Konstruktion der Ladetanks muss so ausgelegt sein, dass die relative Dichte der beförderten Stoffe berücksichtigt ist. Die maximal zulässige relative Dichte muss im Zulassungszeugnis vermerkt sein.

c) Wenn das Schiff mit Drucktanks ausgerüstet ist, müssen diese Tanks mindestens für einen Betriebsdruck von 400 kPa (4 bar) ausgelegt sein.

d) Für Schiffe mit einer Länge bis 50 m darf die Ladetanklänge 10 m nicht überschreiten.

Für Schiffe mit einer Länge über 50 m darf die Ladetanklänge 0,20 L nicht überschreiten.

Diese Bestimmung gilt nicht für Schiffe mit eingesetzten, zylindrischen Ladetanks mit einem Verhältnis von Länge zu Durchmesser bis 7.

9.3.2.11.2 a) Das Schiff muss im Bereich der Ladung (ausgenommen Kofferdämme) als Glattdeck-Doppelhüllenschiff mit Wallgängen, Doppelboden und ohne Trunk ausgeführt sein. Vom Schiffskörper unabhängige Ladetanks und gekühlte Ladetanks dürfen nur in einem Aufstellungsraum, der durch Wallgänge und Doppelboden gemäß Absatz 9.3.2.11.8 gebildet wird, aufgestellt sein. Ladetanks dürfen nicht über das Deck hinausragen.

b) Vom Schiffskörper unabhängige Ladetanks müssen gegen Aufschwimmen gesichert sein.

Die Aufschwimmsicherung der gekühlten Ladetanks muss den Vorschriften einer anerkannten Klassifikationsgesellschaft entsprechen.

c) Ein Pumpensumpf darf nicht mehr als 0,10 m^3 Inhalt haben.

d) Stützen, welche tragende Teile der Schiffsseitenwände mit tragenden Teilen des Längsschotts der Ladetanks verbinden, und Stützen, welche tragende Teile des Schiffsbodens mit dem Boden der Ladetanks verbinden, sind nicht zulässig.

e) Eine örtliche Vertiefung im Tankdeck, die von allen Seiten begrenzt, mehr als 0,10 m tief ist und zur Aufnahme der Ladungspumpe dient, ist zulässig, wenn sie folgende Anforderungen erfüllt:

- Die Vertiefung darf nicht mehr als 1,00 m betragen
- Die Vertiefung muss mindestens 6,00 m von Zugängen oder Öffnungen der Wohnungen und der außerhalb des Bereichs der Ladung gelegenen Betriebsräume entfernt sein.
- Die Vertiefung muss sich mindestens im Abstand von einem Viertel der Schiffsbreite zur Außenhaut befinden.
- Alle Leitungen die von der Vertiefung aus in die Ladetanks führen, müssen direkt am Schott mit einer Absperrarmatur versehen sein.

9

- Alle erforderlichen Bedienungen der Armaturen in der Vertiefung müssen von Deck aus erfolgen.
- Die Vertiefung muss durch eine von allen anderen Einrichtungen unabhängigen Einrichtung an Deck im Bereich der Ladung gelenzt werden können.
- Die Vertiefung muss mit einer Einrichtung zum Messen des Füllstandes versehen sein, die die Lenzeinrichtung betätigt und einen optischen und akustischen Alarm im Steuerhaus und an Deck auslöst, wenn sich am Boden Flüssigkeit ansammelt.
- Wenn sich die Vertiefung über dem Kofferdamm befindet, muss das Maschinenraumschott mit einer „A-60"-Isolierung nach SOLAS 74 Kapitel II-2 Regel 3 versehen sein.
- Wenn der Bereich der Ladung mit einer Wassersprüheinrichtung versehen ist, müssen die elektrischen Anlagen in der Vertiefung gegen Überflutung geschützt sein.
- Verbindungsleitungen zwischen der Vertiefung und dem Schiffskörper dürfen nicht durch Ladetanks laufen.

f) Wenn die Schiffsstoffliste nach Absatz 1.16.1.2.5 Stoffe enthalten soll, für die nach Unterabschnitt 3.2.3.2 Tabelle C Spalte 17 Explosionsschutz gefordert ist, muss die Vertiefung bei einer Tiefe von mehr als 0,50 m mit einer fest eingebauten Gasspüranlage versehen sein, welche die Anwesenheit entzündbarer Gase durch direkt messende Sensoren automatisch anzeigt und beim Erreichen einer Gaskonzentration von 20 % der UEG der Ladung oder 20% der UEG von n-Hexan einen optischen und akustischen Alarm auslöst, je nachdem, welche UEG die kritischere ist. Die Sensoren dieser Anlage müssen sich an geeigneten Stellen am Boden der Vertiefung befinden.

Die Messungen müssen ständig erfolgen.

Die Alarme müssen optisch und akustisch im Steuerhaus und an Deck gemeldet werden und müssen die Ladungspumpe abschalten. Ein Ausfall der Gasspüranlage muss sofort optisch und akustisch im Steuerhaus und an Deck gemeldet werden. Bei Nichtquittieren muss die Alarmierung automatisch in den Wohnungen erfolgen.

9.3.2.11.3 a) Ladetanks müssen von den Wohnungen, den Maschinenräumen und den Betriebsräumen unter Deck außerhalb des Bereichs der Ladung oder, wenn solche fehlen, von den Schiffsenden durch Kofferdämme mit einer Mindestbreite von 0,60 m getrennt sein. Wenn die Ladetanks in einem Aufstellungsraum aufgestellt sind, müssen sie mindestens 0,50 m von Endschotten des Aufstellungsraums entfernt sein. In diesem Fall wird ein Endschott, mit einer „A-60"-Isolierung nach SOLAS 74 Kapitel II-2 Regel 3, als einem Kofferdamm gleichwertig angesehen. Der Abstand von 0,50 m darf bei Drucktanks auf 0,20 m verringert werden.

b) Aufstellungsräume, Kofferdämme und Ladetanks müssen untersucht werden können.

c) Alle Räume im Bereich der Ladung müssen gelüftet werden können. Es muss geprüft werden können, ob sie gasfrei sind.

9.3.2.11.4 Die die Ladetanks, die Kofferdämme und die Aufstellungsräume begrenzenden Schotte müssen wasserdicht sein. Die Ladetanks sowie die den Bereich der Ladung begrenzenden Schotte dürfen unter Deck keine Öffnungen oder Durchführungen enthalten.

Im Schott zwischen Maschinenraum und Kofferdamm oder Betriebsraum im Bereich der Ladung oder zwischen Maschinenraum und Aufstellungsraum dürfen Durchführungen vorhanden sein, wenn sie den in Absatz 9.3.2.17.5 enthaltenen Bestimmungen entsprechen.

Im Schott zwischen Ladetank und Pumpenraum unter Deck dürfen Durchführungen vorhanden sein, wenn sie den in Absatz 9.3.2.17.6 enthaltenen Bedingungen entsprechen. Die Schotten zwischen den Ladetanks können Durchführungen aufweisen, vorausgesetzt die Lade- und Löschleitungen sind in dem Ladetank aus dem sie herkommen mit Absperrarmaturen ausgestattet. Diese Absperrarmaturen müssen von Deck aus bedient werden können.

9.3.2.11.5 Wallgänge und Doppelböden im Bereich der Ladung dürfen nur für Ballastaufnahme eingerichtet sein. Doppelböden dürfen nur als Brennstofftank eingerichtet werden, wenn sie die Vorschriften des Unterabschnitts 9.3.2.32 erfüllen.

9.3.2.11.6 a) Der Kofferdamm, der mittlere Teil eines Kofferdammes oder ein anderer Raum unter Deck im Bereich der Ladung darf als Betriebsraum eingerichtet sein, wenn die den Betriebsraum begrenzenden Wände senkrecht bis auf den Boden geführt sind. Dieser Betriebsraum darf nur von Deck aus zugänglich sein.

b) Ein solcher Betriebsraum muss mit Ausnahme der Zugangs- und Lüftungsöffnungen wasserdicht sein.

c) In dem unter Buchstabe a) genannten Betriebsraum dürfen keine Lade- und Löschleitungen vorhanden sein.

Im Pumpenraum unter Deck dürfen Lade- und Löschleitungen nur vorhanden sein, wenn der Pumpenraum den Vorschriften gemäß 9.3.2.17.6 voll entspricht.

9.3.2.11.7 Bei Doppelhüllenbauweise mit in den Schiffsverbänden integrierten Ladetanks muss der Abstand zwischen der Seitenwand des Schiffes und der Seitenwand der Ladetanks mindestens 1 m betragen. Eine Verringerung dieses Abstandes auf 0,80 m ist zulässig, wenn gegenüber den Dimensionierungsvorschriften nach der Bauvorschrift einer anerkannten Klassifikationsgesellschaft folgende Verstärkungen vorgenommen sind:

a) Erhöhung der Dicke der Deckstringerplatte auf das 1,25-fache und

b) Erhöhung der Dicke der Seitenplatten auf das 1,15-fache und

c) Anordnung eines Längsspantsystems an der Seite des Schiffes, wobei die Spanthöhe 0,15 m nicht unterschreiten darf und die Längsspanten einen Gurtquerschnitt von mindestens 7 cm^2 aufweisen müssen.

d) Die Stringer- oder Längsspantensysteme sind durch Rahmen, ähnlich Bodenträgern mit Erleichterungslöchern versehen, in Abständen von höchstens 1,80 m abzufangen. Diese Abstände können vergrößert werden, wenn die Konstruktion in entsprechender Weise verstärkt wird.

Beim Bau des Schiffes im Querspantensystem muss anstelle von Buchstabe c) ein Längsstringersystem angeordnet sein. Der Abstand der Längsstringer voneinander darf nicht größer als 0,80 m sein und die Höhe der vollständig mit den Spanten verschweißten Längsstringer darf 0,15 m nicht unterschreiten. Der Gurtquerschnitt darf wie unter Buchstabe c) nicht weniger als 7 cm^2 betragen.

Werden die Spanten freigeschnitten, so muss die Steghöhe um die Höhe des Spantenausschnittes vergrößert sein.

Die Doppelbodenhöhe muss im Durchschnitt mindestens 0,70 m betragen, jedoch darf sie an keiner Stelle 0,60 m unterschreiten.

Unter den Pumpensümpfen darf die lichte Höhe auf 0,50 m verringert werden.

Alternative Bauweisen nach Abschnitt 9.3.4 sind zulässig.

9.3.2.11.8 Erfolgt der Bau unter Verwendung von unabhängigen oder gekühlten Ladetanks, gilt für den Wallgang des Aufstellungsraums eine Mindestbreite von 0,80 m und für den Doppelboden des Aufstellungsraums eine Mindesthöhe von 0,60 m.

9.3.2.11.9 Im Bereich der Ladung unter Deck vorhandene Betriebsräume müssen so angeordnet sein, dass sie gut zugänglich sind und die darin vorhandenen Betriebseinrichtungen auch von Personen, welche die persönliche Schutzausrüstung tragen, sicher bedient werden können. Sie müssen so gebaut sein, dass Verletzte oder ohnmächtige Personen aus ihnen ohne besondere Schwierigkeiten geborgen werden können, gegebenenfalls mit Hilfe von fest angebrachten Vorrichtungen.

9.3.2.11.10 Kofferdämme, Wallgänge, Doppelböden, Ladetanks, Aufstellungsräume und andere begehbare Räume im Bereich der Ladung müssen so angeordnet sein, dass sie angemessen und vollständig gereinigt und untersucht werden können. Mit Ausnahme von Wallgängen und Doppelböden, wenn sie keine gemeinsame Wand mit den Ladetanks haben, müssen Zugangsöffnungen so bemessen sein, dass eine Person mit angelegtem Atemgerät ungehindert in den Raum hinein oder aus ihm heraus gelangen kann. Mindestgröße der Öffnung: 0,36 m²; kleinste Seitenlänge: 0,50 m. Zugangsöffnungen müssen so gebaut sein, dass Verletzte oder ohnmächtige Personen vom Boden des betreffenden Raumes ohne besondere Schwierigkeiten geborgen werden können, gegebenenfalls mit Hilfe von fest angebrachten Vorrichtungen. Der Abstand zwischen den Verstärkungen in den obengenannten Räumen darf nicht weniger als 0,50 m betragen. Im Doppelboden darf dieser Abstand auf 0,45 m verringert werden.

Ladetanks dürfen mit runden Öffnungen mit einem Mindestdurchmesser von 0,68 m versehen sein.

9.3.2.12 **Lüftung**

9.3.2.12.1 In jedem Aufstellungsraum müssen zwei Öffnungen vorhanden sein, deren Abmessungen und Anordnung so beschaffen sein müssen, dass die Lüftung an jeder Stelle des Aufstellungsraumes wirksam ist. Sind diese Öffnungen nicht vorhanden, muss der Aufstellungsraum mit inertem Gas oder trockener Luft gefüllt werden können.

9.3.2.12.2 Wallgänge und Doppelböden im Bereich der Ladung, welche nicht für Ballastzwecke eingerichtet sind, und Aufstellungsräume und Kofferdämme müssen durch Vorrichtungen gelüftet werden können.

9.3.2.12.3 a) Ein im Bereich der Ladung unter Deck angeordneter Betriebsraum muss mit einer technischen Lüftung versehen sein. Die Kapazität der Ventilatoren muss so ausgelegt sein, dass das Volumen des Betriebsraums mindestens zwanzig Mal je Stunde vollständig erneuert werden kann.

Die Absaugschächte müssen bis zu einem Abstand von 50 mm an den Betriebsraumboden herangeführt sein. Die Zuluft muss durch einen Schacht von oben in den Betriebsraum eingeführt werden.

b) Wenn die Schiffsstoffliste nach Absatz 1.16.1.2.5 Stoffe enthalten soll, für die nach Unterabschnitt 3.2.3.2 Tabelle C Spalte 17 Explosionsschutz gefordert ist, müssen die Zuluftöffnungen mindestens 2,00 m über Deck, 2,00 m von Ladetanköffnungen und 6,00 m von Austrittsöffnungen der Sicherheitsventile entfernt angebracht sein.

Die hierzu gegebenenfalls notwendigen Verlängerungsrohre dürfen klappbar ausgeführt sein.

9.3.2.12.4 a) Wohnungen, Steuerhaus und Betriebsräume müssen belüftet werden können.

b) Das Lüftungssystem in diesen Räumen muss nachfolgende Anforderungen erfüllen:

(i) Die Ansaugöffnungen sind so weit wie möglich, mindestens jedoch 6,00 m vom geschützten Bereich entfernt und mindestens 2,00 m über Deck angeordnet,

(ii) Ein Überdruck von mindestens 0,1 kPa (0,001 bar) kann in den Räumen gewährleistet werden,

(iii) Eine Ausfallalarmierung ist integriert.

(iv) Lüftungssystem einschließlich der Ausfallalarmierung entspricht mindestens den Typ „begrenzte Explosionsgefahr",

(v) Eine Gasspüranlage, welche folgende Bedingungen 1. bis 4. erfüllt ist mit dem Lüftungssystem verbunden:

1. sie ist mindestens für den Betrieb in Zone 1 Explosionsgruppe II C, Temperaturklasse T6 geeignet
2. sie hat Messstellen
   - in den Ansaugöffnungen der Lüftungssysteme und
   - direkt unterhalb der Oberkante des Türsülls der Eingänge.
3. ihre T90-Zeit ist kleiner oder gleich 4 s,
4. die Messungen erfolgen stetig.

(vi) In den Betriebsräumen ist das Lüftungssystem mit einer Notbeleuchtung, die mindestens vom Typ „begrenzte Explosionsgefahr" ist, verbunden. Diese Notbeleuchtung ist nicht erforderlich, wenn die Beleuchtungsanlagen in den Betriebsräumen vom Typ „begrenzte Explosionsgefahr" sind.

(vii) Die Ansaugung des Lüftungssystems und die Anlagen und Geräte, die den unter 9.3.2.51 Buchstaben a) und b) und 9.3.2.52.1 genannten Bedingungen nicht entsprechen, werden abgeschaltet sobald eine Konzentration von 20 % der UEG von n-Hexan erreicht wird. Das Abschalten wird in den Wohnungen und im Steuerhaus optisch und akustisch gemeldet.

(viii) Bei einem Ausfall des Lüftungssystems oder der Gasspüranlagen in den Wohnungen werden die Anlagen und Geräte in den Wohnungen, die den unter 9.3.2.51 Buchstaben a) und b) und 9.3.1.52.1 genannten Bedingungen nicht entsprechen abgeschaltet. Der Ausfall wird optisch und akustisch in den Wohnungen, im Steuerhaus, und an Deck gemeldet.

(ix) Bei einem Ausfal des Lüftungssystems oder der Gasspüranlagen des Steuerhauses oder der Betriebsräume werden die Anlagen und Geräte in diesen Räumen, die den unter 9.3.2.51 Buchstaben a) und b) und 9.3.2.52.1 genannten Bedingungen nicht entsprechen, abgeschaltet.

Der Ausfall wird optisch und akustisch im Steuerhaus und an Deck gemeldet werden. Bei Nichtquittieren muss die Alarmierung automatisch in den Wohnungen erfolgen.

(x) Jede Abschaltung erfolgt sofort und automatisch und setzt gegebenenfalls die Notbeleuchtung in Betrieb. Die automatische Abschaltung ist so eingestellt, dass sie nicht während der Fahrt erfolgen kann.

c) Ist ein Lüftungssystem nicht vorhanden oder erfüllt das Lüftungssystem des jeweiligen Raumes nicht alle in Buchstabe b) genannten Anforderungen, müssen in dem jeweiligen Raum die Anlagen und Geräte, bei deren Betrieb höhere Oberflächentemperaturen als unter 9.3.2.51 Buchstaben a) und b) angegeben, auftreten können oder die nicht die Anforderungen nach 9.3.2.52.1 erfüllen, abschaltbar ausgeführt sein.

9.3.2.12.5 (gestrichen)

9

9.3.2.12.6 An Lüftungsöffnungen müssen Hinweisschilder angebracht sein, welche die Bedingungen für das Schließen angeben. Alle Lüftungsöffnungen, die von Wohnungen, Steuerhaus und Betriebsräumen außerhalb des Bereichs der Ladung ins Freie führen, müssen mit fest installierten Vorrichtungen nach 9.3.2.40.2.2 c) versehen sein, die schnell zu schließen sind. Der Verschlusszustand muss eindeutig erkennbar sein.

Solche Lüftungsöffnungen müssen mindestens 2,00 m vom Bereich der Ladung entfernt angeordnet sein.

Lüftungsöffnungen von im Bereich der Ladung gelegenen Betriebsräumen dürfen in diesem Bereich angeordnet sein.

9.3.2.12.7 (gestrichen)

9.3.2.13 **Stabilität (allgemein)**

9.3.2.13.1 Eine ausreichende Stabilität einschließlich Leckstabilität muss nachgewiesen sein.

9.3.2.13.2 Die Grundwerte für die Stabilitätsberechnung - Schiffsleergewicht und Lage des Gewichts-Schwerpunktes - müssen entweder durch einen Krängungsversuch oder durch eine detaillierte Gewichtsberechnung ermittelt werden. Hierbei muss das Schiffsleergewicht durch einen Tiefgangsnachweis am Schiff kontrolliert werden, wobei die durch Gewichtsberechnung ermittelten Massen nicht mehr als ± 5 % von dem durch Tiefgangsablesung ermittelten Deplacement abweichen dürfen.

9.3.2.13.3 Ausreichende Intaktstabilität muss für alle Stadien des Be- und Entladens und für den Endbeladungszustand bei den relativen Dichten aller in der Schiffsstoffliste nach 1.16.1.2.5 enthaltenen Stoffe nachgewiesen werden.

Das Schiff muss für jeden Ladefall unter Berücksichtigung tatsächlicher Füllung der Ladetanks, Ballasttanks/-zellen und Berücksichtigung der Trinkwasser-/Abwassertanks und der Tanks für flüssige Schiffsbetriebsstoffe sowie Endschwimmlagen, die Intakt- und Leckstabilitätsanforderungen erfüllen.

Zwischenzustände der Reise müssen ebenfalls berücksichtigt werden.

Die Stabilitätsunterlagen mit diesem Nachweis und den durch die anerkannte Klassifikationsgesellschaft, die das Schiff klassifiziert hat, genehmigten Ladefallen sind in einem Stabilitätshandbuch zusammenzufassen. Wenn nicht alle Ladefälle und Ballastfälle konkret berücksichtigt wurden, muss zusätzlich ein von der anerkannten Klassifikationsgesellschaft, die das Schiff klassifiziert hat, genehmigter Ladungsrechner, der die Inhalte des Stabilitätshandbuches abbildet, installiert und genutzt werden.

Bem. Ein Stabilitätshandbuch muss in für den Schiffsführer verständlicher Form und Sprache abgefasst sein und muss folgende Angaben enthalten:

- allgemeine Beschreibung des Schiffes;
- allgemeine Anordnungs- und Kapazitätspläne mit Angabe der zugewiesenen Nutzung von Laderäumen und Flächen (Ladetanks, Lager, Wohnräume usw.);
- eine Skizze mit Angabe der Position der Einsenkungsmarken in Bezug auf die Lote des Schiffs;
- die Schemata von Ballast und Lenzpumpen und Überfüllsicherungssystemen;
- hydrostatische Kurven oder Tabellen entsprechend der geplanten Schwimmlagen, und, sofern signifikante Trimmwinkel während des normalen Betriebs des Schiffs vorgesehen sind, sind Kurven bzw. Tabellen, die diesem Trimmbereich entsprechen, beizufügen;
- Cross-Curves bzw. Tabellen für die Stabilität, berechnet auf der Grundlage einer freien Schwimmlage für die Verdrängungs- und Trimmbereiche, die während des normalen Betriebs zu erwarten sind, mit Angabe der als schwimmend geltenden Volumen;

- Echolot-Tabellen oder Kurven für den Füllstand von Ladetanks, Ballasttanks/-zellen und Trinkwasser-/Abwassertanks und der Tanks für flüssige Schiffsbetriebsstoffe mit Angabe der Kapazitäten, des Massenschwerpunkts und Angaben zu freien Oberflächen für jeden Ladetank, Ballasttank/-zelle, Trinkwasser-/Abwassertank und der Tanks für flüssige Schiffsbetriebsstoffe;
- Leerschiffsdaten (Gewicht und Massenschwerpunkt) infolge eines Krängungsversuchs oder einer Messung des Leergewichts in Kombination mit einer detaillierten Massenbilanz oder anderen annehmbaren Maßen; dort, wo die vorstehenden Angaben von einem Schwesterschiff abgeleitet sind, ist ein eindeutiger Hinweis auf das Schwesterschiff erforderlich und ist eine Kopie des bestätigten Krängungsversuchsberichts für dieses Schwesterschiff beizulegen;
- eine Kopie des bestätigten Prüfberichts ist dem Stabilitätshandbuch beizulegen;
- betriebliche Ladebedingungen mit allen relevanten Einzelheiten wie:
  - Leerschiffsdaten, Tankfüllungen, Lager, Schiffsbesatzung und andere relevante Positionen an Bord (Masse und Massenschwerpunkt für jede Position, freie Oberflächenmomente für flüssige Ladungen),
  - Tiefgang mittschiffs und an den Loten,
  - GM, GM korrigiert für freien Oberflächeneffekt,
  - GZ-Werte und Kurve,
  - Längsbiegemomente und Querkräfte an Ablesepunkten,
  - Informationen über Öffnungen (Lage, Art der Dichtung, Verschlussvorrichtungen) und
  - Informationen für den Schiffsführer;
- Berechnung des Einflusses des Ballastwassers auf die Stabilität mit Angabe, ob fest installierte Niveau- Anzeigegeräte für die Ballasttanks/-zellen vorhanden sein müssen, oder die Ballasttanks/-zellen nur vollständig befüllt oder leer gefahren werden dürfen.

9.3.2.13.4 Die Schwimmfähigkeit im Leckfall muss für den ungünstigsten Beladungszustand nachgewiesen werden. Hierbei muss für die kritischen Zwischenzustände und für den Endzustand der Flutung der rechnerische Nachweis der genügenden Stabilität erbracht werden.

9.3.2.14 **Stabilität (intakt)**

9.3.2.14.1 Die sich aus der Leckrechnung ergebenden Intaktstabilitätsforderungen dürfen nicht unterschritten werden.

9.3.2.14.2 Für Schiffe mit Tankbreiten von mehr als 0,70.B sind folgende Stabilitätsanforderungen nachzuweisen:

a) Innerhalb des positiven Bereiches der Hebelarmkurve bis zum Eintauchen der ersten nicht wetterdicht verschlossenen Öffnung, muss ein aufrichtender Hebelarm (GZ) von mindestens 0,10 m vorhanden sein.

b) Die Fläche des positiven Bereichs der Hebelarmkurve bis zum Eintauchen der ersten nicht wetterdicht verschlossenen Öffnung, jedoch vor einem Neigungswinkel ≤ 27° darf 0,024 m·rad nicht unterschreiten.

c) Die metazentrische Höhe (MG) muss mindestens 0,10 m betragen.

Diese Anforderungen müssen eingehalten werden unter Berücksichtigung des Einflusses aller freien Flüssigkeitsoberflächen in Tanks für alle Stadien des Be- und Entladens.

9.3.2.14.3 Die strengere der Forderungen gemäß den Absätzen 9.3.2.14.1 und 9.3.2.14.2 ist für das Schiff maßgebend.

9.3.2.15 Stabilität (im Leckfall)

9.3.2.15.1 Für den Leckfall sind folgende Annahmen zu berücksichtigen:

a) Ausdehnung des Schadens an einer Schiffsseite:

Längsausdehnung	:	mindestens 0,10 L jedoch nicht weniger als 5,00 m,
Querausdehnung	:	0,79 m bordseitig von der Schiffsseite im rechten Winkel zur Mittellängsachse auf dem Niveau des maximalen Tiefgangs oder, falls zutreffend, der zulässige Abstand gemäß Abschnitt 9.3.4 abzüglich 0,01 m;
Senkrechte Ausdehnung	:	von der Basis aufwärts unbegrenzt.

b) Ausdehnung des Schadens am Schiffsboden:

Längsausdehnung	:	mindestens 0,10 L jedoch nicht weniger als 5 m,
Querausdehnung	:	3 m
Senkrechte Ausdehnung	:	von der Basis 0,59 m aufwärts, Sumpf ausgenommen.

c) Alle in den Beschädigungsbereich fallenden Schotte sind als leck anzusehen, das heißt, die Schotteinteilung muss so gewählt sein, dass das Schiff auch nach dem Fluten von zwei oder mehr direkt hintereinander liegenden Abteilungen schwimmfähig bleibt.

Dabei ist Folgendes zu beachten:

- Bei einer Bodenbeschädigung sind auch querschiffs nebeneinander liegende Abteilungen als geflutet anzusehen.
- Die Unterkante von nicht wasserdicht verschließbaren Öffnungen (z. B. von Türen, Fenstern, Einstiegluken) muss im Endzustand der Flutung mindestens 0,10 m über der Schwimmebene liegen.
- Im Allgemeinen ist mit einer Flutbarkeit von 95 % zu rechnen. Wird durch eine Berechnung nachgewiesen, dass die mittlere Flutbarkeit in irgendeiner Abteilung kleiner als 95 % ist, so kann der errechnete Wert eingesetzt werden.

Es sind jedoch die folgenden Mindestwerte einzusetzen:

– Maschinenräume	85 %
– Besatzungsräume	95 %
– Doppelböden, Brennstofftanks, Ballasttanks usw. je nachdem, ob sie ihrer Bestimmung entsprechend für das auf der Ebene der tiefsten Einsenkung schwimmende Schiff als voll oder leer angenommen werden müssen	0 oder 95 %

Für den Hauptmaschinenraum braucht nur die Schwimmfähigkeit für den Einabteilungsstatus nachgewiesen zu werden, d.h. Maschinenraumendschotte gelten als nicht beschädigt.

9.3.2.15.2 Für den Zwischenzustand der Flutung müssen folgende Kriterien erfüllt sein:

GZ ≥ 0,03 m

Bereich des positiven Hebelarms GZ: 5°.

In der Gleichgewichtslage (Endschwimmlage) darf die Neigung des Schiffes 12° nicht überschreiten. Nicht wasserdicht verschlossene Öffnungen dürfen erst nach Erreichen der Gleichgewichtslage eintauchen. Tauchen derartige Öffnungen vorher ein, sind die dazugehörigen Räume bei der Leckrechnung als geflutet anzusehen.

Über die Gleichgewichtslage hinaus muss der positive Bereich der Hebelarmkurve einen aufrichtenden Hebel ≥ 0,05 m in Verbindung mit einer Fläche ≥ 0,0065 m·rad aufweisen. Diese Mindestwerte der Stabilität sind bis zum Eintauchen der ersten nicht wetterdicht verschlossenen Öffnung, jedoch vor einem Neigungswinkel ≤ 27° einzuhalten. Tauchen nicht wetterdicht verschlossene Öffnungen vorher ein, sind die dazugehörigen Räume bei der Leckrechnung als geflutet anzusehen.

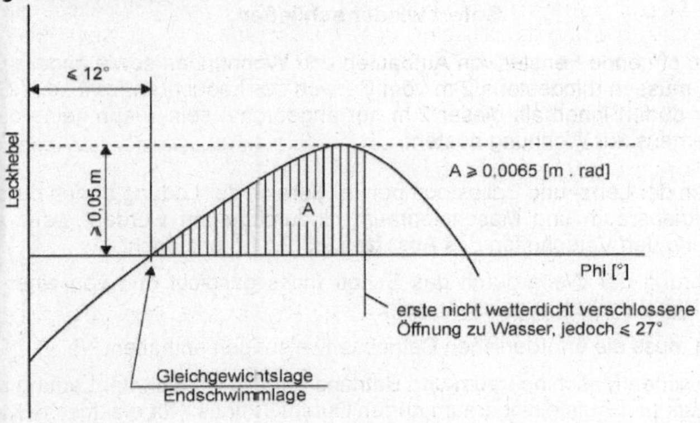

9.3.2.15.3 Wenn Öffnungen, über die unbeschädigte Abteilungen zusätzlich fluten können, wasserdicht verschlossen werden können, müssen diese Verschlusseinrichtungen entsprechend ihren Anforderungen beschriftet sein.

9.3.2.15.4 Werden Quer- oder Niederflutöffnungen zur Verringerung von Asymmetrien vorgesehen, muss der Ausgleich innerhalb von 15 Minuten erfolgen, wenn im Zwischenzustand ausreichende Leckstabilitätswerte nachgewiesen werden.

9.3.2.16 Maschinenräume

9.3.2.16.1 Verbrennungsmotoren für den Schiffsantrieb sowie Verbrennungsmotoren von Hilfsmaschinen müssen außerhalb des Bereichs der Ladung angeordnet sein. Zugänge und andere Öffnungen von Maschinenräumen müssen mindestens 2,00 m vom Bereich der Ladung entfernt sein.

9.3.2.16.2 Maschinenräume müssen von Deck aus zugänglich sein. Zugänge dürfen nicht zum Bereich der Ladung gerichtet sein. Wenn die Türen nicht in einer Nische untergebracht sind, deren Tiefe mindestens der Türbreite entspricht, müssen die Scharniere dem Bereich der Ladung zugewendet sein.

9

9.3.2.17 Wohnungen und Betriebsräume

9.3.2.17.1 Wohnungen und Steuerhaus müssen außerhalb des Bereichs der Ladung (hinter der hinteren oder vor der vorderen Begrenzungsebene des Bereichs der Ladung) liegen. Fenster des Steuerhauses, welche mindestens 1,00 m über dem Steuerhausboden liegen, dürfen nach vorn geneigt sein.

9.3.2.17.2 Zugänge von Räumen und Öffnungen in den Aufbauten dürfen nicht zum Bereich der Ladung gerichtet sein. Scharniere von Türen, die nach außen öffnen und nicht in einer Nische untergebracht sind, deren Tiefe mindestens der Türbreite entspricht, müssen dem Bereich der Ladung zugewendet sein.

9.3.2.17.3 Zugänge von Deck aus und Öffnungen von Räumen ins Freie müssen geschlossen werden können. Folgender Hinweis muss am Zugang zu diesen Räumen angebracht sein:

Während des Ladens, Löschens und Entgasens
nicht ohne Erlaubnis des Schiffsführers öffnen.
Sofort wieder schließen.

9.3.2.17.4 Eingänge und zu öffnende Fenster von Aufbauten und Wohnungen sowie andere Öffnungen zu diesen Räumen müssen mindestens 2 m vom Bereich der Ladung entfernt sein. Steuerhaustüren und -fenster dürfen innerhalb dieser 2 m nur angeordnet sein, wenn keine direkte Verbindung vom Steuerhaus zur Wohnung besteht.

9.3.2.17.5 a) Antriebswellen der Lenz- und Ballastpumpen im Bereich der Ladung dürfen durch das Schott zwischen Betriebsraum und Maschinenraum hindurchgeführt werden, wenn die Betriebsraumanordnung den Vorschriften des Absatzes 9.3.2.11.6 entspricht.

b) Die Durchführung der Welle durch das Schott muss gasdicht und von einer anerkannten Klassifikationsgesellschaft zugelassen sein.

c) Ein Anschlag muss die erforderlichen Betriebsanweisungen enthalten.

d) Im Schott zwischen Maschinenraum und Betriebsraum im Bereich der Ladung und zwischen Maschinenraum und Aufstellungsraum dürfen Durchführungen für elektrische Kabel, Hydraulikleitungen und Rohrleitungen für Mess-, Regel- und Alarmeinrichtungen angebracht werden, wenn die Durchführungen gasdicht und von einer anerkannten Klassifikationsgesellschaft zugelassen sind. Durchführungen durch ein Schott, mit einer „A-60“-Isolierung nach SOLAS 74 Kapitel II-2 Regel 3 müssen eine gleichwertige Brandschutzisolierung haben.

e) Durch das Schott zwischen Maschinenraum und Betriebsraum im Bereich der Ladung dürfen Rohrleitungen hindurch geführt werden, wenn es sich dabei um Rohrleitungen zwischen maschinellen Anlagen im Maschinenraum und im Betriebsraum handelt, welche im Betriebsraum keine Öffnungen enthalten.

f) Vom Maschinenraum aus dürfen abweichend von Absatz 9.3.2.11.4 Rohrleitungen durch den Betriebsraum im Bereich der Ladung, den Kofferdamm, den Aufstellungsraum oder den Wallgang hindurch ins Freie geführt werden, wenn sie innerhalb des Betriebsraumes, des Kofferdammes, des Aufstellungsraumes oder des Wallgangs in dickwandiger Ausführung verlegt sind und im Betriebsraum, im Kofferdamm, im Aufstellungsraum oder im Wallgang keine Flanschverbindungen oder Öffnungen haben.

g) Wenn eine Antriebswelle von Hilfsmaschinen durch eine über Deck gelegene Wand führt, muss die Durchführung gasdicht sein.

9.3.2.17.6 Ein im Bereich der Ladung unter Deck angeordneter Betriebsraum ist als Pumpenraum für die Aufstellung einer Lade- und Löschanlage nur zulässig, wenn:

- der Pumpenraum durch einen Kofferdamm oder ein Schott mit einer „A-60“-Isolierung nach SOLAS 74 Kapitel II-2 Regel 3 versehen ist oder durch einen Betriebsraum oder einen Aufstellungsraum vom Maschinenraum oder von Betriebsräumen außerhalb des Bereichs der Ladung getrennt ist;

- das vorstehend geforderte „A-60"-Schott keine Durchbrüche gemäß Absatz 9.3.2.17.5 a) hat;
- Lüftungsaustrittsöffnungen mindestens 6,00 m von Zugängen und Öffnungen der Wohnungen, des Steuerhauses und der Betriebsräume außerhalb des Bereichs der Ladung entfernt angeordnet sind;
- Zugangs- und Lüftungsöffnungen von außen verschließbar sind;
- alle Lade- und Löschleitungen sowie die Rohrleitungen der Nachlenzsysteme auf der Saugseite der Pumpe im Pumpenraum direkt am Schott mit einer Absperrarmatur versehen sind. Die erforderliche Bedienung der Armaturen im Pumpenraum und das Starten der Pumpen sowie die notwendige Regulierung des Flüssigkeitsstroms muss von Deck aus erfolgen;
- die Pumpenraumbilge mit einer Einrichtung zum Messen des Füllstands versehen ist, die einen optischen und akustischen Alarm im Steuerhaus auslöst, wenn sich in der Pumpenraumbilge Flüssigkeit ansammelt;
- der Pumpenraum mit einer fest eingebauten Sauerstoffmessanlage versehen ist, welche den Sauerstoffgehalt automatisch anzeigt und bei einer Sauerstoffkonzentration von 19,5 Vol.-% einen optischen und akustischen Alarm auslöst. Die Sensoren dieser Anlage müssen sich an geeigneten Stellen am Boden und in 2,00 m Höhe befinden. Die Messungen müssen stetig erfolgen und nahe des Einganges angezeigt werden. Die Alarme müssen optisch und akustisch im Steuerhaus und im Pumpenraum gemeldet werden und müssen die Lade- und Löschanlage abschalten.

  Ein Ausfall der Sauerstoffmessanlage muss optischen und akustischen Alarm im Steuerhaus und an Deck auslösen. Bei Nichtquittieren muss die Alarmierung automatisch in den Wohnungen erfolgen;
- das in Absatz 9.3.2.12.3 vorgeschriebene Lüftungssystem eine Stundenleistung von mindestens dem dreißigfachen des Rauminhalts des Betriebsraums besitzt.

Wenn die Schiffsstoffliste nach Absatz 1.16.1.2.5 Stoffe enthalten soll, für die nach Unterabschnitt 3.2.3.2 Tabelle C Spalte 17 Explosionsschutz gefordert ist, muss der Pumpenraum zusätzlich mit einer fest eingebauten Gasspüranlage versehen sein, welche, die Anwesenheit entzündbarer Gase automatisch anzeigt und beim Erreichen einer Gaskonzentration von 20 % der UEG der Ladung oder 20 % der UEG von n-Hexan einen optischen und akustischen Alarm auslöst, je nachdem welche UEG die kritischere ist.

Die Sensoren der Gasspüranlage müssen sich an geeigneten Stellen am Boden und direkt unterhalb der Decke befinden. Die Messungen müssen stetig erfolgen und nahe des Einganges angezeigt werden.

Die Alarme müssen optisch und akustisch im Steuerhaus und im Pumpenraum gemeldet werden und müssen die Lade- und Löschanlage abschalten.

Ein Ausfall der Gasspüranlage muss optisch und akustisch im Steuerhaus und an Deck gemeldet werden. Bei Nichtquittieren muss die Alarmierung automatisch in den Wohnungen erfolgen.

9.3.2.17.7 Am Zugang zum Pumpenraum muss folgender Hinweis angebracht sein:

Vor Betreten des Pumpenraumes
auf Gasfreiheit sowie ausreichenden Sauerstoffgehalt überprüfen.
Türen und Einstiegsöffnungen nicht ohne Erlaubnis des Schiffsführers öffnen.
Bei Alarm den Raum sofort verlassen.

9.3.2.18 Inertgasanlage

Wenn Inertisierung oder Abdeckung der Ladung vorgeschrieben ist, muss das Schiff mit einer Inertgasanlage ausgestattet sein.

Diese Anlage muss in der Lage sein, einen Mindestdruck von 7 kPa (0,07 bar) in den zu inertisierenden Räumen jederzeit aufrechtzuerhalten. Außerdem darf die Inertgasanlage den Druck im Ladetank nicht über den Einstelldruck des Überdruckventils hinaus erhöhen. Der Einstelldruck des Unterdruckventils muss 3,5 kPa (0,035 bar) betragen.

9

Eine für das Laden oder Löschen ausreichende Menge Inertgas ist an Bord mitzuführen oder zu erzeugen, soweit sie nicht von Land bezogen werden kann. Außerdem muss an Bord eine ausreichende Menge Inertgas zum Ausgleich normaler Verluste während der Beförderung verfügbar sein.

Die zu inertisierenden Räume müssen mit Anschlüssen für die Zufuhr des Inertgases und mit Kontrolleinrichtungen zur ständigen Erhaltung der richtigen Atmosphäre versehen sein.

Diese Kontrolleinrichtungen müssen beim Unterschreiten eines vorgegebenen Druckes oder einer vorgegebenen Inertgaskonzentration im Dampfraum einen optischen und akustischen Alarm im Steuerhaus auslösen. Wenn das Steuerhaus nicht besetzt ist, muss der Alarm zusätzlich an einer von einem Besatzungsmitglied besetzten Stelle wahrnehmbar sein.

9.3.2.19 (bleibt offen)

9.3.2.20 **Einrichtung der Kofferdämme**

9.3.2.20.1 Kofferdämme oder Kofferdammabteilungen, die neben einem gemäß Absatz 9.3.2.11.6 eingerichteten Betriebsraum verbleiben, müssen durch eine Zugangsluke zugänglich sein.

9.3.2.20.2 Kofferdämme müssen durch eine Pumpe mit Wasser gefüllt und gelenzt werden können. Das Füllen muss innerhalb von 30 Minuten stattfinden können. Dies ist nicht erforderlich, wenn das Schott zwischen Maschinenraum und Kofferdamm mit einer Brandschutzisolierung „A-60" nach SOLAS 74 Kapitel II-2, Regel 3 versehen ist oder wenn der Kofferdamm als Betriebsraum eingerichtet ist. Kofferdämme dürfen nicht mit einem Einlassventil ausgerüstet sein.

9.3.2.20.3 Kofferdämme dürfen nicht über eine feste Rohrleitung mit einer anderen Rohrleitung des Schiffes, die außerhalb des Bereichs der Ladung angeordnet ist, verbunden sein.

9.3.2.20.4 Wenn die Schiffsstoffliste nach 1.16.1.2.5 Stoffe enthalten soll, für die nach Unterabschnitt 3.2.3.2 Tabelle C Spalte 17 Explosionsschutz gefordert ist, müssen die Lüftungsöffnungen der Kofferdämme mit einer deflagrationssicheren Flammendurchschlagsicherung versehen sein. Diese Flammendurchschlagsicherungen sind unter Berücksichtigung der für die Schiffsstoffliste vorgesehenen Stoffe entsprechend den dafür erforderlichen Explosionsgruppen/Untergruppen auszuwählen (siehe Unterabschnitt 3.2.3.2 Tabelle C Spalte 16).

9.3.2.21 **Sicherheits- und Kontrolleinrichtungen**

Jeder Ladetank muss versehen sein mit:

a) einer Innenmarkierung für den Füllungsgrad von 95 %;

b) einem Niveau Anzeigegerät;

c) einem Niveau-Warngerät, das spätestens bei einer Füllung von 90% anspricht;

d) einem Grenzwertgeber für die Auslösung der Überlaufsicherung, der spätestens bei einer Füllung von 97,5 % auslöst;

e) einer Einrichtung zum Messen des Drucks der Gasphase im Ladetank;

f) einer Einrichtung zum Messen der Temperatur der Ladung, wenn in Unterabschnitt 3.2.3.2 Tabelle C Spalte 9 eine Ladungsheizungsanlage an Bord oder eine Ladungsheizmöglichkeit oder in Unterabschnitt 3.2.3.2 Tabelle C Spalte 20 eine maximal zulässige Temperatur aufgeführt ist;

g) einem Anschluss für eine geschlossene oder teilweise geschlossene Probeentnahmeeinrichtung und/oder mindestens einer Probeentnahmeöffnung entsprechend der Anforderung in Kapitel 3.2 Tabelle C Spalte 13.

Wenn die Schiffsstoffliste nach 1.16.1.2.5 Stoffe enthalten soll, für die nach Unterabschnitt 3.2.3.2 Tabelle C Spalte 17 Explosionsschutz gefordert ist, ist die dauerbrandsichere Flammensperre der Probeentnahmeöffnung unter Berücksichtigung der für die Schiffsstoffliste vorgesehenen Stoffe entsprechend den dafür erforderlichen Explosionsgruppen/Untergruppen auszuwählen (siehe Unterabschnitt 3.2.3.2 Tabelle C Spalte 16.

9.3.2.21.2 Der Füllungsgrad in % muss mit einem Fehler von höchstens 0,5 % ermittelt werden können. Er wird bezogen auf den Gesamtinhalt des Ladetanks einschließlich des Ausdehnungsschachtes.

9.3.2.21.3 Das Niveau-Anzeigegerät muss von den Bedienungsstellen der Absperrorgane für den entsprechenden Ladetank aus abgelesen werden können. Bei jedem Anzeigegerät müssen die nach der Schiffsstoffliste höchstzulässigen Füllhöhen von 95% und 97% kenntlich gemacht werden.

Der Über- und Unterdruck muss jederzeit von einer Stelle aus abgelesen werden können, von der das Laden oder Löschen unterbrochen werden kann. Der höchstzulässige Über- oder Unterdruck muss bei jeder Einrichtung kenntlich gemacht sein.

Das Ablesen muss unter allen Witterungsbedingungen stattfinden können.

9.3.2.21.4 Das Niveau-Warngerät hat an Bord einen optischen und akustischen Alarm auszulösen und muss vom Niveau-Anzeigegerät unabhängig sein.

9.3.2.21.5 a) Der Grenzwertgeber nach Absatz 9.3.2.21.1 d) hat an Bord einen optischen und akustischen Alarm auszulösen und gleichzeitig einen elektrischen Kontakt zu betätigen, der in Form eines binären Signals die von der Landanlage übergebene und gespeiste Stromschleife unterbrechen und landseitige Maßnahmen gegen ein Überlaufen beim Beladen einleiten kann.

Das Signal muss an die Landanlage mittels eines zweipoligen wasserdichten Gerätesteckers einer Kupplungssteckvorrichtung nach der Norm EN 60309-2:1999 + A1:2007 + A2:2012 für Gleichstrom von 40 bis 50 V, Kennfarbe weiß, Lage der Hilfsnase 10 Uhr, übergeben werden können.

Der Stecker muss in unmittelbarer Nähe der Landanschlüsse der Lade- und Löschleitungen fest am Schiff montiert sein.

Der Grenzwertgeber muss auch in der Lage sein, die eigene Löschpumpe abzuschalten. Der Grenzwertgeber muss vom Niveau-Warngerät unabhängig sein, darf aber mit dem Niveau-Anzeigegerät gekoppelt sein.

b) Beim Löschen unter Verwendung der bordeigenen Pumpe muss diese von der Landanlage abgeschaltet werden können. Hierfür muss eine separate, bordseitig gespeiste, eigensichere Stromschleife landseitig durch einen elektrischen Kontakt unterbrochen werden.

Das binäre Signal von der Landanlage muss mittels einer zweipoligen wasserdichten Steckdose einer Kupplungssteckverbindung nach der Norm EN 60309-2:1999 + A1:2007 + A2:2012 für Gleichstrom von 40 bis 50 V, Kennfarbe weiß, Lage der Hilfsnase 10 Uhr, übernommen werden können.

Die Steckdose muss in unmittelbarer Nähe der Landanschlüsse der Löschleitungen fest am Schiff montiert sein.

c) Schiffe, die Schiffsbetriebsstoffe übergeben können, müssen mit einer Übergabeeinrichtung versehen sein, die mit dem Anschlussstutzen entsprechend der Norm EN 12 827:1999 kompatibel ist und über eine Schnellschlusseinrichtung, durch die das Bunkern unterbrochen werden kann, verfügen. Diese Schnellschlusseinrichtung muss durch ein elektrisches Signal des Überfüllsicherungssystems geschlossen werden können. Stromkreise für die Steuerung der Schnellschlusseinrichtung sind im Ruhestromprinzip oder mit anderen geeigneten Maßnahmen zur Fehlerüberwachung abzusichern. Stromkreise, die nicht nach dem Ruhestromprinzip geschaltet werden können, müssen hinsichtlich ihrer Funktionsfähigkeit leicht überprüfbar sein.

Die Schnellschlusseinrichtung muss unabhängig vom elektrischen Signal geschlossen werden können.

Die Schnellschlusseinrichtung hat an Bord einen optischen und akustischen Alarm auszulösen.

9

9.3.2.21.6 Die optischen und akustischen Alarme des Niveau-Warngerätes und des Grenzwertgebers müssen sich deutlich voneinander unterscheiden.

Die optischen Alarme müssen an jedem Bedienungsstand der Absperrarmaturen der Ladetanks wahrnehmbar sein. Die Funktion der Messfühler und Stromkreise muss leicht kontrollierbar sein oder sie müssen der Ausführung „failsafe" (eigensicher) genügen.

9.3.2.21.7 Einrichtungen zum Messen des Über- und Unterdrucks der Gasphase im Ladetank und gegebenenfalls der Temperatur der Ladung müssen beim Überschreiten eines vorgegebenen Druckes oder einer vorgegebenen Temperatur einen optischen und akustischen Alarm im Steuerhaus und an Deck auslösen. Bei Nichtquittieren muss die Alarmierung automatisch in den Wohnungen erfolgen.

Beim Laden und Löschen muss die Einrichtung zum Messen des Druckes beim Erreichen eines vorgegebenen Wertes gleichzeitig einen elektrischen Kontakt betätigen, der mit Hilfe des in Absatz 9.3.2.21.5 genannten Steckers Maßnahmen einleiten kann, durch die das Laden oder Löschen unterbrochen wird. Bei Verwendung der bordeigenen Löschpumpe muss diese automatisch abgeschaltet werden.

Die Einrichtung zum Messen des Über- und Unterdrucks muss spätestens den Alarm auslösen bei Erreichen

a) des 1,15-fachen des Öffnungsdrucks der Überdruck-/ Hochgeschwindigkeitsventile oder

b) der Untergrenze des Auslegungsdruckes der Unterdruckventile, ohne jedoch einen Unterdruck von 5 kPa (0,05 bar) zu überschreiten.

Die maximal zulässige Temperatur ist in Unterabschnitt 3.2.3.2 Tabelle C Spalte 20 aufgeführt. Die Geber der in diesem Absatz erwähnten Alarme dürfen an die Alarmeinrichtung des Grenzwertgebers angeschlossen sein.

Wenn dies in Unterabschnitt 3.2.3.2 Tabelle C Spalte 20 gefordert wird, muss die Einrichtung zum Messen des Überdrucks der Gasphase im Ladetank während der Fahrt bei Überschreiten von 40 kPa (0,4 bar) einen optischen und akustischen Alarm im Steuerhaus und an Deck auslösen. Bei Nichtquittieren muss die Alarmierung automatisch in den Wohnungen erfolgen. Die Druckanzeige muss in direkter Nähe der Bedienung der Berieselungsanlage abgelesen werden können.

9.3.2.21.8 Falls sich die Bedienung der Absperrarmaturen der Ladetanks in einem Kontrollraum befindet, müssen dort die Ladepumpen abgeschaltet und die Niveau-Anzeigegeräte abgelesen werden können. Die optischen und akustischen Alarme des Niveau-Warngeräts, des Grenzwertgebers nach Absatz 9.3.2.21.1 d) und der Einrichtungen zum Messen des Unter- und Überdrucks der Gasphase im Ladetank und gegebenenfalls der Temperatur der Ladung müssen sowohl im Kontrollraum als auch an Deck wahrnehmbar sein. Die Überwachung des Bereichs der Ladung vom Kontrollraum aus muss gewährleistet sein.

9.3.2.21.9 Das Schiff muss so ausgerüstet sein, dass der Lade-/Löschvorgang durch Schalter unterbrochen werden kann, d.h. das Schnellschlussventil direkt an der beweglichen Verbindungsleitung zwischen Schiff und Land muss geschlossen werden können. Diese Schalter müssen an zwei Stellen auf dem Schiff (vorne und hinten) angebracht sein.

Diese Anforderung gilt nur, wenn dies in Kapitel 3.2 Tabelle C Spalte 20 gefordert wird.

Die Abschaltung muss im Ruhestromprinzip ausgeführt sein.

9.3.2.21.10 Bei der Beförderung von Stoffen in gekühlter Form wird der Öffnungsdruck der Sicherheitseinrichtung von der Ausführung des Ladetanks bestimmt. Bei der Beförderung von Stoffen, welche gekühlt befördert werden müssen, muss der Öffnungsdruck der Sicherheitseinrichtung mindestens 25 kPa (0,25 bar) über dem höchstberechneten Druck nach Unterabschnitt 9.3.2.27 liegen.

9.3.2.22 Öffnungen der Ladetanks

9.3.2.22.1 a) Ladetanköffnungen müssen sich über Deck im Bereich der Ladung befinden.

b) Ladetanköffnungen mit einem Querschnitt von mehr als 0,10 m² und Öffnungen der Sicherheitseinrichtungen, die unzulässige Überdrücke verhindern, müssen sich mindestens 0,50 m über Deck befinden.

9.3.2.22.2 Ladetanköffnungen müssen mit gasdichten Verschlüssen versehen sein, die dem Prüfdruck gemäß Absatz 9.3.2.23.2 standhalten.

9.3.2.22.3 Verschlüsse, die normalerweise während des Ladens und Löschens benutzt werden, dürfen beim Betätigen keine Funkenbildung hervorrufen können.

9.3.2.22.4 a) Jeder Ladetank oder jede Gruppe von Ladetanks, die mit einer gemeinsamen Gasabfuhrleitung verbunden sind, muss ausgerüstet sein mit:

- einem Anschluss für die gefahrlose Rückgabe der beim Laden entweichenden Gase an die Landanlage;
- einer Vorrichtung zum gefahrlosen Entspannen der Ladetanks, wobei aus der Stellung der Absperrarmatur klar erkennbar sein muss, ob sie offen oder geschlossen ist;
- Sicherheitsventilen die unzulässige Über- und Unterdrücke verhindern.

Auf den Sicherheitsventilen muss der jeweilige Öffnungsdruck dauerhaft angebracht sein.

Die Überdruckventile müssen so dimensioniert sein, dass sie während der Beförderung erst beim Erreichen des höchstzulässigen Betriebsdrucks der Ladetanks ansprechen.

Die Gase müssen nach oben abgeführt werden.

Austrittsöffnungen der Überdruckventile müssen mindestens 1,00 m über Deck angeordnet sein und einen Abstand von mindestens 6,00 m von den Öffnungen von Wohnungen, Steuerhaus und Betriebsräumen außerhalb des Bereichs der Ladung haben. In einem Umkreis von 1,00 m um die Austrittsöffnung der Überdruckventile dürfen keine Bedienungseinrichtungen vorhanden sein. Dieser Bereich muss als Gefahrenbereich gekennzeichnet sein.

b) Wenn die Schiffsstoffliste nach Absatz 1.16.1.2.5 Stoffe enthalten soll, für die nach Unterabschnitt 3.2.3.2 Tabelle C Spalte 17 Explosionsschutz gefordert ist, muss die Gasabfuhrleitung an der Einführung in jeden Ladetank sowie das Unterdruckventil mit einer detonationssicheren Flammendurchschlagsicherung versehen sein.

c) Wenn die Schiffsstoffliste nach Absatz 1.16.1.2.5 Stoffe enthalten soll, für die nach Unterabschnitt 3.2.3.2 Tabelle C Spalte 17 Explosionsschutz gefordert ist, oder für die in Unterabschnitt 3.2.3.2 Tabelle C, Spalte 3b ein T eingetragen ist, muss das Überdruckventil als Hochgeschwindigkeitsventil ausgeführt sein.

d) Wenn zwischen Gasabfuhrleitung und Ladetank eine Absperrarmatur vorgesehen ist, muss diese zwischen Ladetank und Flammendurchschlagsicherung angeordnet sein und jeder Ladetank muss mit eigenen Sicherheitsventilen versehen sein.

e) Die in c) genannten autonomen Schutzsysteme sind unter Berücksichtigung der für die Schiffsstoffliste vorgesehenen Stoffe entsprechend den dafür erforderlichen Explosionsgruppen/Untergruppen auszuwählen (siehe Unterabschnitt 3.2.3.2 Tabelle C Spalte 16). Austrittsöffnungen der Hochgeschwindigkeitsventile müssen mindestens 2,00 m über Deck angeordnet sein und mindestens 6,00 m von den Öffnungen von Wohnungen, Steuerhaus und Betriebsräumen außerhalb des Bereichs der Ladung entfernt sein. Die Höhe kann auf 1,00 m verringert werden, wenn in einem Umkreis von 1,00 m um die Austrittsöffnung keine Bedienungseinrichtungen vorhanden sind. Dieser Bereich muss als Gefahrenbereich gekennzeichnet sein.

Wenn das Hochgeschwindigkeitsventil, das Unterdruckventil, die Flammendurchschlagsicherungen sowie die Gasabfuhrleitung beheizbar ausgeführt sein müssen, müssen die genannten Sicherheitseinrichtungen für die jeweilige Temperatur geeignet sein.

9.3.2.22.5 Gasabfuhrleitung

a) Sind zwei oder mehr Ladetanks über eine gemeinsame Gasabfuhrleitung miteinander verbunden, ist es ausreichend, wenn die Ausrüstung nach 9.3.2.22.4 (Sicherheitsventile, die unzulässigen Über- und Unterdruck verhindern, Hochgeschwindigkeitsventil, deflagrationssicheres Unterdruckventil, deflagrationssichere Vorrichtung zum gefahrlosen Entspannen der Ladetanks) nur an der gemeinsamen Gasabfuhrleitung angebracht ist (siehe auch 7.2.4.16.7).

b) Ist jeder Ladetank an eine eigene Gasabfuhrleitung angeschlossen, muss jeder Ladetank oder die zugehörige Gasabfuhrleitung entsprechend 9.3.2.22.4 ausgerüstet sein.

9.3.2.23 Druckprüfung

9.3.2.23.1 Ladetanks, Restetanks, Kofferdämme, Lade- und Löschleitungen sind erstmalig vor der Inbetriebnahme und regelmäßig innerhalb vorgeschriebener Fristen zu prüfen.

Wenn in den Ladetanks ein Heizungssystem vorhanden ist, müssen die Heizschlangen erstmalig vor der Inbetriebnahme und regelmäßig innerhalb vorgeschriebener Fristen geprüft werden.

9.3.2.23.2 Der Prüfdruck der Ladetanks und der Restetanks muss mindestens das 1,3-fache des Auslegungsdrucks betragen. Der Prüfdruck für Kofferdämme muss mindestens 10 kPa (0,10 bar) Überdruck betragen.

9.3.2.23.3 Der Prüfdruck der Lade- und Löschleitungen muss mindestens 1000 kPa (10 bar) Überdruck betragen.

9.3.2.23.4 Die maximalen Fristen für die wiederkehrenden Prüfungen betragen elf Jahre.

9.3.2.23.5 Die Methode der Druckprüfung muss den Vorschriften entsprechen, die von der zuständigen Behörde oder einer anerkannten Klassifikationsgesellschaft erlassen worden sind.

9.3.2.24 Druck- und Temperaturregelung der Ladung

9.3.2.24.1 Wenn das gesamte Ladungssystem nicht für den vollen Dampfdruck bei den oberen Auslegungsgrenzwerten für die Umgebungstemperatur ausgelegt ist, muss der Ladetankdruck unterhalb des höchstzulässigen Öffnungsdrucks der Sicherheitsventile durch eine oder mehrere der folgenden Maßnahmen gehalten werden:

a) ein System, das den Druck in den Ladetanks mittels mechanischer Kühlung regelt;

b) ein System, welches bei einer Erwärmung oder Druckerhöhung der Ladung die Sicherheit gewährleistet. Die Isolierung und der Auslegungsdruck des Ladetanks müssen zusammen eine angemessene Sicherheit im Hinblick auf Betriebsdauer und Betriebstemperatur gewährleisten. Das System muss in jedem Einzelfall von einer anerkannten Klassifikationsgesellschaft zugelassen sein und für einen Zeitraum der dreifachen Betriebsdauer die Sicherheit gewährleisten;

c) andere von einer anerkannten Klassifikationsgesellschaft zugelassene Systeme.

9.3.2.24.2 Die nach Absatz 9.3.2.24.1 erforderlichen Systeme sind entsprechend den Anforderungen der anerkannten Klassifikationsgesellschaft auszuführen, einzubauen und zu prüfen. Die Bauwerkstoffe müssen für die zu befördernden Stoffe geeignet sein. Für den Normalbetrieb sind als obere Auslegungsgrenzwerte der Umgebungstemperatur folgende Werte anzusetzen:
Lufttemperatur : 30 °C,
Wassertemperatur : 20 °C.

9.3.2.24.3 Das Ladungsbehältersystem muss dem vollen Dampfdruck der Ladung bei den oberen Auslegungsgrenzwerten der Umgebungstemperaturen standhalten können ohne Berücksichtigung eines Systems, das mit verdampfendem Gas arbeitet. Dies wird in Kapitel 3.2 Tabelle C Spalte 20 mit Bemerkung 37 angegeben.

9.3.2.25 Pumpen und Leitungen

9.3.2.25.1 Pumpen und zugehörigen Lade- und Löschleitungen müssen im Bereich der Ladung untergebracht sein. Ladepumpen müssen im Bereich der Ladung und zusätzlich von einer Stelle außerhalb dieses Bereichs abgeschaltet werden können. Ladepumpen an Deck müssen mindestens 6,00 m von Zugängen oder Öffnungen der Wohnungen und der außerhalb des Bereichs der Ladung gelegenen Betriebsräume entfernt sein.

9.3.2.25.2 a) Lade- und Löschleitungen müssen von jeder anderen Rohrleitung des Schiffes unabhängig sein. Unter Deck, mit Ausnahme des Ladetankinnern und des Pumpenraums, dürfen keine Lade- und Löschleitungen vorhanden sein.

b) Lade- und Löschleitungen müssen so angeordnet sein, dass nach dem Laden oder Löschen die in ihnen enthaltene Flüssigkeit gefahrlos entfernt werden und entweder in die Lade- oder in die Landtanks zurückfließen kann.

c) Lade- und Löschleitungen müssen sich deutlich von den übrigen Rohrleitungen unterscheiden, zum Beispiel durch farbliche Kennzeichnung.

d) Lade- und Löschleitungen an Deck, mit Ausnahme der Landanschlüsse, müssen sich mindestens im Abstand von einem Viertel der Schiffsbreite zur Außenhaut befinden.

e) Landanschlüsse müssen mindestens 6,00 m von Zugängen und Öffnungen der Wohnungen und der außerhalb des Bereichs der Ladung gelegenen Betriebsräume entfernt sein.

f) Alle Landanschlüsse der Gasabfuhrleitung und der Landanschluss der Lade- und Löschleitung, über den geladen oder gelöscht wird, müssen mit einer Absperrarmatur versehen sein. Alle Landanschlüsse müssen jedoch, wenn sie nicht in Betrieb sind, mit einem Blindflansch versehen sein.

g) (gestrichen)

h) Flansche und Stopfbuchsen müssen mit einer Spritzschutzvorrichtung versehen sein.

i) Lade- und Löschleitungen sowie Gasabfuhrleitungen dürfen keine flexiblen Verbindungen mit Gleitdichtungen enthalten.

9.3.2.25.3 (gestrichen)

9.3.2.25.4 a) Alle Einzelteile der Lade- und Löschleitungen müssen elektrisch leitend mit dem Schiffskörper verbunden sein.

b) Die Ladeleitungen müssen bis an den Boden der Ladetanks herangeführt sein.

9.3.2.25.5 Es muss erkennbar sein, ob Absperrarmaturen oder andere Abschlussvorrichtungen der Lade- und Löschleitungen offen oder geschlossen sind.

9.3.2.25.6 Lade- und Löschleitungen müssen die erforderliche Elastizität, Dichtheit und Druckfestigkeit beim Prüfdruck aufweisen.

9.3.2.25.7 Lade- und Löschleitungen müssen am Ausgang der Pumpen mit Einrichtungen zum Messen des Drucks versehen sein. Der höchstzulässige Über- und Unterdruck muss bei jeder Messeinrichtung kenntlich gemacht sein. Das Ablesen muss unter allen Witterungsbedingungen stattfinden können.

9.3.2.25.8 a) Wenn über das Lade- und Löschsystem Waschwasser oder Ballastwasser in die Ladetanks geleitet werden soll, müssen sich die für das Ansaugen notwendigen Anschlüsse innerhalb des Bereichs der Ladung, jedoch außerhalb der Ladetanks befinden.

Pumpen für Tankwaschsysteme mit den zugehörigen Anschlüssen können außerhalb des Bereichs der Ladung angeordnet sein, wenn der druckseitige Teil des Systems so eingerichtet ist, dass über diese Leitungen nicht angesaugt werden kann.

Durch ein federbelastetes Rückschlagventil muss sichergestellt sein, dass Gase nicht durch das Tankwaschsystem in Bereiche außerhalb des Bereichs der Ladung gelangen können.

b) Die für das Ansaugen des Wassers bestimmte Rohrleitung muss an ihrer Verbindungsstelle mit der Ladeleitung mit einem Rückschlagventil versehen sein.

9.3.2.25.9 Die zulässigen Lade- und Löschraten müssen berechnet werden.

Diese Berechnungen beziehen sich auf die maximal zulässigen Lade- und Löschraten für jeden Ladetank oder für Ladetankgruppen unter Berücksichtigung der Auslegung des Lüftungssystems. Bei diesen Berechnungen soll berücksichtigt werden, dass bei einem unerwarteten Verschluss der Gasrückfuhrleitung der Landanlage die Sicherheitseinrichtungen der Ladetanks verhindern, dass der Druck in den Ladetanks die nachstehend aufgeführten Werte überschreitet:

Überdruck: das 1,15-fache des Öffnungsdrucks des Überdruck-/ Hochgeschwindigkeitsventils.

Unterdruck: nicht mehr als der Auslegungsdruck, ohne jedoch einen Unterdruck von 5 kPa (0,05 bar) zu überschreiten.

Die besonders zu berücksichtigenden Faktoren sind:

1. Abmessungen des Ladetanklüftungssystems.
2. Gasentwicklung während des Ladens: diese wird durch Multiplikation der höchsten Laderate mit einem Faktor von mindestens 1,25 berücksichtigt.
3. Dichte des Ladungsdampfgemisches basiert auf einem Gemisch von 50 Vol.-% Dampf und 50 Vol-.% Luft.
4. Druckverlust in Lüftungsleitungen durch Ventile und Armaturen. Hierbei ist mit einer Verschmutzung von 30 % der Flammendurchschlagsicherungen zu rechnen.
5. Druckeinstellung der Sicherheitsventile.

Eine Instruktion über die maximal zulässige Lade- und Löschrate pro Ladetank oder pro Ladetankgruppe muss sich an Bord befinden.

9.3.2.25.10 Im Bereich der Ladung kann außerhalb des Bereichs der Ladung ▪▪▪ erzeugte Druckluft verwendet werden, sofern durch ein federbelastetes Rückschlagventil sichergestellt ist, dass Gase nicht durch die Druckluftanlage aus dem Bereich der Ladung in Wohnungen, das Steuerhaus oder Betriebsräume außerhalb des Bereichs der Ladung gelangen können.

9.3.2.25.11 Wenn das Schiff mehrere gefährliche Stoffe befördert, welche gefährlich miteinander reagieren, muss für jeden Stoff eine separate Pumpe und zugehörige Lade- und Löschleitungen vorhanden sein. Die Leitungen dürfen nicht durch einen Ladetank geführt werden, welcher gefährliche Stoffe enthält, mit denen der Stoff reagieren kann.

9.3.2.26 Restetanks und Restebehälter

9.3.2.26.1 Wenn Schiffe mit Restetanks oder Restebehältern ausgerüstet sind, müssen diese im Bereich der Ladung angeordnet sein und den Absätzen 9.3.2.26.2 und 9.3.2.26.3 entsprechen. Restebehälter dürfen nur im Bereich der Ladung an Deck angeordnet sein und müssen sich mindestens im Abstand von einem Viertel der Schiffsbreite zur Außenhaut befinden.

9.3.2.26.2 Restetanks müssen versehen sein mit:

- einem Niveau-Anzeigegerät;
- Anschlüssen mit Absperrarmaturen für Rohrleitungen und Schlauchleitungen;
- einem Unter- und einem Überdruckventil.

Das Überdruckventil muss so dimensioniert sein, dass es während der Beförderung normalerweise nicht anspricht. Diese Bedingung ist erfüllt, wenn der Öffnungsdruck des Ventils den Anforderungen der zu befördernden Stoffe nach Unterabschnitt 3.2.3.2 Tabelle C Spalte 10 entspricht.

Wenn die Schiffsstoffliste nach Absatz 1.16.1.2.5 Stoffe enthalten soll, für die nach Unterabschnitt 3.2.3.2 Tabelle C Spalte 17 Explosionsschutz gefordert ist, muss das Unterdruckventil deflagrationssicher ausgeführt sein. Die Deflagrationssicherheit kann auch durch eine Flammendurchschlagsicherung gewährleistet werden.

Wenn die Schiffsstoffliste nach Absatz 1.16.1.2.5 Stoffe enthalten soll, für die nach Unterabschnitt 3.2.3.2 Tabelle C Spalte 17 Explosionsschutz gefordert ist, oder für die in Unterabschnitt 3.2.3.2 Tabelle C Spalte (3b) ein T eingetragen ist, muss das Überdruckventil als Hochgeschwindigkeitsventil ausgeführt sein.

Das Hochgeschwindigkeitsventil muss so dimensioniert sein, dass es während der Beförderung normalerweise nicht anspricht. Diese Bedingung ist erfüllt, wenn der Öffnungsdruck des Ventils den Anforderungen des zu befördernden Stoffes nach Unterabschnitt 3.2.3.2 Tabelle C Spalte 10 entspricht.

Hochgeschwindigkeitsventil und deflagrationssicheres Unterdruckventil sind unter Berücksichtigung der für die Schiffsstoffliste vorgesehenen Stoffe entsprechend den dafür erforderlichen Explosionsgruppen/Untergruppen auszuwählen (siehe Unterabschnitt 3.2.3.2 Tabelle C Spalte 16). Der höchstzulässige Inhalt beträgt 30 m³.

9.3.2.26.3 Restebehälter müssen versehen sein mit:

- einer Niveau-Anzeigemöglichkeit;
- Anschlüssen mit Absperrarmaturen für Rohrleitungen und Schlauchleitungen;
- einem Anschluss, um während der Befüllung die austretenden Gase in sicherer Weise abführen zu können.

9.3.2.26.4 (gestrichen)

9.3.2.27 Kühlanlage

9.3.2.27.1 Eine Kühlanlage nach Absatz 9.3.2.24.1 a) muss aus einer oder mehreren Einheiten bestehen, die die Ladung auf dem erforderlichen Druck bzw. der erforderlichen Temperatur bei den oberen Auslegungsgrenzwerten der Umgebungstemperatur halten können. Wenn keine Alternativmaßnahmen zur Druck- und Temperaturregelung der Ladung entsprechend den Anforderungen einer anerkannten Klassifikationsgesellschaft vorgesehen sind, müssen eine oder mehrere Reserveeinheiten vorgesehen werden, die mindestens die gleiche Kälteleistung wie die größte Einzeleinheit haben. Eine Reserveeinheit muss aus einem Kompressor einschließlich Antriebsmotor, Regelsystem und allen notwendigen Ausrüstungen bestehen, um einen von den normalen Einheiten unabhängigen Betrieb zu ermöglichen. Ein Reservewärmeaustauscher muss dann vorgesehen werden, wenn der für den Normalbetrieb vorgesehene Wärmetauscher nicht für eine Mehrleistung von mindestens 25 % der größten erforderlichen Kälteleistung ausgelegt ist. Getrennte Rohrleitungssysteme sind nicht erforderlich.

Ladetanks, Rohrleitungen und Zubehör müssen so isoliert sein, dass beim Ausfall der ganzen Kühlanlage die gesamte Ladung mindestens 52 Stunden lang in einem Zustand verbleibt, bei dem die Sicherheitsventile nicht öffnen.

9.3.2.27.2 Sicherheitseinrichtungen und Verbindungsleitungen zur Kühlanlage müssen oberhalb der flüssigen Phase der Ladung bei höchstzulässiger Füllung an die Ladetanks angeschlossen sein. Sie müssen auch im Bereich der Gasphase liegen, wenn das Schiff 12° krängt.

9.3.2.27.3 Werden mehrere gekühlte Ladungen, die chemisch gefährlich miteinander reagieren können, gleichzeitig befördert, ist bei der Auslegung der Kühlanlagen darauf zu achten, dass sich die Ladungen nicht vermischen können. Für die Beförderung solcher Ladungen sind für jede Ladungsart getrennte, aber vollständige Kühlanlagen jeweils mit Reserveeinheit gemäß Absatz 9.3.2.27.1 vorzusehen. Wenn jedoch die Kühlung durch ein indirektes oder kombiniertes System erfolgt und eine Leckage im Wärmeaustausch unter allen möglichen Betriebsbedingungen nicht eine Vermischung der Ladungen verursachen kann, brauchen keine getrennten Kühlanlagen angeordnet zu werden.

9.3.2.27.4 Sind mehrere gekühlte Ladungen unter den Beförderungsbedingungen nicht miteinander löslich, so dass ihre Dampfdrücke sich beim Vermischen addieren, ist bei der Auslegung der Kühlanlagen darauf zu achten, dass sich die Ladungen nicht vermischen können.

9.3.2.27.5 Wenn für Kühlanlagen Kühlwasser erforderlich ist, ist eine ausreichende Kühlwasserversorgung mittels Pumpe oder Pumpen vorzusehen, die nur für diesen Zweck verwendet werden dürfen. Diese Pumpe bzw. Pumpen müssen mindestens zwei Wassersaugleitungen haben, von denen eine zum Steuerbord-, die andere zum Backbordseekasten führt. Es ist eine Reservepumpe von ausreichender Leistung vorzusehen. Diese Pumpe kann dann eine für andere Zwecke verwendete Pumpe sein, wenn ihre Benutzung im Kühlbetrieb nicht einem anderen wichtigen Betrieb zuwiderläuft.

9.3.2.27.6 Die Kühlanlage kann einem der folgenden Systeme entsprechen:

a) Direktes System, wobei verdampfte Ladung verdichtet, verflüssigt und anschließend den Ladetanks wieder zugeführt wird. Für einige bestimmte Stoffe in Kapitel 3.2 Tabelle C darf dieses System nicht benutzt werden. Dies wird in Kapitel 3.2 Tabelle C Spalte 20 mit Bemerkung 35 angegeben.

b) Indirektes System, wobei Ladung oder verdampfte Ladung durch ein Kältemittel gekühlt oder verflüssigt wird, ohne verdichtet zu werden.

c) Kombiniertes System, wobei verdampfte Ladung verdichtet und in einem Ladungs-/Kältemittelwärmetauscher verflüssigt und anschließend den Ladetanks wieder zugeführt wird. Für einige bestimmte Stoffe in Kapitel 3.2 Tabelle C darf dieses System nicht benutzt werden. Dies wird in Kapitel 3.2 Tabelle C Spalte 20 mit Bemerkung 36 angegeben.

9.3.2.27.7 Alle primären und sekundären Kältemittel müssen miteinander und mit der Ladung, mit der sie in Berührung kommen können, verträglich sein. Der Wärmeaustausch kann entweder getrennt vom Ladetank oder durch Kühlrohre, die im oder am Ladetank befestigt sind, erfolgen.

9.3.2.27.8 Wenn die Kühlanlage in einem besonderen Betriebsraum aufgestellt wird, muss dieser Betriebsraum die Anforderungen nach Absatz 9.3.2.17.6 erfüllen.

9.3.2.27.9 Für alle Ladungseinrichtungen muss der für die Berechnung der Haltezeit (7.2.4.16.16 und 7.2.4.16.17) benutzte Wärmeübergangswert durch Berechnung ermittelt sein. Wenn das Schiff fertig gebaut ist, muss die Berechnung durch einen Kühlversuch (Wärmegleichgewichtsversuch) überprüft werden.

Dieser Versuch ist nach den Richtlinien der anerkannten Klassifikationsgesellschaft auszuführen, die das Schiff klassifiziert hat.

9.3.2.27.10 Dem Antrag auf Erteilung oder Verlängerung des Zulassungszeugnisses ist eine Bescheinigung einer anerkannten Klassifikationsgesellschaft beizufügen, aus der hervorgeht, dass die Anforderungen der Absätze 9.3.2.24.1 bis 9.3.2.24.3, 9.3.2.27.1 und 9.3.2.27.4 erfüllt sind.

9.3.2.28 Berieselungsanlage

Wenn in Unterabschnitt 3.2.3.2 Tabelle C Spalte 9 Berieselung gefordert ist, muss das Schiff im Bereich der Ladung an Deck mit einer Berieselungsanlage versehen sein, mit der Gase aus der Ladung niedergeschlagen werden können oder das Deck der Ladetanks gekühlt werden kann, um das Ansprechen der Überdruck-/Hochgeschwindigkeitsventile bei 50 kPa (0,50 bar) sicher zu verhindern.

Anlagen zum Niedergeschlagen von Gasen müssen mit einem Anschluss zur Versorgung von Land aus versehen sein.

Die Düsen müssen so angebracht sein, dass eine vollständige Benetzung des Decks der Ladetanks erreicht wird bzw. die frei gewordenen Gase sicher niedergeschlagen werden.

Die Anlage muss vom Steuerhaus und von Deck aus in Betrieb gesetzt werden können. Die Kapazität der Berieselungsanlage muss mindestens so ausgelegt sein, dass bei gleichzeitiger Benutzung aller Düsen pro Stunde 50 Liter pro m² Decksfläche im Bereich der Ladung erreicht werden.

9.3.2.29- 9.3.2.30 (bleibt offen)

9.3.2.31 Maschinen

9.3.2.31.1 Es dürfen nur Verbrennungsmotoren eingebaut sein, die mit Kraftstoff betrieben werden, der einen Flammpunkt von mehr als 55 °C hat. Diese Vorschrift gilt nicht für Verbrennungsmotoren, die Bestandteil von Antriebs- und Hilfssystemen sind. Diese Systeme müssen den Anforderungen des Kapitels 30 und der Anlage 8 Abschnitt 1 des Europäischen Standards der technischen Vorschriften für Binnenschiffe (ES-TRIN) in der jeweils geltenden Fassung entsprechen[1].

9.3.2.31.2 Lüftungsöffnungen von Maschinenräumen und Ansaugöffnungen von Motoren, wenn die Motoren die Luft nicht direkt aus dem Maschinenraum ansaugen, müssen mindestens 2 m vom Bereich der Ladung entfernt sein.

9.3.2.31.3 (gestrichen)

9.3.2.31.4 (gestrichen)

9.3.2.31.5 Die Lüftung des geschlossenen Maschinenraums ist so auszulegen, dass bei einer Außentemperatur von 20°C die mittlere Temperatur des Maschinenraums einen Wert von 40°C nicht übersteigt.

9.3.2.32 Brennstofftanks

9.3.2.32.1 Wenn das Schiff mit Aufstellungsräumen versehen ist, darf der Doppelboden in diesem Bereich als Brennstofftank eingerichtet werden, wenn seine Höhe mindestens 0,60 m beträgt. Brennstoffrohrleitungen und Öffnungen dieser Tanks in Aufstellungsräumen sind verboten.

9.3.2.32.2 Die Öffnungen der Lüftungsrohre aller Brennstofftanks müssen mindestens 0,50 m über das freie Deck geführt sein. Diese Öffnungen und die Öffnungen von Überlaufrohren, die auf Deck führen, müssen mit einem durch ein Gitter oder eine Lochplatte gebildeten Schutz versehen sein.

9.3.2.33 (bleibt offen)

9.3.2.34 Abgasrohre

9.3.2.34.1 Abgase müssen durch ein Abgasrohr nach oben oder durch die Bordwand ins Freie geleitet werden. Die Austrittsöffnung muss mindestens 2 m vom Bereich der Ladung entfernt sein. Die Abgasrohre von Motoren müssen so gerichtet sein, dass die Abgase sich vom Schiff entfernen. Abgasrohre dürfen nicht im Bereich der Ladung angeordnet sein.

9.3.2.34.2 Abgasrohre müssen mit einer Vorrichtung zum Schutz gegen das Austreten von Funken versehen sein, z. B. Funkenfänger.

9.3.2.35 Lenz- und Ballasteinrichtung

9.3.2.35.1 Lenz- und Ballastpumpen für Räume innerhalb des Bereichs der Ladung müssen im Bereich der Ladung aufgestellt sein.

Dies gilt nicht für:

- Wallgänge und Doppelböden, wenn sie keine gemeinsame Wand mit den Ladetanks haben.
- Kofferdämme, Wallgänge, Doppelböden und Aufstellungsräume, wenn das Ballasten über die Wasserleitung der Feuerlöscheinrichtung im Bereich der Ladung und das Lenzen mittels Ejektoren erfolgt, die im Bereich der Ladung aufgestellt sind.

[1] Erhältlich auf der Website des Europäischen Ausschusses zur Ausarbeitung von Standards in der Binnenschifffahrt (CESNI), https://www.cesni.eu/de/documents/es-trin/

9

9.3.2.35.2 Bei Verwendung des Doppelbodens als Brennstofftank darf dieser nicht an das Lenzsystem angeschlossen sein.

9.3.2.35.3 Das Standrohr und dessen Außenbordanschluss für das Ansaugen von Ballastwasser müssen sich, wenn die Ballastpumpe im Bereich der Ladung aufgestellt ist, innerhalb des Bereichs der Ladung, jedoch außerhalb der Ladetanks befinden.

9.3.2.35.4 Ein Pumpenraum unter Deck muss im Notfall durch eine von allen anderen Einrichtungen unabhängige Einrichtung im Bereich der Ladung gelenzt werden können. Diese Lenzeinrichtung muss außerhalb des Pumpenraums aufgestellt sein.

9.3.2.36-
9.3.2.39 (bleibt offen)

9.3.2.40 **Feuerlöscheinrichtungen**

9.3.2.40.1 Das Schiff muss mit einer Feuerlöscheinrichtung versehen sein.

Die Einrichtung muss den nachstehenden Anforderungen entsprechen:

- Sie muss von zwei unabhängigen Feuerlösch- oder Ballastpumpen gespeist werden. Eine davon muss jederzeit betriebsbereit sein.

  Diese Pumpen sowie deren Antrieb und deren elektrische Anlagen dürfen nicht im gleichen Raum aufgestellt sein.

- Sie muss durch eine Wasserleitung versorgt werden, die im Bereich der Ladung oberhalb des Decks mindestens drei Wasserentnahmeanschlüsse hat. Es müssen drei dazu passende, ausreichend lange Schlauchleitungen mit Strahl-/Sprührohren mit einem Durchmesser von mindestens 12 mm vorhanden sein. Alternativ können ein oder mehrere Schlauchleitungen durch ausrichtbare Strahl-/Sprührohre mit einem Durchmesser von mindestens 12 mm ersetzt werden. Mindestens zwei nicht vom gleichen Anschlussstutzen ausgehende Wasserstrahle müssen gleichzeitig jede Stelle des Decks im Bereich der Ladung erreichen können.

  Durch ein federbelastetes Rückschlagventil muss sichergestellt sein, dass Gase durch die Feuerlöscheinrichtung nicht in Wohnungen, das Steuerhaus oder Betriebsräume außerhalb des Bereichs der Ladung gelangen können.

- Die Kapazität der Einrichtung muss mindestens so ausgelegt sein, dass bei gleichzeitiger Benutzung von zwei Sprühstrahlrohren von jeder Stelle an Bord aus eine Wurfweite erreicht wird, die mindestens der Schiffsbreite entspricht.

- Die Wasserversorgungsanlage muss vom Steuerstand und von Deck aus in Betrieb gesetzt werden können.

- Die Feuerlöschleitungen und Wasserentnahmeanschlüsse müssen vor dem Einfrieren geschützt werden.

9.3.2.40.2 Zusätzlich müssen Maschinenräume, Pumpenräume und gegebenenfalls alle Räume mit für die Kühlanlage wichtigen Einrichtungen (Schalttafeln, Kompressoren usw.) mit einer festinstallierten Feuerlöscheinrichtung versehen sein, die folgenden Anforderungen entspricht:

9.3.2.40.2.1 Löschmittel

Für den Raumschutz in Maschinen-, Kessel- und Pumpenräumen dürfen in fest installierten Feuerlöscheinrichtungen folgende Löschmittel verwendet werden:

a) CO_2 (Kohlenstoffdioxid);

b) HFC 227ea (Heptafluorpropan);

c) IG-541 (52 % Stickstoff, 40 % Argon, 8 % Kohlenstoffdioxid);

d) FK-5-1-12 (Dodecafluor-2-methylpentan-3-on);

e) (bleibt offen);

f) K_2CO_3 (Kaliumcarbonat).

Andere Löschmittel sind nur auf Grund von Empfehlungen des Verwaltungsausschusses zulässig.

9.3.2.40.2.2 Lüftung, Luftansaugung

a) Verbrennungsluft für die im Fahrbetrieb notwendigen Verbrennungskraftmaschinen darf nicht aus durch fest installierte Feuerlöscheinrichtungen zu schützenden Räumen angesaugt werden. Dies gilt nicht, wenn zwei voneinander unabhängige, gasdicht getrennte Hauptmaschinenräume vorhanden sind oder wenn neben dem Hauptmaschinenraum ein separater Maschinenraum mit einem Bugruderantrieb vorhanden ist, durch den bei Brand im Hauptmaschinenraum die Fortbewegung aus eigener Kraft sichergestellt ist.

b) Eine vorhandene Zwangsbelüftung des zu schützenden Raumes muss bei Auslösung der Feuerlöscheinrichtung selbsttätig abschalten.

c) Es müssen Vorrichtungen vorhanden sein, mit denen alle Öffnungen, die bei dem zu schützenden Raum Luft ein- oder Gas austreten lassen können, schnell geschlossen werden können. Der Verschlusszustand muss eindeutig erkennbar sein.

d) Die aus den Überdruckventilen von in den Maschinenräumen installierten Druckluftbehältern ausströmende Luft muss ins Freie geführt werden.

e) Beim Einströmen des Löschmittels entstehender Über- oder Unterdruck darf die Umfassungsbauteile des zu schützenden Raums nicht zerstören. Der Druckausgleich muss gefahrlos erfolgen können.

f) Geschützte Räume müssen über eine Vorrichtung zum Absaugen des Löschmittels und der Brandgase verfügen. Solche Vorrichtungen müssen von einer Position außerhalb der geschützten Räume aus bedienbar sein, die durch einen Brand in diesen Räumen nicht unzugänglich gemacht werden dürfen. Sind fest installierte Absaugeinrichtungen vorhanden, dürfen diese während des Löschvorganges nicht eingeschaltet werden können.

9.3.2.40.2.3 Feuermeldesystem

Der zu schützende Raum ist durch ein zweckmäßiges Feuermeldesystem zu überwachen. Die Meldung muss im Steuerhaus, in den Wohnungen und in dem zu schützenden Raum wahrgenommen werden können.

9.3.2.40.2.4 Rohrleitungssystem

a) Das Löschmittel muss durch ein fest verlegtes Rohrleitungssystem zum zu schützenden Raum hingeführt und dort verteilt werden. Innerhalb des zu schützenden Raums müssen die Rohrleitungen und die dazu gehörenden Armaturen aus Stahl hergestellt sein. Behälteranschlussleitungen und Kompensatoren sind davon ausgenommen, sofern die verwendeten Werkstoffe im Brandfall über gleichwertige Eigenschaften verfügen. Die Rohrleitungen sind sowohl in- als auch auswandig gegen Korrosion zu schützen.

b) Die Austrittsdüsen müssen so bemessen und angebracht sein, dass das Löschmittel gleichmäßig verteilt wird. Insbesondere muss das Löschmittel auch unter den Flurplatten wirken.

9.3.2.40.2.5 Auslöseeinrichtung

a) Feuerlöscheinrichtungen mit automatischer Auslösung sind nicht zulässig.

b) Die Feuerlöscheinrichtung muss an einer geeigneten Stelle außerhalb des zu schützenden Raumes ausgelöst werden können.

c) Auslöseeinrichtungen müssen so installiert sein, dass deren Betätigung auch im Brandfall möglich ist und im Falle einer Beschädigung durch Brand oder Explosion in dem zu schützenden Raum die dafür geforderte Menge Löschmittel zugeführt werden kann.

Nichtmechanische Auslöseeinrichtungen müssen von zwei verschiedenen voneinander unabhängigen Energiequellen gespeist werden. Diese Energiequellen müssen sich außerhalb des zu schützenden Raumes befinden. Steuerleitungen im geschützten Raum müssen so ausgeführt sein, dass sie im Brandfall mindestens 30 Minuten funktionsfähig bleiben. Für elektrische Leitungen ist diese Anforderung erfüllt, wenn sie der Norm IEC 60331-21:1999, entsprechen.

Sind Auslöseeinrichtungen verdeckt installiert, muss die Abdeckung durch das Symbol «Feuerlöscheinrichtung» mit einer Kantenlänge von mindestens 10 cm und dem folgenden Text in roter Schrift auf weißem Grund gekennzeichnet sein:

Feuerlöscheinrichtung

d) Ist die Feuerlöscheinrichtung zum Schutz mehrerer Räume vorgesehen, so müssen die Auslöseeinrichtungen für jeden Raum getrennt und deutlich gekennzeichnet sein.

e) Bei jeder Auslöseeinrichtung muss eine Bedienungsanweisung deutlich sichtbar und in dauerhafter Ausführung angebracht sein. Diese Bedienungsanweisung muss in einer vom Schiffsführer lesbaren und verständlichen Sprache gefasst sein und, wenn diese Sprache nicht Deutsch, Englisch oder Französisch ist, in Deutsch, Englisch oder Französisch. Diese muss insbesondere Angaben enthalten über
   (i) die Auslösung der Feuerlöscheinrichtung;
   (ii) die Notwendigkeit der Kontrolle, dass alle Personen den zu schützenden Raum verlassen haben;
   (iii) das Verhalten der Besatzung bei Auslösung und beim Betreten des zu schützenden Raumes nach Auslösung oder Flutung, insbesondere hinsichtlich des möglichen Auftretens gefährlicher Substanzen;
   (iv) das Verhalten der Besatzung im Fall einer Störung der Feuerlöscheinrichtung.

f) Die Bedienungsanweisung muss darauf hinweisen, dass vor Auslösung der Feuerlöscheinrichtung die im Raum aufgestellten Verbrennungskraftmaschinen mit Luftansaugung aus dem zu schützenden Raum außer Betrieb zu setzen sind.

9.3.2.40.2.6 Warnanlage

a) Fest eingebaute Feuerlöscheinrichtungen müssen mit einer akustischen und optischen Warnanlage versehen sein.

b) Die Warnanlage muss automatisch bei der ersten Betätigung zur Auslösung der Feuerlöscheinrichtung ausgelöst werden. Das Warnsignal muss eine angemessene Zeit vor Abgabe des Löschmittels ertönen und darf nicht ausschaltbar sein.

c) Die Warnsignale müssen in den zu schützenden Räumen sowie vor deren Zugängen deutlich sichtbar und auch unter den Betriebsbedingungen mit dem größten Eigenlärm deutlich hörbar sein. Sie müssen sich eindeutig von allen anderen akustischen und optischen Signalzeichen im zu schützenden Raum unterscheiden.

d) Die akustischen Warnsignale müssen auch bei geschlossenen Verbindungstüren unter den Betriebsbedingungen mit dem größten Eigenlärm in den benachbarten Räumen deutlich hörbar sein.

e) Ist die Warnanlage nicht selbstüberwachend hinsichtlich Kurzschluss, Drahtbruch und Spannungsabfall ausgeführt, muss ihre Funktion überprüfbar sein.

f) An jedem Eingang eines Raumes, der mit Löschmittel beschickt werden kann, muss deutlich sichtbar ein Schild mit dem folgenden Text in roter Schrift auf weißem Grund angebracht sein:

Vorsicht, Feuerlöscheinrichtung!
Bei Ertönen des Warnsignals (Beschreibung des Signals) den Raum sofort verlassen!

9.3.2.40.2.7 Druckbehälter, Armaturen und Druckleitungen

a) Druckbehälter, Armaturen und Druckleitungen müssen den Vorschriften der zuständigen Behörde oder, wenn sie diesen nicht unterliegen, einer anerkannten Klassifikationsgesellschaft entsprechen.

b) Druckbehälter müssen gemäß den Vorgaben der Hersteller aufgestellt sein.

c) Druckbehälter, Armaturen und Druckleitungen dürfen nicht in Wohnungen installiert sein.

d) Die Temperatur in den Schränken und Aufstellungsräumen der Druckbehälter darf 50°C nicht überschreiten.

e) Schränke oder Aufstellungsräume an Deck müssen fest verankert sein und über Lüftungsöffnungen verfügen, die so anzuordnen sind, dass im Falle einer Undichtheit der Druckbehälter kein entweichendes Gas in das Schiffsinnere dringen kann. Direkte Verbindungen zu anderen Räumen sind nicht zulässig.

9.3.2.40.2.8 Menge des Löschmittels

Ist die Menge des Löschmittels zum Schutz von mehr als einem Raum bestimmt, braucht die Gesamtmenge des verfügbaren Löschmittels nicht größer zu sein als die Menge, die für den größten zu schützenden Raum erforderlich ist.

9.3.2.40.2.9 Installation, Instandhaltung, Prüfung und Dokumentation

a) Die Anlage darf nur durch eine Fachfirma für Feuerlöscheinrichtung installiert oder umgebaut sein. Die Auflagen (Produktdatenblatt, Sicherheitsdatenblatt) des Löschmittelherstellers und des Anlagenherstellers sind zu beachten.

b) Die Anlage ist durch einen Sachverständigen zu prüfen
   (i) vor Inbetriebnahme;
   (ii) vor Wiederinbetriebnahme nach Auslösung;
   (iii) nach Änderung oder Instandsetzung;
   (iv) regelmäßig mindestens alle zwei Jahre.

c) Bei der Prüfung hat der Sachverständige zu prüfen, ob die Anlage den Anforderungen des Absatzes 9.3.2.40 2 entspricht.

d) Die Prüfung hat mindestens zu umfassen:
   (i) äußere Inspektion der gesamten Einrichtung;
   (ii) Prüfung der Rohrleitungen auf Dichtheit;
   (iii) Kontrolle der Funktionsfähigkeit der Bedien- und Auslösesysteme;
   (iv) Kontrolle des Behälterdrucks und -inhalts;
   (v) Kontrolle der Dichtheit der Verschlusseinrichtungen des zu schützenden Raums;
   (vi) Prüfung des Feuermeldesystems;
   (vii) Prüfung der Warnanlage.

e) Über die Prüfung ist eine vom Prüfer unterzeichnete Bescheinigung auszustellen, aus der das Datum der Prüfung ersichtlich ist.

f) Die Anzahl der fest installierten Feuerlöscheinrichtungen ist im Schiffszeugnis zu vermerken.

9.3.2.40.2.10 CO_2-Feuerlöscheinrichtungen

Feuerlöscheinrichtungen, die mit CO_2 als Löschmittel betrieben werden, müssen über die Anforderungen der Absätze 9.3.2.40.2.1 bis 9.3.2.40.2.9 hinaus den folgenden Bestimmungen entsprechen:

a) CO_2-Behälter müssen außerhalb des zu schützenden Raums in einem von anderen Räumen gasdicht getrennten Raum oder Schrank untergebracht sein. Die Türen dieser Aufstellungsräume und Schränke müssen nach außen öffnen, abschließbar sein und auf der Außenseite ein Symbol für «Warnung vor allgemeiner Gefahr» mit einer Höhe von mindestens 5 cm sowie dem Zusatz «CO_2» in gleicher Farbgebung und Höhe gekennzeichnet sein.

b) Unter Deck liegende Aufstellungsräume für CO_2-Behälter dürfen nur vom Freien her zugänglich sein. Diese Räume müssen über eine eigene, von anderen Lüftungssystemen an Bord vollständig getrennte, ausreichende künstliche Lüftung mit Absaugschächten verfügen.

c) Der Füllungsgrad der Behälter mit CO_2 darf 0,75 kg/l nicht überschreiten. Für das spezifische Volumen des entspannten CO_2-Gases sind 0,56 m3/kg zu Grunde zu legen.

d) Das Volumen an CO_2 für den zu schützenden Raum muss mindestens 40 % dessen Bruttoraumvolumens betragen. Dieses Volumen muss innerhalb von 120 Sekunden zugeführt werden können. Die erfolgte Zuführung muss kontrollierbar sein.

e) Das Öffnen der Behälterventile und das Betätigen des Flutventils muss durch getrennte Bedienhandlungen erfolgen.

f) Die in Absatz 9.3.2.40.2.6 b) erwähnte angemessene Zeit beträgt mindestens 20 Sekunden. Die Verzögerung bis zur Abgabe des CO_2-Gases muss durch eine zuverlässige Einrichtung sichergestellt sein.

9.3.2.40.2.11 HFC-227ea (Heptafluorpropan)-Feuerlöscheinrichtungen

Feuerlöscheinrichtungen, die mit HFC-227ea als Löschmittel betrieben werden, müssen über die Anforderungen der Absätze 9.3.2.40.2.1 bis 9.3.2.40.2.9 hinaus den folgenden Bestimmungen entsprechen:

a) Sind mehrere zu schützende Räume mit unterschiedlichen Bruttoraumvolumina vorhanden, ist jeder Raum mit einer eigenen Feuerlöscheinrichtung zu versehen.

b) Jeder Behälter, der HFC-227ea enthält und in dem zu schützenden Raum aufgestellt ist, muss mit einer Überdrucksicherung ausgerüstet sein. Diese hat den Inhalt des Behälters gefahrlos in den zu schützenden Raum abzugeben, wenn der Behälter Brandeinwirkungen ausgesetzt ist und die Feuerlöscheinrichtung nicht ausgelöst wurde.

c) Jeder Behälter muss mit einer Einrichtung, die die Kontrolle des Gasdrucks erlaubt, ausgestattet sein.

d) Der Füllungsgrad der Behälter darf 1,15 kg/l nicht überschreiten. Für das spezifische Volumen des entspannten HFC-227ea sind 0,1374 m^3/kg zu Grunde zu legen.

e) Das Volumen an HFC-227ea für den zu schützenden Raum muss mindestens 8 % dessen Bruttoraumvolumens betragen. Dieses Volumen muss innerhalb von 10 Sekunden zugeführt sein.

f) Die HFC-227ea-Behälter sind mit einer Drucküberwachung zu versehen, die im Steuerhaus bei einem unzulässigen Verlust von Treibgas ein akustisches und optisches Alarmsignal auslöst. Wenn kein Steuerhaus vorhanden ist, muss dieses Alarmsignal außerhalb des zu schützenden Raumes erfolgen.

g) Nach Flutung darf die Konzentration im zu schützenden Raum nicht größer als 10,5 Vol.-% sein.

h) Die Feuerlöscheinrichtung darf keine Teile aus Aluminium enthalten.

9.3.2.40.2.12 IG-541-Feuerlöscheinrichtungen

Feuerlöscheinrichtungen, die mit IG-541 als Löschmittel betrieben werden, müssen über die Anforderungen der Absätze 9.3.2.40.2.1 bis 9.3.2.40.2.9 hinaus den folgenden Bestimmungen entsprechen:

a) Sind mehrere zu schützende Räume mit unterschiedlichen Bruttoraumvolumina vorhanden, ist jeder Raum mit einer eigenen Feuerlöscheinrichtung zu versehen.

b) Jeder Behälter, der IG-541 enthält und in dem zu schützenden Raum aufgestellt ist, muss mit einer Überdrucksicherung ausgerüstet sein. Diese hat den Inhalt des Behälters gefahrlos in den zu schützenden Raum abzugeben, wenn der Behälter Brandeinwirkungen ausgesetzt ist und die Feuerlöscheinrichtung nicht ausgelöst wurde.

c) Jeder Behälter muss mit einer Einrichtung, die die Kontrolle des Inhalts erlaubt, ausgestattet sein.

d) Der Fülldruck der Behälter darf bei +15°C 200 bar nicht überschreiten.

e) Die Konzentration von IG-541 in dem zu schützenden Raum muss mindestens 44 % und darf höchstens 50 % dessen Bruttoraumvolumens betragen. Dieses Volumen muss innerhalb von 120 Sekunden zugeführt sein.

9.3.2.40.2.13 FK-5-1-12-Feuerlöscheinrichtungen

Feuerlöscheinrichtungen, die mit FK-5-1-12 als Löschmittel betrieben werden, müssen über die Anforderungen der Absätze 9.3.2.40.2.1 bis 9.3.2.40.2.9 hinaus den folgenden Bestimmungen entsprechen:

a) Sind mehrere zu schützende Räume mit unterschiedlichen Bruttoraumvolumina vorhanden, ist jeder Raum mit einer eigenen Feuerlöscheinrichtung zu versehen.

b) Jeder Behälter, der FK-5-1-12 enthält und in dem zu schützenden Raum aufgestellt ist, muss mit einer Überdrucksicherung ausgerüstet sein. Diese hat den Inhalt des Behälters gefahrlos in den zu schützenden Raum abzugeben, wenn der Behälter Brandeinwirkungen ausgesetzt ist und die Feuerlöscheinrichtung nicht ausgelöst wurde.

c) Jeder Behälter muss mit einer Einrichtung, die die Kontrolle des Gasdrucks erlaubt, ausgestattet sein.

d) Der Füllungsgrad der Behälter darf 1,00 kg/l nicht überschreiten. Für das spezifische Volumen des entspannten FK-5-1-12 sind 0,0719 m^3/kg zu Grunde zu legen.

e) Das Volumen an FK-5-1-12 für den zu schützenden Raum muss mindestens 5,5 % dessen Bruttoraumvolumens betragen. Dieses Volumen muss innerhalb von 10 Sekunden zugeführt sein.

f) Die FK-5-1-12-Behälter sind mit einer Drucküberwachung zu versehen, die im Steuerhaus bei einem unzulässigen Verlust von Treibgas ein akustisches und optisches Alarmsignal auslöst. Wenn kein Steuerhaus vorhanden ist, muss dieses Alarmsignal außerhalb des zu schützenden Raumes erfolgen.

g) Nach Flutung darf die Konzentration im zu schützenden Raum nicht größer als 10,0 % sein.

9.3.2.40.2.14 (bleibt offen)

9.3.2.40.2.15 Mit K_2CO_3 als Löschmittel betriebene Feuerlöscheinrichtungen

Feuerlöscheinrichtungen, die mit K_2CO_3 als Löschmittel betrieben werden, müssen über die Anforderungen nach den Absätzen 9.3.2.40.2.1 bis 9.3.2.40.2.3, 9.3.2.40.2.5, 9.3.2.40.2.6 und 9.3.2.40.2.9 hinaus den folgenden Bestimmungen entsprechen:

a) Die Feuerlöscheinrichtung muss über eine Typgenehmigung nach der Richtlinie 2014/90/EU[1] oder nach MSC/Circ. 1270[2] verfügen;

b) Jeder Raum ist mit einer eigenen Löscheinrichtung zu versehen;

c) Das Löschmittel muss in speziell dafür vorgesehenen drucklosen Behältern im zu schützenden Raum aufbewahrt werden. Diese Behälter müssen so angebracht sein, dass das Löschmittel gleichmäßig im Raum verteilt wird. Insbesondere muss das Löschmittel auch unter den Bodenplatten wirken;

d) Jeder Behälter ist separat mit der Auslöseeinrichtung zu verbinden;

Die Menge an trockenem aerosolbildendem Löschmittel für den zu schützenden Raum muss mindestens 120 g/m^3 des Nettovolumens des Raums betragen. Das Nettovolumen errechnet sich nach der Richtlinie 2014/90/EU[1] oder nach MSC/Circ. 12702. Das Löschmittel muss innerhalb von 120 Sekunden zugeführt werden können.

9.3.2.40.2.16 Fest installierte Feuerlöscheinrichtungen für den Objektschutz

Für den Objektschutz in Maschinen-, Kessel- und Pumpenräumen sind fest installierte Feuerlöscheinrichtungen nur auf Grund von Empfehlungen des Verwaltungsausschusses zulässig.

9.3.2.40.3 Die in Abschnitt 8.1.4 vorgeschriebenen zwei Handfeuerlöscher müssen sich im Bereich der Ladung befinden.

9.3.2.40.4 Löschmittel und Löschmittelmenge fest installierter Feuerlöscheinrichtungen müssen für das Bekämpfen von Bränden geeignet und ausreichend sein.

9.3.2.41 Feuer und offenes Licht

9.3.2.41.1 Die Mündungen der Schornsteine müssen sich mindestens 2 m außerhalb des Bereichs der Ladung befinden. Es müssen Einrichtungen vorhanden sein, die das Austreten von Funken und das Eindringen von Wasser verhindern.

9.3.2.41.2 Heiz-, Koch- und Kühlgeräte dürfen weder mit flüssigen Kraftstoffen, noch mit Flüssiggas noch mit festen Brennstoffen betrieben werden.

Wenn Heizgeräte oder Heizkessel im Maschinenraum oder in einem besonders dafür geeigneten Raum aufgestellt sind, dürfen diese jedoch mit flüssigem Kraftstoff mit einem Flammpunkt von mehr als 55°C betrieben werden.

Koch- und Kühlgeräte sind nur in den Wohnungen zugelassen.

9.3.2.41.3 Es sind nur elektrische Leuchtmittel zugelassen.

9.3.2.42 Ladungsheizungsanlage

9.3.2.42.1 Heizkessel, die der Beheizung der Ladung dienen, müssen mit flüssigem Kraftstoff mit einem Flammpunkt von mehr als 55°C betrieben werden. Sie müssen entweder im Maschinenraum oder in einem besonderen außerhalb des Bereichs der Ladung gelegenen und von Deck oder vom Maschinenraum aus zugänglichen Raum aufgestellt sein.

---

[1] Amtsblatt der Europäischen Union Nr. L 257 vom 28. August 2014, S. 146.

[2] Rundschreiben MSC/Circ. 1270 einschließlich Korrigenda der Internationalen Seeschifffahrtsorganisation – Überarbeitete Richtlinien für die Zulassung fest eingebauter aerosolbildender Feuerlöscheinrichtungen für Maschinenräume, die fest eingebauten Gasfeuerlöscheinrichtungen gleichwertig sind, auf die das SOLAS-Übereinkommen von 1974 Bezug nimmt – angenommen am 4. Juni 2008.

9.3.2.42.2 Ladungsheizungsanlagen müssen so beschaffen sein, dass im Falle eines Lecks in den Heizschlangen keine Ladung in den Heizkessel gelangen kann. Ladungsheizungsanlagen mit künstlichem Zug müssen elektrisch gezündet werden.

9.3.2.42.3 Einrichtungen zur Lüftung des Maschinenraumes müssen unter Berücksichtigung des Luftbedarfs für den Heizkessel bemessen werden.

9.3.2.42.4 Wenn die Ladungsheizungsanlage beim Laden, Löschen oder Entgasen bei einer aus der Ladung herrührenden Konzentration von 10 % der UEG oder mehr benutzt werden muss, muss der Betriebsraum, in dem diese Anlage aufgestellt ist, den Vorschriften des Absatzes 9.3.2.52.3 vollständig entsprechen. Dies gilt nicht für die Ansaugöffnungen des Lüftungssystems. Diese müssen mindestens 2 m vom Bereich der Ladung und 6 m von Öffnungen der Lade- oder Restetanks, Ladepumpen an Deck, Austrittsöffnungen von Hochgeschwindigkeitsventilen oder Überdruckventilen und Landanschlüssen der Lade- und Löschleitungen entfernt und mindestens 2 m über Deck angeordnet sein.

Beim Löschen von Stoffen mit einem Flammpunkt ≥ 60°C, wenn die Produkttemperatur mindestens 15 K unterhalb des Flammpunktes liegt, brauchen die Vorschriften des Absatzes 9.3.2.52.3 nicht eingehalten zu werden.

9.3.2.43-
9.3.2.49 (bleibt offen)

9.3.2.50 (gestrichen)

9.3.2.51 **Oberflächentemperaturen von Anlagen und Geräten**

a) Oberflächentemperaturen von elektrischen und nicht-elektrischen Anlagen und Geräten dürfen 200 °C nicht überschreiten.

b) Oberflächentemperaturen von äußeren Teilen von Motoren und deren Luft- und Abgasschächten dürfen 200 °C nicht überschreiten.

c) Wenn die Schiffsstoffliste nach Absatz 1.16.1.2.5 Stoffe enthalten soll, für die nach Unterabschnitt 3.2.3.2 Tabelle C, Spalte 15 eine Temperaturklasse T4, T5 oder T6 eingetragen ist, dürfen in den an Bord ausgewiesenen Zonen die entsprechenden Oberflächentemperaturen 135 °C (T4), 100 °C (T5) und 85 °C (T6) nicht überschreiten.

d) Buchstaben a) und b) gelten nicht, wenn folgende Forderungen eingehalten sind (siehe auch 7.2.3.51.4):

(i) Wohnungen, Steuerhaus und Betriebsräume, in denen höhere Oberflächentemperaturen als unter Buchstaben a) und b) angegeben, auftreten, sind mit einen Lüftungssystem nach 9.3.2.12.4 b) ausgestattet,
oder

(ii) Anlagen und Geräte, die höhere Oberflächentemperaturen als unter Buchstabe a) bzw. b) angegeben erzeugen, sind abschaltbar. Solche Anlagen und Geräte müssen rot gekennzeichnet sein.

9.3.2.52 Art und Aufstellungsort der elektrischen Anlagen und Geräte

9.3.2.52.1 Elektrische Anlagen und Geräte müssen mindestens dem Typ „begrenzte Explosionsgefahr" entsprechen.

Dies gilt nicht für

a) Beleuchtungsanlagen in den Wohnungen und im Steuerhaus mit Ausnahme der Schalter, die in der Nähe der Eingänge angeordnet sind;
b) tragbare Telefone, fest installierte Telefonanlagen, Ladungsrechner sowie stationäre und tragbare Computer in den Wohnungen und im Steuerhaus;
c) elektrische Anlagen und Geräte die während des Aufenthalts in einer oder unmittelbar angrenzend an eine landseitig ausgewiesenen Zone
   - abgeschaltet sind, oder
   - sich in Räumen befinden, die mit einer Lüftungsanlage entsprechend 9.3.2.12.4 ausgestattet sind.
d) Sprechfunkanlagen und Inland AIS-Geräte (Automatic Identification System) in den Wohnungen und im Steuerhaus, unter der Voraussetzung, dass sich kein Teil von Antennen für Sprechfunkanlagen bzw. AIS-Geräte über oder innerhalb eines Abstandes von 2,00 m vom Bereich der Ladung befindet.

9.3.2.52.2 In Kofferdämmen, Wallgängen, Doppelböden und Aufstellungsräumen sind nur hermetisch abgeschlossene Echolotschwinger, deren Kabel in dickwandigen Stahlrohren mit gasdichten Verbindungen bis über das Hauptdeck geführt sind, erlaubt.

9.3.2.52.3 Fest installierte elektrische Anlagen und Geräte, die den in den Absätzen 9.3.2.51 a), 9.3.2.51 b) und 9.3.2.52.1 angegebenen Vorschriften nicht entsprechen, sowie ihre Schaltgeräte müssen rot gekennzeichnet sein. Das Abschalten solcher Anlagen und Geräte muss an einer zentralen Stelle an Bord erfolgen.

9.3.2.52.4 In jedem isolierten Versorgungssystem muss eine selbsttätige Isolationskontrolleinrichtung mit optischer und akustischer Warnung eingebaut sein.

9.3.2.52.5 Es sind nur Verteilersysteme ohne Schiffskörperrückleitung zugelassen. Dies gilt nicht für:

- kathodische Fremdstrom-Korrosionsschutzanlagen;
- örtlich begrenzte und außerhalb des Bereichs der Ladung liegende Anlageteile (z.B. Anlasseinrichtungen der Dieselmotoren);
  die Isolationskontrolleinrichtung nach Absatz 9.3.2.52.4.

9.3.2.52.6 Ein elektrischer Generator, der den in Absatz 9.3.2.52.1 angegebenen Vorschriften nicht entspricht, aber durch eine Maschine ständig angetrieben wird, muss mit einem mehrpoligen Schalter versehen sein, der den Generator herunterfährt. Eine Hinweistafel mit den Bedienungsvorschriften muss beim Schalter angebracht sein.

9.3.2.52.7 Ein Ausfall der elektrischen Speisung von Sicherheits- und Kontrolleinrichtungen muss sofort optisch und akustisch im Steuerhaus und an Deck gemeldet werden. Bei Nichtquittieren muss die Alarmierung automatisch in den Wohnungen erfolgen.

9.3.2.52.8 Schalter, Steckdosen und elektrische Kabel an Deck müssen gegen mechanische Beschädigung geschützt sein.

9.3.2.52.9 Steckdosen für den Anschluss von Signalleuchten und Landstegbeleuchtung müssen in unmittelbarer Nähe des Signalmastes bzw. des Landsteges am Schiff fest montiert sein. Diese Steckdosen müssen so ausgeführt sein, dass das Herstellen und das Trennen der Steckverbindungen nur in spannungslosem Zustand möglich ist.

9.3.2.52.10 Akkumulatoren müssen außerhalb des Bereichs der Ladung untergebracht sein.

9.3.2.53 Art und Aufstellungsort der elektrischen und nicht-elektrischen Anlagen und Geräte zum Einsatz in explosionsgefährdeten Bereichen

9.3.2.53.1 An Bord von Schiffen, für die die Zoneneinteilung gemäß der Begriffsbestimmung in Abschnitt 1.2.1 gilt, müssen die elektrischen und nicht-elektrischen Anlagen und Geräte die in den explosionsgefährdeten Bereichen betrieben werden, mindestens die Anforderungen für den Einsatz in der jeweiligen Zone erfüllen.

Sie sind unter Berücksichtigung der zu befördernden Stoffe entsprechend den dafür erforderlichen Explosionsgruppen und Temperaturklassen, auszuwählen (siehe Unterabschnitt 3.2.3.2 Tabelle C Spalten 15 und 16).

Wenn die Schiffsstoffliste nach Absatz 1.16.1.2.5 Stoffe enthalten soll, für die nach Unterabschnitt 3.2.3.2 Tabelle C Spalte 15 eine Temperaturklasse T4, T5 oder T6 eingetragen ist, dürfen in den ausgewiesenen Zonen die entsprechenden Oberflächentemperaturen 135 °C (T4), 100 °C (T5) beziehungsweise 85 °C (T6) nicht überschreiten.

Wenn die Schiffsstoffliste nach Absatz 1.16.1.2.5 Stoffe enthalten soll, für die nach Unterabschnitt 3.2.3.2 Tabelle C Spalte 15 eine Temperaturklasse T1 oder T2 eingetragen ist, dürfen in den ausgewiesenen Zonen die entsprechenden Oberflächentemperaturen 200 °C nicht überschreiten.

9.3.2.53.2 Elektrische Kabel müssen armiert sein, eine metallene Abschirmung haben oder in Schutzrohren verlegt sein, ausgenommen Lichtwellenleiter.

Elektrische Kabel für den aktiven Kathodenschutz der Außenhaut müssen in dickwandigen Schutzrohren aus Stahl mit gasdichten Verbindungen bis über das Hauptdeck geführt sein.

9.3.2.53.3 Bewegliche elektrische Kabel im explosionsgefährdeten Bereich sind verboten, ausgenommen elektrische Kabel für eigensichere Stromkreise sowie für den Anschluss

- von Signal- und Landstegbeleuchtung, wenn die Anschlussstelle (z.B. Steckdose) in unmittelbare Nähe des Signalmastes oder des Landstegs am Schiff fest montiert ist;
- des Schiffsstromnetzes an ein Landstromnetz, wenn
  a) diese elektrischen Kabel und die Einspeiseeinheit an Bord einer gültigen Norm (z.B. EN 15869-03: 2010) entsprechen,
  b) Einspeiseeinheit und Leitungskupplung außerhalb des explosionsgefährdeten Bereiches liegen.

Das Herstellen und das Trennen der entsprechenden Steckverbindungen/Leitungskupplungen darf nur spannungslos möglich sein.

9.3.2.53.4 Elektrische Kabel für eigensichere Stromkreise müssen von anderen Kabeln, die nicht zu solchen Stromkreisen gehören, getrennt verlegt und gekennzeichnet sein (z.B. nicht zusammen im gleichen Kabelbündel und nicht durch gemeinsame Kabelschellen gehalten).

9.3.2.53.5 Für die nach Absatz 9.3.2.53.3 zulässigen beweglichen elektrischen Kabel dürfen nur Schlauchleitungen des Typs H 07 RN-F nach Norm IEC 60245-4:2011[4] oder elektrische Kabel mindestens gleichwertiger Ausführung mit einem Mindestquerschnitt der Leiter von 1,50 mm^2 verwendet werden.

9.3.2.54 Erdung

9.3.2.54.1 Im Bereich der Ladung müssen die betriebsmäßig nicht unter Spannung stehenden Metallteile elektrischer Anlagen und Geräte sowie Metallarmierungen und Metallmäntel von Kabeln geerdet sein, sofern sie nicht durch die Art ihres Einbaus mit dem Schiffskörper metallisch leitend verbunden sind.

9.3.2.54.2 Die Vorschriften des Absatzes 9.3.2.54.1 gelten auch für Anlagen mit einer Spannung unter 50 Volt.

[4] Identisch mit EN 50525-2-21:2011.

9.3.2.54.3 Unabhängige Ladetanks, metallene Großpackmittel und Tankcontainer müssen geerdet sein.

9.3.2.54.4 Restebehälter müssen geerdet werden können.

9.3.2.55 (bleibt offen)

9.3.2.56 (gestrichen)

...

9.3.2.57-9.3.2.59 (bleibt offen)

9.3.2.60 **Besondere Ausrüstung**

Das Schiff muss mit einer Dusche und einem Augen- und Gesichtsbad an einer direkt vom Bereich der Ladung zugänglichen Stelle ausgerüstet sein.

Das Wasser muss der Qualität des Trinkwassers an Bord entsprechen.

Bem. Weitere Dekontaminationsmittel zur Vermeidung von Augen- und Hautverätzungen sind zugelassen.

Eine Verbindung dieser besonderen Ausrüstung mit dem Bereich außerhalb des Ladungsbereichs ist zulässig.

Es muss ein federbelastetes Rückschlagventil montiert sein, um sicherzustellen, dass durch das Dusch- und das Augen- und Gesichtsbadsystem keine Gase außerhalb des Ladungsbereichs gelangen können.

9.3.2.61 (bleibt offen)

9.3.2.62 **Ventil zum Entgasen an Annahmestellen**

Die für das Luftabsaugen bestimmte Leitung muss mit einem fest eingebauten oder beweglichen, federbelasteten Niederdruckventil, das während des Entgasens an Annahmestellen benutzt wird, versehen sein. Wenn die Schiffsstoffliste nach Absatz 1.16.1.2.5 Stoffe enthält, für die nach Unterabschnitt 3.2.3.2 Tabelle C Spalte 17 Explosionsschutz erforderlich ist, muss dieses Ventil mit einer deflagrationssicheren Flammendurchschlagsicherung versehen sein. Wenn das Schiff nicht an einer Annahmestelle entgast wird, muss das Ventil mit einem Blindflansch geschlossen werden. Das Niederdruckventil muss so eingebaut sein, dass das Unterdruckventil unter sonst normalen Betriebsbedingungen nicht betätigt wird.

Bem. Die Entgasungsvorgänge fallen unter die normalen Betriebsbedingungen.

9.3.2.63-9.3.2.70 (bleibt offen)

9.3.2.71 **Zutritt an Bord**

Die Hinweistafeln mit dem Zutrittsverbot gemäß Abschnitt 8.3.3 müssen von beiden Schiffsseiten aus deutlich lesbar sein.

9.3.2.72-9.3.2.73 (bleibt offen)

9.3.2.74 Rauchverbot, Verbot von Feuer und offenem Licht

9.3.2.74.1 Die Hinweistafeln mit dem Rauchverbot gemäß Abschnitt 8.3.4 müssen von beiden Schiffsseiten aus deutlich lesbar sein.

9.3.2.74.2 In der Nähe des Zugangs zu Stellen, an denen das Rauchen oder die Verwendung von Feuer oder offenem Licht nicht immer verboten ist, müssen Hinweisschilder die Umstände angeben, unter denen das Verbot gilt.

9.3.2.74.3 In den Wohnungen und im Steuerhaus muss in der Nähe jedes Ausgangs ein Aschenbecher angebracht sein.

9.3.2.75- 9.3.2.91 (bleibt offen)

9.3.2.92 Notausgang

Räume, deren Zu- oder Ausgänge im Leckfall teilweise oder ganz eintauchen, müssen mit einem Notausgang versehen werden, der mindestens 0,10 m über der Schwimmebene liegt. Dies gilt nicht für Vor- und Achterpiek.

9.3.2.93- 9.3.2.99 (bleibt offen)

9.3.3 Bauvorschriften für Tankschiffe des Typs N

Die Bauvorschriften der Unterabschnitte 9.3.3.0 bis 9.3.3.99 gelten für Tankschiffe des Typs N.

9.3.3.0 Bauwerkstoffe

9.3.3.0.1 a) Der Schiffskörper und die Ladetanks müssen aus Schiffbaustahl oder aus einem anderen mindestens gleichwertigen Metall gebaut sein.

Für unabhängige Ladetanks dürfen auch andere, gleichwertige Werkstoffe verwendet werden. Die Gleichwertigkeit muss sich auf die mechanischen Eigenschaften und auf die Beständigkeit gegen Temperatur- und Feuereinwirkung beziehen.

b) Alle Teile des Schiffes einschließlich Einrichtung und Ausrüstung, welche mit der Ladung in Berührung kommen können, müssen aus Bauwerkstoffen bestehen, die weder durch die Ladung angegriffen werden oder eine Zersetzung der Ladung verursachen noch mit ihr schädliche oder gefährliche Verbindungen eingehen können. Falls dies bei der Klassifikation und Untersuchung des Schiffes nicht abschließend geprüft werden konnte, ist ein entsprechender Vorbehalt in die Schiffsstoffliste nach 1.16.1.2.5 aufzunehmen.

c) Gasabfuhrleitungen müssen gegen Korrosion geschützt sein.

9.3.3.0.2 Die Verwendung von Holz, Aluminiumlegierungen, Kunststoffen oder Gummi im Bereich der Ladung ist verboten, sofern dies nicht in Absatz 9.3.3.0.3 oder im Zulassungszeugnis ausdrücklich zugelassen ist.

9.3.3.0.3 Die Verwendung von Holz, Aluminiumlegierungen, Kunststoff und Gummi im Bereich der Ladung ist gemäß folgender Tabelle zulässig.

Die Verwendung von Holz, Aluminiumlegierungen, Kunststoff und Gummi ist nur zulässig für (X bedeutet zugelassen)				
	Holz	Aluminiumlegierungen	Kunststoff	Gummi
Landstege	X	X	X	X
Außenbordtreppen und Gehwege (Laufstege)*		X	X	X
Reinigungsmaterial wie Besen usw.	X		X	X
lose Ausrüstungsgegenstände wie Feuerlöscher, mobile Gasspürgeräte, Bergegeräte usw.		X	X	X
Leckwannen, Tropftassen			X	
Fender	X		X	X
Trossen zum Festmachen, Taue für Fender			X	
die Lagerung der vom Schiffskörper unabhängigen Tanks sowie die Lagerung von Einrichtungen und Ausrüstungen	X		X	
Masten und ähnliche Rundhölzer	X	X	X	
Maschinenteile		X	X	
Schutzkleider von Motoren und Pumpen			X	
Teile der elektrischen Anlage		X	X	
Teile der Lade- und Löschanlage wie z.B. Abdichtungen usw.		X	X	X
Kisten, Schränke oder sonstige Behälter an Deck für die Lagerung von Material zum Auffangen von Leckflüssigkeiten, Reinigungsmitteln, Feuerlöschgeräte, Feuerlöschschläuchen, Abfälle usw.		X	X	
Auflagerblöcke und Anschläge aller Art	X		X	
Ventilatoren einschließlich der Schlauchleitungen für die Belüftung		X	X	
Teile der Wassersprühanlage und der Dusche und das Augen- und Gesichtsbad		X	X	
Isolierung der Ladetanks, Lade- und Löschleitungen, der Gasabfuhrleitungen und Heizungsleitungen			X	X
Auskleidung der Tanks und der Lade-/Löschleitungen		X	X	X
Dichtungen aller Art (z.B. Dom- und Lukendeckel)			X	X
Kabel für die elektrischen Einrichtungen			X	X
Matte unter dem Landanschluss der Lade- und Löschleitung			X	X
Feuerlöschschläuche, Luftschläuche, Deckwaschschläuche, usw.			X	X
Probegeräte und Probeflaschen			X	
Fotooptische Kopien des gesamten Zulassungszeugnisses nach 8.1.2.6 oder 8.1.2.7 sowie des Schiffszeugnisses, des Eichscheins und der Rheinschifffahrtszugehörigkeitsurkunde		X	X	

* *Beachte 9.3.1.0.5, 9.3.2.0.5 bzw. 9.3.3.0.5*

Peilstäbe aus Aluminium sind zugelassen, wenn sie zur Verhinderung der Funkenbildung mit einem Fuß aus Messing versehen sind oder in anderer Weise geschützt sind.

Alle in den Wohnungen und im Steuerhaus verwendeten fest eingebauten Werkstoffe, mit Ausnahme der Möbel, müssen schwer entflammbar sein. Im Brandfall dürfen sie Rauch oder giftige Gase nicht in gefährlichem Maße entwickeln.

9.3.3.0.4 Die im Bereich der Ladung verwendete Farbe darf insbesondere bei Schlagbeanspruchung keine Funkenbildung hervorrufen können.

9.3.3.0.5 Die Verwendung von Kunststoffen für Beiboote ist nur zulässig, wenn das Material schwer entflammbar ist. Die Verwendung von Holz, Aluminiumlegierungen, Kunststoffen oder Gummi ist verboten, sofern dies nicht in Absatz 9.3.3.0.3 oder im Zulassungszeugnis ausdrücklich zugelassen ist.

Die Verwendung von Aluminiumlegierungen oder Kunststoffen für Gehwege (Laufstege) im Bereich der Ladung ist nur zulässig, wenn das Material schwer entflammbar und elektrisch leitfähig ist.

9.3.3.1 Schiffsakte

Bem. Für Zwecke dieses Absatzes hat der Ausdruck „Eigner" dieselbe Bedeutung wie in Abschnitt 1.16.0.

Die Schiffsakte muss vom Eigner aufbewahrt werden, der in der Lage sein muss, diese Dokumente auf Anforderung der zuständigen Behörde und der anerkannten Klassifikationsgesellschaft vorzulegen.

Die Schiffsakte muss während der gesamten Lebensdauer des Schiffes geführt und aktualisiert und bis sechs Monate nach der Außerbetriebnahme des Schiffes aufbewahrt werden.

Bei einem Wechsel des Eigners während der Lebensdauer des Schiffes ist die Schiffsakte an den neuen Eigner zu übergeben.

Kopien der Schiffsakte und alle notwendigen Dokumente sind der zuständigen Behörde für die Erteilung des Zulassungszeugnisses und der anerkannten Klassifikationsgesellschaft oder der Untersuchungsstelle für die Erstuntersuchung, Wiederholungsuntersuchung, Sonderuntersuchung oder außerordentliche Prüfungen auf Anforderung zur Verfügung zu stellen.

9.3.3.2- 9.3.3.7 (bleibt offen)

9.3.3.8 Klassifikation

9.3.3.8.1 Das Tankschiff muss unter Aufsicht einer anerkannten Klassifikationsgesellschaft für deren höchste Klasse gebaut und in ihre höchste Klasse eingestuft sein.

Die höchste Klasse muss aufrechterhalten werden. Dies muss durch eine entsprechende Bescheinigung der anerkannten Klassifikationsgesellschaft (Klassifikationszeugnis) bestätigt sein.

Der Auslegungsdruck und der Prüfdruck des Ladetanks müssen in diesem Zeugnis vermerkt sein.

Hat ein Schiff Ladetanks mit verschiedenen Öffnungsdrücken der Ventile, müssen der Auslegungsdruck und Prüfdruck eines jeden einzelnen Tanks im Zeugnis vermerkt sein.

Die anerkannte Klassifikationsgesellschaft muss eine Schiffsstoffliste erstellen, in der die im Tankschiff zur Beförderung zugelassenen gefährlichen Güter vermerkt sind (siehe auch Absatz 1.16.1.2.5).

9.3.3.8.2 (gestrichen)

9.3.3.8.3 (gestrichen)

9.3.3.8.4 Die Übereinstimmung der nach Absatz 8.1.2.3 r) bis v) geforderten Unterlagen mit den Gegebenheiten an Bord muss bei jeder Erneuerung des Zulassungszeugnisses sowie innerhalb des dritten Jahres der Gültigkeit des Zulassungszeugnisses einmal von einer anerkannten Klassifikationsgesellschaft, Unteruntersuchungsstelle oder durch eine hierfür von der zuständigen Behörde zugelassene Person geprüft werden. Eine unterzeichnete Bescheinigung muss sich an Bord befinden.

9.3.3.9 (bleibt offen)

9.3.3.10 **Schutz vor dem Eindringen gefährlicher Gase und dem Ausbreiten gefährlicher Flüssigkeiten**

9.3.3.10.1 Das Schiff muss so beschaffen sein, dass gefährliche Gase und Flüssigkeiten nicht in Wohnungen, Steuerhaus und Betriebsräume gelangen können. Die Fenster dieser Räume dürfen nicht geöffnet werden können, sofern sie nicht als Notausstieg vorgesehen und als solche gekennzeichnet sind.

9.3.3.10.2 An Deck sind flüssigkeitsdichte Schutzsülle auf Höhe der äußersten Ladetankschotte, höchstens jedoch 0,60 m innerhalb der äußeren Kofferdammschotte oder der Begrenzungsschotte der Aufstellungsräume anzubringen. Die Schutzsülle müssen entweder über die gesamte Schiffsbreite reichen oder zwischen den seitlich, in Längsrichtung des Schiffes verlaufenden Spillsüllen angebracht sein, sodass keine Flüssigkeit zum Achter- bzw. Vorschiff gelangen kann. Die Höhe der Schutzsülle und der Spillsülle muss mindestens 0,075 m betragen. Das Schutzsüll kann mit der Schutzwand nach 9.3.3.10.3 zusammenfallen sofern die Schutzwand über die gesamte Schiffsbreite reicht.

9.3.3.10.3 Wenn die Schiffsstoffliste nach Absatz 1.16.1.2.5 Stoffe enthalten soll, für die nach Unterabschnitt 3.2.3.2 Tabelle C, Spalte 17 Explosionsschutz gefordert ist, dürfen in Bereichen an Deck außerhalb des Bereichs der Ladung Anlagen und Geräte, die nicht mindestens dem Typ „begrenzte Explosionsgefahr" entsprechen, während des Ladens oder Löschens nicht betrieben werden, es sei denn dieser Bereich ist durch eine gas- und flüssigkeitsdichte Schutzwand vor dem Eindringen von Flüssigkeiten und Gasen geschützt. Diese Wand muss entweder über die gesamte Schiffsbreite reichen oder diese Bereiche an Deck U-förmig umschließen. Dabei muss sich die Wand über die gesamte Breite des zu schützenden Bereiches erstrecken und 1,00 m in Richtung der dem Bereich der Ladung abgewandten Seite fortgeführt werden (siehe Skizze Zoneneinteilung). Die Höhe der Wand muss mindestens 1,00 m bezogen auf das anschließende Ladetankdeck im Bereich der Ladung betragen. Außenwand und die Seitenwände der Wohnungen können als Schutzwand gelten, sofern sie keine Öffnungen aufweisen und die Abmessungen eingehalten sind.

Diese Schutzwand ist nicht erforderlich, wenn vor den zu schützenden Bereichen ein Abstand zum nächstgelegenen Hochgeschwindigkeitsventil, Ladeanschluss der Lade- und Löschleitungen, Ladepumpe an Deck und zur nächstgelegenen Öffnung der Ladetanks von mindestens 12,00 m eingehalten ist.

9.3.3.10.4 An Deck muss die Höhe der Unterkante der Öffnungen in den Seitenwänden von Aufbauten und die Höhe der Sülle von Zugangsluken und Lüftungsöffnungen von Räumen unter Deck mindestens 0,50 m über Deck betragen.

Dies gilt nicht für Öffnungen von Wallgängen und Doppelböden.

9.3.3.10.5 Schanzkleider, Fußleisten usw. müssen mit genügend großen, direkt über dem Deck angeordneten Öffnungen versehen sein.

9.3.3.10.6 Schiffe des Typs N offen müssen die Anforderungen des Absatzes 9.3.3.10.1 nur erfüllen, sofern sich das Schiff in einer oder unmittelbar angrenzend an eine landseitig ausgewiesene Zone aufhalten wird.

9.3.3.11 Aufstellungsräume und Ladetanks

9.3.3.11.1 a) Der höchstzulässige Inhalt eines Ladetanks ist nach folgender Tabelle zu ermitteln:

L · B · H in m^3	Höchstzulässiger Inhalt eines Ladetanks in m^3
< 600	L · B · H · 0,3
600 - 3 750	180 + (L · B · H - 600) · 0,0635
> 3 750	380

Alternative Bauweisen nach Abschnitt 9.3.4 sind zulässig.

In vorstehender Tabelle ist L · B · H das Produkt aus den Hauptabmessungen des Tankschiffes in Metern (nach dem Eichschein).

Es ist:

L = größte Länge des Schiffsrumpfes in m;

B = größte Breite des Schiffsrumpfes in m;

H = kleinster senkrechter Abstand zwischen Unterkante Kiel und dem tiefsten Punkt des Decks an der Seite des Schiffes (Seitenhöhe) im Bereich der Ladung in m;

Bei Trunkdeckschiffen ist H durch H' zu ersetzen. H' ist nach folgender Formel zu ermitteln:

$H' = H + (ht \cdot bt/B \cdot lt/L)$

wobei

ht = Höhe des Trunks (Abstand zwischen Trunkdeck und Hauptdeck an Seite Trunk auf L/2 gemessen) in m;

bt = Breite des Trunks in m;

lt = Länge des Trunks in m.

b) Die Konstruktion der Ladetanks muss so ausgelegt sein, dass die relative Dichte der beförderten Stoffe berücksichtigt ist. Die maximal zulässige relative Dichte muss im Zulassungszeugnis vermerkt sein.

c) Wenn das Schiff mit Drucktanks ausgerüstet ist, müssen diese Tanks mindestens für einen Betriebsdruck von 400 kPa (4 bar) ausgelegt sein.

d) Für Schiffe mit einer Länge bis 50,00 m darf die Ladetanklänge 10,00 m nicht überschreiten.

Für Schiffe mit einer Länge über 50,00 m darf die Ladetanklänge 0,20 L nicht überschreiten.

Diese Bestimmung gilt nicht für Schiffe mit eingesetzten zylindrischen Ladetanks mit einem Verhältnis von Länge zu Durchmesser bis 7.

9.3.3.11.2 a) Vom Schiffskörper unabhängige Ladetanks müssen gegen Aufschwimmen gesichert sein. Die Aufschwimmsicherung der gekühlten Ladetanks muss den Vorschriften einer anerkannten Klassifikationsgesellschaft entsprechen.

b) Ein Pumpensumpf darf nicht mehr als 0,10 m^3 Inhalt haben.

c) (bleibt offen)

d) Stützen, welche tragende Teile der Schiffsseitenwände mit tragenden Teilen des Längsschotts der Ladetanks verbinden, und Stützen, welche tragende Teile des Schiffsbodens mit dem Tankboden verbinden, sind nicht zulässig.

9.3.3.11.3 a) Ladetanks müssen von den Wohnungen, den Maschinenräumen und den Betriebsräumen unter Deck außerhalb des Bereichs der Ladung oder, wenn solche fehlen, von den Schiffsenden durch Kofferdämme mit einer Mindestbreite von 0,60 m getrennt sein. Wenn die Ladetanks in einem Aufstellungsraum aufgestellt sind, müssen sie mindestens 0,50 m von den Endschotten des Aufstellungsraums entfernt sein. In diesem Fall wird ein Endschott, mit einer „A-60"-Isolierung nach SOLAS 74 Kapitel II-2 Regel 3, als einem Kofferdamm gleichwertig angesehen. Der Abstand von 0,50 m darf bei Drucktanks auf 0,20 m verringert werden.

b) Aufstellungsräume, Kofferdämme und Ladetanks müssen untersucht werden können.

c) Alle Räume im Bereich der Ladung müssen gelüftet werden können. Es muss geprüft werden können, ob sie gasfrei sind.

9.3.3.11.4 Die die Ladetanks, die Kofferdämme und die Aufstellungsräume begrenzenden Schotte müssen wasserdicht sein. Die Ladetanks sowie die den Bereich der Ladung begrenzenden Schotte dürfen unter Deck keine Öffnungen oder Durchführungen enthalten.

Im Schott zwischen Maschinenraum und Kofferdamm oder Betriebsraum im Bereich der Ladung oder zwischen Maschinenraum und Aufstellungsraum dürfen Durchführungen vorhanden sein, wenn sie den in Absatz 9.3.3.17.5 enthaltenen Bestimmungen entsprechen.

Im Schott zwischen Ladetank und Pumpenraum unter Deck dürfen Durchführungen vorhanden sein, wenn sie den in Absatz 9.3.3.17.6 enthaltenen Bedingungen entsprechen. Die Schotten zwischen den Ladetanks können Durchführungen aufweisen, vorausgesetzt die Lade- und Löschleitungen sind in dem Ladetank aus dem sie herkommen mit Absperrarmaturen ausgestattet. Diese Leitungen müssen 0,60 m über dem Boden angeordnet sein. Diese Absperrarmaturen müssen von Deck aus bedient werden können.

9.3.3.11.5 Wallgänge und Doppelböden im Bereich der Ladung dürfen nur für Ballastaufnahme eingerichtet sein. Doppelböden dürfen nur als Brennstofftank eingerichtet werden, wenn sie die Vorschriften gemäß Absatz 9.3.3.32 erfüllen.

9.3.3.11.6 a) Der Kofferdamm, der mittlere Teil eines Kofferdammes oder ein anderer Raum unter Deck im Bereich der Ladung darf als Betriebsraum eingerichtet sein, wenn die den Betriebsraum begrenzenden Wände senkrecht bis auf den Boden geführt sind. Dieser Betriebsraum darf nur von Deck aus zugänglich sein.

b) Ein solcher Betriebsraum muss mit Ausnahme der Zugangs- und Lüftungsöffnungen wasserdicht sein.

c) In dem unter Buchstabe a) genannten Betriebsraum dürfen keine Lade- und Löschleitungen vorhanden sein.

Im Pumpenraum unter Deck dürfen Lade- und Löschleitungen nur vorhanden sein, wenn der Pumpenraum den Vorschriften gemäß Absatz 9.3.3.17.6 voll entspricht.

9.3.3.11.7 Erfolgt der Bau unter Verwendung von unabhängigen Ladetanks oder in Doppelhüllenbauweise mit in den Schiffverbänden integrierten Ladetanks, muss der Abstand zwischen der Seitenwand des Schiffes und der Seitenwand der Ladetanks mindestens 0,60 m betragen.

Der Abstand zwischen dem Boden des Schiffes und dem Boden der Ladetanks muss mindestens 0,50 m betragen. Unter den Pumpensümpfen darf die lichte Höhe auf 0,40 m verringert werden.

Der horizontale Abstand zwischen dem Pumpensumpf eines Ladetanks und den Bodenverbänden muss mindestens 0,10 m betragen.

Wird der Schiffskörper im Bereich der Ladung in Doppelhüllenbauweise ausgeführt mit unabhängigen Ladetanks in einem Aufstellungsraum, sind die oben genannten Abmessungen für die Doppelhülle einzuhalten. Werden die Mindestabstände nach Absatz 9.3.3.11.9 für eine Besichtigung der unabhängigen Ladetanks in diesem Fall nicht erreicht, müssen die Ladetanks für eine Kontrolle leicht herausgenommen werden können.

9.3.3.11.8 Im Bereich der Ladung unter Deck vorhandene Betriebsräume müssen so angeordnet sein, dass sie gut zugänglich sind und die darin vorhandenen Betriebseinrichtungen auch von Personen, welche die persönliche Schutzausrüstung tragen, sicher bedient werden können. Sie müssen so gebaut sein, dass Verletzte oder ohnmächtige Personen aus ihnen ohne Schwierigkeiten geborgen werden können, gegebenenfalls mit Hilfe von fest angebrachten Vorrichtungen.

9.3.3.11.9 Kofferdämme, Wallgänge, Doppelböden, Ladetanks, Aufstellungsräume und andere begehbare Räume im Bereich der Ladung müssen so angeordnet sein, dass sie angemessen und vollständig gereinigt und untersucht werden können. Mit Ausnahme von Wallgängen und Doppelböden, wenn sie keine gemeinsame Wand mit den Ladetanks haben, müssen Zugangsöffnungen so bemessen sein, dass eine Person mit angelegtem Atemgerät ungehindert in den Raum hinein oder aus ihm heraus gelangen kann. Mindestgröße der Öffnung: 0,36 m²; kleinste Seitenlänge: 0,50 m. Zugangsöffnungen müssen so gebaut sein, dass Verletzte oder ohnmächtige Personen vom Boden des betreffenden Raumes ohne Schwierigkeiten geborgen werden können, gegebenenfalls mit Hilfe von fest angebrachten Vorrichtungen. Die lichte Durchgangsbreite in den oben genannten Räumen darf im Durchstiegsbereich nicht weniger als 0,50 m betragen. Im Doppelboden darf dieser Abstand auf 0,45 m verringert werden.

Ladetanks dürfen mit runden Öffnungen mit einem Mindestdurchmesser von 0,68 m versehen sein.

9.3.3.11.10 Die Vorschrift des Absatzes 9.3.3.11.6 c) gilt nicht für Typ N offen.

9.3.3.12 Lüftung

9.3.3.12.1 In jedem Aufstellungsraum müssen zwei Öffnungen vorhanden sein, deren Abmessungen und Anordnung so beschaffen sein müssen, dass die Lüftung an jeder Stelle des Aufstellungsraumes wirksam ist. Sind diese Öffnungen nicht vorhanden, muss der Aufstellungsraum mit inertem Gas oder trockener Luft gefüllt werden können.

9.3.3.12.2 Wallgänge und Doppelböden im Bereich der Ladung, welche nicht für Ballastzwecke eingerichtet sind, Aufstellungsräume und Kofferdämme müssen durch Vorrichtungen gelüftet werden können.

9.3.3.12.3 a) Ein im Bereich der Ladung unter Deck angeordneter Betriebsraum muss mit einer technischen Lüftung versehen sein. Die Kapazität der Ventilatoren muss so ausgelegt sein, dass das Volumen des Betriebsraums mindestens zwanzig Mal je Stunde vollständig erneuert werden kann.

Die Absaugschächte müssen bis zu einem Abstand von 50 mm an den Betriebsraumboden herangeführt sein. Die Zuluft muss durch einen Schacht von oben in den Betriebsraum eingeführt werden.

b) Wenn die Schiffsstoffliste nach Absatz 1.16.1.2.5 Stoffe enthalten soll, für die nach Unterabschnitt 3.2.3 2 Tabelle C Spalte 17 Explosionsschutz gefordert ist, müssen die Zuluftöffnungen mindestens 2,00 m über Deck, 2,00 m von Ladetanköffnungen und 6,00 m von Austrittsöffnungen der Sicherheitsventile entfernt angebracht sein.

Die hierzu gegebenenfalls notwendigen Verlängerungsrohre dürfen klappbar ausgeführt sein.

c) An Bord von Schiffen des Typs N offen genügt Lüftung mittels sonstigen geeigneten Vorrichtungen ohne Ventilatoren.

9.3.3.12.4 a) Wohnungen, Steuerhaus und Betriebsräume müssen belüftet werden können.

b) Das Lüftungssystem in diesen Räumen muss nachfolgende Anforderungen erfüllen:

(i) Die Ansaugöffnungen sind so weit wie möglich, mindestens jedoch 6,00 m vom geschützten Bereich entfernt und mindestens 2,00 m über Deck angeordnet,

(ii) Ein Überdruck von mindestens 0,1 kPa (0,001 bar) kann in den Räumen gewährleistet werden,

(iii) Eine Ausfallalarmierung ist integriert.

(iv) Lüftungssystem einschließlich der Ausfallalarmierung entspricht mindestens den Typ „begrenzte Explosionsgefahr“,

(v) Eine Gasspüranlage, welche folgende Bedingungen 1. bis 4. erfüllt ist mit dem Lüftungssystem verbunden:

1. sie ist mindestens für den Betrieb in Zone 1 Explosionsgruppe II C, Temperaturklasse T6 geeignet
2. sie hat Messstellen
   – in den Ansaugöffnungen der Lüftungssysteme und
   – direkt unterhalb der Oberkante des Türsülls der Eingänge.
3. ihre T90-Zeit ist kleiner oder gleich 4 s,
4. die Messungen erfolgen stetig.

(vi) In den Betriebsräumen ist das Lüftungssystem mit einer Notbeleuchtung, die mindestens vom Typ „begrenzte Explosionsgefahr“ ist, verbunden. Diese Notbeleuchtung ist nicht erforderlich, wenn die Beleuchtungsanlagen in den Betriebsräumen vom Typ „begrenzte Explosionsgefahr“ sind.

(vii) Die Ansaugung des Lüftungssystems und die Anlagen und Geräte, die den unter 9.3.1.51 Buchstaben a) und b) und 9.3.1.52.1 genannten Bedingungen nicht entsprechen, werden abgeschaltet sobald eine Konzentration von 20 % der UEG von n-Hexan erreicht wird. Das Abschalten wird in den Wohnungen und im Steuerhaus optisch und akustisch gemeldet.

(viii) Bei einem Ausfall des Lüftungssystems oder der Gasspüranlagen in den Wohnungen werden die Anlagen und Geräte in den Wohnungen, die den unter 9.3.1.51 Buchstaben a) und b) und 9.3.1.52.1 genannten Bedingungen nicht entsprechen abgeschaltet. Der Ausfall wird optisch und akustisch in den Wohnungen, im Steuerhaus, und an Deck gemeldet.

(ix) Bei einem Ausfall des Lüftungssystems oder der Gasspüranlagen des Steuerhauses oder der Betriebsräume werden die Anlagen und Geräte in diesen Räumen, die den unter 9.3.1.51 Buchstaben a) und b) und 9.3.1.52.1 genannten Bedingungen nicht entsprechen, abgeschaltet.
Der Ausfall wird optisch und akustisch im Steuerhaus und an Deck gemeldet werden. Bei Nichtquittieren muss die Alarmierung automatisch in den Wohnungen erfolgen.

(x) Jede Abschaltung erfolgt sofort und automatisch und setzt gegebenenfalls die Notbeleuchtung in Betrieb. Die automatische Abschaltung ist so eingestellt, dass sie nicht während der Fahrt erfolgen kann.

c) Ist ein Lüftungssystem nicht vorhanden oder erfüllt das Lüftungssystem des jeweiligen Raumes nicht alle in Buchstabe b) genannten Anforderungen, müssen in dem jeweiligen Raum die Anlagen und Geräte, bei deren Betrieb höhere Oberflächentemperaturen als unter 9.3.1.51 Buchstaben a) und b) angegeben, auftreten können oder die nicht die Anforderungen nach 9.3.1.52.1 erfüllen, abschaltbar ausgeführt sein.

9.3.3.12.5 (gestrichen)

9.3.3.12.6 An Lüftungsöffnungen müssen Hinweisschilder angebracht sein, welche die Bedingungen für das Schließen angeben. Alle Lüftungsöffnungen, die von Wohnungen, Steuerhaus und Betriebsräumen außerhalb des Bereichs der Ladung ins Freie führen, müssen mit fest installierten Vorrichtungen nach 9.3.x.40.2.2 c) versehen sein, die schnell zu schließen sind. Der Verschlusszustand muss eindeutig erkennbar sein.
Solche Lüftungsöffnungen müssen mindestens 2,00 m vom Bereich der Ladung entfernt angeordnet sein.
Lüftungsöffnungen von im Bereich der Ladung gelegenen Betriebsräumen dürfen in diesem Bereich angeordnet sein.

9.3.3.12.7 Schiffe des Typs N offen müssen die Anforderungen des Absatzes 9.3.3.12.4 Buchstaben b) oder c) nur erfüllen, sofern sich das Schiff in einer oder unmittelbar angrenzend an eine landseitig ausgewiesene Zone aufhalten wird.

9.3.3.12.8 Die Vorschriften der Absätze 9.3.3.12.6 und 9.3.3.12.7 gelten nicht für Typ N offen.

9.3.3.13 **Stabilität (allgemein)**

9.3.3.13.1 Eine ausreichende Stabilität muss nachgewiesen sein. Für Schiffe in Einhüllenbauweise mit Ladetankbreiten kleiner oder gleich 0,70 B ist dieser Nachweis nicht erforderlich.

9.3.3.13.2 Die Grundwerte für die Stabilitätsberechnung – Schiffsleergewicht und Lage des Gewichtsschwerpunktes – müssen entweder durch einen Krängungsversuch oder durch eine detaillierte Gewichtsberechnung ermittelt werden. Hierbei muss das Schiffsleergewicht durch einen Tiefgangsnachweis am Schiff kontrolliert werden, wobei die durch Gewichtsberechnung ermittelten Massen nicht mehr als ± 5 % von dem durch Tiefgangsablesung ermittelten Deplacement abweichen dürfen.

9.3.3.13.3 Ausreichende Intaktstabilität muss für alle Stadien des Be- und Entladens und für den Endbeladungszustand bei den relativen Dichten aller in der Schiffsstoffliste nach 1.16.1.2.5 enthaltenen Stoffe nachgewiesen werden.

Das Schiff muss für jeden Ladefall unter Berücksichtigung tatsächlicher Füllung der Ladetanks, Ballasttanks/-zellen und Berücksichtigung der Trinkwasser-/Abwassertanks und der Tanks für flüssige Schiffsbetriebsstoffe sowie Endschwimmlagen, die Intakt- und Leckstabilitätsanforderungen erfüllen.

Zwischenzustände der Reise müssen ebenfalls berücksichtigt werden.

Die Stabilitätsunterlagen mit diesem Nachweis und den durch die anerkannte Klassifikationsgesellschaft, die das Schiff klassifiziert hat, genehmigten Ladefallen sind in einem Stabilitätshandbuch zusammenzufassen. Wenn nicht alle Ladefälle und Ballastfälle konkret berücksichtigt wurden, muss zusätzlich ein von der anerkannten Klassifikationsgesellschaft, die das Schiff klassifiziert hat, genehmigter Ladungsrechner, der die Inhalte des Stabilitätshandbuches abbildet, installiert und genutzt werden.

9

Bem. Ein Stabilitätshandbuch muss in für den Schiffsführer verständlicher Form und Sprache abgefasst sein und muss folgende Angaben enthalten:

- allgemeine Beschreibung des Schiffes;
- allgemeine Anordnungs- und Kapazitätspläne mit Angabe der zugewiesenen Nutzung von Laderäumen und Flächen (Ladetanks, Lager, Wohnräume usw.);
- eine Skizze mit Angabe der Position der Einsenkungsmarken in Bezug auf die Lote des Schiffs;
- die Schemata von Ballast und Lenzpumpen und Überfüllsicherungssystemen;
- hydrostatische Kurven oder Tabellen entsprechend der geplanten Schwimmlagen, und, sofern signifikante Trimmwinkel während des normalen Betriebs des Schiffs vorgesehen sind, sind Kurven bzw. Tabellen, die diesem Trimmbereich entsprechen, beizufügen;
- Cross-Curves bzw. Tabellen für die Stabilität, berechnet auf der Grundlage einer freien Schwimmlage für die Verdrängungs- und Trimmbereiche, die während des normalen Betriebs zu erwarten sind, mit Angabe der als schwimmend geltenden Volumen;
- Echolot-Tabellen oder Kurven für den Füllstand von Ladetanks, Ballasttanks/-zellen und Trinkwasser-/Abwassertanks und der Tanks für flüssige Schiffsbetriebsstoffe mit Angabe der Kapazitäten, des Massenschwerpunkts und Angaben zu freien Oberflächen für jeden Ladetank, Ballasttank/-zelle, Trinkwasser-/Abwassertank und der Tanks für flüssige Schiffsbetriebsstoffe;
- Leerschiffsdaten (Gewicht und Massenschwerpunkt) infolge eines Krängungsversuchs oder einer Messung des Leergewichts in Kombination mit einer detaillierten Massenbilanz oder anderen annehmbaren Maßen; dort, wo die vorstehenden Angaben von einem Schwesterschiff abgeleitet sind, ist ein eindeutiger Hinweis auf das Schwesterschiff erforderlich und ist eine Kopie des bestätigten Krängungsversuchsberichts für dieses Schwesterschiff beizulegen;
- eine Kopie des bestätigten Prüfberichts ist dem Stabilitätshandbuch beizulegen;
- betriebliche Ladebedingungen mit allen relevanten Einzelheiten wie:
  - Leerschiffsdaten, Tankfüllungen, Lager, Schiffsbesatzung und andere relevante Positionen an Bord (Masse und Massenschwerpunkt für jede Position, freie Oberflächenmomente für flüssige Ladungen),
  - Tiefgang mittschiffs und an den Loten,
  - GM, GM korrigiert für freien Oberflächeneffekt,
  - GZ-Werte und Kurve,
  - Längsbiegemomente und Querkräfte an Ablesepunkten,
  - Informationen über Öffnungen (Lage, Art der Dichtung, Verschlussvorrichtungen) und
  - Informationen für den Schiffsführer;
- Berechnung des Einflusses des Ballastwassers auf die Stabilität mit Angabe, ob fest installierte Niveau- Anzeigegeräte für die Ballasttanks/-zellen vorhanden sein müssen, oder die Ballasttanks/-zellen nur vollständig befüllt oder leer gefahren werden dürfen.

9.3.3.13.4 Die Schwimmfähigkeit im Leckfall muss für den ungünstigsten Beladungszustand nachgewiesen werden. Hierbei muss für die kritischen Zwischenzustände und für den Endzustand der Flutung der rechnerische Nachweis der genügenden Stabilität erbracht werden.

9.3.3.14 Stabilität (intakt)

9.3.3.14.1 Bei Schiffen mit unabhängigen Ladetanks und bei Doppelhüllenbauweise mit in den Schiffsverbänden integrierten Ladetanks dürfen die sich aus der Leckrechnung ergebenden Intaktstabilitätsforderungen nicht unterschritten werden.

9.3.3.14.2 Für Schiffe mit Tankbreiten von mehr als 0,70 B sind folgende Stabilitätsforderungen nachzuweisen:

a) Innerhalb des positiven Bereiches der Hebelarmkurve bis zum Eintauchen der ersten nicht wetterdicht verschlossenen Öffnung muss ein aufrichtender Hebelarm (GZ) von mindestens 0,10 m vorhanden sein.

b) Die Fläche des positiven Bereiches der Hebelarmkurve bis zum Eintauchen der ersten nicht wetterdicht verschlossenen Öffnung, jedoch vor einem Neigungswinkel $\leq 27°$, darf 0,024 m·rad nicht unterschreiten.

c) Die metazentrische Höhe (MG) muss mindestens 0,10 m betragen.

Diese Anforderungen müssen eingehalten werden unter Berücksichtigung des Einflusses aller freien Flüssigkeitsoberflächen in Tanks für alle Stadien des Be- und Entladens.

9.3.3.15 Stabilität (im Leckfall)

9.3.3.15.1 Bei Schiffen mit unabhängigen Ladetanks und bei Doppelhüllenschiffen mit in die Schiffsbauweise integrierten Ladetanks sind für den Leckfall folgende Annahmen zu berücksichtigen:

a) Ausdehnung des Schadens an einer Schiffsseite:

Längsausdehnung	:	mindestens 0,10 L jedoch nicht weniger als 5,00 m,
Querausdehnung	:	0,59 m bordseitig von der Schiffsseite im rechten Winkel zur Mittellängsachse auf dem Niveau des maximalen Tiefgangs oder, falls zutreffend, der zulässige Abstand gemäß Abschnitt 9.3.4 abzüglich 0,01 m;
Senkrechte Ausdehnung	:	von der Basis aufwärts unbegrenzt.

b) Ausdehnung des Schadens am Schiffsboden:

Längsausdehnung	:	mindestens 0,10 L jedoch nicht weniger als 5 m,
Querausdehnung	:	3 m
senkrechte Ausdehnung	:	von der Basis 0,49 m aufwärts, Sumpf ausgenommen.

c) Alle in den Beschädigungsbereich fallenden Schotte sind als leck anzusehen, das heißt, die Schotteinteilung muss so gewählt sein, dass das Schiff auch nach dem Fluten von zwei oder mehr direkt hintereinander liegenden Abteilungen schwimmfähig bleibt.

Dabei ist Folgendes zu beachten:

– Bei einer Bodenbeschädigung sind auch querschiffs nebeneinander liegende Abteilungen als geflutet anzusehen.

– Die Unterkante von nicht wasserdicht verschließbaren Öffnungen (z. B. von Türen, Fenstern, Einstiegluken) muss im Endzustand der Flutung mindestens 0,10 m über der Schwimmebene liegen.

– Im Allgemeinen ist mit einer Flutbarkeit von 95 % zu rechnen. Wird durch eine Berechnung nachgewiesen, dass die mittlere Flutbarkeit in irgendeiner Abteilung kleiner als 95 % ist, so kann der errechnete Wert eingesetzt werden.

Es sind jedoch die folgenden Mindestwerte einzusetzen:

– Maschinenräume	85 %
– Besatzungsräume	95 %
– Doppelböden, Brennstofftanks, Ballasttanks usw. je nachdem, ob sie ihrer Bestimmung entsprechend für das auf der Ebene der tiefsten Einsenkung schwimmende Schiff als voll oder leer angenommen werden müssen	0 oder 95 %

Für den Hauptmaschinenraum braucht nur die Schwimmfähigkeit für den Einabteilungsstatus nachgewiesen zu werden, d.h. Maschinenraumendschotte gelten als nicht beschädigt.

9.3.3.15.2 Für den Zwischenzustand der Flutung müssen folgende Kriterien erfüllt sein:

GZ ≥ 0,03 m

Bereich des positiven Hebelarms GZ: 5°.

In der Gleichgewichtslage (Endschwimmlage) darf die Neigung des Schiffes 12° nicht überschreiten. Nicht wasserdicht verschlossene Öffnungen dürfen erst nach Erreichen der Gleichgewichtslage eintauchen. Tauchen derartige Öffnungen vorher ein, sind die dazugehörigen Räume bei der Leckrechnung als geflutet anzusehen.

Über die Gleichgewichtslage hinaus muss der positive Bereich der Hebelarmkurve einen aufrichtenden Hebel ≥ 0,05 m in Verbindung mit einer Fläche ≥ 0,0065 m·rad aufweisen. Diese Mindestwerte der Stabilität sind bis zum Eintauchen der ersten nicht wetterdicht verschlossenen Öffnung, jedoch vor einem Neigungswinkel ≤ 27° einzuhalten. Tauchen nicht wetterdicht verschlossene Öffnungen vorher ein, sind die dazugehörigen Räume bei der Leckrechnung als geflutet anzusehen.

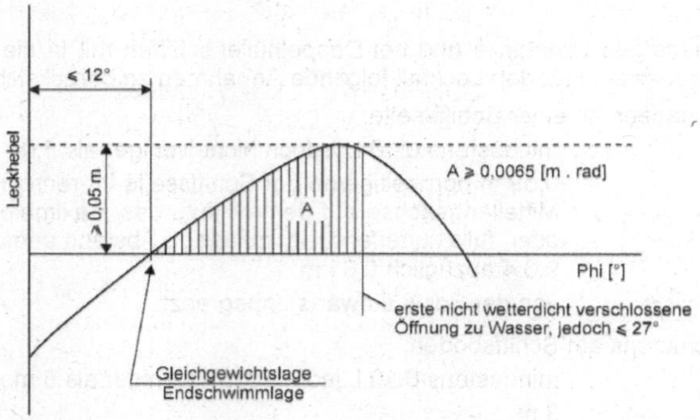

9.3.3.15.3 Wenn Öffnungen, über die unbeschädigte Abteilungen zusätzlich fluten können, wasserdicht verschlossen werden können, müssen diese Verschlusseinrichtungen entsprechend ihren Anforderungen beschriftet sein.

9.3.3.15.4 Werden Quer- oder Niederflutöffnungen zur Verringerung von Asymmetrien vorgesehen, muss der Ausgleich innerhalb von 15 Minuten erfolgen, wenn im Zwischenzustand ausreichende Leckstabilitätswerte nachgewiesen werden.

9.3.3.16 **Maschinenräume**

9.3.3.16.1 Verbrennungsmotoren für den Schiffsantrieb sowie Verbrennungsmotoren von Hilfsmaschinen müssen außerhalb des Bereichs der Ladung angeordnet sein. Zugänge und andere Öffnungen von Maschinenräumen müssen mindestens 2 m vom Bereich der Ladung entfernt sein.

9.3.3.16.2 Maschinenräume müssen von Deck aus zugänglich sein. Zugänge dürfen nicht zum Bereich der Ladung gerichtet sein. Wenn die Türen nicht in einer Nische untergebracht sind, deren Tiefe mindestens der Türbreite entspricht, müssen die Scharniere dem Bereich der Ladung zugewendet sein.

9.3.3.16.3 Die Vorschrift des Absatzes 9.3.3.16.2, letzter Satz gilt nicht für Bilgenentölungsboote und Bunkerboote.

9.3.3.17 Wohnungen und Betriebsräume

9.3.3.17.1 Wohnungen und Steuerhaus müssen außerhalb des Bereichs der Ladung (hinter der hinteren oder vor der vorderen Begrenzungsebene des Bereichs der Ladung) liegen. Fenster des Steuerhauses, welche mindestens 1 m über dem Steuerhausboden liegen, dürfen nach vorn geneigt sein.

9.3.3.17.2 Zugänge von Räumen und Öffnungen in den Aufbauten dürfen nicht zum Bereich der Ladung gerichtet sein. Scharniere von Türen, die nach außen öffnen und nicht in einer Nische untergebracht sind, deren Tiefe mindestens der Türbreite entspricht, müssen dem Bereich der Ladung zugewendet sein.

9.3.3.17.3 Zugänge von Deck aus und Öffnungen von Räumen ins Freie müssen geschlossen werden können. Folgender Hinweis muss am Zugang zu diesen Räumen angebracht sein:

Während des Ladens, Löschens und Entgasens
nicht ohne Erlaubnis des Schiffsführers öffnen.
Sofort wieder schließen.

9.3.3.17.4 Eingänge und zu öffnende Fenster von Aufbauten und Wohnungen sowie andere Öffnungen zu diesen Räumen müssen mindestens 2 m vom Bereich der Ladung entfernt sein. Steuerhaustüren und -fenster dürfen innerhalb dieser 2 m nur angeordnet sein, wenn keine direkte Verbindung vom Steuerhaus zur Wohnung besteht.

9.3.3.17.5 a) Antriebswellen der Lenz- und Ballastpumpen im Bereich der Ladung dürfen durch das Schott zwischen Betriebsraum und Maschinenraum hindurchgeführt werden, wenn die Betriebsraumanordnung den Vorschriften des Absatzes 9.3.3.11.6 entspricht.

b) Die Durchführung der Welle durch das Schott muss gasdicht und von einer anerkannten Klassifikationsgesellschaft zugelassen sein.

c) Ein Anschlag muss die erforderlichen Betriebsanweisungen enthalten.

d) Im Schott zwischen Maschinenraum und Betriebsraum im Bereich der Ladung und zwischen Maschinenraum und Aufstellungsraum dürfen Durchführungen für elektrische Kabel, Hydraulikleitungen und Rohrleitungen für Mess-, Regel- und Alarmeinrichtungen angebracht werden, wenn die Durchführungen gasdicht und von einer anerkannten Klassifikationsgesellschaft zugelassen sind. Durchführungen durch ein Schott, das mit einer Brandschutzisolierung „A-60" nach SOLAS 74 Kapitel II-2, Regel 3 versehen ist, müssen eine gleichwertige Brandschutzisolierung haben.

e) Durch das Schott zwischen Maschinenraum und Betriebsraum im Bereich der Ladung dürfen Rohrleitungen hindurch geführt werden, wenn es sich dabei um Rohrleitungen zwischen maschinellen Anlagen im Maschinenraum und im Betriebsraum handelt, welche im Betriebsraum keine Öffnungen enthalten.

f) Vom Maschinenraum aus dürfen abweichend von Absatz 9.3.3.11.4 Rohrleitungen durch den Betriebsraum im Bereich der Ladung, den Kofferdamm, den Aufstellungsraum oder den Wallgang hindurch ins Freie geführt werden, wenn sie innerhalb des Betriebsraumes, des Kofferdammes, des Aufstellungsraumes oder des Wallgangs in dickwandiger Ausführung verlegt sind und im Betriebsraum, im Kofferdamm, im Aufstellungsraum oder im Wallgang keine Flanschverbindungen oder Öffnungen haben.

g) Wenn eine Antriebswelle von Hilfsmaschinen durch eine über Deck gelegene Wand führt, muss die Durchführung gasdicht sein.

9.3.3.17.6 Ein im Bereich der Ladung unter Deck angeordneter Betriebsraum ist als Pumpenraum für die Aufstellung einer Lade- und Löschanlage nur zulässig, wenn:

– der Pumpenraum durch einen Kofferdamm oder ein Schott mit einer „A-60"-Isolierung nach SOLAS 74 Kapitel II-2 Regel 3 versehen ist oder durch einen Betriebsraum oder einen Aufstellungsraum vom Maschinenraum oder von Betriebsräumen außerhalb des Bereichs der Ladung getrennt ist;

- das vorstehend geforderte „A-60"-Schott keine Durchbrüche gemäß Absatz 9.3.3.17.5 a) hat;
- Lüftungsaustrittsöffnungen mindestens 6,00 m von Zugängen und Öffnungen der Wohnungen, des Steuerhauses und der Betriebsräume außerhalb des Bereichs der Ladung entfernt angeordnet sind;
- Zugangs- und Lüftungsöffnungen von außen verschließbar sind;
- alle Lade- und Löschleitungen sowie die Rohrleitungen der Nachlenzsysteme auf der Saugseite der Pumpe im Pumpenraum direkt am Schott mit einer Absperrarmatur versehen sind. Die erforderliche Bedienung der Armaturen im Pumpenraum und das Starten der Pumpen sowie die notwendige Regulierung des Flüssigkeitsstroms muss von Deck aus erfolgen;
- die Pumpenraumbilge mit einer Einrichtung zum Messen des Füllstands versehen ist, die einen optischen und akustischen Alarm im Steuerhaus auslöst, wenn sich in der Pumpenraumbilge Flüssigkeit ansammelt;
- der Pumpenraum mit einer fest eingebauten Sauerstoffmessanlage versehen ist, welche den Sauerstoffgehalt automatisch anzeigt und bei einer Sauerstoffkonzentration von 19,5 Vol.-% einen optischen und akustischen Alarm auslöst. Die Sensoren dieser Anlage müssen sich an geeigneten Stellen am Boden und in 2,00 m Höhe befinden. Die Messungen müssen stetig erfolgen und nahe des Einganges angezeigt werden. Die Alarme müssen optisch und akustisch im Steuerhaus und im Pumpenraum gemeldet werden und müssen die Lade- und Löschanlage abschalten.

  Ein Ausfall der Sauerstoffmessanlage muss optischen und akustischen Alarm im Steuerhaus und an Deck auslösen. Bei Nichtquittieren muss die Alarmierung automatisch in den Wohnungen erfolgen;
- das in Absatz 9.3.3.12.3 vorgeschriebene Lüftungssystem eine Stundenleistung von mindestens dem dreißigfachen des Rauminhalts des Betriebsraums besitzt.

Wenn die Schiffsstoffliste nach Absatz 1.16.1.2.5 Stoffe enthalten soll, für die nach Unterabschnitt 3.2.3.2 Tabelle C Spalte 17 Explosionsschutz gefordert ist, muss der Pumpenraum zusätzlich mit einer fest eingebauten Gasspüranlage versehen sein, welche, die Anwesenheit entzündbarer Gase automatisch anzeigt und beim Erreichen einer Gaskonzentration von 20 % der UEG der Ladung oder 20 % der UEG von nHexan einen optischen und akustischen Alarm auslöst, je nachdem welche UEG die kritischere ist.

Die Sensoren der Gasspüranlage müssen sich an geeigneten Stellen am Boden und direkt unterhalb der Decke befinden. Die Messungen müssen stetig erfolgen und nahe des Einganges angezeigt werden.

Die Alarme müssen optisch und akustisch im Steuerhaus und im Pumpenraum gemeldet werden und müssen die Lade- und Löschanlage abschalten.

Ein Ausfall der Gasspüranlage muss optisch und akustisch im Steuerhaus und an Deck gemeldet werden. Bei Nichtquittieren muss die Alarmierung automatisch in den Wohnungen erfolgen.

9.3.3.17.7 Am Zugang zum Pumpenraum muss folgender Hinweis angebracht sein:

Vor Betreten des Pumpenraumes
auf Gasfreiheit sowie ausreichenden Sauerstoffgehalt überprüfen.
Türen und Einstiegöffnungen nicht ohne Erlaubnis des Schiffsführers öffnen.
Bei Alarm den Raum sofort verlassen.

9.3.3.17.8 Die Vorschriften der Absätze 9.3.3.17.5 g), 9.3.3.17.6 mit Ausnahme der fest eingebauten Sauerstoffmessanlage und 9.3.3.17.7 gelten nicht für Typ N offen. Die Vorschriften der Absätze 9.3.3.17.2 letzter Satz, 9.3.3.17.3 letzter Satz und 9.3.3.17.4 gelten nicht für Bilgenentölungsboote und Bunkerboote.

9.3.3.18 Inertgasanlage

Wenn Inertisierung oder Abdeckung der Ladung vorgeschrieben ist, muss das Schiff mit einer Inertgasanlage ausgestattet sein.

Diese Anlage muss in der Lage sein, einen Mindestdruck von 7 kPa (0,07 bar) in den zu inertisierenden Räumen jederzeit aufrechtzuerhalten. Außerdem darf die Inertgasanlage den Druck im Ladetank nicht über den Einstelldruck des Überdruckventils hinaus erhöhen. Der Einstelldruck des Unterdruckventils muss 3,5 kPa (0,035 bar) betragen.

Eine für das Laden oder Löschen ausreichende Menge Inertgas ist an Bord mitzuführen oder zu erzeugen, soweit sie nicht von Land bezogen werden kann. Außerdem muss an Bord eine ausreichende Menge Inertgas zum Ausgleich normaler Verluste während der Beförderung verfügbar sein.

Die zu inertisierenden Räume müssen mit Anschlüssen für die Zufuhr des Inertgases und mit Kontrolleinrichtungen zur ständigen Erhaltung der richtigen Atmosphäre versehen sein.

Diese Kontrolleinrichtungen müssen beim Unterschreiten eines vorgegebenen Druckes oder einer vorgegebenen Inertgaskonzentration im Dampfraum einen optischen und akustischen Alarm im Steuerhaus auslösen. Wenn das Steuerhaus nicht besetzt ist, muss der Alarm zusätzlich an einer von einem Besatzungsmitglied besetzten Stelle wahrnehmbar sein.

9.3.3.19 (bleibt offen)

9.3.3.20 Einrichtung der Kofferdämme

9.3.3.20.1 Kofferdämme oder Kofferdammabteilungen, die neben einem nach Absatz 9.3.3.11.6 eingerichteten Betriebsraum verbleiben, müssen durch eine Zugangsluke zugänglich sein.

9.3.3.20.2 Kofferdämme müssen durch eine Pumpe mit Wasser gefüllt und gelenzt werden können. Das Füllen muss innerhalb von 30 Minuten stattfinden können. Diese Anforderungen sind nicht erforderlich, wenn das Schott zwischen Maschinenraum und Kofferdamm mit einer Brandschutzisolierung „A-60" nach SOLAS 74 Kapitel II-2, Regel 3 versehen ist oder wenn der Kofferdamm als Betriebsraum eingerichtet ist.

Kofferdämme dürfen nicht mit einem Einlassventil ausgerüstet sein.

9.3.3.20.3 Kofferdämme dürfen nicht über eine feste Rohrleitung mit einer anderen Rohrleitung des Schiffes, die außerhalb des Bereichs der Ladung angeordnet ist, verbunden sein.

9.3.3.20.4 Wenn die Schiffsstoffliste nach 1.16.1.2.5 Stoffe enthalten soll, für die nach Unterabschnitt 3.2.3.2 Tabelle C Spalte 17 Explosionsschutz gefordert ist, müssen die Lüftungsöffnungen der Kofferdämme mit einer deflagrationssicheren Flammendurchschlagsicherung versehen sein. Diese Flammendurchschlagsicherungen sind unter Berücksichtigung der für die Schiffsstoffliste vorgesehenen Stoffe entsprechend den dafür erforderlichen Explosionsgruppen/Untergruppen auszuwählen (siehe Unterabschnitt 3.2.3.2 Tabelle C Spalte 16).

9.3.3.20.5 Die Vorschrift des Absatzes 9.3.3.20.2 gilt nicht für Bilgenentölungsboote und Bunkerboote.

9.3.3.21 Sicherheits- und Kontrolleinrichtungen

9.3.3.21.1 Jeder Ladetank muss versehen sein mit:

a) einer Innenmarkierung für den Füllungsgrad von 97 %;
b) einem Niveau Anzeigegerät;
c) einem Niveau-Warngerät, das spätestens bei einer Füllung von 90% anspricht;
d) einem Grenzwertgeber für die Auslösung der Überlaufsicherung, der spätestens bei einer Füllung von 97,5 % auslöst;
e) einer Einrichtung zum Messen des Drucks der Gasphase im Ladetank;

f) einer Einrichtung zum Messen der Temperatur der Ladung, wenn in Unterabschnitt 3.2.3.2 Tabelle C Spalte 9 eine Ladungsheizungsanlage an Bord oder eine Ladungsheizmöglichkeit oder in Unterabschnitt 3.2.3.2 Tabelle C Spalte 20 eine maximal zulässige Temperatur aufgeführt ist;

g) einem Anschluss für eine geschlossene oder teilweise geschlossene Probeentnahmeeinrichtung und/oder mindestens einer Probeentnahmeöffnung entsprechend der Anforderung in Kapitel 3.2 Tabelle C Spalte 13.

Wenn die Schiffsstoffliste nach 1.16.1.2.5 Stoffe enthalten soll, für die nach Unterabschnitt 3.2.3.2 Tabelle C Spalte 17 Explosionsschutz gefordert ist, ist die dauerbrandsichere Flammensperre der Probeentnahmeöffnung unter Berücksichtigung der für die Schiffsstoffliste vorgesehenen Stoffe entsprechend den dafür erforderlichen Explosionsgruppen/Untergruppen auszuwählen (siehe Unterabschnitt 3.2.3.2 Tabelle C Spalte 16).

9.3.3.21.2 Der Füllungsgrad in % muss mit einem Fehler von höchstens 0,5 % ermittelt werden können. Er wird bezogen auf den Gesamtinhalt des Ladetanks einschließlich des Ausdehnungsschachtes.

9.3.3.21.3 Das Niveau-Anzeigegerät muss von den Bedienungsstellen der Absperrorgane für den entsprechenden Ladetank aus abgelesen werden können. Bei jedem Anzeigegerät müssen die nach der Schiffsstoffliste höchstzulässigen Füllhöhen von 95% und 97% kenntlich gemacht werden.

Der Über- und Unterdruck muss jederzeit von einer Stelle aus abgelesen werden können, von der das Laden oder Löschen unterbrochen werden kann. Der höchstzulässige Über- oder Unterdruck muss bei jeder Einrichtung kenntlich gemacht sein.

Das Ablesen muss unter allen Witterungsbedingungen stattfinden können.

9.3.3.21.4 Das Niveau-Warngerät hat an Bord einen optischen und akustischen Alarm auszulösen und muss vom Niveau-Anzeigegerät unabhängig sein.

9.3.3.21.5 a) Der Grenzwertgeber nach Absatz 9.3.3.21.1 d) hat an Bord einen optischen und akustischen Alarm auszulösen und gleichzeitig einen elektrischen Kontakt zu betätigen, der in Form eines binären Signals die von der Landanlage übergebene und gespeiste Stromschleife unterbrechen und landseitige Maßnahmen gegen ein Überlaufen beim Beladen einleiten kann.

Das Signal muss an die Landanlage mittels eines zweipoligen wasserdichten Gerätesteckers einer Kupplungssteckvorrichtung nach der Norm EN 60309-2:1999 + A1:2007 + A2:2012 für Gleichstrom von 40 bis 50 V, Kennfarbe weiß, Lage der Hilfsnase 10 Uhr, übergeben werden können.

Der Stecker muss in unmittelbarer Nähe der Landanschlüsse der Lade- und Löschleitungen fest am Schiff montiert sein.

Der Grenzwertgeber muss auch in der Lage sein, die eigene Löschpumpe abzuschalten. Der Grenzwertgeber muss vom Niveau-Warngerät unabhängig sein, darf aber mit dem Niveau-Anzeigegerät gekoppelt sein.

b) An Bord von Bilgenentölungsbooten muss der Grenzwertgeber nach Absatz 9.3.3.21.1 d) an Bord einen optischen und akustischen Alarm auslösen und die Pumpe, die zur Absaugung des Bilgenwassers verwendet wird, abschalten.

c) Bunkerboote oder andere Schiffe, die Schiffsbetriebsstoffe übergeben können, müssen mit einem Anschlussstutzen entsprechend der Norm EN 12827:1999 versehen sein und über eine Schnellschlusseinrichtung, durch die das Bunkern unterbrochen werden kann, verfügen. Diese Einrichtung muss mit Hilfe einer Steuerungseinrichtung durch das binäre Signal des bunkerseitigen Teils der Überfüllsicherung geschlossen werden. Die Schnellschlusseinrichtung muss unabhängig vom binären Signal geschlossen werden können.

Die Steuerungseinrichtung muss das binäre Signal in ein Signal zum Schließen der Schnellschlusseinrichtung umsetzen.

Stromkreise für die Steuerung der Schnellschlusseinrichtung sind im Ruhestromprinzip oder mit anderen geeigneten Maßnahmen zur Fehlerüberwachung abzusichern. Stromkreise, die nicht nach dem Ruhestromprinzip geschaltet werden können, müssen hinsichtlich ihrer Funktionsfähigkeit leicht überprüfbar sein.

Das binäre Signal muss an die Steuerungseinrichtung über einen eigensicheren Stromkreis mit Steckdose einer Kupplungssteckvorrichtung nach Norm IEC 309:1992 für Gleichstrom 40 bis 50 V, Kennfarbe weiß, Lage der Hilfsnase 10 Uhr, übergeben werden können.

Die Schnellschlusseinrichtung hat an Bord einen optischen und akustischen Alarm auszulösen.

d) Beim Löschen unter Verwendung der bordeigenen Pumpe muss diese von der Landanlage abgeschaltet werden können. Hierfür muss eine separate, bordseitig gespeiste, eigensichere Stromschleife landseitig durch einen elektrischen Kontakt unterbrochen werden.

Das binäre Signal von der Landanlage muss mittels einer zweipoligen wasserdichten Steckdose einer Kupplungssteckverbindung nach der Norm EN 60309-2:1999 + A1:2007 + A2:2012 für Gleichstrom von 40 bis 50 V, Kennfarbe weiß, Lage der Hilfsnase 10 Uhr, übernommen werden können.

Die Steckdose muss in unmittelbarer Nähe der Landanschlüsse der Löschleitungen fest am Schiff montiert sein.

9.3.3.21.6 Die optischen und akustischen Alarme des Niveau-Warngerätes und des Grenzwertgebers müssen sich deutlich voneinander unterscheiden.

Die optischen Alarme müssen an jedem Bedienungsstand der Absperrarmaturen der Ladetanks wahrnehmbar sein. Die Funktion der Messfühler und Stromkreise muss leicht kontrollierbar sein oder sie müssen der Ausführung „failsafe" (eigensicher) genügen.

9.3.3.21.7 Einrichtungen zum Messen des Über- und Unterdrucks der Gasphase im Ladetank und gegebenenfalls der Temperatur der Ladung müssen beim Überschreiten eines vorgegebenen Druckes oder einer vorgegebenen Temperatur einen optischen und akustischen Alarm im Steuerhaus und an Deck auslösen. Bei Nichtquittieren muss die Alarmierung automatisch in den Wohnungen erfolgen.

Beim Laden und Löschen muss die Einrichtung zum Messen des Druckes beim Erreichen eines vorgegebenen Wertes gleichzeitig einen elektrischen Kontakt betätigen, der mit Hilfe des in Absatz 9.3.3.21.5 genannten Steckers Maßnahmen einleiten kann, durch die das Laden oder Löschen unterbrochen wird. Bei Verwendung der bordeigenen Löschpumpe muss diese automatisch abgeschaltet werden.

Die Einrichtung zum Messen des Über- und Unterdrucks muss spätestens den Alarm auslösen bei Erreichen

a) des 1,15-fachen des Öffnungsdrucks der Überdruck-/ Hochgeschwindigkeitsventile oder
b) der Untergrenze des Auslegungsdruckes der Unterdruckventile, ohne jedoch einen Unterdruck von 5 kPa (0,05 bar) zu überschreiten.

Die maximal zulässige Temperatur ist in Unterabschnitt 3.2.3.2 Tabelle C Spalte 20 aufgeführt. Die Geber der in diesem Absatz erwähnten Alarme dürfen an die Alarmeinrichtung des Grenzwertgebers angeschlossen sein.

Wenn dies in Unterabschnitt 3.2.3.2 Tabelle C Spalte 20 gefordert wird, muss die Einrichtung zum Messen des Überdrucks der Gasphase im Ladetank während der Fahrt bei Überschreiten von 40 kPa (0,4 bar) einen optischen und akustischen Alarm im Steuerhaus und an Deck auslösen. Bei Nichtquittieren muss die Alarmierung automatisch in den Wohnungen erfolgen. Die Druckanzeige muss in direkter Nähe der Bedienung der Berieselungsanlage abgelesen werden können.

9.3.3.21.8 Falls sich die Bedienung der Absperrarmaturen der Ladetanks in einem Kontrollraum befindet, müssen dort die Ladepumpen abgeschaltet und, die Niveau-Anzeigegeräte abgelesen werden können. Die optischen und akustischen Alarme des Niveau-Warngeräts, des Grenzwertgebers nach Absatz 9.3.3.21.1 d) und der Einrichtungen zum Messen des Unter- und Überdrucks der Gasphase im Ladetank und gegebenenfalls der Temperatur der Ladung müssen sowohl im Kontrollraum als auch an Deck wahrnehmbar sein. Die Überwachung des Bereichs der Ladung vom Kontrollraum aus muss gewährleistet sein.

9.3.3.21.9 Die Vorschriften der Absätze 9.3.3.21.1 e) und 9.3.3.21.7 in Bezug auf Druckmessung, gelten nicht für Typ N offen mit Flammendurchschlagsicherung und Typ N offen.

Die Vorschriften der Absätze 9.3.3.21.1 b), c) und g), 9.3.3.21.3 und 9.3.3.21.4 gelten nicht für Bilgenentölungsboote und Bunkerboote.

Auf Tankschiffen des Typs N offen ist eine Flammensperre in der Probeentnahmeöffnung nicht erforderlich.

Die Vorschriften der Absätze 9.3.3.21.1 f) und 9.3.3.21.7 gelten nicht für Bunkerboote.

Die Vorschriften des Absatzes 9.3.3.21.5 a) gelten nicht für Bilgenentölungsboote.

9.3.3.21.10 Bei der Beförderung von Stoffen in gekühlter Form wird der Öffnungsdruck der Sicherheitseinrichtung von der Ausführung des Ladetanks bestimmt. Bei der Beförderung von Stoffen, welche gekühlt befördert werden müssen, muss der Öffnungsdruck der Sicherheitseinrichtung mindestens 25 kPa (0,25 bar) über dem höchstberechneten Druck nach Unterabschnitt 9.3.3.27 liegen.

9.3.3.22 Öffnungen der Ladetanks

9.3.3.22.1 a) Ladetanköffnungen müssen sich über Deck im Bereich der Ladung befinden.

b) Ladetanköffnungen mit einem Querschnitt von mehr als 0,10 m² und Öffnungen der Sicherheitseinrichtungen, die unzulässige Überdrücke verhindern, müssen sich mindestens 0,50 m über Deck befinden.

9.3.3.22.2 Ladetanköffnungen müssen mit gasdichten Verschlüssen versehen sein, die dem Prüfdruck gemäß Absatz 9.3.3.23.2 standhalten.

9.3.3.22.3 Verschlüsse, die normalerweise während des Ladens und Löschens benutzt werden, dürfen beim Betätigen keine Funkenbildung hervorrufen können.

9.3.3.22.4 Jeder Ladetank oder jede Gruppe von Ladetanks, die mit einer gemeinsamen Gasabfuhrleitung verbunden sind, muss wie folgt ausgerüstet sein:

Typ N offen:

– mit Einrichtungen, die unzulässige Über- und Unterdrücke verhindern und so gebaut sind, dass jede Ansammlung von Wasser und dessen Eindringen in Ladetanks verhindert wird.

Typ N offen mit Flammendurchschlagssicherungen:

– mit Einrichtungen, die unzulässige Über- und Unterdrücke verhindern, mit dauerbrandsicheren Flammendurchschlagsicherungen versehen und so gebaut sind, dass jede Ansammlung von Wasser und dessen Eindringen in Ladetanks verhindert wird.

Typ N geschlossen:

mit

a) einem Anschluss für die gefahrlose Rückgabe der beim Laden entweichenden Gase an die Landanlage.

b) einer Vorrichtung zum gefahrlosen Entspannen der Ladetanks, wobei aus der Stellung der Absperrarmatur klar erkennbar sein muss, ob sie offen oder geschlossen ist.

c) Sicherheitsventile, die unzulässige Über- und Unterdrücke verhindern.
Auf den Sicherheitsventilen muss der jeweilige Öffnungsdruck dauerhaft angebracht sein.

d) Wenn die Schiffsstoffliste nach Absatz 1.16.1.2.5 Stoffe enthalten soll, für die nach Unterabschnitt 3.2.3.2 Tabelle C Spalte 17 Explosionsschutz gefordert ist, muss

- die Gasabfuhrleitung an der Einführung in jeden Ladetank mit einer detonationssicheren Flammendurchschlagsicherung versehen sein,
- das Unterdruckventil sowie die Vorrichtung zum gefahrlosen Entspannen der Ladetanks deflagrationssicher ausgeführt sein. Die Deflagrationssicherheit kann auch durch eine Flammendurchschlagsicherung gewährleistet werden

und

- das Überdruckventil als Hochgeschwindigkeitsventil ausgeführt sein, wobei die Gase nach oben abgeführt werden müssen.

Die Überdruckventile müssen so dimensioniert sein, dass sie während der Beförderung erst beim Erreichen des höchstzulässigen Betriebsdrucks der Ladetanks ansprechen.

Diese autonomen Schutzsysteme sind unter Berücksichtigung der für die Schiffsstoffliste vorgesehenen Stoffe entsprechend den dafür erforderlichen Explosionsgruppen/Untergruppen auszuwählen (siehe Unterabschnitt 3.2.3.2 Tabelle C Spalte 16).

Wenn für die Beförderung das Hochgeschwindigkeitsventil, das Unterdruckventil, die Flammendurchschlagsicherungen sowie die Gasabfuhrleitung beheizbar ausgeführt sein müssen, müssen die genannten Sicherheitseinrichtungen für die jeweilige Temperatur geeignet sein.

Auf den Über- und Unterdruckventilen und Hochgeschwindigkeitsventilen muss der jeweilige Öffnungsdruck dauerhaft angebracht sein.

Wenn zwischen Gasabfuhrleitung und Ladetank eine Absperrarmatur vorgesehen ist, muss diese zwischen Ladetank und Flammendurchschlagsicherung angeordnet sein und jeder Ladetank muss mit eigenen Sicherheitsventilen versehen sein.

e) Austrittsöffnungen der Überdruck-/Hochgeschwindigkeitsventile müssen mindestens 2,00 m über Deck angeordnet sein und einen Abstand von mindestens 6,00 m von den Öffnungen von Wohnungen, Steuerhaus und Betriebsräumen außerhalb des Bereichs der Ladung haben. Die Höhe kann auf 1,00 m verringert werden, wenn in einem Umkreis von 1,00 m um die Austrittsöffnung keine Bedienungseinrichtungen vorhanden sind. Dieser Bereich muss als Gefahrenbereich gekennzeichnet sein.

9.3.3.22.5 Gasabfuhrleitung

a) Sind zwei oder mehr Ladetanks über eine gemeinsame Gasabfuhrleitung miteinander verbunden, ist es ausreichend, wenn die Ausrüstung nach 9.3.3.22.4 (Sicherheitsventile, die unzulässigen Über- und Unterdruck verhindern, Hochgeschwindigkeitsventil, deflagrationssicheres Unterdruckventil, deflagrationssichere Vorrichtung zum gefahrlosen Entspannen der Ladetanks) nur an der gemeinsamen Gasabfuhrleitung angebracht ist (siehe auch 7.2.4.16.7).

b) Ist jeder Ladetank an eine eigene Gasabfuhrleitung angeschlossen, muss jeder Ladetank oder die zugehörige Gasabfuhrleitung entsprechend 9.3.3.22.4 ausgerüstet sein.

9.3.3.22.6 Die Vorschriften der Absätze 9.3.3.22.2 ▪▪▪ und 9.3.3.22.5 gelten nicht für Typ N offen mit Flammendurchschlagssicherungen und Typ N offen.

Die Vorschriften des Absatzes 9.3.3.22.3 gilt nicht für Typ N offen.

9.3.3.23 Druckprüfung

9.3.3.23.1 Ladetanks, Restetanks, Kofferdämme, Lade- und Löschleitungen, mit Ausnahme von Saugschläuchen, sind erstmalig vor der Inbetriebnahme und regelmäßig innerhalb vorgeschriebener Fristen zu prüfen.

Wenn in den Ladetanks ein Heizungssystem vorhanden ist, müssen die Heizschlangen erstmalig vor der Inbetriebnahme und regelmäßig innerhalb vorgeschriebener Fristen geprüft werden.

9.3.3.23.2 Der Prüfdruck der Ladetanks und der Restetanks muss mindestens das 1,3-fache des Auslegungsdrucks betragen. Der Prüfdruck für Kofferdämme und offene Ladetanks muss mindestens 10 kPa (0,10 bar) Überdruck betragen.

9.3.3.23.3 Der Prüfdruck der Lade- und Löschleitungen muss mindestens 1000 kPa (10 bar) Überdruck betragen.

9.3.3.23.4 Die maximalen Fristen für die wiederkehrenden Prüfungen betragen elf Jahre.

9.3.3.23.5 Die Methode der Druckprüfung muss den Vorschriften entsprechen, die von der zuständigen Behörde oder einer anerkannten Klassifikationsgesellschaft erlassen worden sind.

9.3.3.24 Druck- und Temperaturregelung der Ladung

9.3.3.24.1 Wenn das gesamte Ladungssystem nicht für den vollen Dampfdruck bei den oberen Auslegungsgrenzwerten für die Umgebungstemperatur ausgelegt ist, muss der Ladetankdruck unterhalb des höchstzulässigen Öffnungsdrucks der Sicherheitsventile durch eine oder mehrere der folgenden Maßnahmen gehalten werden:

a) ein System, das den Druck in den Ladetanks mittels mechanischer Kühlung regelt;

b) ein System, welches bei einer Erwärmung oder Druckerhöhung der Ladung die Sicherheit gewährleistet. Die Isolierung und der Auslegungsdruck des Ladetanks müssen zusammen eine angemessene Sicherheit im Hinblick auf Betriebsdauer und Betriebstemperatur gewährleisten. Das System muss in jedem Einzelfall von einer anerkannten Klassifikationsgesellschaft zugelassen sein und für einen Zeitraum der dreifachen Betriebsdauer die Sicherheit gewährleisten;

c) andere von einer anerkannten Klassifikationsgesellschaft zugelassene Systeme.

9.3.3.24.2 Die nach Absatz 9.3.3.24.1 erforderlichen Systeme sind entsprechend den Anforderungen der anerkannten Klassifikationsgesellschaft auszuführen, einzubauen und zu prüfen. Die Bauwerkstoffe müssen für die zu befördernden Stoffe geeignet sein. Für den Normalbetrieb sind als obere Auslegungsgrenzwerte der Umgebungstemperatur folgende Werte anzusetzen:
Lufttemperatur : 30 °C,
Wassertemperatur : 20 °C.

9.3.3.24.3 Das Ladungsbehältersystem muss dem vollen Dampfdruck der Ladung bei den oberen Auslegungsgrenzwerten der Umgebungstemperaturen standhalten können ohne Berücksichtigung eines Systems, das mit verdampfendem Gas arbeitet. Dies wird in Kapitel 3.2 Tabelle C Spalte 20 mit Bemerkung 37 angegeben.

9.3.3.25 Pumpen und Leitungen

9.3.3.25.1 a) Pumpen und zugehörigen Lade- und Löschleitungen müssen im Bereich der Ladung untergebracht sein.

b) Ladepumpen müssen im Bereich der Ladung und zusätzlich von einer Stelle außerhalb dieses Bereichs abgeschaltet werden können.

c) Ladepumpen an Deck müssen mindestens 6 m von Zugängen und Öffnungen der Wohnungen und der außerhalb des Bereichs der Ladung gelegenen Betriebsräume entfernt sein.

9.3.3.25.2 a) Lade- und Löschleitungen müssen von jeder anderen Rohrleitung des Schiffes unabhängig sein. Unter Deck, mit Ausnahme des Ladetankinnern und des Pumpenraums, dürfen keine Lade- und Löschleitungen vorhanden sein.

b) Lade- und Löschleitungen müssen so angeordnet sein, dass nach dem Laden oder Löschen die in ihnen enthaltene Flüssigkeit gefahrlos entfernt werden und entweder in die Lade- oder in die Landtanks zurückfließen kann.

c) Lade- und Löschleitungen müssen sich deutlich von den übrigen Rohrleitungen unterscheiden, zum Beispiel durch farbliche Kennzeichnung.

d) (bleibt offen)

e) Landanschlüsse müssen mindestens 6,00 m von Zugängen und Öffnungen der Wohnungen und der außerhalb des Bereichs der Ladung gelegenen Betriebsräume entfernt sein.

f) Alle Landanschlüsse der Gasabfuhrleitung und der Landanschluss der Lade- und Löschleitung, über den geladen oder gelöscht wird, müssen mit einer Absperrarmatur versehen sein. Alle Landanschlüsse müssen jedoch, wenn sie nicht in Betrieb sind, mit einem Blindflansch versehen sein.

g) (gestrichen)

h) Lade- und Löschleitungen sowie Gasabfuhrleitungen dürfen keine flexiblen Verbindungen mit Gleitdichtungen enthalten

9.3.3.25.3 (gestrichen)

9.3.3.25.4 a) Alle Einzelteile der Lade- und Löschleitungen müssen elektrisch leitend mit dem Schiffskörper verbunden sein.

b) Die Ladeleitungen müssen bis an den Boden der Ladetanks herangeführt sein.

9.3.3.25.5 Es muss erkennbar sein, ob Absperrarmaturen oder andere Abschlussvorrichtungen der Lade- und Löschleitungen offen oder geschlossen sind.

9.3.3.25.6 Lade- und Löschleitungen müssen die erforderliche Elastizität, Dichtheit und Druckfestigkeit beim Prüfdruck aufweisen.

9.3.3.25.7 Lade- und Löschleitungen müssen am Ausgang der Pumpen mit Einrichtungen zum Messen des Drucks versehen sein. Der höchstzulässige Über- und Unterdruck muss bei jeder Messeinrichtung kenntlich gemacht sein. Das Ablesen muss unter allen Witterungsbedingungen stattfinden können.

9.3.3.25.8 a) Wenn über das Lade- und Löschsystem Waschwasser oder Ballastwasser in die Ladetanks geleitet werden soll, müssen sich die für das Ansaugen notwendigen Anschlüsse innerhalb des Bereichs der Ladung, jedoch außerhalb der Ladetanks befinden.

Pumpen für Tankwaschsysteme mit den zugehörigen Anschlüssen können außerhalb des Bereichs der Ladung angeordnet sein, wenn der druckseitige Teil des Systems so eingerichtet ist, dass über diese Leitungen nicht angesaugt werden kann.

Durch ein federbelastetes Rückschlagventil muss sichergestellt sein, dass Gase nicht durch das Tankwaschsystem in Bereiche außerhalb des Bereichs der Ladung gelangen können.

b) Die für das Ansaugen des Wassers bestimmte Rohrleitung muss an ihrer Verbindungsstelle mit der Ladeleitung mit einem Rückschlagventil versehen sein.

9.3.3.25.9 Die zulässigen Lade- und Löschraten müssen berechnet werden.

Diese Berechnungen beziehen sich auf die maximal zulässigen Lade- und Löschraten für jeden Ladetank oder für Ladetankgruppen, unter Berücksichtigung der Auslegung des Lüftungssystems. Bei diesen Berechnungen soll berücksichtigt werden, dass bei einem unerwarteten Verschluss der Gasrückfuhrleitung der Landanlage die Sicherheitseinrichtungen der Ladetanks verhindern, dass der Druck in den Ladetanks die nachstehend aufgeführten Werte überschreitet:

Überdruck: das 1,15-fache des Öffnungsdrucks des Überdruck-/ Hochgeschwindigkeitsventils.
Unterdruck: nicht mehr als der Auslegungsdruck, ohne jedoch einen Unterdruck von 5 kPa (0,05 bar) zu überschreiten.

Die besonders zu berücksichtigenden Faktoren sind:

1. Abmessungen des Ladetanklüftungssystems.
2. Gasentwicklung während des Ladens: diese wird durch Multiplikation der höchsten Laderate mit einem Faktor von mindestens 1,25 berücksichtigt.
3. Dichte des Ladungsdampfgemisches basiert auf einem Gemisch von 50 Vol.-% Dampf und 50 Vol-.% Luft.
4. Druckverlust in Lüftungsleitungen, durch Ventile und Armaturen. Hierbei ist mit einer Verschmutzung von 30 % der Flammendurchschlagsicherungen zu rechnen.
5. Druckeinstellung der Sicherheitsventile.

Eine Instruktion über die maximal zulässige Lade- und Löschrate pro Ladetank oder pro Ladetankgruppe muss sich an Bord befinden.

9.3.3.25.10 Im Bereich der Ladung kann außerhalb des Bereichs der Ladung ▪▪▪ erzeugte Druckluft verwendet werden, sofern durch ein federbelastetes Rückschlagventil sichergestellt ist, dass Gase nicht durch die Druckluftanlage aus dem Bereich der Ladung in Wohnungen, das Steuerhaus oder Betriebsräume außerhalb des Bereichs der Ladung gelangen können.

9.3.3.25.11 Wenn das Schiff mehrere gefährliche Stoffe befördert, welche gefährlich miteinander reagieren, muss für jeden Stoff eine separate Pumpe und zugehörigen Lade- und Löschleitungen vorhanden sein. Die Leitungen dürfen nicht durch einen Ladetank geführt werden, welcher gefährliche Stoffe enthält, mit denen der Stoff reagieren kann.

9.3.3.25.12 Die Absätze 9.3.3.25.1 a) und c), 9.3.3.25.2 a) letzter Satz und e) ▪▪▪ und 9.3.3.25.4 a) gelten nicht für Typ N offen, mit Ausnahme für Typ N offen, welche Stoffe mit ätzenden Eigenschaften (siehe Kapitel 3.2 Tabelle C Spalte 5 Gefahr 8) befördern.

Absatz 9.3.3.25.4 b) gilt nicht für Typ N offen.

Die Absätze 9.3.3.25.2 f), letzter Satz, 9.3.3.25.2 g), 9.3.3.25.8 a), letzter Satz und 9.3.3.25.10 gelten nicht für Bilgenentölungsboote und Bunkerboote.

Absatz 9.3.3.25.9 gilt nicht für Bilgenentölungsboote.

Absatz 9.3.3.25.2 h) gilt nicht für Bunkerboote.

9.3.3.26 Restetanks und Restebehälter

9.3.3.26.1 Wenn Schiffe mit Restetanks oder Restebehältern ausgerüstet sind, müssen diese im Bereich der Ladung angeordnet sein und den Absätzen 9.3.3.26.2 und 9.3.3.26.3 entsprechen. Restebehälter dürfen nur im Bereich der Ladung an Deck angeordnet sein und müssen sich mindestens im Abstand von einem Viertel der Schiffsbreite zur Außenhaut befinden.

9.3.3.26.2 Restetanks müssen versehen sein mit:

Bei einem offenen System:

- einer Peilöffnung;
- Anschlüssen mit Absperrarmaturen für Rohrleitungen und Schlauchleitungen;
- einer Druckausgleichseinrichtung.

Bei einem offenen System mit Flammendurchschlagsicherung:

- einer Peilöffnung;
- Anschlüssen mit Absperrarmaturen für Rohrleitungen und Schlauchleitungen;
- einer Druckausgleichseinrichtung mit dauerbrandsicherer Flammendurchschlagsicherung.

Bei einem geschlossenen System:

a) – einem Niveau-Anzeigegerät;
   – Anschlüssen mit Absperrarmaturen für Rohrleitungen und Schlauchleitungen;
   – einem Unterdruckventil und einem Überdruckventil.

   Das Überdruckventil muss so dimensioniert sein, dass es während der Beförderung normalerweise nicht anspricht. Diese Bedingung ist erfüllt, wenn der Öffnungsdruck des Ventils den Anforderungen des zu befördernden Stoffes nach Unterschnitt 3.2.3.2 Tabelle C Spalte 10 entspricht.

b) Wenn die Schiffsstoffliste nach Absatz 1.16.1.2.5 Stoffe enthalten soll, für die nach Unterabschnitt 3.2.3.2 Tabelle C Spalte 17 Explosionsschutz gefordert ist, muss das Überdruckventil als Hochgeschwindigkeitsventil und das Unterdruckventil deflagrationssicher ausgeführt sein. Die Deflagrationssicherheit kann auch durch eine Flammendurchschlagsicherung gewährleistet werden.

   Hochgeschwindigkeitsventil und deflagrationssicheres Unterdruckventil sind unter Berücksichtigung der für die Schiffsstoffliste vorgesehenen Stoffe entsprechend den dafür erforderlichen Explosionsgruppen/Untergruppen auszuwählen (siehe Unterabschnitt 3.2.3.2 Tabelle C Spalte 16).

Der höchstzulässige Inhalt beträgt 30 m³.

9.3.3.26.3 Restebehälter müssen versehen sein mit:

- einer Niveau-Anzeigemöglichkeit;
- Anschlüssen mit Absperrarmaturen für Rohrleitungen und Schlauchleitungen;
- einem Anschluss, um während der Befüllung die austretenden Gase in sicherer Weise abführen zu können.

9.3.3.26.4 (gestrichen)

9.3.3.26.5 Die Vorschriften der Absätze 9.3.3.26.1, 9.3.3.26.2 (letzter Satz) und 9.3.3.26.3 gelten nicht für Bilgenentölungsboote.

9.3.3.27 Kühlanlage

9.3.3.27.1 Eine Kühlanlage nach Absatz 9.3.3.24.1 a) muss aus einer oder mehreren Einheiten bestehen, die die Ladung auf dem erforderlichen Druck bzw. der erforderlichen Temperatur bei den oberen Auslegungsgrenzwerten der Umgebungstemperatur halten können. Wenn keine Alternativmaßnahmen zur Druck- und Temperaturregelung der Ladung entsprechend den Anforderungen einer anerkannten Klassifikationsgesellschaft vorgesehen sind, müssen eine oder mehrere Reserveeinheiten vorgesehen werden, die mindestens die gleiche Kälteleistung wie die größte Einzeleinheit haben. Eine Reserveeinheit muss aus einem Kompressor einschließlich Antriebsmotor, Regelsystem und allen notwendigen Ausrüstungen bestehen, um einen von den normalen Einheiten unabhängigen Betrieb zu ermöglichen. Ein Reservewärmeaustauscher muss dann vorgesehen werden, wenn der für den Normalbetrieb vorgesehene Wärmetauscher nicht für eine Mehrleistung von mindestens 25 % der größten erforderlichen Kälteleistung ausgelegt ist. Getrennte Rohrleitungssysteme sind nicht erforderlich.

Ladetanks, Rohrleitungen und Zubehör müssen so isoliert sein, dass beim Ausfall der ganzen Kühlanlage die gesamte Ladung mindestens 52 Stunden lang in einem Zustand verbleibt, bei dem die Sicherheitsventile nicht öffnen.

9.3.3.27.2 Sicherheitseinrichtungen und Verbindungsleitungen zur Kühlanlage müssen oberhalb der flüssigen Phase der Ladung bei höchstzulässiger Füllung an die Ladetanks angeschlossen sein. Sie müssen auch im Bereich der Gasphase liegen, wenn das Schiff 12° krängt.

9.3.3.27.3 Werden mehrere gekühlte Ladungen, die chemisch gefährlich miteinander reagieren können, gleichzeitig befördert, ist bei der Auslegung der Kühlanlagen darauf zu achten, dass sich die

Ladungen nicht vermischen können. Für die Beförderung solcher Ladungen sind für jede Ladungsart getrennte, aber vollständige Kühlanlagen jeweils mit Reserveeinheit gemäß Absatz 9.3.3.27.1 vorzusehen. Wenn jedoch die Kühlung durch ein indirektes oder kombiniertes System erfolgt und eine Leckage im Wärmeaustausch unter allen möglichen Betriebsbedingungen nicht eine Vermischung der Ladungen verursachen kann, brauchen keine getrennten Kühlanlagen angeordnet zu werden.

9.3.3.27.4 Sind mehrere gekühlte Ladungen unter den Beförderungsbedingungen nicht miteinander löslich, so dass ihre Dampfdrücke sich beim Vermischen addieren, ist bei der Auslegung der Kühlanlagen darauf zu achten, dass sich die Ladungen nicht vermischen können.

9.3.3.27.5 Wenn für Kühlanlagen Kühlwasser erforderlich ist, ist eine ausreichende Kühlwasserversorgung mittels Pumpe oder Pumpen vorzusehen, die nur für diesen Zweck verwendet werden dürfen. Diese Pumpe bzw. Pumpen müssen mindestens zwei Wassersaugleitungen haben, von denen eine zum Steuerbord-, die andere zum Backbordseekasten führt. Es ist eine Reservepumpe von ausreichender Leistung vorzusehen. Diese Pumpe kann dann eine für andere Zwecke verwendete Pumpe sein, wenn ihre Benutzung im Kühlbetrieb nicht einem anderen wichtigen Betrieb zuwiderläuft.

9.3.3.27.6 Die Kühlanlage kann einem der folgenden Systeme entsprechen:

a) Direktes System, wobei verdampfte Ladung verdichtet, verflüssigt und anschließend den Ladetanks wieder zugeführt wird. Für einige bestimmte Stoffe in Kapitel 3.2 Tabelle C darf dieses System nicht benutzt werden. Dies wird in Kapitel 3.2 Tabelle C Spalte 20 mit Bemerkung 35 angegeben.

b) Indirektes System, wobei Ladung oder verdampfte Ladung durch ein Kältemittel gekühlt oder verflüssigt wird, ohne verdichtet zu werden.

c) Kombiniertes System, wobei verdampfte Ladung verdichtet und in einem Ladungs-/Kältemittelwärmetauscher verflüssigt und anschließend den Ladetanks wieder zugeführt wird. Für einige bestimmte Stoffe in Kapitel 3.2 Tabelle C darf dieses System nicht benutzt werden. Dies wird in Kapitel 3.2 Tabelle C Spalte 20 mit Bemerkung 36 angegeben.

9.3.3.27.7 Alle primären und sekundären Kältemittel müssen miteinander und mit der Ladung, mit der sie in Berührung kommen können, verträglich sein. Der Wärmeaustausch kann entweder getrennt vom Ladetank oder durch Kühlrohre, die im oder am Ladetank befestigt sind, erfolgen.

9.3.3.27.8 Wenn die Kühlanlage in einem besonderen Betriebsraum aufgestellt wird, muss dieser Betriebsraum die Anforderungen nach Absatz 9.3.3.17.6 erfüllen.

9.3.3.27.9 Für alle Ladungseinrichtungen muss der für die Berechnung der Haltezeit (7.2.4.16.16 und 7.2.4.16.17) benutzte Wärmeübergangswert durch Berechnung ermittelt sein. Wenn das Schiff fertiggebaut ist, muss die Berechnung durch einen Kühlversuch (Wärmegleichgewichtsversuch) überprüft werden.

Dieser Versuch ist nach den Richtlinien der anerkannten Klassifikationsgesellschaft auszuführen, die das Schiff klassifiziert hat.

9.3.3.27.10 Dem Antrag auf Erteilung oder Verlängerung des Zulassungszeugnisses ist eine Bescheinigung einer anerkannten Klassifikationsgesellschaft beizufügen, aus der hervorgeht, dass die Anforderungen der Absätze 9.3.3.24.1 bis 9.3.3.24.3, 9.3.3.27.1 und 9.3.3.27.4 erfüllt sind.

9.3.3.28 Berieselungsanlage

Wenn in Unterabschnitt 3.2.3.2 Tabelle C Spalte 9 Berieselung gefordert ist, muss das Schiff im Bereich der Ladung an Deck mit einer Berieselungsanlage versehen sein, mit der das Deck der Ladetanks gekühlt werden kann, um das Ansprechen der Überdruck-/Hochgeschwindigkeitsventile bei 10 kPa oder entsprechend ihrer Einstellung sicher zu verhindern.

Die Düsen müssen so angebracht sein, dass eine vollständige Benetzung des Decks der Ladetanks erreicht wird.

Die Anlage muss vom Steuerhaus und von Deck aus in Betrieb gesetzt werden können. Die Kapazität der Berieselungsanlage muss mindestens so ausgelegt sein, dass bei gleichzeitiger Benutzung aller Düsen pro Stunde 50 Liter pro m² Decksfläche im Bereich der Ladung erreicht werden.

9.3.3.29- 9.3.3.30 (bleibt offen)

9.3.3.31 Maschinen

9.3.3.31.1 Es dürfen nur Verbrennungsmotoren eingebaut sein, die mit Kraftstoff betrieben werden, der einen Flammpunkt von mehr als 55 °C hat. Diese Vorschrift gilt nicht für Verbrennungsmotoren, die Bestandteil von Antriebs- und Hilfssystemen sind. Diese Systeme müssen den Anforderungen des Kapitels 30 und der Anlage 8 Abschnitt 1 des Europäischen Standards der technischen Vorschriften für Binnenschiffe (ES-TRIN) in der jeweils geltenden Fassung entsprechen[1].

9.3.3.31.2 Lüftungsöffnungen von Maschinenräumen und Ansaugöffnungen von Motoren, wenn die Motoren die Luft nicht direkt aus dem Maschinenraum ansaugen, müssen mindestens 2 m vom Bereich der Ladung entfernt sein.

9.3.3.31.3 (gestrichen)

9.3.3.31.4 (gestrichen)

9.3.3.31.5 Die Lüftung des geschlossenen Maschinenraums ist so auszulegen, dass bei einer Außentemperatur von 20°C die mittlere Temperatur des Maschinenraums einen Wert von 40°C nicht übersteigt.

9.3.3.31.6 Die Vorschriften des Absatzes 9.3.3.31.2 gelten nicht für Bilgenentölungsboote und Bunkerboote.

9.3.3.32 Brennstofftanks

9.3.3.32.1 Wenn das Schiff mit Aufstellungsräumen versehen ist, darf der Doppelboden in diesem Bereich als Brennstofftank eingerichtet werden, wenn seine Höhe mindestens 0,60 m beträgt.

Brennstoffrohrleitungen und Öffnungen dieser Tanks in Aufstellungsräumen sind verboten.

9.3.3.32.2 Die Öffnungen der Lüftungsrohre aller Brennstofftanks müssen mindestens 0,50 m über das freie Deck geführt sein. Diese Öffnungen und die Öffnungen von Überlaufrohren, die auf Deck führen, müssen mit einem durch ein Gitter oder eine Lochplatte gebildeten Schutz versehen sein.

9.3.3.33 (bleibt offen)

[1] Erhältlich auf der Website des Europäischen Ausschusses zur Ausarbeitung von Standards in der Binnenschifffahrt (CESNI), https://www.cesni.eu/de/documents/es-trin/

9.3.3.34 Abgasrohre

9.3.3.34.1 Abgase müssen durch ein Abgasrohr nach oben oder durch die Bordwand ins Freie geleitet werden. Die Austrittsöffnung muss mindestens 2 m vom Bereich der Ladung entfernt sein. Die Abgasrohre von Motoren müssen so gerichtet sein, dass die Abgase sich vom Schiff entfernen. Abgasrohre dürfen nicht im Bereich der Ladung angeordnet sein.

9.3.3.34.2 Die Abgasrohre müssen mit einer Vorrichtung zum Schutz gegen das Austreten von Funken versehen sein, z. B. Funkenfänger.

9.3.3.34.3 Der in Absatz 9.3.3.34.1 vorgeschriebene Abstand gilt nicht für Bilgenentölungsboote und Bunkerboote.

9.3.3.35 Lenz- und Ballasteinrichtung

9.3.3.35.1 Lenz- und Ballastpumpen für Räume innerhalb des Bereichs der Ladung müssen im Bereich der Ladung aufgestellt sein.

Dies gilt nicht für:

- Wallgänge und Doppelböden, wenn sie keine gemeinsame Wand mit den Ladetanks haben;
- Kofferdämme und Aufstellungsräume, wenn das Ballasten über die Wasserleitung der Feuerlöscheinrichtung im Bereich der Ladung und das Lenzen mittels Ejektoren erfolgt, die im Bereich der Ladung aufgestellt sind.

9.3.3.35.2 Bei Verwendung des Doppelbodens als Brennstofftank darf dieser nicht an das Lenzsystem angeschlossen sein.

9.3.3.35.3 Das Standrohr und dessen Außenbordanschluss für das Ansaugen von Ballastwasser müssen sich, wenn die Ballastpumpe im Bereich der Ladung aufgestellt ist, innerhalb des Bereichs der Ladung, jedoch außerhalb der Ladetanks, befinden.

9.3.3.35.4 Ein Pumpenraum unter Deck muss im Notfall durch eine von allen anderen Einrichtungen unabhängige Einrichtung im Bereich der Ladung gelenzt werden können. Diese Lenzeinrichtung muss außerhalb des Pumpenraums aufgestellt sein.

9.3.3.36-9.3.3.39 (bleibt offen)

9.3.3.40 Feuerlöscheinrichtungen

9.3.3.40.1 Das Schiff muss mit einer Feuerlöscheinrichtung versehen sein.
Die Einrichtung muss den nachstehenden Anforderungen entsprechen:

- Sie muss von zwei unabhängigen Feuerlösch- oder Ballastpumpen gespeist werden. Eine davon muss jederzeit betriebsbereit sein.

  Diese Pumpen sowie deren Antrieb und deren elektrische Anlagen dürfen nicht im gleichen Raum aufgestellt sein.
- Sie muss durch eine Wasserleitung versorgt werden, die im Bereich der Ladung oberhalb des Decks mindestens drei Wasserentnahmeanschlüsse hat. Es müssen drei dazu passende, ausreichend lange Schlauchleitungen mit Strahl-/Sprührohren mit einem Durchmesser von mindestens 12 mm vorhanden sein. Alternativ können ein oder mehrere Schlauchleitungen durch ausrichtbare Strahl-/Sprührohre mit einem Durchmesser von mindestens 12 mm ersetzt werden. Mindestens zwei nicht vom gleichen Anschlussstutzen ausgehende Wasserstrahle müssen gleichzeitig jede Stelle des Decks im Bereich der Ladung erreichen können.

  Durch ein federbelastetes Rückschlagventil muss sichergestellt sein, dass Gase durch die Feuerlöscheinrichtung nicht in Wohnungen, das Steuerhaus oder Betriebsräume außerhalb des Bereichs der Ladung gelangen können.

- Die Kapazität der Einrichtung muss mindestens so ausgelegt sein, dass bei gleichzeitiger Benutzung von zwei Sprühstrahlrohren von jeder Stelle an Bord aus einer Wurfweite erreicht wird, die mindestens der Schiffsbreite entspricht.
- Die Wasserversorgungsanlage muss vom Steuerstand und von Deck aus in Betrieb gesetzt werden können.
- Die Feuerlöschleitungen und Wasserentnahmeanschlüsse müssen vor dem Einfrieren geschützt werden.

9.3.3.40.2 Zusätzlich müssen Maschinenräume, Pumpenräume und gegebenenfalls alle Räume mit für die Kühlanlage wichtigen Einrichtungen (Schalttafeln, Kompressoren usw.) mit einer festinstallierten Feuerlöscheinrichtung versehen sein, die folgenden Anforderungen entspricht:

9.3.3.40.2.1 Löschmittel

Für den Raumschutz in Maschinen-, Kessel- und Pumpenräumen dürfen in fest installierten Feuerlöscheinrichtungen folgende Löschmittel verwendet werden:

a) CO_2 (Kohlendioxid);

b) HFC 227ea (Heptafluorpropan);

c) IG-541 (52 % Stickstoff, 40 % Argon, 8 % Kohlendioxid);

d) FK-5-1-12 (Dodecafluor-2-methylpentan-3-on);

e) (bleibt offen);

f) K_2CO_3 (Kaliumcarbonat).

Andere Löschmittel sind nur auf Grund von Empfehlungen des Verwaltungsausschusses zulässig.

9.3.3.40.2.2 Lüftung, Luftansaugung

a) Verbrennungsluft für die im Fahrbetrieb notwendigen Verbrennungskraftmaschinen darf nicht aus durch fest installierte Feuerlöscheinrichtungen zu schützenden Räumen angesaugt werden. Dies gilt nicht, wenn zwei voneinander unabhängige, gasdicht getrennte Hauptmaschinenräume vorhanden sind oder wenn neben dem Hauptmaschinenraum ein separater Maschinenraum mit einem Bugruderantrieb vorhanden ist, durch den bei Brand im Hauptmaschinenraum die Fortbewegung aus eigener Kraft sichergestellt ist.

b) Eine vorhandene Zwangsbelüftung des zu schützenden Raumes muss bei Auslösung der Feuerlöscheinrichtung selbsttätig abschalten.

c) Es müssen Vorrichtungen vorhanden sein, mit denen alle Öffnungen, die bei dem zu schützenden Raum Luft ein- oder Gas austreten lassen können, schnell geschlossen werden können. Der Verschlusszustand muss eindeutig erkennbar sein.

d) Die aus den Überdruckventilen von in den Maschinenräumen installierten Druckluftbehältern ausströmende Luft muss ins Freie geführt werden.

e) Beim Einströmen des Löschmittels entstehender Über- oder Unterdruck darf die Umfassungsbauteile des zu schützenden Raums nicht zerstören. Der Druckausgleich muss gefahrlos erfolgen können.

f) Geschützte Räume müssen über eine Vorrichtung zum Absaugen des Löschmittels und der Brandgase verfügen. Solche Vorrichtungen müssen von einer Position außerhalb der geschützten Räume aus bedienbar sein, die durch einen Brand in diesen Räumen nicht unzugänglich gemacht werden dürfen. Sind fest installierte Absaugeinrichtungen vorhanden, dürfen diese während des Löschvorganges nicht eingeschaltet werden können.

9.3.3.40.2.3 Feuermeldesystem

Der zu schützende Raum ist durch ein zweckmäßiges Feuermeldesystem zu überwachen. Die Meldung muss im Steuerhaus, in den Wohnungen und in dem zu schützenden Raum wahrgenommen werden können.

9.3.3.40.2.4 Rohrleitungssystem

a) Das Löschmittel muss durch ein fest verlegtes Rohrleitungssystem zum zu schützenden Raum hingeführt und dort verteilt werden. Innerhalb des zu schützenden Raums müssen die Rohrleitungen und die dazu gehörenden Armaturen aus Stahl hergestellt sein. Behälteranschlussleitungen und Kompensatoren sind davon ausgenommen sofern die verwendeten Werkstoffe im Brandfall über gleichwertige Eigenschaften verfügen. Die Rohrleitungen sind sowohl in- als auch auswandig gegen Korrosion zu schützen.

b) Die Austrittsdüsen müssen so bemessen und angebracht sein, dass das Löschmittel gleichmäßig verteilt wird. Insbesondere muss das Löschmittel auch unter den Flurplatten wirken.

9.3.3.40.2.5 Auslöseeinrichtung

a) Feuerlöscheinrichtungen mit automatischer Auslösung sind nicht zulässig.

b) Die Feuerlöscheinrichtung muss an einer geeigneten Stelle außerhalb des zu schützenden Raumes ausgelöst werden können.

c) Auslöseeinrichtungen müssen so installiert sein, dass deren Betätigung auch im Brandfall möglich ist und im Falle einer Beschädigung durch Brand oder Explosion in dem zu schützenden Raum die dafür geforderte Menge Löschmittel zugeführt werden kann.

Nichtmechanische Auslöseeinrichtungen müssen von zwei verschiedenen voneinander unabhängigen Energiequellen gespeist werden. Diese Energiequellen müssen sich außerhalb des zu schützenden Raumes befinden. Steuerleitungen im geschützten Raum müssen so ausgeführt sein, dass sie im Brandfall mindestens 30 Minuten funktionsfähig bleiben. Für elektrische Leitungen ist diese Anforderung erfüllt, wenn sie der Norm IEC 60331-21:1999, entsprechen.

Sind Auslöseeinrichtungen verdeckt installiert, muss die Abdeckung durch das Symbol «Feuerlöscheinrichtung» mit einer Kantenlänge von mindestens 10 cm und dem folgenden Text in roter Schrift auf weißem Grund gekennzeichnet sein:

Feuerlöscheinrichtung

d) Ist die Feuerlöscheinrichtung zum Schutz mehrerer Räume vorgesehen, so müssen die Auslöseeinrichtungen für jeden Raum getrennt und deutlich gekennzeichnet sein.

e) Bei jeder Auslöseeinrichtung muss eine Bedienungsanweisung deutlich sichtbar und in dauerhafter Ausführung angebracht sein. Diese Bedienungsanweisung muss in einer vom Schiffsführer lesbaren und verständlichen Sprache gefasst sein und wenn diese Sprache nicht Deutsch, Englisch oder Französisch ist, in Deutsch, Englisch oder Französisch. Diese muss insbesondere Angaben enthalten über

(i) die Auslösung der Feuerlöscheinrichtung;

(ii) die Notwendigkeit der Kontrolle, dass alle Personen den zu schützenden Raum verlassen haben;

(iii) das Verhalten der Besatzung bei Auslösung und beim Betreten des zu schützenden Raumes nach Auslösung oder Flutung insbesondere hinsichtlich des möglichen Auftretens gefährlicher Substanzen;

(iv) das Verhalten der Besatzung im Fall einer Störung der Feuerlöscheinrichtung.

f) Die Bedienungsanweisung muss darauf hinweisen, dass vor Auslösung der Feuerlöscheinrichtung die im Raum aufgestellten Verbrennungskraftmaschinen mit Luftansaugung aus dem zu schützenden Raum außer Betrieb zu setzen sind.

9.3.3.40.2.6 Warnanlage

a) Fest eingebaute Feuerlöscheinrichtungen müssen mit einer akustischen und optischen Warnanlage versehen sein.

b) Die Warnanlage muss automatisch bei der ersten Betätigung zur Auslösung der Feuerlöscheinrichtung ausgelöst werden. Das Warnsignal muss eine angemessene Zeit vor Abgabe des Löschmittels ertönen und darf nicht ausschaltbar sein.

c) Die Warnsignale müssen in den zu schützenden Räumen sowie vor deren Zugängen deutlich sichtbar und auch unter den Betriebsbedingungen mit dem größten Eigenlärm deutlich hörbar sein. Sie müssen sich eindeutig von allen anderen akustischen und optischen Signalzeichen im zu schützenden Raum unterscheiden.

d) Die akustischen Warnsignale müssen auch bei geschlossenen Verbindungstüren unter den Betriebsbedingungen mit dem größten Eigenlärm in den benachbarten Räumen deutlich hörbar sein.

e) Ist die Warnanlage nicht selbstüberwachend hinsichtlich Kurzschluss, Drahtbruch und Spannungsabfall ausgeführt, muss ihre Funktion überprüfbar sein.

f) An jedem Eingang eines Raumes, der mit Löschmittel beschickt werden kann, muss deutlich sichtbar ein Schild mit dem folgenden Text in roter Schrift auf weißem Grund, angebracht sein:

Vorsicht, Feuerlöscheinrichtung!
Bei Ertönen des Warnsignals (Beschreibung des Signals) den Raum sofort verlassen!

9.3.3.40.2.7 Druckbehälter, Armaturen und Druckleitungen

a) Druckbehälter, Armaturen und Druckleitungen müssen den Vorschriften der zuständigen Behörde oder, wenn sie diesen nicht unterliegen, einer anerkannten Klassifikationsgesellschaft entsprechen.

b) Druckbehälter müssen gemäß den Vorgaben der Hersteller aufgestellt sein.

c) Druckbehälter, Armaturen und Druckleitungen dürfen nicht in Wohnungen installiert sein.

d) Die Temperatur in den Schränken und Aufstellungsräumen der Druckbehälter darf 50°C nicht überschreiten.

e) Schränke oder Aufstellungsräume an Deck müssen fest verankert sein und über Lüftungsöffnungen verfügen, die so anzuordnen sind, dass im Falle einer Undichtheit der Druckbehälter kein entweichendes Gas in das Schiffsinnere dringen kann. Direkte Verbindungen zu anderen Räumen sind nicht zulässig.

9.3.3.40.2.8 Menge des Löschmittels

Ist die Menge des Löschmittels zum Schutz von mehr als einem Raum bestimmt, braucht die Gesamtmenge des verfügbaren Löschmittels nicht größer zu sein als die Menge, die für den größten zu schützenden Raum erforderlich ist.

9.3.3.40.2.9 Installation, Instandhaltung, Prüfung und Dokumentation

a) Die Anlage darf nur durch eine Fachfirma für Feuerlöscheinrichtungen installiert oder umgebaut sein. Die Auflagen (Produktdatenblatt, Sicherheitsdatenblatt) des Löschmittelherstellers und des Anlagenherstellers sind zu beachten.

b) Die Anlage ist durch einen Sachverständigen zu prüfen
   (i) vor Inbetriebnahme;
   (ii) vor Wiederinbetriebnahme nach Auslösung;
   (iii) nach Änderung oder Instandsetzung;
   (iv) regelmäßig mindestens alle zwei Jahre.

c) Bei der Prüfung hat der Sachverständige zu prüfen, ob die Anlage den Anforderungen des Absatzes 9.3.3.40.2 entspricht.

d) Die Prüfung hat mindestens zu umfassen:
   (i) äußere Inspektion der gesamten Einrichtung;
   (ii) Prüfung der Rohrleitungen auf Dichtheit;
   (iii) Kontrolle der Funktionsfähigkeit der Bedien- und Auslösesysteme;
   (iv) Kontrolle des Behälterdrucks und -inhalts;
   (v) Kontrolle der Dichtheit der Verschlusseinrichtungen des zu schützenden Raums;
   (vi) Prüfung des Feuermeldesystems;
   (vii) Prüfung der Warnanlage.

e) Über die Prüfung ist eine vom Prüfer unterzeichnete Bescheinigung auszustellen, aus der das Datum der Prüfung ersichtlich ist.

f) Die Anzahl der fest installierten Feuerlöscheinrichtungen ist im Schiffszeugnis zu vermerken.

9.3.3.40.2.10 CO_2-Feuerlöscheinrichtungen

Feuerlöscheinrichtungen, die mit CO_2 als Löschmittel betrieben werden, müssen über die Anforderungen der Absätze 9.3.3.40.2.1 bis 9.3.3.40.2.9 hinaus den folgenden Bestimmungen entsprechen:

a) CO_2-Behälter müssen außerhalb des zu schützenden Raums in einem von anderen Räumen gasdicht getrennten Raum oder Schrank untergebracht sein. Die Türen dieser Aufstellungsräume und Schränke müssen nach außen öffnen, abschließbar sein und auf der Außenseite ein Symbol für «Warnung vor allgemeiner Gefahr» mit einer Höhe von mindestens 5 cm sowie dem Zusatz «CO_2» in gleicher Farbgebung und Höhe gekennzeichnet sein.

b) Unter Deck liegende Aufstellungsräume für CO_2-Behälter dürfen nur vom Freien her zugänglich sein. Diese Räume müssen über eine eigene, von anderen Lüftungssystemen an Bord vollständig getrennte, ausreichende künstliche Lüftung mit Absaugschächten verfügen.

c) Der Füllungsgrad der Behälter mit CO_2 darf 0,75 kg/l nicht überschreiten. Für das spezifische Volumen des entspannten CO_2-Gases sind 0,56 m^3/kg zu Grunde zu legen.

d) Das Volumen an CO_2 für den zu schützenden Raum muss mindestens 40 % dessen Bruttoraumvolumens betragen. Dieses Volumen muss innerhalb von 120 Sekunden zugeführt werden können. Die erfolgte Zuführung muss kontrollierbar sein.

e) Das Öffnen der Behälterventile und das Betätigen des Flutventils muss durch getrennte Bedienhandlungen erfolgen.

f) Die in Absatz 9.3.3.40.2.6 b) erwähnte angemessene Zeit beträgt mindestens 20 Sekunden. Die Verzögerung bis zur Abgabe des CO_2-Gases muss durch eine zuverlässige Einrichtung sichergestellt sein.

9.3.3.40.2.11 HFC-227ea (Heptafluorpropan)-Feuerlöscheinrichtungen

Feuerlöscheinrichtungen, die mit HFC-227ea als Löschmittel betrieben werden, müssen über die Anforderungen der Absätze 9.3.3.40.2.1 bis 9.3.3.40.2.9 hinaus den folgenden Bestimmungen entsprechen:

a) Sind mehrere zu schützende Räume mit unterschiedlichen Bruttoraumvolumina vorhanden, ist jeder Raum mit einer eigenen Feuerlöscheinrichtung zu versehen.

b) Jeder Behälter, der HFC-227ea enthält und in dem zu schützenden Raum aufgestellt ist, muss mit einer Überdrucksicherung ausgerüstet sein. Diese hat den Inhalt des Behälters gefahrlos in den zu schützenden Raum abzugeben, wenn der Behälter Brandeinwirkungen ausgesetzt ist und die Feuerlöscheinrichtung nicht ausgelöst wurde.

c) Jeder Behälter muss mit einer Einrichtung, die die Kontrolle des Gasdrucks erlaubt, ausgestattet sein.

d) Der Füllungsgrad der Behälter darf 1,15 kg/l nicht überschreiten. Für das spezifische Volumen des entspannten HFC-227ea sind 0,1374 m³/kg zu Grunde zu legen.

e) Das Volumen an HFC-227ea für den zu schützenden Raum muss mindestens 8 % dessen Bruttoraumvolumens betragen. Dieses Volumen muss innerhalb von 10 Sekunden zugeführt sein.

f) Die HFC-227ea-Behälter sind mit einer Drucküberwachung zu versehen, die im Steuerhaus bei einem unzulässigen Verlust von Treibgas ein akustisches und optisches Alarmsignal auslöst. Wenn kein Steuerhaus vorhanden ist, muss dieses Alarmsignal außerhalb des zu schützenden Raumes erfolgen.

g) Nach Flutung darf die Konzentration im zu schützenden Raum nicht größer als 10,5 Vol.-% sein.

h) Die Feuerlöscheinrichtung darf keine Teile aus Aluminium enthalten.

9.3.3.40.2.12 IG-541-Feuerlöscheinrichtungen

Feuerlöscheinrichtungen, die mit IG-541 als Löschmittel betrieben werden, müssen über die Anforderungen der Absätze 9.3.3.40.2.1 bis 9.3.3.40.2.9 hinaus den folgenden Bestimmungen entsprechen:

a) Sind mehrere zu schützende Räume mit unterschiedlichen Bruttoraumvolumina vorhanden, ist jeder Raum mit einer eigenen Feuerlöscheinrichtung zu versehen.

b) Jeder Behälter, der IG-541 enthält und in dem zu schützenden Raum aufgestellt ist, muss mit einer Überdrucksicherung ausgerüstet sein. Diese hat den Inhalt des Behälters gefahrlos in den zu schützenden Raum abzugeben, wenn der Behälter Brandeinwirkungen ausgesetzt ist und die Feuerlöscheinrichtung nicht ausgelöst wurde.

c) Jeder Behälter muss mit einer Einrichtung, die die Kontrolle des Inhalts erlaubt, ausgestattet sein.

d) Der Fülldruck der Behälter darf bei + 15°C 200 bar nicht überschreiten.

e) Die Konzentration von IG-541 in dem zu schützenden Raum muss mindestens 44 % und darf höchstens 50 % dessen Bruttoraumvolumens betragen. Dieses Volumen muss innerhalb von 120 Sekunden zugeführt sein.

9.3.3.40.2.13 FK-5-1-12-Feuerlöscheinrichtungen

Feuerlöscheinrichtungen, die mit FK-5-1-12 als Löschmittel betrieben werden, müssen über die Anforderungen der Absätze 9.3.3.40.2.1 bis 9.3.3.40.2.9 hinaus den folgenden Bestimmungen entsprechen:

a) Sind mehrere zu schützende Räume mit unterschiedlichen Bruttoraumvolumina vorhanden, ist jeder Raum mit einer eigenen Feuerlöscheinrichtung zu versehen.

b) Jeder Behälter, der FK-5-1-12 enthält und in dem zu schützenden Raum aufgestellt ist, muss mit einer Überdrucksicherung ausgerüstet sein. Diese hat den Inhalt des Behälters gefahrlos in den zu schützenden Raum abzugeben, wenn der Behälter Brandeinwirkungen ausgesetzt ist und die Feuerlöscheinrichtung nicht ausgelöst wurde.

c) Jeder Behälter muss mit einer Einrichtung, die die Kontrolle des Gasdrucks erlaubt, ausgestattet sein.

d) Der Füllungsgrad der Behälter darf 1 kg/l nicht überschreiten. Für das spezifische Volumen des entspannten FK-5-1-12 sind 0,0719 m³/kg zu Grunde zu legen.

e) Das Volumen an FK-5-1-12 für den zu schützenden Raum muss mindestens 5,5 % dessen Bruttoraumvolumens betragen. Dieses Volumen muss innerhalb von 10 Sekunden zugeführt sein.

f) Die FK-5-1-12-Behälter sind mit einer Drucküberwachung zu versehen, die im Steuerhaus bei einem unzulässigen Verlust von Treibgas ein akustisches und optisches Alarmsignal auslöst. Wenn kein Steuerhaus vorhanden ist, muss dieses Alarmsignal außerhalb des zu schützenden Raumes erfolgen.

g) Nach Flutung darf die Konzentration im zu schützenden Raum nicht größer als 10,0 % sein.

9.3.3.40.2.14 (bleibt offen)

9.3.3.40.2.15 Mit K_2CO_3 als Löschmittel betriebene Feuerlöscheinrichtungen

Feuerlöscheinrichtungen, die mit K_2CO_3 als Löschmittel betrieben werden, müssen über die Anforderungen nach den Absätzen 9.3.3.40.2.1 bis 9.3.3.40.2.3, 9.3.3.40.2.5, 9.3.3.40.2.6 und 9.3.3.40.2.9 hinaus den folgenden Bestimmungen entsprechen:

a) Die Feuerlöscheinrichtung muss über eine Typgenehmigung nach der Richtlinie 2014/90/EU[1] oder nach MSC/Circ. 1270[2] verfügen;

b) Jeder Raum ist mit einer eigenen Löscheinrichtung zu versehen;

c) Das Löschmittel muss in speziell dafür vorgesehenen drucklosen Behältern im zu schützenden Raum aufbewahrt werden. Diese Behälter müssen so angebracht sein, dass das Löschmittel gleichmäßig im Raum verteilt wird. Insbesondere muss das Löschmittel auch unter den Bodenplatten wirken;

d) Jeder Behälter ist separat mit der Auslöseeinrichtung zu verbinden;

Die Menge an trockenem aerosolbildendem Löschmittel für den zu schützenden Raum muss mindestens 120 g/m³ des Nettovolumens des Raums betragen. Das Nettovolumen errechnet sich nach der Richtlinie 2014/90/EU[1] oder nach MSC/Circ. 1270[2]. Das Löschmittel muss innerhalb von 120 Sekunden zugeführt werden können.

9.3.3.40.2.16 Fest installierte Feuerlöscheinrichtungen für den Objektschutz

Für den Objektschutz in Maschinen-, Kessel- und Pumpenräumen sind fest installierte Feuerlöscheinrichtungen nur auf Grund von Empfehlungen des Verwaltungsausschusses zulässig.

9.3.3.40.3 Die in Abschnitt 8.1.4 vorgeschriebenen zwei Handfeuerlöscher müssen sich im Bereich der Ladung befinden.

9.3.3.40.4 Löschmittel und Löschmittelmenge festinstallierter Feuerlöscheinrichtungen müssen für das Bekämpfen von Bränden geeignet und ausreichend sein.

9.3.3.40.5 Die Vorschriften der Absätze 9.3.3.40.1 und 9.3.3.40.2 gelten nicht für Bilgenentölungsboote und Bunkerboote.

9.3.3.41 Feuer und offenes Licht

9.3.3.41.1 Die Mündungen der Schornsteine müssen sich mindestens 2 m außerhalb des Bereichs der Ladung befinden. Es müssen Einrichtungen vorhanden sein, die das Austreten von Funken und das Eindringen von Wasser verhindern.

9.3.3.41.2 Heiz-, Koch- und Kühlgeräte dürfen weder mit flüssigen Kraftstoffen, noch mit Flüssiggas oder mit festen Brennstoffen betrieben werden. Wenn Heizgeräte oder Heizkessel im Maschinenraum oder in einem besonders dafür geeigneten Raum aufgestellt sind, dürfen diese jedoch mit flüssigem Kraftstoff mit einem Flammpunkt von mehr als 55°C betrieben werden.

Koch- und Kühlgeräte sind nur in den Wohnungen zugelassen.

---

[1] Amtsblatt der Europäischen Union Nr. L 257 vom 28. August 2014, S. 146.

[2] Rundschreiben MSC/Circ. 1270 einschließlich Korrigenda der Internationalen Seeschifffahrtsorganisation – Überarbeitete Richtlinien für die Zulassung fest eingebauter aerosolbildender Feuerlöscheinrichtungen für Maschinenräume, die fest eingebauten Gasfeuerlöscheinrichtungen gleichwertig sind, auf die das SOLAS-Übereinkommen von 1974 Bezug nimmt – angenommen am 4. Juni 2008.

9.3.3.41.3 Es sind nur elektrische Leuchtmittel zugelassen.

9.3.3.42 Ladungsheizungsanlage

9.3.3.42.1 Heizkessel, die der Beheizung der Ladung dienen, müssen mit flüssigem Kraftstoff mit einem Flammpunkt von mehr als 55°C betrieben werden. Sie müssen entweder im Maschinenraum oder in einem besonderen unter Deck und außerhalb des Bereichs der Ladung gelegenen und von Deck oder vom Maschinenraum aus zugänglichen Raum aufgestellt sein.

9.3.3.42.2 Ladungsheizungsanlagen müssen so beschaffen sein, dass im Falle eines Lecks in den Heizschlangen keine Ladung in den Heizkessel gelangen kann. Ladungsheizungsanlagen mit künstlichem Zug müssen elektrisch gezündet werden.

9.3.3.42.3 Einrichtungen zur Lüftung des Maschinenraumes müssen unter Berücksichtigung des Luftbedarfs für den Heizkessel bemessen werden.

9.3.3.42.4 Wenn die Ladungsheizungsanlage beim Laden, Löschen oder Entgasen bei einer aus der Ladung herrührenden Konzentration von 10 % der UEG oder mehr benutzt werden muss, muss der Betriebsraum, in dem diese Anlage aufgestellt ist, den Vorschriften des Absatzes 9.3.3.52.3 vollständig entsprechen. Dies gilt nicht für die Ansaugöffnungen des Lüftungssystems. Diese müssen mindestens 2 m vom Bereich der Ladung und 6 m von Öffnungen der Lade- oder Restetanks, Ladepumpen an Deck, Austrittsöffnungen von Hochgeschwindigkeitsventilen oder Überdruckventilen und Landanschlüssen der Lade- und Löschleitungen entfernt und mindestens 2 m über Deck angeordnet sein.

Beim Löschen von Stoffen mit einem Flammpunkt ≥ 60 °C, wenn die Produkttemperatur mindestens 15 K unterhalb des Flammpunktes liegt, brauchen die Vorschriften des Absatzes 9.3.3.52.3 nicht eingehalten zu werden.

9.3.3.43- 9.3.3.49 (bleibt offen)

9.3.3.50 (gestrichen)

9.3.3.51 Oberflächentemperaturen von Anlagen und Geräten

a) Oberflächentemperaturen von elektrischen und nicht-elektrischen Anlagen und Geräten dürfen 200 °C nicht überschreiten.
b) Oberflächentemperaturen von äußeren Teilen von Motoren und deren Luft- und Abgasschächten dürfen 200 °C nicht überschreiten.
c) Wenn die Schiffsstoffliste nach Absatz 1.16.1.2.5 Stoffe enthalten soll, für die nach Unterabschnitt 3.2.3.2 Tabelle C, Spalte 15 eine Temperaturklasse T4, T5 oder T6 eingetragen ist, dürfen in den an Bord ausgewiesenen Zonen die entsprechenden Oberflächentemperaturen 135 °C (T4), 100 °C (T5) und 85 °C (T6) nicht überschreiten.
d) Buchstaben a) und b) gelten nicht, wenn folgende Forderungen eingehalten sind (siehe auch 7.2.3.51.4):
   (i) Wohnungen, Steuerhaus und Betriebsräume, in denen höhere Oberflächentemperaturen als unter Buchstaben a) und b) angegeben auftreten, sind mit einen Lüftungssystem nach 9.3.3.12.4 b) ausgestattet,
   oder
   (ii) Anlagen und Geräte, die höhere Oberflächentemperaturen als unter Buchstabe a) bzw. b) angegeben erzeugen, sind abschaltbar. Solche Anlagen und Geräte müssen rot gekennzeichnet sein.
e) Schiffe des Typs N offen müssen die Anforderungen der Buchstaben a), b) und d) nur erfüllen, sofern sich das Schiff in einer oder unmittelbar angrenzend an eine landseitig ausgewiesene Zone aufhalten wird.

9.3.3.52 Art und Aufstellungsort der elektrischen Anlagen und Geräte

9.3.3.52.1 Elektrische Anlagen und Geräte müssen mindestens dem Typ „begrenzte Explosionsgefahr“ entsprechen.

Dies gilt nicht für

a) Beleuchtungsanlagen in den Wohnungen und im Steuerhaus mit Ausnahme der Schalter, die in der Nähe der Eingänge angeordnet sind;

b) tragbare Telefone, fest installierte Telefonanlagen, Ladungsrechner sowie stationäre und tragbare Computer in den Wohnungen und im Steuerhaus;

c) elektrische Anlagen und Geräte die während des Aufenthalts in einer oder unmittelbar angrenzend an eine landseitig ausgewiesenen Zone
   - abgeschaltet sind, oder
   - sich in Räumen befinden, die mit einer Lüftungsanlage entsprechend 9.3.3.12.4 ausgestattet sind.

d) Sprechfunkanlagen und Inland AIS-Geräte (Automatic Identification System) in den Wohnungen und im Steuerhaus, unter der Voraussetzung, dass sich kein Teil von Antennen für Sprechfunkanlagen bzw. AIS-Geräte über oder innerhalb eines Abstandes von 2,00 m vom Bereich der Ladung befindet.

9.3.3.52.2 In Kofferdämmen, Wallgängen, Doppelböden und Aufstellungsräumen sind nur hermetisch abgeschlossene Echolotschwinger, deren Kabel in dickwandigen Stahlrohren mit gasdichten Verbindungen bis über das Hauptdeck geführt sind, erlaubt.

9.3.3.52.3 Fest installierte elektrische Anlagen und Geräte, die den in den Absätzen 9.3.3.51 a), 9.3.3.51 b) und 9.3.3.52.1 angegebenen Vorschriften nicht entsprechen, sowie ihre Schaltgeräte müssen rot gekennzeichnet sein. Das Abschalten solcher Anlagen und Geräte muss an einer zentralen Stelle an Bord erfolgen.

9.3.3.52.4 In jedem isolierten Versorgungssystem muss eine selbsttätige Isolationskontrolleinrichtung mit optischer und akustischer Warnung eingebaut sein.

9.3.3.52.5 Es sind nur Verteilersysteme ohne Schiffskörperrückleitung zugelassen. Dies gilt nicht für:

- kathodische Fremdstrom-Korrosionsschutzanlagen;
- örtlich begrenzte und außerhalb des Bereichs der Ladung liegende Anlageteile (z.B. Anlasseinrichtungen der Dieselmotoren);
- die Isolationskontrolleinrichtung nach Absatz 9.3.3.52.4.

9.3.3.52.6 Ein elektrischer Generator, der den in Absatz 9.3.3.52.1 angegebenen Vorschriften nicht entspricht, aber durch eine Maschine ständig angetrieben wird, muss mit einem mehrpoligen Schalter versehen sein, der den Generator herunterfährt. Eine Hinweistafel mit den Bedienungsvorschriften muss beim Schalter angebracht sein.

9.3.3.52.7 Ein Ausfall der elektrischen Speisung von Sicherheits- und Kontrolleinrichtungen muss sofort optisch und akustisch im Steuerhaus und an Deck gemeldet werden. Bei Nichtquittieren muss die Alarmierung automatisch in den Wohnungen erfolgen.

9.3.3.52.8 Schalter, Steckdosen und elektrische Kabel an Deck müssen gegen mechanische Beschädigung geschützt sein.

9.3.3.52.9 Steckdosen für den Anschluss von Signalleuchten und Landstegbeleuchtung müssen in unmittelbarer Nähe des Signalmastes bzw. des Landsteges am Schiff fest montiert sein. Diese Steckdosen müssen so ausgeführt sein, dass das Herstellen und das Trennen der Steckverbindungen nur in spannungslosem Zustand möglich ist.

9.3.3.52.10 Akkumulatoren müssen außerhalb des Bereichs der Ladung untergebracht sein.

9.3.3.52.11 Schiffe des Typs N offen müssen die Anforderungen des Absatzes 9.3.3.52.1 und 9.3.3.52.3 nur erfüllen, sofern sich das Schiff in einer oder unmittelbar angrenzend an eine landseitig ausgewiesene Zone aufhalten wird.

9.3.3.53 Art und Aufstellungsort der elektrischen und nicht-elektrischen Anlagen und Geräte zum Einsatz in explosionsgefährdeten Bereichen

9.3.3.53.1 An Bord von Schiffen, für die die Zoneneinteilung gemäß der Begriffsbestimmung in Abschnitt 1.2.1 gilt, müssen die elektrischen und nicht-elektrischen Anlagen und Geräte die in den explosionsgefährdeten Bereichen betrieben werden, mindestens die Anforderungen für den Einsatz in der jeweiligen Zone erfüllen.

Sie sind unter Berücksichtigung der zu befördernden Stoffe entsprechend den dafür erforderlichen Explosionsgruppen und Temperaturklassen, auszuwählen (siehe Unterabschnitt 3.2.3.2 Tabelle C Spalten 15 und 16).

Wenn die Schiffsstoffliste nach Absatz 1.16.1.2.5 Stoffe enthalten soll, für die nach Unterabschnitt 3.2.3.2 Tabelle C Spalte 15 eine Temperaturklasse T4, T5 oder T6 eingetragen ist, dürfen in den ausgewiesenen Zonen die entsprechenden Oberflächentemperaturen 135 °C (T4), 100 °C (T5) beziehungsweise 85 °C (T6) nicht überschreiten.
Wenn die Schiffsstoffliste nach Absatz 1.16.1.2.5 Stoffe enthalten soll, für die nach Unterabschnitt 3.2.3.2 Tabelle C Spalte 15 eine Temperaturklasse T1 oder T2 eingetragen ist, dürfen in den ausgewiesenen Zonen die entsprechenden Oberflächentemperaturen 200 °C nicht überschreiten.

9.3.3.53.2 Elektrische Kabel müssen armiert sein, eine metallene Abschirmung haben oder in Schutzrohren verlegt sein, ausgenommen Lichtwellenleiter.

Elektrische Kabel für den aktiven Kathodenschutz der Außenhaut müssen in dickwandigen Schutzrohren aus Stahl mit gasdichten Verbindungen bis über das Hauptdeck geführt sein.

9.3.3.53.3 Bewegliche elektrische Kabel im explosionsgefährdeten Bereich sind verboten, ausgenommen elektrische Kabel für eigensichere Stromkreise sowie für den Anschluss

- von Signal- und Landstegbeleuchtung, wenn die Anschlussstelle (z.B. Steckdose) in unmittelbare Nähe des Signalmastes oder des Landstegs am Schiff fest montiert ist;
- des Schiffsstromnetzes an ein Landstromnetz, wenn
  a) diese elektrischen Kabel und die Einspeiseeinheit an Bord einer gültigen Norm (z.B. EN 15869-03: 2010) entsprechen,
  b) Einspeiseeinheit und Leitungskupplung außerhalb des explosionsgefährdeten Bereiches liegen.

Das Herstellen und das Trennen der entsprechenden Steckverbindungen/Leitungskupplungen darf nur spannungslos möglich sein.

9.3.3.53.4 Elektrische Kabel für eigensichere Stromkreise müssen von anderen Kabeln, die nicht zu solchen Stromkreisen gehören, getrennt verlegt und gekennzeichnet sein (z.B. nicht zusammen im gleichen Kabelbündel und nicht durch gemeinsame Kabelschellen gehalten).

9.3.3.53.5 Für die nach Absatz 9.3.3.53.3 zulässigen beweglichen elektrischen Kabel dürfen nur Schlauchleitungen des Typs H 07 RN-F nach Norm IEC 60245-4:2011[4] oder elektrische Kabel mindestens gleichwertiger Ausführung mit einem Mindestquerschnitt der Leiter von 1,50 mm² verwendet werden.

[4] Identisch mit EN 50525-2-21:2011.

9.3.3.54 Erdung

9.3.3.54.1 Im Bereich der Ladung müssen die betriebsmäßig nicht unter Spannung stehenden Metallteile elektrischer Anlagen und Geräte sowie Metallarmierungen und Metallmäntel von Kabeln geerdet sein, sofern sie nicht durch die Art ihres Einbaues mit dem Schiffskörper metallisch leitend verbunden sind.

9.3.3.54.2 Die Vorschriften des Absatzes 9.3.3.54.1 gelten auch für Anlagen mit einer Spannung unter 50 Volt.

9.3.3.54.3 Unabhängige Ladetanks, metallene Großpackmittel und Tankcontainer müssen geerdet sein.

9.3.3.54.4 Restebehälter müssen geerdet werden können.

9.3.3.55 (bleibt offen)

9.3.3.56 (gestrichen)

...

9.3.3.57-9.3.3.59 (bleibt offen)

9.3.3.60 Besondere Ausrüstung

Das Schiff muss mit einer Dusche und einem Augen- und Gesichtsbad an einer direkt vom Bereich der Ladung zugänglichen Stelle ausgerüstet sein.

Das Wasser muss der Qualität des Trinkwassers an Bord entsprechen.

Bem. Weitere Dekontaminationsmittel zur Vermeidung von Augen- und Hautverätzungen sind zugelassen.

Eine Verbindung dieser besonderen Ausrüstung mit dem Bereich außerhalb des Ladungsbereichs ist zulässig.

Es muss ein federbelastetes Rückschlagventil montiert sein, um sicherzustellen, dass durch das Dusch- und das Augen- und Gesichtsbadsystem keine Gase außerhalb des Ladungsbereichs gelangen können.

9.3.3.61 Die Vorschrift des Unterabschnitts 9.3.3.60 gilt nicht für Bilgenentölungsboote und Bunkerboote.

9.3.3.62 Ventil zum Entgasen an Annahmestellen

Die für das Luftabsaugen bestimmte Leitung muss mit einem fest eingebauten oder beweglichen, federbelasteten Niederdruckventil, das während des Entgasens an Annahmestellen benutzt wird, versehen sein. Wenn die Schiffsstoffliste nach Absatz 1.16.1.2.5 Stoffe enthält, für die nach Unterabschnitt 3.2.3.2 Tabelle C Spalte 17 Explosionsschutz erforderlich ist, muss dieses Ventil mit einer deflagrationssicheren Flammendurchschlagsicherung versehen sein. Wenn das Schiff nicht an einer Annahmestelle entgast wird, muss das Ventil mit einem Blindflansch geschlossen werden. Das Niederdruckventil muss so eingebaut sein, dass das Unterdruckventil unter sonst normalen Betriebsbedingungen nicht betätigt wird.

Bem. Die Entgasungsvorgänge fallen unter die normalen Betriebsbedingungen.

9.3.3.63-9.3.3.70 (bleibt offen)

9.3.3.71 Zutritt an Bord

Die Hinweistafeln mit dem Zutrittsverbot gemäß Abschnitt 8.3.3 müssen von beiden Schiffsseiten aus deutlich lesbar sein

9.3.3.72- 9.3.3.73 (bleibt offen)

9.3.3.74 Rauchverbot, Verbot von Feuer und offenem Licht

9.3.3.74.1 Die Hinweistafeln mit dem Rauchverbot gemäß Abschnitt 8.3.4 müssen von beiden Schiffsseiten aus deutlich lesbar sein.

9.3.3.74.2 In der Nähe des Zugangs zu Stellen, an denen das Rauchen oder die Verwendung von Feuer oder offenem Licht nicht immer verboten ist, müssen Hinweisschilder die Umstände angeben, unter denen das Verbot gilt.

9.3.3.74.3 In den Wohnungen und im Steuerhaus muss in der Nähe jedes Ausgangs ein Aschenbecher angebracht sein.

9.3.3.75- 9.3.3.91 (bleibt offen)

9.3.3.92 Auf den in Absatz 9.3.3.11.7 genannten Tankschiffen müssen Räume, deren Zu- oder Ausgänge im Leckfall teilweise oder ganz eintauchen, mit einem Notausgang versehen werden, der mindestens 0,10 m über der Schwimmebene liegt. Dies gilt nicht für Vor- und Achterpiek.

9.3.3.93- 9.3.3.99 (bleibt offen)

9.3.4 Alternative Bauweisen

9.3.4.1 Allgemeines

9.3.4.1.1 Der höchstzulässige Inhalt und die höchstzulässige Länge eines Ladetanks gemäß den Absätzen 9.3.1.11.1, 9.3.2.11.1 und 9.3.3.11.1 darf überschritten werden und von den Mindestabständen gemäß den Absätzen 9.3.1.11.2 a) und 9.3.2.11.7 darf abgewichen werden, wenn den Bestimmungen dieses Abschnitts entsprochen wird. Der Inhalt eines Ladetanks darf höchstens 1000 m^3 betragen.

9.3.4.1.2 Tankschiffe, deren Ladetanks den höchstzulässigen Inhalt überschreiten oder bei denen der vorgeschriebene Abstand zwischen der Seitenwand des Schiffes und den Ladetanks unterschritten wird, müssen durch eine kollisionssicherere Seitenkonstruktion geschützt sein. Dies ist nachzuweisen, indem das Risiko einer konventionellen Bauweise (Referenzbauweise), die den ADN-Bestimmungen entspricht, mit dem Risiko einer kollisionssichereren Seitenstruktur (alternative Bauweise) verglichen wird.

9.3.4.1.3 Wenn das Risiko der alternativen Bauweise mit kollisionssicherer Seitenstruktur dem Risiko der Referenzbauweise entspricht oder dieses unterschreitet, ist die äquivalente oder höhere Sicherheit nachgewiesen. Die äquivalente oder höhere Sicherheit muss gemäß Unterabschnitt 9.3.4.3 nachgewiesen werden.

9.3.4.1.4 Wenn ein Schiff gemäß diesem Abschnitt gebaut wird, muss eine anerkannte Klassifikationsgesellschaft die Anwendung des Berechnungsverfahrens gemäß Unterabschnitt 9.3.4.3 dokumentieren und die Ergebnisse zur Genehmigung an die zuständige Behörde übermitteln. Die zuständige Behörde kann zusätzliche Berechnungen und Nachweise verlangen.

9.3.4.1.5 Diese Bauweise muss von der zuständigen Behörde in das Zulassungszeugnis gemäß Abschnitt 8.6.1 eingetragen werden.

9.3.4.2 Vorgehensweise

9.3.4.2.1 Die Wahrscheinlichkeit eines bei einer Kollision auftretenden Ladetankrisses und die Oberfläche des durch das Auslaufen des darin enthaltenen gefährlichen Stoffes betroffenen Gebietes sind die bestimmenden Parameter bei der Risikobeurteilung. Das Risiko wird mit der folgenden Formel beschrieben:

$$R = P \cdot C$$

Darin sind:

R: Risiko [m^2],

P: Wahrscheinlichkeit eines Ladetankrisses [ ],

C: Konsequenz (Schadensausmaß) eines Ladetankrisses [m^2].

9.3.4.2.2 Die Wahrscheinlichkeit „P" eines Ladetankrisses hängt von der Wahrscheinlichkeitsverteilung der vorhandenen Kollisionsenergie ab, die durch die Schiffe repräsentiert werden, die auf das Kollisionsopfer einwirken können, sowie von dem Vermögen des getroffenen Schiffes, diese Kollisionsenergie ohne Ladetankriss zu absorbieren. Eine Reduzierung der Wahrscheinlichkeit „P" lässt sich durch eine kollisionssicherere seitliche Außenhautkonstruktion des Schiffes erzielen.

Die Konsequenz „C" der durch einen Ladetankriss ausgetretenen Ladung wird durch ein betroffenes Gebiet um das getroffene Schiff ausgedrückt.

9.3.4.2.3 Das Verfahren gemäß Unterabschnitt 9.3.4.3 zeigt, wie die Wahrscheinlichkeit eines Ladetankrisses zu berechnen ist und wie das Kollisionsenergie-Absorptionsvermögen der seitlichen Schiffsstrukturen und ein Anstieg der Konsequenz zu bestimmen ist.

9.3.4.3 Berechnungsverfahren

9.3.4.3.1 Das Berechnungsverfahren setzt sich aus 13 Schritten zusammen. Die Schritte 2 bis 10 sind sowohl für die alternative Bauweise als auch für die Referenzbauweise durchzuführen. Die nachfolgende Tabelle zeigt die Berechnung der gewichteten Wahrscheinlichkeit des Auftretens eines Ladetankrisses:

A	B	C	D	E	F	G	H	I	J	K	L	M	N	O
							F x G			I x J			L x M	
Identifiziere Kollisionsstellen und zugehörige Gewichtungsfactoren, Kollisionsscen.I	Loc1	FEA	Eloc1	Berechne Wahrscheinlichkeit mit CPDF 50%	P50%	wf 50%	Pw50%							
				Berechne Wahrscheinlichkeit mit CPDF 66%	P66%	wf 66%	Pw66%							
				Berechne Wahrscheinlichkeit mit CPDF 100%	P100%	wf 100%	Pw100%	+						
							sum	Ploc1	wf loc1	Pwloc1				
	Loci	FEA	Eloci	Berechne Wahrscheinlichkeit mit CPDF 50%	P50%	wf 50%	Pw50%							
				Berechne Wahrscheinlichkeit mit CPDF 66%	P66%	wf 66%	Pw66%							
				Berechne Wahrscheinlichkeit mit CPDF 100%	P100%	wf 100%	Pw100%	+						
							sum	Ploci	wf loci	Pwloci				
	Locn	FEA	Elocn	Berechne Wahrscheinlichkeit mit CPDF 50%	P50%	wf 50%	Pw50%							
				Berechne Wahrscheinlichkeit mit CPDF 66%	P66%	wf 66%	Pw66%							
				Berechne Wahrscheinlichkeit mit CPDF 100%	P100%	wf 100%	Pw100%	+						
							sum	Plocn	wf locn	Pwlocn	+			
										summieren	PscenI	wfscenI	PwscenI	
Identifiziere Kollisionsstellen und zugehörige Gewichtungsfactoren, Kollisionsscen.II	Loc1	FEA	Eloc1	Berechne Wahrscheinlichkeit mit CPDF 30%	P30%	wf 30%	Pw30%							
				Berechne Wahrscheinlichkeit mit CPDF 100%	P100%	wf 100%	Pw100%	+						
							sum	Ploc1	wf loc1	Pwloc1				
	Locn	FEA	Elocn	Berechne Wahrscheinlichkeit mit CPDF 30%	P30%	wf 30%	Pw30%							
				Berechne Wahrscheinlichkeit mit CPDF 100%	P100%	wf 100%	Pw100%	+						
							sum	Plocn	wf locn	Pwlocn	+			
										summieren	PscenII	wfscenII	PwscenII	+
													summieren	Pw

Tabelle zur Berechnung der gewichteten Wahrscheinlichkeit des Auftretens eines Tankschadens

9.3.4.3.1.1 Schritt 1

9.3.4.3.1.1.1 Neben der alternativen Bauweise, die für die Ladetanks, deren höchstzulässiger Inhalt überschritten wird, oder den geringeren Abstand zwischen Seitenwand und Ladetank sowie die kollisionssicherere Außenhautstruktur verwendet wird, ist eine Referenzbauweise eines Tankschiffes mit mindestens denselben Abmessungen (Länge, Breite, Seitenhöhe, Verdrängung) anzufertigen. Diese muss den Vorschriften des Abschnitts 9.3.1 (Typ G), 9.3.2 (Typ C) oder 9.3.3 (Typ N) und den Mindestanforderungen einer anerkannten Klassifikationsgesellschaft entsprechen.

9.3.4.3.1.2 Schritt 2

9.3.4.3.1.2.1 Die relevanten, typischen Kollisionsstellen i=1 bis n müssen festgestellt werden. Die Tabelle in Absatz 9.3.4.3.1 beschreibt den allgemeinen Fall, bei dem es „n" typische Kollisionsstellen gibt.

Die Anzahl der typische Kollisionsstellen ist abhängig von der Schiffskonstruktion. Die Annahme der Kollisionsstellen muss von der anerkannten Klassifikationsgesellschaft akzeptiert sein.

9.3.4.3.1.2.2 Senkrechte Kollisionsstellen

9.3.4.3.1.2.2.1 Tankschiff Typ C und N

9.3.4.3.1.2.2.1.1 Die Festlegung der Kollisionsstellen in senkrechter Richtung hängt von den Tiefgangsdifferenzen zwischen dem auftreffenden und dem getroffenen Schiff ab, begrenzt durch den maximalen und minimalen Tiefgang der beiden Schiffe und die bauliche Gestaltung des getroffenen Schiffes. Dies kann graphisch durch eine rechteckige Fläche dargestellt werden, die von den Werten der maximalen und minimalen Tiefgänge des auftreffenden und des getroffenen Schiffes eingerahmt wird (siehe nachfolgende Abbildung).

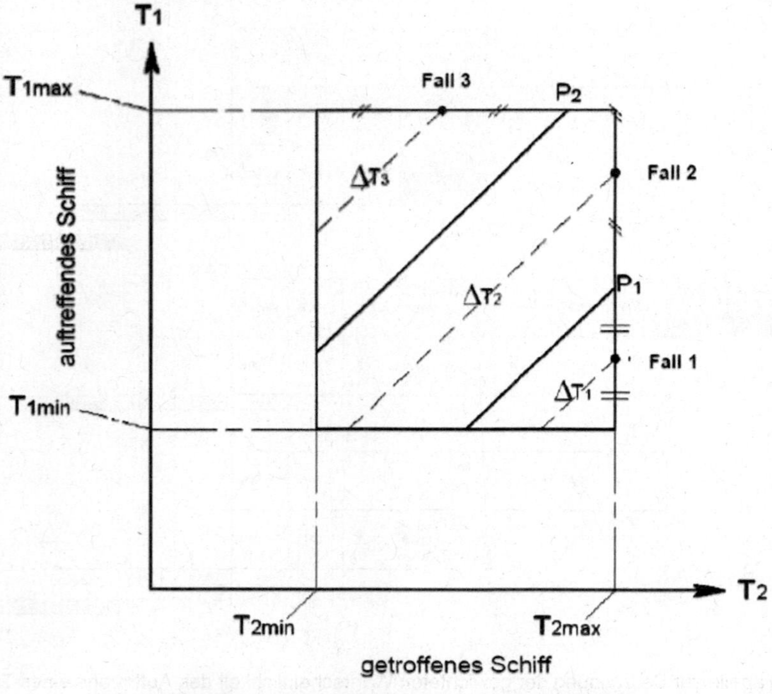

Definition der Kollisionsstellen in senkrechter Richtung

9.3.4.3.1.2.2.1.2 Jeder Punkt in dieser Fläche stellt eine mögliche Kombination der Tiefgänge dar. T_{1max} ist der maximale Tiefgang und T_{1min} der minimale Tiefgang des auftreffenden Schiffes, während T_{2max} und T_{2min} der entsprechende maximale und minimale Tiefgang des getroffenen Schiffes sind. Jede Tiefgangskombination hat eine gleiche Eintrittswahrscheinlichkeit.

9.3.4.3.1.2.2.1.3 Die Punkte auf einer jeden schrägen Linie in der Abbildung in Absatz 9.3.4.3.1.2.2.1.1 zeigen dieselbe Tiefgangsdifferenz an. Jede dieser Linien stellt eine senkrechte Kollisionsstelle dar. In dem Beispiel in der Abbildung in Absatz 9.3.4.3.1.2.2.1.1 werden drei senkrechte Kollisionsstellen festgelegt, die durch drei Flächen graphisch dargestellt sind. Der Punkt P_1 ist der Punkt, in dem die untere Ecke des senkrechten Teils des Schubleichter- oder V-Bugs die Decksebene des getroffenen Schiffes berührt. Die Dreiecksfläche für den Kollisionsfall 1 ist durch den Punkt P_1 begrenzt. Dies entspricht der senkrechten Kollisionsstelle "Kollision über Deck". Der Punkt P_2 ist der Punkt, in dem der obere senkrechte Teil des Schubleichter- bzw. V-Bugs den oberen Teil der Bergplatte berührt. Die Fläche die durch die Punkte P_1 und P_2 begrenzt wird, entspricht der senkrechten Kollisionsstelle "Kollision auf Höhe Deck". Die dreieckige, obere linke Fläche des Rechtecks entspricht der senkrechten Kollisionsstelle "Kollision unter Deck". Die Tiefgangsdifferenz ΔT_i, i = 1,2,3 ist in den Kollisionsberechnungen zu benutzen (siehe nachfolgende Abbildung):

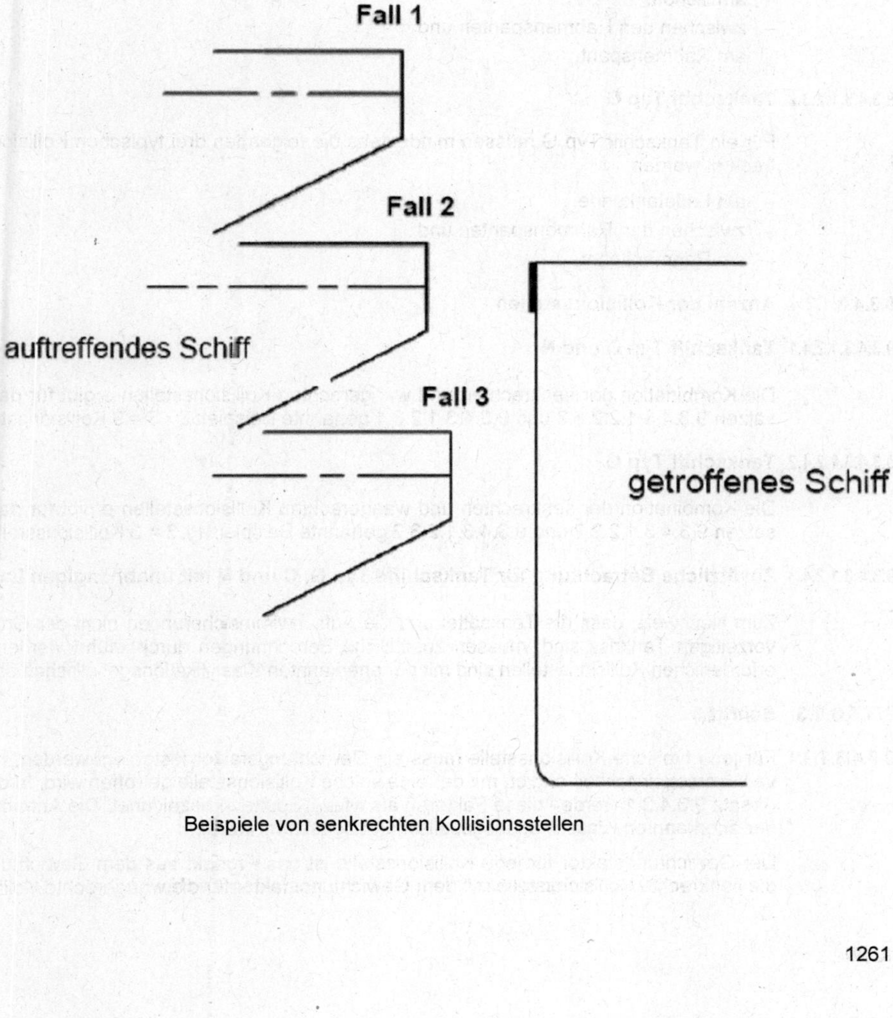

Beispiele von senkrechten Kollisionsstellen

9.3.4.3.1.2.2.1.4 Für die Berechnung der Kollisionsenergien müssen die maximal möglichen Massen für das auftreffende und das getroffene Schiff verwendet werden (höchster Punkt der jeweiligen Diagonalen ΔT_i).

9.3.4.3.1.2.2.1.5 Abhängig von der Schiffskonstruktion können zusätzliche Kollisionsstellen durch die anerkannte Klassifikationsgesellschaft gefordert werden.

9.3.4.3.1.2.2.2 Tankschiff Typ G

Für ein Tankschiff Typ G ist von einer Kollision auf halber Tankhöhe auszugehen. Zusätzliche Kollisionsstellen auf anderen Höhen können von der anerkannten Klassifikationsgesellschaft gefordert werden. Dies ist mit der anerkannten Klassifikationsgesellschaft abzustimmen.

9.3.4.3.1.2.3 Waagerechte Kollisionsstellen

9.3.4.3.1.2.3.1 Tankschiff Typ C und N

Es müssen mindestens die folgenden drei typischen Kollisionsstellen betrachtet werden:

- am Schott,
- zwischen den Rahmenspanten und
- am Rahmenspant.

9.3.4.3.1.2.3.2 Tankschiff Typ G

Für ein Tankschiff Typ G müssen mindestens die folgenden drei typischen Kollisionsstellen betrachtet werden:

- am Ladetankende,
- zwischen den Rahmenspanten und
- am Rahmenspant.

9.3.4.3.1.2.4 Anzahl der Kollisionsstellen

9.3.4.3.1.2.4.1 Tankschiff Typ C und N

Die Kombination der senkrechten und waagerechten Kollisionsstellen ergibt für das in den Absätzen 9.3.4.3.1.2.2.1.3 und 9.3.4.3.1.2.3.1 genannte Beispiel: $3 \cdot 3 = 9$ Kollisionsstellen.

9.3.4.3.1.2.4.2 Tankschiff Typ G

Die Kombination der senkrechten und waagerechten Kollisionsstellen ergibt für das in den Absätzen 9.3.4.3.1.2.2.2 und 9.3.4.3.1.2.3.2 genannte Beispiel: $1 \cdot 3 = 3$ Kollisionsstellen.

9.3.4.3.1.2.4.3 Zusätzliche Betrachtung für Tankschiffe Typ G, C und N mit unabhängigen Ladetanks

Zum Nachweis, dass die Tanksättel und die Aufschwimmsicherungen nicht der Grund für einen vorzeitigen Tankriss sind, müssen zusätzliche Berechnungen durchgeführt werden. Die hierfür erforderlichen Kollisionsstellen sind mit der anerkannten Klassifikationsgesellschaft abzustimmen.

9.3.4.3.1.3 Schritt 3

9.3.4.3.1.3.1 Für jede typische Kollisionsstelle muss ein Gewichtungsfaktor festgelegt werden, der die relative Wahrscheinlichkeit angibt, mit der eine solche Kollisionsstelle getroffen wird. In der Tabelle in Absatz 9.3.4.3.1 werden diese Faktoren als $wf_{loc(i)}$ (Spalte J) bezeichnet. Die Annahme muss mit der anerkannten Klassifikationsgesellschaft abgestimmt werden.

Der Gewichtungsfaktor für jede Kollisionsstelle ist das Produkt aus dem Gewichtungsfaktor für die senkrechte Kollisionsstelle mit dem Gewichtungsfaktor für die waagerechte Kollisionsstelle.

9.3.4.3.1.3.2 Senkrechte Kollisionsstellen

9.3.4.3.1.3.2.1 Tankschiff Typ C und N

Die Gewichtungsfaktoren für die unterschiedlichen senkrechten Kollisionsstellen sind jeweils durch den Quotienten aus der Teilfläche für den entsprechenden Kollisionsfall und der gesamten Fläche des in der Abbildung in Absatz 9.3.4.3.1.2.2.1.1 gezeigten Rechtecks festgelegt.

Zum Beispiel ist für den Kollisionsfall 1 (siehe Abbildung in Absatz 9.3.4.3.1.2.2.1.3) der Gewichtungsfaktor der Quotient aus der dreieckigen, unteren rechten Fläche des Rechtecks und der Rechteckfläche, die mit den Werten der maximalen und minimalen Tiefgänge des auftreffenden und des getroffenen Schiffes begrenzt ist.

9.3.4.3.1.3.2.2 Tankschiff Typ G

Der Gewichtungsfaktor für die senkrechte Kollisionsstelle hat den Wert 1,0, wenn nur von einem senkrechten Kollisionsfall ausgegangen wird. Hat die anerkannte Klassifikationsgesellschaft weitere Kollisionsstellen gefordert, so muss der Gewichtungsfaktor analog zum Verfahren für Tankschiffe Typ C und N bestimmt werden.

9.3.4.3.1.3.3 Waagerechte Kollisionsstellen

9.3.4.3.1.3.3.1 Tankschiff Typ C und N

Der Gewichtungsfaktor für jede waagerechte Kollisionsstelle ist der Quotient aus der rechnerischen Spannweite und der Tanklänge.

Die rechnerische Spannweite für die jeweilige waagerechte Kollisionsstelle im Bereich des betrachteten Ladetanks muss wie folgt berechnet werden:

a) Kollision am Schott:

   0,2 • Abstand zwischen Rahmenspant und Schott, jedoch nicht mehr als 450 mm,

b) Kollision am Rahmenspant:

   Summe aus 0,2 • Rahmenspantabstand vor dem Rahmenspant, jedoch nicht mehr als 450 mm, und 0,2 • Rahmenspantabstand hinter dem Rahmenspant, jedoch nicht mehr als 450 mm, und

c) Kollision zwischen den Rahmenspanten:

   Ladetanklänge abzüglich der Länge „Kollision am Schott“ sowie abzüglich der Länge „Kollision am Rahmenspant“.

9.3.4.3.1.3.3.2 Tankschiff Typ G

Der Gewichtungsfaktor für jede waagerechte Kollisionsstelle ist der Quotient aus der „rechnerischen Spannweite“ und der Länge des Aufstellungsraumes.

Die „rechnerische Spannweite" für die jeweilige waagerechte Kollisionsstelle im Bereich des betrachteten Aufstellungsraumes muss wie folgt berechnet werden:

a) Kollision am Ladetankende:
   Abstand zwischen Schott und Anfang des zylindrischen Teils des Ladetanks,

b) Kollision am Rahmenspant:
   Summe aus 0,2 • Rahmenspantabstand vor dem Rahmenspant, jedoch nicht mehr als 450 mm, und 0,2 • Rahmenspantabstand hinter dem Rahmenspant, jedoch nicht mehr als 450 mm, und

c) Kollision zwischen den Rahmenspanten:
   Ladetanklänge abzüglich der Länge „Kollision am Ladetankende“ sowie abzüglich der Länge „Kollision am Rahmenspant“.

9.3.4.3.1.4 Schritt 4

9.3.4.3.1.4.1 Für jede Kollisionsstelle muss das Kollisionsenergie-Absorptionsvermögen berechnet werden. Dabei ist das Kollisionsenergie-Absorptionsvermögen die Menge der von der Schiffskonstruktion bis zum Beginn des Tankrisses absorbierten Kollisionsenergie (siehe Tabelle in Absatz 9.3.4.3.1, Spalte D: $E_{loc(i)}$). Hierzu ist eine Finite-Element-Analyse gemäß 9.3.4.4.2 zu verwenden.

9.3.4.3.1.4.2 Diese Berechnungen sind für zwei Kollisionsszenarien gemäß der nachfolgenden Tabelle durchzuführen. Kollisionsszenario I ist unter der Annahme einer Schubleichter-Bugform zu analysieren. Kollisionsszenario II ist unter der Annahme einer V-förmigen Bugform zu analysieren.

Diese Bugformen sind in Absatz 9.3.4.4.8 definiert.

Tabelle: Geschwindigkeitsreduktionsfaktoren für Fall I oder II mit Gewichtungsfaktoren

					Ursachen		
					Kommunikationsfehler und schlechte Sicht	Technische Fehler	Menschliches Verhalten
					0,50	0,20	0,30
Szenarien der ungünstigsten Fälle	I	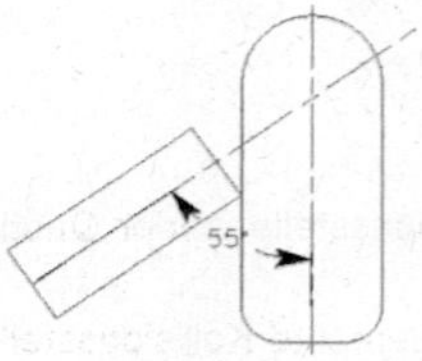	Schubleichter-Bugform, Anfahrwinkel 55°	0,80	0,66	0,50	1,00
	II	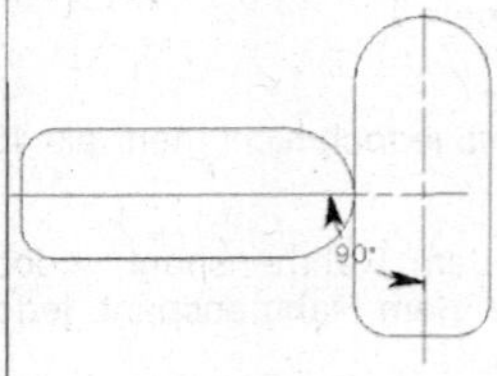	V-förmiger Bug, Anfahrwinkel 90°	0,20	0,30		1,00

9.3.4.3.1.5 Schritt 5

9.3.4.3.1.5.1 Für jedes Kollisionsenergie-Absorptionsvermögen $E_{loc(i)}$ ist die damit zusammenhängende Wahrscheinlichkeit eines Tankrisses zu berechnen. Dazu muss die nachstehende Formel für die spezifizierte kumulative Wahrscheinlichkeitsdichtefunktion (Cumulative Probability Density Function, CPDF) angewendet werden. Die entsprechenden Koeffizienten sind aus der Tabelle in Absatz 9.3.4.3.1.5.6 für die effektive Masse des getroffenen Schiffs zu übernehmen.

$$P_{x\%} = C_1(E_{loc(i)})^3 + C_2(E_{loc(i)})^2 + C_3E_{loc(i)} + C_4$$

mit:
- $P_{x\%}$ Wahrscheinlichkeit eines Tankrisses,
- C_{1-4} Koeffizienten aus der Tabelle in Absatz 9.3.4.3.1.5.6,
- $E_{loc(i)}$ Kollisionsenergie-Absorptionsvermögen.

9.3.4.3.1.5.2 Die effektive Masse muss der Maximalverdrängung multipliziert mit 1,4 entsprechen. Beide Kollisionsszenarien (Tabelle in Absatz 9.3.4.3.1.4.2) sind in Betracht zu ziehen.

9.3.4.3.1.5.3 Im Falle von Kollisionsszenario I (Schubleichter-Bugform bei 55°) sind folgende CPDF-Formeln zu verwenden:

CPDF 50 % (Geschwindigkeit 0,5 V_{max}),
CPDF 66 % (Geschwindigkeit 2/3 V_{max}) und
CPDF 100 % (Geschwindigkeit V_{max}).

9.3.4.3.1.5.4 Im Falle von Kollisionsszenario II (V-förmiger Bug bei 90°) sind die beiden folgenden CPDF-Formeln zu verwenden:

CPDF 30 % (Geschwindigkeit 0,3 V_{max}) und
CPDF 100 % (Geschwindigkeit V_{max}).

9.3.4.3.1.5.5 In der Tabelle in Absatz 9.3.4.3.1, Spalte F werden diese Wahrscheinlichkeiten P50%, P66%, P100% beziehungsweise P30%, P100% genannt.

9.3.4.3.1.5.6 Tabelle: Koeffizienten für die CPDF-Formel

Effektive Masse des getroffenen Schiffes in Tonnen	Geschwindigkeit = 1 x V_{max} Koeffizienten				
	C_1	C_2	C_3	C_4	Gültigkeitsbereich
14000	4,106E-05	-2,507E-03	9,727E-03	9,983E-01	$4<E_{loc}<39$
12000	4,609E-05	-2,761E-03	1,215E-02	9,926E-01	$4<E_{loc}<36$
10000	5,327E-05	-3,125E-03	1,569E-02	9,839E-01	$4<E_{loc}<33$
8000	6,458E-05	-3,691E-03	2,108E-02	9,715E-01	$4<E_{loc}<31$
6000	7,902E-05	-4,431E-03	2,719E-02	9,590E-01	$4<E_{loc}<27$
4500	8,823E-05	-5,152E-03	3,285E-02	9,482E-01	$4<E_{loc}<24$
3000	2,144E-05	-4,607E-03	2,921E-02	9,555E-01	$2<E_{loc}<19$
1500	-2,071E-03	2,704E-02	-1,245E-01	1,169E+00	$2<E_{loc}<12$

Effektive Masse des getroffenen Schiffes in Tonnen	Geschwindigkeit = 0,66 x V_{max} Koeffizienten				
	C_1	C_2	C_3	C_4	Gültigkeitsbereich
14000	4,638E-04	-1,254E-02	2,041E-02	1,000E+00	$2<E_{loc}<17$
12000	5,377E-04	-1,427E-02	2,897E-02	9,908E-01	$2<E_{loc}<17$
10000	6,262E-04	-1,631E-02	3,849E-02	9,805E-01	$2<E_{loc}<15$
8000	7,363E-04	-1,861E-02	4,646E-02	9,729E-01	$2<E_{loc}<13$
6000	9,115E-04	-2,269E-02	6,285E-02	9,573E-01	$2<E_{loc}<12$
4500	1,071E-03	-2,705E-02	7,738E-02	9,455E-01	$1<E_{loc}<11$
3000	-1,709E-05	-1,952E-02	5,123E-02	9,682E-01	$1<E_{loc}<8$
1500	-2,479E-02	1,500E-01	-3,218E-01	1,204E+00	$1<E_{loc}<5$

Effektive Masse des getroffenen Schiffes in Tonnen	Geschwindigkeit = 0,5 x V_{max} Koeffizienten				
	C_1	C_2	C_3	C_4	Gültigkeitsbereich
14000	2,621E-03	-3,978E-02	3,363E-02	1,000E+00	$1<E_{loc}<10$
12000	2,947E-03	-4,404E-02	4,759E-02	9,932E-01	$1<E_{loc}<9$
10000	3,317E-03	-4,873E-02	5,843E-02	9,878E-01	$2<E_{loc}<8$
8000	3,963E-03	-5,723E-02	7,945E-02	9,739E-01	$2<E_{loc}<7$
6000	5,349E-03	-7,407E-02	1,186E-01	9,517E-01	$1<E_{loc}<6$
4500	6,303E-03	-8,713E-02	1,393E-01	9,440E-01	$1<E_{loc}<6$
3000	2,628E-03	-8,504E-02	1,447E-01	9,408E-01	$1<E_{loc}<5$
1500	-1,566E-01	5,419E-01	-6,348E-01	1,209E+00	$1<E_{loc}<3$

Effektive Masse des getroffenen Schiffes in Tonnen	Geschwindigkeit = 0,3 x V_{max} Koeffizienten				
	C_1	C_2	C_3	C_4	Gültigkeitsbereich
14000	5,628E-02	-3,081E-01	1,036E-01	9,991E-01	$1<E_{loc}<3$
12000	5,997E-02	-3,212E-01	1,029E-01	1,002E+00	$1<E_{loc}<3$
10000	7,477E-02	-3,949E-01	1,875E-01	9,816E-01	$1<E_{loc}<3$
8000	1,021E-02	-5,143E-01	2,983E-01	9,593E-01	$1<E_{loc}<2$
6000	9,145E-02	-4,814E-01	2,421E-01	9,694E-01	$1<E_{loc}<2$
4500	1,180E-01	-6,267E-01	3,542E-01	9,521E-01	$1<E_{loc}<2$
3000	7,902E-02	-7,546E-01	5,079E-01	9,218E-01	$1<E_{loc}<2$
1500	-1,031E+00	2,214E-01	1,891E-01	9,554E-01	$0,5<E_{loc}<1$

Der Gültigkeitsbereich ist in der Spalte 6 angegeben. Liegt der Wert für die Energie (E_{loc}) unterhalb des Gültigkeitsbereichs, so ist $P_{x\%}$ gleich 1,0. Liegt der Wert oberhalb, so ist $P_{x\%}$ gleich 0.

9.3.4.3.1.6 Schritt 6

Die gewichteten Wahrscheinlichkeiten eines Ladetankrisses $P_{wx\%}$ (Tabelle in Absatz 9.3.4.3.1, Spalte H) müssen durch Multiplikation jeder Wahrscheinlichkeit eines Ladetankrisses $P_{\#\#\%}$ (Tabelle in Absatz 9.3.4.3.1, Spalte F) mit den Gewichtungsfaktoren $wf_{x\%}$ gemäß nachfolgender Tabelle berechnet werden:

Tabelle: **Gewichtungsfaktoren für Kollisionsgeschwindigkeiten**

			Gewichtungsfaktor
Szenario I	CPDF 50 %	wf50 %	0,2
	CPDF 66 %	wf66 %	0,5
	CPDF 100 %	wf100 %	0,3
Szenario II	CPDF 30 %	wf30 %	0,7
	CPDF 100 %	wf100 %	0,3

9.3.4.3.1.7 Schritt 7

Die aus Absatz 9.3.4.3.1.6 (Schritt 6) resultierenden Gesamtwahrscheinlichkeiten eines Ladetankrisses $P_{loc(i)}$ (Tabelle in Absatz 9.3.4.3.1, Spalte I) müssen als Summe aller gewichteten Wahrscheinlichkeiten eines Ladetankrisses $P_{wx\%}$ (Tabelle in Absatz 9.3.4.3.1, Spalte H) für jede untersuchte Kollisionsstelle berechnet werden.

9.3.4.3.1.8 Schritt 8

Für beide Kollisionsszenarien müssen jeweils die gewichteten Gesamtwahrscheinlichkeiten eines Ladetankrisses $P_{wloc(i)}$ durch Multiplikation der Gesamtwahrscheinlichkeiten eines Ladetankrisses $P_{loc(i)}$ jeder Kollisionsstelle mit dem zu der jeweiligen Kollisionsstelle gehörenden Gewichtungsfaktor $wf_{loc(i)}$ (siehe Absatz 9.3.4.3.1.3 (Schritt 3) und Tabelle in Absatz 9.3.4.3.1, Spalte J) berechnet werden.

9.3.4.3.1.9 Schritt 9

Durch Addition der gewichteten Gesamtwahrscheinlichkeiten eines Ladetankrisses $P_{wloc(i)}$ müssen die szenariospezifischen Gesamtwahrscheinlichkeiten eines Ladetankrisses P_{scenI} und P_{scenII} (Tabelle in Absatz 9.3.4.3.1, Spalte L) jeweils für die Kollisionsszenarien I und II berechnet werden.

9.3.4.3.1.10 Schritt 10

Abschließend ist der gewichtete Wert der umfassenden Gesamtwahrscheinlichkeit eines Ladetankrisses P_w mit Hilfe folgender Formel zu ermitteln (Tabelle in Absatz 9.3.4.3.1, Spalte O):

$$P_w = 0{,}8 \cdot P_{scenI} + 0{,}2 \cdot P_{scenII}$$

9.3.4.3.1.11 Schritt 11

Die umfassende Gesamtwahrscheinlichkeit eines Ladetanksrisses P_w für die alternative Bauweise wird als P_n bezeichnet. Die umfassende Gesamtwahrscheinlichkeit eines Ladetankrisses P_w für die Referenzbauweise wird als P_r bezeichnet.

9.3.4.3.1.12 Schritt 12

9.3.4.3.1.12.1 Das Verhältnis (C_n/C_r) der Konsequenz (Schadensausmaß) C_n eines Ladetankrisses der alternativen Bauweise zu der Konsequenz C_r eines Ladetankrisses in der Referenzbauweise muss mit nachstehender Formel ermittelt werden:

$$\frac{C_n}{C_r} = \frac{V_n}{V_r}$$

Darin sind:

C_n/C_r das Verhältnis der mit der alternativen Bauweise verbundenen Konsequenz zu der mit der Referenzbauweise verbundenen Konsequenz,

V_n der Gesamtinhalt des größten Ladetanks der alternativen Bauweise,

V_r der Gesamtinhalt des größten Ladetanks der Referenzbauweise.

9.3.4.3.1.12.2 Die Formel wurde für repräsentative Stoffe laut nachfolgender Tabelle abgeleitet.

Tabelle: Repräsentative Stoffe

	UN	Beschreibung
Benzen	1114	entzündbarer flüssiger Stoff Verpackungsgruppe II gesundheitsgefährdend
Acrylnitril ACN	1093	entzündbarer flüssiger Stoff Verpackungsgruppe I giftig, stabilisiert
n-Hexan	1208	entzündbarer flüssiger Stoff Verpackungsgruppe II
Nonane	1920	entzündbarer flüssiger Stoff Verpackungsgruppe III
Ammoniak	1005	giftiges, ätzendes Gas unter Druck verflüssigt
Propan	1978	entzündbares Gas unter Druck verflüssigt

9.3.4.3.1.12.3 Für Ladetankinhalte zwischen 380 m^3 und 1000 m^3 kann für entzündbare, giftige und ätzende flüssige Stoffe bzw. Gase angenommen werden, dass für einen zweimal größeren Ladetank mit doppelt so großen Auswirkungen wie bei dem Referenzschiff gerechnet werden kann (Proportionalitätsfaktor 1,0).

9.3.4.3.1.12.4 Sollen in Tankschiffen, die nach diesem Berechnungsverfahren analysiert werden, Stoffe befördert werden, bei denen ein größerer Proportionalitätsfaktor als 1,0, wie im vorhergehenden Absatz angenommen, zwischen dem Gesamtinhalt des Ladetanks und dem betroffenen Gebiet zu erwarten ist, ist für diese Stoffe die Größe des betroffenen Gebietes neu zu bestimmen. In diesem Fall ist der Vergleich gemäß Absatz 9.3.4.3.1.13 (Schritt 13) mit diesem abweichenden Wert für die Größe des betroffenen Gebietes durchzuführen.

9.3.4.3.1.13 Schritt 13

Abschließend muss das Verhältnis $\frac{P_r}{P_n}$ der umfassenden Gesamtwahrscheinlichkeit eines Ladetanksrisses P_r für die Referenzbauweise zu der umfassenden Gesamtwahrscheinlichkeit eines

Ladetanksrisses P_n für die alternative Bauweise mit dem Verhältnis $\frac{C_r}{C_n}$ der mit der alternativen Bauweise verbundenen Konsequenz zu der mit der Referenzbauweise verbundenen Konsequenz verglichen werden. Wenn $\frac{C_n}{C_r} \leq \frac{P_r}{P_n}$ erfüllt ist, dann ist der Nachweis gemäß Absatz 9.3.4.1.3 für die alternative Bauweise erbracht.

9.3.4.4 Ermittlung des Kollisionsenergie-Absorptionsvermögens

9.3.4.4.1 Allgemeines

9.3.4.4.1.1 Die Ermittlung des Kollisionsenergie-Absorptionsvermögens muss mittels der Finiten-Elemente-Analyse (Finite Element Analysis, FEA) durchgeführt werden. Die Analyse ist mittels eines gebräuchlichen Finiten-Elemente-Programms durchzuführen (z. B. LS-DYNA[1], PAM-CRASH[2], ABAQUS[3]), mit dem sowohl geometrische als auch materielle, nicht lineare Effekte sowie eine realistische Risssimulation von Elementen dargestellt werden können.

9.3.4.4.1.2 Das verwendete Programm und das Niveau der zu berücksichtigen Details in den Berechnungen müssen mit der anerkannten Klassifikationsgesellschaft vereinbart werden.

9.3.4.4.2 Erzeugen der Finiten-Elemente-Modelle (FE-Modelle)

9.3.4.4.2.1 Zuerst sind FE-Modelle für die kollisionssicherere Bauweise und für die Referenzbauweise herzustellen. Mit jedem FE-Modell müssen sämtliche relevanten plastischen Verformungen für alle in Betracht kommenden Kollisionsfälle erfasst werden können. Die zu modellierenden Ausschnitte aus dem Bereich der Ladung sind mit der anerkannten Klassifikationsgesellschaft abzustimmen.

9.3.4.4.2.2 An beiden Enden des zu modellierenden Ausschnittes werden alle drei Freiheitsgrade der Verschiebungen unterdrückt. Da in den meisten Kollisionsfällen die globale horizontale Biegung des gesamten Schiffskörpers für die Bewertung der plastischen Verformungsenergie nicht von signifikanter Bedeutung ist, reicht es aus, nur die halbe Breite des Schiffes in Betracht zu ziehen. In diesen Fällen muss die Querverschiebung an der Mittellängsachse (Centre Line, CL) unterdrückt werden. Nach der Fertigstellung des FE-Modells ist versuchsweise eine Kollisionsberechnung durchzuführen, um sicherzustellen, dass keine plastischen Verformungen in der Nähe der Begrenzungen auftreten. Ansonsten muss der modellierte FE-Bereich vergrößert werden.

9.3.4.4.2.3 Die bei Kollisionen in Mitleidenschaft gezogenen konstruktiven Bereiche sind ausreichend feinmaschig zu modellieren, während andere Bereiche grobmaschiger modelliert werden können. Die Feinheit der Vernetzung muss für eine angemessene Beschreibung lokaler Faltungsverformungen sowie zur Bestimmung realistischer Risse von Elementen ausreichen.

9.3.4.4.2.4 Die Berechnung der Rissbildung muss auf geeigneten Bruchkriterien für die verwendeten Elemente basieren. Die maximale Elementgröße in den Kollisionsbereichen muss kleiner als 200 mm sein. Das Seitenverhältnis zwischen der größeren und der kleineren Seite von Schalenelementen darf nicht größer als drei sein. Die Elementlänge L für ein Schalenelement ist definiert als die größere Länge der beiden Seiten des Elements. Der Quotient aus Elementlänge und Elementdicke muss größer als fünf sein. Andere Werte sind mit der anerkannten Klassifikationsgesellschaft abzustimmen.

---

[1] LSTC, 7374 Las Positas Rd, Livermore, CA 94551, USA
Tel : +1 925 245-4500

[2] ESI Group, 8, Rue Christophe Colomb, 75008 Paris, Frankreich
Tel: +33 (0)1 53 65 14 14, Fax: +33 (0)1 53 65 14 12, Email: info@esi-group.com

[3] SIMULIA, Rising Sun Mills, 166 Valley Street, Providence, RI 02909-2499 USA
Tel: +1 401 276-4400, Fax: +1 401 276-4408, E-mail: info@simulia.com

9.3.4.4.2.5 Plattenstrukturen wie beispielsweise Außenhaut, Innenhülle (Tankwand im Falle von Gastanks), Rahmen und Träger können als Schalenelemente und Versteifungen als Balkenelemente modelliert werden. Ausschnitte und Mannlöcher in Kollisionsbereichen sind bei der Modellierung zu berücksichtigen.

9.3.4.4.2.6 Bei der FE-Berechung ist für die „contact option" die „the node on segment penalty"-Methode zu verwenden. Dazu müssen die nachfolgenden Optionen in den genannten Programmen aktiviert werden:

- „contact_automatic_single_surface" bei LS-DYNA,
- „self impacting" bei PAMCRASH und
- vergleichbare Optionen bei anderen FE-Programmen.

9.3.4.4.3 Werkstoffeigenschaften

9.3.4.4.3.1 Wegen des bei einer Kollision auftretenden extremen Verhaltens von Werkstoff und Struktur mit geometrischen und materiellen, nichtlinearen Effekten müssen wahre Spannungs-Dehnungs-Beziehungen verwendet werden:

$$\sigma = C \cdot \varepsilon^n,$$

Darin sind

$n = \ln(1 + A_g)$

$$C = R_m \cdot \left(\frac{e}{n}\right)^n$$

A_g = die maximale Gleichmaßdehnung, die bei der maximalen Zugspannung R_m auftritt und
e = die Eulersche Zahl.

9.3.4.4.3.2 Die Werte A_g und R_m sind durch Zugversuche zu ermitteln.

9.3.4.4.3.3 Ist nur die maximale Zugspannung R_m verfügbar, darf für Schiffbaustahl mit einer Streckgrenze R_{eH} bis höchstens 355 N/mm² folgende Näherung verwendet werden, um den A_g -Wert aus dem bekannten R_m [N/mm²] -Wert zu erhalten:

$$A_g = \frac{1}{0{,}24 + 0{,}01395 \cdot R_m}.$$

9.3.4.4.3.4 Sind die Werkstoffeigenschaften aus Zugversuchen zum Beginn der Berechnungen nicht verfügbar, sind stattdessen die Mindestwerte für A_g und R_m, wie sie in den Bauvorschriften der anerkannten Klassifikationsgesellschaft definiert sind, zu verwenden. Für Schiffbaustahl mit einer Streckgrenze R_{eH} größer 355 N/mm² oder anderen Werkstoffen als Schiffbaustahl sind die Werkstoffeigenschaften mit der anerkannten Klassifikationsgesellschaft abzustimmen.

9.3.4.4.4 Bruchkriterien

9.3.4.4.4.1 Der erste Riss eines Elementes in einer FEA ist durch die kritische Bruchdehnung definiert. Wenn die in diesem Element errechnete Dehnung, wie plastische effektive Dehnung, Hauptdehnung oder für Schalenelemente die Dehnung in Dickenrichtung, ihre definierte Bruchdehnung überschreitet, muss das Element aus dem FE-Modell gelöscht und die Verformungsenergie in diesem Element in den folgenden Berechnungsschritten konstant gehalten werden.

9.3.4.4.4.2 Für die Berechnung der Bruchverformung ist folgende Formel zu verwenden:

$$\varepsilon_f(l_e) = \varepsilon_g + \varepsilon_e \cdot \frac{t}{l_e},$$

wobei
ε_g= Gleichmaßdehnung
ε_e= Einschnürung
t = Plattendicke
l_e = individuelle Elementlänge

9.3.4.4.4.3 Die Werte der Gleichmaßdehnung und der Einschnürung für Schiffbaustahl mit einer Streckgrenze R_{eH} bis höchstens 355 N/mm² enthält die folgende Tabelle:

Tabelle

Spannungszustand	**1-D**	**2-D**
ε_g	0,079	0,056
ε_e	0,76	0,54
Element Typ	Stab, Balken	Schalenelement

9.3.4.4.4.4 Andere ε_g und ε_e -Werte aus Dickenmessungen von modellhaften Havariefällen und Experimenten können in Abstimmung mit der anerkannten Klassifikationsgesellschaft verwendet werden.

9

9.3.4.4.4.5 Andere Bruchkriterien können von der anerkannten Klassifikationsgesellschaft akzeptiert werden, wenn in ausreichenden Tests deren Eignung nachgewiesen wurde.

9.3.4.4.4.6 **Tankschiff Typ G**

Für ein Tankschiff Typ G muss das Bruchkriterium für den Drucktank auf der äquivalenten plastischen Dehnung basieren. Der bei der Anwendung des Bruchkriteriums einzusetzende Wert für die Bruchdehnung ist mit der anerkannten Klassifikationsgesellschaft abzustimmen. Äquivalente plastische Dehnungen, verbunden mit Stauchungen, sind zu ignorieren.

9.3.4.4.5 **Berechnung des Kollisionsenergie-Absorptionsvermögens**

9.3.4.4.5.1 Das Kollisionsenergie-Absorptionsvermögen ist die Summe der inneren Energie (Energie aufgrund der Verformung des Werkstoffs) und der Reibungsenergie.

Der Reibungskoeffizient μ_c ist wie folgt definiert:

$$\mu_c = FD + (FS - FD) \cdot e^{-DC|v_{rel}|}$$

wobei FD = 0,1,
FS = 0,3,
DC = 0,01
[v_{rel}] = Relative Reibungsgeschwindigkeit.

Bem. Die angegebenen Werte sind Standardwerte für Schiffbaustahl.

9.3.4.4.5.2 Die aus der FE-Modellrechnung resultierenden Kurven, die den Zusammenhang aus Kollisionskraft und Eindringtiefe darstellen, sind der anerkannten Klassifikationsgesellschaft vorzulegen.

9.3.4.4.5.3 Tankschiff Typ G

9.3.4.4.5.3.1 Um für das Tankschiff Typ G die gesamte Menge an aufgenommener Energie zu erhalten, muss die Energie, die aufgrund der Gaskompression während der Kollision aufgenommen wird, berechnet werden.

9.3.4.4.5.3.2 Die Energie E, die durch das Gas aufgenommen wird, ist wie folgt zu berechnen:

$$E = \frac{p_1 \cdot V_1 - p_0 \cdot V_0}{1 - \gamma},$$

wobei: γ = 1,4

(Bem.: Der Wert 1,4 ist als Standardwert angegeben für c_p/c_v,wobei grundsätzlich gilt:

c_p = spezifische Wärmekapazität bei konstantem Druck [J/(kgK)],

c_v = spezifische Wärmekapazität bei konstantem Volumen [J/(kgK)])

p_0 = Druck zu Beginn der Kompression [Pa]

p_1 = Druck am Ende der Kompression [Pa]

V_0 = Volumen zu Beginn der Kompression [m³]

V_1 = Volumen am Ende der Kompression [m³]

9.3.4.4.6 Begriffsbestimmungen für das auftreffende Schiff und den auftreffenden Bug

9.3.4.4.6.1 Es sind mindestens zwei Arten von Bugformen des auftreffenden Schiffs für die Berechnung der Kollisionsenergie-Absorptionsvermögen zu verwenden:

- Bugform I: Schubleichter-Bug (siehe Absatz 9.3.4.4.8).
- Bugform II: V-förmiger Bug ohne Wulst (siehe Absatz 9.3.4.4.8).

9.3.4.4.6.2 Da in den meisten Kollisionsfällen der Bug des auftreffenden Schiffs im Vergleich zur Seitenkonstruktion des getroffenen Schiffs nur leichte Deformationen aufweist, wird ein auftreffender Bug als starr definiert. Ausschließlich in speziellen Situationen, in denen das getroffene Schiff über eine äußerst feste Seitenstruktur im Vergleich zum auftreffenden Bug verfügt, und das strukturelle Verhalten des getroffenes Schiffs durch die plastische Deformation des auftreffenden Bugs beeinflusst wird, ist der auftreffende Bug als verformbar anzusehen. In diesem Falle muss die Struktur des auftreffenden Bugs ebenfalls modelliert werden. Dies ist mit einer anerkannten Klassifikationsgesellschaft abzustimmen.

9.3.4.4.7 Annahmen für Kollisionsfälle

Für die Kollisionsfälle werden folgende Annahmen getroffen:

a) als Kollisionswinkel zwischen auftreffendem und getroffenem Schiff werden 90° bei V-förmigem Bug und 55° bei einem Schubleichterbug zugrunde gelegt, und

b) das getroffene Schiff macht keine Fahrt, während das auftreffende Schiff die Seite des getroffenen Schiffs bei einer konstanten Geschwindigkeit von 10 m/s anfährt. Die Kollisionsgeschwindigkeit von 10 m/s ist ein angenommener Wert für die FE-Analyse.

9.3.4.4.8 Zeichnungen

9.3.4.4.8.1 Schubleichterbug

Die charakteristischen Abmessungen sind in nachstehender Tabelle zu entnehmen

	Halbe Breiten			Höhen			
Spant	Knick 1	Knick 2	Deck	Vorsteven	Knick 1	Knick 2	Deck
145	4.173	5.730	5.730	0.769	1.773	2.882	5.084
146	4.100	5.730	5.730	0.993	2.022	3.074	5.116
147	4.028	5.730	5.730	1.255	2.289	3.266	5.149
148	3.955	5.711	5.711	1.559	2.576	3.449	5.181
149	3.883	5.653	5.653	1.932	2.883	3.621	5.214
150	3.810	5.555	5.555	2.435	3.212	3.797	5.246
151	3.738	5.415	5.415	3.043	3.536	3.987	5.278
152	3.665	5.230	5.230	3.652	3.939	4.185	5.315
Spiegel	3.600	4.642	4.642	4.200	4.300	4.351	5.340

Die folgenden Abbildungen dienen der Veranschaulichung

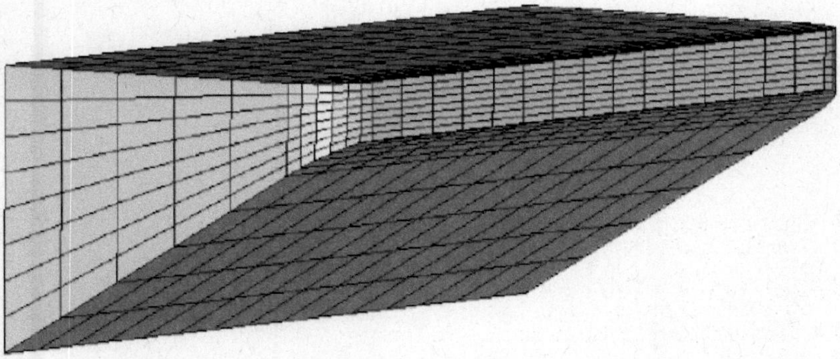

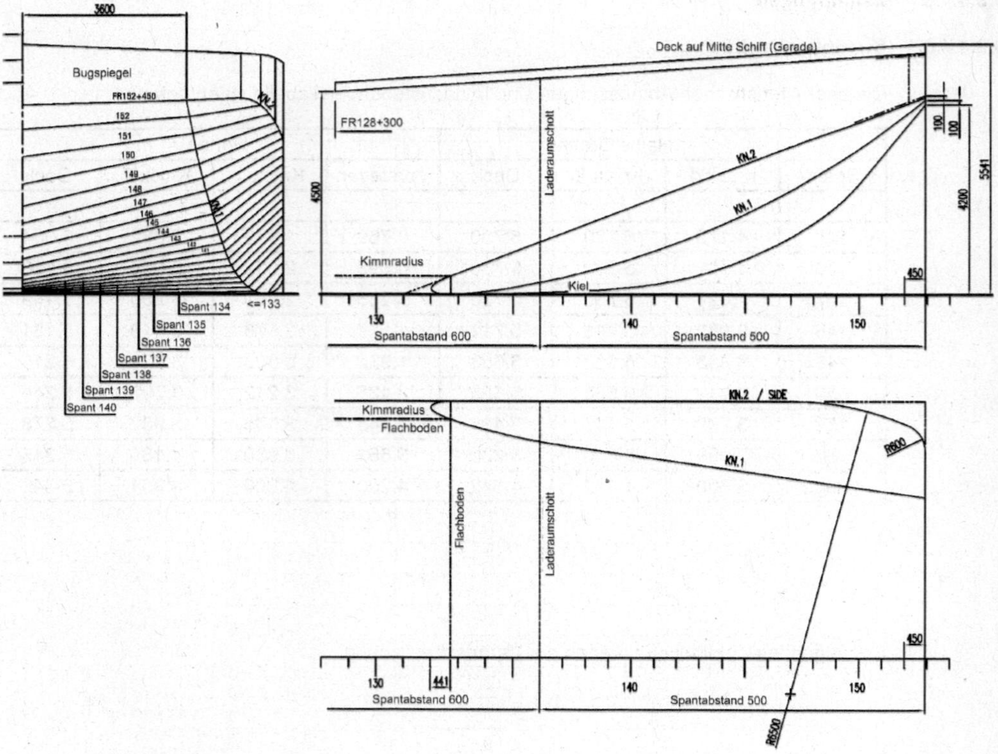
3600
Bugspiegel
FR152+450
152
151
150
149
148
147
146
145
144
143
KN.2
KN.1
Spant 134
<=133
Spant 135
Spant 136
Spant 137
Spant 138
Spant 139
Spant 140
Deck auf Mitte Schiff (Gerade)
FR128+300
Laderaumschott
4500
KN.2
KN.1
100
100
5541
4200
Kimmradius
Kiel
450
130
140
150
Spantabstand 600
Spantabstand 500
KN.2 / SIDE
Kimmradius
Flachboden
R600
KN.1
Flachboden
Laderaumschott
450
130
441
140
150
Spantabstand 600
Spantabstand 500
R6500

9.3.4.4.8.2 V-förmiger Bug

Die charakteristischen Abmessungen sind in nachstehender Tabelle zu entnehmen.

Referenz-Nummer	X	Y	Z
1	0.000	3.923	4.459
2	0.000	3.923	4.852
11	0.000	3.000	2.596
12	0.652	3.000	3.507
13	1.296	3.000	4.535
14	1.296	3.000	4.910
21	0.000	2.000	0.947
22	1.197	2.000	2.498
23	2.346	2.000	4.589
24	2.346	2.000	4.955
31	0.000	1.000	0.085
32	0.420	1.000	0.255
33	0.777	1.000	0.509
34	1.894	1.000	1.997
35	3.123	1.000	4.624
36	3.123	1.000	4.986
41	1.765	0.053	0.424
42	2.131	0.120	1.005
43	2.471	0.272	1.997
44	2.618	0.357	2.493
45	2.895	0.588	3.503
46	3.159	0.949	4.629
47	3.159	0.949	4.991
51	0.000	0.000	0.000
52	0.795	0.000	0.000
53	2.212	0.000	1.005
54	3.481	0.000	4.651
55	3.485	0.000	5.004

Die folgenden Abbildungen dienen der Veranschaulichung.

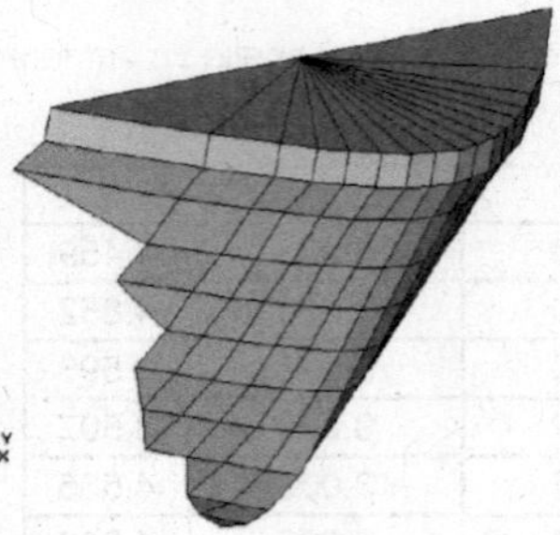

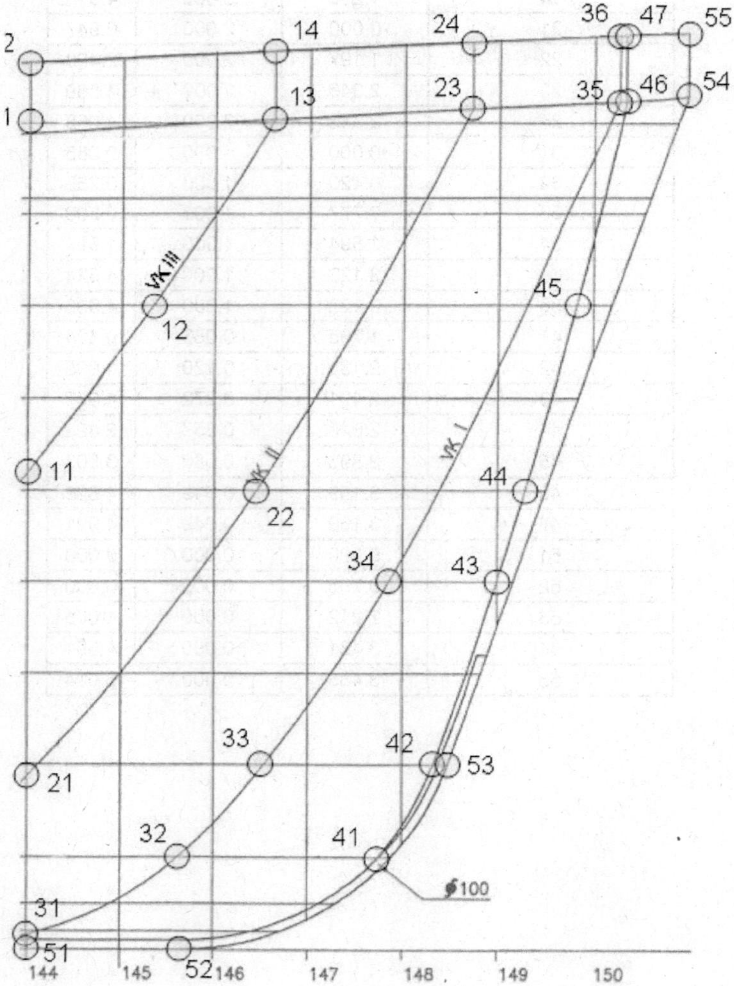

Anhänge

Auszug aus dem ADR

ADR Teil 4

Vorschrift für die Verwendung von Verpackungen und Tanks
Kapitel 4.1, 4.2, 4.3, 4.4, 4.5, 4.6 und 4.7

ADR Teil 6

Bau- und Prüfvorschriften für Verpackungen, Großpackmittel (IBC), Großverpackungen und Tanks
Kapitel 6.1, 6.2, 6.3, 6.4, 6.5, 6.6, 6.7, 6.8, 6.9, 6.10, 6.11 und 6.12

ADR Kapitel 7.3

Vorschriften für die Beförderung in loser Schüttung

ADR Kapitel 7.4

Vorschriften für die Beförderung in Tanks

ADR Kapitel 9.5

Ergänzende Vorschriften für die Herstellung der Aufbauten vollständiger oder vervollständigter Fahrzeuge zur Beförderung fester gefährlicher Güter in loser Schüttung

Auszug aus dem IMDG

IMDG Abschnitt 4.2.5

Anweisungen und Sondervorschriften für ortsbewegliche Tanks

IMDG Abschnitt 4.2.6

Zusätzliche Vorschriften für die Verwendung von Straßentankfahrzeugen und Straßen-Gaselemente-Fahrzeugen

Inkrafttreten des ADN-Übereinkommens

Bekanntmachung über das Inkrafttreten des Europäischen Übereinkommens vom 26. Mai 2000 über die internationale Beförderung von gefährlichen Gütern auf Binnenwasserstraßen (ADN)

GGVSEB

Verordnung über die innerstaatliche und grenzüberschreitende Beförderung gefährlicher Güter auf der Straße, mit Eisenbahnen und auf Binnengewässern – Gefahrgutverordnung Straße, Eisenbahn und Binnenschifffahrt –

RSEB

Richtlinien zur Durchführung der Gefahrgutverordnung Straße, Eisenbahn und Binnenschifffahrt (GGVSEB) (GGVSEB-Durchführungsrichtlinien)

Teil 4

Vorschriften für die Verwendung von Verpackungen und Tanks

4.1	**Verwendung von Verpackungen, einschließlich Großpackmittel (IBC) und Großverpackungen**
4.2	**Verwendung von ortsbeweglichen Tanks und von UN-Gascontainern mit mehreren Elementen (MEGC)**
4.3	**Verwendung von festverbundenen Tanks (Tankfahrzeugen), Aufsetztanks, Tankcontainern und Tankwechselaufbauten (Tankwechselbehältern), deren Tankkörper aus metallenen Werkstoffen hergestellt sind, sowie von Batterie-Fahrzeugen und Gascontainern mit mehreren Elementen (MEGC)**
4.4	**Verwendung von festverbundenen Tanks (Tankfahrzeugen), Aufsetztanks, Tankcontainern und Tankwechselaufbauten (Tankwechselbehältern) aus faserverstärkten Kunststoffen (FVK)**
4.5	**Verwendung und Betrieb von Saug-Druck-Tanks für Abfälle**
4.6	**(bleibt offen)**
4.7	**Verwendung von mobilen Einheiten zur Herstellung von explosiven Stoffen oder Gegenständen mit Explosivstoff (MEMU)**

10

Bem. Verpackungen, einschließlich Großpackmittel (IBC) und Großverpackungen, die nach Abschnitt 6.1.3, Unterabschnitt 6.2.2.7, 6.2.2.8, 6.2.2.9, 6.2.2.10, Abschnitt 6.3.4, 6.5.2 oder 6.6.3 gekennzeichnet sind, aber in einem Staat zugelassen wurden, der keine Vertragspartei des ADR ist, dürfen dennoch für Beförderungen gemäß ADR verwendet werden.

4.1.1 Allgemeine Vorschriften für das Verpacken gefährlicher Güter in Verpackungen, einschließlich Großpackmittel (IBC) und Großverpackungen

Bem. Für das Verpacken von Gütern der Klassen 2, 6.2 und 7 gelten die allgemeinen Vorschriften dieses Abschnitts nur, wenn dies in Unterabschnitt 4.1.8.2 (Klasse 6.2), Absatz 4.1.9.1.5 (Klasse 7) und in den anwendbaren Verpackungsanweisungen des Abschnitts 4.1.4 (P 201 und LP 200 für die Klasse 2 sowie P 620, P 621, IBC 620 und LP 621 für die Klasse 6.2) angegeben ist.

4.1.1.1 Gefährliche Güter müssen in Verpackungen, einschließlich Großpackmittel (IBC) und Großverpackungen, guter Qualität verpackt sein. Diese müssen ausreichend stark sein, dass sie den Stößen und Belastungen, die unter normalen Beförderungsbedingungen auftreten können, standhalten, einschließlich des Umschlags zwischen Güterbeförderungseinheiten und zwischen Güterbeförderungseinheiten und Lagerhäusern sowie jeder Entnahme von einer Palette oder aus einer Umverpackung zur nachfolgenden manuellen oder mechanischen Handhabung. Die Verpackungen, einschließlich Großpackmittel (IBC) und Großverpackungen, müssen so hergestellt und so verschlossen sein, dass unter normalen Beförderungsbedingungen das Austreten des Inhalts aus der versandfertigen Verpackung, insbesondere infolge von Vibration, Temperaturwechsel, Feuchtigkeits- oder Druckänderung (z.B. hervorgerufen durch Höhenunterschiede) vermieden wird. Verpackungen, einschließlich Großpackmittel (IBC) und Großverpackungen müssen gemäß den vom Hersteller gelieferten Informationen verschlossen sein. Während der Beförderung dürfen an der Außenseite von Verpackungen, Großpackmitteln (IBC) und Großverpackungen keine gefährlichen Rückstände anhaften. Diese Vorschriften gelten, wenn zutreffend, für neue, wiederverwendete, rekonditionierte und wiederaufgearbeitete Verpackungen und für neue, wiederverwendete, reparierte oder wiederaufgearbeitete Großpackmittel (IBC) sowie für neue, wiederverwendete oder wiederaufgearbeitete Großverpackungen.

4.1.1.2 Die Teile der Verpackungen, einschließlich Großpackmittel (IBC) und Großverpackungen, die unmittelbar mit gefährlichen Gütern in Berührung kommen:

a) dürfen durch diese gefährlichen Güter nicht angegriffen oder erheblich geschwächt werden,
b) dürfen keinen gefährlichen Effekt auslösen, z.B. eine katalytische Reaktion oder eine Reaktion mit den gefährlichen Gütern, und
c) dürfen keine Permeation der gefährlichen Güter ermöglichen, die unter normalen Beförderungsbedingungen eine Gefahr darstellen könnte.

Sofern erforderlich müssen sie mit einer geeigneten Innenauskleidung oder -behandlung versehen sein.

Bem. Für die chemische Verträglichkeit von Kunststoffverpackungen, einschließlich Großpackmitteln (IBC), aus Polyethylen siehe Unterabschnitt 4.1.1.21.

4.1.1.3 Sofern im ADR nichts anderes vorgeschrieben ist, muss jede Verpackung, einschließlich Großpackmittel (IBC) und Großverpackungen, ausgenommen Innenverpackungen, einer Bauart entsprechen, die, je nach Fall, in Übereinstimmung mit den Vorschriften des Abschnitts 6.1.5, 6.3.5, 6.5.6 bzw. 6.6.5 erfolgreich geprüft wurden. Verpackungen, welche die Prüfungen nicht bestehen müssen, sind in Unterabschnitt 6.1.1.3 aufgeführt.

4.1.1.4 Werden Verpackungen, einschließlich Großpackmittel (IBC) und Großverpackungen, mit flüssigen Stoffen befüllt, so muss ein füllungsfreier Raum bleiben, um sicherzustellen, dass die Ausdehnung des flüssigen Stoffes infolge der Temperaturen, die bei der Beförderung auftreten können, weder das Austreten des flüssigen Stoffes noch eine dauerhafte Verformung der Verpackung bewirkt. Sofern nicht besondere Vorschriften bestehen, dürfen Verpackungen bei einer Temperatur von 55 °C nicht vollständig mit flüssigen Stoffen ausgefüllt sein. In einem Großpackmittel (IBC) muss jedoch ausreichend füllungsfreier Raum vorhanden sein, um sicherzustellen, dass es bei einer mittleren Temperatur des Inhalts von 50 °C nicht mehr als 98 % seines Fassungsraums für Wasser gefüllt ist. Sofern nichts anderes vorgesehen ist, darf der Füllungsgrad, bezogen auf eine Abfülltemperatur von 15 °C, höchstens betragen:

entweder

a)

Siedepunkt (Siedebeginn) des Stoffes in °C	< 60	≥ 60 < 100	≥ 100 < 200	≥ 200 < 300	≥ 300
Füllungsgrad in % des Fassungsraums der Verpackung	90	92	94	96	98

oder

b) Füllungsgrad = $\frac{98}{1+\alpha(50-t_F)}$ % des Fassungsraums der Verpackung.

In dieser Formel bedeutet α den mittleren kubischen Ausdehnungskoeffizienten des flüssigen Stoffes zwischen 15 °C und 50 °C, d.h. für eine maximale Temperaturerhöhung von 35 °C.

α wird nach der Formel berechnet: $\alpha = \frac{d_{15} - d_{50}}{35 \times d_{50}}$

Dabei bedeuten:

d_{15} und d_{50} die relativen Dichten [1)] des flüssigen Stoffes bei 15 °C bzw. 50 °C und t_F die mittlere Temperatur des flüssigen Stoffes zum Zeitpunkt der Befüllung.

4.1.1.5 Innenverpackungen müssen in einer Außenverpackung so verpackt sein, dass sie unter normalen Beförderungsbedingungen nicht zerbrechen oder durchstoßen werden können oder ihr Inhalt nicht in die Außenverpackung austreten kann. Innenverpackungen, die flüssige Stoffe enthalten, müssen so verpackt werden, dass ihre Verschlüsse nach oben gerichtet sind, und in Übereinstimmung mit dem in Unterabschnitt 5.2.1.10 beschriebenen Ausrichtungszeichen in Außenverpackungen eingesetzt werden. Zerbrechliche Innenverpackungen oder solche, die leicht durchstoßen werden können, wie Gefäße aus Glas, Porzellan oder Steinzeug, gewissen Kunststoffen usw. müssen mit geeignetem Polstermaterial in die Außenverpackung eingebettet werden. Beim Austreten des Inhalts dürfen die schützenden Eigenschaften des Polstermaterials und der Außenverpackung nicht wesentlich beeinträchtigt werden.

4.1.1.5.1 Wenn die Außenverpackung einer zusammengesetzten Verpackung oder einer Großverpackung erfolgreich mit verschiedenen Typen von Innenverpackungen geprüft worden ist, dürfen auch verschiedene der letztgenannten in dieser Außenverpackung oder Großverpackung zusammengefasst werden. Außerdem sind, ohne dass das Versandstück anderen Prüfungen unterzogen werden muss, folgende Veränderungen bei den Innenverpackungen zugelassen, soweit ein gleichwertiges Leistungsniveau beibehalten wird:

a) Innenverpackungen mit gleichen oder kleineren Abmessungen dürfen verwendet werden, vorausgesetzt:

1) Statt Dichte wird in diesem Kapitel relative Dichte (d) verwendet.

(i) die Innenverpackungen entsprechen der Gestaltung der geprüften Innenverpackungen (zum Beispiel: Form - rund, rechteckig, usw.);

(ii) der für die Innenverpackungen verwendete Werkstoff (Glas, Kunststoff, Metall, usw.) weist gegenüber Stoß- oder Stapelkräften eine gleiche oder größere Festigkeit auf als die ursprünglich geprüfte Innenverpackung;

(iii) die Innenverpackungen haben gleiche oder kleinere Öffnungen und der Verschluss ist ähnlich gestaltet (z.B. Schraubkappe, eingepasster Verschluss, usw.);

(iv) zusätzliches Polstermaterial wird in ausreichender Menge verwendet, um die leeren Zwischenräume aufzufüllen und um jede nennenswerte Bewegung der Innenverpackungen zu verhindern, und

(v) die Innenverpackungen haben in der Außenverpackung die gleiche Ausrichtung wie im geprüften Versandstück.

b) Eine geringere Anzahl geprüfter Innenverpackungen oder anderer in Absatz a) beschriebenen Arten von Innenverpackungen dürfen verwendet werden, vorausgesetzt, eine ausreichende Polsterung zur Auffüllung des Zwischenraums (der Zwischenräume) und zur Verhinderung jeder nennenswerten Bewegung der Innenverpackungen wird vorgenommen.

4.1.1.5.2 Die Verwendung zusätzlicher Verpackungen innerhalb einer Außenverpackung (z.B. eine Zwischenverpackung oder ein Gefäß innerhalb einer vorgeschriebenen Innenverpackung) ergänzend zu den durch die Verpackungsanweisungen geforderten Verpackungen ist zugelassen, vorausgesetzt, alle entsprechenden Vorschriften, einschließlich der Vorschriften des Unterabschnitts 4.1.1.3, werden erfüllt und es wird, sofern zutreffend, geeignetes Polstermaterial verwendet, um Bewegungen innerhalb der Verpackung zu verhindern.

4.1.1.6 Gefährliche Güter dürfen nicht mit gefährlichen oder anderen Gütern zusammen in dieselbe Außenverpackung oder in Großverpackungen verpackt werden, wenn sie miteinander gefährlich reagieren und dabei folgendes verursachen:

a) eine Verbrennung oder Entwicklung beträchtlicher Wärme;

b) eine Entwicklung entzündbarer, erstickend wirkender, oxidierender oder giftiger Gase;

c) die Bildung ätzender Stoffe oder

d) die Bildung instabiler Stoffe.

Bem. Für die Sondervorschriften für die Zusammenpackung siehe Abschnitt 4.1.10.

4.1.1.7 Die Verschlüsse von Verpackungen mit angefeuchteten oder verdünnten Stoffen müssen so beschaffen sein, dass der prozentuale Anteil des flüssigen Stoffes (Wasser, Lösungs- oder Phlegmatisierungsmittel) während der Beförderung nicht unter die vorgeschriebenen Grenzwerte absinkt.

4.1.1.7.1 Sind an einem Großpackmittel (IBC) zwei oder mehrere Verschlusssysteme hintereinander angebracht, ist das dem beförderten Stoff am nächsten angeordnete zuerst zu schließen.

4.1.1.8 Wenn in einem Versandstück das Füllgut Gas ausscheidet (durch Temperaturanstieg oder aus anderen Gründen) und dadurch ein Überdruck entstehen kann, darf die Verpackung oder das Großpackmittel (IBC) mit einer Lüftungseinrichtung versehen sein, vorausgesetzt, das austretende Gas verursacht z.B. auf Grund seiner Giftigkeit, seiner Entzündbarkeit oder der freigesetzten Menge keine Gefahr.

Eine Lüftungseinrichtung muss eingebaut werden, wenn sich auf Grund der normalen Zersetzung von Stoffen ein gefährlicher Überdruck bilden kann. Die Lüftungseinrichtung muss so ausgelegt sein, dass das Austreten von flüssigen Stoffen sowie das Eindringen von Fremdstoffen in der für die Beförderung vorgesehenen Lage der Verpackung oder des Großpackmittels (IBC) unter normalen Beförderungsbedingungen vermieden wird.

Bem. Be- und Entlüftung des Versandstücks ist im Luftverkehr nicht zugelassen.

4.1.1.8.1 Flüssige Stoffe dürfen nur in Innenverpackungen gefüllt werden, die eine ausreichende Widerstandsfähigkeit gegenüber dem Innendruck haben, der unter normalen Beförderungsbedingungen entstehen kann.

4.1.1.9 Neue, wiederaufgearbeitete oder wiederverwendete Verpackungen, einschließlich Großpackmittel (IBC) und Großverpackungen, oder rekonditionierte Verpackungen, reparierte oder regelmäßig gewartete Großpackmittel (IBC) müssen, je nach Fall, den in Abschnitt 6.1.5, 6.3.5, 6.5.6 oder 6.6.5 vorgeschriebenen Prüfungen standhalten können. Vor der Befüllung und der Übergabe zur Beförderung muss jede Verpackung, einschließlich Großpackmittel (IBC) und Großverpackungen, überprüft werden, um sicherzustellen, dass sie frei von Korrosion, Verunreinigung oder anderen Schäden ist, und jedes Großpackmittel (IBC) muss bezüglich der ordnungsgemäßen Funktion der Bedienungsausrüstung überprüft werden. Jede Verpackung, die Anzeichen verminderter Widerstandsfähigkeit gegenüber der zugelassenen Bauart aufweist, darf nicht mehr verwendet oder sie muss so rekonditioniert werden, dass sie den Bauartprüfungen standhalten kann. Jedes Großpackmittel (IBC), das Anzeichen verminderter Widerstandsfähigkeit gegenüber der geprüften Bauart aufweist, darf nicht mehr verwendet oder es muss so repariert oder regelmäßig gewartet werden, dass es den Bauartprüfungen standhalten kann.

4.1.1.10 Flüssige Stoffe dürfen nur in Verpackungen, einschließlich Großpackmittel (IBC), gefüllt werden, die eine ausreichende Widerstandsfähigkeit gegenüber dem Innendruck haben, der unter normalen Beförderungsbedingungen entstehen kann. Verpackungen und Großpackmittel (IBC), auf denen der Prüfdruck der Flüssigkeitsdruckprüfung nach Unterabschnitt 6.1.3.1 d) bzw. Absatz 6.5.2.2.1 im Kennzeichen angegeben ist, dürfen nur mit einem flüssigen Stoff befüllt werden, dessen Dampfdruck

a) so groß ist, dass der Gesamtüberdruck in der Verpackung oder im Großpackmittel (IBC) (d.h. Dampfdruck des Füllgutes plus Partialdruck von Luft oder sonstigen inerten Gasen, vermindert um 100 kPa) bei 55 °C, gemessen unter Zugrundelegung eines maximalen Füllungsgrades gemäß Unterabschnitt 4.1.1.4 und einer Fülltemperatur von 15 °C, $^{2}/_{3}$ des im Kennzeichen angegebenen Prüfdruckes nicht überschreitet, oder

b) bei 50 °C geringer ist als $^{4}/_{7}$ der Summe aus dem im Kennzeichen angegebenen Prüfdruck plus 100 kPa oder

c) bei 55 °C geringer ist als $^{2}/_{3}$ der Summe aus dem im Kennzeichen angegebenen Prüfdruck plus 100 kPa.

Großpackmittel (IBC), die für die Beförderung flüssiger Stoffe bestimmt sind, dürfen nicht für die Beförderung flüssiger Stoffe verwendet werden, die einen Dampfdruck von mehr als 110 kPa (1,1 bar) bei 50 °C oder 130 kPa (1,3 bar) bei 55 °C haben.

Beispiele für auf den Verpackungen, einschließlich Großpackmitteln (IBC), anzugebende Prüfdrücke, die nach Unterabschnitt 4.1.1.10 c) berechnet wurden

UN-Nr.	Benennung	Klasse	Verpackungsgruppe	Vp_{55} (kPa)	(Vp_{55} x 1,5) (kPa)	(Vp_{55} x 1,5) minus 100 (kPa)	vorgeschriebener Mindestprüfdruck (Überdruck) nach Abs. 6.1.5.5.4 c) (kPa)	Mindestprüfdruck (Überdruck), der auf der Verpackung anzugeben ist (kPa)
2056	Tetrahydrofuran	3	II	70	105	5	100	100
2247	n-Decan	3	III	1,4	2,1	–97,9	100	100
1593	Dichlormethan	6.1	III	164	246	146	146	150
1155	Ethylether	3	I	199	299	199	199	250

Bem. 1. Für reine flüssige Stoffe kann der Dampfdruck bei 55 °C (Vp_{55}) oft aus Tabellen entnommen werden, die in der wissenschaftlichen Literatur veröffentlicht sind.

2. Die in der Tabelle angegebenen Mindestprüfdrücke beziehen sich nur auf die Anwendung der Angaben unter Unterabschnitt 4.1.1.10 c), das bedeutet, dass der angegebene Prüfdruck größer sein muss als der 1,5fache Dampfdruck bei 55 °C minus 100 kPa. Wenn beispielsweise der Prüfdruck für n-Decan gemäß Absatz 6.1.5.5.4 a) bestimmt wird, kann der anzugebende Mindestprüfdruck geringer sein.

3. Für Ethylether beträgt der nach Absatz 6.1.5.5.5 vorgeschriebene Mindestprüfdruck 250 kPa.

4.1.1.11 Leere Verpackungen, einschließlich leere Großpackmittel (IBC) und leere Großverpackungen, die ein gefährliches Gut enthalten haben, unterliegen denselben Vorschriften wie gefüllte Verpackungen, es sei denn, es wurden entsprechende Maßnahmen getroffen, um jede Gefahr auszuschließen.

Bem. Wenn solche Verpackungen zur Entsorgung, zum Recycling oder zur Wiederverwendung ihrer Werkstoffe befördert werden, dürfen sie auch unter der UN-Nummer 3509 befördert werden, vorausgesetzt, die Bedingungen der Sondervorschrift 663 des Kapitels 3.3 werden erfüllt.

4.1.1.12 Jede Verpackung gemäß Kapitel 6.1, die für flüssige Stoffe vorgesehen ist, muss erfolgreich einer geeigneten Dichtheitsprüfung unterzogen werden. Diese Prüfung ist Teil des in Unterabschnitt 6.1.1.4 festgelegten Qualitätssicherungsprogramms, das zeigt, dass die Verpackung in der Lage ist, die entsprechenden in Absatz 6.1.5.4.3 angegebenen Prüfanforderungen zu erfüllen:

a) vor der erstmaligen Verwendung zur Beförderung;

b) nach Wiederaufarbeitung oder Rekonditionierung jeder Verpackung vor Wiederverwendung zur Beförderung.

Für diese Prüfung ist es nicht erforderlich, die Verpackung mit ihren Verschlüssen zu versehen. Das Innengefäß einer Kombinationsverpackung darf ohne Außenverpackung geprüft werden, vorausgesetzt, die Prüfergebnisse werden nicht beeinträchtigt.

Diese Prüfung ist nicht erforderlich für

– Innenverpackungen von zusammengesetzten Verpackungen oder Großverpackungen,
– Innengefäße von Kombinationsverpackungen (Glas, Porzellan oder Steinzeug), die gemäß Unterabschnitt 6.1.3.1 a) (ii) mit dem Symbol «RID/ADR» gekennzeichnet sind,
– Feinstblechverpackungen, die gemäß Unterabschnitt 6.1.3.1 a) (ii) mit dem Symbol «RID/ADR» gekennzeichnet sind.

4.1.1.13 Verpackungen, einschließlich Großpackmittel (IBC), für feste Stoffe, die sich bei den während der Beförderung auftretenden Temperaturen verflüssigen können, müssen diesen Stoff auch im flüssigen Zustand zurückhalten.

4.1.1.14 Verpackungen, einschließlich Großpackmittel (IBC), für pulverförmige oder körnige Stoffe müssen staubdicht oder mit einem Innensack versehen sein.

10

4.1.1.15 Sofern von der zuständigen Behörde nicht etwas anderes festgelegt wurde, beträgt die zulässige Verwendungsdauer für Fässer und Kanister aus Kunststoff, starre Kunststoff-IBC und Kombinations-IBC mit Kunststoff-Innenbehälter zur Beförderung gefährlicher Güter, vom Datum ihrer Herstellung an gerechnet, fünf Jahre, es sei denn, wegen der Art des zu befördernden Stoffes ist eine kürzere Verwendungsdauer vorgeschrieben.

4.1.1.16 Wenn Eis als Kühlmittel verwendet wird, darf dieses nicht die Funktionsfähigkeit der Verpackung beeinträchtigen.

4.1.1.17 (gestrichen)

4.1.1.18 **Explosive Stoffe und Gegenstände mit Explosivstoff, selbstzersetzliche Stoffe und organische Peroxide**

Sofern im ADR nichts anderes vorgeschrieben ist, müssen die für Güter der Klasse 1, für selbstzersetzliche Stoffe der Klasse 4.1 oder für organische Peroxide der Klasse 5.2 verwendeten Verpackungen, einschließlich Großpackmittel (IBC) und Großverpackungen, den Vorschriften für die mittlere Gefahrengruppe (Verpackungsgruppe II) entsprechen.

4.1.1.19 **Verwendung von Bergungsverpackungen und Bergungsgroßverpackungen**

4.1.1.19.1 Beschädigte, defekte, undichte oder nicht den Vorschriften entsprechende Versandstücke oder gefährliche Güter, die verschüttet wurden oder ausgetreten sind, dürfen in Bergungsverpackungen nach Absatz 6.1.5.1.11 und Bergungsgroßverpackungen nach Absatz 6.6.5.1.9 befördert werden. Die Verwendung einer Verpackung, eines Großpackmittels (IBC) des Typs 11A oder einer Großverpackung mit größeren Abmessungen eines geeigneten Typs und geeigneter Prüfanforderungen wird dadurch nicht ausgeschlossen, vorausgesetzt, die Vorschriften der Absätze 4.1.1.19.2 und 4.1.1.19.3 werden erfüllt.

4.1.1.19.2 Geeignete Maßnahmen müssen ergriffen werden, um übermäßige Bewegungen der beschädigten oder undichten Versandstücke innerhalb der Bergungsverpackung oder Bergungsgroßverpackung zu verhindern. Sofern die Bergungsverpackung oder Bergungsgroßverpackung flüssige Stoffe enthält, muss eine ausreichende Menge inerten saugfähigen Materials beigefügt werden, um das Auftreten freier Flüssigkeit auszuschließen.

4.1.1.19.3 Es sind geeignete Maßnahmen zu ergreifen, um einen gefährlichen Druckaufbau zu verhindern.

4.1.1.20 **Verwendung von Bergungsdruckgefäßen**

4.1.1.20.1 Für beschädigte, defekte, undichte oder nicht den Vorschriften entsprechende Druckgefäße dürfen Bergungsdruckgefäße gemäß Abschnitt 6.2.3.11 verwendet werden.

Bem. Ein Bergungsdruckgefäß darf als Umverpackung gemäß Abschnitt 5.1.2 verwendet werden. Bei der Verwendung als Umverpackung müssen die Kennzeichen nicht dem Unterabschnitt 5.2.1.3, sondern dem Unterabschnitt 5.1.2.1 entsprechen.

4.1.1.20.2 Druckgefäße müssen in Bergungsdruckgefäße geeigneter Größe eingesetzt werden. Die höchstzulässige Größe des eingesetzten Druckgefäßes ist auf einen mit Wasser ausgeliterten Fassungsraum von 1000 Litern begrenzt. Mehrere Druckgefäße dürfen nur dann in ein und dasselbe Bergungsdruckgefäß eingesetzt werden, wenn deren Füllgüter bekannt sind und diese nicht gefährlich miteinander reagieren (siehe Unterabschnitt 4.1.1.6). In diesem Fall darf die Gesamtsumme der mit Wasser ausgeliterten Fassungsräume der eingesetzten Druckgefäße 1000 Liter nicht überschreiten. Es müssen geeignete Maßnahmen ergriffen werden, um Bewegungen der Druckgefäße im Bergungsdruckgefäß zu verhindern, z.B. durch Unterteilen, Sichern oder Polstern.

4.1.1.20.3 Ein Druckgefäß darf nur dann in ein Bergungsdruckgefäß eingesetzt werden, wenn:

a) das Bergungsdruckgefäß den Vorschriften des Unterabschnitts 6.2.3.11 entspricht und eine Kopie der Zulassungsbescheinigung vorliegt;

b) die Teile des Bergungsdruckgefäßes, die in direktem Kontakt mit den gefährlichen Gütern stehen oder stehen können, nicht durch diese angegriffen oder geschwächt werden und keine gefährliche Wirkungen verursachen, z.B. Katalyse einer Reaktion oder Reaktion mit den gefährlichen Gütern, und

c) der Druck und das Volumen des Füllguts des (der) enthaltenen Druckgefäßes (Druckgefäße) so begrenzt ist, dass bei einer vollständigen Entleerung in das Bergungsdruckgefäß der Druck im Bergungsdruckgefäß bei 65 °C nicht höher ist als der Prüfdruck des Bergungsdruckgefäßes (für Gase siehe Unterabschnitt 4.1.4.1 Verpackungsanweisung P 200 (3)). Dabei muss die Verringerung des mit Wasser ausgeliterten nutzbaren Fassungsraums, z.B. durch eventuell enthaltene Ausrüstungen und Polsterungen, berücksichtigt werden.

4.1.1.20.4 Die in Kapitel 5.2 für Versandstücke vorgeschriebene offizielle Benennung für die Beförderung, UN-Nummer mit vorangestellten Buchstaben «UN» und Gefahrzettel der gefährlichen Güter im (in den) enthaltenen Druckgefäß(en) müssen bei der Beförderung auf dem Bergungsdruckgefäß angegeben sein.

4.1.1.20.5 Bergungsdruckgefäße müssen nach jeder Verwendung gereinigt, entgast und innen und außen einer Sichtprüfung unterzogen werden. Sie müssen spätestens alle fünf Jahre gemäß Unterabschnitt 6.2.3.5 einer wiederkehrenden Prüfung unterzogen werden.

4.1.1.21 **Nachweis der chemischen Verträglichkeit von Verpackungen, einschließlich Großpackmitteln (IBC), aus Kunststoff durch Assimilierung von Füllgütern zu Standardflüssigkeiten**

► *1.6.1.7*

4.1.1.21.1 **Geltungsbereich**

Für Verpackungen aus Polyethylen nach Absatz 6.1.5.2.6 und für Großpackmittel (IBC) aus Polyethylen nach Absatz 6.5.6.3.5 kann die chemische Verträglichkeit mit Füllgütern durch Assimilierung zu Standardflüssigkeiten dadurch nachgewiesen werden, dass die in den Absätzen 4.1.1.21.3 bis 4.1.1.21.5 festgelegten Verfahren befolgt und die Liste in Tabelle 4.1.1.21.6 angewendet wird, vorausgesetzt, die Bauart hat den Zulassungsprüfungen mit diesen Standardflüssigkeiten gemäß Abschnitt 6.1.5 oder 6.5.6 unter Einbeziehung von Abschnitt 6.1.6 genügt und die Vorbedingungen in Absatz 4.1.1.21.2 erfüllt. Wenn eine Assimilierung gemäß diesem Unterabschnitt nicht möglich ist, muss die chemische Verträglichkeit durch Bauartprüfungen gemäß Absatz 6.1.5.2.5 oder durch Laborprüfungen gemäß Absatz 6.1.5.2.7 für Verpackungen bzw. gemäß Absatz 6.5.6.3.3 oder 6.5.6.3.6 für Großpackmittel (IBC) geprüft werden.

Bem. Unabhängig von den Vorschriften dieses Unterabschnitts unterliegt die Verwendung von Verpackungen, einschließlich Großpackmitteln (IBC), für ein spezifisches Füllgut den Beschränkungen des Kapitels 3.2 Tabelle A und den Verpackungsanweisungen des Kapitels 4.1.

4.1.1.21.2 Vorbedingungen

Die relativen Dichten der Füllgüter dürfen diejenige, die bei der Ermittlung der Fallhöhe nach Absatz 6.1.5.3.5 oder 6.5.6.9.4 für die erfolgreich durchgeführte Fallprüfung und der Masse nach Unterabschnitt 6.1.5.6 oder, soweit notwendig, nach Unterabschnitt 6.5.6.6 für die erfolgreich durchgeführte Stapeldruckprüfung mit der (den) assimilierten Standardflüssigkeit(en) verwendet wurde, nicht überschreiten. Die Dampfdrücke der Füllgüter bei 50 °C oder 55 °C dürfen denjenigen, der bei der Ermittlung des Druckes nach Absatz 6.1.5.5.4 oder 6.5.6.8.4.2 für die erfolgreich durchgeführte Innendruckprüfung mit der (den) assimilierten Standardflüssigkeit(en) verwendet wurde, nicht überschreiten. In dem Falle, dass Füllgüter einer Kombination von Standardflüssigkeiten assimiliert sind, dürfen die entsprechenden Werte der Füllgüter die Mindestwerte der assimilierten Standardflüssigkeiten, die sich aus den angewandten Fallhöhen, Stapelmassen und inneren Prüfdrücken ableiten, nicht überschreiten.

Beispiel: UN 1736 Benzoylchlorid ist der Kombination von Standardflüssigkeiten «Kohlenwasserstoffgemisch und Netzmittellösung» assimiliert. Benzoylchlorid hat einen Dampfdruck bei 50 °C von 0,34 kPa und eine relative Dichte von ca. 1,2. Häufig wird die Bauartprüfung von Fässern oder Kanistern aus Kunststoff mit dem geringsten geforderten Prüfniveau durchgeführt. Das bedeutet in solchen Fällen praktisch, dass die Stapeldruckprüfungen der betreffenden Verpackungsarten mit jeweiligen Lasten durchgeführt wurden, die der relativen Dichte von 1,0 für das Kohlenwasserstoffgemisch und der relativen Dichte von 1,2 für die Netzmittellösung entsprechen (siehe Definition von Standardflüssigkeiten in Abschnitt 6.1.6). Folglich gilt in einem solchem Fall die chemische Verträglichkeit für Benzoylchlorid für eine in solcher Weise geprüfte Bauart als nicht geprüft, weil das Prüfniveau der betreffenden Bauart für die Standardflüssigkeit Kohlenwasserstoffgemisch für die Assimilierung von Benzoylchlorid nicht ausreichend hoch ist. (Weil in den meisten Fällen der angewandte Prüfdruck der hydraulischen Innendruckprüfung mindestens 100 kPa beträgt, ist der Dampfdruck von Benzoylchlorid durch ein solches Prüfniveau gemäß Unterabschnitt 4.1.1.10 in ausreichender Weise abgedeckt).

Alle Bestandteile eines Füllgutes, das eine Lösung, Mischung oder Zubereitung sein kann, wie Netzmittel in Reinigungs- oder Desinfektionsmitteln, unabhängig davon, ob sie gefährliche oder ungefährliche Inhaltsstoffe sind, müssen in das Assimilierungsverfahren einbezogen werden.

4.1.1.21.3 Assimilierungsverfahren

Bei der Zuordnung von Füllgütern zu den in der Assimilierungsliste in Tabelle 4.1.1.21.6 aufgeführten Stoffen oder Stoffgruppen müssen die folgenden Schritte eingehalten werden (siehe auch Ablaufschema in Abbildung 4.1.1.21.1):

a) Klassifiziere das Füllgut nach Verfahren und Kriterien von Teil 2 (Bestimmung der UN-Nummer und der Verpackungsgruppe).

b) Suche, sofern sie dort enthalten ist, die UN-Nummer in Spalte 1 der Tabelle 4.1.1.21.6 auf.

c) Wenn mehr als eine Eintragung für diese UN-Nummer existiert, wähle die Zeile aus, die mit den Angaben der Verpackungsgruppe, der Konzentration, des Flammpunktes, des Vorhandenseins nicht gefährlicher Bestandteile, usw. anhand von den in den Spalten 2a, 2b und 4 gegebenen Informationen zu dieser UN-Nummer übereinstimmt.

   Wenn dies nicht möglich ist, muss die chemische Verträglichkeit gemäß Absatz 6.1.5.2.5 oder 6.1.5.2.7 für Verpackungen bzw. gemäß Absatz 6.5.6.3.3 oder 6.5.6.3.6 für Großpackmittel (IBC) geprüft werden (für wässerige Lösungen siehe jedoch Absatz 4.1.1.21.4).

d) Wenn die nach Buchstabe a) bestimmte UN-Nummer und Verpackungsgruppe des Füllgutes nicht in der Assimilierungsliste enthalten ist, muss die chemische Verträglichkeit bei Verpackungen nach Absatz 6.1.5.2.5 oder 6.1.5.2.7 und bei Großpackmitteln IBC nach Absatz 6.5.6.3.3 oder 6.5.6.3.6 nachgewiesen werden.

e) Wenn Spalte 5 der ausgewählten Zeile den Wortlaut «Regel für Sammeleintragungen» enthält, ist weiter nach dieser in Absatz 4.1.1.21.5 beschriebenen Regel zu verfahren.

f) Die chemische Verträglichkeit des Füllgutes gilt als nachgewiesen, wenn die in den Absätzen 4.1.1.21.1 und 4.1.1.21.2 genannten Vorschriften berücksichtigt wurden, dem namentlich genannten Stoff in Spalte 5 eine Standardflüssigkeit oder eine Kombination von Standardflüssigkeiten assimiliert ist und die Bauart für diese Standardflüssigkeit(en) zugelassen ist.

Abbildung 4.1.1.21.1: Ablaufschema für die Assimilierung von Füllgütern zu Standardflüssigkeiten

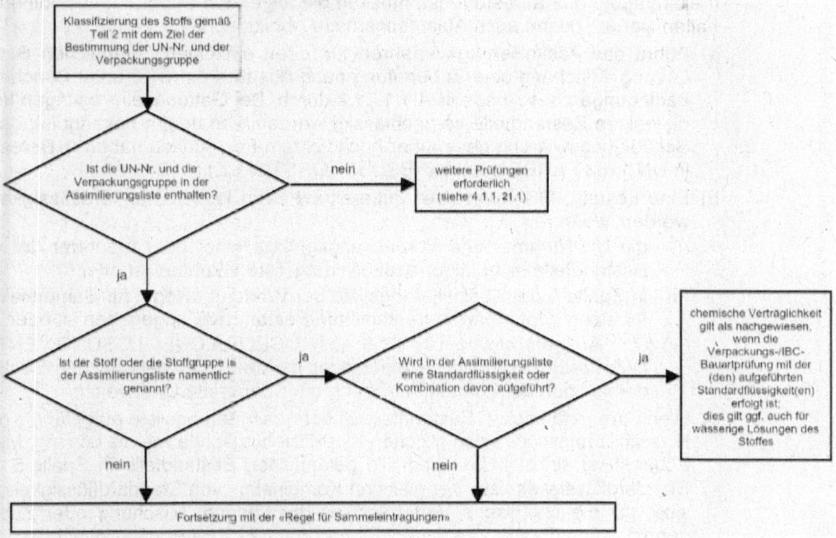

4.1.1.21.4 Wässerige Lösungen

Wässerige Lösungen von Stoffen oder Stoffgruppen, die nach Absatz 4.1.1.21.3 einer oder mehreren Standardflüssigkeiten assimiliert sind, können ebenfalls dieser (diesen) Standardflüssigkeit(en) assimiliert werden, wenn folgende Bedingungen eingehalten sind:

a) die wässerige Lösung kann gemäß den Kriterien des Unterabschnitts 2.1.3.3 der gleichen UN-Nummer zugeordnet werden wie der in der Assimilierungsliste aufgeführte Stoff und

b) die wässerige Lösung ist nicht gesondert an anderer Stelle in der Assimilierungsliste in Absatz 4.1.1.21.6 aufgeführt und

c) es findet keine chemische Reaktion zwischen dem gefährlichen Stoff und dem Lösungsmittel Wasser statt.

Beispiel: Wässerige Lösungen von UN 1120 tert-Butanol:

– *Reines tert-Butanol selbst ist der Standardflüssigkeit «Essigsäure» in der Assimilierungsliste zugeordnet.*

– *Wässerige Lösungen von tert-Butanol können gemäß Unterabschnitt 2.1.3.3 unter der Eintragung UN 1120 BUTANOLE klassifiziert werden, weil die Eigenschaften der wässerigen Lösungen von tert-Butanol sich von denen des gefährlichen Stoffes bezüglich der Klasse, des physikalischen Zustands oder der Verpackungsgruppe(n) nicht unterscheiden. Darüber hinaus geht aus Angaben unter der Eintragung UN 1120 BUTANOLE nicht besonders hervor, dass sie nur für den reinen oder technisch reinen Stoff gilt; außerdem sind wässerige Lösungen dieses Stoffes in Kapitel 3.2 Tabelle A nicht besonders aufgeführt.*

– *UN 1120 BUTANOLE reagieren unter normalen Beförderungsbedingungen nicht mit Wasser.*

Folglich kann eine wässerige Lösung von UN 1120 tert-Butanol der Standardflüssigkeit «Essigsäure» assimiliert werden.

4.1.1.21.5 Regel für Sammeleintragungen

Bei der Assimilierung von Füllgütern, bei denen in Spalte 5 der Wortlaut «Regel für Sammeleintragungen» aufgeführt ist, müssen die folgenden Schritte und Bedingungen eingehalten werden (siehe auch Ablaufschema in Abbildung 4.1.1.21.2):

a) Führe das Assimilierungsverfahren für jeden einzelnen gefährlichen Bestandteil der Lösung, Mischung oder Zubereitung nach Absatz 4.1.1.21.3 unter Beachtung der Vorbedingungen des Absatzes 4.1.1.21.2 durch. Bei Gattungseintragungen können dabei diejenigen Bestandteile vernachlässigt werden, von denen bekannt ist, dass sie keine Schädigungswirkung gegenüber hochdichtem Polyethylen haben (z.B. feste Pigmente in UN 1263 FARBE oder FARBZUBEHÖRSTOFFE).

b) Eine Lösung, Mischung oder Zubereitung kann keiner Standardflüssigkeit assimiliert werden, wenn
   (i) die UN-Nummer und Verpackungsgruppe einer oder mehrerer der gefährlichen Bestandteile nicht in der Assimilierungsliste enthalten ist oder
   (ii) in Spalte 5 der Assimilierungsliste der Wortlaut «Regel für Sammeleintragungen» für einen oder mehrere gefährlichen Bestandteile angegeben ist oder
   (iii) (mit Ausnahme von UN 2059 NITROCELLULOSE, LÖSUNG, ENTZÜNDBAR) der Klassifizierungscode einer oder mehrerer der gefährlichen Bestandteile von demjenigen der Lösung, Mischung oder Zubereitung abweicht.

c) Wenn alle gefährlichen Bestandteile in der Assimilierungsliste aufgeführt sind und deren Klassifizierungscodes den gleichen Klassifizierungscode wie die Lösung, Mischung oder Zubereitung selbst haben und alle gefährlichen Bestandteile in Spalte 5 der gleichen Standardflüssigkeit bzw. der gleichen Kombination von Standardflüssigkeiten assimiliert sind, gilt die chemische Verträglichkeit der Lösung, Mischung oder Zubereitung als geprüft, wenn die Absätze 4.1.1.21.1 und 4.1.1.21.2 berücksichtigt wurden.

d) Wenn alle gefährlichen Bestandteile in der Assimilierungsliste aufgeführt sind und deren Klassifizierungscodes den gleichen Klassifizierungscode wie die Lösung, Mischung oder Zubereitung selbst haben, aber verschiedene Standardflüssigkeiten in Spalte 5 aufgeführt sind, gilt die chemische Verträglichkeit der Lösung, Mischung oder Zubereitung nur für die nachfolgend aufgeführten Kombinationen von Standardflüssigkeiten als nachgewiesen, wenn die Absätze 4.1.1.21.1 und 4.1.1.21.2 berücksichtigt wurden:
   (i) Wasser/Salpetersäure (55 %), mit Ausnahme von anorganischen Säuren mit dem Klassifizierungscode C1, die der Standardflüssigkeit «Wasser» zugeordnet sind,
   (ii) Wasser/Netzmittellösung,
   (iii) Wasser/Essigsäure,
   (iv) Wasser/Kohlenwasserstoffgemisch,
   (v) Wasser/n-Butylacetat – mit n-Butylacetat gesättigte Netzmittellösung.

e) Im Rahmen dieser Regel gilt die chemische Verträglichkeit für andere Kombinationen von Standardflüssigkeiten als die in Buchstabe d) genannten sowie für die in Buchstabe b) genannten Fälle als nicht nachgewiesen. Die chemische Verträglichkeit ist dann auf anderem Wege zu prüfen (siehe Absatz 4.1.1.21.3 d)).

Beispiel 1: Mischung aus UN 1940 THIOGLYCOLSÄURE (50 %) und UN 2531 METHACRYLSÄURE, STABILISIERT (50 %); Klassifizierung der Mischung: UN 3265 ÄTZENDER SAURER ORGANISCHER FLÜSSIGER STOFF, N.A.G.

– *Sowohl die UN-Nummern der Bestandteile als auch die UN-Nummer der Mischung sind in der Assimilierungsliste aufgeführt.*

- *Sowohl die Bestandteile als auch die Mischung haben den gleichen Klassifizierungscode: C3.*
- *UN 1940 THIOGLYCOLSÄURE ist der Standardflüssigkeit «Essigsäure» und UN 2531 METHACRYLSÄURE, STABILISIERT ist der Standardflüssigkeit «n-Butylacetat – mit n-Butylacetat gesättigte Netzmittellösung» assimiliert. Nach Buchstabe d) ist dies keine erlaubte Kombination von Standardflüssigkeiten. Die chemische Verträglichkeit der Mischung muss deshalb auf anderem Wege geprüft werden.*

Beispiel 2: Mischung aus UN 1793 ISOPROPYLPHOSPHAT (50 %) und UN 1803 PHENOLSULFONSÄURE, FLÜSSIG (50 %); Klassifizierung der Mischung als UN 3265 ÄTZENDER SAURER ORGANISCHER FLÜSSIGER STOFF, N.A.G.

- *Sowohl die UN-Nummern der Bestandteile als auch die UN-Nummer der Mischung sind in der Assimilierungsliste aufgeführt.*
- *Sowohl die Bestandteile als auch die Mischung haben den gleichen Klassifizierungscode: C3.*
- *UN 1793 ISOPROPYLPHOSPHAT ist der Standardflüssigkeit «Netzmittellösung» und UN 1803 PHENOLSULFONSÄURE, FLÜSSIG der Standardflüssigkeit «Wasser» assimiliert. Nach Buchstabe d) ist dies eine der erlaubten Kombinationen von Standardflüssigkeiten. Folglich gilt die chemische Verträglichkeit für diese Mischung als geprüft, wenn die Verpackungsbauart für die Standardflüssigkeiten «Netzmittellösung» und «Wasser» zugelassen ist.*

Abbildung 4.1.1.21.2: Ablaufschema für die «Regel für Sammeleintragungen»

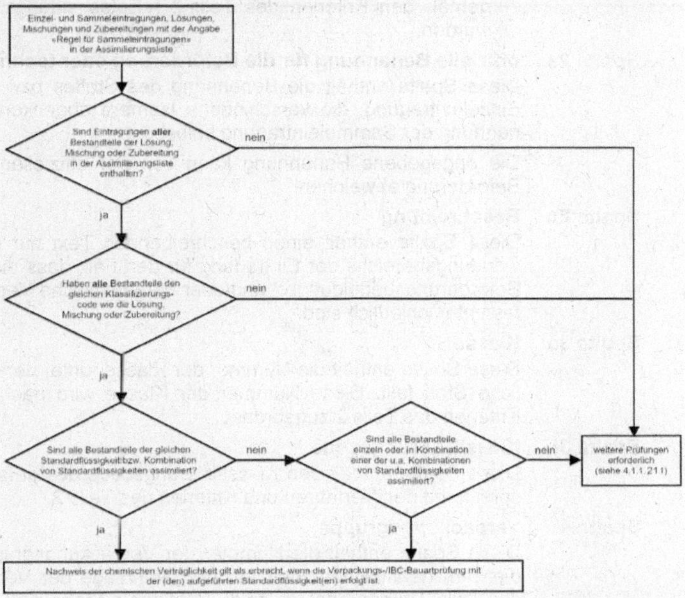

Zulässige Kombinationen von Standardflüssigkeiten:

- Wasser/Salpetersäure 55 %, mit Ausnahme von anorganischen Säuren mit dem Klassifizierungscode C1, die der Standardflüssigkeit «Wasser» zugeordnet sind
- Wasser/Netzmittellösung
- Wasser/Essigsäure
- Wasser/Kohlenwasserstoffgemisch
- Wasser/n-Butylacetat – mit n-Butylacetat gesättigte Netzmittellösung

10

4.1.1.21.6 Assimilierungsliste

In der folgenden Tabelle (Assimilierungsliste) sind die gefährlichen Stoffe in UN-numerischer Ordnung aufgeführt. In der Regel behandelt jede Zeile einen Stoff bzw. eine Einzel- oder Sammeleintragung, der/die einer bestimmten UN-Nummer zugeordnet ist. Jedoch können mehrere aufeinander folgende Zeilen für dieselbe UN-Nummer verwendet werden, wenn Stoffe, die zur selben UN-Nummer gehören, unterschiedliche Stoffnamen (z.B. einzelne Isomere einer Stoffgruppe), unterschiedliche chemische Eigenschaften, physikalische Eigenschaften und/oder Beförderungsvorschriften haben. In diesen Fällen ist die Einzeleintragung oder Sammeleintragung innerhalb der jeweiligen Verpackungsgruppe als letzte dieser Folge von Zeilen aufgeführt.

Die Spalten 1 bis 4 der Tabelle 4.1.1.21.6, die ähnlich wie die Tabelle A des Kapitels 3.2 aufgebaut ist, werden zur Identifizierung des Stoffes für die Zwecke dieses Unterabschnitts genutzt. Die letzte Spalte bezeichnet die Standardflüssigkeit(en), zu der (denen) der Stoff assimiliert werden kann.

Erläuterungen zu den einzelnen Spalten:

Spalte 1 **UN-Nr.**

Diese Spalte enthält die UN-Nummer

- des gefährlichen Stoffs, wenn dem Stoff eine eigene spezifische UN-Nummer zugeordnet ist, oder
- der Sammeleintragung, welcher die nicht namentlich genannten Stoffe gemäß den Kriterien des Teils 2 («Entscheidungsbäume») zugeordnet wurden.

Spalte 2a **offizielle Benennung für die Beförderung oder technische Benennung**

Diese Spalte enthält die Benennung des Stoffes bzw. die Benennung der Einzeleintragung, die verschiedene Isomere abdecken kann, oder die Benennung der Sammeleintragung selbst.

Die angegebene Benennung kann von der offiziellen Benennung für die Beförderung abweichen.

Spalte 2b **Beschreibung**

Diese Spalte enthält einen beschreibenden Text zur Erläuterung des Anwendungsbereichs der Eintragung für den Fall, dass die Klassifizierung, die Beförderungsbedingungen und/oder die chemische Verträglichkeit des Stoffes unterschiedlich sind.

Spalte 3a **Klasse**

Diese Spalte enthält die Nummer der Klasse, unter deren Begriff der gefährliche Stoff fällt. Diese Nummer der Klasse wird nach den Verfahren und Kriterien des Teils 2 zugeordnet.

Spalte 3b **Klassifizierungscode**

Diese Spalte enthält den Klassifizierungscode des gefährlichen Stoffes entsprechend den Verfahren und Kriterien des Teils 2.

Spalte 4 **Verpackungsgruppe**

Diese Spalte enthält die Nummer der Verpackungsgruppe(n) (I, II oder III), die dem gefährlichen Stoff auf der Grundlage der Verfahren und Kriterien des Teils 2 zugeordnet ist (sind). Bestimmte Stoffe sind keiner Verpackungsgruppe zugeordnet.

Spalte 5 **Standardflüssigkeit**

Diese Spalte enthält entweder eine Standardflüssigkeit oder eine Kombination von Standardflüssigkeiten, die dem Stoff assimiliert werden kann, oder verweist auf die «Regel für Sammeleintragungen» nach Absatz 4.1.1.21.5.

Verwendung von Verpackungen, einschließlich Großpackmittel (IBC) und Großverpackungen

Tabelle 4.1.1.21.6: Assimilierungsliste

UN-Nr.	offizielle Benennung für die Beförderung oder technische Benennung	Beschreibung	Klasse	Klassifizierungscode	Verpackungsgruppe	Standardflüssigkeit
	3.1.2	3.1.2	2.2	2.2	2.1.1.3	
(1)	(2a)	(2b)	(3a)	(3b)	(4)	(5)
1090	**Aceton**		3	F1	II	Kohlenwasserstoffgemisch **Bem.** nur dann anwendbar, wenn nachgewiesen ist, dass die Permeation des Stoffes aus dem vorgesehenen Versandstück ein annehmbares Niveau hat
1093	**Acrylnitril, stabilisiert**		3	FT1	I	n-Butylacetat / mit n-Butylacetat gesättigte Netzmittellösung
1104	**Amylacetate**	reine Isomere und Isomerengemisch	3	F1	III	n-Butylacetat / mit n-Butylacetat gesättigte Netzmittellösung
1105	**Pentanole**	reine Isomere und Isomerengemisch	3	F1	II/III	n-Butylacetat / mit n-Butylacetat gesättigte Netzmittellösung
1106	**Amylamine**	reine Isomere und Isomerengemisch	3	FC	II/III	Kohlenwasserstoffgemisch **und** Netzmittellösung
1109	**Amylformiate**	reine Isomere und Isomerengemisch	3	F1	III	n-Butylacetat / mit n-Butylacetat gesättigte Netzmittellösung
1120	**Butanole**	reine Isomere und Isomerengemisch	3	F1	II/III	Essigsäure
1123	**Butylacetate**	reine Isomere und Isomerengemisch	3	F1	II/III	n-Butylacetat / mit n-Butylacetat gesättigte Netzmittellösung
1125	**n-Butylamin**		3	FC	II	Kohlenwasserstoffgemisch **und** Netzmittellösung
1128	**n-Butylformiat**		3	F1	II	n-Butylacetat / mit n-Butylacetat gesättigte Netzmittellösung
1129	**Butyraldehyd**		3	F1	II	Kohlenwasserstoffgemisch
1133	**Klebstoffe**	mit entzündbarem flüssigem Stoff	3	F1	I/II/III	Regel für Sammeleintragungen
1139	**Schutzanstrichlösung**	(einschließlich zu Industrie- oder anderen Zwecken verwendete Oberflächenbehandlungen oder Beschichtungen, wie Zwischenbeschichtung für Fahrzeugkarosserien, Auskleidung für Fässer)	3	F1	I/II/III	Regel für Sammeleintragungen
1145	**Cyclohexan**		3	F1	II	Kohlenwasserstoffgemisch
1146	**Cyclopentan**		3	F1	II	Kohlenwasserstoffgemisch
1153	**Ethylenglycoldiethylether**		3	F1	III	n-Butylacetat / mit n-Butylacetat gesättigte Netzmittellösung **und** Kohlenwasserstoffgemisch
1154	**Diethylamin**		3	FC	II	Kohlenwasserstoffgemisch **und** Netzmittellösung
1158	**Diisopropylamin**		3	FC	II	Kohlenwasserstoffgemisch **und** Netzmittellösung
1160	**Dimethylamin, wässerige Lösung**		3	FC	II	Kohlenwasserstoffgemisch **und** Netzmittellösung
1165	**Dioxan**		3	F1	II	Kohlenwasserstoffgemisch

UN-Nr.	offizielle Benennung für die Beförderung oder technische Benennung	Beschreibung	Klasse	Klassifizierungscode	Verpackungsgruppe	Standardflüssigkeit
	3.1.2	3.1.2	2.2	2.2	2.1.1.3	
(1)	(2a)	(2b)	(3a)	(3b)	(4)	(5)
1169	**Extrakte, aromatisch, flüssig**		3	F1	II/III	Regel für Sammeleintragungen
1170	**Ethanol (Ethylalkohol)** oder **Ethanol, Lösung (Ethylalkohol, Lösung)**	wässerige Lösung	3	F1	II/III	Essigsäure
1171	**Ethylenglycolmonoethylether**		3	F1	III	n-Butylacetat / mit n-Butylacetat gesättigte Netzmittellösung **und** Kohlenwasserstoffgemisch
1172	**Ethylenglycolmonoethyletheracetat**		3	F1	III	n-Butylacetat / mit n-Butylacetat gesättigte Netzmittellösung **und** Kohlenwasserstoffgemisch
1173	**Ethylacetat**		3	F1	II	n-Butylacetat / mit n-Butylacetat gesättigte Netzmittellösung
1177	**2-Ethylbutylacetat**		3	F1	III	n-Butylacetat / mit n-Butylacetat gesättigte Netzmittellösung
1178	**2-Ethylbutyraldehyd**		3	F1	II	Kohlenwasserstoffgemisch
1180	**Ethylbutyrat**		3	F1	III	n-Butylacetat / mit n-Butylacetat gesättigte Netzmittellösung
1188	**Ethylenglycolmonomethylether**		3	F1	III	n-Butylacetat / mit n-Butylacetat gesättigte Netzmittellösung **und** Kohlenwasserstoffgemisch
1189	**Ethylenglycolmonomethyletheracetat**		3	F1	III	n-Butylacetat / mit n-Butylacetat gesättigte Netzmittellösung **und** Kohlenwasserstoffgemisch
1190	**Ethylformiat**		3	F1	II	n-Butylacetat / mit n-Butylacetat gesättigte Netzmittellösung
1191	**Octylaldehyde**	reine Isomere und Isomerengemisch	3	F1	III	Kohlenwasserstoffgemisch
1192	**Ethyllactat**		3	F1	III	n-Butylacetat / mit n-Butylacetat gesättigte Netzmittellösung
1195	**Ethylpropionat**		3	F1	II	n-Butylacetat / mit n-Butylacetat gesättigte Netzmittellösung
1197	**Extrakte, Geschmackstoffe, flüssig**		2	F1	II/III	Regel für Sammeleintragungen
1198	**Formaldehydlösung, entzündbar**	wässerige Lösung, Flammpunkt von 23 °C bis 60 °C	3	FC	III	Essigsäure
1202	**Dieselkraftstoff**	der Norm EN 590:2013 + A1:2017 entsprechend oder mit einem Flammpunkt von höchstens 100 °C	3	F1	III	Kohlenwasserstoffgemisch
1202	**Gasöl**	Flammpunkt von höchstens 100 °C	3	F1	III	Kohlenwasserstoffgemisch
1202	**Heizöl, leicht**	extra leicht	3	F1	III	Kohlenwasserstoffgemisch
1202	**Heizöl, leicht**	der Norm EN 590:2013 + A1:2017 entsprechend oder mit einem Flammpunkt von höchstens 100 °C	3	F1	III	Kohlenwasserstoffgemisch
1203	**Benzin** oder **Ottokraftstoff**		3	F1	II	Kohlenwasserstoffgemisch
1206	**Heptane**	reine Isomere und Isomerengemisch	3	F1	II	Kohlenwasserstoffgemisch

UN-Nr.	offizielle Benennung für die Beförderung oder technische Benennung	Beschreibung	Klasse	Klassifizierungscode	Verpackungsgruppe	Standardflüssigkeit
	3.1.2	3.1.2	2.2	2.2	2.1.1.3	
(1)	(2a)	(2b)	(3a)	(3b)	(4)	(5)
1207	**Hexaldehyd**	n-Hexaldehyd	3	F1	III	Kohlenwasserstoffgemisch
1208	**Hexane**	reine Isomere und Isomerengemisch	3	F1	II	Kohlenwasserstoffgemisch
1210	**Druckfarbe** oder **Druckfarbzubehörstoffe**	entzündbar, einschließlich Druckfarbverdünnung und -lösemittel	3	F1	I/II/III	Regel für Sammeleintragungen
1212	**Isobutanol (Isobutylalkohol)**		3	F1	III	Essigsäure
1213	**Isobutylacetat**		3	F1	II	n-Butylacetat / mit n-Butylacetat gesättigte Netzmittellösung
1214	**Isobutylamin**		3	FC	II	Kohlenwasserstoffgemisch **und** Netzmittellösung
1216	**Isooctene**	reine Isomere und Isomerengemisch	3	F1	II	Kohlenwasserstoffgemisch
1219	**Isopropanol (Isopropylalkohol)**		3	F1	II	Essigsäure
1220	**Isopropylacetat**		3	F1	II	n-Butylacetat / mit n-Butylacetat gesättigte Netzmittellösung
1221	**Isopropylamin**		3	FC	I	Kohlenwasserstoffgemisch **und** Netzmittellösung
1223	**Kerosin**		3	F1	III	Kohlenwasserstoffgemisch
1224	3,3-Dimethyl-2-butanon		3	F1	II	Kohlenwasserstoffgemisch
1224	**Ketone, flüssig, n.a.g.**		3	F1	II/III	Regel für Sammeleintragungen
1230	**Methanol**		3	FT1	II	Essigsäure
1231	**Methylacetat**		3	F1	II	n-Butylacetat / mit n-Butylacetat gesättigte Netzmittellösung
1233	**Methylamylacetat**		3	F1	III	n-Butylacetat / mit n-Butylacetat gesättigte Netzmittellösung
1235	**Methylamin, wässerige Lösung**		3	FC	II	Kohlenwasserstoffgemisch **und** Netzmittellösung
1237	**Methylbutyrat**		3	F1	II	n-Butylacetat / mit n-Butylacetat gesättigte Netzmittellösung
1247	**Methylmethacrylat, monomer, stabilisiert**		3	F1	II	n-Butylacetat / mit n-Butylacetat gesättigte Netzmittellösung
1248	**Methylpropionat**		3	F1	II	n-Butylacetat / mit n-Butylacetat gesättigte Netzmittellösung
1262	**Octane**	reine Isomere und Isomerengemisch	3	F1	II	Kohlenwasserstoffgemisch
1263	**Farbe** oder **Farbzubehörstoffe**	einschließlich Farbe, Lack, Emaille, Beize, Schellack, Firnis, Politur, flüssiger Füllstoff und flüssige Lackgrundlage oder einschließlich Farbverdünnung und -lösemittel	3	F1	I/II/III	Regel für Sammeleintragungen
1265	**Pentane**	n-Pentan	3	F1	II	Kohlenwasserstoffgemisch
1266	**Parfümerieerzeugnisse**	mit entzündbaren Lösungsmitteln	3	F1	II/III	Regel für Sammeleintragungen
1268	Steinkohlenteernaphtha	Dampfdruck bei 50 °C höchstens 110 kPa	3	F1	II	Kohlenwasserstoffgemisch
1268	**Erdöldestillate, n.a.g.** oder **Erdölprodukte, n.a.g.**		3	F1	I/II/III	Regel für Sammeleintragungen

10

UN-Nr.	offizielle Benennung für die Beförderung oder technische Benennung	Beschreibung	Klasse	Klassifizierungscode	Verpackungsgruppe	Standardflüssigkeit
	3.1.2	3.1.2	2.2	2.2	2.1.1.3	
(1)	(2a)	(2b)	(3a)	(3b)	(4)	(5)
1274	**n-Propanol (n-Propylalkohol)**		3	F1	II/III	Essigsäure
1275	**Propionaldehyd**		3	F1	II	Kohlenwasserstoffgemisch
1276	**n-Propylacetat**		3	F1	II	n-Butylacetat / mit n-Butylacetat gesättigte Netzmittellösung
1277	**Propylamin**	n-Propylamin	3	FC	II	Kohlenwasserstoffgemisch und Netzmittellösung
1281	**Propylformiate**	reine Isomere und Isomerengemisch	3	F1	II	n-Butylacetat / mit n-Butylacetat gesättigte Netzmittellösung
1282	**Pyridin**		3	F1	II	Kohlenwasserstoffgemisch
1286	**Harzöl**		3	F1	II/III	Regel für Sammeleintragungen
1287	**Gummilösung**		3	F1	II/III	Regel für Sammeleintragungen
1296	**Triethylamin**		3	FC	II	Kohlenwasserstoffgemisch und Netzmittellösung
1297	**Trimethylamin, wässerige Lösung**	mit höchstens 50 Masse-% Trimethylamin	3	FC	I/II/III	Kohlenwasserstoffgemisch und Netzmittellösung
1301	**Vinylacetat, stabilisiert**		3	F1	II	n-Butylacetat / mit n-Butylacetat gesättigte Netzmittellösung
1306	**Holzschutzmittel, flüssig**		3	F1	II/III	Regel für Sammeleintragungen
1547	**Anilin**		6.1	T1	II	Essigsäure
1590	**Dichloraniline, flüssig**	reine Isomere und Isomerengemisch	6.1	T1	II	Essigsäure
1602	**Farbstoff, flüssig, giftig, n.a.g.** oder **Farbstoffzwischenprodukt, flüssig, giftig, n.a.g.**		6.1	T1	I/II/III	Regel für Sammeleintragungen
1604	**Ethylendiamin**		8	CF1	II	Kohlenwasserstoffgemisch und Netzmittellösung
1715	**Essigsäureanhydrid**		8	CF1	II	Essigsäure
1717	**Acetylchlorid**		3	FC	II	n-Butylacetat / mit n-Butylacetat gesättigte Netzmittellösung
1718	**Butylphosphat**		8	C3	III	Netzmittellösung
1719	Hydrogensulfid	wässerige Lösung	8	C5	III	Essigsäure
1719	**Ätzender alkalischer flüssiger Stoff, n.a.g.**	anorganisch	8	C5	II/III	Regel für Sammeleintragungen
1730	**Antimonpentachlorid, flüssig**	rein	8	C1	II	Wasser
1736	**Benzoylchlorid**		8	C3	II	Kohlenwasserstoffgemisch und Netzmittellösung
1750	**Chloressigsäure, Lösung**	wässerige Lösung	6.1	TC1	II	Essigsäure
1750	**Chloressigsäure, Lösung**	Mischungen von Mono- und Dichloressigsäure	6.1	TC1	II	Essigsäure
1752	**Chloracetylchlorid**		6.1	TC1	I	n-Butylacetat / mit n-Butylacetat gesättigte Netzmittellösung
1755	**Chromsäure, Lösung**	wässerige Lösung mit höchstens 30 % Chromsäure	8	C1	II/III	Salpetersäure

UN-Nr.	offizielle Benennung für die Beförderung oder technische Benennung	Beschreibung	Klasse	Klassifizierungscode	Verpackungsgruppe	Standardflüssigkeit
	3.1.2	3.1.2	2.2	2.2	2.1.1.3	
(1)	(2a)	(2b)	(3a)	(3b)	(4)	(5)
1760	Cyanamid	wässerige Lösung mit höchstens 50 % Cyanamid	8	C9	II	Wasser
1760	O,O-Diethyl-dithiophosphorsäure		8	C9	II	n-Butylacetat / mit n-Butylacetat gesättigte Netzmittellösung
1760	O,O-Diisopropyl-dithiophosphorsäure		8	C9	II	n-Butylacetat / mit n-Butylacetat gesättigte Netzmittellösung
1760	O,O-Di-n-propyl-dithiophosphorsäure		8	C9	II	n-Butylacetat / mit n-Butylacetat gesättigte Netzmittellösung
1760	**Ätzender flüssiger Stoff, n.a.g.**	Flammpunkt über 60 °C	8	C9	I/II/III	Regel für Sammeleintragungen
1761	**Kupferethylendiamin, Lösung**	wässerige Lösung	8	CT1	II/III	Kohlenwasserstoffgemisch **und** Netzmittellösung
1764	**Dichloressigsäure**		8	C3	II	Essigsäure
1775	**Fluorborsäure**	wässerige Lösung mit höchstens 50 % Fluorborsäure	8	C1	II	Wasser
1778	**Fluorkieselsäure**		8	C1	II	Wasser
1779	**Ameisensäure**	mit mehr als 85 Masse-% Säure	8	C3	II	Essigsäure
1783	**Hexamethylendiamin, Lösung**	wässerige Lösung	8	C7	II/III	Kohlenwasserstoffgemisch **und** Netzmittellösung
1787	**Iodwasserstoffsäure**	wässerige Lösung	8	C1	II/III	Wasser
1788	**Bromwasserstoffsäure**	wässerige Lösung	8	C1	II/III	Wasser
1789	**Chlorwasserstoffsäure**	höchstens 38 %-ige wässerige Lösung	8	C1	II/III	Wasser
1790	**Fluorwasserstoffsäure**	mit höchstens 60 % Fluorwasserstoff	8	CT1	II	Wasser Verwendungsdauer: höchstens 2 Jahre
1791	**Hypochloritlösung**	wässerige Lösung, handelsüblich mit Netzmitteln	8	C9	II/III	Salpetersäure **und** Netzmittellösung *)
1791	**Hypochloritlösung**	wässerige Lösung	8	C9	II/III	Salpetersäure *)
1793	**Isopropylphosphat**		8	C3	III	Netzmittellösung
1802	**Perchlorsäure**	wässerige Lösung mit höchstens 50 Masse-% Säure	8	CO1	II	Wasser
1803	**Phenolsulphonsäure, flüssig**	Isomerengemisch	8	C3	II	Wasser
1805	**Phosphorsäure, Lösung**		8	C1	III	Wasser
1814	**Kaliumhydroxidlösung**	wässerige Lösung	8	C5	II/III	Wasser
1824	**Natriumhydroxidlösung**	wässerige Lösung	8	C5	II/III	Wasser
1830	**Schwefelsäure**	mit mehr als 51 % Säure	8	C1	II	Wasser
1832	**Schwefelsäure, gebraucht**	chemisch stabil	8	C1	II	Wasser
1833	**Schwefelige Säure**		8	C1	II	Wasser
1835	**Tetramethylammonium-hydroxid, Lösung**	wässerige Lösung, Flammpunkt über 60 °C	8	C7	II	Wasser
1840	**Zinkchlorid, Lösung**	wässerige Lösung	8	C1	III	Wasser
1848	**Propionsäure**	mit mindestens 10 % und weniger als 90 Masse-% Säure	8	C3	III	n-Butylacetat / mit n-Butylacetat gesättigte Netzmittellösung

*) Für UN 1791: Prüfung nur mit Lüftungseinrichtung. Bei der Prüfung mit der Standardflüssigkeit Salpetersäure müssen eine säurebeständige Lüftungseinrichtung und eine säurebeständige Dichtung eingesetzt werden. Wenn mit Hypochloritlösungen selbst geprüft wird, sind auch Lüftungseinrichtungen und Dichtungen der gleichen Bauart zulässig, die gegen Hypochlorit beständig sind (z.B. Siliconkautschuk), nicht aber gegen Salpetersäure.

UN-Nr.	offizielle Benennung für die Beförderung oder technische Benennung	Beschreibung	Klasse	Klassifizierungscode	Verpackungsgruppe	Standardflüssigkeit
	3.1.2	3.1.2	2.2	2.2	2.1.1.3	
(1)	(2a)	(2b)	(3a)	(3b)	(4)	(5)
1862	**Ethylcrotonat**		3	F1	II	n-Butylacetat / mit n-Butylacetat gesättigte Netzmittellösung
1863	**Düsenkraftstoff**		3	F1	I/II/III	Kohlenwasserstoffgemisch
1866	**Harzlösung**	entzündbar	3	F1	I/II/III	Regel für Sammeleintragungen
1902	**Diisooctylphosphat**		8	C3	III	Netzmittellösung
1906	**Abfallschwefelsäure**		8	C1	II	Salpetersäure
1908	**Chloritlösung**	wässerige Lösung	8	C9	II/III	Essigsäure
1914	**Butylpropionate**		3	F1	III	n-Butylacetat / mit n-Butylacetat gesättigte Netzmittellösung
1915	**Cyclohexanon**		3	F1	III	Kohlenwasserstoffgemisch
1917	**Ethylacrylat, stabilisiert**		3	F1	II	n-Butylacetat / mit n-Butylacetat gesättigte Netzmittellösung
1919	**Methylacrylat, stabilisiert**		3	F1	II	n-Butylacetat / mit n-Butylacetat gesättigte Netzmittellösung
1920	**Nonane**	reine Isomere und Isomerengemisch, Flammpunkt von 23 °C bis 60 °C	3	F1	III	Kohlenwasserstoffgemisch
1935	**Cyanid, Lösung, n.a.g.**	anorganisch	6.1	T4	I/II/III	Wasser
1940	**Thioglycolsäure**		8	C3	II	Essigsäure
1986	**Alkohole, entzündbar, giftig, n.a.g.**		3	FT1	I/II/III	Regel für Sammeleintragungen
1987	Cyclohexanol	technisch rein	3	F1	III	Essigsäure
1987	**Alkohole, n.a.g.**		3	F1	II/III	Regel für Sammeleintragungen
1988	**Aldehyde, entzündbar, giftig, n.a.g.**		3	FT1	I/II/III	Regel für Sammeleintragungen
1989	**Aldehyde, n.a.g.**		3	F1	I/II/III	Regel für Sammeleintragungen
1992	2,6-cis-Dimethylmorpholin		3	FT1	III	Kohlenwasserstoffgemisch
1992	**Entzündbarer flüssiger Stoff, giftig, n.a.g.**		3	FT1	I/II/III	Regel für Sammeleintragungen
1993	Propionsäurevinylester		3	F1	II	n-Butylacetat / mit n-Butylacetat gesättigte Netzmittellösung
1993	(1-Methoxy-2-propyl)-acetat		3	F1	III	n-Butylacetat / mit n-Butylacetat gesättigte Netzmittellösung
1993	**Entzündbarer flüssiger Stoff, n.a.g.**		3	F1	I/II/III	Regel für Sammeleintragungen
2014	**Wasserstoffperoxid, wässerige Lösung**	mit mindestens 20 %, aber höchstens 60 % Wasserstoffperoxid, Stabilisierung nach Bedarf	5.1	OC1	II	Salpetersäure
2022	**Cresylsäure**	flüssiges Gemisch aus Cresolen, Xylenolen und Methylphenolen	6.1	TC1	II	Essigsäure
2030	**Hydrazin, wässerige Lösung**	mit mindestens 37 Masse-%, aber höchstens 64 Masse-% Hydrazin	8	CT1	II	Wasser
2030	Hydrazinhydrat	wässerige Lösung mit 64 Masse-% Hydrazin	8	CT1	II	Wasser
2031	**Salpetersäure**	andere als rotrauchende mit höchstens 55 % Säure	8	CO1	II	Salpetersäure

UN-Nr.	offizielle Benennung für die Beförderung oder technische Benennung	Beschreibung	Klasse	Klassifizierungscode	Verpackungsgruppe	Standardflüssigkeit
	3.1.2	3.1.2	2.2	2.2	2.1.1.3	
(1)	(2a)	(2b)	(3a)	(3b)	(4)	(5)
2045	**Isobutyraldehyd (Isobutylaldehyd)**		3	F1	II	Kohlenwasserstoffgemisch
2050	**Diisobutylen, isomere Verbindungen**		3	F1	II	Kohlenwasserstoffgemisch
2053	**Methylisobutylcarbinol**		3	F1	III	Essigsäure
2054	**Morpholin**		8	CF1	I	Kohlenwasserstoffgemisch
2057	**Tripropylen**		3	F1	II/III	Kohlenwasserstoffgemisch
2058	**Valeraldehyd**	reine Isomere und Isomerengemisch	3	F1	II	Kohlenwasserstoffgemisch
2059	**Nitrocellulose, Lösung, entzündbar**		3	D	I/II/III	Regel für Sammeleintragungen: Abweichend vom normalen Verfahren darf diese Regel auf alle Lösungsmittel des Klassifizierungscodes F1 angewandt werden
2075	**Chloral, wasserfrei, stabilisiert**		6.1	T1	II	Netzmittellösung
2076	**Cresole, flüssig**	reine Isomere und Isomerengemisch	6.1	TC1	II	Essigsäure
2078	**Toluendiisocyanat**	flüssig	6.1	T1	II	n-Butylacetat / mit n-Butylacetat gesättigte Netzmittellösung
2079	**Diethylentriamin**		8	C7	II	Kohlenwasserstoffgemisch
2209	**Formaldehydlösung**	wässerige Lösung mit 37 % Formaldehyd, Methanolgehalt 8 bis 10 %	8	C9	III	Essigsäure
2209	**Formaldehydlösung**	wässerige Lösung mit mindestens 25 % Formaldehyd	8	C9	III	Wasser
2218	**Acrylsäure, stabilisiert**		8	CF1	II	n-Butylacetat / mit n-Butylacetat gesättigte Netzmittellösung
2227	**n-Butylmethacrylat, stabilisiert**		3	F1	III	n-Butylacetat / mit n-Butylacetat gesättigte Netzmittellösung
2235	**Chlorbenzylchloride, flüssig**	para-Chlorbenzylchlorid	6.1	T2	III	Kohlenwasserstoffgemisch
2241	**Cycloheptan**		3	F1	II	Kohlenwasserstoffgemisch
2242	**Cyclohepten**		3	F1	II	Kohlenwasserstoffgemisch
2243	**Cyclohexylacetat**		3	F1	III	n-Butylacetat / mit n-Butylacetat gesättigte Netzmittellösung
2244	**Cyclopentanol**		3	F1	III	Essigsäure
2245	**Cyclopentanon**		3	F1	III	Kohlenwasserstoffgemisch
2247	**n-Decan**		3	F1	III	Kohlenwasserstoffgemisch
2248	**Di-n-butylamin**		8	CF1	II	Kohlenwasserstoffgemisch
2258	**1,2-Propylendiamin**		8	CF1	II	Kohlenwasserstoffgemisch **und** Netzmittellösung
2259	**Triethylentetramin**		8	C7	II	Wasser
2260	**Tripropylamin**		3	FC	III	Kohlenwasserstoffgemisch **und** Netzmittellösung
2263	**Dimethylcyclohexane**	reine Isomere und Isomerengemisch	3	F1	II	Kohlenwasserstoffgemisch
2264	**N,NDimethylcyclohexylamin**		8	CF1	II	Kohlenwasserstoffgemisch **und** Netzmittellösung

10

UN-Nr.	offizielle Benennung für die Beförderung oder technische Benennung	Beschreibung	Klasse	Klassifizierungscode	Verpackungsgruppe	Standardflüssigkeit
	3.1.2	3.1.2	2.2	2.2	2.1.1.3	
(1)	(2a)	(2b)	(3a)	(3b)	(4)	(5)
2265	**N,N-Dimethylformamid**		3	F1	III	n-Butylacetat / mit n-Butylacetat gesättigte Netzmittellösung
2266	**Dimethyl-N-propylamin**		3	FC	II	Kohlenwasserstoffgemisch **und** Netzmittellösung
2269	**3,3'-Iminobispropylamin**		8	C7	III	Kohlenwasserstoffgemisch **und** Netzmittellösung
2270	**Ethylamin, wässerige Lösung**	mit mindestens 50 Masse-% und höchstens 70 Masse-% Ethylamin, Flammpunkt unter 23 °C, ätzend oder schwach ätzend	3	FC	II	Kohlenwasserstoffgemisch **und** Netzmittellösung
2275	**2-Ethylbutanol**		3	F1	III	n-Butylacetat / mit n-Butylacetat gesättigte Netzmittellösung
2276	**2-Ethylhexylamin**		3	FC	III	Kohlenwasserstoffgemisch **und** Netzmittellösung
2277	**Ethylmethacrylat, stabilisiert**		3	F1	II	n-Butylacetat / mit n-Butylacetat gesättigte Netzmittellösung
2278	**n-Hepten**		3	F1	II	Kohlenwasserstoffgemisch
2282	**Hexanole**	reine Isomere und Isomerengemisch	3	F1	III	n-Butylacetat / mit n-Butylacetat gesättigte Netzmittellösung
2283	**Isobutylmethacrylat, stabilisiert**		3	F1	III	n-Butylacetat / mit n-Butylacetat gesättigte Netzmittellösung
2286	**Pentamethylheptan**		3	F1	III	Kohlenwasserstoffgemisch
2287	**Isoheptene**		3	F1	II	Kohlenwasserstoffgemisch
2288	**Isohexene**		3	F1	II	Kohlenwasserstoffgemisch
2289	**Isophorondiamin**		8	C7	III	Kohlenwasserstoffgemisch **und** Netzmittellösung
2293	**4-Methoxy-4-methylpentan-2-on**		3	F1	III	Kohlenwasserstoffgemisch
2296	**Methylcyclohexan**		3	F1	II	Kohlenwasserstoffgemisch
2297	**Methylcyclohexanon**	reine Isomere und Isomerengemisch	3	F1	III	Kohlenwasserstoffgemisch
2298	**Methylcyclopentan**		3	F1	II	Kohlenwasserstoffgemisch
2302	**5-Methylhexan-2-on**		3	F1	III	Kohlenwasserstoffgemisch
2308	**Nitrosylschwefelsäure, flüssig**		8	C1	II	Wasser
2309	**Octadiene**		3	F1	II	Kohlenwasserstoffgemisch
2313	**Picoline**	reine Isomere und Isomerengemisch	3	F1	III	Kohlenwasserstoffgemisch
2317	**Natriumkupfer(I)cyanid, Lösung**	wässerige Lösung	6.1	T4	I	Wasser
2320	**Tetraethylenpentamin**		8	C7	III	Kohlenwasserstoffgemisch **und** Netzmittellösung
2324	**Triisobutylen**	Gemisch von C12-Monoolefinen, Flammpunkt von 23 °C bis 60 °C	3	F1	III	Kohlenwasserstoffgemisch
2326	**Trimethylcyclohexylamin**		8	C7	III	Kohlenwasserstoffgemisch **und** Netzmittellösung

UN-Nr.	offizielle Benennung für die Beförderung oder technische Benennung	Beschreibung	Klasse	Klassifizierungscode	Verpackungsgruppe	Standardflüssigkeit
	3.1.2	3.1.2	2.2	2.2	2.1.1.3	
(1)	(2a)	(2b)	(3a)	(3b)	(4)	(5)
2327	**Trimethylhexamethylendiamine**	reine Isomere und Isomerengemisch	8	C7	III	Kohlenwasserstoffgemisch **und** Netzmittellösung
2330	**Undecan**		3	F1	III	Kohlenwasserstoffgemisch
2336	**Allylformiat**		3	FT1	I	n-Butylacetat / mit n-Butylacetat gesättigte Netzmittellösung
2348	**Butylacrylate, stabilisiert**	reine Isomere und Isomerengemisch	3	F1	III	n-Butylacetat / mit n-Butylacetat gesättigte Netzmittellösung
2357	**Cyclohexylamin**	Flammpunkt von 23 °C bis 60 °C	8	CF1	II	Kohlenwasserstoffgemisch **und** Netzmittellösung
2361	**Diisobutylamin**		3	FC	III	Kohlenwasserstoffgemisch **und** Netzmittellösung
2366	**Diethylcarbonat**		3	F1	III	n-Butylacetat / mit n-Butylacetat gesättigte Netzmittellösung
2367	**alpha-Methylvaleraldehyd**		3	F1	II	Kohlenwasserstoffgemisch
2370	**Hex-1-en**		3	F1	II	Kohlenwasserstoffgemisch
2372	**1,2-Di-(dimethylamino)-ethan**		3	F1	II	Kohlenwasserstoffgemisch **und** Netzmittellösung
2379	**1,3-Dimethylbutylamin**		3	FC	II	Kohlenwasserstoffgemisch **und** Netzmittellösung
2383	**Dipropylamin**		3	FC	II	Kohlenwasserstoffgemisch **und** Netzmittellösung
2385	**Ethylisobutyrat**		3	F1	II	n-Butylacetat / mit n-Butylacetat gesättigte Netzmittellösung
2393	**Isobutylformiat**		3	F1	II	n-Butylacetat / mit n-Butylacetat gesättigte Netzmittellösung
2394	**Isobutylpropionat**	Flammpunkt von 23 ° bis 60 °C	3	F1	III	n-Butylacetat / mit n-Butylacetat gesättigte Netzmittellösung
2396	**Methacrylaldehyd, stabilisiert**		3	FT1	II	Kohlenwasserstoffgemisch
2400	**Methylisovalerat**		3	F1	II	n-Butylacetat / mit n-Butylacetat gesättigte Netzmittellösung
2401	**Piperidin**		8	CF1	I	Kohlenwasserstoffgemisch **und** Netzmittellösung
2403	**Isopropenylacetat**		3	F1	II	n-Butylacetat / mit n-Butylacetat gesättigte Netzmittellösung
2405	**Isopropylbutyrat**		3	F1	III	n-Butylacetat / mit n-Butylacetat gesättigte Netzmittellösung
2406	**Isopropylisobutyrat**		3	F1	II	n-Butylacetat / mit n-Butylacetat gesättigte Netzmittellösung
2409	**Isopropylpropionat**		3	F1	II	n-Butylacetat / mit n-Butylacetat gesättigte Netzmittellösung
2410	**1,2,3,6-Tetrahydropyridin**		3	F1	II	Kohlenwasserstoffgemisch
2427	**Kaliumchlorat, wässerige Lösung**		5.1	O1	II/III	Wasser
2428	**Natriumchlorat, wässerige Lösung**		5.1	O1	II/III	Wasser

UN-Nr.	offizielle Benennung für die Beförderung oder technische Benennung	Beschreibung	Klasse	Klassifizierungscode	Verpackungsgruppe	Standardflüssigkeit
	3.1.2	3.1.2	2.2	2.2	2.1.1.3	
(1)	(2a)	(2b)	(3a)	(3b)	(4)	(5)
2429	**Calciumchlorat, wässerige Lösung**		5.1	O1	II/III	Wasser
2436	**Thioessigsäure**		3	F1	II	Essigsäure
2457	**2,3-Dimethylbutan**		3	F1	II	Kohlenwasserstoffgemisch
2491	**Ethanolamin**		8	C7	III	Netzmittellösung
2491	**Ethanolamin, Lösung**	wässerige Lösung	8	C7	III	Netzmittellösung
2496	**Propionsäureanhydrid**		8	C3	III	n-Butylacetat / mit n-Butylacetat gesättigte Netzmittellösung
2524	**Ethylorthoformiat**		3	F1	III	n-Butylacetat / mit n-Butylacetat gesättigte Netzmittellösung
2526	**Furfurylamin**		3	FC	III	Kohlenwasserstoffgemisch **und** Netzmittellösung
2527	**Isobutylacrylat, stabilisiert**		3	F1	III	n-Butylacetat / mit n-Butylacetat gesättigte Netzmittellösung
2528	**Isobutylisobutyrat**		3	F1	III	n-Butylacetat / mit n-Butylacetat gesättigte Netzmittellösung
2529	**Isobuttersäure**		3	FC	III	n-Butylacetat / mit n-Butylacetat gesättigte Netzmittellösung
2531	**Methacrylsäure, stabilisiert**		8	C3	II	n-Butylacetat / mit n-Butylacetat gesättigte Netzmittellösung
2542	**Tributylamin**		6.1	T1	II	Kohlenwasserstoffgemisch
2560	**2-Methylpentan-2-ol**		3	F1	III	n-Butylacetat / mit n-Butylacetat gesättigte Netzmittellösung
2564	**Trichloressigsäure, Lösung**	wässerige Lösung	8	C3	II/III	Essigsäure
2565	**Dicyclohexylamin**		8	C7	III	Kohlenwasserstoffgemisch **und** Netzmittellösung
2571	Ethylschwefelsäure		8	C3	II	n-Butylacetat / mit n-Butylacetat gesättigte Netzmittellösung
2571	**Alkylschwefelsäuren**		8	C3	II	Regel für Sammeleintragungen
2580	**Aluminiumbromid, Lösung**	wässerige Lösung	8	C1	III	Wasser
2581	**Aluminiumchlorid, Lösung**	wässerige Lösung	8	C1	III	Wasser
2582	**Eisen(III)chlorid, Lösung**	wässerige Lösung	8	C1	III	Wasser
2584	Methansulfonsäure	mit mehr als 5 % freier Schwefelsäure	8	C1	II	Wasser
2584	**Alkylsulfonsäuren, flüssig**	mit mehr als 5 % freier Schwefelsäure	8	C1	II	n-Butylacetat / mit n-Butylacetat gesättigte Netzmittellösung
2584	Benzensulfonsäure	mit mehr als 5 % freier Schwefelsäure	8	C1	II	Wasser
2584	Toluensulfonsäuren	mit mehr als 5 % freier Schwefelsäure	8	C1	II	Wasser
2584	**Arylsulfonsäuren, flüssig**	mit mehr als 5 % freier Schwefelsäure	8	C1	II	n-Butylacetat / mit n-Butylacetat gesättigte Netzmittellösung
2586	Methansulfonsäure	mit höchstens 5 % freier Schwefelsäure	8	C3	III	Wasser
2586	**Alkylsulfonsäuren, flüssig**	mit höchstens 5 % freier Schwefelsäure	8	C3	III	n-Butylacetat / mit n-Butylacetat gesättigte Netzmittellösung
2586	Benzensulfonsäure	mit höchstens 5 % freier Schwefelsäure	8	C3	III	Wasser

UN-Nr.	offizielle Benennung für die Beförderung oder technische Benennung	Beschreibung	Klasse	Klassifizierungscode	Verpackungsgruppe	Standardflüssigkeit
	3.1.2	3.1.2	2.2	2.2	2.1.1.3	
(1)	(2a)	(2b)	(3a)	(3b)	(4)	(5)
2586	Toluensulfonsäuren	mit höchstens 5 % freier Schwefelsäure	8	C3	III	Wasser
2586	**Arylsulfonsäuren, flüssig**	mit höchstens 5 % freier Schwefelsäure	8	C3	III	n-Butylacetat/mit n-Butylacetat gesättigte Netzmittellösung
2610	**Triallylamin**		3	FC	III	Kohlenwasserstoffgemisch und Netzmittellösung
2614	**Methylallylalkohol**		3	F1	III	Essigsäure
2617	**Methylcyclohexanole**	reine Isomiere und Isomerengemisch, Flammpunkt von 23 °C bis 60 °C	3	F1	III	Essigsäure
2619	**Benzyldimethylamin**		8	CF1	II	Kohlenwasserstoffgemisch und Netzmittellösung
2620	**Amylbutyrate**	reine Isomere und Isomerengemisch, Flammpunkt von 23 °C bis 60 °C	3	F1	III	n-Butylacetat/mit n-Butylacetat gesättigte Netzmittellösung
2622	**Glycidaldehyd**	Flammpunkt unter 23 °C	3	FT1	II	Kohlenwasserstoffgemisch
2626	**Chlorsäure, wässerige Lösung**	mit höchstens 10 % Säure	5.1	O1	II	Salpetersäure
2656	**Chinolin**	Flammpunkt über 60 °C	6.1	T1	III	Wasser
2672	**Ammoniaklösung**	in Wasser, relative Dichte zwischen 0,880 und 0,957 bei 15 °C, mit mehr als 10 %, aber höchstens 35 % Ammoniak	8	C5	III	Wasser
2683	**Ammoniumsulfid, Lösung**	wässerige Lösung, Flammpunkt von 23 °C bis 60 °C	8	CFT	II	Essigsäure
2684	**3-Diethylamino-propylamin**		3	FC	III	Kohlenwasserstoffgemisch und Netzmittellösung
2685	**N,N-Diethylethylendiamin**		8	CF1	II	Kohlenwasserstoffgemisch und Netzmittellösung
2693	**Hydrogensulfite, wässerige Lösung, n.a.g.**	anorganisch	8	C1	III	Wasser
2707	**Dimethyldioxane**	reine Isomere und Isomerengemische	3	F1	II/III	Kohlenwasserstoffgemisch
2733	**Amine, entzündbar, ätzend, n.a.g.** oder **Polyamine, entzündbar, ätzend, n.a.g.**		3	FC	I/II/III	Kohlenwasserstoffgemisch und Netzmittellösung
2734	Di-sec-butylamin		8	CF1	II	Kohlenwasserstoffgemisch
2734	**Amine, flüssig, ätzend, entzündbar, n.a.g.** oder **Polyamine, flüssig, ätzend, entzündbar, n.a.g.**		8	CF1	I/II	Kohlenwasserstoffgemisch und Netzmittellösung
2735	**Amine, flüssig, ätzend, n.a.g.** oder **Polyamine, flüssig, ätzend, n.a.g.**		8	C7	I/II/III	Kohlenwasserstoffgemisch und Netzmittellösung
2739	**Buttersäureanhydrid**		8	C3	III	n-Butylacetat/mit n-Butylacetat gesättigte Netzmittellösung
2789	**Eisessig** oder **Essigsäure, Lösung**	wässerige Lösung mit mehr als 80 Masse-% Säure	8	CF1	II	Essigsäure

UN-Nr.	offizielle Benennung für die Beförderung oder technische Benennung	Beschreibung	Klasse	Klassifizierungscode	Verpackungsgruppe	Standardflüssigkeit
	3.1.2	3.1.2	2.2	2.2	2.1.1.3	
(1)	(2a)	(2b)	(3a)	(3b)	(4)	(5)
2790	**Essigsäure, Lösung**	wässerige Lösung mit mehr als 10 Masse-% und höchstens 80 Masse-% Säure	8	C3	II/III	Essigsäure
2796	**Schwefelsäure**	mit höchstens 51 % Säure	8	C1	II	Wasser
2797	**Batterieflüssigkeit, alkalisch**	Kalium/Natriumhydroxid, wässerige Lösung	8	C5	II	Wasser
2810	2-Chlor-6-fluor-benzylchlorid	stabilisiert	6.1	T1	III	Kohlenwasserstoffgemisch
2810	2-Phenylethanol		6.1	T1	III	Essigsäure
2810	Ethylenglycol-monohexylether		6.1	T1	III	Essigsäure
2810	**Giftiger organischer flüssiger Stoff, n.a.g.**		6.1	T1	I/II/III	Regel für Sammeleintragungen
2815	**N-Aminoethylpiperazin**		8	CT1	III	Kohlenwasserstoffgemisch **und** Netzmittellösung
2818	**Ammoniumpolysulphid, Lösung**	wässerige Lösung	8	CT1	II/III	Essigsäure
2819	**Amylphosphat**		8	C3	III	Netzmittellösung
2820	**Buttersäure**	n-Buttersäure	8	C3	III	n-Butylacetat / mit n-Butylacetat gesättigte Netzmittellösung
2821	**Phenol, Lösung**	wässerige Lösung, giftig, nicht alkalisch	6.1	T1	II/III	Essigsäure
2829	**Capronsäure**	n-Capronsäure	8	C3	III	n-Butylacetat / mit n-Butylacetat gesättigte Netzmittellösung
2837	**Hydrogensulfate, wässerige Lösung**		8	C1	II/III	Wasser
2838	**Vinylbutyrat, stabilisiert**		3	F1	II	n-Butylacetat / mit n-Butylacetat gesättigte Netzmittellösung
2841	**Di-n-amylamin**		3	FT1	III	Kohlenwasserstoffgemisch **und** Netzmittellösung
2850	**Tetrapropylen (Propylentetramer)**	C12-Monoolefingemisch, Flammpunkt von 23 °C bis 60 °C	3	F1	III	Kohlenwasserstoffgemisch
2873	**Dibutylaminoethanol**	N,N-Di-n-butylaminoethanol	6.1	T1	III	Essigsäure
2874	**Furfurylalkohol**		6.1	T1	III	Essigsäure
2920	O,O-Diethyl-dithiophosphorsäure	Flammpunkt von 23 °C bis 60 °C	8	CF1	II	n-Butylacetat / mit n-Butylacetat gesättigte Netzmittellösung
2920	O,O-Dimethyl-dithiophosphorsäure	Flammpunkt von 23 °C bis 60 °C	8	CF1	II	Netzmittellösung
2920	Bromwasserstoff	33%-ige Lösung in Eisessig	8	CF1	II	Netzmittellösung
2920	Tetramethyl-ammoniumhydroxid	wässerige Lösung, Flammpunkt von 23 °C bis 60 °C	8	CF1	II	Wasser
2920	**Ätzender flüssiger Stoff, entzündbar, n.a.g.**		8	CF1	I/II	Regel für Sammeleintragungen
2922	Ammoniumsulphid	wässerige Lösung, Flammpunkt größer als 60 °C	8	CT1	II	Wasser
2922	Cresole	wässerige alkalische Lösung, Mischung von Natrium- und Kaliumcresolat	8	CT1	II	Essigsäure
2922	Phenol	wässerige alkalische Lösung, Mischung von Natrium- und Kaliumphenolat	8	CT1	II	Essigsäure

UN-Nr.	offizielle Benennung für die Beförderung oder technische Benennung	Beschreibung	Klasse	Klassifizierungscode	Verpackungsgruppe	Standardflüssigkeit
	3.1.2	3.1.2	2.2	2.2	2.1.1.3	
(1)	(2a)	(2b)	(3a)	(3b)	(4)	(5)
2922	Natriumhydrogendifluorid	wässerige Lösung	8	CT1	III	Wasser
2922	**Ätzender flüssiger Stoff, giftig, n.a.g.**		8	CT1	I/II/III	Regel für Sammeleintragungen
2924	**Entzündbarer flüssiger Stoff, ätzend, n.a.g.**	schwach ätzend	3	FC	I/II/III	Regel für Sammeleintragungen
2927	**Giftiger organischer flüssiger Stoff, ätzend, n.a.g.**		6.1	TC1	I/II	Regel für Sammeleintragungen
2933	**Methyl-2-chlorpropionat**		3	F1	III	n-Butylacetat / mit n-Butylacetat gesättigte Netzmittellösung
2934	**Isopropyl-2-chlorpropionat**		3	F1	III	n-Butylacetat / mit n-Butylacetat gesättigte Netzmittellösung
2935	**Ethyl-2-chlorpropionat**		3	F1	III	n-Butylacetat / mit n-Butylacetat gesättigte Netzmittellösung
2936	**Thiomilchsäure**		6.1	T1	II	Essigsäure
2941	**Fluoraniline**	reine Isomere und Isomerengemisch	6.1	T1	III	Essigsäure
2943	**Tetrahydrofurfurylamin**		3	F1	III	Kohlenwasserstoffgemisch
2945	**N-Methylbutylamin**		3	FC	II	Kohlenwasserstoffgemisch **und** Netzmittellösung
2946	**2-Amino-5-diethylaminopentan**		6.1	T1	III	Kohlenwasserstoffgemisch **und** Netzmittellösung
2947	**Isopropylchloroacetat**		3	F1	III	n-Butylacetat / mit n-Butylacetat gesättigte Netzmittellösung
2984	**Wasserstoffperoxid, wässerige Lösung**	mit mindestens 8 %, aber weniger als 20 % Wasserstoffperoxid, Stabilisierung nach Bedarf	5.1	O1	III	Salpetersäure
3056	**n-Heptaldehyd**		3	F1	III	Kohlenwasserstoffgemisch
3065	**Alkoholische Getränke**	mit mehr als 24 Vol.-% Alkohol	3	F1	II/III	Essigsäure
3066	**Farbe** oder **Farbzubehörstoffe**	einschließlich Farbe, Lack, Emaille, Beize, Schellack, Firnis, Politur, flüssiger Füllstoff und flüssige Lackgrundlage oder einschließlich Farbverdünnung und -lösemittel	8	C9	II/III	Regel für Sammeleintragungen
3079	**Methacrylnitril, stabilisiert**		6.1	TF1	I	n-Butylacetat / mit n-Butylacetat gesättigte Netzmittellösung
3082	sec-Alkohol (C_6-C_{17})-poly-(3-6)ethoxylat		9	M6	III	n-Butylacetat / mit n-Butylacetat gesättigte Netzmittellösung **und** Kohlenwasserstoffgemisch
3082	Alkohol(C_{12}-C_{15})-poly(1-6)ethoxylat		9	M6	III	n-Butylacetat / mit n-Butylacetat gesättigte Netzmittellösung **und** Kohlenwasserstoffgemisch
3082	Alkohol(C_{13}-C_{15})-poly(1-6)ethoxylat		9	M6	III	n-Butylacetat / mit n-Butylacetat gesättigte Netzmittellösung **und** Kohlenwasserstoffgemisch
3082	Cresyldiphenylphosphat		9	M6	III	Netzmittellösung

10

UN-Nr.	offizielle Benennung für die Beförderung oder technische Benennung	Beschreibung	Klasse	Klassifizierungscode	Verpackungsgruppe	Standardflüssigkeit
	3.1.2	3.1.2	2.2	2.2	2.1.1.3	
(1)	(2a)	(2b)	(3a)	(3b)	(4)	(5)
3082	Decylacrylat		9	M6	III	n-Butylacetat / mit n-Butylacetat gesättigte Netzmittellösung **und** Kohlenwasserstoffgemisch
3082	Di-n-butylphthalat		9	M6	III	n-Butylacetat / mit n-Butylacetat gesättigte Netzmittellösung **und** Kohlenwasserstoffgemisch
3082	Diisobutylphthalat		9	M6	III	n-Butylacetat / mit n-Butylacetat gesättigte Netzmittellösung **und** Kohlenwasserstoffgemisch
3082	Flugturbinenkraftstoff JP-5	Flammpunkt über 60 °C	9	M6	III	Kohlenwasserstoffgemisch
3082	Flugturbinenkraftstoff JP-7	Flammpunkt über 60 °C	9	M6	III	Kohlenwasserstoffgemisch
3082	Isodecyldiphenylphosphat		9	M6	III	Netzmittellösung
3082	Kohlenwasserstoffe	flüssig, Flammpunkt über 60 °C, umweltgefährdend	9	M6	III	Regel für Sammeleintragungen
3082	Kreosot aus Holzteer	Flammpunkt über 60 °C	9	M6	III	Kohlenwasserstoffgemisch
3082	Kreosot aus Steinkohlenteer	Flammpunkt über 60 °C	9	M6	III	Kohlenwasserstoffgemisch
3082	Methylnaphthaline	Isomerengemisch, flüssig	9	M6	III	Kohlenwasserstoffgemisch
3082	Steinkohlenteer	Flammpunkt über 60 °C	9	M6	III	Kohlenwasserstoffgemisch
3082	Steinkohlenteernaphtha	Flammpunkt über 60 °C	9	M6	III	Kohlenwasserstoffgemisch
3082	Triarylphosphate	n.a.g.	9	M6	III	Netzmittellösung
3082	Tricresylphosphat	mit höchstens 3 % ortho-Isomer	9	M6	III	Netzmittellösung
3082	Trixylenylphosphat		9	M6	III	Netzmittellösung
3082	Zinkalkyldithiophosphat	C3-C14	9	M6	III	Netzmittellösung
3082	Zinkaryldithiophosphat	C7-C16	9	M6	III	Netzmittellösung
3082	**Umweltgefährdender Stoff, flüssig, n.a.g.**		9	M6	III	Regel für Sammeleintragungen
3099	**Entzündend (oxidierend) wirkender flüssiger Stoff, giftig, n.a.g.**		5.1	OT1	I/II/III	Regel für Sammeleintragungen
3101 3103 3105 3107 3109 3111 3113 3115 3117 3119	**Organisches Peroxid Typ B, C, D, E** oder **F, flüssig** oder **Organisches Peroxid Typ B, C, D, E** oder **F, flüssig, temperaturkontrolliert**	**flüssig**	5.2	P1	–	n-Butylacetat / mit n-Butylacetat gesättigte Netzmittellösung **und** Kohlenwasserstoffgemisch **und** Salpetersäure **)

**) Für die UN-Nummern 3101, 3103, 3105, 3107, 3109, 3111, 3113, 3115, 3117, 3119 (tert-Butylhydroperoxid mit mehr als 40 % Peroxidgehalt sowie Peroxyessigsäuren sind ausgenommen):
Alle organischen Peroxide in technisch reiner Form und in Lösung mit Lösemitteln, die hinsichtlich ihrer Verträglichkeit durch die Standardflüssigkeit «Kohlenwasserstoffgemisch» in diesem Verzeichnis abgedeckt sind. Die Verträglichkeit der Lüftungseinrichtungen und Dichtungen gegenüber organischen Peroxiden kann auch unabhängig von der Bauartprüfung durch Laborversuche mit Salpetersäure nachgewiesen werden.
Die organischen Peroxide der UN-Nummern 3111, 3113, 3115, 3117 und 3119 sind nicht zur Beförderung im Eisenbahnverkehr zugelassen.

UN-Nr.	offizielle Benennung für die Beförderung oder technische Benennung	Beschreibung	Klasse	Klassifizierungscode	Verpackungsgruppe	Standardflüssigkeit
	3.1.2	3.1.2	2.2	2.2	2.1.1.3	
(1)	(2a)	(2b)	(3a)	(3b)	(4)	(5)
3145	Butylphenole	flüssig, n.a.g.	8	C3	I/II/III	Essigsäure
3145	**Alkylphenole, flüssig, n.a.g.**	einschließlich C2-C12-Homologe	8	C3	I/II/III	n-Butylacetat / mit n-Butylacetat gesättigte Netzmittellösung
3149	**Wasserstoffperoxid und Peressigsäure, Mischung, stabilisiert**	mit UN 2790 Essigsäure, UN 2796 Schwefelsäure und/oder UN 1805 Phosphorsäure, Wasser und höchstens 5 % Peressigsäure	5.1	OC1	II	Netzmittellösung und Salpetersäure
3210	**Chlorate, anorganische, wässerige Lösung, n.a.g.**		5.1	O1	II/III	Wasser
3211	**Perchlorate, anorganische, wässerige Lösung, n.a.g.**		5.1	O1	II/III	Wasser
3213	**Bromate, anorganische, wässerige Lösung, n.a.g.**		5.1	O1	II/III	Wasser
3214	**Permanganate, anorganische, wässerige Lösung, n.a.g.**		5.1	O1	II	Wasser
3216	**Persulfate, anorganische, wässerige Lösung, n.a.g.**		5.1	O1	III	Netzmittellösung
3218	**Nitrate, anorganische, wässerige Lösung, n.a.g.**		5.1	O1	II/III	Wasser
3219	**Nitrite, anorganische, wässerige Lösung, n.a.g.**		5.1	O1	II/III	Wasser
3264	Kupfer(II)-chlorid	wässerige Lösung, schwach ätzend	8	C1	III	Wasser
3264	Hydroxylaminsulfat	25 % wässerige Lösung	8	C1	III	Wasser
3264	Phosphorige Säure	wässerige Lösung	8	C1	III	Wasser
3264	**Ätzender saurer anorganischer flüssiger Stoff, n.a.g.**	Flammpunkt über 60 °C	8	C1	I/II/III	Regel für Sammeleintragungen; nicht anwendbar auf Gemische, die Komponenten mit folgenden UN-Nummern enthalten: 1830, 1832, 1906 und 2308 !
3265	Methoxyessigsäure		8	C3	I	n-Butylacetat / mit n-Butylacetat gesättigte Netzmittellösung
3265	Allylbernsteinsäureanhydrid		8	C3	II	n-Butylacetat / mit n-Butylacetat gesättigte Netzmittellösung
3265	Dithioglycolsäure		8	C3	II	n-Butylacetat / mit n-Butylacetat gesättigte Netzmittellösung
3265	Butylphosphat	Gemisch aus Mono- und Dibutylphosphat	8	C3	III	Netzmittellösung
3265	Caprylsäure		8	C3	III	n-Butylacetat / mit n-Butylacetat gesättigte Netzmittellösung
3265	Isovaleriansäure		8	C3	III	n-Butylacetat / mit n-Butylacetat gesättigte Netzmittellösung
3265	Pelargonsäure		8	C3	III	n-Butylacetat / mit n-Butylacetat gesättigte Netzmittellösung
3265	Brenztraubensäure		8	C3	III	n-Butylacetat / mit n-Butylacetat gesättigte Netzmittellösung
3265	Valeriansäure		8	C3	III	Essigsäure

10

UN-Nr.	**offizielle Benennung für die Beförderung** oder technische Benennung	Beschreibung	Klasse	Klassifizierungscode	Verpackungsgruppe	Standardflüssigkeit
	3.1.2	3.1.2	2.2	2.2	2.1.1.3	
(1)	(2a)	(2b)	(3a)	(3b)	(4)	(5)
3265	**Ätzender saurer organischer flüssiger Stoff, n.a.g.**	Flammpunkt über 60 °C	8	C3	I/II/III	Regel für Sammeleintragungen
3266	Natriumhydrosulfid	wässerige Lösung	8	C5	II	Essigsäure
3266	Natriumsulfid	wässerige Lösung, schwach ätzend	8	C5	III	Essigsäure
3266	**Ätzender basischer anorganischer flüssiger Stoff, n.a.g.**	Flammpunkt 60 °C	8	C5	I/II/III	Regel für Sammeleintragungen
3267	2,2'-(Butylimino)-bisethanol		8	C7	II	Kohlenwasserstoffgemisch **und** Netzmittellösung
3267	**Ätzender basischer organischer flüssiger Stoff, n.a.g.**	Flammpunkt über 60 °C	8	C7	I/II/III	Regel für Sammeleintragungen
3271	Ethylenglycolmonobutylether	Flammpunkt 60 °C	3	F1	III	Essigsäure
3271	**Ether, n.a.g.**		3	F1	II/III	Regel für Sammeleintragungen
3272	Acrylsäuretert-butylester		3	F1	II	n-Butylacetat / mit n-Butylacetat gesättigte Netzmittellösung
3272	Isobutylpropionat	Flammpunkt unter 23 °C	3	F1	II	n-Butylacetat / mit n-Butylacetat gesättigte Netzmittellösung
3272	Methylvalerat		3	F1	II	n-Butylacetat / mit n-Butylacetat gesättigte Netzmittellösung
3272	Trimethylorthoformiat		3	F1	II	n-Butylacetat / mit n-Butylacetat gesättigte Netzmittellösung
3272	Ethylvalerat		3	F1	III	n-Butylacetat / mit n-Butylacetat gesättigte Netzmittellösung
3272	Isobutylisovalerat		3	F1	III	n-Butylacetat / mit n-Butylacetat gesättigte Netzmittellösung
3272	n-Amylpropionat		3	F1	III	n-Butylacetat / mit n-Butylacetat gesättigte Netzmittellösung
3272	n-Butylbutyrat		3	F1	III	n-Butylacetat / mit n-Butylacetat gesättigte Netzmittellösung
3272	Methyllactat		3	F1	III	n-Butylacetat / mit n-Butylacetat gesättigte Netzmittellösung
3272	**Ester, n.a.g.**		3	F1	II/III	Regel für Sammeleintragungen
3287	Natriumnitrit	40%-ige wässerige Lösung	6.1	T4	III	Wasser
3287	**Giftiger anorganischer flüssiger Stoff, n.a.g.**		6.1	T4	I/II/III	Regel für Sammeleintragungen
3291	**Klinischer Abfall, unspezifiziert, n.a.g.**	flüssig	6.2	I3	II	Wasser
3293	**Hydrazin, wässerige Lösung**	mit höchstens 37 Masse-% Hydrazin	6.1	T4	III	Wasser
3295	Heptene	n.a.g.	3	F1	II	Kohlenwasserstoffgemisch
3295	Nonane	Flammpunkt unter 23 °C	3	F1	II	Kohlenwasserstoffgemisch
3295	Decane	n.a.g.	3	F1	III	Kohlenwasserstoffgemisch
3295	1,2,3-Trimethylbenzen		3	F1	III	Kohlenwasserstoffgemisch
3295	**Kohlenwasserstoffe, flüssig, n.a.g.**		3	F1	I/II/III	Regel für Sammeleintragungen
3405	**Bariumchlorat, Lösung**	wässerige Lösung	5.1	OT1	II/III	Wasser

UN-Nr.	offizielle Benennung für die Beförderung oder technische Benennung	Beschreibung	Klasse	Klassifizierungscode	Verpackungsgruppe	Standardflüssigkeit
	3.1.2	3.1.2	2.2	2.2	2.1.1.3	
(1)	(2a)	(2b)	(3a)	(3b)	(4)	(5)
3406	**Bariumperchlorat, Lösung**	wässerige Lösung	5.1	OT1	II/III	Wasser
3408	**Bleiperchlorat, Lösung**	wässerige Lösung	5.1	OT1	II/III	Wasser
3413	**Kaliumcyanid, Lösung**	wässerige Lösung	6.1	T4	I/II/III	Wasser
3414	**Natriumcyanid, Lösung**	wässerige Lösung	6.1	T4	I/II/III	Wasser
3415	**Natriumfluorid, Lösung**	wässerige Lösung	6.1	T4	III	Wasser
3422	**Kaliumfluorid, Lösung**	wässerige Lösung	6.1	T4	III	Wasser

4.1.2 Zusätzliche allgemeine Vorschriften für die Verwendung von Großpackmitteln (IBC)

4.1.2.1 Wenn Großpackmittel (IBC) für die Beförderung flüssiger Stoffe mit einem Flammpunkt von höchstens 60 °C (geschlossener Tiegel) oder von zu Staubexplosion neigenden Pulvern verwendet werden, sind Maßnahmen zu treffen, um eine gefährliche elektrostatische Entladung zu verhindern.

4.1.2.2 Alle metallenen IBC, alle starren Kunststoff-IBC und alle Kombinations-IBC müssen gemäß Unterabschnitt 6.5.4.4 oder 6.5.4.5 einer entsprechenden Inspektion und Prüfung unterzogen werden:

– vor Inbetriebnahme;
– anschließend, je nach Fall, in Abständen von höchstens zweieinhalb oder fünf Jahren;
– nach Reparatur oder Wiederaufarbeitung vor Wiederverwendung zur Beförderung.

Ein Großpackmittel (IBC) darf nach Ablauf der Frist für die wiederkehrende Inspektion oder Prüfung nicht befüllt oder zur Beförderung aufgegeben werden. Jedoch darf ein Großpackmittel (IBC), das vor dem Ablauf der Frist für die wiederkehrende Prüfung oder Inspektion befüllt wurde, innerhalb eines Zeitraums von höchstens drei Monaten nach Ablauf der Frist für die wiederkehrende Inspektion oder Prüfung befördert werden. Darüber hinaus darf ein Großpackmittel (IBC) nach Ablauf der Frist für die wiederkehrende Prüfung oder Inspektion befördert werden:

a) nach der Entleerung, jedoch vor der Reinigung zur Durchführung der nächsten vorgeschriebenen Prüfung oder Inspektion vor der Wiederbefüllung und,
b) wenn von der zuständigen Behörde nichts anderes festgelegt ist, für einen Zeitraum von höchstens sechs Monaten nach Ablauf der Frist für die wiederkehrende Prüfung oder Inspektion, um die Rücksendung der gefährlichen Güter oder Rückstände zum Zwecke der ordnungsgemäßen Entsorgung oder Wiederverwertung zu ermöglichen.

Bem. Wegen der Angabe im Beförderungspapier siehe Absatz 5.4.1.1.11.

4.1.2.3 Großpackmittel (IBC) des Typs 31HZ2 müssen mindestens zu 80 % des Fassungsraums der äußeren Umhüllung befüllt sein.

4.1.2.4 Mit Ausnahme der Fälle, in denen die regelmäßige Wartung eines metallenen IBC, eines starren Kunststoff-IBC, eines Kombinations-IBC, oder eines flexiblen IBC durch den Eigentümer des IBC durchgeführt wird, dessen Sitzstaat und Name oder zugelassenes Zeichen dauerhaft auf dem IBC angebracht sind, muss die Stelle, welche die regelmäßige Wartung eines IBC durchführt, auf dem IBC in der Nähe des UN-Bauartkennzeichens des Herstellers folgende dauerhaften Kennzeichen anbringen:

a) der Staat, in dem die regelmäßige Wartung durchgeführt wurde, und
b) der Name oder das zugelassene Zeichen der Stelle, die die regelmäßige Wartung durchgeführt hat.

4.1.3 Allgemeine Vorschriften für Verpackungsanweisungen

4.1.3.1 Die für die gefährlichen Güter der Klassen 1 bis 9 geltenden Verpackungsanweisungen sind in Abschnitt 4.1.4 aufgeführt. Sie werden je nach Art der Verpackung, für die sie gelten, in drei Unterabschnitte unterteilt:

Unterabschnitt 4.1.4.1 — für Verpackungen, ausgenommen Großpackmittel (IBC) und Großverpackungen; diese Verpackungsanweisungen sind durch einen mit dem Buchstaben «P» oder, wenn es sich um eine RID- und ADR-spezifische Verpackung handelt, durch einen mit dem Buchstaben «R» beginnenden alphanumerischen Code bezeichnet;

Unterabschnitt 4.1.4.2	für Großpackmittel (IBC); diese Verpackungsanweisungen sind durch einen mit den Buchstaben «IBC» beginnenden alphanumerischen Code bezeichnet;
Unterabschnitt 4.1.4.3	für Großverpackungen; diese Verpackungsanweisungen sind durch einen mit den Buchstaben «LP» beginnenden alphanumerischen Code bezeichnet.

Im Allgemeinen wird in den Verpackungsanweisungen festgelegt, dass die allgemeinen Vorschriften der Abschnitte 4.1.1, 4.1.2 und/oder 4.1.3, wenn zutreffend, anzuwenden sind. Die Verpackungsanweisungen können, sofern zutreffend, auch eine Übereinstimmung mit den besonderen Vorschriften des Abschnitts 4.1.5, 4.1.6, 4.1.7, 4.1.8 oder 4.1.9 erfordern. In den Verpackungsanweisungen für bestimmte Stoffe oder Gegenstände können auch Sondervorschriften für die Verpackung festgelegt sein. Diese werden ebenfalls durch einen mit den folgenden Buchstaben beginnenden alphanumerischen Code bezeichnet:

«PP» für Verpackungen, ausgenommen Großpackmittel (IBC) und Großverpackungen, oder «RR», wenn es sich um RID- und ADR-spezifische Sondervorschriften handelt,

«B» für Großpackmittel (IBC) oder «BB», wenn es sich um RID- und ADR-spezifische Sondervorschriften handelt, und

«L» für Großverpackungen oder «LL», wenn es sich um RID- und ADR-spezifische Sondervorschriften handelt.

Sofern nichts anderes festgelegt ist, muss jede Verpackung den anwendbaren Vorschriften des Teils 6 entsprechen. Im Allgemeinen sagen die Verpackungsanweisungen nichts über die Verträglichkeit aus, weswegen der Verwender keine Verpackungen auswählen darf, ohne zu überprüfen, ob der Stoff mit dem gewählten Verpackungswerkstoff verträglich ist (z.B. sind Glasgefäße für die meisten Fluoride ungeeignet). Wenn in den Verpackungsanweisungen Gefäße aus Glas zugelassen sind, sind Verpackungen aus Porzellan, Ton und Steinzeug ebenfalls zugelassen.

4.1.3.2 Die Spalte 8 der Tabelle A in Kapitel 3.2 enthält für jeden Gegenstand oder Stoff die anzuwendende(n) Verpackungsanweisung(en). Die Spalte 9a enthält die für die einzelnen Stoffe oder Gegenstände anwendbaren Sondervorschriften für die Verpackung, die Spalte 9b enthält die Sondervorschriften für die Zusammenpackung (siehe Abschnitt 4.1.10).

4.1.3.3 In jeder Verpackungsanweisung sind, sofern zutreffend, die zulässigen Einzelverpackungen und zusammengesetzten Verpackungen aufgeführt. Für zusammengesetzte Verpackungen werden die zulässigen Außenverpackungen, Innenverpackungen und, sofern zutreffend, die zugelassene Höchstmenge für jede Innen- oder Außenverpackung aufgeführt. Die höchste Nettomasse und der höchste Fassungsraum sind in Abschnitt 1.2.1 definiert.

4.1.3.4 Die folgenden Verpackungen dürfen nicht verwendet werden, wenn sich die zu befördernden Stoffe während der Beförderung verflüssigen können:

Verpackungen

Fässer:	1D und 1G
Kisten:	4A, 4B, 4N, 4C1, 4C2, 4D, 4F, 4G, 4H1 und 4H2
Säcke:	5L1, 5L2, 5L3, 5H1, 5H2, 5H3, 5H4, 5M1 und 5M2
Kombinationsverpackungen:	6HC, 6HD2, 6HG1, 6HG2, 6HD1, 6PC, 6PD1, 6PD2, 6PG1, 6PG2 und 6PH1

10

Großverpackungen	
aus flexiblem Kunststoff:	51H (Außenverpackung)
Großpackmittel (IBC)	
für Stoffe der Verpackungsgruppe I:	alle Typen von Großpackmitteln (IBC)
für Stoffe der Verpackungsgruppen II und III:	
IBC aus Holz	11C, 11D und 11F
IBC aus Pappe	11G
flexible IBC	13H1, 13H2, 13H3, 13H4, 13H5, 13L1, 13L2, 13L3, 13L4, 13M1 und 13M2
Kombinations-Großpackmittel (IBC)	11HZ2 und 21HZ2

Für Zwecke dieses Unterabschnitts gelten Stoffe und Stoffgemische, die einen Schmelzpunkt von höchstens 45 °C haben, als feste Stoffe, die sich während der Beförderung verflüssigen können.

4.1.3.5 Wenn die Verpackungsanweisungen in diesem Kapitel die Verwendung einer besonderen Art einer Verpackung erlauben (z.B. 4G bzw. 1A2), dürfen Verpackungen mit den gleichen Verpackungscodierungen, ergänzt durch die Buchstaben «V», «U» oder «W» gemäß den Vorschriften des Teils 6 (z.B. 4GV, 4GU oder 4GW bzw. 1A2V, 1A2U oder 1A2W) ebenfalls verwendet werden, wenn sie denselben Bedingungen und Einschränkungen genügen, die für die Verwendung dieses Verpackungstyps gemäß den geltenden Verpackungsanweisungen anwendbar sind. Beispielsweise darf eine mit der Verpackungscodierung «4GV» gekennzeichnete zusammengesetzte Verpackung als eine mit «4G» gekennzeichnete zusammengesetzte Verpackung verwendet werden, wenn die Vorschriften der geltenden Verpackungsanweisung hinsichtlich der Art der Innenverpackungen und der Mengenbegrenzungen eingehalten werden.

4.1.3.6 Druckgefäße für flüssige und feste Stoffe

► 1.6.2.6

4.1.3.6.1 Sofern im ADR nicht anderes angegeben ist, sind Druckgefäße, die

a) den anwendbaren Vorschriften des Kapitels 6.2 entsprechen oder
b) den im Land der Herstellung der Druckgefäße angewendeten nationalen oder internationalen Normen für die Auslegung, den Bau, die Prüfung, die Herstellung und die Inspektion entsprechen, vorausgesetzt, die Vorschriften des Unterabschnitts 4.1.3.6 werden eingehalten und metallene Flaschen, Großflaschen, Druckfässer, Flaschenbündel und Bergungsdruckgefäße sind so gebaut, dass das Berstverhältnis (Berstdruck dividiert durch Prüfdruck) mindestens beträgt:
   (i) 1,50 bei nachfüllbaren Druckgefäßen;
   (ii) 2,00 bei nicht nachfüllbaren Druckgefäßen;

für die Beförderung aller flüssigen oder festen Stoffe mit Ausnahme von explosiven Stoffen, thermisch instabilen Stoffen, organischen Peroxiden, selbstzersetzlichen Stoffen, Stoffen, bei denen sich durch die Entwicklung einer chemischen Reaktion ein bedeutender Druck entwickeln kann, und radioaktiven Stoffen (sofern nicht gemäß Abschnitt 4.1.9 erlaubt) zugelassen. Dieser Unterabschnitt ist für die in Unterabschnitt 4.1.4.1 Verpackungsanweisung P 200 Tabelle 3 aufgeführten Stoffe nicht anwendbar.

4.1.3.6.2 Jede Bauart von Druckgefäßen muss von der zuständigen Behörde des Herstellungslandes oder nach den Vorschriften des Kapitels 6.2 zugelassen sein.

4.1.3.6.3 Sofern nichts anderes angegeben ist, müssen Druckgefäße mit einem Mindestprüfdruck von 0,6 MPa verwendet werden.

4.1.3.6.4 Sofern nichts anderes angegeben ist, dürfen Druckgefäße mit einer Notfall-Druckentlastungseinrichtung versehen sein, die so ausgelegt ist, dass bei einem Überfüllen oder einem Brand ein Zerbersten verhindert wird.

Die Verschlussventile von Druckgefäßen müssen so ausgelegt und gebaut sein, dass sie von sich aus in der Lage sind, Beschädigungen ohne Freiwerden von Füllgut standzuhalten, oder sie müssen durch eine der in Absatz 4.1.6.8 a) bis e) angegebenen Methoden gegen Beschädigungen, die zu einem unbeabsichtigten Freiwerden von Füllgut des Druckgefäßes führen können, geschützt sein.

4.1.3.6.5 Der Füllungsgrad darf 95 % des Fassungsraumes des Druckgefäßes bei 50 °C nicht überschreiten. Es muss genügend füllungsfreier Raum verbleiben, um sicherzustellen, dass das Druckgefäß bei einer Temperatur von 55 °C nicht vollständig mit Flüssigkeit gefüllt ist.

4.1.3.6.6 Sofern nichts anderes angegeben ist, müssen Druckgefäße alle fünf Jahre einer wiederkehrenden Inspektion und Prüfung unterzogen werden. Die wiederkehrende Inspektion muss eine äußere Untersuchung, eine innere Untersuchung oder eine von der zuständigen Behörde zugelassene alternative Methode, eine Druckprüfung oder mit Genehmigung der zuständigen Behörde eine ebenso wirksame zerstörungsfreie Prüfung, einschließlich einer Inspektion aller Zubehörteile (z.B. Dichtheit der Verschlussventile, Notfall-Druckentlastungsventile oder Schmelzsicherungen) umfassen. Druckgefäße dürfen nach Ablauf der Frist für die wiederkehrende Inspektion und Prüfung nicht befüllt werden, dürfen jedoch nach Ablauf der Frist befördert werden. Reparaturen von Druckgefäßen müssen den Vorschriften des Unterabschnitts 4.1.6.11 entsprechen.

4.1.3.6.7 Vor dem Befüllen muss der Verpacker eine Kontrolle des Druckgefäßes durchführen und sicherstellen, dass das Druckgefäß für den zu befördernden Stoff zugelassen ist und die Vorschriften des ADR erfüllt sind. Nach dem Befüllen müssen die Verschlussventile geschlossen werden und während der Beförderung verschlossen bleiben. Der Absender muss überprüfen, dass die Verschlüsse und die Ausrüstung nicht undicht sind.

4.1.3.6.8 Nachfüllbare Druckgefäße dürfen nicht mit einem Stoff befüllt werden, der von dem zuvor enthaltenen Stoff abweicht, es sei denn, die notwendigen Maßnahmen für einen Wechsel der Verwendung wurden durchgeführt.

4.1.3.6.9 Die Kennzeichnung von Druckgefäßen für flüssige und feste Stoffe gemäß Unterabschnitt 4.1.3.6 (die nicht den Vorschriften des Kapitels 6.2 entsprechen) muss in Übereinstimmung mit den Vorschriften der zuständigen Behörde des Herstellungslandes erfolgen.

4.1.3.7 Verpackungen oder Großpackmittel (IBC), die nicht ausdrücklich durch die anwendbare Verpackungsanweisung zugelassen sind, dürfen nicht zur Beförderung eines Stoffes oder Gegenstandes verwendet werden, es sei denn zwischen Vertragsparteien des ADR wurde eine zeitweilige Abweichung von diesen Vorschriften gemäß Abschnitt 1.5.1 vereinbart.

4.1.3.8 Unverpackte Gegenstände mit Ausnahme von Gegenständen der Klasse 1

4.1.3.8.1 Wenn große und robuste Gegenstände nicht nach den Vorschriften des Kapitels 6.1 oder 6.6 verpackt werden können und diese leer, ungereinigt und unverpackt befördert werden müssen, kann die zuständige Behörde des Ursprungslandes [2)] eine solche Beförderung zulassen. Dabei muss die zuständige Behörde berücksichtigen, dass:

2) Ist das Ursprungsland keine Vertragspartei des ADR, die zuständige Behörde der ersten von der Sendung berührten Vertragspartei des ADR.

a) große und robuste Gegenstände genügend widerstandsfähig sein müssen, um den Stößen und Belastungen, die unter normalen Beförderungsbedingungen auftreten können, standzuhalten, einschließlich des Umschlags zwischen Güterbeförderungseinheiten und zwischen Güterbeförderungseinheiten und Lagerhäusern sowie jeder Entnahme von einer Palette zur nachfolgenden manuellen oder mechanischen Handhabung;

b) alle Verschlüsse und Öffnungen so dicht verschlossen sein müssen, um unter normalen Beförderungsbedingungen ein Austreten des Inhalts infolge von Vibration, Temperaturwechsel, Feuchtigkeits- und Druckänderung (z.B. hervorgerufen durch Höhenunterschiede) zu vermeiden. An der Außenseite der großen und robusten Gegenstände dürfen keine gefährlichen Rückstände anhaften;

c) Teile der großen und robusten Gegenstände, die unmittelbar mit den gefährlichen Gütern in Berührung kommen:

(i) durch diese gefährlichen Güter nicht angegriffen oder erheblich geschwächt werden dürfen und

(ii) keinen gefährlichen Effekt auslösen dürfen, z.B. eine katalytische Reaktion oder eine Reaktion mit den gefährlichen Gütern;

d) große und robuste Gegenstände, die flüssige Stoffe enthalten, so verstaut und gesichert werden müssen, dass ein Austreten des Inhalts oder eine dauerhafte Verformung des Gegenstandes während der Beförderung verhindert wird;

e) sie so auf Schlitten, in Verschlägen, in anderen Handhabungsvorrichtungen oder auf der Güterbeförderungseinheit befestigt sind, dass sie sich unter normalen Beförderungsbedingungen nicht lösen können.

4.1.3.8.2 Unverpackte Gegenstände, die von der zuständigen Behörde nach den Vorschriften des Absatzes 4.1.3.8.1 zugelassen sind, unterliegen den Vorschriften für den Versand des Teils 5. Der Absender solcher Gegenstände muss darüber hinaus sicherstellen, dass eine Kopie einer solchen Genehmigung dem Beförderungspapier beigefügt wird.

Bem. Ein großer und robuster Gegenstand kann ein flexibler Treibstofftank, eine militärische Ausrüstung, eine Maschine oder eine Ausrüstung sein, der/die gefährliche Güter über den Grenzwerten des Abschnittes 3.4.1 enthält.

4.1.4 Verzeichnis der Verpackungsanweisungen

Bem. Obwohl in den folgenden Verpackungsanweisungen die gleiche Nummerierung wie im IMDG-Code und in den UN-Modellvorschriften verwendet wird, ist auf einige abweichende Besonderheiten zu achten.

4.1.4.1 **Anweisungen für die Verwendung von Verpackungen (ausgenommen Großpackmittel (IBC) und Großverpackungen)**

P 001

VERPACKUNGSANWEISUNG (FLÜSSIGE STOFFE)				
Folgende Verpackungen sind zugelassen, wenn die allgemeinen Vorschriften der Abschnitte 4.1.1 und 4.1.3 erfüllt sind:				
zusammengesetzte Verpackungen		**höchste(r) Fassungsraum/Nettomasse (siehe Unterabschnitt 4.1.3.3)**		
Innenverpackungen	**Außenverpackungen**	**Verpackungsgruppe I**	**Verpackungsgruppe II**	**Verpackungsgruppe III**
aus Glas 10 l	**Fässer**			
aus Kunststoff 30 l	aus Stahl (1A1, 1A2)	250 kg	400 kg	400 kg
aus Metall 40 l	aus Aluminium (1B1, 1B2)	250 kg	400 kg	400 kg
	aus einem anderen Metall (1N1, 1N2)	250 kg	400 kg	400 kg
	aus Kunststoff (1H1, 1H2)	250 kg	400 kg	400 kg
	aus Sperrholz (1D)	150 kg	400 kg	400 kg
	aus Pappe (1G)	75 kg	400 kg	400 kg
	Kisten			
	aus Stahl (4A)	250 kg	400 kg	400 kg
	aus Aluminium (4B)	250 kg	400 kg	400 kg
	aus einem anderen Metall (4N)	250 kg	400 kg	400 kg
	aus Naturholz (4C1, 4C2)	150 kg	400 kg	400 kg
	aus Sperrholz (4D)	150 kg	400 kg	400 kg
	aus Holzfaserwerkstoff (4F)	75 kg	400 kg	400 kg
	aus Pappe (4G)	75 kg	400 kg	400 kg
	aus Schaumstoff (4H1)	60 kg	60 kg	60 kg
	aus starrem Kunststoff (4H2)	150 kg	400 kg	400 kg
	Kanister			
	aus Stahl (3A1, 3A2)	120 kg	120 kg	120 kg
	aus Aluminium (3B1, 3B2)	120 kg	120 kg	120 kg
	aus Kunststoff (3H1, 3H2)	120 kg	120 kg	120 kg
Einzelverpackungen				
Fässer				
aus Stahl, mit nicht abnehmbarem Deckel (1A1)		250 l	450 l	450 l
aus Stahl, mit abnehmbarem Deckel (1A2)		250 l [a]	450 l	450 l
aus Aluminium, mit nicht abnehmbarem Deckel (1B1)		250 l	450 l	450 l
aus Aluminium, mit abnehmbarem Deckel (1B2)		250 l [a]	450 l	450 l
aus einem anderen Metall als Stahl oder Aluminium, mit nicht abnehmbarem Deckel (1N1)		250 l	450 l	450 l
aus einem anderen Metall als Stahl oder Aluminium, mit abnehmbarem Deckel (1N2)		250 l [a]	450 l	450 l
aus Kunststoff, mit nicht abnehmbarem Deckel (1H1)		250 l	450 l	450 l
aus Kunststoff, mit abnehmbarem Deckel (1H2)		250 l [a]	450 l	450 l
Kanister				
aus Stahl, mit nicht abnehmbarem Deckel (3A1)		60 l	60 l	60 l
aus Stahl, mit abnehmbarem Deckel (3A2)		60 l [a]	60 l	60 l
aus Aluminium, mit nicht abnehmbarem Deckel (3B1)		60 l	60 l	60 l
aus Aluminium, mit abnehmbarem Deckel (3B2)		60 l [a]	60 l	60 l
aus Kunststoff, mit nicht abnehmbarem Deckel (3H1)		60 l	60 l	60 l
aus Kunststoff, mit abnehmbarem Deckel (3H2)		60 l [a]	60 l	60 l
[a] Es sind nur Stoffe mit einer Viskosität von mehr als 2680 mm^2/s zugelassen.				
Kombinationsverpackungen				
Kunststoffgefäß in einem Fass aus Stahl, Aluminium oder Kunststoff (6HA1, 6HB1, 6HH1)		250 l	250 l	250 l
Kunststoffgefäß in einem Fass aus Pappe oder Sperrholz (6HG1, 6HD1)		120 l	250 l	250 l

Kunststoffgefäß in einem Verschlag oder einer Kiste aus Stahl oder Aluminium oder Kunststoffgefäß in einer Kiste aus Naturholz, Sperrholz, Pappe oder starrem Kunststoff (6HA2, 6HB2, 6HC, 6HD2, 6HG2 oder 6HH2)	60 l	60 l	60 l
Glasgefäß in einem Fass aus Stahl, Aluminium, Pappe, Sperrholz, starrem Kunststoff oder Schaumstoff (6PA1, 6PB1, 6PG1, 6PD1, 6PH1 oder 6PH2) oder in einem Verschlag oder einer Kiste aus Stahl oder Aluminium, in einer Kiste aus Naturholz oder Pappe oder in einem Weidenkorb (6PA2, 6PB2, 6PC, 6PG2 oder 6PD2)	60 l	60 l	60 l
Druckgefäße, vorausgesetzt, die allgemeinen Vorschriften des Unterabschnitts 4.1.3.6 werden erfüllt.			

Zusätzliche Vorschrift	
Für Stoffe der Klasse 3 Verpackungsgruppe III, die geringe Mengen an Kohlendioxid und Stickstoff freisetzen, müssen die Verpackungen mit einer Lüftungseinrichtung versehen sein.	
Sondervorschriften für die Verpackung	
PP 1	Die UN-Nummern 1133, 1210, 1263 und 1866 sowie Klebstoffe, Druckfarben, Druckfarbzubehörstoffe, Farben, Farbzubehörstoffe und Harzlösungen, die der UN-Nummer 3082 zugeordnet sind, dürfen als Stoffe der Verpackungsgruppen II und III in Mengen von höchstens 5 Litern je Verpackung in Verpackungen aus Metall oder Kunststoff, die nicht die Prüfungen nach Kapitel 6.1 bestehen müssen, verpackt werden, wenn sie wie folgt befördert werden: a) als Palettenladung, in Gitterboxpaletten oder Ladungseinheiten, z.B. einzelne Verpackungen, die auf eine Palette gestellt oder gestapelt sind und die mit Gurten, Dehn- oder Schrumpffolie oder einer anderen geeigneten Methode auf der Palette befestigt sind, oder b) als Innenverpackungen von zusammengesetzten Verpackungen mit einer höchsten Nettomasse von 40 kg.
PP 2	Für die UN-Nummer 3065 dürfen Holzfässer mit einem höchsten Fassungsraum von 250 Litern, die nicht den Vorschriften des Kapitels 6.1 entsprechen, verwendet werden.
PP 4	Für die UN-Nummer 1774 müssen die Verpackungen den Prüfanforderungen der Verpackungsgruppe II entsprechen.
PP 5	Für die UN-Nummer 1204 müssen die Verpackungen so gebaut sein, dass eine Explosion durch den Anstieg des Innendrucks nicht möglich ist. Flaschen, Großflaschen und Druckfässer dürfen für diese Stoffe nicht verwendet werden.
PP 6	(gestrichen)
PP 10	Für die UN-Nummer 1791 Verpackungsgruppe II muss die Verpackung mit einer Lüftungseinrichtung versehen sein.
PP 31	Für die UN-Nummer 1131 müssen die Verpackungen luftdicht verschlossen sein.
PP 33	Für die UN-Nummer 1308 Verpackungsgruppen I und II sind nur zusammengesetzte Verpackungen mit einer höchsten Bruttomasse von 75 kg zugelassen.
PP 81	Für die UN-Nummer 1790 mit mehr als 60 %, aber höchstens 85 % Fluorwasserstoff und die UN-Nummer 2031 mit mehr als 55 % Salpetersäure beträgt die zulässige Verwendungsdauer der als Einzelverpackungen verwendeten Fässer und Kanister aus Kunststoff zwei Jahre ab dem Datum der Herstellung.
PP 93	Für die UN-Nummer 3532 und 3534 müssen die Verpackungen so ausgelegt und gebaut sein, dass sie das Freisetzen von Gas oder Dampf ermöglichen, um einen Druckaufbau zu verhindern, der bei einem Verlust der Stabilisierung zu einem Zubruchgehen der Verpackung führen könnte.
RID- und ADR-spezifische Sondervorschriften für die Verpackung	
RR 2	Für die UN-Nummer 1261 sind Verpackungen mit abnehmbarem Deckel nicht zugelassen.

P 002

VERPACKUNGSANWEISUNG (FESTE STOFFE)				
Folgende Verpackungen sind zugelassen, wenn die allgemeinen Vorschriften der Abschnitte 4.1.1 und 4.1.3 erfüllt sind:				
zusammengesetzte Verpackungen		**höchste Nettomasse (siehe Unterabschnitt 4.1.3.3)**		
Innenverpackungen	**Außenverpackungen**	**Verpackungsgruppe I**	**Verpackungsgruppe II**	**Verpackungsgruppe III**
aus Glas 10 kg	**Fässer**			
aus Kunststoff [a)] 50 kg	aus Stahl (1A1, 1A2)	400 kg	400 kg	400 kg
aus Metall 50 kg	aus Aluminium (1B1, 1B2)	400 kg	400 kg	400 kg
aus Papier [a),b),c)] 50 kg	aus einem anderen Metall (1N1, 1N2)	400 kg	400 kg	400 kg
aus Pappe [a),b),c)] 50 kg	aus Kunststoff (1H1, 1H2)	400 kg	400 kg	400 kg
	aus Sperrholz (1D)	400 kg	400 kg	400 kg
a) Diese Innenverpackungen müssen staubdicht sein.	aus Pappe (1G)	400 kg	400 kg	400 kg
b) Diese Innenverpackungen dürfen nicht verwendet werden, wenn sich die zu befördernden Stoffe während der Beförderung verflüssigen können (siehe Unterabschnitt 4.1.3.4).	**Kisten**			
	aus Stahl (4A)	400 kg	400 kg	400 kg
	aus Aluminium (4B)	400 kg	400 kg	400 kg
	aus einem anderen Metall (4N)	400 kg	400 kg	400 kg
	aus Naturholz (4C1)	250 kg	400 kg	400 kg
	aus Naturholz , mit staubdichten Wänden (4C2)	250 kg	400 kg	400 kg
	aus Sperrholz (4D)	250 kg	400 kg	400 kg
c) Diese Innenverpackungen dürfen für Stoffe der Verpackungsgruppe I nicht verwendet werden.	aus Holzfaserwerkstoff (4F)	125 kg	400 kg	400 kg
	aus Pappe (4G)	125 kg	400 kg	400 kg
	aus Schaumstoff (4H1)	60 kg	60 kg	60 kg
	aus starrem Kunststoff (4H2)	250 kg	400 kg	400 kg
	Kanister			
	aus Stahl (3A1, 3A2)	120 kg	120 kg	120 kg
	aus Aluminium (3B1, 3B2)	120 kg	120 kg	120 kg
	aus Kunststoff (3H1, 3H2)	120 kg	120 kg	120 kg
Einzelverpackungen				
Fässer				
aus Stahl (1A1 oder 1A2 [d)])		400 kg	400 kg	400 kg
aus Aluminium (1B1 oder 1B2 [d)])		400 kg	400 kg	400 kg
aus einem anderen Metall als Stahl oder Aluminium, (1N1 oder 1N2 [d)])		400 kg	400 kg	400 kg
aus Kunststoff (1H1 oder 1H2 [d)])		400 kg	400 kg	400 kg
aus Pappe (1G) [e)]		400 kg	400 kg	400 kg
aus Sperrholz (1D) [e)]		400 kg	400 kg	400 kg
Kanister				
aus Stahl (3A1 oder 3A2 [d)])		120 kg	120 kg	120 kg
aus Aluminium (3B1 oder 3B2 [d)])		120 kg	120 kg	120 kg
aus Kunststoff (3H1 oder 3H2 [d)])		120 kg	120 kg	120 kg
Kisten				
aus Stahl (4A) [e)]		nicht zulässig	400 kg	400 kg
aus Aluminium (4B) [e)]		nicht zulässig	400 kg	400 kg
aus einem anderen Metall (4N) [e)]		nicht zulässig	400 kg	400 kg
aus Naturholz (4C1) [e)]		nicht zulässig	400 kg	400 kg
aus Sperrholz (4D) [e)]		nicht zulässig	400 kg	400 kg
aus Holzfaserwerkstoff (4F) [e)]		nicht zulässig	400 kg	400 kg
aus Naturholz, mit staubdichten Wänden (4C2) [e)]		nicht zulässig	400 kg	400 kg
aus Pappe (4G) [e)]		nicht zulässig	400 kg	400 kg
aus starrem Kunststoff (4H2) [e)]		nicht zulässig	400 kg	400 kg
Säcke				
Säcke (5H3, 5H4, 5L3, 5M2) [e)]		nicht zulässig	50 kg	50 kg

d) Diese Verpackungen dürfen nicht für Stoffe der Verpackungsgruppe I verwendet werden, die sich während der Beförderung verflüssigen können (siehe Unterabschnitt 4.1.3.4).

e) Diese Verpackungen dürfen nicht für Stoffe verwendet werden, wenn sich die zu befördernden Stoffe während der Beförderung verflüssigen können (siehe Unterabschnitt 4.1.3.4).

10

Kombinationsverpackungen Kunststoffgefäß in einem Fass aus Stahl, Aluminium, Sperrholz, Pappe oder Kunststoff (6HA1, 6HB1, 6HG1 [e)], 6HD1 [e)] oder 6HH1)	400 kg	400 kg	400 kg
Kunststoffgefäß in einem Verschlag oder einer Kiste aus Stahl oder Aluminium oder in einer Kiste aus Naturholz, Sperrholz, Pappe oder starrem Kunststoff (6HA2, 6HB2, 6HC, 6HD2 [e)], 6HG2 [e)] oder 6HH2)	75 kg	75 kg	75 kg
Glasgefäß in einem Fass aus Stahl, Aluminium, Sperrholz oder Pappe (6PA1, 6PB1, 6PD1 [e)] oder 6PG1 [e)]) oder in einem Verschlag oder einer Kiste aus Stahl oder Aluminium, in einer Kiste aus Naturholz oder Pappe oder in einem Weidenkorb (6PA2, 6PB2, 6PC, 6PG2 [e)] oder 6PD2 [e)]) oder in einer Verpackung aus starrem Kunststoff oder aus Schaumstoff (6PH2 oder 6PH1 [e)])	75 kg	75 kg	75 kg
e) Diese Verpackungen dürfen nicht für Stoffe verwendet werden, wenn sich die zu befördernden Stoffe während der Beförderung verflüssigen können (siehe Unterabschnitt 4.1.3.4).			
Druckgefäße, vorausgesetzt, die allgemeinen Vorschriften des Unterabschnitts 4.1.3.6 werden erfüllt.			

Sondervorschriften für die Verpackung

PP 6	(gestrichen)
PP 7	UN 2000 Celluloid darf auch unverpackt mit Kunststofffolie umhüllt und mit geeigneten Mitteln, wie Stahlbändern, gesichert auf Paletten als geschlossene Ladung in gedeckten Fahrzeugen oder in geschlossenen Containern befördert werden. Die Bruttomasse einer Palette darf 1000 kg nicht übersteigen.
PP 8	Für die UN-Nummer 2002 müssen die Verpackungen so gebaut sein, dass eine Explosion durch den Anstieg des Innendrucks nicht möglich ist. Flaschen, Großflaschen und Druckfässer dürfen für diese Stoffe nicht verwendet werden.
PP 9	Für die UN-Nummern 3175, 3243 und 3244 müssen die Verpackungen einer Bauart entsprechen, welche die Dichtheitsprüfung für die Verpackungsgruppe II bestanden hat. Für die UN-Nummer 3175 ist die Dichtheitsprüfung nicht erforderlich, wenn die flüssigen Stoffe vollständig in einem festen Stoff aufgesaugt und in dicht verschlossenen Säcken enthalten sind.
PP 11	Für die UN-Nummern 1309 Verpackungsgruppe III und 1362 sind Säcke 5H1, 5L1 und 5M1 zugelassen, wenn diese in Kunststoffsäcken und mit einer Schrumpf- oder Dehnfolie auf Paletten umverpackt sind.
PP 12	Für die UN-Nummern 1361, 2213 und 3077 sind Säcke 5H1, 5L1 und 5M1 zugelassen, wenn diese in gedeckten Fahrzeugen oder geschlossenen Containern befördert werden.
PP 13	Für Gegenstände der UN-Nummer 2870 sind nur zusammengesetzte Verpackungen zugelassen, welche die Prüfanforderungen für die Verpackungsgruppe I erfüllen.
PP 14	Für die UN-Nummern 2211, 2698 und 3314 müssen die Verpackungen nicht die Prüfungen nach Kapitel 6.1 bestehen.
PP 15	Für die UN-Nummern 1324 und 2623 müssen die Verpackungen die Prüfanforderungen für die Verpackungsgruppe III erfüllen.
PP 20	Für die UN-Nummer 2217 darf jedes staubdichte und reißfeste Gefäß verwendet werden.
PP 30	Für die UN-Nummer 2471 sind Innenverpackungen aus Papier oder Pappe nicht zugelassen.
PP 34	Für UN 2969 Rizinussaat (ganze Bohnen) sind Säcke 5H1, 5L1 und 5M1 zugelassen.
PP 37	Für die UN-Nummern 2590 und 2212 sind Säcke 5M1 zugelassen. Alle Arten von Säcken müssen in gedeckten Fahrzeugen oder geschlossenen Containern befördert oder in geschlossene starre Umverpackungen eingesetzt werden.
PP 38	Für die UN-Nummer 1309 Verpackungsgruppe II sind Säcke nur in gedeckten Fahrzeugen oder geschlossenen Containern zugelassen.
PP 84	Für die UN-Nummer 1057 sind starre Außenverpackungen zu verwenden, die den Prüfanforderungen für die Verpackungsgruppe II entsprechen. Die Verpackungen sind so auszulegen, herzustellen und einzurichten, dass eine Bewegung, eine unbeabsichtigte Zündung der Einrichtungen oder ein unbeabsichtigtes Freiwerden entzündbarer Gase oder entzündbarer flüssiger Stoffe verhindert wird. **Bem.** Für Abfall-Feuerzeuge, die getrennt gesammelt werden, siehe Kapitel 3.3 Sondervorschrift 654.
PP 92	Für die UN-Nummer 3531 und 3533 müssen die Verpackungen so ausgelegt und gebaut sein, dass sie das Freisetzen von Gas oder Dampf ermöglichen, um einen Druckaufbau zu verhindern, der bei einem Verlust der Stabilisierung zu einem Zubruchgehen der Verpackung führen könnte.

RID- und ADR-spezifische Sondervorschrift für die Verpackung

RR 5	Ungeachtet der Sondervorschrift für die Verpackung PP 84 müssen nur die allgemeinen Vorschriften der Unterabschnitte 4.1.1.1, 4.1.1.2 und 4.1.1.5 bis 4.1.1.7 erfüllt werden, wenn die Bruttomasse des Versandstücks höchstens 10 kg beträgt. **Bem.** Für Abfall-Feuerzeuge, die getrennt gesammelt werden, siehe Kapitel 3.3 Sondervorschrift 654.

P 003	
VERPACKUNGSANWEISUNG	
Die gefährlichen Güter müssen in geeignete Außenverpackungen eingesetzt sein. Die Verpackungen müssen die Vorschriften der Unterabschnitte 4.1.1.1, 4.1.1.2, 4.1.1.4 und 4.1.1.8 und des Abschnitts 4.1.3 erfüllen und müssen so ausgelegt sein, dass sie den Bauvorschriften des Abschnitts 6.1.4 entsprechen. Es müssen Außenverpackungen verwendet werden, die aus geeignetem Werkstoff hergestellt sind und hinsichtlich ihres Fassungsraums und der vorgesehenen Verwendung eine ausreichende Festigkeit aufweisen und entsprechend ausgelegt sind. Bei der Anwendung dieser Verpackungsanweisung für die Beförderung von Gegenständen oder Innenverpackungen von zusammengesetzten Verpackungen muss die Verpackung so ausgelegt und gebaut sein, dass eine unbeabsichtigte Entladung der Gegenstände unter normalen Beförderungsbedingungen verhindert wird.	
Sondervorschriften für die Verpackung	
PP 16	UN 2800 Batterien (Akkumulatoren) müssen gegen Kurzschluss geschützt und in starken Außenverpackungen sicher verpackt sein. **Bem** 1. Auslaufsichere Batterien (Akkumulatoren), die für die Funktion eines mechanischen oder elektronischen Geräts notwendig und dessen Bestandteil sind, müssen sicher in der Batteriehalterung des Gerätes befestigt und gegen Beschädigung und Kurzschluss geschützt sein. 2. Für gebrauchte Batterien (Akkumulatoren) (UN-Nummer 2800) siehe P 801a.
PP 17	Für die UN-Nummer 2037 dürfen Versandstücke bei Verpackungen aus Pappe die Nettomasse von 55 kg und bei anderen Verpackungen die Nettomasse von 125 kg nicht überschreiten.
PP 19	Für die UN-Nummern 1364 und 1365 ist die Beförderung in Ballen zugelassen.
PP 20	Für die UN-Nummern 1363, 1386, 1408 und 2793 darf jedes staubdichte und reißfeste Gefäß verwendet werden.
PP 32	Die UN-Nummern 2857 und 3358 dürfen unverpackt, in Verschlägen oder geeigneten Umverpackungen befördert werden.
PP 87	(gestrichen)
PP 88	(gestrichen)
PP 90	Für die UN-Nummer 3506 müssen dichte Innenauskleidungen oder Säcke aus einem widerstandsfähigen, flüssigkeitsdichten, durchstoßfesten und für Quecksilber undurchlässigen Werkstoff verwendet werden, die unabhängig von der Lage oder Ausrichtung des Versandstücks ein Freiwerden des Stoffes aus dem Versandstück verhindern.
PP 91	Für die UN-Nummer 1044 dürfen große Feuerlöscher auch unverpackt befördert werden, vorausgesetzt, die Vorschriften des Absatzes 4.1.3.8.1 a) bis e) werden erfüllt, die Ventile sind durch eine der Methoden gemäß Unterabschnitt 4.1.6.8 a) bis d) geschützt und andere auf dem Feuerlöscher angebrachte Ausrüstungen sind geschützt, um eine unbeabsichtigte Auslösung zu verhindern. «Große Feuerlöscher» im Sinne dieser Sondervorschrift sind die in den Absätzen c) bis e) der Sondervorschrift 225 des Kapitels 3.3 beschriebenen Feuerlöscher.
RID- und ADR-spezifische Sondervorschriften für die Verpackung	
RR 6	Gegenstände aus Metall der UN-Nummer 2037 dürfen bei der Beförderung als geschlossene Ladung auch wie folgt verpackt werden: Die Gegenstände müssen auf Trays zu Einheiten zusammengestellt werden und mit einer geeigneten Kunststoffhülle in der richtigen Lage gehalten werden; diese Einheiten müssen auf Paletten in geeigneter Weise gestapelt und gesichert sein.
RR 9	Für UN 3509 müssen die Verpackungen nicht den Vorschriften des Unterabschnitts 4.1.1.3 entsprechen. Es müssen Verpackungen verwendet werden, die den Vorschriften des Abschnitts 6.1.4 entsprechen und die flüssigkeitsdicht oder mit einer flüssigkeitsdichten, durchstoßfesten und dicht verschlossenen Auskleidung oder einem flüssigkeitsdichten, durchstoßfesten und dicht verschlossenen Sack ausgerüstet sind. Wenn die einzigen enthaltenen Rückstände feste Stoffe sind, die sich bei den während der Beförderung voraussichtlich auftretenden Temperaturen nicht verflüssigen können, dürfen flexible Verpackungen verwendet werden. Wenn flüssige Rückstände vorhanden sind, müssen starre Verpackungen, die über Rückhaltemittel (z.B. saugfähiges Material) verfügen, verwendet werden. Vor der Befüllung und der Übergabe zur Beförderung muss jede Verpackung überprüft werden, um sicherzustellen, dass sie frei von Korrosion, Verunreinigung oder anderen Schäden ist. Verpackungen mit Anzeichen verminderter Widerstandsfähigkeit dürfen nicht mehr verwendet werden (kleinere Beulen und Risse gelten dabei nicht als Verringerung der Widerstandsfähigkeit der Verpackung). Verpackungen für die Beförderung von leeren, ungereinigten Altverpackungen mit Rückständen der Klasse 5.1 müssen so gebaut oder angepasst sein, dass die Güter nicht mit Holz oder anderen brennbaren Werkstoffen in Berührung kommen können.

P 004
VERPACKUNGSANWEISUNG
Diese Anweisung gilt für die UN-Nummern 3473, 3476, 3477, 3478 und 3479.
Folgende Verpackungen sind zugelassen: (1) Für Brennstoffzellen-Kartuschen, wenn die allgemeinen Vorschriften der Unterabschnitte 4.1.1.1, 4.1.1.2, 4.1.1.3 und 4.1.1.6 sowie des Abschnitts 4.1.3 erfüllt sind: Fässer (1A2, 1B2, 1N2, 1H2, 1D, 1G); Kisten (4A, 4B, 4N, 4C1, 4C2, 4D, 4F, 4G, 4H1, 4H2); Kanister (3A2, 3B2, 3H2). Die Verpackungen müssen den Prüfanforderungen für die Verpackungsgruppe II entsprechen. (2) Für Brennstoffzellen-Kartuschen mit Ausrüstungen verpackt: widerstandsfähige Außenverpackungen, die die allgemeinen Vorschriften der Unterabschnitte 4.1.1.1, 4.1.1.2 und 4.1.1.6 sowie des Abschnitts 4.1.3 erfüllen. Wenn Brennstoffzellen-Kartuschen mit Ausrüstungen verpackt werden, müssen sie in Innenverpackungen verpackt werden oder so mit Polstermaterial oder einer Trennwand (Trennwänden) in die Außenverpackung eingesetzt werden, dass die Brennstoffzellen-Kartuschen gegen Beschädigungen geschützt sind, die durch eine Bewegung des Inhalts in der Außenverpackung oder das Einsetzen des Inhalts in die Außenverpackung verursacht werden können. Die Ausrüstungen müssen gegen Bewegungen in der Außenverpackung gesichert werden. «Ausrüstung» im Sinne dieser Verpackungsanweisung ist ein Gerät, für dessen Betrieb die mit ihm verpackten Brennstoffzellen-Kartuschen erforderlich sind. (3) Für Brennstoffzellen-Kartuschen in Ausrüstungen: widerstandsfähige Außenverpackungen, die die allgemeinen Vorschriften der Unterabschnitte 4.1.1.1, 4.1.1.2 und 4.1.1.6 sowie des Abschnitts 4.1.3 erfüllen. Große robuste Ausrüstungen (siehe Unterabschnitt 4.1.3.8), die Brennstoffzellen-Kartuschen enthalten, dürfen unverpackt befördert werden. Bei Brennstoffzellen-Kartuschen in Ausrüstungen muss das gesamte System gegen Kurzschluss und gegen unbeabsichtigte Inbetriebsetzung geschützt sein.

P 005
VERPACKUNGSANWEISUNG
Diese Anweisung gilt für die UN-Nummern 3528, 3529 und 3530.
Wenn der Motor oder die Maschine so gebaut und ausgelegt ist, dass das Umschließungsmittel, das die gefährlichen Güter enthält, einen angemessenen Schutz bietet, ist eine Außenverpackung nicht erforderlich. In den übrigen Fällen müssen gefährliche Güter in Motoren oder Maschinen in Außenverpackungen verpackt sein, die aus einem geeigneten Werkstoff hergestellt sind und hinsichtlich ihres Fassungsraums und ihrer vorgesehenen Verwendung eine ausreichende Festigkeit aufweisen und entsprechend ausgelegt sind und welche die anwendbaren Vorschriften des Unterabschnitts 4.1.1.1 erfüllen, oder die Motoren oder Maschinen müssen so befestigt sein, dass sie sich unter normalen Beförderungsbedingungen nicht lösen können, z.B. auf Schlitten, in Verschlägen oder in anderen Handhabungsvorrichtungen. Darüber hinaus müssen die Umschließungsmittel so im Motor oder in der Maschine enthalten sein, dass unter normalen Beförderungsbedingungen eine Beschädigung des Umschließungsmittels, das die gefährlichen Güter enthält, verhindert wird und dass bei einer Beschädigung des Umschließungsmittels, das flüssige gefährliche Güter enthält, ein Austreten der gefährlichen Güter aus dem Motor oder der Maschine unmöglich ist (für das Erfüllen dieser Vorschrift darf eine dichte Auskleidung verwendet werden). Umschließungsmittel, die gefährliche Güter enthalten, müssen so eingebaut, gesichert oder gepolstert sein, dass ein Zubruchgehen oder eine Undichtheit verhindert und ihre Bewegung innerhalb des Motors oder der Maschine unter normalen Beförderungsbedingungen eingeschränkt wird. Das Polstermaterial darf mit dem Inhalt der Umschließungsmittel nicht gefährlich reagieren. Ein eventuelles Austreten des Inhalts darf die Schutzeigenschaften des Polstermaterials nicht wesentlich beeinträchtigen.
Zusätzliche Vorschrift Andere gefährliche Güter (z.B. Batterien, Feuerlöscher, Druckgasspeicher oder Sicherheitseinrichtungen), die für die Funktion oder den sicheren Betrieb des Motors oder der Maschine erforderlich sind, müssen sicher in den Motor oder die Maschine eingebaut sein.

P 006

VERPACKUNGSANWEISUNG
Diese Anweisung gilt für die UN-Nummern 3537 bis 3548.
(1) Folgende Verpackungen sind zugelassen, wenn die allgemeinen Vorschriften der Abschnitte 4.1.1 und 4.1.3 erfüllt sind: Fässer (1A2, 1B2, 1N2, 1H2, 1D, 1G), Kisten (4A, 4B, 4N, 4C1, 4C2, 4D, 4F, 4G, 4H1, 4H2), Kanister (3A2, 3B2, 3H2). Die Verpackungen müssen den Prüfanforderungen für die Verpackungsgruppe II entsprechen. (2) Darüber hinaus sind für robuste Gegenstände folgende Verpackungen zugelassen: Starke Außenverpackungen, die aus einem geeigneten Werkstoff hergestellt sind und hinsichtlich ihres Fassungsraums und ihrer beabsichtigten Verwendung eine geeignete Festigkeit und Auslegung aufweisen. Die Verpackungen müssen den Vorschriften der Unterabschnitte 4.1.1.1, 4.1.1.2 und 4.1.1.8 sowie des Abschnitts 4.1.3 entsprechen, um ein Schutzniveau zu erzielen, das zumindest dem des Kapitels 6.1 entspricht. Gegenstände dürfen unverpackt oder auf Paletten befördert werden, sofern die gefährlichen Güter durch den Gegenstand, in dem sie enthalten sind, gleichwertig geschützt werden. (3) Darüber hinaus müssen folgende Vorschriften erfüllt sein: a) In Gegenständen enthaltene Gefäße, die flüssige oder feste Stoffe enthalten, müssen aus geeigneten Werkstoffen hergestellt und im Gegenstand so gesichert sein, dass sie unter normalen Beförderungsbedingungen nicht zerbrechen oder durchstoßen werden können oder ihr Inhalt nicht in den Gegenstand oder die Außenverpackung austreten kann. b) Gefäße, die flüssige Stoffe enthalten und mit Verschlüssen ausgerüstet sind, müssen so verpackt werden, dass die Verschlüsse richtig ausgerichtet sind. Die Gefäße müssen darüber hinaus den Vorschriften für die Innendruckprüfung des Unterabschnitts 6.1.5.5 entsprechen. c) Gefäße, die zerbrechlich sind oder leicht durchstoßen werden können, wie Gefäße aus Glas, Porzellan oder Steinzeug oder aus gewissen Kunststoffen, müssen in geeigneter Weise gesichert werden. Beim Austreten des Inhalts dürfen die schützenden Eigenschaften des Gegenstandes oder der Außenverpackung nicht wesentlich beeinträchtigt werden. d) In Gegenständen enthaltene Gefäße, die Gase enthalten, müssen den Vorschriften des Abschnitts 4.1.6 bzw. des Kapitels 6.2 entsprechen oder in der Lage sein, ein gleichwertiges Schutzniveau wie die Verpackungsanweisung P 200 oder P 208 zu erzielen. e) Wenn innerhalb des Gegenstands kein Gefäß vorhanden ist, muss der Gegenstand die gefährlichen Stoffe vollständig umschließen und ihre Freisetzung unter normalen Beförderungsbedingungen verhindern. (4) Die Gegenstände müssen so verpackt sein, dass Bewegungen und eine unbeabsichtigte Inbetriebsetzung unter normalen Beförderungsbedingungen verhindert werden.

P 010

VERPACKUNGSANWEISUNG		
Folgende Verpackungen sind zugelassen, wenn die allgemeinen Vorschriften der Abschnitte 4.1.1 und 4.1.3 erfüllt sind:		
zusammengesetzte Verpackungen		**höchste Nettomasse (siehe Unterabschnitt 4.1.3.3)**
Innenverpackungen	**Aussenverpackungen**	
aus Glas 1 l aus Stahl 40 l	**Fässer**	
	aus Stahl (1A1, 1A2)	400 kg
	aus Kunststoff (1H1, 1H2)	400 kg
	aus Sperrholz (1D)	400 kg
	aus Pappe (1G)	400 kg
	Kisten	
	aus Stahl (4A)	400 kg
	aus Naturholz (4C1, 4C2)	400 kg
	aus Sperrholz (4D)	400 kg
	aus Holzfaserwerkstoff (4F)	400 kg
	aus Pappe (4G)	400 kg
	aus Schaumstoff (4H1)	60 kg
	aus starrem Kunststoff (4H2)	400 kg
Einzelverpackungen		**höchster Fassungsraum (siehe Unterabschnitt 4.1.3.3)**
Fässer aus Stahl, mit nicht abnehmbarem Deckel (1A1)		450 l
Kanister aus Stahl, mit nicht abnehmbarem Deckel (3A1)		60 l
Kombinationsverpackungen Kunststoffgefäss in einem Fass aus Stahl (6HA1)		250 l
Druckgefäße aus Stahl, vorausgesetzt, die allgemeinen Vorschriften des Unterabschnitts 4.1.3.6 werden erfüllt.		

P 099

VERPACKUNGSANWEISUNG

Es dürfen nur von der zuständigen Behörde für diese Güter zugelassene Verpackungen verwendet werden. Jeder Sendung muss eine Kopie der Zulassung der zuständigen Behörde beigefügt werden, oder das Beförderungspapier muss eine Angabe enthalten, dass die Verpackung durch die zuständige Behörde zugelassen ist.

P 101

VERPACKUNGSANWEISUNG

Es dürfen nur von der zuständigen Behörde des Ursprungslandes zugelassene Verpackungen verwendet werden. Ist das Ursprungsland keine Vertragspartei des ADR, ist die Verpackung von der zuständigen Behörde der ersten von der Sendung berührten Vertragspartei des ADR zuzulassen. Das für Kraftfahrzeuge im internationalen Verkehr verwendete Unterscheidungszeichen [a] des Staates, in dessen Auftrag die zuständige Behörde handelt, muss wie folgt im Beförderungspapier angegeben werden: «VERPACKUNG VON DER ZUSTÄNDIGEN BEHÖRDE ZUGELASSEN» (siehe Absatz 5.4.1.2.1 e)).

---

a) Das für Kraftfahrzeuge und Anhänger im internationalen Straßenverkehr verwendete Unterscheidungszeichen des Zulassungsstaates, z.B. gemäß dem Genfer Übereinkommen über den Straßenverkehr von 1949 oder dem Wiener Übereinkommen über den Straßenverkehr von 1968.

P 110a

VERPACKUNGSANWEISUNG

(bleibt offen)

Bem. Diese in den UN-Modellvorschriften vorgesehene Verpackungsanweisung ist für Beförderungen gemäß ADR nicht zugelassen.

P 110b

VERPACKUNGSANWEISUNG

Folgende Verpackungen sind zugelassen, wenn die allgemeinen Vorschriften der Abschnitte 4.1.1 und 4.1.3 und die besonderen Verpackungsvorschriften des Abschnittes 4.1.5 erfüllt sind:

Innenverpackungen	Zwischenverpackungen	Außenverpackungen
Behälter	**Unterteilungen**	**Kisten**
aus Metall	aus Metall	aus Naturholz, mit staubdichten Wänden (4C2)
aus Holz	aus Holz	
aus leitfähigem Gummi	aus Kunststoff	aus Sperrholz (4D)
aus leitfähigem Kunststoff	aus Pappe	aus Holzfaserwerkstoff (4F)
Säcke		
aus leitfähigem Gummi		
aus leitfähigem Kunststoff		

Sondervorschrift für die Verpackung

PP 42 Für die UN-Nummern 0074, 0113, 0114, 0129, 0130, 0135 und 0224 müssen folgende Bedingungen erfüllt sein:

a) In einer Innenverpackung dürfen nicht mehr als 50 g an explosivem Stoff (Menge als Trockensubstanz) enthalten sein;

b) in einem Abteil zwischen unterteilenden Trennwänden darf nicht mehr als eine Innenverpackung sein, die fest eingesetzt sein muss;

c) die Anzahl der Abteile muss auf 25 je Außenverpackung begrenzt sein.

P 111

VERPACKUNGSANWEISUNG

Folgende Verpackungen sind zugelassen, wenn die allgemeinen Vorschriften der Abschnitte 4.1.1 und 4.1.3 und die besonderen Vorschriften des Abschnittes 4.1.5 erfüllt sind:

Innenverpackungen	Zwischenverpackungen	Außenverpackungen
Säcke aus wasserbeständigem Papier aus Kunststoff aus Textilgewebe, gummiert **Behälter** aus Holz **Einwickler** aus Kunststoff aus Textilgewebe, gummiert	nicht erforderlich	**Kisten** aus Stahl (4A) aus Aluminium (4B) aus einem anderen Metall (4N) aus Naturholz, einfach (4C1) aus Naturholz, mit staubdichten Wänden (4C2) aus Sperrholz (4D) aus Holzfaserwerkstoff (4F) aus Pappe (4G) aus Schaumstoff (4H1) aus starrem Kunststoff (4H2) **Fässer** aus Stahl (1A1, 1A2) aus Aluminium (1B1, 1B2) aus einem anderen Metall (1N1, 1N2) aus Sperrholz (1D) aus Pappe (1G) aus Kunststoff (1H1, 1H2)

Sondervorschrift für die Verpackung

PP 43	Für die UN-Nummer 0159 sind keine Innenverpackungen erforderlich, wenn Fässer aus Metall (1A1, 1A2, 1B1, 1B2, 1N1 oder 1N2) oder aus Kunststoff (1H1 oder 1H2) als Außenverpackungen verwendet werden.

P 112a

VERPACKUNGSANWEISUNG (angefeuchteter fester Stoff 1.1D)

Folgende Verpackungen sind zugelassen, wenn die allgemeinen Vorschriften der Abschnitte 4.1.1 und 4.1.3 und die besonderen Vorschriften des Abschnittes 4.1.5 erfüllt sind:

Innenverpackungen	Zwischenverpackungen	Außenverpackungen
Säcke aus Papier, mehrlagig, wasserbeständig aus Kunststoff aus Textilgewebe aus Textilgewebe, gummiert aus Kunststoffgewebe **Behälter** aus Metall aus Kunststoff aus Holz	**Säcke** aus Kunststoff aus Textilgewebe, mit Auskleidung oder Beschichtung aus Kunststoff **Behälter** aus Metall aus Kunststoff aus Holz	**Kisten** aus Stahl (4A) aus Aluminium (4B) aus einem anderen Metall (4N) aus Naturholz, einfach (4C1) aus Naturholz, mit staubdichten Wänden (4C2) aus Sperrholz (4D) aus Holzfaserwerkstoff (4F) aus Pappe (4G) aus Schaumstoff (4H1) aus starrem Kunststoff (4H2) **Fässer** aus Stahl (1A1, 1A2) aus Aluminium (1B1, 1B2) aus einem anderen Metall (1N1, 1N2) aus Sperrholz (1D) aus Pappe (1G) aus Kunststoff (1H1, 1H2)

Zusätzliche Vorschrift

Bei der Verwendung von dichten Fässern mit abnehmbarem Deckel als Außenverpackungen sind keine Zwischenverpackungen erforderlich.

Sondervorschriften für die Verpackung

PP 26	Für die UN-Nummern 0004, 0076, 0078, 0154, 0219 und 0394 müssen die Verpackungen bleifrei sein.
PP 45	Für die UN-Nummern 0072 und 0226 sind keine Zwischenverpackungen erforderlich.

10

P 112b

VERPACKUNGSANWEISUNG
(trockener, nicht pulverförmiger fester Stoff 1.1D)

Folgende Verpackungen sind zugelassen, wenn die allgemeinen Vorschriften der Abschnitte 4.1.1 und 4.1.3 und die besonderen Vorschriften des Abschnittes 4.1.5 erfüllt sind:

Innenverpackungen	Zwischenverpackungen	Außenverpackungen
Säcke aus Kraftpapier aus Papier, mehrlagig, wasserbeständig aus Kunststoff aus Textilgewebe aus Textilgewebe, gummiert aus Kunststoffgewebe	**Säcke** (nur für UN-Nummer 0150) aus Kunststoff aus Textilgewebe, mit Auskleidung oder Beschichtung aus Kunststoff	**Säcke** aus Kunststoffgewebe, staubdicht (5H2) aus Kunststoffgewebe, wasserbeständig (5H3) aus Kunststofffolie (5H4) aus Textilgewebe, staubdicht (5L2) aus Textilgewebe, wasserbeständig (5L3) aus Papier, mehrlagig, wasserbeständig (5M2) **Kisten** aus Stahl (4A) aus Aluminium (4B) aus einem anderen Metall (4N) aus Naturholz, einfach (4C1) aus Naturholz, mit staubdichten Wänden (4C2) aus Sperrholz (4D) aus Holzfaserwerkstoff (4F) aus Pappe (4G) aus Schaumstoff (4H1) aus starrem Kunststoff (4H2) **Fässer** aus Stahl (1A1, 1A2) aus Aluminium (1B1, 1B2) aus einem anderen Metall (1N1, 1N2) aus Sperrholz (1D) aus Pappe (1G) aus Kunststoff (1H1, 1H2)

Sondervorschriften für die Verpackung

PP 26	Für die UN-Nummern 0004, 0076, 0078, 0154, 0216, 0219 und 0386 müssen die Verpackungen bleifrei sein.
PP 46	Für die UN-Nummer 0209 für geschupptes oder geprilltes TNT in trockenem Zustand und einer höchsten Nettomasse von 30 kg werden staubdichte Säcke (5H2) empfohlen.
PP 47	Für die UN-Nummer 0222 sind keine Innenverpackungen erforderlich, wenn die Außenverpackung ein Sack ist.

P 112c

VERPACKUNGSANWEISUNG
(trockener pulverförmiger fester Stoff 1.1D)

Folgende Verpackungen sind zugelassen, wenn die allgemeinen Vorschriften der Abschnitte 4.1.1 und 4.1.3 und die besonderen Vorschriften des Abschnittes 4.1.5 erfüllt sind:

Innenverpackungen	Zwischenverpackungen	Außenverpackungen
Säcke aus Papier, mehrlagig, wasserbeständig aus Kunststoff aus Kunststoffgewebe **Behälter** aus Pappe aus Metall aus Kunststoff aus Holz	**Säcke** aus Papier, mehrlagig, wasserbeständig mit Innenbeschichtung aus Kunststoff **Behälter** aus Metall aus Kunststoff aus Holz	**Kisten** aus Stahl (4A) aus Aluminium (4B) aus einem anderen Metall (4N) aus Naturholz, einfach (4C1) aus Naturholz, mit staubdichten Wänden (4C2) aus Sperrholz (4D) aus Holzfaserwerkstoff (4F) aus Pappe (4G) aus starrem Kunststoff (4H2) **Fässer** aus Stahl (1A1, 1A2) aus Aluminium (1B1, 1B2) aus einem anderen Metall (1N1, 1N2) aus Sperrholz (1D) aus Pappe (1G) aus Kunststoff (1H1, 1H2)

Zusätzliche Vorschriften

1. Bei der Verwendung von Fässern als Außenverpackungen sind keine Innenverpackungen erforderlich.
2. Die Verpackungen müssen staubdicht sein

Sondervorschriften für die Verpackung

PP 26	Für die UN-Nummern 0004, 0076, 0078, 0154, 0216, 0219 und 0386 müssen die Verpackungen bleifrei sein.
PP 46	Für die UN-Nummer 0209 für geschupptes oder geprilltes TNT in trockenem Zustand und einer höchsten Nettomasse von 30 kg werden staubdichte Säcke (5H2) empfohlen.
PP 48	Für UN-Nummer 0504 dürfen keine Verpackungen aus Metall verwendet werden. Verpackungen aus anderen Werkstoffen mit einer geringen Menge Metall, z.B. Metallverschlüsse oder andere Zubehörteile aus Metall, wie die in Abschnitt 6.1.4 genannten, gelten nicht als Verpackungen aus Metall.

P 113

VERPACKUNGSANWEISUNG		
Folgende Verpackungen sind zugelassen, wenn die allgemeinen Vorschriften der Abschnitte 4.1.1 und 4.1.3 und die besonderen Vorschriften des Abschnittes 4.1.5 erfüllt sind:		
Innenverpackungen	**Zwischenverpackungen**	**Außenverpackungen**
Säcke aus Papier aus Kunststoff aus Textilgewebe, gummiert **Behälter** aus Pappe aus Metall aus Kunststoff aus Holz	nicht erforderlich	**Kisten** aus Stahl (4A) aus Aluminium (4B) aus einem anderen Metall (4N) aus Naturholz, einfach (4C1) aus Naturholz, mit staubdichten Wänden (4C2) aus Sperrholz (4D) aus Holzfaserwerkstoff (4F) aus Pappe (4G) aus starrem Kunststoff (4H2) **Fässer** aus Stahl (1A1, 1A2) aus Aluminium (1B1, 1B2) aus einem anderen Metall (1N1, 1N2) aus Sperrholz (1D) aus Pappe (1G) aus Kunststoff (1H1, 1H2)
Zusätzliche Vorschrift Die Verpackungen müssen staubdicht sein.		

Sondervorschriften für die Verpackung	
PP 49	Für die UN-Nummern 0094 und 0305 dürfen in einer Innenverpackung nicht mehr als 50 g des Stoffes enthalten sein.
PP 50	Für die UN-Nummer 0027 sind keine Innenverpackungen erforderlich, wenn Fässer als Außenverpackungen verwendet werden.
PP 51	Für die UN-Nummer 0028 dürfen Einwickler aus Kraftpapier oder Wachspapier als Innenverpackung verwendet werden.

P 114a

VERPACKUNGSANWEISUNG
(angefeuchteter fester Stoff)

Folgende Verpackungen sind zugelassen, wenn die allgemeinen Vorschriften der Abschnitte 4.1.1 und 4.1.3 und die besonderen Vorschriften des Abschnittes 4.1.5 erfüllt sind:

Innenverpackungen	Zwischenverpackungen	Außenverpackungen
Säcke	**Säcke**	**Kisten**
aus Kunststoff	aus Kunststoff	aus Stahl (4A)
aus Textilgewebe	aus Textilgewebe mit Auskleidung oder Beschichtung aus Kunststoff	aus einem anderen Metall als Stahl oder Aluminium (4N)
aus Kunststoffgewebe		aus Naturholz, einfach (4C1)
Behälter	**Behälter**	aus Naturholz, mit staubdichten Wänden (4C2)
aus Metall	aus Metall	aus Sperrholz (4D)
aus Kunststoff	aus Kunststoff	aus Holzfaserwerkstoff (4F)
aus Holz		aus Pappe (4G)
	Unterteilungen	aus starrem Kunststoff (4H2)
	aus Holz	
		Fässer
		aus Stahl (1A1, 1A2)
		aus Aluminium (1B1, 1B2)
		aus einem anderen Metall (1N1, 1N2)
		aus Pappe (1G)
		aus Kunststoff (1H1, 1H2)

Zusätzliche Vorschrift

Bei der Verwendung von dichten Fässern mit abnehmbarem Deckel als Außenverpackungen sind keine Zwischenverpackungen erforderlich.

Sondervorschriften für die Verpackung

PP 26	Für die UN-Nummern 0077, 0132, 0234, 0235 und 0236 müssen die Verpackungen bleifrei sein.
PP 43	Für die UN-Nummer 0342 sind keine Innenverpackungen erforderlich, wenn Fässer aus Metall (1A1, 1A2, 1B1, 1B2, 1N1 oder 1N2) oder aus Kunststoff (1H1 oder 1H2) als Außenverpackungen verwendet werden.

P 114b

VERPACKUNGSANWEISUNG
(trockener fester Stoff)

Folgende Verpackungen sind zugelassen, wenn die allgemeinen Vorschriften der Abschnitte 4.1.1 und 4.1.3 und die besonderen Vorschriften des Abschnittes 4.1.5 erfüllt sind:

Innenverpackungen	Zwischenverpackungen	Außenverpackungen
Säcke aus Kraftpapier aus Kunststoff aus Textilgewebe, staubdicht aus Kunststoffgewebe, staubdicht **Behälter** aus Pappe aus Metall aus Papier aus Kunststoff aus Kunststoffgewebe, staubdicht aus Holz	nicht erforderlich	**Kisten** aus Naturholz, einfach (4C1) aus Naturholz, mit staubdichten Wänden (4C2) aus Sperrholz (4D) aus Holzfaserwerkstoff (4F) aus Pappe (4G) **Fässer** aus Stahl (1A1, 1A2) aus Aluminium (1B1, 1B2) aus einem anderen Metall (1N1, 1N2) aus Sperrholz (1D) aus Pappe (1G) aus Kunststoff (1H1, 1H2)

Sondervorschriften für die Verpackung

PP 26	Für die UN-Nummern 0077, 0132, 0234, 0235 und 0236 müssen die Verpackungen bleifrei sein.
PP 48	Für die UN-Nummern 0508 und 0509 dürfen keine Metallverpackungen verwendet werden. Verpackungen aus anderen Werkstoffen mit einer geringen Menge Metall, z.B. Metallverschlüsse oder andere Zubehörteile aus Metall, wie die in Abschnitt 6.1.4 genannten, gelten nicht als Verpackungen aus Metall.
PP 50	Für die UN-Nummern 0160, 0161 und 0508 sind keine Innenverpackungen erforderlich, wenn als Außenverpackungen Fässer verwendet werden.
PP 52	Werden für die UN-Nummern 0160 und 0161 Fässer aus Metall (1A1, 1A2, 1B1, 1B2, 1N1 oder 1N2) als Außenverpackung verwendet, so müssen diese so hergestellt sein, dass ein Explosionsrisiko infolge eines Anstiegs des Innendrucks auf Grund innerer oder äußerer Ursachen verhindert wird.

P 115

VERPACKUNGSANWEISUNG

Folgende Verpackungen sind zugelassen, wenn die allgemeinen Vorschriften der Abschnitte 4.1.1 und 4.1.3 und die besonderen Vorschriften des Abschnittes 4.1.5 erfüllt sind:

Innenverpackungen	Zwischenverpackungen	Außenverpackungen
Behälter aus Kunststoff aus Holz	**Säcke** aus Kunststoff in Behältern aus Metall **Fässer** aus Metall **Behälter** aus Holz	**Kisten** aus Naturholz, einfach (4C1) aus Naturholz, mit staubdichten Wänden (4C2) aus Sperrholz (4D) aus Holzfaserwerkstoff (4F) **Fässer** aus Stahl (1A1, 1A2) aus Aluminium (1B1, 1B2) aus einem anderen Metall (1N1, 1N2) aus Sperrholz (1D) aus Pappe (1G) aus Kunststoff (1H1, 1H2)

Sondervorschriften für die Verpackung

PP 45	Für die UN-Nummer 0144 sind keine Zwischenverpackungen erforderlich.
PP 53	Bei der Verwendung von Kisten als Außenverpackungen für die UN-Nummern 0075, 0143, 0495 und 0497 müssen die Innenverpackungen mit Kapseln und Schraubkappen verschlossen sein und ihr Fassungsraum darf nicht größer als 5 Liter sein. Die Innenverpackungen müssen mit saugfähigem und nicht brennbarem Polstermaterial umgeben sein. Die Menge des saugfähigen Polstermaterials muss ausreichend sein, um die enthaltenen flüssigen Stoffe vollständig aufzusaugen. Die Metallbehälter müssen mit einem Polstermaterial gegeneinander fixiert sein. Werden Kisten als Außenverpackung verwendet, so ist die Nettomasse des Treibstoffs auf 30 kg je Versandstück begrenzt.
PP 54	Bei der Verwendung von Fässern als Außenverpackungen und Fässern als Zwischenverpackungen für die UN-Nummern 0075, 0143, 0495 und 0497 müssen die Zwischenverpackungen mit nicht brennbarem saugfähigem Polstermaterial in einer Menge umgeben sein, die ausreichend ist, um die enthaltenen flüssigen Stoffe aufzusaugen. An Stelle der Innen- und Zwischenverpackungen darf eine aus einem Kunststoffgefäß in einem Fass aus Metall bestehende Kombinationsverpackung verwendet werden. Das Nettovolumen des Treibstoffs darf nicht mehr als 120 Liter je Versandstück betragen.
PP 55	Für die UN-Nummer 0144 muss saugfähiges Polstermaterial beigefügt werden.
PP 56	Für die UN-Nummer 0144 dürfen Metallbehälter als Innenverpackungen verwendet werden.
PP 57	Für die UN-Nummern 0075, 0143, 0495, und 0497 müssen bei der Verwendung von Kisten als Außenverpackungen Säcke als Zwischenverpackungen verwendet werden.
PP 58	Für die UN-Nummern 0075, 0143, 0495, und 0497 müssen bei der Verwendung von Fässern als Außenverpackungen Fässer als Zwischenverpackungen verwendet werden.
PP 59	Für die UN-Nummer 0144 dürfen Kisten aus Pappe (4G) als Außenverpackungen verwendet werden.
PP 60	Für die UN-Nummer 0144 dürfen Fässer aus Aluminium (1B1 und 1B2) und aus einem anderen Metall als Stahl oder Aluminium (1N1 und 1N2) nicht verwendet werden.

P 116

VERPACKUNGSANWEISUNG		
Folgende Verpackungen sind zugelassen, wenn die allgemeinen Vorschriften der Abschnitte 4.1.1 und 4.1.3 und die besonderen Vorschriften des Abschnittes 4.1.5 erfüllt sind:		
Innenverpackungen	**Zwischenverpackungen**	**Außenverpackungen**
Säcke aus Papier, wasser- und ölbeständig aus Kunststoff aus Textilgewebe, mit Auskleidung oder Beschichtung aus Kunststoff aus Kunststoffgewebe, staubdicht **Behälter** aus Pappe, wasserbeständig aus Metall aus Kunststoff aus Holz, staubdicht **Einwickler** aus Papier, wasserbeständig aus Wachspapier aus Kunststoff	nicht erforderlich	**Säcke** aus Kunststoffgewebe (5H1, 5H2, 5H3) aus Papier, mehrlagig, wasserbeständig (5M2) aus Kunststofffolie (5H4) aus Textilgewebe, staubdicht (5L2) aus Textilgewebe, wasserbeständig (5L3) **Kisten** aus Stahl (4A) aus Aluminium (4B) aus einem anderen Metall (4N) aus Naturholz, einfach (4C1) aus Naturholz, mit staubdichten Wänden (4C2) aus Sperrholz (4D) aus Holzfaserwerkstoff (4F) aus Pappe (4G) aus starrem Kunststoff (4H2) **Fässer** aus Stahl (1A1, 1A2) aus Aluminium (1B1, 1B2) aus einem anderen Metall (1N1, 1N2) aus Sperrholz (1D) aus Pappe (1G) aus Kunststoff (1H1, 1H2) **Kanister** aus Stahl (3A1, 3A2) aus Kunststoff (3H1, 3H2)

Sondervorschriften für die Verpackung	
PP 61	Für die UN-Nummern 0082, 0241, 0331 und 0332 sind keine Innenverpackungen erforderlich, wenn als Außenverpackungen dichte Fässer mit abnehmbarem Deckel verwendet werden.
PP 62	Für die UN-Nummern 0082, 0241, 0331 und 0332 sind keine Innenverpackungen erforderlich, sofern der explosive Stoff in einem flüssigkeitsundurchlässigen Werkstoff enthalten ist.
PP 63	Für die UN-Nummer 0081 sind keine Innenverpackungen erforderlich, sofern dieser Stoff in starrem Kunststoff enthalten ist, der für Salpetersäureester undurchlässig ist.
PP 64	Für die UN-Nummer 0331 sind keine Innenverpackungen erforderlich, wenn als Außenverpackungen Säcke (5H2, 5H3 oder 5H4) verwendet werden.
PP 65	(gestrichen)
PP 66	Für die UN-Nummer 0081 dürfen als Außenverpackungen keine Säcke verwendet werden.

P 130

VERPACKUNGSANWEISUNG		
Folgende Verpackungen sind zugelassen, wenn die allgemeinen Vorschriften der Abschnitte 4.1.1 und 4.1.3 und die besonderen Vorschriften des Abschnittes 4.1.5 erfüllt sind:		
Innenverpackungen	**Zwischenverpackungen**	**Außenverpackungen**
nicht erforderlich	nicht erforderlich	**Kisten** aus Stahl (4A) aus Aluminium (4B) aus einem anderen Metall (4N) aus Naturholz, einfach (4C1) aus Naturholz, mit staubdichten Wänden (4C2) aus Sperrholz (4D) aus Holzfaserwerkstoff (4F) aus Pappe (4G) aus Schaumstoff (4H1) aus starrem Kunststoff (4H2) **Fässer** aus Stahl (1A1, 1A2) aus Aluminium (1B1, 1B2) aus einem anderen Metall (1N1, 1N2) aus Sperrholz (1D) aus Pappe (1G) aus Kunststoff (1H1, 1H2)

Sondervorschrift für die Verpackung	
PP 67	Folgende Vorschriften gelten für die UN-Nummern 0006, 0009, 0010, 0015, 0016, 0018, 0019, 0034, 0035, 0038, 0039, 0048, 0056, 0137, 0138, 0168, 0169, 0171, 0181, 0182, 0183, 0186, 0221, 0243, 0244, 0245, 0246, 0254, 0280, 0281, 0286, 0287, 0297, 0299, 0300, 0301, 0303, 0321, 0328, 0329, 0344, 0345, 0346, 0347, 0362, 0363, 0370, 0412, 0424, 0425, 0434, 0435, 0436, 0437, 0438, 0451, 0488, 0502 und 0510: Große und robuste Gegenstände mit Explosivstoff, die normalerweise für militärische Verwendung vorgesehen sind und die keine Zündmittel enthalten oder deren Zündmittel mit mindestens zwei wirksamen Sicherungsvorrichtungen ausgerüstet sind, dürfen ohne Verpackung befördert werden. Enthalten diese Gegenstände Treibladungen oder sind die Gegenstände selbstantreibend, müssen ihre Zündungssysteme gegenüber Belastungen geschützt sein, die unter normalen Beförderungsbedingungen auftreten können. Ist das Ergebnis der an einem unverpackten Gegenstand durchgeführten Prüfungen der Prüfreihe 4 negativ, kann eine Beförderung des Gegenstands ohne Verpackung vorgesehen werden. Solche unverpackten Gegenstände dürfen auf Schlitten befestigt oder in Verschlägen oder anderen geeigneten Handhabungseinrichtungen eingesetzt sein.

P 131

VERPACKUNGSANWEISUNG

Folgende Verpackungen sind zugelassen, wenn die allgemeinen Vorschriften der Abschnitte 4.1.1 und 4.1.3 und die besonderen Vorschriften des Abschnittes 4.1.5 erfüllt sind:

Innenverpackungen	Zwischenverpackungen	Außenverpackungen
Säcke aus Papier aus Kunststoff **Behälter** aus Pappe aus Metall aus Kunststoff aus Holz **Spulen**	nicht erforderlich	**Kisten** aus Stahl (4A) aus Aluminium (4B) aus einem anderen Metall (4N) aus Naturholz, einfach (4C1) aus Naturholz, mit staubdichten Wänden (4C2) aus Sperrholz (4D) aus Holzfaserwerkstoff (4F) aus Pappe (4G) aus starrem Kunststoff (4H2) **Fässer** aus Stahl (1A1, 1A2) aus Aluminium (1B1, 1B2) aus einem anderen Metall (1N1, 1N2) aus Sperrholz (1D) aus Pappe (1G) aus Kunststoff (1H1, 1H2)

Sondervorschrift für die Verpackung

PP 68	Für die UN-Nummern 0029, 0267 und 0455 dürfen Säcke und Spulen nicht als Innenverpackungen verwendet werden.

P 132a

VERPACKUNGSANWEISUNG

(Gegenstände, die aus einer geschlossenen Umhüllung aus Metall, Kunststoff oder Pappe bestehen und einen detonierenden Explosivstoff enthalten oder die aus einem kunststoffgebundenen detonierenden Explosivstoff bestehen)

Folgende Verpackungen sind zugelassen, wenn die allgemeinen Vorschriften der Abschnitte 4.1.1 und 4.1.3 und die besonderen Vorschriften des Abschnittes 4.1.5 erfüllt sind:

Innenverpackungen	Zwischenverpackungen	Außenverpackungen
nicht erforderlich	nicht erforderlich	**Kisten** aus Stahl (4A) aus Aluminium (4B) aus einem anderen Metall (4N) aus Naturholz, einfach (4C1) aus Naturholz, mit staubdichten Wänden (4C2) aus Sperrholz (4D) aus Holzfaserwerkstoff (4F) aus Pappe (4G) aus starrem Kunststoff (4H2)

P 132b

VERPACKUNGSANWEISUNG
(Gegenstände ohne geschlossene Umhüllung)

Folgende Verpackungen sind zugelassen, wenn die allgemeinen Vorschriften der Abschnitte 4.1.1 und 4.1.3 und die besonderen Vorschriften des Abschnittes 4.1.5 erfüllt sind:

Innenverpackungen	Zwischenverpackungen	Außenverpackungen
Behälter aus Pappe aus Metall aus Kunststoff aus Holz **Einwickler** aus Papier aus Kunststoff	nicht erforderlich	**Kisten** aus Stahl (4A) aus Aluminium (4B) aus einem anderen Metall (4N) aus Naturholz, einfach (4C1) aus Naturholz, mit staubdichten Wänden (4C2) aus Sperrholz (4D) aus Holzfaserwerkstoff (4F) aus Pappe (4G) aus starrem Kunststoff (4H2)

P 133

VERPACKUNGSANWEISUNG

Folgende Verpackungen sind zugelassen, wenn die allgemeinen Vorschriften der Abschnitte 4.1.1 und 4.1.3 und die besonderen Vorschriften des Abschnittes 4.1.5 erfüllt sind:

Innenverpackungen	Zwischenverpackungen	Außenverpackungen
Behälter aus Pappe aus Metall aus Kunststoff aus Holz **Horden mit unterteilenden Trennwänden** aus Pappe aus Kunststoff aus Holz	**Behälter** aus Pappe aus Metall aus Kunststoff aus Holz	**Kisten** aus Stahl (4A) aus Aluminium (4B) aus einem anderen Metall (4N) aus Naturholz, einfach (4C1) aus Naturholz, mit staubdichten Wänden (4C2) aus Sperrholz (4D) aus Holzfaserwerkstoff (4F) aus Pappe (4G) aus starrem Kunststoff (4H2)

Zusätzliche Vorschrift

Behälter sind als Zwischenverpackungen nur erforderlich, sofern die Innenverpackungen Horden sind.

Sondervorschrift für die Verpackung

PP 69	Für die UN-Nummern 0043, 0212, 0225, 0268 und 0306 dürfen Horden nicht als Innenverpackungen verwendet werden.

10

P 134

VERPACKUNGSANWEISUNG

Folgende Verpackungen sind zugelassen, wenn die allgemeinen Vorschriften der Abschnitte 4.1.1 und 4.1.3 und die besonderen Vorschriften des Abschnittes 4.1.5 erfüllt sind:

Innenverpackungen	Zwischenverpackungen	Außenverpackungen
Säcke wasserbeständig **Behälter** aus Pappe aus Metall aus Kunststoff aus Holz **Einwickler** aus Wellpappe **Hülsen** aus Pappe	nicht erforderlich	**Kisten** aus Stahl (4A) aus Aluminium (4B) aus einem anderen Metall (4N) aus Naturholz, einfach (4C1) aus Naturholz, mit staubdichten Wänden (4C2) aus Sperrholz (4D) aus Holzfaserwerkstoff (4F) aus Pappe (4G) aus Schaumstoff (4H1) aus starrem Kunststoff (4H2) **Fässer** aus Stahl (1A1, 1A2) aus Aluminium (1B1, 1B2) aus einem anderen Metall (1N1, 1N2) aus Sperrholz (1D) aus Pappe (1G) aus Kunststoff (1H1, 1H2)

P 135

VERPACKUNGSANWEISUNG

Folgende Verpackungen sind zugelassen, wenn die allgemeinen Vorschriften der Abschnitte 4.1.1 und 4.1.3 und die besonderen Vorschriften des Abschnittes 4.1.5 erfüllt sind:

Innenverpackungen	Zwischenverpackungen	Außenverpackungen
Säcke aus Papier aus Kunststoff **Behälter** aus Pappe aus Metall aus Kunststoff aus Holz **Einwickler** aus Papier aus Kunststoff	nicht erforderlich	**Kisten** aus Stahl (4A) aus Aluminium (4B) aus einem anderen Metall (4N) aus Naturholz, einfach (4C1) aus Naturholz, mit staubdichten Wänden (4C2) aus Sperrholz (4D) aus Holzfaserwerkstoff (4F) aus Pappe (4G) aus Schaumstoff (4H1) aus starrem Kunststoff (4H2) **Fässer** aus Stahl (1A1, 1A2) aus Aluminium (1B1, 1B2) aus Sperrholz (1D) aus einem anderen Metall (1N1, 1N2) aus Pappe (1G) aus Kunststoff (1H1, 1H2)

P 136

VERPACKUNGSANWEISUNG		
Folgende Verpackungen sind zugelassen, wenn die allgemeinen Vorschriften der Abschnitte 4.1.1 und 4.1.3 und die besonderen Vorschriften des Abschnittes 4.1.5 erfüllt sind:		
Innenverpackungen	**Zwischenverpackungen**	**Außenverpackungen**
Säcke aus Kunststoff aus Textilgewebe **Kisten** aus Pappe aus Kunststoff aus Holz **unterteilende Trennwände in der Außenverpackung**	nicht erforderlich	**Kisten** aus Stahl (4A) aus Aluminium (4B) aus einem anderen Metall (4N) aus Naturholz, einfach (4C1) aus Naturholz, mit staubdichten Wänden (4C2) aus Sperrholz (4D) aus Holzfaserwerkstoff (4F) aus Pappe (4G) aus starrem Kunststoff (4H2) **Fässer** aus Stahl (1A1, 1A2) aus Aluminium (1B1, 1B2) aus einem anderen Metall (1N1, 1N2) aus Sperrholz (1D) aus Pappe (1G) aus Kunststoff (1H1, 1H2)

P 137

VERPACKUNGSANWEISUNG		
Folgende Verpackungen sind zugelassen, wenn die allgemeinen Vorschriften der Abschnitte 4.1.1 und 4.1.3 und die besonderen Vorschriften des Abschnittes 4.1.5 erfüllt sind:		
Innenverpackungen	**Zwischenverpackungen**	**Außenverpackungen**
Säcke aus Kunststoff **Kisten** aus Pappe aus Holz **Hülsen** aus Pappe aus Metall aus Kunststoff **unterteilende Trennwände in der Außenverpackung**	nicht erforderlich	**Kisten** aus Stahl (4A) aus Aluminium (4B) aus einem anderen Metall (4N) aus Naturholz, einfach (4C1) aus Naturholz, mit staubdichten Wänden (4C2) aus Sperrholz (4D) aus Holzfaserwerkstoff (4F) aus Pappe (4G) aus starrem Kunststoff (4H2) **Fässer** aus Stahl (1A1, 1A2) aus Aluminium (1B1, 1B2) aus einem anderen Metall (1N1, 1N2) aus Sperrholz (1D) aus Pappe (1G) aus Kunststoff (1H1, 1H2)
Sondervorschrift für die Verpackung		
PP 70	Werden für die UN-Nummern 0059, 0439, 0440 und 0441 die Hohlladungen einzeln verpackt, müssen die konischen Höhlungen nach unten gerichtet und das Versandstück gemäß Absatz 5.2.1.10.1 gekennzeichnet sein. Werden die Hohlladungen paarweise verpackt, müssen die konischen Höhlungen der Hohlladungen einander zugewandt sein, um den Hohlladungseffekt im Falle einer ungewollten Auslösung möglichst gering zu halten.	

P 138

VERPACKUNGSANWEISUNG		
Folgende Verpackungen sind zugelassen, wenn die allgemeinen Vorschriften der Abschnitte 4.1.1 und 4.1.3 und die besonderen Vorschriften des Abschnittes 4.1.5 erfüllt sind:		
Innenverpackungen	**Zwischenverpackungen**	**Außenverpackungen**
Säcke aus Kunststoff	nicht erforderlich	**Kisten** aus Stahl (4A) aus Aluminium (4B) aus einem anderen Metall (4N) aus Naturholz, einfach (4C1) aus Naturholz, mit staubdichten Wänden (4C2) aus Sperrholz (4D) aus Holzfaserwerkstoff (4F) aus Pappe (4G) aus starrem Kunststoff (4H2) **Fässer** aus Stahl (1A1, 1A2) aus Aluminium (1B1, 1B2) aus einem anderen Metall (1N1, 1N2) aus Sperrholz (1D) aus Pappe (1G) aus Kunststoff (1H1, 1H2)
Zusätzliche Vorschrift Wenn die Enden der Gegenstände dicht verschlossen sind, sind keine Innenverpackungen erforderlich.		

P 139

VERPACKUNGSANWEISUNG		
Folgende Verpackungen sind zugelassen, wenn die allgemeinen Vorschriften der Abschnitte 4.1.1 und 4.1.3 und die besonderen Vorschriften des Abschnittes 4.1.5 erfüllt sind:		
Innenverpackungen	**Zwischenverpackungen**	**Außenverpackungen**
Säcke aus Kunststoff **Behälter** aus Pappe aus Metall aus Kunststoff aus Holz **Spulen** **Einwickler** aus Kraftpapier aus Kunststoff	nicht erforderlich	**Kisten** aus Stahl (4A) aus Aluminium (4B) aus einem anderen Metall (4N) aus Naturholz, einfach (4C1) aus Naturholz, mit staubdichten Wänden (4C2) aus Sperrholz (4D) aus Holzfaserwerkstoff (4F) aus Pappe (4G) aus starrem Kunststoff (4H2) **Fässer** aus Stahl (1A1, 1A2) aus Aluminium (1B1, 1B2) aus einem anderen Metall (1N1, 1N2) aus Sperrholz (1D) aus Pappe (1G) aus Kunststoff (1H1, 1H2)

Sondervorschriften für die Verpackung	
PP 71	Für die UN-Nummern 0065, 0102, 0104, 0289 und 0290 müssen die Enden der Sprengschnur dicht verschlossen sein, z.B. mit Hilfe einer Verschlusseinrichtung, die so fest verschlossen ist, dass kein explosiver Stoff entweichen kann. Die Enden der Sprengschnur, biegsam müssen befestigt sein.
PP 72	Für die UN-Nummern 0065 und 0289 sind keine Innenverpackungen erforderlich, sofern die Gegenstände in Rollen vorliegen.

P 140

VERPACKUNGSANWEISUNG		
Folgende Verpackungen sind zugelassen, wenn die allgemeinen Vorschriften der Abschnitte 4.1.1 und 4.1.3 und die besonderen Vorschriften des Abschnittes 4.1.5 erfüllt sind:		
Innenverpackungen	**Zwischenverpackungen**	**Außenverpackungen**
Säcke aus Kunststoff **Behälter** aus Holz **Spulen** **Einwickler** aus Kraftpapier aus Kunststoff	nicht erforderlich	**Kisten** aus Stahl (4A) aus Aluminium (4B) aus einem anderen Metall (4N) aus Naturholz, einfach (4C1) aus Naturholz, mit staubdichten Wänden (4C2) aus Sperrholz (4D) aus Holzfaserwerkstoff (4F) aus Pappe (4G) aus starrem Kunststoff (4H2) **Fässer** aus Stahl (1A1, 1A2) aus Aluminium (1B1, 1B2) aus einem anderen Metall (1N1, 1N2) aus Sperrholz (1D) aus Pappe (1G) aus Kunststoff (1H1, 1H2)

Sondervorschriften für die Verpackung	
PP 73	Wenn die Enden für die UN-Nummer 0105 dicht verschlossen sind, sind keine Innenverpackungen erforderlich.
PP 74	Die Verpackung für die UN-Nummer 0101 muss staubdicht sein, es sei denn, die Stoppine befindet sich in einer Hülse aus Papier und die beiden Enden der Hülse sind mit abnehmbaren Kappen abgedeckt.
PP 75	Für die UN-Nummer 0101 dürfen keine Kisten oder Fässer aus Stahl, Aluminium oder einem anderen Metall verwendet werden.

P 141

VERPACKUNGSANWEISUNG		
Folgende Verpackungen sind zugelassen, wenn die allgemeinen Vorschriften der Abschnitte 4.1.1 und 4.1.3 und die besonderen Vorschriften des Abschnittes 4.1.5 erfüllt sind:		
Innenverpackungen	**Zwischenverpackungen**	**Außenverpackungen**
Behälter aus Pappe aus Metall aus Kunststoff aus Holz **Horden mit unterteilenden Trennwänden** aus Kunststoff aus Holz **unterteilende Trennwände in der Außenverpackung**	nicht erforderlich	**Kisten** aus Stahl (4A) aus Aluminium (4B) aus einem anderen Metall (4N) aus Naturholz, einfach (4C1) aus Naturholz, mit staubdichten Wänden (4C2) aus Sperrholz (4D) aus Holzfaserwerkstoff (4F) aus Pappe (4G) aus starrem Kunststoff (4H2) **Fässer** aus Stahl (1A1, 1A2) aus Aluminium (1B1, 1B2) aus einem anderen Metall (1N1, 1N2) aus Sperrholz (1D) aus Pappe (1G) aus Kunststoff (1H1, 1H2)

P 142

VERPACKUNGSANWEISUNG		
Folgende Verpackungen sind zugelassen, wenn die allgemeinen Vorschriften der Abschnitte 4.1.1 und 4.1.3 und die besonderen Vorschriften des Abschnittes 4.1.5 erfüllt sind:		
Innenverpackungen	**Zwischenverpackungen**	**Außenverpackungen**
Säcke aus Papier aus Kunststoff **Behälter** aus Pappe aus Metall aus Kunststoff aus Holz **Einwickler** aus Papier **Horden mit unterteilenden Trennwänden** aus Kunststoff	nicht erforderlich	**Kisten** aus Stahl (4A) aus Aluminium (4B) aus einem anderen Metall (4N) aus Naturholz, einfach (4C1) aus Naturholz, mit staubdichten Wänden (4C2) aus Sperrholz (4D) aus Holzfaserwerkstoff (4F) aus Pappe (4G) aus starrem Kunststoff (4H2) **Fässer** aus Stahl (1A1, 1A2) aus Aluminium (1B1, 1B2) aus einem anderen Metall (1N1, 1N2) aus Sperrholz (1D) aus Pappe (1G) aus Kunststoff (1H1, 1H2)

P 143

VERPACKUNGSANWEISUNG

Folgende Verpackungen sind zugelassen, wenn die allgemeinen Vorschriften der Abschnitte 4.1.1 und 4.1.3 und die besonderen Vorschriften des Abschnittes 4.1.5 erfüllt sind:

Innenverpackungen	Zwischenverpackungen	Außenverpackungen
Säcke aus Kraftpapier aus Kunststoff aus Textilgewebe aus Textilgewebe, gummiert **Behälter** aus Pappe aus Metall aus Kunststoff aus Holz **Horden mit unterteilenden Trennwänden** aus Kunststoff aus Holz	nicht erforderlich	**Kisten** aus Stahl (4A) aus Aluminium (4B) aus einem anderen Metall (4N) aus Naturholz, einfach (4C1) aus Naturholz, mit staubdichten Wänden (4C2) aus Sperrholz (4D) aus Holzfaserwerkstoff (4F) aus Pappe (4G) aus starrem Kunststoff (4H2) **Fässer** aus Stahl (1A1, 1A2) aus Aluminium (1B1, 1B2) aus einem anderen Metall (1N1, 1N2) aus Sperrholz (1D) aus Pappe (1G) aus Kunststoff (1H1, 1H2)

Zusätzliche Vorschrift

Anstelle der oben genannten Innen- und Außenverpackungen dürfen Kombinationsverpackungen (6HH2) (Kunststoffgefäß in einer Kiste aus starrem Kunststoff) verwendet werden.

Sondervorschrift für die Verpackung

PP 76	Werden für die UN-Nummern 0271, 0272, 0415 und 0491 Verpackungen aus Metall verwendet, so müssen diese so hergestellt sein, dass ein Explosionsrisiko infolge eines Anstiegs des Innendrucks auf Grund innerer oder äußerer Ursachen verhindert wird.

P 144

VERPACKUNGSANWEISUNG		
Folgende Verpackungen sind zugelassen, wenn die allgemeinen Vorschriften der Abschnitte 4.1.1 und 4.1.3 und die besonderen Vorschriften des Abschnittes 4.1.5 erfüllt sind:		
Innenverpackungen	**Zwischenverpackungen**	**Außenverpackungen**
Behälter aus Pappe aus Metall aus Kunststoff aus Holz **unterteilende Trennwände in der Außenverpackung**	nicht erforderlich	**Kisten** aus Stahl (4A) aus Aluminium (4B) aus einem anderen Metall (4N) aus Naturholz, einfach (4C1) mit Auskleidung aus Metall aus Sperrholz (4D) mit Auskleidung aus Metall aus Holzfaserwerkstoff (4F) mit Auskleidung aus Metall aus Schaumstoff (4H1) aus starrem Kunststoff (4H2) **Fässer** aus Stahl (1A1, 1A2) aus Aluminium (1B1, 1B2) aus einem anderen Metall (1N1, 1N2) aus Kunststoff (1H1, 1H2)

Sondervorschrift für die Verpackung	
PP 77	Für die UN-Nummern 0248 und 0249 müssen die Verpackungen gegen das Eindringen von Wasser geschützt sein. Werden die Vorrichtungen, durch Wasser aktivierbar, ohne Verpackung befördert, müssen sie mindestens zwei voneinander unabhängige Sicherungsvorrichtungen enthalten, um das Eindringen von Wasser zu verhindern.

P 200

VERPACKUNGSANWEISUNG

Verpackungsart

Flaschen, Großflaschen, Druckfässer und Flaschenbündel

Flaschen, Großflaschen, Druckfässer und Flaschenbündel sind zugelassen, vorausgesetzt, die besonderen Vorschriften des Abschnitts 4.1 6, die nachstehend unter den Absätzen (1) bis (9) aufgeführten Vorschriften und, sofern darauf in der Spalte «Sondervorschriften für die Verpackung» der Tabelle 1, 2 oder 3 verwiesen wird, die jeweiligen Sondervorschriften für die Verpackung des nachstehenden Absatzes (10) werden beachtet.

Allgemeines

(1) Die Druckgefäße müssen so verschlossen und dicht sein, dass ein Entweichen von Gasen ausgeschlossen ist.

(2) Druckgefäße, die giftige Stoffe mit einem LC_{50}-Wert von höchstens 200 ml/m^3 (ppm) gemäß Tabelle enthalten, dürfen mit keiner Druckentlastungseinrichtung ausgerüstet sein. UN-Druckgefäße zur Beförderung von UN 1013 Kohlendioxid und UN 1070 Distickstoffmonoxid müssen mit Druckentlastungseinrichtungen ausgerüstet sein.

(3) Die folgenden drei Tabellen umfassen verdichtete Gase (Tabelle 1), verflüssigte und gelöste Gase (Tabelle 2) und Stoffe, die nicht unter die Klasse 2 fallen (Tabelle 3). Sie enthalten Angaben über:

a) die UN-Nummer, die Benennung und Beschreibung sowie den Klassifizierungscode des Stoffes;

b) den LC_{50}-Wert für giftige Stoffe;

c) die durch den Buchstaben «X» bezeichneten Arten von Druckgefäßen, die für den Stoff zugelassen sind;

d) die höchstzulässige Prüffrist für die wiederkehrende Prüfung der Druckgefäße;

Bem. Bei Druckgefäßen, für die Verbundwerkstoffe verwendet wurden, beträgt die höchstzulässige Prüffrist 5 Jahre. Die Prüffrist darf auf die in den Tabellen 1 und 2 festgelegte Prüffrist (d.h. auf bis zu 10 Jahre) ausgedehnt werden, wenn dies von der zuständigen Behörde oder der von dieser Behörde bestimmten Stelle, welche die Baumusterzulassung ausgestellt hat, zugelassen ist.

e) den Mindestprüfdruck der Druckgefäße;

f) den höchstzulässigen Betriebsdruck der Druckgefäße für verdichtete Gase (wenn kein Wert angegeben ist, darf der Betriebsdruck nicht größer sein als zwei Drittel des Prüfdrucks) oder den (die) höchstzulässigen Füllungsgrad(e) abhängig von dem (den) Prüfdruck (Prüfdrücken) für verflüssigte und gelöste Gase;

g) die Sondervorschriften für die Verpackung, die für den Stoff gelten.

Prüfdruck, Füllungsgrad und Vorschriften für das Befüllen

(4) Der Mindestprüfdruck beträgt 1 MPa (10 bar).

(5) Druckgefäße dürfen in keinem Fall über den in den nachfolgenden Vorschriften zugelassenen Grenzwert befüllt werden:

a) Für verdichtete Gase darf der Betriebsdruck nicht größer sein als zwei Drittel des Prüfdrucks der Druckgefäße. Die Sondervorschrift für die Verpackung «o» legt Einschränkungen bezüglich dieser Obergrenze des Betriebsdrucks fest. Der Innendruck bei 65 °C darf in keinem Fall den Prüfdruck überschreiten.

b) Für unter hohem Druck verflüssigte Gase ist der Füllungsgrad so zu wählen, dass der bei 65 °C entwickelte Druck den Prüfdruck der Druckgefäße nicht überschreitet.

Mit Ausnahme der Fälle, in denen die Sondervorschrift für die Verpackung «o» gilt, ist die Verwendung anderer als der in der Tabelle angegebenen Prüfdrücke und Füllungsgrade zugelassen, vorausgesetzt,
(i) das Kriterium der Sondervorschrift für die Verpackung «r» ist, sofern anwendbar, erfüllt oder
(ii) das oben genannte Kriterium ist in allen anderen Fällen erfüllt.

Für unter hohem Druck verflüssigte Gase oder Gasgemische, für die entsprechende Daten nicht verfügbar sind, ist der höchstzulässige Füllungsgrad (FR) wie folgt zu bestimmen:

$$FR = 8{,}5 \times 10^{-4} \times d_g \times P_h$$

wobei
FR = höchstzulässiger Füllungsgrad
d_g = Gasdichte (bei 15 °C, 1 bar) (in kg/m^3)
P_h = Mindestprüfdruck (in bar).

Ist die Dichte des Gases nicht bekannt, ist der höchstzulässige Füllungsgrad wie folgt zu bestimmen:

$$FR = \frac{P_h \times MM \times 10^{-3}}{R \times 338}$$

wobei
FR = höchstzulässiger Füllungsgrad
P_h = Mindestprüfdruck (in bar)

10

MM = Molekularmasse (in g/Mol)

R = 8,31451 x 10^{-2} bar•l•Mol^{-1}•K^{-1} (Gaskonstante).

Für Gasgemische ist die durchschnittliche Molekularmasse unter Berücksichtigung der Volumenkonzentrationen der einzelnen Komponenten zu verwenden.

c) Für unter niedrigem Druck verflüssigte Gase ist die höchstzulässige Masse der Füllung je Liter Fassungsraum gleich der 0,95fachen Dichte der flüssigen Phase bei 50 °C; außerdem darf die flüssige Phase bei Temperaturen bis zu 60 °C das Druckgefäß nicht ausfüllen. Der Prüfdruck des Druckgefäßes muss mindestens gleich dem Dampfdruck (absolut) des flüssigen Stoffes bei 65 °C minus 100 kPa (1 bar) sein.

Für unter niedrigem Druck verflüssigte Gase oder Gasgemische, für die entsprechende Daten nicht verfügbar sind, ist der höchstzulässige Füllungsgrad wie folgt zu bestimmen:

$$FR = (0{,}0032 \times BP - 0{,}24) \times d_l,$$

wobei

FR = höchstzulässiger Füllungsgrad

BP = Siedepunkt (in Kelvin)Gasdichte (bei 15 °C, 1 bar) (in kg/m^3)

d_l = Dichte des flüssigen Stoffes beim Siedepunkt (in kg/l).

d) Für UN 1001 Acetylen, gelöst und UN 3374 Acetylen, lösungsmittelfrei siehe Absatz (10) Sondervorschrift für die Verpackung p.

e) Bei verflüssigten Gasen, die mit verdichteten Gasen überlagert sind, müssen bei der Berechnung des Innendrucks des Druckgefäßes beide Bestandteile – das verflüssigte Gas und das verdichtete Gas – berücksichtigt werden.

Die höchstzulässige Masse des Inhalts je Liter Fassungsraum darf nicht größer als die 0,95fache Dichte der flüssigen Phase bei 50 °C sein; außerdem darf die flüssige Phase bei Temperaturen bis zu 60 °C das Druckgefäß nicht vollständig ausfüllen.

Im gefüllten Zustand darf der Innendruck bei 65 °C den Prüfdruck des Druckgefäßes nicht überschreiten. Es müssen die Dampfdrücke und die volumetrischen Ausdehnungen aller Stoffe im Druckgefäß berücksichtigt werden. Wenn keine Versuchsdaten verfügbar sind, müssen folgende Schritte durchgeführt werden:

(i) Berechnung des Dampfdrucks des verflüssigten Gases und des partiellen Drucks des verdichteten Gases bei 15 °C (Fülltemperatur);

(ii) Berechnung der volumetrischen Ausdehnung der flüssigen Phase, die aus einer Erwärmung von 15 °C auf 65 °C resultiert, und Berechnung des für die gasförmige Phase verbleibenden Volumens;

(iii) Berechnung des partiellen Drucks des verdichteten Gases bei 65 °C unter Berücksichtigung der volumetrischen Ausdehnung der flüssigen Phase.

Bem. Der Kompressibilitätsfaktor des verdichteten Gases bei 15 °C und 65 °C muss berücksichtigt werden.

(iv) Berechnung des Dampfdrucks des verflüssigten Gases bei 65 °C;

(v) der Gesamtdruck ist die Summe aus Dampfdruck des verflüssigten Gases und partiellem Druck des verdichteten Gases bei 65 °C;

(vi) Berücksichtigung der Löslichkeit des verdichteten Gases bei 65 °C in der flüssigen Phase.

Der Prüfdruck des Druckgefäßes darf nicht kleiner sein als der berechnete Gesamtdruck minus 100 kPa (1 bar).

Wenn für die Berechnung die Löslichkeit des verdichteten Gases in der flüssigen Phase nicht bekannt ist, darf der Prüfdruck ohne Berücksichtigung der Gaslöslichkeit (Unterabsatz (vi)) berechnet werden.

(6) Sofern die in den Absätzen (4) und (5) aufgeführten allgemeinen Vorschriften erfüllt sind, dürfen abweichende Prüfdrücke und Füllungsgrade verwendet werden.

(7) a) Das Befüllen der Druckgefäße darf nur durch besonders ausgerüstete Stellen, die über geeignete Verfahren verfügen, und durch qualifiziertes Personal vorgenommen werden.

Die Verfahren müssen folgende Kontrollen beinhalten:

- Übereinstimmung der Gefäße und der Zubehörteile mit dem ADR,
- Verträglichkeit der Gefäße und der Zubehörteile mit dem zu befördernden Produkt,
- Nichtvorhandensein von Schäden, welche die Sicherheit beeinträchtigen können,
- Einhaltung des Füllungsgrades oder des Fülldrucks, abhängig davon, welcher von beiden anwendbar ist,
- Kennzeichen und Erkennungszeichen.

b) Für die Befüllung von Flaschen vorgesehenes Flüssiggas muss qualitativ hochwertig sein; diese Vorschrift gilt als erfüllt, wenn das einzufüllende Flüssiggas den in der Norm ISO 9162:1989 festgelegten Begrenzungen der Korrosivität entspricht.

Wiederkehrende Prüfungen

► *1.6.2.1*

(8) Nachfüllbare Druckgefäße sind nach den Vorschriften des Unterabschnitts 6.2.1.6 bzw. 6.2.3.5 wiederkehrenden Prüfungen zu unterziehen.

(9) Sofern in den nachstehenden Tabellen nicht besondere stoffbezogene Vorschriften enthalten sind, müssen die wiederkehrenden Prüfungen vorgenommen werden:

a) alle 5 Jahre an Druckgefäßen zur Beförderung von Gasen der Klassifizierungscodes 1T, 1TF, 1TO, 1TC, 1TFC, 1TOC, 2T, 2TO, 2TF, 2TC, 2TFC, 2TOC, 4A, 4F und 4TC;

b) alle 5 Jahre an Druckgefäßen zur Beförderung von Stoffen anderer Klassen;

c) alle 10 Jahre an Druckgefäßen zur Beförderung von Gasen der Klassifizierungscodes 1A, 1O, 1F, 2A, 2O und 2F.

Bei Druckgefäßen, für die Verbundwerkstoffe verwendet wurden, beträgt die höchstzulässige Prüffrist 5 Jahre. Die Prüffrist darf auf die in den Tabellen 1 und 2 festgelegte Prüffrist (d.h. auf bis zu 10 Jahre) ausgedehnt werden, wenn dies von der zuständigen Behörde oder der von dieser Behörde bestimmten Stelle, welche die Baumusterzulassung ausgestellt hat, zugelassen ist.

Sondervorschriften für die Verpackung

(10) Werkstoffverträglichkeit

a: Druckgefäße aus Aluminiumlegierungen dürfen nicht verwendet werden.

b: Ventile aus Kupfer dürfen nicht verwendet werden.

c: Metallteile, die mit dem Inhalt in Berührung kommen, dürfen höchstens 65 % Kupfer enthalten.

d: Werden Druckgefäße aus Stahl verwendet, sind nur solche zugelassen, welche gemäß Absatz 6.2.2.7.4 p) mit dem Kennzeichen «H» versehen sind.

Vorschriften für giftige Stoffe mit einem LC_{50}-Wert von höchstens 200 ml/m³ (ppm)

k: Die Ventilöffnungen müssen mit druckfesten gasdichten Stopfen oder Kappen mit einem zu den Ventilöffnungen passenden Gewinde versehen sein, die aus einem Werkstoff hergestellt sein müssen, der vom Inhalt des Druckgefäßes nicht angegriffen wird.

Jede Flasche eines Bündels muss mit einem eigenen Ventil ausgerüstet sein, das während der Beförderung geschlossen sein muss. Nach dem Befüllen muss die Sammelleitung entleert, gereinigt und verschlossen werden.

Flaschenbündel, die UN 1045 Fluor, verdichtet, enthalten, dürfen mit Trennventilen an Gruppen von Flaschen mit einem (mit Wasser) ausgeliterten Gesamtfassungsraum von höchstens 150 Litern anstatt mit Trennventilen an jeder Flasche ausgerüstet sein.

Flaschen und die einzelnen Flaschen eines Flaschenbündels müssen einen Prüfdruck von mindestens 200 bar und eine Mindestwanddicke von 3,5 mm für Aluminiumlegierung oder 2 mm für Stahl haben. Einzelne Flaschen, die dieser Vorschrift nicht entsprechen, müssen in einer starren Außenverpackung befördert werden, welche die Flasche und ihre Armaturen ausreichend schützt und den Prüfanforderungen der Verpackungsgruppe I entspricht. Druckfässer müssen eine von der zuständigen Behörde festgelegte Mindestwanddicke haben.

Druckgefäße dürfen nicht mit einer Druckentlastungseinrichtung ausgerüstet sein.

Der Fassungsraum von Flaschen und einzelnen Flaschen eines Bündels ist auf höchstens 85 Liter zu begrenzen.

Jedes Ventil muss dem Prüfdruck des Druckgefäßes standhalten können und muss entweder durch ein kegeliges Gewinde oder durch andere Mittel, die den Anforderungen der Norm ISO 10692-2:2001 entsprechen, direkt mit dem Druckgefäß verbunden sein.

Jedes Ventil muss entweder ein Membranventil mit einer unperforierten Membran oder ein Typ sein, bei dem Undichtheiten durch die oder an der Dichtung vorbei verhindert werden.

Die Beförderung in Kapseln ist nicht zugelassen.

Jedes Druckgefäß muss nach dem Befüllen auf Dichtheit geprüft werden.

Gasspezifische Vorschriften

l: UN 1040 Ethylenoxid darf auch in luftdicht verschlossenen Innenverpackungen aus Glas oder Metall verpackt sein, die mit geeignetem Polstermaterial in Kisten aus Pappe, Holz oder Metall, die den Anforderungen für die Verpackungsgruppe I genügen, eingesetzt sind. Die höchstzulässige Menge in Innenverpackungen aus Glas beträgt 30 g, die höchstzulässige Menge in Innenverpackungen aus Metall 200 g. Nach dem Befüllen muss jede Innenverpackung durch Einsetzen in ein Heißwasserbad auf Dichtheit geprüft werden, wobei Temperatur und Dauer ausreichend sein müssen, um sicherzustellen, dass ein Innendruck in der Höhe des Dampfdrucks von Ethylenoxid bei 55 °C erreicht wird. Die höchste Nettomenge in einer Außenverpackung darf 2,5 kg nicht überschreiten.

m: Die Druckgefäße müssen bis zu einem Betriebsdruck befüllt werden, der 5 bar nicht überschreitet.

n: Flaschen und einzelne Flaschen eines Flaschenbündels dürfen höchstens 5 kg des Gases enthalten. Wenn Flaschenbündel mit UN 1045 Fluor, verdichtet, gemäß Sondervorschrift für die Verpackung «k» in Gruppen von Flaschen unterteilt sind, darf jede Gruppe höchstens 5 kg des Gases enthalten.

o: Der in den Tabellen angegebene Betriebsdruck oder Füllungsgrad darf in keinem Fall überschritten werden.

p: Für UN 1001 Acetylen, gelöst, und UN 3374 Acetylen, lösungsmittelfrei: Die Flaschen müssen mit einem homogenen monolithischen porösen Material gefüllt sein; der Betriebsdruck und die Menge Acetylen dürfen die in der Zulassung oder in der Norm ISO 3807-1:2000, ISO 3807-2:2000 bzw. ISO 3807:2013 beschriebenen Werte nicht überschreiten.

Für UN 1001 Acetylen, gelöst: Die Flaschen müssen eine in der Zulassung festgelegte Menge Aceton oder eines geeigneten Lösungsmittels enthalten (siehe Norm ISO 3807-1:2000, ISO 3807-2:2000 bzw. ISO 3807:2013; Flaschen, die mit Druckentlastungseinrichtungen ausgerüstet sind oder die durch ein Sammelrohr miteinander verbunden sind, müssen in vertikaler Lage befördert werden.

Alternativ für UN 1001 Acetylen, gelöst: Flaschen, die keine UN-Druckgefäße sind, dürfen mit einem nicht monolithischen porösen Material gefüllt sein; der Betriebsdruck, die Menge Acetylen und die Menge des Lösungsmittels dürfen die in der Zulassung beschriebenen Werte nicht überschreiten. Die höchstzulässige Frist zwischen den wiederkehrenden Prüfungen der Flaschen darf fünf Jahre nicht überschreiten.

Ein Prüfdruck von 52 bar ist nur bei den Flaschen anzuwenden, die mit einem Schmelzstopfen ausgerüstet sind.

q: Die Ventilöffnungen von Druckgefäßen für pyrophore Gase oder entzündbare Gemische von Gasen, die mehr als 1 % pyrophore Verbindungen enthalten, müssen mit gasdichten Stopfen oder Kappen ausgestattet sein, die aus einem Werkstoff hergestellt sein müssen, der vom Inhalt des Druckgefäßes nicht angegriffen wird. Wenn diese Druckgefäße in einem Bündel mit einer Sammelleitung verbunden sind, muss jedes Druckgefäß mit einem eigenen Ventil, das während der Beförderung geschlossen sein muss, und die Öffnung des Sammelleitungsventils mit einem druckfesten gasdichten Stopfen oder einer gasdichten Kappe ausgestattet sein. Gasdichte Stopfen oder Kappen müssen mit zu den Ventilöffnungen passenden Gewinden versehen sein. Die Beförderung in Kapseln ist nicht zugelassen.

r: Der Füllungsgrad dieses Gases ist so zu begrenzen, dass der Druck im Falle des vollständigen Zerfalls zwei Drittel des Prüfdrucks des Druckgefäßes nicht übersteigt.

ra: Dieses Gas darf unter den folgenden Bedingungen auch in Kapseln verpackt werden:

a) Die Masse des Gases darf 150 g je Kapsel nicht überschreiten.

b) Die Kapseln müssen frei von Fehlern sein, die ihre Festigkeit verringern könnten.

c) Die Dichtheit des Verschlusses muss durch eine zusätzliche Vorrichtung (Deckel, Kappe, Versiegelung, Umwicklung, usw.) sichergestellt werden, die geeignet ist, Undichtheiten des Verschlusssystems während der Beförderung zu verhindern.

d) Die Kapseln müssen in eine Außenverpackung von ausreichender Festigkeit eingesetzt werden. Ein Versandstück darf nicht schwerer sein als 75 kg.

s: Druckgefäße aus Aluminiumlegierungen:

– dürfen nur mit Ventilen aus Messing oder aus rostfreiem Stahl ausgerüstet sein und

– müssen von Verunreinigungen durch Kohlenwasserstoffe befreit sein und dürfen nicht mit Öl verunreinigt sein. UN-Druckgefäße müssen gemäß Norm ISO 11621:1997 gereinigt sein.

ta: Für die Befüllung geschweißter Flaschen aus Stahl zur Beförderung von Stoffen der UN-Nummer 1965 dürfen andere Kriterien verwendet werden:

a) mit Zustimmung der zuständigen Behörde(n) des Staates (der Staaten), in dem (denen) die Beförderung durchgeführt wird, und

b) in übereinstimmung mit den Vorschriften eines von der zuständigen Behörde anerkannten technischen Regelwerks oder einer von der zuständigen Behörde anerkannten Norm.

Wenn die Kriterien für das Befüllen von denen in P 200 (5) abweichen, muss das Beförderungspapier die Angabe «Beförderung in Übereinstimmung mit Verpackungsanweisung P 200 Sondervorschrift für die Verpackung ta» und die Angabe der für die Berechnung des Füllungsfaktors verwendeten Bezugstemperatur enthalten.

Wiederkehrende Prüfung

u: Die Frist zwischen den wiederkehrenden Prüfungen darf für Druckgefäße aus Aluminiumlegierungen auf 10 Jahre verlängert werden. Diese Abweichung darf für UN-Druckgefäße nur dann angewendet werden, wenn die Legierung des Druckgefäßes einer Prüfung auf Spannungsrisskorrosion gemäß Norm ISO 7866:2012 + Cor 1:2014 unterzogen worden ist.

ua: Die Frist zwischen den wiederkehrenden Prüfungen darf für Flaschen aus Aluminiumlegierungen und für Bündel solcher Flaschen auf 15 Jahre ausgedehnt werden, wenn die Vorschriften des Absatzes (13) dieser Verpackungsanweisung angewendet werden. Dies gilt nicht für Flaschen aus Aluminiumlegierung AA 6351. Diese Sondervorschrift «ua» darf für Gemische angewendet werden, vorausgesetzt, allen einzelnen Gase des Gemisches ist in Tabelle 1 oder Tabelle 2 «ua» zugeordnet.

▶ 1.6.2.9
▶ 1.6.2.10

v: (1) Die Frist zwischen den wiederkehrenden Prüfungen für Flaschen aus Stahl, ausgenommen nachfüllbare geschweißte Flaschen aus Stahl für die UN-Nummer 1011, 1075, 1965, 1969 oder 1978, darf auf 15 Jahre ausgedehnt werden:

a) mit Zustimmung der zuständigen Behörde(n) des Staates (der Staaten), in dem (denen) die wiederkehrende Prüfung und die Beförderung durchgeführt werden, und

b) in Übereinstimmung mit den Vorschriften eines technischen Regelwerks oder einer Norm, das/die von der zuständigen Behörde anerkannt ist.

(2) Für nachfüllbare geschweißte Flaschen aus Stahl für die UN-Nummer 1011, 1075, 1965, 1969 oder 1978 darf diese Frist auf 15 Jahre ausgedehnt werden, wenn die Vorschriften des Absatzes (12) dieser Verpackungsanweisung angewendet werden.

va: Für nahtlose Flaschen aus Stahl, die mit nach der Norm EN ISO 15996:2005 + A1:2007 oder EN ISO 15996:2017 ausgelegten und geprüften Restdruckventilen (siehe nachstehende Bem.) ausgerüstet sind, und für Bündel von nahtlosen Flaschen aus Stahl, die mit einem oder mehreren nach der Norm EN ISO 15996:2005 + A1:2007 oder EN ISO 15996:2017 geprüften Hauptventilen mit einer Restdruckeinrichtung ausgerüstet sind, darf die Frist zwischen den wiederkehrenden Prüfungen auf 15 Jahre ausgedehnt werden, wenn die Vorschriften des Absatzes (13) dieser Verpackungsanweisung angewendet werden. Diese Sondervorschrift «va» darf für Gemische angewendet werden, vorausgesetzt, allen einzelnen Gasen des Gemisches ist in Tabelle 1 oder Tabelle 2 «va» zugeordnet.

Bem. Ein Restdruckventil ist ein Verschluss, der eine Restdruckeinrichtung umfasst, die durch die Aufrechterhaltung einer positiven Differenz zwischen dem Druck innerhalb der Flasche und der Ventilöffnung das Eindringen von verunreinigenden Stoffen verhindert. Um einen Rückfluss von Flüssigkeiten aus einer Quelle mit höherem Druck in die Flasche zu verhindern, muss eine Ventilrückschlagfunktion entweder in die Restdruckeinrichtung eingebaut sein oder als getrennte zusätzliche Einrichtung im Flaschenventil, z.B. ein Regulator, vorhanden sein.

Vorschriften für n.a.g.-Eintragungen und Gemische

z: Die Werkstoffe der Druckgefäße und ihrer Ausrüstungsteile müssen mit dem Inhalt verträglich sein und dürfen mit ihm keine schädlichen oder gefährlichen Verbindungen bilden.

Der Prüfdruck und der Füllungsgrad sind nach den zutreffenden Vorschriften des Absatzes (5) zu berechnen.

Giftige Stoffe mit einem LC_{50}-Wert von höchstens 200 ml/m³ dürfen nicht in Großflaschen, Druckfässern oder MEGC befördert werden und müssen der Sondervorschrift für die Verpackung k entsprechen. UN 1975 Stickstoffmonoxid und Distickstofftetroxid Gemisch, darf jedoch in Druckfässern befördert werden.

Druckgefäße, die pyrophore Gase oder entzündbare Gemische von Gasen mit mehr als 1 % pyrophore Verbindungen enthalten, müssen der Sondervorschrift für die Verpackung q entsprechen.

Notwendige Maßnahmen zur Verhinderung gefährlicher Reaktionen (d.h. Polymerisation oder Zerfall) während der Beförderung sind zu treffen. Soweit erforderlich ist eine Stabilisierung durchzuführen oder ein Inhibitor hinzuzufügen.

Gemische mit UN 1911 Diboran sind bis zu einem Druck zu befüllen, bei dem im Falle des vollständigen Zerfalls des Diborans zwei Drittel des Prüfdrucks des Druckgefäßes nicht überschritten werden.

Gemische mit UN 2192 Germaniumwasserstoff (German), ausgenommen Gemische mit bis zu 35 % Germaniumwasserstoff (German) in Wasserstoff oder Stickstoff oder bis zu 28 % Germaniumwasserstoff (German) in Helium oder Argon, sind bis zu einem Druck zu befüllen, bei dem im Falle des vollständigen Zerfalls des Germaniumwasserstoffs (German) zwei Drittel des Prüfdrucks des Druckgefäßes nicht überschritten werden.

Vorschriften für Stoffe, die nicht unter die Klasse 2 fallen

ab: Die Druckgefäße müssen folgende Bedingungen erfüllen:

(i) Die Druckprüfung ist mit einer inneren Untersuchung der Druckgefäße sowie einer Überprüfung der Armaturen zu verbinden.

(ii) Darüber hinaus sind sie alle zwei Jahre mit geeigneten Messgeräten (z.B. Ultraschall) hinsichtlich Abzehrungen und des Zustandes der Armaturen zu untersuchen.

(iii) Ihre Wanddicke darf nicht geringer sein als 3 mm.

ac: Die Prüfungen und Untersuchungen sind unter der Kontrolle eines von der zuständigen Behörde anerkannten Sachverständigen vorzunehmen.

ad: Die Druckgefäße müssen folgende Bedingungen erfüllen:

(i) Sie müssen nach einem Berechnungsdruck von mindestens 2,1 MPa (21 bar) (Überdruck) bemessen sein.

(ii) Zusätzlich zu den Angaben für nachfüllbare Gefäße müssen folgende Angaben gut lesbar und dauerhaft angebracht sein:

– die UN-Nummer und die gemäß Abschnitt 3.1.2 bestimmte offizielle Benennung für die Beförderung des Stoffes,

– die höchstzulässige Masse der Füllung und die Eigenmasse des Gefäßes einschließlich Ausrüstungsteile, die zum Zeitpunkt des Befüllens angebracht sind, oder die Bruttomasse.

(11) Die Vorschriften dieser Verpackungsanweisung gelten bei Anwendung der nachstehenden Normen als erfüllt:

anwendbar für Vorschrift	Referenz	Titel des Dokuments
(7)	EN 13365:2002 + A1:2005	Ortsbewegliche Gasflaschen – Flaschenbündel für permanente und verflüssigte Gase (außer Acetylen) – Prüfung zum Zeitpunkt des Füllens
(7)	EN ISO 24431:2016	Gasflaschen – Nahtlose, geschweißte und Composite-Flaschen für verdichtete und verflüssigte Gase (ausgenommen Acetylen) – Inspektion zum Zeitpunkt des Füllens

10

(7) a)	ISO 10691:2004	Gasflaschen – Wiederbefüllbare geschweißte Flaschen aus Stahl für Flüssiggas (LPG) – Verfahren für das Prüfen vor, während und nach dem Füllen
(7) a)	ISO 11755:2005	Gasflaschen – Flaschenbündel für verdichtete und verflüssigte Gase (ausgenommen Acetylen) – Prüfung zum Zeitpunkt des Füllens
(7) a)	ISO 24431:2006	Gasflaschen – Flaschen für verdichtete und verflüssigte Gase (ausgenommen Acetylen) – Prüfung zum Zeitpunkt des Füllens
(7) a) und (10) p)	ISO 11372:2011	Gasflaschen – Acetylenflaschen – Füllbedingungen und Inspektion beim Füllen **Bem.** Die EN-Fassung dieser ISO-Norm erfüllt die Vorschriften und darf ebenfalls angewendet werden.
(7) a) und (10) p)	ISO 13088:2011	Gasflaschen – Acetylenflaschenbündel – Füllbedingungen und Inspektion beim Füllen **Bem.** Die EN-Fassung dieser ISO-Norm erfüllt die Vorschriften und darf ebenfalls angewendet werden.
(7) und (10) ta b)	EN 1439:2017	Flüssiggas-Geräte und Ausrüstungsteile – Kontrollverfahren für ortsbewegliche, wiederbefüllbare Flaschen für Flüssiggas (LPG) vor, während und nach dem Füllen
(7) und (10) ta b)	EN 13952:2017	Flüssiggas-Geräte und Ausrüstungsteile – Füllverfahren für Flaschen für Flüssiggas (LPG)
(7) und (10) ta b)	EN 14794:2005	Flüssiggas-Geräte und Ausrüstungsteile – Ortsbewegliche, wiederbefüllbare Flaschen aus Aluminium für Flüssiggas (LPG) – Kontrollverfahren vor, während und nach dem Füllen

(12) Für die wiederkehrende Prüfung von nachfüllbaren geschweißten Flaschen aus Stahl darf in Übereinstimmung mit der Sondervorschrift für die Verpackung v (2) des Absatzes (10) eine Frist von 15 Jahren gewährt werden, wenn folgende Vorschriften eingehalten werden.

1. Allgemeine Vorschriften

1.1 Für die Anwendung dieses Absatzes darf die zuständige Behörde ihre Aufgaben und Pflichten nicht an Xb-Stellen (Prüfstellen des Typs B) oder IS-Stellen (betriebseigene Prüfdienste) delegieren (wegen der Begriffsbestimmung von Xb- und IS-Stellen siehe Absatz 6.2.3.6.1).

1.2 Der Eigentümer der Flaschen muss bei der zuständigen Behörde die Gewährung der Prüffrist von 15 Jahren beantragen und nachweisen, dass die Vorschriften der Unterabsätze 2, 3 und 4 eingehalten werden.

1.3 Seit dem 1. Januar 1999 hergestellte Flaschen müssen in Übereinstimmung mit den folgenden Normen in der jeweils gemäß der Tabelle in Abschnitt 6.2.4 des ADR anwendbaren Fassung hergestellt sein:

– Norm EN 1442 oder
– Norm EN 13322-1 oder
– Anlage I Teile 1 bis 3 der Richtlinie des Rates 84/527/EWG [a)].

Andere Flaschen, die vor dem 1. Januar 2009 nach den Vorschriften des ADR in Übereinstimmung mit einem von der zuständigen Behörde anerkannten technischen Regelwerk hergestellt wurden, dürfen für eine Prüffrist von 15 Jahren zugelassen werden, wenn sie ein Sicherheitsniveau aufweisen, das dem der zum Zeitpunkt der Beantragung anwendbaren Vorschriften des ADR gleichwertig ist.

---

a) Richtlinie des Rates zur Angleichung der Rechtsvorschriften der Mitgliedstaaten über geschweißte Gasflaschen aus unlegiertem Stahl, veröffentlicht im Amtsblatt der Europäischen Gemeinschaften Nr. L 300 vom 19. November 1984.

1.4 Der Eigentümer muss der zuständigen Behörde Belege zum Nachweis vorlegen, dass die Flaschen den Vorschriften des Unterabsatzes 1.3 entsprechen. Die zuständige Behörde muss prüfen, ob diese Vorschriften eingehalten werden.

1.5 Die zuständige Behörde muss prüfen, ob die Vorschriften der Unterabsätze 2 und 3 erfüllt und richtig angewendet werden. Wenn alle Vorschriften erfüllt sind, muss sie die Prüffrist von 15 Jahren für die Flaschen genehmigen. In dieser Genehmigung muss das Baumuster der Flasche (gemäß der genauen Beschreibung in der Baumusterzulassung) oder eine erfasste Gruppe von Flaschen (siehe Bem.) eindeutig bestimmt sein. Die Genehmigung muss dem Eigentümer zugestellt werden; die zuständige Behörde muss eine Kopie aufbewahren. Der Eigentümer muss die Dokumente aufbewahren, solange die Flaschen für eine Prüffrist von 15 Jahren zugelassen sind.

Bem. Eine Gruppe von Flaschen wird durch die Herstellungsdaten identischer Flaschen in einem Zeitraum bestimmt, in dem sich die anwendbaren Vorschriften des ADR und des von der zuständigen Behörde anerkannten Regelwerks in ihrem technischen Inhalt nicht geändert haben. Beispiel: Flaschen identischer Auslegung und identischen Volumens, die nach den zwischen dem 1. Januar 1985 und dem 31. Dezember 1988 anwendbaren Vorschriften des ADR in Kombination mit dem in demselben Zeitraum anwendbaren, von der zuständigen Behörde anerkannten Regelwerk gebaut wurden, bilden im Sinne der Vorschriften dieses Absatzes eine Gruppe.

1.6 Die zuständige Behörde muss den Eigentümer der Flaschen hinsichtlich der Einhaltung der Vorschriften des ADR und der erteilten Genehmigung in angemessener Weise beaufsichtigen, mindestens jedoch alle drei Jahre oder wenn in den Verfahren Änderungen eingeführt werden.

2. Betriebliche Vorschriften

2.1 Flaschen, für die eine Frist von 15 Jahren für die wiederkehrende Prüfung gewährt wurde, dürfen nur in Befüllzentren befüllt werden, die ein dokumentiertes Qualitätssystem anwenden, um zu gewährleisten, dass alle Vorschriften des Absatzes (7) dieser Verpackungsanweisung und die Vorschriften und Pflichten der Normen EN 1439:2017 und EN 13952:2017 erfüllt und richtig angewendet werden.

2.2 Die zuständige Behörde muss nachprüfen, dass diese Vorschriften erfüllt werden, und in angemessener Weise überprüfen, mindestens jedoch alle drei Jahre oder wenn in den Verfahren Änderungen eingeführt werden.

2.3 Der Eigentümer muss der zuständigen Behörde Belege zum Nachweis vorlegen, dass das Befüllzentrum die Vorschriften des Unterabsatzes 2.1 einhält.

2.4 Wenn ein Befüllzentrum in einer anderen Vertragspartei des ADR angesiedelt ist, muss der Eigentümer zusätzliche Belege zum Nachweis vorlegen, dass das Befüllzentrum von der zuständigen Behörde dieser Vertragspartei des ADR entsprechend beaufsichtigt wird.

2.5 Um innere Korrosion zu vermeiden, dürfen nur Gase hoher Qualität mit sehr geringer potenzieller Kontamination in diese Flaschen eingefüllt werden. Diese Vorschrift gilt als erfüllt, wenn die Gase den in der Norm ISO 9162:1989 festgelegten Begrenzungen der Korrosivität entsprechen.

3. Vorschriften für die Qualifizierung und die wiederkehrende Prüfung

3.1 Flaschen eines bereits verwendeten Baumusters oder einer bereits verwendeten Gruppe, für die eine Prüffrist von 15 Jahren gewährt und auf die die Prüffrist von 15 Jahren angewendet wurde, müssen einer wiederkehrenden Prüfung gemäß Unterabschnitt 6.2.3.5 unterzogen werden.

Bem. Für die Definition einer Gruppe von Flaschen siehe Bem. zu Unterabsatz 1.5.

3.2 Wenn eine Flasche mit einer Prüffrist von 15 Jahren bei einer wiederkehrenden Prüfung die Flüssigkeitsdruckprüfung nicht besteht, z.B. wegen Berstens oder Undichtheit, muss der Eigentümer die Ursache des Versagens und die Auswirkungen auf andere Flaschen (z.B. desselben Baumusters oder derselben Gruppe) untersuchen und einen Bericht darüber anfertigen. Sofern andere Flaschen betroffen sind, muss der Eigentümer die zuständige Behörde informieren. Die zuständige Behörde muss dann über geeignete Maßnahmen entscheiden und die zuständigen Behörden der übrigen Vertragsparteien des ADR entsprechend informieren.

3.3 Wenn eine in der angewendeten Norm (siehe Unterabsatz 1.3) definierte interne Korrosion festgestellt wurde, muss die Flasche aus der Verwendung zurückgezogen werden und darf nicht mehr für die Befüllung und die Beförderung freigegeben werden

3.4 Flaschen, für die eine Prüffrist von 15 Jahren gewährt wurde, dürfen nur mit Ventilen ausgerüstet sein, die nach der Norm EN 13152:2001 + A1:2003, EN 13153:2001 + A1:2003, EN ISO 14245:2010 oder EN ISO 15995:2010 für eine Mindestverwendungsdauer von 15 Jahren ausgelegt und hergestellt wurden. Nach einer wiederkehrenden Prüfung muss die Flasche mit einem neuen Ventil ausgerüstet werden, ausgenommen davon sind nach der Norm EN 14912:2005 wiederaufgearbeitete und geprüfte manuell betätigte Ventile, die wiederangebracht werden dürfen, wenn sie für einen weiteren Verwendungszeitraum von 15 Jahren geeignet sind. Die Wiederaufarbeitung oder Prüfung darf nur vom Hersteller der Ventile oder nach dessen technischen Anweisungen von einem für diese Arbeit qualifizierten Unternehmen durchgeführt werden, das mit einem dokumentierten Qualitätssystem arbeitet.

4. Kennzeichnung

Flaschen, für die nach diesem Absatz eine Frist von 15 Jahren für die wiederkehrende Prüfung gewährt wurde, müssen zusätzlich deutlich und lesbar mit der Angabe «P15Y» gekennzeichnet sein. Dieses Kennzeichen muss von der Flasche entfernt werden, wenn sie nicht mehr für eine Prüffrist von 15 Jahren zugelassen ist.

Bem. Dieses Kennzeichen darf nicht für Flaschen verwendet werden, die unter die Übergangsvorschrift des Unterabschnitts 1.6.2.9, 1.6.2.10 oder unter die Vorschriften der Sondervorschrift für die Verpackung v (1) in Absatz (10) dieser Verpackungsanweisung fallen.

(13) Für die wiederkehrende Prüfung von Flaschen aus nahtlosem Stahl und aus Aluminiumlegierungen sowie von Bündeln solcher Flaschen darf in Übereinstimmung mit der Sondervorschrift für die Verpackung ua oder va des Absatzes (10) eine Frist von 15 Jahren gewährt werden, wenn folgende Vorschriften angewendet werden:

1. Allgemeine Vorschriften

1.1 Für die Anwendung dieses Absatzes darf die zuständige Behörde ihre Aufgaben und Pflichten nicht an Xb-Stellen (Prüfstellen des Typs B) oder IS-Stellen (betriebseigene Prüfdienste) delegieren (wegen der Begriffsbestimmung von Xb- und IS-Stellen siehe Absatz 6.2.3.6.1).

1.2 Der Eigentümer der Flaschen oder Flaschenbündel muss bei der zuständigen Behörde die Gewährung einer Frist von 15 Jahren zwischen den wiederkehrenden Prüfungen beantragen und nachweisen, dass die Vorschriften der Unterabsätze 2, 3 und 4 eingehalten werden.

1.3 Seit dem 1. Januar 1999 hergestellte Flaschen müssen in Übereinstimmung mit einer der folgenden zum Zeitpunkt der Herstellung anwendbaren Normen (siehe auch Tabelle in Unterabschnitt 6.2.4.1) hergestellt sein:

10

- Norm EN 1964-1 oder EN 1964-2 oder
- Norm EN 1975 oder
- Norm EN ISO 9809-1 oder Norm EN ISO 9809-2 oder
- Norm EN ISO 7866 oder
- Anlage I Teile 1 bis 3 der Richtlinien des Rates 84/525/EWG [b] und 84/526/EWG [c].

Andere Flaschen, die vor dem 1. Januar 2009 nach den Vorschriften des ADR in Übereinstimmung mit einem von der nationalen zuständigen Behörde anerkannten technischen Regelwerk hergestellt wurden, dürfen für eine Frist von 15 Jahren zwischen den wiederkehrenden Prüfungen zugelassen werden, wenn sie ein Sicherheitsniveau aufweisen, das dem der zum Zeitpunkt der Beantragung anwendbaren Vorschriften des ADR gleichwertig ist.

Bem. Diese Vorschrift gilt als erfüllt, wenn die Flasche nach dem in Anhang III der Richtlinie 2010/35/EU vom 16. Juni 2010 oder in Anhang IV Teil II der Richtlinie 1999/36/EG vom 29. April 1999 beschriebenen Verfahren für die Neubewertung der Konformität neu bewertet wurde.

Für Flaschen und Flaschenbündel, die mit dem in Absatz 6.2.2.7.2 a) festgelegten Symbol der Vereinten Nationen für Verpackungen gekennzeichnet sind, darf eine Frist von 15 Jahren zwischen den wiederkehrenden Prüfungen nicht gewährt werden.

[b] Richtlinie des Rates zur Angleichung der Rechtsvorschriften der Mitgliedstaaten über nahtlose Gasflaschen aus Stahl, veröffentlicht im Amtsblatt der Europäischen Gemeinschaften Nr. L 300 vom 19. November 1984.

[c] Richtlinie des Rates zur Angleichung der Rechtsvorschriften der Mitgliedstaaten über nahtlose Gasflaschen aus unlegiertem Aluminium und Aluminiumlegierungen, veröffentlicht im Amtsblatt der Europäischen Gemeinschaften Nr. L 300 vom 19. November 1984.

1.4 Flaschenbündel müssen so gebaut sein, dass Berührungen der Flaschen entlang der Längsachse der Flaschen nicht zu einer äußeren Korrosion führen. Die Stützen und Spannbänder müssen so ausgestaltet sein, dass das Korrosionsrisiko der Flaschen minimiert wird. In den Stützen verwendete stoßdämpfende Werkstoffe sind nur zugelassen, wenn sie behandelt wurden, um eine Wasseraufnahme auszuschließen. Beispiele für geeignete Werkstoffe sind wasserbeständiger Riemenwerkstoff und Gummi.

1.5 Der Eigentümer muss der zuständigen Behörde Belege zum Nachweis vorlegen, dass die Flaschen den Vorschriften des Unterabsatzes 1.3 entsprechen. Die zuständige Behörde muss prüfen, ob diese Vorschriften eingehalten werden.

1.6 Die zuständige Behörde muss prüfen, ob die Vorschriften der Unterabsätze 2 und 3 erfüllt und richtig angewendet werden. Wenn alle Vorschriften erfüllt sind, muss sie für die Flaschen oder Flaschenbündel eine Frist von 15 Jahren zwischen den wiederkehrenden Prüfungen genehmigen. In dieser Genehmigung muss eine erfasste Gruppe von Flaschen (siehe nachstehende Bem.) eindeutig bestimmt sein. Die Genehmigung muss dem Eigentümer zugestellt werden; die zuständige Behörde muss eine Kopie aufbewahren. Der Eigentümer muss die Dokumente aufbewahren, solange die Flaschen für eine Frist von 15 Jahren zwischen den wiederkehrenden Prüfungen zugelassen sind.

Bem. Eine Gruppe von Flaschen wird durch die Herstellungsdaten identischer Flaschen in einem Zeitraum bestimmt, in dem sich die anwendbaren Vorschriften des ADR und des von der zuständigen Behörde anerkannten Regelwerks in ihrem technischen Inhalt nicht geändert haben. Zum Beispiel bilden Flaschen identischer Auslegung und identischen Volumens, die nach den zwischen dem 1. Januar 1985 und dem 31. Dezember 1988 anwendbaren Vorschriften des ADR in Kombination mit dem in demselben Zeitraum anwendbaren, von der zuständigen Behörde anerkannten Regelwerk gebaut wurden, im Sinne der Vorschriften dieses Absatzes eine Gruppe.

1.7 Der Eigentümer muss die Einhaltung der Vorschriften des ADR bzw. der erteilten Genehmigung sicherstellen und dies der zuständigen Behörde auf Anforderung, mindestens jedoch alle drei Jahre oder wenn in den Verfahren bedeutende Änderungen eingeführt wurden, nachweisen.

2. Betriebliche Vorschriften

2.1 Flaschen oder Flaschenbündel, für die eine Frist von 15 Jahren zwischen den wiederkehrenden Prüfungen gewährt wurde, dürfen nur in Befüllzentren befüllt werden, die ein dokumentiertes und zertifiziertes Qualitätssystem anwenden, um zu gewährleisten, dass alle Vorschriften des Absatzes (7) dieser Verpackungsanweisung sowie die Vorschriften und Pflichten der jeweils anwendbaren Norm EN ISO 24431:2016 oder EN 13365:2002 erfüllt und richtig angewendet werden. Das Qualitätssystem gemäß der Normenreihe ISO 9000 oder ein gleichwertiges Qualitätssystem muss von einer von der zuständigen Behörde anerkannten akkreditierten unabhängigen Stelle zertifiziert sein. Dies schließt Prüfverfahren vor und nach dem Befüllen und den Befüllvorgang für Flaschen, Flaschenbündel und Ventile ein.

2.2 Flaschen aus Aluminiumlegierungen und Bündel solcher Flaschen ohne Restdruckventile, für die eine Frist von 15 Jahren zwischen den wiederkehrenden Prüfungen gewährt wurde, müssen vor jedem Befüllen nach einem dokumentierten Verfahren, das mindestens folgende Punkte umfassen muss, geprüft werden:

- Öffnen des Flaschenventils oder des Hauptventils des Flaschenbündels zur Überprüfung des Restdrucks;
- wenn Gas ausströmt, darf die Flasche oder das Flaschenbündel befüllt werden;

- wenn kein Gas ausströmt, muss der innere Zustand der Flasche oder des Flaschenbündels auf Verunreinigungen geprüft werden;
- wenn keine Verunreinigungen festgestellt werden, darf die Flasche oder das Flaschenbündel befüllt werden;
- wenn Verunreinigungen festgestellt werden, müssen Abhilfemaßnahmen getroffen werden.

2.3 Mit Restdruckventilen ausgestattete nahtlose Flaschen aus Stahl und mit einem oder mehreren Hauptventilen mit einer Restdruckeinrichtung ausgerüstete Flaschenbündel aus nahtlosem Stahl, für die eine Frist von 15 Jahren zwischen den wiederkehrenden Prüfungen gewährt wurde, müssen vor jedem Befüllen nach einem dokumentierten Verfahren, das mindestens folgende Punkte umfassen muss, geprüft werden:

- Öffnen des Flaschenventils oder des Hauptventils des Flaschenbündels zur Überprüfung des Restdrucks;
- wenn Gas ausströmt, darf die Flasche oder das Flaschenbündel befüllt werden;
- wenn kein Gas ausströmt, muss die Restdruckeinrichtung geprüft werden;
- wenn die Prüfung ergibt, dass die Restdruckeinrichtung Druck beibehalten hat, darf die Flasche oder das Flaschenbündel befüllt werden;
- wenn die Prüfung ergibt, dass die Restdruckeinrichtung keinen Druck beibehalten hat, muss das Innere der Flasche oder des Flaschenbündels auf Verunreinigung geprüft werden:
  - wenn keine Verunreinigungen festgestellt werden, darf die Flasche oder das Flaschenbündel nach der Reparatur oder den Austausch der Restdruckeinrichtung befüllt werden,
  - wenn Verunreinigungen festgestellt werden, müssen Abhilfemaßnahmen getroffen werden.

2.4 Um innere Korrosion zu vermeiden, dürfen nur Gase hoher Qualität mit sehr geringer potenzieller Verunreinigung in Flaschen oder Flaschenbündel eingefüllt werden. Diese Vorschrift gilt als erfüllt, wenn die Verträglichkeit der Gase und Werkstoffe nach den Normen EN ISO 11114-1:2012 und EN 11114-2:2013 annehmbar ist und die Gasqualität den Spezifikationen der Norm EN ISO 14175:2008 entspricht oder Gase, die von dieser Norm nicht erfasst werden, einen Mindestreinheitsgrad von 99,5 Vol.-% und einen maximalen Feuchtigkeitsgehalt von 40 ml/m^3 (ppm) aufweisen. Für Distickstoffmonoxid betragen die Werte für den Mindestreinheitsgrad 98 Vol.-% und für den maximalen Feuchtigkeitsgehalt 70 ml/m^3 (ppm).

2.5 Der Eigentümer muss die Einhaltung der Vorschriften der Unterabsätze 2.1 bis 2.4 sicherstellen und der zuständigen Behörde auf Anforderung, mindestens jedoch alle drei Jahre oder wenn in den Verfahren bedeutende Änderungen eingeführt wurden, Belege zum Nachweis der Einhaltung vorlegen.

2.6 Wenn ein Befüllzentrum in einer anderen Vertragspartei des ADR angesiedelt ist, muss der Eigentümer der zuständigen Behörde auf Anforderung zusätzliche Belege zum Nachweis vorlegen, dass das Befüllzentrum von der zuständigen Behörde dieser Vertragspartei des ADR entsprechend beaufsichtigt wird. Siehe auch Unterabsatz 1.2.

3. Vorschriften für die Qualifizierung und die wiederkehrende Prüfung

3.1 Für bereits verwendete Flaschen und Flaschenbündel, welche die Vorschriften des Unterabsatzes 2 ab dem Zeitpunkt der letzten wiederkehrenden Prüfung zur Zufriedenheit der zuständigen Behörde erfüllt haben, darf die Frist zwischen den wiederkehrenden Prüfungen ab dem Zeitpunkt der letzten wiederkehrenden Prüfung auf 15 Jahre ausgedehnt werden. Anderenfalls muss der Wechsel der Prüffrist von 10 auf 15 Jahre zum Zeitpunkt der wiederkehrenden Prüfung erfolgen. Sofern zutreffend, muss im Bericht über die wiederkehrende Prüfung angegeben sein, dass diese Flasche oder dieses Flaschenbündel mit einer Restdruckeinrichtung ausgerüstet sein muss. Von der zuständigen Behörde darf auch anderes Dokumentationsmaterial für den Nachweis zugelassen werden.

3.2 Wenn eine Flasche mit einer Prüffrist von 15 Jahren im Rahmen einer wiederkehrenden Prüfung die Druckprüfung wegen Berstens oder Undichtheit nicht besteht oder bei einer zerstörungsfreien Prüfung einen schwerwiegenden Mangel aufweist, muss der Eigentümer die Ursache des Versagens und die Auswirkungen auf andere Flaschen (z.B. desselben Baumusters oder derselben Gruppe) untersuchen und einen Bericht darüber anfertigen. Sofern andere Flaschen betroffen sind, muss der Eigentümer die zuständige Behörde informieren. Die zuständige Behörde muss dann über geeignete Maßnahmen entscheiden und die zuständigen Behörden der übrigen Vertragsparteien des ADR entsprechend informieren.

3.3 Wenn innere Korrosion und andere Mängel, wie sie in den in Abschnitt 6.2.4 in Bezug genommenen Normen für die wiederkehrende Prüfung definiert sind, festgestellt wurden, muss die Flasche aus der Verwendung zurückgezogen werden und darf nicht mehr für die Befüllung und die Beförderung freigegeben werden.

3.4 Flaschen oder Flaschenbündel, für die eine Frist von 15 Jahren zwischen den wiederkehrenden Prüfungen gewährt wurde, dürfen nur mit Ventilen ausgerüstet sein, die nach der zum Zeitpunkt der Herstellung anwendbaren Norm EN 849 oder EN ISO 10297 (siehe auch Tabelle in Unterabschnitt 6.2.4.1) ausgelegt und geprüft sind. Nach einer wiederkehrenden Prüfung muss ein neues Ventil angebracht werden, mit der Ausnahme, dass nach der Norm EN ISO 22434:2011 wiederaufgearbeitete und geprüfte Ventile wiederangebracht werden dürfen.

4. Kennzeichnung

Flaschen oder Flaschenbündel, für die nach diesem Absatz eine Frist von 15 Jahren zwischen den wiederkehrenden Prüfungen gewährt wurde, müssen mit dem in Unterabschnitt 5.2.1.6 c) vorgeschriebenen Datum (Jahr) der nächsten wiederkehrenden Prüfung und zusätzlich deutlich und lesbar mit der Angabe «P15Y» gekennzeichnet sein. Dieses Kennzeichen muss von der Flasche oder vom Flaschenbündel entfernt werden, wenn sie/es nicht mehr für eine Frist von 15 Jahren zwischen den wiederkehrenden Prüfungen zugelassen ist.

Tabelle 1: Verdichtete Gase

UN-Nr.	Benennung und Beschreibung	Klassifizierungscode	LC_{50} ml/m³	Flaschen	Großflaschen	Druckfässer	Flaschenbündel	Prüffrist (Jahre) a)	Prüfdruck (bar) b)	höchstzulässiger Betriebsdruck (bar) b)	Sondervorschriften für die Verpackung
1002	LUFT, VERDICHTET (DRUCKLUFT)	1 A		X	X	X	X	10			ua, va
1006	ARGON, VERDICHTET	1 A		X	X	X	X	10			ua, va
1016	KOHLENMONOXID, VERDICHTET	1 TF	3760	X	X	X	X	5			u
1023	STADTGAS, VERDICHTET	1 TF		X	X	X	X	5			
1045	FLUOR, VERDICHTET	1 TOC	185	X			X	5	200	30	a, k, n, o
1046	HELIUM, VERDICHTET	1A		X	X	X	X	10			ua, va
1049	WASSERSTOFF, VERDICHTET	1 F		X	X	X	X	10			d, ua, va
1056	KRYPTON, VERDICHTET	1 A		X	X	X	X	10			ua, va
1065	NEON, VERDICHTET	1 A		X	X	X	X	10			ua, va
1066	STICKSTOFF, VERDICHTET	1 A		X	X	X	X	10			ua, va
1071	ÖLGAS, VERDICHTET	1 TF		X	X	X	X	5			
1072	SAUERSTOFF, VERDICHTET	1 O		X	X	X	X	10			s, ua, va
1612	HEXAETHYLTETRAPHOSPHAT UND VERDICHTETES GAS, GEMISCH	1 T		X	X	X	X	5			z
1660	STICKSTOFFMONOXID, VERDICHTET (STICKSTOFFOXID, VERDICHTET)	1 TOC	115	X			X	5	225	33	k, o
1953	VERDICHTETES GAS, GIFTIG, ENTZÜNDBAR, N.A.G.	1 TF	≤5000	X	X	X	X	5			z
1954	VERDICHTETES GAS, ENTZÜNDBAR, N.A.G.	1 F		X	X	X	X	10			z, ua, va
1955	VERDICHTETES GAS, GIFTIG, N.A.G.	1 T	≤5000	X	X	X	X	5			z
1956	VERDICHTETES GAS, N.A.G.	1 A		X	X	X	X	10			z, ua, va
1957	DEUTERIUM, VERDICHTET	1 F		X	X	X	X	10			d, ua, va
1964	KOHLENWASSERSTOFFGAS, GEMISCH, VERDICHTET, N.A.G.	1 F		X	X	X	X	10			z, ua, va
1971 1971	METHAN, VERDICHTET, oder ERDGAS, VERDICHTET, mit hohem Methangehalt	1 F		X	X	X	X	10			ua, va
1980	EDELGASE UND SAUERSTOFF, GEMISCH, VERDICHTET	1 A		X	X	X	X	10			
2034	WASSERSTOFF UND METHAN, GEMISCH, VERDICHTET	1 F		X	X	X	X	10			d, ua, va
2190	SAUERSTOFFDIFLUORID, VERDICHTET	1 TOC	2,6	X			X	5	200	30	a, k, n, o
3156	VERDICHTETES GAS, OXIDIEREND, N.A.G.	1 O		X	X	X	X	10			z, ua, va
3303	VERDICHTETES GAS, GIFTIG, OXIDIEREND, N.A.G.	1 TO	≤5000	X	X	X	X	5			z
3304	VERDICHTETES GAS, GIFTIG, ÄTZEND, N.A.G.	1 TC	≤5000	X	X	X	X	5			z
3305	VERDICHTETES GAS, GIFTIG, ENTZÜNDBAR, ÄTZEND, N.A.G.	1 TFC	≤5000	X	X	X	X	5			z
3306	VERDICHTETES GAS, GIFTIG, OXIDIEREND, ÄTZEND, N.A.G.	1 TOC	≤5000	X	X	X	X	5			z

a) Nicht anwendbar für Gefäße aus Verbundwerkstoffen.

b) Wenn keine Eintragung vorhanden ist, darf der Betriebsdruck nicht größer sein als zwei Drittel des Prüfdrucks.

Tabelle 2: Verflüssigte und gelöste Gase

UN-Nr.	Benennung und Beschreibung	Klassifizierungscode	LC_{50} ml/m³	Flaschen	Großflaschen	Druckfässer	Flaschenbündel	Prüffrist (Jahre) a)	Prüfdruck (bar)	Füllungsgrad	Sondervorschriften für die Verpackung
1001	ACETYLEN, GELÖST	4 F		X			X	10	60		c, p
1005	AMMONIAK, WASSERFREI	2 TC	4000	X	X	X	X	5	29	0,54	b, ra
1008	BORTRIFLUORID	2 TC	387	X	X	X	X	5	225 300	0,715 0,86	a
1009	BROMTRIFLUORMETHAN (GAS ALS KÄLTEMITTEL R 13B1)	2 A		X	X	X	X	10	42 120 250	1,13 1,44 1,60	ra ra ra
1010	BUTADIENE, STABILISIERT (Buta-1,2-dien) oder	2 F		X	X	X	X	10	10	0,59	ra
1010	BUTADIENE, STABILISIERT (Buta-1,3-dien) oder	2 F		X	X	X	X	10	10	0,55	ra
1010	BUTADIENE UND KOHLENWASSERSTOFFE, GEMISCH, STABILISIERT	2 F		X	X	X	X	10	10	0,50	ra, v, z
1011	BUTAN	2 F		X	X	X	X	10	10	0,52	ra, v
1012	BUTENE, GEMISCH oder	2 F		X	X	X	X	10	10	0,50	ra, z
1012	BUT-1-EN oder	2 F		X	X	X	X	10	10	0,53	
1012	cis-BUT-2-EN oder	2 F		X	X	X	X	10	10	0,55	
1012	trans-BUT-2-EN	2 F		X	X	X	X	10	10	0,54	
1013	KOHLENDIOXID	2 A		X	X	X	X	10	190 250	0,68 0,76	ra, ua, va ra, ua, va
1017	CHLOR	2 TOC	293	X	X	X	X	5	22	1,25	a, ra
1018	CHLORDIFLUORMETHAN (GAS ALS KÄLTEMITTEL R 22)	2 A		X	X	X	X	10	27	1,03	ra
1020	CHLORPENTAFLUORETHAN (GAS ALS KÄLTEMITTEL R 115)	2 A		X	X	X	X	10	25	1,05	ra
1021	1-CHLOR-1,2,2,2-TETRAFLUORETHAN (GAS ALS KÄLTEMITTEL R 124)	2 A		X	X	X	X	10	11	1,20	
1022	CHLORTRIFLUORMETHAN (GAS ALS KÄLTEMITTEL R 13)	2 A		X	X	X	X	10	100 120 190 250	0,83 0,90 1,04 1,11	ra ra ra ra
1026	DICYAN	2 TF	350	X	X	X	X	5	100	0,70	ra, u
1027	CYCLOPROPAN	2 F		X	X	X	X	10	18	0,55	ra
1028	DICHLORDIFLUORMETHAN (GAS ALS KÄLTEMITTEL R 12)	2 A		X	X	X	X	10	16	1,15	ra
1029	DICHLORMONOFLUORMETHAN (GAS ALS KÄLTEMITTEL R 21)	2 A		X	X	X	X	10	10	1,23	ra
1030	1,1-DIFLUORETHAN (GAS ALS KÄLTEMITTEL R 152a)	2 F		X	X	X	X	10	16	0,79	ra
1032	DIMETHYLAMIN, WASSERFREI	2 F		X	X	X	X	10	10	0,59	b, ra
1033	DIMETHYLETHER	2 F		X	X	X	X	10	18	0,58	ra
1035	ETHAN	2 F		X	X	X	X	10	95 120 300	0,25 0,30 0,40	ra ra ra
1036	ETHYLAMIN	2 F		X	X	X	X	10	10	0,61	b, ra
1037	ETHYLCHLORID	2 F		X	X	X	X	10	10	0,80	a, ra
1039	ETHYLMETHYLETHER	2 F	2900	X	X	X	X	10	10	0,64	ra
1040 1040	ETHYLENOXID oder ETHYLENOXID MIT STICKSTOFF bis zu einem höchstzulässigen Gesamtdruck von 1 MPa (10 bar) bei 50 °C	2 TF	2900	X	X	X	X	5	15	0,78	l, ra

10

UN-Nr.	Benennung und Beschreibung	Klassifizierungscode	LC_{50} ml/m³	Flaschen	Großflaschen	Druckfässer	Flaschenbündel	Prüffrist (Jahre a))	Prüfdruck (bar)	Füllungsgrad	Sondervorschriften für die Verpackung
1041	ETHYLENOXID UND KOHLENDIOXID, GEMISCH mit mehr als 9 %, aber höchstens 87 % Ethylenoxid	2 F		X	X	X	X	10	190 250	0,66 0,75	ra ra
1043	DÜNGEMITTEL, LÖSUNG, mit freiem Ammoniak	4 A		X		X	X	5			b, z
1048	BROMWASSERSTOFF, WASSERFREI	2 TC	2860	X	X	X	X	5	60	1,51	a, d, ra
1050	CHLORWASSERSTOFF, WASSERFREI	2 TC	2810	X	X	X	X	5	100 120 150 200	0,30 0,56 0,67 0,74	a, d, ra a, d, ra a, d, ra a, d, ra
1053	SCHWEFELWASSERSTOFF	2 TF	712	X	X	X	X	5	48	0,67	d, ra, u
1055	ISOBUTEN	2 F		X	X	X	X	10	10	0,52	ra
1058	VERFLÜSSIGTE GASE, nicht entzündbar, überlagert mit Stickstoff, Kohlendioxid oder Luft	2 A		X	X	X	X	10			ra, z
1060	METHYLACETYLEN UND PROPADIEN, GEMISCH, STABILISIERT	2 F		X	X	X	X	10			c, ra, z
	Propadien mit 1 % bis 4 % Methylacetylen			X	X	X	X	10	22	0,52	c, ra
	Gemisch P 1			X	X	X	X	10	30	0,49	c, ra
	Gemisch P 2			X	X	X	X	10	24	0,47	c, ra
1061	METHYLAMIN, WASSERFREI	2 F		X	X	X	X	10	13	0,58	b, ra
1062	METHYLBROMID mit höchstens 2 % Chlorpikrin	2 T	850	X	X	X	X	5	10	1,51	a
1063	METHYLCHLORID (GAS ALS KÄLTEMITTEL R 40)	2 F		X	X	X	X	10	17	0,81	a, ra
1064	METHYLMERCAPTAN	2 TF	1350	X	X	X	X	5	10	0,78	d, ra, u
1067	DISTICKSTOFFTETROXID (STICKSTOFFDIOXID)	2 TOC	115	X		X	X	5	10	1,30	k
1069	NITROSYLCHLORID	2 TC	35	X			X	5	13	1,10	k, ra
1070	DISTICKSTOFFMONOXID (Lachgas)	2 O		X	X	X	X	10	180 225 250	0,68 0,74 0,75	ua, va ua, va ua, va
1075	PETROLEUMGASE, VERFLÜSSIGT	2 F		X	X	X	X	10			v, z
1076	PHOSGEN	2 TC	5	X		X	X	5	20	1,23	a, k, ra
1077	PROPEN	2 F		X	X	X	X	10	27	0,43	ra
1078	GAS ALS KÄLTEMITTEL, N.A.G.	2 A		X	X	X	X	10			ra, z
	Gemisch F 1			X	X	X	X	10	12	1,23	
	Gemisch F 2			X	X	X	X	10	18	1,15	
	Gemisch F 3			X	X	X	X	10	29	1,03	
1079	SCHWEFELDIOXID	2 TC	2520	X	X	X	X	5	12	1,23	ra
1080	SCHWEFELHEXAFLUORID	2 A		X	X	X	X	10	70 140 160	1,06 1,34 1,38	ra, ua, va ra, ua, va ra, ua, va
1081	TETRAFLUORETHYLEN, STABILISIERT	2 F		X	X	X	X	10	200		m, o, ra
1082	CHLORTRIFLUORETHYLEN, STABILISIERT (GAS ALS KÄLTEMITTEL R 1113)	2 TF	2000	X	X	X	X	5	19	1,13	ra, u
1083	TRIMETHYLAMIN, WASSERFREI	2 F		X	X	X	X	10	10	0,56	b, ra
1085	VINYLBROMID, STABILISIERT	2 F		X	X	X	X	10	10	1,37	a, ra
1086	VINYLCHLORID, STABILISIERT	2 F		X	X	X	X	10	12	0,81	a, ra

UN-Nr.	Benennung und Beschreibung	Klassifizierungscode	LC_{50} ml/m³	Flaschen	Großflaschen	Druckfässer	Flaschenbündel	Prüffrist (Jahre) a)	Prüfdruck (bar)	Füllungsgrad	Sondervorschriften für die Verpackung
1087	VINYLMETHYLETHER, STABILISIERT	2 F		X	X	X	X	10	10	0,67	ra
1581	CHLORPIKRIN UND METHYLBROMID, GEMISCH mit mehr als 2 % Chlorpikrin	2 T	850	X	X	X	X	5	10	1,51	a
1582	CHLORPIKRIN UND METHYLCHLORID, GEMISCH	2 T	d)	X	X	X	X	5	17	0,81	a
1589	CHLORCYAN, STABILISIERT	2 TC	80	X			X	5	20	1,03	k
1741	BORTRICHLORID	2 TC	2541	X	X	X	X	5	10	1,19	a, ra
1749	CHLORTRIFLUORID	2 TOC	299	X	X	X	X	5	30	1,40	a
1858	HEXAFLUORPROPYLEN (GAS ALS KÄLTEMITTEL R 1216)	2 A		X	X	X	X	10	22	1,11	ra
1859	SILICIUMTETRAFLUORID	2 TC	450	X	X	X	X	5	200 300	0,74 1,10	a
1860	VINYLFLUORID, STABILISIERT	2 F		X	X	X	X	10	250	0,64	a, ra
1911	DIBORAN	2 TF	80	X		X		5	250	0,07	d, k, o
1912	METHYLCHLORID UND DICHLORMETHAN, GEMISCH	2 F		X	X	X	X	10	17	0,81	a, ra
1952	ETHYLENOXID UND KOHLENDIOXID, GEMISCH mit höchstens 9 % Ethylenoxid	2 A		X	X	X	X	10	190 250	0,66 0,75	ra ra
1958	1,2-DICHLOR-1,1,2,2-TETRAFLUORETHAN (GAS ALS KÄLTEMITTEL R 114)	2 A		X	X	X	X	10	10	1,30	ra
1959	1,1-DIFLUORETHYLEN (GAS ALS KÄLTEMITTEL R 1132a)	2 F		X	X	X	X	10	250	0,77	ra
1962	ETHYLEN	2 F		X	X	X	X	10	225 300	0,34 0,38	
1965	KOHLENWASSERSTOFFGAS, GEMISCH, VERFLÜSSIGT, N.A.G., wie Gemisch A Gemisch A 01 Gemisch A 02 Gemisch A 0 Gemisch A 1 Gemisch B 1 Gemisch B 2 Gemisch B Gemisch C	2 F		X	X	X	X	10 10 10 10 10 10 10 10 10 10	 10 15 15 15 20 25 25 25 30	b) 0,50 0,49 0,48 0,47 0,46 0,45 0,44 0,43 0,42	ra, ta, v, z
1967	INSEKTENBEKÄMPFUNGSMITTEL, GASFÖRMIG, GIFTIG, N.A.G.	2 T		X	X	X	X	5			z
1968	INSEKTENBEKÄMPFUNGSMITTEL, GASFÖRMIG, N.A.G.	2 A		X	X	X	X	10			ra, z
1969	ISOBUTAN	2 F		X	X	X	X	10	10	0,49	ra, v
1973	CHLORDIFLUORMETHAN UND CHLORPENTAFLUORETHAN, GEMISCH mit einem konstanten Siedepunkt, mit ca. 49 % Chlordifluormethan (GAS ALS KÄLTEMITTEL R 502)	2 A		X	X	X	X	10	31	1,01	ra
1974	BROMCHLORDIFLUORMETHAN (GAS ALS KÄLTEMITTEL R 12B1)	2 A		X	X	X	X	10	10	1,61	ra

10

UN-Nr.	Benennung und Beschreibung	Klassifizierungscode	LC_{50} ml/m³	Flaschen	Großflaschen	Druckfässer	Flaschenbündel	Prüffrist (Jahre) a)	Prüfdruck (bar)	Füllungsgrad	Sondervorschriften für die Verpackung
1975	STICKSTOFFMONOXID UND DISTICKSTOFFTETROXID, GEMISCH (STICKSTOFFMONOXID UND STICKSTOFFDIOXID, GEMISCH)	2 TOC	115	X		X	X	5			k, z
1976	OCTAFLUORCYCLOBUTAN (GAS ALS KÄLTEMITTEL RC 318)	2 A		X	X	X	X	10	11	1,32	ra
1978	PROPAN	2 F		X	X	X	X	10	23	0,43	ra, v
1982	TETRAFLUORMETHAN (GAS ALS KÄLTEMITTEL R 14)	2 A		X	X	X	X	10	200 300	0,71 0,90	
1983	1-CHLOR-2,2,2-TRIFLUORETHAN (GAS ALS KÄLTEMITTEL R 133a)	2 A		X	X	X	X	10	10	1,18	ra
1984	TRIFLUORMETHAN (GAS ALS KÄLTEMITTEL R 23)	2 A		X	X	X	X	10	190 250	0,88 0,96	ra ra
2035	1,1,1-TRIFLUORETHAN (GAS ALS KÄLTEMITTEL R 143a)	2 F		X	X	X	X	10	35	0,73	ra
2036	XENON	2 A		X	X	X	X	10	130	1,28	
2044	2,2-DIMETHYLPROPAN	2 F		X	X	X	X	10	10	0,53	ra
2073	AMMONIAKLÖSUNG in Wasser, relative Dichte kleiner als 0,880 bei 15 °C, mit mehr als 35 %, aber höchstens 40 % Ammoniak mit mehr als 40 %, aber höchstens 50 % Ammoniak	4 A		 X X	 X X	 X X	 X X	 5 5	 10 12	 0,80 0,77	 b b
2188	ARSENWASSERSTOFF (ARSIN)	2 TF	20	X			X	5	42	1,10	d, k
2189	DICHLORSILAN	2 TFC	314	X	X	X	X	5	10 200	0,90 1,08	a
2191	SULFURYLFLUORID	2 T	3020	X	X	X	X	5	50	1,10	u
2192	GERMANIUMWASSERSTOFF (GERMAN) [c)]	2 TF	620	X	X	X	X	5	250	0,064	d, q, r, ra
2193	HEXAFLUORETHAN (GAS ALS KÄLTEMITTEL R 116)	2 A		X	X	X	X	10	200	1,13	
2194	SELENHEXAFLUORID	2 TC	50	X			X	5	36	1,46	k, ra
2195	TELLURHEXAFLUORID	2 TC	25	X			X	5	20	1,00	k, ra
2196	WOLFRAMHEXAFLUORID	2 TC	160	X			X	5	10	3,08	a, k, ra
2197	IODWASSERSTOFF, WASSERFREI	2 TC	2860	X	X	X	X	5	23	2,25	a, d, ra
2198	PHOSPHORPENTAFLUORID	2 TC	190	X			X	5	200 300	0,90 1,25	k k
2199	PHOSPHORWASSERSTOFF (PHOSPHIN) [c)]	2 TF	20	X			X	5	225 250	0,30 0,45	d, q, k d, q, k
2200	PROPADIEN, STABILISIERT	2 F		X	X	X	X	10	22	0,50	ra
2202	SELENWASSERSTOFF, WASSERFREI	2 TF	2	X			X	5	31	1,60	k
2203	SILICIUMWASSERSTOFF (SILAN) [c)]	2 F		X	X	X	X	10	225 250	0,32 0,36	q, q
2204	CARBONYLSULFID	2 TF	1700	X	X	X	X	5	30	0,87	ra, u
2417	CARBONYLFLUORID	2 TC	360	X	X	X	X	5	200 300	0,47 0,70	
2418	SCHWEFELTETRAFLUORID	2 TC	40	X			X	5	30	0,91	a, k, ra
2419	BROMTRIFLUORETHYLEN	2 F		X	X	X	X	10	10	1,19	ra
2420	HEXAFLUORACETON	2 TC	470	X	X	X	X	5	22	1,08	ra
2421	DISTICKSTOFFTRIOXID	2 TOC	BEFÖRDERUNG VERBOTEN								

UN-Nr.	Benennung und Beschreibung	Klassifizierungscode	LC_{50} ml/m^3	Flaschen	Großflaschen	Druckfässer	Flaschenbündel	Prüffrist (Jahre) a)	Prüfdruck (bar)	Füllungsgrad	Sondervorschriften für die Verpackung
2422	OCTAFLUORBUT-2-EN (GAS ALS KÄLTEMITTEL R 1318)	2 A		X	X	X	X	10	12	1,34	ra
2424	OCTAFLUORPROPAN (GAS ALS KÄLTEMITTEL R 218)	2 A		X	X	X	X	10	25	1,04	ra
2451	STICKSTOFFTRIFLUORID	2 O		X	X	X	X	10	200	0,50	
2452	ETHYLACETYLEN, STABILISIERT	2 F		X	X	X	X	10	10	0,57	c, ra
2453	ETHYLFLUORID (GAS ALS KÄLTEMITTEL R 161)	2 F		X	X	X	X	10	30	0,57	ra
2454	METHYLFLUORID (GAS ALS KÄLTEMITTEL R 41)	2 F		X	X	X	X	10	300	0,63	ra
2455	METHYLNITRIT	2 A	BEFÖRDERUNG VERBOTEN								
2517	1-CHLOR-1,1-DIFLUORETHAN (GAS ALS KÄLTEMITTEL R 142b)	2 F		X	X	X	X	10	10	0,99	ra
2534	METHYLCHLORSILAN	2 TFC	600	X	X	X	X	5			ra, z
2548	CHLORPENTAFLUORID	2 TOC	122	X			X	5	13	1,49	a, k
2599	CHLORTRIFLUORMETHAN UND TRIFLUORMETHAN, AZEOTROPES GEMISCH mit ca. 60 % Chlortrifluormethan (GAS ALS KÄLTEMITTEL R 503)	2 A		X	X	X	X	10	31 42 100	0,12 0,17 0,64	ra ra ra
2601	CYCLOBUTAN	2 F		X	X	X	X	10	10	0,63	ra
2602	DICHLORDIFLUORMETHAN UND 1,1-DIFLUORETHAN, AZEOTROPES GEMISCH mit ca. 74 % Dichlordifluormethan (GAS ALS KÄLTEMITTEL R 500)	2 A		X	X	X	X	10	22	1,01	ra
2676	ANTIMONWASSERSTOFF (STIBIN)	2 TF	20	X			X	5	200	0,49	k, r, ra
2901	BROMCHLORID	2 TOC	290	X	X	X	X	5	10	1,50	a
3057	TRIFLUORACETYLCHLORID	2 TC	10	X		X	X	5	17	1,17	k, ra
3070	ETHYLENOXID UND DICHLORDIFLUORMETHAN, GEMISCH mit höchstens 12,5 % Ethylenoxid	2 A		X	X	X	X	10	18	1,09	ra
3083	PERCHLORYLFLUORID	2 TO	770	X	X	X	X	5	33	1,21	u
3153	PERFLUOR(METHYL-VINYL-ETHER)	2 F		X	X	X	X	10	20	0,75	ra
3154	PERFLUOR(ETHYL-VINYL-ETHER)	2 F		X	X	X	X	10	10	0,98	ra
3157	VERFLÜSSIGTES GAS, OXIDIEREND, N.A.G.	2 O		X	X	X	X	10			z
3159	1,1,1,2-TETRAFLUORETHAN (GAS ALS KÄLTEMITTEL R 134a)	2 A		X	X	X	X	10	18	1,05	ra
3160	VERFLÜSSIGTES GAS, GIFTIG, ENTZÜNDBAR, N.A.G.	2 TF	≤5000	X	X	X	X	5			ra, z
3161	VERFLÜSSIGTES GAS, ENTZÜNDBAR, N.A.G.	2 F		X	X	X	X	10			ra, z
3162	VERFLÜSSIGTES GAS, GIFTIG, N.A.G.	2 T	≤5000	X	X	X	X	5			z
3163	VERFLÜSSIGTES GAS, N.A.G.	2 A		X	X	X	X	10			ra, z
3220	PENTAFLUORETHAN (GAS ALS KÄLTEMITTEL R 125)	2 A		X	X	X	X	10	49 35	0,95 0,87	ra ra
3252	DIFLUORMETHAN (GAS ALS KÄLTEMITTEL R 32)	2 F		X	X	X	X	10	48	0,78	ra

10

UN-Nr.	Benennung und Beschreibung	Klassifizierungscode	LC_{50} ml/m³	Flaschen	Großflaschen	Druckfässer	Flaschenbündel	Prüffrist (Jahre) a)	Prüfdruck (bar)	Füllungsgrad	Sondervorschriften für die Verpackung
3296	HEPTAFLUORPROPAN (GAS ALS KÄLTEMITTEL R 227)	2 A		X	X	X	X	10	13	1,21	ra
3297	ETHYLENOXID UND CHLORTETRAFLUORETHAN, GEMISCH mit höchstens 8,8 % Ethylenoxid	2 A		X	X	X	X	10	10	1,16	ra
3298	ETHYLENOXID UND PENTAFLUORETHAN, GEMISCH mit höchstens 7,9 % Ethylenoxid	2 A		X	X	X	X	10	26	1,02	ra
3299	ETHYLENOXID UND TETRAFLUORETHAN, GEMISCH mit höchstens 5,6 % Ethylenoxid	2 A		X	X	X	X	10	17	1,03	ra
3300	ETHYLENOXID UND KOHLENDIOXID, GEMISCH mit mehr als 87 % Ethylenoxid	2 TF	> 2900	X	X	X	X	5	28	0,73	ra
3307	VERFLÜSSIGTES GAS, GIFTIG, OXIDIEREND, N.A.G.	2 TO	≤ 5000	X	X	X	X	5			z
3308	VERFLÜSSIGTES GAS, GIFTIG, ÄTZEND, N.A.G.	2 TC	≤ 5000	X	X	X	X	5			ra, z
3309	VERFLÜSSIGTES GAS, GIFTIG, ENTZÜNDBAR, ÄTZEND, N.A.G.	2 TFC	≤ 5000	X	X	X	X	5			ra, z
3310	VERFLÜSSIGTES GAS, GIFTIG, OXIDIEREND, ÄTZEND, N.A.G.	2 TOC	≤ 5000	X	X	X	X	5			z
3318	AMMONIAKLÖSUNG, in Wasser, relative Dichte kleiner als 0,880 bei 15 °C, mit mehr als 50 % Ammoniak	4 TC		X	X	X	X	5			b
3337	GAS ALS KÄLTEMITTEL R 404A (Pentafluorethan, 1,1,1-Trifluorethan und 1,1,1,2-Tetrafluorethan, zeotropes Gemisch mit ca. 44 % Pentafluorethan und 52 % 1,1,1-Trifluorethan)	2 A		X	X	X	X	10	36	0,82	ra
3338	GAS ALS KÄLTEMITTEL R 407A (Difluormethan, Pentafluorethan und 1,1,1,2-Tetrafluorethan, zeotropes Gemisch mit ca. 20 % Difluormethan und 40 % Pentafluorethan)	2 A		X	X	X	X	10	32	0,94	ra
3339	GAS ALS KÄLTEMITTEL R 407B (Difluormethan, Pentafluorethan und 1,1,1,2-Tetrafluorethan, zeotropes Gemisch mit ca. 10 % Difluormethan und 70 % Pentafluorethan)	2 A		X	X	X	X	10	33	0,93	ra
3340	GAS ALS KÄLTEMITTEL R 407C (Difluormethan, Pentafluorethan und 1,1,1,2-Tetrafluorethan, zeotropes Gemisch mit ca. 23 % Difluormethan und 25 % Pentafluorethan)	2 A		X	X	X	X	10	30	0,95	ra
3354	INSEKTENBEKÄMPFUNGSMITTEL, GASFÖRMIG, ENTZÜNDBAR, N.A.G.	2 F		X	X	X	X	10			ra, z
3355	INSEKTENBEKÄMPFUNGSMITTEL, GASFÖRMIG, GIFTIG, ENTZÜNDBAR, N.A.G.	2 TF		X	X	X	X	5			ra, z
3374	ACETYLEN, LÖSUNGSMITTELFREI	2 F		X			X	5	60		c, p

a) Nicht anwendbar für Gefäße aus Verbundwerkstoffen.

b) Für Gasgemische der UN-Nummer 1965 beträgt die höchstzulässige Masse der Füllung je Liter Fassungsraum:

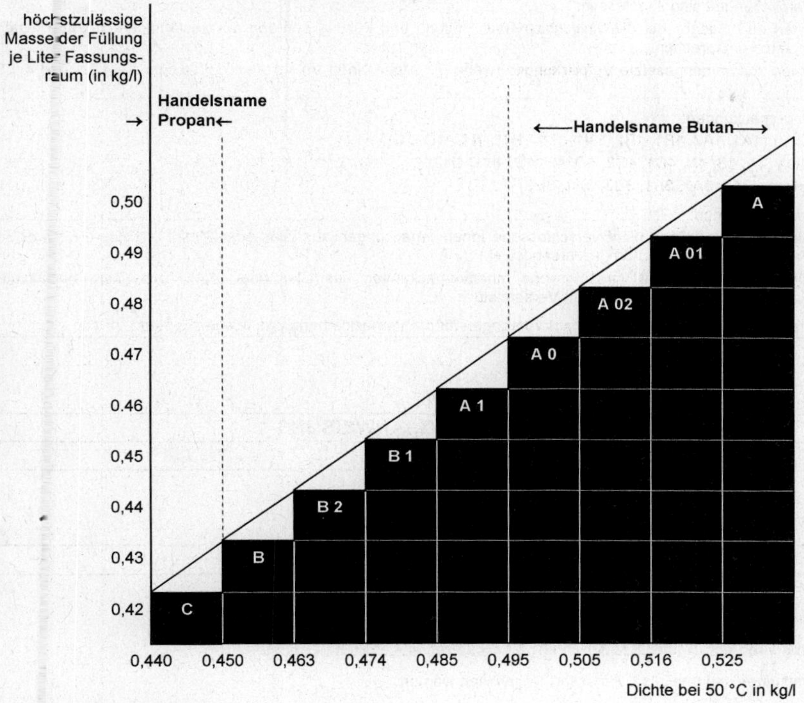

c) Gilt als selbstentzündlich (pyrophor).

d) Gilt als giftig. Der LC_{50}-Wert ist noch zu bestimmen.

Tabelle 3: Stoffe, die nicht unter die Klasse 2 fallen

UN-Nr.	Benennung und Beschreibung	Klasse	Klassifizierungscode	LC_{50} ml/m³	Flaschen	Großflaschen	Druckfässer	Flaschenbündel	Prüffrist (Jahre) a)	Prüfdruck (bar)	Füllungsgrad	Sondervorschriften für die Verpackung
1051	CYANWASSERSTOFF, STABILISIERT, mit weniger als 3 % Wasser	6.1	TF1	40	X			X	5	100	0,55	k
1052	FLUORWASSERSTOFF, WASSERFREI	8	CT1	966	X		X	X	5	10	0,84	a, ab, ac
1745	BROMPENTAFLUORID	5.1	OTC	25	X		X	X	5	10	b)	k, ab, ad
1746	BROMTRIFLUORID	5.1	OTC	50	X		X	X	5	10	b)	k, ab, ad
2495	IODPENTAFLUORID	5.1	OTC	120	X		X	X	5	10	b)	k, ab, ad

a) Nicht anwendbar für Druckgefäße aus Verbundwerkstoffen.

b) Ein füllungsfreier Raum von mindestens 8 Volumen-% ist vorgeschrieben.

P 201

VERPACKUNGSANWEISUNG

Diese Verpackungsanweisung gilt für die UN-Nummern 3167, 3168 und 3169.

Folgende Verpackungen sind zugelassen:

(1) Flaschen und Gasgefäße, die hinsichtlich Bau, Prüfung und Füllung den von der zuständigen Behörde festgelegten Vorschriften entsprechen.

(2) Folgende zusammengesetzte Verpackungen, wenn die allgemeinen Vorschriften der Abschnitte 4.1.1 und 4.1.3 erfüllt sind:

Außenverpackungen:

Fässer (1A1, 1A2, 1B1, 1B2, 1N1, 1N2, 1H1, 1H2, 1D, 1G);

Kisten (4A, 4B, 4N, 4C1, 4C2, 4D, 4F, 4G, 4H1, 4H2);

Kanister (3A1, 3A2, 3B1, 3B2, 3H1, 3H2).

Innenverpackungen:

a) für nicht giftige Gase dicht verschlossene Innenverpackungen aus Glas oder Metall mit einem höchstzulässigen Fassungsraum von 5 Litern je Versandstück;

b) für giftige Gase dicht verschlossene Innenverpackungen aus Glas oder Metall mit einem höchstzulässigen Fassungsraum von einem Liter je Versandstück.

Die Verpackungen müssen den Prüfanforderungen für die Verpackungsgruppe III entsprechen.

P 202

VERPACKUNGSANWEISUNG

(bleibt offen)

P 203

VERPACKUNGSANWEISUNG

Diese Anweisung gilt für tiefgekühlt verflüssigte Gase der Klasse 2.

Vorschriften für verschlossene Kryo-Behälter

(1) Die besonderen Vorschriften des Abschnitts 4.1.6 müssen eingehalten werden.

(2) Die Vorschriften des Kapitels 6.2 müssen eingehalten werden.

(3) Die verschlossenen Kryo-Behälter müssen so isoliert sein, dass kein Reifbeschlag auftreten kann.

(4) Prüfdruck

Tiefgekühlte flüssige Stoffe sind in verschlossene Kryo-Behälter mit den folgenden Mindestprüfdrücken einzufüllen:

a) Für verschlossene Kryo-Behälter mit Vakuumisolierung darf der Prüfdruck nicht geringer sein als das 1,3fache der Summe aus höchstem inneren Druck des gefüllten Behälters, einschließlich des inneren Drucks während des Füllens und Entleerens, plus 100 kPa (1 bar);

b) für andere verschlossene Kryo-Behälter darf der Prüfdruck nicht geringer sein als das 1,3fache des höchsten inneren Drucks des gefüllten Behälters, wobei der während des Füllens und Entleerens entwickelte Druck zu berücksichtigen ist.

(5) Füllungsgrad

Für tiefgekühlt verflüssigte nicht entzündbare und nicht giftige Gase (Klassifizierungscodes 3 A und 3 O) darf das Volumen der flüssigen Phase bei der Fülltemperatur und einem Druck von 100 kPa (1 bar) 98 % des (mit Wasser) ausgeliterten Fassungsraums des Druckgefäßes nicht überschreiten.

Für tiefgekühlt verflüssigte entzündbare Gase (Klassifizierungscode 3 F) muss bei Erwärmung des Inhalts auf diejenige Temperatur, bei der der Dampfdruck dem Öffnungsdruck der Druckentlastungsventile entspricht, der Füllungsgrad unter einem Wert bleiben, bei dem das Volumen der flüssigen Phase 98 % des (mit Wasser) ausgeliterten Fassungsraums bei dieser Temperatur erreicht.

(6) Druckentlastungseinrichtungen

Verschlossene Kryo-Behälter müssen mit mindestens einer Druckentlastungseinrichtung ausgerüstet sein.

(7) Verträglichkeit

Die zur Gewährleistung der Dichtheit von Verbindungsstellen oder zur Wartung der Verschlusseinrichtungen verwendeten Werkstoffe müssen mit dem Inhalt verträglich sein. Bei Behältern für die Beförderung von oxidierenden Gasen (Klassifizierungscode 3 O) dürfen diese Werkstoffe mit den Gasen nicht gefährlich reagieren.

(8) Wiederkehrende Prüfung

► 1.6.2.1

a) Die wiederkehrende Prüfung der Druckentlastungseinrichtungen gemäß Absatz 6.2.1.6.3 muss spätestens alle fünf Jahre durchgeführt werden.

b) Die Frist zwischen den wiederkehrenden Prüfungen von verschlossenen Kryo-Behältern, die keine UN-Kryo-Behälter sind, nach den Vorschriften des Absatzes 6.2.3.5.2 darf 10 Jahre nicht überschreiten.

Vorschriften für offene Kryo-Behälter

Nur die folgenden nicht oxidierenden tiefgekühlt verflüssigten Gase des Klassifizierungscodes 3 A dürfen in offenen Kryo-Behältern befördert werden: UN-Nummern 1913, 1951, 1963, 1970, 1977, 2591, 3136 und 3158.

Offene Kryo-Behälter müssen so gebaut sein, dass sie den folgenden Vorschriften entsprechen:

(1) Die Behälter sind so auszulegen, herzustellen, zu prüfen und auszurüsten, dass sie allen Bedingungen, einschließlich Ermüdung, standhalten, denen sie während ihres normalen Gebrauchs und unter normalen Beförderungsbedingungen ausgesetzt sind.

(2) Der Fassungsraum darf nicht größer als 450 Liter sein.

(3) Der Behälter muss eine Doppelwandkonstruktion haben, bei welcher der Raum zwischen der Innen- und Außenwand luftleer ist (Vakuumisolierung). Die Isolierung muss die Bildung von Raureif auf der Außenseite des Behälters verhindern.

(4) Die Bauwerkstoffe müssen bei der Betriebstemperatur geeignete mechanische Eigenschaften haben.

(5) Werkstoffe in direktem Kontakt mit den gefährlichen Gütern dürfen durch die zur Beförderung vorgesehenen gefährlichen Güter nicht angegriffen oder geschwächt werden und dürfen keine gefährliche Wirkungen verursachen, z.B. Katalyse einer Reaktion oder Reaktion mit den gefährlichen Gütern.

(6) Behälter mit einer Doppelwandkonstruktion aus Glas müssen mit einer Außenverpackung mit geeignetem Polstermaterial oder saugfähigem Material versehen sein, das den Drücken und Stößen standhält, die unter normalen Beförderungsbedingungen auftreten können.

(7) Der Behälter muss so ausgelegt sein, dass er während der Beförderung in aufrechter Position verbleibt, z.B. durch einen Boden, dessen kleinere horizontale Abmessung größer als die Höhe des Schwerpunktes des vollständig befüllten Behälters ist, oder durch Anbringung in einem Tragrahmen.

(8) Die Öffnungen der Behälter müssen mit gasdurchlässigen Einrichtungen versehen sein, die das Herausspritzen von Flüssigkeit verhindern und so angeordnet sind, dass sie während der Beförderung an Ort und Stelle verbleiben.

(9) Offene Kryo-Behälter müssen mit folgenden Kennzeichen versehen sein, die dauerhaft angebracht sind, z.B. gestempelt, graviert oder geätzt:

- Name und Adresse des Herstellers;
- Modellnummer oder -bezeichnung;
- Serien- oder Losnummer;
- UN-Nummer und offizielle Benennung der Gase für die Beförderung, für die der Behälter vorgesehen ist;
- Fassungsraum des Behälters in Litern.

P 204

VERPACKUNGSANWEISUNG

(gestrichen)

P 205

VERPACKUNGSANWEISUNG

Diese Anweisung gilt für die UN-Nummer 3468.

(1) Für Metallhydrid-Speichersysteme sind die besonderen Verpackungsvorschriften des Abschnitts 4.1.6 einzuhalten.

(2) Durch diese Verpackungsanweisung sind nur Druckgefäße abgedeckt, deren mit Wasser ausgeliterter Fassungsraum 150 Liter und deren höchster entwickelter Druck 25 MPa nicht übersteigt.

(3) Metallhydrid-Speichersysteme, die den anwendbaren Vorschriften für den Bau und die Prüfung von Gas-Druckgefäßen des Kapitels 6.2 entsprechen, sind nur für die Beförderung von Wasserstoff zugelassen.

(4) Sofern Druckgefäße aus Stahl oder Druckgefäße aus Verbundwerkstoff mit Stahlauskleidung verwendet werden, dürfen nur solche eingesetzt werden, die gemäß Absatz 6.2.2.9.2 j) mit dem Kennzeichen «H» versehen sind.

(5) Metallhydrid-Speichersysteme müssen den Betriebsbedingungen, den Auslegungskriterien, dem nominalen Fassungsraum, den Bauartprüfungen, den Losprüfungen, den Routineprüfungen, dem Prüfdruck, dem nominalen Füllungsdruck und den Vorschriften für Druckentlastungseinrichtungen für ortsbewegliche Metallhydrid-Speichersysteme entsprechen, wie sie in der Norm ISO 16111:2008 (Ortsveränderliche Gasspeichersysteme – In reversiblem Metallhydrid absorbierter Wasserstoff) festgelegt sind, und ihre Konformität und Zulassung muss in Übereinstimmung mit Unterabschnitt 6.2.2.5 bewertet werden.

(6) Metallhydrid-Speichersysteme müssen mit Wasserstoff bei einem Druck befüllt werden, der den gemäß Norm ISO 16111:2008 festgelegten und in dem dauerhaften Kennzeichen auf dem System angegebenen nominalen Füllungsdruck nicht überschreitet.

(7) Die Vorschriften für die wiederkehrende Prüfung von Metallhydrid-Speichersystemen müssen der Norm ISO 16111:2008 entsprechen und in Übereinstimmung mit dem Unterabschnitt 6.2.2.6 durchgeführt werden; die Frist zwischen den wiederkehrenden Prüfungen darf fünf Jahre nicht überschreiten.

P 206

VERPACKUNGSANWEISUNG

Diese Anweisung gilt für die UN-Nummern 3500, 3501, 3502, 3503, 3504 und 3505.

Soweit im ADR nichts anderes angegeben ist, sind Flaschen und Druckfässer, die den anwendbaren Vorschriften des Kapitels 6.2 entsprechen, zugelassen.

(1) Die besonderen Vorschriften für das Verpacken in Abschnitt 4.1.6 sind einzuhalten.

(2) Die höchstzulässige Frist zwischen den wiederkehrenden Prüfungen beträgt 5 Jahre.

(3) Flaschen und Druckfässer müssen so gefüllt werden, dass bei 50 °C die nicht gasförmige Phase nicht mehr als 95 % ihres mit Wasser ausgeliterten Fassungsraumes einnimmt und sie bei 60 °C nicht vollständig gefüllt sind. In gefülltem Zustand darf der Innendruck bei 65 °C den Prüfdruck der Flaschen oder Druckfässer nicht übersteigen. Die Dampfdrücke und Volumenausdehnungen aller Stoffe in den Flaschen oder Druckfässern müssen berücksichtigt werden.

Bei flüssigen Stoffen, die mit verdichteten Gasen überlagert sind, müssen bei der Berechnung des Innendrucks des Druckgefäßes beide Bestandteile – der flüssige Stoff und das verdichtete Gas – berücksichtigt werden. Wenn keine Versuchsdaten verfügbar sind, müssen folgende Schritte durchgeführt werden:

a) Berechnung des Dampfdrucks des flüssigen Stoffes und des partiellen Drucks des verdichteten Gases bei 15 °C (Fülltemperatur);

b) Berechnung der volumetrischen Ausdehnung der flüssigen Phase, die aus einer Erwärmung von 15 °C auf 65 °C resultiert, und Berechnung des für die gasförmige Phase verbleibenden Volumens;

c) Berechnung des partiellen Drucks des verdichteten Gases bei 65 °C unter Berücksichtigung der volumetrischen Ausdehnung der flüssigen Phase;

Bem. Der Kompressibilitätsfaktor des verdichteten Gases bei 15 °C und 65 °C muss berücksichtigt werden.

d) Berechnung des Dampfdrucks des flüssigen Stoffes bei 65 °C;

e) der Gesamtdruck ist die Summe aus Dampfdruck des flüssigen Stoffes und partiellem Druck des verdichteten Gases bei 65 °C;

f) Berücksichtigung der Löslichkeit des verdichteten Gases bei 65 °C in der flüssigen Phase.

Der Prüfdruck der Flasche oder des Druckfasses darf nicht kleiner sein als der berechnete Gesamtdruck minus 100 kPa (1 bar).

Wenn für die Berechnung die Löslichkeit des verdichteten Gases in der flüssigen Phase nicht bekannt ist, darf der Prüfdruck ohne Berücksichtigung der Gaslöslichkeit (Absatz f)) berechnet werden.

(4) Der Mindestprüfdruck muss dem in der Verpackungsanweisung P 200 für das Treibmittel angegebenen Prüfdruck entsprechen, darf jedoch nicht geringer als 20 bar sein.

Zusätzliche Vorschrift

Flaschen und Druckfässer dürfen nicht zur Beförderung aufgegeben werden, wenn sie mit einer Sprühausrüstung, wie einem Schlauch und einem Handrohr, verbunden sind.

Sondervorschrift für die Verpackung

PP 89	Für die UN-Nummern 3501, 3502, 3503, 3504 und 3505 verwendete nicht nachfüllbare Flaschen dürfen ungeachtet des Unterabschnitts 4.1.6.9 b) einen mit Wasser ausgeliterten Fassungsraum von höchstens 1000 Litern dividiert durch den in bar ausgedrückten Prüfdruck haben, vorausgesetzt, die Fassungsraum- und Druckbeschränkungen der Baunorm entsprechen der Norm ISO 11118:1999, die den höchsten Fassungsraum auf 50 Liter beschränkt.

P 207

VERPACKUNGSANWEISUNG	
Diese Anweisung gilt für die UN-Nummer 1950.	
Folgende Verpackungen sind zugelassen, wenn die allgemeinen Vorschriften der Abschnitte 4.1.1 und 4.1.3 erfüllt sind: a) Fässer (1A1, 1A2, 1B1, 1B2, 1N1, 1N2, 1H1, 1H2, 1D, 1G), Kisten (4A, 4B, 4N, 4C1, 4C2, 4D, 4F, 4G, 4H1, 4H2). Die Verpackungen müssen den Prüfanforderungen für die Verpackungsgruppe II entsprechen. b) Starre Außenverpackungen mit folgender höchstzulässiger Nettomasse: aus Pappe 55 kg aus einem anderen Werkstoff als Pappe 125 kg Die Vorschriften des Unterabschnitts 4.1.1.3 müssen nicht erfüllt werden. Die Verpackungen müssen so ausgelegt und gebaut sein, dass übermäßige Bewegungen der Druckgaspackungen und eine unbeabsichtigte Entleerung unter normalen Beförderungsbedingungen verhindert werden.	
Sondervorschrift für die Verpackung	
PP 87	Bei UN 1950 Abfall-Druckgaspackungen, die gemäß Sondervorschrift 327 befördert werden, müssen die Verpackungen mit einem Mittel versehen sein, das jegliche freie Flüssigkeit, die während der Beförderung frei werden kann, zurückhält, z.B. saugfähiges Material. Die Verpackungen müssen ausreichend belüftet sein, um die Bildung einer entzündbaren Atmosphäre und einen Druckaufbau zu verhindern.
RID- und ADR-spezifische Sondervorschrift für die Verpackung	
RR 6	Gegenstände aus Metall der UN-Nummer 1950 dürfen bei der Beförderung als geschlossene Ladung auch wie folgt verpackt werden: Die Gegenstände müssen auf Trays zu Einheiten zusammengestellt werden und mit einer geeigneten Kunststoffhülle in der richtigen Lage gehalten werden; diese Einheiten müssen auf Paletten in geeigneter Weise gestapelt und gesichert sein.

P 208

VERPACKUNGSANWEISUNG

Diese Anweisung gilt für adsorbierte Gase der Klasse 2.

(1) Folgende Verpackungen sind zugelassen, wenn die allgemeinen Vorschriften des Unterabschnitts 4.1.6.1 erfüllt sind:
Flaschen gemäß Kapitel 6.2 und gemäß der Norm ISO 11513:2011 oder ISO 9809-1:2010.
► 1.6.2.14

(2) Der Druck jeder befüllten Flasche muss bei 20 °C geringer als 101,3 kPa und darf bei 50 °C geringer als 300 kPa sein.

(3) Der Mindestprüfdruck der Flasche muss 21 bar betragen.

(4) Der Mindestberstdruck der Flasche muss 94,5 bar betragen.

(5) Der Innendruck der gefüllten Flasche bei 65 °C darf nicht größer als der Prüfdruck der Flasche sein.

(6) Das adsorbierende Material muss mit der Flasche verträglich sein und darf mit dem zu adsorbierenden Gas keine schädlichen oder gefährlichen Verbindungen bilden. Das Gas darf in Kombination mit dem adsorbierenden Material die Flasche nicht angreifen oder schwächen oder eine gefährliche Reaktion (z.B. eine katalytische Reaktion) verursachen.

(7) Die Qualität des adsorbierenden Materials muss bei jeder Befüllung überprüft werden, um sicherzustellen, dass die Vorschriften dieser Verpackungsanweisung bezüglich des Drucks und der chemischen Stabilität bei der Aufgabe eines Versandstücks mit einem adsorbierten Gas zur Beförderung erfüllt werden.

(8) Das adsorbierende Material darf nicht unter die Kriterien einer Klasse des ADR fallen.

10

(9) Für Flaschen und Verschlüsse, die giftige Gase mit einem LC_{50}-Wert von höchstens 200 ml/m³ (ppm) (siehe Tabelle 1) enthalten, gelten folgende Vorschriften:

a) Ventilöffnungen müssen mit druckfesten gasdichten Stopfen oder Kappen mit zu den Ventilöffnungen passenden Gewinden versehen sein.

b) Jedes Ventil muss entweder ein Membranventil mit einer unperforierten Membran oder ein Typ sein, bei dem Undichtheiten durch die oder an der Dichtung vorbei verhindert werden.

c) Jede Flasche und jeder Verschluss müssen nach dem Befüllen auf Dichtheit geprüft werden.

d) Jedes Ventil muss dem Prüfdruck der Flasche standhalten können und entweder durch ein kegeliges Gewinde oder durch andere Mittel, die den Anforderungen der Norm ISO 10692-2:2001 entsprechen, direkt mit der Flasche verbunden sein.

e) Flaschen und Ventile dürfen nicht mit einer Druckentlastungseinrichtung ausgerüstet sein.

(10) Ventilöffnungen von Flaschen, die pyrophore Gase enthalten, müssen mit gasdichten Stopfen oder Kappen mit zu den Ventilöffnungen passenden Gewinden versehen sein.

(11) Das Befüllverfahren muss der Anlage A der Norm ISO 11513:2011 entsprechen.

(12) Die Frist zwischen den wiederkehrenden Prüfungen darf höchstens 5 Jahre betragen.

(13) Stoffspezifische Sondervorschriften für die Verpackung (siehe Tabelle 1):

Werkstoffverträglichkeit

a: Flaschen aus Aluminiumlegierungen dürfen nicht verwendet werden.

d: Werden Flaschen aus Stahl verwendet, sind nur solche zugelassen, welche gemäß Absatz 6.2.2.7.4 p) mit dem Kennzeichen «H» versehen sind.

Gasspezifische Vorschriften

r: Der Füllungsgrad dieses Gases ist so zu begrenzen, dass der Druck im Falle des vollständigen Zerfalls zwei Drittel des Prüfdrucks der Flasche nicht übersteigt.

Werkstoffverträglichkeit für n.a.g.-Eintragungen von adsorbierten Gasen

z: Die Werkstoffe der Flaschen und ihrer Ausrüstungsteile müssen mit dem Inhalt verträglich sein und dürfen mit ihm keine schädlichen oder gefährlichen Verbindungen bilden.

Tabelle 1: Absorbierte Gase

UN-Nr.	Benennung und Beschreibung	Klassifizierungscode	LC_{50} ml/m³	Sondervorschriften für die Verpackung
3510	ADSORBIERTES GAS, ENTZÜNDBAR, N.A.G.	9F		z
3511	ADSORBIERTES GAS, N.A.G.	9A		z
3512	ADSORBIERTES GAS, GIFTIG, N.A.G.	9T	≤ 5000	z
3513	ADSORBIERTES GAS, OXIDIEREND, N.A.G.	9O		z
3514	ADSORBIERTES GAS, GIFTIG, ENTZÜNDBAR, N.A.G.	9TF	≤ 5000	z
3515	ADSORBIERTES GAS, GIFTIG, OXIDIEREND, N.A.G.	9TO	≤ 5000	z
3516	ADSORBIERTES GAS, GIFTIG, ÄTZEND, N.A.G.	9TC	≤ 5000	z
3517	ADSORBIERTES GAS, GIFTIG, ENTZÜNDBAR, ÄTZEND, N.A.G.	9TFC	≤ 5000	z
3518	ADSORBIERTES GAS, GIFTIG, OXIDIEREND, ÄTZEND, N.A.G.	9TOC	≤ 5000	z
3519	BORTRIFLUORID, ADSORBIERT	9TC	387	a
3520	CHLOR, ADSORBIERT	9TOC	293	a
3521	SILICIUMTETRAFLUORID, ADSORBIERT	9TC	450	a
3522	ARSENWASSERSTOFF (ARSIN), ADSORBIERT	9TF	20	d
3523	GERMANIUMWASSERSTOFF (GERMAN), ADSORBIERT	9TF	620	d, r
3524	PHOSPHORPENTAFLUORID, ADSORBIERT	9TC	190	
3525	PHOSPHORWASSERSTOFF (PHOSPHIN), ADSORBIERT	9TF	20	d
3526	SELENWASSERSTOFF, ADSORBIERT	9TF	2	

P 209	
VERPACKUNGSANWEISUNG	
Diese Verpackungsanweisung gilt für UN 3150 Geräte, klein, mit Kohlenwasserstoffgas, mit Entnahmeeinrichtung oder UN 3150 Kohlenwasserstoffgas-Nachfüllpatronen für kleine Geräte, mit Entnahmeeinrichtung.	
(1)	Die besonderen Vorschriften des Abschnitts 4.1.6 sind, soweit anwendbar, einzuhalten.
(2)	Die Gegenstände müssen den Vorschriften des Landes entsprechen, in dem sie befüllt wurden.
(3)	Die Geräte und Nachfüllpatronen müssen in Außenverpackungen nach Abschnitt 6.1.4 verpackt sein, die nach Kapitel 6.1 für Verpackungsgruppe I geprüft und zugelassen sind.

P 300	
VERPACKUNGSANWEISUNG	
Diese Anweisung gilt für die UN-Nummer 3064.	
Folgende Verpackungen sind zugelassen, wenn die allgemeinen Vorschriften der Abschnitte 4.1.1 und 4.1.3 erfüllt sind: Zusammengesetzte Verpackungen, bestehend aus Dosen aus Metall mit einem Fassungsraum von höchstens 1 Liter als Innenverpackungen und Kisten aus Holz (4C1, 4C2, 4D oder 4F) als Außenverpackung, die nicht mehr als 5 Liter Lösung enthält.	
Zusätzliche Vorschriften	
1.	Die Dosen aus Metall müssen vollständig von saugfähigem Polstermaterial umgeben sein.
2.	Die Kisten aus Holz müssen vollständig mit einem geeigneten wasser- und nitroglycerinundurchlässigen Material ausgekleidet sein.

P 301	
VERPACKUNGSANWEISUNG	
Diese Anweisung gilt für die UN-Nummer 3165.	
Folgende Verpackungen sind zugelassen wenn die allgemeinen Vorschriften der Abschnitte 4.1.1 und 4.1.3 erfüllt sind:	
(1)	Ein Aluminiumdruckgefäß, das aus einem Zylinder mit angeschweißten Böden besteht. Das Hauptbehältnis für den Kraftstoff innerhalb dieses Gefäßes muss aus einer geschweißten Aluminiumblase mit einem höchsten Innenvolumen von 46 Litern bestehen. Das Außengefäß muss einen Mindestberechnungsdruck (Überdruck) von 1275 kPa und einen Mindestberstdruck von 2755 kPa haben. Jedes Gefäß muss während der Herstellung und vor dem Versand auf Dichtheit geprüft werden; es darf nicht undicht sein. Die vollständige innere Einheit muss sicher mit einem nicht brennbaren Polstermaterial, wie Vermiculit, in einer starken, dicht verschlossenen Außenverpackung aus Metall verpackt sein, die alle Armaturen wirksam schützt. Die maximale Kraftstoffmenge je Einheit und Versandstück beträgt 42 Liter.
(2)	Aluminiumdruckgefäß Das Hauptbehältnis für den Kraftstoff innerhalb dieses Gefäßes muss aus einem dampfdicht verschweißten Kraftstoffabteil mit einer Blase aus Elastomer mit einem höchsten Innenvolumen von 46 Liter bestehen. Das Druckgefäß muss einen Mindestberechnungsdruck (Überdruck) von 2860 kPa und einen Mindestberstdruck von 5170 kPa haben. Jedes Gefäß muss während der Herstellung und vor dem Versand auf Dichtheit geprüft werden und sicher mit einem nicht brennbaren Polstermaterial, wie Vermiculit, in einer starken, dicht verschlossenen Außenverpackung aus Metall verpackt sein, die alle Armaturen wirksam schützt. Die maximale Kraftstoffmenge je Einheit und je Versandstück beträgt 42 Liter.

P 302

VERPACKUNGSANWEISUNG
Diese Anweisung gilt für die UN-Nummer 3269.
Folgende zusammengesetzte Verpackungen sind zugelassen, wenn die allgemeinen Vorschriften der Abschnitte 4.1.1 und 4.1.3 erfüllt sind: Außenverpackungen: Fässer (1A1, 1A2, 1B1, 1B2, 1N1, 1N2, 1H1, 1H2, 1D, 1G), Kisten (4A, 4B, 4N, 4C1, 4C2, 4D, 4F, 4G, 4H1, 4H2), Kanister (3A1, 3A2, 3B1, 3B2, 3H1, 3H2). Innenverpackungen: Das Aktivierungsmittel (organisches Peroxid) muss auf eine Menge von 125 ml für flüssige Stoffe und 500 g für feste Stoffe je Innenverpackung beschränkt sein. Das Grundprodukt und das Aktivierungsmittel müssen in getrennten Innenverpackungen verpackt sein. Die Komponenten dürfen in dieselbe Außenverpackung eingesetzt sein, vorausgesetzt, sie reagieren im Falle des Freiwerdens nicht gefährlich miteinander. Die Verpackungen müssen den Prüfanforderungen für die Verpackungsgruppe II oder III in Übereinstimmung mit den auf das Grundprodukt angewendeten Kriterien der Klasse 3 entsprechen.

P 400

VERPACKUNGSANWEISUNG	
Folgende Verpackungen sind zugelassen, wenn die allgemeinen Vorschriften der Abschnitte 4.1.1 und 4.1.3 erfüllt sind: (1) Druckgefäße, vorausgesetzt, die allgemeinen Vorschriften des Unterabschnitts 4.1.3.6 werden erfüllt. Diese müssen aus Stahl sein und einer erstmaligen und alle 10 Jahre einer wiederkehrenden Prüfung mit einem Druck von mindestens 1 MPa (10 bar) (Überdruck) unterzogen werden. Während der Beförderung muss sich der flüssige Stoff unter einer Schicht inerten Gases mit einem Überdruck von mindestens 20 kPa (0,2 bar) befinden. (2) Kisten (4A, 4B, 4N, 4C1, 4C2, 4D, 4F oder 4G), Fässer (1A1, 1A2, 1B1, 1B2, 1N1, 1N2, 1D oder 1G) oder Kanister (3A1, 3A2, 3B1 oder 3B2), die luftdicht verschlossene Dosen aus Metall mit Innenverpackungen aus Glas oder Metall enthalten, die einen Fassungsraum von jeweils höchstens 1 Liter und einen Schraubverschluss mit Dichtung haben. Die Innenverpackungen müssen von allen Seiten mit einem trockenen, saugfähigen, nicht brennbaren Material in einer für die Aufnahme ihres Fassungsraums ausreichenden Menge gepolstert sein. Die Innenverpackungen dürfen höchstens zu 90 % ihres Fassungsraums befüllt sein. Die Außenverpackungen dürfen eine höchste Nettomasse von 125 kg enthalten. (3) Fässer aus Stahl, Aluminium oder einem anderen Metall (1A1, 1A2, 1B1, 1B2, 1N1 oder 1N2), Kanister (3A1, 3A2, 3B1 oder 3B2) oder Kisten (4A, 4B oder 4N) mit einer höchsten Nettomasse von je 150 kg, die luftdicht verschlossene Dosen aus Metall enthalten, die einen Fassungsraum von jeweils höchstens 4 Liter und einen Schraubverschluss mit Dichtung haben. Die Innenverpackungen müssen von allen Seiten mit einem trockenen, saugfähigen, nicht brennbaren Material in einer für die Aufnahme des gesamten Inhalts ausreichenden Menge gepolstert sein. Die einzelnen Lagen der Innenverpackungen müssen zusätzlich zum Polstermaterial durch Unterteilungen voneinander getrennt sein. Die Innenverpackungen dürfen höchstens zu 90 % ihres Fassungsraums befüllt sein.	
Sondervorschriften für die Verpackung	
PP 86	Für die UN-Nummern 3392 und 3394 ist die in der Dampfphase vorhandene Luft durch Stickstoff oder andere Mittel zu beseitigen.

P 401

VERPACKUNGSANWEISUNG

Folgende Verpackungen sind zugelassen, wenn die allgemeinen Vorschriften der Abschnitte 4.1.1 und 4.1.3 erfüllt sind:

(1) Druckgefäße, vorausgesetzt, die allgemeinen Vorschriften des Unterabschnitts 4.1.3.6 werden erfüllt. Diese müssen aus Stahl sein und einer erstmaligen und alle 10 Jahre einer wiederkehrenden Prüfung mit einem Druck von mindestens 0,6 MPa (6 bar) (Überdruck) unterzogen werden. Während der Beförderung muss sich der flüssige Stoff unter einer Schicht inerten Gases mit einem Überdruck von mindestens 20 kPa (0,2 bar) befinden.

(2) Zusammengesetzte Verpackungen:

Außenverpackungen:

Fässer (1A1, 1A2, 1B1, 1B2, 1N1, 1N2, 1H1, 1H2, 1D, 1G),
Kisten (4A, 4B, 4N, 4C1, 4C2, 4D, 4F, 4G, 4H1, 4H2),
Kanister (3A1, 3A2, 3B1, 3B2, 3H1, 3H2).

Innenverpackungen:

aus Glas, Metall oder Kunststoff, die Schraubverschlüsse und einen höchsten Fassungsraum von einem Liter haben.

Jede Innenverpackung muss von inertem, saugfähigem Polstermaterial in einer für die Aufnahme des gesamten Inhalts ausreichenden Menge umgeben sein.

Die höchste Nettomasse je Außenverpackung darf 30 kg nicht überschreiten.

RID- und ADR-spezifische Sondervorschrift für die Verpackung

RR 7	Für die UN-Nummern 1183, 1242, 1295 und 2988 müssen die Druckgefäße jedoch alle fünf Jahre geprüft werden.

P 402

VERPACKUNGSANWEISUNG

Folgende Verpackungen sind zugelassen, wenn die allgemeinen Vorschriften der Abschnitte 4.1.1 und 4.1.3 erfüllt sind:

(1) Druckgefäße, vorausgesetzt, die allgemeinen Vorschriften des Unterabschnitts 4.1.3.6 werden erfüllt. Diese müssen aus Stahl sein und einer erstmaligen und alle 10 Jahre einer wiederkehrenden Prüfung mit einem Druck von mindestens 0,6 MPa (6 bar) (Überdruck) unterzogen werden. Während der Beförderung muss sich der flüssige Stoff unter einer Schicht inerten Gases mit einem Überdruck von mindestens 20 kPa (0,2 bar) befinden.

(2) Zusammengesetzte Verpackungen:

Außenverpackungen:

Fässer (1A1, 1A2, 1B1, 1B2, 1N1, 1N2, 1H1, 1H2, 1D, 1G),
Kisten (4A, 4B, 4N, 4C1, 4C2, 4D, 4F, 4G, 4H1, 4H2),
Kanister (3A1, 3A2, 3B1, 3B2, 3H1, 3H2).

Innenverpackungen mit folgenden höchsten Nettomassen:

aus Glas: 10 kg
aus Metall oder Kunststoff: 15 kg.

Jede Innenverpackung muss mit Schraubverschlüssen versehen sein.

Jede Innenverpackung muss von inertem, saugfähigem Polstermaterial in einer für die Aufnahme des gesamten Inhalts ausreichenden Menge umgeben sein.

Die höchste Nettomasse je Außenverpackung darf 125 kg nicht überschreiten.

(3) Fässer aus Stahl (1A1) mit einem höchsten Fassungsraum von 250 Liter.

(4) Kombinationsverpackungen, bestehend aus einem Kunststoffgefäß in einem Fass aus Stahl oder Aluminium (6HA1 oder 6HB1), mit einem höchsten Fassungsraum von 250 Liter.

RID- und ADR-spezifische Sondervorschrift für die Verpackung

RR 4	Für die UN-Nummer 3130 müssen die Öffnungen der Gefäße durch zwei hintereinanderliegende Einrichtungen, von denen eine verschraubt oder in gleichwertiger Weise befestigt sein muss, fest verschlossen sein.
RR 7	Für die UN-Nummer 3129 müssen die Druckgefäße jedoch alle fünf Jahre geprüft werden.
RR 8	Für die UN-Nummern 1389, 1391, 1411, 1421, 1928, 3129, 3130, 3148 und 3482 müssen die Druckgefäße jedoch mit einem Mindestprüfdruck von 1 MPa (10 bar) erstmalig und wiederkehrend geprüft werden.

P 403

VERPACKUNGSANWEISUNG		
Folgende Verpackungen sind zugelassen, wenn die allgemeinen Vorschriften der Abschnitte 4.1.1 und 4.1.3 erfüllt sind:		
zusammengesetzte Verpackungen		**höchste Nettomasse**
Innenverpackungen	**Außenverpackungen**	
aus Glas 2 kg aus Kunststoff 15 kg aus Metall 20 kg Innenverpackungen müssen luftdicht verschlossen sein (z.B. durch ein Klebeband oder durch Schraubverschlüsse).	**Fässer**	
	aus Stahl (1A1, 1A2)	400 kg
	aus Aluminium (1B1, 1B2)	400 kg
	aus einem anderen Metall (1N1, 1N2)	400 kg
	aus Kunststoff (1H1, 1H2)	400 kg
	aus Sperrholz (1D)	400 kg
	aus Pappe (1G)	400 kg
	Kisten	
	aus Stahl (4A)	400 kg
	aus Aluminium (4B)	400 kg
	aus einem anderen Metall (4N)	400 kg
	aus Naturholz (4C1)	250 kg
	aus Naturholz, mit staubdichten Wänden (4C2)	250 kg
	aus Sperrholz (4D)	250 kg
	aus Holzfaserwerkstoff (4F)	125 kg
	aus Pappe (4G)	125 kg
	aus Schaumstoff (4H1)	60 kg
	aus starrem Kunststoff (4H2)	250 kg
	Kanister	
	aus Stahl (3A1, 3A2)	120 kg
	aus Aluminium (3B1, 3B2)	120 kg
	aus Kunststoff (3H1, 3H2)	120 kg

Einzelverpackungen	**höchste Nettomasse**
Fässer	
aus Stahl (1A1, 1A2)	250 kg
aus Aluminium (1B1, 1B2)	250 kg
aus einem anderen Metall als Stahl oder Aluminium (1N1, 1N2)	250 kg
aus Kunststoff (1H1, 1H2)	250 kg
Kanister	
aus Stahl (3A1, 3A2)	120 kg
aus Aluminium (3B1, 3B2)	120 kg
aus Kunststoff (3H1, 3H2)	120 kg
Kombinationsverpackungen	
Kunststoffgefäß in einem Fass aus Stahl oder Aluminium (6HA1 oder 6HB1)	250 kg
Kunststoffgefäß in einem Fass aus Pappe, Kunststoff oder Sperrholz (6HG1,6HH1 oder 6HD1)	75 kg
Kunststoffgefäß in einem Verschlag oder einer Kiste aus Stahl oder Aluminium oder in einer Kiste aus Naturholz, Sperrholz, Pappe oder starrem Kunststoff (6HA2, 6HB2, 6HC, 6HD2, 6HG2 oder 6HH2)	75 kg
Druckgefäße, vorausgesetzt, die allgemeinen Vorschriften des Unterabschnitts 4.1.3.6 werden erfüllt.	
Zusätzliche Vorschrift	
Die Verpackungen müssen luftdicht verschlossen sein.	
Sondervorschrift für die Verpackung	
PP 83 (gestrichen)	

P 404

VERPACKUNGSANWEISUNG

Diese Anweisung gilt für pyrophore feste Stoffe (UN-Nummern 1383, 1854, 1855, 2008, 2441, 2545, 2546, 2846, 2881, 3200, 3391 und 3393).

Folgende Verpackungen sind zugelassen, wenn die allgemeinen Vorschriften der Abschnitte 4.1.1 und 4.1.3 erfüllt sind:

(1) zusammengesetzte Verpackungen

Außenverpackungen:	(1A1, 1A2, 1B1, 1B2, 1N1, 1N2, 1H1, 1H2, 1D, 1G, 4A, 4B, 4N, 4C1, 4C2, 4D, 4F, 4G oder 4H2)
Innenverpackungen:	Gefäße aus Metall mit einer Nettomasse von jeweils höchstens 15 kg. Die Innenverpackungen müssen luftdicht verschlossen sein und Schraubverschlüsse haben;
	Gefäße aus Glas mit einer Nettomasse von jeweils höchstens 1 kg, die Schraubverschlüsse mit Dichtungen haben, von allen Seiten gepolstert sind und in luftdicht verschlossenen Dosen aus Metall enthalten sind.

Außenverpackungen dürfen eine höchste Nettomasse von 125 kg haben.

(2) Verpackungen aus Metall: (1A1, 1A2, 1B1, 1N1, 1N2, 3A1, 3A2, 3B1 und 3B2)
höchste Bruttomasse: 150 kg

(3) Kombinationsverpackungen: Kunststoffgefäß in einem Fass aus Stahl oder Aluminium (6HA1 oder 6HB1)
höchste Bruttomasse: 150 kg

Druckgefäße, vorausgesetzt, die allgemeinen Vorschriften des Unterabschnitts 4.1.3.6 werden erfüllt.

Sondervorschriften für die Verpackung

PP 86	Für die UN-Nummern 3391 und 3393 ist die in der Dampfphase vorhandene Luft durch Stickstoff oder andere Mittel zu beseitigen.

P 405

VERPACKUNGSANWEISUNG

Diese Anweisung gilt für die UN-Nummer 1381.

Folgende Verpackungen sind zugelassen, wenn die allgemeinen Vorschriften der Abschnitte 4.1.1 und 4.1.3 erfüllt sind:

(1) Für UN 1381 Phosphor, unter Wasser:

a) zusammengesetzte Verpackungen

Außenverpackungen: (4A, 4B, 4N, 4C1, 4C2, 4D oder 4F)
höchste Nettomasse: 75 kg
Innenverpackungen:

(i) luftdicht verschlossene Dosen aus Metall mit einer höchsten Nettomasse von 15 kg oder

(ii) Innenverpackungen aus Glas, die von allen Seiten mit einem trockenen, saugfähigen, nicht brennbaren Material in einer für die Aufnahme des gesamten Inhalts ausreichenden Menge gepolstert sind, mit einer höchsten Nettomasse von 2 kg

oder

b) Fässer (1A1, 1A2, 1B1, 1B2, 1N1 oder 1N2) mit einer höchsten Nettomasse von 400 kg
Kanister (3A1 oder 3B1) mit einer höchsten Nettomasse von 120 kg.

Diese Verpackungen müssen in der Lage sein, die in Unterabschnitt 6.1.5.4 beschriebene Dichtheitsprüfung mit den Prüfanforderungen für die Verpackungsgruppe II zu bestehen.

(2) Für UN 1381 Phosphor, trocken:

a) in geschmolzener Form: Fässer (1A2, 1B2 oder 1N2) mit einer höchsten Nettomasse von 400 kg oder

b) in Geschossen oder in Gegenständen mit fester Umschließung bei Beförderung ohne Bestandteile der Klasse 1: von der zuständigen Behörde festgelegte Verpackungen.

P 406

VERPACKUNGSANWEISUNG

Folgende Verpackungen sind zugelassen, wenn die allgemeinen Vorschriften der Abschnitte 4.1.1 und 4.1.3 erfüllt sind:

(1) Zusammengesetzte Verpackungen
Außenverpackungen: (4C1, 4C2, 4D, 4F, 4G, 4H1, 4H2, 1G, 1D, 1H1, 1H2, 3H1 oder 3H2)
Innenverpackungen: wasserbeständige Verpackungen.

(2) Fässer aus Kunststoff, Sperrholz oder Pappe: (1H2, 1D oder 1G) oder Kisten (4A, 4B, 4N, 4C1, 4C2, 4D, 4F, 4G und 4H2) mit wasserbeständigem Innensack, Auskleidung aus Kunststofffolie oder wasserbeständiger Beschichtung.

(3) Fässer aus Metall (1A1, 1A2, 1B1, 1B2, 1N1 oder 1N2), Fässer aus Kunststoff (1H1 oder 1H2), Kanister aus Metall (3A1, 3A2, 3B1 oder 3B2), Kanister aus Kunststoff (3H1 oder 3H2), Kunststoffgefäß in einem Fass aus Stahl oder Aluminium (6HA1 oder 6HB1), Kunststoffgefäß in einem Fass aus Pappe, Kunststoff oder Sperrholz (6HG1, 6HH1 oder 6HD1), Kunststoffgefäß in einem Verschlag oder einer Kiste aus Stahl oder Aluminium oder einer Kiste aus Naturholz, Sperrholz, Pappe oder starrem Kunststoff (6HA2, 6HB2, 6HC, 6HD2, 6HG2 oder 6HH2).

Zusätzliche Vorschriften

1. Die Verpackungen müssen so ausgelegt und hergestellt sein, dass ein Austreten von Wasser, Alkohol oder Phlegmatisierungsmittel verhindert wird.
2. Die Verpackungen müssen so hergestellt und verschlossen sein, dass ein Explosionsüberdruck oder ein Druckaufbau von mehr als 300 kPa (3 bar) verhindert wird.

Sondervorschriften für die Verpackung

PP 24	Für die UN-Nummer 2852, 3364, 3365, 3366, 3367, 3368 und 3369 darf die Stoffmenge 500 g je Versandstück nicht überschreiten.
PP 25	Für die UN-Nummer 1347 darf die Stoffmenge 15 kg je Versandstück nicht überschreiten.
PP 26	Für die UN-Nummern 1310, 1320, 1321, 1322, 1344, 1347, 1348, 1349, 1517, 2907, 3317 und 3376 müssen die Verpackungen bleifrei sein.
PP 48	Für die UN-Nummer 3474 dürfen keine Metallverpackungen verwendet werden. Verpackungen aus anderen Werkstoffen mit einer geringen Menge Metall, z.B. Metallverschlüsse oder andere Zubehörteile aus Metall, wie die in Abschnitt 6.1.4 genannten, gelten nicht als Verpackungen aus Metall.
PP 78	Für die UN-Nummer 3370 darf die Stoffmenge 11,5 kg je Versandstück nicht überschreiten.
PP 80	Für die UN-Nummer 2907 müssen die Verpackungen den Prüfanforderungen für die Verpackungsgruppe II entsprechen. Verpackungen, die den Prüfkriterien für die Verpackungsgruppe I entsprechen, dürfen nicht verwendet werden.

P 407

VERPACKUNGSANWEISUNG

Diese Anweisung gilt für die UN-Nummern 1331, 1944, 1945 und 2254.

Folgende Verpackungen sind zugelassen, wenn die allgemeinen Vorschriften der Abschnitte 4.1.1 und 4.1.3 erfüllt sind:

Außenverpackungen:
Fässer (1A1, 1A2, 1B1, 1B2, 1N1, 1N2, 1H1, 1H2, 1D, 1G),
Kisten (4A, 4B, 4N, 4C1, 4C2, 4D, 4F, 4G, 4H1, 4H2),
Kanister (3A1, 3A2, 3B1, 3B2, 3H1, 3H2).

Innenverpackungen:
Die Zündhölzer müssen in sicher verschlossenen Innenverpackungen dicht gepackt sein, um eine unbeabsichtigte Zündung unter normalen Beförderungsbedingungen zu verhindern.

Die höchste Bruttomasse des Versandstücks darf 45 kg nicht überschreiten, ausgenommen Kisten aus Pappe, deren höchste Bruttomasse 30 kg nicht überschreiten darf.

Die Verpackungen müssen den Prüfanforderungen für die Verpackungsgruppe III entsprechen.

Sondervorschrift für die Verpackung

PP 27	UN 1331 Zündhölzer, überall zündbar, dürfen nicht mit anderen gefährlichen Gütern zusammen in dieselbe Außenverpackung verpackt werden, ausgenommen Sicherheitszündhölzer oder Wachszündhölzer, die in getrennten Innenverpackungen verpackt sein müssen. Innenverpackungen dürfen höchstens 700 Zündhölzer, überall zündbar, enthalten.

P 408

VERPACKUNGSANWEISUNG

Diese Anweisung gilt für die UN-Nummer 3292.

Folgende Verpackungen sind zugelassen, wenn die allgemeinen Vorschriften der Abschnitte 4.1.1 und 4.1.3 erfüllt sind:

(1) Für Zellen:

Fässer (1A2, 1B2, 1N2, 1H2, 1D, 1G),
Kisten (4A, 4B, 4N, 4C1, 4C2, 4D, 4F, 4G, 4H1, 4H2),
Kanister (3A2, 3B2, 3H2).

Es muss ausreichend Polstermaterial vorhanden sein, um eine Berührung der Zellen untereinander und der Zellen mit der Innenfläche der Außenverpackung sowie gefährliche Bewegungen der Zellen in der Außenverpackung während der Beförderung zu verhindern.

Die Verpackungen müssen den Prüfanforderungen für die Verpackungsgruppe II entsprechen.

(2) Batterien dürfen unverpackt oder in Schutzumschließungen (z.B. vollständig umschlossen oder Lattenverschläge aus Holz) befördert werden. Die Pole dürfen nicht mit dem Gewicht anderer Batterien oder des mit den Batterien zusammengepackten Materials belastet werden.

Die Verpackungen müssen den Vorschriften des Unterabschnitts 4.1.1.3 nicht entsprechen.

Zusätzliche Vorschrift

Die Zellen und Batterien müssen gegen Kurzschluss geschützt und auf solche Art und Weise isoliert sein, dass Kurzschlüsse verhindert werden.

P 409

VERPACKUNGSANWEISUNG

Diese Anweisung gilt für die UN-Nummern 2956, 3242 und 3251.

Folgende Verpackungen sind zugelassen, wenn die allgemeinen Vorschriften der Abschnitte 4.1.1 und 4.1.3 erfüllt sind:

(1) Fass aus Pappe (1G), das mit einer Auskleidung oder Beschichtung versehen sein darf; höchste Nettomasse: 50 kg.

(2) Zusammengesetzte Verpackungen: einzelner Innensack aus Kunststoff in einer Kiste aus Pappe (4G); höchste Nettomasse: 50 kg.

(3) Zusammengesetzte Verpackungen: Innenverpackungen aus Kunststoff mit einer Nettomasse von jeweils höchstens 5 kg in einer Kiste aus Pappe (4G) oder einem Fass aus Pappe (1G); höchste Nettomasse: 25 kg.

P 410

VERPACKUNGSANWEISUNG

Folgende Verpackungen sind zugelassen, wenn die allgemeinen Vorschriften der Abschnitte 4.1.1 und 4.1.3 erfüllt sind:

zusammengesetzte Verpackungen			höchste Nettomasse	
Innenverpackungen		**Außenverpackungen**	**Verpackungsgruppe II**	**Verpackungsgruppe III**
Glas	10 kg	**Fässer**		
Kunststoff [a)]	30 kg	aus Stahl (1A1, 1A2)	400 kg	400 kg
Metall	40 kg	aus Aluminium (1B1, 1B2)	400 kg	400 kg
Papier [a),b)]	10 kg	aus einem anderen Metall (1N1, 1N2)	400 kg	400 kg
Pappe [a),b)]	10 kg	aus Kunststoff (1H1, 1H2)	400 kg	400 kg
		aus Sperrholz (1D)	400 kg	400 kg
a) Diese Verpackungen müssen staubdicht sein.		aus Pappe (1G) [a)]	400 kg	400 kg
b) Diese Innenverpackungen dürfen nicht verwendet werden, wenn sich die beförderten Stoffe während der Beförderung verflüssigen können.		**Kisten**		
		aus Stahl (4A)	400 kg	400 kg
		aus Aluminium (4B)	400 kg	400 kg
		aus einem anderen Metall (4N)	400 kg	400 kg
		aus Naturholz (4C1)	400 kg	400 kg
		aus Naturholz, mit staubdichten Wänden (4C2)	400 kg	400 kg
		aus Sperrholz (4D)	400 kg	400 kg
		aus Holzfaserwerkstoff (4F)	400 kg	400 kg
		aus Pappe (4G) [a)]	400 kg	400 kg
		aus Schaumstoff (4H1)	60 kg	60 kg
		aus starrem Kunststoff (4H2)	400 kg	400 kg

10

	Kanister		
	aus Stahl (3A1, 3A2)	120 kg	120 kg
	aus Aluminium (3B1, 3B2)	120 kg	120 kg
	aus Kunststoff (3H1, 3H2)	120 kg	120 kg
Einzelverpackungen			
Fässer			
aus Stahl (1A1 oder 1A2)		400 kg	400 kg
aus Aluminium (1B1 oder 1B2)		400 kg	400 kg
aus einem anderen Metall als Stahl oder Aluminium (1N1 oder 1N2)		400 kg	400 kg
aus Kunststoff (1H1 oder 1H2)		400 kg	400 kg
Kanister			
aus Stahl (3A1 oder 3A2)		120 kg	120 kg
aus Aluminium (3B1 oder 3B2)		120 kg	120 kg
aus Kunststoff (3H1 oder 3H2)		120 kg	120 kg
Kisten			
aus Stahl (4A) [c)]		400 kg	400 kg
aus Aluminium (4B) [c)]		400 kg	400 kg
aus einem anderen Metall (4N) [c)]		400 kg	400 kg
aus Naturholz (4C1) [c)]		400 kg	400 kg
aus Sperrholz (4D) [c)]		400 kg	400 kg
aus Holzfaserwerkstoff (4F) [c)]		400 kg	400 kg
aus Naturholz, mit staubdichten Wänden (4C2) [c)]		400 kg	400 kg
aus Pappe (4G) [c)]		400 kg	400 kg
aus starrem Kunststoff (4H2) [c)]		400 kg	400 kg
Säcke			
Säcke (5H3, 5H4, 5L3, 5M2) [c),d)]		50 kg	50 kg
c) Diese Verpackungen dürfen nicht verwendet werden, wenn sich die beförderten Stoffe während der Beförderung verflüssigen können.			
d) Diese Verpackungen dürfen nur für Stoffe der Verpackungsgruppe II verwendet werden, wenn ihre Beförderung in einem gedeckten Fahrzeug oder einem geschlossenen Container erfolgt.			
Kombinationsverpackungen			
Kunststoffgefäß in einem Fass aus Stahl, Aluminium, Sperrholz, Pappe oder Kunststoff (6HA1, 6HB1, 6HG1, 6HD1 oder 6HH1)		400 kg	400 kg
Kunststoffgefäß in einem Verschlag oder einer Kiste aus Stahl oder Aluminium, in einer Kiste aus Naturholz, Sperrholz, Pappe oder starrem Kunststoff (6HA2, 6HB2, 6HC, 6HD2, 6HG2 oder 6HH2)		75 kg	75 kg
Glasgefäß in einem Fass aus Stahl, Aluminium, Sperrholz oder Pappe (6PA1, 6PB1, 6PD1 oder 6PG1) oder in einem Verschlag oder einer Kiste aus Stahl oder Aluminium, in einer Kiste aus Naturholz oder Pappe oder in einem Weidenkorb (6PA2, 6PB2, 6PC, 6PG2 oder 6PD2) oder in einer Verpackung aus Schaumstoff oder starrem Kunststoff (6PH1 oder 6PH2)		75 kg	75 kg
Druckgefäße, vorausgesetzt, die allgemeinen Vorschriften des Unterabschnitts 4.1.3.6 werden erfüllt.			

Sondervorschriften für die Verpackung	
PP 39	Für die UN-Nummer 1378 ist bei der Verwendung von Verpackungen aus Metall eine Lüftungseinrichtung erforderlich.
PP 40	Für die UN-Nummern 1326, 1352, 1358, 1395, 1396, 1436, 1437, 1871, 2805 und 3182 Verpackungsgruppe II sind Säcke nicht zugelassen.
PP 83	(gestrichen)

P 411

VERPACKUNGSANWEISUNG
Diese Anweisung gilt für die UN-Nummer 3270.
Folgende Verpackungen sind zugelassen, wenn die allgemeinen Vorschriften der Abschnitte 4.1.1 und 4.1.3 erfüllt sind: Fässer (1A2, 1B2, 1N2, 1H2, 1D, 1G), Kisten (4A, 4B, 4N, 4C1, 4C2, 4D, 4F, 4G, 4H1, 4H2), Kanister (3A2, 3B2, 3H2), vorausgesetzt, eine Explosion infolge des Anstiegs des Innendrucks ist nicht möglich. Die höchste Nettomasse darf 30 kg nicht übersteigen.

P 412

VERPACKUNGSANWEISUNG
Diese Anweisung gilt für die UN-Nummer 3527.
Folgende zusammengesetzte Verpackungen sind zugelassen, wenn die allgemeinen Vorschriften der Abschnitte 4.1.1 und 4.1.3 erfüllt sind: (1) Außenverpackungen: Fässer (1A1, 1A2, 1B1, 1B2, 1N1, 1N2, 1H1, 1H2, 1D, 1G), Kisten (4A, 4B, 4N, 4C1, 4C2, 4D, 4F, 4G, 4H1, 4H2), Kanister (3A1, 3A2, 3B1, 3B2, 3H1, 3H2). (2) Innenverpackungen: a) Das Aktivierungsmittel (organisches Peroxid) muss auf eine Menge von 125 ml für flüssige Stoffe und 500 g für feste Stoffe je Innenverpackung beschränkt sein. b) Das Grundprodukt und das Aktivierungsmittel müssen in getrennten Innenverpackungen verpackt sein. Die Komponenten dürfen in dieselbe Außenverpackung eingesetzt sein, vorausgesetzt, sie reagieren im Falle des Freiwerdens nicht gefährlich miteinander. Die Verpackungen müssen den Prüfanforderungen für die Verpackungsgruppe II oder III in Übereinstimmung mit den auf das Grundprodukt angewendeten Kriterien der Klasse 4.1 entsprechen.

P 500

VERPACKUNGSANWEISUNG
Diese Anweisung gilt für die UN-Nummer 3356.
Folgende Verpackungen sind zugelassen, wenn die allgemeinen Vorschriften der Abschnitte 4.1.1 und 4.1.3 erfüllt sind: Fässer (1A2, 1B2, 1N2, 1H2, 1D, 1G), Kisten (4A, 4B, 4N, 4C1, 4C2, 4D, 4F, 4G, 4H1, 4H2), Kanister (3A2, 3B2, 3H2). Die Verpackungen müssen den Prüfanforderungen für die Verpackungsgruppe II entsprechen. Der (die) Generator(en) muss (müssen) in einem Versandstück befördert werden, das für den Fall, dass im Versandstück ein Generator ausgelöst wird, folgende Anforderungen erfüllt: a) andere Generatoren im Versandstück werden nicht ausgelöst; b) der Verpackungswerkstoff entzündet sich nicht und c) die Temperatur an der äußeren Oberfläche des Versandstücks übersteigt nicht 100 °C.

P 501

VERPACKUNGSANWEISUNG		
Diese Anweisung gilt für die UN-Nummer 2015.		
Folgende Verpackungen sind zugelassen, wenn die allgemeinen Vorschriften der Abschnitte 4.1.1 und 4.1.3 erfüllt sind:		
zusammengesetzte Verpackungen	**Innenverpackung höchster Fassungsraum**	**Außenverpackung höchste Nettomasse**
(1) Kisten (4A, 4B, 4N, 4C1, 4C2, 4D, 4H2) oder Fässer (1A1, 1A2, 1B1, 1B2, 1N1, 1N2, 1H1, 1H2, 1D) oder Kanister (3A1, 3A2, 3B1, 3B2, 3H1, 3H2) mit Innenverpackungen aus Glas, Kunststoff oder Metall	5 l	125 kg
(2) Kiste aus Pappe (4G) oder Fass aus Pappe (1G) mit Innenverpackungen aus Kunststoff oder Metall, jede in einem Sack aus Kunststoff	2 l	50 kg
Einzelverpackungen		**höchster Fassungsraum**
Fässer		
aus Stahl (1A1)		250 l
aus Aluminium (1B1)		250 l
aus einem anderen Metall als Stahl oder Aluminium (1N1)		250 l
aus Kunststoff (1H1)		250 l
Kanister		
aus Stahl (3A1)		60 l
aus Aluminium (3B1)		60 l
aus Kunststoff (3H1)		60 l
Kombinationsverpackungen		
Kunststoffgefäß in einem Fass aus Stahl oder Aluminium (6HA1, 6HB1)		250 l
Kunststoffgefäß in einem Fass aus Pappe, Kunststoff oder Sperrholz (6HG1, 6HH1, 6HD1)		250 l
Kunststoffgefäß in einem Verschlag oder einer Kiste aus Stahl oder Aluminium oder in einer Kiste aus Naturholz, Sperrholz, Pappe oder starrem Kunststoff (6HA2, 6HB2, 6HC, 6HD2, 6HG2 oder 6HH2)		60 l
Glasgefäß in einem Fass aus Stahl, Aluminium, Pappe oder Sperrholz (6PA1, 6PB1, 6PG1 oder 6PD1) oder in einer Kiste aus Stahl, Aluminium, Naturholz oder Pappe oder in einem Weidenkorb (6PA2, 6PB2, 6PC, 6PG2 oder 6PD2) oder in einer Außenverpackung aus Schaumstoff oder starrem Kunststoff (6PH1 oder 6PH2)		60 l

Zusätzliche Vorschriften

1. Der höchste Füllungsgrad der Verpackungen beträgt 90 %.
2. Die Verpackungen müssen mit einer Lüftungseinrichtung versehen sein.

P 502

VERPACKUNGSANWEISUNG			
Folgende Verpackungen sind zugelassen, wenn die allgemeinen Vorschriften der Abschnitte 4.1.1 und 4.1.3 erfüllt sind:			
zusammengesetzte Verpackungen			**höchste Nettomasse**
Innenverpackungen		**Außenverpackungen**	
aus Glas	5 l	**Fässer**	
aus Metall	5 l	aus Stahl (1A1, 1A2)	125 kg
aus Kunststoff	5 l	aus Aluminium (1B1, 1B2)	125 kg
		aus einem anderen Metall (1N1, 1N2)	125 kg
		aus Sperrholz (1D)	125 kg
		aus Pappe (1G)	125 kg
		aus Kunststoff (1H2)	125 kg
		Kisten	
		aus Stahl (4A)	125 kg
		aus Aluminium (4B)	125 kg
		aus einem anderen Metall (4N)	125 kg
		aus Naturholz (4C1)	125 kg
		aus Naturholz, mit staubdichten Wänden (4C2)	125 kg
		aus Sperrholz (4D)	125 kg
		aus Holzfaserwerkstoff (4F)	125 kg
		aus Pappe (4G)	125 kg
		aus Schaumstoff (4H1)	60 kg
		aus starrem Kunststoff (4H2)	125 kg

Einzelverpackungen	höchster Fassungsraum
Fässer	
aus Stahl (1A1)	250 l
aus Aluminium (1B1)	250 l
aus Kunststoff (1H1)	250 l
Kanister	
aus Stahl (3A1)	60 l
aus Aluminium (3B1)	60 l
aus Kunststoff (3H1)	60 l
Kombinationsverpackungen	
Kunststoffgefäß in einem Fass aus Stahl oder Aluminium (6HA1 oder 6HB1)	250 l
Kunststoffgefäß in einem Fass aus Pappe, Kunststoff oder Sperrholz (6HG1, 6HH1 oder 6HD1)	250 l
Kunststoffgefäß in einem Verschlag oder einer Kiste aus Stahl oder Aluminium oder Kunststoffgefäß in einer Kiste aus Naturholz, Sperrholz, Pappe oder starrem Kunststoff (6HA2, 6HB2, 6HC, 6HD2, 6HG2 oder 6HH2)	60 l
Glasgefäß in einem Fass aus Stahl, Aluminium, Pappe oder Sperrholz (6PA1, 6PB1, 6PG1 oder 6PD1) oder in einer Kiste aus Stahl, Aluminium, Naturholz oder Pappe oder in einem Weidenkorb (6PA2, 6PB2, 6PC, 6PG2 oder 6PD2) oder in einer Außenverpackung aus Schaumstoff oder starrem Kunststoff (6PH1 oder 6PH2)	60 l

Sondervorschrift für die Verpackung	
PP 28	Für die UN-Nummer 1873 müssen Verpackungsteile, die in direktem Kontakt mit der Perchlorsäure stehen, aus Glas oder Kunststoff hergestellt sein.

P 503

VERPACKUNGSANWEISUNG

Folgende Verpackungen sind zugelassen, wenn die allgemeinen Vorschriften der Abschnitte 4.1.1 und 4.1.3 erfüllt sind:

zusammengesetzte Verpackungen			höchste Nettomasse
Innenverpackungen		Außenverpackungen	
aus Glas	5 kg	**Fässer**	
aus Metall	5 kg	aus Stahl (1A1, 1A2)	125 kg
aus Kunststoff	5 kg	aus Aluminium (1B1, 1B2)	125 kg
		aus einem anderen Metall (1N1, 1N2)	125 kg
		aus Sperrholz (1D)	125 kg
		aus Pappe (1G)	125 kg
		aus Kunststoff (1H1, 1H2)	125 kg
		Kisten	
		aus Stahl (4A)	125 kg
		aus Aluminium (4B)	125 kg
		aus einem anderen Metall (4N)	125 kg
		aus Naturholz (4C1)	125 kg
		aus Naturholz, mit staubdichten Wänden (4C2)	125 kg
		aus Sperrholz (4D)	125 kg
		aus Holzfaserwerkstoff (4F)	125 kg
		aus Pappe (4G)	40 kg
		aus Schaumstoff (4H1)	60 kg
		aus starrem Kunststoff (4H2)	125 kg

Einzelverpackungen

Fässer aus Metall (1A1, 1A2, 1B1, 1B2, 1N1 oder 1N2) mit einer höchsten Nettomasse von 250 kg.

Fässer aus Pappe (1G) oder Sperrholz (1D) mit Innenauskleidung und einer höchsten Nettomasse von 200 kg.

10

P 504

VERPACKUNGSANWEISUNG	
Folgende Verpackungen sind zugelassen, wenn die allgemeinen Vorschriften der Abschnitte 4.1.1 und 4.1.3 erfüllt sind:	
zusammengesetzte Verpackungen	**höchste Nettomasse**
(1) Gefäße aus Glas mit einem höchsten Fassungsraum von 5 Litern in einer Außenverpackung 1A1, 1A2, 1B1, 1B2, 1N1, 1N2, 1H1, 1H2, 1D, 1G, 4A, 4B, 4N, 4C1, 4C2, 4D, 4F, 4G oder 4H.	75 kg
(2) Gefäße aus Kunststoff mit einem höchsten Fassungsraum von 30 Litern in einer Außenverpackung 1A1, 1A2, 1B1, 1B2, 1N1, 1N2, 1H1, 1H2, 1D, 1G, 4A, 4B, 4N, 4C1, 4C2, 4D, 4F, 4G oder 4H.	75 kg
(3) Gefäße aus Metall mit einem höchsten Fassungsraum von 40 Litern in einer Außenverpackung 1G, 4F oder 4G.	125 kg
(4) Gefäße aus Metall mit einem höchsten Fassungsraum von 40 Litern in einer Außenverpackung 1A1, 1A2, 1B1, 1B2, 1N1, 1N2, 1H1, 1H2, 1D, 4A, 4B, 4N, 4C1, 4C2, 4D oder 4H2.	225 kg
Einzelverpackungen	**höchster Fassungsraum**
Fässer	
aus Stahl, mit nicht abnehmbarem Deckel (1A1)	250 l
aus Stahl, mit abnehmbarem Deckel (1A2)	250 l
aus Aluminium, mit nicht abnehmbarem Deckel (1B1)	250 l
aus Aluminium, mit abnehmbarem Deckel (1B2)	250 l
aus einem anderen Metall als Stahl oder Aluminium, mit nicht abnehmbarem Deckel (1N1)	250 l
aus einem anderen Metall als Stahl oder Aluminium, mit abnehmbarem Deckel (1N2)	250 l
aus Kunststoff, mit nicht abnehmbarem Deckel (1H1)	250 l
aus Kunststoff, mit abnehmbarem Deckel (1H2)	250 l
Kanister	
aus Stahl, mit nicht abnehmbarem Deckel (3A1)	60 l
aus Stahl, mit abnehmbarem Deckel (3A2)	60 l
aus Aluminium, mit nicht abnehmbarem Deckel (3B1)	60 l
aus Aluminium, mit abnehmbarem Deckel (3B2)	60 l
aus Kunststoff, mit nicht abnehmbarem Deckel (3H1)	60 l
aus Kunststoff, mit abnehmbarem Deckel (3H2)	60 l
Kombinationsverpackungen	
Kunststoffgefäß in einem Fass aus Stahl oder Aluminium (6HA1 oder 6HB1)	250 l
Kunststoffgefäß in einem Fass aus Pappe, Kunststoff oder Sperrholz (6HG1, 6HH1 oder 6HD1)	120 l
Kunststoffgefäß in einem Verschlag oder einer Kiste aus Stahl oder Aluminium oder in einer Kiste aus Naturholz, Sperrholz, Pappe oder starrem Kunststoff (6HA2, 6HB2, 6HC, 6HD2, 6HG2 oder 6HH2)	60 l
Glasgefäß in einem Fass aus Stahl, Aluminium, Pappe oder Sperrholz (6PA1, 6PB1, 6PG1 oder 6PD1) oder in einer Kiste aus Stahl, Aluminium, Naturholz oder Pappe oder in einem Weidenkorb (6PA2, 6PB2, 6PC, 6PG2 oder 6PD2) oder in einer Außenverpackung aus Schaumstoff oder starrem Kunststoff (6PH1 oder 6PH2)	60 l
Sondervorschrift für die Verpackung	
PP 10 Für die UN-Nummern 2014, 2984 und 3149 müssen die Verpackungen mit einer Lüftungseinrichtung versehen sein.	

P 505

VERPACKUNGSANWEISUNG		
Diese Anweisung gilt für die UN-Nummer 3375.		
Folgende Verpackungen sind zugelassen, wenn die allgemeinen Vorschriften der Abschnitte 4.1.1 und 4.1.3 erfüllt sind:		
zusammengesetzte Verpackungen	**Innenverpackung höchster Fassungsraum**	**Außenverpackung höchste Nettomasse**
Kisten (4B, 4C1, 4C2, 4D, 4G, 4H2) oder Fässer (1B2, 1G, 1N2, 1H2, 1D) oder Kanister (3B2, 3H2) mit Innenverpackungen aus Glas, Kunststoff oder Metall	5 l	125 kg
Einzelverpackungen		**höchster Fassungsraum**
Fässer		
aus Aluminium (1B1, 1B2)		250 l
aus Kunststoff (1H1, 1H2)		250 l
Kanister		
aus Aluminium (3B1, 3B2)		60 l
aus Kunststoff (3H1, 3H2)		60 l
Kombinationsverpackungen		
Kunststoffgefäß in einem Fass aus Aluminium (6HB1)		250 l
Kunststoffgefäß in einem Fass aus Pappe, Kunststoff oder Sperrholz (6HG1, 6HH1, 6HD1)		250 l
Kunststoffgefäß in einem Verschlag oder einer Kiste aus Aluminium oder in einer Kiste aus Naturholz, Sperrholz, Pappe oder starrem Kunststoff (6HB2, 6HC, 6HD2, 6HG2 oder 6HH2)		60 l
Glasgefäß in einem Fass aus Aluminium, Pappe, Sperrholz (6PB1, 6PG1, 6PD1) oder in einem Gefäß aus Schaumstoff oder starrem Kunststoff (6PH1 oder 6PH2) oder in einem Verschlag oder einer Kiste aus Aluminium, in einer Kiste aus Naturholz oder Pappe oder in einem Weidenkorb (6PB2, 6PC, 6PG2 oder 6PD2)		60 l

P 520

VERPACKUNGSANWEISUNG

Diese Anweisung gilt für organische Peroxide der Klasse 5.2 und selbstzersetzliche Stoffe der Klasse 4.1.

Folgende Verpackungen sind zugelassen, wenn die allgemeinen Vorschriften der Abschnitte 4.1.1 und 4.1.3 und die besonderen Vorschriften des Unterabschnitts 4.1.7.1 erfüllt sind:

Die Verpackungsmethoden sind mit OP1 bis OP8 bezeichnet. Die für die einzelnen, derzeit zugeordneten organischen Peroxide und selbstzersetzlichen Stoffe zutreffenden Verpackungsmethoden sind in den Unterabschnitten 2.2.41.4 und 2.2.52.4 aufgeführt. Die für jede Verpackungsmethode angegebenen Mengen sind die höchstzulässigen Mengen je Versandstück.

Die folgenden Verpackungen sind zugelassen:

(1) Zusammengesetzte Verpackungen mit Kisten (4A, 4B, 4N, 4C1, 4C2, 4D, 4F, 4G, 4H1 und 4H2), Fässern (1A1, 1A2, 1B1, 1B2, 1G, 1H1, 1H2 und 1D) oder Kanistern (3A1, 3A2, 3B1, 3B2, 3H1 und 3H2) als Außenverpackungen;

(2) Fässer (1A1, 1A2, 1B1, 1B2, 1G, 1H1, 1H2, 1D) oder Kanister (3A1, 3A2, 3B1, 3B2, 3H1 und 3H2) als Einzelverpackungen;

(3) Kombinationsverpackungen mit Innengefäßen aus Kunststoff (6HA1, 6HA2, 6HB1, 6HB2, 6HC, 6HD1, 6HD2, 6HG1, 6HG2, 6HH1 und 6HH2).

höchstzulässige Menge je Verpackung / Versandstück [a)] für die Verpackungsmethoden OP1 bis OP8

höchstzulässige Menge	**Verpackungsmethode**							
	OP1	**OP2 [a)]**	**OP3**	**OP4 [a)]**	**OP5**	**OP6**	**OP7**	**OP8**
höchstzulässige Masse (kg) für feste Stoffe und für zusammengesetzte Verpackungen (flüssige und feste Stoffe)	0,5	0,5 / 10	5	5 / 25	25	50	50	400 [b)]
höchstzulässiger Inhalt in Litern für flüssige Stoffe [c)]	0,5	–	5	–	30	60	60	225 [d)]

a) Wenn zwei Werte angegeben sind, gilt der erste für die höchstzulässige Nettomasse je Innenverpackung und der zweite für die höchstzulässige Nettomasse des vollständigen Versandstücks.

b) 60 kg für Kanister / 200 kg für Kisten und für feste Stoffe 400 kg in zusammengesetzten Verpackungen mit Kisten als Außenverpackungen (4C1, 4C2, 4D, 4F, 4G, 4H1 und 4H2) und mit Innenverpackungen aus Kunststoff oder Pappe mit einer höchsten Nettomasse von 25 kg.

c) Viskose Stoffe werden wie feste Stoffe behandelt, wenn die in der Begriffsbestimmung für «flüssige Stoffe» in Abschnitt 1.2.1 vorgeschriebenen Kriterien nicht erfüllt werden.

d) 60 Liter für Kanister.

10

Zusätzliche Vorschriften	
1.	Verpackungen aus Metall einschließlich Innenverpackungen von zusammengesetzten Verpackungen und Außenverpackungen von zusammengesetzten Verpackungen oder Kombinationsverpackungen dürfen nur für die Verpackungsmethoden OP7 und OP8 verwendet werden.
2.	In zusammengesetzten Verpackungen dürfen Gefäße aus Glas nur als Innenverpackungen verwendet werden, wobei die höchstzulässige Menge je Gefäß 0,5 kg für feste Stoffe und 0,5 Liter für flüssige Stoffe beträgt.
3.	In zusammengesetzten Verpackungen darf das Polstermaterial nicht leicht entzündbar sein.
4.	Die Verpackung für ein organisches Peroxid oder einen selbstzersetzlichen Stoff, für die ein Nebengefahrzettel «EXPLOSIV» (Muster 1, siehe Absatz 5.2.2.2.2) erforderlich ist, muss auch den Vorschriften der Unterabschnitte 4.1.5.10 und 4.1.5.11 entsprechen.
Sondervorschriften für die Verpackung	
PP 21	Für bestimmte selbstzersetzliche Stoffe des Typs B oder C (UN-Nummern 3221, 3222, 3223, 3224, 3231, 3232, 3233 und 3234) muss eine kleinere Verpackung als in der Verpackungsmethode OP5 oder OP6 zugelassen verwendet werden (siehe Abschnitt 4.1.7 und Unterabschnitt 2.2.41.4).
PP 22	UN 3241 2-Brom-2-nitropropan-1,3-diol muss in Übereinstimmung mit der Verpackungsmethode OP6 verpackt werden.
PP 94	Sehr geringe Mengen der energetischen Proben des Unterabschnitts 2.1.4.3 dürfen unter der UN-Nummer 3223 bzw. 3224 befördert werden, vorausgesetzt: 1. es werden nur zusammengesetzte Verpackungen mit Kisten (4A, 4B, 4N, 4C1, 4C2, 4D, 4F, 4G, 4H1 und 4H2) als Außenverpackungen verwendet; 2. die Proben werden in Mikrotiterplatten oder Multititerplatten aus Kunststoff, Glas, Porzellan oder Steinzeug als Innenverpackungen befördert; 3. die Höchstmenge je einzelnem inneren Hohlraum ist für feste Stoffe nicht größer als 0,01 g und für flüssige Stoffe nicht größer als 0,01 ml; 4. die höchste Nettomenge je Außenverpackung beträgt für feste Stoffe 20 g und für flüssige Stoffe 20 ml oder die Summe von Gramm und Millilitern ist im Falle einer Zusammenpackung nicht größer als 20 und 5. die Vorschriften des Abschnitts 5.5.3 werden bei der optionalen Verwendung von Trockeneis oder flüssigem Stickstoff als Kühlmittel für Qualitätssicherungsmaßnahmen erfüllt. Es müssen innenliegende Stützmittel vorhanden sein, um die Innenverpackungen in ihrer ursprünglichen Lage zu sichern. Die Innen- und Außenverpackungen müssen bei der Temperatur des verwendeten Kühlmittels sowie bei den Temperaturen und Drücken, die bei einem Ausfall der Kühlung auftreten können, unversehrt bleiben.
PP 95	Geringe Mengen der energetischen Proben des Unterabschnitts 2.1.4.3 dürfen unter der UN-Nummer 3223 bzw. 3224 befördert werden, vorausgesetzt: 1. die Außenverpackung besteht ausschließlich aus einer Verpackung aus Wellpappe des Typs 4G von mindestens 60 cm Länge, 40,5 cm Breite und 30 cm Höhe und einer Mindestwanddicke von 1,3 cm; 2. der einzelne Stoff ist in einer Innenverpackung aus Glas oder Kunststoff mit einem höchsten Fassungsraum von 30 ml enthalten, die in ein Fixierungsmittel aus expandierbarem Polyethylen-Schaumstoff mit einer Dicke von mindestens 130 mm und einer Dichte von 18 ± 1 g/l eingesetzt ist; 3. die Innenverpackungen sind innerhalb des Schaumstoffträgers durch einen Mindestabstand von 40 mm voneinander und von der Wand der Außenverpackung durch einen Mindestabstand von 70 mm getrennt. Das Versandstück darf bis zu zwei Lagen dieser Fixierungsmittel aus Schaumstoff mit jeweils bis zu 28 Innenverpackungen enthalten; 4. der höchste Inhalt jeder Innenverpackung beträgt nicht mehr als 1 g für feste Stoffe oder 1 ml für flüssige Stoffe; 5. die höchste Nettomenge je Außenverpackung beträgt für feste Stoffe 56 g oder für flüssige Stoffe 56 ml oder die Summe von Gramm und Millilitern ist im Falle einer Zusammenpackung nicht größer als 56 und 6. die Vorschriften des Abschnitts 5.5.3 werden bei der optionalen Verwendung von Trockeneis oder flüssigem Stickstoff als Kühlmittel für Qualitätssicherungsmaßnahmen erfüllt. Es müssen innenliegende Stützmittel vorhanden sein, um die Innenverpackungen in ihrer ursprünglichen Lage zu sichern. Die Innen- und Außenverpackungen müssen bei der Temperatur des verwendeten Kühlmittels sowie bei den Temperaturen und Drücken, die bei einem Ausfall der Kühlung auftreten können, unversehrt bleiben.

P 600

VERPACKUNGSANWEISUNG

Diese Anweisung gilt für die UN-Nummern 1700, 2016 und 2017.

Folgende Verpackungen sind zugelassen, wenn die allgemeinen Vorschriften der Abschnitte 4.1.1 und 4.1.3 erfüllt sind:

Außenverpackungen (1A1, 1A2, 1B1, 1B2, 1N1, 1N2, 1H1, 1H2, 1D, 1G, 4A, 4B, 4N, 4C1, 4C2, 4D, 4F, 4G, 4H2), welche die Prüfanforderungen für die Verpackungsgruppe II erfüllen. Die Gegenstände müssen einzeln verpackt und durch Unterteilungen, Trennwände, Innenverpackungen oder Polstermaterial voneinander getrennt sein, um unter normalen Beförderungsbedingungen eine unbeabsichtigte Auslösung zu verhindern.

Höchste Nettomasse: 75 kg

P 601

VERPACKUNGSANWEISUNG

Folgende Verpackungen sind zugelassen, wenn die allgemeinen Vorschriften der Abschnitte 4.1.1 und 4.1.3 erfüllt sind und die Verpackungen luftdicht verschlossen sind:

(1) Zusammengesetzte Verpackungen mit einer höchsten Bruttomasse von 15 kg, bestehend aus:

– einer oder mehreren Innenverpackung(en) aus Glas mit einer höchsten Menge von einem Liter je Innenverpackung, die höchstens bis zu 90 % ihres Fassungsraumes gefüllt ist (sind); der Verschluss (die Verschlüsse) jeder Innenverpackung muss (müssen) durch eine Vorrichtung physisch fixiert sein, die in der Lage ist, ein Abschlagen oder ein Lösen durch Schlag oder Vibration während der Beförderung zu verhindern; die Innenverpackung(en) muss (müssen) einzeln eingesetzt sein in

– Metallgefäßen zusammen mit Polstermaterial und saugfähigem Material in einer für die Aufnahme des gesamten Inhalts der Innenverpackung(en) aus Glas ausreichenden Menge, die wiederum verpackt sind in

– Außenverpackungen 1A1, 1A2, 1B1, 1B2, 1N1, 1N2, 1H1, 1H2, 1D, 1G, 4A, 4B, 4N, 4C1, 4C2, 4D, 4F, 4G oder 4H2.

(2) Zusammengesetzte Verpackungen mit Innenverpackungen aus Metall oder Kunststoff, deren Fassungsraum 5 Liter nicht übersteigt und die einzeln mit einem saugfähigem Material in einer für die Aufnahme des gesamten Inhalts ausreichenden Menge und inertem Polstermaterial in Außenverpackungen 1A1, 1A2, 1B1, 1B2, 1N1, 1N2, 1H1, 1H2, 1D, 1G, 4A, 4B, 4N, 4C1, 4C2, 4D, 4F, 4G oder 4H2 mit einer höchsten Bruttomasse von 75 kg verpackt sind. Die Innenverpackungen dürfen höchstens zu 90 % ihres Fassungsraums gefüllt sein. Der Verschluss jeder Innenverpackung muss durch eine Vorrichtung physisch fixiert sein, die in der Lage ist, ein Abschlagen oder ein Lösen des Verschlusses durch Schlag oder Vibration während der Beförderung zu verhindern.

(3) Verpackungen, bestehend aus:

Außenverpackungen:

Fässer aus Stahl oder Kunststoff (1A1, 1A2, 1H1 oder 1H2), die nach den Prüfvorschriften des Abschnitts 6.1.5 mit einer Masse, die der Masse des zusammengestellten Versandstücks entspricht, entweder als Verpackung für die Aufnahme von Innenverpackungen oder als Einzelverpackung für feste oder flüssige Stoffe geprüft und entsprechend gekennzeichnet wurden;

Innenverpackungen:

Fässer und Kombinationsverpackungen (1A1, 1B1, 1N1, 1H1 oder 6HA1), die den Vorschriften des Kapitels 6.1 für Einzelverpackungen entsprechen und folgende Bedingungen erfüllen:

a) die Innendruckprüfung (hydraulisch) muss bei einem Druck von mindestens 0,3 MPa (3 bar) (Überdruck) durchgeführt werden;

b) die Dichtheitsprüfungen im Rahmen der Auslegung und der Herstellung müssen bei einem Prüfdruck von 30 kPa (0,3 bar) durchgeführt werden;

c) sie müssen vom äußeren Fass durch die Verwendung eines inerten stoßdämpfenden Polstermaterials, das die Innenverpackung von allen Seiten umgibt, isoliert sein;

d) ihr Fassungsraum darf 125 Liter nicht übersteigen;

e) die Verschlüsse müssen Schraubkappen sein, die
   (i) durch eine Vorrichtung physisch fixiert sind, die in der Lage ist, ein Abschlagen oder ein Lösen des Verschlusses durch Schlag oder Vibration während der Beförderung zu verhindern; und
   (ii) mit einer Deckeldichtung ausgerüstet sind;

f) die Außen- und Innenverpackungen müssen mindestens alle zweieinhalb Jahre einer wiederkehrenden Dichtheitsprüfung gemäß Absatz b) unterzogen werden;

g) die vollständige Verpackung muss zur Zufriedenheit der zuständigen Behörde mindestens alle 3 Jahre einer Sichtprüfung unterzogen werden;

h) auf der Außen- und Innenverpackung muss gut lesbar und dauerhaft angebracht sein:
   (i) das Datum (Monat, Jahr) der erstmaligen und der zuletzt durchgeführten wiederkehrenden Prüfung und Sichtprüfung;
   (ii) der Stempel des Sachverständigen, der die Prüfungen und Sichtprüfungen vorgenommen hat.

(4) Druckgefäße, vorausgesetzt, die allgemeinen Vorschriften des Unterabschnitts 4.1.3.6 werden erfüllt. Diese müssen einer erstmaligen und alle 10 Jahre einer wiederkehrenden Prüfung mit einem Druck von mindestens 1 MPa (10 bar) (Überdruck) unterzogen werden. Die Druckgefäße dürfen nicht mit Druckentlastungseinrichtungen ausgerüstet sein. Jedes Druckgefäß, das einen beim Einatmen giftigen flüssigen Stoff mit einem LC_{50}-Wert von höchstens 200 ml/m^3 (ppm) enthält, muss mit einer Verschlusskappe oder einem Verschlussventil versehen sein, die/das folgenden Anforderungen entsprechen muss:

a) Jede Verschlusskappe oder jedes Verschlussventil muss über ein kegeliges Gewinde direkt mit dem Druckgefäß verbunden und in der Lage sein, dem Prüfdruck des Druckgefäßes ohne Beschädigung oder Undichtheit standzuhalten;

b) jedes Verschlussventil muss ein packungsloser Typ mit einer unperforierten Membran sein mit der Ausnahme, dass bei ätzenden Stoffen ein Verschlussventil ein Packungstyp mit einer Anordnung sein darf, die mit Hilfe einer mit einer Dichtung am Ventilrumpf oder am Druckgefäß befestigten Dichtkappe gasdicht gemacht wurde, um ein Austreten von Stoffen durch die Packung oder an der Packung vorbei zu verhindern;

c) jede Austrittsöffnung von Verschlussventilen muss durch einen Gewindedeckel oder durch eine stabile Gewindekappe und inerten Dichtungswerkstoff abgedichtet werden;

d) die Konstruktionswerkstoffe des Druckgefäßes, der Verschlussventile, der Verschlusskappen, der Auslaufdeckel, des Dichtungskitts und der Dichtungen müssen untereinander und mit dem Füllgut verträglich sein.

Jedes Druckgefäß, dessen Wanddicke an irgendeiner Stelle geringer als 2,0 mm ist, und jedes Druckgefäß, das nicht mit einem Ventilschutz ausgerüstet ist, muss in einer Außenverpackung befördert werden. Druckgefäße dürfen nicht mit einem Sammelrohr ausgestattet oder miteinander verbunden sein.

Sondervorschrift für die Verpackung	
PP 82	(gestrichen)
RID- und ADR-spezifische Sondervorschrift für die Verpackung	
RR 3	(gestrichen)
RR 7	Für die UN-Nummer 1251 müssen die Druckgefäße jedoch alle fünf Jahre geprüft werden.
RR 10	UN 1614 muss, wenn der Stoff durch ein inertes poröses Material völlig aufgesaugt ist, in Metallgefäße mit höchstens 7,5 Liter Fassungsraum verpackt werden, die so in Holzkisten einzusetzen sind, dass sie einander nicht berühren können. Die Gefäße müssen durch das poröse Material vollständig ausgefüllt sein, das auch bei längerem Gebrauch, bei Erschütterungen und selbst bei Temperaturen bis zu 50 °C nicht zusammensinken oder gefährliche Hohlräume bilden darf.

P 602

VERPACKUNGSANWEISUNG

Folgende Verpackungen sind zugelassen, wenn die allgemeinen Vorschriften der Abschnitte 4.1.1 und 4.1.3 erfüllt sind und die Verpackungen luftdicht verschlossen sind:

(1) Zusammengesetzte Verpackungen mit einer höchsten Bruttomasse von 15 kg, bestehend aus:

– einer oder mehreren Innenverpackung(en) aus Glas mit einer höchsten Menge von einem Liter je Innenverpackung, die höchstens bis zu 90 % ihres Fassungsraumes gefüllt ist (sind); der Verschluss (die Verschlüsse) jeder Innenverpackung muss (müssen) durch eine Vorrichtung physisch fixiert sein, die in der Lage ist, ein Abschlagen oder ein Lösen durch Schlag oder Vibration während der Beförderung zu verhindern; die Innenverpackung(en) muss (müssen) einzeln eingesetzt sein in

– Metallgefäßen zusammen mit Polstermaterial und saugfähigem Material in einer für die Aufnahme des gesamten Inhalts der Innenverpackung(en) aus Glas ausreichenden Menge, die wiederum verpackt sind in

– Außenverpackungen 1A1, 1A2, 1B1, 1B2, 1N1, 1N2, 1H1, 1H2, 1D, 1G, 4A, 4B, 4N, 4C1, 4C2, 4D, 4F, 4G oder 4H2.

(2) Zusammengesetzte Verpackungen mit Innenverpackungen aus Metall oder Kunststoff, die einzeln mit einem saugfähigem Material in einer für die Aufnahme des gesamten Inhalts ausreichenden Menge und inertem Polstermaterial in Außenverpackungen 1A1, 1A2, 1B1, 1B2, 1N1, 1N2, 1H1, 1H2, 1D, 1G, 4A, 4B, 4N, 4C1, 4C2, 4D, 4F, 4G oder 4H2 mit einer höchsten Bruttomasse von 75 kg verpackt sind. Die Innenverpackungen dürfen höchstens bis zu 90 % ihres Fassungsraums gefüllt sein. Der Verschluss jeder Innenverpackung muss durch eine Vorrichtung physisch fixiert sein, die in der Lage ist, ein Abschlagen oder ein Lösen des Verschlusses durch Schlag oder Vibration während der Beförderung zu verhindern. Der Fassungsraum der Innenverpackungen darf 5 Liter nicht übersteigen.

(3) Fässer und Kombinationsverpackungen (1A1, 1B1, 1N1, 1H1, 6HA1 oder 6HH1), die folgende Bedingungen erfüllen:

a) die Innendruckprüfung (hydraulisch) muss bei einem Druck von mindestens 0,3 MPa (3 bar) (Überdruck) durchgeführt werden;

b) die Dichtheitsprüfungen im Rahmen der Auslegung und Herstellung müssen bei einem Prüfdruck von 30 kPa (0,3 bar) durchgeführt werden;

c) die Verschlüsse müssen Schraubkappen sein, die

(i) durch eine Vorrichtung physisch fixiert sind, die in der Lage ist, ein Abschlagen oder ein Lösen des Verschlusses durch Schlag oder Vibration während der Beförderung zu verhindern; und

(ii) mit einer Deckeldichtung ausgerüstet sind.

(4) Druckgefäße, vorausgesetzt, die allgemeinen Vorschriften des Unterabschnitts 4.1.3.6 werden erfüllt. Diese müssen einer erstmaligen und alle 10 Jahre einer wiederkehrenden Prüfung mit einem Druck von mindestens 1 MPa (10 bar) (Überdruck) unterzogen werden. Die Druckgefäße dürfen nicht mit Druckentlastungseinrichtungen ausgerüstet sein. Jedes Druckgefäß, das einen beim Einatmen giftigen flüssigen Stoff mit einem LC_{50}-Wert von höchstens 200 ml/m^3 (ppm) enthält, muss mit einer Verschlusskappe oder einem Verschlussventil versehen sein, die/das folgenden Anforderungen entsprechen muss:

a) Jede Verschlusskappe oder jedes Verschlussventil muss über ein kegeliges Gewinde direkt mit dem Druckgefäß verbunden und in der Lage sein, dem Prüfdruck des Druckgefäßes ohne Beschädigung oder Undichtheit standzuhalten;

b) jedes Verschlussventil muss ein packungsloser Typ mit einer unperforierten Membran sein mit der Ausnahme, dass bei ätzenden Stoffen ein Verschlussventil ein Packungstyp mit einer Anordnung sein darf, die mit Hilfe einer mit einer Dichtung am Ventilrumpf oder am Druckgefäß befestigten Dichtkappe gasdicht gemacht wurde, um ein Austreten von Stoffen durch die Packung oder an der Packung vorbei zu verhindern;

c) jede Austrittsöffnung von Verschlussventilen muss durch einen Gewindedeckel oder durch eine stabile Gewindekappe und inerten Dichtungswerkstoff abgedichtet werden;

d) die Konstruktionswerkstoffe des Druckgefäßes, der Verschlussventile, der Verschlusskappen, der Auslaufdeckel, des Dichtungskitts und der Dichtungen müssen untereinander und mit dem Füllgut verträglich sein.

Jedes Druckgefäß, dessen Wanddicke an irgendeiner Stelle geringer als 2,0 mm ist, und jedes Druckgefäß, das nicht mit einem Ventilschutz ausgerüstet ist, muss in einer Außenverpackung befördert werden. Druckgefäße dürfen nicht mit einem Sammelrohr ausgestattet oder miteinander verbunden sein.

P 603

VERPACKUNGSANWEISUNG

Diese Anweisung gilt für die UN-Nummer 3507.

Folgende Verpackungen sind zugelassen, wenn die allgemeinen Vorschriften der Abschnitte 4.1.1 und 4.1.3 und die besonderen Verpackungsvorschriften der Absätze 4.1.9.1.2, 4.1.9.1.4 und 4.1.9.1.7 erfüllt sind:

Verpackungen, bestehend aus:

a) einem oder mehreren Primärgefäßen aus Metall oder Kunststoff in

b) einer oder mehreren flüssigkeitsdichten starren Sekundärverpackungen in

c) einer starren Außenverpackung:

Fässer (1A2, 1B2, 1N2, 1H2, 1D, 1G);
Kisten (4A, 4B, 4C1, 4C2, 4D, 4F, 4G, 4H1, 4H2);
Kanister (3A2, 3B2, 3H2).

Zusätzliche Vorschriften

1. Die Primärgefäße sind so in die Sekundärverpackungen zu verpacken, dass unter normalen Beförderungsbedingungen ein Zubruchgehen, Durchstoßen oder Austreten von Inhalt in die Sekundärverpackung verhindert wird. Die Sekundärverpackungen müssen mit geeignetem Polstermaterial gesichert werden, um Bewegungen in den Außenverpackungen zu verhindern. Wenn mehrere Primärgefäße in eine einzige Sekundärverpackung eingesetzt werden, müssen diese entweder einzeln eingewickelt oder so voneinander getrennt werden, dass eine gegenseitige Berührung verhindert wird.
2. Der Inhalt muss den Vorschriften des Absatzes 2.2.7.2.4.5.2 entsprechen.
3. Die Vorschriften des Abschnitts 6.4.4 müssen erfüllt sein.

Sondervorschrift für die Verpackung

Bei spaltbaren freigestellten Stoffen müssen die in Absatz 2.2.7.2.3.5 festgelegten Grenzwerte eingehalten werden.

10

P 620

VERPACKUNGSANWEISUNG

Diese Anweisung gilt für die UN-Nummern 2814 und 2900.

Folgende Verpackungen sind zugelassen, wenn die besonderen Vorschriften des Abschnitts 4.1.8 erfüllt sind:

Verpackungen, welche die Vorschriften des Kapitels 6.3 erfüllen und entsprechend zugelassen sind und die bestehen aus:

a) Innenverpackungen, bestehend aus:
   (i) (einem) flüssigkeitsdichten Primärgefäß(en);
   (ii) einer flüssigkeitsdichten Sekundärverpackung;
   (iii) – ausgenommen für ansteckungsgefährliche feste Stoffe – saugfähigem Material in einer für die Aufnahme des gesamten Inhalts ausreichenden Menge zwischen dem (den) Primärgefäß(en) und der Sekundärverpackung; wenn mehrere Primärgefäße in eine einzelne Sekundärverpackung eingesetzt werden, müssen sie entweder einzeln eingewickelt oder voneinander getrennt werden, damit eine gegenseitige Berührung ausgeschlossen ist;

b) einer starren Außenverpackung:
   Fässer (1A1, 1A2, 1B1, 1B2, 1N1, 1N2, 1H1, 1H2, 1D, 1G),
   Kisten (4A, 4B, 4N, 4C1, 4C2, 4D, 4F, 4G, 4H1, 4H2),
   Kanister (3A1, 3A2, 3B1, 3B2, 3H1, 3H2).
   Die kleinste äußere Abmessung muss mindestens 100 mm betragen.

Zusätzliche Vorschriften

1. Innenverpackungen, die ansteckungsgefährliche Stoffe enthalten, dürfen nicht mit Innenverpackungen, die andere Arten von Gütern enthalten, zusammengepackt werden. Vollständige Versandstücke dürfen in einer Umverpackung gemäß den Vorschriften der Abschnitte 1.2.1 und 5.1.2 enthalten sein; eine solche Umverpackung darf Trockeneis enthalten.
2. Abgesehen von Ausnahmesendungen, z.B. beim Versand vollständiger Organe, die eine besondere Verpackung erfordern, gelten folgende zusätzliche Vorschriften:

a) Stoffe, die bei Umgebungstemperatur oder einer höheren Temperatur versandt werden: Die Primärgefäße müssen aus Glas, Metall oder Kunststoff sein. Wirksame Mittel zur Sicherstellung eines flüssigkeitsdichten Verschlusses sind vorzusehen, z.B. ein Heißsiegelverschluss, ein umsäumter Stopfen oder ein Metallbördelverschluss. Werden Schraubkappen verwendet, müssen diese durch wirksame Mittel, wie z.B. Band, Paraffin-Abdichtband oder zu diesem Zweck hergestellter Sicherungsverschluss, gesichert werden;

b) Stoffe, die gekühlt oder gefroren versandt werden: Um die Sekundärverpackung(en) oder wahlweise in einer Umverpackung mit einem oder mehreren vollständigen Versandstücken, die gemäß Abschnitt 6.3.3 gekennzeichnet sind, ist Eis, Trockeneis oder ein anderes Kühlmittel anzuordnen. Damit die Sekundärverpackung(en) oder die Versandstücke nach dem Schmelzen des Eises oder dem Verdampfen des Trockeneises sicher in ihrer ursprünglichen Lage verbleibt (verbleiben), sind Innenhalterungen vorzusehen. Bei Verwendung von Eis muss die Außenverpackung oder Umverpackung flüssigkeitsdicht sein. Bei Verwendung von Trockeneis muss das Kohlendioxidgas aus der Außenverpackung oder Umverpackung entweichen können. Das Primärgefäß und die Sekundärverpackung dürfen durch die Temperatur des verwendeten Kühlmittels in ihrer Funktionsfähigkeit nicht beeinträchtigt werden;

c) Stoffe, die in flüssigem Stickstoff versandt werden: Es sind Primärgefäße aus Kunststoff zu verwenden, der gegenüber sehr niedrigen Temperaturen beständig ist. Die Sekundärverpackung muss ebenfalls gegenüber sehr niedrigen Temperaturen beständig sein und wird in den meisten Fällen an die einzelnen Primärgefäße angepasst sein müssen. Die Vorschriften für die Beförderung von flüssigem Stickstoff sind ebenfalls zu beachten. Das Primärgefäß und die Sekundärverpackung dürfen durch die Temperatur des flüssigen Stickstoffs in ihrer Funktionsfähigkeit nicht beeinträchtigt werden;

d) lyophilisierte Stoffe dürfen auch in Primärgefäßen befördert werden, die aus zugeschmolzenen Ampullen aus Glas oder mit Gummistopfen verschlossenen Phiolen aus Glas mit Metalldichtungen bestehen.

3. Unabhängig von der vorgesehenen Versandtemperatur muss das Primärgefäß oder die Sekundärverpackung einem Innendruck, der einem Druckunterschied von mindestens 95 kPa entspricht, ohne Undichtheiten standhalten können. Dieses Primärgefäß oder diese Sekundärverpackung muss auch Temperaturen von – 40 °C bis + 55 °C standhalten können.

4. Andere gefährliche Güter dürfen nicht mit ansteckungsgefährlichen Stoffen der Klasse 6.2 in ein und derselben Verpackung zusammengepackt werden, sofern diese nicht für die Aufrechterhaltung der Lebensfähigkeit, für die Stabilisierung, für die Verhinderung des Abbaus oder für die Neutralisierung der Gefahren der ansteckungsgefährlichen Stoffe erforderlich sind. Gefährliche Güter der Klasse 3, 8 oder 9 dürfen in Mengen von höchstens 30 ml in jedes Primärgefäß, das ansteckungsgefährliche Stoffe enthält, verpackt werden. Diese geringen Mengen gefährlicher Güter der Klasse 3, 8 oder 9 unterliegen keinen zusätzlichen Vorschriften des ADR, wenn sie in Übereinstimmung mit dieser Verpackungsanweisung verpackt sind.

5. Alternative Verpackungen für die Beförderung von tierischen Stoffen dürfen nach den Vorschriften des Unterabschnitts 4.1.8.7 von der zuständigen Behörde des Ursprungslandes[a] zugelassen werden.

[a] Ist das Ursprungsland keine Vertragspartei des ADR, die zuständige Behörde der ersten Vertragspartei des ADR, die von der Sendung berührt wird.

P 621

VERPACKUNGSANWEISUNG

Diese Anweisung gilt für die UN-Nummer 3291.

Folgende Verpackungen sind zugelassen, wenn die allgemeinen Vorschriften der Abschnitte 4.1.1, ausgenommen Absatz 4.1.1.15, und 4.1.3 erfüllt sind:

(1) Unter der Voraussetzung, dass genügend saugfähiges Material vorhanden ist, um die gesamte Menge der vorhandenen flüssigen Stoffe aufzunehmen, und die Verpackung in der Lage ist, flüssige Stoffe zurückzuhalten:
Fässer (1A2, 1B2, 1N2, 1H2, 1D, 1G),
Kisten (4A, 4B, 4N, 4C1, 4C2, 4D, 4F, 4G, 4H1, 4H2),
Kanister (3A2, 3B2, 3H2).
Die Verpackungen müssen den Prüfanforderungen für die Verpackungsgruppe II für feste Stoffe entsprechen.

(2) Für Versandstücke, die größere Mengen flüssiger Stoffe enthalten:
Fässer (1A1, 1A2, 1B1, 1B2, 1N1, 1N2, 1H1, 1H2, 1D, 1G),
Kanister (3A1, 3A2, 3B1, 3B2, 3H1, 3H2),
Kombinationsverpackungen (6HA1, 6HB1, 6HG1, 6HH1, 6HD1, 6HA2, 6HB2, 6HC, 6HD2, 6HG2, 6HH2, 6PA1, 6PB1, 6PG1, 6PD1, 6PH1, 6PH2, 6PA2, 6PB2, 6PC, 6PG2 oder 6PD2).
Die Verpackungen müssen den Prüfanforderungen für die Verpackungsgruppe II für flüssige Stoffe entsprechen.

Zusätzliche Vorschrift

Verpackungen, die für scharfe oder spitze Gegenstände, wie Glasscherben oder Nadeln, vorgesehen sind, müssen durchstoßfest und in der Lage sein, flüssige Stoffe unter den Prüfbedingungen des Kapitels 6.1 zurückzuhalten.

P 650

VERPACKUNGSANWEISUNG

Diese Anweisung gilt für die UN-Nummer 3373.

(1) Die Verpackungen müssen guter Qualität und genügend widerstandsfähig sein, dass sie den Stößen und Belastungen, die unter normalen Beförderungsbedingungen auftreten können, standhalten, einschließlich des Umschlags zwischen Güterbeförderungseinheiten und zwischen Güterbeförderungseinheiten und Lagerhäusern sowie jeder Entnahme von einer Palette oder aus einer Umverpackung zur nachfolgenden manuellen oder mechanischen Handhabung. Die Verpackungen müssen so gebaut und verschlossen sein, dass unter normalen Beförderungsbedingungen ein Austreten des Inhalts infolge von Vibration, Temperaturwechsel, Feuchtigkeits- und Druckänderung verhindert wird.

(2) Die Verpackung muss aus drei Bestandteilen bestehen:

a) einem Primärgefäß;

b) einer Sekundärverpackung und

c) einer Außenverpackung,

wobei entweder die Sekundärverpackung oder die Außenverpackung starr sein muss.

(3) Die Primärgefäße sind so in die Sekundärverpackungen zu verpacken, dass unter normalen Beförderungsbedingungen ein Zubruchgehen, Durchstoßen oder Austreten von Inhalt in die Sekundärverpackung verhindert wird. Die Sekundärverpackungen sind mit geeignetem Polstermaterial in die Außenverpackungen einzusetzen. Ein Austreten des Inhalts darf nicht zu einer Beeinträchtigung der Unversehrtheit des Polstermaterials oder der Außenverpackung führen.

(4) Für die Beförderung ist das nachstehend abgebildete Kennzeichen auf der äußeren Oberfläche der Außenverpackung auf einem kontrastierenden Hintergrund anzubringen; sie muss deutlich sichtbar und lesbar sein. Das Kennzeichen muss die Form eines auf die Spitze gestellten Quadrats (Raute) mit einer Mindestabmessung von 50 mm x 50 mm haben; die Linie muss mindestens 2 mm breit sein und die Buchstaben und Ziffern müssen eine Zeichenhöhe von mindestens 6 mm haben. Direkt neben dem rautenförmigen Kennzeichen muss auf der Außenverpackung die offizielle Benennung für die Beförderung «BIOLOGISCHER STOFF, KATEGORIE B» mit eine Buchstabenhöhe von mindestens 6 mm angegeben werden.

(5) Mindestens eine der Oberflächen der Außenverpackung muss eine Mindestabmessung von 100 mm x 100 mm haben.

(6) Das vollständige Versandstück muss in der Lage sein, die Fallprüfung des Unterabschnitts 6.3.5.3 nach den Vorschriften des Unterabschnitts 6.3.5.2 bei einer Fallhöhe von 1,2 m erfolgreich zu bestehen. Nach der jeweiligen Fallversuchsreihe darf aus dem (den) Primärgefäß(en), das (die), sofern vorgeschrieben, durch das saugfähige Material geschützt bleiben muss (müssen), nichts in die Sekundärverpackung gelangen.

(7) Für flüssige Stoffe gilt:

a) Das (die) Primärgefäß(e) muss (müssen) flüssigkeitsdicht sein.

b) Die Sekundärverpackung muss flüssigkeitsdicht sein.

c) Wenn mehrere zerbrechliche Primärgefäße in eine einzige Sekundärverpackung eingesetzt werden, müssen diese entweder einzeln eingewickelt oder so voneinander getrennt werden, dass eine gegenseitige Berührung verhindert wird.

d) Zwischen dem (den) Primärgefäß(en) und der Sekundärverpackung muss saugfähiges Material eingesetzt werden. Das saugfähige Material muss ausreichend sein, um die gesamte im (in den) Primärgefäß(en) enthaltene Menge aufzunehmen, so dass ein Austreten des flüssigen Stoffes nicht zu einer Beeinträchtigung der Unversehrtheit des Polstermaterials oder der Außenverpackung führt.

e) Das Primärgefäß oder die Sekundärverpackung muss in der Lage sein, einem Innendruck von 95 kPa (0,95 bar) ohne Verlust von Füllgut standzuhalten.

(8) Für feste Stoffe gilt:

a) Das (die) Primärgefäß(e) muss (müssen) staubdicht sein.

b) Die Sekundärverpackung muss staubdicht sein.

c) Wenn mehrere zerbrechliche Primärgefäße in eine einzige Sekundärverpackung eingesetzt werden, müssen diese entweder einzeln eingewickelt oder so voneinander getrennt werden, dass eine gegenseitige Berührung verhindert wird.

d) Wenn Zweifel darüber bestehen, ob während der Beförderung Restflüssigkeit im Primärgefäß vorhanden sein kann, muss eine für flüssige Stoffe geeignete Verpackung mit saugfähigem Material verwendet werden.

(9) Gekühlte oder gefrorene Proben: Eis, Trockeneis und flüssiger Stickstoff

a) Wenn Trockeneis oder flüssiger Stickstoff als Kühlmittel verwendet wird, gelten die Vorschriften des Abschnitts 5.5.3. Wenn Eis verwendet wird, muss dieses außerhalb der Sekundärverpackungen, in der Außenverpackung oder in einer Umverpackung eingesetzt werden. Damit die Sekundärverpackungen sicher in ihrer ursprünglichen Lage verbleiben, müssen Innenhalterungen vorgesehen werden. Bei Verwendung von Eis muss die Außenverpackung oder Umverpackung flüssigkeitsdicht sein.

b) Das Primärgefäß und die Sekundärverpackung dürfen durch die Temperatur des verwendeten Kühlmittels sowie durch die Temperaturen und Drücke, die bei einem Ausfall der Kühlung entstehen können, in ihrer Funktionsfähigkeit nicht beeinträchtigt werden.

(10) Wenn Versandstücke in eine Umverpackung eingesetzt werden, müssen die in dieser Verpackungsanweisung vorgeschriebenen Versandstück-Kennzeichen entweder deutlich sichtbar sein oder auf der Außenseite der Umverpackung wiedergegeben werden.

(11) Ansteckungsgefährliche Stoffe, die der UN-Nummer 3373 zugeordnet sind und die in Übereinstimmung mit dieser Verpackungsanweisung verpackt sind, und Versandstücke, die in Übereinstimmung mit dieser Verpackungsanweisung gekennzeichnet sind, unterliegen keinen weiteren Vorschriften des ADR.

(12) Hersteller und nachfolgende Verteiler von Verpackungen müssen dem Absender oder der Person, welche das Versandstück vorbereitet (z.B. Patient), klare Anweisungen für das Befüllen und Verschließen dieser Versandstücke liefern, um eine richtige Vorbereitung des Versandstücks für die Beförderung zu ermöglichen.

(13) Andere gefährliche Güter dürfen nicht mit ansteckungsgefährlichen Stoffen der Klasse 6.2 in ein und derselben Verpackung zusammengepackt werden, sofern diese nicht für die Aufrechterhaltung der Lebensfähigkeit, für die Stabilisierung, für die Verhinderung des Abbaus oder für die Neutralisierung der Gefahren der ansteckungsgefährlichen Stoffe erforderlich sind. Gefährliche Güter der Klasse 3, 8 oder 9 dürfen in Mengen von höchstens 30 ml in jedes Primärgefäß, das ansteckungsgefährliche Stoffe enthält, verpackt werden. Wenn diese geringen Mengen gefährlicher Güter in Übereinstimmung mit dieser Verpackungsanweisung zusammen mit ansteckungsgefährlichen Stoffen verpackt werden, müssen die übrigen Vorschriften des ADR nicht erfüllt werden.

(14) Wenn Stoffe frei geworden sind und in einer Güterbeförderungseinheit verschüttet wurden, so darf diese erst nach gründlicher Reinigung, gegebenenfalls Desinfektion oder Entgiftung, wieder verwendet werden. Alle anderen in derselben Güterbeförderungseinheit beförderten Güter und Gegenstände sind auf mögliche Verunreinigung zu prüfen.

Zusätzliche Vorschrift

4. Alternative Verpackungen für die Beförderung von tierischen Stoffen dürfen nach den Vorschriften des Unterabschnitts 4.1.8.7 von der zuständigen Behörde des Ursprungslandes[a)] zugelassen werden.

---

a) Ist das Ursprungsland keine Vertragspartei des ADR, die zuständige Behörde der ersten Vertragspartei des ADR, die von der Sendung berührt wird.

P 800

VERPACKUNGSANWEISUNG	
Diese Anweisung gilt für die UN-Nummern 2803 und 2809.	
Folgende Verpackungen sind zugelassen, wenn die allgemeinen Vorschriften der Abschnitte 4.1.1 und 4.1.3 erfüllt sind: (1) Druckgefäße, vorausgesetzt, die allgemeinen Vorschriften des Unterabschnitts 4.1.3.6 werden erfüllt; oder (2) Kolben oder Flaschen aus Stahl mit Schraubverschlüssen und einem Fassungsraum von höchstens 3 Litern; oder (3) zusammengesetzte Verpackungen, die folgenden Vorschriften entsprechen: a) Die Innenverpackungen müssen aus Glas, Metall oder starrem Kunststoff bestehen und jede dafür geeignet sein, flüssige Stoffe mit einer höchsten Nettomasse von 15 kg aufzunehmen. b) Die Innenverpackungen müssen mit ausreichend Polstermaterial verpackt sein, um ein Zubruchgehen zu verhindern. c) Entweder die Innenverpackungen oder die Außenverpackungen müssen völlig dichte, durchstoßfeste und für den Inhalt undurchlässige Innenauskleidungen oder Säcke haben, die den Inhalt vollständig umschließen und unabhängig von Lage oder Ausrichtung ein Entweichen aus dem Versandstück verhindern. d) Die folgenden Außenverpackungen und höchsten Nettomassen sind zugelassen:	
Außenverpackung	**höchste Nettomasse**
Fässer	
aus Stahl (1A1, 1A2)	400 kg
aus einem anderen Metall als Stahl oder Aluminium (1N1, 1N2)	400 kg
aus Kunststoff (1H1, 1H2)	400 kg
aus Sperrholz (1D)	400 kg
aus Pappe (1G)	400 kg
Kisten	
aus Stahl (4A)	400 kg
aus einem anderen Metall als Stahl oder Aluminium (4N)	400 kg
aus Naturholz (4C1)	250 kg
aus Naturholz, mit staubdichten Wänden (4C2)	250 kg
aus Sperrholz (4D)	250 kg
aus Holzfaserwerkstoff (4F)	125 kg
aus Pappe (4G)	125 kg
aus Schaumstoff (4H1)	60 kg
aus starrem Kunststoff (4H2)	125 kg
Sondervorschrift für die Verpackung	
PP 41	Wenn es notwendig ist, UN 2803 Gallium bei niedrigen Temperaturen zu befördern, um es in vollständig festem Zustand zu halten, dürfen für die oben aufgeführten Verpackungen mit einer festen, wasserbeständigen Außenverpackung umverpackt werden, die Trockeneis oder ein anderes Kühlmittel enthält. Wenn ein Kühlmittel verwendet wird, müssen alle oben aufgeführten, für die Verpackung verwendeten Werkstoffe chemisch und physikalisch gegen das Kühlmittel widerstandsfähig und bei den niedrigen Temperaturen des verwendeten Kühlmittels schlagfest sein. Wird Trockeneis verwendet, so muss aus der Außenverpackung gasförmiges Kohlendioxid entweichen können.

10

P 801

VERPACKUNGSANWEISUNG

Diese Anweisung gilt für neue und gebrauchte Batterien (Akkumulatoren) der UN-Nummern 2794, 2795 und 3028.

Folgende Verpackungen sind zugelassen, wenn die allgemeinen Vorschriften der Abschnitte 4.1.1, ausgenommen Unterabschnitt 4.1.1.3, und 4.1.3 erfüllt sind:

(1) starre Außenverpackungen;

(2) Verschläge aus Holz;

(3) Paletten.

Zusätzliche Vorschriften

1. Die Batterien (Akkumulatoren) müssen gegen Kurzschluss geschützt sein.
2. Gestapelte Batterien (Akkumulatoren) sind in entsprechender Weise in Lagen, die jeweils durch eine Schicht aus nicht elektrisch leitfähigem Werkstoff getrennt sind, festzulegen.
3. Die Pole der Batterien (Akkumulatoren) dürfen nicht dem Gewicht anderer darüber liegender Einheiten ausgesetzt sein.
4. Die Batterien (Akkumulatoren) müssen so verpackt oder gesichert sein, dass eine unbeabsichtigte Bewegung verhindert wird. Wird Polstermaterial verwendet, muss dieses inert sein.

P 801a

VERPACKUNGSANWEISUNG

Diese Anweisung gilt für gebrauchte Batterien (Akkumulatoren) der UN-Nummern 2794, 2795, 2800 und 3028.

Akkukästen aus rostfreiem Stahl oder aus starrem Kunststoff mit einem Fassungsraum bis zu 1 m^3 sind unter folgenden Bedingungen zugelassen:

(1) Die Akkukästen müssen gegen die in den Batterien (Akkumulatoren) enthaltenen ätzenden Stoffe beständig sein.

(2) Unter normalen Beförderungsbedingungen dürfen keine ätzenden Stoffe aus den Akkukästen austreten und keine anderen Stoffe (z.B. Wasser) in die Akkukästen gelangen. Den Akkukästen dürfen außen keine gefährlichen Reste der in den Batterien (Akkumulatoren) enthaltenen ätzenden Stoffe anhaften.

(3) Die Akkukästen dürfen nicht über die Höhe ihrer Wände hinaus mit Batterien (Akkumulatoren) beladen werden.

(4) In den Akkukästen dürfen sich keine Batterien (Akkumulatoren) mit Inhaltsstoffen oder sonstige gefährliche Güter befinden, die gefährlich miteinander reagieren können.

(5) Die Akkukästen müssen entweder:

a) abgedeckt sein oder

b) in gedeckten oder bedeckten Fahrzeugen oder in geschlossenen oder bedeckten Containern befördert werden.

P 802

VERPACKUNGSANWEISUNG

Folgende Verpackungen sind zugelassen, wenn die allgemeinen Vorschriften der Abschnitte 4.1.1 und 4.1.3 erfüllt sind:

(1) Zusammengesetzte Verpackungen

Außenverpackungen:	1A1, 1A2, 1B1, 1B2, 1N1, 1N2, 1H1, 1H2, 1D, 1G, 4A, 4B, 4N, 4C1, 4C2, 4D, 4F, 4G oder 4H2;
höchste Nettomasse:	75 kg;
Innenverpackungen:	aus Glas oder Kunststoff; höchster Fassungsraum: 10 Liter.

(2) Zusammengesetzte Verpackungen

Außenverpackungen:	1A1, 1A2, 1B1, 1B2, 1N1, 1N2, 1H1, 1H2, 1D, 1G, 4A, 4B, 4N, 4C1, 4C2, 4D, 4F, 4G oder 4H2;
höchste Nettomasse:	125 kg;
Innenverpackungen:	aus Metall; höchster Fassungsraum: 40 Liter.

(3) Kombinationsverpackungen: Glasgefäß in einem Fass aus Stahl, Aluminium oder Sperrholz (6PA1, 6PB1 oder 6PD1) oder in einer Kiste aus Stahl, Aluminium oder Naturholz oder in einem Weidenkorb (6PA2, 6PB2, 6PC oder 6PD2) oder in einer Außenverpackung aus starrem Kunststoff (6PH2); höchster Fassungsraum: 60 Liter.

(4) Fässer aus Stahl (1A1) mit einem höchsten Fassungsraum von 250 Litern.

(5) Druckgefäße, vorausgesetzt, die allgemeinen Vorschriften des Unterabschnitts 4.1.3.6 werden erfüllt.

P 803

VERPACKUNGSANWEISUNG
Diese Anweisung gilt für die UN-Nummer 2028.
Folgende Verpackungen sind zugelassen, wenn die allgemeinen Vorschriften der Abschnitte 4.1.1 und 4.1.3 erfüllt sind: (1) Fässer (1A2, 1B2, 1N2, 1H2, 1D, 1G); (2) Kisten (4A, 4B, 4N, 4C1, 4C2, 4D, 4F, 4G, 4H2); Höchste Nettomasse: 75 kg. Die Gegenstände müssen einzeln verpackt und voneinander durch Unterteilungen, Trennwände, Innenverpackungen oder Polstermaterial getrennt sein, um eine unbeabsichtigte Entladung unter normalen Beförderungsbedingungen zu verhindern.

P 804

VERPACKUNGSANWEISUNG

Diese Anweisung gilt für die UN-Nummer 1744.

Folgende Verpackungen sind zugelassen, wenn die allgemeinen Vorschriften der Abschnitte 4.1.1 und 4.1.3 erfüllt und die Verpackungen luftdicht verschlossen sind:

(1) Zusammengesetzte Verpackungen mit einer höchsten Bruttomasse von 25 kg, bestehend aus

- einer oder mehreren Innenverpackungen aus Glas mit einem höchsten Fassungsraum von 1,3 Litern je Innenverpackung, die höchstens zu 90 % ihres Fassungsraumes gefüllt sind und deren Verschluss (Verschlüsse) durch eine Vorrichtung physisch fixiert sein muss (müssen), die in der Lage ist, ein Abschlagen oder ein Lösen durch Schlag oder Vibration während der Beförderung zu verhindern; die Innenverpackung(en) muss (müssen) einzeln eingesetzt sein in
- Gefäßen aus Metall oder starrem Kunststoff zusammen mit Polstermaterial und saugfähigem Material in einer für die Aufnahme des gesamten Inhalts der Innenverpackung(en) aus Glas ausreichenden Menge, die wiederum verpackt sind in
- Außenverpackungen 1A1, 1A2, 1B1, 1B2, 1N1, 1N2, 1H1, 1H2, 1D, 1G, 4A, 4B, 4N, 4C1, 4C2, 4D, 4F, 4G oder 4H2.

(2) Zusammengesetzte Verpackungen, bestehend aus Innenverpackungen aus Metall oder Polyvinyldifluorid (PVDF), deren Fassungsraum 5 Liter nicht übersteigt und die einzeln mit einem saugfähigen Material in einer für die Aufnahme des gesamten Inhalts ausreichenden Menge und inertem Polstermaterial in Außenverpackungen 1A1, 1A2, 1B1, 1B2, 1N1, 1N2, 1H1, 1H2, 1D, 1G, 4A, 4B, 4N, 4C1, 4C2, 4D, 4F, 4G oder 4H2 mit einer höchsten Bruttomasse von 75 kg verpackt sind. Die Innenverpackungen dürfen höchstens zu 90 % ihres Fassungsraums gefüllt sein. Der Verschluss jeder Innenverpackung muss durch eine Vorrichtung physisch fixiert sein, die in der Lage ist, ein Abschlagen oder ein Lösen des Verschlusses durch Schlag oder Vibration während der Beförderung zu verhindern.

(3) Verpackungen, bestehend aus:

Außenverpackungen:

Fässer aus Stahl oder Kunststoff (1A1, 1A2, 1H1 oder 1H2), die nach den Prüfvorschriften des Abschnitts 6.1.5 mit einer Masse, die der Masse des zusammengestellten Versandstücks entspricht, entweder als Verpackung für die Aufnahme von Innenverpackungen oder als Einzelverpackung für die Aufnahme flüssiger oder fester Stoffe geprüft und entsprechend gekennzeichnet sind.

Innenverpackungen:

Fässer und Kombinationsverpackungen (1A1, 1B1, 1N1, 1H1 oder 6HA1), die den Vorschriften des Kapitels 6.1 für Einzelverpackungen entsprechen und folgende Bedingungen erfüllen:

a) die Innendruckprüfung (hydraulisch) muss bei einem Druck von mindestens 300 kPa (3 bar) (Überdruck) durchgeführt werden;

b) die Dichtheitsprüfungen im Rahmen der Auslegung und der Herstellung müssen bei einem Prüfdruck von 30 kPa (0,3 bar) durchgeführt werden;

c) sie müssen vom äußeren Fass durch die Verwendung eines inerten stoßdämpfenden Polstermaterials, das die Innenverpackung von allen Seiten umgibt, isoliert sein;

d) ihr Fassungsraum darf 125 Liter nicht übersteigen;

e) die Verschlüsse müssen Schraubkappen sein, die:

(i) durch eine Vorrichtung physisch fixiert sind, die in der Lage ist, ein Abschlagen oder ein Lösen des Verschlusses durch Schlag oder Vibration während der Beförderung zu verhindern, und

(ii) mit einer Deckeldichtung ausgerüstet sind;

f) die Außen- und Innenverpackungen müssen mindestens alle zweieinhalb Jahre einer wiederkehrenden inneren Inspektion und Dichtheitsprüfung gemäss Absatz b) unterzogen werden, und

g) auf den Außen- und Innenverpackungen muss gut lesbar und dauerhaft angebracht sein:

(i) das Datum (Monat, Jahr) der erstmaligen und der zuletzt durchgeführten wiederkehrenden Prüfung und Inspektion der Innenverpackung;

(ii) der Name oder das zugelassene Symbol des Sachverständigen, der die Prüfungen und Inspektionen vorgenommen hat.

(4) Druckgefäße, vorausgesetzt, die allgemeinen Vorschriften des Unterabschnitts 4.1.3.6 werden erfüllt.
a) Sie müssen einer erstmaligen und alle 10 Jahre einer wiederkehrenden Prüfung mit einem Druck von mindestens 1 MPa (10 bar) (Überdruck) unterzogen werden.
b) Sie müssen mindestens alle zweieinhalb Jahre einer wiederkehrenden inneren Inspektion und Dichtheitsprüfung unterzogen werden.
c) Sie dürfen nicht mit Druckentlastungseinrichtungen ausgerüstet sein.
d) Jedes Druckgefäß muss mit einer Verschlusskappe oder einem oder mehreren Verschlussventilen verschlossen sein, die mit einer zweiten Verschlusseinrichtung ausgerüstet sind.
e) Die Konstruktionswerkstoffe des Druckgefäßes, der Verschlussventile, der Verschlusskappen, der Auslaufdeckel, des Dichtungskitts und der Dichtungen müssen untereinander und mit dem Füllgut verträglich sein.

P 805

(geändert in P 603)

P 900

VERPACKUNGSANWEISUNG

(bleibt offen)

P 901

VERPACKUNGSANWEISUNG

Diese Anweisung gilt für die UN-Nummer 3316.

Folgende zusammengesetzte Verpackungen sind zugelassen, wenn die allgemeinen Vorschriften der Abschnitte 4.1.1 und 4.1.3 erfüllt sind:

Fässer (1A1, 1A2, 1B1, 1B2, 1N1, 1N2, 1H1, 1H2, 1D, 1G),
Kisten (4A, 4B, 4N, 4C1, 4C2, 4D, 4F, 4G, 4H1, 4H2),
Kanister (3A1, 3A2, 3B1, 3B2, 3H1, 3H2).

Die Verpackungen müssen den Prüfanforderungen für diejenige Verpackungsgruppe entsprechen, die dem gesamten Testsatz oder der gesamten Ausrüstung zugeordnet ist (siehe Abschnitt 3.3.1 Sondervorschrift 251). Wenn der Testsatz oder die Ausrüstung nur gefährliche Güter enthält, denen keine Verpackungsgruppe zugeordnet ist, müssen die Verpackungen den Prüfanforderungen für die Verpackungsgruppe II entsprechen.

Höchstmenge gefährlicher Güter je Außenverpackung: 10 kg, wobei die Masse für gegebenenfalls vorhandenes Kohlendioxid, fest (Trockeneis), das als Kühlmittel verwendet wird, unberücksichtigt bleibt.

Zusätzliche Vorschrift

Die gefährlichen Güter in den Testsätzen oder Ausrüstungen müssen in Innenverpackungen verpackt und vor den anderen Stoffen, die in den Testsätzen oder Ausrüstungen enthalten sind, geschützt sein.

P 902

VERPACKUNGSANWEISUNG

Diese Anweisung gilt für die UN-Nummer 3268.

Verpackte Gegenstände:

Folgende Verpackungen sind zugelassen, wenn die allgemeinen Vorschriften der Abschnitte 4.1.1 und 4.1.3 erfüllt sind:

Fässer (1A2, 1B2, 1N2, 1H2, 1D, 1G),
Kisten (4A, 4B, 4N, 4C1, 4C2, 4D, 4F, 4G, 4H1, 4H2),
Kanister (3A2, 3B2, 3H2).

Die Verpackungen müssen den Prüfanforderungen für die Verpackungsgruppe III entsprechen.

Die Verpackungen müssen so ausgelegt und gebaut sein, dass Bewegungen der Gegenstände und eine unbeabsichtigte Auslösung unter normalen Beförderungsbedingungen verhindert werden.

Unverpackte Gegenstände:

Die Gegenstände dürfen zum, vom oder zwischen dem Herstellungsort und einer Montagefabrik, einschließlich Orten der Zwischenbehandlung, auch unverpackt in besonders ausgerüsteten Handhabungseinrichtungen oder Güterbeförderungseinheiten befördert werden.

Zusätzliche Vorschrift

Druckgefäße müssen den Vorschriften der zuständigen Behörde für den (die) im Druckgefäß enthaltenen Stoff(e) entsprechen.

P 903

VERPACKUNGSANWEISUNG
Diese Anweisung gilt für die UN-Nummern 3090, 3091, 3480 und 3481.
«Ausrüstung» im Sinne dieser Verpackungsanweisung ist ein Gerät, für dessen Betrieb die Lithiumzellen oder -batterien elektrische Energie liefern. Folgende Verpackungen sind zugelassen, wenn die allgemeinen Vorschriften der Abschnitte 4.1.1 und 4.1.3 erfüllt sind: (1) Für Zellen und Batterien: Fässer (1A2, 1B2, 1N2, 1H2, 1D, 1G), Kisten (4A, 4B, 4N, 4C1, 4C2, 4D, 4F, 4G, 4H1, 4H2), Kanister (3A2, 3B2, 3H2). Die Zellen oder Batterien müssen so in Verpackungen verpackt werden, dass die Zellen oder Batterien vor Beschädigungen geschützt sind, die durch Bewegungen der Zellen oder Batterien in der Verpackung oder durch das Einsetzen der Zellen oder Batterien in die Verpackung verursacht werden können. Die Verpackungen müssen den Prüfanforderungen für die Verpackungsgruppe II entsprechen. (2) Zusätzlich für Zellen oder Batterien mit einer Bruttomasse von mindestens 12 kg mit einem widerstandsfähigen, stoßfesten Gehäuse sowie für Zusammenstellungen solcher Zellen oder Batterien: a) widerstandsfähige Außenverpackungen b) Schutzumschließungen (z.B. in vollständig geschlossenen Verschlägen oder in Lattenverschlägen aus Holz) oder c) Paletten oder andere Handhabungseinrichtungen. Die Zellen oder Batterien müssen gegen unbeabsichtigte Bewegung gesichert sein, und die Pole dürfen nicht mit dem Gewicht anderer darüber liegender Elemente belastet werden. Die Verpackungen müssen den Vorschriften des Unterabschnitts 4.1.1.3 nicht entsprechen. (3) Für Zellen oder Batterien, mit Ausrüstungen verpackt: Verpackungen, die den Vorschriften des Absatzes (1) dieser Verpackungsanweisung entsprechen und anschließend mit der Ausrüstung in eine Außenverpackung eingesetzt werden, oder Verpackungen, welche die Zellen oder Batterien vollständig umschließen und anschließend mit der Ausrüstung in eine Verpackung eingesetzt werden, die den Vorschriften des Absatzes (1) dieser Verpackungsanweisung entspricht. Die Ausrüstung muss gegen Bewegungen in der Außenverpackung gesichert werden. (4) Für Zellen oder Batterien in Ausrüstungen: Widerstandsfähige Außenverpackungen, die aus einem geeigneten Werkstoff hergestellt sind und hinsichtlich ihres Fassungsraums und ihrer beabsichtigten Verwendung eine geeignete Festigkeit und Auslegung aufweisen. Sie müssen so gebaut sein, dass eine unbeabsichtigte Inbetriebsetzung während der Beförderung verhindert wird. Die Verpackungen müssen den Vorschriften des Unterabschnitts 4.1.1.3 nicht entsprechen. Große Ausrüstungen dürfen unverpackt oder auf Paletten zur Beförderung aufgegeben werden, sofern die Zellen oder Batterien durch die Ausrüstung, in der sie enthalten sind, gleichwertig geschützt werden. Einrichtungen, die während der Beförderung absichtlich aktiv sind, wie Sender für die Identifizierung mit Hilfe elektromagnetischer Wellen (RFID), Uhren und Temperaturmesswerterfasser, und die nicht in der Lage sind, eine gefährliche Hitzeentwicklung zu erzeugen, dürfen in widerstandsfähigen Außenverpackungen befördert werden.
Zusätzliche Vorschrift Die Zellen oder Batterien müssen gegen Kurzschluss geschützt sein.

P 903a

VERPACKUNGSANWEISUNG
(gestrichen)

P 903b

VERPACKUNGSANWEISUNG
(gestrichen)

10

P 904

VERPACKUNGSANWEISUNG

Diese Anweisung gilt für die UN-Nummer 3245.

Folgende Verpackungen sind zugelassen:

(1) Verpackungen, die den Vorschriften der Unterabschnitte 4.1.1.1, 4.1.1.2, 4.1.1.4 und 4.1.1.8 und des Abschnitts 4.1.3 entsprechen und so ausgelegt sind, dass sie den Bauvorschriften des Abschnitts 6.1.4 entsprechen. Es müssen Außenverpackungen verwendet werden, die aus geeignetem Werkstoff hergestellt sind und hinsichtlich ihres Fassungsraums und der vorgesehenen Verwendung eine ausreichende Festigkeit aufweisen und entsprechend ausgelegt sind. Wenn diese Verpackungsanweisung für die Beförderung von Innenverpackungen von zusammengesetzten Verpackungen verwendet wird, muss die Verpackung so ausgelegt und gebaut sein, dass unter normalen Beförderungsbedingungen eine unbeabsichtigte Entleerung verhindert wird.

(2) Verpackungen, die nicht unbedingt den Prüfvorschriften für Verpackungen des Teils 6 entsprechen müssen, aber folgenden Vorschriften entsprechen:

a) Eine Innenverpackung, bestehend aus:

(i) (einem) Primärgefäß(en) und einer Sekundärverpackung, wobei das (die) Primärgefäß(e) oder die Sekundärverpackung für flüssige Stoffe flüssigkeitsdicht oder für feste Stoffe staubdicht sein muss (müssen);

(ii) bei flüssigen Stoffen saugfähigem Material, das zwischen dem (den) Primärgefäß(en) und der Sekundärverpackung eingesetzt ist. Das saugfähige Material muss ausreichend sein um die gesamte im (in den) Primärgefäß(en) enthaltene Menge aufzunehmen, so dass ein Austreten des flüssigen Stoffes nicht zu einer Beeinträchtigung der Unversehrtheit des Polstermaterials oder der Außenverpackung führt;

(iii) wenn mehrere zerbrechliche Primärgefäße in eine einzige Sekundärverpackung eingesetzt werden, müssen diese entweder einzeln eingewickelt oder so voneinander getrennt werden, dass eine gegenseitige Berührung verhindert wird.

b) Eine Außenverpackung muss in Bezug auf ihren Fassungsraum, ihre Masse und ihren vorgesehenen Verwendungszweck ausreichend widerstandsfähig sein, und ihre kleinste Außenabmessung muss mindestens 100 mm betragen.

Für die Beförderung ist das nachstehend abgebildete Kennzeichen auf der äußeren Oberfläche der Außenverpackung auf einem kontrastierenden Hintergrund anzubringen; es muss deutlich sichtbar und lesbar sein. Das Kennzeichen muss die Form eines auf die Spitze gestellten Quadrats (Raute) mit einer Mindestabmessung von 50 mm × 50 mm haben; die Linie muss mindestens 2 mm breit sein und die Buchstaben und Ziffern müssen eine Zeichenhöhe von mindestens 6 mm haben.

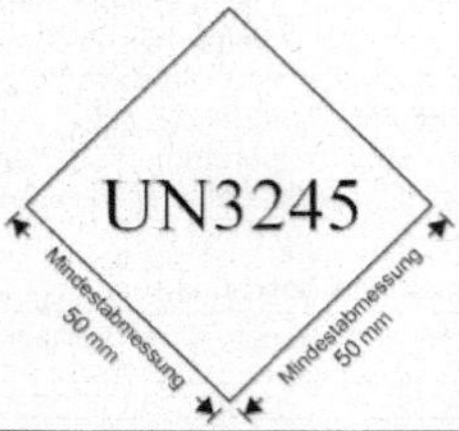

Zusätzliche Vorschrift

Eis, Trockeneis und flüssiger Stickstoff

Wenn Trockeneis oder flüssiger Stickstoff als Kühlmittel verwendet wird, gelten die Vorschriften des Abschnitts 5.5.3. Wenn Eis verwendet wird, muss dieses außerhalb der Sekundärverpackungen, in der Außenverpackung oder in einer Umverpackung eingesetzt werden. Damit die Sekundärverpackungen sicher in ihrer ursprünglichen Lage verbleiben, müssen Innenhalterungen vorgesehen werden. Bei Verwendung von Eis muss die Außenverpackung oder Umverpackung flüssigkeitsdicht sein.

P 905

VERPACKUNGSANWEISUNG
Diese Anweisung gilt für die UN-Nummern 2990 und 3072.
Jede geeignete Verpackung ist zugelassen, wenn die allgemeinen Vorschriften der Abschnitte 4.1.1 und 4.1.3 erfüllt sind, mit der Ausnahme, dass die Verpackungen nicht den Vorschriften des Teils 6 entsprechen müssen. Wenn die Lebensrettungseinrichtungen für den Einbau in starre, wetterfeste Gehäuse (wie Rettungsboote) hergestellt oder in diesen enthalten sind, dürfen sie unverpackt befördert werden.
Zusätzliche Vorschriften 1. Alle gefährlichen Stoffe und Gegenstände, die als Ausrüstung in den Geräten vorhanden sind, müssen gegen unbeabsichtigte Bewegung geschützt werden; darüber hinaus müssen: a) Signalkörper der Klasse 1 in Innenverpackungen aus Kunststoff oder Pappe verpackt sein; b) nicht entzündbare und nicht giftige Gase in von der zuständigen Behörde vorgeschriebenen Flaschen enthalten sein, die mit dem Gerät verbunden sein dürfen; c) Batterien (Akkumulatoren) (Klasse 8) und Lithiumbatterien (Klasse 9) abgeklemmt oder elektrisch isoliert und gegen Flüssigkeitsverlust gesichert sein; und d) kleine Mengen anderer gefährlicher Güter (z.B. Klassen 3, 4.1 und 5.2) in starken Innenverpackungen verpackt sein. 2. Die Vorbereitung für die Beförderung und für die Verpackung muss Vorkehrungen zur Verhinderung von unbeabsichtigten Funktionsauslösungen der Geräte beinhalten.

P 906

VERPACKUNGSANWEISUNG
Diese Anweisung gilt für die UN-Nummern 2315, 3151, 3152. und 3432.
Folgende Verpackungen sind zugelassen, wenn die allgemeinen Vorschriften der Abschnitte 4.1.1 und 4.1.3 erfüllt sind: (1) Für feste und flüssige Stoffe, die PCB, polyhalogenierte Biphenyle, polyhalogenierte Terphenyle oder halogenierte Monomethyldiphenylmethane enthalten oder damit kontaminiert sind: Verpackungen gemäß Verpackungsanweisung P 001 bzw. P 002. (2) Für Transformatoren, Kondensatoren und andere Gegenstände: a) Verpackungen gemäß Verpackungsanweisung P 001 oder P 002. Die Gegenstände müssen mit geeignetem Polstermaterial gesichert werden, um unter normalen Beförderungsbedingungen unbeabsichtigte Bewegungen zu verhindern; oder b) dichte Verpackungen, die in der Lage sind, neben den Gegenständen mindestens das 1,25fache Volumen der darin enthaltenen flüssigen PCB, polyhalogenierten Biphenyle, polyhalogenierten Terphenyle oder halogenierten Monomethyldiphenylmethane aufzunehmen. In den Verpackungen muss ausreichend saugfähiges Material vorhanden sein, um das 1,1fache Volumen der in den Gegenständen enthaltenen Flüssigkeit aufnehmen zu können. Im Allgemeinen müssen Transformatoren und Kondensatoren in dichten Verpackungen aus Metall befördert werden, die in der Lage sind, zusätzlich zu den Transformatoren und Kondensatoren mindestens das 1,25fache Volumen der darin enthaltenen Flüssigkeit aufzunehmen. Ungeachtet der oben aufgeführten Vorschriften dürfen feste und flüssige Stoffe, die nicht gemäß Verpackungsanweisung P 001 oder P 002 verpackt sind, sowie unverpackte Transformatoren und Kondensatoren in Beförderungsmitteln befördert werden, die mit einer dichten Wanne aus Metall mit einer Mindesthöhe von 800 mm ausgerüstet sind, welche saugfähiges inertes Material in einer mindestens für die Aufnahme des 1,1fachen Volumens jeglicher freien Flüssigkeit ausreichenden Menge enthält.
Zusätzliche Vorschrift Für die Abdichtung der Transformatoren und Kondensatoren müssen geeignete Maßnahmen getroffen werden, um Undichtheiten unter normalen Beförderungsbedingungen zu verhindern.

P 907

VERPACKUNGSANWEISUNG
Diese Anweisung gilt für die UN-Nummer 3363.
Wenn die Maschine oder das Gerät so gebaut oder ausgelegt ist, dass die Gefäße, welche die gefährlichen Güter enthalten, ausreichend geschützt sind, ist keine Außenverpackung erforderlich. Gefährliche Güter in Maschinen oder Geräten müssen ansonsten in Außenverpackungen verpackt sein, die aus einem geeigneten Werkstoff hergestellt sind und hinsichtlich ihres Fassungsraums und ihrer beabsichtigten Verwendung eine ausreichende Festigkeit und Auslegung aufweisen und die den anwendbaren Vorschriften des Unterabschnitts 4.1.1.1 entsprechen. Gefäße, die gefährliche Güter enthalten, müssen den allgemeinen Vorschriften des Abschnitts 4.1.1 entsprechen, mit der Ausnahme, dass die Unterabschnitte 4.1.1.3, 4.1.1.4, 4.1.1.12 und 4.1.1.14 nicht gelten. Für nicht entzündbare, nicht giftige Gase müssen die innere Flasche oder das innere Gefäß sowie ihr/sein Inhalt und ihr/sein zur Zufriedenheit der zuständigen Behörde des Landes sein, in dem die Flasche oder das Gefäß befüllt wird. Darüber hinaus müssen die Gefäße in der Maschine oder im Gerät so enthalten sein, dass unter normalen Beförderungsbedingungen eine Beschädigung der Gefäße, welche die gefährlichen Güter enthalten, unwahrscheinlich ist; im Falle einer Beschädigung der Gefäße, welche feste oder flüssige gefährliche Güter enthalten, darf kein Austreten der gefährlichen Güter aus der Maschine oder dem Gerät möglich sein (zur Erfüllung dieser Vorschrift darf eine dichte Auskleidung verwendet werden). Die Gefäße, die gefährliche Güter enthalten, müssen so eingebaut, gesichert oder gepolstert sein, dass ihr Zubruchgehen oder ein Freiwerden ihres Inhalts verhindert wird und ihre Bewegung innerhalb der Maschine oder des Geräts unter normalen Beförderungsbedingungen eingeschränkt wird. Das Polstermaterial darf mit dem Inhalt der Gefäße nicht gefährlich reagieren. Ein Freiwerden des Inhalts darf die Schutzeigenschaften des Polstermaterials nicht beeinträchtigen.

P 908

VERPACKUNGSANWEISUNG
Diese Anweisung gilt für beschädigte oder defekte Lithium-Ionen-Zellen und -Batterien sowie beschädigte oder defekte Lithium-Metall-Zellen und -Batterien der UN-Nummern 3090, 3091, 3480 und 3481, auch wenn sie in Ausrüstungen enthalten sind.
Folgende Verpackungen sind zugelassen, wenn die allgemeinen Vorschriften der Abschnitte 4.1.1 und 4.1.3 erfüllt sind: Für Zellen und Batterien und Ausrüstungen, die Zellen und Batterien enthalten: Fässer (1A2, 1B2, 1N2, 1H2, 1D, 1G) Kisten (4A, 4B, 4N, 4C1, 4C2, 4D, 4F, 4G, 4H1, 4H2) Kanister (3A2, 3B2, 3H2). Die Verpackungen müssen den Prüfanforderungen für die Verpackungsgruppe II entsprechen. 1. Jede beschädigte oder defekte Zelle oder Batterie oder jede Ausrüstung, die solche Zellen oder Batterien enthält, muss einzeln in einer Innenverpackung verpackt und in eine Außenverpackung eingesetzt sein. Die Innen- oder Außenverpackung muss dicht sein, um ein mögliches Austreten des Elektrolyts zu verhindern. 2. Jede Innenverpackung muss zum Schutz vor gefährlicher Wärmeentwicklung mit einer ausreichenden Menge eines nicht brennbaren und nicht elektrisch leitfähigen Wärmedämmstoffs umschlossen sein. 3. Dicht verschlossene Verpackungen müssen gegebenenfalls mit einer Entlüftungseinrichtung ausgestattet sein. 4. Es müssen geeignete Maßnahmen ergriffen werden, um die Auswirkungen von Vibrationen und Stößen gering zu halten und Bewegungen der Zellen oder Batterien im Versandstück, die zu weiteren Schäden und gefährlichen Bedingungen während der Beförderung führen können, zu verhindern. Für die Erfüllung dieser Vorschrift darf auch nicht brennbares und nicht elektrisch leitfähiges Polstermaterial verwendet werden. 5. Die Nichtbrennbarkeit muss in Übereinstimmung mit einer Norm festgestellt werden, die in dem Land, in dem die Verpackung ausgelegt oder hergestellt wird, anerkannt ist. Im Fall von auslaufenden Zellen oder Batterien muss der Innen- oder Außenverpackung ausreichend inertes saugfähiges Material beigegeben werden, um freiwerdenden Elektrolyt aufzusaugen. Wenn die Nettomasse einer Zellen oder Batterie 30 kg überschreitet, darf die Außenverpackung nur eine einzelne Zelle oder Batterie enthalten.
Zusätzliche Vorschrift Die Zellen oder Batterien müssen gegen Kurzschluss geschützt sein.

P 909
VERPACKUNGSANWEISUNG
Diese Anweisung gilt für die UN-Nummern 3090, 3091, 3480 und 3481, die zur Entsorgung oder zum Recycling befördert werden und die mit oder ohne andere Batterien verpackt sind, die keine Lithiumbatterien sind.
(1) Zellen und Batterien müssen wie folgt verpackt sein: a) Folgende Verpackungen sind zugelassen, wenn die allgemeinen Vorschriften der Abschnitte 4.1.1 und 4.1.3 erfüllt sind: Fässer (1A2, 1B2, 1N2, 1H2, 1D, 1G); Kisten (4A, 4B, 4N, 4C1, 4C2, 4D 4F, 4G, 4H2) und Kanister (3A2, 3B2, 3H2). b) Die Verpackungen müssen den Prüfanforderungen für die Verpackungsgruppe II entsprechen. c) Metallverpackungen müssen mit einem nicht elektrisch leitfähigen Werkstoff (z.B. Kunststoff) von einer für die vorgesehene Verwendung angemessenen Stärke ausgestattet sein. (2) Lithium-Ionen-Zellen mit einer Nennenergie in Wattstunden von höchstens 20 Wh, Lithium-Ionen-Batterien mit einer Nennenergie in Wattstunden von höchstens 100 Wh, Lithium-Metall-Zellen mit einer Menge von höchstens 1 g Lithium und Lithium-Metall-Batterien mit einer Gesamtmenge von höchstens 2 g Lithium dürfen jedoch wie folgt verpackt werden: a) In einer widerstandsfähigen Außenverpackung mit einer Bruttomasse von höchstens 30 kg, welche die allgemeinen Vorschriften der Abschnitte 4.1.1, ausgenommen Unterabschnitt 4.1.1.3, und 4.1.3 erfüllt. b) Metallverpackungen müssen mit einem nicht elektrisch leitfähigen Werkstoff (z.B. Kunststoff) von einer für die vorgesehen Verwendung angemessenen Stärke ausgestattet sein. (3) Für Zellen und Batterien in Ausrüstungen dürfen widerstandsfähige Außenverpackungen verwendet werden, die aus einem geeigneten Werkstoff hergestellt sind und hinsichtlich ihres Fassungsraums und ihrer beabsichtigten Verwendung eine geeignete Festigkeit und Auslegung aufweisen. Die Verpackungen müssen den Vorschriften des Unterabschnitts 4.1.1.3 nicht entsprechen. Ausrüstungen dürfen auch unverpackt oder auf Paletten zur Beförderung aufgegeben werden, sofern die Zellen oder Batterien durch die Ausrüstung, in der sie enthalten sind, gleichwertig geschützt werden. (4) Zusätzlich dürfen für Zellen oder Batterien mit einer Bruttomasse von mindestens 12 kg mit einem widerstandsfähigen, stoßfesten Gehäuse widerstandsfähige Außenverpackungen verwendet werden, die aus einem geeigneten Werkstoff hergestellt sind und hinsichtlich ihres Fassungsraums und ihrer beabsichtigten Verwendung eine geeignete Festigkeit und Auslegung aufweisen. Die Verpackungen müssen den Vorschriften des Unterabschnitts 4.1.1.3 nicht entsprechen.
Zusätzliche Vorschriften 1. Die Zellen und Batterien müssen so ausgelegt oder verpackt sein, dass Kurzschlüsse und eine gefährliche Wärmeentwicklung verhindert werden. 2. Der Schutz gegen Kurzschlüsse und gefährliche Wärmeentwicklung umfasst unter anderem: – einzelner Schutz der Batteriepole; – Innenverpackungen, um einen Kontakt zwischen Zellen und Batterien zu verhindern; – Batterien mit eingelassenen Polen die für einen Schutz vor Kurzschluss ausgelegt sind, oder – Verwendung eines nicht elektrisch leitfähigen und nicht brennbaren Polstermaterials, um den Leerraum zwischen den Zellen oder Batterien in der Verpackung aufzufüllen. 3. Zellen und Batterien müssen innerhalb der Außenverpackung gesichert werden, um übermäßige Bewegungen während der Beförderung zu verhindern (z.B. durch die Verwendung eines nicht brennbaren und nicht elektrisch leitfähigen Polstermaterials oder eines dicht verschlossenen Kunststoffsacks).

P 910

VERPACKUNGSANWEISUNG

Diese Anweisung gilt für Produktionsserien von höchstens 100 Zellen oder Batterien der UN-Nummern 3090, 3091, 3480 und 3481 und für Vorproduktionsprototypen von Zellen oder Batterien dieser UN-Nummern, sofern diese Prototypen für die Prüfung befördert werden.

Folgende Verpackungen sind zugelassen, wenn die allgemeinen Vorschriften der Abschnitte 4.1.1 und 4.1.3 erfüllt sind:

(1) Für Zellen und Batterien, einschließlich solcher, die mit Ausrüstungen verpackt sind:

Fässer (1A2, 1B2, 1N2, 1H2, 1D, 1G),
Kisten (4A, 4B, 4N, 4C1, 4C2, 4D, 4F, 4G, 4H1, 4H2),
Kanister (3A2, 3B2, 3H2).

Die Verpackungen müssen den Prüfanforderungen für die Verpackungsgruppe II und folgenden Vorschriften entsprechen:

a) Batterien und Zellen, einschließlich Ausrüstungen, unterschiedlicher Größen, Formen oder Massen müssen in einer Außenverpackung einer der oben aufgeführten geprüften Bauarten verpackt sein, vorausgesetzt, die Gesamtbruttomasse des Versandstücks ist nicht größer als die Bruttomasse, für welche die Bauart geprüft worden ist.
b) Jede Zelle oder Batterie muss einzeln in einer Innenverpackung verpackt und in eine Außenverpackung eingesetzt sein.
c) Jede Innenverpackung muss zum Schutz vor gefährlicher Wärmeentwicklung vollständig durch ausreichend nicht brennbares und nicht elektrisch leitfähiges Wärmedämmmaterial umgeben sein.
d) Es müssen geeignete Maßnahmen ergriffen werden, um die Auswirkungen von Vibrationen und Stößen zu minimieren und Bewegungen der Zellen oder Batterien innerhalb des Versandstücks zu verhindern, die zu Schäden und gefährlichen Bedingungen während der Beförderung führen können. Für die Einhaltung dieser Vorschrift darf Polstermaterial verwendet werden, das nicht brennbar und nicht elektrisch leitfähig ist.
e) Die Nichtbrennbarkeit muss gemäß einer Norm ermittelt werden, die in dem Land, in dem die Verpackung ausgelegt oder hergestellt wurde, anerkannt ist.
f) Wenn die Nettomasse einer Zelle oder Batterie 30 kg überschreitet, darf die Außenverpackung nur eine einzelne Zelle oder Batterie enthalten.

(2) Für Zellen und Batterien in Ausrüstungen:

Fässer (1A2, 1B2, 1N2, 1H2, 1D, 1G),
Kisten (4A, 4B, 4N, 4C1, 4C2, 4D, 4F, 4G, 4H1, 4H2),
Kanister (3A2, 3B2, 3H2).

Die Verpackungen müssen den Prüfanforderungen für die Verpackungsgruppe II und folgenden Vorschriften entsprechen:

a) Ausrüstungen unterschiedlicher Größen, Formen oder Massen müssen in einer Außenverpackung einer der oben aufgeführten geprüften Bauarten verpackt sein, vorausgesetzt, die Gesamtbruttomasse des Versandstücks ist nicht größer als die Bruttomasse, für welche die Bauart geprüft worden ist;
b) die Ausrüstung muss so gebaut oder verpackt sein, dass ein unbeabsichtigter Betrieb während der Beförderung verhindert wird;
c) es müssen geeignete Maßnahmen ergriffen werden, um die Auswirkungen von Vibrationen und Stößen zu minimieren und Bewegungen der Ausrüstungen innerhalb des Versandstücks zu verhindern, die zu Schäden und gefährlichen Bedingungen während der Beförderung führen können. Wenn für die Einhaltung dieser Vorschrift Polstermaterial verwendet wird, muss dieses nicht brennbar und nicht elektrisch leitfähig sein, und
d) die Nichtbrennbarkeit muss gemäß einer Norm ermittelt werden, die in dem Land, in dem die Verpackung ausgelegt oder hergestellt wurde, anerkannt ist.

(3) Die Ausrüstungen und Batterien dürfen unter den von der zuständigen Behörde einer Vertragspartei des ADR genehmigten Bedingungen unverpackt befördert werden, wobei diese zuständige Behörde auch eine von der zuständigen Behörde eines Landes, das keine Vertragspartei des ADR ist, erteilte Genehmigung anerkennen kann, vorausgesetzt, diese wurde in Übereinstimmung mit den gemäß dem RID, dem ADR, dem ADN, dem IMDG-Code oder den technischen Anweisungen der ICAO anwendbaren Verfahren erteilt. Zusätzliche Bedingungen, die im Zulassungsverfahren berücksichtigt werden können, sind unter anderem:

a) die Ausrüstung oder die Batterie muss ausreichend widerstandsfähig sein, um Stößen und Belastungen standzuhalten, die normalerweise während der Beförderung, einschließlich des Umschlags zwischen Güterbeförderungseinheiten und zwischen Güterbeförderungseinheiten und Lagerhallen sowie jedes Entfernens von einer Palette zur nachfolgenden manuellen oder mechanischen Handhabung, auftreten, und
b) die Ausrüstung oder die Batterie muss so auf Schlitten oder in Verschlägen oder anderen Handhabungseinrichtungen befestigt werden, dass sie sich unter normalen Beförderungsbedingungen nicht lösen kann.

Zusätzliche Vorschriften

Die Zellen und Batterien müssen gegen Kurzschluss geschützt sein.

Der Schutz gegen Kurzschluss umfasst unter anderem:

– den Schutz der einzelnen Batteriepole;
– Innenverpackungen, um einen Kontakt zwischen Zellen und Batterien zu verhindern;
– Batterien mit eingelassenen Polen, die für den Schutz gegen Kurzschluss ausgelegt sind, oder
– die Verwendung nicht elektrisch leitfähigen und nicht brennbaren Polstermaterials, um den Leerraum zwischen den Zellen oder Batterien in der Verpackung aufzufüllen.

P 911

VERPACKUNGSANWEISUNG

Diese Anweisung gilt für beschädigte oder defekte Zellen und Batterien der UN-Nummern 3090, 3091, 3480 und 3481, die unter normalen Beförderungsbedingungen zu einer schnellen Zerlegung, gefährlichen Reaktion, Flammenbildung, gefährlichen Wärmeentwicklung oder einem gefährlichen Ausstoß giftiger, ätzender oder entzündbarer Gase oder Dämpfe neigen.

Folgende Verpackungen sind zugelassen, wenn die allgemeinen Vorschriften der Abschnitte 4.1.1 und 4.1.3 erfüllt sind:

Für Zellen und Batterien und Ausrüstungen, die Zellen und Batterien enthalten:

Fässer (1A2, 1B2, 1N2, 1H2, 1D, 1G),
Kisten (4A, 4B, 4N, 4C1, 4C2, 4D, 4F, 4G, 4H1, 4H2),
Kanister (3A2, 3B2, 3H2).

Die Verpackungen müssen den Prüfanforderungen für die Verpackungsgruppe I entsprechen.

(1) Die Verpackung muss bei einer schnellen Zerlegung, einer gefährlichen Reaktion, einer Flammenbildung, einer gefährlichen Wärmeentwicklung oder einem gefährlichen Ausstoß giftiger, ätzender oder entzündbarer Gase oder Dämpfe der Zellen oder Batterien in der Lage sein, die folgenden zusätzlichen Prüfanforderungen zu erfüllen:

a) die Temperatur der äußeren Oberfläche des vollständigen Versandstücks darf nicht höher sein als 100 °C. Eine kurzzeitige Temperaturspitze von bis zu 200 °C ist zulässig;
b) außerhalb des Versandstücks darf sich keine Flamme bilden;
c) aus dem Versandstück dürfen keine Splitter austreten;
d) die bauliche Unversehrtheit des Versandstücks muss aufrechterhalten werden und
e) die Verpackungen müssen gegebenenfalls über ein Gasmanagementsystem (z.B. Filtersystem, Luftzirkulation, Gasbehälter, gasdichte Verpackung) verfügen.

(2) Die zusätzlichen Prüfanforderungen an die Verpackung müssen durch eine von der zuständigen Behörde einer Vertragspartei des ADR festgelegte Prüfung überprüft werden, wobei diese zuständige Behörde auch eine von der zuständigen Behörde eines Landes, das keine Vertragspartei des ADR ist, festgelegte Prüfung anerkennen kann, vorausgesetzt, diese wurde in Übereinstimmung mit den gemäß dem RID, dem ADR, dem ADN, dem IMDG-Code oder den Technischen Anweisungen der ICAO anwendbaren Verfahren festgelegt [a)].

Auf Anfrage muss ein Überprüfungsbericht zur Verfügung gestellt werden. In dem Überprüfungsbericht müssen mindestens der Name, die Nummer, die Masse, der Typ und der Energiegehalt der Zellen oder Batterien sowie die Identifikation der Verpackung und die Prüfdaten gemäß der von der zuständigen Behörde festgelegten Überprüfungsmethode aufgeführt sein.

(3) Bei Verwendung von Trockeneis oder flüssigem Stickstoff als Kühlmittel gelten die Vorschriften des Abschnitts 5.5.3. Die Innen- und Außenverpackungen müssen bei der Temperatur des verwendeten Kühlmittels sowie bei den Temperaturen und Drücken, die bei einem Ausfall der Kühlung auftreten können, unversehrt bleiben.

Zusätzliche Vorschriften

Die Zellen oder Batterien müssen gegen Kurzschluss geschützt sein.

[a)] Folgende Kriterien können, sofern zutreffend, für die Bewertung der Verpackung herangezogen werden:

a) Die Bewertung muss unter einem Qualitätssicherungssystem (wie z.B. in Absatz 2.2.9.1.7 e) beschrieben) vorgenommen werden, das die Nachvollziehbarkeit der Prüfergebnisse, der Bezugsdaten und der verwendeten Charakterisierungsmodelle ermöglicht.
b) Die voraussichtlichen Gefahren im Falle einer thermischen Instabilität des Zellen- oder Batterietyps in dem Zustand, in dem er befördert wird (z.B. Verwendung einer Innenverpackung, Ladezustand, Verwendung von ausreichend nicht brennbarem, nicht elektrisch leitfähigem und absorbierendem Polstermaterial), müssen klar bestimmt und quantifiziert werden; die Referenzliste möglicher Gefahren für Lithiumzellen oder -batterien (schnelle Zerlegung, gefährliche Reaktion, Flammenbildung, gefährliche Wärmeentwicklung oder gefährlicher Ausstoß giftiger, ätzender oder entzündbarer Gase oder Dämpfe) kann für diesen Zweck verwendet werden. Die Quantifizierung dieser Gefahren muss auf der Grundlage verfügbarer wissenschaftlicher Literatur erfolgen.
c) Die Eindämmungswirkungen der Verpackung müssen auf der Grundlage der Art des vorhandenen Schutzes und der Eigenschaften der Bauwerkstoffe bestimmt und charakterisiert werden. Für die Untermauerung der Bewertung muss eine Aufstellung technischer Eigenschaften und Zeichnungen (Dichte ($kg \cdot m^{-3}$), spezifische Wärmekapazität ($J \cdot kg^{-1} \cdot K^{-1}$), Heizwert ($kJ \cdot kg^{-1}$), Wärmeleitfähigkeit ($W \cdot m^{-1} \cdot K^{-1}$), Schmelztemperatur und Entzündungstemperatur (K), Wärmeübergangskoeffizient der Außenverpackung ($W \cdot m^{-2} \cdot K^{-1}$) …) verwendet werden.
d) Die Prüfung und alle unterstützenden Berechnungen müssen die Folgen einer thermischen Instabilität der Zelle oder Batterie innerhalb der Verpackung unter normalen Beförderungsbedingungen bewerten.
e) Wenn der Ladezustand der Zelle oder Batterie unbekannt ist, muss die Bewertung mit dem höchstmöglichen Ladezustand, der den Verwendungsbedingungen der Zelle oder Batterie entspricht, erfolgen.
f) Die Umgebungsbedingungen, in denen die Verpackung verwendet und befördert werden darf, müssen gemäß dem Gasmanagementsystem der Verpackung beschrieben werden (einschließlich möglicher Folgen von Gas- oder Rauchemissionen für die Umgebung, wie Entlüftung oder andere Methoden).
g) Die Prüfungen oder Modellberechnungen müssen für die Auslösung und die Ausbreitung der thermischen Instabilität innerhalb der Zelle oder Batterie den schlimmsten Fall berücksichtigen; dieses Szenario schließt das denkbar schlimmste Versagen unter normalen Beförderungsbedingungen, die größte Wärme und die größten Flammenemissionen bei einer möglichen Ausbreitung der Reaktion ein.
h) Diese Szenarien müssen über einen ausreichend langen Zeitraum bewertet werden, um das Eintreten aller möglichen Auswirkungen zu ermöglichen (z.B. 24 Stunden).

R 001

VERPACKUNGSANWEISUNG			
Folgende Verpackungen sind zugelassen, wenn die allgemeinen Vorschriften der Abschnitte 4.1.1 und 4.1.3 erfüllt sind:			
Feinstblechverpackungen	**höchster Fassungsraum / höchste Nettomasse**		
	Verpackungsgruppe I	**Verpackungsgruppe II**	**Verpackungsgruppe III**
aus Stahl, mit nicht abnehmbarem Deckel (0A1)	nicht zulässig	40 l / 50 kg	40 l / 50 kg
aus Stahl, mit abnehmbarem Deckel (0A2) [a)]	nicht zulässig	40 l / 50 kg	40 l / 50 kg
a) nicht zugelassen für UN 1261 Nitromethan			

Bem. 1. Diese Anweisung gilt für feste und flüssige Stoffe, vorausgesetzt die Bauart ist entsprechend geprüft und gekennzeichnet.

2. Im Falle der Stoffe der Klasse 3 Verpackungsgruppe II dürfen diese Verpackungen nur für solche Stoffe verwendet werden, die keine Nebengefahr und einen Dampfdruck von höchstens 110 kPa bei 50 °C haben, sowie für schwach giftige Pestizide der Klasse 3 Verpackungsgruppe II.

4.1.4.2 Anweisungen für die Verwendung von Großpackmitteln (IBC)

IBC 01

VERPACKUNGSANWEISUNG	
Folgende Großpackmittel (IBC) sind zugelassen, wenn die allgemeinen Vorschriften der Abschnitte 4.1.1, 4.1.2 und 4.1.3 erfüllt sind: metallene IBC (31A, 31B und 31N).	
RID- und ADR-spezifische Sondervorschrift für die Verpackung	
BB 1	Für die UN-Nummer 3130 müssen die Öffnungen der Gefäße mit zwei hintereinanderliegenden Einrichtungen fest verschlossen sein, von denen eine verschraubt oder in gleicher Weise gesichert sein muss.

IBC 02

VERPACKUNGSANWEISUNG	
Folgende Großpackmittel (IBC) sind zugelassen, wenn die allgemeinen Vorschriften der Abschnitte 4.1.1, 4.1.2 und 4.1.3 erfüllt sind: (1) metallene IBC (31A, 31B und 31N); (2) starre Kunststoff-IBC (31H1 und 31H2); (3) Kombinations-IBC (31HZ1).	
Sondervorschriften für die Verpackung	
B 5	Für die UN-Nummern 1791, 2014, 2984 und 3149 müssen die Großpackmittel (IBC) mit einer Einrichtung zur Entlüftung während der Beförderung versehen sein. Der Einlass der Druckentlastungseinrichtung muss sich bei höchster Befüllung während der Beförderung in der Dampfphase des Großpackmittels (IBC) befinden.
B 7	Für die UN-Nummern 1222 und 1865 sind wegen des Explosionspotentials dieser Stoffe bei Beförderung in großen Mengen Großpackmittel (IBC) mit einem Fassungsraum von mehr als 450 Liter nicht zugelassen.
B 8	Dieser Stoff darf in reiner Form nicht in Großpackmitteln (IBC) befördert werden, da bekannt ist, dass er einen Dampfdruck von mehr als 110 kPa bei 50 °C oder von mehr als 130 kPa bei 55 °C besitzt.
B 15	Für die UN-Nummer 2031 mit mehr als 55 % Salpetersäure beträgt die zulässige Verwendungsdauer von starren Kunststoff-IBC und Kombinations-IBC mit starrem Kunststoff-Innenbehälter zwei Jahre ab dem Datum der Herstellung.
B 16	Für die UN-Nummer 3375 sind Großpackmittel (IBC) der Typen 31A und 31N nur mit Zustimmung der zuständigen Behörde zugelassen.
RID- und ADR-spezifische Sondervorschriften für die Verpackung	
BB 2	Für die UN-Nummer 1203 dürfen ungeachtet der Sondervorschrift 534 (siehe Abschnitt 3.3.1) Großpackmittel (IBC) nur verwendet werden, wenn der tatsächliche Dampfdruck bei 50 °C höchstens 110 kPa oder bei 55 °C höchstens 130 kPa beträgt.
BB 4	Für die UN-Nummern 1133, 1139, 1169, 1197, 1210, 1263, 1266, 1286, 1287, 1306, 1866, 1993 und 1999, die gemäß Absatz 2.2.3.1.4 der Verpackungsgruppe III zugeordnet sind, sind Großpackmittel (IBC) mit einem Fassungsraum von mehr als 450 Litern nicht zugelassen.

IBC 03

VERPACKUNGSANWEISUNG	
Folgende Großpackmittel (IBC) sind zugelassen, wenn die allgemeinen Vorschriften der Abschnitte 4.1.1, 4.1.2 und 4.1.3 erfüllt sind: (1) metallene IBC (31A, 31B und 31N); (2) starre Kunststoff-IBC (31H1 und 31H2); (3) Kombinations-IBC (31HZ1, 31HA2, 31HB2, 31HN2, 31HD2 und 31HH2).	
Sondervorschrift für die Verpackung	
B 8	Dieser Stoff darf in reiner Form nicht in Großpackmitteln (IBC) befördert werden, da bekannt ist, dass er einen Dampfdruck von mehr als 110 kPa bei 50 °C oder von mehr als 130 kPa bei 55 °C besitzt.
B19	Für die UN-Nummern 3532 und 3534 müssen die Großpackmittel (IBC) so ausgelegt und gebaut sein, dass sie das Freisetzen von Gas oder Dampf ermöglichen, um einen Druckaufbau zu verhindern, der bei einem Verlust der Stabilisierung zu einem Zubruchgehen des Großpackmittels (IBC) führen könnte.

IBC 04

VERPACKUNGSANWEISUNG
Folgende Großpackmittel (IBC) sind zugelassen, wenn die allgemeinen Vorschriften der Abschnitte 4.1.1, 4.1.2 und 4.1.3 erfüllt sind: metallene IBC (11A, 11B, 11N, 21A, 21B, 21N, 31A, 31B und 31N).

IBC 05

VERPACKUNGSANWEISUNG
Folgende Großpackmittel (IBC) sind zugelassen, wenn die allgemeinen Vorschriften der Abschnitte 4.1.1, 4.1.2 und 4.1.3 erfüllt sind: (1) metallene IBC (11A, 11B, 11N, 21A, 21B, 21N, 31A, 31B und 31N); (2) starre Kunststoff-IBC (11H1, 11H2, 21H1, 21H2, 31H1 und 31H2); (3) Kombinations-IBC (11HZ1, 21HZ1 und 31HZ1).

IBC 06

VERPACKUNGSANWEISUNG	
Folgende Großpackmittel (IBC) sind zugelassen, wenn die allgemeinen Vorschriften der Abschnitte 4.1.1, 4.1.2 und 4.1.3 erfüllt sind: (1) metallene IBC (11A, 11B, 11N, 21A, 21B, 21N, 31A, 31B und 31N); (2) starre Kunststoff-IBC (11H1, 11H2, 21H1, 21H2, 31H1 und 31H2); (3) Kombinations-IBC (11HZ1, 11HZ2, 21HZ1, 21HZ2 und 31HZ1).	
Zusätzliche Vorschrift Wenn sich der feste Stoff während der Beförderung verflüssigen kann, siehe Unterabschnitt 4.1.3.4.	
Sondervorschrift für die Verpackung	
B 12	Für die UN-Nummer 2907 müssen die IBC den Prüfanforderungen für die Verpackungsgruppe II entsprechen. IBC, die den Prüfkriterien für die Verpackungsgruppe I entsprechen, dürfen nicht verwendet werden.

IBC 07

VERPACKUNGSANWEISUNG	
Folgende Großpackmittel (IBC) sind zugelassen, wenn die allgemeinen Vorschriften der Abschnitte 4.1.1, 4.1.2 und 4.1.3 erfüllt sind: (1) metallene IBC (11A, 11B, 11N, 21A, 21B, 21N, 31A, 31B und 31N); (2) starre Kunststoff-IBC (11H1, 11H2, 21H1, 21H2, 31H1 und 31H2); (3) Kombinations-IBC (11HZ1, 11HZ2, 21HZ1, 21HZ2 und 31HZ1). (4) IBC aus Holz (11C, 11D und 11F).	
Zusätzliche Vorschriften 1. Wenn sich der feste Stoff während der Beförderung verflüssigen kann, siehe Unterabschnitt 4.1.3.4. 2. Die Auskleidungen der IBC aus Holz müssen staubdicht sein.	
Sondervorschrift für die Verpackung	
B 18	Für die UN-Nummern 3531 und 3533 müssen die Großpackmittel (IBC) so ausgelegt und gebaut sein, dass sie das Freisetzen von Gas oder Dampf ermöglichen, um einen Druckaufbau zu verhindern, der bei einem Verlust der Stabilisierung zu einem Zubruchgehen des Großpackmittels (IBC) führen könnte.

IBC 08

VERPACKUNGSANWEISUNG	
Folgende Großpackmittel (IBC) sind zugelassen, wenn die allgemeinen Vorschriften der Abschnitte 4.1.1, 4.1.2 und 4.1.3 erfüllt sind: (1) metallene IBC (11A, 11B, 11N, 21A, 21B, 21N, 31A, 31B und 31N); (2) starre Kunststoff-IBC (11H1, 11H2, 21H1, 21H2, 31H1 und 31H2); (3) Kombinations-IBC (11HZ1, 11HZ2, 21HZ1, 21HZ2 und 31HZ1). (4) IBC aus Pappe (11G); (5) IBC aus Holz (11C, 11D und 11F); (6) flexible IBC (13H1, 13H2, 13H3, 13H4, 13H5, 13L1, 13L2, 13L3, 13L4, 13M1 und 13M2).	
Sondervorschriften für die Verpackung	
B 3	Flexible IBC müssen staubdicht und wasserbeständig oder mit einer staubdichten und wasserbeständigen Auskleidung versehen sein.
B 4	Flexible IBC, IBC aus Pappe und IBC aus Holz müssen staubdicht und wasserbeständig sein oder mit einer staubdichten und wasserbeständigen Auskleidung versehen sein.
B 6	Für die UN-Nummern 1363, 1364, 1365, 1386, 1408, 1841, 2211, 2217, 2793 und 3314 ist es nicht erforderlich, dass die IBC die Prüfvorschriften des Kapitels 6.5 erfüllen.
B 13	**Bem.** Für die UN-Nummern 1748, 2208, 2880, 3485, 3486 und 3487 ist gemäß IMDG-Code eine Seebeförderung in Großpackmitteln (IBC) nicht zugelassen.

Fortsetzung siehe nächste Seite !

Zusätzliche Vorschrift	
Wenn sich der feste Stoff während der Beförderung verflüssigen kann, siehe Unterabschnitt 4.1.3.4.	
RID- und ADR-spezifische Sondervorschrift für die Verpackung	
BB 3	Für UN 3509 müssen die IBC nicht den Vorschriften des Unterabschnitts 4.1.1.3 entsprechen. Es müssen IBC verwendet werden, die den Vorschriften des Abschnitts 6.5.5 entsprechen und die flüssigkeitsdicht oder mit einer flüssigkeitsdichten, durchstoßfesten und dicht verschlossenen Auskleidung oder einem flüssigkeitsdichten, durchstoßfesten und dicht verschlossenen Sack ausgerüstet sind. Wenn die einzigen enthaltenen Rückstände feste Stoffe sind, die sich bei den während der Beförderung voraussichtlich auftretenden Temperaturen nicht verflüssigen können, dürfen flexible IBC verwendet werden. Wenn flüssige Rückstände vorhanden sind, müssen starre IBC, die über Rückhaltemittel (z.B. saugfähiges Material) verfügen, verwendet werden. Vor der Befüllung und der Übergabe zur Beförderung muss jeder IBC überprüft werden, um sicherzustellen, dass er frei von Korrosion, Verunreinigung oder anderen Schäden ist. IBC mit Anzeichen verminderter Widerstandsfähigkeit dürfen nicht mehr verwendet werden (kleinere Beulen und Risse gelten dabei nicht als Verringerung der Widerstandsfähigkeit des IBC). IBC für die Beförderung von leeren, ungereinigten Altverpackungen mit Rückständen der Klasse 5.1 müssen so gebaut oder angepasst sein, dass die Güter nicht mit Holz oder anderen brennbaren Werkstoffen in Berührung kommen können.

IBC 99

VERPACKUNGSANWEISUNG
Es dürfen nur von der zuständigen Behörde für diese Güter zugelassene Großpackmittel (IBC) verwendet werden. Jeder Sendung muss eine Kopie der Zulassung der zuständigen Behörde beigefügt werden, oder das Beförderungspapier muss eine Angabe enthalten, dass die Verpackung durch die zuständige Behörde zugelassen ist.

IBC 100

VERPACKUNGSANWEISUNG	
Diese Anweisung gilt für die UN-Nummern 0082, 0222, 0241, 0331 und 0332.	
Folgende Großpackmittel (IBC) sind zugelassen, wenn die allgemeinen Vorschriften der Abschnitte 4.1.1, 4.1.2 und 4.1.3 sowie die Sondervorschriften des Abschnitts 4.1.5 erfüllt sind: (1) metallene IBC (11A, 11B, 11N, 21A, 21B, 21N, 31A, 31B und 31N); (2) flexible IBC (13H2, 13H3, 13H4, 13L2, 13L3, 13L4 und 13M2); (3) starre Kunststoff-IBC (11H1, 11H2, 21H1, 21H2, 31H1 und 31H2); (4) Kombinations-IBC (11HZ1, 11HZ2, 21HZ1, 21HZ2, 31HZ1 und 31HZ2).	
Zusätzliche Vorschriften 1. IBC dürfen nur für frei fließende Stoffe verwendet werden. 2. Flexible IBC dürfen nur für feste Stoffe verwendet werden.	
Sondervorschriften für die Verpackung	
B 3	Für die UN-Nummer 0222 müssen flexible IBC staubdicht und wasserbeständig oder mit einer staubdichten und wasserbeständigen Auskleidung versehen sein.
B 9	Für die UN-Nummer 0082 darf diese Verpackungsanweisung nur verwendet werden, wenn die Stoffe aus Gemischen von Ammoniumnitrat oder anderen anorganischen Nitraten mit anderen brennbaren Stoffen, die keine explosiven Bestandteile sind, bestehen. Solche explosiven Stoffe dürfen kein Nitroglycerin, keine ähnlichen flüssigen organischen Nitrate und keine Chlorate enthalten. Metallene IBC sind nicht zugelassen.
B 10	Für die UN-Nummer 0241 darf diese Verpackungsanweisung nur für Stoffe verwendet werden, die Wasser als wesentlichen Bestandteil und große Anteile von Ammoniumnitrat oder anderen oxidierenden Stoffen enthalten, von denen sich einige oder alle in Lösung befinden. Die anderen Bestandteile dürfen Kohlenwasserstoffe oder Aluminium-Pulver, jedoch keine Nitroverbindungen wie Trinitrotoluen (TNT) beinhalten. Metallene IBC sind nicht zugelassen.
B17	Für die UN-Nummer 0222 sind metallene IBC nicht zugelassen.

IBC 520

VERPACKUNGSANWEISUNG

Diese Anweisung gilt für organische Peroxide und selbstzersetzliche Stoffe des Typs F.

Folgende Großpackmittel (IBC) sind für die aufgeführten Zusammensetzungen zugelassen, wenn die allgemeinen Vorschriften der Abschnitte 4.1.1, 4.1.2 und 4.1.3 sowie die besonderen Vorschriften des Unterabschnitts 4.1.7.2 erfüllt sind. Die nachstehend aufgeführten Zubereitungen dürfen, gegebenenfalls mit denselben Kontroll- und Notfalltemperaturen, auch gemäß Unterabschnitt 4.1.4.1 Verpackungsanweisung P 520 Verpackungsmethode OP8 verpackt befördert werden.

Für nicht aufgeführte Zusammensetzungen dürfen nur von der zuständigen Behörde genehmigte Großpackmittel (IBC) verwendet werden (siehe Absatz 4.1.7.2.2).

UN-Nr.	Organisches Peroxid	IBC-Typ	Höchst-menge (Liter/kg)	Kontroll-tempe-ratur	Notfall-tempe-ratur
3109	**ORGANISCHES PEROXID TYP F, FLÜSSIG**				
	tert-BUTYLCUMYLPEROXID	31HA1	1000		
	tert-BUTYLHYDROPEROXID, höchstens 72 %, mit Wasser	31A 31HA1	1250 1000		
	tert-BUTYLPEROXYACETAT, höchstens 32 %, in Verdünnungsmittel Typ A	31A 31HA1	1250 1000		
	tert-BUTYLPEROXYBENZOAT, höchstens 32 %, in Verdünnungsmittel Typ A	31A	1250		
	tert-BUTYLPEROXY-3,5,5-TRIMETHYLHEXANOAT, höchstens 37 %, in Verdünnungsmittel Typ A	31A 31HA1	1250 1000		
	CUMYLHYDROPEROXID, höchstens 90 %, in Verdünnungsmittel Typ A	31HA1	1250		
	DIBENZOYLPEROXID, höchstens 42 %, stabile Dispersion in Wasser	31H1	1000		
	DI-tert-BUTYLPEROXID, höchstens 52 %, in Verdünnungsmittel Typ A	31A 31HA1	1250 1000		
	1,1-DI-(tert-BUTYLPEROXY)-CYCLOHEXAN, höchstens 37 %, in Verdünnungsmittel Typ A	31A	1250		
	1,1-DI-(tert-BUTYLPEROXY)-CYCLOHEXAN, höchstens 42 %, in Verdünnungsmittel Typ A	31H1	1000		
	DILAUROYLPEROXID, höchstens 42 %, stabile Dispersion in Wasser	31HA1	1000		
	2,5-DIMETHYL-2,5-DI-(tert-BUTYLPEROXY)-HEXAN, höchstens 52 %, in Verdünnungsmittel Typ A	31HA1	1000		
	ISOPROPYLCUMYLHYDROPEROXID, höchstens 72 %, in Verdünnungsmittel Typ A	31HA1	1250		
	p-MENTHYLHYDROPEROXID, höchstens 72 %, in Verdünnungsmittel Typ A	31HA1	1250		
	PEROXYESSIGSÄURE, STABILISIERT, höchstens 17 %	31H1 31H2 31HA1 31A	1500 1500 1500 1500		
	3,6,9-TRIETHYL-3,6,9-TRIMETHYL-1,4,7-TRIPEROXONAN, höchstens 27 %, in Verdünnungsmittel Typ A	31HA1	1000		
3110	**ORGANISCHES PEROXID, TYP F, FEST** DICUMYLPEROXID	31A 31H1 31HA1	2000 2000 2000		
3119	**ORGANISCHES PEROXID TYP F, FLÜSSIG, TEMPERATURKONTROLLIERT**				
	tert-AMYLPEROXY-2-ETHYLHEXANOAT, höchstens 62 % in Verdünnungsmittel Typ A	31HA1	1000	+ 15 °C	+ 20 °C
	tert-AMYLPEROXYPIVALAT, höchstens 32 %, in Verdünnungsmittel Typ A	31A	1250	+ 10 °C	+ 15 °C
	tert-BUTYLPEROXY-2-ETHYLHEXANOAT, höchstens 32 %, in Verdünnungsmittel Typ B	31HA1 31A	1000 1250	+ 30 °C + 30 °C	+ 35 °C + 35 °C
	tert-BUTYLPEROXYNEODECANOAT, höchstens 32 %, in Verdünnungsmittel Typ A	31A	1250	0 °C	+ 10 °C
	tert-BUTYLPEROXYNEODECANOAT, höchstens 42 %, stabile Dispersion in Wasser	31A	1250	– 5 °C	+ 5 °C
	tert-BUTYLPEROXYNEO-DECANOAT, höchstens 52 %, als stabile Dispersion in Wasser	31A	1250	– 5 °C	+ 5 °C
	tert-BUTYLPEROXYPIVALAT, höchstens 27 %, in Verdünnungsmittel Typ B	31HA1 31A	1000 1250	+ 10 °C + 10 °C	+ 15 °C + 15 °C
	CUMYLPEROXYNEODECANOAT, höchstens 52 %, stabile Dispersion in Wasser	31A	1250	– 15 °C	– 5 °C
	DI-(4-tert-BUTYLCYCLOHEXYL)-PEROXYDICARBONAT, höchstens 42 %, stabile Dispersion in Wasser	31HA1	1000	+ 30 °C	+ 35 °C
	DICETYLPEROXYDICARBONAT, höchstens 42 %, stabile Dispersion in Wasser	31HA1	1000	+ 30 °C	+ 35 °C
	DICYCLOHEXYLPEROXYDICARBONAT, mit höchstens 42 % als stabile Dispersion in Wasser	31A	1250	+ 10 °C	+ 15 °C
	DI-(2-ETHYLHEXYL)-PEROXYDICARBONAT, höchstens 62 %, stabile Dispersion in Wasser	31A 31HA1	1250 1000	– 20 °C – 20 °C	– 10 °C – 10 °C
	DIISOBUTYRYLPEROXID, höchstens 28 %, stabile Dispersion in Wasser	31HA1 31A	1000 1250	– 20 °C – 20 °C	– 10 °C – 10 °C
	DIISOBUTYRYLPEROXID, höchstens 42 %, stabile Dispersion in Wasser	31HA1 31A	1000 1250	– 25 °C – 25 °C	– 15 °C – 15 °C
	DIMYRISTYLPEROXYDICARBONAT, höchstens 42 %, stabile Dispersion in Wasser	31HA1	1000	+ 15 °C	+ 20 °C

Fortsetzung siehe nächste Seite !

Forts.					
3119	DI-(2-NEODECANOYLPEROXY-ISOPROPYL)-BENZEN, höchstens 42 %, als stabile Dispersion in Wasser	31A	1250	– 15 °C	– 5 °C
	DI-(3,5,5-TRIMETHYLHEXANOYL)-PEROXID, höchstens 52 %, in Verdünnungsmittel Typ A	31HA1 31A	1000 1250	+ 10 °C + 10 °C	+ 15 °C + 15 °C
	DI-(3,5,5-TRIMETHYLHEXANOYL)-PEROXID, höchstens 52 %, stabile Dispersion in Wasser	31A	1250	+ 10 °C	+ 15 °C
	3-HYDROXY-1,1-DIMETHYLBUTYLPEROXYNEODECANOAT, höchstens 52 %, als stabile Dispersion in Wasser	31A	1250	– 15 °C	– 5 °C
	1,1,3,3-TETRAMETHYLBUTYLPEROXY-2-ETHYLHEXANOAT, höchstens 67 %, in Verdünnungsmittel Typ A	31HA1	1000	+ 15 °C	+ 20 °C
	1,1,3,3-TETRAMETHYLBUTYLPEROXYNEODECANOAT, höchstens 52 %, stabile Dispersion in Wasser	31HA1 31A	1000 1250	– 5 °C – 5 °C	+ 5 °C + 5 °C
3120	**ORGANISCHES PEROXID, TYP F, FEST, TEMPERATURKONTROLLIERT** keine Zubereitungen zugeordnet				

Zusätzliche Vorschriften

1. Die Großpackmittel (IBC) müssen mit einer Einrichtung zur Entlüftung während der Beförderung versehen sein. Der Einlass der Druckentlastungseinrichtung muss sich bei höchster Befüllung während der Beförderung in der Dampfphase des Großpackmittels (IBC) befinden.
2. Um ein explosionsartiges Zerbersten von metallenen IBC oder Kombinations-IBC mit vollwandigem Metallgehäuse zu vermeiden, müssen die Notfall-Druckentlastungseinrichtungen so ausgelegt sein, dass alle Zersetzungsprodukte und Dämpfe abgeführt werden, die bei selbstbeschleunigender Zersetzung oder bei Feuereinwirkung während eines Zeitraums von mindestens einer Stunde, berechnet nach der in Absatz 4.2.1.13.8 angegebenen Formel, entwickelt werden. Die in dieser Verpackungsanweisung angegebenen Kontroll- und Notfalltemperaturen beziehen sich auf ein nicht wärmeisoliertes Großpackmittel (IBC). Beim Versand eines organischen Peroxids in einem Großpackmittel (IBC) gemäß dieser Verpackungsanweisung hat der Absender die Pflicht, sicherzustellen, dass
   a) die am Großpackmittel (IBC) angebrachten Druck- und Notfall-Druckentlastungseinrichtungen unter entsprechender Berücksichtigung der selbstbeschleunigenden Zersetzung des organischen Peroxids und einer Feuereinwirkung ausgelegt sind und,
   b) sofern zutreffend, die angegebenen Kontroll- und Notfalltemperaturen unter Berücksichtigung der Auslegung (z.B. Wärmeisolierung) des zu verwendenden Großpackmittels (IBC) geeignet sind.

IBC 620

VERPACKUNGSANWEISUNG

Diese Anweisung gilt für die UN-Nummer 3291.

Folgende Großpackmittel (IBC) sind zugelassen, wenn die allgemeinen Vorschriften der Abschnitte 4.1.1, ausgenommen Absatz 4.1.1.15, 4.1.2 und 4.1.3 sowie die besonderen Vorschriften des Abschnittes 4.1.8 erfüllt sind:

starre dichte IBC, die den Prüfanforderungen für die Verpackungsgruppe II entsprechen.

Zusätzliche Vorschriften

1. Es muss genügend saugfähiges Material vorhanden sein, um die gesamte Menge der im Großpackmittel (IBC) enthaltenen flüssigen Stoffe aufzunehmen.
2. Die Großpackmittel (IBC) müssen in der Lage sein, flüssige Stoffe zurückzuhalten.
3. Großpackmittel, die für scharfe oder spitze Gegenstände wie Glasscherben und Nadeln vorgesehen sind, müssen durchstoßfest sein.

4.1.4.3 Anweisungen für die Verwendung von Großverpackungen

LP 01

VERPACKUNGSANWEISUNG (FLÜSSIGE STOFFE)

Folgende Großverpackungen sind zugelassen, wenn die allgemeinen Vorschriften der Abschnitte 4.1.1 und 4.1.3 erfüllt sind:

Innenverpackungen		Großverpackungen als Außenverpackungen	Verpackungsgruppe I	Verpackungsgruppe II	Verpackungsgruppe III
aus Glas	10 Liter	aus Stahl (50A)	nicht zugelassen	nicht zugelassen	Höchstvolumen: 3 m^3
aus Kunststoff	30 Liter	aus Aluminium (50B)			
aus Metall	40 Liter	aus einem anderen Metall als Stahl oder Aluminium (50N)			
		aus starrem Kunststoff (50H)			
		aus Naturholz (50C)			
		aus Sperrholz (50D)			
		aus Holzfaserwerkstoff (50F)			
		aus starrer Pappe (50G)			

LP 02

VERPACKUNGSANWEISUNG (FESTE STOFFE)

Folgende Großverpackungen sind zugelassen, wenn die allgemeinen Vorschriften der Abschnitte 4.1.1 und 4.1.3 erfüllt sind:

Innenverpackungen		Großverpackungen als Außenverpackungen	Verpackungsgruppe I	Verpackungsgruppe II	Verpackungsgruppe III
aus Glas	10 kg	aus Stahl (50A)	nicht zugelassen	nicht zugelassen	Höchstvolumen: 3 m^3
aus Kunststoff [b)]	50 kg	aus Aluminium (50B)			
aus Metall	50 kg	aus einem anderen Metall als Stahl oder Aluminium (50N)			
aus Papier [a),b)]	50 kg	aus starrem Kunststoff (50H)			
aus Pappe [a),b)]	50 kg	aus Naturholz (50C)			
		aus Sperrholz (50D)			
		aus Holzfaserwerkstoff (50F)			
		aus starrer Pappe (50G)			
		aus flexiblem Kunststoff (51H) [c)]			

a) Diese Innenverpackungen dürfen nicht verwendet werden, wenn sich die zu befördernden Stoffe während der Beförderung verflüssigen können.

b) Diese Innenverpackungen müssen staubdicht sein.

c) Nur mit flexiblen Innenverpackungen zu verwenden.

Sondervorschriften für die Verpackung

L 2	(gestrichen) ► *1.6.1.41 bis 31.12.2022*
L 3	**Bem.** Für die UN-Nummern 2208 und 3486 ist eine Seebeförderung in Großverpackungen nicht zugelassen.

RID- und ADR-spezifische Sondervorschrift für die Verpackung

LL 1	Für UN 3509 müssen die Großverpackungen nicht den Vorschriften des Unterabschnitts 4.1.1.3 entsprechen. Es müssen Großverpackungen verwendet werden, die den Vorschriften des Abschnitts 6.6.4 entsprechen und die flüssigkeitsdicht oder mit einer flüssigkeitsdichten, durchstoßfesten und dicht verschlossenen Auskleidung oder einem flüssigkeitsdichten, durchstoßfesten und dicht verschlossenen Sack ausgerüstet sind. Wenn die einzigen enthaltenen Rückstände feste Stoffe sind, die sich bei den während der Beförderung voraussichtlich auftretenden Temperaturen nicht verflüssigen können, dürfen flexible Großverpackungen verwendet werden. Wenn flüssige Rückstände vorhanden sind, müssen starre Großverpackungen, die über Rückhaltemittel (z.B. saugfähiges Material) verfügen, verwendet werden. Vor der Befüllung und der Übergabe zur Beförderung muss jede Großverpackung überprüft werden, um sicherzustellen, dass sie frei von Korrosion, Verunreinigung oder anderen Schäden ist. Großverpackungen mit Anzeichen verminderter Widerstandsfähigkeit dürfen nicht mehr verwendet werden (kleinere Beulen und Risse gelten dabei nicht als Verringerung der Widerstandsfähigkeit der Großverpackung). Großverpackungen für die Beförderung von leeren, ungereinigten Altverpackungen mit Rückständen der Klasse 5.1 müssen so gebaut oder angepasst sein, dass die Güter nicht mit Holz oder anderen brennbaren Werkstoffen in Berührung kommen können.

LP 03

VERPACKUNGSANWEISUNG
Diese Anweisung gilt für die UN-Nummern 3537 bis 3548.
(1) Folgende Großverpackungen sind zugelassen, wenn die allgemeinen Vorschriften der Abschnitte 4.1.1 und 4.1.3 erfüllt sind: starre Großverpackungen, die den Prüfanforderungen für die Verpackungsgruppe II entsprechen: aus Stahl (50A) aus Aluminium (50B) aus einem anderen Metall als Stahl oder Aluminium (50N) aus starrem Kunststoff (50H) aus Naturholz (50C) aus Sperrholz (50D) aus Holzfaserwerkstoff (50F) aus starrer Pappe (50G)
(2) Darüber hinaus müssen folgende Vorschriften erfüllt sein: a) In Gegenständen enthaltene Gefäße, die flüssige oder feste Stoffe enthalten, müssen aus geeigneten Werkstoffen hergestellt und im Gegenstand so gesichert sein, dass sie unter normalen Beförderungsbedingungen nicht zerbrechen oder durchstoßen werden können oder ihr Inhalt nicht in den Gegenstand oder die Außenverpackung austreten kann. b) Gefäße, die flüssige Stoffe enthalten und mit Verschlüssen ausgerüstet sind, müssen so verpackt werden, dass die Verschlüsse richtig ausgerichtet sind. Die Gefäße müssen darüber hinaus den Vorschriften für die Innendruckprüfung des Unterabschnitts 6.1.5.5 entsprechen. c) Gefäße, die zerbrechlich sind oder leicht durchstoßen werden können, wie Gefäße aus Glas, Porzellan oder Steinzeug oder aus gewissen Kunststoffen, müssen in geeigneter Weise gesichert werden. Beim Austreten des Inhalts dürfen die schützenden Eigenschaften des Gegenstandes oder der Außenverpackung nicht wesentlich beeinträchtigt werden. d) In Gegenständen enthaltene Gefäße, die Gase enthalten, müssen den Vorschriften des Abschnitts 4.1.6 bzw. des Kapitels 6.2 entsprechen oder in der Lage sein, ein gleichwertiges Schutzniveau wie die Verpackungsanweisung P 200 oder P 208 zu erzielen. e) Wenn innerhalb des Gegenstands kein Gefäß vorhanden ist, muss der Gegenstand die gefährlichen Stoffe vollständig umschließen und ihre Freisetzung unter normalen Beförderungsbedingungen verhindern.
(3) Die Gegenstände müssen so verpackt sein, dass Bewegungen und eine unbeabsichtigte Inbetriebsetzung unter normalen Beförderungsbedingungen verhindert werden.

LP 99

VERPACKUNGSANWEISUNG
Es dürfen nur von der zuständigen Behörde für diese Güter zugelassene Großverpackungen verwendet werden. Jeder Sendung muss eine Kopie der Zulassung der zuständigen Behörde beigefügt werden, oder das Beförderungspapier muss eine Angabe enthalten, dass die Verpackung durch die zuständige Behörde zugelassen ist.

LP 101

VERPACKUNGSANWEISUNG

Folgende Großverpackungen sind zugelassen, wenn die allgemeinen Vorschriften der Abschnitte 4.1.1 und 4.1.3 sowie die besonderen Vorschriften des Abschnitts 4.1.5 erfüllt sind:

Innenverpackungen	Zwischenverpackungen	Außengroßverpackungen
nicht erforderlich	nicht erforderlich	aus Stahl (50A) aus Aluminium (50B) aus einem anderen Metall als Stahl oder Aluminium (50N) aus starrem Kunststoff (50H) aus Naturholz (50C) aus Sperrholz (50D) aus Holzfaserwerkstoff (50F) aus starrer Pappe (50G)

Sondervorschrift für die Verpackung

L 1	Folgendes gilt für die UN-Nummern 0006, 0009, 0010, 0015, 0016, 0018, 0019, 0034, 0035, 0038, 0039, 0048, 0056, 0137, 0138, 0168, 0169, 0171, 0181, 0182, 0183, 0186, 0221, 0243, 0244, 0245, 0246, 0254, 0280, 0281, 0286, 0287, 0297, 0299, 0300, 0301, 0303, 0321, 0328, 0329, 0344, 0345, 0346, 0347, 0362, 0363, 0370, 0412, 0424, 0425, 0434, 0435, 0436, 0437, 0438, 0451, 0488, 0502 und 0510: Große und robuste Gegenstände mit Explosivstoff, die normalerweise für militärische Verwendung vorgesehen sind und die keine Zündmittel enthalten oder deren Zündmittel mit mindestens zwei wirksamen Sicherungsvorrichtungen ausgerüstet sind, dürfen ohne Verpackung befördert werden. Enthalten diese Gegenstände Treibladungen oder sind die Gegenstände selbstantreibend, müssen ihre Zündungssysteme gegenüber Belastungen geschützt sein, die unter normalen Beförderungsbedingungen auftreten können. Ist das Ergebnis der an einem unverpackten Gegenstand durchgeführten Prüfungen der Prüfreihe 4 negativ, kann eine Beförderung des Gegenstands ohne Verpackung vorgesehen werden. Solche unverpackten Gegenstände dürfen auf Schlitten befestigt oder in Verschlägen oder anderen geeigneten Handhabungseinrichtungen eingesetzt sein.

LP 102

VERPACKUNGSANWEISUNG

Folgende Großverpackungen sind zugelassen, wenn die allgemeinen Vorschriften der Abschnitte 4.1.1 und 4.1.3 sowie die besonderen Vorschriften des Abschnitts 4.1.5 erfüllt sind:

Innenverpackungen	Zwischenverpackungen	Außengroßverpackungen
Säcke wasserbeständig **Behälter** aus Pappe aus Metall aus Kunststoff aus Holz **Einwickler** aus Wellpappe **Hülsen** aus Pappe	nicht erforderlich	aus Stahl (50A) aus Aluminium (50B) aus einem anderen Metall als Stahl oder Aluminium (50N) aus starrem Kunststoff (50H) aus Naturholz (50C) aus Sperrholz (50D) aus Holzfaserwerkstoff (50F) aus starrer Pappe (50G)

LP 200

VERPACKUNGSANWEISUNG	
Diese Anweisung gilt für die UN-Nummer 1950.	
Folgende Großverpackungen sind für Druckgaspackungen zugelassen, wenn die allgemeinen Vorschriften der Abschnitte 4.1.1 und 4.1.3 erfüllt sind: starre Großverpackungen, die den Prüfanforderungen für die Verpackungsgruppe II entsprechen: aus Stahl (50A) aus Aluminium (50B) aus einem anderen Metall als Stahl oder Aluminium (50N) aus starrem Kunststoff (50H) aus Naturholz (50C) aus Sperrholz (50D) aus Holzfaserwerkstoff (50F) aus starrer Pappe (50G)	
Sondervorschrift für die Verpackung	
L 2	Die Großverpackungen müssen so ausgelegt und gebaut sein, dass gefährliche Bewegungen der Druckgaspackungen und eine unbeabsichtigte Entleerung unter normalen Beförderungsbedingungen verhindert werden. Großverpackungen für Abfall-Druckgaspackungen, die gemäß Sondervorschrift 327 befördert werden, müssen außerdem mit einem Mittel versehen sein, das jegliche freie Flüssigkeit, die während der Beförderung frei werden kann, zurückhält, z.B. saugfähiges Material. Die Großverpackungen müssen ausreichend belüftet sein, um die Bildung einer entzündbaren Atmosphäre und einen Druckaufbau zu verhindern.

LP 621

VERPACKUNGSANWEISUNG
Diese Anweisung gilt für die UN-Nummer 3291.
Folgende Großverpackungen sind zugelassen, wenn die allgemeinen Vorschriften der Abschnitte 4.1.1 und 4.1.3 erfüllt sind: (1) Für klinische Abfälle, die in Innenverpackungen verpackt sind: starre, dichte Großverpackungen, die den Vorschriften des Kapitels 6.6 für feste Stoffe entsprechen und die Prüfanforderungen für die Verpackungsgruppe II erfüllen, vorausgesetzt, es ist genügend saugfähiges Material vorhanden, um die gesamte Menge der in der Großverpackung enthaltenen flüssigen Stoffe aufzunehmen, und die Großverpackung ist in der Lage, flüssige Stoffe zurückzuhalten. (2) Für Versandstücke, die größere Mengen flüssiger Stoffe enthalten: starre Großverpackungen, die den Vorschriften des Kapitels 6.6 für flüssige Stoffe entsprechen und die Prüfanforderungen für die Verpackungsgruppe II erfüllen.
Zusätzliche Vorschrift Großverpackungen, die für scharfe oder spitze Gegenstände wie Glasscherben oder Nadeln vorgesehen sind, müssen durchstoßfest und in der Lage sein, flüssige Stoffe unter den Prüfbedingungen des Kapitels 6.6 zurückzuhalten.

10

LP 902

VERPACKUNGSANWEISUNG
Diese Anweisung gilt für die UN-Nummer 3268.
<u>Verpackte Gegenstände:</u> Folgende Verpackungen sind zugelassen, wenn die allgemeinen Vorschriften der Abschnitte 4.1.1 und 4.1.3 erfüllt sind: starre Großverpackungen, die den Prüfanforderungen für die Verpackungsgruppe III entsprechen: aus Stahl (50A) aus Aluminium (50B) aus einem anderen Metall als Stahl oder Aluminium (50N) aus starrem Kunststoff (50H) aus Naturholz (50C) aus Sperrholz (50D) aus Holzfaserwerkstoff (50F) aus starrer Pappe (50G) Die Verpackungen müssen so ausgelegt und gebaut sein, dass Bewegungen der Gegenstände und eine unbeabsichtigte Auslösung unter normalen Beförderungsbedingungen verhindert werden. <u>Unverpackte Gegenstände:</u> Die Gegenstände dürfen zum, vom oder zwischen dem Herstellungsort und einer Montagefabrik, einschließlich Orten der Zwischenbehandlung, auch unverpackt in besonders ausgerüsteten Handhabungseinrichtungen oder Güterbeförderungseinheiten befördert werden.
Zusätzliche Vorschrift Druckgefäße müssen den Vorschriften der zuständigen Behörde für den (die) im Druckgefäß enthaltenen Stoff(e) entsprechen.

LP 903

VERPACKUNGSANWEISUNG
Diese Anweisung gilt für die UN-Nummern 3090, 3091, 3480 und 3481.
Folgende Großverpackungen sind für eine einzelne Batterie und für eine einzelne Ausrüstung, die Batterien enthält, zugelassen, wenn die allgemeinen Vorschriften der Abschnitte 4.1.1 und 4.1.3 erfüllt sind: starre Großverpackungen, die den Prüfanforderungen für die Verpackungsgruppe II entsprechen: aus Stahl (50A) aus Aluminium (50B) aus einem anderen Metall als Stahl oder Aluminium (50N) aus starrem Kunststoff (50H) aus Naturholz (50C) aus Sperrholz (50D) aus Holzfaserwerkstoff (50F) aus starrer Pappe (50G) Die Batterie oder Ausrüstung muss so verpackt werden, dass die Batterie oder Ausrüstung vor Beschädigungen geschützt ist, die durch Bewegungen der Batterie oder Ausrüstung in der Großverpackung oder durch das Einsetzen der Batterie oder Ausrüstung in die Großverpackung verursacht werden können.
Zusätzliche Vorschrift Die Batterie muss gegen Kurzschluss geschützt sein.

LP 904

VERPACKUNGSANWEISUNG
Diese Anweisung gilt für einzelne beschädigte oder defekte Batterien der UN-Nummern 3090, 3091, 3480 und 3481 und für einzelne Ausrüstungen, die beschädigte oder defekte Zellen und Batterien dieser UN-Nummern enthalten.
Folgende Großverpackungen sind für eine einzelne beschädigte oder defekte Batterie und für eine einzelne Ausrüstung, die beschädigte oder defekte Zellen und Batterien enthält, zugelassen, wenn die allgemeinen Vorschriften der Abschnitte 4.1.1 und 4.1.3 erfüllt sind: Für Batterien und Ausrüstungen, die Zellen und Batterien enthalten: starre Großverpackungen, die den Prüfanforderungen für die Verpackungsgruppe II entsprechen: aus Stahl (50A) aus Aluminium (50B) aus einem anderen Metall als Stahl oder Aluminium (50N) aus starrem Kunststoff (50H) aus Sperrholz (50D) 1. Die beschädigte oder defekte Batterie oder die Ausrüstung, die solche Zellen oder Batterien enthält, muss einzeln in einer Innenverpackung verpackt und in eine Außenverpackung eingesetzt sein. Die Innen- oder Außenverpackung muss dicht sein, um ein mögliches Austreten des Elektrolyts zu verhindern. 2. Die Innenverpackung muss zum Schutz vor gefährlicher Wärmeentwicklung mit einem ausreichend nicht brennbaren und nicht elektrisch leitfähigen Wärmedämmstoff umschlossen sein. 3. Dicht verschlossene Verpackungen müssen gegebenenfalls mit einer Entlüftungseinrichtung ausgestattet sein. 4. Es müssen geeignete Maßnahmen ergriffen werden, um die Auswirkungen von Vibrationen und Stößen gering zu halten und Bewegungen der Batterien oder der Ausrüstung im Versandstück, die zu weiteren Schäden und gefährlichen Bedingungen während der Beförderung führen, zu verhindern. Für die Erfüllung dieser Vorschrift darf auch nicht brennbares und nicht elektrisch leitfähiges Polstermaterial verwendet werden. 5. Die Nichtbrennbarkeit muss in Übereinstimmung mit einer Norm festgestellt werden, die in dem Land, in dem die Verpackung ausgelegt oder hergestellt wird, anerkannt ist. Im Fall von auslaufenden Zellen und Batterien muss der Innen- oder Außenverpackung ausreichend inertes saugfähiges Material beigegeben werden, um freiwerdenden Elektrolyt aufzusaugen.
Zusätzliche Vorschrift Die Zellen und Batterien müssen gegen Kurzschluss geschützt sein.

LP 905

VERPACKUNGSANWEISUNG

Diese Anweisung gilt für Produktionsserien von höchstens 100 Zellen oder Batterien der UN-Nummern 3090, 3091, 3480 und 3481 und für Vorproduktionsprototypen von Zellen oder Batterien dieser UN-Nummern, sofern diese Prototypen für die Prüfung befördert werden.

Folgende Großverpackungen sind für eine einzelne Batterie oder für eine einzelne Ausrüstung, die Zellen oder Batterien enthält, zugelassen, wenn die allgemeinen Vorschriften der Abschnitte 4.1.1 und 4.1.3 erfüllt sind:

(1) Für eine einzelne Batterie:

starre Großverpackungen, die den Prüfanforderungen für die Verpackungsgruppe II entsprechen:

aus Stahl (50A)
aus Aluminium (50B)
aus einem anderen Metall als Stahl oder Aluminium (50N)
aus starrem Kunststoff (50H)
aus Naturholz (50C)
aus Sperrholz (50D)
aus Holzfaserwerkstoff (50F)
aus starrer Pappe (50G)

Die Großverpackungen müssen auch den folgenden Vorschriften entsprechen:

a) Eine Batterie unterschiedlicher Größe, Form oder Masse darf in einer Außenverpackung einer der oben aufgeführten geprüften Bauarten verpackt sein, vorausgesetzt, die Gesamtbruttomasse des Versandstücks ist nicht größer als die Bruttomasse, für welche die Bauart geprüft worden ist.

b) Die Batterie muss in einer Innenverpackung verpackt und in eine Außenverpackung eingesetzt sein.

c) Die Innenverpackung muss zum Schutz vor gefährlicher Wärmeentwicklung vollständig durch ausreichend nicht brennbares und nicht elektrisch leitfähiges Wärmedämmmaterial umgeben sein.

d) Es müssen geeignete Maßnahmen ergriffen werden, um die Auswirkungen von Vibrationen und Stößen zu minimieren und Bewegungen der Batterie innerhalb des Versandstücks zu verhindern, die zu Schäden und gefährlichen Bedingungen während der Beförderung führen können. Wenn für die Einhaltung dieser Vorschrift Polstermaterial verwendet wird, muss dieses nicht brennbar und nicht elektrisch leitfähig sein.

e) Die Nichtbrennbarkeit muss gemäß einer Norm ermittelt werden, die in dem Land, in dem die Großverpackung ausgelegt oder hergestellt wurde, anerkannt ist.

(2) Für eine einzelne Ausrüstung, die Zellen oder Batterien enthält:

starre Großverpackungen, die den Prüfanforderungen für die Verpackungsgruppe II entsprechen:

aus Stahl (50A)
aus Aluminium (50B)
aus einem anderen Metall als Stahl oder Aluminium (50N)
aus starrem Kunststoff (50H)
aus Naturholz (50C)
aus Sperrholz (50D)
aus Holzfaserwerkstoff (50F)
aus starrer Pappe (50G)

Die Großverpackungen müssen auch den folgenden Vorschriften entsprechen:

a) Eine einzelne Ausrüstung unterschiedlicher Größe, Form oder Masse muss in einer Außenverpackung einer der oben aufgeführten geprüften Bauarten verpackt sein, vorausgesetzt, die Gesamtbruttomasse des Versandstücks ist nicht größer als die Bruttomasse, für welche die Bauart geprüft worden ist.

b) Die Ausrüstung muss so gebaut oder verpackt sein, dass eine unbeabsichtigte Inbetriebsetzung während der Beförderung verhindert wird.

c) Es müssen geeignete Maßnahmen ergriffen werden, um die Auswirkungen von Vibrationen und Stößen zu minimieren und Bewegungen der Ausrüstung innerhalb des Versandstücks zu verhindern, die zu Schäden und gefährlichen Bedingungen während der Beförderung führen können. Wenn für die Einhaltung dieser Vorschrift Polstermaterial verwendet wird, darf dieses nicht brennbar und nicht elektrisch leitfähig sein.

d) Die Nichtbrennbarkeit muss gemäß einer Norm ermittelt werden, die in dem Land, in dem die Großverpackung ausgelegt oder hergestellt wurde, anerkannt ist.

Zusätzliche Vorschrift

Die Zellen und Batterien müssen gegen Kurzschluss geschützt sein.

LP 906

VERPACKUNGSANWEISUNG

Diese Anweisung gilt für beschädigte oder defekte Batterien der UN-Nummern 3090, 3091, 3480 und 3481, die unter normalen Beförderungsbedingungen zu einer schnellen Zerlegung, gefährlichen Reaktion, Flammenbildung, gefährlichen Wärmeentwicklung oder einem gefährlichen Ausstoß giftiger, ätzender oder entzündbarer Gase oder Dämpfe neigen.

Folgende Großverpackungen sind zugelassen, wenn die allgemeinen Vorschriften der Abschnitte 4.1.1 und 4.1.3 erfüllt sind:

Für eine einzelne Batterie und eine einzelne Ausrüstung, die Batterien enthält:
starre Großverpackungen, die den Prüfanforderungen für die Verpackungsgruppe I entsprechen:

- aus Stahl (50A)
- aus Aluminium (50B)
- aus einem anderen Metall als Stahl oder Aluminium (50N)
- aus starrem Kunststoff (50H)
- aus Sperrholz (50D)
- aus starrer Pappe (50G)

(1) Die Großverpackung muss bei einer schnellen Zerlegung, einer gefährlichen Reaktion, einer Flammenbildung, einer gefährlichen Wärmeentwicklung oder einem gefährlichen Ausstoß giftiger, ätzender oder entzündbarer Gase oder Dämpfe der Batterie in der Lage sein, die folgenden zusätzlichen Prüfanforderungen zu erfüllen:

a) die Temperatur der äußeren Oberfläche des vollständigen Versandstücks darf nicht größer sein als 100 °C. Eine kurzzeitige Temperaturspitze von bis zu 200 °C ist zulässig;
b) außerhalb des Versandstücks darf sich keine Flamme bilden;
c) aus dem Versandstück dürfen keine Splitter austreten;
d) die bauliche Unversehrtheit des Versandstücks muss aufrechterhalten werden und
e) die Großverpackungen müssen gegebenenfalls über ein Gasmanagementsystem (z.B. Filtersystem, Luftzirkulation, Gasbehälter, gasdichte Verpackung) verfügen.

(2) Die zusätzlichen Prüfanforderungen an die Großverpackung müssen durch eine von der zuständigen Behörde einer Vertragspartei des ADR festgelegte Prüfung überprüft werden, wobei diese zuständige Behörde auch eine von der zuständigen Behörde eines Landes, das keine Vertragspartei des ADR ist, festgelegte Prüfung anerkennen kann, vorausgesetzt, diese wurde in Übereinstimmung mit den gemäß dem RID, dem ADR, dem ADN, dem IMDG-Code oder den Technischen Anweisungen der ICAO anwendbaren Verfahren festgelegt [a)].

Auf Anfrage muss ein Überprüfungsbericht zur Verfügung gestellt werden. In dem Überprüfungsbericht müssen mindestens der Name, die Nummer, die Masse, der Typ und der Energiegehalt der Batterie sowie die Identifikation der Großverpackung und die Prüfdaten gemäß der von der zuständigen Behörde festgelegten Überprüfungsmethode aufgeführt sein.

(3) Bei Verwendung von Trockeneis oder flüssigem Stickstoff als Kühlmittel gelten die Vorschriften des Abschnitts 5.5.3. Die Innen- und Außenverpackungen müssen bei der Temperatur des verwendeten Kühlmittels sowie bei den Temperaturen und Drücken, die bei einem Ausfall der Kühlung auftreten können, unversehrt bleiben.

Zusätzliche Vorschrift

Die Batterien müssen gegen Kurzschluss geschützt sein.

[a)] Folgende Kriterien können, sofern zutreffend, für die Bewertung der Großverpackung herangezogen werden:

a) Die Bewertung muss unter einem Qualitätssicherungssystem (wie z.B. in Absatz 2.2.9.1.7 e) beschrieben) vorgenommen werden, das die Nachvollziehbarkeit der Prüfergebnisse, der Bezugsdaten und der verwendeten Charakterisierungsmodelle ermöglicht.
b) Die voraussichtlichen Gefahren im Falle einer thermischen Instabilität des Batterietyps in dem Zustand, in dem er befördert wird (z.B. Verwendung einer Innenverpackung, Ladezustand, Verwendung von ausreichend nicht brennbarem, nicht elektrisch leitfähigem und absorbierendem Polstermaterial), müssen klar bestimmt und quantifiziert werden; die Referenzliste möglicher Gefahren für Lithiumbatterien (schnelle Zerlegung, gefährliche Reaktion, Flammenbildung, gefährliche Wärmeentwicklung oder gefährlicher Ausstoß giftiger, ätzender oder entzündbarer Gase oder Dämpfe) kann für diesen Zweck verwendet werden. Die Quantifizierung dieser Gefahren muss auf der Grundlage verfügbarer wissenschaftlicher Literatur erfolgen.
c) Die Eindämmungswirkungen der Großverpackung müssen auf der Grundlage der Art des vorhandenen Schutzes und der Eigenschaften der Bauwerkstoffe bestimmt und charakterisiert werden. Für die Untermauerung der Bewertung muss eine Aufstellung technischer Eigenschaften und Zeichnungen (Dichte ($kg \cdot m^{-3}$), spezifische Wärmekapazität ($J \cdot kg^{-1} \cdot K^{-1}$), Heizwert ($kJ \cdot kg^{-1}$), Wärmeleitfähigkeit ($W \cdot m^{-1} \cdot K^{-1}$), Schmelztemperatur und Entzündungstemperatur (K), Wärmeübergangskoeffizient der Außenverpackung ($W \cdot m^{-2} \cdot K^{-1}$) ...) verwendet werden.
d) Die Prüfung und alle unterstützenden Berechnungen müssen die Folgen einer thermischen Instabilität der Batterie innerhalb der Großverpackung unter normalen Beförderungsbedingungen bewerten.
e) Wenn der Ladezustand der Batterie unbekannt ist, muss die Bewertung mit dem höchstmöglichen Ladezustand, der den Verwendungsbedingungen der Batterie entspricht, erfolgen.
f) Die Umgebungsbedingungen, in denen die Großverpackung verwendet und befördert werden darf, müssen gemäß dem Gasmanagementsystem der Großverpackung beschrieben werden (einschließlich möglicher Folgen von Gas- oder Rauchemissionen für die Umgebung, wie Entlüftung oder andere Methoden).
g) Die Prüfungen oder Modellberechnungen müssen für die Auslösung und die Ausbreitung der thermischen Instabilität innerhalb der Batterie den schlimmsten Fall berücksichtigen; dieses Szenario schließt das denkbar schlimmste Versagen unter normalen Beförderungsbedingungen, die größte Wärme und die größten Flammenemissionen bei einer möglichen Ausbreitung der Reaktion ein.
h) Diese Szenarien müssen über einen ausreichend langen Zeitraum bewertet werden, um das Eintreten aller möglichen Auswirkungen zu ermöglichen (z.B. ein Zeitraum von 24 Stunden).

4.1.4.4 (gestrichen)
▶ *1.6.2.6*

4.1.5 **Besondere Vorschriften für das Verpacken von Gütern der Klasse 1**

4.1.5.1 Die allgemeinen Vorschriften des Abschnitts 4.1.1 müssen erfüllt sein.

4.1.5.2 Alle Verpackungen für Güter der Klasse 1 müssen so ausgelegt und ausgeführt sein, dass:

a) die explosiven Stoffe und Gegenstände mit Explosivstoff geschützt werden, ihr Entweichen verhindert wird und unter normalen Beförderungsbedingungen, einschließlich vorhersehbarer Temperatur-, Feuchtigkeits- oder Druckänderungen, keine Erhöhung des Risikos einer unbeabsichtigten Entzündung oder Zündung eintritt;

b) das vollständige Versandstück unter normalen Beförderungsbedingungen sicher gehandhabt werden kann;

c) die Versandstücke jeder Belastung durch vorhersehbare Stapelung, die während der Beförderung erfolgen kann, standhalten, ohne dass die von den explosiven Stoffen oder den Gegenständen mit Explosivstoff ausgehenden Risiken erhöht werden, ohne dass die Tauglichkeit der Verpackungen für die Aufnahme von Gütern beeinträchtigt wird und ohne dass die Versandstücke so verformt werden, dass ihre Festigkeit verringert wird oder dies zu einer Instabilität eines Stapels von Versandstücken führt.

4.1.5.3 Alle explosiven Stoffe und Gegenstände mit Explosivstoff müssen in versandfertigem Zustand nach dem in Abschnitt 2.2.1 beschriebenen Verfahren zugeordnet werden.

4.1.5.4 Die Güter der Klasse 1 müssen in Übereinstimmung mit der entsprechenden in Kapitel 3.2 Tabelle A Spalte 8 angegebenen und in Abschnitt 4.1.4 beschriebenen Verpackungsanweisung verpackt werden.

4.1.5.5 Sofern im ADR nicht etwas anderes festgelegt ist, müssen Verpackungen, einschließlich Großpackmittel (IBC) und Großverpackungen, den Vorschriften des Kapitels 6.1, 6.5 bzw. 6.6 entsprechen und die Prüfvorschriften für die Verpackungsgruppe II erfüllen.

4.1.5.6 Die Verschlusseinrichtung der Verpackungen für flüssige explosive Stoffe muss einen doppelten Schutz gegen Leckagen bieten.

4.1.5.7 Die Verschlusseinrichtung von Fässern aus Metall muss eine geeignete Dichtung enthalten; weist die Verschlusseinrichtung ein Gewinde auf, muss das Eindringen von explosiven Stoffen in das Gewinde verhindert werden.

4.1.5.8 Wasserlösliche explosive Stoffe müssen in wasserbeständigen Verpackungen verpackt sein. Die Verpackungen für desensibilisierte oder phlegmatisierte Stoffe müssen so verschlossen sein, dass Konzentrationsänderungen während der Beförderung verhindert werden.

10

4.1.5.9 Enthält eine Verpackung eine mit Wasser gefüllte doppelte Umhüllung und könnte das Wasser während der Beförderung gefrieren, ist das Wasser mit einer genügenden Menge Frostschutzmittel zu versetzen, um das Gefrieren zu verhindern. Frostschutzmittel, die wegen ihrer Entzündbarkeit eine Brandgefahr darstellen könnten, dürfen nicht verwendet werden.

4.1.5.10 Nägel, Klammern und andere Verschlusseinrichtungen aus Metall ohne Schutzüberzug dürfen nicht in das Innere der Außenverpackung eindringen, es sei denn, die explosiven Stoffe und Gegenstände mit Explosivstoff sind durch die Innenverpackung vor einem Kontakt mit dem Metall wirksam geschützt.

4.1.5.11 Die Innenverpackungen, die Abstandshalter und das Polstermaterial sowie die Anordnung der explosiven Stoffe oder der Gegenstände mit Explosivstoff in den Versandstücken müssen so sein, dass sich die explosiven Stoffe unter normalen Beförderungsbedingungen nicht in der Außenverpackung verteilen können. Die metallenen Teile der Gegenstände dürfen mit den Metallverpackungen nicht in Kontakt kommen. Gegenstände mit Explosivstoffen, die nicht in einer äußeren Umhüllung eingeschlossen sind, müssen so voneinander getrennt werden, dass Reibung und Stöße verhindert werden. Zu diesem Zweck dürfen Polstermaterial, Horden, unterteilende Trennwände in der Innen- oder Außenverpackung, Formpressteile oder Behälter verwendet werden.

4.1.5.12 Die Verpackungen müssen so aus Werkstoffen, die mit den im Versandstück enthaltenen explosiven Stoffen oder Gegenständen mit Explosivstoff verträglich und für diese undurchlässig sind, hergestellt sein, dass weder eine Wechselwirkung zwischen den explosiven Stoffen oder den Gegenständen mit Explosivstoff und den Werkstoffen der Verpackung noch ein Austreten aus der Verpackung dazu führt, dass die explosiven Stoffe oder die Gegenstände mit Explosivstoff die Sicherheit der Beförderung beeinträchtigen oder sich die Gefahrenunterklasse oder die Verträglichkeitsgruppe ändert.

4.1.5.13 Das Eindringen von explosiven Stoffen in die Zwischenräume der Verbindungsstellen von gefalzten Metallverpackungen muss verhindert werden.

4.1.5.14 Bei Kunststoffverpackungen darf nicht die Gefahr der Erzeugung oder der Ansammlung solcher Mengen elektrostatischer Ladung gegeben sein, dass eine Entladung die Zündung, die Entzündung oder das Auslösen des verpackten explosiven Stoffes oder des Gegenstandes mit Explosivstoff verursachen könnte.

4.1.5.15 Große und robuste Gegenstände mit Explosivstoff, die normalerweise für eine militärische Verwendung vorgesehen sind und die keine Zündmittel enthalten oder deren Zündmittel mit mindestens zwei wirksamen Sicherungsvorrichtungen ausgerüstet sind, dürfen ohne Verpackung befördert werden. Enthalten diese Gegenstände Treibladungen oder sind die Gegenstände selbstantreibend, müssen ihre Zündungssysteme gegenüber Belastungen geschützt sein, die unter normalen Beförderungsbedingungen auftreten können. Ist das Ergebnis der an einem unverpackten Gegenstand durchgeführten Prüfungen der Prüfreihe 4 negativ, kann eine Beförderung des Gegenstands ohne Verpackung vorgesehen werden. Solche unverpackten Gegenstände dürfen auf Schlitten so befestigt oder in Verschlägen oder anderen geeigneten Handhabungs-, Lagerungs- oder Abschusseinrichtungen so eingesetzt sein, dass sie sich unter normalen Beförderungsbedingungen nicht lockern können.

Werden solche großen Gegenstände mit Explosivstoff im Rahmen der Prüfung ihrer Betriebssicherheit und Eignung Prüfverfahren unterworfen, die den Anforderungen des ADR entsprechen, und haben diese Gegenstände diese Prüfungen bestanden, darf die zuständige Behörde diese Gegenstände zur Beförderung nach dem ADR zulassen.

4.1.5.16 Explosive Stoffe dürfen nicht in Innen- oder Außenverpackungen verpackt werden, in denen Unterschiede zwischen Innen- und Außendruck auf Grund thermischer oder anderer Wirkungen eine Explosion oder ein Zubruchgehen des Versandstücks zur Folge haben können.

4.1.5.17 Sofern freie explosive Stoffe oder explosive Stoffe eines nicht oder nur teilweise mit einer Umhüllung versehenen Gegenstands mit der inneren Oberfläche der Metallverpackungen (1A1, 1A2, 1B1, 1B2, 1N1, 1N2, 4A, 4B, 4N und Behälter aus Metall) in Kontakt kommen können, muss die Metallverpackung mit einer Innenauskleidung oder -beschichtung ausgestattet sein (siehe Unterabschnitt 4.1.1.2).

4.1.5.18 Die Verpackungsanweisung P 101 darf für jeden explosiven Stoff oder Gegenstand mit Explosivstoff verwendet werden, sofern die Verpackung von einer zuständigen Behörde genehmigt wurde und unabhängig davon, ob die Verpackung der in Kapitel 3.2 Tabelle A Spalte 8 zugeordneten Verpackungsanweisung entspricht oder nicht.

4.1.6 Besondere Vorschriften für das Verpacken von Gütern der Klasse 2 und von Gütern anderer Klassen, die der Verpackungsanweisung P 200 zugeordnet sind

4.1.6.1 Dieser Abschnitt enthält allgemeine Vorschriften für die Verwendung von Druckgefäßen und offenen Kryo-Behältern zur Beförderung von Gasen der Klasse 2 und Gütern anderer Klassen, die der Verpackungsanweisung P 200 zugeordnet sind (z.B. UN 1051 Cyanwasserstoff, stabilisiert). Druckgefäße sind so herzustellen und zu verschließen, dass ein Austreten des Inhalts unter normalen Beförderungsbedingungen, einschließlich Vibration, Temperaturwechsel, Feuchtigkeits- oder Druckänderung (z.B. hervorgerufen durch Höhenunterschiede), verhindert wird.

4.1.6.2 Die Teile der Druckgefäße und offenen Kryo-Behälter, die unmittelbar mit gefährlichen Gütern in Berührung kommen, dürfen durch diese gefährlichen Güter nicht angegriffen oder geschwächt werden und dürfen keinen gefährlichen Effekt auslösen (z.B. eine katalytische Reaktion oder eine Reaktion mit den gefährlichen Gütern).

4.1.6.3 Die Druckgefäße, einschließlich ihrer Verschlüsse, und die offenen Kryo-Behälter sind für die Aufnahme eines Gases oder eines Gasgemisches nach den Vorschriften des Unterabschnitts 6.2.1.2 und den Vorschriften der zutreffenden Verpackungsanweisungen in Unterabschnitt 4.1.4.1 auszuwählen. Dieser Unterabschnitt gilt auch für Druckgefäße, die Elemente eines MEGC oder eines Batterie-Fahrzeugs sind.

4.1.6.4 Ein Wechsel der Verwendung von nachfüllbaren Druckgefäßen muss Entleerungs-, Reinigungs- und Entgasungsmaßnahmen in einem für den sicheren Betrieb notwendigen Maße einschließen (siehe auch Verzeichnis der Normen am Ende dieses Abschnitts). Darüber hinaus darf ein Druckgefäß, das zuvor einen ätzenden Stoff der Klasse 8 oder einen Stoff einer anderen Klasse mit der Nebengefahr ätzend enthalten hat, nicht für die Beförderung eines Stoffes der Klasse 2 zugelassen werden, es sei denn, die in Unterabschnitt 6.2.1.6 bzw. 6.2.3.5 festgelegte Kontrolle und Prüfung wurde durchgeführt.

4.1.6.5 Vor dem Befüllen muss der Verpacker eine Kontrolle des Druckgefäßes oder des offenen Kryo-Behälters durchführen und sicherstellen, dass das Druckgefäß oder der offene Kryo-Behälter für den zu befördernden Stoff und bei einer Chemikalie unter Druck für das Treibmittel zugelassen ist und die Vorschriften erfüllt sind. Nach dem Befüllen müssen die Verschlussventile geschlossen werden und während der Beförderung verschlossen bleiben. Der Absender muss überprüfen, dass die Verschlüsse und die Ausrüstung nicht undicht sind.

Bem. Verschlussventile einzelner Flaschen in Bündeln dürfen während der Beförderung geöffnet werden, es sei denn, der beförderte Stoff unterliegt der Sondervorschrift für die Verpackung «k» oder «q» in Verpackungsanweisung P 200.

4.1.6.6 Die Druckgefäße und offenen Kryo-Behälter müssen entsprechend den in der für den einzufüllenden Stoff zutreffenden Verpackungsanweisung festgelegten Betriebsdrücken, Füllungsgraden und Vorschriften befüllt werden. Reaktionsfähige Gase und Gasgemische müssen mit einem solchen Druck eingefüllt werden, damit bei einer vollständigen Zersetzung des Gases der Betriebsdruck des Druckgefäßes nicht überschritten wird. Flaschenbündel dürfen nicht mit einem Druck befüllt werden, der den niedrigsten Betriebsdruck einer der Flaschen des Bündels überschreitet.

4.1.6.7 Die Druckgefäße, einschließlich ihre Verschlüsse, müssen den in Kapitel 6.2 aufgeführten Vorschriften für die Auslegung, den Bau, die Kontrolle und die Prüfung entsprechen. Sofern Außenverpackungen vorgeschrieben sind, sind die Druckgefäße und die offenen Kryo-Behälter darin sicher und fest zu verpacken. Sofern in den einzelnen Verpackungsanweisungen nichts anderes vorgeschrieben ist, dürfen eine oder mehrere Innenverpackungen in eine Außenverpackung eingesetzt werden.

4.1.6.8 Die Verschlussventile und andere Anbauteile, die während der Beförderung am Verschlussventil verbleiben (z.B. Handhabungseinrichtungen oder Adapter), müssen so ausgelegt und gebaut sein, dass sie von sich aus in der Lage sind, Beschädigungen ohne Freiwerden von Füllgut standzuhalten, oder sie müssen durch eine oder mehrere der folgenden Methoden gegen Beschädigungen, die zu einem unbeabsichtigten Freiwerden von Füllgut des Druckgefäßes führen können, geschützt sein (siehe auch Verzeichnis der Normen am Ende dieses Abschnitts):

a) die Verschlussventile sind im Innern des Gefäßhalses angebracht und durch einen aufgeschraubten Stopfen oder eine Schutzkappe geschützt;
b) die Verschlussventile sind durch Schutzkappen geschützt. Die Schutzkappen müssen mit Entlüftungslöchern mit genügendem Querschnitt versehen sein, damit bei einem Undichtwerden der Verschlussventile die Gase entweichen können;
c) die Verschlussventile sind durch einen Verstärkungsrand oder durch andere Schutzvorrichtungen geschützt;
d) die Druckgefäße werden in Schutzrahmen befördert (z.B. Flaschen in Bündeln) oder
e) die Druckgefäße werden in Schutzkisten befördert. Bei UN-Druckgefäßen muss die versandfertige Verpackung in der Lage sein, die in Unterabschnitt 6.1.5.3 festgelegte Fallprüfung für die Prüfanforderungen der Verpackungsgruppe I zu bestehen.

4.1.6.9 Nicht nachfüllbare Druckgefäße:

a) müssen in einer Außenverpackung, wie eine Kiste oder ein Verschlag, oder in Trays mit Dehn- oder Schrumpffolie befördert werden;
b) müssen, wenn sie mit einem entzündbaren oder giftigen Gas befüllt sind, einen Fassungsraum von höchstens 1,25 Liter haben;
c) dürfen nicht für giftige Gase mit einem LC_{50}-Wert von höchstens 200 ml/m^3 verwendet werden und
d) dürfen nach der Inbetriebnahme nicht repariert werden.

(iii) die Primärgefäße haben gleiche oder kleinere Öffnungen und der Verschluss ist ähnlich ausgeführt (z.B. Schraubverschluss, Stopfen, usw.);

(iv) zusätzliches Polstermaterial wird in ausreichender Menge verwendet, um Hohlräume auszufüllen und bedeutsame Bewegungen der Primärgefäße zu verhindern, und

(v) die Primärgefäße sind in der Sekundärverpackung in gleicher Weise ausgerichtet wie im geprüften Versandstück.

b) Eine geringere Anzahl von geprüften Primärgefäßen oder anderen Arten von Primärgefäßen nach Absatz a) darf verwendet werden, vorausgesetzt, es wird genügend Polstermaterial hinzugefügt, um den Hohlraum (die Hohlräume) auszufüllen und bedeutsame Bewegungen der Primärgefäße zu verhindern.

4.1.8.6 Die Unterabschnitte 4.1.8.1 bis 4.1.8.5 gelten nur für ansteckungsgefährliche Stoffe der Kategorie A (UN-Nummern 2814 und 2900). Sie gelten weder für UN 3373 BIOLOGISCHER STOFF, KATEGORIE B (siehe Unterabschnitt 4.1.4.1 Verpackungsanweisung P 650) noch für UN 3291 KLINISCHER ABFALL, UNSPEZIFIZIERT, N.A.G., oder (BIO)MEDIZINISCHER ABFALL, N.A.G., oder UNTER DIE VORSCHRIFTEN FALLENDER MEDIZINISCHER ABFALL, N.A.G.

4.1.8.7 Für die Beförderung tierischer Stoffe dürfen Verpackungen oder Großpackmittel (IBC), die nicht ausdrücklich durch die anwendbaren Verpackungsanweisungen zugelassen sind, nicht zur Beförderung eines Stoffes oder Gegenstandes verwendet werden, es sei denn, die zuständige Behörde des Ursprungslandes[4)] hat dies im Einzelnen zugelassen und folgende Voraussetzungen werden erfüllt:

a) die alternative Verpackung erfüllt die allgemeinen Vorschriften dieses Teils;

b) die alternative Verpackung erfüllt die Vorschriften des Teils 6, wenn die in Kapitel 3.2 Tabelle A Spalte 8 angegebene Verpackungsanweisung dies festlegt;

c) die zuständige Behörde des Ursprungslandes[4)] stellt fest, dass die alternative Verpackung mindestens das gleiche Sicherheitsniveau gewährleistet wie die Verpackung des Stoffes in Übereinstimmung mit einer Methode, die in der in Kapitel 3.2 Tabelle A Spalte 8 angegebenen besonderen Verpackungsanweisung festgelegt ist, und

d) eine Kopie der Zulassung der zuständigen Behörde ist jeder Sendung beigefügt oder das Beförderungspapier enthält einen Hinweis, dass die alternative Verpackung von der zuständigen Behörde zugelassen wurde.

4) Ist das Ursprungsland keine Vertragspartei des ADR, die zuständige Behörde der ersten Vertragspartei des ADR, die von der Sendung berührt wird.

4.1.9 Besondere Vorschriften für das Verpacken von radioaktiven Stoffen

4.1.9.1 Allgemeines

4.1.9.1.1 Radioaktive Stoffe, Verpackungen und Versandstücke müssen den Vorschriften des Kapitels 6.4 entsprechen. Die Menge radioaktiver Stoffe in einem Versandstück darf die in den Absätzen 2.2.7.2.2, 2.2.7.2.4.1, 2.2.7.2.4.4, 2.2.7.2.4.5, 2.2.7.2.4.6, in Kapitel 3.3 Sondervorschrift 336 und in Unterabschnitt 4.1.9.3 festgelegten Grenzwerte nicht überschreiten.

Die vom ADR erfassten Typen von Versandstücken für radioaktive Stoffe sind:

a) freigestelltes Versandstück (siehe Unterabschnitt 1.7.1.5);

b) Industrieversandstück des Typs 1 (Typ IP-1-Versandstück);

c) Industrieversandstück des Typs 2 (Typ IP-2-Versandstück);

d) Industrieversandstück des Typs 3 (Typ IP-3-Versandstück);

e) Typ A-Versandstück;

f) Typ B(U)-Versandstück;

g) Typ B(M)-Versandstück;

h) Typ C-Versandstück.

Versandstücke, die spaltbare Stoffe oder Uranhexafluorid enthalten, unterliegen zusätzlichen Vorschriften.

4.1.9.1.2 Die nichtfesthaftende Kontamination an den Außenseiten eines Versandstückes muss so gering wie möglich sein und darf unter Routinebeförderungsbedingungen folgende Grenzwerte nicht überschreiten:

a) 4 Bq/cm^2 für Beta- und Gammastrahler sowie für Alphastrahler geringer Toxizität;

b) 0,4 Bq/cm^2 für alle anderen Alphastrahler.

Diese Grenzwerte sind anwendbar, wenn sie über eine Fläche von 300 cm^2 jedes Teils der Oberfläche gemittelt werden.

4.1.9.1.3 Außer Gegenständen, die für die Verwendung radioaktiver Stoffe notwendig sind, darf ein Versandstück keine anderen Gegenstände enthalten. Die Wechselwirkung zwischen diesen Gegenständen und dem Versandstück darf unter den für das Baumuster anwendbaren Beförderungsbedingungen die Sicherheit des Versandstückes nicht verringern.

4.1.9.1.4 Sofern in Abschnitt 7.5.11 Sondervorschrift CV 33 nichts anderes vorgeschrieben ist, darf die Höhe der nichtfesthaftenden Kontamination an den Außen- und Innenseiten einer Umverpackung, eines Containers, eines Tanks, eines Großpackmittels (IBC) oder eines Fahrzeugs die in Absatz 4.1.9.1.2 aufgeführten Grenzwerte nicht überschreiten.

4.1.9.1.5 Bei radioaktiven Stoffen mit anderen gefährlichen Eigenschaften müssen diese Eigenschaften bei der Auslegung des Versandstücks berücksichtigt werden. Radioaktive Stoffe mit einer Nebengefahr, die in Versandstücken verpackt sind, für die keine Zulassung der zuständigen Behörde erforderlich ist, müssen in Verpackungen, Großpackmitteln (IBC), Tanks oder Schüttgut-Containern befördert werden, die vollständig dem jeweils zutreffenden Kapitel des Teils 6 sowie den für diese Nebengefahr anwendbaren Vorschriften des Kapitels 4.1, 4.2 oder 4.3 entsprechen.

4.1.9.1.6 Bevor eine Verpackung erstmalig für die Beförderung radioaktiver Stoffe verwendet wird, ist zu bestätigen, dass sie in Übereinstimmung mit den Bauartspezifikationen hergestellt wurde, um die Einhaltung der zutreffenden Vorschriften des ADR und eines eventuell anwendbaren Zulassungszeugnisses sicherzustellen. Die folgenden Vorschriften sind, sofern anwendbar, ebenfalls zu erfüllen:

a) Überschreitet der Auslegungsdruck der dichten Umschließung 35 kPa (Überdruck), so ist sicherzustellen, dass die dichte Umschließung jeder Verpackung den Vorschriften in Bezug auf die Erhaltung seiner Unversehrtheit unter diesem Druck der zugelassenen Bauart entspricht.

b) Für jede Verpackung, die für die Verwendung als Typ B(U)-, Typ B(M)- oder Typ C-Versandstück vorgesehen ist, und für jede Verpackung, die für die Aufnahme spaltbarer Stoffe vorgesehen ist, ist sicherzustellen, dass die Wirksamkeit der Abschirmung und der dichten Umschließung und, soweit erforderlich, der Wärmeübertragungseigenschaften und die Wirksamkeit des Einschließungssystems innerhalb der Grenzen liegen, die auf die zugelassene Bauart anwendbar oder für diese festgelegt sind.

c) Für jede Verpackung, die für die Aufnahme spaltbarer Stoffe vorgesehen ist, ist sicherzustellen, dass die Wirksamkeit der Kritikalitätssicherheitseinrichtungen innerhalb der Grenzwerte liegt, die für die Bauart anwendbar sind oder festgelegt wurden, und in Fällen, in denen Neutronengifte ausdrücklich einbezogen sind, um den Vorschriften des Unterabschnitts 6.4.11.1 zu genügen, sind zur Bestätigung des Vorhandenseins und der Verteilung dieser Neutronengifte Kontrollen durchzuführen.

4.1.9.1.7 Vor jeder Beförderung eines Versandstücks ist sicherzustellen, dass das Versandstück

a) weder Radionuklide enthält, die von den für das Versandstückmuster festgelegten abweichen,

b) noch Inhalte in einer Form oder in einem physikalischen oder chemischen Zustand enthält, die von den für das Versandstückmuster festgelegten abweichen.

4.1.9.1.8 Vor jeder Beförderung eines Versandstücks ist sicherzustellen, dass alle in den zutreffenden Vorschriften des ADR und in den anwendbaren Zulassungszeugnissen festgelegten Anforderungen erfüllt worden sind. Die folgenden Vorschriften sind, sofern anwendbar, ebenfalls zu erfüllen:

a) Es ist sicherzustellen, dass Lastanschlagvorrichtungen, welche die Vorschriften des Unterabschnitts 6.4.2.2 nicht erfüllen, nach Unterabschnitt 6.4.2.3 entfernt oder auf andere Art für das Anheben des Versandstücks unbrauchbar gemacht worden sind.

b) Jedes Typ B(U)-, Typ B(M)- und Typ C-Versandstück ist so lange zurückzuhalten, bis sich annähernd ein Gleichgewichtszustand für den Nachweis der Übereinstimmung mit den Temperatur- und Druckvorschriften eingestellt hat, sofern nicht eine Freistellung von diesen Vorschriften unilateral zugelassen wurde.

c) Für jedes Typ B(U)-, Typ B(M)- und Typ C-Versandstück ist durch Inspektion und/oder durch geeignete Prüfungen sicherzustellen, dass alle Verschlüsse, Ventile und andere Öffnungen der dichten Umschließung, durch die der radioaktive Inhalt entweichen könnte, in der Weise ordnungsgemäß verschlossen und gegebenenfalls abgedichtet sind, für die der Nachweis der Übereinstimmung mit den Vorschriften der Unterabschnitte 6.4.8.8 und 6.4.10.3 erbracht wurde.

d) Für Versandstücke, die spaltbare Stoffe enthalten, sind die in Unterabschnitt 6.4.11.5 b) aufgeführte Messung und die in Unterabschnitt 6.4.11.8 aufgeführten Prüfungen für den Nachweis des Verschlusses jedes Versandstücks durchzuführen.

4.1.9.1.9 Der Absender muss auch eine Kopie der Anweisungen zum richtigen Verschließen des Versandstückes und anderer Vorbereitungen für die Beförderung haben, bevor er eine Beförderung nach den Vorschriften dieser Zeugnisse vornimmt.

4.1.9.1.10 Mit Ausnahme von Sendungen unter ausschließlicher Verwendung darf weder die Transportkennzahl für jedes einzelne Versandstück oder jede einzelne Umverpackung 10 noch die Kritikalitätssicherheitskennzahl für jedes einzelne Versandstück oder jede einzelne Umverpackung 50 überschreiten.

4.1.9.1.11 Mit Ausnahme von Versandstücken oder Umverpackungen, die unter ausschließlicher Verwendung gemäß Abschnitt 7.5.11 Sondervorschrift CV 33 (3.5) a) befördert werden, darf die höchste Dosisleistung an keinem Punkt der Außenfläche eines Versandstückes oder einer Umverpackung 2 mSv/h überschreiten.

4.1.9.1.12 Die höchste Dosisleistung darf an keinem Punkt der Außenfläche eines unter ausschließlicher Verwendung beförderten Versandstücks oder einer unter ausschließlicher Verwendung beförderten Umverpackung 10 mSv/h überschreiten.

4.1.9.2 Vorschriften und Kontrollmaßnahmen für die Beförderung radioaktiver Stoffe mit geringer spezifischer Aktivität (LSA-Stoffe) und oberflächenkontaminierter Gegenstände (SCO-Gegenstände)

4.1.9.2.1 Die Menge der LSA-Stoffe oder der SCO-Gegenstände in einem Typ IP-1-Versandstück, Typ IP-2-Versandstück, Typ IP-3-Versandstück oder Gegenstand oder gegebenenfalls in einer Gesamtheit von Gegenständen ist so zu beschränken, dass die äußere Dosisleisung in einem Abstand von 3 m von dem nicht abgeschirmten Stoff oder Gegenstand oder der Gesamtheit von Gegenständen 10 mSv/h nicht überschreitet.

4.1.9.2.2 Für LSA-Stoffe und SCO-Gegenstände, die spaltbare Stoffe sind oder solche enthalten, sofern diese nicht gemäß Absatz 2.2.7.2.3.5 freigestellt sind, müssen die anwendbaren Vorschriften des Abschnitts 7.5.11 Sondervorschrift CV 33 Absätze (4.1) und (4.2) eingehalten werden.

4.1.9.2.3 Für LSA-Stoffe und SCO-Gegenstände, die spaltbare Stoffe sind oder solche enthalten, müssen die anwendbaren Vorschriften des Unterabschnitts 6.4.11.1 eingehalten werden.

4.1.9.2.4 LSA-Stoffe und SCO-Gegenstände in den Gruppen LSA-I und SCO-I dürfen unter folgenden Bedingungen unverpackt befördert werden:

a) alle unverpackten Stoffe, ausgenommen Erze, die ausschließlich in der Natur vorkommende Radionuklide enthalten, müssen so befördert werden, dass bei Routinebeförderungsbedingungen kein Inhalt aus dem Fahrzeug entweicht und keine Abschirmung verloren geht;

b) jedes Fahrzeug muss unter ausschließlicher Verwendung stehen, es sei denn, es werden mit ihm nur SCO-I-Gegenstände befördert, auf denen die Kontamination auf den zugänglichen und unzugänglichen Oberflächen nicht höher als das 10fache des gemäß der Begriffsbestimmung für Kontamination in Absatz 2.2.7.1.2 anwendbaren Wertes ist;

c) ist bei SCO-I-Gegenständen zu vermuten, dass auf den unzugänglichen Oberflächen mehr nichtfesthaftende Kontamination vorhanden ist als in den in Absatz 2.2.7.2.3.2 a) (i) festgelegten Werten, so sind Maßnahmen zu treffen, die sicherstellen, dass radioaktive Stoffe nicht in das Fahrzeug entweichen können;

d) unverpackte spaltbare Stoffe müssen den Vorschriften des Absatzes 2.2.7.2.3.5 e) entsprechen.

4.1.9.2.5 LSA-Stoffe und SCO-Gegenstände sind, sofern in Absatz 4.1.9.2.4 nichts anderes bestimmt ist, gemäß nachstehender Tabelle zu verpacken.

Tabelle 4.1.9.2.5:

Vorschriften für Industrieversandstücke, die LSA-Stoffe und SCO-Gegenstände enthalten

Radioaktiver Inhalt	Typ des Industrieversandstücks	
	ausschließliche Verwendung	nicht unter ausschließlicher Verwendung
LSA-I		
fest [a)]	Typ IP-1	Typ IP-1
flüssig	Typ IP-1	Typ IP-2
LSA-II		
fest	Typ IP-2	Typ IP-2
flüssig und gasförmig	Typ IP-2	Typ IP-3
LSA-III	Typ IP-2	Typ IP-3
SCO-I [a)]	Typ IP-1	Typ IP-1
SCO-II	Typ IP-2	Typ IP-2

a) Unter den Bedingungen des Absatzes 4.1.9.2.4 dürfen LSA-I-Stoffe und SCO-I-Gegenstände unverpackt befördert werden.

4.1.9.3 **Versandstücke, die spaltbare Stoffe enthalten**

Der Inhalt von Versandstücken, die spaltbare Stoffe enthalten, muss entweder dem direkt im ADR oder im Zulassungszeugnis für das Versandstückmuster festgelegten Inhalt entsprechen.

4.1.10 **Sondervorschriften für die Zusammenpackung**

4.1.10.1 Wenn die Zusammenpackung auf Grund der Vorschriften dieses Abschnitts zugelassen ist, dürfen gefährliche Güter mit anderen gefährlichen Gütern oder anderen Gütern in zusammengesetzten Verpackungen nach Unterabschnitt 6.1.4.21 zusammengepackt werden, vorausgesetzt, sie reagieren nicht gefährlich miteinander und die übrigen entsprechenden Vorschriften dieses Kapitels sind erfüllt.

Bem. 1. Siehe auch Unterabschnitte 4.1.1.5 und 4.1.1.6.

2. Für radioaktive Stoffe siehe Abschnitt 4.1.9.

4.1.10.2 Mit Ausnahme der Versandstücke, die nur Güter der Klasse 1 oder nur Stoffe der Klasse 7 enthalten, darf ein Versandstück, das verschiedene zusammengepackte Güter enthält, bei Verwendung von Kisten aus Holz oder Pappe als Außenverpackungen nicht schwerer sein als 100 kg.

4.1.10.3 Sofern eine anwendbare Sondervorschrift des Unterabschnitts 4.1.10.4 nichts anderes vorschreibt, dürfen gefährliche Güter derselben Klasse und desselben Klassifizierungscodes zusammengepackt werden.

4.1.10.4 Folgende Sondervorschriften sind, wenn sie in Kapitel 3.2 Tabelle A Spalte 9b bei einer Eintragung angegeben sind, für die Zusammenpackung der dieser Eintragung zugeordneten Güter mit anderen Gütern in einem Versandstück anwendbar:

MP 1

Darf nur mit einem Gut desselben Typs und derselben Verträglichkeitsgruppe zusammengepackt werden.

MP 2

Darf nicht mit anderen Gütern zusammengepackt werden.

MP 3

Nur die Zusammenpackung von UN-Nummer 1873 und UN-Nummer 1802 ist zugelassen.

MP 4

Darf weder mit Gütern der übrigen Klassen noch mit Gütern, die den Vorschriften des ADR nicht unterliegen, zusammengepackt werden. Ist dieses organische Peroxid jedoch ein Härter oder Mehrkomponentensystem für Stoffe der Klasse 3, ist eine Zusammenpackung mit diesen Stoffen der Klasse 3 zugelassen.

MP 5

Die Stoffe der UN-Nummern 2814 und 2900 dürfen in einer zusammengesetzten Verpackung nach Verpackungsanweisung P 620 zusammengepackt werden. Sie dürfen nicht mit anderen Gütern zusammengepackt werden; dies gilt nicht für UN 3373 Biologischer Stoff, Kategorie B, der nach Verpackungsanweisung P 650 verpackt ist, oder für Stoffe, die zur Kühlung beigegeben werden, z.B. Eis, Trockeneis oder tiefgekühlt verflüssigter Stickstoff.

MP 6

Darf nicht mit anderen Gütern zusammengepackt werden. Dies gilt nicht für Stoffe, die zur Kühlung beigegeben werden, z.B. Eis, Trockeneis oder tiefgekühlt verflüssigter Stickstoff.

MP 7

Darf in Mengen von höchstens 5 Liter je Innenverpackung
- mit Gütern, die unter einen anderen Klassifizierungscode derselben Klasse fallen, soweit eine Zusammenpackung auch für diese Güter zugelassen ist, und/oder
- mit Gütern, die den Vorschriften des ADR nicht unterliegen,

in einer zusammengesetzten Verpackung nach Unterabschnitt 6.1.4.21 zusammengepackt werden, wenn sie nicht gefährlich miteinander reagieren.

MP 8

Darf in Mengen von höchstens 3 Liter je Innenverpackung
- mit Gütern, die unter einen anderen Klassifizierungscode derselben Klasse fallen, soweit eine Zusammenpackung auch für diese Güter zugelassen ist, und/oder
- mit Gütern, die den Vorschriften des ADR nicht unterliegen,

in einer zusammengesetzten Verpackung nach Unterabschnitt 6.1.4.21 zusammengepackt werden, wenn sie nicht gefährlich miteinander reagieren.

MP 9

Darf mit
- anderen Gütern der Klasse 2,
- Gütern der übrigen Klassen, soweit eine Zusammenpackung auch für Güter dieser Klassen zugelassen ist, und/oder
- Gütern, die den Vorschriften des ADR nicht unterliegen,

in einer für zusammengesetzte Verpackungen des Unterabschnitts 6.1.4.21 vorgesehenen Außenverpackung zusammengepackt werden, wenn sie nicht gefährlich miteinander reagieren.

MP 10

Darf in Mengen von höchstens 5 kg je Innenverpackung
- mit Gütern, die unter einen anderen Klassifizierungscode derselben Klasse fallen, oder mit Gütern der übrigen Klassen, soweit eine Zusammenpackung auch für diese Güter zugelassen ist, und/oder
- mit Gütern, die den Vorschriften des ADR nicht unterliegen,

in einer zusammengesetzten Verpackung nach Unterabschnitt 6.1.4.21 zusammengepackt werden, wenn sie nicht gefährlich miteinander reagieren.

MP 11

Darf in Mengen von höchstens 5 kg je Innenverpackung
- mit Gütern, die unter einen anderen Klassifizierungscode derselben Klasse fallen, oder mit Gütern der übrigen Klassen (mit Ausnahme von Stoffen der Klasse 5.1 Verpackungsgruppe I oder II), soweit eine Zusammenpackung auch für diese Güter zugelassen ist, und/oder
- mit Gütern, die den Vorschriften des ADR nicht unterliegen,

in einer zusammengesetzten Verpackung nach Unterabschnitt 6.1.4.21 zusammengepackt werden, wenn sie nicht gefährlich miteinander reagieren.

MP 12

Darf in Mengen von höchstens 5 kg je Innenverpackung
- mit Gütern, die unter einen anderen Klassifizierungscode derselben Klasse fallen, oder mit Gütern der übrigen Klassen (mit Ausnahme von Stoffen der Klasse 5.1 Verpackungsgruppe I oder II), soweit eine Zusammenpackung auch für diese Güter zugelassen ist, und/oder
- mit Gütern, die den Vorschriften des ADR nicht unterliegen,

in einer zusammengesetzten Verpackung nach Unterabschnitt 6.1.4.21 zusammengepackt werden, wenn sie nicht gefährlich miteinander reagieren.

Ein Versandstück darf nicht schwerer sein als 45 kg; bei Verwendung einer Kiste aus Pappe darf das Versandstück nicht schwerer sein als 27 kg.

MP 13

Darf in Mengen von höchstens 3 kg je Innenverpackung und Versandstück
- mit Gütern, die unter einen anderen Klassifizierungscode derselben Klasse fallen, oder mit Gütern der übrigen Klassen, soweit eine Zusammenpackung auch für diese Güter zugelassen ist, und/oder
- mit Gütern, die den Vorschriften des ADR nicht unterliegen,

in einer zusammengesetzten Verpackung nach Unterabschnitt 6.1.4.21 zusammengepackt werden, wenn sie nicht gefährlich miteinander reagieren.

MP 14
Darf in Mengen von höchstens 6 kg je Innenverpackung – mit Gütern, die unter einen anderen Klassifizierungscode derselben Klasse fallen, oder mit Gütern der übrigen Klassen, soweit eine Zusammenpackung auch für diese Güter zugelassen ist, und/oder – mit Gütern, die den Vorschriften des ADR nicht unterliegen, in einer zusammengesetzten Verpackung nach Unterabschnitt 6.1.4.21 zusammengepackt werden, wenn sie nicht gefährlich miteinander reagieren.

MP 15
Darf in Mengen von höchstens 3 Liter je Innenverpackung – mit Gütern, die unter einen anderen Klassifizierungscode derselben Klasse fallen, oder mit Gütern der übrigen Klassen, soweit eine Zusammenpackung auch für diese Güter zugelassen ist, und/oder – mit Gütern, die den Vorschriften des ADR nicht unterliegen, in einer zusammengesetzten Verpackung nach Unterabschnitt 6.1.4.21 zusammengepackt werden, wenn sie nicht gefährlich miteinander reagieren.

MP 16
(bleibt offen)

MP 17
Darf in Mengen von höchstens 0,5 Liter je Innenverpackung und 1 Liter je Versandstück – mit Gütern der übrigen Klassen mit Ausnahme der Klasse 7, soweit eine Zusammenpackung auch für diese Güter zugelassen ist, und/oder – mit Gütern, die den Vorschriften des ADR nicht unterliegen, in einer zusammengesetzten Verpackung nach Unterabschnitt 6.1.4.21 zusammengepackt werden, wenn sie nicht gefährlich miteinander reagieren.

MP 18
Darf in Mengen von höchstens 0,5 kg je Innenverpackung und 1 kg je Versandstück – mit Gütern der übrigen Klassen mit Ausnahme der Klasse 7, soweit eine Zusammenpackung auch für diese Güter zugelassen ist, und/oder – mit Gütern, die den Vorschriften des ADR nicht unterliegen, in einer zusammengesetzten Verpackung nach Unterabschnitt 6.1.4.21 zusammengepackt werden, wenn sie nicht gefährlich miteinander reagieren.

MP 19
Darf in Mengen von höchstens 5 Liter je Innenverpackung – mit Gütern, die unter einen anderen Klassifizierungscode derselben Klasse fallen, oder mit Gütern der übrigen Klassen, soweit eine Zusammenpackung auch für diese Güter zugelassen ist, und/oder – mit Gütern, die den Vorschriften des ADR nicht unterliegen, in einer zusammengesetzten Verpackung nach Unterabschnitt 6.1.4.21 zusammengepackt werden, wenn sie nicht gefährlich miteinander reagieren.

MP 20

Darf mit Stoffen, die unter dieselbe UN-Nummer fallen, zusammengepackt werden.

Darf nicht mit Gütern der Klasse 1, die unter verschiedene UN-Nummern fallen, zusammengepackt werden, es sei denn, dies ist durch die Sondervorschrift für die Zusammenpackung MP 24 vorgesehen.

Darf nicht mit Gütern der übrigen Klassen oder mit Gütern, die den Vorschriften des ADR nicht unterliegen, zusammengepackt werden.

MP 21

Darf mit Gegenständen, die unter dieselbe UN-Nummer fallen, zusammengepackt werden.

Darf nicht mit Gütern der Klasse 1, die unter verschiedene UN-Nummern fallen, zusammengepackt werden, ausgenommen

a) mit seinen eigenen Zündmitteln, vorausgesetzt,
   (i) die Zündmittel können unter normalen Beförderungsbedingungen nicht ausgelöst werden, oder
   (ii) diese Zündmittel enthalten zumindest zwei wirksame Sicherungsvorrichtungen, die die Auslösung einer Explosion im Falle eines unbeabsichtigten Auslösens des Zündmittels verhindern, oder
   (iii) – bei Zündmitteln, die nicht zwei wirksame Sicherungsvorrichtungen enthalten (d.h. Zündmittel, die der Verträglichkeitsgruppe B zugeordnet sind) – eine unbeabsichtigte Auslösung der Zündmittel zieht nach Auffassung der zuständigen Behörde des Ursprungslandes [5)] unter normalen Beförderungsbedingungen keine Explosion eines Gegenstandes nach sich, und

b) mit Gegenständen der Verträglichkeitsgruppen C, D und E.

Darf nicht mit Gütern der übrigen Klassen oder mit Gütern, die den Vorschriften des ADR nicht unterliegen, zusammengepackt werden.

Beim Zusammenpacken von Gütern nach dieser Vorschrift ist eine mögliche Änderung der Klassifizierung der Versandstücke gemäß Unterabschnitt 2.2.1.1 zu beachten.

Für die Bezeichnung der Güter im Beförderungspapier siehe Absatz 5.4.1.2.1 b).

5) Ist das Ursprungsland keine Vertragspartei des ADR, so muss die Festlegung von der zuständigen Behörde der ersten von der Sendung berührten Vertragspartei des ADR anerkannt werden.

MP 22

Darf mit Gegenständen, die unter dieselbe UN-Nummer fallen, zusammengepackt werden.

Darf nicht mit Gütern der Klasse 1, die unter verschiedene UN-Nummern fallen, zusammengepackt werden, ausgenommen

a) mit seinen eigenen Anzündmitteln, vorausgesetzt, die Anzündmittel können unter normalen Beförderungsbedingungen nicht ausgelöst werden, oder
b) mit Gegenständen der Verträglichkeitsgruppen C, D und E oder
c) dies ist durch die Sondervorschrift für die Zusammenpackung MP 24 vorgesehen.

Darf nicht mit Gütern der übrigen Klassen oder mit Gütern, die den Vorschriften des ADR nicht unterliegen, zusammengepackt werden.

Beim Zusammenpacken von Gütern nach dieser Vorschrift ist eine mögliche Änderung der Klassifizierung der Versandstücke gemäß Unterabschnitt 2.2.1.1 zu beachten.

Für die Bezeichnung der Güter im Beförderungspapier siehe Absatz 5.4.1.2.1 b).

MP 23

Darf mit Gegenständen, die unter dieselbe UN-Nummer fallen, zusammengepackt werden.

Darf nicht mit Gütern der Klasse 1, die unter verschiedene UN-Nummern fallen, zusammengepackt werden, ausgenommen

a) mit seinen eigenen Anzündmitteln, vorausgesetzt, die Anzündmittel können unter normalen Beförderungsbedingungen nicht ausgelöst werden, oder

b) dies ist durch die Sondervorschrift für die Zusammenpackung MP 24 vorgesehen.

Darf nicht mit Gütern der übrigen Klassen oder mit Gütern, die den Vorschriften des ADR nicht unterliegen, zusammengepackt werden.

Beim Zusammenpacken von Gütern nach dieser Vorschrift ist eine mögliche Änderung der Klassifizierung der Versandstücke gemäß Unterabschnitt 2.2.1.1 zu beachten.

Für die Bezeichnung der Güter im Beförderungspapier siehe Absatz 5.4.1.2.1 b).

MP 24

Darf mit Gütern der in der nachstehenden Tabelle aufgeführten UN-Nummern unter folgenden Bedingungen in einem Versandstück zusammengepackt werden:

– wenn in der Tabelle der Buchstabe «A» angegeben ist, dürfen die Güter dieser UN-Nummern ohne besondere Massebegrenzung zusammengepackt werden;

– wenn in der Tabelle der Buchstabe «B» angegeben ist, dürfen die Güter dieser UN-Nummern bis zu einer Gesamtexplosivstoffmasse von 50 kg zusammengepackt werden.

Beim Zusammenpacken von Gütern nach dieser Vorschrift ist eine mögliche Änderung der Klassifizierung der Versandstücke gemäß Unterabschnitt 2.2.1.1 zu beachten.

Für die Bezeichnung der Güter im Beförderungspapier siehe Absatz 5.4.1.2.1 b).

(Tabelle siehe nächste Seite)

(Tabelle MP 24)

UN-Nr.	0012	0014	0027	0028	0044	0054	0160	0161	0186	0191	0194	0195	0197	0238	0240	0312	0333	0334	0335	0336	0337	0373	0405	0428	0429	0430	0431	0432	0505	0506	0507	0509
0012		A																														
0014	A																															
0027				B	B		B	B																								B
0028			B		B		B	B																								B
0044			B	B			B	B																								B
0054									B	B	B	B	B	B	B	B						B	B	B	B	B	B	B	B	B	B	
0160			B	B	B			B																								B
0161			B	B	B		B																									B
0186						B				B	B	B	B	B	B	B						B	B	B	B	B	B	B	B	B	B	
0191						B			B		B	B	B	B	B	B						B	B	B	B	B	B	B	B	B	B	
0194						B			B	B		B	B	B	B	B						B	B	B	B	B	B	B	B	B	B	
0195						B			B	B	B		B	B	B	B						B	B	B	B	B	B	B	B	B	B	
0197						B			B	B	B	B		B	B	B						B	B	B	B	B	B	B	B	B	B	
0238						B			B	B	B	B	B		B	B						B	B	B	B	B	B	B	B	B	B	
0240						B			B	B	B	B	B	B		B						B	B	B	B	B	B	B	B	B	B	
0312						B			B	B	B	B	B	B	B							B	B	B	B	B	B	B	B	B	B	
0333																		A	A	A	A											
0334																	A		A	A	A											
0335																	A	A		A	A											
0336																	A	A	A		A											
0337																	A	A	A	A												
0373						B			B	B	B	B	B	B	B	B							B	B	B	B	B	B	B	B	B	
0405						B			B	B	B	B	B	B	B	B						B		B	B	B	B	B	B	B	B	
0428						B			B	B	B	B	B	B	B	B						B	B		B	B	B	B	B	B	B	
0429						B			B	B	B	B	B	B	B	B						B	B	B		B	B	B	B	B	B	
0430						B			B	B	B	B	B	B	B	B						B	B	B	B		B	B	B	B	B	
0431						B			B	B	B	B	B	B	B	B						B	B	B	B	B		B	B	B	B	
0432						B			B	B	B	B	B	B	B	B						B	B	B	B	B	B		B	B	B	
0505						B			B	B	B	B	B	B	B	B						B	B	B	B	B	B	B		B	B	
0506						B			B	B	B	B	B	B	B	B						B	B	B	B	B	B	B	B		B	
0507						B			B	B	B	B	B	B	B	B						B	B	B	B	B	B	B	B	B		
0509			B	B	B		B	B																								

10

Bem. 1. Für festverbundene Tanks (Tankfahrzeuge), Aufsetztanks, Tankcontainer und Tankwechselaufbauten (Tankwechselbehälter), deren Tankkörper aus metallenen Werkstoffen hergestellt sind, sowie Batterie-Fahrzeuge und Gascontainer mit mehreren Elementen (MEGC) siehe Kapitel 4.3; für Tanks aus faserverstärkten Kunststoffen siehe Kapitel 4.4; für Saug-Druck-Tanks für Abfälle siehe Kapitel 4.5.

2. Ortsbewegliche Tanks und UN-MEGC, die nach den Vorschriften des Kapitels 6.7 gekennzeichnet sind, aber in einem Staat zugelassen wurden, der keine Vertragspartei des ADR ist, dürfen auch für Beförderungen gemäß ADR verwendet werden.

4.2.1 Allgemeine Vorschriften für die Verwendung ortsbeweglicher Tanks zur Beförderung von Stoffen der Klassen 1 und 3 bis 9

4.2.1.1 Dieser Abschnitt beschreibt allgemeine Vorschriften für die Verwendung ortsbeweglicher Tanks zur Beförderung von Stoffen der Klassen 1, 3, 4.1, 4.2, 4.3, 5.1, 5.2, 6.1, 6.2, 7, 8 und 9. Zusätzlich zu diesen allgemeinen Vorschriften müssen ortsbewegliche Tanks die in Abschnitt 6.7.2 beschriebenen Vorschriften für die Auslegung, den Bau, die Prüfung erfüllen. Stoffe müssen in ortsbeweglichen Tanks gemäß den in Kapitel 3.2 Tabelle A Spalte 10 angegebenen und in Absatz 4.2.5.2.6 beschriebenen Anweisungen für ortsbewegliche Tanks (T 1 bis T 23) und gemäß den jedem Stoff in Kapitel 3.2 Tabelle A Spalte 11 zugeordneten und in Unterabschnitt 4.2.5.3 beschriebenen Sondervorschriften für ortsbewegliche Tanks befördert werden.

4.2.1.2 Während der Beförderung müssen die ortsbeweglichen Tanks gegen Beschädigung des Tankkörpers und der Bedienungsausrüstung durch Längs- oder Querstöße oder durch Umkippen ausreichend geschützt sein. Sind der Tankkörper und die Bedienungsausrüstung so gebaut, dass sie den Stößen oder dem Umkippen standhalten, ist ein solcher Schutz nicht erforderlich. Beispiele für einen solchen Schutz sind in Absatz 6.7.2.17.5 beschrieben.

4.2.1.3 Bestimmte Stoffe sind chemisch instabil. Sie sind zur Beförderung nur zugelassen, wenn die notwendigen Maßnahmen zur Verhinderung ihrer gefährlichen Zersetzung, Umwandlung oder Polymerisation während der Beförderung getroffen wurden. Zu diesem Zweck muss insbesondere dafür gesorgt werden, dass die Tankkörper keine Stoffe enthalten, die solche Reaktionen begünstigen können.

4.2.1.4 Die Temperatur der Außenfläche des Tankkörpers, ausgenommen Öffnungen und ihre Verschlüsse, oder der Wärmeisolierung darf während der Beförderung 70 °C nicht übersteigen. Die Tankkörper müssen, soweit erforderlich, wärmeisoliert sein.

4.2.1.5 Ungereinigte leere und nicht entgaste ortsbewegliche Tanks müssen denselben Vorschriften entsprechen wie ortsbewegliche Tanks, die mit dem vorher beförderten Stoff befüllt sind.

4.2.1.6 Stoffe, die gefährlich miteinander reagieren können (siehe Begriffsbestimmung für gefährliche Reaktion in Abschnitt 1.2.1), dürfen nicht in derselben oder in benachbarten Tankkammern befördert werden.

4.2.1.7 Die Baumusterzulassung, der Prüfbericht und die Bescheinigung mit den Ergebnissen der erstmaligen Prüfung, die von der zuständigen Behörde oder einer von ihr bestimmten Stelle für jeden ortsbeweglichen Tank ausgestellt wird, ist sowohl von dieser Behörde oder Stelle als auch vom Eigentümer aufzubewahren. Die Eigentümer müssen in der Lage sein, diese Dokumente auf Anforderung irgendeiner zuständigen Behörde vorzulegen.

4.2.1.8 Außer wenn die Benennung des (der) beförderten Stoffes (Stoffe) auf dem in Absatz 6.7.2.20.2 beschriebenen Metallschild angegeben ist, muss auf Anforderung einer zuständigen Behörde oder einer von ihr bestimmten Stelle eine Kopie der in Absatz 6.7.2.18.1 genannten Bescheinigung vom Absender, Empfänger oder Vertreter unverzüglich vorgelegt werden.

4.2.1.9 **Füllungsgrad**

4.2.1.9.1 Vor dem Befüllen muss der Absender sicherstellen, dass der verwendete ortsbewegliche Tank geeignet ist und nicht mit Stoffen befüllt wird, die bei Berührung mit den Werkstoffen des Tankkörpers, der Dichtungen, der Bedienungsausrüstung und der gegebenenfalls vorhandenen Schutzauskleidungen gefährlich reagieren können, so dass gefährliche Stoffe entstehen oder diese Werkstoffe merklich geschwächt werden. Der Absender muss dazu gegebenenfalls den Hersteller des Stoffes sowie die zuständige Behörde konsultieren, um Auskunft über die Verträglichkeit des Stoffes mit den Werkstoffen des ortsbeweglichen Tanks zu erhalten.

4.2.1.9.1.1 Ortsbewegliche Tanks dürfen nicht über die in den Absätzen 4.2.1.9.2 bis 4.2.1.9.6 genannten Grenzen befüllt werden. Die Anwendbarkeit der Absätze 4.2.1.9.2, 4.2.1.9.3 oder 4.2.1.9.5.1 auf einzelne Stoffe ist in den anwendbaren Anweisungen für ortsbewegliche Tanks oder Sondervorschriften für ortsbewegliche Tanks in Absatz 4.2.5.2.6 oder Unterabschnitt 4.2.5.3 und in Kapitel 3.2 Tabelle A Spalte 10 oder 11 angegeben.

4.2.1.9.2 Für die allgemeine Verwendung wird der höchste Füllungsgrad (in %) durch folgende Formel bestimmt:

$$\text{Füllungsgrad} = \frac{97}{1 + \alpha\,(t_r - t_f)}.$$

4.2.1.9.3 Der höchste Füllungsgrad (in %) für flüssige Stoffe der Klassen 6.1 und 8 Verpackungsgruppen I und II sowie für flüssige Stoffe mit einem absoluten Dampfdruck bei 65 °C von mehr als 175 kPa (1,75 bar) wird durch folgende Formel bestimmt:

$$\text{Füllungsgrad} = \frac{95}{1 + \alpha\,(t_r - t_f)}$$

4.2.1.9.4 In diesen Formeln ist α der mittlere kubische Ausdehnungskoeffizient des flüssigen Stoffes zwischen der mittleren Temperatur des flüssigen Stoffes beim Befüllen (t_f) und der höchsten mittleren Temperatur des Füllguts während der Beförderung (t_r) (beide in °C). Bei flüssigen Stoffen, die unter Umgebungsbedingungen befördert werden, kann α mit folgender Formel berechnet werden:

$$\alpha = \frac{d_{15} - d_{50}}{35\, d_{50}},$$

wobei d_{15} und d_{50} die Dichten des flüssigen Stoffes bei 15 °C bzw. 50 °C sind.

4.2.1.9.4.1 Als höchste mittlere Temperatur des Füllguts (t_r) wird 50 °C festgelegt, ausgenommen bei Beförderungen unter gemäßigten oder extremen klimatischen Bedingungen, für die die betreffenden zuständigen Behörden einer niedrigeren Temperatur zustimmen bzw. eine höhere Temperatur vorschreiben können.

4.2.1.9.5 Die Vorschriften der Absätze 4.2.1.9.2 bis 4.2.1.9.4.1 gelten nicht für ortsbewegliche Tanks, deren Inhalt während der Beförderung auf einer Temperatur von über 50 °C (z.B. durch eine Heizeinrichtung) gehalten wird. Bei ortsbeweglichen Tanks, die mit einer Heizeinrichtung ausgerüstet sind, muss ein Temperaturregler verwendet werden, um sicherzustellen, dass während der Beförderung der höchste Füllungsgrad niemals mehr als 95 % beträgt.

4.2.1.9.5.1 Der höchste Füllungsgrad (in %) für feste Stoffe, die über ihrem Schmelzpunkt befördert werden, und für erwärmte flüssige Stoffe wird durch folgende Formel bestimmt:

$$\text{Füllungsgrad} = 95 \frac{d_r}{d_f},$$

wobei d_f und d_r die Dichten des flüssigen Stoffes bei der mittleren Temperatur des flüssigen Stoffes während des Befüllens bzw. der höchsten mittleren Temperatur des Füllguts während der Beförderung sind.

4.2.1.9.6 Ortsbewegliche Tanks dürfen nicht zur Beförderung aufgegeben werden:

a) mit einem Füllungsgrad, der für flüssige Stoffe mit einer Viskosität bei 20 °C von weniger als 2680 mm²/s oder im Fall von erwärmten Stoffen bei der höchsten Temperatur des Stoffes während der Beförderung mehr als 20 %, aber weniger als 80 % beträgt, es sei denn, die Tankkörper der ortsbeweglichen Tanks sind durch Trenn- oder Schwallwände in Abschnitte mit einem Fassungsraum von höchstens 7500 Liter unterteilt;

b) wenn Rückstände der zuletzt beförderten Stoffe an der Außenseite des Tankkörpers oder an der Bedienungsausrüstung haften;

c) wenn sie undicht oder in einem Ausmaß beschädigt sind, dass die Unversehrtheit des ortsbeweglichen Tanks oder seiner Hebe- oder Befestigungseinrichtungen beeinträchtigt sein kann; und

d) wenn die Bedienungsausrüstung nicht geprüft und in gutem betriebsfähigem Zustand befunden worden ist.

4.2.1.9.7 Gabeltaschen von ortsbeweglichen Tanks müssen bei befüllten Tanks geschlossen sein. Diese Vorschrift gilt nicht für ortsbewegliche Tanks, deren Gabeltaschen nach Absatz 6.7.2.17.4 nicht mit Verschlusseinrichtungen versehen sein müssen.

4.2.1.10 Zusätzliche Vorschriften für die Beförderung von Stoffen der Klasse 3 in ortsbeweglichen Tanks

4.2.1.10.1 Alle für die Beförderung entzündbarer flüssiger Stoffe vorgesehenen ortsbeweglichen Tanks müssen verschlossen und gemäß den Unterabschnitten 6.7.2.8 bis 6.7.2.15 mit Entlastungseinrichtungen ausgerüstet sein.

4.2.1.10.1 1 Bei ortsbeweglichen Tanks, die nur für den Landverkehr vorgesehen sind, dürfen offene Lüftungseinrichtungen verwendet werden, sofern dies gemäß Kapitel 4.3 zugelassen ist.

4.2.1.11 Zusätzliche Vorschriften für die Beförderung von Stoffen der Klassen 4.1 (ausgenommen selbstzersetzliche Stoffe), 4.2 und 4.3 in ortsbeweglichen Tanks

(bleibt offen)

Bem. Für selbstzersetzliche Stoffe der Klasse 4.1 siehe Absatz 4.2.1.13.1.

4.2.1.12 Zusätzliche Vorschriften für die Beförderung von Stoffen der Klasse 5.1 in ortsbeweglichen Tanks

(bleibt offen)

4.2.1.13 Zusätzliche Vorschriften für die Beförderung von Stoffen der Klasse 5.2 und selbstzersetzlichen Stoffen der Klasse 4.1 in ortsbeweglichen Tanks

4.2.1.13.1 Alle Stoffe müssen geprüft sein. Der zuständigen Behörde des Ursprungslandes muss für die Zulassung ein Prüfbericht eingereicht worden sein. An die zuständige Behörde des Bestimmungslandes ist eine Mitteilung über die Zulassung zu senden. Diese Mitteilung muss die anwendbaren Beförderungsbedingungen und den Bericht mit den Prüfergebnissen enthalten. Die durchgeführten Prüfungen müssen Folgendes ermöglichen:

a) den Nachweis der Verträglichkeit aller Werkstoffe, die mit dem Stoff während der Beförderung normalerweise in Berührung kommen;

b) die Lieferung von Daten für die Auslegung der Druckentlastungs- und Notfall-Druckentlastungseinrichtungen unter Berücksichtigung der Auslegungsmerkmale des ortsbeweglichen Tanks.

Alle zusätzlichen Vorschriften, die für die sichere Beförderung des Stoffes notwendig sind, müssen eindeutig im Bericht beschrieben sein.

4.2.1.13.2 Die folgenden Vorschriften gelten für ortsbewegliche Tanks, die für die Beförderung organischer Peroxide oder selbstzersetzlicher Stoffe des Typs F mit einer Temperatur der selbstbeschleunigenden Zersetzung (SADT) von mindestens 55 °C vorgesehen sind. Sofern diese Vorschriften in Widerspruch zu den Vorschriften des Abschnitts 6.7.2 stehen, haben sie Vorrang. Zu berücksichtigende Notfallsituationen sind die selbstbeschleunigende Zersetzung des Stoffes sowie die in Absatz 4.2.1.13.8 beschriebene Feuereinwirkung.

4.2.1.13.3 Zusätzliche Vorschriften für die Beförderung organischer Peroxide oder selbstzersetzlicher Stoffe mit einer SADT unter 55 °C in ortsbeweglichen Tanks sind von der zuständigen Behörde des Ursprungslandes festzulegen. An die zuständige Behörde des Bestimmungslandes ist eine diesbezügliche Mitteilung zu senden.

4.2.1.13.4 Der ortsbewegliche Tank muss für einen Prüfdruck von mindestens 0,4 MPa (4 bar) ausgelegt sein.

4.2.1.13.5 Ortsbewegliche Tanks müssen mit Temperaturfühlern ausgerüstet sein.

4.2.1.13.6 Ortsbewegliche Tanks müssen mit Druckentlastungs- und Notfall-Druckentlastungseinrichtungen ausgerüstet sein. Vakuumventile dürfen ebenfalls verwendet werden. Druckentlastungseinrichtungen müssen bei Drücken ansprechen, die den Eigenschaften des Stoffes und den Konstruktionsmerkmalen des ortsbeweglichen Tanks entsprechend festgesetzt werden. Schmelzsicherungen sind an Tankkörpern nicht zugelassen.

4.2.1.13.7 Die Druckentlastungseinrichtungen müssen aus federbelasteten Ventilen bestehen, die so eingestellt sind, dass ein wesentlicher Druckaufbau im Tank durch Zersetzungsprodukte und Dämpfe, die bei einer Temperatur von 50 °C gebildet werden, verhindert wird. Die Abblasmenge und der Ansprechdruck der Entlastungsventile muss auf Grund der Ergebnisse der in Absatz 4.2.1.13.1 festgelegten Prüfungen bestimmt werden. Der Ansprechdruck darf jedoch auf keinen Fall so eingestellt sein, dass bei einem Umkippen des ortsbeweglichen Tanks Flüssigkeit aus dem (den) Ventil(en) entweicht.

4.2.1.13.8 Die Notfall-Druckentlastungseinrichtungen dürfen als federbelastete Ventile oder Berstscheiben oder als Kombination aus beiden ausgeführt sein, die so ausgelegt sind, dass sämtliche entstehenden Zersetzungsprodukte und Dämpfe abgeführt werden, die sich bei vollständiger Feuereinwirkung während eines Zeitraums von mindestens einer Stunde unter Bedingungen entwickeln, die durch folgende Formel definiert werden:

$q = 70961 \cdot F \cdot A^{0,82}$,

wobei:

q = Wärmeaufnahme [W]

A = benetzte Fläche [m²]

F = Isolierungsfaktor

F = 1 für nicht isolierte Tankkörper oder

$F = \frac{U(923 - T)}{47032}$ für isolierte Tankkörper

wobei:

K = Wärmeleitfähigkeit der Isolierungsschicht [$W \cdot m^{-1} \cdot K^{-1}$]

L = Dicke der Isolierungsschicht [m]

U = K/L = Wärmeleitkoeffizient der Isolierung [$W \cdot m^{-2} \cdot K^{-1}$]

T = Temperatur des Stoffes unter Entlastungsbedingungen [K].

Der Ansprechdruck der Notfall-Druckentlastungseinrichtung(en) muss höher sein als der in Absatz 4.2.1.13.7 genannte und auf Grund der Prüfergebnisse nach Absatz 4.2.1.13.1 festgelegt sein. Die Notfall-Druckentlastungseinrichtungen müssen so bemessen sein, dass der höchste Druck im Tank zu keinem Zeitpunkt den Prüfdruck des ortsbeweglichen Tanks übersteigt.

Bem. Im Handbuch Prüfungen und Kriterien Anhang 5 ist ein Beispiel für eine Methode zur Dimensionierung der Notfall-Druckentlastungseinrichtungen angegeben.

4.2.1.13.9 Für isolierte ortsbewegliche Tanks ist zur Ermittlung der Abblasmenge und der Einstellung der Notfall-Druckentlastungseinrichtung(en) von einem Isolierungsverlust von 1 % der Oberfläche auszugehen.

4.2.1.13.10 Vakuumventile und federbelastete Ventile sind mit Flammendurchschlagsicherungen auszurüsten. Die Verminderung der Entlastungskapazität durch diese Flammendurchschlagsicherung ist zu berücksichtigen.

4.2.1.13.11 Bedienungsausrüstungen wie Absperreinrichtungen und äußere Rohrleitungen sind so anzuordnen, dass nach dem Befüllen des ortsbeweglichen Tanks kein Stoffrest in ihnen zurückbleibt.

4.2.1.13.12 Ortsbewegliche Tanks dürfen entweder wärmeisoliert oder mit einem Sonnenschutz ausgeführt sein. Wenn die SADT des Stoffes im ortsbeweglichen Tank höchstens 55 °C beträgt oder wenn der ortsbewegliche Tank aus Aluminium hergestellt ist, muss er vollständig isoliert sein. Die Außenfläche muss einen weißen Anstrich haben oder in blankem Metall ausgeführt sein.

4.2.1.13.13 Der Füllungsgrad darf bei 15 °C 90 % nicht übersteigen.

4.2.1.13.14 Das in Absatz 6.7.2.20.2 vorgeschriebene Kennzeichen muss die UN-Nummer und die technische Benennung mit der zugelassenen Konzentration des Stoffes enthalten.

4.2.1.13.15 Die in der Anweisung für ortsbewegliche Tanks T 23 in Absatz 4.2.5.2.6 aufgeführten organischen Peroxide und selbstzersetzlichen Stoffe dürfen in ortsbeweglichen Tanks befördert werden.

4.2.1.14 Zusätzliche Vorschriften für die Beförderung von Stoffen der Klasse 6.1 in ortsbeweglichen Tanks

(bleibt offen)

4.2.1.15 Zusätzliche Vorschriften für die Beförderung von Stoffen der Klasse 6.2 in ortsbeweglichen Tanks

(bleibt offen)

4.2.1.16 Zusätzliche Vorschriften für die Beförderung von Stoffen der Klasse 7 in ortsbeweglichen Tanks

4.2.1.16.1 Die für die Beförderung radioaktiver Stoffe verwendeten ortsbeweglichen Tanks dürfen nicht für die Beförderung anderer Güter verwendet werden.

4.2.1.16.2 Der Füllungsgrad für ortsbewegliche Tanks darf 90 % bzw. einen anderen, von der zuständigen Behörde zugelassenen Wert nicht übersteigen.

4.2.1.17 Zusätzliche Vorschriften für die Beförderung von Stoffen der Klasse 8 in ortsbeweglichen Tanks

4.2.1.17.1 Die Druckentlastungseinrichtungen von ortsbeweglichen Tanks, die für die Beförderung von Stoffen der Klasse 8 verwendet werden, müssen in regelmäßigen Abständen von höchstens einem Jahr überprüft werden.

4.2.1.18 Zusätzliche Vorschriften für die Beförderung von Stoffen der Klasse 9 in ortsbeweglichen Tanks

(bleibt offen)

4.2.1.19 Zusätzliche Vorschriften für die Beförderung von festen Stoffen, die über ihrem Schmelzpunkt befördert werden

4.2.1.19.1 Feste Stoffe, die über ihrem Schmelzpunkt befördert oder zur Beförderung aufgegeben werden und denen in Kapitel 3.2 Tabelle A Spalte 10 keine Anweisung für ortsbewegliche Tanks zugeordnet ist oder bei denen sich die zugeordnete Anweisung für ortsbewegliche Tanks nicht auf eine Beförderung bei Temperaturen über dem Schmelzpunkt bezieht, dürfen in ortsbeweglichen Tanks befördert werden, vorausgesetzt, die festen Stoffe sind der Klasse 4.1, 4.2, 4.3, 5.1, 6.1, 8 oder 9 zugeordnet, haben mit Ausnahme der Nebengefahr der Klasse 6.1 oder 8 keine weitere Nebengefahr und sind der Verpackungsgruppe II oder III zugeordnet.

4.2.1.19.2 Sofern in Kapitel 3.2 Tabelle A nichts anderes angegeben ist, müssen ortsbewegliche Tanks, die für die Beförderung dieser festen Stoffe über ihrem Schmelzpunkt verwendet werden, für feste Stoffe der Verpackungsgruppe III den Vorschriften der Anweisung für ortsbewegliche Tanks T 4 und für feste Stoffe der Verpackungsgruppe II den Vorschriften der Anweisung für ortsbewegliche Tanks T 7 entsprechen. Nach Absatz 4.2.5.2.5 darf auch ein ortsbeweglicher Tank, der ein gleichwertiges oder höheres Sicherheitsniveau bietet, ausgewählt werden. Der höchste Füllungsgrad (in %) ist nach Absatz 4.2.1.9.5 (Sondervorschrift TP 3) zu bestimmen.

4.2.2 Allgemeine Vorschriften für die Verwendung ortsbeweglicher Tanks zur Beförderung nicht tiefgekühlt verflüssigter Gase und von Chemikalien unter Druck

4.2.2.1 Dieser Abschnitt enthält die allgemeinen Vorschriften, die für die Verwendung ortsbeweglicher Tanks zur Beförderung nicht tiefgekühlt verflüssigter Gase und von Chemikalien unter Druck anzuwenden sind.

4.2.2.2 Die ortsbeweglichen Tanks müssen den in Abschnitt 6.7.3 angegebenen Vorschriften für die Auslegung, den Bau und die Prüfung entsprechen. Nicht tiefgekühlt verflüssigte Gase und Chemikalien unter Druck müssen in ortsbeweglichen Tanks befördert werden, die der in Absatz 4.2.5.2.6 beschriebenen Anweisung für ortsbewegliche Tanks T 50 und bestimmten nicht tiefgekühlt verflüssigten Gasen in Kapitel 3.2 Tabelle A Spalte 11 zugeordneten und in Unterabschnitt 4.2.5.3 beschriebenen Sondervorschriften für ortsbewegliche Tanks entsprechen.

4.2.2.3 Während der Beförderung müssen die ortsbeweglichen Tanks gegen Beschädigung des Tankkörpers und der Bedienungsausrüstung durch Längs- oder Querstöße oder durch Umkippen ausreichend geschützt sein. Sind der Tankkörper und die Bedienungsausrüstung so gebaut, dass sie den Stößen oder dem Umkippen standhalten, ist ein solcher Schutz nicht erforderlich. Beispiele für einen solchen Schutz sind in Absatz 6.7.3.13.5 beschrieben.

4.2.2.4 Bestimmte nicht tiefgekühlt verflüssigte Gase sind chemisch instabil. Sie sind zur Beförderung nur zugelassen, wenn die notwendigen Maßnahmen zur Verhinderung ihrer gefährlichen Zersetzung, Umwandlung oder Polymerisation während der Beförderung getroffen wurden. Zu diesem Zweck muss insbesondere dafür gesorgt werden, dass die ortsbeweglichen Tanks keine nicht tiefgekühlt verflüssigten Gase enthalten, die solche Reaktionen begünstigen können.

4.2.2.5 Außer wenn die Benennung des (der) beförderten Gases (Gase) auf dem in Absatz 6.7.3.16.2 beschriebenen Metallschild angegeben ist, muss auf Anforderung einer zuständigen Behörde eine Kopie der in Absatz 6.7.3.14.1 genannten Bescheinigung vom Absender, Empfänger oder Vertreter unverzüglich vorgelegt werden.

4.2.2.6 Ungereinigte leere und nicht entgaste ortsbewegliche Tanks müssen denselben Vorschriften entsprechen wie ortsbewegliche Tanks, die mit dem vorher beförderten nicht tiefgekühlt verflüssigten Gas befüllt sind.

4.2.2.7 Befüllen

4.2.2.7.1 Vor dem Befüllen ist der ortsbewegliche Tank zu prüfen, um sicherzustellen, dass er für das zu befördernde nicht tiefgekühlt verflüssigte Gas oder das Treibmittel der zu befördernden Chemikalie unter Druck zugelassen ist und nicht mit nicht tiefgekühlt verflüssigten Gasen oder Chemikalien unter Druck befüllt wird, die bei Berührung mit den Werkstoffen des Tankkörpers, der Dichtungen, der Bedienungsausrüstung und der eventuellen Schutzauskleidungen gefährlich reagieren können, so dass gefährliche Stoffe entstehen oder diese Werkstoffe merklich geschwächt werden. Während des Befüllens muss die Temperatur des nicht tiefgekühlt verflüssigten Gases oder des Treibmittels von Chemikalien unter Druck innerhalb der Grenzen des Auslegungstemperaturbereichs liegen.

4.2.2.7.2 Die höchste Masse des nicht tiefgekühlt verflüssigten Gases je Liter Fassungsraum des Tankkörpers (kg/l) darf die Dichte des nicht tiefgekühlt verflüssigten Gases bei 50 °C, multipliziert mit 0,95, nicht übersteigen. Darüber hinaus darf der Tankkörper bei 60 °C nicht vollständig flüssigkeitsgefüllt sein.

4.2.2.7.3 Die ortsbeweglichen Tanks dürfen nicht über ihre höchstzulässige Bruttomasse und über die für jedes zu befördernde Gas festgelegte höchstzulässige Masse der Füllung befüllt werden.

4.2.2.8 Ortsbewegliche Tanks dürfen nicht zur Beförderung aufgegeben werden:

a) mit einem Füllungsgrad, bei dem die Schwallbewegungen des Inhalts unzulässige hydraulische Kräfte hervorrufen können;

b) wenn sie undicht sind;

c) wenn sie in einem Ausmaß beschädigt sind, dass die Unversehrtheit des ortsbeweglichen Tanks oder seiner Hebe- oder Befestigungseinrichtungen beeinträchtigt sein kann; und

d) wenn die Bedienungsausrüstung nicht geprüft und in gutem betriebsfähigem Zustand befunden worden ist.

4.2.2.9 Gabeltaschen von ortsbeweglichen Tanks müssen bei befüllten Tanks geschlossen sein. Diese Vorschrift gilt nicht für ortsbewegliche Tanks, deren Gabeltaschen nach Absatz 6.7.3.13.4 nicht mit Verschlusseinrichtungen versehen sein müssen.

4.2.3 Allgemeine Vorschriften für die Verwendung ortsbeweglicher Tanks zur Beförderung tiefgekühlt verflüssigter Gase

4.2.3.1 Dieser Abschnitt enthält die allgemeinen Vorschriften, die für die Verwendung ortsbeweglicher Tanks zur Beförderung tiefgekühlt verflüssigter Gase anzuwenden sind.

4.2.3.2 Die ortsbeweglichen Tanks müssen den in Abschnitt 6.7.4 angegebenen Vorschriften für die Auslegung, den Bau und die Prüfung entsprechen. Tiefgekühlt verflüssigte Gase müssen in ortsbeweglichen Tanks befördert werden, die der in Absatz 4.2.5.2.6 beschriebenen Anweisung für ortsbewegliche Tanks T 75 und den jedem tiefgekühlt verflüssigten Gas in Kapitel 3.2 Tabelle A Spalte 11 zugeordneten und in Unterabschnitt 4.2.5.3 beschriebenen Sondervorschriften für ortsbewegliche Tanks entsprechen.

4.2.3.3 Während der Beförderung müssen die ortsbeweglichen Tanks gegen Beschädigung des Tankkörpers und der Bedienungsausrüstung durch Längs- oder Querstöße oder durch Umkippen ausreichend geschützt sein. Sind der Tankkörper und die Bedienungsausrüstung so gebaut, dass sie den Stößen oder dem Umkippen standhalten, ist ein solcher Schutz nicht erforderlich. Beispiele für einen solchen Schutz sind in Absatz 6.7.4.12.5 beschrieben.

4.2.3.4 Außer wenn die Benennung des (der) beförderten Gases (Gase) auf dem in Absatz 6.7.4.15.2 beschriebenen Metallschild angegeben ist, muss auf Anforderung einer zuständigen Behörde eine Kopie der in Absatz 6.7.4.13.1 genannten Bescheinigung vom Absender, Empfänger oder Vertreter unverzüglich vorgelegt werden.

4.2.3.5 Ungereinigte leere und nicht entgaste ortsbewegliche Tanks müssen denselben Vorschriften entsprechen wie ortsbewegliche Tanks, die mit dem vorher beförderten Stoff befüllt sind.

4.2.3.6 Befüllen

4.2.3.6.1 Vor dem Befüllen ist der ortsbewegliche Tank zu prüfen, um sicherzustellen, dass er für das zu befördernde tiefgekühlt verflüssigte Gas zugelassen ist und nicht mit tiefgekühlt verflüssigten Gasen befüllt wird, die bei Berührung mit den Werkstoffen des Tankkörpers, der Dichtungen, der Bedienungsausrüstung und der eventuellen Schutzauskleidungen gefährlich reagieren können, so dass gefährliche Stoffe entstehen oder diese Werkstoffe merklich geschwächt werden. Während des Befüllens muss die Temperatur des tiefgekühlt verflüssigten Gases innerhalb der Grenzen des Auslegungstemperaturbereichs liegen.

4.2.3.6.2 Bei der Ermittlung des Anfangsfüllungsgrades muss die für die vorgesehene Beförderung notwendige Haltezeit einschließlich aller eventuell auftretender Verzögerungen in Betracht gezogen werden. Abgesehen von den Vorschriften der Absätze 4.2.3.6.3 und 4.2.3.6.4 muss der Anfangsfüllungsgrad des Tankkörpers so gewählt werden, dass bei einem Temperaturanstieg des Inhalts, ausgenommen Helium, bis zu einer Temperatur, bei der der Dampfdruck gleich dem höchstzulässigen Betriebsdruck ist, das vom flüssigen Stoff eingenommene Volumen 98 % nicht überschreitet.

4.2.3.6.3 Zur Beförderung von Helium vorgesehene Tankkörper dürfen bis zur Einlassöffnung der Druckentlastungseinrichtung, nicht aber darüber hinaus befüllt werden.

4.2.3.6.4 Ein höherer Anfangsfüllungsgrad kann unter dem Vorbehalt der Genehmigung durch die zuständige Behörde zugelassen werden, wenn die vorgesehene Dauer der Beförderung beträchtlich kürzer ist als die Haltezeit.

4.2.3.7 Tatsächliche Haltezeit

4.2.3.7.1 Für jede Beförderung ist die tatsächliche Haltezeit nach einem von der zuständigen Behörde anerkannten Verfahren zu berechnen, und zwar unter Berücksichtigung:

a) der Referenzhaltezeit des zu befördernden tiefgekühlt verflüssigten Gases (siehe Absatz 6.7.4.2.8.1) (wie auf dem in Absatz 6.7.4.15.1 genannten Schild angegeben);
b) der tatsächlichen Fülldichte;
c) des tatsächlichen Fülldrucks;
d) des niedrigsten Ansprechdrucks des (der) Druckbegrenzungseinrichtung(en).

4.2.3.7.2 Die tatsächliche Haltezeit ist entweder auf dem ortsbeweglichen Tank selbst oder auf einem fest am ortsbeweglichen Tank angebrachten Metallschild gemäß Absatz 6.7.4.15.2 anzugeben.

4.2.3.8 Ortsbewegliche Tanks dürfen nicht zur Beförderung aufgegeben werden:

a) mit einem Füllungsgrad, bei dem die Schwallbewegungen des Inhalts unzulässige hydraulische Kräfte herrufen können;
b) wenn sie undicht sind;
c) wenn sie in einem Ausmaß beschädigt sind, dass die Unversehrtheit des ortsbeweglichen Tanks oder seiner Hebe- oder Befestigungseinrichtungen beeinträchtigt sein kann;
d) wenn die Bedienungsausrüstung nicht geprüft und in gutem betriebsfähigem Zustand befunden worden ist;
e) wenn die tatsächliche Haltezeit des zu befördernden tiefgekühlt verflüssigten Gases nicht gemäß Unterabschnitt 4.2.3.7 bestimmt und der ortsbewegliche Tank nicht gemäß Absatz 6.7 4.15.2 gekennzeichnet worden ist; und
f) wenn die Dauer der Beförderung unter Berücksichtigung aller eventuell auftretenden Verzögerungen die tatsächliche Haltezeit übersteigt.

4.2.3.9 Gabeltaschen von ortsbeweglichen Tanks müssen bei befüllten Tanks geschlossen sein. Diese Vorschrift gilt nicht für ortsbewegliche Tanks, deren Gabeltaschen nach Absatz 6.7.4.12.4 nicht mit Verschlusseinrichtungen versehen sein müssen.

4.2.4 Allgemeine Vorschriften für die Verwendung von UN-Gascontainern mit mehreren Elementen (MEGC)

4.2.4.1 Dieser Abschnitt enthält die allgemeinen Vorschriften, die für die Verwendung von in Abschnitt 6.7.5 aufgeführten Gascontainern mit mehreren Elementen (MEGC) zur Beförderung nicht tiefgekühlter Gase anzuwenden sind.

4.2.4.2 Die MEGC müssen den in Abschnitt 6.7.5 angegebenen Vorschriften für die Auslegung, den Bau und die Prüfung entsprechen. Die Elemente der MEGC müssen nach den Vorschriften des Unterabschnitts 4.1.4.1 Verpackungsanweisungen P 200 und des Unterabschnitts 6.2.1.6 wiederkehrend geprüft werden.

10

4.2.4.3 Während der Beförderung müssen die MEGC gegen Beschädigung der Elemente und der Bedienungsausrüstung durch Längs- oder Querstöße oder durch Umkippen ausreichend geschützt sein. Sind die Elemente und die Bedienungsausrüstung so gebaut, dass sie den Stößen oder dem Umkippen standhalten, ist ein solcher Schutz nicht erforderlich. Beispiele für einen solchen Schutz sind in Absatz 6.7.5.10.4 beschrieben.

4.2.4.4 Die Vorschriften für die wiederkehrende Prüfung von MEGC sind in Unterabschnitt 6.7.5.12 aufgeführt. Die MEGC oder deren Elemente dürfen nach der Fälligkeit der wiederkehrenden Prüfung nicht beladen oder befüllt werden, sie dürfen jedoch nach Ablauf der Frist für die wiederkehrende Prüfung befördert werden.

4.2.4.5 Befüllen

4.2.4.5.1 Vor dem Befüllen ist der MEGC zu prüfen, um sicherzustellen, dass er für das zu befördernde Gas zugelassen ist und die anwendbaren Vorschriften des ADR eingehalten sind.

4.2.4.5.2 Die Elemente der MEGC sind entsprechend den Betriebsdrücken, Füllungsgraden und Befüllungsvorschriften zu befüllen, die in Unterabschnitt 4.1.4.1 Verpackungsanweisung P 200 für das in die einzelnen Elemente zu befüllende Gas festgelegt sind. Ein MEGC oder eine Gruppe von Elementen darf als Einheit in keinem Fall über den niedrigsten Betriebsdruck irgendeines der Elemente hinaus befüllt werden.

4.2.4.5.3 Die MEGC dürfen nicht über ihre höchstzulässige Bruttomasse befüllt werden.

4.2.4.5.4 Die Trennventile müssen nach dem Befüllen geschlossen werden und während der Beförderung verschlossen bleiben. Giftige Gase (Gase der Gruppen T, TF, TC, TO, TFC und TOC) dürfen nur in MEGC befördert werden, bei denen jedes Element mit einem Trennventil ausgerüstet ist.

4.2.4.5.5 Die Öffnung(en) für das Befüllen muss (müssen) durch Kappen oder Stopfen verschlossen werden. Nach dem Befüllen ist die Dichtheit der Verschlüsse und der Ausrüstung durch den Befüller zu überprüfen.

4.2.4.5.6 MEGC dürfen nicht zur Befüllung übergeben werden:

a) wenn sie in einem Ausmaß beschädigt sind, dass die Unversehrtheit der Druckgefäße oder deren bauliche Ausrüstung oder Bedienungsausrüstung beeinträchtigt sein kann;

b) wenn bei der Untersuchung der Betriebszustand der Druckgefäße und ihrer baulichen Ausrüstung oder Bedienungsausrüstung nicht für gut befunden wurde; oder

c) Das in Absatz 6.7.2.20.2 vorgeschriebene Kennzeichen muss die UN-Nummer und die technische Benennung mit der zugelassenen Konzentration des Stoffes enthalten.

4.2.4.6 Befüllte MEGC dürfen nicht zur Beförderung aufgegeben werden:

a) wenn sie undicht sind;

b) wenn sie in einem Ausmaß beschädigt sind, dass die Unversehrtheit der Druckgefäße oder deren bauliche Ausrüstung oder Bedienungsausrüstung beeinträchtigt sein kann;

c) wenn bei der Untersuchung der Betriebszustand der Druckgefäße und ihrer baulichen Ausrüstung oder Bedienungsausrüstung nicht für gut befunden wurde; oder

d) wenn die vorgeschriebenen Kennzeichen für die Zulassung, die wiederkehrende Prüfung und die Füllung nicht lesbar sind.

4.2.4.7 Ungereinigte leere und nicht entgaste MEGC müssen denselben Vorschriften entsprechen wie MEGC, die mit dem vorher beförderten Stoff befüllt sind.

4.2.5 Anweisungen und Sondervorschriften für ortsbewegliche Tanks

4.2.5.1 Allgemeines

4.2.5.1.1 Dieser Abschnitt enthält die Anweisungen für ortsbewegliche Tanks und die Sondervorschriften, die für die in ortsbeweglichen Tanks zugelassenen Stoffe anwendbar sind. Jede Anweisung für ortbewegliche Tanks ist durch einen alphanumerischen Code (z.B. T 1) gekennzeichnet. In Kapitel 3.2 Tabelle A Spalte 10 ist die für jeden für die Beförderung in ortsbeweglichen Tanks zugelassenen Stoff anwendbare Anweisung für ortsbewegliche Tanks angegeben. Wenn für einen bestimmten Stoff in Spalte 10 keine Anweisung für ortsbewegliche Tanks angegeben ist, ist die Beförderung dieses Stoffes in ortsbeweglichen Tanks nicht zugelassen, es sei denn, eine zuständige Behörde hat eine Zulassung gemäß Unterabschnitt 6.7.1.3 erteilt. In Kapitel 3.2 Tabelle A Spalte 11 sind bestimmten Stoffen Sondervorschriften für ortsbewegliche Tanks zugeordnet. Jede Sondervorschrift für ortsbewegliche Tanks ist durch einen alphanumerischen Code (z.B. TP 1) gekennzeichnet. In Unterabschnitt 4.2.5.3 ist eine Aufzählung der Sondervorschriften für ortsbewegliche Tanks aufgeführt.

Bem. Bei Gasen, die zur Beförderung in MEGC zugelassen sind, ist in Kapitel 3.2 Tabelle A Spalte 10 der Buchstabe «(M)» angegeben.

4.2.5.2 Anweisungen für ortsbewegliche Tanks

4.2.5.2.1 Die Anweisungen für ortsbewegliche Tanks gelten für Stoffe der Klassen 1 bis 9. Die Anweisungen für ortsbewegliche Tanks geben Auskunft über die für bestimmte Stoffe anwendbaren Vorschriften für ortsbeweglichen Tanks. Diese Vorschriften müssen zusätzlich zu den allgemeinen Vorschriften dieses Kapitel und des Kapitels 6.7 erfüllt werden.

4.2.5.2.2 Für Stoffe der Klassen 1 und 3 bis 9 geben die Anweisungen für ortsbewegliche Tanks den anzuwendenden Mindestprüfdruck, die Mindestwanddicke des Tankkörpers (für Bezugsstahl), Vorschriften für die Bodenöffnungen und die Druckentlastungseinrichtung an. In der Anweisung für ortsbewegliche Tanks T 23 sind die selbstzersetzlichen Stoffe der Klasse 4.1 und die organischen Peroxide der Klasse 5.2, die zur Beförderung in ortsbeweglichen Tanks zugelassen sind, sowie die anzuwendenden Kontroll- und Notfalltemperaturen angegeben.

4.2.5.2.3 Nicht tiefgekühlt verflüssigte Gase sind der Anweisung für ortsbewegliche Tanks T 50 zugeordnet, die für jedes zur Beförderung in ortsbeweglichen Tanks zugelassene nicht tiefgekühlt verflüssigte Gas den höchstzulässigen Betriebsdruck sowie die Vorschriften für die Öffnungen unterhalb des Flüssigkeitsspiegels, die Druckentlastungseinrichtungen und die höchste Fülldichte angibt.

4.2.5.2.4 Tiefgekühlt verflüssigte Gase sind der Anweisung für ortsbewegliche Tanks T 75 zugeordnet.

4.2.5.2.5 Bestimmung der entsprechenden Anweisung für ortsbewegliche Tanks

Wird in Kapitel 3.2 Tabelle A Spalte 10 bei einer bestimmten Eintragung eines gefährlichen Gutes eine bestimmte Anweisung für ortsbewegliche Tanks angegeben, dürfen auch andere ortsbewegliche Tanks verwendet werden, die höhere Mindestprüfdrücke, größere Wanddicken der Tankkörper und strengere Anforderungen für die Bodenöffnungen und Druckentlastungseinrichtungen aufweisen. Die folgenden Richtlinien dienen zur Bestimmung eines geeigneten ortsbeweglichen Tanks, der für die Beförderung eines bestimmten Stoffes verwendet werden darf:

10

Anweisung für ortsbewegliche Tanks	weitere zugelassene Anweisungen für ortsbewegliche Tanks
T 1	T 2, T 3, T 4, T 5, T 6, T 7, T 8, T 9, T 10, T 11, T 12, T 13, T 14, T 15, T 16, T 17, T 18, T 19, T 20, T 21, T 22

Anweisung für ortsbewegliche Tanks	weitere zugelassene Anweisungen für ortsbewegliche Tanks
T 2	T 4, T 5, T 7, T 8, T 9, T 10, T 11, T 12, T 13, T 14, T 15, T 16, T 17, T 18, T 19, T 20, T 21, T 22

Anweisung für ortsbewegliche Tanks	weitere zugelassene Anweisungen für ortsbewegliche Tanks
T 3	T 4, T 5, T 6, T 7, T 8, T 9, T 10, T 11, T 12, T 13, T 14, T 15, T 16, T 17, T 18, T 19, T 20, T 21, T 22

Anweisung für ortsbewegliche Tanks	weitere zugelassene Anweisungen für ortsbewegliche Tanks
T 4	T 5, T 7, T 8, T 9, T 10, T 11, T 12, T 13, T 14, T 15, T 16, T 17, T 18, T 19, T 20, T 21, T 22

Anweisung für ortsbewegliche Tanks	weitere zugelassene Anweisungen für ortsbewegliche Tanks
T 5	T 10, T 14, T 19, T 20, T 22

Anweisung für ortsbewegliche Tanks	weitere zugelassene Anweisungen für ortsbewegliche Tanks
T 6	T 7, T 8, T 9, T 10, T 11, T 12, T 13, T 14, T 15, T 16, T 17, T 18, T 19, T 20, T 21, T 22

Anweisung für ortsbewegliche Tanks	weitere zugelassene Anweisungen für ortsbewegliche Tanks
T 7	T 8, T 9, T 10, T 11, T 12, T 13, T 14, T 15, T 16, T 17, T 18, T 19, T 20, T 21, T 22

Anweisung für ortsbewegliche Tanks	weitere zugelassene Anweisungen für ortsbewegliche Tanks
T 8	T 9, T 10, T 13, T 14, T 19, T 20, T 21, T 22

Anweisung für ortsbewegliche Tanks	weitere zugelassene Anweisungen für ortsbewegliche Tanks
T 9	T 10, T 13, T 14, T 19, T 20, T 21, T 22

Anweisung für ortsbewegliche Tanks	weitere zugelassene Anweisungen für ortsbewegliche Tanks
T 10	T 14, T 19, T 20, T 22

Anweisung für ortsbewegliche Tanks	weitere zugelassene Anweisungen für ortsbewegliche Tanks
T 11	T 12, T 13, T 14, T 15, T 16, T 17, T 18, T 19, T 20, T 21, T 22

Anweisung für ortsbewegliche Tanks	weitere zugelassene Anweisungen für ortsbewegliche Tanks
T 12	T 14, T 16, T 18, T 19, T 20, T 22

Anweisung für ortsbewegliche Tanks	weitere zugelassene Anweisungen für ortsbewegliche Tanks
T 13	T 14, T 19, T 20, T 21, T 22

Anweisung für ortsbewegliche Tanks	weitere zugelassene Anweisungen für ortsbewegliche Tanks
T 14	T 19, T 20, T 22

Anweisung für ortsbewegliche Tanks	weitere zugelassene Anweisungen für ortsbewegliche Tanks
T 15	T 16, T 17, T 18, T 19, T 20, T 21, T 22

Anweisung für ortsbewegliche Tanks	weitere zugelassene Anweisungen für ortsbewegliche Tanks
T 16	T 18, T 19, T 20, T 22

Anweisung für ortsbewegliche Tanks	weitere zugelassene Anweisungen für ortsbewegliche Tanks
T 17	T 18, T 19, T 20, T 21, T 22

Anweisung für ortsbewegliche Tanks	weitere zugelassene Anweisungen für ortsbewegliche Tanks
T 18	T 19, T 20, T 22

Anweisung für ortsbewegliche Tanks	weitere zugelassene Anweisungen für ortsbewegliche Tanks
T 19	T 20, T 22

Anweisung für ortsbewegliche Tanks	weitere zugelassene Anweisungen für ortsbewegliche Tanks
T 20	T 22

Anweisung für ortsbewegliche Tanks	weitere zugelassene Anweisungen für ortsbewegliche Tanks
T 21	T 22

Anweisung für ortsbewegliche Tanks	weitere zugelassene Anweisungen für ortsbewegliche Tanks
T 22	keine

Anweisung für ortsbewegliche Tanks	weitere zugelassene Anweisungen für ortsbewegliche Tanks
T 23	keine

4.2.5.2.6 Anweisungen für ortsbewegliche Tanks

Die Anweisungen für ortsbewegliche Tanks legen die Anforderungen an einen ortsbeweglichen Tank fest, der für die Beförderung eines bestimmten Stoffes verwendet wird. Die Anweisungen für ortsbewegliche Tanks T 1 bis T 22 legen die anwendbaren Mindestprüfdrücke, Mindestwanddicken des Tankkörpers (in mm Bezugsstahl) und die Vorschriften für die Druckentlastungseinrichtungen und Bodenöffnungen fest.

T 1 - T 22	**Anweisungen für ortsbewegliche Tanks**			
Diese Anweisungen für ortsbewegliche Tanks gelten für flüssige und feste Stoffe der Klassen 1 und 3 bis 9. Die allgemeinen Vorschriften des Abschnitts 4.2.1 und die Vorschriften des Abschnitts 6.7.2 sind einzuhalten.				
Anweisung für ortbewegliche Tanks	**Mindestprüfdruck (bar)**	**Mindestwanddicke des Tankkörpers (in mm Bezugsstahl) (siehe Unterabschnitt 6.7.2.4)**	**Druckentlastungs-einrichtungen (siehe Unterabschnitt 6.7.2.8) [a]**	**Bodenöffnungen [b] (siehe Unterabschnitt 6.7.2.6)**
T 1	1,5	siehe 6.7.2.4.2	normal	siehe 6.7.2.6.2
T 2	1,5	siehe 6.7.2.4.2	normal	siehe 6.7.2.6.3
T 3	2,65	siehe 6.7.2.4.2	normal	siehe 6.7.2.6.2
T 4	2,65	siehe 6.7.2.4.2	normal	siehe 6.7.2.6.3
T 5	2,65	siehe 6.7.2.4.2	siehe 6.7.2.8.3	nicht zugelassen
T 6	4	siehe 6.7.2.4.2	normal	siehe 6.7.2.6.2
T 7	4	siehe 6.7.2.4.2	normal	siehe 6.7.2.6.3
T 8	4	siehe 6.7.2.4.2	normal	nicht zugelassen
T 9	4	6 mm	normal	nicht zugelassen
T 10	4	6 mm	siehe 6.7.2.8.3	nicht zugelassen
T 11	6	siehe 6.7.2.4.2	normal	siehe 6.7.2.6.3
T 12	6	siehe 6.7.2.4.2	siehe 6.7.2.8.3	siehe 6.7.2.6.3
T 13	6	6 mm	normal	nicht zugelassen
T 14	6	6 mm	siehe 6.7.2.8.3	nicht zugelassen
T 15	10	siehe 6.7.2.4.2	normal	siehe 6.7.2.6.3
T 16	10	siehe 6.7.2.4.2	siehe 6.7.2.8.3	siehe 6.7.2.6.3
T 17	10	6 mm	normal	siehe 6.7.2.6.3
T 18	10	6 mm	siehe 6.7.2.8.3	siehe 6.7.2.6.3
T 19	10	6 mm	siehe 6.7.2.8.3	nicht zugelassen
T 20	10	8 mm	siehe 6.7.2.8.3	nicht zugelassen
T 21	10	10 mm	normal	nicht zugelassen
T 22	10	10 mm	siehe 6.7.2.8.3	nicht zugelassen

a) Wenn der Ausdruck «normal» angegeben ist, gelten alle Vorschriften des Unterabschnitts 6.7.2.8 mit Ausnahme von Absatz 6.7.2.8.3.

b) Wenn in dieser Spalte «nicht zugelassen» angegeben ist, sind Bodenöffnungen nicht zugelassen, wenn der zu befördernde Stoff flüssig ist (siehe Absatz 6.7.2.6.1). Wenn der zu befördernde Stoff bei allen unter normalen Beförderungsbedingungen auftretenden Temperaturen ein fester Stoff ist, sind Bodenöffnungen, die den Vorschriften des Absatzes 6.7.2.6.2 entsprechen, zugelassen.

T 23	Anweisungen für ortsbewegliche Tanks							
Diese Anweisung für ortsbewegliche Tanks gilt für selbstzersetzliche Stoffe der Klasse 4.1 und organische Peroxide der Klasse 5.2. Die allgemeinen Vorschriften des Abschnitts 4.2.1 und die Vorschriften des Abschnitts 6.7.2 sind einzuhalten. Die anwendbaren zusätzlichen Vorschriften für selbstzersetzliche Stoffe der Klasse 4.1 und organische Peroxide der Klasse 5.2 in Unterabschnitt 4.2.1.13 sind ebenfalls einzuhalten. Die nachstehend aufgeführten Zubereitungen dürfen, gegebenenfalls mit denselben Kontroll- und Notfalltemperaturen, auch gemäß Unterabschnitt 4.1.4.1 Verpackungsanweisung P 520 Verpackungsmethode OP8 verpackt befördert werden.								
UN-Nr.	**Stoff**	**Mindestprüfdruck (bar)**	**Mindestwanddicke des Tankkörpers (in mm Bezugsstahl)**	**Bodenöffnungen**	**Druckentlastungseinrichtungen**	**Füllungsgrad**	**Kontrolltemperatur**	**Notfalltemperatur**
3109	**ORGANISCHES PEROXID, TYP F, FLÜSSIG**	4	siehe 6.7.2.4.2	siehe 6.7.2.6.3	siehe 6.7.2.8.2, 4.2.1.13.6, 4.2.1.13.7, 4.2.1.13.8	siehe 4.2.1.13.13		
	tert-Butylhydroperoxid [a], höchstens 72 %, mit Wasser							
	Cumylhydroperoxid, höchstens 90 %, in Verdünnungsmittel Typ A							
	Di-tert-butylperoxid, höchstens 32 %, in Verdünnungsmittel Typ A							
	Isopropylcumylhydroperoxid, höchstens 72 %, in Verdünnungsmittel Typ A							
	p-Menthylhydroperoxid, höchstens 72 %, in Verdünnungsmittel Typ A							
	Pinanylhydroperoxid, höchstens 56 %, in Verdünnungsmittel Typ A							
3110	**ORGANISCHES PEROXID, TYP F, FEST**	4	siehe 6.7.2.4.2	siehe 6.7.2.6.3	siehe 6.7.2.8.2, 4.2.1.13.6, 4.2.1.13.7, 4.2.1.13.8	siehe 4.2.1.13.13		
	Dicumylperoxid [b]							
3119	**ORGANISCHES PEROXID, TYP F, FLÜSSIG, TEMPERATURKONTROLLIERT**	4	siehe 6.7.2.4.2	siehe 6.7.2.6.3	siehe 6.7.2.8.2, 4.2.1.13.6, 4.2.1.13.7, 4.2.1.13.8	siehe 4.2.1.13.13	[c]	[c]
	tert-Amylperoxyneodecanoat, höchstens 47 % in Verdünnungsmittel Typ A						– 10 °C	– 5 °C
	tert-Butylperoxyacetat, höchstens 32 %, in Verdünnungsmittel Typ B						+ 30 °C	+ 35 °C
	tert-Butylperoxy-2-ethylhexanoat, höchstens 32 %, in Verdünnungsmittel Typ B						+ 15 °C	+ 20 °C
	tert-Butylperoxypivalat, höchstens 27 %, in Verdünnungsmittel Typ B						+ 5 °C	+ 10 °C
	tert-Butylperoxy-3,5,5-trimethylhexanoat, höchstens 32 %, in Verdünnungsmittel Typ B						+ 35 °C	+ 40 °C
	Di-(3,5,5-trimethylhexanoyl)peroxid, höchstens 38 % in Verdünnungsmittel Typ A oder Typ B						0 °C	+ 5 °C
	Peroxyessigsäure, destilliert, Typ F, stabilisiert [d]						+ 30 °C	+ 35 °C

T 23	Anweisungen für ortsbewegliche Tanks							
(Fortsetzung)								
UN-Nr.	Stoff	Min-dest-prüf-druck (bar)	Mindest-wanddicke des Tank-körpers (in mm Be-zugsstahl)	Bodenöff-nungen	Druckent-lastungs-einrich-tungen	Füllungs-grad	Kon-troll-tempe-ratur	Notfall-tempe-ratur
3120	**ORGANISCHES PER-OXID, TYP F, FEST, TEMPERATURKON-TROLLIERT**	4	siehe 6.7.2.4.2	siehe 6.7.2.6.3	siehe 6.7.2.8.2, 4.2.1.13.6, 4.2.1.13.7, 4.2.1.13.8	siehe 4.2.1.13.13	c)	c)
3229	**SELBSTZERSETZ-LICHER STOFF, TYP F, FLÜSSIG**	4	siehe 6.7.2.4.2	siehe 6.7.2.6.3	siehe 6.7.2.8.2, 4.2.1.13.6, 4.2.1.13.7, 4.2.1.13.8	siehe 4.2.1.13.13		
3230	**SELBSTZERSETZ-LICHER STOFF, TYP F, FEST**	4	siehe 6.7.2.4.2	siehe 6.7.2.6.3	siehe 6.7.2.8.2, 4.2.1.13.6, 4.2.1.13.7, 4.2.1.13.8	siehe 4.2.1.13.13		
3239	**SELBSTZERSETZ-LICHER STOFF, TYP F, FLÜSSIG, TEMPERA-TURKONTROLLIERT**	4	siehe 6.7.2.4.2	siehe 6.7.2.6.3	siehe 6.7.2.8.2, 4.2.1.13.6, 4.2.1.13.7, 4.2.1.13.8	siehe 4.2.1.13.13	c)	c)
3240	**SELBSTZERSETZ-LICHER STOFF, TYP F, FEST, TEMPERA-TURKONTROLLIERT**	4	siehe 6.7.2.4.2	siehe 6.7.2.6.3	siehe 6.7.2.8.2, 4.2.1.13.6, 4.2.1.13.7, 4.2.1.13.8	siehe 4.2.1.13.13	c)	c)

a) Vorausgesetzt, es wurden Maßnahmen ergriffen, um eine gleichwertige Sicherheit wie bei 65 % tert-Butylhydroperoxid und 35 % Wasser zu erreichen.

b) Höchstmenge je ortsbeweglichen Tank: 2000 kg.

c) Wie von der zuständigen Behörde zugelassen.

d) Eine Zubereitung, die aus der Destillation von Peroxyessigsäure aus Peroxyessigsäure mit einer Konzentration von höchstens 41 % mit Wasser abgeleitet wird, Gesamtgehalt an Aktivsauerstoff (Peroxyessigsäure + H_2O_2) ≤ 9,5 %, und die die Kriterien des Handbuchs Prüfungen und Kriterien Absatz 20.4.3 f) erfüllt. Großzettel (Placard) für die Nebengefahr «ÄTZEND» (Muster Nr. 8, siehe Absatz 5.2.2.2.2) erforderlich.

T 50	Anweisungen für ortsbewegliche Tanks
Diese Anweisung für ortsbewegliche Tanks gilt für nicht tiefgekühlt verflüssigte Gase und für Chemikalien unter Druck (UN-Nummern 3500, 3501, 3502, 3503, 3504 und 3505). Die allgemeinen Vorschriften des Abschnitt 4.2.2 und die Vorschriften des Abschnitts 6.7.3 sind einzuhalten.	

UN-Nr.	nicht tiefgekühlt verflüssigte Gase	höchstzulässiger Betriebsdruck (bar) klein; groß; Sonnenschutz; isoliert [a)]	Öffnungen unterhalb des Flüssigkeitsspiegels	Druckentlastungseinrichtungen (siehe 6.7.3.7) [b)]	höchster Füllungsgrad
1005	AMMONIAK, WASSERFREI	29,0 25,7 22,0 19,7	zugelassen	siehe 6.7.3.7.3	0,53
1009	BROMTRIFLUORMETHAN (GAS ALS KÄLTEMITTEL R 13B1)	38,0 34,0 30,0 27,5	zugelassen	normal	1,13
1010	BUTADIENE, STABILISIERT	7,5 7,0 7,0 7,0	zugelassen	normal	0,55
1010	BUTADIENE UND KOHLENWASSERSTOFF, GEMISCH, STABILISIERT	siehe Begriffsbestimmung für höchstzulässiger Betriebsdruck in 6.7.3.1	zugelassen	normal	siehe 4.2.2.7
1011	BUTAN	7,0 7,0 7,0 7,0	zugelassen	normal	0,51
1012	BUT-2-EN	8,0 7,0 7,0 7,0	zugelassen	normal	0,53
1017	CHLOR	19,0 17,0 15,0 13,5	nicht zugelassen	siehe 6.7.3.7.3	1,25
1018	CHLORDIFLUORMETHAN (GAS ALS KÄLTEMITTEL R 22)	26,0 24,0 21,0 19,0	zugelassen	normal	1,03
1020	CHLORPENTAFLUORETHAN (GAS ALS KÄLTEMITTEL R 115)	23,0 20,0 18,0 16,0	zugelassen	normal	1,06
1021	1-CHLOR-1,2,2,2-TETRAFLUORETHAN (GAS ALS KÄLTEMITTEL R 124)	10,3 9,8 7,9 7,0	zugelassen	normal	1,20
1027	CYCLOPROPAN	18,0 16,0 14,5 13,0	zugelassen	normal	0,53
1028	DICHLORDIFLUORMETHAN (GAS ALS KÄLTEMITTEL R 12)	16,0 15,0 13,0 11,5	zugelassen	normal	1,15

T 50	Anweisungen für ortsbewegliche Tanks				
(Fortsetzung)					
UN-Nr.	**nicht tiefgekühlt verflüssigte Gase**	**höchstzulässiger Betriebsdruck (bar) klein; groß; Sonnenschutz; isoliert [a)]**	**Öffnungen unterhalb des Flüssigkeitsspiegels**	**Druckentlastungseinrichtungen (siehe 6.7.3.7) [b)]**	**höchster Füllungsgrad**
1029	DICHLORMONOFLUORMETHAN (GAS ALS KÄLTEMITTEL R 21)	7,0 7,0 7,0 7,0	zugelassen	normal	1,23
1030	1,1-DIFLUORETHAN (GAS ALS KÄLTEMITTEL R 152a)	16,0 14,0 12,4 11,0	zugelassen	normal	0,79
1032	DIMETHYLAMIN, WASSERFREI	7,0 7,0 7,0 7,0	zugelassen	normal	0,59
1033	DIMETHYLETHER	15,5 13,8 12,0 10,6	zugelassen	normal	0,58
1036	ETHYLAMIN	7,0 7,0 7,0 7,0	zugelassen	normal	0,61
1037	ETHYLCHLORID	7,0 7,0 7,0 7,0	zugelassen	normal	0,8
1040	ETHYLENOXID MIT STICKSTOFF bis zu einem Gesamtdruck von 1 MPa (10 bar) bei 50 °C	– – – 10,0	nicht zugelassen	siehe 6.7.3.7.3	0,78
1041	ETHYLENOXID UND KOHLENDIOXID, GEMISCH mit mehr als 9 %, aber höchstens 87 % Ethylenoxid	siehe Begriffsbestimmung für höchstzulässiger Betriebsdruck in 6.7.3.1	zugelassen	normal	siehe 4.2.2.7
1055	ISOBUTEN	8,1 7,0 7,0 7,0	zugelassen	normal	0,52
1060	METHYLACETYLEN UND PROPADIEN, GEMISCH, STABILISIERT	28,0 24,5 22,0 20,0	zugelassen	normal	0,43
1061	METHYLAMIN, WASSERFREI	10,8 9,6 7,8 7,0	zugelassen	normal	0,58
1062	METHYLBROMID mit höchstens 2 % Chlorpikrin	7,0 7,0 7,0 7,0	nicht zugelassen	siehe 6.7.3.7.3	1,51
1063	METHYLCHLORID (GAS ALS KÄLTEMITTEL R 40)	14,5 12,7 11,3 10,0	zugelassen	normal	0,81

T 50	**Anweisungen für ortsbewegliche Tanks**				
(Fortsetzung)					
UN-Nr.	**nicht tiefgekühlt verflüssigte Gase**	**höchstzulässiger Betriebsdruck (bar) klein; groß; Sonnenschutz; isoliert** [a]	**Öffnungen unterhalb des Flüssigkeitsspiegels**	**Druckentlastungseinrichtungen (siehe 6.7.3.7)** [b]	**höchster Füllungsgrad**
1064	METHYLMERCAPTAN	7,0 7,0 7,0 7,0	nicht zugelassen	siehe 6.7.3.7.3	0,78
1067	DISTICKSTOFFTETROXID (STICKSTOFFDIOXID)	7,0 7,0 7,0 7,0	nicht zugelassen	siehe 6.7.3.7.3	1,30
1075	PETROLEUMGASE, VERFLÜSSIGT	siehe Begriffsbestimmung für höchstzulässiger Betriebsdruck in 6.7.3.1	zugelassen	normal	siehe 4.2.2.7
1077	PROPEN	28,0 24,5 22,0 20,0	zugelassen	normal	0,43
1078	GAS ALS KÄLTEMITTEL, N.A.G.	siehe Begriffsbestimmung für höchstzulässiger Betriebsdruck in 6.7.3.1	zugelassen	normal	siehe 4.2.2.7
1079	SCHWEFELDIOXID	11,6 10,3 8,5 7,6	nicht zugelassen	siehe 6.7.3.7.3	1,23
1082	CHLORTRIFLUORETHYLEN, STABILISIERT (GAS ALS KÄLTEMITTEL R 1113)	17,0 15,0 13,1 11,6	nicht zugelassen	siehe 6.7.3.7.3	1,13
1083	TRIMETHYLAMIN, WASSERFREI	7,0 7,0 7,0 7,0	zugelassen	normal	0,56
1085	VINYLBROMID, STABILISIERT	7,0 7,0 7,0 7,0	zugelassen	normal	1,37
1086	VINYLCHLORID, STABILISIERT	10,6 9,3 8,0 7,0	zugelassen	normal	0,81
1087	VINYLMETHYLETHER, STABILISIERT	7,0 7,0 7,0 7,0	zugelassen	normal	0,67
1581	CHLORPIKRIN UND METHYLBROMID, GEMISCH mit mehr als 2 % Chlorpikrin	7,0 7,0 7,0 7,0	nicht zugelassen	siehe 6.7.3.7.3	1,51

T 50	Anweisungen für ortsbewegliche Tanks				
(Fortsetzung)					
UN-Nr.	nicht tiefgekühlt verflüssigte Gase	höchst-zulässiger Betriebsdruck (bar) klein; groß; Sonnenschutz; isoliert [a)]	Öffnungen unterhalb des Flüssigkeitsspiegels	Druckentlastungseinrichtungen (siehe 6.7.3.7) [b)]	höchster Füllungsgrad
1582	CHLORPIKRIN UND METHYLCHLORID, GEMISCH	19,2 16,9 15,1 13,1	nicht zugelassen	siehe 6.7.3.7.3	0,81
1858	HEXAFLUORPROPYLEN (GAS ALS KÄLTEMITTEL R 1216)	19,2 16,9 15,1 13,1	zugelassen	normal	1,11
1912	METHYLCHLORID UND DICHLORMETHAN, GEMISCH	15,2 13,0 11,6 10,1	zugelassen	normal	0,81
1958	1,2-DICHLOR-1,1,2,2-TETRAFLUORETHAN (GAS ALS KÄLTEMITTEL R 114)	7,0 7,0 7,0 7,0	zugelassen	normal	1,30
1965	KOHLENWASSERSTOFF-GAS, GEMISCH, VERFLÜSSIGT, N.A.G.	siehe Begriffsbestimmung für höchstzulässiger Betriebsdruck in 6.7.3.1	zugelassen	normal	siehe 4.2.2.7
1969	ISOBUTAN	8,5 7,5 7,0 7,0	zugelassen	normal	0,49
1973	CHLORDIFLUORMETHAN UND CHLORPENTAFLUORETHAN, GEMISCH mit einem konstanten Siedepunkt, mit ca. 49 % Chlordifluormethan (GAS ALS KÄLTEMITTEL R 502)	28,3 25,3 22,8 20,3	zugelassen	normal	1,05
1974	BROMCHLORDIFLUORMETHAN (GAS ALS KÄLTEMITTEL R 12B1)	7,4 7,0 7,0 7,0	zugelassen	normal	1,61
1976	OCTAFLUORCYCLOBUTAN (GAS ALS KÄLTEMITTEL RC 318)	8,8 7,8 7,0 7,0	zugelassen	normal	1,34
1978	PROPAN	22,5 20,4 18,0 16,5	zugelassen	normal	0,42
1983	1-CHLOR-2,2,2-TRIFLUORETHAN (GAS ALS KÄLTEMITTEL R 133a)	7,0 7,0 7,0 7,0	zugelassen	normal	1,18
2035	1,1,1-TRIFLUORETHAN (GAS ALS KÄLTEMITTEL R 143a)	31,0 27,5 24,2 21,8	zugelassen	normal	0,76

10

T 50	Anweisungen für ortsbewegliche Tanks				
(Fortsetzung)					
UN-Nr.	**nicht tiefgekühlt verflüssigte Gase**	**höchst-zulässiger Betriebs-druck (bar) klein; groß; Sonnen-schutz; isoliert [a)]**	**Öffnungen unterhalb des Flüssig-keits-spiegels**	**Druckent-lastungs-einrich-tungen (siehe 6.7.3.7) [b)]**	**höchster Füllungs-grad**
2424	OCTAFLUORPROPAN (GAS ALS KÄLTEMITTEL R 218)	23,1 20,8 18,6 16,6	zugelassen	normal	1,07
2517	1-CHLOR-1,1-DIFLUORETHAN (GAS ALS KÄLTEMITTEL R 142b)	8,9 7,8 7,0 7,0	zugelassen	normal	0,99
2602	DICHLORDIFLUORMETHAN UND 1,1-DIFLUORETHAN, AZEOTROPES GEMISCH mit ca. 74 % Dichlordifluormethan (GAS ALS KÄLTEMITTEL R 500)	20,0 18,0 16,0 14,5	zugelassen	normal	1,01
3057	TRIFLUORACETYLCHLORID	14,6 12,9 11,3 9,9	nicht zugelassen	siehe 6.7.3.7.3	1,17
3070	ETHYLENOXID UND DICHLORDIFLUORMETHAN, GEMISCH mit höchstens 12,5 % Ethylenoxid	14,0 12,0 11,0 9,0	zugelassen	siehe 6.7.3.7.3	1,09
3153	PERFLUOR(METHYL-VINYL-ETHER)	14,3 13,4 11,2 10,2	zugelassen	normal	1,14
3159	1,1,1,2-TETRAFLUORETHAN (GAS ALS KÄLTEMITTEL R 134a)	17,7 15,7 13,8 12,1	zugelassen	normal	1,04
3161	VERFLÜSSIGTES GAS, ENTZÜNDBAR, N.A.G.	siehe Begriffs-bestimmung für höchst-zulässiger Betriebsdruck in 6.7.3.1	zugelassen	normal	siehe 4.2.2.7
3163	VERFLÜSSIGTES GAS, N.A.G.	siehe Begriffs-bestimmung für höchst-zulässiger Betriebsdruck in 6.7.3.1	zugelassen	normal	siehe 4.2.2.7
3220	PENTAFLUORETHAN (GAS ALS KÄLTEMITTEL R 125)	34,4 30,8 27,5 24,5	zugelassen	normal	0,87
3252	DIFLUORMETHAN (GAS ALS KÄLTEMITTEL R 32)	43,0 39,0 34,4 30,5	zugelassen	normal	0,78

T 50	Anweisungen für ortsbewegliche Tanks				
(Fortsetzung)					
UN-Nr.	nicht tiefgekühlt verflüssigte Gase	höchst-zulässiger Betriebs-druck (bar) klein; groß; Sonnen-schutz; isoliert [a]	Öffnungen unterhalb des Flüssig-keits-spiegels	Druckent-lastungs-einrich-tungen (siehe 6.7.3.7) [b]	höchster Füllungs-grad
3296	HEPTAFLUORPROPAN (GAS ALS KÄLTEMITTEL R 227)	16,0 14,0 12,5 11,0	zugelassen	normal	1,20
3297	ETHYLENOXID UND CHLORTETRAFLUOR-ETHAN, GEMISCH mit höchstens 8,8 % Ethylenoxid	8,1 7,0 7,0 7,0	zugelassen	normal	1,16
3298	ETHYLENOXID UND PENTAFLUORETHAN, GEMISCH mit höchstens 7,9 % Ethylenoxid	25,9 23,4 20,9 18,6	zugelassen	normal	1,02
3299	ETHYLENOXID UND TETRAFLUORETHAN, GEMISCH mit höchstens 5,6 % Ethylenoxid	16,7 14,7 12,9 11,2	zugelassen	normal	1,03
3318	AMMONIAKLÖSUNG in Wasser, relative Dichte kleiner als 0,880 bei 15 °C, mit mehr als 50 % Ammoniak	siehe Begriffs-bestimmung für höchst-zulässiger Betriebsdruck in 6.7.3.1	zugelassen	siehe 6.7.3.7.3	siehe 4.2.2.7
3337	GAS ALS KÄLTEMITTEL R 404A	31,6 28,3 25,3 22,5	zugelassen	normal	0,84
3338	GAS ALS KÄLTEMITTEL R 407A	31,3 28,1 25,1 22,4	zugelassen	normal	0,95
3339	GAS ALS KÄLTEMITTEL R 407B	33,0 29,6 26,5 23,6	zugelassen	normal	0,95
3340	GAS ALS KÄLTEMITTEL R 407C	29,9 26,8 23,9 21,3	zugelassen	normal	0,95
3500	CHEMIKALIE UNTER DRUCK, N.A.G.	siehe Begriffs-bestimmung für höchst-zulässiger Betriebsdruck in 6.7.3.1	zugelassen	siehe 6.7.3.7.3	TP 4 [c]
3501	CHEMIKALIE UNTER DRUCK, ENTZÜNDBAR, N.A.G.	siehe Begriffs-bestimmung für höchst-zulässiger Betriebsdruck in 6.7.3.1	zugelassen	siehe 6.7.3.7.3	TP 4 [c]

T 50	Anweisungen für ortsbewegliche Tanks				
(Fortsetzung)					
UN-Nr.	**nicht tiefgekühlt verflüssigte Gase**	**höchstzulässiger Betriebsdruck (bar) klein; groß; Sonnenschutz; isoliert [a]**	**Öffnungen unterhalb des Flüssigkeitsspiegels**	**Druckentlastungseinrichtungen (siehe 6.7.3.7) [b]**	**höchster Füllungsgrad**
3502	CHEMIKALIE UNTER DRUCK, GIFTIG, N.A.G.	siehe Begriffsbestimmung für höchstzulässiger Betriebsdruck in 6.7.3.1	zugelassen	siehe 6.7.3.7.3	TP 4 [c]
3503	CHEMIKALIE UNTER DRUCK, ÄTZEND, N.A.G.	siehe Begriffsbestimmung für höchstzulässiger Betriebsdruck in 6.7.3.1	zugelassen	siehe 6.7.3.7.3	TP 4 [c]
3504	CHEMIKALIE UNTER DRUCK, ENTZÜNDBAR, GIFTIG, N.A.G.	siehe Begriffsbestimmung für höchstzulässiger Betriebsdruck in 6.7.3.1	zugelassen	siehe 6.7.3.7.3	TP 4 [c]
3505	CHEMIKALIE UNTER DRUCK, ENTZÜNDBAR, ÄTZEND, N.A.G.	siehe Begriffsbestimmung für höchstzulässiger Betriebsdruck in 6.7.3.1	zugelassen	siehe 6.7.3.7.3	TP 4 [c]

a) «Klein» bedeutet Tanks, die einen Tankkörper mit einem Durchmesser von höchstens 1,5 Meter haben; «groß» bedeutet Tanks, die einen Tankkörper mit einem Durchmesser von mehr als 1,5 Meter ohne Isolierung oder Sonnenschutz haben (siehe Absatz 6.7.3.2.12); «Sonnenschutz» bedeutet Tanks, die einen Tankkörper mit einem Durchmesser von mehr als 1,5 Meter und einen Sonnenschutz haben (siehe Absatz 6.7.3.2.12); «isoliert» bedeutet Tanks, die einen Tankkörper mit einem Durchmesser von mehr als 1,5 Meter und einer Isolierung (siehe Absatz 6.7.3.2.12) haben; (siehe Begriffsbestimmung für «Auslegungsreferenztemperatur» in Unterabschnitt 6.7.3.1).

b) Der Ausdruck «normal» in der Spalte «Druckentlastungseinrichtungen» bedeutet, dass eine Berstscheibe gemäß Absatz 6.7.3.7.3 nicht vorgeschrieben ist.

c) Bei den UN-Nummern 3500, 3501, 3502, 3503, 3504 und 3505 ist anstelle des höchsten Füllungsgrads in kg/l der Füllungsgrad in Vol.-% zu beachten.

T 75	Anweisung für ortsbewegliche Tanks
Diese Anweisung für ortsbewegliche Tanks gilt für tiefgekühlt verflüssigte Gase. Die allgemeinen Vorschriften des Abschnitts 4.2.3 und die Vorschriften des Abschnitts 6.7.4 sind einzuhalten.	

4.2.5.3 Sondervorschriften für ortsbewegliche Tanks

Bestimmten Stoffen sind Sondervorschriften für ortsbewegliche Tanks zugeordnet, die zusätzlich zu oder anstelle der Vorschriften anzuwenden sind, die in den Anweisungen für ortsbewegliche Tanks oder in den Vorschriften des Kapitels 6.7 angegeben sind. Sondervorschriften für ortsbewegliche Tanks sind mit einem mit den Buchstaben «TP» (für den englischen Ausdruck «tank provision») beginnenden alphanumerischen Code gekennzeichnet und bestimmten Stoffen in Kapitel 3.2 Tabelle A Spalte 11 zugeordnet. Diese sind nachstehend aufgeführt:

TP 1

Der in Absatz 4.2.1.9.2 vorgeschriebene Füllungsgrad darf nicht überschritten werden

$$\left(\text{Füllungsgrad} = \frac{97}{1+\alpha(t_r - t_f)}\right)$$

TP 2

Der in Absatz 4.2.1.9.3 vorgeschriebene Füllungsgrad darf nicht überschritten werden

$$\left(\text{Füllungsgrad} = \frac{95}{1+\alpha(t_r - t_f)}\right)$$

TP 3

Der höchste Füllungsgrad (in %) für feste Stoffe, die über ihrem Schmelzpunkt befördert werden, oder für erwärmte flüssige Stoffe ist in Übereinstimmung mit Absatz 4.2.1.9.5 zu bestimmen.

TP 4

Der Füllungsgrad darf 90 % oder jeden anderen von der zuständigen Behörde genehmigten Wert nicht überschreiten (siehe Absatz 4.2.1.16.2).

TP 5

Der in Unterabschnitt 4.2.3.6 vorgeschriebene Füllungsgrad ist einzuhalten.

TP 6

Der Tank ist mit Druckentlastungseinrichtungen auszurüsten, die an den Fassungsraum und die Art der beförderten Stoffe angepasst sind, um unter allen Umständen, einschließlich einer vollständigen Feuereinwirkung, das Bersten des Tanks zu verhindern. Die Einrichtungen müssen auch mit dem Stoff verträglich sein.

TP 7

Luft ist mit Stickstoff oder anderen Mitteln aus dem Dampfraum zu entfernen.

TP 8

Der Prüfdruck darf auf 1,5 bar reduziert werden, wenn der Flammpunkt der beförderten Stoffe höher ist als 0 °C.

TP 9

Ein Stoff mit dieser Beschreibung darf in einem ortsbeweglichen Tank nur mit Zulassung der zuständigen Behörde befördert werden.

TP 10

Eine Bleiauskleidung von mindesten 5 mm Dicke, die jährlich geprüft werden muss, oder ein anderer von der zuständigen Behörde zugelassener geeigneter Auskleidungswerkstoff ist erforderlich. Ein ortsbeweglicher Tank darf nach Ablauf der Frist für die Prüfung der Auskleidung innerhalb von höchstens drei Monaten nach Ablauf dieser Frist nach dem Entleeren, jedoch vor dem Reinigen, zur Beförderung aufgegeben werden, um ihn vor dem Wiederbefüllen der nächsten vorgeschriebenen Prüfung zuzuführen.

TP 11

(bleibt offen)

TP 12

(gestrichen)

TP 13

(bleibt offen)

TP 14

(bleibt offen)

TP 15

(bleibt offen)

TP 16

Der Tank ist mit einer besonderen Einrichtung auszurüsten, um unter normalen Beförderungsbedingungen Unter- und Überdruck zu verhindern. Diese Einrichtung muss von der zuständigen Behörde genehmigt sein. Die Druckentlastungseinrichtung muss den Vorschriften des Absatzes 6.7.2.8.3 entsprechen, um eine Kristallisation des Produkts in der Druckentlastungseinrichtung zu verhindern.

TP 17

Für die Wärmeisolierung des Tanks dürfen nur anorganische nicht brennbare Werkstoffe verwendet werden.

TP 18

Die Temperatur muss zwischen 18 °C und 40 °C gehalten werden. Ortsbewegliche Tanks, die erstarrte Methacrylsäure enthalten, dürfen während der Beförderung nicht wieder aufgeheizt werden.

TP 19

Die berechnete Wanddicke des Tankkörpers ist um 3 mm zu erhöhen. Die Wanddicke des Tankkörpers ist mit Ultraschall in der Halbzeit zwischen den wiederkehrenden Wasserdruckprüfungen zu überprüfen.

TP 20

Dieser Stoff darf nur in wärmeisolierten Tanks unter Stickstoffüberlagerung befördert werden.

TP 21

Die Wanddicke des Tankkörpers darf nicht geringer sein als 8 mm. Die Tanks müssen mindestens alle 2,5 Jahre einer Wasserdruckprüfung und einer Prüfung des inneren Zustands unterzogen werden.

TP 22

Schmiermittel für Dichtungen und andere Einrichtungen müssen mit Sauerstoff verträglich sein.

TP 23

(gestrichen)

TP 24

Um einen übermäßigen Druckanstieg durch die langsame Zersetzung des beförderten Stoffes zu verhindern, darf der ortsbewegliche Tank mit einer Einrichtung ausgerüstet sein, die unter maximalen Füllbedingungen im Dampfraum des Tankkörpers angeordnet ist. Diese Einrichtung muss auch beim Umkippen des Tanks das Austreten einer unzulässigen Menge flüssigen Stoffes oder das Eindringen von Fremdstoffen in den Tank verhindern. Diese Einrichtung muss von der zuständigen Behörde oder einer von ihr bestimmten Stelle genehmigt sein.

TP 25

Schwefeltrioxid, mindestens 99,95 % rein, darf ohne Inhibitor in Tanks befördert werden, vorausgesetzt, seine Temperatur wird bei 32,5 °C oder darüber gehalten.

TP 26

Bei der Beförderung in beheiztem Zustand muss die Heizeinrichtung außen am Tankkörper angebracht sein. Für die UN-Nummer 3176 gilt diese Vorschrift nur, wenn der Stoff gefährlich mit Wasser reagiert.

TP 27

Ein ortsbeweglicher Tank mit einem Mindestprüfdruck von 4 bar darf verwendet werden, wenn nachgewiesen ist, dass nach der Begriffsbestimmung für Prüfdruck in Unterabschnitt 6.7.2.1 ein Prüfdruck von 4 bar oder weniger zulässig ist.

TP 28

Ein ortsbeweglicher Tank mit einem Mindestprüfdruck von 2,65 bar darf verwendet werden, wenn nachgewiesen ist, dass nach der Begriffsbestimmung für Prüfdruck in Unterabschnitt 6.7.2.1 ein Prüfdruck von 2,65 bar oder weniger zulässig ist.

TP 29

Ein ortsbeweglicher Tank mit einem Mindestprüfdruck von 1,5 bar darf verwendet werden, wenn nachgewiesen ist, dass nach der Begriffsbestimmung für Prüfdruck in Unterabschnitt 6.7.2.1 ein Prüfdruck von 1,5 bar oder weniger zulässig ist.

TP 30

Dieser Stoff muss in wärmeisolierten Tanks befördert werden.

TP 31

Dieser Stoff darf nur in festem Zustand in Tanks befördert werden.

TP 32

Für die UN-Nummern 0331, 0332 und 3375 dürfen unter folgenden Bedingungen ortsbewegliche Tanks verwendet werden:

a) Um einen unnötigen Einschluss zu vermeiden, muss jeder ortsbewegliche Tank aus Metall mit einer federbelasteten Druckentlastungseinrichtung, einer Berstscheibe oder einer Schmelzsicherung ausgerüstet sein. Der Ansprechdruck bzw. Berstdruck darf für ortsbewegliche Tanks mit einem Mindestprüfdruck über 4 bar nicht größer als 2,65 bar sein.

b) Nur für die UN-Nummer 3375 muss die Eignung für eine Beförderung in Tanks nachgewiesen sein. Eine Methode für die Feststellung der Eignung ist das Prüfverfahren 8 d) der Prüfreihe 8 (siehe Handbuch Prüfungen und Kriterien Teil 1 Unterabschnitt 18.7).

c) Die Stoffe dürfen nicht über einen Zeitraum im ortsbeweglichen Tank verbleiben, bei dem es zur Verkrustung kommen kann. Es sind geeignete Maßnahmen zu ergreifen, um ein Verklumpen oder eine Anhaftung der Stoffe im Tank zu vermeiden (z.B. Reinigung, usw.).

TP 33

Die diesem Stoff zugeordnete Anweisung für ortsbewegliche Tanks gilt für körnige und pulverförmige Stoffe und für feste Stoffe, die bei einer Temperatur über ihrem Schmelzpunkt eingefüllt und entleert, abgekühlt und als feste Masse befördert werden. Für feste Stoffe, die über ihrem Schmelzpunkt befördert werden, siehe Unterabschnitt 4.2.1.19.

TP 34

Ortsbewegliche Tanks müssen nicht der Auflaufprüfung gemäß Absatz 6.7.4.14.1 unterzogen werden, wenn sie auf dem Schild gemäß Absatz 6.7.4.15.1 und außerdem mit einer Schriftgröße von mindestens 10 cm auf beiden Seiten der äußeren Umhüllung gekennzeichnet sind mit:
«NICHT FÜR DEN EISENBAHNTRANSPORT».

TP 35

(gestrichen)

TP 36

In ortsbeweglichen Tanks dürfen Schmelzsicherungen im Dampfraum verwendet werden.

TP 37

(gestrichen)

TP 38

(gestrichen)

TP 39

(gestrichen)

TP 40

Ortsbewegliche Tanks dürfen nicht mit angeschlossener Sprühausrüstung befördert werden.

TP 41

Mit Zustimmung der zuständigen Behörde kann die alle zweieinhalb Jahre durchzuführende innere Untersuchung entfallen oder durch andere Prüfverfahren ersetzt werden, vorausgesetzt, der ortsbewegliche Tank ist für die ausschließliche Beförderung der metallorganischen Stoffe vorgesehen, denen diese Sondervorschrift zugeordnet ist. Diese Untersuchung ist jedoch erforderlich, wenn die Vorschriften des Absatzes 6.7.2.19.7 erfüllt sind.

10

Verwendung von festverbundenen Tanks (Tankfahrzeugen), Aufsetztanks, Tankcontainern und Tankwechselaufbauten (Tankwechselbehältern), deren Tankkörper aus metallenen Werkstoffen hergestellt sind, sowie von Batterie-Fahrzeugen und Gascontainern mit mehreren Elementen (MEGC)

Bem. Für ortsbewegliche Tanks und UN-Gascontainer mit mehreren Elementen (MEGC) siehe Kapitel 4.2; für Tanks aus faserverstärkten Kunststoffen siehe Kapitel 4.4; für Saug-Druck-Tanks für Abfälle siehe Kapitel 4.5.

4.3.1 Anwendungsbereich

4.3.1.1 Vorschriften, die sich über die **gesamte Textbreite** erstrecken, gelten sowohl für festverbundene Tanks (Tankfahrzeuge), Aufsetztanks und Batterie-Fahrzeuge als auch für Tankcontainer, Tankwechselaufbauten (Tankwechselbehälter) und MEGC.

Vorschriften, die in **einer Spalte** erscheinen, gelten nur für

- festverbundene Tanks (Tankfahrzeuge), Aufsetztanks und Batterie-Fahrzeuge **(linke Spalte)**.
- Tankcontainer, Tankwechselaufbauten (Tankwechselbehälter) und MEGC **(rechte Spalte)**.

4.3.1.2 Diese Vorschriften gelten für

festverbundene Tanks (Tankfahrzeuge), Aufsetztanks und Batterie-Fahrzeuge,	Tankcontainer, Tankwechselaufbauten (Tankwechselbehälter) und MEGC

zur Beförderung gasförmiger, flüssiger, pulverförmiger und körniger Stoffe.

4.3.1.3 Im Abschnitt 4.3.2 sind Vorschriften aufgeführt, die sowohl für festverbundene Tanks (Tankfahrzeuge), Aufsetztanks, Tankcontainer und Tankwechselaufbauten (Tankwechselbehälter) zur Beförderung von Stoffen aller Klassen als auch für Batterie-Fahrzeuge und MEGC zur Beförderung von Gasen der Klasse 2 gelten. Die Abschnitte 4.3.3 und 4.3.4 enthalten die Sondervorschriften, die Ergänzungen zu oder Abweichungen von den Vorschriften des Abschnitts 4.3.2 bilden.

4.3.1.4 Wegen der Vorschriften über den Bau, die Ausrüstung, die Zulassung des Baumusters, die Prüfungen und die Kennzeichnung siehe Kapitel 6.8.

4.3.1.5 Wegen der Übergangsvorschriften für die Anwendung dieses Kapitels siehe Abschnitt

1.6.3.	1.6.4.

4.3.2 Vorschriften für alle Klassen

► 1.6.4.18

4.3.2.1 Verwendung

4.3.2.1.1 Die Beförderung von Stoffen des ADR in festverbundenen Tanks (Tankfahrzeugen), Aufsetztanks und Batterie-Fahrzeugen oder in Tankcontainern, Tankwechselaufbauten (Tankwechselbehälter) und MEGC ist nur zulässig, wenn in Kapitel 3.2 Tabelle A Spalte 12 eine Tankcodierung gemäß Absatz 4.3.3.1.1 oder 4.3.4.1.1 vorgesehen ist.

4.3.2.1.2 Der erforderliche Typ eines Tanks, eines Batterie-Fahrzeugs und eines MEGC wird in Kapitel 3.2 Tabelle A Spalte 12 in kodierter Form angegeben. Die dort angegebenen Tankcodierungen sind aus Buchstaben und Zahlen in festgelegter Abfolge zusammengesetzt. Die Erläuterungen für die vier Teile des Codes sind in Absatz 4.3.3.1.1 (wenn der zu befördernde Stoff ein Stoff der Klasse 2 ist) und in Absatz 4.3.4.1.1 (wenn der zu befördernde Stoff ein Stoff der Klassen 1 und 3 bis 9 ist) angegeben. [1)]

1 Tanks zur Beförderung von Stoffen der Klasse 5.2 oder 7 bilden eine Ausnahme (siehe Absatz 4.3.4.1.3).

10

4.3.2.1.3 Der erforderliche Typ gemäß Absatz 4.3.2.1.2 entspricht den am wenigsten strengen Bauvorschriften, die für den betreffenden Stoff zulässig sind. Sofern die Vorschriften dieses Kapitels und des Kapitels 6.8 nicht anderes vorschreiben, dürfen auch Tanks mit Codierungen verwendet werden, die einen höheren Mindestberechnungsdruck oder strengere Anforderungen für die Öffnungen für das Befüllen oder Entleeren oder die Sicherheitsventile/-einrichtungen vorschreiben (siehe Absatz 4.3.3.1.1 für die Klasse 2 und Absatz 4.3.4.1.1 für die Klassen 3 bis 9).

4.3.2.1.4 Die Tanks, die Batterie-Fahrzeuge und die MEGC unterliegen für bestimmte Stoffe zusätzlichen Anforderungen, die in Kapitel 3.2 Tabelle A Spalte 13 als Sondervorschriften angegeben sind.

4.3.2.1.5 Tanks, Batterie-Fahrzeuge und MEGC dürfen nur mit denjenigen Stoffen gefüllt werden, für deren Beförderung sie zugelassen sind (siehe Absatz 6.8.2.3.1) und die mit den Werkstoffen der Tankkörper, Dichtungen, Ausrüstungsteile und Schutzauskleidungen, mit denen sie in Berührung kommen, nicht gefährlich reagieren (siehe Begriffsbestimmung für gefährliche Reaktion in Abschnitt 1.2.1), gefährliche Stoffe erzeugen oder diese Werkstoffe merklich schwächen. [2)]

4.3.2.1.6 Nahrungsmittel dürfen in Tanks, die für gefährliche Güter verwendet werden, nur befördert werden, wenn die erforderlichen Maßnahmen zur Verhütung von Gesundheitsschäden getroffen wurden.

4.3.2.1.7 Die Tankakte muss vom Eigentümer oder Betreiber aufbewahrt werden, der in der Lage sein muss, diese Dokumente auf Anforderung der zuständigen Behörde vorzulegen. Die Tankakte muss während der gesamten Lebensdauer des Tanks geführt und bis 15 Monate nach der Außerbetriebnahme des Tanks aufbewahrt werden.

Bei einem Wechsel des Eigentümers oder Betreibers während der Lebensdauer des Tanks ist die Tankakte unverzüglich an den neuen Eigentümer oder Betreiber zu übergeben.

Kopien der Tankakte oder aller notwendigen Dokumente sind dem Sachverständigen für Tankprüfungen nach Absatz 6.8.2.4.5 oder 6.8.3.4.18 zu den wiederkehrenden oder außerordentlichen Prüfungen zur Verfügung zu stellen.

4.3.2.2 Füllungsgrad

4.3.2.2.1 Folgende Füllungsgrade von Tanks zur Beförderung flüssiger Stoffe bei Umgebungstemperaturen dürfen nicht überschritten werden:

a) für entzündbare Stoffe, umweltgefährdende Stoffe und entzündbare umweltgefährdende Stoffe ohne zusätzliche Gefahren (z.B. giftig, ätzend) in Tanks mit Über- und Unterdruckbelüftungseinrichtungen oder mit Sicherheitsventilen (auch wenn diesen eine Berstscheibe vorgeschaltet ist):

$$\text{Füllungsgrad} = \frac{100}{1 + \alpha\,(50 - t_F)}\ \%\ \text{des Fassungsraums;}$$

b) für giftige oder ätzende Stoffe (entzündbar, nicht entzündbar, umweltgefährdend oder nicht umweltgefährdend) in Tanks mit Über- und Unterdruckbelüftungseinrichtungen oder mit Sicherheitsventilen (auch wenn diesen eine Berstscheibe vorgeschaltet ist):

$$\text{Füllungsgrad} = \frac{98}{1 + \alpha\,(50 - t_F)}\ \%\ \text{des Fassungsraums;}$$

c) für entzündbare Stoffe, umweltgefährdende Stoffe und schwach giftige oder schwach ätzende Stoffe (entzündbar, nicht entzündbar, umweltgefährdend oder nicht umweltgefährdend) in luftdicht verschlossenen Tanks ohne Sicherheitseinrichtung:

$$\text{Füllungsgrad} = \frac{97}{1 + \alpha\,(50 - t_F)}\ \%\ \text{des Fassungsraums;}$$

d) für sehr giftige, giftige, stark ätzende oder ätzende Stoffe (entzündbar, nicht entzündbar, umweltgefährdend oder nicht umweltgefährdend) in luftdicht verschlossenen Tanks ohne Sicherheitseinrichtung:

$$\text{Füllungsgrad} = \frac{95}{1 + \alpha\,(50 - t_F)}\ \%\ \text{des Fassungsraums;}$$

2) Es kann erforderlich sein, den Hersteller des Stoffes und die zuständige Behörde zu konsultieren, um Auskunft über die Verträglichkeit des Stoffes mit den Werkstoffen des Tanks, Batterie-Fahrzeuges oder MEGC zu erhalten.

4.3.2.2.2 In diesen Formeln bedeutet α den mittleren kubischen Ausdehnungskoeffizienten der Flüssigkeit zwischen 15 °C und 50 °C, d.h. für eine maximale Temperaturerhöhung von 35 °C.

α wird nach der Formel berechnet: $\alpha = \frac{d_{15} - d_{50}}{35 \times d_{50}}$.

Dabei bedeuten d_{15} und d_{50} die Dichte der Flüssigkeit bei 15 °C bzw. 50 °C und t_F die mittlere Temperatur der Flüssigkeit während der Füllung.

4.3.2.2.3 Die Bestimmungen des Absatzes 4.3.2.2.1 a) bis d) gelten nicht für Tanks, deren Inhalt während der Beförderung durch eine Heizeinrichtung auf einer Temperatur von über 50 °C gehalten wird. In diesem Fall muss der Füllungsgrad bei Beförderungsbeginn so bemessen sein und die Temperatur so geregelt werden, dass der Tank während der Beförderung zu höchstens 95 % gefüllt ist und die Fülltemperatur nicht überschritten wird.

4.3.2.2.4 Tankkörper zur Beförderung von Stoffen in flüssigem Zustand oder von verflüssigten oder tiefgekühlt verflüssigten Gasen, die nicht durch Trenn- oder Schwallwände in Abschnitte von höchstens 7500 l Fassungsraum unterteilt sind, müssen entweder zu mindestens 80 % oder zu höchstens 20 % ihres Fassungsraums gefüllt sein.

► *1.6.3.34*
1.6.4.33

Diese Vorschrift gilt nicht für:

– flüssige Stoffe mit einer kinematischen Viskosität bei 20 °C von mindestens 2680 mm^2/s;
– geschmolzene Stoffe mit einer kinematischen Viskosität bei Fülltemperatur von mindestens 2680 mm^2/s;
– UN 1963 HELIUM, TIEFGEKÜHLT, FLÜSSIG, und UN 1966 WASSERSTOFF, TIEFGEKÜHLT, FLÜSSIG.

4.3.2.3 Betrieb

4.3.2.3.1 Die Wanddicke des Tankkörpers muss während der ganzen Benützungsdauer des Tanks größer oder gleich dem Mindestwert sein, der in den Absätzen

6.8.2.1.17 bis 6.8.2.1.21	6.8.2.1.17 bis 6.8.2.1.20

gefordert wird.

4.3.2.3.2 (bleibt offen)	Die Tankcontainer / MEGC müssen während der Beförderung so auf dem Trägerfahrzeug verladen sein, dass sie durch Einrichtungen des Trägerfahrzeugs oder des Tankcontainers / MEGC selbst ausreichend gegen seitliche und rückwärtige Stöße sowie gegen Überrollen geschützt sind [3]. Wenn die Tankcontainer / MEGC, einschließlich der Bedienungsausrüstungen, so gebaut sind, dass sie den Stößen und dem Überrollen standhalten können, ist es nicht nötig, sie auf diese Weise zu sichern.

4.3.2.3.3 Während des Befüllens und Entleerens der Tanks, Batterie-Fahrzeuge und MEGC sind geeignete Maßnahmen zu treffen, um die Freisetzung gefährlicher Mengen von Gasen und Dämpfen zu verhindern. Die Tanks, Batterie-Fahrzeuge und MEGC müssen so verschlossen sein, dass vom Inhalt nichts unkontrolliert nach außen gelangen kann. Die Öffnungen der Tanks mit Untenentleerung müssen mit Schraubkappen, Blindflanschen oder gleich wirksamen Einrichtungen verschlossen sein. Nach dem Befüllen muss der Befüller sicherstellen, dass alle Verschlüsse der Tanks, Batterie-Fahrzeuge und MEGC in geschlossener Stellung sind und keine Undichtheit auftritt. Dies gilt auch für die Abschlusseinrichtungen oben am Steigrohr des Tanks.

4.3.2.3.4 Falls mehrere Absperreinrichtungen hintereinander liegen, ist zuerst die dem Füllgut zunächst liegende Einrichtung zu schließen.

4.3.2.3.5 Während der Beförderung dürfen den Tanks außen keine gefährlichen Reste des Füllgutes anhaften.

4.3.2.3.6 Stoffe, die gefährlich miteinander reagieren können, dürfen nicht in unmittelbar nebeneinander liegenden Tankabteilen befördert werden.

Stoffe, die gefährlich miteinander reagieren können, dürfen in unmittelbar nebeneinander liegenden Tankabteilen befördert werden, wenn diese Abteile durch eine Trennwand getrennt sind, die eine gleiche oder größere Wanddicke als der Tankkörper selbst hat. Sie dürfen auch befördert werden, wenn die befüllten Abteile durch einen leeren Zwischenraum oder ein leeres Abteil getrennt sind.

---

3) Beispiele für den Schutz der Tankkörper:

- Der Schutz gegen seitliches Anfahren kann z.B. aus Längsträgern bestehen, die den Tankkörper auf beiden Längsseiten in Höhe der Tankmittellinie schützen.
- Der Schutz gegen Überrollen kann z.B. aus Verstärkungsringen oder aus Rahmenquerträgern bestehen.
- Der Schutz gegen Anfahren von rückwärts kann z.B. aus einer Stoßstange oder aus einem Rahmen bestehen.

4.3.2.3.7 Nach Ablauf der Frist für die in den Absätzen 6.8.2.4.2, 6.8.3.4.6 und 6.8.3.4.12 vorgeschriebene Prüfung dürfen festverbundene Tanks (Tankfahrzeuge), Aufsetztanks, Batterie-Fahrzeuge, Tankcontainer, Tankwechselaufbauten (Tankwechselbehälter) und MEGC weder befüllt noch zur Beförderung aufgegeben werden.

Jedoch dürfen festverbundene Tanks (Tankfahrzeuge), Aufsetztanks, Batterie-Fahrzeuge, Tankcontainer, Tankwechselaufbauten (Tankwechselbehälter) und MEGC, die vor Ablauf der Frist für die wiederkehrende Prüfung befüllt wurden, in folgenden Fällen befördert werden:

a) innerhalb eines Zeitraums von höchstens einem Monat nach Ablauf dieser Frist,
b) sofern von der zuständigen Behörde nichts anderes vorgesehen ist, innerhalb eines Zeitraums von höchstens drei Monaten nach Ablauf dieser Frist, um die Rücksendung von gefährlichen Stoffen zur ordnungsgemäßen Entsorgung oder zum ordnungsgemäßen Recycling zu ermöglichen. Im Beförderungspapier muss auf diese Ausnahme hingewiesen werden.

4.3.2.4 **Ungereinigte leere Tanks, Batterie-Fahrzeuge und MEGC**

Bem. Für ungereinigte leere Tanks, Batterie-Fahrzeuge und MEGC können die Sondervorschriften TU 1, TU 2, TU 4, TU 16 und TU 35 des Abschnitts 4.3.5 anwendbar sein.

4.3.2.4.1 Während der Beförderung dürfen den Tanks außen keine gefährlichen Reste des Füllgutes anhaften.

4.3.2.4.2 Ungereinigte leere Tanks, Batterie-Fahrzeuge und MEGC müssen während der Beförderung ebenso verschlossen und dicht sein wie in gefülltem Zustand.

4.3.2.4.3 Sind ungereinigte leere Tanks, Batterie-Fahrzeuge und MEGC nicht ebenso verschlossen und dicht wie in gefülltem Zustand und können die Vorschriften des ADR nicht eingehalten werden, so müssen sie unter Beachtung einer ausreichenden Sicherheit bei der Beförderung der nächsten geeigneten Stelle, wo eine Reinigung oder Reparatur durchgeführt werden kann, zugeführt werden.

Eine ausreichende Sicherheit bei der Beförderung liegt vor, wenn geeignete Maßnahmen ergriffen wurden, die eine den Vorschriften des ADR entsprechende gleichwertige Sicherheit gewährleisten und ein unkontrolliertes Freiwerden der gefährlichen Güter verhindern.

4.3.2.4.4 Ungereinigte leere festverbundene Tanks (Tankfahrzeuge), Aufsetztanks, Batterie-Fahrzeuge, Tankcontainer, Tankwechselaufbauten (Tankwechselbehälter) und MEGC dürfen auch nach Ablauf der Fristen für die Prüfungen nach den Absätzen 6.8.2.4.2 und 6.8.2.4.3 befördert werden, um sie der Prüfung zuzuführen.

4.3.3 Sondervorschriften für die Klasse 2

4.3.3.1 Tankcodierung und -hierarchie

4.3.3.1.1 Tankcodierung und Codierung für Batterie-Fahrzeuge und MEGC

Die vier Teile der in Kapitel 3.2 Tabelle A Spalte 12 angegebenen Tankcodierung haben folgende Bedeutung:

Teil	Beschreibung	Tankcodierung
1	Tanktyp / Typ des Batterie-Fahrzeugs oder des MEGC	C = Tank, Batterie-Fahrzeug oder MEGC für verdichtete Gase P = Tank, Batterie-Fahrzeug oder MEGC für verflüssigte oder gelöste Gase R = Tank für tiefgekühlt verflüssigte Gase
2	Berechnungsdruck	x = Zahlenwert des zutreffenden Mindestprüfdrucks in bar gemäß Tabelle in Absatz 4.3.3.2.5 oder 22 = Mindestberechnungsdruck in bar
3	Öffnungen (siehe Unterabschnitte 6.8.2.2 und 6.8.3.2)	B = Tank mit Bodenöffnungen mit 3 Verschlüssen für das Befüllen oder Entleeren oder Batterie-Fahrzeug oder MEGC mit Öffnungen unterhalb des Flüssigkeitsspiegels oder für verdichtete Gase C = Tank mit obenliegenden Öffnungen mit 3 Verschlüssen für das Befüllen oder Entleeren, der unterhalb des Flüssigkeitsspiegels nur mit Reinigungsöffnungen versehen ist D = Tank mit obenliegenden Öffnungen mit 3 Verschlüssen für das Befüllen oder Entleeren oder Batterie-Fahrzeug oder MEGC ohne Öffnungen unterhalb des Flüssigkeitsspiegels
4	Sicherheitsventil / -einrichtung	N = Tank, Batterie-Fahrzeug oder MEGC mit Sicherheitsventil gemäß Absatz 6.8.3.2.9 oder 6.8.3.2.10, der nicht luftdicht verschlossen ist H = luftdicht verschlossener Tank, Batterie-Fahrzeug oder MEGC (siehe Abschnitt 1.2.1)

Bem. 1. Die in Kapitel 3.2 Tabelle A Spalte 13 bei einigen Gasen angegebene Sondervorschrift TU 17 bedeutet, dass das Gas nur in Batterie-Fahrzeugen oder in MEGC befördert werden darf, deren Elemente aus Gefäßen bestehen.

2. Die in Kapitel 3.2 Tabelle A Spalte 13 bei einigen Gasen angegebene Sondervorschrift TU 40 bedeutet, dass das Gas nur Batterie-Fahrzeugen oder in MEGC befördert werden darf, deren Elemente aus nahtlosen Gefäßen bestehen.

3. Der auf dem Tank selbst oder auf einer Tafel angegebene Druck muss mindestens so hoch sein wie der Wert für «x» oder des angegebenen Mindestberechnungsdrucks.

4.3.3.1.2 Tankhierarchie

Tankcodierung	weitere Tankcodierung(en), die für die Stoffe unter dieser Tankcodierung zugelassen ist (sind)
C*BN	C#BN, C#CN, C#DN, C#BH, C#CH, C#DH
C*BH	C#BH, C#CH, C#DH
C*CN	C#CN, C#DN, C#CH, C#DH
C*CH	C#CH, C#DH
C*DN	C#DN, C#DH
C*DH	C#DH
P*BN	P#BN, P#CN, P#DN, P#BH, P#CH, P#DH
P*BH	P#BH, P#CH, P#DH
P*CN	P#CN, P#DN, P#CH, P#DH
P*CH	P#CH, P#DH
P*DN	P#DN, P#DH
P*DH	P#DH
R*BN	R#BN, R#CN, R#DN
R*CN	R#CN, R#DN
R*DN	R#DN

Die Ziffer «#» muss größer oder gleich der Ziffer «*» sein.

Bem. Die für einzelne Eintragungen eventuell geltenden Sondervorschriften (siehe Abschnitte 4.3.5 und 6.8.4) sind in dieser hierarchischen Aufstellung nicht berücksichtigt.

4.3.3.2 Füllbedingungen und Prüfdrücke

4.3.3.2.1 Für Tanks für verdichtete Gase muss der Prüfdruck mindestens das 1,5fache des in Abschnitt 1.2.1 für Druckgefäße definierten Betriebsdrucks betragen.

4.3.3.2.2 Für Tanks für

– unter hohem Druck verflüssigte Gase und

– gelöste Gase

muss der Prüfdruck so bemessen sein, dass beim Befüllen des Tankkörpers bis zum höchsten Füllungsgrad der Druck des Stoffes bei 55 °C für Tanks mit Wärmeisolierung bzw. bei 65 °C für Tanks ohne Wärmeisolierung den Prüfdruck nicht übersteigt.

4.3.3.2.3 Für Tanks für unter geringem Druck verflüssigte Gase ist der Prüfdruck:

a) wenn der Tank mit einer Wärmeisolierung versehen ist, mindestens gleich dem Dampfdruck des flüssigen Stoffes bei 60 °C, vermindert um 0,1 MPa (1 bar), mindestens aber 1 MPa (10 bar);

b) wenn der Tank nicht mit einer Wärmeisolierung versehen ist, mindestens gleich dem Dampfdruck des flüssigen Stoffes bei 65 °C, vermindert um 0,1 MPa (1 bar), mindestens aber 1 MPa (10 bar).

Die für den Füllungsgrad vorgeschriebene höchstzulässige Masse der Füllung je Liter Fassungsraum wird wie folgt berechnet:

höchstzulässige Masse der Füllung je Liter Fassungsraum = 0,95 x Dichte der flüssigen Phase bei 50 °C (in kg/l).

Außerdem darf die Dampfphase nicht unter 60 °C verschwinden.

Beträgt der Durchmesser des Tankkörpers höchstens 1,5 Meter, so gelten für den Prüfdruck und den höchstzulässigen Füllungsgrad die Werte nach Unterabschnitt 4.1.4.1 Verpackungsanweisung P 200.

4.3.3.2.4 Für Tanks für tiefgekühlt verflüssigte Gase muss der Prüfdruck mindestens das 1,3fache des auf dem Tank angegebenen höchstzulässigen Betriebsdrucks, mindestens aber 300 kPa (3 bar) (Überdruck) betragen; für Tanks mit Vakuumisolierung muss der Prüfdruck mindestens das 1,3fache des um 100 kPa (1 bar) erhöhten höchstzulässigen Betriebsdrucks betragen.

4.3.3.2.5 Verzeichnis der Gase und Gasgemische, die in festverbundenen Tanks (Tankfahrzeugen), Batterie-Fahrzeugen, Aufsetztanks, Tankcontainern oder MEGC befördert werden dürfen, unter Angabe des minimalen Prüfdrucks des Tanks sowie gegebenenfalls des Füllungsgrads

Bei Gasen und Gasgemischen, die einer n.a.g.-Eintragung zugeordnet sind, sind die Werte für den Prüfdruck und den Füllungsgrad durch den von der zuständigen Behörde anerkannten Sachverständigen festzulegen.

Wenn Tanks für verdichtete oder unter hohem Druck verflüssigte Gase einem niedrigeren Prüfdruck als dem im Verzeichnis angegebenen ausgesetzt werden und die Tanks mit einer Wärmeisolierung versehen sind, darf durch den von der zuständigen Behörde anerkannten Sachverständigen eine niedrigere maximale Masse festgelegt werden, vorausgesetzt, der Druck des Stoffes im Tank bei 55 °C übersteigt nicht den auf dem Tank eingeprägten Prüfdruck.

UN-Nr.	Benennung des Stoffes	Klassifizierungscode	Mindestprüfdruck für Tanks				höchstzulässige Masse der Füllung je Liter Fassungsraum
			mit Wärmeisolierung		ohne Wärmeisolierung		
			MPa	bar	MPa	bar	kg
1001	ACETYLEN, GELÖST	4 F	nur in Batterie-Fahrzeugen und MEGC, deren Elemente aus Gefäßen bestehen				
1002	LUFT, VERDICHTET (DRUCKLUFT)	1 A	siehe Absatz 4.3.3.2.1				
1003	LUFT, TIEFGEKÜHLT, FLÜSSIG	3 O	siehe Absatz 4.3.3.2.4				
1005	AMMONIAK, WASSERFREI	2 TC	2,6	26	2,9	29	0,53
1006	ARGON, VERDICHTET	1 A	siehe Absatz 4.3.3.2.1				
1008	BORTRIFLUORID	2 TC	22,5	225	22,5	225	0,715
			30	300	30	300	0,86
1009	BROMTRIFLUORMETHAN (GAS ALS KÄLTEMITTEL R 13B1)	2 A	12	120			1,50
					4,2	42	1,13
					12	120	1,44
					25	250	1,60
1010	BUTADIENE, STABILISIERT (Buta-1,2-dien) oder	2 F	1	10	1	10	0,59
1010	BUTADIENE, STABILISIERT (Buta-1,3-dien) oder		1	10	1	10	0,55
1010	BUTADIENE UND KOHLENWASSERSTOFFE, GEMISCH, STABILISIERT		1	10	1	10	0,50
1011	BUTAN	2 F	1	10	1	10	0,51
1012	BUTENE, GEMISCH, oder	2 F	1	10	1	10	0,50
1012	BUT-1-EN oder		1	10	1	10	0,53
1012	cis-BUT-2-EN oder		1	10	1	10	0,55
1012	trans-BUT-2-EN		1	10	1	10	0,54
1013	KOHLENDIOXID	2 A	19	190			0,73
			22,5	225			0,78
					19	190	0,66
					25	250	0,75
1016	KOHLENMONOXID, VERDICHTET	1 TF	siehe Absatz 4.3.3.2.1				
1017	CHLOR	2 TOC	1,7	17	1,9	19	1,25
1018	CHLORDIFLUORMETHAN (GAS ALS KÄLTEMITTEL R 22)	2 A	2,4	24	2,6	26	1,03
1020	CHLORPENTAFLUORETHAN (GAS ALS KÄLTEMITTEL R 115)	2 A	2	20	2,3	23	1,08
1021	1-CHLOR-1,2,2,2-TETRAFLUORETHAN (GAS ALS KÄLTEMITTEL R 124)	2 A	1	10	1,1	11	1,20

UN-Nr.	Benennung des Stoffes	Klassifizierungscode	Mindestprüfdruck für Tanks mit Wärmeisolierung		Mindestprüfdruck für Tanks ohne Wärmeisolierung		höchstzulässige Masse der Füllung je Liter Fassungsraum
			MPa	bar	MPa	bar	kg
1022	CHLORTRIFLUORMETHAN (GAS ALS KÄLTEMITTEL R 13)	2 A	12	120			0,96
			22,5	225			1,12
					10	100	0,83
					12	120	0,90
					19	190	1,04
					25	250	1,10
1023	STADTGAS, VERDICHTET	1 TF	siehe Absatz 4.3.3.2.1				
1026	DICYAN	2 TF	10	100	10	100	0,70
1027	CYCLOPROPAN	2 TF	1,6	16	1,8	18	0,53
1028	DICHLORDIFLUORMETHAN (GAS ALS KÄLTEMITTEL R 12)	2 A	1,5	15	1,6	16	1,15
1029	DICHLORMONOFLUORMETHAN (GAS ALS KÄLTEMITTEL R 21)	2 A	1	10	1	10	1,23
1030	1,1-DIFLUORETHAN (GAS ALS KÄLTEMITTEL R 152a)	2 F	1,4	14	1,6	16	0,79
1032	DIMETHYLAMIN, WASSERFREI	2 F	1	10	1	10	0,59
1033	DIMETHYLETHER	2 F	1,4	14	1,6	16	0,58
1035	ETHAN	2 F	12	120			0,32
					9,5	95	0,25
					12	120	0,29
					30	300	0,39
1036	ETHYLAMIN	2 F	1	10	1	10	0,61
1037	ETHYLCHLORID	2 F	1	10	1	10	0,80
1038	ETHYLEN, TIEFGEKÜHLT, FLÜSSIG	3 F	siehe Absatz 4.3.3.2.4				
1039	ETHYLMETHYLETHER	2 F	1	10	1	10	0,64
1040	ETHYLENOXID MIT STICKSTOFF bis zu einem höchstzulässigen Gesamtdruck von 1 MPa (10 bar) bei 50 °C	2 TF	1,5	15	1,5	15	0,78
1041	ETHYLENOXID UND KOHLENDIOXID, GEMISCH mit mehr als 9 %, aber höchstens 87 % Ethylenoxid	2 F	2,4	24	2,6	26	0,73
1046	HELIUM, VERDICHTET	1 A	siehe Absatz 4.3.3.2.1				
1048	BROMWASSERSTOFF, WASSERFREI	2 TC	5	50	5,5	55	1,54
1049	WASSERSTOFF, VERDICHTET	1 F	siehe Absatz 4.3.3.2.1				
1050	CHLORWASSERSTOFF, WASSERFREI	2 TC	12	120			0,69
					10	100	0,30
					12	120	0,56
					15	150	0,67
					20	200	0,74
1053	SCHWEFELWASSERSTOFF	2 TF	4,5	45	5	50	0,67
1055	ISOBUTEN	2 F	1	10	1	10	0,52
1056	KRYPTON, VERDICHTET	1 A	siehe Absatz 4.3.3.2.1				
1058	VERFLÜSSIGTE GASE, nicht entzündbar, überlagert mit Stickstoff, Kohlendioxid oder Luft	2 A	1,5 x Fülldruck siehe Absatz 4.3.3.2.2 oder 4.3.3.2.3				
1060	METHYLACETYLEN UND PROPADIEN, GEMISCH, STABILISIERT	2 F	siehe Absatz 4.3.3.2.2 oder 4.3.3.2.3				
	Gemisch P 1		2,5	25	2,8	28	0,49
	Gemisch P 2		2,2	22	2,3	23	0,47
	Propadien mit 1 % bis 4 % Methylacetylen		2,2	22	2,2	22	0,50

10

UN-Nr.	Benennung des Stoffes	Klassifizierungscode	Mindestprüfdruck für Tanks				höchstzulässige Masse der Füllung je Liter Fassungsraum
			mit Wärmeisolierung		ohne Wärmeisolierung		
			MPa	bar	MPa	bar	kg
1061	METHYLAMIN, WASSERFREI	2 F	1	10	1,1	11	0,58
1062	METHYLBROMID mit höchstens 2 % Chlorpikrin	2 T	1	10	1	10	1,51
1063	METHYLCHLORID (GAS ALS KÄLTEMITTEL R 40)	2 F	1,3	13	1,5	15	0,81
1064	METHYLMERCAPTAN	2 TF	1	10	1	10	0,78
1065	NEON, VERDICHTET	1 A	siehe Absatz 4.3.3.2.1				
1066	STICKSTOFF, VERDICHTET	1 A	siehe Absatz 4.3.3.2.1				
1067	DISTICKSTOFFTETROXID (STICKSTOFFDIOXID)	2 TOC	nur in Batterie-Fahrzeugen und MEGC, deren Elemente aus Gefäßen bestehen				
1070	DISTICKSTOFFMONOXID	2 O	22,5	225			0,78
					18	180	0,68
					22,5	225	0,74
					25	250	0,75
1071	ÖLGAS, VERDICHTET	1 TF	siehe Absatz 4.3.3.2.1				
1072	SAUERSTOFF, VERDICHTET	1 O	siehe Absatz 4.3.3.2.1				
1073	SAUERSTOFF, TIEFGEKÜHLT, FLÜSSIG	3 O	siehe Absatz 4.3.3.2.4				
1075	PETROLEUMGASE, VERFLÜSSIGT	2 F	siehe Absatz 4.3.3.2.2 oder 4.3.3.2.3				
1076	PHOSGEN	2 TC	nur in Batterie-Fahrzeugen und MEGC, deren Elemente aus Gefäßen bestehen				
1077	PROPEN	2 F	2,5	25	2,7	27	0,43
1078	GAS ALS KÄLTEMITTEL, N.A.G., wie	2 A					
	Gemisch F 1		1	10	1,1	11	1,23
	Gemisch F 2		1,5	15	1,6	16	1,15
	Gemisch F 3		2,4	24	2,7	27	1,03
	andere Gemische		siehe Absatz 4.3.3.2.2 oder 4.3.3.2.3				
1079	SCHWEFELDIOXID	2 TC	1	10	1,2	12	1,23
1080	SCHWEFELHEXAFLUORID	2 A	12	120			1,34
					7	70	1,04
					14	140	1,33
					16	160	1,37
1081	TETRAFLUORETHYLEN, STABILISIERT	2 F	nur in Batterie-Fahrzeugen und MEGC, deren Elemente aus nahtlosen Gefäßen bestehen				
1082	CHLORTRIFLUORETHYLEN, STABILISIERT (GAS ALS KÄLTEMITTEL R 1113)	2 TF	1,5	15	1,7	17	1,13
1083	TRIMETHYLAMIN, WASSERFREI	2 F	1	10	1	10	0,56
1085	VINYLBROMID, STABILISIERT	2 F	1	10	1	10	1,37
1086	VINYLCHLORID, STABILISIERT	2 F	1	10	1,1	11	0,81
1087	VINYLMETHYLETHER, STABILISIERT	2 F	1	10	1	10	0,67
1581	CHLORPIKRIN UND METHYLBROMID, GEMISCH mit mehr als 2 % Chlorpikrin	2 T	1	10	1	10	1,51
1582	CHLORPIKRIN UND METHYLCHLORID, GEMISCH	2 T	1,3	13	1,5	15	0,81
1612	HEXAETHYLTETRAPHOSPHAT UND VERDICHTETES GAS, GEMISCH	1 T	siehe Absatz 4.3.3.2.1				
1749	CHLORTRIFLUORID	2 TOC	3	30	3	30	1,40
1858	HEXAFLUORPROPYLEN (GAS ALS KÄLTEMITTEL R 1216)	2 A	1,7	17	1,9	19	1,11
1859	SILICIUMTETRAFLUORID	2 TC	20	200	20	200	0,74
			30	300	30	300	1,10
1860	VINYLFLUORID, STABILISIERT	2 F	12	120			0,58
			22,5	225			0,65
					25	250	0,64
1912	METHYLCHLORID UND DICHLORMETHAN, GEMISCH	2 F	1,3	13	1,5	15	0,81

UN-Nr.	Benennung des Stoffes	Klassifizierungscode	Mindestprüfdruck für Tanks mit Wärmeisolierung		Mindestprüfdruck für Tanks ohne Wärmeisolierung		höchstzulässige Masse der Füllung je Liter Fassungsraum
			MPa	bar	MPa	bar	kg
1913	NEON, TIEFGEKÜHLT, FLÜSSIG	3 A	siehe Absatz 4.3.3.2.4				
1951	ARGON, TIEFGEKÜHLT, FLÜSSIG	3 A	siehe Absatz 4.3.3.2.4				
1952	ETHYLENOXID UND KOHLENDIOXID, GEMISCH mit höchstens 9 % Ethylenoxid	2 A	19 25	190 250	19 25	190 250	0,66 0,75
1953	VERDICHTETES GAS, GIFTIG, ENTZÜNDBAR, N.A.G. [a)]	1 TF	siehe Absatz 4.3.3.2.1 oder 4.3.3.2.2				
1954	VERDICHTETES GAS, ENTZÜNDBAR, N.A.G.	1 F	siehe Absatz 4.3.3.2.1 oder 4.3.3.2.2				
1955	VERDICHTETES GAS, GIFTIG, N.A.G. [a)]	1 T	siehe Absatz 4.3.3.2.1 oder 4.3.3.2.2				
1956	VERDICHTETES GAS, N.A.G.	1 A	siehe Absatz 4.3.3.2.1 oder 4.3.3.2.2				
1957	DEUTERIUM, VERDICHTET	1 F	siehe Absatz 4.3.3.2.1				
1958	1,2-DICHLOR-1,1,2,2-TETRAFLUORETHAN (GAS ALS KÄLTEMITTEL R 114)	2 A	1	10	1	10	1,30
1959	1,1-DIFLUORETHYLEN (GAS ALS KÄLTEMITTEL R 1132a)	2 F	12 22,5	120 225	 25	 250	0,66 0,78 0,77
1961	ETHAN, TIEFGEKÜHLT, FLÜSSIG	3 F	siehe Absatz 4.3.3.2.4				
1962	ETHYLEN	2 F	12 22,5	120 225	 22,5 30	 225 300	0,25 0,36 0,34 0,37
1963	HELIUM, TIEFGEKÜHLT, FLÜSSIG	3 A	siehe Absatz 4.3.3.2.4				
1964	KOHLENWASSERSTOFFGAS, GEMISCH, VERDICHTET, N.A.G.	1 F	siehe Absatz 4.3.3.2.1 oder 4.3.3.2.2				
1965	KOHLENWASSERSTOFFGAS, GEMISCH, VERFLÜSSIGT, N.A.G., wie	2 F					
	Gemisch A		1	10	1	10	0,50
	Gemisch A 01		1,2	12	1,4	14	0,49
	Gemisch A 02		1,2	12	1,4	14	0,48
	Gemisch A 0		1,2	12	1,4	14	0,47
	Gemisch A 1		1,6	16	1,8	18	0,46
	Gemisch B 1		2	20	2,3	23	0,45
	Gemisch B 2		2	20	2,3	23	0,44
	Gemisch B		2	20	2,3	23	0,43
	Gemisch C		2,5	25	2,7	27	0,42
	andere Gemische		siehe Absatz 4.3.3.2.2 oder 4.3.3.2.3				
1966	WASSERSTOFF, TIEFGEKÜHLT, FLÜSSIG	3 F	siehe Absatz 4.3.3.2.4				
1967	INSEKTENBEKÄMPFUNGSMITTEL, GASFÖRMIG, GIFTIG, N.A.G. [a)]	2 T	siehe Absatz 4.3.3.2.2 oder 4.3.3.2.3				
1968	INSEKTENBEKÄMPFUNGSMITTEL, GASFÖRMIG, N.A.G.	2 A	siehe Absatz 4.3.3.2.2 oder 4.3.3.2.3				
1969	ISOBUTAN	2 F	1	10	1	10	0,49
1970	KRYPTON, TIEFGEKÜHLT, FLÜSSIG	3 A	siehe Absatz 4.3.3.2.4				
1971 1971	METHAN, VERDICHTET, oder ERDGAS, VERDICHTET, mit hohem Methangehalt	1 F	siehe Absatz 4.3.3.2.1				
1972 1972	METHAN, TIEFGEKÜHLT, FLÜSSIG, oder ERDGAS, TIEFGEKÜHLT, FLÜSSIG, mit hohem Methangehalt	3 F	siehe Absatz 4.3.3.2.4				
1973	CHLORDIFLUORMETHAN UND CHLORPENTAFLUORETHAN, GEMISCH mit einem konstanten Siedepunkt, mit ca. 49 % Chlordifluormethan (GAS ALS KÄLTEMITTEL R 502)	2 A	2,5	25	2,8	28	1,05
1974	BROMCHLORDIFLUORMETHAN (GAS ALS KÄLTEMITTEL R 12B1)	2 A	1	10	1	10	1,61

UN-Nr.	Benennung des Stoffes	Klassifizierungscode	Mindestprüfdruck für Tanks				höchstzulässige Masse der Füllung je Liter Fassungsraum
			mit Wärmeisolierung		ohne Wärmeisolierung		
			MPa	bar	MPa	bar	kg
1976	OCTAFLUORCYCLOBUTAN (GAS ALS KÄLTEMITTEL RC 318)	2 A	1	10	1	10	1,34
1977	STICKSTOFF, TIEFGEKÜHLT, FLÜSSIG	3 A	siehe Absatz 4.3.3.2.4				
1978	PROPAN	2 F	2,1	21	2,3	23	0,42
1982	TETRAFLUORMETHAN (GAS ALS KÄLTEMITTEL R 14)	2 A	20 30	200 300	20 30	200 300	0,62 0,94
1983	1-CHLOR-2,2,2-TRIFLUORETHAN (GAS ALS KÄLTEMITTEL R 133a)	2 A	1	10	1	10	1,18
1984	TRIFLUORMETHAN (GAS ALS KÄLTEMITTEL R 23)	2 A	19 25 	190 250 	 19 25	 190 250	0,92 0,99 0,87 0,95
2034	WASSERSTOFF UND METHAN, GEMISCH, VERDICHTET	1 F	siehe Absatz 4.3.3.2.1				
2035	1,1,1-TRIFLUORETHAN (GAS ALS KÄLTEMITTEL R 143a)	2 F	2,8	28	3,2	32	0,79
2036	XENON	2 A	12 	120 	 13	 130	1,30 1,24
2044	2,2-DIMETHYLPROPAN	2 F	1	10	1	10	0,53
2073	AMMONIAKLÖSUNG in Wasser, relative Dichte kleiner als 0,880 bei 15 °C mit mehr als 35 %, aber höchstens 40 % Ammoniak mit mehr als 40 %, aber höchstens 50 % Ammoniak	4 A	 1 1,2	 10 12	 1 1,2	 10 12	 0,80 0,77
2187	KOHLENDIOXID, TIEFGEKÜHLT, FLÜSSIG	3 A	siehe Absatz 4.3.3.2.4				
2189	DICHLORSILAN	2 TFC	1	10	1	10	0,90
2191	SULFURYLFLUORID	2 T	5	50	5	50	1,10
2193	HEXAFLUORETHAN (GAS ALS KÄLTEMITTEL R 116)	2 A	16 20 	160 200 	 20	 200	1,28 1,34 1,10
2197	IODWASSERSTOFF, WASSERFREI	2 TC	1,9	19	2,1	21	2,25
2200	PROPADIEN, STABILISIERT	2 F	1,8	18	2	20	0,50
2201	DISTICKSTOFFMONOXID, TIEFGEKÜHLT, FLÜSSIG	3 O	siehe Absatz 4.3.3.2.4				
2203	SILICIUMWASSERSTOFF (SILAN) [b)]	2 F	22,5 25	225 250	22,5 25	225 250	0,32 0,36
2204	CARBONYLSULFID	2 TF	2,7	27	3	30	0,84
2417	CARBONYLFLUORID	2 TC	20 30	200 300	20 30	200 300	0,47 0,70
2419	BROMTRIFLUORETHYLEN	2 F	1	10	1	10	1,19
2420	HEXAFLUORACETON	2 TC	1,6	16	1,8	18	1,08
2422	OCTAFLUORBUT-2-EN (GAS ALS KÄLTEMITTEL R 1318)	2 A	1	10	1	10	1,34
2424	OCTAFLUORPROPAN (GAS ALS KÄLTEMITTEL R 218)	2 A	2,1	21	2,3	23	1,07
2451	STICKSTOFFTRIFLUORID	2 O	20 30	200 300	20 30	200 300	0,50 0,75
2452	ETHYLACETYLEN, STABILISIERT	2 F	1	10	1	10	0,57
2453	ETHYLFLUORID (GAS ALS KÄLTEMITTEL R 161)	2 F	2,1	21	2,5	25	0,57
2454	METHYLFLUORID (GAS ALS KÄLTEMITTEL R 41)	2 F	30	300	30	300	0,36
2517	1-CHLOR-1,1-DIFLUORETHAN (GAS ALS KÄLTEMITTEL R 142b)	2 F	1	10	1	10	0,99

UN-Nr.	Benennung des Stoffes	Klassifizierungscode	Mindestprüfdruck für Tanks mit Wärmeisolierung		Mindestprüfdruck für Tanks ohne Wärmeisolierung		höchstzulässige Masse der Füllung je Liter Fassungsraum
			MPa	bar	MPa	bar	kg
2591	XENON, TIEFGEKÜHLT, FLÜSSIG	3 A	siehe Absatz 4.3.3.2.4				
2599	CHLORTRIFLUORMETHAN UND TRIFLUORMETHAN, AZEOTROPES GEMISCH mit ca. 60 % Chlortrifluormethan (GAS ALS KÄLTEMITTEL R 503)	2 A	3,1 4,2 10	31 42 100	3,1 4,2 10	31 42 100	0,11 0,21 0,76 0,20 0,66
2601	CYCLOBUTAN	2 F	1	10	1	10	0,63
2602	DICHLORDIFLUORMETHAN UND 1,1-DIFLUORETHAN, AZEOTROPES GEMISCH mit ca. 74 % Dichlordifluormethan (GAS ALS KÄLTEMITTEL R 500)	2 A	1,8	18	2	20	1,01
2901	BROMCHLORID	2 TOC	1	10	1	10	1,50
3057	TRIFLUORACETYLCHLORID	2 TC	1,3	13	1,5	15	1,17
3070	ETHYLENOXID UND DICHLORDIFLUORMETHAN, GEMISCH mit höchstens 12,5 % Ethylenoxid	2 A	1,5	15	1,6	16	1,09
3083	PERCHLORYLFLUORID	2 TO	2,7	27	3	30	1,21
3136	TRIFLUORMETHAN, TIEFGEKÜHLT, FLÜSSIG	3 A	siehe Absatz 4.3.3.2.4				
3138	ETHYLEN, ACETYLEN UND PROPYLEN, GEMISCH, TIEFGEKÜHLT, FLÜSSIG, mit mindestens 71,5 % Ethylen, höchstens 22,5 % Acetylen und höchstens 6 % Propylen	3 F	siehe Absatz 4.3.3.2.4				
3153	PERFLUOR(METHYL-VINYL-ETHER)	2 F	1,4	14	1,5	15	1,14
3154	PERFLUOR(ETHYL-VINYL-ETHER)	2 F	1	10	1	10	0,98
3156	VERDICHTETES GAS, OXIDIEREND, N.A.G.	1 O	siehe Absatz 4.3.3.2.1 oder 4.3.3.2.2				
3157	VERFLÜSSIGTES GAS, OXIDIEREND, N.A.G.	2 O	siehe Absatz 4.3.3.2.2 oder 4.3.3.2.3				
3158	GAS, TIEFGEKÜHLT, FLÜSSIG, N.A.G.	3 A	siehe Absatz 4.3.3.2.4				
3159	1,1,1,2-TETRAFLUORETHAN (GAS ALS KÄLTEMITTEL R 134a)	2 A	1,6	16	1,8	18	1,04
3160	VERFLÜSSIGTES GAS, GIFTIG, ENTZÜNDBAR, N.A.G. [a)]	2 TF	siehe Absatz 4.3.3.2.2 oder 4.3.3.2.3				
3161	VERFLÜSSIGTES GAS, ENTZÜNDBAR, N.A.G.	2 F	siehe Absatz 4.3.3.2.2 oder 4.3.3.2.3				
3162	VERFLÜSSIGTES GAS, GIFTIG, N.A.G. [a)]	2 T	siehe Absatz 4.3.3.2.2 oder 4.3.3.2.3				
3163	VERFLÜSSIGTES GAS, N.A.G.	2 A	siehe Absatz 4.3.3.2.2 oder 4.3.3.2.3				
3220	PENTAFLUORETHAN (GAS ALS KÄLTEMITTEL R 125)	2 A	4,1	41	4,9	49	0,95
3252	DIFLUORMETHAN (GAS ALS KÄLTEMITTEL R 32)	2 F	3,9	39	4,3	43	0,78
3296	HEPTAFLUORPROPAN (GAS ALS KÄLTEMITTEL R 227)	2 A	1,4	14	1,6	16	1,20
3297	ETHYLENOXID UND CHLORTETRAFLUORETHAN, GEMISCH mit höchstens 8,8 % Ethylenoxid	2 A	1	10	1	10	1,16
3298	ETHYLENOXID UND PENTAFLUORETHAN, GEMISCH mit höchstens 7,9 % Ethylenoxid	2 A	2,4	24	2,6	26	1,02
3299	ETHYLENOXID UND TETRAFLUORETHAN, GEMISCH mit höchstens 5,6 % Ethylenoxid	2 A	1,5	15	1,7	17	1,03
3300	ETHYLENOXID UND KOHLENDIOXID, GEMISCH mit mehr als 87 % Ethylenoxid	2 TF	2,8	28	2,8	28	0,73
3303	VERDICHTETES GAS, GIFTIG, OXIDIEREND, N.A.G. [a)]	1 TO	siehe Absatz 4.3.3.2.1 oder 4.3.3.2.2				
3304	VERDICHTETES GAS, GIFTIG, ÄTZEND, N.A.G. [a)]	1 TC	siehe Absatz 4.3.3.2.1 oder 4.3.3.2.2				
3305	VERDICHTETES GAS, GIFTIG, ENTZÜNDBAR, ÄTZEND, N.A.G. [a)]	1 TFC	siehe Absatz 4.3.3.2.1 oder 4.3.3.2.2				
3306	VERDICHTETES GAS, GIFTIG, OXIDIEREND, ÄTZEND, N.A.G. [a)]	1 TOC	siehe Absatz 4.3.3.2.1 oder 4.3.3.2.2				

UN-Nr.	Benennung des Stoffes	Klassifizierungscode	Mindestprüfdruck für Tanks mit Wärmeisolierung		Mindestprüfdruck für Tanks ohne Wärmeisolierung		höchstzulässige Masse der Füllung je Liter Fassungsraum
			MPa	bar	MPa	bar	kg
3307	VERFLÜSSIGTES GAS, GIFTIG, OXIDIEREND, N.A.G. a)	2 TO	siehe Absatz 4.3.3.2.2 oder 4.3.3.2.3				
3308	VERFLÜSSIGTES GAS, GIFTIG, ÄTZEND, N.A.G. a)	2 TC	siehe Absatz 4.3.3.2.2 oder 4.3.3.2.3				
3309	VERFLÜSSIGTES GAS, GIFTIG, ENTZÜNDBAR, ÄTZEND, N.A.G. a)	2 TFC	siehe Absatz 4.3.3.2.2 oder 4.3.3.2.3				
3310	VERFLÜSSIGTES GAS, GIFTIG, OXIDIEREND, ÄTZEND, N.A.G. a)	2 TOC	siehe Absatz 4.3.3.2.2 oder 4.3.3.2.3				
3311	GAS, TIEFGEKÜHLT, FLÜSSIG, OXIDIEREND, N.A.G.	3 O	siehe Absatz 4.3.3.2.4				
3312	GAS, TIEFGEKÜHLT, FLÜSSIG, ENTZÜNDBAR, N.A.G.	3 F	siehe Absatz 4.3.3.2.4				
3318	AMMONIAKLÖSUNG in Wasser, relative Dichte kleiner als 0,880 bei 15 °C mit mehr als 50 % Ammoniak	4 TC	siehe Absatz 4.3.3.2.2				
3337	GAS ALS KÄLTEMITTEL R 404A	2 A	2,9	29	3,2	32	0,84
3338	GAS ALS KÄLTEMITTEL R 407A	2 A	2,8	28	3,2	32	0,95
3339	GAS ALS KÄLTEMITTEL R 407B	2 A	3	30	3,3	33	0,95
3340	GAS ALS KÄLTEMITTEL R 407C	2 A	2,7	27	3	30	0,95
3354	INSEKTENBEKÄMPFUNGSMITTEL, GASFÖRMIG, ENTZÜNDBAR, N.A.G.	2 F	siehe Absätze 4.3.3.2.2 oder 4.3.3.2.3				
3355	INSEKTENBEKÄMPFUNGSMITTEL, GASFÖRMIG, GIFTIG, ENTZÜNDBAR, N.A.G. a)	2 TF	siehe Absätze 4.3.3.2.2 oder 4.3.3.2.3				

a) zugelassen mit einem LC_{50}-Wert von 200 ppm oder darüber

b) gilt als selbstentzündlich (pyrophor).

4.3.3.3 Betrieb

4.3.3.3.1 Wenn die Tanks, Batterie-Fahrzeuge oder MEGC für verschiedene Gase zugelassen sind, bedingt die wechselweise Verwendung Entleerungs-, Reinigungs- und Entgasungsmaßnahmen in einem für die Gewährleistung der Sicherheit des Betriebs erforderlichen Umfang.

4.3.3.3.2 Bei der Übergabe zur Beförderung der Tanks, Batterie-Fahrzeuge oder MEGC dürfen nur die für das tatsächlich oder – wenn entleert – für das zuletzt eingefüllte Gas geltenden Angaben nach Absatz 6.8.3.5.6 sichtbar sein; alle Angaben für die anderen Gase müssen verdeckt sein.

4.3.3.3.3 Die Elemente eines Batterie-Fahrzeugs oder eines MEGC dürfen nur ein und dasselbe Gas enthalten.

4.3.3.3.4 Wenn der Außenüberdruck größer als die Festigkeit des Tanks gegenüber Außendruck sein kann (z.B. auf Grund niedriger Umgebungstemperaturen), müssen geeignete Maßnahmen getroffen werden, um Tanks mit unter geringem Druck verflüssigten Gasen gegen das Risiko einer Verformung zu schützen, z.B. durch das Befüllen mit Stickstoff oder einem anderen inerten Gas zur Aufrechterhaltung eines ausreichenden Drucks im Tank.

4.3.3.4 (bleibt offen)

4.3.3.5 (bleibt offen)

Für jede Beförderung eines Tankcontainers mit tiefgekühlt verflüssigten Gasen muss die tatsächliche Haltezeit bestimmt werden, und zwar unter Berücksichtigung:

a) der Referenzhaltezeit des zu befördernden tiefgekühlt verflüssigten Gases (siehe Absatz 6.8.3.4.10), wie auf dem in Absatz 6.8.3.5.4 genannten Schild angegeben;
b) der tatsächlichen Fülldichte;
c) des tatsächlichen Fülldrucks;
d) des niedrigsten Ansprechdrucks der Druckbegrenzungseinrichtung(en);
e) der Verschlechterung der Isolierung *).

Bem. Die Norm ISO 21014:2006 «Kryo-Behälter – Leistungsmerkmale der Kryo-Isolierung» beschreibt Methoden für die Bestimmung der Leistungsmerkmale der Isolierung von Kryo-Behältern und bietet eine Methode für die Berechnung der Haltezeit.

Das Datum, an dem die tatsächliche Haltezeit endet, muss im Beförderungspapier angegeben werden (siehe Absatz 5.4.1.2.2 d)).

*) Im Dokument des European Industrial Gases Association (Europäischer Industriegase-Verband) (EIGA) «Methods to prevent the premature activation of relief devices on tanks» (Methoden zur Vermeidung eines vorzeitigen Ansprechens der Druckentlastungseinrichtungen von Tanks), das unter www.eiga.eu abgerufen werden kann, werden Leitlinien dafür bereitgestellt.

4.3.3.6 (bleibt offen)

Tankcontainer dürfen nicht zur Beförderung aufgegeben werden:

a) mit einem Füllungsgrad, bei dem die Schwallbewegungen des Inhalts im Tankkörper unzulässige hydraulische Kräfte hervorrufen können;
b) wenn sie undicht sind;
c) wenn sie in einem Ausmaß beschädigt sind, dass die Unversehrtheit des Tankcontainers oder seiner Hebe- oder Befestigungseinrichtungen beeinträchtigt sein kann;
d) wenn die Bedienungsausrüstung nicht geprüft und für in gutem betriebsfähigem Zustand befunden worden ist;

e) wenn die tatsächliche Haltezeit des zu befördernden tiefgekühlt verflüssigten Gases nicht bestimmt worden ist;

f) wenn die Dauer der Beförderung unter Berücksichtigung aller eventuell auftretenden Verzögerungen die tatsächliche Haltezeit übersteigt und

g) wenn der Druck nicht konstant ist und auf ein Niveau abgesenkt wurde, so dass die tatsächliche Haltezeit erreicht werden kann *).

*) Im Dokument des European Industrial Gases Association (Europäischer Industriegase-Verband) (EIGA) «Methods to prevent the premature activation of relief devices on tanks» (Methoden zur Vermeidung eines vorzeitigen Ansprechens der Druckentlastungseinrichtungen von Tanks), das unter www.eiga.eu abgerufen werden kann, werden Leitlinien dafür bereitgestellt.

4.3.4 Sondervorschriften für die Klassen 1 und 3 bis 9

4.3.4.1 Tankcodierung, rationalisierter Ansatz und Tankhierarchie

4.3.4.1.1 Tankcodierung

Die vier Teile der in Kapitel 3.2 Tabelle A Spalte 12 angegebenen Tankcodierung haben folgende Bedeutung:

Teil	Beschreibung	Tankcodierung	
1	Tanktyp	L =	Tank für Stoffe in flüssigem Zustand (flüssige Stoffe oder feste Stoffe, die in geschmolzenem Zustand zur Beförderung aufgegeben werden)
		S =	Tank für Stoffe in festem (pulverförmigem oder körnigem) Zustand
2	Berechnungsdruck	G =	Mindestberechnungsdruck gemäß allgemeinen Vorschriften des Absatzes 6.8.2.1.14
			1,5; 2,65; 4; 10; 15 oder 21 = Mindestberechnungsdruck in bar (siehe Absatz 6.8.2.1.14)
3	Öffnungen (siehe Absatz 6.8.2.2.2)	A =	Tank mit Bodenöffnungen mit 2 Verschlüssen für das Befüllen oder Entleeren
		B =	Tank mit Bodenöffnungen mit 3 Verschlüssen für das Befüllen oder Entleeren
		C =	Tank mit obenliegenden Öffnungen, der unterhalb des Flüssigkeitsspiegels nur mit Reinigungsöffnungen versehen ist
		D =	Tank mit obenliegenden Öffnungen ohne Öffnungen unterhalb des Flüssigkeitsspiegels
4	Sicherheitsventil / -einrichtung	V =	Tank mit Über- und Unterdruckbelüftungseinrichtung gemäß Absatz 6.8.2.2.6 ohne Einrichtung zur Verhinderung einer Flammenausbreitung oder nicht explosionsdruckstoßfester Tank
		F =	Tank mit Über- und Unterdruckbelüftungseinrichtung gemäß Absatz 6.8.2.2.6 mit Einrichtung zur Verhinderung einer Flammenausbreitung oder explosionsdruckstoßfester Tank
		N =	Tank ohne Über- und Unterdruckbelüftungseinrichtung gemäß Absatz 6.8.2.2.6 und nicht luftdicht verschlossen
		H =	luftdicht verschlossener Tank (siehe Begriffsbestimmung in Abschnitt 1.2.1)

10

4.3.4.1.2 Rationalisierter Ansatz für die Zuordnung von Tankcodierungen zu Stoffgruppen und Tankhierarchie

Bem. Einige Stoffe und Stoffgruppen sind in diesem rationalisierten Ansatz nicht enthalten (siehe Absatz 4.3.4.1.3).

Tank-codierung	rationalisierter Ansatz		
	zugelassene Stoffgruppen		
	Klasse	Klassifizierungscode	Verpackungsgruppe
	Flüssige Stoffe		
LGAV	3	F2	III
	9	M9	III

Tank-codierung	rationalisierter Ansatz		
	zugelassene Stoffgruppen		
	Klasse	Klassifizierungscode	Verpackungsgruppe
	Flüssige Stoffe		
LGBV	4.1	F2	II, III
	5.1	O1	III
	9	M6	III
	9	M11	III
	sowie die für die Tankcodierung LGAV zugelassenen Stoffgruppen		

Tank-codierung	rationalisierter Ansatz		
	zugelassene Stoffgruppen		
	Klasse	Klassifizierungscode	Verpackungsgruppe
	Flüssige Stoffe		
LGBF	3	F1	II, Dampfdruck bei 50 °C ≤ 1,1 bar
	3	F1	III
	3	D	II, Dampfdruck bei 50 °C ≤ 1,1 bar
	3	D	III
	sowie die für die Tankcodierungen LGAV und LGBV zugelassenen Stoffgruppen		

Tank-codierung	rationalisierter Ansatz		
	zugelassene Stoffgruppen		
	Klasse	Klassifizierungscode	Verpackungsgruppe
	Flüssige Stoffe		
L1,5BN	3	F1	II, Dampfdruck bei 50 °C > 1,1 bar
	3	F1	III, Flammpunkt < 23 °C, viskos, Dampfdruck bei 50 °C > 1,1 bar, Siedepunkt > 35 °C
	3	D	II, Dampfdruck bei 50 °C > 1,1 bar
	sowie die für die Tankcodierungen LGAV, LGBV und LGBF zugelassenen Stoffgruppen		

rationalisierter Ansatz			
Tank-codierung	zugelassene Stoffgruppen		
	Klasse	Klassifizierungscode	Verpackungsgruppe
Flüssige Stoffe			
L4BN	3	F1	I III, Siedepunkt ≤ 35 °C
	3	FC	III
	3	D	I
	5.1	O1	I, II
	5.1	OT1	I
	8	C1	II, III
	8	C3	II, III
	8	C4	II, III
	8	C5	II, III
	8	C7	II, III
	8	C8	II, III
	8	C9	II, III
	8	C10	II, III
	8	CF1	II
	8	CF2	II
	8	CS1	II
	8	CW1	II
	8	CW2	II
	8	CO1	II
	8	CO2	II
	8	CT1	II, III
	8	CT2	II, III
	8	CFT	II
	9	M11	III
	sowie die für die Tankcodierungen LGAV, LGBV, LGBF und L1,5BN zugelassenen Stoffgruppen		

10

Tank-codierung	rationalisierter Ansatz		
	zugelassene Stoffgruppen		
	Klasse	Klassifizierungscode	Verpackungsgruppe
	Flüssige Stoffe		
L4BH	3	FT1	II, III
	3	FT2	II
	3	FC	II
	3	FTC	II
	6.1	T1	II, III
	6.1	T2	II, III
	6.1	T3	II, III
	6.1	T4	II, III
	6.1	T5	II, III
	6.1	T6	II, III
	6.1	T7	II, III
	6.1	TF1	II
	6.1	TF2	II, III
	6.1	TF3	II
	6.1	TS	II
	6.1	TW1	II
	6.1	TW2	II
	6.1	TO1	II
	6.1	TO2	II
	6.1	TC1	II
	6.1	TC2	II
	6.1	TC3	II
	6.1	TC4	II
	6.1	TFC	II
	6.2	I3	II
	6.2	I4	
	9	M2	II
	sowie die für die Tankcodierungen LGAV, LGBV, LGBF, L1,5BN und L4BN zugelassenen Stoffgruppen		

Tank-codierung	rationalisierter Ansatz		
	zugelassene Stoffgruppen		
	Klasse	Klassifizierungscode	Verpackungsgruppe
	Flüssige Stoffe		
L4DH	4.2	S1	II, III
	4.2	S3	II, III
	4.2	ST1	II, III
	4.2	ST3	II, III
	4.2	SC1	II, III
	4.2	SC3	II, III
	4.3	W1	II, III
	4.3	WF1	II, III
	4.3	WT1	II, III
	4.3	WC1	II, III
	8	CT1	II, III
	sowie die für die Tankcodierungen LGAV, LGBV, LGBF, L1,5BN, L4BN und L4BH zugelassenen Stoffgruppen		

rationalisierter Ansatz			
Tank-codierung	zugelassene Stoffgruppen		
	Klasse	Klassifizierungscode	Verpackungsgruppe
Flüssige Stoffe			
L10BH	8	C1	I
	8	C3	I
	8	C4	I
	8	C5	I
	8	C7	I
	8	C8	I
	8	C9	I
	8	C10	I
	8	CF1	I
	8	CF2	I
	8	CS1	I
	8	CW1	I
	8	CW2	I
	8	CO1	I
	8	CO2	I
	8	CT1	I
	8	CT2	I
	8	COT	I
	sowie die für die Tankcodierungen LGAV, LGBV, LGBF, L1,5BN, L4BN und L4BH zugelassenen Stoffgruppen		

rationalisierter Ansatz			
Tank-codierung	zugelassene Stoffgruppen		
	Klasse	Klassifizierungscode	Verpackungsgruppe
Flüssige Stoffe			
L10CH	3	FT1	I
	3	FT2	I
	3	FC	I
	3	FTC	I
	6.1 [a)]	T1	I
	6.1 [a)]	T2	I
	6.1 [a)]	T3	I
	6.1 [a)]	T4	I
	6.1 [a)]	T5	I
	6.1 [a)]	T6	I
	6.1 [a)]	T7	I
	6.1 [a)]	TF1	I
	6.1 [a)]	TF2	I
	6.1 [a)]	TF3	I
	6.1 [a)]	TS	I
	6.1 [a)]	TW1	I
	6.1 [a)]	TO1	I
	6.1 [a)]	TC1	I
	6.1 [a)]	TC2	I
	6.1 [a)]	TC3	I
	6.1 [a)]	TC4	I
	6.1 [a)]	TFC	I
	6.1 [a)]	TFC	I
	sowie die für die Tankcodierungen LGAV, LGBV, LGBF, L1,5BN, L4BN, L4BH und L10BH zugelassenen Stoffgruppen		
	[a)] Stoffe mit einem LC_{50}-Wert von höchstens 200 ml/m^3 und einer gesättigten Dampfkonzentration von mindestens 500 LC_{50} müssen der Tankcodierung L15CH zugeordnet werden.		

10

Tank-codierung	rationalisierter Ansatz		
	zugelassene Stoffgruppen		
	Klasse	Klassifizierungscode	Verpackungsgruppe
	Flüssige Stoffe		
L10DH	4.3	W1	I
	4.3	WF1	I
	4.3	WT1	I
	4.3	WC1	I
	4.3	WFC	I
	5.1	OTC	I
	8	CT1	I
	sowie die für die Tankcodierungen LGAV, LGBV, LGBF, L1,5BN, L4BN, L4BH, L4DH, L10BH und L10CH zugelassenen Stoffgruppen		

Tank-codierung	rationalisierter Ansatz		
	zugelassene Stoffgruppen		
	Klasse	Klassifizierungscode	Verpackungsgruppe
	Flüssige Stoffe		
L15CH	3	FT1	I
	6.1 [b)]	T1	I
	6.1 [b)]	T4	I
	6.1 [b)]	TF1	I
	6.1 [b)]	TW1	I
	6.1 [b)]	TO1	I
	6.1 [b)]	TC1	I
	6.1 [b)]	TC3	I
	6.1 [b)]	TFC	I
	6.1 [b)]	TFC	I
	6.1 [b)]	TFW	I
	sowie die für die Tankcodierungen LGAV, LGBV, LGBF, L1,5BN, L4BN, L4BH, L10BH und L10CH zugelassenen Stoffgruppen.		
	b) Stoffe mit einem LC_{50}-Wert von höchstens 200 ml/m³ und einer gesättigten Dampfkonzentration von mindestens 500 LC_{50} müssen dieser Tankcodierung zugeordnet werden.		

Tank-codierung	rationalisierter Ansatz		
	zugelassene Stoffgruppen		
	Klasse	Klassifizierungscode	Verpackungsgruppe
	Flüssige Stoffe		
L21DH	4.2	S1	I
	4.2	S3	I
	4.2	SW	I
	4.2	ST3	I
	sowie die für die Tankcodierungen LGAV, LGBV, LGBF, L1,5BN, L4BN, L4BH, L4DH, L10BH, L10CH, L10DH und L15CH zugelassenen Stoffgruppen		

Tank-codierung	rationalisierter Ansatz		
	zugelassene Stoffgruppen		
	Klasse	Klassifizierungscode	Verpackungsgruppe
	Feste Stoffe		
SGAV	4.1	F1	III
	4.1	F3	III
	4.2	S2	II, III
	4.2	S4	III
	5.1	O2	II, III
	8	C2	II, III
	8	C4	III
	8	C6	III
	8	C8	III
	8	C10	II, III
	8	CT2	III
	9	M7	III
	9	M11	II, III

Tank-codierung	rationalisierter Ansatz		
	zugelassene Stoffgruppen		
	Klasse	Klassifizierungscode	Verpackungsgruppe
	Feste Stoffe		
SGAN	4.1	F1	II
	4.1	F3	II
	4.1	FT1	II, III
	4.1	FT2	II, III
	4.1	FC1	II, III
	4.1	FC2	II, III
	4.2	S2	II
	4.2	S4	II, III
	4.2	ST2	II, III
	4.2	ST4	II, III
	4.2	SC2	II, III
	4.2	SC4	II, III
	4.3	W2	II, III
	4.3	WF2	II
	4.3	WS	II, III
	4.3	WT2	II, III
	4.3	WC2	II, III
	5.1	O2	II, III
	5.1	OT2	II, III
	5.1	OC2	II, III
	8	C2	II
	8	C4	II
	8	C6	II
	8	C8	II
	8	C10	II
	8	CF2	II
	8	CS2	II
	8	CW2	II
	8	CO2	II
	8	CT2	II
	9	M3	III
	sowie die für die Tankcodierung SGAV zugelassenen Stoffgruppen		

10

Tankcodierung	rationalisierter Ansatz		
	zugelassene Stoffgruppen		
	Klasse	Klassifizierungscode	Verpackungsgruppe
	Feste Stoffe		
SGAH	6.1	T2	II, III
	6.1	T3	II, III
	6.1	T5	II, III
	6.1	T7	II, III
	6.1	T9	II
	6.1	TF3	II
	6.1	TS	II
	6.1	TW2	II
	6.1	TO2	II
	6.1	TC2	II
	6.1	TC4	II
	9	M1	II, III
	sowie die für die Tankcodierungen SGAV und SGAN zugelassenen Stoffgruppen		

Tankcodierung	rationalisierter Ansatz		
	zugelassene Stoffgruppen		
	Klasse	Klassifizierungscode	Verpackungsgruppe
	Feste Stoffe		
S4AH	6.2	I3	II
	9	M2	II
	sowie die für die Tankcodierungen SGAV, SGAN und SGAH zugelassenen Stoffgruppen		

Tankcodierung	rationalisierter Ansatz		
	zugelassene Stoffgruppen		
	Klasse	Klassifizierungscode	Verpackungsgruppe
	Feste Stoffe		
S10AN	8	C2	I
	8	C4	I
	8	C6	I
	8	C8	I
	8	C10	I
	8	CF2	I
	8	CS2	I
	8	CW2	I
	8	CO2	I
	8	CT2	I
	sowie die für die Tankcodierungen SGAV und SGAN zugelassenen Stoffgruppen		

rationalisierter Ansatz			
Tank-codierung	zugelassene Stoffgruppen		
	Klasse	Klassifizierungscode	Verpackungsgruppe
Feste Stoffe			
S10AH	6.1	T2	I
	6.1	T3	I
	6.1	T5	I
	6.1	T7	I
	6.1	TS	I
	6.1	TW2	I
	6.1	TO2	I
	6.1	TC2	I
	6.1	TC4	I
	sowie die für die Tankcodierungen SGAV, SGAN, SGAH und S10AN zugelassenen Stoffgruppen		

Tankhierarchie:

Tanks mit anderen als den in dieser Tabelle oder in Kapitel 3.2 Tabelle A genannten Tankcodierungen dürfen ebenfalls verwendet werden, vorausgesetzt, jedes Element (Zahlenwert oder Buchstabe) der Teile 1 bis 4 dieser anderen Tankcodierungen entspricht einem gleichen oder höheren Sicherheitsniveau als das entsprechende Element der in Kapitel 3.2 Tabelle A angegebenen Tankcodierung, und zwar gemäß folgender aufsteigender Reihenfolge:

Teil 1: Tanktyp
S ➔ L
Teil 2: Berechnungsdruck
G ➔ 1,5 ➔ 2,65 ➔ 4 ➔ 10 ➔ 15 ➔ 21 bar
Teil 3: Öffnungen
A ➔ B ➔ C ➔ D
Teil 4: Sicherheitsventil/-einrichtung
V ➔ F ➔ N ➔ H.

Zum Beispiel:

- Ein Tank mit der Tankcodierung L10CN ist für die Beförderung eines Stoffes zugelassen, dem die Tankcodierung L4BN zugeordnet ist.
- Ein Tank mit der Tankcodierung L4BN ist für die Beförderung eines Stoffes zugelassen, dem die Tankcodierung SGAN zugeordnet ist.

Bem. Die für einzelne Eintragungen eventuell geltenden Sondervorschriften (siehe Abschnitte 4.3.5 und 6.8.4) sind in der hierarchischen Aufstellung nicht berücksichtigt.

4.3.4.1.3 Folgende Stoffe und Stoffgruppen, bei denen in Kapitel 3.2 Tabelle A Spalte 12 hinter der Tankcodierung ein «(+)» angegeben ist, unterliegen besonderen Vorschriften. In diesem Fall ist die wechselweise Verwendung der Tanks für andere Stoffe und Stoffgruppen nur dann zugelassen, wenn dies in der Bescheinigung über die Baumusterzulassung spezifiziert ist. Unter Beachtung der in Kapitel 3.2 Tabelle A Spalte 13 angegebenen Sondervorschriften dürfen gemäß den Vorschriften am Ende des Absatzes 4.3.4.1.2 höherwertige Tanks verwendet werden.

Die Vorschriften für diese Tanks werden durch folgende Tankcodierungen angegeben, die durch die maßgeblichen, in der Spalte (13) der Tabelle A des Kapitels 3.2 angegebenen Sondervorschriften ergänzt werden.

Klasse	UN-Nummer	Benennung und Beschreibung	Tank-codierung
1	0331	Sprengstoff, Typ B	S2,65AN
4.1	2448	Schwefel, geschmolzen	LGBV
	3531	Polymerisierender Stoff, fest, stabilisiert, n.a.g.	SGAN
	3533	Polymerisierender Stoff, fest, temperaturkontrolliert, n.a.g.	
	3532	Polymerisierender Stoff, flüssig, stabilisiert, n.a.g.	L4BN
	3534	Polymerisierender Stoff, flüssig, temperaturkontrolliert, n.a.g.	
4.2	1381	Phosphor, weiß oder gelb, trocken, unter Wasser oder in Lösung	L10DH
	2447	Phosphor, weiß, geschmolzen	
4.3	1389	Alkalimetallamalgam, flüssig	L10BN
	1391	Alkalimetalldispersion oder Erdalkalimetalldispersion	
	1392	Erdalkalimetallamalgam, flüssig	
	1415	Lithium	
	1420	Kaliummetalllegierungen, flüssig	
	1421	Alkalimetalllegierung, flüssig, n.a.g.	
	1422	Kalium-Natrium-Legierungen, flüssig	
	1428	Natrium	
	2257	Kalium	
	3401	Alkalimetallamalgam, fest	
	3402	Erdalkalimetallamalgam, fest	
	3403	Kaliummetalllegierungen, fest	
	3404	Kalium-Natrium-Legierungen, fest	
	3482	Alkalimetalldispersion, entzündbar oder Erdalkalimetalldispersion, entzündbar	
	1407	Caesium	L10CH
	1423	Rubidium	
	1402	Calciumcarbid, Verpackungsgruppe I	S2,65AN

Klasse	UN-Nummer	Benennung und Beschreibung	Tankcodierung
5.1	1873	Perchlorsäure mit mehr als 50 Masse-%, aber höchstens 72 Masse-% reiner Säure	L4DN
	2015	Wasserstoffperoxid, wässerige Lösung, stabilisiert, mit mehr als 70 % Wasserstoffperoxid	L4DV
	2014	Wasserstoffperoxid, wässerige Lösung mit mindestens 20 %, aber höchstens 60 % Wasserstoffperoxid	L4BV
	2015	Wasserstoffperoxid, wässerige Lösung, stabilisiert, mit mehr als 60 % und höchstens 70 % Wasserstoffperoxid	
	2426	Ammoniumnitrat, flüssig, heiße konzentrierte Lösung mit einer Konzentration von mehr als 80 %, aber höchstens 93 %	
	3149	Wasserstoffperoxid und Peressigsäure, Mischung, stabilisiert	
	3375	Ammoniumnitrat-Emulsion oder Ammoniumnitrat-Suspension oder Ammoniumnitrat-Gel, Zwischenprodukt für die Herstellung von Sprengstoffen, flüssig	LGAV
	3375	Ammoniumnitrat-Emulsion oder Ammoniumnitrat-Suspension oder Ammoniumnitrat-Gel, Zwischenprodukt für die Herstellung von Sprengstoffen, fest	SGAV
5.2	3109	Organisches Peroxid Typ F, flüssig	L4BN
	3119	Organisches Peroxid Typ F, flüssig, temperaturkontrolliert	
	3110	Organisches Peroxid Typ F, fest	S4AN
	3120	Organisches Peroxid Typ F, fest, temperaturkontrolliert	
6.1	1613	Cyanwasserstoff, wässerige Lösung (Cyanwasserstoffsäure, wässerige Lösung)	L15DH
	3294	Cyanwasserstoff, Lösung in Alkohol	
7 [a]		alle Stoffe	Spezialtanks
		Mindestanforderungen für flüssige Stoffe	L2,65CN
		Mindestanforderungen für feste Stoffe	S2,65AN
8	1052	Fluorwasserstoff, wasserfrei	L21DH
	1744	Brom oder Brom, Lösung	
	1790	Fluorwasserstoffsäure mit mehr als 85 % Fluorwasserstoff	
	1791	Hypochloritlösung	L4BV
	1908	Chloritlösung	

a) Abweichend von den allgemeinen Vorschriften dieses Absatzes dürfen für radioaktive Stoffe verwendete Tanks auch für die Beförderung anderer Güter verwendet werden, vorausgesetzt, die Vorschriften des Unterabschnitts 5.1.3.2 werden erfüllt.

4.3.4.1.4 Tanks, die zur Beförderung von flüssigen Abfällen vorgesehen sind, den Vorschriften des Kapitels 6.10 entsprechen und nach Unterabschnitt 6.10.3.2 mit zwei Verschlüssen ausgerüstet sind, müssen der Tankcodierung L4AH zugeordnet sein. Wenn die betreffenden Tanks für die wechselweise Beförderung von flüssigen und festen Stoffen ausgerüstet sind, müssen sie der kombinierten Tankcodierung L4AH + S4AH zugeordnet sein.

4.3.4.2 Allgemeine Vorschriften

4.3.4.2.1 Im Falle der Beladung von warmen Produkten darf die Temperatur an der Außenseite des Tanks oder der Wärmeisolierung während der Beförderung 70 °C nicht übersteigen.

4.3.4.2.2	Verbindungsleitungen zwischen untereinander unabhängigen Tanks einer Beförderungseinheit müssen während der Beförderung entleert sein. Die nicht dauernd am Tank befindlichen flexiblen Füll- und Entleerrohre müssen während der Beförderung entleert sein.	(bleibt offen)

4.3.4.2.3 (bleibt offen)

4.3.5 Sondervorschriften

Folgende Sondervorschriften sind anwendbar, wenn sie in Kapitel 3.2 Tabelle A Spalte 13 bei einer Eintragung angegeben sind:

TU1	Tanks dürfen erst nach vollständigem Erstarren des Stoffes und Überdecken mit einem inerten Gas zur Beförderung aufgegeben werden. Ungereinigte leere Tanks, die diese Stoffe enthalten haben, müssen mit einem inerten Gas gefüllt sein.
TU2	Der Stoff muss mit einem inerten Gas überdeckt sein. Ungereinigte leere Tanks, die diese Stoffe enthalten haben, müssen mit einem inerten Gas gefüllt sein.
TU3	Das Innere der Tankkörper und alle Teile, die mit dem Stoff in Berührung kommen können, müssen sauber gehalten werden. Für Pumpen, Ventile oder andere Einrichtungen dürfen keine Schmiermittel verwendet werden, die mit dem Stoff eine gefährliche Verbindung bilden können.
TU4	Während der Beförderung müssen diese Stoffe durch ein inertes Gas abgedeckt sein, dessen Druck mindestens 50 kPa (0,5 bar) (Überdruck) betragen muss. Ungereinigte leere Tanks, die diese Stoffe enthalten haben, müssen bei der Übergabe zur Beförderung mit einem inerten Gas mit einem Druck von mindestens 50 kPa (0,5 bar) (Überdruck) gefüllt sein.
TU5	(bleibt offen)
TU6	Nicht zur Beförderung in Tanks, Batterie-Fahrzeugen und MEGC zugelassen wenn der LC_{50}-Wert unter 200 ppm liegt.
TU7	Die zum Abdichten von Verbindungsstellen oder zur Wartung der Verschlusseinrichtungen von Tanks für tiefgekühlt verflüssigte oxidierende Gase verwendeten Materialien müssen mit dem Inhalt verträglich sein.
TU8	Für die Beförderung darf ein Tank aus Aluminiumlegierungen nur dann verwendet werden, wenn dieser ausschließlich für diesen Stoff verwendet wird und das Acetaldehyd säurefrei ist.

TU9	UN 1203 BENZIN mit einem Dampfdruck bei 50 °C von mehr als 110 kPa (1,1 bar) und höchstens 150 kPa (1,5 bar) darf auch in Tanks befördert werden, die nach Absatz 6.8.2.1.14 a) bemessen sind und deren Ausrüstung Absatz 6.8.2.2.6 entspricht.
TU10	(bleibt offen)
TU11	Beim Befüllen darf die Temperatur dieses Stoffes 60 °C nicht überschreiten. Eine maximale Ladetemperatur von 80 °C ist zugelassen, vorausgesetzt, beim Befüllen werden Glimmnester vermieden und die nachfolgenden Bedingungen werden erfüllt. Nach dem Befüllen sind die Tanks unter Überdruck (z.B. mit Druckluft) zu setzen und auf Dichtheit zu kontrollieren. Es muss sichergestellt werden, dass während der Beförderung kein Unterdruck entsteht. Vor dem Entleeren ist sicherzustellen, dass der Druck in den Tanks immer noch über dem atmosphärischen Druck liegt. Ist dies nicht der Fall, so ist vor dem Entleeren in die Tanks ein Inertgas einzuleiten.
TU12	Bei wechselweiser Verwendung müssen vor und nach der Beförderung dieses Stoffes aus den Tankkörpern und ihren Ausrüstungen sämtliche Rückstände entfernt werden.
TU13	Die Tanks müssen beim Befüllen frei von Verunreinigungen sein. Die Bedienungsausrüstung, wie Ventile und äußere Rohrleitungen, der Tanks muss nach dem Befüllen oder Entleeren des Tanks entleert werden.
TU14	Die Schutzkappe der Verschlüsse muss während der Beförderung verriegelt sein.
TU15	Die Tanks dürfen nicht zur Beförderung von Nahrungs-, Genuss- und Futtermitteln verwendet werden.
TU16	Ungereinigte leere Tanks müssen bei der Übergabe zur Beförderung durch eine der folgenden Methoden mit einem Schutzmittel bedeckt sein:

Schutzmittel	Füllungsgrad des Wassers	zusätzliche Bedingungen bei Beförderungen unter niedrigen Umgebungstemperaturen
Stickstoff [a]	–	–
Wasser und Stickstoff [a]	–	–
Wasser	mindestens 96 % und höchstens 98 %	Das Wasser muss ausreichend Frostschutzmittel enthalten, um das Gefrieren des Wassers zu verhindern. Das Frostschutzmittel darf keine korrodierende Wirkung besitzen und mit dem Stoff nicht reagieren.

[a] Der freibleibende Raum des Tanks muss derart mit Stickstoff gefüllt sein, dass auch nach dem Erkalten der Druck zu keinem Zeitpunkt niedriger als der atmosphärische Druck ist. Der Tank muss so verschlossen werden, dass kein Gas entweichen kann.

TU17	Darf nur in Batterie-Fahrzeugen oder MEGC, deren Elemente aus Gefäßen bestehen, befördert werden.
TU18	Der Füllungsgrad der Tanks muss so bemessen sein, dass bei Erwärmung des Inhalts auf die Temperatur, bei der der Dampfdruck dem Öffnungsdruck der Sicherheitsventile entspricht, das Volumen der Flüssigkeit 95 % des Fassungsraumes des Tanks bei dieser Temperatur nicht überschreitet. Die Vorschrift des Absatzes 4.3.2.3.4 gilt nicht.
TU19	Die Tanks dürfen bei der Füllungstemperatur und beim Fülldruck zu 98 % gefüllt werden. Die Vorschrift des Absatzes 4.3.2.3.4 gilt nicht.

10

TU20 (bleibt offen)

TU21 Der Stoff muss durch eine der folgenden Methoden mit einem Schutzmittel bedeckt sein:

Schutzmittel	Wasserschicht im Tank	Füllungsgrad des Stoffes (einschließlich Wasser, sofern vorhanden) bei einer Temperatur von 60 °C höchstens	zusätzliche Bedingungen bei Beförderungen unter niedrigen Umgebungstemperaturen
Stickstoff [a]	–	96 %	–
Wasser und Stickstoff [a]	–	98 %	Das Wasser muss ausreichend Frostschutzmittel enthalten, um das Gefrieren des Wassers zu verhindern. Das Frostschutzmittel darf keine korrodierende Wirkung besitzen und mit dem Stoff nicht reagieren.
Wasser	mindestens 12 cm	98 %	

[a] Der freibleibende Raum des Tanks muss derart mit Stickstoff gefüllt sein, dass auch nach dem Erkalten der Druck zu keinem Zeitpunkt niedriger als der atmosphärische Druck ist. Der Tank muss so verschlossen werden, dass kein Gas entweichen kann.

TU22 Tanks dürfen nur bis zu 90 % ihres Fassungsraumes gefüllt werden; bei flüssigen Stoffen muss jedoch bei einer mittleren Flüssigkeitstemperatur von 50 °C ein füllungsfreier Raum von 5 % bleiben.

TU23 Der Füllungsgrad je Liter Fassungsraum darf höchstens 0,93 kg betragen, wenn nach Masse gefüllt wird. Wenn volumetrisch gefüllt wird, darf der Füllungsgrad höchstens 85 % betragen.

TU24 Der Füllungsgrad je Liter Fassungsraum darf höchstens 0,95 kg betragen, wenn nach Masse gefüllt wird. Wenn volumetrisch gefüllt wird, darf der Füllungsgrad höchstens 85 % betragen.

TU25 Der Füllungsgrad je Liter Fassungsraum darf höchstens 1,14 kg betragen, wenn nach Masse gefüllt wird. Wenn volumetrisch gefüllt wird, darf der Füllungsgrad höchstens 85 % betragen.

TU26 Der Füllungsgrad darf höchstens 85 % betragen.

TU27 Tanks dürfen nur bis zu 98 % ihres Fassungsraumes gefüllt sein.

TU28 Tanks dürfen bei einer Bezugstemperatur von 15 °C nur bis zu 95 % ihres Fassungsraumes gefüllt werden.

TU29 Tanks dürfen nur bis zu 97 % ihres Fassungsraumes gefüllt werden, und die höchste Temperatur nach der Füllung darf 140 °C nicht überschreiten.

TU30 Tanks sind gemäß dem Prüfbericht für die Zulassung des Baumusters des Tanks, jedoch höchstens bis zu 90 % ihres Fassungsraumes zu befüllen.

TU31 Tanks dürfen nur mit 1 kg je Liter Fassungsraum gefüllt werden.

TU32 Tanks dürfen nur bis zu 88 % ihres Fassungsraumes gefüllt werden.

TU33 Tanks müssen mindestens zu 88 % und dürfen höchstens bis zu 92 % ihres Fassungsraumes oder mit 2,86 kg je Liter Fassungsraum gefüllt werden.

TU34 Tanks dürfen nur bis zu 0,84 kg je Liter Fassungsraum gefüllt werden.

TU35 Ungereinigte leere festverbundene Tanks (Tankfahrzeuge), Aufsetztanks und Tankcontainer, die diese Stoffe enthalten haben, unterliegen nicht den Vorschriften des ADR, wenn geeignete Maßnahmen ergriffen wurden, um mögliche Gefahren auszuschließen.

TU36 Der Füllungsgrad nach Unterabschnitt 4.3.2.2 darf bei einer Bezugstemperatur von 15 °C 93 % des Fassungsraumes nicht übersteigen.

TU37 Die Beförderung in Tanks ist begrenzt auf Stoffe, die Krankheitserreger enthalten, aber eigentlich keine ernsthafte Gefahr darstellen und gegen die, obwohl sie bei Exposition eine ernste Infektion verursachen können, eine wirksame Behandlung und Vorbeugung verfügbar ist, so dass das Risiko einer Infektionsübertragung begrenzt ist (d.h. mäßiges individuelles Risiko und geringes Risiko für die Allgemeinheit).

TU38 (bleibt offen)

TU39 Die Eignung des Stoffes für eine Beförderung in Tanks muss nachgewiesen sein. Die Methode für die Feststellung der Eignung muss von der zuständigen Behörde zugelassen sein. Eine Methode ist das Prüfverfahren 8 d) der Prüfreihe 8 (siehe Handbuch Prüfungen und Kriterien Teil 1 Unterabschnitt 18.7).

Die Stoffe dürfen nicht über einen Zeitraum im Tank verbleiben, bei dem es zur Verkrustung kommen kann. Es sind geeignete Maßnahmen zu ergreifen, um ein Verklumpen oder eine Anhaftung der Stoffe im Tank zu vermeiden (z.B. Reinigung, usw.).

10

TU40 Darf nur in Batterie-Fahrzeugen oder MEGC, deren Elemente aus nahtlosen Gefäßen bestehen, befördert werden.

TU41 Die Eignung des Stoffes für eine Beförderung in Tanks muss zur Zufriedenheit der zuständigen Behörde jedes Landes, durch oder in das eine Beförderung erfolgt, nachgewiesen werden.

Die Methode für die Feststellung dieser Eignung muss von der zuständigen Behörde einer Vertragspartei des ADR genehmigt werden, wobei diese zuständige Behörde auch eine von der zuständigen Behörde eines Landes, das keine Vertragspartei des ADR ist, erteilte Genehmigung anerkennen kann, vorausgesetzt, diese wurde in Übereinstimmung mit den gemäß dem ADR, dem ADN, dem RID oder dem IMDG-Code anwendbaren Verfahren erteilt.

Die Stoffe dürfen nicht über einen Zeitraum im Tank verbleiben, bei dem es zur Verkrustung kommen kann. Es sind geeignete Maßnahmen zu ergreifen, um ein Verklumpen oder eine Anhaftung der Stoffe im Tank zu vermeiden (z.B. Reinigung usw.).

TU42 Tanks mit einem Tankkörper aus Aluminiumlegierung, einschließlich solcher mit einer Schutzauskleidung, dürfen nur verwendet werden, wenn der pH-Wert des Stoffes nicht geringer als 5,0 und nicht höher als 8,0 ist.

► 1.6.3.48 bis 31.12.2026
► 1.6.4.50 bis 31.12.2026

TU43	Ein ungereinigter leerer Tank darf nach Ablauf der Frist für die Prüfung der Auskleidung innerhalb von höchstens drei Monaten nach Ablauf dieser Frist zur Beförderung aufgegeben werden, um ihn vor dem Wiederbefüllen der nächsten Prüfung der Auskleidung zuzuführen (siehe Abschnitt 6.8.4 d) Sondervorschrift TT 2).

Verwendung von festverbundenen Tanks (Tankfahrzeugen), Aufsetztanks, Tankcontainern und Tankwechselaufbauten (Tankwechselbehältern) aus faserverstärkten Kunststoffen (FVK) — ADR 4.4

Bem. Für ortsbewegliche Tanks und UN-Gascontainer mit mehreren Elementen (MEGC) siehe Kapitel 4.2; für festverbundene Tanks (Tankfahrzeuge), Aufsetztanks, Tankcontainer und Tankwechselaufbauten (Tankwechselbehälter), deren Tankkörper aus metallenen Werkstoffen hergestellt sind, sowie Batterie-Fahrzeuge und Gascontainer mit mehreren Elementen (MEGC) mit Ausnahme von UN-MEGC siehe Kapitel 4.3, für Saug-Druck-Tanks für Abfälle siehe Kapitel 4.5.

4.4.1 Allgemeines

Die Beförderung gefährlicher Stoffe in Tanks aus faserverstärkten Kunststoffen (FVK-Tanks) ist nur zugelassen, wenn die folgenden Vorschriften erfüllt sind:

a) die Stoffe sind den Klassen 3, 5.1, 6.1, 6.2, 8 oder 9 zugeordnet;

b) der maximale Dampfdruck (Absolutdruck) des Stoffes bei 50 °C darf 110 kPa (1,1 bar) nicht überschreiten;

c) die Beförderung des Stoffes in Metalltanks ist gemäß Absatz 4.3.2.1.1 ausdrücklich zugelassen;

d) der Berechnungsdruck für diesen Stoff, der in Teil 2 der in Kapitel 3.2 Tabelle A Spalte 12 angegebenen Tankcodierung festgelegt ist, ist nicht höher als 4 bar (siehe auch Absatz 4.3.4.1.1) und

e) der Tank entspricht den für die Beförderung dieses Stoffes geltenden Vorschriften des Kapitels 6.9.

4.4.2 Betrieb

4.4.2.1 Es gelten die Vorschriften der Absätze 4.3.2.1.5 bis 4.3.2.2.4, 4.3.2.3.3 bis 4.3.2.3.6, 4.3.2.4.1 und 4.3.2.4.2 sowie der Unterabschnitte 4.3.4.1 und 4.3.4.2.

4.4.2.2 Die Temperatur des beförderten Stoffes darf zum Zeitpunkt der Befüllung die auf dem Tankschild gemäß Abschnitt 6.9.6 angegebene höchstzulässige Betriebstemperatur nicht überschreiten.

4.4.2.3 Außerdem gelten die in Kapitel 3.2 Tabelle A Spalte 13 angegebenen Sondervorschriften (TU) des Abschnitts 4.3.5, sofern sie auch für die Beförderung in Metalltanks anzuwenden sind.

ADR 4.4 Verwendung von festverbundenen Tanks (Tankfahrzeugen), Aufsetztanks, Tankcontainern und Tankwechselaufbauten (Tankwechselbehältern) aus faserverstärkten Kunststoffen (FVK)

Bem. Für ortsbewegliche Tanks und UN-Gascontainer mit mehreren Elementen (MEGC) siehe Kapitel 4.2; für festverbundene Tanks (Tankfahrzeuge), Aufsetztanks, Tankcontainer und Tankwechselaufbauten (Tankwechselbehälter), deren Tankkörper aus metallenen Werkstoffen hergestellt sind, sowie Batterie-Fahrzeuge und Gascontainer mit mehreren Elementen (MEGC) mit Ausnahme von UN-MEGC siehe Kapitel 4.3; für faserverstärkte Kunststofftanks siehe Kapitel 4.4.

4.5.1 Verwendung

4.5.1.1 Abfälle, die aus Stoffen der Klasse 3, 4.1, 5.1, 6.1, 6.2, 8 oder 9 bestehen, dürfen in Saug-Druck-Tanks für Abfälle nach Kapitel 6.10 befördert werden, wenn die Vorschriften nach Kapitel 4.3 die Beförderung in festverbundenen Tanks, Aufsetztanks, Tankcontainern oder Tankwechselaufbauten (Tankwechselbehältern) gestatten.

Abfälle, die aus Stoffen bestehen, denen in Kapitel 3.2 Tabelle A Spalte 12 die Tankcodierung L4BH oder eine andere gemäß der Hierarchie in Absatz 4.3.4.1.2 zugelassene Tankcodierung zugeordnet ist, dürfen in Saug-Druck-Tanks für Abfälle befördert werden, die in Teil 3 der unter Nummer 9.5 der Zulassungsbescheinigung für Fahrzeuge gemäß Unterabschnitt 9.1.3.5 angegebenen Tankcodierung den Buchstaben «A» oder «B» aufweisen.

4.5.1.2 Stoffe, die keine Abfälle sind, dürfen unter denselben in Unterabschnitt 4.5.1.1 aufgeführten Bedingungen in Saug-Druck-Tanks für Abfälle befördert werden.

4.5.2 Betrieb

4.5.2.1 Die Vorschriften des Kapitels 4.3 mit Ausnahme der Absätze 4.3.2.2.4 und 4.3.2.3.3 gelten für die Beförderung in Saug-Druck-Tanks für Abfälle und werden durch die Vorschriften der Unterabschnitte 4.5.2.2 bis 4.5.2.6 ergänzt.

4.5.2.2 Die Befüllung von Saug-Druck-Tanks für Abfälle mit flüssigen Stoffen, die wegen ihres Flammpunkts den Kriterien der Klasse 3 entsprechen, muss über im unteren Bereich des Tanks befindliche Fülleinrichtungen erfolgen. Es sind Maßnahmen zu treffen, um die Bildung von Sprühnebel auf ein Minimum zu beschränken.

10

4.5.2.3 Werden entzündbare flüssige Stoffe mit einem Flammpunkt unter 23 °C unter Druckluft entleert, beträgt der höchstzulässige Druck 100 kPa (1 bar).

4.5.2.4 Die Verwendung von Tanks, die mit einem als Abteilwand dienenden inneren Schubkolben ausgerüstet sind, ist nur zulässig, wenn die auf beiden Seiten der Wand (des Schubkolbens) befindlichen Stoffe nicht gefährlich miteinander reagieren können (siehe Absatz 4.3.2.3.6).

4.5.2.5 (bleibt offen)

4.5.2.6 Wenn für das Befüllen mit oder Entleeren von entzündbaren flüssigen Stoffen eine Druck-Vakuumpumpe verwendet wird, die eine Zündquelle darstellen kann, müssen Vorsichtsmaßnahmen ergriffen werden, um eine Entzündung des Stoffes oder die Ausbreitung der Auswirkungen der Entzündung außerhalb des Tanks zu vermeiden.

Verwendung von mobilen Einheiten zur Herstellung von explosiven Stoffen oder Gegenständen mit Explosivstoff (MEMU)

Bem. 1. Für Verpackungen siehe Kapitel 4.1; für ortsbewegliche Tanks siehe Kapitel 4.2; für festverbundene Tanks (Tankfahrzeuge), Aufsetztanks, Tankcontainer und Tankwechselaufbauten (Tankwechselbehälter), deren Tankkörper aus metallenen Werkstoffen hergestellt sind, siehe Kapitel 4.3; für Tanks aus faserverstärkten Kunststoffen siehe Kapitel 4.4; für Saug-Druck-Tanks für Abfälle siehe Kapitel 4.5.

2. Für die Vorschriften für den Bau, die Ausrüstung, die Zulassung der Bauart, die Prüfung und die Kennzeichnung siehe Kapitel 6.7, 6.8, 6.9, 6.11 und 6.12.

4.7.1 Verwendung

4.7.1.1 Stoffe der Klassen 3, 5.1, 6.1 und 8 dürfen in MEMU nach Kapitel 6.12, in ortsbeweglichen Tanks, wenn ihre Beförderung nach Kapitel 4.2 zugelassen ist, in festverbundenen Tanks, Aufsetztanks, Tankcontainern oder Tankwechselaufbauten (Tankwechselbehälter), wenn ihre Beförderung nach Kapitel 4.3 zugelassen ist, in Tanks aus faserverstärkten Kunststoffen (FVK), wenn ihre Beförderung nach Kapitel 4.4 zugelassen ist, oder in Schüttgut-Container befördert werden, wenn ihre Beförderung nach Kapitel 7.3 zugelassen ist.

4.7.1.2 Vorbehaltlich der Genehmigung durch die zuständige Behörde (siehe Absatz 7.5.5.2.3) dürfen explosive Stoffe oder Gegenstände mit Explosivstoff der Klasse 1 in Versandstücken in besonderen Laderäumen nach Abschnitt 6.12.5 befördert werden, wenn ihre Verpackung nach Kapitel 4.1 und ihre Beförderung nach den Kapiteln 7.2 und 7.5 zugelassen ist.

4.7.2 Betrieb

4.7.2.1 Die folgenden Vorschriften gelten für den Betrieb von Tanks nach Kapitel 6.12:

a) Für Tanks mit einem Fassungsraum von mindestens 1000 Litern gelten für die Beförderung in MEMU die Vorschriften des Kapitels 4.2, des Kapitels 4.3, ausgenommen Unterabschnitt 4.3.1.4, Absatz 4.3.2.3.1 und Abschnitte 4.3.3 und 4.3.4, oder des Kapitels 4.4, die durch die nachstehenden Vorschriften der Unterabschnitte 4.7.2.2, 4.7.2.3 und 4.7.2.4 ergänzt werden.

b) Für Tanks mit einem Fassungsraum von weniger als 1000 Litern gelten für die Beförderung in MEMU die Vorschriften des Kapitels 4.2, des Kapitels 4.3, ausgenommen Unterabschnitte 4.3.1.4 und 4.3.2.1, Absatz 4.3.2.3.1 und Abschnitte 4.3.3 und 4.3.4, oder des Kapitels 4.4, die durch die nachstehenden Vorschriften der Unterabschnitte 4.7.2.2, 4.7.2.3 und 4.7.2.4 ergänzt werden.

4.7.2.2 Die Wanddicke des Tankkörpers darf während der gesamten Verwendungsdauer des Tankkörpers den in den entsprechenden Bauvorschriften vorgeschriebenen Mindestwert nicht unterschreiten.

4.7.2.3 Bewegliche Entleerungsrohre, unabhängig davon, ob sie dauerhaft verbunden sind oder nicht, und Fülltrichter müssen während der Beförderung frei von gemischten oder sensibilisierten explosiven Stoffen sein.

4.7.2.4 Die Sondervorschriften (TU) des Abschnitts 4.3.5 gelten ebenfalls wie in Kapitel 3.2 Tabelle A Spalte 13 angegeben, sofern sie für die Beförderung in Tanks anwendbar sind.

4.7.2.5 Die Betreiber müssen sicherstellen, dass die in Abschnitt 9.8.8 vorgeschriebenen Schlösser während der Beförderung verwendet werden.

ADR 4.7 Verwendung von mobilen Einheiten zur Herstellung von explosiven Stoffen oder Gegenständen mit Explosivstoff (MEMU)

Teil 6

Bau- und Prüfvorschriften für Verpackungen, Großpackmittel (IBC), Großverpackungen und Tanks

6.1	Bau- und Prüfvorschriften für Verpackungen
6.2	Bau- und Prüfvorschriften für Druckgefäße, Druckgaspackungen, Gefäße, klein, mit Gas (Gaspatronen) und Brennstoffzellen-Kartuschen mit verflüssigtem entzündbarem Gas
6.3	Bau- und Prüfvorschriften für Verpackungen für ansteckungsgefährliche Stoffe der Kategorie A der Klasse 6.2
6.4	Vorschriften für den Bau, die Prüfung und die Zulassung von Versandstücken für radioaktive Stoffe sowie für die Zulassung solcher Stoffe
6.5	Bau- und Prüfvorschriften für Großpackmittel (IBC)
6.6	Bau- und Prüfvorschriften für Großverpackungen
6.7	Vorschriften für die Auslegung, den Bau und die Prüfung von ortsbeweglichen Tanks und von UN-Gascontainern mit mehreren Elementen (MEGC)
6.8	Vorschriften für den Bau, die Ausrüstung, die Zulassung des Baumusters, die Prüfung und die Kennzeichnung von festverbundenen Tanks (Tankfahrzeugen), Aufsetztanks, Tankcontainern und Tankwechselaufbauten (Tankwechselbehältern), deren Tankkörper aus metallenen Werkstoffen hergestellt sind, sowie von Batterie-Fahrzeugen und Gascontainern mit mehreren Elementen (MEGC)
6.9	Vorschriften für die Auslegung, den Bau, die Ausrüstung, die Zulassung des Baumusters, die Prüfung und die Kennzeichnung von festverbundenen Tanks (Tankfahrzeugen), Aufsetztanks, Tankcontainern und Tankwechselaufbauten (Tankwechselbehältern) aus faserverstärkten Kunststoffen (FVK)
6.10	Vorschriften für den Bau, die Ausrüstung, die Zulassung, die Prüfung und die Kennzeichnung von Saug-Druck-Tanks für Abfälle
6.11	Vorschriften für die Auslegung, den Bau und die Prüfung von Schüttgut-Containern
6.12	Vorschriften für den Bau, die Ausrüstung, die Zulassung des Baumusters, die Prüfung und die Kennzeichnung von Tanks, Schüttgut-Containern und besonderen Laderäumen für explosive Stoffe oder Gegenstände mit Explosivstoff in mobilen Einheiten zur Herstellung von explosiven Stoffen oder Gegenständen mit Explosivstoff (MEMU)

ADR Teil 6 –
Bau- und Prüfvorschriften für Verpackungen, Großpackmittel (IBC), Großverpackungen und Tanks

6.1.1 Allgemeines

6.1.1.1 Die Vorschriften dieses Kapitels gelten nicht für:

a) Versandstücke mit radioaktiven Stoffen der Klasse 7, sofern nichts anderes vorgeschrieben ist (siehe Abschnitt 4.1.9);

b) Versandstücke mit ansteckungsgefährlichen Stoffen der Klasse 6.2, sofern nichts anderes vorgeschrieben ist (siehe Bem. zur Überschrift in Kapitel 6.3 und Unterabschnitt 4.1.4.1 Verpackungsanweisung P 621);

c) Druckgefäße mit Gasen der Klasse 2;

d) Versandstücke, deren Nettomasse 400 kg überschreitet;

e) Verpackungen für flüssige Stoffe, ausgenommen zusammengesetzte Verpackungen, die einen Fassungsraum von mehr als 450 Litern haben.

6.1.1.2 Die Vorschriften in Abschnitt 6.1.4 stützen sich auf die derzeit verwendeten Verpackungen. Um den wissenschaftlichen und technischen Fortschritt zu berücksichtigen, dürfen Verpackungen verwendet werden, deren Spezifikationen von denen in Abschnitt 6.1.4 abweichen, vorausgesetzt, sie sind ebenso wirksam, von der zuständigen Behörde anerkannt und sie bestehen erfolgreich die in Unterabschnitt 6.1.1.3 und Abschnitt 6.1.5 beschriebenen Prüfungen. Andere als die in diesem Kapitel beschriebenen Prüfverfahren sind zulässig, vorausgesetzt, sie sind gleichwertig und von der zuständigen Behörde anerkannt.

6.1.1.3 Jede Verpackung, die für flüssige Stoffe vorgesehen ist, muss erfolgreich einer geeigneten Dichtheitsprüfung unterzogen werden. Diese Prüfung ist Teil des in Unterabschnitt 6.1.1.4 festgelegten Qualitätssicherungsprogramms, mit dem nachgewiesen wird, dass die Verpackung in der Lage ist, die entsprechenden in Absatz 6.1.5.4.3 angegebenen Prüfanforderungen zu erfüllen:

a) vor der erstmaligen Verwendung zur Beförderung;

b) nach Wiederaufarbeitung oder Rekonditionierung vor Wiederverwendung zur Beförderung.

Für diese Prüfung müssen die Verpackungen nicht mit ihren eigenen Verschlüssen ausgerüstet sein.

Das Innengefäß einer Kombinationsverpackung darf ohne Außenverpackung geprüft werden, vorausgesetzt, die Prüfergebnisse werden hierdurch nicht beeinträchtigt.

Diese Prüfung ist nicht erforderlich für

- Innenverpackungen von zusammengesetzten Verpackungen;
- Innengefäße von Kombinationsverpackungen (Glas, Porzellan oder Steinzeug), die gemäß Unterabschnitt 6.1.3.1 a) (ii) mit dem Symbol «RID/ADR» gekennzeichnet sind;
- Feinstblechverpackungen, die gemäß Unterabschnitt 6.1.3.1 a) (ii) mit dem Symbol «RID/ADR» gekennzeichnet sind.

6.1.1.4 Die Verpackungen müssen nach einem von der zuständigen Behörde als zufriedenstellend erachteten Qualitätssicherungsprogramm hergestellt, rekonditioniert und geprüft sein, um sicherzustellen, dass jede Verpackung den Vorschriften dieses Kapitels entspricht.

Bem. Die Norm ISO 16106:2006 «Verpackung – Verpackungen zur Beförderung gefährlicher Güter – Gefahrgutverpackungen, Großpackmittel (IBC) und Großverpackungen – Leitfaden für die Anwendung der ISO 9001» enthält zufrieden stellende Leitlinien für Verfahren, die angewendet werden dürfen.

6.1.1.5 Hersteller und nachfolgende Verteiler von Verpackungen müssen Informationen über die zu befolgenden Verfahren sowie eine Beschreibung der Arten und Abmessungen der Verschlüsse (einschließlich der erforderlichen Dichtungen) und aller anderen Bestandteile liefern, die notwendig sind, um sicherzustellen, dass die versandfertigen Versandstücke in der Lage sind, die anwendbaren Leistungsprüfungen dieses Kapitels zu erfüllen.

6.1.2 Codierung für die Bezeichnung des Verpackungstyps

6.1.2.1 Der Code besteht aus:

a) einer arabischen Ziffer für die Verpackungsart, z.B. Fass, Kanister usw., gefolgt von

b) einem oder mehreren lateinischen Großbuchstaben für die Art des Werkstoffes, z.B. Stahl, Holz usw., gegebenenfalls gefolgt von

c) einer arabischen Ziffer für die Kategorie der Verpackung innerhalb der Verpackungsart.

6.1.2.2 Für Kombinationsverpackungen sind an der zweiten Stelle des Codes zwei lateinische Großbuchstaben hintereinander zu verwenden. Der erste bezeichnet den Werkstoff des Innengefäßes, der zweite den der Außenverpackung.

6.1.2.3 Für zusammengesetzte Verpackungen ist lediglich die Codenummer für die Außenverpackung zu verwenden.

6.1.2.4 Auf den Verpackungscode können die Buchstaben «T», «V» oder «W» folgen. Der Buchstabe «T» bezeichnet eine Bergungsverpackung nach Absatz 6.1.5.1.11. Der Buchstabe «V» bezeichnet eine Sonderverpackung nach Absatz 6.1.5.1.7. Der Buchstabe «W» bedeutet, dass die Verpackung zwar dem durch den Code bezeichneten Verpackungstyp angehört, jedoch nach einer von Abschnitt 6.1.4 abweichenden Spezifikation hergestellt wurde und nach den Vorschriften des Unterabschnitts 6.1.1.2 als gleichwertig gilt.

6.1.2.5 Die folgenden Ziffern sind für die Verpackungsart zu verwenden:

1 Fass
2 (bleibt offen)
3 Kanister
4 Kiste
5 Sack
6 Kombinationsverpackung
7 (bleibt offen)
0 Feinstblechverpackung.

6.1.2.6 Die folgenden Großbuchstaben sind für die Werkstoffart zu verwenden:

A Stahl (alle Typen und alle Oberflächenbehandlungen)
B Aluminium
C Naturholz
D Sperrholz
F Holzfaserwerkstoff
G Pappe
H Kunststoff
L Textilgewebe
M Papier, mehrlagig
N Metall (außer Stahl oder Aluminium)
P Glas, Porzellan oder Steinzeug.

Bem. Der Ausdruck «Kunststoff» schließt auch andere polymere Werkstoffe wie Gummi ein.

6.1.2.7 In der folgenden Tabelle sind die Codes angegeben, die für die Bezeichnung der Verpackungstypen in Abhängigkeit der Verpackungsart, des für die Herstellung verwendeten Werkstoffes und der Kategorie zu verwenden sind; es wird auch auf Unterabschnitte verwiesen, in denen die entsprechenden Vorschriften nachzulesen sind:

Art	Werkstoff	Kategorie	Code	Unterabschnitt
1. Fässer	A. Stahl	nicht abnehmbarer Deckel	1A1	6.1.4.1
		abnehmbarer Deckel	1A2	
	B. Aluminium	nicht abnehmbarer Deckel	1B1	6.1.4.2
		abnehmbarer Deckel	1B2	
	D. Sperrholz		1D	6.1.4.5
	G. Pappe		1G	6.1.4.7
	H. Kunststoff	nicht abnehmbarer Deckel	1H1	6.1.4.8
		abnehmbarer Deckel	1H2	
	N. Metall, außer Stahl oder Aluminium	nicht abnehmbarer Deckel	1N1	6.1.4.3
		abnehmbarer Deckel	1N2	
2. (bleibt offen)				
3. Kanister	A. Stahl	nicht abnehmbarer Deckel	3A1	6.1.4.4
		abnehmbarer Deckel	3A2	
	B. Aluminium	nicht abnehmbarer Deckel	3B1	6.1.4.4
		abnehmbarer Deckel	3B2	
	H. Kunststoff	nicht abnehmbarer Deckel	3H1	6.1.4.8
		abnehmbarer Deckel	3H2	
4. Kisten	A. Stahl		4A	6.1.4.14
	B. Aluminium		4B	6.1.4.14
	C. Naturholz	einfach	4C1	6.1.4.9
		mit staubdichten Wänden	4C2	
	D. Sperrholz		4D	6.1.4.10
	F. Holzfaserwerkstoff		4F	6.1.4.11
	G. Pappe		4G	6.1.4.12
	H. Kunststoff	Schaumstoffe	4H1	6.1.4.13
		starre Kunststoffe	4H2	
	N. Metall, außer Stahl oder Aluminium		4N	6.1.4.14
5. Säcke	H. Kunststoffgewebe	ohne Innenauskleidung oder Beschichtung	5H1	6.1.4.16
		staubdicht	5H2	
		wasserbeständig	5H3	
	H. Kunststofffolie		5H4	6.1.4.17
	L. Textilgewebe	ohne Innenauskleidung oder Beschichtung	5L1	6.1.4.15
		staubdicht	5L2	
		wasserbeständig	5L3	
	M. Papier	mehrlagig	5M1	6.1.4.18
		mehrlagig, wasserbeständig	5M2	

Fortsetzung nächste Seite !

Art	Werkstoff	Kategorie	Code	Unterabschnitt
6. Kombinationsverpackungen	H. Kunststoffgefäß	in einem Fass aus Stahl	6HA1	6.1.4.19
		in einem Verschlag oder einer Kiste aus Stahl	6HA2	6.1.4.19
		in einem Fass aus Aluminium	6HB1	6.1.4.19
		in einem Verschlag oder einer Kiste aus Aluminium	6HB2	6.1.4.19
		in einer Kiste aus Naturholz	6HC	6.1.4.19
		in einem Fass aus Sperrholz	6HD1	6.1.4.19
		in einer Kiste aus Sperrholz	6HD2	6.1.4.19
		in einem Fass aus Pappe	6HG1	6.1.4.19
		in einer Kiste aus Pappe	6HG2	6.1.4.19
		in einem Fass aus Kunststoff	6HH1	6.1.4.19
		in einer Kiste aus starrem Kunststoff	6HH2	6.1.4.19
	P. Gefäß aus Porzellan, Glas oder Steinzeug	in einem Fass aus Stahl	6PA1	6.1.4.20
		in einem Verschlag oder einer Kiste aus Stahl	6PA2	6.1.4.20
		in einem Fass aus Aluminium	6PB1	6.1.4.20
		in einem Verschlag oder einer Kiste aus Aluminium	6PB2	6.1.4.20
		in einer Kiste aus Naturholz	6PC	6.1.4.20
		in einem Fass aus Sperrholz	6PD1	6.1.4.20
		in einem Weidenkorb	6PD2	6.1.4.20
		in einem Fass aus Pappe	6PG1	6.1.4.20
		in einer Kiste aus Pappe	6PG2	6.1.4.20
		in einer Außenverpackung aus Schaumstoff	6PH1	6.1.4.20
		in einer Außenverpackung aus starrem Kunststoff	6PH2	6.1.4.20
7. (bleibt offen)				
0. Feinstblechverpackungen	A. Stahl	nicht abnehmbarer Deckel	0A1	6.1.4.22
		abnehmbarer Deckel	0A2	

6.1.3 Kennzeichnung

Bem. 1. Die Kennzeichen auf der Verpackung geben an, dass diese einer erfolgreich geprüften Bauart entspricht und die Vorschriften dieses Kapitels erfüllt, soweit diese sich auf die Herstellung und nicht auf die Verwendung der Verpackung beziehen. Folglich sagen die Kennzeichen nicht unbedingt aus, dass die Verpackung für irgendeinen Stoff verwendet werden darf: die Verpackungsart (z.B. Stahlfass), der maximale Fassungsraum und/oder die maximale Masse der Verpackung sowie etwaige Sondervorschriften sind für jeden Stoff in Kapitel 3.2 Tabelle A festgelegt.

2. Die Kennzeichen sind dazu bestimmt, die Aufgaben der Verpackungshersteller, der Rekonditionierer, der Verpackungsverwender, der Beförderer und der Regelungsbehörden zu erleichtern. Bei der Verwendung einer neuen Verpackung sind die Originalkennzeichen ein Hilfsmittel für den oder die Hersteller, um den Typ festzustellen und um anzugeben, welche Prüfvorschriften diese erfüllt.

3. Die Kennzeichen liefern nicht immer vollständige Einzelheiten beispielsweise über das Prüfniveau; es kann daher notwendig sein, diesem Gesichtspunkt auch unter Bezugnahme auf ein Prüfzertifikat, Prüfberichte oder ein Verzeichnis erfolgreich geprüfter Verpackungen Rechnung zu tragen. Zum Beispiel kann eine Verpackung, die mit einem X oder einem Y gekennzeichnet ist, für Stoffe verwendet werden, denen eine Verpackungsgruppe mit einem geringeren Gefahrengrad zugeordnet ist und deren höchstzulässiger Wert für die relative

Dichte [1], der in den Vorschriften für die Prüfungen der Verpackungen in Abschnitt 6.1.5 angegeben ist, unter Berücksichtigung des entsprechenden Faktors 1,5 oder 2,25 bestimmt wird; d.h., Verpackungen der Verpackungsgruppe I, die für Stoffe mit einer relativen Dichte von 1,2 geprüft sind, dürfen als Verpackungen der Verpackungsgruppe II für Stoffe mit einer relativen Dichte von 1,8 oder als Verpackungen der Verpackungsgruppe III für Stoffe mit einer relativen Dichte von 2,7 verwendet werden, natürlich vorausgesetzt, alle Funktionskriterien werden auch durch den Stoff mit der höheren relativen Dichte erfüllt.

6.1.3.1 Jede Verpackung, die für eine Verwendung gemäß ADR vorgesehen ist, muss mit Kennzeichen versehen sein, die dauerhaft und lesbar und an einer Stelle in einem zur Verpackung verhältnismäßigen Format so angebracht sind, dass sie gut sichtbar sind. Bei Versandstücken mit einer Bruttomasse von mehr als 30 kg müssen die Kennzeichen oder ein Doppel davon auf der Oberseite oder auf einer Seite der Verpackung erscheinen. Die Buchstaben, Ziffern und Zeichen müssen eine Zeichenhöhe von mindestens 12 mm haben, ausgenommen an Verpackungen mit einem Fassungsvermögen von höchstens 30 Litern oder 30 kg, bei denen die Zeichenhöhe mindestens 6 mm betragen muss, und ausgenommen Verpackungen mit einem Fassungsvermögen von höchstens 5 Litern oder 5 kg, bei denen sie eine angemessene Größe aufweisen müssen.

Die Kennzeichen bestehen:

a) (i) aus dem Symbol der Vereinten Nationen für Verpackungen.
Dieses Symbol darf nur zum Zweck der Bestätigung verwendet werden, dass eine Verpackung, ein flexibler Schüttgut-Container, ein ortsbeweglicher Tank oder ein MEGC den entsprechenden Vorschriften des Kapitels 6.1, 6.2, 6.3, 6.5, 6.6, 6.7 oder 6.11 entspricht. Dieses Symbol darf nicht für Verpackungen verwendet werden, die den vereinfachten Bedingungen des Unterabschnitts 6.1.1.3, der Absätze 6.1.5.3.1 e), 6.1.5.3.5 c), des Unterabschnitts 6.1.5.4, des Absatzes 6.1.5.5.1 und des Unterabschnitts 6.1.5.6 entsprechen (siehe auch Absatz (ii)). Für Metallverpackungen, auf denen die Kennzeichen durch Prägen angebracht werden, dürfen anstelle des Symbols die Buchstaben «UN» verwendet werden; oder

(ii) aus dem Symbol «RID/ADR» für Kombinationsverpackungen (Glas, Porzellan oder Steinzeug) und Feinstblechverpackungen, die vereinfachten Bedingungen entsprechen (siehe Unterabschnitt 6.1.1.3, Absatz 6.1.5.3.1 e), 6.1.5.3.5 c), Unterabschnitt 6.1.5.4, Absatz 6.1.5.5.1 und Unterabschnitt 6.1.5.6);

Bem. Verpackungen, die mit diesem Symbol gekennzeichnet sind, sind für Eisenbahn- und Straßenbeförderungen sowie Beförderungen auf Binnenwasserstraßen, die den Vorschriften des RID, des ADR bzw. des ADN unterliegen, zugelassen. Sie sind nicht unbedingt für Beförderungen mit anderen Verkehrsträgern oder für Eisenbahn- und Straßenbeförderungen sowie Beförderungen auf Binnenwasserstraßen, die anderen Vorschriften unterliegen, zugelassen.

b) aus dem Code für die Bezeichnung des Verpackungstyps nach Abschnitt 6.1.2;

c) aus einem zweiteiligen Code:

(i) aus einem Buchstaben, welcher die Verpackungsgruppe(n) angibt, für welche die Bauart erfolgreich geprüft worden ist:

X für die Verpackungsgruppen I, II und III;

Y für die Verpackungsgruppen II und III;

Z nur für die Verpackungsgruppe III;

1) Der Ausdruck «relative Dichte» (d) gilt als Synonym für «Dichte» und wird in diesem Text durchgehend verwendet.

(ii) bei Verpackungen ohne Innenverpackungen, die für flüssige Stoffe Verwendung finden, aus der Angabe der auf die erste Dezimalstelle gerundeten relativen Dichte, für die die Bauart geprüft worden ist; diese Angabe kann entfallen, wenn die relative Dichte 1,2 nicht überschreitet. Bei Verpackungen, die für feste Stoffe oder Innenverpackungen Verwendung finden, aus der Angabe der Bruttohöchstmasse in kg;

bei Feinstblechverpackungen, die gemäß Unterabschnitt 6.1.3.1 a) (ii) mit dem Symbol «RID/ADR» gekennzeichnet sind und zur Aufnahme von Stoffen bestimmt sind, deren Viskosität bei 23 °C mehr als 200 mm²/s beträgt, aus der Angabe der Bruttohöchstmasse in kg;

d) entweder aus dem Buchstaben «S», wenn die Verpackung für feste Stoffe oder für Innenverpackungen Verwendung findet, oder, wenn die Verpackung (ausgenommen zusammengesetzte Verpackungen) für flüssige Stoffe Verwendung findet und mit Erfolg einer Flüssigkeitsdruckprüfung unterzogen worden ist, aus der Angabe des Prüfdrucks in kPa, abgerundet auf die nächsten 10 kPa;

bei Feinstblechverpackungen, die gemäß Unterabschnitt 6.1.3.1 a) (ii) mit dem Symbol «RID/ADR» gekennzeichnet sind und zur Aufnahme von flüssigen Stoffen bestimmt sind, deren Viskosität bei 23 °C mehr als 200 mm²/s beträgt, aus dem Buchstaben «S»;

e) aus den letzten beiden Ziffern des Jahres der Herstellung. Bei Verpackungen der Verpackungsarten 1H und 3H zusätzlich aus dem Monat der Herstellung der Verpackung; dieser Teil der Kennzeichnung darf auch an anderer Stelle als die übrigen Angaben angebracht sein. Eine geeignete Weise ist:

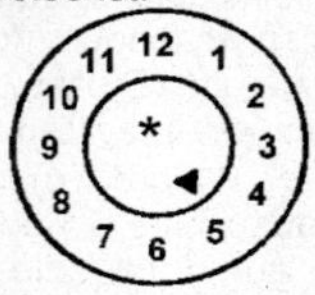

* Die letzten beiden Ziffern des Jahres der Herstellung dürfen an dieser Stelle angegeben werden. In diesem Fall müssen die beiden Ziffern des Jahres im Bauartzulassungskennzeichen und im inneren Kreis der Uhr identisch sein.

Bem. Andere Methoden zur Angabe der erforderlichen Mindestinformationen in dauerhafter, sichtbarer und lesbarer Form sind ebenfalls zulässig.

f) aus dem Zeichen des Staates, in dem die Erteilung des Kennzeichens zugelassen wurde, angegeben durch das für Kraftfahrzeuge im internationalen Verkehr verwendete Unterscheidungszeichen [2];

g) aus dem Namen des Herstellers oder einer sonstigen von der zuständigen Behörde festgelegten Identifizierung der Verpackung.

6.1.3.2 Zusätzlich zu den in Unterabschnitt 6.1.3.1 vorgeschriebenen dauerhaften Kennzeichen müssen neue Metallfässer mit einem Fassungsraum von mehr als 100 Litern die in Unterabschnitt 6.1.3.1 a) bis e) angegebenen Kennzeichen, zusammen mit der Angabe der Nennmaterialstärke zumindest des für den Mantel verwendeten Metalls (in mm, ± 0,1 mm) in bleibender Form (z.B. durch Prägen) auf dem Unterboden aufweisen. Wenn die Nennmaterialstärke von mindestens einem der beiden Böden eines Metallfasses geringer ist als die des Mantels, so ist die Nennmaterialstärke des Oberbodens, des Mantels und des Unterbodens in bleibender Form (z.B. durch Prägen) auf dem Unterboden anzugeben. Beispiel: «1,0 - 1,2 - 1,0» oder «0,9 - 1,0 - 1,0». Die Nennmaterialstärken des Metalls sind nach der entsprechenden ISO-Norm zu bestimmen, z.B. ISO 3574:1999 für Stahl. Die in Unterabschnitt 6.1.3.1 f) und g) angegebenen Kennzeichen dürfen, soweit in Unterabschnitt 6.1.3.5 nichts anderes angegeben ist, nicht in bleibender Form angebracht sein.

2) Das für Kraftfahrzeuge und Anhänger im internationalen Straßenverkehr verwendete Unterscheidungszeichen des Zulassungsstaates, z.B. gemäß dem Genfer Übereinkommen über den Straßenverkehr von 1949 oder dem Wiener Übereinkommen über den Straßenverkehr von 1968.

6.1.3.3 Jede Verpackung mit Ausnahme der in Unterabschnitt 6.1.3.2 genannten, die einem Rekonditionierungsverfahren unterzogen werden kann, muss mit den in Unterabschnitt 6.1.3.1 a) bis e) angegebenen Kennzeichen in bleibender Form versehen sein. Kennzeichen sind bleibend, wenn sie dem Rekonditionierungsverfahren standhalten können (z.B. durch Prägen angebrachte Kennzeichen). Diese bleibenden Kennzeichen dürfen bei Verpackungen, mit Ausnahme von Metallfässern mit einem Fassungsraum von mehr als 100 Liter, anstelle der in Unterabschnitt 6.1.3.1 beschriebenen dauerhaften Kennzeichen verwendet werden.

6.1.3.4 Bei wiederaufgearbeiteten Metallfässern müssen die vorgeschriebenen Kennzeichen nicht unbedingt bleibend sein, wenn weder eine Änderung des Verpackungstyps noch ein Austausch oder eine Entfernung fest eingebauter Konstruktionsbestandteile vorgenommen wurde. Andere wiederaufgearbeitete Metallfässer müssen auf dem Oberboden oder dem Mantel mit den in Unterabschnitt 6.1.3.1 a) bis e) aufgeführten Kennzeichen in bleibender Form (z.B. durch Prägen) versehen sein.

6.1.3.5 Metallfässer aus Werkstoffen (wie rostfreier Stahl), die für eine mehrmalige Wiederverwendung ausgelegt sind, dürfen mit den in Unterabschnitt 6.1.3.1 f) und g) angegebenen Kennzeichen in bleibender Form (z.B. durch Prägen) versehen sein.

6.1.3.6 Die Kennzeichen gemäß Unterabschnitt 6.1.3.1 gelten nur für eine Bauart oder für eine Bauartreihe. Verschiedene Oberflächenbehandlungen sind in der gleichen Bauart eingeschlossen.

Bei einer «Bauartreihe» handelt es sich um Verpackungen gleicher Ausführung, gleicher Wanddicke, gleichen Werkstoffs und gleichen Querschnitts, die sich nur durch geringere Bauhöhe von der zugelassenen Bauart unterscheiden.

Die Verschlüsse der Gefäße müssen als solche, die im Prüfbericht aufgeführt sind, identifizierbar sein.

6.1.3.7 Die Kennzeichen müssen in der Reihenfolge der Absätze in Unterabschnitt 6.1.3.1 angebracht werden; jedes der in diesen Absätzen und gegebenenfalls in Unterabschnitt 6.1.3.8 Absätze h) bis j) vorgeschriebenen Kennzeichen muss zur leichteren Identifizierung deutlich getrennt werden, z.B. durch einen Schrägstrich oder eine Leerstelle. Beispiele siehe Unterabschnitt 6.1.3.11.

Alle zusätzlichen, von einer zuständigen Behörde zugelassenen Kennzeichen dürfen die korrekte Identifizierung der in Unterabschnitt 6.1.3.1 vorgeschriebenen Kennzeichen nicht beeinträchtigen.

6.1.3.8 Der Rekonditionierer von Verpackungen muss nach der Rekonditionierung auf den Verpackungen folgende dauerhafte Kennzeichen in nachstehender Reihenfolge anbringen:

h) das Zeichen des Staates, in dem die Rekonditionierung vorgenommen worden ist, angegeben durch das für Kraftfahrzeuge im internationalen Verkehr verwendete Unterscheidungszeichen [2)];

i) der Name des Rekonditionierers oder eine sonstige, von der zuständigen Behörde festgelegte Identifizierung der Verpackung;

j) das Jahr der Rekonditionierung, den Buchstaben «R» und für jede Verpackung, die der Dichtheitsprüfung nach Unterabschnitt 6.1.1.3 mit Erfolg unterzogen worden ist, den zusätzlichen Buchstaben «L».

6.1.3.9 Wenn nach einer Rekonditionierung die in Unterabschnitt 6.1.3.1 a) bis d) vorgeschriebenen Kennzeichen weder auf dem Oberboden noch auf dem Mantel des Metallfasses sichtbar sind, muss der Rekonditionierer auch diese in dauerhafter Form anbringen, gefolgt von den in Unterabschnitt 6.1.3.8 h), i) und j) vorgeschriebenen Kennzeichen. Diese Kennzeichen dürfen keine größere Leistungsfähigkeit angeben als die, für die die ursprüngliche Bauart geprüft und gekennzeichnet wurde.

---

2) Das für Kraftfahrzeuge und Anhänger im internationalen Straßenverkehr verwendete Unterscheidungszeichen des Zulassungsstaates, z.B. gemäß dem Genfer Übereinkommen über den Straßenverkehr von 1949 oder dem Wiener Übereinkommen über den Straßenverkehr von 1968.

6.1.3.10 Aus Recycling-Kunststoffen gemäß Begriffsbestimmung in Abschnitt 1.2.1 hergestellte Verpackungen müssen mit «REC» gekennzeichnet sein. Dieses Kennzeichen muss neben den in Unterabschnitt 6.1.3.1 vorgeschriebenen Kennzeichen angebracht sein.

6.1.3.11 Beispiele für die Kennzeichnung von NEUEN Verpackungen:

4G/Y145/S/02 NL/VL 823	nach 6.1.3.1 a) (i), b), c), d) und e) nach 6.1.3.1 f) und g)	für eine neue Kiste aus Pappe
1A1/Y1.4/150/98 NL/VL 824	nach 6.1.3.1 a) (i), b), c), d) und e) nach 6.1.3.1 f) und g)	für ein neues Stahlfass für die Beförderung von flüssigen Stoffen
1A2/Y150/S/01 NL/VL825	nach 6.1.3.1 a) (i), b), c), d) und e) nach 6.1.3.1 f) und g)	für ein neues Stahlfass für die Beförderung von festen Stoffen oder Innenverpackungen
4HW/Y136/S/98 NL/VL826	nach 6.1.3.1 a) (i), b), c), d) und e) nach 6.1.3.1 f) und g)	für eine neue Kiste aus Kunststoff mit entsprechender Spezifikation
1A2/Y/100/01 USA/MM5	nach 6.1.3.1 a) (i), b), c), d) und e) nach 6.1.3.1 f) und g)	für ein wiederaufgearbeitetes Stahlfass für die Beförderung von flüssigen Stoffen
RID/ADR/0A1/Y/100/89 NL/VL 123	nach 6.1.3.1 a) (ii), b), c), d) und e) nach 6.1.3.1 f) und g)	für neue Feinstblechverpackungen mit nicht abnehmbarem Deckel
RID/ADR/0A2/Y20/S/04 NL/VL 124	nach 6.1.3.1 a) (ii), b), c), d) und e) nach 6.1.3.1 f) und g)	für neue Feinstblechverpackungen mit abnehmbarem Deckel, vorgesehen für feste Stoffe oder für flüssige Stoffe, deren Viskosität bei 23 °C über 200 mm²/s liegt

6.1.3.12 Beispiele für die Kennzeichnung von REKONDITIONIERTEN Verpackungen:

1A1/Y1.4/150/97 NL/RB/01 RL	nach 6.1.3.1 a) (i), b), c), d) und e) nach 6.1.3.8 h), i) und j)
1A2/Y150/S/99 USA/RB/00 R	nach 6.1.3.1 a) (i), b), c), d) und e) nach 6.1.3.8 h), i) und j)

6.1.3.13 Beispiele für die Kennzeichnung von BERGUNGSVERPACKUNGEN:

1A2T/Y300/S/01 USA/abc	nach 6.1.3.1 a) (i), b), c), d) und e) nach 6.1.3.1 f) und g)

Bem. Die in den Unterabschnitten 6.1.3.11, 6.1.3.12 und 6.1.3.13 beispielhaft dargestellte Kennzeichnung darf in einer oder in mehreren Zeilen angebracht werden, vorausgesetzt, die richtige Reihenfolge wird beachtet.

6.1.3.14 **Bestätigung**

Mit dem Anbringen der Kennzeichen nach Unterabschnitt 6.1.3.1 wird bestätigt, dass die serienmäßig gefertigten Verpackungen der zugelassenen Bauart entsprechen und die in der Zulassung genannten Bedingungen erfüllt sind.

6.1.4 Vorschriften für Verpackungen

6.1.4.0 Allgemeine Vorschriften

Eine Permeation des in der Verpackung enthaltenen Stoffes darf unter normalen Beförderungsbedingungen keine Gefahr darstellen.

6.1.4.1 Fässer aus Stahl

1A1 mit nicht abnehmbarem Deckel;

1A2 mit abnehmbarem Deckel.

6.1.4.1.1 Mantel und Böden müssen aus Stahlblech eines geeigneten Typs hergestellt sein und eine für den Fassungsraum und den Verwendungszweck des Fasses ausreichende Dicke aufweisen.

Bem. Für Fässer aus Kohlenstoffstahl sind «geeignete» Stähle in den Normen ISO 3573:1999 («Warmgewalztes Band und Blech aus weichen unlegierten Stählen») und ISO 3574:1999 («Kaltgewalztes Band und Blech aus weichen unlegierten Stählen») ausgewiesen.
Für Fässer aus Kohlenstoffstahl mit einem Fassungsraum unter 100 Liter sind «geeignete» Stähle zusätzlich zu den oben genannten auch in den Normen ISO 11949:1995 («Kaltgewalztes elektrolytisch verzinntes Weißblech»), ISO 11950:1995 («Kaltgewalzter elektrolytisch spezialverchromter Stahl») und ISO 11951:1995 («Kaltgewalztes Feinstblech in Rollen zur Herstellung von Weißblech oder von elektrolytisch spezialverchromtem Stahl») ausgewiesen.

6.1.4.1.2 Die Mantelnähte der Fässer, die zur Aufnahme von mehr als 40 Liter flüssiger Stoffe bestimmt sind, müssen geschweißt sein. Die Mantelnähte der Fässer, die für feste Stoffe und zur Aufnahme von höchstens 40 Liter flüssiger Stoffe bestimmt sind, müssen maschinell gefalzt oder geschweißt sein.

6.1.4.1.3 Die Verbindungen zwischen Böden und Mantel müssen maschinell gefalzt oder geschweißt sein. Getrennte Verstärkungsreifen dürfen verwendet werden.

6.1.4.1.4 Der Mantel von Fässern mit einem Fassungsraum von mehr als 60 Litern muss im Allgemeinen mit mindestens zwei Rollsicken oder mindestens zwei aufgepressten Rollreifen versehen sein. Sind aufgepresste Rollreifen vorhanden, so müssen sie dicht am Mantel anliegen und so befestigt werden, dass sie sich nicht verschieben können. Die Rollreifen dürfen nicht durch Punktschweißungen befestigt werden.

6.1.4.1.5 Der Durchmesser von Öffnungen zum Füllen, Entleeren und Entlüften im Mantel oder in den Böden der Fässer mit nicht abnehmbarem Deckel (1A1) darf 7 cm nicht überschreiten. Fässer mit größeren Öffnungen gelten als Fässer mit abnehmbarem Deckel (1A2). Verschlüsse für Mantel- oder Bodenöffnungen von Fässern müssen so ausgelegt und angebracht sein, dass sie unter normalen Beförderungsbedingungen fest verschlossen und dicht bleiben. Flansche dürfen durch maschinelles Falzen angebracht oder angeschweißt sein. Die Verschlüsse müssen mit Dichtungen oder sonstigen Abdichtungsmitteln versehen sein, sofern sie nicht von sich aus dicht sind.

6.1.4.1.6 Die Verschlusseinrichtungen der Fässer mit abnehmbarem Deckel (1A2) müssen so ausgelegt und angebracht sein, dass sie unter normalen Beförderungsbedingungen fest verschlossen und die Fässer dicht bleiben. Abnehmbare Deckel müssen mit Dichtungen oder anderen Abdichtungsmitteln versehen sein.

6.1.4.1.7 Wenn die für Mantel, Böden, Verschlüsse und Ausrüstungsteile verwendeten Werkstoffe nicht mit dem zu befördernden Stoff verträglich sind, müssen innen geeignete Schutzauskleidungen aufgebracht oder geeignete Oberflächenbehandlungen durchgeführt werden. Diese Auskleidungen oder Oberflächenbehandlungen müssen ihre Schutzeigenschaften unter normalen Beförderungsbedingungen beibehalten.

6.1.4.1.8 Höchster Fassungsraum der Fässer: 450 Liter.

6.1.4.1.9 Höchste Nettomasse: 400 kg.

6.1.4.2 Fässer aus Aluminium

1B1 mit nicht abnehmbarem Deckel;

1B2 mit abnehmbarem Deckel.

6.1.4.2.1 Der Mantel und die Böden müssen aus Aluminium mit einem Reinheitsgrad von mindestens 99 % oder aus einer Aluminiumlegierung hergestellt sein. Der Werkstoff muss geeignet sein und eine für den Fassungsraum und den Verwendungszweck des Fasses ausreichende Dicke aufweisen.

6.1.4.2.2 Alle Nähte müssen geschweißt sein. Die Nähte der umgebogenen Ränder müssen, soweit vorhanden, durch die Anbringung gesonderter Verstärkungsreifen verstärkt sein.

6.1.4.2.3 Der Mantel von Fässern mit einem Fassungsraum von mehr als 60 Litern muss im Allgemeinen mit mindestens zwei Rollsicken oder mindestens zwei aufgepressten Rollreifen versehen sein. Sind aufgepresste Rollreifen vorhanden, so müssen sie dicht am Mantel anliegen und so befestigt sein, dass sie sich nicht verschieben können. Die Rollreifen dürfen nicht durch Punktschweißungen befestigt sein.

6.1.4.2.4 Der Durchmesser von Öffnungen zum Füllen, Entleeren und Entlüften im Mantel oder in den Böden der Fässer mit nicht abnehmbarem Deckel (1B1) darf 7 cm nicht überschreiten. Fässer mit größeren Öffnungen gelten als Fässer mit abnehmbarem Deckel (1B2). Verschlüsse für Mantel- oder Bodenöffnungen von Fässern müssen so ausgelegt und angebracht sein, dass sie unter normalen Beförderungsbedingungen fest verschlossen und dicht bleiben. Flansche müssen angeschweißt sein, und die Schweißnaht muss eine dichte Verbindung bilden. Die Verschlüsse müssen mit Dichtungen oder sonstigen Abdichtungsmitteln versehen sein, sofern sie nicht von sich aus dicht sind.

6.1.4.2.5 Die Verschlusseinrichtungen der Fässer mit abnehmbarem Deckel (1B2) müssen so ausgelegt und angebracht sein, dass sie unter normalen Beförderungsbedingungen fest verschlossen und die Fässer dicht bleiben. Abnehmbare Deckel müssen mit Dichtungen oder anderen Abdichtungsmitteln versehen sein.

6.1.4.2.6 Höchster Fassungsraum der Fässer: 450 Liter.

6.1.4.2.7 Höchste Nettomasse: 400 kg.

6.1.4.3 Fässer aus einem anderen Metall als Stahl oder Aluminium

1N1 mit nicht abnehmbarem Deckel;

1N2 mit abnehmbarem Deckel.

6.1.4.3.1 Der Mantel und die Böden müssen aus einem anderen Metall oder einer anderen Metalllegierung als Stahl oder Aluminium hergestellt sein. Der Werkstoff muss geeignet sein und eine für den Fassungsraum und den Verwendungszweck des Fasses ausreichende Dicke aufweisen.

6.1.4.3.2 Die Nähte der umgebogenen Ränder müssen, soweit vorhanden, durch die Anbringung gesonderter Verstärkungsreifen verstärkt sein. Alle Nähte müssen, soweit vorhanden, nach dem neuesten Stand der Technik für das verwendete Metall oder die verwendete Metalllegierung ausgeführt (geschweißt, gelötet, usw.) sein.

6.1.4.3.3 Der Mantel von Fässern mit einem Fassungsraum von mehr als 60 Litern muss im Allgemeinen mit mindestens zwei Rollsicken oder mindestens zwei aufgepressten Rollreifen versehen sein. Sind aufgepresste Rollreifen vorhanden, so müssen sie dicht am Mantel anliegen und so befestigt sein, dass sie sich nicht verschieben können. Die Rollreifen dürfen nicht durch Punktschweißungen befestigt sein.

6.1.4.3.4 Der Durchmesser von Öffnungen zum Füllen, Entleeren und Entlüften im Mantel oder in den Böden der Fässer mit nicht abnehmbarem Deckel (1N1) darf 7 cm nicht überschreiten. Fässer mit größeren Öffnungen gelten als Fässer mit abnehmbarem Deckel (1N2). Verschlüsse für Mantel- oder Bodenöffnungen von Fässern müssen so ausgelegt und angebracht sein, dass sie unter normalen Beförderungsbedingungen fest verschlossen und dicht bleiben. Flansche müssen nach dem neuesten Stand der Technik für das verwendete Metall oder die verwendete Metalllegierung angebracht (geschweißt, gelötet, usw.) sein, um die Dichtheit der Naht sicherzustellen. Die Verschlüsse müssen mit Dichtungen oder sonstigen Abdichtungsmitteln versehen sein, sofern sie nicht von sich aus dicht sind.

6.1.4.3.5 Die Verschlusseinrichtungen der Fässer mit abnehmbarem Deckel (1N2) müssen so ausgelegt und angebracht sein, dass sie unter normalen Beförderungsbedingungen fest verschlossen und die Fässer dicht bleiben. Abnehmbare Deckel müssen mit Dichtungen oder anderen Abdichtungsmitteln versehen sein.

6.1.4.3.6 Höchster Fassungsraum der Fässer: 450 Liter.

6.1.4.3.7 Höchste Nettomasse: 400 kg.

6.1.4.4 Kanister aus Stahl oder aus Aluminium

3A1 aus Stahl, mit nicht abnehmbarem Deckel;

3A2 aus Stahl, mit abnehmbarem Deckel;

3B1 aus Aluminium, mit nicht abnehmbarem Deckel;

3B2 aus Aluminium, mit abnehmbarem Deckel.

6.1.4.4.1 Das Blech für den Mantel und die Böden muss aus Stahl, aus Aluminium mit einem Reinheitsgrad von mindestens 99 % oder aus einer Legierung auf Aluminiumbasis bestehen. Der Werkstoff muss geeignet sein und eine für den Fassungsraum und den Verwendungszweck des Kanisters ausreichende Dicke aufweisen.

6.1.4.4.2 Die umgebogenen Ränder aller Kanister aus Stahl müssen maschinell gefalzt oder geschweißt sein. Die Mantelnähte von Kanistern aus Stahl, die zur Aufnahme von mehr als 40 Litern flüssiger Stoffe bestimmt sind, müssen geschweißt sein. Die Mantelnähte von Kanistern aus Stahl, die zur Aufnahme von höchstens 40 Litern flüssiger Stoffe bestimmt sind, müssen maschinell gefalzt oder geschweißt sein. Bei Kanistern aus Aluminium müssen alle Nähte geschweißt sein. Die Nähte der umgebogenen Ränder müssen, soweit vorhanden, durch die Verwendung eines gesonderten Verstärkungsringes verstärkt sein.

6.1.4.4.3 Der Durchmesser der Öffnungen der Kanister mit nicht abnehmbarem Deckel (3A1 und 3B1) darf nicht größer sein als 7 cm. Kanister mit größeren Öffnungen gelten als Kanister mit abnehmbarem Deckel (3A2 und 3B2). Die Verschlüsse müssen so ausgelegt sein, dass sie unter normalen Beförderungsbedingungen fest verschlossen und dicht bleiben. Die Verschlüsse müssen mit Dichtungen oder sonstigen Abdichtungsmitteln versehen sein, sofern sie nicht von sich aus dicht sind.

6.1.4.4.4 Wenn die für Mantel, Böden, Verschlüsse und Ausrüstungsteile verwendeten Werkstoffe nicht mit dem zu befördernden Stoff verträglich sind, müssen innen geeignete Schutzauskleidungen aufgebracht oder geeignete Oberflächenbehandlungen durchgeführt werden. Diese Auskleidungen oder Oberflächenbehandlungen müssen ihre Schutzeigenschaften unter normalen Beförderungsbedingungen beibehalten.

6.1.4.4.5 Höchster Fassungsraum der Kanister: 60 Liter.

6.1.4.4.6 Höchste Nettomasse: 120 kg.

6.1.4.5 Fässer aus Sperrholz

1D

6.1.4.5.1 Das verwendete Holz muss gut abgelagert, handelsüblich trocken und frei von Mängeln sein, welche die Verwendbarkeit des Fasses für den beabsichtigten Verwendungszweck beeinträchtigen können. Falls ein anderer Werkstoff als Sperrholz für die Herstellung der Böden verwendet wird, muss dieser Eigenschaften besitzen, die denen von Sperrholz gleichwertig sind.

6.1.4.5.2 Das für den Mantel verwendete Sperrholz muss mindestens aus zwei Lagen und das für die Böden mindestens aus drei Lagen bestehen; die einzelnen Lagen müssen kreuzweise zur Faserrichtung mit wasserbeständigem Klebstoff miteinander verleimt sein.

6.1.4.5.3 Die Auslegung des Fassmantels und der Böden sowie ihrer Verbindungen muss dem Fassungsraum und dem Verwendungszweck des Fasses angepasst sein.

6.1.4.5.4 Um ein Durchrieseln des Inhalts zu verhindern, sind die Deckel mit Kraftpapier oder einem gleichwertigen Werkstoff auszukleiden, das am Deckel sicher zu befestigen ist und rundum überstehen muss.

6.1.4.5.5 Höchster Fassungsraum der Fässer: 250 Liter.

6.1.4.5.6 Höchste Nettomasse: 400 kg.

6.1.4.6 (gestrichen)

6.1.4.7 Fässer aus Pappe

1G

6.1.4.7.1 Der Fassmantel muss aus mehreren Lagen Kraftpapier oder Vollpappe (nicht gewellt), die fest verleimt oder gepresst sind, bestehen und kann eine oder mehrere Schutzlagen aus Bitumen, gewachstem Kraftpapier, Metallfolie, Kunststoff usw. enthalten.

6.1.4.7.2 Die Böden müssen aus Naturholz, Pappe, Metall, Sperrholz, Kunststoff oder einem anderen geeigneten Werkstoff bestehen und können eine oder mehrere Schutzlagen aus Bitumen, gewachstem Kraftpapier, Metallfolie, Kunststoff usw. enthalten.

6.1.4.7.3 Die Auslegung des Fassmantels und der Böden sowie ihrer Verbindungen muss dem Fassungsraum und dem Verwendungszweck des Fasses angepasst sein.

6.1.4.7.4 Die zusammengebaute Verpackung muss ausreichend wasserbeständig sein, dass sich die Schichten unter normalen Beförderungsbedingungen nicht abspalten.

6.1.4.7.5 Höchster Fassungsraum der Fässer: 450 Liter.

6.1.4.7.6 Höchste Nettomasse: 400 kg.

6.1.4.8 Fässer und Kanister aus Kunststoff

1H1 Fässer mit nicht abnehmbarem Deckel;

1H2 Fässer mit abnehmbarem Deckel;

3H1 Kanister mit nicht abnehmbarem Deckel;

3H2 Kanister mit abnehmbarem Deckel.

6.1.4.8.1 Die Verpackung muss aus geeignetem Kunststoff hergestellt werden, und ihre Festigkeit muss dem Fassungsraum und dem Verwendungszweck angemessen sein. Ausgenommen für Recyclingkunststoffe gemäß Begriffsbestimmung in Abschnitt 1.2.1 darf kein gebrauchter Werkstoff außer Produktionsrückstände oder Kunststoffgranulat aus demselben Fertigungsverfahren verwendet werden. Die Verpackung muss ausreichend widerstandsfähig sein gegen Alterung und gegen Qualitätsverlust, der entweder durch das Füllgut oder durch ultraviolette Strahlung verursacht wird. Eventuell auftretende Permeationen des Füllgutes oder Recyclingkunststoffe, die für die Herstellung neuer Verpackungen verwendet werden, dürfen unter normalen Beförderungsbedingungen keine Gefahr darstellen.

6.1.4.8.2 Ist ein Schutz gegen ultraviolette Strahlung erforderlich, so muss dieser durch Beimischung von Ruß oder anderen geeigneten Pigmenten oder Inhibitoren erfolgen. Diese Zusätze müssen mit dem Füllgut verträglich sein und ihre Wirkung während der gesamten Verwendungsdauer der Verpackung behalten. Bei Verwendung von Ruß, Pigmenten oder Inhibitoren, die sich von jenen unterscheiden, die für die Herstellung der geprüften Bauart verwendet wurden, kann auf die Wiederholung der Prüfungen verzichtet werden, wenn der Rußgehalt 2 Masse-% oder der Pigmentgehalt 3 Masse-% nicht überschreitet; der Inhibitorengehalt gegen ultraviolette Strahlung ist nicht beschränkt.

6.1.4.8.3 Zusätze für andere Zwecke als zum Schutz gegen ultraviolette Strahlung dürfen dem Kunststoff unter der Voraussetzung beigemischt werden, dass sie die chemischen und physikalischen Eigenschaften des Verpackungswerkstoffs nicht beeinträchtigen. In diesem Fall kann auf die Wiederholung der Prüfungen verzichtet werden.

6.1.4.8.4 Die Wanddicke muss an jeder Stelle der Verpackung dem Fassungsraum und dem Verwendungszweck angepasst sein, wobei die Beanspruchungen der einzelnen Stellen zu berücksichtigen sind.

6.1.4.8.5 Der Durchmesser von Öffnungen zum Füllen, Entleeren und Entlüften im Mantel oder in den Böden der Fässer mit nicht abnehmbarem Deckel (1H1) und Kanistern mit nicht abnehmbarem Deckel (3H1) darf 7 cm nicht überschreiten. Fässer und Kanister mit größeren Öffnungen gelten als Fässer und Kanister mit abnehmbarem Deckel (1H2, und 3H2). Verschlüsse für Mantel- oder Bodenöffnungen von Fässern und Kanistern müssen so ausgelegt und angebracht sein, dass sie unter normalen Beförderungsbedingungen fest verschlossen und dicht bleiben. Die Verschlüsse müssen mit Dichtungen oder sonstigen Abdichtungsmitteln versehen sein, sofern sie nicht von sich aus dicht sind.

6.1.4.8.6 Die Verschlusseinrichtungen der Fässer und Kanister mit abnehmbarem Deckel (1H2 und 3H2) müssen so ausgelegt und angebracht sein, dass sie unter normalen Beförderungsbedingungen fest verschlossen und dicht bleiben. Bei allen abnehmbaren Deckeln müssen Dichtungen verwendet werden, es sei denn, das Fass oder der Kanister sind von sich aus dicht, wenn der abnehmbare Deckel ordnungsgemäß befestigt wird.

6.1.4.8.7 Bei entzündbaren flüssigen Stoffen beträgt die höchstzulässige Permeation 0,008 $\frac{g}{l \cdot h}$ bei 23 °C (siehe Unterabschnitt 6.1.5.7).

6.1.4.8.8 Wenn für die Herstellung neuer Verpackungen Recycling-Kunststoffe verwendet werden, müssen die besonderen Eigenschaften dieser Recycling-Kunststoffe garantiert und regelmäßig als Teil eines von der zuständigen Behörde anerkannten Qualitätssicherungsprogramms dokumentiert werden. Zu diesem Programm muss eine Aufzeichnung über eine zweckmäßige Vorsortierung sowie die Feststellung gehören, dass jede Charge Recycling-Kunststoff die geeigneten Werte für den Schmelzindex, die Dichte und die Zugfestigkeit aufweist, die denen einer aus solchem Recycling-Werkstoff hergestellten

Bauart entsprechen. Zu den Qualitätssicherheitsangaben gehören notwendigerweise Angaben über den Verpackungswerkstoff, aus dem die Recycling-Kunststoffe gewonnen wurden, ebenso wie die Kenntnis der früher in diesen Verpackungen enthaltenen Stoffe, sofern diese möglicherweise die Eignung neuer, unter Verwendung dieses Werkstoffs hergestellter Verpackungen beeinträchtigen könnten. Darüber hinaus muss das vom Hersteller der Verpackung angewandte Qualitätssicherungsprogramm nach Unterabschnitt 6.1.1.4 die Durchführung der mechanischen Bauartprüfungen an Verpackungen aus jeder Charge Recycling-Kunststoff nach Abschnitt 6.1.5 umfassen. Bei dieser Prüfung darf die Stapelfestigkeit durch eine geeignete dynamische Druckprüfung anstelle einer statischen Lastprüfung nachgewiesen werden.

Bem. Die Norm ISO 16103:2005 «Verpackung – Verpackungen zur Beförderung gefährlicher Güter – Recycling-Kunststoffe» enthält zusätzliche Leitlinien für Verfahren, die bei der Zulassung der Verwendung von Recycling-Kunststoffen einzuhalten sind.

6.1.4.8.9 Höchster Fassungsraum der Fässer und Kanister:

1H1 und 1H2: 450 Liter;

3H1 und 3H2: 60 Liter.

6.1.4.8.10 Höchste Nettomasse:

1H1 und 1H2: 400 kg;

3H1 und 3H2: 120 kg.

6.1.4.9 **Kisten aus Naturholz**

4C1 einfach;

4C2 mit staubdichten Wänden.

6.1.4.9.1 Das verwendete Holz muss gut abgelagert, handelsüblich trocken und frei von Mängeln sein, damit eine wesentliche Verminderung der Festigkeit jedes einzelnen Teils der Kiste verhindert wird. Die Festigkeit des verwendeten Werkstoffes und die Art der Fertigung müssen dem Fassungsraum und dem Verwendungszweck der Kiste angepasst sein. Die Deckel und Böden können aus wasserbeständigen Holzfaserwerkstoffen wie Hartfaserplatten oder Spanplatten oder andere geeignete Ausführungen bestehen.

6.1.4.9.2 Die Befestigungselemente müssen gegen Vibrationen, die erfahrungsgemäß unter normalen Beförderungsbedingungen auftreten, beständig sein. Das Anbringen von Nägeln in Faserrichtung des Holzes am Ende von Brettern ist möglichst zu vermeiden. Verbindungen, bei denen die Gefahr einer starken Beanspruchung besteht, müssen unter Verwendung von umgebördelten oder gerillten Nägeln oder gleichwertigen Befestigungsmitteln hergestellt werden.

6.1.4.9.3 Kisten 4C2: Jedes Teil der Kiste muss aus einem Stück bestehen oder diesem gleichwertig sein. Teile sind als ein Stück gleichwertig anzusehen, wenn eine der folgende Arten von Leimverbindungen angewendet wird: Lindermann-Verbindung (Schwalbenschwanz-Verbindung), Nut- und Federverbindung, überlappende Verbindung oder Stoßverbindung mit mindestens zwei gewellten Metallbefestigungselementen an jeder Verbindung.

6.1.4.9.4 Höchste Nettomasse: 400 kg.

6.1.4.10 Kisten aus Sperrholz

4D

6.1.4.10.1 Das verwendete Sperrholz muss mindestens aus drei Lagen bestehen. Es muss aus gut abgelagertem Schälfurnier, Schnittfurnier oder Sägefurnier hergestellt, handelsüblich trocken und frei von Mängeln sein, welche die Festigkeit der Kiste beeinträchtigen können. Die Festigkeit des verwendeten Werkstoffes und die Art der Fertigung müssen dem Fassungsraum und dem Verwendungszweck der Kiste angepasst sein. Die einzelnen Lagen müssen mit einem wasserbeständigen Klebstoff miteinander verleimt sein. Bei der Herstellung der Kisten dürfen auch andere geeignete Werkstoffe zusammen mit Sperrholz verwendet werden. Die Kisten müssen an den Eckleisten oder Stirnflächen fest vernagelt oder festgehalten oder durch andere gleichwertige Befestigungsmittel zusammengefügt sein.

6.1.4.10.2 Höchste Nettomasse: 400 kg.

6.1.4.11 Kisten aus Holzfaserwerkstoffen

4F

6.1.4.11.1 Die Kistenwände müssen aus wasserbeständigen Holzfaserwerkstoffen wie Hartfaserplatten oder Spanplatten oder andere geeignete Ausführungen bestehen. Die Festigkeit des verwendeten Werkstoffes und die Art der Fertigung müssen dem Fassungsraum und dem Verwendungszweck der Kiste angepasst sein.

6.1.4.11.2 Die anderen Teile der Kisten dürfen aus anderen geeigneten Werkstoffen bestehen.

6.1.4.11.3 Die Kisten müssen mit geeigneten Mitteln fest zusammengefügt sein.

6.1.4.11.4 Höchste Nettomasse: 400 kg.

6.1.4.12 Kisten aus Pappe

4G

6.1.4.12.1 Es ist Vollpappe oder zweiseitige Wellpappe (ein- oder mehrwellig) von guter und fester Qualität, die dem Fassungsraum und dem Verwendungszweck der Kiste angepasst ist, zu verwenden. Die Wasserbeständigkeit der Außenfläche muss so sein, dass die Erhöhung der Masse während der 30 Minuten dauernden Prüfung auf Wasseraufnahme nach der Cobb-Methode nicht mehr als 155 g/m^2 ergibt (siehe ISO-Norm 535:1991). Die Pappe muss eine geeignete Biegefestigkeit haben. Die Pappe muss so zugeschnitten, ohne Ritzen gerillt und geschlitzt sein, dass sie beim Zusammenbau nicht bricht, ihre Oberfläche nicht einreißt oder sie nicht zu stark ausbaucht. Die Wellen der Wellpappe müssen fest mit der Außenschicht verklebt sein.

6.1.4.12.2 Die Stirnseiten der Kisten können einen Holzrahmen haben oder vollkommen aus Holz oder aus einem anderen geeigneten Werkstoff bestehen. Zur Verstärkung dürfen Holzleisten oder andere geeignete Werkstoffe verwendet werden.

6.1.4.12.3 Die Verbindungen an den Kisten müssen mit Klebeband geklebt, überlappt und geklebt oder überlappt und mit Metallklammern geheftet sein. Bei überlappten Verbindungen muss die Überlappung entsprechend groß sein.

6.1.4.12.4 Erfolgt der Verschluss durch Verkleben oder mit einem Klebeband, muss der Klebstoff wasserbeständig sein.

6.1.4.12.5 Die Abmessungen der Kisten müssen dem Inhalt angepasst sein.

6.1.4.12.6 Höchste Nettomasse: 400 kg.

10

6.1.4.13 Kisten aus Kunststoffen

4H1 Kisten aus Schaumstoffen;

4H2 Kisten aus starren Kunststoffen.

6.1.4.13.1 Die Kisten müssen aus geeigneten Kunststoffen hergestellt sein und ihre Festigkeit muss dem Fassungsraum und dem Verwendungszweck angepasst sein. Die Kisten müssen ausreichend widerstandsfähig sein gegenüber Alterung und Abbau, der entweder durch das Füllgut oder durch ultraviolette Strahlung verursacht wird.

6.1.4.13.2 Die Schaumstoffkisten müssen aus zwei geformten Schaumstoffteilen bestehen, einem unteren Teil mit Aussparungen zur Aufnahme der Innenverpackungen und einem oberen Teil, der ineinandergreifend den unteren Teil abdeckt. Ober- und Unterteil müssen so ausgelegt sein, dass die Innenverpackungen festsitzen. Die Verschlussklappen der Innenverpackungen dürfen nicht mit der Innenseite des Oberteils der Kiste in Berührung kommen.

6.1.4.13.3 Für den Versand sind die Kisten aus Schaumstoff mit selbstklebendem Band zu verschließen, das genügend reißfest sein muss, um ein Öffnen der Kiste zu verhindern. Das selbstklebende Band muss wetterfest und der Klebstoff muss mit dem Schaumstoff der Kiste verträglich sein. Andere Verschlusseinrichtungen, die mindestens ebenso wirksam sind, dürfen verwendet werden.

6.1.4.13.4 Bei Kisten aus starren Kunststoffen muss der Schutz gegen ultraviolette Strahlung, falls erforderlich, durch Beimischung von Ruß oder anderen geeigneten Pigmenten oder Inhibitoren erfolgen. Diese Zusätze müssen mit dem Füllgut verträglich sein und ihre Wirkung während der gesamten Verwendungsdauer der Kiste behalten. Bei Verwendung von Ruß, Pigmenten oder Inhibitoren, die sich von jenen unterscheiden, die für die Herstellung der geprüften Bauart verwendet wurden, kann auf die Wiederholung der Prüfung verzichtet werden, wenn der Rußanteil 2 Masse-% oder der Pigmentanteil 3 Masse-% nicht überschreitet; der Inhibitorenanteil gegen ultraviolette Strahlung ist nicht beschränkt.

6.1.4.13.5 Zusätze für andere Zwecke als zum Schutz gegen ultraviolette Strahlung dürfen dem Kunststoff unter der Voraussetzung beigemischt werden, dass sie die chemischen und physikalischen Eigenschaften des Werkstoffes der Kiste nicht beeinträchtigen. In diesem Fall kann auf die Wiederholung der Prüfungen verzichtet werden.

6.1.4.13.6 Kisten aus starren Kunststoffen müssen Verschlusseinrichtungen aus einem geeigneten Werkstoff von ausreichender Festigkeit haben, und sie müssen so ausgelegt sein, dass ein unbeabsichtigtes Öffnen verhindert wird.

6.1.4.13.7 Wenn für die Herstellung neuer Verpackungen Recycling-Kunststoffe verwendet werden, müssen die besonderen Eigenschaften dieser Recycling-Kunststoffe garantiert und regelmäßig als Teil eines von der zuständigen Behörde anerkannten Qualitätssicherungsprogramms dokumentiert werden. Zu diesem Programm muss eine Aufzeichnung über eine zweckmäßige Vorsortierung sowie die Feststellung gehören, dass jede Charge Recycling-Kunststoff die geeigneten Werte für den Schmelzindex, die Dichte und die Zugfestigkeit aufweist, die denen einer aus solchem Recycling-Werkstoff hergestellten Bauart entsprechen. Zu den Qualitätssicherheitsangaben gehören notwendigerweise Angaben über den Verpackungswerkstoff, aus dem die Recycling-Kunststoffe gewonnen wurden, ebenso wie die Kenntnis der früher in diesen Verpackungen enthaltenen Stoffe, sofern diese möglicherweise die Eignung neuer, unter Verwendung dieses Werkstoffs hergestellter Verpackungen beeinträchtigen könnten. Darüber hinaus muss das vom Hersteller der Verpackung angewandte Qualitätssicherungsprogramm nach Unterabschnitt 6.1.1.4 die Durchführung der mechanischen Bauartprüfungen an Verpackungen aus jeder

Charge Recycling-Kunststoff nach Abschnitt 6.1.5 umfassen. Bei dieser Prüfung darf die Stapelfestigkeit durch eine geeignete dynamische Druckprüfung anstelle einer statischen Lastprüfung nachgewiesen werden.

6.1.4.13.8 Höchste Nettomasse:

4H1: 60 kg;

4H2: 400 kg.

6.1.4.14 **Kisten aus Stahl, Aluminium oder einem anderen Metall**

4A aus Stahl;

4B aus Aluminium;

4N aus einem anderen Metall als Stahl oder Aluminium.

6.1.4.14.1 Die Festigkeit des Metalls und die Fertigung der Kisten müssen dem Fassungsraum und dem Verwendungszweck der Kisten angepasst sein.

6.1.4.14.2 Die Kisten müssen, soweit erforderlich, mit Pappe oder Filzpolstern ausgelegt oder mit einer Innenauskleidung oder Innenbeschichtung aus geeignetem Werkstoff versehen sein. Wird eine doppelt gefalzte Metallauskleidung verwendet, so muss verhindert werden, dass Stoffe, insbesondere explosive Stoffe, in die Hohlräume der Falze eindringen.

6.1.4.14.3 Verschlüsse jedes geeigneten Typs sind zulässig; sie müssen unter normalen Beförderungsbedingungen fest verschlossen bleiben.

6.1.4.14.4 Höchste Nettomasse: 400 kg.

6.1.4.15 **Säcke aus Textilgewebe**

5L1 ohne Innenauskleidung oder Beschichtung;

5L2 staubdicht;

5L3 wasserbeständig.

6.1.4.15.1 Die verwendeten Textilien müssen von guter Qualität sein. Die Festigkeit des Gewebes und die Fertigung des Sackes müssen dem Fassungsraum und dem Verwendungszweck angepasst sein.

6.1.4.15.2 Säcke, staubdicht (5L2): Die Staubdichtheit des Sackes muss erreicht werden, z.B. durch:

a) Papier, das mit einem wasserbeständigen Klebemittel wie Bitumen an die Innenseite des Sackes geklebt wird;

b) Kunststofffolie, die an die Innenseite des Sackes geklebt wird, oder

c) eine oder mehrere Innenauskleidungen aus Papier oder Kunststoff.

6.1.4.15.3 Säcke, wasserbeständig (5L3): Die Dichtheit des Sackes gegen Eindringen von Feuchtigkeit muss erreicht werden z.B. durch:

a) getrennte Innenauskleidungen aus wasserbeständigem Papier (z.B. gewachstem Kraftpapier, Bitumenpapier oder mit Kunststoff beschichtetem Kraftpapier);

b) Kunststofffolie, die an die Innenseite des Sackes geklebt wird, oder

c) eine oder mehrere Innenauskleidungen aus Kunststoff.

6.1.4.15.4 Höchste Nettomasse: 50 kg.

6.1.4.16 Säcke aus Kunststoffgewebe

5H1 ohne Innenauskleidung oder Beschichtung;

5H2 staubdicht;

5H3 wasserbeständig.

6.1.4.16.1 Die Säcke müssen entweder aus gereckten Bändern oder gereckten Einzelfäden aus geeignetem Kunststoff hergestellt sein. Die Festigkeit des verwendeten Werkstoffs und die Fertigung des Sacks müssen dem Fassungsraum und dem Verwendungszweck angepasst sein.

6.1.4.16.2 Bei Verwendung von flachen Gewebebahnen müssen die Säcke so hergestellt sein, dass der Verschluss des Bodens und einer Seite entweder durch Nähen oder durch eine andere Methode sichergestellt wird. Ist das Gewebe als Schlauch hergestellt, so ist der Boden des Sackes durch Vernähen, Verweben oder eine andere Verschlussmethode mit gleicher Festigkeit zu verschließen.

6.1.4.16.3 Säcke, staubdicht (5H2): Die Staubdichtheit des Sackes muss erreicht werden, z.B. durch:

a) auf die Innenseite des Sacks geklebtes Papier oder Kunststofffolie oder

b) eine oder mehrere getrennte Innenauskleidungen aus Papier oder Kunststoff.

6.1.4.16.4 Säcke, wasserbeständig (5H3): Die Dichtheit des Sackes gegen Eindringen von Feuchtigkeit muss erreicht werden z.B. durch:

a) getrennte Innenauskleidungen aus wasserbeständigem Papier (z.B. gewachstes Kraftpapier, beidseitiges Bitumenpapier oder mit Kunststoff beschichtetes Kraftpapier);

b) auf die Innen- oder Außenseite des Sacks geklebte Kunststofffolie oder

c) eine oder mehrere Innenauskleidungen aus Kunststoff.

6.1.4.16.5 Höchste Nettomasse: 50 kg.

6.1.4.17 Säcke aus Kunststofffolie

5H4

6.1.4.17.1 Die Säcke müssen aus geeignetem Kunststoff hergestellt sein. Die Festigkeit des verwendeten Werkstoffs und die Fertigung des Sackes müssen dem Fassungsraum und dem Verwendungszweck angepasst sein. Die Nähte und Verschlüsse müssen den unter normalen Beförderungsbedingungen auftretenden Druck- und Stoßbeanspruchungen standhalten.

6.1.4.17.2 Höchste Nettomasse: 50 kg.

6.1.4.18 Säcke aus Papier

5M1 mehrlagig;

5M2 mehrlagig, wasserbeständig.

6.1.4.18.1 Die Säcke müssen aus geeignetem Kraftpapier oder einem gleichwertigen Papier aus mindestens drei Lagen hergestellt sein, wobei die mittlere Lage aus einem mit den äußeren Papierlagen verbundenem Netzgewebe und Klebstoff bestehen darf. Die Festigkeit des Papiers und die Fertigung der Säcke müssen dem Fassungsraum und dem Verwendungszweck angepasst sein. Die Nähte und Verschlüsse müssen staubdicht sein.

6.1.4.18.2 Säcke aus Papier 5M2: Um den Eintritt von Feuchtigkeit zu verhindern, muss ein Sack aus vier oder mehr Lagen entweder durch die Verwendung einer wasserbeständigen Lage anstelle einer der beiden äußeren Lagen oder durch die Verwendung einer wasserbeständigen Schicht aus geeignetem Schutzmaterial zwischen den beiden äußeren Lagen wasserdicht gemacht werden; ein Sack aus drei Lagen muss durch die Verwendung einer wasserbeständigen Lage anstelle der äußeren Lage wasserdicht gemacht werden. Wenn die Gefahr einer Reaktion des Füllguts mit Feuchtigkeit besteht oder dieses Füllgut in feuchtem Zustand verpackt wird, muss eine wasserbeständige Lage oder Schicht, z.B. zweifach geteertes Kraftpapier, kunststoffbeschichtetes Kraftpapier, Kunststofffolie, mit dem die innere Oberfläche des Sacks überzogen ist, oder eine oder mehrere Kunststoffinnenbeschichtungen, auch in direktem Kontakt zum Füllgut, angebracht werden. Die Nähte und Verschlüsse müssen wasserdicht sein.

6.1.4.18.3 Höchste Nettomasse: 50 kg.

6.1.4.19 **Kombinationsverpackungen (Kunststoff)**

6HA1 Kunststoffgefäß in einem Fass aus Stahl;

6HA2 Kunststoffgefäß in einem Verschlag oder einer Kiste aus Stahl;

6HB1 Kunststoffgefäß in einem Fass aus Aluminium;

6HB2 Kunststoffgefäß in einem Verschlag oder einer Kiste aus Aluminium;

6HC Kunststoffgefäß in einer Kiste aus Naturholz;

6HD1 Kunststoffgefäß in einem Fass aus Sperrholz;

6HD2 Kunststoffgefäß in einer Kiste aus Sperrholz;

6HG1 Kunststoffgefäß in einem Fass aus Pappe;

6HG2 Kunststoffgefäß in einer Kiste aus Pappe;

6HH1 Kunststoffgefäß in einem Fass aus Kunststoff;

6HH2 Kunststoffgefäß in einer Kiste aus starrem Kunststoff.

6.1.4.19.1 **Innengefäß**

6.1.4.19.1.1 Für das Kunststoffinnengefäß gelten die Bestimmungen der Absätze 6.1.4.8.1 und 6.1.4.8.4 bis 6.1.4.8.7.

6.1.4.19.1.2 Das Kunststoffinnengefäß muss ohne Spielraum in die Außenverpackung eingepasst sein, die keine hervorspringenden Teile aufweisen darf, die den Kunststoff abscheuern können.

6.1.4.19.1.3 Höchster Fassungsraum des Innengefäßes:

6HA1, 6HB1, 6HD1, 6HG1, 6HH1: 250 Liter;

6HA2, 6HB2, 6HC, 6HD2, 6HG2, 6HH2: 60 Liter.

6.1.4.19.1.4 Höchste Nettomasse:

6HA1, 6HB1, 6HD1, 6HG1, 6HH1: 400 kg;

6HA2, 6HB2, 6HC, 6HD2, 6HG2, 6HH2: 75 kg.

6.1.4.19.2 **Außenverpackung**

6.1.4.19.2.1 Kunststoffgefäß in einem Fass aus Stahl (6HA1) oder aus Aluminium (6HB1): Für die Fertigung der Außenverpackung gelten die entsprechenden Bestimmungen des Unterabschnitts 6.1.4.1 oder 6.1.4.2.

10

6.1.4.19.2.2 Kunststoffgefäß in einem Verschlag oder einer Kiste aus Stahl (6HA2) oder aus Aluminium (6HB2): Für die Fertigung der Außenverpackung gelten die entsprechenden Bestimmungen des Unterabschnitts 6.1.4.14.

6.1.4.19.2.3 Kunststoffgefäß in einer Kiste aus Naturholz (6HC): Für die Fertigung der Außenverpackung gelten die entsprechenden Bestimmungen des Unterabschnitts 6.1.4.9.

6.1.4.19.2.4 Kunststoffgefäß in einem Fass aus Sperrholz (6HD1): Für die Fertigung der Außenverpackung gelten die entsprechenden Bestimmungen des Unterabschnitts 6.1.4.5.

6.1.4.19.2.5 Kunststoffgefäß in einer Kiste aus Sperrholz (6HD2): Für die Fertigung der Außenverpackung gelten die entsprechenden Bestimmungen des Unterabschnitts 6.1.4.10.

6.1.4.19.2.6 Kunststoffgefäß in einem Fass aus Pappe (6HG1): Für die Fertigung der Außenverpackung gelten die entsprechenden Bestimmungen der Absätze 6.1.4.7.1 bis 6.1.4.7.4.

6.1.4.19.2.7 Kunststoffgefäß in einer Kiste aus Pappe (6HG2): Für die Fertigung der Außenverpackung gelten die entsprechenden Bestimmungen des Unterabschnitts 6.1.4.12.

6.1.4.19.2.8 Kunststoffgefäß in einem Fass aus Kunststoff (6HH1): Für die Fertigung der Außenverpackung gelten die entsprechenden Bestimmungen der Absätze 6.1.4.8.1 bis 6.1.4.8.6.

6.1.4.19.2.9 Kunststoffgefäß in einer Kiste aus starrem Kunststoff (einschließlich Wellkunststoff) (6HH2): Für die Fertigung der Außenverpackung gelten die entsprechenden Bestimmungen der Absätze 6.1.4.13.1 und 6.1.4.13.4 bis 6.1.4.13.6.

6.1.4.20 Kombinationsverpackungen (Glas, Porzellan oder Steinzeug)

6PA1 Gefäß in einem Fass aus Stahl;

6PA2 Gefäß in einem Verschlag oder einer Kiste aus Stahl;

6PB1 Gefäß in einem Fass aus Aluminium;

6PB2 Gefäß in einem Verschlag oder einer Kiste aus Aluminium;

6PC Gefäß in einer Kiste aus Naturholz;

6PD1 Gefäß in einem Fass aus Sperrholz;

6PD2 Gefäß in einem Weidenkorb;

6PG1 Gefäß in einem Fass aus Pappe;

6PG2 Gefäß in einer Kiste aus Pappe;

6PH1 Gefäß in einer Außenverpackung aus Schaumstoff;

6PH2 Gefäß in einer Außenverpackung aus starrem Kunststoff.

6.1.4.20.1 Innengefäß

6.1.4.20.1.1 Die Gefäße müssen in geeigneter Weise geformt (zylindrisch oder birnenförmig) sowie aus einem Material guter Qualität und frei von Mängeln hergestellt sein, die ihre Festigkeit verringern können. Die Wände müssen an allen Stellen ausreichend dick und frei von inneren Spannungen sein.

6.1.4.20.1.2 Als Verschlüsse der Gefäße sind Schraubverschlüsse aus Kunststoff, eingeschliffene Glasstopfen oder Verschlüsse mindestens gleicher Wirksamkeit zu verwenden. Jedes Teil des Verschlusses, das mit dem Füllgut des Gefäßes in Berührung kommen kann, muss diesem gegenüber widerstandsfähig sein. Bei den Verschlüssen ist auf dichten Sitz zu achten; sie sind durch geeignete Maßnahmen so zu sichern, dass jede Lockerung während der Beförderung verhindert wird. Sind Verschlüsse mit Lüftungseinrichtungen erforderlich, so müssen diese dem Unterabschnitt 4.1.1.8 entsprechen.

6.1.4.20.1.3 Das Gefäß muss unter Verwendung von Polstermaterial und/oder absorbierendem Material festsitzend in die Außenverpackung eingebettet sein.

6.1.4.20.1.4 Höchster Fassungsraum der Gefäße: 60 Liter.

6.1.4.20.1.5 Höchste Nettomasse: 75 kg.

6.1.4.20.2 Außenverpackung

6.1.4.20.2.1 Gefäß in einem Fass aus Stahl (6PA1): Für die Fertigung der Außenverpackung gelten die entsprechenden Bestimmungen des Unterabschnitts 6.1.4.1. Der bei diesem Verpackungstyp notwendige abnehmbare Deckel kann jedoch die Form einer Haube haben.

6.1.4.20.2.2 Gefäß in einem Verschlag oder einer Kiste aus Stahl (6PA2): Für die Fertigung der Außenverpackung gelten die entsprechenden Bestimmungen des Unterabschnitts 6.1.4.14. Bei zylindrischen Gefäßen muss die Außenverpackung in vertikaler Richtung über das Gefäß und dessen Verschluss hinausragen. Umschließt die verschlagförmige Außenverpackung ein birnenförmiges Gefäß und ist sie an dessen Form angepasst, so ist die Außenverpackung mit einer schützenden Abdeckung (Haube) zu versehen.

6.1.4.20.2.3 Gefäß in einem Fass aus Aluminium (6PB1): Für die Fertigung der Außenverpackung gelten die entsprechenden Bestimmungen des Unterabschnitts 6.1.4.2.

6.1.4.20.2.4 Gefäß in einem Verschlag oder einer Kiste aus Aluminium (6PB2): Für die Fertigung der Außenverpackung gelten die entsprechenden Bestimmungen des Unterabschnitts 6.1.4.14.

6.1.4.20.2.5 Gefäß in einer Kiste aus Naturholz (6PC): Für die Fertigung der Außenverpackung gelten die entsprechenden Bestimmungen des Unterabschnitts 6.1.4.9.

6.1.4.20.2.6 Gefäß in einem Fass aus Sperrholz (6PD1): Für die Fertigung der Außenverpackung gelten die entsprechenden Bestimmungen des Unterabschnitts 6.1.4.5.

6.1.4.20.2.7 Gefäß in einem Weidenkorb (6PD2): Die Weidenkörbe müssen aus einem Material guter Qualität einwandfrei hergestellt sein. Sie sind mit einer schützenden Abdeckung (Haube) zu versehen, damit Beschädigungen des Gefäßes vermieden werden.

6.1.4.20.2.8 Gefäß in einem Fass aus Pappe (6PG1): Für die Fertigung der Außenverpackung gelten die entsprechenden Bestimmungen der Absätze 6.1.4.7.1 bis 6.1.4.7.4.

6.1.4.20.2.9 Gefäß in einer Kiste aus Pappe (6PG2): Für die Fertigung der Außenverpackung gelten die entsprechenden Bestimmungen des Unterabschnitts 6.1.4.12.

6.1.4.20.2.10 Gefäß in einer Außenverpackung aus Schaumstoff (6PH1) oder starrem Kunststoff (6PH2): Für die Werkstoffe dieser beiden Außenverpackungen gelten die entsprechenden Bestimmungen des Unterabschnitts 6.1.4.13. Außenverpackungen aus starrem Kunststoff sind aus Polyethylen hoher Dichte oder einem anderen vergleichbaren Kunststoff herzustellen. Der abnehmbare Deckel dieser Verpackungsart kann jedoch die Form einer Haube haben.

6.1.4.21 Zusammengesetzte Verpackungen

Es gelten die entsprechenden, für Außenverpackungen anwendbaren Vorschriften des Abschnitts 6.1.4.

Bem. Wegen der zu verwendenden Außen- und Innenverpackungen siehe die entsprechenden Verpackungsanweisungen in Kapitel 4.1.

6.1.4.22 Feinstblechverpackungen

0A1 mit nicht abnehmbarem Deckel;

0A2 mit abnehmbarem Deckel.

6.1.4.22.1 Das Blech für den Mantel und die Böden muss aus geeignetem Stahl bestehen; seine Dicke muss dem Fassungsraum und dem Verwendungszweck der Verpackungen angepasst sein.

6.1.4.22.2 Die Nähte müssen geschweißt, mindestens doppelt gefalzt oder nach einer anderen Methode ausgeführt sein, welche die gleiche Festigkeit und Dichtheit gewährleistet.

6.1.4.22.3 Innenauskleidungen aus Zink, Zinn, Lack usw. müssen widerstandsfähig und überall, auch an den Verschlüssen, mit dem Stahl fest verbunden sein.

6.1.4.22.4 Der Durchmesser von Öffnungen zum Füllen, Entleeren und Entlüften im Mantel oder Deckel der Verpackungen mit nicht abnehmbarem Deckel (0A1) darf 7 cm nicht überschreiten. Verpackungen mit größeren Öffnungen gelten als Verpackungen mit abnehmbarem Deckel (0A2).

6.1.4.22.5 Der Verschluss der Verpackungen mit nicht abnehmbarem Deckel (0A1) muss entweder aus einem Schraubverschluss bestehen oder durch eine verschraubbare Einrichtung oder eine andere mindestens ebenso wirksame Einrichtung gesichert werden können. Die Verschlusseinrichtungen der Verpackungen mit abnehmbarem Deckel (0A2) müssen so ausgelegt und angebracht sein, dass sie gut verschlossen und die Verpackungen unter normalen Beförderungsbedingungen dicht bleiben.

6.1.4.22.6 Höchster Fassungsraum der Verpackungen: 40 Liter.

6.1.4.22.7 Höchste Nettomasse: 50 kg.

6.1.5 Prüfvorschriften für Verpackungen

6.1.5.1 Durchführung und Wiederholung der Prüfungen

6.1.5.1.1 Die Bauart jeder Verpackung muss den in Abschnitt 6.1.5 vorgesehenen Prüfungen nach den von der zuständigen Behörde, welche die Zuteilung des Kennzeichens bestätigt, festgelegten Verfahren unterzogen und von dieser Behörde zugelassen werden.

6.1.5.1.2 Vor der Verwendung muss jede Bauart einer Verpackung die in diesem Kapitel vorgeschriebenen Prüfungen erfolgreich bestanden haben. Die Bauart der Verpackung wird durch Auslegung, Größe, verwendeten Werkstoff und dessen Dicke, Art der Fertigung und Zusammenbau bestimmt, kann aber auch verschiedene Oberflächenbehandlungen einschließen. Hierzu gehören auch Verpackungen, die sich von der Bauart nur durch ihre geringere Bauhöhe unterscheiden.

6.1.5.1.3 Die Prüfungen müssen mit Mustern aus der Produktion in Abständen durchgeführt werden, die von der zuständigen Behörde festgelegt werden. Werden solche Prüfungen an Verpackungen aus Papier oder Pappe durchgeführt, gilt eine Vorbereitung bei Umgebungsbedingungen als gleichwertig zu den im Absatz 6.1.5.2.3 angegebenen Vorschriften.

6.1.5.1.4 Die Prüfungen müssen auch nach jeder Änderung der Auslegung, des Werkstoffs oder der Art der Fertigung einer Verpackung wiederholt werden.

6.1.5.1.5 Die zuständige Behörde kann die selektive Prüfung von Verpackungen zulassen, die sich nur geringfügig von einer bereits geprüften Bauart unterscheiden: z.B. Verpackungen, die Innenverpackungen kleinerer Größe oder geringerer Nettomasse enthalten, oder auch Verpackungen, wie Fässer, Säcke und Kisten, bei denen ein oder mehrere Außenmaß(e) etwas verringert ist (sind).

6.1.5.1.6 (bleibt offen)

Bem. Für die Vorschriften zur Verwendung verschiedener Innenverpackungen in einer Außenverpackung und der zulässigen Variationen von Innenverpackungen siehe Absatz 4.1.1.5.1. Diese Vorschriften führen bei Anwendung des Absatzes 6.1.5.1.7 nicht zu einer Einschränkung der Verwendung von Innenverpackungen.

6.1.5.1.7 Gegenstände oder Innenverpackungen jeden Typs für feste oder flüssige Stoffe dürfen zusammengefasst und befördert werden, ohne dass sie Prüfungen in einer Außenverpackung unterzogen worden sind, wenn sie folgende Bedingungen erfüllen:

a) Die Außenverpackung muss gemäß Unterabschnitt 6.1.5.3 erfolgreich mit zerbrechlichen Innenverpackungen (z.B. aus Glas), die flüssige Stoffe enthalten, bei einer der Verpackungsgruppe I entsprechenden Fallhöhe geprüft worden sein.

b) Die gesamte Bruttomasse aller Innenverpackungen darf die Hälfte der Bruttomasse der Innenverpackungen, die für die in a) erwähnte Fallprüfung verwendet werden, nicht überschreiten.

c) Die Dicke des Polstermaterials zwischen den Innenverpackungen und zwischen den Innenverpackungen und der Außenseite der Verpackung darf nicht auf einen Wert verringert werden, der unterhalb der entsprechenden Dicke in der ursprünglich geprüften Verpackung liegt; wenn bei der ursprünglichen Prüfung eine einzige Innenverpackung verwendet wurde, darf die Dicke der Polsterung zwischen den Innenverpackungen nicht geringer sein als die Dicke der Polsterung zwischen der Außenseite der Verpackung und der Innenverpackung bei der ursprünglichen Prüfung. Bei Verwendung von weniger oder kleineren Innenverpackungen (verglichen mit den bei der Fallprüfung verwendeten Innenverpackungen) muss genügend Polstermaterial hinzugefügt werden, um die Zwischenräume aufzufüllen.

d) Die Außenverpackung muss die in Unterabschnitt 6.1.5.6 beschriebene Stapeldruckprüfung in ungefülltem Zustand bestanden haben. Die Gesamtmasse gleicher Versandstücke ergibt sich aus der Gesamtmasse der Innenverpackungen, die für die in a) erwähnte Fallprüfung verwendet werden.

e) Innenverpackungen, die flüssige Stoffe enthalten, müssen vollständig mit einer für die Aufnahme der gesamten in den Innenverpackungen enthaltenen Flüssigkeit ausreichenden Menge eines saugfähigen Materials umschlossen sein.

f) Wenn die Außenverpackung zur Aufnahme von Innenverpackungen für flüssige Stoffe vorgesehen und nicht flüssigkeitsdicht ist, oder wenn die Außenverpackung zur Aufnahme von Innenverpackungen für feste Stoffe vorgesehen und nicht staubdicht ist, ist es erforderlich, ein Mittel in Form einer dichten Beschichtung, eines Kunststoffsacks oder eines anderen ebenso wirksamen Mittels zu verwenden, um den flüssigen oder festen Inhalt im Fall des Freiwerdens zurückzuhalten. Bei Verpackungen, die flüssige Stoffe enthalten, muss sich das in e) vorgeschriebene saugfähige Material innerhalb des für das Zurückhalten des Inhalts verwendeten Mittels befinden.

g) Die Verpackungen müssen mit Kennzeichen entsprechend den Vorschriften in Abschnitt 6.1.3 versehen sein, aus denen ersichtlich ist, dass die Verpackungen den Funktionsprüfungen der Verpackungsgruppe I für zusammengesetzte Verpackungen unterzogen wurden. Die in Kilogramm angegebene maximale Bruttomasse muss der Summe aus Masse der Außenverpackung und halber Masse der in der Fallprüfung gemäß a) verwendeten Innenverpackung(en) entsprechen. Das Kennzeichen der Verpackung muss auch den Buchstaben «V» gemäß Unterabschnitt 6.1.2.4 enthalten.

6.1.5.1.8 Die zuständige Behörde kann jederzeit verlangen, dass durch Prüfungen nach diesem Abschnitt nachgewiesen wird, dass die Verpackungen aus der Serienherstellung die Vorschriften der Bauartprüfung erfüllen. Für Kontrollzwecke müssen die Berichte dieser Prüfungen aufbewahrt werden.

6.1.5.1.9 Wenn aus Sicherheitsgründen eine Innenbehandlung oder Innenbeschichtung erforderlich ist, muss sie ihre schützenden Eigenschaften auch nach den Prüfungen beibehalten.

6.1.5.1.10 Unter der Voraussetzung, dass die Gültigkeit der Prüfergebnisse nicht beeinträchtigt wird, und mit Zustimmung der zuständigen Behörde dürfen mehrere Prüfungen mit einem einzigen Muster durchgeführt werden.

6.1.5.1.11 Bergungsverpackungen

Bergungsverpackungen (siehe Abschnitt 1.2.1) müssen nach den Vorschriften geprüft und gekennzeichnet werden, die für Verpackungen der Verpackungsgruppe II zur Beförderung von festen Stoffen oder Innenverpackungen gelten, mit folgenden Abweichungen:

a) Die für die Durchführung der Prüfungen verwendete Prüfsubstanz ist Wasser; die Verpackungen müssen zu mindestens 98 % ihres maximalen Fassungsraums gefüllt sein. Um die erforderliche Gesamtmasse des Versandstücks zu erreichen, dürfen beispielsweise Säcke mit Bleischrot beigefügt werden, sofern diese so eingesetzt sind, dass die Prüfergebnisse nicht beeinträchtigt werden. Alternativ darf bei der Durchführung der Fallprüfung die Fallhöhe in Übereinstimmung mit Absatz 6.1.5.3.5 b) variiert werden.

b) Die Verpackungen müssen außerdem erfolgreich der Dichtheitsprüfung bei 30 kPa unterzogen worden sein; die Ergebnisse dieser Prüfung sind im Prüfbericht nach Unterabschnitt 6.1.5.8 zu vermerken.

c) Die Verpackungen sind, wie in Unterabschnitt 6.1.2.4 angegeben, mit dem Buchstaben «T» zu kennzeichnen.

6.1.5.2 Vorbereitung der Verpackungen für die Prüfungen

6.1.5.2.1 Die Prüfungen sind an versandfertigen Verpackungen, bei zusammengesetzten Verpackungen einschließlich der verwendeten Innenverpackungen, durchzuführen. Die Innenverpackungen oder -gefäße oder Einzelverpackungen oder -gefäße mit Ausnahme von Säcken müssen bei flüssigen Stoffen zu mindestens 98 % ihres maximalen Fassungsraums, bei festen Stoffen zu mindestens 95 % ihres maximalen Fassungsraums gefüllt sein. Säcke müssen bis zur höchsten Masse, bei der sie verwendet werden dürfen, gefüllt sein. Bei zusammengesetzten Verpackungen, deren Innenverpackung für die Beförderung von flüssigen oder festen Stoffen vorgesehen ist, sind getrennte Prüfungen für den flüssigen und für den festen Inhalt erforderlich. Die in den Verpackungen zu befördernden Stoffe oder Gegenstände dürfen durch andere Stoffe oder Gegenstände ersetzt werden, sofern dadurch die Prüfergebnisse nicht verfälscht werden. Werden feste Stoffe durch andere Stoffe ersetzt, müssen diese die gleichen physikalischen Eigenschaften (Masse, Korngröße usw.) haben wie der zu befördernde Stoff. Es ist zulässig, Zusätze wie Säcke mit Bleischrot zu verwenden, um die erforderliche Gesamtmasse des Versandstückes zu erreichen, sofern diese so eingebracht werden, dass sie die Prüfungsergebnisse nicht beeinträchtigen.

6.1.5.2.2 Wird bei der Fallprüfung für flüssige Stoffe ein anderer Stoff verwendet, so muss dieser eine vergleichbare relative Dichte und Viskosität haben wie der zu befördernde Stoff. Unter den Bedingungen des Absatzes 6.1.5.3.5 darf auch Wasser für die Fallprüfung verwendet werden.

6.1.5.2.3 Verpackungen aus Papier oder Pappe müssen mindestens 24 Stunden in einem Klima konditioniert werden, dessen Temperatur und relative Luftfeuchtigkeit gesteuert sind. Es gibt drei Möglichkeiten, von denen eine gewählt werden muss. Das bevorzugte Klima ist 23 °C ± 2 °C und 50 % ± 2 % relative Luftfeuchtigkeit. Die beiden anderen Möglichkeiten sind 20 °C ± 2 °C und 65 % ± 2 % relative Luftfeuchtigkeit oder 27 °C ± 2 °C und 65 % ± 2 % relative Luftfeuchtigkeit.

Bem. Die Mittelwerte müssen innerhalb dieser Grenzwerte liegen. Schwankungen kurzer Dauer und Messgrenzen können Abweichungen von den individuellen Messungen bis zu ± 5 % für die relative Luftfeuchtigkeit zur Folge haben, ohne dass dies eine bedeutende Auswirkung auf die Reproduzierbarkeit der Prüfergebnisse hat.

6.1.5.2.4 (bleibt offen)

6.1.5.2.5 Fässer und Kanister aus Kunststoff nach Unterabschnitt 6.1.4.8 und, soweit notwendig, Kombinationsverpackungen (Kunststoff) nach Unterabschnitt 6.1.4.19 müssen zum Nachweis der ausreichenden chemischen Verträglichkeit gegenüber flüssigen Stoffen während sechs Monaten einer Lagerung bei Raumtemperatur unterzogen werden; während dieser Zeit müssen die Prüfmuster mit den Gütern gefüllt bleiben, für deren Beförderung sie vorgesehen sind.

Während der ersten und der letzten 24 Stunden der Lagerung sind die Prüfmuster mit dem Verschluss nach unten aufzustellen. Dies wird jedoch bei Verpackungen mit Lüftungseinrichtungen jeweils nur für eine Dauer von 5 Minuten durchgeführt. Nach dieser Lagerung müssen die Prüfmuster den in den Unterabschnitten 6.1.5.3 bis 6.1.5.6 vorgesehenen Prüfungen unterzogen werden.

Bei Innengefäßen von Kombinationsverpackungen (Kunststoff) ist der Nachweis der ausreichenden chemischen Verträglichkeit nicht erforderlich, wenn bekannt ist, dass sich die Festigkeitseigenschaften des Kunststoffs unter Füllguteinwirkung nicht wesentlich verändern.

Als wesentliche Veränderung der Festigkeitseigenschaften sind anzusehen:

a) eine deutliche Versprödung oder
b) eine erhebliche Minderung der Streckspannung, es sei denn, sie ist mit einer mindestens proportionalen Erhöhung der Streckdehnung verbunden.

Falls das Verhalten des Kunststoffes durch andere Verfahren nachgewiesen wurde, kann auf die vorgenannte Verträglichkeitsprüfung verzichtet werden. Solche Verfahren müssen der vorgenannten Verträglichkeitsprüfung mindestens gleichwertig und von der zuständigen Behörde anerkannt sein.

Bem. Für Fässer und Kanister aus Kunststoff und Kombinationsverpackungen (Kunststoff) aus Polyethylen siehe auch Absatz 6.1.5.2.6.

6.1.5.2.6 ► *1.6.1.7* Für Fässer und Kanister nach Unterabschnitt 6.1.4.8 und, soweit notwendig, für Kombinationsverpackungen nach Unterabschnitt 6.1.4.19, jeweils aus Polyethylen, kann die chemische Verträglichkeit mit Füllgütern, die nach Unterabschnitt 4.1.1.21 assimiliert werden, mit Standardflüssigkeiten (siehe Abschnitt 6.1.6) wie folgt nachgewiesen werden.

Die Standardflüssigkeiten sind stellvertretend für die Schädigungsmechanismen an Polyethylen, das sind Weichmachung durch Anquellung, Spannungsrissauslösung, molekularabbauende Reaktionen und Kombinationen davon. Die ausreichende chemische Verträglichkeit der Verpackungen kann durch eine dreiwöchige Lagerung der vorgeschriebenen Prüfmuster bei 40 °C mit der (den) betreffenden Standardflüssigkeit(en) nachgewiesen werden; wenn die Standardflüssigkeit Wasser ist, ist eine Lagerung nach diesem Verfahren nicht erforderlich. Bei den Standardflüssigkeiten «Netzmittellösung» und «Essigsäure» ist für Prüfmuster, die für die Stapeldruckprüfung verwendet werden, keine Lagerung erforderlich.

Während der ersten und der letzten 24 Stunden der Lagerung sind die Prüfmuster mit dem Verschluss nach unten aufzustellen. Dies wird jedoch bei Verpackungen mit Lüftungseinrichtungen jeweils nur für eine Dauer von 5 Minuten durchgeführt. Nach dieser Lagerung müssen die Prüfmuster den in den Unterabschnitten 6.1.5.3 bis 6.1.5.6 vorgesehenen Prüfungen unterzogen werden.

Für tert-Butylhydroperoxid mit mehr als 40 % Peroxidgehalt sowie für Peroxyessigsäuren der Klasse 5.2 darf die Verträglichkeitsprüfung nicht mit Standardflüssigkeiten durchgeführt werden. Für diese Stoffe muss die ausreichende chemische Verträglichkeit der Prüfmuster während einer sechsmonatigen Lagerung bei Raumtemperatur mit den Stoffen nachgewiesen werden, für deren Beförderung sie vorgesehen sind.

Die Ergebnisse des Verfahrens nach diesem Absatz mit Verpackungen aus Polyethylen können für eine gleiche Bauart, deren innere Oberfläche fluoriert ist, zugelassen werden.

6.1.5.2.7 Andere als die in Unterabschnitt 4.1.1.21 assimilierbaren Füllgüter dürfen auch für Verpackungen aus Polyethylen nach Absatz 6.1.5.2.6, welche die Prüfung nach Absatz 6.1.5.2.6 bestanden haben, zugelassen werden. Diese Zulassung erfolgt auf der Basis von Laborversuchen, bei denen zu prüfen ist, ob die Wirkung dieser Füllgüter auf Probekörper geringer ist als die Wirkung der Standardflüssigkeit(en), wobei die relevanten Schädigungsmechanismen berücksichtigt werden müssen. Dabei gelten für die relativen Dichten und Dampfdrücke die gleichen Vorbedingungen wie in Absatz 4.1.1.21.2 festgehalten.

6.1.5.2.8 Soweit sich die Festigkeitseigenschaften der Innenverpackungen aus Kunststoff von zusammengesetzten Verpackungen unter Füllguteinwirkung nicht wesentlich verändern, ist der Nachweis der ausreichenden chemischen Verträglichkeit nicht erforderlich. Als wesentliche Veränderung der Festigkeitseigenschaften sind anzusehen:

a) eine deutliche Versprödung;

b) eine erhebliche Minderung der Streckspannung, es sei denn, sie ist mit einer mindestens proportionalen Erhöhung der Streckdehnung verbunden.

6.1.5.3 Fallprüfung [4)]

6.1.5.3.1 Anzahl der Prüfmuster (je Bauart und Hersteller) und Fallausrichtung:

Bei anderen Versuchen als dem flachen Fall muss sich der Schwerpunkt senkrecht über der Aufprallstelle befinden.

Ist bei einem aufgeführten Fallversuch mehr als eine Ausrichtung möglich, so ist die Ausrichtung zu wählen, bei der die Gefahr des Zubruchgehens der Verpackung am größten ist.

---

4) Siehe ISO-Norm 2248.

Verpackung	Anzahl der Prüfmuster	Fallausrichtung
a) Fässer aus Stahl Fässer aus Aluminium Fässer aus einem anderen Metall als Stahl oder Aluminium Kanister aus Stahl Kanister aus Aluminium Fässer aus Sperrholz Fässer aus Pappe Fässer und Kanister aus Kunststoff fassförmige Kombinationsverpackungen Feinstblechverpackungen	sechs (drei je Fallversuch)	Erster Fallversuch (an drei Prüfmustern): Die Verpackung muss diagonal zur Aufprallplatte auf den Bodenfalz oder, wenn keiner vorhanden ist, auf eine Rundnaht oder Kante fallen. Zweiter Fallversuch (an den drei anderen Prüfmustern): Die Verpackung muss auf die schwächste Stelle auftreffen, die beim ersten Fall nicht geprüft wurde, z.B. einen Verschluss oder bei bestimmten zylindrischen Fässern, die geschweißte Längsnaht des Fassmantels.
b) Kisten aus Naturholz Kisten aus Sperrholz Kisten aus Holzfaserwerkstoffen Kisten aus Pappe Kisten aus Kunststoff Kisten aus Stahl oder Aluminium kistenförmige Kombinationsverpackungen	fünf (eines je Fallversuch)	Erster Fallversuch: flach auf den Boden. Zweiter Fallversuch: flach auf das Oberteil. Dritter Fallversuch: flach auf die längste Seite. Vierter Fallversuch: flach auf die kürzeste Seite. Fünfter Fallversuch: auf eine Ecke.
c) Säcke - einlagig mit Seitennaht	drei (drei Fallversuche je Sack)	Erster Fallversuch: flach auf eine Breitseite des Sackes. Zweiter Fallversuch: flach auf eine Schmalseite des Sackes. Dritter Fallversuch: auf den Sackboden.
d) Säcke - einlagig ohne Seitennaht oder mehrlagig	drei (zwei Fallversuche je Sack)	Erster Fallversuch: flach auf eine Breitseite des Sackes. Zweiter Fallversuch: auf den Sackboden.
e) fass- oder kistenförmige Kombinationsverpackungen (Glas, Porzellan oder Steinzeug), die gemäß Unterabschnitt 6.1.3.1 a) (ii) mit dem Symbol «RID/ADR» gekennzeichnet sind	drei (eines je Fallversuch)	Diagonal zur Aufprallplatte auf den Bodenfalz oder, wenn kein Bodenfalz vorhanden ist, auf eine Rundnaht oder die Bodenkante.

6.1.5.3.2 Besondere Vorbereitung der Prüfmuster für die Fallprüfung:

Bei den nachstehend aufgeführten Verpackungen ist das Muster und dessen Inhalt auf eine Temperatur von –18 °C oder darunter zu konditionieren:

a) Fässer aus Kunststoff (siehe Unterabschnitt 6.1.4.8);

b) Kanister aus Kunststoff (siehe Unterabschnitt 6.1.4.8);

c) Kisten aus Kunststoff, ausgenommen Kisten aus Schaumstoffen (siehe Unterabschnitt 6.1.4.13);

d) Kombinationsverpackungen (Kunststoff) (siehe Unterabschnitt 6.1.4.19) und

e) zusammengesetzte Verpackungen mit Innenverpackungen aus Kunststoff, ausgenommen Säcke und Beutel aus Kunststoff für feste Stoffe oder Gegenstände.

Werden die Prüfmuster auf diese Weise konditioniert, ist die Konditionierung nach Absatz 6.1.5.2.3 nicht erforderlich. Die Prüfflüssigkeiten müssen, wenn notwendig, durch Zusatz von Frostschutzmitteln, in flüssigem Zustand gehalten werden.

6.1.5.3.3 Verpackungen mit abnehmbarem Deckel für flüssige Stoffe dürfen erst 24 Stunden nach dem Befüllen und Verschließen der Fallprüfung unterzogen werden, um einem möglichen Nachlassen der Dichtungsspannung Rechnung zu tragen.

6.1.5.3.4 Aufprallplatte:

Die Aufprallplatte muss eine nicht federnde und horizontale Oberfläche besitzen und

– fest eingebaut und ausreichend massiv sein, dass sie sich nicht verschieben kann,

– eben sein, wobei die Oberfläche frei von lokalen Mängeln sein muss, welche die Prüfergebnisse beeinflussen können,

– ausreichend starr sein, dass sie unter den Prüfbedingungen nicht verformbar ist und durch die Prüfungen nicht leicht beschädigt werden kann, und

– ausreichend groß sein, um sicherzustellen, dass das zu prüfende Versandstück vollständig auf die Oberfläche fällt.

6.1.5.3.5 Fallhöhe:

Für feste Stoffe und flüssige Stoffe, wenn die Prüfung mit dem zu befördernden festen oder flüssigen Stoff oder mit einem anderen Stoff, der im Wesentlichen dieselben physikalischen Eigenschaften hat, durchgeführt wird:

Verpackungsgruppe I	Verpackungsgruppe II	Verpackungsgruppe III
1,8 m	1,2 m	0,8 m

Für flüssige Stoffe in Einzelverpackungen und für Innenverpackungen von zusammengesetzten Verpackungen, wenn die Prüfung mit Wasser durchgeführt wird:

Bem. Der Begriff Wasser umfasst Wasser/Frostschutzmittel-Lösungen mit einer relativen Dichte von mindestens 0,95 für die Prüfung bei –18 °C.

a) wenn der zu befördernde Stoff eine relative Dichte von höchstens 1,2 hat:

Verpackungsgruppe I	Verpackungsgruppe II	Verpackungsgruppe III
1,8 m	1,2 m	0,8 m

b) wenn der zu befördernde Stoff eine relative Dichte von mehr als 1,2 hat, ist die Fallhöhe auf Grund der relativen Dichte (d) des zu befördernden Stoffes, aufgerundet auf die erste Dezimalstelle, wie folgt zu berechnen:

Verpackungsgruppe I	Verpackungsgruppe II	Verpackungsgruppe III
d x 1,5 (m)	d x 1,0 (m)	d x 0,67 (m)

c) für Feinstblechverpackungen zur Beförderung von Stoffen mit einer Viskosität bei 23 °C von mehr als 200 mm^2/s, die gemäß Unterabschnitt 6.1.3.1 a) (ii) mit dem Symbol «RID/ADR» gekennzeichnet sind (dies entspricht einer Auslaufzeit von 30 Sekunden aus einem Normbecher mit einer Auslaufdüse von 6 mm Bohrung nach ISO-Norm 2431:1993),

(i) für zu befördernde Stoffe, deren relative Dichte 1,2 nicht überschreitet:

Verpackungsgruppe II	Verpackungsgruppe III
0,6 m	0,4 m

(ii) für zu befördernde Stoffe, deren relative Dichte 1,2 überschreitet, ist die Fallhöhe auf Grund der relativen Dichte (d) des zu befördernden Stoffes, aufgerundet auf die erste Dezimalstelle, wie folgt zu berechnen:

Verpackungsgruppe II	Verpackungsgruppe III
d x 0,5 (m)	d x 0,33 (m)

6.1.5.3.6 Kriterien für das Bestehen der Prüfung:

6.1.5.3.6.1 Jede Verpackung mit flüssigem Inhalt muss dicht sein, nachdem der Ausgleich zwischen dem inneren und dem äußeren Druck hergestellt worden ist; für Innenverpackungen von zusammengesetzten Verpackungen oder Kombinationsverpackungen (Glas, Porzellan, Steinzeug), die gemäß Unterabschnitt 6.1.3.1 a) (ii) mit dem Symbol «RID/ADR» gekennzeichnet sind, ist dieser Druckausgleich jedoch nicht notwendig.

6.1.5.3.6.2 Wenn eine Verpackung für feste Stoffe einer Fallprüfung unterzogen wurde und dabei mit dem Oberteil auf die Aufprallplatte aufgetroffen ist, hat das Prüfmuster die Prüfung bestanden, wenn der Inhalt durch eine Innenverpackung oder ein Innengefäß (z.B. Kunststoffsack) vollständig zurückgehalten wird, auch wenn der Verschluss unter Aufrechterhaltung seiner Rückhaltefunktion nicht mehr staubdicht ist.

6.1.5.3.6.3 Die Verpackung oder die Außenverpackung von Kombinationsverpackungen oder zusammengesetzten Verpackungen darf keine Beschädigungen aufweisen, welche die Sicherheit während der Beförderung beeinträchtigen können. Innengefäße, Innenverpackungen oder Gegenstände müssen vollständig in der Außenverpackung verbleiben und aus dem (den) Innengefäß(en) oder der (den) Innenverpackung(en) darf kein Füllgut austreten.

6.1.5.3.6.4 Weder die äußere Lage eines Sackes noch eine Außenverpackung darf eine Beschädigung aufweisen, welche die Sicherheit der Beförderung beeinträchtigen kann.

6.1.5.3.6.5 Ein geringfügiges Austreten des Füllgutes aus dem Verschluss (den Verschlüssen) beim Aufprall gilt nicht als Versagen der Verpackung, vorausgesetzt, es tritt kein weiteres Füllgut aus.

6.1.5.3.6.6 Bei Verpackungen für Güter der Klasse 1 ist kein Riss erlaubt, der das Austreten von losen explosiven Stoffen oder Gegenständen mit Explosivstoff aus der Außenverpackung ermöglichen könnte.

6.1.5.4 Dichtheitsprüfung

Die Dichtheitsprüfung ist bei allen Verpackungsbauarten durchzuführen, die zur Aufnahme von flüssigen Stoffen bestimmt sind; sie ist jedoch nicht erforderlich für

– Innenverpackungen von zusammengesetzten Verpackungen;
– Innengefäße von Kombinationsverpackungen (Glas, Porzellan oder Steinzeug), die gemäß Unterabschnitt 6.1.3.1 a) (ii) mit dem Symbol «RID/ADR» gekennzeichnet sind;
– Feinstblechverpackungen, die gemäß Unterabschnitt 6.1.3.1 a) (ii) mit dem Symbol «RID/ADR» gekennzeichnet sind und die zur Aufnahme von Stoffen bestimmt sind, deren Viskosität bei 23 °C mehr als 200 mm^2/s beträgt.

10

6.1.5.4.1 Zahl der Prüfmuster: Drei Prüfmuster je Bauart und Hersteller.

6.1.5.4.2 Besondere Vorbereitung der Prüfmuster für die Prüfung:

Verschlüsse mit einer Lüftungseinrichtung sind entweder durch ähnliche Verschlüsse ohne Lüftungseinrichtung zu ersetzen oder die Lüftungseinrichtungen sind dicht zu verschließen.

6.1.5.4.3 Prüfverfahren und anzuwendender Prüfdruck:

Die Verpackungen einschließlich ihrer Verschlüsse müssen, während sie einem inneren Luftdruck ausgesetzt sind, fünf Minuten lang unter Wasser getaucht werden; die Tauchmethode darf die Prüfergebnisse nicht beeinflussen.

Folgender Luftdruck (Überdruck) ist anzuwenden:

Verpackungsgruppe I	Verpackungsgruppe II	Verpackungsgruppe III
mindestens 30 kPa (0,3 bar)	mindestens 20 kPa (0,2 bar)	mindestens 20 kPa (0,2 bar)

Andere Verfahren dürfen angewendet werden, wenn sie mindestens gleich wirksam sind.

6.1.5.4.4 Kriterium für das Bestehen der Prüfung:

Es darf keine Undichtheit festgestellt werden.

6.1.5.5 Innendruckprüfung (hydraulisch)

6.1.5.5.1 Zu prüfende Verpackungen:

Die hydraulische Innendruckprüfung ist bei allen Verpackungsbauarten aus Metall, Kunststoff und bei allen Kombinationsverpackungen, die zur Aufnahme von flüssigen Stoffen bestimmt sind, durchzuführen. Diese Prüfung ist nicht erforderlich für

– Innenverpackungen von zusammengesetzten Verpackungen;
– Innengefäße von Kombinationsverpackungen (Glas, Porzellan oder Steinzeug), die gemäß Unterabschnitt 6.1.3.1 a) (ii) mit dem Symbol «RID/ADR» gekennzeichnet sind;
– Feinstblechverpackungen, die gemäß Unterabschnitt 6.1.3.1 a) (ii) mit dem Symbol «RID/ADR» gekennzeichnet sind und zur Aufnahme von Stoffen bestimmt sind, deren Viskosität bei 23 °C mehr als 200 mm^2/s beträgt.

6.1.5.5.2 Zahl der Prüfmuster: Drei Prüfmuster je Bauart und Hersteller.

6.1.5.5.3 Besondere Vorbereitung der Verpackungen für die Prüfung:

Verschlüsse mit Lüftungseinrichtung sind durch Verschlüsse ohne Lüftungseinrichtung zu ersetzen oder die Lüftungseinrichtung ist dicht zu verschließen.

6.1.5.5.4 Prüfverfahren und anzuwendender Prüfdruck:

Verpackungen aus Metall und Kombinationsverpackungen (Glas, Porzellan oder Steinzeug) einschließlich ihrer Verschlüsse sind dem Prüfdruck für die Dauer von 5 Minuten auszusetzen. Verpackungen aus Kunststoff und Kombinationsverpackungen (Kunststoff) einschließlich ihrer Verschlüsse sind dem Prüfdruck für die Dauer von 30 Minuten auszusetzen. Dieser Druck ist derjenige, der gemäß Unterabschnitt 6.1.3.1 d) im Kennzeichen anzugeben ist. Die Art des Abstützens der Verpackung darf die Prüfungsergebnisse nicht verfälschen. Der Druck muss kontinuierlich und gleichmäßig aufgebracht werden; er muss während der gesamten Prüfdauer konstant gehalten werden. Der anzuwendende hydraulische Überdruck, der nach einer der folgenden Methoden bestimmt wird, darf nicht weniger betragen als:

a) der gemessene Gesamtüberdruck in der Verpackung (d.h. Dampfdruck des flüssigen Stoffes und Partialdruck von Luft oder sonstigen inerten Gasen, vermindert um 100 kPa) bei 55 °C, multipliziert mit einem Sicherheitsfaktor von 1,5; der Bestimmung dieses Gesamtüberdrucks ist ein maximaler Füllungsgrad nach Unterabschnitt 4.1.1.4 und eine Fülltemperatur von 15 °C zugrundezulegen, oder

b) das um 100 kPa verminderte 1,75fache des Dampfdruckes des zu befördernden flüssigen Stoffes bei 50 °C, mindestens jedoch mit einem Prüfdruck von 100 kPa, oder

c) das um 100 kPa verminderte 1,5fache des Dampfdruckes des zu befördernden flüssigen Stoffes bei 55 °C, mindestens jedoch mit einem Prüfdruck von 100 kPa.

6.1.5.5.5 Zusätzlich müssen Verpackungen, die zur Aufnahme von flüssigen Stoffen der Verpackungsgruppe I bestimmt sind, für die Dauer von 5 oder 30 Minuten mit einem Mindestprüfdruck von 250 kPa (Überdruck) geprüft werden; die Dauer ist abhängig von dem Werkstoff, aus dem die Verpackung hergestellt ist.

6.1.5.5.6 Kriterium für das Bestehen der Prüfung:

Keine Verpackung darf undicht werden.

6.1.5.6 **Stapeldruckprüfung**

Die Stapeldruckprüfung ist bei allen Verpackungsarten mit Ausnahme der Säcke und nichtstapelbaren Kombinationsverpackungen (Glas, Porzellan oder Steinzeug), die gemäß Unterabschnitt 6.1.3.1 a) (ii) mit dem Symbol «RID/ADR» gekennzeichnet sind, durchzuführen.

6.1.5.6.1 Zahl der Prüfmuster: Drei Prüfmuster je Bauart und Hersteller.

6.1.5.6.2 Prüfverfahren:

Das Prüfmuster muss einer Kraft ausgesetzt werden, die auf die Fläche der oberen Seite des Prüfmusters wirkt und die der Gesamtmasse gleicher Versandstücke entspricht, die während der Beförderung darauf gestapelt werden könnten; enthält das Prüfmuster einen flüssigen Stoff, dessen relative Dichte sich von der Dichte des zu befördernden flüssigen Stoffes unterscheidet, so ist die Kraft in Abhängigkeit des letztgenannten flüssigen Stoffes zu berechnen. Die Höhe des Stapels einschließlich des Prüfmusters muss mindestens 3 Meter betragen. Die Prüfdauer beträgt 24 Stunden, ausgenommen sind Fässer und Kanister aus Kunststoff und Kombinationsverpackungen 6HH1 und 6HH2 für flüssige Stoffe, die der Stapeldruckprüfung für eine Dauer von 28 Tagen bei einer Temperatur von mindestens 40 °C ausgesetzt werden müssen.

Bei der Prüfung nach Absatz 6.1.5.2.5 empfiehlt es sich, das Originalfüllgut zu verwenden. Bei der Prüfung nach Absatz 6.1.5.2.6 ist die Stapeldruckprüfung mit einer Standardflüssigkeit durchzuführen.

6.1.5.6.3 Kriterien für das Bestehen der Prüfung:

Kein Prüfmuster darf undicht werden. Bei Kombinations- und zusammengesetzten Verpackungen darf aus den Innengefäßen oder -verpackungen kein Füllgut austreten. Kein Prüfmuster darf Beschädigungen aufweisen, welche die Sicherheit der Beförderung beeinträchtigen können, oder Verformungen zeigen, die seine Festigkeit mindern oder Instabilität in Stapeln von Versandstücken verursachen können. Kunststoffverpackungen müssen vor der Beurteilung des Ergebnisses auf Raumtemperatur abgekühlt werden.

6.1.5.7 **Zusatzprüfung auf Permeation für Fässer und Kanister aus Kunststoff nach Unterabschnitt 6.1.4.8 sowie für Kombinationsverpackungen (Kunststoff) – mit Ausnahme von Verpackungen 6HA1 – nach Unterabschnitt 6.1.4.19 zur Beförderung von flüssigen Stoffen mit einem Flammpunkt ≤ 60 °C**

Bei Verpackungen aus Polyethylen ist diese Prüfung nur dann durchzuführen, wenn sie für Benzen, Toluen, Xylen sowie Mischungen und Zubereitungen mit diesen Stoffen zugelassen werden sollen.

6.1.5.7.1 Zahl der Prüfmuster: Drei Verpackungen je Bauart und Hersteller.

10

6.1.5.7.2 Besondere Vorbereitung der Prüfmuster für die Prüfung:

Die Prüfmuster sind entweder nach Absatz 6.1.5.2.5 mit dem Originalfüllgut oder bei Verpackungen aus Polyethylen nach Absatz 6.1.5.2.6 mit der Standardflüssigkeit «Kohlenwasserstoffgemisch (White Spirit)» vorzulagern.

6.1.5.7.3 Prüfverfahren:

Die mit dem Stoff, für den die Verpackungen zugelassen werden sollen, gefüllten Prüfmuster werden vor und nach einer 28tägigen weiteren Lagerung bei 23 °C und 50 % relativer Luftfeuchtigkeit gewogen. Bei Verpackungen aus Polyethylen darf die Prüfung anstelle von Benzen, Toluen oder Xylen mit der Standardflüssigkeit «Kohlenwasserstoffgemisch (White Spirit)» durchgeführt werden.

6.1.5.7.4 Kriterium für das Bestehen der Prüfung:

Die Permeation darf 0,008 $\frac{g}{l \cdot h}$ nicht überschreiten.

6.1.5.8 Prüfbericht

6.1.5.8.1 Über die Prüfung ist ein Prüfbericht zu erstellen, der mindestens folgende Angaben enthält und der den Benutzern der Verpackung zur Verfügung stehen muss:

1. Name und Adresse der Prüfeinrichtung;
2. Name und Adresse des Antragstellers (soweit erforderlich);
3. eine nur einmal vergebene Prüfbericht-Kennnummer;
4. Datum des Prüfberichts;
5. Hersteller der Verpackung;
6. Beschreibung der Verpackungsbauart (z.B. Abmessungen, Werkstoffe, Verschlüsse, Wanddicke, usw.) einschließlich des Herstellungsverfahrens (z.B. Blasformverfahren), gegebenenfalls mit Zeichnung(en) und/oder Foto(s);
7. maximaler Fassungsraum;
8. charakteristische Merkmale des Prüfinhalts, z.B. Viskosität und relative Dichte bei flüssigen Stoffen und Teilchengröße bei festen Stoffen. Für Verpackungen aus Kunststoff, die der Innendruckprüfung des Unterabschnitts 6.1.5.5 unterliegen, die Temperatur des verwendeten Wassers;
9. Beschreibung der Prüfung und Prüfergebnisse;
10. der Prüfbericht muss mit Namen und Funktionsbezeichnung des Unterzeichners unterschrieben sein.

6.1.5.8.2 Der Prüfbericht muss Erklärungen enthalten, dass die versandfertige Verpackung in Übereinstimmung mit den anwendbaren Vorschriften dieses Abschnitts geprüft worden ist und dass dieser Prüfbericht bei Anwendung anderer Verpackungsmethoden oder bei Verwendung anderer Verpackungsbestandteile ungültig werden kann. Eine Ausfertigung des Prüfberichts ist der zuständigen Behörde zur Verfügung zu stellen.

6.1.6 Standardflüssigkeiten für die Prüfung der chemischen Verträglichkeit von Verpackungen, einschließlich Großpackmitteln (IBC), aus Polyethylen nach Absatz 6.1.5.2.6 bzw. 6.5.6.3.5

6.1.6.1 Folgende Standardflüssigkeiten werden für diesen Kunststoff verwendet:

► *1.6.1.11*

a) **Netzmittellösung** für auf Polyethylen stark spannungsrissauslösend wirkende Stoffe, insbesondere für alle netzmittelhaltigen Lösungen und Zubereitungen.

Verwendet wird

entweder eine 1 %ige wässerige Lösung eines Alkylbenzensulfonats

oder eine 5 %ige wässerige Lösung eines Nonylphenolethoxylats, die vor der erstmaligen Verwendung für die Prüfungen mindestens 14 Tage bei 40 °C vorgelagert wurde.

Die Oberflächenspannung dieser Lösung muss bei 23 °C 31 bis 35 mN/m betragen.

Für die Durchführung der Stapeldruckprüfung wird eine relative Dichte von mindestens 1,2 zugrundegelegt.

Ist die ausreichende chemische Verträglichkeit mit Netzmittellösung nachgewiesen, so ist keine Verträglichkeitsprüfung mit Essigsäure erforderlich.

Für Füllgüter, die auf Polyethylen stärker spannungsrissauslösend als Netzmittellösung wirken, darf die ausreichende chemische Verträglichkeit nach einer dreiwöchigen Vorlagerung bei 40 °C nach Absatz 6.1.5.2.6, aber mit Originalfüllgut nachgewiesen werden.

b) **Essigsäure** für auf Polyethylen spannungsrissauslösend wirkende Stoffe und Zubereitungen, insbesondere für Monocarbonsäuren und einwertige Alkohole.

Verwendet wird Essigsäure in Konzentrationen von 98 % bis 100 %.

Relative Dichte = 1,05.

Für die Durchführung der Stapeldruckprüfung wird eine relative Dichte von mindestens 1,1 zugrundegelegt.

Für Füllgüter, die Polyethylen mehr als Essigsäure und bis höchstens 4 % Masseaufnahme anquellen, darf die ausreichende chemische Verträglichkeit nach einer dreiwöchigen Vorlagerung bei 40 °C nach Absatz 6.1.5.2.6, aber mit Originalfüllgut nachgewiesen werden.

c) **n-Butylacetat / mit n-Butylacetat gesättigte Netzmittellösung** für Stoffe und Zubereitungen, welche Polyethylen bis zu etwa 4 % Masseaufnahme anquellen und gleichzeitig spannungsrissauslösende Wirkung zeigen, insbesondere für Pflanzenschutzmittel, Flüssigfarben und gewisse Ester.

Verwendet wird n-Butylacetat in einer Konzentration von 98 % bis 100 % für die Vorlagerung nach Absatz 6.1.5.2.6.

Verwendet wird für die Stapeldruckprüfung nach Unterabschnitt 6.1.5.6 eine Prüfflüssigkeit aus mit 2 % n-Butylacetat versetzter 1 bis 10 %iger wässeriger Netzmittellösung nach vorstehendem Buchstaben a).

Für die Durchführung der Stapeldruckprüfung wird eine relative Dichte von mindestens 1,0 zugrundegelegt.

Für Füllgüter, die Polyethylen mehr als n-Butylacetat und bis höchstens 7,5 % Masseaufnahme anquellen, darf die ausreichende chemische Verträglichkeit nach einer dreiwöchigen Vorlagerung bei 40 °C nach Absatz 6.1.5.2.6, aber mit Originalfüllgut, nachgewiesen werden.

d) **Kohlenwasserstoffgemisch (White Spirit)** für auf Polyethylen quellend wirkende Stoffe und Zubereitungen, insbesondere für Kohlenwasserstoffe, gewisse Ester und Ketone.

Verwendet wird ein Kohlenwasserstoffgemisch mit einem Siedebereich von 160 °C bis 220 °C, einer relativen Dichte von 0,78 bis 0,80, einem Flammpunkt von mehr als 50 °C und einem Aromatengehalt von 16 % bis 21 %.

Für die Durchführung der Stapeldruckprüfung wird eine relative Dichte von mindestens 1,0 zugrundegelegt.

Für Füllgüter, die Polyethylen um mehr als 7,5 % Masseaufnahme anquellen, darf die ausreichende chemische Verträglichkeit nach einer dreiwöchigen Vorlagerung bei 40 °C nach Absatz 6.1.5.2.6, aber mit Originalfüllgut, nachgewiesen werden.

e) **Salpetersäure** für alle Stoffe und Zubereitungen, die auf Polyethylen gleich oder geringer oxidierend einwirken oder die molare Masse abbauen als eine 55 %ige Salpetersäure.

Verwendet wird Salpetersäure in einer Konzentration von mindestens 55 %.

Für die Durchführung der Stapeldruckprüfung wird eine relative Dichte von mindestens 1,4 zugrundegelegt.

Für Füllgüter, die stärker als 55 %ige Salpetersäure oxidieren oder die molare Masse abbauen, muss nach Absatz 6.1.5.2.5 verfahren werden.

Außerdem ist in diesen Fällen die Verwendungsdauer unter Beachtung des Schädigungsgrades festzulegen (z.B. zwei Jahre bei Salpetersäure mit mindestens 55 %).

10

f) **Wasser** für Stoffe, die Polyethylen nicht wie in den unter a) bis e) genannten Fällen angreifen, insbesondere für anorganische Säuren und Laugen, wässerige Salzlösungen, mehrwertige Alkohole, organische Stoffe in wässeriger Lösung.

Für die Durchführung der Stapeldruckprüfung wird eine relative Dichte von mindestens 1,2 zugrundegelegt.

Eine Bauartprüfung mit Wasser ist nicht erforderlich, wenn die entsprechende chemische Verträglichkeit mit Netzmittellösung oder Salpetersäure nachgewiesen wurde.

Bau- und Prüfvorschriften für Druckgefäße, Druckgaspackungen, Gefäße, klein, mit Gas (Gaspatronen) und Brennstoffzellen-Kartuschen mit verflüssigtem entzündbarem Gas

Bem. Druckgaspackungen, Gefäße, klein, mit Gas (Gaspatronen) und Brennstoffzellen-Kartuschen mit verflüssigtem entzündbarem Gas unterliegen nicht den Vorschriften der Abschnitte 6.2.1 bis 6.2.5.

6.2.1 Allgemeine Vorschriften

6.2.1.1 Auslegung und Bau

6.2.1.1.1 Die Druckgefäße und deren Verschlüsse müssen so ausgelegt, hergestellt, geprüft und ausgerüstet sein, dass sie allen Beanspruchungen, einschließlich Ermüdung, denen sie unter normalen Beförderungsbedingungen und bei normalem Gebrauch ausgesetzt sind, standhalten.

6.2.1.1.2 (bleibt offen)

6.2.1.1.3 Die Mindestwanddicke darf in keinem Fall geringer sein als die in den technischen Normen für die Auslegung und den Bau festgelegte Wanddicke.

6.2.1.1.4 Für geschweißte Druckgefäße dürfen nur Metalle schweißbarer Qualität verwendet werden.

6.2.1.1.5 Der Prüfdruck von Flaschen, Großflaschen, Druckfässern und Flaschenbündeln muss der Verpackungsanweisung P 200 des Unterabschnitts 4.1.4.1 oder bei einer Chemikalie unter Druck der Verpackungsanweisung P 206 des Unterabschnitts 4.1.4.1 entsprechen. Der Prüfdruck für verschlossene Kryo-Behälter muss der Verpackungsanweisung P 203 des Unterabschnitts 4.1.4.1 entsprechen. Der Prüfdruck eines Metallhydrid-Speichersystems muss mit der Verpackungsanweisung P 205 des Unterabschnitts 4.1.4.1 übereinstimmen. Der Prüfdruck einer Flasche für ein adsorbiertes Gas muss mit der Verpackungsanweisung P 208 des Unterabschnitts 4.1.4.1 übereinstimmen.

6.2.1.1.6 Druckgefäße, die in Bündeln zusammengefasst sind, müssen durch eine Tragkonstruktion verstärkt sein und als Einheit zusammengehalten werden. Die Druckgefäße müssen so gesichert sein, dass Bewegungen in Bezug auf die bauliche Gesamtanordnung und Bewegungen, die zu einer Konzentration schädlicher lokaler Spannungen führen, verhindert werden. Anordnungen von Rohrleitungen (z.B. Rohrleitungen, Ventile und Druckanzeiger) sind so auszulegen und zu bauen, dass sie vor Beschädigungen durch Stöße und vor Beanspruchungen, die unter normalen Beförderungsbedingungen auftreten, geschützt sind. Die Rohrleitungen müssen mindestens denselben Prüfdruck haben wie die Flaschen. Für verflüssigte giftige Gase muss jedes Druckgefäß ein Trennventil haben, um sicherzustellen, dass jedes Druckgefäß getrennt befüllt werden kann und während der Beförderung kein gegenseitiger Austausch des Inhalts der Druckgefäße auftreten kann.

Bem. Verflüssigte giftige Gase haben den Klassifizierungscode 2T, 2TF, 2TC, 2TO, 2TFC oder 2TOC.

6.2.1.1.7 Berührungen zwischen verschiedenen Metallen, die zu Beschädigungen durch galvanische Reaktion führen können, müssen vermieden werden.

6.2.1.1.8 Zusätzliche Vorschriften für den Bau von verschlossenen Kryo-Behältern für tiefgekühlt verflüssigte Gase

6.2.1.1.8.1 Für jedes Druckgefäß müssen die mechanischen Eigenschaften des verwendeten Metalls, einschließlich Kerbschlagzähigkeit und Biegekoeffizient, nachgewiesen werden.

Bem. Bezüglich der Kerbschlagzähigkeit enthält der Unterabschnitt 6.8.5.3 Einzelheiten für Prüfanforderungen, die verwendet werden dürfen.

6.2.1.1.8.2 Die Druckgefäße müssen wärmeisoliert sein. Die Wärmeisolierung ist durch eine Ummantelung vor Stößen zu schützen. Ist der Raum zwischen Druckgefäß und Ummantelung luftentleert (Vakuumisolierung), muss die Ummantelung so ausgelegt sein, dass sie einem äußeren Druck von mindestens 100 kPa (1 bar), in Übereinstimmung mit einem anerkannten technischen Regelwerk oder einem rechnerischen kritischen Verformungsdruck von mindestens 200 kPa (2 bar) Überdruck berechnet, ohne bleibende Verformung standhält. Wenn die Ummantelung gasdicht verschlossen ist (z.B. bei Vakuumisolierung), muss durch eine Einrichtung verhindert werden, dass bei ungenügender Gasdichtheit des Druckgefäßes oder dessen Ausrüstungsteilen in der Isolierschicht ein gefährlicher Druck entsteht. Die Einrichtung muss das Eindringen von Feuchtigkeit in die Isolierung verhindern.

6.2.1.1.8.3 Verschlossene Kryo-Behälter, die für die Beförderung tiefgekühlt verflüssigter Gase mit einem Siedepunkt unter - 182 °C bei Atmosphärendruck ausgelegt sind, dürfen keine Werkstoffe enthalten, die mit Sauerstoff oder mit Sauerstoff angereicherter Atmosphäre in gefährlicher Weise reagieren können, wenn sich diese Werkstoffe in Teilen der Wärmeisolierung befinden, wo ein Risiko der Berührung mit Sauerstoff oder mit Sauerstoff angereicherter Flüssigkeit besteht.

6.2.1.1.8.4 Verschlossene Kryo-Behälter müssen mit geeigneten Hebe- und Sicherungseinrichtungen ausgelegt und gebaut sein.

6.2.1.1.9 Zusätzliche Vorschriften für den Bau von Druckgefäßen für Acetylen

Die Druckgefäße für UN 1001 Acetylen, gelöst, und UN 3374 Acetylen, lösungsmittelfrei, müssen mit einem gleichmäßig verteilten porösen Material eines Typs gefüllt sein, der den Vorschriften und den Prüfungen entspricht, die durch eine von der zuständigen Behörde anerkannte Norm oder ein von der zuständigen Behörde anerkanntes Regelwerk festgelegt sind, wobei dieses poröse Material

a) mit dem Druckgefäß verträglich ist und weder mit dem Acetylen noch im Falle der UN-Nummer 1001 mit dem Lösungsmittel schädliche oder gefährliche Verbindungen eingeht und

b) geeignet sein muss, die Ausbreitung einer Zersetzung des Acetylens im porösen Material zu verhindern.

Im Falle der UN-Nummer 1001 muss das Lösungsmittel mit dem Druckgefäß verträglich sein.

6.2.1.2 Werkstoffe

6.2.1.2.1 Werkstoffe für den Bau von Druckgefäßen und ihren Verschlüssen, die direkt mit den gefährlichen Gütern in Berührung kommen, dürfen durch das zur Beförderung vorgesehene gefährliche Gut nicht angegriffen oder geschwächt werden und dürfen keine gefährliche Reaktion, wie z.B. Katalyse einer Reaktion oder Reaktion mit gefährlichen Gütern, verursachen.

6.2.1.2.2 Druckgefäße und ihre Verschlüsse müssen aus Werkstoffen hergestellt sein, die in den technischen Normen für die Auslegung und den Bau und in der für die zur Beförderung in dem Druckgefäß vorgesehenen Stoffen anwendbaren Verpackungsanweisung festgelegt sind. Die Werkstoffe müssen, wie in den technischen Normen für die Auslegung und den Bau angegeben, unempfindlich gegen Sprödbruch und Spannungsrisskorrosion sein.

6.2.1.3 Bedienungsausrüstung

6.2.1.3.1 Ventile, Rohrleitungen und andere unter Druck stehende Ausrüstungsteile mit Ausnahme von Druckentlastungseinrichtungen müssen so ausgelegt und gebaut sein, dass der Berstdruck mindestens dem 1,5fachen Prüfdruck des Druckgefäßes entspricht.

6.2.1.3.2 Die Bedienungsausrüstung muss so angeordnet oder ausgelegt sein, dass Schäden, die unter normalen Handhabungs- und Beförderungsbedingungen zu einem Freisetzen des Druckgefäßinhalts führen könnten, verhindert werden. Die zu den Absperrventilen führende Sammelrohrleitung muss ausreichend flexibel sein, um die Ventile und die Rohrleitung gegen Abscheren und gegen Freisetzen des Druckgefäßinhalts zu schützen. Die Befüllungs- und Entleerungsventile sowie alle Schutzkappen müssen gegen unbeabsichtigtes Öffnen gesichert werden können. Die Ventile müssen nach den Vorschriften des Unterabschnitts 4.1.6.8 geschützt sein.

6.2.1.3.3 Druckgefäße, die nicht manuell bewegt oder gerollt werden können, müssen mit Einrichtungen versehen sein (Gleiteinrichtungen, Ösen, Haken), die eine sichere Handhabung mit mechanischen Fördermitteln gewährleisten und die so angebracht sind, dass sie weder eine Schwächung noch eine unzulässige Beanspruchung der Druckgefäße zur Folge haben.

6.2.1.3.4 Einzelne Druckgefäße müssen gemäß Unterabschnitt 4.1.4.1 Verpackungsanweisung P 200 (2) oder P 205 oder gemäß den Absätzen 6.2.1.3.6.4 und 6.2.1.3.6.5 mit Druckentlastungseinrichtungen ausgerüstet sein. Die Druckentlastungseinrichtungen müssen so ausgelegt sein, dass keine Fremdstoffe eindringen und keine Gase austreten können und sich kein gefährlicher Überdruck bilden kann. Im eingebauten Zustand müssen die Druckentlastungseinrichtungen an horizontalen Druckgefäßen, die mit einem Sammelrohr miteinander verbunden sind und die mit einem entzündbaren Gas gefüllt sind, so angeordnet sein, dass sie frei in die Luft abblasen können und unter normalen Beförderungsbedingungen eine Einwirkung des ausströmenden Gases auf das Druckgefäß selbst verhindert wird.

6.2.1.3.5 Druckgefäße, die volumetrisch gefüllt werden, müssen mit einer Füllstandsanzeige versehen sein.

6.2.1.3.6 Zusätzliche Vorschriften für verschlossene Kryo-Behälter

6.2.1.3.6.1 Jede Füll- und Entleerungsöffnung von verschlossenen Kryo-Behältern für die Beförderung tiefgekühlt verflüssigter entzündbarer Gase muss mit mindestens zwei hintereinanderliegenden und voneinander unabhängigen Verschlüssen ausgerüstet sein, wobei der erste eine Absperreinrichtung und der zweite eine Kappe oder eine gleichwertige Einrichtung sein muss.

6.2.1.3.6.2 Bei Rohrleitungsabschnitten, die beidseitig geschlossen werden können und in denen Flüssigkeit eingeschlossen sein kann, muss ein System zur selbsttätigen Druckentlastung vorgesehen sein, um einen übermäßigen Druckaufbau innerhalb der Rohrleitung zu verhindern.

6.2.1.3.6.3 Jeder Anschluss eines verschlossenen Kryo-Behälters muss eindeutig mit seiner Funktion (z.B. Dampfphase oder flüssige Phase) gekennzeichnet sein.

6.2.1.3.6.4 Druckentlastungseinrichtungen

6.2.1.3.6.4.1 Verschlossene Kryo-Behälter müssen mit mindestens einer Druckentlastungseinrichtung ausgerüstet sein. Die Druckentlastungseinrichtung muss einem Typ entsprechen, der dynamischen Beanspruchungen, einschließlich Flüssigkeitsschwall, standhält.

6.2.1.3.6.4.2 Verschlossene Kryo-Behälter dürfen parallel zu der (den) federbelasteten Einrichtung(en) zusätzlich mit einer Berstscheibe versehen sein, um den Vorschriften des Absatzes 6.2.1.3.6.5 zu entsprechen.

6.2.1.3.6.4.3 Die Anschlüsse für Druckentlastungseinrichtungen müssen ausreichend dimensioniert sein, damit die erforderliche Abblasmenge ungehindert zur Druckentlastungseinrichtung gelangen kann.

6.2.1.3.6.4.4 Alle Einlassöffnungen der Druckentlastungseinrichtungen müssen sich bei maximalen Füllungsbedingungen in der Dampfphase des verschlossenen Kryo-Behälters befinden; die Einrichtungen sind so anzuordnen, dass der Dampf ungehindert entweichen kann.

6.2.1.3.6.5 Abblasmenge und Einstellung der Druckentlastungseinrichtungen

Bem. In Zusammenhang mit Druckentlastungseinrichtungen von verschlossenen Kryo-Behältern bedeutet höchstzulässiger Betriebsdruck der höchstzulässige effektive Überdruck im Scheitel des befüllten verschlossenen Kryo-Behälters im Betriebszustand, einschließlich der höchste effektive Druck während des Füllens und Entleerens.

6.2.1.3.6.5.1 Die Druckentlastungseinrichtungen müssen sich selbsttätig bei einem Druck öffnen, der nicht geringer sein darf als der höchstzulässige Betriebsdruck, und bei einem Druck von 110 % des höchstzulässigen Betriebsdrucks vollständig geöffnet sein. Sie müssen sich nach der Entlastung bei einem Druck wieder schließen, der höchstens 10 % unter dem Ansprechdruck liegt, und bei allen niedrigeren Drücken geschlossen bleiben.

6.2.1.3.6.5.2 Berstscheiben müssen so eingestellt sein, dass sie bei einem Nenndruck bersten, der entweder niedriger als der Prüfdruck oder niedriger als 150 % des höchstzulässigen Betriebsdrucks ist.

6.2.1.3.6.5.3 Bei Verlust des Vakuums in einem vakuumisolierten verschlossenen Kryo-Behälter muss die Gesamtabblasmenge aller eingebauten Druckentlastungseinrichtungen ausreichend sein, damit der Druck (einschließlich Druckanstieg) im verschlossenen Kryo-Behälter 120 % des höchstzulässigen Betriebsdrucks nicht übersteigt.

6.2.1.3.6.5.4 Die erforderliche Abblasmenge der Druckentlastungseinrichtungen ist nach einem von der zuständigen Behörde anerkannten bewährten technischen Regelwerk zu berechnen[1)].

1) Siehe zum Beispiel CGA-Veröffentlichungen S-1.2-2003 «Pressure Relief Device Standards – Part 2 – Cargo and Portable Tanks for Compressed Gases» (Normen für Druckentlastungseinrichtungen – Teil 2 – Frachttanks und ortsbewegliche Tanks für verdichtete Gase) und S-1.1-2003 «Pressure Relief Device Standards – Part 1 – Cylinders for Compressed Gases» (Normen für Druckentlastungseinrichtungen – Teil 1 – Flaschen für verdichtete Gase).

6.2.1.4 **Zulassung von Druckgefäßen**

6.2.1.4.1 Die Übereinstimmung der Druckgefäße ist zum Zeitpunkt der Herstellung nach den Vorschriften der zuständigen Behörde festzustellen. Druckgefäße müssen von einer Prüfstelle kontrolliert, geprüft und zugelassen werden. Die technische Dokumentation muss vollständige Spezifikationen für die Auslegung und den Bau und eine vollständige Dokumentation der Herstellung und Prüfung umfassen.

6.2.1.4.2 Das Qualitätssicherungsprogramm muss den Vorschriften der zuständigen Behörde entsprechen.

6.2.1.5 **Erstmalige Prüfung**

6.2.1.5.1 Neue Druckgefäße mit Ausnahme von verschlossenen Kryo-Behältern und Metallhydrid-Speichersystemen sind während und nach der Herstellung Prüfungen gemäß den anwendbaren Auslegungsnormen zu unterziehen, die Folgendes umfassen:

An einer ausreichenden Anzahl von Druckgefäßen:

a) Prüfung der mechanischen Eigenschaften des Werkstoffs;

b) Überprüfung der Mindestwanddicke;

c) Überprüfung der Gleichmäßigkeit des Werkstoffes innerhalb jeder Fertigungsreihe;

d) Kontrolle der äußeren und inneren Beschaffenheit der Druckgefäße;

e) Kontrolle des Halsgewindes;

f) Überprüfung auf Übereinstimmung mit der Auslegungsnorm.

An allen Druckgefäßen:

g) eine Flüssigkeitsdruckprüfung. Die Druckgefäße müssen die in der technischen Norm oder dem technischen Regelwerk für die Auslegung und den Bau festgelegten Akzeptanzkriterien erfüllen;

Bem. Mit Zustimmung der zuständigen Behörde darf die Flüssigkeitsdruckprüfung durch eine Prüfung mit einem Gas ersetzt werden, sofern dieses Vorgehen nicht gefährlich ist.

h) Kontrolle und Bewertung von Herstellungsfehlern und entweder Reparatur oder Unbrauchbarmachen des Druckgefäßes. Bei geschweißten Druckgefäßen ist der Qualität der Schweißnähte besondere Beachtung zu schenken;

i) eine Kontrolle der Kennzeichen auf den Druckgefäßen;

j) an Druckgefäßen für UN 1001 Acetylen, gelöst, und UN 3374 Acetylen, lösungsmittelfrei, außerdem eine Kontrolle der richtigen Anbringung und der Beschaffenheit des porösen Materials sowie gegebenenfalls der Menge des Lösungsmittels.

6.2.1.5.2 An einer angemessenen Probe von verschlossenen Kryo-Behältern sind die in Absatz 6.2.1.5.1 a), b), d) und f) festgelegten Prüfungen durchzuführen. Darüber hinaus sind an einer Probe verschlossener Kryo-Behälter die Schweißnähte durch Röntgen-, Ultraschall- oder andere geeignete zerstörungsfreie Prüfmethoden gemäß der anwendbaren Norm für die Auslegung und den Bau zu kontrollieren. Diese Kontrolle der Schweißnähte findet keine Anwendung auf die Ummantelung.

Darüber hinaus sind alle verschlossenen Kryo-Behälter den in Absatz 6.2.1.5.1 g), h) und i) festgelegten erstmaligen Prüfungen sowie nach dem Zusammenbau einer Dichtheitsprüfung und einer Prüfung der genügenden Funktion der Bedienungsausrüstung zu unterziehen.

6.2.1.5.3 Bei Metallhydrid-Speichersytemen muss überprüft werden, ob die in Absatz 6.2.1.5.1 a), b), c), d), e) (sofern anwendbar), f), g), h) und i) festgelegten Prüfungen an einem angemessenen Prüfmuster der im Metallhydrid-Speichersystem verwendeten Gefäße durchgeführt wurden. Darüber hinaus müssen an einem angemessenen Prüfmuster von Metallhydrid-Speichersystemen die in Absatz 6.2.1.5.1 c) und f) und, sofern anwendbar, in Absatz 6.2.1.5.1 e) vorgeschriebenen Prüfungen und die Prüfung der äußeren Beschaffenheit des Metallhydrid-Speichersystems durchgeführt werden.

Außerdem müssen alle Metallhydrid-Speichersysteme den in Absatz 6.2.1.5.1 h) und i) festgelegten erstmaligen Prüfungen sowie einer Dichtheitsprüfung und einer Prüfung der zufriedenstellenden Funktion ihrer Bedienungseinrichtung unterzogen werden.

6.2.1.6 Wiederkehrende Prüfung

6.2.1.6.1 Nachfüllbare Druckgefäße mit Ausnahme von Kryo-Behältern sind durch eine von der zuständigen Behörde anerkannten Stelle nach folgenden Vorschriften wiederkehrenden Prüfungen zu unterziehen:

a) Prüfung der äußeren Beschaffenheit des Druckgefäßes und Überprüfung der Ausrüstung und der äußeren Kennzeichen;

b) Prüfung der inneren Beschaffenheit des Druckgefäßes (z.B. innere Prüfung, Überprüfung der Mindestwanddicke);

c) Überprüfung der Gewinde, sofern Anzeichen von Korrosion vorliegen oder sofern die Ausrüstungsteile entfernt werden;

d) Flüssigkeitsdruckprüfung und gegebenenfalls Prüfung der Werkstoffbeschaffenheit durch geeignete Prüfverfahren;

e) Prüfung der Bedienungsausrüstung, anderer Zubehörteile und Druckentlastungseinrichtungen bei der Wiederinbetriebnahme.

Bem. 1. Mit Zustimmung der zuständigen Behörde darf die Flüssigkeitsdruckprüfung durch eine Prüfung mit einem Gas ersetzt werden, sofern dieses Vorgehen nicht gefährlich ist.

2. Bei nahtlosen Flaschen und Großflaschen aus Stahl dürfen die Prüfung des Absatzes 6.2.1.6.1 b) und die Flüssigkeitsdruckprüfung des Absatzes 6.2.1.6.1 d) durch ein Verfahren entsprechend der Norm ISO 16148:2016 «Gasflaschen – Wiederbefüllbare nahtlose Gasflaschen und Großflaschen aus Stahl – Schallemissionsprüfung und nachfolgende Ultraschallprüfung für die wiederkehrende Inspektion und Prüfung» ersetzt werden.

3. Die Prüfung des Absatzes 6.2.1.6.1 b) und die Flüssigkeitsdruckprüfung des Absatzes 6.2.1.6.1 d) dürfen durch eine Ultraschalluntersuchung ersetzt werden, die für nahtlose Flaschen aus Aluminiumlegierung in Übereinstimmung mit der Norm ISO 10461:2005 + A1:2006 und für naht110 lose Flaschen aus Stahl in Übereinstimmung mit der Norm ISO 6406:2005 durchgeführt wird.

4. Hinsichtlich der Häufigkeit der wiederkehrenden Prüfungen siehe Unterabschnitt 4.1.4.1 Verpackungsanweisung P 200 oder bei einer Chemikalie unter Druck Verpackungsanweisung P 206.

6.2.1.6.2 Bei Druckgefäßen, die für die Beförderung von UN 1001 Acetylen, gelöst, und UN 3374 Acetylen, lösungsmittelfrei, vorgesehen sind, sind nur die in Absatz 6.2.1.6.1 a), c) und e) festgelegten Untersuchungen vorzunehmen. Darüber hinaus ist der Zustand des porösen Materials (z.B. Risse, oberer Freiraum, Lockerung, Zusammensinken) zu untersuchen.

6.2.1.6.3 Druckentlastungseinrichtungen von verschlossenen Kryo-Behältern müssen wiederkehrenden Prüfungen unterzogen werden.

6.2.1.7 Anforderungen an Hersteller

6.2.1.7.1 Der Hersteller muss technisch in der Lage sein und über sämtliche geeignete Mittel verfügen, die zu einer zufrieden stellenden Herstellung von Druckgefäßen erforderlich sind; hierzu benötigt er insbesondere entsprechend qualifiziertes Personal

a) zur Überwachung des gesamten Herstellungsprozesses,

b) zur Ausführung von Werkstoffverbindungen und

c) zur Durchführung der entsprechenden Prüfungen.

6.2.1.7.2 Die Bewertung der Eignung des Herstellers ist in allen Fällen von einer von der zuständigen Behörde des Zulassungsstaates anerkannten Prüfstelle durchzuführen.

6.2.1.8 Anforderungen an Prüfstellen

6.2.1.8.1 Prüfstellen müssen ausreichend Unabhängigkeit von Herstellerbetrieben und fachliche Kompetenz für die vorgeschriebene Durchführung der Prüfungen und Zulassungen aufweisen.

6.2.2 Vorschriften für UN-Druckgefäße

Zusätzlich zu den allgemeinen Vorschriften des Abschnitts 6.2.1 müssen UN-Druckgefäße den Vorschriften dieses Abschnitts, soweit anwendbar, einschließlich der Normen entsprechen. Die Herstellung von neuen Druckgefäßen oder Bedienungsausrüstungen entsprechend einer in den Unterabschnitten 6.2.2.1 und 6.2.2.3 aufgeführten Norm ist nach dem in der rechten Spalte der Tabellen angegebenen Datum nicht mehr zugelassen.

Bem. 1. UN-Druckgefäße und Bedienungsausrüstungen, die nach Normen gebaut wurden, die zum Zeitpunkt der Herstellung anwendbar waren, dürfen unter Vorbehalt der Vorschriften für die wiederkehrende Prüfung des ADR weiterverwendet werden.

2. Wenn EN ISO-Fassungen der nachfolgenden ISO-Normen zur Verfügung stehen, dürfen diese verwendet werden, um die Vorschriften der Unterabschnitte 6.2.2.1, 6.2.2.2, 6.2.2.3 und 6.2.2.4 zu erfüllen.

6.2.2.1 Auslegung, Bau und erstmalige Prüfung

6.2.2.1.1 Für die Auslegung, den Bau und die erstmalige Prüfung von UN-Flaschen gelten folgenden Normen, mit der Ausnahme, dass die Prüfvorschriften in Zusammenhang mit dem System für die Konformitätsbewertung und Zulassung dem Unterabschnitt 6.2.2.5 entsprechen müssen:

Referenz	Titel	für die Herstellung anwendbar
ISO 9809-1:1999	Gasflaschen – Wiederbefüllbare nahtlose Flaschen aus Stahl – Gestaltung, Konstruktion und Prüfung – Teil 1: Flaschen aus vergütetem Stahl mit einer Zugfestigkeit von weniger als 1100 MPa **Bem.** Die Bemerkung bezüglich des Faktors F in Abschnitt 7.3 dieser Norm gilt nicht für UN-Flaschen.	bis zum 31. Dezember 2018
ISO 9809-1:2010	Gasflaschen – Wiederbefüllbare, nahtlose Gasflaschen aus Stahl – Gestaltung, Konstruktion und Prüfung – Teil 1: Flaschen aus vergütetem Stahl mit einer Zugfestigkeit kleiner als 1100 MPa	bis auf Weiteres
ISO 9809-2:2000	Gasflaschen – Wiederbefüllbare nahtlose Flaschen aus Stahl – Gestaltung, Konstruktion und Prüfung – Teil 2: Normalgeglühte und angelassene Flaschen mit einer Zugfestigkeit größer oder gleich 1100 MPa	bis zum 31. Dezember 2018

10

Referenz	Titel	für die Herstellung anwendbar
ISO 9809-2:2010	Gasflaschen – Wiederbefüllbare, nahtlose Gasflaschen aus Stahl – Gestaltung, Konstruktion und Prüfung – Teil 2: Flaschen aus vergütetem Stahl mit einer Zugfestigkeit größer oder gleich 1100 MPa	bis auf Weiteres
ISO 9809-3:2000	Gasflaschen – Wiederbefüllbare nahtlose Flaschen aus Stahl – Gestaltung, Konstruktion und Prüfung – Teil 3: Normalisierte Flaschen aus Stahl	bis zum 31. Dezember 2018
ISO 9809-3:2010	Gasflaschen – Wiederbefüllbare, nahtlose Gasflaschen aus Stahl – Gestaltung, Konstruktion und Prüfung – Teil 3: Flaschen aus normalisiertem Stahl	bis auf Weiteres
ISO 9809-4:2014	Gasflaschen – Wiederbefüllbare, nahtlose Gasflaschen aus Stahl – Gestaltung, Konstruktion und Prüfung – Teil 4: Flaschen aus Edelstahl mit einer Zugfestigkeit von weniger als 1 100 MPa	bis auf Weiteres
ISO 7866:1999	Gasflaschen – Wiederbefüllbare nahtlose Flaschen aus Aluminiumlegierung – Gestaltung, Konstruktion und Prüfung **Bem.** Die Bemerkung bezüglich des Faktors F in Abschnitt 7.2 dieser Norm gilt nicht für UN-Flaschen. Die Aluminiumlegierung 6351A–T6 oder gleichwertige Legierungen sind nicht zugelassen.	bis zum 31. Dezember 2020
ISO 7866:2012 + Cor 1:2014	Gasflaschen – Wiederbefüllbare nahtlose Gasflaschen aus Aluminiumlegierungen – Auslegung, Bau und Prüfung **Bem.** Die Aluminiumlegierung 6351A oder gleichwertige Legierungen dürfen nicht verwendet werden.	bis auf Weiteres
ISO 4706:2008	Nachfüllbare, geschweißte Stahlgasflaschen – Prüfdruck bis 60 bar	bis auf Weiteres
ISO 18172-1:2007	Gasflaschen – Wiederbefüllbare, geschweißte Flaschen aus nichtrostendem Stahl – Teil 1: bis zu einem Prüfdruck von 60 bar	bis auf Weiteres
ISO 20703:2006	Gasflaschen – Wiederbefüllbare geschweißte Gasflaschen aus Aluminium und Aluminiumlegierungen – Gestaltung, Konstruktion und Prüfung	bis auf Weiteres
ISO 11118:1999	Gasflaschen – Metallene Einwegflaschen – Festlegungen und Prüfverfahren	bis zum 31. Dezember 2020
ISO 11118:2015	Gasflaschen – Metallene Einwegflaschen – Festlegungen und Prüfverfahren	bis auf Weiteres
ISO 11119-1:2002	Gasflaschen aus Verbundwerkstoffen – Festlegungen und Prüfverfahren – Teil 1: Umfangsgewickelte Gasflaschen aus Verbundwerkstoffen	bis zum 31. Dezember 2020

Referenz	Titel	für die Herstellung anwendbar
ISO 11119-1:2012	Gasflaschen – Wiederbefüllbare Flaschen und Großflaschen aus Verbundwerkstoffen – Auslegung, Bau und Prüfungen – Teil 1: Umfangsumwickelte faserverstärkte Flaschen und Großflaschen aus Verbundwerkstoffen bis 450 l	bis auf Weiteres
ISO 11119-2:2002	Gasflaschen aus Verbundwerkstoffen – Festlegungen und Prüfverfahren – Teil 2: Vollumwickelte, faserverstärkte Gasflaschen aus Verbundwerkstoffen mit lasttragenden metallischen Linern	bis zum 31. Dezember 2020
ISO 11119-2:2012 + Amd 1:2014	Gasflaschen – Wiederbefüllbare Gasflaschen und Großflaschen aus Verbundwerkstoffen – Auslegung, Bau und Prüfung – Teil 2: Vollumwickelte, faserverstärkte Gasflaschen und Großflaschen bis 450 l aus Verbundwerkstoffen mit lasttragenden metallischen Linern	bis auf Weiteres
ISO 11119-3:2002	Gasflaschen aus Verbundwerkstoffen – Festlegungen und Prüfverfahren – Teil 3: Volumenumwickelte, faserverstärkte Gasflaschen aus Verbundwerkstoffen mit nicht metallischen Linern und nicht lasttragenden Linern	bis zum 31. Dezember 2020
ISO 11119-3:2013	Gasflaschen – Wiederbefüllbare Gasflaschen und Großflaschen aus Verbundwerkstoffen – Auslegung, Bau und Prüfung – Teil 3: Vollumwickelte, faserverstärkte Gasflaschen und Großflaschen bis 450 l aus Verbundwerkstoffen mit nicht lasttragenden metallischen oder nicht metallischen Linern	bis auf Weiteres

Bem. 1. In den Normen, auf die oben verwiesen wird, müssen Flaschen aus Verbundwerkstoffen für eine Auslegungslebensdauer von mindestens 15 Jahren ausgelegt sein.

2. Flaschen aus Verbundwerkstoffen mit einer Auslegungslebensdauer von mehr als 15 Jahren dürfen 15 Jahre nach dem Datum der Herstellung nicht mehr befüllt werden, es sei denn, das Baumuster wurde erfolgreich einem Betriebsdauer-Prüfprogramm unterzogen. Das Programm muss Teil der ursprünglichen Baumusterzulassung sein und muss Prüfungen festlegen, mit denen nachgewiesen wird, dass die entsprechend hergestellten Flaschen bis zum Ende ihrer Auslegungslebensdauer sicher bleiben. Das Betriebsdauer-Prüfprogramm und die Ergebnisse müssen von der zuständigen Behörde des Zulassungslandes, die für die ursprüngliche Zulassung des Baumusters der Flasche verantwortlich war, zugelassen sein. Die Betriebsdauer einer Flasche aus Verbundwerkstoffen darf nicht über ihre ursprüngliche Auslegungslebensdauer hinaus verlängert werden.

6.2.2.1.2 Für die Auslegung, den Bau und die erstmalige Prüfung von UN-Großflaschen gilt folgende Norm, mit der Ausnahme, dass die Prüfvorschriften in Zusammenhang mit dem System für die Konformitätsbewertung und Zulassung dem Unterabschnitt 6.2.2.5 entsprechen müssen:

Referenz	Titel	für die Herstellung anwendbar
ISO 11120:1999	Ortsbewegliche Gasflaschen – Nahtlose wiederbefüllbare Großflaschen aus Stahl für den Transport verdichteter Gase mit einem Fassungsraum zwischen 150 l und 3000 l – Gestaltung, Konstruktion und Prüfung **Bem.** Die Bemerkung bezüglich des Faktors F in Abschnitt 7.1 dieser Norm gilt nicht für UN-Großflaschen.	bis zum 31. Dezember 2022
ISO 11120:2015	Gasflaschen – Wiederbefüllbare nahtlose Großflaschen aus Stahl mit einem Fassungsraum zwischen 150 Liter und 3000 Liter – Auslegung, Bau und Prüfung	bis auf Weiteres
ISO 11119-1:2012	Gasflaschen – Wiederbefüllbare Flaschen und Großflaschen aus Verbundwerkstoffen – Auslegung, Bau und Prüfungen – Teil 1: Umfangsumwickelte faserverstärkte Flaschen und Großflaschen aus Verbundwerkstoffen bis 450 l	bis auf Weiteres
ISO 11119-2:2012 + Amd 1:2014	Gasflaschen – Wiederbefüllbare Gasflaschen und Großflaschen aus Verbundwerkstoffen – Auslegung, Bau und Prüfung – Teil 2: Vollumwickelte, faserverstärkte Gasflaschen und Großflaschen bis 450 l aus Verbundwerkstoffen mit lasttragenden metallischen Linern	bis auf Weiteres
ISO 11119-3:2013	Gasflaschen – Wiederbefüllbare Gasflaschen und Großflaschen aus Verbundwerkstoffen – Auslegung, Bau und Prüfung – Teil 3: Vollumwickelte, faserverstärkte Gasflaschen und Großflaschen bis 450 l aus Verbundwerkstoffen mit nicht lasttragenden metallischen oder nicht metallischen Linern	bis auf Weiteres
ISO 11515:2013	Gasflaschen – Wiederbefüllbare verstärkte Flaschen mit einer Kapazität zwischen 450 l und 3000 l – Gestaltung, Konstruktion und Prüfung	bis auf Weiteres

Bem. 1. In den oben in Bezug genommenen Normen müssen die Großflaschen aus Verbundwerkstoffen für eine Auslegungslebensdauer von mindestens 15 Jahren ausgelegt sein.

2. Großflaschen aus Verbundwerkstoffen mit einer Auslegungslebensdauer von mehr als 15 Jahren dürfen 15 Jahre nach dem Datum der Herstellung nicht mehr befüllt werden, es sei denn, das Baumuster wurde erfolgreich einem Betriebsdauer-Prüfprogramm unterzogen. Das Programm muss Teil der ursprünglichen Baumusterzulassung sein und muss Prüfungen festlegen, mit denen nachgewiesen wird, dass die entsprechend hergestellten Großflaschen bis zum Ende ihrer Auslegungslebensdauer sicher bleiben. Das Betriebsdauer-Prüfprogramm und die Ergebnisse müssen von der zuständigen Behörde des Zulassungslandes, die für die ursprüngliche Zulassung des Baumusters der Großflasche verantwortlich war, zugelassen sein. Die Betriebsdauer einer Großflasche aus Verbundwerkstoffen darf nicht über ihre ursprüngliche Auslegungslebensdauer hinaus verlängert werden.

6.2.2.1.3 Für die Auslegung, den Bau und die erstmalige Prüfung von UN-Acetylen-Flaschen gelten folgende Normen, mit der Ausnahme, dass die Prüfvorschriften in Zusammenhang mit dem System für die Konformitätsbewertung und Zulassung dem Unterabschnitt 6.2.2.5 entsprechen müssen:

Für die Flaschenwand:

Referenz	Titel	für die Herstellung anwendbar
ISO 9809-1:1999	Gasflaschen – Wiederbefüllbare nahtlose Flaschen aus Stahl – Gestaltung, Konstruktion und Prüfung – Teil 1: Flaschen aus vergütetem Stahl mit einer Zugfestigkeit von weniger als 1100 MPa **Bem.** Die Bemerkung bezüglich des Faktors F in Abschnitt 7.3 dieser Norm gilt nicht für UN-Flaschen.	bis zum 31. Dezember 2018
ISO 9809-1:2010	Gasflaschen – Wiederbefüllbare, nahtlose Gasflaschen aus Stahl – Gestaltung, Konstruktion und Prüfung – Teil 1: Flaschen aus vergütetem Stahl mit einer Zugfestigkeit kleiner als 1100 MPa	bis auf Weiteres
ISO 9809-3:2000	Gasflaschen – Wiederbefüllbare nahtlose Flaschen aus Stahl – Gestaltung, Konstruktion und Prüfung – Teil 3: Normalisierte Flaschen aus Stahl	bis zum 31. Dezember 2018
ISO 9809-3:2010	Gasflaschen – Wiederbefüllbare nahtlose Flaschen aus Stahl – Gestaltung, Konstruktion und Prüfung – Teil 3: Flaschen aus normalisiertem Stahl	bis auf Weiteres

Für das poröse Material in der Flasche:

Referenz	Titel	für die Herstellung anwendbar
ISO 3807-1:2000	Acetylen-Flaschen – Grundanforderungen – Teil 1: Flaschen ohne Schmelzsicherungen	bis zum 31. Dezember 2020
ISO 3807-2:2000	Acetylen-Flaschen – Grundanforderungen – Teil 2: Flaschen mit Schmelzsicherungen	bis zum 31. Dezember 2020
ISO 3807:2013	Gasflaschen – Acetylenflaschen – Grundlegende Anforderungen und Baumusterprüfung	bis auf Weiteres

6.2.2.1.4 Für die Auslegung, den Bau und die erstmalige Prüfung von UN-Kryo-Behältern gilt folgende Norm, mit der Ausnahme, dass die Prüfvorschriften in Zusammenhang mit dem System für die Konformitätsbewertung und Zulassung dem Unterabschnitt 6.2.2.5 entsprechen müssen:

Referenz	Titel	für die Herstellung anwendbar
ISO 21029-1:2004	Kryo-Behälter – Ortsbewegliche vakuumisolierte Behälter mit einem Fassungsraum bis zu 1000 Liter – Teil 1: Gestaltung, Herstellung und Prüfung	bis auf Weiteres

6.2.2.1.5 Für die Auslegung, den Bau und die erstmalige Prüfung von UN-Metallhydrid-Speichersystemen gilt folgende Norm, mit der Ausnahme, dass die Prüfvorschriften in Zusammenhang mit dem System für die Konformitätsbewertung und Zulassung dem Unterabschnitt 6.2.2.5 entsprechen müssen:

Referenz	Titel	für die Herstellung anwendbar
ISO 16111:2008	Ortsbewegliche Gasspeichereinrichtungen – In reversiblen Metallhydriden absorbierter Wasserstoff	bis auf Weiteres

6.2.2.1.6 Für die Auslegung, den Bau und die erstmalige Prüfung von UN-Flaschenbündeln gilt folgende Norm. Jede Flasche eines UN-Flaschenbündels muss eine UN-Flasche sein, die den Vorschriften des Abschnitts 6.2.2 entspricht. Die Prüfvorschriften in Zusammenhang mit dem System für die Konformitätsbewertung und Zulassung von UN-Flaschenbündeln müssen dem Unterabschnitt 6.2.2.5 entsprechen.

Referenz	Titel	für die Herstellung anwendbar
ISO 10961:2010	Gasflaschen – Flaschenbündel – Auslegung, Herstellung, Prüfung und Inspektion	bis auf Weiteres

Bem. Das Auswechseln einer oder mehrerer Flaschen desselben Typs, einschließlich desselben Prüfdrucks, in einem bestehenden UN-Flaschenbündel erfordert keine erneute Zertifizierung des bestehenden Bündels.

6.2.2.1.7 Für die Auslegung, den Bau und die erstmalige Prüfung von UN-Flaschen für adsorbierte Gase gelten folgende Normen mit der Ausnahme, dass die Prüfvorschriften in Zusammenhang mit dem System für die Konformitätsbewertung und Zulassung dem Unterabschnitt 6.2.2.5 entsprechen müssen.

Referenz	Titel	für die Herstellung anwendbar
ISO 11513:2011	Gasflaschen – Wiederbefüllbare geschweißte Stahlflaschen, die Adsorptionsmaterial zur Gasverpackung unterhalb des atmosphärischen Drucks beinhalten – Auslegung, Bau und Prüfung	bis auf Weiteres
ISO 9809-1:2010	Gasflaschen – Wiederbefüllbare nahtlose Gasflaschen aus Stahl – Gestaltung, Konstruktion und Prüfung – Teil 1: Flaschen aus vergütetem Stahl mit einer Zugfestigkeit kleiner als 1100 MPa	bis auf Weiteres

6.2.2.1.8 Für die Auslegung, den Bau und die erstmalige Prüfung von UN-Druckfässern gelten die folgenden Normen mit der Ausnahme, dass die Prüfvorschriften in Zusammenhang mit dem System für die Konformitätsbewertung und der Zulassung dem Unterabschnitt 6.2.2.5 entsprechen müssen.

Referenz	Titel	für die Herstellung anwendbar
ISO 21172-1:2015	Gasflaschen – Geschweißte Druckfässer aus Stahl mit einem Fassungsraum von bis zu 3000 l zur Beförderung von Gasen – Teil 1: Fassungsraum bis 1000 l **Bem.** Ungeachtet des Abschnitts 6.3.3.4 dieser Norm dürfen geschweißte Gas-Druckfässer aus Stahl mit nach innen gewölbten Böden für die Beförderung ätzender Stoffe verwendet werden, vorausgesetzt, alle Vorschriften des ADR werden erfüllt.	bis auf Weiteres
ISO 4706:2008	Gasflaschen – Nachfüllbare, geschweißte Stahlgasflaschen – Prüfdruck bis 60 bar	bis auf Weiteres
ISO 18172-1:2007	Gasflaschen – Wiederbefüllbare, geschweißte Flaschen aus nichtrostendem Stahl – Teil 1: bis zu einem Prüfdruck von 60 bar	bis auf Weiteres

6.2.2.2 **Werkstoffe**

Zusätzlich zu den in den Normen für die Auslegung und den Bau von Druckgefäßen enthaltenen Werkstoffvorschriften und den in der anwendbaren Verpackungsanweisung für das (die) zu befördernde(n) Gas(e) (z.B. Unterabschnitt 4.1.4.1 Verpackungsanweisung P 200 oder P 205) festgelegten Einschränkungen gelten folgende Normen für die Werkstoffverträglichkeit:

Referenz	Titel
ISO 11114-1:2012	Gasflaschen – Verträglichkeit von Werkstoffen für Gasflaschen und Ventile mit den in Berührung kommenden Gasen – Teil 1: Metallene Werkstoffe
ISO 11114-2:2013	Gasflaschen – Verträglichkeit von Flaschen- und Ventilwerkstoffen mit den in Berührung kommenden Gasen – Teil 2: Nichtmetallische Werkstoffe

6.2.2.3 Bedienungsausrüstung

Für die Verschlüsse und ihren Schutz gelten folgende Normen:

Referenz	Titel	für die Herstellung anwendbar
ISO 11117:1998	Gasflaschen – Ventilschutzkappen und Ventilschutzvorrichtungen für Gasflaschen in industriellem und medizinischem Einsatz – Gestaltung, Konstruktion und Prüfungen	bis zum 31. Dezember 2014
ISO 11117:2008 + Cor 1:2009	Gasflaschen – Ventilschutzkappen und Ventilschutzkörbe – Auslegung, Bau und Prüfungen	bis auf Weiteres
ISO 10297:1999	Ortsbewegliche Gasflaschen – Ventile für wiederbefüllbare Gasflaschen – Spezifikation und Typprüfung	bis zum 31. Dezember 2008
ISO 10297:2006	Ortsbewegliche Gasflaschen – Flaschenventile – Spezifikation und Typprüfung	bis zum 31. Dezember 2020
ISO 10297:2014	Gasflaschen – Flaschenventile – Spezifikation und Baumusterprüfungen	bis auf Weiteres
ISO 13340:2001	Ortsbewegliche Gasflaschen – Flaschenventile für Einwegflaschen – Spezifikation und Typprüfung	bis zum 31. Dezember 2020
ISO 14246:2014	Gasflaschen – Flaschenventile – Herstellungsprüfungen und -überprüfungen	bis auf Weiteres
ISO 17871:2015	Gasflaschen – Schnellöffnungs-Flaschenventile – Spezifikation und Baumusterprüfung	bis auf Weiteres

Für UN-Metallhydrid-Speichersysteme gelten die in der folgenden Norm festgelegten Vorschriften für die Verschlüsse und deren Schutz:

Referenz	Titel	für die Herstellung anwendbar
ISO 16111:2008	Ortsbewegliche Gasspeichereinrichtungen – In reversiblen Metallhydriden absorbierter Wasserstoff	bis auf Weiteres

6.2.2.4 Wiederkehrende Prüfung

Für die wiederkehrende Prüfung von UN-Flaschen und ihren Verschlüssen gelten folgende Normen:

Referenz	Titel	anwendbar
ISO 6406:2005	Nahtlose Gasflaschen aus Stahl – Wiederkehrende Prüfung	bis auf Weiteres
ISO 10460:2005	Gasflaschen – Geschweißte Gasflaschen aus Kohlenstoffstahl – Wiederkehrende Prüfung **Bem.** Die in Absatz 12.1 dieser Norm beschriebene Reparatur von Schweißnähten ist nicht zugelassen. Die in Absatz 12.2 beschriebenen Reparaturen erfordern die Genehmigung durch die zuständige Behörde, welche die Stelle für die wiederkehrende Prüfung in Übereinstimmung mit Unterabschnitt 6.2.2.6 zugelassen hat.	bis auf Weiteres
ISO 10461:2005 + A1:2006	Nahtlose Gasflaschen aus Aluminiumlegierung – Wiederkehrende Prüfung	bis auf Weiteres
ISO 10462:2005	Gasflaschen – Ortsbewegliche Flaschen für gelöstes Acetylen – Wiederkehrende Prüfung und Instandhaltung	bis zum 31. Dezember 2018
ISO 10462:2013	Gasflaschen – Acetylenflaschen – Wiederkehrende Inspektion und Wartung	bis auf Weiteres
ISO 11513:2011	Gasflaschen – Wiederbefüllbare geschweißte Stahlflaschen, die Adsorptionsmaterial zur Gasverpackung unterhalb des atmosphärischen Drucks beinhalten – Auslegung, Bau und Prüfung	bis auf Weiteres
ISO 11623:2002	Ortsbewegliche Gasflaschen – Wiederkehrende Prüfung von Gasflaschen aus Verbundwerkstoffen	bis zum 31. Dezember 2020
ISO 11623:2015	Gasflaschen – Verbundbauweise (Composite-Bauweise) – Wiederkehrende Inspektion und Prüfung	bis auf Weiteres
ISO 22434:2006	Ortsbewegliche Gasflaschen – Prüfung und Wartung von Flaschenventilen **Bem.** Diese Vorschriften dürfen auch zu einem anderen Zeitpunkt als dem der wiederkehrenden Prüfung von UN-Flaschen erfüllt werden.	bis auf Weiteres

Für die wiederkehrende Prüfung von UN-Metallhydrid-Speichersystemen gilt folgende Norm:

Referenz	Titel	anwendbar
ISO 16111:2008	Ortsbewegliche Gasspeichereinrichtungen – In reversiblen Metallhydriden absorbierter Wasserstoff	bis auf Weiteres

10

6.2.2.5 System für die Konformitätsbewertung und Zulassung für die Herstellung von Druckgefäßen

6.2.2.5.1 Begriffsbestimmungen

In diesem Unterabschnitt bedeutet:

Baumuster: Ein durch eine besondere Druckgefäßnorm festgelegtes Druckgefäßbaumuster.

System für die Konformitätsbewertung: Ein System für die Zulassung eines Herstellers durch die zuständige Behörde, welches die Zulassung des Druckgefäßbaumusters, die Zulassung des Qualitätssicherungssystems des Herstellers und die Zulassung der Prüfstellen umfasst.

Überprüfen: Durch Untersuchung oder Vorlage objektiver Nachweise bestätigen, dass die festgelegten Anforderungen erfüllt worden sind.

6.2.2.5.2 Allgemeine Vorschriften

Zuständige Behörde

6.2.2.5.2.1 Die zuständige Behörde, die das Druckgefäß zulässt, muss das System für die Konformitätsbewertung zulassen, um sicherzustellen, dass die Druckgefäße den Vorschriften des ADR entsprechen. In den Fällen, in denen die zuständige Behörde, die ein Druckgefäß zulässt, nicht die zuständige Behörde des Herstellungslandes ist, müssen die Kennzeichen des Zulassungslandes und des Herstellungslandes in den Kennzeichen des Druckgefäßes angegeben sein (siehe Unterabschnitte 6.2.2.7 und 6.2.2.8).

Die zuständige Behörde des Zulassungslandes muss der entsprechenden Behörde des Verwendungslandes auf Anforderung Nachweise für die Erfüllung dieses Systems für die Konformitätsbewertung vorlegen.

6.2.2.5.2.2 Die zuständige Behörde darf ihre Aufgaben in diesem System für die Konformitätsbewertung ganz oder teilweise delegieren.

6.2.2.5.2.3 Die zuständige Behörde muss sicherstellen, dass eine aktuelle Liste über die zugelassenen Prüfstellen und deren Kennzeichen sowie über die zugelassenen Hersteller und deren Kennzeichen zur Verfügung steht.

Prüfstelle

6.2.2.5.2.4 Die Prüfstelle muss von der zuständigen Behörde für die Prüfung von Druckgefäßen zugelassen sein und:

a) über ein in einer Organisationsstruktur eingebundenes, geeignetes, geschultes, sachkundiges und erfahrenes Personal verfügen, das seine technischen Aufgaben in zufrieden stellender Weise ausüben kann;

b) Zugang zu geeigneten und hinreichenden Einrichtungen und Ausrüstungen haben;

c) in unabhängiger Art und Weise arbeiten und frei von Einflüssen sein, die sie daran hindern könnten;

d) geschäftliche Verschwiegenheit über die unternehmerischen und eigentumsrechtlich geschützten Tätigkeiten des Herstellers und anderer Stellen bewahren;

e) eine klare Trennung zwischen den eigentlichen Aufgaben als Prüfstelle und den damit nicht zusammenhängenden Aufgaben einhalten;

f) ein dokumentiertes Qualitätssicherungssystem betreiben;

g) sicherstellen, dass die in der entsprechenden Druckgefäßnorm und im ADR festgelegten Prüfungen durchgeführt werden, und

h) ein wirksames und geeignetes Berichts- und Aufzeichnungssystem in Übereinstimmung mit Absatz 6.2.2.5.6 unterhalten.

6.2.2.5.2.5 Um die Übereinstimmung mit der entsprechenden Druckgefäßnorm zu überprüfen, muss die Prüfstelle Baumusterzulassungen, Prüfungen der Druckgefäßproduktion durchführen und Bescheinigungen ausstellen (siehe Absätze 6.2.2.5.4 und 6.2.2.5.5).

Hersteller

6.2.2.5.2.6 Der Hersteller muss

a) ein dokumentiertes Qualitätssicherungssystem gemäß Absatz 6.2.2.5.3 betreiben;

b) Baumusterzulassungen gemäß Absatz 6.2.2.5.4 beantragen;

c) eine Prüfstelle aus dem von der zuständigen Behörde des Zulassungsstaates aufgestellten Verzeichnis der zugelassenen Prüfstellen auswählen und

d) Aufzeichnungen gemäß Absatz 6.2.2.5.6 aufbewahren.

Prüflabor

6.2.2.5.2.7 Das Prüflabor muss

a) über genügend, in einer Organisationsstruktur eingebundenes Personal mit ausreichender Kompetenz und Erfahrung verfügen und

b) über geeignete und hinreichende Einrichtungen und Ausrüstungen verfügen, um die in der Herstellungsnorm vorgeschriebenen Prüfungen zur Zufriedenheit der Prüfstelle durchzuführen.

6.2.2.5.3 Qualitätssicherungssystem des Herstellers

6.2.2.5.3.1 Das Qualitätssicherungssystem muss alle Elemente, Anforderungen und Vorschriften umfassen, die vom Hersteller angewendet werden. Es muss auf eine systematische und ordentliche Weise in Form schriftlich niedergelegter Grundsätze, Verfahren und Anweisungen dokumentiert werden.

Der Inhalt muss insbesondere geeignete Beschreibungen umfassen über:

a) die Organisationsstruktur und Verantwortlichkeiten des Personals hinsichtlich der Auslegung und der Produktqualität;

b) die bei der Auslegung der Druckgefäße verwendeten Techniken, Prozesse und Verfahren für die Auslegungskontrolle und -überprüfung;

c) die entsprechenden Anweisungen, die für die Herstellung der Druckgefäße, die Qualitätskontrolle, die Qualitätssicherung und die Arbeitsabläufe verwendet werden;

d) Qualitätsaufzeichnungen, wie Kontrollberichte, Prüf- und Kalibrierungsdaten;

e) Überprüfungen durch die Geschäftsleitung in Folge der Nachprüfungen (Audits) gemäß Absatz 6.2.2.5.3.2, um die erfolgreiche Wirkungsweise des Qualitätssicherungssystems sicherzustellen;

f) das Verfahren, das beschreibt, wie Kundenanforderungen erfüllt werden;

g) das Verfahren für die Kontrolle der Dokumente und deren Überarbeitung;

h) die Mittel für die Kontrolle nicht konformer Druckgefäße, von Zukaufteilen, Zwischenprodukten und Fertigteilen und

i) Schulungsprogramme und Qualifizierungsverfahren für das betroffene Personal.

6.2.2.5.3.2 Nachprüfung (Audit) des Qualitätssicherungssystems

Das Qualitätssicherungssystem ist erstmalig zu bewerten, um festzustellen, ob es die Anforderungen des Absatzes 6.2.2.5.3.1 zur Zufriedenheit der zuständigen Behörde erfüllt.

Der Hersteller ist über die Ergebnisse der Nachprüfung in Kenntnis zu setzen. Die Mitteilung muss die Schlussfolgerungen der Nachprüfung und eventuell erforderliche Korrekturmaßnahmen umfassen.

Wiederkehrende Nachprüfungen sind zur Zufriedenheit der zuständigen Behörde durchzuführen, um sicherzustellen, dass der Hersteller das Qualitätssicherungssystem aufrecht erhält und anwendet. Berichte über die wiederkehrenden Nachprüfungen sind dem Hersteller zur Verfügung zu stellen.

6.2.2.5.3.3 Aufrechterhaltung des Qualitätssicherungssystems

Der Hersteller muss das Qualitätssicherungssystem in der zugelassenen Form so aufrecht erhalten, dass es geeignet und effizient bleibt.

Der Hersteller hat die zuständige Behörde, die das Qualitätssicherungssystem zugelassen hat, über beabsichtigte Änderungen in Kenntnis zu setzen. Die vorgeschlagenen Änderungen sind zu bewerten, um festzustellen, ob das geänderte Qualitätssicherungssystem die Anforderungen des Absatzes 6.2.2.5.3.1 weiterhin erfüllt.

6.2.2.5.4 Zulassungsverfahren

Erstmalige Baumusterzulassung

6.2.2.5.4.1 Die erstmalige Baumusterzulassung muss aus einer Zulassung des Qualitätssicherungssystems des Herstellers und einer Zulassung der Auslegung des herzustellenden Druckgefäßes bestehen. Ein Antrag für eine erstmalige Baumusterzulassung muss den Anforderungen der Absätze 6.2.2.5.4.2 bis 6.2.2.5.4.6 und 6.2.2.5.4.9 entsprechen.

6.2.2.5.4.2 Ein Hersteller, der beabsichtigt, Druckgefäße in Übereinstimmung mit einer Druckgefäßnorm und in Übereinstimmung mit dem ADR herzustellen, muss eine Baumusterzulassungsbescheinigung beantragen, erlangen und aufbewahren, die von der zuständigen Behörde des Zulassungsstaates für mindestens ein Druckgefäßbaumuster nach dem in Absatz 6.2.2.5.4.9 angegebenen Verfahren ausgestellt wird. Diese Bescheinigung muss der zuständigen Behörde des Verwendungslandes auf Anfrage vorgelegt werden.

6.2.2.5.4.3 Für jede Produktionsstätte ist ein Antrag zu stellen, der Folgendes umfassen muss:

a) den Namen und die offizielle Adresse des Herstellers und, falls der Antrag durch einen bevollmächtigten Vertreter vorgelegt wird, dessen Name und Adresse;

b) die Adresse der Produktionsstätte (sofern von der oben genannten abweichend);

c) den Namen und den Titel der für das Qualitätssicherungssystem verantwortlichen Person(en);

d) die Bezeichnung des Druckgefäßes und der entsprechenden Druckgefäßnorm;

e) Einzelheiten einer eventuellen Ablehnung der Zulassung eines ähnlichen Antrags durch eine andere zuständige Behörde;

f) den Namen der Prüfstelle für die Baumusterzulassung;

g) Dokumentation über die Produktionsstätte, wie unter Absatz 6.2.2.5.3.1 beschrieben, und

h) die für die Baumusterzulassung erforderliche technische Dokumentation, durch die die Überprüfung der Konformität der Druckgefäße mit den Vorschriften der entsprechenden Auslegungsnorm für Druckgefäße ermöglicht wird. Die technische Dokumentation muss die Auslegung und das Herstellungsverfahren abdecken und, sofern dies für die Bewertung erforderlich ist, mindestens Folgendes umfassen:

(i) Norm für die Auslegung des Druckgefäßes sowie Zeichnungen über die Auslegung und die Herstellung, aus denen, soweit vorhanden, Einzelteile und Baueinheiten hervorgehen;

(ii) für das Verständnis der Zeichnungen und der für das Druckgefäß vorgesehenen Verwendung notwendige Beschreibungen und Erläuterungen;

(iii) ein Verzeichnis von Normen, die für die vollständige Festlegung des Herstellungsverfahrens notwendig sind;

(iv) Auslegungsberechnungen und Werkstoffspezifikationen und

(v) Prüfberichte der Baumusterzulassung, in denen die Ergebnisse der gemäß Absatz 6.2.2.5.4.9 durchgeführten Untersuchungen und Prüfungen beschrieben sind.

6.2.2.5.4.4 Es ist eine erste Nachprüfung (Audit) gemäß Absatz 6.2.2.5.3.2 zur Zufriedenheit der zuständigen Behörde durchzuführen.

6.2.2.5.4.5 Wird dem Hersteller die Zulassung versagt, muss die zuständige Behörde schriftliche detaillierte Gründe für eine derartige Ablehnung vorlegen.

6.2.2.5.4.6 Nach der Zulassung sind der zuständigen Behörde Änderungen an Informationen, die bezüglich der erstmaligen Zulassung gemäß Absatz 6.2.2.5.4.3 mitgeteilt wurden, vorzulegen.

Nachfolgende Baumusterzulassungen

6.2.2.5.4.7 Ein Antrag für eine nachfolgende Baumusterzulassung muss den Anforderungen der Absätze 6.2.2.5.4.8 und 6.2.2.5.4.9 entsprechen, vorausgesetzt, der Hersteller ist in Besitz einer erstmaligen Baumusterzulassung. In diesem Fall muss das Qualitätssicherungssystem des Herstellers gemäß Absatz 6.2.2.5.3 während der erstmaligen Baumusterzulassung zugelassen worden und für das neue Baumuster anwendbar sein.

6.2.2.5.4.8 Der Antrag muss umfassen:

a) den Namen und die Adresse des Herstellers und, falls der Antrag durch einen autorisierten Vertreter vorgelegt wird, dessen Name und Adresse;

b) Einzelheiten einer eventuellen Ablehnung der Zulassung eines ähnlichen Antrags durch eine andere zuständige Behörde;

c) Nachweis, dass die erstmalige Baumusterzulassung erteilt worden ist, und

d) die in Absatz 6.2.2.5.4.3 h) beschriebene technische Dokumentation.

Verfahren für die Baumusterzulassung

6.2.2.5.4.9 Die Prüfstelle muss

a) die technische Dokumentation untersuchen, um zu überprüfen, ob

(i) das Baumuster mit den anwendbaren Vorschriften der Norm übereinstimmt und

(ii) die Prototyp-Charge in Übereinstimmung mit der technischen Dokumentation hergestellt worden ist und für das Baumuster repräsentativ ist;

b) überprüfen, ob die Produktionskontrollen nach den Vorschriften des Absatzes 6.2.2.5.5 durchgeführt worden sind;

c) Druckgefäße aus einer Prototyp-Produktionscharge auswählen und die für die Baumusterzulassung erforderlichen Prüfungen dieser Druckgefäße beaufsichtigen;

10

d) die in der Druckgefäßnorm festgelegten Untersuchungen und Prüfungen durchführen oder durchgeführt haben, um zu bestimmen, ob

(i) die Norm angewendet und erfüllt worden ist und

(ii) die vom Hersteller angewendeten Verfahren die Anforderungen der Norm erfüllen, und

e) sicherstellen, dass die verschiedenen Baumusteruntersuchungen und -prüfungen korrekt und fachkundig durchgeführt werden.

Nachdem die Prototypprüfung mit zufrieden stellenden Ergebnissen durchgeführt worden ist und alle anwendbaren Anforderungen des Absatzes 6.2.2.5.4 erfüllt worden sind, ist eine Baumusterzulassungsbescheinigung auszustellen, die den Namen und die Adresse des Herstellers, die Ergebnisse und Schlussfolgerungen der Untersuchung und die notwenigen Erkennungsmerkmale des Baumusters umfassen muss.

Wird dem Hersteller eine Baumusterzulassung versagt, muss die zuständige Behörde schriftliche detaillierte Gründe für eine derartige Ablehnung vorlegen.

6.2.2.5.4.10 Änderungen an zugelassenen Baumustern

Der Hersteller muss

a) entweder die ausstellende zuständige Behörde über Änderungen des zugelassenen Baumusters, sofern diese Änderungen nach den Definitionen der Druckgefäßnorm keine neue Auslegung darstellen, in Kenntnis setzen,

b) oder eine nachfolgende Baumusterzulassung anfordern, sofern diese Änderungen gemäß der anwendbaren Druckgefäßnorm eine neue Auslegung darstellen. Diese Ergänzungszulassung ist in Form eines Nachtrags zur ursprünglichen Baumusterzulassungsbescheinigung auszustellen.

6.2.2.5.4.11 Die zuständige Behörde muss den anderen zuständigen Behörden Informationenüber die Baumusterzulassung, Änderungen der Zulassung und zurückgezogene Zulassungen auf Anfrage mitteilen.

6.2.2.5.5 **Produktionskontrolle und -bescheinigung**

Allgemeine Vorschriften

Die Kontrolle und Bescheinigung jedes Druckgefäßes ist von einer Prüfstelle oder deren Vertreter durchzuführen. Die vom Hersteller für die Prüfung während der Produktion ausgewählte Prüfstelle darf von der für die Baumusterzulassungsprüfung herangezogenen Prüfstelle abweichen.

Sofern zur Zufriedenheit der Prüfstelle nachgewiesen werden kann, dass der Hersteller über geschulte und fachkundige, vom Herstellungsprozess unabhängige Kontrolleure verfügt, darf die Kontrolle durch diese Kontrolleure durchgeführt werden. In diesem Fall muss der Hersteller Aufzeichnungen über die Schulung der Kontrolleure aufbewahren.

Die Prüfstelle muss überprüfen, dass die Kontrollen des Herstellers und die an den Druckgefäßen vorgenommenen Prüfungen vollständig der Norm und den Vorschriften des ADR entsprechen. Sollte in Verbindung mit dieser Prüfung eine Nichtübereinstimmung festgestellt werden, kann die Erlaubnis, Kontrollen von Kontrolleuren des Herstellers durchführen zu lassen, zurückgezogen werden.

Der Hersteller muss nach der Zulassung durch die Prüfstelle eine Erklärung über die Konformität mit dem bescheinigten Baumuster abgeben. Die Anbringung der Zertifizierungskennzeichen auf dem Druckgefäß gilt als Erklärung, dass das Druckgefäß den anwendbaren Druckgefäßnormen und den Anforderungen dieses Konformitätsbewertungssystems und des ADR entspricht. Auf jedem zugelassenen Druckgefäß muss die Prüfstelle oder der von der Prüfstelle dazu beauftragte Hersteller die Druckgefäßzulassungskennzeichen und das registrierte Kennzeichen der Prüfstelle anbringen.

Vor dem Befüllen der Druckgefäße ist eine von der Prüfstelle und dem Hersteller unterzeichnete Übereinstimmungsbescheinigung auszustellen.

6.2.2.5.6 Aufzeichnungen

Aufzeichnungen über die Baumusterzulassung und die Übereinstimmungsbescheinigung sind vom Hersteller und der Prüfstelle mindestens 20 Jahre aufzubewahren.

6.2.2.6 Zulassungssystem für die wiederkehrende Prüfung von Druckgefäßen

6.2.2.6.1 Begriffsbestimmung

Für Zwecke dieses Unterabschnitts versteht man unter:

Zulassungssystem: Ein System für die Zulassung einer Stelle, welche die wiederkehrende Prüfung von Druckgefäßen durchführt (nachstehend «Stelle für die wiederkehrende Prüfung» genannt), durch die zuständige Behörde, einschließlich der Zulassung des Qualitätssicherungssystems dieser Stelle.

6.2.2.6.2 Allgemeine Vorschriften

Zuständige Behörde

6.2.2.6.2.1 Die zuständige Behörde hat ein Zulassungssystem aufzustellen, um sicherzustellen, dass die wiederkehrende Prüfung von Druckgefäßen den Vorschriften des ADR entspricht. In den Fällen, in denen die zuständige Behörde, welche eine Stelle für die wiederkehrende Prüfung von Druckgefäßen zulässt, nicht die zuständige Behörde des Landes ist, welches die Herstellung des Druckgefäßes zulässt, muss das Kennzeichen des Zulassungsstaates für die wiederkehrende Prüfung in den Druckgefäßkennzeichen (siehe Unterabschnitt 6.2.2.7) angegeben werden.

Die zuständige Behörde des Zulassungslandes für die wiederkehrende Prüfung muss auf Anfrage den Nachweis für die Übereinstimmung mit diesem Zulassungssystem, einschließlich der Aufzeichnungen der wiederkehrenden Prüfung, der zuständigen Behörde im Verwendungsland zur Verfügung stellen.

Die zuständige Behörde des Zulassungslandes kann die Zulassungsbescheinigung gemäß Absatz 6.2.2.6.4.1 auf Nachweis der Nichtübereinstimmung mit dem Zulassungssystem zurückziehen.

6.2.2.6.2.2 Die zuständige Behörde darf ihre Aufgaben in diesem Zulassungssystem ganz oder teilweise delegieren.

6.2.2.6.2.3 Die zuständige Behörde muss sicherstellen, dass ein aktuelles Verzeichnis der zugelassenen Stellen für die wiederkehrende Prüfung und ihrer Kennzeichen verfügbar ist.

Stellen für die wiederkehrende Prüfung

6.2.2.6.2.4 Die Stelle für die wiederkehrende Prüfung muss von der zuständigen Behörde zugelassen sein und muss:

a) über in einer Organisationsstruktur eingebundenes, geeignetes, geschultes, sachkundiges und erfahrenes Personal verfügen, das seine technischen Aufgaben in zufrieden stellender Weise ausüben kann;

b) Zugang zu geeigneten und hinreichenden Einrichtungen und Ausrüstungen haben;

c) in unabhängiger Art und Weise arbeiten und frei von Einflüssen sein, die sie daran hindern könnten;

d) geschäftliche Verschwiegenheit bewahren;

e) eine klare Trennung zwischen den eigentlichen Aufgaben der Stelle für die wiederkehrende Prüfung und den damit nicht zusammenhängenden Aufgaben einhalten;

f) ein dokumentiertes Qualitätssicherungssystem gemäß Absatz 6.2.2.6.3 betreiben;

g) eine Zulassung gemäß Absatz 6.2.2.6.4 beantragen;

h) sicherstellen, dass die wiederkehrenden Prüfungen in Übereinstimmung mit Absatz 6.2.2.6.5 durchgeführt werden, und

i) ein wirksames und geeignetes Berichts- und Aufzeichnungssystem in Übereinstimmung mit Absatz 6.2.2.6.6 unterhalten.

6.2.2.6.3 Qualitätssicherungssystem und Nachprüfung (Audit) der Stelle für die wiederkehrende Prüfung

6.2.2.6.3.1 Qualitätssicherungssystem

Das Qualitätssicherungssystem muss alle Elemente, Anforderungen und Vorschriften umfassen, die von der Stelle für die wiederkehrende Prüfung angewendet werden. Es muss auf eine systematische und ordentliche Weise in Form schriftlich niedergelegter Grundsätze, Verfahren und Anweisungen dokumentiert werden.

Das Qualitätssicherungssystem muss umfassen:

a) eine Beschreibung der Organisationsstruktur und der Verantwortlichkeiten;

b) die entsprechenden Anweisungen, die für die Prüfung, die Qualitätskontrolle, die Qualitätssicherung und die Arbeitsabläufe verwendet werden;

c) Qualitätsaufzeichnungen, wie Prüfberichte, Prüf- und Kalibrierungsdaten und Bescheinigungen;

d) die Überprüfungen durch die Geschäftsleitung in Folge der Nachprüfungen gemäß Absatz 6.2.2.6.3.2, um die erfolgreiche Wirkungsweise des Qualitätssicherungssystems sicherzustellen;

e) ein Verfahren für die Kontrolle der Dokumente und deren Überarbeitung;

f) ein Mittel für die Kontrolle nicht konformer Druckgefäße und

g) Schulungsprogramme und Qualifizierungsverfahren für das betroffene Personal.

6.2.2.6.3.2 Nachprüfung (Audit)

Die Stelle für die wiederkehrende Prüfung und ihr Qualitätssicherungssystem sind zu überprüfen, um festzustellen, ob sie die Anforderungen des ADR zur Zufriedenheit der zuständigen Behörde erfüllt.

Eine Nachprüfung ist als Teil des erstmaligen Zulassungsverfahrens (siehe Absatz 6.2.2.6.4.3) durchzuführen. Eine Nachprüfung kann als Teil des Verfahrens für die Änderung der Zulassung (siehe Absatz 6.2.2.6.4.6) erforderlich sein.

Wiederkehrende Nachprüfungen sind zur Zufriedenheit der zuständigen Behörde durchzuführen, um sicherzustellen, dass die Stelle für die wiederkehrende Prüfung den Vorschriften des ADR weiterhin entspricht.

Die Stelle für die wiederkehrende Prüfung ist über die Ergebnisse der Nachprüfung in Kenntnis zu setzen. Die Mitteilung muss die Schlussfolgerungen der Nachprüfung und eventuell erforderliche Korrekturmaßnahmen umfassen.

6.2.2.6.3.3 Aufrechterhaltung des Qualitätssicherungssystems

Die Stelle für die wiederkehrende Prüfung muss das Qualitätssicherungssystem in der zugelassenen Form so aufrechterhalten, dass es geeignet und effizient bleibt.

Die Stelle für die wiederkehrende Prüfung hat die zuständige Behörde, die das Qualitätssicherungssystem zugelassen hat, über beabsichtigte Änderungen in Übereinstimmung mit dem Verfahren für die Änderung einer Zulassung gemäß Absatz 6.2.2.6.4.6 in Kenntnis zu setzen.

6.2.2.6.4 Zulassungsverfahren für Stellen für die wiederkehrende Prüfung

Erstmalige Zulassung

6.2.2.6.4.1 Eine Stelle, die beabsichtigt, wiederkehrende Prüfungen von Druckgefäßen in Übereinstimmung mit einer Druckgefäßnorm und in Übereinstimmung mit dem ADR durchzuführen, muss eine Zulassungsbescheinigung beantragen, erlangen und aufbewahren, die von der zuständigen Behörde ausgestellt wird.

Diese Bescheinigung muss der zuständigen Behörde eines Verwendungslandes auf Anfrage vorgelegt werden.

6.2.2.6.4.2 Für jede Stelle für die wiederkehrende Prüfung ist ein Antrag zu stellen, der Folgendes umfassen muss:

a) den Namen und die Adresse der Stelle für die wiederkehrende Prüfung und, falls der Antrag durch einen bevollmächtigten Vertreter vorgelegt wird, dessen Name und Adresse;

b) die Adresse jeder Einrichtung, welche wiederkehrende Prüfungen durchführt;

c) den Namen und den Titel der für das Qualitätssicherungssystem verantwortlichen Person(en);

d) die Bezeichnung der Druckgefäße, der Prüfmethoden für die wiederkehrende Prüfung und der entsprechenden Druckgefäßnormen, die im Qualitätssicherungssystem berücksichtigt werden;

e) Dokumentation über jede Einrichtung, die Ausrüstung und das in Absatz 6.2.2.6.3.1 beschriebene Qualitätssicherungssystem;

f) die Qualifizierungs- und Schulungsaufzeichnungen des Personals für die wiederkehrende Prüfung und

g) Einzelheiten einer eventuellen Ablehnung der Zulassung eines ähnlichen Antrags durch eine andere zuständige Behörde.

6.2.2.6.4.3 Die zuständige Behörde muss:

a) die Dokumentation untersuchen, um zu überprüfen, ob die Verfahren in Übereinstimmung mit den Vorschriften der entsprechenden Druckgefäßnormen und des ADR sind, und

b) eine Nachprüfung in Übereinstimmung mit Absatz 6.2.2.6.3.2 durchführen, um zu überprüfen, ob die Prüfungen nach den Vorschriften der entsprechenden Druckgefäßnormen und des ADR zur Zufriedenheit der zuständigen Behörde durchgeführt werden.

6.2.2.6.4.4 Nach der Durchführung der Nachprüfung mit zufrieden stellenden Ergebnissen und der Erfüllung aller Vorschriften des Absatzes 6.2.2.6.4 ist eine Zulassungsbescheinigung auszustellen. Sie muss den Namen der Stelle für die wiederkehrende Prüfung, das eingetragene Kennzeichen, die Adresse jeder Einrichtung und die notwendigen Daten für den Nachweis ihrer zugelassenen Tätigkeiten (z.B. Bezeichnung der Druckgefäße, Prüfverfahren für die wiederkehrende Prüfung und Druckgefäßnormen) umfassen.

6.2.2.6.4.5 Wird der Stelle für die wiederkehrende Prüfung die Zulassung versagt, muss die zuständige Behörde schriftliche detaillierte Gründe für eine derartige Ablehnung vorlegen.

Änderungen an Zulassungen für Stellen für die wiederkehrende Prüfung

6.2.2.6.4.6 Nach der Zulassung muss die Stelle für die wiederkehrende Prüfung die ausstellende zuständige Behörde über alle Änderungen an den Informationen, die gemäß Absatz 6.2.2.6.4.2 im Rahmen der erstmaligen Zulassung unterbreitet wurden, in Kenntnis setzen.

Diese Änderungen sind zu bewerten, um festzustellen, ob die Vorschriften der entsprechenden Druckgefäßnormen und des ADR erfüllt werden. Eine Nachprüfung gemäß Absatz 6.2.2.6.3.2 kann vorgeschrieben werden. Die zuständige Behörde muss diese Änderungen schriftlich genehmigen oder ablehnen; soweit notwendig ist eine geänderte Zulassungsbescheinigung auszustellen.

6.2.2.6.4.7 Die zuständige Behörde muss den anderen zuständigen Behörden Informationenüber die erstmalige Zulassung, Änderungen der Zulassung und zurückgezogene Zulassungen auf Anfrage mitteilen.

6.2.2.6.5 Wiederkehrende Prüfung sowie Bescheinigung

Die Anbringung der Kennzeichen für die wiederkehrende Prüfung an einem Druckgefäß gilt als Erklärung, dass das Druckgefäß den anwendbaren Druckgefäßnormen und den Vorschriften des ADR entspricht. Die Stelle für die wiederkehrende Prüfung muss die Kennzeichen für die wiederkehrende Prüfung einschließlich ihres eingetragenen Kennzeichens an jedem zugelassenen Druckgefäß anbringen (siehe Absatz 6.2.2.7.7).

Bevor das Druckgefäß befüllt wird, muss von der Stelle für die wiederkehrende Prüfung ein Dokument ausgestellt werden, mit dem bestätigt wird, dass das Druckgefäß die wiederkehrende Prüfung erfolgreich bestanden hat.

6.2.2.6.6 Aufzeichnungen

Die Stelle für die wiederkehrende Prüfung muss die Aufzeichnungen über die Prüfungen an Druckgefäßen (unabhängig davon, ob sie erfolgreich oder nicht erfolgreich verlaufen sind) einschließlich des Standortes der Prüfeinrichtung mindestens 15 Jahre aufbewahren.

Der Eigentümer eines Druckgefäßes muss bis zur nächsten wiederkehrenden Prüfung eine identische Aufzeichnung aufbewahren, es sei denn, das Druckgefäß wird dauerhaft außer Dienst gestellt.

6.2.2.7 Kennzeichnung von nachfüllbaren UN-Druckgefäßen

Bem. Die Kennzeichnungsvorschriften für UN-Metallhydrid-Speichersysteme sind in Unterabschnitt 6.2.2.9 und für UN-Flaschenbündel in Unterabschnitt 6.2.2.10 enthalten.

6.2.2.7.1 Nachfüllbare UN-Druckgefäße sind deutlich und lesbar mit Zertifizierungskennzeichen, betrieblichen Kennzeichen und Herstellungskennzeichen zu versehen. Diese Kennzeichen müssen auf dem Druckgefäß dauerhaft angebracht sein (z.B. geprägt, graviert oder geätzt).

Die Kennzeichen müssen auf der Schulter, dem oberen Ende oder dem Hals des Druckgefäßes oder auf einem dauerhaft angebrachten Bestandteil des Druckgefäßes (z.B. angeschweißter Kragen oder an der äußeren Ummantelung eines verschlossenen Kryo-Behälters angeschweißte korrosionsbeständige Platte) erscheinen. Mit Ausnahme des UN-Verpackungssymbols beträgt die Mindestgröße der Kennzeichen 5 mm für Druckgefäße mit einem Durchmesser von mindestens 140 mm und 2,5 mm für Druckgefäße mit einem Durchmesser von weniger als 140 mm. Die Mindestgröße des UN-Verpackungssymbols beträgt 10 mm für Druckgefäße mit einem Durchmesser von mindestens 140 mm und 5 mm für Druckgefäße mit einem Durchmesser von weniger als 140 mm.

6.2.2.7.2 Folgende Zertifizierungskennzeichen sind anzubringen:

a) das Symbol der Vereinten Nationen für Verpackungen ⓤ.

Dieses Symbol darf nur zum Zweck der Bestätigung verwendet werden, dass eine Verpackung, ein flexibler Schüttgut-Container, ein ortsbeweglicher Tank oder ein MEGC den entsprechenden Vorschriften des Kapitels 6.1, 6.2, 6.3, 6.5, 6.6, 6.7 oder 6.11 entspricht. Dieses Symbol darf nicht für Druckgefäße verwendet werden, die nur den Vorschriften der Abschnitte 6.2.3 bis 6.2.5 entsprechen (siehe Unterabschnitt 6.2.3.9).

b) die für die Auslegung, die Herstellung und die Prüfung verwendete technische Norm (z.B. ISO 9809-1);

c) der (die) Buchstabe(n) für die Angabe des Zulassungsstaates, angegeben durch das für Kraftfahrzeuge im internationalen Verkehr verwendete Unterscheidungszeichen [2)];

Bem. Als Zulassungsland gilt dasjenige Land, das diejenige Stelle zugelassen hat, welche das einzelne Druckgefäß zum Zeitpunkt der Herstellung geprüft hat.

d) das Unterscheidungszeichen oder der Stempel der Prüfstelle, das/der bei der zuständigen Behörde des Staates, in dem die Kennzeichnung zugelassen wurde, registriert ist;

e) das Datum der erstmaligen Prüfung durch Angabe des Jahres (vier Ziffern), gefolgt von der Angabe des Monats (zwei Ziffern) und getrennt durch einen Schrägstrich (d.h. «/»).

10

6.2.2.7.3 Folgende betriebliche Kennzeichen sind anzubringen:

f) der Prüfdruck in bar, dem die Buchstaben «PH» vorangestellt und die Buchstaben «BAR» hinzugefügt werden;

g) die Masse des leeren Druckgefäßes einschließlich aller dauerhaft angebrachter Bestandteile (z.B. Halsring, Fußring usw.) in Kilogramm, der die Buchstaben «KG» hinzugefügt werden. Diese Masse darf die Masse des Ventils, der Ventilkappe oder des Ventilschutzes, einer eventuellen Beschichtung oder des porösen Materials für Acetylen nicht enthalten. Die Masse ist in drei signifikanten Ziffern, aufgerundet auf die letzte Stelle, auszudrücken. Bei Flaschen mit einer Masse von weniger als 1 kg, ist die Masse in zwei signifikanten Ziffern, aufgerundet auf die letzte Stelle, auszudrücken. Bei Druckgefäßen für UN 1001 Acetylen, gelöst, und UN 3374 Acetylen, lösungsmittelfrei, müssen mindestens eine Nachkommastelle und bei Druckgefäßen mit einer Masse von weniger als 1 kg mindestens zwei Nachkommastellen angegeben werden;

2) Das für Kraftfahrzeuge und Anhänger im internationalen Straßenverkehr verwendete Unterscheidungszeichen des Zulassungsstaates, z.B. gemäß dem Genfer Übereinkommen über den Straßenverkehr von 1949 oder dem Wiener Übereinkommen über den Straßenverkehr von 1968.

h) die garantierte Mindestwanddicke des Druckgefäßes in Millimetern, der die Buchstaben «MM» hinzugefügt werden. Dieses Kennzeichen ist nicht erforderlich für Druckgefäße mit einem Fassungsraum von höchstens 1 Liter, für Flaschen aus Verbundwerkstoffen oder für verschlossene Kryo-Behälter;

i) bei Druckgefäßen für verdichtete Gase, UN 1001 Acetylen, gelöst, und UN 3374 Acetylen, lösungsmittelfrei, der Betriebsdruck in bar, dem die Buchstaben «PW» vorangestellt werden; bei verschlossenen Kryo-Behältern, der höchstzulässige Betriebsdruck, dem die Buchstaben «MAWP» vorangestellt werden;

j) bei Druckgefäßen für verflüssigte und tiefgekühlt verflüssigte Gase der Fassungsraum in Liter, der in drei signifikanten Ziffern, abgerundet auf die letzte Stelle, ausgedrückt ist und dem der Buchstabe «L» hinzugefügt wird. Ist der Wert für den minimalen oder nominalen Fassungsraum eine ganze Zahl, dürfen die Nachkommastellen vernachlässigt werden;

k) bei Druckgefäßen für UN 1001 Acetylen, gelöst, die Gesamtmasse des leeren Druckgefäßes, der während der Befüllung nicht entfernten Ausrüstungs- und Zubehörteile, einer eventuellen Beschichtung, des porösen Materials, des Lösungsmittels und des Sättigungsgases, die in drei signifikanten Ziffern, abgerundet auf die letzte Stelle, ausgedrückt ist und der die Buchstaben «KG» hinzugefügt werden. Es muss mindestens eine Nachkommastelle angegeben werden. Bei Druckgefäßen mit einer Gesamtmasse von weniger als 1 kg muss die Gesamtmasse in zwei signifikanten Ziffern, abgerundet auf die letzte Stelle, angegeben werden;

l) bei Druckgefäßen für UN 3374 Acetylen, lösungsmittelfrei, die Gesamtmasse des leeren Druckgefäßes, der während der Befüllung nicht entfernten Ausrüstungs- und Zubehörteile, einer eventuellen Beschichtung und des porösen Materials, die in drei signifikanten Ziffern, abgerundet auf die letzte Stelle, ausgedrückt ist und der die Buchstaben «KG» hinzugefügt werden. Es muss mindestens eine Nachkommastelle angegeben werden. Bei Druckgefäßen mit einer Gesamtmasse von weniger als 1 kg muss die Gesamtmasse in zwei signifikanten Ziffern, abgerundet auf die letzte Stelle, angegeben werden.

6.2.2.7.4 Folgende Herstellungskennzeichen sind anzubringen:

m) Identifikation des Flaschengewindes (z.B. 25E). Dieses Kennzeichen ist für verschlossene Kryo-Behälter nicht erforderlich;

Bem. Informationen zu Kennzeichen, die für die Identifikation von Flaschengewinden verwendet werden können, sind in der Norm ISO/TR 11364 «Gasflaschen – Zusammenstellung von nationalen und internationalen Ventil-/Gasflaschen-Halsgewinden und ihre Identifizierung und Kennzeichnungssystem» enthalten.

n) das von der zuständigen Behörde registrierte Kennzeichen des Herstellers. Ist das Herstellungsland mit dem Zulassungsland nicht identisch, ist (sind) dem Kennzeichen des Herstellers der (die) Buchstabe(n) für die Angabe des Herstellungslandes, angegeben durch das für Kraftfahrzeuge im internationalen Verkehr verwendete Unterscheidungszeichen [2)], voranzustellen. Das Kennzeichen des Landes und das Kennzeichen des Herstellers sind durch eine Leerstelle oder einen Schrägstrich zu trennen;

o) die vom Hersteller zugeordnete Seriennummer;

p) bei Druckgefäßen aus Stahl und Druckgefäßen aus Verbundwerkstoff mit Stahlauskleidung, die für die Beförderung von Gasen mit einem Risiko der Wasserstoffversprödung vorgesehen sind, der Buchstabe «H», der die Verträglichkeit des Stahls angibt (siehe Norm ISO 11114-1:2012);

q) bei Flaschen und Großflaschen aus Verbundwerkstoffen mit einer begrenzten Auslegungslebensdauer die Buchstaben «FINAL», gefolgt von der Auslegungslebensdauer durch Angabe des Jahres (vier Ziffern) und, getrennt durch einen Schrägstrich (d.h. «/»), des Monats (zwei Ziffern);

2) Das für Kraftfahrzeuge und Anhänger im internationalen Straßenverkehr verwendete Unterscheidungszeichen des Zulassungsstaates, z.B. gemäß dem Genfer Übereinkommen über den Straßenverkehr von 1949 oder dem Wiener Übereinkommen über den Straßenverkehr von 1968.

r) bei Flaschen und Großflaschen aus Verbundwerkstoffen mit einer begrenzten Auslegungslebensdauer von mehr als 15 Jahren und für Flaschen und Großflaschen aus Verbundwerkstoffen mit einer unbegrenzten Auslegungslebensdauer die Buchstaben «SERVICE», gefolgt von dem 15 Jahre nach dem Herstellungsdatum (erstmalige Prüfung) liegenden Datum durch Angabe des Jahres (vier Ziffern) und, getrennt durch einen Schrägstrich (d.h. «/»), des Monats (zwei Ziffern).

Bem. Sobald das ursprüngliche Baumuster die Vorschriften des Betriebsdauer-Prüfprogramms gemäß Absatz 6.2.2.1.1 Bem. 2 oder 6.2.2.1.2 Bem. 2 erfüllt hat, ist dieses Kennzeichen der ursprünglichen Betriebsdauer für die weitere Produktion nicht mehr erforderlich. An Flaschen und Großflaschen eines Baumusters, welches die Vorschriften des Betriebsdauer-Prüfprogramms erfüllt hat, muss das Kennzeichen der ursprünglichen Betriebsdauer unkenntlich gemacht werden.

6.2.2.7.5 Die oben aufgeführten Kennzeichen müssen in drei Gruppen angeordnet werden:

– Die Herstellungskennzeichen müssen die oberste Gruppe bilden und nacheinander in der in Absatz 6.2.2.7.4 angegebenen Reihenfolge erscheinen, ausgenommen davon sind die in Absatz 6.2.2.7.4 q) und r) beschriebenen Kennzeichen, die direkt neben den Kennzeichen für die wiederkehrende Prüfung des Absatzes 6.2.2.7.7 erscheinen müssen.

– Die betrieblichen Kennzeichen des Absatzes 6.2.2.7.3 müssen die mittlere Gruppe bilden, wobei dem Prüfdruck f) unmittelbar der Betriebsdruck i), sofern dieser vorgeschrieben ist, vorangestellt sein muss.

– Die Zertifizierungskennzeichen müssen die unterste Gruppe bilden und in der in Absatz 6.2.2.7.2 angegebenen Reihenfolge erscheinen.

Nachstehend ist ein Beispiel für die Kennzeichnung einer Flasche dargestellt:

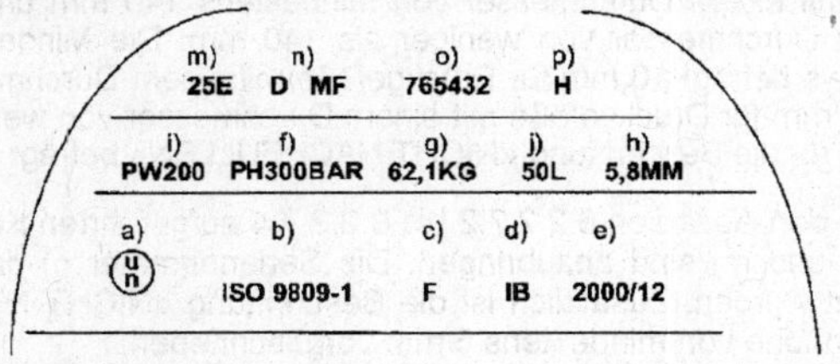

6.2.2.7.6 Andere Kennzeichen in anderen Bereichen als der Seitenwand sind zugelassen, vorausgesetzt, sie sind in Bereichen mit niedrigen Spannungen angebracht und haben keine Größe und Tiefe, die zu schädlichen Spannungskonzentrationen führen. Bei verschlossenen Kryo-Behältern dürfen solche Kennzeichen auf einer getrennten Platte angegeben sein, die an der äußeren Ummantelung angebracht ist. Solche Kennzeichen dürfen zu den vorgeschriebenen Kennzeichen nicht in Widerspruch stehen.

6.2.2.7.7 Zusätzlich zu den vorausgehenden Kennzeichen muss jedes nachfüllbare Druckgefäß, das die Vorschriften für die wiederkehrende Prüfung des Unterabschnitts 6.2.2.4 erfüllt, mit Kennzeichen versehen sein, die folgende Angaben enthalten:

a) den (die) Buchstaben des Unterscheidungszeichens des Staates, der die Stelle, welche die wiederkehrende Prüfung durchführt, zugelassen hat, angegeben durch das für Kraftfahrzeuge im internationalen Verkehr verwendete Unterscheidungszeichen [3]. Dieses Kennzeichen ist nicht erforderlich, wenn die Stelle von der zuständigen Behörde des Staates zugelassen wurde, in dem die Zulassung der Herstellung erfolgt ist;

---

3) Das für Kraftfahrzeuge und Anhänger im internationalen Straßenverkehr verwendete Unterscheidungszeichen des Zulassungsstaates, z.B. gemäß dem Genfer Übereinkommen über den Straßenverkehr von 1949 oder dem Wiener Übereinkommen über den Straßenverkehr von 1968.

b) das eingetragene Zeichen der von der zuständigen Behörde für die Durchführung von wiederkehrenden Prüfungen zugelassenen Stelle;

c) das Datum der wiederkehrenden Prüfung durch Angabe des Jahres (zwei Ziffern), gefolgt von der Angabe des Monats (zwei Ziffern) und getrennt durch einen Schrägstrich (d.h. «/»). Für die Angabe des Jahres dürfen auch vier Ziffern verwendet werden.

Die oben angegebenen Kennzeichen müssen nacheinander in der angegebenen Reihenfolge erscheinen.

6.2.2.7.8 Bei Acetylen-Flaschen dürfen mit Zustimmung der zuständigen Behörde das Datum der zuletzt durchgeführten wiederkehrenden Prüfung und der Stempel der Stelle, welche die wiederkehrende Prüfung durchführt, auf einem Ring eingraviert sein, der durch das Ventil an der Flasche befestigt ist. Der Ring muss so gestaltet sein, dass er nur durch Demontage des Ventils von der Flasche entfernt werden kann.

6.2.2.7.9 (gestrichen)

6.2.2.8 Kennzeichnung von nicht nachfüllbaren UN-Druckgefäßen

6.2.2.8.1 Nicht nachfüllbare UN-Druckgefäße sind deutlich und lesbar mit Zertifizierungskennzeichen und spezifischen Kennzeichen für Gase und Druckgefäße zu versehen. Diese Kennzeichen müssen auf dem Druckgefäß dauerhaft angebracht sein (z.B. mit Schablone beschriftet, geprägt, graviert oder geätzt). Die Kennzeichen müssen, wenn sie nicht mittels Schablone angebracht sind, auf der Schulter, dem oberen Ende oder dem Hals des Druckgefäßes oder auf einem dauerhaft angebrachten Bestandteil des Druckgefäßes (z.B. angeschweißter Kragen) erscheinen. Mit Ausnahme des UN-Verpackungssymbols und der Beschriftung «NICHT NACHFÜLLEN» beträgt die Mindestgröße der Kennzeichen 5 mm für Druckgefäße mit einem Durchmesser von mindestens 140 mm und 2,5 mm für Druckgefäße mit einem Durchmesser von weniger als 140 mm. Die Mindestgröße des UN-Verpackungssymbols beträgt 10 mm für Druckgefäße mit einem Durchmesser von mindestens 140 mm und 5 mm für Druckgefäße mit einem Durchmesser von weniger als 140 mm. Die Mindestgröße für die Beschriftung «NICHT NACHFÜLLEN» beträgt 5 mm.

6.2.2.8.2 Die in den Absätzen 6.2.2.7.2 bis 6.2.2.7.4 aufgeführten Kennzeichen mit Ausnahme von g), h) und m) sind anzubringen. Die Seriennummer o) darf durch die Chargennummer ersetzt werden. Zusätzlich ist die Beschriftung «NICHT NACHFÜLLEN» mit einer Buchstabenhöhe von mindestens 5 mm vorgeschrieben.

6.2.2.8.3 Es gelten die Vorschriften des Absatzes 6.2.2.7.5.

Bem. Wegen der Größe von nicht nachfüllbaren Druckgefäßen dürfen diese Kennzeichen durch einen Zettel ersetzt werden.

6.2.2.8.4 Andere Kennzeichen sind zugelassen, vorausgesetzt, sie sind in Bereichen mit niedrigen Spannungen mit Ausnahme der Seitenwand angebracht und haben keine Größe und Tiefe, die zu schädlichen Spannungskonzentrationen führen. Solche Kennzeichen dürfen zu den vorgeschriebenen Kennzeichen nicht in Widerspruch stehen.

6.2.2.9 Kennzeichnung von UN-Metallhydrid-Speichersystemen

6.2.2.9.1 UN-Metallhydrid-Speichersysteme sind deutlich und lesbar mit den nachstehenden Kennzeichen zu versehen. Diese Kennzeichen müssen auf dem Metallhydrid-Speichersystem dauerhaft angebracht sein (z.B. geprägt, graviert oder geätzt). Die Kennzeichen müssen auf der Schulter, dem oberen Ende oder dem Hals des Metallhydrid-Speichersystems oder auf einem dauerhaft angebrachten Bestandteil des Metallhydrid-Speichersystems erscheinen. Mit Ausnahme des Symbols der Vereinten Nationen für Verpackungen beträgt die Mindestgröße der Kennzeichen 5 mm für Metallhydrid-Speichersysteme, deren geringste Abmessung über alles mindestens 140 mm beträgt, und 2,5 mm für Metallhydrid-Speichersysteme, deren geringste Abmessung über alles weniger als 140 mm beträgt. Die Mindestgröße des Symbols der Vereinten Nationen für Verpackungen beträgt 10 mm für Metallhydrid-Speichersysteme, deren geringste Abmessung über alles mindestens 140 mm beträgt, und 5 mm für Metallhydrid-Speichersysteme, deren geringste Abmessung über alles weniger als 140 mm beträgt.

6.2.2.9.2 Folgende Kennzeichen sind anzubringen:

a) das Symbol der Vereinten Nationen für Verpackungen (UN-Symbol);
dieses Symbol darf nur zum Zweck der Bestätigung verwendet werden, dass eine Verpackung, ein flexibler Schüttgut-Container, ein ortsbeweglicher Tank oder ein MEGC den entsprechenden Vorschriften des Kapitels 6.1, 6.2, 6.3, 6.5, 6.6, 6.7 oder 6.11 entspricht;

b) «ISO 16111» (die für die Auslegung, die Herstellung und die Prüfung verwendete technische Norm);

c) der (die) Buchstabe(n) für die Angabe des Zulassungslandes, angegeben durch das für Kraftfahrzeuge im internationalen Verkehr verwendete Unterscheidungszeichen [4];

Bem. Als Zulassungsland gilt dasjenige Land, das diejenige Stelle zugelassen hat, welche das einzelne Druckgefäß zum Zeitpunkt der Herstellung geprüft hat.

d) das Unterscheidungszeichen oder der Stempel der Prüfstelle, das/der bei der zuständigen Behörde des Landes, in dem die Kennzeichnung zugelassen wurde, registriert ist;

e) das Datum der erstmaligen Prüfung durch Angabe des Jahres (vier Ziffern), gefolgt von der Angabe des Monats (zwei Ziffern) und getrennt durch einen Schrägstrich (d.h. «/»);

f) der Prüfdruck des Gefäßes in bar, dem die Buchstaben «PH» vorangestellt und die Buchstaben «BAR» hinzugefügt werden;

g) der nominale Füllungsdruck des Metallhydrid-Speichersystems in bar, dem die Buchstaben «RCP» vorangestellt und die Buchstaben «BAR» hinzugefügt werden;

h) das von der zuständigen Behörde registrierte Kennzeichen des Herstellers. Ist das Herstellungsland mit dem Zulassungsland nicht identisch, ist (sind) dem Kennzeichen des Herstellers der (die) Buchstabe(n) für die Angabe des Herstellungslandes, angegeben durch das für Kraftfahrzeuge im internationalen Verkehr verwendete Unterscheidungszeichen [4], voranzustellen. Das Kennzeichen des Landes und das Kennzeichen des Herstellers sind durch eine Leerstelle oder einen Schrägstrich zu trennen;

i) die vom Hersteller zugeordnete Seriennummer;

4) Das für Kraftfahrzeuge und Anhänger im internationalen Straßenverkehr verwendete Unterscheidungszeichen des Zulassungsstaates, z.B. gemäß dem Genfer Übereinkommen über den Straßenverkehr von 1949 oder dem Wiener Übereinkommen über den Straßenverkehr von 1968.

j) bei Druckgefäßen aus Stahl und Druckgefäßen aus Verbundwerkstoff mit Stahlauskleidung der Buchstabe «H», der die Verträglichkeit des Stahls angibt (siehe Norm ISO 11114-1:2012), und

k) bei Metallhydrid-Speichersystemen mit einer begrenzten Lebensdauer das Ablaufdatum, angegeben durch die Buchstaben «FINAL», gefolgt durch die Angabe des Jahres (vier Ziffern) und des Monats (zwei Ziffern) und getrennt durch einen Schrägstrich (d.h. «/»).

Die in den Absätzen a) bis e) festgelegen Zertifizierungskennzeichen müssen in der angegebenen Reihenfolge erscheinen. Dem Prüfdruck (Absatz f)) muss der nominale Füllungsdruck (Absatz g)) unmittelbar vorangestellt sein. Die in den Absätzen h) bis k) festgelegten Herstellungskennzeichen müssen in der angegebenen Reihenfolge erscheinen.

6.2.2.9.3 Andere Kennzeichen in anderen Bereichen als der Seitenwand sind zugelassen, vorausgesetzt, sie sind in Bereichen mit niedrigen Spannungen angebracht und ihre Größe und Tiefe führen nicht zu schädlichen Spannungskonzentrationen. Solche Kennzeichen dürfen nicht in Widerspruch zu den vorgeschriebenen Kennzeichen stehen.

6.2.2.9.4 Zusätzlich zu den vorausgehenden Kennzeichen muss jedes Metallhydrid-Speichersystem, das die Vorschriften für die wiederkehrende Prüfung des Unterabschnitts 6.2.2.4 erfüllt, mit Kennzeichen versehen sein, die folgende Angaben enthalten:

a) den (die) Buchstaben des Unterscheidungszeichens des Staates, der die Stelle, welche die wiederkehrende Prüfung durchführt, zugelassen hat, angegeben durch das für Kraftfahrzeuge im internationalen Verkehr verwendete Unterscheidungszeichen [4]. Dieses Kennzeichen ist nicht erforderlich, wenn diese Stelle von der zuständigen Behörde des Landes zugelassen wurde, in dem die Zulassung der Herstellung erfolgt ist;

b) das eingetragene Zeichen der von der zuständigen Behörde für die Durchführung von wiederkehrenden Prüfungen zugelassenen Stelle;

c) das Datum der wiederkehrenden Prüfung durch Angabe des Jahres (zwei Ziffern), gefolgt von der Angabe des Monats (zwei Ziffern) und getrennt durch einen Schrägstrich (d.h. «/»). Für die Angabe des Jahres dürfen auch vier Ziffern verwendet werden.

Die oben angegebenen Kennzeichen müssen nacheinander in der angegebenen Reihenfolge erscheinen.

6.2.2.10 Kennzeichnung von UN-Flaschenbündeln

6.2.2.10.1 Einzelne Flaschen eines Flaschenbündels müssen in Übereinstimmung mit Unterabschnitt 6.2.2.7 gekennzeichnet sein.

6.2.2.10.2 Nachfüllbare UN-Flaschenbündel sind deutlich und lesbar mit Zertifizierungskennzeichen, betrieblichen Kennzeichen und Herstellungskennzeichen zu versehen. Diese Kennzeichen müssen auf einem dauerhaft am Rahmen des Flaschenbündels befestigten Schild dauerhaft angebracht sein (z.B. geprägt, graviert oder geätzt). Mit Ausnahme des UN-Verpackungssymbols beträgt die Mindestgröße der Kennzeichen 5 mm. Die Mindestgröße des UN-Verpackungssymbols beträgt 10 mm.

---

4) Das für Kraftfahrzeuge und Anhänger im internationalen Straßenverkehr verwendete Unterscheidungszeichen des Zulassungsstaates, z.B. gemäß dem Genfer Übereinkommen über den Straßenverkehr von 1949 oder dem Wiener Übereinkommen über den Straßenverkehr von 1968.

6.2.2.10.3 Folgende Kennzeichen sind anzubringen:

a) die in Absatz 6.2.2.7.2 a), b), c), d) und e) festgelegten Zertifizierungskennzeichen;

b) die in Absatz 6.2.2.7.3 f), i) und j) festgelegten betrieblichen Kennzeichen und die Gesamtmasse des Rahmens des Flaschenbündels und aller dauerhaft angebrachten Teile (Flaschen, Sammelrohr, Ausrüstungsteile und Ventile). Flaschenbündel zur Beförderung von UN 1001 Acetylen, gelöst, und UN 3374 Acetylen, lösungsmittelfrei, müssen mit der Taramasse gemäß Norm ISO 10961:2010 Bestimmung B.4.2 versehen sein; und

c) die in Absatz 6.2.2.7.4 n), o) und, sofern anwendbar, p) festgelegten Herstellungskennzeichen.

6.2.2.10.4 Die Kennzeichen müssen in drei Gruppen angeordnet werden:

a) die Herstellungskennzeichen müssen die oberste Gruppe bilden und nacheinander in der in Absatz 6.2.2.10.3 c) angegebenen Reihenfolge erscheinen;

b) die betrieblichen Kennzeichen des Absatzes 6.2.2.10.3 b) müssen die mittlere Gruppe bilden, wobei dem betrieblichen Kennzeichen gemäß Absatz 6.2.2.7.3 f) unmittelbar das betriebliche Kennzeichen gemäß Absatz 6.2.2.7.3 i), sofern dieses vorgeschrieben ist, vorangestellt sein muss;

c) die Zertifizierungskennzeichen müssen die unterste Gruppe bilden und in der in Absatz 6.2.2.10.3 a) angegebenen Reihenfolge erscheinen.

6.2.2.11 Gleichwertige Verfahren für die Konformitätsbewertung und die wiederkehrende Prüfung

Die Vorschriften der Unterabschnitte 6.2.2.5 und 6.2.2.6 gelten für UN-Druckgefäße als erfüllt, wenn die folgenden Verfahren angewandt werden:

Verfahren	entsprechende Stelle
Baumusterzulassung (Unterabschnitt 1.8.7.2)	Xa
Überwachung der Herstellung (Unterabschnitt 1.8.7.3)	Xa oder IS
erstmalige Prüfung (Unterabschnitt 1.8.7.4)	Xa oder IS
wiederkehrende Prüfung (Unterabschnitt 1.8.7.5)	Xa oder Xb oder IS

Xa bedeutet die zuständige Behörde, deren Beauftragter oder die gemäß EN ISO/IEC 17020:2012 (ausgenommen Absatz 8.1.3) Typ A akkreditierte Prüfstelle nach Unterabschnitt 1.8.6.2, 1.8.6.4, 1.8.6.5 und 1.8.6.8.

Xb bedeutet die gemäß EN ISO/IEC 17020:2012 (ausgenommen Absatz 8.1.3) Typ B akkreditierte Prüfstelle nach Unterabschnitt 1.8.6.2, 1.8.6.4, 1.8.6.5 und 1.8.6.8.

IS bedeutet ein betriebseigener Prüfdienst des Antragstellers unter der Überwachung einer gemäß EN ISO/IEC 17020:2012 (ausgenommen Absatz 8.1.3) Typ A akkreditierten Prüfstelle nach Unterabschnitt 1.8.6.2, 1.8.6.4, 1.8.6.5 und 1.8.6.8. Der betriebseigene Prüfdienst muss vom Auslegungsverfahren, den Herstellungsarbeiten, der Reparatur und Instandhaltung unabhängig sein.

6.2.3 Vorschriften für Druckgefäße, die keine UN-Druckgefäße sind

6.2.3.1 Auslegung und Bau

6.2.3.1.1 Druckgefäße und ihre Verschlüsse, die nicht nach den Vorschriften des Abschnitts 6.2.2 ausgelegt, gebaut, geprüft und zugelassen sind, müssen nach den allgemeinen Vorschriften des Abschnitts 6.2.1 mit den Ergänzungen oder Änderungen dieses Abschnitts und des Abschnitts 6.2.4 oder 6.2.5 ausgelegt, gebaut, geprüft und zugelassen sein.

6.2.3.1.2 Die Wanddicke ist in allen möglichen Fällen durch Berechnung, verbunden, soweit erforderlich, mit einer experimentellen Spannungsanalyse, zu ermitteln. Andernfalls darf die Wanddicke auch auf experimentellem Wege bestimmt werden.

Bei der Auslegung der Außenwand und der tragenden Teile sind geeignete Berechnungen anzustellen, um die Sicherheit der Druckgefäße zu gewährleisten.

Die für die Druckfestigkeit mindestens erforderliche Wanddicke muss berechnet werden, insbesondere unter Beachtung:

- der Berechnungsdrücke, die nicht niedriger als der Prüfdruck sein dürfen,
- der Berechnungstemperaturen, die eine angemessene Sicherheitsspanne bieten,
- der Höchstspannungen und der Spitzenspannungskonzentrationen, falls erforderlich,
- der mit den Werkstoffeigenschaften zusammenhängenden Faktoren.

6.2.3.1.3 Für geschweißte Druckgefäße dürfen nur Metalle schweißbarer Qualität verwendet werden, für die ein ausreichender Wert der Kerbschlagzähigkeit bei einer Umgebungstemperatur von - 20 °C gewährleistet werden kann.

6.2.3.1.4 Bei verschlossenen Kryo-Behältern muss die gemäß Absatz 6.2.1.1.8.1 nachzuweisende Kerbschlagzähigkeit nach den Verfahren des Unterabschnitts 6.8.5.3 geprüft werden.

6.2.3.1.5 Acetylen-Flaschen dürfen nicht mit Schmelzsicherungen ausgerüstet sein.

6.2.3.2 (bleibt offen)

6.2.3.3 Bedienungsausrüstung

6.2.3.3.1 Die Bedienungsausrüstung muss den Vorschriften des Unterabschnitts 6.2.1.3 entsprechen.

6.2.3.3.2 Öffnungen

Druckfässer dürfen mit Öffnungen für das Befüllen und Entleeren sowie mit weiteren Öffnungen für Füllstandsanzeige, Druckanzeige oder Entlastungseinrichtungenausgestattet sein. Die Anzahl der Öffnungen ist gering zu halten, um einen sicheren Betrieb zu gewährleisten. Druckfässer dürfen auch mit einer Prüföffnung versehen sein, die mit einem wirksamen Verschluss verschlossen sein muss.

6.2.3.3.3 Ausrüstung

a) Wenn die Flaschen mit einer Einrichtung versehen sind, die ein Rollen der Flaschen verhindert, darf diese nicht mit der Schutzkappe verbunden sein.

b) Rollbare Druckfässer müssen mit Rollreifen oder einem anderen Schutz versehen sein, der Schäden beim Rollen vermeidet (z.B. auf die Außenseite des Druckgefäßes aufgesprühter korrosionsfester Metallbelag).

c) Flaschenbündel müssen mit geeigneten Einrichtungen für eine sichere Handhabung und Beförderung versehen sein.

d) Wenn Füllstandsanzeige, Druckanzeige oder Entlastungseinrichtungen angebracht sind, sind diese in gleicher Weise zu schützen, wie dies für Ventile in Unterabschnitt 4.1.6.8 vorgeschrieben ist.

6.2.3.4 **Erstmalige Prüfung**

6.2.3.4.1 Neue Druckgefäße sind in Übereinstimmung mit den Vorschriften des Unterabschnitts 6.2.1.5 während und nach der Herstellung Prüfungen zu unterziehen.

6.2.3.4.2 Besondere Vorschriften für Druckgefäße aus Aluminiumlegierungen

a) Außer der in Absatz 6.2.1.5.1 vorgeschriebenen erstmaligen Prüfung muss noch die Prüfung der Anfälligkeit der Druckgefäßinnenwand auf interkristalline Korrosion vorgenommen werden, sofern eine kupferhaltige Aluminiumlegierung oder eine magnesium- oder manganhaltige Aluminiumlegierung verwendet wird, deren Magnesiumgehalt mehr als 3,5 % oder deren Mangangehalt weniger als 0,5 % beträgt.

b) Die Prüfung der Aluminium/Kupferlegierung ist vom Hersteller anlässlich der Genehmigung einer neuen Legierung durch die zuständige Behörde und danach als Fabrikationsprüfung für jeden neuen Guss durchzuführen.

c) Die Prüfung der Aluminium/Magnesiumlegierung ist vom Hersteller anlässlich der Genehmigung einer neuen Legierung und eines Fabrikationsprozesses durch die zuständige Behörde durchzuführen. Im Falle einer Änderung in der Zusammensetzung der Legierung oder im Fabrikationsprozess ist die Prüfung zu wiederholen.

6.2.3.5 **Wiederkehrende Prüfung**

6.2.3.5.1 Die wiederkehrende Prüfung muss in Übereinstimmung mit den Vorschriften des Unterabschnitts 6.2.1.6 erfolgen.

Bem. 1. Mit Zustimmung der zuständigen Behörde des Landes, das die Baumusterzulassung ausgestellt hat, darf die Flüssigkeitsdruckprüfung für geschweißte Flaschen aus Stahl für Gase der UN-Nummer 1965 Kohlenwasserstoffgas, Gemisch, verflüssigt, n.a.g., mit einem Fassungsraum von weniger als 6,5 Litern durch eine andere Prüfung ersetzt werden, die ein gleichwertiges Sicherheitsniveau gewährleistet.

2. Für nahtlose Flaschen und Großflaschen aus Stahl darf die Prüfung des Absatzes 6.2.1.6.1 b) und die Flüssigkeitsdruckprüfung des Absatzes 6.2.1.6.1 d) durch ein Verfahren gemäß Norm EN ISO 16148:2016 «Gasflaschen – Wiederbefüllbare nahtlose Flaschen und Großflaschen aus Stahl – Schallemissionsprüfung und nachfolgende Ultraschallprüfung für die wiederkehrende Inspektion und Prüfung» ersetzt werden.

3. Die Prüfung des Absatzes 6.2.1.6.1 b) und die Flüssigkeitsdruckprüfung des Absatzes 6.2.1.6.1 d) darf durch eine Ultraschallprüfung ersetzt werden, die für nahtlose Flaschen aus Aluminiumlegierung in Übereinstimmung mit der Norm EN 1802:2002 und für nahtlose Flaschen aus Stahl in Übereinstimmung mit der Norm EN 1968:2002 + A1:2005 durchgeführt wird.

6.2.3.5.2 Verschlossene Kryo-Behälter müssen innerhalb der in Unterabschnitt 4.1.4.1 Verpackungsanweisung P 203 (8) b) festgelegten Fristen wie folgt wiederkehrenden Prüfungen unterzogen werden:

a) Prüfung der äußeren Beschaffenheit des Behälters und Überprüfung der Ausrüstung und äußeren Kennzeichen;

b) Dichtheitsprüfung.

6.2.3.5.3 *Allgemeine Vorschriften für den Ersatz bestimmter in Absatz 6.2.3.5.1 vorgeschriebener Prüfung(en) der wiederkehrenden Prüfung*

6.2.3.5.3.1 Dieser Absatz gilt nur für Druckgefäßarten, die in Übereinstimmung mit in Unterabschnitt 6.2.4.1 in Bezug genommenen Normen oder in Übereinstimmung mit einem technischen Regelwerk gemäß Abschnitt 6.2.5 ausgelegt und hergestellt wurden und bei denen die inhärenten Eigenschaften der Auslegung eine Durchführung oder eine Interpretation der Ergebnisse der in Absatz 6.2.1.6.1 b) oder d) vorgeschriebenen Prüfungen der wiederkehrenden Prüfung verhindern.

Für derartige Druckgefäße muss (müssen) diese Prüfung(en) durch eine oder mehrere alternative Methoden in Bezug auf die Eigenschaften der jeweiligen Auslegung, die in Absatz 6.2.3.5.4 festgelegt und in einer Sondervorschrift des Kapitels 3.3 oder in einer in Unterabschnitt 6.2.4.2 in Bezug genommenen Norm genau beschrieben werden, ersetzt werden.

Die alternativen Methoden müssen festlegen, welche Prüfungen gemäß Absatz 6.2.1.6.1 b) und d) ersetzt werden.

Die alternative(n) Methode(n) muss (müssen) zusammen mit den verbleibenden Prüfungen gemäß Absatz 6.2.1.6.1 a) bis e) ein Sicherheitsniveau gewährleisten, das dem Sicherheitsniveau von Druckgefäßen ähnlicher Größe und Verwendung, die in Übereinstimmung mit Absatz 6.2.3.5.1 einer wiederkehrenden Prüfung unterzogen werden, zumindest gleichwertig ist.

Die alternative(n) Methode(n) muss (müssen) darüber hinaus alle folgenden Elemente genau beschreiben:

- eine Beschreibung der entsprechenden Druckgefäßarten;
- das Verfahren für die Prüfung(en);
- die Spezifizierungen der Akzeptanzkriterien;
- eine Beschreibung der im Fall einer Rückweisung von Druckgefäßen zu ergreifenden Maßnahmen.

6.2.3.5.3.2 Zerstörungsfreie Prüfung als alternative Methode

Die in Absatz 6.2.3.5.3.1 bestimmte(n) Prüfung(en) muss (müssen) durch eine (oder mehrere) zerstörungsfreie Prüfmethode(n) ergänzt oder ersetzt werden, die an jedem einzelnen Druckgefäß durchgeführt werden muss (müssen).

6.2.3.5.3.3 Zerstörende Prüfung als alternative Methode

Wenn keine zerstörungsfreie Prüfmethode zu einem gleichwertigen Sicherheitsniveau führt, muss (müssen) die in Absatz 6.2.3.5.3.1 bestimmte(n) Prüfung(en) mit Ausnahme der in Absatz 6.2.1.6.1 b) aufgeführten Prüfung der inneren Beschaffenheit durch eine (oder mehrere) zerstörende Prüfmethode(n) in Verbindung mit einer statistischen Auswertung ergänzt oder ersetzt werden.

Zusätzlich zu den oben beschriebenen Elementen muss die detaillierte Methode für die zerstörende Prüfung folgende Elemente dokumentieren:

- eine Beschreibung der entsprechenden Grundgesamtheit der Druckgefäße;
- ein Verfahren für die Stichprobenentnahme der einzelnen zu prüfenden Druckgefäße;
- ein Verfahren für die statistische Auswertung der Prüfergebnisse, einschließlich der Zurückweisungskriterien;
- eine Spezifizierung der Häufigkeit zerstörender Stichprobenprüfungen;

– eine Beschreibung der zu ergreifenden Maßnahmen, wenn die Akzeptanzkriterien zwar erfüllt werden, aber eine sicherheitsrelevante Verschlechterung der Werkstoffeigenschaften beobachtet wird, die für die Festlegung des Endes der Betriebsdauer verwendet werden müssen;

– eine statistische Bewertung des durch die alternative Methode erzielten Sicherheitsniveaus.

6.2.3.5.4 Umformte Flaschen, die dem Absatz 6.2.3.5.3.1 unterliegen, müssen wiederkehrenden Prüfungen in Übereinstimmung mit Kapitel 3.3 Sondervorschrift 674 unterzogen werden.

6.2.3.6 Zulassung von Druckgefäßen

6.2.3.6.1 Die Verfahren für die Konformitätsbewertung und die wiederkehrende Prüfung in Abschnitt 1.8.7 sind durch die entsprechende Stelle gemäß nachstehender Tabelle durchzuführen.

Verfahren	entsprechende Stelle
Baumusterzulassung (Unterabschnitt 1.8.7.2)	Xa
Überwachung der Herstellung (Unterabschnitt 1.8.7.3)	Xa oder IS
erstmalige Prüfung (Unterabschnitt 1.8.7.4)	Xa oder IS
wiederkehrende Prüfung (Unterabschnitt 1.8.7.5)	Xa oder Xb oder IS

Bei wiederbefüllbaren Druckgefäßen darf die Konformitätsbewertung von Ventilen und anderen abnehmbaren Zubehörteilen, die eine direkte Sicherheitsfunktion haben, getrennt von den Druckgefäßen durchgeführt werden. Bei nicht wiederbefüllbaren Druckgefäßen muss die Konformitätsbewertung von Ventilen und anderen abnehmbaren Zubehörteilen, die eine direkte Sicherheitsfunktion haben, gemeinsam mit den Druckgefäßen durchgeführt werden.

Xa bedeutet die zuständige Behörde, deren Beauftragter oder die gemäß EN ISO/IEC 17020:2012 (ausgenommen Absatz 8.1.3) Typ A akkreditierte Prüfstelle nach Unterabschnitt 1.8.6.2, 1.8.6.4, 1.8.6.5 und 1.8.6.8.

Xb bedeutet die gemäß EN ISO/IEC 17020:2012 (ausgenommen Absatz 8.1.3) Typ B akkreditierte Prüfstelle nach Unterabschnitt 1.8.6.2, 1.8.6.4, 1.8.6.5 und 1.8.6.8.

IS bedeutet ein betriebseigener Prüfdienst des Antragstellers unter der Überwachung einer gemäß EN ISO/IEC 17020:2012 (ausgenommen Absatz 8.1.3) Typ A akkreditierten Prüfstelle nach Unterabschnitt 1.8.6.2, 1.8.6.4, 1.8.6.5 und 1.8.6.8. Der betriebseigene Prüfdienst muss vom Auslegungsverfahren, den Herstellungsarbeiten, der Reparatur und Instandhaltung unabhängig sein.

6.2.3.6.2 Ist das Zulassungsland keine Vertragspartei des ADR, muss die in Absatz 6.2.1.7.2 genannte zuständige Behörde die zuständige Behörde einer Vertragspartei des ADR sein.

6.2.3.7 Anforderungen an Hersteller

6.2.3.7.1 Die entsprechenden Vorschriften des Abschnitts 1.8.7 müssen erfüllt werden.

6.2.3.8 Anforderungen an Prüfstellen

Die Vorschriften des Abschnitts 1.8.6 müssen erfüllt werden.

6.2.3.9 Kennzeichnung von nachfüllbaren Druckgefäßen

6.2.3.9.1 Die Kennzeichnung muss dem Unterabschnitt 6.2.2.7 mit folgenden Abweichungen entsprechen.

6.2.3.9.2 Das in Absatz 6.2.2.7.2 a) festgelegte Verpackungssymbol der Vereinten Nationen darf nicht angebracht werden, und die Vorschriften des Absatzes 6.2.2.7.4 q) und r) dürfen nicht angewendet werden.

6.2.3.9.3 Die Vorschriften des Absatzes 6.2.2.7.3 j) werden wie folgt ersetzt:

j) Der Fassungsraum des Druckgefäßes in Liter, dem der Buchstabe «L» hinzugefügt wird. Bei Druckgefäßen für verflüssigte Gase muss der Fassungsraum in drei signifikanten Ziffern, abgerundet auf die letzte Stelle, ausgedrückt werden. Ist der Wert für den minimalen oder nominalen Fassungsraum eine ganze Zahl, dürfen die Nachkommastellen vernachlässigt werden.

6.2.3.9.4 Die in den Absätzen 6.2.2.7.3 g) und h) und 6.2.2.7.4 m) festgelegten Kennzeichen sind für Druckgefäße mit UN 1965 Kohlenwasserstoffgas, Gemisch, verflüssigt, n.a.g., nicht erforderlich.

6.2.3.9.5 Bei der Kennzeichnung mit dem Datum gemäß Absatz 6.2.2.7.7 c) muss für Gase, bei denen die Frist zwischen den wiederkehrenden Prüfungen 10 Jahre oder mehr beträgt (siehe Unterabschnitt 4.1.4.1 Verpackungsanweisungen P 200 und P 203), der Monat nicht angegeben werden.

6.2.3.9.6 Die Kennzeichen gemäß Absatz 6.2.2.7.7 dürfen auf einem Ring aus einem geeignetem Werkstoff eingraviert sein, der durch den Einbau des Ventils an der Flasche oder am Druckfass befestigt wird und der nur durch Demontage des Ventils von der Flasche oder dem Druckfass entfernt werden kann.

6.2.3.9.7 Kennzeichnung von Flaschenbündeln

6.2.3.9.7.1 Die einzelnen Flaschen eines Flaschenbündels müssen in Übereinstimmung mit den Absätzen 6.2.3.9.1 bis 6.2.3.9.6 gekennzeichnet sein.

6.2.3.9.7.2 Die Kennzeichnung von Flaschenbündeln muss mit der Ausnahme, dass das in Absatz 6.2.2.7.2 a) festgelegte Verpackungssymbol der Vereinten Nationen nicht angebracht werden darf, den Absätzen 6.2.2.10.2 und 6.2.2.10.3 entsprechen.

► *1.6.2.13*

6.2.3.9.7.3 Zusätzlich zu den vorausgehenden Kennzeichen muss jedes Flaschenbündel, das die Vorschriften für die wiederkehrende Prüfung des Unterabschnitts 6.2.4.2 erfüllt, mit Kennzeichen versehen sein, die folgende Angaben enthalten:

► 1.6.2.13
1.6.2.15

a) den (die) Buchstaben des Unterscheidungszeichens des Staates, der die Stelle, welche die wiederkehrende Prüfung durchführt, zugelassen hat, angegeben durch das für Kraftfahrzeuge im internationalen Verkehr verwendete Unterscheidungszeichen [5]. Dieses Kennzeichen ist nicht erforderlich, wenn die Stelle von der zuständigen Behörde des Landes zugelassen wurde, in dem die Zulassung der Herstellung erfolgt ist;

b) das eingetragene Zeichen der von der zuständigen Behörde für die Durchführung von wiederkehrenden Prüfungen zugelassenen Stelle;

c) das Datum der wiederkehrenden Prüfung durch Angabe des Jahres (zwei Ziffern), gefolgt von der Angabe des Monats (zwei Ziffern) und getrennt durch einen Schrägstrich (d.h. «/»). Für die Angabe des Jahres dürfen auch vier Ziffern verwendet werden.

Die oben angegebenen Kennzeichen müssen entweder auf dem in Absatz 6.2.2.10.2 festgelegten oder auf einem dauerhaft am Rahmen des Flaschenbündels befestigten getrennten Schild in der angegebenen Reihenfolge erscheinen.

6.2.3.10 Kennzeichnung von nicht nachfüllbaren Druckgefäßen

6.2.3.10.1 Die Kennzeichnung muss mit der Ausnahme, dass das in Absatz 6.2.2.7.2 a) festgelegte Verpackungssymbol der Vereinten Nationen nicht angebracht werden darf, dem Unterabschnitt 6.2.2.8 entsprechen.

6.2.3.11 Bergungsdruckgefäße

6.2.3.11.1 Um eine sichere Handhabung und Entsorgung der in dem Bergungsdruckgefäß beförderten Druckgefäße zu ermöglichen, darf die Auslegung Ausrüstungen umfassen, die sonst nicht für Flaschen oder Druckfässer verwendet werden, wie flache Gefäßböden, Schnellöffnungseinrichtungen und Öffnungen im zylindrischen Teil.

6.2.3.11.2 Anweisungen für die sichere Handhabung und Verwendung des Bergungsdruckgefäßes müssen in der Dokumentation des Antrags an die zuständige Behörde des Zulassungslandes klar angegeben und Bestandteil der Zulassungsbescheinigung sein. In der Zulassungsbescheinigung müssen die zur Beförderung in einem Bergungsdruckgefäß zugelassenen Druckgefäße angegeben sein. Darüber hinaus muss ein Verzeichnis der Werkstoffe aller Teile, die mit den gefährlichen Gütern in Kontakt kommen können, eingeschlossen sein.

6.2.3.11.3 Der Hersteller muss dem Eigentümer eines Bergungsdruckgefäßes eine Kopie der Zulassungsbescheinigung zur Verfügung stellen.

6.2.3.11.4 Die Kennzeichnung von Bergungsdruckgefäßen gemäß Abschnitt 6.2.3 muss von der zuständigen Behörde des Zulassungslandes unter Berücksichtigung der jeweils anwendbaren geeigneten Kennzeichnungsvorschriften des Unterabschnitts 6.2.3.9 festgelegt werden. Die Kennzeichen müssen den mit Wasser ausgeliterten Fassungsraum und den Prüfdruck des Bergungsdruckgefäßes umfassen.

---

5) Das für Kraftfahrzeuge und Anhänger im internationalen Straßenverkehr verwendete Unterscheidungszeichen des Zulassungsstaates, z.B. gemäß dem Genfer Übereinkommen über den Straßenverkehr von 1949 oder dem Wiener Übereinkommen über den Straßenverkehr von 1968.

6.2.4 **Vorschriften für in Übereinstimmung mit in Bezug genommenen Normen ausgelegte, gebaute und geprüfte Druckgefäße, die keine UN-Druckgefäße sind**

► *1.6.2.5*

Bem. Personen oder Organe, die in den Normen als Verantwortliche gemäß ADR ausgewiesen sind, müssen die Vorschriften des ADR einhalten.

6.2.4.1 **Auslegung, Bau und erstmalige Prüfung**

Baumusterzulassungen müssen in Übereinstimmung mit Abschnitt 1.8.7 ausgestellt werden. Die in der nachstehenden Tabelle in Bezug genommenen Normen müssen wie in der Spalte (4) angegeben für die Ausstellung von Baumusterzulassungen angewendet werden, um die in Spalte (3) der Tabelle genannten Vorschriften des Kapitels 6.2 zu erfüllen. Die Normen müssen in Übereinstimmung mit Abschnitt 1.1.5 angewendet werden. In der Spalte (5) ist der späteste Zeitpunkt angegeben, zu dem bestehende Baumusterzulassungen gemäß Absatz 1.8.7.2.4 zurückgezogen werden müssen; wenn kein Datum angegeben ist, bleibt die Baumusterzulassung bis zu ihrem Ablauf gültig.

Seit dem 1. Januar 2009 ist die Anwendung in Bezug genommener Normen rechtsverbindlich. Ausnahmen sind in Abschnitt 6.2.5 aufgeführt.

Wenn mehrere Normen für die Anwendung derselben Vorschriften in Bezug genommen sind, ist nur eine dieser Normen, jedoch in ihrer Gesamtheit anzuwenden, sofern in der nachstehenden Tabelle nichts anderes angegeben ist.

Der Anwendungsbereich jeder Norm ist in der Anwendungsbestimmung der Norm definiert, sofern in der nachstehenden Tabelle nichts anderes festgelegt ist.

Referenz	Titel des Dokuments	anwendbar für Unterabschnitte/ Absätze	anwendbar für neue oder Verlängerungen von Baumusterzulassungen	letzter Zeitpunkt für den Entzug bestehender Baumusterzulassungen
(1)	(2)	(3)	(4)	(5)
für die Auslegung und den Bau				
Anlage I Teile 1 bis 3 der Richtlinie des Rates 84/525/EWG	Richtlinie des Rates der Europäischen Gemeinschaften vom 17. September 1984 zur Angleichung der Rechtsvorschriften der Mitgliedstaaten (der Europäischen Gemeinschaften) über nahtlose Gasflaschen aus Stahl, veröffentlicht im Amtsblatt der Europäischen Gemeinschaften Nr. L 300 vom 19.11.1984.	6.2.3.1 und 6.2.3.4	bis auf Weiteres	
Anlage I Teile 1 bis 3 der Richtlinie des Rates 84/526/EWG	Richtlinie des Rates der Europäischen Gemeinschaften vom 17. September 1984 zur Angleichung der Rechtsvorschriften der Mitgliedstaaten (der Europäischen Gemeinschaften) über nahtlose Gasflaschen aus unlegiertem Aluminium und Aluminiumlegierungen, veröffentlicht im Amtsblatt der Europäischen Gemeinschaften Nr. L 300 vom 19.11.1984.	6.2.3.1 und 6.2.3.4	bis auf Weiteres	
Anlage I Teile 1 bis 3 der Richtlinie des Rates 84/527/EWG	Richtlinie des Rates der Europäischen Gemeinschaften vom 17. September 1984 zur Angleichung der Rechtsvorschriften der Mitgliedstaaten (der Europäischen Gemeinschaften) über geschweißte Gasflaschen aus unlegiertem Stahl, veröffentlicht im Amtsblatt der Europäischen Gemeinschaften Nr. L 300 vom 19.11.1984.	6.2.3.1 und 6.2.3.4	bis auf Weiteres	
EN 1442:1998 + AC:1999	Ortsbewegliche wiederbefüllbare geschweißte Flaschen aus Stahl für Flüssiggas (LPG) – Gestaltung und Konstruktion	6.2.3.1 und 6.2.3.4	zwischen dem 1. Juli 2001 und dem 30. Juni 2007	31. Dezember 2012

Bau- und Prüfvorschriften für Druckgefäße, Druckgaspackungen, Gefäße, klein, mit Gas (Gaspatronen) und Brennstoffzellen-Kartuschen mit verflüssigtem entzündbarem Gas

Referenz	Titel des Dokuments	anwendbar für Unterabschnitte/ Absätze	anwendbar für neue oder Verlängerungen von Baumusterzulassungen	letzter Zeitpunkt für den Entzug bestehender Baumusterzulassungen
(1)	(2)	(3)	(4)	(5)
***für die Auslegung und den Bau** (Forts.)*				
EN 1442:1998 + A2:2005	Ortsbewegliche wiederbefüllbare geschweißte Flaschen aus Stahl für Flüssiggas (LPG) – Gestaltung und Konstruktion	6.2.3.1 und 6.2.3.4	zwischen dem 1. Januar 2007 und dem 31. Dezember 2010	
EN 1442:2006 + A1:2008	Ortsbewegliche wiederbefüllbare geschweißte Flaschen aus Stahl für Flüssiggas (LPG) – Gestaltung und Konstruktion	6.2.3.1 und 6.2.3.4	zwischen dem 1. Januar 2009 und dem 31. Dezember 2020	
EN 1442:2017	Flüssiggas-Geräte und Ausrüstungsteile – Ortsbewegliche, wiederbefüllbare, geschweißte Flaschen aus Stahl für Flüssiggas (LPG) – Auslegung und Bau	6.2.3.1 und 6.2.3.4	bis auf Weiteres	
EN 1800:1998 + AC:1999	Ortsbewegliche Gasflaschen – Acetylen-Flaschen – Grundanforderungen und Definitionen	6.2.1.1.9	zwischen dem 1. Juli 2001 und dem 31. Dezember 2010	
EN 1800:2006	Ortsbewegliche Gasflaschen – Acetylenflaschen – Grundanforderungen, Definitionen und Typprüfung	6.2.1.1.9	zwischen dem 1. Januar 2009 und dem 31. Dezember 2016	
EN ISO 3807:2013	Gasflaschen – Acetylenflaschen – Grundlegende Anforderungen und Baumusterprüfung **Bem.** Es dürfen keine Schmelzsicherungen angebracht sein.	6.2.1.1.9	bis auf Weiteres	
EN 1964-1:1999	Ortsbewegliche Gasflaschen – Gestaltung und Konstruktion von nahtlosen wiederbefüllbaren ortsbeweglichen Gasflaschen aus Stahl mit einem Fassungsraum von 0,5 Liter bis einschließlich 150 Liter – Teil 1: Nahtlose Flaschen aus Stahl mit einem Rm-Wert weniger als 1 100 MPa	6.2.3.1 und 6.2.3.4	bis zum 31. Dezember 2014	
EN 1975:1999 (ausgenommen Anlage G)	Ortsbewegliche Gasflaschen – Gestaltung und Konstruktion von wiederbefüllbaren ortsbeweglichen nahtlosen Gasflaschen aus Aluminium und Aluminiumlegierung mit einem Fassungsraum von 0,5 l bis einschließlich 150 l	6.2.3.1 und 6.2.3.4	bis zum 30. Juni 2005	
EN 1975:1999 + A1:2003	Ortsbewegliche Gasflaschen – Gestaltung und Konstruktion von wiederbefüllbaren ortsbeweglichen nahtlosen Gasflaschen aus Aluminium und Aluminiumlegierung mit einem Fassungsraum von 0,5 l bis einschließlich 150 l	6.2.3.1 und 6.2.3.4	zwischen dem 1. Januar 2009 und dem 31. Dezember 2016	
EN ISO 7866:2012 + AC:2014	Gasflaschen – Wiederbefüllbare nahtlose Gasflaschen aus Aluminiumlegierungen – Auslegung, Bau und Prüfung (ISO 7866:2012)	6.2.3.1 und 6.2.3.4	bis auf Weiteres	
EN ISO 11120:1999	Ortsbewegliche Gasflaschen – Nahtlose wiederbefüllbare Großflaschen aus Stahl für den Transport verdichteter Gase mit einem Fassungsraum zwischen 150 l und 3 000 l – Gestaltung, Konstruktion und Prüfung	6.2.3.1 und 6.2.3.4	zwischen dem 1. Juli 2001 und dem 30. Juni 2015	31. Dezember 2015 für Großflaschen, die gemäß Absatz 6.2.2.7.4 p) mit dem Buchstaben «H» gekennzeichnet sind

10

Referenz	Titel des Dokuments	anwendbar für Unterabschnitte/ Absätze	anwendbar für neue oder Verlängerungen von Baumusterzulassungen	letzter Zeitpunkt für den Entzug bestehender Baumusterzulassungen
(1)	(2)	(3)	(4)	(5)
***für die Auslegung und den Bau** (Forts.)*				
EN ISO 11120:1999 + A1:2013	Ortsbewegliche Gasflaschen – Nahtlose wiederbefüllbare Großflaschen aus Stahl für den Transport verdichteter Gase mit einem Fassungsvermögen (Wasser) zwischen 150 l und 3000 l – Gestaltung, Konstruktion und Prüfung	6.2.3.1 und 6.2.3.4	zwischen dem 1. Januar 2015 und dem 31. Dezember 2020	
EN ISO 11120:2015	Gasflaschen – Wiederbefüllbare nahtlose Großflaschen aus Stahl mit einem Fassungsraum zwischen 150 Liter und 3000 Liter – Auslegung, Bau und Prüfung	6.2.3.1 und 6.2.3.4	bis auf Weiteres	
EN 1964-3:2000	Ortsbewegliche Gasflaschen – Gestaltung und Konstruktion von nahtlosen wiederbefüllbaren ortsbeweglichen Gasflaschen aus Stahl mit einem Fassungsvermögen von 0,5 Liter bis einschließlich 150 Liter – Teil 3: Nahtlose Flaschen aus nichtrostendem Stahl mit einem Rm-Wert von weniger als 1100 MPa	6.2.3.1 und 6.2.3.4	bis auf Weiteres	
EN 12862:2000	Ortsbewegliche Gasflaschen – Gestaltung und Konstruktion von wiederbefüllbaren ortsbeweglichen geschweißten Gasflaschen aus Aluminiumlegierung	6.2.3.1 und 6.2.3.4	bis auf Weiteres	
EN 1251-2:2000	Kryo-Behälter – Ortsbewegliche, vakuumisolierte Behälter mit einem Fassungsraum von nicht mehr als 1 000 Liter – Teil 2: Bemessung, Herstellung und Prüfung **Bem.** Die Normen EN 1252-1:1998 und EN 1626, auf die in dieser Norm Bezug genommen wird, gelten auch für verschlossene Kryo-Behälter zur Beförderung von UN 1972 (METHAN, TIEFGEKÜHLT, FLÜSSIG oder ERDGAS, TIEFGEKÜHLT, FLÜSSIG).	6.2.3.1 und 6.2.3.4	bis auf Weiteres	
EN 12257:2002	Ortsbewegliche Gasflaschen – Nahtlose umfangsgewickelte Flaschen aus Verbundwerkstoffen	6.2.3.1 und 6.2.3.4	bis auf Weiteres	
EN 12807:2001 (ausgenommen Anlage A)	Ortsbewegliche, wiederbefüllbare, hartgelötete Flaschen aus Stahl für Flüssiggas (LPG) – Konstruktion und Herstellung	6.2.3.1 und 6.2.3.4	zwischen dem 1. Januar 2005 und dem 31. Dezember 2010	31. Dezember 2012
EN 12807:2008	Ortsbewegliche, wiederbefüllbare, hartgelötete Flaschen aus Stahl für Flüssiggas (LPG) – Konstruktion und Herstellung	6.2.3.1 und 6.2.3.4	bis auf Weiteres	
EN 1964-2:2001	Ortsbewegliche Gasflaschen – Gestaltung und Konstruktion von nahtlosen wiederbefüllbaren ortsbeweglichen Gasflaschen aus Stahl mit einem Fassungsraum von 0,5 Liter bis einschließlich 150 Liter – Teil 2: Nahtlose Flaschen aus Stahl mit einem Rm-Wert von 1 100 MPa und darüber	6.2.3.1 und 6.2.3.4	bis zum 31. Dezember 2014	
EN ISO 9809-1: 2010 ► *1.6.2.14*	Gasflaschen – Wiederbefüllbare, nahtlose Gasflaschen aus Stahl – Gestaltung, Konstruktion und Prüfung – Teil 1: Flaschen aus vergütetem Stahl mit einer Zugfestigkeit kleiner als 1100 MPa (ISO 9809-1:2010)	6.2.3.1 und 6.2.3.4	bis auf Weiteres	
EN ISO 9809-2:2010	Gasflaschen – Wiederbefüllbare, nahtlose Gasflaschen aus Stahl – Gestaltung, Konstruktion und Prüfung – Teil 2: Flaschen aus vergütetem Stahl mit einer Zugfestigkeit größer oder gleich 1100 MPa (ISO 9809-2:2010)	6.2.3.1 und 6.2.3.4	bis auf Weiteres	
EN ISO 9809-3:2010	Gasflaschen – Wiederbefüllbare, nahtlose Gasflaschen aus Stahl – Gestaltung, Konstruktion und Prüfung – Teil 3: Flaschen aus normalisiertem Stahl (ISO 9809-3:2010)	6.2.3.1 und 6.2.3.4	bis auf Weiteres	

Referenz	Titel des Dokuments	anwendbar für Unterabschnitte/ Absätze	anwendbar für neue oder Verlängerungen von Baumusterzulassungen	letzter Zeitpunkt für den Entzug bestehender Baumusterzulassungen
(1)	(2)	(3)	(4)	(5)
für die Auslegung und den Bau (Forts.)				
EN 13293:2002	Ortsbewegliche Gasflaschen – Gestaltung und Konstruktion von wiederbefüllbaren ortsbeweglichen Gasflaschen aus nahtlosem normalgeglühtem Kohlenstoff- Mangan-Stahl mit einem Fassungsraum bis einschließlich 0,5 Liter für verdichtete, verflüssigte und unter Druck gelöste Gase und bis einschließlich 1 Liter für Kohlendioxid	6.2.3.1 und 6.2.3.4	bis auf Weiteres	
EN 13322-1:2003	Ortsbewegliche Gasflaschen – Wiederbefüllbare geschweißte Flaschen aus Stahl; Gestaltung und Konstruktion – Teil 1: Geschweißt, aus Stahl	6.2.3.1 und 6.2.3.4	bis zum 30. Juni 2007	
EN 13322-1:2003 + A1:2006	Ortsbewegliche Gasflaschen – Wiederbefüllbare geschweißte Flaschen aus Stahl; Gestaltung und Konstruktion – Teil 1: Geschweißt, aus Stahl	6.2.3.1 und 6.2.3.4	bis auf Weiteres	
EN 13322-2:2003	Ortsbewegliche Gasflaschen – Wiederbefüllbare geschweißte Flaschen aus nichtrostendem Stahl; Gestaltung und Konstruktion – Teil 2: Geschweißt, aus nichtrostendem Stahl	6.2.3.1 und 6.2.3.4	bis zum 30. Juni 2007	
EN 13322-2:2003 + A1:2006	Ortsbewegliche Gasflaschen – Wiederbefüllbare geschweißte Flaschen aus nichtrostendem Stahl; Gestaltung und Konstruktion – Teil 2: Geschweißt, aus nichtrostendem Stahl	6.2.3.1 und 6.2.3.4	bis auf Weiteres	
EN 12245:2002	Ortsbewegliche Gasflaschen – Vollumwickelte Flaschen aus Verbundwerkstoffen	6.2.3.1 und 6.2.3.4	bis zum 31. Dezember 2014	31. Dezember 2019 für Flaschen und Großflaschen ohne Auskleidung, die aus zwei miteinander verbundenen Teilen hergestellt werden
EN 12245:2009 + A1:2011	Ortsbewegliche Gasflaschen – Vollumwickelte Flaschen aus Verbundwerkstoffen **Bem.** Diese Norm darf nicht für Flaschen und Großflaschen ohne Auskleidung verwendet werden, die aus zwei miteinander verbundenen Teilen hergestellt werden.	6.2.3.1 und 6.2.3.4	bis auf Weiteres	31. Dezember 2019 für Flaschen und Großflaschen ohne Auskleidung, die aus zwei miteinander verbundenen Teilen hergestellt werden
EN 12205:2001	Ortsbewegliche Gasflaschen – Metallische Einwegflaschen	6.2.3.1 und 6.2.3.4	zwischen dem 1. Januar 2005 und dem 31. Dezember 2017	31. Dezember 2018
EN ISO 11118:2015	Gasflaschen – Metallische Einwegflaschen – Festlegungen und Prüfverfahren	6.2.3.1, 6.2.3.3 und 6.2.3.4	bis auf Weiteres	
EN 13110:2002	Ortsveränderliche, wiederbefüllbare geschweißte Flaschen aus Aluminium für Flüssiggas (LPG) – Gestaltung und Konstruktion	6.2.3.1 und 6.2.3.4	bis zum 31. Dezember 2014	
EN 13110:2012	Flüssiggas-Geräte und Ausrüstungsteile – Ortsveränderliche, wiederbefüllbare geschweißte Flaschen aus Aluminium für Flüssiggas (LPG) – Auslegung und Bau	6.2.3.1 und 6.2.3.4	bis auf Weiteres	

Referenz	Titel des Dokuments	anwendbar für Unterabschnitte/ Absätze	anwendbar für neue oder Verlängerungen von Baumusterzulassungen	letzter Zeitpunkt für den Entzug bestehender Baumusterzulassungen
(1)	(2)	(3)	(4)	(5)
***für die Auslegung und den Bau** (Forts.)*				
EN 14427:2004	Ortsbewegliche wiederbefüllbare vollumwickelte Flaschen aus Verbundwerkstoff für Flüssiggas (LPG) – Gestaltung und Konstruktion **Bem.** Diese Norm gilt nur für Flaschen, die mit Druckentlastungseinrichtungen ausgerüstet sind.	6.2.3.1 und 6.2.3.4	zwischen dem 1. Januar 2005 und dem 30. Juni 2007	
EN 14427:2004 + A1:2005	Ortsbewegliche wiederbefüllbare vollumwickelte Flaschen aus Verbundwerkstoff für Flüssiggas (LPG) – Gestaltung und Konstruktion **Bem.** 1. Diese Norm gilt nur für Flaschen, die mit Druckentlastungseinrichtungen ausgerüstet sind. 2. In den Absätzen 5.2.9.2.1 und 5.2.9.3.1 sind beide Flaschen der Berstprüfung zu unterziehen, wenn sie Schäden aufweisen, die mindestens so groß sind wie die Ausschlusskriterien.	6.2.3.1 und 6.2.3.4	zwischen dem 1. Januar 2007 und dem 31. Dezember 2016	
EN 14427:2014	Flüssiggas-Geräte und Ausrüstungsteile – Ortsbewegliche wiederbefüllbare vollumwickelte Flaschen aus Verbundwerkstoff für Flüssiggas (LPG) – Gestaltung und Konstruktion	6.2.3.1 und 6.2.3.4	bis auf Weiteres	
EN 14208:2004	Ortsbewegliche Gasflaschen – Spezifikation für geschweißte Druckfässer mit einem Fassungsraum bis zu 1 000 Liter für den Transport von Gasen – Gestaltung und Konstruktion	6.2.3.1 und 6.2.3.4	bis auf Weiteres	
EN 14140:2003	Ortsbewegliche wiederbefüllbare geschweißte Flaschen aus Stahl für Flüssiggas (LPG) – Alternative Gestaltung und Konstruktion	6.2.3.1 und 6.2.3.4	zwischen dem 1. Januar 2005 und dem 31. Dezember 2010	
EN 14140:2003 + A1:2006	Flüssiggas-Geräte und Ausrüstungsteile – Ortsbewegliche wiederbefüllbare geschweißte Flaschen aus Stahl für Flüssiggas (LPG) – Alternative Gestaltung und Konstruktion	6.2.3.1 und 6.2.3.4	zwischen dem 1. Januar 2009 und dem 31. Dezember 2018	
EN 14140:2014 +AC:2015	Flüssiggas-Geräte und Ausrüstungsteile – Ortsbewegliche wiederbefüllbare geschweißte Flaschen aus Stahl für Flüssiggas (LPG) – Alternative Gestaltung und Konstruktion	6.2.3.1 und 6.2.3.4	bis auf Weiteres	
EN 13769:2003	Ortsbewegliche Gasflaschen – Flaschenbündel – Konstruktion, Herstellung, Kennzeichnung und Prüfung	6.2.3.1 und 6.2.3.4	bis zum 30. Juni 2007	
EN 13769:2003 + A1:2005	Ortsbewegliche Gasflaschen – Flaschenbündel – Konstruktion, Herstellung, Kennzeichnung und Prüfung	6.2.3.1 und 6.2.3.4	bis zum 31. Dezember 2014	
EN ISO 10961:2012	Gasflaschen – Flaschenbündel – Auslegung, Herstellung, Prüfung und Inspektion	6.2.3.1 und 6.2.3.4	bis auf Weiteres	
EN 14638-1:2006	Ortsbewegliche Gasflaschen – Wiederbefüllbare geschweißte Gefäße mit einem Fassungsraum von nicht mehr als 150 Liter – Teil 1: Flaschen aus geschweißtem, austenitischen, nichtrostendem Stahl, ausgelegt nach experimentellen Verfahren	6.2.3.1 und 6.2.3.4	bis auf Weiteres	
EN 14638-3:2010 + AC:2012	Ortsbewegliche Gasflaschen – Wiederbefüllbare geschweißte Gefäße mit einem Fassungsraum von nicht mehr als 150 Liter – Teil 3: Flaschen aus geschweißtem Kohlenstoffstahl, ausgelegt nach experimentellen Verfahren	6.2.3.1 und 6.2.3.4	bis auf Weiteres	

Referenz	Titel des Dokuments	anwendbar für Unterabschnitte/ Absätze	anwendbar für neue oder Verlängerungen von Baumusterzulassungen	letzter Zeitpunkt für den Entzug bestehender Baumusterzulassungen
(1)	(2)	(3)	(4)	(5)
***für die Auslegung und den Bau** (Forts.)*				
EN 14893:2006 + AC:2007	Flüssiggas-Geräte und Ausrüstungsteile – Ortsbewegliche, geschweißte Druckfässer aus Stahl für Flüssiggas (LPG) mit einem Fassungsraum zwischen 150 Liter und 1 000 Liter	6.2.3.1 und 6.2.3.4	zwischen dem 1. Januar 2009 und dem 31. Dezember 2016	
EN 14893:2014	Flüssiggas-Geräte und Ausrüstungsteile – Ortsbewegliche, geschweißte Druckfässer aus Stahl für Flüssiggas (LPG) mit einem Fassungsraum zwischen 150 Liter und 1000 Liter	6.2.3.1 und 6.2.3.4	bis auf Weiteres	
für Verschlüsse				
EN 849:1996 (ausgenommen Anlage A)	Ortsbewegliche Gasflaschen – Gasflaschenventile – Spezifikation und Typprüfung	6.2.3.1 und 6.2.3.3	bis zum 30. Juni 2003	31. Dezember 2014
EN 849:1996 + A2:2001	Ortsbewegliche Gasflaschen – Gasflaschenventile – Spezifikation und Typprüfung	6.2.3.1 und 6.2.3.3	bis zum 30. Juni 2007	31. Dezember 2016
EN ISO 10297:2006	Ortsbewegliche Gasflaschen – Gasflaschenventile – Spezifikation und Typprüfung	6.2.3.1 und 6.2.3.3	zwischen dem 1. Januar 2009 und dem 31. Dezember 2018	
EN ISO 10297:2014	Gasflaschen – Flaschenventile – Spezifikation und Typprüfung	6.2.3.1 und 6.2.3.3	zwischen dem 1. Januar 2015 und dem 31. Dezember 2020	
EN ISO 10297:2014 + A1:2017	Gasflaschen – Flaschenventile – Spezifikation und Baumusterprüfungen	6.2.3.1 und 6.2.3.3	bis auf Weiteres	
EN ISO 14245:2010	Gasflaschen – Spezifikation und Prüfung von Flaschenventilen für Flüssiggas (LPG) – Selbstschließend (ISO 14245:2006)	6.2.3.1 und 6.2.3.3	bis auf Weiteres	
EN 13152:2001	Spezifikation und Prüfung für Flüssiggas (LPG) – Flaschenventile, selbstschließend	6.2.3.1 und 6.2.3.3	zwischen dem 1. Januar 2005 und dem 31. Dezember 2010	
EN 13152:2001 + A1:2003	Spezifikation und Prüfung für Flüssiggas (LPG) – Flaschenventile, selbstschließend	6.2.3.1 und 6.2.3.3	zwischen dem 1. Januar 2009 und dem 31. Dezember 2014	
EN ISO 15995:2010	Gasflaschen – Spezifikation und Prüfung von Flaschenventilen für Flüssiggas (LPG) – Handbetätigt (ISO 15995:2006)	6.2.3.1 und 6.2.3.3	bis auf Weiteres	
EN 13153:2001	Spezifikationen und Prüfung für Flüssiggas (LPG) – Flaschenventile, handbetätigt	6.2.3.1 und 6.2.3.3	zwischen dem 1. Januar 2005 und dem 31. Dezember 2010	
EN 13153:2001 + A1:2003	Spezifikationen und Prüfung für Flüssiggas (LPG) – Flaschenventile, handbetätigt	6.2.3.1 und 6.2.3.3	zwischen dem 1. Januar 2009 und dem 31. Dezember 2014	

Referenz	Titel des Dokuments	anwendbar für Unterabschnitte/ Absätze	anwendbar für neue oder Verlängerungen von Baumusterzulassungen	letzter Zeitpunkt für den Entzug bestehender Baumusterzulassungen
(1)	(2)	(3)	(4)	(5)
für Verschlüsse (Forts.)				
EN ISO 13340:2001	Ortsbewegliche Gasflaschen – Flaschenventile für Einwegflaschen – Spezifikation und Typprüfung	6.2.3.1 und 6.2.3.3	zwischen dem 1. Januar 2011 und dem 31. Dezember 2017	31. Dezember 2018
EN 13648-1:2008	Kryo-Behälter – Sicherheitseinrichtungen gegen Drucküberschreitung – Teil 1: Sicherheitsventile für den Kryo-Betrieb	6.2.3.1 und 6.2.3.4	bis auf Weiteres	
EN 1626:2008 (ausgenommen Absperrarmaturen der Kategorie B)	Kryo-Behälter – Absperrarmaturen für tiefkalten Betrieb **Bem.** Diese Norm ist auch für Ventile für die Beförderung von UN 1972 (METHAN, TIEFGEKÜHLT, FLÜSSIG oder ERDGAS, TIEFGEKÜHLT, FLÜSSIG) anwendbar.	6.2.3.1 und 6.2.3.4	bis auf Weiteres	
EN 13175:2014	Flüssiggas-Geräte und Ausrüstungsteile – Spezifikation und Prüfung für Ventile und Fittinge an Druckbehältern für Flüssiggas	6.2.3.1 und 6.2.3.3	bis auf Weiteres	
EN ISO 17871:2015	Gasflaschen – Schnellöffnungs-Flaschenventile – Spezifikation und Baumusterprüfung (ISO 17871:2015)	6.2.3.1, 6.2.3.3 und 6.2.3.4	bis auf Weiteres	
EN 13953:2015	Flüssiggas-Geräte und Ausrüstungsteile – Druckentlastungsventile für ortsbewegliche, wiederbefüllbare Flaschen für Flüssiggas (LPG) **Bem.** Der letzte Satz des Anwendungsbereichs findet keine Anwendung.	6.2.3.1, 6.2.3.3 und 6.2.3.4	bis auf Weiteres	
EN ISO 14246:2014	Gasflaschen – Gasflaschen-Ventile – Herstellungsprüfungen und Überprüfungen (ISO 14246:2014)	6.2.3.1 und 6.2.3.4	zwischen dem 1. Januar 2015 und dem 31. Dezember 2020	
EN ISO 14246:2014 + A1:2017	Gasflaschen – Flaschenventile – Herstellungsprüfungen und -überprüfungen	6.2.3.1 und 6.2.3.4	bis auf Weiteres	
EN ISO 17879:2017	Gasflaschen – Selbstschließende Flaschenventile – Spezifikation und Baumusterprüfung	6.2.3.1 und 6.2.3.4	bis auf Weiteres	

6.2.4.2 Wiederkehrende Prüfung

Die in der nachstehenden Tabelle in Bezug genommenen Normen müssen wie in der Spalte (3) angegeben für die wiederkehrende Prüfung von Druckgefäßen angewendet werden, um die Vorschriften des Unterabschnitts 6.2.3.5 zu erfüllen. Die Normen müssen in Übereinstimmung mit Abschnitt 1.1.5 angewendet werden.

Die Anwendung einer in Bezug genommenen Norm ist rechtsverbindlich.

Wenn ein Druckgefäß in Übereinstimmung mit den Vorschriften des Abschnitts 6.2.5 gebaut wird, muss das gegebenenfalls in der Baumusterzulassung festgelegte Verfahren angewendet werden.

Wenn mehrere Normen für die Anwendung derselben Vorschriften in Bezug genommen sind, ist nur eine dieser Normen, jedoch in ihrer Gesamtheit anzuwenden, sofern in der nachstehenden Tabelle nichts anderes angegeben ist.

Der Anwendungsbereich jeder Norm ist in der Anwendungsbestimmung der Norm definiert, sofern in der nachstehenden Tabelle nichts anderes festgelegt ist.

Referenz	Titel des Dokuments	anwendbar
(1)	(2)	(3)
für die wiederkehrende Prüfung		
EN 1251-3:2000	Kryo-Behälter – Ortsbewegliche, vakuumisolierte Behälter mit einem Fassungsraum von nicht mehr als 1 000 Liter – Teil 3: Betriebsanforderungen	bis auf Weiteres
EN 1968:2002 + A1:2005 (ausgenommen Anlage B)	Ortsbewegliche Gasflaschen – Wiederkehrende Prüfung von nahtlosen Gasflaschen aus Stahl	bis auf Weiteres
EN 1802:2002 (ausgenommen Anlage B)	Ortsbewegliche Gasflaschen – Wiederkehrende Prüfung von nahtlosen Gasflaschen aus Aluminiumlegierung	bis auf Weiteres
EN ISO 10462:2013	Gasflaschen – Acetylenflaschen – Wiederkehrende Inspektion und Wartung (ISO 10462:2013)	bis auf Weiteres
EN 1803:2002 (ausgenommen Anlage B)	Ortsbewegliche Gasflaschen – Wiederkehrende Prüfung von geschweißten Gasflaschen aus Kohlenstoffstahl	bis auf Weiteres
EN ISO 11623:2015	Gasflaschen – Verbundbauweise (Composite-Bauweise) – Wiederkehrende Inspektion und Prüfung	ab dem 1. Januar 2019 verpflichtend
EN ISO 22434:2011	Ortsbewegliche Gasflaschen – Inspektion und Instandhaltung von Gasflaschenventilen (ISO 22434:2006)	bis auf Weiteres
EN 14876:2007	Ortsbewegliche Gasflaschen – Wiederkehrende Prüfung von geschweißten Fässern aus Stahl	bis auf Weiteres
EN 14912:2015	Flüssiggas-Geräte und Ausrüstungsteile – Inspektion und Wartung von Ventilen für Flaschen für Flüssiggas (LPG) zum Zeitpunkt der wiederkehrenden Inspektion der Flaschen	ab dem 1. Januar 2019 verpflichtend
EN 1440:2016 (ausgenommen Anlage C)	Flüssiggas-Geräte und Ausrüstungsteile – Ortsbewegliche, wiederbefüllbare, geschweißte und hartgelötete Flaschen aus Stahl für Flüssiggas (LPG) – Wiederkehrende Inspektion	ab dem 1. Januar 2019 verpflichtend
EN 16728:2016 (ausgenommen Absatz 3.5, Anlage F und Anlage G)	Flüssiggas-Geräte und Ausrüstungsteile – Ortsbewegliche, wiederbefüllbare Flaschen für Flüssiggas (LPG), ausgenommen geschweißte und hartgelötete Stahlflaschen – Wiederkehrende Inspektion	ab dem 1. Januar 2019 verpflichtend
EN 15888:2014	Ortsbewegliche Gasflaschen – Flaschenbündel – Wiederkehrende Inspektion und Prüfung	bis auf Weiteres

6.2.5 Vorschriften für nicht in Übereinstimmung mit in Bezug genommenen Normen ausgelegte, gebaute und geprüfte Druckgefäße, die keine UN-Druckgefäße sind

► *1.6.2.4*

Um dem wissenschaftlichen und technischen Fortschritt Rechnung zu tragen, oder in Fällen, in denen in Abschnitt 6.2.2 oder 6.2.4 keine Normen in Bezug genommen sind, oder um bestimmten Aspekten Rechnung zu tragen, die in einer in Abschnitt 6.2.2 oder 6.2.4 in Bezug genommenen Norm nicht vorgesehen sind, kann die zuständige Behörde die Anwendung eines technischen Regelwerks anerkennen, das ein gleiches Sicherheitsniveau gewährleistet.

In der Baumusterzulassung muss die ausstellende Stelle das Verfahren für die wiederkehrenden Prüfungen festlegen, wenn die in Abschnitt 6.2.2 oder 6.2.4 in Bezug genommenen Normen nicht anwendbar sind oder nicht angewendet werden dürfen.

Die zuständige Behörde muss dem Sekretariat der UNECE ein Verzeichnis der von ihr anerkannten technischen Regelwerke übermitteln. Das Verzeichnis sollte folgende Angaben enthalten: Name und Datum des Regelwerks, Gegenstand des Regelwerks und Angaben darüber, wo dieses bezogen werden kann. Das Sekretariat muss diese Informationen auf seiner Website öffentlich zugänglich machen.

Eine Norm, die für eine Inbezugnahme in einer zukünftigen Ausgabe des ADR angenommen wurde, darf von der zuständigen Behörde zur Anwendung zugelassen werden, ohne dies dem Sekretariat der UNECE mitzuteilen.

Die Vorschriften der Abschnitte 6.2.1 und 6.2.3 sowie die folgenden Vorschriften müssen jedoch erfüllt sein.

Bem. In diesem Abschnitt gelten Verweise auf technische Normen in Abschnitt 6.2.1 als Verweise auf technische Regelwerke.

6.2.5.1 Werkstoffe

Die nachfolgenden Vorschriften enthalten Beispiele von Werkstoffen, die verwendet werden dürfen, um den Anforderungen an die Werkstoffe gemäß Unterabschnitt 6.2.1.2 zu genügen:

a) Kohlenstoffstahl für verdichtete, verflüssigte, tiefgekühlt verflüssigte oder gelöste Gase sowie für Stoffe, die nicht unter die Klasse 2 fallen und in Unterabschnitt 4.1.4.1 Verpackungsanweisung P 200 Tabelle 3 aufgeführt sind;

b) legierter Stahl (Spezialstahl), Nickel und Nickellegierungen (z.B. Monel) für verdichtete, verflüssigte, tiefgekühlt verflüssigte oder gelöste Gase sowie für Stoffe, die nicht unter die Klasse 2 fallen und in Unterabschnitt 4.1.4.1 Verpackungsanweisung P 200 Tabelle 3 aufgeführt sind;

c) Kupfer für
   (i) Gase der Klassifizierungscodes 1 A, 1 O, 1 F und 1 TF, wenn der Fülldruck, bezogen auf 15 °C, 2 MPa (20 bar) nicht übersteigt;
   (ii) Gase des Klassifizierungscodes 2 A und außerdem für UN 1033 Dimethylether, UN 1037 Ethylchlorid, UN 1063 Methylchlorid, UN 1079 Schwefeldioxid, UN 1085 Vinylbromid, UN 1086 Vinylchlorid und UN 3300 Ethylenoxid und Kohlendioxid, Gemisch mit mehr als 87 % Ethylenoxid;
   (iii) Gase der Klassifizierungscodes 3 A, 3 O und 3 F;

d) Aluminiumlegierung: siehe Unterabschnitt 4.1.4.1 Verpackungsanweisung P 200 (10) besondere Vorschrift a;

e) Verbundwerkstoff für verdichtete, verflüssigte, tiefgekühlt verflüssigte oder gelöste Gase;

f) Kunststoff für tiefgekühlt verflüssigte Gase und

g) Glas für tiefgekühlt verflüssigte Gase des Klassifizierungscodes 3 A, ausgenommen UN 2187 Kohlendioxid, tiefgekühlt, flüssig, oder Gemische mit Kohlendioxid, tiefgekühlt, flüssig, sowie für Gase des Klassifizierungscodes 3 O.

6.2.5.2 Bedienungsausrüstung

(bleibt offen)

6.2.5.3 Flaschen, Großflaschen, Druckfässer und Flaschenbündel aus Metall

Die Spannung des Metalls an der am stärksten beanspruchten Stelle des Druckgefäßes darf beim Prüfdruck 77 % der garantierten Mindeststreckgrenze (Re) nicht überschreiten.

Unter Streckgrenze ist die Spannung zu verstehen, bei der eine bleibende Dehnung von 2 ‰ (d.h. 0,2 %) oder eine bleibende Dehnung von 1 % bei austenitischen Stählen zwischen den Messmarken des Probestabes erreicht wurde.

Bem. Für Bleche ist die Zugprobe quer zur Walzrichtung zu entnehmen. Dehnung nach Bruch wird an Probestäben mit kreisrundem Querschnitt bestimmt, wobei die Messlänge «l» zwischen den Messmarken gleich dem 5fachen Stabdurchmesser «d» ist (l = 5d); werden Probestäbe mit eckigem Querschnitt verwendet, so wird die Messlänge «l» nach der Formel

$l = 5{,}65 \sqrt{F_0}$

berechnet, wobei F_0 gleich dem ursprünglichen Querschnitt des Probestabes ist.

Die Druckgefäße und ihre Verschlüsse müssen aus geeigneten Werkstoffen hergestellt sein, die bei Temperaturen zwischen - 20 °C und + 50 °C unempfindlich gegen Sprödbruch und Spannungsrisskorrosion sind.

Die Schweißverbindungen müssen nach den Regeln der Technik ausgeführt sein und volle Sicherheit bieten.

6.2.5.4 Zusätzliche Vorschriften für Druckgefäße aus Aluminiumlegierungen für verdichtete, verflüssigte, gelöste Gase und nicht unter Druck stehende Gase, die besonderen Vorschriften unterliegen (Gasproben), sowie für Gegenstände, die Gas unter Druck enthalten, mit Ausnahme von Druckgaspackungen und Gefäßen, klein, mit Gas (Gaspatronen)

6.2.5.4.1 Die Werkstoffe der Druckgefäße aus Aluminiumlegierungen müssen folgenden Anforderungen genügen:

	A	B	C	D
Zugfestigkeit Rm in MPa (= N/mm^2)	49 – 186	196 – 372	196 – 372	343 – 490
Streckgrenze Re in MPa (= N/mm^2) (bleibende Dehnung λ = 0,2 %)	10 – 167	59 – 314	137 – 334	206 – 412
bleibende Dehnung nach Bruch (l = 5d) in %	12 – 40	12 – 30	12 – 30	11 – 16
Faltbiegeprobe (Durchmesser des Biegestempels) d = n x e, e = Probedicke	n = 5 (Rm ≤ 98) n = 6 (Rm > 98)	n = 6 (Rm ≤ 325) n = 7 (Rm > 325)	n = 6 (Rm ≤ 325) n = 7 (Rm > 325)	n = 7 (Rm ≤ 392) n = 8 (Rm > 392)
Aluminium Association Seriennummer[a)]	1000	5000	6000	2000

a) Siehe «Aluminium Standards and Data», 5. Ausgabe, Januar 1976, veröffentlicht durch Aluminium Association, 750, 3rd Avenue, New York.

10

Die tatsächlichen Eigenschaften hängen von der Zusammensetzung der betreffenden Legierung und auch von der endgültigen Verarbeitung des Druckgefäßes ab; die Wanddicke ist unabhängig von der verwendeten Legierung nach einer der folgenden Formeln zu berechnen:

$$e = \frac{P_{MPa} \times D}{\frac{2 \times Re}{1,30} + P_{MPa}} \quad \text{oder} \quad e = \frac{P_{bar} \times D}{\frac{20 \times Re}{1,30} + P_{bar}},$$

wobei

e = Mindestwanddicke des Druckgefäßes in mm
P_{MPa} = Prüfdruck in MPa
P_{bar} = Prüfdruck in bar
D = nomineller äußerer Durchmesser des Druckgefäßes in mm
Re = garantierte minimale 0,2 %ige Streckgrenze in MPa (N/mm^2)

bedeuten.

Die in der Formel stehende garantierte minimale Streckgrenze (Re) darf unabhängig von der verwendeten Legierung nicht größer sein als das 0,85fache der garantierten minimalen Zugfestigkeit (Rm).

Bem. 1. Die vorstehenden Eigenschaften stützen sich auf die bisherigen Erfahrungen mit folgenden Druckgefäßwerkstoffen:
Spalte A: Aluminium, unlegiert, 99,5 % rein;
Spalte B: Aluminium- und Magnesiumlegierungen;
Spalte C: Aluminium-, Silicium- und Magnesiumlegierungen; z.B. ISO/ R209-Al-Si-Mg (Aluminium Association 6351);
Spalte D: Aluminium-, Kupfer- und Magnesiumlegierungen.

2. Die bleibende Dehnung nach Bruch wird an Probestäben mit kreisrundem Querschnitt bestimmt, wobei die Messlänge «l» zwischen den Messmarken gleich dem 5fachen Stabdurchmesser «d» ist (l = 5d); werden Probestäbe mit rechteckigem Querschnitt verwendet, so wird die Messlänge «l» nach der Formel

$$l = 5,65 \sqrt{F_0}$$

berechnet, wobei F_0 gleich dem ursprünglichen Querschnitt des Probestabes ist.

3. a) Die Faltbiegeprobe (siehe Abbildung) ist an Proben, die als Ring mit einer Breite von 3e, jedoch nicht weniger als 25 mm, von dem Zylinder abgeschnitten und in zwei gleiche Teile geteilt werden, durchzuführen. Die Proben dürfen nur an den Rändern bearbeitet werden.

b) Die Faltbiegeprobe ist mit einem Biegestempel mit dem Durchmesser (d) und zwei Rundstützen, die durch eine Entfernung von (d + 3e) voneinander getrennt sind, durchzuführen. Während der Probe sind die Innenflächen nicht weiter voneinander entfernt als der Durchmesser des Biegestempels.

c) Die Probe darf nicht reißen, wenn sie um den Biegestempel gebogen wird, bis die Innenflächen am Biegestempel anliegen.

d) Das Verhältnis (n) zwischen dem Durchmesser des Biegestempels und der Dicke der Probe muss den Werten in der Tabelle entsprechen.

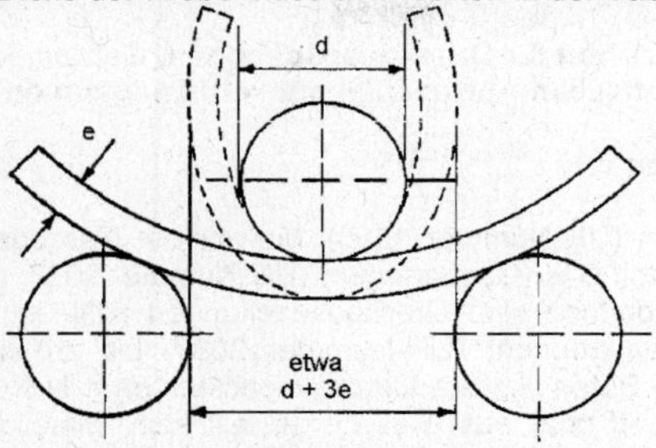

Abbildung der Faltbiegeprobe

6.2.5.4.2 Ein geringerer Mindestwert der Dehnung ist zulässig, vorausgesetzt, durch ein zusätzliches, von der zuständigen Behörde des Herstellungslandes zugelassenes Prüfverfahren wird nachgewiesen, dass die Druckgefäße die gleiche Sicherheit für die Beförderung gewährleisten wie Druckgefäße, die nach den Werten der Tabelle in Absatz 6.2.5.4.1 gefertigt sind (siehe auch Norm EN 1975:1999 + A1:2003).

6.2.5.4.3 Die Mindestwanddicke der Druckgefäße hat an der schwächsten Stelle zu betragen:

- bei einem Druckgefäßdurchmesser unter 50 mm mindestens 1,5 mm,
- bei einem Druckgefäßdurchmesser von 50 mm bis 150 mm mindestens 2 mm,
- bei einem Druckgefäßdurchmesser von über 150 mm mindestens 3 mm.

6.2.5.4.4 Die Böden sind in Halbkugel-, elliptischer oder Korbbogenform auszuführen; sie müssen die gleiche Sicherheit gewährleisten wie der Druckgefäßkörper.

6.2.5.5 Druckgefäße aus Verbundwerkstoffen

Flaschen, Großflaschen, Druckfässer und Flaschenbündel aus Verbundwerkstoffen müssen so gebaut sein, dass das Berstverhältnis (Berstdruck dividiert durch Prüfdruck) mindestens beträgt:

- 1,67 bei ringverstärkten Druckgefäßen
- 2,00 bei vollständig umwickelten Druckgefäßen.

6.2.5.6 Verschlossene Kryo-Behälter

Für den Bau von verschlossenen Kryo-Behältern für tiefgekühlt verflüssigte Gase gelten folgende Vorschriften:

6.2.5.6.1 Werden nicht metallene Werkstoffe verwendet, so müssen diese bei der niedrigsten Betriebstemperatur des Druckgefäßes und dessen Ausrüstungsteile unempfindlich gegen Sprödbruch sein.

6.2.5.6.2 Die Druckentlastungseinrichtungen müssen so gebaut sein, dass sie auch bei ihrer niedrigsten Betriebstemperatur einwandfrei funktionieren. Die sichere Funktionsweise bei dieser Temperatur ist durch eine Prüfung jeder einzelnen Einrichtung oder durch eine Prüfung eines Einrichtungsmusters derselben Bauart festzustellen und zu prüfen.

6.2.5.6.3 Die Öffnungen und die Druckentlastungseinrichtungen der Druckgefäße müssen so ausgelegt sein, dass sie ein Herausspritzen der Flüssigkeit verhindern.

6.2.6 Allgemeine Vorschriften für Druckgaspackungen, Gefäße, klein, mit Gas (Gaspatronen) und Brennstoffzellen-Kartuschen mit verflüssigtem entzündbarem Gas

6.2.6.1 Auslegung und Bau

6.2.6.1.1 Druckgaspackungen (UN-Nummer 1950), die nur ein Gas oder Gasgemisch enthalten, und Gefäße, klein, mit Gas (Gaspatronen) (UN-Nummer 2037) müssen aus Metall hergestellt sein. Ausgenommen sind Druckgaspackungen (UN-Nummer 1950) und Gefäße, klein, mit Gas (Gaspatronen) (UN-Nummer 2037) bis zu einem Fassungsraum von 100 ml für UN 1011 Butan. Andere Druckgaspackungen (UN-Nummer 1950) müssen aus Metall, aus Kunststoff oder aus Glas hergestellt sein. Metallgefäße mit einem Außendurchmesser von mindestens 40 mm müssen einen konkaven Boden haben.

6.2.6.1.2 Gefäße aus Metall dürfen einen Fassungsraum von höchstens 1000 ml, solche aus Kunststoff oder Glas von höchstens 500 ml haben.

6.2.6.1.3 Jedes Baumuster von Gefäßen (Druckgaspackung oder Gaspatrone) muss vor der Inbetriebnahme einer Flüssigkeitsdruckprüfung nach Unterabschnitt 6.2.6.2 genügen.

6.2.6.1.4 Die Entnahmeventile und Zerstäubungseinrichtungen der Druckgaspackungen der UN-Nummer 1950 und die Entnahmeventile der Gaspatronen der UN-Nummer 2037 müssen einen dichten Verschluss der Gefäße gewährleisten und sind gegen unbeabsichtigtes Öffnen zu schützen. Die Entnahmeventile und Zerstäubungseinrichtungen, die nur auf Innendruck schließen, sind nicht zugelassen.

6.2.6.1.5 Der innere Druck von Druckgaspackungen darf bei 50 °C höchstens zwei Drittel des Prüfdrucks, höchstens aber 1,32 MPa (13,2 bar) betragen. Sie dürfen bei 50 °C zu höchstens 95 % ihres Fassungsraumes mit flüssiger Phase gefüllt sein. Gefäße, klein, mit Gas (Gaspatronen) müssen den Prüfdruck- und Befüllungsvorschriften der Verpackungsanweisung P 200 des Unterabschnitts 4.1.4.1 entsprechen. Darüber hinaus darf das Produkt aus Prüfdruck und dem mit Wasser ausgeliterten Fassungsraum nicht größer als 30 bar • Liter für verflüssigte Gase bzw. 54 bar • Liter für verdichtete Gase und der Prüfdruck für verflüssigte Gase nicht größer als 250 bar und für verdichtete Gase nicht größer als 450 bar sein.

6.2.6.2 Flüssigkeitsdruckprüfung

6.2.6.2.1 Der anzuwendende innere Druck (Prüfdruck) muss das 1,5fache des Innendrucks bei 50 °C, mindestens aber 1 MPa (10 bar) betragen.

6.2.6.2.2 An mindestens fünf leeren Gefäßen jedes Baumusters sind Flüssigkeitsdruckprüfungen durchzuführen:

a) bis zum festgelegten Prüfdruck, wobei weder Undichtheiten noch sichtbare bleibende Formänderungen auftreten dürfen, und

b) bis zum Undichtwerden oder Bersten, wobei zunächst ein etwaiger konkaver Boden ausbuchten muss und das Gefäß erst beim 1,2fachen Prüfdruck undicht werden oder bersten darf.

6.2.6.3 Dichtheitsprüfung

Jede gefüllte Druckgaspackung, jede Gaspatrone oder jede Brennstoffzellen-Kartusche muss einer Prüfung in einem Heißwasserbad gemäß Absatz 6.2.6.3.1 oder einer zugelassenen Alternative zur Prüfung im Wasserbad gemäß Absatz 6.2.6.3.2 unterzogen werden.

6.2.6.3.1 Prüfung in einem Heißwasserbad

6.2.6.3.1.1 Die Temperatur des Wasserbades und die Dauer der Prüfung sind so zu wählen, dass der Innendruck mindestens den Wert erreicht, der bei 55 °C (50 °C, wenn die flüssige Phase bei 50 °C nicht mehr als 95 % des Fassungsraums der Druckgaspackung, der Gaspatrone oder der Brennstoffzellen-Kartusche einnimmt) erreicht werden würde. Wenn der Inhalt wärmeempfindlich ist oder die Druckgaspackungen, Gaspatronen oder Brennstoffzellen-Kartuschen aus Kunststoff hergestellt sind, der bei dieser Temperatur weich wird, ist die Temperatur des Wasserbades zwischen 20 °C und 30 °C einzustellen, wobei jedoch außerdem eine von 2000 Druckgaspackungen, Gaspatronen oder Brennstoffzellen-Kartuschen bei der höheren Temperatur zu prüfen ist.

6.2.6.3.1.2 An einer Druckgaspackung, Gaspatrone oder Brennstoffzellen-Kartusche dürfen weder Undichtheiten noch bleibende Verformungen auftreten, mit der Ausnahme, dass Druckgaspackungen, Gaspatronen oder Brennstoffzellen-Kartuschen aus Kunststoff sich durch Weichwerden verformen dürfen, sofern sie dicht bleiben.

6.2.6.3.2 Alternative Methoden

Mit Zustimmung der zuständigen Behörde dürfen alternative Methoden, die ein gleichwertiges Sicherheitsniveau gewährleisten, angewendet werden, vorausgesetzt, die Vorschriften des Absatzes 6.2.6.3.2.1 und des Absatzes 6.2.6.3.2.2 bzw. 6.2.6.3.2.3 werden erfüllt.

6.2.6.3.2.1 Qualitätssicherungssystem

Die Befüller von Druckgaspackungen, Gaspatronen oder Brennstoffzellen-Kartuschen und die Hersteller von Bauteilen für Druckgaspackungen, Gaspatronen oder Brennstoffzellen-Kartuschen müssen über ein Qualitätssicherungssystem verfügen. Das Qualitätssicherungssystem muss Verfahren zur Anwendung bringen, um sicherzustellen, dass alle Druckgaspackungen, Gaspatronen oder Brennstoffzellen-Kartuschen, die undicht oder verformt sind, aussortiert und nicht zur Beförderung aufgegeben werden.

Das Qualitätssicherungssystem muss Folgendes umfassen:

a) eine Beschreibung der Organisationsstruktur und der Verantwortlichkeiten;

b) die entsprechenden Anweisungen, die für die Prüfung, die Qualitätskontrolle, die Qualitätssicherung und die Arbeitsabläufe verwendet werden;

c) Qualitätsaufzeichnungen, wie Prüfberichte, Prüf- und Kalibrierungsdaten und Nachweise;

d) Überprüfungen durch die Geschäftsleitung, um die erfolgreiche Wirkungsweise des Qualitätssicherungssystems sicherzustellen;

e) ein Verfahren für die Kontrolle der Dokumente und deren Überarbeitung;

f) ein Mittel für die Kontrolle nicht konformer Druckgaspackungen, Gaspatronen oder Brennstoffzellen-Kartuschen;

g) Schulungsprogramme und Qualifizierungsverfahren für das betroffene Personal und

h) Verfahren um sicherzustellen, dass am Endprodukt keine Schäden vorhanden sind.

Es sind eine erstmalige Bewertung und wiederkehrende Bewertungen zur Zufriedenheit der zuständigen Behörde durchzuführen. Diese Bewertungen müssen sicherstellen, dass das zugelassene System geeignet und effizient ist und bleibt. Die zuständige Behörde ist vorab über alle vorgeschlagenen Änderungen am zugelassenen System in Kenntnis zu setzen.

6.2.6.3.2.2 Druckgaspackungen

6.2.6.3.2.2.1 Druck- und Dichtheitsprüfung von Druckgaspackungen vor dem Befüllen

Jede leere Druckgaspackung muss einem Druck ausgesetzt werden, der mindestens so hoch sein muss, wie der bei 55 °C (50 °C, wenn die flüssige Phase bei 50 °C nicht mehr als 95 % des Fassungsraums der Druckgaspackung einnimmt) in einer gefüllten Druckgaspackung erwartete Druck. Dieser muss mindestens zwei Drittel des Auslegungsdrucks der Druckgaspackung betragen. Wenn eine Druckgaspackung beim Prüfdruck Anzeichen einer Undichtheit von mindestens $3{,}3 \times 10^{-2}$ $mbar \cdot l \cdot s^{-1}$, von Verformungen oder anderer Mängel liefert, muss sie aussortiert werden.

6.2.6.3.2.2.2 Prüfung der Druckgaspackung nach dem Befüllen

Vor dem Befüllen muss der Befüller sicherstellen, dass die Crimp-Einrichtung richtig eingestellt ist und das festgelegte Treibmittel verwendet wird.

Jede befüllte Druckgaspackung muss gewogen und auf Dichtheit geprüft werden. Die Einrichtung zur Feststellung von Undichtheiten muss genügend empfindlich sein, um bei 20 °C mindestens eine Undichtheit von $2{,}0 \times 10^{-3}$ $mbar \cdot l \cdot s^{-1}$ festzustellen.

Alle Druckgaspackungen, die Anzeichen einer Undichtheit, einer Verformung oder einer überhöhten Masse aufweisen, müssen aussortiert werden.

6.2.6.3.2.3 Gaspatronen und Brennstoffzellen-Kartuschen

6.2.6.3.2.3.1 Druckprüfung von Gaspatronen und Brennstoffzellen-Kartuschen

Jede Gaspatrone oder jede Brennstoffzellen-Kartusche muss einem Prüfdruck ausgesetzt werden, der mindestens so hoch sein muss, wie der bei 55 °C (50 °C, wenn die flüssige Phase bei 50 °C nicht mehr als 95 % des Fassungsraums des Gefäßes einnimmt) im gefüllten Gefäß erwartete höchste Druck. Dieser Prüfdruck muss dem für die Gaspatrone oder Brennstoffzellen-Kartusche festgelegten Druck entsprechen und muss mindestens zwei Drittel des Auslegungsdrucks der Gaspatrone oder der Brennstoffzellen-Kartusche betragen. Wenn eine Gaspatrone oder Brennstoffzellen-Kartusche beim Prüfdruck Anzeichen einer Undichtheit von mindestens $3{,}3 \times 10^{-2}$ $mbar \cdot l \cdot s^{-1}$, von Verformungen oder anderer Mängel aufweisen, muss sie aussortiert werden.

6.2.6.3.2.3.2 Dichtheitsprüfung von Gaspatronen und Brennstoffzellen-Kartuschen

Vor dem Befüllen und Abdichten muss der Befüller sicherstellen, dass die (gegebenenfalls vorhandenen) Verschlüsse und die dazugehörige Dichtungseinrichtung entsprechend verschlossen sind und das festgelegte Gas verwendet wird.

Jede befüllte Gaspatrone oder Brennstoffzellen-Kartusche muss auf korrekte Gasmasse und auf Dichtheit geprüft werden. Die Einrichtung zur Feststellung von Undichtheiten muss genügend empfindlich sein, um bei 20 °C mindestens eine Undichtheit von $2{,}0 \times 10^{-3}$ $mbar \cdot l \cdot s^{-1}$ festzustellen.

Alle Gaspatronen oder Brennstoffzellen-Kartuschen, deren Gasmasse nicht mit den ausgewiesenen Massengrenzwerten übereinstimmt oder die Anzeichen einer Undichtheit oder einer Verformung aufweisen, müssen aussortiert werden.

6.2.6.3.3 Mit Zustimmung der zuständigen Behörde unterliegen Druckgaspackungen und Gefäße, klein, nicht den Vorschriften der Unterabschnitte 6.2.6.3.1 und 6.2.6.3.2, wenn sie steril sein müssen, jedoch durch eine Prüfung im Wasserbad nachteilig beeinflusst werden können, vorausgesetzt:

a) sie enthalten ein nicht entzündbares Gas und

(i) sie enthalten entweder andere Stoffe, die Bestandteile pharmazeutischer Produkte für medizinische, veterinärmedizinische oder ähnliche Zwecke sind, oder

(ii) sie enthalten andere Stoffe, die im Herstellungsverfahren für pharmazeutische Produkte verwendet werden, oder

(iii) sie werden in medizinischen, veterinärmedizinischen oder ähnlichen Anwendungen eingesetzt;

b) durch die vom Hersteller verwendeten alternativen Methoden für die Feststellung von Undichtheiten und für die Druckfestigkeit wird ein gleichwertiges Sicherheitsniveau erreicht, wie Heliumnachweis und Prüfung einer statistischen Probe von mindestens 1 von 2 000 jeder Fertigungscharge im Wasserbad, und

c) sie werden für pharmazeutische Produkte gemäß den Absätzen a) (i) und (iii) unter der Ermächtigung einer staatlichen Gesundheitsverwaltung hergestellt. Sofern dies von der zuständigen Behörde vorgeschrieben wird, müssen die von der Weltgesundheitsorganisation (WHO)[7] aufgestellten Grundsätze der «guten Herstellungspraxis» (GMP) eingehalten werden.

6.2.6.4 Verweis auf Normen

Die grundlegenden Bestimmungen dieses Abschnitts gelten bei Anwendung nachstehender Normen als erfüllt:

– für UN 1950 Druckgaspackungen: Anhang der Richtlinie des Rates 75/324/EWG[8] in der geänderten und zum Zeitpunkt der Herstellung geltenden Fassung

– für UN 2037 Gefäße, klein, mit Gas (Gaspatronen), die UN 1965 Kohlenwasserstoffgas, Gemisch, verflüssigt, n.a.g., enthalten: EN 417:2012 Metallene Einwegkartuschen für Flüssiggas, mit und ohne Entnahmeventil, zum Betrieb von tragbaren Geräten; Herstellung, Prüfungen und Kennzeichnung

– für UN 2037 Gefäße, klein, mit Gas (Gaspatronen), die nicht giftige, nicht entzündbare verdichtete oder verflüssigte Gase enthalten: EN 16509:2014 Ortsbewegliche Gasflaschen – Nicht wiederbefüllbare kleine ortsbewegliche Flaschen aus Stahl mit einem Fassungsraum bis einschließlich 120 ml für verdichtete oder verflüssigte Gase (Kompaktflaschen) – Auslegung, Bau, Füllung und Prüfung. Zusätzlich zu den in dieser Norm vorgeschriebenen Kennzeichen muss die Gaspatrone mit «UN 2037/EN 16509» gekennzeichnet sein.

7) WHO-Veröffentlichung: «Quality assurance of pharmaceuticals. A compendium of guidelines and related materials. Volume 2: Good manufacturing practices and inspection» (Qualitätssicherung pharmazeutischer Produkte. Eine Übersicht von Richtlinien und ähnlichen Dokumenten. Band 2: Gute Herstellungspraxis und Inspektion).

8) Richtlinie 75/324/EWG des Rates der Europäischen Gemeinschaften vom 20. Mai 1975 zur Angleichung der Rechtsvorschriften der Mitgliedstaaten (der Europäischen Gemeinschaften) über Aerosolpackungen, veröffentlicht im Amtsblatt der Europäischen Gemeinschaften Nr. L 147 vom 9. Juni 1975.

Bem. Die Vorschriften dieses Kapitels gelten nicht für Verpackungen, die gemäß Unterabschnitt 4.1.4.1 Verpackungsanweisung P 621 für die Beförderung von Stoffen der Klasse 6.2 verwendet werden.

6.3.1 Allgemeines

6.3.1.1 Die Vorschriften dieses Kapitels gelten für Verpackungen zur Beförderung von ansteckungsgefährlichen Stoffen der Kategorie A.

6.3.2 Vorschriften für Verpackungen

6.3.2.1 Die Vorschriften in diesem Abschnitt stützen sich auf die derzeit verwendeten Verpackungen, wie sie in Abschnitt 6.1.4 definiert sind. Um den wissenschaftlichen und technischen Fortschritt zu berücksichtigen, dürfen Verpackungen verwendet werden, deren Spezifikationen von denen in diesem Kapitel abweichen, vorausgesetzt, sie sind ebenso wirksam, von der zuständigen Behörde anerkannt und sie bestehen erfolgreich die in Abschnitt 6.3.5 beschriebenen Prüfungen. Andere als die im ADR beschriebenen Prüfverfahren sind zulässig, vorausgesetzt, sie sind gleichwertig und von der zuständigen Behörde anerkannt.

6.3.2.2 Die Verpackungen müssen nach einem von der zuständigen Behörde als zufriedenstellend erachteten Qualitätssicherungsprogramm hergestellt und geprüft sein, um sicherzustellen, dass jede Verpackung den Vorschriften dieses Kapitels entspricht.

Bem. Die Norm ISO 16106:2006 «Verpackung – Verpackungen zur Beförderung gefährlicher Güter – Gefahrgutverpackungen, Großpackmittel (IBC) und Großverpackungen – Leitfaden für die Anwendung der ISO 9001» enthält zufriedenstellende Leitlinien für Verfahren, die angewendet werden dürfen.

6.3.2.3 Hersteller und nachfolgende Verteiler von Verpackungen müssen Informationen über die zu befolgenden Verfahren sowie eine Beschreibung der Arten und Abmessungen der Verschlüsse (einschließlich der erforderlichen Dichtungen) und aller anderen Bestandteile liefern, die notwendig sind, um sicherzustellen, dass die versandfertigen Versandstücke in der Lage sind, die anwendbaren Qualitätsprüfungen dieses Kapitels zu erfüllen.

6.3.3 Codierung für die Bezeichnung des Verpackungstyps

6.3.3.1 Die Codes für die Bezeichnung des Verpackungstyps sind in Unterabschnitt 6.1.2.7 aufgeführt.

6.3.3.2 Auf den Verpackungscode kann der Buchstabe «U» oder «W» folgen. Der Buchstabe «U» bezeichnet eine Sonderverpackung nach Absatz 6.3.5.1.6. Der Buchstabe «W» bedeutet, dass die Verpackung zwar dem durch den Code bezeichneten Verpackungstyp angehört, jedoch nach einer von Abschnitt 6.1.4 abweichenden Spezifikation hergestellt wurde und nach den Vorschriften des Unterabschnitts 6.3.2.1 als gleichwertig gilt.

6.3.4 Kennzeichnung

Bem. 1. Die Kennzeichen auf der Verpackung geben an, dass diese einer erfolgreich geprüften Bauart entspricht und die Vorschriften dieses Kapitels erfüllt, soweit diese sich auf die Herstellung und nicht auf die Verwendung der Verpackung beziehen.

2. Die Kennzeichen sind dazu bestimmt, die Aufgaben der Verpackungshersteller, der Rekonditionierer, der Verpackungsverwender, der Beförderer und der Regelungsbehörden zu erleichtern.

3. Die Kennzeichen liefern nicht immer vollständige Einzelheiten beispielsweise über das Prüfniveau; es kann daher notwendig sein, diesem Gesichtspunkt auch unter Bezugnahme auf ein Prüfzertifikat, Prüfberichte oder ein Verzeichnis erfolgreich geprüfter Verpackungen Rechnung zu tragen.

6.3.4.1 Jede Verpackung, die für eine Verwendung gemäß ADR vorgesehen ist, muss mit Kennzeichen versehen sein, die dauerhaft und lesbar und an einer Stelle in einem zur Verpackung verhältnismäßigen Format so angebracht sind, dass sie gut sichtbar sind. Bei Versandstücken mit einer Bruttomasse von mehr als 30 kg müssen die Kennzeichen oder ein Doppel davon auf der Oberseite oder auf einer Seite der Verpackung erscheinen. Die Buchstaben, Ziffern und Zeichen müssen eine Zeichenhöhe von mindestens 12 mm haben, ausgenommen an Verpackungen mit einem Fassungsvermögen von höchstens 30 Litern oder 30 kg, bei denen die Zeichenhöhe mindestens 6 mm betragen muss, und ausgenommen an Verpackungen mit einem Fassungsvermögen von höchstens 5 Litern oder 5 kg, bei denen sie eine angemessene Größe aufweisen müssen.

6.3.4.2 Verpackungen, die den Vorschriften dieses Abschnitts und des Abschnitts 6.3.5 entsprechen, müssen mit folgenden Kennzeichen versehen sein:

a) dem Symbol der Vereinten Nationen für Verpackungen (u/n),
dieses Symbol darf nur zum Zweck der Bestätigung verwendet werden, dass eine Verpackung, ein flexibler Schüttgut-Container, ein ortsbeweglicher Tank oder ein MEGC den entsprechenden Vorschriften des Kapitels 6.1, 6.2, 6.3, 6.5, 6.6, 6.7 oder 6.11 entspricht;

b) dem Code für die Bezeichnung des Verpackungstyps nach Abschnitt 6.1.2;

c) der Angabe «KLASSE 6.2»;

d) den letzten beiden Ziffern des Jahres der Herstellung der Verpackung;

e) dem Zeichen des Staates, in dem die Erteilung des Kennzeichens zugelassen wurde, angegeben durch das für Kraftfahrzeuge im internationalen Verkehr verwendete Unterscheidungszeichen [1)];

f) dem Namen des Herstellers oder einer sonstigen von der zuständigen Behörde festgelegten Identifizierung der Verpackung und

g) bei Verpackungen, die den Vorschriften des Absatzes 6.3.5.1.6 entsprechen, dem Buchstaben «U» unmittelbar nach dem in Absatz b) vorgeschriebenen Kennzeichen.

1) Das für Kraftfahrzeuge und Anhänger im internationalen Straßenverkehr verwendete Unterscheidungszeichen des Zulassungsstaates, z.B. gemäß dem Genfer Übereinkommen über den Straßenverkehr von 1949 oder dem Wiener Übereinkommen über den Straßenverkehr von 1968.

6.3.4.3 Die Kennzeichen müssen in der Reihenfolge der Absätze a) bis g) in Unterabschnitt 6.3.4.2 angebracht werden; jedes der in diesen Absätzen vorgeschriebenen Kennzeichen muss zur leichteren Identifizierung deutlich getrennt werden, z.B. durch einen Schrägstrich oder eine Leerstelle. Beispiele siehe Unterabschnitt 6.3.4.4.

Alle zusätzlichen, von einer zuständigen Behörde zugelassenen Kennzeichen dürfen die korrekte Identifizierung der in Unterabschnitt 6.3.4.1 vorgeschriebenen Kennzeichen nicht beeinträchtigen.

6.3.4.4 Beispiel für die Kennzeichnung:

u/n	4G/KLASSE 6.2/06/	nach 6.3.4.2 a), b), c) und d)
	S/SP-9989-ERIKSSON	nach 6.3.4.2 e) und f)

6.3.5 **Prüfvorschriften für Verpackungen**

6.3.5.1 **Durchführung und Wiederholung der Prüfungen**

6.3.5.1.1 Die Bauart jeder Verpackung muss den in diesem Abschnitt vorgesehenen Prüfungen nach den von der zuständigen Behörde, welche die Zuteilung des Kennzeichens bestätigt hat, festgelegten Verfahren unterzogen und von dieser Behörde zugelassen werden.

6.3.5.1.2 Vor der Verwendung muss jede Bauart einer Verpackung die in diesem Kapitel vorgeschriebenen Prüfungen mit Erfolg bestanden haben. Die Bauart der Verpackung wird durch Auslegung, Größe, verwendeten Werkstoff und dessen Dicke, Art der Fertigung und Zusammenbau bestimmt, kann aber auch verschiedene Oberflächenbehandlungen einschließen. Hierzu gehören auch Verpackungen, die sich von der Bauart nur durch ihre geringere Bauhöhe unterscheiden.

6.3.5.1.3 Die Prüfungen müssen mit Mustern aus der Produktion in Abständen durchgeführt werden, die von der zuständigen Behörde festgelegt werden.

6.3.5.1.4 Die Prüfungen müssen auch nach jeder Änderung der Auslegung, des Werkstoffs oder der Art der Fertigung einer Verpackung wiederholt werden.

6.3.5.1.5 Die zuständige Behörde darf die selektive Prüfung von Verpackungen zulassen, die nur geringfügig von einem bereits geprüften Typ abweichen, z.B. Primärgefäße kleinerer Größe oder geringerer Nettomasse sowie Verpackungen wie Fässer und Kisten mit leicht reduzierter (reduzierten) Außenabmessung(en).

6.3.5.1.6 Alle Arten von Primärgefäßen dürfen in einer Sekundärverpackung zusammengefasst und unter folgenden Bedingungen ohne Prüfung in der starren Außenverpackung befördert werden:

a) die starre Außenverpackung ist erfolgreich den Prüfungen nach Absatz 6.3.5.2.2 mit zerbrechlichen Primärgefäßen (z.B. aus Glas) unterzogen worden;

b) die gesamte kombinierte Bruttomasse der Primärgefäße darf die Hälfte der Bruttomasse der Primärgefäße, die für die Fallprüfung nach Absatz a) verwendet wurden, nicht überschreiten;

c) die Dicke der Polsterung zwischen den Primärgefäßen und zwischen den Primärgefäßen und der Außenseite der Sekundärverpackung darf nicht geringer sein als die entsprechenden Dicken in der ursprünglich geprüften Verpackung; wenn bei der ursprünglichen Prüfung ein einziges Primärgefäß verwendet wurde, darf die Dicke der

Polsterung zwischen den Primärgefäßen nicht geringer sein als die Dicke der Polsterung zwischen der Außenseite der Sekundärverpackung und dem Primärgefäß bei der ursprünglichen Prüfung. Wenn im Vergleich zu den Bedingungen bei der Fallprüfung entweder weniger oder kleinere Primärgefäße verwendet werden, ist zusätzliches Polstermaterial zu verwenden, um die Hohlräume aufzufüllen;

d) die starre Außenverpackung muss in leerem Zustand erfolgreich die Stapeldruckprüfung nach Unterabschnitt 6.1.5.6 bestanden haben. Die Gesamtmasse der gleichen Versandstücke hängt von der kombinierten Masse der Verpackungen, die für die Fallprüfung nach Absatz a) verwendet wurden, ab;

e) Primärgefäße mit flüssigen Stoffen müssen mit einer ausreichenden Menge saugfähigen Materials umgeben sein, um den gesamten flüssigen Inhalt der Primärgefäße aufzusaugen;

f) wenn die starre Außenverpackung für die Aufnahme von Primärgefäßen für flüssige Stoffe vorgesehen ist und selbst nicht flüssigkeitsdicht ist oder wenn die starre Außenverpackung für die Aufnahme von Primärgefäßen für feste Stoffe vorgesehen ist und selbst nicht staubdicht ist, müssen Maßnahmen in Form einer dichten Auskleidung, eines Kunststoffsacks oder eines anderen ebenso wirksamen Mittels zur Umschließung getroffen werden, um bei einer Undichtheit alle flüssigen oder festen Stoffe zurückzuhalten;

g) neben den Kennzeichen gemäß Unterabschnitt 6.3.4.2 a) bis f) sind die Verpackungen mit dem Kennzeichen gemäß Unterabschnitt 6.3.4.2 g) zu versehen.

6.3.5.1.7 Die zuständige Behörde kann jederzeit verlangen, dass durch Prüfungen nach diesem Abschnitt nachgewiesen wird, dass die Verpackungen aus der Serienherstellung die Vorschriften der Bauartprüfung erfüllen.

6.3.5.1.8 Unter der Voraussetzung, dass die Gültigkeit der Prüfergebnisse nicht beeinträchtigt wird, und mit Zustimmung der zuständigen Behörde dürfen mehrere Prüfungen mit einem einzigen Muster durchgeführt werden.

6.3.5.2 **Vorbereitung der Verpackungen für die Prüfungen**

6.3.5.2.1 Die Prüfmuster der Verpackungen sind versandfertig vorzubereiten, mit der Ausnahme, dass ein ansteckungsgefährlicher flüssiger oder fester Stoff durch Wasser oder, wenn eine Temperierung auf - 18 °C vorgeschrieben ist, durch Wasser mit Frostschutzmittel zu ersetzen ist. Jedes Primärgefäß muss zu mindestens 98 % ihres Fassungsraumes gefüllt sein.

Bem. Der Begriff Wasser umfasst Wasser/Frostschutzmittel-Lösungen mit einer relativen Dichte von mindestens 0,95 für die Prüfung bei - 18 °C.

6.3.5.2.2 Geforderte Prüfungen und Anzahl der Prüfmuster

Für Verpackungsarten geforderte Prüfungen

Verpackungstyp[a)]			vorgeschriebene Prüfungen					
starre Außenverpackung	Primärgefäß		Beregnung mit Wasser 6.3.5.3.6.1	Konditionierung unter Kälte 6.3.5.3.6.2	Fall 6.3.5.3	zusätzlicher Fall 6.3.5.3.6.3	Durchstoßen 6.3.5.4	Stapel 6.1.5.6
	Kunststoff	anderer Werkstoff	Anzahl der Prüfmuster	Anzahl der Prüfmuster	Anzahl der Prüfmuster	Anzahl der Prüfmuster	Anzahl der Prüfmuster	Anzahl der Prüfmuster
Kiste aus Pappe	X		5	5	10	an einem Prüfmuster vorgeschrieben, wenn die Verpackung für die Aufnahme von Trockeneis vorgesehen ist	2	an drei Prüfmustern bei der Prüfung einer gemäß 6.3.5.1.6 mit «U» gekennzeichneten Verpackung für besondere Vorschriften vorgeschrieben
		X	5	0	5		2	
Fass aus Pappe	X		3	3	6		2	
		X	3	0	3		2	
Kiste aus Kunststoff	X		0	5	5		2	
		X	0	5	5		2	
Fass/Kanister aus Kunststoff	X		0	3	3		2	
		X	0	3	3		2	
Kiste aus anderem Werkstoff	X		0	5	5		2	
		X	0	0	5		2	
Fass/Kanister aus anderem Werkstoff	X		0	3	3		2	
		X	0	0	3		2	

a) Der «Verpackungstyp» kategorisiert Verpackungen für Prüfzwecke nach der Art der Verpackung und ihren Werkstoffeigenschaften.

Bem. 1. In den Fällen, in denen das Primärgefäß aus mindestens zwei Werkstoffen besteht, bestimmt der Werkstoff, der am leichtesten zur Beschädigung neigt, die anzuwendende Prüfung.

2. Der Werkstoff der Sekundärverpackungen bleibt bei der Auswahl der Prüfung oder der Konditionierung für die Prüfung unberücksichtigt.

Erläuterung zur Anwendung der Tabelle:

Wenn die zu prüfende Verpackung aus einer äußeren Kiste aus Pappe mit einem Primärgefäß aus Kunststoff besteht, müssen fünf Prüfmuster vor der Fallprüfung der Beregnungsprüfung mit Wasser (siehe Absatz 6.3.5.3.6.1) unterzogen werden und weitere fünf Prüfmuster müssen vor der Fallprüfung auf - 18 °C konditioniert werden (siehe Absatz 6.3.5.3.6.2). Wenn die Verpackung für die Aufnahme von Trockeneis vorgesehen ist, muss ein weiteres einzelnes Prüfmuster nach einer Konditionierung gemäß Absatz 6.3.5.3.6.3 fünfmal der Fallprüfung unterzogen werden.

Versandfertige Verpackungen sind den Prüfungen nach den Unterabschnitten 6.3.5.3 und 6.3.5.4 zu unterziehen. Für Außenverpackungen beziehen sich die Eintragungen in der Tabelle auf Pappe oder ähnliche Werkstoffe, deren Leistungsfähigkeit durch Feuchtigkeit schnell beeinträchtigt werden kann, auf Kunststoffe, die bei niedrigen Temperaturen spröde werden können, und auf andere Werkstoffe wie Metalle, deren Leistungsfähigkeit durch Feuchtigkeit oder Temperatur nicht beeinträchtigt wird.

6.3.5.3 Fallprüfung

6.3.5.3.1 Die Prüfmuster sind Freifallversuchen auf eine nicht federnde, horizontale, ebene, massive und starre Oberfläche aus einer Höhe von 9 m gemäß Absatz 6.1.5.3.4 zu unterziehen.

6.3.5.3.2 Wenn die Prüfmuster die Form einer Kiste haben, sind fünf Muster fallen zu lassen, und zwar jeweils eines in folgender Ausrichtung:

a) flach auf den Boden,

b) flach auf das Oberteil,

c) flach auf die längste Seite,

d) flach auf die kürzeste Seite,

e) auf eine Ecke.

6.3.5.3.3 Wenn die Prüfmuster die Form eines Fasses haben, sind drei Muster fallen zu lassen, und zwar jeweils eines in folgender Ausrichtung:

a) diagonal auf die obere Zarge, wobei der Schwerpunkt direkt über der Aufprallstelle liegt,

b) diagonal auf die untere Zarge,

c) flach auf die Seite.

6.3.5.3.4 Die Prüfmuster müssen in der vorgeschriebenen Ausrichtung fallen gelassen werden, es ist jedoch zulässig, dass der Aufprall aus aerodynamischen Gründen nicht in dieser Ausrichtung erfolgt.

6.3.5.3.5 Nach der jeweiligen Fallversuchsreihe darf aus dem (den) Primärgefäß(en), das (die) durch das Polstermaterial/saugfähige Material in der Sekundärverpackung geschützt bleiben muss (müssen), nichts nach außen gelangen.

6.3.5.3.6 Besondere Vorbereitung der Prüfmuster für die Fallprüfung

6.3.5.3.6.1 Pappe – Beregnungsprüfung mit Wasser

Außenverpackungen aus Pappe: Das Prüfmuster muss mindestens eine Stunde einer Beregnung mit Wasser unterzogen werden, die eine Regeneinwirkung von ungefähr 5 cm je Stunde simuliert. Es ist danach der unter Absatz 6.3.5.3.1 beschriebenen Prüfung zu unterziehen.

6.3.5.3.6.2 Kunststoff – Konditionierung unter Kälte

Primärgefäße oder Außenverpackungen aus Kunststoff: Die Temperatur des Prüfmusters und seines Inhalts ist mindestens 24 Stunden auf - 18 °C oder darunter zu reduzieren; innerhalb von 15 Minuten nach der Entfernung aus dieser Umgebung ist das Prüfmuster der in Absatz 6.3.5.3.1 beschriebenen Prüfung zu unterziehen. Enthält das Prüfmuster Trockeneis, ist die Dauer der Konditionierung auf vier Stunden zu verkürzen.

6.3.5.3.6.3 Versandstücke, die für die Aufnahme von Trockeneis vorgesehen sind – Zusätzliche Fallprüfung

Wenn die Verpackung für die Aufnahme von Trockeneis vorgesehen ist, ist eine zusätzliche Prüfung zu der Prüfung nach Absatz 6.3.5.3.1 und gegebenenfalls zusätzlich zu den Prüfungen nach Absatz 6.3.5.3.6.1 oder 6.3.5.3.6.2 durchzuführen. Ein Prüfmuster ist so zu lagern, dass das Trockeneis vollständig entweicht, und anschließend in einer der in Absatz 6.3.5.3.2 beschriebenen Ausrichtungen, bei der die Gefahr des Zubruchgehens der Verpackung am größten ist, fallen zu lassen.

6.3.5.4 Durchstoßprüfung

6.3.5.4.1 Verpackungen mit einer Bruttomasse von höchstens 7 kg

Die Prüfmuster sind auf eine harte und ebene Oberfläche zu legen. Eine zylindrische Stange aus Stahl mit einer Masse von mindestens 7 kg, einem Durchmesser von 38 mm und einem Aufprallende mit einem Radius von höchstens 6 mm (siehe Abbildung 6.3.5.4.2) ist in freiem senkrechten Fall aus einer Höhe von 1 m, gemessen vom Aufprallende bis zur Aufprallfläche des Prüfmusters, fallen zu lassen. Ein Prüfmuster ist auf seine Grundfläche zu legen, ein zweites rechtwinklig zur Lage des ersten. Die Stahlstange ist jeweils so auszurichten, dass das (die) Primärgefäß(e) getroffen wird (werden). Bei jedem Aufprall ist ein Durchstoßen der Sekundärverpackung zulässig, vorausgesetzt, aus dem (den) Primärgefäß(en) gelangt nichts nach außen.

6.3.5.4.2 Verpackungen mit einer Bruttomasse von mehr als 7 kg

Die Prüfmuster sind auf das Ende einer zylindrischen Stange aus Stahl fallen zu lassen. Die Stange muss senkrecht in einer harten und ebenen Oberfläche eingesetzt sein. Sie muss einen Durchmesser von 38 mm haben und der Radius des oberen Endes darf nicht größer sein als 6 mm (siehe Abbildung 6.3.5.4.2). Die Stange muss aus der Oberfläche mindestens soweit herausragen, wie es dem Abstand zwischen dem Mittelpunkt des Primärgefäßes (der Primärgefäße) und der Außenfläche der Außenverpackung entspricht, mindestens jedoch 200 mm. Ein Prüfmuster ist mit seiner Oberseite nach unten in senkrechtem freiem Fall aus einer Höhe von 1 m, gemessen vom oberen Ende der Stahlstange, fallen zu lassen. Ein zweites Muster ist aus der gleichen Höhe rechtwinklig zur Lage des ersten Musters fallen zu lassen. Die Verpackung ist jeweils so auszurichten, dass die Stahlstange in der Lage wäre, das (die) Primärgefäß(e) zu durchdringen. Bei jedem Aufprall ist ein Eindringen in die Sekundärverpackung zulässig, vorausgesetzt, aus dem (den) Primärgefäß(en) gelangt nichts nach außen.

Abbildung 6.3.5.4.2

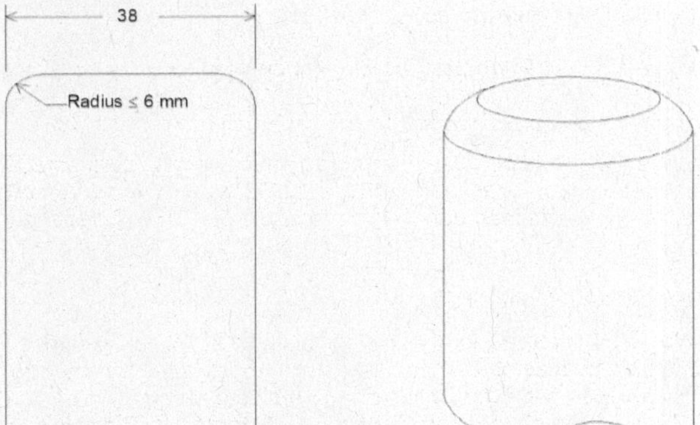

Abmessungen in Millimeter

10

6.3.5.5 Prüfbericht

6.3.5.5.1 Über die Prüfung ist ein schriftlicher Prüfbericht zu erstellen, der mindestens folgende Angaben enthält und der den Benutzern der Verpackung zur Verfügung stehen muss:

1. Name und Adresse der Prüfeinrichtung;
2. Name und Adresse des Antragstellers (soweit erforderlich);
3. eine nur einmal vergebene Prüfbericht-Kennnummer;
4. Datum der Prüfung und des Prüfberichts;
5. Hersteller der Verpackung;
6. Beschreibung der Verpackungsbauart (z.B. Abmessungen, Werkstoffe, Verschlüsse, Wanddicke, usw.) einschließlich des Herstellungsverfahrens (z.B. Blasformverfahren), gegebenenfalls mit Zeichnung(en) und/oder Foto(s);
7. maximaler Fassungsraum;
8. Prüfinhalt;
9. Beschreibung der Prüfung und Prüfergebnisse;
10. der Prüfbericht muss mit Namen und Funktionsbezeichnung des Unterzeichners unterschrieben sein.

6.3.5.5.2 Der Prüfbericht muss Erklärungen enthalten, dass die versandfertige Verpackung in Übereinstimmung mit den anwendbaren Vorschriften dieses Kapitels geprüft worden ist und dass dieser Prüfbericht bei Anwendung anderer Verpackungsmethoden oder bei Verwendung anderer Verpackungsbestandteile ungültig werden kann. Eine Ausfertigung des Prüfberichts ist der zuständigen Behörde zur Verfügung zu stellen.

Vorschriften für den Bau, die Prüfung und die Zulassung von Versandstücken für radioaktive Stoffe sowie für die Zulassung solcher Stoffe ADR 6.4

6.4.1 (bleibt offen)

6.4.2 Allgemeine Vorschriften

6.4.2.1 Ein Versandstück muss im Hinblick auf seine Masse, sein Volumen und seine Form so ausgelegt sein, dass es leicht und sicher befördert werden kann. Außerdem muss das Versandstück so ausgelegt sein, dass es in oder auf dem Fahrzeug während der Beförderung wirksam gesichert werden kann.

6.4.2.2 Die Bauart muss so beschaffen sein, dass alle Lastanschlagpunkte am Versandstück bei vorgesehener Benutzung nicht versagen und dass im Falle des Versagens das Versandstück andere Vorschriften dieser Anlage unbeeinträchtigt erfüllt. Die Bauart muss einen genügenden Sicherheitsbeiwert vorsehen, um ruckweisem Anheben Rechnung zu tragen.

6.4.2.3 Lastanschlagpunkte oder andere Vorrichtungen an der Außenfläche des Versandstücks, die zum Anheben verwendet werden könnten, müssen entweder so ausgelegt sein, dass sie die Masse des Versandstücks gemäß den Vorschriften des Unterabschnitts 6.4.2.2 tragen können, oder abnehmbar sein oder anderweitig während der Beförderung außer Funktion gesetzt werden.

6.4.2.4 Soweit durchführbar, muss die Verpackung so ausgelegt und ausgeführt sein, dass die äußere Oberfläche frei von vorstehenden Bauteilen ist und leicht dekontaminiert werden kann.

6.4.2.5 Soweit durchführbar, muss die Außenseite des Versandstücks so beschaffen sein, dass Wasser nicht angesammelt und zurückgehalten werden kann.

6.4.2.6 Alle Teile, die dem Versandstück bei der Beförderung beigefügt werden und nicht Bestandteil des Versandstücks sind, dürfen dessen Sicherheit nicht beeinträchtigen.

6.4.2.7 Das Versandstück muss den Einwirkungen von Beschleunigung, Schwingung oder Schwingungsresonanz, die unter Routinebeförderungsbedingungen auftreten können, ohne Beeinträchtigung der Wirksamkeit der Verschlussvorrichtungen der verschiedenen Behälter oder der Unversehrtheit des Versandstücks als Ganzes standhalten können. Insbesondere müssen Muttern, Schrauben und andere Befestigungsmittel so beschaffen sein, dass sie sich auch nach wiederholtem Gebrauch nicht unbeabsichtigt lösen oder verloren gehen.

6.4.2.8 Die Werkstoffe der Verpackung und deren Bau- und Strukturteile müssen untereinander und mit dem radioaktiven Inhalt physikalisch und chemisch verträglich sein. Dabei ist auch das Verhalten der Werkstoffe bei Bestrahlung zu berücksichtigen.

6.4.2.9 Alle Ventile, durch die der radioaktive Inhalt entweichen könnte, sind gegen unerlaubten Betrieb zu schützen.

6.4.2.10 Die Auslegung des Versandstücks muss Umgebungstemperaturen und -drücke, wie sie unter Routinebeförderungsbedingungen wahrscheinlich vorkommen, berücksichtigen.

6.4.2.11 Ein Versandstück muss so ausgelegt sein, dass es eine ausreichende Abschirmung bietet, um sicherzustellen, dass unter Routine-Beförderungsbedingungen und mit dem größten radioaktiven Inhalt, für den das Versandstück ausgelegt ist, die Dosisleistung an keinem Punkt der äußeren Oberfläche des Versandstücks die Werte überschreitet, die in den jeweils anwendbaren Absätzen 2.2.7.2.4.1.2, 4.1.9.1.11 und 4.1.9.1.12 unter Berücksichtigung der Sondervorschrift CV 33 (3.3) b) und (3.5) des Abschnitts 7.5.11 festgelegt sind.

6.4.2.12 Für radioaktive Stoffe mit anderen gefährlichen Eigenschaften müssen diese bei der Auslegung des Versandstücks berücksichtigt werden; siehe Absätze 2.1.3.5.3 und 4.1.9.1.5.

6.4.2.13 Hersteller und nachfolgende Verteiler von Verpackungen müssen Informationen über die zu befolgenden Verfahren sowie eine Beschreibung der Arten und Abmessungen der Verschlüsse (einschließlich der erforderlichen Dichtungen) und aller anderen Bestandteile liefern, die notwendig sind, um sicherzustellen, dass die versandfertigen Versandstücke in der Lage sind, die anwendbaren Qualitätsprüfungen dieses Kapitels zu erfüllen.

6.4.3 (bleibt offen)

6.4.4 Vorschriften für freigestellte Versandstücke

Ein freigestelltes Versandstück ist so auszulegen, dass die Vorschriften des Abschnitts 6.4.2 erfüllt werden.

6.4.5 Vorschriften für Industrieversandstücke

6.4.5.1 Typ IP-1-, Typ IP-2- und Typ IP-3-Versandstücke sind so auszulegen, dass die Vorschriften des Abschnitts 6.4.2 und des Unterabschnitts 6.4.7.2 erfüllt werden.

6.4.5.2 Ein Typ IP-2-Versandstück muss, wenn es den Prüfungen der Unterabschnitte 6.4.15.4 und 6.4.15.5 unterzogen wird, Folgendes verhindern:

a) den Verlust oder die Verstreuung des radioaktiven Inhalts und

b) einen Anstieg der höchsten Dosisleistung an irgendeiner Stelle der äußeren Oberfläche des Versandstücks von mehr als 20 %.

6.4.5.3 Ein Typ IP-3-Versandstück ist so auszulegen, dass die Vorschriften der Unterabschnitte 6.4.7.2 bis 6.4.7.15 erfüllt werden.

6.4.5.4 Alternative Vorschriften für Typ IP-2- und Typ IP-3-Versandstücke

6.4.5.4.1 Versandstücke dürfen unter folgenden Voraussetzungen als Typ IP-2-Versandstücke verwendet werden:

a) sie erfüllen die Vorschriften des Unterabschnitts 6.4.5.1;

b) sie sind so ausgelegt, dass die für die Verpackungsgruppe I oder II genannten Vorschriften des Kapitels 6.1 erfüllt werden, und

c) sie müssen, wenn sie den für die Verpackungsgruppe I oder II in Kapitel 6.1 geforderten Prüfungen unterzogen werden, Folgendes verhindern:

(i) den Verlust oder die Verstreuung des radioaktiven Inhalts und

(ii) einen Anstieg der höchsten Dosisleistung an irgendeiner Stelle der äußeren Oberfläche des Versandstücks von mehr als 20 %.

6.4.5.4.2 Ortsbewegliche Tanks dürfen unter folgenden Voraussetzungen ebenfalls als Typ IP-2- oder Typ IP-3-Versandstücke verwendet werden:

a) sie erfüllen die Vorschriften des Unterabschnitts 6.4.5.1;

b) sie sind so ausgelegt, dass die in Kapitel 6.7 genannten Vorschriften erfüllt werden und dass sie einem Prüfdruck von 265 kPa standhalten, und

c) sie sind so ausgelegt, dass jede gegebenenfalls vorhandene zusätzliche Abschirmung den statischen und dynamischen Beanspruchungen bei der Handhabung und Routine-Beförderungsbedingungen standhält und dass ein Anstieg der höchsten Dosisleistung an irgendeiner Stelle der äußeren Oberfläche des ortsbeweglichen Tanks von mehr als 20 % verhindert wird.

6.4.5.4.3 Mit Ausnahme von ortsbeweglichen Tanks dürfen Tanks, wie in Tabelle 4.1.9.2.5 beschrieben, ebenfalls als Typ IP-2- oder Typ IP-3-Versandstücke zur Beförderung von LSA-I- und LSA-II-Flüssigkeiten und -Gasen verwendet werden, vorausgesetzt,

a) sie erfüllen die Vorschriften des Unterabschnitts 6.4.5.1;

b) sie sind so ausgelegt, dass die in Kapitel 6.8 genannten Vorschriften erfüllt werden, und

c) sie sind so ausgelegt, dass jede gegebenenfalls vorhandene zusätzliche Abschirmung den statischen und dynamischen Beanspruchungen bei der Handhabung und Routine-Beförderungsbedingungen standhält und dass ein Anstieg der höchsten Dosisleistung an irgendeiner Stelle der äußeren Oberfläche des Tanks von mehr als 20 % verhindert wird.

6.4.5.4.4 Container mit den Eigenschaften einer dauerhaften Umschließung dürfen unter folgenden Voraussetzungen ebenfalls als Typ IP-2- oder Typ IP-3-Versandstücke verwendet werden:

a) der radioaktive Inhalt ist auf feste Stoffe begrenzt;

b) sie erfüllen die Vorschriften des Unterabschnitts 6.4.5.1 und

c) sie sind so ausgelegt, dass mit Ausnahme von Abmessungen und Gesamtgewichten die ISO-Norm 1496-1:1990 «Series 1 Freight Containers – Specifications and Testing – Part 1: General Cargo Containers» («ISO-Container der Baureihe 1 – Spezifikation und Prüfung – Teil 1: Universalfrachtcontainer») und die späteren Änderungen 1:1993, 2:1998, 3:2005, 4:2006 und 5:2006 erfüllt werden. Sie müssen so ausgelegt sein, dass, wenn sie den in diesem Dokument geforderten Prüfungen unterzogen und den Beschleunigungen, wie sie unter Routine-Beförderungsbedingungen auftreten, ausgesetzt werden, Folgendes verhindern:

(i) den Verlust oder die Verstreuung des radioaktiven Inhalts und

(ii) einen Anstieg der höchsten Dosisleistung an irgendeiner Stelle der äußeren Oberfläche des Containers von mehr als 20 %.

6.4.5.4.5 Großpackmittel (IBC) aus Metall dürfen unter folgenden Voraussetzungen ebenfalls als Typ IP-2- oder Typ IP-3-Versandstücke verwendet werden:

a) sie erfüllen die Vorschriften des Unterabschnitts 6.4.5.1 und

b) sie sind so ausgelegt, dass die in Kapitel 6.5 für die Verpackungsgruppe I oder II genannten Vorschriften erfüllt werden und dass sie, wenn sie den in Kapitel 6.5 vorgeschriebenen Prüfungen unterzogen werden, wobei jedoch die Fallprüfung in einer zum größtmöglichen Schaden führenden Ausrichtung durchgeführt wird, Folgendes verhindern:

(i) den Verlust oder die Verstreuung des radioaktiven Inhalts und

(ii) einen Anstieg der höchsten Dosisleistung an irgendeiner Stelle der äußeren Oberfläche des Großpackmittels (IBC) von mehr als 20 %.

6.4.6 Vorschriften für Versandstücke, die Uranhexafluorid enthalten

6.4.6.1 Versandstücke, die für Uranhexafluorid ausgelegt sind, müssen den an anderer Stelle des ADR angegebenen Vorschriften entsprechen, die sich auf die radioaktiven und spaltbaren Eigenschaften des Stoffes beziehen. Sofern in Unterabschnitt 6.4.6.4 nichts anderes zugelassen ist, muss Uranhexafluorid in Mengen von mindestens 0,1 kg auch in Übereinstimmung mit den Vorschriften der Norm ISO 7195:2005 «Nuclear Energy – Packaging of Uranium Hexafluoride (UF6) for Transport» («Kernenergie – Verpackung von Uranhexafluorid (UF6) für den Transport») und den Vorschriften der Unterabschnitte 6.4.6.2 und 6.4.6.3 verpackt und befördert werden.

6.4.6.2 Jedes Versandstück, das für mindestens 0,1 kg Uranhexafluorid ausgelegt ist, muss so beschaffen sein, dass es:

a) der Festigkeitsprüfung des Unterabschnitts 6.4.21.5 ohne Undichtheiten und ohne unzulässige Beanspruchungen gemäß Norm ISO 7195:2005 standhält, sofern in Unterabschnitt 6.4.6.4 nicht etwas anderes zugelassen ist;

b) der Fallprüfung des Unterabschnitts 6.4.15.4 ohne Verlust oder Verstreuung von Uranhexafluorid standhält und

c) der Erhitzungsprüfung des Unterabschnitts 6.4.17.3 ohne Bruch der dichten Umschließung standhält, sofern in Unterabschnitt 6.4.6.4 nicht etwas anderes zugelassen ist.

6.4.6.3 Versandstücke, die für mindestens 0,1 kg Uranhexafluorid ausgelegt sind, dürfen nicht mit Druckentlastungsvorrichtungen ausgerüstet sein.

6.4.6.4 Vorbehaltlich einer multilateralen Zulassung dürfen Versandstücke, die für mindestens 0,1 kg Uranhexafluorid ausgelegt sind, befördert werden, wenn die Versandstücke:

a) nach anderen internationalen oder nationalen Normen als der Norm ISO 7195:2005 ausgelegt sind, vorausgesetzt, ein gleichwertiges Sicherheitsniveau wird beibehalten, und/oder

b) so ausgelegt sind, dass sie gemäß Unterabschnitt 6.4.21.5 einem Prüfdruck von weniger als 2,76 MPa ohne Undichtheiten und ohne unzulässige Beanspruchungen standhalten, und/oder

c) für mindestens 9000 kg Uranhexafluorid ausgelegt sind und die Versandstücke die Vorschrift des Unterabschnitts 6.4.6.2 c) nicht erfüllen.

Ansonsten müssen die Vorschriften der Unterabschnitte 6.4.6.1 bis 6.4.6.3 erfüllt werden.

6.4.7 Vorschriften für Typ A-Versandstücke

6.4.7.1 Typ A-Versandstücke müssen so ausgelegt sein, dass sie die allgemeinen Vorschriften des Abschnitts 6.4.2 und der Unterabschnitte 6.4.7.2 bis 6.4.7.17 erfüllen.

6.4.7.2 Die kleinste äußere Abmessung des Versandstücks darf nicht kleiner sein als 10 cm.

6.4.7.3 An der Außenseite des Versandstücks muss eine Vorrichtung wie ein Siegel angebracht sein, das nicht leicht zerbrechen kann und im unversehrten Zustand nachweist, dass das Versandstück nicht geöffnet worden ist.

6.4.7.4 Alle Festhaltevorrichtungen am Versandstück müssen so ausgelegt sein, dass die an diesen Vorrichtungen wirkenden Kräfte unter normalen Beförderungsbedingungen und Unfall-Beförderungsbedingungen nicht dazu führen, dass das Versandstück den Vorschriften des ADR nicht mehr entspricht.

6.4.7.5 Die Bauart des Versandstücks muss für die Bauteile der Verpackung Temperaturen von – 40 °C bis + 70 °C berücksichtigen. Zu beachten sind die Gefrierpunkte von flüssigen Stoffen und die mögliche Verschlechterung der Eigenschaften von Verpackungswerkstoffen innerhalb des angegebenen Temperaturbereichs.

6.4.7.6 Die Bauart und die Herstellungsverfahren müssen nationalen oder internationalen Normen oder anderen Vorschriften, die für die zuständige Behörde annehmbar sind, entsprechen.

6.4.7.7 Die Bauart muss eine dichte Umschließung aufweisen, die mit einer Verschlusseinrichtung sicher verschlossen wird, die nicht unbeabsichtigt oder durch einen etwaigen, im Innern des Versandstücks entstehenden Druck geöffnet werden kann.

6.4.7.8 Radioaktive Stoffe in besonderer Form dürfen als Bestandteil der dichten Umschließung angesehen werden.

6.4.7.9 Wenn die dichte Umschließung einen eigenständigen Bestandteil des Versandstücks bildet, muss sie mit einer Verschlusseinrichtung sicher verschlossen werden können, die von jedem anderen Teil der Verpackung unabhängig ist.

6.4.7.10 Die Auslegung aller Teile der dichten Umschließung muss, sofern zutreffend, die radiolytische Zersetzung von Flüssigkeiten und anderen empfindlichen Werkstoffen und die Gasbildung durch chemische Reaktion und Radiolyse berücksichtigen.

6.4.7.11 Die dichte Umschließung muss ihren radioaktiven Inhalt bei Senkung des Umgebungsdruckes auf 60 kPa einschließen.

6.4.7.12 Mit Ausnahme von Druckentlastungsventilen müssen alle Ventile mit einer Umschließung versehen sein, die alle aus dem Ventil austretenden Undichtheiten auffängt.

6.4.7.13 Ist ein Bauteil des Versandstücks, das als Teil der dichten Umschließung spezifiziert ist, von einer Strahlungsabschirmung umgeben, muss diese so ausgelegt sein, dass ein unbeabsichtigter Verlust dieses Bauteils aus der Abschirmung verhindert wird. Wenn die Strahlungsabschirmung und ein solches darin enthaltenes Bauteil eine eigenständige Einheit bilden, muss die Strahlungsabschirmung mit einer Verschlusseinrichtung, die von jedem anderen Teil der Verpackung unabhängig ist, sicher verschlossen werden können.

6.4.7.14 Ein Versandstück muss so ausgelegt sein, dass, wenn es den Prüfungen gemäß Abschnitt 6.4.15 unterzogen wird, Folgendes verhindert:

a) der Verlust oder die Verstreuung des radioaktiven Inhalts und

b) einen Anstieg der höchsten Dosisleistung an irgendeiner Stelle der äußeren Oberfläche des Versandstücks von mehr als 20 %.

6.4.7.15 Bei der Auslegung eines Versandstücks für flüssige radioaktive Stoffe müssen Vorkehrungen hinsichtlich des Leerraums getroffen werden, um Temperaturschwankungen des Inhalts, dynamische Effekte und Befüllungsdynamik zu bewältigen.

Typ A-Versandstücke für flüssige Stoffe

6.4.7.16 Ein Typ A-Versandstück, das für flüssige radioaktive Stoffe ausgelegt ist, muss zusätzlich:

a) die in Unterabschnitt 6.4.7.14 a) festgelegten Bedingungen erfüllen, wenn das Versandstück den Prüfungen des Abschnitts 6.4.16 unterzogen wird; und

b) entweder

10

(i) genügend saugfähiges Material enthalten, um das Doppelte des Volumens an flüssigem Inhalt aufzunehmen. Dieses saugfähige Material muss so angeordnet sein, dass es bei einer Undichtheit mit dem flüssigen Stoff in Berührung kommt; oder

(ii) mit einer dichten Umschließung, die aus primären inneren und sekundären äußeren Umschließungsbestandteilen besteht, ausgerüstet sein, wobei die sekundären äußeren Umschließungsbestandteile so ausgelegt sein müssen, dass sie auch im Falle der Undichtheit der primären inneren Umschließungsbestandteile den flüssigen Inhalt vollständig umschließen und dessen Rückhaltung gewährleisten.

Typ A-Versandstücke für Gase

6.4.7.17 Ein Versandstück, das für Gase ausgelegt ist, muss den Verlust oder die Verstreuung des radioaktiven Inhalts verhindern, wenn das Versandstück den Prüfungen des Abschnitts 6.4.16 unterzogen wird. Ein Typ A-Versandstück, das für gasförmiges Tritium oder Edelgase ausgelegt ist, ist von dieser Vorschrift ausgenommen.

6.4.8 Vorschriften für Typ B(U)-Versandstücke

6.4.8.1 Typ B(U)-Versandstücke müssen so ausgelegt sein, dass sie die Vorschriften des Abschnitts 6.4.2 und der Unterabschnitte 6.4.7.2 bis 6.4.7.15 mit Ausnahme des Unterabschnitts 6.4.7.14 a) und zusätzlich die Vorschriften der Unterabschnitte 6.4.8.2 bis 6.4.8.15 erfüllen.

6.4.8.2 Ein Versandstück muss so ausgelegt sein, dass bei Umgebungsbedingungen gemäß den Unterabschnitten 6.4.8.5 und 6.4.8.6 die durch den radioaktiven Inhalt innerhalb des Versandstücks erzeugte Wärme unter normalen Beförderungsbedingungen, wie durch die Prüfungen des Abschnitts 6.4.15 nachgewiesen, sich nicht nachteilig auf die Erfüllung der zutreffenden Anforderungen an die Umschließung und Abschirmung auswirkt, wenn es eine Woche lang unbeaufsichtigt bleibt. Insbesondere sind Auswirkungen der Wärme zu beachten, die eine oder mehrere der nachfolgenden Auswirkungen verursachen können:

a) Veränderung der Anordnung, der geometrischen Form oder des Aggregatzustands des radioaktiven Inhalts oder, wenn der radioaktive Stoff gekapselt oder in einem Behälter eingeschlossen ist (z.B. umhüllte Brennelemente), Verformung oder Schmelzen der Kapselung, des Behälters oder des radioaktiven Stoffs;

b) Verminderung der Wirksamkeit der Verpackung durch unterschiedliche Wärmeausdehnung oder Rissbildung oder Schmelzen des Werkstoffs der Strahlungsabschirmung;

c) zusammen mit Feuchtigkeit Beschleunigung der Korrosion.

6.4.8.3 Ein Versandstück muss so ausgelegt sein, dass bei der Umgebungsbedingung gemäß Unterabschnitt 6.4.8.5 und bei nicht vorhandener Sonneneinstrahlung die Temperatur der zugänglichen Oberflächen eines Versandstücks 50 °C nicht übersteigt, es sei denn, das Versandstück wird unter ausschließlicher Verwendung befördert.

6.4.8.4 Die höchste Temperatur jeder während der Beförderung leicht zugänglichen Oberfläche eines Versandstücks unter ausschließlicher Verwendung ohne Sonneneinstrahlung unter den Umgebungsbedingungen gemäß Unterabschnitt 6.4.8.5 darf 85 °C nicht übersteigen. Barrieren oder Schutzwände zum Schutz von Personen dürfen berücksichtigt werden, ohne dass diese Barrieren oder Schutzwände irgendeiner Prüfung unterzogen werden müssen.

6.4.8.5 Die Umgebungstemperatur ist mit 38 °C anzunehmen.

6.4.8.6 Die Bedingungen für die Sonneneinstrahlung sind entsprechend der Tabelle 6.4.8.6 anzunehmen.

Tabelle 6.4.8.6 – Daten für die Sonneneinstrahlung

Fall	Form und Lage der Oberfläche	Sonneneinstrahlung während 12 Stunden pro Tag (W/m^2)
1	ebene Oberfläche während der Beförderung waagerecht – nach unten gerichtet	0
2	ebene Oberfläche während der Beförderung waagerecht – nach oben gerichtet	800
3	Oberflächen während der Beförderung senkrecht	200 [a)]
4	andere nach unten gerichtete Oberflächen (nicht waagerecht)	200 [a)]
5	alle anderen Oberflächen	400 [a)]

a) Alternativ darf eine Sinusfunktion mit einem entsprechend gewählten Absorptionskoeffizienten verwendet werden, wobei die Auswirkungen einer möglichen Reflexion von benachbarten Gegenständen vernachlässigt werden.

6.4.8.7 Ein Versandstück mit einem Wärmeschutz zur Erfüllung der Vorschriften der Erhitzungsprüfung des Unterabschnitts 6.4.17.3 muss so ausgelegt sein, dass dieser Schutz wirksam bleibt, wenn das Versandstück den Prüfungen des Abschnitts 6.4.15 und des Unterabschnitts 6.4.17.2 a) und b) oder, sofern zutreffend, des Unterabschnitts 6.4.17.2 b) und c) unterzogen wird. Jeder derartiger Schutz an der Außenfläche des Versandstücks darf nicht durch Aufschlitzen, Schneiden, Verrutschen, Verschleiß oder grobe Handhabung unwirksam gemacht werden.

6.4.8.8 Ein Versandstück muss so ausgelegt sein, dass es:

a) wenn es den Prüfungen gemäß Abschnitt 6.4.15 unterzogen wird, den Verlust des radioaktiven Inhalts auf höchstens 10^{-6} A_2 pro Stunde beschränkt; und

b) wenn es den Prüfungen gemäß Unterabschnitten 6.4.17.1, 6.4.17.2 b), 6.4.17.3 und 6.4.17.4 und entweder der Prüfung
   (i) des Unterabschnitts 6.4.17.2 c) unterzogen wird, wenn das Versandstück eine Masse von höchstens 500 kg besitzt, die auf die Außenabmessungen bezogene Gesamtdichte höchstens 1000 kg/m^3 beträgt und der radioaktive Inhalt, der kein radioaktiver Stoff in besonderer Form ist, 1000 A_2 übersteigt, oder
   (ii) des Unterabschnitts 6.4.17.2 a) für alle anderen Versandstücke unterzogen wird,

   den folgenden Vorschriften genügt:

   – die Wirkung der Abschirmung muss so groß bleiben, dass in 1 m Abstand von der Oberfläche des Versandstücks die Dosisleistung 10 mSv/h nicht überschreitet, wenn das Versandstück den maximalen für das Versandstück ausgelegten radioaktiven Inhalt enthält, und
   – der akkumulierte Verlust an radioaktivem Inhalt für den Zeitraum von einer Woche darf 10 A_2 für Krypton-85 und A_2 für alle anderen Radionuklide nicht übersteigen.

Sind Gemische verschiedener Radionuklide vorhanden, sind die Vorschriften der Absätze 2.2.7.2.2.4 bis 2.2.7.2.2.6 anzuwenden, mit der Ausnahme, dass für Krypton-85 ein effektiver $A_2(i)$-Wert von 10 A_2 verwendet werden darf. Für den vorgenannten Fall a) sind bei der Bewertung die äußeren Kontaminationsgrenzwerte des Absatzes 4.1.9.1.2 zu berücksichtigen.

6.4.8.9 Ein Versandstück für radioaktiven Inhalt mit einer Aktivität von mehr als 10^5 A_2 muss so ausgelegt sein, dass die dichte Umschließung nicht bricht, wenn es der gesteigerten Wassertauchprüfung des Abschnitts 6.4.18 unterzogen wird.

6.4.8.10 Die Einhaltung der zulässigen Grenzwerte für die Aktivitätsfreisetzung darf weder von Filtern noch von einem mechanischen Kühlsystem abhängig sein.

6.4.8.11 Die dichte Umschließung eines Versandstücks darf keine Druckentlastungsvorrichtung enthalten, durch die radioaktive Stoffe unter den Bedingungen der Prüfungen der Abschnitte 6.4.15 und 6.4.17 in die Umwelt entweichen können.

6.4.8.12 Ein Versandstück muss so ausgelegt sein, dass bei höchstem normalen Betriebsdruck und, wenn es den Prüfungen der Abschnitte 6.4.15 und 6.4.17 unterzogen wird, die Spannungen in der dichten Umschließung keine Werte erreichen, die das Versandstück so beeinträchtigen, dass es die zutreffenden Vorschriften nicht erfüllt.

6.4.8.13 Der höchste normale Betriebsdruck eines Versandstücks darf einen Überdruck von 700 kPa nicht übersteigen.

6.4.8.14 Ein Versandstück, das gering dispergierbare radioaktive Stoffe enthält, muss so ausgelegt sein, dass alle den gering dispergierbaren radioaktiven Stoffen hinzugefügten Vorrichtungen, die nicht deren Bestandteil sind, und alle inneren Bauteile der Verpackung keine schädlichen Auswirkungen auf das Verhalten der gering dispergierbaren radioaktiven Stoffe haben.

6.4.8.15 Ein Versandstück ist für einen Umgebungstemperaturbereich von –40 °C bis +38 °C auszulegen.

6.4.9 Vorschriften für Typ B(M)-Versandstücke

6.4.9.1 Mit Ausnahme der Versandstücke, die ausschließlich innerhalb eines bestimmten Landes oder ausschließlich zwischen bestimmten Ländern befördert werden sollen und für die mit der Zulassung der zuständigen Behörden dieser Länder andere als die in den Unterabschnitten 6.4.7.5, 6.4.8.4 bis 6.4.8.6 und 6.4.8.9 bis 6.4.8.15 angeführten Bedingungen angenommen werden dürfen, müssen Typ B(M)-Versandstücke die Vorschriften für Typ B(U)-Versandstücke des Unterabschnitts 6.4.8.1 erfüllen. Ungeachtet dessen müssen die Vorschriften für Typ B(U)-Versandstücke der Unterabschnitte 6.4.8.4 und 6.4.8.9 bis 6.4.8.15 soweit wie möglich eingehalten werden.

6.4.9.2 Der periodische Druckausgleich bei Typ B(M)-Versandstücken darf während der Beförderung zugelassen werden, vorausgesetzt, die Überwachungsmaßnahmen für den Druckausgleich sind für die jeweils zuständige Behörde annehmbar.

6.4.10 Vorschriften für Typ C-Versandstücke

6.4.10.1 Typ C-Versandstücke müssen so ausgelegt sein, dass sie die Vorschriften des Abschnitts 6.4.2 sowie der Unterabschnitte 6.4.7.2 bis 6.4.7.15 mit Ausnahme des Unterabschnitts 6.4.7.14 a) und die Vorschriften der Unterabschnitte 6.4.8.2 bis 6.4.8.6, 6.4.8.10 bis 6.4.8.15 und zusätzlich der Unterabschnitte 6.4.10.2 bis 6.4.10.4 erfüllen.

6.4.10.2 Ein Versandstück muss nach dem Eindringen in den Erdboden in einer Umgebung, die im Gleichgewichtszustand durch eine Wärmeleitfähigkeit von 0,33 $W \cdot m^{-1} \cdot K^{-1}$ und eine Temperatur von 38 °C bestimmt ist, die Bewertungskriterien erfüllen, die für die Prüfungen der Unterabschnitte 6.4.8.8 b) und 6.4.8.12 vorgeschrieben sind. Bei der Bewertung sind Ausgangsbedingungen anzunehmen, dass jeder Wärmeschutz des Versandstücks wirksam bleibt, das Versandstück den höchsten normalen Betriebsdruck aufweist und die Umgebungstemperatur 38 °C beträgt.

6.4.10.3 Ein Versandstück muss so ausgelegt sein, dass es bei höchstem normalen Betriebsdruck:

a) wenn es den Prüfungen gemäß Abschnitt 6.4.15 unterzogen wird, den Verlust des radioaktiven Inhalts auf höchstens 10^{-6} A_2 pro Stunde beschränkt; und

b) wenn es den Prüfungen in der gemäß Unterabschnitt 6.4.20.1 vorgeschriebenen Folge unterzogen wird,

(i) die Wirkung der Abschirmung so groß bleibt, dass in 1 m Abstand von der Oberfläche des Versandstücks die Dosisleistung 10 mSv/h nicht überschreitet, wenn das Versandstück den maximalen für das Versandstück ausgelegten radioaktiven Inhalt enthält; und

(ii) der akkumulierte Verlust an radioaktivem Inhalt für den Zeitraum von einer Woche 10 A_2 für Krypton-85 und A_2 für alle anderen Radionuklide nicht übersteigt.

Sind Gemische verschiedener Radionuklide vorhanden, sind die Vorschriften der Absätze 2.2.7.2.2.4 bis 2.2.7.2.2.6 anzuwenden, mit der Ausnahme, dass für Krypton-85 ein effektiver A_2(i)-Wert von 10 A_2 verwendet werden darf. Für den vorgenannten Fall a) sind bei der Bewertung die äußeren Kontaminationsgrenzwerte des Absatzes 4.1.9.1.2 zu berücksichtigen.

6.4.10.4 Ein Versandstück muss so ausgelegt sein, dass die dichte Umschließung nicht bricht, wenn es der gesteigerten Wassertauchprüfung des Abschnitts 6.4.18 unterzogen wird.

6.4.11 Vorschriften für Versandstücke, die spaltbare Stoffe enthalten

6.4.11.1 Spaltbare Stoffe sind so zu befördern, dass

a) bei Routine-Beförderungsbedingungen, normalen Beförderungsbedingungen und Unfall-Beförderungsbedingungen Unterkritikalität gewährleistet bleibt; insbesondere sind folgende mögliche Ereignisse zu berücksichtigen:

(i) Eindringen von Wasser in Versandstücke oder Auslaufen aus diesen;

(ii) Verlust von Wirksamkeit eingebauter Neutronenabsorber oder -moderatoren;

(iii) Veränderung der Anordnung des Inhalts entweder im Innern des Versandstücks oder als Ergebnis des Verlustes aus dem Versandstück;

(iv) Verringerung von Abständen innerhalb oder zwischen Versandstücken;

(v) Eintauchen der Versandstücke in Wasser oder Bedecken der Versandstücke durch Schnee und

(vi) Temperaturänderungen und

b) folgende Vorschriften erfüllt werden:

(i) die Vorschriften des Unterabschnitts 6.4.7.2, ausgenommen für unverpackte Stoffe, wenn dies in Absatz 2.2.7.2.3.5 e) besonders zugelassen ist;

(ii) die an anderer Stelle im ADR auf Grund der radioaktiven Eigenschaften der Stoffe enthaltenen Vorschriften;

(iii) die Vorschriften des Unterabschnitts 6.4.7.3, sofern die Stoffe nicht durch Absatz 2.2.7.2.3.5 ausgenommen sind;

(iv) die Vorschriften der Unterabschnitte 6.4.11.4 bis 6.4.11.14, sofern die Stoffe nicht durch Absatz 2.2.7.2.3.5, Unterabschnitt 6.4.11.2 oder 6.4.11.3 ausgenommen sind.

6.4.11.2 Versandstücke, die spaltbare Stoffe enthalten, welche die Vorschriften des Absatzes d) und eine der Vorschriften der Absätze a) bis c) erfüllen, sind von den Vorschriften der Unterabschnitte 6.4.11.4 bis 6.4.11.14 ausgenommen.

a) Versandstücke, die spaltbare Stoffe in irgendeiner Form enthalten, vorausgesetzt:

(i) die kleinste äußere Abmessung des Versandstücks ist nicht kleiner als 10 cm;

(ii) die Kritikalitätssicherheitskennzahl (CSI) des Versandstücks wird unter Verwendung der folgenden Formel berechnet:

$$\mathrm{CSI} = 50 \times 5 \times \left(\frac{\text{U-235-Masse im Versandstück (g)}}{Z} + \frac{\text{Masse der anderen spaltbaren Nuklide}^{*)}\text{ im Versandstück (g)}}{280} \right)$$

*) Plutonium darf jeden Isotopenaufbau haben, vorausgesetzt, die Menge an Pu-241 im Versandstück ist geringer als die Menge an Pu-240;

wobei die Werte für Z dabei der Tabelle 6.4.11.2 entnommen werden;

(iii) die Kritikalitätssicherheitskennzahl jedes Versandstücks ist nicht größer als 10;

b) Versandstücke, die spaltbare Stoffe in irgendeiner Form enthalten, vorausgesetzt:

(i) die kleinste äußere Abmessung des Versandstücks ist nicht kleiner als 30 cm;

(ii) nach der Durchführung der in den Unterabschnitten 6.4.15.1 bis 6.4.15.6 festgelegten Prüfungen

– hält das Versandstück seinen spaltbaren Inhalt zurück;

– werden die äußeren Mindestgesamtabmessungen des Versandstücks von mindestens 30 cm beibehalten;

– verhindert das Versandstück das Eindringen eines Würfels von 10 cm Kantenlänge;

(iii) die Kritikalitätssicherheitskennzahl (CSI) des Versandstücks wird unter Verwendung der folgenden Formel berechnet:

$$\mathrm{CSI} = 50 \times 2 \times \left(\frac{\text{U-235-Masse im Versandstück (g)}}{Z} + \frac{\text{Masse der anderen spaltbaren Nuklide}^{*)}\text{ im Versandstück (g)}}{280} \right)$$

*) Plutonium darf jeden Isotopenaufbau haben, vorausgesetzt, die Menge an Pu-241 im Versandstück ist geringer als die Menge an Pu-240;

wobei die Werte für Z dabei der Tabelle 6.4.11.2 entnommen werden;

(iv) die Kritikalitätssicherheitskennzahl jedes Versandstücks ist nicht größer als 10;

c) Versandstücke, die spaltbare Stoffe in irgendeiner Form enthalten, vorausgesetzt:

(i) die kleinste äußere Abmessung des Versandstücks ist nicht kleiner als 10 cm;

(ii) nach der Durchführung der in den Unterabschnitten 6.4.15.1 bis 6.4.15.6 festgelegten Prüfungen

– hält das Versandstück seinen spaltbaren Inhalt zurück;

– werden die äußeren Mindestgesamtabmessungen des Versandstücks von mindestens 10 cm beibehalten;

– verhindert das Versandstück das Eindringen eines Würfels von 10 cm Kantenlänge;

(iii) die Kritikalitätssicherheitskennzahl (CSI) des Versandstücks wird unter Verwendung der folgenden Formel berechnet:

$$CSI = 50 \times 2 \times \left(\frac{\text{U-235-Masse im Versandstück (g)}}{450} + \frac{\text{Masse der anderen spaltbaren Nuklide}^{*)} \text{ im Versandstück (g)}}{280} \right)$$

*) Plutonium darf jeden Isotopenaufbau haben, vorausgesetzt, die Menge an Pu-241 im Versandstück ist geringer als die Menge an Pu-240;

(iv) die größte Masse spaltbarer Nuklide in einem Versandstück ist nicht größer als 15 g;

d) die Gesamtmasse von Beryllium, mit Deuterium angereicherten wasserstoffhaltigen Stoffen, Graphit und anderen allotropischen Formen von Kohlenstoff in einem einzelnen Versandstück darf nicht größer sein als die Masse spaltbarer Nuklide im Versandstück, es sei denn, ihre Gesamtkonzentration ist nicht größer als 1 g in 1000 g des Stoffes. In Kupferlegierungen enthaltenes Beryllium muss bis zu 4 Masse-% der Legierung nicht berücksichtigt werden.

Tabelle 6.4.11.2 – Werte von Z für die Berechnung der Kritikalitätssicherheitskennzahl gemäß Unterabschnitt 6.4.11.2

Anreicherung [a)]	Z
bis zu 1,5 % angereichertes Uran	2200
bis zu 5 % angereichertes Uran	850
bis zu 10 % angereichertes Uran	660
bis zu 20 % angereichertes Uran	580
bis zu 100 % angereichertes Uran	450

a) Wenn ein Versandstück Uran mit variierenden Anreicherungen von U-235 enthält, muss für Z der Wert verwendet werden, welcher der höchsten Anreicherung entspricht.

6.4.11.3 Versandstücke, die höchstens 1000 g Plutonium enthalten, sind von der Anwendung der Unterabschnitte 6.4.11.4 bis 6.4.11.14 ausgenommen, vorausgesetzt:

a) höchstens 20 Masse-% des Plutoniums sind spaltbare Nuklide;

b) die Kritikalitätssicherheitskennzahl des Versandstücks wird unter Verwendung der folgenden Formel berechnet:

$$CSI = 50 \times 2 \times \left(\frac{\text{Masse an Plutonium (g)}}{1000} \right)$$

c) in Fällen, in denen Uran zusammen mit dem Plutonium vorhanden ist, ist die Masse an Uran nicht größer als 1% der Masse an Plutonium.

6.4.11.4 Wenn die chemische oder physikalische Form, die Isotopenzusammensetzung, die Masse oder die Konzentration, das Moderationsverhältnis oder die Dichte oder die geometrische Anordnung nicht bekannt ist, müssen die Bewertungen der Unterabschnitte 6.4.11.8 bis 6.4.11.13 unter der Annahme durchgeführt werden, dass jeder einzelne unbekannte Parameter den Wert aufweist, der mit den bei diesen Bewertungen bekannten Bedingungen und Parametern in Einklang stehend zur höchsten Neutronenvermehrung führt.

10

6.4.11.5 Für bestrahlten Kernbrennstoff müssen die Bewertungen der Unterabschnitte 6.4.11.8 bis 6.4.11.13 auf einer Isotopenzusammensetzung beruhen, die nachweislich entweder

a) zur höchsten Neutronenvermehrung während der Bestrahlungsgeschichte führt, oder

b) zu einer konservativen Abschätzung der Neutronenvermehrung für die Bewertungen des Versandstücks führt. Nach der Bestrahlung, jedoch vor der Beförderung müssen Messungen durchgeführt werden, um die Konservativität der Isotopenzusammensetzung zu bestätigen.

6.4.11.6 Das Versandstück muss, nachdem es den Prüfungen des Abschnitts 6.4.15 unterzogen wurde,

a) die Mindestaußenabmessungen des Versandstücks über alles auf mindestens 10 cm erhalten und

b) das Eindringen eines Würfels mit 10 cm Seitenlänge verhindern.

6.4.11.7 Das Versandstück muss für einen Umgebungstemperaturbereich von –40 °C bis +38 °C ausgelegt sein, sofern die zuständige Behörde im Zulassungszeugnis für die Bauart des Versandstücks nichts anderes festlegt.

6.4.11.8 Für ein einzelnes Versandstück muss angenommen werden, dass Wasser in alle Hohlräume des Versandstücks, einschließlich solcher innerhalb der dichten Umschließung, eindringen oder aus diesen ausfließen kann. Wenn jedoch die Bauart besondere Vorrichtungen aufweist, die das Eindringen von Wasser in bestimmte Hohlräume oder das Ausfließen aus diesen auch infolge eines Fehlers verhindern, darf bezüglich dieser Hohlräume das Nichtvorhandensein einer Undichtheit unterstellt werden. Die besonderen Vorrichtungen müssen eines der Folgenden umfassen:

a) mehrfache hochwirksame Wasserbarrieren, von denen mindestens zwei wasserdicht bleiben, wenn das Versandstück den Prüfungen des Unterabschnitts 6.4.11.13 b) unterzogen wurde, eine strenge Qualitätskontrolle bei der Herstellung, Wartung und Instandsetzung von Verpackungen und Prüfungen zum Nachweis des Verschlusses jedes Versandstücks vor jeder Beförderung oder

b) nur bei Versandstücken mit Uranhexafluorid mit einer höchsten Anreicherung von 5 Masse-% Uran-235:

(i) Versandstücke, bei denen im Anschluss an die Prüfungen des Unterabschnitts 6.4.11.13 b) kein physischer Kontakt zwischen Ventil und einem sonstigen Bauteil der Verpackung außer seinem ursprünglichen Verbindungspunkt besteht und bei denen zusätzlich im Anschluss an die Prüfung des Unterabschnitts 6.4.17.3 die Ventile dicht bleiben, und

(ii) eine strenge Qualitätskontrolle bei der Herstellung, Wartung und Instandsetzung von Verpackungen, verbunden mit Prüfungen zum Nachweis des Verschlusses jedes Versandstücks vor jeder Beförderung.

6.4.11.9 Es ist eine unmittelbare Reflexion des Einschließungssystems durch mindestens 20 cm Wasser oder eine größere Reflexion, die zusätzlich durch das die Verpackung umgebende Material erbracht werden kann, anzunehmen. Wenn jedoch nachgewiesen werden kann, dass das Einschließungssystem im Anschluss an die Prüfungen des Unterabschnitts 6.4.11.13 b) innerhalb der Verpackung verbleibt, darf in Unterabschnitt 6.4.11.10 c) eine unmittelbare Reflexion des Versandstücks durch mindestens 20 cm Wasser angenommen werden.

6.4.11.10 Das Versandstück muss unter den Bedingungen der Unterabschnitte 6.4.11.8 und 6.4.11.9 und unter Versandstückbedingungen, die zur maximalen Neutronenvermehrung führen, in Übereinstimmungen mit folgenden Punkten unterkritisch sein:

a) den Routine-Beförderungsbedingungen (zwischenfallfrei);

b) den Prüfungen des Unterabschnitts 6.4.11.12 b);

c) den Prüfungen des Unterabschnitts 6.4.11.13 b).

6.4.11.11 (bleibt offen)

6.4.11.12 Bei normalen Beförderungsbedingungen ist eine Anzahl «N» so zu bestimmen, dass fünfmal «N» Versandstücke für die Anordnung und Versandstückbedingungen, die zur maximalen Neutronenvermehrung führen, bei Berücksichtigung des Folgenden unterkritisch sind:

a) es darf sich nichts zwischen den Versandstücken befinden, und die Anordnung von Versandstücken wird allseitig durch mindestens 20 cm Wasser reflektiert, und

b) der Zustand der Versandstücke entspricht dem eingeschätzten oder nachgewiesenen Zustand, nachdem sie den Prüfungen des Abschnitts 6.4.15 unterzogen wurden.

6.4.11.13 Bei Unfall-Beförderungsbedingungen ist eine Anzahl «N» so zu bestimmen, dass zweimal «N» Versandstücke für die Anordnung und Versandstückbedingungen, die zur maximalen Neutronenvermehrung führen, bei Berücksichtigung des Folgenden unterkritisch sind:

a) wasserstoffhaltiger Moderator zwischen den Versandstücken und die Anordnung von Versandstücken wird allseitig durch mindestens 20 cm Wasser reflektiert und

b) die Prüfungen des Abschnitts 6.4.15 und anschließend die einschränkendere der nachstehenden Prüfungen:

(i) die Prüfungen des Unterabschnitts 6.4.17.2 b) und entweder des Unterabschnitts 6.4.17.2 c) für Versandstücke mit einer Masse von höchstens 500 kg und einer auf die Außenabmessungen bezogenen Gesamtdichte von höchstens 1000 kg/m³ oder des Unterabschnitts 6.4.17.2 a) für alle anderen Versandstücke und anschließend die Prüfung des Unterabschnitts 6.4.17.3 und vervollständigt durch die Prüfungen der Unterabschnitte 6.4.19.1 bis 6.4.19.3 oder

(ii) die Prüfung des Unterabschnitts 6.4.17.4 und

c) wenn nach den Prüfungen des Unterabschnitts 6.4.11.13 b) irgendein Teil des spaltbaren Stoffes aus der dichten Umschließung entweicht, muss angenommen werden, dass spaltbare Stoffe aus jedem Versandstück in der Anordnung entweichen, und die gesamten spaltbaren Stoffe müssen in einer Konfiguration und unter Moderationsbedingungen angeordnet werden, die bei einer unmittelbaren Reflexion durch mindestens 20 cm Wasser zur maximalen Neutronenvermehrung führen.

6.4.11.14 Die Kritikalitätssicherheitskennzahl (CSI) für Versandstücke, die spaltbare Stoffe enthalten, ist durch Division der Zahl 50 durch den kleineren der beiden Werte für «N» zu ermitteln, die aus den Unterabschnitten 6.4.11.12 und 6.4.11.13 abgeleitet werden (d.h. CSI = 50/N). Der Wert der Kritikalitätssicherheitskennzahl kann Null sein, vorausgesetzt, eine unbegrenzte Anzahl von Versandstücken ist unterkritisch (d.h. N ist tatsächlich in beiden Fällen unendlich).

6.4.12 Prüfmethoden und Nachweisverfahren

6.4.12.1 Der Nachweis der Einhaltung der nach den Absatz 2.2.7.2.3.1.3, 2.2.7.2.3.1.4, 2.2.7.2.3.3.1, 2.2.7.2.3.3.2, 2.2.7.2.3.4.1, 2.2.7.2.3.4.2 sowie den Abschnitten 6.4.2 bis 6.4.11 geforderten Leistungsvorgaben muss durch ein oder mehrere der nachstehend genannten Verfahren erbracht werden.

a) Durchführung von Prüfungen mit Proben, die die LSA-III-Stoffe, die radioaktiven Stoffe in besonderer Form oder die gering dispergierbaren radioaktiven Stoffe repräsentieren, oder mit Prototypen oder Serienmuster der Verpackung, wobei der Inhalt der zur Prüfung vorgesehenen Probe oder Verpackung soweit wie möglich die zu erwartende Bandbreite des radioaktiven Inhalts simulieren muss und die zu prüfende Probe oder Verpackung so vorbereitet wird, wie sie zur Beförderung aufgegeben wird.

b) Bezugnahme auf frühere zufriedenstellende und ausreichend ähnliche Nachweise.

c) Durchführung der Prüfungen mit Modellen eines geeigneten Maßstabes, die alle für den zu untersuchenden Aspekt wesentlichen Merkmale enthalten, sofern die technische Erfahrung gezeigt hat, dass die Ergebnisse derartiger Prüfungen für die Auslegung geeignet sind. Bei Verwendung von maßstabsgerechten Modellen ist zu berücksichtigen, dass es für bestimmte Prüfparameter, wie z.B. Durchmesser der Durchstoßstange oder Stapeldrucklast, einer Anpassung bedarf.

d) Berechnung oder begründete Betrachtung, wenn die Berechnungsverfahren und Parameter allgemein als belastbar und konservativ anerkannt sind.

6.4.12.2 Nachdem die Probe, der Prototyp oder das Serienmuster den Prüfungen unterzogen wurde, sind geeignete Bewertungsmethoden anzuwenden, um sicherzustellen, dass die Vorschriften für die Prüfmethoden in Übereinstimmung mit den in Absatz 2.2.7.2.3.1.3, 2.2.7.2.3.1.4, 2.2.7.2.3.3.1, 2.2.7.2.3.3.2, 2.2.7.2.3.4.1, 2.2.7.2.3.4.2 und den Abschnitten 6.4.2 bis 6.4.11 vorgeschriebenen Auslegungs- und Akzeptanzkriterien erfüllt wurden.

6.4.12.3 Vor der Prüfung sind an allen Prüfmustern Mängel oder Schäden festzustellen und zu protokollieren, einschließlich:

a) Abweichungen von der Bauart;

b) Fertigungsfehler;

c) Korrosion oder andere Beeinträchtigungen und

d) Verformung einzelner Teile.

Die dichte Umschließung des Versandstücks muss eindeutig festgelegt sein. Die äußeren Teile des Prüfmusters müssen eindeutig gekennzeichnet sein, so dass leicht und zweifelsfrei auf jedes Teil des Prüfmusters Bezug genommen werden kann.

6.4.13 Prüfung der Unversehrtheit der dichten Umschließung und der Strahlungsabschirmung und Bewertung der Kritikalitätssicherheit

Nach jeder anwendbaren Prüfung der Abschnitte 6.4.15 bis 6.4.21

a) sind Mängel und Schäden festzustellen und zu protokollieren;

b) ist zu ermitteln, ob die Unversehrtheit der dichten Umschließung und der Abschirmung in dem in den Abschnitten 6.4.2 bis 6.4.11 für Versandstücke unter Prüfbedingungen geforderten Maße erhalten geblieben ist, und

c) ist bei Versandstücke, die spaltbare Stoffe enthalten, zu ermitteln, ob die für die Bewertung einzelner oder mehrerer Versandstücke gemäß den Unterabschnitten 6.4.11.1 bis 6.4.11.14 getroffenen Annahmen und Bedingungen gültig sind.

6.4.14 Aufprallfundament für die Fallprüfungen

Das Aufprallfundament für die Fallprüfungen des Absatzes 2.2.7.2.3.3.5 a), des Unterabschnitts 6.4.15.4, des Abschnitts 6.4.16 a) und der Unterabschnitte 6.4.17.2 und 6.4.20.2 muss eine ebene, horizontale Oberfläche aufweisen, die so beschaffen sein muss, dass jede Steigerung ihres Widerstands gegen Verschiebung oder Verformung beim Aufprall des Prüfmusters zu keiner signifikant größeren Beschädigung des Prüfmusters führen würde.

6.4.15 Prüfungen zum Nachweis der Widerstandsfähigkeit unter normalen Beförderungsbedingungen

6.4.15.1 Bei diesen Prüfungen handelt es sich um die Wassersprühprüfung, die Fallprüfung, die Stapeldruckprüfung und die Durchstoßprüfung. Die Prüfmuster des Versandstücks müssen der Fallprüfung, der Stapeldruckprüfung und der Durchstoßprüfung unterzogen werden, wobei in jedem Fall vorher die Wassersprühprüfung durchgeführt werden muss. Für alle diese Prüfungen darf ein Prüfmuster verwendet werden, sofern die Vorschriften des Unterabschnitts 6.4.15.2 erfüllt sind.

6.4.15.2 Die Zeitspanne zwischen dem Abschluss der Wassersprühprüfung und der anschließenden Prüfung muss so gewählt werden, dass das Wasser in größtmöglichen Umfang eingedrungen ist, ohne dass die Außenseite des Prüfmusters merklich getrocknet ist. Sofern nichts anderes dagegen spricht, beträgt diese Zeitspanne zwei Stunden, wenn das Sprühwasser gleichzeitig aus vier Richtungen einwirkt. Allerdings ist keine Zwischenpause vorzusehen, wenn das Sprühwasser aus jeder der vier Richtungen nacheinander einwirkt.

6.4.15.3 Wassersprühprüfung: Das Prüfmuster ist einer Wassersprühprüfung zu unterziehen, die eine mindestens einstündige Beregnung mit einer Niederschlagsmenge von ungefähr 5 cm pro Stunde simuliert.

6.4.15.4 Fallprüfung: Das Prüfmuster muss so auf das Aufprallfundament fallen, dass es hinsichtlich der zu prüfenden Sicherheitsmerkmale den größtmöglichen Schaden erleidet.

a) Die Fallhöhe, gemessen vom untersten Punkt des Prüfmusters bis zur Oberfläche des Aufprallfundaments, muss in Abhängigkeit von der zutreffenden Masse mindestens dem Abstand in Tabelle 6.4.15.4 entsprechen. Das Aufprallfundament muss dem Abschnitt 6.4.14 entsprechen.

b) Bei rechteckigen Versandstücken aus Pappe oder Holz mit einer Masse von höchstens 50 kg ist ein gesondertes Prüfmuster dem freien Fall auf jede Ecke aus einer Höhe von 0,3 m zu unterziehen.

c) Bei zylindrischen Versandstücken aus Pappe mit einer Masse von höchstens 100 kg ist ein gesondertes Prüfmuster dem freien Fall auf jedes Viertel der beiden Ränder aus einer Höhe von 0,3 m zu unterziehen.

Tabelle 6.4.15.4 – Freifallhöhe zur Prüfung von Versandstücken unter normalen Beförderungsbedingungen

Masse des Versandstücks (kg)			Freifallhöhe (m)
	Masse des Versandstücks	< 5000	1,2
5000 ≤	Masse des Versandstücks	< 10000	0,9
10000 ≤	Masse des Versandstücks	< 15000	0,6
15000 ≤	Masse des Versandstücks		0,3

6.4.15.5 Stapeldruckprüfung: Sofern die Form der Verpackung ein Stapeln nicht wirksam ausschließt, ist das Prüfmuster für einen Zeitraum von 24 Stunden einer Druckbelastung auszusetzen, die dem größeren der nachstehenden Werte entspricht:

a) dem Äquivalent des Fünffachen der Höchstmasse des Versandstücks und

b) dem Äquivalent von 13 kPa, multipliziert mit der senkrecht projizierten Fläche des Versandstücks.

Die Belastung muss gleichmäßig auf zwei gegenüberliegende Seiten des Prüfmusters einwirken, von denen eine die normalerweise als Auflagefläche benutzte Seite des Versandstücks ist.

6.4.15.6 Durchstoßprüfung: Das Prüfmuster wird auf eine starre, flache, horizontale Unterlage gestellt, die sich während der Prüfung nicht merklich verschieben darf.

a) Eine Stange von 3,2 cm Durchmesser mit einem halbkugelförmigen Ende und einer Masse von 6 kg muss mit senkrecht stehender Längsachse so auf die Mitte der schwächsten Stelle des Prüfmusters fallen gelassen werden, dass sie bei genügend weitem Eindringen die dichte Umschließung trifft. Durch die Prüfung darf die Stange nicht merklich verformt werden.

b) Die Fallhöhe, vom unteren Ende der Stange bis zur vorgesehenen Aufschlagstelle auf der Oberfläche des Prüfmusters gemessen, muss 1 m betragen.

6.4.16 Zusätzliche Prüfungen für Typ A-Versandstücke für flüssige Stoffe und Gase

Ein Prüfmuster oder gesonderte Prüfmuster sind jeder der folgenden Prüfungen zu unterziehen, es sei denn, eine der Prüfungen ist nachweisbar strenger für das Prüfmuster als die andere; in diesem Fall ist ein Prüfmuster der strengeren Prüfung zu unterziehen.

a) Fallprüfung: Das Prüfmuster muss so auf das Aufprallfundament fallen, dass die dichte Umschließung den größtmöglichen Schaden erleidet. Die Fallhöhe, vom untersten Teil des Prüfmusters bis zur Oberfläche des Aufprallfundaments gemessen, muss 9 m betragen. Das Aufprallfundament muss dem Abschnitt 6.4.14 entsprechen.

b) Durchstoßprüfung: Das Prüfmuster muss der in Unterabschnitt 6.4.15.6 beschriebenen Prüfung unterzogen werden, wobei die in Unterabschnitt 6.4.15.6 b) genannte Fallhöhe von 1 m auf 1,7 m zu erhöhen ist.

6.4.17 Prüfungen zum Nachweis der Widerstandsfähigkeit unter Unfall-Beförderungsbedingungen

6.4.17.1 Das Prüfmuster wird den kumulativen Wirkungen der Prüfungen der Unterabschnitte 6.4.17.2 und 6.4.17.3 in der hier angegebenen Reihenfolge ausgesetzt. Im Anschluss an diese Prüfungen muss dieses Prüfmuster oder ein gesondertes Prüfmuster den Einflüssen der Wassertauchprüfung(en) des Unterabschnitts 6.4.17.4 und, sofern zutreffend, des Abschnitts 6.4.18 ausgesetzt werden.

6.4.17.2 Mechanische Prüfung: Die mechanische Prüfung besteht aus drei verschiedenen Fallprüfungen. Jedes Prüfmuster ist den anwendbaren Fallprüfungen des Unterabschnitts 6.4.8.8 oder 6.4.11.13 zu unterziehen. Die Reihenfolge der Fallprüfungen ist so zu wählen, dass bei Abschluss der mechanischen Prüfung das Prüfmuster eine derartige Beschädigung erlitten hat, dass in der darauffolgenden Erhitzungsprüfung die größtmögliche Beschädigung eintritt.

a) Bei der Fallprüfung I muss das Prüfmuster so auf das Aufprallfundament fallen, dass es den größtmöglichen Schaden erleidet, und die Fallhöhe, vom untersten Teil des Prüfmusters bis zur Oberfläche des Aufprallfundaments gemessen, muss 9 m betragen. Das Aufprallfundament muss dem Abschnitt 6.4.14 entsprechen.

b) Bei der Fallprüfung II muss das Prüfmuster so auf einen auf dem Aufprallfundament fest und senkrecht montierten Dorn fallen, dass es den größtmöglichen Schaden erleidet. Die Fallhöhe, von der vorgesehenen Aufschlagstelle am Prüfmuster bis zur Oberseite des Dorns gemessen, muss 1 m betragen. Der Dorn muss aus einem massiven Baustahlzylinder mit einem Durchmesser von (15,0 ± 0,5) cm und einer Länge von 20 cm bestehen, sofern nicht ein längerer Dorn einen größeren Schaden verursachen würde; in diesem Fall ist ein Dorn zu verwenden, der so lang ist, dass er den größtmöglichen Schaden verursacht. Die Stirnfläche des Dorns muss flach und horizontal sein, wobei seine Kante auf einen Radius von höchstens 6 mm abgerundet ist. Das Aufprallfundament, auf dem der Dorn befestigt ist, muss dem Abschnitt 6.4.14 entsprechen.

c) Bei der Fallprüfung III muss das Prüfmuster einer dynamischen Quetschprüfung unterzogen werden; dazu ist das Prüfmuster so auf dem Aufprallfundament zu positionieren, dass es den größtmöglichen Schaden erleidet, wenn eine Masse von 500 kg aus 9 m Höhe auf das Prüfmuster fällt. Die Masse besteht aus einer massiven Baustahlplatte mit einer Grundfläche von 1 m mal 1 m und muss in waagerechter Lage fallen. Die Kanten und Ecken der unteren Fläche der Stahlplatte müssen auf einen Radius von höchstens 6 mm abgerundet sein. Die Fallhöhe ist von der Unterseite der Platte zum obersten Punkt des Prüfmusters zu messen. Das Aufprallfundament, auf dem das Prüfmuster liegt, muss dem Abschnitt 6.4.14 entsprechen.

6.4.17.3 Erhitzungsprüfung: Das Prüfmuster muss sich bei einer Umgebungstemperatur von 38 °C, bei den Sonneneinstrahlungsbedingungen der Tabelle 6.4.8.6 und bei der durch den radioaktiven Inhalt des Versandstücks erzeugten maximalen Wärmeleistung im thermischen Gleichgewicht befinden. Alternativ darf von diesen Parametern vor und während der Prüfung abgewichen werden, sie sind jedoch bei der anschließenden Bewertung der Auswirkungen auf das Versandstück zu berücksichtigen.

Für die Erhitzungsprüfung gilt:

a) Das Prüfmuster ist für die Dauer von 30 Minuten einer thermischen Umgebung auszusetzen, die einen Wärmestrom aufweist, der mindestens einem Feuer aus einem Kohlenwasserstoff-Luft-Gemisch, das bei ausreichend ruhigen Umgebungsbedingungen einen minimalen durchschnittlichen Strahlungskoeffizienten des Feuers von 0,9 und eine durchschnittliche Temperatur von mindestens 800 °C gewährleistet, entspricht und der das Prüfmuster vollständig einschließt; der Oberflächenabsorptionskoeffizient ist mit 0,8 oder dem Wert anzunehmen, den das Versandstück nachweislich aufweist, wenn es dem beschriebenen Feuer ausgesetzt wird.

b) Anschließend ist das Prüfmuster einer Umgebungstemperatur von 38 °C, den Sonneneinstrahlungsbedingungen der Tabelle 6.4.8.6 und dem höchsten Auslegungswert für die durch den radioaktiven Inhalt des Versandstücks erzeugten inneren Wärmeleistung so lange auszusetzen, bis an jeder Stelle des Prüfmusters die Temperaturen sinken und/oder sich dem ursprünglichen Gleichgewichtszustand nähern. Alternativ darf von diesen Parametern nach Beendigung der Erhitzungsphase abgewichen werden, sie sind jedoch bei der anschließenden Bewertung der Auswirkungen auf das Versandstück zu berücksichtigen.

Während und nach der Prüfung darf das Prüfmuster nicht künstlich gekühlt werden und die von selbst fortdauernde Verbrennung von Werkstoffen des Prüfmusters ist zuzulassen.

6.4.17.4 Wassertauchprüfung: Das Prüfmuster muss in einer Lage, die zur größtmöglichen Beschädigung führt, für die Dauer von mindestens acht Stunden mindestens 15 m tief in Wasser eingetaucht werden. Für die Einhaltung dieser Bedingungen ist für Nachweiszwecke ein äußerer Überdruck von mindestens 150 kPa anzunehmen.

6.4.18 **Gesteigerte Wassertauchprüfung für Typ B(U)- und Typ B(M)-Versandstücke mit einem Inhalt von mehr als 10^5 A_2 und für Typ C-Versandstücke**

Gesteigerte Wassertauchprüfung: Das Prüfmuster muss für die Dauer von mindestens einer Stunde mindestens 200 m tief in Wasser eingetaucht werden. Für die Einhaltung dieser Bedingungen ist für Nachweiszwecke ein äußerer Überdruck von mindestens 2 MPa anzunehmen.

10

6.4.19 Wassereindringprüfung für Versandstücke, die spaltbare Stoffe enthalten

6.4.19.1 Versandstücke, bei denen zur Beurteilung gemäß den Unterabschnitten 6.4.11.8 bis 6.4.11.13 ein Eindringen oder Auslaufen von Wasser in einem Umfang angenommen wurde, der zur höchsten Reaktivität führt, sind von der Prüfung ausgenommen.

6.4.19.2 Bevor das Prüfmuster der nachstehenden Wassereindringprüfung unterzogen wird, muss es den Prüfungen des Unterabschnitts 6.4.17.2 b) und, wie in Unterabschnitt 6.4.11.13 gefordert, entweder des Unterabschnitts 6.4.17.2 a) oder c) und der Prüfung des Unterabschnitts 6.4.17.3 unterzogen werden.

6.4.19.3 Das Prüfmuster muss in einer Lage, für die die größte Undichtheit zu erwarten ist, für die Dauer von mindestens acht Stunden mindestens 0,9 m tief in Wasser eingetaucht werden.

6.4.20 Prüfungen für Typ C-Versandstücke

6.4.20.1 Die Prüfmuster sind den Wirkungen jeder der nachstehenden Prüfungen in der angegebenen Reihenfolge auszusetzen:

a) den Prüfungen gemäß den Unterabschnitten 6.4.17.2 a) und c), 6.4.20.2 und 6.4.20.3 und

b) der Prüfung gemäß Unterabschnitt 6.4.20.4.

Für jede Prüffolge a) und b) dürfen gesonderte Prüfmuster verwendet werden.

6.4.20.2 Eindring-/Zerreißprüfung: Das Prüfmuster muss den schädigenden Wirkungen eines senkrechten massiven Baustahlkörpers ausgesetzt werden. Die Lage des Prüfmusters des Versandstücks und die Aufprallstelle auf der Oberfläche des Versandstücks sind so zu wählen, dass nach Abschluss der Prüffolge gemäß Unterabschnitt 6.4.20.1 a) die größtmögliche Beschädigung erzielt wird.

a) Das Prüfmuster, das ein Versandstück mit einer Masse von weniger als 250 kg repräsentiert, ist auf das Aufprallfundament zu stellen und dem Fall eines Körpers mit einer Masse von 250 kg aus einer Höhe vom 3 m über der vorgesehenen Aufprallstelle zu unterziehen. Bei dieser Prüfung ist der Körper eine zylindrische Stange mit einem Durchmesser von 20 cm, dessen auftreffendes Ende ein Kreiskegelstumpf mit folgenden Abmessung ist: 30 cm Höhe und 2,5 cm Durchmesser am Ende, wobei seine Kante auf einen Radius von höchstens 6 mm abgerundet ist. Das Aufprallfundament, auf dem das Prüfmuster steht, muss dem Abschnitt 6.4.14 entsprechen;

b) Bei Versandstücken mit einer Masse von mindestens 250 kg ist der Körper mit dem Boden auf das Aufprallfundament zu stellen, und das Prüfmuster muss auf den Körper fallen. Die Fallhöhe, von der Aufprallstelle am Prüfmuster bis zur Oberseite des Körpers gemessen, muss 3 m betragen. Bei dieser Prüfung hat der Körper die gleichen Eigenschaften und Abmessungen wie in a), jedoch müssen die Länge und die Masse des Körpers so sein, dass am Prüfmuster die größtmögliche Beschädigung erzielt wird. Das Aufprallfundament, auf dem der Boden des Körpers steht, muss dem Abschnitt 6.4.14 entsprechen.

6.4.20.3 Gesteigerte Erhitzungsprüfung: Die Bedingungen dieser Prüfung müssen denen des Unterabschnitts 6.4.17.3 entsprechen, jedoch muss die Dauer, die das Prüfmuster der thermischen Umgebung ausgesetzt ist, 60 Minuten betragen.

6.4.20.4 Aufprallprüfung: Das Prüfmuster muss mit einer Geschwindigkeit von mindestens 90 m/s und in einer Lage, die zur größtmöglichen Beschädigung führt, auf das Aufprallfundament aufschlagen. Das Aufprallfundament muss dem Abschnitt 6.4.14 entsprechen, mit der Ausnahme, dass die Aufpralloberfläche eine beliebige Ausrichtung haben darf, so lange die Oberfläche senkrecht zur Aufprallrichtung des Prüfmusters steht.

6.4.21 Prüfungen für Verpackungen, die für mindestens 0,1 kg Uranhexafluorid ausgelegt sind

6.4.21.1 Jede hergestellte Verpackung und deren betriebliche und bauliche Ausrüstung müssen entweder gemeinsam oder getrennt erstmalig vor Inbetriebnahme und anschließend wiederkehrend geprüft werden. Diese Prüfungen müssen mit Zustimmung der zuständigen Behörde durchgeführt und bescheinigt werden.

6.4.21.2 Die erstmalige Prüfung besteht aus einer Prüfung der Auslegungseigenschaften, einer Festigkeitsprüfung, einer Dichtheitsprüfung, einer Ausliterung und einer Funktionsprüfung der betrieblichen Ausrüstung.

6.4.21.3 Die wiederkehrenden Prüfungen bestehen aus einer Sichtprüfung, einer Festigkeitsprüfung, einer Dichtheitsprüfung und einer Funktionsprüfung der betrieblichen Ausrüstung. Die Frist für die wiederkehrenden Prüfungen beträgt höchstens fünf Jahre. Verpackungen, die innerhalb dieser Fünfjahresfrist nicht geprüft worden sind, müssen vor der Beförderung nach einem von der zuständigen Behörde zugelassenen Programm untersucht werden. Sie dürfen erst nach Abschluss des vollständigen Programms für wiederkehrende Prüfungen wieder befüllt werden.

6.4.21.4 Die Prüfung der Auslegungseigenschaften muss die Einhaltung der Spezifikationen der Bauart und des Fertigungsprogramms nachweisen.

6.4.21.5 Die erstmalige Festigkeitsprüfung von Verpackungen, die für mindestens 0,1 kg Uranhexafluorid ausgelegt sind, ist in Form einer Wasserdruckprüfung mit einem Innendruck von 1,38 MPa (13,8 bar) durchzuführen; wenn jedoch der Prüfdruck kleiner als 2,76 MPa (27,6 bar) ist, bedarf die Bauart einer multilateralen Zulassung. Für die wiederkehrende Prüfung der Verpackungen darf vorbehaltlich der multilateralen Zulassung eine andere gleichwertige zerstörungsfreie Prüfung angewendet werden.

6.4.21.6 Die Dichtheitsprüfung ist nach einem Verfahren durchzuführen, das Undichtheiten in der dichten Umschließung mit einer Empfindlichkeit von 0,1 Pa · l/s (10^{-6} bar · l/s) anzuzeigen in der Lage ist.

6.4.21.7 Die Ausliterung der Verpackungen ist mit einer Genauigkeit von ±0,25 % bei einer Referenztemperatur von 15 °C festzuhalten. Das Volumen ist auf dem in Unterabschnitt 6.4.21.8 beschriebenen Schild anzugeben.

6.4.21.8 An jeder Verpackung muss ein Schild aus nicht korrodierendem Metall dauerhaft und an einer leicht zugänglichen Stelle angebracht sein. Die Art der Anbringung des Schildes darf die Festigkeit der Verpackung nicht beeinträchtigen. Auf dem Schild müssen mindestens die nachstehend aufgeführten Angaben eingestanzt oder nach einem ähnlichen Verfahren angebracht sein:

- Zulassungsnummer;
- Seriennummer des Herstellers;
- höchster Betriebsdruck (Überdruck);
- Prüfdruck (Überdruck);
- Inhalt: Uranhexafluorid;

10

- Fassungsraum in Litern;
- höchstzulässige Masse der Füllung mit Uranhexafluorid;
- Eigenmasse;
- Datum (Monat, Jahr) der erstmaligen Prüfung und der zuletzt durchgeführten wiederkehrenden Prüfung;
- Stempel des Sachverständigen, der die Prüfung vorgenommen hat.

6.4.22 Zulassung der Bauart von Versandstücken und Stoffen

6.4.22.1 Für die Zulassung der Bauarten von Versandstücken, die mindestens 0,1 kg Uranhexafluorid enthalten, gilt:

a) für jede Bauart, welche den Vorschriften des Unterabschnitts 6.4.6.4 entspricht, ist eine multilaterale Zulassung erforderlich;

b) für jede Bauart, welche den Vorschriften der Unterabschnitte 6.4.6.1 bis 6.4.6.3 entspricht, ist eine unilaterale Zulassung durch die zuständige Behörde des Ursprungslandes der Bauart erforderlich, es sei denn, an anderer Stelle im ADR wird eine multilaterale Zulassung vorgeschrieben.

6.4.22.2 Für jedes Typ B(U)- und Typ C-Versandstückmuster ist eine unilaterale Zulassung erforderlich, es sei denn,

a) ein Versandstückmuster für spaltbare Stoffe, das auch den Vorschriften der Unterabschnitte 6.4.22.4 und 6.4.23.7 sowie des Absatzes 5.1.5.2.1 unterliegt, erfordert eine multilaterale Zulassung und

b) ein Typ B(U)-Versandstückmuster für gering dispergierbare radioaktive Stoffe erfordert eine multilaterale Zulassung.

6.4.22.3 Für jedes Typ B(M)-Versandstückmuster einschließlich der Versandstückmuster für spaltbare Stoffe, die außerdem den Vorschriften der Unterabschnitte 6.4.22.4 und 6.4.23.7 sowie des Absatzes 5.1.5.2.1 unterliegen, und einschließlich der Versandstückmuster für gering dispergierbare radioaktive Stoffe ist eine multilaterale Zulassung erforderlich.

6.4.22.4 Für jedes Versandstückmuster für spaltbare Stoffe, das nicht nach einem der Absätze oder Unterabschnitte 2.2.7.2.3.5 a) bis f), 6.4.11.2 und 6.4.11.3 ausgenommen ist, ist eine multilaterale Zulassung erforderlich.

6.4.22.5 Die Bauart radioaktiver Stoffe in besonderer Form bedarf einer unilateralen Zulassung. Die Bauart gering dispergierbarer radioaktiver Stoffe bedarf einer multilateralen Zulassung (siehe auch Unterabschnitt 6.4.23.8).

6.4.22.6 Die Bauart eines spaltbaren Stoffes, der gemäß Absatz 2.2.7.2.3.5 f) von der Klassifizierung als «SPALTBAR» ausgenommen ist, bedarf einer multilateralen Zulassung.

6.4.22.7 Alternative Aktivitätsgrenzwerte für eine freigestellte Sendung von Instrumenten oder Fabrikaten gemäß Absatz 2.2.7.2.2.2 b) bedürfen einer multilateralen Zulassung.

6.4.22.8 Jedes Versandstückmuster, für das eine unilaterale Zulassung erforderlich ist und das in einem Staat entworfen wurde, der Vertragspartei des ADR ist, muss von der zuständigen Behörde dieses Staates zugelassen werden. Wenn der Staat, in dem das Versandstück entworfen wurde, nicht Vertragspartei des ADR ist, ist die Beförderung zulässig, sofern:

a) dieser Staat ein Zeugnis ausstellt, wonach das Versandstückmuster den technischen Vorschriften des ADR entspricht, und diese Bescheinigung von der zuständigen Behörde eines Staates validiert wird, der Vertragspartei des ADR ist;

b) das Versandstückmuster von der zuständigen Behörde eines Staates, der Vertragspartei des ADR ist, zugelassen wird, wenn kein Zeugnis und keine bestehende Versandstückmusterzulassung eines Staates beigebracht wird, der Vertragspartei des ADR ist.

6.4.22.9 Wegen Baumustern, die nach Übergangsvorschriften zugelassen wurden, siehe Abschnitt 1.6.6.

6.4.23 **Antrag und Beförderungsgenehmigung für radioaktive Stoffe**

6.4.23.1 (bleibt offen)

6.4.23.2 Ein Antrag auf Beförderungsgenehmigung muss enthalten:

a) den Zeitraum der Beförderung, für den die Genehmigung beantragt wird;

b) den tatsächlichen radioaktiven Inhalt, die vorgesehenen Beförderungsarten, den Fahrzeugtyp und den voraussichtlichen oder vorgesehenen Beförderungsweg und

c) ausführliche Angaben darüber, wie die in den gegebenenfalls nach Absatz 5.1.5.2.1 a) (v), (vi) oder (vii) ausgestellten Zulassungszeugnissen für Versandstückmuster genannten Vorsichtsmaßnahmen und administrativen Überwachungen oder Betriebsüberwachungen durchgeführt werden.

6.4.23.3 Ein Antrag auf Beförderungsgenehmigung auf Grund einer Sondervereinbarung muss alle erforderlichen Angaben enthalten, die die zuständige Behörde davon überzeugen, dass die Gesamtsicherheit bei der Beförderung zumindest der entspricht, die gegeben wäre, wenn alle anwendbaren Vorschriften des ADR erfüllt wären.

Der Antrag muss außerdem enthalten:

a) Angaben darüber, inwieweit und aus welchen Gründen die Beförderung nicht in volle Übereinstimmung mit den anwendbaren Vorschriften des ADR gebracht werden kann, und

b) Angaben über jede besondere Vorsichtsmaßnahme oder besondere administrative Überwachungen oder Betriebsüberwachungen, die während der Beförderung durchzuführen sind, um die Nichterfüllung der anwendbaren Vorschriften des ADR auszugleichen.

6.4.23.4 Ein Antrag auf Zulassung eines Typ B(U)- oder Typ C-Versandstückmusters muss enthalten:

a) eine genaue Beschreibung des vorgesehenen radioaktiven Inhalts mit Angabe seines physikalischen oder chemischen Zustands und der Art der ausgesandten Strahlung;

b) eine genaue Beschreibung der Bauart, einschließlich vollständiger Konstruktionszeichnungen, Werkstoffdatenblätter und Fertigungsverfahren;

c) einen Bericht über die durchgeführten Prüfungen und deren Ergebnisse oder einen auf rechnerischen Methoden basierenden Nachweis oder andere Nachweise, dass die Bauart den anwendbaren Vorschriften entspricht;

d) die vorgesehenen Benutzungs- und Wartungsanweisungen für die Verpackung;

e) wenn das Versandstück für einen höchsten normalen Betriebsdruck von mehr als 100 kPa Überdruck ausgelegt ist, Angaben über die für die Fertigung der dichten Umschließung verwendeten Werkstoffe, die Entnahme von Proben und die durchzuführenden Prüfungen;

10

f) wenn der vorgesehene radioaktive Inhalt bestrahlter Kernbrennstoff ist, Angabe und Begründung zu allen in der Sicherheitsanalyse getroffenen Annahmen, die sich auf die Eigenschaften des Brennstoffs beziehen, sowie Beschreibung aller in Unterabschnitt 6.4.11.5 b) vorgeschriebenen beförderungsvorbereitenden Messungen;

g) alle besonderen Verstauungsvorschriften, die zur Gewährleistung einer sicheren Wärmeableitung vom Versandstück unter Berücksichtigung der verschiedenen zur Anwendung kommenden Beförderungsarten sowie der Fahrzeug- und Containertypen notwendig sind;

h) eine höchstens 21 cm x 30 cm große vervielfältigungsfähige Abbildung, die die Beschaffenheit des Versandstücks zeigt, und

i) eine Beschreibung des in Abschnitt 1.7.3 vorgeschriebenen anwendbaren Managementsystems.

6.4.23.5 Ein Antrag auf Zulassung eines Typ B(M)-Versandstückmusters muss zusätzlich zu den in Unterabschnitt 6.4.23.4 für Typ B(U)-Versandstücke geforderten Angaben enthalten:

a) eine Liste der in den Unterabschnitten 6.4.7.5, 6.4.8.4 bis 6.4.8.6 und 6.4.8.9 bis 6.4.8.15 festgelegten Vorschriften, denen das Versandstück nicht entspricht;

b) jede vorgesehene zusätzliche Betriebsüberwachung während der Beförderung, die in dieser Anlage nicht vorgeschrieben sind, aber notwendig sind, um die Sicherheit des Versandstücks zu gewährleisten oder die unter a) angegebenen Mängel auszugleichen;

c) eine Angabe über Beschränkungen hinsichtlich der Beförderungsart und über besondere Belade-, Beförderungs-, Entlade- oder Handhabungsverfahren und

d) eine Angabe über den Bereich der Umgebungsbedingungen (Temperatur, Sonneneinstrahlung), die während der Beförderung zu erwarten sind und die bei der Bauart berücksichtigt wurden.

6.4.23.6 Der Antrag auf Zulassung von Bauarten von Versandstücken, die mindestens 0,1 kg Uranhexafluorid enthalten, muss alle Angaben, die die zuständige Behörde davon überzeugen, dass die Bauart den Vorschriften des Unterabschnitts 6.4.6.1 entspricht, und eine Beschreibung des in Abschnitt 1.7.3 vorgeschriebenen anwendbaren Managementsystems enthalten.

6.4.23.7 Ein Antrag auf Zulassung der Versandstücke für spaltbare Stoffe muss alle Angaben, die die zuständige Behörde davon überzeugen, dass die Bauart den Vorschriften des Unterabschnitts 6.4.11.1 entspricht, und eine Beschreibung des in Abschnitt 1.7.3 vorgeschriebenen anwendbaren Managementsystems enthalten.

6.4.23.8 Der Antrag auf Zulassung der Bauart radioaktiver Stoffe in besonderer Form und der Bauart gering dispergierbarer radioaktiver Stoffe muss enthalten:

a) eine genaue Beschreibung der radioaktiven Stoffe oder, wenn es sich um eine Kapsel handelt, des Inhalts; insbesondere sind Angaben zum physikalischen und chemischen Zustand aufzuführen;

b) eine genaue Angabe zur Bauart jeder zu verwendenden Kapsel;

c) einen Bericht über die durchgeführten Prüfungen und deren Ergebnisse oder einen auf rechnerischen Methoden basierenden Nachweis, der zeigt, dass die radioaktiven Stoffe den Anforderungen genügen, oder andere Nachweise, dass die radioaktiven Stoffe in besonderer Form oder die gering dispergierbaren radioaktiven Stoffe den anwendbaren Vorschriften des ADR entsprechen;

d) eine Beschreibung des in Abschnitt 1.7.3 vorgeschriebenen anwendbaren Managementsystems und

e) alle im Zusammenhang mit der Sendung von radioaktiven Stoffen in besonderer Form oder von gering dispergierbaren radioaktiven Stoffen vorgesehenen beförderungsvorbereitenden Maßnahmen.

6.4.23.9 Der Antrag auf Zulassung der Bauart spaltbarer Stoffe, die gemäß Absatz 2.2.7.2.3.5 f) von der Klassifizierung als «SPALTBAR» nach der Tabelle 2.2.7.2.1.1 ausgenommen sind, muss enthalten:

a) eine genaue Beschreibung der Stoffe; insbesondere sind Angaben zum physikalischen und chemischen Zustand aufzuführen;

b) einen Bericht über die durchgeführten Prüfungen und deren Ergebnisse oder einen auf rechnerischen Methoden basierenden Nachweis, der zeigt, dass die Stoffe den in Absatz 2.2.7.2.3.6 festgelegten Anforderungen genügen;

c) eine Beschreibung des in Abschnitt 1.7.3 vorgeschriebenen anwendbaren Managementsystems;

d) Angaben zu den vor der Beförderung zu ergreifenden besonderen Maßnahmen.

6.4.23.10 Der Antrag auf Zulassung alternativer Aktivitätsgrenzwerte für eine freigestellte Sendung von Instrumenten oder Fabrikaten muss enthalten:

a) eine Bezeichnung und genaue Beschreibung des Instruments oder Fabrikats, dessen vorgesehene Verwendungen und das oder die enthaltenen Radionuklide;

b) die höchste Aktivität des oder der Radionuklide im Instrument oder Fabrikat;

c) die vom Instrument oder Fabrikat ausgehenden höchsten äußeren Dosisleistungen;

d) die chemischen und physikalischen Formen des oder der im Instrument oder Fabrikat enthaltenen Radionuklide;

e) Einzelheiten über den Bau und die Bauart des Instruments oder Fabrikats, insbesondere in Bezug auf die Umschließung und Abschirmung des Radionuklids unter Routine-Beförderungsbedingungen, normalen Beförderungsbedingungen und Unfall-Beförderungsbedingungen;

f) das anwendbare Managementsystem, einschließlich der für Strahlenquellen, Bauteile und Endprodukte anzuwendenden Qualitätsprüfungs- und Nachweisverfahren, um zu gewährleisten, dass die höchste festgelegte Aktivität der radioaktiven Stoffe oder die für das Instrument oder Fabrikat festgelegten höchsten Dosisleistungen nicht überschritten werden und dass die Instrumente oder Fabrikate gemäß den Bauartspezifikationen gebaut sind;

g) die höchste Anzahl von Instrumenten oder Fabrikaten, die voraussichtlich je Sendung und jährlich zu befördern sind;

h) Dosiseinschätzungen in Übereinstimmung mit den Grundsätzen und der Methodik, die in den «International Basic Safety Standards for Protection against Ionizing Radiation and for the Safety of Radiation Sources» (Internationale grundlegende Sicherheitsnormen für den Schutz vor ionisierender Strahlung und für die Sicherheit von Strahlungsquellen), Safety Series No. 115, IAEA, Wien (1996) enthalten sind, einschließlich der Individualdosen für Transportarbeiter und die Öffentlichkeit und, sofern zutreffend, der Kollektivdosen, die bei Routine-Beförderungsbedingungen, normalen Beförderungsbedingungen und Unfall-Beförderungsbedingungen auftreten, auf der Grundlage von repräsentativen Beförderungsszenarien, denen die Sendungen ausgesetzt sind.

6.4.23.11 Jedem von einer zuständigen Behörde ausgestellten Zulassungs-/Genehmigungszeugnis ist ein Identifizierungskennzeichen zuzuordnen. Das Identifizierungskennzeichen muss folgende allgemeine Form haben:

VRI / Nummer / Typenschlüssel

a) Sofern in Unterabschnitt 6.4.23.12 b) nichts anderes vorgesehen ist, entspricht der VRI dem für Kraftfahrzeuge im internationalen Verkehr verwendeten Unterscheidungszeichen [1] desjenigen Staates, der das Zeugnis ausstellt.

b) Die Nummer ist von der zuständigen Behörde zuzuteilen, ist nur einmal zu vergeben und darf sich nur auf die bestimmte Bauart, die bestimmte Beförderung oder den alternativen Aktivitätsgrenzwert bei freigestellten Sendungen beziehen. Das Identifizierungskennzeichen für die Beförderungsgenehmigung muss sich eindeutig auf das Identifizierungskennzeichen der Bauartzulassung beziehen.

c) Die folgenden Typenschlüssel sind in nachstehender Reihenfolge zu verwenden, um die Arten der ausgestellten Zulassungs- / Genehmigungszeugnissen zu kennzeichnen:

AF	Typ A-Versandstückmuster für spaltbare Stoffe
B(U)	Typ B(U)-Versandstückmuster (B(U)F, wenn für spaltbare Stoffe)
B(M)	Typ B(M)-Versandstückmuster (B(M)F, wenn für spaltbare Stoffe)
C	Typ C-Versandstückmuster (CF, wenn für spaltbare Stoffe)
IF	Industrieversandstückmuster für spaltbare Stoffe
S	radioaktive Stoffe in besonderer Form
LD	gering dispergierbare radioaktive Stoffe
FE	spaltbare Stoffe, die den Vorschriften des Absatz 2.2.7.2.3.6 entsprechen
T	Beförderung
X	Sondervereinbarung
AL	alternative Aktivitätsgrenzwerte für eine freigestellte Sendung von Instrumenten oder Fabrikaten

Im Falle von Versandstückmustern für nicht spaltbares oder spaltbares freigestelltes Uranhexafluorid, für die keiner der oben angegebenen Schlüssel zutrifft, sind folgende Typenschlüssel zu verwenden:

H(U)	unilaterale Zulassung
H(M)	multilaterale Zulassung

d) Bei Zulassungszeugnissen für Versandstückmuster und radioaktive Stoffe in besonderer Form, die nicht nach den Vorschriften der Unterabschnitte 1.6.6.2 bis 1.6.6.4 ausgestellt wurden, und bei Zulassungszeugnissen für gering dispergierbare radioaktive Stoffe ist dem Typenschlüssel das Symbol «-96» hinzuzufügen.

6.4.23.12 Diese Identifizierungskennzeichen sind wie folgt zu verwenden:

a) Jedes Zeugnis und jedes Versandstück muss mit dem zutreffenden Identifizierungskennzeichen versehen sein, das die in Unterabschnitt 6.4.23.11 a), b), c) und d) vorgeschriebenen Symbole enthält, mit der Ausnahme, dass bei Versandstücken nach dem zweiten Schrägstrich nur der anwendbare Bauart-Typenschlüssel, gegebenenfalls einschließlich des Symbols «-96» erscheint, d.h. dass «T» oder «X» nicht im Identifizierungskennzeichen auf dem Versandstück erscheinen darf. Wenn Bauartzulassung und Beförderungsgenehmigung zusammengefasst sind, müssen die anwendbaren Typenschlüssel nicht wiederholt werden.

---

1) Das für Kraftfahrzeuge und Anhänger im internationalen Straßenverkehr verwendete Unterscheidungszeichen des Zulassungsstaates, z.B. gemäß dem Genfer Übereinkommen über den Straßenverkehr von 1949 oder dem Wiener Übereinkommen über den Straßenverkehr von 1968.

Zum Beispiel:

A/132/B(M)F-96: für spaltbare Stoffe zugelassenes Typ B(M)-Versandstückmuster, für das eine multilaterale Zulassung erforderlich ist und dem die zuständige Behörde Österreichs die Versandstückmusternummer 132 zugeteilt hat (sowohl am Versandstück anzubringen als auch im Zulassungszeugnis für das Versandstückmuster einzutragen);

A/132/B(M)F-96T: Beförderungsgenehmigung, die für ein Versandstück mit dem oben beschriebenen Identifizierungskennzeichen ausgestellt wurde (nur im Zeugnis einzutragen);

A/137/X: Genehmigung für eine Sondervereinbarung, die von der zuständigen Behörde Österreichs ausgestellt und der die Nummer 137 zugeteilt wurde (nur im Zeugnis einzutragen);

A/139/IF-96: Industrieversandstückmuster für spaltbare Stoffe, das von der zuständigen Behörde Österreichs zugelassen und dem die Versandstückmusternummer 139 zugeteilt wurde (sowohl am Versandstück anzubringen als auch im Zulassungszeugnis für das Versandstückmuster einzutragen);

A/145/H(U)-96: Versandstückmuster für spaltbares freigestelltes Uranhexafluorid, das von der zuständigen Behörde Österreichs zugelassen und dem die Versandstückmusternummer 145 zugeteilt wurde (sowohl am Versandstück anzubringen als auch im Zulassungszeugnis für das Versandstückmuster einzutragen).

b) Wenn eine multilaterale Zulassung / Genehmigung durch eine Anerkennung nach Unterabschnitt 6.4.23.20 erfolgt, ist nur das Identifizierungskennzeichen zu verwenden, das vom Ursprungsland der Bauart oder der Beförderung zugeteilt wurde. Wenn eine multilaterale Zulassung / Genehmigung durch Ausstellung von Zeugnissen durch nachfolgende Staaten erfolgt, muss jedes Zeugnis das entsprechende Identifizierungskennzeichen aufweisen, und das Versandstück, dessen Bauart auf diese Weise zugelassen wurde, muss mit allen zutreffenden Identifizierungskennzeichen versehen sein.

Zum Beispiel wäre

A/132/B(M)F-96

CH/28/B(M)F-96

das Identifizierungskennzeichen eines Versandstückes, das ursprünglich von Österreich und anschließend durch ein gesondertes Zeugnis von der Schweiz zugelassen wurde. Zusätzliche Identifizierungskennzeichen würden in gleicher Weise auf dem Versandstück angeordnet werden.

c) Die Neufassung eines Zeugnisses muss durch einen Klammerausdruck hinter dem Identifizierungskennzeichen im Zeugnis angegeben werden. Zum Beispiel würde A/132/B(M)F-96(Rev.2) die zweite Neufassung des österreichischen Zulassungszeugnisses für ein Versandstückmuster oder A/132/B(M)F-96(Rev.0) die Erstausstellung des österreichischen Zulassungszeugnisses für ein Versandstückmuster bezeichnen. Bei Erstausstellungen ist der Klammerausdruck freigestellt; anstelle von «Rev.0» dürfen auch andere Ausdrücke wie «Erstausstellung» verwendet werden. Die Nummern der Neufassung eines Zeugnisses dürfen nur von dem Staat vergeben werden, der die Erstausstellung des Zulassungs- / Genehmigungszeugnisses vorgenommen hat.

d) Zusätzliche Symbole (die auf Grund nationaler Vorschriften erforderlich sein können), dürfen am Ende des Identifizierungskennzeichens in Klammern hinzugefügt werden, z.B. A/132/B(M)F-96(SP503).

e) Es ist nicht notwendig, das Identifizierungskennzeichen auf der Verpackung bei jeder Neufassung des Zeugnisses der Bauart zu ändern. Eine derartige Änderung des Identifizierungskennzeichens ist nur in solchen Fällen erforderlich, in denen die

Neufassung des Zeugnisses des Versandstückmusters mit einer Änderung des Buchstabencodes für das Versandstückmuster nach dem zweiten Schrägstrich verbunden ist.

6.4.23.13 Jedes von einer zuständigen Behörde für radioaktive Stoffe in besonderer Form oder gering dispergierbare radioaktive Stoffe ausgestellte Zulassungszeugnis muss folgende Angaben enthalten:

a) Art des Zeugnisses;

b) Identifizierungskennzeichen der zuständigen Behörde;

c) Datum der Ausstellung und des Ablaufs der Gültigkeit;

d) Aufstellung der anwendbaren nationalen und internationalen Vorschriften, einschließlich der Ausgabe der IAEA Regulations for the Safe Transport of Radioactive Material, nach denen die radioaktiven Stoffe in besonderer Form oder die gering dispergierbaren radioaktiven Stoffe zugelassen sind;

e) Herstellerbezeichnung der radioaktiven Stoffe in besonderer Form oder der gering dispergierbaren radioaktiven Stoffe;

f) Beschreibung der radioaktiven Stoffe in besonderer Form oder der gering dispergierbaren radioaktiven Stoffe;

g) Angaben zur Bauart der radioaktiven Stoffe in besonderer Form oder der gering dispergierbaren radioaktiven Stoffe, die Verweise auf Zeichnungen umfassen dürfen;

h) Beschreibung des radioaktiven Inhalts einschließlich Angabe der entsprechenden Aktivitäten und gegebenenfalls der physikalischen und chemischen Form;

i) Beschreibung des in Abschnitt 1.7.3 vorgeschriebenen anwendbaren Managementsystems;

j) Hinweis auf vom Antragsteller zu liefernde Informationen über vor der Beförderung zu treffende besondere Maßnahmen;

k) Angabe zur Identität des Antragstellers, sofern dies von der zuständigen Behörde für erforderlich erachtet wird;

l) Unterschrift und Identität des Beamten, der das Zeugnis ausstellt.

6.4.23.14 Jedes von einer zuständigen Behörde für einen Stoff, der von der Klassifizierung als «SPALTBAR» ausgenommen ist, ausgestellte Zulassungszeugnis muss folgende Angaben enthalten:

a) Art des Zeugnisses;

b) Identifizierungskennzeichen der zuständigen Behörde;

c) Datum der Ausstellung und des Ablaufs der Gültigkeit;

d) Aufstellung der anwendbaren nationalen und internationalen Vorschriften, einschließlich der Ausgabe der IAEA Regulations for the Safe Transport of Radioactive Material, nach denen die Freistellung zugelassen ist;

e) Beschreibung des freigestellten Stoffes;

f) einschränkende Spezifikationen des freigestellten Stoffes;

g) Beschreibung des in Abschnitt 1.7.3 vorgeschriebenen anwendbaren Managementsystems;

h) Verweis auf Angaben des Antragstellers in Zusammenhang mit besonderen Maßnahmen, die vor der Beförderung zu treffen sind;

i) Angabe zur Identität des Antragstellers, sofern dies von der zuständigen Behörde für erforderlich erachtet wird;

j) Unterschrift und Identität des Beamten, der das Zeugnis ausstellt;

k) Verweis auf Unterlagen, die den Nachweis für die Übereinstimmung mit Absatz 2.2.7.2.3.6 liefern.

6.4.23.15 Jedes von einer zuständigen Behörde für eine Sondervereinbarung ausgestellte Zulassungszeugnis muss folgende Angaben enthalten:

a) Art des Zeugnisses;

b) Identifizierungskennzeichen der zuständigen Behörde;

c) Datum der Ausstellung und des Ablaufs der Gültigkeit;

d) Beförderungsart(en);

e) alle Einschränkungen hinsichtlich der Beförderungsart, der Art des Fahrzeugs oder des Containers und alle notwendigen Angaben über den Beförderungsweg;

f) Aufstellung der anwendbaren nationalen und internationalen Vorschriften, einschließlich der Ausgabe der IAEA Regulations for the Safe Transport of Radioactive Material, nach denen die Sondervereinbarung genehmigt ist;

g) folgende Erklärung:
«Dieses Zeugnis befreit den Absender nicht von der Verpflichtung, etwaige Vorschriften der Regierung eines Staates, in oder durch den das Versandstück befördert wird, einzuhalten.»;

h) Verweise auf Zeugnisse für einen alternativen radioaktiven Inhalt, auf eine andere Anerkennung einer zuständigen Behörde oder auf zusätzliche technische Daten oder Angaben, sofern diese von der zuständigen Behörde für erforderlich erachtet werden;

i) Beschreibung der Verpackung durch Verweis auf Zeichnungen oder Angaben zur Bauart. Sofern dies von der zuständigen Behörde für notwendig erachtet wird, muss auch eine höchstens 21 cm x 30 cm große vervielfältigungsfähige Abbildung beigefügt werden, die die Beschaffenheit des Versandstücks zeigt, verbunden mit einer kurzen Beschreibung der Verpackung einschließlich Herstellungswerkstoffe, Bruttomasse, Hauptaußenabmessungen und Aussehen;

j) Beschreibung des zulässigen radioaktiven Inhalts, einschließlich aller Einschränkungen bezüglich des radioaktiven Inhalts, die möglicherweise aus der Art der Verpackung nicht deutlich hervorgehen. Dies umfasst die physikalischen und chemischen Formen, die entsprechenden Aktivitäten (sofern zutreffend, einschließlich der Aktivitäten der verschiedenen Isotope), die Masse in Gramm (für spaltbare Stoffe oder gegebenenfalls für jedes spaltbare Nuklid) und, sofern zutreffend, die Feststellung, ob es sich um radioaktive Stoffe in besonderer Form, um gering dispergierbare radioaktive Stoffe oder um spaltbare Stoffe, die gemäß Absatz 2.2.7.2.3.5 f) ausgenommen sind, handelt;

k) zusätzlich bei Versandstücken, die spaltbare Stoffe enthalten:
   (i) genaue Beschreibung des zulässigen radioaktiven Inhalts;
   (ii) Wert für die Kritikalitätssicherheitskennzahl;
   (iii) Verweis auf die Dokumentation, welche die Kritikalitätssicherheit des Inhalts nachweist;
   (iv) alle besonderen Merkmale, auf Grund derer bei der Kritikalitätsbewertung das Nichtvorhandensein von Wasser in bestimmten Hohlräumen angenommen wurde;
   (v) jede Erlaubnis (auf der Grundlage des Unterabschnitts 6.4.11.5 b)) für eine Änderung der bei der Kritikalitätsbewertung angenommenen Neutronenvermehrung als Ergebnis der tatsächlichen Bestrahlungspraxis und

(vi) Bereich der Umgebungstemperatur, für den die Sondervereinbarung genehmigt wurde;

l) genaue Aufzählung aller zusätzlichen Betriebsüberwachungen, die bei der Vorbereitung, der Verladung, der Beförderung, der Entladung und der Handhabung der Sendung erforderlich sind, einschließlich besonderer Stauvorschriften für die sichere Wärmeableitung;

m) Gründe für die Beförderung auf Grund einer Sondervereinbarung, sofern dies von der zuständigen Behörde für erforderlich erachtet wird;

n) Beschreibung der Ausgleichsmaßnahmen, die getroffen werden müssen, weil die Beförderung auf Grund einer Sondervereinbarung erfolgt;

o) Verweis auf Angaben des Antragstellers in Zusammenhang mit der Verwendung der Verpackung oder mit besonderen Maßnahmen, die vor der Beförderung zu treffen sind;

p) Erklärung über die Umgebungsbedingungen, die für Zwecke der Bauart angenommen werden, sofern diese nicht den Unterabschnitten 6.4.8.5, 6.4.8.6 und 6.4.8.15, soweit anwendbar, entsprechen;

q) alle Notfallmaßnahmen, sofern diese von der zuständigen Behörde für erforderlich erachtet werden;

r) Beschreibung des in Abschnitt 1.7.3 vorgeschriebenen anwendbaren Managementsystems;

s) Angabe zur Identität des Antragstellers und des Beförderers, sofern dies von der zuständigen Behörde für erforderlich erachtet wird;

t) Unterschrift und Identität des Beamten, der das Zeugnis ausstellt.

6.4.23.16 Jedes von einer zuständigen Behörde für eine Beförderung ausgestellte Genehmigungszeugnis muss folgende Angaben enthalten:

a) Art des Zeugnisses;

b) Identifizierungskennzeichen der zuständigen Behörde;

c) Datum der Ausstellung und des Ablaufs der Gültigkeit;

d) Aufstellung der anwendbaren nationalen und internationalen Vorschriften, einschließlich der Ausgabe der IAEA Regulations for the Safe Transport of Radioactive Material, nach denen die Beförderung genehmigt ist;

e) alle Einschränkungen hinsichtlich der Beförderungsart, der Art des Fahrzeugs oder des Containers und notwendige Angaben über den Beförderungsweg;

f) folgende Erklärung:
«Dieses Zeugnis befreit den Absender nicht von der Verpflichtung, etwaige Vorschriften der Regierung eines Staates, in oder durch den das Versandstück befördert wird, einzuhalten.»;

g) genaue Aufzählung aller zusätzlichen Betriebsüberwachungen, die bei der Vorbereitung, der Verladung, der Beförderung, der Entladung und der Handhabung der Sendung erforderlich sind, einschließlich besonderer Stauvorschriften für die sichere Wärmeableitung oder der Erhaltung der Kritikalitätssicherheit;

h) Hinweis auf vom Antragsteller zu liefernde Informationen über vor der Beförderung zu treffende besondere Maßnahmen;

i) Verweis auf das (die) anwendbare(n) Zulassungszeugnis(se) der Bauart;

j) Beschreibung des tatsächlichen radioaktiven Inhalts, einschließlich aller Einschränkungen bezüglich des radioaktiven Inhalts, die möglicherweise aus der Art der Verpackung nicht deutlich hervorgehen. Dies umfasst die physikalischen und chemischen Formen, die entsprechenden Gesamtaktivitäten (sofern zutreffend, einschließlich der Aktivitäten der verschiedenen Isotope), die Masse in Gramm (für spaltbare Stoffe oder gegebenenfalls für jedes spaltbare Nuklid) und, sofern zutreffend, die Feststellung, ob es sich um radioaktive Stoffe in besonderer Form, um gering dispergierbare radioaktive Stoffe oder um spaltbare Stoffe, die gemäß Absatz 2.2.7.2.3.5 f) ausgenommen sind, handelt;

k) alle Notfallmaßnahmen, sofern diese von der zuständigen Behörde für erforderlich erachtet werden;

l) Beschreibung des in Abschnitt 1.7.3 vorgeschriebenen anwendbaren Managementsystems;

m) Angabe zur Identität des Antragstellers, sofern dies von der zuständigen Behörde für erforderlich erachtet wird;

n) Unterschrift und Identität des Beamten, der das Zeugnis ausstellt.

6.4.23.17 Jedes von einer zuständigen Behörde für das Versandstückmuster ausgestellte Zulassungszeugnis muss folgende Angaben enthalten:

a) Art des Zeugnisses;

b) Identifizierungskennzeichen der zuständigen Behörde;

c) Datum der Ausstellung und des Ablaufs der Gültigkeit;

d) alle Einschränkungen hinsichtlich der Beförderungsart, sofern zutreffend;

e) Aufstellung der anwendbaren nationalen und internationalen Vorschriften, einschließlich der Ausgabe der IAEA Regulations for the Safe Transport of Radioactive Material, nach denen die Bauart zugelassen ist;

f) folgende Erklärung:

«Dieses Zeugnis befreit den Absender nicht von der Verpflichtung, etwaige Vorschriften der Regierung eines Staates, in oder durch den das Versandstück befördert wird, einzuhalten.»;

g) Verweise auf Zeugnisse für einen alternativen radioaktiven Inhalt, auf eine andere Anerkennung einer zuständigen Behörde oder auf zusätzliche technische Daten oder Angaben, sofern diese von der zuständigen Behörde für erforderlich erachtet werden;

h) Erklärung über die Erlaubnis der Beförderung, sofern nach Absatz 5.1.5.1.2 eine Beförderungsgenehmigung erforderlich ist und sofern eine solche Erklärung geeignet erscheint;

i) Herstellerbezeichnung der Verpackung;

j) Beschreibung der Verpackung durch Verweis auf Zeichnungen oder Angaben zur Bauart. Sofern dies von der zuständigen Behörde für notwendig erachtet wird, muss auch eine höchstens 21 cm x 30 cm große vervielfältigungsfähige Abbildung beigefügt werden, die die Beschaffenheit des Versandstücks zeigt, verbunden mit einer kurzen Beschreibung der Verpackung einschließlich Herstellungswerkstoffe, Bruttomasse, Hauptaußenabmessungen und Aussehen;

k) Angaben zur Bauart durch Verweis auf Zeichnungen;

l) Beschreibung des zulässigen radioaktiven Inhalts, einschließlich aller Einschränkungen bezüglich des radioaktiven Inhalts, die möglicherweise aus der Art der Verpackung nicht deutlich hervorgehen. Dies umfasst die physikalischen und chemischen Formen, die entsprechenden Aktivitäten (sofern zutreffend, einschließlich der Aktivitäten der verschiedenen Isotope), die Masse in Gramm (für spaltbare Stoffe die Gesamtmasse spaltbarer Nuklide oder gegebenenfalls für jedes spaltbare Nuklid die Masse) und, sofern zutreffend, die Feststellung, ob es sich um radioaktive Stoffe in besonderer Form, um gering dispergierbare radioaktive Stoffe oder um spaltbare Stoffe, die gemäß Absatz 2.2.7.2.3.5 f) ausgenommen sind, handelt;

m) Beschreibung der dichten Umschließung;

n) bei Versandstückmustern, die spaltbare Stoffe enthalten und für die gemäß Unterabschnitt 6.4.22.4 eine multilaterale Zulassung des Versandstückmusters erforderlich ist:

(i) genaue Beschreibung des zulässigen radioaktiven Inhalts;
(ii) Beschreibung des Einschließungssystems;
(iii) Wert für die Kritikalitätssicherheitskennzahl;
(iv) Verweis auf die Dokumentation, welche die Kritikalitätssicherheit des Inhalts nachweist;
(v) alle besonderen Merkmale, auf Grund derer bei der Kritikalitätsbewertung das Nichtvorhandensein von Wasser in bestimmten Hohlräumen angenommen wurde;
(vi) jede Erlaubnis (auf der Grundlage des Unterabschnitts 6.4.11.5 b)) für eine Änderung der bei der Kritikalitätsbewertung angenommenen Neutronenvermehrung als Ergebnis der tatsächlichen Bestrahlungspraxis und
(vii) Bereich der Umgebungstemperatur, für den das Versandstückmuster genehmigt wurde;

o) bei Typ B(M)-Versandstücken eine Aufstellung der Vorschriften der Unterabschnitte 6.4.7.5, 6.4.8.4, 6.4.8.5, 6.4.8.6 und 6.4.8.9 bis 6.4.8.15, denen das Versandstück nicht entspricht, und alle ergänzenden Informationen, die für andere zuständigen Behörden nützlich sein können;

p) bei Versandstücken, die mehr als 0,1 kg Uranhexafluorid enthalten, gegebenenfalls eine Angabe der geltenden Vorschriften des Unterabschnitts 6.4.6.4 und aller darüber hinausgehender Informationen, die für andere zuständige Behörden nützlich sein können;

q) genaue Aufzählung aller zusätzlichen Betriebsüberwachungen, die bei der Vorbereitung, der Verladung, der Beförderung, der Entladung und der Handhabung der Sendung erforderlich sind, einschließlich besonderer Stauvorschriften für die sichere Wärmeableitung;

r) Verweis auf Angaben des Antragstellers in Zusammenhang mit der Verwendung der Verpackung oder mit besonderen Maßnahmen, die vor der Beförderung zu treffen sind;

s) Erklärung über die Umgebungsbedingungen, die für Zwecke der Bauart angenommen werden, sofern diese nicht den Unterabschnitten 6.4.8.5, 6.4.8.6 und 6.4.8.15, soweit anwendbar, entsprechen;

t) Beschreibung des in Abschnitt 1.7.3 vorgeschriebenen anwendbaren Managementsystems;

u) alle Notfallmaßnahmen, sofern diese von der zuständigen Behörde für erforderlich erachtet werden;

v) Angabe zur Identität des Antragstellers, sofern dies von der zuständigen Behörde für erforderlich erachtet wird;

w) Unterschrift und Identität des Beamten, der das Zeugnis ausstellt.

6.4.23.18 Jedes von einer zuständigen Behörde für alternative Aktivitätsgrenzwerte für eine freigestellte Sendung von Instrumenten oder Fabrikaten gemäß Absatz 5.1.5.2.1 d) ausgestellte Zulassungszeugnis muss folgende Angaben enthalten:

a) Art des Zeugnisses;

b) Identifizierungskennzeichen der zuständigen Behörde;

c) Datum der Ausstellung und des Ablaufs der Gültigkeit;

d) Aufstellung der anwendbaren nationalen und internationalen Vorschriften, einschließlich der Ausgabe der IAEA Regulations for the Safe Transport of Radioactive Material, nach denen die Freistellung zugelassen ist;

e) Bezeichnung des Instruments oder Fabrikats;

f) Beschreibung des Instruments oder Fabrikats;

g) Spezifikationen der Bauart des Instruments oder Fabrikats;

h) Spezifikation des oder der Radionuklide, der (die) zugelassene(n) alternative(n) Aktivitätsgrenzwert(e) für die freigestellte Sendung(en) des oder der Instrumente oder Fabrikate;

i) Verweis auf Unterlagen, die den Nachweis für die Übereinstimmung mit Absatz 2.2.7.2.2.2 b) liefern;

j) Angabe zur Identität des Antragstellers, sofern dies von der zuständigen Behörde für erforderlich erachtet wird;

k) Unterschrift und Identität des Beamten, der das Zeugnis ausstellt.

6.4.23.19 Der zuständigen Behörde muss die Seriennummer jeder Verpackung, die nach einer von ihr nach den Absätzen 1.6.6.2.1 und 1.6.6.2.2 und den Unterabschnitten 6.4.22.2, 6.4.22.3 und 6.4.22.4 zugelassenen Bauart hergestellt wurde, mitgeteilt werden.

6.4.23.20 Eine multilaterale Zulassung / Genehmigung darf durch Anerkennung des von der zuständigen Behörde des Ursprungslandes der Bauart oder der Beförderung ausgestellten Originalzeugnisses erfolgen. Eine solche Anerkennung kann durch die zuständige Behörde des Staates, durch oder in den die Beförderung erfolgt, in Form einer Bestätigung auf dem Originalzeugnis oder der Ausstellung einer gesonderten Bestätigung, Anlage, Ergänzung, usw. erfolgen.

6.5.1 Allgemeine Vorschriften

6.5.1.1 Anwendungsbereich

6.5.1.1.1 Die Vorschriften dieses Kapitels gelten für Großpackmittel (IBC), deren Verwendung zur Beförderung bestimmter gefährlicher Stoffe nach den in Kapitel 3.2 Tabelle A Spalte 8 angegebenen Verpackungsanweisungen ausdrücklich zugelassen ist. Ortsbewegliche Tanks oder Tankcontainer, die den Vorschriften des Kapitels 6.7 oder 6.8 entsprechen, gelten nicht als Großpackmittel (IBC). Großpackmittel (IBC), die den Vorschriften dieses Kapitels entsprechen, gelten nicht als Container im Sinne des ADR. Im folgenden Text wird für die Benennung der Großpackmittel ausschließlich die Abkürzung IBC (Intermediate Bulk Container) verwendet.

6.5.1.1.2 Die zuständige Behörde darf ausnahmsweise die Zulassung von IBC und ihren Bedienungsausrüstungen in Betracht ziehen, die den hier aufgestellten Vorschriften zwar nicht genau entsprechen, aber annehmbare Varianten darstellen. Um dem Fortschritt von Wissenschaft und Technik Rechnung zu tragen darf die zuständige Behörde außerdem die Verwendung anderer Lösungen in Betracht ziehen, die hinsichtlich der Verträglichkeit mit den Eigenschaften der beförderten Stoffe mindestens eine gleichwertige Sicherheit und eine gleiche Widerstandsfähigkeit gegen Stoß, Belastung und Feuer bieten.

6.5.1.1.3 Der Bau, die Ausrüstungen, die Prüfungen, die Kennzeichnung und der Betrieb der IBC unterliegen der Genehmigung durch die zuständige Behörde des Landes, in dem die IBC zugelassen werden.

Bem. Stellen, die nach der Inbetriebnahme des IBC Prüfungen in anderen Ländern durchführen, müssen nicht von der zuständigen Behörde des Landes genehmigt sein, in dem der IBC zugelassen wurde, die Prüfungen müssen jedoch nach den in der Zulassung des IBC festgelegten Regeln durchgeführt werden.

6.5.1.1.4 Hersteller und nachfolgende Verteiler von IBC müssen Informationen über die zu befolgenden Verfahren sowie eine Beschreibung der Arten und Abmessungen der Verschlüsse (einschließlich der erforderlichen Dichtungen) und aller anderen Bestandteile liefern, die notwendig sind, um sicherzustellen, dass die versandfertigen IBC in der Lage sind, die anwendbaren Qualitätsprüfungen dieses Kapitels zu erfüllen.

6.5.1.2 (bleibt offen)

6.5.1.3 (bleibt offen)

6.5.1.4 Codierungssystem für die Kennzeichnung von IBC

6.5.1.4.1 Der Code besteht aus zwei arabischen Ziffern, wie unter a) beschrieben, gefolgt von einem oder mehreren Großbuchstaben, die den Werkstoffen gemäß b) entsprechen, und, sofern dies in einem besonderen Abschnitt vorgesehen ist, gefolgt von einer arabischen Ziffer, die die IBC-Variante bezeichnet.

a)

Art	für feste Stoffe bei Füllung oder Entleerung		für flüssige Stoffe
	durch Schwerkraft	unter Druck von mehr als 10 kPa (0,1 bar)	
starr	11	21	31
flexibel	13	–	–

10

b) Werkstoffe
   A. Stahl (alle Arten und Oberflächenbehandlungen)
   B. Aluminium
   C. Naturholz
   D. Sperrholz
   F. Holzfaserwerkstoff
   G. Pappe
   H. Kunststoff
   L. Textilgewebe
   M. Papier, mehrlagig
   N. Metall (außer Stahl und Aluminium).

6.5.1.4.2 Für Kombinations-IBC sind an der zweiten Stelle des Codes zwei Großbuchstaben (lateinische Buchstaben) zu verwenden, wobei der erste Buchstabe den Werkstoff des Innenbehälters des IBC und der zweite den der Außenverpackung des IBC bezeichnet.

6.5.1.4.3 Die nachstehenden Codes sind den folgenden IBC-Arten zugeordnet:

Werkstoff	Variante	Code	Unterabschnitt
metallen			6.5.5.1
A. Stahl	für feste Stoffe bei Befüllung oder Entleerung durch Schwerkraft	11A	
	für feste Stoffe bei Befüllung oder Entleerung unter Druck	21A	
	für flüssige Stoffe	31A	
B. Aluminium	für feste Stoffe bei Befüllung oder Entleerung durch Schwerkraft	11B	
	für feste Stoffe bei Befüllung oder Entleerung unter Druck	21B	
	für flüssige Stoffe	31B	
N. anderes Metall	für feste Stoffe bei Befüllung oder Entleerung durch Schwerkraft	11N	
	für feste Stoffe bei Befüllung oder Entleerung unter Druck	21N	
	für flüssige Stoffe	31N	
flexibel			6.5.5.2
H. Kunststoff	Kunststoffgewebe ohne Beschichtung oder Innenauskleidung	13H1	
	Kunststoffgewebe, beschichtet	13H2	
	Kunststoffgewebe mit Innenauskleidung	13H3	
	Kunststoffgewebe, beschichtet und mit Innenauskleidung	13H4	
	Kunststofffolie	13H5	
L. Textilgewebe	ohne Beschichtung oder Innenauskleidung	13L1	
	beschichtet	13L2	
	mit Innenauskleidung	13L3	
	beschichtet und mit Innenauskleidung	13L4	
M. Papier	mehrlagig	13M1	
	mehrlagig, wasserbeständig	13M2	
H. **starrer Kunststoff**	für feste Stoffe bei Befüllung oder Entleerung durch Schwerkraft, mit baulicher Ausrüstung	11H1	6.5.5.3
	für feste Stoffe bei Befüllung oder Entleerung durch Schwerkraft, freitragend	11H2	
	für feste Stoffe bei Befüllung oder Entleerung unter Druck, mit baulicher Ausrüstung	21H1	
	für feste Stoffe bei Befüllung oder Entleerung unter Druck, freitragend	21H2	
	für flüssige Stoffe, mit baulicher Ausrüstung	31H1	
	für flüssige Stoffe, freitragend	31H2	

(Forts.)

Werkstoff	Variante	Code	Unterabschnitt
HZ. **Kombination mit einem Kunststoff-Innenbehälter** [a)]	für feste Stoffe bei Befüllung oder Entleerung durch Schwerkraft, mit starrem Kunststoff-Innenbehälter	11HZ1	6.5.5.4
	für feste Stoffe bei Befüllung oder Entleerung durch Schwerkraft, mit flexiblem Kunststoff-Innenbehälter	11HZ2	
	für feste Stoffe bei Befüllung oder Entleerung unter Druck, mit starrem Kunststoff-Innenbehälter	21HZ1	
	für feste Stoffe bei Befüllung oder Entleerung unter Druck, mit flexiblem Kunststoff-Innenbehälter	21HZ2	
	für flüssige Stoffe, mit starrem Kunststoff-Innenbehälter	31HZ1	
	für flüssige Stoffe, mit flexiblem Kunststoff-Innenbehälter	31HZ2	
G. **Pappe**	für feste Stoffe bei Befüllung oder Entleerung durch Schwerkraft	11G	6.5.5.5
Holz			
C. Naturholz	für feste Stoffe bei Befüllung oder Entleerung durch Schwerkraft, mit Innenauskleidung	11C	6.5.5.6
D. Sperrholz	für feste Stoffe bei Befüllung oder Entleerung durch Schwerkraft, mit Innenauskleidung	11D	
F. Holzfaserwerkstoff	für feste Stoffe bei Befüllung oder Entleerung durch Schwerkraft, mit Innenauskleidung	11F	

a) Dieser Code muss durch Ersetzen des Buchstabens Z durch einen Großbuchstaben gemäß Absatz 6.5.1.4.1 b) ergänzt werden, der den für die äußere Umhüllung verwendeten Werkstoff angibt.

6.5.1.4.4 Der IBC-Code kann durch den Buchstaben «W» ergänzt werden. Der Buchstabe «W» bedeutet, dass der IBC zwar dem durch den Code bezeichneten IBC-Typ angehört, jedoch nach einer von Abschnitt 6.5.5 abweichenden Spezifikation hergestellt wurde und nach den Vorschriften des Absatzes 6.5.1.1.2 als gleichwertig gilt.

6.5.2 Kennzeichnung

6.5.2.1 Grundkennzeichnung

6.5.2.1.1 ▶ *1.6.1.6* Jeder IBC, der für die Verwendung gemäß ADR gebaut und bestimmt ist, muss mit dauerhaften, lesbaren und an einer gut sichtbaren Stelle angebrachten Kennzeichen versehen sein. Die Buchstaben, Ziffern und Symbole müssen eine Zeichenhöhe von mindestens 12 mm aufweisen und folgende Angaben umfassen:

a) das Symbol der Vereinten Nationen für Verpackungen: ;
dieses Symbol darf nur zum Zweck der Bestätigung verwendet werden, dass eine Verpackung, ein flexibler Schüttgut-Container, ein ortsbeweglicher Tank oder ein MEGC den entsprechenden Vorschriften des Kapitels 6.1, 6.2, 6.3, 6.5, 6.6, 6.7 oder 6.11 entspricht. Für metallene IBC, auf denen die Kennzeichen durch Stempeln oder Prägen angebracht werden, dürfen anstelle des Symbols die Buchstaben «UN» verwendet werden;

b) der Code, der die Art des IBC gemäß Unterabschnitt 6.5.1.4 angibt;

c) einen Großbuchstaben, der die Verpackungsgruppe(n) angibt, für die die Bauart zugelassen worden ist:
   (i) X für die Verpackungsgruppen I, II und III (nur IBC für feste Stoffe),
   (ii) Y für die Verpackungsgruppen II und III,
   (iii) Z nur für die Verpackungsgruppe III;

d) Monat und Jahr (die letzten zwei Ziffern) der Herstellung;

e) das Zeichen des Staates, in dem die Zuordnung des Kennzeichens zugelassen wurde, angegeben durch das für Kraftfahrzeuge im internationalen Verkehr verwendete Unterscheidungszeichen [1)];

1) Das für Kraftfahrzeuge und Anhänger im internationalen Straßenverkehr verwendete Unterscheidungszeichen des Zulassungsstaates, z.B. gemäß dem Genfer Übereinkommen über den Straßenverkehr von 1949 oder dem Wiener Übereinkommen über den Straßenverkehr von 1968.

f) Name oder Zeichen des Herstellers und jede andere von der zuständigen Behörde festgelegte Identifizierung des IBC;

g) Prüflast der Stapeldruckprüfung in kg. Bei IBC, die nicht für die Stapelung ausgelegt sind, ist «0» anzugeben;

h) höchstzulässige Bruttomasse in kg.

Die Grundkennzeichen müssen in der Reihenfolge der vorstehenden Unterabsätze angebracht werden. Die nach Unterabschnitt 6.5.2.2 vorgeschriebenen Kennzeichen sowie jedes weitere von der zuständigen Behörde genehmigte Kennzeichen dürfen die korrekte Identifizierung der Grundkennzeichen nicht beeinträchtigen.

Jedes der gemäß den Absätzen a) bis h) und gemäß Unterabschnitt 6.5.2.2 angebrachten Kennzeichen muss zur leichteren Identifizierung deutlich getrennt werden, z.B. durch einen Schrägstrich oder eine Leerstelle.

6.5.2.1.2 Beispiele für die Kennzeichnung von verschiedenen IBC-Arten nach Absatz 6.5.2.1.1 a) bis h):

11A/Y/0299 NL/Mulder 007/5500/1500	IBC aus Stahl für die Beförderung von festen Stoffen, die durch Schwerkraft entleert werden / für die Verpackungsgruppen II und III / hergestellt im Februar 1999 / zugelassen durch die Niederlande / hergestellt durch die Firma Mulder entsprechend einer Bauart, für welche die zuständige Behörde die Seriennummer 007 zugeteilt hat / verwendete Last bei der Stapeldruckprüfung in kg / höchstzulässige Bruttomasse in kg.
13H3/Z/0301 F/Meunier 1713/0/1500	Flexibler IBC für die Beförderung von festen Stoffen, die z.B. durch Schwerkraft entleert werden, hergestellt aus Kunststoffgewebe mit Innenauskleidung, nicht für die Stapelung ausgelegt.
31H1/Y/0499 GB/9099/10800/1200	IBC aus starrem Kunststoff für die Beförderung von flüssigen Stoffen, hergestellt aus Kunststoff mit einer baulichen Ausrüstung, die der Stapellast standhält.
31HA1/Y/0501 D/Müller/1683/10800/1200	Kombinations-IBC für die Beförderung von flüssigen Stoffen mit starrem Kunststoff-Innenbehälter und äußerer Umhüllung aus Stahl.
11C/X/0102 S/Aurigny/9876/3000/910	IBC aus Naturholz für die Beförderung von festen Stoffen, mit einer Innenauskleidung / zugelassen für feste Stoffe der Verpackungsgruppen I, II und III.

6.5.2.2 Zusätzliche Kennzeichnung

6.5.2.2.1 Jeder IBC muss neben den in Unterabschnitt 6.5.2.1 vorgeschriebenen Kennzeichen mit den folgenden Angaben versehen sein, die auf einem Schild aus korrosionsbeständigem Werkstoff, das dauerhaft an einem für die Inspektion leicht zugänglichen Ort befestigt ist, angebracht sein dürfen:

zusätzliche Kennzeichen	IBC-Typ				
	Metall	starrer Kunststoff	Kombination	Pappe	Holz
Fassungsraum in Liter bei 20 °C [a)]	X	X	X		
Eigenmasse in kg [a)]	X	X	X	X	X
Prüfdruck (Überdruck) in kPa oder in bar [a)], falls zutreffend		X	X		
höchstzulässiger Füllungs-/Entleerungsdruck in kPa oder in bar [a)], falls zutreffend	X	X	X		
verwendeter Werkstoff für den Packmittelkörper und Mindestdicke in mm	X				
Datum der letzten Dichtheitsprüfung (Monat und Jahr), falls zutreffend	X	X	X		
Datum der letzten Inspektion (Monat und Jahr)	X	X	X		
Seriennummer des Herstellers	X				
höchstzulässige Stapellast [b)]	X	X	X	X	X

a) Die verwendeten Maßeinheiten sind anzugeben.

b) Siehe Absatz 6.5.2.2.2. Dieses zusätzliche Kennzeichen gilt für alle ab dem 1. Januar 2011 hergestellten, reparierten oder wiederaufgearbeiteten IBC (siehe auch Unterabschnitt 1.6.1.15).

6.5.2.2.2 Die höchstzulässige anwendbare Stapellast bei der Verwendung des IBC muss auf einem der Abbildung 6.5.2.2.2.1 oder 6.5.2.2.2.2 entsprechenden Piktogramm angegeben werden. Das Piktogramm muss dauerhaft und deutlich sichtbar sein.
► 1.6.1.15

Abbildung 6.5.2.2.2.1

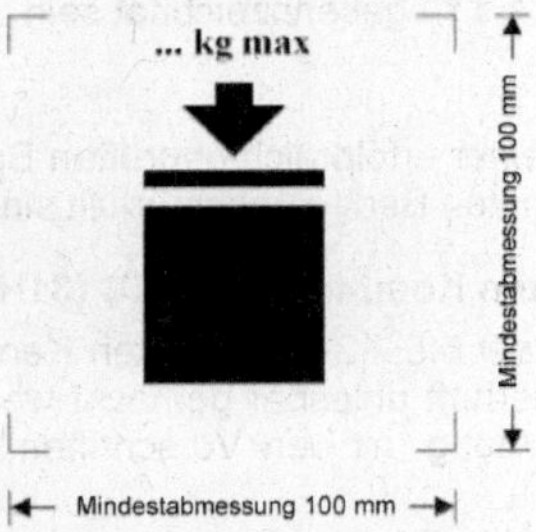

IBC, der gestapelt werden kann

Abbildung 6.5.2.2.2.2

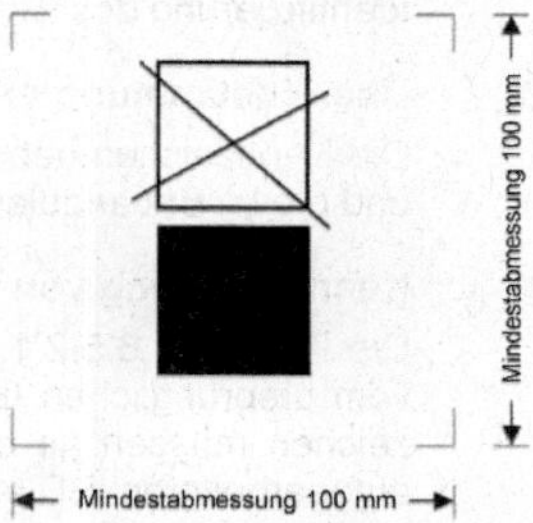

IBC, der NICHT gestapelt werden kann

Die Mindestabmessungen müssen 100 mm x 100 mm sein. Die Buchstaben und Ziffern für die Angabe der Masse müssen eine Zeichenhöhe von mindestens 12 mm haben. Der durch die Abmessungspfeile angegebene Druckbereich muss quadratisch sein. Wenn Abmessungen nicht näher spezifiziert sind, müssen die Proportionen aller Merkmale den abgebildeten in etwa entsprechen. Die über dem Piktogramm angegebene Masse darf nicht größer sein als die bei der Bauartprüfung aufgebrachte Last (siehe Absatz 6.5.6.6.4) dividiert durch 1,8.

6.5.2.2.3 Neben den in Unterabschnitt 6.5.2.1 vorgeschriebenen Kennzeichen dürfen flexible IBC mit einem Piktogramm versehen sein, auf dem die empfohlenen Hebemethoden angegeben sind.

6.5.2.2.4 Innenbehälter einer Kombinations-IBC-Bauart müssen mit Kennzeichen versehen sein, die in Absatz 6.5.2.1.1 b), c), d), e) und f) angegeben sind, wobei das Datum gemäß Absatz d), das Datum der Herstellung des Kunststoff-Innenbehälters ist. Das Verpackungssymbol der Vereinten Nationen darf nicht angebracht werden. Die Kennzeichen müssen in der in Absatz 6.5.2.1.1 angegebenen Reihenfolge angebracht werden. Sie müssen dauerhaft, lesbar und an einer Stelle angebracht sein, die gut sichtbar ist, wenn der Innenbehälter in die äußere Umhüllung eingesetzt ist.

▶ 1.6.1.22

Alternativ darf das Datum der Herstellung des Kunststoff-Innenbehälters auf dem Innenbehälter neben den übrigen Kennzeichen angebracht werden. In diesem Fall müssen die beiden Ziffern des Jahres im Kennzeichen und im inneren Kreis der Uhr identisch sein. Beispiel für eine geeignete Kennzeichnungsmethode:

Bem. 1. Andere Methoden zur Angabe der erforderlichen Mindestinformationen in dauerhafter, sichtbarer und lesbarer Form sind ebenfalls zulässig.

2. Das Datum der Herstellung des Innenbehälters darf von dem auf dem Kombinations-IBC angebrachten Datum der Herstellung (siehe Unterabschnitt 6.5.2.1), der Reparatur (siehe Absatz 6.5.4.5.3) oder Wiederaufarbeitung (siehe Unterabschnitt 6.5.2.4) abweichen.

6.5.2.2.5 Wenn ein Kombinations-IBC so ausgelegt ist, dass die äußere Umhüllung für die Beförderung in leerem Zustand abgebaut werden kann (z.B. für die Rücksendung eines IBC an den ursprünglichen Absender zur Wiederverwendung), müssen alle abnehmbaren Teile im abgebauten Zustand mit dem Monat und Jahr der Herstellung und dem Namen oder Symbol des Herstellers oder jeder anderen von der zuständigen Behörde festgelegten Identifizierung des IBC (siehe Absatz 6.5.2.1.1 f)) gekennzeichnet sein.

6.5.2.3 Übereinstimmung mit der Bauart

Die Kennzeichen geben an, dass die IBC einer erfolgreich geprüften Bauart entsprechen und die im Bauartzulassungszeugnis genannten Bedingungen erfüllt sind.

6.5.2.4 Kennzeichnung von wiederaufgearbeiteten Kombinations-IBC (31HZ1)

Die in Absatz 6.5.2.1.1 und in Unterabschnitt 6.5.2.2 festgelegten Kennzeichen müssen vom ursprünglichen IBC entfernt oder dauerhaft unlesbar gemacht werden; neue Kennzeichen müssen an einem in Übereinstimmung mit den Vorschriften des ADR wiederaufgearbeiteten IBC angebracht werden.

6.5.3 Bauvorschriften

6.5.3.1 Allgemeine Vorschriften

6.5.3.1.1 IBC müssen gegen umgebungsbedingte Schädigungen beständig oder angemessen geschützt sein.

6.5.3.1.2 IBC müssen so gebaut und verschlossen sein, dass vom Inhalt unter normalen Beförderungsbedingungen, insbesondere durch die Einwirkung von Vibrationen oder Temperaturveränderungen, Feuchtigkeit oder Druck, nichts nach außen gelangen kann.

6.5.3.1.3 IBC und ihre Verschlüsse müssen aus Werkstoffen hergestellt sein, die mit dem Füllgut verträglich sind, oder innen so geschützt sein, dass diese Werkstoffe

a) nicht durch das Füllgut in einer Weise angegriffen werden, dass die Verwendung des IBC zu einer Gefahr wird;

b) keine Reaktion oder Zersetzung des Füllgutes verursachen oder sich durch Einwirkung des Füllgutes auf diese Werkstoffe gesundheitsschädliche oder gefährliche Verbindungen bilden.

6.5.3.1.4 Werden Dichtungen verwendet, müssen sie aus einem Werkstoff hergestellt sein, der nicht vom Füllgut des IBC angegriffen wird.

6.5.3.1.5 Die gesamte Bedienungsausrüstung muss so angebracht oder geschützt sein, dass die Gefahr des Austretens des Füllgutes bei Beschädigungen während der Handhabung oder der Beförderung auf ein Mindestmaß beschränkt wird.

6.5.3.1.6 IBC, ihre Zusatzeinrichtungen sowie ihre Bedienungsausrüstung und bauliche Ausrüstung müssen so ausgelegt sein, dass sie ohne Verlust von Füllgut dem Innendruck des Füllgutes und den Beanspruchungen bei normalen Handhabungs- und Beförderungsbedingungen standhalten. IBC, die zur Stapelung bestimmt sind, müssen hierfür ausgelegt sein. Alle Hebe- und Befestigungseinrichtungen der IBC müssen eine ausreichende Festigkeit aufweisen, um den normalen Handhabungs- und Beförderungsbedingungen ohne wesentliche Verformung oder Beschädigung zu widerstehen, und so angebracht sein, dass keine übermäßigen Beanspruchungen irgendeines Teils des IBC entstehen.

6.5.3.1.7 Besteht ein IBC aus einem Packmittelkörper innerhalb eines Rahmens, muss er so ausgelegt sein, dass:

a) der Packmittelkörper nicht gegen den Rahmen scheuert oder reibt und dadurch beschädigt wird,

b) der Packmittelkörper stets innerhalb des Rahmens bleibt,

c) die Ausrüstungsteile so befestigt sind, dass sie nicht beschädigt werden können, wenn die Verbindungen zwischen Packmittelkörper und Rahmen eine relative Ausdehnung oder Bewegung zulassen.

6.5.3.1.8 Wenn der IBC mit einem Bodenauslaufventil ausgerüstet ist, muss dieses in geschlossener Stellung gesichert werden können und das gesamte Entleerungssystem wirksam vor Beschädigung geschützt sein. Ventile mit Hebelverschlüssen müssen gegen unbeabsichtigtes Öffnen gesichert werden können, und der geöffnete oder geschlossene Zustand muss leicht erkennbar sein. Bei IBC für flüssige Stoffe muss die Auslauföffnung mit einer zusätzlichen Verschlusseinrichtung, z.B. einem Blindflansch oder einer gleichwertigen Einrichtung, versehen sein.

10

6.5.4 Prüfungen, Bauartgenehmigung und Inspektion

6.5.4.1 *Qualitätssicherung:* Um sicherzustellen, dass jeder hergestellte, wiederaufgearbeitete oder reparierte IBC die Vorschriften dieses Kapitels erfüllt, müssen die IBC nach einem Qualitätssicherungsprogramm hergestellt, wiederaufgearbeitet oder repariert und geprüft werden, das den Anforderungen der zuständigen Behörde genügt.

Bem. Die Norm ISO 16106:2006 «Verpackung – Verpackungen zur Beförderung gefährlicher Güter – Gefahrgutverpackungen, Großpackmittel (IBC) und Großverpackungen – Leitfaden für die Anwendung der ISO 9001» enthält zufrieden stellende Leitlinien für Verfahren, die angewendet werden dürfen.

6.5.4.2 *Prüfungen:* Die IBC müssen den Bauartprüfungen und gegebenenfalls den erstmaligen und wiederkehrenden Inspektionen und Prüfungen nach Unterabschnitt 6.5.4.4 unterzogen werden.

6.5.4.3 *Bauartgenehmigung:* Für jede IBC-Bauart ist ein Bauartgenehmigungszeugnis und ein Kennzeichen (nach den Vorschriften des Abschnitts 6.5.2) zu erteilen, wodurch bestätigt wird, dass die Bauart einschließlich ihrer Ausrüstung den Prüfvorschriften entspricht.

6.5.4.4 Inspektion und Prüfung:

Bem. Für Prüfungen und Inspektionen von reparierten IBC siehe auch Unterabschnitt 6.5.4.5.

6.5.4.4.1 Alle metallenen IBC, alle starren Kunststoff-IBC und alle Kombinations-IBC müssen einer die zuständige Behörde zufriedenstellenden Inspektion unterzogen werden:

a) vor Inbetriebnahme (einschließlich nach der Wiederaufarbeitung) und danach in Abständen von nicht mehr als fünf Jahren im Hinblick auf:
   (i) die Übereinstimmung mit dem Bauartmuster, einschließlich der Kennzeichen;
   (ii) den inneren und äußeren Zustand;
   (iii) die einwandfreie Funktion der Bedienungsausrüstung.

   Eine gegebenenfalls vorhandene Wärmeisolierung muss nur soweit entfernt werden, wie dies für eine einwandfreie Untersuchung des IBC-Packmittelkörpers erforderlich ist.

b) in Zeitabständen von höchstens zweieinhalb Jahren im Hinblick auf:
   (i) den äußeren Zustand;
   (ii) die einwandfreie Funktion der Bedienungsausrüstung.

   Eine gegebenenfalls vorhandene Wärmeisolierung müssen nur soweit entfernt werden, wie dies für eine einwandfreie Untersuchung des IBC-Packmittelkörpers erforderlich ist.

Jeder IBC muss in jeder Hinsicht seiner Bauart entsprechen.

6.5.4.4.2 Alle metallenen IBC, alle starren Kunststoff-IBC und alle Kombinations-IBC für feste Stoffe, die unter Druck eingefüllt oder entleert werden, oder für flüssige Stoffe müssen einer geeigneten Dichtheitsprüfung unterzogen werden. Diese Prüfung ist Teil des in Unterabschnitt 6.5.4.1 festgelegten Qualitätssicherungsprogramms, mit dem nachgewiesen wird, dass der IBC in der Lage ist, die entsprechenden in Absatz 6.5.6.7.3 angegebenen Prüfanforderungen zu erfüllen:

a) vor ihrer ersten Verwendung für die Beförderung;

b) in Abständen von höchstens zweieinhalb Jahren.

Für diese Prüfung muss der IBC mit dem ersten Bodenverschluss ausgerüstet sein. Das Innengefäß eines Kombinations-IBC darf ohne die äußere Umhüllung geprüft werden, vorausgesetzt, die Prüfergebnisse werden nicht beeinträchtigt.

6.5.4.4.3 Ein Bericht über jede Inspektion und Prüfung ist mindestens bis zur nächsten Inspektion oder Prüfung vom Eigentümer des IBC aufzubewahren. Der Bericht muss die Ergebnisse der Inspektion und Prüfung enthalten und die Stelle angeben, welche die Inspektion und Prüfung durchgeführt hat (siehe auch die Kennzeichnungsvorschriften in Absatz 6.5.2.2.1).

6.5.4.4.4 Die zuständige Behörde kann jederzeit durch Prüfungen nach diesem Kapitel den Nachweis verlangen, dass die IBC den Vorschriften der Bauartprüfung genügen.

6.5.4.5 Reparierte IBC

6.5.4.5.1 Ist ein IBC durch einen Stoß (z.B. bei einem Unfall) oder durch andere Ursachen beschädigt worden, muss er repariert oder anderweitig instandgesetzt werden (siehe Begriffsbestimmung für «regelmäßige Wartung eines IBC» in Abschnitt 1.2.1), um der Bauart zu entsprechen. Beschädigte Packmittelkörper eines starren Kunststoff-IBC und beschädigte Innengefäße eines Kombinations-IBC müssen ersetzt werden.

6.5.4.5.2 Zusätzlich zu den sonstigen Prüfungen und Inspektionen des ADR muss ein IBC, wenn er repariert worden ist, den vollständigen, in Unterabschnitt 6.5.4.4 vorgesehenen Prüfungen und Inspektionen unterzogen werden; die vorgeschriebenen Prüfberichte sind zu erstellen.

6.5.4.5.3 Die Stelle, welche die Prüfungen und Inspektionen nach der Reparatur durchführt, muss den IBC in der Nähe der UN-Bauartkennzeichen des Herstellers mit folgenden dauerhaften Angaben kennzeichnen:

a) Staat, in dem die Prüfungen und Inspektionen durchgeführt wurden;

b) Name oder zugelassenes Zeichen der Stelle, welche die Prüfungen und Inspektionen durchgeführt hat, und

c) Datum (Monat, Jahr) der Prüfungen und Inspektionen.

6.5.4.5.4 Für gemäß Absatz 6.5.4.5.2 durchgeführte Prüfungen und Inspektionen kann angenommen werden, dass sie den Vorschriften der alle zweieinhalb und alle fünf Jahre durchzuführenden wiederkehrenden Prüfungen und Inspektionen entsprechen.

6.5.5 Besondere Vorschriften für IBC

6.5.5.1 Besondere Vorschriften für metallene IBC

6.5.5.1.1 Diese Vorschriften gelten für metallene IBC zur Beförderung von festen oder flüssigen Stoffen. Es gibt drei Arten von metallenen IBC:

a) IBC für feste Stoffe, die durch Schwerkraft gefüllt oder entleert werden (11A, 11B, 11N);

b) IBC für feste Stoffe, die durch einen Überdruck von mehr als 10 kPa (0,1 bar) gefüllt oder entleert werden (21A, 21B, 21N), und

c) IBC für flüssige Stoffe (31A, 31B, 31N).

6.5.5.1.2 Die Packmittelkörper müssen aus geeignetem verformbarem Metall hergestellt sein, dessen Schweißbarkeit einwandfrei feststeht. Die Schweißverbindungen müssen fachmännisch ausgeführt sein und vollständige Sicherheit bieten. Die Leistungsfähigkeit des Werkstoffs bei niedrigen Temperaturen muss gegebenenfalls berücksichtigt werden.

6.5.5.1.3 Es ist darauf zu achten, dass Schäden durch galvanische Wirkungen auf Grund sich berührender unterschiedlicher Metalle vermieden werden.

6.5.5.1.4 IBC aus Aluminium zur Beförderung von entzündbaren flüssigen Stoffen dürfen keine beweglichen Teile, wie Deckel, Verschlüsse, usw., aus ungeschütztem, rostanfälligem Stahl haben, die eine gefährliche Reaktion bei Kontakt durch Reibung oder Stoß mit dem Aluminium auslösen könnten.

6.5.5.1.5 Metallene IBC müssen aus einem Metall hergestellt sein, das folgenden Anforderungen genügt:

a) bei Stahl darf die Bruchdehnung in Prozent nicht weniger als $\frac{10000}{Rm}$ mit einem absoluten Minimum von 20 % betragen, wobei
Rm = garantierte Mindestzugfestigkeit des verwendeten Stahls in N/mm^2;

b) bei Aluminium und seinen Legierungen darf die Bruchdehnung in Prozent nicht weniger als $\frac{10000}{6\,Rm}$ mit einem absoluten Minimum von 8 % betragen.

Prüfmuster, die zur Bestimmung der Bruchdehnung verwendet werden, müssen quer zur Walzrichtung entnommen und so befestigt werden, dass

$L_0 = 5d$ oder $L_0 = 5{,}65\sqrt{A}$,

wobei: L_0 = Messlänge des Prüfmusters vor der Prüfung
d = Durchmesser
A = Querschnittsfläche des Prüfmusters.

6.5.5.1.6 Mindestwanddicke:

a) bei einem Bezugsstahl mit einem Produkt von Rm x A_0 = 10000, darf die Wanddicke nicht weniger betragen als:

Fassungsraum (C) in Liter	Wanddicke (e) in mm			
	Arten: 11A, 11B, 11N		Arten: 21A, 21B, 21N, 31A, 31B, 31N	
	ungeschützt	geschützt	ungeschützt	geschützt
C ≤ 1000	2,0	1,5	2,5	2,0
1000 < C ≤ 2000	e = C/2000 + 1,5	e = C/2000 + 1,0	e = C/2000 + 2,0	e = C/2000 + 1,5
2000 < C ≤ 3000	e = C/2000 + 1,5	e = C/2000 + 1,0	e = C/1000 + 1,0	e = C/2000 + 1,5

wobei: A_0 = Mindestdehnung (in Prozent) des verwendeten Bezugsstahls bei Bruch unter Zugbeanspruchung (siehe Absatz 6.5.5.1.5);

b) bei anderen Metallen als dem unter a) genannten Bezugsstahl wird die Mindestwanddicke mit folgender Formel errechnet:

$$e_1 = \frac{21,4 \times e_0}{\sqrt[3]{Rm_1 \times A_1}},$$

wobei: e_1 = erforderliche gleichwertige Wanddicke des verwendeten Metalls (in mm)

e_0 = erforderliche Mindestwanddicke für den Bezugsstahl (in mm).

Rm_1 = garantierte Mindestzugfestigkeit des verwendeten Metalls (in N/mm²) (siehe c))

A_1 = Mindestdehnung (in Prozent) des verwendeten Metalls bei Bruch unter Zugbeanspruchung (siehe Absatz 6.5.5.1.5).

Die Wanddicke darf jedoch in keinem Fall weniger als 1,5 mm betragen.

c) Für Zwecke der Berechnung nach b) ist die garantierte Mindestzugfestigkeit des verwendeten Metalls (Rm_1) der durch die nationalen oder internationalen Werkstoffnormen festgelegte Mindestwert. Für austenitischen Stahl darf der für Rm nach den Werkstoffnormen definierte Mindestwert für Rm jedoch um bis zu 15 % erhöht werden, wenn im Prüfzeugnis des Werkstoffs ein höherer Wert bescheinigt wird. Bestehen für den fraglichen Werkstoff keine Normen, entspricht der Wert Rm dem im Prüfzeugnis des Werkstoffs bescheinigten Wert.

6.5.5.1.7 Vorschriften für die Druckentlastung: IBC für flüssige Stoffe müssen eine ausreichende Menge Dampf abgeben können, um zu vermeiden, dass es unter Feuereinwirkung zum Bersten des Packmittelkörpers kommt. Dies kann durch herkömmliche Druckentlastungseinrichtungen oder andere konstruktive Mittel erreicht werden. Der Ansprechdruck dieser Einrichtungen darf nicht mehr als 65 kPa (0,65 bar) und nicht weniger als der ermittelte Gesamtüberdruck im IBC (d.h. Dampfdruck des Füllgutes plus Partialdruck von Luft oder anderen inerten Gasen, vermindert um 100 kPa (1 bar)) bei 55 °C betragen, ermittelt auf der Grundlage eines maximalen Füllungsgrades nach Unterabschnitt 4.1.1.4. Die erforderlichen Druckentlastungseinrichtungen müssen im Gasbereich angebracht sein.

6.5.5.2 Besondere Vorschriften für flexible IBC

6.5.5.2.1 Diese Vorschriften gelten für flexible IBC der folgenden Arten:

13H1 Kunststoffgewebe ohne Beschichtung oder Innenauskleidung
13H2 Kunststoffgewebe, beschichtet
13H3 Kunststoffgewebe mit Innenauskleidung
13H4 Kunststoffgewebe, beschichtet und mit Innenauskleidung
13H5 Kunststofffolie
13L1 Textilgewebe ohne Beschichtung oder Innenauskleidung
13L2 Textilgewebe, beschichtet
13L3 Textilgewebe mit Innenauskleidung

13L4 Textilgewebe, beschichtet und mit Innenauskleidung

13M1 Papier, mehrlagig

13M2 Papier, mehrlagig, wasserbeständig.

Flexible IBC sind ausschließlich für die Beförderung fester Stoffe bestimmt.

6.5.5.2.2 Die Packmittelkörper müssen aus geeigneten Werkstoffen hergestellt sein. Die Festigkeit des Werkstoffes und die Ausführung des flexiblen IBC müssen seinem Fassungsraum und der vorgesehenen Verwendung angepasst sein.

6.5.5.2.3 Alle für die Herstellung der flexiblen IBC der Arten 13M1 und 13M2 verwendeten Werkstoffe müssen nach mindestens 24-stündigem vollständigem Eintauchen in Wasser noch mindestens 85 % der Reißfestigkeit aufweisen, die ursprünglich nach Konditionierung des Werkstoffes bis zum Gleichgewicht bei einer relativen Feuchtigkeit von höchstens 67 % gemessen wurde.

6.5.5.2.4 Verbindungen müssen durch Nähen, Heißsiegeln, Kleben oder andere gleichwertige Verfahren hergestellt sein. Alle genähten Verbindungen müssen gesichert sein.

6.5.5.2.5 Flexible IBC müssen eine angemessene Widerstandsfähigkeit gegenüber Alterung und Festigkeitsabbau durch ultraviolette Strahlung, klimatische Bedingungen oder das Füllgut aufweisen, um für die vorgesehene Verwendung geeignet zu sein.

6.5.5.2.6 Bei flexiblen Kunststoff-IBC, bei denen ein Schutz vor ultravioletter Strahlung erforderlich ist, muss dies durch Zugabe von Ruß oder anderen geeigneten Pigmenten oder Inhibitoren erfolgen. Diese Zusätze müssen mit dem Füllgut verträglich sein und während der gesamten Verwendungsdauer des Packmittelkörpers ihre Wirkung behalten. Bei Verwendung von Ruß, Pigmenten oder Inhibitoren, die sich von den für die Herstellung der geprüften Bauart verwendeten unterscheiden, kann auf eine Wiederholung der Prüfungen verzichtet werden, wenn der veränderte Gehalt an Ruß, Pigmenten oder Inhibitoren die physikalischen Eigenschaften des Werkstoffes nicht beeinträchtigt.

6.5.5.2.7 Dem Werkstoff des Packmittelkörpers dürfen Zusätze beigemischt werden, um die Beständigkeit gegenüber Alterung zu verbessern, oder für andere Zwecke, vorausgesetzt, sie beeinträchtigen nicht die physikalischen oder chemischen Eigenschaften des Werkstoffes.

6.5.5.2.8 Für die Herstellung von IBC-Packmittelkörpern darf kein Werkstoff aus bereits benutzten Behältern verwendet werden. Produktionsrückstände oder Abfälle aus demselben Herstellungsverfahren dürfen jedoch verwendet werden. Teile, wie Zubehörteile und Palettensockel, dürfen jedoch wiederverwendet werden, sofern sie bei ihrem vorhergehenden Einsatz in keiner Weise beschädigt wurden.

6.5.5.2.9 Ist der Behälter gefüllt, darf das Verhältnis von Höhe zu Breite nicht mehr als 2:1 betragen.

6.5.5.2.10 Die Innenauskleidung muss aus einem geeigneten Werkstoff bestehen. Die Festigkeit des verwendeten Werkstoffs und die Ausführung der Innenauskleidung müssen dem Fassungsraum des IBC und seiner vorgesehenen Verwendung angepasst sein. Die Verbindungen und Verschlüsse müssen staubdicht und in der Lage sein, den Drücken und Stößen, die unter normalen Handhabungs- und Beförderungsbedingungen auftreten können, standzuhalten.

6.5.5.3 Besondere Vorschriften für starre Kunststoff-IBC

6.5.5.3.1 Diese Vorschriften gelten für starre Kunststoff-IBC zur Beförderung von festen oder flüssigen Stoffen. Es gibt folgende Arten von starren Kunststoff-IBC:

11H1 für feste Stoffe, die durch Schwerkraft gefüllt oder entleert werden, versehen mit einer baulichen Ausrüstung, die so ausgelegt ist, dass sie der bei Stapelung der IBC auftretenden Gesamtbelastung standhält;

11H2 für feste Stoffe, die durch Schwerkraft gefüllt oder entleert werden, freitragend;

21H1 für feste Stoffe, die unter Druck gefüllt oder entleert werden, versehen mit einer baulichen Ausrüstung, die so ausgelegt ist, dass sie der bei Stapelung der IBC auftretenden Gesamtbelastung standhält;

21H2 für feste Stoffe, die unter Druck gefüllt oder entleert werden, freitragend;

31H1 für flüssige Stoffe, versehen mit einer baulichen Ausrüstung, die so ausgelegt ist, dass sie der bei Stapelung der IBC auftretenden Gesamtbelastung standhält;

31H2 für flüssige Stoffe, freitragend.

6.5.5.3.2 Der Packmittelkörper muss aus geeignetem Kunststoff bekannter Spezifikation hergestellt sein, und seine Festigkeit muss seinem Fassungsraum und seiner vorgesehenen Verwendung angepasst sein. Der Werkstoff muss in geeigneter Weise widerstandsfähig sein gegen Alterung und Festigkeitsabbau, der durch das Füllgut oder gegebenenfalls durch ultraviolette Strahlung verursacht wird. Die Leistungsfähigkeit bei niedrigen Temperaturen muss gegebenenfalls berücksichtigt werden. Eine Permeation von Füllgut darf unter normalen Beförderungsbedingungen keine Gefahr darstellen.

6.5.5.3.3 Ist ein Schutz gegen ultraviolette Strahlen erforderlich, so muss dieser durch Zugabe von Ruß oder anderen geeigneten Pigmenten oder Inhibitoren erfolgen. Diese Zusätze müssen mit dem Inhalt verträglich sein und während der gesamten Verwendungsdauer des Packmittelkörpers ihre Wirkung behalten. Bei Verwendung von Ruß, Pigmenten oder Inhibitoren, die sich von den für die Herstellung der geprüften Bauart verwendeten unterscheiden, kann auf die Wiederholung der Prüfungen verzichtet werden, wenn der veränderte Gehalt an Ruß, Pigmenten oder Inhibitoren die physikalische Eigenschaften des Werkstoffes nicht beeinträchtigt.

6.5.5.3.4 Dem Werkstoff des Packmittelkörpers dürfen Zusätze beigemischt werden, um die Beständigkeit gegenüber Alterung zu verbessern, oder für andere Zwecke, vorausgesetzt, sie beeinträchtigen nicht die physikalischen oder chemischen Eigenschaften des Werkstoffes.

6.5.5.3.5 Für die Herstellung starrer Kunststoff-IBC darf außer aufbereiteten Abfällen, Rückständen oder Werkstoffen aus demselben Herstellungsverfahren kein anderer gebrauchter Werkstoff verwendet werden.

6.5.5.4 Besondere Vorschriften für Kombinations-IBC mit Kunststoff-Innenbehälter

6.5.5.4.1 Diese Vorschriften gelten für Kombinations-IBC zur Beförderung von festen oder flüssigen Stoffen folgender Arten:

11HZ1 Kombinations-IBC mit starrem Kunststoff-Innenbehälter für feste Stoffe, die durch Schwerkraft gefüllt oder entleert werden;

11HZ2 Kombinations-IBC mit flexiblem Kunststoff-Innenbehälter für feste Stoffe, die durch Schwerkraft gefüllt oder entleert werden;

21HZ1 Kombinations-IBC mit starrem Kunststoff-Innenbehälter für feste Stoffe, die unter Druck gefüllt oder entleert werden;

21HZ2 Kombinations-IBC mit flexiblem Kunststoff-Innenbehälter für feste Stoffe, die unter Druck gefüllt oder entleert werden;

31HZ1 Kombinations-IBC mit starrem Kunststoff-Innenbehälter für flüssige Stoffe;

31HZ2 Kombinations-IBC mit flexiblem Kunststoff-Innenbehälter für flüssige Stoffe.

Dieser Code muss durch Ersetzen des Buchstabens Z durch einen Großbuchstaben gemäß Absatz 6.5.1.4.1 b) ergänzt werden, der den für die äußere Umhüllung verwendeten Werkstoff angibt.

6.5.5.4.2 Der Innenbehälter ist ohne seine äußere Umhüllung nicht dafür vorgesehen, eine Umschließungsfunktion auszuüben. Ein «starrer» Innenbehälter ist ein Behälter, der seine gewöhnliche Form in leerem Zustand beibehält, ohne dass die Verschlüsse am richtigen Ort sind und ohne dass er durch die äußere Umhüllung gestützt wird. Innenbehälter, die nicht «starr» sind, gelten als «flexibel».

6.5.5.4.3 Die äußere Umhüllung besteht in der Regel aus einem starren Werkstoff, der so geformt ist, dass er den Innenbehälter vor physischen Beschädigungen bei der Handhabung und der Beförderung schützt, ist aber nicht dafür ausgelegt, eine Umschließungsfunktion auszuüben. Sie umfasst gegebenenfalls die Grundpalette.

6.5.5.4.4 Ein Kombinations-IBC, dessen äußere Umhüllung den Innenbehälter vollständig umschließt, ist so auszulegen, dass die Unversehrtheit des Innenbehälters nach der Dichtheitsprüfung und der hydraulischen Innendruckprüfung leicht beurteilt werden kann.

6.5.5.4.5 Der Fassungsraum von IBC der Art 31HZ2 muss auf 1250 Liter begrenzt sein.

6.5.5.4.6 Der Innenbehälter muss aus geeignetem Kunststoff bekannter Spezifikation hergestellt sein, und seine Festigkeit muss seinem Fassungsraum und seiner vorgesehenen Verwendung angepasst sein. Der Werkstoff muss in geeigneter Weise widerstandsfähig sein gegen Alterung und Festigkeitsabbau, der durch das Füllgut oder gegebenenfalls durch ultraviolette Strahlung verursacht wird. Die Leistungsfähigkeit bei niedrigen Temperaturen muss gegebenenfalls berücksichtigt werden. Eine Permeation von Füllgut darf unter normalen Beförderungsbedingungen keine Gefahr darstellen.

6.5.5.4.7 Ist ein Schutz gegen ultraviolette Strahlen erforderlich, so muss dieser durch Zugabe von Ruß oder anderen geeigneten Pigmenten oder Inhibitoren erfolgen. Diese Zusätze müssen mit dem Inhalt verträglich sein und während der gesamten Verwendungsdauer des Innenbehälters ihre Wirkung behalten. Bei Verwendung von Ruß, Pigmenten oder Inhibitoren, die sich von den für die Herstellung der geprüften Bauart verwendeten unterscheiden, kann auf die Wiederholung der Prüfungen verzichtet werden, wenn der veränderte Gehalt an Ruß, Pigmenten oder Inhibitoren die physikalischen Eigenschaften des Werkstoffes nicht beeinträchtigt.

6.5.5.4.8 Dem Werkstoff des Innenbehälters dürfen Zusätze beigemischt werden, um die Beständigkeit gegenüber Alterung zu verbessern, oder für andere Zwecke, vorausgesetzt, sie beeinträchtigen nicht die physikalischen oder chemischen Eigenschaften des Werkstoffes.

6.5.5.4.9 Für die Herstellung von Innenbehältern darf außer aufbereiteten Abfällen, Rückständen oder Werkstoffen aus demselben Herstellungsverfahren kein anderer gebrauchter Werkstoff verwendet werden.

6.5.5.4.10 Die Innenbehälter von IBC der Art 31HZ2 müssen aus mindestens drei Lagen Folie bestehen.

6.5.5.4.11 Die Festigkeit des Werkstoffes und die Konstruktion der äußeren Umhüllung müssen dem Fassungsraum des Kombinations-IBC und der vorgesehenen Verwendung angepasst sein.

6.5.5.4.12 Die äußere Umhüllung darf keine vorstehenden Teile haben, die den Innenbehälter beschädigen können.

6.5.5.4.13 Äußere Umhüllungen aus Metall sind aus einem geeigneten Metall ausreichender Dicke herzustellen.

10

6.5.5.4.14 Äußere Umhüllungen aus Naturholz müssen aus gut abgelagertem, handelsüblich trockenem und aus fehlerfreiem Holz sein, um eine wesentliche Verminderung der Festigkeit jedes einzelnen Teils der Umhüllung zu verhindern. Ober- und Unterteile dürfen aus wasserbeständigen Holzfaserwerkstoffen, wie Holzfaserplatten, Spanplatten oder anderen geeigneten Arten, bestehen.

6.5.5.4.15 Äußere Umhüllungen aus Sperrholz müssen aus gut abgelagertem Schälfurnier, Schnittfurnier oder aus Sägefurnier hergestellt, handelsüblich trocken und frei von Mängeln sein, um eine wesentliche Verminderung der Festigkeit der Umhüllung zu verhindern. Die einzelnen Lagen müssen mit einem wasserbeständigen Klebstoff miteinander verleimt sein. Für die Herstellung der Umhüllung dürfen auch andere geeignete Werkstoffe zusammen mit Sperrholz verwendet werden. Die Platten der Umhüllungen müssen an den Eckleisten oder Stirnseiten fest vernagelt oder geklammert oder durch andere ebenfalls geeignete Mittel zusammengefügt sein.

6.5.5.4.16 Die Wände der äußeren Umhüllungen aus Holzfaserwerkstoffen müssen aus wasserbeständigen Holzfaserwerkstoffen, wie Spanplatten, Holzfaserplatten oder anderen geeigneten Werkstoffen, bestehen. Andere Teile der Umhüllungen dürfen aus anderen geeigneten Werkstoffen hergestellt sein.

6.5.5.4.17 Für äußere Umhüllungen aus Pappe muss feste Vollpappe oder feste zweiseitige Wellpappe (ein- oder mehrwellig) von guter Qualität verwendet werden, die dem Fassungsraum der Umhüllung und der vorgesehenen Verwendung angepasst ist. Die Wasserbeständigkeit der Außenfläche muss so sein, dass die Erhöhung der Masse während der 30 Minuten dauernden Prüfung auf Wasseraufnahme nach der Cobb-Methode nicht mehr als 155 g/m^2 ergibt (siehe ISO-Norm 535:1991). Die Pappe muss eine geeignete Biegefestigkeit haben. Die Pappe muss so zugeschnitten, ohne Ritzen gerillt und geschlitzt sein, dass sie beim Zusammenbau nicht knickt, ihre Oberfläche nicht einreißt oder sie nicht zu stark ausbaucht. Die Wellen der Wellpappe müssen fest mit den Außenschichten verklebt sein.

6.5.5.4.18 Die Enden der äußeren Umhüllungen aus Pappe dürfen einen Holzrahmen haben oder vollkommen aus Holz bestehen. Zur Verstärkung dürfen Holzleisten verwendet werden.

6.5.5.4.19 Die Verbindungen der äußeren Umhüllungen aus Pappe müssen mit Klebestreifen geklebt, überlappt und geklebt oder überlappt und mit Metallklammern geheftet sein. Bei überlappten Verbindungen muss die Überlappung entsprechend groß sein. Wenn der Verschluss durch Verleimung oder mit einem Klebestreifen erfolgt, muss der Klebstoff wasserbeständig sein.

6.5.5.4.20 Besteht die äußere Umhüllung aus Kunststoff, so gelten die entsprechenden Vorschriften der Absätze 6.5.5.4.6 bis 6.5.5.4.9, wobei in diesem Fall die für die Innenbehälter anzuwendenden Vorschriften für die äußere Umhüllung der Kombinations-IBC gelten.

6.5.5.4.21 Die äußere Umhüllung eines IBC der Art 31HZ2 muss alle Seiten des Innenbehälters umschließen.

6.5.5.4.22 Ein Palettensockel, der einen festen Bestandteil des IBC bildet, oder eine abnehmbare Palette muss für die mechanische Handhabung des mit der höchstzulässigen Bruttomasse befüllten IBC geeignet sein.

6.5.5.4.23 Die abnehmbare Palette oder der Palettensockel muss so ausgelegt sein, dass Verformungen am Boden des IBC, die bei der Handhabung Schäden verursachen können, vermieden werden.

6.5.5.4.24 Bei einer abnehmbaren Palette muss die äußere Umhüllung fest mit der Palette verbunden sein, um die Stabilität bei Handhabung und Beförderung sicherzustellen. Darüber hinaus muss die Oberfläche der abnehmbaren Palette frei von Unebenheiten sein, die den IBC beschädigen können.

6.5.5.4.25 Um die Stapelfähigkeit zu erhöhen, dürfen Verstärkungseinrichtungen, wie Holzstützen, verwendet werden, die sich jedoch außerhalb des Innenbehälters befinden müssen.

6.5.5.4.26 Sind IBC zum Stapeln vorgesehen, muss die tragende Fläche so beschaffen sein, dass die Last sicher verteilt wird. Solche IBC müssen so ausgelegt sein, dass die Last nicht vom Innenbehälter getragen wird.

6.5.5.5 Besondere Vorschriften für IBC aus Pappe

6.5.5.5.1 Diese Vorschriften gelten für IBC aus Pappe zur Beförderung von festen Stoffen, die durch Schwerkraft gefüllt oder entleert werden. Die Art der IBC aus Pappe ist 11G.

6.5.5.5.2 IBC aus Pappe dürfen nicht mit Einrichtungen zum Heben von oben versehen sein.

6.5.5.5.3 Der Packmittelkörper muss aus fester Vollpappe oder fester zweiseitiger Wellpappe (ein- oder mehrwellig) von guter Qualität hergestellt sein, die dem Fassungsraum des IBC und der vorgesehenen Verwendung angepasst sind. Die Wasserbeständigkeit der Außenfläche muss so sein, dass die Erhöhung der Masse während der 30 Minuten dauernden Prüfung auf Wasseraufnahme nach der Cobb-Methode nicht mehr als 155 g/m^2 ergibt (siehe ISO-Norm 535:1991). Die Pappe muss eine geeignete Biegefestigkeit haben. Die Pappe muss so zugeschnitten, ohne Ritzen gerillt und geschlitzt sein, dass sie beim Zusammenbau nicht knickt, ihre Oberfläche nicht einreißt oder sie nicht zu stark ausbaucht. Die Wellen der Wellpappe müssen fest mit den Außenschichten verklebt sein.

6.5.5.5.4 Die Wände, einschließlich Deckel und Boden, müssen eine Durchstoßfestigkeit von mindestens 15 J, gemessen nach der ISO-Norm 3036:1975, aufweisen.

6.5.5.5.5 Die Verbindungen des IBC-Packmittelkörpers müssen eine ausreichende Überlappung aufweisen und durch Klebeband, Verkleben, Heften mittels Metallklammern oder andere mindestens gleichwertige Befestigungssysteme hergestellt sein. Erfolgt die Verbindung durch Verkleben oder durch Verwendung von Klebeband, ist ein wasserbeständiger Klebstoff zu verwenden. Metallklammern müssen durch alle zu befestigenden Teile durchgeführt und so geformt oder geschützt sein, dass die Innenauskleidung weder abgerieben noch durchstoßen werden kann.

6.5.5.5.6 Die Innenauskleidung muss aus einem geeigneten Werkstoff hergestellt sein. Die Festigkeit des verwendeten Werkstoffes und die Ausführung der Auskleidung müssen dem Fassungsraum des IBC und der vorgesehenen Verwendung angepasst sein. Die Verbindungen und Verschlüsse müssen staubdicht sein und den unter normalen Handhabungs- und Beförderungsbedingungen auftretenden Druck- und Stoßbeanspruchungen widerstehen können.

6.5.5.5.7 Ein Palettensockel, der einen festen Bestandteil des IBC bildet, oder eine abnehmbare Palette muss für die mechanische Handhabung des mit der höchstzulässigen Bruttomasse befüllten IBC geeignet sein.

6.5.5.5.8 Die abnehmbare Palette oder der Palettensockel muss so ausgelegt sein, dass Verformungen am Boden des IBC, die bei der Handhabung Schäden verursachen können, vermieden werden.

6.5.5.5.9 Bei einer abnehmbaren Palette muss der Packmittelkörper fest mit der Palette verbunden sein, um die Stabilität bei Handhabung und Beförderung sicherzustellen. Darüber hinaus muss die Oberfläche der abnehmbaren Palette frei von Unebenheiten sein, die den IBC beschädigen können.

6.5.5.5.10 Um die Stapelfähigkeit zu erhöhen, dürfen Verstärkungseinrichtungen, wie Holzstützen, verwendet werden, die sich jedoch außerhalb der Innenauskleidung befinden müssen.

6.5.5.5.11 Sind IBC zum Stapeln vorgesehen, muss die tragende Fläche so beschaffen sein, dass die Last sicher verteilt wird.

6.5.5.6 **Besondere Vorschriften für IBC aus Holz**

6.5.5.6.1 Diese Vorschriften gelten für IBC aus Holz zur Beförderung von festen Stoffen, die durch Schwerkraft gefüllt oder entleert werden. Es gibt folgende Arten von IBC aus Holz:

11C Naturholz mit Innenauskleidung
11D Sperrholz mit Innenauskleidung
11F Holzfaserwerkstoff mit Innenauskleidung.

6.5.5.6.2 IBC aus Holz dürfen nicht mit Einrichtungen zum Heben von oben versehen sein.

6.5.5.6.3 Die Festigkeit der verwendeten Werkstoffe und die Art der Fertigung des Packmittelkörpers müssen dem Fassungsraum und der vorgesehenen Verwendung der IBC angepasst sein.

6.5.5.6.4 Bestehen die Packmittelkörper aus Naturholz, so muss dieses gut abgelagert, handelsüblich trocken und frei von Mängeln sein, um eine wesentliche Verminderung der Festigkeit jedes einzelnen Teils des IBC zu verhindern. Jedes Teil des IBC muss aus einem Stück bestehen oder diesem gleichwertig sein. Teile sind als einem Stück gleichwertig anzusehen, wenn eine geeignete Klebeverbindung, wie z.B. Lindermann-Verbindung (Schwalbenschwanz-Verbindung), Nut- und Federverbindung, überlappende Verbindung, eine Stoßverbindung mit mindestens zwei gewellten Metallbefestigungselementen an jeder Verbindung oder andere gleich wirksame Verfahren angewendet werden.

6.5.5.6.5 Bestehen die Packmittelkörper aus Sperrholz, so muss dieses mindestens aus drei Lagen bestehen und aus gut abgelagertem Schälfurnier, Schnittfurnier oder Sägefurnier hergestellt, handelsüblich trocken und frei von Mängeln sein, die die Festigkeit des Packmittelkörpers erheblich beeinträchtigen können. Die einzelnen Lagen müssen mit einem wasserbeständigen Klebstoff miteinander verleimt sein. Für die Herstellung der Packmittelkörper dürfen auch andere geeignete Werkstoffe zusammen mit Sperrholz verwendet werden.

6.5.5.6.6 Bestehen Packmittelkörper aus Holzfaserwerkstoff, so muss dieser wasserbeständig sein, wie Spanplatten, Holzfaserplatten oder andere geeignete Werkstoffe.

6.5.5.6.7 Die Platten der IBC müssen an den Eckleisten oder Stirnseiten fest vernagelt oder geklammert oder durch andere ebenfalls geeignete Mittel zusammengefügt sein.

6.5.5.6.8 Die Innenauskleidung muss aus einem geeigneten Werkstoff hergestellt sein. Die Festigkeit des verwendeten Werkstoffes und die Ausführung der Auskleidung müssen dem Fassungsraum des IBC und der vorgesehenen Verwendung angepasst sein. Die Verbindungen und Verschlüsse müssen staubdicht sein und den unter normalen Handhabungs- und Beförderungsbedingungen auftretenden Druck- und Stoßbeanspruchungen widerstehen können.

6.5.5.6.9 Ein Palettensockel, der einen festen Bestandteil des IBC bildet, oder eine abnehmbare Palette muss für die mechanische Handhabung des IBC nach Befüllung mit der höchstzulässigen Masse geeignet sein.

6.5.5.6.10 Die abnehmbare Palette oder der Palettensockel muss so ausgelegt sein, dass Verformungen am Boden des IBC, die bei der Handhabung Schäden verursachen können, vermieden werden.

6.5.5.6.11 Bei einer abnehmbaren Palette muss der Packmittelkörper fest mit der Palette verbunden sein, um die Stabilität bei Handhabung und Beförderung sicherzustellen. Darüber hinaus muss die Oberfläche der abnehmbaren Palette frei von Unebenheiten sein, die den IBC beschädigen können.

6.5.5.6.12 Um die Stapelfähigkeit zu erhöhen, dürfen Verstärkungseinrichtungen, wie Holzstützen, verwendet werden, die sich jedoch außerhalb der Innenauskleidung befinden müssen.

6.5.5.6.13 Sind IBC zum Stapeln vorgesehen, muss die tragende Fläche so beschaffen sein, dass die Last sicher verteilt wird.

6.5.6 Prüfvorschriften für IBC

6.5.6.1 Durchführung und Häufigkeit der Prüfungen

6.5.6.1.1 Vor der Verwendung muss jede Bauart eines IBC die in diesem Kapitel vorgeschriebenen Prüfungen erfolgreich bestanden haben und von der zuständigen Behörde, welche die Zuteilung der Kennzeichnung bestätigt hat, zugelassen worden sein. Die Bauart eines IBC wird bestimmt durch die Ausführung, die Größe, den verwendeten Werkstoff und seine Dicke, die Herstellungsart und die Füll- und Entleerungseinrichtungen; sie kann aber auch verschiedene Oberflächenbehandlungen einschließen. Ebenfalls eingeschlossen sind IBC, die sich von der Bauart lediglich durch geringere äußere Abmessungen unterscheiden.

6.5.6.1.2 Die Prüfungen müssen an versandfertigen IBC durchgeführt werden. Die IBC müssen entsprechend den Angaben in den jeweiligen Abschnitten befüllt werden. Die in den IBC zu befördernden Stoffe können durch andere Stoffe ersetzt werden, sofern dadurch die Prüfergebnisse nicht verfälscht werden. Werden feste Stoffe durch andere Stoffe ersetzt, müssen diese die gleichen physikalischen Eigenschaften (Masse, Korngröße, usw.) haben wie der zu befördernde Stoff. Es ist zulässig, Zusätze, wie Beutel mit Bleischrot, zu verwenden, um die erforderliche Gesamtmasse der Versandstücke zu erhalten, sofern diese so angeordnet werden, dass sie das Prüfergebnis nicht verfälschen.

6.5.6.2 Bauartprüfungen

6.5.6.2.1 Für jede Bauart, Größe, Wanddicke und Fertigungsart ist ein einziger IBC den Prüfungen gemäß den Unterabschnitten 6.5.6.4 bis 6.5.6.13 in der in Absatz 6.5.6.3.7 aufgeführten Reihenfolge zu unterziehen. Diese Bauartprüfungen müssen in Übereinstimmung mit den von der zuständigen Behörde festgelegten Verfahren durchgeführt werden.

6.5.6.2.2 Um die ausreichende chemische Verträglichkeit mit den enthaltenen Gütern oder den Standardflüssigkeiten nach Absatz 6.5.6.3.3 oder 6.5.6.3.5 für starre Kunststoff-IBC der Art 31H2 und für Kombinations-IBC der Arten 31HH1 und 31HH2 nachzuweisen, darf ein zweiter IBC verwendet werden, sofern diese IBC für die Stapelung ausgelegt sind. In diesem Fall müssen beide IBC der Vorlagerung unterzogen werden.

6.5.6.2.3 Die zuständige Behörde kann das selektive Prüfen von IBC, die sich nur geringfügig von der geprüften Art unterscheiden, zulassen, z.B. bei geringen Verkleinerungen der äußeren Abmessungen.

6.5.6.2.4 Werden für die Prüfungen abnehmbare Paletten verwendet, muss der nach Unterabschnitt 6.5.6.14 erstellte Prüfbericht eine technische Beschreibung der verwendeten Paletten enthalten.

6.5.6.3 Vorbereitung für die Prüfungen

6.5.6.3.1 IBC aus Papier, IBC aus Pappe und Kombinations-IBC mit äußerer Umhüllung aus Pappe müssen mindestens 24 Stunden in einem Klima konditioniert werden, dessen Temperatur und relative Luftfeuchtigkeit gesteuert sind. Es gibt drei Möglichkeiten, von denen eine auszuwählen ist. Das bevorzugte Klima ist 23 °C ± 2 °C und 50 % ± 2 % relative Luftfeuchtigkeit. Die beiden anderen Möglichkeiten sind 20 °C ± 2 °C und 65 % ± 2 % relative Luftfeuchtigkeit oder 27 °C ± 2 °C und 65 % ± 2 % relative Luftfeuchtigkeit.

Bem. Die Durchschnittswerte müssen innerhalb dieser Grenzwerte liegen. Kurzfristige Schwankungen und Messgrenzen können zu Messwertabweichungen von ± 5 % für die relative Luftfeuchtigkeit führen, ohne dass dies die Reproduzierbarkeit der Prüfungen bedeutsam beeinträchtigt.

6.5.6.3.2 Zusätzliche Maßnahmen müssen ergriffen werden, um sicherzustellen, dass der für die Herstellung von starren Kunststoff-IBC (Arten 31H1 und 31H2) sowie von Kombinations-IBC (Arten 31HZ1 und 31HZ2) verwendete Kunststoff den Vorschriften der Absätze 6.5.5.3.2 bis 6.5.5.3.4 bzw. 6.5.5.4.6 bis 6.5.5.4.9 entspricht.

6.5.6.3.3 Zum Nachweis der ausreichenden chemischen Verträglichkeit gegenüber dem Füllgut sind die IBC-Muster einer sechsmonatigen Vorlagerung zu unterziehen, bei der die Muster mit den vorgesehenen Füllgütern oder mit Stoffen, von denen bekannt ist, dass sie mindestens gleichartige spannungsrissauslösende, anquellende oder molekularabbauende Einflüsse auf die jeweiligen Kunststoffe haben, befüllt sind, und nach der die Muster den in der Tabelle des Absatzes 6.5.6.3.7 aufgeführten Prüfungen unterzogen werden.

6.5.6.3.4 Wurde das zufriedenstellende Verhalten der Kunststoffe nach einem anderen Verfahren nachgewiesen, ist die vorgenannte Verträglichkeitsprüfung nicht erforderlich. Solche Verfahren müssen der vorgenannten Verträglichkeitsprüfung mindestens gleichwertig und von der zuständigen Behörde anerkannt sein.

6.5.6.3.5 Für starre Kunststoff-IBC aus Polyethylen (Arten 31H1 und 31H2) nach Unterabschnitt 6.5.5.3 und für Kombinations-IBC mit Kunststoff-Innenbehälter aus Polyethylen (Arten 31HZ1 und 31HZ2) nach Unterabschnitt 6.5.5.4 kann die chemische Verträglichkeit mit flüssigen Füllgütern, die nach Unterabschnitt 4.1.1.21 assimiliert werden, mit Standardflüssigkeiten (siehe Abschnitt 6.1.6) wie folgt nachgewiesen werden.

Die Standardflüssigkeiten sind stellvertretend für die Schädigungsmechanismen an Polyethylen, das sind Weichmachung durch Anquellung, Spannungsrissauslösung, molekularabbauende Reaktionen und Kombinationen davon.

Die ausreichende chemische Verträglichkeit der IBC kann durch eine dreiwöchige Lagerung der vorgeschriebenen Bauarten bei 40 °C mit der (den) betreffenden Standardflüssigkeit(en) nachgewiesen werden; wenn die Standardflüssigkeit Wasser ist, ist eine Lagerung nach diesem Verfahren nicht erforderlich. Bei den Standardflüssigkeiten «Netzmittellösung» und «Essigsäure» ist für Prüfmuster, die für die Stapeldruckprüfung verwendet werden, keine Lagerung erforderlich. Nach dieser Lagerung müssen die Prüfmuster den in den Unterabschnitten 6.5.6.4 bis 6.5.6.9 vorgesehenen Prüfungen unterzogen werden.

Für tert-Butylhydroperoxid mit mehr als 40 % Peroxidgehalt sowie für Peroxyessigsäuren der Klasse 5.2 darf die Verträglichkeitsprüfung nicht mit Standardflüssigkeiten durchgeführt werden. Für diese Stoffe muss die ausreichende chemische Verträglichkeit der Prüfmuster während einer sechsmonatigen Lagerung bei Raumtemperatur mit den Stoffen geprüft werden, für deren Beförderung sie vorgesehen sind.

Die Ergebnisse des Verfahrens nach diesem Absatz mit IBC aus Polyethylen können für eine gleiche Bauart, deren innere Oberfläche fluoriert ist, zugelassen werden.

6.5.6.3.6 Für IBC-Bauarten aus Polyethylen nach Absatz 6.5.6.3.5, welche die Prüfung nach Absatz 6.5.6.3.5 bestanden haben, darf die chemische Verträglichkeit mit Füllgütern auch auf der Basis von Laborversuchen erfolgen, bei denen nachzuweisen ist, dass die Wirkung dieser Füllgüter auf Probekörper geringer ist als die Wirkung der Standardflüssigkeit(en), wobei die relevanten Schädigungsmechanismen berücksichtigt werden müssen. Dabei gelten für die relativen Dichten und Dampfdrücke die gleichen Vorbedingungen wie in Absatz 4.1.1.21.2 festgehalten.

6.5.6.3.7 Reihenfolge der Durchführung der Bauartprüfungen

IBC-Art	Vibration f)	Heben von unten	Heben von oben a)	Stapeldruck b)	Dichtheit	Innendruck, hydraulisch	Fall	Weiterreißen	Kippfall	Aufrichten c)
Metall: 11A, 11B, 11N	–	1. a)	2.	3.	–	–	4. e)	–	–	–
21A, 21B, 21N,	–	1. a)	2.	3.	4.	5.	6. e)	–	–	–
31A, 31B, 31N	1.	2. a)	3.	4.	5.	6.	7. e)	–	–	–
flexibel d)	–	–	X c)	X	–	–	X	X	X	X
starrer Kunststoff: 11H1, 11H2	–	1. a)	2.	3.	–	–	4.	–	–	–
21H1, 21H2,	–	1. a)	2.	3.	4.	5.	6.	–	–	–
31H1, 31H2	1.	2. a)	3.	4. g)	5.	6.	7.	–	–	–
Kombination: 11HZ1, 11HZ2	–	1. a)	2.	3.	–	–	4. e)	–	–	–
21HZ1, 21HZ2,	–	1. a)	2.	3.	4.	5.	6. e)	–	–	–
31HZ1, 31HZ2	1.	2. a)	3.	4. g)	5.	6.	7. e)	–	–	–
Pappe	–	1.	–	2.	–	–	3.	–	–	–
Holz	–	1.	–	2.	–	–	3.	–	–	–

a) Sofern die IBC für diese Art von Handhabung ausgelegt sind.

b) Sofern die IBC für die Stapelung ausgelegt sind.

c) Sofern die IBC für das Heben von oben oder von der Seite ausgelegt sind.

d) Die durchzuführenden Prüfungen sind durch x gekennzeichnet; ein IBC, der einer Prüfung unterzogen wurde, darf für andere Prüfungen in beliebiger Reihenfolge verwendet werden.

e) Ein anderer IBC gleicher Bauart darf für die Fallprüfung verwendet werden.

f) Ein anderer IBC gleicher Bauart darf für die Vibrationsprüfung verwendet werden.

g) Der zweite IBC nach Absatz 6.5.6.2.2 darf außerhalb der Reihenfolge unmittelbar nach der Vorlagerung verwendet werden.

10

6.5.6.4 Hebeprüfung von unten

6.5.6.4.1 Anwendungsbereich

Für alle IBC aus Pappe und aus Holz sowie für alle IBC-Arten, die mit einer Vorrichtung zum Heben von unten versehen sind, als Bauartprüfung.

6.5.6.4.2 Vorbereitung des IBC für die Prüfung

Der IBC ist zu befüllen. Eine Last ist anzubringen und gleichmäßig zu verteilen. Die Masse des befüllten IBC und der angebrachten Last muss dem 1,25fachen der höchstzulässigen Bruttomasse entsprechen.

6.5.6.4.3 Prüfverfahren

Der IBC muss zweimal von einem Gabelstapler hochgehoben und heruntergelassen werden, wobei die Gabel zentral anzusetzen ist und einen Abstand von ¾ der Einführungsseitenabmessung haben muss (es sei denn, die Einführungspunkte sind vorgegeben). Die Gabel muss bis zu ¾ in der Einführungsrichtung eingeführt werden. Die Prüfung muss in jeder möglichen Einführungsrichtung wiederholt werden.

6.5.6.4.4 Kriterien für das Bestehen der Prüfung

Keine dauerhafte Verformung des IBC einschließlich eines gegebenenfalls vorhandenen Palettensockels, die die Sicherheit der Beförderung beeinträchtigt, und kein Verlust von Füllgut.

6.5.6.5 Hebeprüfung von oben

6.5.6.5.1 Anwendungsbereich

Für alle IBC-Arten, die für das Heben von oben oder bei flexiblen IBC für das Heben von oben oder von der Seite ausgelegt sind, als Bauartprüfung.

6.5.6.5.2 Vorbereitung des IBC für die Prüfung

Metallene IBC, starre Kunststoff-IBC und Kombinations-IBC sind zu befüllen. Eine Last ist anzubringen und gleichmäßig zu verteilen. Die Masse des befüllten IBC und der angebrachten Last muss dem zweifachen der höchstzulässigen Bruttomasse entsprechen. Flexible IBC sind mit einem repräsentativen Stoff zu befüllen und anschließend bis zum Sechsfachen ihrer höchstzulässigen Bruttomasse zu beladen, wobei die Last gleichmäßig zu verteilen ist.

6.5.6.5.3 Prüfverfahren

Metallene und flexible IBC müssen in der Weise hochgehoben werden, für die sie ausgelegt sind, bis sie sich frei über dem Boden befinden, und für die Dauer von fünf Minuten in dieser Stellung gehalten werden.

Starre Kunststoff-IBC und Kombinations-IBC sind

a) für eine Dauer von fünf Minuten an jedem Paar sich diagonal gegenüberliegender Hebeeinrichtungen so anzuheben, dass die Hebekräfte senkrecht wirken, und
b) für eine Dauer von fünf Minuten an jedem Paar sich diagonal gegenüberliegender Hebeeinrichtungen so anzuheben, dass die Hebekräfte zur Mitte des IBC in einem Winkel von 45° zur Senkrechten wirken.

6.5.6.5.4 Für flexible IBC dürfen auch andere mindestens gleichwertige Verfahren für die Hebeprüfung von oben und die Vorbereitung für die Prüfung angewendet werden.

6.5.6.5.5 Kriterien für das Bestehen der Prüfung

a) Metallene IBC, starre Kunststoff-IBC und Kombinations-IBC: der IBC bleibt unter normalen Beförderungsbedingungen sicher, es tritt keine feststellbare dauerhafte Verformung des IBC einschließlich eines gegebenenfalls vorhandenen Palettensockels und kein Verlust von Füllgut auf.

b) Flexible IBC: keine Beschädigung des IBC oder seiner Hebeeinrichtungen, durch die der IBC für die Beförderung oder Handhabung ungeeignet wird, und kein Verlust von Füllgut.

6.5.6.6 Stapeldruckprüfung

6.5.6.6.1 Anwendungsbereich

Für alle IBC-Arten, die für das Stapeln ausgelegt sind, als Bauartprüfung.

6.5.6.6.2 Vorbereitung des IBC für die Prüfung

Der IBC ist bis zu seiner höchstzulässigen Bruttomasse zu befüllen. Wenn die Dichte des für die Prüfung verwendeten Produktes dies nicht zulässt, ist eine zusätzliche Last anzubringen, damit der IBC bei seiner höchstzulässigen Bruttomasse geprüft werden kann, wobei die Last gleichmäßig zu verteilen ist.

6.5.6.6.3 Prüfverfahren

a) Der IBC muss mit seinem Boden auf einen horizontalen harten Untergrund gestellt und einer gleichmäßig verteilten überlagerten Prüflast ausgesetzt werden (siehe Absatz 6.5.6.6.4). Für starre Kunststoff-IBC der Art 31H2 und für Kombinations-IBC der Arten 31HH1 und 31HH2 muss eine Stapeldruckprüfung mit dem Originalfüllgut oder einer Standardflüssigkeit (siehe Abschnitt 6.1.6) nach Absatz 6.5.6.3.3 oder 6.5.6.3.5 durchgeführt werden, wobei der zweite IBC nach Absatz 6.5.6.2.2 nach der Vorlagerung verwendet wird. Die IBC sind der Prüflast mindestens auszusetzen:

(i) fünf Minuten bei metallenen IBC;

(ii) 28 Tage bei 40 °C bei starren Kunststoff-IBC der Arten 11H2, 21H2 und 31H2, bei Kombinations-IBC mit äußerer Kunststoff-Umhüllung, die der Stapellast standhalten (d.h. der Arten 11HH1, 11HH2, 21HH1, 21HH2, 31HH1 und 31HH2;

(iii) 24 Stunden bei allen anderen IBC-Arten.

b) Die Prüflast muss nach einer der folgenden Methoden aufgebracht werden:

(i) ein oder mehrere IBC der gleichen Bauart, die bis zur höchstzulässigen Bruttomasse befüllt sind, werden auf den zu prüfenden IBC gestapelt;

(ii) geeignete Gewichte werden auf eine flache Platte oder auf eine Nachbildung des Bodens des IBC gestellt, die auf den zu prüfenden IBC aufgelegt wird.

6.5.6.6.4 Berechnung der überlagerten Prüflast

Die Last, die auf den IBC gestellt wird, muss das 1,8fache der addierten höchstzulässigen Bruttomasse so vieler gleichartiger IBC betragen, wie während der Beförderung auf den IBC gestapelt werden dürfen.

6.5.6.6.5 Kriterien für das Bestehen der Prüfung

a) Alle IBC-Arten, ausgenommen flexible IBC: keine dauerhafte Verformung des IBC einschließlich eines gegebenenfalls vorhandenen Palettensockels, die die Sicherheit der Beförderung beeinträchtigt, und kein Verlust von Füllgut;

b) flexible IBC: keine Beschädigung des Packmittelkörpers, die die Sicherheit der Beförderung beeinträchtigt, und kein Verlust von Füllgut.

6.5.6.7 Dichtheitsprüfung

6.5.6.7.1 Anwendungsbereich

Für alle IBC-Arten zur Beförderung von flüssigen Stoffen oder von festen Stoffen, die unter Druck gefüllt oder entleert werden, als Bauartprüfung und wiederkehrende Prüfung.

10

6.5.6.7.2 Vorbereitung des IBC für die Prüfung

Die Prüfung muss vor dem Anbringen der gegebenenfalls vorhandenen Wärmeisolierung durchgeführt werden. Belüftete Verschlüsse sind entweder durch gleichartige, nicht belüftete Verschlüsse zu ersetzen, oder die Entlüftungsöffnung ist luftdicht zu verschließen.

6.5.6.7.3 Prüfverfahren und Prüfdruck

Die Prüfung muss mindestens 10 Minuten mit Luft mit einem Überdruck von mindestens 20 kPa (0,2 bar) durchgeführt werden. Die Luftdichtheit des IBC muss durch eine geeignete Methode bestimmt werden, wie z.B. Luftdruckdifferentialprüfung oder Eintauchen des IBC in Wasser oder bei metallenen IBC Überstreichen der Nähte und Verbindungen mit einer Seifenlösung. Im Fall des Eintauchens muss ein Korrekturfaktor für den hydrostatischen Druck angewendet werden.

6.5.6.7.4 Kriterium für das Bestehen der Prüfung

Keine Undichtheit.

6.5.6.8 Hydraulische Innendruckprüfung

6.5.6.8.1 Anwendungsbereich

Für IBC-Arten zur Beförderung von flüssigen Stoffen und von festen Stoffen, die unter Druck gefüllt oder entleert werden, als Bauartprüfung.

6.5.6.8.2 Vorbereitung des IBC für die Prüfung

Die Prüfung muss vor dem Anbringen einer gegebenenfalls vorhandenen Wärmeisolierung durchgeführt werden.

Druckentlastungseinrichtungen müssen außer Betrieb gesetzt oder entfernt und die entstehenden Öffnungen verschlossen werden.

6.5.6.8.3 Prüfverfahren

Die Prüfung muss mindestens 10 Minuten mit einem hydraulischen Druck durchgeführt werden, der nicht geringer sein darf als der in Absatz 6.5.6.8.4 angegebene Druck. Der IBC darf während der Prüfung nicht mechanisch abgestützt werden.

6.5.6.8.4 Prüfdruck

6.5.6.8.4.1 Metallene IBC:

a) für IBC der Arten 21A, 21B und 21N zur Beförderung von festen Stoffen der Verpackungsgruppe I: Prüfdruck (Überdruck) von 250 kPa (2,5 bar);
b) für IBC der Arten 21A, 21B, 21N, 31A, 31B und 31N zur Beförderung von Stoffen der Verpackungsgruppe II oder III: Prüfdruck (Überdruck) von 200 kPa (2 bar);
c) außerdem für IBC der Arten 31A, 31B und 31N: Prüfdruck (Überdruck) von 65 kPa (0,65 bar). Diese Prüfung muss vor der Prüfung mit 200 kPa (2 bar) durchgeführt werden.

6.5.6.8.4.2 Starre Kunststoff-IBC und Kombinations-IBC:

a) für IBC der Arten 21H1, 21H2, 21HZ1 und 21HZ2: Prüfdruck (Überdruck) von 75 kPa (0,75 bar);
b) für IBC der Arten 31H1, 31H2, 31HZ1 und 31HZ2 der jeweils höhere der beiden Werte, von denen der erste durch eine der folgenden Methoden bestimmt wird:
   (i) der im IBC gemessene Gesamtüberdruck (d.h. Dampfdruck des zu befördernden Stoffes und Partialdruck der Luft oder anderer inerter Gase minus 100 kPa) bei 55 °C, multipliziert mit einem Sicherheitsfaktor von 1,5; dieser Gesamtüberdruck wird auf der Grundlage eines maximalen Füllungsgrades gemäß Unterabschnitt 4.1.1.4 und einer Fülltemperatur von 15 °C ermittelt;

(ii) der 1,75fache Wert des Dampfdruckes des zu befördernden Stoffes bei 50 °C minus 100 kPa, mindestens aber 100 kPa;

(iii) der 1,5fache Wert des Dampfdruckes des zu befördernden Stoffes bei 55 °C minus 100 kPa, mindestens aber 100 kPa;

und der zweite durch folgende Methode bestimmt wird:

(iv) der doppelte statische Druck des zu befördernden Stoffes, mindestens aber der doppelte Wert des statischen Wasserdruckes.

6.5.6.8.5 Kriterien für das Bestehen der Prüfung

a) Für IBC der Arten 21A, 21B, 21N, 31A, 31B und 31N, die dem in Absatz 6.5.6.8.4.1 a) oder b) angegebenen Prüfdruck unterzogen werden: es darf keine Undichtheit auftreten;

b) für IBC der Arten 31A, 31B und 31N, die dem in Absatz 6.5.6.8.4.1 c) angegebenen Prüfdruck unterzogen werden: es darf weder eine dauerhafte Verformung, durch die der IBC für die Beförderung ungeeignet wird, noch eine Undichtheit auftreten;

c) starre Kunststoff-IBC und Kombinations-IBC: es darf weder eine dauerhafte Verformung, durch die der IBC für die Beförderung ungeeignet wird, noch eine Undichtheit auftreten.

6.5.6.9 Fallprüfung

6.5.6.9.1 Anwendungsbereich

Für alle IBC-Arten als Bauartprüfung.

6.5.6.9.2 Vorbereitung des IBC für die Prüfung

a) metallene IBC: der IBC muss für feste Stoffe bis mindestens 95 % und für flüssige Stoffe bis mindestens 98 % seines höchsten Fassungsraums gefüllt werden. Druckentlastungseinrichtungen müssen außer Betrieb gesetzt oder entfernt und die entstehenden Öffnungen verschlossen werden;

b) flexible IBC: der IBC muss bis zu seiner höchstzulässigen Bruttomasse gefüllt werden, wobei der Inhalt gleichmäßig zu verteilen ist;

c) starre Kunststoff-IBC und Kombinations-IBC: der IBC muss für feste Stoffe bis mindestens 95 % und für flüssige Stoffe bis mindestens 98 % seines höchsten Fassungsraums gefüllt werden. Druckentlastungseinrichtungen dürfen außer Betrieb gesetzt oder entfernt und die entstehenden Öffnungen verschlossen werden. Die Prüfung der IBC ist vorzunehmen, nachdem die Temperatur des Prüfmusters und seines Inhaltes auf –18 °C oder darunter abgesenkt wurde. Sofern die Prüfmuster der Kombinations-IBC nach diesem Verfahren vorbereitet werden, kann auf die in Absatz 6.5.6.3.1 vorgeschriebene Konditionierung verzichtet werden. Die für die Prüfung verwendeten flüssigen Stoffe sind, gegebenenfalls durch Zugabe von Frostschutzmitteln, in flüssigem Zustand zu halten. Auf die Konditionierung kann verzichtet werden, falls die Werkstoffe eine ausreichende Verformbarkeit und Zugfestigkeit bei niedrigen Temperaturen aufweisen;

d) IBC aus Pappe oder aus Holz: der IBC muss bis mindestens 95 % seines höchsten Fassungsraums gefüllt werden.

6.5.6.9.3 Prüfverfahren

Der IBC muss mit seinem Boden so auf eine nicht federnde, horizontale, ebene, massive und starre Oberfläche nach den Vorschriften des Absatzes 6.1.5.3.4 fallen gelassen werden, dass der IBC auf die schwächste Stelle seines Bodens aufschlägt.

Ein IBC mit einem Fassungsraum von höchstens 0,45 m^3 muss auch fallen gelassen werden:

a) metallene IBC: auf die schwächste Stelle, abgesehen von der Stelle des Bodens, die beim ersten Fallversuch geprüft wurde;

10

b) flexible IBC: auf die schwächste Seite;

c) starre Kunststoff-IBC, Kombinations-IBC sowie IBC aus Pappe und aus Holz: flach auf eine Seite, flach auf das Oberteil und auf eine Ecke.

Für jeden Fallversuch darf derselbe IBC oder ein anderer IBC derselben Auslegung verwendet werden.

6.5.6.9.4 Fallhöhe

Für feste Stoffe und flüssige Stoffe, wenn die Prüfung mit dem zu befördernden festen oder flüssigen Stoff oder mit einem anderen Stoff, der im Wesentlichen dieselben physikalischen Eigenschaften hat, durchgeführt wird:

Verpackungsgruppe I	Verpackungsgruppe II	Verpackungsgruppe III
1,8 m	1,2 m	0,8 m

Für flüssige Stoffe, wenn die Prüfung mit Wasser durchgeführt wird:

a) wenn der zu befördernde Stoff eine relative Dichte von höchstens 1,2 hat:

Verpackungsgruppe II	Verpackungsgruppe III
1,2 m	0,8 m

b) wenn der zu befördernde Stoff eine relative Dichte von mehr als 1,2 hat, ist die Fallhöhe auf Grund der relativen Dichte (d) des zu befördernden Stoffes, aufgerundet auf die erste Dezimalstelle, wie folgt zu berechnen:

Verpackungsgruppe II	Verpackungsgruppe III
d x 1,0 m	d x 0,67 m

6.5.6.9.5 Kriterien für das Bestehen der Prüfung(en)

a) metallene IBC: kein Verlust von Füllgut;

b) flexible IBC: kein Verlust von Füllgut. Ein geringfügiges Austreten aus Verschlüssen oder Nahtstellen beim Aufprall gilt nicht als Versagen des IBC, vorausgesetzt, es kommt nicht zu weiterer Undichtheit, nachdem der IBC vom Boden abgehoben worden ist;

c) starre Kunststoff-IBC, Kombinations-IBC sowie IBC aus Pappe und aus Holz: kein Verlust von Füllgut. Ein geringfügiges Austreten aus Verschlüssen beim Aufprall gilt nicht als Versagen des IBC, vorausgesetzt, es kommt nicht zu weiterer Undichtheit;

► 1.6.1.14 d) alle IBC: keine Beschädigung, durch die der IBC für eine Beförderung zur Bergung oder Entsorgung unsicher wird und kein Verlust von Füllgut. Darüber hinaus muss der IBC in der Lage sein, durch geeignete Mittel für eine Dauer von fünf Minuten angehoben zu werden, so dass er sich frei über dem Boden befindet.

Bem. Die Kriterien des Absatzes d) gelten für IBC-Bauarten, die ab dem 1. Januar 2011 hergestellt werden.

6.5.6.10 **Weiterreißprüfung**

6.5.6.10.1 Anwendungsbereich

Für alle Arten flexibler IBC als Bauartprüfung.

6.5.6.10.2 Vorbereitung des IBC für die Prüfung

Der IBC muss bis mindestens 95 % seines Fassungsraums und bis zu seiner höchstzulässigen Bruttomasse gefüllt werden, wobei der Inhalt gleichmäßig zu verteilen ist.

6.5.6.10.3 Prüfverfahren

Wenn sich der IBC auf dem Boden befindet, wird mit einem Messer die Breitseite in einer Länge von 100 mm in einem Winkel von 45° zur Hauptachse des IBC in halber Höhe zwischen dem Boden des IBC und dem oberen Füllgutspiegel vollständig durchschnitten.

Der IBC ist dann einer gleichmäßig verteilten überlagerten Last auszusetzen, die dem zweifachen der höchstzulässigen Bruttomasse entspricht. Die Last muss mindestens fünf Minuten wirken. IBC, die für Heben von oben oder von der Seite ausgelegt sind, müssen nach Entfernen der überlagerten Last hochgehoben werden, bis sie sich frei über dem Boden befinden, und fünf Minuten in dieser Stellung gehalten werden.

6.5.6.10.4 Kriterium für das Bestehen der Prüfung

Der Schnitt darf sich nicht um mehr als 25 % seiner ursprünglichen Länge vergrößern.

6.5.6.11 Kippfallprüfung

6.5.6.11.1 Anwendungsbereich

Für alle Arten flexibler IBC als Bauartprüfung.

6.5.6.11.2 Vorbereitung des IBC für die Prüfung

Der IBC muss bis mindestens 95 % seines Fassungsraums und bis zu seiner höchstzulässigen Bruttomasse gefüllt werden, wobei der Inhalt gleichmäßig zu verteilen ist.

6.5.6.11.3 Prüfverfahren

Der IBC muss so gekippt werden, dass eine beliebige Stelle seines Oberteils auf eine starre, nicht federnde, glatte, flache und horizontale Fläche fällt.

6.5.6.11.4 Kippfallhöhe

Verpackungsgruppe I	Verpackungsgruppe II	Verpackungsgruppe III
1,8 m	1,2 m	0,8 m

6.5.6.11.5 Kriterien für das Bestehen der Prüfung

Kein Austreten von Füllgut. Ein geringfügiges Austreten aus Verschlüssen oder Nahtstellen beim Aufprall gilt nicht als Versagen des IBC, vorausgesetzt, es kommt nicht zu weiterer Undichtheit.

6.5.6.12 Aufrichtprüfung

6.5.6.12.1 Anwendungsbereich

Für alle flexiblen IBC, die für Heben von oben oder von der Seite ausgelegt sind, als Bauartprüfung.

6.5.6.12.2 Vorbereitung des IBC für die Prüfung

Der IBC muss bis mindestens 95 % seines Fassungsraums und bis zu seiner höchstzulässigen Bruttomasse gefüllt werden, wobei der Inhalt gleichmäßig zu verteilen ist.

6.5.6.12.3 Prüfverfahren

Der auf der Seite liegende IBC muss an einer Hebeeinrichtung oder zwei Hebeeinrichtungen, wenn vier vorhanden sind, mit einer Geschwindigkeit von mindestens 0,1 m/s angehoben werden, bis er aufrecht frei über dem Boden hängt.

6.5.6.12.4 Kriterium für das Bestehen der Prüfung

Keine Beschädigung des IBC oder seiner Hebeeinrichtungen, durch die der IBC für die Beförderung oder Handhabung ungeeignet wird.

6.5.6.13 Vibrationsprüfung

► 1.6.1.14

6.5.6.13.1 Anwendungsbereich

Für alle IBC, die für flüssige Stoffe verwendet werden, als Bauartprüfung.

Bem. Diese Prüfung gilt für alle IBC-Bauarten, die nach dem 31. Dezember 2010 hergestellt werden (siehe auch Unterabschnitt 1.6.1.14).

10

6.5.6.13.2 Vorbereitung des IBC für die Prüfung

Ein IBC-Prüfmuster muss nach dem Zufallsprinzip ausgewählt werden und für die Beförderung ausgerüstet und verschlossen werden. Der IBC muss bis mindestens 98 % seines höchsten Fassungsraums mit Wasser gefüllt werden.

6.5.6.13.3 Prüfverfahren und -dauer

6.5.6.13.3.1 Der IBC muss in der Mitte der Auflagefläche der Prüfmaschine mit einer vertikalen Sinusschwingung, doppelte Amplitude (Spitze-Spitze-Auslenkung) von 25 mm ± 5 % aufgesetzt werden. Sofern notwendig müssen an der Auflagefläche Rückhalteeinrichtungen befestigt werden, die eine horizontale Bewegung des Prüfmusters von der Auflagefläche ohne Beschränkung der senkrechten Bewegung verhindern.

6.5.6.13.3.2 Die Prüfung ist für die Dauer von einer Stunde bei einer Frequenz durchzuführen, die dazu führt, dass ein Teil des IBC-Bodens vorübergehend für einen Teil jeder Periode so stark von der Vibrationsauflagefläche angehoben wird, dass ein Distanzplättchen aus Metall zeitweise an mindestens einem Punkt vollständig zwischen dem IBC-Boden und der Prüfauflagefläche eingeschoben werden kann. Nach der ersten Einstellung kann es notwendig werden, die Frequenz anzupassen, um Resonanzschwingungen der Verpackung zu verhindern. Dennoch muss die Prüffrequenz das in diesem Absatz beschriebenen Einbringen des Distanzplättchens aus Metall unter dem IBC weiterhin zulassen. Die ständige Möglichkeit des Einschiebens des Distanzplättchens aus Metall ist für das Bestehen der Prüfung unbedingt erforderlich. Das für diese Prüfung verwendete Distanzplättchen aus Metall muss eine Dicke von mindestens 1,6 mm, eine Breite von mindestens 50 mm und eine ausreichende Länge haben, damit es für die Durchführung der Prüfung mindestens 100 mm zwischen dem IBC und der Auflagefläche eingeschoben werden kann.

6.5.6.13.4 Kriterien für das Bestehen der Prüfung

Es darf keine Undichtheit und kein Bruch festgestellt werden. Darüber hinaus darf kein Zubruchgehen oder Versagen der baulichen Ausrüstungsteile wie Brechen von Schweißverbindungen oder Versagen von Befestigungen festgestellt werden.

6.5.6.14 Prüfbericht

6.5.6.14.1 Über die Prüfung ist ein Prüfbericht zu erstellen, der mindestens folgende Angaben enthält und der den Benutzern des IBC zur Verfügung gestellt werden muss:

1. Name und Anschrift der Prüfeinrichtung;
2. Name und Anschrift des Antragstellers (soweit erforderlich);
3. eine nur einmal vergebene Prüfbericht-Kennnummer;
4. Datum des Prüfberichts;
5. Hersteller des IBC;
6. Beschreibung der IBC-Bauart (z.B. Abmessungen, Werkstoffe, Verschlüsse, Wanddicke, usw.), einschließlich des Herstellungsverfahrens (z.B. Blasformverfahren), gegebenenfalls mit Zeichnung(en) und Foto(s);
7. maximaler Fassungsraum;
8. charakteristische Merkmale des Prüfinhalts, z.B. Viskosität und relative Dichte bei flüssigen Stoffen und Teilchengröße bei festen Stoffen. Für starre Kunststoff-IBC und Kombinations-IBC, die der Innendruckprüfung des Unterabschnitts 6.5.6.8 unterliegen, die Temperatur des verwendeten Wassers;
9. Beschreibung und Ergebnis der Prüfungen;
10. der Prüfbericht muss mit Namen und Funktionsbezeichnung des Unterzeichners unterschrieben sein.

6.5.6.14.2 Der Prüfbericht muss Erklärungen enthalten, dass der versandfertige IBC in Übereinstimmung mit den entsprechenden Vorschriften dieses Kapitels geprüft worden ist und dass dieser Prüfbericht bei Anwendung anderer Verpackungsmethoden oder bei Verwendung anderer Verpackungsbestandteile ungültig werden kann. Eine Ausfertigung des Prüfberichts ist der zuständigen Behörde zur Verfügung zu stellen.

6.6.1 Allgemeines

6.6.1.1 Die Vorschriften dieses Kapitels gelten nicht für:

- Verpackungen für Klasse 2, ausgenommen Großverpackungen für Gegenstände der Klasse 2, einschließlich Druckgaspackungen;
- Verpackungen für Klasse 6.2, ausgenommen Großverpackungen für UN 3291 Klinische Abfälle;
- Versandstücke der Klasse 7, die radioaktive Stoffe enthalten.

6.6.1.2 Die Großverpackungen müssen nach einem von der zuständigen Behörde als zufriedenstellend erachteten Qualitätssicherungsprogramm hergestellt, geprüft und wiederaufgearbeitet sein, um sicherzustellen, dass jede hergestellte oder wiederaufgearbeitete Großverpackung den Vorschriften dieses Kapitels entspricht.

Bem. Die Norm ISO 16106:2006 «Verpackung – Verpackungen zur Beförderung gefährlicher Güter – Gefahrgutverpackungen, Großpackmittel (IBC) und Großverpackungen – Leitfaden für die Anwendung der ISO 9001» enthält zufrieden stellende Leitlinien für Verfahren, die angewendet werden dürfen.

6.6.1.3 Die besonderen Vorschriften für Großverpackungen in Abschnitt 6.6.4 stützen sich auf die derzeit verwendeten Großverpackungen. Um den wissenschaftlichen und technischen Fortschritt zu berücksichtigen, dürfen Großverpackungen verwendet werden, deren Spezifikationen von denen in Abschnitt 6.6.4 abweichen, vorausgesetzt, sie sind ebenso wirksam, von der zuständigen Behörde anerkannt und sie bestehen erfolgreich die in Abschnitt 6.6.5 beschriebenen Prüfungen. Andere als die im ADR beschriebenen Prüfungen sind zulässig, vorausgesetzt, sie sind gleichwertig und von der zuständigen Behörde anerkannt.

6.6.1.4 Hersteller und nachfolgende Verteiler von Verpackungen müssen Informationen über die zu befolgenden Verfahren sowie eine Beschreibung der Arten und Abmessungen der Verschlüsse (einschließlich der erforderlichen Dichtungen) und aller anderen Bestandteile liefern, die notwendig sind, um sicherzustellen, dass die versandfertigen Versandstücke in der Lage sind, die anwendbaren Qualitätsprüfungen dieses Kapitels zu erfüllen.

6.6.2 Codierung für die Bezeichnung des Typs der Großverpackung

6.6.2.1 Der für Großverpackungen verwendete Code besteht aus:

a) zwei arabischen Ziffern, und zwar:
   50 für starre Großverpackungen,
   51 für flexible Großverpackungen und

b) einem lateinischen Großbuchstaben für die Art des Werkstoffes: Holz, Stahl, usw., gemäß dem Verzeichnis in Unterabschnitt 6.1.2.6.

6.6.2.2 Der Code der Großverpackung kann durch den Buchstaben «T» oder «W» ergänzt werden. Der Buchstabe «T» bezeichnet eine Bergungsgroßverpackung nach den Vorschriften des Absatzes 6.6.5.1.9. Der Buchstabe «W» bedeutet, dass die Großverpackung zwar dem durch den Code bezeichneten Typ angehört, jedoch nach einer von Abschnitt 6.6.4 abweichenden Spezifikation hergestellt wurde und nach den Vorschriften des Unterabschnitts 6.6.1.3 als gleichwertig gilt.

6.6.3.1 ▶ 1.6.1.26 ***Grundkennzeichnung:*** Jede Großverpackung, die für eine Verwendung gemäß den Vorschriften des ADR gebaut und bestimmt ist, mit dauerhaften, lesbaren und an einer gut sichtbaren Stelle angebrachten Kennzeichen versehen sein. Die Buchstaben, Ziffern und Symbole müssen eine Zeichenhöhe von mindestens 12 mm aufweisen und folgende Angaben umfassen:

a) das Symbol der Vereinten Nationen für Verpackungen:  ;

dieses Symbol darf nur zum Zweck der Bestätigung verwendet werden, dass eine Verpackung, ein flexibler Schüttgut-Container, ein ortsbeweglicher Tank oder ein MEGC den entsprechenden Vorschriften des Kapitels 6.1, 6.2, 6.3, 6.5, 6.6, 6.7 oder 6.11 entspricht. Für Großverpackungen aus Metall, auf denen die Kennzeichen durch Stempeln oder Prägen angebracht werden, dürfen anstelle des Symbols die Buchstaben «UN» verwendet werden;

b) die Zahl «50» für eine starre Großverpackung oder «51» für eine flexible Großverpackung, gefolgt vom Buchstaben für den Werkstoff gemäß dem Verzeichnis des Absatzes 6.5.1.4.1 b);

c) einen Großbuchstaben, der die Verpackungsgruppe(n) angibt, für die die Bauart zugelassen worden ist:
   X für die Verpackungsgruppen I, II und III;
   Y für die Verpackungsgruppen II und III;
   Z nur für die Verpackungsgruppe III;

d) der Monat und das Jahr (die beiden letzten Ziffern) der Herstellung;

e) das Zeichen des Staates, in dem die Zuordnung des Kennzeichens zugelassen wurde, angegeben durch das für Kraftfahrzeuge im internationalen Verkehr verwendete Unterscheidungszeichen [1)];

f) der Name oder das Zeichen des Herstellers oder jede andere von der zuständigen Behörde festgelegte Identifizierung der Großverpackung;

g) die Prüflast der Stapeldruckprüfung in kg. Bei Großverpackungen, die nicht für die Stapelung ausgelegt sind, ist «0» anzugeben;

h) höchstzulässige Bruttomasse in kg.

Die Grundkennzeichen müssen in der Reihenfolge der vorstehenden Unterabsätze angebracht werden.

Jedes der gemäß den Absätzen a) bis h) angebrachten Kennzeichen muss zur leichteren Identifizierung deutlich getrennt werden, z.B. durch einen Schrägstrich oder eine Leerstelle.

6.6.3.2 Beispiele für die Kennzeichnung

u n	50A/X/0501/N/PQRS 2500/1000	Großverpackung aus Stahl, die gestapelt werden darf; Stapellast: 2500 kg; höchstzulässige Bruttomasse: 1000 kg
u n	50AT/Y/05/01/B/PQRS 2500/1000	Bergungsgroßverpackung aus Stahl, die gestapelt werden darf; Stapellast: 2500 kg; höchstzulässige Bruttomasse: 1000 kg
u n	50H/Y/0402/D/ABCD 987 0/800	Großverpackung aus Kunststoff, die nicht gestapelt werden darf; höchstzulässige Bruttomasse: 800 kg
u n	51H/Z/0601/S/1999 0/500	flexible Großverpackung, die nicht gestapelt werden darf; höchstzulässige Bruttomasse: 500 kg

1) Das für Kraftfahrzeuge und Anhänger im internationalen Straßenverkehr verwendete Unterscheidungszeichen des Zulassungsstaates, z.B. gemäß dem Genfer Übereinkommen über den Straßenverkehr von 1949 oder dem Wiener Übereinkommen über den Straßenverkehr von 1968.

6.6.3.3 ▶ 1.6.1.26 Die höchstzulässige anwendbare Stapellast bei der Verwendung der Großverpackung muss auf einem der Abbildung 6.6.3.3.1 oder 6.6.3.3.2 entsprechenden Piktogramm angegeben werden. Das Piktogramm muss dauerhaft und deutlich sichtbar sein.

Abbildung 6.6.3.3.1

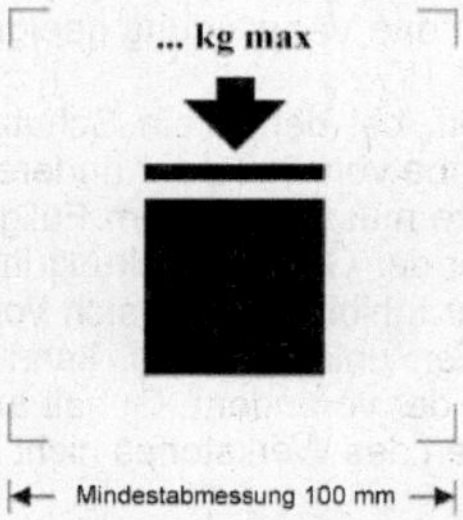

Großverpackung,
die gestapelt werden kann

Abbildung 6.6.3.3.2

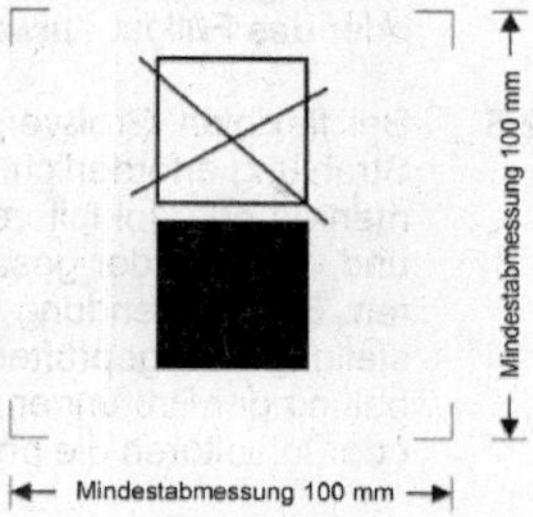

Großverpackung,
die NICHT gestapelt werden kann

Die Mindestabmessungen müssen 100 mm x 100 mm sein. Die Buchstaben und Ziffern für die Angabe der Masse müssen eine Zeichenhöhe von mindestens 12 mm haben. Der durch die Abmessungspfeile angegebene Druckbereich muss quadratisch sein. Wenn Abmessungen nicht näher spezifiziert sind, müssen die Proportionen aller Merkmale den abgebildeten in etwa entsprechen. Die über dem Piktogramm angegebene Masse darf nicht größer sein als die bei der Bauartprüfung aufgebrachte Last (siehe Absatz 6.6.5.3.3.4) dividiert durch 1,8.

6.6.4 Besondere Vorschriften für Großverpackungen

6.6.4.1 Besondere Vorschriften für Großverpackungen aus Metall

50A aus Stahl

50B aus Aluminium

50N aus Metall (ausgenommen Stahl oder Aluminium)

6.6.4.1.1 Die Großverpackungen müssen aus geeignetem verformbarem Metall hergestellt sein, dessen Schweißbarkeit einwandfrei feststeht. Die Schweißverbindungen müssen fachmännisch ausgeführt sein und vollständige Sicherheit bieten. Die Leistungsfähigkeit des Werkstoffs bei niedrigen Temperaturen muss gegebenenfalls berücksichtigt werden.

6.6.4.1.2 Es ist darauf zu achten, dass Schäden durch galvanische Wirkungen auf Grund sich berührender unterschiedlicher Metalle vermieden werden.

6.6.4.2 Besondere Vorschriften für Großverpackungen aus flexiblen Werkstoffen

51H aus flexiblem Kunststoff

51M aus Papier

6.6.4.2.1 Die Großverpackungen müssen aus geeigneten Werkstoffen hergestellt sein. Die Festigkeit des Werkstoffes und die Ausführung der flexiblen Großverpackungen müssen dem Fassungsraum und der vorgesehenen Verwendung angepasst sein.

6.6.4.2.2 Alle für die Herstellung der flexiblen Großverpackungen des Typs 51M verwendeten Werkstoffe müssen nach mindestens 24stündigem vollständigem Eintauchen in Wasser noch mindestens 85 % der Reißfestigkeit aufweisen, die ursprünglich nach Konditionierung des Werkstoffes bis zum Gleichgewicht bei einer relativen Feuchtigkeit von höchstens 67 % gemessen wurde.

6.6.4.2.3 Verbindungen müssen durch Nähen, Heißsiegeln, Kleben oder andere gleichwertige Verfahren hergestellt sein. Alle genähten Verbindungen müssen gesichert sein.

6.6.4.2.4 Flexible Großverpackungen müssen eine angemessene Widerstandsfähigkeit gegenüber Alterung und Festigkeitsabbau durch ultraviolette Strahlung, klimatische Bedingungen oder das Füllgut aufweisen, um für die vorgesehene Verwendung geeignet zu sein.

6.6.4.2.5 Bei flexiblen Großverpackungen aus Kunststoff, bei denen ein Schutz vor ultravioletter Strahlung erforderlich ist, muss dies durch Zugabe von Ruß oder anderen geeigneten Pigmenten oder Inhibitoren erfolgen. Diese Zusätze müssen mit dem Füllgut verträglich sein und während der gesamten Verwendungsdauer der Großverpackung ihre Wirkung behalten. Bei Verwendung von Ruß, Pigmenten oder Inhibitoren, die sich von den für die Herstellung des geprüften Baumusters verwendeten unterscheiden, kann auf eine Wiederholung der Prüfungen verzichtet werden, wenn der veränderte Gehalt an Ruß, Pigmenten oder Inhibitoren die physikalischen Eigenschaften des Werkstoffes nicht beeinträchtigt.

6.6.4.2.6 Dem Werkstoff der Großverpackung dürfen Zusätze beigemischt werden, um die Beständigkeit gegenüber Alterung zu verbessern, oder für andere Zwecke, vorausgesetzt, sie beeinträchtigen nicht die physikalischen oder chemischen Eigenschaften.

6.6.4.2.7 Ist die Großverpackung gefüllt, darf das Verhältnis von Höhe zu Breite nicht mehr als 2:1 betragen.

6.6.4.3 Besondere Vorschriften für Großverpackungen aus starrem Kunststoff

50H aus starrem Kunststoff

6.6.4.3.1 Die Großverpackung muss aus geeignetem Kunststoff bekannter Spezifikation hergestellt sein, und seine Festigkeit muss seinem Fassungsraum und seiner vorgesehenen Verwendung angepasst sein. Der Werkstoff muss in geeigneter Weise widerstandsfähig sein gegen Alterung und Festigkeitsabbau, der durch das Füllgut oder gegebenenfalls durch ultraviolette Strahlung verursacht wird. Die Leistungsfähigkeit bei niedrigen Temperaturen muss gegebenenfalls berücksichtigt werden. Eine Permeation von Füllgut darf unter normalen Beförderungsbedingungen keine Gefahr darstellen.

6.6.4.3.2 Ist ein Schutz gegen ultraviolette Strahlen erforderlich, so muss dieser durch Zugabe von Ruß oder anderen geeigneten Pigmenten oder Inhibitoren erfolgen. Diese Zusätze müssen mit dem Inhalt verträglich sein und während der gesamten Verwendungsdauer der Außenverpackung ihre Wirkung behalten. Bei Verwendung von Ruß, Pigmenten oder Inhibitoren, die sich von den für die Herstellung des geprüften Baumusters verwendeten unterscheiden, kann auf die Wiederholung der Prüfungen verzichtet werden, wenn der veränderte Gehalt an Ruß, Pigmenten oder Inhibitoren die physikalischen Eigenschaften des Werkstoffes nicht beeinträchtigt.

6.6.4.3.3 Dem Werkstoff der Großverpackung dürfen Zusätze beigemischt werden, um die Beständigkeit gegenüber Alterung zu verbessern, oder für andere Zwecke, vorausgesetzt, sie beeinträchtigen nicht die physikalischen oder chemischen Eigenschaften des Werkstoffes.

6.6.4.4 Besondere Vorschriften für Großverpackungen aus Pappe

50G aus starrer Pappe

6.6.4.4.1 Die Großverpackung muss aus fester Vollpappe oder fester zweiseitiger Wellpappe (ein- oder mehrwellig) von guter Qualität hergestellt sein, die dem Fassungsraum und der vorgesehenen Verwendung angepasst sind. Die Wasserbeständigkeit der Außenfläche muss so sein, dass die Erhöhung der Masse während der 30 Minuten dauernden Prüfung auf Wasseraufnahme nach der Cobb-Methode nicht mehr als 155 g/m² ergibt (siehe Norm ISO 535:1991). Die Pappe muss eine geeignete Biegefestigkeit haben. Die Pappe muss so zugeschnitten ohne Ritzen gerillt und geschlitzt sein, dass sie beim Zusammenbau nicht knickt, ihre Oberfläche nicht einreißt oder sie nicht zu stark ausbaucht. Die Wellen der Wellpappe müssen fest mit den Außenschichten verklebt sein.

6.6.4.4.2 Die Wände, einschließlich Deckel und Boden, müssen eine Durchstoßfestigkeit von mindestens 15 J, gemessen nach der Norm ISO 3036:1975, aufweisen.

6.6.4.4.3 Die Verbindungen der Außenverpackung von Großverpackungen müssen eine ausreichende Überlappung aufweisen und durch Klebeband, Verkleben, Heften mittels Metallklammern oder andere mindestens gleichwertige Befestigungssysteme hergestellt sein. Erfolgt die Verbindung durch Verkleben oder durch Verwendung von Klebeband, ist ein wasserbeständiger Klebstoff zu verwenden. Metallklammern müssen durch alle zu befestigenden Teile durchgeführt und so geformt oder geschützt sein, dass die Innenauskleidung weder abgerieben noch durchstoßen werden kann.

6.6.4.4.4 Ein Palettensockel, der einen festen Bestandteil der Großverpackung bildet, oder eine abnehmbare Palette muss für die mechanische Handhabung der mit der höchstzulässigen Bruttomasse befüllten Großverpackung geeignet sein.

6.6.4.4.5 Die abnehmbare Palette oder der Palettensockel muss so ausgelegt sein, dass Verformungen am Boden der Großverpackung, die bei der Handhabung Schäden verursachen können, vermieden werden.

6.6.4.4.6 Bei einer abnehmbaren Palette muss der Packmittelkörper fest mit der Palette verbunden sein, um die Stabilität bei Handhabung und Beförderung sicherzustellen. Darüber hinaus muss die Oberfläche der abnehmbaren Palette frei von Unebenheiten sein, die die Großverpackung beschädigen können.

6.6.4.4.7 Um die Stapelfähigkeit zu erhöhen, dürfen Verstärkungseinrichtungen, wie Holzstützen, verwendet werden, die sich jedoch außerhalb der Innenauskleidung befinden müssen.

6.6.4.4.8 Sind die Großverpackungen zum Stapeln vorgesehen, muss die tragende Fläche so beschaffen sein, dass die Last sicher verteilt wird.

6.6.4.5 Besondere Vorschriften für Großverpackungen aus Holz

50C aus Naturholz

50D aus Sperrholz

50F aus Holzfaserwerkstoff

6.6.4.5.1 Die Festigkeit der verwendeten Werkstoffe und die Art der Fertigung müssen dem Fassungsraum und der vorgesehenen Verwendung der Großverpackung angepasst sein.

6.6.4.5.2 Besteht die Großverpackung aus Naturholz, so muss dieses gut abgelagert, handelsüblich trocken und frei von Mängeln sein, um eine wesentliche Verminderung der Festigkeit jedes einzelnen Teils der Großverpackung zu verhindern. Jedes Teil der Großverpackung muss aus einem Stück bestehen oder diesem gleichwertig sein. Teile sind als einem Stück gleichwertig anzusehen, wenn eine geeignete Klebeverbindung, wie z.B. Lindermann-Verbindung (Schwalbenschwanz-Verbindung), Nut- und Federverbindung, überlappende Verbindung, eine Stoßverbindung mit mindestens zwei gewellten Metallbefestigungselementen an jeder Verbindung oder andere gleich wirksame Verfahren angewendet werden.

10

6.6.4.5.3 Besteht die Großverpackung aus Sperrholz, so muss dieses mindestens aus drei Lagen bestehen und aus gut abgelagertem Schälfurnier, Schnittfurnier oder Sägefurnier hergestellt, handelsüblich trocken und frei von Mängeln sein, die die Festigkeit der Großverpackung erheblich beeinträchtigen können. Die einzelnen Lagen müssen mit einem wasserbeständigen Klebstoff miteinander verleimt sein. Für die Herstellung der Großverpackungen dürfen auch andere geeignete Werkstoffe zusammen mit Sperrholz verwendet werden.

6.6.4.5.4 Besteht die Großverpackung aus Holzfaserwerkstoff so muss dieser wasserbeständig sein, wie Spanplatten, Holzfaserplatten oder andere geeignete Werkstoffe.

6.6.4.5.5 Die Platten der Großverpackungen müssen an den Eckleisten oder Stirnseiten fest vernagelt oder geklammert oder durch andere ebenfalls geeignete Mittel zusammengefügt sein.

6.6.4.5.6 Ein Palettensockel, der einen festen Bestandteil einer Großverpackung bildet, oder eine abnehmbare Palette muss für die mechanische Handhabung der Großverpackung nach Befüllung mit der höchstzulässigen Masse geeignet sein.

6.6.4.5.7 Die abnehmbare Palette oder der Palettensockel muss so ausgelegt sein, dass Verformungen am Boden der Großverpackung, die bei der Handhabung Schäden verursachen können, vermieden werden.

6.6.4.5.8 Bei einer abnehmbaren Palette muss der Packmittelkörper fest mit der Palette verbunden sein, um die Stabilität bei Handhabung und Beförderung sicherzustellen. Darüber hinaus muss die Oberfläche der abnehmbaren Palette frei von Unebenheiten sein, die die Großverpackung beschädigen können.

6.6.4.5.9 Um die Stapelfähigkeit zu erhöhen, dürfen Verstärkungseinrichtungen, wie Holzstützen, verwendet werden, die sich jedoch außerhalb der Innenauskleidung befinden müssen.

6.6.4.5.10 Sind die Großverpackungen zum Stapeln vorgesehen, muss die tragende Fläche so beschaffen sein, dass die Last sicher verteilt wird.

6.6.5 Prüfvorschriften für Großverpackungen

6.6.5.1 Durchführung und Häufigkeit der Prüfungen

6.6.5.1.1 Die Bauart jeder Großverpackung muss den in Unterabschnitt 6.6.5.3 vorgesehenen Prüfungen nach den von der zuständigen Behörde, welche die Zuteilung des Kennzeichens bestätigt hat, festgelegten Verfahren unterzogen und von dieser Behörde zugelassen werden.

6.6.5.1.2 Vor der Verwendung muss jede Bauart einer Großverpackung die in diesem Kapitel vorgeschriebenen Prüfungen erfolgreich bestanden haben. Die Bauart der Großverpackung wird durch Auslegung, Größe, verwendeten Werkstoff und dessen Dicke, Art der Fertigung und Zusammenbau bestimmt, kann aber auch verschiedene Oberflächenbehandlungen einschließen. Hierzu gehören auch Großverpackungen, die sich von der Bauart nur durch ihre geringere Bauhöhe unterscheiden.

6.6.5.1.3 Die Prüfungen müssen mit Mustern aus der Produktion in Abständen durchgeführt werden, die von der zuständigen Behörde festgelegt werden. Werden solche Prüfungen an Großverpackungen aus Pappe durchgeführt, gilt eine Vorbereitung bei Umgebungsbedingungen als gleichwertig zu den im Absatz 6.6.5.2.4 angegebenen Vorschriften.

6.6.5.1.4 Die Prüfungen müssen auch nach jeder Änderung der Auslegung, des Werkstoffs oder der Art der Fertigung einer Großverpackung wiederholt werden.

6.6.5.1.5 Die zuständige Behörde kann die selektive Prüfung von Großverpackungen zulassen, die sich nur geringfügig von einer bereits geprüften Bauart unterscheiden: z.B. Großverpackungen, die Innenverpackungen kleinerer Größe oder geringerer Nettomasse enthalten, oder auch Großverpackungen, bei denen ein oder mehrere Außenmaß(e) etwas verringert ist (sind).

6.6.5.1.6 (bleibt offen)

Bem. Für die Vorschriften zur Anordnung verschiedener Innenverpackungen in einer Großverpackung und die zulässigen Variationen von Innenverpackungen siehe Absatz 4.1.1.5.1.

6.6.5.1.7 Die zuständige Behörde kann jederzeit verlangen, dass durch Prüfungen nach diesem Abschnitt nachgewiesen wird, dass die Großverpackungen aus der Serienherstellung die Vorschriften der Bauartprüfung erfüllen.

6.6.5.1.8 Unter der Voraussetzung, dass die Gültigkeit der Prüfergebnisse nicht beeinträchtigt wird, und mit Zustimmung der zuständigen Behörde dürfen mehrere Prüfungen mit einem einzigen Muster durchgeführt werden.

6.6.5.1.9 Bergungsgroßverpackungen

Bergungsgroßverpackungen müssen nach den Vorschriften geprüft und gekennzeichnet werden, die für Großverpackungen der Verpackungsgruppe II zur Beförderung von festen Stoffen oder Innenverpackungen gelten, mit folgenden Abweichungen:

a) Die für die Durchführung der Prüfungen verwendete Prüfsubstanz ist Wasser; die Bergungsgroßverpackungen müssen zu mindestens 98 % ihres maximalen Fassungsraums gefüllt sein. Um die erforderliche Gesamtmasse des Versandstücks zu erreichen, dürfen beispielsweise Säcke mit Bleischrot beigefügt werden, sofern diese so eingesetzt sind, dass die Prüfergebnisse nicht beeinträchtigt werden. Alternativ darf bei der Durchführung der Fallprüfung die Fallhöhe in Übereinstimmung mit Absatz 6.6.5.3.4.4.2 b) variiert werden.

b) Die Bergungsgroßverpackungen müssen außerdem erfolgreich der Dichtheitsprüfung bei 30 kPa unterzogen worden sein; die Ergebnisse dieser Prüfung sind im Prüfbericht nach Unterabschnitt 6.6.5.4 zu vermerken.

c) Die Bergungsgroßverpackungen sind, wie in Unterabschnitt 6.6.2.2 angegeben, mit dem Buchstaben «T» zu kennzeichnen.

6.6.5.2 **Vorbereitung für die Prüfungen**

6.6.5.2.1 Die Prüfungen sind an versandfertigen Großverpackungen, einschließlich der Innenverpackungen oder der beförderten Gegenstände, durchzuführen. Die Innenverpackungen müssen bei flüssigen Stoffen zu mindestens 98 % ihres maximalen Fassungsraums, bei festen Stoffen zu mindestens 95 % ihres maximalen Fassungsraums gefüllt sein. Bei Großverpackungen, deren Innenverpackung für die Beförderung von flüssigen oder festen Stoffen vorgesehen ist, sind getrennte Prüfungen für den flüssigen und für den festen Inhalt erforderlich. Die in den Innenverpackungen enthaltenen Stoffe oder die in den Großverpackungen enthaltenen zu befördernden Gegenstände dürfen durch andere Stoffe oder Gegenstände ersetzt werden, sofern dadurch die Prüfergebnisse nicht verfälscht werden. Werden andere Innenverpackungen oder Gegenstände verwendet, müssen diese die gleichen physikalischen Eigenschaften (Masse, Korngröße usw.) haben wie die zu befördernden Innenverpackungen oder Gegenstände. Es ist zulässig, Zusätze wie Säcke mit Bleischrot zu verwenden, um die erforderliche Gesamtmasse des Versandstückes zu erreichen, sofern diese so eingebracht werden, dass sie die Prüfungsergebnisse nicht beeinträchtigen.

10

6.6.5.2.2 Wird bei der Fallprüfung für flüssige Stoffe ein anderer Stoff verwendet, so muss dieser eine vergleichbare relative Dichte und Viskosität haben wie der zu befördernde Stoff. Unter den Bedingungen des Absatzes 6.6.5.3.4.4 darf auch Wasser für die Fallprüfung für flüssige Stoffe verwendet werden.

6.6.5.2.3 Großverpackungen aus Kunststoff und Großverpackungen, die Innenverpackungen aus Kunststoff enthalten – ausgenommen Säcke, die für die Aufnahme von festen Stoffen oder Gegenständen vorgesehen sind – sind der Fallprüfung zu unterziehen, nachdem die Temperatur des Prüfmusters und seines Inhaltes auf –18 °C oder darunter abgesenkt wurde. Auf die Konditionierung kann verzichtet werden, falls die Werkstoffe der Verpackung eine ausreichende Verformbarkeit und Zugfestigkeit bei niedrigen Temperaturen aufweisen. Werden die Prüfmuster auf diese Weise konditioniert, ist die Konditionierung nach Absatz 6.6.5.2.4 nicht erforderlich. Die für die Prüfung verwendeten flüssigen Stoffe sind, gegebenenfalls durch Zugabe von Frostschutzmitteln, in flüssigem Zustand zu halten.

6.6.5.2.4 Großverpackungen aus Pappe müssen mindestens 24 Stunden in einem Klima konditioniert werden, dessen Temperatur und relative Luftfeuchtigkeit gesteuert sind. Es gibt drei Möglichkeiten, von denen eine gewählt werden muss.

Das bevorzugte Klima ist 23 °C ± 2 °C und 50 % ± 2 % relative Luftfeuchtigkeit. Die beiden anderen Möglichkeiten sind 20 °C ± 2 °C und 65 % ± 2 % relative Luftfeuchtigkeit oder 27 °C ± 2 °C und 65 % ± 2 % relative Luftfeuchtigkeit.

Bem. Die Mittelwerte müssen innerhalb dieser Grenzwerte liegen. Schwankungen kurzer Dauer und Messgrenzen können Abweichungen von den individuellen Messungen bis zu ± 5 % für die relative Luftfeuchtigkeit zur Folge haben, ohne dass dies eine bedeutende Auswirkung auf die Reproduzierbarkeit der Prüfergebnisse hat.

6.6.5.3 Prüfvorschriften

6.6.5.3.1 Hebeprüfung von unten

6.6.5.3.1.1 Anwendungsbereich

Für alle Arten von Großverpackungen, die mit einer Vorrichtung zum Heben von unten versehen sind, als Bauartprüfung.

6.6.5.3.1.2 Vorbereitung der Großverpackung für die Prüfung

Die Großverpackung ist bis zum 1,25fachen seiner höchstzulässigen Bruttomasse zu befüllen, wobei die Last gleichmäßig zu verteilen ist.

6.6.5.3.1.3 Prüfverfahren

Die Großverpackung muss zweimal von einem Gabelstapler hochgehoben und heruntergelassen werden, wobei die Gabel zentral anzusetzen ist und einen Abstand von ¾ der Einführungsseitenabmessung haben muss (es sei denn, die Einführungspunkte sind vorgegeben). Die Gabel muss bis zu ¾ in der Einführungsrichtung eingeführt werden. Die Prüfung muss in jeder möglichen Einführungsrichtung wiederholt werden.

6.6.5.3.1.4 Kriterien für das Bestehen der Prüfung

Keine dauerhafte Verformung der Großverpackung, die die Sicherheit der Beförderung beeinträchtigt, und kein Verlust von Füllgut.

6.6.5.3.2 Hebeprüfung von oben

6.6.5.3.2.1 Anwendungsbereich

Für alle Arten von Großverpackungen, die für das Heben von oben ausgelegt sind, als Bauartprüfung.

6.6.5.3.2.2 Vorbereitung der Großverpackung für die Prüfung

Die Großverpackung muss mit dem zweifachen ihrer höchstzulässigen Bruttomasse befüllt werden. Eine flexible Großverpackung muss mit dem sechsfachen ihrer höchstzulässigen Bruttomasse befüllt werden, wobei die Last gleichmäßig zu verteilen ist.

6.6.5.3.2.3 Prüfverfahren

Die Großverpackung muss in der Weise hochgehoben werden, für die sie ausgelegt ist, bis sie sich frei über dem Boden befindet, und für eine Dauer von fünf Minuten in dieser Stellung gehalten werden.

6.6.5.3.2.4 Kriterien für das Bestehen der Prüfung

a) Großverpackungen aus Metall, Großverpackungen aus starrem Kunststoff: keine dauerhafte Verformung der Großverpackung einschließlich eines gegebenenfalls vorhandenen Palettensockels, die die Sicherheit der Beförderung beeinträchtigt, und kein Verlust von Füllgut.

b) Flexible Großverpackungen: keine Beschädigung der Großverpackung oder ihrer Hebeeinrichtungen, durch die die Großverpackung für die Beförderung oder Handhabung ungeeignet wird, und kein Verlust von Füllgut.

6.6.5.3.3 **Stapeldruckprüfung**

6.6.5.3.3.1 Anwendungsbereich

Für alle Arten von Großverpackungen, die für das Stapeln ausgelegt sind, als Bauartprüfung.

6.6.5.3.3.2 Vorbereitung der Großverpackung für die Prüfung

Die Großverpackung ist bis zu ihrer höchstzulässigen Bruttomasse zu befüllen.

6.6.5.3.3.3 Prüfverfahren

Die Großverpackung muss mit ihrem Boden auf einen horizontalen harten Untergrund gestellt und einer gleichmäßig verteilten überlagerten Prüflast (siehe Absatz 6.6.5.3.3.4) für eine Dauer von mindestens fünf Minuten ausgesetzt werden; Großverpackungen aus Holz, Pappe oder Kunststoff müssen dieser Last mindestens 24 Stunden ausgesetzt werden.

6.6.5.3.3.4 Berechnung der überlagerten Prüflast

Die Last, die auf die Großverpackung gestellt wird, muss mindestens das 1,8fache der addierten höchstzulässigen Bruttomasse so vieler gleichartiger Großverpackungen betragen, wie während der Beförderung auf die Großverpackung gestapelt werden dürfen.

6.6.5.3.3.5 Kriterien für das Bestehen der Prüfung

a) Alle Arten von Großverpackungen, ausgenommen flexible Großverpackungen: keine dauerhafte Verformung der Großverpackung einschließlich eines gegebenenfalls vorhandenen Palettensockels, die die Sicherheit der Beförderung beeinträchtigt, und kein Verlust von Füllgut;

b) flexible Großverpackungen: keine Beschädigung des Packmittelkörpers, die die Sicherheit der Beförderung beeinträchtigt, und kein Verlust von Füllgut.

6.6.5.3.4 **Fallprüfung**

6.6.5.3.4.1 Anwendungsbereich

Für alle Arten von Großverpackungen als Bauartprüfung.

6.6.5.3.4.2 Vorbereitung der Großverpackung für die Prüfung

Die Großverpackung muss nach den Vorschriften des Absatzes 6.6.5.2.1 befüllt werden.

10

6.6.5.3.4.3 Prüfverfahren

Die Großverpackung muss so auf eine nicht federnde, horizontale, ebene, massive und starre Oberfläche nach den Vorschriften des Absatzes 6.1.5.3.4 fallen gelassen werden, dass die Großverpackung auf die schwächste Stelle ihrer Grundfläche aufschlägt.

6.6.5.3.4.4 Fallhöhe

Bem. Großverpackungen für Stoffe und Gegenstände der Klasse 1 müssen nach den Prüfanforderungen für die Verpackungsgruppe II geprüft werden.

6.6.5.3.4.4.1 Für Innenverpackungen, die feste oder flüssige Stoffe oder Gegenstände enthalten, wenn die Prüfung mit dem zu befördernden festen oder flüssigen Stoff oder Gegenstand oder mit einem anderen Stoff durchgeführt wird, der im Wesentlichen dieselben Eigenschaften hat:

Verpackungsgruppe I	Verpackungsgruppe II	Verpackungsgruppe III
1,8 m	1,2 m	0,8 m

6.6.5.3.4.4.2 Für Innenverpackungen, die flüssige Stoffe enthalten, wenn die Prüfung mit Wasser durchgeführt wird:

a) wenn der zu befördernde Stoff eine relative Dichte von höchstens 1,2 hat:

Verpackungsgruppe I	Verpackungsgruppe II	Verpackungsgruppe III
1,8 m	1,2 m	0,8 m

b) wenn der zu befördernde Stoff eine relative Dichte von mehr als 1,2 hat, ist die Fallhöhe auf Grund der relativen Dichte (d) des zu befördernden Stoffes, aufgerundet auf die erste Dezimalstelle, wie folgt zu berechnen:

Verpackungsgruppe I	Verpackungsgruppe II	Verpackungsgruppe III
d x 1,5 (m)	d x 1,0 (m)	d x 0,67 (m)

6.6.5.3.4.5 Kriterien für das Bestehen der Prüfung

6.6.5.3.4.5.1 Die Großverpackung darf keine Beschädigungen aufweisen, welche die Sicherheit der Beförderung beeinträchtigen können. Aus der (den) Innenverpackung(en) oder Gegenstand (Gegenständen) darf kein Füllgut austreten.

6.6.5.3.4.5.2 Bei Großverpackungen für Gegenstände der Klasse 1 ist kein Riss erlaubt, der das Austreten von losen explosiven Stoffen oder Gegenständen mit Explosivstoff aus der Großverpackung ermöglichen könnte.

6.6.5.3.4.5.3 Wenn eine Großverpackung einer Fallprüfung unterzogen wurde, hat das Prüfmuster die Prüfung bestanden, wenn der Inhalt vollständig zurückgehalten wird, auch wenn der Verschluss nicht mehr staubdicht ist.

6.6.5.4 Zulassung und Prüfbericht

6.6.5.4.1 Für jede Bauart einer Großverpackung ist eine Bescheinigung auszustellen und ein Kennzeichen (gemäß Abschnitt 6.6.3) zuzuordnen, die angeben, dass die Bauart einschließlich ihrer Ausrüstung den Prüfvorschriften entsprechen.

6.6.5.4.2 Über die Prüfung ist ein Prüfbericht zu erstellen, der mindestens folgende Angaben enthält und der den Benutzern der Großverpackung zur Verfügung gestellt werden muss:

1. Name und Anschrift der Prüfeinrichtung;
2. Name und Anschrift des Antragstellers (soweit erforderlich);
3. eine nur einmal vergebene Prüfbericht-Kennnummer;

4. Datum des Prüfberichts;
5. Hersteller der Großverpackung;
6. Beschreibung der Bauart der Großverpackung (z.B. Abmessungen, Werkstoffe, Verschlüsse, Wanddicke, usw.) und/oder Foto(s);
7. maximaler Fassungsraum / höchstzulässige Bruttomasse;
8. charakteristische Merkmale des Prüfinhalts, z.B. Arten und Beschreibungen der verwendeten Innenverpackungen oder Gegenstände;
9. Beschreibung und Ergebnis der Prüfungen;
10. der Prüfbericht muss mit Namen und Funktionsbezeichnung des Unterzeichners unterschrieben sein.

6.6.5.4.3 Der Prüfbericht muss Erklärungen enthalten, dass die versandfertige Großverpackung in Übereinstimmung mit den entsprechenden Vorschriften dieses Kapitels geprüft worden ist und dass dieser Prüfbericht bei Anwendung anderer Verpackungsmethoden oder bei Verwendung anderer Verpackungsbestandteile ungültig werden kann. Eine Ausfertigung des Prüfberichts ist der zuständigen Behörde zur Verfügung zu stellen.

Vorschriften für die Auslegung, den Bau und die Prüfung von ortsbeweglichen Tanks und von UN-Gascontainern mit mehreren Elementen (MEGC) — ADR 6.7

Bem. Für festverbundene Tanks (Tankfahrzeuge), Aufsetztanks, Tankcontainer und Tankwechselaufbauten (Tankwechselbehälter), deren Tankkörper aus metallenen Werkstoffen hergestellt sind, sowie für Batterie-Fahrzeuge und Gascontainer mit mehreren Elementen (MEGC) mit Ausnahme von UN-MEGC siehe Kapitel 6.8; für Tanks aus faserverstärkten Kunststoffen siehe Kapitel 6.9; für Saug-Druck-Tanks für Abfälle siehe Kapitel 6.10.

6.7.1 Anwendungsbereich und allgemeine Vorschriften

6.7.1.1 Die Vorschriften dieses Kapitels gelten für ortsbewegliche Tanks zur Beförderung gefährlicher Güter sowie für MEGC zur Beförderung nicht tiefgekühlter Gase der Klasse 2 mit allen Verkehrsträgern. Sofern nichts anderes angegeben ist, muss jeder ortsbewegliche Tank oder MEGC, der der Begriffsbestimmung für «Container» im Wortlaut dieses Übereinkommens entspricht, neben den Vorschriften dieses Kapitels die anwendbaren Vorschriften des Internationalen Übereinkommens über sichere Container (CSC) von 1972 in der jeweils geänderten Fassung erfüllen. Für ortsbewegliche Offshore-Tanks oder -MEGC, die auf hoher See verwendet werden, können zusätzliche Vorschriften anwendbar sein.

6.7.1.2 Um dem Fortschritt von Wissenschaft und Technik Rechnung zu tragen, dürfen die technischen Vorschriften dieses Kapitels durch andere Vorschriften («alternative Vereinbarungen») ersetzt werden, die hinsichtlich der Verträglichkeit der beförderten Stoffe und der Fähigkeit des ortsbeweglichen Tanks oder MEGC, Belastungen durch Stoß, Belastung und Feuer standzuhalten, ein im Vergleich zu den Vorschriften dieses Kapitels mindestens gleichwertiges Sicherheitsniveau bieten. Für internationale Beförderungen müssen die ortsbeweglichen Tanks oder MEGC, die nach diesen alternativen Vereinbarungen gebaut sind, von den zuständigen Behörden genehmigt sein.

6.7.1.3 Die zuständige Behörde des Ursprungslandes kann für die Beförderung eines Stoffes, dem in Kapitel 3.2 Tabelle A Spalte 10 keine Anweisung für ortsbeweglichen Tanks (T 1 bis T 23, T 50 oder T 75) zugeordnet ist, eine vorläufige Genehmigung ausstellen. Diese Genehmigung muss in den Versandpapieren angegeben sein und muss mindestens die normalerweise in den Anweisungen für ortsbewegliche Tanks angegebenen Informationen und die Bedingungen, unter denen der Stoff zu befördern ist, umfassen.

10

6.7.2 Vorschriften für die Auslegung, den Bau und die Prüfung von ortsbeweglichen Tanks zur Beförderung von Stoffen der Klassen 1 und 3 bis 9

6.7.2.1 Begriffsbestimmungen

Für Zwecke dieses Abschnitts gelten folgende Begriffsbestimmungen:

Alternative Vereinbarung: Eine Zulassung, die von der *zuständigen Behörde* für einen *ortsbeweglichen Tank* oder einen *MEGC* ausgestellt wird, der nach technischen Vorschriften oder Prüfmethoden ausgelegt, gebaut und geprüft ist, die von den in diesem Kapitel festgelegten abweichen.

Auslegungstemperaturbereich: Der Auslegungstemperaturbereich des Tankkörpers muss für Stoffe, die bei Umgebungsbedingungen befördert werden, zwischen –40 °C und 50 °C liegen. Für andere Stoffe, die unter erhöhten Temperaturbedingungen gehandhabt werden, darf die Auslegungstemperatur nicht geringer sein als die Höchsttemperatur des Stoffes bei der Befüllung, Entleerung oder Beförderung. Für ortsbewegliche Tanks, die strengeren klimatischen Bedingungen ausgesetzt sind, müssen entsprechend strengere Auslegungstemperaturen in Betracht gezogen werden.

Bauliche Ausrüstung: Die außen am Tankkörper angebrachten Versteifungselemente, Elemente für die Befestigung, den Schutz und die Stabilisierung.

Baustahl: Stahl mit einer garantierten Mindestzugfestigkeit zwischen 360 N/mm² und 440 N/mm² und einer garantierten Mindestbruchdehnung gemäß Absatz 6.7.2.3.3.3.

Bedienungsausrüstung: Die Messinstrumente sowie die Füll-, Entleerungs-, Lüftungs-, Sicherheits-, Heizungs-, Kühl- und Isolierungseinrichtungen.

Berechnungsdruck: Der für Berechnungen nach einem anerkannten Regelwerk für Druckbehälter zu verwendende Druck. Der Berechnungsdruck darf nicht niedriger sein als der höchste der folgenden Drücke:

a) der höchstzulässige effektive Überdruck im Tankkörper während des Füllens oder Entleerens;
b) die Summe aus:
   (i) dem absoluten Dampfdruck (in bar) des Stoffes bei 65 °C, vermindert um 1 bar;
   (ii) dem Partialdruck (in bar) von Luft oder anderen Gasen im füllungsfreien Raum, der durch eine Höchsttemperatur im füllungsfreien Raum von 65 °C und einer Flüssigkeitsausdehnung infolge einer Erhöhung der mittleren Temperatur des Füllguts von t_r - t_f (t_f = Fülltemperatur, normalerweise 15 °C; t_r = höchste mittlere Temperatur des Füllguts, 50 °C) bestimmt wird, und
   (iii) einem Flüssigkeitsdruck, der auf der Grundlage der im Absatz 6.7.2.2.12 genannten statischen Kräfte bestimmt wird, jedoch mindestens 0,35 bar beträgt oder
c) zwei Drittel des in der anwendbaren Anweisung für ortsbewegliche Tanks in Absatz 4.2.5.2.6 festgelegten Mindestprüfdrucks.

Bezugsstahl: Stahl mit einer Zugfestigkeit von 370 N/mm² und einer Bruchdehnung von 27 %.

Dichtheitsprüfung: Eine Prüfung, bei der der Tankkörper und seine Bedienungsausrüstung unter Verwendung eines Gases mit einem effektiven Innendruck von mindestens 25 % des höchstzulässigen Betriebsdrucks belastet wird.

Feinkornstahl: Ein Stahl, der nach Bestimmung gemäß ASTM E 112-96 oder nach der Definition in der Norm EN 10028-3 Teil 3 eine ferritische Korngröße von höchstens 6 hat.

Höchstzulässige Bruttomasse: Die Summe aus Leermasse des ortsbeweglichen Tanks und der höchsten für die Beförderung zugelassenen Ladung.

Höchstzulässiger Betriebsdruck: Ein Druck, der nicht geringer sein darf als der höchste der folgenden Drücke, die im Scheitel des Tankkörpers im Betriebszustand gemessen werden:

a) der höchstzulässige effektive Überdruck im Tankkörper während des Füllens oder Entleerens, oder
b) der höchste effektive Überdruck, für den der Tankkörper ausgelegt ist, und der nicht geringer sein darf als die Summe aus:
   (i) dem absoluten Dampfdruck (in bar) des Stoffes bei 65 °C, vermindert um 1 bar und
   (ii) dem Partialdruck (in bar) von Luft oder anderen Gasen im füllungsfreien Raum, der durch eine Höchsttemperatur im füllungsfreien Raum von 65 °C und einer Flüssigkeitsausdehnung infolge einer Erhöhung der mittleren Temperatur des Füllguts von t_r - t_f (t_f = Fülltemperatur, normalerweise 15 °C; t_r = höchste mittlere Temperatur des Füllguts, 50 °C) bestimmt wird.

Ortsbeweglicher Offshore-Tank: Ein ortsbeweglicher Tank, der besonders für die wiederholte Verwendung für die Beförderung von und zwischen Offshore-Einrichtungen ausgelegt ist. Ein ortsbeweglicher Offshore-Tank wird nach den Richtlinien für die Zulassung von auf hoher See eingesetzten Offshore-Containern, die von der Internationalen Seeschifffahrts-Organisation (IMO) im Dokument MSC/Circ.860 festgelegt wurden, ausgelegt und gebaut.

Ortsbeweglicher Tank: Ein multimodaler Tank für die Beförderung von Stoffen der Klassen 1 und 3 bis 9. Der ortsbewegliche Tank umfasst einen Tankkörper, der mit der für die Beförderung der gefährlichen Stoffe notwendigen Bedienungsausrüstung und baulichen Ausrüstung ausgestattet ist. Der ortsbewegliche Tank muss befüllt und entleert werden können, ohne dass dazu die bauliche Ausrüstung entfernt werden muss. Er muss außen am Tankköper angebrachte Elemente zur Stabilisierung besitzen und muss in vollem Zustand angehoben werden können. Er muss hauptsächlich dafür ausgelegt sein, um auf einen Wagen, ein Fahrzeug, ein See- oder Binnenschiff verladen werden zu können, und mit Kufen, Tragelementen oder Zubehörteilen ausgerüstet sein, um die mechanische Handhabung zu erleichtern. Straßentankfahrzeuge, Kesselwagen, nicht metallene Tanks und Großpackmittel (IBC) gelten nicht als ortsbewegliche Tanks.

Prüfdruck: Der höchste Überdruck im Scheitel des Tankkörpers während der Wasserdruckprüfung, der mindestens das 1,5fache des Berechnungsdruckes betragen muss. Der Mindestprüfdruck für ortsbewegliche Tanks ist für den jeweiligen zu befördernden Stoff in der anwendbaren Anweisung für ortsbewegliche Tanks in Absatz 4.2.5.2.6 angegeben.

Schmelzsicherung: Eine nicht wieder verschließbare Druckentlastungseinrichtung, die durch Wärme aktiviert wird.

Tankkörper: Der Teil des ortsbeweglichen Tanks, der den zu befördernden Stoff enthält (eigentlicher Tank), einschließlich der Öffnungen und ihrer Verschlüsse, jedoch mit Ausnahme der Bedienungsausrüstung und der äußeren baulichen Ausrüstung.

6.7.2.2 Allgemeine Vorschriften für die Auslegung und den Bau

6.7.2.2.1 Die Tankkörper sind in Übereinstimmung mit den Vorschriften eines von der zuständigen Behörde anerkannten Regelwerks für Druckbehälter auszulegen und zu bauen. Sie sind aus metallenen verformungsfähigen Werkstoffen herzustellen. Die Werkstoffe müssen grundsätzlich den nationalen oder internationalen Werkstoffnormen entsprechen. Für geschweißte Tankkörper darf nur ein Werkstoff verwendet werden, dessen Schweißbarkeit vollständig nachgewiesen worden ist. Die Schweißnähte müssen fachgerecht ausgeführt sein und volle Sicherheit bieten. Wenn es durch den Herstellungsprozess oder die verwendeten Werkstoffe erforderlich ist, müssen die Tankkörper einer Wärmebehandlung unterzogen werden, um zu gewährleisten, dass die Schweißnähte und die Wärmeeinflusszone eine ausreichende Zähigkeit aufweisen. Bei der Auswahl des Werkstoffes muss der Auslegungstemperaturbereich bezüglich des Risikos von Sprödbruch, Spannungsrisskorrosion und Schlagfestigkeit des Werkstoffes berücksichtigt werden. Bei Verwendung von Feinkornstahl darf nach den Werkstoffspezifikationen der garantierte Wert der Streckgrenze nicht größer als 460 N/mm^2 und der garantierte Wert für die obere Grenze der Zugfestigkeit nicht größer als 725 N/mm^2 sein. Aluminium darf als Werkstoff für den Bau nur verwendet werden, wenn dies in einer einem bestimmten Stoff in Kapitel 3.2 Tabelle A Spalte 11 zugeordneten Sondervorschrift für ortsbewegliche Tanks angegeben oder von der zuständigen Behörde genehmigt ist. Wenn Aluminium zugelassen ist, muss es mit einer Isolierung versehen sein, um eine bedeutende Verringerung der physikalischen Eigenschaften bei einer Wärmebelastung von 110 kW/m^2 über einen Zeitraum von mindestens 30 Minuten zu verhindern. Die Isolierung muss bei jeder Temperatur unterhalb von 649 °C wirksam bleiben und mit einem Werkstoff mit einem Schmelzpunkt von mindestens 700 °C ummantelt sein. Die Werkstoffe des ortsbeweglichen Tanks müssen für die äußeren Umgebungsbedingungen, die während der Beförderung auftreten können, geeignet sein.

6.7.2.2.2 Die Tankkörper, Ausrüstungsteile und Rohrleitungen ortsbeweglicher Tanks müssen aus Werkstoffen hergestellt sein, die

a) in hohem Maße widerstandsfähig gegenüber dem (den) zu befördernden Stoff(en) sind; oder

b) durch chemische Reaktion wirksam passiviert oder neutralisiert worden sind; oder

c) mit einem korrosionsbeständigem Material ausgekleidet sind, das direkt auf den Tankkörper aufgeklebt oder durch eine gleichwertige Methode befestigt ist.

6.7.2.2.3 Die Dichtungen müssen aus Werkstoffen hergestellt sein, die von dem (den) zu befördernden Stoff(en) nicht angegriffen werden können.

6.7.2.2.4 Sind Tankkörper mit einer inneren Auskleidung versehen, darf diese im Wesentlichen nicht durch den (die) zu befördernden Stoff(e) angegriffen werden und muss homogen, nicht porös, frei von Perforationen, ausreichend elastisch und mit den Wärmeausdehnungseigenschaften des Tankkörpers verträglich sein. Die Auskleidung des Tankkörpers, der Ausrüstungsteile und der Rohrleitungen muss durchgehend sein und sich um die Stirnfläche der Flansche erstrecken. Sind äußere Ausrüstungsteile am Tank angeschweißt, muss sich die Auskleidung durchgehend über das Ausrüstungsteil und um die Stirnfläche des äußeren Flansches erstrecken.

6.7.2.2.5 Die Verbindungsstellen und Nähte der Auskleidung sind durch Zusammenschmelzen des Werkstoffes oder andere ebenso wirksame Mittel herzustellen.

6.7.2.2.6 Der Kontakt zwischen verschiedenen Metallen, der zu Schäden durch Kontaktkorrosion führen könnte, ist zu vermeiden.

6.7.2.2.7 Die Werkstoffe des ortsbeweglichen Tanks, einschließlich aller Einrichtungen, Dichtungen, Auskleidungen und Zubehörteile dürfen den (die) Stoff(e), für dessen (deren) Beförderung der ortsbewegliche Tank vorgesehen ist, nicht beeinträchtigen.

6.7.2.2.8 Ortsbewegliche Tanks sind mit einem Traglager, das eine sichere Auflage während der Beförderung gewährleistet, und mit geeigneten Hebe- und Befestigungsmöglichkeiten auszulegen und zu bauen.

6.7.2.2.9 Ortsbewegliche Tanks sind so auszulegen, dass sie ohne Verlust ihres Inhalts in der Lage sind, mindestens dem auf ihren Inhalt zurückzuführenden Innendruck sowie den unter normalen Handhabungs- und Beförderungsbedingungen entstehenden statischen, dynamischen und thermischen Belastungen standzuhalten. Aus der Auslegung muss zu erkennen sein, dass die Einflüsse der durch die wiederholte Einwirkung dieser Belastungen während der vorgesehenen Lebensdauer der ortsbeweglichen Tanks verursachte Ermüdung berücksichtigt worden ist.

6.7.2.2.9.1 Bei ortsbeweglichen Tanks, die für eine Offshore-Verwendung vorgesehen sind, müssen die dynamischen Belastungen bei der Handhabung auf hoher See berücksichtigt werden.

6.7.2.2.10 Ein Tankkörper, der mit einem Vakuumventil auszurüsten ist, muss so ausgelegt sein, dass er einem äußeren Überdruck von mindestens 0,21 bar über dem Innendruck ohne bleibende Verformung standhält. Das Vakuumventil muss so eingestellt sein, dass es sich bei einem Unterdruck von höchstens – 0,21 bar öffnet, es sei denn, der Tankkörper ist für einen höheren äußeren Überdruck ausgelegt; in diesem Fall darf der Ansprechdruck des Vakuumventils nicht größer sein als der Unterdruck, für den der Tank ausgelegt ist. Tankkörper, die nur für die Beförderung fester (pulverförmiger oder körniger) Stoffe der Verpackungsgruppe II oder III, die sich während der Beförderung nicht verflüssigen, verwendet werden, dürfen mit Genehmigung der zuständigen Behörde für einen niedrigeren äußeren Überdruck ausgelegt sein. In diesem Fall muss das Vakuumventil so eingestellt sein, dass es bei diesem niedrigeren Druck anspricht. Ein Tankkörper, der nicht mit einem Vakuumventil auszurüsten ist, muss so ausgelegt sein, dass er einem äußeren Überdruck von mindestens 0,4 bar über dem Innendruck ohne bleibende Verformung standhält.

6.7.2.2.11 Vakuumventile, die für ortsbewegliche Tanks zur Beförderung von Stoffen vorgesehen sind, die wegen ihres Flammpunkts den Kriterien der Klasse 3 entsprechen, einschließlich erwärmte Stoffe, die bei oder über ihrem Flammpunkt befördert werden, müssen einen direkten Flammendurchschlag in den Tankkörper verhindern, oder der Tankkörper des ortsbeweglichen Tanks muss in der Lage sein, einer Explosion standzuhalten, die durch einen direkten Flammendurchschlag in den Tankkörper entsteht, ohne dabei undicht zu werden.

6.7.2.2.12 Ortsbewegliche Tanks und ihre Befestigungseinrichtungen müssen bei der höchstzulässigen Beladung in der Lage sein, folgende getrennt einwirkende statische Kräfte aufzunehmen:

a) in Fahrtrichtung: das Zweifache der höchstzulässigen Bruttomasse multipliziert mit der Erdbeschleunigung (g) [1];

b) horizontal, im rechten Winkel zur Fahrtrichtung: die höchstzulässige Bruttomasse (das Zweifache der höchstzulässigen Bruttomasse, wenn die Fahrtrichtung nicht eindeutig bestimmt ist), multipliziert mit der Erdbeschleunigung (g) [1];

c) vertikal aufwärts: die höchstzulässige Bruttomasse multipliziert mit der Erdbeschleunigung (g) [1]; und

d) vertikal abwärts: das Zweifache der höchstzulässigen Bruttomasse (Gesamtbeladung einschließlich Wirkung der Schwerkraft) multipliziert mit der Erdbeschleunigung (g) [1].

6.7.2.2.13 Unter Wirkung jeder der unter Absatz 6.7.2.2.12 genannten Kräfte sind folgende Sicherheitskoeffizienten zu beachten:

a) bei metallenen Werkstoffen mit ausgeprägter Streckgrenze ein Sicherheitskoeffizient von 1,5, bezogen auf die garantierte Streckgrenze; oder

b) bei metallenen Werkstoffen ohne ausgeprägte Streckgrenze ein Sicherheitskoeffizient von 1,5, bezogen auf die garantierte 0,2 %-Dehngrenze und bei austenitischen Stählen auf die 1 %-Dehngrenze.

6.7.2.2.14 Als Werte für die Streckgrenze oder die Dehngrenze gelten die in nationalen oder internationalen Werkstoffnormen festgelegten Werte. Bei austenitischen Stählen dürfen die in den Werkstoffnormen festgelegten Mindestwerte für die Streckgrenze oder die Dehngrenze um bis zu 15 % erhöht werden, sofern diese höheren Werte im Werkstoffabnahmezeugnis bescheinigt sind. Wenn für das betreffende Metall keine Werkstoffnorm existiert, ist der für die Streckgrenze oder die Dehngrenze verwendete Wert von der zuständigen Behörde zu genehmigen.

6.7.2.2.15 Ortsbewegliche Tanks, die für die Beförderung von Stoffen vorgesehen sind, die wegen ihres Flammpunkts den Kriterien der Klasse 3 entsprechen, einschließlich erwärmte Stoffe, die bei oder über ihrem Flammpunkt befördert werden, müssen elektrisch geerdet werden können. Es sind Maßnahmen zu ergreifen, um gefährliche elektrostatische Entladungen zu verhindern.

6.7.2.2.16 Sofern dies für bestimmte Stoffe in der in Kapitel 3.2 Tabelle A Spalte 10 angegebenen und in Absatz 4.2.5.2.6 beschriebenen Anweisung für ortsbewegliche Tanks oder einer in Kapitel 3.2 Tabelle A Spalte 11 angegebenen und in Unterabschnitt 4.2.5.3 beschriebenen Sondervorschrift für ortsbewegliche Tanks vorgeschrieben ist, sind ortsbewegliche Tanks mit einem zusätzlichen Schutz zu versehen, der entweder aus einer höheren Wanddicke des Tankkörpers oder einem höheren Prüfdruck bestehen kann, wobei die größere Wanddicke oder der höhere Prüfdruck unter dem Gesichtspunkt der mit der Beförderung des jeweiligen Stoffes verbundenen Risiken zu bestimmen ist.

6.7.2.2.17 Wärmeisolierungen in direktem Kontakt mit einem Tankkörper, der für die Beförderung von erwärmten Stoffen vorgesehen ist, müssen eine Entzündungstemperatur aufweisen, die mindestens 50 °C über der höchsten Auslegungstemperatur des Tanks liegt.

1) Für Berechnungszwecke gilt: g = 9,81 m/s^2.

6.7.2.3 Auslegungskriterien

6.7.2.3.1 Die Tankkörper sind so auszulegen, dass die Spannungen mathematisch oder experimentell mit Hilfe von Dehnungsmessungen oder anderer von der zuständigen Behörde zugelassenen Methoden analysiert werden können.

6.7.2.3.2 Die Tankkörper sind so auszulegen und zu bauen, dass sie einem Prüfdruck bei der Wasserdruckprüfung von mindestens dem 1,5fachen des Berechnungsdrucks standhalten. Für bestimmte Stoffe sind besondere Vorschriften in der in Kapitel 3.2 Tabelle A Spalte 10 angegebenen und in Absatz 4.2.5.2.6 beschriebenen Anweisung für ortsbewegliche Tanks oder in einer in Kapitel 3.2 Tabelle A Spalte 11 angegebenen und in Unterabschnitt 4.2.5.3 beschriebenen Sondervorschrift für ortsbewegliche Tanks vorgesehen. Es wird auf die Vorschriften für die Mindestwanddicke der Tankkörper der Absätze 6.7.2.4.1 bis 6.7.2.4.10 hingewiesen.

6.7.2.3.3 Bei Metallen, die eine ausgeprägte Streckgrenze aufweisen oder die sich durch eine garantierte Dehngrenze auszeichnen (im Allgemeinen 0,2 %-Dehngrenze oder bei austenitischen Stählen 1 %-Dehngrenze), darf die primäre Membranspannung σ des Tankkörpers beim Prüfdruck nicht größer sein als der kleinere der Werte 0,75 Re oder 0,5 Rm, wobei

Re = Streckgrenze in N/mm^2 oder 0,2 %-Dehngrenze oder bei austenitischen Stählen 1 %-Dehngrenze

Rm = Mindestzugfestigkeit in N/mm^2.

6.7.2.3.3.1 Die für Re und Rm zu verwendenden Werte sind die in nationalen oder internationalen Werkstoffnormen festgelegten Mindestwerte. Bei austenitischen Stählen dürfen die in den Werkstoffnormen festgelegten Mindestwerte für Re und Rm um bis zu 15 % erhöht werden, sofern diese höheren Werte im Werkstoffabnahmezeugnis bescheinigt sind. Wenn für das betreffende Metall keine Werkstoffnorm existiert, sind die für Re und Rm verwendeten Werte von der zuständigen Behörde oder einer von ihr bestimmten Stelle zu genehmigen.

6.7.2.3.3.2 Stähle, die ein Verhältnis Re/Rm von mehr als 0,85 aufweisen, dürfen nicht für den Bau von geschweißten Tankkörpern verwendet werden. Die zur Berechnung dieses Verhältnisses für Re und Rm zu verwendenden Werte sind die im Werkstoffabnahmezeugnis festgelegten Werte.

6.7.2.3.3.3 Stähle, die für den Bau von Tankkörpern verwendet werden, müssen eine Bruchdehnung in % von mindestens 10000/Rm mit einem absoluten Minimum von 16 % für Feinkornstahl und 20 % für andere Stähle aufweisen. Aluminium und Aluminiumlegierungen, die für den Bau von Tankkörpern verwendet werden, müssen eine Bruchdehnung in % von mindestens 10000/6Rm mit einem absoluten Minimum von 12 % aufweisen.

6.7.2.3.3.4 Bei der Bestimmung tatsächlicher Werkstoffwerte ist zu beachten, dass bei Walzblech die Achse des Probestücks für die Zugspannungsprobe im rechten Winkel (quer) zur Walzrichtung liegen muss. Die bleibende Bruchdehnung ist an Probestücken mit rechteckigem Querschnitt gemäß Norm ISO 6892:1998 unter Verwendung einer Messlänge von 50 mm zu messen.

6.7.2.4 Mindestwanddicke des Tankkörpers

6.7.2.4.1 Die Mindestwanddicke des Tankkörpers muss dem größten der nachfolgenden Werte entsprechen:

a) die nach den Vorschriften der Absätze 6.7.2.4.2 bis 6.7.2.4.10 bestimmte Mindestwanddicke;

b) die nach dem anerkannten Regelwerk für Druckbehälter unter Berücksichtigung der Vorschriften des Unterabschnitts 6.7.2.3 bestimmte Mindestwanddicke und

c) die in der in Kapitel 3.2 Tabelle A Spalte 10 angegebenen und in Absatz 4.2.5.2.6 beschriebenen Anweisung für ortsbewegliche Tanks oder durch eine in Kapitel 3.2 Tabelle A Spalte 11 angegebene und in Unterabschnitt 4.2.5.3 beschriebene Sondervorschrift für ortsbewegliche Tanks festgelegte Mindestwanddicke.

6.7.2.4.2 Der Mantel, die Böden und die Mannlochdeckel der Tankkörper mit einem Durchmesser von höchstens 1,80 m müssen, wenn sie aus Bezugsstahl sind, mindestens eine Wanddicke von 5 mm oder, wenn sie aus einem anderen Metall sind, eine gleichwertige Dicke haben. Tankkörper mit einem Durchmesser von mehr als 1,80 m müssen, wenn sie aus Bezugsstahl sind, eine Wanddicke von mindestens 6 mm oder, wenn sie aus einem anderen Metall sind, eine gleichwertige Dicke haben, jedoch darf bei Tankkörpern für pulverförmige oder körnige feste Stoffe der Verpackungsgruppe II oder III die erforderliche Mindestwanddicke, wenn sie aus Bezugsstahl sind, auf mindestens 5 mm oder, wenn sie aus einem anderen Metall sind, auf eine gleichwertige Dicke reduziert werden.

6.7.2.4.3 Wenn der Tankkörper einen zusätzlichen Schutz gegen Beschädigungen hat, dürfen die ortsbeweglichen Tanks mit einem Prüfdruck unter 2,65 bar mit Zustimmung der zuständigen Behörde eine im Verhältnis zum gewährleisteten Schutz reduzierte Mindestwanddicke haben. Tankkörper mit einem Durchmesser von höchstens 1,80 m müssen jedoch, wenn sie aus Bezugsstahl sind, mindestens eine Wanddicke von 3 mm oder, wenn sie aus einem anderen Metall sind, eine gleichwertige Dicke haben. Tankkörper mit einem Durchmesser von mehr als 1,80 m müssen, wenn sie aus Bezugsstahl sind, eine Wanddicke von mindestens 4 mm oder, wenn sie aus einem anderen Metall sind, eine gleichwertige Dicke haben.

6.7.2.4.4 Die Wanddicke des Mantels, der Böden und der Mannlochdeckel der Tankkörper darf unabhängig vom Werkstoff für den Bau nicht geringer als 3 mm sein.

6.7.2.4.5 Der im Absatz 6.7.2.4.3 genannte zusätzliche Schutz kann durch einen vollständigen äußeren baulichen Schutz sichergestellt werden wie eine geeignete «Sandwich»-Konstruktion, bei der der äußere Mantel am Tankkörper befestigt ist, durch eine Doppelwandkonstruktion oder durch eine Konstruktion, bei der der Tankkörper von einem vollständigen Rahmenwerk mit Längs- und Querträgern umschlossen ist.

6.7.2.4.6 Die gleichwertige Wanddicke eines Metalls mit Ausnahme der in Absatz 6.7.2.4.2 vorgeschriebenen Dicke für Bezugsstahl ist mit Hilfe folgender Formel zu bestimmen:

$$e_1 = \frac{21{,}4\, e_0}{\sqrt[3]{Rm_1\, A_1}},$$

wobei

e_1 = erforderliche gleichwertige Wanddicke (in mm) des verwendeten Metalls;

e_0 = Mindestwanddicke (in mm) für Bezugsstahl, die in der in Kapitel 3.2 Tabelle A Spalte 10 angegebenen und in Absatz 4.2.5.2.6 beschriebenen Anweisung für ortsbewegliche Tanks oder in einer in Kapitel 3.2 Tabelle A Spalte 11 angegebenen und in Unterabschnitt 4.2.5.3 beschriebenen Sondervorschrift für ortsbewegliche Tanks festgelegt ist;

Rm_1 = die garantierte Mindestzugfestigkeit (in N/mm^2) des verwendeten Metalls (siehe Absatz 6.7.2.3.3);

A_1 = die garantierte Mindestbruchdehnung (in %) des verwendeten Metalls gemäß den nationalen oder internationalen Normen.

10

6.7.2.4.7 Wird in der anwendbaren Anweisung für ortsbewegliche Tanks in Absatz 4.2.5.2.6 eine Mindestwanddicke von 8 mm oder 10 mm festgelegt, ist zu beachten, dass diese Dicken auf der Grundlage der Eigenschaften des Bezugsstahls und eines Tankkörperdurchmesser von 1,80 m berechnet sind. Wenn ein anderes Metall als Baustahl (siehe Unterabschnitt 6.7.2.1) verwendet wird oder wenn der Tankkörper einen Durchmesser von mehr als 1,80 m hat, ist die Wanddicke mit Hilfe folgender Formel zu bestimmen:

$$e_1 = \frac{21{,}4\ e_0\ d_1}{1{,}8\ \sqrt[3]{Rm_1\ A_1}},$$

wobei

e_1 = erforderliche gleichwertige Wanddicke (in mm) des verwendeten Metalls;

e_0 = Mindestwanddicke (in mm) für Bezugsstahl, die in der in Kapitel 3.2 Tabelle A Spalte 10 angegebenen und in Absatz 4.2.5.2.6 beschriebenen Anweisung für ortsbewegliche Tanks oder in einer in Kapitel 3.2 Tabelle A Spalte 11 angegebenen und in Unterabschnitt 4.2.5.3 beschriebenen Sondervorschrift für ortsbewegliche Tanks festgelegt ist;

d_1 = Durchmesser des Tankkörpers (in m), mindestens jedoch 1,80 m;

Rm_1 = die garantierte Mindestzugfestigkeit (in N/mm^2) des verwendeten Metalls (siehe Absatz 6.7.2.3.3);

A_1 = die garantierte Mindestbruchdehnung (in %) des verwendeten Metalls gemäß den nationalen oder internationalen Normen.

6.7.2.4.8 Die Wanddicke des Tankkörpers darf in keinem Fall geringer sein als die in den Absätzen 6.7.2.4.2, 6.7.2.4.3 und 6.7.2.4.4 beschriebenen Werte. Alle Teile des Tankkörpers müssen die in den Absätzen 6.7.2.4.2 bis 6.7.2.4.4 festgelegte Mindestwanddicke haben. In dieser Dicke darf ein eventueller Korrosionszuschlag nicht berücksichtigt sein.

6.7.2.4.9 Bei Verwendung von Baustahl (siehe Unterabschnitt 6.7.2.1) ist eine Berechnung nach der Formel in Absatz 6.7.2.4.6 nicht erforderlich.

6.7.2.4.10 Bei der Verbindung der Tankböden mit dem Tankmantel darf es keine sprunghafte Veränderung in der Blechdicke geben.

6.7.2.5 Bedienungsausrüstung

6.7.2.5.1 Die Bedienungsausrüstung ist so anzubringen, dass sie während der Handhabung und Beförderung gegen das Risiko des Abreißens oder der Beschädigung geschützt ist. Wenn die Verbindung zwischen dem Rahmen und dem Tankkörper eine relative Bewegung zwischen den Baugruppen zulässt, muss die Ausrüstung so befestigt sein, dass durch eine solche Bewegung kein Risiko der Beschädigung von Teilen besteht. Die äußeren Entleerungseinrichtungen (Rohranschlüsse, Verschlusseinrichtungen), die innere Absperreinrichtung und ihr Sitz müssen gegen die Gefahr des Abreißens durch äußere Beanspruchungen geschützt sein (beispielsweise durch die Verwendung von Sollbruchstellen). Die Füll- und Entleerungseinrichtungen (einschließlich Flansche oder Schraubverschlüsse) und alle Schutzkappen müssen gegen unbeabsichtigtes Öffnen gesichert werden können.

6.7.2.5.2 Alle Öffnungen im Tankkörper, die zum Füllen oder Entleeren des ortsbeweglichen Tanks vorgesehen sind, müssen mit einer handbetätigten Absperreinrichtung ausgerüstet sein, die sich so nahe wie möglich am Tankkörper befindet. Die übrigen Öffnungen mit Ausnahme von Öffnungen, die mit Lüftungs- oder Druckentlastungseinrichtungen verbunden sind, müssen entweder mit einer Absperreinrichtung oder einer anderen geeigneten Verschlusseinrichtung ausgerüstet sein, die sich so nahe wie möglich am Tankkörper befindet.

6.7.2.5.3 Alle ortsbeweglichen Tanks sind mit einem Mannloch oder anderen Untersuchungsöffnungen ausreichender Größe auszurüsten, um eine innere Untersuchung und einen ausreichenden Zugang für Wartungs- und Reparaturarbeiten im Inneren zu ermöglichen. Bei ortsbeweglichen Mehrkammertanks ist jede Kammer mit einem Mannloch oder anderen Untersuchungsöffnungen auszurüsten.

6.7.2.5.4 Die äußeren Bauteile sind soweit wie möglich zu Gruppen zusammenzufassen. Bei isolierten ortsbeweglichen Tanks sind die oberen Bauteile mit einer Überlaufeinrichtung zu umfassen, die mit geeigneten Abläufen ausgestattet ist.

6.7.2.5.5 Jede Verbindung eines ortsbeweglichen Tanks muss eindeutig mit ihrer Funktion gekennzeichnet sein.

6.7.2.5.6 Jede Absperreinrichtung oder sonstige Verschlusseinrichtung ist nach einem Nenndruck auszulegen und zu bauen, der mindestens dem höchstzulässigen Betriebsdruck des Tankkörpers entspricht, wobei die bei der Beförderung voraussichtlich auftretenden Temperaturen zu berücksichtigen sind. Alle Absperreinrichtungen mit einer Gewindespindel müssen sich durch Drehen des Handrades im Uhrzeigersinn schließen. Bei den übrigen Absperreinrichtungen muss die Stellung (offen und geschlossen) und die Drehrichtung für das Schließen eindeutig angezeigt werden. Alle Absperreinrichtungen sind so auszulegen, dass ein unbeabsichtigtes Öffnen verhindert wird.

6.7.2.5.7 Kein bewegliches Teil, wie Deckel, Verschlussteile, usw., das durch Reibung oder Stoß in Kontakt mit ortsbeweglichen Tanks aus Aluminium kommen kann, die für die Beförderung von Stoffen vorgesehen sind, die wegen ihres Flammpunkts den Kriterien der Klasse 3 entsprechen, einschließlich erwärmte Stoffe, die bei oder über ihrem Flammpunkt befördert werden, darf aus ungeschütztem korrosionsempfindlichen Stahl hergestellt sein.

6.7.2.5.8 Die Rohrleitungen sind so auszulegen, zu bauen und zu montieren, dass das Risiko der Beschädigung infolge thermischer Ausdehnung und Schrumpfung, mechanischer Erschütterung und Vibration vermieden wird. Alle Rohrleitungen müssen aus einem geeigneten metallenen Werkstoff sein. Soweit möglich müssen die Rohrleitungsverbindungen geschweißt sein.

6.7.2.5.9 Verbindungen von Kupferrohrleitungen müssen hartgelötet oder durch eine metallene Verbindung gleicher Festigkeit hergestellt sein. Der Schmelzpunkt des Hartlots darf nicht niedriger als 525 °C sein. Die Verbindungen dürfen die Festigkeit der Rohrleitungen nicht vermindern, wie dies bei Schraubverbindungen der Fall sein kann.

6.7.2.5.10 Der Berstdruck aller Rohrleitungen und Rohrleitungsbauteile darf nicht niedriger sein als der höhere der beiden folgenden Werte: das Vierfache des höchstzulässigen Betriebsdrucks des Tankkörpers oder das Vierfache des Drucks, zu dem es beim Betrieb durch Einwirkung einer Pumpe oder einer anderen Einrichtung (ausgenommen Druckentlastungseinrichtungen) kommen kann.

6.7.2.5.11 Für den Bau von Verschlusseinrichtungen, Ventilen und Zubehörteilen sind verformungsfähige Metalle zu verwenden.

6.7.2.5.12 Das Heizsystem muss so ausgelegt sein oder kontrolliert werden, dass ein Stoff nicht eine Temperatur erreichen kann, bei der der Druck im Tank den höchstzulässigen Betriebsdruck überschreitet oder andere Gefahren verursacht (z.B. gefährliche thermische Zersetzung).

6.7.2.5.13 Das Heizsystem muss so ausgelegt sein oder kontrolliert werden, dass der Strom für interne Heizelemente nicht verfügbar ist, bevor die Heizelemente vollständig untergetaucht sind. Die Temperatur an der Oberfläche der Heizelemente bei interner Heizausrüstung oder die Temperatur am Tankkörper bei externer Heizausrüstung darf unter keinen Umständen 80 % der Selbstentzündungstemperatur (in °C) des beförderten Stoffes überschreiten.

6.7.2.5.14 Wenn ein elektrisches Heizsystem im Inneren des Tanks eingebaut ist, muss es mit einem Fehlerstromschutzschalter mit einem Auslösestrom von weniger als 100 mA ausgerüstet sein.

6.7.2.5.15 Elektrische Schaltkästen, die an einem Tank angebracht sind, dürfen nicht direkt mit dem Inneren des Tanks verbunden sein und müssen einen Schutz gewährleisten, der mindestens dem Typ IP 56 gemäß IEC 144 oder IEC 529 entspricht.

6.7.2.6 Bodenöffnungen

6.7.2.6.1 Bestimmte Stoffe dürfen nicht in ortsbeweglichen Tanks mit Bodenöffnungen befördert werden. Wenn die in Kapitel 3.2 Tabelle A Spalte 10 angegebene und in Absatz 4.2.5.2.6 beschriebene Anweisung für ortsbewegliche Tanks die Verwendung von Bodenöffnungen verbietet, dürfen sich, wenn der Tank bis zur höchstzulässigen Füllgrenze befüllt ist, unterhalb des Flüssigkeitsspiegels keine Öffnungen befinden. Wird eine vorhandene Öffnung geschlossen, muss dies durch das innere und äußere Anschweißen einer Platte an den Tankkörper geschehen.

6.7.2.6.2 Bodenentleerungsöffnungen für ortsbewegliche Tanks, in denen bestimmte feste, kristallisierbare oder sehr dickflüssige Stoffe befördert werden, müssen mit mindestens zwei hintereinander liegenden und von einander unabhängigen Verschlüssen ausgerüstet sein. Die Auslegung der Ausrüstung muss den Anforderungen der zuständigen Behörde oder einer von ihr bestimmten Stelle genügen und Folgendes umfassen:

a) eine äußere Absperreinrichtung, die so nahe wie möglich am Tankkörper angebracht ist, und so ausgelegt ist, dass ein unbeabsichtigtes Öffnen durch Stoß oder andere unachtsame Handlungen verhindert wird, und

b) eine flüssigkeitsdichte Verschlusseinrichtung am Ende des Auslaufstutzens, die ein Blindflansch oder eine Schraubkappe sein kann.

6.7.2.6.3 Jede Bodenentleerungsöffnung mit Ausnahme der in Absatz 6.7.2.6.2 vorgesehenen muss mit drei hintereinander liegenden und voneinander unabhängigen Verschlüssen ausgerüstet sein. Die Auslegung der Ausrüstung muss den Anforderungen der zuständigen Behörde oder einer von ihr bestimmten Stelle genügen und Folgendes umfassen:

a) eine selbstschließende innere Absperreinrichtung, d.h. eine innerhalb des Tankkörpers oder innerhalb eines angeschweißten Flansches oder seines Gegenflansches in der Weise angebrachte Absperreinrichtung, dass:

   (i) die Kontrolleinrichtungen für die Betätigung der Absperreinrichtung so ausgelegt sind, dass ein unbeabsichtigtes Öffnen durch einen Stoß oder eine Unachtsamkeit verhindert wird;

   (ii) die Absperreinrichtung von oben oder von unten betätigt werden kann;

   (iii) die Stellung der Absperreinrichtung (offen oder geschlossen), wenn möglich, vom Boden aus überprüft werden kann;

   (iv) die Absperreinrichtung, ausgenommen bei ortsbeweglichen Tanks mit einem Fassungsraum von höchstens 1000 Litern, von einer zugänglichen, von der Absperreinrichtung entfernt liegenden Stelle am ortsbeweglichen Tank aus geschlossen werden kann und

   (v) die Absperreinrichtung bei einer Beschädigung der äußeren Kontrolleinrichtung für die Betätigung der Absperreinrichtung wirksam bleibt;

b) eine äußere Absperreinrichtung, die so nahe wie möglich am Tankkörper angebracht ist, und

c) eine flüssigkeitsdichte Verschlusseinrichtung am Ende des Auslaufstutzens, die ein Blindflansch oder eine Schraubkappe sein kann.

6.7.2.6.4 Bei einem ausgekleideten Tankkörper darf die in Absatz 6.7.2.6.3 a) geforderte innere Absperreinrichtung durch eine zusätzliche äußere Absperreinrichtung ersetzt werden. Der Hersteller muss die Anforderungen der zuständigen Behörde oder einer von ihr bestimmten Stelle erfüllen.

6.7.2.7 Sicherheitseinrichtungen

6.7.2.7.1 Alle ortsbeweglichen Tanks sind mit mindestens einer Druckentlastungseinrichtung auszurüsten. Alle Druckentlastungseinrichtungen müssen so ausgelegt, gebaut und gekennzeichnet sein, dass sie den Anforderungen der zuständigen Behörde oder einer von ihr bestimmten Stelle genügen.

6.7.2.8 Druckentlastungseinrichtungen

6.7.2.8.1 Jeder ortsbewegliche Tank mit einem Fassungsraum von mindestens 1900 Litern und jede unabhängige Kammer eines ortsbeweglichen Tanks mit einem vergleichbaren Fassungsraum muss mit mindestens einer federbelasteten Druckentlastungseinrichtung ausgerüstet sein und darf parallel zu der (den) federbelasteten Einrichtung(en) zusätzlich mit einer Berstscheibe oder einer Schmelzsicherung versehen sein, es sei denn, in der Anweisung für ortsbewegliche Tanks des Absatzes 4.2.5.2.6 wird dies durch einen Verweis auf Absatz 6.7.2.8.3 verboten. Die Druckentlastungseinrichtungen müssen ausreichend dimensioniert sein, um ein Bersten des Tankkörpers durch ein beim Füllen, Entleeren oder Erwärmen des Inhalts entstehenden Über- oder Unterdruck zu verhindern.

6.7.2.8.2 Die Druckentlastungseinrichtungen müssen so ausgelegt sein, dass keine Fremdstoffe eindringen und keine flüssigen Stoffe austreten können und sich kein gefährlicher Überdruck bilden kann.

6.7.2.8.3 Sofern dies für bestimmte Stoffe in der in Kapitel 3.2 Tabelle A Spalte 10 angegebenen und in Absatz 4.2.5.2.6 beschriebenen Anweisung für ortsbewegliche Tanks vorgeschrieben ist, müssen die ortsbeweglichen Tanks mit einer von der zuständigen Behörde genehmigten Druckentlastungseinrichtung ausgerüstet sein. Die Entlastungseinrichtung muss aus einer Berstscheibe bestehen, die einer federbelasteten Druckentlastungseinrichtung vorgeschaltet ist, es sei denn, der ortsbewegliche Tank ist für die Beförderung eines einzigen Stoffes vorgesehen und mit einer genehmigten Druckentlastungseinrichtung aus einem Werkstoff ausgerüstet, der mit dem beförderten Stoff verträglich ist. Wird eine Berstscheibe mit der erforderlichen Druckentlastungseinrichtung in Reihe geschaltet, ist zwischen der Berstscheibe und der Druckentlastungseinrichtung ein Druckmessgerät oder eine andere geeignete Anzeigeeinrichtung für die Feststellung von Brüchen, Perforationen oder Undichtheiten der Scheibe, durch die das Druckentlastungssystem funktionsunfähig werden kann, anzubringen. Die Berstscheibe muss bei einem Nenndruck, der 10 % über dem Ansprechdruck der Druckentlastungseinrichtung liegt, bersten.

6.7.2.8.4 Ortsbewegliche Tanks mit einem Fassungsraum von weniger als 1900 Litern müssen mit einer Druckentlastungseinrichtung ausgerüstet sein, die eine Berstscheibe sein kann, sofern diese den Vorschriften des Absatzes 6.7.2.11.1 entspricht. Wenn keine federbelastete Druckentlastungseinrichtung verwendet wird, muss die Berstscheibe bei einem nominalen Druck, der gleich dem Prüfdruck ist, bersten. Darüber hinaus dürfen auch Schmelzsicherungen gemäß Absatz 6.7.2.10.1 verwendet werden.

6.7.2.8.5 Ist der Tankkörper für Druckentleerung ausgerüstet, muss die Zuleitung mit einer geeigneten Druckentlastungseinrichtung versehen sein, die bei einem Druck anspricht, der nicht höher als der höchstzulässige Betriebsdruck des Tankkörpers ist, und eine Absperreinrichtung muss so nah wie möglich am Tankkörper angebracht sein.

6.7.2.9 Einstellung von Druckentlastungseinrichtungen

6.7.2.9.1 Es ist zu beachten, dass die Druckentlastungseinrichtungen nur im Falle einer übermäßigen Zunahme der Temperatur ansprechen, da der Tankkörper unter normalen Beförderungsbedingungen keine übermäßigen Druckschwankungen erfahren darf (siehe Absatz 6.7.2.12.2).

6.7.2.9.2 Die erforderliche Druckentlastungseinrichtung ist bei Tankkörpern mit einem Prüfdruck von höchstens 4,5 bar auf einen nominalen Ansprechdruck von fünf Sechsteln des Prüfdrucks und bei Tankkörpern mit einem Prüfdruck von mehr als 4,5 bar auf einen nominalen Ansprechdruck von 110 % von zwei Dritteln des Prüfdrucks einzustellen. Die Einrichtung muss sich nach der Entlastung bei einem Druck schließen, der höchstens 10 % unter dem Ansprechdruck liegt. Die Einrichtung muss bei allen niedrigeren Drücken geschlossen bleiben. Die Verwendung von Vakuumventilen oder einer Kombination von Überdruck- und Vakuumventil wird durch diese Vorschrift nicht ausgeschlossen.

6.7.2.10 Schmelzsicherungen

6.7.2.10.1 Schmelzsicherungen müssen bei einer Temperatur zwischen 100 °C und 149 °C reagieren, vorausgesetzt, bei der Schmelztemperatur ist der Druck im Tankkörper nicht höher als der Prüfdruck. Diese Schmelzsicherungen sind im Scheitel des Tankkörpers anzubringen, wobei sich ihre Einlässe in der Dampfphase befinden müssen; sie dürfen, wenn sie für Zwecke der Beförderungssicherheit verwendet werden, nicht gegen äußere Wärme abgeschirmt sein. Schmelzsicherungen dürfen nicht in ortsbeweglichen Tanks mit einem Prüfdruck über 2,65 bar verwendet werden, sofern dies nicht in Kapitel 3.2 Tabelle A Spalte 11 durch die Sondervorschrift TP 36 festgelegt ist. Schmelzsicherungen, die in ortsbeweglichen Tanks für die Beförderung von erwärmten Stoffen verwendet werden, sind so auszulegen, dass sie bei einer Temperatur reagieren, die höher ist als die während der Beförderung auftretende Höchsttemperatur, und sie müssen den Anforderungen der zuständigen Behörde oder einer von ihr bestimmten Stelle genügen.

6.7.2.11 Berstscheiben

6.7.2.11.1 Sofern in Absatz 6.7.2.8.3 nichts anderes vorgeschrieben ist, müssen die Berstscheiben so eingestellt sein, dass sie im Auslegungstemperaturbereich bei einem Nenndruck bersten, der gleich dem Prüfdruck ist. Bei der Verwendung von Berstscheiben sind insbesondere die Vorschriften der Absätze 6.7.2.5.1 und 6.7.2.8.3 zu beachten.

6.7.2.11.2 Die Berstscheiben müssen für die im ortsbeweglichen Tank auftretenden Unterdrücke geeignet sein.

6.7.2.12 Abblasmenge von Druckentlastungseinrichtungen

6.7.2.12.1 Die in Absatz 6.7.2.8.1 vorgeschriebene federbelastete Druckentlastungseinrichtung muss einen Strömungsquerschnitt haben, der mindestens einer Öffnung mit einem Durchmesser von 31,75 mm entspricht. Werden Vakuumventile verwendet, müssen diese einen Strömungsquerschnitt von mindestens 284 mm^2 haben.

6.7.2.12.2 Die Gesamtabblasmenge des Druckentlastungssystems (unter Berücksichtigung des Strömungsabfalls, wenn der ortsbewegliche Tank mit Berstscheiben ausgerüstet ist, die den federbelasteten Druckentlastungseinrichtungen vorgeschaltet sind, oder wenn die federbelasteten Druckentlastungseinrichtungen mit einer Flammendurchschlagsicherung ausgerüstet sind) bei vollständiger Feuereinwirkung auf den ortsbeweglichen Tank muss ausreichen, um den Druck im Tankkörper auf einen Wert von höchstens 20 % über dem Ansprechdruck der Druckentlastungseinrichtung zu begrenzen. Um die vorgeschriebene Abblasmenge zu erreichen, dürfen Notfall-Druckentlastungseinrichtungen verwendet werden. Diese Einrichtungen können Schmelzsicherungen, federbelastete Einrichtungen oder Berstscheiben oder eine Kombination aus einer federbelasteten Einrichtung und einer Berstscheibe sein. Die erforderliche Gesamtabblasmenge der Entlastungseinrichtungen kann mit Hilfe der Formel in Absatz 6.7.2.12.2.1 oder der Tabelle in Absatz 6.7.2.12.2.3 bestimmt werden.

6.7.2.12.2.1 Für die Bestimmung der erforderlichen Gesamtabblasmenge der Entlastungseinrichtungen, die als die Summe der einzelnen Abblasmengen aller dazu beitragenden Einrichtungen angesehen wird, ist die folgende Formel zu verwenden:

$$Q = 12{,}4 \frac{FA^{0{,}82}}{LC} \sqrt{\frac{ZT}{M}},$$

wobei:

Q = die mindestens erforderliche Abblasmenge in Kubikmetern Luft pro Sekunde (m^3/s) unter den Normalbedingungen von 1 bar und 0 °C (273 K);

F = ein Koeffizient mit dem folgenden Wert:
für nicht isolierte Tankkörper F = 1;
für isolierte Tankkörper F = U (649 - t)/13,6, aber auf keinen Fall geringer als 0,25, wobei:
U = Wärmeleitfähigkeit der Isolierung bei 38 °C in $kW \cdot m^{-2} \cdot K^{-1}$
t = tatsächliche Temperatur des Stoffes beim Befüllen (in °C); ist diese Temperatur nicht bekannt, t = 15 °C.
Der oben für isolierte Tankkörper angegebene Wert F darf verwendet werden, vorausgesetzt, die Isolierung entspricht den Vorschriften des Absatzes 6.7.2.12.2.4;

A = gesamte Außenoberfläche des Tankkörpers in m^2;

Z = der Gaskompressibilitätsfaktor unter Akkumulationsbedingungen (Abblasbedingungen) (ist dieser Faktor nicht bekannt, Z = 1,0);

T = absolute Temperatur in Kelvin (°C + 273) oberhalb der Druckentlastungseinrichtungen unter Akkumulationsbedingungen (Abblasbedingungen);

L = die latente Verdampfungswärme des flüssigen Stoffes in kJ/kg unter Akkumulationsbedingungen (Abblasbedingungen);

M = Molekülmasse des entlasteten Gases;

C = eine Konstante, die aus einer der folgenden Formeln abgeleitet und vom Verhältnis k der spezifischen Wärmen abhängig ist:

$$k = \frac{c_p}{c_v},$$

wobei:
c_p die spezifische Wärme bei konstantem Druck und
c_v die spezifische Wärme bei konstantem Volumen ist;

wenn k > 1:

$$C = \sqrt{k \left(\frac{2}{k+1} \right)^{\frac{k+1}{k-1}}};$$

wenn k = 1 oder wenn k unbekannt ist:

$$C = \frac{1}{\sqrt{e}} = 0{,}607,$$

10

wobei e die mathematische Konstante 2,7183 ist.

C kann auch der folgenden Tabelle entnommen werden:

k	C	k	C	k	C
1,00	0,607	1,26	0,660	1,52	0,704
1,02	0,611	1,28	0,664	1,54	0,707
1,04	0,615	1,30	0,667	1,56	0,710
1,06	0,620	1,32	0,671	1,58	0,713
1,08	0,624	1,34	0,674	1,60	0,716
1,10	0,628	1,36	0,678	1,62	0,719
1,12	0,633	1,38	0,681	1,64	0,722
1,14	0,637	1,40	0,685	1,66	0,725
1,16	0,641	1,42	0,688	1,68	0,728
1,18	0,645	1,44	0,691	1,70	0,731
1,20	0,649	1,46	0,695	2,00	0,770
1,22	0,652	1,48	0,698	2,20	0,793
1,24	0,656	1,50	0,701		

6.7.2.12.2.2 An Stelle der oben genannten Formel darf für die Dimensionierung der Druckentlastungseinrichtungen von Tankkörpern, die zur Beförderung von flüssigen Stoffen vorgesehen sind, die Tabelle des Absatzes 6.7.2.12.2.3 angewendet werden. Diese Tabelle geht von einem Isolierungsfaktor von F = 1 aus und ist für isolierte Tankkörper entsprechend anzupassen. Die Werte der übrigen für die Berechnung dieser Tabelle verwendeten Parameter sind:

M = 86,7 T = 394 K
L = 334,94 kJ/kg C = 0,607
Z = 1

6.7.2.12.2.3 Mindestabblasmenge Q in Kubikmetern Luft pro Sekunde bei 1 bar und 0 °C (273 K)

A exponierte Fläche (Quadratmeter)	**Q (Kubikmeter Luft pro Sekunde)**	**A exponierte Fläche (Quadratmeter)**	**Q (Kubikmeter Luft pro Sekunde)**
2	0,230	37,5	2,539
3	0,320	40	2,677
4	0,405	42,5	2,814
5	0,487	45	2,949
6	0,565	47,5	3,082
7	0,641	50	3,215
8	0,715	52,5	3,346
9	0,788	55	3,476
10	0,859	57,5	3,605
12	0,998	60	3,733
14	1,132	62,5	3,860
16	1,263	65	3,987
18	1,391	67,5	4,112
20	1,517	70	4,236
22,5	1,670	75	4,483
25	1,821	80	4,726
27,5	1,969	85	4,967
30	2,115	90	5,206
32,5	2,258	95	5,442
35	2,400	100	5,676

6.7.2.12.2.4 Isolierungssysteme, die zur Reduzierung der Abblasmenge verwendet werden, müssen von der zuständigen Behörde oder einer von ihr bestimmten Stelle genehmigt werden. In jedem Fall müssen die für diesen Zweck genehmigten Isolierungssysteme

a) bei allen Temperaturen bis 649 °C wirksam bleiben und
b) mit einem Werkstoff mit einem Schmelzpunkt von mindestens 700 °C ummantelt sein.

6.7.2.13 Kennzeichnung von Druckentlastungseinrichtungen

6.7.2.13.1 Jede Druckentlastungseinrichtung muss mit folgenden Angaben deutlich und dauerhaft gekennzeichnet sein:

a) der Ansprechdruck (in bar oder kPa) oder die Ansprechtemperatur (in °C);
b) die zulässige Toleranz für den Entlastungsdruck von federbelasteten Einrichtungen;
c) die Referenztemperatur, die dem nominalen Berstdruck von Berstscheiben zugeordnet ist;
d) die zulässige Temperaturtoleranz für Schmelzsicherungen;
e) die nominale Abblasmenge der federbelasteten Druckentlastungseinrichtungen, Berstscheiben oder Schmelzsicherungen in Kubikmetern Luft pro Sekunde (m^3/s) unter Normalbedingungen und
► 1.6.4.43 f) die Strömungsquerschnitte der federbelasteten Druckentlastungseinrichtungen, Berstscheiben und Schmelzsicherungen in mm^2;

wenn möglich, ist auch folgende Information anzugeben:

g) der Name des Herstellers und die entsprechende Registriernummer der Druckentlastungseinrichtung.

6.7.2.13.2 Die auf den federbelasteten Druckentlastungseinrichtungen angegebene nominale Abblasmenge ist nach den Normen ISO 4126-1:2004 und ISO 4126-7:2004 zu bestimmen.

6.7.2.14 Anschlüsse für Druckentlastungseinrichtungen

6.7.2.14.1 Die Anschlüsse für Druckentlastungseinrichtungen müssen ausreichend dimensioniert sein, damit die erforderliche Abblasmenge ungehindert zur Sicherheitseinrichtung gelangen kann. Zwischen dem Tankkörper und den Druckentlastungseinrichtungen dürfen keine Absperreinrichtungen angebracht sein, es sei denn, es sind doppelte Einrichtungen für die Wartung oder für andere Zwecke vorhanden, und die Absperreinrichtungen für die jeweils verwendeten Druckentlastungseinrichtungen sind in geöffneter Stellung verriegelt oder die Absperreinrichtungen sind so miteinander gekoppelt, dass mindestens eine der doppelt vorhandenen Einrichtungen immer in Betrieb ist. In einer Öffnung, die zu einer Lüftungs- oder Druckentlastungseinrichtung führt, dürfen keine Hindernisse vorhanden sein, welche die Strömung vom Tankkörper zu diesen Einrichtungen begrenzen oder unterbrechen könnten. Lüftungseinrichtungen oder Auslassstutzen der Druckentlastungseinrichtungen müssen, sofern sie verwendet werden, die Dämpfe oder Flüssigkeiten so in die Atmosphäre ableiten, dass nur ein minimaler Gegendruck auf die Druckentlastungseinrichtungen wirkt.

6.7.2.15 Anordnung von Druckentlastungseinrichtungen

6.7.2.15.1 Jede Einlassöffnung der Druckentlastungseinrichtungen muss im Scheitel des Tankkörpers so nahe wie möglich am Schnittpunkt von Längs- und Querachse des Tankkörpers angeordnet sein. Alle Einlassöffnungen der Druckentlastungseinrichtungen müssen sich bei maximalen Füllungsbedingungen in der Dampfphase des Tankkörpers befinden; die Einrichtungen sind so anzuordnen, dass der Dampf ungehindert entweichen kann. Bei entzündbaren Stoffen muss der entweichende Dampf so vom Tankkörper abgeleitet werden, dass er nicht auf den Tankkörper einwirken kann. Schutzeinrichtungen, die die Strömung des Dampfes umleiten, sind zugelassen, vorausgesetzt, die geforderte Abblasmenge wird dadurch nicht vermindert.

6.7.2.15.2 Es sind Maßnahmen zu treffen, um den Zugang unbefugter Personen zu den Druckentlastungseinrichtungen zu verhindern und die Druckentlastungseinrichtungen bei einem Umkippen des ortsbeweglichen Tanks vor Beschädigung zu schützen.

6.7.2.16 Füllstandsanzeigevorrichtungen

6.7.2.16.1 Füllstandsanzeiger aus Glas und aus anderen zerbrechlichen Werkstoffen, die direkt mit dem Inhalt des Tankkörpers in Verbindung stehen, dürfen nicht verwendet werden.

6.7.2.17 Traglager, Rahmen, Hebe- und Befestigungseinrichtungen für ortsbewegliche Tanks

6.7.2.17.1 Ortsbewegliche Tanks sind mit einem Traglager auszulegen und zu bauen, das eine sichere Auflage während der Beförderung gewährleistet. Die in Absatz 6.7.2.2.12 angegebenen Kräfte und der in Absatz 6.7.2.2.13 angegebene Sicherheitsfaktor müssen dabei berücksichtigt werden. Kufen, Rahmen, Schlitten oder andere ähnliche Konstruktionen sind zugelassen.

6.7.2.17.2 Die von den Anbauten an ortsbeweglichen Tanks (z.B. Schlitten, Rahmen, usw.) sowie von den Hebe- und Befestigungseinrichtungen verursachten kombinierten Spannungen dürfen in keinem Bereich des Tankkörpers zu übermäßigen Spannungen führen. Alle ortsbeweglichen Tanks sind mit dauerhaften Hebe- und Befestigungseinrichtungen auszurüsten. Diese sind vorzugsweise an den Traglagern des ortsbeweglichen Tanks zu montieren, dürfen aber auch an Verstärkungsplatten montiert sein, die an den Auflagepunkten des Tankkörpers befestigt sind.

6.7.2.17.3 Bei der Auslegung von Traglagern und Rahmen müssen die Auswirkungen von Umweltkorrosion berücksichtigt werden.

6.7.2.17.4 Gabeltaschen müssen verschließbar sein. Die Einrichtungen zum Verschließen der Gabeltaschen müssen ein dauerhafter Bestandteil des Rahmens oder dauerhaft am Rahmen befestigt sein. Ortsbewegliche Einkammertanks mit einer Länge von weniger als 3,65 m müssen nicht mit verschließbaren Gabeltaschen ausgerüstet sein, vorausgesetzt:

a) der Tankkörper einschließlich aller Zubehörteile ist gut gegen Stöße der Gabeln des Gabelstaplers geschützt und
b) der Abstand von Mitte zu Mitte der Gabeltaschen ist mindestens halb so groß wie die größte Länge des ortsbeweglichen Tanks.

6.7.2.17.5 Wenn ortsbewegliche Tanks während der Beförderung nicht nach Unterabschnitt 4.2.1.2 geschützt sind, müssen die Tankkörper und die Bedienungsausrüstung gegen Beschädigung durch Längs- oder Querstöße oder Umkippen geschützt sein. Äußere Ausrüstungsteile müssen so geschützt sein, dass ein Austreten des Tankkörperinhalts durch Stöße oder Umkippen des ortsbeweglichen Tanks auf seine Ausrüstungsteile ausgeschlossen ist. Beispiele für Schutzmaßnahmen:

a) Schutz gegen seitliche Stöße, der aus Längsträgern bestehen kann, die den Tankkörper auf beiden Seiten in Höhe der Mittellinie schützen;
b) Schutz des ortsbeweglichen Tanks vor dem Umkippen, der aus Verstärkungsringen oder quer am Rahmen befestigten Stäben bestehen kann;
c) Schutz gegen Stöße von hinten, der aus einer Stoßstange oder einem Rahmen bestehen kann;
d) Schutz des Tankkörpers gegen Beschädigungen durch Stöße oder Umkippen durch Verwendung eines ISO-Rahmens nach ISO 1496-3:1995.

6.7.2.18 Baumusterzulassung

► 1.6.4.30

6.7.2.18.1 Für jedes neue Baumuster eines ortsbeweglichen Tanks ist durch die zuständige Behörde oder eine von ihr bestimmte Stelle eine Baumusterzulassungsbescheinigung auszustellen. Diese Bescheinigung muss bestätigen, dass ein ortsbeweglicher Tank von der Behörde begutachtet worden ist, für die beabsichtigte Verwendung geeignet ist und den Vorschriften dieses Kapitels und gegebenenfalls den stoffbezogenen Vorschriften des Kapitels 4.2 und des Kapitels 3.2 Tabelle A entspricht. Werden die ortsbeweglichen Tanks ohne Änderung in der Bauart in Serie gefertigt, gilt die Bescheinigung für die gesamte Serie. In dieser Bescheinigung ist der Baumusterprüfbericht, die zur Beförderung zugelassenen Stoffe oder Gruppen von Stoffen, die Werkstoffe des Tankkörpers und (gegebenenfalls) der Auskleidung sowie eine Zulassungsnummer anzugeben. Die Zulassungsnummer muss aus dem Unterscheidungszeichen oder -symbol des Staates, in dem die Zulassung erfolgte, angegeben durch das für Kraftfahrzeuge im internationalen Verkehr verwendete Unterscheidungszeichen [2)], und einer Registriernummer bestehen. In der Bescheinigung sind eventuelle alternative Vereinbarungen gemäß Unterabschnitt 6.7.1.2 anzugeben. Eine Baumusterzulassung darf auch für die Zulassung kleinerer ortsbeweglicher Tanks herangezogen werden, die aus Werkstoffen gleicher Art und Dicke, nach derselben Fertigungstechnik, mit identischem Traglager sowie gleichwertigen Verschlüssen und sonstigen Zubehörteilen hergestellt werden.

6.7.2.18.2 Der Baumusterprüfbericht für die Baumusterzulassung muss mindestens folgende Angaben enthalten:

a) die Ergebnisse der in ISO 1496-3:1995 beschriebenen anwendbaren Prüfung des Rahmens;

b) die Ergebnisse der erstmaligen Prüfung nach Absatz 6.7.2.19.3 und

c) soweit anwendbar, die Ergebnisse der Auflaufprüfung nach Absatz 6.7.2.19.1.

6.7.2.19 Prüfung

6.7.2.19.1 Ortsbewegliche Tanks, die der Begriffsbestimmung für Container des Internationalen Übereinkommens über sichere Container (CSC) von 1972 in der jeweils geänderten Fassung entsprechen, dürfen nicht verwendet werden, es sei denn, sie werden erfolgreich qualifiziert, nachdem ein repräsentatives Baumuster jeder Bauart der im Handbuch Prüfungen und Kriterien Teil IV Abschnitt 41 beschriebenen dynamischen Auflaufprüfung unterzogen wurde.

6.7.2.19.2 Der Tankkörper und die Ausrüstungsteile jedes ortsbeweglichen Tanks müssen vor der erstmaligen Inbetriebnahme (erstmalige Prüfung) und danach regelmäßig spätestens alle fünf Jahre (wiederkehrende 5-Jahres-Prüfung) mit einer wiederkehrenden Zwischenprüfung (wiederkehrende 2,5-Jahres-Prüfung) in der Halbzeit zwischen zwei wiederkehrenden 5-Jahres-Prüfungen geprüft werden. Die 2,5-Jahres-Prüfung darf innerhalb von 3 Monaten vor oder nach dem angegebenen Datum durchgeführt werden. Unabhängig von der zuletzt durchgeführten wiederkehrenden Prüfung ist, wenn es sich gemäß Absatz 6.7.2.19.7 als erforderlich erweist, eine außerordentliche Prüfung durchzuführen.

6.7.2.19.3 Die erstmalige Prüfung eines ortsbeweglichen Tanks muss eine Überprüfung der Auslegungsmerkmale, eine innere und äußere Untersuchung des ortsbeweglichen Tanks und seiner Ausrüstungsteile unter Berücksichtigung der zu befördernden Stoffe sowie eine Druckprüfung umfassen. Vor der Inbetriebnahme des ortsbeweglichen Tanks ist eine Dichtheitsprüfung und eine Funktionsprüfung der gesamten Bedienungsausrüstung durchzuführen. Wenn der Tankkörper und seine Ausrüstungsteile getrennt einer Druckprüfung unterzogen worden sind, müssen sie nach dem Zusammenbau gemeinsam einer Dichtheitsprüfung unterzogen werden.

---

2) Das für Kraftfahrzeuge und Anhänger im internationalen Straßenverkehr verwendete Unterscheidungszeichen des Zulassungsstaates, z.B. gemäß dem Genfer Übereinkommen über den Straßenverkehr von 1949 oder dem Wiener Übereinkommen über den Straßenverkehr von 1968.

6.7.2.19.4 Die wiederkehrende 5-Jahres-Prüfung muss eine innere und äußere Untersuchung sowie in der Regel eine Wasserdruckprüfung umfassen. Bei Tanks, die nur für die Beförderung von festen Stoffen, ausgenommen giftige oder ätzende Stoffe, die sich während der Beförderung nicht verflüssigen, verwendet werden, darf die Wasserdruckprüfung mit Zustimmung der zuständigen Behörde durch eine geeignete Druckprüfung mit dem 1,5fachen des höchstzulässigen Betriebsdrucks ersetzt werden. Schutzummantelungen, Wärmeisolierungen und dergleichen sind nur soweit zu entfernen, wie es für eine sichere Beurteilung des Zustands des ortsbeweglichen Tanks erforderlich ist. Wenn der Tankkörper und seine Ausrüstungsteile getrennt einer Druckprüfung unterzogen worden sind, müssen sie nach dem Zusammenbau gemeinsam einer Dichtheitsprüfung unterzogen werden.

6.7.2.19.5 Die wiederkehrende 2,5-Jahres-Zwischenprüfung muss mindestens eine innere und äußere Untersuchung des ortsbeweglichen Tanks und seiner Ausrüstungsteile unter Berücksichtigung der zu befördernden Stoffe, eine Dichtheitsprüfung und eine Funktionsprüfung der gesamten Bedienungsausrüstung umfassen. Schutzummantelungen, Wärmeisolierungen und dergleichen sind nur soweit zu entfernen, wie es für eine sichere Beurteilung des Zustands des ortsbeweglichen Tanks erforderlich ist. Bei ortsbeweglichen Tanks, die für die Beförderung eines einzigen Stoffes vorgesehen sind, kann auf die alle zweieinhalb Jahre vorzunehmende innere Untersuchung verzichtet oder durch andere, von der zuständigen Behörde oder der von ihr bestimmten Stelle festgelegte Prüfverfahren ersetzt werden.

► *1.6.4.37*

6.7.2.19.6 Nach Ablauf der Frist für die in Absatz 6.7.2.19.2 vorgeschriebene wiederkehrende 5-Jahres- oder 2,5-Jahres-Prüfung dürfen die ortsbeweglichen Tanks weder befüllt noch zur Beförderung aufgegeben werden. Jedoch dürfen ortsbewegliche Tanks, die vor Ablauf der Frist für die wiederkehrende Prüfung befüllt wurden, innerhalb eines Zeitraums von höchstens drei Monaten nach Ablauf dieser Frist befördert werden. Außerdem dürfen sie nach Ablauf dieser Frist befördert werden:

a) nach dem Entleeren, jedoch vor dem Reinigen, um sie vor dem Wiederbefüllen der nächsten vorgeschriebenen Prüfung zuzuführen, und

b) sofern von der zuständigen Behörde nichts anderes vorgesehen ist, innerhalb eines Zeitraums von höchstens sechs Monaten nach Ablauf dieser Frist, um die Rücksendung von gefährlichen Stoffen zur ordnungsgemäßen Entsorgung oder zum ordnungsgemäßen Recycling zu ermöglichen. Im Beförderungspapier muss auf diese Ausnahme hingewiesen werden.

6.7.2.19.7 Eine außerordentliche Prüfung ist erforderlich, wenn der ortsbewegliche Tank Anzeichen von Beschädigung, Korrosion, Undichtheit oder anderer auf einen Mangel hinweisende Zustände aufweist, der die Unversehrtheit des ortsbeweglichen Tanks beeinträchtigen könnte. Der Umfang der außerordentlichen Prüfung hängt vom Ausmaß der Beschädigung oder der Verschlechterung des Zustands des ortsbeweglichen Tanks ab. Sie muss mindestens die 2,5-Jahres-Prüfung gemäß Absatz 6.7.2.19.5 umfassen.

6.7.2.19.8 Durch die inneren und äußeren Untersuchungen muss sichergestellt werden, dass:

a) der Tankkörper auf Lochfraß, Korrosion, Abrieb, Beulen, Verformungen, Fehler in Schweißnähten oder andere Zustände einschließlich Undichtheiten geprüft ist, durch die der ortsbewegliche Tank bei der Beförderung unsicher werden könnte. Wenn bei dieser Untersuchung Anzeichen einer Verringerung der Wanddicke festgestellt werden, muss die Wanddicke durch geeignete Messungen überprüft werden;

b) die Rohrleitungen, die Ventile, das Heizungs-/Kühlsystem und die Dichtungen auf Korrosion, Defekte oder andere Zustände einschließlich Undichtheiten geprüft sind, durch die der ortsbewegliche Tank beim Befüllen, Entleeren oder der Beförderung unsicher werden könnte;

c) die Einrichtungen, mit denen die Mannlochdeckel festgezogen werden, ordnungsgemäß funktionieren, und diese Deckel oder ihre Dichtungen keine Undichtheiten aufweisen;

d) fehlende oder lose Bolzen oder Muttern bei geflanschten Verbindungen oder Blindflanschen ersetzt oder festgezogen sind;

e) alle Sicherheitseinrichtungen und -ventile frei von Korrosion, Verformung, Beschädigung oder Defekten sind, die ihre normale Funktion behindern könnten. Fernbediente und selbstschließende Verschlusseinrichtungen sind zu betätigen, um ihre ordnungsgemäße Funktion nachzuweisen;

f) Auskleidungen, sofern vorhanden, nach den vom Hersteller der Auskleidung angegebenen Kriterien geprüft sind;

g) auf dem ortsbeweglichen Tank vorgeschriebene Kennzeichen lesbar sind und den anwendbaren Vorschriften entsprechen, und

h) der Rahmen, das Traglager und die Hebeeinrichtungen des ortsbeweglichen Tanks sich in einem zufriedenstellenden Zustand befinden.

6.7.2.19.9 Die in den Absätzen 6.7.2.19.1, 6.7.2.19.3, 6.7.2.19.4, 6.7.2.19.5 und 6.7.2.19.7 angegebenen Prüfungen sind von einem von der zuständigen Behörde oder einer von ihr bestimmten Stelle zugelassenen Sachverständigen durchzuführen oder zu beglaubigen. Wenn die Druckprüfung Bestandteil der Prüfung ist, ist diese mit dem auf dem Tankschild des ortsbeweglichen Tanks angegebenen Prüfdruck durchzuführen. Der unter Druck stehende ortsbewegliche Tank ist auf Undichtheiten des Tankkörpers, der Rohrleitungen oder der Ausrüstung zu untersuchen.

6.7.2.19.10 In allen Fällen, in denen Schneid-, Brenn- oder Schweißarbeiten am Tankkörper durchgeführt werden, sind diese Arbeiten von der zuständigen Behörde oder einer von ihr bestimmten Stelle unter Berücksichtigung des für den Bau des Tankkörpers verwendeten Regelwerks für Druckbehälter zu genehmigen. Nach Abschluss der Arbeiten ist eine Druckprüfung mit dem ursprünglichen Prüfdruck durchzuführen.

6.7.2.19.11 Wird eine die Sicherheit gefährdende Fehlerhaftigkeit festgestellt, darf der ortsbewegliche Tank vor der Ausbesserung und dem erfolgreichen Bestehen einer erneuten Prüfung nicht wieder in Betrieb genommen werden.

6.7.2.20 Kennzeichnung

6.7.2.20.1 ▶ 1.6.4.37 Jeder ortsbewegliche Tank muss mit einem korrosionsbeständigen Metallschild ausgerüstet sein, das dauerhaft an einer auffallenden und für die Prüfung leicht zugänglichen Stelle angebracht ist. Wenn das Schild aus Gründen der Anordnung von Einrichtungen am ortsbeweglichen Tank nicht dauerhaft am Tankkörper angebracht werden kann, muss der Tankkörper mindestens mit den im Regelwerk für Druckbehälter vorgeschriebenen Informationen gekennzeichnet sein. Auf dem Schild müssen mindestens die folgenden Angaben eingeprägt oder durch ein ähnliches Verfahren angebracht sein:

a) Eigentümerinformationen

(i) Registriernummer des Eigentümers;

b) Herstellungsinformationen

(i) Herstellungsland;

(ii) Herstellungsjahr;

(iii) Name oder Zeichen des Herstellers;

(iv) Seriennummer des Herstellers;

c) Zulassungsinformationen

(i) das Symbol der Vereinten Nationen für Verpackungen ;
dieses Symbol darf nur zum Zweck der Bestätigung verwendet werden, dass eine Verpackung, ein flexibler Schüttgut-Container, ein ortsbeweglicher Tank oder ein MEGC den entsprechenden Vorschriften des Kapitels 6.1, 6.2, 6.3, 6.5, 6.6, 6.7 oder 6.11 entspricht;

(ii) Zulassungsland;

(iii) für die Baumusterzulassung zugelassene Stelle;

(iv) Baumusterzulassungsnummer;

(v) die Buchstaben «AA», wenn das Baumuster nach alternativen Vereinbarungen zugelassen wurde (siehe Unterabschnitt 6.7.1.2);

(vi) Regelwerk für Druckbehälter, nach dem der Tankkörper ausgelegt wurde;

d) Drücke

(i) höchstzulässiger Betriebsdruck (in bar oder kPa (Überdruck))[3];

(ii) Prüfdruck (in bar oder kPa (Überdruck))[3];

(iii) Datum der erstmaligen Druckprüfung (Monat und Jahr);

(iv) Identifizierungskennzeichen des Sachverständigen der erstmaligen Druckprüfung;

(v) äußerer Auslegungsdruck[4] (in bar oder kPa (Überdruck))[3];

(vi) höchstzulässiger Betriebsdruck für das Heizungs-/Kühlsystem (in bar oder kPa (Überdruck))[3] (sofern vorhanden);

e) Temperaturen

(i) Auslegungstemperaturbereich (in °C)[3];

f) Werkstoffe

(i) Werkstoff(e) des Tankkörpers und Verweis(e) auf Werkstoffnorm(en);

(ii) gleichwertige Wanddicke für Bezugsstahl (in mm)[3];

(iii) Werkstoff der Auskleidung (sofern vorhanden);

g) Fassungsraum

(i) mit Wasser ausgeliterter Fassungsraum des Tanks bei 20 °C (in Litern)[3].
Auf diese Angabe muss das Symbol «S» folgen, wenn der Tankkörper durch Schwallwände in Abschnitte von höchstens 7 500 Liter Fassungsraum unterteilt ist;

(ii) mit Wasser ausgeliterter Fassungsraum der einzelnen Kammern bei 20 °C (in Litern)[3] (sofern vorhanden, bei Mehrkammertanks).
Auf diese Angabe muss das Symbol «S» folgen, wenn die Kammer durch Schwallwände in Abschnitte von höchstens 7 500 Liter Fassungsraum unterteilt ist;

h) wiederkehrende Prüfungen

(i) Art der zuletzt durchgeführten wiederkehrenden Prüfung (2,5-Jahres-, 5-Jahres-Prüfung oder außerordentliche Prüfung);

(ii) Datum der zuletzt durchgeführten wiederkehrenden Prüfung (Monat und Jahr);

(iii) Prüfdruck (in bar oder kPa (Überdruck))[3] der zuletzt durchgeführten wiederkehrenden Prüfung (sofern anwendbar);

(iv) Identifizierungskennzeichen der zugelassenen Stelle, welche die letzte Prüfung durchgeführt oder beglaubigt hat.

---

3) Die verwendete Einheit ist anzugeben.
4) Siehe Absatz 6.7.2.2.10.

Abbildung 6.7.2.20.1: Beispiel eines Kennzeichenschilds

<table>
<tr><td colspan="3">Registriernummer des Eigentümers</td><td colspan="5"></td></tr>
<tr><td colspan="8">HERSTELLUNGSINFORMATIONEN</td></tr>
<tr><td colspan="3">Herstellungsland</td><td colspan="5"></td></tr>
<tr><td colspan="3">Herstellungsjahr</td><td colspan="5"></td></tr>
<tr><td colspan="3">Hersteller</td><td colspan="5"></td></tr>
<tr><td colspan="3">Seriennummer des Herstellers</td><td colspan="5"></td></tr>
<tr><td colspan="8">ZULASSUNGSINFORMATIONEN</td></tr>
<tr><td rowspan="3"></td><td colspan="2">Zulassungsland</td><td colspan="5"></td></tr>
<tr><td colspan="2">für die Baumusterzulassung zugelassene Stelle</td><td colspan="5"></td></tr>
<tr><td colspan="2">Baumusterzulassungsnummer</td><td colspan="3"></td><td colspan="2">«AA» (sofern anwendbar)</td></tr>
<tr><td colspan="3">Regelwerk für die Auslegung des Tankkörpers (Druckbehälter-Regelwerk)</td><td colspan="5"></td></tr>
<tr><td colspan="8">DRÜCKE</td></tr>
<tr><td colspan="3">höchstzulässiger Betriebsdruck</td><td colspan="5">bar oder kPa</td></tr>
<tr><td colspan="3">Prüfdruck</td><td colspan="5">bar oder kPa</td></tr>
<tr><td colspan="2">Datum der erstmaligen Druckprüfung:</td><td>(MM/JJJJ)</td><td colspan="3">Stempel des Sachverständigen:</td><td colspan="2"></td></tr>
<tr><td colspan="3">äußerer Auslegungsdruck</td><td colspan="5">bar oder kPa</td></tr>
<tr><td colspan="3">höchstzulässiger Betriebsdruck für das Heizungs-/Kühlsystem (sofern vorhanden)</td><td colspan="5">bar oder kPa</td></tr>
<tr><td colspan="8">TEMPERATUREN</td></tr>
<tr><td colspan="3">Auslegungstemperaturbereich</td><td colspan="5">°C bis °C</td></tr>
<tr><td colspan="8">WERKSTOFFE</td></tr>
<tr><td colspan="3">Werkstoff(e) des Tankkörpers und Verweis(e) auf Werkstoffnorm(en)</td><td colspan="5"></td></tr>
<tr><td colspan="3">gleichwertige Wanddicke für Bezugsstahl</td><td colspan="5">mm</td></tr>
<tr><td colspan="3">Werkstoff der Auskleidung (sofern vorhanden)</td><td colspan="5"></td></tr>
<tr><td colspan="8">FASSUNGSRAUM</td></tr>
<tr><td colspan="3">mit Wasser ausgeliterter Fassungsraum des Tanks bei 20 °C</td><td colspan="3">Liter</td><td colspan="2">«S» (sofern anwendbar)</td></tr>
<tr><td colspan="3">mit Wasser ausgeliterter Fassungsraum der Kammer ___ bei 20 °C (sofern vorhanden, bei Mehrkammertanks)</td><td colspan="3">Liter</td><td colspan="2">«S» (sofern anwendbar)</td></tr>
<tr><td colspan="8">WIEDERKEHRENDE PRÜFUNGEN</td></tr>
<tr><td>Art der Prüfung</td><td>Prüfdatum</td><td colspan="2">Stempel des Sachverständigen und Prüfdruck[a]</td><td>Art der Prüfung</td><td>Prüfdatum</td><td colspan="2">Stempel des Sachverständigen und Prüfdruck[a]</td></tr>
<tr><td></td><td>(MM/JJJJ)</td><td></td><td>bar oder kPa</td><td></td><td>(MM/JJJJ)</td><td></td><td>bar oder kPa</td></tr>
<tr><td></td><td></td><td></td><td></td><td></td><td></td><td></td><td></td></tr>
<tr><td></td><td></td><td></td><td></td><td></td><td></td><td></td><td></td></tr>
<tr><td></td><td></td><td></td><td></td><td></td><td></td><td></td><td></td></tr>
</table>

[a] Prüfdruck (sofern anwendbar).

6.7.2.20.2 Folgende Angaben müssen auf dem ortsbeweglichen Tank selbst oder auf einem am ortsbeweglichen Tank fest angebrachten Metallschild dauerhaft angegeben sein:

Name des Betreibers

höchstzulässige Bruttomasse ___________ kg

Leermasse (Tara) ___________ kg

Anweisung für ortsbewegliche Tanks gemäß Absatz 4.2.5.2.6

Bem. Wegen der Identifizierung der beförderten Stoffe siehe auch Teil 5.

6.7.2.20.3 Wenn ein ortsbeweglicher Tank für die Verwendung auf hoher See ausgelegt und zugelassen ist, muss das Identifizierungsschild mit «OFFSHORE PORTABLE TANK» gekennzeichnet sein.

6.7.3 Vorschriften für die Auslegung, den Bau und die Prüfung von ortsbeweglichen Tanks zur Beförderung von nicht tiefgekühlt verflüssigten Gasen

Bem. Diese Vorschriften gelten auch für ortsbewegliche Tanks zur Beförderung von Chemikalien unter Druck (UN-Nummern 3500, 3501, 3502, 3503, 3504 und 3505).

6.7.3.1 Begriffsbestimmungen

Für Zwecke dieses Abschnitts gelten folgende Begriffsbestimmungen:

Alternative Vereinbarung: Eine Zulassung, die von der *zuständigen Behörde* für einen *ortsbeweglichen Tank* oder einen *MEGC* ausgestellt wird, der nach technischen Vorschriften oder Prüfmethoden ausgelegt, gebaut und geprüft ist, die von den in diesem Kapitel festgelegten abweichen.

Auslegungsreferenztemperatur: Die Temperatur, bei der der Dampfdruck des Inhalts zur Berechnung des höchstzulässigen Betriebsdrucks bestimmt wird. Um sicherzustellen, dass das Gas ständig verflüssigt bleibt, muss die Auslegungsreferenztemperatur niedriger sein als die kritische Temperatur des zu befördernden nicht tiefgekühlt verflüssigten Gases oder der verflüssigten Treibgase der zu befördernden Chemikalien unter Druck. Dieser Wert beträgt für die einzelnen Typen ortsbeweglicher Tanks:

a) Tankkörper mit einem Durchmesser von höchstens 1,5 Metern: 65 °C;

b) Tankkörper mit einem Durchmesser von mehr als 1,5 Metern:
   (i) ohne Isolierung oder Sonnenschutz: 60 °C;
   (ii) mit Sonnenschutz (siehe Absatz 6.7.3.2.12): 55 °C; und
   (iii) mit Isolierung (siehe Absatz 6.7.3.2.12): 50 °C.

Auslegungstemperaturbereich: Der Auslegungstemperaturbereich des Tankkörpers muss für nicht tiefgekühlt verflüssigten Gase, die bei Umgebungsbedingungen befördert werden, zwischen –40 °C und 50 °C liegen. Für ortsbewegliche Tanks, die strengeren klimatischen Bedingungen ausgesetzt sind, müssen entsprechend strengere Auslegungstemperaturen in Betracht gezogen werden.

Bauliche Ausrüstung: Die außen am Tankkörper angebrachten Versteifungselemente, Elemente für die Befestigung, den Schutz und die Stabilisierung.

Baustahl: Stahl mit einer garantierten Mindestzugfestigkeit zwischen 360 N/mm^2 und 440 N/mm^2 und einer garantierten Mindestbruchdehnung gemäß Absatz 6.7.3.3.3.3.

Bedienungsausrüstung: Die Messinstrumente sowie die Füll-, Entleerungs-, Lüftungs-, Sicherheits- und Isolierungseinrichtungen.

Berechnungsdruck: Der für Berechnungen nach einem anerkannten Regelwerk für Druckbehälter zu verwendende Druck. Der Berechnungsdruck darf nicht niedriger sein als der höchste der folgenden Drücke:

a) der höchstzulässige effektive Überdruck im Tankkörper während des Füllens oder Entleerens;

b) die Summe aus:
   (i) dem höchstzulässigen effektiven Überdruck, für den der Tankkörper gemäß Absatz b) der Begriffsbestimmung für höchstzulässiger Betriebsdruck (siehe unten) ausgelegt ist;
   (ii) einem Flüssigkeitsdruck, der auf der Grundlage der im Absatz 6.7.3.2.9 genannten statischen Kräfte bestimmt wird, jedoch mindestens 0,35 bar beträgt.

Bezugsstahl: Stahl mit einer Zugfestigkeit von 370 N/mm^2 und einer Bruchdehnung von 27 %.

Dichtheitsprüfung: Eine Prüfung, bei der der Tankkörper und seine Bedienungsausrüstung unter Verwendung eines Gases mit einem effektiven Innendruck von mindestens 25 % des höchstzulässigen Betriebsdrucks belastet wird.

Fülldichte: Die durchschnittliche Masse des nicht tiefgekühlt verflüssigten Gases je Liter Fassungsraum des Tankkörpers (kg/l). Die Fülldichte ist in der Anweisung für ortsbewegliche Tanks T 50 in Absatz 4.2.5.2.6 angegeben.

Höchstzulässige Bruttomasse: Die Summe aus Leermasse des ortsbeweglichen Tanks und der höchsten für die Beförderung zugelassenen Ladung.

Höchstzulässiger Betriebsdruck: Ein Druck, der nicht geringer sein darf als der höchste der folgenden Drücke, die im Scheitel des Tankkörpers im Betriebszustand gemessen werden, und der mindestens 7 bar betragen muss:

a) der höchstzulässige effektive Überdruck im Tankkörper während des Füllens oder Entleerens oder

b) der höchste effektive Überdruck, für den der Tankkörper ausgelegt ist und der
   (i) für ein in der Anweisung für ortsbewegliche Tanks T 50 in Absatz 4.2.5.2.6 aufgeführtes nicht tiefgekühlt verflüssigtes Gas der für dieses Gas in der Anweisung für ortsbewegliche Tanks T 50 vorgeschriebene höchstzulässige Betriebsdruck (in bar) ist;
   (ii) für die übrigen nicht tiefgekühlt verflüssigten Gase nicht geringer sein darf als die Summe aus:
   – dem absoluten Dampfdruck (in bar) des nicht tiefgekühlt verflüssigten Gases bei der Auslegungsreferenztemperatur, vermindert um 1 bar; und
   – dem Partialdruck (in bar) von Luft oder anderen Gasen im füllungsfreien Raum, der durch die Auslegungsreferenztemperatur und einer Ausdehnung der flüssigen Phase infolge einer Erhöhung der mittleren Temperatur des Füllguts von $t_r - t_f$ (t_f = Fülltemperatur, normalerweise 15 °C; t_r = höchste mittlere Temperatur des Füllguts, 50 °C) bestimmt wird;
   (iii) für Chemikalien unter Druck der höchstzulässige Betriebsdruck (in bar) ist, der in der Anweisung für ortsbewegliche Tanks T 50 in Absatz 4.2.5.2.6 für die verflüssigten Gase angegeben ist, die Teil des Treibmittels sind.

Ortsbeweglicher Tank: Ein multimodaler Tank mit einem Fassungsraum von mehr als 450 Litern für die Beförderung von nicht tiefgekühlt verflüssigten Gasen. Der ortsbewegliche Tank umfasst einen Tankkörper, der mit der für die Beförderung von Gasen notwendigen Bedienungsausrüstung und baulichen Ausrüstung ausgestattet ist. Der ortsbewegliche Tank muss befüllt und entleert werden können, ohne dass dazu die bauliche Ausrüstung entfernt werden muss. Er muss außen am Tankkörper angebrachte Elemente zur Stabilisierung besitzen und muss in vollem Zustand angehoben werden können. Er muss hauptsächlich dafür ausgelegt sein, um auf einen Wagen, ein Fahrzeug,

10

ein See- oder Binnenschiff verladen werden zu können, und mit Kufen, Tragelementen oder Zubehörteilen ausgerüstet sein, um die mechanische Handhabung zu erleichtern. Straßentankfahrzeuge, Kesselwagen, nicht metallene Tanks, Großpackmittel (IBC), Gasflaschen und Großgefäße gelten nicht als ortsbewegliche Tanks.

Prüfdruck: Der höchste Überdruck im Scheitel des Tankkörpers während der Druckprüfung.

Tankkörper: Der Teil des ortsbeweglichen Tanks, der das zu befördernde nicht tiefgekühlt verflüssigte Gas enthält (eigentlicher Tank), einschließlich der Öffnungen und ihrer Verschlüsse, jedoch mit Ausnahme der Bedienungsausrüstung und der äußeren baulichen Ausrüstung.

6.7.3.2 Allgemeine Vorschriften für die Auslegung und den Bau

6.7.3.2.1 Die Tankkörper sind in Übereinstimmung mit den Vorschriften eines von der zuständigen Behörde anerkannten Regelwerks für Druckbehälter auszulegen und zu bauen. Sie sind aus verformungsfähigem Stahl herzustellen. Die Werkstoffe müssen grundsätzlich den nationalen oder internationalen Werkstoffnormen entsprechen. Für geschweißte Tankkörper darf nur ein Werkstoff verwendet werden, dessen Schweißbarkeit vollständig nachgewiesen worden ist. Die Schweißnähte müssen fachgerecht ausgeführt sein und volle Sicherheit bieten. Wenn es durch den Herstellungsprozess oder die verwendeten Werkstoffe erforderlich ist, müssen die Tankkörper einer Wärmebehandlung unterzogen werden, um zu gewährleisten, dass die Schweißnähte und die Wärmeeinflusszone eine ausreichende Zähigkeit aufweisen. Bei der Auswahl des Werkstoffes muss der Auslegungstemperaturbereich bezüglich des Risikos von Sprödbruch, Spannungsrisskorrosion und Schlagfestigkeit des Werkstoffes berücksichtigt werden. Bei Verwendung von Feinkornstahl darf nach den Werkstoffspezifikationen der garantierte Wert der Streckgrenze nicht größer als 460 N/mm^2 und der garantierte Wert für die obere Grenze der Zugfestigkeit nicht größer als 725 N/mm^2 sein. Die Werkstoffe des ortsbeweglichen Tanks müssen für die äußeren Umgebungsbedingungen, die während der Beförderung auftreten können, geeignet sein.

6.7.3.2.2 Die Tankkörper, Ausrüstungsteile und Rohrleitungen ortsbeweglicher Tanks müssen aus Werkstoffen hergestellt sein, die

a) in hohem Maße widerstandsfähig gegenüber dem (den) zu befördernden nicht tiefgekühlt verflüssigten Gas(en) sind oder

b) durch chemische Reaktion wirksam passiviert oder neutralisiert worden sind.

6.7.3.2.3 Die Dichtungen müssen aus Werkstoffen hergestellt sein, die von dem (den) zu befördernden nicht tiefgekühlt verflüssigten Gas(en) verträglich sind.

6.7.3.2.4 Der Kontakt zwischen verschiedenen Metallen, der zu Schäden durch Kontaktkorrosion führen könnte, ist zu vermeiden.

6.7.3.2.5 Die Werkstoffe des ortsbeweglichen Tanks, einschließlich aller Einrichtungen, Dichtungen und Zubehörteile dürfen das (die) nicht tiefgekühlt verflüssigte(n) Gas(e), für dessen (deren) Beförderung der ortsbewegliche Tank vorgesehen ist, nicht beeinträchtigen.

6.7.3.2.6 Ortsbewegliche Tanks sind mit einem Traglager, das eine sichere Auflage während der Beförderung gewährleistet, und mit geeigneten Hebe- und Befestigungsmöglichkeiten auszulegen und zu bauen.

6.7.3.2.7 Ortsbewegliche Tanks sind so auszulegen, dass sie ohne Verlust ihres Inhalts in der Lage sind, mindestens dem auf ihren Inhalt zurückzuführenden Innendruck sowie den unter normalen Handhabungs- und Beförderungsbedingungen entstehenden statischen, dynamischen und thermischen Belastungen standzuhalten. Aus der Auslegung muss zu erkennen sein, dass die Einflüsse der durch die wiederholte Einwirkung dieser Belastungen während der vorgesehenen Lebensdauer der ortsbeweglichen Tanks verursachte Ermüdung berücksichtigt worden ist.

6.7.3.2.8 Die Tankkörper müssen so ausgelegt sein, dass sie einem äußeren Druck (Überdruck) von mindestens 0,4 bar über dem Innendruck ohne bleibende Verformung standhalten. Wenn der Tankkörper vor dem Befüllen oder während des Entleerens einem bedeutenden Vakuum ausgesetzt ist, muss er so ausgelegt sein, dass er einem äußeren Druck von mindestens 0,9 bar (Überdruck) über dem Innendruck standhält; der Tankkörper muss bei diesem Druck geprüft werden.

6.7.3.2.9 Ortsbewegliche Tanks und ihre Befestigungseinrichtungen müssen bei der höchstzulässigen Beladung in der Lage sein, folgende getrennt einwirkende statische Kräfte aufzunehmen:

a) in Fahrtrichtung: das Zweifache der höchstzulässigen Bruttomasse multipliziert mit der Erdbeschleunigung (g) [5];

b) horizontal, im rechten Winkel zur Fahrtrichtung: die höchstzulässige Bruttomasse (das Zweifache der höchstzulässigen Bruttomasse, wenn die Fahrtrichtung nicht eindeutig bestimmt ist), multipliziert mit der Erdbeschleunigung (g) [5];

c) vertikal aufwärts: die höchstzulässige Bruttomasse multipliziert mit der Erdbeschleunigung (g) [5]; und

d) vertikal abwärts: das Zweifache der höchstzulässigen Bruttomasse (Gesamtbeladung einschließlich Wirkung der Schwerkraft) multipliziert mit der Erdbeschleunigung (g) [5].

6.7.3.2.10 Unter Wirkung jeder der unter Absatz 6.7.3.2.9 genannten Kräfte sind folgende Sicherheitskoeffizienten zu beachten:

a) bei Stählen mit ausgeprägter Streckgrenze ein Sicherheitskoeffizient von 1,5, bezogen auf die garantierte Streckgrenze, oder

b) bei Stählen ohne ausgeprägte Streckgrenze ein Sicherheitskoeffizient von 1,5, bezogen auf die garantierte 0,2 %-Dehngrenze und bei austenitischen Stählen auf die 1 %-Dehngrenze.

6.7.3.2.11 Als Werte für die Streckgrenze oder die Dehngrenze gelten die in nationalen oder internationalen Werkstoffnormen festgelegten Werte. Bei austenitischen Stählen dürfen die in den Werkstoffnormen festgelegten Mindestwerte für die Streckgrenze oder die Dehngrenze um bis zu 15 % erhöht werden, sofern diese höheren Werte im Werkstoffabnahmezeugnis bescheinigt sind. Wenn für den betreffenden Stahl keine Werkstoffnorm existiert, ist der für die Streckgrenze oder die Dehngrenze verwendete Wert von der zuständigen Behörde zu genehmigen.

6.7.3.2.12 Wenn die Tankkörper für die Beförderung von nicht tiefgekühlt verflüssigten Gasen mit einer Wärmeisolierung ausgerüstet sind, muss diese folgenden Vorschriften entsprechen:

a) sie muss aus einem Schutzdach bestehen, das mindestens das obere Drittel, aber höchstens die obere Hälfte der Tankkörperoberfläche bedeckt und von dieser durch eine Luftschicht von etwa 40 mm Dicke getrennt ist;

---

5) Für Berechnungszwecke gilt: $g = 9{,}81\ m/s^2$.

10

b) sie muss aus einer vollständigen Umhüllung von genügender Dicke aus isolierenden Stoffen bestehen, die so geschützt sind, dass eine Aufnahme von Feuchtigkeit und eine Beschädigung unter normalen Beförderungsbedingungen verhindert wird und dass eine Wärmeleitfähigkeit von höchstens 0,67 ($W \cdot m^{-2} \cdot K^{-1}$) erzielt wird;

c) wenn die Schutzummantelung gasdicht verschlossen ist, ist eine Einrichtung vorzusehen, um einen gefährlichen Druck, der sich in der Isolierschicht bei ungenügender Gasdichtheit des Tankkörpers oder seiner Ausrüstungsteile entwickelt, zu verhindern und

d) die Wärmeisolierung darf den Zugang zu den Zubehörteilen und Entleerungseinrichtungen nicht behindern.

6.7.3.2.13 Ortsbewegliche Tanks, die für die Beförderung nicht tiefgekühlt verflüssigter entzündbarer Gase vorgesehen sind, müssen elektrisch geerdet werden können.

6.7.3.3 Auslegungskriterien

6.7.3.3.1 Die Tankkörper müssen einen kreisförmigen Querschnitt haben.

6.7.3.3.2 Die Tankkörper sind so auszulegen und zu bauen, dass sie einem Prüfdruck von mindestens dem 1,3fachen des Berechnungsdrucks standhalten. Bei der Auslegung des Tankkörpers müssen die in der Anweisung für ortsbewegliche Tanks T 50 in Absatz 4.2.5.2.6 für jedes zur Beförderung vorgesehene nicht tiefgekühlt verflüssigte Gas angegebenen Mindestwerte für den höchstzulässigen Betriebsdruck berücksichtigt werden. Es wird auf die Vorschriften für die Mindestwanddicke der Tankkörper des Unterabschnitts 6.7.3.4 hingewiesen.

6.7.3.3.3 Bei Stählen, die eine ausgeprägte Streckgrenze aufweisen oder die sich durch eine garantierte Dehngrenze auszeichnen (im Allgemeinen 0,2 %-Dehngrenze oder bei austenitischen Stählen 1 %-Dehngrenze), darf die primäre Membranspannung σ des Tankkörpers beim Prüfdruck nicht größer sein als der kleinere der Werte 0,75 Re oder 0,5 Rm, wobei

Re = Streckgrenze in N/mm^2 oder 0,2 %-Dehngrenze oder bei austenitischen Stähle 1 %-Dehngrenze

Rm = Mindestzugfestigkeit in N/mm^2.

6.7.3.3.3.1 Die für Re und Rm zu verwendenden Werte sind die in nationalen oder internationalen Werkstoffnormen festgelegten Mindestwerte. Bei austenitischen Stählen dürfen die in den Werkstoffnormen festgelegten Mindestwerte für Re und Rm um bis zu 15 % erhöht werden, sofern diese höheren Werte im Werkstoffabnahmezeugnis bescheinigt sind. Wenn für den betreffenden Stahl keine Werkstoffnorm existiert, sind die für Re und Rm verwendeten Werte von der zuständigen Behörde oder einer von ihr bestimmten Stelle zu genehmigen.

6.7.3.3.3.2 Stähle, die ein Verhältnis Re/Rm von mehr als 0,85 aufweisen, dürfen nicht für den Bau von geschweißten Tankkörpern verwendet werden. Die zur Berechnung dieses Verhältnisses für Re und Rm zu verwendenden Werte sind die im Werkstoffabnahmezeugnis festgelegten Werte.

6.7.3.3.3.3 Stähle, die für den Bau von Tankkörpern verwendet werden, müssen eine Bruchdehnung in % von mindestens 10000/Rm mit einem absoluten Minimum von 16 % für Feinkornstahl und 20 % für andere Stähle aufweisen.

6.7.3.3.3.4 Bei der Bestimmung tatsächlicher Werkstoffwerte ist zu beachten, dass bei Walzblech die Achse des Probestücks für die Zugspannungsprobe im rechten Winkel (quer) zur Walzrichtung liegen muss. Die bleibende Bruchdehnung ist an Probestücken mit rechteckigem Querschnitt gemäß Norm ISO 6892:1998 unter Verwendung einer Messlänge von 50 mm zu messen.

6.7.3.4 Mindestwanddicke des Tankkörpers

6.7.3.4.1 Die Mindestwanddicke des Tankkörpers muss dem größten der nachfolgenden Werte entsprechen:

a) die nach den Vorschriften des Unterabschnitts 6.7.3.4 bestimmte Mindestwanddicke und

b) die nach dem anerkannten Regelwerk für Druckbehälter unter Berücksichtigung der Vorschriften des Unterabschnitts 6.7.3.3 bestimmte Mindestwanddicke.

6.7.3.4.2 Der Mantel, die Böden und die Mannlochdeckel der Tankkörper mit einem Durchmesser von höchstens 1,80 m müssen, wenn sie aus Bezugsstahl sind, mindestens eine Wanddicke von 5 mm oder, wenn sie aus einem anderen Stahl sind, eine gleichwertige Dicke haben. Tankkörper mit einem Durchmesser von mehr als 1,80 m müssen, wenn sie aus Bezugsstahl sind, eine Wanddicke von mindestens 6 mm oder, wenn sie aus einem anderen Stahl sind, eine gleichwertige Dicke haben.

6.7.3.4.3 Die Wanddicke des Mantels, der Böden und der Mannlochdeckel der Tankkörper darf unabhängig vom Werkstoff für den Bau nicht geringer als 4 mm sein.

6.7.3.4.4 Die gleichwertige Wanddicke eines Stahls mit Ausnahme der in Absatz 6.7.3.4.2 vorgeschriebenen Dicke für Bezugsstahl ist mit Hilfe folgender Formel zu bestimmen:

$$e_1 = \frac{21{,}4\, e_0}{\sqrt[3]{Rm_1\, A_1}},$$

wobei

e_1 = erforderliche gleichwertige Wanddicke (in mm) des verwendeten Stahls;

e_0 = die in Absatz 6.7.3.4.2 festgelegte Mindestwanddicke (in mm) für Bezugsstahl;

Rm_1 = die garantierte Mindestzugfestigkeit (in N/mm^2) des verwendeten Stahls (siehe Absatz 6.7.3.3.3);

A_1 = die garantierte Mindestbruchdehnung (in %) des verwendeten Stahls gemäß den nationalen oder internationalen Normen.

6.7.3.4.5 Die Wanddicke des Tankkörpers darf in keinem Fall geringer sein als die in den Absätzen 6.7.3.4.1 bis 6.7.3.4.3 beschriebenen Werte. Alle Teile des Tankkörpers müssen die in den Absätzen 6.7.3.4.1 bis 6.7.3.4.3 festgelegte Mindestwanddicke haben. In dieser Dicke darf ein eventueller Korrosionszuschlag nicht berücksichtigt sein.

6.7.3.4.6 Bei Verwendung von Baustahl (siehe Unterabschnitt 6.7.3.1) ist eine Berechnung nach der Formel in Absatz 6.7.3.4.4 nicht erforderlich.

6.7.3.4.7 Bei der Verbindung der Tankböden mit dem Tankmantel darf es keine sprunghafte Veränderung in der Blechdicke geben.

10

6.7.3.5 Bedienungsausrüstung

6.7.3.5.1 Die Bedienungsausrüstung ist so anzubringen, dass sie während der Handhabung und Beförderung gegen das Risiko des Abreißens oder der Beschädigung geschützt ist. Wenn die Verbindung zwischen dem Rahmen und dem Tankkörper eine relative Bewegung zwischen den Baugruppen zulässt, muss die Ausrüstung so befestigt sein, dass durch eine solche Bewegung kein Risiko der Beschädigung von Teilen besteht. Die äußeren Entleerungseinrichtungen (Rohranschlüsse, Verschlusseinrichtungen), die innere Absperreinrichtung und ihr Sitz müssen gegen die Gefahr des Abreißens durch äußere Beanspruchungen geschützt sein (beispielsweise durch die Verwendung von Sollbruchstellen). Die Füll- und Entleerungseinrichtungen (einschließlich Flansche oder Schraubverschlüsse) und alle Schutzkappen müssen gegen unbeabsichtigtes Öffnen gesichert werden können.

6.7.3.5.2 Mit Ausnahme von Öffnungen für die Druckentlastungseinrichtungen, Untersuchungsöffnungen und verschlossenen Entlüftungsbohrungen müssen alle Öffnungen mit einem Durchmesser von mehr als 1,5 mm in Tankkörpern von ortsbeweglichen Tanks mit mindestens drei hintereinander liegenden, voneinander unabhängigen Verschlüssen ausgerüstet sein, wobei der erste eine innere Absperreinrichtung, ein Durchflussbegrenzungsventil oder eine gleichwertige Einrichtung, der zweite eine äußere Absperreinrichtung und der dritte ein Blindflansch oder eine gleichwertige Einrichtung ist.

6.7.3.5.2.1 Wenn ein ortsbeweglicher Tank mit einem Durchflussbegrenzungsventil ausgerüstet ist, muss dieses so installiert sein, dass sich sein Sitz innerhalb des Tankkörpers oder innerhalb eines geschweißten Flansches befindet; wenn das Durchflussbegrenzungsventil außerhalb des Tankkörpers angebracht ist, müssen die Halterungen so ausgelegt sein, dass sie bei Stößen wirksam bleiben. Die Durchflussbegrenzungsventile sind so auszuwählen und anzubringen, dass sie sich bei Erreichen der vom Hersteller festgelegten Durchflussmenge selbsttätig schließen. Die Verbindungen oder Zubehörteile, die zu einem solchen Durchflussbegrenzungsventil führen oder von diesem wegführen, müssen einen höheren Durchsatz haben als die Durchflussmenge des Durchflussbegrenzungsventils.

6.7.3.5.3 Bei den Öffnungen für das Füllen und Entleeren muss der erste Verschluss eine innere Absperreinrichtung und der zweite eine Absperreinrichtung sein, die an einer zugänglichen Stelle jedes Auslauf- oder Füllstutzens angebracht ist.

6.7.3.5.4 Bei den Bodenöffnungen für das Befüllen und Entleeren von ortsbeweglichen Tanks für die Beförderung von nicht tiefgekühlt verflüssigten entzündbaren und/oder giftigen Gasen oder von Chemikalien unter Druck muss die innere Absperreinrichtung eine schnellschließende Sicherheitseinrichtung sein, die sich bei einem unbeabsichtigtem Verschieben des ortsbeweglichen Tanks während des Füllens oder Entleerens oder bei Feuereinwirkung selbsttätig schließt. Ausgenommen bei ortsbeweglichen Tanks mit einem Fassungsraum von höchstens 1000 Litern muss das Schließen dieser Einrichtung durch Fernbedienung ausgelöst werden können.

6.7.3.5.5 Zusätzlich zu den Öffnungen für das Befüllen, das Entleeren und den Gasdruckausgleich dürfen die Tankkörper mit Öffnungen für das Anbringen von Flüssigkeitsstandanzeigern, Thermometern und Manometern versehen sein. Die Anschlüsse dieser Instrumente müssen aus geeigneten geschweißten Stutzen oder Taschen bestehen und dürfen keine durch den Tankkörper gehende Schraubanschlüsse sein.

6.7.3.5.6 Alle ortsbeweglichen Tanks sind mit Mannlöchern oder anderen Untersuchungsöffnungen ausreichender Größe auszurüsten, um eine innere Untersuchung und einen ausreichenden Zugang für Wartungs- und Reparaturarbeiten im Inneren zu ermöglichen.

6.7.3.5.7 Die äußeren Bauteile sind soweit wie möglich zu Gruppen zusammenzufassen.

6.7.3.5.8 Jede Verbindung eines ortsbeweglichen Tanks muss eindeutig mit ihrer Funktion gekennzeichnet sein.

6.7.3.5.9 Jede Absperreinrichtung oder sonstige Verschlusseinrichtung ist nach einem Nenndruck auszulegen und zu bauen, der mindestens dem höchstzulässigen Betriebsdruck des Tankkörpers entspricht, wobei die bei der Beförderung voraussichtlich auftretenden Temperaturen zu berücksichtigen sind. Alle Absperreinrichtungen mit einer Gewindespindel müssen sich durch Drehen des Handrades im Uhrzeigersinn schließen. Bei den übrigen Absperreinrichtungen muss die Stellung (offen und geschlossen) und die Drehrichtung für das Schließen eindeutig angezeigt werden. Alle Absperreinrichtungen sind so auszulegen, dass ein unbeabsichtigtes Öffnen verhindert wird.

6.7.3.5.10 Die Rohrleitungen sind so auszulegen, zu bauen und zu montieren, dass das Risiko der Beschädigung infolge thermischer Ausdehnung und Schrumpfung, mechanischer Erschütterung und Vibration vermieden wird. Alle Rohrleitungen müssen aus einem geeigneten metallenen Werkstoff sein. Soweit möglich müssen die Rohrleitungsverbindungen geschweißt sein.

6.7.3.5.11 Verbindungen von Kupferrohrleitungen müssen hartgelötet oder durch eine metallene Verbindung gleicher Festigkeit hergestellt sein. Der Schmelzpunkt des Hartlots darf nicht niedriger als 525 °C sein. Die Verbindungen dürfen die Festigkeit der Rohrleitungen nicht vermindern, wie dies bei Schraubverbindungen der Fall sein kann.

6.7.3.5.12 Der Berstdruck aller Rohrleitungen und Rohrleitungsbauteile darf nicht niedriger sein als der höhere der beiden folgenden Werte: das Vierfache des höchstzulässigen Betriebsdrucks des Tankkörpers oder das Vierfache des Drucks, zu dem es beim Betrieb durch Einwirkung einer Pumpe oder einer anderen Einrichtung (ausgenommen Druckentlastungseinrichtungen) kommen kann.

6.7.3.5.13 Für den Bau von Verschlusseinrichtungen, Ventilen und Zubehörteilen sind verformungsfähige Metalle zu verwenden.

6.7.3.6 Bodenöffnungen

6.7.3.6.1 Bestimmte nicht tiefgekühlt verflüssigte Gase dürfen nicht in ortsbeweglichen Tanks mit Bodenöffnungen befördert werden, wenn in der Anweisung für ortsbewegliche Tanks T 50 in Absatz 4.2.5.2.6 angegeben ist, dass Bodenöffnungen nicht zugelassen sind. Unterhalb des Flüssigkeitsspiegels des Tankkörpers dürfen sich keine Öffnungen befinden, wenn der Tankkörper bis zur höchstzulässigen Füllgrenze befüllt ist.

6.7.3.7 Druckentlastungseinrichtungen

6.7.3.7.1 Ortsbewegliche Tanks für nicht tiefgekühlt verflüssigte Gase müssen mit einer oder mehreren federbelasteten Druckentlastungseinrichtungen ausgerüstet sein. Die Druckentlastungseinrichtungen müssen sich selbsttätig bei einem Druck öffnen, der nicht geringer sein darf als der höchstzulässige Betriebsdruck, und bei einem Druck von 110 % des höchstzulässigen Betriebsdrucks vollständig geöffnet sein. Diese Einrichtungen müssen sich nach der Entlastung bei einem Druck wieder schließen, der höchstens 10 % unter dem Ansprechdruck liegt, und bei allen niedrigeren Drücken geschlossen bleiben. Bei den Druckentlastungseinrichtungen muss es sich um eine Bauart handeln, die dynamischen Kräften einschließlich Flüssigkeitsschwall standhält. Berstscheiben, die nicht mit einer federbelasteten Druckentlastungseinrichtung in Reihe geschaltet sind, sind nicht zugelassen.

6.7.3.7.2 Die Druckentlastungseinrichtungen müssen so ausgelegt sein, dass keine Fremdstoffe eindringen und keine Gase austreten können und sich kein gefährlicher Überdruck bilden kann.

6.7.3.7.3 Ortsbewegliche Tanks, die für die Beförderung von bestimmten, in der Anweisung für ortsbewegliche Tanks T 50 in Absatz 4.2.5.2.6 genannten nicht tiefgekühlt verflüssigten Gasen vorgesehen sind, müssen mit einer von der zuständigen Behörde genehmigten Druckentlastungseinrichtung ausgerüstet sein. Die Entlastungseinrichtung muss aus einer Berstscheibe bestehen, die einer federbelasteten Druckentlastungseinrichtung vorgeschaltet ist, es sei denn, der ortsbewegliche Tank ist für die Beförderung eines einzigen Stoffes vorgesehen und mit einer genehmigten Druckentlastungseinrichtung aus einem Werkstoff ausgerüstet, der mit dem beförderten Stoff verträglich ist. Zwischen der Berstscheibe und der Druckentlastungseinrichtung ist ein Druckmessgerät oder eine andere geeignete Anzeigeeinrichtung für die Feststellung von Brüchen, Perforationen oder Undichtheiten der Scheibe, durch die das Druckentlastungssystem funktionsunfähig werden kann, anzubringen. Die Berstscheibe muss bei einem Nenndruck, der 10 % über dem Ansprechdruck der Druckentlastungseinrichtung liegt, bersten.

6.7.3.7.4 Bei ortsbeweglichen Tanks, die für die Beförderung verschiedener Gase vorgesehen sind, müssen die Druckentlastungseinrichtungen bei dem Druck öffnen, der in Absatz 6.7.3.7.1 für dasjenige der zur Beförderung im ortsbeweglichen Tank zugelassenen Gase mit dem größten höchstzulässigen Betriebsdruck angegeben ist.

6.7.3.8 Abblasmenge von Druckentlastungseinrichtungen

6.7.3.8.1 Die Gesamtabblasmenge der Druckentlastungseinrichtungen bei vollständiger Feuereinwirkung auf den ortsbeweglichen Tank muss ausreichen, damit der Druck (einschließlich Druckakkumulation) im Tankkörper höchstens 120 % des höchstzulässigen Betriebsdrucks beträgt. Um die vorgeschriebene Abblasmenge zu erreichen, sind federbelastete Druckentlastungseinrichtungen zu verwenden. Bei ortsbeweglichen Tanks, die für die Beförderung verschiedener Gase vorgesehen sind, muss die Gesamtabblasmenge der Druckentlastungseinrichtungen für dasjenige der zur Beförderung im ortsbeweglichen Tank zugelassenen Gase berechnet werden, das die höchste Abblasmenge erfordert.

6.7.3.8.1.1 Für die Bestimmung der erforderlichen Gesamtabblasmenge der Entlastungseinrichtungen, die als die Summe der einzelnen Abblasmengen der verschiedenen Einrichtungen angesehen wird, ist die folgende Formel[6)] zu verwenden:

$$Q = 12{,}4 \frac{FA^{0{,}82}}{LC} \sqrt{\frac{ZT}{M}},$$

wobei:

Q = die mindestens erforderliche Abblasmenge in Kubikmetern Luft pro Sekunde (m^3/s) unter den Normalbedingungen von 1 bar und 0 °C (273 K);

6) Diese Formel gilt nur für nicht tiefgekühlt verflüssigte Gase, deren kritische Temperaturen deutlich über der Temperatur im Akkumulationszustand liegt. Bei Gasen, die eine kritische Temperatur nahe oder unterhalb der Temperatur im Akkumulationszustand haben, sind bei der Bestimmung der Gesamtabblasleistung der Entlastungseinrichtungen die übrigen thermodynamische Eigenschaften des Gases zu berücksichtigen (siehe beispielsweise CGA S-1.2-2003 «Pressure Relief Device Standards – Part 2 – Cargo and Portable Tanks for Compressed Gases» (Normen für Druckentlastungseinrichtungen – Teil 2 – Frachttanks und ortsbewegliche Tanks für verdichtete Gase).

F = ein Koeffizient mit dem folgenden Wert:
für nicht isolierte Tankkörper F = 1;
für isolierte Tankkörper F = U (649 - t)/13,6, aber auf keinen Fall geringer als 0,25, wobei:

U = Wärmeleitfähigkeit der Isolierung bei 38 °C in $kW \cdot m^{-2} \cdot K^{-1}$

t = tatsächliche Temperatur des nicht tiefgekühlt verflüssigten Gases beim Befüllen (in °C);
ist diese Temperatur nicht bekannt, t = 15 °C.

Der oben für isolierte Tankkörper angegebene Wert F darf verwendet werden, vorausgesetzt, die Isolierung entspricht den Vorschriften des Absatzes 6.7.3.8.1.2;

A = gesamte Außenoberfläche des Tankkörpers in m^2;

Z = der Gaskompressibilitätsfaktor unter Akkumulationsbedingungen (Abblasbedingungen) (ist dieser Faktor nicht bekannt, Z = 1,0);

T = absolute Temperatur in Kelvin (°C + 273) oberhalb der Druckentlastungseinrichtungen unter Akkumulationsbedingungen (Abblasbedingungen);

L = die latente Verdampfungswärme des flüssigen Stoffes in kJ/kg unter Akkumulationsbedingungen (Abblasbedingungen);

M = Molekülmasse des entlasteten Gases;

C = eine Konstante, die aus einer der folgenden Formeln als Funktion des Verhältnisses k der spezifischen Wärmen abgeleitet wird:

$$k = \frac{c_p}{c_v} ,$$

wobei:
c_p die spezifische Wärme bei konstantem Druck und
c_v die spezifische Wärme bei konstantem Volumen ist;

<u>wenn k > 1:</u>

$$C = \sqrt{k\left(\frac{2}{k+1}\right)^{\frac{k+1}{k-1}}} ;$$

<u>wenn k = 1</u> oder <u>wenn k unbekannt ist:</u>

$$C = \frac{1}{\sqrt{e}} = 0{,}607 ,$$

wobei e die mathematische Konstante 2,7183 ist.

C kann auch der folgenden Tabelle entnommen werden:

k	C	k	C	k	C
1,00	0,607	1,26	0,660	1,52	0,704
1,02	0,611	1,28	0,664	1,54	0,707
1,04	0,615	1,30	0,667	1,56	0,710
1,06	0,620	1,32	0,671	1,58	0,713
1,08	0,624	1,34	0,674	1,60	0,716
1,10	0,628	1,36	0,678	1,62	0,719
1,12	0,633	1,38	0,681	1,64	0,722
1,14	0,637	1,40	0,685	1,66	0,725
1,16	0,641	1,42	0,688	1,68	0,728
1,18	0,645	1,44	0,691	1,70	0,731
1,20	0,649	1,46	0,695	2,00	0,770
1,22	0,652	1,48	0,698	2,20	0,793
1,24	0,656	1,50	0,701		

6.7.3.8.1.2 Isolierungssysteme, die zur Reduzierung der Abblasmenge verwendet werden, müssen von der zuständigen Behörde oder einer von ihr bestimmten Stelle genehmigt werden. In jedem Fall müssen die für diesen Zweck genehmigten Isolierungssysteme

a) bei allen Temperaturen bis 649 °C wirksam bleiben und

b) mit einem Werkstoff mit einem Schmelzpunkt von mindestens 700 °C ummantelt sein.

6.7.3.9 Kennzeichnung von Druckentlastungseinrichtungen

6.7.3.9.1 Jede Druckentlastungseinrichtung muss mit folgenden Angaben deutlich und dauerhaft gekennzeichnet sein:

a) der Ansprechdruck (in bar oder kPa);

b) die zulässige Toleranz für den Entlastungsdruck von federbelasteten Einrichtungen;

c) die Referenztemperatur, die dem nominalen Berstdruck von Berstscheiben zugeordnet ist;

d) die nominale Abblasmenge der Einrichtung in Normkubikmetern Luft pro Sekunde (m^3/s) und

► 1.6.4.43

e) die Strömungsquerschnitte der federbelasteten Druckentlastungseinrichtungen und Berstscheiben in mm^2;

wenn möglich, ist auch folgende Information anzugeben:

f) der Name des Herstellers und die entsprechende Registriernummer der Druckentlastungseinrichtung.

6.7.3.9.2 Die auf den Druckentlastungseinrichtungen angegebene nominale Abblasmenge ist nach den Normen ISO 4126-1:2004 und ISO 4126-7:2004 zu bestimmen.

6.7.3.10 Anschlüsse für Druckentlastungseinrichtungen

6.7.3.10.1 Die Anschlüsse für Druckentlastungseinrichtungen müssen ausreichend dimensioniert sein, damit die erforderliche Abblasmenge ungehindert zur Sicherheitseinrichtung gelangen kann. Zwischen dem Tankkörper und den Druckentlastungseinrichtungen dürfen keine Absperreinrichtungen angebracht sein, es sei denn, es sind doppelte Einrichtungen für die Wartung oder für andere Zwecke vorhanden, und die Absperreinrichtungen für die jeweils verwendeten Druckentlastungseinrichtungen sind in geöffneter Stellung verriegelt oder die Absperreinrichtungen sind so miteinander gekoppelt, dass mindestens eine der doppelt vorhandenen Einrichtungen immer in Betrieb und in der Lage ist, die Vorschriften des Unterabschnitts 6.7.3.8 zu erfüllen. In einer Öffnung, die zu einer Lüftungs- oder Druckentlastungseinrichtung führt, dürfen keine Hindernisse vorhanden sein, welche die Strömung vom Tankkörper zu diesen Einrichtungen begrenzen oder unterbrechen könnten. Abblasleitungen der Druckentlastungseinrichtungen müssen, sofern sie verwendet werden, die Dämpfe oder Flüssigkeiten so in die Atmosphäre ableiten, dass nur ein minimaler Gegendruck auf die Druckentlastungseinrichtungen wirkt.

6.7.3.11 Anordnung von Druckentlastungseinrichtungen

6.7.3.11.1 Jede Einlassöffnung der Druckentlastungseinrichtungen muss im Scheitel des Tankkörpers so nahe wie möglich am Schnittpunkt von Längs- und Querachse des Tankkörpers angeordnet sein. Alle Einlassöffnungen der Druckentlastungseinrichtungen müssen sich bei maximalen Füllungsbedingungen in der Dampfphase des Tankkörpers befinden; die Einrichtungen sind so anzuordnen, dass der Dampf ungehindert entweichen kann. Bei nicht tiefgekühlt verflüssigten entzündbaren Gasen muss der entweichende Dampf so vom Tankkörper abgeleitet werden, dass er nicht auf den Tankkörper einwirken kann. Schutzeinrichtungen, die die Strömung des Dampfes umleiten, sind zugelassen, vorausgesetzt, die geforderte Abblasmenge wird dadurch nicht vermindert.

6.7.3.11.2 Es sind Maßnahmen zu treffen, um den Zugang unbefugter Personen zu den Druckentlastungseinrichtungen zu verhindern und die Druckentlastungseinrichtungen bei einem Umkippen des ortsbeweglichen Tanks vor Beschädigung zu schützen.

6.7.3.12 Füllstandsanzeigevorrichtungen

6.7.3.12.1 Ein ortsbeweglicher Tank ist, sofern er nicht für das Befüllen nach Masse vorgesehen ist, mit einer oder mehreren Füllstandsanzeigevorrichtungen auszurüsten. Füllstandsanzeiger aus Glas und aus anderen zerbrechlichen Werkstoffen, die direkt mit dem Inhalt des Tankkörpers in Verbindung stehen, dürfen nicht verwendet werden.

6.7.3.13 Traglager, Rahmen, Hebe- und Befestigungseinrichtungen für ortsbewegliche Tanks

6.7.3.13.1 Ortsbewegliche Tanks sind mit einem Traglager auszulegen und zu bauen, das eine sichere Auflage während der Beförderung gewährleistet. Die in Absatz 6.7.3.2.9 angegebenen Kräfte und der in Absatz 6.7.3.2.10 angegebene Sicherheitsfaktor müssen dabei berücksichtigt werden. Kufen, Rahmen, Schlitten oder andere ähnliche Konstruktionen sind zugelassen.

6.7.3.13.2 Die von den Anbauten an ortsbeweglichen Tanks (z.B. Schlitten, Rahmen, usw.) sowie von den Hebe- und Befestigungseinrichtungen verursachten kombinierten Spannungen dürfen in keinem Bereich des Tankkörpers zu übermäßigen Spannungen führen. Alle ortsbeweglichen Tanks sind mit dauerhaften Hebe- und Befestigungseinrichtungen auszurüsten. Diese sind vorzugsweise an den Traglagern des ortsbeweglichen Tanks zu montieren, dürfen aber auch an Verstärkungsplatten montiert sein, die an den Auflagepunkten des Tankkörpers befestigt sind.

6.7.3.13.3 Bei der Auslegung von Traglagern und Rahmen müssen die Auswirkungen von Umweltkorrosion berücksichtigt werden.

6.7.3.13.4 Gabeltaschen müssen verschließbar sein. Die Einrichtungen zum Verschließen der Gabeltaschen müssen ein dauerhafter Bestandteil des Rahmens oder dauerhaft am Rahmen befestigt sein. Ortsbewegliche Einkammertanks mit einer Länge von weniger als 3,65 m müssen nicht mit verschließbaren Gabeltaschen ausgerüstet sein, vorausgesetzt:

a) der Tankkörper einschließlich aller Zubehörteile ist gut gegen Stöße der Gabeln des Gabelstaplers geschützt und

b) der Abstand von Mitte zu Mitte der Gabeltaschen ist mindestens halb so groß wie die größte Länge des ortsbeweglichen Tanks.

6.7.3.13.5 Wenn ortsbewegliche Tanks während der Beförderung nicht nach Unterabschnitt 4.2.2.3 geschützt sind, müssen die Tankkörper und die Bedienungsausrüstung gegen Beschädigung durch Längs- oder Querstöße oder Umkippen geschützt sein. Äußere Ausrüstungsteile müssen so geschützt sein, dass ein Austreten des Tankkörperinhalts durch Stöße oder Umkippen des ortsbeweglichen Tanks auf seine Ausrüstungsteile ausgeschlossen ist. Beispiele für Schutzmaßnahmen:

a) Schutz gegen seitliche Stöße, der aus Längsträgern bestehen kann, die den Tankkörper auf beiden Seiten in Höhe der Mittellinie schützen;

b) Schutz des ortsbeweglichen Tanks vor dem Umkippen, der aus Verstärkungsringen oder quer am Rahmen befestigten Stäben bestehen kann;

c) Schutz gegen Stöße von hinten, der aus einer Stoßstange oder einem Rahmen bestehen kann;

d) Schutz des Tankkörpers gegen Beschädigungen durch Stöße oder Umkippen durch Verwendung eines ISO-Rahmens nach ISO 1496-3:1995.

6.7.3.14 Baumusterzulassung

► *1.6.4.30*

6.7.3.14.1 Für jedes neue Baumuster eines ortsbeweglichen Tanks ist durch die zuständige Behörde oder eine von ihr bestimmte Stelle eine Baumusterzulassungsbescheinigung auszustellen. Diese Bescheinigung muss bestätigen, dass ein ortsbeweglicher Tank von der Behörde begutachtet worden ist, für die beabsichtigte Verwendung geeignet ist und den Vorschriften dieses Kapitels und gegebenenfalls den in der Anweisung für ortsbewegliche Tanks T 50 in Absatz 4.2.5.2.6 vorgesehenen Vorschriften für Gase entspricht. Werden die ortsbeweglichen Tanks ohne Änderung in der Bauart in Serie gefertigt, gilt die Bescheinigung für die gesamte Serie. In dieser Bescheinigung ist der Baumusterprüfbericht, die zur Beförderung zugelassenen Gase, die Werkstoffe des Tankkörpers und eine Zulassungsnummer anzugeben. Die Zulassungsnummer muss aus dem Unterscheidungszeichen oder -symbol des Staates, in dem die Zulassung erfolgte, angegeben durch das für Kraftfahrzeuge im internationalen Verkehr verwendete Unterscheidungszeichen[7)], und einer Registriernummer bestehen. In der Bescheinigung sind eventuelle alternative Vereinbarungen gemäß Unterabschnitt 6.7.1.2 anzugeben. Eine Baumusterzulassung darf auch für die Zulassung kleinerer ortsbeweglicher Tanks herangezogen werden, die aus Werkstoffen gleicher Art und Dicke, nach derselben Fertigungstechnik, mit identischem Traglager sowie gleichwertigen Verschlüssen und sonstigen Zubehörteilen hergestellt werden.

6.7.3.14.2 Der Baumusterprüfbericht für die Baumusterzulassung muss mindestens folgende Angaben enthalten:

a) die Ergebnisse der in ISO 1496-3:1995 beschriebenen anwendbaren Prüfung des Rahmens;

b) die Ergebnisse der erstmaligen Prüfung nach Absatz 6.7.3.15.3 und

c) soweit anwendbar, die Ergebnisse der Auflaufprüfung nach Absatz 6.7.3.15.1.

6.7.3.15 Prüfung

6.7.3.15.1 Ortsbewegliche Tanks, die der Begriffsbestimmung für Container des Internationalen Übereinkommens über sichere Container (CSC) von 1972 in der jeweils geänderten Fassung entsprechen, dürfen nicht verwendet werden, es sei denn, sie werden erfolgreich qualifiziert, nachdem ein repräsentatives Baumuster jeder Bauart der im Handbuch Prüfungen und Kriterien Teil IV Abschnitt 41 beschriebenen dynamischen Auflaufprüfung unterzogen wurde.

6.7.3.15.2 Der Tankkörper und die Ausrüstungsteile jedes ortsbeweglichen Tanks müssen vor der erstmaligen Inbetriebnahme (erstmalige Prüfung) und danach regelmäßig spätestens alle fünf Jahre (wiederkehrende 5-Jahres-Prüfung) mit einer wiederkehrenden Zwischenprüfung (wiederkehrende 2,5-Jahres-Prüfung) in der Halbzeit zwischen zwei wiederkehrenden 5-Jahres-Prüfungen geprüft werden. Die 2,5-Jahres-Prüfung darf innerhalb von 3 Monaten vor oder nach dem angegebenen Datum durchgeführt werden. Unabhängig von der zuletzt durchgeführten wiederkehrenden Prüfung ist, wenn es sich gemäß Absatz 6.7.3.15.7 als erforderlich erweist, eine außerordentliche Prüfung durchzuführen.

6.7.3.15.3 Die erstmalige Prüfung eines ortsbeweglichen Tanks muss eine Überprüfung der Auslegungsmerkmale, eine innere und äußere Untersuchung des ortsbeweglichen Tanks und seiner Ausrüstungsteile unter Berücksichtigung der zu befördernden nicht tiefgekühlt verflüssigten Gase sowie eine Druckprüfung unter Verwendung der Prüfdrücke des Absatzes 6.7.3.3.2 umfassen. Die Druckprüfung darf als Wasserdruckprüfung oder mit Zustimmung der zuständigen Behörde oder einer von ihr bestimmten Stelle unter

7) Das für Kraftfahrzeuge und Anhänger im internationalen Straßenverkehr verwendete Unterscheidungszeichen des Zulassungsstaates, z.B. gemäß dem Genfer Übereinkommen über den Straßenverkehr von 1949 oder dem Wiener Übereinkommen über den Straßenverkehr von 1968.

Verwendung einer anderen Flüssigkeit oder eines anderen Gases durchgeführt werden. Vor der Inbetriebnahme des ortsbeweglichen Tanks ist eine Dichtheitsprüfung und eine Funktionsprüfung der gesamten Bedienungsausrüstung durchzuführen. Wenn der Tankkörper und seine Ausrüstungsteile getrennt einer Druckprüfung unterzogen worden sind, müssen sie nach dem Zusammenbau gemeinsam einer Dichtheitsprüfung unterzogen werden. Alle Schweißnähte, die den vollen Beanspruchungen im Tankkörper ausgesetzt sind, müssen bei der erstmaligen Prüfung mittels Durchstrahlung, Ultraschall oder einer anderen zerstörungsfreien Methode geprüft werden. Dies gilt nicht für die Ummantelung.

6.7.3.15.4 Die wiederkehrende 5-Jahres-Prüfung muss eine innere und äußere Untersuchung sowie in der Regel eine Wasserdruckprüfung umfassen. Schutzummantelungen, Wärmeisolierungen und dergleichen sind nur soweit zu entfernen, wie es für eine sichere Beurteilung des Zustands des ortsbeweglichen Tanks erforderlich ist. Wenn der Tankkörper und seine Ausrüstungsteile getrennt einer Druckprüfung unterzogen worden sind, müssen sie nach dem Zusammenbau gemeinsam einer Dichtheitsprüfung unterzogen werden.

6.7.3.15.5 Die wiederkehrende 2,5-Jahres-Zwischenprüfung muss mindestens eine innere und äußere Untersuchung des ortsbeweglichen Tanks und seiner Ausrüstungsteile unter Berücksichtigung der zu befördernden nicht tiefgekühlt verflüssigten Gase, eine Dichtheitsprüfung und eine Funktionsprüfung der gesamten Bedienungsausrüstung umfassen. Schutzummantelungen, Wärmeisolierungen und dergleichen sind nur soweit zu entfernen, wie es für eine sichere Beurteilung des Zustands des ortsbeweglichen Tanks erforderlich ist. Bei ortsbeweglichen Tanks, die für die Beförderung eines einzigen nicht tiefgekühlt verflüssigten Gases vorgesehen sind, kann auf die alle zweieinhalb Jahre vorzunehmende innere Untersuchung verzichtet oder durch andere, von der zuständigen Behörde oder der von ihr bestimmten Stelle festgelegte Prüfverfahren ersetzt werden.

6.7.3.15.6 Nach Ablauf der Frist für die in Absatz 6.7.3.15.2 vorgeschriebene wiederkehrende 5-Jahres- oder 2,5-Jahres-Prüfung dürfen die ortsbeweglichen Tanks weder befüllt noch zur Beförderung aufgegeben werden. Jedoch dürfen ortsbewegliche Tanks, die vor Ablauf der Frist für die wiederkehrende Prüfung befüllt wurden, innerhalb eines Zeitraums von höchstens drei Monaten nach Ablauf dieser Frist befördert werden. Außerdem dürfen sie nach Ablauf dieser Frist befördert werden:

a) nach dem Entleeren, jedoch vor dem Reinigen, um sie vor dem Wiederbefüllen der nächsten vorgeschriebenen Prüfung zuzuführen, und

b) sofern von der zuständigen Behörde nichts anderes vorgesehen ist, innerhalb eines Zeitraums von höchstens sechs Monaten nach Ablauf dieser Frist, um die Rücksendung von gefährlichen Stoffen zur ordnungsgemäßen Entsorgung oder zum ordnungsgemäßen Recycling zu ermöglichen. Im Beförderungspapier muss auf diese Ausnahme hingewiesen werden.

6.7.3.15.7 Eine außerordentliche Prüfung ist erforderlich, wenn der ortsbewegliche Tank Anzeichen von Beschädigung, Korrosion, Undichtheit oder anderer auf einen Mangel hinweisende Zustände aufweist, der die Unversehrtheit des ortsbeweglichen Tanks beeinträchtigen könnte. Der Umfang der außerordentlichen Prüfung hängt vom Ausmaß der Beschädigung oder der Verschlechterung des Zustands des ortsbeweglichen Tanks ab. Sie muss mindestens die 2,5-Jahres-Prüfung gemäß Absatz 6.7.3.15.5 umfassen.

6.7.3.15.8 Durch die inneren und äußeren Untersuchungen muss sichergestellt werden, dass:

a) der Tankkörper auf Lochfraß, Korrosion, Abrieb, Beulen, Verformungen, Fehler in Schweißnähten oder andere Zustände einschließlich Undichtheiten geprüft ist, durch die der ortsbewegliche Tank bei der Beförderung unsicher werden könnte. Wenn bei dieser Untersuchung Anzeichen einer Verringerung der Wanddicke festgestellt werden, muss die Wanddicke durch geeignete Messungen überprüft werden;

b) die Rohrleitungen, die Ventile und die Dichtungen auf Korrosion, Defekte oder andere Zustände einschließlich Undichtheiten geprüft sind, durch die der ortsbewegliche Tank beim Befüllen, Entleeren oder der Beförderung unsicher werden könnte;

c) die Einrichtungen, mit denen die Mannlochdeckel festgezogen werden, ordnungsgemäß funktionieren, und diese Deckel oder ihre Dichtungen keine Undichtheiten aufweisen;

d) fehlende oder lose Bolzen oder Muttern bei geflanschten Verbindungen oder Blindflanschen ersetzt oder festgezogen sind;

e) alle Sicherheitseinrichtungen und -ventile frei von Korrosion, Verformung, Beschädigung oder Defekten sind, die ihre normale Funktion behindern könnten. Fernbediente und selbstschließende Verschlusseinrichtungen sind zu betätigen, um ihre ordnungsgemäße Funktion nachzuweisen;

f) auf dem ortsbeweglichen Tank vorgeschriebene Kennzeichen lesbar sind und den anwendbaren Vorschriften entsprechen und

g) der Rahmen, das Traglager und die Hebeeinrichtungen des ortsbeweglichen Tanks sich in einem zufriedenstellenden Zustand befinden.

6.7.3.15.9 Die in den Absätzen 6.7.3.15.1, 6.7.3.15.3, 6.7.3.15.4, 6.7.3.15.5 und 6.7.3.15.7 angegebenen Prüfungen sind von einem von der zuständigen Behörde oder einer von ihr bestimmten Stelle zugelassenen Sachverständigen durchzuführen oder zu beglaubigen. Wenn die Druckprüfung Bestandteil der Prüfung ist, ist diese mit dem auf dem Tankschild des ortsbeweglichen Tanks angegebenen Prüfdruck durchzuführen. Der unter Druck stehende ortsbewegliche Tank ist auf Undichtheiten des Tankkörpers, der Rohrleitungen oder der Ausrüstung zu untersuchen.

6.7.3.15.10 In allen Fällen, in denen Schneid-, Brenn- oder Schweißarbeiten am Tankkörper durchgeführt werden, sind diese Arbeiten von der zuständigen Behörde oder einer von ihr bestimmten Stelle unter Berücksichtigung des für den Bau des Tankkörpers verwendeten Regelwerks für Druckbehälter zu genehmigen. Nach Abschluss der Arbeiten ist eine Druckprüfung mit dem ursprünglichen Prüfdruck durchzuführen.

6.7.3.15.11 Wird eine die Sicherheit gefährdende Fehlerhaftigkeit festgestellt, darf der ortsbewegliche Tank vor der Ausbesserung und dem erfolgreichen Bestehen einer erneuten Prüfung nicht wieder in Betrieb genommen werden.

6.7.3.16 Kennzeichnung

6.7.3.16.1 ▶ 1.6.4.37

Jeder ortsbewegliche Tank muss mit einem korrosionsbeständigen Metallschild ausgerüstet sein, das dauerhaft an einer auffallenden und für die Prüfung leicht zugänglichen Stelle angebracht ist. Wenn das Schild aus Gründen der Anordnung von Einrichtungen am ortsbeweglichen Tank nicht dauerhaft am Tankkörper angebracht werden kann, muss der Tankkörper mindestens mit den im Regelwerk für Druckbehälter vorgeschriebenen Informationen gekennzeichnet sein. Auf dem Schild müssen mindestens die folgenden Angaben eingeprägt oder durch ein ähnliches Verfahren angebracht sein:

a) Eigentümerinformationen
   (i) Registriernummer des Eigentümers;

b) Herstellungsinformationen
   (i) Herstellungsland;
   (ii) Herstellungsjahr;
   (iii) Name oder Zeichen des Herstellers;
   (iv) Seriennummer des Herstellers;

c) Zulassungsinformationen
   (i) das Symbol der Vereinten Nationen für Verpackungen ,
   dieses Symbol darf nur zum Zweck der Bestätigung verwendet werden, dass eine Verpackung, ein flexibler Schüttgut-Container, ein ortsbeweglicher Tank oder ein MEGC den entsprechenden Vorschriften des Kapitels 6.1, 6.2, 6.3, 6.5, 6.6, 6.7 oder 6.11 entspricht;
   (ii) Zulassungsland;
   (iii) für die Baumusterzulassung zugelassene Stelle;
   (iv) Baumusterzulassungsnummer;
   (v) die Buchstaben «AA», wenn das Baumuster nach alternativen Vereinbarungen zugelassen wurde (siehe Unterabschnitt 6.7.1.2);
   (vi) Regelwerk für Druckbehälter, nach dem der Tankkörper ausgelegt wurde;

d) Drücke
   (i) höchstzulässiger Betriebsdruck (in bar oder kPa (Überdruck))[8)];
   (ii) Prüfdruck (in bar oder kPa (Überdruck))[8)];
   (iii) Datum der erstmaligen Druckprüfung (Monat und Jahr);
   (iv) Identifizierungskennzeichen des Sachverständigen der erstmaligen Druckprüfung;
   (v) äußerer Auslegungsdruck[9)] (in bar oder kPa (Überdruck))[8)];

e) Temperaturen
   (i) Auslegungstemperaturbereich (in °C)[8)];
   (ii) Auslegungsreferenztemperatur (in °C)[8)];

---

8) Die verwendete Einheit ist anzugeben.

9) Siehe Absatz 6.7.2.2.10.

f) Werkstoffe

(i) Werkstoff(e) des Tankkörpers und Verweis(e) auf Werkstoffnorm(en);

(ii) gleichwertige Wanddicke für Bezugsstahl (in mm)[8];

g) Fassungsraum

(i) mit Wasser ausgeliterter Fassungsraum des Tanks bei 20 °C (in Litern)[8];

h) wiederkehrende Prüfungen

(i) Art der zuletzt durchgeführten wiederkehrenden Prüfung (2,5-Jahres-, 5-Jahres-Prüfung oder außerordentliche Prüfung);

(ii) Datum der zuletzt durchgeführten wiederkehrenden Prüfung (Monat und Jahr);

(iii) Prüfdruck (in bar oder kPa (Überdruck))[8] der zuletzt durchgeführten wiederkehrenden Prüfung (sofern anwendbar);

(iv) Identifizierungskennzeichen der zugelassenen Stelle, welche die letzte Prüfung durchgeführt oder beglaubigt hat.

8) Die verwendete Einheit ist anzugeben.

Abbildung 6.7.3.16.1: Beispiel eines Kennzeichenschilds

<table>
<tr><td colspan="4">Registriernummer des Eigentümers</td><td colspan="4"></td></tr>
<tr><td colspan="8">HERSTELLUNGSINFORMATIONEN</td></tr>
<tr><td colspan="4">Herstellungsland</td><td colspan="4"></td></tr>
<tr><td colspan="4">Herstellungsjahr</td><td colspan="4"></td></tr>
<tr><td colspan="4">Hersteller</td><td colspan="4"></td></tr>
<tr><td colspan="4">Seriennummer des Herstellers</td><td colspan="4"></td></tr>
<tr><td colspan="8">ZULASSUNGSINFORMATIONEN</td></tr>
<tr><td rowspan="3">un</td><td colspan="3">Zulassungsland</td><td colspan="4"></td></tr>
<tr><td colspan="3">für die Baumusterzulassung zugelassene Stelle</td><td colspan="4"></td></tr>
<tr><td colspan="3">Baumusterzulassungsnummer</td><td colspan="2"></td><td colspan="2">«AA» (sofern anwendbar)</td></tr>
<tr><td colspan="4">Regelwerk für die Auslegung des Tankkörpers (Druckbehälter-Regelwerk)</td><td colspan="4"></td></tr>
<tr><td colspan="8">DRÜCKE</td></tr>
<tr><td colspan="4">höchstzulässiger Betriebsdruck</td><td colspan="4">bar oder kPa</td></tr>
<tr><td colspan="4">Prüfdruck</td><td colspan="4">bar oder kPa</td></tr>
<tr><td colspan="2">Datum der erstmaligen Druckprüfung:</td><td colspan="2">(MM/JJJJ)</td><td colspan="2">Stempel des Sachverständigen:</td><td colspan="2"></td></tr>
<tr><td colspan="4">äußerer Auslegungsdruck</td><td colspan="4">bar oder kPa</td></tr>
<tr><td colspan="8">TEMPERATUREN</td></tr>
<tr><td colspan="4">Auslegungstemperaturbereich</td><td colspan="4">°C bis °C</td></tr>
<tr><td colspan="4">Auslegungsreferenztemperatur</td><td colspan="4">°C</td></tr>
<tr><td colspan="8">WERKSTOFFE</td></tr>
<tr><td colspan="4">Werkstoff(e) des Tankkörpers und Verweis(e) auf Werkstoffnorm(en)</td><td colspan="4"></td></tr>
<tr><td colspan="4">gleichwertige Wanddicke für Bezugsstahl</td><td colspan="4">mm</td></tr>
<tr><td colspan="8">FASSUNGSRAUM</td></tr>
<tr><td colspan="4">mit Wasser ausgeliterter Fassungsraum des Tanks bei 20 °C</td><td colspan="4">Liter</td></tr>
<tr><td colspan="8">WIEDERKEHRENDE PRÜFUNGEN</td></tr>
<tr><td>Art der Prüfung</td><td>Prüfdatum</td><td colspan="2">Stempel des Sachverständigen und Prüfdruck[a)]</td><td>Art der Prüfung</td><td>Prüfdatum</td><td colspan="2">Stempel des Sachverständigen und Prüfdruck[a)]</td></tr>
<tr><td></td><td>(MM/JJJJ)</td><td></td><td>bar oder kPa</td><td></td><td>(MM/JJJJ)</td><td></td><td>bar oder kPa</td></tr>
<tr><td></td><td></td><td></td><td></td><td></td><td></td><td></td><td></td></tr>
<tr><td></td><td></td><td></td><td></td><td></td><td></td><td></td><td></td></tr>
<tr><td></td><td></td><td></td><td></td><td></td><td></td><td></td><td></td></tr>
</table>

a) Prüfdruck (sofern anwendbar).

10

6.7.3.16.2 Folgende Angaben müssen auf dem ortsbeweglichen Tank selbst oder auf einem am ortsbeweglichen Tank fest angebrachten Metallschild dauerhaft angegeben sein:

Name des Betreibers

Bezeichnung des (der) zur Beförderung zugelassenen nicht tiefgekühlt verflüssigten Gases (Gase)

höchstzulässige Masse der Füllung für jedes zur Beförderung zugelassene nicht tiefgekühlt verflüssigte Gas __________ kg

höchstzulässige Bruttomasse __________ kg

Leermasse (Tara) __________ kg

Anweisung für ortsbewegliche Tanks gemäß Absatz 4.2.5.2.6

Bem. Wegen der Identifizierung der beförderten nicht tiefgekühlt verflüssigten Gase siehe auch Teil 5.

6.7.3.16.3 Wenn ein ortsbeweglicher Tank für die Verwendung auf hoher See ausgelegt und zugelassen ist, muss das Identifizierungsschild mit «OFFSHORE PORTABLE TANK» gekennzeichnet sein.

6.7.4 Vorschriften für die Auslegung, den Bau und die Prüfung von ortsbeweglichen Tanks zur Beförderung von tiefgekühlt verflüssigten Gasen

6.7.4.1 Begriffsbestimmungen

► 1.2.1

Für Zwecke dieses Abschnitts gelten folgende Begriffsbestimmungen:

Alternative Vereinbarung: Eine Zulassung, die von der *zuständigen Behörde* für einen *ortsbeweglichen Tank* oder einen *MEGC* ausgestellt wird, der nach technischen Vorschriften oder Prüfmethoden ausgelegt, gebaut und geprüft ist, die von den in diesem Kapitel festgelegten abweichen.

Bauliche Ausrüstung: Die außen am Tankkörper angebrachten Versteifungselemente, Elemente für die Befestigung, den Schutz und die Stabilisierung.

Bedienungsausrüstung: Die Messinstrumente sowie die Füll-, Entleerungs-, Entlüftungs-, Sicherheits-, Druckerzeugungs-, Kühl- und Wärmeisolierungseinrichtungen.

Bezugsstahl: Stahl mit einer Zugfestigkeit von 370 N/mm^2 und einer Bruchdehnung von 27 %.

Dichtheitsprüfung: Eine Prüfung, bei der der Tankkörper und seine Bedienungsausrüstung unter Verwendung eines Gases mit einem effektiven Innendruck von mindestens 90 % des höchstzulässigen Betriebsdrucks belastet wird.

Haltezeit: Der Zeitraum zwischen der Herstellung des erstmaligen Füllzustandes bis zu dem Zeitpunkt, in dem der Druck durch Wärmezufuhr auf den niedrigsten Ansprechdruck der Druckbegrenzungseinrichtung(en) gestiegen ist.

Höchstzulässige Bruttomasse: Die Summe aus Leermasse des ortsbeweglichen Tanks und der höchsten für die Beförderung zugelassenen Ladung.

Höchstzulässiger Betriebsdruck: Der höchstzulässige effektive Überdruck im Scheitel des Tankkörpers eines befüllten ortsbeweglichen Tanks im Betriebszustand, einschließlich der höchste effektive Druck während des Füllens oder Entleerens.

Mindestauslegungstemperatur: Die Temperatur, die für die Auslegung und den Bau des Tankkörpers verwendet wird und die nicht höher ist als die niedrigste (kälteste) Temperatur (Betriebstemperatur) des Inhalts unter normalen Füll-, Entleerungs- und Beförderungsbedingungen.

Ortsbeweglicher Tank: Ein wärmeisolierter multimodaler Tank mit einem Fassungsraum von mehr als 450 Litern, der mit der für die Beförderung von tiefgekühlt verflüssigten Gasen notwendigen Bedienungsausrüstung und baulichen Ausrüstung ausgestattet ist. Der ortsbewegliche Tank muss befüllt und entleert werden können, ohne dass dazu die bauliche Ausrüstung entfernt werden muss. Er muss außen am Tank angebrachte Elemente zur Stabilisierung besitzen und muss in vollem Zustand angehoben werden können. Er muss hauptsächlich dafür ausgelegt sein, um auf einen Wagen, ein Fahrzeug, ein See- oder Binnenschiff verladen werden zu können, und mit Kufen, Tragelementen oder Zubehörteilen ausgerüstet sein, um die mechanische Handhabung zu erleichtern. Straßentankfahrzeuge, Kesselwagen, nicht metallene Tanks, Großpackmittel (IBC), Gasflaschen und Großgefäße gelten nicht als ortsbewegliche Tanks.

Prüfdruck: Der höchste Überdruck im Scheitel des Tankkörpers während der Druckprüfung.

Tank: Eine Konstruktion, die normalerweise

a) entweder aus einer Ummantelung und einem oder mehreren inneren Tankkörpern besteht, wobei der Raum zwischen dem (den) Tankkörper(n) und der Ummantelung luftleer ist (Vakuumisolierung) und ein Wärmeisolationssystem beinhalten kann, oder
b) aus einer Ummantelung und einem inneren Tankkörper mit einer Zwischenschicht aus festem Isoliermaterial (z.B. fester Schaum)

besteht.

Tankkörper: Der Teil des ortsbeweglichen Tanks, der das zu befördernde tiefgekühlt verflüssigte Gas enthält (eigentlicher Tank), einschließlich der Öffnungen und ihrer Verschlüsse, jedoch mit Ausnahme der Bedienungsausrüstung und der äußeren baulichen Ausrüstung.

Ummantelung: Die äußere Abdeckung oder Verkleidung der Isolierung, die Teil des Isolationssystems sein kann.

6.7.4.2 Allgemeine Vorschriften für die Auslegung und den Bau

6.7.4.2.1 Die Tankkörper sind in Übereinstimmung mit den Vorschriften eines von der zuständigen Behörde anerkannten Regelwerks für Druckbehälter auszulegen und zu bauen. Die Tankkörper und Ummantelungen sind aus metallenen verformungsfähigen Werkstoffen herzustellen. Die Ummantelungen sind aus Stahl herzustellen. Nicht metallene Werkstoffe dürfen für die Befestigungseinrichtungen und Anbauten zwischen dem Tankkörper und der Ummantelung verwendet werden, sofern nachgewiesen ist, dass ihre Werkstoffeigenschaften bei der Mindestauslegungstemperatur ausreichend sind. Die Werkstoffe müssen grundsätzlich den nationalen oder internationalen Werkstoffnormen entsprechen. Für geschweißte Tankkörper und Ummantelungen dürfen nur Werkstoffe verwendet werden, deren Schweißbarkeit vollständig nachgewiesen worden ist. Die Schweißnähte müssen fachgerecht ausgeführt sein und volle Sicherheit bieten. Wenn es durch den Herstellungsprozess oder die verwendeten Werkstoffe erforderlich ist, müssen die Tankkörper einer Wärmebehandlung unterzogen werden, um zu gewährleisten, dass die Schweißnähte und die Wärmeeinflusszone eine ausreichende Zähigkeit aufweisen. Bei der Auswahl des Werkstoffes muss die Mindestauslegungstemperatur bezüglich des Risikos von Sprödbruch, Wasserstoffversprödung, Spannungsrisskorrosion und Schlagfestigkeit des Werkstoffes berücksichtigt werden. Bei Verwendung von Feinkornstahl darf nach den Werkstoffspezifikationen der garantierte Wert der Streckgrenze nicht größer als 460 N/mm^2 und der garantierte Wert für die obere Grenze der Zugfestigkeit nicht größer als 725 N/mm^2 sein. Die Werkstoffe des ortsbeweglichen Tanks müssen für die äußeren Umgebungsbedingungen, die während der Beförderung auftreten können, geeignet sein.

6.7.4.2.2 Alle Teile eines ortsbeweglichen Tanks, einschließlich Ausrüstungsteile, Dichtungen und Rohrleitungen, von denen normalerweise davon ausgegangen werden kann, dass sie mit dem beförderten tiefgekühlt verflüssigten Gas in Berührung kommen, müssen mit diesem verträglich sein.

6.7.4.2.3 Der Kontakt zwischen verschiedenen Metallen, der zu Schäden durch Kontaktkorrosion führen könnte, ist zu vermeiden.

6.7.4.2.4 Das Wärmeisolierungssystem muss eine vollständige Umhüllung des (der) Tankkörpers (Tankkörper) mit wirksamen Isolationswerkstoffen umfassen. Die äußere Isolierung ist mit einer Ummantelung zu schützen, um eine Aufnahme von Feuchtigkeit und eine Beschädigung unter normalen Beförderungsbedingungen zu verhindern.

6.7.4.2.5 Ist eine Ummantelung gasdicht verschlossen, ist eine Einrichtung vorzusehen, um einen gefährlichen Druck, der sich in der Isolierschicht entwickelt, zu verhindern.

6.7.4.2.6 Ortsbewegliche Tanks, die für die Beförderung von tiefgekühlt verflüssigten Gasen mit einem Siedepunkt unter –182 °C bei atmosphärischen Druck vorgesehen sind, dürfen keine Werkstoffe enthalten, die mit Sauerstoff oder einer mit Sauerstoff angereicherten Umgebung gefährlich reagieren können, wenn sich diese Werkstoffe in der Wärmeisolierung befinden und das Risiko besteht, dass sie mit Sauerstoff oder mit Sauerstoff angereicherter Flüssigkeit in Berührung kommen.

6.7.4.2.7 Die Isolierwerkstoffe dürfen sich während des Betriebs qualitativ nicht übermäßig verschlechtern.

6.7.4.2.8 Für jedes zur Beförderung in ortsbeweglichen Tanks vorgesehene tiefgekühlt verflüssigte Gas ist eine Referenzhaltezeit zu bestimmen.

6.7.4.2.8.1 Die Referenzhaltezeit ist nach einer von der zuständigen Behörde anerkannten Methode auf der Grundlage folgender Faktoren zu bestimmen:

a) die nach Absatz 6.7.4.2.8.2 bestimmte Wirksamkeit des Isolierungssystems;
b) der niedrigste Ansprechdruck der Druckbegrenzungseinrichtung(en);
c) die ursprünglichen Füllbedingungen;
d) eine angenommen Umgebungstemperatur von 30 °C;
e) die physikalischen Eigenschaften der einzelnen, für die Beförderung vorgesehenen tiefgekühlt verflüssigten Gase.

6.7.4.2.8.2 Die Wirksamkeit des Isolierungssystems (Wärmezufuhr in Watt) ist durch eine Typprüfung des ortsbeweglichen Tanks nach einem von der zuständigen Behörde anerkannten Verfahren zu prüfen. Diese Prüfung muss umfassen:

a) entweder eine Konstantdruckprüfung (zum Beispiel bei atmosphärischem Druck), bei der über einen bestimmten Zeitraum der Verlust an tiefgekühlt verflüssigtem Gas gemessen wird;
b) oder eine Prüfung im geschlossenen System, bei der über einen bestimmten Zeitraum der Druckanstieg im Tankkörper gemessen wird.

Bei der Durchführung der Konstantdruckprüfung sind Schwankungen des atmosphärischen Drucks zu berücksichtigen. Bei beiden Prüfungen sind Korrekturen für eventuelle Abweichungen der Umgebungstemperatur vom angenommenen Referenzwert von 30 °C für die Umgebungstemperatur vorzunehmen.

Bem. Wegen der Bestimmung der tatsächlichen Haltezeit vor jeder Beförderung siehe Unterabschnitt 4.2.3.7.

6.7.4.2.9 Die Ummantelung eines vakuumisolierten doppelwandigen Tanks muss entweder einen nach einem anerkannten technischen Regelwerk berechneten äußeren Berechnungsdruck von mindestens 100 kPa (1 bar) (Überdruck) oder einen berechneten kritischen Einbeuldruck von mindestens 200 kPa (2 bar) (Überdruck) haben. Bei der Berechnung der Widerstandsfähigkeit der Ummantelung gegenüber dem äußeren Druck dürfen innere und äußere Verstärkungen einbezogen werden.

6.7.4.2.10 Ortsbewegliche Tanks sind mit einem Traglager, das eine sichere Auflage während der Beförderung gewährleistet, und mit geeigneten Hebe- und Befestigungsmöglichkeiten auszulegen und zu bauen.

6.7.4.2.11 Ortsbewegliche Tanks sind so auszulegen, dass sie ohne Verlust ihres Inhalts in der Lage sind, mindestens dem auf ihren Inhalt zurückzuführenden Innendruck sowie den unter normalen Handhabungs- und Beförderungsbedingungen entstehenden statischen, dynamischen und thermischen Belastungen standzuhalten. Aus der Auslegung muss zu erkennen sein, dass die Einflüsse der durch die wiederholte Einwirkung dieser Belastungen während der vorgesehenen Lebensdauer der ortsbeweglichen Tanks verursachte Ermüdung berücksichtigt worden ist.

6.7.4.2.12 Ortsbewegliche Tanks und ihre Befestigungseinrichtungen müssen bei der höchstzulässigen Beladung in der Lage sein, folgende getrennt einwirkende statische Kräfte aufzunehmen:

a) in Fahrtrichtung: das Zweifache der höchstzulässigen Bruttomasse multipliziert mit der Erdbeschleunigung (g) [10)];
b) horizontal, im rechten Winkel zur Fahrtrichtung: die höchstzulässige Bruttomasse (das Zweifache der höchstzulässigen Bruttomasse, wenn die Fahrtrichtung nicht eindeutig bestimmt ist), multipliziert mit der Erdbeschleunigung (g) [10)];
c) vertikal aufwärts: die höchstzulässige Bruttomasse multipliziert mit der Erdbeschleunigung (g) [10)]; und
d) vertikal abwärts: das Zweifache der höchstzulässigen Bruttomasse (Gesamtbeladung einschließlich Wirkung der Schwerkraft) multipliziert mit der Erdbeschleunigung (g) [10)].

6.7.4.2.13 Unter Wirkung jeder der unter Absatz 6.7.4.2.12 genannten Kräfte sind folgende Sicherheitskoeffizienten zu beachten:

a) bei Werkstoffen mit ausgeprägter Streckgrenze ein Sicherheitskoeffizient von 1,5, bezogen auf die garantierte Streckgrenze, oder
b) bei Werkstoffen ohne ausgeprägte Streckgrenze ein Sicherheitskoeffizient von 1,5, bezogen auf die garantierte 0,2 %-Dehngrenze und bei austenitischen Stählen auf die 1 %-Dehngrenze.

10) Für Berechnungszwecke gilt: $g = 9{,}81\ m/s^2$.

6.7.4.2.14 Als Werte für die Streckgrenze oder die Dehngrenze gelten die in nationalen oder internationalen Werkstoffnormen festgelegten Werte. Bei austenitischen Stählen dürfen die in den Werkstoffnormen festgelegten Mindestwerte für die Streckgrenze oder die Dehngrenze um bis zu 15 % erhöht werden, sofern diese höheren Werte im Werkstoffabnahmezeugnis bescheinigt sind. Wenn für das betreffende Metall keine Werkstoffnorm existiert oder wenn nicht metallene Werkstoffe verwendet werden, ist der für die Streckgrenze oder die Dehngrenze verwendete Wert von der zuständigen Behörde zu genehmigen.

6.7.4.2.15 Ortsbewegliche Tanks, die für die Beförderung tiefgekühlt verflüssigter entzündbarer Gase vorgesehen sind, müssen elektrisch geerdet werden können.

6.7.4.3 **Auslegungskriterien**

6.7.4.3.1 Die Tankkörper müssen einen kreisförmigen Querschnitt haben.

6.7.4.3.2 Die Tankkörper sind so auszulegen und zu bauen, dass sie einem Prüfdruck von mindestens dem 1,3fachen des höchstzulässigen Betriebsdrucks standhalten. Bei vakuumisolierten Tanks darf der Prüfdruck nicht geringer sein als die 1,3fache Summe aus höchstzulässigem Betriebsdruck und 100 kPa (1 bar). Der Prüfdruck darf auf keinen Fall geringer sein als 300 kPa (3 bar) (Überdruck). Es wird auf die Vorschriften für die Mindestwanddicke der Tankkörper der Absätze 6.7.4.4.2 bis 6.7.4.4.7 hingewiesen.

6.7.4.3.3 Bei Metallen, die eine ausgeprägte Streckgrenze aufweisen oder die sich durch eine garantierte Dehngrenze auszeichnen (im Allgemeinen 0,2 %-Dehngrenze oder bei austenitischen Stählen 1 %-Dehngrenze), darf die primäre Membranspannung σ des Tankkörpers beim Prüfdruck nicht größer sein als der kleinere der Werte 0,75 Re oder 0,5 Rm, wobei

Re = Streckgrenze in N/mm^2 oder 0,2 %-Dehngrenze oder bei austenitischen Stähle 1 %-Dehngrenze

Rm = Mindestzugfestigkeit in N/mm^2.

6.7.4.3.3.1 Die für Re und Rm zu verwendenden Werte sind die in nationalen oder internationalen Werkstoffnormen festgelegten Mindestwerte. Bei austenitischen Stählen dürfen die in den Werkstoffnormen festgelegten Mindestwerte für Re und Rm um bis zu 15 % erhöht werden, sofern diese höheren Werte im Werkstoffabnahmezeugnis bescheinigt sind. Wenn für das betreffende Metall keine Werkstoffnorm existiert, sind die für Re und Rm verwendeten Werte von der zuständigen Behörde oder einer von ihr bestimmten Stelle zu genehmigen.

6.7.4.3.3.2 Stähle, die ein Verhältnis Re / Rm von mehr als 0,85 aufweisen, dürfen nicht für den Bau von geschweißten Tankkörpern verwendet werden. Die zur Berechnung dieses Verhältnisses für Re und Rm zu verwendenden Werte sind die im Werkstoffabnahmezeugnis festgelegten Werte.

6.7.4.3.3.3 Stähle, die für den Bau von Tankkörpern verwendet werden, müssen eine Bruchdehnung in % von mindestens 10000/Rm mit einem absoluten Minimum von 16 % für Feinkornstahl und 20 % für andere Stähle aufweisen. Aluminium und Aluminiumlegierungen, die für den Bau von Tankkörpern verwendet werden, müssen eine Bruchdehnung in % von mindestens 10000/6Rm mit einem absoluten Minimum von 12 % aufweisen.

6.7.4.3.3.4 Bei der Bestimmung tatsächlicher Werkstoffwerte ist zu beachten, dass bei Walzblech die Achse des Probestücks für die Zugspannungsprobe im rechten Winkel (quer) zur Walzrichtung liegen muss. Die bleibende Bruchdehnung ist an Probestücken mit rechteckigem Querschnitt gemäß Norm ISO 6892:1998 unter Verwendung einer Messlänge von 50 mm zu messen.

6.7.4.4 **Mindestwanddicke des Tankkörpers**

6.7.4.4.1 Die Mindestwanddicke des Tankkörpers muss dem größten der nachfolgenden Werte entsprechen:

a) die nach den Vorschriften der Absätze 6.7.4.4.2 bis 6.7.4.4.7 bestimmte Mindestwanddicke und

b) die nach dem anerkannten Regelwerk für Druckbehälter unter Berücksichtigung der Vorschriften des Unterabschnitts 6.7.4.3 bestimmte Mindestwanddicke.

6.7.4.4.2 Tankkörper mit einem Durchmesser von höchstens 1,80 m müssen, wenn sie aus Bezugsstahl sind, mindestens eine Wanddicke von 5 mm oder, wenn sie aus einem anderen Metall sind, eine gleichwertige Dicke haben. Tankkörper mit einem Durchmesser von mehr als 1,80 m müssen, wenn sie aus Bezugsstahl sind, eine Wanddicke von mindestens 6 mm oder, wenn sie aus einem anderen Metall sind, eine gleichwertige Dicke haben.

6.7.4.4.3 Tankkörper von vakuumisolierten Tanks mit einem Durchmesser von höchstens 1,80 m müssen, wenn sie aus Bezugsstahl sind, mindestens eine Wanddicke von 3 mm oder, wenn sie aus einem anderen Metall sind, eine gleichwertige Dicke haben. Tankkörper mit einem Durchmesser von mehr als 1,80 m müssen, wenn sie aus Bezugsstahl sind, eine Wanddicke von mindestens 4 mm oder, wenn sie aus einem anderen Metall sind, eine gleichwertige Dicke haben.

6.7.4.4.4 Bei vakuumisolierten Tanks muss die Gesamtwanddicke der Ummantelung und des Tankkörpers der in Absatz 6.7.4.4.2 vorgeschriebenen Mindestwanddicke entsprechen, wobei die Wanddicke des Tankkörpers selbst nicht geringer sein darf als die in Absatz 6.7.4.4.3 vorgeschriebene Mindestwanddicke.

6.7.4.4.5 Unabhängig vom verwendeten Werkstoff, darf die Wanddicke eines Tankkörpers nicht geringer sein als 3 mm.

6.7.4.4.6 Die gleichwertige Wanddicke eines Metalls mit Ausnahme der in den Absätzen 6.7.4.4.2 und 6.7.4.4.3 vorgeschriebenen Dicke für Bezugsstahl ist mit Hilfe folgender Formel zu bestimmen:

$$e_1 = \frac{21{,}4\, e_0}{\sqrt[3]{Rm_1\, A_1}},$$

wobei

e_1 = erforderliche gleichwertige Wanddicke (in mm) des verwendeten Metalls;

e_0 = die in den Absätzen 6.7.4.4.2 und 6.7.4.4.3 festgelegte Mindestwanddicke (in mm) für Bezugsstahl;

Rm_1 = die garantierte Mindestzugfestigkeit (in N/mm^2) des verwendeten Metalls (siehe Absatz 6.7.4.3.3);

A_1 = die garantierte Mindestbruchdehnung (in %) des verwendeten Metalls gemäß den nationalen oder internationalen Normen.

6.7.4.4.7 Die Wanddicke des Tankkörpers darf in keinem Fall geringer sein als die in den Absätzen 6.7.4.4.1 bis 6.7.4.4.5 beschriebenen Werte. Alle Teile des Tankkörpers müssen die in den Absätzen 6.7.4.4.1 bis 6.7.4.4.6 festgelegte Mindestwanddicke haben. In dieser Dicke darf ein eventueller Korrosionszuschlag nicht berücksichtigt sein.

6.7.4.4.8 Bei der Verbindung der Tankböden mit dem Tankmantel darf es keine sprunghafte Veränderung in der Blechdicke geben.

6.7.4.5 Bedienungsausrüstung

6.7.4.5.1 Die Bedienungsausrüstung ist so anzubringen, dass sie während der Handhabung und Beförderung gegen das Risiko des Abreißens oder der Beschädigung geschützt ist. Wenn die Verbindung zwischen dem Rahmen und dem Tank oder der Ummantelung und dem Tankkörper eine relative Bewegung zwischen den Baugruppen zulässt, muss die Ausrüstung so befestigt sein, dass durch eine solche Bewegung kein Risiko der Beschädigung von Teilen besteht. Die äußeren Entleerungseinrichtungen (Rohranschlüsse, Verschlusseinrichtungen), die Absperreinrichtung und ihr Sitz müssen gegen die Gefahr des Abreißens durch äußere Beanspruchungen geschützt sein (beispielsweise durch die Verwendung von Sollbruchstellen). Die Füll- und Entleerungseinrichtungen (einschließlich Flansche oder Schraubverschlüsse) und alle Schutzkappen müssen gegen unbeabsichtigtes Öffnen gesichert werden können.

6.7.4.5.2 Jede Füll- und Entleerungsöffnung in einem für die Beförderung von tiefgekühlt verflüssigten entzündbaren Gasen verwendeten ortsbeweglichen Tank muss mit mindestens drei hintereinander liegenden und voneinander unabhängigen Verschlüssen ausgerüstet sein, wobei der erste eine so nah wie möglich an der Ummantelung angebrachte Absperreinrichtung, der zweite eine Absperreinrichtung und der dritte ein Blindflansch oder eine gleichwertige Einrichtung sein muss. Bei dem am dichtesten zur Ummantelung angebrachten Verschluss muss es sich um eine schnellschließende Einrichtung handeln, die selbsttätig schließt, wenn der ortsbewegliche Tank beim Füllen oder Entleeren oder bei einer Feuereinwirkung unbeabsichtigt bewegt wird. Diese Einrichtung muss auch fernbedienbar sein.

6.7.4.5.3 Jede Füll- und Entleerungsöffnung in einem für die Beförderung von tiefgekühlt verflüssigten nicht entzündbaren Gasen verwendeten ortsbeweglichen Tank muss mit mindestens zwei hintereinander liegenden und voneinander unabhängigen Verschlüssen ausgerüstet sein, wobei der erste eine so nah wie möglich an der Ummantelung angebrachte Absperreinrichtung und der zweite ein Blindflansch oder eine gleichwertige Einrichtung sein muss.

6.7.4.5.4 Bei Rohrleitungsabschnitten, die beidseitig geschlossen werden können und in denen Flüssigkeit eingeschlossen sein kann, muss ein System zur selbsttätigen Druckentlastung vorgesehen sein, um einen übermäßigen Druckaufbau innerhalb der Rohrleitung zu verhindern.

6.7.4.5.5 Bei vakuumisolierten Tanks sind keine Untersuchungsöffnungen erforderlich.

6.7.4.5.6 Die äußeren Bauteile sind soweit wie möglich zu Gruppen zusammenzufassen.

6.7.4.5.7 Jede Verbindung eines ortsbeweglichen Tanks muss eindeutig mit ihrer Funktion gekennzeichnet sein.

6.7.4.5.8 Jede Absperreinrichtung oder sonstige Verschlusseinrichtung ist nach einem Nenndruck auszulegen und zu bauen, der mindestens dem höchstzulässigen Betriebsdruck des Tankkörpers entspricht, wobei die bei der Beförderung voraussichtlich auftretenden Temperaturen zu berücksichtigen sind. Alle Absperreinrichtungen mit einer Gewindespindel müssen sich durch Drehen des Handrades im Uhrzeigersinn schließen. Bei den übrigen Absperreinrichtungen muss die Stellung (offen und geschlossen) und die Drehrichtung für das Schließen eindeutig angezeigt werden. Alle Absperreinrichtungen sind so auszulegen, dass ein unbeabsichtigtes Öffnen verhindert wird.

6.7.4.5.9 Werden druckaufbauende Einrichtungen verwendet, müssen die Flüssigkeits- und Dampfverbindungen zu dieser Einrichtung so nah wie möglich an der Ummantelung mit einem Ventil versehen sein, um bei Schäden an der druckaufbauenden Einrichtung den Verlust von Füllgut zu verhindern.

6.7.4.5.10 Die Rohrleitungen sind so auszulegen, zu bauen und zu montieren, dass das Risiko der Beschädigung infolge thermischer Ausdehnung und Schrumpfung, mechanischer Erschütterung und Vibration vermieden wird. Alle Rohrleitungen müssen aus einem geeigneten Werkstoff sein. Um durch Feuer verursachte Undichtheiten zu verhindern, dürfen zwischen der Ummantelung und der Verbindung zum ersten Verschluss einer Auslauföffnung nur Stahlrohrleitungen und geschweißte Verbindungen verwendet werden. Die Methode für die Befestigung des Verschlusses an diese Verbindung muss den Anforderungen der zuständigen Behörde oder einer von ihr bestimmten Stelle genügen. An anderen Stellen müssen Rohrleitungsverbindungen, soweit erforderlich, geschweißt sein.

6.7.4.5.11 Verbindungen von Kupferrohrleitungen müssen hartgelötet oder durch eine metallene Verbindung gleicher Festigkeit hergestellt sein. Der Schmelzpunkt des Hartlots darf nicht niedriger als 525 °C sein. Die Verbindungen dürfen die Festigkeit der Rohrleitungen nicht vermindern, wie dies bei Schraubverbindungen der Fall sein kann.

6.7.4.5.12 Die für den Bau von Ventilen und Zubehörteilen verwendeten Werkstoffe müssen bei der niedrigsten Betriebstemperatur des ortsbeweglichen Tanks zufriedenstellende Eigenschaften aufweisen.

6.7.4.5.13 Der Berstdruck aller Rohrleitungen und Rohrleitungsbauteile darf nicht niedriger sein als der höhere der beiden folgenden Werte: das Vierfache des höchstzulässigen Betriebsdrucks des Tankkörpers oder das Vierfache des Drucks, zu dem es beim Betrieb durch Einwirkung einer Pumpe oder einer anderen Einrichtung (ausgenommen Druckentlastungseinrichtungen) kommen kann.

6.7.4.6 Druckentlastungseinrichtungen

6.7.4.6.1 Jeder Tankkörper muss mit mindestens zwei voneinander unabhängigen federbelasteten Druckentlastungseinrichtungen ausgerüstet sein. Die Druckentlastungseinrichtungen müssen sich selbsttätig bei einem Druck öffnen, der nicht geringer sein darf als der höchstzulässige Betriebsdruck, und bei einem Druck von 110 % des höchstzulässigen Betriebsdrucks vollständig geöffnet sein. Diese Einrichtungen müssen sich nach der Entlastung bei einem Druck wieder schließen, der höchstens 10 % unter dem Ansprechdruck liegt, und bei allen niedrigeren Drücken geschlossen bleiben. Bei den Druckentlastungseinrichtungen muss es sich um eine Bauart handeln, die dynamischen Kräften einschließlich Flüssigkeitsschwall standhält.

6.7.4.6.2 Tankkörper für tiefgekühlt verflüssigte nicht entzündbare Gase und Wasserstoff dürfen, wie in den Absätzen 6.7.4.7.2 und 6.7.4.7.3 angegeben, parallel zu den federbelasteten Einrichtungen zusätzlich mit Berstscheiben versehen sein.

6.7.4.6.3 Die Druckentlastungseinrichtungen müssen so ausgelegt sein, dass keine Fremdstoffe eindringen und keine Gase austreten können und sich kein gefährlicher Überdruck bilden kann.

6.7.4.6.4 Druckentlastungseinrichtungen müssen von der zuständigen Behörde oder einer von ihr bestimmten Stelle genehmigt werden.

6.7.4.7 Abblasmenge und Einstellung von Druckentlastungseinrichtungen

6.7.4.7.1 Bei Verlust des Vakuums in einem vakuumisolierten Tankkörper oder bei Verlust von 20 % der Isolierung eines mit festen Werkstoffen isolierten Tanks, muss die Gesamtabblasmenge aller eingebauten Druckentlastungseinrichtungen ausreichend sein, damit der Druck (einschließlich Druckanstieg) im Tankkörper 120 % des höchstzulässigen Betriebsdrucks nicht übersteigt.

6.7.4.7.2 Bei tiefgekühlt verflüssigten nicht entzündbaren Gasen (ausgenommen Sauerstoff) und bei Wasserstoff darf diese Abblasmenge durch die Verwendung von Berstscheiben parallel zu den vorgeschriebenen Sicherheitseinrichtungen gewährleistet werden. Berstscheiben müssen bei einem Nenndruck, der gleich dem Prüfdruck des Tankkörpers ist, bersten.

6.7.4.7.3 Unter den in den Absätzen 6.7.4.7.1 und 6.7.4.7.2 beschriebenen Umständen in Verbindung mit einer vollständigen Feuereinwirkung muss die Gesamtabblasmenge aller eingebauten Druckentlastungseinrichtungen ausreichend sein, um den Druck im Tankkörper auf den Prüfdruck zu begrenzen.

6.7.4.7.4 Die erforderliche Abblasmenge der Entlastungseinrichtungen ist nach einem von der zuständigen Behörde anerkannten bewährten technischen Regelwerk zu berechnen. [11)]

6.7.4.8 Kennzeichnung von Druckentlastungseinrichtungen

6.7.4.8.1 Jede Druckentlastungseinrichtung muss mit folgenden Angaben deutlich und dauerhaft gekennzeichnet sein:

a) der Ansprechdruck (in bar oder kPa);

b) die zulässige Toleranz für den Entlastungsdruck von federbelasteten Einrichtungen;

c) die Referenztemperatur, die dem nominalen Berstdruck von Berstscheiben zugeordnet ist;

d) die nominale Abblasmenge der Einrichtung in Normkubikmetern Luft pro Sekunde (m^3/s) und

► 1.6.4.43 e) die Strömungsquerschnitte der federbelasteten Druckentlastungseinrichtungen und Berstscheiben in mm^2;

wenn möglich, ist auch folgende Information anzugeben:

f) der Name des Herstellers und die entsprechende Registriernummer der Druckentlastungseinrichtung.

6.7.4.8.2 Die auf den Druckentlastungseinrichtungen angegebene nominale Abblasmenge ist nach den Normen ISO 4126-1:2004 und ISO 4126-7:2004 zu bestimmen.

---

11) Siehe zum Beispiel CGA S-1.2-2003 «Pressure Relief Device Standards – Part 2 – Cargo and Portable Tanks for Compressed Gases» (Normen für Druckentlastungseinrichtungen – Teil 2 – Frachttanks und ortsbewegliche Tanks für verdichtete Gase).

6.7.4.9 Anschlüsse für Druckentlastungseinrichtungen

6.7.4.9.1 Die Anschlüsse für Druckentlastungseinrichtungen müssen ausreichend dimensioniert sein, damit die erforderliche Abblasmenge ungehindert zur Sicherheitseinrichtung gelangen kann. Zwischen dem Tankkörper und den Druckentlastungseinrichtungen dürfen keine Absperreinrichtungen angebracht sein, es sei denn, es sind doppelte Einrichtungen für die Wartung oder für andere Zwecke vorhanden, und die Absperreinrichtungen für die jeweils verwendeten Druckentlastungseinrichtungen sind in geöffneter Stellung verriegelt oder die Absperreinrichtungen sind so miteinander gekoppelt, dass die Vorschriften des Unterabschnitts 6.7.4.7 immer erfüllt sind. In einer Öffnung, die zu einer Lüftungs- oder Druckentlastungseinrichtung führt, dürfen keine Hindernisse vorhanden sein, welche die Strömung vom Tankkörper zu diesen Einrichtungen begrenzen oder unterbrechen könnten. Rohrleitungen zur Ableitung des Dampfes oder der Flüssigkeit aus dem Auslass der Druckentlastungseinrichtungen müssen, sofern sie verwendet werden, die Dämpfe oder Flüssigkeiten so in die Atmosphäre ableiten, dass nur ein minimaler Gegendruck auf die Druckentlastungseinrichtungen wirkt.

6.7.4.10 Anordnung von Druckentlastungseinrichtungen

6.7.4.10.1 Jede Einlassöffnung der Druckentlastungseinrichtungen muss im Scheitel des Tankkörpers so nahe wie möglich am Schnittpunkt von Längs- und Querachse des Tankkörpers angeordnet sein. Alle Einlassöffnungen der Druckentlastungseinrichtungen müssen sich bei maximalen Füllungsbedingungen in der Dampfphase des Tankkörpers befinden; die Einrichtungen sind so anzuordnen, dass der Dampf ungehindert entweichen kann. Bei tiefgekühlt verflüssigten Gasen muss der entweichende Dampf so vom Tank abgeleitet werden, dass er nicht auf den Tank einwirken kann. Schutzeinrichtungen, die die Strömung des Dampfes umleiten, sind zugelassen, vorausgesetzt, die geforderte Abblasmenge wird dadurch nicht vermindert.

6.7.4.10.2 Es sind Maßnahmen zu treffen, um den Zugang unbefugter Personen zu den Einrichtungen zu verhindern und die Einrichtungen bei einem Umkippen des ortsbeweglichen Tanks vor Beschädigung zu schützen.

6.7.4.11 Füllstandsanzeigevorrichtungen

6.7.4.11.1 Ein ortsbeweglicher Tank ist, sofern er nicht für das Befüllen nach Masse vorgesehen ist, mit einer oder mehreren Füllstandsanzeigevorrichtungen auszurüsten. Füllstandsanzeiger aus Glas und aus anderen zerbrechlichen Werkstoffen, die direkt mit dem Inhalt des Tankkörpers in Verbindung stehen, dürfen nicht verwendet werden.

6.7.4.11.2 In der Ummantelung eines vakuumisolierten ortsbeweglichen Tank ist ein Anschluss für ein Vakuummeter vorzusehen.

6.7.4.12 Traglager, Rahmen, Hebe- und Befestigungseinrichtungen für ortsbewegliche Tanks

6.7.4.12.1 Ortsbewegliche Tanks sind mit einem Traglager auszulegen und zu bauen, das eine sichere Auflage während der Beförderung gewährleistet. Die in Absatz 6.7.4.2.12 angegebenen Kräfte und der in Absatz 6.7.4.2.13 angegebene Sicherheitsfaktor müssen dabei berücksichtigt werden. Kufen, Rahmen, Schlitten oder andere ähnliche Konstruktionen sind zugelassen.

6.7.4.12.2 Die von den Anbauten an ortsbeweglichen Tanks (z.B. Schlitten, Rahmen, usw.) sowie von den Hebe- und Befestigungseinrichtungen verursachten kombinierten Spannungen dürfen in keinem Bereich des Tanks zu übermäßigen Spannungen führen. Alle ortsbeweglichen Tanks sind mit dauerhaften Hebe- und Befestigungseinrichtungen auszurüsten. Diese sind vorzugsweise an den Traglagern des ortsbeweglichen Tanks zu montieren, dürfen aber auch an Verstärkungsplatten montiert sein, die an den Auflagepunkten des Tanks befestigt sind.

6.7.4.12.3 Bei der Auslegung von Traglagern und Rahmen müssen die Auswirkungen von Umweltkorrosion berücksichtigt werden.

6.7.4.12.4 Gabeltaschen müssen verschließbar sein. Die Einrichtungen zum Verschließen der Gabeltaschen müssen ein dauerhafter Bestandteil des Rahmens oder dauerhaft am Rahmen befestigt sein. Ortsbewegliche Einkammertanks mit einer Länge von weniger als 3,65 m müssen nicht mit verschließbaren Gabeltaschen ausgerüstet sein, vorausgesetzt:

a) der Tank einschließlich aller Zubehörteile ist gut gegen Stöße der Gabeln des Gabelstaplers geschützt und

b) der Abstand von Mitte zu Mitte der Gabeltaschen ist mindestens halb so groß wie die größte Länge des ortsbeweglichen Tanks.

6.7.4.12.5 Wenn ortsbewegliche Tanks während der Beförderung nicht nach Unterabschnitt 4.2.3.3 geschützt sind, müssen die Tankkörper und die Bedienungsausrüstung gegen Beschädigung durch Längs- oder Querstöße oder Umkippen geschützt sein. Äußere Ausrüstungsteile müssen so geschützt sein, dass ein Austreten des Tankkörperinhalts durch Stöße oder Umkippen des ortsbeweglichen Tanks auf seine Ausrüstungsteile ausgeschlossen ist. Beispiele für Schutzmaßnahmen:

a) Schutz gegen seitliche Stöße, der aus Längsträgern bestehen kann, die den Tankkörper auf beiden Seiten in Höhe der Mittellinie schützen;

b) Schutz des ortsbeweglichen Tanks vor dem Umkippen, der aus Verstärkungsringen oder quer am Rahmen befestigten Stäben bestehen kann;

c) Schutz gegen Stöße von hinten, der aus einer Stoßstange oder einem Rahmen bestehen kann;

d) Schutz des Tankkörpers gegen Beschädigungen durch Stöße oder Umkippen durch Verwendung eines ISO-Rahmens nach ISO 1496-3:1995;

e) Schutz des ortsbeweglichen Tanks gegen Stöße oder Umkippen durch eine Ummantelung zur Vakuumisolierung.

6.7.4.13 **Baumusterzulassung**

▶ *1.6.4.30*

6.7.4.13.1 Für jedes neue Baumuster eines ortsbeweglichen Tanks ist durch die zuständige Behörde oder eine von ihr bestimmte Stelle eine Baumusterzulassungsbescheinigung auszustellen. Diese Bescheinigung muss bestätigen, dass ein ortsbeweglicher Tank von der Behörde begutachtet worden ist, für die beabsichtigte Verwendung geeignet ist und den Vorschriften dieses Kapitels entspricht. Werden die ortsbeweglichen Tanks ohne Änderung in der Bauart in Serie gefertigt, gilt die Bescheinigung für die gesamte Serie. In dieser Bescheinigung ist der Baumusterprüfbericht, die zur Beförderung zugelassenen tiefgekühlt verflüssigten Gase, die Werkstoffe des Tankkörpers und der Ummantelung sowie eine Zulassungsnummer anzugeben. Die Zulassungsnummer muss aus dem Unterscheidungszeichen oder -symbol des Staates, in dem die Zulassung erfolgte, angegeben durch das für Kraftfahrzeuge im internationalen Verkehr verwendete

Unterscheidungszeichen[12], und einer Registriernummer bestehen. In der Bescheinigung sind eventuelle alternative Vereinbarungen gemäß Unterabschnitt 6.7.1.2 anzugeben. Eine Baumusterzulassung darf auch für die Zulassung kleinerer ortsbeweglicher Tanks herangezogen werden, die aus Werkstoffen gleicher Art und Dicke, nach derselben Fertigungstechnik, mit identischem Traglager sowie gleichwertigen Verschlüssen und sonstigen Zubehörteilen hergestellt werden.

6.7.4.13.2 Der Baumusterprüfbericht für die Baumusterzulassung muss mindestens folgende Angaben enthalten:

a) die Ergebnisse der in ISO 1496-3:1995 beschriebenen anwendbaren Prüfung des Rahmens;

b) die Ergebnisse der erstmaligen Prüfung nach Absatz 6.7.4.14.3 und

c) soweit anwendbar, die Ergebnisse der Auflaufprüfung nach Absatz 6.7.4.14.1.

6.7.4.14 Prüfung

6.7.4.14.1 Ortsbewegliche Tanks, die der Begriffsbestimmung für Container des Internationalen Übereinkommens über sichere Container (CSC) von 1972 in der jeweils geänderten Fassung entsprechen, dürfen nicht verwendet werden, es sei denn, sie werden erfolgreich qualifiziert, nachdem ein repräsentatives Baumuster jeder Bauart der im Handbuch Prüfungen und Kriterien Teil IV Abschnitt 41 beschriebenen dynamischen Auflaufprüfung unterzogen wurde.

6.7.4.14.2 Der Tankkörper und die Ausrüstungsteile jedes ortsbeweglichen Tanks müssen vor der erstmaligen Inbetriebnahme (erstmalige Prüfung) und danach regelmäßig spätestens alle fünf Jahre (wiederkehrende 5-Jahres-Prüfung) mit einer wiederkehrenden Zwischenprüfung (wiederkehrende 2,5-Jahres-Prüfung) in der Halbzeit zwischen zwei wiederkehrenden 5-Jahres-Prüfungen geprüft werden. Die 2,5-Jahres-Prüfung darf innerhalb von 3 Monaten vor oder nach dem angegebenen Datum durchgeführt werden. Unabhängig von der zuletzt durchgeführten wiederkehrenden Prüfung ist, wenn es sich gemäß Absatz 6.7.4.14.7 als erforderlich erweist, eine außerordentliche Prüfung durchzuführen.

6.7.4.14.3 Die erstmalige Prüfung eines ortsbeweglichen Tanks muss eine Überprüfung der Auslegungsmerkmale, eine innere und äußere Untersuchung des Tankkörpers des ortsbeweglichen Tanks und seiner Ausrüstungsteile unter Berücksichtigung der zu befördernden tiefgekühlt verflüssigten Gase sowie eine Druckprüfung unter Verwendung der Prüfdrücke des Absatzes 6.7.4.3.2 umfassen. Die Druckprüfung darf als Wasserdruckprüfung oder mit Zustimmung der zuständigen Behörde oder einer von ihr bestimmten Stelle unter Verwendung einer anderen Flüssigkeit oder eines anderen Gases durchgeführt werden. Vor der Inbetriebnahme des ortsbeweglichen Tanks ist eine Dichtheitsprüfung und eine Funktionsprüfung der gesamten Bedienungsausrüstung durchzuführen. Wenn der Tankkörper und seine Ausrüstungsteile getrennt einer Druckprüfung unterzogen worden sind, müssen sie nach dem Zusammenbau gemeinsam einer Dichtheitsprüfung unterzogen werden. Alle Schweißnähte, die den vollen Beanspruchungen im Tankkörper ausgesetzt sind, müssen bei der erstmaligen Prüfung mittels Durchstrahlung, Ultraschall oder einer anderen zerstörungsfreien Methode geprüft werden. Dies gilt nicht für die Ummantelung.

6.7.4.14.4 Die wiederkehrenden 2,5- und 5-Jahres-Prüfungen müssen eine äußere Untersuchung des ortsbeweglichen Tanks und seiner Ausrüstungsteile unter Berücksichtigung der beförderten tiefgekühlt verflüssigten Gase, eine Dichtheitsprüfung, eine Funktionsprüfung

---

12) Das für Kraftfahrzeuge und Anhänger im internationalen Straßenverkehr verwendete Unterscheidungszeichen des Zulassungsstaates, z.B. gemäß dem Genfer Übereinkommen über den Straßenverkehr von 1949 oder dem Wiener Übereinkommen über den Straßenverkehr von 1968.

der gesamten Bedienungsausrüstung und gegebenenfalls eine Messung des Vakuums umfassen. Bei nicht vakuumisolierten Tanks müssen bei der wiederkehrenden 2,5- und 5-Jahres-Prüfung die Ummantelung und die Isolierung entfernt werden, jedoch nur soweit, wie es für eine sichere Beurteilung erforderlich ist.

6.7.4.14.5 (gestrichen)

6.7.4.14.6 Nach Ablauf der Frist für die in Absatz 6.7.4.14.2 vorgeschriebene wiederkehrende 2,5-Jahres- oder 5-Jahres-Prüfung dürfen die ortsbeweglichen Tanks weder befüllt noch zur Beförderung aufgegeben werden. Jedoch dürfen ortsbewegliche Tanks, die vor Ablauf der Frist für die wiederkehrende Prüfung befüllt wurden, innerhalb eines Zeitraums von höchstens drei Monaten nach Ablauf dieser Frist befördert werden. Außerdem dürfen sie nach Ablauf dieser Frist befördert werden:

a) nach dem Entleeren, jedoch vor dem Reinigen, um sie vor dem Wiederbefüllen der nächsten vorgeschriebenen Prüfung zuzuführen, und

b) sofern von der zuständigen Behörde nichts anderes vorgesehen ist, innerhalb eines Zeitraums von höchstens sechs Monaten nach Ablauf dieser Frist, um die Rücksendung von gefährlichen Stoffen zur ordnungsgemäßen Entsorgung oder zum ordnungsgemäßen Recycling zu ermöglichen. Im Beförderungspapier muss auf diese Ausnahme hingewiesen werden.

6.7.4.14.7 Eine außerordentliche Prüfung ist erforderlich, wenn der ortsbewegliche Tank Anzeichen von Beschädigung, Korrosion, Undichtheit oder anderer auf einen Mangel hinweisende Zustände aufweist, der die Unversehrtheit des ortsbeweglichen Tanks beeinträchtigen könnte. Der Umfang der außerordentlichen Prüfung hängt vom Ausmaß der Beschädigung oder der Verschlechterung des Zustands des ortsbeweglichen Tanks ab. Sie muss mindestens die 2,5-Jahres-Prüfung gemäß Absatz 6.7.4.14.4 umfassen.

6.7.4.14.8 Durch die innere Untersuchung bei der erstmaligen Prüfung muss sichergestellt werden, dass der Tankkörper auf Lochfraß, Korrosion, Abrieb, Beulen, Verformungen, Fehler in Schweißnähten oder andere Zustände geprüft ist, durch die der ortsbewegliche Tank bei der Beförderung unsicher werden könnte.

6.7.4.14.9 Durch die äußere Untersuchung muss sichergestellt werden, dass:

a) die äußeren Rohrleitungen, die Ventile, gegebenenfalls das Druck-/Kühlsystem und die Dichtungen auf Korrosion, Defekte oder andere Zustände einschließlich Undichtheiten geprüft sind, durch die der ortsbewegliche Tank beim Befüllen, Entleeren oder der Beförderung unsicher werden könnte;

b) die Mannlochdeckel oder ihre Dichtungen nicht undicht sind;

c) fehlende oder lose Bolzen oder Muttern bei geflanschten Verbindungen oder Blindflanschen ersetzt oder festgezogen sind;

d) alle Sicherheitseinrichtungen und -ventile frei von Korrosion, Verformung, Beschädigung oder Defekten sind, die ihre normale Funktion behindern könnten. Fernbediente und selbstschließende Verschlusseinrichtungen sind zu betätigen, um ihre ordnungsgemäße Funktion nachzuweisen;

e) auf dem ortsbeweglichen Tank vorgeschriebene Kennzeichen lesbar sind und den anwendbaren Vorschriften entsprechen und

f) der Rahmen, das Traglager und die Hebeeinrichtungen des ortsbeweglichen Tanks sich in einem zufriedenstellenden Zustand befinden.

6.7.4.14.10 Die in den Absätzen 6.7.4.14.1, 6.7.4.14.3, 6.7.4.14.4 und 6.7.4.14.7 angegebenen Prüfungen sind von einem von der zuständigen Behörde oder einer von ihr bestimmten Stelle zugelassenen Sachverständigen durchzuführen oder zu beglaubigen. Wenn die Druckprüfung Bestandteil der Prüfung ist, ist diese mit dem auf dem Tankschild des ortsbeweglichen Tanks angegebenen Prüfdruck durchzuführen. Der unter Druck stehende ortsbewegliche Tank ist auf Undichtheiten des Tankkörpers, der Rohrleitungen oder der Ausrüstung zu untersuchen.

6.7.4.14.11 In allen Fällen, in denen Schneid-, Brenn- oder Schweißarbeiten am Tankkörper eines ortsbeweglichen Tanks durchgeführt werden, sind diese Arbeiten von der zuständigen Behörde oder einer von ihr bestimmten Stelle unter Berücksichtigung des für den Bau des Tankkörpers verwendeten Regelwerks für Druckbehälter zu genehmigen. Nach Abschluss der Arbeiten ist eine Druckprüfung mit dem ursprünglichen Prüfdruck durchzuführen.

6.7.4.14.12 Wird eine die Sicherheit gefährdende Fehlerhaftigkeit festgestellt, darf der ortsbewegliche Tank vor der Ausbesserung und dem erfolgreichen Bestehen einer erneuten Prüfung nicht wieder in Betrieb genommen werden.

6.7.4.15 Kennzeichnung

6.7.4.15.1 ► *1.6.4.37* Jeder ortsbewegliche Tank muss mit einem korrosionsbeständigen Metallschild ausgerüstet sein, das dauerhaft an einer auffallenden und für die Prüfung leicht zugänglichen Stelle angebracht ist. Wenn das Schild aus Gründen der Anordnung von Einrichtungen am ortsbeweglichen Tank nicht dauerhaft am Tankkörper angebracht werden kann, muss der Tankkörper mindestens mit den im Regelwerk für Druckbehälter vorgeschriebenen Informationen gekennzeichnet sein. Auf dem Schild müssen mindestens die folgenden Angaben eingeprägt oder durch ein ähnliches Verfahren angebracht sein:

a) Eigentümerinformationen
- (i) Registriernummer des Eigentümers;

b) Herstellungsinformationen
- (i) Herstellungsland;
- (ii) Herstellungsjahr;
- (iii) Name oder Zeichen des Herstellers;
- (iv) Seriennummer des Herstellers;

c) Zulassungsinformationen
- (i) das Symbol der Vereinten Nationen für Verpackungen ;
  dieses Symbol darf nur zum Zweck der Bestätigung verwendet werden, dass eine Verpackung, ein flexibler Schüttgut-Container, ein ortsbeweglicher Tank oder ein MEGC den entsprechenden Vorschriften des Kapitels 6.1, 6.2, 6.3, 6.5, 6.6, 6.7 oder 6.11 entspricht;
- (ii) Zulassungsland;
- (iii) für die Baumusterzulassung zugelassene Stelle;
- (iv) Baumusterzulassungsnummer;
- (v) die Buchstaben «AA», wenn das Baumuster nach alternativen Vereinbarungen zugelassen wurde (siehe Unterabschnitt 6.7.1.2);
- (vi) Regelwerk für Druckbehälter, nach dem der Tankkörper ausgelegt wurde;

d) Drücke
- (i) höchstzulässiger Betriebsdruck (in bar oder kPa (Überdruck))[13];
- (ii) Prüfdruck (in bar oder kPa (Überdruck))[13];
- (iii) Datum der erstmaligen Druckprüfung (Monat und Jahr);
- (iv) Identifizierungskennzeichen des Sachverständigen der erstmaligen Druckprüfung;

e) Temperaturen
- (i) Mindestauslegungstemperatur (in °C)[13];

f) Werkstoffe
- (i) Werkstoff(e) des Tankkörpers und Verweis(e) auf Werkstoffnorm(en);
- (ii) gleichwertige Wanddicke für Bezugsstahl (in mm)[13];

13) Die verwendete Einheit ist anzugeben.

g) Fassungsraum

(i) mit Wasser ausgeliterter Fassungsraum des Tanks bei 20 °C (in Litern)[13];

h) Isolierung

(i) die Angabe «wärmeisoliert» bzw. «vakuumisoliert»;

(ii) Wirksamkeit des Isolierungssystems (Wärmezufuhr) (in Watt)[13];

i) Haltezeiten – für jedes zur Beförderung im ortsbeweglichen Tank zugelassene tiefgekühlt verflüssigte Gas

(i) vollständige Bezeichnung des tiefgekühlt verflüssigten Gases;

(ii) Referenzhaltezeit (in Tagen oder Stunden)[13];

(iii) ursprünglicher Druck (in bar oder kPa (Überdruck))[13];

(iv) Füllungsgrad (in kg)[13];

j) wiederkehrende Prüfungen

(i) Art der zuletzt durchgeführten wiederkehrenden Prüfung (2,5-Jahres-, 5-Jahres-Prüfung oder außerordentliche Prüfung);

(ii) Datum der zuletzt durchgeführten wiederkehrenden Prüfung (Monat und Jahr);

(iii) Identifizierungskennzeichen der zugelassenen Stelle, welche die letzte Prüfung durchgeführt oder beglaubigt hat.

10

13) Die verwendete Einheit ist anzugeben.

Abbildung 6.7.4.15.1: Beispiel eines Kennzeichenschilds

<table>
<tr><td colspan="4">Registriernummer des Eigentümers</td><td colspan="4"></td></tr>
<tr><td colspan="8">HERSTELLUNGSINFORMATIONEN</td></tr>
<tr><td colspan="4">Herstellungsland</td><td colspan="4"></td></tr>
<tr><td colspan="4">Herstellungsjahr</td><td colspan="4"></td></tr>
<tr><td colspan="4">Hersteller</td><td colspan="4"></td></tr>
<tr><td colspan="4">Seriennummer des Herstellers</td><td colspan="4"></td></tr>
<tr><td colspan="8">ZULASSUNGSINFORMATIONEN</td></tr>
<tr><td rowspan="3">un</td><td colspan="3">Zulassungsland</td><td colspan="4"></td></tr>
<tr><td colspan="3">für die Baumusterzulassung zugelassene Stelle</td><td colspan="4"></td></tr>
<tr><td colspan="3">Baumusterzulassungsnummer</td><td colspan="2"></td><td colspan="2">«AA» (sofern anwendbar)</td></tr>
<tr><td colspan="4">Regelwerk für die Auslegung des Tankkörpers (Druckbehälter-Regelwerk)</td><td colspan="4"></td></tr>
<tr><td colspan="8">DRÜCKE</td></tr>
<tr><td colspan="4">höchstzulässiger Betriebsdruck</td><td colspan="4">bar oder kPa</td></tr>
<tr><td colspan="4">Prüfdruck</td><td colspan="4">bar oder kPa</td></tr>
<tr><td colspan="2">Datum der erstmaligen Druckprüfung:</td><td colspan="2">(MM/JJJJ)</td><td colspan="2">Stempel des Sachverständigen:</td><td colspan="2"></td></tr>
<tr><td colspan="8">TEMPERATUREN</td></tr>
<tr><td colspan="4">Mindestauslegungstemperatur</td><td colspan="4">°C</td></tr>
<tr><td colspan="8">WERKSTOFFE</td></tr>
<tr><td colspan="4">Werkstoff(e) des Tankkörpers und Verweis(e) auf Werkstoffnorm(en)</td><td colspan="4"></td></tr>
<tr><td colspan="4">gleichwertige Wanddicke für Bezugsstahl</td><td colspan="4">mm</td></tr>
<tr><td colspan="8">FASSUNGSRAUM</td></tr>
<tr><td colspan="4">mit Wasser ausgeliterter Fassungsraum des Tanks bei 20 °C</td><td colspan="4">Liter</td></tr>
<tr><td colspan="8">ISOLIERUNG</td></tr>
<tr><td colspan="8">«wärmeisoliert» bzw. «vakuumisoliert»</td></tr>
<tr><td colspan="4">Wärmezufuhr</td><td colspan="4">Watt</td></tr>
<tr><td colspan="8">HALTEZEITEN</td></tr>
<tr><td colspan="2">zugelassene(s) tiefgekühlt verflüssigte(s) Gas(e)</td><td colspan="2">Referenzhaltezeit</td><td colspan="2">ursprünglicher Druck</td><td colspan="2">Füllungsgrad</td></tr>
<tr><td colspan="2"></td><td colspan="2">Tage oder Stunden</td><td colspan="2">bar oder kPa</td><td colspan="2">kg</td></tr>
<tr><td colspan="2"></td><td colspan="2"></td><td colspan="2"></td><td colspan="2"></td></tr>
<tr><td colspan="2"></td><td colspan="2"></td><td colspan="2"></td><td colspan="2"></td></tr>
<tr><td colspan="2"></td><td colspan="2"></td><td colspan="2"></td><td colspan="2"></td></tr>
<tr><td colspan="8">WIEDERKEHRENDE PRÜFUNGEN</td></tr>
<tr><td>Art der Prüfung</td><td>Prüfdatum</td><td colspan="2">Stempel des Sachverständigen</td><td>Art der Prüfung</td><td>Prüfdatum</td><td colspan="2">Stempel des Sachverständigen</td></tr>
<tr><td></td><td>(MM/JJJJ)</td><td></td><td></td><td></td><td>(MM/JJJJ)</td><td></td><td></td></tr>
<tr><td></td><td></td><td></td><td></td><td></td><td></td><td></td><td></td></tr>
<tr><td></td><td></td><td></td><td></td><td></td><td></td><td></td><td></td></tr>
<tr><td></td><td></td><td></td><td></td><td></td><td></td><td></td><td></td></tr>
<tr><td></td><td></td><td></td><td></td><td></td><td></td><td></td><td></td></tr>
</table>

6.7.4.15.2 Folgende Angaben müssen auf dem ortsbeweglichen Tank selbst oder auf einem am ortsbeweglichen Tank fest angebrachten Metallschild dauerhaft angegeben sein:

Name des Eigentümers und des Betreibers

Bezeichnung des beförderten tiefgekühlt verflüssigten Gases (und minimale mittlere Temperatur des Füllguts)

höchstzulässige Bruttomasse __________ kg

Leermasse (Tara) __________ kg

tatsächliche Haltezeit des beförderten Gases __________ Tage (oder Stunden)

Anweisung für ortsbewegliche Tanks gemäß Absatz 4.2.5.2.6

Bem. Wegen der Identifizierung der beförderten tiefgekühlt verflüssigten Gase siehe auch Teil 5.

6.7.4.15.3 Wenn ein ortsbeweglicher Tank für die Verwendung auf hoher See ausgelegt und zugelassen ist, muss das Identifizierungsschild mit «OFFSHORE PORTABLE TANK» gekennzeichnet sein.

6.7.5 Vorschriften für die Auslegung, den Bau und die Prüfung von UN-Gascontainern mit mehreren Elementen (MEGC), die für die Beförderung nicht tiefgekühlter Gase vorgesehen sind

6.7.5.1 Begriffsbestimmungen

Für Zwecke dieses Abschnitts gelten folgende Begriffsbestimmungen:

Alternative Vereinbarung: Eine Zulassung, die von der *zuständigen Behörde* für einen *ortsbeweglichen Tank* oder einen *MEGC* ausgestellt wird, der nach technischen Vorschriften oder Prüfmethoden ausgelegt, gebaut und geprüft ist, die von den in diesem Kapitel festgelegten abweichen.

Bauliche Ausrüstung: Die außen an den Elementen angebrachten Versteifungselemente, Elemente für die Befestigung, den Schutz und die Stabilisierung.

Bedienungsausrüstung: Die Messinstrumente sowie die Füll-, Entleerungs-, Lüftungs- und Sicherheitseinrichtungen.

Dichtheitsprüfung: Eine Prüfung, bei der die Elemente und die Bedienungsausrüstung des MEGC unter Verwendung eines Gases mit einem effektiven Innendruck von mindestens 20 % des Prüfdrucks belastet werden.

Elemente sind Flaschen, Großflaschen oder Flaschenbündel.

Höchstzulässige Bruttomasse: Die Summe aus Leermasse des MEGC und der höchsten für die Beförderung zugelassenen Ladung.

Sammelrohr: Eine Baueinheit von Rohren und Ventilen, welche die Befüllungs- und/oder Entleerungsöffnungen der Elemente miteinander verbindet.

UN-Gascontainer mit mehreren Elementen (MEGC): Eine für die multimodale Beförderung bestimmte Einheit aus Flaschen, Großflaschen und Flaschenbündeln, die untereinander mit einem Sammelrohr verbunden und in einem Rahmen montiert sind. Ein UN-MEGC umfasst die für die Beförderung von Gasen notwendige Bedienungsausrüstung und bauliche Ausrüstung.

6.7.5.2 Allgemeine Vorschriften für die Auslegung und den Bau

6.7.5.2.1 Der MEGC muss befüllt und entleert werden können, ohne dass dazu die bauliche Ausrüstung entfernt werden muss. Er muss außen an den Elementen angebrachte Elemente zur Stabilisierung besitzen, um eine baulich Unversehrtheit bei der Handhabung und Beförderung sicherzustellen. MEGC sind mit einem Traglager, das eine sichere Auflage während der Beförderung gewährleistet, und mit geeigneten Hebe- und Befestigungsmöglichkeiten auszulegen und zu bauen, die für das Anheben des bis zu seiner höchstzulässigen Bruttomasse befüllten MEGC geeignet sind. Der MEGC muss dafür ausgelegt sein, um auf einen Wagen, ein Fahrzeug, ein See- oder Binnenschiff verladen werden zu können, und mit Kufen, Tragelementen oder Zubehörteilen ausgerüstet sein, um die mechanische Handhabung zu erleichtern.

6.7.5.2.2 MEGC sind so auszulegen, herzustellen und auszurüsten, dass sie allen während normaler Handhabung und Beförderung auftretenden Bedingungen standhalten. Bei der Auslegung sind die Einflüsse dynamischer Belastung und Ermüdung zu berücksichtigen.

6.7.5.2.3 Die Elemente eines MEGC müssen aus nahtlosem Stahl hergestellt und gemäß den Abschnitten 6.2.1 und 6.2.2 gebaut und geprüft sein. Alle Elemente eines MEGC müssen demselben Baumuster entsprechen.

6.7.5.2.4 Die Elemente eines MEGC sowie die Ausrüstungsteile und Rohrleitungen müssen

a) mit dem (den) für die Beförderung vorgesehenen Stoff(en) verträglich sein (siehe ISO 11114-1:2012 und ISO 11114-2:2013) oder

b) wirksam passiviert oder durch chemische Reaktion neutralisiert sein.

6.7.5.2.5 Der Kontakt zwischen verschiedenen Metallen, der zu Schäden durch Kontaktkorrosion führen könnte, ist zu vermeiden.

6.7.5.2.6 Die Werkstoffe des MEGC, einschließlich aller Einrichtungen, Dichtungen und Zubehörteile dürfen das Gas (die Gase), für dessen (deren) Beförderung der MEGC vorgesehen ist, nicht beeinträchtigen.

6.7.5.2.7 MEGC sind so auszulegen, dass sie ohne Verlust ihres Inhalts in der Lage sind, mindestens dem auf ihren Inhalt zurückzuführenden Innendruck sowie den unter normalen Handhabungs- und Beförderungsbedingungen entstehenden statischen, dynamischen und thermischen Belastungen standzuhalten. Aus der Auslegung muss zu erkennen sein, dass die Einflüsse der durch die wiederholte Einwirkung dieser Belastungen während der vorgesehenen Lebensdauer des MEGC verursachte Ermüdung berücksichtigt worden ist.

6.7.5.2.8 MEGC und ihre Befestigungseinrichtungen müssen bei der höchstzulässigen Beladung in der Lage sein, folgende getrennt einwirkende statische Kräfte aufzunehmen:

a) in Fahrtrichtung: das Zweifache der höchstzulässigen Bruttomasse multipliziert mit der Erdbeschleunigung (g) [14];

b) horizontal, im rechten Winkel zur Fahrtrichtung: die höchstzulässige Bruttomasse (das Zweifache der höchstzulässigen Bruttomasse, wenn die Fahrtrichtung nicht eindeutig bestimmt ist), multipliziert mit der Erdbeschleunigung (g) [14];

c) vertikal aufwärts: die höchstzulässige Bruttomasse multipliziert mit der Erdbeschleunigung (g) [14]; und

d) vertikal abwärts: das Zweifache der höchstzulässigen Bruttomasse (Gesamtbeladung einschließlich Wirkung der Schwerkraft) multipliziert mit der Erdbeschleunigung (g) [14].

14) Für Berechnungszwecke gilt: $g = 9{,}81\ m/s^2$.

6.7.5.2.9 Unter Wirkung der in Absatz 6.7.5.2.8 definierten Kräfte darf die Spannung an der am stärksten beanspruchten Stelle der Elemente die Werte nicht überschreiten, die entweder in der anwendbaren Norm des Unterabschnitts 6.2.2.1oder, wenn die Elemente nicht nach diesen Normen ausgelegt, gebaut und geprüft sind, in dem technischen Regelwerk oder in der Norm genannt sind, das/die von der zuständigen Behörde des Verwendungslandes anerkannt oder genehmigt ist (siehe Abschnitt 6.2.5).

6.7.5.2.10 Unter Wirkung jeder der unter Absatz 6.7.5.2.8 genannten Kräfte sind folgende Sicherheitskoeffizienten für das Rahmenwerk und die Befestigung zu beachten:

a) bei Stählen mit ausgeprägter Streckgrenze ein Sicherheitskoeffizient von 1,5, bezogen auf die garantierte Streckgrenze, oder

b) bei Stählen ohne ausgeprägte Streckgrenze ein Sicherheitskoeffizient von 1,5, bezogen auf die garantierte 0,2 %-Dehngrenze und bei austenitischen Stählen auf die 1 %-Dehngrenze.

6.7.5.2.11 MEGC, die für die Beförderung entzündbarer Gase vorgesehen sind, müssen elektrisch geerdet werden können.

6.7.5.2.12 Die Elemente müssen so gesichert sein, dass Bewegungen in Bezug auf die bauliche Gesamtanordnung und Bewegungen, die zu einer Konzentration schädlicher lokaler Spannungen führen, verhindert werden.

6.7.5.3 Bedienungsausrüstung

6.7.5.3.1 Die Bedienungsausrüstung muss so angeordnet oder ausgelegt sein, dass Schäden, die unter normalen Handhabungs- und Beförderungsbedingungen zu einem Freisetzen des Druckgefäßinhalts führen könnten, verhindert werden. Wenn die Verbindung zwischen dem Rahmen und den Elementen eine relative Bewegung zwischen den Baugruppen zulässt, muss die Ausrüstung so befestigt sein, dass durch eine solche Bewegung keine Beschädigung von Teilen erfolgt. Die Sammelrohre, die Entleerungseinrichtungen (Rohranschlüsse, Verschlusseinrichtungen) und die Absperreinrichtungen müssen gegen Abreißen durch äußere Beanspruchungen geschützt sein. Die zu den Absperrventilen führende Sammelrohrleitung muss ausreichend flexibel sein, um die Ventile und die Rohrleitung gegen Abscheren und gegen Freisetzen des Druckgefäßinhalts zu schützen. Die Füll- und Entleerungseinrichtungen (einschließlich Flansche oder Schraubverschlüsse) und alle Schutzkappen müssen gegen unbeabsichtigtes Öffnen gesichert werden können.

6.7.5.3.2 Jedes Element, das für die Beförderung giftiger Gase (Gase der Gruppen T, TF, TC, TO, TFC und TOC) vorgesehen ist, muss mit einem Ventil ausgerüstet sein. Die Rohrleitungen für verflüssigte giftige Gase (Gase der Klassifizierungscodes 2 T, 2 TF, 2 TC, 2 TO, 2 TFC und 2 TOC) müssen so ausgelegt sein, dass jedes Element getrennt befüllt und durch ein dicht verschließbares Ventil abgetrennt gehalten werden kann. Bei der Beförderung entzündbarer Gase (Gase der Gruppe F) müssen die Elemente in Gruppen von höchstens 3000 Litern unterteilt werden, die jeweils durch ein Ventil getrennt sind.

6.7.5.3.3 Bei den Öffnungen für das Füllen und Entleeren von MEGC müssen zwei hintereinanderliegende Ventile an einer zugänglichen Stelle jedes Auslauf- oder Füllstutzens angebracht sein. Eines der Ventile darf ein Rückschlagventil sein. Die Füll- und Entleerungseinrichtungen dürfen an einem Sammelrohr angebracht sein. Bei Rohrleitungsabschnitten, die beidseitig geschlossen werden können und in denen Flüssigkeit eingeschlossen sein kann, muss eine Druckentlastungseinrichtung vorgesehen sein, um einen übermäßigen Druckaufbau zu verhindern. Die Haupttrennventile eines MEGC müssen deutlich mit Angabe der Drehrichtung für das Schließen gekennzeichnet sein. Jede Absperreinrichtung oder sonstige Verschlusseinrichtung ist so auszulegen und zu bauen, dass sie einem Druck standhält, der mindestens dem 1,5fachen des Prüfdrucks des MEGC entspricht. Alle Absperreinrichtungen mit einer Gewindespindel müssen sich durch Drehen des Handrades im Uhrzeigersinn schließen. Bei den übrigen Absperreinrichtungen muss die Stellung (offen und geschlossen) und die Drehrichtung für das Schließen eindeutig angezeigt werden. Alle Absperreinrichtungen sind so auszulegen und anzuordnen, dass ein unbeabsichtigtes Öffnen verhindert wird. Für den Bau von Verschlusseinrichtungen, Ventilen und Zubehörteilen sind verformungsfähige Metalle zu verwenden.

6.7.5.3.4 Die Rohrleitungen sind so auszulegen, zu bauen und zu montieren, dass eine Beschädigung infolge Ausdehnung und Schrumpfung, mechanischer Erschütterung und Vibration vermieden wird. Verbindungen der Rohrleitungen müssen hartgelötet oder durch eine metallene Verbindung gleicher Festigkeit hergestellt sein. Der Schmelzpunkt des Hartlots darf nicht niedriger als 525 °C sein. Der Nenndruck der Bedienungsausrüstung und des Sammelrohrs darf nicht geringer sein als zwei Drittel des Prüfdrucks der Elemente.

6.7.5.4 Druckentlastungseinrichtungen

6.7.5.4.1 Die Elemente von MEGC, die für die Beförderung von UN 1013 Kohlendioxid und UN 1070 Distickstoffmonoxid verwendet werden, müssen in Gruppen von höchstens 3000 Litern unterteilt werden, die jeweils durch ein Ventil getrennt sind. Jede Gruppe muss mit einer oder mehreren Druckentlastungseinrichtungen ausgerüstet sein. Sofern dies von der zuständigen Behörde des Verwendungslandes vorgeschrieben ist, müssen MEGC für andere Gase mit den von dieser zuständigen Behörde festgelegten Druckentlastungseinrichtungen ausgerüstet sein.

6.7.5.4.2 Wenn Druckentlastungseinrichtungen angebracht sind, muss jedes abtrennbare Element oder jede abtrennbare Gruppe von Elementen eines MEGC mit einer oder mehreren Druckentlastungseinrichtungen ausgerüstet sein. Die Druckentlastungseinrichtungen müssen von einer Bauart sein, die dynamischen Kräften einschließlich Flüssigkeitsschwall standhält, und müssen so ausgelegt sein, dass keine Fremdstoffe eindringen und keine Gase austreten können und sich kein gefährlicher Überdruck bilden kann.

6.7.5.4.3 MEGC, die für die Beförderung von bestimmten, in der Anweisung für ortsbewegliche Tanks T 50 in Absatz 4.2.5.2.6 genannten nicht tiefgekühlten Gasen verwendet werden, dürfen, wie von der zuständigen Behörde des Verwendungslandes vorgeschrieben, mit einer Druckentlastungseinrichtung ausgerüstet sein. Die Entlastungseinrichtung muss aus einer Berstscheibe bestehen, die einer federbelasteten Druckentlastungseinrichtung vorgeschaltet ist, es sei denn, der MEGC ist für die Beförderung eines einzigen Gases vorgesehen und mit einer genehmigten Druckentlastungseinrichtung aus einem Werkstoff ausgerüstet, der mit dem beförderten Gas verträglich ist. Zwischen der Berstscheibe und der federbelasteten Einrichtung darf ein Druckmessgerät oder eine andere geeignete Anzeigeeinrichtung angebracht sein. Diese Anordnung erlaubt das Feststellen von Brüchen, Perforationen oder Undichtheiten der Scheibe, durch die das Druckentlastungssystem funktionsunfähig werden kann. Die Berstscheibe muss bei einem Nenndruck, der 10 % über dem Ansprechdruck der Druckentlastungseinrichtung liegt, bersten.

6.7.5.4.4 Bei MEGC, die für die Beförderung verschiedener unter niedrigem Druck verflüssigter Gase verwendet werden, müssen die Druckentlastungseinrichtungen bei dem Druck öffnen, der in Absatz 6.7.3.7.1 für dasjenige der zur Beförderung im MEGC zugelassenen Gase mit dem größten höchstzulässigen Betriebsdruck angegeben ist.

6.7.5.5 Abblasmenge von Druckentlastungseinrichtungen

6.7.5.5.1 Wenn Druckentlastungseinrichtungen angebracht sind, muss die Gesamtabblasmenge der Druckentlastungseinrichtungen bei vollständiger Feuereinwirkung auf den MEGC ausreichen, damit der Druck (einschließlich Druckakkumulation) in den Elementen höchstens 120 % des Ansprechdrucks der Druckentlastungseinrichtung beträgt. Für die Bestimmung der minimalen Gesamtdurchflussmenge des Systems von Druckentlastungseinrichtungen ist die in CGA S-1.2-2003 «Pressure Relief Device Standards – Part 2 – Cargo and Portable Tanks for Compressed Gases» (Normen für Druckentlastungseinrichtungen – Teil 2 – Frachttanks und ortsbewegliche Tanks für verdichtete Gase) vorgesehene Formel zu verwenden. Für die Bestimmung der Abblasmenge einzelner Elemente darf CGA S-1.1-2003 «Pressure Relief Device Standards – Part 1 – Cylinders for Compressed Gases» (Normen für Druckentlastungseinrichtungen – Teil 1 – Flaschen für verdichtete Gase) verwendet werden. Bei unter geringem Druck verflüssigten Gasen dürfen federbelastete Druckentlastungseinrichtungen verwendet werden, um die vorgeschriebene Abblasmenge zu erreichen. Bei MEGC, die für die Beförderung verschiedener Gase vorgesehen sind, muss die Gesamtabblasmenge der Druckentlastungseinrichtungen für dasjenige der zur Beförderung im MEGC zugelassenen Gase berechnet werden, das die höchste Abblasmenge erfordert.

6.7.5.5.2 Bei der Bestimmung der erforderlichen Gesamtabblasmenge der an den Elementen für die Beförderung verflüssigter Gase angebrachten Druckentlastungseinrichtungen sind die thermodynamischen Eigenschaften des Gases zu berücksichtigen [siehe z.B. CGA S-1.2-2003 «Pressure Relief Device Standards – Part 2 – Cargo and Portable Tanks for Compressed Gases» (Normen für Druckentlastungseinrichtungen – Teil 2 – Frachttanks und ortsbewegliche Tanks für verdichtete Gase) für unter geringem Druck verflüssigte Gase und CGA S-1.1-2003 «Pressure Relief Device Standards – Part 1 – Cylinders for Compressed Gases» (Normen für Druckentlastungseinrichtungen – Teil 1 – Flaschen für verdichtete Gase) für unter hohem Druck verflüssigte Gase].

6.7.5.6 Kennzeichnung von Druckentlastungseinrichtungen

6.7.5.6.1 Druckentlastungseinrichtungen müssen mit folgenden Angaben deutlich und dauerhaft gekennzeichnet sein:

a) der Name des Herstellers und die entsprechende Registriernummer der Druckentlastungseinrichtung;

b) der Ansprechdruck und/oder die Ansprechtemperatur;

c) das Datum der letzten Prüfung;

► 1.6.4.43 d) die Strömungsquerschnitte der federbelasteten Druckentlastungseinrichtungen und Berstscheiben in mm².

6.7.5.6.2 Die auf den federbelasteten Druckentlastungseinrichtungen für unter geringem Druck verflüssigte Gase angegebene nominale Abblasmenge ist nach den Normen ISO 4126-1:2004 und ISO 4126-7:2004 zu bestimmen.

6.7.5.7 Anschlüsse für Druckentlastungseinrichtungen

6.7.5.7.1 Die Anschlüsse für Druckentlastungseinrichtungen müssen ausreichend dimensioniert sein, damit die erforderliche Abblasmenge ungehindert zur Druckentlastungseinrichtung gelangen kann. Zwischen dem Element und den Druckentlastungseinrichtungen dürfen keine Absperreinrichtungen angebracht sein, es sei denn, es sind doppelte Einrichtungen für die Wartung oder für andere Zwecke vorhanden, und die Absperreinrichtungen für die jeweils verwendeten Druckentlastungseinrichtungen sind in geöffneter Stellung verriegelt oder die Absperreinrichtungen sind so miteinander gekoppelt, dass mindestens eine der doppelt vorhandenen Einrichtungen immer in Betrieb und in der Lage ist, die Vorschriften des Unterabschnitts 6.7.5.5 zu erfüllen. In einer Öffnung, die zu einer Lüftungs- oder Druckentlastungseinrichtung führt, dürfen keine Hindernisse vorhanden sein, welche die Strömung vom Element zu diesen Einrichtungen begrenzen oder unterbrechen könnten. Die Durchgangsöffnungen aller Rohrleitungen und Ausrüstungen müssen mindestens denselben Durchflussquerschnitt haben wie der Einlass der Druckentlastungseinrichtung, mit der sie verbunden sind. Die Nenngröße der Abblasleitungen muss mindestens so groß sein wie die des Auslasses der Druckentlastungseinrichtung. Abblasleitungen der Druckentlastungseinrichtungen müssen, sofern sie verwendet werden, die Dämpfe oder Flüssigkeiten so in die Atmosphäre ableiten, dass nur ein minimaler Gegendruck auf die Druckentlastungseinrichtungen wirkt.

6.7.5.8 Anordnung von Druckentlastungseinrichtungen

6.7.5.8.1 Jede Druckentlastungseinrichtung muss unter maximalen Füllungsbedingungen mit der Dampfphase der Elemente zur Beförderung verflüssigter Gase in Verbindung stehen. Die Einrichtungen müssen, sofern sie angebracht sind, so angeordnet sein, dass der Dampf ungehindert nach oben entweichen kann und eine Einwirkung des ausströmenden Gases oder der ausströmenden Flüssigkeit auf den MEGC, seine Elemente oder das Personal verhindert wird. Bei entzündbaren, pyrophoren und oxidierenden Gasen muss das Gas so vom Element abgeleitet werden, dass es nicht auf die übrigen Elemente einwirken kann. Hitzebeständige Schutzeinrichtungen, die die Strömung des Gases umleiten, sind zugelassen, vorausgesetzt, die geforderte Abblasmenge wird dadurch nicht vermindert.

6.7.5.8.2 Es sind Maßnahmen zu treffen, um den Zugang unbefugter Personen zu den Druckentlastungseinrichtungen zu verhindern und die Druckentlastungseinrichtungen bei einem Umkippen des MEGC vor Beschädigung zu schützen.

6.7.5.9 Füllstandsanzeigevorrichtungen

6.7.5.9.1 Wenn ein MEGC für das Befüllen nach Masse vorgesehen ist, ist dieser mit einer oder mehreren Füllstandsanzeigevorrichtungen auszurüsten. Füllstandsanzeiger aus Glas oder anderen zerbrechlichen Werkstoffen dürfen nicht verwendet werden.

6.7.5.10 Traglager, Rahmen, Hebe- und Befestigungseinrichtungen für MEGC

6.7.5.10.1 MEGC sind mit einem Traglager, das eine sichere Auflage während der Beförderung gewährleistet, auszulegen und zu bauen. Die in Absatz 6.7.5.2.8 festgelegten Kräfte und der in Absatz 6.7.5.2.10 festgelegte Sicherheitskoeffizient sind bei diesem Aspekt der Auslegung zu berücksichtigen. Kufen, Rahmen, Schlitten oder andere ähnliche Konstruktionen sind zugelassen.

6.7.5.10.2 Die von den Anbauten an Elementen (z.B. Schlitten, Rahmen, usw.) sowie von den Hebe- und Befestigungseinrichtungen des MEGC verursachten kombinierten Spannungen dürfen in keinem Element zu übermäßigen Spannungen führen. Alle MEGC sind mit dauerhaften Hebe- und Befestigungseinrichtungen auszurüsten. Aufbauten oder Befestigungen dürfen in keinem Fall an den Elementen festgeschweißt werden.

6.7.5.10.3 Bei der Auslegung der Traglager und der Rahmenwerke sind die Einflüsse von Umweltkorrosion zu berücksichtigen.

6.7.5.10.4 Wenn MEGC während der Beförderung nicht nach Unterabschnitt 4.2.4.3 geschützt sind, müssen die Elemente und die Bedienungsausrüstung gegen Beschädigung durch Längs- oder Querstöße oder Umkippen geschützt sein. Äußere Ausrüstungsteile müssen so geschützt sein, dass ein Austreten des Inhalts der Elemente durch Stöße oder Umkippen des MEGC auf seine Ausrüstungsteile ausgeschlossen ist. Besondere Aufmerksamkeit ist auf den Schutz des Sammelrohrs zu richten. Beispiele für Schutzmaßnahmen:

a) Schutz gegen seitliche Stöße, der aus Längsträgern bestehen kann;

b) Schutz vor dem Umkippen, der aus Verstärkungsringen oder quer am Rahmen befestigten Stäben bestehen kann;

c) Schutz gegen Stöße von hinten, der aus einer Stoßstange oder einem Rahmen bestehen kann;

d) Schutz der Elemente und der Bedienungsausrüstung gegen Beschädigungen durch Stöße oder Umkippen durch Verwendung eines ISO-Rahmens nach den anwendbaren Vorschriften der Norm ISO 1496-3:1995.

6.7.5.11 Baumusterzulassung

▶ *1.6.4.30*

6.7.5.11.1 Für jedes neue Baumuster eines MEGC ist durch die zuständige Behörde oder eine von ihr bestimmte Stelle eine Baumusterzulassungsbescheinigung auszustellen. Diese Bescheinigung muss bestätigen, dass der MEGC von der Behörde begutachtet worden ist, für die beabsichtigte Verwendung geeignet ist und den Vorschriften dieses Kapitels und den für Gase anwendbaren Vorschriften des Kapitels 4.1 und der Verpackungsanweisung P 200 entspricht. Werden die MEGC ohne Änderung in der Bauart in Serie gefertigt, gilt die Bescheinigung für die gesamte Serie. In dieser Bescheinigung sind der Baumusterprüfbericht, die Werkstoffe des Sammelrohrs, die Normen, nach denen die Elemente hergestellt sind, und eine Zulassungsnummer anzugeben. Die Zulassungsnummer muss aus dem Unterscheidungszeichen oder -symbol des Staates, in dem die Zulassung erfolgte, angegeben durch das für Kraftfahrzeuge im internationalen Verkehr verwendete Unterscheidungszeichen [15], und einer Registriernummer bestehen. In der Bescheinigung sind eventuelle alternative Vereinbarungen gemäß Unterabschnitt 6.7.1.2 anzugeben. Eine Baumusterzulassung darf auch für die Zulassung kleinerer MEGC herangezogen werden, die aus Werkstoffen gleicher Art und Dicke, nach derselben Fertigungstechnik, mit identischem Traglager sowie gleichwertigen Verschlüssen und sonstigen Zubehörteilen hergestellt werden.

6.7.5.11.2 Der Baumusterprüfbericht für die Baumusterzulassung muss mindestens folgende Angaben enthalten:

a) die Ergebnisse der in ISO 1496-3:1995 beschriebenen anwendbaren Prüfung des Rahmens;

b) die Ergebnisse der erstmaligen Prüfung nach Absatz 6.7.5.12.3;

c) die Ergebnisse der Auflaufprüfung nach Absatz 6.7.5.12.1 und

d) Bescheinigungen, die bestätigen, dass die Flaschen und Großflaschen den anwendbaren Normen entsprechen.

6.7.5.12 Prüfung

6.7.5.12.1 MEGC, die der Begriffsbestimmung für Container des Internationalen Übereinkommens über sichere Container (CSC), 1972, in der jeweils geänderten Fassung entsprechen, dürfen nicht verwendet werden, es sei denn, sie werden erfolgreich qualifiziert, nachdem ein repräsentatives Baumuster jeder Bauart der im Handbuch Prüfungen und Kriterien Teil IV Abschnitt 41 beschriebenen dynamischen Auflaufprüfung unterzogen wurde.

6.7.5.12.2 Die Elemente und Ausrüstungsteile jedes MEGC müssen vor der erstmaligen Inbetriebnahme geprüft werden (erstmalige Prüfung). Danach müssen die MEGC regelmäßig spätestens alle fünf Jahre geprüft werden (wiederkehrende 5-Jahres-Prüfung). Unabhängig von der zuletzt durchgeführten wiederkehrenden Prüfung ist, wenn es sich gemäß Absatz 6.7.5.12.5 als erforderlich erweist, eine außerordentliche Prüfung durchzuführen.

15) Das für Kraftfahrzeuge und Anhänger im internationalen Straßenverkehr verwendete Unterscheidungszeichen des Zulassungsstaates, z.B. gemäß dem Genfer Übereinkommen über den Straßenverkehr von 1949 oder dem Wiener Übereinkommen über den Straßenverkehr von 1968.

6.7.5.12.3 Die erstmalige Prüfung eines MEGC muss eine Überprüfung der Auslegungsmerkmale, eine äußere Untersuchung des MEGC und seiner Ausrüstungsteile unter Berücksichtigung der zu befördernden Gase sowie eine Druckprüfung unter Verwendung der Prüfdrücke des Unterabschnitts 4.1.4.1 Verpackungsanweisung P 200 umfassen. Die Druckprüfung des Sammelrohrsystems darf als Wasserdruckprüfung oder mit Zustimmung der zuständigen Behörde oder einer von ihr bestimmten Stelle unter Verwendung einer anderen Flüssigkeit oder eines anderen Gases durchgeführt werden. Vor der Inbetriebnahme des MEGC ist eine Dichtheitsprüfung und eine Funktionsprüfung der gesamten Bedienungsausrüstung durchzuführen. Wenn die Elemente und ihre Ausrüstungsteile getrennt einer Druckprüfung unterzogen worden sind, müssen sie nach dem Zusammenbau gemeinsam einer Dichtheitsprüfung unterzogen werden.

6.7.5.12.4 Die wiederkehrende 5-Jahres-Prüfung muss eine äußere Untersuchung des Aufbaus, der Elemente und der Bedienungsausrüstung gemäß Absatz 6.7.5.12.6 umfassen. Die Elemente und Rohrleitungen sind innerhalb der in Unterabschnitt 4.1.4.1 Verpackungsanweisung P 200 festgelegten Fristen und in Übereinstimmung mit den Vorschriften des Unterabschnitts 6.2.1.6 zu prüfen. Wenn die Elemente und die Ausrüstung getrennt einer Druckprüfung unterzogen worden sind, müssen sie nach dem Zusammenbau gemeinsam einer Dichtheitsprüfung unterzogen werden.

6.7.5.12.5 Eine außerordentliche Prüfung ist erforderlich, wenn der MEGC Anzeichen von Beschädigung, Korrosion, Undichtheit oder anderer auf einen Mangel hinweisende Zustände aufweist, der die Unversehrtheit des MEGC beeinträchtigen könnte. Der Umfang der außerordentlichen Prüfung hängt vom Ausmaß der Beschädigung oder der Verschlechterung des Zustands des MEGC ab. Sie muss mindestens die in Absatz 6.7.5.12.6 vorgeschriebenen Prüfungen umfassen.

6.7.5.12.6 Die Untersuchungen müssen sicherstellen, dass

a) die Elemente äußerlich auf Lochfraß, Korrosion, Abrieb, Beulen, Verformungen, Fehler in Schweißnähten oder andere Zustände einschließlich Undichtheiten geprüft sind, durch die der MEGC bei der Beförderung unsicher werden könnte;

b) die Rohrleitungen, die Ventile und die Dichtungen auf Korrosion, Defekte und andere Zustände einschließlich Undichtheiten geprüft sind, durch die der MEGC beim Befüllen, Entleeren oder der Beförderung unsicher werden könnte;

c) fehlende oder lose Bolzen oder Muttern bei geflanschten Verbindungen oder Blindflanschen ersetzt oder festgezogen sind;

d) alle Sicherheitseinrichtungen und -ventile frei von Korrosion, Verformung, Beschädigung oder Defekten sind, die ihre normale Funktion behindern könnten. Fernbediente und selbstschließende Verschlusseinrichtungen sind zu betätigen, um ihre ordnungsgemäße Funktion nachzuweisen;

e) die auf dem MEGC vorgeschriebenen Kennzeichen lesbar sind und den anwendbaren Vorschriften entsprechen und

f) der Rahmen, das Traglager und die Hebeeinrichtungen des MEGC sich in einem zufriedenstellenden Zustand befinden.

6.7.5.12.7 Die in den Absätzen 6.7.5.12.1, 6.7.5.12.3, 6.7.5.12.4 und 6.7.5.12.5 angegebenen Prüfungen sind von einer von der zuständigen Behörde bestimmten Stelle durchzuführen oder zu beglaubigen. Wenn die Druckprüfung Bestandteil der Prüfung ist, ist diese mit dem auf dem Tankschild des MEGC angegebenen Prüfdruck durchzuführen. Der unter Druck stehende MEGC ist auf Undichtheiten der Elemente, der Rohrleitungen oder der Ausrüstung zu untersuchen.

6.7.5.12.8 Wird eine die Sicherheit gefährdende Fehlerhaftigkeit festgestellt, darf der MEGC vor der Ausbesserung und dem erfolgreichen Bestehen der anwendbaren Prüfungen nicht wieder in Betrieb genommen werden.

6.7.5.13 Kennzeichnung

6.7.5.13.1 ▶ 1.6.4.37 Jeder MEGC muss mit einem korrosionsbeständigen Metallschild ausgerüstet sein, das dauerhaft an einer auffallenden und für die Prüfung leicht zugänglichen Stelle angebracht ist. Das Metallschild darf nicht an den Elementen angebracht sein. Die Elemente müssen gemäß Kapitel 6.2 gekennzeichnet sein. Auf dem Schild müssen mindestens die folgenden Angaben eingeprägt oder durch ein ähnliches Verfahren angebracht sein:

a) Eigentümerinformationen
   (i) Registriernummer des Eigentümers;
b) Herstellungsinformationen
   (i) Herstellungsland;
   (ii) Herstellungsjahr;
   (iii) Name oder Zeichen des Herstellers;
   (iv) Seriennummer des Herstellers;
c) Zulassungsinformationen
   (i) das Symbol der Vereinten Nationen für Verpackungen ⓤⓝ ;
   dieses Symbol darf nur zum Zweck der Bestätigung verwendet werden, dass eine Verpackung, ein flexibler Schüttgut-Container, ein ortsbeweglicher Tank oder ein MEGC den entsprechenden Vorschriften des Kapitels 6.1, 6.2, 6.3, 6.5, 6.6, 6.7 oder 6.11 entspricht;
   (ii) Zulassungsland;
   (iii) für die Baumusterzulassung zugelassene Stelle;
   (iv) Baumusterzulassungsnummer;
   (v) die Buchstaben «AA», wenn das Baumuster nach alternativen Vereinbarungen zugelassen wurde (siehe Unterabschnitt 6.7.1.2);
d) Drücke
   (i) Prüfdruck (in bar oder kPa (Überdruck))[16];
   (ii) Datum der erstmaligen Druckprüfung (Monat und Jahr);
   (iii) Identifizierungskennzeichen des Sachverständigen der erstmaligen Druckprüfung;
e) Temperaturen
   (i) Auslegungstemperaturbereich (in °C)[16];
f) Elemente/Fassungsraum
   (i) Anzahl der Elemente;
   (ii) mit Wasser ausgeliterter Fassungsraum (in Litern)[16];
g) wiederkehrende Prüfungen
   (i) Art der zuletzt durchgeführten wiederkehrenden Prüfung (2,5-Jahres-, 5-Jahres-Prüfung oder außerordentliche Prüfung);
   (ii) Datum der zuletzt durchgeführten wiederkehrenden Prüfung (Monat und Jahr);
   (iii) Identifizierungskennzeichen der zugelassenen Stelle, welche die letzte Prüfung durchgeführt oder beglaubigt hat.

16) Die verwendete Einheit ist anzugeben.

Abbildung 6.7.5.13.1: Beispiel eines Kennzeichenschilds

Registriernummer des Eigentümers					
HERSTELLUNGSINFORMATIONEN					
Herstellungsland					
Herstellungsjahr					
Hersteller					
Seriennummer des Herstellers					
ZULASSUNGSINFORMATIONEN					
un	Zulassungsland				
	für die Baumusterzulassung zugelassene Stelle				
	Baumusterzulassungsnummer				«AA» *(sofern anwendbar)*
Regelwerk für die Auslegung des Tankkörpers (Druckbehälter-Regelwerk)					
DRÜCKE					
Prüfdruck					bar *oder* kPa
Datum der erstmaligen Druckprüfung:	*(MM/JJJJ)*		Stempel des Sachverständigen:		
TEMPERATUREN					
Auslegungstemperaturbereich			°C	bis	°C
ELEMENTE/FASSUNGSRAUM					
Anzahl der Elemente					
gesamter mit Wasser ausgeliterter Fassungsraum					Liter
WIEDERKEHRENDE PRÜFUNGEN					
Art der Prüfung	Prüfdatum	Stempel des Sachverständigen	Art der Prüfung	Prüfdatum	Stempel des Sachverständigen
	(MM/JJJJ)			*(MM/JJJJ)*	

6.7.5.13.2 Folgende Angaben müssen auf einem am MEGC fest angebrachten Metallschild dauerhaft angegeben sein:

Name des Betreibers

höchstzulässige Masse der Füllung ________ kg

Betriebsdruck bei 15 °C ________ bar (Überdruck)

höchstzulässige Bruttomasse ________ kg

Leermasse (Tara) ________ kg.

Vorschriften für den Bau, die Ausrüstung, die Zulassung des Baumusters, die Prüfung und die Kennzeichnung von festverbundenen Tanks (Tankfahrzeugen), Aufsetztanks, Tankcontainern und Tankwechselaufbauten (Tankwechselbehältern), deren Tankkörper aus metallenen Werkstoffen hergestellt sind, sowie von Batterie-Fahrzeugen und Gascontainern mit mehreren Elementen (MEGC)

Bem. 1. Für ortsbewegliche Tanks und UN-Gascontainer mit mehreren Elementen (MEGC) siehe Kapitel 6.7; für Tanks aus faserverstärkten Kunststoffen siehe Kapitel 6.9; für Saug-Druck-Tanks für Abfälle siehe Kapitel 6.10.

2. Für festverbundene Tanks (Tankfahrzeuge) und Aufsetztanks mit Additivierungseinrichtungen siehe Kapitel 3.3 Sondervorschrift 664.

6.8.1 Anwendungsbereich

6.8.1.1 Vorschriften, die sich über die **gesamte Textbreite** erstrecken, gelten sowohl für festverbundene Tanks (Tankfahrzeuge), Aufsetztanks und Batterie-Fahrzeuge als auch für Tankcontainer, Tankwechselaufbauten (Tankwechselbehälter) und MEGC.

Vorschriften, die in **einer Spalte** erscheinen, gelten nur für

- festverbundene Tanks (Tankfahrzeuge), Aufsetztanks und Batterie-Fahrzeuge **(linke Spalte)**.
- Tankcontainer, Tankwechselaufbauten (Tankwechselbehälter) und MEGC **(rechte Spalte)**.

6.8.1.2 Diese Vorschriften gelten für *► 1.6.4.1 bis 1.6.4.3, 1.6.4.7, 1.6.4.9*

festverbundene Tanks (Tankfahrzeuge), Aufsetztanks und Batterie-Fahrzeuge,	Tankcontainer, Tankwechselaufbauten (Tankwechselbehälter) und MEGC

zur Beförderung gasförmiger, flüssiger, pulverförmiger und körniger Stoffe.

6.8.1.3 Im Abschnitt 6.8.2 sind Vorschriften aufgeführt, die sowohl für festverbundene Tanks (Tankfahrzeuge), Aufsetztanks, Tankcontainer und Tankwechselaufbauten (Tankwechselbehälter) zur Beförderung von Stoffen aller Klassen als auch für Batterie-Fahrzeuge und MEGC zur Beförderung von Gasen der Klasse 2 gelten. Die Abschnitte 6.8.3 bis 6.8.5 enthalten die Sondervorschriften, die Ergänzungen zu oder Abweichungen von den Vorschriften des Abschnitts 6.8.2 bilden.

6.8.1.4 Wegen der Vorschriften bezüglich der Verwendung dieser Tanks siehe Kapitel 4.3.

► 1.6.3.1 bis 1.6.3.8, 1.6.3.11 und 1.6.3.18

6.8.2 Vorschriften für alle Klassen

6.8.2.1 Bau

► 1.6.4.1, 1.6.4.2, 1.6.4.3

Grundsätze

6.8.2.1.1 Die Tankkörper, ihre Befestigungseinrichtungen, ihre Bedienungsausrüstung und ihre bauliche Ausrüstung müssen so beschaffen sein, dass sie ohne Verlust des Inhalts (ausgenommen Gasmengen, die aus etwa vorhandenen Entgasungsöffnungen austreten)

- unter normalen Beförderungsbedingungen den in Absatz 6.8.2.1.2 und 6.8.2.1.13 definierten statischen und dynamischen Beanspruchungen standhalten,
- den in Absatz 6.8.2.1.15 vorgeschriebenen Mindestbeanspruchungen standhalten.

6.8.2.1.2	Die Tanks einschließlich ihrer Befestigungseinrichtungen müssen bei der höchstzulässigen Masse der Füllung folgende Kräfte aufnehmen können: – 2fache Gesamtmasse in Fahrtrichtung; – 1fache Gesamtmasse horizontal seitwärts zur Fahrtrichtung; – 1fache Gesamtmasse vertikal aufwärts und – 2fache Gesamtmasse vertikal abwärts.	Die Tankcontainer [2] einschließlich ihrer Befestigungseinrichtungen müssen bei der höchstzulässigen Masse der Füllung folgende Kräfte aufnehmen können: – 2fache Gesamtmasse in Fahrtrichtung; – 1fache Gesamtmasse horizontal seitwärts zur Fahrtrichtung (wenn die Fahrtrichtung nicht eindeutig bestimmt ist, gilt die 2fache Gesamtmasse in jeder Richtung); – 1fache Gesamtmasse vertikal aufwärts und – 2fache Gesamtmasse vertikal abwärts. [2] Siehe auch Abschnitt 7.1.3.

6.8.2.1.3 Die Wände des Tankkörpers müssen mindestens die festgelegten Dicken haben nach den Absätzen

6.8.2.1.17 bis 6.8.2.1.21.	6.8.2.1.17 bis 6.8.2.1.20.

6.8.2.1.4 Die Tankkörper müssen nach den Bestimmungen der in Unterabschnitt 6.8.2.6 aufgeführten Normen oder eines von der zuständigen Behörde gemäß Unterabschnitts 6.8.2.7 anerkannten technischen Regelwerks entworfen und gebaut sein, in denen bei der Wahl des Werkstoffes und der Bemessung der Wanddicke des Tankkörpers die höchsten und tiefsten Einfüll- und Betriebstemperaturen berücksichtigt werden; die Mindestanforderungen der Absätze 6.8.2.1.6 bis 6.8.2.1.26 müssen jedoch eingehalten werden.

6.8.2.1.5 Tanks für bestimmte gefährliche Stoffe müssen einen zusätzlichen Schutz haben. Dieser kann durch eine erhöhte Wanddicke des Tankkörpers, die auf Grund der Art der Gefahren, die der betreffende Stoff aufweist, bestimmt wird, gewährleistet sein (erhöhter Berechnungsdruck) oder aus einer Schutzeinrichtung bestehen (siehe Sondervorschriften des Abschnitts 6.8.4).

6.8.2.1.6 Die Schweißverbindungen müssen nach den Regeln der Technik ausgeführt sein und volle Sicherheit bieten. Die Schweißarbeiten und ihre Prüfung müssen den Vorschriften des Absatzes 6.8.2.1.23 entsprechen.

6.8.2.1.7 Es müssen Maßnahmen getroffen werden, um die Tankkörper gegen das Risiko der Verformung infolge eines inneren Unterdrucks zu schützen.

► *1.6.3.20*

Tankkörper, ausgenommen Tankkörper gemäß Absatz 6.8.2.2.6, die für eine Ausrüstung mit Vakuumventilen ausgelegt sind, müssen in der Lage sein, einem äußeren Überdruck von mindestens 21 kPa (0,21 bar) über dem Innendruck ohne bleibende Verformung standzuhalten. Tankkörper, die nur für die Beförderung fester (pulverförmiger oder körniger) Stoffe der Verpackungsgruppe II oder III, die sich während der Beförderung nicht verflüssigen, verwendet werden, dürfen für einen niedrigeren äußeren Überdruck, der nicht weniger als 5 kPa (0,05 bar) beträgt, ausgelegt sein. Die Vakuumventile müssen so eingestellt sein, dass sie sich bei einem Unterdruck öffnen, der nicht höher ist als der Unterdruck, für den der Tank ausgelegt ist. Tankkörper, die nicht für eine Ausrüstung mit Vakuumventilen ausgelegt sind, müssen in der Lage sein, einem äußeren Überdruck von mindestens 40 kPa (0,4 bar) über dem Innendruck ohne bleibende Verformung standzuhalten.

Werkstoffe des Tankkörpers

6.8.2.1.8 Die Tankkörper müssen aus geeigneten metallenen Werkstoffen hergestellt sein, die, sofern in den einzelnen Klassen nicht andere Temperaturbereiche vorgesehen sind, bei einer Temperatur zwischen –20 °C und +50 °C trennbruchsicher und unempfindlich gegen Spannungsrisskorrosion sein müssen.

6.8.2.1.9 Die Werkstoffe der Tankkörper oder ihrer Schutzauskleidungen, die mit dem Inhalt in Berührung kommen, dürfen keine Stoffe enthalten, die mit dem Inhalt gefährlich reagieren (siehe Begriffsbestimmung für gefährliche Reaktion in Abschnitt 1.2.1) oder die unter Einwirkung des Inhalts gefährliche Verbindungen bilden oder den Werkstoff merklich schwächen.

Zieht die Berührung zwischen dem beförderten Stoff und dem für den Bau des Tankkörpers verwendeten Werkstoff eine fortschreitende Verminderung der Wanddicke des Tankkörpers nach sich, so müssen diese bei der Herstellung durch einen geeigneten Wert erhöht werden. Dieser Abzehrungszuschlag darf bei der Berechnung der Wanddicke des Tankkörpers nicht berücksichtigt werden.

6.8.2.1.10 Für geschweißte Tankkörper darf nur ein Werkstoff verwendet werden, dessen Schweißbarkeit einwandfrei feststeht und für den ein ausreichender Wert der Kerbschlagzähigkeit bei einer Umgebungstemperatur von –20 °C besonders in den Schweißnähten und in der Schweißeinflusszone gewährleistet werden kann.
Bei Verwendung von Feinkornstahl darf nach den Werkstoffspezifikationen der garantierte Wert der Streckgrenze Re nicht größer als 460 N/mm^2 und der garantierte Wert für die obere Grenze der Zugfestigkeit Rm nicht größer als 725 N/mm^2 sein.

6.8.2.1.11 Bei geschweißten Tankkörpern aus Stahl darf das Verhältnis Re/Rm nicht größer sein als 0,85.

Re = Streckgrenze für Stähle mit ausgeprägter Streckgrenze oder 0,2%-Dehngrenze für Stähle ohne ausgeprägter Streckgrenze (1%-Dehngrenze für austenitische Stähle)

Rm = Zugfestigkeit

Bei der Ermittlung dieses Verhältnisses sind in jedem Fall die im Werkstoffabnahmezeugnis ausgewiesenen Werte zugrunde zu legen.

6.8.2.1.12 Die Bruchdehnung in % bei Stahl muss mindestens dem Zahlenwert

$$\frac{10000}{\text{ermittelte Zugfestigkeit in N / mm}^2}$$

entsprechen und darf bei Feinkornstählen nicht weniger als 16 % und bei anderen Stählen nicht weniger als 20 % betragen.

Bei Aluminiumlegierungen darf die Bruchdehnung nicht weniger als 12 % betragen [3].

Berechnung der Wanddicke des Tankkörpers

6.8.2.1.13 Der für die Bestimmung der Wanddicke des Tankkörpers maßgebliche Druck darf nicht geringer sein als der Berechnungsdruck, doch müssen dabei auch die im Absatz 6.8.2.1.1 erwähnten und gegebenenfalls die folgenden Beanspruchungen berücksichtigt werden:

Bei Fahrzeugen, bei denen der Tank selbsttragend ist, muss der Tankkörper so berechnet werden, dass er den dadurch entstehenden Beanspruchungen neben anderen auftretenden Beanspruchungen standhalten kann.

3) Für Bleche ist die Zugprobe quer zur Walzrichtung zu entnehmen. Die Dehnung nach Bruch wird an Probestäben mit kreisrundem Querschnitt bestimmt, wobei die Messlänge l zwischen den Messmarken gleich dem 5fachen Stabdurchmesser d ist (l = 5 d); werden Probestäbe mit eckigem Querschnitt verwendet, so wird die Messlänge l nach der Formel

$l = 5{,}65 \sqrt{F_0}$

berechnet, wobei F_0 gleich dem ursprünglichen Querschnitt des Probestabes ist.

Unter Wirkung jeder dieser Beanspruchungen darf die Spannung an dem am stärksten beanspruchten Punkt des Tankkörpers und seiner Befestigungseinrichtungen den in Absatz 6.8.2.1.16 festgelegten Wert für σ nicht übersteigen.	Unter Wirkung jeder dieser Beanspruchungen müssen folgende Sicherheitskoeffizienten eingehalten werden: – bei metallenen Werkstoffen mit ausgeprägter Streckgrenze ein Sicherheitskoeffizient von 1,5, bezogen auf die ausgeprägte Streckgrenze, oder – bei metallenen Werkstoffen ohne ausgeprägte Streckgrenze ein Sicherheitskoeffizient von 1,5, bezogen auf die garantierte 0,2%-Dehngrenze (bei austenitischen Stählen auf die 1%-Dehngrenze).

6.8.2.1.14 Der Berechnungsdruck ist im zweiten Teil der Tankcodierung (siehe Unterabschnitt 4.3.4.1) gemäß Kapitel 3.2 Tabelle A Spalte 12 angegeben.

Wenn ein «G» angegeben ist, gelten folgende Vorschriften:

a) Tankkörper mit Entleerung durch Schwerkraft, die für Stoffe bestimmt sind, die bei 50 °C einen Dampfdruck von höchstens 110 kPa (1,1 bar) (absolut) haben, sind nach einem Druck zu bemessen, der dem doppelten statischen Druck des zu befördernden Stoffes, mindestens jedoch dem doppelten statischen Druck von Wasser entspricht;

b) Tankkörper mit Druckfüllung oder -entleerung für Stoffe, die bei 50 °C einen Dampfdruck von höchstens 110 kPa (1,1 bar) (absolut) haben, sind nach einem Druck zu bemessen, der das 1,3fache des Füll- oder Entleerungsdrucks beträgt.

Wenn der Zahlenwert des Mindestberechnungsdrucks (Überdruck) angegeben ist, ist der Tankkörper nach diesem Druck zu bemessen, wobei dieser aber nicht geringer sein darf als das 1,3fache des Füll- oder Entleerungsdrucks. Dabei gelten folgende Mindestanforderungen:

c) Tankkörper mit irgendeinem Füll- oder Entleerungssystem, die für Stoffe bestimmt sind, die bei 50 °C einen Dampfdruck von mehr als 110 kPa (1,1 bar), und einen Siedepunkt über 35 °C haben, sind nach einem Druck zu bemessen, der mindestens 150 kPa (1,5 bar) (Überdruck) beträgt oder der dem 1,3fachen des Füll- oder Entleerungsdrucks, wenn dieser höher ist, entspricht;

d) Tankkörper mit irgendeinem Füll- oder Entleerungssystem, die für Stoffe bestimmt sind, die einen Siedepunkt von höchstens 35 °C haben, sind nach einem Druck zu bemessen, der dem 1,3fachen des Füll- oder Entleerungsdrucks entspricht, mindestens jedoch 0,4 MPa (4 bar) (Überdruck) beträgt.

6.8.2.1.15 Beim Prüfdruck muss die Spannung σ an der am stärksten beanspruchten Stelle des Tankkörpers kleiner oder gleich den nachstehenden, in Abhängigkeit von den Werkstoffen festgelegten Grenzwerten sein. Dabei ist eine etwaige Schwächung durch die Schweißnähte zu berücksichtigen.

6.8.2.1.16 Für alle Metalle und Legierungen muss die Spannung σ beim Prüfdruck unter dem kleineren der Werte liegen, der sich aus folgenden Gleichungen ergibt:

$\sigma \leq 0{,}75\ Re$ oder $\sigma \leq 0{,}5\ Rm$

Dabei bedeutet:

Re = Streckgrenze für Stähle mit ausgeprägter Streckgrenze oder

0,2%-Dehngrenze für Stähle ohne ausgeprägter Streckgrenze (1%-Dehngrenze für austenitische Stähle)

Rm = Zugfestigkeit

Die zu verwendenden Werte von Re und Rm sind spezifizierte Minimalwerte aus Werkstoffnormen. Wenn keine Werkstoffnorm für das Metall oder die Legierung vorhanden ist, müssen die zu verwendenden Werte von Re und Rm von der zuständigen Behörde oder von einer von ihr beauftragten Stelle zugelassen sein.

Die Mindestwerte aus den Werkstoffnormen dürfen bei der Verwendung von austenitischen Stählen um bis zu 15 % überschritten werden, sofern im Werkstoffabnahmezeugnis diese höheren Werte bescheinigt sind. Diese Mindestwerte dürfen jedoch nicht überschritten werden, wenn die in Absatz 6.8.2.1.18 aufgeführte Formel angewendet wird.

Mindestwanddicke des Tankkörpers

6.8.2.1.17 Die Wanddicke des Tankkörpers muss mindestens dem größeren der beiden Werte entsprechen, die sich nach der Berechnung mit den folgenden Formeln ergeben:

$$e = \frac{P_T\ D}{2\ \sigma\ \lambda}$$

$$e = \frac{P_C\ D}{2\ \sigma},$$

wobei

e = Mindestwanddicke des Tankkörpers in mm

P_T = Prüfdruck in MPa

P_C = Berechnungsdruck in MPa nach Absatz 6.8.2.1.14

D = innerer Durchmesser des Tankkörpers in mm

σ = zulässige Spannung in N/mm^2, festgelegt in Absatz 6.8.2.1.16

λ = Koeffizient 1 oder weniger als 1, welcher der Schweißnahtgüte Rechnung trägt und von den in Absatz 6.8.2.1.23 definierten Prüfmethoden abhängig ist.

In keinem Fall darf die Wanddicke des Tankkörpers aber weniger betragen als die festgelegten Werte nach

den Absätzen 6.8.2.1.18 bis 6.8.2.1.21.

den Absätzen 6.8.2.1.18 bis 6.8.2.1.20.

6.8.2.1.18 Die Tankkörper, mit Ausnahme der in Absatz 6.8.2.1.21 genannten, mit kreisrundem Querschnitt und einem Durchmesser von nicht mehr als 1,80 m [4] müssen eine Wanddicke von mindestens 5 mm haben, wenn sie aus Baustahl [5] bestehen, oder eine gleichwertige Dicke, wenn sie aus einem anderen Metall hergestellt sind.

Ist der Durchmesser größer als 11,80 m [4], muss, mit Ausnahme der Tanks für pulverförmige oder körnige Stoffe, diese Dicke mindestens 6 mm betragen, wenn die Tankkörper aus Baustahl [5] bestehen, oder eine gleichwertige Dicke, wenn sie aus einem anderen Metall hergestellt sind.

Die Tankkörper müssen eine Wanddicke von mindestens 5 mm haben, wenn sie aus einem den Vorschriften der Absätze 6.8.2.1.11 und 6.8.2.1.12 entsprechenden Baustahl [5] bestehen, oder eine gleichwertige Dicke, wenn sie aus einem anderen Metall hergestellt sind.

Ist der Durchmesser größer als 1,80 m [4], muss mit Ausnahme der Tanks für pulverförmige oder körnige Stoffe diese Dicke 6 mm betragen, wenn die Tankkörper aus Baustahl [5] bestehen, oder eine gleichwertige Dicke, wenn sie aus einem anderen Metall hergestellt sind.

Welches Metall auch verwendet wird, die Mindestwanddicke der Tankkörper darf nie weniger als 3 mm betragen.

10

4) Bei anderen als kreisrunden Tankkörpern, z.B. kofferförmigen oder elliptischen Tankkörpern, entsprechen die angegebenen Durchmesser denjenigen, die sich aus einem flächengleichen Kreisquerschnitt errechnen. Bei diesen Querschnittformen dürfen die Wölbungsradien der Tankmäntel seitlich nicht größer als 2000 mm, oben und unten nicht größer als 3000 mm sein.

5) Wegen der Begriffsbestimmungen für «Baustahl» und «Bezugsstahl» siehe Abschnitt 1.2.1. «Baustahl» deckt in diesem Fall auch Stähle ab, die in EN-Werkstoffnormen als «Baustahl» bezeichnet sind und eine Mindestzugfestigkeit zwischen 360 N/mm^2 und 490 N/mm^2 und eine Mindestbruchdehnung gemäß Absatz 6.8.2.1.12 aufweisen.

Unter gleichwertiger Dicke versteht man diejenige, welche durch die nachstehende Formel [6] bestimmt wird:

$$e_1 = \frac{464\ e_0}{\sqrt[3]{(Rm_1\ A_1)^2}}.$$

6.8.2.1.19 Wenn die Tanks einen Schutz gegen Beschädigung durch seitliches Anfahren oder Überschlagen gemäß Absatz 6.8.2.1.20 aufweisen, kann die zuständige Behörde zulassen, dass diese Mindestwanddicken im Verhältnis zu diesem Schutz verringert werden; für Tankkörper mit einem Durchmesser von nicht mehr als 1,80 m [4] dürfen diese Dicken jedoch nicht weniger als 3 mm bei Verwendung von Baustahl [5] oder eine gleichwertige Dicke bei Verwendung anderer Metalle betragen. Für Tankkörper mit einem Durchmesser von mehr als 1,80 m [4] ist diese Dicke bei Verwendung von Baustahl [5] auf 4 mm zu erhöhen oder auf eine gleichwertige Dicke bei Verwendung eines anderen Metalls.

Unter gleichwertiger Dicke versteht man diejenige, die durch die Formel in Absatz 6.8.2.1.18 bestimmt wird.

Mit Ausnahme der in Absatz 6.8.2.1.21 bestimmten Fälle, darf die Wanddicke der Tankkörper mit einem Schutz gegen Beschädigung gemäß Absatz 6.8.2.1.20 a) oder b) nicht geringer sein als die in der folgenden Tabelle angegebenen Werte:

Wenn die Tanks einen Schutz gegen Beschädigung gemäß Absatz 6.8.2.1.20 aufweisen, kann die zuständige Behörde zulassen, dass diese Mindestwanddicken im Verhältnis zu diesem Schutz verringert werden; für Tankkörper mit einem Durchmesser von nicht mehr als 1,80 m [4] dürfen diese Dicken jedoch nicht weniger als 3 mm bei Verwendung von Baustahl [5] oder eine gleichwertige Dicke bei Verwendung anderer Metalle betragen. Für Tankkörper mit einem Durchmesser von mehr als 1,80 m [4] ist diese Dicke bei Verwendung von Baustahl [5] auf 4 mm zu erhöhen oder auf eine gleichwertige Dicke bei Verwendung eines anderen Metalls.

Unter gleichwertiger Dicke versteht man diejenige, die durch die Formel in Absatz 6.8.2.1.18 bestimmt wird.

Die Wanddicke der Tankkörper, die gemäß Absatz 6.8.2.1.20 vor Beschädigung geschützt sind, darf nicht geringer sein als die in der folgenden Tabelle angegebenen Werte:

	Durchmesser des Tankkörpers	≤ 1,80 m	> 1,80 m
Mindestwanddicke der Tankkörper	austenitische rostfreie Stähle	2,5 mm	3 mm
	austenitisch-ferritische rostfreie Stähle	3 mm	3,5 mm
	andere Stähle	3 mm	4 mm
	Aluminiumlegierungen	4 mm	5 mm
	Aluminium, 99,80 % rein	6 mm	8 mm

4) Bei anderen als kreisrunden Tankkörpern, z.B. kofferförmigen oder elliptischen Tankkörpern, entsprechen die angegebenen Durchmesser denjenigen, die sich aus einem flächengleichen Kreisquerschnitt errechnen. Bei diesen Querschnittformen dürfen die Wölbungsradien der Tankmäntel seitlich nicht größer als 2000 mm, oben und unten nicht größer als 3000 mm sein.

5) Wegen der Begriffsbestimmungen für «Baustahl» und «Bezugsstahl» siehe Abschnitt 1.2.1. «Baustahl» deckt in diesem Fall auch Stähle ab, die in EN-Werkstoffnormen als «Baustahl» bezeichnet sind und eine Mindestzugfestigkeit zwischen 360 N/mm^2 und 490 N/mm^2 und eine Mindestbruchdehnung gemäß Absatz 6.8.2.1.12 aufweisen.

6) Diese Formel ergibt sich aus der allgemeinen Formel

$$e_1 = e_0 \sqrt[3]{\left(\frac{Rm_0\ A_0}{Rm_1\ A_1}\right)^2}.$$

In dieser Formel bedeutet

e_1 = Mindestwanddicke des Tankkörpers in mm für das gewählte Metall

e_0 = Mindestwanddicke des Tankkörpers in mm für Baustahl nach Absätzen 6.8.2.1.18 und 6.8.2.1.19.

Rm_0 = 370 (Zugfestigkeit für Bezugsstahl, siehe Begriffsbestimmung in Abschnitt 1.2.1, in N/mm^2)

A_0 = 27 (Bruchdehnung für Bezugsstahl, in %)

Rm_1 = Mindestzugfestigkeit des gewählten Metalls in N/mm^2

A_1 = Mindestbruchdehnung in % des gewählten Metalls.

6.8.2.1.20 Für Tanks, die nach dem 1. Januar 1990 gebaut wurden, ist ein Schutz im Sinne des Absatzes 6.8.2.1.19 gegeben, wenn folgende oder gleichwertige [6] Maßnahmen ergriffen werden:

a) Bei Tanks zur Beförderung pulverförmiger oder körniger Stoffe muss der Schutz gegen Beschädigung den Anforderungen der zuständigen Behörde genügen.

b) Bei Tanks zur Beförderung anderer Stoffe ist ein Schutz gegen Beschädigung gegeben:

1. Bei Tankkörpern mit kreisrundem oder elliptischem Querschnitt mit einem Krümmungsradius von höchstens 2 m, wenn der Tankkörper mit Verstärkungsteilen ausgerüstet ist, die aus Trennwänden, Schwallwänden oder äußeren oder inneren Verstärkungsringen bestehen, die so angebracht sind, dass sie zumindest einer der folgenden Bestimmungen entsprechen:

– Abstand zwischen zwei benachbarten Verstärkungsteilen höchstens 1,75 m;
– Rauminhalt zwischen zwei Trennwänden oder Schwallwänden höchstens 7500 l.

Der senkrechte Querschnitt eines Ringes mit dem Teil der dazugehörigen Wand des Tankkörpers muss ein Widerstandsmoment von mindestens 10 cm^3 aufweisen.

Die äußeren Ringe dürfen keine hervorspringenden Kanten mit einem kleineren Radius als 2,5 mm aufweisen.

Die Trennwände und die Schwallwände müssen den Vorschriften des Absatzes 6.8.2.1.22 entsprechen.

Die Dicke der Trennwände und der Schwallwände darf in keinem Fall geringer sein als die des Tankkörpers.

Der Schutz, auf den in Absatz 6.8.2.1.19 Bezug genommen wird, kann bestehen aus

– einem völlig umschließenden baulichen Schutz, wie einer geeigneten «Sandwich-Konstruktion», bei der der äußere Schutz am Tankkörper befestigt ist, oder
– einem den Tankkörper völlig umschließenden Rahmenwerk mit Längs- und Querträgern oder
– einem Doppelwandtank bestehen.

Wenn die Tanks als Doppelwandtank mit Vakuumisolierung gebaut sind, muss die Summe der Wanddicken der metallenen Außenwand und der des Tankkörpers der nach Absatz 6.8.2.1.18 festgelegten Mindestwanddicke entsprechen, wobei die Wanddicke des Tankkörpers selbst die in Absatz 6.8.2.1.19 festgelegte Mindestwanddicke nicht unterschreiten darf.

Wenn die Tanks als Doppelwandtanks mit einer Feststoffzwischenschicht von mindestens 50 mm Dicke gebaut sind, muss die Außenwand eine Dicke von mindestens 0,5 mm haben, wenn sie aus Baustahl [5] bestehen und von mindestens 2 mm, wenn sie aus glasfaserverstärktem Kunststoff bestehen. Als Feststoffzwischenschicht darf Hartschaum verwendet werden, der ein Schlagabsorptionsvermögen hat wie beispielsweise Polyurethanhartschaum.

5) Wegen der Begriffsbestimmungen für «Baustahl» und «Bezugsstahl» siehe Abschnitt 1.2.1. «Baustahl» deckt in diesem Fall auch Stähle ab, die in EN-Werkstoffnormen als «Baustahl» bezeichnet sind und eine Mindestzugfestigkeit zwischen 360 N/mm^2 und 490 N/mm^2 und eine Mindestbruchdehnung gemäß Absatz 6.8.2.1.12 aufweisen.

6) Gleichwertige Maßnahmen sind solche, die in Normen gemäß Unterabschnitt 6.8.2.6 angegeben sind.

2. Bei Tanks, die als Doppelwandtanks mit Vakuumisolierung gebaut sind, wenn die Summe der Dicken der metallenen Außenwand und der des Tankkörpers der nach Absatz 6.8.2.1.18 festgelegten Wanddicke entspricht und die Wanddicke des Tankkörpers selbst die in Absatz 6.8.2.1.19 festgelegte Mindestwanddicke nicht unterschreitet.
3. Bei Tanks, die als Doppelwandtank mit einer Feststoffzwischenschicht von mindestens 50 mm Dicke gebaut sind, wenn die Außenwand eine Dicke von mindestens 0,5 mm hat, wenn sie aus Baustahl [5], und von mindestens 2 mm, wenn sie aus glasfaserverstärktem Kunststoff besteht. Als Feststoffzwischenschicht darf Hartschaum verwendet werden (mit einem Schlagabsorptionsvermögen wie beispielsweise Polyurethanhartschaum).
4. Bei Tankkörpern mit einer anderen Form als unter 1. aufgeführt, wie insbesondere Koffertankkörper, wenn sie rundum in der Mitte ihrer Höhe über mindestens 30 % ihrer Höhe mit einem Schutz versehen sind, der so bemessen ist, dass er ein spezifisches Arbeitsaufnahmevermögen aufweist, das mindestens jenem einer Wand aus Baustahl [5] mit einer Dicke von 5 mm (für einen Durchmesser des Tankkörpers von höchstens 1,80 m) oder von 6 mm (für einen Durchmesser des Tankkörpers über 1,80 m) gleichwertig ist. Der Schutz muss am Tankkörper dauerhaft angebracht sein.

   Diese Anforderung kann ohne weitere Prüfung des spezifischen Arbeitsaufnahmevermögens als erfüllt angesehen werden, wenn der Schutz aus einem aufgeschweißten Blech gleichen Werkstoffs wie dem des Tankkörpers auf dem zu verstärkenden Abschnitt besteht, so dass die Mindestwanddicke des Tankkörpers dem Absatz 6.8.2.1.18 entspricht.

   Dieser Schutz ist abhängig von den bei einem Unfall möglichen Beanspruchungen auf Tankkörper aus Baustahl [5], deren Böden und Wände bei einem Durchmesser von

5) Wegen der Begriffsbestimmungen für «Baustahl» und «Bezugsstahl» siehe Abschnitt 1.2.1. «Baustahl» deckt in diesem Fall auch Stähle ab, die in EN-Werkstoffnormen als «Baustahl» bezeichnet sind und eine Mindestzugfestigkeit zwischen 360 N/mm^2 und 490 N/mm^2 und eine Mindestbruchdehnung gemäß Absatz 6.8.2.1.12 aufweisen.

höchstens 1,80 m eine Dicke von mindestens 5 mm, oder bei einem Durchmesser über 1,80 m eine Dicke von mindestens 6 mm aufweisen. Bei Verwendung eines anderen Metalls erhält man die gleichwertige Dicke nach der Formel in Absatz 6.8.2.1.18.

Bei Aufsetztanks ist dieser Schutz nicht erforderlich, wenn sie allseits durch die Bordwände des Trägerfahrzeugs geschützt sind.

6.8.2.1.21 *► 1.6.3.19* Die nach Absatz 6.8.2.1.14 a) bemessene Wanddicke der Tankkörper, deren Fassungsraum nicht mehr als 5 000 Liter beträgt oder die in dichte Abteile mit einem Fassungsraum von nicht mehr als 5 000 Liter unterteilt sind, darf auf einen Wert verringert werden, der nicht kleiner sein darf als der entsprechende, in der folgenden Tabelle angegebene Wert, vorausgesetzt, in Abschnitt 6.8.3 oder 6.8.4 wird nichts anderes vorgeschrieben:

(bleibt offen)

Maximaler Krümmungsradius des Tankkörpers (m)	Fassungsraum des Tankkörpers oder Tankkörperteils (m^3)	Mindestwanddicke (mm) Baustahl
≤ 2	≤ 5,0	3
2 - 3	≤ 3,5	3
	> 3,5 aber ≤ 5	4

Bei Verwendung eines anderen Metalls als Baustahl [5] muss die Wanddicke nach der in Absatz 6.8.2.1.18 vorgesehenen Gleichwertigkeitsformel bestimmt werden; sie darf nicht geringer sein als die in der folgenden Tabelle angegebenen Werte:

	maximaler Krümmungsradius des Tankkörpers (m)	≤ 2	2 - 3	2 - 3
	Fassungsraum des Tankkörpers oder Tankkörperabteils (m^3)	≤ 5,0	≤ 3,5	> 3,5, aber ≤ 5,0
Mindestwanddicke des Tankkörpers	austenitische rostfreie Stähle	2,5 mm	2,5 mm	3 mm
	austenitische-ferritische rostfreie Stähle	3 mm	3 mm	3,5 mm
	andere Stähle	3 mm	3 mm	4 mm
	Aluminiumlegierungen	4 mm	4 mm	5 mm
	Aluminium, 99,80 % rein	6 mm	6 mm	8 mm

Die Dicke der Trennwände und der Schwallwände darf in keinem Fall geringer sein als die des Tankkörpers.

5) Wegen der Begriffsbestimmungen für «Baustahl» und «Bezugsstahl» siehe Abschnitt 1.2.1. «Baustahl» deckt in diesem Fall auch Stähle ab, die in EN-Werkstoffnormen als «Baustahl» bezeichnet sind und eine Mindestzugfestigkeit zwischen 360 N/mm² und 490 N/mm² und eine Mindestbruchdehnung gemäß Absatz 6.8.2.1.12 aufweisen.

6.8.2.1.22 Schwallwände und Trennwände müssen bis zu einer Tiefe von mindestens 10 cm gewölbt oder gerillt, gerollt oder auf andere Weise verstärkt sein, um eine gleichwertige Widerstandsfähigkeit zu erhalten. Die Fläche der Schwallwand muss mindestens 70 % der Querschnittsfläche des Tankkörpers betragen, in dem sich die Schwallwand befindet.

(bleibt offen)

Ausführung und Prüfung der Schweißarbeiten

6.8.2.1.23
► 1.6.3.51
► 1.6.4.53

Die Befähigung des Herstellers für die Ausführung von Schweißarbeiten muss von der zuständigen Behörde oder durch die von dieser Behörde benannte Stelle überprüft und bestätigt sein. Die Befähigung der Instandhaltungs- oder Reparaturwerkstatt für die Ausführung von Schweißarbeiten muss von der Prüfstelle gemäß Absatz 6.8.2.4.5 überprüft und bestätigt sein. Der Hersteller oder die Instandhaltungs- oder Reparaturwerkstatt muss ein Qualitätssicherungssystem für Schweißarbeiten betreiben. Die Schweißarbeiten müssen von qualifizierten Schweißern unter Verwendung eines qualifizierten Schweißverfahrens durchgeführt werden, dessen Eignung (einschließlich etwa erforderlicher Wärmebehandlungen) durch Prüfungen nachgewiesen wurde. Die zerstörungsfreien Prüfungen müssen mittels Durchstrahlung oder Ultraschall [7] vorgenommen werden und müssen bestätigen, dass die Qualität der Schweißnähte beanspruchungsgerecht ist.

Abhängig von dem für die Bestimmung der Wanddicke des Tankkörpers nach Absatz 6.8.2.1.17 verwendeten Wert für den Koeffizienten λ müssen für Schweißnähte, die nach jedem vom Hersteller verwendeten Schweißverfahren vorgenommen werden, folgende Prüfungen durchgeführt werden:

λ = 0,8: Alle Schweißnähte müssen auf beiden Seiten so weit wie möglich visuell geprüft und zerstörungsfreien Prüfungen unterzogen werden. Die zerstörungsfreien Prüfungen müssen alle «T»-Verbindungen, alle eingefügten Stoßstellen zur Vermeidung sich überschneidender Schweißnähte und alle Schweißnähte im Kantenbereich der Tankböden umfassen. Die Gesamtlänge der zu untersuchenden Schweißnähte darf nicht geringer sein als:
10 % der Länge aller Längsnähte,
10 % der Länge aller Umfangsnähte,
10 % der Länge aller Umfangsnähte in den Tankböden und
10 % der Länge aller Radialnähte in den Tankböden.

λ = 0,9: Alle Schweißnähte müssen auf beiden Seiten so weit wie möglich visuell geprüft und zerstörungsfreien Prüfungen unterzogen werden. Die zerstörungsfreien Prüfungen müssen alle Verbindungen, alle eingefügten Stoßstellen zur Vermeidung sich überschneidender Schweißnähte, alle Schweißnähte im Kantenbereich der Tankböden und alle Schweißnähte für die Montage von Ausrüstungsteilen mit größeren Durchmessern umfassen. Die Gesamtlänge der zu untersuchenden Schweißnähte darf nicht geringer sein als:
100 % der Länge aller Längsnähte,
25 % der Länge aller Umfangsnähte,
25 % der Länge aller Umfangsnähte in den Tankböden und
25 % der Länge aller Radialnähte in den Tankböden.

λ = 1: Alle Schweißnähte müssen über ihre gesamte Länge zerstörungsfreien Prüfungen unterzogen und auf beiden Seiten so weit wie möglich visuell geprüft werden. Ein Schweißprobestück muss entnommen werden.

Wenn in den Fällen λ = 0,8 oder λ = 0,9 ein inakzeptabler Mangel in einem Teilstück einer Schweißnaht festgestellt wird, müssen die zerstörungsfreien Prüfungen auf ein Teilstück gleicher Länge auf beiden Seiten des Teilstücks ausgedehnt werden, das den Mangel enthält. Wenn bei den zerstörungsfreien Prüfungen ein zusätzlicher inakzeptabler Mangel festgestellt wird, müssen die zerstörungsfreien Prüfungen auf alle verbleibenden Schweißnähte desselben Typs des Schweißverfahrens ausgedehnt werden.

7) Überlappungsverbindungen, die für die Verbindung des Tankbodens mit dem zylindrischen Teil des Tankkörpers verwendet werden, dürfen unter Verwendung alternativer Methoden anstelle von Durchstrahlung oder Ultraschall geprüft werden.

Wenn entweder die zuständige Behörde oder die von dieser Behörde benannte Stelle, welche die Baumusterzulassung ausgestellt hat, hinsichtlich der Qualität der Schweißnähte, einschließlich der Schweißnähte, die bei der Reparatur der durch die zerstörungsfreien Prüfungen festgestellten Mängel angebracht wurden, Bedenken hat, kann sie zusätzliche Prüfungen anordnen.

Sonstige Vorschriften für den Bau

6.8.2.1.24 Die Schutzauskleidung muss so ausgelegt sein, dass ihre Dichtheit gewahrt bleibt, wie immer auch die Verformungen sein können, die unter normalen Beförderungsbedingungen (Absatz 6.8.2.1.2) eintreten können.

6.8.2.1.25 Die Wärmeisolierung muss so ausgelegt sein, dass sie weder den leichten Zugang zu den Füll- und Entleerungseinrichtungen sowie zu den Sicherheitsventilen behindert, noch deren Funktion beeinträchtigt.

6.8.2.1.26 Wenn Tankkörper zur Beförderung flüssiger Stoffe mit einem Flammpunkt bis höchstens 60 °C nichtmetallene Schutzauskleidungen (Innenbeschichtungen) haben, müssen die Tankkörper und die Schutzauskleidungen so ausgeführt sein, dass Zündgefahren infolge elektrostatischer Aufladungen nicht eintreten können.

6.8.2.1.27 Tanks zur Beförderung flüssiger Stoffe mit einem Flammpunkt bis höchstens 60 °C, entzündbarer Gase sowie von UN 1361 Kohle oder UN 1361 Ruß der Verpackungsgruppe II müssen eine gute elektrische Verbindung mit dem Fahrgestell aufweisen. Jeder Metallkontakt, der eine elektrochemische Korrosion hervorrufen kann, muss vermieden werden. Die Tanks müssen zumindest mit einem Erdungsanschluss versehen sein, der deutlich durch das Symbol für Erdung «⏚» kenntlich gemacht ist und eine elektrische Verbindungsleitung/Potentialausgleichsleitung aufnehmen kann.

▶ 7.5.10

Alle Teile von Tankcontainern zur Beförderung flüssiger Stoffe mit einem Flammpunkt bis höchstens 60 °C, entzündbarer Gase sowie von UN 1361 Kohle oder UN 1361 Ruß der Verpackungsgruppe II müssen elektrisch geerdet werden können. Jeder Metallkontakt, der zu elektrochemischer Korrosion führt, muss vermieden werden.

6.8.2.1.28 *Schutz der Einrichtungen auf der Oberseite*

Die Einrichtungen und Ausrüstungsteile auf der Oberseite des Tanks müssen gegen Beschädigung bei einem eventuellen Überrollen geschützt sein. Dieser Schutz kann aus Verstärkungsreifen, Schutzkappen oder aus quer oder längs angeordneten Konstruktionselementen bestehen, die so angebracht sein müssen, dass sie einen wirksamen Schutz bieten.

6.8.2.2 Ausrüstung

6.8.2.2.1 Für die Herstellung von Bedienungsausrüstungen und baulichen Ausrüstungen dürfen auch geeignete nichtmetallene Werkstoffe verwendet werden.

Die Ausrüstungsteile sind so anzubringen, dass sie während der Beförderung und Handhabung gegen Losreißen oder Beschädigung gesichert sind. Sie müssen die gleiche Sicherheit gewährleisten wie die Tankkörper und müssen

– mit den beförderten Gütern verträglich sein;
– den Bestimmungen des Absatzes 6.8.2.1.1 entsprechen.

Die Rohrleitungen sind so auszulegen, zu bauen und zu montieren, dass die Gefahr der Beschädigung infolge thermischer Ausdehnung und Schrumpfung, mechanischer Erschütterung und Vibration vermieden wird.

Um eine möglichst geringe Zahl von Öffnungen im Tankkörper sind möglichst viele Einrichtungen anzuordnen.

Die Bedienungsausrüstung einschließlich der Deckel der Untersuchungsöffnungen muss auch beim Umkippen des Tanks trotz der bei einem Aufprall insbesondere durch Beschleunigungen und dynamische Drücke des Inhalts auftretenden Kräfte dicht bleiben. Geringfügiges Austreten des Inhalts auf Grund des während des Aufpralls entstehenden Druck-Spitzenwertes ist jedoch zulässig.

Die Dichtheit der Bedienungsausrüstung muss auch beim Umkippen des Tankcontainers gewährleistet sein.

Die Dichtungen müssen aus einem Werkstoff gefertigt sein, der mit dem beförderten Stoff verträglich ist; sie müssen ersetzt werden, sobald ihre Wirksamkeit, z.B. durch Alterung, beeinträchtigt ist.

Die Dichtungen, welche die Dichtheit der Einrichtungen gewährleisten, die bei normaler Verwendung des Tanks betätigt werden, müssen so beschaffen und angeordnet sein, dass sie durch die Betätigung der Einrichtung, zu der sie gehören, in keiner Weise beschädigt werden.

6.8.2.2.2 Jede Bodenöffnung für das Befüllen oder Entleeren von Tanks, die in Kapitel 3.2 Tabelle A Spalte 12 mit einer Tankcodierung gekennzeichnet sind, die im dritten Teil ein «A» enthält (siehe Absatz 4.3.4.1.1), muss mit mindestens zwei hintereinanderliegenden, voneinander unabhängigen Verschlüssen, bestehend aus

– einer äußeren Absperreinrichtung mit einem Stutzen aus verformungsfähigem metallenen Werkstoff und
– aus einer Verschlusseinrichtung am Ende jedes Stutzens als Schraubkappe, Blindflansch oder einer gleichwertigen Einrichtung versehen sein. Diese Verschlusseinrichtung muss so dicht sein, dass der Stoff ohne Verlust zurückgehalten wird. Es sind Maßnahmen zu treffen, dass eine gefahrlose Druckentlastung im Auslaufstutzen stattfindet, bevor die Verschlusseinrichtung vollständig entfernt wird.

Jede Bodenöffnung für das Befüllen oder Entleeren von Tanks zur Beförderung bestimmter Stoffe, die in Kapitel 3.2 Tabelle A Spalte 12 mit einer Tankcodierung gekennzeichnet sind, die im dritten Teil ein «B» enthält (siehe Absätze 4.3.3.1.1 und 4.3.4.1.1), muss mit mindestens drei hintereinanderliegenden, voneinander unabhängigen Verschlüssen, bestehend aus

– einer inneren Absperreinrichtung, d.h. einer Absperreinrichtung innerhalb des Tankkörpers oder innerhalb eines geschweißten Flansches oder dessen Gegenflansches,
– einer äußeren Absperreinrichtung oder einer gleichwertigen Einrichtung [8], die am Ende jedes Stutzens angebracht ist, und | die so nahe wie möglich am Tankkörper angebracht ist, und
– aus einer Verschlusseinrichtung am Ende jedes Stutzens als Schraubkappe, Blindflansch oder einer gleichwertigen Einrichtung versehen sein. Diese Verschlusseinrichtung muss so dicht sein, dass der Stoff ohne Verlust zurückgehalten wird. Es sind Maßnahmen zu treffen, dass eine gefahrlose Druckentlastung im Auslaufstutzen stattfindet, bevor die Verschlusseinrichtung vollständig entfernt wird.

Bei Tanks zur Beförderung bestimmter kristallisierbarer oder sehr dickflüssiger Stoffe sowie bei Tankkörpern, die mit einer Schutzauskleidung versehen sind, darf jedoch die innere Absperreinrichtung durch eine äußere Absperreinrichtung, die einen zusätzlichen Schutz aufweist, ersetzt sein.

8) Bei Tankcontainern mit einem Fassungsraum von weniger als 1 m^3 darf diese Einrichtung durch einen Blindflansch ersetzt werden.

Die innere Absperreinrichtung muss entweder von oben oder von unten her betätigt werden können. In beiden Fällen muss die Stellung – offen oder geschlossen – der inneren Absperreinrichtung, wenn möglich vom Boden aus, kontrollierbar sein. Die Betätigungselemente der inneren Absperreinrichtung müssen so beschaffen sein, dass jegliches ungewollte Öffnen infolge Stoßes oder einer unabsichtlichen Handlung ausgeschlossen ist.

Im Falle einer Beschädigung des äußeren Betätigungselementes muss der innere Verschluss wirksam bleiben.

Um jeglichen Verlust des Inhalts im Falle der Beschädigung der äußeren Einrichtungen (Rohrstutzen, seitliche Verschlusseinrichtungen) zu vermeiden, müssen die innere Absperreinrichtung und ihr Sitz so beschaffen oder geschützt sein, dass sie unter dem Einfluss äußerer Beanspruchungen nicht abgerissen werden können. Die Füll- und Entleerungseinrichtungen (einschließlich Flansche und Schraubverschlüsse) sowie eventuelle Schutzkappen müssen gegen ungewolltes Öffnen gesichert sein.

Die Stellung und/oder die Schließrichtung der Ventile muss klar ersichtlich sein.

Alle Öffnungen von Tanks zur Beförderung bestimmter Stoffe, die in Kapitel 3.2 Tabelle A Spalte 12 mit einer Tankcodierung gekennzeichnet sind, die im dritten Teil ein «C» oder «D» enthält (siehe Absätze 4.3.3.1.1 und 4.3.4.1.1), müssen sich oberhalb des Flüssigkeitsspiegels befinden. Diese Tanks dürfen unterhalb des Flüssigkeitsspiegels weder Rohrdurchgänge noch Rohransätze haben. Für Tanks, die durch eine Tankcodierung gekennzeichnet sind, die im dritten Teil ein «C» enthält, sind jedoch Reinigungsöffnungen (Handlöcher) zugelassen. Diese Öffnung muss durch einen dichtschließenden Flansch verschlossen werden können, dessen Bauart von der zuständigen Behörde oder einer von ihr bestimmten Stelle zugelassen sein muss.

6.8.2.2.3 ► *1.6.3.39* Nicht luftdicht verschlossene Tanks dürfen zur Vermeidung eines unzulässigen inneren Unterdrucks mit Vakuumventilen ausgerüstet sein; diese Vakuumventile müssen so eingestellt sein, dass sie sich bei einem Unterdruck öffnen, der nicht höher ist als der Unterdruck, für den der Tank ausgelegt ist (siehe Absatz 6.8.2.1.7). Luftdicht verschlossene Tanks dürfen nicht mit Vakuumventilen ausgerüstet sein. Tanks der Tankcodierung SGAH, S4AH oder L4BH, die mit diesen Ventilen ausgerüstet sind, die sich bei einem Unterdruck von mindestens 21 kPa (0,21 bar) öffnen, gelten jedoch als luftdicht verschlossen. Für Tanks, die nur für die Beförderung fester (pulverförmiger oder körniger) Stoffe der Verpackungsgruppe II oder III, die sich während der Beförderung nicht verflüssigen, vorgesehen sind, darf der Unterdruck auf nicht weniger als 5 kPa (0,05 bar) reduziert sein.

Vakuumventile und Über- und Unterdruckbelüftungseinrichtungen (siehe Absatz 6.8.2.2.6), die für Tanks zur Beförderung von Stoffen verwendet werden, die wegen ihres Flammpunktes die Kriterien der Klasse 3 erfüllen, müssen durch eine geeignete Schutzeinrichtung den unmittelbaren Flammendurchschlag in den Tankkörper verhindern, oder der Tankkörper des Tanks muss explosionsdruckstoßfest sein, d.h. er muss einer Explosion infolge eines Flammendurchschlags standhalten können, ohne dass er undicht wird, wobei jedoch Verformungen zulässig sind.

► *1.6.4.40* Wenn die Schutzeinrichtung aus einem geeigneten Flammensieb oder einer geeigneten Flammendurchschlagsicherung besteht, muss diese(s) so nahe wie möglich am Tankkörper oder am Tankkörperabteil angeordnet sein. Wenn der Tank aus mehreren Abteilen besteht, muss jedes Abteil getrennt geschützt werden.

► *1.6.3.50* ► *1.6.4.52* Flammensperren für Überdruck- und Unterdruckbelüftungseinrichtungen müssen für die von den beförderten Stoffen abgegebenen Dämpfe (experimentell ermittelte höchste sichere Spaltweite (MESG)), den Temperaturbereich und die Anwendung geeignet sein. Sie müssen die Vorschriften und Prüfungen der Norm EN ISO 16852:2016 (Flammendurchschlagsicherungen – Leistungsanforderungen, Prüfverfahren und Einsatzgrenzen) für die in der nachstehenden Tabelle angegebenen Situationen erfüllen:

10

Anwendung/Anbringung	Prüfvorschriften
direkte Verbindung mit der Atmosphäre	EN ISO 16852:2016, 7.3.2.1
Verbindung mit dem Rohrleitungssystem	EN ISO 16852:2016, 7.3.3.2 (gilt für Kombinationen von Ventilen/Flammensperren, sofern diese zusammen geprüft werden)
	EN ISO 16852:2016, 7.3.3.3 (gilt für Flammensperren, die unabhängig von den Ventilen geprüft werden)

6.8.2.2.4 Der Tankkörper oder jedes seiner Abteile muss mit einer Öffnung versehen sein, die groß genug ist, um die innere Untersuchung zu ermöglichen.

6.8.2.2.5 (bleibt offen)

6.8.2.2.6 Tanks zur Beförderung von flüssigen Stoffen mit einem Dampfdruck bei 50 °C bis 110 kPa (1,1 bar) (absolut) müssen entweder eine Über- und Unterdruckbelüftungseinrichtungen und eine Sicherung gegen Auslaufen des Tankinhalts beim Umstürzen haben oder dem Absatz 6.8.2.2.7 oder 6.8.2.2.8 entsprechen.

6.8.2.2.7 Tanks zur Beförderung von flüssigen Stoffen mit einem Dampfdruck bei 50 °C von mehr als 110 kPa (1,1 bar) und einem Siedepunkt über 35 °C müssen entweder ein Sicherheitsventil haben, das auf mindestens 150 kPa (1,5 bar) (Überdruck) eingestellt ist und sich spätestens bei einem Druck, der dem Prüfdruck entspricht, vollständig öffnet, oder dem Absatz 6.8.2.2.8 entsprechen.

6.8.2.2.8 Tanks zur Beförderung von flüssigen Stoffen mit einem Siedepunkt von höchstens 35 °C müssen entweder ein Sicherheitsventil haben, das auf mindestens 300 kPa (3 bar) (Überdruck) eingestellt ist und sich spätestens bei einem Druck, der dem Prüfdruck entspricht, vollständig öffnet, oder luftdicht verschlossen sein [9].

6.8.2.2.9 Bewegliche Teile, z.B. Deckel, Verschlussteile usw., die mit Tankkörpern aus Aluminium zur Beförderung entzündbarer flüssiger Stoffe mit einem Flammpunkt bis höchstens 60 °C und entzündbarer Gase in schlagende oder reibende Berührung kommen können, dürfen nicht aus ungeschütztem, rostendem Stahl gefertigt sein.

6.8.2.2.10 ► *1.6.3.49* ► *1.6.4.51* Wenn als luftdicht verschlossen geltende Tanks mit Sicherheitsventilen ausgerüstet sind, muss diesen eine Berstscheibe vorgeschaltet sein und es sind folgende Bedingungen einzuhalten:

Mit Ausnahme von Tanks für die Beförderung verdichteter, verflüssigter oder gelöster Gase, bei denen die Anordnung der Berstscheibe und des Sicherheitsventils den Anforderungen der zuständigen Behörde entsprechen muss, muss der Berstdruck der Berstscheiben folgende Vorschriften entsprechen:

- der Mindestberstdruck bei 20 °C, einschließlich Toleranzen, muss mindestens dem 0,8-fachen Prüfdruck entsprechen,
- der höchste Berstdruck bei 20 °C, einschließlich Toleranzen, darf höchstens dem 1,1-fachen Prüfdruck entsprechen,
- der Berstdruck bei der höchsten Betriebstemperatur muss größer als der höchste Betriebsdruck sein.

Zwischen der Berstscheibe und dem Sicherheitsventil ist ein Druckmesser oder eine andere geeignete Anzeigeeinrichtung vorzusehen, um die Feststellung von Brüchen, Perforationen oder Undichtheiten der Scheibe zu ermöglichen.

6.8.2.2.11 ► *1.6.3.52* ► *1.6.4.54* Füllstandsanzeiger aus Glas und aus anderen zerbrechlichen Werkstoffen, die direkt mit dem Inhalt des Tankkörpers in Verbindung stehen, dürfen nicht verwendet werden.

9) Wegen der Begriffsbestimmung für luftdicht verschlossener Tank siehe Abschnitt 1.2.1.

6.8.2.3 Zulassung des Baumusters

▶ 1.6.3.16

6.8.2.3.1 Für jedes neue Baumuster eines Tankfahrzeugs, eines Aufsetztanks, eines Tankcontainers, eines Tankwechselaufbaus (Tankwechselbehälters), eines Batterie-Fahrzeugs oder eines MEGC ist durch die zuständige Behörde oder eine von ihr bestimmte Stelle eine Bescheinigung darüber auszustellen, dass das von ihr geprüfte Baumuster einschließlich der Befestigungseinrichtungen für den beabsichtigten Zweck geeignet ist und dass die Bauvorschriften nach Unterabschnitt 6.8.2.1, die Ausrüstungsvorschriften nach Unterabschnitt 6.8.2.2 und die Sondervorschriften für die beförderten Stoffe eingehalten sind.-

In dieser Bescheinigung sind anzugeben:

- die Prüfergebnisse,
- eine Zulassungsnummer für das Baumuster,
- ▶ 1.6.3.53 eine Zulassungsnummer für das Baumuster, die aus dem für Kraftfahrzeuge im internationalen Verkehr verwendeten Unterscheidungszeichen [10] des Staates, in dem die Zulassung erteilt wurde, und einer Registriernummer besteht,
- die Tankcodierung gemäß Absatz 4.3.3.1.1 oder 4.3.4.1.1,
- die alphanumerischen Codes der Sondervorschriften für den Bau (TC), die Ausrüstung (TE) und die Zulassung des Baumusters (TA) des Abschnitts 6.8.4, die in Kapitel 3.2 Tabelle A Spalte 13 für diejenigen Stoffe aufgeführt sind, für deren Beförderung der Tank zugelassen ist,
- soweit erforderlich, die für den Tank zugelassenen Stoffe und/oder Gruppen von Stoffen. Diese müssen mit ihrer chemischen Bezeichnung oder mit der entsprechenden Sammelbezeichnung (siehe Unterabschnitt 2.1.1.2) sowie mit der Klasse, dem Klassifizierungscode und der Verpackungsgruppe angegeben werden.

  Mit Ausnahme der Stoffe der Klasse 2 sowie mit Ausnahme der in Absatz 4.3.4.1.3 aufgeführten Stoffe, ist die Angabe der zugelassenen Stoffe in der Bescheinigung nicht erforderlich. In diesem Fall sind die auf der Grundlage der Angabe der Tankcodierung zugelassenen Stoffgruppen im rationalisierten Ansatz des Absatzes 4.3.4.1.2 unter Berücksichtigung der zutreffenden Sondervorschriften zur Beförderung zugelassen.

Die in der Bescheinigung genannten Stoffe bzw. die nach dem rationalisierten Ansatz zugelassenen Stoffgruppen müssen grundsätzlich mit den Eigenschaften des Tanks verträglich sein. In die Bescheinigung ist ein Vorbehalt aufzunehmen, falls dies bei der Zulassung des Baumusters nicht abschließend geprüft werden konnte.

▶ 1.6.4.18 Eine Kopie der Bescheinigung ist der Tankakte jedes hergestellten Tanks, Batterie-Fahrzeugs oder MEGC beizufügen (siehe Absatz 4.3.2.1.7).

Die zuständige Behörde oder eine von ihr bestimmte Stelle muss auf Wunsch des Antragstellers eine getrennte Baumusterzulassung von Ventilen und anderen Bedienungsausrüstungen, für die in der Tabelle des Absatzes 6.8.2.6.1 eine Norm aufgeführt ist, gemäß dieser Norm durchführen. Diese getrennte Baumusterzulassung muss bei der Ausstellung der Bescheinigung für den Tank berücksichtigt werden, sofern die Prüfergebnisse vorliegen und die Ventile und anderen Bedienungsausrüstungen für die beabsichtigte Verwendung geeignet sind.

6.8.2.3.2 Werden die Tanks, Batterie-Fahrzeuge oder MEGC ohne Änderung in Serie gefertigt oder nachgebaut, gilt diese Zulassung auch für die in Serie gefertigten oder nachgebauten Tanks, Batterie-Fahrzeuge oder MEGC.

Eine Baumusterzulassung kann jedoch für die Zulassung von Tanks mit begrenzten Abweichungen in der Auslegung dienen, die entweder die Belastungen und Beanspruchungen der Tanks verringern (z.B. verringerter Druck, verringerte Masse, verringertes Volumen) oder die Sicherheit des Aufbaus erhöhen (z.B. erhöhte Wanddicke des Tankkörpers, mehr Schwallwände, verringerter Durchmesser der Öffnungen). Diese begrenzten Abweichungen müssen in der Bescheinigung über die Baumusterzulassung deutlich beschrieben werden.

10) Das für Kraftfahrzeuge und Anhänger im internationalen Straßenverkehr verwendete Unterscheidungszeichen des Zulassungsstaates, z.B. gemäß dem Genfer Übereinkommen über den Straßenverkehr von 1949 oder dem Wiener Übereinkommen über den Straßenverkehr von 1968.

10

6.8.2.3.3 Die nachfolgenden Vorschriften gelten für Tanks, für welche die Sondervorschrift TA 4 des Abschnitts 6.8.4 (und damit der Absatz 1.8.7.2.4) nicht anwendbar ist.

Die Baumusterzulassung darf höchstens zehn Jahre gültig sein. Wenn sich die entsprechenden technischen Vorschriften des ADR (einschließlich der in Bezug genommenen Normen) während dieses Zeitraums geändert haben, so dass das zugelassene Baumuster nicht mehr in Übereinstimmung mit diesen Vorschriften ist, muss die zuständige Behörde oder die von dieser Behörde benannte Stelle, welche die Baumusterzulassung ausgestellt hat, die Baumusterzulassung zurückziehen und den Inhaber der Baumusterzulassung darüber in Kenntnis setzen.

Bem. Wegen des spätesten Zeitpunkts des Entzugs bestehender Baumusterzulassungen siehe Spalte (5) der Tabellen in Unterabschnitt 6.8.2.6 bzw. in Unterabschnitt 6.8.3.6.

Wenn eine Baumusterzulassung abgelaufen ist oder zurückgezogen wurde, ist die Herstellung von Tanks, Batterie-Fahrzeugen oder MEGC in Übereinstimmung mit dieser Baumusterzulassung nicht mehr genehmigt.

In diesem Fall gelten die entsprechenden Vorschriften für die Verwendung, die wiederkehrende Prüfung und die Zwischenprüfung von Tanks, Batterie-Fahrzeugen oder MEGC, die in der abgelaufenen oder zurückgezogenen Baumusterzulassung enthalten sind, weiterhin für die vor dem Ablauf oder dem Entzug der Baumusterzulassung gebauten Tanks, Batterie-Fahrzeugen oder MEGC, sofern diese weiterverwendet werden dürfen.

Sie dürfen so lange weiterverwendet werden, solange sie weiterhin mit den Vorschriften des ADR übereinstimmen. Wenn sie mit den Vorschriften des ADR nicht mehr übereinstimmen, dürfen sie nur dann weiterverwendet werden, wenn eine solche Verwendung durch eine entsprechende Übergangsvorschrift in Kapitel 1.6 zugelassen ist.

Baumusterzulassungen dürfen durch eine vollständige Überprüfung und Bewertung der Konformität mit den zum Zeitpunkt der Verlängerung anwendbaren Vorschriften des ADR verlängert werden. Eine Verlängerung ist nicht zugelassen, wenn eine Baumusterzulassung zurückgezogen wurde. Zwischenzeitliche Änderungen einer bestehenden Baumusterzulassung, welche keinen Einfluss auf die Konformität haben (siehe Absatz 6.8.2.3.2), verlängern oder verändern nicht die ursprüngliche Gültigkeit der Bescheinigung.

Bem. Die Überprüfung und Bewertung der Konformität darf durch eine andere Stelle als diejenige Stelle, welche die ursprüngliche Baumusterzulassung ausgestellt hat, durchgeführt werden.

Die ausstellende Stelle muss alle Unterlagen für die Baumusterzulassung während der gesamten Gültigkeitsdauer einschließlich ihrer gegebenenfalls eingeräumten Verlängerungen aufbewahren.

Wenn die Benennung der ausstellenden Stelle zurückgezogen oder eingeschränkt wurde oder wenn die Stelle ihre Tätigkeit eingestellt hat, muss die zuständige Behörde die entsprechenden Schritte einleiten, um sicherzustellen, dass die Akten entweder von einer anderen Stelle bearbeitet werden oder verfügbar bleiben.

6.8.2.3.4 Bei Änderungen an einem Tank mit einer gültigen, abgelaufenen oder zurückgezogenen Baumusterzulassung beschränken sich die Prüfung und die Zulassung auf die Teile des Tanks, die geändert wurden. Die Änderung muss den zum Zeitpunkt der Änderung anwendbaren Vorschriften des ADR entsprechen. Für alle von der Änderung nicht betroffenen Teile des Tanks behalten die Unterlagen der ursprünglichen Baumusterzulassung ihre Gültigkeit.

Eine Änderung kann sowohl für einen als auch für mehrere unter eine Baumusterzulassung fallende Tanks gelten.

Von der zuständigen Behörde einer ADR-Vertragspartei oder einer von dieser Behörde bestimmten Stelle muss eine Bescheinigung über die Zulassung der Änderung ausgestellt werden, die als Teil der Tankakte aufbewahrt werden muss.

Jeder Antrag auf Erteilung einer Bescheinigung über die Zulassung einer Änderung muss bei einer einzigen zuständigen Behörde oder einer von dieser Behörde bestimmten Stelle eingereicht werden.

6.8.2.4 Prüfungen

► 1.6.3.1 bis 1.6.3.8 und 1.6.3.11

6.8.2.4.1 Die Tankkörper und ihre Ausrüstungsteile sind entweder zusammen oder getrennt erstmalig vor Inbetriebnahme zu prüfen. Diese Prüfung umfasst:

– eine Prüfung der Übereinstimmung mit dem zugelassenen Baumuster,
– eine Bauprüfung [11],
– eine Prüfung des inneren und äußeren Zustandes,
– eine Wasserdruckprüfung [12] mit dem Prüfdruck, der auf dem in Absatz 6.8.2.5.1 vorgeschriebenen Tankschild angegeben ist, sowie
– eine Dichtheitsprüfung und eine Funktionsprüfung der Ausrüstungsteile.

Mit Ausnahme der Klasse 2 hängt der Prüfdruck für die Wasserdruckprüfung vom Berechnungsdruck ab und muss mindestens so hoch sein wie der nachstehend angegebene Druck:

Berechnungsdruck (bar)	Prüfdruck (bar)
G *)	G *)
1,5	1,5
2,65	2,65
4	4
10	4
15	4
21	10 (4 **))

*) G = Mindestberechnungsdruck gemäß den allgemeinen Vorschriften des Absatzes 6.8.2.1.14 (siehe Unterabschnitt 4.3.4.1).
**) Mindestprüfdruck für UN 1744 Brom oder UN 1744 Brom, Lösung.

Die Mindestprüfdrücke für die Klasse 2 sind in der Tabelle für Gase und Gasgemische in Absatz 4.3.3.2.5 angegeben.

Die Wasserdruckprüfung muss für den gesamten Tankkörper und für jedes Abteil von unterteilten Tankkörpern getrennt durchgeführt werden.

Die Prüfung muss für jedes Abteil mit einem Druck durchgeführt werden, der mindestens beträgt:

– das 1,3fache des höchsten Betriebsdrucks oder
– für Tanks mit Schwerkraftentleerung gemäß Absatz 6.8.2.1.14 a) das 1,3fache des statischen Drucks des zu befördernden Stoffes, jedoch nicht weniger als das 1,3fache des statischen Drucks von Wasser, mindestens jedoch 20 kPa (0,2 bar).

Die Wasserdruckprüfung ist vor dem Anbringen einer eventuell notwendigen Wärmeisolierung durchzuführen.

Wenn die Tankkörper und ihre Ausrüstungsteile getrennt geprüft werden, müssen sie nach dem Zusammenbau gemeinsam einer Dichtheitsprüfung gemäß Absatz 6.8.2.4.3 unterzogen werden.

Die Dichtheitsprüfung ist für jedes Abteil unterteilter Tankkörper gesondert durchzuführen.

11) Die Bauprüfung umfasst bei Tankkörpern mit einem Mindestprüfdruck von 1 MPa (10 bar) auch die Prüfung von Schweißprobestücken – Arbeitsproben – gemäß Absatz 6.8.2.1.23 und nach den Prüfverfahren des Abschnitts 6.8.5.

12) In Sonderfällen darf die Wasserdruckprüfung mit Zustimmung des von der zuständigen Behörde anerkannten Sachverständigen durch eine Prüfung mit einer anderen Flüssigkeit oder mit einem Gas ersetzt werden, wenn dieses Vorgehen nicht gefährlich ist.

10

6.8.2.4.2 Die Tankkörper und ihre Ausrüstungsteile sind spätestens alle
► 1.6.3.2
► 1.6.4.18
► 1.6.4.32
sechs Jahre | fünf Jahre
wiederkehrenden Prüfungen zu unterziehen.

Diese wiederkehrenden Prüfungen umfassen:

- eine Untersuchung des inneren und äußeren Zustands;
- eine Dichtheitsprüfung des Tankkörpers mit der Ausrüstung gemäß Absatz 6.8.2.4.3 sowie eine Funktionsprüfung sämtlicher Ausrüstungsteile;
- im Allgemeinen eine Wasserdruckprüfung [12)] (wegen des Prüfdrucks für den Tankkörper und gegebenenfalls die Abteile siehe Absatz 6.8.2.4.1).

Ummantelungen zur Wärmeisolierung oder andere Isolierungen sind nur soweit zu entfernen, wie es für die sichere Beurteilung der Eigenschaften des Tankkörpers erforderlich ist.

Bei Tanks zur Beförderung pulverförmiger oder körniger Stoffe dürfen mit Zustimmung des von der zuständigen Behörde anerkannten Sachverständigen die wiederkehrenden Wasserdruckprüfungen entfallen und durch Dichtheitsprüfungen gemäß Absatz 6.8.2.4.3 mit einem effektiven inneren Druck, der mindestens gleich hoch ist wie der höchste Betriebsdruck, ersetzt werden.

Schutzauskleidungen müssen visuell auf Schäden untersucht werden. Werden dabei Schäden festgestellt, muss der Zustand der Auskleidung durch eine geeignete Prüfung (geeignete Prüfungen) beurteilt werden.

6.8.2.4.3 Die Tankkörper und ihre Ausrüstungsteile sind alle
drei Jahre | zweieinhalb Jahre
nach der erstmaligen Prüfung und jeder wiederkehrenden Prüfung Zwischenprüfungen zu unterziehen. Diese Zwischenprüfungen dürfen innerhalb von drei Monaten vor oder nach dem festgelegten Datum durchgeführt werden.

Jedoch darf die Zwischenprüfung zu jedem Zeitpunkt vor dem festgelegten Datum durchgeführt werden.

Wenn eine Zwischenprüfung mehr als drei Monate vor dem vorgeschriebenen Datum erfolgt, muss eine erneute Zwischenprüfung spätestens
drei Jahre | zweieinhalb Jahre
nach diesem Datum durchgeführt werden.

Diese Zwischenprüfungen müssen eine Dichtheitsprüfung des Tankkörpers mit seinen Ausrüstungsteilen sowie eine Funktionsprüfung sämtlicher Ausrüstungsteile umfassen. Der Tank ist dabei einem effektiven inneren Druck zu unterwerfen, der mindestens gleich hoch ist wie der höchste Betriebsdruck. Für Tanks zur Beförderung flüssiger Stoffe oder fester körniger oder pulverförmiger Stoffe ist die Dichtheitsprüfung, sofern sie mit Hilfe eines Gases vorgenommen wird, mit einem Druck durchzuführen, der mindestens 25 % des höchsten Betriebsdrucks beträgt. In keinem Fall darf der Druck geringer sein als 20 kPa (0,2 bar) (Überdruck).

Bei Tanks mit Über- und Unterdruckbelüftungseinrichtungen und einer Sicherheitseinrichtung gegen Auslaufen des Tankinhalts beim Umstürzen muss die Dichtheitsprüfung mit einem Druck durchgeführt werden, der mindestens dem statischen Druck des zu befördernden Stoffes mit der höchsten Dichte, dem statischen Druck von Wasser oder 20 kPa (0,2 bar) entspricht, je nachdem, welcher der drei Werte höher ist.

Die Dichtheitsprüfung ist für jedes Abteil unterteilter Tankkörper gesondert durchzuführen.

Schutzauskleidungen müssen visuell auf Schäden untersucht werden. Werden dabei Schäden festgestellt, muss der Zustand der Auskleidung durch eine geeignete Prüfung (geeignete Prüfungen) beurteilt werden.

12) In Sonderfällen darf die Wasserdruckprüfung mit Zustimmung des von der zuständigen Behörde anerkannten Sachverständigen durch eine Prüfung mit einer anderen Flüssigkeit oder mit einem Gas ersetzt werden, wenn dieses Vorgehen nicht gefährlich ist.

6.8.2.4.4 Wenn die Sicherheit des Tanks oder seiner Ausrüstungen durch Ausbesserung, Umbau oder Unfall beeinträchtigt sein könnte, so ist eine außerordentliche Prüfung durchzuführen. Wenn eine außerordentliche Prüfung, welche die Vorschriften des Absatzes 6.8.2.4.2 erfüllt, durchgeführt wurde, darf die außerordentliche Prüfung als wiederkehrende Prüfung angesehen werden. Wenn eine außerordentliche Prüfung, welche die Vorschriften des Absatzes 6.8.2.4.3 erfüllt, durchgeführt wurde, darf die außerordentliche Prüfung als Zwischenprüfung angesehen werden.

6.8.2.4.5 Die Prüfungen nach den Absätzen 6.8.2.4.1 bis 6.8.2.4.4 sind durch den von der zuständigen Behörde anerkannten Sachverständigen durchzuführen. Über die Prüfungen sind auch im Falle negativer Prüfergebnisse Bescheinigungen auszustellen. In diesen Bescheinigungen ist ein Hinweis auf das Verzeichnis der in diesem Tank zur Beförderung zugelassenen Stoffe oder auf die Tankcodierung und die alphanumerischen Codes der Sondervorschriften gemäß Unterabschnitt 6.8.2.3 aufzunehmen.

Eine Kopie dieser Bescheinigungen ist der Tankakte jedes geprüften Tanks, Batterie-Fahrzeugs oder MEGC beizufügen (siehe Absatz 4.3.2.1.7).

6.8.2.5 Kennzeichnung

6.8.2.5.1 An jedem Tank muss für Kontrollzwecke ein Schild aus nicht korrodierendem Metall dauerhaft an einer leicht zugänglichen Stelle befestigt sein. Auf diesem Schild müssen mindestens die nachstehend aufgeführten Angaben eingeprägt oder in einem ähnlichen Verfahren angebracht sein. Diese Angaben dürfen unmittelbar auf den Wänden des Tankkörpers angebracht sein, wenn diese so verstärkt sind, dass die Widerstandsfähigkeit des Tankkörpers nicht beeinträchtigt wird:

- Zulassungsnummer;
- Name oder Zeichen des Herstellers;
- Seriennummer des Herstellers;
- Baujahr;
- Prüfdruck (Überdruck) [15];
- ► 1.6.3.26+1.6.4.6 äußerer Auslegungsdruck (siehe Absatz 6.8.2.1.7) [15];
- ► 1.6.3.33 1.6.4.32 Fassungsraum [15] – bei unterteilten Tankkörpern Fassungsraum jedes Abteils [15] –, gefolgt durch das Symbol «S», wenn die Tankkörper oder die Abteile mit einem Fassungsraum von mehr als 7 500 Litern durch Schwallwände in Abschnitte von höchstens 7 500 Liter Fassungsraum unterteilt ist;
- Berechnungstemperatur (nur erforderlich bei Berechnungstemperaturen über +50 °C oder unter –20 °C) [15];
- Datum und Art der zuletzt durchgeführten Prüfung: «Monat, Jahr», gefolgt von dem Buchstaben «P», wenn es sich bei dieser Prüfung um die erstmalige Prüfung oder um eine wiederkehrende Prüfung gemäß den Absätzen 6.8.2.4.1 und 6.8.2.4.2 handelt, oder «Monat, Jahr», gefolgt von dem Buchstaben «L», wenn es sich bei dieser Prüfung um eine zwischendurch stattfindende Dichtheitsprüfung gemäß Absatz 6.8.2.4.3 handelt;
- Stempel des Sachverständigen, der die Prüfung vorgenommen hat;
- Werkstoff des Tankkörpers und Verweis auf Werkstoffnormen, soweit vorhanden, und gegebenenfalls Werkstoff der Schutzauskleidung;
- Prüfdruck für den gesamten Tankkörper und Prüfdruck je Abteil in MPa oder bar (Überdruck), wenn der Druck je Abteil geringer ist als der auf den Tankkörper wirkende Druck.

An Tanks, die mit Druck gefüllt oder entleert werden, ist außerdem der höchstzulässige Betriebsdruck [15] anzugeben.

15) Nach den Zahlenwerten sind jeweils die Maßeinheiten hinzuzufügen.

10

6.8.2.5.2
► 1.6.3.41
► 1.6.4.42

Folgende Angaben müssen auf dem Tankfahrzeug (auf dem Tank selbst oder auf Tafeln) angegeben sein:
- Name des Eigentümers oder Betreibers;
- Leermasse des Tankfahrzeugs[15)] und
- höchstzulässige Gesamtmasse des Tankfahrzeugs[15)].

Folgende Angaben müssen auf dem Aufsetztank (auf dem Tank selbst oder auf Tafeln) angegeben sein:
- Name des Eigentümers oder Betreibers;
- Angabe «Aufsetztank»;
- Eigenmasse des Tanks[15)];
- höchstzulässige Bruttomasse des Tanks[15)];
- für Stoffe gemäß Absatz 4.3.4.1.3 die offizielle Benennung für die Beförderung des (der) zur Beförderung zugelassenen Stoffes (Stoffe);
- Tankcodierung gemäß Absatz 4.3.4.1.1 und
- für andere als die in Absatz 4.3.4.1.3 genannten Stoffe die alphanumerischen Codes aller Sondervorschriften TC und TE, die in Kapitel 3.2 Tabelle A Spalte 13 für die im Tank zu befördernden Stoffe aufgeführt sind.

Folgende Angaben müssen auf dem Tankcontainer (auf dem Tank selbst oder auf Tafeln) angegeben sein:
- Name des Eigentümers und des Betreibers;
- Fassungsraum des Tankkörpers [15)];
- Eigenmasse [15)];
- höchstzulässige Bruttomasse [15)];
- für Stoffe gemäß Absatz 4.3.4.1.3 die offizielle Benennung für die Beförderung des (der) zur Beförderung zugelassenen Stoffes (Stoffe);
- Tankcodierung gemäß Absatz 4.3.4.1.1 und
- für andere als die in Absatz 4.3.4.1.3 genannten Stoffe die alphanumerischen Codes aller Sondervorschriften TC und TE, die in Kapitel 3.2 Tabelle A Spalte 13 für die im Tank zu befördernden Stoffe aufgeführt sind.

6.8.2.6 Vorschriften für Tanks, die nach in Bezug genommenen Normen ausgelegt, gebaut und geprüft sind

► 1.6.4.39

Bem. Personen oder Organe, die in den Normen als Verantwortliche gemäß ADR ausgewiesen sind, müssen die Vorschriften des ADR einhalten.

6.8.2.6.1 Auslegung und Bau

► 1.6.3.38

Baumusterzulassungen müssen gemäß Abschnitt 1.8.7 oder Unterabschnitt 6.8.2.3 ausgestellt werden. Die in der nachstehenden Tabelle in Bezug genommenen Normen müssen wie in der Spalte (4) der Tabelle angegeben für die Ausstellung von Baumusterzulassungen angewendet werden, um die in Spalte (3) der Tabelle genannten Vorschriften des Kapitels 6.8 zu erfüllen. Die Normen müssen in Übereinstimmung mit Abschnitt 1.1.5 angewendet werden. In der Spalte (5) ist der späteste Zeitpunkt angegeben, zu dem bestehende Baumusterzulassungen gemäß Absatz 1.8.7.2.4 oder 6.8.2.3.3 zurückgezogen werden müssen; wenn kein Datum angegeben ist, bleibt die Baumusterzulassung bis zur ihrem Ablauf gültig.

Seit dem 1. Januar 2009 ist die Anwendung in Bezug genommener Normen rechtsverbindlich. Ausnahmen sind in den Unterabschnitten 6.8.2.7 und 6.8.3.7 aufgeführt.

Wenn mehrere Normen für die Anwendung derselben Vorschriften in Bezug genommen sind, ist nur eine dieser Normen, jedoch in ihrer Gesamtheit anzuwenden, sofern in der nachstehenden Tabelle nicht etwas anderes angegeben ist.

Der Anwendungsbereich jeder Norm ist in der Anwendungsbestimmung der Norm definiert, sofern in der nachstehenden Tabelle nichts anderes festgelegt ist.

15) Nach den Zahlenwerten sind jeweils die Maßeinheiten hinzuzufügen.

Referenz	Titel des Dokuments	anwendbar für Unterabschnitte/ Absätze	anwendbar für neue oder Verlängerungen von Baumusterzulassungen	letzter Zeitpunkt für den Entzug bestehender Baumusterzulassungen
(1)	(2)	(3)	(4)	(5)
für die Auslegung und den Bau von Tanks				
EN 14025:2003 + AC:2005	Tanks für die Beförderung gefährlicher Güter – Metallische Drucktanks – Auslegung und Bau	6.8.2.1	zwischen dem 1. Januar 2005 und dem 30. Juni 2009	
EN 14025:2008	Tanks für die Beförderung gefährlicher Güter – Metallische Drucktanks – Auslegung und Bau	6.8.2.1 und 6.8.3.1	zwischen dem 1. Juli 2009 und dem 31. Dezember 2016	
EN 14025:2013	Tanks für die Beförderung gefährlicher Güter – Drucktanks aus Metall – Auslegung und Bau	6.8.2.1 und 6.8.3.1	zwischen dem 1. Januar 2015 und dem 31. Dezember 2018	
EN 14025:2013 + A1:2016 (ausgenommen Anlage B)	Tanks für die Beförderung gefährlicher Güter – Metallische Drucktanks – Auslegung und Bau	6.8.2.1 und 6.8.3.1	bis auf Weiteres	
EN 13094:2004	Tanks für die Beförderung gefährlicher Güter – Metalltanks mit einem Betriebsdruck von höchstens 0,5 bar – Auslegung und Bau	6.8.2.1	zwischen dem 1. Januar 2005 und dem 31. Dezember 2009	
EN 13094:2008 + AC:2008	Tanks für die Beförderung gefährlicher Güter – Metalltanks mit einem Betriebsdruck von höchstens 0,5 bar – Auslegung und Bau	6.8.2.1	zwischen dem 1. Januar 2010 und dem 31. Dezember 2018	
EN 13094:2015	Tanks für die Beförderung gefährlicher Güter – Metalltanks mit einem Betriebsdruck von höchstens 0,5 bar – Auslegung und Bau **Bem.** Der Leitfaden auf der Website der UNECE (http://www.unece.org/trans/danger/danger.html) findet ebenfalls Anwendung.	6.8.2.1	bis auf Weiteres	
EN 12493:2001 (ausgenommen Anlage C)	Geschweißte Druckbehälter aus Stahl für Flüssiggas (LPG) – Straßentankfahrzeuge – Konstruktion und Herstellung **Bem.** Unter «Straßentankfahrzeuge» sind «festverbundene Tanks» und «Aufsetztanks» im Sinne des ADR zu verstehen.	6.8.2.1 (mit Ausnahme von 6.8.2.1.17), 6.8.2.4.1 (mit Ausnahme der Dichtheitsprüfung), 6.8.2.5.1, 6.8.3.1 und 6.8.3.5.1	zwischen dem 1. Januar 2005 und dem 31. Dezember 2010	31. Dezember 2012
EN 12493:2008 (ausgenommen Anlage C)	Flüssiggas-Geräte und Ausrüstungsteile – Geschweißte Druckbehälter aus Stahl für Flüssiggas (LPG) – Straßentankfahrzeuge – Konstruktion und Herstellung **Bem.** Unter «Straßentankfahrzeuge» sind «festverbundene Tanks» und «Aufsetztanks» im Sinne des ADR zu verstehen.	6.8.2.1 (mit Ausnahme von 6.8.2.1.17), 6.8.2.5, 6.8.3.1, 6.8.3.5, 6.8.5.1 bis 6.8.5.3	zwischen dem 1. Januar 2010 und dem 30. Juni 2013	31. Dezember 2014

Referenz	Titel des Dokuments	anwendbar für Unterabschnitte/ Absätze	anwendbar für neue oder Verlängerungen von Baumusterzulassungen	letzter Zeitpunkt für den Entzug bestehender Baumusterzulassungen
(1)	(2)	(3)	(4)	(5)
***für die Auslegung und den Bau von Tanks** (Forts.)*				
EN 12493:2008 + A1:2012 (ausgenommen Anlage C)	Flüssiggas-Geräte und Ausrüstungsteile – Geschweißte Druckbehälter aus Stahl für Flüssiggas (LPG) – Straßentankfahrzeuge – Konstruktion und Herstellung **Bem.** Unter «Straßentankfahrzeuge» sind «festverbundene Tanks» und «Aufsetztanks» im Sinne des ADR zu verstehen.	6.8.2.1 (mit Ausnahme von 6.8.2.1.17), 6.8.2.5, 6.8.3.1, 6.8.3.5, 6.8.5.1 bis 6.8.5.3	bis zum 31. Dezember 2013	31. Dezember 2015
EN 12493:2013 (ausgenommen Anlage C)	Flüssiggas-Geräte und Ausrüstungsteile – Geschweißte Druckbehälter aus Stahl für Straßentankfahrzeuge für Flüssiggas (LPG) – Auslegung und Herstellung **Bem.** Unter «Straßentankfahrzeuge» sind «festverbundene Tanks» und «Aufsetztanks» im Sinne des ADR zu verstehen.	6.8.2.1, 6.8.2.5, 6.8.3.1, 6.8.3.5, 6.8.5.1 bis 6.8.5.3	zwischen dem 1. Januar 2015 und dem 31. Dezember 2017	31. Dezember 2018
EN 12493:2013 + A1:2014 + AC:2015 (ausgenommen Anlage C)	Flüssiggas-Geräte und Ausrüstungsteile – Geschweißte Druckbehälter aus Stahl für Straßentankwagen für Flüssiggas (LPG) – Auslegung und Herstellung **Bem.** Unter «Straßentankwagen» sind «festverbundene Tanks» und «Aufsetztanks» im Sinne des ADR zu verstehen.	6.8.2.1, 6.8.2.5, 6.8.3.1, 6.8.3.5, 6.8.5.1 bis 6.8.5.3	bis auf Weiteres	
EN 13530-2:2002	Kryo-Behälter – Große ortsbewegliche, vakuum-isolierte Behälter – Teil 2: Bemessung, Herstellung und Prüfung	6.8.2.1 (mit Ausnahme von 6.8.2.1.17), 6.8.2.4, 6.8.3.1 und 6.8.3.4	zwischen dem 1. Januar 2005 und dem 30. Juni 2007	
EN 13530-2:2002 + A1:2004	Kryo-Behälter – Große ortsbewegliche, vakuum-isolierte Behälter – Teil 2: Bemessung, Herstellung und Prüfung **Bem.** Die Normen EN 1252-1:1998 und EN 1626, auf die in dieser Norm Bezug genommen wird, gelten auch für verschlossene Kryo-Behälter zur Beförderung von UN 1972 (METHAN, TIEFGEKÜHLT, FLÜSSIG oder ERDGAS, TIEFGEKÜHLT, FLÜSSIG).	6.8.2.1 (mit Ausnahme von 6.8.2.1.17), 6.8.2.4, 6.8.3.1 und 6.8.3.4	bis auf Weiteres	
EN 14398-2:2003 (ausgenommen Tabelle 1)	Kryo-Behälter – Große ortsbewegliche, nicht vakuum-isolierte Behälter – Teil 2: Bemessung, Herstellung und Prüfung **Bem.** Diese Norm darf nicht für Gase verwendet werden, die bei Temperaturen unter -100 °C befördert werden.	6.8.2.1 (mit Ausnahme von 6.8.2.1.17, 6.8.2.1.19 und 6.8.2.1.20), 6.8.2.4, 6.8.3.1 und 6.8.3.4	zwischen dem 1. Januar 2005 und dem 31. Dezember 2016	

Referenz	Titel des Dokuments	anwendbar für Unterabschnitte/ Absätze	anwendbar für neue oder Verlängerungen von Baumusterzulassungen	letzter Zeitpunkt für den Entzug bestehender Baumusterzulassungen
(1)	(2)	(3)	(4)	(5)
***für die Auslegung und den Bau von Tanks** (Forts.)*				
EN 14398-2:2003 + A2:2008	Kryo-Behälter – Große ortsbewegliche, nicht vakuum-isolierte Behälter – Teil 2: Bemessung, Herstellung, Überwachung und Prüfung **Bem.** Diese Norm darf nicht für Gase verwendet werden, die bei Temperaturen unter -100 °C befördert werden.	6.8.2.1 (mit Ausnahme von 6.8.2.1.17, 6.8.2.1.19 und 6.8.2.1.20), 6.8.2.4, 6.8.3.1 und 6.8.3.4	bis auf Weiteres	
für die Ausrüstung				
▶ *1.6.3.43* EN 14432:2006	Tanks für die Beförderung gefährlicher Güter – Ausrüstung für Tanks für die Beförderung flüssiger Chemieprodukte – Produktauslass- und Gaswechselventile	6.8.2.2.1	zwischen dem 1. Januar 2009 und dem 31. Dezember 2018	
EN 14432:2014	Tanks für die Beförderung gefährlicher Güter – Ausrüstung für Tanks für die Beförderung von flüssigen Chemieprodukten und Flüssiggasen – Produktabsperr- und Gaswechselventile **Bem.** Diese Norm darf auch für Tanks mit Entleerung durch Schwerkraft verwendet werden.	6.8.2.2.1, 6.8.2.2.2 und 6.8.2.3.1	bis auf Weiteres	
▶ *1.6.3.43* EN 14433:2006	Tanks für die Beförderung gefährlicher Güter – Ausrüstung für Tanks für die Beförderung flüssiger Chemieprodukte – Bodenventile	6.8.2.2.1	zwischen dem 1. Januar 2009 und dem 31. Dezember 2018	
EN 14433:2014	Tanks für die Beförderung gefährlicher Güter – Ausrüstung für Tanks für die Beförderung von flüssigen Chemieprodukten und Flüssiggasen – Bodenventile **Bem.** Diese Norm darf auch für Tanks mit Entleerung durch Schwerkraft verwendet werden.	6.8.2.2.1, 6.8.2.2.2 und 6.8.2.3.1	bis auf Weiteres	
EN 12252:2000	Ausrüstung von Straßentankwagen für Flüssiggas (LPG) **Bem.** Unter «Straßentankwagen» sind «festverbundene Tanks» und «Aufsetztanks» im Sinne des ADR zu verstehen.	6.8.3.2 (mit Ausnahme von 6.8.3.2.3)	zwischen dem 1. Januar 2005 und dem 31. Dezember 2010	31. Dezember 2012
EN 12252:2005 + A1:2008	Flüssiggas-Geräte und Ausrüstungsteile – Ausrüstung von Straßentankwagen für Flüssiggas (LPG) **Bem.** Unter «Straßentankwagen» sind «festverbundene Tanks» und «Aufsetztanks» im Sinne des ADR zu verstehen.	6.8.3.2 (mit Ausnahme von 6.8.3.2.3) und 6.8.3.4.9	zwischen dem 1. Januar 2011 und dem 31. Dezember 2018	

10

Referenz	Titel des Dokuments	anwendbar für Unterabschnitte/ Absätze	anwendbar für neue oder Verlängerungen von Baumusterzulassungen	letzter Zeitpunkt für den Entzug bestehender Baumusterzulassungen
(1)	(2)	(3)	(4)	(5)
***für die Ausrüstung** (Forts.)*				
EN 12252:2014	Flüssiggas-Geräte und Ausrüstungsteile – Ausrüstung von Straßentankwagen für Flüssiggas (LPG) **Bem.** Unter «Straßentankwagen» sind «festverbundene Tanks» und «Aufsetztanks» im Sinne des ADR zu verstehen.	6.8.3.2 und 6.8.3.4.9	bis auf Weiteres	
EN 14129:2014	Flüssiggas-Geräte und Ausrüstungsteile – Druckentlastungsventile für Behälter für Flüssiggas (LPG)	6.8.2.1.1 und 6.8.3.2.9	bis auf Weiteres	
EN 1626:2008 (ausgenommen Absperrarmaturen der Kategorie B)	Kryo-Behälter – Absperrarmaturen für tiefkalten Betrieb **Bem.** Diese Norm ist auch für Ventile für die Beförderung von UN 1972 (METHAN, TIEFGEKÜHLT, FLÜSSIG oder ERDGAS, TIEFGEKÜHLT, FLÜSSIG) anwendbar.	6.8.2.4 und 6.8.3.4	bis auf Weiteres	
EN 13648-1:2008	Kryo-Behälter - Sicherheitseinrichtungen gegen Drucküberschreitung – Teil 1: Sicherheitsventile für den Kryo-Betrieb	6.8.2.4, 6.8.3.2.12 und 6.8.3.4	bis auf Weiteres	
EN 13082:2001	Tanks für die Beförderung gefährlicher Güter – Bedienungsausrüstung von Tanks – Gaspendelventil	6.8.2.2 und 6.8.2.4.1	zwischen dem 1. Januar 2005 und dem 30. Juni 2013	31. Dezember 2014
EN 13082:2008 + A1:2012	Tanks für die Beförderung gefährlicher Güter – Bedienungsausrüstung von Tanks – Gaspendelventil	6.8.2.2 und 6.8.2.4.1	bis auf Weiteres	
EN 13308:2002	Tanks für die Beförderung gefährlicher Güter – Bedienungsausrüstung von Tanks – Nicht druckausgeglichenes Bodenventil	6.8.2.2 und 6.8.2.4.1	bis auf Weiteres	
EN 13314:2002	Tanks für die Beförderung gefährlicher Güter – Bedienungsausrüstung von Tanks – Fülllochdeckel	6.8.2.2 und 6.8.2.4.1	bis auf Weiteres	
EN 13316:2002	Tanks für die Beförderung gefährlicher Güter – Bedienungsausrüstung von Tanks – Druckausgeglichenes Bodenventil	6.8.2.2 und 6.8.2.4.1	bis auf Weiteres	
► *1.6.3.32* EN 13317:2002 (ausgenommen Abbildung und Tabelle B.2 in Anlage B) (Der Werkstoff muss den Vorschriften der Norm EN 13094:2004 Nummer 5.2 entsprechen.)	Tanks für die Beförderung gefährlicher Güter – Bedienungsausrüstung von Tanks – Baugruppe Deckel für Einsteigeöffnungen	6.8.2.2 und 6.8.2.4.1	zwischen dem 1. Januar 2005 und dem 31. Dezember 2010	31. Dezember 2012
EN 13317:2002 + A1:2006	Tanks für die Beförderung gefährlicher Güter – Bedienungsausrüstung von Tanks – Baugruppe Deckel für Einsteigeöffnungen	6.8.2.2 und 6.8.2.4.1	bis auf Weiteres	
EN 14595:2005	Tanks für die Beförderung gefährlicher Güter – Bedienungsausrüstung von Tanks – Über- und Unterdruckbelüftung	6.8.2.2 und 6.8.2.4.1	zwischen dem 1. Januar 2007 und dem 31. Dezember 2018	

Referenz	Titel des Dokuments	anwendbar für Unterabschnitte/ Absätze	anwendbar für neue oder Verlängerungen von Baumusterzulassungen	letzter Zeitpunkt für den Entzug bestehender Baumusterzulassungen
(1)	(2)	(3)	(4)	(5)
***für die Ausrüstung** (Forts.)*				
EN 14595:2016	Tanks für die Beförderung gefährlicher Güter – Bedienungsausrüstung – Belüftungseinrichtung	6.8.2.2 und 6.8.2.4.1	bis auf Weiteres	
EN 16257:2012	Tanks für die Beförderung gefährlicher Güter – Bedienungsausrüstung – Bodenventile mit einem Nenndurchmesser von mehr oder weniger als 100 mm	6.8.2.2.1 und 6.8.2.2.2	bis auf Weiteres	
EN 13175:2014	Flüssiggas-Geräte und Ausrüstungsteile – Spezifikation und Prüfung für Ventile und Fittinge an Druckbehältern für Flüssiggas	6.8.2.1.1, 6.8.2.2, 6.8.2.4.1 und 6.8.3.2.3	bis auf Weiteres	

6.8.2.6.2 Prüfung

Die in der nachstehenden Tabelle in Bezug genommene Norm muss wie in der Spalte (4) angegeben für die Prüfung von Tanks angewendet werden, um die in Spalte (3) angegebenen Vorschriften des Kapitels 6.8 zu erfüllen. Die Normen müssen in Übereinstimmung mit Abschnitt 1.1.5 angewendet werden.

Die Anwendung einer in Bezug genommenen Norm ist rechtsverbindlich.

Der Anwendungsbereich jeder Norm ist in der Anwendungsbestimmung der Norm definiert, sofern in der nachstehenden Tabelle nichts anderes festgelegt ist.

Referenz	Titel des Dokuments	anwendbar für Unterabschnitte/ Absätze	anwendbar
(1)	(2)	(3)	(4)
EN 12972:2007	Tanks für die Beförderung gefährlicher Güter – Prüfung, Inspektion und Kennzeichnung von Metalltanks	6.8.2.4 6.8.3.4	bis auf Weiteres
EN 14334:2014	Flüssiggas-Geräte und Ausrüstungsteile – Inspektion und Prüfung von Straßentankwagen für Flüssiggas (LPG)	6.8.2.4 (ausgenommen 6.8.2.4.1), 6.8.3.4.2 und 6.8.3.4.9	bis auf Weiteres

6.8.2.7 Vorschriften für Tanks, die nicht nach in Bezug genommenen Normen ausgelegt, gebaut und geprüft sind

► 1.6.3.31
1.6.4.9

Um dem wissenschaftlichen und technischen Fortschritt Rechnung zu tragen, oder in Fällen, in denen in Unterabschnitt 6.8.2.6 keine Normen in Bezug genommen sind, oder um bestimmten Aspekten Rechnung zu tragen, die in einer in Unterabschnitt 6.8.2.6 in Bezug genommenen Norm nicht vorgesehen sind, kann die zuständige Behörde die Anwendung eines technischen Regelwerks anerkennen, das ein gleiches Sicherheitsniveau gewährleistet. Die Tanks müssen jedoch den Mindestanforderungen des Abschnitts 6.8.2 entsprechen.

Die zuständige Behörde muss dem Sekretariat der UNECE ein Verzeichnis der von ihr anerkannten technischen Regelwerke übermitteln. Das Verzeichnis muss folgende Angaben enthalten: Name und Datum des Regelwerks, Gegenstand des Regelwerks und Angaben darüber, wo dieses bezogen werden kann. Das Sekretariat muss diese Informationen auf seiner Website öffentlich zugänglich machen.

Eine Norm, die für eine Inbezugnahme in einer zukünftigen Ausgabe des ADR angenommen wurde, darf von der zuständigen Behörde zur Anwendung zugelassen werden, ohne dies dem Sekretariat der UNECE mitzuteilen.

Für die Prüfung und die Kennzeichnung darf auch die anwendbare Norm verwendet werden, die in Unterabschnitt 6.8.2.6 in Bezug genommen wird.

6.8.3 Sondervorschriften für die Klasse 2

► 1.6.3.3.2 (bis 31.12.2019), 1.6.3.3.3 (bis 31.12.2021), 1.6.3.3.4 (bis 31.12.2025), 1.6.3.3.5 (bis 31.12.2029)

6.8.3.1 Bau von Tankkörpern

6.8.3.1.1 Tankkörper für verdichtete, verflüssigte oder gelöste Gase müssen aus Stahl hergestellt sein.

Bei nahtlosen Tankkörpern darf in Abweichung von Absatz 6.8.2.1.12 die Mindestbruchdehnung 14 % betragen und die Spannung σ darf die nachstehend im Verhältnis zum Werkstoff festgesetzten Grenzen nicht überschreiten:

a) Wenn das Verhältnis Re/Rm (garantierte Mindestwerte nach der Wärmebehandlung) größer als 0,66 und höchstens 0,85 ist: $\sigma \leq 0{,}75$ Re.

b) Wenn das Verhältnis Re/Rm (garantierte Mindestwerte nach der Wärmebehandlung) größer als 0,85 ist: $\sigma \leq 0{,}5$ Rm.

6.8.3.1.2 Die Vorschriften des Abschnitts 6.8.5 gelten für die Werkstoffe und den Bau geschweißter Tankkörper.

6.8.3.1.3 (bleibt offen)

Bau von Batterie-Fahrzeugen und MEGC

6.8.3.1.4 Flaschen, Großflaschen, Druckfässer und Flaschenbündel, die Elemente eines Batterie-Fahrzeugs oder MEGC sind, müssen gemäß Kapitel 6.2 gebaut sein.

Bem. 1. Flaschenbündel, die nicht Elemente eines Batterie-Fahrzeugs oder MEGC sind, unterliegen den Vorschriften des Kapitels 6.2.

2. Tanks, die Elemente eines Batterie-Fahrzeugs oder MEGC sind, müssen gemäß Unterabschnitten 6.8.2.1 und 6.8.3.1 gebaut sein.

3. Aufsetztanks [15] gelten nicht als Elemente eines Batterie-Fahrzeugs oder MEGC.

6.8.3.1.5 Die Elemente von

Batterie-Fahrzeugen und ihre Befestigungseinrichtungen	MEGC und ihre Befestigungseinrichtungen sowie der Rahmen von MEGC

müssen unter der höchstzulässigen Masse der Füllung die in Absatz 6.8.2.1.2 definierten Kräfte aufnehmen können. Unter Wirkung jeder dieser Kräfte darf die Spannung an dem am stärksten beanspruchten Punkt des Elements und seiner Befestigungseinrichtungen für Flaschen, Großflaschen, Druckfässer und Flaschenbündel den in Unterabschnitt 6.2.5.3 definierten Wert und für Tanks den in Absatz 6.8.2.1.16 definierten Wert σ nicht überschreiten.

6.8.3.2 Ausrüstung

6.8.3.2.1 Die Auslaufstutzen der Tanks müssen durch Blindflansche oder gleich wirksame Einrichtungen verschlossen werden können. Diese Blindflansche oder gleich wirksamen Einrichtungen dürfen bei Tanks für tiefgekühlt verflüssigte Gase mit Entlastungsbohrungen von höchstens 1,5 mm Durchmesser versehen sein.

6.8.3.2.2 Tankkörper für verflüssigte Gase dürfen außer mit Öffnungen nach den Absätzen 6.8.2.2.2 und 6.8.2.2.4 gegebenenfalls mit Öffnungen für Flüssigkeitsstandanzeiger, Thermometer, Manometer und Bohrungen für die Entlüftung, die für den Betrieb und die Sicherheit notwendig sind, versehen sein.

6.8.3.2.3 Die innere Absperreinrichtung für alle Öffnungen für das Füllen und alle Öffnungen für das Entleeren der Tanks

	mit einem Fassungsraum über 1 m^3

zur Beförderung verflüssigter entzündbarer oder giftiger Gase müssen schnell schließend sein und sich bei einem ungewollten Verschieben des Tanks oder einem Brand automatisch schließen. Die Absperreinrichtung muss auch fernbedienbar sein.

15) Wegen der Begriffsbestimmung für Aufsetztanks siehe Abschnitt 1.2.1.

► 1.6.3.36 Jedoch darf an Tanks zur Beförderung verflüssigter nicht giftiger entzündbarer Gase ausschließlich bei Öffnungen für das Füllen, die in die Dampfphase des Tanks führen, die innere Absperreinrichtung mit Fernbedienung durch ein Rückschlagventil ersetzt werden. Das Rückschlagventil muss im Inneren des Tanks angeordnet sein, federbelastet sein, so dass sich das Ventil schließt, wenn der Druck in der Füllleitung kleiner oder gleich dem Druck im Tank ist, und mit einer geeigneten Dichtung ausgerüstet sein [14].

6.8.3.2.4 Mit Ausnahme der Öffnungen für die Sicherheitsventile und verschlossenen Entlüftungsbohrungen müssen alle anderen Öffnungen der Tanks für verflüssigte entzündbare und/oder giftige Gase mit einem Nenndurchmesser von mehr als 1,5 mm mit einer inneren Absperreinrichtung versehen sein.

6.8.3.2.5 Abweichend von den Vorschriften der Absätze 6.8.2.2.2, 6.8.3.2.3 und 6.8.3.2.4 dürfen Tanks für tiefgekühlt verflüssigte Gase mit äußeren anstatt innenliegenden Absperreinrichtungen versehen sein, wenn diese durch einen Schutz gegen äußere Beschädigung, der mindestens dieselbe Sicherheit wie die Wand des Tankkörpers bietet, gesichert ist.

6.8.3.2.6 Sind Thermometer vorhanden, so dürfen diese nicht unmittelbar durch den Tankkörper in das Gas oder die Flüssigkeit eingeführt werden.

6.8.3.2.7 Die obenliegenden Öffnungen für das Füllen und Entleeren der Tanks müssen zusätzlich zu den Bestimmungen des Absatzes 6.8.3.2.3 mit einer zweiten äußeren Absperreinrichtung versehen sein. Diese muss durch einen Blindflansch oder eine gleich wirksame Einrichtung verschlossen werden können.

6.8.3.2.8 Sicherheitsventile müssen den Vorschriften der Absätze 6.8.3.2.9 bis 6.8.3.2.12 entsprechen.

6.8.3.2.9 Tanks für verdichtete, verflüssigte oder gelöste Gase dürfen mit federbelasteten Sicherheitsventilen versehen sein. Diese Ventile müssen in der Lage sein, sich bei einem Druck zwischen dem 0,9- und dem 1,0-fachen Prüfdruck des Tanks, an dem sie angebracht sind, selbsttätig zu öffnen. Bei den Ventilen muss es sich um eine Bauart handeln, die dynamischen Kräften einschließlich Flüssigkeitsschwall standhält. Die Verwendung von gewichtsbelasteten Ventilen (Schwerkraft oder Gegengewicht) ist untersagt. Die erforderliche Ablasmenge der Sicherheitsventile ist nach der Formel in Absatz 6.7.3.8.1.1 zu berechnen.

► 1.6.3.47
► 1.6.4.49
Sicherheitsventile müssen so ausgelegt oder geschützt sein, dass das Eindringen von Wasser oder einem anderen Fremdstoff, das/der ihre ordnungsgemäße Funktion beeinträchtigen kann, verhindert wird. Der Schutz darf die Leistungsfähigkeit des Ventils nicht beeinträchtigen.

6.8.3.2.10 Die Vorschriften des Absatzes 6.8.3.2.9 verbieten nicht das Anbringen von Sicherheitsventilen an Tanks, die für die Seebeförderung bestimmt sind und dem IMDG-Code entsprechen.

6.8.3.2.11 Tanks für tiefgekühlt verflüssigte Gase müssen mit zwei oder mehreren voneinander unabhängigen Sicherheitsventilen versehen sein, die in der Lage sind, sich bei dem auf dem Tank angegebenen höchsten Betriebsdruck zu öffnen. Zwei der Sicherheitsventile müssen jeweils so bemessen sein, dass die im normalen Betrieb durch Verdampfung entstehenden Gase abgeführt werden können, ohne dass der Druck zu irgendeinem Zeitpunkt den auf dem Tank angegebenen Betriebsdruck um mehr als 10 % übersteigt.

Eines der Sicherheitsventile darf durch eine Berstscheibe ersetzt werden, die beim Prüfdruck aufreißen muss.

14) Die Verwendung von Metall-auf-Metall-Dichtungen ist nicht zugelassen.

Die Kombination der Druckentlastungseinrichtungen muss beim Zusammenbruch des Vakuums bei Doppelmanteltanks oder bei einer Beschädigung von 20 % der Isolierung von einwandigen Tanks einen Ausströmungsquerschnitt freigeben, der eine Drucksteigerung im Tank über den Prüfdruck hinaus verhindert. Die Vorschriften des Absatzes 6.8.2.1.7 gelten nicht für Tanks mit Vakuumisolierung.

6.8.3.2.12 Diese Druckentlastungseinrichtungen der Tanks für tiefgekühlt verflüssigte Gase müssen so gebaut sein, dass sie auch bei ihrer tiefsten Betriebstemperatur einwandfrei arbeiten. Die sichere Arbeitsweise bei dieser Temperatur ist durch die Prüfung der einzelnen Einrichtung oder durch eine Baumusterprüfung festzustellen und nachzuweisen.

6.8.3.2.13 Die Ventile von rollbaren Aufsetztanks müssen mit Schutzkappen versehen sein. | (bleibt offen)

Wärmeisolierung

6.8.3.2.14 Wenn die Tanks für verflüssigte Gase mit einer Wärmeisolierung versehen sind, muss diese

- entweder aus einem Sonnenschutz, der mindestens das obere Drittel, aber höchstens die obere Hälfte der Tankoberfläche bedeckt und von dieser durch eine Luftschicht von mindestens 4 cm getrennt ist,
- oder aus einer vollständigen Umhüllung von genügender Dicke aus isolierenden Stoffen bestehen.

6.8.3.2.15 Tanks für tiefgekühlt verflüssigte Gase müssen wärmeisoliert sein. Diese Wärmeisolierung muss durch eine vollständige Umhüllung gesichert sein. Ist der Raum zwischen Tankkörper und Umhüllung luftleer (Vakuumisolierung), muss rechnerisch nachgewiesen werden, dass die Schutzumhüllung einem äußeren Druck von mindestens 100 kPa (1 bar) (Überdruck) ohne Verformung standhält. Abweichend von der Begriffsbestimmung für Berechnungsdruck in Abschnitt 1.2.1 dürfen bei dieser Berechnung äußere und innere Verstärkungen berücksichtigt werden. Wenn die Umhüllung gasdicht schließt, muss durch eine Einrichtung verhindert werden, dass in der Isolierschicht bei Undichtheiten am Tankkörper oder an dessen Ausrüstungsteilen ein gefährlicher Druck entsteht. Diese Einrichtung muss das Eindringen von Feuchtigkeit in die Isolierschicht verhindern.

Für die Typprüfung der Wirksamkeit des Isolierungssystems siehe Absatz 6.8.3.4.11.

6.8.3.2.16 Bei Tanks für verflüssigte Gase mit einer Siedetemperatur bei Atmosphärendruck unter –182 °C dürfen weder die Wärmeisolierung noch die Einrichtungen zur Befestigung der Tankcontainer bzw. die Befestigungselemente des Tanks brennbare Stoffe enthalten.

Die Befestigungselemente der Tanks mit Vakuumisolierung dürfen mit Zustimmung der zuständigen Behörde zwischen Tankkörper und Umhüllung Kunststoffe enthalten.

6.8.3.2.17 Abweichend von Absatz 6.8.2.2.4 müssen Tankkörper für die Beförderung tiefgekühlt verflüssigter Gase nicht mit einer Untersuchungsöffnung versehen sein.

Ausrüstung von Batterie-Fahrzeugen und MEGC

6.8.3.2.18 Die Bedienungsausrüstung und die bauliche Ausrüstung müssen so angeordnet oder ausgelegt sein, dass Schäden, die unter normalen Handhabungs- und Beförderungsbedingungen zu einem Freisetzen des Druckgefäßinhalts führen könnten, verhindert werden. Wenn die Verbindung zwischen dem Batterie-Fahrzeug oder dem MEGC und den Elementen eine relative Bewegung zwischen den Baugruppen zulässt, muss die Ausrüstung so befestigt sein, dass durch eine solche Bewegung keine Beschädigung von Teilen erfolgt. Die zu den Absperrventilen führende Sammelrohrleitung muss ausreichend flexibel sein, um die Ventile und die Rohrleitung gegen Abscheren und gegen Freisetzen des Druckgefäßinhalts zu schützen. Die Füll- und Entleerungseinrichtungen (einschließlich Flansche oder Schraubverschlüsse) und alle Schutzkappen müssen gegen unbeabsichtigtes Öffnen gesichert werden können.

6.8.3.2.19 Um ein Freisetzen des Inhalts bei Beschädigungen zu vermeiden, müssen die Sammelrohre, die Entleerungseinrichtungen (Rohranschlüsse, Verschlusseinrichtungen) und die Absperreinrichtungen gegen Abreißen durch äußere Beanspruchungen geschützt oder angeordnet sein oder so ausgelegt sein, dass sie diesen standhalten.

6.8.3.2.20 Das Sammelrohrsystem muss für den Betrieb im Temperaturbereich von –20 °C bis +50 °C ausgelegt sein.

Das Sammelrohrsystem muss so ausgelegt, gebaut und montiert sein, dass die Gefahr der Beschädigung infolge thermischer Ausdehnung und Schrumpfung, mechanischer Erschütterungen oder Vibrationen vermieden wird. Alle Rohrleitungen müssen aus einem geeigneten Werkstoff aus Metall sein. Soweit möglich müssen die Rohrleitungsverbindungen geschweißt sein.

Verbindungen von Kupferrohrleitungen müssen hartgelötet sein oder durch eine metallene Verbindung gleicher Festigkeit hergestellt sein. Der Schmelzpunkt von hartgelöteten Werkstoffen darf nicht niedriger als 525 °C sein. Die Verbindungen dürfen die Festigkeit der Rohrleitungen nicht vermindern, wie dies bei Schraubverbindungen der Fall sein kann.

6.8.3.2.21 Mit Ausnahme für UN 1001 Acetylen, gelöst, darf die zulässige Spannung σ des Sammelrohrsystems beim Prüfdruck der Gefäße 75 % der garantierten Streckgrenze des Werkstoffes nicht überschreiten.

Die erforderliche Wanddicke des Sammelrohrsystems für UN 1001 Acetylen, gelöst, ist nach anerkannten Regeln der Technik zu berechnen.

Bem. Wegen der Streckgrenze siehe Absatz 6.8.2.1.11.

6.8.3.2.22 Abweichend von den Vorschriften der Absätze 6.8.3.2.3, 6.8.3.2.4 und 6.8.3.2.7 dürfen bei Flaschen, Großflaschen, Druckfässern und Flaschenbündeln, die ein Batterie-Fahrzeug oder einen MEGC bilden, die geforderten Absperreinrichtungen auch innerhalb des Sammelrohrsystems eingebaut sein.

6.8.3.2.23 Hat ein Element ein Sicherheitsventil und befinden sich zwischen den Elementen Absperreinrichtungen, so muss jedes Element mit einem solchen versehen sein.

6.8.3.2.24 Die Füll- und Entleerungseinrichtungen dürfen an einem Sammelrohr angebracht sein.

6.8.3.2.25 Alle Elemente einschließlich aller einzelnen Flaschen eines Flaschenbündels, die zur Beförderung von giftigen Gasen vorgesehen sind, müssen durch ein Verschlussventil voneinander getrennt werden können.

6.8.3.2.26 Batterie-Fahrzeuge oder MEGC, die zur Beförderung giftiger Gase vorgesehen sind, dürfen keine Sicherheitsventile haben, es sei denn, vor diesen ist eine Berstscheibe angebracht. In diesem Fall muss die Anordnung der Berstscheibe und des Sicherheitsventils den Anforderungen der zuständigen Behörde entsprechen.

6.8.3.2.27 Die Vorschriften des Absatzes 6.8.3.2.26 verbieten nicht das Anbringen von Sicherheitsventilen an Batterie-Fahrzeugen oder MEGC, die für die Seebeförderung bestimmt sind und dem IMDG-Code entsprechen.

6.8.3.2.28 Gefäße, die Elemente eines Batterie-Fahrzeugs oder MEGC zur Beförderung entzündbarer Gase sind, müssen in Gruppen von höchstens 5 000 Litern zusammengefasst werden, die durch ein Verschlussventil voneinander getrennt werden können.

Die Elemente eines Batterie-Fahrzeugs oder eines MEGC zur Beförderung entzündbarer Gase müssen, sofern sie aus Tanks nach diesem Kapitel bestehen, durch ein Verschlussventil voneinander getrennt werden können.

6.8.3.3 Zulassung des Baumusters

Keine Sondervorschriften.

6.8.3.4 Prüfungen

► *1.6.3.1 bis 1.6.3.8, 1.6.3.11 und 1.6.3.16*

6.8.3.4.1 Die Werkstoffe jedes geschweißten Tankkörpers, mit Ausnahme der Flaschen, Großflaschen und Druckfässer sowie der Flaschen als Teil von Flaschenbündeln, die Elemente eines Batterie-Fahrzeugs oder MEGC sind, müssen nach dem Prüfverfahren des Abschnitts 6.8.5 geprüft werden.

6.8.3.4.2 Die grundlegenden Vorschriften für den Prüfdruck sind in den Absätzen 4.3.3.2.1 bis 4.3.3.2.4 und die minimalen Prüfdrücke sind im Verzeichnis der Gase und Gasgemische in Absatz 4.3.3.2.5 angegeben.

6.8.3.4.3 Die erste Wasserdruckprüfung ist vor dem Anbringen der Wärmeisolierung durchzuführen. Wenn der Tankkörper, seine Armaturen, Rohrleitungen und Ausrüstungsteile getrennt geprüft worden sind, muss der Tank nach dem Zusammenbau einer Dichtheitsprüfung unterzogen werden.

6.8.3.4.4 Der Fassungsraum jedes Tankkörpers zur Beförderung verdichteter Gase, die nach Masse gefüllt werden, sowie zur Beförderung verflüssigter oder gelöster Gase muss unter Aufsicht eines von der zuständigen Behörde anerkannten Sachverständigen durch Wiegen oder durch Auslitern einer Wasserfüllung bestimmt werden; die Genauigkeit der Messung des Fassungsraums des Tankkörpers muss mindestens 1 % betragen. Eine rechnerische Bestimmung aus den Abmessungen des Tankkörpers ist nicht zulässig. Die höchstzulässige Masse der Füllung ist nach Unterabschnitt 4.1.4.1 Verpackungsanweisung P 200 oder P 203 sowie nach den Absätzen 4.3.3.2.2 und 4.3.3.2.3 durch einen von der zuständigen Behörde anerkannten Sachverständigen festzulegen.

6.8.3.4.5 Die Schweißnähte des Tankkörpers sind entsprechend einem Schweißnahtfaktor $\lambda = 1$ nach Absatz 6.8.2.1.23 zu prüfen.

6.8.3.4.6 Abweichend von den Vorschriften des Absatzes 6.8.2.4.2 sind die wiederkehrenden Prüfungen durchzuführen:

► *1.6.3.16*
1.6.4.18

Spätestens sechs Jahre	Spätestens acht Jahre

nach der Inbetriebnahme und danach mindestens alle 12 Jahre an Tanks für tiefgekühlt verflüssigte Gase.

Die Zwischenprüfungen nach Absatz 6.8.2.4.3 sind spätestens sechs Jahre nach jeder wiederkehrenden Prüfung durchzuführen.	Zwischen zwei aufeinanderfolgenden wiederkehrenden Prüfungen kann die zuständige Behörde eine Dichtheitsprüfung oder eine Zwischenprüfung nach Absatz 6.8.2.4.3 verlangen.

6.8.3.4.7 Bei Tanks mit Vakuumisolierung dürfen die Wasserdruckprüfung und die Feststellung des inneren Zustandes im Einvernehmen mit dem von der zuständigen Behörde anerkannten Sachverständigen durch eine Dichtheitsprüfung und eine Vakuummessung ersetzt werden.

6.8.3.4.8 Wenn bei wiederkehrenden Untersuchungen Öffnungen in die Tankkörper für tiefgekühlt verflüssigte Gase geschnitten werden, ist vor Wiederinbetriebnahme das zum dichten Verschließen des Tankkörpers angewandte Verfahren, welches die einwandfreie Beschaffenheit des Tankkörpers gewährleisten muss, von einem von der zuständigen Behörde anerkannten Sachverständigen zu genehmigen.

6.8.3.4.9 Dichtheitsprüfungen an Tanks für Gase sind bei einem Druck durchzuführen, der

- für verdichtete, verflüssigte und gelöste Gase mindestens 20 % des Prüfdrucks entspricht;
- für tiefgekühlt verflüssigte Gase mindestens 90 % des höchsten Betriebsdrucks entspricht.

Haltezeiten für Tankcontainer zur Beförderung von tiefgekühlt verflüssigten Gasen

6.8.3.4.10 (bleibt offen)

Die Referenzhaltezeit für Tankcontainer zur Beförderung von tiefgekühlt verflüssigten Gasen muss auf der Grundlage folgender Faktoren bestimmt werden:

a) der nach Absatz 6.8.3.4.11 bestimmten Wirksamkeit des Isolierungssystems;

b) des niedrigsten Ansprechdrucks der Druckbegrenzungseinrichtung(en);

c) der ursprünglichen Füllbedingungen;

d) einer angenommenen Umgebungstemperatur von 30 °C;

e) der physikalischen Eigenschaften der einzelnen, für die Beförderung vorgesehenen tiefgekühlt verflüssigten Gase.

6.8.3.4.11 (bleibt offen)

Die Wirksamkeit des Isolierungssystems (Wärmezufuhr in Watt) muss durch eine Baumusterprüfung des Tankcontainers geprüft werden. Diese Prüfung muss Folgendes umfassen:

a) entweder eine Konstantdruckprüfung (zum Beispiel bei atmosphärischem Druck), bei der über einen bestimmten Zeitraum der Verlust an tiefgekühlt verflüssigtem Gas gemessen wird,

b) oder eine Prüfung im geschlossenen System, bei der über einen bestimmten Zeitraum der Druckanstieg im Tankkörper gemessen wird.

Bei der Durchführung der Konstantdruckprüfung müssen Schwankungen des atmosphärischen Drucks berücksichtigt werden. Bei beiden Prüfungen müssen Korrekturen zur Berücksichtigung eventueller Abweichungen der Umgebungstemperatur vom angenommenen Referenzwert für die Umgebungstemperatur von 30 °C vorgenommen werden.

Bem. Die Norm ISO 21014:2006 «Kryo-Behälter – Leistungsmerkmale der Kryo-Isolierung» beschreibt Methoden für die Bestimmung der Leistungsmerkmale der Isolierung von Kryo-Behältern und bietet eine Methode für die Berechnung der Haltezeit.

Prüfungen für Batterie-Fahrzeuge und MEGC

6.8.3.4.12 Die Elemente und Ausrüstungsteile jedes Batterie-Fahrzeugs oder MEGC sind entweder zusammen oder getrennt vor der erstmaligen Inbetriebnahme zu prüfen (erstmalige Prüfung). Batterie-Fahrzeuge oder MEGC, deren Elemente aus Gefäßen bestehen, sind danach in Abständen von höchstens fünf Jahren zu prüfen. Batterie-Fahrzeuge oder MEGC, deren Elemente aus Tanks bestehen, sind danach in Abständen gemäß Absatz 6.8.3.4.6

10

zu prüfen. Unabhängig von der zuletzt durchgeführten wiederkehrenden Prüfung ist, wenn es sich gemäß Absatz 6.8.3.4.16 als erforderlich erweist, eine außerordentliche Prüfung durchzuführen.

6.8.3.4.13 Die erstmalige Prüfung umfasst:

- eine Prüfung der Übereinstimmung mit dem zugelassenen Baumuster,
- eine Überprüfung der Auslegungsmerkmale,
- eine Prüfung des inneren und äußeren Zustandes,
- eine Wasserdruckprüfung [17] mit dem Prüfdruck, der auf dem in Absatz 6.8.3.5.10 vorgeschriebenen Schild angegeben ist,
- eine Dichtheitsprüfung beim höchsten Betriebsdruck und
- eine Funktionsprüfung der Ausrüstungsteile.

Wenn die Elemente und die Ausrüstung getrennt einer Druckprüfung unterzogen worden sind, müssen sie nach dem Zusammenbau gemeinsam einer Dichtheitsprüfung unterzogen werden.

6.8.3.4.14 Flaschen, Großflaschen und Druckfässer sowie Flaschen als Teil von Flaschenbündeln, müssen gemäß Unterabschnitt 4.1.4.1 Verpackungsanweisung P 200 oder P 203 geprüft werden.

Der Prüfdruck des Sammelrohrsystems des Batterie-Fahrzeugs oder MEGC muss derselbe sein wie für die Elemente des Batterie-Fahrzeugs oder MEGC. Die Druckprüfung des Sammelrohrsystems kann als Wasserdruckprüfung oder mit Zustimmung der zuständigen Behörde oder der von ihr beauftragten Stelle unter Verwendung einer anderen Flüssigkeit oder eines Gases durchgeführt werden. Abweichend von dieser Vorschrift muss der Prüfdruck für das Sammelrohrsystem von Batterie-Fahrzeugen oder MEGC für UN 1001 Acetylen, gelöst, mindestens 300 bar sein.

6.8.3.4.15 Die wiederkehrende Prüfung umfasst eine Dichtheitsprüfung beim höchsten Betriebsdruck sowie eine äußere Untersuchung des Aufbaus, der Elemente und der Bedienungsausrüstung ohne Demontage der Elemente. Die Elemente und Rohrleitungen sind innerhalb der in Unterabschnitt 4.1.4.1 Verpackungsanweisung P 200 festgelegten Fristen und in Übereinstimmung mit den Vorschriften des Unterabschnitts 6.2.1.6 bzw. 6.2.3.5 zu prüfen. Wenn die Elemente und die Ausrüstung getrennt einer Druckprüfung unterzogen worden sind, müssen sie nach dem Zusammenbau gemeinsam einer Dichtheitsprüfung unterzogen werden.

6.8.3.4.16 Eine außerordentliche Prüfung ist erforderlich, wenn das Batterie-Fahrzeug oder der MEGC Anzeichen von Beschädigung, Korrosion, Undichtheit oder anderer auf einen Mangel hinweisende Zustände aufweist, der die Unversehrtheit des Batterie-Fahrzeugs oder MEGC beeinträchtigen könnte. Der Umfang der außerordentlichen Prüfung und, soweit dies als erforderlich erachtet wird, die Demontage der Elemente hängt vom Ausmaß der Beschädigung oder der Verschlechterung des Zustands des Batterie-Fahrzeugs oder MEGC ab. Sie muss mindestens die in Absatz 6.8.3.4.17 vorgeschriebene Prüfung umfassen.

6.8.3.4.17 Die Prüfungen müssen sicherstellen, dass

a) die Elemente äußerlich auf Lochfraß, Korrosion, Abrieb, Beulen, Verformungen, Fehler in Schweißnähten oder andere Zustände einschließlich Undichtheiten geprüft sind, durch die das Batterie-Fahrzeug oder der MEGC bei der Beförderung unsicher werden könnte;

b) die Rohrleitungen, die Absperreinrichtungen und die Dichtungen auf Korrosion, Defekte und andere Zustände einschließlich Undichtheiten geprüft sind, durch die das Batterie-Fahrzeug oder der MEGC beim Befüllen, Entleeren oder der Beförderung unsicher werden könnte;

---

17) In Sonderfällen darf die Wasserdruckprüfung mit Zustimmung des von der zuständigen Behörde anerkannten Sachverständigen durch eine Prüfung mit einer anderen Flüssigkeit oder mit einem Gas ersetzt werden, wenn dieses Vorgehen nicht gefährlich ist.

c) fehlende oder lose Bolzen oder Muttern bei geflanschten Verbindungen oder Blindflanschen ersetzt oder festgezogen sind;

d) alle Sicherheitseinrichtungen und -ventile frei von Korrosion, Verformung, Beschädigung oder Defekten sind, die ihre normale Funktion behindern könnten. Fernbediente und selbstschließende Verschlusseinrichtungen sind zu betätigen, um ihre ordnungsgemäße Funktion nachzuweisen;

e) die auf dem Batterie-Fahrzeug oder MEGC vorgeschriebenen Kennzeichen lesbar sind und den anwendbaren Vorschriften entsprechen und

f) der Rahmen, das Traglager und die Hebeeinrichtungen des Batterie-Fahrzeugs oder MEGC sich in einem zufriedenstellenden Zustand befinden.

6.8.3.4.18 Die Prüfungen nach den Absätzen 6.8.3.4.12 bis 6.8.3.4.17 sind durch den von der zuständigen Behörde anerkannten Sachverständigen durchzuführen. Über die Prüfungen sind auch im Falle negativer Prüfergebnisse Bescheinigungen auszustellen. In diesen Bescheinigungen ist ein Hinweis auf das Verzeichnis der in diesem Batterie-Fahrzeug oder MEGC zur Beförderung zugelassenen Stoffe gemäß Absatz 6.8.2.3.1 aufzunehmen.

Eine Kopie dieser Bescheinigungen ist der Tankakte jedes geprüften Tanks, Batterie-Fahrzeugs oder MEGC beizufügen (siehe Absatz 4.3.2.1.7).

6.8.3.5 Kennzeichnung

6.8.3.5.1 Auf dem in Absatz 6.8.2.5.1 vorgesehenen Tankschild müssen nachstehende Angaben zusätzlich eingeprägt oder in einem ähnlichen Verfahren angebracht sein, oder diese Angaben dürfen unmittelbar auf den Wänden des Tankkörpers angebracht sein, wenn diese so verstärkt sind, dass die Widerstandsfähigkeit des Tanks nicht beeinträchtigt wird.

6.8.3.5.2 An Tanks für einen einzigen Stoff:

► *1.6.3.8* *1.6.4.5*

– die offizielle Benennung des Gases für die Beförderung und bei Gasen, die einer n.a.g.-Eintragung zugeordnet sind, zusätzlich die technische Benennung [18].

Diese Angabe ist

– bei Tanks für verdichtete Gase, die nach Druck gefüllt werden, durch den für den Tank höchstzulässigen Fülldruck bei 15 °C und

– bei Tanks für verdichtete Gase, die nach Masse gefüllt werden, sowie bei Tanks für verflüssigte, tiefgekühlt verflüssigte oder gelöste Gase durch die höchstzulässige Masse der Füllung in kg und durch die Füllungstemperatur, wenn diese niedriger als –20 °C ist,

zu ergänzen.

6.8.3.5.3 An Tanks für wechselweise Verwendung:

► *1.6.3.8* *1.6.4.5*

– die offizielle Benennung des Gases für die Beförderung und bei Gasen, die einer n.a.g.-Eintragung zugeordnet sind, zusätzlich die technische Benennung [18] der Gase, für die der Tank zugelassen ist.

Diese Angabe ist durch die höchstzulässige Masse der Füllung für jedes Gas in kg zu ergänzen.

18) Anstelle der offiziellen Benennung für die Beförderung oder, soweit anwendbar, der offiziellen Benennung für die Beförderung der n.a.g.-Eintragung, gefolgt von der technischen Benennung, ist die Verwendung einer der folgenden Benennungen zu gelassen:
– für UN 1078 Gas als Kältemittel, n.a.g.: Gemisch F 1, Gemisch F 2, Gemisch F 3;
– für UN 1060 Methylacetylen und Propadien, Gemisch, stabilisiert: Gemisch P 1, Gemisch P 2;
– für UN 1965 Kohlenwasserstoffgas, Gemisch, verflüssigt, n.a.g.: Gemisch A, Gemisch A 01, Gemisch A 02, Gemisch A 0, Gemisch A 1, Gemisch B 1, Gemisch B 2, Gemisch B, Gemisch C. Die in Unterabschnitt 2.2.2.3 Klassifizierungscode 2 F UN 1965 Bem. 1 aufgeführten Handelsnamen dürfen nur zusätzlich verwendet werden;
– für UN 1010 Butadiene, stabilisiert: Buta-1,2-dien, stabilisiert, Buta-1,3-dien, stabilisiert.

6.8.3.5.4 An Tanks für tiefgekühlt verflüssigte Gase:
- der höchstzulässige Betriebsdruck [19];

	– die Referenzhaltezeit (in Tagen oder Stunden) für jedes Gas [19]; – die dazugehörigen ursprünglichen Drücke (in bar oder kPa (Überdruck)) [19].

6.8.3.5.5 An Tanks mit Wärmeisolierung:
- die Angaben «wärmeisoliert» oder «vakuumisoliert».

6.8.3.5.6 Zusätzlich zu den in Absatz 6.8.2.5.2 vorgesehenen Angaben müssen auf

► *1.6.3.41*
1.6.4.42

dem Tankfahrzeug (auf dem Tank selbst oder auf Tafeln)	dem Tankcontainer (auf dem Tank selbst oder auf Tafeln)

angegeben sein:

a) – die Tankcodierung gemäß Zulassungsbescheinigung (siehe Absatz 6.8.2.3.1) mit dem tatsächlichen Prüfdruck des Tanks;
– die Angabe «niedrigste zugelassene Füllungstemperatur: ...»

► *1.6.4.5* b) bei Tanks für einen einzigen Stoff:
– die offizielle Benennung des Gases für die Beförderung und bei Gasen, die einer n.a.g.-Eintragung zugeordnet sind, zusätzlich die technische Benennung [18];
– für verdichtete Gase, die nach Masse gefüllt werden, sowie für verflüssigte, tiefgekühlt verflüssigte oder gelöste Gase die höchstzulässige Masse der Füllung in kg;

► *1.6.4.5* c) bei Tanks für wechselweise Verwendung:
– die offizielle Benennung des Gases für die Beförderung und bei Gasen, die einer n.a.g.-Eintragung zugeordnet sind, zusätzlich die technische Benennung [18] der Gase, zu deren Beförderung die Tanks verwendet werden;
mit Angabe der höchstzulässigen Masse der Füllung für jedes Gas in kg;

d) bei Tanks mit Wärmeisolierung:
– die Angabe «wärmeisoliert» oder «vakuumisoliert» in einer amtlichen Sprache des Zulassungslandes und, wenn diese Sprache nicht Deutsch, Englisch oder Französisch ist, außerdem in Deutsch, Englisch oder Französisch, sofern nicht Vereinbarungen zwischen den von der Beförderung berührten Staaten etwas anderes vorschreiben.

6.8.3.5.7 (bleibt offen)

6.8.3.5.8

Diese Angaben sind nicht erforderlich bei einem Trägerfahrzeug für Aufsetztanks.	(bleibt offen)

6.8.3.5.9 (bleibt offen)

---

18) Anstelle der offiziellen Benennung für die Beförderung oder, soweit anwendbar, der offiziellen Benennung für die Beförderung der n.a.g.-Eintragung, gefolgt von der technischen Benennung, ist die Verwendung einer der folgenden Benennungen zu gelassen:

– für UN 1078 Gas als Kältemittel, n.a.g.: Gemisch F 1, Gemisch F 2, Gemisch F 3;
– für UN 1060 Methylacetylen und Propadien, Gemisch, stabilisiert: Gemisch P 1, Gemisch P 2;
– für UN 1965 Kohlenwasserstoffgas, Gemisch, verflüssigt, n.a.g.: Gemisch A, Gemisch A 01, Gemisch A 02, Gemisch A 0, Gemisch A 1, Gemisch B 1, Gemisch B 2, Gemisch B, Gemisch C. Die in Unterabschnitt 2.2.2.3 Klassifizierungscode 2 F UN 1965 Bem. 1 aufgeführten Handelsnamen dürfen nur zusätzlich verwendet werden.
– für UN 1010 Butadiene, stabilisiert: Buta-1,2-dien, stabilisiert, Buta-1,3-dien, stabilisiert.

19) Nach den Zahlenwerten sind jeweils die Maßeinheiten hinzuzufügen.

Kennzeichnung von Batterie-Fahrzeugen und MEGC

6.8.3.5.10 An jedem Batterie-Fahrzeug und MEGC muss für Kontrollzwecke ein Schild aus nicht korrodierendem Metall dauerhaft an einer leicht zugänglichen Stelle befestigt sein. Auf diesem Schild müssen mindestens die nachstehend aufgeführten Angaben eingeprägt oder in einem ähnlichen Verfahren angebracht sein:

- Zulassungsnummer;
- Namen oder Zeichen des Herstellers;
- Seriennummer des Herstellers;
- Baujahr;
- Prüfdruck (Überdruck) [19];
- Berechnungstemperatur (nur erforderlich bei Berechnungstemperaturen über +50 °C oder unter –20 °C) [19];
- Datum (Monat, Jahr) der erstmaligen und der zuletzt durchgeführten wiederkehrenden Prüfung nach den Absätzen 6.8.3.4.12 und 6.8.3.4.15;
- Stempel des Sachverständigen, der die Prüfung vorgenommen hat.

6.8.3.5.11 Folgende Angaben müssen auf dem Batterie-Fahrzeug selbst oder auf einer Tafel angegeben sein:

- Name des Fahrzeughalters oder Betreibers;
- Zahl der Elemente;
- gesamter Fassungsraum der Elemente [19];

und bei Batterie-Fahrzeugen, die nach Masse gefüllt werden:

- Leermasse [19];
- höchstzulässige Gesamtmasse [19].

Folgende Angaben müssen auf dem MEGC selbst oder auf einer Tafel angegeben sein:

- Name des Eigentümers und des Betreibers;
- Zahl der Elemente;
- gesamter Fassungsraum der Elemente [19];
- höchstzulässige Gesamtmasse [19];
- Tankcodierung gemäß Zulassungsbescheinigung (siehe Absatz 6.8.2.3.1) mit dem tatsächlichen Prüfdruck des MEGC;
- offizielle Benennung des Gases für die Beförderung und bei Gasen, die einer n.a.g.-Eintragung zugeordnet sind, zusätzlich die technische Benennung [18] der Gase, zu deren Beförderung der MEGC verwendet wird;

und bei MEGC, die nach Masse gefüllt werden:

- Eigenmasse [19].

---

18) Anstelle der offiziellen Benennung für die Beförderung oder, soweit anwendbar, der offiziellen Benennung für die Beförderung der n.a.g.-Eintragung, gefolgt von der technischen Benennung, ist die Verwendung einer der folgenden Benennungen zu gelassen:

- für UN 1078 Gas als Kältemittel, n.a.g.: Gemisch F 1, Gemisch F 2, Gemisch F 3;
- für UN 1060 Methylacetylen und Propadien, Gemisch, stabilisiert: Gemisch P 1, Gemisch P 2;
- für UN 1965 Kohlenwasserstoffgas, Gemisch, verflüssigt, n.a.g.: Gemisch A, Gemisch A 01, Gemisch A 02, Gemisch A 0, Gemisch A 1, Gemisch B 1, Gemisch B 2, Gemisch B, Gemisch C. Die in Unterabschnitt 2.2.2.3 Klassifizierungscode 2 F UN 1965 Bem. 1 aufgeführten Handelsnamen dürfen nur zusätzlich verwendet werden.
- für UN 1010 Butadiene, stabilisiert: Buta-1,2-dien, stabilisiert, Buta-1,3-dien, stabilisiert.

19) Nach den Zahlenwerten sind jeweils die Maßeinheiten hinzuzufügen.

6.8.3.5.12 Auf einer in der Nähe der Einfüllstelle angebrachten Tafel am Rahmen von Batterie-Fahrzeugen und MEGC muss angegeben sein:

– der höchstzulässige Fülldruck [19] bei 15 °C der Elemente für verdichtete Gase,
– die offizielle Benennung des Gases für die Beförderung nach Kapitel 3.2 und bei Gasen, die einer n.a.g.-Eintragung zugeordnet sind, zusätzlich die technische Benennung [18],

sowie für verflüssigte Gase:

– die höchstzulässige Masse der Füllung eines jeden Elements [19].

6.8.3.5.13 Flaschen, Großflaschen und Druckfässer sowie Flaschen als Teil von Flaschenbündeln müssen mit den Aufschriften nach Unterabschnitt 6.2.2.7 versehen sein. Diese Gefäße müssen nicht einzeln mit Gefahrzetteln nach Kapitel 5.2 bezettelt sein.

Batterie-Fahrzeuge und MEGC müssen nach Kapitel 5.3 mit Großzetteln (Placards) versehen und gekennzeichnet sein.

6.8.3.6 **Vorschriften für Batterie-Fahrzeuge und MEGC, die nach in Bezug genommenen Normen ausgelegt, gebaut und geprüft sind**

► 1.6.4.39

Bem. Personen oder Organe, die in den Normen als Verantwortliche gemäß ADR ausgewiesen sind, müssen die Vorschriften des ADR einhalten.

► 1.6.3.38

Baumusterzulassungen müssen gemäß Abschnitt 1.8.7 ausgestellt werden. Die in der nachstehenden Tabelle in Bezug genommene Norm muss wie in der Spalte (4) der Tabelle angegeben für die Ausstellung von Baumusterzulassungen angewendet werden, um die in Spalte (3) der Tabelle genannten Vorschriften des Kapitels 6.8 zu erfüllen. Die Normen müssen in Übereinstimmung mit Abschnitt 1.1.5 angewendet werden. In der Spalte (5) ist der späteste Zeitpunkt angegeben, zu dem bestehende Baumusterzulassungen gemäß Absatz 1.8.7.2.4 zurückgezogen werden müssen; wenn kein Datum angegeben ist, bleibt die Baumusterzulassung bis zur ihrem Ablauf gültig.

Seit dem 1. Januar 2009 ist die Anwendung in Bezug genommener Normen rechtsverbindlich. Ausnahmen sind in Unterabschnitt 6.8.3.7 aufgeführt.

Wenn mehrere Normen für die Anwendung derselben Vorschriften in Bezug genommen sind, ist nur eine dieser Normen, jedoch in ihrer Gesamtheit anzuwenden, sofern in der nachstehenden Tabelle nicht etwas anderes angegeben ist.
Der Anwendungsbereich jeder Norm ist in der Anwendungsbestimmung der Norm definiert, sofern in der nachstehenden Tabelle nichts anderes festgelegt ist.

---

18) Anstelle der offiziellen Benennung für die Beförderung oder, soweit anwendbar, der offiziellen Benennung für die Beförderung der n.a.g.-Eintragung, gefolgt von der technischen Benennung, ist die Verwendung einer der folgenden Benennungen zu gelassen:
– für UN 1078 Gas als Kältemittel, n.a.g.: Gemisch F 1, Gemisch F 2, Gemisch F 3;
– für UN 1060 Methylacetylen und Propadien, Gemisch, stabilisiert: Gemisch P 1, Gemisch P 2;
– für UN 1965 Kohlenwasserstoffgas, Gemisch, verflüssigt, n.a.g.: Gemisch A, Gemisch A 01, Gemisch A 02, Gemisch A 0, Gemisch A 1, Gemisch B 1, Gemisch B 2, Gemisch B, Gemisch C. Die in Unterabschnitt 2.2.2.3 Klassifizierungscode 2 F UN 1965 Bem. 1 aufgeführten Handelsnamen dürfen nur zusätzlich verwendet werden.
– für UN 1010 Butadiene, stabilisiert: Buta-1,2-dien, stabilisiert, Buta-1,3-dien, stabilisiert.

19) Nach den Zahlenwerten sind jeweils die Maßeinheiten hinzuzufügen.

Referenz	Titel des Dokuments	anwendbar für Unterabschnitte/ Absätze	anwendbar für neue oder Verlängerungen von Baumusterzulassungen	letzter Zeitpunkt für den Entzug bestehender Baumusterzulassungen
(1)	(2)	(3)	(4)	(5)
EN 13807:2003	Ortsbewegliche Gasflaschen – Batterie-Fahrzeuge – Konstruktion, Herstellung, Kennzeichnung und Prüfung **Bem.** Diese Norm darf, soweit zutreffend, auch für MEGC aus Druckgefäßen angewendet werden.	6.8.3.1.4, 6.8.3.1.5, 6.8.3.2.18 bis 6.8.3.2.26, 6.8.3.4.12 bis 6.8.3.4.14 und 6.8.3.5.10 bis 6.8.3.5.13	zwischen dem 1. Januar 2005 und dem 31. Dezember 2020	
EN 13807:2017	Ortsbewegliche Gasflaschen – Batterie-Fahrzeuge und Gascontainer mit mehreren Elementen (MEGCs) – Auslegung, Herstellung, Kennzeichnung und Prüfung	6.8.3.1.4, 6.8.3.1.5, 6.8.3.2.18 bis 6.8.3.2.28, 6.8.3.4.12 bis 6.8.3.4.14 und 6.8.3.5.10 bis 6.8.3.5.13	bis auf Weiteres	

6.8.3.7 Vorschriften für Batterie-Fahrzeuge und MEGC, die nicht nach in Bezug genommenen Normen ausgelegt, gebaut und geprüft sind

Um dem wissenschaftlichen und technischen Fortschritt Rechnung zu tragen, oder in Fällen, in denen in Unterabschnitt 6.8.3.6 keine Normen in Bezug genommen sind, oder um bestimmten Aspekten Rechnung zu tragen, die in einer in Unterabschnitt 6.8.3.6 in Bezug genommenen Norm nicht vorgesehen sind, kann die zuständige Behörde die Anwendung eines technischen Regelwerks anerkennen, das ein gleiches Sicherheitsniveau gewährleistet. Die Batterie-Fahrzeuge und MEGC müssen jedoch den Mindestanforderungen des Abschnitts 6.8.3 entsprechen.

In der Baumusterzulassung muss die ausstellende Stelle das Verfahren für die wiederkehrenden Prüfungen festlegen, wenn die in Abschnitt 6.2.2 oder 6.2.4 oder in Unterabschnitt 6.8.2.6 in Bezug genommenen Normen nicht anwendbar sind oder nicht angewendet werden dürfen.

Die zuständige Behörde muss dem Sekretariat der UNECE ein Verzeichnis der von ihr anerkannten technischen Regelwerke übermitteln. Das Verzeichnis sollte folgende Angaben enthalten: Name und Datum des Regelwerks, Gegenstand des Regelwerks und Angaben darüber, wo dieses bezogen werden kann. Das Sekretariat muss diese Informationen auf seiner Website öffentlich zugänglich machen.

Eine Norm, die für eine Inbezugnahme in einer zukünftigen Ausgabe des ADR angenommen wurde, darf von der zuständigen Behörde zur Anwendung zugelassen werden, ohne dies dem Sekretariat der UNECE mitzuteilen.

6.8.4 Sondervorschriften

Bem. 1. Für flüssige Stoffe mit einem Flammpunkt bis höchstens 60 °C sowie für entzündbare Gase siehe auch Absätze 6.8.2.1.26, 6.8.2.1.27 und 6.8.2.2.9.

2. Wegen der Vorschriften für Tanks, die einer Druckprüfung von mindestens 1 MPa (10 bar) unterzogen werden müssen, oder für Tanks zur Beförderung von tiefgekühlt verflüssigten Gasen siehe Abschnitt 6.8.5.

Folgende Sondervorschriften sind anwendbar, wenn sie in Kapitel 3.2 Tabelle A Spalte 13 bei einer Eintragung angegeben sind:

10

▶ *1.6.4.12* **a) Bau (TC)**

TC 1

Für die Werkstoffe und den Bau dieser Tankkörper gelten die Vorschriften des Abschnitts 6.8.5.

TC 2

Tankkörper und ihre Ausrüstungsteile müssen aus Aluminium mit einem Reinheitsgrad von mindestens 99,5 % oder einem geeigneten Stahl hergestellt sein, der keine Zersetzung des Wasserstoffperoxids bewirkt. Wenn die Tankkörper aus Reinaluminium mit einem Reinheitsgrad von mindestens 99,5 % hergestellt sind, muss die Wanddicke nicht mehr als 15 mm betragen, auch wenn die Berechnung nach Absatz 6.8.2.1.17 einen höheren Wert ergibt.

TC 3

Tankkörper müssen aus austenitischem Stahl hergestellt sein.

TC 4

Tankkörper müssen mit einer Emailauskleidung oder einer gleichwertigen Schutzauskleidung versehen sein, sofern der Werkstoff des Tankkörpers von UN 3250 Chloressigsäure angegriffen wird.

TC 5

Tankkörper müssen mit einer Bleiauskleidung von mindestens 5 mm Dicke oder einer gleichwertigen Auskleidung versehen sein.

TC 6

Sofern die Verwendung von Aluminium für die Tanks erforderlich ist, müssen diese Tanks aus Aluminium mit einem Reinheitsgrad von mindestens 99,5 % hergestellt sein; auch wenn die Berechnung nach Absatz 6.8.2.1.17 einen höheren Wert ergibt, muss die Wanddicke nicht mehr als 15 mm betragen.

TC 7

Die Mindestwanddicke des Tankkörpers darf nicht geringer als 3 mm sein.

TC 8

Tankkörper müssen aus Aluminium oder Aluminiumlegierung hergestellt sein. Die Tankkörper dürfen für einen äußeren Auslegungsdruck von mindestens 5 kPa (0,05 bar) ausgelegt sein.

▶ *1.6.4.12* **b) Ausrüstung (TE)**

TE 1

(gestrichen)

TE 2

(gestrichen)

TE 3

Die Tanks müssen zusätzlich folgenden Vorschriften entsprechen:
Die Heizeinrichtung darf nicht bis ins Innere des Tankkörpers führen, sondern muss außen am Tankkörper angebracht sein. Ein zur Entleerung des Phosphors dienendes Rohr darf jedoch mit einem Wärmemantel versehen sein. Die Heizeinrichtung dieses Mantels muss so eingestellt sein, dass ein Überschreiten der Temperatur des Phosphors über die Beladetemperatur des Tankkörpers verhindert wird. Die anderen Rohre müssen in den oberen Teil des Tankkörpers führen; die Öffnungen müssen oberhalb des höchstzulässigen Standes des Phosphors liegen und unter verriegelbaren Kappen vollständig verschließbar sein.
Der Tank muss mit einer Messeinrichtung zum Nachprüfen des Phosphorstandes versehen sein und, wenn Wasser als Schutzmittel verwendet wird, mit einem festen Zeichen, das den höchstzulässigen Wasserstand anzeigt.

TE 4

Die Tankkörper müssen mit einer Wärmeisolierung aus schwer entzündbaren Werkstoffen versehen sein.

TE 5

Wenn die Tankkörper mit einer Wärmeisolierung versehen sind, muss diese aus schwer entzündbaren Werkstoffen bestehen.

TE 6

Die Tanks dürfen mit einer Einrichtung ausgerüstet sein, die so ausgelegt ist, dass eine Verstopfung durch den beförderten Stoff ausgeschlossen und ein Freiwerden und der Aufbau eines Über- oder Unterdrucks im Innern des Tankkörpers verhindert wird.

TE 7

Die Entleerungseinrichtungen der Tankkörper müssen mit zwei hintereinanderliegenden, voneinander unabhängigen Verschlüssen versehen sein, von denen der erste aus einer inneren Absperreinrichtung mit einem Schnellschlussventil einer genehmigten Bauart und der zweite aus einer äußeren Absperreinrichtung am Ende jedes Auslaufstutzens besteht. Am Ausgang jeder äußeren Absperreinrichtung ist ein Blindflansch oder eine gleich wirksame Einrichtung anzubringen. Wenn die Schlauchanschlüsse weggerissen werden, muss die innere Absperreinrichtung mit dem Tankkörper verbunden und geschlossen bleiben.

TE 8

Die Schlauchanschlüsse der Tanks müssen aus Werkstoffen hergestellt sein, die keine Zersetzung des Wasserstoffperoxids verursachen.

TE 9

Die Tanks sind oben mit einer Verschlusseinrichtung zu versehen, die so beschaffen sein muss, dass sich im Innern des Tankkörpers kein Überdruck infolge der Zersetzung der beförderten Stoffe bilden kann und das Ausfließen von Flüssigkeit und das Eindringen fremder Substanzen ins Innere des Tankkörpers verhindert wird.

TE 10

Die Verschlusseinrichtungen der Tanks müssen so hergestellt sein, dass während der Beförderung keine Verstopfung der Einrichtungen durch den fest gewordenen Stoff möglich ist.
Sind die Tanks mit einem wärmeisolierenden Stoff umgeben, so muss dieser aus anorganischem Material bestehen und vollständig frei von brennbaren Stoffen sein.

TE 11

Die Tankkörper sowie ihre Bedienungsausrüstungen müssen so beschaffen sein, dass das Eindringen fremder Substanzen ins Innere des Tankkörpers, das Ausfließen von Flüssigkeit und die Entstehung eines gefährlichen Überdrucks im Innern des Tankkörpers infolge Zersetzung der beförderten Stoffe verhindert wird. Ein Sicherheitsventil, welches das Eindringen fremder Substanzen verhindert, erfüllt diese Vorschrift ebenfalls.

TE 12

Die Tanks müssen mit einer Wärmeisolierung nach Absatz 6.8.3.2.14 versehen sein. Wenn die SADT des organischen Peroxids im Tank höchstens 55 °C beträgt oder der Tank aus Aluminium hergestellt ist, muss der Tankkörper vollständig isoliert sein. Der Sonnenschutz und jeder von ihm nicht bedeckte Teil des Tanks oder die äußere Umhüllung einer vollständigen Isolierung müssen einen weißen Anstrich haben oder in blankem Metall ausgeführt sein. Der Anstrich muss vor jeder Beförderung gereinigt und bei Vergilben oder Beschädigung erneuert werden. Die Wärmeisolierung darf keine brennbaren Stoffe enthalten.

Die Tanks müssen mit Temperaturmessgeräten ausgerüstet sein.

Die Tanks müssen mit Sicherheitsventilen und Notfall-Druckentlastungseinrichtungen ausgerüstet sein. Unterdruckventile dürfen ebenfalls verwendet werden. Notfall-Druckentlastungseinrichtungen müssen bei Drücken ansprechen, die den Eigenschaften des organischen Peroxids und dem Baumuster des Tanks entsprechend festgesetzt werden. Schmelzsicherungen dürfen am Tankkörper nicht zugelassen werden.

Die Tanks müssen mit federbelasteten Sicherheitsventilen ausgerüstet sein, um einen wesentlichen Druckaufbau im Tankkörper durch Zersetzungsprodukte und Dämpfe zu vermeiden, die bei einer Temperatur von 50 °C gebildet werden können. Die Abblasmenge und der Ansprechdruck des (der) Sicherheitsventils (-ventile) ist auf der Grundlage der Prüfergebnisse nach Sondervorschrift TA 2 festzulegen. Der Ansprechdruck darf jedoch keinesfalls so gewählt sein, dass flüssige Stoffe aus den Ventilen entweichen können, wenn der Tank umstürzt.

Die Notfall-Druckentlastungseinrichtungen der Tanks dürfen als federbelastete Ventile oder als Berstscheiben ausgeführt sein, die so ausgelegt sind, dass sämtliche entstehenden Zersetzungsprodukte und Dämpfe entlastet werden, die sich bei selbstbeschleunigender Zersetzung oder bei vollständiger Feuereinwirkung während eines Zeitraums von mindestens einer Stunde unter Bedingungen entwickeln, die durch folgende Formeln definiert werden: $q = 70961 \cdot F \cdot A^{0,82}$,

wobei:

q = Wärmeaufnahme [W]

A = benetzte Fläche [m^2]

F = Isolierungsfaktor [-]

F = 1 für nicht isolierte Tanks oder

$F = \frac{U(923 - T_{PO})}{47032}$ für isolierte Tanks,

wobei:

K = Wärmeleitfähigkeit der Isolierungsschicht [$W \cdot m^{-1} \cdot K^{-1}$]

L = Dicke der Isolierungsschicht [m]

U = K/L = Wärmeleitkoeffizient der Isolierung [$W \cdot m^{-2} \cdot K^{-1}$]

T_{PO} = Temperatur des Peroxids unter Entlastungsbedingungen [K].

Der Ansprechdruck der Notfall-Druckentlastungseinrichtung(en) muss höher sein als der oben genannte und auf der Grundlage der Prüfergebnisse nach Sondervorschrift TA 2 festgelegt sein. Die Notfall-Druckentlastungseinrichtungen müssen so bemessen sein, dass der höchste Druck im Tank zu keinem Zeitpunkt den Prüfdruck des Tanks übersteigt.

Bem. Im Handbuch Prüfungen und Kriterien Anhang 5 ist ein Beispiel für eine Prüfmethode zur Dimensionierung der Notfall-Druckentlastungseinrichtungen angegeben.

Für vollständig isolierte Tanks ist zur Ermittlung der Kapazität und der Einstellung der Notfall-Druckentlastungseinrichtung(en) von einem Isolierungsverlust von 1 % der Oberfläche auszugehen.

Unterdruckventile und federbelastete Sicherheitsventile der Tanks sind mit einer Flammendurchschlagsicherung auszurüsten, es sei denn, die zu befördernden Stoffe und deren Zersetzungsprodukte sind nicht brennbar. Die Verminderung der Abblasmenge der Ventile durch diese Flammendurchschlagsicherung ist zu berücksichtigen.

10

TE 13

Die Tanks müssen mit einer Wärmeisolierung sowie einer außen angebrachten Heizausrüstung versehen sein.

TE 14

Die Tanks müssen mit einer Wärmeisolierung ausgerüstet sein. Wärmeisolierungen in direktem Kontakt mit dem Tankkörper müssen eine Entzündungstemperatur aufweisen, die mindestens 50 °C über der Höchsttemperatur liegt, für die der Tank ausgelegt ist.

► *1.6.3.20*
► *1.6.4.13*

TE 15

(gestrichen)

TE 16

(bleibt offen)

TE 17

(bleibt offen)

TE 18

Die Tanks für Stoffe, die bei einer Temperatur über 190 °C gefüllt werden, müssen mit senkrecht zu den oberen Einfüllöffnungen angebrachten Leitblechen versehen sein, um beim Befüllen eine rasche und lokalisierte Erwärmung des Mantels zu verhindern.

TE 19

Einrichtungen am oberen Teil des Tanks müssen: – entweder in einem eingelassenen Dom eingebaut sein – oder mit einem innenliegenden Sicherheitsventil versehen sein – oder durch eine Schutzkappe oder durch quer und/oder längs angeordnete Konstruktionselemente oder durch gleich wirksame Einrichtungen geschützt sein, die so angebracht sein müssen, dass beim Umkippen des Fahrzeugs keine Beschädigung der Ausrüstungsteile möglich ist. Einrichtungen am unteren Teil der Tanks: Die Rohrstutzen und die seitlichen Verschlusseinrichtungen sowie alle Entleerungseinrichtungen müssen entweder von der äußersten Begrenzung des Tanks um 200 mm zurückversetzt oder durch ein schützendes Profil mit einem Widerstandsmoment von mindestens	

c) **Zulassung des Baumusters (TA)**

TA 1

Die Tanks dürfen nicht zur Beförderung organischer Stoffe zugelassen werden.

TA 2

Dieser Stoff darf nur unter den von der zuständigen Behörde des Ursprungslandes festgelegten Bedingungen in festverbundenen Tanks, Aufsetztanks oder Tankcontainern befördert werden, wenn die zuständige Behörde auf Grund der nachstehenden Prüfungen feststellt, dass eine solche Beförderung sicher durchgeführt werden kann.

Ist das Ursprungsland keine Vertragspartei des ADR, so müssen die Bedingungen von der zuständigen Behörde der ersten von der Sendung berührten Vertragspartei des ADR anerkannt werden.

Für die Baumusterzulassung sind Prüfungen vorzunehmen, um:

- die Verträglichkeit mit allen Werkstoffen nachzuweisen, die normalerweise mit dem Stoff während der Beförderung in Berührung kommen;
- Daten für die Konstruktion der Notfall-Druckentlastungseinrichtungen und der Sicherheitsventile unter Berücksichtigung der Konstruktionsmerkmale des Tanks zu erhalten und
- alle Sondervorschriften festzulegen, die für die sichere Beförderung des Stoffes erforderlich sind.

Die Prüfergebnisse müssen im Zulassungsbescheid des Tankbaumusters aufgeführt sein.

TA 3

Dieser Stoff darf nur in Tanks mit der Tankcodierung LGAV oder SGAV beförd[illegible] werden; die Hierarchie in Absatz 4.3.4.1.2 ist nicht anwendbar.

TA 4

Die Verfahren für die Konformitätsbewertung des Abschnitts 1.8.7 müsse[illegible] zuständigen Behörde, deren Beauftragten oder von der gemäß EN ISO/IEC [illegible] (ausgenommen Absatz 8.1.3) Typ A akkreditierten Prüfstelle nach U[illegible] 1.8.6.2, 1.8.6.4, 1.8.6.5 und 1.8.6.8 angewendet werden.

TA 5

Dieser Stoff darf nur in Tanks mit der Tankcodierung S2,65AN(+) [illegible] Hierarchie in Absatz 4.3.4.1.2 ist nicht anwendbar.

20 cm^3 quer zur Fahrtrichtung geschützt sein; der Bodenabstand muss bei vollem Tank mindestens 300 mm betragen. Die Einrichtungen an der Rückseite des Tanks müssen durch eine Stoßstange nach Abschnitt 9.7.6 geschützt sein. Diese Einrichtungen müssen so hoch über dem Boden angebracht sein, dass sie durch die Stoßstange ausreichend geschützt sind.	

TE 20

Ungeachtet der anderen Tankcodierungen, die unter der Tankhierarchie im rationalisierten Ansatz in Absatz 4.3.4.1.2 zugelassen sind, müssen Tanks immer mit einem Sicherheitsventil ausgerüstet sein.

TE 21

Die Verschlüsse der Tanks müssen durch eine verriegelbare Kappe geschützt sein.

TE 22

(bleibt offen)

TE 23

Die Tanks müssen mit einer Einrichtung ausgerüstet sein, die so ausgelegt ist, dass eine Verstopfung durch den beförderten Stoff ausgeschlossen und ein Freiwerden und der Aufbau eines Über- oder Unterdrucks im Innern des Tankkörpers verhindert wird.

TE 24

Wenn Tanks, die für Beförderung und Verarbeitung von Bitumen vorgesehen ...ind, am Ende des Auslaufstutzens mit ...er Sprühstange ausgerüstet sind, darf ...in Absatz 6.8.2.2.2 vorgeschriebene ...chlusseinrichtung durch ein Ver...sventil ersetzt werden, das sich im ...stutzen befindet und der ...nge vorgeschaltet ist.	(gestrichen)

10

d) Prüfungen (TT)

TT 1

Tanks aus Reinaluminium müssen bei der Wasserdruckprüfung erstmalig und wiederkehrend nur mit einem Druck von 250 kPa (2,5 bar) (Überdruck) geprüft werden.

TT 2

Der Zustand der Auskleidung der Tankkörper ist von einem von der zuständigen Behörde anerkannten Sachverständigen jährlich durch eine innere Untersuchung des Tankkörpers zu prüfen (siehe Abschnitt 4.3.5 Sondervorschrift TU 43).

TT 3

Abweichend von den Vorschriften des Absatzes 6.8.2.4.2 sind die wiederkehrenden Prüfungen mindestens alle acht Jahre vorzunehmen, zu denen eine Prüfung der Wanddicken mittels geeigneter Instrumente gehören muss. Für diese Tanks findet die Dichtheits- und Funktionsprüfung gemäß Absatz 6.8.2.4.3 mindestens alle vier Jahre statt.

TT 4

(bleibt offen)

TT 5

Die Wasserdruckprüfung Tanks ist mindestens alle

drei Jahre	zweieinhalb Jahre

durchzuführen.

TT 6

Die wiederkehrenden Prüfungen der Tanks, einschließlich der Wasserdruckprüfung, sind mindestens alle drei Jahre durchzuführen.	(bleibt offen)

TT 7

Abweichend von den Vorschriften des Absatzes 6.8.2.4.2 darf die wiederkehrende innere Prüfung durch ein von der zuständigen Behörde genehmigtes Programm ersetzt werden.

TT 8

An Tanks, die gemäß den Absätzen 6.8.3.5.1 bis 6.8.3.5.3 mit der für die Eintragung UN 1005 AMMONIAK, WASSERFREI vorgeschriebenen offiziellen Benennung für die Beförderung versehen und aus Feinkornstählen mit einer Streckgrenze nach Werkstoffnorm von mehr als 400 N/mm^2 hergestellt sind, sind bei jeder wiederkehrenden Prüfung gemäß Absatz 6.8.2.4.2 Magnetpulverprüfungen zur Feststellung von Oberflächenrissen durchzuführen.

Im unteren Teil jedes Tankkörpers sind mindestens 20 % der Länge der Rund- und Längsnähte, die Schweißnähte aller Stutzen sowie alle Reparatur- und Schleifstellen zu prüfen.

Wenn die Angabe des Stoffes auf dem Tank oder dem Tankschild entfernt wird, muss eine Magnetpulverprüfung durchgeführt werden; diese Tätigkeiten müssen in der der Tankakte beigefügten Prüfbescheinigung protokolliert sein.

Solche Magnetpulverprüfungen müssen von einer sachkundigen Person durchgeführt werden, die für diese Methode gemäß der Norm EN ISO 9712:2012 (Zerstörungsfreie Prüfung – Qualifizierung und Zertifizierung von Personal der zerstörungsfreien Prüfung) qualifiziert ist.

TT 9

Für Prüfungen (einschließlich Überwachung der Herstellung) müssen die Verfahren des Abschnitts 1.8.7 von der zuständigen Behörde, deren Beauftragten oder von der gemäß EN ISO/IEC 17020:2012 (ausgenommen Absatz 8.1.3) Typ A akkreditierten Prüfstelle nach den Unterabschnitten 1.8.6.2, 1.8.6.4, 1.8.6.5 und 1.8.6.8 angewendet werden.

TT 10

Die in Absatz 6.8.2.4.2 vorgesehenen wiederkehrenden Prüfungen sind mindestens

alle drei Jahre	alle zweieinhalb Jahre

durchzuführen.

TT 11

Bei ausschließlich für die Beförderung von Flüssiggas verwendeten festverbundenen Tanks (Tankfahrzeugen) und Aufsetztanks mit Tankkörpern und Bedienungsausrüstungen aus Kohlenstoffstahl darf die Wasserdruckprüfung zum Zeitpunkt der wiederkehrenden Prüfung und auf Wunsch des Antragstellers durch die nachfolgend aufgeführten zerstörungsfreien Prüfverfahren ersetzt werden. Diese Verfahren dürfen entsprechend der Eignungsbewertung der zuständigen Behörde, deren Beauftragten oder der Prüfstelle (siehe Sondervorschrift TT 9) entweder einzeln oder in Kombination angewendet werden:

- Norm EN ISO 17640:2010 – Zerstörungsfreie Prüfung von Schweißverbindungen – Ultraschallprüfung – Techniken, Prüfklassen und Bewertung,
- Norm EN ISO 17638:2009 – Zerstörungsfreie Prüfung von Schweißverbindungen – Magnetpulverprüfung mit Zulässigkeitsgrenzen gemäß Norm EN ISO 23278:2009 – Zerstörungsfreie Prüfung von Schweißverbindungen – Magnetpulverprüfung von Schweißverbindungen – Zulässigkeitsgrenzen,
- Norm EN 1711:2000 – Zerstörungsfreie Prüfung von Schweißverbindungen – Wirbelstromprüfung von Schweißverbindungen durch Vektorauswertung,
- Norm EN 14127:2011 – Zerstörungsfreie Prüfung – Dickenmessung mit Ultraschall.

Das bei zerstörungsfreien Prüfungen beteiligte Personal muss gemäß folgender Norm qualifiziert und zertifiziert sein und muss über geeignete theoretische und praktische Kenntnisse der zerstörungsfreien Prüfungen, die sie durchführen, festlegen, überwachen, beaufsichtigen oder auswerten, verfügen:

TT 11
(Forts.)

- Norm EN ISO 9712:2012 – Zerstörungsfreie Prüfung – Qualifizierung und Zertifizierung von Personal der zerstörungsfreien Prüfung.

Nach direkter Einwirkung von Hitze, wie Schweißen oder Schneiden, an drucktragenden Elementen des Tanks muss zusätzlich zu jeder vorgeschriebenen zerstörungsfreien Prüfung eine Wasserdruckprüfung durchgeführt werden.

Die zerstörungsfreie Prüfung muss in den Bereichen des Tankkörpers und der Ausrüstung durchgeführt werden, die in der nachstehenden Tabelle aufgeführt sind:

Bereich des Tankkörpers und der Ausrüstung	**zerstörungsfreie Prüfung**
Stumpfschweißnähte des Tankkörpers in Längsrichtung	100 % zerstörungsfreie Prüfung unter Verwendung einer oder mehrerer der folgenden Verfahren: Ultraschallprüfung, Magnetpulverprüfung oder Wirbelstromprüfung
Umfangsstumpfschweißnähte des Tankkörpers	
(innere) Befestigungs-, Mannloch-, Stutzen- und Öffnungsschweißnähte direkt am Tankkörper	
Bereiche hoher Beanspruchung der doppelten Futterbleche zur Befestigung (auf jeder Seite vom oberen Ende der Satteltragleisten plus 400 mm nach unten)	
Schweißnähte an Rohrleitungen und Ausrüstungen	
Bereiche des Tankkörpers, die von außen keiner Sichtprüfung unterzogen werden können	Prüfung der Wanddicke von innen durch Ultraschall in Rasterabständen von (höchstens) 150 mm

Unabhängig von den ursprünglichen für den Tank verwendeten Normen oder technischen Regelwerken für die Auslegung und den Bau müssen die Fehlerakzeptanzniveaus den Anforderungen der entsprechenden Teile der Norm EN 14025:2013 + A1:2016 (Tanks für die Beförderung gefährlicher Güter – Metallische Drucktanks – Auslegung und Bau), EN 12493:2013 + A1:2014 + AC:2015 (Flüssiggas-Geräte und Ausrüstungsteile – Geschweißte Druckbehälter aus Stahl für Straßentankfahrzeuge für

TT 11
(Forts.)

Flüssiggas (LPG) – Auslegung und Herstellung), EN ISO 23278:2009 (Zerstörungsfreie Prüfung von Schweißverbindungen – Magnetpulverprüfung von Schweißverbindungen – Zulässigkeitsgrenzen) oder der Akzeptanznorm entsprechen, auf die in der anwendbaren Norm für die zerstörungsfreie Prüfung verwiesen wird.

Wenn durch zerstörungsfreie Prüfmethoden ein inakzeptabler Fehler festgestellt wird, muss der Tank repariert und erneut geprüft werden. Die Durchführung einer Wasserdruckprüfung ist ohne Vornahme der vorgeschriebenen Reparaturen nicht zugelassen.

Die Ergebnisse der zerstörungsfreien Prüfung müssen aufgezeichnet und über die gesamte Lebensdauer des Tanks aufbewahrt werden.

e) Kennzeichnung (TM)

Bem. Die Angaben müssen in einer amtlichen Sprache des Landes der Zulassung abgefasst sein und, wenn diese Sprache nicht Deutsch, Englisch oder Französisch ist, außerdem in Deutsch, Englisch oder Französisch, sofern nicht Vereinbarungen zwischen den von der Beförderung berührten Staaten etwas anderes vorschreiben.

TM 1

Tanks müssen zusätzlich zu den Angaben in Absatz 6.8.2.5.2 mit dem Vermerk «NICHT ÖFFNEN WÄHREND DER BEFÖRDERUNG. SELBSTENTZÜNDLICH.» versehen sein (siehe auch oben aufgeführte Bem.).

TM 2

Tanks müssen zusätzlich zu den Angaben in Absatz 6.8.2.5.2 mit dem Vermerk «NICHT ÖFFNEN WÄHREND DER BEFÖRDERUNG. BILDET IN BERÜHRUNG MIT WASSER ENTZÜNDBARE GASE.» versehen sein (siehe auch oben aufgeführte Bem.).

TM 3

An den Tanks muss auf dem in Absatz 6.8.2.5.1 vorgesehenen Schild zusätzlich die offizielle Benennung für die Beförderung und die höchstzulässige Masse der Füllung in kg für diesen Stoff angegeben sein.

TM 4

An den Tanks sind entweder auf dem in Absatz 6.8.2.5.2 vorgeschriebenen Schild oder auf dem Tankkörper selbst, wenn dieser so verstärkt ist, dass die Widerstandsfähigkeit des Tanks nicht beeinträchtigt wird, durch Prägen oder durch ein ähnliches Verfahren die nachstehend aufgeführten zusätzlichen Angaben anzubringen:

die chemische Benennung sowie die zugelassene Konzentration des betreffenden Stoffes.

TM 5

An den Tanks ist außer den in Absatz 6.8.2.5.1 vorgesehenen Angaben das Datum (Monat, Jahr) der letzten Untersuchung des inneren Zustandes anzubringen.

TM 6

(bleibt offen)

TM 7

An den Tanks ist entweder auf dem in Absatz 6.8.2.5.1 vorgeschriebenen Schild oder auf dem Tankkörper selbst, wenn dieser so verstärkt ist, dass die Widerstandsfähigkeit des Tankkörpers nicht beeinträchtigt wird, durch Prägen oder durch ein ähnliches Verfahren das in Absatz 5.2.1.7.6 dargestellte Strahlensymbol anzubringen.

6.8.5 Vorschriften für die Werkstoffe und den Bau von geschweißten festverbundenen Tanks, geschweißten Aufsetztanks und geschweißten Tankkörpern von Tankcontainern, für die ein Prüfdruck von mindestens 1 MPa (10 bar) vorgeschrieben ist, sowie von geschweißten festverbundenen Tanks, geschweißten Aufsetztanks und geschweißten Tankkörpern von Tankcontainern zur Beförderung tiefgekühlt verflüssigter Gase der Klasse 2

6.8.5.1 Werkstoffe und Tankkörper

6.8.5.1.1 a) Die Tankkörper zur Beförderung von
- verdichteten, verflüssigten oder gelösten Gasen der Klasse 2,
- Stoffen der UN-Nummern 1380, 2845, 2870, 3194 und 3391 bis 3394 der Klasse 4.2 sowie
- UN 1052 Fluorwasserstoff, wasserfrei, und UN 1790 Fluorwasserstoffsäure mit mehr als 85 % Fluorwasserstoff der Klasse 8

müssen aus Stahl hergestellt sein.

b) Tankkörper aus Feinkornstahl zur Beförderung von
- ätzenden Gasen und UN 2073 Ammoniaklösung der Klasse 2 sowie
- UN 1052 Fluorwasserstoff, wasserfrei, und UN 1790 Fluorwasserstoffsäure mit mehr als 85 % Fluorwasserstoff der Klasse 8

müssen zur Vermeidung thermischer Spannungen wärmebehandelt werden.

c) Die Tankkörper zur Beförderung von tiefgekühlt verflüssigten Gasen der Klasse 2 müssen aus Stahl, Aluminium, Aluminiumlegierungen, Kupfer oder Kupferlegierungen, z.B. Messing, hergestellt sein. Tankkörper aus Kupfer oder Kupferlegierungen sind jedoch nur für die Gase zugelassen, die kein Acetylen enthalten; Ethylen darf jedoch höchstens 0,005 % Acetylen enthalten.

d) Es dürfen nur Werkstoffe verwendet werden, die sich für die niedrigste und höchste Betriebstemperatur der Tankkörper sowie deren Zubehörteile eignen.

6.8.5.1.2 Für die Herstellung der Tankkörper sind folgende Werkstoffe zugelassen:

a) Stähle, die bei der niedrigsten Betriebstemperatur dem Sprödbruch nicht unterworfen sind (siehe Absatz 6.8.5.2.1):
- Baustähle (nicht für tiefgekühlt verflüssigte Gase der Klasse 2);
- Feinkornstähle bis zu einer Temperatur von –60 °C;
- Nickelstähle (mit einem Gehalt von 0,5 % bis 9 % Nickel) bis zu einer Temperatur von –196 °C, je nach dem Nickelgehalt;
- austenitische Chrom-Nickelstähle bis zu einer Temperatur von –270 °C;
- austenitisch-ferritische rostfreie Stähle bis zu einer Temperatur von – 60 °C;

b) Aluminium mit einem Gehalt von mindestens 99,5 % Aluminium oder Aluminiumlegierungen (siehe Absatz 6.8.5.2.2);

c) sauerstofffreies Kupfer mit einem Gehalt von mindestens 99,9 % Kupfer und Kupferlegierungen mit einem Kupfergehalt von mehr als 56 % (siehe Absatz 6.8.5.2.3).

6.8.5.1.3 a) Die Tankkörper aus Stahl, Aluminium oder Aluminiumlegierungen dürfen nur nahtlos oder geschweißt sein.

b) Die Tankkörper aus austenitischem Stahl, Kupfer oder Kupferlegierungen dürfen auch hartgelötet sein.

10

6.8.5.1.4 Die Zubehörteile dürfen mit den Tankkörpern durch Verschrauben oder wie folgt verbunden werden:

a) bei Tankkörpern aus Stahl, Aluminium oder Aluminiumlegierungen durch Schweißen;

b) bei Tankkörpern aus austenitischem Stahl, Kupfer oder Kupferlegierungen durch Schweißen oder Hartlöten.

6.8.5.1.5 Die Tankkörper müssen so gebaut und auf dem Fahrzeug, auf dem Fahrgestell oder im Containerrahmen befestigt sein, dass eine Abkühlung tragender Teile, die ein Sprödwerden bewirken könnte, mit Sicherheit vermieden wird. Die zur Befestigung der Tankkörper dienenden Teile müssen selbst so beschaffen sein, dass sie bei der Temperatur, die sie bei der niedrigsten für den Tankkörper zulässigen Betriebstemperatur erreichen können, noch die erforderlichen mechanischen Gütewerte aufweisen.

6.8.5.2 Prüfvorschriften

6.8.5.2.1 Tankkörper aus Stahl

Die für die Herstellung der Tankkörper verwendeten Werkstoffe und die Schweißverbindungen müssen bei ihrer niedrigsten Betriebstemperatur, wenigstens aber bei einer Temperatur von –20 °C, folgenden Bedingungen für die Kerbschlagzähigkeit genügen:

- Die Prüfungen müssen mit Probestäben mit V-Kerbe durchgeführt werden.
- Die Mindestkerbschlagzähigkeit (siehe Absätze 6.8.5.3.1 bis 6.8.5.3.3) für Probestäbe mit senkrecht zur Walzrichtung verlaufender Längsachse und einer V-Kerbe (nach ISO R 148) senkrecht zur Plattenoberfläche muss 34 J/cm^2 für Baustahl (diese Prüfungen können auf Grund bestehender ISO-Normen mit Probestäben, deren Längsachse in Walzrichtung verläuft, ausgeführt werden), Feinkornstahl, legierten ferritischen Stahl Ni < 5 %, legierten ferritischen Stahl 5 % ≤ Ni ≤ 9 %, austenitischen Cr-Ni-Stahl oder austenitisch-ferritischen rostfreien Stahl betragen.
- Bei austenitischen Stählen ist nur die Schweißverbindung einer Kerbschlagzähigkeitsprüfung zu unterziehen.
- Für Betriebstemperaturen unter –196 °C wird die Kerbschlagzähigkeitsprüfung nicht bei der niedrigsten Betriebstemperatur, sondern bei –196 °C durchgeführt.

6.8.5.2.2 Tankkörper aus Aluminium oder Aluminiumlegierungen

Die Nähte der Tankkörper müssen den durch die zuständige Behörde festgelegten Bedingungen genügen.

6.8.5.2.3 Tankkörper aus Kupfer oder Kupferlegierungen

Prüfungen zum Nachweis ausreichender Kerbschlagzähigkeit sind nicht erforderlich.

6.8.5.3 Bestimmung der Kerbschlagzähigkeit

6.8.5.3.1 Bei Blechen mit einer Dicke von weniger als 10 mm aber mindestens 5 mm sind Probestäbe mit einem Querschnitt von 10 mm x e mm, wobei e die Blechdicke ist, zu verwenden. Eine Bearbeitung auf 7,5 mm oder 5 mm ist, falls erforderlich, zulässig. Ein Mindestwert von 34 J/cm^2 ist in jedem Fall einzuhalten.

Bem. Bei Blechen mit einer Dicke von weniger als 5 mm und ihren Schweißverbindungen wird keine Kerbschlagzähigkeitsprüfung durchgeführt.

6.8.5.3.2 a) Bei der Prüfung der Bleche wird die Kerbschlagzähigkeit an drei Probestäben bestimmt. Die Probestäbe müssen quer zur Walzrichtung entnommen werden; bei Baustahl dürfen sie jedoch in Walzrichtung entnommen werden.

b) Für die Prüfung der Schweißnähte werden die Probestäbe wie folgt entnommen:

wenn e ≤ 10 mm:

drei Probestäbe aus der Mitte der Schweißverbindung;

drei Probestäbe mit der Kerbe in der Mitte der wärmebeeinflussten Zone (die V-Kerbe schneidet die Verschmelzungsgrenze in der Mitte des Musters);

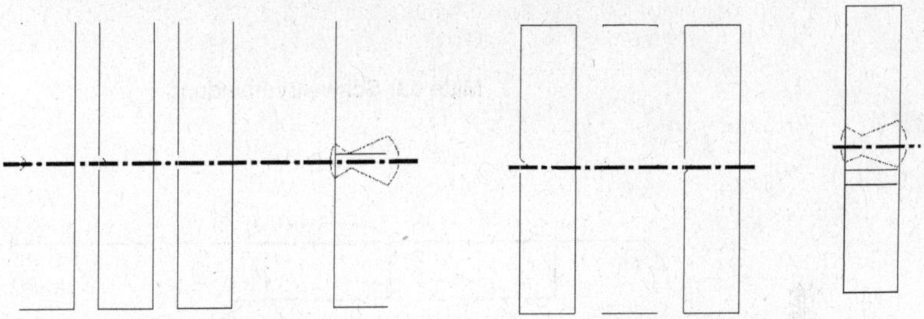

Mitte der Schweißverbindung wärmebeeinflusste Zone

wenn 10 mm < e ≤ 20 mm:

drei Probestäbe aus der Mitte der Schweißverbindung;

drei Probestäbe aus der wärmebeeinflussten Zone (die V-Kerbe schneidet die Verschmelzungsgrenze in der Mitte des Musters);

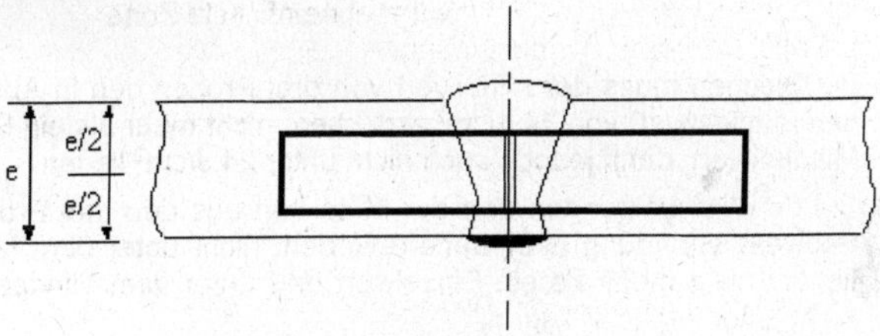

Mitte der Schweißverbindung

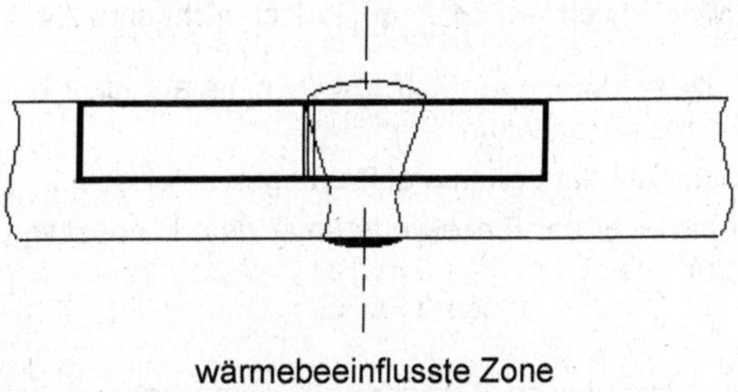

wärmebeeinflusste Zone

wenn e > 20 mm:

zwei Sätze von drei Probestäben (ein Satz von der Oberseite, ein Satz von der Unterseite) an den unten dargestellten Stellen entnommen (die V-Kerbe schneidet die Verschmelzungsgrenze in der Mitte des Musters, das aus der wärmebeeinflussten Zone entnommen ist).

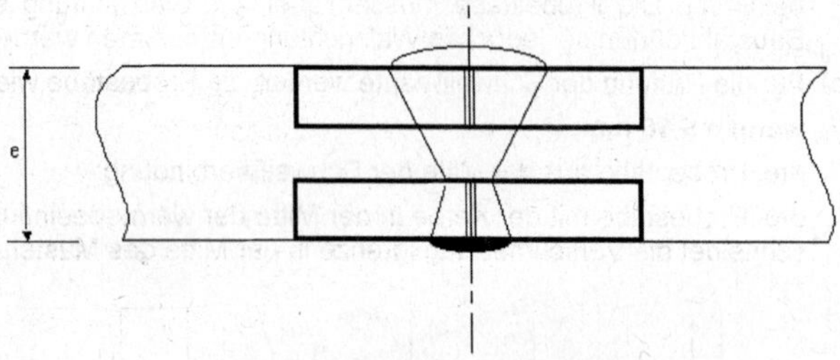

Mitte der Schweißverbindung

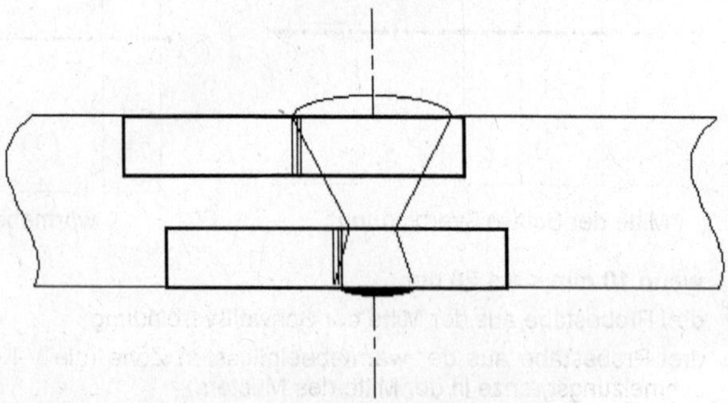

wärmebeeinflusste Zone

6.8.5.3.3 a) Bei Blechen muss der Mittelwert von drei Proben den in Absatz 6.8.5.2.1 angegebenen Mindestwert von 34 J/cm^2 erreichen; nicht mehr als ein Einzelwert darf unter dem Mindestwert, dann jedoch auch nicht unter 24 J/cm^2 liegen.

b) Bei den Schweißungen darf der Mittelwert aus den drei Proben, die in der Mitte der Schweißverbindung entnommen wurden, nicht unter dem Mindestwert von 34 J/cm^2 liegen; nicht mehr als ein Einzelwert darf unter dem Mindestwert, dann jedoch auch nicht unter 24 J/cm^2 liegen.

c) Bei der wärmebeeinflussten Zone (die V-Kerbe schneidet die Verschmelzungsgrenze in der Mitte des Musters) darf der Wert von nicht mehr als einer der drei Proben unter dem Mindestwert von 34 J/cm^2, jedoch nicht unter 24 J/cm^2 liegen.

6.8.5.3.4 Werden die Forderungen nach Absatz 6.8.5.3.3 nicht erfüllt, so ist eine Wiederholungsprüfung nur zulässig, wenn

a) der Mittelwert der ersten drei Prüfungen unter dem Mindestwert von 34 J/cm^2 oder

b) mehr als einer der Einzelwerte unter dem Mindestwert von 34 J/cm^2, aber nicht unter 24 J/cm^2

liegt.

6.8.5.3.5 Bei einer wiederholten Kerbschlagzähigkeitsprüfung an Blechen oder Schweißverbindungen darf kein Einzelwert unter 34 J/cm^2 liegen. Der Mittelwert sämtlicher Ergebnisse der ursprünglichen Prüfung und der Wiederholungsprüfung muss gleich dem oder größer als der Mindestwert von 34 J/cm^2 sein.

Bei einer wiederholten Kerbschlagzähigkeitsprüfung der wärmebeeinflussten Zone darf kein Einzelwert unter 34 J/cm^2 liegen.

6.8.5.4 Verweis auf Normen

Die Vorschriften der Unterabschnitte 6.8.5.2 und 6.8.5.3 gelten bei Anwendung der nachstehenden Normen als erfüllt:

EN ISO 21028:2016 Kryo-Behälter – Zähigkeitsanforderungen an Werkstoffe bei kryogenen Temperaturen – Teil 1: Temperaturen unter – 80 °C

EN ISO 21028-2:2018 Kryo-Behälter – Zähigkeitsanforderungen an Werkstoffe bei kryogenen Temperaturen – Teil 2: Temperaturen zwischen – 80 °C und – 20 °C.

Vorschriften für die Auslegung, den Bau, die Ausrüstung, die Zulassung des Baumusters, die Prüfung und die Kennzeichnung von festverbundenen Tanks (Tankfahrzeugen), Aufsetztanks, Tankcontainern und Tankwechselaufbauten (Tankwechselbehältern) aus faserverstärkten Kunststoffen (FVK)

Bem. Für ortsbewegliche Tanks und UN-Gascontainer mit mehreren Elementen (MEGC) siehe Kapitel 6.7; für festverbundene Tanks (Tankfahrzeuge), Aufsetztanks, Tankcontainer und Tankwechselaufbauten (Tankwechselbehälter), deren Tankkörper aus metallenen Werkstoffen hergestellt sind, sowie für Batterie-Fahrzeuge und Gascontainer mit mehreren Elementen (MEGC) mit Ausnahme von UN-MEGC siehe Kapitel 6.8, für Saug-Druck-Tanks für Abfälle siehe Kapitel 6.10.

6.9.1 Allgemeines

6.9.1.1 FVK-Tanks müssen nach einem von der zuständigen Behörde anerkannten Qualitätssicherungsprogramm ausgelegt, hergestellt und geprüft werden; insbesondere dürfen Laminations- und Schweißarbeiten von Thermoplastlinern nur durch Personal vorgenommen werden, das nach von der zuständigen Behörde anerkannten Regeln qualifiziert ist.

6.9.1.2 Für die Auslegung und Prüfung von FVK-Tanks sind auch die Vorschriften der Absätze 6.8.2.1.1, 6.8.2.1.7, 6.8.2.1.13, 6.8.2.1.14 a) und b), 6.8.2.1.25, 6.8.2.1.27, 6.8.2.1.28 und 6.8.2.2.3 anzuwenden.

6.9.1.3 Heizeinrichtungen sind in FVK-Tanks nicht zugelassen.

6.9.1.4 Hinsichtlich der Stabilität von Tanks ist der Unterabschnitt 9.7.5.1 anzuwenden.

6.9.2 Bau

6.9.2.1 Die Tankkörper sind aus geeigneten Werkstoffen herzustellen, die mit den zu befördernden Stoffen in einem Betriebstemperaturbereich von –40 °C bis +50 °C verträglich sind, sofern von der zuständigen Behörde des Staates, in dem die Beförderung durchgeführt wird, wegen besonderer klimatischer Bedingungen kein anderer Temperaturbereich festgelegt ist.

6.9.2.2 Die Tankkörper setzen sich aus folgenden drei Elementen zusammen:

- Innenliner,
- Tragschicht,
- Außenschicht.

6.9.2.2.1 Der Innenliner ist der innere Tankkörperbereich, der als erste Barriere zur Gewährleistung der Langzeitbeständigkeit gegenüber den zu befördernden Stoffen sowie zur Verhinderung gefährlicher Reaktionen mit dem Inhalt oder der Bildung gefährlicher Verbindungen sowie einer wesentlichen Schwächung der Tragschicht ausgelegt ist, wobei die Diffusion von Stoffen durch den Innenliner zu berücksichtigen ist.

Der Innenliner kann entweder ein FVK-Liner oder ein Thermoplast-Liner sein.

6.9.2.2.2 Die FVK-Liner setzen sich wie folgt zusammen:

a) Oberflächenschicht («gel-coat»): eine entsprechend harzreiche Oberflächenschicht, verstärkt mit einem Vlies, das mit dem Harz und dem Inhalt verträglich ist. Der Fasermassenanteil dieser Schicht darf 30 % nicht überschreiten und die Dicke muss 0,25 bis 0,60 mm betragen.

b) Verstärkungslage(n): eine oder mehrere Lage(n) mit einer Mindestdicke von 2 mm, die eine Glasmatte oder Spritzfasern von mindestens 900 g/m^2 enthalten, die einen Glasgehalt von mindestens 30 Masse-% aufweisen, es sei denn, für geringere Glasgehalte wird eine vergleichbare Sicherheit nachgewiesen.

6.9.2.2.3 Thermoplast-Liner sind Platten aus Thermoplast-Kunststoff gemäß Absatz 6.9.2.3.4, die zur erforderlichen Form zusammengeschweißt werden und auf der die Tragschichten geklebt werden. Die Dauerhaftigkeit der Verbindung zwischen Liner und Tragschicht ist durch die Verwendung eines geeigneten Haftvermittlers herzustellen.

Bem. Bei der Beförderung entzündbarer flüssiger Stoffe können gemäß Unterabschnitt 6.9.2.14 für den Innenliner zusätzliche Maßnahmen zur Verhinderung elektrostatischer Aufladung erforderlich werden.

6.9.2.2.4 Die Tragschicht des Tankkörpers ist der Bereich, der gemäß den Unterabschnitten 6.9.2.4 bis 6.9.2.6 besonders ausgelegt sein muss, um den mechanischen Belastungen standzuhalten. Dieser Teil besteht normalerweise aus mehreren faserverstärkten Lagen in definierter Richtung.

6.9.2.2.5 Die Außenschicht ist der Teil des Tankkörpers mit direktem Kontakt zur Umgebung. Er besteht aus einer harzreichen Lage mit einer Dicke von mindestens 0,2 mm. Bei Dicken von mehr als 0,5 mm muss eine Matte verwendet werden. Diese Schicht muss einen Massegehalt von weniger als 30 % Glas aufweisen und muss so beschaffen sein, dass sie Umwelteinflüssen, insbesondere gelegentlich vorkommende Kontakte mit dem zu befördernden Stoff, standhält. Zum Schutz der Tragschicht vor Schädigung durch ultraviolette Strahlung muss das Harz Füllstoffe oder Zusätze enthalten.

6.9.2.3 Ausgangswerkstoffe:

6.9.2.3.1 Alle für die Herstellung von FVK-Tanks verwendeten Werkstoffe müssen bekannten Ursprungs und spezifiziert sein.

6.9.2.3.2 Harze

Die Verarbeitung der Harzmischung muss genau nach den Empfehlungen des Lieferanten erfolgen. Dies betrifft hauptsächlich den Gebrauch von Härtern, Katalysatoren und Beschleunigern. Diese Harze können sein:

- ungesättigte Polyesterharze,
- Vinylesterharze,
- Epoxyharze,
- Phenolharze.

Die gemäß Norm EN ISO 75-1:2013 ermittelte Wärmeformbeständigkeitstemperatur (HDT) des Harzes muss mindestens 20 °C über der maximalen Betriebstemperatur des Tanks liegen und mindestens 70 °C betragen.

6.9.2.3.3 Verstärkungsfasern

Die Verstärkungswerkstoffe der Tragschichten müssen aus einer geeigneten Art von Fasern wie Glasfasern der Typen E oder ECR gemäß Norm ISO 2078:1993 bestehen. Für den Innenliner dürfen Glasfasern des Typs C gemäß Norm ISO 2078:1993 verwendet werden. Thermoplastvliese dürfen für den Innenliner nur verwendet werden, wenn ihre Verträglichkeit mit dem vorgesehenen Inhalt nachgewiesen wurde.

6.9.2.3.4 Werkstoffe für Thermoplastliner

Als Linerwerkstoffe dürfen Thermoplastliner, wie weichmacherfreies Polyvinylchlorid (PVC-U), Polypropylen (PP), Polyvinylidenfluorid (PVDF), Polytetrafluorethylen (PTFE) usw., verwendet werden.

6.9.2.3.5 Zusätze

Zusätze, die für die Behandlung des Harzes notwendig sind, wie Katalysatoren, Beschleuniger, Härter und Thixotropierstoffe, sowie Werkstoffe, die für die Verbesserung des Tanks verwendet werden, wie z.B. Füllstoffe, Farbstoffe, Pigmente, usw., dürfen unter Berücksichtigung der Auslegungslebensdauer und -temperatur nicht zu einer Schwächung des Werkstoffes führen.

6.9.2.4 Die Tankkörper, ihre Elemente für die Befestigung sowie ihre Bedienungsausrüstung und bauliche Ausrüstung müssen so ausgelegt sein, dass sie während der Auslegungslebensdauer ohne Verlust des Inhalts (ausgenommen Gasmengen, die aus eventuell vorhandenen Entlüftungseinrichtungen entweichen) standhalten:

– den statischen und dynamischen Beanspruchungen unter normalen Beförderungsbedingungen;
– den in den Unterabschnitten 6.9.2.5 bis 6.9.2.10 beschriebenen Minimalbelastungen.

6.9.2.5 Bei den in den Absätzen 6.8.2.1.14 a) und b) angegebenen Drücken und der durch den Inhalt mit der für die Bauart festgelegten höchstzulässigen Dichte sowie bei höchstem Füllungsgrad hervorgerufenen statischen Eigenlast darf die Auslegungsspannung σ in Längs- und Umfangsrichtung jeder Lage des Tankkörpers folgenden Wert nicht überschreiten:

$$\sigma \leq \frac{R_m}{K},$$

wobei:

R_m = Zahlenwert der Zugfestigkeit aus dem Mittelwert der Prüfergebnisse abzüglich der doppelten Standardabweichung der Prüfergebnisse. Die Prüfung ist an mindestens sechs Proben, die für die Bauart und die Konstruktionsmethode repräsentativ sind, nach den Normen EN ISO 527-4:1997 durchzuführen.

K = $S \cdot K_0 \cdot K_1 \cdot K_2 \cdot K_3$,

wobei:

K einen Mindestwert von 4 haben muss und

S = Sicherheitskoeffizient. Für die allgemeine Auslegung beträgt der Wert für S mindestens 1,5, wenn in Kapitel 3.2 Tabelle A Spalte 12 für die Tanks eine Tankcodierung angegeben ist, die im zweiten Teil den Buchstaben «G» enthält (siehe Absatz 4.3.4.1.1). Für Tanks, die für die Beförderung von Stoffen ausgelegt sind, für die ein erhöhtes Sicherheitsniveau erforderlich ist, d.h. wenn in Kapitel 3.2 Tabelle A Spalte 12 für die Tanks eine Tankcodierung angegeben ist, die im zweiten Teil die Ziffer «4» enthält (siehe Absatz 4.3.4.1.1), muss der Wert verdoppelt werden, sofern der Tankkörper nicht mit einem zusätzlichen Schutz in Form eines den Tankkörper völlig umschließenden Metallrahmenwerkes mit Längs- und Oberträgern ausgerüstet ist.

K_0 = Faktor, der mit der Minderung der Werkstoffeigenschaften infolge Kriechverhaltens und Alterung unter dem chemischen Einfluss der zu befördernden Stoffe zusammenhängt. Er ist nach der Formel

$$K_0 = \frac{1}{\alpha \cdot \beta}$$

zu bestimmen, wobei «α» der Kriechfaktor und «β» der Alterungsfaktor ist, jeweils bestimmt nach der Norm EN 978:1997 im Anschluss an die Prüfung gemäß Norm EN 977:1997. Alternativ darf konservativ ein Wert von $K_0 = 2$ verwendet werden. Bei der Bestimmung von α und β muss die Ausgangsdurchbiegung 2 σ entsprechen.

K_1 = Faktor, der mit der Betriebstemperatur und den thermischen Eigenschaften des Harzes zusammenhängt und der durch die folgende Gleichung mit einem Minimalwert von 1 ermittelt wird:

$$K_1 = 1{,}25 - 0{,}0125\ (HDT - 70),$$

wobei HDT die Wärmeformbeständigkeitstemperatur des Harzes ist [in °C].

K_2 = Faktor, der mit der Ermüdung des Werkstoffes zusammenhängt; sofern kein anderer Wert von der zuständigen Behörde zugelassen wird, ist hierfür ein Wert von $K_2 = 1{,}75$ zu verwenden. Für die Auslegung gegenüber dynamischen Belastungen nach Unterabschnitt 6.9.2.6 ist ein Wert von $K_2 = 1{,}1$ zu verwenden.

K_3 = Faktor, der mit der Aushärtetechnik zusammenhängt und folgende Werte hat:
- 1,1, wenn das Aushärten nach einem dokumentierten und zugelassenen Verfahren erfolgt;
- 1,5 in anderen Fällen.

6.9.2.6 Bei den in Absatz 6.8.2.1.2 genannten dynamischen Belastungen darf die Auslegungsspannung den nach Unterabschnitt 6.9.2.5 geforderten und durch den Faktor α geteilten Wert nicht übersteigen.

6.9.2.7 Bei jeder der in den Unterabschnitten 6.9.2.5 und 6.9.2.6 definierten Spannungen darf die resultierende Dehnung in jeder Richtung den kleineren der Werte 0,2 % oder 1/10 der Bruchdehnung des Harzes nicht überschreiten.

6.9.2.8 Beim festgelegten Prüfdruck, der nicht geringer als der in den Absätzen 6.8.2.1.14 a) und b) festgelegte zutreffende Berechnungsdruck sein darf, darf die maximale Dehnung im Tankkörper die Rissbildungsgrenze des Harzes nicht überschreiten.

6.9.2.9 Der Tankkörper muss in der Lage sein, dem in Absatz 6.9.4.3.3 aufgeführten Kugelfallversuch ohne sichtbare innere oder äußere Schäden standzuhalten.

6.9.2.10 Die für die Verbindungen, einschließlich der Verbindungen der Böden, der Schwallwände und der Tankunterteilungen mit dem Tankkörper verwendeten Überlaminate müssen in der Lage sein, die oben genannten statischen und dynamischen Belastungen aufzunehmen. Um Spannungskonzentrationen im Überlaminat zu vermeiden, sind Neigungen mit einem Steigungsverhältnis von ≤ 1:6 zu verwenden.

Die Schubfestigkeit zwischen dem Überlaminat und den damit verbundenen Tankteilen darf nicht kleiner sein als

$$\tau = \frac{Q}{l} \le \frac{\tau_R}{K},$$

wobei:

τ_R die Biegeschubfestigkeit nach der Norm EN ISO 14125:1998 + AC:2002 + A1:2011 (Drei-Punkte-Methode) ist, mit einem Wert von mindestens $\tau_R = 10\ N/mm^2$, wenn keine gemessenen Werte verfügbar sind;

Q die Last pro Längeneinheit ist, die die Verbindung unter den oben aufgeführten statischen und dynamischen Belastungen zu übernehmen hat;

K der gemäß Unterabschnitt 6.9.2.5 berechnete Faktor für die statischen und dynamischen Spannungen und

l die Länge des Überlaminats ist.

6.9.2.11 Öffnungen im Tankkörper müssen verstärkt sein, um mindestens den gleichen Sicherheitsfaktor gegen die in den Unterabschnitten 6.9.2.5 und 6.9.2.6 aufgeführten statischen und dynamischen Belastungen wie der Tankkörper selbst zu gewährleisten. Ihre Anzahl muss so klein wie möglich sein. Bei ovalen Öffnungen darf das Verhältnis der beiden Achsen nicht mehr als 2 betragen.

6.9.2.12 Bei der Auslegung von Flanschen und Rohrleitungen, die mit dem Tankkörper verbunden sind, sind zusätzlich Kräfte durch Handhabung und Befestigung von Schrauben zu berücksichtigen.

6.9.2.13 Der Tank ist so auszulegen, dass er ohne wesentlichen Undichtheiten den Auswirkungen einer allseitigen dreißigminütigen Brandbelastung, wie in den Prüfvorschriften nach Absatz 6.9.4.3.4 definiert, standhält. Bei Vorliegen von Daten von Prüfungen mit vergleichbaren Tankbauarten kann mit Zustimmung der zuständigen Behörde auf eine Prüfung verzichtet werden.

6.9.2.14 **Sondervorschriften für die Beförderung von Stoffen mit einem Flammpunkt von höchstens 60 °C**

FVK-Tanks zur Beförderung von Stoffen mit einem Flammpunkt von höchstens 60 °C sind so zu bauen, dass eine gefährliche elektrostatische Aufladung der verschiedenen Bestandteile verhindert wird.

6.9.2.14.1 Der an der Innen- und Außenseite des Tankkörpers gemessene Wert des elektrischen Oberflächenwiderstandes darf 10^9 Ohm nicht überschreiten. Dies kann durch die Verwendung von Additiven im Harz oder durch interlaminare, leitfähige Schichten wie Metall- oder Kohlefasernetzwerk erreicht werden.

6.9.2.14.2 Der gemessene elektrische Erdableitwiderstand darf 10^7 Ohm nicht überschreiten.

6.9.2.14.3 Alle Komponenten des Tankkörpers sind untereinander und mit den Metallteilen der Bedienungsausrüstung und der baulichen Ausrüstung des Tanks sowie mit dem Fahrzeug elektrisch zu verbinden. Der elektrische Widerstand zwischen sich berührenden Teilen darf 10 Ohm nicht überschreiten.

6.9.2.14.4 Der elektrische Oberflächen- und Erdableitwiderstand ist erstmalig bei jedem hergestellten Tank oder an einem Ausschnitt des Tankkörpers mit einem von der zuständigen Behörde anerkannten Verfahren zu messen.

6.9.2.14.5 Der Erdableitwiderstand ist bei jedem Tank als Teil der wiederkehrenden Prüfungen mit einem von der zuständigen Behörde anerkannten Verfahren zu messen.

6.9.3 Ausrüstungsteile

6.9.3.1 Es gelten die Vorschriften der Absätze 6.8.2.2.1, 6.8.2.2.2, 6.8.2.2.4 und 6.8.2.2.6 bis 6.8.2.2.8.

6.9.3.2 Zusätzlich gelten auch die Sondervorschriften des Abschnitts 6.8.4 b) (TE), sofern diese bei einer Eintragung in Kapitel 3.2 Tabelle A Spalte 13 angegeben sind.

10

6.9.4 Prüfung und Zulassung des Baumusters

6.9.4.1 Für jede Bauart eines FVK-Tanks sind die Werkstoffe und ein repräsentativer Prototyp der nachstehend aufgeführten Bauartprüfung zu unterziehen.

6.9.4.2 Werkstoffprüfung

6.9.4.2.1 Für die verwendeten Harze ist die Bruchdehnung gemäß Norm EN ISO 527-4:1997 und die Wärmeformbeständigkeitstemperatur gemäß Norm EN ISO 75-1:2013 zu ermitteln.

6.9.4.2.2 Folgende Eigenschaften sind an Proben zu ermitteln, die aus dem Tankkörper herausgeschnitten wurden. Parallel gefertigte Proben dürfen nur verwendet werden, wenn das Ausschneiden von Proben aus dem Tankkörper nicht möglich ist. Vor der Prüfung sind gegebenenfalls vorhandene Liner zu entfernen.

Die Prüfungen umfassen:

- Dicke der Laminatschichten des Tankmantels und der Tankböden;
- Massegehalt und Zusammensetzung der Verstärkungsfasern sowie Orientierung und Aufbau der Verstärkungslagen;
- Zugfestigkeit, Bruchdehnung und Elastizitätsmodul gemäß Norm EN ISO 527-4:1997 in der Richtung der Spannungen. Zusätzlich ist die Rissbildungsgrenze des Harzes mittels Schallemissionsmessung zu bestimmen;
- Biegefestigkeit und Durchbiegung im Biegekriechversuch nach der Norm EN ISO 14125:1998 + AC:2002 + A1:2011 während einer Dauer von 1000 Stunden unter Verwendung von Proben mit einer Mindestbreite von 50 mm und einem Auflagerabstand von mindestens der zwanzigfachen Wanddicke. Bei dieser Prüfung sind auch der Kriechfaktor α und der Alterungsfaktor β gemäß Norm EN 978:1997 zu bestimmen.

6.9.4.2.3 Die interlaminare Scherfestigkeit der Verbindungen ist durch Prüfung repräsentativer Proben im Zugversuch nach der Norm EN ISO 14130:1997 zu messen.

6.9.4.2.4 Die chemische Verträglichkeit des Tankkörpers mit den zu befördernden Stoffen ist mit Zustimmung der zuständigen Behörde durch eines der nachstehenden Verfahren nachzuweisen. Dieser Nachweis muss alle Aspekte der Verträglichkeit der Werkstoffe des Tankkörpers und seiner Ausrüstungen mit den zu befördernden Stoffen einschließlich der chemischen Schädigung des Tankkörpers, der Einleitung kritischer Reaktionen durch den Inhalt und gefährlicher Reaktionen zwischen beiden berücksichtigen.

- Für die Feststellung einer Schädigung des Tankkörpers sind aus dem Tankkörper entnommene repräsentative Proben einschließlich gegebenenfalls vorhandener Liner mit Schweißnähten der chemischen Verträglichkeitsprüfung nach der Norm EN 977:1997 für eine Dauer von 1000 Stunden bei 50 °C zu unterziehen. Im Vergleich mit unbelasteten Proben darf der im Biegeversuch gemäß Norm EN 978:1997 gemessene Abfall der Festigkeit und des Elastizitätsmoduls 25 % nicht übersteigen. Risse, Blasen, punktförmige Schäden, Trennungen von Lagen und Linern sowie Rauhigkeit sind nicht zulässig.
- Bescheinigte und dokumentierte Daten über positive Erfahrungen hinsichtlich der Verträglichkeit der betreffenden Füllgüter mit den in Kontakt tretenden Werkstoffen des Tankkörpers über angegebene Temperaturen, Zeiten und andere bedeutsame Betriebsbedingungen.
- In der Fachliteratur, in Normen oder in anderen Quellen veröffentlichte technische Daten, die von der zuständigen Behörde akzeptiert werden.

6.9.4.3 Prototypprüfung

Ein repräsentativer Prototyp ist den nachstehend dargestellten Prüfungen zu unterziehen. Soweit erforderlich, darf die Bedienungsausrüstung zu diesem Zweck durch andere Teile ersetzt werden.

6.9.4.3.1 Der Prototyp ist auf Übereinstimmung mit der Bauartspezifikation zu prüfen. Dies schließt eine innere und äußere Besichtigung und eine Maßkontrolle der wesentlichen Abmessungen ein.

6.9.4.3.2 Der an allen Stellen, für die ein Vergleich mit der rechnerischen Auslegung erforderlich ist, mit Dehnmessstreifen ausgerüstete Prototyp ist folgenden Belastungen zu unterziehen; die hierbei auftretenden Dehnungen sind aufzuzeichnen:

– Füllung mit Wasser bis zum höchstzulässigen Füllungsgrad. Die Messergebnisse sind zur Überprüfung der rechnerischen Auslegung nach Unterabschnitt 6.9.2.5 zu verwenden.

– Füllung mit Wasser bis zum höchstzulässigen Füllungsgrad und Beschleunigung in allen drei Richtungen durch Fahr- und Bremsversuche mit dem auf einem Fahrzeug befestigten Prototyp. Für den Vergleich mit der rechnerischen Auslegung nach Unterabschnitt 6.9.2.6 sind die aufgezeichneten Dehnungen im Verhältnis der in Absatz 6.8.2.1.2 geforderten und der gemessenen Beschleunigungswerte zu extrapolieren.

– Füllung mit Wasser und Anwendung des festgelegten Prüfdrucks. Unter dieser Belastung darf der Tank keine sichtbaren Schäden und keine Undichtheit aufweisen.

6.9.4.3.3 Der Prototyp ist dem Kugelfallversuch nach der Norm EN 976-1:1997 Nr. 6.6 zu unterziehen. Dabei darf kein sichtbarer innerer oder äußerer Schaden auftreten.

6.9.4.3.4 Der zu 80 % seines maximalen Fassungsraumes mit Wasser gefüllte Prototyp einschließlich seiner Bedienungsausrüstung und baulichen Ausrüstung ist einer allseitigen dreißigminütigen Brandbelastung durch ein Heizölbeckenfeuer oder einer anderen Art von Feuer mit gleicher Wirkung auszusetzen. Die Abmessungen des Beckens müssen den Tank um mindestens 50 cm nach allen Seiten überragen, und der Abstand zwischen dem Ölspiegel und dem Tank muss zwischen 50 und 80 cm betragen. Der unterhalb des Flüssigkeitsspiegels verbleibende Tank einschließlich der Öffnungen und Verschlüsse muss, abgesehen von Tropfleckagen, dicht bleiben.

6.9.4.4 Zulassung des Baumusters

6.9.4.4.1 Die zuständige Behörde oder eine von ihr benannte Stelle hat für jedes neue Baumuster eines Tanks eine Zulassungsbescheinigung auszustellen, die die Eignung der Bauart für den vorgesehenen Zweck und die Einhaltung der Bau- und Ausrüstungsvorschriften sowie der für die zu befördernden Stoffe geltenden Sondervorschriften bescheinigt.

6.9.4.4.2 Die Zulassung ist auf der Grundlage der Berechnung sowie des Prüfberichtes, einschließlich aller Werkstoff- und Prototypprüfergebnisse und ihres Vergleiches mit der rechnerischen Auslegung, zu erstellen und muss sich auf die Bauartspezifikation und das Qualitätssicherungsprogramm beziehen.

6.9.4.4.3 Die Zulassung muss die Stoffe oder Stoffgruppen, für die die Verträglichkeit mit dem Tank nachgewiesen wurde, umfassen. Dabei sind die chemischen Benennungen oder die entsprechende Sammelbezeichnung (siehe Unterabschnitt 2.1.1.2) sowie die Klasse und der Klassifizierungscode anzugeben.

6.9.4.4.4 Die Zulassung muss ferner veröffentlichte Auslegungs- und Gewährleistungswerte (wie Lebensdauer, Betriebstemperaturbereich, Betriebs- und Prüfdrücke, Werkstoffkennwerte) sowie diejenigen Maßnahmen umfassen, die bei der Herstellung, Prüfung, Zulassung des Baumusters, Kennzeichnung und der Verwendung aller Tanks, die nach der zugelassenen Bauart gefertigt werden, zu beachten sind.

6.9.5 Prüfungen

6.9.5.1 Für jeden Tank, der in Übereinstimmung mit der zugelassenen Bauart hergestellt wird, sind die nachstehend aufgeführten Werkstoffprüfungen und Untersuchungen wie folgt durchzuführen.

6.9.5.1.1 Mit Proben aus dem Tankkörper sind die Werkstoffprüfungen nach Absatz 6.9.4.2.2 mit Ausnahme des Zugversuches und einer Verringerung der Prüfzeit für die Biegekriechprüfung auf 100 Stunden durchzuführen. Parallel gefertigte Proben dürfen nur verwendet werden, wenn das Ausschneiden von Proben aus dem Tankkörper nicht möglich ist. Die zugelassenen Auslegungswerte sind einzuhalten.

6.9.5.1.2 Die Tankkörper und ihre Ausrüstung sind entweder zusammen oder getrennt erstmalig vor Inbetriebnahme zu prüfen. Diese Prüfung umfasst:

- eine Prüfung auf Übereinstimmung mit der zugelassenen Bauart;
- eine Prüfung der Merkmale der Bauart;
- eine innere und äußere Untersuchung;
- eine Wasserdruckprüfung mit dem Prüfdruck, der auf dem in Absatz 6.8.2.5.1 vorgeschriebenen Schild angegeben ist;
- eine Funktionsprüfung der Ausrüstungsteile;
- eine Dichtheitsprüfung, sofern der Tankkörper und seine Ausrüstung getrennt druckgeprüft worden sind.

6.9.5.2 Für die wiederkehrenden Prüfungen der Tanks gelten die Vorschriften der Absätze 6.8.2.4.2 bis 6.8.2.4.4. Darüber hinaus muss die Prüfung gemäß Absatz 6.8.2.4.3 die Untersuchung des inneren Zustands des Tankkörpers einschließen.

6.9.5.3 Die Prüfungen und Untersuchungen nach den Unterabschnitten 6.9.5.1 und 6.9.5.2 sind von einem von der zuständigen Behörde anerkannten Sachverständigen durchzuführen. Die Prüfergebnisse sind zu bescheinigen. In diesen Bescheinigungen ist auf die in diesem Tank gemäß Unterabschnitt 6.9.4.4 zur Beförderung zugelassenen Stoffe Bezug zu nehmen.

6.9.6 Kennzeichnung

6.9.6.1 Für die Kennzeichnung von FVK-Tanks gelten die Vorschriften des Unterabschnitts 6.8.2.5 mit folgenden Änderungen:

- das Tankschild darf auch auf den Tankkörper auflaminiert werden oder aus geeigneten Kunststoffen bestehen;
- der Auslegungstemperaturbereich ist immer anzugeben.

6.9.6.2 Zusätzlich gelten auch die Sondervorschriften des Abschnitts 6.8.4 e) (TM), sofern diese bei einer Eintragung in Kapitel 3.2 Tabelle A Spalte 13 angegeben sind.

ADR 6.9 Vorschriften für die Auslegung, den Bau, die Ausrüstung, die Zulassung des Baumusters, die Prüfung und die Kennzeichnung von festverbundenen Tanks (Tankfahrzeugen), Aufsetztanks, Tankcontainern und Tankwechselaufbauten (Tankwechselbehältern) aus faserverstärkten Kunststoffen (FVK)

Vorschriften für den Bau, die Ausrüstung, die Zulassung, die Prüfung und die Kennzeichnung von Saug-Druck-Tanks für Abfälle ADR 6.10

Bem. 1. Für ortsbewegliche Tanks und UN-Gascontainer mit mehreren Elementen (MEGC) siehe Kapitel 6.7; für festverbundene Tanks (Tankfahrzeuge), Aufsetztanks, Tankcontainer und Tankwechselaufbauten (Tankwechselbehälter), deren Tankkörper aus metallenen Werkstoffen hergestellt sind, sowie Batterie-Fahrzeuge und Gascontainer mit mehreren Elementen (MEGC) mit Ausnahme von UN-MEGC siehe Kapitel 6.8; für faserverstärkte Kunststofftanks siehe Kapitel 6.9.

2. Dieses Kapitel gilt für festverbundene Tanks, Aufsetztanks, Tankcontainer und Tankwechselaufbauten (Tankwechselbehälter).

6.10.1 Allgemeines

6.10.1.1 Begriffsbestimmungen

Bem. Ein Tank, der vollständig den Vorschriften des Kapitels 6.8 entspricht, gilt nicht als «Saug-Druck-Tank für Abfälle».

6.10.1.1.1 Als «geschützte Bereiche» gelten:

a) der untere Teil des Tanks in einem Abschnitt, der sich über einen Winkel von 60° beiderseits der unteren Mantellinie erstreckt;

b) der obere Teil des Tanks in einem Abschnitt, der sich über einen Winkel von 30° beiderseits der oberen Mantellinie erstreckt;

c) der Bereich am vorderen Tankboden im Falle von Trägerfahrzeugen;

d) die am hinteren Tankboden durch die Einrichtung gemäß Abschnitt 9.7.6 gebildete innere Schutzzone.

6.10.1.2 Anwendungsbereich

6.10.1.2.1 Die besonderen Vorschriften der Abschnitte 6.10.2 bis 6.10.4 ergänzen oder ändern Kapitel 6.8 und gelten für Saug-Druck-Tanks für Abfälle.

Saug-Druck-Tanks für Abfälle dürfen mit öffnungsfähigen Böden ausgerüstet werden, wenn die Vorschriften des Kapitels 4.3 eine Untenentleerung der beförderten Stoffe zulassen (gekennzeichnet durch die Buchstaben «A» oder «B» der Tankcodierung, wie in Kapitel 3.2 Tabelle A Spalte 12 gemäß Absatz 4.3.4.1.1 angegeben).

Saug-Druck-Tanks für Abfälle müssen allen Vorschriften des Kapitels 6.8 entsprechen, sofern in diesem Kapitel keine abweichenden besonderen Vorschriften aufgeführt sind. Die Vorschriften der Absätze 6.8.2.1.19, 6.8.2.1.20 und 6.8.2.1.21 gelten jedoch nicht.

6.10.2 Bau

6.10.2.1 Die Tanks müssen nach einem Berechnungsdruck bemessen sein, der dem 1,3fachen des Füll- oder Entleerungsdrucks, mindestens jedoch 400 kPa (4 bar) (Überdruck) entspricht. Für die Beförderung von Stoffen, für die ein höherer Berechnungsdruck des Tanks in Kapitel 6.8 bestimmt ist, ist dieser höhere Wert anzuwenden.

6.10.2.2 Die Tanks sind so zu bemessen, dass sie einem negativen Innendruck von 100 kPa (1 bar) standhalten.

6.10.3 Ausrüstung

6.10.3.1 Die Ausrüstungsteile sind so anzubringen, dass sie während der Beförderung und Handhabung gegen Losreißen oder Beschädigung geschützt sind. Durch die Anordnung der Ausrüstungsteile in einem sogenannten «geschützten Bereich» (siehe Absatz 6.10.1.1.1) kann diese Vorschrift erfüllt werden.

10

6.10.3.2 Die Untenentleerungseinrichtung des Tanks darf aus einem äußeren Auslaufstutzen, der mit einer möglichst nahe am Tankkörper angebrachten Absperreinrichtung versehen ist, und einem zweiten Verschluss in Form eines Blindflansches oder einer anderen gleich wirksamen Einrichtung bestehen.

6.10.3.3 Die Stellung und die Schließrichtung des oder der Absperreinrichtung(en) am Tankkörper oder an jedem Abteil, im Falle von Tankkörpern mit mehreren Abteilen, muss klar ersichtlich und vom Boden aus kontrollierbar sein.

6.10.3.4 Um jeden Verlust des Inhalts bei Beschädigung der äußeren Füll- und Entleerungseinrichtungen (Stutzen, seitliche Verschlusseinrichtungen) zu vermeiden, müssen die innere Absperreinrichtung oder (gegebenenfalls) die erste äußere Absperreinrichtung und ihr Sitz so beschaffen oder geschützt sein, dass sie unter dem Einfluss äußerer Beanspruchungen nicht abgerissen werden können. Die Füll- und Entleerungseinrichtungen (einschließlich der Flansche oder Schraubverschlüsse) sowie eventuelle Schutzkappen müssen gegen unbeabsichtigtes Öffnen gesichert sein.

6.10.3.5 Die Tanks dürfen mit öffnungsfähigen Böden ausgerüstet sein. Diese öffnungsfähigen Böden müssen folgenden Anforderungen genügen:

a) sie müssen so ausgelegt sein, dass sie nach dem Verschließen dicht bleiben;

b) ein unbeabsichtigtes Öffnen darf nicht möglich sein;

c) wird der Öffnungsmechanismus mit Hilfskraft betätigt, muss der öffnungsfähige Boden auch bei einem Ausfall der Kraftversorgung luftdicht verschlossen bleiben;

d) eine Sicherheits- oder Blockiereinrichtung, die sicherstellt, dass der öffnungsfähige Boden solange nicht geöffnet werden kann, wie sich noch Restüberdruck im Tank befindet, ist einzubauen. Dies gilt nicht für hilfskraftbetätigte öffnungsfähige Böden mit zwangsgesteuertem Öffnungsmechanismus. In diesem Fall muss es sich um eine Betätigung mit «Totmanneinrichtung» handeln, die so angeordnet ist, dass der Benutzer den Vorgang jederzeit beobachten kann und während des Öffnens oder Schließens selbst nicht gefährdet ist;

e) es sind Maßnahmen zum Schutz des öffnungsfähigen Bodens, der beim Umstürzen des Fahrzeugs, des Tankcontainers oder des Tankwechselaufbaus (Tankwechselbehälter) verschlossen bleiben muss, zu treffen.

6.10.3.6 Saug-Druck-Tanks für Abfälle, die zur besseren Entleerung oder Reinigung des Tanks einen inneren Schubkolben haben, sind mit einer Anschlagvorrichtung zu versehen, die verhindert, dass der Schubkolben bei beliebiger Betriebslage aus dem Tank herausgedrückt wird, wenn eine dem höchsten Betriebsdruck des Tanks entsprechende Kraft auf den Schubkolben einwirkt. Der höchste Betriebsdruck von Tanks oder Tankabteilen mit pneumatischem Schubkolben darf 100 kPa (1 bar) nicht übersteigen. Der innere Schubkolben und sein Werkstoff müssen so beschaffen sein, dass durch die Bewegung des Schubkolbens keine Zündquellen entstehen.

Der innere Schubkolben kann auch als Abteilwand verwendet werden, vorausgesetzt, er wird in seiner Lage blockiert. Befindet sich irgendein Teil der Einrichtungen, mit denen der innere Schubkolben in seiner Lage gehalten wird, außen am Tank, so ist hierfür ein Platz zu wählen, an dem jede Gefahr einer versehentlichen Beschädigung ausgeschlossen ist.

6.10.3.7 Die Tanks dürfen mit einem Saugausleger ausgerüstet sein, wenn:

a) der Saugausleger mit einer inneren oder äußeren Absperreinrichtung ausgerüstet ist, die direkt am Tankkörper oder an einem mit dem Tankkörper verschweißten Rohrbogen befestigt ist; zwischen dem Tankkörper oder dem Rohrbogen und der äußeren Absperreinrichtung darf ein Drehkranz angebracht sein, wenn dieser Drehkranz im geschützten Bereich angeordnet ist und die Betätigungseinrichtung der äußeren Absperreinrichtung mit einem Gehäuse oder einer Abdeckung gegen Losreißen infolge äußerer Belastungen geschützt ist;

b) die unter a) genannte Absperreinrichtung so angeordnet ist, dass eine Beförderung in geöffnetem Zustand nicht möglich ist, und

c) der Saugausleger so angebracht ist, dass der Tank infolge eines versehentlichen Stoßes auf den Saugausleger nicht undicht wird.

6.10.3.8 Die Tanks sind mit folgenden zusätzlichen Bedienungsausrüstungen zu versehen:

a) durch die Anordnung der Öffnung der Druck-Vakuumpumpe ist sicherzustellen, dass giftige oder entzündbare Dämpfe so abgeleitet werden, dass sie keine Gefahren verursachen können;

b) Tanks für entzündbare Abfälle müssen an allen Öffnungen der Druck-Vakuumpumpe, die eine Zündquelle darstellen kann, über eine Einrichtung zur Verhinderung des unmittelbaren Flammendurchschlags verfügen oder der Tank muss explosionsdruckstoßfest sein, d.h. er muss einer Explosion infolge eines Flammendurchschlags standhalten können, ohne dass er undicht wird, wobei jedoch Verformungen zulässig sind;

c) Pumpen, die einen positiven Druck erzeugen können, müssen in der Druckleitung mit einem Sicherheitsventil ausgerüstet sein. Das Sicherheitsventil ist auf einen Ansprechdruck einzustellen, der nicht größer ist als der höchste Betriebsdruck des Tanks;

d) zwischen dem Tankkörper oder dem Auslass der am Tankkörper befindlichen Überfüllsicherung und der Rohrleitung zwischen Tankkörper und Druck-Vakuumpumpe ist ein Absperrventil einzubauen;

e) der Tank ist mit einem geeigneten Manometer/Vakuummeter auszurüsten, das so angeordnet ist, dass es von der die Druck-Vakuumpumpe bedienenden Person leicht ablesbar ist. Der höchste Betriebsdruck des Tanks ist durch eine Markierung auf der Anzeigeskala zu kennzeichnen;

f) der Tank oder bei unterteiltem Tank jedes Tankabteil ist mit einem Flüssigkeitsstandanzeiger auszurüsten. Füllstandsanzeiger aus Glas und aus anderen geeigneten durchsichtigen Werkstoffen dürfen als Flüssigkeitsstandanzeiger verwendet werden, sofern:

(i) sie Teil der Tankwand sind und eine Druckfestigkeit haben, die der des Tanks vergleichbar ist oder die Flüssigkeitsstandanzeiger außen am Tank angebracht sind;

(ii) die oberen und unteren Anschlüsse an den Tank mit direkt am Tankkörper befestigten Absperrventilen ausgerüstet sind, die so angeordnet sind, dass eine Beförderung mit geöffneten Ventilen verhindert wird;

(iii) sie beim höchsten Betriebsdruck des Tanks funktionsfähig sind;

(iv) sie in einem Bereich angeordnet sind, wo jede Gefahr einer versehentlichen Beschädigung ausgeschlossen ist.

6.10.3.9 Tankkörper von Saug-Druck-Tanks für Abfälle müssen mit einem Sicherheitsventil mit vorgeschalteter Berstscheibe ausgerüstet sein.

► *1.6.3.30*
1.6.4.20

Das Ventil muss in der Lage sein, sich bei einem Druck zwischen dem 0,9- bis 1,0fachen Prüfdruck des Tanks, an dem es angebracht ist, selbsttätig zu öffnen. Die Verwendung von gewichtsbelasteten Ventilen (Schwerkraft oder Gegengewicht) ist untersagt.

Die Berstscheibe darf frühestens beim Ansprechdruck des Ventils und muss spätestens öffnen, wenn der Druck den Prüfdruck des Tanks erreicht hat, an dem das Ventil angebracht ist.

Die Sicherheitseinrichtungen müssen so gebaut sein, dass sie der dynamischen Beanspruchung, einschließlich des Anpralls der Flüssigkeit, standhalten.

Zwischen der Berstscheibe und dem Sicherheitsventil ist ein Druckmesser oder eine andere geeignete Anzeigeanrichtung vorzusehen, um die Feststellung von Brüchen, Perforationen oder Undichtheiten der Scheibe, durch die das Sicherheitssystem funktionsunfähig werden kann, zu ermöglichen.

6.10.4 **Prüfungen**

Saug-Druck-Tanks für Abfälle sind bei festverbundenen Tanks oder Aufsetztanks mindestens alle drei Jahre und bei Tankcontainern und Tankwechselaufbauten (Tankwechselbehältern) mindestens alle zweieinhalb Jahre zusätzlich zu den Prüfungen nach Absatz 6.8.2.4.3 einer Prüfung des inneren Zustands zu unterziehen.

6.11.1 (bleibt offen)

6.11.2 Anwendungsbereich und allgemeine Vorschriften

6.11.2.1 Schüttgut-Container und ihre Bedienungsausrüstung und bauliche Ausrüstung müssen so ausgelegt und gebaut sein, dass sie dem Innendruck des Füllgutes und den Beanspruchungen durch normale Handhabung und Beförderung ohne Verlust von Füllgut standhalten.

6.11.2.2 Sofern ein Entleerungsventil angebracht ist, muss dieses in geschlossener Stellung gesichert werden können, und das gesamte Entleerungssystem muss in geeigneter Weise vor Beschädigung geschützt werden. Ventile mit Hebelverschlüssen müssen gegen unbeabsichtigtes Öffnen gesichert werden können, und die offene und geschlossene Stellung müssen leicht erkennbar sein.

6.11.2.3 Code für die Bezeichnung der Schüttgut-Container-Typen

In der folgenden Tabelle sind die für die Bezeichnung der Schüttgut-Container-Typen zu verwendenden Codes angegeben:

Schüttgut-Container-Typ	Code
bedeckter Schüttgut-Container	BK1
geschlossener Schüttgut-Container	BK2
flexibler Schüttgut-Container	BK3

6.11.2.4 Um dem Fortschritt von Wissenschaft und Technik Rechnung zu tragen, kann von der zuständigen Behörde die Anwendung alternativer Vereinbarungen, die mindestens eine den Vorschriften dieses Kapitels gleichwertige Sicherheit bieten, in Betracht gezogen werden.

6.11.3 Vorschriften für die Auslegung, den Bau und die Prüfung von Containern, die dem CSC entsprechen und als Schüttgut-Container des Typs BK 1 oder BK 2 verwendet werden

6.11.3.1 Vorschriften für die Auslegung und den Bau

6.11.3.1.1 Die allgemeinen Vorschriften dieses Unterabschnittes für die Auslegung und den Bau gelten als erfüllt, wenn der Schüttgut-Container den Anforderungen der Norm ISO 1496-4:1991 («ISO-Container der Serie 1; Anforderungen und Prüfung; Teil 4: Drucklose Schüttgut-Container») entspricht und staubdicht ist.

6.11.3.1.2 Container, die in Übereinstimmung mit der Norm ISO 1496-1:1990 («ISO-Container der Baureihe 1; Spezifikation und Prüfung; Teil 1: Universalfrachtcontainer») ausgelegt und geprüft sind, müssen mit einer betrieblichen Ausrüstung ausgestattet sein, die einschließlich ihrer Verbindung zum Container so ausgelegt ist, dass die Stirnseiten verstärkt und der Widerstand gegen Beanspruchungen in Längsrichtung in dem Maße erhöht wird, wie es für die Erfüllung der entsprechenden Prüfanforderungen der Norm ISO 1496-4:1991 notwendig ist.

6.11.3.1.3 Schüttgut-Container müssen staubdicht sein. Sofern für die Herstellung der Staubdichtheit eine Auskleidung verwendet wird, muss diese aus einem geeigneten Werkstoff sein. Die Festigkeit des verwendeten Werkstoffes und die Bauart der Auskleidung müssen für den Fassungsraum des Containers und für die beabsichtigte Verwendung geeignet sein. Verbindungen und Verschlüsse der Auskleidung müssen den Drücken und Stößen standhalten, die unter normalen Handhabungs- und Beförderungsbedingungen auftreten können. Für belüftete Schüttgut-Container darf die Auskleidung die Funktion der Lüftungseinrichtungen nicht behindern.

10

6.11.3.1.4 Die betriebliche Ausrüstung von Schüttgut-Containern, die für eine Kippentleerung ausgelegt sind, müssen in der Lage sein, der Gesamtfüllmasse in Kipprichtung standzuhalten.

6.11.3.1.5 Bewegliche Dächer oder bewegliche Abschnitte von Seiten- oder Stirnwänden oder Dächern müssen mit Verschlusseinrichtungen, die eine Sicherungseinrichtung umfassen, ausgerüstet sein, die so ausgelegt sind, dass der geschlossene Zustand für einen am Boden stehenden Beobachter sichtbar ist.

6.11.3.2 Bedienungsausrüstung

6.11.3.2.1 Füll- und Entleerungseinrichtungen sind so zu bauen und anzuordnen, dass sie während der Beförderung und Handhabung gegen das Risiko des Abreißens oder der Beschädigung geschützt sind. Die Füll- und Entleerungseinrichtungen müssen gegen unbeabsichtigtes Öffnen gesichert werden können. Die geöffnete und geschlossene Stellung sowie die Schließrichtung müssen klar angegeben sein.

6.11.3.2.2 Dichtungen von Öffnungen müssen so angeordnet sein, dass Beschädigungen durch den Betrieb sowie das Befüllen und Entleeren des Schüttgut-Containers vermieden werden.

6.11.3.2.3 Wenn eine Belüftung vorgeschrieben ist, müssen Schüttgut-Container mit Mitteln für den Luftaustausch entweder durch natürliche Konvektion (z.B. durch Öffnungen) oder durch aktive Bauteile (z.B. Ventilatoren) ausgerüstet sein. Die Belüftung muss so ausgelegt sein, dass im Container zu keinem Zeitpunkt ein Unterdruck entsteht. Belüftungsbauteile von Schüttgut-Containern für die Beförderung von entzündbaren Stoffen oder von Stoffen, die entzündbare Gase oder Dämpfe abgeben, müssen so ausgelegt sein, dass sie keine Zündquelle bilden.

6.11.3.3 Prüfung

6.11.3.3.1 Container, die nach den Vorschriften dieses Abschnitts als Schüttgut-Container verwendet, unterhalten und qualifiziert werden, müssen in Übereinstimmung mit dem CSC geprüft und zugelassen werden.

6.11.3.3.2 Container, die als Schüttgut-Container verwendet und qualifiziert werden, müssen in Übereinstimmung mit dem CSC wiederkehrend geprüft werden.

6.11.3.4 Kennzeichnung

6.11.3.4.1 Container, die als Schüttgut-Container verwendet werden, müssen in Übereinstimmung mit dem CSC mit einem Sicherheitszulassungsschild («Safety Approval Plate») gekennzeichnet sein.

6.11.4 Vorschriften für die Auslegung, den Bau und die Zulassung von Schüttgut-Containern der Typen BK 1 und BK 2, die keine Container gemäß CSC sind

Bem. Wenn Container nach den Vorschriften dieses Abschnitts für die Beförderung von festen Stoffen in loser Schüttung verwendet werden, ist im Beförderungspapier anzugeben:
«SCHÜTTGUT-CONTAINER BK (x)[1] VON DER ZUSTÄNDIGEN BEHÖRDE VON ..... ZUGELASSEN» (siehe Absatz 5.4.1.1.17).

6.11.4.1 Die in diesem Abschnitt behandelten Schüttgut-Container schließen Mulden, Offshore-Schüttgut-Container, Silos für Güter in loser Schüttung, Wechselaufbauten (Wechselbehälter), trichterförmige Container, Rollcontainer und Ladeabteile von Fahrzeugen ein.

Bem. Diese Schüttgut-Container schließen auch Container nach den in Abschnitt 7.1.3 genannten UIC-Merkblättern 591, 592 und 592-2 bis 592-4 ein, die nicht dem CSC entsprechen.

[1] (x) muss durch «1» bzw. «2» ersetzt werden.

6.11.4.2 Diese Schüttgut-Container sind so auszulegen und zu bauen, dass sie genügend widerstandsfähig sind, um den Stößen und Beanspruchungen standzuhalten, die normalerweise während der Beförderung, gegebenenfalls einschließlich des Umschlags zwischen verschiedenen Beförderungsmitteln, auftreten.

6.11.4.3 (bleibt offen)

6.11.4.4 Diese Schüttgut-Container müssen von der zuständigen Behörde zugelassen sein; die Zulassung muss den Code für die Typenbezeichnung des Schüttgut-Containers gemäß Unterabschnitt 6.11.2.3 und, sofern angemessen, die Vorschriften für die Prüfung enthalten.

6.11.4.5 Sofern die Verwendung einer Auskleidung notwendig ist, um die gefährlichen Güter zurückzuhalten, muss diese den Vorschriften des Absatzes 6.11.3.1.3 entsprechen.

6.11.5 Vorschriften für die Auslegung, den Bau und die Prüfung von flexiblen Schüttgut-Containern des Typs BK 3

6.11.5.1 Vorschriften für die Auslegung und den Bau

6.11.5.1.1 Flexible Schüttgut-Container müssen staubdicht sein.

6.11.5.1.2 Flexible Schüttgut-Container müssen vollständig verschlossen sein, um ein Austreten von Füllgut zu verhindern.

6.11.5.1.3 Flexible Schüttgut-Container müssen wasserdicht sein.

6.11.5.1.4 Teile des flexiblen Schüttgut-Containers, die unmittelbar mit gefährlichen Gütern in Berührung kommen:

a) dürfen durch diese gefährlichen Güter nicht angegriffen oder erheblich geschwächt werden;

b) dürfen keinen gefährlichen Effekt auslösen, z.B. eine katalytische Reaktion oder eine Reaktion mit den gefährlichen Gütern, und

c) dürfen keine Permeation der gefährlichen Güter zulassen, die unter normalen Beförderungsbedingungen eine Gefahr darstellen könnte.

6.11.5.2 Bedienungsausrüstung und Handhabungseinrichtungen

6.11.5.2.1 Füll- und Entleerungseinrichtungen müssen so gebaut sein, dass sie während der Beförderung und Handhabung gegen Beschädigung geschützt sind. Die Füll- und Entleerungseinrichtungen müssen gegen unbeabsichtigtes Öffnen gesichert werden.

6.11.5.2.2 Die Schlaufen des flexiblen Schüttgut-Containers müssen, sofern sie angebracht sind, den Drücken und dynamischen Kräften standhalten, die unter normalen Handhabungs- und Beförderungsbedingungen auftreten können.

6.11.5.2.3 Die Handhabungseinrichtungen müssen ausreichend widerstandsfähig sein, um einer wiederholten Verwendung standzuhalten.

6.11.5.3 Prüfung

6.11.5.3.1 Die Bauart jedes flexiblen Schüttgut-Containers muss den in Abschnitt 6.11.5 vorgesehenen Prüfungen nach den von der zuständigen Behörde, welche die Zuteilung des Kennzeichens bestätigt, festgelegten Verfahren unterzogen und von dieser Behörde zugelassen werden.

6.11.5.3.2 Die Prüfungen müssen auch nach jeder Änderung des Baumusters, die zu einer Veränderung der Auslegung, des Werkstoffs oder der Bauweise eines flexiblen Schüttgut-Containers führt, wiederholt werden.

6.11.5.3.3 Die Prüfungen müssen an versandfertigen flexiblen Schüttgut-Containern durchgeführt werden. Die flexiblen Schüttgut-Container müssen bis zur höchsten Masse, für die sie verwendet werden dürfen, befüllt werden, wobei das Füllgut gleichmäßig verteilt werden muss. Die im flexiblen Schüttgut-Container zu befördernden Stoffe dürfen durch andere Stoffe ersetzt werden, sofern dadurch die Prüfergebnisse nicht verfälscht werden. Wird ein anderer Stoff verwendet, muss dieser die gleichen physikalischen Eigenschaften (Masse, Korngröße usw.) haben wie der zu befördernde Stoff. Es ist zulässig, Zusätze wie Säcke mit Bleischrot zu verwenden, um die erforderliche Gesamtmasse des flexiblen Schüttgut-Containers zu erreichen, sofern diese so eingebracht werden, dass sie die Prüfungsergebnisse nicht beeinträchtigen.

6.11.5.3.4 Flexible Schüttgut-Container müssen nach einem von der zuständigen Behörde als zufriedenstellend erachteten Qualitätssicherungsprogramm hergestellt und geprüft sein, um sicherzustellen, dass jeder hergestellte flexible Schüttgut-Container den Vorschriften dieses Kapitels entspricht.

6.11.5.3.5 Fallprüfung

6.11.5.3.5.1 Anwendungsbereich

Für alle Arten von flexiblen Schüttgut-Containern als Bauartprüfung.

6.11.5.3.5.2 Vorbereitung für die Prüfung

Der flexible Schüttgut-Container muss bis zu seiner höchstzulässigen Bruttomasse befüllt werden.

6.11.5.3.5.3 Prüfverfahren

Der flexible Schüttgut-Container muss auf eine nicht federnde und horizontale Aufprallplatte fallen gelassen werden. Die Aufprallplatte muss:

a) fest eingebaut und ausreichend massiv sein, dass sie sich nicht verschieben kann,

b) eben sein, wobei die Oberfläche frei von lokalen Mängeln sein muss, welche die Prüfergebnisse beeinflussen können,

c) ausreichend starr sein, dass sie unter den Prüfbedingungen nicht verformbar ist und durch die Prüfungen nicht leicht beschädigt werden kann, und

d) ausreichend groß sein, um sicherzustellen, dass der zu prüfende flexible Schüttgut-Container vollständig auf die Oberfläche fällt.

Nach dem Fall muss der flexible Schüttgut-Container zur Begutachtung wieder in aufrechte Lage verbracht werden.

6.11.5.3.5.4 Die Fallhöhe beträgt:

Verpackungsgruppe III: 0,8 m.

6.11.5.3.5.5 Kriterien für das Bestehen der Prüfung

a) Es darf kein Füllgut austreten. Ein geringfügiges Austreten des Füllgutes beispielsweise aus Verschlüssen oder Nahtstellen beim Aufprall gilt nicht als Versagen des flexiblen Schüttgut-Containers, vorausgesetzt, es tritt kein weiteres Füllgut aus, nachdem der Container wieder in aufrechte Lage verbracht wurde.

b) Es darf keine Beschädigung vorhanden sein, welche die Sicherheit des flexiblen Schüttgut-Containers für die Beförderung zur Verwertung oder Entsorgung beeinträchtigen kann.

6.11.5.3.6 Hebeprüfung von oben

6.11.5.3.6.1 Anwendungsbereich

Für alle Arten von flexiblen Schüttgut-Containern als Bauartprüfung.

6.11.5.3.6.2 Vorbereitung für die Prüfung

Flexible Schüttgut-Container sind mit dem Sechsfachen der höchsten Nettomasse zu befüllen, wobei die Last gleichmäßig zu verteilen ist.

6.11.5.3.6.3 Prüfverfahren

Flexible Schüttgut-Container müssen in der Weise hochgehoben werden, für die sie ausgelegt sind, bis sie sich frei über dem Boden befinden, und für eine Dauer von fünf Minuten in dieser Stellung gehalten werden.

6.11.5.3.6.4 Kriterien für das Bestehen der Prüfung

Es dürfen keine Beschädigung des flexiblen Schüttgut-Containers oder seiner Hebeeinrichtungen, durch die der flexible Schüttgut-Container für die Beförderung oder Handhabung ungeeignet wird, und kein Verlust von Füllgut auftreten.

6.11.5.3.7 Kippfallprüfung

6.11.5.3.7.1 Anwendungsbereich

Für alle Arten flexibler Schüttgut-Container als Bauartprüfung.

6.11.5.3.7.2 Vorbereitung für die Prüfung

Der flexible Schüttgut-Container muss bis zu seiner höchstzulässigen Bruttomasse gefüllt werden.

6.11.5.3.7.3 Prüfverfahren

Der flexible Schüttgut-Container muss so gekippt werden, dass er mit einer beliebigen Stelle seines Oberteils auf eine nicht federnde und horizontale Aufprallplatte fällt; zu diesem Zweck muss der flexible Schüttgut-Container an der am weitesten von der Aufprallkante entfernten Seite angehoben werden. Die Aufprallplatte muss:

a) fest eingebaut und ausreichend massiv sein, dass sie sich nicht verschieben kann,

b) eben sein, wobei die Oberfläche frei von lokalen Mängeln sein muss, welche die Prüfergebnisse beeinflussen können,

c) ausreichend starr sein, dass sie unter den Prüfbedingungen nicht verformbar ist und durch die Prüfungen nicht leicht beschädigt werden kann, und

d) ausreichend groß sein, um sicherzustellen, dass der zu prüfende flexible Schüttgut-Container vollständig auf die Oberfläche fällt.

6.11.5.3.7.4 Für alle flexiblen Schüttgut-Container ist folgende Kippfallhöhe festgelegt:

Verpackungsgruppe III: 0,8 m.

6.11.5.3.7.5 Kriterium für das Bestehen der Prüfung

Es darf kein Füllgut austreten. Ein geringfügiges Austreten aus Verschlüssen oder Nahtstellen beim Aufprall gilt nicht als Versagen des flexiblen Schüttgut-Containers, vorausgesetzt, es kommt nicht zu weiterer Undichtheit.

6.11.5.3.8 Aufrichtprüfung

6.11.5.3.8.1 Anwendungsbereich

Für alle Arten flexibler Schüttgut-Container, die für das Heben von oben oder von der Seite ausgelegt sind, als Bauartprüfung.

6.11.5.3.8.2 Vorbereitung für die Prüfung

Der flexible Schüttgut-Container muss bis mindestens 95 % seines Fassungsraums und bis zu seiner höchstzulässigen Bruttomasse gefüllt werden.

6.11.5.3.8.3 Prüfverfahren

Der auf der Seite liegende flexible Schüttgut-Container muss an höchstens der Hälfte der Hebeeinrichtungen mit einer Geschwindigkeit von mindestens 0,1 m/s angehoben werden, bis er aufrecht frei über dem Boden hängt.

6.11.5.3.8.4 Kriterium für das Bestehen der Prüfung

Es darf keine Beschädigung des flexiblen Schüttgut-Containers oder seiner Hebeeinrichtungen auftreten, durch die der flexible Schüttgut-Container für die Beförderung oder Handhabung ungeeignet wird.

6.11.5.3.9 Weiterreißprüfung

6.11.5.3.9.1 Anwendungsbereich

Für alle Arten flexibler Schüttgut-Container als Bauartprüfung.

6.11.5.3.9.2 Vorbereitung für die Prüfung

Der flexible Schüttgut-Container muss bis zu seiner höchstzulässigen Bruttomasse gefüllt werden.

6.11.5.3.9.3 Prüfverfahren

Bei dem auf dem Boden befindlichen flexiblen Schüttgut-Container müssen auf einer Breitseite in einer Länge von 300 mm alle Lagen des flexiblen Schüttgut-Containers vollständig durchschnitten werden. Der Schnitt ist in einem Winkel von 45° zur Hauptachse des flexiblen Schüttgut-Containers in halber Höhe zwischen dem Boden und dem oberen Füllgutspiegel vorzunehmen. Der flexible Schüttgut-Container ist dann einer gleichmäßig verteilten überlagerten Last auszusetzen, die dem Zweifachen der höchstzulässigen Bruttomasse entspricht. Die Last muss mindestens fünfzehn Minuten wirken. Ein flexibler Schüttgut-Container, der für das Heben von oben oder von der Seite ausgelegt ist, muss nach Entfernen der überlagerten Last hochgehoben werden, bis er sich frei über dem Boden befindet, und fünfzehn Minuten in dieser Stellung gehalten werden.

6.11.5.3.9.4 Kriterium für das Bestehen der Prüfung

Der Schnitt darf sich nicht um mehr als 25 % seiner ursprünglichen Länge vergrößern.

6.11.5.3.10 Stapeldruckprüfung

6.11.5.3.10.1 Anwendungsbereich

Für alle Arten von flexiblen Schüttgut-Containern als Bauartprüfung.

6.11.5.3.10.2 Vorbereitung für die Prüfung

Der flexible Schüttgut-Container ist bis zu seiner höchstzulässigen Bruttomasse zu befüllen.

6.11.5.3.10.3 Prüfverfahren

Der flexible Schüttgut-Container muss für eine Dauer von 24 Stunden einer auf die Oberseite des flexiblen Schüttgut-Containers aufgebrachten Last ausgesetzt werden, die dem Vierfachen der Auslegungstragfähigkeit entspricht.

6.11.5.3.10.4 Kriterium für das Bestehen der Prüfung

Es darf kein Verlust von Füllgut während der Prüfung oder nach dem Entfernen der Last auftreten.

6.11.5.4 Prüfbericht

6.11.5.4.1 Es ist ein Prüfbericht zu erstellen, der mindestens folgende Angaben enthält und der den Benutzern des flexiblen Schüttgut-Containers zur Verfügung gestellt werden muss:

1. Name und Anschrift der Prüfeinrichtung;
2. Name und Anschrift des Antragstellers (soweit erforderlich);
3. eine nur einmal vergebene Prüfbericht-Kennnummer;
4. Datum des Prüfberichts;
5. Hersteller des flexiblen Schüttgut-Containers;
6. Beschreibung der Bauart des flexiblen Schüttgut-Containers (z.B. Abmessungen, Werkstoffe, Verschlüsse, Wanddicke usw.) und/oder Foto(s);
7. maximaler Fassungsraum/höchstzulässige Bruttomasse;
8. charakteristische Merkmale des Prüfinhalts, z.B. Teilchengröße bei festen Stoffen;
9. Beschreibung und Ergebnis der Prüfungen;
10. der Prüfbericht muss mit Namen und Funktionsbezeichnung des Unterzeichners unterschrieben sein.

6.11.5.4.2 Der Prüfbericht muss Erklärungen enthalten, dass der versandfertige flexible Schüttgut-Container in Übereinstimmung mit den entsprechenden Vorschriften dieses Kapitels geprüft worden ist und dass dieser Prüfbericht bei Anwendung anderer Umschließungsmethoden oder bei Verwendung anderer Umschließungsbestandteile ungültig werden kann. Eine Ausfertigung des Prüfberichts ist der zuständigen Behörde zur Verfügung zu stellen.

6.11.5.5 Kennzeichnung

6.11.5.5.1 Jeder flexible Schüttgut-Container, der für die Verwendung gemäß den Vorschriften des ADR hergestellt und bestimmt ist, muss mit dauerhaften, lesbaren und an einer gut sichtbaren Stelle angebrachten Kennzeichen versehen sein. Die Buchstaben, Ziffern und Symbole mit einer Zeichenhöhe von mindestens 24 mm müssen folgende Angaben umfassen:

a) das Symbol der Vereinten Nationen für Verpackungen (un);

dieses Symbol darf nur zum Zweck der Bestätigung verwendet werden, dass eine Verpackung, ein flexibler Schüttgut-Container, ein ortsbeweglicher Tank oder ein MEGC den entsprechenden Vorschriften des Kapitels 6.1, 6.2, 6.3, 6.5, 6.6, 6.7 oder 6.11 entspricht;

b) den Code BK 3;

c) einen Großbuchstaben, der die Verpackungsgruppe(n) angibt, für die die Bauart zugelassen worden ist:

Z nur für die Verpackungsgruppe III;

d) Monat und Jahr (die letzten zwei Ziffern) der Herstellung;

e) das Zeichen des Staates, in dem die Zuordnung des Kennzeichens zugelassen wurde, angegeben durch das für Kraftfahrzeuge im internationalen Verkehr verwendete Unterscheidungszeichen [2)];

f) Name oder Zeichen des Herstellers und jede andere von der zuständigen Behörde festgelegte Identifizierung des flexiblen Schüttgut-Containers;

g) Prüflast der Stapeldruckprüfung in kg;

h) höchstzulässige Bruttomasse in kg.

Die Kennzeichen müssen in der Reihenfolge der Absätze a) bis h) angebracht werden; jedes in diesen Absätzen vorgeschriebene Kennzeichen muss zur leichteren Identifizierung deutlich getrennt werden, z.B. durch einen Schrägstrich oder eine Leerstelle.

6.11.5.5.2 Beispiel für die Kennzeichnung:

(u n) BK3/Z/11 09
RUS/NTT/MK-14-10
56000/14000

2) Das für Kraftfahrzeuge und Anhänger im internationalen Straßenverkehr verwendete Unterscheidungszeichen des Zulassungsstaates, z.B. gemäß dem Genfer Übereinkommen über den Straßenverkehr von 1949 oder dem Wiener Übereinkommen über den Straßenverkehr von 1968.

Vorschriften für den Bau, die Ausrüstung, die Zulassung des Baumusters, die Prüfung und die Kennzeichnung von Tanks, Schüttgut-Containern und besonderen Laderäumen für explosive Stoffe oder Gegenstände mit Explosivstoff in mobilen Einheiten zur Herstellung von explosiven Stoffen oder Gegenständen mit Explosivstoff (MEMU)

► 1.6.5.11

Bem. 1. Für ortsbewegliche Tanks siehe Kapitel 6.7; für festverbundene Tanks (Tankfahrzeuge), Aufsetztanks, Tankcontainer und Tankwechselaufbauten (Tankwechselbehälter), deren Tankkörper aus metallenen Werkstoffen hergestellt sind, siehe Kapitel 6.8; für Tanks aus faserverstärkten Kunststoffen siehe Kapitel 6.9; für Saug-Druck-Tanks für Abfälle siehe Kapitel 6.10; für Schüttgut-Container siehe Kapitel 6.11.

2. Dieses Kapitel findet Anwendung auf festverbundene Tanks, Aufsetztanks, Tankcontainer, Tankwechselaufbauten (Tankwechselbehälter), die nicht allen Vorschriften der in der Bem. 1 genannten Kapiteln entsprechen, sowie für Schüttgut-Container und für besondere Laderäume für explosive Stoffe oder Gegenstände mit Explosivstoff.

6.12.1 Anwendungsbereich

Die Vorschriften dieses Kapitels gelten für Tanks, Schüttgut-Container und besondere Laderäume, die für die Beförderung gefährlicher Güter in MEMU vorgesehen sind.

6.12.2 Allgemeine Vorschriften

6.12.2.1 Ungeachtet des in Abschnitt 1.2.1 für festverbundene Tanks definierten Mindestfassungsraums müssen die Tanks den Vorschriften des Kapitels 6.8 mit den Änderungen der besonderen Vorschriften dieses Kapitels entsprechen.

6.12.2.2 Schüttgut-Container, die für die Beförderung gefährlicher Güter in MEMU vorgesehen sind, müssen den Vorschriften für Schüttgut-Container des Typs BK 2 entsprechen.

6.12.2.3 Wenn ein einzelner Tank oder Schüttgut-Container mehr als einen Stoff enthält, muss jeder Stoff durch mindestens zwei Wände mit Luftzwischenraum und Ablauf abgetrennt werden.

6.12.3 Tanks

6.12.3.1 Tanks mit einem Fassungsraum von mindestens 1000 Litern

6.12.3.1.1 Diese Tanks müssen den Vorschriften des Abschnitts 6.8.2 entsprechen.

6.12.3.1.2 Für die UN-Nummern 1942 und 3375 muss der Tank den Vorschriften der Kapitel 4.3 und 6.8 betreffend die Über- und Unterdruckbelüftungseinrichtungen entsprechen und darüber hinaus mit Berstscheiben oder anderen geeigneten Mitteln zur Notfall-Druckentlastung ausgerüstet sein, die von der zuständigen Behörde des Verwendungslandes zugelassen sind.

► 1.6.5.14

6.12.3.1.3 Bei anderen als kreisrunden Tankkörpern, z.B. Koffertankkörper oder elliptische Tankkörper, die nicht nach Absatz 6.8.2.1.4 und den dort genannten Normen oder technischen Regelwerken berechnet werden können, darf die Leistungsfähigkeit in Bezug auf die Beanspruchungsfestigkeit in geeigneter Weise durch eine von der zuständigen Behörde festgelegte Druckprüfung nachgewiesen werden.

Diese Tanks müssen den Vorschriften des Unterabschnitts 6.8.2.1 mit Ausnahme der Absätze 6.8.2.1.3, 6.8.2.1.4, 6.8.2.1.13 bis 6.8.2.1.22 entsprechen.

Die Dicke dieser Tankkörper darf nicht geringer sein als die in der folgenden Tabelle angegebenen Werte:

Werkstoff	Mindestwanddicke
rostfreie austenitische Stähle	2,5 mm
andere Stähle	3 mm
Aluminiumlegierungen	4 mm
Aluminium, 99,80 % rein	6 mm

Ein Schutz des Tanks gegen Beschädigung durch seitlichen Aufprall oder Umkippen muss vorgesehen werden. Der Schutz muss gemäß Absatz 6.8.2.1.20 erfolgen, oder die zuständige Behörde muss alternative Schutzmaßnahmen zulassen.

6.12.3.1.4 Abweichend von den Vorschriften des Absatzes 6.8.2.5.2 müssen Tanks nicht mit der Tankcodierung und, sofern anwendbar, den Sondervorschriften gekennzeichnet werden.

6.12.3.2 **Tanks mit einem Fassungsraum von weniger als 1000 Litern**

6.12.3.2.1 Der Bau dieser Tanks muss den Vorschriften des Unterabschnitts 6.8.2.1 mit Ausnahme der Absätze 6.8.2.1.3, 6.8.2.1.4, 6.8.2.1.6, 6.8.2.1.10 bis 6.8.2.1.23 und 6.8.2.1.28 entsprechen.

6.12.3.2.2 Die Ausrüstung dieser Tanks muss den Vorschriften des Absatzes 6.8.2.2.1 entsprechen.
► *1.6.5.14*
Für die UN-Nummern 1942 und 3375 muss der Tank den Vorschriften der Kapitel 4.3 und 6.8 betreffend die Über- und Unterdruckbelüftungseinrichtungen entsprechen und darüber hinaus mit Berstscheiben oder anderen geeigneten Mitteln zur Notfall-Druckentlastung ausgerüstet sein, die von der zuständigen Behörde des Verwendungslandes zugelassen sind.

6.12.3.2.3 Die Dicke dieser Tankkörper darf nicht geringer sein als die in der folgenden Tabelle angegebenen Werte:

Werkstoff	Mindestwanddicke
rostfreie austenitische Stähle	2,5 mm
andere Stähle	3 mm
Aluminiumlegierungen	4 mm
Aluminium, 99,80 % rein	6 mm

6.12.3.2.4 Die Tanks dürfen Bauteile haben, die außerhalb des Konvexitätsradius liegen. Alternative abstützende Maßnahmen können gekrümmte Wände, gewellte Wände oder Verstärkungsrippen sein. In mindestens einer Richtung darf der Abstand zwischen parallelen Abstützungen auf jeder Seite des Tanks nicht größer als das Hundertfache der Wanddicke sein.

6.12.3.2.5 Die Schweißverbindungen müssen nach den Regeln der Technik ausgeführt sein und volle Sicherheit bieten. Die Schweißarbeiten sind von geprüften Schweißern nach einem Schweißverfahren durchzuführen, dessen Eignung (einschließlich etwa erforderlicher Wärmebehandlungen) durch eine Verfahrensprüfung nachgewiesen wurde.

6.12.3.2.6 Die Vorschriften des Unterabschnitts 6.8.2.4 finden keine Anwendung. Die erstmalige Prüfung und die wiederkehrenden Prüfungen dieser Tanks müssen jedoch unter der Verantwortung des Verwenders oder Eigentümers des MEMU durchgeführt werden. Tankkörper und ihre Ausrüstung sind mindestens alle drei Jahre zur Zufriedenheit der zuständigen Behörde einer Untersuchung des äußeren und inneren Zustands und einer Dichtheitsprüfung zu unterziehen.

6.12.3.2.7 Die Vorschriften des Unterabschnitts 6.8.2.3 für die Zulassung des Baumusters und des Unterabschnitts 6.8.2.5 für die Kennzeichnung finden keine Anwendung.

6.12.4 Ausrüstung

6.12.4.1 Tanks für Stoffe der UN-Nummern 1942 und 3375 mit Bodenentleerung müssen mindestens zwei Verschlüsse haben. Einer dieser Verschlüsse kann die Produktmisch- oder Entleerungspumpe oder die Förderschnecke sein.

6.12.4.2 Alle Rohre nach dem ersten Verschluss müssen aus einem schmelzbaren Werkstoff (z.B. Gummischlauch) bestehen oder schmelzbare Bauteile haben.

6.12.4.3 Um bei einer Beschädigung der äußeren Pumpen und Entleerungsarmaturen (Rohre) den Verlust von Füllgut zu vermeiden, müssen der erste Verschluss und sein Sitz gegen die Gefahr des Abreißens infolge äußerer Beanspruchungen geschützt oder so ausgelegt sein, dass sie diesen Beanspruchungen standhalten. Die Füll- und Entleerungseinrichtungen (einschließlich Flansche oder Gewindeverschlüsse) und Schutzkappen (sofern vorhanden) müssen gegen unbeabsichtigtes Öffnen geschützt werden können.

6.12.4.4 Über- und Unterdruckbelüftungseinrichtungen gemäß Absatz 6.8.2.2.6 an Tanks für die UN-Nummer 3375 dürfen durch «Schwanenhälse» ersetzt werden. Solche Ausrüstungen müssen gegen die Gefahr des Abreißens infolge äußerer Beanspruchungen geschützt oder so ausgelegt sein, dass sie diesen Beanspruchungen standhalten.

6.12.5 Besondere Laderäume für explosive Stoffe oder Gegenstände mit Explosivstoff

Laderäume für Versandstücke mit explosiven Stoffen oder Gegenständen mit Explosivstoff, die Zünder und/oder Zündeinrichtungen enthalten, und Versandstücke mit explosiven Stoffen oder Gegenständen mit Explosivstoff, die Stoffe oder Gegenstände der Verträglichkeitsgruppe D enthalten, müssen für die Gewährleistung einer wirksamen Trennung so ausgelegt sein, dass keine Gefahr der Zündübertragung von den Zündern und/oder Zündeinrichtungen auf Stoffe oder Gegenstände der Verträglichkeitsgruppe D besteht. Die Trennung muss durch die Verwendung getrennter Abteile oder durch Einsetzen einer der beiden Arten von explosiven Stoffen oder Gegenständen mit Explosivstoff in ein besonderes Umschließungssystem erfolgen. Beide Trennungsmethoden müssen von der zuständigen Behörde zugelassen sein. Wenn der für den Laderaum verwendete Werkstoff Metall ist, muss die gesamte Innenseite des Laderaums mit Werkstoffen abgedeckt sein, die eine geeignete Feuerbeständigkeit aufweisen. Die Laderäume für die explosiven Stoffe oder Gegenstände mit Explosivstoff müssen so angeordnet sein, dass sie vor Stößen und vor Beschädigungen in unebenem Gelände und vor gefährlichen Wechselwirkungen mit anderen gefährlichen Gütern an Bord und vor Zündquellen auf dem Fahrzeug, z.B. Auspuffrohre usw., geschützt sind.

Bem. Diese Vorschrift der Feuerbeständigkeit gilt bei Verwendung von Werkstoffen, die gemäß Norm EN 13501-1:2007 + A1:2009 der Klasse B-s3, d2 zugeordnet sind, als erfüllt.

ADR 6.12 Vorschriften für den Bau, die Ausrüstung, die Zulassung des Baumusters, die Prüfung und die Kennzeichnung von Tanks, Schüttgut-Containern und besonderen Laderäumen für explosive Stoffe oder Gegenstände mit Explosivstoff in mobilen Einheiten zur Herstellung von explosiven Stoffen oder Gegenständen mit Explosivstoff (MEMU)

Kapitel 7.3
Vorschriften für die Beförderung in loser Schüttung

7.3.1 Allgemeine Vorschriften

7.3.1.1 Ein Gut darf in loser Schüttung in Schüttgut-Containern, Containern oder Fahrzeugen nur befördert werden, wenn entweder

a) in Kapitel 3.2 Tabelle A Spalte 10 eine mit dem Code «BK» bezeichnete Sondervorschrift oder ein Verweis auf einen bestimmten Absatz angegeben ist, welche/welcher diese Beförderungsart ausdrücklich zulässt, und die anwendbaren Vorschriften des Abschnitts 7.3.2 zusätzlich zu den Vorschriften dieses Abschnitts eingehalten werden oder

b) in Kapitel 3.2 Tabelle A Spalte 17 eine mit dem Code «VC» bezeichnete Sondervorschrift oder ein Verweis auf einen bestimmten Absatz angegeben ist, welche/ welcher diese Beförderungsart ausdrücklich zulässt, und die in Abschnitt 7.3.3 aufgeführten Bedingungen dieser Sondervorschrift zusammen mit allen gegebenenfalls angegebenen und mit dem Code «AP» bezeichneten ergänzenden Vorschriften zusätzlich zu den Vorschriften dieses Abschnitts eingehalten werden.

Abgesehen hiervon dürfen ungereinigte leere Verpackungen in loser Schüttung befördert werden, sofern diese Beförderungsart durch andere Vorschriften des ADR nicht ausdrücklich verboten ist.

Bem. Wegen der Beförderung in Tanks siehe Kapitel 4.2 und 4.3.

7.3.1.2 Stoffe, die bei während der Beförderung wahrscheinlich auftretenden Temperaturen flüssig werden können, sind nicht zur Beförderung in loser Schüttung zugelassen.

7.3.1.3 Schüttgut-Container, Container oder Aufbauten von Fahrzeugen müssen staubdicht und so verschlossen sein, dass unter normalen Beförderungsbedingungen, einschließlich der Auswirkungen von Vibration oder Temperatur-, Feuchtigkeits- oder Druckänderungen, vom Inhalt nichts nach außen gelangen kann.

10

7.3.1.4 Stoffe müssen so verladen und gleichmäßig verteilt werden, dass Bewegungen, die zu einer Beschädigung des Schüttgut-Containers, Containers oder Fahrzeugs oder zu einem Austreten der gefährlichen Güter führen können, auf ein Minimum reduziert werden.

7.3.1.5 Sofern Lüftungseinrichtungen angebracht sind, müssen diese durchgängig und betriebsbereit sein.

7.3.1.6 Stoffe dürfen nicht gefährlich mit dem Werkstoff des Schüttgut-Containers, Containers, des Fahrzeugs, der Dichtungen und der Ausrüstung, einschließlich Deckel und Planen, sowie mit den Schutzauskleidungen, die mit dem Ladegut in Kontakt stehen, reagieren oder diese bedeutsam schwächen. Schüttgut-Container, Container oder Fahrzeuge müssen so gebaut oder angepasst sein, dass die Güter nicht zwischen Bodenabdeckungen aus Holz gelangen oder in Berührung mit den Teilen des Schüttgut-Containers, Containers oder Fahrzeugs kommen können, die durch den Stoff oder Rückstände dieses Stoffes angegriffen werden können.

7.3.1.7 Vor der Befüllung und der Übergabe zur Beförderung muss jeder Schüttgut-Container, Container oder jedes Fahrzeug untersucht und gereinigt werden, um sicherzustellen, dass innerhalb und außerhalb des Schüttgut-Containers, Containers oder Fahrzeugs keine Rückstände verbleiben, die

– eine gefährliche Reaktion mit dem für die Beförderung vorgesehenen Stoff verursachen können;

– die bauliche Unversehrtheit des Schüttgut-Containers, Containers oder Fahrzeugs schädigen können oder
– die Tauglichkeit des Schüttgut-Containers, Containers oder Fahrzeugs, die gefährlichen Güter zurückzuhalten, beeinträchtigen können.

7.3.1.8 Während der Beförderung dürfen an der äußeren Oberfläche des Schüttgut-Containers, Containers oder des Aufbaus des Fahrzeugs keine gefährlichen Rückstände anhaften.

7.3.1.9 Wenn mehrere Verschlusssysteme hintereinander angebracht sind, ist das System, das sich am nächsten zu dem zu befördernden Stoff befindet, vor dem Befüllen zu verschließen.

7.3.1.10 Leere Schüttgut-Container, Container oder Fahrzeuge, mit denen ein gefährlicher fester Stoff befördert wurde, sind in derselben Weise zu behandeln, wie es das ADR für befüllte Schüttgut-Container, Container oder Fahrzeuge vorschreibt, es sei denn, es wurden angemessene Maßnahmen ergriffen, um eine Gefahr auszuschließen.

7.3.1.11 Wenn Schüttgut-Container, Container oder Fahrzeuge für die Beförderung von Gütern in loser Schüttung verwendet werden, die eine Staubexplosion verursachen oder entzündbare Dämpfe abgeben können (z.B. im Fall von bestimmten Abfällen), sind Maßnahmen zu ergreifen, um Zündquellen auszuschließen und eine gefährliche elektrostatische Entladung während der Beförderung, dem Befüllen oder Entladen zu verhindern.

7.3.1.12 Stoffe, z.B. Abfälle, die gefährlich miteinander reagieren können, sowie Stoffe verschiedener Klassen und nicht dem ADR unterliegende Güter, die gefährlich miteinander reagieren können, dürfen in ein und demselben Schüttgut-Container, Container oder Fahrzeug nicht miteinander vermischt werden. Gefährliche Reaktionen sind:

a) eine Verbrennung und/oder Entwicklung beträchtlicher Wärme;
b) eine Entwicklung entzündbarer und/oder giftiger Gase;
c) die Bildung ätzender flüssiger Stoffe oder
d) die Bildung instabiler Stoffe.

7.3.1.13 Bevor ein Schüttgut-Container, Container oder Fahrzeug befüllt wird, ist eine Sichtprüfung vorzunehmen, um sicherzustellen, dass er/es in bautechnischer Hinsicht geeignet ist, seine Innenwände, seine Decke und sein Boden frei von Ausbuchtungen oder Beschädigungen sind und dass die Innenbeschichtungen oder Rückhalteeinrichtungen frei von Schlitzen, Rissen oder anderen Beschädigungen sind, welche die Tauglichkeit des Schüttgut-Containers, Containers oder Fahrzeugs, die Ladung zurückzuhalten, beeinträchtigen können. «In bautechnischer Hinsicht geeignet» bedeutet, soweit für das betreffende Beförderungsmittel zutreffend, dass die Bauelemente des Schüttgut-Containers, Containers oder Fahrzeugs, wie obere und untere seitliche Längsträger, obere und untere Querträger, Türschwellen und Türträger, Bodenquerträger, Eckpfosten und Eckbeschläge in einem Schüttgut-Container oder Container, keine größeren Beschädigungen aufweisen. «Größere Beschädigungen» umfassen:

a) Ausbuchtungen, Risse oder Bruchstellen in Bauelementen oder tragenden Elementen, welche die Unversehrtheit des Schüttgut-Containers, Containers oder des Aufbaus des Fahrzeugs beeinträchtigen können;
b) mehr als eine Verbindungsstelle oder eine untaugliche Verbindungsstelle (z.B. überlappende Verbindungsstelle) in oberen oder unteren Querträgern oder Türträgern;
c) mehr als zwei Verbindungsstellen in einem der oberen oder unteren seitlichen Längsträgern;
d) eine Verbindungsstelle in einer Türschwelle oder in einem Eckpfosten;
e) Türscharniere und Beschläge, die verklemmt, verdreht, zerbrochen, nicht vorhanden oder in anderer Art und Weise nicht funktionsfähig sind;
f) undichte Dichtungen und Verschlüsse;

g) jede Verwindung der Konstruktion eines Schüttgut-Containers oder Containers, die stark genug ist, um eine ordnungsgemäße Positionierung des Umschlaggeräts, ein Aufsetzen und ein Sichern auf Fahrgestellen oder Fahrzeugen zu verhindern;

h) jede Beschädigung an Hebeeinrichtungen oder an den Aufnahmepunkten für die Umschlagseinrichtungen;

i) jede Beschädigung an der Bedienungsausrüstung oder der betrieblichen Ausrüstung.

7.3.2 Vorschriften für die Beförderung in loser Schüttung bei Anwendung des Unterabschnitts 7.3.1.1 a)

7.3.2.1 Zusätzlich zu den allgemeinen Vorschriften des Abschnitts 7.3.1 gelten die Vorschriften dieses Abschnitts. Die Codes «BK 1», «BK 2» und «BK 3» in Kapitel 3.2 Tabelle A Spalte 10 haben folgende Bedeutung:

BK 1: Die Beförderung in bedeckten Schüttgut-Containern ist zugelassen.

BK 2: Die Beförderung in geschlossenen Schüttgut-Containern ist zugelassen.

BK 3: Die Beförderung in flexiblen Schüttgut-Containern ist zugelassen.

7.3.2.2 Der verwendete Schüttgut-Container muss den Vorschriften des Kapitels 6.11 entsprechen.

7.3.2.3 Güter der Klasse 4.2

Die in einem Schüttgut-Container beförderte Gesamtmasse muss so bemessen sein, dass die Selbstentzündungstemperatur größer als 55 °C ist.

7.3.2.4 Güter der Klasse 4.3

Diese Güter müssen in wasserdichten Schüttgut-Containern befördert werden.

7.3.2.5 Güter der Klasse 5.1

Die Schüttgut-Container müssen so gebaut oder angepasst sein, dass die Güter nicht mit Holz oder anderen unverträglichen Werkstoffen in Berührung kommen.

10

7.3.2.6 Güter der Klasse 6.2

7.3.2.6.1 Tierische Stoffe der Klasse 6.2

Tierische Stoffe, die ansteckungsgefährliche Stoffe (UN-Nummern 2814, 2900 und 3373) enthalten, sind zur Beförderung in Schüttgut-Containern zugelassen, sofern folgende Vorschriften erfüllt werden:

a) Bedeckte Schüttgut-Container BK 1 sind zugelassen, vorausgesetzt, sie werden nicht bis zum höchstzulässigen Fassungsraum befüllt, um zu verhindern, dass Stoffe mit der Abdeckung in Berührung kommen. Geschlossene Schüttgut-Container BK 2 sind ebenfalls zugelassen.

b) Geschlossene und bedeckte Schüttgut-Container und ihre Öffnungen müssen bauartbedingt dicht sein oder durch Anbringen einer geeigneten Auskleidung abgedichtet werden.

c) Die tierischen Stoffe müssen vollständig mit einem geeigneten Desinfektionsmittel behandelt werden, bevor sie für die Beförderung verladen werden.

d) Bedeckten Schüttgut-Container müssen mit einer zusätzlichen oberen Auskleidung bedeckt werden, die durch saugfähiges Material, das mit einem geeigneten Desinfektionsmittel behandelt ist, beschwert ist.

e) Geschlossene oder bedeckte Schüttgut-Container dürfen erst nach gründlicher Reinigung und Desinfektion wieder verwendet werden.

Bem. Zusätzliche Vorschriften können von den entsprechenden nationalen Gesundheitsbehörden festgelegt werden.

7.3.2.6.2 Abfälle der Klasse 6.2 (UN-Nummer 3291)

a) (bleibt offen)

b) Geschlossene Schüttgut-Container und ihre Öffnungen müssen bauartbedingt dicht sein. Diese Schüttgut-Container müssen nicht poröse innere Oberflächen haben und müssen frei von Rissen oder anderen Eigenschaften sein, die zu einer Beschädigung der darin enthaltenen Verpackungen, einer Verhinderung der Desinfektion oder einer unbeabsichtigten Freisetzung führen könnten.

c) Abfälle der UN-Nummer 3291 müssen innerhalb der geschlossenen Schüttgut-Container in UN-bauartgeprüften und -zugelassenen flüssigkeitsdicht verschlossenen Kunststoffsäcken enthalten sein, die für feste Stoffe der Verpackungsgruppe II geprüft und gemäß Unterabschnitt 6.1.3.1 gekennzeichnet sind. Diese Kunststoffsäcke müssen in der Lage sein, den Prüfungen für die Reiß- und Schlagfestigkeit gemäß ISO 7765-1:1988 «Kunststofffolien und -bahnen – Bestimmung der Schlagfestigkeit nach dem Fallhammerverfahren – Teil 1: Eingrenzungsverfahren» und ISO 6383-2:1983 «Kunststoffe – Folien und Bahnen – Bestimmung der Reißfestigkeit – Teil 2: Elmendorf-Verfahren» standzuhalten. Jeder Kunststoffsack muss eine Schlagfestigkeit von mindestens 165 g und eine Reißfestigkeit von mindestens 480 g sowohl in paralleler als auch in senkrechter Ebene zur Länge des Kunststoffsacks haben. Die Nettomasse jedes Kunststoffsacks darf höchstens 30 kg betragen.

d) Einzelne Gegenstände mit einer Masse von mehr als 30 kg, wie verschmutzte Matratzen, dürfen mit Genehmigung der zuständigen Behörde ohne Kunststoffsack befördert werden.

e) Abfälle der UN-Nummer 3291, die flüssige Stoffe enthalten, dürfen nur in Kunststoffsäcken befördert werden, die ausreichend saugfähiges Material enthalten, um die gesamte Menge flüssiger Stoffe aufzusaugen, ohne dass davon etwas in den Schüttgut-Container gelangt.

f) Abfälle der UN-Nummer 3291, die scharfe Gegenstände enthalten, dürfen nur in UN-bauartgeprüften und -zugelassenen starren Verpackungen befördert werden, die den Vorschriften der Verpackungsanweisung P 621, IBC 620 oder LP 621 entsprechen.

g) Starre Verpackungen gemäß Verpackungsanweisung P 621, IBC 620 oder LP 621 dürfen ebenfalls verwendet werden. Sie müssen ordnungsgemäß gesichert sein, um unter normalen Beförderungsbedingungen Beschädigungen zu verhindern. Abfälle in starren Verpackungen und Kunststoffsäcken, die zusammen in demselben geschlossenen Schüttgut-Container befördert werden, müssen ausreichend voneinander getrennt sein, z.B. durch geeignete starre Absperrungen oder Trennwände, Maschennetze oder andere Mittel zur Sicherung, um eine Beschädigung der Verpackungen unter normalen Beförderungsbedingungen zu verhindern.

h) Abfälle der UN-Nummer 3291 in Kunststoffsäcken dürfen in geschlossenen Schüttgut-Containern nicht so stark komprimiert werden, dass die Säcke nicht mehr dicht bleiben.

i) Nach jeder Beförderung muss der geschlossene Schüttgut-Container auf ausgetretenes oder verschüttetes Ladegut untersucht werden. Wenn Abfälle der UN-Nummer 3291 in einem geschlossenen Schüttgut-Container ausgetreten sind und verschüttet wurden, darf dieser erst nach gründlicher Reinigung und, soweit erforderlich, nach Desinfektion oder Dekontamination mit einem geeigneten Mittel wieder verwendet werden. Mit Ausnahme von medizinischen oder veterinärmedizinischen Abfällen dürfen keine anderen Güter zusammen mit Abfällen der UN-Nummer 3291 befördert werden. Diese anderen, in demselben geschlossenen Schüttgut-Container beförderten Abfälle müssen auf eventuelle Kontaminationen untersucht werden.

7.3.2.7 **Stoffe der Klasse 7**

Für die Beförderung unverpackter radioaktiver Stoffe siehe Absatz 4.1.9.2.4.

7.3.2.8 **Güter der Klasse 8**

Diese Güter müssen in wasserdichten Schüttgut-Containern befördert werden.

7.3.2.9 Güter der Klasse 9

7.3.2.9.1 Für UN 3509 dürfen nur geschlossene Schüttgut-Container (Code BK 2) verwendet werden. Die Schüttgut-Container müssen flüssigkeitsdicht sein oder mit einer flüssigkeitsdichten, durchstoßfesten und dicht verschlossenen Auskleidung oder einem flüssigkeitsdichten, durchstoßfesten und dicht verschlossenen Sack ausgerüstet sein und müssen über Mittel verfügen, um die während der Beförderung möglicherweise austretende freie Flüssigkeit zurückzuhalten, z.B. saugfähiges Material. Leere, ungereinigte Altverpackungen mit Rückständen der Klasse 5.1 dürfen in Schüttgut-Containern befördert werden, die so gebaut oder angepasst sind, dass die Güter nicht mit Holz oder anderen brennbaren Werkstoffen in Berührung kommen können.

7.3.2.10 Verwendung von flexiblen Schüttgut-Containern

Bem. Flexible Schüttgut-Container, die nach Unterabschnitt 6.11.5.5 gekennzeichnet sind, aber in einem Staat zugelassen wurden, der keine Vertragspartei des ADR ist, dürfen dennoch für Beförderungen gemäß ADR verwendet werden.

7.3.2.10.1 Bevor ein flexibler Schüttgut-Container befüllt wird, ist eine Sichtprüfung vorzunehmen, um sicherzustellen, dass er in bautechnischer Hinsicht geeignet ist, seine Gewebeschlaufen, seine lasttragenden Gurtbänder, sein Gewebe und die Teile der Verschlusseinrichtung, einschließlich Metall- und Textilteile, keine Ausbuchtungen oder Schäden aufweisen und dass die Innenauskleidungen keine Schlitze, Risse oder andere Beschädigungen aufweisen.

7.3.2.10.2 Die zugelassene Verwendungsdauer von flexiblen Schüttgut-Containern für die Beförderung gefährlicher Güter beträgt zwei Jahre ab dem Zeitpunkt der Herstellung.

7.3.2.10.3 Wenn sich innerhalb des flexiblen Schüttgut-Containers eine gefährliche Anreicherung von Gasen entwickeln kann, muss eine Lüftungseinrichtung angebracht sein. Das Ventil muss so ausgelegt sein, dass unter normalen Beförderungsbedingungen das Eindringen fremder Stoffe oder von Wasser verhindert wird.

7.3.2.10.4 Flexible Schüttgut-Container müssen so befüllt werden, dass beim Verladen das Verhältnis Höhe zu Breite 1,1 nicht überschreitet. Die höchstzulässige Bruttomasse der flexiblen Schüttgut-Container darf 14 Tonnen nicht überschreiten.

10

7.3.3 Vorschriften für die Beförderung in loser Schüttung bei Anwendung des Unterabschnitts 7.3.1.1 b)
► *7.5.1.4*

7.3.3.1 Zusätzlich zu den allgemeinen Vorschriften des Abschnitts 7.3.1 gelten die Vorschriften dieses Abschnitts, wenn sie in Kapitel 3.2 Tabelle A Spalte 17 bei einer Eintragung angegeben sind. Die nach den Vorschriften dieses Abschnitts verwendeten bedeckten Fahrzeuge, gedeckten Fahrzeuge, bedeckten Container oder geschlossenen Container müssen nicht den Vorschriften des Kapitels 6.11 entsprechen. Die Codes VC 1, VC 2 und VC 3 in Kapitel 3.2 Tabelle A Spalte 17 haben folgende Bedeutung:

Bem. Wenn in Kapitel 3.2 Tabelle A Spalte 17 der Code VC 1 angegeben ist, darf daher für den Landverkehr auch ein BK 1-Schüttgut-Container verwendet werden, sofern die ergänzenden Vorschriften des Unterabschnitts 7.3.3.2 erfüllt werden. Wenn in Kapitel 3.2 Tabelle A Spalte 17 der Code VC 2 angegeben ist, darf daher für den Landverkehr auch ein BK 2-Schüttgut-Container für die Beförderung verwendet werden, sofern die ergänzenden Vorschriften des Unterabschnitts 7.3.3.2 erfüllt werden.

VC 1 Die Beförderung in loser Schüttung in bedeckten Fahrzeugen, in bedeckten Containern oder in bedeckten Schüttgut-Containern ist zugelassen.

VC 2 Die Beförderung in loser Schüttung in gedeckten Fahrzeugen, in geschlossenen Containern oder in geschlossenen Schüttgut-Containern ist zugelassen.

VC 3 Die Beförderung in loser Schüttung in besonders ausgerüsteten Fahrzeugen oder Containern, die den von der zuständigen Behörde des Ursprungslandes festgelegten Normen entsprechen, ist zugelassen. Ist das Ursprungsland keine Vertragspartei des ADR, so müssen die festgelegten Bedingungen von der zuständigen Behörde der ersten von der Sendung berührten Vertragspartei des ADR anerkannt werden.

7.3.3.2 Wenn die Codes VC für die Beförderung in loser Schüttung verwendet werden, gelten die folgenden in Kapitel 3.2 Tabelle A Spalte 17 angegebenen ergänzenden Vorschriften:

7.3.3.2.1 Güter der Klasse 4.1

AP1 Fahrzeuge und Container müssen einen Aufbau aus Metall haben; Planen müssen, sofern angebracht, nichtbrennbar sein.

AP2 Fahrzeuge und Container müssen über eine angemessene Belüftung verfügen.

7.3.3.2.2 Güter der Klasse 4.2

AP1 Fahrzeuge und Container müssen einen Aufbau aus Metall haben; Planen müssen, sofern angebracht, nichtbrennbar sein.

7.3.3.2.3 Güter der Klasse 4.3

AP2 Fahrzeuge und Container müssen über eine angemessene Belüftung verfügen.

AP3 Bedeckte Fahrzeuge und bedeckte Container dürfen nur verwendet werden, wenn der Stoff in Stücken (nicht als Pulver, Granulat, Staub oder Asche) vorliegt.

AP4 Gedeckte Fahrzeuge und geschlossene Container müssen mit luftdicht verschlossenen Öffnungen für das Befüllen und Entleeren ausgerüstet sein, um das Austreten von Gas zu verhindern und das Eindringen von Feuchtigkeit auszuschließen.

AP5 Die Ladetüren der gedeckten Fahrzeuge oder der geschlossenen Container müssen mit folgendem Kennzeichen versehen sein, wobei die Buchstaben-höhe mindestens 25 mm betragen muss:

«ACHTUNG
KEINE BELÜFTUNG
VORSICHTIG ÖFFNEN»

Diese Angaben müssen in einer Sprache abgefasst sein, die vom Absender als geeignet angesehen wird.

7.3.3.2.4 Güter der Klasse 5.1

AP6 Wenn das Fahrzeug oder der Container aus Holz oder einem anderen brennbaren Werkstoff hergestellt ist, muss eine undurchlässige brandbeständige Auskleidung oder eine Beschichtung aus Natriumsilicat oder einem ähnlichen Stoff vorgesehen sein. Planen müssen ebenfalls undurchlässig und nichtbrennbar sein.

AP7 Die Beförderung in loser Schüttung darf nur als geschlossene Ladung durchgeführt werden.

7.3.3.2.5 Güter der Klasse 6.1

AP7 Die Beförderung in loser Schüttung darf nur als geschlossene Ladung durchgeführt werden.

7.3.3.2.6 Güter der Klasse 8

AP7 Die Beförderung in loser Schüttung darf nur als geschlossene Ladung durchgeführt werden.

AP8 Bei der Auslegung der Laderäume der Fahrzeuge oder Container müssen mögliche Restströme und der mögliche Aufprall von Batterien berücksichtigt werden.

Die Laderäume der Fahrzeuge oder Container müssen aus Stahl bestehen, der gegen die in den Batterien enthaltenen ätzenden Stoffe beständig ist. Weniger beständige Stähle dürfen verwendet werden, wenn entweder eine ausreichend starke Wanddicke oder eine gegen die ätzenden Stoffe beständige Beschichtung oder Auskleidung aus Kunststoff vorhanden ist.

Bem. Als beständig gelten Stähle, die bei Einwirkung der ätzenden Stoffe eine Korrosionsrate von höchstens 0,1 mm pro Jahr aufweisen.

Die Laderäume der Fahrzeuge oder Container dürfen nicht über die Höhe der Wände hinaus beladen werden.

Die Beförderung ist auch in Kleincontainern aus Kunststoff zugelassen, die bei -18 °C einer Fallprüfung unter voller Beladung aus 0,8 m Höhe auf eine harte Oberfläche ohne Bruch standhalten können.

7.3.3.2.7 Güter der Klasse 9

AP2 Fahrzeuge und Container müssen über eine angemessene Belüftung verfügen.

AP9 Die Beförderung von festen Stoffen (Stoffe oder Gemische wie Präparate, Zubereitungen und Abfälle), die durchschnittlich nicht mehr als 1000 mg/kg an Stoffen der zugeordneten UN-Nummer enthalten, ist zugelassen. Die Konzentration dieses Stoffes oder dieser Stoffe darf an keiner Stelle der Ladung höher als 10000 mg/kg sein.

AP10 Fahrzeuge und Container müssen flüssigkeitsdicht sein oder mit einer flüssigkeitsdichten, durchstoßfesten und dicht verschlossenen Auskleidung oder einem flüssigkeitsdichten, durchstoßfesten und dicht verschlossenen Sack ausgerüstet sein und müssen über Mittel verfügen, um die während der Beförderung möglicherweise austretende freie Flüssigkeit zurückzuhalten, z.B. saugfähiges Material. Leere, ungereinigte Altverpackungen mit Rückständen der Klasse 5.1 müssen in Fahrzeugen und Containern befördert werden, die so gebaut oder angepasst sind, dass die Güter nicht mit Holz oder anderen brennbaren Werkstoffen in Berührung kommen können.

Kapitel 7.4
Vorschriften für die Beförderung in Tanks

7.4.1 Ein gefährliches Gut darf in Tanks nur befördert werden, wenn in der Spalte 10 oder 12 des Kapitels 3.2 Tabelle A eine Tankcodierung angegeben ist oder eine zuständige Behörde eine Zulassung gemäß Unterabschnitt 6.7.1.3 erteilt hat. Bei der Beförderung müssen die Vorschriften des Kapitels 4.2, 4.3, 4.4 bzw. 4.5 eingehalten werden. Die Fahrzeuge, unabhängig davon, ob es sich dabei um starre Fahrzeuge, Zugfahrzeuge, Anhänger oder Sattelanhänger handelt, müssen die jeweiligen Vorschriften der Kapitel 9.1, 9.2 und 9.7 bezüglich des gemäß Kapitel 3.2 Tabelle A Spalte 14 zu verwendenden Fahrzeugs erfüllen.

7.4.2 Die gemäß Unterabschnitt 9.1.1.2 durch den Code EX/III, FL oder AT bezeichneten Fahrzeuge sind wie folgt zu verwenden:

- wenn ein Fahrzeug EX/III vorgeschrieben ist, darf nur ein Fahrzeug EX/III verwendet werden;
- wenn ein Fahrzeug FL vorgeschrieben ist, darf nur ein Fahrzeug FL verwendet werden;
- wenn ein Fahrzeug AT vorgeschrieben ist, dürfen Fahrzeuge AT und FL verwendet werden.

Kapitel 9.5

Ergänzende Vorschriften für die Herstellung der Aufbauten vollständiger oder vervollständigter Fahrzeuge zur Beförderung fester gefährlicher Güter in loser Schüttung

9.5.1 Die Verbrennungsheizgeräte müssen folgenden Vorschriften genügen:

a) der Schalter darf außerhalb des Fahrerhauses angebracht sein;

b) das Gerät muss außerhalb des Laderaums abgeschaltet werden können und

c) es muss nicht nachgewiesen werden, dass der Wärmetauscher der Luftheizgeräte einer beschränkten Nachlaufzeit widersteht.

9.5.2 Wenn das Fahrzeug zur Beförderung gefährlicher Güter bestimmt ist, für die ein Zettel nach Muster 4.1, 4.3 oder 5.1 vorgeschrieben ist, darf im Laderaum kein Kraftstoffbehälter, keine Energiequelle, kein Einlass für Verbrennungs- oder Heizungsluft und kein Auslass von Abgasrohren, die zum Betrieb eines Verbrennungsheizgerätes erforderlich sind, eingebaut sein. Es ist sicherzustellen, dass die Heißluftöffnung nicht durch die Ladung blockiert werden kann. Die Temperatur, der die Ladung ausgesetzt ist, darf 50 °C nicht überschreiten. Im Laderaum angebrachte Heizgeräte müssen so beschaffen sein, dass die Entzündung einer explosiven Atmosphäre unter Betriebsbedingungen verhindert wird.

9.5.3 Die Aufbauten von Fahrzeugen zur Beförderung gefährlicher fester Stoffe in loser Schüttung müssen je nach Fall den Vorschriften der Kapitel 6.11 und 7.3 entsprechen, und zwar einschließlich der Vorschriften des Abschnittes 7.3.2 oder 7.3.3, die gemäß den Angaben in Kapitel 3.2 Tabelle A Spalte 10 bzw. 17 für einen bestimmten Stoff anwendbar sein können.

Abschnitt 4.2.5

Anweisungen und Sondervorschriften für ortsbewegliche Tanks

4.2.5.1 Allgemeines

4.2.5.1.1 Dieser Abschnitt enthält die Anweisungen für ortsbewegliche Tanks und die Sondervorschriften, die für die in ortsbeweglichen Tanks zugelassenen gefährlichen Stoffe anwendbar sind. Jede Anweisung für ortsbewegliche Tanks ist durch einen alphanummerischen Code (T1 bis T75) gekennzeichnet. Die Gefahrgutliste in Kapitel 3.2 enthält die für jeden für die Beförderung in ortsbeweglichen Tanks zugelassenen Stoff anwendbare Anweisung für ortsbewegliche Tanks. Wenn für ein bestimmtes gefährliches Gut in der Gefahrgutliste keine Anweisung für ortsbewegliche Tanks angegeben ist, ist die Beförderung dieses Stoffes in ortsbeweglichen Tanks nicht zugelassen, es sei denn, eine zuständige Behörde hat eine Zulassung gemäß 6.7.1.3 erteilt. In der Gefahrgutliste in Kapitel 3.2 sind bestimmten gefährlichen Stoffen Sondervorschriften für ortsbewegliche Tanks zugeordnet. Jede Sondervorschrift für ortsbewegliche Tanks ist durch einen alphanummerischen Code (z.B. TP1) gekennzeichnet. In 4.2.5.3 ist eine Aufzählung der Sondervorschriften für ortsbewegliche Tanks aufgeführt.

Bemerkung: Die zur Beförderung in MEGC zugelassenen Gase sind in der Spalte "MEGC" in den Tabellen 1 und 2 der Verpackungsanweisung P 200 in 4.1.4.1 angegeben.

4.2.5.2 Anweisungen für ortsbewegliche Tanks

4.2.5.2.1 Die Anweisungen für ortsbewegliche Tanks gelten für gefährliche Stoffe der Klassen 1 bis 9. Die Anweisungen für ortsbewegliche Tanks geben spezifische Auskunft über die für bestimmte Stoffe anwendbaren Vorschriften für ortsbewegliche Tanks. Diese Vorschriften müssen zusätzlich zu den allgemeinen Vorschriften dieses Kapitel und des Kapitels 6.7 erfüllt werden.

4.2.5.2.2 Für Stoffe der Klassen 1 und 3 bis 9 geben die Anweisungen für ortsbewegliche Tanks den anzuwendenden Mindestprüfdruck, die Mindestwanddicke des Tankkörpers (für Bezugsstahl), Vorschriften für die Bodenöffnungen und die Druckentlastungseinrichtung an. In der Anweisung für ortsbewegliche Tanks T 23 sind die selbstzersetzlichen Stoffe der Klasse 4.1 und die organischen Peroxide der Klasse 5.2, die zur Beförderung in ortsbeweglichen Tanks zugelassen sind, sowie die anzuwendenden Kontroll- und Notfalltemperaturen angegeben.

4.2.5.2.3 Nicht tiefgekühlt verflüssigte Gase sind der Anweisung für ortsbewegliche Tanks T 50 zugeordnet, die für jedes zur Beförderung in ortsbeweglichen Tanks zugelassene nicht tiefgekühlt verflüssigte Gas den höchstzulässigen Betriebsdruck sowie die Vorschriften für die Bodenöffnungen, die Druckentlastungseinrichtungen und den Füllungsgrad angibt.

4.2.5.2.4 Tiefgekühlt verflüssigte Gase sind der Anweisung für ortsbewegliche Tanks T75 zugeordnet.

4.2.5.2.5 Bestimmung der entsprechenden Anweisung für ortsbewegliche Tanks

Wird in der Gefahrgutliste bei einer bestimmten Eintragung eines gefährlichen Gutes eine bestimmte Anweisung für ortsbewegliche Tanks angegeben, dürfen auch andere ortsbewegliche Tanks verwendet werden, die Anweisungen entsprechen, die höhere Prüfdrücke, größere Wanddicken der Tankkörper und strengere Anforderungen für die Bodenöffnungen und Druckentlastungseinrichtungen vorschreiben. Die folgenden Richtlinien dienen zur Bestimmung eines geeigneten ortsbeweglichen Tanks, der für die Beförderung eines bestimmten Stoffes verwendet werden darf:

Anweisung für ortsbewegliche Tanks	Weitere zugelassene Anweisungen für ortsbewegliche Tanks
T1	T2, T3, T4, T5, T6, T7, T8, T9, T10, T11, T12, T13, T14, T15, T16, T17, T18, T19, T20, T21, T22
T2	T4, T5, T7, T8, T9, T10, T11, T12, T13, T14, T15, T16, T17, T18, T19, T20, T21, T22
T3	T4, T5, T6, T7, T8, T9, T10, T11, T12, T13, T14, T15, T16, T17, T18, T19, T20, T21, T22
T4	T5, T7, T8, T9, T10, T11, T12, T13, T14, T15, T16, T17, T18, T19, T20, T21, T22
T5	T10, T14, T19, T20, T22
T6	T7, T8, T9, T10 ,T11, T12, T13, T14, T15, T16, T17, T18, T19, T20, T21, T22
T7	T8, T9, T10, T11, T12, T13, T14, T15, T16, T17, T18, T19, T20, T21, T22
T8	T9, T10, T13, T14, T19, T20, T21, T22
T9	T10, T13, T14, T19, T20, T21, T22
T10	T14, T19, T20, T22
T11	T12, T13, T14, T15, T16, T17, T18, T19, T20, T21, T22
T12	T14, T16, T18, T19, T20, T22
T13	T14, T19, T20, T21, T22
T14	T19, T20, T22
T15	T16, T17, T18, T19, T20, T21, T22
T16	T18, T19, T20, T22
T17	T18, T19, T20, T21, T22
T18	T19, T20, T22
T19	T20, T22
T20	T22
T21	T22
T22	keine
T23	keine
T50	keine

4.2.5.2.6 Anweisungen für ortsbewegliche Tanks

Die Anweisungen für ortsbewegliche Tanks legen die Anforderungen an einen ortsbeweglichen Tank fest, der für die Beförderung eines bestimmten Stoffes verwendet wird. Die Anweisungen für ortsbewegliche Tanks T1 bis T22 legen die anwendbaren Mindestprüfdrücke, Mindestwanddicken des Tankkörpers (in mm Bezugsstahl) und die Vorschriften für die Druckentlastungseinrichtungen und Bodenöffnungen fest.

T1 – T22	Anweisungen für ortsbewegliche Tanks			T1 – T22
Diese Anweisungen für ortsbewegliche Tanks gelten für flüssige und feste Stoffe der Klassen 1 und 3 bis 9. Die allgemeinen Vorschriften des Abschnitts 4.2.1 und die Vorschriften des Abschnitts 6.7.2 sind einzuhalten.				
Anweisung für ortsbewegliche Tanks	**Mindestprüfdruck (bar)**	**Mindestwanddicke des Tankkörpers (in mm Bezugsstahl) (siehe 6.7.2.4)**	**Anforderungen an Druckentlastungseinrichtungen (siehe 6.7.2.8[1])**	**Anforderungen an Bodenöffnungen[2] (siehe 6.7.2.6)**
T1	1,5	siehe 6.7.2.4.2	normal	siehe 6.7.2.6.2
T2	1,5	siehe 6.7.2.4.2	normal	siehe 6.7.2.6.3
T3	2,65	siehe 6.7.2.4.2	normal	siehe 6.7.2.6.2
T4	2,65	siehe 6.7.2.4.2	normal	siehe 6.7.2.6.3
T5	2,65	siehe 6.7.2.4.2	siehe 6.7.2.8.3	nicht zugelassen
T6	4	siehe 6.7.2.4.2	normal	siehe 6.7.2.6.2
T7	4	siehe 6.7.2.4.2	normal	siehe 6.7.2.6.3
T8	4	siehe 6.7.2.4.2	normal	nicht zugelassen
T9	4	6 mm	normal	nicht zugelassen
T10	4	6 mm	siehe 6.7.2.8.3	nicht zugelassen
T11	6	siehe 6.7.2.4.2	normal	siehe 6.7.2.6.3
T12	6	siehe 6.7.2.4.2	siehe 6.7.2.8.3	siehe 6.7.2.6.3
T13	6	6 mm	normal	nicht zugelassen
T14	6	6 mm	siehe 6.7.2.8.3	nicht zugelassen
T15	10	siehe 6.7.2.4.2	normal	siehe 6.7.2.6.3
T16	10	siehe 6.7.2.4.2	siehe 6.7.2.8.3	siehe 6.7.2.6.3
T17	10	6 mm	normal	siehe 6.7.2.6.3
T18	10	6 mm	siehe 6.7.2.8.3	siehe 6.7.2.6.3
T19	10	6 mm	siehe 6.7.2.8.3	nicht zugelassen
T20	10	8 mm	siehe 6.7.2.8.3	nicht zugelassen
T21	10	10 mm	normal	nicht zugelassen
T22	10	10 mm	siehe 6.7.2.8.3	nicht zugelassen

[1] Wenn der Ausdruck „normal“ angegeben ist, gelten alle Vorschriften von 6.7.2.8 mit Ausnahme von 6.7.2.8.3.

[2] Wenn in dieser Spalte „nicht zugelassen“ angegeben ist, sind die Bodenöffnungen nicht zugelassen, wenn der zu befördernde Stoff flüssig ist (siehe 6.7.2.6.1). Wenn der zu befördernde Stoff bei allen unter normalen Beförderungsbedingungen auftretenden Temperaturen ein fester Stoff ist, sind Bodenöffnungen, die den Vorschriften in 6.7.2.6.2 entsprechen, zugelassen.

T23	Anweisung für ortsbewegliche Tanks							T23
Diese Anweisung für ortsbewegliche Tanks gilt für selbstzersetzliche Stoffe der Klasse 4.1 und organische Peroxide der Klasse 5.2. Die allgemeinen Vorschriften von 4.2.1 und die Vorschriften von 6.7.2 sind einzuhalten. Die besonderen Vorschriften für selbstzersetzliche Stoffe der Klasse 4.1 und organische Peroxide der Klasse 5.2 in 4.2.1.13 sind ebenfalls einzuhalten. Die nachstehend aufgeführten Zubereitungen dürfen, gegebenenfalls mit denselben Kontroll- und Notfalltemperaturen, auch gemäß 4.1.4.1 Verpackungsanweisung P520 Verpackungsmethode OP8 verpackt befördert werden.								
UN-Nr.	**Stoff**	**Mindestprüfdruck (bar)**	**Mindestwanddicke des Tankkörpers (in mm Bezugsstahl)**	**Anforderungen an Bodenöffnungen**	**Anforderungen an Druckentlastungseinrichtungen**	**Füllungsgrad**	**Kontrolltemperatur**	**Notfalltemperatur**
3109	**ORGANISCHES PEROXID, TYP F, FLÜSSIG** tert-Butylhydroperoxid[1] höchstens 72% mit Wasser Cumylhydroperoxid höchstens 90% in Verdünnungsmittel Typ A Di-tert-butylperoxid, höchstens 32% in Verdünnungsmittel Typ A Isopropylcumylhycroperoxid, höchstens 72% in Verdünnungsmittel Typ A p-Menthylhydroperoxid, höchstens 72% in Verdünnungsmittel Typ A Pinanylhydroperoxid, höchstens 56% in Verdünnungsmittel Typ A	4	siehe 6.7.2.4.2	siehe 6.7.2.6.3	siehe 6.7.2.8.2, 4.2.1.13.6 4.2.1.13.7 4.2.1.13.8	4.2.1.13.13		
3110	**ORGANISCHES PEROXID TYP F, FEST** Dicumylperoxid[2]	4	siehe 6.7.2.4.2	siehe 6.7.2.6.3	siehe 6.7.2.8.2, 4.2.1.13.6, 4.2.1.13.7, 4.2.1.13.8	siehe 4.2.1.13.13	-	-

UN-Nr.	Stoff	Mindestprüfdruck (bar)	Mindestwanddicke des Tankkörpers (in mm Bezugsstahl)	Anforderungen an Bodenöffnungen	Anforderungen an Druckentlastungseinrichtungen	Füllungsgrad	Kontrolltemperatur	Notfalltemperatur
3119	**ORGANISCHES PEROXID, TYP F, FLÜSSIG, TEMPERATURKONTROLLIERT**	4	siehe 6.7.2.4.2	siehe 6.7.2.6.3	siehe 6.7.2.8.2, 4.2.1.13.6, 4.2.1.13.7, 4.2.1.13.8	siehe 4.2.1.13.13	[3]	[3]
	Tert-Amylperoxyneodecanoat, höchstens 47 % in Verdünnungsmittel Typ A						-10 °C	- 5 °C
	tert-Butylperoxyacetat, höchstens 32% in Verdünnungsmittel Typ B						+30 °C	+35 °C
	tert-Butylperoxy-2-ethylhexanoat, höchstens 32% in Verdünnungsmittel Typ B						+15 °C	+20 °C
	tert-Butylperoxypivalat, höchstens 27% in Verdünnungsmittel Typ B						+5 °C	+10 °C
	tert-Butylperoxy-3,5,5-trimethylhexanoat, höchstens 32% in Verdünnungsmittel Typ B						+35 °C	+40 °C
	Di-(3,5,5-trimethylhexanoyl) peroxid höchstens 38% in Verdünnungsmittel Typ A oder Typ B						0 °C	+5°C
	Peroxyessigsäure, destilliert, stabilisiert [4]						+30 °C	+35 °C

11

UN-Nr.	Stoff	Mindest-prüf-druck (bar)	Mindest-wanddicke des Tank-körpers (in mm Bezugsstahl)	Anforde-rungen an Boden-öffnungen	Anforde-rungen an Druckent-lastungsein-richtungen	Füllungs-grad	Kon-troll-tem-pera-tur	Not-fall-tem-pera-tur
3120	**ORGANISCHES PEROXID, TYP F, FEST, TEMPERATUR-KONTROLLIERT**	4	siehe 6.7.2.4.2	siehe 6.7.2.6.3	siehe 6.7.2.8.2, 4.2.1.13.6, 4.2.1.13.7, 4.2.1.13.8	siehe 4.2.1.13.13	[3]	[3]
3229	**SELBSTZERSETZ-LICHER STOFF, TYP F, FLÜSSIG**	4	siehe 6.7.2.4.2	siehe 6.7.2.6.3	siehe 6.7.2.8.2, 4.2.1.13.6, 4.2.1.13.7, 4.2.1.13.8	siehe 4.2.1.13.13	-	-
3230	**SELBSTZERSETZ-LICHER STOFF, TYP F, FEST**	4	siehe 6.7.2.4.2	siehe 6.7.2.6.3	siehe 6.7.2.8.2, 4.2.1.13.6, 4.2.1.13.7, 4.2.1.13.8	siehe 4.2.1.13.13	-	-
3239	**SELBSTZERSETZ-LICHER STOFF, TYP F, FLÜSSIG, TEMPERATUR-KONTROLLIERT**	4	siehe 6.7.2.4.2	siehe 6.7.2.6.3	siehe 6.7.2.8.2, 4.2.1.13.6, 4.2.1.13.7, 4.2.1.13.8	siehe 4.2.1.13.13	[3]	[3]
3240	**SELBSTZERSETZ-LICHER STOFF, TYP F, FEST TEMPERATUR-KONTROLLIERT**	4	siehe 6.7.2.4.2	siehe 6.7.2.6.3	siehe 6.7.2.8.2, 4.2.1.13.6, 4.2.1.13.7, 4.2.1.13.8	siehe 4.2.1.13.13	[3]	[3]

[1] *Vorausgesetzt, es wurden Maßnahmen ergriffen, um eine gleichwertige Sicherheit wie bei 65 % tert-Butylhydroperoxid und 35 % Wasser zu erreichen.*
[2] *Höchstmenge je ortsbeweglichen Tank: 2000 kg.*
[3] *Wie von der zuständigen Behörde zugelassen.*
[4] *Eine Zubereitung, die aus der Destillation von Peroxyessigsäure aus Peroxyessigsäure mit einer Konzentration von höchstens 41 % mit Wasser abgeleitet wird, Gesamtgehalt an Aktivsauerstoff (Peroxyessigsäure + H_2O_2) $\leq$ 9,5 %, und die die Kriterien von 2.5.3.3.2.6 erfüllt. Placard für die Zusatzgefahr „ÄTZEND“ (Muster 8 siehe 5.2.2.2.2) erforderlich.*

T50	Anweisung für ortsbewegliche Tanks	T50
Diese Anweisung für ortsbewegliche Tanks gilt für nicht tiefgekühlt verflüssigte Gase. Die allgemeinen Vorschriften in 4.2.2 und die Vorschriften in 6.7.3 sind einzuhalten.		

UN-Nr.	Nicht tiefgekühlt verflüssigte Gase	Höchstzulässiger Betriebsdruck (bar) klein; ohne Sonnenschutz; mit Sonnenschutz; isoliert [1]	Öffnungen unterhalb des Flüssigkeitsspiegels	Anforderungen an Druckentlastungseinrichtungen [2] (siehe 6.7.3.7)	Höchster Füllungsgrad (kg/l)
1005	Ammoniak, wasserfrei	29,0 25,7 22,0 19,7	zugelassen	siehe 6.7.3.7.3	0,53
1009	Bromtrifluormethan (Gas als Kältemittel R 13B1)	38,0 34,0 30,0 27,5	zugelassen	Normal	1,13
1010	Butandiene, stabilisiert	7,5 7,0 7,0 7,0	zugelassen	Normal	0,55
1010	Butadiene und Kohlenwasserstoff, Gemisch, stabilisiert, mit mehr als 40% Butadiene	siehe Begriffsbestimmungen für höchstzulässiger Betriebsdruck in 6.7.3.1	zugelassen	Normal	siehe 4.2.2.7
1011	Butan	7,0 7,0 7,0 7,0	zugelassen	Normal	0,51
1012	But-2-ene	8,0 7,0 7,0 7,0	zugelassen	Normal	0,53
1017	Chlor	19,0 17,0 15,0 13,5	nicht zugelassen	siehe 6.7.3.7.3	1,25
1018	Chlordifluormethan (Gas als Kältemittel R 22)	26,0 24,0 21,0 19,0	zugelassen	Normal	1,03
1020	Chlorpentafluorethan (Gas als Kältemittel R 115)	23,0 20,0 18,0 16,0	zugelassen	Normal	1,06
1021	1-Chlor-1,2,2,2-tetrafluorethan (Gas als Kältemittel R 124)	10,3 9,8 7,9 7,0	zugelassen	Normal	1,20
1027	Cyclopropan	18,0 16,0 14,5 13,0	zugelassen	Normal	0,53
1028	Dichlordifluormethan (Gas als Kältemittel R 12)	16,0 15,0 13,0 11,5	zugelassen	Normal	1,15

UN-Nr.	Nicht tiefgekühlt verflüssigte Gase	Höchstzulässiger Betriebsdruck (bar) klein; ohne Sonnenschutz; mit Sonnenschutz; isoliert [1]	Öffnungen unterhalb des Flüssigkeits-spiegels	Anforderungen an Druck-entlastungs-einrichtungen [2] (siehe 6.7.3.7)	Höchster Füllungsgrad (kg/l)
1029	Dichlormonofluormethan (Gas als Kältemittel R 21)	7,0 7,0 7,0 7,0	zugelassen	Normal	1,23
1030	1,1-Difluorethan (Gas als Kältemittel R 152a)	16,0 14,0 12,4 11,0	zugelassen	Normal	0,79
1032	Dimethylamin, wasserfrei	7,0 7,0 7,0 7,0	zugelassen	Normal	0,59
1033	Dimethylether	15,5 13,8 12,0 10,6	zugelassen	Normal	0,58
1036	Ethylamin	7,0 7,0 7,0 7,0	zugelassen	Normal	0,61
1037	Ethylchlorid	7,0 7,0 7,0 7,0	zugelassen	Normal	0,80
1040	Ethylenoxid mit Stickstoff bis zu einem Gesamt-druck von 1 MPa (10 bar) bei 50°C	--- --- --- 10,0	nicht zugelassen	siehe 6.7.3.7.3	0,78
1041	Ethylenoxid und Kohlen-dioxid, Gemisch mit mehr als 9%, aber höchstens 87% Ethylenoxid	siehe Höchster zulässiger Betriebsdruck in 6.7.3.1	zugelassen	Normal	siehe 4.2.2.7
1055	Isobuten	8,1 7,0 7,0 7,0	zugelassen	Normal	0,52
1060	Methylacetylen und Propadien, Gemisch, stabilisiert	28,0 24,5 22,0 20,0	zugelassen	Normal	0,43
1061	Methylamin, wasserfrei	10,8 9,6 7,8 7,0	zugelassen	Normal	0,58
1062	Methylbromid mit höchs-tens 2% Chlorpikrin	7,0 7,0 7,0 7,0	nicht zugelassen	siehe 6.7.3.7.3	1,51
1063	Methylchlorid (Gas als Kältemittel R 40)	14,5 12,7 11,3 10,0	zugelassen	Normal	0,81

UN-Nr.	Nicht tiefgekühlt verflüssigte Gase	Höchstzulässiger Betriebsdruck (bar) klein; ohne Sonnenschutz; mit Sonnenschutz; isoliert [1]	Öffnungen unterhalb des Flüssigkeits-spiegels	Anforderungen an Druck-entlastungs-einrichtungen [2] (siehe 6.7.3.7)	Höchster Füllungsgrad (kg/l)
1064	Methylmercaptan	7,0 7,0 7,0 7,0	nicht zugelassen	siehe 6.7.3.7.3	0,78
1067	Distickstofftetroxid (Stickstoffdioxid)	7,0 7,0 7,0 7,0	nicht zugelassen	siehe 6.7.3.7.3	1,30
1075	Petroleumgas, verflüssigt	siehe Höchster zulässiger Betriebsdruck in 6.7.3.1	zugelassen	Normal	siehe 4.2.2.7
1077	Propen	28,0 24,5 22,0 20,0	zugelassen	Normal	0,43
1078	Gas als Kältemittel, n.a.g.	siehe Höchster zulässiger Betriebsdruck in 6.7.3.1	zugelassen	Normal	siehe 4.2.2.7
1079	Schwefeldioxid	11,6 10,3 8,5 7,6	nicht zugelassen	siehe 6.7.3.7.3	1,23
1082	Chlortrifluorethylen, stabilisiert (Gas als Kältemittel R 1113)	17,0 15,0 13,1 11,6	nicht zugelassen	siehe 6.7.3.7.3	1,13
1083	Trimethylamin, wasserfrei	7,0 7,0 7,0 7,0	zugelassen	Normal	0,56
1085	Vinylbromid, stabilisiert	7,0 7,0 7,0 7,0	zugelassen	Normal	1,37
1086	Vinylchlorid, stabilisiert	10,6 9,3 8,0 7,0	zugelassen	Normal	0,81
1087	Vinylmethylether, stabilisiert	7,0 7,0 7,0 7,0	zugelassen	Normal	0,67
1581	Chlorpikrin und Methylbromid, Gemisch mit mehr als 2% Chlorpikrin	7,0 7,0 7,0 7,0	nicht zugelassen	siehe 6.7.3.7.3	1,51
1582	Chlorpikrin und Methylchlorid, Gemisch	19,2 16,9 15,1 13,1	nicht zugelassen	siehe 6.7.3.7.3	0,81

11

UN-Nr.	Nicht tiefgekühlt verflüssigte Gase	Höchstzulässiger Betriebsdruck (bar) klein; ohne Sonnenschutz; mit Sonnenschutz; isoliert [1]	Öffnungen unterhalb des Flüssigkeitsspiegels	Anforderungen an Druckentlastungseinrichtungen [2] (siehe 6.7.3.7)	Höchster Füllungsgrad (kg/l)
1858	Hexafluorpropylen (Gas als Kältemittel R 1216)	19,2 16,9 15,1 13,1	zugelassen	Normal	1,11
1912	Methylchlorid und Dichlormethan, Gemisch	15,2 13,0 11,6 10,1	zugelassen	Normal	0,81
1958	1,2-Dichlor-1,1,2,2-tetrafluorethan (Gas als Kältemittel R 114)	7,0 7,0 7,0 7,0	zugelassen	Normal	1,30
1965	Kohlenwasserstoffgas, Gemisch, verflüssigt, n.a.g.	siehe Höchster zulässiger Betriebsdruck in 6.7.3.1	zugelassen	Normal	siehe 4.2.2.7
1969	Isobutan	8,5 7,5 7,0 7,0	zugelassen	Normal	0,49
1973	Chlordifluormethan und Chlorpentafluorethan, Gemisch mit einem konstanten Siedepunkt, mit ca. 49% Chlordifluormethan (Gas als Kältemittel R 502)	28,3 25,3 22,8 20,3	zugelassen	Normal	1,05
1974	Bromchlordifluormethan (Gas als Kältemittel R 12B1)	7,4 7,0 7,0 7,0	zugelassen	Normal	1,61
1976	Octafluorcyclobutan (Gas als Kältemittel RC 318)	8,8 7,8 7,0 7,0	zugelassen	Normal	1,34
1978	Propan	22,5 20,4 18,0 16,5	zugelassen	Normal	0,42
1983	1-Chlor-2,2,2-trifluorethan (Gas als Kältemittel R 133a)	7,0 7,0 7,0 7,0	zugelassen	Normal	1,18
2035	1,1,1-Trifluorethan (Gas als Kältemittel R 143a)	31,0 27,5 24,2 21,8	zugelassen	Normal	0,76
2424	Octafluorpropan (Gas als Kältemittel R 218)	23,1 20,8 18,6 16,6	zugelassen	Normal	1,07
2517	1-Chlor-1,1 difluorethan (Gas als Kältemittel R 142b)	8,9 7,8 7,0 7,0	zugelassen	Normal	0,99

UN-Nr.	Nicht tiefgekühlt verflüssigte Gase	Höchstzulässiger Betriebsdruck (bar) klein; ohne Sonnenschutz; mit Sonnenschutz; isoliert [1]	Öffnungen unterhalb des Flüssigkeitsspiegels	Anforderungen an Druckentlastungseinrichtungen [2] (siehe 6.7.3.7)	Höchster Füllungsgrad (kg/l)
2602	Dichlordifluormethan und 1,1-Difluorethan, azeotropes Gemisch mit ca. 74% Dichlordifluormethan (Gas als Kältemittel R 500)	20,0 18,0 16,0 14,5	zugelassen	Normal	1,01
3057	Trifluoracetylchlorid	14,6 12,9 11,3 9,9	nicht zugelassen	siehe 6.7.3.7.3	1,17
3070	Ethylenoxid und Dichlordifluormethan, Gemisch mit höchstens 12,5% Ethylenoxid	14,0 12,0 11,0 9,0	zugelassen	siehe 6.7.3.7.3	1,09
3153	Perfluor(methylvinyl) ether	14,3 13,4 11,2 10,2	zugelassen	Normal	1,14
3159	1,1,1,2-Tetrafluorethan (Gas als Kältemittel R 134a)	17,7 15,7 13,8 12,1	zugelassen	Normal	1,04
3161	Verflüssigtes Gas, entzündbar, n.a.g.	siehe Höchster zulässiger Betriebsdruck in 6.7.3.1	zugelassen	Normal	siehe 4.2.2.7
3163	Verflüssigtes Gas, n.a.g.	siehe Höchster zulässiger Betriebsdruck in 6.7.3.1	zugelassen	Normal	siehe 4.2.2.7
3220	Pentafluorethan (Gas als Kältemittel R 125)	34,4 30,8 27,5 24,5	zugelassen	Normal	0,95
3252	Difluormethan (Gas als Kältemittel R 32)	43,0 39,0 34,4 30,5	zugelassen	Normal	0,78
3296	Heptafluorpropan (Gas als Kältemittel R 227)	16,0 14,0 12,5 11,0	zugelassen	Normal	1,20
3297	Ethylenoxid und Chlortetrafluorethan, Gemisch mit höchstens 8,8% Ethylenoxid	8,1 7,0 7,0 7,0	zugelassen	Normal	1,16
3298	Ethylenoxid und Pentafluorethan, Gemisch mit höchstens 7,9% Ethylenoxid	25,9 23,4 20,9 18,6	zugelassen	Normal	1,02
3299	Ethylenoxid und Tetrafluorethan, Gemisch mit höchstens 5,6% Ethylenoxid	16,7 14,7 12,9 11,2	zugelassen	Normal	1,03

UN-Nr.	Nicht tiefgekühlt verflüssigte Gase	Höchstzulässiger Betriebsdruck (bar) klein; ohne Sonnenschutz; mit Sonnenschutz; isoliert [1]	Öffnungen unterhalb des Flüssigkeits-spiegels	Anforderungen an Druck-entlastungs-einrichtungen [2] (siehe 6.7.3.7)	Höchster Füllungsgrad (kg/l)
3318	Ammoniaklösung in Wasser, Dichte kleiner als 0,880 bei 15 °C, mit mehr als 50% Ammoniak	siehe Höchster zulässiger Betriebsdruck in 6.7.3.1	zugelassen	siehe 6.7.3.7.3	siehe 4.2.2.7
3337	Gas als Kältemittel R 404A	31,6 28,2 25,3 22,5	zugelassen	Normal	0,82
3338	Gas als Kältemittel R 407A	31,3 28,1 25,1 22,4	zugelassen	Normal	0,94
3339	Gas als Kältemittel R 407B	33,0 29,6 26,5 23,6	zugelassen	Normal	0,93
3340	Gas als Kältemittel R 407C	29,9 26,8 23,9 21,3	zugelassen	Normal	0,95

1 „Klein" bedeutet Tanks, die einen Tankkörper mit einem Durchmesser von höchstens 1,5 Meter haben; „ohne Sonnenschutz" bedeutet Tanks, die einen Tankkörper mit einem Durchmesser von mehr als1,5 Meter ohne Isolierung oder Sonnenschutz haben (siehe 6.7.3.2.12); „mit Sonnenschutz" bedeutet Tanks, die einen Tankkörper mit einem Durchmesser von mehr als 1,5 Meter und einen Sonnenschutz haben (siehe 6.7.3.2.12); „isoliert" bedeutet Tanks, die einen Durchmesser von mehr als 1,5 Meter und einer Isolierung haben (siehe 6.7.3.2.12); (siehe Begriffsbestimmung für „Auslegungsreferenztemperatur" in 6.7.3.1).

2 Der Ausdruck „normal" in der Spalte „Druckentlastungseinrichtungen" bedeutet, dass eine Berstscheibe gemäß 6.7.3.7.3 nicht vorgeschrieben ist.

3 Bei den UN-Nummern 3500, 3501, 3502, 3503, 3504 und 3505 ist anstelle des höchsten Füllungsgrades in kg/l der Füllungsgrad in Vol.–% zu beachten.

T75	Anweisungen für ortsbewegliche Tanks	T75
Diese Anweisung für ortsbewegliche Tanks gilt für tiefgekühlt verflüssigte Gase. Die allgemeinen Vorschriften in 4.2.3 und die Vorschriften in 6.7.4 sind einzuhalten.		

4.2.5.3 Sondervorschriften für ortsbewegliche Tanks

Bestimmten Stoffen sind Sondervorschriften für ortsbewegliche Tanks zugeordnet, die zusätzlich zu den oder anstelle der Vorschriften anzuwenden sind, die in den Anweisungen für ortsbewegliche Tanks oder in den Vorschriften des Kapitels 6.7 angegeben sind. Sondervorschriften für ortsbewegliche Tanks sind mit der alphanummerischen Bezeichnung beginnend mit „TP" für den englischen Ausdruck „tank provision" bezeichnet und bestimmten Stoffen in Kapitel 3.2 der Gefahrgutliste, Spalte 14 zugeordnet. Diese Sondervorschriften sind nachstehend aufgeführt:

TP 1 Der in 4.2.1.9.2 vorgeschriebene Füllungsgrad darf nicht überschritten werden.

TP 2 Der in 4.2.1.9.3 vorgeschriebene Füllungsgrad darf nicht überschritten werden.

TP 3 Der höchste Füllungsgrad (in %) für feste Stoffe, die über ihrem Schmelzpunkt befördert werden, oder für erwärmte flüssige Stoffe ist in Übereinstimmung mit 4.2.1.9.5 zu bestimmen.

TP 4 Der Füllungsgrad darf 90 % oder jeden anderen von der zuständigen Behörde genehmigten Wert nicht überschreiten(siehe 4.2.1.16.2).

TP 5 Der in 4.2.3.6 vorgeschriebene Füllungsgrad ist einzuhalten.

TP 6 Der Tank ist mit Druckentlastungseinrichtungen auszurüsten, die an den Fassungsraum und die Art der beförderten Stoffe angepasst sind, um unter allen Umständen, einschließlich einer vollständigen Feuereinwirkung, das Bersten des Tanks zu verhindern. Die Einrichtungen müssen auch mit dem Stoff verträglich sein.

TP 7 Luft ist mit Stickstoff oder anderen Mitteln aus dem Dampfraum zu entfernen.

TP 8 Der Prüfdruck des ortsbeweglichen Tanks darf auf 1,5 bar reduziert werden, wenn der Flammpunkt des beförderten Stoffes höher ist als 0 °C.

TP 9 Ein Stoff mit dieser Beschreibung darf in einem ortsbeweglichen Tank nur mit Zulassung der zuständigen Behörde befördert werden.

TP 10 Eine Bleiauskleidung von mindesten 5 mm Dicke, die jährlich geprüft werden muss, oder ein anderer von der zuständigen Behörde zugelassener geeigneter Auskleidungswerkstoff ist erforderlich. Ein ortsbeweglicher Tank darf nach Ablauf der Frist für die Prüfung der Auskleidung innerhalb von höchstens drei Monaten nach Ablauf dieser Frist nach dem Entleeren, jedoch vor dem Reinigen, zur Beförderung aufgegeben werden, um ihn vor dem Wiederbefüllen der nächsten vorgeschriebenen Prüfung zuzuführen.

TP 11 (bleibt offen)

TP 12 (bleibt offen)

TP 13 Für die Beförderung dieses Stoffes ist ein umluftunabhängiges Atemschutzgerät bereit zu stellen, sofern kein gemäß Regel II-2/19 (II-2/54) des SOLAS-Übereinkommens vorgeschriebenes umluftunabhängiges Atemschutzgerät an Bord vorhanden ist.

TP 14 (bleibt offen)

TP 15 (bleibt offen)

TP 16 Der Tank ist mit einer besonderen Einrichtung auszurüsten, um unter normalen Beförderungsbedingungen Unter- und Überdruck zu verhindern. Diese Einrichtung muss von der zuständigen Behörde genehmigt sein. Die Druckentlastungseinrichtung muss den Vorschriften in 6.7.2.8.3 entsprechen, um eine Kristallisation des Produkts in der Druckentlastungseinrichtung zu verhindern.

TP 17 Für die Wärmeisolierung des Tanks dürfen nur anorganische nicht brennbare Werkstoffe verwendet werden.

TP 18 Die Temperatur muss zwischen 18 °C und 40 °C gehalten werden. Ortsbewegliche Tanks, die erstarrte Methacrylsäure enthalten, dürfen während der Beförderung nicht wieder aufgeheizt werden.

TP 19 Die berechnete Wanddicke des Tankkörpers ist um 3 mm zu erhöhen. Die Wanddicke des Tankkörpers ist mit Ultraschall in der Mitte des Intervalls zwischen den wiederkehrenden Wasserdruckprüfungen zu überprüfen.

TP 20 Dieser Stoff darf nur in wärmeisolierten Tanks unter Stickstoffüberlagerung befördert werden.

TP 21 Die Wanddicke des Tankkörpers darf nicht geringer sein als 8 mm. Die Tanks müssen mindestens alle 2,5 Jahre einer Wasserdruckprüfung und einer Prüfung des inneren Zustands unterzogen werden.

TP 22 Schmiermittel für Dichtungen und andere Einrichtungen müssen mit Sauerstoff verträglich sein.

TP 23 (bleibt offen)

TP 24 Um einen übermäßigen Druckanstieg durch die langsame Zersetzung des beförderten Stoffes zu verhindern, darf der ortsbewegliche Tank mit einer Einrichtung ausgerüstet sein, die unter maximalen Füllbedingungen im Dampfraum des Tankkörpers angeordnet ist. Diese Einrichtung muss auch beim Umkippen des Tanks das Austreten einer unzulässigen Menge flüssigen Stoffes oder das Eindringen von Fremdstoffen in den Tank verhindern. Diese Einrichtung muss von der zuständigen Behörde oder einer von ihr bestimmten Stelle genehmigt sein.

TP 25 Schwefeltrioxid, mindestens 99,95 % rein, darf ohne Inhibitor in Tanks befördert werden, vorausgesetzt, seine Temperatur wird bei 32,5 °C oder darüber gehalten.

TP 26 Bei der Beförderung in beheiztem Zustand muss die Heizeinrichtung außen am Tankkörper angebracht sein. Für die UN-Nummer. 3176 gilt diese Vorschrift nur, wenn der Stoff gefährlich mit Wasser reagiert.

TP 27 Ein ortsbeweglicher Tank mit einem Mindestprüfdruck von 4 bar darf verwendet werden, wenn nachgewiesen ist, dass nach der Begriffsbestimmung für Prüfdruck in 6.7.2.1 ein Prüfdruck von 4 bar oder weniger zulässig ist.

TP 28 Ein ortsbeweglicher Tank mit einem Mindestprüfdruck von 2,65 bar darf verwendet werden, wenn nachgewiesen ist, dass nach der Begriffsbestimmung für Prüfdruck in 6.7.2.1 ein Prüfdruck von 2,65 bar oder weniger zulässig ist.

TP 29 Ein ortsbeweglicher Tank mit einem Mindestprüfdruck von 1,5 bar darf verwendet werden, wenn nachgewiesen ist, dass nach der Begriffsbestimmung für Prüfdruck in 6.7.2.1 ein Prüfdruck von 1,5 bar oder weniger zulässig ist.

TP 30 Dieser Stoff muss in isolierten Tanks befördert werden.

TP 31 Dieser Stoff muss in festem Zustand in Tanks befördert werden.

TP 32 Für die UN-Nummern 0331, 0332 und 3375 dürfen unter folgenden Bedingungen ortsbewegliche Tanks verwendet werden:

.1 Um einen unnötigen Einschluss zu vermeiden, muss jeder ortsbewegliche Tank aus Metall mit einer federbelasteten Druckentlastungseinrichtung, einer Berstscheibe oder einer Schmelzsicherung ausgerüstet sein. Der Ansprechdruck bzw. Berstdruck darf für ortsbewegliche Tanks mit einem Mindestprüfdruck über 4 bar nicht größer als 2,65 bar sein.

.2 Nur für die UN-Nummer 3375 muss die Eignung für eine Beförderung in Tanks nachgewiesen sein. Eine Methode für die Feststellung der Eignung ist das Prüfverfahren 8 (d) der Prüfserie 8 (siehe Handbuch Prüfungen und Kriterien Teil 1 Unterabschnitt 18.7).

.3 Die Stoffe dürfen nicht über einen Zeitraum im ortsbeweglichen Tank verbleiben, bei dem es zur Verkrustung kommen kann. Es sind geeignete Maßnahmen zu ergreifen, um ein Verklumpen oder eine Anhaftung der Stoffe im Tank zu vermeiden (z.B. Reinigung, usw.).

TP 33 Die diesem Stoff zugeordnete Anweisung für ortsbewegliche Tanks gilt für körnige und pulverförmige Stoffe und für feste Stoffe, die bei einer Temperatur über ihrem Schmelzpunkt eingefüllt und entleert, abgekühlt und als feste Masse befördert werden. Für feste Stoffe, die über ihrem Schmelzpunkt befördert werden, siehe 4.2.1.19.

TP 34 Ortsbewegliche Tanks müssen nicht der Auflaufprüfung gemäß 6.7.4.14.1 unterzogen werden, wenn sie auf dem Schild gemäß 6.7.4.15.1 und außerdem mit einer Schriftgröße von mindestens 10 cm auf beiden Seiten der äußeren Umhüllung gekennzeichnet sind mit:

„NICHT FÜR DEN EISENBAHNTRANSPORT" / „NOT FOR RAIL TRANSPORT".

TP 35 Die Anweisung für ortsbewegliche Tanks T14 darf bis zum 31. Dezember 2014 angewendet werden.

TP 36 In ortsbeweglichen Tank dürfen Schmelzsicherungen im Dampfraum verwendet werden.

TP 37 Die Anweisung für ortsbewegliche Tanks T14 darf bis zum 31. Dezember 2016 weiter angewendet werden, mit der Ausnahme, dass bis zu diesem Zeitpunkt:

.1 für die UN-Nummer 1810, 2474 und 2668 die Anweisung für ortsbewegliche Tanks T7 angewendet werden darf;

.2 für die UN-Nummer 2486 die Anweisung für ortsbewegliche Tanks T8 angewendet werden darf;

.3 für die UN-Nummer 1838 die Anweisung für ortsbewegliche Tanks T10 angewendet werden darf.

TP 38 Die Anweisung für ortsbewegliche Tanks T9 darf bis zum 31. Dezember 2018 weiter angewendet werden.

TP 39 Die Anweisung für ortsbewegliche Tanks T4 darf bis zum 31. Dezember 2018 weiter angewendet werden.

TP 40 Ortsbewegliche Tanks dürfen nicht mit angeschlossener Sprühausrüstung befördert werden.

TP 41 Mit Zustimmung der zuständigen Behörde oder einer von ihr bestimmten Stelle kann die alle zweieinhalb Jahre durchzuführende innere Untersuchung entfallen oder durch andere Prüfverfahren ersetzt werden, vorausgesetzt, der ortsbewegliche Tank ist für die ausschließliche Beförderung der metallorganischen Stoffe vorgesehen, denen diese Sondervorschrift zugeordnet ist. Diese Untersuchung ist jedoch erforderlich, wenn die Voraussetzungen von 6.7.2.19.7 vorliegen.

TP 90 Tanks mit Bodenöffnungen können auf kurzen internationalen Seereisen verwendet werden.

TP 91 Ortsbewegliche Tanks mit Bodenöffnungen können auch auf langen internationalen Seereisen verwendet werden.

Abschnitt 4.2.6

Zusätzliche Vorschriften für die Verwendung von Straßentankfahrzeugen und Straßen-Gaselemente-Fahrzeugen

4.2.6.1 Der Tank eines Straßentankfahrzeuges oder die Elemente eines Straßen-Gaselemente-Fahrzeuges müssen während des normalen Befüllungs- und Entleerungsbetriebs und während der Beförderung mit dem Fahrzeug fest verbunden sein. IMO-Tanks vom Typ 4 Tanks müssen während der Beförderung auf dem Schiff mit dem Chassis verbunden sein. Straßentankfahrzeuge und Straßen-Gaselemente-Fahrzeuge dürfen an Bord weder befüllt noch entleert werden. Ein Straßentankfahrzeug oder Straßen-Gaselemente-Fahrzeug muss auf seinen eigenen Rädern an Bord gefahren werden und mit dauerhaften Einrichtungen zur Befestigung an Bord des Schiffes ausgestattet sein.

4.2.6.2 Straßentankfahrzeuge und Straßen-Gaselemente-Fahrzeuge müssen den Vorschriften des Kapitels 6.8 entsprechen. IMO-Tanks vom Typ 4, 6 und 8 Tanks dürfen in Übereinstimmung mit den Vorschriften in Kapitel 6.8 und nur für kurze internationale Seereisen verwendet werden.

4.2.6.3 Den Stoffen, die in IMO-Tanks vom Typ 9 befördert werden dürfen, ist Sondervorschrift 974 zugeordnet.

Bekanntmachung über das Inkrafttreten des Europäischen Übereinkommens vom 26. Mai 2000 über die internationale Beförderung von gefährlichen Gütern auf Binnenwasserstraßen (ADN)

Vom 23. Februar 2009

(BGBl. 2009 II S. 162 vom 27. Februar 2009), zuletzt ergänzt durch Bekanntmachung vom 4. November 2014 (BGBl. II S. 1345)

I.

Nach Artikel 3 Absatz 2 des Gesetzes vom 23. November 2007 zu dem Europäischen Übereinkommen vom 26. Mai 2000 über die internationale Beförderung von gefährlichen Gütern auf Binnenwasserstraßen (ADN) – BGBl. 2007 II S. 1906, 1908 – wird bekannt gemacht, dass das Übereinkommen nach seinem Artikel 11 für die

Bundesrepublik Deutschland — am 29. Februar 2008
nach Maßgabe der nachfolgend abgedruckten Erklärung

in Kraft getreten ist; die Ratifikationsurkunde ist am 31. Januar 2008 beim Generalsekretär der Vereinten Nationen in New York hinterlegt worden.

„Unter Bezug auf Artikel 14, Absatz 3, Buchstabe b des Europäischen Übereinkommens über die internationale Beförderung gefährlicher Güter auf Binnenwasserstraßen (ADN) erklärt die Regierung der Bundesrepublik Deutschland, dass die Anwendung des Übereinkommens auf dem Rhein der Übereinstimmung mit den Verfahren nach den Statuten der Zentralkommission für die Rheinschifffahrt (ZKR) und auf der Mosel der Übereinstimmung mit den Verfahren nach den Statuten der Moselkommission unterliegt.“

Das Protokoll ist ferner für folgende weitere Staaten in Kraft getreten:

Bulgarien — am 29. Februar 2008

Frankreich — am 3. Mai 2008
nach Maßgabe der unter II. abgedruckten Erklärung

Luxemburg — am 29. Februar 2008
nach Maßgabe der unter II. abgedruckten Erklärung

Moldau, Republik — am 19. März 2008

Niederlande — am 29. Februar 2008
nach Maßgabe der unter II. abgedruckten Erklärung

Österreich — am 29. Februar 2008
nach Maßgabe der unter II. abgedruckten Erklärung

Rumänien	am 3. Januar 2009
Russische Föderation	am 29. Februar 2008
Ungarn	am 29. Februar 2008.

Inkrafttreten des ADN-Übereinkommens

II.

Frankreich hat bei Hinterlegung seiner Ratifikationsurkunde am 3. April 2008 die nachfolgende Erklärung notifiziert:

« ... la République française, se référant à l'article 14, paragraphe 3, lettre b), déclare que l'application sur le Rhin et Moselle de cet accord est subordonnée à l'accomplissement des procédures prévues par le statut de la Commission Centrale pour la Navigation du Rhin.»

(Übersetzung)

„... die Französische Republik erklärt unter Bezugnahme auf Artikel 14 Absatz 3 Buchstabe b, dass die Geltung des genannten Übereinkommens auf dem Rhein und auf der Mosel davon abhängig ist, dass die nach dem Statut der Zentralkommission für die Rheinschifffahrt vorgeschriebenen Verfahrensregeln eingehalten werden."

Luxemburg hat bei Hinterlegung seiner Ratifikationsurkunde am 24. Mai 2007 die nachfolgende Erklärung notifiziert:

«Le représentant du gouvernement du Grand-Duché de Luxembourg, au moment de signer le présent Accord, déclare que les obligations découlant de l'Accord n'affectent en rien les engagements contractés par le Luxembourg du fait de son appartenance à l'Union Européenne.»

(Übersetzung)

„Der Vertreter der Regierung des Großherzogtums Luxemburg erklärt bei der Unterzeichnung des Übereinkommens, dass die Verpflichtungen aus dem Übereinkommen nicht die Verpflichtungen berühren, die Luxemburg aufgrund seiner Zugehörigkeit zur Europäischen Union eingegangen ist."

Die Niederlande haben bei Hinterlegung ihrer Annahmeurkunde am 30. April 2003 die nachfolgende Erklärung notifiziert:

"With reference to Article 14, paragraph 3, sub b, of the European Agreement concerning the International Carriage of Dangerous Goods by Inland Waterways, the Kingdom of the Netherlands declares that the implementation of the Agreement on the Rhine, Waal and Lek is subject to compliance with the procedures set out in the statutes of the Central Commission for the Navigation of the Rhine."

(Übersetzung)

„Unter Bezugnahme auf Artikel 14 Absatz 3 Buchstabe b des Europäischen Übereinkommens über die internationale Beförderung von gefährlichen Gütern auf Binnenwasserstraßen erklärt das Königreich der Niederlande, dass die Geltung des Übereinkommens auf den Flüssen Rhein, Waal und Lek davon abhängig ist, dass die nach dem Statut der Zentralkommission für die Rheinschifffahrt vorgeschriebenen Verfahrensregeln eingehalten werden."

Österreich hat bei Hinterlegung seiner Beitrittsurkunde am 9. November 2004 die nachfolgende Erklärung notifiziert:

„Das Übereinkommen kommt auf der Donau (einschließlich Wiener Donaukanal), der March, der Enns und der Traun, mit allen ihren Armen, Seitenkanälen, Häfen und Verzweigungen zur Anwendung. Ausgenommen von der Anwendung des Übereinkommens sind:

1. *Die Neue Donau (Entlastungsgerinne) vom Einlaufbauwerk (Strom-km 1938,060) bis zum Wehr II (Strom-km 1918,300);*

2. *Staustufe Greifenstein: der oberhalb der Schwelle (Strom-km 1948,890, rechtes Ufer) gelegene Teil des Donaualtarmes;*
3. *Staustufe Altenwörth: der oberhalb der Schwelle (Strom-km 1979,550, linkes Ufer) gelegene Teil des Donaualtarmes;*
4. *Staustufe Melk: der oberhalb der Schwelle (Strom-km 2037,300, linkes Ufer) gelegene Teil des linksufrigen Donaualtarmes sowie der oberhalb der Schwelle (Strom-km 2035,700, rechtes Ufer) gelegene Teil des Melker Donaualtarmes;*
5. *Staustufe Abwinden: der oberhalb der Schwelle (Strom-km 2120,400, linkes Ufer) gelegene Teil des Donaualtarmes;*
6. *die Enns ab Fluss-km 2,70;*
7. *die Traun ab Fluss-km 1,80;*
8. *die March ab Fluss-km 6,0;*
9. *alle nicht genannten Gewässer."*

Berlin, den 23. Februar 2009

Auswärtiges Amt
Im Auftrag
Dr. Susanne Wasum-Rainer

Hinweis des Verlages:

Zwischenzeitlich sind folgende weitere Staaten dem ADN-Übereinkommen beigetreten:

Kroatien	*04. April 2009*
Slowakei	*20. Oktober 2009*
Ukraine	*28. Januar 2010*
Polen	*25. Juni 2010*
Serbien	*06. Januar 2011*
Schweiz	*08. Februar 2011*
Tschechische Republik	*21. September 2011*
Belgien	*17. Juli 2014.*

Verordnung über die innerstaatliche und grenzüberschreitende Beförderung gefährlicher Güter auf der Straße, mit Eisenbahnen und auf Binnengewässern (Gefahrgutverordnung Straße, Eisenbahn und Binnenschifffahrt – GGVSEB) *)

Neufassung von 2019

Inhaltsverzeichnis

§ 1 Geltungsbereich
§ 2 Begriffsbestimmungen
§ 3 Zulassung zur Beförderung
§ 4 Allgemeine Sicherheitspflichten
§ 5 Ausnahmen
§ 6 Zuständigkeiten des Bundesministeriums für Verkehr und digitale Infrastruktur
§ 7 Zuständigkeiten der vom Bundesministerium der Verteidigung oder vom Bundesministerium des Innern, für Bau und Heimat bestellten Sachverständigen oder Dienststellen
§ 8 Zuständigkeiten der Bundesanstalt für Materialforschung und -prüfung
§ 9 Zuständigkeiten der von der Bundesanstalt für Materialforschung und -prüfung anerkannten Prüfstellen
§ 10 Zuständigkeiten des Bundesamtes für Ausrüstung, Informationstechnik und Nutzung der Bundeswehr
§ 11 Zuständigkeiten des Bundesamtes für kerntechnische Entsorgungssicherheit
§ 12 Ergänzende Zuständigkeiten der Benannten Stellen für Tanks
§ 13 Ergänzende Zuständigkeiten der Benannten Stellen für Druckgefäße
§ 13a Zuständigkeiten der Benennenden Behörde
§ 14 Besondere Zuständigkeiten im Straßenverkehr
§ 15 Besondere Zuständigkeiten im Eisenbahnverkehr
§ 16 Besondere Zuständigkeiten in der Binnenschifffahrt
§ 17 Pflichten des Auftraggebers des Absenders
§ 18 Pflichten des Absenders
§ 19 Pflichten des Beförderers
§ 20 Pflichten des Empfängers
§ 21 Pflichten des Verladers
§ 22 Pflichten des Verpackers
§ 23 Pflichten des Befüllers
§ 23a Pflichten des Entladers
§ 24 Pflichten des Betreibers eines Tankcontainers, ortsbeweglichen Tanks, MEGC, Schüttgut-Containers oder MEMU
§ 25 Pflichten des Herstellers, Wiederaufarbeiters und Rekonditionierers von Verpackungen, des Herstellers und Wiederaufarbeiters von IBC und der Stellen für Inspektionen und Prüfungen von IBC
§ 26 Sonstige Pflichten
§ 27 Pflichten mehrerer Beteiligter im Straßen- und Eisenbahnverkehr sowie in der Binnenschifffahrt

*) Diese Verordnung dient der Umsetzung der Richtlinie 2018/217/EU der Kommission vom 31. Januar 2018 zur Änderung der Richtlinie 2008/68/EG des Europäischen Parlaments und des Rates über die Beförderung gefährlicher Güter im Binnenland durch Anpassung des Anhangs I Abschnitt I.1 an den wissenschaftlichen und technischen Fortschritt (ABl. L 42 vom 15.2.2018 S. 52) und der Richtlinie 2018/1846/EU der Kommission vom 23. November 2018 zur Anpassung der Anhänge der Richtlinie 2008/68/EG des Europäischen Parlaments und des Rates über die Beförderung gefährlicher Güter im Binnenland an den wissenschaftlichen und technischen Fortschritt (Abl. L 299 vom 26.112018, S 58).

13

§ 28 Pflichten des Fahrzeugführers im Straßenverkehr

§ 29 Pflichten mehrerer Beteiligter im Straßenverkehr

§ 30 Pflichten des Betreibers eines Kesselwagens, abnehmbaren Tanks und Batteriewagens im Eisenbahnverkehr

§ 30a Pflichten der für die Instandhaltung zuständigen Stelle im Eisenbahnverkehr

§ 31 Pflichten des Eisenbahninfrastrukturunternehmers im Eisenbahnverkehr

§ 31a Pflichten des Triebfahrzeugführers im Eisenbahnverkehr

§ 32 Pflichten des Reisenden im Eisenbahnverkehr

§ 33 Pflichten des Schiffsführers in der Binnenschifffahrt

§ 34 Pflichten des Eigentümers oder Betreibers in der Binnenschifffahrt

§ 34a Pflichten der Besatzung und sonstiger Personen an Bord in der Binnenschifffahrt

§ 35 Verlagerung

§ 35a Fahrweg im Straßenverkehr

§ 35b Gefährliche Güter, für deren Beförderung die §§ 35 und 35a gelten

§ 35c Ausnahmen zu den §§ 35 und 35a

§ 36 Prüffrist für Feuerlöschgeräte

§ 36a Beförderung gefährlicher Güter als behördliche Asservate

§ 36b Beförderung erwärmter flüssiger und fester Stoffe

§ 37 Ordnungswidrigkeiten

§ 38 Übergangsbestimmungen

Anlage 1 (weggefallen)

Anlage 2 Einschränkungen aus Gründen der Sicherheit der Beförderung gefährlicher Güter zu den Teilen 1 bis 9 des ADR und zu den Teilen 1 bis 7 des RID für innerstaatliche Beförderungen sowie zu den Teilen 1 bis 9 des ADN für innerstaatliche und grenzüberschreitende Beförderungen

Anlage 3 Festlegung der Anforderungen für besonders ausgerüstete Fahrzeuge/Wagen und Container/Großcontainer nach Abschnitt 7.3.3 Sondervorschrift VC 3 zur Beförderung erwärmter flüssiger und fester Stoffe der UN-Nummern 3257 und 3258 ADR/RID

§ 1
Geltungsbereich

(1) Diese Verordnung regelt die innerstaatliche und grenzüberschreitende Beförderung einschließlich der Beförderung von und nach Mitgliedstaaten der Europäischen Union (innergemeinschaftliche Beförderung) gefährlicher Güter

1. auf der Straße mit Fahrzeugen (Straßenverkehr),
2. auf der Schiene mit Eisenbahnen (Eisenbahnverkehr) und
3. auf allen schiffbaren Binnengewässern (Binnenschifffahrt)

in Deutschland, soweit nachfolgend nichts Abweichendes bestimmt ist. Sie regelt nicht die Beförderung gefährlicher Güter mit Seeschiffen auf Seeschifffahrtsstraßen und in angrenzenden Seehäfen.

(2) Diese Verordnung gilt hinsichtlich der

1. in Absatz 1 Satz 1 Nummer 1 und 2 genannten Beförderungen auch für Fahrzeuge und Transportmittel, die der Bundeswehr und ausländischen Streitkräften gehören oder für die die Bundeswehr und ausländische Streitkräfte verantwortlich sind, und
2. in Absatz 1 Satz 1 Nummer 3 genannten Beförderungen nicht für die Beförderung gefährlicher Güter auf Fahrzeugen der Streitkräfte, einschließlich aller Fahrzeuge im Geschäftsbereich des Bundesministeriums der Verteidigung, soweit dies die Aufgaben der Bundeswehr erfordern.

(3) Es gelten für die in Absatz 1 Satz 1

1. Nummer 1 genannten
   a) innerstaatlichen Beförderungen auf der Straße die Vorschriften der Teile 1 bis 9 der Anlagen A und B zu dem Europäischen Übereinkommen vom 30. September 1957 über die internationale Beförderung gefährlicher Güter auf der Straße (ADR) in der Fassung der Bekanntmachung der Neufassung der Anlagen A und B vom 29. November 2017 (BGBl. 2017 II S. 1520), die zuletzt nach Maßgabe der 27. ADR-Änderungsverordnung vom 25. Oktober 2018 (BGBl. 2018 II S. 443) geändert worden sind, sowie die Vorschriften der Anlage 2 Nummer 1 bis 3 und Anlage 3,
   b) grenzüberschreitenden einschließlich innergemeinschaftlichen Beförderungen auf der Straße die Vorschriften der Teile 1 bis 9 zu dem in Buchstabe a genannten ADR-Übereinkommen sowie die Vorschriften der Anlage 3,
2. Nummer 2 genannten
   a) innerstaatlichen Beförderungen mit Eisenbahnen die Vorschriften der Teile 1 bis 7 der Anlage der Ordnung für die internationale Eisenbahnbeförderung gefährlicher Güter (RID) - Anhang C des Übereinkommens über den internationalen Eisenbahnverkehr (COTIF) vom 9. Mai 1980 in der Fassung der Bekanntmachung vom 16. Mai 2008 (BGBl. 2008 II S. 475, 899), die zuletzt nach Maßgabe der 21. RID-Änderungsverordnung vom 5. November 2018 (BGBl. 2018 II S. 494) geändert worden ist, sowie die Vorschriften der Anlage 2 Nummer 1, 2 und 4 und Anlage 3,
   b) grenzüberschreitenden einschließlich innergemeinschaftlichen Beförderungen mit Eisenbahnen die Vorschriften der Teile 1 bis 7 RID sowie die Vorschriften der Anlage 3 und
3. Nummer 3 genannten
   a) Beförderungen auf allen schiffbaren Binnengewässern die Vorschriften der Teile 1 bis 9 der Anlage zu dem Europäischen Übereinkommen über die internationale Beförderung von gefährlichen Gütern auf Binnenwasserstraßen (ADN) vom 26. Mai 2000 (BGBl. 2007 II S. 1906, 1908), die zuletzt nach Maßgabe der 7. ADN-Änderungsverordnung vom 19. November 2018 (BGBl. 2018 II S. 736) geändert worden ist, sowie die Vorschriften der Anlage 2 Nummer 1 und 5,
   b) Beförderungen auf dem Rhein zusätzlich die von der Zentralkommission für die Rheinschifffahrt am 3. Dezember 2009 beschlossenen Bestimmungen in Anlage 2 Nummer 6.

(4) Für die Anwendung der Teile 1 bis 9 ADR/ADN und der Teile 1 bis 7 RID gilt für innerstaatliche und innergemeinschaftliche Beförderungen anstelle des Begriffes „Vertragspartei“ jeweils der Begriff „Mitgliedstaat“.

(5) Die in dieser Verordnung für die Teile 4 und 6 ADR/RID getroffenen Regelungen sind nach Maßgabe der Abschnitte 4.1.1 bis 4.1.4 und 6.1.1 bis 6.1.6 ADN auch für die Binnenschifffahrt anzuwenden.

§ 2
Begriffsbestimmungen

Die nachfolgenden Begriffe werden im Sinne dieser Verordnung wie folgt verwendet:

1. **Absender** ist das Unternehmen, das selbst oder für einen Dritten gefährliche Güter versendet. Erfolgt die Beförderung auf Grund eines Beförderungsvertrages, gilt als Absender der Absender nach diesem Vertrag. Bei Tankschiffen mit leeren oder entladenen Ladetanks ist hinsichtlich der erforderlichen Beförderungspapiere der Schiffsführer der Absender;
2. **Befüller** ist das Unternehmen, das die gefährlichen Güter in
   a) einen Tank (Tankfahrzeug, Aufsetztank, Kesselwagen, Wagen mit abnehmbaren Tanks, ortsbeweglicher Tank oder Tankcontainer),
   b) einen MEGC,
   c) einen Groß- oder Kleincontainer für Güter in loser Schüttung,
   d) einen Schüttgut-Container,
   e) ein Fahrzeug für Güter in loser Schüttung,
   f) ein Batterie-Fahrzeug,
   g) ein MEMU,
   h) einen Wagen für Güter in loser Schüttung,
   i) einen Batteriewagen,
   j) ein Schiff oder
   k) einen Ladetank

   einfüllt. Befüller ist auch das Unternehmen, das als unmittelbarer Besitzer das gefährliche Gut dem Beförderer zur Beförderung übergibt oder selbst befördert;
3. **Verlader** ist das Unternehmen, das
   a) verpackte gefährliche Güter, Kleincontainer oder ortsbewegliche Tanks in oder auf ein Fahrzeug (ADR), einen Wagen (RID), ein Beförderungsmittel (ADN) oder einen Container verlädt oder
   b) einen Container, Schüttgut-Container, MEGC, Tankcontainer oder ortsbeweglichen Tank auf ein Fahrzeug (ADR), einen Wagen (RID), ein Beförderungsmittel (ADN) verlädt oder
   c) ein Fahrzeug oder einen Wagen in oder auf ein Schiff verlädt (ADN).

   Verlader ist auch das Unternehmen, das als unmittelbarer Besitzer das gefährliche Gut dem Beförderer zur Beförderung übergibt oder selbst befördert;
4. **Verpacker** ist das Unternehmen, das die gefährlichen Güter in Verpackungen einschließlich Großverpackungen und IBC einfüllt oder die Versandstücke zur Beförderung vorbereitet. Verpacker ist auch das Unternehmen, das gefährliche Güter verpacken lässt oder das Versandstücke oder deren Kennzeichnung oder Bezettelung ändert oder ändern lässt;
5. **Versandstück** ist das versandfertige Endprodukt des Verpackungsvorganges, bestehend aus der Verpackung, der Großverpackung oder dem Großpackmittel (IBC) und ihrem beziehungsweise seinem Inhalt. Der Begriff umfasst die Gefäße für Gase sowie die Gegenstände, die wegen ihrer

Größe, Masse oder Formgebung unverpackt, oder in Schlitten, Verschlägen oder Handhabungseinrichtungen befördert werden dürfen. Mit Ausnahme der Beförderung radioaktiver Stoffe gilt dieser Begriff weder für Güter, die in loser Schüttung, noch für Güter, die in Tanks oder Ladetanks befördert werden. An Bord von Schiffen schließt der Begriff Versandstück auch die Fahrzeuge, Wagen, Container (einschließlich Wechselaufbauten), Tankcontainer, ortsbewegliche Tanks, Großverpackungen, Großpackmittel (IBC), Batterie-Fahrzeuge, Batteriewagen, Tankfahrzeuge, Kesselwagen und Gascontainer mit mehreren Elementen (MEGC) ein;

6. **Fahrzeuge** sind im innerstaatlichen Verkehr und innergemeinschaftlichen Verkehr – abweichend von der Begriffsbestimmung im ADR – die in Abschnitt 1.2.1 ADR beschriebenen Fahrzeuge mit einer bauartbedingten Höchstgeschwindigkeit von mehr als 25 Kilometer pro Stunde einschließlich zwei- und dreirädrige Fahrzeuge sowie selbstfahrende Land-, Forst-, Bau- und sonstige Arbeitsmaschinen sowie ihre Anhänger, und Güterstraßenbahnen, die auf einem vom Eisenbahnnetz getrennten Schienennetz verkehren;

7. **Gefährliche Güter** sind die Stoffe und Gegenstände, deren Beförderung nach Teil 2, Kapitel 3.2 Tabelle A und Kapitel 3.3 ADR/RID/ADN verboten oder nach den vorgesehenen Bedingungen des ADR/RID/ADN gestattet ist, sowie zusätzlich für innerstaatliche Beförderungen die in der Anlage 2 Gliederungsnummer 1.1 und 1.2 genannten Güter;

8. **Wiederaufarbeiter** ist das Unternehmen, das wiederaufgearbeitete Verpackungen, wiederaufgearbeitete Großverpackungen und wiederaufgearbeitete Großpackmittel (IBC) im Sinne des Abschnitts 1.2.1 ADR/RID herstellt;

9. **Rekonditionierer** ist das Unternehmen, das rekonditionierte Verpackungen im Sinne des Abschnitts 1.2.1 ADR/RID herstellt;

10. **Auftraggeber des Absenders** ist das Unternehmen, das einen Absender beauftragt, als solcher aufzutreten und Gefahrgut selbst oder durch einen Dritten zu versenden;

11. **IBC** (Intermediate Bulk Container) ist das in Abschnitt 1.2.1 ADR/RID/ADN beschriebene Großpackmittel;

12. **IMDG-Code** (International Maritime Dangerous Goods Code) ist der Internationale Code für die Beförderung gefährlicher Güter mit Seeschiffen, der zuletzt durch die Entschließung MSC. 406(96) geändert worden ist, in der amtlichen deutschen Übersetzung bekannt gegeben am 16. November 2016 (VkBl. S. 718);

13. **MEGC** (Multiple-Element Gas Container) ist der in Abschnitt 1.2.1 ADR/RID/ADN beschriebene Gascontainer mit mehreren Elementen. Dies gilt auch für UN-MEGC;

14. **MEMU** (Mobile Einheit zur Herstellung von explosiven Stoffen oder Gegenständen mit Explosivstoff) ist die in Abschnitt 1.2.1 ADR beschriebene Einheit oder ein Fahrzeug;

15. **Ortsbewegliche-Druckgeräte-Verordnung** ist die Ortsbewegliche-Druckgeräte-Verordnung vom 29. November 2011 (BGBl. I S. 2349), die zuletzt durch Artikel 491 der Verordnung vom 31. August 2015 (BGBl. I S. 1474) geändert worden ist;

16. **OTIF** (Organisation Intergouvernementale pour les transports internationaux ferroviaires) ist die Zwischenstaatliche Organisation für den internationalen Eisenbahnverkehr;

17. **UNECE** (United Nations Economic Commission for Europe) ist die Wirtschaftskommission der Vereinten Nationen für Europa;

18. **GGVSee** ist die Gefahrgutverordnung See in der Fassung der Bekanntmachung vom 7. Dezember 2017 (BGBl. I S. 3862; 2018 I S. 131);

19. **Ortsbewegliche Druckgeräte** sind die in Artikel 2 Nummer 1 der Richtlinie 2010/35/EU bestimmten Gefäße und Tanks für Gase sowie die übrigen in den Kapiteln 6.2 und 6.8 ADR/RID bestimmten Gefäße und Tanks für Gase;

20. **Bundeswasserstraßen** sind die Wasserstraßen nach § 1 Absatz 1 und Absatz 4 des Bundeswasserstraßengesetzes in der Fassung der Bekanntmachung vom 23. Mai 2007 (BGBl. I S. 962, 2008 I S. 1980) in der jeweils geltenden Fassung mit Ausnahme der Elbe im Hamburger Hafen.

§ 3
Zulassung zur Beförderung

Gefährliche Güter dürfen unbeschadet des § 5 nur befördert werden, wenn deren Beförderung nach den Unterabschnitten 2.2.1.2, 2.2.2.2, 2.2.3.2, 2.2.41.2, 2.2.42.2, 2.2.43.2, 2.2.51.2, 2.2.52.2, 2.2.61.2, 2.2.62.2, 2.2.8.2, 2.2.9.2, Kapitel 3.2 Tabelle A und Kapitel 3.3 ADR/RID/ADN oder nach Anlage 2 nicht ausgeschlossen ist und die Beförderung unter Einhaltung der anwendbaren Vorschriften des ADR/RID/ADN erfolgt.

§ 4
Allgemeine Sicherheitspflichten

(1) Die an der Beförderung gefährlicher Güter Beteiligten haben die nach Art und Ausmaß der vorhersehbaren Gefahren erforderlichen Vorkehrungen zu treffen, um Schadensfälle zu verhindern und bei Eintritt eines Schadens dessen Umfang so gering wie möglich zu halten.

(2) Bilden die beförderten gefährlichen Güter eine besondere Gefahr für andere, insbesondere soweit gefährliches Gut bei Unfällen oder Unregelmäßigkeiten austritt oder austreten kann, und kann diese nicht rasch beseitigt werden, hat

1. der Fahrzeugführer im Straßenverkehr,
2. der jeweilige Eisenbahninfrastrukturunternehmer im Eisenbahnverkehr oder
3. der Schiffsführer in der Binnenschifffahrt

die dem Ort des Gefahreneintritts nächstgelegenen zuständigen Behörden unverzüglich zu benachrichtigen oder benachrichtigen zu lassen und mit den notwendigen Informationen zu versehen oder versehen zu lassen. Im Eisenbahnverkehr hat der Beförderer unverzüglich den jeweiligen Eisenbahninfrastrukturunternehmer zu benachrichtigen.

(3) Beim Feststellen eines Verstoßes, der die Sicherheit der Beförderung beeinträchtigen könnte, hat

1. der Fahrzeugführer im Straßenverkehr,
2. der Beförderer im Eisenbahnverkehr oder
3. der Schiffsführer in der Binnenschifffahrt

die Sendung möglichst rasch anzuhalten. Er darf die Beförderung erst fortsetzen, wenn die anzuwendenden Vorschriften erfüllt oder die Anweisungen oder Genehmigungen der zuständigen Behörden erteilt sind.

§ 5
Ausnahmen

(1) Die nach Landesrecht zuständigen Stellen können

1. im Straßenverkehr auf Antrag Ausnahmen von den Teilen 1 bis 9 – ausgenommen die Kapitel 1.8 und 1.10 – ADR sowie von den §§ 35 bis 35b und Anlage 2 dieser Verordnung,
2. im Eisenbahnverkehr für den Bereich der nichtbundeseigenen Eisenbahnen auf Antrag Ausnahmen von den Teilen 1 bis 7 – ausgenommen die Kapitel 1.8 und 1.10 – RID und
3. in der Binnenschifffahrt auf Wasserstraßen, die nicht Bundeswasserstraßen sind, auf Antrag Ausnahmen von den Teilen 1 bis 9 – ausgenommen die Kapitel 1.8 und 1.10 – ADN

für Beförderungen innerhalb Deutschlands zulassen, soweit dies nach der Richtlinie 2008/68/EG vom 24. September 2008 des Europäischen Parlaments und des Rates über die Beförderung gefährlicher Güter im Binnenland (ABl. L 260 vom 30.9.2008, S. 13) zulässig ist.

(2) Das Eisenbahn-Bundesamt kann im Eisenbahnverkehr für den Bereich der Eisenbahnen des Bundes auf Antrag Ausnahmen von den Teilen 1 bis 7 – ausgenommen die Kapitel 1.8 und 1.10 - RID für Beförderungen innerhalb Deutschlands zulassen, soweit dies nach der Richtlinie 2008/68/EG zulässig ist.

(3) Die Generaldirektion Wasserstraßen und Schifffahrt kann in der Binnenschifffahrt für den Bereich der Bundeswasserstraßen auf Antrag Ausnahmen von den Teilen 1 bis 9 ADN – ausgenommen Abschnitt 1.5.2 ADN, Kapitel 1.8 und 1.10 ADN – für Beförderungen innerhalb Deutschlands zulassen, soweit dies nach der Richtlinie 2008/68/EG zulässig ist. Diese Ausnahmen schließen für den Bereich der Bundeswasserstraßen weitere für das Vorhaben erforderliche Entscheidungen nach Teil 7 ADN – ausgenommen Unterabschnitt 7.2.2.6 und Absätze 7.2.3.7.1 und 7.2.3.7.6 ADN – mit ein; die Entscheidung ergeht insoweit im Benehmen mit der nach § 16 Absatz 6 zuständigen Behörde.

(4) Bei Ausnahmen nach den Absätzen 1 bis 3 ist über die erforderlichen Sicherheitsvorkehrungen vom Antragsteller ein Gutachten eines Sachverständigen vorzulegen. In diesem Gutachten müssen insbesondere die verbleibenden Gefahren dargestellt und es muss begründet werden, weshalb die Zulassung der Ausnahme trotz der verbleibenden Gefahren als vertretbar angesehen wird. Die zuständige Stelle kann die Vorlage weiterer Gutachten auf Kosten des Antragstellers verlangen oder diese im Benehmen mit dem Antragsteller selbst erstellen lassen. In begründeten Einzelfällen kann die zuständige Stelle auf die Vorlage eines Gutachtens verzichten.

(5) Ausnahmen nach den Absätzen 1 bis 3 sind schriftlich oder elektronisch und unter dem Vorbehalt des Widerrufs für den Fall zu erteilen, dass sich die auferlegten Sicherheitsvorkehrungen als unzureichend zur Einschränkung der von der Beförderung ausgehenden Gefahren erweisen. Die nach Artikel 6 Absatz 2 der Richtlinie 2008/68/EG vorgesehenen Ausnahmen müssen dem Verfahren nach Artikel 6 Absatz 2 oder 4 unterzogen und von der Kommission anerkannt worden sein; sie sind dem Bundesministerium für Verkehr und digitale Infrastruktur mitzuteilen. Sie dürfen ab dem Zeitpunkt ihrer Genehmigung durch die Kommission für höchstens sechs Jahre erteilt werden; für die Verlängerung einer Ausnahme gilt das Verfahren nach Artikel 6 Absatz 4 der Richtlinie 2008/68/EG.

(6) Das Bundesministerium der Verteidigung oder die von ihm bestimmten Stellen dürfen für die Bundeswehr, in ihrem Auftrag hoheitlich tätige zivile Unternehmen und für ausländische Streitkräfte Ausnahmen von dieser Verordnung zulassen, soweit dies Gründe der Verteidigung erfordern und die öffentliche Sicherheit gebührend berücksichtigt ist. Ausnahmen nach Satz 1 sind für den Bundesnachrichtendienst zuzulassen, soweit er im Rahmen seiner Aufgaben für das Bundesministerium der Verteidigung tätig wird und soweit sicherheitspolitische Interessen dies erfordern.

(7) Die Bundesministerien des Innern, für Bau und Heimat, der Justiz und für Verbraucherschutz und der Finanzen sowie die Innen- und Justizminister (-senatoren) der Länder oder die von ihnen bestimmten Stellen dürfen in ihrem Aufgabenbereich Ausnahmen für Beförderungen innerhalb Deutschlands zulassen, soweit dies nach der Richtlinie 2008/68/EG zulässig ist. Absatz 5 Satz 2 gilt entsprechend. Unabhängig davon dürfen sie Ausnahmen von den §§ 35 bis 35b und von Anlage 2 dieser Verordnung zulassen.

(8) Die für den Bereich

1. der Eisenbahnen des Bundes zugelassenen Ausnahmen nach Absatz 2 gelten auch für den Bereich der übrigen Eisenbahnen. Die von den Ländern nach Absatz 1 Satz 1 Nummer 2 zugelassenen Ausnahmen gelten im Benehmen mit dem Eisenbahn-Bundesamt auch für den Bereich der Eisenbahnen des Bundes;
2. der Bundeswasserstraßen nach Absatz 3 zugelassenen Ausnahmen gelten auch für den Bereich der übrigen schiffbaren Gewässer. Die von den Ländern nach Absatz 1 Satz 1 Nummer 3 zugelassenen Ausnahmen gelten im Benehmen mit der Generaldirektion Wasserstraßen und Schifffahrt auch für den Bereich der Bundeswasserstraßen,

sofern die die Ausnahme erteilende Behörde nicht etwas anderes bestimmt.

(9) Hat die Bundesrepublik Deutschland Vereinbarungen nach Abschnitt 1.5.1 ADR/RID oder Abkommen nach Abschnitt 1.5.1 ADN in Verbindung mit § 6 Nummer 1 abgeschlossen, dürfen innerstaatliche Beförderungen nach deren Bestimmungen durchgeführt werden.

(10) Eine Ausnahme für eine innerstaatliche Beförderung gilt auch für die Beförderung auf der innerdeutschen Teilstrecke einer innergemeinschaftlichen oder grenzüberschreitenden Beförderung, soweit in der Ausnahme nicht ausdrücklich etwas anderes bestimmt ist.

(11) Bei dem Bescheid nach Absatz 1 bis 3 genügt das Mitführen eines fernkopierten Bescheides oder des Ausdrucks eines elektronisch erteilten und signierten Bescheides sowie dessen digitalisierte Form auf einem Speichermedium, wenn diese derart mitgeführt wird, dass sie bei einer Kontrolle auf Verlangen zuständigen Personen lesbar gemacht werden kann.

§ 6

Zuständigkeiten des Bundesministeriums für Verkehr und digitale Infrastruktur

Das Bundesministerium für Verkehr und digitale Infrastruktur ist zuständige Behörde für

1. den Abschluss von Vereinbarungen nach Abschnitt 1.5.1 ADR/RID oder Abkommen nach Abschnitt 1.5.1 ADN und deren Übersendung an die UNECE/OTIF;
2. Aufgaben nach Kapitel 1.15 ADN;
3. die Anerkennung von Untersuchungsstellen nach Unterabschnitt 1.16.1.4 ADN;
4. die Übermittlung eines Verzeichnisses anerkannter technischer Regelwerke nach Abschnitt 6.2.5 und Unterabschnitt 6.8.2.7 ADR/RID
   a) im Straßenverkehr an das Sekretariat der UNECE und
   b) im Eisenbahnverkehr an das Sekretariat der OTIF;
5. die Prüfung und Auswertung der Berichte über die Meldungen von Ereignissen mit gefährlichen Gütern nach Unterabschnitt 1.8.5.1 ADR/RID/ADN und erforderlichenfalls deren Weiterleitung an das Sekretariat der UNECE, der OTIF oder der Zentralkommission für die Rheinschifffahrt;
6. den Erlass von Vorschriften für Druckbehälter nach den Absätzen 9.3.1.23.1, 9.3.2.23.5 und 9.3.3.23.5 ADN und
7. die Übertragung der Befugnis zur Ausstellung von Zulassungszeugnissen auf eine Untersuchungsstelle nach Unterabschnitt 1.16.2.3 ADN.

§ 7

Zuständigkeiten der vom Bundesministerium der Verteidigung oder vom Bundesministerium des Innern, für Bau und Heimat bestellten Sachverständigen oder Dienststellen

(1) Die vom Bundesministerium der Verteidigung bestellten Sachverständigen oder Dienststellen sind für die Bundeswehr und die ausländischen Streitkräfte zuständige Behörden für

1. Aufgaben nach den Teilen 8 und 9 ADR;
2. die Zulassung, erstmalige und wiederkehrende Prüfung von Druckgefäßen nach den Unterabschnitten 6.2.1.4 bis 6.2.1.6 ADR, die Inspektion und Prüfung der IBC nach Unterabschnitt 6.5.4.4 ADR, die Baumusterprüfung von ortsbeweglichen Tanks und UN-MEGC nach den Absätzen 6.7.2.18.1, 6.7.3.14.1, 6.7.4.13.1 und 6.7.5.11.1 in Verbindung mit Kapitel 4.2 und den Absätzen 6.7.2.19.9, 6.7.3.15.9, 6.7.4.14.10 und 6.7.5.12.7 ADR, die erstmalige und wiederkehrende Prüfung, Zwischenprüfung und außerordentliche Prüfungen der Tankkörper und der Ausrüstungsteile von ortsbeweglichen Tanks und UN-MEGC nach Kapitel 6.7 ADR und die Zulassung des Baumusters und die Prüfungen der Tanks nach den Unterabschnitten 6.8.2.3 und 6.8.2.4 ADR;
3. die Prüfungen von Tanks, sofern diese Prüfungen nicht in den Geltungsbereich der Ortsbewegliche-Druckgeräte-Verordnung fallen;
4. das Führen eines Verzeichnisses nach Unterabschnitt 1.10.1.6 ADR über alle gültigen Schulungsbescheinigungen für Fahrzeugführer und
5. die Bescheinigung nach § 35 Absatz 4 und die Fahrwegbestimmung nach § 35a Absatz 3,

soweit dies Gründe der Verteidigung erfordern.

(2) Die vom Bundesministerium des Innern, für Bau und Heimat bestellten Sachverständigen oder Dienststellen sind zuständige Behörden für

1. Aufgaben nach den Teilen 8 und 9 ADR;
2. die Zulassung des Baumusters und die Prüfungen der Tanks nach den Unterabschnitten 6.8.2.3 und 6.8.2.4 ADR sowie die Inspektion und Prüfung der IBC nach Unterabschnitt 6.5.4.4 ADR;
3. das Führen eines Verzeichnisses nach Unterabschnitt 1.10.1.6 ADR über alle gültigen Schulungsbescheinigungen für Fahrzeugführer und
4. die Bescheinigung nach § 35 Absatz 4 und die Fahrwegbestimmung nach § 35a Absatz 3,

soweit dies für den Dienstbereich des Bundesministeriums des Innern, für Bau und Heimat erforderlich ist.

(3) Die Zuständigkeit der nach Absatz 1 und 2 bestellten Dienststellen gilt auch für Überwachungsmaßnahmen nach § 9 Absatz 1 und 2 des Gefahrgutbeförderungsgesetzes innerhalb von Liegenschaften der Bundeswehr und der ausländischen Streitkräfte sowie von Liegenschaften im Dienstbereich des Bundesministeriums des Innern, für Bau und Heimat. Bei der Beförderung gefährlicher Güter auf der Straße durch die Bundeswehr oder durch ausländische Streitkräfte, auch wenn sich die Bundeswehr ziviler Unternehmen bedient, sind die nach Absatz 1 bestellten Dienststellen neben den nach Landesrecht zuständigen Behörden zur Überwachung befugt.

§ 8
Zuständigkeiten der Bundesanstalt für Materialforschung und -prüfung

(1) Die Bundesanstalt für Materialforschung und -prüfung ist zuständige Behörde für

1. Aufgaben nach
   a) den Kapiteln 2.1 und 2.2 mit Ausnahme der Absätze 2.2.62.1.12.1 und 2.2.9.1.11 Bemerkung 4 ADR/RID/ADN und der dem Bundesamt für Ausrüstung, Informationstechnik und Nutzung der Bundeswehr nach § 10 und dem Bundesamt für kerntechnische Entsorgungssicherheit nach § 11 zugewiesenen Zuständigkeiten,
   b) Kapitel 3.3 ADR/RID/ADN mit Ausnahme der dem Bundesamt für Ausrüstung, Informationstechnik und Nutzung der Bundeswehr nach § 10 zugewiesenen Zuständigkeiten,
   c) Kapitel 4.1 mit Ausnahme von Unterabschnitt 4.1.4.1 Verpackungsanweisung P 200 ADR/RID und die dem Bundesamt für Ausrüstung, Informationstechnik und Nutzung der Bundeswehr nach § 10 zugewiesenen Zuständigkeiten,
   d) Kapitel 4.2 mit Ausnahme der Unterabschnitte 4.2.1.8, 4.2.2.5 und 4.2.3.4 ADR/RID,
   e) Kapitel 4.3, in Bezug auf Absatz 4.3.3.2.5 ADR/RID im Einvernehmen mit der Physikalisch-Technischen Bundesanstalt,
   f) Kapitel 6.2 mit Ausnahme des Unterabschnitts 6.2.2.11 ADR/RID und der Zuständigkeiten nach Nummer 10 sowie §§ 13 und 13a,
   g) Kapitel 6.7 ADR/RID,
   h) Kapitel 6.8 in Bezug auf die Prüfung, die Erteilung der Kennzeichen und die Baumusterzulassung von festverbundenen Tanks (Tankfahrzeugen), Aufsetztanks, Tankcontainern und Tankwechselaufbauten (Tankwechselbehältern) und die Festlegung von Bedingungen nach Abschnitt 6.8.4 Buchstabe c Sondervorschrift TA 2 ADR/RID sowie die Anerkennung der Befähigung der Hersteller für die Ausführung von Schweißarbeiten und die Anordnung zusätzlicher Prüfungen nach Absatz 6.8.2.1.23 und die Festlegung der Bedingungen für Schweißnähte der Tankkörper nach Absatz 6.8.5.2.2 ADR,
   i) Kapitel 6.9 ADR/RID,
   j) Kapitel 6.10 ADR/RID,
   k) Kapitel 6.11 ADR/RID und
   l) Kapitel 6.12 in Verbindung mit Absatz 7.5.5.2.3 und Kapitel 9.8 ADR,

   soweit die jeweilige Aufgabe keiner anderen Stelle zugewiesen ist;
2. die Prüfung und Zulassung radioaktiver Stoffe in besonderer Form nach Absatz 5.1.5.2.1 in Verbindung mit Unterabschnitt 6.4.22.5 Satz 1, das Zeugnis nach Unterabschnitt 6.4.22.8 Buchstabe a, die Zulassung der Bauart von Verpackungen für nicht spaltbares oder spaltbares freigestelltes Uranhexafluorid nach Absatz 5.1.5.2.1 in Verbindung mit Unterabschnitt 6.4.22.1, das Zeugnis nach Unterabschnitt 6.4.22.8 Buchstabe a, die Prüfung und Zulassung der Bauart gering dispergierbarer radioaktiver Stoffe nach Absatz 5.1.5.2.1 in Verbindung mit Unterabschnitt 6.4.22.5 Satz 2 und für das Zeugnis nach Unterabschnitt 6.4.22.8 Buchstabe a ADR/RID im Einvernehmen mit dem Bundesamt für kerntechnische Entsorgungssicherheit;

3. die Prüfung, die Anerkennung von Prüfstellen, die Erteilung der Kennzeichen und die Bauartzulassung von Verpackungen, IBC, Großverpackungen, Bergungsverpackungen und Bergungsgroßverpackungen nach den Kapiteln 6.1, 6.3, 6.5 und 6.6 ADR/RID sowie für die Zulassung der Reparatur flexibler IBC nach Abschnitt 1.2.1 ADR/RID/ADN;
4. die Anerkennung und Überwachung von Qualitätssicherungsprogrammen für die Fertigung, Wiederaufarbeitung, Rekonditionierung, Reparatur und Prüfung von Verpackungen, IBC und Großverpackungen sowie die Anerkennung von Überwachungsstellen für die Prüfung der Funktionsfähigkeit und Wirksamkeit der Qualitätssicherungsprogramme nach den Kapiteln 6.1, 6.3, 6.5 und 6.6 sowie die Anerkennung von Inspektionsstellen für die erstmaligen und wiederkehrenden Inspektionen und Prüfungen von IBC nach Unterabschnitt 6.5.4.4 ADR/RID;
5. die Bescheinigung über die Zulassung einer Änderung nach Absatz 6.8.2.3.4 ADR sowie für Tankcontainer und Tankwechselaufbauten (Tankwechselbehälter) nach Absatz 6.8.2.3.4 RID;
6. die Genehmigung der Beförderungsbedingungen für mit Temperaturkontrolle stabilisierte Gase nach Unterabschnitt 3.1.2.6 Satz 2 Buchstabe b ADR/RID/ADN;
7. die Anerkennung und Überwachung von Managementsystemen für die Auslegung, Herstellung, Prüfung, Dokumentation, den Gebrauch, die Wartung und Inspektion von nicht zulassungspflichtigen Versandstücken für radioaktive Stoffe nach Kapitel 6.4 ADR/RID in Verbindung mit Abschnitt 1.7.3 ADR/RID/ADN;
8. die Bauartprüfung zulassungspflichtiger Versandstücke für radioaktive Stoffe nach Kapitel 6.4 ADR/RID;
9. die Überwachung von Managementsystemen für die Auslegung, Herstellung, Prüfung, Dokumentation, den Gebrauch, die Wartung und Inspektion von zulassungspflichtigen Versandstücken für radioaktive Stoffe nach Kapitel 6.4 ADR/RID in Verbindung mit Abschnitt 1.7.3 ADR/RID/ADN;
10. die Anerkennung einer Norm oder eines Regelwerks nach Absatz 6.2.1.1.9 und die Anerkennung von technischen Regelwerken nach Absatz 6.2.1.3.6.5.4, Abschnitt 6.2.5, Absatz 6.7.2.2.1 Satz 1, Absatz 6.7.3.2.1 Satz 1, Absatz 6.7.4.2.1 Satz 1, Absatz 6.7.4.7.4, den Absätzen 6.7.5.2.9, 6.8.2.1.4 sowie den Unterabschnitten 6.8.2.7 und 6.8.3.7 Satz 1 ADR/RID im Einvernehmen mit dem Bundesministerium für Verkehr und digitale Infrastruktur;
11. die Zulassung der Trennungsmethoden nach Unterabschnitt 7.5.2.2 Fußnote a ADR/RID, soweit es sich nicht um den militärischen Bereich handelt;
12. die Festlegung von Normen und Bedingungen nach Unterabschnitt 7.3.3.1 VC 3 ADR und
13. die Erteilung von Ausnahmegenehmigungen für die Beförderung in Tankschiffen nach Abschnitt 1.5.2 ADN.

Satz 1 Nummer 1 Buchstabe h und Nummer 5 gelten nicht, sofern diese Aufgaben in den Geltungsbereich der Ortsbewegliche-Druckgeräte-Verordnung fallen.

(2) Die unter Absatz 1 Satz 1 Nummer 1 Buchstabe c, d und f bis l, Nummer 2 bis 7, 11 und 13 genannten Zulassungen, Zustimmungen, Anerkennungen und Genehmigungen können widerruflich erteilt, befristet und mit Auflagen versehen werden, soweit dies erforderlich ist, um die Einhaltung der gefahrgutbeförderungsrechtlichen Vorschriften sicherzustellen.

§ 9
Zuständigkeiten der von der Bundesanstalt für Materialforschung und -prüfung anerkannten Prüfstellen

Die von der Bundesanstalt für Materialforschung und -prüfung nach § 12 Absatz 1 Nummer 8 der GGVSee anerkannten Prüfstellen sind zuständig für die Baumusterprüfung sowie die erstmalige, wiederkehrende und außerordentliche Prüfung von ortsbeweglichen Tanks und Gascontainern mit mehreren Elementen (MEGC) nach Kapitel 6.7 ADR/RID. Satz 1 gilt nicht, sofern diese Prüfungen in den Geltungsbereich der Ortsbewegliche-Druckgeräte-Verordnung fallen.

§ 16
Besondere Zuständigkeiten in der Binnenschifffahrt

(1) Die Physikalisch-Technische Bundesanstalt ist zuständige Behörde für

1. die Typzulassung von Flammendurchschlagsicherungen nach Absatz 1.6.7.2.2.2 ADN (Übergangsvorschrift zur Begriffsbestimmung „Flammendurchschlagsicherung"), von Hochgeschwindigkeitsventilen nach Absatz 1.6.7.2.2.2 ADN (Übergangsvorschrift zur Begriffsbestimmung „Hochgeschwindigkeitsventil"), von Deflagrationssicherheit der Probeentnahmeöffnung nach Absatz 1.6.7.2.2.2 ADN (Übergangsvorschrift zur Begriffsbestimmung „Probeentnahmeöffnung") und von Deflagrationssicherheit der Vorrichtung zum gefahrlosen Entspannen von Ladetanks nach Absatz 1.6.7.2.2.2 ADN (Übergangsvorschrift zur Begriffsbestimmung „Vorrichtung zum gefahrlosen Entspannen von Ladetanks");
2. die Typzulassung von Probeentnahmeeinrichtungen nach Abschnitt 1.2.1 Begriffsbestimmung „Probeentnahmeeinrichtung (geschlossen)", „Probeentnahmeeinrichtung (teilweise geschlossen)" und von Flammensperren nach Abschnitt 1.2.1 Begriffsbestimmung „Probeentnahmeöffnung" und von Anschlüssen nach Abschnitt 1.2.1 ADN (Begriffsbestimmung „Anschluss für eine Probeentnahmeeinrichtung") und
3. den Erlass von Vorschriften für den Öffnungsdruck von Sicherheitsventilen von Drucktanks nach Abschnitt 1.2.1 ADN Begriffsbestimmung „Öffnungsdruck".

(2) Die Generaldirektion Wasserstraßen und Schifffahrt ist zuständige Behörde für

1. Aufgaben nach Kapitel 1.16 mit Ausnahme der Unterabschnitte 1.16.2.3 und 1.16.13.2 Satz 2 und 3 ADN;
2. die Anerkennung und Überwachung der Schulungen und Prüfungen nach Unterabschnitt 8.2.2.6 sowie die Anerkennung von Dokumenten nach den Unterabschnitten 8.2.1.9 und 8.2.1.10 ADN;
3. die Zulassung von Personen zur Prüfung
   a) der Isolationswiderstände und der Erdung der festinstallierten elektrischen Anlagen und Geräte nach Unterabschnitt 8.1.7.1 ADN und
   b) der Anlagen und Geräte zum Einsatz in explosionsgefährdeten Bereichen, der Geräte vom Typ „begrenzte Explosionsgefahr", der Anlagen und Geräte, die den Unterabschnitten 9.3.1.51, 9.3.2.51 und 9.3.3.51 entsprechen, sowie der autonomen Schutzsysteme oder der Übereinstimmung von Unterlagen mit den Gegebenheiten an Bord nach Unterabschnitt 8.1.7.2 ADN;
4. die Zulassung von Personen für die Nachprüfung und Untersuchung der Feuerlöschgeräte, der Feuerlöschschläuche und der Lade- und Löschschläuche nach den Unterabschnitten 8.1.6.1 und 8.1.6.2 ADN;
5. die Feststellung, ob elektrische Geräte, Mess-, Regel- und Alarmeinrichtungen und Motoren gemäß Absatz 1.6.7.2.2.2 (Übergangsvorschrift zu den Absätzen 9.3.1.53.1, 9.3.2.53.1 und 9.3.3.53.1 ADN) hinsichtlich ihrer Betriebssicherheit in explosionsfähiger Atmosphäre geprüft und zugelassen sind;
6. das Eintragen eines Sichtvermerkes in die Unterlagen zu den elektrischen Betriebsmitteln nach Absatz 1.6.7.2.2.2 (Übergangsvorschrift zu Unterabschnitt 8.1.2.3 Buchstabe r, s, t und v ADN) und das Eintragen eines Sichtvermerkes in die an Bord mitzuführenden Dokumente nach den Unterabschnitten 8.1.2.2 und 8.1.2.3 ADN;
7. das Führen eines Verzeichnisses über alle gültigen Schulungsbescheinigungen für Sachkundige nach Unterabschnitt 1.10.1.6 ADN;
8. die Entgegennahme der Berichte über die Meldung von Ereignissen mit gefährlichen Gütern nach Unterabschnitt 1.8.5.1 ADN und deren Vorlage an das Bundesministerium für Verkehr und digitale Infrastruktur;
9. die Zulassung von sachkundigen Personen oder Firmen nach Unterabschnitt 3.2.3.2 Tabelle C Spalte 20 Nummer 12 Buchstabe q und Nummer 33 Buchstabe i 2 ADN;

10. die Genehmigung von alternativen Bauweisen und das Verlangen zusätzlicher Berechnungen und Nachweise nach Absatz 9.3.4.1.4 ADN;
11. Gleichwertigkeiten und Abweichungen nach Abschnitt 1.5.3 ADN;
12. die Genehmigung von Ladeplänen nach Unterabschnitt 3.2.3.2 Tabelle C Spalte 20 Nummer 12 Buchstabe p ADN bei der Beförderung von UN 1280 und UN 2983;
13. die Feststellung der Übereinstimmung der Kopie des Zulassungszeugnisses auf der Tafel eines Schubleichters mit dem Original nach den Unterabschnitten 8.1.2.6 und 8.1.2.7 ADN und
14. den Erlass von Betriebsvorschriften nach Absatz 1.6.7.2.2.2 Übergangsvorschrift zu den Absätzen 9.3.1.17.1 und 9.3.3.17.1 ADN.

Die in Nummer 3, 4, 9, 10 und 12 genannten Zulassungen und Genehmigungen können widerruflich erteilt, befristet und mit Auflagen versehen werden, soweit dies erforderlich ist, um die Einhaltung der gefahrgutbeförderungsrechtlichen Vorschriften sicherzustellen.

(3) Zuständige Behörde für die Zulassung von Personen zur Feststellung und Bescheinigung der Gasfreiheit nach den Absätzen 7.2.3.7.1.6 Satz 3 und 7.2.3.7.2.6 Satz 3 ADN ist

1. die Generaldirektion Wasserstraßen und Schifffahrt im Bereich der Bundeswasserstraßen und
2. die jeweilige nach Landesrecht zuständige Stelle im Bereich der übrigen schiffbaren Wasserstraßen.

Die Zulassung gilt als erteilt für die von einer Industrie- und Handelskammer öffentlich bestellten und vereidigten Handelschemiker mit der besonderen Qualifikation für die Feststellung von Gaszuständen auf Wasserfahrzeugen und die Ausstellung von Gaszustandsbescheinigungen. Die Zulassung kann widerruflich erteilt, befristet und mit Auflagen versehen werden, soweit dies erforderlich ist, um die Einhaltung der gefahrgutbeförderungsrechtlichen Vorschriften sicherzustellen.

(4) Die Generaldirektion Wasserstraßen und Schifffahrt im Bereich der Bundeswasserstraßen und die jeweilige nach Landesrecht zuständige Stelle im Bereich der übrigen schiffbaren Wasserstraßen ist zuständige Behörde für die Verfolgung und Ahndung von Ordnungswidrigkeiten nach § 37.

(5) Die Generaldirektion Wasserstraßen und Schifffahrt ist zuständige Behörde für

1. das Ausstellen von Bescheinigungen nach den Unterabschnitten 8.2.1.2 und 8.2.2.8 ADN und
2. die Durchführung von Prüfungen nach Unterabschnitt 8.2.2.7 ADN.

(6) Das Wasserstraßen- und Schifffahrtsamt in seinem jeweiligen Amtsbezirk im Bereich der Bundeswasserstraßen und die jeweilige nach Landesrecht zuständige Stelle im Bereich der übrigen schiffbaren Wasserstraßen ist zuständige Behörde für

1. Aufgaben nach Teil 7 ADN mit Ausnahme von Aufgaben nach Absatz 3 und § 11 Nummer 6;
2. das Genehmigen von Arbeiten an Bord mit elektrischem Strom oder Feuer oder bei deren Ausführung Funken entstehen können nach Abschnitt 8.3.5 ADN;
3. die Entgegennahme der Meldungen über erhöhte Konzentrationen an Schwefelwasserstoff nach Unterabschnitt 3.2.3.2 Tabelle C Spalte 20 Nummer 28 Buchstabe b ADN bei der Beförderung von UN 2448;
4. Kontrollen nach Absatz 1.8.1.1.1 und die Untersagung der Verwendung eines Schiffes für die Beförderung gefährlicher Güter nach Unterabschnitt 1.16.13.2 ADN und
5. die Entgegennahme der Informationen und Mitteilungen nach Unterabschnitt 1.7.6.1 Buchstabe b Gliederungseinheit iv und Buchstabe c ADN.

Zuständige Behörde nach Satz 1 Nummer 4 und 5 sowie Unterabschnitt 7.1.5.5 ADN ist auch die jeweils nach Landesrecht zuständige Stelle. Die in Nummer 2 genannte Genehmigung kann widerruflich erteilt, befristet und mit Auflagen versehen werden, soweit dies erforderlich ist, um die Einhaltung der gefahrgutbeförderungsrechtlichen Vorschriften sicherzustellen.

(7) Die jeweilige nach Landesrecht zuständige Stelle ist zuständige Behörde für Kontrollen nach Unterabschnitt 1.8.1.4 ADN.

(8) Die Berufsgenossenschaft Verkehrswirtschaft Post-Logistik Telekommunikation ist zuständig nach der IMO Resolution A.749 (18) einschließlich deren Anlage "Code über Intaktstabilität aller Schiffstypen" in der Fassung der Bekanntmachung vom 18. März 1999 (VkBl. S. 164) für die Prüfung der Stabilitätsunterlagen nach Absatz 9.2.0.94.4 ADN.

§ 17
Pflichten des Auftraggebers des Absenders

(1) Der Auftraggeber des Absenders im Straßen- und Eisenbahnverkehr sowie in der Binnenschifffahrt hat

1. sich vor Erteilung eines Auftrags an den Absender zu vergewissern, ob die gefährlichen Güter nach Teil 2 ADR/RID/ADN klassifiziert sind und nach § 3 befördert werden dürfen;
2. dafür zu sorgen, dass dem Absender die Angaben nach den Unterabschnitten 5.4.1.1, 5.4.1.2 sowie den Absätzen 5.5.2.4.1, 5.5.2.4.3 und 5.5.3.7.1 ADR/RID/ADN, im Straßenverkehr mit Ausnahme von Namen und Anschrift des Absenders nach Absatz 5.4.1.1.1 Buchstabe g ADR, schriftlich oder elektronisch mitgeteilt werden, und ihn, wenn Güter auf der Straße befördert werden, die § 35 Absatz 4 Satz 1 oder § 35a Absatz 1 oder Absatz 4 Satz 1 unterliegen, auf deren Beachtung schriftlich oder elektronisch hinzuweisen, und
3. dafür zu sorgen, dass der Absender bei Beförderung nach Kapitel 3.4 auf das gefährliche Gut in begrenzten Mengen unter Angabe der Bruttomasse und bei Beförderung nach Kapitel 3.5 auf das gefährliche Gut in freigestellten Mengen unter Angabe der Anzahl der Versandstücke, ausgenommen bei Beförderungen nach Unterabschnitt 3.5.1.4 ADR/RID/ADN, hingewiesen wird.

(2) Der Auftraggeber des Absenders im Eisenbahnverkehr hat dafür zu sorgen, dass dem Absender die Angaben nach Absatz 1.1.4.4.5 RID schriftlich oder elektronisch mitgeteilt werden.

§ 18
Pflichten des Absenders

(1) Der Absender im Straßen- und Eisenbahnverkehr sowie in der Binnenschifffahrt hat

1. den Beförderer und, wenn die gefährlichen Güter über deutsche See-, Binnen- oder Flughäfen eingeführt worden sind, den Verlader, der als erster die gefährlichen Güter zur Beförderung mit Straßenfahrzeugen, mit der Eisenbahn oder mit Binnenschiffen übergibt oder im Straßenverkehr oder im Binnenschiffsverkehr selbst befördert, mit Erteilung des Beförderungsauftrags
   a) auf das gefährliche Gut durch die Angaben nach Absatz 5.4.1.1.1 Buchstabe a bis d ADR/RID/ADN oder Absatz 5.4.1.1.2 Buchstabe a bis d ADN
   b) und, wenn Güter auf der Straße befördert werden, die den §§ 35 und 35a unterliegen, auf deren Beachtung

   schriftlich oder elektronisch hinzuweisen; bei Beförderungen nach den Kapiteln 3.4 und 3.5 ADR/RID/ADN ist ein allgemeiner Hinweis auf das gefährliche Gut in begrenzten und freigestellten Mengen erforderlich;
2. den Beförderer vor der Beförderung nach Abschnitt 3.4.12 ADR/RID/ADN in nachweisbarer Form über die Bruttomasse der in begrenzten Mengen zu versendenden gefährlichen Güter zu informieren;
3. sich vor Erteilung des Beförderungsauftrags und vor Übergabe gefährlicher Güter zur Beförderung zu vergewissern, ob die gefährlichen Güter nach Teil 2 ADR/RID/ADN klassifiziert sind und nach § 3 befördert werden dürfen;
4. dafür zu sorgen, dass die in einer Ausnahmezulassung, einer Vereinbarung nach § 5 oder einer Ausnahmeverordnung nach § 6 des Gefahrgutbeförderungsgesetzes festgelegten Angaben in das Beförderungspapier eingetragen werden;
5. dafür zu sorgen, dass nur Verpackungen, Großverpackungen, IBC, Tanks, MEMU oder Schiffe verwendet werden, die für die Beförderung der betreffenden Güter nach Kapitel 3.2 Tabelle A ADR/RID, Unterabschnitt 1.1.4.3 ADR/RID oder Kapitel 3.2 Tabelle A und zusätzlich bei Tankschiffbeförderung nach Tabelle C ADN zugelassen und geeignet sind;

13

6. dafür zu sorgen, dass die zuständige Behörde nach Absatz 5.1.5.1.4 ADR/RID/ADN benachrichtigt wird;

7. im Besitz einer Kopie der Anweisungen nach Absatz 4.1.9.1.9 und einer Kopie der erforderlichen Zeugnisse nach Absatz 5.1.5.2.2 zu sein und auf Anfrage der zuständigen Behörde nach Absatz 5.1.5.2.3 ADR/RID/ADN Aufzeichnungen zur Verfügung zu stellen;

8. dafür zu sorgen, dass ein Beförderungspapier nach Abschnitt 5.4.1 mitgegeben wird, das die nach Abschnitt 5.4.1, die nach den anwendbaren Sondervorschriften in Kapitel 3.3 sowie die nach den Absätzen 5.5.2.4.1, 5.5.2.4.3 und 5.5.3.7.1 ADR/RID/ADN, Unterabschnitt 6.7.1.3 ADR/RID und nach den erläuternden Bemerkungen in Unterabschnitt 3.2.3.2 Tabelle C Spalte 20 ADN geforderten Angaben, Anweisungen und Hinweise enthält;

9. dafür zu sorgen, dass dem Beförderer die Zeugnisse nach Absatz 5.4.1.2.5.4 ADR/RID/ADN vor dem Be- und Entladen zugänglich gemacht werden;

10. dafür zu sorgen, dass dem Beförderungspapier die erforderlichen Begleitpapiere nach den anwendbaren Sondervorschriften in Kapitel 3.3 ADR/RID/ADN, nach Absatz 4.1.3.8.2 ADR/RID, Unterabschnitt 5.4.1.2 und Abschnitt 5.4.2 ADR/RID/ADN beigefügt werden;

11. den Verlader auf die Begasung von Einheiten schriftlich oder elektronisch hinzuweisen und

12. eine Kopie des Beförderungspapiers für gefährliche Güter und der im ADR/RID/ADN festgelegten zusätzlichen Informationen und Dokumentation für einen Mindestzeitraum von drei Monaten ab Ende der Beförderung nach Unterabschnitt 5.4.4.1 ADR/RID/ADN aufzubewahren.

(2) Der Absender im Straßenverkehr hat dafür zu sorgen, dass dem Beförderer vor Beförderungsbeginn die Ausnahmezulassung nach § 5 Absatz 1 Nummer 1, Absatz 6 oder 7 übergeben wird.

(3) Der Absender im Eisenbahnverkehr hat

1. die Vorschriften für den Versand als Expressgut nach Kapitel 7.6 RID zu beachten;

2. dafür zu sorgen, dass auch an ungereinigten leeren Wagen, Großcontainern und Kleincontainern für Güter in loser Schüttung sowie Schüttgut-Containern
   a) Großzettel (Placards) nach Unterabschnitt 5.3.1.6 RID,
   b) die orangefarbene Tafel nach Absatz 5.3.2.1.7 mit Ausnahme von Absatz 5.3.2.1.5 RID,
   c) Kennzeichen nach Abschnitt 5.3.6 RID und
   d) Rangierzettel nach Abschnitt 5.3.4 RID

   angebracht werden und

3. dafür zu sorgen, dass das Beförderungspapier die Angaben nach Absatz 1.1.4.4.5 RID enthält.

(4) Der Absender in der Binnenschifffahrt hat dafür zu sorgen,

1. dass dem Beförderer oder Schiffsführer vor Beförderungsbeginn die Ausnahmezulassung nach § 5 Absatz 1 Nummer 3 oder Absatz 3 übergeben wird und

2. dass auch an ungereinigten und nicht entgasten leeren Tankfahrzeugen, Kesselwagen, Fahrzeugen mit Aufsetztanks, Wagen mit abnehmbaren Tanks, Batterie-Fahrzeugen, Batteriewagen, MEGC, MEMU, Tankcontainern und ortsbeweglichen Tanks sowie an ungereinigten leeren Fahrzeugen, Wagen und Containern für die Beförderung in loser Schüttung
   a) Großzettel (Placards) nach Absatz 5.3.1.6.1 ADN und
   b) die orangefarbenen Tafeln nach Absatz 5.3.2.1.7 ADN

   angebracht werden.

§ 19

Pflichten des Beförderers

(1) Der Beförderer im Straßen- und Eisenbahnverkehr sowie in der Binnenschifffahrt

1. muss den Absender nach Unterabschnitt 1.7.6.1 Buchstabe a Gliederungseinheit i ADR/RID/ADN über die Nichteinhaltung eines Grenzwertes für die Dosisleistung oder die Kontamination informieren;
2. darf, wenn er einen Verstoß gegen die in Absatz 1 Nummer 1 und 5 und Absatz 2 bis 4 genannten Vorschriften des ADR/RID/ADN feststellt, die Sendung so lange nicht befördern, bis die Vorschriften erfüllt sind;
3. hat dafür zu sorgen, dass Tanks nach Unterabschnitt 4.3.3.6 Buchstabe f ADR/RID nicht zur Beförderung aufgegeben werden;
4. hat eine Kopie des Beförderungspapiers für gefährliche Güter und der im ADR/RID/ADN festgelegten zusätzlichen Informationen und Dokumentation für einen Mindestzeitraum von drei Monaten ab Ende der Beförderung nach Unterabschnitt 5.4.4.1 ADR/RID/ADN aufzubewahren;
5. hat dafür zu sorgen, dass die Dokumente im Zusammenhang mit der Beförderung von Güterbeförderungseinheiten (CTU), die begast und vor der Beförderung nicht vollständig belüftet worden sind, die Angaben nach Absatz 5.5.2.4.1 ADR/RID/ADN enthalten, und
6. hat dafür zu sorgen, dass die Dokumente im Zusammenhang mit der Beförderung von Fahrzeugen, Wagen oder Containern, die gekühlt oder konditioniert und vor der Beförderung nicht vollständig belüftet wurden, die Angaben nach Absatz 5.5.3.7.1 ADR/RID/ADN enthalten.

(2) Der Beförderer im Straßenverkehr hat

1. das Verbot der anderweitigen Verwendung nach Abschnitt 4.3.5 Sondervorschrift TU 15 ADR einzuhalten;
2. der Fahrzeugbesatzung vor Antritt der Fahrt die schriftlichen Weisungen nach Unterabschnitt 5.4.3.2 ADR zu übergeben und dafür zu sorgen, dass jedes Mitglied der Fahrzeugbesatzung diese verstehen und richtig anwenden kann;
3. dafür zu sorgen, dass die Vorschriften für die Beförderung in loser Schüttung in Fahrzeugen oder Containern nach den anwendbaren Vorschriften in den Kapiteln 3.3 und 7.3 und die Vorschriften für die Beförderung in Tanks nach Abschnitt 7.4.1 ADR beachtet werden;
4. dafür zu sorgen, dass die Vorschriften über die Begrenzung der beförderten Mengen nach Absatz 7.5.5.2.1 und Unterabschnitt 7.5.5.3 ADR eingehalten werden;
5. dafür zu sorgen, dass
   a) die Begleitpapiere nach Unterabschnitt 8.1.2.1 Buchstabe a und Unterabschnitt 8.1.2.2 Buchstabe a und c sowie bei innerstaatlichen Beförderungen in Aufsetztanks die Bescheinigung über die Prüfung des Aufsetztanks nach Absatz 6.8.2.4.5 und Unterabschnitt 6.9.5.3, sofern die Übergangsvorschrift nach Unterabschnitt 1.6.3.41 ADR in Anspruch genommen wird, und
   b) die Ausnahmezulassung nach § 5 Absatz 1 Nummer 1, Absatz 6 oder 7

   dem Fahrzeugführer vor Beförderungsbeginn übergeben werden;
6. dafür zu sorgen, dass nur Fahrzeugführer mit einer gültigen Bescheinigung nach Unterabschnitt 8.2.2.8 ADR eingesetzt werden;
7. dafür zu sorgen, dass ortsbewegliche Tanks nach Unterabschnitt 4.2.3.8 Buchstabe f ADR nicht zur Beförderung aufgegeben werden;
8. dafür zu sorgen, dass für festverbundene Tanks, Aufsetztanks und Batterie-Fahrzeuge die Tankakte nach Absatz 4.3.2.1.7 ADR geführt, aufbewahrt, an einen neuen Beförderer übergeben, auf Anforderung zuständigen Behörden vorgelegt und dem Sachverständigen zur Verfügung gestellt wird;
9. die Beförderungseinheit mit Feuerlöschgeräten nach Abschnitt 8.1.4 ADR auszurüsten;

10. die Prüffristen nach Unterabschnitt 8.1.4.4 ADR in Verbindung mit § 36 oder den zugelassenen nationalen Normen einzuhalten;

11. das Fahrzeug mit den erforderlichen Großzetteln (Placards) nach Abschnitt 5.3.1, den orangefarbenen Tafeln nach Abschnitt 5.3.2 und den Kennzeichen nach den Abschnitten 3.4.15, 5.3.3 und 5.3.6 auszurüsten und hat dafür zu sorgen, dass in den Fällen des Abschnitts 3.4.13 in Verbindung mit Abschnitt 3.4.14 die Kennzeichen nach Abschnitt 3.4.15 ADR angebracht werden;

12. dafür zu sorgen, dass nur Tanks verwendet werden, deren Dicke der Tankwände den in Absatz 4.3.2.3.1 in Verbindung mit den Absätzen 6.8.2.1.17 bis 6.8.2.1.21 ADR genannten Anforderungen entspricht;

13. dafür zu sorgen, dass der festverbundene Tank, der Aufsetztank, das Batterie-Fahrzeug und der Saug-Druck-Tank auch zwischen den Prüfterminen den Bau-, Ausrüstungs- und Kennzeichnungsvorschriften nach den Unterabschnitten 6.8.2.1, 6.8.2.2, 6.8.2.5, 6.8.3.1, 6.8.3.2 und 6.8.3.5 und den anwendbaren Sondervorschriften in Abschnitt 6.8.4 Buchstabe e, den Abschnitten 6.10.1, 6.10.2 und 6.10.3 für die in der ADR-Zulassungsbescheinigung nach Unterabschnitt 9.1.3.1 oder in der Bescheinigung nach den Absätzen 6.8.2.4.5 und 6.8.3.4.18 ADR angegebenen Stoffe entspricht, mit Ausnahme der durch den Befüller anzugebenden beförderten Stoffe und Gase;

14. dafür zu sorgen, dass nach Maßgabe der Absätze 6.8.2.4.4 und 6.8.3.4.14 ADR eine außerordentliche Prüfung des festverbundenen Tanks und des Batterie-Fahrzeugs durchgeführt wird, wenn die Sicherheit des Tanks oder seiner Ausrüstung beeinträchtigt sein kann;

15. dem Fahrzeugführer die erforderliche Ausrüstung zur Durchführung der Ladungssicherung zu übergeben;

16. die Beförderungseinheit nach Abschnitt 8.1.5 ADR auszurüsten;

17. dafür zu sorgen, dass an Fahrzeugen,

    a) die nach Unterabschnitt 9.1.2.1 Satz 4 zugelassen sind, für die in der ADR-Zulassungsbescheinigung nach Unterabschnitt 9.1.3.5 unter Nummer 10 angegebenen gefährlichen Güter die Vorschriften über den Bau und die Ausrüstung der Fahrzeuge nach Abschnitt 9.2.1 ADR in Verbindung mit den ergänzenden Vorschriften nach den Kapiteln 9.3 bis 9.8 ADR und

    b) die nach Unterabschnitt 9.1.2.1 Satz 4 nicht zulassungspflichtig sind, die Vorschriften über den Bau und die Ausrüstung der Fahrzeuge nach den anwendbaren Sondervorschriften in Abschnitt 7.3.3, Unterabschnitt 9.2.1.1 Satz 2 und den Kapiteln 9.4 bis 9.6 ADR

    beachtet werden;

18. dafür zu sorgen, dass die Vorschriften über die Überwachung der Fahrzeuge nach Kapitel 8.4 in Verbindung mit Kapitel 8.5 ADR sowie bei innerstaatlichen Beförderungen auch die Vorschrift über das Abstellen von kennzeichnungspflichtigen Fahrzeugen nach Anlage 2 Gliederungsnummer 3.3 beachtet werden, und

19. dafür zu sorgen, dass festverbundene Tanks, Batterie-Fahrzeuge, Aufsetztanks, MEGC, ortsbewegliche Tanks und Tankcontainer nicht verwendet werden, wenn das Datum der nächsten Prüfung überschritten ist.

(3) Der Beförderer im Eisenbahnverkehr

1. muss sicherstellen, dass der Betreiber der von ihm genutzten Eisenbahninfrastruktur zu jedem Zeitpunkt während der Beförderung schnell und uneingeschränkt über die Daten verfügen kann, die es ihm ermöglichen, die Anforderungen des Unterabschnitts 1.4.3.6 Buchstabe b RID zu erfüllen;

2. hat dafür zu sorgen, dass nach Unterabschnitt 1.10.1.4 RID jedes Mitglied der Besatzung eines Zuges, mit dem gefährliche Güter befördert werden, einen Lichtbildausweis während der Beförderung mit sich führt;

3. hat dafür zu sorgen, dass die in § 18 Absatz 1 Nummer 8 und 10 genannten Begleitpapiere während der Beförderung verfügbar sind und zuständigen Personen auf Verlangen zur Prüfung ausgehändigt werden;

4. hat dafür zu sorgen, dass die Vorschriften über den Schutzabstand nach Abschnitt 7.5.3 RID beachtet werden;

5. hat nach Unterabschnitt 5.4.3.2 RID vor Antritt der Fahrt dem Triebfahrzeugführer die schriftlichen Weisungen in einer Sprache bereitzustellen, die der Triebfahrzeugführer lesen und verstehen kann;
6. hat den Triebfahrzeugführer vor Antritt der Fahrt über die geladenen gefährlichen Güter und deren Position im Zug nach Absatz 1.4.2.2.7 in Verbindung mit Unterabschnitt 5.4.3.3 RID zu informieren;
7. hat dafür zu sorgen, dass die in den schriftlichen Weisungen nach Unterabschnitt 5.4.3.4 RID vorgeschriebene Ausrüstung auf dem Führerstand mitgeführt wird;
8. hat dafür zu sorgen, dass im Huckepackverkehr am Anhänger die orangefarbenen Tafeln oder die Großzettel (Placards) nach Absatz 1.1.4.4.3 RID angebracht sind, und
9. hat, wenn er gefährliche Güter am Abgangsort übernimmt, sich nach Absatz 1.4.2.2.1 Buchstabe c RID durch eine Sichtprüfung zu vergewissern, dass die Wagen und die Ladung keine offensichtlichen Mängel, keine Undichtigkeiten oder Risse aufweisen und dass keine Ausrüstungsteile fehlen;
10. hat, wenn er gefährliche Güter am Abgangsort übernimmt, sich nach Absatz 1.4.2.2.1 Buchstabe f zu vergewissern, dass die für die Wagen in Kapitel 5.3 RID vorgeschriebenen Großzettel (Placards), Kennzeichen und orangefarbenen Tafeln angebracht sind, und
11. hat dafür zu sorgen, dass die Informationen, die nach Absatz 1.4.2.2.8 RID zur Verfügung gestellt werden, auch den Tank und seine Ausrüstung umfassen.

(4) Der Beförderer in der Binnenschifffahrt

1. hat sich zu vergewissern, dass das Schiff nach Abschnitt 7.1.2 oder Abschnitt 7.2.2 ADN zur Beförderung der gefährlichen Güter zugelassen ist;
2. hat dafür zu sorgen, dass nach Unterabschnitt 1.10.1.4 ADN für jedes Mitglied der Besatzung ein Lichtbildausweis an Bord ist;
3. hat dem Schiffsführer vor Antritt der Fahrt die schriftlichen Weisungen nach Abschnitt 5.4.3 ADN in den Sprachen bereitzustellen, die der Schiffsführer und der Sachkundige lesen und verstehen können;
4. hat dafür zu sorgen, dass
   a) die Besatzung die Vorschriften für das Laden, Befördern, Löschen und sonstige Handhaben der Ladung nach Teil 7 beachtet, mit Ausnahme der Vorschriften über die Klassifikation von Tankschiffen, Gebrauchsanleitungen, Hinweistafeln und Ausrüstungen, und
   b) der vorgeschriebene Ladungsrechner nach den Absätzen 9.3.1.13.3, 9.3.2.13.3 und 9.3.3.13.3 ADN benutzt wird;
5. hat dafür zu sorgen, dass die Vorschriften über die Begrenzung der beförderten Mengen nach Unterabschnitt 7.1.4.1 ADN eingehalten werden;
6. hat dafür zu sorgen, dass dem Schiffsführer die Dokumente nach den Unterabschnitten 8.1.2.1 bis 8.1.2.3 ADN übergeben werden;
7. hat dafür zu sorgen, dass Schiffe nur eingesetzt werden, wenn der hauptverantwortliche Schiffsführer oder, wenn ein solcher nicht bestellt ist, jeder Schiffsführer nach den Unterabschnitten 7.1.3.15 und 7.2.3.15 eine gültige Bescheinigung nach den Unterabschnitten 8.2.1.2, 8.2.1.5 oder 8.2.1.7 ADN hat, und
8. hat nach Absatz 1.4.2.2.1 Buchstabe d ADN sicherzustellen, dass beim Laden und Löschen ein zweites Evakuierungsmittel verfügbar ist, sofern die landseitige Einrichtung nicht mit dem vorgeschriebenen zweiten Evakuierungsmittel ausgerüstet ist.

§ 20
Pflichten des Empfängers

(1) Der Empfänger im Straßen- und Eisenbahnverkehr sowie in der Binnenschifffahrt

1. ist nach Absatz 1.4.2.3.1 ADR/RID/ADN verpflichtet,
   a) die Annahme des Gutes nicht ohne zwingenden Grund zu verzögern oder zu verweigern und
   b) nach dem Entladen und vor dem Zurückstellen oder vor der Wiederverwendung zu prüfen, dass die ihn betreffenden Vorschriften des ADR/RID/ADN eingehalten worden sind, und

2. hat den Absender nach Unterabschnitt 1.7.6.1 Buchstabe a Gliederungseinheit ii in Verbindung mit Buchstabe c ADR/RID/ADN über die Nichteinhaltung eines Grenzwertes für die Dosisleistung oder die Kontamination zu informieren.

(2) Der Empfänger im Straßenverkehr darf nach Absatz 1.4.2.3.2 ADR, wenn die Prüfung nach Absatz 1 Nummer 1 Buchstabe b im Falle eines Containers einen Verstoß gegen die Vorschriften des ADR aufzeigt, dem Beförderer den Container erst dann zurückstellen, wenn der Verstoß behoben worden ist.

(3) Der Empfänger im Eisenbahnverkehr darf nach Absatz 1.4.2.3.2 RID einen Wagen oder Container erst zurückstellen oder wieder verwenden, wenn die Vorschriften des RID für die Entladung eingehalten worden sind.

(4) Der Empfänger in der Binnenschifffahrt darf, wenn die Prüfung nach Absatz 1 Nummer 1 Buchstabe b einen Verstoß gegen die Vorschriften des ADN aufzeigt, dem Beförderer den Container, das Fahrzeug oder den Wagen erst dann zurückstellen, wenn der Verstoß behoben worden ist.

§ 21
Pflichten des Verladers

(1) Der Verlader im Straßen- und Eisenbahnverkehr sowie in der Binnenschifffahrt

1. darf gefährliche Güter dem Beförderer nur übergeben, wenn sie nach § 3 befördert werden dürfen;
2. hat bei der Übergabe verpackter gefährlicher Güter oder ungereinigter leerer Verpackungen zur Beförderung zu prüfen, ob die Verpackung erkennbar unvollständig oder beschädigt oder an der Außenseite mit Anhaftungen gefährlicher Rückstände versehen ist. Er darf ein Versandstück, dessen Verpackung erkennbar unvollständig oder beschädigt, insbesondere undicht ist, sodass gefährliches Gut austritt oder austreten kann oder an der Außenseite mit Anhaftungen gefährlicher Rückstände versehen ist, zur Beförderung erst übergeben, wenn der Mangel beseitigt worden ist. Dies gilt auch für die Beförderung nach den Kapiteln 3.4 und 3.5 ADR/RID/ADN;
3. hat dafür zu sorgen, dass ein Versandstück nach Teilentnahme des gefährlichen Gutes nur verladen wird, wenn die Verpackung den Anforderungen des Unterabschnitts 4.1.1.1 ADR/RID entspricht;
4. hat dafür zu sorgen, dass die Vorschriften über die leeren Verpackungen nach Unterabschnitt 4.1.1.11 in Verbindung mit Unterabschnitt 4.1.1.1 ADR/RID beachtet werden;
5. hat dafür zu sorgen, dass ein Warnkennzeichen nach den Absätzen 5.5.2.3.1 und 5.5.3.6.1 ADR/RID/ ADN angebracht wird;
6. hat dafür zu sorgen, dass die Kennzeichnungsvorschriften nach den Abschnitten 3.4.13 bis 3.4.15 ADR/RID/ADN beachtet werden;
7. hat dafür zu sorgen, dass die Anzahl der Versandstücke nach Abschnitt 3.5.5 ADR/RID/ADN nicht überschritten wird, und
8. hat dafür zu sorgen, dass bei Verwendung von unverpacktem Trockeneis die Maßnahmen nach Unterabschnitt 5.5.3.5 ADR/RID/ADN ergriffen werden.

(2) Der Verlader im Straßenverkehr hat

1. den Fahrzeugführer auf das gefährliche Gut mit den Angaben nach Absatz 5.4.1.1.1 Buchstabe a bis d ADR sowie, wenn Güter auf der Straße befördert werden, die § 35 Absatz 4 Satz 1 oder § 35a Absatz 1 oder Absatz 4 Satz 1 unterliegen, auf deren Beachtung schriftlich oder elektronisch hinzuweisen. Bei der Beförderung nach den Kapiteln 3.4 und 3.5 ADR ist nur ein allgemeiner Hinweis auf das gefährliche Gut in begrenzten und freigestellten Mengen erforderlich;
2. dafür zu sorgen, dass die Vorschriften über die Trägerfahrzeuge von Tankcontainern, ortsbeweglichen Tanks und MEGC nach Abschnitt 7.4.1 ADR eingehalten werden;
3. dafür zu sorgen, dass die Vorschriften über die Gefahrzettel und Kennzeichen nach Unterabschnitt 5.1.3.1 in Verbindung mit Kapitel 5.2 ADR beachtet werden;

4. dafür zu sorgen, dass an Containern mit Versandstücken Großzettel (Placards) nach Unterabschnitt 5.3.1.2, die orangefarbenen Tafeln nach Absatz 5.3.2.1.4 und das Kennzeichen nach Abschnitt 5.3.6 ADR angebracht sind;
5. dafür zu sorgen, dass nur Container eingesetzt werden, die den technischen Anforderungen nach den Abschnitten 7.1.3 und 7.1.4 ADR entsprechen, und
6. dafür zu sorgen, dass bei Tankcontainern und MEGC die Vorschriften nach Absatz 4.3.2.3.2 und bei ortsbeweglichen Tanks nach Unterabschnitt 4.2.2.3, 4.2.3.3 oder 4.2.4.3 ADR beachtet werden.

(3) Der Verlader im Eisenbahnverkehr hat

1. dafür zu sorgen, dass die Vorschriften über die Gefahrzettel und Kennzeichen nach Unterabschnitt 5.1.3.1 in Verbindung mit Kapitel 5.2 RID beachtet werden;
2. dafür zu sorgen, dass
   a) an Großcontainern und Wagen mit Versandstücken, an Schüttgut-Containern sowie an Tragwagen Großzettel (Placards) nach den Unterabschnitten 5.3.1.2, 5.3.1.3 und 5.3.1.5 sowie im Huckepackverkehr nach Absatz 1.1.4.4.4, Rangierzettel nach Abschnitt 5.3.4 sowie das Kennzeichen nach Abschnitt 5.3.6 RID,
   b) an einem Wagen oder Container orangefarbene Tafeln nach Absatz 5.3.2.1.1 Satz 1 neunter Anstrich und Absatz 5.3.2.1.2 RID und
   c) orangefarbene Tafeln an Tragwagen nach Absatz 5.3.2.1.5 sowie im Huckepackverkehr die Kennzeichen oder orangefarbene Tafeln nach Absatz 1.1.4.4.4 RID

   angebracht sind;
3. dafür zu sorgen, dass nur Container eingesetzt werden, die den technischen Anforderungen nach den Abschnitten 7.1.3 und 7.1.4 RID entsprechen;
4. dafür zu sorgen, dass beim Verladen gefährlicher Güter in oder auf Wagen oder in Container oder beim Verladen von Containern, Schüttgut-Containern, MEGC, Tankcontainern oder ortsbeweglichen Tanks auf einen Wagen die Vorschriften über
   a) die Beförderung in Versandstücken nach Kapitel 7.2 RID und
   b) die Beladung und Handhabung nach Kapitel 7.5 RID

   beachtet werden, und
5. dafür zu sorgen, dass bei Tankcontainern und MEGC die Vorschriften nach Absatz 4.3.2.3.2 und bei ortsbeweglichen Tanks nach Unterabschnitt 4.2.2.3, 4.2.3.3 oder 4.2.4.3 RID beachtet werden.

(4) Der Verlader in der Binnenschifffahrt hat

1. den Schiffsführer auf das gefährliche Gut durch die Angaben nach Absatz 5.4.1.1.1 Buchstabe a bis d ADN hinzuweisen. Bei der Beförderung in begrenzten und freigestellten Mengen nach den Kapiteln 3.4 und 3.5 ADN ist nur ein allgemeiner Hinweis auf das gefährliche Gut erforderlich;
2. dafür zu sorgen, dass
   a) an Containern, MEGC, Schüttgut-Containern, Tankcontainern und ortsbeweglichen Tanks Großzettel (Placards) nach Unterabschnitt 5.3.1.2 sowie das Kennzeichen nach Abschnitt 5.3.6 ADN,
   b) an Trägerfahrzeugen, auf denen Container, MEGC, Schüttgut-Container, Tankcontainer oder ortsbewegliche Tanks befördert werden, Großzettel (Placards) nach Unterabschnitt 5.3.1.3 ADN,
   c) an Fahrzeugen für die Beförderung in loser Schüttung, Tankfahrzeugen, Batterie-Fahrzeugen und Fahrzeugen mit Aufsetztanks Großzettel (Placards) nach Unterabschnitt 5.3.1.4 ADN,
   d) an Fahrzeugen, in denen nur Versandstücke befördert werden, Großzettel (Placards) nach Unterabschnitt 5.3.1.5 ADN und

13

e) auch an ungereinigten und nicht entgasten leeren Tankfahrzeugen, Kesselwagen, Fahrzeugen mit Aufsetztanks, Wagen mit abnehmbaren Tanks, Batterie-Fahrzeugen, Batteriewagen, MEGC, MEMU, Tankcontainern und ortsbeweglichen Tanks sowie an ungereinigten leeren Fahrzeugen, Wagen und Containern für die Beförderung in loser Schüttung Großzettel (Placards) nach Absatz 5.3.1.6.1 ADN

angebracht sind;

3. dafür zu sorgen, dass die Vorschriften über das Laden, Befördern und die Handhabung nach Abschnitt 7.1.4 ADN beachtet werden, und
4. nach Absatz 1.4.3.1.1 Buchstabe f ADN sicherzustellen, dass beim Laden die landseitige Einrichtung mit einem oder zwei Evakuierungsmitteln ausgerüstet ist.

§ 22

Pflichten des Verpackers

(1) Der Verpacker im Straßen- und Eisenbahnverkehr sowie in der Binnenschifffahrt hat

1. die Vorschriften über das Verpacken, Umverpacken und die Kennzeichnung nach den Abschnitten 3.4.1 bis 3.4.11 ADR/RID/ADN;
2. die Vorschriften über das Verpacken, Umverpacken und die Kennzeichnung nach den Abschnitten 3.5.1 bis 3.5.4 ADR/RID/ADN;
3. die Vorschriften über die Verwendung und Prüfung der Dichtheit nach dem Befüllen von Druckgefäßen, Verpackungen einschließlich IBC und Großverpackungen nach den Abschnitten 4.1.1 bis 4.1.9 und den Absätzen 6.2.6.3.2.1 und 6.2.6.3.2.2.2 ADR/RID sowie den anwendbaren Sondervorschriften in Kapitel 3.3 ADR/RID/ADN;
4. die Vorschriften über das Zusammenpacken nach
   a) Absatz 1.1.4.2.1 Buchstabe b ADR/RID, wenn eine See- oder Luftbeförderung eingeschlossen ist, und
   b) Abschnitt 4.1.10 ADR/RID;
5. die Vorschriften über die Kennzeichnung und Bezettelung
   a) von Versandstücken nach Absatz 1.1.4.2.1 Buchstabe a ADR/RID/ADN, wenn eine See- oder Luftbeförderung eingeschlossen ist, und
   b) von Versandstücken nach den Abschnitten 5.1.4, 5.1.5, 5.2.1, 5.2.2, nach Unterabschnitt 5.5.3.4 sowie nach den anwendbaren Sondervorschriften in Kapitel 3.3 ADR/RID/ADN

zu beachten und

6. Versandstücke in den Umverpackungen zu sichern.

(2) Der Verpacker im Straßenverkehr hat die Vorschriften über

1. die Verwendung von Umverpackungen nach Abschnitt 5.1.2 ADR und
2. die Bezettelung von Umverpackungen, die radioaktive Stoffe enthalten, nach Absatz 5.2.2.1.11 ADR

zu beachten.

(3) Der Verpacker im Eisenbahnverkehr hat die Vorschriften über

1. die Verwendung von Umverpackungen nach Abschnitt 5.1.2 RID und
2. die Bezettelung von Umverpackungen, die radioaktive Stoffe enthalten, nach Absatz 5.2.2.1.11 RID

zu beachten.

§ 23

Pflichten des Befüllers

(1) Der Befüller im Straßen- und Eisenbahnverkehr sowie in der Binnenschifffahrt

1. darf gefährliche Güter dem Beförderer nur übergeben, wenn sie nach § 3 befördert werden dürfen;
2. darf Tanks nach Unterabschnitt 4.3.3.6 Buchstabe a bis e und g ADR/RID dem Beförderer nicht übergeben;
3. darf ortsbewegliche Tanks und UN-MEGC nach Unterabschnitt 4.2.1.1, Unterabschnitt 4.2.2.2 in Verbindung mit Absatz 4.2.2.7.1, Unterabschnitt 4.2.3.2 in Verbindung mit Absatz 4.2.3.6.1, Unterabschnitt 4.2.4.1 in Verbindung mit Absatz 4.2.4.5.1 ADR/RID nur mit den für diese Tanks zugelassenen gefährlichen Gütern befüllen, wenn das Datum der nächsten Prüfung nicht überschritten ist;
4. hat dafür zu sorgen, dass an ortsbeweglichen Tanks und UN-MEGC die Dichtheit der Verschlusseinrichtungen geprüft wird und die ortsbeweglichen Tanks nach Absatz 4.2.1.9.6 Buchstabe c und Unterabschnitt 4.2.2.8 Buchstabe b, Unterabschnitt 4.2.3.8 Buchstabe b und Unterabschnitt 4.2.4.6 Buchstabe a ADR/RID nicht befördert werden, wenn sie undicht sind;
5. darf Tanks, deren Datum der nächsten Prüfung nicht überschritten ist, mit den nach Absatz 4.3.2.1.5 zulässigen gefährlichen Gütern nur befüllen, wenn die Beförderung dieser gefährlichen Güter nach Absatz 4.3.2.1.1 ADR/RID in Tanks zulässig ist;
6. hat dafür zu sorgen, dass der höchstzulässige Füllungsgrad oder die höchstzulässige Masse der Füllung je Liter Fassungsraum oder die höchstzulässige Bruttomasse nach den Absätzen 4.2.1.9.1.1, 4.2.1.13.13, 4.2.2.7.2, 4.2.2.7.3, 4.2.3.6.2, 4.2.3.6.3, 4.2.3.6.4, 4.2.4.5.2 und 4.2.4.5.3, den anwendbaren Sondervorschriften in Unterabschnitt 4.2.5.3, den Vorschriften in Unterabschnitt 4.3.2.2, den Absätzen 4.3.3.2.3 und 4.3.3.2.5 oder den anwendbaren Sondervorschriften in Abschnitt 4.3.5 ADR/RID eingehalten wird;
7. hat dafür zu sorgen, dass bei Tanks nach dem Befüllen nach den anwendbaren Sondervorschriften in Kapitel 3.3 ADR/RID/ADN und den Vorschriften nach Absatz 4.2.4.5.5 die Dichtheit der Verschlüsse und der Ausrüstung geprüft wird oder nach Absatz 4.3.2.3.3 ADR/RID alle Verschlüsse in geschlossener Stellung sind und keine Undichtheit auftritt;
8. hat dafür zu sorgen, dass nach Absatz 4.2.1.9.6 Buchstabe b oder Absatz 4.3.2.3.5 ADR/RID an den Tanks außen keine gefährlichen Reste des Füllgutes anhaften;
9. hat dafür zu sorgen, dass nach Unterabschnitt 4.2.1.6 oder Absatz 4.3.2.3.6 ADR/RID Tanks nicht mit Stoffen, die gefährlich miteinander reagieren können, in unmittelbar nebeneinanderliegenden Tankabteilen oder -kammern befüllt werden;
10. hat dafür zu sorgen, dass Tanks, Batterie-Fahrzeuge, Batteriewagen und MEGC, deren Datum der nächsten Prüfung überschritten ist, nach Absatz 4.3.2.3.7 ADR/RID nicht befüllt und nicht zur Beförderung aufgegeben werden;
11. hat dafür zu sorgen, dass bei wechselweiser Verwendung von Tanks die Entleerungs-, Reinigungs- und Entgasungsmaßnahmen nach Absatz 4.3.3.3.1 ADR/RID durchgeführt werden;
12. hat dafür zu sorgen, dass an ortsbeweglichen Tanks die Bezeichnung des beförderten tiefgekühlt verflüssigten Gases nach Absatz 6.7.4.15.2 ADR/RID angegeben wird;
13. hat dafür zu sorgen, dass an festverbundenen Tanks, Aufsetztanks, Kesselwagen, Tankcontainern, MEGC, Batterie-Fahrzeugen und Batteriewagen die offizielle Benennung der beförderten Stoffe und Gase und bei Gasen, die einer n.a.g.-Eintragung zugeordnet sind, zusätzlich die technische Benennung nach den Absätzen 6.8.3.5.6, 6.8.3.5.11 und 6.8.3.5.12 und die Kennzeichen nach den anwendbaren Sondervorschriften in Abschnitt 6.8.4 Buchstabe e ADR/RID angegeben werden;
14. hat dafür zu sorgen, dass befüllte MEGC nach Maßgabe des Unterabschnitts 4.2.4.6 Buchstabe b bis d ADR/RID nicht zur Beförderung aufgegeben werden, und
15. darf Tanks nur befüllen, wenn sich die Tanks und ihre Ausrüstungsteile in einem technisch einwandfreien Zustand befinden.

(2) Der Befüller im Straßenverkehr

1. hat den Fahrzeugführer auf das gefährliche Gut mit den Angaben nach Absatz 5.4.1.1.1 Buchstabe a bis d ADR sowie, wenn Güter auf der Straße befördert werden, die § 35 Absatz 4 Satz 1 oder § 35a Absatz 1 oder Absatz 4 Satz 1 unterliegen, auf deren Beachtung schriftlich oder elektronisch hinzuweisen;
2. hat dem Fahrzeugführer die Nummern zur Kennzeichnung der Gefahr für die orangefarbenen Tafeln nach Abschnitt 5.3.2 ADR mitzuteilen;
3. hat dafür zu sorgen, dass an Tankcontainern, ortsbeweglichen Tanks, MEGC und Containern mit loser Schüttung
   a) Großzettel (Placards) nach Unterabschnitt 5.3.1.2 ADR,
   b) die orangefarbene Tafel nach Abschnitt 5.3.2 ADR,
   c) das Kennzeichen nach Abschnitt 5.3.3 ADR mit Ausnahme an MEGC und
   d) das Kennzeichen nach Abschnitt 5.3.6 ADR

   angebracht werden;
4. hat dafür zu sorgen, dass die Beladevorschriften nach Unterabschnitt 7.5.1.2 ADR beachtet werden;
5. hat das Rauchverbot nach den Abschnitten 7.5.9 und 8.3.5 ADR zu beachten;
6. hat dafür zu sorgen, dass die zusätzliche Vorschrift S2 Absatz 2 und 3 in Kapitel 8.5 ADR beachtet wird;
7. hat dafür zu sorgen, dass der Fahrzeugführer vor der erstmaligen Handhabung der Fülleinrichtung nach Anlage 2 Gliederungsnummer 3.2 Satz 1 eingewiesen wird;
8. hat dafür zu sorgen, dass die anwendbaren Sondervorschriften in Kapitel 3.3 und die Vorschriften nach Kapitel 7.3 ADR über die Beförderung in loser Schüttung beachtet werden;
9. hat dafür zu sorgen, dass bei Fahrzeugen, ortsbeweglichen Tanks oder Tankcontainern die Maßnahmen zur Vermeidung elektrostatischer Aufladungen nach Abschnitt 7.5.10 ADR durchgeführt werden;
10. darf Tanks nach Absatz 4.3.2.1.1 nur mit den nach Absatz 4.3.2.1.5 zugelassenen gefährlichen Gütern befüllen, wenn bei den verwendeten Fahrzeugen das Gültigkeitsdatum der ADR-Zulassungsbescheinigung nach Unterabschnitt 9.1.3.4 ADR nicht überschritten ist;
11. hat sich zu vergewissern, dass die Vorschriften für die Beförderung in Tanks nach Abschnitt 7.4.1 ADR eingehalten sind, und
12. hat dafür zu sorgen, dass die Verwendungsvorschriften für flexible Schüttgut-Container nach Unterabschnitt 7.3.2.10 ADR eingehalten werden.

(3) Der Befüller im Eisenbahnverkehr hat

1. dafür zu sorgen, dass vor und nach dem Befüllen von Flüssiggaskesselwagen die Kontrollvorschriften nach den Absätzen 4.3.3.4.1 und 4.3.3.4.3 RID beachtet werden;
2. dafür zu sorgen, dass
   a) Großzettel (Placards) nach den Unterabschnitten 5.3.1.2 und 5.3.1.4 RID,
   b) Rangierzettel nach Unterabschnitt 5.3.4.1 RID,
   c) die orangefarbene Tafel nach Absatz 5.3.2.1.1 Satz 1 und Absatz 5.3.2.1.2 RID,
   d) das Kennzeichen nach Abschnitt 5.3.3 RID und
   e) das Kennzeichen nach Abschnitt 5.3.6 RID

   angebracht werden;

3. dafür zu sorgen, dass die Vorschriften über die Beförderung in loser Schüttung nach Kapitel 7.3 RID beachtet werden;
4. dafür zu sorgen, dass die Beladevorschriften nach den Unterabschnitten 7.5.1.1 und 7.5.1.2 RID beachtet werden;
5. nach Kapitel 3.3 Sondervorschrift 665 Satz 1 Buchstabe b Satz 2 RID sicherzustellen und zu dokumentieren, dass die maximal zulässige Temperatur der Ladung während oder unmittelbar nach dem Befüllen nicht überschritten wird, und
6. dafür zu sorgen, dass die Verwendungsvorschriften für flexible Schüttgut-Container nach Unterabschnitt 7.3.2.10 RID eingehalten werden.

(4) Der Befüller in der Binnenschifffahrt hat

1. den Schiffsführer auf das gefährliche Gut mit den Angaben nach Absatz 5.4.1.1.1 Satz 1 Buchstabe a bis d und Absatz 5.4.1.1.2 Satz 1 Buchstabe a bis d ADN hinzuweisen;
2. dafür zu sorgen, dass an Tankcontainern, ortsbeweglichen Tanks, MEGC und Containern mit gefährlichen Gütern in loser Schüttung
   a) die Großzettel (Placards) nach Unterabschnitt 5.3.1.2 ADN,
   b) die orangefarbene Tafel nach Unterabschnitt 5.3.2.1 ADN,
   c) das Kennzeichen nach Abschnitt 5.3.3 ADN mit Ausnahme an MEGC und
   d) das Kennzeichen nach Abschnitt 5.3.6 ADN

   angebracht werden;
3. dafür zu sorgen, dass ein Tankschiff nur mit den gefährlichen Gütern gemäß der Schiffsstoffliste nach Absatz 1.16.1.2.5 befüllt wird und das Datum nach Absatz 1.16.1.2.1 Satz 3 ADN im Zulassungszeugnis für das Tankschiff nicht überschritten ist;
4. nach Unterabschnitt 1.4.3.3 Buchstabe q und x ADN sicherzustellen, dass beim Laden die landseitige Einrichtung mit einem oder zwei Evakuierungsmitteln ausgerüstet ist:
5. nach Unterabschnitt 1.4.3.3 Buchstabe v, wenn die Sondervorschrift 803 in Abschnitt 3.3.1 ADN Anwendung findet, sicherzustellen und zu dokumentieren, dass die maximal zulässige Temperatur beim Verladen nicht überschritten wird, und dem Schiffsführer die in der Sondervorschrift 803 Buchstabe d genannten Instruktionen zu erteilen;
6. nach Unterabschnitt 1.4.3.3 Buchstabe u ADN sicherzustellen, dass für die gesamte Dauer des Befüllens eine ständige und zweckmäßige Überwachung gewährleistet ist;
7. nach Unterabschnitt 1.4.3.3 Buchstabe m vor dem Befüllen der Ladetanks eines Tankschiffes seinen Teil der Prüfliste nach Unterabschnitt 7.2.4.10 ADN auszufüllen;
8. nach Unterabschnitt 1.4.3.3 Buchstabe r sicherzustellen, dass in der Gasrückfuhrleitung, wenn diese nach Absatz 7.2.4.25.5 ADN erforderlich ist, eine Flammendurchschlagsicherung vorhanden ist, die das Schiff gegen Detonation und Flammendurchschlag von Land aus schützt, und
9. sicherzustellen, dass die Laderate mit der an Bord mitzuführenden Instruktion für die Lade- und Löschraten nach Absatz 9.3.2.25.9 oder 9.3.3.25.9 ADN übereinstimmt und der Druck an der Übergabestelle der Gasabfuhr- und Gasrückfuhrleitung den Öffnungsdruck des Hochgeschwindigkeitsventils nicht übersteigt.

13

§ 23a

Pflichten des Entladers

(1) Der Entlader im Straßen- und Eisenbahnverkehr sowie in der Binnenschifffahrt hat

1. sich nach Absatz 1.4.3.7.1 ADR/RID/ADN durch einen Vergleich der entsprechenden Informationen im Beförderungspapier mit den Informationen auf dem Versandstück, Container, Tank, MEMU, MEGC, Fahrzeug, Wagen oder Beförderungsmittel zu vergewissern, dass die richtigen Güter ausgeladen werden;

2. nach Absatz 1.4.3.7.1 ADR/RID/ADN vor und während der Entladung zu prüfen, ob die Verpackungen, der Tank, das Fahrzeug, der Wagen, das Beförderungsmittel oder der Container so stark beschädigt worden sind, dass eine Gefahr für den Entladevorgang entsteht; in diesem Fall hat er sich zu vergewissern, dass die Entladung erst durchgeführt wird, wenn geeignete Maßnahmen zur Abwehr einer Gefahr ergriffen worden sind;
3. nach Absatz 1.4.3.7.1 ADR/RID/ADN unmittelbar nach der Entladung des Tanks, Fahrzeugs, Wagens, Beförderungsmittels oder Containers
   a) gefährliche Rückstände zu entfernen, die nach dem Entladevorgang an der Außenseite des Tanks, Fahrzeugs, Wagens, Beförderungsmittels oder Containers anhaften, und
   b) den Verschluss der Ventile und der Besichtigungsöffnungen sicherzustellen;
4. nach Absatz 1.4.3.7.1 ADR/RID/ADN sicherzustellen, dass die vorgeschriebene Reinigung und Entgiftung von Fahrzeugen, Wagen, Beförderungsmitteln oder Containern vorgenommen wird;
5. nach Absatz 1.4.3.7.1 ADR/RID/ADN dafür zu sorgen, dass bei vollständig entladenen, gereinigten, entgasten und entgifteten Fahrzeugen, Wagen, Beförderungsmitteln, Containern, MEGC, MEMU, Tankcontainern und ortsbeweglichen Tanks keine Großzettel (Placards), keine Kennzeichen und keine orangefarbenen Tafeln gemäß den Kapiteln 3.4 und 5.3 ADR/RID/ADN mehr sichtbar sind, und
6. das Warnkennzeichen nach Absatz 5.5.2.3.4 ADR/RID/ADN nach der Belüftung und Entladung von begasten Güterbeförderungseinheiten zu entfernen.

(2) Der Entlader im Straßenverkehr hat dafür zu sorgen, dass

1. bei Fahrzeugen, ortsbeweglichen Tanks oder Tankcontainern die Maßnahmen zur Vermeidung elektrostatischer Aufladungen nach Abschnitt 7.5.10 ADR durchgeführt werden;
2. die zusätzliche Vorschrift S2 Absatz 2 und 3 in Kapitel 8.5 ADR beachtet wird;
3. der Fahrzeugführer vor der erstmaligen Handhabung der Entleerungseinrichtung nach Anlage 2 Gliederungsnummer 3.2 Satz 2 in Verbindung mit Satz 1 eingewiesen wird, und
4. die Entladevorschriften nach Unterabschnitt 7.5.1.3 ADR beachtet werden.

(3) Der Entlader im Eisenbahnverkehr hat dafür zu sorgen, dass die Entladevorschriften nach Unterabschnitt 7.5.1.3 RID beachtet werden.

(4) Der Entlader in der Binnenschifffahrt hat

1. nach Absatz 1.4.3.7.1 Buchstabe g ADN sicherzustellen, dass beim Entladen die landseitige Einrichtung mit einem oder zwei Evakuierungsmitteln ausgerüstet ist, und
2. nach Absatz 1.4.3.7.1 ADN betreffend das Entladen von Ladetanks
   a) vor dem Entladen der Ladetanks eines Tankschiffes seinen Teil der Prüfliste nach Unterabschnitt 7.2.4.10 ADN auszufüllen;
   b) sicherzustellen, dass in der Gasrückfuhrleitung, wenn es erforderlich ist, sie an die Gasabfuhrleitung anzuschließen, und nach Unterabschnitt 3.2.3.2 Tabelle C Spalte 17 ADN Explosionsschutz erforderlich ist, eine Flammendurchschlagsicherung vorhanden ist, die das Schiff gegen Detonation und Flammendurchschlag von Land aus schützt;
   c) sicherzustellen, dass die Löschrate mit der an Bord mitzuführenden Instruktion für die Lade- und Löschraten nach Absatz 9.3.2.25.9 oder 9.3.3.25.9 ADN übereinstimmt und der Druck an der Übergabestelle der Gasabfuhr- und Gasrückfuhrleitung den Öffnungsdruck des Hochgeschwindigkeitsventils nicht übersteigt;
   d) sicherzustellen, dass die von ihm zur Verfügung gestellten Dichtungen zwischen den Verbindungsflanschen der Schiff-Land-Verbindung der Lade- und Löschleitungen aus Werkstoffen bestehen, die weder durch die Ladung angegriffen werden noch eine Zersetzung der Ladung oder eine schädliche oder gefährliche Reaktion mit der Ladung verursachen können;
   e) sicherzustellen, dass für die gesamte Dauer des Löschens eine ständige und zweckmäßige Überwachung gewährleistet ist, und
   f) sicherzustellen, dass beim Löschen mit der bordeigenen Löschpumpe diese von der Landanlage aus abgeschaltet werden kann.

§ 24

Pflichten des Betreibers eines Tankcontainers, ortsbeweglichen Tanks, MEGC, Schüttgut-Containers oder MEMU

Der Betreiber eines Tankcontainers, ortsbeweglichen Tanks, MEGC, Schüttgut-Containers oder MEMU im Straßen- und Eisenbahnverkehr sowie in der Binnenschifffahrt hat dafür zu sorgen, dass

1. die Tankcontainer, ortsbeweglichen Tanks, MEGC, Schüttgut-Container und flexible Schüttgut-Container auch zwischen den Prüfterminen den Bau-, Ausrüstungs- und Kennzeichnungsvorschriften nach den Abschnitten 6.7.2, 6.7.3, 6.7.4, 6.7.5, den Unterabschnitten 6.8.2.1, 6.8.2.2, 6.8.2.5, 6.8.3.1, 6.8.3.2, 6.8.3.5 und den anwendbaren Sondervorschriften in Abschnitt 6.8.4 Buchstabe e, den Abschnitten 6.9.2, 6.9.3, 6.9.6, den Unterabschnitten 6.11.3.1, 6.11.3.2 und 6.11.3.4 und den Abschnitten 6.11.4 und 6.11.5 ADR/RID entsprechen, mit Ausnahme der durch den Befüller anzugebenden beförderten Stoffe und Gase;
2. nach Maßgabe der Absätze 6.7.2.19.7, 6.7.2.19.11, 6.7.3.15.7, 6.7.4.14.7, 6.7.4.14.12, 6.8.2.4.4, 6.8.3.4.14 und des Unterabschnitts 6.9.5.2 ADR/RID eine außerordentliche Prüfung durchgeführt wird;
3. nur Tankcontainer, ortsbewegliche Tanks oder MEGC verwendet werden, deren Dicke der Tankwände den in Absatz 4.3.2.3.1, den Unterabschnitten 6.7.2.4, 6.7.3.4, 6.7.4.4 und den Absätzen 6.8.2.1.17 bis 6.8.2.1.20 ADR/RID genannten Anforderungen entspricht;
4. MEGC nach Absatz 4.2.4.5.6 ADR/RID nicht zur Befüllung übergeben werden;
5. an ortsbeweglichen Tanks die Druckentlastungseinrichtungen nach Absatz 4.2.1.17.1 ADR/RID geprüft werden;
6. für Tankcontainer und MEGC die Tankakte nach Absatz 4.3.2.1.7 ADR/RID geführt, aufbewahrt, an einen neuen Eigentümer oder Betreiber übergeben, auf Anforderung zuständigen Behörden vorgelegt und dem Sachverständigen zur Verfügung gestellt wird, und
7. die MEMU nach Absatz 6.12.3.2.6 ADR untersucht und geprüft werden.

§ 25

Pflichten des Herstellers, Wiederaufarbeiters und Rekonditionierers von Verpackungen, des Herstellers und Wiederaufarbeiters von IBC und der Stellen für Inspektionen und Prüfungen von IBC

(1) Der Hersteller oder Wiederaufarbeiter im Straßen- und Eisenbahnverkehr sowie in der Binnenschifffahrt

1. darf an serienmäßig oder einzeln hergestellten Verpackungen, Gefäßen, IBC und Großverpackungen die Kennzeichen nach Abschnitt 6.1.3, den Unterabschnitten 6.2.2.7, 6.2.2.8, 6.2.3.9, 6.2.3.10, den Abschnitten 6.3.4, 6.5.2 und 6.6.3 ADR/RID nur anbringen, sofern diese der zugelassenen Bauart entsprechen und die in der Zulassung genannten Nebenbestimmungen erfüllt sind;
2. muss die ausstellende zuständige Behörde über Änderungen des zugelassenen Baumusters nach Absatz 6.2.2.5.4.10 Buchstabe a ADR/RID in Kenntnis setzen;
3. hat dem Verpacker die Anweisungen für das Befüllen und Verschließen der Versandstücke nach Unterabschnitt 4.1.4.1 Verpackungsanweisung P 650 Absatz 12 ADR/RID zu liefern und
4. muss nach Absatz 6.2.3.11.3 ADR/RID dem Eigentümer eines Bergungsdruckgefäßes eine Kopie der Zulassungsbescheinigung zur Verfügung stellen.

(2) Der Rekonditionierer im Straßen- und Eisenbahnverkehr sowie in der Binnenschifffahrt darf an rekonditionierten Verpackungen die Kennzeichen nach Abschnitt 6.1.3 nur anbringen, sofern die Verpackungen in Übereinstimmung mit dem anerkannten Qualitätssicherungsprogramm nach Unterabschnitt 6.1.1.4 ADR/RID rekonditioniert wurden und die im Anerkennungsbescheid genannten Nebenbestimmungen erfüllt sind.

(3) Die Stelle, die Inspektionen und Prüfungen von IBC nach Absatz 6.5.4.4.1, 6.5.4.4.2 oder 6.5.4.5.2 im Straßen- und Eisenbahnverkehr sowie in der Binnenschifffahrt durchführt, darf an IBC die Kennzeichen nach den Absätzen 6.5.2.2.1 und 6.5.4.5.3 ADR/RID nur anbringen, sofern die im Anerkennungsbescheid dieser Stelle genannten Nebenbestimmungen eingehalten werden.

§ 26
Sonstige Pflichten

(1) Wer ungereinigte und nicht entgaste leere Tanks zur Beförderung übergibt, versendet oder selbst befördert, hat dafür zu sorgen, dass

1. nach Absatz 4.3.2.4.1 ADR/RID den Tanks außen keine gefährlichen Reste des Füllgutes anhaften;
2. nach Absatz 4.3.2.4.2 und Unterabschnitt 4.2.1.5 ADR/RID ungereinigte leere und nicht entgaste Tanks ebenso verschlossen und dicht sind wie im gefüllten Zustand, und
3. die nach Unterabschnitt 5.3.1.6 und den Abschnitten 5.3.2, 5.3.4 und 5.3.6 RID vorgeschriebenen Großzettel (Placards) und Kennzeichen angebracht sind.

(2) Wenn eine Sichtprüfung bei Tanks nach Absatz 1 Nummer 2 ergibt, dass keine offensichtlichen Undichtigkeiten vorliegen, kann davon ausgegangen werden, dass beim vorherigen Entleerungsvorgang nicht betätigte Füll- und Entleerungseinrichtungen unverändert dicht sind.

(3) Der Hersteller von Gegenständen der UN 3164, für die Kapitel 3.3 Sondervorschrift 371 ADR/RID/ADN einschlägig ist, muss vor der Aufgabe zur Beförderung nach Absatz 2 Satz 1 dieser Sondervorschrift eine technische Dokumentation über die Bauart, die Herstellung sowie die Prüfungen und deren Ergebnisse anfertigen.

(4) Der Verlader, Befüller, Beförderer im Straßen- und Eisenbahnverkehr, der Betreiber eines Containers und Fahrzeugführer im Straßenverkehr sowie der Betreiber eines Wagens oder Großcontainers im Eisenbahnverkehr haben bei der Beförderung erwärmter flüssiger und fester Stoffe der UN-Nummern 3257 und 3258 nach Abschnitt 7.3.3 Sondervorschrift VC 3 ADR/RID die Vorschriften nach § 36b zu beachten.

(5) Der Betreiber einer Annahmestelle für Gase und Dämpfe aus leeren oder entladenen Ladetanks und Lade- und Löschleitungen eines Tankschiffs hat

1. dafür zu sorgen, dass sein Personal nach Unterabschnitt 1.3.2.2 ADN unterwiesen wird,
2. nach Absatz 1.4.3.8.1 Buchstabe a vor dem Entgasen von leeren oder entladenen Ladetanks und Lade- und Löschleitungen eines Tankschiffs an einer Annahmestelle seinen Teil der Prüfliste nach Absatz 7.2.3.7.2.2 Satz 2 ADN auszufüllen und
3. nach Absatz 1.4.3.8.1 Buchstabe b sicherzustellen, dass, soweit gemäß Absatz 7.2.3.7.2.3 ADN erforderlich, in der Leitung der Annahmestelle, die an das zu entgasende Schiff angeschlossen ist, eine Flammendurchschlagsicherung vorhanden ist, welche das Schiff gegen Detonation und Flammendurchschlag von der Annahmestelle aus schützt.

§ 27
Pflichten mehrerer Beteiligter im Straßen- und Eisenbahnverkehr sowie in der Binnenschifffahrt

(1) Der Verlader, Befüller, Beförderer, Empfänger im Straßen- und Eisenbahnverkehr sowie in der Binnenschifffahrt, der Eisenbahninfrastrukturunternehmer im Eisenbahnverkehr und der Betreiber einer Annahmestelle in der Binnenschifffahrt haben dafür zu sorgen, dass nach Unterabschnitt 1.8.5.1 ADR/RID/ADN die Vorlage eines Berichts spätestens einen Monat nach dem Ereignis

1. im Straßenverkehr an das Bundesamt für Güterverkehr,
2. im Eisenbahnverkehr an das Eisenbahn-Bundesamt und
3. in der Binnenschifffahrt an die Generaldirektion Wasserstraßen und Schifffahrt

erfolgt.

(2) Der Beförderer, Absender und Empfänger im Straßen- und Eisenbahnverkehr sowie in der Binnenschifffahrt müssen nach Unterabschnitt 1.7.6.1 Buchstabe b ADR/RID/ADN bei Nichteinhaltung eines Grenzwertes für die Dosisleistung oder Kontamination die Nichteinhaltung und ihre Ursachen, Umstände und Folgen untersuchen und geeignete Maßnahmen ergreifen, um diese abzustellen und ein erneutes Auftreten ähnlicher Umstände, die zu der Nichteinhaltung geführt haben, zu verhindern, und haben dafür zu sorgen, dass

1. im Straßenverkehr die nach Landesrecht zuständige Behörde,
2. im Eisenbahnverkehr im Bereich der Eisenbahnen des Bundes das Eisenbahn-Bundesamt und im Bereich der nichtbundeseigenen Eisenbahnen die nach Landesrecht zuständige Behörde und
3. in der Binnenschifffahrt die zuständige Behörde nach § 16 Absatz 6 Satz 1 Nummer 5

informiert wird.

(3) Die an der Beförderung gefährlicher Güter im Straßen- und Eisenbahnverkehr sowie in der Binnenschifffahrt Beteiligten haben entsprechend ihren Verantwortlichkeiten

1. die Vorschriften über die Sicherung nach Kapitel 1.10 zu beachten und insbesondere die in Unterabschnitt 1.10.1.3 ADR/RID/ADN genannten Bereiche, Plätze, Fahrzeugdepots, Liegeplätze und Rangierbahnhöfe ordnungsgemäß zu sichern, gut zu beleuchten und, soweit möglich und angemessen, für die Öffentlichkeit unzugänglich zu gestalten und
2. dafür zu sorgen, dass
   a) die Unterweisung im Bereich der Sicherung nach Unterabschnitt 1.10.2.3 ADR/RID/ADN erfolgt, und
   b) die Aufzeichnungen über die Unterweisung des Arbeitnehmers nach Unterabschnitt 1.10.2.4 ADR/RID/ADN fünf Jahre ab ihrer Fertigung aufbewahrt werden.

(4) Die an der Beförderung gefährlicher Güter mit hohem Gefahrenpotenzial im Straßen- und Eisenbahnverkehr sowie in der Binnenschifffahrt beteiligten Auftraggeber des Absenders, Absender, Verpacker, Verlader, Befüller, Beförderer, Entlader und Empfänger müssen Sicherungspläne nach Absatz 1.10.3.2.1, die mindestens den Anforderungen des Absatzes 1.10.3.2.2 ADR/RID/ADN entsprechen, einführen und anwenden. Dies gilt nicht für Auftraggeber des Absenders oder Empfänger, die als Privatpersonen beteiligt sind.

(4a) Die nach Absatz 4 an der Beförderung gefährlicher Güter mit hohem Gefahrenpotenzial im Straßen- und Eisenbahnverkehr sowie in der Binnenschifffahrt Beteiligten haben dafür zu sorgen, dass der zuständigen Polizeibehörde unverzüglich mitgeteilt wird, wenn ihnen Fahrzeuge, Wagen, Beförderungsmittel oder Container mit gefährlichen Gütern mit hohem Gefahrenpotenzial oder diese Güter selbst abhandenkommen. Gleiches gilt im Falle des Wiederauffindens. Beim Abhandenkommen von in Tabelle 1.10.3.1.2 aufgelisteten explosiven Stoffen und Gegenständen mit Explosivstoff und in den Absätzen 1.10.3.1.3 bis 1.10.3.1.5 ADR/RID/ADN genannten radioaktiven Stoffen ist eine gesonderte Mitteilung nach Satz 1 nur erforderlich, sofern die zuständige Polizeibehörde nicht bereits in die entsprechende Meldung nach § 26 Absatz 1 des Sprengstoffgesetzes oder nach § 167 Absatz 1 Satz 1 und 2 der Strahlenschutzverordnung einbezogen worden ist. Die Polizeibehörde, die eine Meldung nach den Sätzen 1 bis 3 entgegennimmt, unterrichtet hierüber unverzüglich das Bundeskriminalamt (BKA) sowie das Bundesamt für Bevölkerungsschutz und Katastrophenhilfe (BBK).

(5) Die Beteiligten im Straßen- und Eisenbahnverkehr sowie in der Binnenschifffahrt haben dafür zu sorgen, dass

1. die Unterweisung von Personen, die an der Beförderung gefährlicher Güter beteiligt sind, nach Kapitel 1.3 ADR/RID/ADN erfolgt, mit Ausnahme des Fahrzeugführers im Straßenverkehr, der eine Bescheinigung über die Fahrzeugführerschulung nach Unterabschnitt 8.2.2.8 ADR besitzt, und
2. die Aufzeichnungen über die Unterweisung des Arbeitnehmers nach Abschnitt 1.3.3 ADR/RID/ADN fünf Jahre ab ihrer Fertigung aufbewahrt werden.

13

(6) Die Beteiligten im Straßen- und Eisenbahnverkehr sowie in der Binnenschifffahrt haben dafür zu sorgen, dass

1. die mit der Handhabung von begasten Güterbeförderungseinheiten befassten Personen nach Unterabschnitt 5.5.2.2 ADR/RID/ADN, und

2. die mit der Handhabung oder Beförderung von gekühlten oder konditionierten Fahrzeugen, Wagen oder Containern befassten Personen nach Absatz 5.5.3.2.4 ADR/RID/ADN unterwiesen sind.

unterwiesen sind.

(7) Der Beförderer und der Schiffsführer in der Binnenschifffahrt haben nach Absatz 1.4.2.2.1 Buchstabe f ADN sicherzustellen, dass an Bord des Schiffes in den explosionsgefährdeten Bereichen nur elektrische und nichtelektrische Anlagen und Geräte verwendet werden, die mindestens die Anforderungen für den Einsatz in der jeweiligen Zone erfüllen.

§ 28

Pflichten des Fahrzeugführers im Straßenverkehr

Der Fahrzeugführer im Straßenverkehr hat

1. kein Versandstück zu befördern, dessen Verpackung erkennbar unvollständig oder beschädigt, insbesondere undicht ist, sodass gefährliches Gut austritt oder austreten kann;

2. die Beförderungsbe- oder -einschränkungen nach Abschnitt 8.6.4 ADR zu beachten;

3. wenn er das Tankfahrzeug, den Aufsetztank, den Tankwechselbehälter oder das Batterie-Fahrzeug selbst befüllt, den vom Befüller angegebenen höchstzulässigen Füllungsgrad oder die höchstzulässige Masse der Füllung je Liter Fassungsraum und die zulässige Befülltemperatur nach Unterabschnitt 4.3.2.2, den Absätzen 4.3.3.2.3 und 4.3.3.2.5 oder den anwendbaren Sondervorschriften in Abschnitt 4.3.5 ADR einzuhalten; er hat bei flüssigen Stoffen mit Ausnahme bei Gasen einen Füllungsgrad von höchstens 85 Prozent einzuhalten, wenn der Befüller den höchstzulässigen Füllungsgrad nicht angeben und dieser nicht einer anwendbaren Sondervorschrift entnommen werden kann;

4. die Vorschriften über

   a) den Betrieb von Tanks nach Unterabschnitt 4.3.2.3, [–] *) mit Ausnahme der Absätze 4.3.2.3.1, 4.3.2.3.2, 4.3.2.3.3 Satz 4 und 5, 4.3.2.3.6 und 4.3.2.3.7 [–] *), und Unterabschnitt 4.3.2.4, den Absätzen 4.3.3.3.2 und 4.3.3.3.3 und Abschnitt 4.3.5 Sondervorschrift TU 13 und TU 14 ADR und

   b) die ihn betreffenden zusätzlichen Vorschriften nach Kapitel 8.5 ADR

   zu beachten;

5. wenn er den Tank, das Batterie-Fahrzeug oder den MEGC selbst befüllt, nach dem Befüllen die Dichtheit der Verschlusseinrichtungen nach Absatz 4.3.2.3.3 Satz 4 und 5 ADR zu prüfen;

6. die Großzettel (Placards) nach den Unterabschnitten 5.3.1.3 bis 5.3.1.6 anzubringen und an Fahrzeugen nach Absatz 5.3.1.1.6 ADR zu entfernen oder abzudecken;

7. an Beförderungseinheiten und Fahrzeugen die Kennzeichen nach Abschnitt 3.4.15, die orangefarbenen Tafeln nach Abschnitt 5.3.2 und das Kennzeichen nach den Abschnitten 5.3.3 und 5.3.6 anzubringen oder sichtbar zu machen, die Kennzeichen nach Abschnitt 3.4.15 und die Tafeln nach Absatz 5.3.2.1.8 zu entfernen oder zu verdecken und das Kennzeichen nach den Abschnitten 5.3.3 und 5.3.6 ADR zu entfernen;

8. die in den schriftlichen Weisungen nach Unterabschnitt 5.4.3.4 ADR vorgeschriebenen Maßnahmen zu treffen;

9. sich zu vergewissern, dass ein Warnkennzeichen nach den Absätzen 5.5.2.3.1 und 5.5.3.6.1 ADR am Fahrzeug, Container oder Tank angebracht ist;

---

*) *Hinweis der Verlages zu den ausgenommenen Vorschriften:*
Die Angabe [–] ist im BGBl. nicht vorhanden.

10. während der Beförderung

    a) die Begleitpapiere nach den Unterabschnitten 8.1.2.1 und 8.1.2.2 Buchstabe a und c sowie bei innerstaatlichen Beförderungen in Aufsetztanks die Bescheinigung über die Prüfung des Aufsetztanks nach Absatz 6.8.2.4.5, sofern die Übergangsvorschrift nach Unterabschnitt 1.6.3.41 ADR in Anspruch genommen wird,

    b) die Bescheinigung über die Fahrzeugführerschulung nach Unterabschnitt 8.2.2.8 ADR,

    c) die Feuerlöschgeräte nach den Unterabschnitten 8.1.4.1, 8.1.4.2 und 8.1.4.4 Satz 1 ADR,

    d) die Ausrüstungsgegenstände nach Abschnitt 8.1.5 ADR und

    e) die Ausnahmezulassung nach § 5 Absatz 1 Nummer 1, Absatz 6 und 7

    mitzuführen und zuständigen Personen auf Verlangen zur Prüfung auszuhändigen;

11. die Vorschriften über die Überwachung der Fahrzeuge nach Kapitel 8.4 in Verbindung mit Kapitel 8.5 ADR sowie bei innerstaatlichen Beförderungen auch nach Anlage 2 Gliederungsnummer 3.3 zu beachten;

12. nach Absatz 4.2.1.9.6 Buchstabe b oder Absatz 4.3.2.3.5 ADR außen am Tank anhaftende gefährliche Reste des Füllgutes zu entfernen oder entfernen zu lassen, wenn er das Tankfahrzeug, den Aufsetztank, das Batterie-Fahrzeug, den Tankcontainer, den ortsbeweglichen Tank oder den MEGC selbst befüllt;

13. während der Teilnahme am Straßenverkehr mit kennzeichnungspflichtigen Beförderungseinheiten die Einnahme von alkoholischen Getränken zu unterlassen und die Fahrt mit diesen Gütern nicht anzutreten, wenn er unter der Wirkung solcher Getränke mit einer Wirkung bis 0,249 mg/l AAK oder 0,49 Promille BAK steht;

14. sicherzustellen, dass die Verbindungsleitungen und die Füll- und Entleerrohre nach Absatz 4.3.4.2.2 ADR während der Beförderung entleert sind;

15. wenn er den Tank selbst befüllt oder entleert, das Fahrzeug, den ortsbeweglichen Tank oder den Tankcontainer vor und während des Befüllens oder Entleerens mit den in Abschnitt 7.5.10 ADR genannten Stoffen zur Vermeidung elektrostatischer Aufladungen zu erden und

16. die Vorschriften nach Kapitel 8.3 ADR zu beachten.

§ 29

Pflichten mehrerer Beteiligter im Straßenverkehr

(1) Der Verlader und der Fahrzeugführer im Straßenverkehr haben die Vorschriften über die Beladung und die Handhabung nach den Unterabschnitten 7.5.1.2, 7.5.1.4 und 7.5.1.5 und den Abschnitten 7.5.2, 7.5.5, 7.5.7, 7.5.8 und 7.5.11 ADR zu beachten.

(2) Der Verlader, Beförderer, Fahrzeugführer, Entlader und Empfänger im Straßenverkehr haben die Vorschriften

1. über das Verbot der direkten Sonneneinstrahlung, der Einwirkung von Wärmequellen und die Vorschrift zum Abstellen an ausreichend belüfteten Stellen nach Abschnitt 3.3.1 Sondervorschrift 314 Buchstabe b ADR;
2. über die Beförderung in Versandstücken nach Kapitel 7.2 ADR;
3. über das Rauchverbot nach Abschnitt 7.5.9 in Verbindung mit Abschnitt 8.3.5 ADR und
4. über das Rauchverbot sowie Verbot von Feuer und offenem Licht nach Kapitel 8.5 zusätzliche Vorschrift S1 Absatz 3 ADR und bei innerstaatlichen Beförderungen nach der Anlage 2 Gliederungsnummer 3.1

zu beachten.

(3) Der Verlader, Fahrzeugführer und Entlader im Straßenverkehr haben die Vorschriften nach Abschnitt 7.5.4 ADR über Vorsichtsmaßnahmen bei Nahrungs-, Genuss- und Futtermitteln zu beachten.

13

(4) Der Verlader, Beförderer und Fahrzeugführer im Straßenverkehr haben die Vorschriften

1. über die Verladung in offene oder belüftete Fahrzeuge oder in offene oder belüftete Container oder über das Anbringen des Kennzeichens nach Abschnitt 7.5.11 Sondervorschrift CV36 ADR und

2. über die Beförderung von Nebenprodukten der Aluminiumherstellung oder Aluminiumumschmelzung nach Abschnitt 7.5.11 Sondervorschrift CV37 ADR

zu beachten.

§ 30
Pflichten des Betreibers eines Kesselwagens, abnehmbaren Tanks und Batteriewagens im Eisenbahnverkehr

Der Betreiber eines Kesselwagens, abnehmbaren Tanks und Batteriewagens im Eisenbahnverkehr hat dafür zu sorgen, dass

1. nur Kesselwagen, abnehmbare Tanks und Batteriewagen verwendet werden, deren Dicke der Tankwände den Vorschriften nach Absatz 4.3.2.3.1 in Verbindung mit den Absätzen 6.8.2.1.3 und 6.8.2.1.17 bis 6.8.2.1.20 und den anwendbaren Sondervorschriften in Abschnitt 6.8.4 RID entspricht;

2. Kesselwagen, abnehmbare Tanks und Batteriewagen auch zwischen den Prüfterminen den Bau-, Ausrüstungs- und Kennzeichnungsvorschriften nach den Unterabschnitten 6.8.2.1, 6.8.2.2, 6.8.2.5, 6.8.3.1, 6.8.3.2 und 6.8.3.5 und den anwendbaren Sondervorschriften in Abschnitt 6.8.4 RID entsprechen, mit Ausnahme der durch den Befüller anzugebenden beförderten Stoffe und Gase;

3. in den Fällen nach den Absätzen 6.8.2.4.4 und 6.8.3.4.14 RID eine außerordentliche Prüfung der Kesselwagen, abnehmbaren Tanks und Batteriewagen durchgeführt wird, wenn die Sicherheit des Tanks oder seiner Ausrüstung beeinträchtigt sein könnte;

4. für Kesselwagen, abnehmbare Tanks und Batteriewagen die Tankakte nach Absatz 4.3.2.1.7 RID geführt, aufbewahrt, an einen neuen Eigentümer oder Betreiber übergeben, auf Anforderung zuständigen Behörden vorgelegt und dem Sachverständigen sowie der für die Instandhaltung zuständigen Stelle (ECM) zur Verfügung gestellt wird;

5. ein Kesselwagen, ein abnehmbarer Tank oder ein Batteriewagen nicht verwendet wird, wenn das Datum der nächsten Prüfung überschritten ist, und

6. die Informationen, die nach Unterabschnitt 1.4.3.5 Buchstabe e RID zur Verfügung gestellt werden, auch den Tank und seine Ausrüstung umfassen.

§ 30a
Pflichten der für die Instandhaltung zuständigen Stelle im Eisenbahnverkehr

(1) Die für die Instandhaltung zuständige Stelle (ECM) hat dafür zu sorgen, dass

1. die Instandhaltung des Tanks und seiner Ausrüstung nach Unterabschnitt 1.4.3.8 Buchstabe a in einer Weise sichergestellt wird, die gewährleistet, dass der Kesselwagen unter normalen Betriebsbeanspruchungen auch zwischen den Prüfterminen den Bau-, Ausrüstungs- und Kennzeichnungsvorschriften nach den Unterabschnitten 6.8.2.1, 6.8.2.2, 6.8.2.5, 6.8.3.1, 6.8.3.2 und 6.8.3.5 und den anwendbaren Sondervorschriften in Abschnitt 6.8.4 RID entspricht, mit Ausnahme der durch den Befüller anzugebenden beförderten Stoffe und Gase;

2. die nach Unterabschnitt 1.4.3.8 Buchstabe b RID festgelegten Informationen auch den Tank und seine Ausrüstung umfassen, und

3. die Instandhaltungsarbeiten betreffend den Tank und seine Ausrüstung nach Unterabschnitt 1.4.3.8 Buchstabe c RID in den Instandhaltungsunterlagen aufgezeichnet werden.

(2) Soweit der Betreiber eines Kesselwagens die Organisation der Prüfungen der ECM überträgt, hat sie dafür zu sorgen, dass

1. ein Kesselwagen nicht verwendet wird, wenn das Datum der nächsten Prüfung überschritten ist und

2. in den Fällen nach Absatz 6.8.2.4.4 RID eine außerordentliche Prüfung des Kesselwagens durchgeführt wird, wenn die Sicherheit des Tanks oder seiner Ausrüstung beeinträchtigt sein könnte.

§ 31
Pflichten des Eisenbahninfrastrukturunternehmers im Eisenbahnverkehr

Der Eisenbahninfrastrukturunternehmer im Eisenbahnverkehr

1. hat dafür zu sorgen, dass sein Personal nach Unterabschnitt 1.3.2.2 RID unterwiesen wird, und
2. hat
   a) dafür zu sorgen, dass nach Kapitel 1.11 RID interne Notfallpläne für Rangierbahnhöfe aufgestellt werden, und
   b) sicherzustellen, dass er während der Beförderung einen schnellen und uneingeschränkten Zugriff zu den Informationen nach Unterabschnitt 1.4.3.6 Buchstabe b RID hat.

§ 31a
Pflichten des Triebfahrzeugführers im Eisenbahnverkehr

Der Triebfahrzeugführer im Eisenbahnverkehr muss nach Unterabschnitt 5.4.3.3 RID vor Antritt der Fahrt die schriftlichen Weisungen zu den bei einem Unfall oder Zwischenfall zu ergreifenden Maßnahmen einsehen.

§ 32
Pflichten des Reisenden im Eisenbahnverkehr

Der Reisende darf im Eisenbahnverkehr gefährliche Güter als Handgepäck oder Reisegepäck nur mitführen oder in oder auf Fahrzeugen (Auto im Reisezug) nur befördern lassen, wenn die Vorschriften nach Unterabschnitt 1.1.3.8 RID beachtet sind.

§ 33
Pflichten des Schiffsführers in der Binnenschifffahrt

Der Schiffsführer in der Binnenschifffahrt

1. hat die allgemeinen Sicherheitspflichten nach Abschnitt 1.4.1 ADN zu beachten;
2. hat dafür zu sorgen, dass das Schiff oder Tankschiff nicht überladen oder der einzelne Ladetank nicht überfüllt ist und nach den Vorgaben des Stabilitätshandbuchs oder des Ladungsrechners gemäß den Absätzen 9.3.1.13.3, 9.3.2.13.3 und 9.3.3.13.3 ADN beladen ist;
3. hat sich durch eine Sichtprüfung zu vergewissern, dass das Schiff oder Tankschiff und die Ladung keine offensichtlichen Mängel, keine Undichtheiten oder Risse aufweisen und dass keine Ausrüstungsteile fehlen;
4. hat dafür zu sorgen, dass jedes betroffene Mitglied der Besatzung die schriftlichen Weisungen nach Abschnitt 5.4.3 ADN versteht und richtig anwenden kann;
5. hat die in den schriftlichen Weisungen nach Abschnitt 5.4.3 ADN vorgeschriebenen Maßnahmen zu treffen;
6. hat dafür zu sorgen, dass die Vorschriften für das Laden, Befördern, Löschen und sonstige Handhaben der Ladung des Teils 7 ADN eingehalten werden, mit Ausnahme der Vorschriften über die Klassifikation von Tankschiffen, Gebrauchsanleitungen, Hinweistafeln und Ausrüstungen;
7. hat zu prüfen, ob der Eigentümer oder Betreiber seinen Pflichten nach § 34 nachgekommen ist;
8. hat während der Beförderung
   a) die Begleitpapiere nach den Unterabschnitten 8.1.2.1 bis 8.1.2.3 ADN und
   b) die Ausnahmezulassung nach § 5 Absatz 1 und 3

   mitzuführen und zuständigen Personen auf Verlangen zur Prüfung auszuhändigen;
9. hat dafür zu sorgen, dass die Vorschriften des Kapitels 8.3 ADN eingehalten werden, mit Ausnahme der Vorschriften über Hinweistafeln;
10. darf, wenn er einen Verstoß gegen die vorgenannten Vorschriften der Nummern 1 bis 9 feststellt, die Sendung so lange nicht befördern, bis die Vorschriften erfüllt sind;

11. hat nach Absatz 1.4.2.2.1 Buchstabe k vor dem Entgasen von leeren oder entladenen Ladetanks und Lade- und Löschleitungen des Tankschiffs an einer Annahmestelle seinen Teil der Prüfliste nach Absatz 7.2.3.7.2.2 Satz 2 ADN auszufüllen und

12. hat nach Absatz 1.4.2.2.1 Buchstabe l vor dem Beladen und Entladen der Ladetanks eines Tankschiffs seinen Teil der Prüfliste nach Unterabschnitt 7.2.4.10 ADN auszufüllen.

§ 34
Pflichten des Eigentümers oder Betreibers in der Binnenschifffahrt

Der Eigentümer oder, sofern das Schiff von einem Betreiber gechartert wurde, der Betreiber in der Binnenschifffahrt hat dafür zu sorgen, dass

1. die Vorschriften des Teils 7 ADN über die Klassifikation von Tankschiffen, Gebrauchsanleitungen, Hinweistafeln und Ausrüstungen eingehalten werden;
2. die Vorschriften des Kapitels 8.1 ADN eingehalten werden;
3. ein Sachkundiger gemäß den Unterabschnitten 8.2.1.2, 8.2.1.5 und 8.2.1.7 ADN an Bord ist;
4. die Vorschriften des Kapitels 8.3 ADN hinsichtlich der Hinweistafeln eingehalten werden;
5. die Vorschriften des Teils 9 ADN eingehalten werden;
6. bei der Klassifikationsgesellschaft eine Aktualisierung der Schiffsstoffliste nach Absatz 1.16.1.2.5 innerhalb der in Unterabschnitt 1.6.1.1 ADN genannten Frist erfolgt;
7. das Schiff nach Abschnitt 1.16.9 ADN in den dort genannten Fällen einer Sonderuntersuchung unterzogen wird und
8. die Schiffsakte nach den Unterabschnitten 9.1.0.1, 9.3.1.1, 9.3.2.1 und 9.3.3.1 ADN geführt, aufbewahrt und aktualisiert wird.

§ 34a
Pflichten der Besatzung und sonstiger Personen an Bord in der Binnenschifffahrt

Die Besatzung sowie alle sonstigen an Bord befindlichen Personen haben den Anweisungen des Schiffsführers Folge zu leisten. Die Besatzung hat, im Rahmen des Satzes 1, zur Einhaltung dieser Verordnung ihrerseits beizutragen.

§ 35
Verlagerung

(1) Die in § 35b genannten gefährlichen Güter müssen in dem dort festgelegten Rahmen auf dem Eisenbahn- oder Wasserweg befördert werden, sofern

1. der Verlader und der Befüller am Beginn und der Entlader am Ende der Beförderung über einen dafür geeigneten Gleis- oder Hafenanschluss verfügen,
2. die Beförderung auf dem Eisenbahn- oder Wasserweg durchführbar ist und
3. die gesamte Beförderungsstrecke im Geltungsbereich dieser Verordnung mehr als 200 Kilometer beträgt.

(2) Liegen die Bedingungen nach Absatz 1 Nummer 1 und 2 nicht vor, sind die in § 35b genannten gefährlichen Güter in dem dort festgelegten Rahmen im multimodalen Verkehr zu befördern, sofern

1. die gesamte Beförderungsstrecke im Geltungsbereich dieser Verordnung mehr als 400 Kilometer beträgt und
2. die Beförderung auf dem größeren Teil der Strecke mit der Eisenbahn oder dem Schiff durchgeführt werden kann.

In diesem Fall hat der Beförderer vor Beginn der Beförderung im Beförderungspapier die Bezeichnung der Bahnhöfe oder Hafenanlagen anzugeben, die er für die Beförderung in Anspruch nimmt, und zusätzlich zu vermerken „Beförderung nach § 35 Absatz 2 GGVSEB“.

(3) Eine Pflicht zur Verlagerung nach den Absätzen 1 und 2 besteht nicht, wenn die Entfernung auf dem Eisenbahn- oder Wasserweg mindestens doppelt so groß ist wie die tatsächliche Entfernung auf der Straße. Im multimodalen Verkehr ist die Entfernung im Vor- und Nachlauf auf der Straße mit einzubeziehen.

(4) Sofern die Bedingungen für eine Verlagerung nach Absatz 1 Nummer 1 und 2 und Absatz 2 Satz 1 Nummer 2 nicht vorliegen und deshalb eine Beförderung auf der Straße durchgeführt werden soll, ist hierfür eine schriftliche oder elektronische Bescheinigung erforderlich. Die Bescheinigung wird für den jeweiligen Verkehrsträger auf Antrag durch das Eisenbahn-Bundesamt oder die Generaldirektion Wasserstraßen und Schifffahrt ausgestellt. Der Beförderer hat dafür zu sorgen, dass die Bescheinigung nach Satz 1 dem Fahrzeugführer vor Beförderungsbeginn übergeben wird. Der Fahrzeugführer muss die Bescheinigung während der Beförderung mitführen und zuständigen Personen auf Verlangen zur Prüfung aushändigen.

(5) Bei der Bescheinigung nach Absatz 4 Satz 1 genügt das Mitführen eines fernkopierten Bescheides oder des Ausdrucks eines elektronisch erteilten und signierten Bescheides sowie dessen digitalisierte Form auf einem Speichermedium, wenn diese derart mitgeführt wird, dass sie bei einer Kontrolle auf Verlangen zuständigen Personen lesbar gemacht werden kann.

§ 35a

Fahrweg im Straßenverkehr

(1) Beförderungen von in § 35b genannten gefährlichen Gütern, die teilweise oder vollständig im Straßenverkehr erfolgen, sind in dem dort festgelegten Rahmen auf Autobahnen durchzuführen.

(2) Absatz 1 gilt nicht, wenn

1. die Entfernung bei Benutzung der Autobahn mindestens doppelt so groß ist wie die Entfernung bei Benutzung anderer geeigneter Straßen, oder
2. die Benutzung der Autobahn nach den Vorschriften der Straßenverkehrs-Ordnung oder der Ferienreiseverordnung ausgeschlossen oder beschränkt ist.

(3) Der Fahrweg außerhalb der Autobahnen wird von der nach Landesrecht zuständigen Behörde für eine einzelne Fahrt oder bei vergleichbaren Sachverhalten für eine begrenzte oder unbegrenzte Zahl von Fahrten auf Antrag schriftlich oder elektronisch bestimmt. Die Fahrwegbestimmung kann auch durch Allgemeinverfügung erfolgen. Bei Sperrungen dürfen die ausgewiesenen Umleitungsstrecken ohne erneute Fahrwegbestimmung benutzt werden.

(4) Der Beförderer darf die gefährlichen Güter nur befördern, wenn eine Fahrwegbestimmung erteilt ist. Er hat dafür zu sorgen, dass die Fahrwegbestimmung dem Fahrzeugführer vor Beförderungsbeginn übergeben wird. Der Fahrzeugführer muss die Fahrwegbestimmung beachten und sie während der Beförderung mitführen und zuständigen Personen auf Verlangen zur Prüfung aushändigen.

(5) Bei der Fahrwegbestimmung nach Absatz 3 Satz 1 genügt das Mitführen eines fernkopierten Bescheides oder des Ausdrucks eines elektronisch erteilten und signierten Bescheides sowie dessen digitalisierte Form auf einem Speichermedium, wenn diese derart mitgeführt wird, dass sie bei einer Kontrolle auf Verlangen zuständigen Personen lesbar gemacht werden kann.

§ 35b

Gefährliche Güter, für deren Beförderung die §§ 35 und 35a gelten

Für die nachfolgend genannten gefährlichen Güter gelten die §§ 35 und 35a wie folgt:

Tabelle

lfd. Nr.	Klasse/ Unter-klasse	Stoff oder Gegenstand	Geltung der §§ 35 und 35a	*Beförderung in*		Bemerkungen
				Tanks ab	*Versandstücken ab*	
1	1.1	explosive Stoffe und Gegenstände mit Explosivstoff	§ 35 und § 35a	nicht zulässig	1000 kg Nettoexplosivstoffmasse	Siehe Ausnahmen nach § 35c Absatz 9
	1.2	explosive Stoffe und Gegenstände mit Explosivstoff	§ 35 und § 35a	nicht zulässig	1000 kg Nettoexplosivstoffmasse	
	1.5	explosive Stoffe und Gegenstände mit Explosivstoff	§ 35 und § 35a	1000 kg Nettoexplosivstoffmasse	1000 kg Nettoexplosivstoffmasse	Beförderungen in Tanks sind nur für die UN-Nummern 0331 und 0332 zulässig (Siehe Ausnahmen nach § 35c Absatz 9)
2	2	entzündbare Gase (Klassifizierungscodes, die nur den Buchstaben F enthalten)	§ 35 und § 35a	9000 kg Nettomasse	entfällt	§§ 35 und 35a gelten nur für Beförderungen in Tanks (Siehe Ausnahmen nach § 35c Absatz 1 und 5 bis 8)
3	2	giftige Gase (Klassifizierungscodes, die den/ die Buchstaben T, TF, TC, TO, TFC oder TOC enthalten)	§ 35 und § 35a	1000 kg Nettomasse	entfällt	§§ 35 und 35a gelten nur für Beförderungen in Tanks
4	3	entzündbare flüssige Stoffe der Verpackungsgruppen I und II, mit Ausnahme der UN-Nummern 1093, 1099, 1100, 1131 und 1921	§ 35a	3000 Liter bei Verpackungsgruppe I 6000 Liter bei Verpackungsgruppe II	entfällt	§ 35a gilt nur für Beförderungen in Tanks (Siehe Ausnahme nach § 35c Absatz 3)
5	3	UN-Nummern 1093, 1099, 1100, 1131 und 1921 der Verpackungsgruppe I	§ 35 und § 35a	3000 Liter	entfällt	§§ 35 und 35a gelten nur für Beförderungen in Tanks
6	4.1	desensibilisierte explosive Stoffe der UN-Nummern 3364, 3365, 3367 und 3368	§ 35 und § 35a	nicht zulässig	1000 kg Nettomasse	
7	4.2	UN-Nummer 3394	§ 35 und § 35a	3000 Liter	entfällt	§§ 35 und 35a gelten nur für Beförderungen in Tanks
8	4.3	UN-Nummern 1928 und 3399 der Verpackungsgruppe I	§ 35 und § 35a	3000 Liter	entfällt	§§ 35 und 35a gelten nur für Beförderungen in Tanks
9	5.1	entzündend (oxidierend) wirkende flüssige Stoffe der Verpackungsgruppe I der UN-Nummern 1745, 1746, 1873 und 2015	§ 35 und § 35a	3000 Liter	entfällt	§§ 35 und 35a gelten nur für Beförderungen in Tanks
10	6.1	giftige flüssige Stoffe der Verpackungsgruppe I	§ 35 und § 35a	3000 Liter	entfällt	§§ 35 und 35a gelten nur für Beförderungen in Tanks
11	8	ätzende flüssige Stoffe der Verpackungsgruppe I der UNNummern 1052, 1739, 1744, 1777, 1790, 1829 und 2699	§ 35 und § 35a	3000 Liter	entfällt	§§ 35 und 35a gelten nur für Beförderungen in Tanks

Die angegebenen Mengen beziehen sich auf die Beförderungseinheit. Werden verschiedene Güter der Klasse 1 jeweils in geringeren Mengen als 1000 kg Nettoexplosivstoffmasse in einer Beförderungseinheit befördert, sind die §§ 35 und 35a ab einer Summe der Nettoexplosivstoffmassen dieser Güter von 1000 kg in der Beförderungseinheit anzuwenden.

§ 35c

Ausnahmen zu den §§ 35 und 35a

(1) Die §§ 35 und 35a gelten nicht für Beförderungen von entzündbaren Gasen nach § 35b Tabelle laufende Nummer 2, wenn Tanks verwendet werden,

1. die als Doppelwandtanks mit Vakuumisolierung gebaut sind,
2. deren Summe der Wanddicken der metallenen Außenwand und des Innentanks die Mindestwanddicke nach Absatz 6.8.2.1.18 ADR nicht unterschreitet,
3. deren Wanddicke des Innentanks die Mindestwanddicke nach Absatz 6.8.2.1.19 ADR nicht unterschreitet und
4. deren Innentanks aus austenitischen Chrom-Nickel- oder Chrom-Nickel-Molybdän-Stählen bestehen.

(2) Für die Tanks nach Absatz 1 ist dies in der ADR-Zulassungsbescheinigung nach Unterabschnitt 9.1.3.1 ADR oder in einer besonderen Bescheinigung des Tankherstellers oder eines Sachverständigen oder Technischen Dienstes nach § 14 Absatz 4 zu bestätigen. Bescheinigungen nach der Ausnahme Nr. 40 (S) der Gefahrgut-Ausnahmeverordnung (GGAV) sowie der Ausnahme 13 (S) der GGAV gelten weiter.

(3) § 35a gilt nicht für Beförderungen von entzündbaren flüssigen Stoffen nach § 35b Tabelle laufende Nummer 4, sofern die Beförderungen in

1. nicht wanddickenreduzierten zylindrischen Tanks nach Kapitel 6.7 oder 6.8 ADR, die nach einem Berechnungsdruck von mindestens 0,4 Mega-Pascal (4 Bar) bemessen sind oder mit einem Prüfdruck von mindestens 0,4 Mega-Pascal (4 Bar) geprüft sind,
2. Tanks, deren Sicherheitsniveau um 50 Prozent höher ist, als das eines Tanks aus Baustahl nach Absatz 6.8.2.1.18 ADR (Nummer 12 in Bild 21 des Forschungsberichts 203 „Sicherheitsniveaus von Transporttanks für Gefahrgut“ [1] und Bekanntmachung zur Anwendung des Forschungsberichts 203 [2]), wenn die Kenngröße f_3 zur Ermittlung der Risikozahl mindestens 0,5 beträgt und das Sicherheitsniveau von der nach § 12 für die Baumusterprüfung zuständigen Stelle bescheinigt wurde oder
3. Doppelwandtanks nach Absatz 6.8.2.1.20 Buchstabe b Nummer 2 und 3 linke Spalte und Absatz 6.8.2.1.20 rechte Spalte, in Aufsetztanks nach Absatz 6.8.2.1.20 Buchstabe b letzter Satz linke Spalte oder in Saug-Druck-Tanks für Abfälle nach Kapitel 6.10 ADR

durchgeführt werden.

(4) Für die Tanks nach Absatz 3 Nummer 1 und 2 ist dies in der ADR-Zulassungsbescheinigung nach Unterabschnitt 9.1.3.1 ADR oder in einer besonderen Bescheinigung des Tankherstellers oder eines Sachverständigen oder Technischen Dienstes nach § 14 Absatz 4 zu bestätigen. Bescheinigungen nach der Ausnahme Nr. 47 (S) der GGAV sowie der Ausnahme 14 (S) der GGAV gelten weiter.

(5) § 35 gilt nicht für Beförderungen von entzündbaren Gasgemischen der UN-Nummer 1965 (§ 35b Tabelle laufende Nummer 2), sofern die gesamte Beförderungsstrecke im Geltungsbereich dieser Verordnung nicht mehr als 300 Kilometer beträgt.

1) Der Forschungsbericht 203 ist hinterlegt bei der Bundesanstalt für Materialforschung und -prüfung, 12205 Berlin, Unter den Eichen 87.

2) Die Bekanntmachung ist veröffentlicht im Verkehrsblatt 2002 Heft 16 S. 522.

13

(6) Die §§ 35 und 35a gelten nicht für Beförderungen von entzündbaren Gasgemischen der UN-Nummer 1965 (§ 35b Tabelle laufende Nummer 2) in Tanks nach Abschnitt 1.2.1 ADR bis 11000 kg Nettomasse in der Beförderungseinheit, sofern die Fahrzeuge mit einem automatischen Blockierverhinderer (ABV) nach § 41 Absatz 18 oder § 41b der Straßenverkehrs-Zulassungs-Ordnung ausgerüstet sind und dies in der ADR-Zulassungsbescheinigung nach Unterabschnitt 9.1.3.1 ADR vermerkt ist.

(7) Die §§ 35 und 35a gelten nicht für Beförderungen von entzündbaren Gasgemischen der UN-Nummer 1965 (§ 35b Tabelle laufende Nummer 2) in Tanks nach Abschnitt 1.2.1 ADR von mehr als 11000 kg bis 22000 kg Nettomasse in der Beförderungseinheit, sofern die Fahrzeuge mit einem automatischen Blockierverhinderer (ABV) nach § 41 Absatz 18 oder § 41b der Straßenverkehrs-Zulassungs-Ordnung und mit einer Fahrdynamikregelung (Electronic Stability Control – ESC) ausgerüstet sind und dies in der ADR-Zulassungsbescheinigung nach Unterabschnitt 9.1.3.1 ADR vermerkt ist.

(8) § 35 Absatz 2 gilt nicht für Beförderungen von entzündbaren Gasen der UN-Nummern 1038, 1961, 1966, 1972, 3138 und 3312 (§ 35b Tabelle laufende Nummer 2).

(9) Die §§ 35 und 35a gelten nicht für Beförderungen zum Ort der Verwendung, sofern die gesamte Beförderungsstrecke im Geltungsbereich dieser Verordnung nicht mehr als 300 Kilometer beträgt, von explosiven Stoffen und Gegenständen mit Explosivstoff (§ 35b Tabelle laufende Nummer 1)

1. der UN-Nummern 0065, 0082 und 0241 (Unterklasse 1.1) und der UN-Nummern 0331 und 0332 (Unterklasse 1.5), wenn für diese explosiven Stoffe und Gegenstände mit Explosivstoff der Konformitätsnachweis nach § 5 des Sprengstoffgesetzes erbracht wurde und diese explosiven Stoffe und Gegenstände mit Explosivstoff eine Schlagempfindlichkeit von mehr als 30 Joule sowie eine Reibempfindlichkeit von mehr als 280 Newton bei Durchführung der Prüfverfahren [3)] haben, und
2. der UN-Nummer 0081 (Unterklasse 1.1)
   a) bis 1000 kg Nettoexplosivstoffmasse in der Beförderungseinheit, sofern die Fahrzeuge mit einem automatischen Blockierverhinderer (ABV) nach § 41 Absatz 18 oder § 41b der Straßenverkehrs-Zulassungs-Ordnung, oder
   b) bis 3000 kg Nettoexplosivstoffmasse in der Beförderungseinheit, sofern die Fahrzeuge mit einem automatischen Blockierverhinderer (ABV) nach § 41 Absatz 18 oder § 41b der Straßenverkehrs-Zulassungs-Ordnung und mit einer Fahrdynamikregelung (Electronic Stability Control – ESC)

   ausgerüstet sind und dies in der ADR-Zulassungsbescheinigung nach Unterabschnitt 9.1.3.1 ADR vermerkt ist. Die Ausnahmen nach Satz 1 Nummer 1 und Nummer 2 Buchstabe a oder b können nebeneinander in Anspruch genommen werden. § 35b Satz 3 ist nicht anzuwenden.

§ 36

Prüffrist für Feuerlöschgeräte

Die Prüffrist nach Unterabschnitt 8.1.4.4 Satz 2 ADR beträgt für in Deutschland hergestellte Feuerlöschgeräte zwei Jahre ab dem Herstellungsdatum und danach ab dem Datum der nächsten auf dem Feuerlöschgerät angegebenen Prüfung.

3) Prüfverfahren nach Anhang Teil A.14 der Verordnung (EG) Nr. 440/2008 der Kommission vom 30. Mai 2008 zur Festlegung von Prüfmethoden gemäß der Verordnung (EG) Nr. 1907/2006 des Europäischen Parlaments und des Rates zur Registrierung, Bewertung, Zulassung und Beschränkung chemischer Stoffe (REACH) (ABl. L 142 vom 31.5.2008, S. 1) in der jeweils jüngsten im Amtsblatt der Europäischen Union veröffentlichten Fassung.

§ 36a

Beförderung gefährlicher Güter als behördliche Asservate

Sofern es aus ermittlungstaktischen Gründen oder zur Wahrnehmung einer behördlichen Aufgabe erforderlich ist, dürfen gefährliche Güter, denen in Kapitel 3.2 Tabelle A Spalte 6 die Sondervorschrift 274 zugeordnet ist, im Straßen- und Eisenbahnverkehr durch Polizeibehörden des Bundes und der Länder sowie durch Zoll- und Justizbehörden und in deren Auftrag tätige private Unternehmen befördert werden, ohne dass die offiziellen Benennungen für die Beförderung mit der technischen Benennung des Gutes nach Absatz 3.1.2.8.1 ADR/RID ergänzt werden. Dies gilt auch für die Angabe in einem Beförderungspapier nach Absatz 5.4.1.1.1 Buchstabe b ADR/RID.

§ 36b

Beförderung erwärmter flüssiger und fester Stoffe

Für die Beförderung erwärmter flüssiger und fester Stoffe der UN-Nummern 3257 und 3258 in besonders ausgerüsteten Fahrzeugen/Wagen und Containern/Großcontainern nach Abschnitt 7.3.3 Sondervorschrift VC 3 ADR/RID gelten die Anforderungen der Anlage 3.

§ 37

Ordnungswidrigkeiten

(1) Ordnungswidrig im Sinne des § 10 Absatz 1 Nummer 1 Buchstabe b des Gefahrgutbeförderungsgesetzes handelt, wer vorsätzlich oder fahrlässig

1. entgegen § 4 Absatz 2 eine Behörde oder einen Eisenbahninfrastrukturunternehmer nicht oder nicht rechtzeitig benachrichtigt oder nicht oder nicht rechtzeitig benachrichtigen lässt und nicht mit Informationen versieht oder versehen lässt,
2. entgegen § 4 Absatz 3 die Sendung nicht oder nicht rechtzeitig anhält oder die Beförderung fortsetzt,
3. entgegen § 17
   a) Absatz 1 Nummer 1 sich nicht oder nicht rechtzeitig vergewissert,
   b) Absatz 1 Nummer 2 nicht dafür sorgt, dass eine dort genannte Angabe schriftlich oder elektronisch mitgeteilt oder auf eine dort genannte Vorschrift schriftlich oder elektronisch hingewiesen wird,
   c) Absatz 1 Nummer 3 nicht dafür sorgt, dass auf ein gefährliches Gut hingewiesen wird, oder
   d) Absatz 2 nicht dafür sorgt, dass eine dort genannte Angabe schriftlich oder elektronisch mitgeteilt wird,
4. entgegen § 18
   a) Absatz 1 Nummer 1 einen Hinweis nicht, nicht richtig, nicht vollständig oder nicht in der vorgeschriebenen Weise gibt,
   b) Absatz 1 Nummer 2 den Beförderer nicht, nicht richtig oder nicht rechtzeitig informiert,
   c) Absatz 1 Nummer 3 sich nicht oder nicht rechtzeitig vergewissert,
   d) Absatz 1 Nummer 4 nicht dafür sorgt, dass eine Angabe in das Beförderungspapier eingetragen wird,
   e) Absatz 1 Nummer 5 nicht dafür sorgt, dass nur eine dort zugelassene und geeignete Verpackung, Großverpackung, IBC oder nur ein dort zugelassener und geeigneter Tank oder nur ein dort zugelassenes und geeignetes MEMU oder nur ein dort zugelassenes und geeignetes Schiff verwendet wird,
   f) Absatz 1 Nummer 6 nicht dafür sorgt, dass die zuständige Behörde benachrichtigt wird,
   g) Absatz 1 Nummer 7 nicht im Besitz einer Zeugnis- oder Anweisungskopie ist oder eine Aufzeichnung nicht oder nicht vollständig zur Verfügung stellt,

h) Absatz 1 Nummer 8 nicht dafür sorgt, dass ein Beförderungspapier mit einer geforderten Angabe, Anweisung oder einem geforderten Hinweis mitgegeben wird,

i) Absatz 1 Nummer 9 nicht dafür sorgt, dass ein erforderliches Zeugnis zugänglich gemacht wird,

j) Absatz 1 Nummer 10 nicht dafür sorgt, dass ein erforderliches Begleitpapier beigefügt wird,

k) Absatz 1 Nummer 11 den Verlader nicht, nicht richtig, nicht in der vorgeschriebenen Weise oder nicht rechtzeitig auf die Begasung hinweist,

l) Absatz 1 Nummer 12 eine Kopie des Beförderungspapiers, der Informationen oder Dokumentation nicht oder nicht mindestens drei Monate aufbewahrt,

m) Absatz 2 nicht dafür sorgt, dass die Ausnahmezulassung vor Beförderungsbeginn übergeben wird,

n) Absatz 3 Nummer 1 eine Vorschrift für den Versand als Expressgut nicht beachtet,

o) Absatz 3 Nummer 2 nicht dafür sorgt, dass ein Großzettel, die orangefarbene Tafel, das Kennzeichen und der Rangierzettel angebracht werden,

p) Absatz 3 Nummer 3 nicht dafür sorgt, dass das Beförderungspapier die Angaben enthält,

q) Absatz 4 Nummer 1 nicht dafür sorgt, dass die Ausnahmezulassung vor Beförderungsbeginn übergeben wird, oder

r) Absatz 4 Nummer 2 nicht dafür sorgt, dass ein Großzettel und die orangefarbene Tafel angebracht werden,

5. entgegen § 19 Absatz 1

a) Nummer 1 den Absender nicht, nicht richtig oder nicht rechtzeitig informiert,

b) Nummer 2 eine Sendung befördert, die nicht die Vorschriften erfüllt,

c) Nummer 3 nicht dafür sorgt, dass ein Tank nicht zur Beförderung aufgegeben wird,

d) Nummer 4 eine Kopie des Beförderungspapiers, der Informationen oder Dokumentation nicht oder nicht mindestens drei Monate aufbewahrt,

e) Nummer 5 nicht dafür sorgt, dass die Dokumente die erforderlichen Angaben enthalten oder

f) Nummer 6 nicht dafür sorgt, dass die Dokumente die erforderlichen Angaben enthalten,

6. entgegen § 19 Absatz 2

a) Nummer 1 das Verbot der anderweitigen Verwendung nicht einhält,

b) Nummer 2 der Fahrzeugbesatzung nicht oder nicht rechtzeitig die schriftlichen Weisungen übergibt und nicht dafür sorgt, dass jedes Mitglied der Fahrzeugbesatzung diese verstehen und richtig anwenden kann,

c) Nummer 3 nicht dafür sorgt, dass eine dort genannte Vorschrift über die Beförderung in loser Schüttung und in Tanks beachtet wird,

d) Nummer 4 nicht dafür sorgt, dass eine dort genannte Vorschrift über die Begrenzung der Mengen eingehalten wird,

e) Nummer 5 nicht dafür sorgt, dass ein Begleitpapier, die Bescheinigung oder eine Ausnahmezulassung vor Beförderungsbeginn übergeben wird,

f) Nummer 6 nicht dafür sorgt, dass nur Fahrzeugführer mit einer gültigen Bescheinigung eingesetzt werden,

g) Nummer 7 nicht dafür sorgt, dass ein ortsbeweglicher Tank nicht zur Beförderung aufgegeben wird,

h) Nummer 8 nicht dafür sorgt, dass die Tankakte geführt, aufbewahrt, übergeben, vorgelegt oder zur Verfügung gestellt wird,

i) Nummer 9 die Beförderungseinheit nicht mit einem Feuerlöschgerät ausrüstet,

j) Nummer 10 eine Prüffrist nicht einhält,

k) Nummer 11 das Fahrzeug nicht mit einem Großzettel, einer orangefarbenen Tafel oder einem Kennzeichen ausrüstet oder nicht dafür sorgt, dass ein dort genanntes Kennzeichen angebracht wird,

l) Nummer 12 nicht dafür sorgt, dass ein Tank verwendet wird, der den dort genannten Anforderungen entspricht,

m) Nummer 13 nicht dafür sorgt, dass ein Tank oder ein Fahrzeug einer dort genannten Bau-, Ausrüstungs- und Kennzeichnungsvorschrift entspricht,

n) Nummer 14 nicht dafür sorgt, dass eine außerordentliche Prüfung durchgeführt wird,

o) Nummer 15 dem Fahrzeugführer eine erforderliche Ausrüstung nicht übergibt,

p) Nummer 16 die Beförderungseinheit nicht ausrüstet,

q) Nummer 17 nicht dafür sorgt, dass eine dort genannte Vorschrift beachtet wird,

r) Nummer 18 nicht dafür sorgt, dass eine dort genannte Vorschrift beachtet eingehalten wird, oder

s) Nummer 19 nicht dafür sorgt, dass ein festverbundener Tank, ein Batterie-Fahrzeug, ein Aufsetztank, ein MEGC, ein ortsbeweglicher Tank oder ein Tankcontainer nicht verwendet wird,

7. entgegen § 19 Absatz 3

a) Nummer 1 nicht sicherstellt, dass der Betreiber über Daten verfügen kann,

b) Nummer 2 nicht dafür sorgt, dass ein Besatzungsmitglied einen Lichtbildausweis mit sich führt,

c) Nummer 3 nicht dafür sorgt, dass ein Begleitpapier verfügbar ist und ausgehändigt wird,

d) Nummer 4 nicht dafür sorgt, dass eine dort genannte Vorschrift beachtet wird,

e) Nummer 5 eine schriftliche Weisung nicht, nicht richtig, nicht vollständig, nicht in der vorgeschriebenen Weise oder nicht rechtzeitig bereitstellt,

f) Nummer 6 den Triebfahrzeugführer nicht, nicht richtig, nicht vollständig oder nicht rechtzeitig informiert,

g) Nummer 7 nicht dafür sorgt, dass die vorgeschriebene Ausrüstung auf dem Führerstand mitgeführt wird,

h) Nummer 8 nicht dafür sorgt, dass die orangefarbenen Tafeln oder die Großzettel (Placards) angebracht sind,

i) Nummer 9 sich nicht vergewissert, dass ein Wagen oder eine Ladung keine Mängel, Undichtigkeiten oder Risse aufweist oder kein Ausrüstungsteil fehlt,

j) Nummer 10 sich nicht vergewissert, dass ein Großzettel, ein Kennzeichen oder eine orangefarbene Tafel angebracht ist, oder

k) Nummer 11 nicht dafür sorgt, dass eine dort genannte Information den Tank oder seine Ausrüstung umfasst,

8. entgegen § 19 Absatz 4

a) Nummer 1 sich nicht vergewissert, dass das Schiff zur Beförderung der gefährlichen Güter zugelassen ist,

b) Nummer 2 nicht dafür sorgt, dass für jedes Mitglied der Besatzung ein Lichtbildausweis an Bord ist,

c) Nummer 3 dem Schiffsführer nicht vor Antritt der Fahrt die schriftlichen Weisungen in Sprachen bereitstellt, die der Schiffsführer und der Sachkundige lesen und verstehen können,

d) Nummer 4 nicht dafür sorgt, dass eine dort genannte Vorschrift beachtet wird,

e) Nummer 5 nicht dafür sorgt, dass eine dort genannte Vorschrift eingehalten wird,

f) Nummer 6 nicht dafür sorgt, dass dem Schiffsführer ein Dokument übergeben wird,

g) Nummer 7 nicht dafür sorgt, dass ein Schiff nur unter der dort genannten Voraussetzung eingesetzt wird, oder

h) Nummer 8 nicht sicherstellt, dass ein zweites Evakuierungsmittel verfügbar ist,

9. entgegen § 20
   a) Absatz 1 Nummer 1 Buchstabe a die Annahme des Gutes verzögert oder verweigert,
   b) Absatz 1 Nummer 1 Buchstabe b nicht oder nicht rechtzeitig prüft, dass die Vorschriften eingehalten worden sind,
   c) Absatz 1 Nummer 2 den Absender nicht oder nicht rechtzeitig über die Nichteinhaltung eines Grenzwertes informiert,
   d) Absatz 2 einen Container zurückstellt,
   e) Absatz 3 einen Wagen oder Container zurückstellt oder wieder verwendet oder
   f) Absatz 4 einen Container, ein Fahrzeug oder einen Wagen zurückstellt,
10. entgegen § 21
   a) Absatz 1 Nummer 1 Güter übergibt,
   b) Absatz 1 Nummer 2 ein Versandstück zur Beförderung übergibt,
   c) Absatz 1 Nummer 3 nicht dafür sorgt, dass ein Versandstück nur verladen wird, wenn die Verpackung den dort genannten Anforderungen entspricht,
   d) Absatz 1 Nummer 4 nicht dafür sorgt, dass eine dort genannte Vorschrift beachtet wird,
   e) Absatz 1 Nummer 5 nicht dafür sorgt, dass ein Warnkennzeichen angebracht wird,
   f) Absatz 1 Nummer 6 nicht dafür sorgt, dass eine dort genannte Kennzeichnungsvorschrift beachtet wird,
   g) Absatz 1 Nummer 7 nicht dafür sorgt, dass die Anzahl der Versandstücke nicht überschritten wird,
   h) Absatz 1 Nummer 8 nicht dafür sorgt, dass eine dort genannte Maßnahme ergriffen wird,
   i) Absatz 2 Nummer 1 Satz 1 einen Hinweis nicht, nicht richtig, nicht vollständig oder nicht in der vorgeschriebenen Weise gibt,
   j) Absatz 2 Nummer 2 nicht dafür sorgt, dass eine dort genannte Vorschrift eingehalten wird,
   k) Absatz 2 Nummer 3 nicht dafür sorgt, dass eine dort genannte Vorschrift beachtet wird,
   l) Absatz 2 Nummer 4 nicht dafür sorgt, dass ein Großzettel, eine Tafel oder ein Kennzeichen angebracht ist,
   m) Absatz 2 Nummer 5 nicht dafür sorgt, dass nur ein Container eingesetzt wird, der den dort genannten Anforderungen entspricht,
   n) Absatz 2 Nummer 6 nicht dafür sorgt, dass eine dort genannte Vorschrift beachtet wird,
   o) Absatz 3 Nummer 1 nicht dafür sorgt, dass eine Vorschrift über die Gefahrzettel und Kennzeichen beachtet wird,
   p) Absatz 3 Nummer 2 nicht dafür sorgt, dass ein Großzettel, ein Rangierzettel, ein Kennzeichen oder eine orangefarbene Tafel angebracht ist,
   q) Absatz 3 Nummer 3 nicht dafür sorgt, dass nur ein Container eingesetzt wird, der den dort genannten Anforderungen entspricht,
   r) Absatz 3 Nummer 4 nicht dafür sorgt, dass eine dort genannte Vorschrift über die Beförderung in Versandstücken oder die Beladung und Handhabung beachtet wird,
   s) Absatz 3 Nummer 5 nicht dafür sorgt, dass eine dort genannte Vorschrift beachtet wird,
   t) Absatz 4 Nummer 1 Satz 1 einen Hinweis nicht, nicht richtig oder nicht vollständig gibt,
   u) Absatz 4 Nummer 2 nicht dafür sorgt, dass ein Großzettel oder das Kennzeichen angebracht ist,
   v) Absatz 4 Nummer 3 nicht dafür sorgt, dass eine dort genannte Vorschrift beachtet wird, oder
   w) Absatz 4 Nummer 4 nicht sicherstellt, dass die landseitige Einrichtung mit einem oder zwei Evakuierungsmitteln ausgerüstet ist,

11. entgegen § 22

a) Absatz 1 Nummer 1 oder 2 eine dort genannte Vorschrift über das Verpacken, das Umverpacken und die Kennzeichnung nicht beachtet,

b) Absatz 1 Nummer 3 eine dort genannte Vorschrift über die Verwendung und Prüfung nicht beachtet,

c) Absatz 1 Nummer 4 eine dort genannte Vorschrift über das Zusammenpacken nicht beachtet,

d) Absatz 1 Nummer 5 eine dort genannte Vorschrift über die Kennzeichnung und Bezettelung nicht beachtet,

e) Absatz 1 Nummer 6 Versandstücke in Umverpackungen nicht sichert oder

f) Absatz 2 oder 3 eine dort genannte Vorschrift nicht beachtet,

12. entgegen § 23 Absatz 1

a) Nummer 1 Güter übergibt,

b) Nummer 2 einen Tank übergibt,

c) Nummer 3 einen Tank befüllt,

d) Nummer 4 nicht dafür sorgt, dass die Dichtheit einer Verschlusseinrichtung geprüft und ein Tank nicht befördert wird, wenn dieser undicht ist,

e) Nummer 5 einen Tank befüllt,

f) Nummer 6 nicht dafür sorgt, dass der Füllungsgrad, die Masse oder Bruttomasse eingehalten wird,

g) Nummer 7 nicht dafür sorgt, dass die Dichtheit der Verschlüsse und der Ausrüstung geprüft wird oder alle Verschlüsse in geschlossener Stellung sind und keine Undichtheit auftritt,

h) Nummer 8 nicht dafür sorgt, dass einem Tank keine Reste anhaften,

i) Nummer 9 nicht dafür sorgt, dass nebeneinanderliegende Tankabteile oder -kammern nicht mit gefährlich miteinander reagierenden Stoffen befüllt werden,

j) Nummer 10 nicht dafür sorgt, dass ein Tank, Batterie-Fahrzeug, Batteriewagen oder MEGC nicht befüllt oder nicht zur Beförderung aufgegeben wird,

k) Nummer 11 nicht dafür sorgt, dass eine Entleerungs-, Reinigungs- und Entgasungsmaßnahme durchgeführt wird,

l) Nummer 12 nicht dafür sorgt, dass eine Bezeichnung angegeben wird,

m) Nummer 13 nicht dafür sorgt, dass eine Benennung oder ein Kennzeichen angegeben wird,

n) Nummer 14 nicht dafür sorgt, dass der MEGC nicht zur Beförderung aufgegeben wird, oder

o) Nummer 15 einen Tank befüllt,

13. entgegen § 23 Absatz 2

a) Nummer 1 einen Hinweis nicht, nicht richtig, nicht vollständig oder nicht in der vorgeschriebenen Weise gibt,

b) Nummer 2 eine Nummer nicht mitteilt,

c) Nummer 3 nicht dafür sorgt, dass ein Großzettel, die orangefarbene Tafel und das Kennzeichen angebracht werden,

d) Nummer 4 nicht dafür sorgt, dass eine Beladevorschrift beachtet wird,

e) Nummer 5 das Rauchverbot nicht beachtet,

f) Nummer 6 nicht dafür sorgt, dass eine dort genannte zusätzliche Vorschrift beachtet wird,

g) Nummer 7 nicht dafür sorgt, dass der Fahrzeugführer in der vorgeschriebenen Weise eingewiesen wird,

h) Nummer 8 nicht dafür sorgt, dass eine Vorschrift über die Beförderung in loser Schüttung beachtet wird,

i) Nummer 9 nicht dafür sorgt, dass eine Maßnahme zur Vermeidung elektrostatischer Aufladungen durchgeführt wird,

j) Nummer 10 einen Tank befüllt,

k) Nummer 11 sich nicht vergewissert, dass die dort genannten Vorschriften eingehalten sind, oder

l) Nummer 12 nicht dafür sorgt, dass eine dort genannte Vorschrift eingehalten wird,

14. entgegen § 23 Absatz 3

a) Nummer 1 nicht dafür sorgt, dass eine dort genannte Kontrollvorschrift beachtet wird,

b) Nummer 2 nicht dafür sorgt, dass ein Großzettel, ein Rangierzettel, die orangefarbene Tafel und das Kennzeichen angebracht werden,

c) Nummer 3 nicht dafür sorgt, dass eine dort genannte Vorschrift beachtet wird,

d) Nummer 4 nicht dafür sorgt, dass eine Beladevorschrift beachtet wird,

e) Nummer 5 nicht sicherstellt, dass die Temperatur nicht überschritten wird, oder

f) Nummer 6 nicht dafür sorgt, dass eine dort genannte Vorschrift eingehalten wird,

15. entgegen § 23 Absatz 4

a) Nummer 1 einen Hinweis nicht, nicht richtig oder nicht vollständig gibt,

b) Nummer 2 nicht dafür sorgt, dass ein Großzettel, die orangefarbene Tafel und das Kennzeichen angebracht werden,

c) Nummer 3 nicht dafür sorgt, dass ein Tankschiff nur mit den zugelassenen gefährlichen Gütern befüllt wird und das Datum im Zulassungszeugnis nicht überschritten ist,

d) Nummer 4 nicht sicherstellt, dass die landseitige Einrichtung mit einem oder zwei Evakuierungsmitteln ausgerüstet ist,

e) Nummer 5 nicht sicherstellt, dass die Temperatur nicht überschritten wird,

f) Nummer 6 nicht sicherstellt, dass eine Überwachung gewährleistet ist,

g) Nummer 7 seinen Teil der Prüfliste nicht, nicht richtig, nicht vollständig oder nicht rechtzeitig ausfüllt,

h) Nummer 8 nicht sicherstellt, dass eine Flammendurchschlagsicherung vorhanden ist, oder

i) Nummer 9 nicht sicherstellt, dass die Laderate übereinstimmt und der Druck an der Übergabestelle den Öffnungsdruck des Hochgeschwindigkeitsventils nicht übersteigt,

15a. entgegen § 23a

a) Absatz 1 Nummer 1 sich nicht vergewissert, dass die richtigen Güter ausgeladen werden,

b) Absatz 1 Nummer 2 nicht prüft oder sich nicht vergewissert, dass geeignete Maßnahmen ergriffen wurden,

c) Absatz 1 Nummer 3 Buchstabe a gefährliche Rückstände nicht oder nicht rechtzeitig entfernt,

d) Absatz 1 Nummer 3 Buchstabe b den Verschluss nicht oder nicht rechtzeitig sicherstellt,

e) Absatz 1 Nummer 4 die Reinigung und Entgiftung nicht sicherstellt,

f) Absatz 1 Nummer 5 nicht dafür sorgt, dass ein Großzettel, ein Kennzeichen oder eine orangefarbene Tafel nicht mehr sichtbar ist,

g) Absatz 1 Nummer 6 das Warnkennzeichen nicht entfernt,

h) Absatz 2 Nummer 1 nicht dafür sorgt, dass eine Maßnahme zur Vermeidung elektrostatischer Aufladungen durchgeführt wird,

i) Absatz 2 Nummer 2 nicht dafür sorgt, dass eine dort genannte zusätzliche Vorschrift beachtet wird,

j) Absatz 2 Nummer 3 nicht dafür sorgt, dass der Fahrzeugführer in der vorgeschriebenen Weise eingewiesen wird,

k) Absatz 2 Nummer 4 oder Absatz 3 nicht dafür sorgt, dass eine dort genannte Vorschrift beachtet wird,

l) Absatz 4 Nummer 1 nicht sicherstellt, dass die landseitige Einrichtung mit einem oder zwei Evakuierungsmitteln ausgerüstet ist,

m) Absatz 4 Nummer 2 Buchstabe a den ihn betreffenden Teil der Prüfliste nicht oder nicht rechtzeitig ausfüllt,

n) Absatz 4 Nummer 2 Buchstabe b nicht sicherstellt, dass eine Flammendurchschlagsicherung vorhanden ist,

o) Absatz 4 Nummer 2 Buchstabe c nicht sicherstellt, dass der Druck an der Übergabestelle den Öffnungsdruck des Hochgeschwindigkeitsventils nicht übersteigt,

p) Absatz 4 Nummer 2 Buchstabe d nicht sicherstellt, dass die Dichtungen aus den dort genannten Werkstoffen bestehen,

q) Absatz 4 Nummer 2 Buchstabe e nicht sicherstellt, dass eine Überwachung gewährleistet ist, oder

r) Absatz 4 Nummer 2 Buchstabe f nicht sicherstellt, dass die Löschpumpe abgeschaltet werden kann,

16. entgegen § 24

a) Nummer 1 nicht dafür sorgt, dass ein Tankcontainer, ein ortsbeweglicher Tank, ein MEGC, ein Schüttgut-Container oder flexibler Schüttgut-Container einer dort genannten Bau-, Ausrüstungs- und Kennzeichnungsvorschrift entspricht,

b) Nummer 2 nicht dafür sorgt, dass eine außerordentliche Prüfung durchgeführt wird,

c) Nummer 3 nicht dafür sorgt, dass nur ein Tankcontainer, ein ortsbeweglicher Tank oder MEGC verwendet wird, der den dort genannten Anforderungen entspricht,

d) Nummer 4 nicht dafür sorgt, dass ein MEGC nicht zur Befüllung übergeben wird,

e) Nummer 5 nicht dafür sorgt, dass eine Druckentlastungseinrichtung geprüft wird,

f) Nummer 6 nicht dafür sorgt, dass die Tankakte geführt, aufbewahrt, übergeben, vorgelegt oder zur Verfügung gestellt wird, oder

g) Nummer 7 nicht dafür sorgt, dass MEMU untersucht und geprüft werden,

17. entgegen § 25

a) Absatz 1 Nummer 1 ein dort genanntes Kennzeichen anbringt,

b) Absatz 1 Nummer 2 die Behörde nicht oder nicht richtig in Kenntnis setzt,

c) Absatz 1 Nummer 3 die Anweisungen nicht liefert,

d) Absatz 1 Nummer 4 dem Eigentümer eines Bergungsdruckgefäßes eine Kopie der Zulassungsbescheinigung nicht zur Verfügung stellt,

e) Absatz 2 ein dort genanntes Kennzeichen anbringt oder

f) Absatz 3 ein dort genanntes Kennzeichen anbringt,

18. entgegen § 26

a) Absatz 1 Nummer 1 nicht dafür sorgt, dass einem Tank keine Reste des Füllgutes anhaften,

b) Absatz 1 Nummer 2 nicht dafür sorgt, dass ein Tank verschlossen und dicht ist,

c) Absatz 1 Nummer 3 nicht dafür sorgt, dass ein Großzettel oder ein Kennzeichen angebracht ist,

d) Absatz 3 eine technische Dokumentation nicht richtig, nicht vollständig oder nicht rechtzeitig anfertigt,

13

e) Absatz 4 eine dort genannte Vorschrift nicht oder nicht richtig beachtet,

f) Absatz 5 Nummer 1 nicht dafür sorgt, dass das Personal unterwiesen wird,

g) Absatz 5 Nummer 2 einen dort genannten Teil der Prüfliste nicht, nicht richtig, nicht vollständig oder nicht rechtzeitig ausfüllt oder

h) Absatz 5 Nummer 3 nicht sicherstellt, dass eine Flammendurchschlagsicherung vorhanden ist,

19.entgegen § 27

a) Absatz 1 nicht dafür sorgt, dass die Vorlage eines Berichts rechtzeitig erfolgt,

b) Absatz 2 eine Untersuchung nicht durchführt, eine Maßnahme nicht ergreift oder nicht dafür sorgt, dass eine zuständige Behörde informiert wird,

c) Absatz 3 Nummer 1 eine Vorschrift über die Sicherung nicht beachtet,

d) Absatz 3 Nummer 2 Buchstabe a nicht dafür sorgt, dass die Unterweisung erfolgt,

e) Absatz 3 Nummer 2 Buchstabe b nicht dafür sorgt, dass die Aufzeichnungen fünf Jahre aufbewahrt werden,

f) Absatz 4 Sicherungspläne nicht einführt oder anwendet,

g) Absatz 4a Satz 1, auch in Verbindung mit Satz 2, nicht dafür sorgt, dass eine Mitteilung erfolgt,

h) Absatz 5 Nummer 1 nicht dafür sorgt, dass die Unterweisung erfolgt,

i) Absatz 5 Nummer 2 nicht dafür sorgt, dass die Aufzeichnungen fünf Jahre aufbewahrt werden,

j) Absatz 6 nicht dafür sorgt, dass die Personen unterwiesen sind, oder

k) Absatz 7 nicht sicherstellt, dass nur eine dort genannte Anlage oder ein dort genanntes Gerät verwendet wird,

20.entgegen § 28

a) Nummer 1 ein Versandstück befördert,

b) Nummer 2 eine dort genannte Vorschrift über die Beförderungsbe- oder -einschränkungen nicht beachtet,

c) Nummer 3 den Füllungsgrad, die Masse oder die Befülltemperatur nicht einhält,

d) Nummer 4 eine dort genannte Vorschrift über den Betrieb von Tanks und die zusätzlichen Vorschriften nicht beachtet,

e) Nummer 5 die Dichtheit nicht prüft,

f) Nummer 6 einen Großzettel nicht anbringt, entfernt oder abdeckt,

g) Nummer 7 ein dort genanntes Kennzeichen oder eine dort genannte Tafel nicht oder nicht richtig anbringt, nicht oder nicht richtig sichtbar macht, nicht, nicht richtig oder nicht vollständig entfernt oder nicht, nicht richtig oder nicht vollständig verdeckt,

h) Nummer 8 eine Maßnahme nicht trifft,

i) Nummer 9 sich nicht vergewissert, dass ein Warnkennzeichen angebracht ist,

j) Nummer 10 ein Begleitpapier, eine Bescheinigung, ein Feuerlöschgerät, einen Ausrüstungsgegenstand oder die Ausnahmezulassung nicht mitführt oder nicht oder nicht rechtzeitig aushändigt,

k) Nummer 11 eine dort genannte Vorschrift über die Überwachung nicht beachtet,

l) Nummer 12 gefährliche Reste des Füllgutes nicht entfernt oder entfernen lässt,

m) Nummer 13 die Einnahme alkoholischer Getränke nicht unterlässt oder die Fahrt unter der dort genannten Wirkung solcher Getränke antritt,

n) Nummer 14 nicht sicherstellt, dass eine Verbindungsleitung oder ein Rohr entleert ist,

o) Nummer 15 einen Tank nicht erdet oder

p) Nummer 16 eine dort genannte Vorschrift nicht beachtet,

21. entgegen § 29
   a) Absatz 1 eine dort genannte Vorschrift über die Beladung und Handhabung nicht beachtet,
   b) Absatz 2 eine dort genannte Vorschrift nicht beachtet,
   c) Absatz 3 eine dort genannte Vorschrift über Vorsichtsmaßnahmen nicht beachtet,
   d) Absatz 4 Nummer 1 eine Vorschrift über die Verladung oder das Kennzeichen nicht beachtet oder
   e) Absatz 4 Nummer 2 eine Vorschrift über die Beförderung nicht beachtet,

22. entgegen § 30
   a) Nummer 1 nicht dafür sorgt, dass nur ein Wagen oder ein Tank verwendet wird, der den dort genannten Anforderungen entspricht,
   b) Nummer 2 nicht dafür sorgt, dass ein Wagen oder ein Tank einer dort genannten Bau-, Ausrüstungs- und Kennzeichnungsvorschrift entspricht,
   c) Nummer 3 nicht dafür sorgt, dass eine außerordentliche Prüfung durchgeführt wird,
   d) Nummer 4 nicht dafür sorgt, dass die Tankakte geführt, aufbewahrt, übergeben, vorgelegt oder zur Verfügung gestellt wird,
   e) Nummer 5 nicht dafür sorgt, dass ein Kesselwagen, ein abnehmbarer Tank oder ein Batteriewagen nicht verwendet wird, oder
   f) Nummer 6 nicht dafür sorgt, dass eine dort genannte Information den Tank oder seine Ausrüstung umfasst,

22a. entgegen § 30a
   a) Absatz 1 Nummer 1 nicht dafür sorgt, dass die Instandhaltung eines Tanks oder seiner Ausrüstung in einer dort genannten Weise sichergestellt wird,
   b) Absatz 1 Nummer 2 nicht dafür sorgt, dass eine dort genannte Information den Tank oder seine Ausrüstung umfasst,
   c) Absatz 1 Nummer 3 nicht dafür sorgt, dass eine Aufzeichnung gefertigt wird,
   d) Absatz 2 Nummer 1 nicht dafür sorgt, dass ein Kesselwagen nicht verwendet wird, oder
   e) Absatz 2 Nummer 2 nicht dafür sorgt, dass eine außerordentliche Prüfung durchgeführt wird,

23. entgegen § 31
   a) Nummer 1 nicht dafür sorgt, dass sein Personal unterwiesen wird,
   b) Nummer 2 Buchstabe a nicht dafür sorgt, dass ein interner Notfallplan aufgestellt wird, oder
   c) Nummer 2 Buchstabe b nicht sicherstellt, dass er Zugriff zu einer Information hat,

23a. entgegen § 31a eine schriftliche Weisung nicht oder nicht rechtzeitig einsieht,

24. entgegen § 32 ein gefährliches Gut mitführt oder befördern lässt,

25. entgegen § 33
   a) Nummer 1 die Sicherheitspflichten nicht beachtet,
   b) Nummer 2 nicht dafür sorgt, dass ein Schiff oder Tankschiff nicht überladen oder ein Ladetank nicht überfüllt ist,
   c) Nummer 3 sich nicht vergewissert, dass das Schiff oder Tankschiff oder die Ladung keine Mängel, Undichtheiten oder Risse aufweist oder keine Ausrüstungsteile fehlen,
   d) Nummer 4 nicht dafür sorgt, dass jedes betroffene Mitglied der Besatzung die schriftlichen Weisungen versteht und richtig anwenden kann,
   e) Nummer 5 eine vorgeschriebene Maßnahme nicht trifft,

f) Nummer 6 nicht dafür sorgt, dass eine dort genannte Vorschrift eingehalten wird,

g) Nummer 7 nicht prüft, ob der Eigentümer oder Betreiber seinen Pflichten nachgekommen ist,

h) Nummer 8 ein Begleitpapier oder die Ausnahmezulassung nicht mitführt oder nicht oder nicht rechtzeitig aushändigt,

i) Nummer 9 nicht dafür sorgt, dass eine dort genannte Vorschrift eingehalten wird,

j) Nummer 10 eine Sendung befördert,

k) Nummer 11 einen dort genannten Teil der Prüfliste nicht, nicht richtig, nicht vollständig oder nicht rechtzeitig ausfüllt oder

l) Nummer 12 einen dort genannten Teil der Prüfliste nicht, nicht richtig, nicht vollständig oder nicht rechtzeitig ausfüllt,

26. entgegen § 34

a) Nummer 1, 2, 4 und 5 nicht dafür sorgt, dass eine dort genannte Vorschrift eingehalten wird,

b) Nummer 3 nicht dafür sorgt, dass ein Sachkundiger an Bord ist,

c) Nummer 6 nicht dafür sorgt, dass eine Aktualisierung erfolgt,

d) Nummer 7 nicht dafür sorgt, dass ein Schiff einer Sonderuntersuchung unterzogen wird, oder

e) Nummer 8 nicht dafür sorgt, dass eine Schiffsakte nach einer dort genannten Vorschrift geführt, aufbewahrt oder aktualisiert wird,

26a. entgegen § 34a Satz 1 den Anweisungen des Schiffsführers nicht Folge leistet,

27. entgegen § 35

a) Absatz 2 Satz 2 eine Angabe oder einen Vermerk nicht in das Beförderungspapier einträgt,

b) Absatz 4 Satz 3 nicht dafür sorgt, dass eine Bescheinigung übergeben wird, oder

c) Absatz 4 Satz 4 eine Bescheinigung nicht mitführt oder nicht oder nicht rechtzeitig aushändigt,

28. entgegen § 35a

a) Absatz 4 Satz 1 ein gefährliches Gut befördert,

b) Absatz 4 Satz 2 nicht dafür sorgt, dass eine Fahrwegbestimmung übergeben wird, oder

c) Absatz 4 Satz 3 eine Fahrwegbestimmung nicht oder nicht richtig beachtet, nicht mitführt oder nicht oder nicht rechtzeitig aushändigt.

(2) Artikel 32 der Revidierten Rheinschifffahrtsakte vom 17. Oktober 1868 (BGBl. 1969 II S. 597) in der Fassung des Zusatzprotokolls Nummer 6 vom 21. Oktober 1999 (BGBl. 2002 II S. 1772, 1773) hinsichtlich der Geldbußen auf dem Rhein bis zu fünfundzwanzigtausend Euro bleibt unberührt.

§ 38
Übergangsbestimmungen

(1) Bis zum 30. Juni 2019 darf die Beförderung gefährlicher Güter noch nach den Vorschriften dieser Verordnung in der bis zum 31. Dezember 2018 geltenden Fassung durchgeführt werden.

(2) Bei der Beförderung von im ADR/RID nicht näher bezeichneten Maschinen oder Geräten, die in ihrem inneren Aufbau oder in ihren Funktionselementen gefährliche Güter enthalten, nach der Übergangsvorschrift in Unterabschnitt 1.6.1.46 ADR/RID gilt im Straßenverkehr für innerstaatliche Beförderungen mit Fahrzeugen, die in Deutschland zugelassen sind, und für innerstaatliche Beförderungen im Eisenbahnverkehr weiterhin die Regelung nach Anlage 2 Gliederungsnummer 2.1 Buchstabe b dieser Verordnung in der bis zum 31. Dezember 2018 geltenden Fassung.

Anlage 1

(weggefallen)

Anlage 2

Einschränkungen aus Gründen der Sicherheit der Beförderung gefährlicher Güter zu den Teilen 1 bis 9 des ADR und zu den Teilen 1 bis 7 des RID für innerstaatliche Beförderungen sowie zu den Teilen 1 bis 9 des ADN für innerstaatliche und grenzüberschreitende Beförderungen

1. Im Straßen- und Eisenbahnverkehr gelten für innerstaatliche Beförderungen und in der Binnenschifffahrt gelten für innerstaatliche und grenzüberschreitende Beförderungen die nachstehenden Einschränkungen zu den Teilen 1 bis 7:

1.1 Nachfolgende Güter sind abweichend von Abschnitt 1.1.2 ADR/RID/ADN von der Beförderung ausgeschlossen:

Güter, die

a) insgesamt mehr als 1 µg/kg (ppb) der polyhalogenierten Dibenzodioxine und -furane der Klasse 6.1 der Tabelle in Kapitel 3.2 ADR/RID/ADN der UN-Nummern 2810 und 2811 der nachfolgenden Nummer 1.2 Buchstabe a bzw. d oder

b) insgesamt mehr als 5 µg/kg (ppb) der polyhalogenierten Dibenzodioxine und -furane der Klasse 6.1 der Tabelle in Kapitel 3.2 ADR/RID/ADN der UN-Nummern 2810 und 2811 der nachfolgenden Nummer 1.2 Buchstabe a und b bzw. d und e oder

c) insgesamt mehr als 100 µg/kg (ppb) der polyhalogenierten Dibenzodioxine und -furane der Klasse 6.1 der Tabelle in Kapitel 3.2 ADR/RID/ADN der UN-Nummern 2810 und 2811 der nachfolgenden Nummer 1.2 Buchstabe a bis c

enthalten.

1.2 Zu den giftigen organischen flüssigen und festen Stoffen der Klasse 6.1 nach Kapitel 3.2 Tabelle A ADR/RID/ADN UN-Nummern 2810 und 2811 der Verpackungsgruppe I zählen auch:

a) 2,3,7,8-Tetrachlordibenzo-p-dioxin (TCDD),
1,2,3,7,8-Penta-CDD,
2,3,7,8-Tetrachlordibenzofuran (TCDF),
2,3,4,7,8-Penta-CDF,

b) 1,2,3,4,7,8-Hexa-CDD,
1,2,3,7,8,9-Hexa-CDD,
1,2,3,6,7,8-Hexa-CDD,
1,2,3,7,8-Penta-CDF,
1,2,3,4,7,8-Hexa-CDF,
1,2,3,7,8,9-Hexa-CDF,
1,2,3,6,7,8-Hexa-CDF,
2,3,4,6,7,8-Hexa-CDF,

c) 1,2,3,4,6,7,8-Hepta-CDD,
1,2,3,4,6,7,8,9-Octa-CDD,
1,2,3,4,6,7,8-Hepta-CDF,
1,2,3,4,7,8,9-Hepta-CDF,
1,2,3,4,6,7,8,9-Octa-CDF,

d) 2,3,7,8-Tetrabromdibenzo-p-dioxin (TBDD),
1,2,3,7,8-Penta-BDD,
2,3,7,8-Tetrabromdibenzofuran (TBDF),
2,3,4,7,8-Penta-BDF,

e) 1,2,3,4,7,8-Hexa-BDD,
1,2,3,7,8,9-Hexa-BDD,
1,2,3,6,7,8-Hexa-BDD,
1,2,3,7,8-Penta-BDF.

2. Im Straßenverkehr gelten für innerstaatliche Beförderungen mit Fahrzeugen, die in Deutschland zugelassen sind, und für innerstaatliche Beförderungen im Eisenbahnverkehr die nachstehenden Einschränkungen zu den Teilen 1 bis 7 des ADR/RID:

2.1 Regelung zu den Freistellungen in Zusammenhang mit der Art der Beförderungsdurchführung nach Unterabschnitt 1.1.3.1 ADR/RID:

a) Für die Anwendung des Buchstaben a gilt folgende Regelung:

Bei explosiven Stoffen der Klasse 1 Unterklasse 1.1 bis 1.4 darf die Gesamtnettoexplosivstoffmasse je Beförderungseinheit/Wagen 3 kg nicht überschreiten. Bei Gegenständen mit Explosivstoff der Klasse 1 Unterklasse 1.1 bis 1.3 darf die Bruttomasse je Beförderungseinheit/Wagen 5 kg und bei Unterklasse 1.4 50 kg nicht überschreiten. Selbstzersetzliche feste und flüssige Stoffe, desensibilisierte explosive feste Stoffe und mit selbstzersetzlichen Stoffen verwandte Stoffe der Klasse 4.1, Stoffe der Klasse 4.2 und Stoffe der Klasse 4.3, jeweils Verpackungsgruppe I und II, Stoffe der Klasse 5.1 Verpackungsgruppe I und Stoffe der Klasse 5.2 dürfen je Stoff 1 kg Nettomasse nicht überschreiten. Für die in den Sätzen 1 bis 3 nicht genannten Stoffe und Gegenstände der Klassen 1 bis 9 dürfen die Höchstmengen gemäß Unterabschnitt 1.1.3.6 ADR/RID nicht überschritten werden.

b) (weggefallen)

c) Für die Anwendung des Buchstaben c gilt folgende Regelung:

aa) Bei explosiven Stoffen der Klasse 1 Unterklasse 1.1 bis 1.4 darf die Gesamtnettoexplosivstoffmasse je Beförderungseinheit/Wagen 3 kg nicht überschreiten. Bei Gegenständen mit Explosivstoff der Klasse 1 Unterklasse 1.1 bis 1.3 darf die Bruttomasse je Beförderungseinheit/Wagen 5 kg und bei Unterklasse 1.4 50 kg nicht überschreiten. Selbstzersetzliche feste und flüssige Stoffe, desensibilisierte explosive feste Stoffe und mit selbstzersetzlichen Stoffen verwandte Stoffe der Klasse 4.1, Stoffe der Klasse 4.2 und Stoffe der Klasse 4.3, jeweils Verpackungsgruppe I und II, Stoffe der Klasse 5.1 Verpackungsgruppe I und Stoffe der Klasse 5.2 dürfen je Stoff 1 kg Nettomasse nicht überschreiten.

bb) Für die Beförderung nach Unterabschnitt 1.1.3.1 Buchstabe c ADR/RID müssen zusätzlich folgende Vorschriften eingehalten werden:

– Die „Allgemeinen Verpackungsvorschriften" nach den Unterabschnitten 4.1.1.1, 4.1.1.2, 4.1.1.6 und 4.1.1.7 ADR/RID sind zu beachten.

– Für Stoffe und Gegenstände der Klasse 2 gelten die allgemeinen Verpackungsvorschriften nach Unterabschnitt 4.1.6.8 ADR/RID.

2.2 Regelung zu den Übergangsvorschriften nach den Unterabschnitten 1.6.3.4 und 1.6.3.5 ADR/RID:

a) Die Randnummer 211 184, 211 185 Satz 1 und die Randnummer 211 186 in der für innerstaatliche Beförderungen geltenden Fassung der Gefahrgutverordnung Straße in der Fassung der Bekanntmachung vom 18. Juli 1995 (BGBl. I S. 1025) und

b) die Vorschriften der Anlage Anhang XI Absatz 1.8.4 Satz 3 und 4 und Absatz 1.8.5 in der für innerstaatliche Beförderungen geltenden Fassung der Gefahrgutverordnung Eisenbahn in der Fassung der Bekanntmachung vom 15. Dezember 1995 (BGBl. I S. 1852)

gelten für innerstaatliche Beförderungen weiter.

3. Im Straßenverkehr gelten für innerstaatliche Beförderungen mit Fahrzeugen, die in Deutschland zugelassen sind, die nachstehenden Vorschriften und Einschränkungen zu den Teilen 8 und 9 des ADR:

3.1 Verbot von Feuer und offenem Licht

Bei Ladearbeiten ist der Umgang mit Feuer oder offenem Licht in der Nähe der Fahrzeuge oder Container und in den Fahrzeugen oder Containern untersagt.

3.2 Unterrichtung des Fahrpersonals durch Befüller und Entlader

Übernimmt der Fahrzeugführer das Befüllen des Tanks, so hat der Befüller ihn in die Handhabung der Fülleinrichtung, soweit diese nicht Bestandteil des Fahrzeugs ist, einzuweisen. Entsprechendes gilt hinsichtlich der Entleerungseinrichtung für das Beförderungsunternehmen, das als Entlader tätig wird. Diese Einweisung ist schriftlich zu dokumentieren. Hinsichtlich der Aufbewahrung dieser Dokumentation gilt Abschnitt 1.3.3 ADR in Verbindung mit § 27 Absatz 5 Nummer 2 GGVSEB entsprechend.

3.3 Überwachung der Fahrzeuge und Container

Ergänzend zu Kapitel 8.4 sind alle mit orangefarbener Tafel kennzeichnungspflichtigen Fahrzeuge und Container entsprechend den Vorgaben nach Abschnitt 8.4.1 ADR zu überwachen. Gleiches gilt für Anhänger einer kennzeichnungspflichtigen Beförderungseinheit, die von dem Kraftfahrzeug getrennt geparkt werden, sofern diese Anhänger mit gefährlichen Gütern in kennzeichnungspflichtiger Menge beladen sind. Satz 2 gilt nicht für die Überwachung von Anhängern mit UN 1202.

4. Im Eisenbahnverkehr gelten für innerstaatliche Beförderungen die nachstehenden Vorschriften und Einschränkungen zu den Teilen 1 bis 7 des RID:

4.1 Hinweise in den Teilen 1 bis 7 RID auf das internationale Frachtrecht finden bei innerstaatlichen Beförderungen keine Anwendung. Bei innerstaatlichen Beförderungen gelten das anwendbare nationale Frachtrecht sowie mit ihm übereinstimmende Beförderungsbedingungen der Beförderer.

4.2 Gefahrgutbeförderung in Reisezügen

Gefahrgutbeförderungen in Reisezügen sind vorbehaltlich der Regelungen in den Buchstaben a und b verboten.

a) Die in den Unterabschnitten 1.1.2.2 und 1.1.2.3 in Verbindung mit den Kapiteln 7.6 und 7.7 RID genannten Regelungen bzw. Sicherheitsvorschriften sind auch für die innerstaatliche Beförderung zu beachten.

b) Im Übersetzverkehr mit der Eisenbahn über den Hindenburgdamm zwischen Niebüll und Westerland (Sylt) ist abweichend von den Unterabschnitten 1.1.2.2 und 1.1.2.3 in Verbindung mit den Kapiteln 7.6 und 7.7 RID die Gefahrgutbeförderung in Reisezügen unter Beachtung der nachfolgenden Bestimmungen erlaubt:

aa) Folgende Güter sind in folgenden Beförderungsmitteln zur Beförderung zugelassen:

Gefahrgüter der Klassen 1.4 und 2 bis 9	Beförderung in Versandstücken in gedeckten und bedeckten Straßenfahrzeugen
a) Gefahrgüter der Klasse 2 Gruppen A, O und F ohne Nebengefahr giftig, b) Gefahrgüter der Klasse 3, Verpackungsgruppe II und III ohne Nebengefahr giftig, c) Gefahrgüter der Klasse 8, Verpackungsgruppe II und III ohne Nebengefahr giftig und d) Gefahrgüter der Klasse 9, Verpackungsgruppe II und III	Beförderung in Tanks (Straßentankfahrzeugen, Straßenfahrzeugen mit Aufsetztanks und Straßenfahrzeugen mit Tankcontainern)

bb) Die Beförderung gefährlicher Güter erfolgt im Huckepackverkehr unter Beachtung der Vorschriften nach Unterabschnitt 1.1.4.4 RID.

cc) Zwischenwagen oder Elemente einer fest gekuppelten Einheit:

Erfolgt die Beförderung mit einzeln gekuppelten Güterwagen, ist zwischen den Güterwagen, auf denen mit gefährlichen Gütern beladene Straßenfahrzeuge verladen sind, und den übrigen Güterwagen, auf denen sich Personenkraftfahrzeuge oder mit Fahrgästen besetzte Busse befinden, mindestens ein unbeladener Güterwagen oder ein Güterwagen, der nur mit Straßenfahrzeugen ohne gefährliches Gut beladen ist, zu befördern.

Erfolgt die Beförderung mit fest gekuppelten Einheiten, sind zwischen den Elementen der Einheit, auf denen mit gefährlichen Gütern beladene Straßenfahrzeuge verladen sind, und den übrigen Elementen, auf denen sich Personenkraftfahrzeuge oder mit Fahrgästen besetzte Busse befinden, mindestens zwei unbeladene Elemente oder zwei Elemente, die nur mit Straßenfahrzeugen ohne gefährliches Gut beladen sind, oder je ein Element der vorstehenden Alternativen zu befördern.

Pro Reisezug darf nur eine kennzeichnungspflichtige Beförderungseinheit am Anfang oder am Ende mitgeführt werden.

dd) Schriftliche Weisungen:

Schriftliche Weisungen sind in den Straßenfahrzeugen nach den Vorschriften des Abschnitts 5.4.3 ADR mitzuführen.

ee) Beförderungsausschluss:

Die Beförderung von Straßenfahrzeugen mit gefährlichen Gütern in Verpackungen, einschließlich Großpackmittel (IBC) und Großverpackungen (Large Packagings), Straßentankfahrzeugen und Straßenfahrzeugen mit Aufsetztanks ist ausgeschlossen, wenn während der Beförderungsdauer mit einer Windstärke von zehn oder mehr (nach Beaufort-Skala) gerechnet werden kann.

ff) Straßenfahrzeuge mit ungereinigten leeren Tanks:

Vorstehende Regelungen sind auch bei der Beförderung von Straßenfahrzeugen mit ungereinigten leeren Tanks anzuwenden.

gg) Angaben im Beförderungspapier:

Die Bezeichnung des gefährlichen Gutes im Beförderungspapier nach dem Sylt-Shuttle-Tarif muss den Vorschriften des RID entsprechen.

5. In der Binnenschifffahrt gelten für innerstaatliche und grenzüberschreitende Beförderungen die nachstehenden Vorschriften und Einschränkungen zu den Teilen 1 bis 9 des ADN:

5.1 Eine Zustimmung nach Unterabschnitt 7.1.6.11 Anforderung ST01 ADN ist nicht erforderlich.

6. Abweichungen von den Teilen 1 bis 9 ADN für Beförderungen auf dem Rhein

6.1 Abweichend von den Abschnitten 7.1.5.1 und 7.2.5.1 ADN dürfen Schiffe, die gefährliche Güter befördern oder nicht entgast sind, nicht in Schubverbänden enthalten sein, deren Abmessungen 195 x 24 m überschreiten.

6.2 Folgende Übergangsbestimmungen gelten bei der Beförderung nachstehender Stoffe:

6.2.1 Folgende Stoffe dürfen in Tankschiffen des Typs N geschlossen mit einem Einstelldruck des Hochgeschwindigkeitsventils von mindestens 6 kPa (0,06 Bar) (Prüfdruck der Ladetanks von 10 kPa (0,10 Bar)) befördert werden:

a) Alle Stoffe, für die in Kapitel 3.2 Tabelle C ADN mindestens ein Tankschiff des Typs N offen, Typ N offen mit Flammendurchschlagsicherung oder Typ N geschlossen mit einem Einstelldruck des Hochgeschwindigkeitsventils von 10 kPa (0,10 Bar) gefordert wird.

b) Das nachstehend aufgeführte Schiff hatte am 31.12.1986 eine Sondergenehmigung für bestimmte Stoffe und ist auf Grund seiner Bauweise, d. h. mit Doppelboden und Wallgängen, zugelassen für die Beförderung von den in der separaten Liste aufgenommenen Stoffen.

Schiffsname	ENI Nummer	Stoffliste Nummer
T.M.S. PIZ EVEREST	0232 6324	1

6.2.2 Folgende Stoffe dürfen in Tankschiffen des Typs N geschlossen mit einem Einstelldruck des Hochgeschwindigkeitsventils von mindestens 10 kPa (0,10 Bar) (Prüfdruck der Ladetanks von 65 kPa (0,65 Bar)) befördert werden:

a) Alle Stoffe, für die in Kapitel 3.2 Tabelle C ADN mindestens ein Tankschiff des Typs N offen, des Typs N offen mit Flammendurchschlagsicherung oder des Typs N geschlossen mit einem Einstelldruck des Hochgeschwindigkeitsventils von 10 kPa (0,10 Bar) gefordert wird.

Wenn das Hochgeschwindigkeitsventil umgebaut wird auf 50 kPa (0,50 Bar), dürfen alle Stoffe, für die in Kapitel 3.2 Tabelle C ADN ein Einstelldruck des Hochgeschwindigkeitsventils von 50 kPa (0,50 Bar) gefordert wird, befördert werden.

b) Das nachstehend aufgeführte Schiff hatte am 31.12.1986 eine Sondergenehmigung für bestimmte Stoffe und ist auf Grund seiner Bauweise, d.h. mit Doppelboden und Wallgängen, zugelassen für die Beförderung von den in der separaten Liste aufgenommenen Stoffen.

Schiffsname	ENI Nummer	Stoffliste Nummer
T.M.S. EILTANK 9	0430 4830	5

6.2.3 Folgende Stoffe dürfen in Tankschiffen des Typs C mit einem Einstelldruck des Hochgeschwindigkeitsventils von mindestens 9 kPa (0,09 Bar) befördert werden:

Alle Stoffe, für die in Kapitel 3.2 Tabelle C ADN mindestens ein Tankschiff des Typs N oder des Typs C mit einem Einstelldruck des Hochgeschwindigkeitsventils von 10 kPa (0,10 Bar) gefordert wird.

6.2.4 Folgende Stoffe dürfen in Tankschiffen des Typs C mit einem Einstelldruck des Hochgeschwindigkeitsventils von mindestens 35 kPa (0,35 Bar) befördert werden:

Alle Stoffe, für die in Kapitel 3.2 Tabelle C ADN mindestens ein Tankschiff des Typs N oder des Typs C mit einem Einstelldruck des Hochgeschwindigkeitsventils von 35 kPa (0,35 Bar) gefordert wird.

Wenn das Hochgeschwindigkeitsventil umgebaut wird auf 50 kPa (0,50 Bar), dürfen alle Stoffe, für die in Kapitel 3.2 Tabelle C ADN ein Einstelldruck des Hochgeschwindigkeitsventils von 50 kPa (0,50 Bar) gefordert wird, befördert werden.

Stoffliste Nummer 1:

UN-Nummer	Klasse und Klassifizierungscode	Verpackungsgruppe	Benennung und Beschreibung
1114	3, F1	II	BENZEN
1134	3, F1	III	CHLORBENZEN (Phenylchlorid)
1143	6.1, TF1	I	CROTONALDEHYD, STABILISIERT
1203	3, F1	II	BENZIN MIT MEHR ALS 10 % BENZEN
1218	3, F1	I	ISOPREN, STABILISIERT
1247	3, F1	II	METHYLMETHACRYLAT, MONOMER, STABILISIERT
1267	3, F1	I	ROHERDÖL, MIT MEHR ALS 10% BENZEN
1267	3, F1	II	ROHERDÖL, MIT MEHR ALS 10% BENZEN
1268	3, F1	I	ERDÖLDESTILLATE, N.A.G. MIT MEHR ALS 10 % BENZEN oder ERDÖLPRODUKTE, N.A.G. MIT MEHR ALS 10 % BENZEN
1268	3, F1	II	ERDÖLDESTILLATE, N.A.G. MIT MEHR ALS 10 % BENZEN oder ERDÖLPRODUKTE, N.A.G. MIT MEHR ALS 10 % BENZEN
1277	3, FC	II	PROPYLAMIN (1-Aminopropan)
1278	3, F1	II	1-CHLORPROPAN (Propylchlorid)
1296	3, FC	II	TRIETHYLAMIN
1578	6.1, T2	II	CHLORNITROBENZENE, FEST, GESCHMOLZEN (p-CHLORNITROBENZEN)
1591	6.1, T1	III	o-DICHLORBENZEN
1593	6.1, T1	III	DICHLORMETHAN (Methylenchlorid)
1605	6.1, T1	I	1,2-DIBROMETHAN
1710	6.1, T1	III	TRICHLORETHYLEN
1750	6.1, TC1	II	CHLORESSIGSÄURE, LÖSUNG
1831	8, CT1	I	SCHWEFELSÄURE, RAUCHEND
1846	6.1, T1	II	TETRACHLORKOHLENSTOFF
1863	3, F1	I	DÜSENKRAFTSTOFF MIT MEHR ALS 10% BENZEN
1863	3, F1	II	DÜSENKRAFTSTOFF MIT MEHR ALS 10% BENZEN
1888	6.1, T1	III	CHLOROFORM
1897	6.1, T1	III	TETRACHLORETHYLEN
1993	3, F1	I	ENTZÜNDBARER FLÜSSIGER STOFF, N.A.G. MIT MEHR ALS 10 % BENZEN
1993	3, F1	II	ENTZÜNDBARER FLÜSSIGER STOFF, N.A.G. MIT MEHR ALS 10 % BENZEN
2205	6.1, T1	III	ADIPONITRIL
2238	3, F1	III	CHLORTOLUENE (m-, o- oder p-CHLORTOLUEN)
2263	3, F1	II	DIMETHYLCYCLOHEXANE (cis-1,4-DIMETHYLCYCLOHEXAN)
2263	3, F1	II	DIMETHYLCYCLOHEXANE (trans-1,4-DIMETHYLCYCLOHEXAN)
2266	3, FC	II	DIMETHYL-N-PROPYLAMIN
2312	6.1, T1	II	PHENOL, GESCHMOLZEN
2333	3, FT1	II	ALLYLACETAT
2733	3, FC	II	AMINE, ENTZÜNDBAR, ÄTZEND, N.A.G. (2-AMINOBUTAN)
2810	6.1, T1	III	GIFTIGER, ORGANISCHER, FLÜSSIGER STOFF, N.A.G. (1,1,2-Trichlorethan)
2874	6.1, T1	III	FURFURYLALKOHOL
3295	3, F1	I	KOHLENWASSERSTOFFE, FLÜSSIG, N.A.G. MIT MEHR ALS 10 % BENZEN
3295	3, F1	II	KOHLENWASSERSTOFFE, FLÜSSIG, N.A.G. MIT MEHR ALS 10 % BENZEN
3455	6.1, TC2	II	CRESOLE, FEST, GESCHMOLZEN

Stoffliste Nummer 2 bis 4: (weggefallen)

Stoffliste Nummer 5:

UN-Nummer	Klasse und Klassifizierungscode	Verpackungsgruppe	Benennung und Beschreibung
1134	3, F1	III	CHLORBENZEN (Phenylchlorid)
1218	3, F1	I	ISOPREN, STABILISIERT
1247	3, F1	II	METHYLMETHACRYLAT, MONOMER, STABILISIERT
1277	3, FC	II	PROPYLAMIN (1-Aminopropan)
1278	3, F1	II	1-CHLORPROPAN (Propylchlorid)
1296	3, FC	II	TRIETHYLAMIN
1547	6.1, T1	II	ANILIN
1750	6.1, TC1	II	CHLORESSIGSÄURE, LÖSUNG
1831	8, CT1	I	SCHWEFELSÄURE, RAUCHEND
2238	3, F1	III	CHLORTOLUENE (m-, o- oder p-CHLORTOLUEN)
2263	3, F1	II	DIMETHYLCYCLOHEXANE (cis-1,4-DIMETHYLCYCLOHEXAN)
2263	3, F1	II	DIMETHYLCYCLOHEXANE (trans-1,4-DIMETHYLCYCLOHEXAN)
2266	3, FC	II	DIMETHYL-N-PROPYLAMIN
2333	3, FT1	II	ALLYLACETAT
2733	3, FC	II	AMINE, ENTZÜNDBAR, ÄTZEND, N.A.G. (2-AMINOBUTAN)
3446	6.1, T2	II	NITROTOLUENE, FEST, GESCHMOLZEN (o-NITROTOLUEN)

Anlage 3
(zu § 36b)

Festlegung der Anforderungen für besonders ausgerüstete Fahrzeuge/Wagen und Container/ Großcontainer nach Abschnitt 7.3.3 Sondervorschrift VC 3 zur Beförderung erwärmter flüssiger und fester Stoffe der UN-Nummern 3257 und 3258 ADR/RID

1. Anwendungsbereich

Erwärmte Stoffe der UN-Nummern 3257 und 3258 dürfen in loser Schüttung in besonders ausgerüsteten Fahrzeugen/Wagen oder Containern/Großcontainern befördert werden, wenn die nachfolgenden Anforderungen erfüllt werden.

1.1 Erwärmte flüssige Stoffe, UN-Nummer 3257, sind insbesondere
- flüssiges Aluminium,
- Bitumen,
- flüssiges Eisen,
- heißes Paraffin (Wachs).

1.2 Erwärmte feste Stoffe, UN-Nummer 3258, sind insbesondere
- heiße Brammen (massive Metalle als Halbzeug),
- Stahlcoils (warm gewalzt),
- Aluminiumkrätze, wenn dieses Gut den Grenzwert für die Gasbildung von 1 Liter je Kilogramm Masse in einer Stunde gemäß Absatz 2.2.43.1.5 Buchstabe b ADR/RID nicht überschreitet,

wenn die Temperatur bei Beginn der Beförderung 240 °C oder höher ist.

2. Allgemeine Anforderungen an die Umschließungen und deren Ladungssicherung

2.1 Die Umschließungen für das Gefahrgut (z.B. Sandbett mit hydraulisch bewegbarer Schutzhaube für den Transport heißer massiver Metalle, Coil-Wannen für den Transport von Coils, feuerfest ausgekleidete Tiegel für den Transport flüssiger Metalle, in feste Aufleger gesetzte Kübel mit umschließender Schutzhaube unter Schutzgasatmosphäre für den Transport heißer Aluminiumkrätze; siehe dazu auch Anhang 1) müssen entweder so isoliert sein, dass eine Oberflächentemperatur von 130 °C während des Beförderungsvorgangs nicht überschritten wird, oder so aufgestellt sein, dass ein Berühren der Umschließung nicht möglich ist. Hiervon ausgenommen ist die Regelung in Nummer 5.13 dieser Anlage. In keinem Fall darf durch die Oberflächentemperatur das Fahrzeug/der Wagen, insbesondere die Bremsleitungen und elektrischen Leitungen, in dessen Funktion beeinträchtigt werden.

2.2 Die Umschließungen sind gemäß den Grundsätzen der Ladungssicherung nach Unterabschnitt 7.5.7.1 ADR/RID auf dem Fahrzeug/Wagen zu befestigen. Die heißen Güter sind in ihren Umschließungen so einzubringen und zu befördern, dass sich die relative Lage der Güter zu ihren Umschließungen bei normaler Beförderung nicht ändert (Beispiel: Sandbett mit Querverstrebungen bei Brammen, Coil-Wannen, Beförderung in loser Schüttung in Behältern).

2.3 Von der Anbringung von Kennzeichen nach Kapitel 5.3 ADR/RID auf den Umschließungen kann abgesehen werden, wenn diese bereits auf dem Fahrzeug/Wagen angebracht wurden.

3. Brand- und Explosionsschutz

Jede Brandgefahr durch thermische Einwirkung des Stoffes auf die Umschließung, das Fahrzeug/den Wagen oder Ladungssicherungshilfsmittel sowie jede Explosionsgefahr durch z.B. austretende Dämpfe oder chemische Reaktion entstandener Gase ist zu vermeiden (z.B. durch Schutzgase).

4. Zusätzliche Anforderungen für die Beförderung flüssiger Metalle in Tiegeln

4.1 Konstruktion und Prüfung der Tiegel

Tiegel, die seit dem 1. September 2016 gebaut werden, sind nach dem Stand der Technik unter Anwendung eines geeigneten technischen Regelwerks (EN 14025:2013 oder gleichwertiges Sicherheitsniveau) konstruktiv zu berechnen und herzustellen. Die konstruktive Auslegung ist im Rahmen eines Baumusterprüfverfahrens durch eine Stelle nach § 12 der GGVSEB auf Einhaltung der konstruktiven Anforderungen aus dem verwendeten technischen Regelwerk zu überprüfen. Hinsichtlich der Anforderungen an die zu prüfenden Unterlagen wird auf die Maßgaben der EN 12972:2007 hingewiesen. Über das Ergebnis der Baumusterprüfung ist ein qualifizierter Prüfbericht durch die mit der Prüfungsdurchführung beauftragte Stelle nach § 12 der GGVSEB auszustellen. Eine Kopie des Baumusterprüfberichts ist der Tiegelakte jedes hergestellten Tiegels gemäß Nummer 4.7 dieser Anlage beizufügen.

Bei der Dimensionierung und der Befestigung der Tiegel auf dem Fahrzeug/Wagen sind der hydrostatische Druck und die Schwallwirkung des flüssigen Metalls zu berücksichtigen. Dabei sind die Beschleunigungen des Absatzes 6.8.2.1.2 ADR bzw. die Beanspruchungen des Absatzes 6.8.2.1.2 RID zugrunde zu legen. Diese Anforderung gilt auch für Tiegel, die vor dem oben genannten Datum hergestellt wurden.

Die Verschlüsse der Tiegel sind ebenfalls gemäß einem geeigneten technischen Regelwerk auszulegen und so zu gestalten, dass sie auch bei umgekipptem befülltem Tiegel dicht bleiben.

Die Einfüll- und Ausgussöffnungen müssen konstruktiv geschützt werden, z.B. durch Kragen, Abweiser, Käfige oder gleichwertige Konstruktionen (siehe dazu die Beispiele in Anhang 2). Dabei ist die Schutzeinrichtung an der Tiegeloberseite so auszulegen, dass sie insgesamt einer statischen Belastung standhält, die der doppelten Masse des befüllten Tiegels entspricht.

Plastische Verformungen der Schutzeinrichtung durch das Einwirken der oben genannten Belastung sind soweit zulässig, wie der Schutz der Einfüll- und Ausgussöffnungen gewährleistet bleibt. Die Nachrüstung der Schutzeinrichtung bei vorhandenen Tiegeln war bis zum 30. Juni 2018 abzuschließen.

Die Überprüfung der vorgesehenen Schutzeinrichtung hinsichtlich ihrer konstruktiven Auslegung, Dimensionierung und Ausführung je Tiegel obliegt den Stellen nach § 12 der GGVSEB. Dazu ist jeweils ein qualifizierter Prüfbericht auszustellen sowie erforderlichenfalls nach erfolgtem Anbau eine außerordentliche Prüfung gemäß Nummer 4.5 dieser Anlage durchzuführen. Der Prüfbericht über die Schutzeinrichtung sowie gegebenenfalls die außerordentliche Prüfung sind der Tiegelakte gemäß Nummer 4.7 dieser Anlage beizufügen.

4.2 Erstmalige Prüfung der Tiegel vor der Inbetriebnahme

Die Tiegel sind erstmalig vor Inbetriebnahme durch eine Stelle nach § 12 der GGVSEB unter Anwendung der EN 12972:2007 zu prüfen.

Die Prüfung umfasst mindestens:
- eine Prüfung der Übereinstimmung mit den Konstruktionsunterlagen oder Gutachten unter Berücksichtigung des qualifizierten Prüfberichts über die Baumusterprüfung,
- eine Bauprüfung,
- eine Prüfung des inneren und äußeren Zustands,
- eine Wasserdruckprüfung mit einem Prüfdruck von 4 Bar; die Tiegel dürfen noch nicht feuerfest ausgekleidet oder beschichtet sein,
- eine Dichtheitsprüfung und eine Funktionsprüfung der Ausrüstungsteile.

Die Wasserdruckprüfung und Dichtheitsprüfung sind auch mit einer Ersatzdichtung zulässig.

4.3 Zwischenprüfung der Tiegel

Die Tiegel sind nach der erstmaligen Prüfung und jeder wiederkehrenden Prüfung nach Nummer 4.4 dieser Anlage Zwischenprüfungen durch eine Stelle nach § 12 der GGVSEB, mit Ausnahme der Wasserdruckprüfung und der Innenbesichtigung der metallischen Oberfläche, zu unterziehen. Die Zwischenprüfung umfasst die

- Prüfung des äußeren Zustands, diese schließt auch die Unversehrtheit der Flansch- und Deckelverbindungen ein,
- Wanddickenmessung,
- zerstörungsfreie Prüfung aller zugänglichen Schweißnähte.

Die maximale Frist für die Zwischenprüfung beträgt sechs Jahre. Dabei ist auch die Prüfung des inneren Zustands durch eine fachkundige Person in Verantwortung des Betreibers durchzuführen.

4.4 Wiederkehrende Prüfung der Tiegel

Bei jeder Erneuerung der Feuerfestauskleidung (Ausmauerung), spätestens jedoch nach zwölf Jahren, ist eine wiederkehrende Prüfung durch eine Stelle nach § 12 der GGVSEB durchzuführen. Der Umfang der Prüfung entspricht der nach Nummer 4.3 dieser Anlage zzgl. einer Wasserdruckprüfung mit einem Prüfdruck von 4 Bar sowie einer Besichtigung der metallischen inneren Oberfläche des Tiegels. Die Wasserdruckprüfung ist auch mit einer Ersatzdichtung zulässig.

4.5 Außerordentliche Prüfung der Tiegel

Wenn die Sicherheit der Tiegel durch Ausbesserung, Umbau oder Unfall beeinträchtigt sein kann, ist eine außerordentliche Prüfung durch eine Stelle nach § 12 der GGVSEB in entsprechender Anwendung des Absatzes 6.8.2.4.4 ADR/RID durchzuführen.

4.6 Kennzeichnung der Tiegel

Die Tiegel sind in entsprechender Anwendung des Absatzes 6.8.2.5.1 ADR/RID auf einem Tiegelschild zu kennzeichnen (Kennzeichnung für die Prüfung nach Absatz 6.8.2.4.1 und 6.8.2.4.2 ADR/RID mit „P“, für die Prüfung nach Absatz 6.8.2.4.3 ADR/RID mit „L“).

4.7 Führen einer Tiegelakte (Wartungs- und Prüfbuch)

Die Ergebnisse aller Prüfungen und die der erstmaligen Prüfung zugrundeliegenden Unterlagen sind vom Betreiber in der Tiegelakte aufzubewahren.

4.8 Beförderung der Tiegel

An die Fahrzeuge für den Straßenverkehr werden folgende zusätzlichen Anforderungen gestellt:

- Das Kraftfahrzeug (Zugmaschine oder Motorwagen) muss seit dem 1. Juli 2017 und der Sattelanhänger oder Anhänger ab dem 1. Januar 2021 mit einer Fahrdynamikregelung (Electronic Stability Control - ESC) ausgestattet sein.
- Die Tiegel sind auf den Fahrzeugen/Wagen so zu verladen, dass z.B. Bremsleitungen und elektrische Leitungen in ihrer Funktion nicht beeinflusst werden können.
- Die Tiegel sind auf den Fahrzeugen/Wagen so auszurichten, dass die Ausgussöffnungen in oder gegen die Fahrtrichtung angeordnet sind.

4.9 Anforderungen an die Fahrzeugführer

Ergänzend zum Basiskurs nach Unterabschnitt 8.2.1.2 müssen die Fahrzeugführer für die Beförderung von flüssigen Metallen in Tiegeln entweder eine Schulungsbescheinigung für den Aufbaukurs Tank nach Unterabschnitt 8.2.1.3 ADR besitzen oder eine ergänzende Einweisung durch eine fachkundige Person erhalten. Diese soll die folgenden Schwerpunkte beinhalten:
- besonderes Fahrverhalten der Trägerfahrzeuge mit Tiegeln,
- allgemeine Grundlagen der Fahrphysik (Fahrstabilität/Kippverhalten, insbesondere Schwerpunkthöhe, Schwallwirkung),
- Grenzen von Fahrdynamikregelungen (ESC) und
- besondere Maßnahmen, die bei einem Unfall einzuleiten sind.

Diese Einweisung ist mit Datum, Dauer und wesentlichem Inhalt schriftlich oder elektronisch durch den Beförderer zu dokumentieren.

5. Sondervorschriften für den Transport von flüssigem Eisen in Torpedo- oder Rohrpfannenwagen (Pfannen) mit der Eisenbahn

5.1 Die Pfannen müssen aus einem Blechmaterial und einer geeigneten feuerfesten Auskleidung bestehen. Der Blechmantel der Pfanne muss als selbsttragendes System auf zwei Stützen aufgebaut sein.

5.2 Die Pfannen, ihre Einfüllöffnungen und ihre baulichen Ausrüstungen müssen so beschaffen sein, dass sie ohne Verlust des Inhalts unter normalen Beförderungsbedingungen den statischen und dynamischen Beanspruchungen, wie sie in Absatz 6.8.2.1.2 RID festgelegt sind, standhalten.

5.3 Bei höchster Betriebslast darf die zulässige Beanspruchung im Blechmantel der Pfanne 6/10 der oberen Streckgrenze (0,6 Re bei 20 °C und 0,75 Re bei 250 °C, je nachdem, welcher Wert niedriger ist) nicht überschreiten.

5.4 Im Blechmantel der Pfannen ist eine ausreichende Zahl von Ausdampflöchern anzubringen, deren Durchmesser maximal 10 mm betragen darf.

5.5 Der feuerfeste Aufbau muss dem Stand der Technik entsprechen. Jede Erneuerung und Reparatur des feuerfesten Aufbaus ist durch den Betreiber bzw. Hersteller aufzuzeichnen.

5.6 Die Eigenschaften der feuerfesten Materialien für die Auskleidung von Pfannen sind im Rahmen der Qualitätskontrollen vom Betreiber oder Lieferanten durch entsprechende Prüfungen zu überwachen. Für die tragenden Teile der Pfannen sind nur geprüfte Werkstoffe zu verwenden. Die Prüfung ist durch das Abnahmezeugnis und die Bescheinigung nachzuweisen. TRT 042 (VkBl. 2003 Heft 7 Seite 178) gilt entsprechend.

5.7 Schweißarbeiten am Blechmantel, insbesondere an tragenden Teilen, dürfen nur von anerkannten Schweißbetrieben und nur von geprüften Schweißern unter Aufsicht einer zugelassenen Schweißaufsichtsperson vorgenommen werden. Die Anforderungen aus Absatz 6.8.2.1.23 RID gelten entsprechend.

5.8 Die Pfannen sind erstmalig vor der Inbetriebnahme zu prüfen.

5.9 Die Pfannen sind wiederkehrenden Prüfungen zu unterziehen. Diese umfassen
- die Wanddickenmessung,
- die Rissprüfung im Bereich der Auflagerstellen,
- die Gefügeuntersuchung.

5.10 Die wiederkehrenden Prüfungen sind spätestens nach acht Jahren durchzuführen. Bei jeder Erneuerung der Feuerfestauskleidung (Verschleiß- und Dauerfutter) muss eine Innenbesichtigung der metallischen Oberfläche erfolgen.

5.11 Wenn die Sicherheit der Pfanne durch Ausbesserung, Umbau oder Unfall beeinträchtigt sein kann, ist eine außerordentliche Prüfung vorzunehmen.

5.12 Alle vorstehenden Prüfungen sind durch eine Stelle nach § 12 der GGVSEB durchzuführen. Über die Prüfungen sind von den Prüfstellen Bescheinigungen auszustellen, die vom Betreiber aufzubewahren sind.

5.13 Während der Beförderung darf die Oberflächentemperatur im frei zugänglichen Bereich des metallischen Außenbehälters 250 °C nicht übersteigen.

5.14 Die feuerfeste Auskleidung der Pfannen ist vom Betreiber vor dem ersten Einsatz zu kontrollieren.

5.15 Das Aufheizen ist nach einem Aufheizplan entsprechend der gewählten Steinqualität und Art der Auskleidung vorzunehmen und zu überwachen.

5.16 Vor jeder Verwendung ist der ordnungsgemäße Zustand der Pfannen vom Betreiber oder Befüller zu überprüfen. Zutreffendenfalls sind Nachbesserungen vorzunehmen. Hierüber sind Aufzeichnungen zu führen.

5.17 Während des Transports ist die Einfüllöffnung der Pfannen mit einem Deckel dicht zu verschließen.

Bild 1

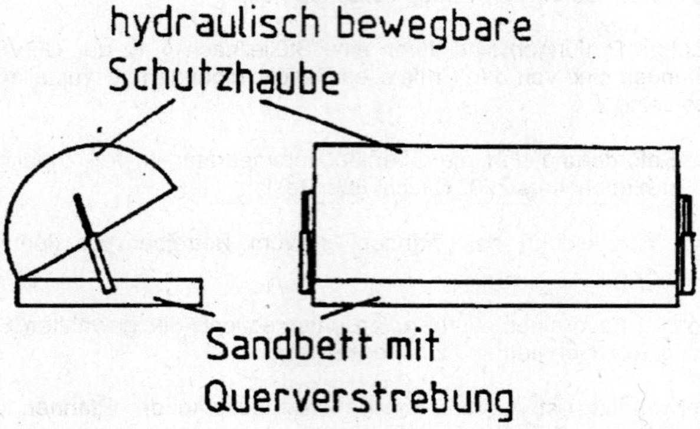
hydraulisch bewegbare
Schutzhaube
Sandbett mit
Querverstrebung

Bild 2

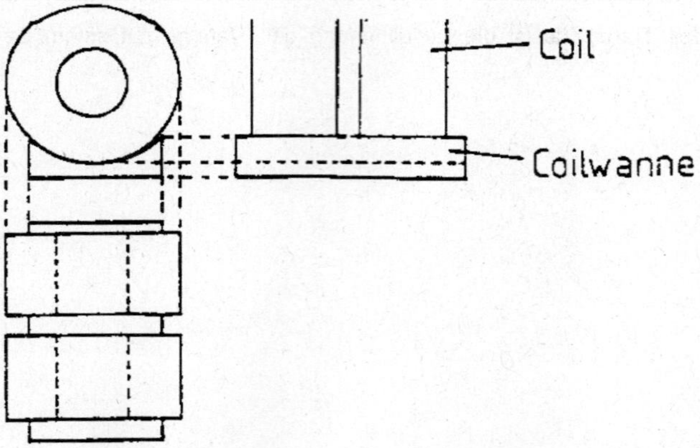
Coil
Coilwanne

Schutzeinrichtung „Kragen“

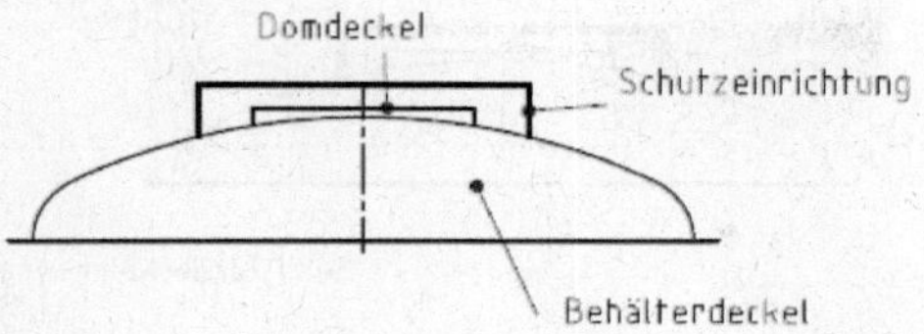

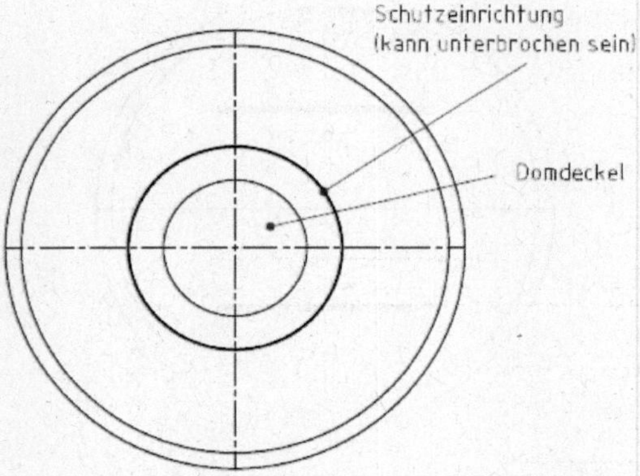

Schutzeinrichtung „Abweiser"

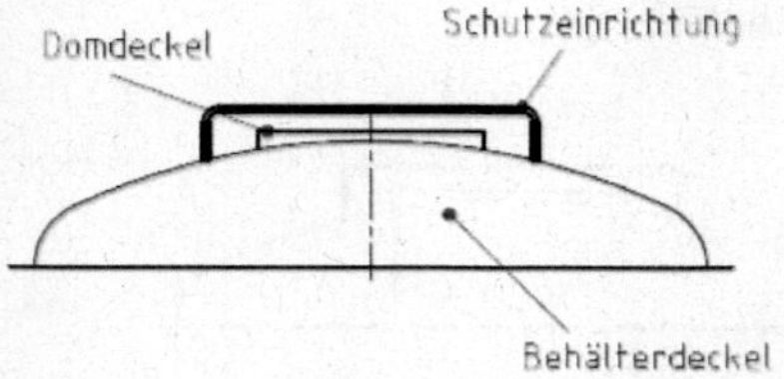

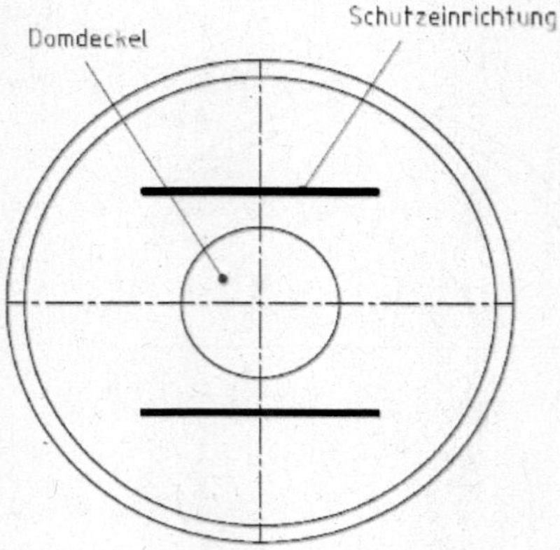

Schutzeinrichtung „Käfig"

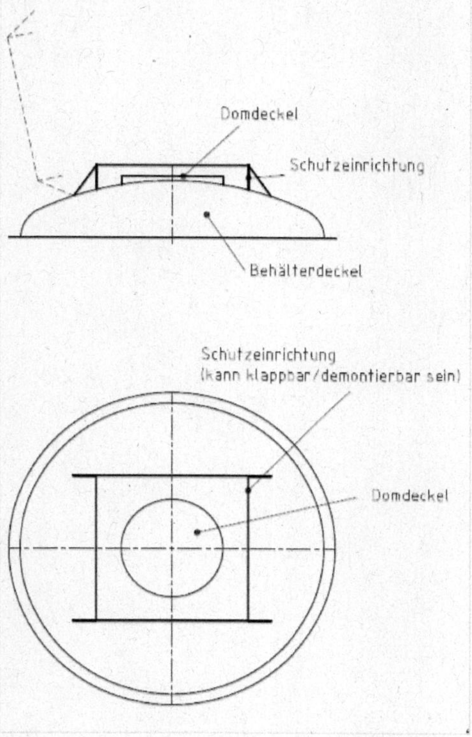

Richtlinien zur Durchführung der Gefahrgutverordnung Straße, Eisenbahn und Binnenschifffahrt (GGVSEB) und weiterer gefahrgutrechtlicher Verordnungen (Durchführungsrichtlinien-Gefahrgut) – RSEB –

vom 28. April 2017

(VkBl. 2017 Heft 9 S. 474),

Bonn, den 28. April 2017
G 33/3642.71/2017-3

Hiermit gebe ich die Richtlinien zur Durchführung der Gefahrgutverordnung Straße, Eisenbahn und Binnenschifffahrt und weiterer gefahrgutrechtlicher Verordnungen – RSEB – bekannt. Diese Richtlinien berücksichtigen

- die Gefahrgutverordnung Straße, Eisenbahn und Binnenschifffahrt (GGVSEB) in der Fassung der Bekanntmachung vom 30. März 2017 (BGBl. I S. 711),
- die Gefahrgutbeauftragtenverordnung (GbV) vom 25. Februar 2011 (BGBl. I S. 341), die zuletzt durch Artikel 2 der Verordnung vom 17. März 2017 (BGBl. I S. 568) geändert worden ist,
- die Gefahrgut-Ausnahmeverordnung (GGAV) vom 18. Februar 2016 (BGBl. I S. 275), die durch Artikel 4 der Verordnung vom 17. März 2017 (BGBl. I S. 568) geändert worden ist und
- die Ortsbewegliche-Druckgeräte-Verordnung (ODV) vom 29. November 2011 (BGBl. I S. 2349), die zuletzt durch Artikel 491 der Verordnung vom 31. August 2015 (BGBl. I S. 1474) geändert worden ist.

Gleichzeitig hebe ich die Durchführungsrichtlinien-Gefahrgut – RSEB – vom 1. Juni 2015 (VkBl. 2015 S. 402) auf.

Die neuen Durchführungsrichtlinien-Gefahrgut wurden gemeinsam mit den zuständigen obersten Landesbehörden ausgearbeitet und sollen als deren allgemeine Verwaltungsvorschriften eingeführt werden, um eine einheitliche Durchführung der gefahrgutrechtlichen Vorschriften im Straßen-, Eisenbahn- und Binnenschiffsverkehr in Deutschland zu gewährleisten.

Der Wortlaut der Richtlinien wird in einem Sonderdruck zu diesem Heft veröffentlicht.

Dieser Sonderdruck (B 2207) kann vom Verkehrsblatt-Verlag, Schleefstraße 14, 44287 Dortmund, Fax 0180/ 5 34 01 20, bezogen werden.

Bundesministerium für
Verkehr und digitale Infrastruktur
Im Auftrag
Helmut Rein

Richtlinien zur Durchführung der Gefahrgutverordnung Straße, Eisenbahn und Binnenschifffahrt (GGVSEB) und weiterer gefahrgutrechtlicher Verordnungen (Durchführungsrichtlinien-Gefahrgut)

– RSEB –

vom 28. April 2017

(VkBl. 2017 Heft 9 S. 474),

Inhaltsverzeichnis:

Abschnitt I:

Erläuterungen zur GGVSEB, zum ADR/RID/ADN

Abschnitt II:

Erläuterungen zu gefahrgutrechtlichen Verordnungen

Abschnitt II A: Erläuterungen zur GbV

Abschnitt II B: Erläuterungen zur GGAV

Abschnitt II C: Erläuterungen zur ODV

Anlagenverzeichnis:

Anlage 1: Formblatt für Anträge im Gefahrgutbereich

Anlage 2: Artikel 6 (Ausnahmen) der Richtlinie 2008/68/EG

Anlage 3: – offen –

Anlage 4: Antrag auf Fahrwegbestimmung nach § 35a Absatz 3 der GGVSEB

Anlage 5: Fahrwegbestimmung nach § 35a Absatz 3 der GGVSEB

Anlage 6: Antrag auf Ausstellung einer Bescheinigung nach § 35a Absatz 4 der GGVSEB

Anlage 7: Buß- und Verwarnungsgeldkatalog

Anlage 7a: Erläuterungen zu Bußgeldverfahren nach der GGVSEB bei gleichzeitigem Verstoß gegen die StVO/StVZO im Hinblick auf die Eintragung von Verstößen im Fahreignungsregister (FAER)

Anlage 8: Muster-Rahmenlehrpläne für die Aus- und Fortbildung von Gefahrgutkontrollpersonal für Länder- und Bundesbehörden

Anlage 9: Muster für die Bekanntgabe der Tunnelkategorien

Anlage 10: Muster-Einzelausnahmen für Kampfmittelräumdienste und unkonventionelle Spreng- und Brandvorrichtungen

Anlage 11: Prüfung und außerordentliche Prüfung von Rohrleitungen an Tanks zur Beförderung von Gasen der Klasse 2

Anlage 12: Festlegung der Bedingungen für besonders ausgerüstete Fahrzeuge/Wagen und Container/Großcontainer nach Abschnitt 7.3.3 Sondervorschrift VC 3 zur Beförderung erwärmter flüssiger und fester Stoffe der UN-Nummern 3257 und 3258 ADR/RID

Anlage 13: – offen –

Anlage 14: Verfahren zur Zulassung der Baumuster von Tanks zur Beförderung gefährlicher Güter nach der GGVSEB in Verbindung mit Kapitel 6.7, 6.8, 6.9 und 6.10 ADR/RID

Anlage 15: Prüfliste für die Prüfung von Fahrzeugen nach den Vorschriften des ADR zur Ausstellung/Verlängerung der ADR-Zulassungsbescheinigung

Anlage 16: Anleitung zum Ausfüllen der ADR-Zulassungsbescheinigung

Anlage 17: Erklärung über Betriebserfahrungen bezüglich der Korrosion von Werkstoffen

Anlage 18: Erstellung der Tankcodes für spezielle Tanks bzw. Tanks nach den Übergangsvorschriften des ADR mit Festlegung der Verwendung

Anlage 19: Muster für die Bestimmung von Rangierbahnhöfen mit internen Notfallplänen gemäß Kapitel 1.11 RID

Abschnitt I

Erläuterungen zur GGVSEB, zum ADR/RID/ADN

Die Durchführungsrichtlinien-Gefahrgut erläutern

in Abschnitt I:

- die GGVSEB in der Fassung der Bekanntmachung vom 30. März 2017 (BGBl. I S. 711),
- das ADR in der Fassung der 25. ADR-Änderungsverordnung vom 25. Oktober 2016 (BGBl. 2016 II S. 1203),
- das RID in der Fassung der 20. RID-Änderungsverordnung vom 11. November 2016 (BGBl. 2016 II S. 1258),
- das ADN in der Fassung der 6. ADN-Änderungsverordnung vom 25. November 2016 (BGBl. 2016 II S. 1298) und

in Abschnitt II A:

- die GbV vom 25. Februar 2011 (BGBl. I S. 341), die zuletzt durch Artikel 2 der Verordnung vom 17. März 2017 (BGBl. I S. 568) geändert worden ist,

in Abschnitt II B:

- die GGAV vom 18. Februar 2016 (BGBl. I S.275), die durch Artikel 4 der Verordnung vom 17. März 2017 (BGBl. I S. 568) geändert worden ist und

in Abschnitt II C:

- die ODV vom 29. November 2011 (BGBl. I S. 2349), die zuletzt durch Artikel 491 der Verordnung vom 31. August 2015 (BGBl. I S. 1474) geändert worden ist.

Wird in den folgenden Erläuterungen Teil, Kapitel, Abschnitt, Unterabschnitt oder Absatz ohne den Zusatz ADR/RID/ADN angegeben, bezieht sich die Erläuterung immer auf das ADR/RID/ADN.

GGVSEB

Zu § 1 Geltungsbereich

1.1 Die GGVSEB gilt nicht bei Beförderungen innerhalb eines Betriebes oder mehrerer verbundener Betriebsgelände (Industriepark), sofern es sich um ein abgeschlossenes und mit Zugangskontrollen versehenes Gelände mit einheitlicher Nutzerordnung handelt.

Zu § 2 Begriffsbestimmungen

2.1 In diese Verordnung wurden keine Begriffsbestimmungen aufgenommen, die bereits wortgleich im ADR/RID/ADN enthalten sind. Aufgenommen wurden nur Begriffe, die im Rahmen dieser Verordnung erweitert oder eingeschränkt werden. Außerdem wurden Abkürzungen aufgenommen, um diese in der Verordnung weiter zu verwenden.

2.2 Zu den in Nummer 4 genannten Verpackungen gehören auch Druckgefäße und Bergungsverpackungen. Zu den Versandstücken in Nummer 5 gehören auch unverpackte Gegenstände nach Unterabschnitt 4.1.3.8 ADR/RID.

2.3 Die in Nummer 6 festgelegte bauartbedingte Höchstgeschwindigkeit bemisst sich nach § 30a StVZO und wird gemäß § 11 Absatz 1 Satz 1 in Verbindung mit Anlage 5 FZV im Feld T der Zulassungsbescheinigung Teil I eingetragen. Bauliche Veränderungen am Fahrzeug, die eine Veränderung der Höchstgeschwindigkeit bewirken, führen zu einer Anpassung der Angabe im Feld T.

2.4 Die Begriffsbestimmung für gefährliche Güter in Nummer 7 schließt für die Binnenschifffahrt auch die Tabelle C des ADN ein. Nur so kann Rechtssicherheit für die Verwendung von Tankschiffen erreicht werden.

2.5 Ein Tunnel im Sinne des Kapitels 1.9 ADR ist ein Bauwerk im Sinne der Richtlinien für die Ausstattung und den Betrieb von Straßentunneln (RABT) Ausgabe 2006 (Allgemeines Rundschreiben Straßenbau Nr. 10/2006 vom 27.04.2006, veröffentlicht im VkBl. 2006 Heft 10 S. 471); in der jeweils gültigen Fassung.

Zu § 3 Zulassung zur Beförderung

3.1 Auskünfte darüber, welche Vorschriften im Einzelfall anzuwenden sind, kann eine Behörde nur erteilen, wenn für das betreffende Gut die UN-Nummer oder die offizielle Benennung für die Beförderung nach Abschnitt 3.1.2 bekannt ist. Ist diese Benennung des Gutes unbekannt und sind die notwendigen Angaben auch nicht vom Hersteller zu erhalten, so können Anfragen zur Klassifizierung an geeignete Stellen (z.B. für die Klassen 1, 2, 4.1, 4.2, 4.3, 5.1 und 5.2 an die Bundesanstalt für Materialforschung und -prüfung (BAM), Unter den Eichen 87, 12205 Berlin) gerichtet werden. Für die Anfrage wird das Formblatt nach **Anlage 1** der RSEB empfohlen. Anfragen zu Klassifizierungen können auch gerichtet werden an die Sicherheitsbehörden und -organisationen in der Anlage 1 der „Geschäftsordnung für den Gefahrgut-Verkehrs-Beirat" vom 1. September 2015, veröffentlicht im VkBl. 2015 Heft 14 S. 453.

Zu § 4 Allgemeine Sicherheitspflichten

4.1 Ob und mit welchen Auswirkungen die Sicherheit der Beförderung beeinträchtigt ist, ist unter Berücksichtigung der Kriterien der Gefahrenkategorien nach der Anlage 3 zur GGKontrollV zu prüfen.

Zu § 5 Ausnahmen

5.1 Für den Antrag auf Erteilung einer Ausnahme nach § 5 der GGVSEB wird das Formblatt nach **Anlage 1** der RSEB empfohlen.

5.2 Nach § 5 der GGVSEB sind Ausnahmen vom ADR/RID/ADN nur möglich, wenn diese nach der RL 2008/68/EG zulässig sind. Ausnahmen nach Artikel 6 Absatz 2 müssen zuvor das Verfahren nach Artikel 6 Absatz 2 oder 4 durchlaufen. Das Verfahren nach Artikel 6 Absatz 2 der Richtlinie ist nicht erforderlich für zeitlich zu begrenzende Einzelgenehmigungen nach Artikel 6 Absatz 5 der RL sowie für Genehmigungen nach den zusätzlichen Übergangsbestimmungen gemäß Anhang I.2, II.2 und III.2. Den Wortlaut des Artikels 6 der Richtlinie 2008/68/EG enthält die **Anlage 2** der RSEB.

5.3 **Verfahren zur Meldung von Ausnahmen** der Länder, des EBA und der GDWS an das BMVI und deren Weiterleitung an die Europäische Kommission (KOM) gemäß Artikel 6 Absatz 2 oder 4 der RL 2008/68/EG:

(1) Die Zuordnung von Ausnahmesachverhalten nach § 5 der GGVSEB zu Artikel 6 Absatz 2 erfolgt zunächst durch die für die Ausnahmen zuständigen Behörden. Diese erstellen bei der beabsichtigten Erteilung einer Ausnahme deren Entwurf zur Vorlage bei der KOM (Vorgaben siehe (5)).

(2) Die Entwürfe für Ausnahmen nach Artikel 6 Absatz 2 sind dem BMVI zuzuleiten. Das BMVI leitet die Entwürfe kurzfristig der KOM zur Durchführung des Verfahrens nach Artikel 6 Absatz 2 der RL 2008/68/EG zu. Die Ausnahmebehörden werden vom BMVI von der Übersendung an die KOM unterrichtet. Sofern als zuständige Behörde eines Landes nicht die oberste Landesbehörde tätig wird, erfolgt die Zuleitung und Unterrichtung über diese.

(3) Das BMVI sieht von der Meldung eines Ausnahmesachverhaltes im Einvernehmen mit dem jeweiligen Land/dem EBA/der GDWS ab, wenn der Ausnahmesachverhalt bereits von der KOM beurteilt und für Deutschland akzeptiert worden ist. Danach kann die Ausnahme im Rahmen der 6-Jahresfrist erteilt werden. Der maximale Gültigkeitszeitraum ergibt sich aus den Anhängen I bis III zur RL 2008/68/EG in ihrer jeweils geltenden Fassung.

(4) Das BMVI teilt dem jeweiligen Land/dem EBA/der GDWS die Beratungsergebnisse der KOM mit. Die Ergebnisse der KOM-Beratungen sind von den Ländern/dem EBA/der GDWS entsprechend umzusetzen. Nur bei einer zustimmenden Entscheidung der KOM darf eine Ausnahme erteilt werden, fehlt es an dieser positiven KOM-Entscheidung, so scheidet die Erteilung der Ausnahme aus Zulässigkeitsgesichtspunkten aus. Darauf ist in der Mitteilung des Landes/des EBA/der GDWS an den Antragsteller hinzuweisen.

(5) Die Ausnahmesachverhalte für die Meldungen an die KOM sollen folgende Angaben enthalten:

1. Angabe der zuständigen Behörde und Kurzbezeichnung des Ausnahmesachverhalts.
2. Angabe der Fundstellen, von denen in dem Ausnahmesachverhalt abgewichen wird.
3. Angabe „DE" für Deutschland und Angabe des Landes/der Länder/des EBA/der GDWS in Klammern, die diesen Ausnahmesachverhalt zulassen wollen.
4. Angabe des Artikels 6 Absatz 2 der RL 2008/68/EG, auf den sich der Ausnahmesachverhalt stützt.
5. Prägnante Darstellung des Regelungszieles sowie wesentliche Auflagen, mit denen eine adäquate Sicherheit gegenüber den Vorschriften des ADR/RID/ADN erreicht wird. Diese Beschreibung soll der KOM die Beurteilung der Konformität des Ausnahmesachverhaltes mit den Richtlinien ermöglichen.

Diese Mindestangaben sollen auch für die Ausformulierung der Ausnahmeentscheidungen nach Artikel 6 Absatz 5 verwendet werden.

5.4 Bei der Beantragung von Ausnahmen nach Artikel 6 Absatz 2 hat die zuständige Behörde zu prüfen, ob die Sicherheit nicht beeinträchtigt ist und dies ausreichend belegt ist. Sofern dies nicht der Fall ist, ist die Weiterleitung eines Ausnahmeantrags abzulehnen. Da das BMVI für den Mitgliedstaat den Antrag bei der KOM stellt, hat es zu prüfen, ob die grundsätzlichen Voraussetzungen für die Erteilung der Ausnahme vorliegen. Ergibt diese Prüfung, dass die Voraussetzungen für die Weiterleitung nicht vorliegen, teilt das BMVI dies unter Angabe der Gründe der zuständigen Behörde mit.

5.5 Für **ausnahmsweise Beförderungen** nach Artikel 6 Absatz 5 der RL 2008/68/EG können Ausnahmen durch die Länder/das EBA/die GDWS ohne Beteiligung der KOM zugelassen werden. Bei der Erteilung dieser Ausnahmen sind die nachfolgenden Voraussetzungen des Artikels 6 Absatz 5 zu beachten:

1. Ausnahmen dürfen nur ausnahmsweise erteilt werden, dies bedeutet, dass keine Vielzahl nicht bestimmbarer Transporte im Rahmen einer Einzelausnahme genehmigt werden können.
2. In der Regel ist das Fortbestehen der Sicherheit gutachterlich zu belegen.
3. Unter anderen Bedingungen bedeutet, dass die Vorschrift, von der abgewichen wird, benannt und die „anderen Bedingungen" festgelegt werden.
4. Der Transportvorgang und seine Umstände müssen klar beschrieben werden. Ggf. können mehrere einzelne Beförderungsvorgänge zur Erledigung einer Transportaufgabe erlaubt werden.
5. Der Zeitraum, in dem die Transportvorgänge auf Grund der Einzelgenehmigung erfolgen, ist festzulegen.
6. Einzelgenehmigung bedeutet, dass es sich um einen oder mehrere namentlich genannte Adressaten und einen beschriebenen Vorgang handelt. Dies schließt jedoch nicht aus, dass der Adressat weitere Unternehmen/Beteiligte zur Abarbeitung der einzelnen Beförderungsvorgänge beschäftigt.

5.6 Ausnahmen dürfen auch für Fahrzeuge erteilt werden, die unter den Begriff „Fahrzeuge" der GGVSEB nicht jedoch unter den Begriff „Fahrzeuge" der RL 2008/68/EG fallen. Bei diesbezüglichen Ausnahmen gelten die vorgenannten Beschränkungen nicht, allerdings ist auch die gleichwertige Sicherheit nachzuweisen.

5.7 Nach § 5 Absatz 4 Satz 1 der GGVSEB hat der Antragsteller bei Abweichungen vom ADR/RID/ADN in der Regel ein Sachverständigengutachten vorzulegen. In dem Gutachten sind das jeweilige Gefahrenpotential sowie die zur Herabminderung dieser Gefahren notwendigen Sicherheitsvorkehrungen exakt und nachprüfbar darzulegen. Es müssen alle maßgeblichen Daten und Fakten für eine sachgerechte Entscheidung über die Zulassung zum Transport vorgelegt werden. Es bleibt dem Antragsteller überlassen, welche Sachverständige er für geeignet hält, sein Anliegen mit Sachwissen zu vertreten.

Folgende Sachverständige kommen insbesondere in Betracht:

a) Für gefährliche Stoffe und Gegenstände sowie für die Kennzeichnung von Versandstücken mit gefährlichen Gütern:

Chemische und physikalische Untersuchungsstellen (z.B. wissenschaftliche Institute), anerkannte Chemiker/Physiker.

b) Für Verpackungen (einschließlich Zusammenpacken und Zusammenladen):

Materialprüfstellen (z.B. Materialprüfämter, TÜV).

c) Für Kraftfahrzeuge und deren Ausrüstung:

Sachverständige und Technische Dienste nach § 14 Absatz 4 der GGVSEB, Stellen oder Personen anerkannter Kraftfahrzeugüberwachungsorganisationen nach § 14 Absatz 5 der GGVSEB sowie von einer IHK öffentlich bestellte und vereidigte Sachverständige.

d) Für Gefäße zur Beförderung von Gasen, für Kesselwagen, Tanks (Tankfahrzeuge, Aufsetztanks, Elemente von Batterie-Fahrzeugen, Tankcontainer, ortsbewegliche Tanks, MEGC) und deren Ausrüstung:
Benannte Stellen nach § 16 der ODV sowie für Tankcontainer, ortsbewegliche Tanks, MEGC und deren Ausrüstung:
auch anerkannte Prüfstellen nach § 9 der GGVSEB.

e) Für ortsbewegliche Druckgeräte nach § 3 oder § 4 der OrtsDruckV:

Benannte Stellen nach § 16 der ODV.

f) Für Binnenschiffe und deren Ausrüstung:

Von der GDWS anerkannte Sachverständige und anerkannte Klassifikationsgesellschaften sowie von einer IHK öffentlich bestellte und vereidigte Sachverständige.

5.8 Für die Bundeswehr und ausländische Streitkräfte bestimmt das Bundesministerium der Verteidigung, welche fachlich geeigneten Personen und Dienststellen gutachtliche Stellungnahmen (Gutachten im Sinne von § 5 Absatz 4 der GGVSEB) erstellen. Diese gutachtlichen Stellungnahmen sind an keine bestimmte Form gebunden. Da die RL 2008/68/EG Beförderungen durch die Streitkräfte nicht regelt, unterliegen die Ausnahmen nach § 5 Absatz 6 der GGVSEB nicht den Einschränkungen und Verfahrensvorschriften der RL 2008/68/EG.

5.9 Zuständige Behörden für Ausnahmen sind in:

BW:
Regierungspräsidium Karlsruhe
Postfach 53 43
76035 Karlsruhe

BY:
Bayerisches Staatsministerium des Innern, für Bau und Verkehr
Odeonsplatz 3
80539 München

BE:
Landesamt für Bürger- und Ordnungsangelegenheiten
Puttkamerstraße 16-18
10958 Berlin

BB:
Ministerium für Infrastruktur und Landesplanung
Henning-von-Tresckow-Str. 2 - 8
14467 Potsdam

HB:
Senator für Wirtschaft, Arbeit und Häfen
Referat 30
Zweite Schlachtpforte 3
28195 Bremen

HH:
Behörde für Inneres und Sport - Polizei -
Zentralstelle für Hafensicherheit und gefährliche Güter
- WSP 521 -
Zentralstelle Gefahrgutüberwachung
Wilstorfer Straße 100
21073 Hamburg

HE:
Hessisches Ministerium für Wirtschaft, Verkehr und Landesentwicklung
Kaiser-Friedrich-Ring 75
65185 Wiesbaden

MV:
Ministerium für Energie, Infrastruktur und Landesentwicklung
Referat 210
Schloßstraße 6 - 8
19053 Schwerin

NI:
Niedersächsische Landesbehörde für Straßenbau und Verkehr
Göttinger Chaussee 76 A
30453 Hannover
Binnenschifffahrt:
Niedersächsisches Ministerium für Wirtschaft, Arbeit und Verkehr
Friedrichswall 1
30159 Hannover

NW:
Landesbetrieb Mess- und Eichwesen (LBME) NRW
Betriebsstelle Eichamt Dortmund
Kronprinzenstraße 51
44135 Dortmund
Binnenschifffahrt:
Ministerium für Bauen, Wohnen, Stadtentwicklung und Verkehr
Jürgensplatz 1
40219 Düsseldorf

RP:
Ministerium für Wirtschaft, Verkehr, Landwirtschaft und Weinbau
Stiftsstraße 9
55116 Mainz

SL:
Ministerium für Wirtschaft, Arbeit, Energie und Verkehr
Franz-Josef-Röder-Straße 17
66119 Saarbrücken

SN:
Landesamt für Straßenbau und Verkehr
Referat 43
Hausanschrift
Stauffenbergallee 24
01099 Dresden
Postanschrift:
Postfach 10 07 63
01077 Dresden

ST:
Ministerium für Landesentwicklung und Verkehr des Landes Sachsen-Anhalt
Turmschanzenstraße 30
39011 Magdeburg

SH:
Ministerium für Wirtschaft, Arbeit, Verkehr und Technologie des Landes Schleswig-Holstein
Düsternbrooker Weg 94
24105 Kiel

TH:
LANDESVERWALTUNGSAMT
Referat 520 | Verkehr
Weimarplatz 4
99423 Weimar

EBA:
Heinemannstraße 6
53175 Bonn

GDWS:
Ulrich-von-Hassell-Straße 76
53123 Bonn

5.10 Das Verfahren nach Nummer 5.3 gilt für alle Stellen/Behörden nach § 5 der GGVSEB, außer denen in § 5 Absatz 6 der GGVSEB genannten Stellen und Behörden.

5.11 Wird die Verlängerung einer Ausnahmegenehmigung nach Artikel 6 Absatz 4 der RL 2008/68/EG angestrebt, so sind die entsprechenden Anträge/Informationen vom Ausnahmeinhaber der für Ausnahmen zuständigen Behörde vorzulegen. Die Festlegungen in Nummer 5.1 bis 5.10 gelten sinngemäß.

5.12 Sofern die Geltungsdauer einer Ausnahme am Tag der Antragstellung bereits abgelaufen ist, ist das Verfahren nach Artikel 6 Absatz 2 der RL 2008/68/EG erneut zu durchlaufen.

5.13 **Verfahren bei zeitweiligen Abweichungen nach Abschnitt 1.5.1 ADR/RID/ADN:**

(1) Ausnahmesachverhalte zur unmittelbaren Nutzung des technischen Fortschritts können nur noch über das BMVI eingebracht und – sofern keine sicherheitstechnischen Bedenken bestehen – durch Multilaterale Vereinbarungen/Multilaterale Sondervereinbarungen der Vertragsparteien/Vertragsstaaten untereinander entsprechend geregelt werden.

(2) Das BMVI prüft auf Plausibilität und bestimmt Art und Umfang der vorzulegenden Unterlagen. Es entscheidet, ob hinsichtlich einer sicherheitstechnischen Beurteilung die Beteiligung von Sachverständigen bzw. fachspezifischer Arbeitsgruppen des AGGB erforderlich ist.

(3) Wird der betreffende Ausnahmesachverhalt positiv in Bezug auf eine notwendige Regelwerksänderung beurteilt und ist ein internationaler Beförderungsbedarf erkennbar, initiiert das BMVI eine Multilaterale Vereinbarung/Multilaterale Sondervereinbarung.

(4) Der Regelungsinhalt einer vorgeschlagenen Vereinbarung wird von der zuständigen Behörde der Vertragspartei/des Vertragsstaates, welche/r die Initiative zu einer Vereinbarung ergreift (in D durch das BMVI), den entsprechend zuständigen Sekretariaten (UNECE/ OTIF), der Europäischen Kommission sowie den übrigen Vertragsparteien/Vertragsstaaten mitgeteilt.

(5) Die Vereinbarung erhält Gültigkeit, sobald sie durch eine weitere Vertragspartei/einen weiteren Vertragsstaat unterzeichnet wird und darf danach in den Hoheitsgebieten dieser Zeichnerstaaten angewendet werden. Ihre Geltungsdauer ist auf maximal fünf Jahre begrenzt.

(6) Das BMVI unterrichtet die zuständigen Verkehrsbehörden der Länder / das EBA / das BAG / die GDWS über die Gegenzeichnung einer Multilateralen Vereinbarung / Multilateralen Sondervereinbarung und veröffentlicht die Gegenzeichnung im Verkehrsblatt.

(7) Der Regelungsinhalt sowohl vorgeschlagener als auch gegengezeichneter Multilateraler Vereinbarungen/Multilateraler Sondervereinbarungen sowie deren Zeichnerstaaten können auf den Internetseiten der jeweiligen Sekretariate (UNECE/OTIF) eingesehen werden.

5.14 **Zu § 5 Absatz 3**

Die GDWS kann für die Beförderung von Feuerwerkskörpern der Klasse 1 in Zusammenhang mit dem Abbrennen eines Feuerwerks eine Einzelausnahme nach § 5 Absatz 3 der GGVSEB erteilen, nach der Feuerwerkskörper abweichend von den Vorschriften des ADN befördert werden dürfen. Die Ausnahme muss Nebenbestimmungen enthalten, die eine diesen Vorschriften entsprechende Sicherheit gewährleisten.

5.15 **Zu § 5 Absatz 6 und 7**

Die staatlichen Kampfmittelräumdienste der Länder sowie die nach § 5 Absatz 6 und 7 der GGVSEB zuständigen Stellen können die in der **Anlage 10** enthaltenen drei Muster-Einzelausnahmen für ihre Zwecke nutzen.

Zu § 6 bis 16 Zuständigkeiten

6.1 Die Zuständigkeitsregelungen der GGVSEB zur Festlegung der zuständigen Behörden/Stellen/Personen nach ADR/RID/ADN schließen auch die Übergangsvorschriften zu den angegebenen Fundstellen ein.

Zu § 8 Zuständigkeiten der Bundesanstalt für Materialforschung und -prüfung

8.1 Die BAM hat zur Erläuterung ihrer Verwaltungsverfahren sogenannte Gefahrgutregeln (GGRs) auf ihrer Internetseite veröffentlicht. Der Wortlaut der GGRs kann unter www.bam.de/ggrs.htm eingesehen werden.

8.2 Die Zuständigkeit der BAM für Aufgaben nach Kapitel 2.2 schließt die Zulassung ein, auf einen Gefahrzettel nach Muster 1 nach Absatz 5.2.2.1.9 Buchstabe a oder b zu verzichten, weil die Prüfungsergebnisse gezeigt haben, dass der Stoff in einer bestimmten Verpackung kein explosives Verhalten aufweist.

Zu § 12 und 13 Ergänzende Zuständigkeiten der Benannten Stellen

12.1 Diese Zuständigkeiten sind den Benannten Stellen nach § 16 der ODV zugewiesen. Benannte Stellen nach § 16 der ODV sind nur diejenigen, denen von der Zentralstelle der Länder für Sicherheitstechnik (ZLS) als Benennender Behörde die Befugnis zu Konformitätsbewertungen, Neubewertungen der Konformität, wiederkehrenden Prüfungen, Zwischenprüfungen und außerordentlichen Prüfungen für ortsbewegliche Druckgeräte erteilt wurde und die von der ZLS dem BMVI als solche benannt wurden.
Aufgrund des Verweises in § 13 Absatz 2 auf die Verfahren nach Abschnitt 1.8.7 ADR/RID darf für die Tätigkeiten nach § 13 Absatz 1 der GGVSEB auch ein betriebseigener Prüfdienst, der von einer solchen Benannten Stelle anerkannt und überwacht wird, im festgelegten Umfang (Unterabschnitt 6.2.2.11 oder 6.2.3.6 ADR/RID) tätig werden.

12.2 Soweit den Benannten Stellen aufgrund der §§ 12 und 13 der GGVSEB hoheitliche Aufgaben übertragen werden (beliehene Unternehmer), unterliegen sie der Aufsicht des BMVI. In Fällen unterschiedlicher Auffassungen über die Anwendung des materiellen Rechts oder von Normen kann das BMVI den Stellen entsprechende Weisungen erteilen.

12.3 **Zu § 12 Absatz 1 Satz 1 Nummer 2**

Für die Überwachung der Herstellung (Fertigungsprüfung) von Ventilen und anderen Bedienungsausrüstungen für Tanks nach Kapitel 6.7 und für Tanks nach Kapitel 6.8, die nicht die Anforderungen nach Absatz 6.8.2.3.1 Satz 9 bzgl. einer separaten Baumusterzulassung nach ADR/RID erfüllen, kann die Stelle nach § 12 der GGVSEB auch einen betriebseigenen Prüfdienst nach Unterabschnitt 1.8.7.6 ADR/RID beauftragen. Die Fertigungsprüfung ist vom Hersteller zu bescheinigen. Die Beauftragung beschränkt sich auf von der Stelle nach § 12 der GGVSEB baumustergeprüfte Ventile und andere Bedienungsausrüstungen. Die von der Stelle nach § 12 der GGVSEB ausgestellte Baumusterprüfbescheinigung ist Grundlage für die Baumusterzulassung des Tanks (Tankkörper und Ausrüstung). Eine separate Baumusterzulassung des Ventils oder der anderen Bedienungsausrüstung ist nicht zulässig.

Hat der Hersteller keinen betriebseigenen Prüfdienst nach Unterabschnitt 1.8.7.6 ADR/RID eingerichtet, ist die Fertigungsprüfung der Ventile und anderen Bedienungsausrüstungen von der Stelle nach § 12 der GGVSEB durchzuführen.

Zu § 14 Besondere Zuständigkeiten im Straßenverkehr

14.1 Die Benennung der Sachverständigen und der Personen und Stellen in § 14 Absatz 4 und 5 der GGVSEB gilt als erfolgt, soweit sie in dem Land tätig sind, von dem die Anerkennung für die Prüftätigkeit nach der StVZO bzw. dem KfSachvG erteilt wurde.

14.2 Die Qualifikation der Technischen Dienste nach § 14 Absatz 4 der GGVSEB muss umfassende Kenntnisse zum Gesamtfahrzeug einschließen. Formell muss eine Unterschriftsberechtigung für „Gesamtfahrzeug" nicht verlangt werden, wenn entsprechende Kenntnisse durch die Anforderungen an die Erteilung der Befugnis für „Gefahrguttransporter" (Prüfumfang 01-07) abgedeckt sind.

Zu § 16 Besondere Zuständigkeiten in der Binnenschifffahrt

16.1 Handlungen oder Sachverhalte im Rahmen der Beförderung auf Binnenwasserstraßen, zu denen eine Maßnahme der zuständigen Behörde erforderlich ist, liegen dann „im Bereich der Bundeswasserstraßen", wenn sich das betroffene Schiff auf der Wasserfläche oder am Ufer einer Bundeswasserstraße nach § 1 Absatz 1 Nummer 1 und Absatz 4 Bundeswasserstraßengesetz (WaStrG) in der jeweils geltenden Fassung befindet. Das schließt Teile einer Bundeswasserstraße ein, die in einen Hafen einbezogen sind, der nicht vom Bund betrieben wird, wenn die Wasserfläche des Hafens mit der Bundeswasserstraße, an der er liegt, eine natürliche Einheit bildet, sodass sich die Ufer des Hafens zugleich als Ufer der Bundeswasserstraße darstellen. Der Bundeswasserstraße nicht zuzuordnen sind diejenigen nicht bundeseigenen Verkehrs- und Umschlagshäfen, deren Hafenwasserflächen von der Bundeswasserstraße deutlich abgegrenzt sind und die bei natürlicher Betrachtungsweise ein in sich geschlossenes selbständiges Ganzes bilden, das mit dem Gewässer nur durch eine Zufahrt oder einen Stichkanal verbunden ist. Dabei ist auf das äußere Erscheinungsbild abzustellen, wie es sich bei unvoreingenommener Betrachtungsweise darstellt. Unberührt bleiben die Zuständigkeiten für die Hafenaufsicht (Hafenpolizei) in den nicht vom Bund betriebenen Stromhäfen an Bundeswasserstraßen.

16.2 Für Aufgaben nach § 16 Absatz 3 der GGVSEB kommt es darauf an, wo die betreffende Person oder Firma ihre Tätigkeit ausführt.

16.3 Die Zuständigkeit der Wasserstraßen- und Schifffahrtsämter für die Erteilung von strom- und schifffahrtspolizeilichen Genehmigungen nach § 31 WaStrG und der nach Landesrecht zuständigen Stellen, z.B. für wasserrechtliche, baurechtliche oder arbeitsschutzrechtliche Entscheidungen, bleibt unberührt.

Zu § 17 bis 34a Pflichten

17.0 Sofern im ADR/RID/ADN Pflichten festgelegt sind, die in der GGVSEB abweichend geregelt sind, gelten in Deutschland immer die Pflichten nach der GGVSEB.

Zu § 17 Pflichten des Auftraggebers des Absenders

17.1 Üblicherweise wird zwischen Auftraggeber des Absenders und Absender/Spediteur ein sogenannter Speditionsvertrag geschlossen. Liegt dem Auftrag ein Speditionsvertrag zugrunde, ist der Auftraggeber des Spediteurs damit Auftraggeber des Absenders. Der Spediteur führt zumeist den eigentlichen Transportauftrag nicht selbst durch, sondern vergibt diesen Auftrag an einen Fuhrunternehmer (Dritten). Der Absender/Spediteur schließt mit dem Dritten (Beförderer) dazu einen Beförderungsvertrag. Beauftragt ein Beförderer einen weiteren Beförderer, die ihm beauftragte Beförderung auszuführen, so ist er der Absender für die nachfolgende Beförderung. Bei jeder weiteren Beauftragung der tatsächlichen Beförderung durch einen weiteren Subunternehmer gilt das gleiche.

17.2 Auch der Empfänger des Gefahrguts kann Auftraggeber des Absenders sein, nämlich wenn er den Beförderungsauftrag gegenüber dem Absender auslöst.

17.3 Im Laufe der Beförderungskette sind Konstellationen denkbar, in denen es mehrere Auftraggeber des Absenders gibt. Dies ist dann der Fall, wenn ein Auftraggeber einen Weiteren mit der Organisation einer Beförderung im Sinne eines Speditionsvertrages beauftragt.

17.4 „Vergewissern" nach § 17 Absatz 1 Nummer 1 der GGVSEB schließt ein, dass die Klassifizierung nach Teil 2 entweder selbst vorzunehmen oder aber sicherzustellen ist, dass die Klassifizierung durch Dritte rechtskonform erfolgt. In jedem Fall ist aber eine Plausibilitätsprüfung erforderlich.

Zu § 18 Pflichten des Absenders

18.1 Das „Einführen“ gemäß § 18 Absatz 1 Nummer 1 der GGVSEB schließt auch den Transit durch Deutschland ein.

18.2 „Vergewissern“ nach § 18 Absatz 1 Nummer 3 der GGVSEB schließt ein, dass die Klassifizierung nach Teil 2 entweder selbst vorzunehmen oder aber sicherzustellen ist, dass die Klassifizierung durch Dritte rechtskonform erfolgt. In jedem Fall ist aber eine Plausibilitätsprüfung erforderlich.

18.3 Bei der Beförderung einer begasten Beförderungseinheit (CTU) UN 3359, nach einem vorausgegangenen Seetransport, hat der Absender nach § 18 Absatz 1 Nummer 8 der GGVSEB die grundsätzliche Ermittlungspflicht für die nach den Absätzen 5.5.2.4.1 und 5.5.2.4.3 ADR/RID erforderlichen Angaben. Sofern das Beförderungsdokument nach Abschnitt 5.4.1 IMDG-Code die erforderlichen Angaben und Anweisungen nicht enthält und diese vom ursprünglichen Versender für den Seetransport nicht zu erhalten sind, kann die Ermittlung der erforderlichen Angaben und Anweisungen mit Hilfe einer nach Anhang I Nr. 4 GefStoffV bestellten verantwortlichen Person (Befähigungsschein-Inhaber) durch Gasanalyse vor Beginn der Beförderung erfolgen.

18.4 Eine Kopie des Beförderungspapiers und der zusätzlichen Informationen und Dokumentation ist nach § 18 Absatz 1 Nummer 12 der GGVSEB für einen Mindestzeitraum von drei Monaten ab Ende der Beförderung aufzubewahren. Diese Frist beginnt, wenn der Absender seinen sonstigen gefahrgutrechtlichen Pflichten im Rahmen einer aktuellen Beförderung abschließend nachgekommen ist.

Zu § 19 Pflichten des Beförderers

19.1 Der Beförderer hat nach § 19 Absatz 1 Nummer 1 der GGVSEB den Absender über die Nichteinhaltung eines Grenzwertes für die Dosisleistung oder die Kontamination nach Unterabschnitt 1.7.6.1 zu informieren. Nach Abschnitt 7.5.11 CV 33/CW 33, jeweils Absatz 2, darf eine Gesamtaktivität nicht überschritten werden. Diese Aktivität fällt nicht unter die Meldungen nach Unterabschnitt 1.7.6.1.

19.2 Eine Kopie des Beförderungspapiers und der zusätzlichen Informationen und Dokumentation ist nach § 19 Absatz 1 Nummer 4 der GGVSEB für einen Mindestzeitraum von drei Monaten ab Ende der Beförderung aufzubewahren. Diese Frist beginnt, wenn der Beförderer seinen sonstigen gefahrgutrechtlichen Pflichten im Rahmen einer aktuellen Beförderung abschließend nachgekommen ist.

Zu § 20 Pflichten des Empfängers

20.1 Nach § 20 Absatz 1 Nummer 1 Buchstabe a der GGVSEB ist der Empfänger verpflichtet, die Annahme des Gutes nicht ohne zwingenden Grund zu verzögern. „Zwingende Gründe“ liegen z.B. nicht vor, wenn zur Vermeidung einer Lagerhaltung, Anlieferungen vor der Einfahrt in das Betriebsgelände für längere Zeit im öffentlichen Verkehrsraum warten.

20.2 Der Empfänger hat nach § 20 Absatz 1 Nummer 2 der GGVSEB den Absender über die Nichteinhaltung eines Grenzwertes für die Dosisleistung oder die Kontamination nach Unterabschnitt 1.7.6.1 zu informieren. Nach Abschnitt 7.5.11 CV 33/CW 33, jeweils Absatz 2, darf eine Gesamtaktivität nicht überschritten werden. Diese Aktivität fällt nicht unter die Meldungen nach Unterabschnitt 1.7.6.1.

Zu § 23 Pflichten des Befüllers

23.1 „Technisch einwandfreier Zustand“ -wie in § 23 Absatz 1 Nummer 15 der GGVSEB gefordert- ist auch bei normaler Abnutzung, kleinen Beulen und Schrammen und sonstigen geringfügigen Beschädigungen gewährleistet, sofern die Funktionsfähigkeit des Tanks und seiner Ausrüstung nicht beeinträchtigt ist.

Zu § 23a Pflichten des Entladers

Zu Absatz 4 Nummer 2 Buchstabe e (Binnenschifffahrt)

23a.1 Auch die wasserrechtlichen Regelungen für den Umgang mit wassergefährdenden Stoffen bedingen für die gesamte Dauer des Entladens eine **ständige** Überwachung an Land, um sofort reagieren zu können und die notwendigen und ausreichenden Maßnahmen unverzüglich ergreifen oder veranlassen zu können.

23a.2 Eine Überwachung kann auch als **zweckmäßig** angesehen werden, wenn sie durch technische Hilfsmittel erfolgt, die auch bei schlechten Sichtverhältnissen aussagefähige Bilder (auch Details), insbesondere von der Umschlagleitung und den Anschlussstücken, in den Kontrollraum übertragen. Das Ablesen der Druckmesseinrichtungen muss unter allen Witterungsbedingungen möglich sein. Es muss sichergestellt sein, dass der Umschlagvorgang unverzüglich unterbrochen werden kann und eine Kommunikation zwischen Bord- und Landseite jederzeit gewährleistet ist. Der Hafenbetreiber muss der Nutzung technischer Hilfsmittel zugestimmt haben.

Zu § 28 Pflichten des Fahrzeugführers

28.1 Belädt der **Fahrzeugführer** nicht selbst, so bleibt er im Rahmen der zumutbaren Einwirkungsmöglichkeiten neben demjenigen, der tatsächlich belädt, verantwortlich. Von dem **Fahrzeugführer** ist zu verlangen, dass er vor Abfahrt die Ladungssicherung durch äußere Besichtigung prüft und während der Fahrt erkennbare Störungen behebt oder beheben lässt.

28.2 Bei flüssigen gefährlichen Gütern, ausgenommen bei verflüssigten Gasen, hat der **Fahrzeugführer** nach § 28 Nummer 3 2. Halbsatz der GGVSEB einen Füllungsgrad von höchstens 85 % einzuhalten, wenn der Befüller (Betreiber der Abfüllanlage) den höchstzulässigen Füllungsgrad nicht angeben und dieser nicht einer anwendbaren Sondervorschrift entnommen werden kann. Füllungsgrade, die in anderen Veröffentlichungen (z.B. berufsgenossenschaftlichen Regelungen) genannt werden, finden keine Anwendung.

Zu § 29 Pflichten mehrerer Beteiligter im Straßenverkehr

29.1 Der Bestimmtheitsgrundsatz verlangt eine eindeutige Pflichtenzuweisung, wenn mehrere Adressaten handeln sollen. Durch die Verwendung des Wortes „und" wird zum Ausdruck gebracht, dass bei den Mehrfachverantwortlichen die Adressaten gleichrangig zur Erfüllung der Rechtspflichten nach den Absätzen 1 bis 4 angehalten sind.

Zu § 30 Pflichten des Betreibers eines Kesselwagens, abnehmbaren Tanks und Batteriewagens im Eisenbahnverkehr

30.1 Die Pflichten des Betreibers eines Kesselwagens nach § 30 Nummer 2 der GGVSEB gelten als erfüllt, wenn mindestens die Vorgaben des „VPI-Merkblattes Betreiberpflichten Gefahrgut-Kesselwagen" in der Fassung vom 15.05.2012 eingehalten werden. Das Merkblatt ist zu finden unter www.vpihamburg.de unter „Downloadbereich" - „öffentlich" - „Publikationen".

Zu § 33 Pflichten des Schiffsführers in der Binnenschifffahrt

33.1 Die Pflicht des Schiffsführers in § 33 Nummer 3 der GGVSEB sich zu vergewissern, dass keine Ausrüstungsteile fehlen, schließt auch die Schutzausrüstung nach Abschnitt 8.1.5 ADN ein.

Zu § 35 bis 35c Verlagerung und Fahrweg im Straßenverkehr

35.1 **Zu § 35 Verlagerung**

35.1.1 Die Beförderung auf dem Eisenbahn- oder Wasserweg ist nach § 35 Absatz 1 Nummer 2 der GGVSEB nicht durchführbar, wenn zum Beispiel
- der Verkehr witterungsbedingt eingeschränkt oder eingestellt ist,
- der Verkehrsträger bestreikt wird,
- geeignete Beförderungsmittel (z.B. Eisenbahnwagen) aus Gründen, die die Beteiligten nicht zu vertreten haben, nicht zur Verfügung stehen oder nicht eingesetzt werden können.

35.1.2 Kann das gefährliche Gut im multimodalen Verkehr verladen und befördert werden (§ 35 Absatz 2 der GGVSEB), darf eine Bescheinigung nach § 35 Absatz 4 der GGVSEB nicht erteilt werden. Das Eisenbahn-Bundesamt/die Generaldirektion Wasserstraßen und Schifffahrt teilt dem Antragsteller aber die jeweils nächstgelegenen geeigneten Bahnhöfe/Häfen mit.

35.1.3 Bei der Ermittlung der Entfernung auf dem Eisenbahn- oder Wasserweg nach § 35 Absatz 3 der GGVSEB werden im multimodalen Verkehr die Entfernungen im Vor- und Nachlauf auf der Straße mit einbezogen.

35.1.4 Für die Beantragung einer Bescheinigung nach § 35 Absatz 4 der GGVSEB durch das Eisenbahn-Bundesamt oder die Generaldirektion Wasserstraßen und Schifffahrt wird das Muster nach **Anlage 6** der RSEB empfohlen. Der Antrag ist jeweils zu richten an
- das Eisenbahn-Bundesamt, Referat 33, Heinemannstraße 6, 53175 Bonn oder
- die Generaldirektion Wasserstraßen und Schifffahrt, Ulrich-von-Hassell-Straße 76, 53123 Bonn.

35.2 **Zu § 35a Fahrweg im Straßenverkehr**

35.2.1 Für die Beantragung einer Fahrwegbestimmung nach § 35a Absatz 3 Satz 1 der GGVSEB wird das Muster nach **Anlage 4** der RSEB empfohlen.

35.2.2 Bei der Fahrwegbestimmung nach § 35a Absatz 3 Satz 1 der GGVSEB werden in der Regel zwei nach Landesrecht zuständige Behörden/Stellen unabhängig voneinander auf Antrag tätig. So bestimmt die für den Beladeort zuständige Behörde/Stelle den Fahrweg nur zwischen dem Beladeort und der Autobahn sowie die für den Entladeort zuständige Behörde/Stelle den Fahrweg nur zwischen der Autobahn und dem Entladeort. Liegt der zu bestimmende Fahrweg jedoch nicht ausschließlich im Bezirk der für den Be- bzw. Entladeort zuständigen Behörde/Stelle, hat diese die anderen Behörden/Stellen bei der Fahrwegbestimmung zu beteiligen, durch deren Bezirk der Fahrweg zum oder vom Anschluss an die Autobahn ebenfalls führt.

Bei grenzüberschreitenden Beförderungen über nicht an Autobahnen liegenden Grenzübergangsstellen ist die nach Landesrecht zuständige Behörde/Stelle zuständig, in deren Bezirk die Grenzübergangsstelle der Einfahrt liegt.

Den Fahrweg zwischen zwei Autobahnabschnitten bestimmt die nach Landesrecht zuständige Behörde/Stelle in deren Bezirk der endende Autobahnabschnitt liegt.

Ist die Benutzung von Autobahnen nach § 35a Absatz 2 Nummer 1 unzumutbar oder nach § 35a Absatz 2 Nummer 2 der GGVSEB ausgeschlossen oder beschränkt, liegt die Zuständigkeit bei der für den Beladeort nach Landesrecht zuständigen Behörde/Stelle. Diese hat ggf. die anderen Behörden/Stellen zu beteiligen, durch deren Bezirk der Fahrweg ebenfalls führt.

35.2.3 Der Fahrweg kann positiv und/oder negativ bestimmt werden. Dies schließt sowohl die Festlegung/den Ausschluss bestimmter Straßen als auch die allgemeine Benennung von Straßen bestimmter Klassifizierung (z.B. Bundesstraßen, Landesstraßen, Kreisstraßen, Vorfahrtstraßen) ein, sofern deren Benutzung nicht durch entsprechende Zeichen der StVO oder durch Allgemeinverfügung nach § 35a Absatz 3 Satz 2 der GGVSEB verboten ist.

35.2.4 Für die Fahrwegbestimmung nach § 35a Absatz 3 Satz 1 der GGVSEB soll die nach Landesrecht zuständige Behörde/Stelle das Muster nach Anlage 5 der RSEB verwenden.

35.2.5 Die für die Fahrwegbestimmung nach § 35a Absatz 3 Satz 1 der GGVSEB nach Landesrecht zuständigen Behörden/Stellen sind:

Baden-Württemberg:	Untere Verwaltungsbehörden (Landratsämter und Stadtkreise)
Bayern:	Landratsämter, kreisfreie Gemeinden, Große Kreisstädte
Berlin:	Verkehrslenkung Berlin (VLB)
Brandenburg:	Landkreise und kreisfreie Städte als Kreisordnungsbehörde
Bremen:	Senator für Wirtschaft, Arbeit und Häfen
Hamburg:	Behörde für Inneres und Sport
Hessen:	Landräte, in den kreisfreien Städten die Oberbürgermeister
Mecklenburg-Vorpommern:	Landräte, in den kreisfreien Städten die Oberbürgermeister (Bürgermeister)
Niedersachsen:	Landkreise, kreisfreie Städte und große selbständige Städte, für Bundesautobahnen die Landesbehörde für Straßenbau und Verkehr
Nordrhein-Westfalen:	Kreise und kreisfreie Städte als Kreisordnungsbehörde
Rheinland-Pfalz:	Kreisverwaltungen, kreisfreie Städte, große kreisangehörige Städte
Saarland:	Untere Straßenverkehrsbehörden (bei den Landräten, dem Regionalverband Saarbrücken, der Landeshauptstadt Saarbrücken sowie den Mittelstädten)
Sachsen:	Landkreise und kreisfreie Städte
Sachsen-Anhalt:	Untere Verwaltungsbehörden (Landkreise und kreisfreie Städte)
Schleswig-Holstein:	Landräte, in den kreisfreien Städten die Oberbürgermeister (Bürgermeister)
Thüringen:	Landkreise und kreisfreie Städte

35.2.6 Erfolgt die Fahrwegbestimmung durch Allgemeinverfügung nach § 35a Absatz 3 Satz 2 der GGVSEB, gelten die Bestimmungen zum Übergeben, Beachten, Mitführen und Aushändigen nach § 35a Absatz 4 und 5 der GGVSEB entsprechend, sofern in der Allgemeinverfügung nichts anderes bestimmt ist.

Zu § 37 Ordnungswidrigkeiten

37.1 Die Verfolgung von Ordnungswidrigkeiten liegt im pflichtgemäßen Ermessen der Verfolgungsbehörde (Opportunitätsgrundsatz, § 47 Absatz 1 Satz 1 des OWiG).

37.2 Die Bußgeldbeträge des Bußgeldkatalogs in der **Anlage 7** der RSEB sind Regelsätze, die von fahrlässiger Begehung, normalen Tatumständen und von mittleren wirtschaftlichen Verhältnissen ausgehen. Bei vorsätzlichem Handeln sind die angegebenen Sätze angemessen bis zum doppelten Satz zu erhöhen. Die Regelsätze, soweit die Angelegenheit nicht strafrechtlich verfolgt wird, erhöhen sich um mindestens 25 %, wenn durch die Zuwiderhandlung ein anderer gefährdet oder geschädigt ist. Liegt Tateinheit vor, so ist der höchste in Betracht kommende Regelsatz um 25 % der Regelsätze für die anderen Ordnungswidrigkeiten zu erhöhen.

37.3 Bei geringfügigen Ordnungswidrigkeiten kann die Verwaltungsbehörde den Betroffenen verwarnen und ein Verwarnungsgeld von fünf bis fünfundfünfzig Euro erheben (§ 56 Absatz 1 Satz 1 des OWiG). Mit der Verwarnung soll bei einer geringfügigen Ordnungswidrigkeit dem Betroffenen sein Fehlverhalten vorgehalten werden; sie ist daher mit einem Hinweis auf die Zuwiderhandlung zu verbinden. Die Beträge des Verwarnungsgeldkatalogs sind Regelsätze für fahrlässige Begehung unter gewöhnlichen Tatumständen. Dies gilt auch bei Verstößen gegen eine Bestimmung einer Ausnahmeregelung. Bei Formalverstößen sollte von einer Ahndung mit einem Bußgeld abgesehen werden.

37.4 Ob eine Ordnungswidrigkeit geringfügig ist, richtet sich nach der Bedeutung der Handlung und dem Grad der Vorwerfbarkeit, wobei die Gesamtbetrachtung entscheidet. Auch bei einem gewichtigeren Verstoß kann die Handlung ausnahmsweise wegen geringer Vorwerfbarkeit insgesamt wenig bedeutsam sein. Dies impliziert die grundsätzliche Möglichkeit, zu jedem gesetzlichen Ordnungswidrigkeitentatbestand unter Berücksichtigung der Umstände des Einzelfalls im Rahmen der angeführten Zulässigkeitsvoraussetzungen und des pflichtgemäßen Ermessens der Verwaltungsbehörde auch eine Verwarnung mit oder ohne Verwarnungsgeld auszusprechen. Eine explizite Ausweisung in einem Verwarnungsgeldkatalog ist dafür nicht notwendig.

37.5 Bei Verstößen gegen eine Bestimmung einer Ausnahme nach der Gefahrgut-Ausnahmeverordnung (GGAV) liegt ein Verstoß gegen die entsprechende Vorschrift des ADR/RID/ADN in Verbindung mit der GGVSEB vor. Demgemäß gelten in diesem Fall die Ordnungswidrigkeitentatbestände der GGVSEB.

37.6 Die Bußgeldnormen des § 37 der GGVSEB sind im Bußgeldkatalog mit Nummer (arabische Zahlen) und Buchstabe (kleine Buchstaben) zitiert. Die einzelnen Verstöße sind in die Kategorien (Gefahrenkategorien I, II und III, wobei I die schwerwiegendste ist) entsprechend der Anlage 3 zur GGKontrollV unterteilt.

37.7 Erläuterungen zu Bußgeldverfahren nach der GGVSEB bei gleichzeitigem Verstoß gegen die StVO/StVZO im Hinblick auf die Eintragung von Verstößen im Fahreignungsregister (FAER) sind der **Anlage 7a** der RSEB zu entnehmen.

Zu Anlage 2

60. – offen –

Zu den Vertragsstaaten des ADR/RID/ADN

70.1 **Die 49 ADR-Vertragsparteien sind:**

Albanien, Andorra, Aserbaidschan, Belgien, Bosnien und Herzegowina, Bulgarien, Dänemark, Deutschland, Estland, Finnland, Frankreich, Georgien, Griechenland, Irland, Island, Italien, Kasachstan, Kroatien, Lettland, Liechtenstein, Litauen, Luxemburg, Malta, Marokko, ehemalige jugoslawische Republik Mazedonien, Republik Moldau (Moldawien), Montenegro, Niederlande, Norwegen, Österreich, Polen, Portugal, Rumänien, Russische Föderation, Schweden, Schweiz, Serbien, Slowakei, Slowenien, Spanien, Tadschikistan, Tschechische Republik, Tunesien, Türkei, Ukraine, Ungarn, Vereinigtes Königreich, Weißrussland (Belarus) und Zypern.

70.2 **Die 44 RID-Vertragsstaaten sind:**

Albanien, Algerien, Armenien, Aserbaidschan, Belgien, Bosnien und Herzegowina, Bulgarien, Dänemark, Deutschland, Estland, Finnland, Frankreich, Georgien, Griechenland, Iran, Irland, Italien, Kroatien, Lettland, Liechtenstein, Litauen, Luxemburg, Marokko, ehemalige jugoslawische Republik Mazedonien, Monaco, Montenegro, Niederlande, Norwegen, Österreich, Polen, Portugal, Rumänien, Schweden, Schweiz, Serbien, Slowakei, Slowenien, Spanien, Tschechische Republik, Tunesien, Türkei, Ukraine, Ungarn und Vereinigtes Königreich.

Bis zur Wiederaufnahme des internationalen Verkehrs ruht die OTIF-Mitgliedschaft des Iraks, des Libanon und Syriens.

70.3 **Die 18 ADN-Vertragsparteien sind:**

Belgien, Bulgarien, Deutschland, Frankreich, Kroatien, Luxemburg, Republik Moldau (Moldawien), Niederlande, Österreich, Polen, Rumänien, Russische Föderation, Schweiz, Serbien, Slowakei, Tschechische Republik, Ukraine und Ungarn.

Erläuterungen zu Teil 1 und Anlage 2 der GGVSEB

Zu ADR/RID/ADN allgemein

0-1 Die Worte „sofern im ADR/RID/ADN nichts anderes festgelegt ist“ oder inhaltsgleiche Formulierungen besagen, dass an anderer Stelle konkrete Vorschriften festgelegt sein können, die dann Vorrang haben.

Allgemeine Hinweise zu den Freistellungsregelungen in Unterabschnitt 1.1.3.1, 1.1.3.2 und 1.1.3.3

1-1.1 Um die Beförderung von Fahrzeugen/Wagen, Maschinen und Geräten mit gefährlichen Gütern in ihren Tanks und Einrichtungen im Straßen-/Schienenverkehr/in der Binnenschifffahrt nur im sicherheitstechnisch notwendigen Umfang zu regeln, gibt es eine Reihe von Vorschriften im ADR/RID/ADN, die entweder zu einer vollständigen oder teilweisen Freistellung von den gefahrgutrechtlichen Vorschriften führen.

1-1.2 Eine vollständige Freistellung vom ADR/RID/ADN ist in den Fällen vorgesehen, in denen

a) Privatpersonen unter den in **Unterabschnitt 1.1.3.1 Buchstabe a** genannten Bedingungen befördern (persönlicher/häuslicher Gebrauch oder private Verwendung bei Sport/Freizeit; einzelhandelsgerechte Verpackung oder im beschränkten Umfang entzündbare flüssige Stoffe in nachfüllbaren Behältern);

b) gefährliche Güter im inneren Aufbau oder in den Funktionselementen von im ADR/RID/ADN nicht näher bezeichneten Maschinen oder Geräten befördert werden; soweit z.B. Unterabschnitt 1.1.3.2, 1.1.3.3 oder Kapitel 3.3 Sondervorschrift 363 spezielleres, z.B. zu Brennstoffen, regeln, kommt die Freistellung nach **Unterabschnitt 1.1.3.1 Buchstabe b** nicht zur Anwendung;

c) bestimmte Beförderungen von Unternehmen in Zusammenhang mit ihrer Haupttätigkeit nach **Unterabschnitt 1.1.3.1 Buchstabe c** durchgeführt werden. Dies kann z.B. die Mitnahme von Brennstoff in einem transportablen Brennstoffbehälter betreffen, den ein Unternehmen für den Betrieb seiner Maschinen an der Baustelle benötigt. Beförderungen zum Zwecke der internen oder externen Verteilung/Versorgung eines Unternehmens fallen nicht unter die Freistellungsregelung des Unterabschnitts 1.1.3.1 Buchstabe c. Dies betrifft u.a. Beförderungen von einer Produktionsanlage zu einer anderen innerhalb eines Unternehmens, jedoch außerhalb des Betriebsgeländes. Die Angabe „450 Liter je Verpackung” in Unterabschnitt 1.1.3.1 Buchstabe c ist eine Angabe der tatsächlich eingefüllten Menge unabhängig vom Fassungsraum der Verpackung (siehe auch Erläuterung zur Gesamtmenge in Absatz 1.1.3.6.3). Allerdings dürfen die in Unterabschnitt 1.1.3.6 festgelegten höchstzulässigen Gesamtmengen je Beförderungseinheit nicht überschritten werden (z.B. nicht mehr als 1000 Liter Heizöl oder Diesel).

1-1.3 Weiterhin besteht im Rahmen von Unterabschnitt 1.1.3.2 ADR/RID eine umfängliche Freistellung in Zusammenhang mit Gasen, u.a. für die Gase, die in Brennstoffbehältern oder -flaschen von Fahrzeugen enthalten sind und dem Antrieb des Fahrzeuges oder dem Betrieb einer Einrichtung dienen, die während der Beförderung verwendet wird oder für die Verwendung während der Beförderung bestimmt ist.

1-1.4 Als tragbare Brennstoffbehälter im Sinne des **Unterabschnitts 1.1.3.3 Buchstabe a ADR** gelten nur solche, die für diese Verwendung vom Hersteller bestimmt sind und während der Beförderung den sicheren Einschluss des Brennstoffs gewährleisten.

Besondere Hinweise zu einzelnen Freistellungen

Zu Unterabschnitt 1.1.3.1 Buchstabe a, c und f

1-2 Beispiele für erforderliche Maßnahmen im Sinne von „normalen Beförderungsbedingungen“ sind:
- ausreichende Ladungssicherung,
- wirksamer Schutz von Verschlussventilen bei verpackten Gütern der Klasse 2 (z.B. Schutzkappen),
- Verwendung sicherer Verschlüsse für flüssige und feste Stoffe.

Zu Unterabschnitt 1.1.3.1 Buchstabe a ADR

1-3.1 Im Sinne des Buchstaben a gelten Stoffe der Klasse 1 Unterklassen 1.1 und 1.3 (z.B. UN 0027 Schwarzpulver oder UN 0161 Treibladungspulver) auch dann als einzelhandelsgerecht abgepackt, wenn die zur Beförderung zulässigen Mengen von Privatpersonen zum Vorderlader- oder Böllerschießen in Einzelladungen, unter Beachtung zutreffender sicherheitlicher Empfehlungen behördlicher Stellen oder von Verbänden, verpackt und befördert werden. Hierbei sind die spezialgesetzlichen Regelungen (z.B. WaffenG, SprengG) zu beachten. Sicherheitliche Empfehlungen im genannten Sinne sind zur Zeit die „Sicherheitsregeln für Böllerschützen" der Regierung von Oberbayern oder die „Ausführungsregel Nr. 1 zum Vorderlader und/oder Böllerschießen" (Stand: Januar 2007) des Deutschen Schützenbundes e.V..

1-3.2 Zusätzlich zu den nach Buchstabe a zulässigen Mengen von bis zu 240 Litern entzündbarer flüssiger Stoffe in für eine Wiederbefüllung vorgesehenen Behältern, dürfen auch noch bis zu 60 Liter in tragbaren Brennstoffbehältern nach Unterabschnitt 1.1.3.3 Buchstabe a ADR als Ersatzbrennstoff für das verwendete Fahrzeug befördert werden (siehe auch Nummer 1-1.4 der RSEB).

Zu Unterabschnitt 1.1.3.1 Buchstabe b ADR/RID in Verbindung mit der Anlage 2 Nummer 2.1 Buchstabe b der GGVSEB

1-4 Unter die Regelungen des Unterabschnitts 1.1.3.1 Buchstabe b ADR/RID in Verbindung mit der Anlage 2 Nummer 2.1 Buchstabe b der GGVSEB können u.a. fallen:

1-4.1 Beförderungen gefährliche Güter im Straßenverkehr in:
- Geräten in Einsatzfahrzeugen, Notarztfahrzeugen, sofern sie nicht unter Kapitel 3.3 Sondervorschrift 363 ADR fallen und nicht im Einsatz sind,
- Geräten in Baustellencontainern für Wohn- und Aufenthaltszwecke, sofern sie nicht unter die Sondervorschrift 363 fallen,
- pyrotechnischen Aerosol-Feuerlöschgeneratoren,
- Gaszählern, die zu Wartungszwecken ausgebaut wurden.

1-4.2 Beförderungen gefährliche Güter im Eisenbahnverkehr in:
- Geräten in Fahrzeugen und Baustellencontainern für Wohn- und Aufenthaltszwecke,
- Geräten in Einheits-Gerätewagen.

sofern sie nicht unter Kapitel 3.3 Sondervorschrift 363 RID fallen.

Zu Unterabschnitt 1.1.3.1 Buchstabe c ADR/RID

1-5.1 Freigestellt sind Beförderungen zum direkten Verbrauch wie z.B.
- Farbe im Fahrzeug eines Malers,
- Sauerstoff- oder Acetylenflaschen im Fahrzeug eines Schweißers,
- Kraftstoff für die Befüllung von Rasenmähern im Fahrzeug eines städtischen Arbeiters oder in einem Schienenkraftwagen,
- Kraftstoff für die Befüllung von Arbeitsgeräten oder

- Mittel zur Schädlingsbekämpfung durch Landwirte für die eigene Verwendung oder
- Lithiumbatterien (Ersatzbatterien), die zum Betrieb seiner Maschinen und Geräte benötigt werden (siehe auch Nummer 1-5.5 der RSEB),

sofern die jeweilige Beförderung z.B. zu oder von einem Kunden bzw. Einsatzort erfolgt.

1-5.2 Zwischenversorgungen zu Tankanlagen fallen nicht unter die Freistellungsregelung des Buchstaben c.

1-5.3 Siehe Nummer 1-1.2 Buchstabe c der RSEB.

1-5.4 Ungereinigte leere Eichnormale bis 450 Liter Einzelfassungsraum der Gefäße sind als Verpackungen im Sinne des Unterabschnitts 1.1.3.1 Buchstabe c anzusehen und fallen demgemäß unter die Freistellungsregelung dieses Unterabschnitts. Ebenso sind Maßnahmen zu treffen, die unter normalen Beförderungsbedingungen ein Freiwerden des Inhalts verhindern. Eichnormale sind dicht verschlossen oder in dicht verschlossenen Umverpackungen und ohne äußere Anhaftungen zu befördern.

1-5.5 Bei im Rahmen von Unterabschnitt 1.1.3.1 Buchstabe c mitgeführten Lithium-Ionen-Batterien der UN-Nummern 3480 und 3481 sowie von Lithium-Metall-Batterien der UN-Nummern 3090 und 3091 sind geeignete Maßnahmen zur Vermeidung von Beschädigungen der Batterien zu treffen.

Zu Unterabschnitt 1.1.3.1 Buchstabe d

1-6.1 Einsatzkräfte sind nur die für Notfallmaßnahmen nach dem deutschen Recht zuständigen Stellen.

1-6.2 Buchstabe d kommt zur Anwendung, wenn Maßnahmen bei einem Notfall (Gefahr im Verzug) Beförderungen außerhalb des Regelwerks durch staatliche Einsatzkräfte oder die von ihnen überwachten beauftragten Unternehmen erfordern. Hierunter fallen auch die Beförderungen von Sprengstoffen, Munition und Bombenfunden sowie andere Gefahrgüter (insbesondere ABC-Stoffe), die im Rahmen einer Notfallmaßnahme an einen sicheren Ort verbracht werden müssen. Die Festlegung der Art und Weise der Überwachung der Notfallbeförderung liegt in der Verantwortung der zuständigen Einsatzleitung. Die Einsatzleitung legt unter Berücksichtigung der tatsächlichen Gegebenheiten auch den sicheren Ort und damit das Ende der Notfallbeförderung fest. Wegen der zwingend erforderlichen Mitwirkung der zuständigen Stellen wird im Gegensatz zu Unterabschnitt 1.1.3.1 Buchstabe e nicht ausdrücklich die völlig sichere Beförderung verlangt. D.h. die zuständige Stelle kann ein Restrisiko ggf. durch zusätzliche Maßnahmen kompensieren, z.B. Evakuieren, Sperrung von Verkehrswegen.

Zu Unterabschnitt 1.1.3.1 Buchstabe e

1-7 Notfallbeförderungen, die unmittelbar zur Rettung menschlichen Lebens oder zum Schutz der Umwelt erforderlich sind, dürfen ohne Anwendung des Regelwerks auch von Dritten durchgeführt werden. Bei den erforderlichen Maßnahmen zur völlig sicheren Durchführung der Beförderung ist die Verhältnismäßigkeit zu berücksichtigen.

Zu Unterabschnitt 1.1.3.1 Buchstabe f

1-8 Als übliche Restmengen in einem ungereinigten leeren Tank sind Mengen zu akzeptieren, die nach der vollständigen Entleerung mit der technisch vorhandenen Entnahmeeinrichtung im Tank verbleiben und die sich aus Anhaftungen nach der Entleerung ergeben.

Zu Unterabschnitt 1.1.3.2 Buchstabe e ADR/RID

1-9 Unter die Regelungen des Unterabschnitts 1.1.3.2 Buchstabe e ADR/RID können u.a. fallen: Gase in

- Getränkeschankanlagen in Fahrzeugen,
- Hähnchengrillfahrzeugen,
- Arbeitsmaschinen für Erdarbeiten und Straßenbau mit Gussasphalt, wie Asphalt-Kocher mit oder ohne Spritzeinrichtung,

- Fahrzeugen für Wohn- und Aufenthaltszwecke wie Campinganhänger bzw. Campingfahrzeuge mit Ausrüstung gemäß DVGW Arbeitsblatt G 607,
- Lastkraftwagen mit Ausrüstung gemäß DVGW Arbeitsblatt G 607.

Die Freistellung in Buchstabe e gilt auch

- für nicht fest verbundene, für diesen Verwendungszweck geeignete und zugelassene besondere Einrichtungen, die ladungsgesichert befördert werden und deren Verwendung während der Beförderung erforderlich ist und
- für zugehörige Ersatz- und Tauschgefäße.

Zu Unterabschnitt 1.1.3.3 Buchstabe a ADR/RID

1-10.1 Siehe Nummer 1-1.4 der RSEB zu den tragbaren Brennstoffbehältern.

1-10.2 Das Energieäquivalent von maximal 54 000 MJ, bezogen auf den Gesamtfassungsraum nach Bem. 2, schließt die höchstens 60 Liter in tragbaren Brennstoffbehältern nicht mit ein, welche zusätzlich befördert werden dürfen.

Zu Unterabschnitt 1.1.3.3 RID

1-11 Unter die Regelungen des Unterabschnitts 1.1.3.3 RID können u.a. fallen:

- Eisenbahndrehkräne,
- Gleisbaumaschinen mit eigenem Antrieb, wie Bettungsreinigungs- und Gleisstopfmaschinen,
- Fahrzeuge mit oder ohne eigenen Antrieb.

Zu Unterabschnitt 1.1.3.5

1-12 Geeignete Maßnahmen zur Beseitigung der Gefahren der Klassen 1 bis 9 sind ergriffen, wenn die Verpackungen z.B.

- keine gefährlichen Dämpfe oder Reste enthalten, die freigesetzt werden können,
- die Verpackungen vollständig entleert sind oder die Restinhalte neutralisiert, gebunden, ausgehärtet, polymerisiert oder chemisch umgesetzt sind,

und, wenn an der Außenseite der Verpackung keine gefährlichen Rückstände anhaften.

Zu Unterabschnitt 1.1.3.6 ADR/RID

1-13.1 Die Freistellungsregelung des Unterabschnitts 1.1.3.6 ADR/RID darf auch für Beförderungen von Versandstücken in Containern, die auf einer Beförderungseinheit/einem Wagen befördert werden, in Anspruch genommen werden, sofern die entsprechenden Mengengrenzen nicht überschritten sind.

1-13.2 Da die Stoffe und Gegenstände der Beförderungskategorie 4 in unbegrenzter Menge je Beförderungseinheit/Wagen befördert werden dürfen, bleiben diese Stoffe und Gegenstände bei der Berechnung nach Absatz 1.1.3.6.4 ADR/RID unberücksichtigt.

1-13.3 Auch für die in der Beförderungskategorie 4 enthaltenen Stoffe und Gegenstände (Höchstmenge je Beförderungseinheit/Wagen unbegrenzt) sind die Vorschriften des ADR/RID anzuwenden, sofern Stoffe und Gegenstände der Beförderungskategorie 0 oder Stoffe und Gegenstände der Beförderungskategorie 1 bis 3 zugeladen werden und für diese Güter der nach Absatz 1.1.3.6.4 ADR/RID berechnete Wert 1000 überschreitet.

1-13.4 Für ungereinigte leere Verpackungen gilt auch Unterabschnitt 1.1.3.5, wonach mögliche Gefährdungen auszuschließen sind, wenn freigestellt befördert werden soll. Unterabschnitt 1.1.3.6 ADR/RID gilt nicht für Beförderungen in loser Schüttung sondern nur für verpackte gefährliche Güter. Sofern sich ungereinigte leere Verpackungen in einem ordnungsgemäßen Zustand befinden und wieder verschlossen sind, dürfen sie deshalb ebenso befördert werden wie gefüllte Verpackungen. Eine erneute Verpackung ist nur dann erforderlich, wenn die ungereinigten leeren Verpackungen beispielsweise undicht oder erheblich beschädigt sind.

Zu Absatz 1.1.3.6.3 ADR/RID 1. Anstrich

1-14 Für die Berechnung der höchstzulässigen Gesamtmenge ist für Gegenstände der Klasse 1 die Nettoexplosivstoffmasse in kg maßgebend. Für gefährliche Güter in Geräten und Ausrüstungen, die im ADR/RID näher bezeichnet sind, ist die Gesamtmenge der darin enthaltenen gefährlichen Güter in kg oder Liter maßgebend, dies betrifft u.a. folgende UN-Nummern: 2857, 2870, 2990, 3072, 3091, 3150, 3268, 3316, 3358, 3468, 3473, 3476, 3477, 3478, 3479, 3481, 3528, 3529 und 3530. Das bedeutet, dass z.B. in Kältemaschinen UN 2857 nur das enthaltene nicht entzündbare, nicht giftige Gas berechnet wird oder in Flugzeugnotrutschen als Rettungsmittel UN 2990 nur die dort enthaltenen Zündvorrichtungen zum Auslösen berechnet werden.

Zu Unterabschnitt 1.1.3.10 und Kapitel 3.3 Sondervorschrift 366

1-15 Aus der Formulierung „vorausgesetzt, sie enthalten keine radioaktiven Stoffe und sie enthalten kein Quecksilber in größeren als den in der Sondervorschrift 366 des Kapitels 3.3 festgelegten Mengen“ ergibt sich, dass für Leuchtmittel mit radioaktiven Stoffen und mit mehr Quecksilber als in Kapitel 3.3 Sondervorschrift 366 festgelegt, die speziellen Beförderungsbedingungen der stoffspezifischen Einträge gelten. Wenn höchstens 1 kg Quecksilber enthalten ist, die sonstigen in Unterabschnitt 1.1.3.10 genannten Bedingungen aber nicht vorliegen, kann für Leuchtmittel mit Quecksilber auch die Freistellung nach der Sondervorschrift 366 angewendet werden. Die Sondervorschrift 366 setzt aber voraus, dass das Quecksilber in dem hergestellten Gegenstand eingeschlossen ist. Wenn dies bei Abfall-Leuchtmitteln nicht gegeben ist, kann im Rahmen von Sammlungen eine freigestellte Beförderung nur unter den Bedingungen nach Unterabschnitt 1.1.3.10 Buchstabe a bzw. c erfolgen.

Zu Unterabschnitt 1.1.3.10 Buchstabe c

1-16 Bei Beförderungen nach Unterabschnitt 1.1.3.10 Buchstabe c ist unter Außenverpackung eine allseitige Umschließung zu verstehen, die auch bei einem Fall aus mindestens 1,20 m Höhe in der Lage ist, den festen und flüssigen Inhalt einzuschließen. Die Außenverpackung muss weder verhindern, dass bei einem Zubruchgehen von Leuchtmitteln während der Beförderung Gas austritt, noch, dass bei der Durchführung des Falltests Leuchtmittel zerstört werden. Eine Außenverpackung liegt auch dann vor,

- wenn bewegliche Seiten und Böden durch geeignete Maßnahmen (z.B. Umwickeln mit Stretchfolie) auf einer Rungenpalette eine Umschließung bilden, oder
- wenn eine Gitterbox mit festen Seiten, Böden und Deckel versehen ist.

Zu Unterabschnitt 1.1.3.10 Buchstabe d

1-17 Die Freistellung nach Buchstabe d bezieht sich auf gasgefüllte Leuchtmittel, mit ausschließlich Gasen der Gruppen A und O und keinen anderen gefährlichen Gütern.

Bei der Inanspruchnahme von Buchstabe d für Leuchtmittel bei der Entsorgung, ist von einer Einhaltung der Bedingungen für das Versandstück auszugehen, wenn aus der verwendeten Umschließung keine Splitter, bedingt durch Wurfwirkung beim Zubruchgehen der Leuchtmittel austreten können. Der Begriff „Versandstück“ ist allgemein als geeignete Umschließung zu verstehen. Die Beispiele unter Nummer 1-16 der RSEB zur zulässigen Außenverpackung gelten auch für Buchstabe d, die Einhaltung von Unterabschnitt 4.1.1.1 und eine Fallprüfung sind jedoch nicht erforderlich.

Zu Absatz 1.1.4.2.1 Buchstabe a

1-18 Zusätzliche Kennzeichen nach ADR/RID/ADN sind bei anwendbaren Sondervorschriften wie z.B. Sondervorschrift 633 nicht erforderlich, wenn das Versandstück gemäß IMDG-Code oder ICAO-TI gekennzeichnet ist.

Zu Absatz 1.1.4.2.2

1-19 Werden Beförderungseinheiten, die nach ADR zu kennzeichnen sind, statt nach diesen Vorschriften nach den Vorschriften des IMDG-Codes gekennzeichnet und mit Großzetteln versehen, dann ist dies in einer Transportkette, die den Seeverkehr einschließt, zulässig. Die Beförderungseinheit ist mit orangefarbenen Tafeln nach Abschnitt 5.3.2 ADR zu versehen, sofern die Mengengrenzen nach Unterabschnitt 1.1.3.6 ADR überschritten sind.

Zu Absatz 1.1.4.2.3 ADR

1-20 Der Eintrag, der ggf. geforderten zusätzlichen Angaben nach ADR/RID, kann auch in den Beförderungspapieren der Verkehrsträger See oder Luft erfolgen, sofern dies möglich/zulässig ist. Dies betrifft auch Angaben zum Absender.

Zu Unterabschnitt 1.1.4.3

1-21 Die Regelung zur Verwendung der für den Seeverkehr zugelassenen ortsbeweglichen Tanks schließt die Tankcontainer und Gascontainer mit mehreren Elementen (MEGC) mit ein.

Zu Abschnitt 1.2.1

1-22 Die UN-Modellvorschriften (Recommendations on the Transport of Dangerous Goods, Model Regulations, **Nineteenth** revised edition)) können über folgende Anschrift bezogen werden:
Sales Office and Bookshop
Bureau E-4
CH-1211 Geneva 10, Switzerland
tel: +41 (0) 22 917-2614; 917-2600
fax: +41 (0) 22 917-0027
E-Mail: unpubli@unog.ch

Zu Abschnitt 1.3.1

1-23 Personen im Sinne des § 9 Absatz 2 Satz 1 Nummer 2 OWiG, die ausdrücklich beauftragt sind, in eigener Verantwortung Aufgaben im Bereich der Beförderung gefährlicher Güter wahrzunehmen, müssen in den Anforderungen, die die Beförderung gefährlicher Güter an ihren Arbeits- und Verantwortungsbereich stellt, unterwiesen sein.

Zu Unterabschnitt 1.6.3.44 ADR

1-24 Die Verwendungsmöglichkeit von Additivierungseinrichtungen nach dem Satz 2 durch Zustimmung der zuständigen Behörde ist erfüllt, wenn in der ADR-Zulassungsbescheinigung nach Unterabschnitt 9.1.3.5 ADR ein entsprechender Vermerk unter Nummer 11 (Bemerkungen) über die Ausrüstung(en) eingetragen wurde (siehe auch Nummer 3-8 und 9-7 der RSEB).

Zu Unterabschnitt 1.6.5.20 ADR

1-25 Die Übergangsvorschrift schließt ein, dass ADR-Zulassungsbescheinigungen, die für Fahrzeuge EX/II, EX/III, FL, AT und MEMU vor dem 1. Januar 2017 ausgestellt wurden und die dem bis zum 31. Dezember 2016 geltenden Muster des Unterabschnitts 9.1.3.5 ADR entsprechen und in denen die Fahrzeugbezeichnung OX im Muster aufgeführt ist, ebenfalls weiterverwendet werden dürfen. Dies schließt auch die Verlängerung der Gültigkeit vorhandener ADR-Zulassungsbescheinigungen ein.

Zu Unterabschnitt 1.7.6.1 Buchstabe c

1-26 Eine Notfallexpositionssituation, die sich aus der Nichteinhaltung irgendeines Grenzwertes für die Dosisleistung oder Kontamination entwickelt hat oder entwickelt, ist eine Situation im Sinne des Artikels 2 der Richtlinie 89/618/EURATOM vom 27. November 1989 (Richtlinie des Rates vom 27. November 1989 über die Unterrichtung der Bevölkerung über die bei einer radiologischen Notstandssituation geltenden Verhaltensmaßregeln und zu ergreifenden Gesundheitsschutzmaßnahmen; ABl. EG Nr. L 357 S. 31), bei der ein Grenzwert für die Dosis von 5 mSv im Kalenderjahr zugrunde zu legen ist.

Zu Abschnitt 1.8.1 ADR/RID

1-27 Es wird empfohlen, Gefahrgutpersonal von zuständigen Behörden auf der Basis der Muster-Rahmenlehrpläne für die Aus- und Fortbildung nach der **Anlage 8** der RSEB zu schulen.

Zu Abschnitt 1.8.4

1-28.1 Die Liste der zuständigen Behörden hat die ECE als nichtamtlichen Teil des ADR veröffentlicht. Sie ist unter
http://www.unece.org/trans/danger/publi/adr/country-info_e.htm
in das Internet eingestellt.

1-28.2 Die Liste der zuständigen Behörden hat die OTIF unter
www.otif.org
in das Internet eingestellt.

1-28.3 Die Liste der zuständigen Behörden für das ADN hat die UNECE unter
http://www.unece.org/trans/danger/publi/adn/country-info_e.html
in das Internet eingestellt.

Zu Abschnitt 1.8.5

1-29.1 Die Berichte nach Unterabschnitt 1.8.5.1 sind gemäß dem in Unterabschnitt 1.8.5.4 vorgeschriebenen Muster vom Beförderer, Verlader, Befüller und Empfänger sowie im Eisenbahnverkehr ggf. vom Betreiber der Eisenbahninfrastruktur zu fertigen und gemäß

– § 14 Absatz 1 der GGVSEB für den Straßenverkehr dem
  Bundesamt für Güterverkehr (BAG)
  - Sachbereich 2 -
  Winzererstraße 52
  80797 München
  Fax: 089/12 603 280
  E-Mail: SB2-Muenchen@bag.bund.de
– § 15 Absatz 1 Nummer 5 der GGVSEB für den Eisenbahnverkehr dem
  Eisenbahn-Bundesamt (EBA)
  Referat 33
  Heinemannstraße 6
  53175 Bonn
  Fax: 0228/9826-199
  E-Mail: Ref33@eba.bund.de

spätestens einen Monat nach dem Ereignis vorzulegen.
Die Vordrucke der Berichte können über die Internetseiten des BAG unter
www.bag.bund.de
oder des EBA unter
www.eba.bund.de
abgerufen werden.

1-29.2 Die Berichte nach Unterabschnitt 1.8.5.1 ADN sind gemäß dem in Unterabschnitt 1.8.5.4 ADN vorgeschriebenen Muster vom Beförderer, Verlader, Befüller und Empfänger zu fertigen und gemäß § 16 Absatz 2 Nummer 8 der GGVSEB für den Binnenschiffsverkehr der Zentralstelle Schiffsuntersuchungskommission/Schiffseichamt bei der Generaldirektion Wasserstraßen und Schifffahrt spätestens einen Monat nach dem Ereignis vorzulegen.

Die Vordrucke der Berichte können über die Internetseiten unter
www.elwis.de
abgerufen werden.

1-29.3 Das BAG/EBA reicht diese Berichte an das BMVI

- mit/ohne Empfehlung zur Prüfung durch den AGGB oder seiner Arbeitsgruppen,
- mit/ohne Empfehlung zur Weiterleitung an die Sekretariate der ECE/OTIF

weiter. Zusätzliche Informationen, die zur Abgabe dieser Empfehlung erforderlich sind, ermittelt das BAG/EBA in eigener Zuständigkeit.

1-29.4 Die Generaldirektion Wasserstraßen und Schifffahrt reicht diese Berichte an das BMVI

- mit/ohne Empfehlung zur Prüfung durch den AGGB oder seiner Arbeitsgruppen,
- mit/ohne Empfehlung zur Weiterleitung an die Wirtschaftskommission der Vereinten Nationen für Europa und/oder Zentralkommission für die Rheinschifffahrt

weiter. Zusätzliche Informationen, die zur Abgabe dieser Empfehlung erforderlich sind, ermittelt die Generaldirektion Wasserstraßen und Schifffahrt in eigener Zuständigkeit.

Zu Absatz 1.9.5.3.7 ADR

1-30 Die Tunnelbeschränkungen müssen offiziell bekannt und der Allgemeinheit zugänglich gemacht werden. Dafür soll von den zuständigen Behörden das Muster der **Anlage 9** der RSEB verwendet werden. Die Bekanntgabe erfolgt durch das BMVI auf seinen Internetseiten. Die Tunnelbeschränkungen aller Vertragsparteien sind im Internet unter
www.unece.org/trans/danger/publi/adr/country-info_e.htm
eingestellt.

Zu Unterabschnitt 1.10.1.4 ADR

1-31 Der Lichtbildausweis muss ein amtlicher Ausweis (z.B. Personalausweis, Pass, Führerschein, Fahrerkarte für das digitale Kontrollgerät oder ADR-Schulungsbescheinigung mit Lichtbild) sein.

Zu Unterabschnitt 1.10.1.4 RID

1-32 Zur Besatzung eines Zuges zählen dienstlich dazu berechtigte Personen wie Zugbegleiter sowie Triebfahrzeugführer, Triebfahrzeugbegleiter, Bediener von Kleinlokomotiven und Führer von Nebenfahrzeugen gemäß § 47 Absatz 1 Nummer 8 und 9 der Eisenbahn-Bau- und Betriebsordnung (EBO).

Zu Abschnitt 1.10.3

1-33.1 Es wird auf den „Leitfaden zur Umsetzung der gesetzlichen Sicherungsbestimmungen für die Beförderung gefährlicher Güter" der Verbände BGL, DSLV, VCH, VCI, VDV, VPI verwiesen, der als Hilfe zur Umsetzung der Vorschriften für die Sicherung und zur Erstellung der Sicherungspläne entwickelt wurde.

1-33.2 Sicherungspläne sollten durch die Überwachungsbehörden im Rahmen von Stichproben bzw. aus gegebenem Anlass Plausibilitätskontrollen unterzogen werden. Die Notwendigkeit für Prüfungen im Detail kann sich in besonderen Fällen ergeben.

1-33.3 Abschnitt 1.10.3 sieht spezielle Sicherungsmaßnahmen für gefährliche Güter mit hohem Gefahrenpotenzial vor, bei denen die Möglichkeit eines Missbrauchs zu terroristischen Zwecken und damit die Gefahr schwerwiegender Folgen, wie Verlust zahlreicher Menschenleben und massive Zerstörungen, besteht. Für den Fall, dass gefährliche Güter mit hohem Gefahrenpotenzial gleichwohl abhandenkommen, müssen die jeweils zuständigen Behörden unverzüglich in der Lage sein, schnellstmöglich entsprechende Maßnahmen zu treffen (z.B. Strafverfolgung wegen Abhandenkommen durch Diebstahl oder widerrechtliche Entwendung bzw. Gefahrenabwehr in Bezug auf eine mögliche missbräuchliche Verwendung der abhandengekommenen Stoffe).

Die an der Beförderung von gefährlichen Gütern mit hohem Gefahrenpotenzial im Straßen- und Eisenbahnverkehr sowie in der Binnenschifffahrt Beteiligten haben daher gemäß § 27 Absatz 4a der GGVSEB dafür zu sorgen, dass der zuständigen Polizeibehörde unverzüglich mitgeteilt wird, wenn ihnen Fahrzeuge, Wagen, Beförderungsmittel oder Container mit gefährlichen Gütern mit hohem Gefahrenpotenzial oder diese Güter selbst abhandenkommen. Gleiches gilt im Falle des Wiederauffindens. Weitere Einzelheiten hierzu sind im Sicherungsplan zu regeln.

Darüber hinaus sollen auch bereits erkennbare Vorbereitungs- und Versuchsfälle, bei denen es noch nicht zu unberechtigter Entwendung von gefährlichen Gütern mit hohem Gefahrenpotenzial gekommen ist, unverzüglich der zuständigen Polizeibehörde gemeldet werden. Dies könnte beispielweise der Fall sein bei unvorhergesehener Störung und Abbruch eines entsprechenden Vorhabens.

Zu Abschnitt 1.10.4 ADR/RID

1-34 Für Beförderungen von gefährlichen Gütern nach Unterabschnitt 1.1.3.6 sind die Vorschriften des Kapitels 1.10 nicht anzuwenden, auch wenn die in der Tabelle in Absatz 1.10.3.1.2 ADR/RID genannten Mengen überschritten werden. Für die in Abschnitt 1.10.4 von dieser Freistellung ausgenommenen Stoffe und Gegenstände sind die Vorschriften des Kapitels 1.10 ADR/RID jedoch anzuwenden.

Zu Kapitel 1.11 RID

1-36 Der Betreiber der Eisenbahninfrastruktur hat dafür zu sorgen, dass für die Beförderung gefährlicher Güter in Rangierbahnhöfen interne Notfallpläne erstellt werden. Dafür soll das Muster in der **Anlage 19** der RSEB verwendet werden.

Erläuterungen zu Teil 2

Zu Unterabschnitt 2.1.3.9

2-1 Bei freiwilliger Beförderung von Abfällen unter den UN-Nummern 3077 und 3082, entsprechend den Regelungen nach Unterabschnitt 2.1.3.9, gelten auch die weiteren einschlägigen Vorschriften nach ADR/RID/ADN. In diesem Fall reicht es jedoch aus, wenn im Beförderungspapier anstelle der gefahrenauslösenden Komponente angegeben wird:

„... Abfall (Eintrag der Codenummer des harmonisierten Systems nach An-hang III, IV oder V der Verordnung (EG) Nr. 1013/2006 vom 14. Juni 2006 über die Verbringung von Abfällen – EG-Abfallverbringungsverordnung (ABl. EU Nr. L 190 S. 1 vom 12.7.2006), zuletzt geändert durch Verordnung (EU) Nr. 2015/2002 vom 10. November 2015 (ABl. EU Nr. L 294 S. 1 vom 11.11.2015), oder im innerstaatlichen Verkehr der Abfallschlüssel nach dem Abfallverzeichnis zur Verordnung über das Europäische Abfallverzeichnis vom 10. Dezember 2001 (BGBl. I S. 3379), zuletzt geändert durch Artikel 1 der Verordnung vom 22. Dezember 2016 (BGBl. I S. 3103))".

Wenn keine freiwillige Zuordnung zu den genannten UN-Nummern erfolgt, dann gelten auch die weiteren Vorschriften nach ADR/RID/ADN nicht.

Zu Abschnitt 2.2.3

2-2 ETHANOL (ETHYLALKOHOL), denaturiert oder ETHANOL, LÖSUNG (ETHYLALKOHOL, LÖSUNG), denaturiert mit einem Flammpunkt von höchstens 60 °C ist der UN-Nummer 1170 zuzuordnen.

Zu Abschnitt und Absatz 2.2.3, 2.2.9.1.10 und 2.2.9.1.13

2-3 Die Zuordnung von HEIZÖL, SCHWER erfolgt nach den Kriterien zur Klassifizierung auf der Grundlage der konkreten Eigenschaften. Gemäß ADR/RID und, unabhängig von der Beförderung in Tankschiffen, gemäß ADN bedeutet dies:

a) UN 1268 ERDÖLPRODUKTE, N.A.G., Klasse 3, wenn der Flammpunkt bei höchstens 60 °C liegt,

b) UN 3256 ERWÄRMTER FLÜSSIGER STOFF, ENTZÜNDBAR, N.A.G., Klasse 3, wenn der Flammpunkt bei über 60 °C liegt und das Gut mit einer bei oder über dem Flammpunkt liegenden Temperatur befördert oder zur Beförderung aufgegeben wird,

c) UN 3257 ERWÄRMTER FLÜSSIGER STOFF, N.A.G., Klasse 9, wenn das Gut mit einer Temperatur bei oder über 100 °C befördert oder zur Beförderung aufgegeben wird, die Temperatur jedoch unter dem Flammpunkt liegt,

d) UN 3082 UMWELTGEFÄHRDENDER STOFF, FLÜSSIG, N.A.G., Klasse 9, wenn das Gut die Bedingungen der Buchstaben a bis c nicht erfüllt, jedoch den Kriterien für eine Einstufung als umweltgefährdender Stoff (aquatische Umwelt) entspricht oder

e) ungefährlicher Stoff, wenn das Gut die Bedingungen der Buchstaben a bis d nicht erfüllt (siehe auch Nummer 2-18.1 und 2-18.2 der RSEB).

Zu Absatz 2.2.41.1.4

2-4 Die Stoffe Holzmehl, Sägemehl, Holzspäne, Holzwolle, Holzschliff, Holzzellstoff, Altpapier, Papierabfälle, Papierwolle, Rohr, Schilf, Schilfrohr, Spinnstoffe pflanzlichen Ursprungs und Kork unterliegen anhand bei der Bundesanstalt für Materialforschung und -prüfung durchgeführter Untersuchungen nach dem für die Klasse 4.1 vorgeschriebenen Prüfverfahren bzw. aufgrund von Erfahrungswerten nicht den Vorschriften des ADR/RID/ADN.

Zu Absatz 2.2.61.2.2, 3. Anstrich in Verbindung mit Ausnahme 19 (B, E, S) der GGAV

2-5 Gemäß Absatz 2.2.61.2.2, 3. Anstrich sind sehr giftige Gemische (Verpackungsgruppe I) mit 2,3,7,8-Tetrachlordibenzo-p-dioxin (TCDD) zur Beförderung verboten. Nach Anlage 2 Nummer 1.1 Buchstabe a in Verbindung mit Nummer 1.2 Buchstabe a der GGVSEB sind Güter von der Beförderung ausgeschlossen, die mehr als 1 µg/kg (ppb) an 2,3,7,8-Tetrachlordibenzo-p-dioxin (TCDD) enthalten, da diese Güter als sehr giftig anzusehen und somit der Verpackungsgruppe I zuzuordnen sind. Aufgrund des Beförderungsverbots nach ADR/RID/ADN können solche Gemische (wie z.B. Aschen oder Schlämme) nicht gemäß Ausnahme 19 (B, E, S) der GGAV befördert werden, sondern nur mit einer Ausnahme nach § 5 der GGVSEB. Gemische, deren Gehalt an 2,3,7,8-Tetrachlordibenzo-p-dioxin (TCDD) höchstens 1 µg/kg (ppb) beträgt, können gemäß Ausnahme 19 (B, E, S) der GGAV befördert werden.

Zu Absatz 2.2.62.1.1

2-6 Unter die Klasse 6.2 fallen nicht alle Stoffe, Materialien, Gegenstände und Abfälle, die Krankheitserreger (pathogene Mikroorganismen oder andere Erreger wie Prionen) enthalten, sondern nur solche, die bei physischem Kontakt mit Menschen oder Tieren Krankheiten hervorrufen können. Als Krankheitserreger gelten Mikroorganismen und andere Erreger der WHO-Risikogruppen 2 bis 4 entsprechend § 3 der Biostoffverordnung (BioStoffV). Falls die Voraussetzungen der Absätze 2.2.62.1.5.1 bis 2.2.62.1.5.9 vorliegen, unterliegen die Beförderungen jedoch nicht dem ADR/RID/ADN.

Zu Absatz 2.2.62.1.3 - Kulturen

2-7 Der Begriff Kultur wird einheitlich als Ergebnis eines Prozesses definiert, bei dem Krankheitserreger absichtlich vermehrt wurden. Die Möglichkeit der Differenzierung von Kulturen für diagnostische und klinische Zwecke einerseits und Kulturen für alle anderen Anwendungszwecke andererseits wurde mit dem ADR/RID 2007 aufgehoben. Entsprechend werden alle Formen der Kulturen von Krankheitserregern, die in der Beispieltabelle zu ansteckungsgefährlichen Stoffen der Kategorie A aufgeführt sind, auch der UN-Nummer 2814 bzw. 2900 zugeordnet. Ausnahmen sind einzig möglich für die Kulturen von

a) verotoxigenen Escherichia coli,

b) Mycobacterium tuberculosis und

c) Shigella dysenteriae type 1,

wenn diese für diagnostische oder klinische Zwecke vorgesehen sind. In diesen Fällen darf weiterhin eine Klassifizierung als ansteckungsgefährlicher Stoff der Kategorie B erfolgen (vgl. Fußnote a) zu Absatz 2.2.62.1.4.1). Unter Kulturen für diagnostische oder klinische Zwecke sind Abimpfungen (Subkulturen) in der Regel aus diagnostischen Proben isolierter Mikroorganismen zu verstehen, die in geringen Mengen zum Zweck weiterer Diagnostik in geeigneter Form (z.B. in einem Transportmedium) befördert werden. Entsprechend hergestellte Subkulturen für Standardisierungs-, Qualitätssicherungs- und ähnliche Zwecke fallen unter diese Definition.

Zu Absatz 2.2.62.1.4.1 - Kategorie A

2-8.1 Die Tabelle zu diesem Absatz enthält Beispiele von Krankheitserregern (entsprechend der WHO-Risikogruppe 4), die in jeder Form, d.h. als Kultur jeder Art oder enthalten in Patientenproben, medizinischen Abfällen oder anderen Materialien, der Kategorie A und damit der UN-Nummer 2814 zuzuordnen sind, z.B. Ebola-Virus. Ansteckungsgefährliche Stoffe, nur gefährlich für Tiere, werden der UN-Nummer 2900 nur zugeordnet, wenn die Krankheitserreger als Kultur befördert werden.

2-8.2 Daneben sind in der Liste Erreger aufgeführt, bei denen nur Kulturen der Definition nach Absatz 2.2.62.1.3 der Kategorie A zugeordnet werden, z.B. Bacillus anthracis (nur Kulturen). Dies sind in der Regel Erreger, die bisher der WHO-Risikogruppe 3 zugeordnet waren, die normalerweise ernste aber keine lebensbedrohlichen oder tödlichen Krankheiten hervorrufen.

Zu Absatz 2.2.62.1.4.1

2-9 Zur Kategorie A sind wegen des unbekannten Gefährdungsgrades auch bioterroristisch verdächtige Materialien zu zählen. Die Sicherstellung, Probenahme und Beförderung derartiger Materialien von der Fund- zur Untersuchungsstelle erfolgen bei der gegenwärtig geübten Praxis in der Regel durch Polizei- oder Rettungskräfte. In diesem Fall ist die Beförderung nach Unterabschnitt 1.1.3.1 Buchstabe d von den Vorschriften des ADR/RID/ADN freigestellt (siehe auch Nummer 1-6.1 und 1-6.2 der RSEB).

Zu Absatz 2.2.62.1.4.2 - Kategorie B

2-10.1 Bei der Zuordnung ist zu prüfen, ob die Voraussetzungen der Definition nach Absatz 2.2.62.1.1 für ansteckungsgefährliche Stoffe gegeben sind und ob die Bedingungen einer Freistellung nach Absatz 2.2.62.1.5 erfüllt sind.

2-10.2 Zur Kategorie B gehören insbesondere:

- Kulturen für diagnostische oder klinische Zwecke von verotoxigenen *Escherichia coli, Mycobacterium tuberculosis* und *Shigella dysenteriae type 1* (Kulturen dieser Erreger für andere Zwecke fallen in die Kategorie A),
- biologische Produkte der UN-Nummer 3373,
- medizinische oder klinische Abfälle, die Krankheitserreger der Kategorie B enthalten (UN-Nummer 3291) und
- ansteckungsgefährliche Stoffe, die den Kriterien für die Aufnahme in die Kategorie A nicht entsprechen.

Zu Absatz 2.2.62.1.5.1 bis 2.2.62.1.5.9 - Freistellungen

2-11.1 Nicht unter die Klasse 6.2 fallen alle natürlich vorkommenden Stoffe, Materialien und Gegenstände des täglichen Lebens, bei denen sich die Konzentration und Art möglicherweise enthaltener Krankheitserreger auf einem in der Natur vorkommenden Niveau befindet. Beispiele sind:

- Lebensmittel,
- Wasser- und Umweltproben,
- Hausmüll,
- Abwässer,
- Fäkalien menschlicher und tierischer Herkunft,
- lebende und verstorbene Personen,
- lebende und tote Tiere und
- Stoffe, die so behandelt wurden, dass enthaltene Krankheitserreger inaktiviert sind.

Ebenfalls nicht unter die Vorschriften des ADR/RID/ADN für die Klasse 6.2 fällt getrocknetes Blut, in Form eines auf ein saugfähiges Material aufgetropften Tropfens, oder Blut, Blutbestandteile oder Blutprodukte für Transfusionszwecke oder Gewebe und Organe für Transplantationen.

2-11.2 Proben von Menschen oder Tieren, mit einer minimalen Wahrscheinlichkeit, dass darin Krankheitserreger enthalten sind, können als „FREIGESTELLTE MEDIZINISCHE PROBE" bzw. „FREIGESTELLTE VETERINÄRMEDIZINISCHE PROBE" befördert werden. Voraussetzung dafür ist neben der Einhaltung der entsprechenden Verpackungsvorschriften die zuvor erfolgte fachliche Beurteilung.

Zu Absatz 2.2.62.1.11.1 Satz 2

2-12 Zu den Abfällen der UN-Nummer 3291 zählen die Abfälle, die bei der Behandlung von Menschen oder Tieren innerhalb von medizinischen Einrichtungen anfallen und aus infektionspräventiver Sicht auch außerhalb dieser Einrichtungen einer besonderen Behandlung bedürfen. Dies ist z.B. der Fall bei Abfällen der Schlüsselnummern „EAK 18 01 03*" und „EAK 18 02 02*" nach der „Vollzugshilfe zur Entsorgung von Abfällen aus Einrichtungen des Gesundheitsdienstes" (Stand: Januar 2015) der Bund/Länder-Arbeitsgemeinschaft Abfall (LAGA).

Zu Absatz 2.2.62.1.11.2

2-13 Abfälle, an deren Entsorgung aus infektionspräventiver Sicht nur innerhalb der Einrichtungen des Gesundheitsdienstes besondere Anforderungen zu stellen sind, unterliegen nicht den Vorschriften der Klasse 6.2. Dies ist z.B. der Fall bei Abfällen der Schlüsselnummern „EAK 18 01 02", „EAK 18 01 04" und „EAK 18 02 03" nach der unter Nummer 2-12 der RESE genannten Vollzugshilfe.

Zu Absatz 2.2.62.1.11.3

2-14 Zur Dekontamination infektiöser Abfälle können die Verfahren der chemischen Desinfektion oder thermischen Sterilisation (Autoklavierung) angewendet werden, die eine irreversible Inaktivierung enthaltener Erreger sicherstellen (siehe Liste der vom Robert Koch-Institut anerkannten Desinfektionsmittel und -verfahren).

Zu Absatz 2.2.62.1.1, 2.2.62.1.12.1, Unterabschnitt 2.2.62.2 und Absatz 2.2.9.1.11 – infizierte und genetisch veränderte lebende Tiere

2-15.1 Nach Absatz 2.2.62.1.1 Bem. 1 sind nur absichtlich infizierte lebende Tiere der Klasse 6.2 zuzuordnen, wenn sie die Bedingungen dieser Klasse erfüllen. Nicht absichtlich oder auf natürliche Weise infizierte lebende Tiere unterliegen nicht zusätzlich den Vorschriften des ADR/RID/ADN sondern den einschlägigen veterinärrechtlichen Vorschriften.

2-15.2 Absichtlich infizierte lebende Tiere dürfen nach Absatz 2.2.62.1.12.1 in Verbindung mit Unterabschnitt 2.2.62.2 nur unter den von den zuständigen Behörden genehmigten Bedingungen befördert werden. Die Genehmigung ist auf der Grundlage der einschlägigen veterinärrechtlichen Regelungen zu erteilen, wobei gefahrgutrechtliche Gesichtspunkte zu berücksichtigen sind. Daraus folgt, dass die zuständige Veterinärbehörde das Genehmigungsverfahren durchführt und dabei gegebenenfalls die für das Gefahrgutrecht zuständige Behörde beteiligt.

2-15.3 Genetisch veränderte lebende Tiere sind nach Absatz 2.2.9.1.11 der Klasse 9 zuzuordnen, wenn sie in der Lage sind, Tiere, Pflanzen oder mikrobiologische Stoffe in einer Weise zu verändern, die normalerweise nicht aus natürlicher Reproduktion resultiert. Sie unterliegen nach Absatz 2.2.9.1.11 Bem. 2 nicht den Vorschriften des ADR/RID/ADN, wenn sie von den für das Gentechnikrecht zuständigen Behörden der Ursprungs-, Transit- und Bestimmungsländer zur Verwendung zugelassen wurden (siehe auch Nummer 3-5 der RSEB). Nach Absatz 2.2.9.1.11 Bem. 3 unterliegen sie ebenfalls nicht den Vorschriften des ADR/RID/ADN, wenn sie nach dem derzeitigen Stand der wissenschaftlichen Erkenntnisse keine pathogenen (potentiell krankmachenden) Auswirkungen auf Menschen, Tiere und Pflanzen haben und sie in ausbruchs- und zugriffssicheren Behältnissen befördert werden. Sofern diese Freistellungen nicht in Anspruch genommen werden können, müssen die genetisch veränderten lebenden Tiere nach Absatz 2.2.9.1.11 Bem. 4 nach den von den zuständigen Behörden der Ursprungs- und Bestimmungsländer festgelegten Bedingungen befördert werden. Auch hier begründen ADR/RID/ADN keine gefahrgutrechtlichen Zuständigkeiten. Das Verfahren zur Festlegung der Beförderungsbedingungen wird von der zuständigen Veterinärbehörde durchgeführt, gegebenenfalls unter Beteiligung der für das Gentechnikrecht zuständigen Behörde.

Zu Absatz 2.2.8.1.6 und den zugehörigen Fußnoten

2-16 Die OECD Guidelines können bezogen werden über:

OECD
2, rue André Pascal
75775 Paris Cedex 16
France
oder als kostenloser Download unter:
http://www.oecd-ilibrary.org/environment/oecd-guidelines-for-the-testing-of-chemicals-section-4-health-effects_20745788

Zu Absatz 2.2.9.1.7

2-17.1 Die Bem. zu Buchstabe a soll klarstellen, dass sowohl die Batterien, als auch die Zellen, aus denen die Batterien zusammengesetzt sind, immer einem geprüften Typ entsprechen müssen.

2-17.2 Nach Buchstabe e (vii) muss das Qualitätssicherungsprogramm geeignete Kontrollmechanismen enthalten, damit Zellen oder Batterien, die aufgrund von Herstellungsfehlern dem geprüften Typ nicht entsprechen, erkannt werden und nicht zur Beförderung gelangen. Ferner muss das Qualitätssicherungsprogramm auch Kontrollmechanismen für Zellen und Batterien aus Kleinserien und für Vorproduktionsprototypen enthalten, die nach Kapitel 3.3 Sondervorschrift 310 befördert werden, weil die Sondervorschrift 310 nur von den Prüfvorschriften des Handbuchs Prüfungen und Kriterien freistellt und nicht von allen Vorschriften des ADR/RID/ADN.

Zu Absatz 2.2.9.1.10 ADR/RID/ADN und Kapitel 2.4 ADN

2-18.1 Eine Einstufung als umweltgefährdende Stoffe (aquatische Umwelt) ist im Rahmen der Klassifizierung eigenverantwortlich vorzunehmen (Selbsteinstufung). Dabei sind zuerst die Kriterien nach den Absätzen 2.2.9.1.10.3 und 2.2.9.1.10.4 ADR/RID bzw. in den Absätzen 2.4.3 und 2.4.4 ADN anzuwenden. Liegen hierfür keine Daten vor, erfolgt die Einstufung nach Absatz 2.2.9.1.10.5 ADR/RID bzw. 2.2.9.1.10.3 ADN nach gefahrstoffrechtlichen Kriterien. Die am 20. Januar 2009 in Kraft getretene Verordnung 1272/2008/EG (CLP-Verordnung) hat die bisherigen Richtlinien 67/548/EWG (Stoffrichtlinie) und 1999/45/EG (Zubereitungsrichtlinie) ersetzt, welche zum 1. Juni 2015 aufgehoben wurden. Die in Anhang I der Stoffrichtlinie enthaltene Liste von rechtsverbindlichen Legaleinstufungen enthielt grundsätzlich Kompletteinstufungen hinsichtlich der zugeordneten Gefahrenklassen und Differenzierungen (Endpunkte), einschließlich verbindlich anzuwendender Nichteinstufungen. Die Liste wurde zwar in Anhang VI Teil 3 der CLP-Verordnung überführt, die Legaleinstufungen sind nunmehr allerdings nur noch als Teileinstufungen zu verstehen. Das bedeutet, dass die Einstufung zunächst gemäß dem Eintrag in Anhang VI Teil 3 zu erfolgen hat. Darüber hinaus sind jedoch alle übrigen Endpunkte, die nicht durch eine Legaleinstufung vorgegeben sind, durch den Hersteller bzw. Importeur zu bewerten und gegebenenfalls selbst einzustufen. Nach der Stoffrichtlinie bestand eine solche Ergänzungspflicht nur dann, wenn der entsprechende Eintrag in der Liste der Legaleinstufungen dies über eine zugeordnete Anmerkung explizit verlangte (insbesondere bei der Vergabe der Anmerkung H). Das Nichtvorhandensein einer harmonisierten Einstufung als umweltgefährdend ist demnach nicht als harmonisierte und damit abschließende Nichteinstufung zu bewerten. Hersteller bzw. Importeure sind vielmehr verpflichtet, Nachforschungen zur verfügbaren Datenlage durchzuführen und eine gegebenenfalls notwendige Einstufung als umweltgefährdend eigenverantwortlich vorzunehmen.

2-18.2 Einstufung von Mineralölprodukten als umweltgefährdende Stoffe (aquatische Umwelt) nach gefahrstoffrechtlichen Kriterien:

In Anhang VI Teil 3 der CLP-Verordnung sind diverse Legaleinstufungen für Mineralölprodukte gelistet, die jedoch keine Einstufung der Umweltgefährdung beinhalten. Wie unter Nummer 2-18.1 der RESB beschrieben, ist diese eigenverantwortlich vorzunehmen. Aufgrund der Zuordnung der Anmerkung H zu den relevanten Einträgen galt diese Ergänzungspflicht bei Mineralölprodukten bereits nach der Stoffrichtlinie. Zur Harmonisierung der gegebenenfalls notwendigen Selbsteinstufung hat die Europäische Vereinigung von Erdölunternehmen für Umweltschutz, Gesundheit und Sicherheit in Raffinerien und Transport (CONCAWE) im Jahr 2001 den Report 01/54 „Environmental classification of petroleum substances – summary data and rationale“ und im Jahr 2014 den Report 10/14 „Hazard classification and labelling of petroleum substances in the European Economic Area – 2014 (revised)“ veröffentlicht (http://www.concawe.be). In diesen Reporten wird die vorhandene Datenlage dargestellt und daraus eine Empfehlung für eine gegebenenfalls notwendige Einstufung als umweltgefährdend abgeleitet. Für z.B. Diesel und Heizöl (UN-Nummer 1202), schweres Heizöl (UN-Nummer 3082) sowie Kerosin (UN-Nummer 1223) empfiehlt CONCAWE eine Einstufung als umweltgefährdend und für Bitumen (UN-Nummer 1999) keine Einstufung als umweltgefährdend. Es liegen keine Erkenntnisse vor, die gegen die Verwendung der Empfehlungen der CONCAWE sprechen würden. Für den Fall, dass konkrete Testdaten nach den Kriterien für eine Einstufung nach den Absätzen 2.2.9.1.10.3 und 2.2.9.1.10.4 ADR/RID bzw. den Abschnitten 2.4.3 und 2.4.4 ADN zu einer abweichenden Einstufung führen, sind diese Testergebnisse jedoch vorrangig anzuwenden (siehe auch Nummer 2-3 der RSEB).

Erläuterungen zu Teil 3

Zu Kapitel 3.3 Sondervorschrift 310

3-1 Der Begriff „Prüfung" in Kapitel 3.3 Sondervorschrift 310 im Zusammenhang mit der Zuführung zur Prüfung, umfasst nicht nur die gemäß Handbuch Prüfungen und Kriterien durchzuführenden Tests, sondern schließt auch die Durchführung von Performance- bzw. Applikationstests ein, z.B. im Rahmen der Erprobung von Kraftfahrzeugen.

Zu Kapitel 3.3 Sondervorschrift 327

3-2 Aus Kapitel 3.3 Sondervorschrift 327 Satz 2 ergibt sich, dass die Anforderung aus der Verpackungsanweisung P 207 bzw. der Sondervorschrift für die Verpackung L 2 in der Verpackungsanweisung LP 200, dass die Verpackungen/Großverpackungen so ausgelegt und gebaut sein müssen, dass übermäßige/gefährliche Bewegungen der Druckgaspackungen und eine unbeabsichtigte Entleerung unter normalen Beförderungsbedingungen verhindert werden, bei Beförderungen nach der Sondervorschrift 327 nicht gilt.

Zu Kapitel 3.3 Sondervorschrift 363

3-3.1 Unter Kapitel 3.3 Sondervorschrift 363 fallen auch festverbundene brennstoffbetriebene Einrichtungen von Fahrzeugen, die nicht für eine Verwendung während der Beförderung bestimmt sind.

3-3.2 Die Vorgabe in Kapitel 3.3 Sondervorschrift 363 Buchstabe g (ii), dass alle Ventile oder Öffnungen (z.B. Lüftungseinrichtungen) während der Beförderung geschlossen sein müssen, bedeutet nicht, dass die Umschließungsmittel luftdicht verschlossen sein müssen. Ein notwendiger Druckausgleich muss stattfinden können.

3-3.3 Bei Anwendung von Kapitel 3.3 Sondervorschrift 363 Buchstabe g (vi) gelten die Vorschriften des Absatzes 5.4.1.1.1 Buchstabe f für flüssige Brennstoffe als erfüllt, wenn im Beförderungspapier die Angabe des Fassungsraums erfolgt.

Zu Kapitel 3.3 Sondervorschrift 371

3-4 Konfettishooter sind ausschließlich nach Kapitel 3.3 Sondervorschrift 371 zu befördern. Die Anwendung von Kapitel 3.3 Sondervorschrift 594 ist ausgeschlossen, da Konfettishooter mit einer Auslöseeinheit versehen sind.

Zu Kapitel 3.3 Sondervorschrift 637

3-5 Für Kapitel 3.3 Sondervorschrift 637 ist eine separate Zuständigkeitsregelung im Gefahrgutrecht entbehrlich, da im Gentechnikrecht die Zuständigkeiten sowohl auf Landes- und Bundesebene als auch auf EU-Ebene geregelt und in der Praxis unstrittig sind. Die in der Fußnote zur Sondervorschrift 637 genannte Richtlinie 2001/18/EG wurde in Deutschland durch das Gentechnikgesetz umgesetzt. Für die Genehmigungsverfahren nach Teil B (Freisetzung, z.B. Freilandversuche) und Teil C (Inverkehrbringen) dieser Richtlinie ist in Deutschland das Bundesamt für Verbraucherschutz und Lebensmittelsicherheit (BVL) die zuständige Behörde. Das Inverkehrbringen von gentechnisch veränderten Lebens- und Futtermitteln nach der Verordnung (EG) Nr. 1829/2003 wird in einem von der EU-Kommission zentral geführten Verfahren entschieden. Hier ist das BVL ebenfalls als die für Deutschland national zuständige Behörde am Verfahren beteiligt.

Zu Kapitel 3.3 Sondervorschrift 650

3-6 Die Beförderung von befüllten und original verschlossenen, aber überlagerten Verpackungen mit Farbe, ist nach Kapitel 3.3 Sondervorschrift 650 zulässig, sofern es sich nachweisbar um eine Beförderung zur Entsorgung handelt.

Zu Kapitel 3.3 Sondervorschrift 653

3-7 Für die in Kapitel 3.3 Sondervorschrift 653 enthaltene Vorgabe für die Größe des Kennzeichens kann auch die Regelung zur Verkleinerung nach Absatz 5.2.2.2.1.1 in Verbindung mit Unterabschnitt 1.6.1.30 angewendet werden, wenn es die Größe des Versandstücks erfordert.

Zu Kapitel 3.3 Sondervorschrift 664 ADR

3-8.1 Nach Kapitel 3.3 Sondervorschrift 664 Buchstabe e ADR muss im Beförderungspapier die Angabe „ADDITIVIERUNGSEINRICHTUNG" hinzugefügt werden. Sofern bis zum 31. Dezember 2018 noch der bis zum 31. Dezember 2016 geltende Eintrag „BEFÖRDERUNG NACH SONDERVORSCHRIFT 664" verwendet wird, besteht kein öffentliches Interesse an einer Verfolgung dieses Verstoßes als Ordnungswidrigkeit (§ 47 Absatz 1 des OWiG).

3-8.2 Bei integrierten Additivbehältern oder Sonderformen von Additivbehältern sind nach Kapitel 3.3 Sondervorschrift 664 Buchstabe g ADR keine Kennzeichnung mit der UN-Nummer und Gefahrzettel erforderlich. Zugelassene Verpackungen als Additivbehälter müssen jedoch den Vorschriften entsprechend gekennzeichnet und bezettelt sein (siehe auch Nummer 1-24 und 9-7 der RSEB).

Zu Kapitel 3.3 Sondervorschrift 803 ADN

3-9.B Für die in Kapitel Sondervorschrift 803 ADN geforderten Instruktionen, wie im Falle einer wesentlichen Erwärmung der Ladung zu verfahren ist, wird auf das Dokument der „Instruktionen für die Beförderung von Steinkohle, Koks und Anthrazitkohle (UN 1361) mit Binnenschiffen" der Verbände BDB und VdKI verwiesen:

http://binnenschiff.de/content/instruktionen-zum-transport-von-kohle/

Enthält eine Instruktion diese Vorgaben, ist sie für die Einhaltung der Bedingungen in der Sondervorschrift 803 geeignet.

Zu Kapitel 3.4 in Verbindung mit Unterabschnitt 4.1.1.5

3-10 Aus Absatz 4.1.1.5.1 folgt nicht, dass bei Beförderungen nach Kapitel 3.4 nur bauartgeprüfte Verpackungen verwendet werden dürfen.

Zu Abschnitt 3.4.1

3-11 In den Fällen, in denen in sonstigen Vorschriften weitergehende Freistellungsregelungen enthalten sind, gehen diese Freistellungsregelungen vor.

Zu Abschnitt 3.4.7 und 3.4.8

3-12 Sofern Versandstücke zusätzlich zu dem in Abschnitt 3.4.7 oder 3.4.8 geforderten Kennzeichen mit den jeweils zutreffenden Gefahrzetteln oder auch anderen zutreffenden gefahrgutbezogenen Aufschriften (z.B. aus Kapitel 3.3 Sondervorschrift 625) versehen sind, besteht kein öffentliches Interesse an einer Verfolgung dieses Verstoßes als Ordnungswidrigkeit (§ 47 Absatz 1 des OWiG).

Zu Abschnitt 3.4.12 und 3.4.14

3-13 Sofern die Angabe einer höheren Bruttomasse als der tatsächlichen Bruttomasse erfolgt, besteht kein öffentliches Interesse an einer Verfolgung dieses Verstoßes als Ordnungswidrigkeit (§ 47 Absatz 1 des OWiG).

Zu Abschnitt 3.4.12, 3.4.13 und 3.4.14 ADR

3-14 Sofern eine vertragliche Vereinbarung zwischen Absender und Beförderer besteht, dass durch den Beförderer ausschließlich Beförderungseinheiten mit einer höchstzulässigen Gesamtmasse von nicht mehr als 12 Tonnen eingesetzt werden und der Absender den Beförderer nicht über die Bruttomasse der in begrenzten Mengen zu versendenden gefährlichen Güter informiert, besteht kein öffentliches Interesse an einer Verfolgung dieses Verstoßes als Ordnungswidrigkeit (§ 47 Absatz 1 des OWiG).

Zu Abschnitt 3.4.13 und 3.4.14

3-15 Das Kennzeichen nach Abschnitt 3.4.13 darf auch sichtbar angebracht sein, wenn die nach Abschnitt 3.4.14 angegebenen Mengengrenzen nicht erreicht sind oder im Verlauf der Beförderung unterschritten (z.B. durch Teilentladung) werden.

Zu Abschnitt 3.4.13 Buchstabe b

3-16 Bei der Kennzeichnung von Wechselaufbauten (Wechselbehältern) ist sinngemäß wie nach der Bemerkung in Unterabschnitt 5.3.1.2 zu verfahren. Das bedeutet, dass das Kennzeichen nach Abschnitt 3.4.15 nicht auf Wechselaufbauten (Wechselbehälter), ausgenommen im kombinierten Verkehr Straße/Schiene, anzubringen ist.

Zu Unterabschnitt 3.5.4.2

3-17 In dem Kennzeichen für freigestellte Mengen ist unter anderem der Absender anzugeben. Dies ist der ursprüngliche Absender, auch wenn im Verlauf der Beförderung mehrere Absender vorhanden sind, da das Kennzeichen mit seinem Informationsgehalt vom Absender bis zum Empfänger gilt. Demgemäß ist dieser Absender nicht zwingend der Absender nach der Begriffsbestimmung in der GGVSEB.

Erläuterungen zu Teil 4

Zu Absatz 4.1.1.5.2

4-1 Sofern nach den anwendbaren Vorschriften eine bauartzugelassene Verpackung zu verwenden ist, muss die verwendete Verpackung, einschließlich der Innenverpackungen und zusätzlichen Verpackungen, sofern jeweils vorhanden, einer Bauart entsprechen, die erfolgreich nach den jeweils geltenden Vorschriften des Abschnitts 6.1.5, 6.3.5 oder 6.6.5 geprüft wurde. Die zusätzlichen Verpackungen alleine müssen dies nicht.

Zu Unterabschnitt 4.1.1.8

4-2 Für die Stoffe, bei denen eine Lüftungseinrichtung erforderlich ist, gilt auch der erste Absatz des Unterabschnitts 4.1.1.8 nach dem das austretende Gas nicht zu einer Gefahr führen darf.

Zu Unterabschnitt 4.1.1.11

4-3 Ungereinigte leere Verpackungen einschließlich Großpackmittel (IBC) und Großverpackungen können nach Unterabschnitt 1.1.3.5 freigestellt werden. Bei der Nutzung der Freistellung sind die Bedingungen nach Nummer 1 - 12 der RSEB (Ergreifen geeigneter Maßnahmen) zu erfüllen.

Zu Unterabschnitt 4.1.3.8 ADR

4-4 Für die Beförderung von Kraftstofftanks von Kraftfahrzeugen und Schienenfahrzeugen mit Restmengen von entzündbaren flüssigen Stoffen der UN-Nummer 1202 bzw. 1203 darf die Allgemeinverfügung der Bundesanstalt für Materialforschung und –prüfung (BAM) Nr. D/BAM/ADR, Az. 3.12/301549 vom 23. Mai 2014 angewendet werden:
www.bam.de/de/service/amtl_mitteilungen/gefahrgutrecht/allgemein.htm.

Zu Unterabschnitt 4.1.4.1

4-5.1 Sofern bei den Kennzeichen nach den Verpackungsanweisungen P 650 Absatz 4 und P 904 Absatz 2 eine Schreibweise mit Leerzeichen zwischen den Buchstaben „UN“ und der UN-Nummer („UN 3373“ bzw. „UN 3245“) erfolgt, besteht kein öffentliches Interesse an einer Verfolgung dieses Verstoßes als Ordnungswidrigkeit (§ 47 Absatz 1 des OWiG).

4-5.2 Gefährliche Reaktionen der Inhaltsstoffe von Batterien nach der Verpackungsanweisung P 801a Absatz 4 können z.B. ausgeschlossen werden, wenn die Pole der Batterien gegen Kurzschluss gesichert sind und eine Undichtigkeit der Batteriegehäuse, z.B. durch Beschädigung während der Beförderung nicht anzunehmen ist oder wenn die Elektrolyte aus den Batterien entfernt worden sind.

4-5.3 Gegenstände mit Stoffen der UN-Nummer 2315, 3151, 3152 und 3432 dürfen ohne einzelne Verpackung gemeinsam in einer Verpackung nach der Verpackungsanweisung P 906 verpackt werden.

4-5.4 Elektro- und Elektronikaltgeräte mit Lithiumbatterien dürfen nach der Verpackungsanweisung P 909 Absatz 3 Satz 3 unverpackt befördert werden, vorausgesetzt, die enthaltenen Zellen und Batterien werden durch das Gerät gleichwertig geschützt. Dies ist z.B. der Fall, wenn die Geräte in Gitterboxpaletten gestapelt werden. Eine Verdichtung oder Umschüttung darf nicht erfolgen, da dies zu einer Beschädigung der enthaltenen Zellen und Batterien führen kann.

4-5.5 Die Maßnahmen zum Schutz gegen gefährliche Wärmeentwicklung in den zusätzlichen Vorschriften 1 und 2 der Verpackungsanweisung P 909 beziehen sich auf gefährliche Wärmeentwicklung, die infolge eines äußeren Kurzschlusses entstehen.

Zu Unterabschnitt 4.1.8.7 ADR

4-6 Für die Beförderung von ansteckungsgefährlichen tierischen Stoffen der Klasse 6.2, UN-Nummer 2814 und 2900 darf die Allgemeinverfügung der Bundesanstalt für Materialforschung und -prüfung (BAM) Nr. D/BAM/ADR, Az. 3.12/301550 vom 23. Mai 2014 angewendet werden:
www.bam.de/de/service/amtl_mitteilungen/gefahrgutrecht/allgemein.htm.

Zu Unterabschnitt 4.1.10.4 Sondervorschrift MP 24

4-7 Güter der UN-Nummer 0509 TREIBLADUNGSPULVER (Klassifizierungs-code 1.4 C) sollen bei der Zusammenpackung wie Güter der UN-Nummer 0161 TREIBLADUNGSPULVER (Klassifizierungscode 1.3 C) behandelt werden. Werden Güter der UN-Nummer 0509 bis zu einer Gesamtexplosivstoffmasse von 50 kg mit Gütern der UN-Nummern 0027, 0028, 0044, 0160 und 0161 zusammengepackt, besteht daher kein öffentliches Interesse an einer Verfolgung dieses Verstoßes als Ordnungswidrigkeit (§ 47 Absatz 1 des OWiG).

Zu Absatz 4.2.1.9.1, 4.2.2.7.1, 4.2.3.6.1 und 4.3.2.1.5

4-8.1 Für die Beurteilung der Beständigkeit der Werkstoffe gegen merkliche Schwächung können die Werkstoffbeständigkeitsbewertungen der BAM-Liste „Anforderungen an Tanks zur Beförderung gefährlicher Güter" in der jeweils gültigen Fassung oder das Verfahren nach der **Anlage 17** der RSEB zu Grunde gelegt werden.

4-8.2 Die Werkstoffbeständigkeit ist ausreichend, wenn die angegebenen Zeiten der Beständigkeit mindestens den Zeitintervallen der wiederkehrenden Prüfungen des Tanks mit Innenbesichtigung entsprechen oder der Zeitpunkt der nächsten wiederkehrenden Prüfung des Tanks mit Innenbesichtigung nicht überschritten ist und die angegebenen stofflichen und betrieblichen Auflagen zur Werkstoffbeständigkeit erfüllt sind (siehe auch Nummer 6-6 der RSEB).

Zu Absatz 4.3.2.3.3 und 4.3.2.4.3

4-9.1 An Tanks der Codierung LGAV, die mit einem Bodenventil und als zweiten Verschluss mit einer Verschlusseinrichtung am Ende eines Stutzens nach Absatz 6.8.2.2.2 verschlossen sind, gilt ein Schnellschieber, der zwischen diesen Absperreinrichtungen eingebaut ist, nicht als Absperreinrichtung des Tanks nach ADR/RID. In diesem Fall muss dieser Schieber bei der Beförderung nicht geschlossen sein.

4-9.2 Sofern für die Beförderung von UN 3257 ERWÄRMTER FLÜSSIGER STOFF, N.A.G. (Bitumen) ein Tank mit einer „B"-Codierung verwendet wird und die äußere Absperreinrichtung nicht verschlossen ist, besteht kein öffentliches Interesse an einer Verfolgung dieses Verstoßes als Ordnungswidrigkeit (§ 47 Absatz 1 des OWiG), wenn gewährleistet ist, dass der Stoff ohne Verlust zurückgehalten werden kann.

Erläuterungen zu Teil 5

Zu Unterabschnitt 5.1.2.1 Buchstabe a

5-1.1 Der Ausdruck „UMVERPACKUNG" muss nicht in Großbuchstaben erfolgen. In Deutschland wird die englische Schreibweise „OVERPACK" und die französische Schreibweise „SUREMBALLAGE" nicht beanstandet.

5-1.2 Sofern zusätzlich zu einer Umverpackung eine weitere Umhüllung erfolgt, z.B. als Wetterschutz oder als Thermohaube, ist diese ebenfalls als eine Umverpackung zu bewerten und entsprechend zu kennzeichnen und zu bezetteln.

Zu Kapitel 5.2 und 5.3

5-2 Versandstücke, Tanks, Container, MEGC, MEMU und Beförderungseinheiten/Wagen, die zusätzliche, nicht geforderte Kennzeichen und Bezettelungen tragen, die jedoch auf eine vorhandene Gefahr im Sinne des Gefahrgutrechts hinweisen, begründen keine Ordnungswidrigkeit. Bei der ausschließlichen Beförderung von Gütern in begrenzten Mengen nach Kapitel 3.4 darf die Beförderungseinheit nicht mit orangefarbenen Tafeln gekennzeichnet sein. Das gilt auch für Beförderungseinheiten mit einer höchstzulässigen Gesamtmasse bis 12 Tonnen.

Zu Unterabschnitt 5.2.1.9

5-3 Sofern das Symbol des Kennzeichens für Lithiumbatterien nach Unterabschnitt 5.2.1.9 in Verbindung mit Kapitel 3.3 Sondervorschrift 188 nicht schwarz auf einem weißen Hintergrund erscheint, sondern schwarz auf einem kontrastierenden Hintergrund, besteht kein öffentliches Interesse an einer Verfolgung dieses Verstoßes als Ordnungswidrigkeit (§ 47 Absatz 1 des OWiG).

Zu Absatz 5.2.2.2.1.2 3. Unterabsatz

5-4 Als beschädigt, aber noch verwendbar sind Gefahrzettel anzusehen, wenn auf einem Teil des Gefahrzettels die Hinweise auf Gefahren wie Symbole oder Ziffer der Klasse erkennbar sind und der Informationsgehalt des Gefahrzettels erkennbar bleibt.

Zu Absatz 5.2.2.2.1.3 Satz 3 und 5.2.2.2.1.5

5-5 Auch bei Angabe der UN-Nummer auf dem Gefahrzettel ist auf Versandstücken die UN-Nummer weiterhin anzugeben.

Zu Unterabschnitt 5.3.1.3 Bem. ADR

5-6 Trägerfahrzeuge mit Wechselaufbauten (Wechselbehältern), in denen Container, Tankcontainer, MEGC oder ortsbewegliche Tanks befördert werden, sind nach Unterabschnitt 5.3.1.3 ADR zu kennzeichnen, d.h. es müssen dieselben Großzettel auf beiden Längsseiten und hinten am Fahrzeug oder am Wechselbehälter selbst angebracht werden.

Zu Absatz 5.3.2.1.1 ADR

5-7 Absatz 5.3.2.1.1 Satz 4 ADR gilt nur, wenn der getrennte Anhänger mit gefährlichen Gütern in kennzeichnungspflichtiger Menge beladen ist.

Zu Absatz 5.3.2.1.3 ADR

5-8 Bei der Beförderung von UN 1202, 1203, 1223, 1268 und 1863 zusammen mit Biodiesel als Nichtgefahrgut ist eine Kennzeichnung nach Absatz 5.3.2.1.3 ADR zulässig.

14

Zu Abschnitt 5.3.2 ADR

5-9.1 Wenn mit einer Beförderungseinheit in einem Tank und in Versandstücken der gleiche nach Kapitel 3.2 Tabelle A für Tanks zulässige Stoff befördert wird und nicht nach Absatz 5.3.2.1.1 und 5.3.2.1.2 ADR, sondern nach Absatz 5.3.2.1.6 ADR gekennzeichnet ist, besteht kein öffentliches Interesse an einer Verfolgung dieses Verstoßes als Ordnungswidrigkeit (§ 47 Absatz 1 des OWiG).

5-9.2 Orangefarbene Tafeln dürfen auch sichtbar angebracht sein, wenn die in Absatz 1.1.3.6.3 ADR angegebenen Mengengrenzen nicht erreicht sind oder im Verlauf der Beförderung unterschritten (z.B. durch Teilentladung) werden.

Zu Absatz 5.3.2.1.4 und 5.3.2.1.6 ADR

5-10 Die erleichternde Kennzeichnung nach Absatz 5.3.2.1.6 ADR darf auch bei der Beförderung von Containern angewendet werden, in denen nur ein gefährlicher Stoff oder Gegenstand in loser Schüttung oder ein unter ausschließlicher Verwendung zu befördernder verpackter radioaktiver Stoff enthalten ist.

Zu Abschnitt 5.3.6

5-11.1 Die Abbildung des Kennzeichens für umweltgefährdende Stoffe wurde ab 2011 geringfügig geändert. Werden Kennzeichen in der Darstellung der Regelwerke 2009 weiter verwendet, besteht wegen der geringfügigen Abweichungen kein öffentliches Interesse an einer Verfolgung dieses Verstoßes als Ordnungswidrigkeit (§ 47 Absatz 1 des OWiG).

5-11.2 Wird das Kennzeichen für umweltgefährdende Stoffe nach Abschnitt 5.3.6 wie ein Großzettel verwendet, begründet das Fehlen weiterer gestalterischer Merkmale nach Abschnitt 5.3.1 keine Ordnungswidrigkeit.

Zu Abschnitt 5.4.0.2

5-12.1 Diese Regelung betrifft alle schriftlichen Dokumentationen, die in Kapitel 5.4 geregelt sind. Die Verfügbarkeit von elektronischen Dokumentationen während der Beförderung entspricht schriftlichen Dokumenten, wenn die EDV-Datensätze auf der Beförderungseinheit (ADR) oder vor Ort (RID) oder an Bord (ADN) bei Bedarf eingesehen und ausgedruckt werden können.

5-12.2 Zwischen BMVI, den Ländern und der beteiligten Wirtschaft wurde ein nationales Verfahren zur Anwendung eines elektronischen Beförderungspapiers abgesprochen. Diese Verfahren wurde bekannt gegeben im VkBl. 2015 Heft 14 S. 450:

„Einheitliche Anwendung von Arbeitsverfahren der elektronischen Datenverarbeitung (EDV) oder des elektronischen Datenaustauschs (EDI) zur Unterstützung oder anstelle der schriftlichen Dokumentation nach Abschnitt 5.4.1 des Europäischen Übereinkommens über die internationale Beförderung gefährlicher Güter auf der Straße (ADR)/der Ordnung für die internationale Eisenbahnbeförderung gefährlicher Güter (RID)/des Europäischen Übereinkommens über die internationale Beförderung von gefährlichen Gütern auf Binnenwasserstraßen (ADN) (Elektronisches Beförderungsdokument für die Beförderung gefährlicher Güter)".

Zu Unterabschnitt 5.4.1.1

5-13 Die Angaben im Beförderungspapier im Vor- und/oder Nachlauf des See-/Luftverkehrs dürfen auch in englischer Sprache erfolgen.

Zu Absatz 5.4.1.1.1 Buchstabe b

5-14 Nicht alle dem Sprengstoffrecht unterliegenden Stoffe sind gefährliche Güter der Klasse 1. Empfohlen wird, bei der Beförderung solcher Stoffe im Beförderungspapier einen entsprechenden Vermerk anzubringen.

Zu Absatz 5.4.1.1.1 Buchstabe c

5-15 Unter der Angabe in Absatz 5.4.1.1.1 Buchstabe c „wenn mehrere Nummern der Gefahrzettelmuster angegeben sind, sind die Nummern nach der ersten Nummer in Klammern anzugeben" kann die Angabe im Beförderungspapier sich wie folgt darstellen:

UN 1295 TRICHLORSILAN, 4.3 (3, 8), I oder
UN 1295 TRICHLORSILAN, 4.3 (3 + 8), I oder
UN 1295 TRICHLORSILAN, 4.3 (3) (8), I.

Zu Absatz 5.4.1.1.1 Buchstabe e

5-16 Unter der Angabe in Absatz 5.4.1.1.1 Buchstabe e „Beschreibung der Versandstücke" ist die Art der Verpackung – wie in den Kapiteln 6.1, 6.2, 6.3, 6.4, 6.5 und 6.6 bezeichnet – zu verstehen.

Beispiele: 10 Säcke,
3 IBC,
2 Bergungsverpackungen,
1 Sonderverpackung (z.B. Fasscontainer).

Zu Absatz 5.4.1.1.1 Buchstabe f

5-17 Bei Anwendung des Unterabschnitts 1.1.3.6 kann die im Beförderungspapier gemäß Bem. 1 anzugebende Gesamtmenge je Beförderungskategorie auch als ein dimensionsloser, analog zu Absatz 1.1.3.6.4 berechneter Wert, angegeben werden.

Zu Absatz 5.4.1.1.1 Buchstabe h ADR

5-18 In Deutschland gibt es hierzu die Ausnahme 18 der GGAV mit der Möglichkeit, bei örtlich begrenzten Verkehren (Verteilerverkehr einschließlich Sammelverkehr) auf den Eintrag des Empfängers im Beförderungspapier zu verzichten.

Zu Absatz 5.4.1.1.1 Buchstabe k ADR

5-19 Bei einer Beförderung innerhalb der Freistellungsregelungen nach Unterabschnitt 1.1.3.6 ADR ist die Eintragung der Tunnelbeschränkungscodes in das Beförderungspapier nicht erforderlich, weil Tunnelbeschränkungen keine Anwendung finden. Für den Verlauf der Beförderung muss jedoch sichergestellt sein, dass die Mengengrenzen nach Unterabschnitt 1.1.3.6 ADR nicht überschritten werden.

Zu Absatz 5.4.1.1.14

5-20 Bei der Beförderung von erwärmten Stoffen ist unter bestimmten Bedingungen im Beförderungspapier direkt nach der offiziellen Benennung für die Beförderung der Ausdruck „HEISS" anzugeben. Wenn dieser Ausdruck stattdessen vor der offiziellen Benennung angegeben wird, wie dies in der englischen Sprachfassung des ADR/RID/ADN vorgesehen ist, besteht kein öffentliches Interesse an einer Verfolgung dieses Verstoßes als Ordnungswidrigkeit (§ 47 Absatz 1 des OWiG).

Zu Absatz 5.4.1.1.18

5-21 Angaben nach 5.4.1.1.18 ausschließlich in englischer Sprache begründen keine Ordnungswidrigkeit.

Zu Absatz 5.4.1.1.18 und 5.4.1.1.1

5-22 Die Angabe nach Absatz 5.4.1.1.18 („UMWELTGEFÄHRDEND" oder „MEERESSCHADSTOFF/UMWELTGEFÄHRDEND") darf nicht in die vorgegebene Reihenfolge der Angaben im Beförderungspapier nach Absatz 5.4.1.1.1 eingefügt werden.

Zu Absatz 5.4.1.2.5.4

5-23 Die erforderlichen Zeugnisse für Stoffe der Klasse 7 sind die in Absatz 5.1.5.2.1 aufgeführten Zulassungen und Genehmigungen. Die erforderlichen Antragsinhalte für diese Zulassungen/Genehmigungen sind in Abschnitt 6.4.23 beschrieben.

Zu Abschnitt 5.4.2

5-24 Erfolgt die Beladung durch mehrere Verlader, so ist das Container/Fahrzeugpackzertifikat entweder durch den jeweiligen Verlader für die in seiner Verantwortung erfolgte Beladung zu ergänzen oder es ist jeweils ein neues Container/Fahrzeugpackzertifikat zu erstellen und mitzugeben.

Zu Abschnitt 5.4.3.4

5-25 Die Regelung bezieht sich ausschließlich darauf, dass Form und Inhalt dem abgebildeten Muster entsprechen müssen. Eine äußere Umrahmung um die schriftlichen Weisungen gegenüber anderen Dokumenten hervorzuheben begründet keine Ordnungswidrigkeit.

Erläuterungen zu Teil 6

Zu Absatz 6.2.1.1.9 ADR/RID

6-1 Die Norm ISO 3807:2013, zitiert in Absatz 6.2.2.1.3 und Unterabschnitt 6.2.4.1, deckt die in Absatz 6.2.1.1.9 ADR/RID genannten Anforderungen an Acetylenflaschen mit porösem Material einschließlich der Typprüfungen ab.

Zu Absatz 6.5.2.2.2 ADR/RID

6-2 Die Angaben der höchstzulässigen Stapellast nach Absatz 6.5.2.2.2 auf dem Piktogramm und in der nach Absatz 6.5.2.2.1 ADR/RID vorgeschriebenen zusätzlichen Kennzeichnung müssen identisch sein und dürfen höchstens dem Wert entsprechen, der sich aus der bei der Bauartprüfung aufgebrachten Last dividiert durch 1,8 ergibt.

Zu Absatz 6.5.4.4.2 ADR/RID

6-3 Die erforderliche geeignete Dichtheitsprüfung bezieht sich auf:

– alle metallenen IBC, alle starren Kunststoff-IBC und alle Kombinations-IBC für flüssige Stoffe sowie

– alle metallenen IBC, alle starren Kunststoff-IBC und alle Kombinations-IBC für feste Stoffe, die unter Druck eingefüllt oder entleert werden.

Zu Absatz 6.5.6.14.1 ADR/RID

6-4 Nach der Wiederaufarbeitung eines IBC darf in dem Prüfbericht nach Absatz 6.5.6.14.1 ADR/RID unter Nummer 5 der „Hersteller des IBC" durch den „Wiederaufarbeiter des IBC (Hersteller im Sinne der GGVSEB)" ersetzt werden.

Zu Unterabschnitt 6.7.2.18, 6.7.3.14, 6.7.4.13, 6.7.5.11, 6.8.2.3 und 6.9.4.4 ADR/RID

6-5 Das Verfahren zur Baumusterzulassung von Tanks nach Kapitel 6.7, 6.8, 6.9 und 6.10 ADR/RID ausgenommen Tanks für Gase, die nach der ODV zu bewerten und zu kennzeichnen sind, richtet sich nach der **Anlage 14** der RSEB.

Zu Unterabschnitt und Absatz 6.7.2.20, 6.7.3.16.1, 6.7.4.15, 6.7.5.13.1, 6.8.2.5 und 6.8.3.5 ADR/RID

6-6 Wenn an Tanks, die nicht nach der ODV gekennzeichnet sind, ein Tankschild oder eine zusätzliche Tafel mit Angaben verloren gegangen ist und die Stelle, die die erstmalige Prüfung vorgenommen hat, nicht mehr erreichbar ist, darf eine Stelle nach § 12 der GGVSEB aufgrund vorhandener Unterlagen das Ersatzschild anbringen und die bis zu diesem Termin durchgeführten Prüfungen nach ADR/RID bestätigen.

Zu Absatz 6.8.2.1.4 und 6.8.2.1.9 ADR/RID

6-7 Für die Beurteilung zur ausreichenden Bemessung der Wanddicke des Tankkörpers gegen eine merkliche Schwächung während der Frist bis zur nächsten wiederkehrenden Prüfung mit Innenbesichtigung des Tanks können die Beständigkeitsbewertungen in der BAM-Liste „Anforderungen an Tanks für die Beförderung gefährlicher Güter" oder das Verfahren nach der **Anlage 17** der RSEB unter Berücksichtigung der Angaben in der Erklärung angewendet werden.

Zu Absatz 6.8.2.1.23 ADR/RID

6-8 Auch von Reparaturbetrieben sind die Anforderungen nach Absatz 6.8.2.1.23 ADR/RID zu erfüllen.

Zu Absatz 6.8.2.1.27 ADR

6-9 Bei der Befüllung von Tankfahrzeugen zur Beförderung flüssiger Stoffe mit einem Flammpunkt bis höchstens 60 °C ist der vorgeschriebene Erdungsanschluss durch deren Ausrüstung nach der Zwanzigsten Verordnung zur Durchführung des Bundes-Immissionsschutzgesetzes (20. BImSchV) vom 18. August 2014 (BGBl. I S. 1447) in Verbindung mit der VOC-Richtlinie 94/63/EG vom 20. Dezember 1994 (ABl. Nr. L 365 S. 24) auch erfüllt. Der Nachweis dieser Ausrüstung kann durch den „Untenbefüllungs-Sicherheits-Pass“ nach dem VdTÜV-Merkblatt 959 erfolgen. Bei der Entleerung der Tankfahrzeuge erfolgt die Erdung durch den leitfähigen Abgabeschlauch (gekennzeichnet mit „Ω“) oder durch den angeschlossenen Grenzwertgeber.

Zu Absatz 6.8.2.2.1 ADR

6-10 Die Anforderungen an die Dichtheit der Bedienungsausrüstung von Tanks sind auch von den Deckeln der Untersuchungsöffnungen (die Domdeckel einschließlich der sogenannten Fülllochdeckel) zu erfüllen. Es dürfen nur Domdeckel und Fülllochdeckel auf neuen Tanks nach den Bestimmungen des Kapitels 6.8 montiert werden, die den Normen nach Absatz 6.8.2.6.1 ADR entsprechen bzw. nach diesen erfolgreich geprüft wurden. Für die Montage der Deckel auf dem Tank müssen Montageanweisungen der Hersteller vorliegen und danach verfahren werden.

Zu Absatz 6.8.2.2.2, 2. und 5. Anstrich, jeweils Satz 3 ADR/RID

6-11 Die zu treffenden Maßnahmen zur gefahrlosen Druckentlastung im Auslaufstutzen vor der vollständigen Entfernung der Verschlusseinrichtung können konstruktiver oder betrieblicher Art sein.

Eine gefahrlose Druckentlastung über die Verschlusseinrichtung findet z.B. statt,

a) wenn die zum Tank liegenden Absperreinrichtungen geöffnet sind und der Innendruck im Tank über eine Entspannungs- oder Lüftungseinrichtung abgeführt wurde

oder

b) wenn die zum Tank liegenden Absperreinrichtungen geschlossen sind,

und

- die Verschlusseinrichtung nur in drucklosem Zustand entfernt werden kann, oder
- beim Lösen der Verschlusseinrichtung durch konstruktive Maßnahmen kraftschlüssiger oder formschlüssiger Art (Hebel, Nuten, Rillen, Bohrungen, ausreichende Gewindelänge usw.) eine gefahrlose Druckentlastung stattfindet, oder
- kein oder ein vernachlässigbar geringer Druckaufbau zwischen der Verschlusseinrichtung und der nächsten zum Tank liegenden Absperreinrichtung stattfinden kann (begrenztes Volumen), oder
- ein evtl. vorhandener Druck durch Betätigung einer Entspannungseinrichtung zwischen der Verschlusseinrichtung und der nächsten zum Tank liegenden Absperreinrichtung abgebaut wurde, oder
- die Verschlusseinrichtung eine offene Verbindung zur Umgebung besitzt, oder
- die Verschlusseinrichtung ein Blindflansch ist und darauf geachtet wird, dass nicht alle Schrauben vollständig entfernt werden, bevor der Flansch gelöst wird (verklebte Dichtung).

Weitere geeignete Maßnahmen sind nicht ausgeschlossen.

Zu Unterabschnitt 6.8.2.3 ADR/RID

6-12 Tanks, die nicht in den Geltungsbereich der ODV fallen, für die bereits eine Baumusterzulassung (BMZ) durch die zuständige Behörde einer/eines anderen ADR-Vertragspartei/RID-Vertragsstaates ausgestellt wurde und die entweder in Deutschland für eine nachfolgende Zulassung in Deutschland hergestellt werden sollen oder für Tanks, die in einer/einem anderen ADR-Vertragspartei/RID-Vertragsstaat hergestellt wurden und die in Deutschland zu einem Fahrzeug oder Wagen vervollständigt werden sollen:

6-12.1 Entweder kann eine neue BMZ nach dem in der **Anlage 14** der RSEB beschriebenen Verfahren ohne Berücksichtigung der ausländischen BMZ beantragt werden oder die im Ausland erteilte BMZ mit dem ihr zugrundeliegende Baumusterprüfbericht können in Deutschland von einer Stelle nach § 12 der GGVSEB validiert werden und eine nochmalige Baumusterprüfung und BMZ in Deutschland ersetzen. Vorausgesetzt, dass die BMZ durch die im Ursprungsstaat zuständige Behörde/Stelle unter Einhaltung des ADR/RID erteilt wurde und die Behörde/Stelle, die die Baumusterprüfung durchgeführt hat, nach dem dortigen Recht zuständig und für ihre Aufgabe gemäß EN ISO/IEC 17020:2012 als Prüfstelle Typ A akkreditiert war. Dazu hat der Antragsteller der Stelle nach § 12 der GGVSEB alle Nachweise vorzulegen, welche diese für erforderlich hält.

6-12.2 Die erstmalige Prüfung eines in Deutschland hergestellten Tanks ist von einer Stelle nach § 12 der GGVSEB durchzuführen.

Zu Absatz 6.8.2.3.1 ADR/RID

6-13 Sofern Ausrüstungsteile keine separate Baumusterzulassung (BMZ) besitzen, muss jedes Teil im Rahmen der BMZ des Tanks bewertet werden. Eine Herstellererklärung hinsichtlich einer Normenkonformität von Ausrüstungsteilen reicht alleine nicht aus, um von dieser Prüfung vollständig abzusehen. Für die Bewertung können jedoch alle Prüfergebnisse berücksichtigt werden, die aus vorherigen Baumusterprüfverfahren stammen, die in einer ADR-Vertragspartei/einem RID-Vertragsstaat von einer dort zuständigen akkreditierten Prüfstelle des Typs A nach EN ISO/IEC 17020:2012 oder der dort zuständigen Behörde erstellt wurden.

Zu Absatz 6.8.2.3.2 ADR/RID

6-14 Werden in einer Baumusterzulassung (BMZ) Varianten zugelassen, so muss das zur Durchführung der Baumusterprüfung hergestellte Fahrzeug oder der Wagen (Prototyp) repräsentativ sein. Der Prototyp muss nicht die nach der BMZ zulässigen höchsten Belastungen und Beanspruchungen abbilden; diese sind rechnerisch darzulegen und zu bewerten.

Zu Absatz 6.8.2.4.5 ADR

6-15 In die Prüfbescheinigung von Tanks zur Beförderung von UN 1202 DIESELKRAFTSTOFF, der Norm EN 590:2013 + AC:2014 entsprechend, oder GASÖL oder HEIZÖL, LEICHT mit einem Flammpunkt gemäß EN 590:2013 + AC:2014 (Flammpunkt von 55 °C oder höher), die bis 31. Dezember 2001 unter die Regelung der Ausnahme 6 der GGAV in der Fassung des Artikels 1 der GefÄndV vom 23. Juni 1999 (BGBl. I S. 1435) gefallen sind, ist unter Berücksichtigung von Unterabschnitt 1.6.3.18 ADR sinngemäß folgender Vermerk aufzunehmen:

„Tank darf im innerstaatlichen Verkehr für die Beförderung von UN 1202 Dieselkraftstoff, der Norm EN 590:2013 + AC:2014 entsprechend, oder Gasöl oder Heizöl, leicht mit einem Flammpunkt gemäß EN 590:2013 + AC:2014 ohne Flammendurchschlagsicherung betrieben werden."

Diese Eintragung für UN 1202, der Norm EN 590:2013 + AC:2014 entsprechend, darf auch für DIESELKRAFTSTOFF nach DIN 51628 mit einem Flammpunkt, der der Norm EN 590:2013 + AC:2014 entspricht, verwendet werden.

Zu Absatz 6.8.2.5.1 ADR/RID

6-16.1 Die Angabe des äußeren Auslegungsdrucks ist obligatorisch. Bei Tanks mit einer Lüftungseinrichtung nach Absatz 6.8.2.2.6 ADR/RID ist ggf. die Angabe „0" zulässig.

6-16.2 Die Angabe des Buchstaben „S" muss nicht unbedingt hinter sondern kann auch in unmittelbarer Nähe der Volumenangabe erfolgen.

Zu Absatz 6.8.2.5.2 und 6.8.3.5.11 ADR

6-17 Bei festverbundenen Tanks und Batterie-Fahrzeugen ist die Angabe der Tankcodierung zulässig.

Zu Absatz 6.8.3.4.13 ADR/RID

6-18 Hinsichtlich der Prüffristen der einzelnen Gefäße und Rohrleitungen gelten die Vorschriften nach Unterabschnitt 4.1.4.1 Verpackungsanweisung P 200 ADR/RID. Diese Prüffristen stehen nicht in unmittelbarem Zusammenhang mit den Prüfungen nach Absatz 6.8.3.4.10 Satz 2 ADR/RID.

Erläuterungen zu Teil 7

Zu Abschnitt 7.1.2 ADR

7-1 Alle Fahrzeuge, die der Begriffsbestimmung nach Artikel 1 Buchstabe a des ADR in Verbindung mit § 2 Nummer 6 der GGVSEB entsprechen, dürfen zur Beförderung gefährlicher Güter eingesetzt werden. Wenn jedoch ein EX/II-, EX/III-, FL-, AT-Fahrzeug oder MEMU vorgeschrieben ist, muss ein Fahrzeug der Kategorie N oder O verwendet werden. Für die Verwendung eines Fahrzeugs der Kategorie N oder O, das kein EX/II-, EX/III-, FL-, AT-Fahrzeug oder MEMU ist, sind in Abschnitt 9.2.1 ADR die geltenden Bedingungen klar bestimmt. Wird ein anderes Fahrzeug als ein Fahrzeug der Kategorie N oder O verwendet, z.B. ein Fahrzeug der Kategorie M (4-rädrige Personenfahrzeuge) oder ein Fahrzeug der Kategorie T (Traktoren für die Land- oder Forstwirtschaft), so ist der Teil 9 ADR nicht anwendbar. Diese Fahrzeuge unterliegen in ihren Ursprungsländern den allgemeinen Sicherheitsbestimmungen der auf sie anwendbaren Regelungen des Übereinkommens von 1958.

Zu Abschnitt 7.1.4 und 7.5.1 ADR/RID1

7-2 Der aus dem Urteil des OLG Düsseldorf vom 23. August 1991 (5 Ss OWi 132/91 - OWi 82/91 I) hervorgehende Verhältnismäßigkeitsgrundsatz ist auch auf Beschädigungen gemäß Abschnitt 7.1.4 Absatz 2 ADR/RID, die tiefer als 19 mm sind, anzuwenden. Insbesondere bei der Beförderung gefährlicher Güter in loser Schüttung muss gewährleistet sein, dass alle Bauelemente einschließlich Längs- und Seitenwände frei von Rissen oder Bruchstellen und nicht durchgerostet oder anders verschlissen sind, um den sicheren Einschluss der Gefahrgüter zu gewährleisten.

Zu Kapitel 7.3 ADR/RID

7-3.1 Ist ein gefährliches Gut sowohl zur Beförderung in loser Schüttung als auch in Tanks zugelassen, so kann die Beförderung in loser Schüttung auch in Silotanks erfolgen, wenn der Tank die Anforderungen des ADR/RID an die Umschließungen nach Kapitel 7.3 erfüllt. Dies gilt auch für Silotanks, die nach Kapitel 6.11 ADR/RID als BK2-Schüttgut-Container zugelassen sind. Darüber hinaus sind Güter, denen in Kapitel 3.2 Tabelle A Spalte 17 eine Sondervorschrift VC 1/VC 2 für die Beförderung in loser Schüttung zugeordnet ist, unter Beachtung der ebenfalls in Spalte 17 angegebenen ergänzenden Vorschriften AP X, zur Beförderung in nach Kapitel 6.11 ADR/RID zugelassenen BK-Schüttgut-Containern zugelassen. Erfolgt die Beförderung in einem gemäß Kapitel 6.7 oder 6.8 ADR/RID zugelassenen Tank, so müssen der Tank und die Durchführung der Beförderung allen vorgeschriebenen Anforderungen genügen (u.a. Tankcodierung, Fahrerschulung Aufbaukurs Tank).

7-3.2 Eine Beförderung in loser Schüttung schließt nicht aus, dass das Gut in zusätzlichen Umschließungen (Verpackungen ohne gefahrgutrechtliche Bauartzulassung) enthalten ist. Dabei müssen jedoch alle einschlägigen Vorschriften zur Beförderung in loser Schüttung eingehalten werden. Es reicht deshalb z.B. nicht aus, den staubdichten Einschluss ausschließlich über die zusätzliche Umschließung darzustellen. Die Anforderungen an die Staubdichtheit des Containers oder der Aufbauten von Fahrzeugen nach Unterabschnitt 7.3.1.3 ADR/RID sind ebenfalls zu erfüllen.

Zu Abschnitt 7.3.3 ADR/RID

7-4.1 Beförderung in loser Schüttung nach den Sondervorschriften:

Bei der Anwendung der Sondervorschriften sind die allgemeinen Vorschriften nach Unterabschnitt 7.3.1.2 bis 7.3.1.13 fallbezogen zusätzlich zu beachten.

7-4.2 Die **Anlage 12** der RSEB enthält die in Deutschland zur Ausfüllung der Sondervorschrift VC 3 ADR/RID festgelegte Norm.

Zu Abschnitt 7.5.1 ADR/RID

7-5.1 Die allgemeinen Vorschriften des Abschnitts 7.5.1 ADR/RID sind grundsätzlich auch für das Befüllen anzuwenden.

7-5.2 Grundsätzlich ist davon auszugehen, dass die in Kapitel 1.4 in Verbindung mit Abschnitt 7.5.1 ADR/RID angestrebte Sicherheitswirkung nur mit einer hundertprozentigen Kontrolle erreichbar ist. Es können jedoch auch stichprobenartige Kontrollen akzeptiert werden, wenn eine gleichwertige Sicherheitswirkung erzielt wird. Sowohl das Vorgehen bei der Stichprobe als auch das zugrunde liegende Qualitätssicherungssystem sind schriftlich und nachvollziehbar zu dokumentieren. Diese Verfahren können durch die Überwachungsbehörden überprüft werden.

Zu Unterabschnitt 7.5.1.1 und 7.5.1.2 ADR

7-6 Die bezüglich des Fahrzeugführers zu prüfenden Rechtsvorschriften betreffen die ADR-Schulungsbescheinigung und die Beachtung des Alkoholverbots.

Zu Unterabschnitt 7.5.1.2 Satz 1 ADR/RID

7-7.1 Der Begriff „Rechtsvorschriften" im Satz 1 umfasst ausschließlich gefahrgutrechtliche Rechtsvorschriften.

7-7.2 Die Verpflichtung zur Kontrolle der Dokumente erfolgt in Hinblick auf die Beurteilung, ob eine nachfolgende Beladung/Befüllung erfolgen darf. Daraus lässt sich keine Verpflichtung des Verladers/Befüllers zur Prüfung der inhaltlichen Richtigkeit und Vollständigkeit der Dokumente ableiten. Offensichtliche Unrichtigkeiten sind jedoch zu berücksichtigen und sind vor der Beladung/Befüllung zu beseitigen.

7-7.3 „Sichtprüfung des Fahrzeugs/Wagens" bedeutet, dass dabei offensichtliche Mängel feststellbar sein sollen, ohne dass hierfür besondere technische Hilfsmittel eingesetzt werden und vertiefte fahrzeug-/wagentechnische Kenntnisse erforderlich sind.

7-7.4 Die „Sichtprüfung der Ausrüstung" beschränkt sich auf die bei der Be- und Entladung verwendete Ausrüstung. Dazu gehören auch die Bestandteile der Ausrüstungen nach Abschnitt 8.1.4 und 8.1.5 ADR, die im Rahmen der schriftlichen Weisungen bei der Be- und Entladung ggf. einzusetzen sind. Auch in diesem Fall bedeutet „Sichtprüfung" nur die Feststellung offensichtlicher Mängel.

Zu Unterabschnitt 7.5.1.2 Satz 2 ADR

7-8 Mit den Worten „keine Beschädigungen vorliegen, welche die Unversehrtheit des Fahrzeugs, des Wagens oder Containers oder der zu verladenden Versandstücke beeinträchtigen könnten" sind allgemeine offensichtliche Mängel gemeint und nicht nur gefahrgutrechtliche Mängel (z.B. Reifenschäden/fehlende Bremssohle).

Zu Unterabschnitt 7.5.7.1 ADR/RID

7-9.1 Bei der Ladungssicherung sogenannter weicher Verpackungen (z.B. Säcke, Fässer aus Kunststoff) sind Verformungen zu akzeptieren, die für die jeweilige Verpackung unschädlich sind und zu keinem Gefahrgutaustritt führen.

7-9.2 Die Regelung in Unterabschnitt 7.5.7.1 letzter Satz ADR, dass dieser Unterabschnitt als erfüllt gilt, wenn die Ladung gemäß der Norm EN 12195-1:2010 gesichert ist, bezieht sich auch auf gemischte Ladungen von Gefahrgut und Nichtgefahrgut.

Zu Unterabschnitt 7.5.7.2 ADR/RID

7-10 Aus der Formulierung des Unterabschnitts 7.5.7.2 ADR/RID ergibt sich kein grundsätzliches Stapelverbot. Für Versandstücke mit UN- und ADR/RID-Kennzeichnung einschließlich von Säcken gilt die Stapelfähigkeit bis zu einer Höhe von 3,0 m, mit Ausnahme der Kombinationsverpackungen mit ADR/RID-Kennzeichnung und der IBC mit Angabe einer Stapellast „0" in der UN-Kennzeichnung, als nachgewiesen. Um den Forderungen dieses Unterabschnitts Rechnung zu tragen, ist beim Stapeln von Versandstücken die Stapelfähigkeit auf der unteren Ladung in geeigneter Weise sicherzustellen. Hierzu können z.B. die Kriterien nach dem CTU-Code (bekannt gegeben im VkBl. 2015 Heft 13 S. 422) herangezogen werden.

Zu Abschnitt 7.5.11 CV 1 ADR

7-11.1 Stoffe und Gegenstände der Klasse 1, 6.1 und 9 dürfen an einer der Öffentlichkeit zugänglichen Stelle innerhalb von Ortschaften ohne besondere Erlaubnis der zuständigen Behörde oder außerhalb von Ortschaften ohne die zuständige Behörde zu benachrichtigen in Beförderungseinheiten geladen oder aus Beförderungseinheiten entladen werden, wenn sich die Umschlagstelle vor einer Herstellungsstätte, an einer Verwendungsstelle oder vor einem Lagerraum befindet.

7-11.2 Stoffe der Klasse 6.1 und Stoffe der Klasse 9 Verpackungsgruppe II dürfen an einer der Öffentlichkeit zugänglichen Stelle innerhalb von Ortschaften auch ohne besondere Erlaubnis der zuständigen Behörde geladen werden, wenn der Beladevorgang im Rahmen der Entsorgung von Abfällen nach der Ausnahme 20 (B, E, S) der GGAV durchgeführt wird und es sich bei den Beladeorten um Apotheken, Laboratorien oder ähnliche Einrichtungen handelt, bei denen die örtlichen Gegebenheiten keine andere Möglichkeit zulassen, als den Beladevorgang auf öffentlichen Wegen oder Plätzen durchzuführen.

Zu Abschnitt 7.5.11 CV / CW 10 ADR/RID

7-12 Ausreichend standfest sind Flaschen nur, wenn diese mit einem Fußteil versehen sind. Für Flaschen ohne Fußteil wird z.B. ein geeignetes Ladegestell benötigt, das ladungsgesichert werden muss.

Zu Abschnitt 7.5.11 CV / CW 36 ADR/RID

7-13.1 Die Beförderung von Stoffen, die unter der CV 36/CW 36 ADR/RID befördert werden, sollte vorzugsweise nur in belüfteten Fahrzeugen/Wagen erfolgen.

7-13.2 Auf Grund der Unfallsituation sollten Gase der Klasse 2 in offenen oder belüfteten Fahrzeugen befördert werden. Entsprechende Empfehlungen gibt es in dem Merkblatt 0211 des DVS – Deutscher Verband für Schweißen und verwandte Verfahren e.V.

7-13.3 Nur bei kurzfristigem Einsatz von nicht firmeneigenen Fahrzeugen (Mietfahrzeuge) kann ausnahmsweise auf die ausreichende Belüftung verzichtet werden, wenn das Fahrzeug keine Belüftungsmöglichkeiten hat. Zusätzlich zu der entsprechenden Aufschrift ist der Fahrzeugführer über die möglichen Gefahren einer nicht ausreichenden Belüftung zu informieren. Die Gasflaschen sollten nach der Beförderung nicht im Fahrzeug verbleiben.

7-13.4 Sofern durch eine konkrete Gefährdungsanalyse ausgeschlossen werden kann, dass von den im Fahrzeug beförderten Gasen eine konkrete Gefahr ausgeht, darf auf eine Belüftung verzichtet und die CV 36 angewendet werden.

Erläuterungen zu Teil 7 ADN

Zu Unterabschnitt 7.1.4.7 und 7.2.4.7 ADN

7-1.B Eine Lade- und Löschstelle (Umschlagstelle) für gefährliche Güter gilt als dafür von den zuständigen Behörden der Länder bezeichnet oder zugelassen, wenn an ihr unter Beachtung der anwendbaren Rechtsvorschriften (insbesondere Bau-, Immissionsschutz- und Wasserrecht) durch einen oder mehrere Verwaltungsakte eine Nutzung auch für das Be- oder Entladen von Gefahrgütern allgemein oder für bestimmte Stoffe oder Gegenstände geregelt wird.

Enthält die Bezeichnung/Zulassung der Umschlagstelle keine ausdrückliche Aussage zum Umschlag gefährlicher Güter, ist von der Zulässigkeit des Umschlags auszugehen, wenn sich dies aus der Zweckbestimmung der Anlage ergibt.

Für eine Lade- oder Löschstelle in oder an einer Bundeswasserstraße ist in der Regel auch eine strom- und schifffahrtspolizeiliche Genehmigung erforderlich.

Das Laden und Löschen (d.h. Beladen oder Befüllen und Entladen) von Trockengüter- oder Tankschiffen kann an festen Anlagen oder mittels anderen Beförderungsmitteln (Wagen, Fahrzeugen) erfolgen, wenn dies zugelassen ist.

Stehen an einer Lade- und Löschstelle die erforderlichen Evakuierungsmittel nach Unterabschnitt 7.1.4.77 bzw. 7.2.4.77 ADN noch nicht zur Verfügung, kann die zuständige Behörde dem Laden oder Löschen im Einzelfall zustimmen (Trockengüterschiffe: Absatz 7.1.4.7.1 ADN, Tankschiffe: Absatz 7.2.4.10.1 ADN).

Die Zustimmung/Genehmigung kann nur erteilt werden, wenn nachgewiesen wird, dass die Personen an Bord bei einem Notfall das Schiff auf andere Weise verlassen oder sich bis zu ihrer Rettung in einem sicheren Bereich aufhalten können und alle Maßnahmen ergriffen wurden, um die Umschlaganlage mit den nach ADN notwendigen Evakuierungsmitteln auszustatten. Dies ist anzunehmen, wenn Rechtsverfahren zur Änderung der Anlage eingeleitet wurden, wenn mit Umbauarbeiten begonnen wurde oder wenn Aufträge für die Beschaffung von Evakuierungsmitteln erteilt wurden.

Können die übrigen Anforderungen des Teils 7 ADN für das Laden und Löschen nicht eingehalten werden, ist eine Ausnahmegenehmigung nach § 5 Absatz 1 Nummer 3 oder Absatz 3 der GGVSEB erforderlich.

Zu Unterabschnitt 7.1.4.9 und 7.2.4.9 ADN

7-2.B Diese Vorschriften beziehen sich auf das Umladen von Gefahrgut von einem Schiff in ein anderes.

Ein Schubverband oder gekuppelte Schiffe gelten nach Absatz 7.2.2.19.2 ADN als ein Schiff. Soweit rechtlich zulässig, sind Umfüllvorgänge daher nicht als Umladen im Sinne des Unterabschnitts 7.2.4.9 ADN zu betrachten.

Es handelt sich in den Fällen um einen Verband oder gekuppelte Schiffe, in denen die Fahrzeuge im Zuge eines Beförderungsvorgangs zusammengestellt werden. Das Verbinden eines Fahrzeugs mit einem bereits stillliegenden Fahrzeug außerhalb eines Beförderungsvorgangs macht die beteiligten Fahrzeuge noch nicht zu einem Verband.

Zu Unterabschnitt 7.2.4.40 ADN

7-3.B „***In Bereitschaft halten***" einer Feuerlöscheinrichtung im Sinne der Vorschrift erfordert:

a) Der Feuerlöschschlauch ist an die Wasserrohrleitung angeflanscht.

b) Der Feuerlöschschlauch muss an Deck ausgerollt sein.

c) Die Sprüh- bzw. Strahlrohrarmatur ist am Feuerlöschschlauch angeflanscht.

d) Die Stellung der Ventile obliegt der Beurteilung des Schiffsführers/Sachkundigen.

e) Das Einschalten der Feuerlöschpumpe muss jederzeit möglich sein.

Erläuterungen zu Teil 8 und 9 ADR

Zu Teil 8 ADR

Zu Unterabschnitt 8.1.2.1 und 8.1.2.2 ADR

8-1 Außer den in den Unterabschnitten 8.1.2.1 und 8.1.2.2 ADR genannten Papieren sowie Bescheinigungen nach anderen Vorschriften sind, wenn es die Vorschriften vorsehen, in der Beförderungseinheit insbesondere mitzuführen:

- die Ausnahme gemäß § 5 der GGVSEB bzw. eine Kopie,
- die Bescheinigung bezüglich der Verlagerung nach § 35 Absatz 4 bzw. die Fahrwegbestimmung gemäß § 35a Absatz 3 der GGVSEB.

Zu Unterabschnitt 8.1.4.4 ADR

8-2.1 Das nach Unterabschnitt 8.1.4.4 ADR auf in Deutschland hergestellten Feuerlöschgeräten anzugebende Datum (Monat/Jahr) der ersten wiederkehrenden Prüfung berechnet sich aus der zweijährigen Prüffrist, bezogen auf das tatsächliche Herstellungsdatum des Feuerlöschgeräts. Es ist rechtskonform, wenn dabei das Herstellungsjahr ohne Monatsangabe auf dem Feuerlöschgerät angegeben ist und die zweijährige Prüffrist mit dem Ablauf dieses Jahres beginnt.

8-2.2 Eine Plombierung im Sinne von Unterabschnitt 8.1.4.4 ADR kann beispielsweise auch eine Kunststoffsicherung an der Abzugsvorrichtung sein, die bei der Benutzung irreversibel zerstört wird. Die Sicherung des Feuerlöschgeräts muss den Eindruck erwecken, dass das Feuerlöschgerät ordnungsgemäß geprüft und einsetzbar ist. Eine Manipulation muss glaubhaft auszuschließen sein.

Zu Abschnitt 8.1.5 ADR

8-3 Die nach den neuen schriftlichen Weisungen mitgeführte Ausrüstung muss dem Schutzziel entsprechend geeignet sein.

Zu Unterabschnitt 8.2.1.1 und 8.2.1.3 ADR

8-4 Zu den in Unterabschnitt 8.2.1.1 ADR genannten Fahrzeugführern werden auch solche zugeordnet, die gefährliche Güter in loser Schüttung gemäß Kapitel 7.3 ADR befördern. Ein Aufbaukurs Tank nach Unterabschnitt 8.2.1.3 ADR ist bei der Verwendung von gemäß ADR zugelassenen Tanks erforderlich.

Zu Kapitel 8.4 ADR

8-5.1 „Ausreichende Sicherheit“ im Sinne von Abschnitt 8.4.1 Satz 1 bzw. 8.4.2 ADR ist z.B. gewährleistet, wenn

- das Fahrzeug auf einem abgeschlossenen Werksgelände abgestellt ist; handelt es sich bei dem Ladegut um gefährliche Güter mit hohem Gefahrenpotenzial, muss das Werksgelände die Anforderungen nach Kapitel 1.10 ADR erfüllen, oder
- das Fahrzeug in einem Lager oder Werksbereich parkt und über eine elektronische Wegfahrsperre und eine Alarmanlage verfügt, die auf das Mobiltelefon des Fahrzeugführers aufgeschaltet ist. Voraussetzung dafür ist, dass der Fahrzeugführer bei einem Alarm in angemessener Zeit geeignete Maßnahmen einleiten kann. Bei Tankfahrzeugen müssen der Armaturenschrank sowie alle frei zugänglichen Ventile abgeschlossen sein. Für gefährliche Güter mit hohem Gefahrenpotenzial nach Kapitel 1.10 ADR ist diese Möglichkeit ausgeschlossen.

8-5.2 Um „geeignete Sicherheitsmaßnahmen" im Sinne von Abschnitt 8.4.1 Satz 2 Buchstabe b und c ADR handelt es sich auch, wenn der Fahrzeugführer am oder im Fahrzeug anwesend ist oder er sich nur kurzfristig vom Fahrzeug entfernt. Eine Überwachung kann auch durch gleichwertige Maßnahmen (z.B. visuelle Überwachung durch Bildübertragung) sichergestellt werden.

Zu Kapitel 8.4 und 8.5 ADR in Verbindung mit Anlage 2 Nr. 3.3 der GGVSEB

8-6 Alarmeinrichtungen ersetzen nicht die in Kapitel 8.4 und 8.5 S1 (6), S14 bis S24 ADR vorgeschriebene Überwachung.

Zu Kapitel 8.5 Sondervorschrift S1 und S11 ADR

8-7.1 Stoffe und Gegenstände der Klasse 1 dürfen an einer der Öffentlichkeit zugänglichen Stelle innerhalb von Ortschaften ohne besondere Erlaubnis der zuständigen Behörde auf- oder abgeladen werden, wenn sich die Umschlagstelle vor einer Herstellungsstätte, an einer Verwendungsstelle oder vor einem Lagerraum befindet.

8-7.2 Gleichwertige Schulungen nach Kapitel 8.5 S1 Absatz 1 und S11 ADR werden derzeit in Deutschland nicht durchgeführt.

8-7.3 Bei Anwendung der Sondervorschrift S11 in Kapitel 8.5 ist in jedem Fall ein Basiskurs nach Unterabschnitt 8.2.1.2 ADR erforderlich.

Zu Kapitel 8.5 Sondervorschrift S8 und S9 ADR

8-8 Wenn die Zustimmung der zuständigen Behörde nach den Sondervorschriften S8 und S9 in Kapitel 8.5 ADR nicht eingeholt werden kann, wird empfohlen, für ein längeres Halten aus Betriebsgründen die Zustimmung der örtlichen Polizei einzuholen.

Zu Unterabschnitt 8.6.3.2 ADR

8-9 Nachdem der restriktivste Tunnelbeschränkungscode gemäß Unterabschnitt 8.6.3.2 ermittelt wurde, ist die Erläuterung zu diesem Code nach Abschnitt 8.6.4 ADR maßgebend. Demgemäß ist bei Klasse 1 die gesamte Nettoexplosivstoffmasse, die auf einer Beförderungseinheit befördert werden soll, zu addieren, um die Beschränkungen für die Durchfahrt durch Tunnel letztlich zu ermitteln.

14

Zu Teil 9 ADR

Zu Unterabschnitt 9.1.2.1 Absatz 1 und Abschnitt 9.7.9 ADR

9-1 Fahrzeuge, insbesondere Sattelzugmaschinen, die über eine Zulassung als EX/III-Fahrzeug verfügen, dürfen auch weiterhin im Rahmen ihrer Fahrzeugzulassung für die Beförderung aller Stoffe, für die ein AT-, FL- oder EX/II-Fahrzeug vorgeschrieben ist, sowie für die Beförderung von explosiven Stoffen und Gegenständen mit Explosivstoffen der Klasse 1 in Versandstücken, für die ein EX/III-Fahrzeug vorgeschrieben ist, eingesetzt werden. Für die Beförderung von Stoffen der UN-Nummer 0331 und 0332 in Tanks dürfen sie nur dann eingesetzt werden, wenn die zusätzlichen Sicherheitsvorschriften nach Abschnitt 9.7.9 ADR eingehalten werden und dies unter Nummer 11 der ADR-Zulassungsbescheinigung vermerkt ist.

Zu Unterabschnitt 9.1.2.1 Absatz 3 ADR

9-2 Die Möglichkeit, auf die erste Untersuchung zu verzichten, besteht nur dann, wenn für eine typgenehmigte Zugmaschine die Erklärung der Übereinstimmung mit den Vorschriften des Kapitels 9.2 ADR vorliegt. Diese Erklärung darf nur ausgestellt werden, wenn die Zugmaschine vollständig der Typgenehmigung entspricht und keinerlei zusätzliche Ausstattungen insbesondere hinsichtlich der elektrischen Anlage oder Zusatzheizungen verwendet wurden.

Zu Unterabschnitt 9.1.3.1 in Verbindung mit Kapitel 6.8 ADR

9-3 **Ausstellung der ADR-Zulassungsbescheinigung**

9-3.1 **Für Tankfahrzeuge und Batterie-Fahrzeuge**

9-3.1.1 Der festverbundene Tank oder die Elemente und Ausrüstungsteile von Batterie-Fahrzeugen sind gemäß Absatz 6.8.2.4.1 oder 6.8.3.4.10 ADR durch eine Stelle nach § 12 der GGVSEB zu prüfen. Über die Prüfung wird eine Bescheinigung gemäß Absatz 6.8.2.4.5 oder 6.8.3.4.18 ADR ausgestellt. Eine Kopie dieser Bescheinigung ist der Tankakte beizufügen.

Aus dieser Bescheinigung müssen hervorgehen bzw. darin enthalten sein:

- das Datum (Monat, Jahr) der nächsten wiederkehrenden Prüfung des Tanks oder der Elemente des Batterie-Fahrzeugs gemäß Absatz 6.8.2.4.2 oder 6.8.3.4.12 ADR,
- die Codierung des Tanks oder Batterie-Fahrzeugs gemäß Absatz 4.3.3.1.1 oder 4.3.4.1.1 ADR die der Tank oder das Batterie-Fahrzeug erfüllt,
- die Codierungen der zutreffenden Sondervorschriften für den Bau (TC) und die Ausrüstung (TE) nach Abschnitt 6.8.4 ADR,
- soweit erforderlich, die Stoffe mit den Angaben nach Absatz 6.8.2.3.1, 5. Anstrich ADR, die in dem Tank- oder Batterie-Fahrzeug befördert werden dürfen,
- Angabe der Fahrzeugart, die der am Tank verbauten elektrischen Ausrüstung entspricht,
- Angaben über begrenzte Abweichungen nach Absatz 6.8.2.3.2 ADR oder stoffspezifische oder betriebliche Nebenbestimmungen zum Tank oder Batterie-Fahrzeug, sofern diese in der Baumusterzulassung des Tanks oder Batterie-Fahrzeugs enthalten sind,
- Angabe von Nebenbestimmungen in einer Ausnahmeregelung (§ 5 GGVSEB, GGAV, Vereinbarung nach Abschnitt 1.7.4 ADR), sofern dies vorgesehen ist,
- Angabe des Unterabschnittes der Übergangsvorschrift sowie der jeweiligen Fassung des ADR, wenn die Tanks oder Batterie-Fahrzeuge nach einer Übergangsvorschrift nach Kapitel 1.6 ADR betrieben werden dürfen.

9-3.1.2 Für die Bestimmung der Tankcodierung bei Tanks und/oder Elementen von Batterie-Fahrzeugen, die nach den bis zum 31.12.2002 geltenden Vorschriften zugelassen worden sind, kann die **Anlage 18** der RSEB verwendet werden.

Sofern für Tanks und Elemente von Batterie-Fahrzeugen, die auf Grund von Übergangsvorschriften weiter verwendet werden dürfen, keine Tankcodierung vergeben werden kann, ist eine Stoffaufzählung einzutragen oder beizufügen.

9-3.1.3 Das Fahrzeug, mit Ausnahme des festverbundenen Tanks oder der Elemente des Batterie-Fahrzeugs, ist gemäß Unterabschnitt 9.1.2.1 ADR durch die nach § 14 Absatz 4 der GGVSEB zuständigen Stellen oder Personen zu untersuchen.

Für diese Untersuchung müssen die Bescheinigung nach Nummer 9-3.1.1 der RESB sowie die Dokumente gemäß § 6 der Fahrzeugzulassungsverordnung (FZV) oder die Gutachten nach § 21 der StVZO bzw. nach § 13 EG-FGV vorliegen. Die Untersuchung beinhaltet den Umfang einer Hauptuntersuchung nach § 29 der StVZO, jedoch ohne Untersuchung der Umweltverträglichkeit, sowie zusätzlich die Untersuchung nach der **Anlage 15** der RSEB, die auf Antrag gemeinsam durchgeführt werden sollten.

Ein befriedigendes Untersuchungsergebnis im Sinne des Unterabschnitts 9.1.3.1 ADR liegt vor, wenn

- das Fahrzeug vorschriftsmäßig ist oder
- nur geringe Mängel festgestellt worden sind und zu erwarten ist, dass diese Mängel unverzüglich beseitigt werden.

9-3.2 **Für andere Fahrzeuge**

Nummer 9-3.1.3 der RESB, mit Ausnahme der Vorlage der Bescheinigung nach Nummer 9-3.1.1, gilt entsprechend.

9-3.3 **Verfahren der Ausstellung der ADR-Zulassungsbescheinigung**

Die ADR-Zulassungsbescheinigung ist durch die nach § 14 Absatz 4 der GGVSEB zuständigen Stellen oder Personen auszufertigen. Dafür ist das Muster gemäß Unterabschnitt 9.1.3.5 ADR zu verwenden. Das amtliche Kennzeichen des Fahrzeugs darf in der ADR-Zulassungsbescheinigung unter Nummer 4 auch von der nach § 14 Absatz 6 der GGVSEB zuständigen Zulassungsbehörde eingetragen werden. Zum Eintrag des Namens und Betriebssitzes des Beförderers, Betreibers (Halters) oder Eigentümers ist das in Nummer 5 der **Anlage 16** der RSEB beschriebene Verfahren zu beachten. Die Angabe der Fahrzeugbezeichnung(en) in Nummer 7 der ADR-Zulassungsbescheinigung muss mit den Angaben zur elektrischen Ausrüstung des Tanks übereinstimmen. Nebenbestimmungen aus der Bescheinigung nach Nummer 9-3.1.1 der RSEB sind unter Nummer 11 der ADR-Zulassungsbescheinigung aufzunehmen. Die Gültigkeitsdauer der Bescheinigung ist unter Nummer 12 gemäß Unterabschnitt 9.1.3.4 ADR oder bis zur nächsten Prüfung des Tanks oder der Elemente des Batterie-Fahrzeugs gemäß der Bescheinigung nach Nummer 9-3.1.1 der RSEB zu befristen; es gilt jeweils der nächstgelegene Termin.

Sonstige nicht vorgeschriebene Eintragungen, wie z.B. die Eintragung des Datums der nächsten Tankprüfung, können unter Nummer 11 der ADR-Zulassungsbescheinigung durch die nach § 14 Absatz 5 der GGVSEB zuständigen Stellen oder Personen vorgenommen werden.

9-4 Verlängerung der Geltungsdauer der ADR-Zulassungsbescheinigung

9-4.1 **Für Tankfahrzeuge und Batterie-Fahrzeuge**

Bei der Verlängerung ist nach Nummer 9-3.1.3 Satz 2 bis 4 der RESB zu verfahren. Ergibt sich aus der ADR-Zulassungsbescheinigung, dass das Datum der nächsten Prüfung des Tanks oder der Elemente des Batterie-Fahrzeugs innerhalb der nächsten 12 Monate nach der Untersuchung des Fahrzeugs durch Stellen oder Personen nach § 14 Absatz 5 der GGVSEB liegt, ist die Geltungsdauer der Bescheinigung auf das Datum der nächsten Prüfung des Tanks oder der Elemente des Batterie-Fahrzeugs zu befristen.

9-4.2 **Für andere Fahrzeuge**

Bei der Verlängerung ist nach Nummer 9-3.2 der RESB zu verfahren. Die Verlängerung erfolgt durch die gemäß § 14 Absatz 5 der GGVSEB zuständigen Stellen oder Personen.

9-4.3 Hinsichtlich der Übergangsvorschrift in Unterabschnitt 1.6.5.20 ADR siehe auch Nummer 1-25 der RSEB.

9-5 **Änderung der ADR-Zulassungsbescheinigung**

9-5.1 Die Änderung der Tankcodierung oder die Ergänzung der Stoffaufzählung in der ADR-Zulassungsbescheinigung darf nur mit Zustimmung der Baumusterzulassungsstelle vorgenommen werden. Das folgt aus Absatz 6.8.2.3.1 ADR. Auf der Grundlage des Prüfberichts der Stelle nach § 12 der GGVSEB und der Zustimmung der Baumusterzulassungsstelle wird die Änderung oder Ergänzung durch eine Neuausstellung durch die nach § 14 Absatz 4 der GGVSEB zuständigen Stellen oder Personen vorgenommen.

9-5.2 Bei nicht vorgeschriebenen informellen Änderungen in der ADR-Zulassungsbescheinigung handelt es sich um solche, die ohne Überprüfung des Fahrzeugs, des Tanks oder der Ausrüstung vorgenommen werden können, wie z.B. die Eintragung des Datums der nächsten Tankprüfung. Diese dürfen durch die zuständigen Stellen oder Personen nach § 14 Absatz 5 der GGVSEB in Nummer 11 eingetragen werden.

Die Änderung des Firmennamens/Halters, der Anschrift und des amtlichen Kennzeichens darf nur durch die nach § 14 Absatz 6 der GGVSEB zuständige Zulassungsbehörde vorgenommen werden. Die geänderten Angaben sind in Nummer 11 einzutragen und mit Dienstsiegel bzw. Prüfstempel und Namenszeichen zu versehen. Die Änderungen können wie bisher auch durch eine Neuausstellung der ADR-Zulassungsbescheinigung durch Stellen oder Personen nach § 14 Absatz 4 der GGVSEB vorgenommen werden.

9-5.3 Für alle anderen Änderungen ist immer eine Neuausstellung durch Stellen oder Personen nach § 14 Absatz 4 der GGVSEB erforderlich.

9-6 Die ADR-Zulassungsbescheinigung nach dem Muster in Unterabschnitt 9.1.3.5 ADR ist mit dem Tagesdatum der technischen Untersuchung des Fahrzeugs zu befristen. Bei Verlängerung der Gültigkeitsdauer beginnt der Zeitraum der nächsten Gültigkeit mit dem Tage des Ablaufs der vorhergehenden Gültigkeit. Erfolgt die erneute technische Untersuchung gemäß Unterabschnitt 9.1.3.4 ADR spätestens einen Monat nach Ablauf der Jahresfrist, darf das Fahrzeug innerhalb dieser Monatsfrist **nicht** für die Beförderung gefährlicher Güter weiter verwendet werden. Nach dieser Monatsfrist ist das Fahrzeug einer technischen Untersuchung nach Unterabschnitt 9.1.2.1 Satz 2 ADR zu unterziehen. Nur während der Karenzzeit von einem Monat dürfen die Fahrzeuge nach Ablauf der Gültigkeit der ADR-Zulassungsbescheinigung einer technischen Untersuchung nach Unterabschnitt 9.1.3.4 ADR zugeführt werden. Ist diese Zeit abgelaufen, ist für das betreffende Fahrzeug eine neue ADR-Zulassungsbescheinigung erforderlich.

9-7 Ist ein Tankfahrzeug, für das die Übergangsvorschrift nach Unterabschnitt 1.6.3.44 ADR anwendbar ist, mit einer Additiveinrichtung ausgerüstet, so ist in der ADR-Zulassungsbescheinigung ein Vermerk unter Nummer 11 (Bemerkungen) über die Ausrüstung(en) einzutragen (siehe auch Nummer 1-24 und 3-8 der RSEB).

9-8 **Zu Abschnitt 9.1.2 ADR für importierte Tankfahrzeuge**

9-8.1 Für den Betrieb von Tankfahrzeugen/Fahrzeugen mit Aufsetztanks (internationaler Transport) ist eine gegenseitige Anerkennung der ADR-Zulassungsbescheinigungen durch die ADR-Vertragsparteien in Unterabschnitt 9.1.3.2 ADR geregelt. Die ADR-Zulassungsbescheinigung ist durch die zuständige Behörde des Zulassungsstaates auszustellen (Unterabschnitt 9.1.3.1 ADR). Wird ein Tankfahrzeug oder ein Fahrzeug mit Aufsetztank aus dem Ausland importiert und soll es mit deutscher Zulassung betrieben werden, ist dazu eine ADR-Zulassungsbescheinigung durch eine nach § 14 Absatz 4 der GGVSEB zuständige Stelle oder Person auszustellen, auch wenn bereits eine ausländische ADR-Zulassungsbescheinigung vorhanden ist.

Explizite Regelungen zur gegenseitigen Anerkennung von Tankzulassungen und -prüfungen bestehen nur in der Europäischen Union aufgrund der TPED.

Für Tanks, die nicht in den Geltungsbereich der TPED fallen, bestehen keine Regelungen zur gegenseitigen Anerkennung. Aus diesem Grund haben sich in den ADR-Vertragsparteien sehr unterschiedliche Vorgehensweisen entwickelt. Da der Prozess zur Regelung der gegenseitigen Anerkennung erst begonnen hat, bedarf es einer Erläuterung der für Deutschland vereinbarten Vorgehensweise unter Berücksichtigung des internationalen Diskussionsstandes:

9-8.2 Für diese Tankfahrzeuge/Fahrzeuge mit Aufsetztanks ist eines der folgenden Verfahren durchzuführen:

Es kann auf Antrag und bei Vorliegen aller Voraussetzungen eine deutsche Baumusterzulassung (BMZ) durch die zuständige deutsche Behörde (BAM) gemäß Unterabschnitt 6.8.2.3 ADR erteilt werden.

Die Tankfahrzeuge/Fahrzeuge mit Aufsetztanks können aber auch in dem nachfolgend beschriebenen Verfahren überprüft, registriert und nachfolgend als ADR-konform bei der Zulassung des Fahrzeugs berücksichtigt werden.

– Tanks, die bereits im Ausland erstmalig geprüft wurden und für deren Fahrzeuge dort eine ADR-Zulassungsbescheinigung ausgestellt wurde, sind auf Antrag von einer in Deutschland nach § 12 der GGVSEB zuständigen Stelle hinsichtlich der Übereinstimmung mit den Vorgaben des ADR gutachterlich zu bewerten und es ist eine außerordentliche Prüfung nach Absatz 6.8.2.4.4 ADR gemäß den Vorgaben der BAM in der BAM-GGR 020 durch diese Stelle durchzuführen. Die Bewertung hat aufgrund der im Ausland erstellten Zulassung zu erfolgen, dazu müssen die BMZ (Zulassungsschein) und die Tankakte vorliegen. Im Rahmen der außerordentlichen Prüfung hat die Stelle nach § 12 der GGVSEB zu prüfen, ob der Tank den aktuellen Anforderungen des ADR einschließlich der ggf. anwendbaren Übergangsvorschriften und den Festlegungen in der BMZ entspricht. Über die Bewertung und außerordentliche Prüfung ist von der Stelle nach § 12 der GGVSEB ein Gutachten zu erstellen, das mindestens den Anforderungen der BAM in der BAM-GGR 020 entspricht. Der Antragsteller hat das Gutachten der BAM zur kostenpflichtigen Registrierung vorzulegen. Die BAM registriert die ausländische BMZ auf der Basis der positiven gutachterlichen Stellungnahme und erteilt dem Antragsteller eine Registrierungsbescheinigung. Der Antragsteller hat der Stelle nach § 14 Absatz 4 der GGVSEB das Gutachten und die Registrierungsbescheinigung der BAM als Nachweis der Einhaltung von Unterabschnitt 9.7.2.1 ADR vorzulegen.
– Für Fahrzeuge mit ausländischer BMZ des Tanks, die im Ausland noch nicht erstmalig geprüft wurden oder die dort zwar schon erstmalig geprüft wurden, aber noch keine ADR-Zulassungsbescheinigung erhalten haben, gelten die vorstehenden Ausführungen mit folgender Abweichung:

  Es ist eine erstmalige Prüfung nach Absatz 6.8.2.4.1 ADR durchzuführen, dabei hat die Stelle nach § 12 der GGVSEB auch zu prüfen und durch ein Gutachten zu bestätigen, dass die BMZ und alle diesbezüglichen Unterlagen dem aktuellen ADR entsprechen. Das Baumuster muss rechts- und zulassungskonform sein.

Alle erforderlichen Unterlagen zur Durchführung der vorstehenden Bewertungen und Prüfungen müssen in deutscher Sprache vorliegen (siehe auch Nummer 6-12 der RSEB).

9-8.3 Das Gutachten der Stelle nach § 12 der GGVSEB und die Registrierungsbescheinigung der BAM nach Nummer 9-8.2 der RSEB sind der Tankakte beizufügen. Nachdem das Fahrzeug in Deutschland zugelassen ist, dürfen nach Ablauf der Prüffrist, diese beginnt mit der vorgenannten außerordentlichen oder erstmaligen Prüfung, nur noch die in Deutschland zuständigen Stellen nach § 12 der GGVSEB die erforderlichen Tankprüfungen durchführen.

9-8.4 Für aus Österreich importierte gebrauchte Tankfahrzeuge und Fahrzeuge mit Aufsetztanks, deren Tanks über keine separate BMZ nach Unterabschnitt 6.8.2.3 ADR verfügen, darf in Deutschland nach dem vorstehenden Verfahren eine ADR-Zulassungsbescheinigung nach Unterabschnitt 9.1.3.1 ADR erteilt werden, sofern in Österreich für das Gesamtfahrzeug anstelle einer BMZ eine besondere Genehmigung des zuständigen Landeshauptmanns gemäß § 12 des österreichischen Bundesgesetzes über die Beförderung gefährlicher Güter auf der

Straße (Gefahrgutbeförderungsgesetz-Straße, GGSt) in der Fassung vom 10. Oktober 1996 und inhaltsgleichen älteren Fassungen erteilt wurde und bereits in Österreich eine ADR-Zulassungsbescheinigung ausgestellt war. Dazu hat der Antragsteller alle Nachweise vorzulegen, die nach dem vorgenannten § 12 zu erstellen waren und von der Stelle nach § 12 der GGVSEB für erforderlich gehalten werden.

Aufgrund der fehlenden separaten BMZ, dürfen die betreffenden Tanks jedoch nur auf ein anderes Basisfahrzeug oder Achsaggregat umgesetzt werden, wenn dieses mit dem ursprünglichen baugleich ist und dabei keine Veränderungen an den Tanks vorgenommen werden.

Zu Unterabschnitt 9.1.3.5 ADR

9-9.1 Eine Anleitung zum Ausfüllen der ADR-Zulassungsbescheinigung enthält die **Anlage 16** der RSEB.

9-9.2 In die ADR-Zulassungsbescheinigung von AT-Fahrzeugen mit Tanks zur Beförderung von UN 1202 DIESELKRAFTSTOFF, der Norm EN 590:2013 + AC:2014 entsprechend, oder GASÖL oder HEIZÖL, LEICHT mit einem Flammpunkt gemäß EN 590:2013 + AC:2014 (Flammpunkt von 55 °C oder höher), die bis 31. Dezember 2001 unter die Regelung der Ausnahme 6 der GGAV in der Fassung des Artikels 1 der GefÄndV vom 23. Juni 1999 (BGBl. I S. 1435) gefallen sind, ist unter Berücksichtigung von Unterabschnitt 1.6.3.18 ADR unter Nummer 11 (Bemerkungen) sinngemäß folgender Vermerk aufzunehmen:

„Tank darf im innerstaatlichen Verkehr für die Beförderung von UN 1202 Dieselkraftstoff, der Norm EN 590:2013 + AC:2014 entsprechend, oder Gasöl oder Heizöl, leicht mit einem Flammpunkt gemäß EN 590:2013 + AC:2014 ohne Flammendurchschlagsicherung betrieben werden."

Die Nennung der Normen EN 590:1993, EN 590:2004 oder EN 590:2009 + A1:2010 in einer gültigen ADR-Zulassungsbescheinigung muss nicht angepasst werden.

9-9.3 Die Verrohrung von Sattelaufliegern mit Tanks zur Beförderung der in der **Anlage 11** der RSEB genannten Gase der Klasse 2, bei denen wegen der angewendeten Schweißverfahren und möglicher Einwirkungen von (Pumpen-) Vibrationen eine Einschränkung der Dichtheit nicht auszuschließen ist, soll - soweit noch nicht erfolgt - im Rahmen einer außerordentlichen Prüfung geprüft werden. Den tatsächlichen Umfang der Prüfung und ggf. eine besondere Festlegung zur Prüfungsfrequenz entscheidet die Benannte Stelle nach § 16 der ODV. Über die außerordentliche Prüfung ist eine Bescheinigung nach der **Anlage 11** der RSEB auszustellen. Die ADR-Zulassungsbescheinigung darf nur bei Vorlage dieser Bescheinigung verlängert werden.

9-9.4 Die Verrohrung von Tanks an Tankfahrzeugen zur Beförderung der genannten Gase, die keine Probleme aufweist (andere Schweißverfahren, keine wesentlichen Vibrationen), ist im Rahmen der wiederkehrenden Prüfung in angemessenem Umfang zu prüfen. Über die Prüfung ist eine Bescheinigung nach der **Anlage 11** der RSEB auszustellen. Diese Bescheinigung ist bei der Verlängerung der ADR-Zulassungsbescheinigung vorzulegen.

Zu Unterabschnitt 9.2.2.6 ADR

9-10.1 Die Normen ISO 25981:2008, ISO 12098:2004, ISO 7638:2003 bzw. EN 15207:2014 sind nur für die in der jeweiligen Norm vorgesehenen Anwendungsbereiche anzuwenden.

9-10.2 Für den Fall, dass ein Anhänger, der den Anforderungen nicht entsprechen muss (z.B. bestimmte AT-Anhänger), und an dem erforderliche Anschlussverbindungen nach den vorgesehenen Normen nicht installiert sind, mit einem FL-, EX/III- oder MEMU-Zugfahrzeug betrieben wird, darf an dem Anhänger – nicht aber am Zugfahrzeug – ein Adapter zur Herstellung der elektrischen Verbindung angebracht sein.

Zu Unterabschnitt 9.2.4.4 ADR

9-11 Die Anforderungen in Unterabschnitt 9.2.4.4 ADR „dass jede Gefahr für die Ladung durch Erhitzung oder Entzündung vermieden wird" sind erfüllt, wenn zum Beispiel folgende Bedingungen alternativ eingehalten sind:

a) Es werden Abdeckungen verwendet, die in der Regel horizontal angeordnete Bleche sind, die je nach den Gegebenheiten als Wanne oder Haube ausgebildet sein können und verhindern, dass Füllgut auf Teile tropfen kann, die betriebsmäßig heiß (über 200 °C) werden.

b) Für flüssige gefährliche Güter (verflüssigte Gase der Klasse 2 gehören nicht dazu) werden Fahrzeuge mit festverbundenen Tanks, Aufsetztanks, ortsbeweglichen Tanks oder Tankcontainern verwendet und diese Tanks sind so ausgerüstet, dass sie ausschließlich über fest angeschlossene Leitungen im geschlossenen System befüllt oder entleert werden können und durch die Motorkonstruktion/ -anbringung eine schädliche Hitzeeinwirkung auf die Ladung ausgeschlossen ist.

c) Es werden Fahrzeuge mit Tankcontainern oder ortsbeweglichen Tanks verwendet, die nicht auf den Trägerfahrzeugen befüllt oder entleert werden. In der ADR Zulassungsbescheinigung nach Unterabschnitt 9.1.3.5 ADR ist unter Nummer 11 (Bemerkungen) aufzunehmen, dass die Tanks nicht auf dem Trägerfahrzeug befüllt oder entleert werden dürfen, wenn für die betreffenden Güter in Kapitel 3.2 Tabelle A Spalte 14 ADR FL-Fahrzeuge vorgeschrieben sind und durch die Motorkonstruktion/-anbringung eine schädliche Hitzeeinwirkung auf die Ladung ausgeschlossen ist. Dies schließt die Verwendung von Aufsetztanks in der Regel aus.

Zu Unterabschnitt 9.2.4.5 ADR

9-12 Die Anforderungen in Unterabschnitt 9.2.4.5 des ADR gelten zum Beispiel als erfüllt, wenn Folgendes eingehalten wird:

a) Die Auspuffanlage ist vor der Fahrerhausrückwand angeordnet.

b) Alternativ sind die Maßnahmen nach Nummer 9-11 der RSEB anzuwenden.

Zu Unterabschnitt 9.2.4.6 ADR

9-13.1 Eine Wärmeisolierung gemäß Unterabschnitt 9.2.4.6 ADR ist nur erforderlich, wenn die Oberfläche der Dauerbremsanlage betriebsmäßig heiß (über 200 °C) wird. Die Oberflächentemperatur der Wärmeisolierung darf ebenfalls 200 °C nicht überschreiten.

9-13.2 Ein ausreichender Schutz der Anlage gegen zufälliges Entweichen oder Ausfließen des beförderten Gutes ist zum Beispiel auch gegeben, wenn die isolierende Einrichtung (Haube) seitlich mindestens zwei Drittel der Höhe der Dauerbremsanlage abdeckt.

Zu Unterabschnitt 9.2.4.7 ADR

9-14.1 Für Verbrennungsheizgeräte muss eine Bauartgenehmigung nach § 22a StVZO erteilt sein. Mit flüssigem Brennstoff betriebene Verbrennungsheizgeräte, die in Fahrzeuge eingebaut werden, die erstmals ab dem 09.05.2005 zum Verkehr zugelassen wurden, müssen nach der Richtlinie 2001/56/EG typgenehmigt sein. Mit Flüssiggas betriebene Verbrennungsheizgeräte, die in Fahrzeuge eingebaut werden, die erstmals nach dem 01.01.2007 zum Verkehr zugelassen wurden, müssen nach der Richtlinie 2001/56/EG typgenehmigt sein. Die Typgenehmigung nach der Richtlinie 2001/56/EG ersetzt die Bauartgenehmigung nach § 22a StVZO. Hinsichtlich der Verwendung in Gefahrgutfahrzeugen sind Heizgeräte mit Typgenehmigung nach ECE-Regelung 122 denen mit Typgenehmigung nach der Richtlinie 2001/56/EG gleichwertig.

9-14.2 Verbrennungsheizgeräte mit nationaler Bauartgenehmigung nach § 22a StVZO müssen in den Zulassungsbescheinigungen Teil I und II nach StVZO (Fahrzeugbrief und Fahrzeugschein) eingetragen sein oder es muss eine Bestätigung des ordnungsgemäßen Einbaus gemäß § 19 Absatz 3 StVZO mitgeführt werden.

9-14.3 Einschalten mit z.B. Funkfernschaltung ist kein Einschalten von Hand im Sinne des Absatzes 9.2.4.7.5 ADR.

9-14.4 Verbotene automatische Steuerungen im Sinne des Absatzes 9.2.4.7.5 ADR sind z.B. Zeitschaltuhren. Die Temperaturregelung mit Raumthermostat ist zulässig, wenn die vorgenannten Bedingungen eingehalten werden, d.h. das Verbrennungsheizgerät zuvor von Hand eingeschaltet wurde.

Zu Unterabschnitt 9.3.4.1 ADR

9-15 Als Verankerungspunkte für die Ladungssicherung gelten auch Ladungssicherungsschienen, vorausgesetzt, es besteht die Möglichkeit, alle ausgetretenen Rieselgüter in den Schienen zu erkennen und aus diesen gefahrlos abzusaugen oder auszublasen.

Zu Unterabschnitt 9.7.5.2 ADR

9-16 Die nach § 14 Absatz 4 der GGVSEB zuständigen Stellen oder Personen prüfen die Einhaltung der technischen Vorschriften zur Kippstabilität der Tankfahrzeuge nach den Verfahren der ECE-Regelung Nr. 111 vor Inbetriebnahme der Tankfahrzeuge.

Zu Abschnitt 9.7.6 ADR

9-17.1 Der EG-Unterfahrschutz nach § 32b der StVZO gilt als hinterer Schutz des Fahrzeuges gemäß Abschnitt 9.7.6 nur dann, wenn er die Bedingungen nach Abschnitt 9.7.6 ADR erfüllt und er als feste Stoßstange über die gesamte Breite ausreichend den Tank gegen Heckaufprall schützt.

9-17.2 Sofern Silofahrzeuge nach Kapitel 6.8 zugelassen sind, gelten auch die Anforderungen an den hinteren Schutz der Fahrzeuge gemäß Abschnitt 9.7.6 ADR. In diesem Fall dürfen Füll- und Entleerungseinrichtungen nicht über die hintere Stoßstange hinausragen bzw. ungeschützt sein. Werden gefährliche Güter zulässigerweise in loser Schüttung in Silofahrzeugen befördert, die keine Tankzulassung besitzen, gelten die Anforderungen gemäß Abschnitt 9.7.6 ADR nicht.

Erläuterungen zu Teil 8 und 9 ADN

Zu Teil 8 ADN

Zu Unterabschnitt 8.1.6.1 ADN

8-1.B Für diese Aufgabe können von der zuständigen Behörde (GDWS) im Einzelfall oder durch Allgemeinverfügung insbesondere auch von einer IHK öffentlich bestellte und vereidigte Sachverständige für Feuerlöschgeräte oder Feuerlöschschläuche zugelassen werden.

Zu Unterabschnitt 8.1.6.2 ADN

8-2.B Es kann bei Bedarf auch ein Mitarbeiter/eine Mitarbeiterin des Herstellers von der GDWS für diese Prüftätigkeit zugelassen werden.

Zu Unterabschnitt 8.2.2.7 ADN

8-3.B Soweit Kapitel 8.2 ADN keine abschließenden oder vollständigen Regelungen zur Durchführung der Prüfungen zum Nachweis der besonderen Kenntnisse des ADN (Basiskurs und Aufbaukurse) enthält, sind die Prüfungen bei der GDWS bis zum Erlass einer besonderen Prüfungsordnung in sinngemäßer Anwendung der Vorschriften in Teil III Kapitel 7 Abschnitt 2 der Verordnung über das Schiffspersonal auf dem Rhein (Schiffspersonalverordnung-Rhein – RheinSchPersV) vom 16. Dezember 2011 (BGBl. 2011 II S. 1300 und Anlageband) in der jeweils geänderten Fassung und in sinngemäßer Anwendung der Dienstanweisung Nr. 2 nach § 1.03 RheinSchPersV der Zentralkommission für die Rheinschifffahrt vom 30.05.2016 durchzuführen. Die Abnahme der Prüfung zum Basiskurs kann nach Abschnitt I. der Richtlinie des Verwaltungsausschusses für die Verwendung des Fragenkatalogs für die Prüfung von ADN-Sachkundigen (Kapitel 8.2 ADN) auch durch einen einzelnen Prüfer erfolgen.

Zu Abschnitt 8.3.5 ADN

8-4.B „Arbeiten an Bord" umfassen alle Arbeiten an der Struktur (am Schiffskörper) oder der Ausrüstung des Schiffes, einschließlich z.B. Ankerketten oder Propeller.

Die Gasfreiheitsbescheinigung für Tankschiffe richtet sich nach Absatz 7.2.3.7.6 ADN und muss sich auf das gesamte Schiff beziehen. Die zuständige Behörde kann abweichend davon Arbeiten genehmigen, wenn die Gasfreiheit nur für Teilbereiche eines Schiffes gegeben ist.

Andere einschlägige Rechtsvorschriften zur Arbeits- und Betriebssicherheit bleiben neben den Vorschriften dieses Abschnitts und bei der Erteilung einer Genehmigung durch die zuständige Behörde unberührt.

Zu Teil 9 ADN

Zu Absatz 9.1.0.40.2.7 Buchstabe a, 9.3.1.40.2.7 Buchstabe a, 9.3.2.40.2.7 Buchstabe a und 9.3.3.40.2.7 Buchstabe a ADN

9-1.B Ortsfeste Druckbehälter, Armaturen und Druckleitungen, die für einen nicht spezifizierten Einsatzzweck hergestellt, in Verkehr gebracht und auf Binnenschiffen für die fest installierte Feuerlöschanlage verwendet werden, müssen den Vorschriften der Vierzehnten Verordnung zum Produktsicherheitsgesetz (Druckgeräteverordnung) vom 13. Mai 2015 (BGBl. I S. 692), die durch Verordnung vom 6. April 2016 (BGBl. I S. 597) geändert worden ist, entsprechen.

Ortsfeste Druckbehälter, Armaturen und Druckleitungen, die speziell für den dauerhaften Einbau in Binnenschiffen, auch in fest installierten Feuerlöscheinrichtungen, bestimmt sind, müssen den Vorschriften einer anerkannten Klassifikationsgesellschaft entsprechen.

Für ortsbewegliche Druckgeräte sind die Vorschriften der Ortsbewegliche-Druckgeräte-Verordnung zu beachten.

Zu Absatz 9.3.1.23.1 ADN

9-2.B Druckbehälter, die Teile von Binnenschiffen sind oder speziell für den dauerhaften Einbau in diese bestimmt sind, unterliegen nicht der Vierzehnten Verordnung zum Produktsicherheitsgesetz (Druckgeräteverordnung). Sie müssen den Vorschriften einer anerkannten Klassifikationsgesellschaft entsprechen.

Abschnitt II

Abschnitt II A: Erläuterungen zur GbV

Zu § 3 Bestellung von Gefahrgutbeauftragten

A-3/1 Auf Grund der Differenzierung der Pflichten zwischen Empfänger und Entlader im ADR/RID/ADN, die in der GGVSEB konkret umgesetzt sind, müssen Unternehmen, denen Pflichten als Entlader (§ 3 Absatz 1) zugewiesen sind, einen Gefahrgutbeauftragten bestellen.

Zu § 8 Pflichten des Gefahrgutbeauftragten

A-8/1 Bei einer Delegation von Aufgaben nach § 8 der GbV durch den Gefahrgutbeauftragten an Dritte, sind von ihm geeignete Verfahren anzuwenden, mit denen er die Erledigung dieser Aufgaben überwacht und gewährleistet. Der Gefahrgutbeauftragte behält dabei die volle Verantwortung und hat auf Verlangen der zuständigen Behörde nachzuweisen, dass er und die beauftragten Dritten alle Aufgaben erfüllen.

Zu § 8 Absatz 5 Satz 2 Nummer 2 (Jahresbericht des Gb)

A-8/2 Nach Absatz 5 Satz 4 schließt die anzugebende Gesamtmenge der gefährlichen Güter auch die empfangenen gefährlichen Güter ein. In die Ermittlung der Mengen an gefährlichen Gütern nach Satz 2 Nummer 2 müssen freigestellte Beförderungen nach § 2 Absatz 1 Nummer 4 bis 6 jedoch nicht einbezogen werden. Dies gilt auch für empfangene freigestellte gefährliche Güter.

Abschnitt II B: Erläuterungen zur GGAV

Zu Ausnahme 18 (S) Nummer 2.1

B-18/1 Auch wenn eine Beförderung im Werkverkehr im Sinne des § 1 Absatz 2 GüKG stattfindet, handelt es sich nicht um eine Übergabe an Dritte.

Abschnitt II C: Erläuterungen zur ODV

Zu § 22 Marktüberwachungsmaßnahmen

C-22/1 Die Maßnahmen der Marktüberwachung stellen sicher, dass die ortsbeweglichen Druckgeräte mit den einschlägigen Anforderungen während ihres Lebenszyklus übereinstimmen. Sie gelten nicht nur für die erstmalige Bereitstellung ortsbeweglicher Druckgeräte auf dem Markt (Inverkehrbringen).

Anlage 1

Formblatt für Anträge im Gefahrgutbereich

Bei Anträgen auf Zulassung einer Ausnahme bzw. den Abschluss von Vereinbarungen sowie bei Anregungen von Vorschriftenänderungen sind Angaben zu folgenden Fragen oder Punkten zu machen *):

Antragsteller

....
(Name) (Firma)

....

( ) ....

....
(Anschrift)

Kurzbeschreibung des Antrags

(z.B. „Verpackung von .... in freitragenden Kunststoffgefäßen mit einem Fassungsraum von höchstens .... Liter"

oder

„Zulassung der Beförderung von .... als Stoff der Klasse ....")

*) Bei Fragen, die für den betreffenden Antragsgegenstand nicht zutreffen, ist „entfällt" einzutragen. Die Angaben werden nur für amtliche Zwecke verwendet und vertraulich behandelt.

Anlagen

(mit Kurzbeschreibung)

Aufgestellt:

Ort: ....

Datum: ....

Unterschrift: ....

(des für die Angaben Verantwortlichen)

1. Allgemeines

1.1 Folgende Regelung(en) wird (werden) berührt, mit Angabe der Rechtsgrundlage (z.B. Paragraph, Teil, Kapitel, Abschnitt, Unterabschnitt, Absatz):

- ☐ GGVSEB
- ☐ RID
- ☐ ADR
- ☐ ADN
- ☐ GGVSee
- ☐ IMDG-Code
- ☐ ICAO-TI
- ☐ UN-Modellvorschriften

1.2 **Der Antrag/die Anträge betrifft/betreffen:**

- ☐ einen nach den Beförderungsvorschriften nicht zugelassenen Stoff oder Gegenstand
- ☐ eine nach den Beförderungsvorschriften nicht zulässige Verpackung
- ☐ ein nach den Beförderungsvorschriften nicht zugelassenes Beförderungsmittel
- ☐ eine Ersterteilung, Erweiterung oder Neuerteilung einer Ausnahme gemäß § 5 der GGVSEB (Gutachten beifügen)
- ☐ eine Vereinbarung gemäß Abschnitt 1.5.1, einschließlich Anträge auf Erweiterung und Neuerteilung von Vereinbarungen (Fragebogen und Gutachten dem Antrag beifügen)
- ☐ eine Ersterteilung, Erweiterung oder Neuerteilung einer Ausnahme gemäß § 5 GGVSee (Gutachten beifügen)
- ☐ die Klassifizierung von Stoffen und Gegenständen
- ☐ die Umklassifizierung
- ☐ die Aufnahme eines Stoffes, einer Verpackungsart oder eines Beförderungsmittels in
    - ☐ UN-Modellvorschriften
    - ☐ ADR
    - ☐ RID

- □ ADN
- □ IMDG-Code
- □ ICAO-TI

□ Sonstige Anträge

1.3 Welche Gründe erfordern das Abweichen von den gesetzlichen Vorschriften?

□ Einhaltung der Vorschriften unzumutbar (Gründe angeben)

□ Beförderung sonst ausgeschlossen

1.4 Voraussichtlicher Umfang der vorgesehenen Transporte, soweit bekannt (maximale Größe je Verpackungseinheit, Versandstück oder Ladungseinheit)

1.5 Voraussichtliche Zielgebiete (In-, Ausland, ggf. Staaten)

1.6 Mit welchen Staaten bzw. Eisenbahnverwaltungen soll ggf. eine Vereinbarung getroffen werden?

1.7 Welche Verkehrsträger sind vorgesehen?

2. Allgemeine Angaben zum Gefahrgut

2.1 Handelt es sich
□ um einen Stoff
□ um ein Gemisch
□ um eine Lösung
□ um einen Gegenstand

2.2 Chemische Bezeichnung

2.3 Synonyme

2.4 Handelsname

2.5 Strukturformel und/oder Zusammensetzung, Konzentration, technischer Aufbau und Wirkungsmechanismus des Gegenstandes

2.6 Gefahrklasse

- ggf. Verträglichkeitsgruppe (nur bei explosiven Stoffen und Gegenständen mit Explosivstoff)
- ggf. Prüfung oder Zulassung durch die Bundesanstalt für Materialforschung und -prüfung (nur bei organischen Peroxiden und gewissen selbstzersetzlichen Stoffen der Klasse 4.1 sowie bei explosiven Stoffen und Gegenständen mit Explosivstoff)
- ggf. Prüfung und Zulassung durch das Bundesamt für Ausrüstung, Informationstechnik und Nutzung der Bundeswehr (nur bei explosiven Stoffen und Gegenständen mit Explosivstoff der Klasse 1, die ausschließlich militärisch genutzt werden)

2.7 UN-Nummer (soweit vorhanden)

2.8 ggf. Verpackungsgruppe (I, II oder III)

2.9 Angaben zur Umweltgefährdung

3. Physikalisch-chemische Eigenschaften

3.1 Zustand während der Beförderung (z.B. gasförmig, flüssig, körnig, pulverförmig, geschmolzen ...)

3.2 Dichte der Flüssigkeit bei 20 °C

3.3 Beförderungstemperatur (bei Stoffen, die in aufgeheiztem oder gekühltem Zustand befördert werden)

3.4 Schmelzpunkt oder Schmelzbereich ... °C

3.5 Ergebnis des Penetrometer-Tests gemäß Abschnitt 2.3.4:
- Auslaufzeit nach ISO 2431 (1984) für den
  4-mm-Becher: .... Sekunden oder
  6-mm-Becher: .... Sekunden
- Temperatur: .... °C (vorzugsweise bei 23 °C)
  (falls nach DIN 53 211 bestimmt, Auslaufzeiten für den DIN-Becher sowie die für den geeigneten ISO-Becher umgerechneten Auslaufzeiten angeben)

3.6 Siedepunkt/Siedebeginn oder Siedebereich ... °C

3.7 Dampfdruck bei 20 °C ..., bei 50 °C ..., bei 55 °C ...
bei verflüssigten Gasen, Dampfdruck bei 70 °C ...
bei permanenten Gasen, Druck der Füllung bei 15 °C ...
Betriebstemperatur (höchster Wert aus Füll-, Transport- und Entleerungstemperatur) ... °C

3.8 Löslichkeit in Wasser bei 15 °C
Angabe der Sättigungskonzentration in mg/l ...
bzw. Mischbarkeit mit Wasser bei 15 °C
- ☐ beliebig
- ☐ teilweise
- ☐ keine

(Konzentration angeben)

3.9 Farbe

3.10 Geruch

3.11 pH-Wert des Stoffes bzw. einer wässerigen Lösung (Konzentration angeben)

3.12 Sonstige Angaben

4. Sicherheitstechnische Eigenschaften

4.1 Zündtemperatur nach DIN 51 794 ... °C

4.2 Flammpunkt
im geschlossenen Tiegel ... °C
im offenen Tiegel ... °C
(Prüfmethode angeben, z.B. nach DIN ....)

4.3 Explosionsgrenzen (Zündgrenzen):

untere ... %, obere ... %

(Prüfmethode angeben, z.B. nach DIN ...)

4.4 Ist der Stoff bei Luftzufuhr brennbar (Prüfmethode angeben)?

4.5 Explosionsgefahr bei Stoß/Entzündung/Reibung/Sonstigem (entsprechend den Prüfverfahren in den jeweils zutreffenden Vorschriften)?

4.6 □ Bildung explosionsfähiger Dampf/Luft-Gemische

□ Bildung explosionsfähiger Staub/Luft-Gemische

4.7 □ Kann sich der Stoff schon in kleinen Mengen und nach kurzer Zeit (Minuten) bei gewöhnlicher Temperatur an der Luft ohne Energiezufuhr erhitzen und schließlich entzünden?

□ Kann sich der Stoff nur in größeren Mengen und nach längerer Zeit (Stunden bis Tage) bei gewöhnlicher Temperatur an der Luft ohne Energiezufuhr erhitzen und schließlich entzünden?

4.8 Neigt der Stoff ohne Luftzufuhr zur Selbstzersetzung?

□ bei gewöhnlicher Temperatur

□ bei erhöhter Temperatur

Für organische Peroxide und gewisse selbstzersetzliche Stoffe der Klasse 4.1 angeben:

- SADT ... °C
- Höchstzulässige Beförderungstemperatur ... °C
- Notfalltemperatur ... °C

4.9 Zersetzungsprodukte bei Brand unter Luftzutritt oder bei Einwirkung eines Fremdbrandes:

4.10 Ist der Stoff brandfördernd?

□ Ja

□ Nein

4.11 Reagiert der Stoff mit Wasser oder feuchter Luft unter Entwicklung entzündlicher oder giftiger Gase?

□ Ja

□ Nein

Entstehende Gase:

4.12 Reagiert der Stoff gefährlich mit Säuren, Alkalien, brandfördernden Stoffen, Metallen?

□ Ja

□ Nein

4.13 Ist der Stoff radioaktiv?

☐ Ja

☐ Nein

4.14 Reagiert der Stoff auf andere Weise gefährlich? Wie?

5. Physiologische Gefahren

5.1.1 Mögliche schädliche Wirkungen bei Einwirkung auf Augen oder Haut, Aufnahme durch die Haut, die Atemwege oder den Mund?

Die Tabelle ist wie folgt auszufüllen:

1 starke Reizwirkung
2 mittlere Reizwirkung
3 geringe Reizwirkung
4 stark ätzend
5 Ätzend
6 schwach ätzend
7 sehr giftig
8 Giftig
9 schwach giftig

Schäden	innerlich			äußerlich		
Bei Einwirkung auf bzw. Aufnahme durch	Haut	Atem-wege	Mund	Haut	Atem-wege	Augen
in fester Form						
in flüssiger Form						
in Dampfform						

5.1.2 LD_{50}- und/oder LC_{50}-Werte bzw. Nekrosewerte

5.2 Ist ein verzögerter Vergiftungseffekt bekannt?

5.3 Entstehen bei Zersetzung oder Reaktion physiologisch gefährliche Stoffe (soweit bekannt, angeben)?

5.4 Sonstige gefährliche physiologische Eigenschaften

6. Angaben zum Gefahrenpotential

6.1 Mit welchen konkreten Schäden muss gerechnet werden, wenn die gefährlichen Eigenschaften des zu befördernden Gutes wirksam werden?

☐ Verbrennung

☐ Verätzung

☐ Vergiftung bei Aufnahme durch die Haut

☐ Vergiftung beim Einatmen

☐ Vergiftung beim Verschlucken

- ☐ mechanische Beschädigung
- ☐ Zerstörung
- ☐ Brand
- ☐ Korrosion
- ☐ Umweltschaden
- ☐ Strahlenbelasung
- ☐ Erstickungsgefahr
- ☐ Sonstiges

6.2 Wie verändert sich daher jeweils die Wirkung
- – bei unterschiedlichen Mengen des gefährlichen Gutes?
- – bei unterschiedlichen Entfernungen vom Ort des Freiwerdens?

In welchem Zeitraum treten diese Schäden ein?

7. Angaben zum Beförderungsmittel

7.1 Welche Beförderungsmittel sind von dem Antrag auf Ausnahmezulassung betroffen?
- ☐ Eisenbahngüterwagen (geschlossen, offen?) – Reisegepäckwagen
- ☐ Lastkraftfahrzeuge (Art der Aufbauten)
- ☐ Binnenfrachtschiffe – Überseefrachtschiffe – Containerschiffe – Passagierschiffe
- ☐ Frachtflugzeuge – Passagierflugzeuge
- ☐ Sonstige

7.2 Sind besondere Stauvorschriften vorgesehen/erforderlich? (Welche?)

7.3 Wie soll das Beförderungsmittel ausgerüstet sein (z.B. elektrische und Brandschutzausrüstung, Lüftungseinrichtung, Kühleinrichtung)?

8. Beförderung gefährlicher Güter in Tanks

8.1 In welchen Tanks soll das gefährliche Gut befördert werden? (Tankcontainer, Aufsetztank, MEGC, MEMU, Batterie-Fahrzeug, Tankfahrzeug, Silofahrzeug, Eisenbahnkesselwagen, Batteriewagen, ortsbeweglicher Tank, Binnentankschiff, Seetankschiff, RoRo-Schiff)

8.2 Liegt hierfür bereits eine Zulassung vor (ggf. Zulassungskennzeichnung und ausstellende Behörde angeben)?

8.3 Gilt die Zulassung für das/die unter 2. beschriebene(n) Gut/Güter? (Bei neuen, noch nicht zugelassenen Tanks sind Konstruktionsunterlagen entsprechend **Anlage 14** der RSEB sowie ein gutachterlicher Eignungsnachweis erforderlich)

9. Angaben zur Verpackung

9.1 Beschreibung und Codierung der Verpackungsbauart
(Konstruktionszeichnungen und einen gutachterlichen Eignungsnachweis beifügen)

9.2 Nach welchen Vorschriften (z.B. Teil 6 ADR/RID/IMDG-Code) geprüft? (Prüfbericht beifügen)

9.3 Soll die Verpackung nur unter zusätzlichem Schutz

- ☐ einer Palette,
- ☐ einer Palette mit Schrumpffolie oder Stretchfolie,
- ☐ eines Containers,
- ☐ in geschlossener Ladung

verwendet werden? (ggf. näher erläutern)

9.4 Sind mit der Verpackung bereits Erfahrungen beim Transport gesammelt worden? (Wenn ja, in welcher Zeitspanne, mit welchem Beförderungsmittel und mit welchen Füllgütern?)

9.5 Sonstige Hinweise

10. Sicherheitstechnische Begründung
(Sachverständigen-Gutachten beifügen)

10.1 Welche Sicherheitsvorkehrungen sind nach dem Stand der Technik im Hinblick auf die vom Gut ausgehenden Gefahren sowie die im Verlauf des gesamten Transportes möglichen Gefährdungen erforderlich?

10.2 Welche Sicherheitsvorkehrungen werden vorgeschlagen (z.B. Verpackung, Ladungssicherung, Menge, Verkehrsträger, Weg)?

10.3 Falls die in Nr. 10.2 vorgeschlagenen Sicherheitsvorkehrungen nicht den in Nr. 10.1 angegebenen erforderlichen Sicherheitsvorkehrungen nach dem Stand der Technik entsprechen:

- Darstellung der verbleibenden Gefahren
- Begründung, weshalb die verbleibenden Gefahren als vertretbar angesehen werden.

Anlage 2

Artikel 6 (Ausnahmen) der Richtlinie 2008/68/EG

Artikel 6 (Ausnahmen) der Richtlinie 2008/68/EG (Richtlinie Binnenland) vom 24. September 2008 (ABl. L 260 vom 30.9.2008, S. 13)

(1) Die Mitgliedstaaten können bei den auf ihrem Hoheitsgebiet durchgeführten Beförderungen die Verwendung anderer als der in den Anhängen vorgesehenen Sprachen gestatten.

(2) a) Sofern die Sicherheit nicht beeinträchtigt ist, können die Mitgliedstaaten Ausnahmen von Anhang I Abschnitt I.1, Anhang II Abschnitt II.1 und Anhang III Abschnitt III.1 für die Beförderung kleiner Mengen bestimmter gefährlicher Güter in ihren Hoheitsgebieten beantragen, wobei die Beförderungsbedingungen jedoch nicht strenger sein dürfen als die in den Anhängen festgelegten Bedingungen; hiervon ausgenommen sind Stoffe mit mittlerer oder hoher Radioaktivität.

b) Sofern die Sicherheit nicht beeinträchtigt ist, können die Mitgliedstaaten ferner Ausnahmen von Anhang I Abschnitt I.1, Anhang II Abschnitt II.1 und Anhang III Abschnitt III.1 für die Beförderung gefährlicher Güter auf ihrem Hoheitsgebiet beantragen für:

i) die örtlich begrenzte Beförderungen über geringe Entfernungen oder

ii) die örtlich begrenzte Beförderung mit der Eisenbahn auf genau bestimmten Strecken, die zu einem bestimmten industriellen Prozess gehört und unter genau festgelegten Bedingungen streng kontrolliert wird.

Die Kommission prüft in jedem Einzelfall, ob die Bedingungen der Buchstaben a und b erfüllt sind, und befindet nach dem in Artikel 9 Absatz 2 genannten Verfahren darüber, ob die Ausnahme genehmigt und zum Verzeichnis innerstaatlicher Ausnahmen in Anhang I Abschnitt I.3, Anhang II Abschnitt II.3 oder Anhang III Abschnitt III.3 hinzugefügt wird.

(3) Die in Absatz 2 genannten Ausnahmen gelten ab dem Datum ihrer Genehmigung für einen in der Genehmigungsentscheidung festzulegenden Zeitraum von höchstens sechs Jahren. Für die geltenden Ausnahmen gemäß Anhang I Abschnitt I.3, Anhang II Abschnitt II.3 und Anhang III Abschnitt III.3 gilt der 30. Juni 2009 als Datum der Genehmigung. Falls in einer Ausnahmegenehmigung nicht anders angegeben, gilt sie für einen Zeitraum von sechs Jahren.

Ausnahmen sind nichtdiskriminierend anzuwenden.

(4) Beantragt ein Mitgliedstaat die Verlängerung einer Ausnahmegenehmigung, so überprüft die Kommission die betreffende Ausnahme.

Wurde keine den Gegenstand der Ausnahme betreffende Änderung von Anhang I Abschnitt I.1, Anhang II Abschnitt II.1 oder Anhang III Abschnitt III.1 angenommen, verlängert die Kommission nach dem in Artikel 9 Absatz 2 genannten Verfahren die Genehmigung um einen in der Genehmigungsentscheidung festzulegenden weiteren Zeitraum von höchstens sechs Jahren ab dem Zeitpunkt der Genehmigung.

Wurde eine den Gegenstand der Ausnahmeregelung betreffende Änderung von Anhang I Abschnitt I.1, Anhang II Abschnitt II.1 und Anhang III Abschnitt III.1 angenommen, so kann die Kommission nach dem in Artikel 9 Absatz 2 genannten Verfahren:

a) die Ausnahme für veraltet erklären und aus dem betreffenden Anhang streichen;

b) den Anwendungsbereich der Genehmigung begrenzen und den betreffenden Anhang entsprechend ändern;

c) die Genehmigung um einen weiteren Zeitraum von höchstens sechs Jahren ab dem in der Genehmigung über die Entscheidung festzulegenden Datum der Genehmigung verlängern.

(5) Jeder Mitgliedstaat kann ausnahmsweise, und sofern die Sicherheit nicht gefährdet ist, Einzelgenehmigungen erteilen für gemäß dieser Richtlinie untersagte Transportvorgänge gefährlicher Güter auf seinem Hoheitsgebiet oder für die Durchführung dieser Transportvorgänge unter anderen als den in der Richtlinie festgelegten Bedingungen, sofern diese Transportvorgänge klar bezeichnet und zeitlich begrenzt sind.

Anlage 3

– offen –

Anlage 4

Antrag auf Bestimmung des Fahrweges nach § 35a Absatz 3 der GGVSEB

....
(Name und Anschrift des Antragstellers)

An die nach Landesrecht zuständige Behörde/Stelle [1)]

( ) .... (Beladung)

( ) .... (Entladung)

( ) .... (Endender Autobahnabschnitt)

Betr.: Antrag auf Bestimmung des Fahrweges nach § 35a Absatz 3 GGVSEB

1. Folgende gefährliche Güter sollen befördert werden:

   .... Gefahrzettel (Klasse) .... ggf. Verpackungsgruppe ....
   (UN-Nummer und Benennung des Gutes)

   .... Gefahrzettel (Klasse) .... ggf. Verpackungsgruppe ....
   (UN-Nummer und Benennung des Gutes)

   .... Gefahrzettel (Klasse) .... ggf. Verpackungsgruppe ....
   (UN-Nummer und Benennung des Gutes)

2. Beladeort

   ....
   (Gemeinde, Straße, Hausnummer, ggf. sonstige Lagebeschreibung)

3. Entladeort

   ....
   (Gemeinde, Straße, Hausnummer, ggf. sonstige Lagebeschreibung)

4. Die dem Beladeort (Nummer 2) nächstgelegene Autobahnanschlussstelle

   ....

5. Die dem Entladeort (Nummer 3) nächstgelegene Autobahnanschlussstelle

   ....

6. Vorschlag des Fahrweges zwischen dem Beladeort und der nächstgelegenen Autobahnanschlussstelle

   ....
   (Beschreibung des Fahrwegs durch Angabe der Straßennamen oder -bezeichnungen, wie beispielsweise Straßenklasse und -nummer)

14

7. **Vorschlag des Fahrwegs zwischen der dem Entladeort nächstgelegenen Autobahnanschlussstelle und dem Entladeort**

....

(Beschreibung des Fahrwegs durch Angabe der Straßennamen oder -bezeichnungen, wie beispielsweise Straßenklasse und -nummer)

8. **Vorschlag des Fahrwegs zwischen Autobahnabschnitten (nur bei „unterbrochenen Autobahnen") [1)]**

....

(Beschreibung des Fahrwegs durch Angabe der Straßennamen oder -bezeichnungen, wie beispielsweise Straßenklasse und -nummer)

9. **Zeitraum, in dem die Fahrwegbestimmung gültig sein soll**

....

....

(Ort, Datum) (Unterschrift)

---

1) Siehe auch Nummer 35.2.2 der RSEB.

Die nach Landesrecht zuständigen Behörden/Stellen sind in

Baden-Württemberg die unteren Verwaltungsbehörden (Landratsämter und Stadtkreise);

Bayern die Landratsämter, kreisfreien Gemeinden und großen Kreisstädte;

Berlin die Verkehrslenkung Berlin (VLB);

Brandenburg die Landkreise und kreisfreien Städte als Kreisordnungsbehörde;

Bremen der Senator für Wirtschaft, Arbeit und Häfen;

Hamburg die Behörde für Inneres und Sport;

Hessen die Landräte und in den kreisfreien Städten die Oberbürgermeister;

Mecklenburg-Vorpommern die Landräte und in den kreisfreien Städten die Oberbürgermeister (Bürgermeister);

Niedersachsen die Landkreise, kreisfreien Städte und großen selbständigen Städte und für Bundesautobahnen die Landesbehörde für Straßenbau und Verkehr;

Nordrhein-Westfalen die Kreise und kreisfreien Städte als Kreisordnungsbehörde;

Rheinland-Pfalz die Kreisverwaltungen, kreisfreien Städte und großen kreisangehörigen Städte;

Sachsen die Landkreise und kreisfreien Städte;

Sachsen-Anhalt die unteren Verwaltungsbehörden (Landkreise und kreisfreien Städte);

Saarland die unteren Straßenverkehrsbehörden (bei den Landräten, dem Regionalverband Saarbrücken, der Landeshauptstadt Saarbrücken sowie den Mittelstädten);

Schleswig-Holstein die Landräte und in den kreisfreien Städten die Oberbürgermeister (Bürgermeister);

Thüringen die Landkreise und kreisfreien Städte.

Anlage 5

(Ausstellende Behörde)

Fahrwegbestimmung nach § 35a Absatz 3 der GGVSEB

1. Für die Beförderung von

.... Gefahrzettel (Klasse) .... ggf. Verpackungsgruppe ....
(UN-Nummer und Benennung des Gutes) [1)]

.... Gefahrzettel (Klasse) .... ggf. Verpackungsgruppe ....
(UN-Nummer und Benennung des Gutes) [1)]

.... Gefahrzettel (Klasse) .... ggf. Verpackungsgruppe ....
(UN-Nummer und Benennung des Gutes) [1)]

zwischen dem/der Beladeort/Entladeort/Grenzübergangsstelle/Autobahnanschlussstelle [2)]

....
(Gemeinde, Straße, Hausnummer, ggf. sonstige Lagebeschreibung)

und dem Entladeort/der Grenzübergangsstelle/Autobahnanschlussstelle [2)]

....
(Gemeinde, Straße, Hausnummer, ggf. sonstige Lagebeschreibung)

wird folgender Fahrweg bestimmt:

....
(Beschreibung des Fahrwegs durch Angabe der Straßennamen oder -bezeichnungen, wie beispielsweise Straßenklasse und -nummer)

2. Geltungsdauer der Fahrwegbestimmung

....

3. Nebenbestimmungen

....

4. Antragsteller
Diese Fahrwegbestimmung wurde auf Antrag von

....
(Name und Anschrift)
erteilt.

5. Kostenfestsetzung

....

6. Rechtsbehelfsbelehrung

....

....
(Ort, Datum) (Unterschrift)

---

1) Die UN-Nummer und die Benennung des Gutes ergeben sich aus der Tabelle A in Kapitel 3.2 ADR. Falls der Stoffname nicht namentlich aufgeführt ist, muss die technische Benennung eingesetzt werden.

2) Nicht zutreffendes streichen.

Anlage 6

Antrag auf Ausstellung einer Bescheinigung nach § 35 Absatz 4 der GGVSEB

....

(Name und Anschrift des Antragstellers)

An
Eisenbahn-Bundesamt/Generaldirektion Wasserstraßen und Schifffahrt [1)]

1. Die UN-Nummer und die Benennung der zu befördernden Stoffe und Gegenstände sowie Angabe des/der Gefahrzettels/Gefahrzettel (Klasse)

   ....

2. Beförderungsart
   (die im Straßenverkehr vorgesehen ist – z.B. in Tankcontainern, in Tankfahrzeugen, Versandstücke, Versandstücke in Containern, Art und Größe der Container)

   ....

3. Beladeort
   (Angabe der Gemeinde, Straße, Hausnummer, ggf. genaue Bezeichnung der Stelle auf dem Betriebsgelände)

   ....

4. Name des Befüllers oder Verladers
   (§ 2 Nr. 2 oder 3 der GGVSEB)

   ....

5. Entladeort
   (Angabe der Gemeinde, Straße, Hausnummer, ggf. genaue Bezeichnung der Stelle auf dem Betriebsgelände)

   ....

6. Name des Empfängers

   ....

7. Zeitraum, in dem die Bescheinigung gültig sein soll

   ....

8. Voraussichtliche durchschnittliche Beförderungsmengen je Beförderung

   ....

9. Voraussichtliche Anzahl der Beförderungen

   ....

10. Entfernung in Kilometern auf der Straße

   ....

11. Ein gleichlautender Antrag wurde an das Eisenbahn-Bundesamt gestellt.
   (Nur bei Anträgen an die Generaldirektion Wasserstraßen und Schifffahrt auszufüllen)

   ....

....

(Ort, Datum) (Unterschrift)

1) Nicht zutreffendes streichen

Eisenbahn-Bundesamt [1)]
Referat 33
Heinemannstraße 6
53175 Bonn

Für die vorstehend durch die Nummern 1 bis 10 bestimmten Beförderungen wird hiermit nach § 35 Absatz 4 der GGVSEB bescheinigt, dass eine Beförderung auf dem Eisenbahnweg, einschließlich des multimodalen Verkehrs, nicht möglich ist.

Generaldirektion Wasserstraßen und Schifffahrt [1)]
Ulrich-von-Hassell-Straße 76
53123 Bonn

Für die vorstehend durch die Nummern 1 bis 10 bestimmten Beförderungen wird hiermit nach § 35 Absatz 4 der GGVSEB bescheinigt, dass eine Beförderung auf dem Wasserweg, einschließlich des multimodalen Verkehrs, nicht möglich ist.

Diese Bescheinigung gilt bis zum ....

....
(Ort, Datum) (Unterschrift)

1) Nicht zutreffendes streichen

Anlage 7

Buß- und Verwarnungsgeldkatalog

1. Bußgeldkatalog (G)eltungsbereich: (S)traße; (E)isenbahn; (B)innenschifffahrt

G	Lfd. Nr.	Ordnungswidrigkeit, die darin besteht, dass	GGVSEB § 37 Abs. 1	Euro	Kate-gorie
	A.	**der Auftraggeber des Absenders**			
		der Auftraggeber des Absenders entgegen § 17 Abs. 1			
S,E,B	1	Nr. 1 sich nicht oder nicht rechtzeitig vergewissert;	Nr. 3a	1500,-	I
S,E,B	2	Nr. 2 nicht dafür sorgt, dass eine dort genannte Angabe schriftlich oder elektronisch mitgeteilt oder auf eine dort genannte Vorschrift schriftlich oder elektronisch hingewiesen wird;	Nr. 3b	500,-	I
S,E,B	3	Nr. 3 nicht dafür sorgt, dass auf das gefährliche Gut hingewiesen wird;	Nr. 3c	500,-	I
		der Auftraggeber des Absenders entgegen § 17 Abs. 2			
E	4	nicht dafür sorgt, dass eine dort genannte Angabe schriftlich oder elektronisch mitgeteilt wird;	Nr. 3d	200,-	III
		der Auftraggeber des Absenders entgegen § 27 Abs. 4 (auch Absender, Verpacker, Verlader, Befüller, Entlader, Beförderer und Empfänger)			
S,E,B	5	Sicherungspläne nicht einführt und nicht anwendet;	Nr. 19f	500,-	II
	B.	**der Absender**			
		der Absender entgegen § 18 Abs. 1			
S,E,B	6	Nr. 1 einen Hinweis			
	6.1	nicht oder nicht richtig oder nicht vollständig (relevante Angaben, z.B. UN-Nummer, offizielle Benennung, Verpackungsgruppe) oder nicht in der vorgeschriebenen Weise gibt,	Nr. 4a	500,-	I
	6.2	nicht vollständig (andere fehlende Angaben als unter 6.1) gibt;		200,-	III
S,E,B	7	Nr. 2 den Beförderer nicht, nicht richtig oder nicht rechtzeitig informiert;	Nr. 4b	500,-	I
S,E,B	8	Nr. 3 sich nicht oder nicht rechtzeitig vergewissert;	Nr. 4c	1500,-	I
S,E,B	9	Nr. 4 nicht dafür sorgt,	Nr. 4d		
	9.1	dass eine Angabe in das Beförderungspapier richtig oder vollständig (relevante Angaben) eingetragen wird,		500,-	I
	9.2	dass eine Angabe in das Beförderungspapier vollständig (andere fehlende Angaben als unter 9.1) eingetragen wird;		200,-	III
S,E,B	10	Nr. 5 nicht dafür sorgt,	Nr. 4e		
	10.1	dass nur eine dort zugelassene und geeignete Verpackung, Großverpackung, IBC oder nur ein dort zugelassener und geeigneter Tank oder nur ein dort zugelassenes und geeignetes MEMU oder		800,-	I
B	10.2	dass nur ein dort zugelassenes und geeignetes Schiff verwendet wird;		1500,-	I
S,E,B	11	Nr. 6 nicht dafür sorgt, dass die zuständige Behörde benachrichtigt wird;	Nr. 4f	800,-	I
S,E,B	12	Nr. 7	Nr. 4g		
	12.1	nicht im Besitz einer Zeugnis- oder Anweisungskopie ist,		800,-	I
	12.2	eine Aufzeichnung nicht oder nicht vollständig zur Verfügung stellt;		500,-	I
S,E,B	13	Nr. 8 nicht dafür sorgt,	Nr. 4h		
	13.1	dass ein Beförderungspapier mit einer geforderten Angabe, Anweisung oder einem geforderten Hinweis mitgegeben, richtig mitgegeben oder vollständig (relevante Angaben, z.B. UN-Nummer, offizielle Benennung, Verpackungsgruppe) mitgegeben wird,		500,-	I
	13.2	dass ein Beförderungspapier mit einer geforderten Angabe, Anweisung oder einem geforderten Hinweis vollständig (andere fehlende Angaben als unter 13.1) mitgegeben wird;		200,-	III
S,E,B	14	Nr. 9 nicht dafür sorgt, dass ein erforderliches Zeugnis zugänglich gemacht wird;	Nr. 4i	500,-	I
S,E,B	15	Nr. 10 nicht dafür sorgt, dass ein erforderliches Begleitpapier beigefügt wird;	Nr. 4j	500,-	I
S,E,B	16	Nr. 11 den Verlader nicht oder nicht richtig oder nicht in der vorgeschriebenen Weise oder nicht rechtzeitig auf die Begasung hinweist;	Nr. 4k	500,-	I
S,E,B	17	Nr. 12 eine Kopie des Beförderungspapiers, der Information oder Dokumentation nicht oder nicht mindestens 3 Monate aufbewahrt;	Nr. 4l	500,-	I
		der Absender entgegen § 18 Abs. 2			
S	18	nicht dafür sorgt, dass eine Ausnahmezulassung vor Beförderungsbeginn übergeben wird;	Nr. 4m	500,-	I

Bußgeldkatalog (Fortsetzung)					
G	**Lfd. Nr.**	**Ordnungswidrigkeit, die darin besteht, dass**	**GGVSEB § 37 Abs. 1**	**Euro**	**Kategorie**
	B.	**der Absender** (Fortsetzung)			
		der Absender entgegen § 18 Abs. 3			
E	19	Nr. 1 eine Vorschrift für den Versand als Expressgut nicht beachtet;	Nr. 4n	500,-	I
E	20	Nr. 2 nicht dafür sorgt, dass ein Großzettel, die orangefarbene Tafel, das Kennzeichen und der Rangierzettel angebracht werden;	Nr. 4o	500,-	I
E	21	Nr. 3 nicht dafür sorgt, dass das Beförderungspapier die Angabe enthält;	Nr. 4p	200,-	III
		der Absender entgegen § 18 Abs. 4			
B	22	Nr. 1 nicht dafür sorgt, dass die Ausnahmezulassung vor Beförderungsbeginn übergeben wird;	Nr. 4q	500,-	I
B	23	Nr. 2 nicht dafür sorgt, dass ein Großzettel und die orangefarbene Tafel angebracht werden;	Nr. 4r	500,-	I
		der Absender entgegen § 27 Abs. 2 (auch Beförderer und Empfänger)			
S,E,B,	24		Nr. 19b		
	24.1	eine Untersuchung nicht durchführt,		500,-	I
	24.2	eine Maßnahme nicht ergreift,		800,-	I
	24.3	nicht dafür sorgt, dass eine zuständige Behörde informiert wird;		800,-	I
		der Absender entgegen § 27 Abs. 4 (auch Auftraggeber des Absenders, Verpacker, Verlader, Befüller, Beförderer, Entlader und Empfänger)			
S,E,B	25	Sicherungspläne nicht einführt und nicht anwendet;	Nr. 19f	500,-	II
	C.	**der Beförderer**			
		der Beförderer entgegen § 4 Abs. 2 Satz 2			
E	26	einen Eisenbahninfrastrukturunternehmer nicht oder nicht rechtzeitig benachrichtigt oder nicht oder nicht rechtzeitig benachrichtigen lässt und nicht mit Informationen versieht oder versehen lässt;	Nr. 1	800,-	I
		der Beförderer entgegen § 4 Abs. 3			
E	27	Nr. 2 die Sendung nicht oder nicht rechtzeitig anhält oder die Beförderung fortsetzt;	Nr. 2	800,-	I
		der Beförderer entgegen § 19 Abs. 1			
S,E,B	28	Nr. 1 den Absender nicht, nicht richtig oder nicht rechtzeitig informiert;	Nr. 5a	500,-	I
S,E,B	29	Nr. 2 eine Sendung befördert, die nicht die Vorschriften erfüllt; *)Bei den bereits aufgeführten Ordnungswidrigkeiten wird der Betrag verdoppelt; ansonsten wegen vorsätzlichen Handelns: 500,-.	Nr. 5b	500,-*)	I/II/III
S,E,B	30	Nr. 3 nicht dafür sorgt, dass ein Tank nicht zur Beförderung aufgegeben wird;	Nr. 5c	800,-	I
S,E,B	31	Nr. 4 eine Kopie des Beförderungspapiers, der Information oder Dokumentation nicht oder nicht mindestens 3 Monate aufbewahrt;	Nr. 5d	500,-	I
S,E,B	32	Nr. 5 nicht dafür sorgt, dass die Dokumente die erforderlichen Angaben enthalten;	Nr. 5e	800,-	I
S,E,B	33	Nr. 6 nicht dafür sorgt, dass die Dokumente die erforderlichen Angaben enthalten;	Nr. 5f	500,-	I
		der Beförderer entgegen § 19 Abs. 2			
S	34	Nr. 1 das Verbot der anderweitigen Verwendung nicht einhält;	Nr. 6a	500,-	I
S	35	Nr. 2 der Fahrzeugbesatzung nicht oder nicht rechtzeitig die schriftlichen Weisungen übergibt und nicht dafür sorgt, dass jedes Mitglied der Fahrzeugbesatzung diese verstehen und richtig anwenden kann;	Nr. 6b	300,-	II
S	36	Nr. 3 nicht dafür sorgt, dass eine dort genannte Vorschrift über die Beförderung in loser Schüttung und in Tanks beachtet wird;	Nr. 6c	500,-	I
S	37	Nr. 4 nicht dafür sorgt, dass eine dort genannte Vorschrift über die Begrenzung der Mengen eingehalten wird;	Nr. 6d	500,-	I

Bußgeldkatalog (Fortsetzung)					
G	**Lfd. Nr.**	**Ordnungswidrigkeit, die darin besteht, dass**	**GGVSEB § 37 Abs. 1**	**Euro**	**Kate-gorie**
	C.	**der Beförderer** (Fortsetzung)			
		der Beförderer entgegen § 19 Abs. 2			
S	38	Nr. 5 nicht dafür sorgt, dass ein Begleitpapier, die Bescheinigung oder eine Ausnahmezulassung vor Beförderungsbeginn übergeben wird	Nr. 6e		
	38.1.1	Beförderungspapiere nicht übergibt,		500,-	I
	38.1.2	Beförderungspapiere übergibt, die aber nicht den Vorschriften entsprechen (fehlende relevante Angaben, z.B. UN-Nummer, offizielle Benennung, Verpackungsgruppe),		500,-	I
	38.1.3	Beförderungspapiere übergibt, die aber nicht den Vorschriften entsprechen (andere fehlende Angaben als unter 38.1.2),		200,-	III
	38.2	Großcontainer- oder Fahrzeugpackzertifikat,		300,-	II
	38.3	Prüfbescheinigung des Aufsetztanks (innerstaatlich),		300,- bis 800,-	II/I
	38.4	Ausnahmezulassung,		300,- bis 800,-	II/I
	38.5.1	Zulassungsbescheinigung fehlt oder ist nicht verlängert worden,		800,-	I
	38.5.2	Zulassungsbescheinigung mit fehlenden Angaben außer in den Feldern 2 bis 6,		300,- bis 500,-	I
	38.5.3	Zulassungsbescheinigung mit fehlenden Angaben in den Feldern 2 bis 6,		200,- bis 300,-	II
	38.6	Kopie der Genehmigung der zuständigen Behörde;		300,- bis 800,-	II/I
S	39	Nr. 6 nicht dafür sorgt, dass nur Fahrzeugführer mit einer gültigen Bescheinigung eingesetzt werden; es fehlen:	Nr. 6f		
	39.1	Basiskurs (Erstschulung),		500,-	I
	39.2	Aufbaukurs (Erstschulung),		500,-	I
	39.3	Basis- und Aufbaukurs (Erstschulung),		600,-	I
	39.4	Auffrischungskurs;		500,-	I
S	40	Nr. 7 nicht dafür sorgt, dass ein ortsbeweglicher Tank nicht zur Beförderung aufgegeben wird;	Nr. 6g	800,-	I
S	41	Nr. 8 nicht dafür sorgt, dass die Tankakte geführt, aufbewahrt, übergeben, vorgelegt oder zur Verfügung gestellt wird;	Nr. 6h	200,-	III
S	42	Nr. 9 die Beförderungseinheit	Nr. 6i		
	42.1	nicht mit Feuerlöschgeräten ausgerüstet ist (Weiterfahrt untersagt),		500,-	I
	42.2	nicht mit den vorgeschriebenen Feuerlöschgeräten ausgerüstet ist (andere Mängel),		200,-	II
	42.3	nicht mit den vorgeschriebenen Feuerlöschgeräten ausgerüstet ist (leichte Mängel);		100,-	III
S	43	Nr. 10 eine Prüffrist nicht einhält;	Nr. 6j	200,-	II
S	44	Nr. 11 das Fahrzeug nicht mit einem Großzettel, einer orangefarbenen Tafel oder den Kennzeichen nach den Abschnitten 3.4.15, 5.3.3 und 5.3.6 ADR ausrüstet oder nicht dafür sorgt, dass ein Kennzeichen nach Abschnitt 3.4.15 ADR angebracht wird; *)wenn nur ein Großzettel oder ein Kennzeichen fehlt	Nr. 6k	500,- 200,-*)	I II*)
S	45	Nr. 12 nicht dafür sorgt, dass ein Tank verwendet wird, der den dort genannten Anforderungen entspricht;	Nr. 6l	1000,-	I

Bußgeldkatalog (Fortsetzung)					
G	**Lfd. Nr.**	**Ordnungswidrigkeit, die darin besteht, dass**	**GGVSEB § 37 Abs. 1**	**Euro**	**Kategorie**
	C.	**der Beförderer** (Fortsetzung)			
		der Beförderer entgegen § 19 Abs. 2 (Fortsetzung)			
S	46	Nr. 13 nicht dafür sorgt, dass ein Tank oder ein Fahrzeug einer dort genannten	Nr. 6m		
	46.1	Bau- und Ausrüstungsvorschrift,		500,- bis 1000,-	II/I
	46.2	Kennzeichnungsvorschrift entspricht;		200,- bis 500,-	II/I
S	47	Nr. 14 nicht dafür sorgt, dass eine außerordentliche Prüfung durchgeführt wird;	Nr. 6n	800,-	I
S	48	Nr. 15 dem Fahrzeugführer eine erforderliche Ausrüstung nicht übergibt;	Nr. 6o	800,-	I
S	49	Nr. 16 die Beförderungseinheit nicht ausrüstet;	Nr. 6p	200,-	II
S	50.1	Nr. 17 Buchstabe a nicht dafür sorgt,	Nr. 6q		
	50.1.1	dass an Fahrzeugen, die nach Unterabschnitt 9.1.2.1 Satz 4 ADR zugelassen sind, eine dort genannte Vorschrift beachtet wird (Stilllegung/Weiterfahrt untersagt),		800,-	I
	50.1.2	dass an Fahrzeugen, die nach Unterabschnitt 9.1.2.1 Satz 4 ADR zugelassen sind, eine dort genannte Vorschrift beachtet wird (andere Mängel),		200,- bis 500,-	III/II
	50.2	Nr. 17 Buchstabe b nicht dafür sorgt,			
	50.2.1	dass an Fahrzeugen, die nicht zulassungspflichtig sind, eine dort genannte Vorschrift beachtet wird (Stilllegung/Weiterfahrt untersagt),		800,-	I
	50.2.2	dass an Fahrzeugen, die nicht zulassungspflichtig sind, eine dort genannte Vorschrift beachtet wird (andere Mängel);		200,- bis 500,-	III/II
S	51	Nr. 18 nicht dafür sorgt, dass die Vorschrift über das Abstellen von kennzeichnungspflichtigen Fahrzeugen eingehalten wird;	Nr. 6r	500,-	II
S	52	Nr. 19 nicht dafür sorgt, dass ein festverbundener Tank, ein Batterie-Fahrzeug, ein Aufsetztank, ein MEGC, ein ortsbeweglicher Tank oder ein Tankcontainer nicht verwendet wird;	Nr. 6s	500,-	I/II
		der Beförderer entgegen § 19 Abs. 3			
E	53	Nr. 1 nicht sicherstellt, dass der Betreiber über Daten verfügen kann;	Nr. 7a	800,-	I
E	54	Nr. 2 nicht dafür sorgt, dass ein Besatzungsmitglied einen Lichtbildausweis mit sich führt;	Nr. 7b	500,-	I
E	55	Nr. 3 nicht dafür sorgt, dass ein Begleitpapier	Nr. 7c		
	55.1	verfügbar ist,		500,-	I
	55.2	ausgehändigt wird;		300,-	III
E	56	Nr. 4 nicht dafür sorgt, dass die Vorschriften über den Schutzabstand beachtet werden;	Nr. 7d	800,-	I
E	57	Nr. 5 vor Antritt der Fahrt die Vorschriften über die schriftlichen Weisungen gemäß Unterabschnitt 5.4.3.2 RID nicht beachtet;	Nr. 7e	300,-	II
E	58	Nr. 6 den Triebfahrzeugführer nicht, nicht richtig, nicht vollständig oder nicht rechtzeitig informiert;	Nr. 7f	300,-	I
E	59	Nr. 7 nicht dafür sorgt, dass die vorgeschriebene Ausrüstung auf dem Führerstand mitgeführt wird;	Nr. 7g	800,-	I
E	60	Nr. 8 nicht dafür sorgt, dass die orangefarbenen Tafeln oder die Großzettel (Placards) angebracht sind;	Nr. 7h	500,-	I
E	61	Nr. 9 sich nicht vergewissert, dass ein Wagen oder eine Ladung	Nr. 7i		
	61.1	keine offensichtliche Mängel,		1000,-	I
	61.2	keine Undichtheiten oder Risse aufweist oder		1000,-	I
	61.3	kein Ausrüstungsteil fehlt;		500,-	I
E	62	Nr. 10 sich nicht vergewissert, dass ein Großzettel, ein Kennzeichen oder eine orangefarbene Tafel angebracht ist;	Nr. 7j	500,-	I
E	63	Nr.11 nicht dafür sorgt, dass eine dort genannte Information den Tank oder seine Ausrüstung umfasst;	Nr. 7 k	500,-	II

Bußgeldkatalog (Fortsetzung)					
G	**Lfd. Nr.**	**Ordnungswidrigkeit, die darin besteht, dass**	**GGVSEB § 37 Abs. 1**	**Euro**	**Kategorie**
	C.	**der Beförderer** (Fortsetzung)			
		der Beförderer entgegen § 19 Abs. 4			
B	64	Nr. 1 sich nicht vergewissert, dass das Schiff zur Beförderung der gefährlichen Güter zugelassen ist;	Nr. 8a	1500,-	I
B	65	Nr. 2 nicht dafür sorgt, dass für jedes Mitglied der Besatzung ein Lichtbildausweis an Bord ist;	Nr. 8b	500,-	I
B	66	Nr. 3 dem Schiffsführer nicht vor Antritt der Fahrt die schriftlichen Weisungen in Sprachen bereitstellt, die der Schiffsführer und der Sachkundige lesen und verstehen können;	Nr. 8c	300,-	II
B	67	Nr. 4 nicht dafür sorgt, dass eine dort genannte Vorschrift beachtet wird,	Nr. 8d	150,- bis 5000,-	III/II/I
B	68	Nr. 5 nicht dafür sorgt, dass eine dort genannte Vorschrift eingehalten wird;	Nr. 8e	500,-	I
B	69	Nr. 6 nicht dafür sorgt, dass dem Schiffsführer ein Dokument übergeben wird,	Nr. 8f		
	69.1	folgende Dokumente nach 8.1.2.1 ADN:			
	69.1.1	a) Zulassungszeugnis nach 8.1.8 ADN		300,-	I
	69.1.2	b) Beförderungspapiere nach 5.4.1 ADN			
	69.1.2.1	nicht vorhanden		500,-	I
	69.1.2.2	nicht vollständig		200,-	III
	69.1.3	b) Großcontainer- oder Fahrzeugpackzertifikat nach 5.4.2 ADN		300,-	II
	69.1.4	c) schriftliche Weisungen nach 5.4.3 ADN		300,-	II
	69.1.5	d) Abdruck des ADN		150,-	II
	69.1.6	e) Bescheinigung über die Prüfung nach 8.1.7 ADN		150,-	II
	69.1.7	f) Bescheinigung über die Prüfung nach 8.1.6.1 ADN		300,-	I
	69.1.8	g) Prüfbuch für Messergebnisse nach ADN		150,-	II
	69.1.9	h) Kopie einer Sonderregelung nach 1.5 ADN		150,-	II
	69.1.10	i) Lichtbildausweis nach 1.10.1.4 ADN		300,-	I
	69.2	folgende Dokumente nach 8.1.2.2 ADN:			
	69.2.1	a) Stauplan nach 7.1.4.11 ADN		500,-	II
	69.2.2	b) Bescheinigung über besondere Kenntnisse nach 8.2.1.2 ADN		500,-	II
	69.2.3	c) Lecksicherheitsplan und Intaktstabilitätsunterlagen nach 9.3.1.15, 9.3.2.15 oder 9.3.3.15 ADN		500,-	II
	69.3	folgende Dokumente nach 8.1.2.3 ADN:			
	69.3.1	a) Stauplan nach 7.2.4.11.2 ADN		500,-	II
	69.3.2	b) Bescheinigung über besondere Kenntnisse nach 7.2.3.15 ADN		500,-	II
	69.3.3	c) Lecksicherheitsplan und Intaktstabilitätsunterlagen nach 9.3.1.15, 9.3.2.15 oder 9.3.3.15 ADN		500,-	II
	69.3.4	d) Unterlagen für die elektrischen Anlagen nach 9.3.1.50, 9.3.2.50 oder 9.3.3.50 ADN		500,-	II
	69.3.5	e) Klassifikationszeugnis nach 9.3.1.8, 9.3.2.8 oder 9.3.8.8 ADN		500,-	II
	69.3.6	f) Bescheinigung über die Gasspüranlagen nach 9.3.1.8.3, 9.3.2.8.3 oder 9.3.3.8.3 ADN		500,-	II
	69.3.7	g) Bescheinigung über die zugelassenen gefährlichen Stoffe nach 1.16.1.2.5 ADN		1000,-	I
	69.3.8	h) Bescheinigung über die Prüfung der Schläuche nach 8.1.6.2 ADN		500,-	II
	69.3.9	i) Instruktion für Lade- und Löschraten nach 8.1.6.2 ADN		800,-	I
	69.3.10	k) Heizinstruktion nach ADN		800,-	I
	69.3.11	l) Bescheinigung über die Prüfung der Ventile nach 8.1.6.5 ADN		800,-	I
	69.3.12	m) Reiseregistrierung nach 8.1.11 ADN		500,-	II
	69.3.13	n) Instruktion nach 7.2.3.28 ADN		800,-	I
	69.3.14	o) Bescheinigung über die Kühlanlage nach 9.3.1.27.10 ADN;		500,-	II
B	70	Nr. 7 nicht dafür sorgt, dass das Schiff nur eingesetzt wird, wenn der hauptverantwortliche Schiffsführer oder, wenn ein solcher nicht bestellt ist, jeder Schiffsführer nach 7.1.3.15 und 7.2.3.15 eine gültige Bescheinigung nach 8.2.1.2, 8.2.1.5 oder 8.2.1.7 ADN hat, es fehlen:	Nr. 8g		
	70.1	Basiskurs nach 8.2.1.2 ADN		500,-	I
	70.2	Aufbaukurs Gase nach 8.2.1.5 ADN		500,-	I
	70.3	Aufbaukurs Chemie nach 8.2.1.7 ADN		500,-	I
	70.4	Basiskurs und Aufbaukurs nach ADN;		600,-	I
B	71	Nr. 8 nicht sicherstellt, dass beim Laden oder Löschen ein zweites Evakuierungsmittel verfügbar ist;	Nr. 8h	1000,-	I

14

Bußgeldkatalog (Fortsetzung)					
G	**Lfd. Nr.**	**Ordnungswidrigkeit, die darin besteht, dass**	**GGVSEB § 37 Abs. 1**	**Euro**	**Kate-gorie**
	C.	**der Beförderer** (Fortsetzung)			
		der Beförderer entgegen § 27 Abs. 1 (auch Verlader, Befüller und Empfänger)			
S,E,B	72	nicht dafür sorgt, dass die Vorlage eines Berichts rechtzeitig erfolgt;	Nr. 19a	200,-	III
		der Beförderer entgegen § 27 Abs. 2 (auch Absender und Empfänger)			
S,E,B	73		Nr. 19b		
	73.1	eine Untersuchung nicht durchführt,		500,-	I
	73.2	eine Maßnahme nicht ergreift,		800,-	I
	73.3	nicht dafür sorgt, dass eine zuständige Behörde informiert wird;		800,-	I
		der Beförderer entgegen § 27 Abs. 4 (auch Auftraggeber des Absenders, Absender, Verpacker, Verlader, Befüller, Entlader und Empfänger)			
S,E,B	74	Sicherungspläne nicht einführt und nicht anwendet;	Nr. 19f	500,-	II
		der Beförderer entgegen § 29 Abs. 2 (auch Verlader, Fahrzeugführer, Entlader und Empfänger)			
S	75	eine dort genannte Vorschrift über	Nr. 21b		
	75.1	Nr. 1 das Verbot der direkten Sonneneinstrahlung, der Einwirkung von Wärmequellen und zum Abstellen an ausreichend belüfteten Stellen,		600,-	I
	75.2	Nr. 2 die Beförderung in Versandstücken		500,-	I
	75.3	Nr. 3 das Rauchverbot,		500,-	I
	75.4	Nr. 4 das Rauchverbot sowie das Verbot von Feuer und offenem Licht nicht beachtet;		500,-	I
		der Beförderer entgegen § 29 Abs. 4 (auch Verlader und Fahrzeugführer)			
S	76	Nr. 1 eine Vorschrift über die Verladung oder das Kennzeichen nicht beachtet;	Nr. 21d	600,-	I
S	77	Nr. 2 eine Vorschrift über die Beförderung nicht beachtet;	Nr. 21e	600,-	I
		der Beförderer entgegen § 35			
S	78	Abs. 2 Satz 2 eine Angabe oder einen Vermerk nicht in das Beförderungspapier einträgt;	Nr. 27a	250,-	II
S	79	Abs. 4 Satz 3 nicht dafür sorgt, dass eine Bescheinigung übergeben wird;	Nr. 27b	250,-	II
		der Beförderer entgegen § 35a Abs. 4			
S	80	Satz 1 ein gefährliches Gut befördert;	Nr. 28a	800,-	I
S	81	Satz 2 nicht dafür sorgt, dass eine Fahrwegbestimmung übergeben wird;	Nr. 28b	250,-	II
	D.	**der Empfänger**			
		der Empfänger entgegen § 20 Abs. 1			
S,E,B	82	Nr. 1 Buchstabe a die Annahme des Gutes verzögert;	Nr. 9a	200,-	III
S,E,B	83	Nr. 1 Buchstabe b nicht oder nicht rechtzeitig prüft, dass die ihn betreffenden Vorschriften eingehalten worden sind;	Nr. 9b	200,- bis 500,-	III/II/I
S,E,B	84	Nr. 2 den Absender nicht oder nicht rechtzeitig über die Nichteinhaltung eines Grenzwertes informiert;	Nr. 9c	500,-	I
		der Empfänger entgegen § 20 Abs. 2			
S	85	dem Beförderer einen Container zurückstellt;	Nr. 9d	300,-	II
		der Empfänger entgegen § 20 Abs. 3			
E	86	einen Wagen oder Container zurückstellt oder wieder verwendet;	Nr. 9e	300,-	II
		der Empfänger entgegen § 20 Abs. 4			
B	87	einen Container, ein Fahrzeug oder einen Wagen zurückstellt;	Nr. 9f	300,-	II
		der Empfänger entgegen § 27 Abs. 1 (auch Verlader, Befüller, Beförderer)			
S,E,B	88	nicht dafür sorgt, dass die Vorlage eines Berichts rechtzeitig erfolgt;	Nr. 19a	200,-	III
		der Empfänger entgegen § 27 Abs. 2 (auch Absender und Beförderer)			
S,E,B	89		Nr. 19b		
	89.1	eine Untersuchung nicht durchführt,		500,-	I
	89.2	eine Maßnahme nicht ergreift,		800,-	I
	89.3	nicht dafür sorgt, dass eine zuständige Behörde informiert wird;		800,-	I
		der Empfänger entgegen § 27 Abs. 4 (auch Auftraggeber des Absenders, Absender, Verpacker, Verlader, Entlader, Befüller und Beförderer)			
S,E,B	90	Sicherungspläne nicht einführt und nicht anwendet;	Nr. 19f	500,-	II

G	Lfd. Nr.	Ordnungswidrigkeit, die darin besteht, dass	GGVSEB § 37 Abs. 1	Euro	Kategorie
Bußgeldkatalog (Fortsetzung)					
	D.	**der Empfänger** (Fortsetzung)			
		der Empfänger entgegen § 29 Abs. 2 (auch Verlader, Entlader, Beförderer und Fahrzeugführer)			
S	91	eine Vorschrift über	Nr. 21b		
	91.1	Nr. 1 das Verbot der direkten Sonneneinstrahlung, der Einwirkung von Wärmequellen und zum Abstellen an ausreichend belüfteten Stellen,		600,-	I
	91.2	Nr. 2 die Beförderung in Versandstücken,		500,-	I
	91.3	Nr. 3 das Rauchverbot,		500,-	I
	91.4	Nr. 4 das Rauchverbot sowie das Verbot von Feuer und offenem Licht nicht beachtet;		500,-	I
	E.	**der Verlader**			
		der Verlader entgegen § 21 Abs. 1			
S,E,B	92	Nr. 1 Güter übergibt;	Nr. 10a	1500,-	I
S,E,B	93	Nr. 2	Nr. 10b		
	93.1	ein unvollständiges,		300,-	II
	93.2	ein beschädigtes,		500,-	I
	93.3	ein an der Außenseite mit Anhaftungen gefährlicher Rückstände versehenes Versandstück zur Beförderung übergibt;		500,-	I
S,E,B	94	Nr. 3 nicht dafür sorgt, dass ein Versandstück nach Teilentnahme nur verladen wird, wenn die Verpackung den dort genannten Anforderungen entspricht;	Nr. 10c	500,-	I
S,E,B	95	Nr. 4 nicht dafür sorgt, dass eine dort genannte Vorschrift beachtet wird;	Nr. 10d	400,-	II
S,E,B	96	Nr. 5 nicht dafür sorgt, dass ein Warnkennzeichen angebracht wird;	Nr. 10e	500,-	I
S,E,B	97	Nr. 6 nicht dafür sorgt, dass eine dort genannte Kennzeichnungsvorschrift beachtet wird;	Nr. 10f	500,-	I
S,E,B	98	Nr. 7 nicht dafür sorgt, dass die Anzahl der Versandstücke nicht überschritten wird;	Nr. 10g	300,-	II
S,E,B	99	Nr. 8 nicht dafür sorgt, dass eine dort genannte Maßnahme ergriffen wird;	Nr. 10h	150,-	II
		der Verlader entgegen § 21 Abs. 2			
S	100	Nr. 1 Satz 1 einen Hinweis	Nr. 10i		
	100.1	nicht oder nicht richtig oder nicht vollständig (relevante Angaben, z.B. UN-Nummer, offizielle Benennung, Verpackungsgruppe) oder nicht in der vorgeschriebenen Weise gibt,		500,-	I
	100.2	nicht vollständig (andere fehlende Angaben als unter 100.1) gibt;		200,-	III
S	101	Nr. 2 nicht dafür sorgt, dass eine dort genannte Vorschrift eingehalten wird;	Nr. 10j	500,-	I
S	102	Nr. 3 nicht dafür sorgt, dass eine dort genannte Vorschrift beachtet wird;	Nr. 10k	500,-	I/II
S	103	Nr. 4 nicht prüft, ob ein Großzettel und das Kennzeichen angebracht sind;	Nr. 10l	500,-	I/II
S	104	Nr. 5 nicht dafür sorgt, dass nur ein Container eingesetzt wird, der den dort genannten technischen Anforderungen entspricht;	Nr. 10m	500,-	I
		der Verlader entgegen § 21 Abs. 3			
E	105	Nr. 1 nicht dafür sorgt, dass eine Vorschrift über die Gefahrzettel und Kennzeichen beachtet wird;	Nr. 10n	500,-	I
E	106	Nr. 2 nicht dafür sorgt, dass ein Großzettel, ein Rangierzettel, ein Kennzeichen oder eine orangefarbene Tafel angebracht ist;	Nr. 10o	500,-	I
E	107	Nr. 3 nicht dafür sorgt, dass nur ein Container eingesetzt wird, der den dort genannten Anforderungen entspricht;	Nr. 10p	500,-	I
E	108	Nr. 4 nicht dafür sorgt, dass eine dort genannte Vorschrift über die Beförderung in Versandstücken oder die Beladung und Handhabung beachtet wird;	Nr. 10q	500,-	I
		der Verlader entgegen § 21 Abs.4			
B	109	Nr. 1 Satz 1 einen Hinweis	Nr. 10r		
	109.1	nicht oder nicht richtig oder nicht vollständig (relevante Angaben, z.B. UN-Nummer, offizielle Benennung, Verpackungsgruppe),		500,-	I
	109.2	nicht vollständig (andere fehlende Angaben als unter 109.1) gibt;		300,-	II
B	110	Nr. 2 nicht dafür sorgt, dass ein Großzettel oder das Kennzeichen angebracht ist;	Nr. 10s	500	I
B	111	Nr. 3 nicht dafür sorgt, dass eine dort genannte Vorschrift beachtet wird;	Nr. 10t	250,- bis 5000,-	III/II/I
B	112	Nr. 4 nicht sicherstellt, dass die landseitige Einrichtung mit einem oder zwei Evakuierungsmitteln ausgerüstet ist;	Nr. 10u	1000,-	I
		der Verlader entgegen § 27 Abs. 1 (auch Befüller, Beförderer, Empfänger)			
S,E,B	113	nicht dafür sorgt, dass die Vorlage eines Berichts rechtzeitig erfolgt;	Nr. 19a	200,-	III

14

Bußgeldkatalog (Fortsetzung)					
G	Lfd. Nr.	Ordnungswidrigkeit, die darin besteht, dass	GGVSEB § 37 Abs. 1	Euro	Kategorie
	E.	**der Verlader** (Fortsetzung)			
		der Verlader entgegen § 27 Abs. 4 (auch Auftraggeber des Absenders, Absender, Verpacker, Beförderer, Entlader, Befüller und Empfänger)			
S,E,B	114	Sicherungspläne nicht einführt und nicht anwendet;	Nr. 19f	500,-	II
		der Verlader entgegen § 29 Abs. 1 (auch Fahrzeugführer)			
S	115	eine dort genannte Vorschrift über die Beladung und Handhabung nicht beachtet;	Nr. 21a		
	115.1	Zusammenladung,		500,-	I
	115.2	Begrenzung der beförderten Mengen,		500,-	I
	115.3	Handhabung und Verstauung,		500,-	I
	115.4	Reinigung vor dem erneuten Beladen, wenn Gefahrgut ausgetreten ist,		250,-	II
	115.5	Sondervorschriften für die Beladung und die Handhabung,		600,-	I
	115.6	Ausrichten von Versandstücken und Umverpackungen,		500,-	I
	115.7	Beladung trotz einer bei Dokumentenkontrolle/Sichtprüfung festgestellten Rechtsnonkonformität,		200,- bis 1000,-	III/II/I
	115.8	Unterlassene Untersuchung vor Beladung,		250,-	II
	115.9	Mangelnde Rechtskonformität bei Ankunft am Beladeort,		200, - bis 1000,-	III/II/I
	115.10	Be- oder Entladung an unzulässiger Stelle;		200,-	II
		der Verlader entgegen § 29 Abs. 2 (auch Beförderer, Entlader, Fahrzeugführer und Empfänger)			
S	116	eine dort genannte Vorschrift über	Nr. 21b		
	116.1	Nr. 1 das Verbot der direkten Sonneneinstrahlung, der Einwirkung von Wärmequellen und zum Abstellen an ausreichend belüfteten Stellen,		600,-	I
	116.2	Nr. 2 die Beförderung in Versandstücken,		500,-	I
	116.3	Nr. 3 das Rauchverbot,		500,-	I
	116.4	Nr. 4 das Rauchverbot sowie das Verbot von Feuer und offenem Licht nicht beachtet;		500,-	I
		der Verlader entgegen § 29 Abs. 3 (auch Fahrzeugführer und Entlader)			
S	117	eine dort genannte Vorschrift über Vorsichtsmaßnahmen nicht beachtet;	Nr. 21c	500,-	I/II
		der Verlader entgegen § 29 Abs. 4 (auch Beförderer und Fahrzeugführer)			
S	118	Nr. 1 eine Vorschrift über die Verladung oder das Kennzeichen nicht beachtet;	Nr. 21d	600,-	I
S	119	Nr. 2 eine Vorschrift über die Beförderung nicht beachtet;	Nr. 21e	600,-	I
	F.	**der Verpacker**			
		der Verpacker entgegen § 22 Abs. 1			
S,E,B	120	Nr. 1 oder 2 eine dort genannte Vorschrift über das Verpacken, das Umverpacken und die Kennzeichnung nicht beachtet;	Nr. 11a	500,-	I
S,E,B	121	Nr. 3 eine dort genannte Vorschrift über die Verwendung und Prüfung nicht beachtet;	Nr. 11b	800,-	I
S,E,B	122	Nr. 4 eine dort genannte Vorschrift über das Zusammenpacken nicht beachtet;	Nr. 11c	800,-	I
S,E,B	123	Nr. 5 eine dort genannte Vorschrift über die Kennzeichnung und Bezettelung nicht beachtet;	Nr. 11d	500,-	I/II
S,E,B	124	Nr. 6 Versandstücke in Umverpackungen nicht sichert;	Nr. 11e	500,-	I
		der Verpacker entgegen § 22 Abs. 2			
S	125	eine dort genannte Vorschrift über	Nr. 11f		
	125.1	Nr. 1 die Verwendung von Umverpackungen,		500,-	I/II
	125.2	Nr. 2 die Bezettelung von Umverpackungen, die radioaktive Stoffe enthalten, nicht beachtet;		500,-	I/II
		der Verpacker entgegen § 22 Abs. 3			
E	126	eine dort genannte Vorschrift über	Nr. 11f		
	126.1	Nr. 1 die Verwendung von Umverpackungen,		500,-	I/II
	126.2	Nr. 2 die Bezettelung von Umverpackungen, die radioaktive Stoffe enthalten, nicht beachtet;		500,-	I/II
		der Verpacker entgegen § 27 Abs. 4 (auch Auftraggeber des Absenders, Absender, Verlader, Beförderer, Entlader, Befüller und Empfänger)			
S,E,B	127	Sicherungspläne nicht einführt und nicht anwendet;	Nr. 19f	500,-	II

Bußgeldkatalog (Fortsetzung)					
G	**Lfd. Nr.**	**Ordnungswidrigkeit, die darin besteht, dass**	**GGVSEB § 37 Abs. 1**	**Euro**	**Kate-gorie**
	G.	**der Befüller**			
		der Befüller entgegen § 23 Abs. 1			
S,E,B	128	Nr. 1 Güter übergibt;	Nr. 12a	1500,-	I
S,E,B	129	Nr. 2 einen Tank übergibt;	Nr. 12b	800,-	I
S,E,B	130	Nr. 3	Nr. 12c		
	130.1	einen nicht zugelassenen Tank befüllt,		800,-	I
	130.2	einen Tank befüllt, bei dem das Datum der nächsten Prüfung überschritten ist;		500,-	II
S,E,B	131	Nr. 4 nicht dafür sorgt, dass die Dichtheit einer Verschlusseinrichtung geprüft und ein Tank nicht befördert wird, wenn dieser undicht ist;	Nr. 12d	500,-	I
S,E,B	132	Nr. 5	Nr. 12e		
	132.1	einen Tank mit gefährlichen Gütern befüllt, für deren Beförderung der Tank nicht zugelassen ist oder die mit den Werkstoffen des Tanks gefährlich reagieren,		800,-	I
	132.2	einen Tank befüllt, dessen Datum der nächsten Prüfung überschritten ist;		500,-	II
S,E,B	133	Nr. 6 nicht dafür sorgt, dass der Füllungsgrad, die Masse oder Bruttomasse eingehalten wird;	Nr. 12f	500,-	I
S,E,B	134	Nr. 7 nicht dafür sorgt, dass die Dichtheit der Verschlüsse und der Ausrüstung geprüft wird oder alle Verschlüsse in geschlossener Stellung sind und keine Undichtheit auftritt;	Nr. 12g	500,-	I/II
S,E,B	135	Nr. 8 nicht dafür sorgt, dass einem Tank keine Reste anhaften;	Nr. 12h	500,-	I
S,E,B	136	Nr. 9 nicht dafür sorgt, dass nebeneinander liegende Tankabteile oder -kammern nicht mit gefährlich miteinander reagierenden Stoffen befüllt werden;	Nr. 12i	800,-	I
S,E,B	137	Nr. 10 nicht dafür sorgt, dass ein Tank, Batterie-Fahrzeug, Batteriewagen oder MEGC nicht befüllt oder nicht zur Beförderung aufgegeben wird;	Nr. 12j	500,-	I
S,E,B	138	Nr. 11 nicht dafür sorgt, dass eine Entleerungs-, Reinigungs- und Entgasungsmaßnahme durchgeführt wird;	Nr. 12k	500,-	I
S,E,B	139	Nr. 12 nicht dafür sorgt, dass eine Bezeichnung angegeben wird;	Nr. 12l	500,-	I
S,E,B	140	Nr. 13 nicht dafür sorgt, dass eine Benennung angegeben wird;	Nr. 12m	500,-	I
S,E,B	141	Nr. 14 nicht dafür sorgt, dass der MEGC nicht zur Beförderung aufgegeben wird;	Nr. 12n	800,-	I
S,E,B	142	Nr. 15 einen Tank befüllt, obwohl sich dieser bzw. seine Ausrüstungsteile nicht in einem technisch einwandfreien Zustand befunden haben;	Nr. 12o	300,- bis 800,-	II/I
		der Befüller entgegen § 23 Abs. 2			
S	143	Nr. 1 einen Hinweis	Nr. 13a		
	143.1	nicht oder nicht richtig oder nicht vollständig (relevante Angaben, z.B. UN-Nummer, offizielle Benennung, Verpackungsgruppe) oder nicht in der vorgeschriebenen Weise gibt,		500,-	I
	143.2	nicht vollständig (andere fehlende Angaben als unter 143.1) gibt;		200,-	III
S	144	Nr. 2 eine Nummer nicht mitteilt;	Nr. 13b	300,-	II
S	145	Nr. 3 nicht dafür sorgt, dass ein Großzettel, die orangefarbene Tafel und das Kennzeichen angebracht werden;	Nr. 13c	500,-	I/II
S	146	Nr. 4 nicht dafür sorgt, dass eine Beladevorschrift beachtet wird;	Nr. 13d	200,- bis 500,-	III/II/I
S	147	Nr. 5 das Rauchverbot nicht beachtet;	Nr. 13e	500,-	I
S	148	Nr. 6 nicht dafür sorgt, dass eine dort genannte zusätzliche Vorschrift beachtet wird;	Nr. 13f	200,- bis 500,-	II/I
S	149	Nr. 7 nicht dafür gesorgt, dass der Fahrzeugführer vor der erstmaligen Handhabung der Fülleinrichtung in der vorgeschriebenen Weise eingewiesen wird;	Nr. 13g	300,-	II
S	150	Nr. 8 nicht dafür sorgt, dass eine Vorschrift über die Beförderung in loser Schüttung beachtet wird;	Nr. 13h	500,-	I
S	151	Nr. 9 nicht dafür sorgt, dass eine Maßnahme zur Vermeidung elektrostatischer Aufladung durchgeführt wird;	Nr. 13i	150,-	II
S	152	Nr. 10	Nr. 13j		
	152.1	einen für diesen Stoff nicht zugelassenen Tank befüllt,		800,-	I
	152.2	einen Tank befüllt, obwohl bei dem verwendeten Fahrzeug das Gültigkeitsdatum der Zulassungsbescheinigung überschritten ist;		500,-	I
S	153	Nr. 11 sich nicht vergewissert, dass die dort genannten Vorschriften für die Beförderung in Tanks eingehalten sind;	Nr. 13k	500,-	I
S	154	Nr. 12 nicht dafür sorgt, dass eine dort genannte Vorschrift eingehalten wird;	Nr. 13l	1000,-	I

Bußgeldkatalog (Fortsetzung)					
G	**Lfd. Nr.**	**Ordnungswidrigkeit, die darin besteht, dass**	**GGVSEB § 37 Abs. 1**	**Euro**	**Kate-gorie**
	G.	**der Befüller** (Fortsetzung)			
		der Befüller entgegen § 23 Abs. 3			
E	155	Nr. 1 nicht dafür sorgt, dass eine dort genannte Kontrollvorschrift beachtet wird;	Nr. 14a	500,-	I
E	156	Nr. 2 nicht dafür sorgt, dass	Nr. 14b		
	156.1	ein Großzettel		500,-	I/II
	156.2	ein Rangierzettel		200,-	II
	156.3	die orangefarbene Tafel oder		500,-	I/II
	156.4	das Kennzeichen angebracht werden;		500,-	I
E	157	Nr. 3 nicht dafür sorgt, dass eine dort genannte Vorschrift beachtet wird;	Nr. 14c	500,-	I
E	158	Nr. 4 nicht dafür sorgt, dass eine Beladevorschrift beachtet wird;	Nr. 14d	500,-	I
E	159	Nr. 5 nicht sicherstellt, dass die Temperatur nicht überschritten wird;	Nr. 14e	500,- bis 800,-	II/I
E	160	Nr. 6 nicht dafür sorgt, dass eine dort genannte Vorschrift eingehalten wird;	Nr. 14f	500,-	II
		der Befüller entgegen § 23 Abs. 4			
B	161	Nr. 1 einen Hinweis	Nr. 15a		
	161.1	nicht oder nicht richtig oder nicht vollständig (relevante Angaben, z.B. UN-Nummer, offizielle Benennung, Verpackungsgruppe) gibt,		500,-	I
	161.2	nicht vollständig (andere fehlende Angaben als unter 161.1) gibt;		200,-	III
B	162	Nr. 2 nicht dafür sorgt, dass ein Großzettel, die orangefarbene Tafel und das Kennzeichen angebracht werden;	Nr. 15b	500,-	I/II
B	163	Nr. 3 nicht dafür sorgt, dass	Nr. 15c		
	163.1	ein Tankschiff nur mit den zugelassenen gefährlichen Gütern befüllt wird und		1500,-	I
	163.2	das Datum im Zulassungszeugnis nicht überschritten ist;		900,-	I
B	164	Nr. 4 nicht sicherstellt, dass die landseitige Einrichtung mit einem oder zwei Evakuierungsmitteln ausgerüstet ist;	Nr. 15d	1000,-	I
B	165	Nr. 5 nicht sicherstellt, dass die zulässige Temperatur beim Verladen nicht überschritten wird;	Nr. 15e	500,- bis 800,-	II/I
B	166	Nr. 6 nicht sicherstellt, dass eine Überwachung gewährleistet ist;	Nr. 15f	500,- bis 1000,-	II/I
B	167	Nr. 7 seinen Teil der Prüfliste nicht, nicht richtig, nicht vollständig oder nicht rechtzeitig ausfüllt;	Nr. 15g	200,- bis 1000,-	III/II/I
B	168	Nr. 8 nicht sicherstellt, dass eine Flammendurchschlagsicherung vorhanden ist;	Nr. 15h	1000,-	I
		der Befüller entgegen § 27 Abs. 1 (auch Verlader, Beförderer und Empfänger)			
S,E,B	169	nicht dafür sorgt, dass die Vorlage eines Berichts rechtzeitig erfolgt;	Nr. 19a	200,-	III
		der Befüller entgegen § 27 Abs. 4 (auch Auftraggeber des Absenders, Absender, Verpacker, Verlader, Entlader, Beförderer und Empfänger)			
S,E,B	170	Sicherungspläne nicht einführt und nicht anwendet;	Nr. 19f	500,-	II
	H.	**der Entlader**			
		der Entlader entgegen § 23a Abs. 1			
S,E,B	171	Nr. 1 sich nicht vergewissert, dass die richtigen Güter ausgeladen werden;	Nr. 15a. a)	800,-	I
S,E,B	172	Nr. 2 nicht prüft oder sich nicht vergewissert, dass geeignete Maßnahmen ergriffen wurden;	Nr. 15a. b)	800,-	I
S,E,B	173	Nr. 3 Buchstabe a gefährliche Rückstände nicht oder nicht rechtzeitig entfernt;	Nr. 15a. c)	500,-	II
S,E,B	174	Nr. 3 Buchstabe b den Verschluss nicht oder nicht rechtzeitig sicherstellt;	Nr. 15a. d)	800,-	I
S,E,B	175	Nr. 4 die Reinigung und Entgiftung nicht sicherstellt;	Nr. 15a. e)	500,-	II
S,E,B	176	Nr. 5 nicht dafür sorgt, dass ein Großzettel, ein Kennzeichen oder eine orangefarbene Tafel nicht mehr sichtbar ist ;	Nr. 15a. f)	200,-	II
S,E,B	177	Nr. 6 das Warnkennzeichen nicht entfernt;	Nr. 15a. g)	200,-	II
		der Entlader entgegen § 23a Abs. 2			
S	178	Nr. 1 nicht dafür sorgt, dass eine Maßnahme zur Vermeidung elektrostatischer Aufladung durchgeführt wird;	Nr. 15a. h)	150,-	II

Bußgeldkatalog (Fortsetzung)					
G	**Lfd. Nr.**	**Ordnungswidrigkeit, die darin besteht, dass**	**GGVSEB § 37 Abs. 1**	**Euro**	**Kate-gorie**
	H.	**der Entlader** (Fortsetzung)			
		der Entlader entgegen § 23a Abs. 1 (Fortsetzung)			
S	179	Nr. 2 nicht dafür sorgt, dass eine dort genannte zusätzliche Vorschrift beachtet wird;	Nr. 15a. i)	200,- bis 500,-	II/I
S	180	Nr. 3 nicht dafür gesorgt, dass der Fahrzeugführer vor der erstmaligen Handhabung der Entleerungseinrichtung in der vorgeschriebenen Weise eingewiesen wird;	Nr. 15a. j)	300,-	II
S	181	Nr. 4 nicht dafür sorgt, dass die Entladevorschriften beachtet werden;	Nr. 15a. k)	200,- bis 1000,-	III/II/I
		der Entlader entgegen § 23a Abs. 3			
E	182	nicht dafür sorgt, dass die Entladevorschriften beachtet werden;	Nr. 15a.k)	200,- bis 1000,-	III/II/I
		der Entlader entgegen § 23a Abs. 4			
B	183	Nr. 1 nicht sicherstellt, dass die landseitige Einrichtung mit einem oder zwei Evakuierungsmitteln ausgerüstet ist;	Nr. 15a. l)	1000,-	I
B	184	Nr. 2 Buchstabe a seinen Teil der Prüfliste nicht oder nicht rechtzeitig ausfüllt;	Nr. 15a. m)	250,- bis 1000,-	III/II/I
B	185	Nr. 2 Buchstabe b nicht sicherstellt, dass eine Flammendurchschlagsicherung vorhanden ist;	Nr. 15a. n)	1000,-	I
B	186	Nr. 2 Buchstabe c nicht sicherstellt, dass der Druck an der Übergabestelle den Öffnungsdruck des Hochgeschwindigkeitsventils nicht übersteigt;	Nr. 15a. o)	800,-	I
B	187	Nr. 2 Buchstabe d nicht sicherstellt, dass die Dichtungen aus den dort genannten Werkstoffen bestehen;	Nr. 15a. p)	1000,-	I
B	188	Nr. 2 Buchstabe e nicht sicherstellt, dass eine Überwachung gewährleistet ist;	Nr. 15a. q)	500,- bis 1000,-	II/I
B	189	Nr. 2 Buchstabe f nicht sicherstellt, dass die Löschpumpe abgeschaltet werden kann;	Nr. 15a. r)	500,-	II
		der Entlader entgegen § 27 Abs. 4 (auch Auftraggeber des Absenders, Absender, Verpacker, Verlader, Befüller, Beförderer und Empfänger)			
S,E,B	190	Sicherungspläne nicht einführt und nicht anwendet;	Nr. 19f	500,-	II
		der Entlader entgegen § 29 Abs. 2 (auch Verlader, Beförderer, Empfänger und Fahrzeugführer)			
S	191	eine dort genannte Vorschrift über	Nr. 21b		
	191.1	Nr. 1 das Verbot der direkten Sonneneinstrahlung, der Einwirkung von Wärmequellen und zum Abstellen an ausreichend belüfteten Stellen,		600,-	I
	191.2	Nr. 2 die Beförderung in Versandstücken,		500,-	I
	191.3	Nr. 3 das Rauchverbot,		500,-	I
	191.4	Nr. 4 das Rauchverbot sowie das Verbot von Feuer und offenem Licht nicht beachtet;		500,-	I
		der Entlader entgegen § 29 Abs. 3 (auch Verlader und Fahrzeugführer)			
S	192	eine dort genannte Vorschrift über Vorsichtsmaßnahmen nicht beachtet;	Nr. 21c	500,-	I/II
	I.	**der Betreiber eines Tankcontainers, ortsbeweglichen Tanks, MEGC, Schüttgut-Containers oder MEMU**			
		der Betreiber eines Tankcontainers, ortsbeweglichen Tanks, MEGC, Schüttgut-Containers oder MEMU entgegen § 24			
S,E,B	193	Nr. 1 nicht dafür sorgt, dass ein dort genannter Tank oder Container mit orangefarbenen Tafeln ausgerüstet ist;	Nr. 16a	500,-	I
S,E	194	Nr. 2 nicht dafür sorgt, dass ein Tankcontainer, ein ortsbeweglicher Tank, ein MEGC, ein Schüttgut-Container oder ein flexibler Schüttgut-Container einer dort genannten	Nr. 16b		
	194.1	Bau- und Ausrüstungsvorschrift,		2000,-	I
	194.2	Kennzeichnungsvorschrift entspricht;		500,-	II

14

Bußgeldkatalog (Fortsetzung)					
G	**Lfd. Nr.**	**Ordnungswidrigkeit, die darin besteht, dass**	**GGVSEB § 37 Abs. 1**	**Euro**	**Kate-gorie**
	I.	**der Betreiber eines Tankcontainers, ortsbeweglichen Tanks, MEGC, Schüttgut-Containers oder MEMU** (Fortsetzung)			
		der Betreiber eines Tankcontainers, ortsbeweglichen Tanks, MEGC, Schüttgut-Containers oder MEMU entgegen § 24 (Fortsetzung)			
S,E	195	Nr. 3 nicht dafür sorgt, dass eine außerordentliche Prüfung durchgeführt wird	Nr. 16c		
	195.1	Personen- und Umweltschäden sind zu erwarten,		800,-	I
	195.2	Personen- und Umweltschäden sind nicht zu erwarten;		500,-	II
S,E	196	Nr. 4 nicht dafür sorgt, dass nur ein Tankcontainer, ein ortsbeweglicher Tank oder MEGC verwendet wird, der den dort genannten Anforderungen entspricht;	Nr. 16d	1000,-	I
S,E	197	Nr. 5 nicht dafür sorgt, dass ein MEGC nicht zur Befüllung übergeben wird;	Nr. 16e	800,-	I
S,E	198	Nr. 6 nicht dafür sorgt, dass eine Druckentlastungseinrichtung geprüft wird;	Nr. 16f	500,-	I
S,E	199	Nr. 7 nicht dafür sorgt, dass die Tankakte geführt, aufbewahrt, übergeben, vorgelegt oder zur Verfügung gestellt wird;	Nr. 16g	200,-	III
S	200	Nr. 8 nicht dafür sorgt, dass MEMU untersucht und geprüft werden;	Nr. 16h	1500,-	I
	J.	**der Hersteller, der Wiederaufarbeiter und der Rekonditionierer von Verpackungen, der Hersteller und Wiederaufarbeiter von IBC und die Stellen für Inspektionen und Prüfungen von IBC**			
		der Hersteller oder Wiederaufarbeiter entgegen § 25 Abs. 1			
S,E,B	201	Nr. 1 ein dort genanntes Kennzeichen anbringt;	Nr. 17a	2000,-	I
S,E,B	202	Nr. 2 die Behörde nicht oder nicht richtig in Kenntnis setzt;	Nr. 17b	2000,-	I
S,E,B	203	Nr. 3 die Anweisungen nicht liefert;	Nr. 17c	500,-	I
S,E,B	204	Nr. 4 dem Eigentümer eines Bergungsdruckgefäßes eine Kopie der Zulassungsbescheinigung nicht zur Verfügung stellt;	Nr. 17d	300,-	II
		der Rekonditionierer von Verpackungen entgegen § 25 Abs. 2			
S,E,B	205	ein dort genanntes Kennzeichen anbringt;	Nr. 17e	2000,-	I
		die Stellen für Inspektionen und Prüfungen von IBC entgegen § 25 Abs. 3			
S,E,B	206	ein dort genanntes Kennzeichen anbringt;	Nr. 17f	2000,-	I
	K.	**der Übergeber, Versender oder Beförderer von leeren Tanks**			
		der Übergeber, Versender oder Beförderer von leeren Tanks entgegen § 26 Abs. 1			
S,E	207	Nr. 1 nicht dafür sorgt, dass einem Tank keine Reste des Füllgutes anhaften;	Nr. 18a	500,-	I
S,E	208	Nr. 2 nicht dafür sorgt, dass ein Tank verschlossen und dicht ist;	Nr. 18b	500,-	II
E	209	Nr. 3 nicht dafür sorgt, dass ein Großzettel oder die nach 5.3.2, 5.3.4 oder 5.3.6 RID vorgeschriebenen Kennzeichen angebracht sind;	Nr. 18 c	500,-	I
	L.	**der Hersteller**			
		der Hersteller von Gegenständen der UN 3164 entgegen § 26 Abs. 3			
S,E,B	210	eine technische Dokumentation über Bauart, Herstellung sowie Prüfungen und deren Ergebnisse nicht richtig, nicht vollständig oder nicht rechtzeitig anfertigt;	Nr. 18d	200,-	III
	M.	**der Beteiligte**			
		der Beteiligte entgegen § 27 Abs. 3			
S,E,B	211	Nr. 1 eine Vorschrift über die Sicherung nicht beachtet;	Nr. 19c	500,-	I
S,E,B	212	Nr. 2 Buchstabe a nicht dafür sorgt, dass die Unterweisung nach Unterabschnitt 1.10.2.3 erfolgt;	Nr. 19d	300,-	II
S,E,B	213	Nr. 2 Buchstabe b nicht dafür sorgt, dass die Aufzeichnungen über die Unterweisung der Arbeitnehmer fünf Jahre aufbewahrt werden;	Nr. 19e	300,-	II
		der Beteiligte entgegen § 27 Abs. 4a			
S,E,B	214	Satz 1, auch i.V.m. Satz 2, nicht dafür sorgt, dass eine Mitteilung an die zuständige Polizeibehörde erfolgt;	Nr. 19g	400,-	II
		der Beteiligte entgegen § 27 Abs. 5			
S,E,B	215	Nr. 1 nicht dafür sorgt, dass die Unterweisung nach Kap. 1.3 erfolgt;	Nr. 19h	500,-	I
S,E,B	216	Nr. 2 nicht dafür sorgt, dass die Aufzeichnungen des Arbeitnehmers nach Abschnitt 1.3.3 fünf Jahre aufbewahrt werden;	Nr. 19i	500,-	I
		der Beteiligte entgegen § 27 Abs. 6			
S,E,B	217	Nr. 1 nicht dafür sorgt, dass die mit der Handhabung von begasten Güterbeförderungseinheiten befassten Personen unterwiesen werden;	Nr. 19j	500,-	I
S,E,B	218	Nr. 2 nicht dafür sorgt, dass die mit der Handhabung oder Beförderung von gekühlten oder konditionierten Fahrzeugen, Wagen oder Containern befassten Personen unterwiesen werden;	Nr. 19j	300,-	II
		der Beteiligte entgegen § 29 Abs. 5			
S	219	nicht dafür sorgt, dass eine Unterweisung aller an der Beförderung beteiligten Personen nach Abschnitt 8.2.3 erfolgt;	Nr. 21f	500,-	I

Bußgeldkatalog (Fortsetzung)

G	Lfd. Nr.	Ordnungswidrigkeit, die darin besteht, dass	GGVSEB § 37 Abs. 1	Euro	Kategorie
	N.	**der Fahrzeugführer**			
		der Fahrzeugführer entgegen § 4 Abs. 2			
S	220	Nr. 1 eine Behörde nicht oder nicht rechtzeitig benachrichtigt oder nicht oder nicht rechtzeitig benachrichtigen lässt und nicht mit Informationen versieht oder versehen lässt;	Nr. 1	250,-	I
		der Fahrzeugführer entgegen § 4 Abs. 3			
S	221	Nr. 1 die Sendung nicht oder nicht rechtzeitig anhält oder die Beförderung fortsetzt;	Nr. 2	500,-	I
		der Fahrzeugführer entgegen § 28			
S	222	Nr. 1 ein Versandstück befördert;	Nr. 20a	250,-	I
S	223	Nr. 2 eine dort genannte Vorschrift über Beförderungsbe- oder -einschränkungen nicht beachtet;	Nr. 20b	500,-	I
S	224	Nr. 3 den Füllungsgrad, die Masse oder die Befülltemperatur nicht einhält;	Nr. 20c	250,-	I
S	225	Nr. 4 eine dort genannte Vorschrift über	Nr. 20d		
	225.1	den Betrieb von Tanks mit zu erwartenden Personen- und Umweltschäden,		500,-	I
	225.2	den Betrieb von Tanks ohne zu erwartenden Personen- und Umweltschäden und		250,-	II
	225.3	die zusätzlichen Vorschriften nicht beachtet;		100,-	II
S	226	Nr. 5 die Dichtheit nicht prüft;	Nr. 20e	250,-	II
S	227	Nr. 6 die Großzettel	Nr. 20f		
	227.1	nicht anbringt,		250,-	I
	227.2	nicht entfernt oder abdeckt;		100,-	II
S	228	Nr. 7 ein dort genanntes Kennzeichen oder eine dort genannte Tafel	Nr. 20g		
	228.1	nicht richtig anbringt oder nicht richtig sichtbar macht oder		100,-	II
	228.2	nicht anbringt oder nicht sichtbar macht oder		300,-	I
	228.3	nicht, nicht richtig oder nicht vollständig entfernt oder verdeckt;		100,-	II
S	229	Nr. 8 eine Maßnahme nicht trifft;	Nr. 20h	250,-	I
S	230	Nr. 9 sich nicht vergewissert, dass ein Warnkennzeichen angebracht ist;	Nr. 20i	250,-	I
S	231	Nr. 10 ein Begleitpapier, eine Bescheinigung, ein Feuerlöschgerät, einen Ausrüstungsgegenstand oder die Ausnahmezulassung nicht mitführt oder nicht oder nicht rechtzeitig aushändigt:	Nr. 20j		
	231.1	Schriftliche Weisung,		150,-	II
	231.2	Beförderungspapier,		150,-	I
	231.3	Beförderungspapier zwar mitgeführt,			
	231.3.1	aber relevante Angaben zu dem beförderten Stoff fehlen (z.B. UN-Nummer, offizielle Benennung, Verpackungsgruppe),		100,-	I
	231.3.2	aber andere Angaben als die unter 231.3.1 fehlen,		60,-	III
	231.4	Lichtbildausweis,		150,-	II
	231.5	Großcontainer- oder Fahrzeugpackzertifikat,		150,-	II
	231.6	Zulassungsbescheinigung,		150,- bis 400,-	II/I
	231.7	Bescheinigung über die Schulung des Fahrzeugführers nicht mitgeführt - es fehlen:			
	231.7.1	Basiskurs (Erstschulung),		300,-	I
	231.7.2	Aufbaukurs (Erstschulung),		300,-	I
	231.7.3	Basis- und Aufbaukurs (Erstschulung),		500,-	I
	231.7.4	Auffrischungskurs,		300,-	I
	231.8	Bescheinigung über die Prüfung des Aufsetztanks (innerstaatlich),		150,- bis 400,-	II/I
	231.9	Kopie der Genehmigung der zuständigen Behörde,		150,- bis 400,-	II/I
	231.10	Feuerlöschgeräte,		150,-	II
	231.11	Plombierung der Feuerlöschgeräte,		60,-	III
	231.12	Ausrüstungsgegenstände,		150,-	II
	231.13	Ausnahmezulassung;		150,- bis 400,-	II/I

Bußgeldkatalog (Fortsetzung)					
G	**Lfd. Nr.**	**Ordnungswidrigkeit, die darin besteht, dass**	**GGVSEB § 37 Abs. 1**	**Euro**	**Kate-gorie**
	N.	**der Fahrzeugführer** (Fortsetzung)			
		der Fahrzeugführer entgegen § 28 (Fortsetzung)			
S	232	Nr. 11 eine dort genannte Vorschrift über die Überwachung nicht beachtet;	Nr. 20k	250,-	II
S	233	Nr. 12 gefährliche Reste des Füllgutes nicht entfernt oder entfernen lässt;	Nr. 20l	250,-	I
S	234	Nr. 13 während der Teilnahme am Straßenverkehr mit kennzeichnungspflichtigen Beförderungseinheiten die Einnahme von alkoholischen Getränken nicht unterlässt oder die Fahrt mit diesen Gütern unter der Wirkung solcher Getränke mit einer Wirkung bis 0,249 mg/l AAK (Alkohol in der Atemluft) oder 0,49 Promille BAK (Alkohol im Blut) antritt;	Nr. 20m	250,-	I
S	235	Nr. 14 nicht sicherstellt, dass eine Verbindungsleitung oder ein Rohr entleert ist;	Nr. 20n	250,-	I
S	236	Nr. 15 einen Tank nicht erdet;	Nr. 20o	150,-	II
S	237	Nr. 16 eine dort genannte Vorschrift nicht beachtet;	Nr. 20p	100,- bis 250,-	II/I
		der Fahrzeugführer entgegen § 29 Abs. 1 (auch Verlader)			
S	238	eine dort genannte Vorschrift über die Beladung und Handhabung nicht beachtet:	Nr. 21a		
	238.1	Zusammenladung,		250,-	I
	238.2	Begrenzung der beförderten Mengen,		250,-	I
	238.3	Handhabung und Verstauung,		300,-	I
	238.4	Reinigung nach dem Entladen,		250,-	II
	238.5	Sondervorschriften für die Be- und Entladung und die Handhabung,		300,-	I
	238.6	Ausrichten von Versandstücken und Umverpackungen ,		250,-	I
	238.7	Beladung trotz einer bei Dokumentenkontrolle/Sichtprüfung festgestellten Rechtsnonkonformität,		100,- bis 500,-	III/II/I
	238.8	Unterlassene Untersuchung vor Beladung,		125,-	II
	238.9	Mangelnde Rechtskonformität bei Ankunft am Be- oder Entladeort,		100,- bis 500,-	III/II/I
	238.10	Be- oder Entladung an unzulässiger Stelle;		100,-	II
		der Fahrzeugführer entgegen § 29 Abs. 2 (auch Verlader, Entlader, Beförderer und Empfänger)			
S	239	eine dort genannte Vorschrift über	Nr. 21b		
	239.1	Nr. 1 das Verbot der direkten Sonneneinstrahlung, der Einwirkung von Wärmequellen und zum Abstellen an ausreichend belüfteten Stellen,		300,-	I
	239.2	Nr. 2 die Beförderung in Versandstücken,		250,-	I
	239.3	Nr. 3 das Rauchverbot,		250,-	I
	239.4	Nr. 4 das Rauchverbot sowie das Verbot von Feuer und offenem Licht nicht beachtet;		250,-	I
		der Fahrzeugführer entgegen § 29 Abs. 3 (auch Verlader und Entlader)			
S	240	eine dort genannte Vorschrift über Vorsichtsmaßnahmen nicht beachtet;	Nr. 21c	250,-	I/II
		der Fahrzeugführer entgegen § 29 Abs. 4 (auch Beförderer und Verlader)			
S	241	Nr. 1 eine Vorschrift über die Verladung oder das Kennzeichen nicht beachtet;	Nr. 21d	300,-	I
S	242	Nr. 2 eine Vorschrift über die Beförderung nicht beachtet;	Nr. 21e	300,-	I
		der Fahrzeugführer entgegen § 35 Abs. 4			
S	243	Satz 4 eine Bescheinigung nicht mitführt oder nicht oder nicht rechtzeitig aushändigt ;	Nr. 27c	250,-	II
		der Fahrzeugführer entgegen § 35a Abs. 4			
S	244	Satz 3 eine Fahrwegbestimmung nicht oder nicht richtig beachtet, nicht mitführt oder nicht oder nicht rechtzeitig aushändigt;	Nr. 28c	250,-	II

Bußgeldkatalog (Fortsetzung)

G	Lfd. Nr.	Ordnungswidrigkeit, die darin besteht, dass	GGVSEB § 37 Abs. 1	Euro	Kategorie
	O.	**der Betreiber eines Kesselwagens, abnehmbaren Tanks und Batteriewagens**			
		der Betreiber eines Kesselwagens, abnehmbaren Tanks und Batteriewagens entgegen § 30			
E	245	Nr. 1 nicht dafür sorgt, dass nur ein Wagen oder ein Tank verwendet wird, der den dort genannten Anforderungen entspricht;	Nr. 22a	1000,-	I
E	246 246.1 246.2	Nr. 2 nicht dafür sorgt, dass ein Wagen oder Tank einer dort genannten: Bauvorschrift und Ausrüstungsvorschrift, Kennzeichnungsvorschrift entspricht;	Nr. 22b	 2000,- 500,-	 I I/II
E	247	Nr. 3 nicht dafür sorgt, dass eine außerordentliche Prüfung durchgeführt wird;	Nr. 22c	800,-	I
E	248	Nr. 4 nicht dafür sorgt, dass die Tankakte geführt, aufbewahrt, übergeben, vorgelegt oder zur Verfügung gestellt wird;	Nr. 22d	200,-	III
E	249	Nr. 5 nicht dafür sorgt, dass ein Kesselwagen, ein abnehmbarer Tank oder ein Batteriewagen nicht verwendet wird;	Nr. 22e	500,-	I/II
E	250	Nr. 6 nicht dafür sorgt, dass eine dort genannte Information den Tank oder seine Ausrüstung umfasst;	Nr. 22f	500,-	II
	P.	**Die für die Instandhaltung zuständige Stelle (ECM)**			
		die für die Instandhaltung zuständige Stelle (ECM) entgegen § 30a Abs. 1			
E	251	Nr. 1 nicht dafür sorgt, dass die Instandhaltung eines Tanks oder seiner Ausrüstung in einer dort genannten Weise sichergestellt wird;	Nr. 22a. a)	1000,-	I
E	252	Nr. 2 nicht dafür sorgt, dass eine dort genannte Information den Tank oder seine Ausrüstung umfasst;	Nr. 22a. b)	500,-	II
E	253	Nr. 3 nicht dafür sorgt, dass eine Aufzeichnung gefertigt wird;	Nr. 22a. c)	500,-	II
		die für die Instandhaltung zuständige Stelle (ECM) entgegen § 30a Abs. 2			
E	254	Nr. 1 nicht dafür sorgt, dass ein Kesselwagen nicht verwendet wird;	Nr. 22a. d)	500,-	I
E	255	Nr. 2 nicht dafür sorgt, dass eine außerordentliche Prüfung durchgeführt wird;	Nr. 22a. e)	800,-	I
	Q.	**der Eisenbahninfrastruktur-unternehmer**			
		der Eisenbahninfrastruktur-unternehmer entgegen § 4 Abs. 2			
E	256	Nr. 2 eine Behörde nicht oder nicht rechtzeitig benachrichtigt oder nicht oder nicht rechtzeitig benachrichtigen lässt und nicht mit Informationen versieht oder versehen lässt;	Nr. 1	800,-	I
		der Eisenbahninfrastruktur-unternehmer entgegen § 31			
E	257	Nr. 1 nicht dafür sorgt, dass sein Personal unterwiesen wird;	Nr. 23a	200,-	II
E	258	Nr. 2 Buchstabe a nicht dafür sorgt, dass ein interner Notfallplan aufgestellt wird;	Nr. 23b	800,-	I
E	259	Nr. 2 Buchstabe b nicht sicherstellt, dass er Zugriff zu einer Information hat;	Nr. 23c	800,-	I
	R.	**der Triebfahrzeugführer**			
		der Triebfahrzeugführer entgegen § 31a			
E	260	eine schriftliche Weisung nicht oder nicht rechtzeitig einsieht	Nr. 23a.	200,-	II
	S.	**der Reisende**			
		der Reisende entgegen § 32			
E	261	ein gefährliches Gut mitführt oder befördern lässt;	Nr. 24	500,-	I
	T.	**der Schiffsführer**			
		der Schiffsführer entgegen § 4 Abs. 2			
B	262	Nr. 3 eine Behörde nicht oder nicht rechtzeitig benachrichtigt oder nicht oder nicht rechtzeitig benachrichtigen lässt und nicht mit Informationen versieht oder versehen lässt;	Nr. 1	800,-	I
		der Schiffsführer entgegen § 4 Abs. 3			
B	263	Nr. 3 die Sendung nicht oder nicht rechtzeitig anhält oder die Beförderung fortsetzt;	Nr. 2	1600,-	I
		der Schiffsführer entgegen § 33			
B	264	Nr. 1 die Sicherheitspflichten nicht beachtet;	Nr. 25a	800,-	I
B	265	Nr. 2 nicht dafür sorgt, dass ein Schiff oder Tankschiff nicht überladen oder ein Ladetank nicht überfüllt ist;	Nr. 25b	1000,-	I
B	266 266.1 266.2 266.3	Nr. 3 sich nicht vergewissert, dass das Schiff oder Tankschiff oder die Ladung keine offensichtlichen Mängel, Undichtheiten oder Risse aufweist oder keine Ausrüstungsteile fehlen;	Nr. 25c	 1000,- 1000,- 200,- bis 1000,-	 I I III/II/I

14

Bußgeldkatalog (Fortsetzung)					
G	**Lfd. Nr.**	**Ordnungswidrigkeit, die darin besteht, dass**	**GGVSEB § 37 Abs. 1**	**Euro**	**Kate-gorie**
	T.	**der Schiffsführer** (Fortsetzung)			
		der Schiffsführer entgegen § 33 (Fortsetzung)			
B	267	Nr. 4 nicht dafür sorgt, dass jedes betroffene Mitglied der Besatzung die schriftlichen Weisungen versteht und richtig anwenden kann;	Nr. 25d	300,-	II
B	268	Nr. 5 eine vorgeschriebene Maßnahme nicht trifft;	Nr. 25e	800,-	I
B	269	Nr. 6 nicht dafür sorgt, dass eine dort genannte Vorschrift eingehalten wird;	Nr. 25f	150,- bis 5000,-	III/II/I
B	270	Nr. 7 nicht prüft, ob der Eigentümer oder Betreiber seinen Pflichten nach § 34 nachgekommen ist;	Nr. 25g	200,- bis 1000,-	III/II/I
B	271	Nr. 8 Buchstabe a ein Begleitpapier nicht mitführt oder nicht oder nicht rechtzeitig aushändigt;	Nr. 25 h		
	271.1	folgende Dokumente nach 8.1.2.1 ADN:			
	271.1.1	a) Zulassungszeugnis nach 8.1.8 ADN		300,-	I
	271.1.2	b) Beförderungspapiere nach 5.4.1 ADN			
	271.1.2.1	nicht vorhanden		500,-	I
	271.1.2.2	nicht vollständig		200,-	III
	271.1.3	b) Großcontainer- oder Fahrzeugpackzertifikat nach 5.4.2 ADN		300,-	II
	271.1.4	c) schriftliche Weisungen nach 5.4.3 ADN		300,-	II
	271.1.5	d) Abdruck des ADN		150,-	II
	271.1.6	e) Bescheinigung der Isolationswiderstände nach 8.1.7 ADN		150,-	II
	271.1.7	f) Bescheinigung über die Prüfung nach 8.1.6.1 ADN		300,-	I
	271.1.8	g) Prüfbuch für Messergebnisse nach ADN		150,-	II
	271.1.9	h) Kopie einer Sonderregelung nach 1.5 ADN		150,-	II
	271.1.10	i) Lichtbildausweis nach 1.10.1.4 ADN		300,-	I
	271.2	folgende Dokumente nach 8.1.2.2 ADN:			
	271.2.1	a) Stauplan nach 7.1.4.11 ADN		500,-	II
	271.2.2	b) Bescheinigung über besondere Kenntnisse nach 8.2.1.2 ADN		500,-	II
	271.2.3	c) Lecksicherheitsplan und Intaktstabilitätsunterlagen nach 9.3.1.15, 9.3.2.15 oder 9.3.3.15 ADN		500,-	II
	271.3	folgende Dokumente nach 8.1.2.3 ADN:		500,-	II
	271.3.1	a) Stauplan nach 7.2.4.11.2 ADN		500,-	II
	271.3.2	b) Bescheinigung über besondere Kenntnisse nach 7.2.3.15 ADN		500,-	II
	271.3.3	c) Lecksicherheitsplan und Intaktstabilitätsunterlagen nach 9.3.1.15, 9.3.2.15 oder 9.3.3.15 ADN		500,-	II
	271.3.4	d) Unterlagen für die elektrischen Anlagen nach 9.3.1.50, 9.3.2.50 oder 9.3.3.50 ADN		500,-	II
	271.3.5	e) Klassifikationszeugnis nach 9.3.1.8, 9.3.2.8 oder 9.3.3.8 ADN		500,-	II
	271.3.6	f) Bescheinigung über die Gasspüranlagen nach 9.3.1.8.3, 9.3.2.8.3 oder 9.3.3.8.3 ADN		1000,-	I
	271.3.7	g) Bescheinigung über die zugelassenen gefährlichen Stoffe nach 1.16.1.2.5 ADN		500,-	II
	271.3.8	h) Bescheinigung über die Prüfung der Schläuche nach 8.1.6.2 ADN		800,-	I
	271.3.9	i) Instruktion für Lade- und Löschraten nach 8.1.6.2 ADN		800,-	I
	271.3.10	k) Heizinstruktion nach ADN		800,-	I
	271.3.11	l) Bescheinigung über die Prüfung der Ventile nach 8.1.6.5 ADN		500,-	II
	271.3.12	m) Reiseregistrierung nach 8.1.11 ADN		800,-	I
	271.3.13	n) Instruktion nach 7.2.3.28 ADN		500,-	II
	271.3.14	o) Bescheinigung über die Kühlanlage nach 9.3.1.27.10 ADN		500,-	II
	271.4	Nr. 8 Buchstabe b die Ausnahmezulassung nicht mitführt oder nicht oder nicht rechtzeitig aushändigt;		500,-	II

Bußgeldkatalog (Fortsetzung)					
G	**Lfd. Nr.**	**Ordnungswidrigkeit, die darin besteht, dass**	**GGVSEB § 37 Abs. 1**	**Euro**	**Kate-gorie**
	T.	**der Schiffsführer** (Fortsetzung)			
		der Schiffsführer entgegen § 33 (Fortsetzung)			
B	272	Nr. 9 nicht dafür sorgt, dass eine in Kapitel 8.3 genannte Vorschrift eingehalten wird:	Nr. 25i		
	272.1	nicht dafür sorgt, das sich nur der in Unterabschnitt 8.3.1.1 genannte Personenkreis an Bord aufhält,		250,- bis 500,-	I
	272.2	nicht dafür sorgt, dass sich nach Unterabschnitt 8.3.1.2 Personen nur kurzfristig im Bereich der Ladung aufhalten,		500,-	II
	272.3	nicht dafür sorgt, dass sich nach Unterabschnitt 8.3.1.3 keine Personen unter 14 Jahren an Bord sind, wenn das Schiff eine Bezeichnung mit zwei blauen Kegeln oder zwei blauen Lichtern führt,		500,-	I
	272.4.1	nicht dafür sorgt, dass nach Abschnitt 8.3.2 an Bord von Trockengüterschiffen tragbare Lampen mit eigener Stromquelle verwendet werden,		150,-	III
	272.4.2	nicht dafür sorgt, dass nach Abschnitt 8.3.2 an Bord von Tankschiffen tragbare Lampen mit eigener Stromquelle verwendet werden,		250,-	II
	272.5.1	nicht dafür sorgt, dass nach Abschnitt 8.3.5 das Verwendungsverbot von Feuer, elektrischem Strom und Funkenbildung an Bord von Trockengüterschiffen im geschützten Bereich oder am Deck der Längsrichtung bis zu 3 m davor und dahinter eingehalten wird,		500,-	I
	272.5.2	nicht dafür sorgt, dass nach Abschnitt 8.3.5 das Verwendungsverbot von Feuer, elektrischem Strom und Funkenbildung an Bord von Tankschiffen eingehalten wird;		1000,-	I
B	273	Nr. 10 eine Sendung befördert, ohne das die Vorschriften erfüllt sind;	Nr. 25j	200,- bis 1000,-	III/II/I
	U.	**der Eigentümer oder Betreiber**			
		der Eigentümer oder Betreiber entgegen § 34			
B	274	Nr. 1, 2, 4 und 5 nicht dafür sorgt, dass eine dort genannte Vorschrift eingehalten wird;	Nr. 26a	100,- bis 5000,-	III/II/I
B	275	Nr. 3 nicht dafür sorgt, dass ein Sachkundiger an Bord ist;	Nr. 26b	1000,-	I
B	276	Nr. 6 nicht dafür sorgt, dass eine Aktualisierung erfolgt;	Nr. 26c	100,- bis 1000,-	III/II/I
B	277	Nr. 7 nicht dafür sorgt, dass ein Schiff einer Sonderuntersuchung unterzogen wird;	Nr. 26d	500,- bis 1500,-	II/I
	V	**die Besatzung und sonstige Personen an Bord**			
		die Besatzung und sonstige Personen an Bord entgegen § 34a Satz 1			
B	278	den Anweisungen des Schiffsführers nicht Folge leisten.	Nr. 26a.	100,- bis 1000,-	III/II/I

2. Verwarnungsgeldkatalog Straße (Tatbestände sind der Gefahrenkategorie III zuzuordnen)

G	Lfd. Nr.	Ordnungswidrigkeit, die darin besteht, dass	GGVSEB § 37 Abs. 1	Euro
	A.	**der Beförderer**		
S	1	entgegen § 19 Abs. 2 Nr. 13 nicht dafür sorgt, dass nach Absatz 6.8.2.5.2 ADR auf dem Tankfahrzeug oder auf einer Tafel der Name des Eigentümers oder Betreibers angegeben ist;	Nr. 6m	40,-
S	2	entgegen § 19 Abs. 2 Nr. 16 nicht dafür sorgt, dass die Beförderungseinheit (Kraftfahrzeug mit Anhänger) mit dem nach Unterabschnitt 8.1.5.2 ADR vorgeschriebenen Unterlegkeil ausgerüstet ist (beim Fehlen eines Unterlegkeils);	Nr. 6p	55,-
S	3	entgegen § 19 Abs. 2 Nr. 13 nicht dafür sorgt, dass der Erdungsanschluss nach Absatz 6.8.2.1.27 ADR mit dem Erdungssymbol kenntlich gemacht ist;	Nr. 6m	55,-
S	4	entgegen § 29 Abs. 2 Nr. 3 die Vorschriften des Abschnitts 7.5.9 ADR in Verbindung mit Abschnitt 8.3.5 über das Rauchverbot in der Nähe von Fahrzeugen oder Containern, die mit nicht brennbaren Gasen der Klasse 2 und Gütern der Klassen 6.1, 6.2, 7, 8 und 9 beladen sind, nicht beachtet;	Nr. 21b	55,-
	B.	**der Empfänger**		
S	5	entgegen § 29 Abs. 2 Nr. 3 die Vorschriften des Abschnitts 7.5.9 ADR in Verbindung mit Abschnitt 8.3.5 über das Rauchverbot in der Nähe von Fahrzeugen oder Containern, die mit nicht brennbaren Gasen der Klasse 2 und Gütern der Klassen 6.1, 6.2, 7, 8 und 9 beladen sind, nicht beachtet;	Nr. 21b	55,-
	C.	**der Verlader**		
S	6	entgegen § 29 Abs. 2 Nr. 3 die Vorschriften des Abschnitts 7.5.9 ADR in Verbindung mit Abschnitt 8.3.5 über das Rauchverbot in der Nähe von Fahrzeugen oder Containern, die mit nicht brennbaren Gasen der Klasse 2 und Gütern der Klassen 6.1, 6.2, 7, 8 und 9 beladen sind, nicht beachtet;	Nr. 21b	55,-
S	7	der Verlader entgegen § 21 Abs. 2 Nr. 4 einen der nach Unterabschnitt 5.3.1.2 ADR vorgeschriebenen Großzettel (Placard) oder ein nach Abschnitt 5.3.6 ADR vorgeschriebenes Kennzeichen für umweltgefährdende Stoffe nicht anbringt;	Nr. 10 l	55,-
	D.	**der Befüller**		
S	8	entgegen § 23 Abs. 2 Nr. 3 Buchstaben a, c oder d einen der nach Unterabschnitt 5.3.1.2 ADR vorgeschriebenen Großzettel (Placard) oder ein nach Abschnitt 5.3.3 ADR vorgeschriebenes Kennzeichen für erwärmte Stoffe oder ein nach Abschnitt 5.3.6 ADR vorgeschriebenes Kennzeichen für umweltgefährdende Stoffe nicht anbringt;	Nr. 13c	55,-
	E.	**der Betreiber eines Tankcontainers, eines ortsbeweglichen Tanks, eines MEGC oder eines Schüttgut-Containers**		
S	9	entgegen § 24 Nr. 2 nicht dafür sorgt, dass nach Absatz 6.7.4.15.2, Absatz 6.8.2.5.2, Absatz 6.8.3.5.11 und Unterabschnitt 6.9.6.1 ADR auf dem ortsbeweglichen Tank, Tankcontainer, MEGC, Schüttgut-Container und FVK-Tank selbst oder auf einer Tafel der Name des Eigentümers und/oder Betreibers angegeben ist;	Nr. 16b	40,-
	F.	**der Fahrzeugführer**		
S	10	entgegen § 28 Nr. 10 Buchstabe d einen nach Unterabschnitt 8.1.5.2 ADR vorgeschriebenen Unterlegkeil nicht mitführt oder nicht oder nicht rechtzeitig aushändigt;	Nr. 20j	35,-
S	11	entgegen § 28 Nr. 10 Buchstabe b die nach Unterabschnitt 8.2.2.8 ADR vorgeschriebene Schulungsbescheinigung nicht mitführt, aber im Verlauf der Straßenkontrolle ermittelt oder nachgewiesen wird, dass eine solche Bescheinigung erteilt worden ist;	Nr. 20j	35,-
S	12	entgegen § 28 Nr. 7 gemäß Abschnitt 5.3.2 ADR	Nr. 20g	
	12.1	eine orangefarbene Tafel,		15,-
	12.2	mehrere orangefarbene Tafeln		25,-
		nicht parallel/senkrecht zur Längsachse anbringt oder		
	12.3	eine orangefarbene Tafel,		30,-
	12.4	zwei orangefarbene Tafeln		40,-
		nicht vollständig entfernt oder verdeckt;		
S	13	entgegen § 28 Nr. 6 einen der nach den Unterabschnitten 5.3.1.3 bis 5.3.1.6 ADR vorgeschriebenen Großzettel (Placard) nicht anbringt;	Nr. 20f	40,-
S	14	entgegen § 28 Nr. 6 gemäß Absatz 5.3.1.1.5 ADR	Nr. 20f	
	14.1	einen Großzettel (Placard),		30,-
	14.2	zwei Großzettel (Placards)		40,-
		nicht entfernt oder abdeckt;		
S	15	entgegen § 28 Nr. 7 gemäß Abschnitt 5.3.6 ADR	Nr. 20g	
	15.1	ein Kennzeichen für umweltgefährdende Stoffe,		30,-
	15.2	zwei Kennzeichen für umweltgefährdende Stoffe		40,-
		nicht entfernt oder abdeckt;		
S	16	entgegen § 29 Abs. 2 Nr. 3 die Vorschriften des Abschnitts 7.5.9 ADR in Verbindung mit Abschnitt 8.3.5 ADR über das Rauchverbot in der Nähe von Fahrzeugen oder Containern, die mit nicht brennbaren Gasen der Klasse 2 und Gütern der Klassen 6.1, 6.2, 7, 8 und 9 beladen sind, nicht beachtet.	Nr. 21b	55,-
	G.	**der Entlader**		
S	17	entgegen § 29 Abs. 2 Nr. 3 die Vorschriften des Abschnitts 7.5.9 in Verbindung mit Abschnitt 8.3.5 ADR über das Rauchverbot in der Nähe von Fahrzeugen oder Containern, die mit nicht brennbaren Gasen der Klasse 2 und Gütern der Klassen 6.1, 6.2, 7, 8 und 9 beladen sind, nicht beachtet.	Nr. 21b	55,-

3. Verwarnungsgeldkatalog Eisenbahn

G	Lfd. Nr.	Ordnungswidrigkeit, die darin besteht, dass	GGVSEB § 37 Abs. 1	Euro
	A.	**der Absender**		
E	1	entgegen § 18 Abs. 3 Nr. 2 Buchstabe a einen der nach Unterabschnitt 5.3.1.6 RID vorgeschriebenen Großzettel (Placards) nicht vorschriftsmäßig anbringt;	Nr. 4o	55,-
E	2	entgegen § 18 Abs. 3 Nr. 2 Buchstabe b i.V.m. Absatz 5.3.2.1.7 RID	Nr. 4o	
	2.1	eine orangefarbene Tafel,		15,-
	2.2	zwei orangefarbene Tafeln,		25,-
		nicht parallel zur Längsachse anbringt;		
E	3	entgegen § 18 Abs. 1 Nr. 8 die gemäß den Sondervorschriften in Unterabschnitt 5.4.1.1 RID vorgeschriebenen Angaben – ausgenommen die Angaben nach Absatz 5.4.1.1.6 RID – im Beförderungspapier nicht vermerkt;	Nr. 4h	55,-
	B.	**der Verlader**		
E	4	entgegen § 21 Abs. 3 Nr. 2 Buchstabe a oder c nicht dafür sorgt, dass einer der nach den Unterabschnitten 5.3.1.2, 5.3.1.3 und 5.3.1.5 RID vorgeschriebenen Großzettel (Placards) oder einer der nach Abschnitt 5.3.4 RID vorgeschriebenen Rangierzettel oder ein Kennzeichen nicht vorschriftsmäßig angebracht ist ;	Nr. 10o	55,-
E	5	entgegen § 21 Abs. 3 Nr. 2 Buchstabe b oder c gemäß Abschnitt 5.3.2 RID	Nr. 10o	
	5.1	eine orangefarbene Tafel,		15,-
	5.2	zwei orangefarbene Tafeln		25,-
		nicht parallel zur Längsachse anbringt;		
	C.	**der Befüller**		
E	6	der Befüller entgegen § 23 Abs. 3 Nr. 2 Buchstaben a, b, d oder e einen der nach Unterabschnitt 5.3.1.2 und 5.3.1.4 RID vorgeschriebenen Großzettel (Placards) oder einen nach Unterabschnitt 5.3.4.1 Satz 1 RID vorgeschriebenen Rangierzettel oder das Kennzeichen nach Abschnitt 5.3.3 RID oder das Kennzeichen nach Abschnitt 5.3.6 RID nicht vorschriftsmäßig anbringt;	Nr. 14b	55,-
E	7	entgegen § 23 Abs. 3 Nr. 2 Buchstabe c gemäß Abschnitt 5.3.2 RID	Nr. 14b	
	7.1	eine orangefarbene Tafel,		15,-
	7.2	zwei orangefarbene Tafeln		25,-
		nicht parallel zur Längsachse anbringt;		
	D.	**der Betreiber eines Tankcontainers, eines ortsbeweglichen Tanks, eines MEGC oder eines Schüttgut-Containers**		
E	8	entgegen § 24 Nr. 2 nicht dafür sorgt, dass nach Absatz 6.7.4.15.2, Absatz 6.8.2.5.2 und Absatz 6.8.3.5.11 RID auf dem ortsbeweglichen Tank, Tankcontainer, MEGC oder Schüttgut-Container selbst oder auf einer Tafel der Name des Eigentümers und Betreibers angegeben ist;	Nr. 16b	55,-
	F.	**der Betreiber eines Kesselwagens, abnehmbaren Tanks oder Batteriewagens**		
E	9	entgegen § 30 Nr. 2 nicht dafür sorgt, dass nach Absatz 6.8.2.5.2 RID auf dem Kesselwagen, abnehmbaren Tank oder Batteriewagen selbst oder auf einer Tafel	Nr. 22b	55,-
	9.1	– der Name des Betreibers angegeben ist,		
	9.2	– das Datum der nächsten Zwischenprüfung nach Absatz 6.8.2.4.3 RID nicht um den Buchstaben „L“ ergänzt ist.		

Anlage 7a

Erläuterungen zu Bußgeldverfahren nach der GGVSEB bei gleichzeitigem Verstoß gegen die StVO/StVZO im Hinblick auf die Eintragung von Verstößen im Fahreignungsregister (FAER)

Gemäß § 28 Absatz 3 Nummer 3 Buchstabe c Straßenverkehrsgesetz (StVG) werden im Fahreignungsregister (FAER) Daten über rechtskräftige Entscheidungen wegen einer Ordnungswidrigkeit nach § 10 GGBefG gespeichert, soweit sie in der Rechtsverordnung nach § 6 Absatz 1 Nummer 1 Buchstabe s StVG bezeichnet ist.

Neu aufgenommen in Anlage 13 zu § 40 Fahrerlaubnis-Verordnung (FeV) sind diesbezüglich in der Nummer 3.6 Zuwiderhandlungen gegen die GGVSEB. Dies entspricht der insoweit erweiterten Ermächtigungsgrundlage und Speichervorschrift im § 28 StVG. Durch die Formulierung der Tatbestände soll sichergestellt werden, dass nur Entscheidungen über solche rechtswidrigen Handlungen gespeichert werden, die auch ohne das Vorliegen eines gefahrgutrechtlichen Verstoßes nach den Vorschriften des Straßenverkehrsrechts registriert werden.

Diese Entscheidungen werden im FAER mit **einem** Punkt bewertet.

In der Bekanntmachung der Neunten Verordnung zur Änderung der Fahrerlaubnis-Verordnung und anderer straßenverkehrsrechtlicher Vorschriften vom 20.11.2013 (VkBl. 2013 Heft 23 S. 1162) heißt es in der Begründung zu Nummer 18 (Neufassung der Anlage 13):

„Die Anlage 13 wird von folgenden Grundgedanken geleitet:

Die Eintragung im Fahreignungsregister soll zum einen davon abhängen, ob die Zuwiderhandlung eine Bedeutung für die Sicherheit im Straßenverkehr hat. Dies wird für sämtliche Straftaten und Ordnungswidrigkeiten der Anlage 13 vom Verordnungsgeber bejaht. Zum anderen muss den Ordnungswidrigkeiten eine nennenswerte objektive Schwere zu Eigen sein."

Vor diesem Hintergrund ist im Hinblick auf den Eintrag der Punkte in das FAER bei Ladungssicherungsverstößen auf Folgendes hinzuweisen: Jede dementsprechende rechtskräftige Bußgeldentscheidung führt zu einem Eintrag eines Punktes. In der Vergangenheit konnten im Bereich der Straßenverkehrs-Ordnung (StVO)/Straßenverkehrs-Zulassungs-Ordnung (StVZO) aufgrund der Beurteilung der Gefährdung unterschiedliche Bußgeldhöhen festgesetzt und ein bis drei Punkte eingetragen werden. Bisher wurde die Fahrerlaubnis ab 18 Punkten entzogen, künftig ab 8 Punkten.

Der Eintrag in das FAER ist nur aufgrund eines rechtskräftigen Bußgeldbescheides möglich. Liegt ein solcher vor und ist ein Tatbestand der Nummer 3.6 der Anlage 13 zu § 40 FeV gegeben, muss ein Punkteeintrag erfolgen. Auch in den Fällen, in denen das Bußgeld im weiteren Verfahren auf einen Betrag von unter 60 Euro reduziert wird, würde ein Eintrag erfolgen, da nach § 28 Absatz 3 Nummer 3 Buchstabe c StVG keine Mindestgeldbuße vorgesehen ist. (Anmerkung: Für die StVO/StVZO ist nach § 28 Absatz 3 Nummer 3 Buchstabe a eine Geldbuße von mindestens 60 Euro erforderlich.)

Insofern sollte bei geringfügigen Ordnungswidrigkeiten überprüft werden, ob dem Betroffenen eine Verwarnung mit Verwarnungsgeld angeboten werden kann.

Die Eintragung der Punkte bewirkt auch **keine inhaltliche Veränderung des Bußgeldverfahrens.**

Neu aufzunehmen in den Bußgeldbescheid ist lediglich ein informativer Hinweis für den Betroffenen auf die Eintragung im FAER, analog zu dem bereits im Straßenverkehrsordnungswidrigkeitenverfahren praktizierten Vorgehen.

(Hinweis: Punkte im FAER sind eine Folge eines rechtskräftigen Ordnungswidrigkeitenverfahrens und können nicht eigenständig angefochten werden.)

Der in Nummer 3.6.1 der Anlage 13 zu § 40 FeV aufgeführte Begriff **„tatsächlicher Verlader"** meint den für die Ladungssicherung im Sinne des § 22 Absatz 1 StVO verpflichteten Verlader. Im Falle eines Verstoßes ist das die für das verladende Unternehmen verantwortlich handelnde Person nach § 9 OWiG, die einen Ladungssicherungsverstoß nach den Gefahrgutvorschriften und tateinheitlich nach der StVO zu verantworten hat. Dies ist in der Regel der Verantwortliche für die Ladearbeiten und nicht der ausführende Gabelstaplerfahrer oder Lagerarbeiter.

Für die Auslegung des Begriffs **„tatsächlicher Verlader"** ist die Begriffsbestimmung zum Verlader nach § 2 Nummer 3 GGVSEB nicht heranzuziehen. Für den Eintrag von Punkten wird ausschließlich die Verantwortlichkeit nach der StVO berücksichtigt, da nur dann ein Punkteeintrag gewollt ist, wenn eine Verfolgung des Verstoßes auch bei der Beförderung von nicht gefährlichen Gütern zu einem Bußgeld nach der StVO für den Verlader führen würde.

Die Pflicht des Beförderers zur Ausrüstung der Fahrzeuge mit Ladungssicherungsmitteln entspricht der Verpflichtung des Halters in der StVO und ein entsprechender Verstoß wurde insofern in die Anlage 13 zu § 40 FeV aufgenommen.

<u>Datenübermittlung an das Kraftfahrt-Bundesamt (KBA)</u>

Anhand der den Tatbeständen zugeordneten Tatbestandsnummern erfolgt die Übermittlung der Entscheidungen wegen Ordnungswidrigkeiten an das FAER durch die für die Ahndung von Zuwiderhandlungen gegen gefahrgutrechtliche Bestimmungen zuständige Bußgeldbehörde.

Grundlage für die Datenübermittlung ist die Allgemeine Verwaltungsvorschrift zur Datenübermittlung mit dem Verkehrszentralregister (VwV-VZR) vom 16. August 2000 (BAnz. S. 17269). Hiernach hat die Datenübermittlung auf elektronischem Wege zu erfolgen. Die Art der Übermittlung der Daten (Aufbau und Inhalt der Datensätze) ist in den aufgrund dieser VwV festgelegten Standards für die Übermittlung von Mitteilungen an das Verkehrszentralregister (SDÜ-VZR-MIT, BAnz Nr. 188a v. 09.10.2002 S. 23221; VkBl. 2002 Heft 16 S. 529 ff) geregelt. Die Standards stehen auf der Internetseite des KBA (www.kba.de) zur Verfügung.

Gegenüberstellung der in der Anlage 13 zum § 40 FeV enthaltenen Parallelverstöße nach der GGVSEB und der StVO/StVZO

TBNR	Verstöße gegen die Vorschriften der GGVSEB	TBNR	Verstöße gegen die Vorschriften der StVO/StVZO
529500	Nr. 3.6.1 der Anlage 13 FeV		Nr. 3.2.14 bzw. 3.5.2 der Anlage 13 FeV in Verbindung mit BKatV
529506	Als tatsächlicher Verlader Versandstücke, die gefährliche Güter enthalten, und unverpackte gefährliche Gegenstände nicht durch geeignete Mittel sichert, die in der Lage sind, die Güter im Fahrzeug oder Container zurückzuhalten, sowie, wenn gefährliche Güter zusammen mit anderen Gütern befördert werden, nicht alle Güter in den Fahrzeugen oder Containern so sichert oder verpackt, dass das Austreten gefährlicher Güter verhindert wird. (Unterabschnitt 7.5.7.1 ADR i.V.m. § 37 Abs. 1 Nr. 21 Buchstabe a GGVSEB (lfd. Nr. 115.3 RSEB))		102.1 Wer die Ladung oder Ladeeinrichtung nicht so verstaut oder sichert, dass sie selbst bei Vollbremsung oder plötzlicher Ausweichbewegung nicht verrutschen, umfallen, hin- und herrollen oder herabfallen können 102.1.1 bei Lastkraftwagen oder Kraftomnibussen bzw. ihren Anhängern – mit Gefährdung 102.2.1 bei anderen als in Nummer 102.1.1 genannten Kraftfahrzeugen bzw. ihren Anhängern – mit Gefährdung (§ 22 Abs. 1 StVO)
529512 **529518**	Als Fahrzeugführer Versandstücke, die gefährliche Güter enthalten, und unverpackte gefährliche Gegenstände nicht durch geeignete Mittel sichert, die in der Lage sind, die Güter im Fahrzeug oder Container zurückzuhalten, sowie, wenn gefährliche Güter zusammen mit anderen Gütern befördert werden, nicht alle Güter in den Fahrzeugen oder Containern so sichert oder verpackt, dass das Austreten gefährlicher Güter verhindert wird. (Unterabschnitt 7.5.7.1 ADR i.V.m. § 37 Abs. 1 Nr. 21 Buchstabe a GGVSEB (lfd. Nr. 238.3 RSEB))		
519500	Als Beförderer und in der Funktion als Halter des Fahrzeuges entgegen § 19 Abs. 2 Nr. 15 GGVSEB dem Fahrzeugführer die erforderliche Ausrüstung zur Durchführung der Ladungssicherung nicht übergeben. (Unterabschnitt 7.5.7.1 ADR i.V.m. § 37 Abs. 1 Nr. 6 Buchstabe o GGVSEB (lfd. Nr. 48 RSEB))		189.3 Als Halter die Inbetriebnahme eines Fahrzeugs oder Zuges angeordnet oder zugelassen, obwohl die Verkehrssicherheit des Fahrzeugs oder des Zuges durch die Ladung oder die Besetzung wesentlich litt. 189.3.1 bei Lastkraftwagen oder Kraftomnibussen bzw. ihren Anhängern 189.3.2 bei anderen als in Nummer 189.3.1 genannten Fahrzeugen (§ 31 Abs. 2 StVZO)

Anlage 8

Muster-Rahmenlehrpläne für die Aus- und Fortbildung von Gefahrgutkontrollpersonal für Länder- und Bundesbehörden

Anlage 8/1

Einheitlicher Muster-Rahmenlehrplan gemäß Abschnitt 1.8.1 ADR/RID allgemein

1. Vorwort

Bei der Beförderung gefährlicher Güter auf Straße und Schiene handelt es sich um eine besonders sensible und komplexe Materie. Die Regelungen unterliegen ständigen Änderungen durch die UN-Modellvorschriften sowie durch die Europäischen Übereinkommen über die internationale Beförderung gefährlicher Güter auf der Straße (ADR) und über die internationale Eisenbahnbeförderung gefährlicher Güter (RID).

Nicht nur der Gefahrguttransport selbst, sondern auch die behördlichen Gefahrgutkontrollen und ihre Ergebnisse stehen immer öfter im Blickpunkt der Öffentlichkeit. Von den Betroffenen werden einheitliche und qualitativ hochwertige Kontrollen erwartet. Entscheidungen der Kontrollbehörden sind vor Gericht überprüfbar.

2. Ziele

Zur Steigerung der Effizienz und der Einheitlichkeit von Gefahrgutkontrollen ist es erforderlich, für die Aus- und Fortbildung des Kontrollpersonals eine gemeinsame Grundlage zu schaffen. Einheitliche Gefahrgutkontrollen sind kein Selbstzweck, sondern dienen der Einhaltung der Gefahrgutvorschriften und erhöhen die Sicherheit. Die Teilnehmer einer Schulung sollen nach Abschluss in der Lage sein, selbständig Gefahrgutkontrollen bei den Verkehrsträgern Straße und/oder Schiene durchzuführen und die notwendigen Maßnahmen zu treffen.

3. Zielgruppen

Der Rahmenlehrplan richtet sich an die Entscheidungsträger für die Aus- und Fortbildung.

1. Zielgruppe der Ausbildung ist das Kontrollpersonal, welches bisher in der Regel keine Erfahrungen in der Durchführung von Gefahrgutkontrollen hat.
2. Zielgruppe der Fortbildung ist das Kontrollpersonal, welches bisher bereits bei der Durchführung von Gefahrgutkontrollen eingesetzt wird.

Im Sinne einer ganzheitlichen Kontrolle wird empfohlen, dass die Schulungsteilnehmer über einschlägige Kenntnisse auch in anderen vorkommenden Rechtsbereichen (z.B. Straßenverkehrs- bzw. Eisenbahnrecht) verfügen.

4. Rahmenlehrplan

1. Der Rahmenlehrplan für die Ausbildung des Kontrollpersonals trägt Empfehlungscharakter. Er ist unter praktischen und anwenderbezogenen Aspekten gegliedert und nach einem Bausteinsystem aufgebaut. Er enthält die Mindestanforderungen an Wissensstoff, der für die Durchführung von behördlichen Gefahrgutkontrollen erforderlich ist.

   Die Lehr- und Lerninhalte können in Einzelmodule unterteilt werden. Die Lerninhalte sind durch eine zeitnahe praktische Aus- und Fortbildung zu ergänzen.

   Der Rahmenlehrplan enthält derzeit keine besonderen Bausteine für die Durchführung von Gefahrgutkontrollen für die Klasse 1 und 7. Für diese Themenbereiche sowie bei aktuellen Rechtsänderungen sind zusätzliche Aufbau- und Auffrischungskurse erforderlich. Für den Bereich Klasse 7 ist mit der Anlage 8/2 ein Rahmenlehrplan vorgegeben. Für den Aufbaukurs Klasse 1 werden 8 Unterrichtseinheiten empfohlen (zusätzlich sind Unterrichtseinheiten für die Vorschriften des Sprengstoffrechts einzuplanen).
2. Für die Fortbildung des Kontrollpersonals wird kein festgelegter Rahmenlehrplan vorgegeben. Die Inhalte der Fortbildung sind den Erfordernissen bzgl. neuer Techniken, aktuellen Rechtsänderungen und Erkenntnissen aus den eigenen Kontrollen anzupassen.

   Kleinere Rechtsänderungen mit einem Umfang bis 5 Unterrichtseinheiten können auch durch elektronische Medien vermittelt werden.

5. Grundsätze

1. Die Themen sind durch zentrale Veranstaltungen von fachlich qualifizierten Personen zu unterrichten.
2. Diese müssen umfangreiche gefahrgutspezifische Kenntnisse besitzen und mindestens über eine pädagogische Grundausbildung verfügen.
3. Die Anzahl der Teilnehmer soll möglichst auf 16 Seminarteilnehmer begrenzt werden.
4. Jedem Teilnehmer sind die aktuellen Rechtsvorschriften zur Verfügung zu stellen.
5. Es wird empfohlen, den Vortragsanteil auf höchstens 5 Unterrichtseinheiten je Unterrichtstag zu beschränken.
6. Bereits bei anderen Lehr-/Lernschwerpunkten behandelte Inhalte können verkürzt oder als Wiederholungsinhalte unterrichtet werden.
7. Die erfolgreiche Vermittlung der Lehrinhalte soll durch Lernzielkontrollen überprüft werden.
8. Die Teilnehmer erhalten nach Abschluss des Seminars eine Bescheinigung über die Teilnahme.

6. Zeitansätze

1. Der Zeitansatz für die Ausbildung des Kontrollpersonals von rund 100 Unterrichtseinheiten (einschließlich des Praxistages) für den Gesamtlehrplan beruht auf Erfahrungswerten und kann individuell an die Bedürfnisse der Teilnehmer angepasst werden.
2. Der Zeitansatz für die regelmäßige Fortbildung des Kontrollpersonals ergibt sich jeweils aus dem Schulungsbedarf aufgrund neuer Techniken, aktuellen Rechtsänderungen und Erkenntnissen aus den eigenen Kontrollen sowie dem vorhandenen Wissensstand des Kontrollpersonals. Er sollte durchschnittlich 8 Unterrichtseinheiten pro Jahr nicht unterschreiten.

7. Übersicht der Lehr-/Lernschwerpunkte

		Unterrichtseinheiten
1.	Einführung	1
2.	Bestimmungen des Gefahrgutbeförderungsgesetzes	2
3.	Bestimmungen der GGVSEB	5
4.	Bestimmungen des Gesetzes zum ADR Bestimmungen des Übereinkommens zum COTIF	1
5.	Europäisches Übereinkommen über die internationale Beförderung gefährlicher Güter auf der Straße (ADR) Ordnung über die internationale Eisenbahnbeförderung gefährlicher Güter (RID)	2
6.	Gefahreneigenschaften und Klassifizierung	4
7.	Relevante Begriffsbestimmungen und Definitionen	1
8.	Allgemeine Sicherheitspflichten	1
9.	Begleitpapiere nach Gefahrgutvorschriften	8
10.	Beförderungsarten	1
11.	Beförderung in Versandstücken	20
12.	Beförderung in Tanks	12
13.	Beförderung in loser Schüttung	8
14.	Beförderung nach Vorschriften anderer Verkehrsträger	1
15.	Freistellungen	8
16.	Übergangsvorschriften	1
17.	Ausnahmen	4
18.	RSEB und sonstige Vollzugshinweise	1
19.	Sicherheitsberater/Gefahrgutbeauftragter	3
20.	Unterweisung von Personen/Schulungsverpflichtung	1
21.	Besondere Verfahren für Konformitätsbewertungen und Prüfungen	1
22.	Ermittlung des Verantwortlichen, Verfolgung und Ahndung	4
23.	Kontrollablauf	5
24.	Praktische Ausbildungskontrolle	7
25.	Lernzielkontrolle	2
	Gesamtzahl der Unterrichtseinheiten	**104**

8. Erläuterung zu den Spalten des Muster-Rahmenlehrplanes

1. Lehr-/Lernschwerpunkt

   Die Spalte 1 stellt die Lern-/Lehrschwerpunkte dar. Sie gibt keine für den Unterrichtsaufbau verbindliche Reihenfolge vor.

2. Lehr- / Lerninhalte

   Hier werden alle verbindlich zu unterrichtenden Inhalte unter Bezug auf die einschlägigen Rechtsvorschriften aufgeführt.

3. S/E
   Bedeutung „S" = Straße, „E" = Eisenbahn

   Der Rahmenlehrplan ist auf die Verkehrsträger Straße und Eisenbahn abgestellt und kann bei Bedarf spezifisch angewendet werden. Spalten ohne Eintrag sind für beide Verkehrsträger gültig.

4. Lehr- / Lernmethode

   Diese ist von dem Vortragenden auf Besonderheiten der Seminargruppe abzustimmen. Da der Lehrplan sich an pädagogisch vorgebildete Lehrkräfte wendet, wird auf eine Erläuterung der einzelnen Methoden (z.B. Vortrag, Einzelarbeit, Gruppenarbeit, Sachverhaltslösungen, erarbeitender Unterricht, Verwendung von Medien) verzichtet.

5. Stufe

   Für die Festlegung der Tiefe der Schulung sind folgende Intensitätsstufen zu unterscheiden:

   Stufe I: Kennen lernen und Wiedergeben (Reproduktion)

   Stufe II: Ordnen und Verstehen (Reorganisation)

   Stufe III: Anwenden und Umsetzen (Transfer)

   Stufe IV: Problemlösen (Analyse, Synthese, Beurteilung)

6. UE (Unterrichtseinheit)

   Eine UE wird mit 45 Minuten angesetzt.

7. Hinweise

   Diese enthalten sowohl Anregungen zur weiteren Feingliederung der Lehrinhalte als auch zusätzliche Differenzierungen zur Intensität der Themenbehandlung.

Lehr-/ Lernschwerpunkt	Lehr-/Lerninhalte	S/E	Lehr-/ Lernmethode	Stu-fe	UE	Hinweise
1 Einführung	Überblick über Entstehung und Entwicklung der Gefahrgutvorschriften Internationale und nationale Organisationen wie UNO, IMO, IAEA, UNECE, ZRK, ADN-Sicherheitsausschuss, ECE/WP.15, OTIF, RID-Fachausschuss, GT Internationale und nationale Regelwerke wie UN-Modellvorschriften, ADR, RID, ADR-AusnV (Multilaterale Vereinbarungen), RID-AusnV (Multilaterale Sondervereinbarungen), IMDG-Code, ADN, ICAO-TI, EU-Richtlinien, Gesetz zum ADR, GGBefG, GGVSEB, GGVSee, GGAV, GGKontrollV, GbV, GGKostV, RSEB, Technische Richtlinien, ODV		Vortrag medienunterstützt	I	1	Insbesondere EU-Richtlinie 2008/68/EG (in der jeweils aktuellen Fassung)
2 Bestimmungen des Gefahrgutbeförderungsgesetzes	GGBefG Überblick über die §§ 1 bis 12 § 1 Geltungsbereich § 2 Begriffsbestimmungen		Vortrag medienunterstützt	IV	2	§ 2 Begriffsbestimmungen: vertieft behandeln (siehe amtliche Begründung)
	§ 3 Ermächtigungen § 5 Zuständigkeiten § 6 Allgemeine Ausnahmen § 7 Sofortmaßnahmen					zu § 7 ggf. aktuelle Sofortmaßnahme-VO nennen
	§ 8 Maßnahmen der zuständigen Behörden (Sicherungsmaßnahmen, Zurückweisung von Gefahrguttransporten)					§§ 8 und 9: Ermächtigungsgrundlagen für Kontrollen darstellen (Verweis auf Zuständigkeiten gem. §§ 6 - 16 GGVSEB) Länderzuständigkeiten, GüKG
	§ 9 Überwachung					§§ 8 und 9: Ermächtigungsgrundlagen für Kontrollen darstellen (Verweis auf Zuständigkeiten gem. §§ 6 - 16 GGVSEB)
	§ 9a Amtshilfe und Datenschutz § 10 Ordnungswidrigkeiten					§ 10 Ordnungswidrigkeiten: 1. eigenständige Bußgeldnormen nach Abs. 1 Nr. 2 bis 5 2. Zusammenhang mit §§ 17 - 35 und 37 GGVSEB 3. Hinweis auf Verjährungsfrist
	§ 11 Strafvorschriften					Konkurrenz § 11 GGBefG zum § 328 StGB ansprechen
	§ 12 Kosten					GGKostV

Lehr-/ Lernschwerpunkt	Lehr-/Lerninhalte		S/E	Lehr-/ Lernmethode	Stu-fe	UE	Hinweise
3 Bestimmungen der GGVSEB	GGVSEB mit Hinweis auf Erläuterungen in der RSEB Überblick über §§ 1 bis 38 und Anlage 2			Vortrag	IV	5	
	§ 1 Geltungsbereich						§ 1 als Bindeglied zwischen GGBefG und Gesetz zum ADR/COTIF im Hinblick auf die Rechtmäßigkeit der Überwachungsmaßnahmen darstellen
	§ 2 Begriffsbestimmungen						§ 2 Begriffsbestimmungen können ggf. in dem Schwerpunkt „Begriffsbestimmungen und Definitionen" zusammen mit den Begriffsbestimmungen des GGBefG und des ADR/RID behandelt werden
	§ 3 Zulassung zur Beförderung						
	§ 4 Allgemeine Sicherheitspflichten						Hinweis auf § 37
	§ 5 Ausnahmen						Nach § 5 Abs. 7 auch für die Ressorts des Innern, der Justiz und der Finanzen möglich
	§§ 6 - 16 Zuständigkeiten						
	§§ 17 - 34a Pflichten						vertiefte Behandlung unter Verantwortlichkeiten
	§ 35	Verlagerung					Zu § 35 ff. und Hinweis auf § 37
	§ 35a	Fahrweg im Straßenverkehr					eingangs nur Hinweis: § 35 ff. sollte als Einzelthema mit mind. 2 UE in der zweiten Seminarwoche behandelt werden
	§ 35b	Gefährliche Güter, für deren Beförderung die §§ 35 und 35a gelten					
	§ 35c	Ausnahmen zu den §§ 35 und 35a					
	§ 36 Prüffrist für Feuerlöschgeräte		S				
	§ 36a	Beförderung gefährlicher Güter als behördliche Asservate					
	§ 37 Ordnungswidrigkeiten						vertiefte Behandlung der Verantwortlichkeiten Hinweis auf Anlage 7 RSEB (Buß- und Verwarnungsgeldkatalog)
	§ 38 Übergangsbestimmungen						
	Anlage 2 Anwendbarkeit der Anlagen im nationalen/internationalen Verkehr						zu Anlage 2 (Überblick) materielle Einzelregelungen der Anlage 2 sind bei den speziellen Themenbereichen des ADR/RID jeweils anzusprechen

Lehr-/ Lernschwerpunkt	Lehr-/Lerninhalte	S/E	Lehr-/ Lernmethode	Stu-fe	UE	Hinweise
4 Bestimmungen des Gesetzes zum ADR	Europäisches Übereinkommen über die internationale Beförderung gefährlicher Güter auf der Straße (ADR)	S	Vortrag medienunterstützt	IV	1	Artikel des Übereinkommens kurz besprechen und Bezug zu entsprechenden Bestimmungen des GGBefG herstellen Hinweis auf die Möglichkeit von Multilateralen Vereinbarungen geben (Art. 4 Nr. 3 des Übereinkommens) Artikel 2 des Gesetzes zum ADR als Schnittstelle zur GGVSEB
Bestimmungen des Übereinkommens zum COTIF	Übereinkommen über den internationalen Eisenbahnverkehr (COTIF) Anhang B (CIM) Anhang C (RID) Gesetz zum Überkommen über den internationalen Eisenbahnverkehr (COTIF)	E				Zwischenstaatliche Organisation für den internationalen Eisenbahnverkehr (OTIF) CIM: Artikel 6 Beförderungsvertrag Artikel 7 Inhalt des Frachtbriefes
5 Europäisches Übereinkommen über die internationale Beförderung gefährlicher Güter auf der Straße (ADR) Ordnung über die internationale Eisenbahnbeförderung gefährlicher Güter (RID)	Aufbau und Systematik Überblick über die Teile 1 bis 9 ADR und Teile 1 bis 7 RID		Vortrag	III	2	Systematik und Gliederung der einzelnen Teile darstellen Inhaltsverzeichnis als Hilfsmittel verwenden Beförderungsvorgang vom Absender bis zum Empfänger (Teile 1 bis 9) darstellen Systematik der Tabelle A
	Teil 1 Allgemeine Vorschriften					
	Teil 2 Klassifizierung					
	Teil 3 Verzeichnis der gefährlichen Güter, Sondervorschriften und Freistellungen im Zusammenhang mit begrenzten und freigestellten Mengen					
	Teil 4 Vorschriften für die Verwendung von Verpackungen und Tanks					
	Teil 5 Vorschriften für den Versand					
	Teil 6 Bau- und Prüfvorschriften für Verpackungen, Großpackmittel (IBC), Großverpackungen und Tanks					(nur „S“: Auf Besonderheiten des Kap. 6.12 (MEMU) eingehen.) 2010/35/EG (TPED) und ODV
	Teil 7 Vorschriften für die Beförderung, die Be- und Entladung und die Handhabung					
	Teil 8 Vorschriften für die Fahrzeugbesatzungen, die Ausrüstung, den Betrieb der Fahrzeuge und die Dokumentation	S				
	Teil 9 Vorschriften für den Bau und die Zulassung der Fahrzeuge	S				

Lehr-/ Lernschwerpunkt	Lehr-/Lerninhalte	S/E	Lehr-/ Lernmethode	Stu-fe	UE	Hinweise
6 Gefahreneigenschaften und Klassifizierung	Teil 2 ADR/RID – Klassifizierung		Experimentalvortrag AV-Medien Video Gefahrgutversuche zur Klasseneinteilung	II	4	
	2.1 - Allgemeine Vorschriften – Einteilung in Klassen 1 bis 9 – Grundsätze der Klassifizierung – Anwendung der Tabelle der überwiegenden Gefahr (Unterabschnitt 2.1.3.10)					Sicherheitsdatenblatt vorstellen
	2.2 - Besondere Vorschriften für die einzelnen Klassen – Kriterien der einzelnen Klassen (Eigenschaften und Klassifizierungscodes) – Unterklassen (Klasse 1) – Klassifizierungsdokumentation (Klasse 1) – nicht zur Beförderung zugelassene Stoffe – Verzeichnis der Sammeleintragungen (Entscheidungsbäume)					Klassifizierungscode für die Anwendung erläutern
7 Relevante Begriffsbestimmungen und Definitionen	1.2 ADR/RID § 2 GGVSEB		Vortrag	II	1	nationale Unterschiede zu § 2 GGVSEB darstellen
8 Allgemeine Sicherheitspflichten/ Sicherheitsvorsorge Sicherung	Abschnitt 1.4.1 ADR/RID § 4 GGVSEB 1.10 ADR/RID Vorschriften für die Sicherung		Vortrag	II	1	VCI-Leitfaden beachten (siehe RSEB)
9 Begleitpapiere nach Gefahrgutvorschriften	– Abschnitt 8.1.2 ADR/RID		Vortrag Gruppenarbeit	IV	8	
	– Relevante Papiere (GGVSEB/ADR/RID)		Präsentation von Musterpapieren			
	– Beförderungspapier (Abschnitt 5.4.1 ADR/RID)					Hinweis auf § 36a GGVSEB
	– Container-/Fahrzeugpackzertifikat (Abschnitt 5.4.2 ADR/RID)					Hinweis auf IMDG-Code
	– Schriftliche Weisungen (Abschnitt 5.4.3 ADR/RID)					
	– Dokumente mit Angaben über begaste Güterbeförderungseinheiten (CTU) (Unterabschnitt 5.5.2.4 ADR/RID					
	– Dokumente im Zusammenhang mit der Beförderung von Fahrzeugen/Wagen oder Containern, die gekühlt oder konditioniert und vor der Beförderung nicht vollständig belüftet wurden, (Unterabschnitt 5.5.3.7.1 ADR/RID)					
	– ADR-Schulungsbescheinigung (Abschnitt 8.2.1 ADR)	S				
	– Lichtbildausweis Abschnitt 8.1.2 und Kapitel 1.10					
	– Zulassungsbescheinigung (Abschnitt 9.1.1 / 9.1.2 ADR)	S				
	– Verlagerung und Fahrweg im Straßenverkehr (§§ 35 und 35a GGVSEB) – Fahrwegbestimmung – Bescheinigung EBA/ GDWS	S				Hinweis auf Eintragung im Beförderungspapier nach § 35 Abs.2 Satz 2 GGVSEB

Lehr-/ Lernschwerpunkt	Lehr-/Lerninhalte	S/E	Lehr-/ Lernmethode	Stu-fe	UE	Hinweise
	– Ausnahmen (§ 5 GGVSEB, GGAV) – Zeitweilige Abweichungen (1.5 ADR/RID) – Transportgenehmigung ADR/RID (5.4.1.2.1 c), 5.4.1.2.3.3, 2.2.41.1.13, 2.2.52.1.8) – Sonstige Unterlagen					Überblick über die nach anderen Rechtsvorschriften vorgeschriebenen Unterlagen: z.B. Abfallbegleitschein, Sprengstoffbefähigungsschein, siehe auch RSEB
10 Beförderungsarten	– Versandstücke – Lose Schüttung – Tanks		Vortrag Bilder	II	1	Begriffsbestimmungen erläutern Unterschiede und Gemeinsamkeiten der materiellen Einzelfallregelungen bei der jeweiligen Beförderungsart vertiefen (z.B. Abgrenzung IBC - Tankcontainer, Anwendbarkeit 1.1.3.6, Schulungsbescheinigung)
11 Beförderung in Versandstücken	Begriffsbestimmungen in 1.2.1 Inhalte der Tabelle A Spalten 4, 7 bis 9b im Zusammenhang mit Versandstücken Spalte 6 – Sondervorschriften in Kapitel 3.3 im Zusammenhang mit Verpackungen 4.1 Verwendungsvorschriften Allgemeine Grundsätze für Verpackungen in 4.1.1 bis 4.1.3 Spalten 8 und 9a – System der Verpackungsanweisungen 4.1.4 Sondervorschriften in 4.1.5 bis 4.1.9 Spalte 9b – Sondervorschriften für die Zusammenpackung 4.1.10		Vortrag Gruppenarbeit Einzelne Verpackungen anhand von Mustern/Bildern zeigen	IV	20	auf Besonderheiten der Klassen 1 und 7 nur hinweisen
	6.1 bis 6.6 Bau- und Prüfvorschriften		Video			Zuständige Behörden gemäß §§ 6 - 16 GGVSEB benennen Codierung erläutern auf Prüfbericht hinweisen
	5.1 Allgemeine Grundsätze für den Versand von Gefahrgut					Kennzeichnung und Bezettelung von Umverpackungen bei Behandlung von Kapitel 5.2 erläutern
	5.2 Kennzeichnung und Bezettelung		Video Bilder			Hinweis auf Kennzeichnung und Bezettelung von Umverpackungen (5.1.2.1)
	Zusätzliche Vorschriften in 5.2.1.5 bis 5.2.1.10 und 5.2.2.1.9 bis 5.2.2.1.11 Spalte 6 i.V.m. SV nach 3.3 für Kennzeichnung durch Gefahrzettel					
	5.3 Anbringen von Großzetteln (Placards), orangefarbenen Kennzeichnungen und Kennzeichen an Containern, Fahrzeugen und Wagen					Besonderheiten der Wechselbehälter erläutern (nur für S)

14

Lehr-/ Lernschwerpunkt	Lehr-/Lerninhalte	S/E	Lehr-/ Lernmethode	Stu-fe	UE	Hinweise
	5.4 Dokumentation					Inhalt des Abschnittes „Begleitpapiere nach Gefahrgutvorschriften“ wiederholen
	5.5 Sondervorschriften – für begaste Güterbeförderungseinheiten (CTU) – für Versandstücke, Fahrzeuge/Wagen und Container mit Stoffen, die bei der Verwendung zu Kühl- oder Konditionierungszwecken eine Erstickungsgefahr darstellen können					
	7.1 Allgemeine Vorschriften		Gruppenarbeit			nur allgemeine Hinweise zu Teil 7 CSC-übereinkommen erläutern
	7.2 Vorschriften für die Beförderung in Versandstücken					
	7.5 Vorschriften für die Be- und Entladung und für die Handhabung					Empfehlung: das Thema „Ladungs-sicherung“ in einem besonderen Seminar vertiefen Besonderheiten im Eisenbahnverkehr beachten (Schutz-abstände)
	7.6 Vorschriften für den Versand als Expressgut	E				i.V.m. Unterabschnitt 1.1.2.2 RID
	7.7 Huckepackverkehr in gemischten Zügen (kombinierter Personen- und Güterverkehr)	E				i. V. m. Unterabschnitt 1.1.4.4 RID
	8.1 Allgemeine Vorschriften für die Beför-derungseinheiten und das Bordgerät	S				auf nationale Rege-lungen in Anlage 2 zur GGVSEB hinweisen: Überwachung der Fahrzeuge und Con-tainer
	8.2 Vorschriften für die Ausbildung der Fahrzeugbesatzung	S				
	8.3 Verschiedene von der Fahrzeugbesat-zung zu beachtende Vorschriften	S				
	8.4 Vorschriften für die Überwachung der Fahrzeuge	S				
	8.5 Zusätzliche Vorschriften für besondere Klassen oder Güter	S				
	8.6 Straßentunnelbeschränkungen für die Durchfahrt von Fahrzeugen mit gefährlichen Gütern					
	Teil 9 ADR – Vorschriften für den Bau und die Zulassung der Fahrzeuge	S				auf Besonderheiten für die Klassen 4.1 und 5.2 hinweisen
	9.1 Allgemeine Vorschriften und Vorschriften für die Zulassung von Fahrzeugen	S				Kapitel 7.2 und 7.5 bei Kapitel 9.3 und 9.6 erläutern
	9.2 Vorschriften für den Bau von Fahrzeugen	S				
	9.3 Ergänzende Vorschriften für EX/II-/ EX/III-Fahrzeuge	S				
	9.4 Ergänzende Vorschriften der Aufbauten vollständiger oder vervollständigter Fahrzeuge	S				
	9.6 Ergänzende Vorschriften für vollständige oder vervollständigte Fahrzeuge zur Beför-derung von Stoffen unter Temperaturkontrolle	S				

Lehr-/ Lernschwerpunkt	Lehr-/Lerninhalte	S/E	Lehr-/ Lernmethode	Stu-fe	UE	Hinweise
12 Beförderung in Tanks	Begriffsbestimmungen in 1.2.1		Darstellung der Tankbauarten anhand von AV-Medien Vortrag Einzel-/Gruppen-arbeit	IV	12	Unterscheidungsmerkmale zwischen Tankcontainer und ortsbeweglichem Tank sowie die Abgrenzung zu IBC darstellen
	4.2 bis 4.5 Verwendungsvorschriften für Tanks Inhalte der Tabelle A Spalten 10 bis 14					Abgrenzung zu MEMU (4.7) Anwendung der Tankcodierung und der Tankhierarchie vertieft darstellen Zusammenhänge mit den Sondervorschriften erläutern im Eisenbahnverkehr besonders beachten: • Füllungsgrad berechnen (4.3.2.2) • Betrieb (4.3.2.3) • Kontrollvorschriften für Flüssiggas-Kesselwagen (4.3.3.4) • Bestimmung der Haltezeit (4.3.3.5)
	6.7 bis 6.12 Bau- und Prüfvorschriften					Zuständige Behörden gemäß GGVSEB benennen Schwerpunkte: • Ausrüstung (6.8.2.2) • Prüfungen (6.8.2.4) • Kennzeichnung (6.8.2.5) • Sondervorschriften (6.8.4) • Besonderheiten Klasse 2 (6.8.3) • Besonderheiten Kap. 6.7 Besonderheiten Saug-Druck-Tanks (6.10) i.V.m. GGAV Nr. 22 (S, E) darstellen Kapitel 6.9 nur im Überblick darstellen
	5.1 Allgemeine Grundsätze für den Versand von Gefahrgut					
	5.3 Anbringen von Großzetteln (Placards), orangefarbene Kennzeichnung und Kennzeichen an Tanks, Fahrzeugen/Wagen und Containern					Abweichungen zwischen Eisenbahn- und Straßenverkehr darstellen
	5.4 Dokumentation					Abweichungen zwischen Eisenbahn- und Straßenverkehr darstellen Inhalt des Abschnittes „Begleitpapiere nach Gefahrgutvorschriften" wiederholen
	7.1 Allgemeine Vorschriften					nur allgemeine Hinweise zu Teil 7
	7.4 Vorschriften für die Beförderung in Tanks (Spalte 14)	S				

14

Lehr-/ Lernschwerpunkt	Lehr-/Lerninhalte	S/E	Lehr-/ Lernmethode	Stu-fe	UE	Hinweise
	7.5 Vorschriften für die Be- und Entladung und die Handhabung					die relevanten Regelungen darstellen (7.5.1, 7.5.5.3, 7.5.10)
	Vorschriften für die Beförderungsausrüstung und die Durchführung der Beförderung	S				Anlage 2 GGVSEB
	8.1 Allgemeine Vorschriften für die Beförderungseinheiten und das Bordgerät					
	8.2 Vorschriften für die Ausbildung der Fahrzeugbesatzung	S				
	8.3 Verschiedene von der Fahrzeugbesatzung zu beachtende Vorschriften	S				
	8.4 Vorschriften für die Überwachung der Fahrzeuge	S				
	8.5 Zusätzliche Vorschriften für besondere Klassen oder Güter	S				Anlage 2 GGVSEB
	8.6 Straßentunnelbeschränkungen für die Durchfahrt von Fahrzeugen mit gefährlichen Gütern	S				
	9.1 Allgemeine Vorschriften für die Zulassung von Fahrzeugen	S				
	9.2 Vorschriften für den Bau von Fahrzeugen	S				Anwendung aller Tank- und Fahrzeugvorschriften (Teil 9)
	9.7 Ergänzende Vorschriften für Tankfahrzeuge	S				
13 Beförderung in loser Schüttung	Begriffsbestimmungen in 1.2.1		Fahrzeuge anhand von AV-Medien zeigen Vortrag Einzel-/Gruppenarbeit	IV	8	für die Anwendung der Tankvorschriften Regelungen in der RSEB erläutern Verknüpfung zu Kapitel 7.3 herstellen
	Inhalte der Tabelle A Spalten 10 und 17 im Zusammenhang mit Beförderung in loser Schüttung (Kapitel 7.3)	S				Abgrenzung von Beförderung in loser Schüttung (Tab A Sp. 17) zu Beförderung fester Stoffe in Tanks (Tab A Sp. 14) nach Kap. 4.3 und 6.8
	5.1 Allgemeine Grundsätze für den Versand von Gefahrgut					
	5.3 Anbringen von Großzetteln (Placards), orangefarbene Kennzeichnung und Kennzeichen an Containern, Fahrzeugen und Wagen für die Beförderung in loser Schüttung					
	5.4 Dokumentation					Besonderheiten im Eisenbahnverkehr darstellen Inhalt des Abschnittes „Begleitpapiere nach Gefahrgutvorschriften" wiederholen
	6.11 Vorschriften für Auslegung, Bau und Prüfung von Schüttgut-Containern					
	7.1 Allgemeine Vorschriften					nur allgemeine Hinweise zu Teil 7 Hinweis: CSC Übereinkommen erläutern
	7.3 Beförderung in loser Schüttung					Sondervorschriften VC und AP
	7.5 Vorschriften für die Be- und Entladung und die Handhabung					

Lehr-/ Lernschwerpunkt	Lehr-/Lerninhalte	S/E	Lehr-/ Lernmethode	Stu-fe	UE	Hinweise
	8 Vorschriften für die Beförderungsausrüstung und die Durchführung der Beförderung	S				Anlage 2 GGVSEB Hinweis auf § 36 GGVSEB
	8.1 Allgemeine Vorschriften für die Beförderungseinheiten und das Bordgerät					
	8.2 Vorschriften für die Ausbildung der Fahrzeugbesatzung	S				
	8.3 Verschiedene von der Fahrzeugbesatzung zu beachtende Vorschriften	S				Anlage 2 GGVSEB
	8.4 Vorschriften für die Überwachung der Fahrzeuge	S				
	8.5 Zusätzliche Vorschriften für besondere Klassen oder Güter	S				
	8.6 Straßentunnelbeschränkungen für die Durchfahrt von Fahrzeugen mit gefährlichen Gütern	S				
	9.1 Allgemeine Vorschriften und Vorschriften für die Zulassung von Fahrzeugen	S				
	9.2 Vorschriften für den Bau von Basisfahrzeugen	S				bei 9.2.1 Satz 2 ansprechen
	9.5 Herstellung von Aufbauten vollständiger oder vervollständigter Fahrzeuge	S				
14 Beförderung nach Vorschriften anderer Verkehrsträger	1.1.4.2 Beförderung in einer Transportkette, die eine See- oder Luftbeförderung einschließt			IV	1	
	1.1.4.3 Verwendung der für den Seeverkehr zugelassenen ortsbeweglichen Tanks des IMO-Typs					
	1.1.4.4 Huckepackverkehr	E				
15 Freistellungen	ADR/RID Teil 1		Vortrag, Gruppenarbeit erarbeitender Unterricht	IV	8	Freistellungen mit der Anwendung des Gefahrgutrechtes verknüpfen
	1.1.3.1 Art der Beförderungsdurchführung					Bemerkungen (z.B. 2.2.62.1.1) und Fußnoten (z.B. 2.2.43.2) beachten
	1.1.3.2 Beförderung von Gasen					
	1.1.3.3 Beförderung von flüssigen Brennstoffen					
	1.1.3.4 Sondervorschriften oder mit in begrenzten oder freigestellten Mengen verpackten gefährlichen Gütern					
	3.3 Sondervorschriften					Konkurrenzen zu Freistellungen ansprechen
	3.4 Beförderung von in begrenzten Mengen verpackten gefährlichen Gütern					
	3.5 Beförderung von in freigestellten Mengen verpackten gefährlichen Gütern					
	1.1.3.5 Ungereinigte leere Verpackungen					
	1.1.3.6 Mengen je Beförderungseinheit					
	1.1.3.7 Freistellung in Zusammenhang mit der Beförderung von Einrichtungen zur Speicherung und Erzeugung elektrischer Energie					u.a. für Lithiumbatterien

Lehr-/ Lernschwerpunkt	Lehr-/Lerninhalte	S/E	Lehr-/ Lernmethode	Stu-fe	UE	Hinweise
	1.1.3.8 Anwendung von Freistellung bei Beförderung gefährlicher Güter als Handgepäck, Reisegepäck oder in oder auf Fahrzeugen 1.1.3.9 Freistellungen in Zusammenhang mit gefährlichen Gütern, die während der Beförderung als Kühl- oder Konditionierungsmittel verwendet werden 1.1.3.10 Freistellungen in Zusammenhang mit der Beförderung von Leuchtmitteln, die gefährliche Güter enthalten	E				i.V.m. Unterabschnitt 1.1.2.3 RID
16 Übergangsvorschriften	1.6 Anwendung von Übergangsvorschriften		Vortrag, Gruppenarbeit erarbeitender Unterricht	IV	1	1.6.1 Verschiedene Übergangsvorschriften 1.6.2 Druckgefäße, Gefäße Klasse 2 1.6.3 Festverbundene Tanks (Tankfahrzeuge), Aufsetztanks und Batterie-Fahrzeuge (ADR) 1.6.3 Kesselwagen, Batteriewagen (RID) 1.6.4 Tankcontainer, ortsbewegliche Tanks und MEGC 1.6.5 Fahrzeuge Hier erfolgt nur ein zusammenfassender Überblick; Die ausführliche Behandlung der einzelnen Übergangsvorschriften erfolgt jeweils beim entsprechenden Einzelthema.
17 Ausnahmen	Überblick über die Ausnahmen vom Gefahrgutrecht Artikel 6 der Richtlinie 2008/68/EG über die Beförderung gefährlicher Güter im Binnenland GGBefG § 6 Allgemeine Ausnahmen GGVSEB § 5 Ausnahmen ADR/RID 1.5.1 Zeitweilige Abweichungen GGAV		Vortrag	IV	4	Entscheidung 2009/240/EG Abschluss von Multilateralen Vereinbarungen/ Sondervereinbarungen Hinweis auf § 5 Abs. 9 GGVSEB
18 RSEB und sonstige Vollzugshinweise					1	Einzelregelungen der RSEB und der sonstigen Vollzugshinweise bei den materiellen Einzelthemen behandeln

Lehr-/ Lernschwerpunkt	Lehr-/Lerninhalte	S/E	Lehr-/ Lernmethode	Stu-fe	UE	Hinweise
19 Sicherheitsberater/ Gefahrgutbeauftragter	1.8.3 ADR/RID GbV		Vortrag	II	3	Aufnahme der Vorgaben der EG-Richtlinie zur Kontrolle auf der Straße und in den Unternehmen (gilt auch für die Schiene) Vorgaben aus der EG-Richtlinie für den Sicherheitsberater werden ebenfalls für alle ADR/RID-Vertragsstaaten übernommen Befreiungen von der GbV Stellung des Gb im Betrieb /im Verhältnis zu den Ermittlungsbehörden
20 Unterweisung von Personen/Schulungsverpflichtung	1.3 ADR/RID			II	1	
21 Besondere Verfahren für Konformitätsbewertungen und Prüfungen	1.8.6 und 1.8.7 ADR/RID			II	1	2010/35/EG (TPED) und ODV Eventuell 1.8.8. ADR/RID
22 Ermittlung des Verantwortlichen, Verfolgung und Ahndung	– 1.2 ADR/RID – 1.4 ADR/RID – § 9 GGBefG – § 10 GGBefG – § 4 GGVSEB – §§ 17 - 35a GGVSEB – § 37 GGVSEB – Amtshilfe nach 1.8.2 ADR/RID – § 8 GbV – angrenzende Rechtsbereiche		Vortrag Gruppenarbeit	IV	4	Pflichten werden bei den Einzelthemen behandelt die Verantwortlichkeiten (Sicherheitspflichten) werden definiert mit dem Ziel, einen reibungsloseren Verkehr und schnellere behördliche Kontrollen vor Ort durchzuführen Verantwortlichkeiten = Normadressaten Unfallberichte gemäß 1.8.5 ADR/RID Haftungs-/ Vertrags-/ Speditionsrecht z.B. StVO, StVZO, AEG/EBO, § 12a StVG HGB §§ 9, 14, 130 OwiG §§ 324 ff StGB (Straftaten gegen die Umwelt)
23 Kontrollablauf	Zuständigkeiten Eingriffsgrundlagen Verantwortlichkeiten – Eigensicherung/Arbeitsschutz – Anwendung von Prüfkatalogen und Checklisten – Erfassung der Kontrolldaten – Bewertung von Verstößen – Sicherungs-/Gefahrenabwehrmaßnahmen Durchführung spezifischer Schwerpunktkontrollen			IV	5	länder- und behördenabhängig § 4 GGVSEB §§ 17 - 34, Hinweis auf § 35 ff. Verordnung über die Kontrollen von Gefahrguttransporten auf der Straße und in den Unternehmen (GGKontrollV) Einstufung in Gefahrenkategorien

14

Lehr-/ Lernschwerpunkt	Lehr-/Lerninhalte	S/E	Lehr-/ Lernmethode	Stu-fe	UE	Hinweise
	Verfolgung und Ahndung von Ordnungswidrigkeiten Straftaten Ermittlung und Sachbearbeitung Gefahrgutproben Prävention Kostenerhebung Aufbau und Durchführung einer Kontrolle					§§ 17 - 35a und § 37 Hinweis auf Anlage 7 RSEB (Buß- und Verwarnungsgeldkatalog) länder- und behördenabhängig z.B. GGKostV
24 Praktische Ausbildungskontrolle					7	spezielle Ausrüstung und Kleidung
25 Lernzielkontrolle					2	
Summe UE					**104**	

Anlage 8/2

Einheitlicher Muster-Rahmenlehrplan gemäß Abschnitt 1.8.1 ADR/RID Teilbereich: Klasse 7 (Radioaktive Stoffe)

1. Vorwort

Ergänzend zu dem einheitlichen Muster-Rahmenlehrplan für die behördlichen Gefahrgutkontrollen gemäß **Anlage 8/1** der RSEB soll auch die Aus- und Fortbildung des Personals zur Kontrolle der Beförderung gefährlicher Güter der Klasse 7 (Radioaktive Stoffe) geregelt werden.

2. Ziele

Den Schulungsteilnehmern sollen über die Lerninhalte des allgemeinen Muster-Rahmenlehrplans hinaus die besonderen Anforderungen bzgl. der Klasse 7 vermittelt werden. Hierzu zählen u.a. die Vermittlung der relevanten gefahrgutrechtlichen Vorschriften, der sichere Umgang mit Messgeräten und das richtige Einsatzverhalten. Die atomrechtlichen Vorschriften, die für die Beförderung radioaktiver Stoffe gelten, sollen vorgestellt werden. Die Teilnehmer sollen am Ende der Schulung in der Lage sein, selbstständig Gefahrgutkontrollen bei der Beförderung radioaktiver Stoffe bei den Verkehrsträgern Straße und Schiene durchzuführen.

3. Zielgruppen

1. Zielgruppe der Ausbildung für die Klasse 7 ist das Kontrollpersonal, das bereits einen Grundlehrgang gemäß **Anlage 8/1** der RSEB mit Erfolg absolviert oder einen vergleichbaren Kenntnisstand erreicht hat.
2. Zielgruppe der Fortbildung ist das Kontrollpersonal, welches bisher bereits bei der Durchführung von Gefahrgutkontrollen eingesetzt wird.

4. Rahmenlehrplan

1. Der Muster-Rahmenlehrplan für die Ausbildung im Teilbereich der Klasse 7 (Radioaktive Stoffe) trägt Empfehlungscharakter. Er enthält die Mindestanforderungen an Wissensstoff und praktischer Ausbildung, die für die Durchführung von behördlichen Gefahrgutkontrollen der Klasse 7 erforderlich sind.
2. Für die Fortbildung des Kontrollpersonals wird kein festgelegter Rahmenlehrplan vorgegeben. Die Inhalte der Fortbildung sind den Erfordernissen bzgl. neuer Techniken, aktuellen Rechtsänderungen und Erkenntnissen aus den eigenen Kontrollen anzupassen.

   Kleinere Rechtsänderungen mit einem Umfang bis zu 5 Unterrichtseinheiten können auch durch elektronische Medien vermittelt werden.

5. Grundsätze

1. Die Themen sind an zentralen Veranstaltungen von fachlich qualifizierten Personen zu unterrichten. Diese müssen umfangreiche gefahrgutspezifische Kenntnisse sowie Grundkenntnisse im Atomrecht besitzen.
2. Die Anzahl der Teilnehmer soll aufgrund der Komplexität der Vorschriften und der praktischen Übungen möglichst auf 12 bis 16 Seminarteilnehmer begrenzt werden.
3. Jedem Teilnehmer sind die aktuellen Rechtsvorschriften zur Verfügung zu stellen.
4. Es wird empfohlen, den Vortragsanteil auf höchstens 5 Unterrichtseinheiten je Unterrichtstag zu beschränken.
5. Die erfolgreiche Vermittlung der Lehrinhalte soll durch Lernzielkontrollen überprüft werden.
6. Die Teilnehmer erhalten nach Abschluss des Seminars eine Bescheinigung über die Teilnahme.

6. Zeitansätze

Der Zeitansatz der Unterrichtseinheiten für den Gesamtlehrplan beruht auf Erfahrungswerten und kann individuell an die Bedürfnisse der Teilnehmer angepasst werden. Der im Lehr- und Lernschwerpunkt angegebene Zeitrahmen bezieht sich dabei auf Kontrollpersonal ohne Vorkenntnisse bei der Beförderung radioaktiver Stoffe. Die Ausbildung des Kontrollpersonals sowie die bisherige Kontrollerfahrung sind zu berücksichtigen und können den Zeitbedarf erheblich reduzieren.

Der Zeitansatz für die regelmäßige Fortbildung des Kontrollpersonals ergibt sich jeweils aus dem Schulungsbedarf aufgrund neuer Techniken, aktuellen Rechtsänderungen und Erkenntnissen aus den eigenen Kontrollen sowie dem vorhandenen Wissensstand des Kontrollpersonals.

7. Übersicht der Lehr-/Lernschwerpunkte

	Unterrichtseinheiten
1. Einführung	1
2. Physikalische Grundlagen	6
3. Gefahrgutrechtliche Bestimmungen des ADR/RID zur Klasse 7	10
4. Vorstellung der atomrechtlichen Vorschriften (Atomgesetz, Strahlenschutzverordnung)	3
5. Strahlenschutz	3
6. Strahlungsmessung	8
7. Ahndung von Ordnungswidrigkeiten und Straftaten	2
8. Praktische Ausbildungskontrolle	5
9. Lernzielkontrolle	2
Gesamtzahl der Unterrichtseinheiten	**40**

8. Erläuterung zu den Spalten des Muster-Rahmenlehrplanes

1. Lehr-/Lernschwerpunkt
   Die hier vorgegebene Reihenfolge kann in einem begrenzten Rahmen geändert werden.
2. Lehr-/Lerninhalte
   Hier werden alle verbindlich zu unterrichtenden Inhalte unter Bezug auf die einschlägigen Rechtsvorschriften aufgeführt. Bei den Gliederungspunkten, die auch Vorschriften anderer Klassen beinhalten, sind jeweils die Vorschriften der Klasse 7 zu lehren.
3. S/E (Bedeutung „S“ = Straße, „E“ = Eisenbahn
   Der Rahmenlehrplan ist auf die Verkehrsträger Straße und Eisenbahn abgestellt und kann bei Bedarf spezifisch angewendet werden. Spalten ohne Eintrag sind für beide Verkehrsträger gültig.
4. Lehr-/Lernmethode
   Diese ist von dem Vortragenden auf Besonderheiten der Seminargruppe abzustimmen. Da der Lehrplan sich an pädagogisch vorgebildete Lehrkräfte wendet, wird auf eine Erläuterung der einzelnen Methoden (z.B. Vortrag, Einzelarbeit, Gruppenarbeit, Sachverhaltslösungen, erarbeitender Unterricht, Verwendung von Medien) verzichtet.
5. Stufe
   Für die Festlegung der Tiefe der Schulung sind folgende Intensitätsstufen zu unterscheiden:
   Stufe I: Kennen lernen und Wiedergeben (Reproduktion)
   Stufe II: Ordnen und Verstehen (Reorganisation)
   Stufe III: Anwenden und Umsetzen (Transfer)
   Stufe IV: Problemlösen (Analyse, Synthese, Beurteilung)
6. (UE) Unterrichtseinheit
   Eine UE wird mit 45 Minuten angesetzt.
7. Hinweise
   Diese enthalten sowohl Anregungen zur weiteren Feingliederung der Lehrinhalte als auch zusätzliche Differenzierungen zur Intensität der Themenbehandlung.

9. Weitere Erläuterungen

Von besonderer Bedeutung ist der Schutz des Kontrollpersonals vor möglichen Gefährdungen. Dies gilt insbesondere bei festgestellten Mängeln bei der Beförderung radioaktiver Stoffe.

Um dies zu gewährleisten, soll den Teilnehmern der sichere Umgang mit den Messgeräten, das entsprechende Einsatzverhalten und die Beachtung der arbeitsschutzrechtlichen Vorschriften vermittelt werden. Hinsichtlich der Strahlenexposition des Kontrollpersonals und daraus abzuleitender Maßnahmen ist sich an der StrlSchV zu orientieren.

Lehr-/ Lernschwerpunkt	Lehr-/ Lerninhalte	S/E	Lehr-/ Lernmethode	Stu-fe	UE	Hinweise
1 Einführung	Überblick: Regelwerke und deren Rechtsstellung: – GGBefG, ADR/RID, GGVSEB, – AtG, StrlSchV – IAEO- und UN-Empfehlungen		Vortrag	I	1	
2 Physikalische Grundlagen	– Aufbau der Atome – Ionisierende Strahlung Quellen und Ursachen ionisierender Strahlen (natürliche und künstliche Strahlenquellen, Abgrenzung nicht ionisierender Strahlen) – Strahlenarten (Alpha-, Beta-, Gamma- und Neutronenstrahlung) – Biologische Wirkung der verschiedenen Strahlenarten – Nachweismöglichkeiten – Anwendungsgebiete für radioaktive Stoffe (Medizin, Forschung und Industrie) – Strahlungsmessung – Messgrößen und SI-Einheiten – Energiedosis und Äquivalentdosis – Dosis und Dosisleistung – SI-Vorsätze – Exponentialschreibweise		Vortrag	II	6	
3 Gefahrgutrechtliche Bestimmungen des ADR/RID	Teil 1 1.2.1 Begriffsbestimmungen 1.6.6 Übergangsvorschriften 1.7 Allg. Vorschriften 1.8.5 Meldung von Ereignissen 1.10 Vorschriften für die Sicherung	S	Vortrag	IV	10	
	Teil 2 2.2.7.1 Besondere Begriffsbestimmungen Spezifische Aktivität LSA-Stoffe SCO-Stoffe Radioaktive Stoffe in besonderer Form Spaltbare Stoffe					A_1 und A_2-Werte und Aktivitätsgrenzen für freigestellte Stoffe oder Sendungen
	2.2.7.2 Klassifizierung allgemein Klassifizierung von Versandstücken und unverpackten Stoffen: Freigestellte Versandstücke LSA-Stoffe SCO-Stoffe Typ A-Versandstücke Uranhexafluorid Typ B(U)-, Typ B(M)- oder Typ C-Versandstücke Versandstücke mit spaltbaren Stoffen		Vortrag Gruppenarbeit	III		Berechnungsbeispiele der Klassifizierung über die Grenzwertbestimmungen von Versandstückarten
	Teil 3: Inhalte der Tabelle A gemäß Kapitel 3.2 ADR/RID			I		Praktisches Beispiel zur Einordnung in die Klasse 7 und Prüfung der relevanten Vorschriften z.B. Prüfstrahler, der mit Messgeräten mitgeliefert wurde (Cäsium 137,333 kBq; Iridium 192-Quelle mit 592 GBq)

Lehr-/ Lernschwerpunkt	Lehr-/Lerninhalte	S/E	Lehr-/ Lernmethode	Stufe	UE	Hinweise
3 Gefahrgutrechtliche Bestimmungen des ADR/RID (Forts.)	Teil 3: 3.3.1 Sondervorschriften 172, 290, 317, 325, 326, 369					
	Teil 4: 4.1.9 Besondere Vorschriften für das Verpacken Versandstückarten Kontaminationsgrenzwerte Verpackung von LSA-Stoffen und SCO-Gegenständen			IV		Begleitende Erstellung eines Kontrollablaufplanes für den praktischen Einsatz
	Teil 5: 5.1.5 Allgemeine Vorschriften für die Klasse 7 Beförderungsgenehmigung Zulassung/Genehmigung Bestimmung von Transportkennzahl (TI) und Kritikalitätssicherheitskennzahl (CSI)					Berechnungsbeispiele der Klassifizierung über die Grenzwertbestimmung von Versandstückarten bis zur Berechnung des TI
	5.2.1.7 Kennzeichnung					
	5.2.2.1.11 Bezettelung					
	5.3 Anbringen von Großzetteln (Placards) und orangefarbener Kennzeichnung					
	5.4.1.2.5 Dokumentation					
	Teil 6: 6.4 Bau-, Prüf- und Zulassungsvorschriften		Filmvorführung z.B. „Test von Versandstückmustern“			Überblick
	Teil 7: 7.5.11 CW/CV 33: Vorschriften für die Be- und Entladung sowie für die Handhabung					
	7.6 Vorschriften für den Versand als Expressgut	E				
	Teil 8: 8.2 Vorschriften für die Ausbildung der Fahrzeugbesatzung – Unterabschnitt 8.2.2.4	S				
	8.5 Zusätzliche Vorschriften für besondere Klassen oder Güter	S				Besonderheiten der Klasse 7 (S5, S6, S11, S12 und S21)
4 Atomrechtliche Vorschriften (Atomgesetz, Strahlenschutzverordnung)	Beförderung radioaktiver Stoffe AtG §§ 2, 4, 19, 22 bis 24 StrlSchV §§ 16 bis 18, 69 u. 75			I	3	Information über die Vorschriften und Zuständigkeiten

Lehr-/ Lernschwerpunkt	Lehr-/Lerninhalte	S/E	Lehr-/ Lernmethode	Stu-fe	UE	Hinweise
5 Strahlenschutz	„A-Regeln“ (Abstand – Aufenthaltszeit – Abschirmung) Strahlenschutzprogramm 1.7.2 ADR/RID Minimierungsgebot § 6 StrlSchV Behördenspezifische Anweisungen zum Arbeitsschutz wie z.B. – Leitfaden 450 sowie Leitfaden 371 der Polizei – Feuerwehr-Dienstvorschrift 500 Strahlenschutz gemäß StrlSchV			IV	3	Verknüpfung mit Strahlenschutz-grundsätzen der StrlSchV aufzeigen (Dosisbegrenzung)
6 Strahlungsmessung	Messgeräte: Einsatzbereiche Kontrolle der Funktionsfähigkeit der Messgeräte Eichung, Kalibrierung Bedienung von Kontaminations-, Dosis- und Dosisleistungsmess-geräten, regelmäßige Überprüfung gemäß § 67 StrlSchV Messfehlerquellen Praktische Messübungen mit unterschiedlichen Exponaten und unterschiedlichen Vorgaben Feststellung des Nulleffektes		Vortrag Praktische Übungen	IV	8	Begleitende Erstellung eines Kontrollablauf-planes für den prakti-schen Einsatz
7 Ordnungswidrig-keiten und Straftaten	GGVSEB, RSEB StGB 28. und 29. Abschnitt Ermittlungszuständigkeiten für die Verfolgung		Fallbesprechung		2	Ordnungswidrigkeiten Straftaten
8 Praktische Aus-bildungskontrolle	Gefahrgutkontrolle nach Kontrollablaufplan ggf. auch durch Simulation von typischen Kontrollsituationen			IV	5	Spezielle Ausrüstung und Kleidung
9 Lernzielkontrolle					2	
Summe UE					**40**	

14

Anlage 9

Muster für die Bekanntgabe der Tunnelkategorien

(Straßenbezeichnung, z.B. A 3, B 56)

(Streckenkilometer/Ortslage)

(Tunnelkategorie und ggf. Wochentag, Zeitfenster)

(Bemerkungen)

Anlage 10

Muster-Einzelausnahmen für Kampfmittelräumdienste und unkonventionelle Spreng- und Brandvorrichtungen

Anlage 10/1

Einzelausnahme Nr.
für die innerstaatliche Beförderung von großen Kampfmitteln mit Straßenfahrzeugen

Hiermit wird für *[Name und Anschrift des Antragstellers]*

gemäß § 5 *[Absatz 6 oder 7]* [1] der Gefahrgutverordnung Straße, Eisenbahn und Binnenschifffahrt (GGVSEB) vom *30. März 2017 (BGBl. I S. 711)* [2] und gemäß *[§ 46 Absatz 2]* [2] der Straßenverkehrsordnung vom *[6. März 2013 (BGBl. I S. 367), die zuletzt durch Artikel 2 der Verordnung vom 16. Dezember 2016 (BGBl. I S. 2938) geändert worden ist,]* [2] in Verbindung mit der Allgemeinverfügung der BAM zur Klassifizierung von Kampfmitteln für die innerstaatliche Beförderung gefährlicher Güter auf der Straße durch die staatlichen Kampfmittelräumdienste der Länder - Allgemeinverfügung Kampfmittel - vom 27. Juni 2011 (VkBl. 2011 S. 454) für die innerstaatliche Beförderung gefährlicher Güter auf der Straße folgende Ausnahme zugelassen:

I. Abweichungen

Abweichend von

- Absatz 2.2.1.1.2 Unterabsatz 1,
- Unterabschnitt 4.1.1.3, Abschnitt 4.1.4,
- Unterabschnitt 5.2.1.5,
- Kapitel 6.1 und
- Absatz 7.5.5.2.1

der Anlagen A und B zu dem Europäischen Übereinkommen vom 30. September 1957 über die internationale Beförderung gefährlicher Güter auf der Straße (ADR) in der Fassung der Bekanntmachung *[vom 17. April 2015 (BGBl. 2015 II S. 504), die durch die 25. ADR-Änderungsverordnung vom 6. Oktober 2016 (BGBl. 2016 II S. 1203) geändert worden sind,]* [2] und

abweichend von § 35 bis 35c der GGVSEB

dürfen die in der **<u>Anlage</u>** aufgeführten großen Kampfmittel, deren Länge 1,50 m oder deren Durchmesser 15 cm oder deren Masse 50 kg brutto überschreitet,

vom Zwischenlager
[Anschrift]

zur Entsorgungsstätte
[Anschrift]

am
[Datum] in der Zeit vom *[Zeitangabe]* bis *[Zeitangabe]*
auf der Straße befördert werden, wenn die nachstehenden Nebenbestimmungen eingehalten werden.

14

1) Anpassung nach Betroffenheit des Ressorts

2) Stand 2017, Bezugsquelle ggf. anpassen

II. Nebenbestimmungen

1. Behandlung der Kampfmittel vor der Beladung

Sind Stoffe, für die eine Beförderung unter Luftabschluss erforderlich ist (z.B. Phosphor), in den Kampfmitteln enthalten, ist der Luftabschluss durch geeignete Maßnahmen sicherzustellen.

2. Versandstücke

Kampfmittel dürfen unverpackt befördert werden. Sie sind nach den geltenden Regeln der Technik zu sichern oder in Ladungssicherungshilfsmittel zu verladen. Es sind geeignete Maßnahmen zu ergreifen, die ein Austreten des Explosivstoffes verhindern. Die Gegenstände/Ladeeinheiten/Versandstücke müssen nicht mit der offiziellen Benennung für die Beförderung versehen sein.

3. Be- und Entladung der Fahrzeuge sowie deren Handhabung

Die höchstzulässige Nettomasse des in den Kampfmitteln enthaltenen Explosivstoffes darf je Beförderungseinheit bei Verwendung eines

- EX/II-Fahrzeugs 1.000 kg,
- EX/III-Fahrzeugs 5.000 kg

nicht übersteigen.

Überschreitet ein Einzelstück (z.B. Großladungsbombe) 1000 kg Nettoexplosivstoffmasse, kann dieses auch auf einem Fahrzeug EX/II befördert werden. Kampfmittel dürfen nicht gemeinsam mit anderen Gütern, mit Ausnahme von Ladungssicherungshilfsmitteln und Ausrüstungsteilen, auf der Ladefläche des Fahrzeugs verladen werden. Bezünderte Sprengbomben dürfen nur im Einzeltransport befördert werden. Bedeckte Fahrzeuge EX/II dürfen nur bis zur Höhe der Bordwand beladen werden, außer, die Ladungssicherung wird ohne Berücksichtigung der Rückhaltewirkung der Stabilität der Bordwände durchgeführt.

4. Fahrzeugführer/Begleitpersonen

Der Fahrzeugführer eines Fahrzeugs, mit dem Kampfmittel befördert werden, muss Inhaber einer gültigen ADR-Schulungsbescheinigung für die Beförderung von Stoffen und Gegenständen der Klasse 1 sein. Die Bescheinigung nach Unterabschnitt 8.2.2.8 ADR ist mitzuführen.

Weiterhin muss sich in jedem Fahrzeug, mit dem Kampfmittel befördert werden, eine Fachkundige Person des staatlichen Kampfmittelräumdienstes/Kampfmittelbeseitigungsdienstes befinden. Fahren die Fahrzeuge in einer Kolonne, reicht es aus, wenn sich nur auf einem Fahrzeug eine Fachkundige Person befindet. Abweichend davon darf sich die Fachkundige Person auch in einem Begleitfahrzeug (Fahrzeug ohne Kampfmittelbeladung) befinden. Die Fachkundige Person muss Inhaber einer gültigen ADR-Schulungsbescheinigung für die Beförderung von Stoffen und Gegenständen der Klasse 1 sein. Die Bescheinigung nach Unterabschnitt 8.2.2.8 ADR ist mitzuführen.

5. Fahrwegbestimmung

Eine Fahrwegbestimmung ist abweichend von § 35a der GGVSEB nicht erforderlich.

6. Bestimmung der Fahrstrecke (siehe Anlage)

Die Beförderung ist der Entsorgungsstätte (Empfänger) unter Angabe der geplanten Eintreffzeit anzuzeigen. Vor Antritt der Fahrt ist in eigener Verantwortung des Antragstellers zu überprüfen, ob die Beförderung auf der vorgeschriebenen Fahrstrecke durchgeführt werden kann. Gegebenenfalls erforderliche Nutzung von Umleitungsstrecken darf nur dann erfolgen, wenn dies gefahrlos möglich ist.

7. Fahrzeugbeleuchtung

Während der Beförderung ist ganzjährig das Abblendlicht bzw. Tagfahrlicht des Fahrzeugs einzuschalten.

8. Fahrtunterbrechung

Wird eine Fahrtunterbrechung notwendig, so ist eine Mindestentfernung von 300 m von bewohnten Orten oder Menschenansammlungen einzuhalten.

Während eines Gewitters oder wenn sich ein Gewitter in gefährlicher Nähe befindet, haben die Fahrzeuge die Fahrt zu unterbrechen. Die Fahrzeuge sind möglichst auf einem geeigneten Platz abseits des fließenden Verkehrs abzustellen. Die Fahrzeugbesatzung hat das Fahrzeug zu verlassen und trotzdem weiterhin zu überwachen.

Kann ein mit Kampfmitteln beladenes Fahrzeug im Fall einer Panne nicht vor Ort instand gesetzt werden, so ist es, unter Beteiligung der zuständigen Einsatzkräfte, zum nächstgelegenen geeigneten Ort abzuschleppen, an dem die Ladung ohne Behinderung für den übrigen Verkehr umgeladen werden kann. Dieser Ort soll mindestens 300 m von bewohnten Orten oder Menschenansammlungen entfernt sein. Kann das vorgesehene Fahrtziel innerhalb von 30 Minuten erreicht werden, so ist das Fahrzeug unter Beteiligung der zuständigen Einsatzkräfte dorthin abzuschleppen. Ist das Abschleppen nicht möglich, so ist die Ladung vor Ort unter Beachtung von Schutz- und Sicherungsmaßnahmen umzuladen.

Mit Kampfmitteln beladene Fahrzeuge sind ständig zu überwachen.

9. Auflagen

Diese Einzelausnahme oder eine Kopie der Einzelausnahme ist bei jeder Beförderung mitzuführen und bei einer Kontrolle zuständigen Personen unaufgefordert zur Prüfung vorzulegen.

III. Widerrufsvorbehalt

Diese Ausnahmezulassung erfolgt unter dem Vorbehalt des jederzeitigen Widerrufs für den Fall, dass sich die auferlegten Sicherheitsvorkehrungen als unzureichend zur Einschränkung der von der Beförderung ausgehenden Gefahren erweisen.

Ort, Datum — Stempel, Unterschrift

Anlagen:

- Munitionsliste *[beifügen]*
- Fahrstrecken *[beifügen]*

Anlage 10/2

Einzelausnahme Nr. für die innerstaatliche Beförderung von Kampfmitteln mit chemischen Kampfstoffen mit Straßenfahrzeugen

Hiermit wird für *[Name und Anschrift des Antragstellers]*

gemäß § 5 *[Absatz 6 oder 7]* [1] der Gefahrgutverordnung Straße, Eisenbahn und Binnenschifffahrt (GGVSEB) vom *30. März 2017 (BGBl. I S. 711)* [2] und gemäß *[§ 46 Absatz 2]* [2] der Straßenverkehrs-ordnung vom *[6. März 2013 (BGBl. I S. 367), die zuletzt durch Artikel 2 der Verordnung vom 16. Dezember 2016 (BGBl. I S. 2938) geändert worden ist,]* [2] in Verbindung mit der Allgemeinverfügung der BAM zur Klassifizierung von Kampfmitteln für die innerstaatliche Beförderung gefährlicher Güter auf der Straße durch die staatlichen Kampfmittelräumdienste der Länder - Allgemeinverfügung Kampfmittel - vom 27. Juni 2011 (VkBl. 2011 S. 454) für die innerstaatliche Beförderung gefährlicher Güter auf der Straße folgende Ausnahme zugelassen:

I. Abweichungen

Abweichend von

- Absatz 2.2.1.1.2 Unterabsatz 1,
- Absatz 2.2.1.2.2,
- Unterabschnitt 4.1.1.3, Abschnitt 4.1.4,
- Unterabschnitt 5.2.1.5,
- Kapitel 6.1 und

der Anlagen A und B zu dem Europäischen Übereinkommen vom 30. September 1957 über die internationale Beförderung gefährlicher Güter auf der Straße (ADR) in der Fassung der Bekanntmachung *[vom 17. April 2015 (BGBl. 2015 II S. 504), die durch die 25. ADR-Änderungsverordnung vom 6. Oktober 2016 (BGBl. 2016 II S. 1203) geändert worden sind,]* [2] und

abweichend von § 35 bis 35c der GGVSEB

dürfen die in der **<u>Anlage</u>** aufgeführten Kampfmittel mit chemischen Kampfstoffen

vom Zwischenlager
[Anschrift]

zur Entsorgungsstätte
[Anschrift]

am
[Datum] in der Zeit vom *[Zeitangabe]* bis *[Zeitangabe]*
auf der Straße befördert werden, wenn die nachstehenden Nebenbestimmungen eingehalten werden.

II. Nebenbestimmungen

1. Bedingungen

1.1 Fahrzeug/Transportbehälter

Die Kampfmittel mit chemischen Kampfstoffen sind mit den nachfolgend genannten explosionsdruckstoßfesten Transportkugeln [3]/Transportbehältern [4] mit einem für die Umsetzung der vorgesehenen Explosivstoffmasse entsprechenden Dichtheitsverhältnis in einem dafür zugelassenen Sprengstoffäquivalent sowie auf einem darauf ausgerichteten Fahrzeug zu befördern:

---

1) Anpassung nach Betroffenheit des Ressorts

2) Stand 2017, Bezugsquelle ggf. anpassen

3) Zugelassene Behälter nach Stand 5/2013: MECV 5 (bitte anpassen)

4) Zugelassene Behälter nach Stand 5/2013 sind: BOFOS Dynasafe AB (bitte anpassen)

Transportkugel/ -behälter [5)]

Bauart:

Hersteller:

Typ:

Herstellungs-Nr.:

Zugelassenes Sprengstoffäquivalent:

Transportfahrzeug/Anhänger

Amtliches Kennzeichen des Transportfahrzeugs:

Amtliches Kennzeichen des Anhängers:

1.2 Mengenbegrenzung

Es ist durch geeignete Maßnahmen sicherzustellen, dass die Menge des nach 1.1 angegebenen Sprengstoffäquivalents eingehalten wird. Hierzu zählen z.B. gesicherte Datenblätter oder grundsätzlich aussagefähige Röntgenbilder der Kampfmittel, anhand der die Nettoexplosivstoffmasse zu bestimmen ist.

1.3 Verwendung eines Anhängers

Bei Verwendung eines Anhängers dürfen nur Kraftfahrzeuge eingesetzt werden, bei denen die zulässige Anhängelast ausreichend ist. Kraftfahrzeuge, bei denen die Anhängelast nur mit Einschränkungen der Steigfähigkeit erreicht wird, dürfen nicht eingesetzt werden.

1.4 Bestimmung der Fahrstrecke

Die Beförderung ist der Entsorgungsstätte (Empfänger) unter Angabe der geplanten Eintreffzeit anzuzeigen. Vor Antritt der Fahrt ist in eigener Verantwortung des Antragstellers zu überprüfen, ob die Beförderung auf der vorgeschriebenen Fahrstrecke durchgeführt werden kann. Gegebenenfalls erforderliche Nutzung von Umleitungsstrecken darf nur dann erfolgen, wenn dies gefahrlos möglich ist.

1.5 Verwendung der Transportkugel/des Transportbehälters

Die Transportkugel/der Transportbehälter ist vor jeder Beförderung durch eine Fachkundige Person hinsichtlich der Funktionsfähigkeit zu überprüfen. Die Dichtungen sind bei Beschädigungen bzw. gemäß Herstellerangabe zu erneuern. Nach Zwischenfällen wie Unfällen oder Explosionen ist eine zusätzliche Dichtigkeitskontrolle zu veranlassen.

1.6 Transportführer

Bei der Beförderung von Kampfmitteln mit chemischen Kampfstoffen ist immer ein „Transportführer" (Fachkundige Person mit zusätzlicher Fachkunde für den Umgang mit Kampfmitteln mit chemischen Kampfstoffen) einzusetzen. Fahren die Fahrzeuge in einer Kolonne, reicht es aus, wenn sich nur auf einem Fahrzeug ein Transportführer befindet. Dieser kann sich auch in einem Begleitfahrzeug (Fahrzeug ohne Kampfstoffbeladung) befinden. Er muss über eine Ausbildung gemäß Abschnitt 8.2.1 ADR verfügen. Die Bescheinigung nach Unterabschnitt 8.2.2.8 ADR ist mitzuführen.

1.7 Fahrzeugbesatzung

Die Fahrzeugbesatzung besteht mindestens aus einem Fahrzeugführer und einem weiteren Mitglied der Fahrzeugbesatzung, das in der Lage sein muss, den Fahrzeugführer abzulösen. Fahrzeugführer und ein weiteres Mitglied der Fahrzeugbesatzung müssen an einer Schulung gemäß Kapitel 8.2 ADR (Basiskurs und Aufbaukurs Klasse 1) erfolgreich teilgenommen haben und im Besitz einer gültigen ADR-Schulungsbescheinigung gemäß Unterabschnitt 8.2.2.8 ADR sein. Diese Bescheinigung ist mitzuführen.

1.8 Begleitfahrzeuge

Die Beförderungseinheiten mit Kampfmitteln mit chemischen Kampfstoffen sind auf Autobahnen durch ein dahinter und auf sonstigen Straßen mit Gegenverkehr durch ein davor und ein dahinter fahrendes mehrspuriges Fahrzeug der zuständigen Einsatzkräfte zu begleiten.

5) Exakte Modelldaten eintragen

1.9 Zusätzliche persönliche Schutzausrüstung

In der Beförderungseinheit und in den Begleitfahrzeugen sind mitzuführen:

- mindestens eine Notfallfluchtmaske nach Abschnitt 5.4.3 ADR mit gültig geprüften stoffgeeigneten Filtern für jedes Mitglied der Fahrzeugbesatzung und
- Kampfstoffmessgerät (nur in einem Begleitfahrzeug).

1.10 Fahrtunterbrechung

Wird eine Fahrtunterbrechung notwendig, so ist eine Mindestentfernung von 300 m von bewohnten Orten oder Menschenansammlungen einzuhalten.

Während eines Gewitters oder wenn sich ein Gewitter in gefährlicher Nähe befindet, haben die Fahrzeuge die Fahrt zu unterbrechen. Die Fahrzeuge sind möglichst auf einem geeigneten Platz abseits des fließenden Verkehrs abzustellen. Die Fahrzeugbesatzung hat das Fahrzeug zu verlassen und trotzdem weiterhin zu überwachen.

1.11 Kennzeichnung

Die Beförderungseinheit ist gemäß Abschnitt 8.1.3 in Verbindung mit Absatz 5.3.2.1.1 ADR mit orangefarbenen Tafeln zu kennzeichnen. Zusätzlich ist das Fahrzeug mit dem Transportbehälter mit Großzetteln (Placards) gemäß Absatz 5.3.1.1.1 in Verbindung mit Unterabschnitt 5.3.1.5 ADR nach Muster 1 ergänzt um die Unterklasse 1.2, Verträglichkeitsgruppe K sowie zusätzlich nach Muster 6.1 zu kennzeichnen.

1.12 Rauchverbot

Während der Beförderung (Ortsveränderung) gilt ein absolutes Rauchverbot.

1.13 Beladung

Die Beladung der Transportkugel/des Transportbehälters mit Kampfmitteln mit chemischen Kampfstoffen hat nach den jeweiligen Angaben des Herstellers der Transportkugel/des Transportbehälters zu erfolgen.

1.14 Ersthelfer

Es ist sicherzustellen, dass der Transportführer und die Fahrzeugbesatzung der Beförderungseinheit über eine Ersthelferausbildung mit zusätzlicher Unterweisung über das Verhalten bei Unfällen mit giftigen Stoffen verfügen.

1.15 Fernmeldemittel

In der Beförderungseinheit und ggf. in den Begleitfahrzeugen sind geeignete Fernmeldemittel zur schnellen Verbindungsaufnahme mitzuführen und einsatzbereit zu halten.

1.16 Verpackungen

Die Kampfmittel mit chemischen Kampfstoffen sind in gasdichte Verpackungen zu verstauen und so in der Transportkugel/in dem Transportbehälter zu fixieren, dass schädliche Lageveränderungen während der Beförderung ausgeschlossen sind.

2. Auflagen

Diese Einzelausnahme oder eine Kopie der Einzelausnahme ist bei jeder Beförderung mitzuführen und bei einer Kontrolle zuständigen Personen unaufgefordert zur Prüfung vorzulegen.

[III. Widerrufsvorbehalt

Diese Ausnahmezulassung erfolgt unter dem Vorbehalt des jederzeitigen Widerrufs für den Fall, dass sich die auferlegten Sicherheitsvorkehrungen als unzureichend zur Einschränkung der von der Beförderung ausgehenden Gefahren erweisen.]

Ort, Datum   Stempel, Unterschrift

Anlage:

- Kampfmittel mit chemischen Kampfstoffen *[beifügen]*

Anlage 10/3

Einzelausnahme Nr. für die innerstaatliche Beförderung von unkonventionellen Spreng- und Brandvorrichtungen (USBV) sowie von nicht zugelassenen und/oder nicht klassifizierten Stoffen/Gegenständen mit Straßenfahrzeugen

Hiermit wird für *[Name und Anschrift des Antragstellers]*

gemäß § 5 *[Absatz 6 oder 7]* [1)] der Gefahrgutverordnung Straße, Eisenbahn und Binnenschifffahrt (GGVSEB) vom *30. März 2017 (BGBl. I S. 711)* [2)] und gemäß *[§ 46 Absatz 2]* [2)] der Straßenverkehrs-ordnung vom *[6. März 2013 (BGBl. I S. 367), die zuletzt durch Artikel 2 der Verordnung vom 16. Dezember 2016 (BGBl. I S. 2938) geändert worden ist,]* [2)] für die innerstaatliche Beförderung gefährlicher Güter auf der Straße folgende Ausnahme zugelassen:

I. Abweichungen

Abweichend von

- Abschnitt 2.1.4, Absatz 2.2.1.1.2 Unterabsatz 1,
- Absatz 2.2.1.2.1,
- Kapitel 3.3 (Sondervorschrift 16, Sondervorschrift 274, Sondervorschrift 311),
- Unterabschnitt 4.1.1.3, Abschnitt 4.1.4, Abschnitt 4.1.9,
- Unterabschnitt 5.2.1.5, Unterabschnitt 5.4.1.1, Unterabschnitt 5.4.1.2,
- Abschnitt 7.2.4 (Sondervorschrift V2),
- Unterabschnitt 7.5.5.2 und
- Kapitel 8.4 i.V.m. Kapitel 8.5

der Anlagen A und B zu dem Europäischen Übereinkommen vom 30. September 1957 über die internationale Beförderung gefährlicher Güter auf der Straße (ADR) in der Fassung der Bekanntmachung *[vom 17. April 2015 (BGBl. 2015 II S. 504), die durch die 25. ADR-Änderungsverordnung vom 6. Oktober 2016 (BGBl. 2016 II S. 1203) geändert worden sind,]* [2)] und

abweichend von § 35 bis 35c der GGVSEB

dürfen die folgenden Stoffe und Gegenstände:

☐ aus unkonventioneller Spreng- und/oder Brandvorrichtung delaborierte Stoffe und Gegenstände *[sofern möglich Angabe der UN-Nummer]*

☐ nicht zugelassene und/oder nicht klassifizierte Pyrotechnik *[sofern möglich Angabe der UN-Nummer, siehe Hinweise zur Klassifizierung von Pyrotechnik (Anlage)]*

☐ Gegenstände mit ABC-Stoffen *[sofern möglich Angabe der UN-Nummer]*

☐ Gegenstände mit Explosivstoff *[sofern möglich Angabe der UN-Nummer]*

☐ aufgefundene nicht klassifizierte Stoffe der Klasse 1 *[sofern möglich Angabe der UN-Nummer]*

☐ aufgefundene nicht klassifizierte Stoffe der Klassen 2 bis 9 *[sofern möglich Angabe der UN-Nummer]*

☐ Probentransport *[Angaben zu Art und Menge der Probe sowie Zuordnung (siehe Hinweise zur Klassifizierung von Proben (Anlage))]*

☐ Andere oben nicht genannte Stoffe und/oder Gegenstände

---

1) Anpassung nach Betroffenheit des Ressorts

2) Stand 2017, Bezugsquelle ggf. anpassen

vom sicheren Ort
[Ortsangabe]
nach
[Ortsangabe]
am *[Datum]* in der Zeit von *[Zeitangabe]* bis *[Zeitangabe]*
auf der Straße befördert werden, wenn die nachstehenden Nebenbestimmungen eingehalten werden.

II. Nebenbestimmungen

1. Bedingungen

1.1 Fahrzeug/Transportbehälter

Die o.g. Stoffe und Gegenstände sind vorrangig mit nachfolgend genannten explosionsdruckstoßfesten Transportkugeln [3]/Transportbehältern [4] in einem dafür zugelassenen Sprengstoffäquivalent sowie auf einem darauf ausgerichteten Fahrzeug zu befördern. Sollte dies nicht möglich sein, sind auch die alternativ genannten Fahrzeuge verwendbar:

Transportkugel/Transportbehälter [5]

Bauart:

Hersteller:

Typ:

Herstellungs-Nr.:

Zugelassenes Sprengstoffäquivalent:

Transportfahrzeug/Anhänger

Amtliches Kennzeichen des Transportfahrzeugs:

Amtliches Kennzeichen des Anhängers:

Falls die Transportkugel/der Transportbehälter aufgrund von Volumen oder Masse des aufgefundenen Stoffes/Gegenstandes nicht nutzbar ist, dann:

Klasse 1:

☐ Fahrzeug EX/II (max. 1.000 kg NEM je Beförderungseinheit, wenn NEM nicht bekannt, ist die Bruttomasse anzusetzen);
amtliches Kennzeichen:

☐ Fahrzeug EX/III (max. 16.000 kg NEM je Beförderungseinheit, wenn NEM nicht bekannt, ist die Bruttomasse anzusetzen);
amtliches Kennzeichen:

☐ sonstiges geeignetes mehrspuriges Fahrzeug (mit getrennter Fahrgastzelle) für Probentransport zur chemischen oder sonstigen Analyse;
amtliches Kennzeichen:

Klassen 2 bis 9:

☐ geeignetes mehrspuriges Fahrzeug (mit getrennter Fahrgastzelle);
amtliches Kennzeichen:

1.2 Mengenbegrenzung

Es ist durch geeignete Maßnahmen sicherzustellen, dass die Menge des nach 1.1 angegebenen Sprengstoffäquivalents eingehalten werden.

---

3) Zugelassene Behälter nach Stand 02/2011 sind: MECV 5

4) Zugelassene Behälter nach Stand 02/2011 sind: BOFOS Dynasafe AB

5) Exakte Modelldaten eintragen

1.3 Verwendung von Anhängern und Krafträdern

Bei Verwendung eines Anhängers dürfen nur Kraftfahrzeuge eingesetzt werden, bei denen die zulässige Anhängelast ausreichend ist. Kraftfahrzeuge, bei denen die Anhängelast nur mit Einschränkungen der Steigfähigkeit erreicht wird, dürfen nicht eingesetzt werden. Krafträder dürfen nicht eingesetzt werden.

1.4 Bestimmung der Fahrstrecke

Eine Fahrwegbestimmung ist abweichend von § 35a GGVSEB nicht erforderlich. Die Beförderung ist dem Empfänger unter Angabe der geplanten Eintreffzeit anzuzeigen. Vor Antritt der Fahrt ist in eigener Verantwortung des Antragstellers zu überprüfen, ob die Beförderung auf der vorgeschriebenen Fahrstrecke durchgeführt werden kann. Gegebenenfalls erforderliche Nutzung von Umleitungsstrecken darf nur dann erfolgen, wenn dies gefahrlos möglich ist. Die Tunnelregelungen gemäß ADR sind zu beachten.

1.5 Verwendung der Transportkugel/des Transportbehälters

Die Transportkugel/der Transportbehälter ist vor jeder Durchführung der Beförderung durch eine Fachkundige Person hinsichtlich der Funktionsfähigkeit zu überprüfen. Die Dichtungen sind bei Beschädigungen bzw. gemäß Herstellerangabe zu erneuern. Nach Zwischenfällen wie Unfällen oder Explosionen ist eine zusätzliche Dichtigkeitskontrolle zu veranlassen.

1.6 Transportführer

Bei der Beförderung von unbestimmbaren Stoffen und Gegenständen ist von der zuständigen Behörde immer ein sachkundiger Transportführer [6] zu bestimmen. Die Aufgabe des Transportführers kann vom Fahrzeugführer oder einem anderen Mitglied der Fahrzeugbesatzung wahrgenommen werden. Fahren die Fahrzeuge in einer Kolonne, reicht es aus, wenn sich nur auf einem Fahrzeug ein Transportführer befindet. Der Transportführer kann sich auch in einem Begleitfahrzeug (Fahrzeug ohne unbestimmbare Stoffe und Gegenstände) befinden. Der Transportführer muss über eine Ausbildung gemäß Abschnitt 8.2.1 ADR verfügen. Die Bescheinigung nach Unterabschnitt 8.2.2.8 ADR ist mitzuführen.

1.7 Fahrzeugbesatzung

Die Fahrzeugbesatzung besteht mindestens aus einem Fahrzeugführer und einem Beifahrer, der in der Lage sein muss, den Fahrzeugführer abzulösen. Fahrzeugführer und Beifahrer müssen an einer Schulung gemäß Kapitel 8.2 ADR (Basiskurs und Aufbaukurs Klasse 1, und in Fällen der Klasse 7 ein Aufbaukurs der Klasse 7) erfolgreich teilgenommen haben und im Besitz einer gültigen ADR-Bescheinigung gemäß Unterabschnitt 8.2.2.8 ADR sein. Diese Bescheinigung ist mitzuführen.

1.8 Begleitfahrzeuge

Beförderungseinheiten mit unbestimmbaren Stoffen und Gegenständen sind auf Autobahnen durch ein dahinter und auf sonstigen Straßen mit Gegenverkehr durch ein davor und ein dahinter fahrendes mehrspuriges Fahrzeug der zuständigen Einsatzkräfte zu begleiten.

1.9 Besondere Ausrüstung

In der Beförderungseinheit ist die nach ADR geforderte Ausrüstung mitzuführen. Aufgrund der vom Stoff und/oder vom Gegenstand ausgehenden besonderen Gefahr *[Benennung der Gefahr]* ist folgende Ausrüstung [7] zusätzlich mitzuführen:

- ☐ Notfallfluchtmaske nach Abschnitt 5.4.3 ADR mit geprüften stoffgeeigneten Filtern für jedes Mitglied der Fahrzeugbesatzung
- ☐ geeignetes Messgerät für die ausgehenden Gefahren
- ☐ weitere Ausrüstungen (z. B. persönliche Schutzausrüstung)

6) Transportführer mit erweiterter Sachkunde nach Vorgabe der zuständigen Behörde.

7) Der notwendige Ausrüstungsumfang ist je nach Stoff und/oder Gegenstand und angedachten Notfallmaßnahmen der Fahrzeugbesatzung zu bestimmen und festzulegen.

1.10 Fahrtunterbrechung

Fahrtunterbrechungen sind zu vermeiden. Sind Aufenthalte während der Beförderung unumgänglich, ist ein angemessener Sicherheitsabstand zu bewohnten Orten oder Menschenansammlungen einzuhalten. Abweichend von Kapitel 8.4 i.V.m. Kapitel 8.5 ADR ist die Beförderungseinheit während der Aufenthalte ständig zu überwachen.

1.11 Kennzeichnung

1.11.1 Kennzeichnung der Beförderungseinheit

☐ Die Beförderungseinheit ist gemäß Abschnitt 8.1.3 in Verbindung mit Absatz 5.3.2.1.1 ADR mit orangefarbenen Tafeln zu kennzeichnen. Zusätzlich ist die Beförderungseinheit mit den geforderten Großzetteln (Placards) gemäß Absatz 5.3.1.1.1 ADR für die Klasse 1 oder Klasse 7 zu kennzeichnen.

☐ Probentransport ohne Kennzeichnung

1.11.2 Kennzeichnung der Verpackung

Auf die Angabe der offiziellen Benennung für die Beförderung bei Stoffen und Gegenständen der Klasse 1 gemäß Unterabschnitt 5.2.1.5 ADR kann verzichtet werden.

1.12 Rauchverbot

Während der Beförderung gilt ein absolutes Rauchverbot.

1.13 Verpackungen

☐ Die Stoffe und Gegenstände sind in geeigneten und zugelassenen Verpackungen zu verpacken und so in der Umschließung zu sichern, dass Lageveränderungen während der Beförderung weitgehend ausgeschlossen sind.
Benutzt wird: *[Angabe der Verpackungsart und des Verpackungsmaterials]*

☐ Beim Probentransport ist eine geeignete Innenverpackung in einer geeigneten und zugelassenen Außenverpackung aus Pappe oder Kunststoff mindestens der Verpackungsgruppe II zu verwenden.

1.14 Beladung

Die Beladung der Transportkugel/des Transportbehälters oder der Verpackung hat nach Herstellerangabe zu erfolgen.

1.15 Ersthelfer

Es ist sicherzustellen, dass der Transportführer und die Fahrzeugbesatzung der Beförderungseinheit über eine Ersthelferausbildung mit zusätzlicher Unterweisung über das Verhalten bei Unfällen mit giftigen Stoffen verfügen.

1.16 Fernmeldemittel

In der Beförderungseinheit und ggf. in den Begleitfahrzeugen sind geeignete Fernmeldemittel zur schnellen Verbindungsaufnahme mitzuführen und einsatzbereit zu halten.

2. Auflagen

Diese Einzelausnahme oder eine Kopie der Einzelausnahme ist bei jeder Beförderung mitzuführen und bei einer Kontrolle zuständigen Personen unaufgefordert zur Prüfung vorzulegen.

III. Zusätzliche Angaben/Bemerkungen

Hinweise zur Klassifizierung der Stoffe und/oder Gegenstände sind der Anlage zu dieser Ausnahme zu entnehmen.

[IV. Widerrufsvorbehalt

Diese Ausnahmezulassung erfolgt unter dem Vorbehalt des jederzeitigen Widerrufs für den Fall, dass sich die auferlegten Sicherheitsvorkehrungen als unzureichend zur Einschränkung der von der Beförderung ausgehenden Gefahren erweisen.]

Ort, Datum | Stempel, Unterschrift

Anlage

Hinweise zur Klassifizierung von Proben:

Die Klassifizierung richtet sich nach der überwiegenden Gefahr. Folgende Reihenfolge ist einzuhalten:

1. Prüfung auf Klasse 7
   → Festlegung der UN-Nummer im Benehmen mit der zuständigen Strahlenschutzbehörde
2. Prüfung auf Klasse 1
   → UN 0190 EXPLOSIVSTOFF, MUSTER, 1
3. Prüfung auf Klasse 2
   → UN 3168 GASPROBE, NICHT UNTER DRUCK STEHEND, GIFTIG, N.A.G., 2.3 (2.1)
4. Sind die Prüfungen unter Nr. 1 bis 3 ohne positives Ergebnis verlaufen, ist der Stoff/Gegenstand wie folgt den desensibilisierten explosiven flüssigen oder festen Stoffen zuzuordnen:
   → UN 3379 DESENSIBILISIERTER EXPLOSIVER FLÜSSIGER STOFF, N.A.G., 3, I
   → UN 3380 DESENSIBILISIERTER EXPLOSIVER FESTER STOFF, N.A.G., 4.1, I

Hinweise zur Klassifizierung von Pyrotechnik:

Ist eine eindeutige Zuordnung der Pyrotechnik nicht möglich, so wird diese wie folgt zugeordnet:

→ UN 0333 FEUERWERKSKÖRPER, 1.1G

Anlage 11

Prüfung und außerordentliche Prüfung von Rohrleitungen an Tanks zur Beförderung von Gasen der Klasse 2

Allgemeines

Die Rohrleitungen von Tanks zur Beförderung der folgenden Gase der Klasse 2 sind unter Zugrundelegung eines anerkannten Druckbehälter-Regelwerks von einer Benannten Stelle nach § 16 der ODV zu prüfen:

1011 BUTAN,

1012 BUT-1-EN oder cis-BUT-2-EN oder trans-BUT-2-EN oder BUTENE, GEMISCH,

1077 PROPEN,

1965 KOHLENWASSERSTOFFGAS, GEMISCH, VERFLÜSSIGT, N.A.G. (Gemisch A, A01, A02, A0, A1, B1, B2, B oder C),

1969 ISOBUTAN,

1978 PROPAN.

Prüfung und Bescheinigung

Über die Prüfung ist eine Bescheinigung auszustellen. Diese Prüfbescheinigung ist nur zusammen mit der ADR-Zulassungsbescheinigung nach Unterabschnitt 9.1.3.5 ADR gültig. Ein entsprechender Verweis über die Prüfung der Verrohrung ist unter 11. Bemerkungen in die ADR-Zulassungsbescheinigung aufzunehmen.

Die Mindestanforderungen an die Prüfung und die Mindestangaben in der Bescheinigung sind nachstehend wiedergegeben. Bei den Schweißnähten ist besonders auf Wurzelfehler zu achten:

1. Titel der Bescheinigung:

   Bescheinigung über die Prüfung oder die außerordentliche Prüfung der Verrohrung eines Tanks zur Beförderung von Gasen der Klasse 2 nach Anlage 11 der RSEB.
2. Angabe des Betreibers.
3. Hersteller des Tanks.
4. Herstell-Nr. des Tanks (Identifikations-Nr.).
5. Beschreibung des Prüfgegenstandes (Rohrleitung, Anzahl der Rohrleitungsabschnitte, ggf. durchgeführte Teilprüfungen mit entsprechenden Beschreibungen).
6. Beschreibung des Prüfumfanges: äußere Prüfung, innere Prüfung, zerstörungsfreie Prüfung/Art, Festigkeitsprüfung (1,5 x höchster Betriebsüberdruck der Rohrleitung bzw. des Rohrleitungsabschnittes, mindestens jedoch der 1,5-fache Prüfüberdruck des Tanks).
7. Prüfergebnis.
8. Angaben zur Kennzeichnung:

   Die geprüften Rohrleitungen sind mit der Herstell-Nr. des Tanks und dem Stempel der Benannten Stelle nach § 16 der ODV zu kennzeichnen.
9. Angaben zu Ort, Datum und Unterschrift des Mitarbeiters der Benannten Stelle nach § 16 der ODV.

Muster der Bescheinigung

(Die Bescheinigung enthält Mindestangaben. Die Reihenfolge der Einträge und das Layout können frei gewählt werden)

Betreiber: ______________________________

____

____

Bescheinigung *)

über die Prüfung oder außerordentliche Prüfung der Verrohrung eines Tanks zur Beförderung von Gasen der Klasse 2 nach Anlage 11 der RSEB

Hersteller des Tanks: ______________________________

Herstell-Nr. des Tanks: ______________________________

Prüfgegenstand:
(Zutreffendes ankreuzen)

Anzahl Rohrleitungsabschnitte: ___ Stück, dies entspricht

☐ Gesamte Rohrleitung

☐ Teilprüfung - Beschreibung: ______________________________

____

Prüfumfang:
(Zutreffendes ankreuzen)

☐ Visuelle Prüfung des äußeren und – soweit möglich – des inneren Zustandes

☐ Zerstörungsfreie Prüfung / Art: ______________________________

☐ Druckprüfung (Gas- / Flüssigkeitsdruckprüfung) mit einem Prüfüberdruck von _____ bar

Prüfergebnis: ______________________________

Die geprüften Rohrleitungsabschnitte wurden mit der Herstell-Nr. des Tanks und dem Stempel gekennzeichnet.

______________ ______________ ______________________________
(Ort) (Datum) Die Benannten Stelle nach § 16 der ODV

*) Diese Prüfbescheinigung gilt nur bei gleichzeitiger Tankprüfung und Vorliegen der ADR-Zulassungsbescheinigung nach Unterabschnitt 9.1.3.5 ADR.

Anlage 12

Festlegung der Bedingungen für besonders ausgerüstete Fahrzeuge/Wagen und Container/Großcontainer nach Abschnitt 7.3.3 Sondervorschrift VC 3 zur Beförderung erwärmter flüssiger und fester Stoffe der UN-Nummern 3257 und 3258 ADR/RID

1. Anwendungsbereich

Erwärmte Stoffe der UN-Nummern 3257 und 3258 dürfen in loser Schüttung in besonders ausgerüsteten Fahrzeugen/Wagen oder Containern/Großcontainern befördert werden, wenn nachfolgende Anforderungen erfüllt werden.

1.1 Erwärmte flüssige Stoffe, UN-Nummer 3257 sind insbesondere

- flüssiges Aluminium
- Bitumen
- flüssiges Eisen
- heißes Paraffin (Wachs).

1.2. Erwärmte feste Stoffe, UN-Nummer 3258 sind insbesondere

- heiße Brammen (massive Metalle als Halbzeug)
- Stahlcoils (warm gewalzt)
- Aluminiumkrätze, wenn dieses Gut den Grenzwert für die Gasbildung von 1 Liter je Kilogramm Masse in einer Stunde gemäß Absatz 2.2.43.1.5 Buchstabe b ADR/RID nicht überschreitet,

wenn die Temperatur bei Beginn der Beförderung 240 °C oder höher ist.

2. Allgemeine Anforderungen an die Umschließungen und deren Ladungssicherung

2.1 Die Umschließungen für das Gefahrgut (z.B. Sandbett mit hydraulisch bewegbarer Schutzhaube für den Transport heißer massiver Metalle, Coil-Wannen für den Transport von Coils, feuerfest ausgekleidete Tiegel für den Transport flüssiger Metalle, in feste Aufleger gesetzte Kübel mit umschließender Schutzhaube unter Schutzgasatmosphäre für den Transport heißer Aluminiumkrätze; siehe dazu auch Anhang 1) müssen entweder so isoliert sein, dass eine Oberflächentemperatur von 130 °C während des Beförderungsvorgangs nicht überschritten wird, oder so aufgestellt sein, dass ein Berühren der Umschließung nicht möglich ist. Hiervon ausgenommen ist die Regelung in Nummer 5.13 dieser Anlage. In keinem Fall darf durch die Oberflächentemperatur das Fahrzeug/der Wagen, insbesondere die Bremsleitungen und elektrischen Leitungen, in dessen Funktion beeinträchtigt werden.

2.2 Die Umschließungen sind gemäß den Grundsätzen der Ladungssicherung nach Unterabschnitt 7.5.7.1 ADR/RID auf dem Fahrzeug/Wagen zu befestigen. Die heißen Güter sind in ihren Umschließungen so einzubringen und zu befördern, dass sich die relative Lage der Güter zu ihren Umschließungen bei normaler Beförderung nicht ändert (Beispiel: Sandbett mit Querverstrebungen bei Brammen, Coil-Wannen, Beförderung in loser Schüttung in Behältern).

2.3 Von der Anbringung von Kennzeichen nach Kapitel 5.3 ADR/RID auf den Umschließungen kann abgesehen werden, wenn diese bereits auf dem Fahrzeug/Wagen angebracht wurden.

3. Brand- und Explosionsschutz

Jede Brandgefahr durch thermische Einwirkung des Stoffes auf die Umschließung, das Fahrzeug/den Wagen oder Ladungssicherungshilfsmittel sowie Explosionsgefahr durch z.B. austretende Dämpfe oder chemische Reaktion entstandener Gase ist zu vermeiden (z.B. durch Schutzgase).

4. Zusätzliche Anforderungen für die Beförderung flüssiger Metalle in Tiegeln

4.1 Konstruktion und Prüfung der Tiegel

Tiegel, die ab dem 1. September 2016 gebaut werden, sind nach dem Stand der Technik unter Anwendung eines geeigneten technischen Regelwerks (EN 14025:2013 oder gleichwertiges Sicherheitsniveau) konstruktiv zu berechnen und herzustellen. Die konstruktive Auslegung ist im Rahmen eines Baumusterprüfverfahrens durch eine Stelle nach § 12 der GGVSEB auf Einhaltung der konstruktiven Anforderungen aus dem verwendeten technischen Regelwerk zu überprüfen. Hinsichtlich der Anforderungen an die zu prüfenden Unterlagen wird auf die Maßgaben der EN 12972:2007 hingewiesen. Über das Ergebnis der Baumusterprüfung ist ein qualifizierter Prüfbericht durch die mit der Prüfungsdurchführung beauftragte Stelle nach § 12 der GGVSEB auszustellen. Eine Kopie des Baumusterprüfberichts ist der Tiegelakte jedes hergestellten Tiegels gemäß Nummer 4.7 dieser Anlage beizufügen.

Bei der Dimensionierung und der Befestigung der Tiegel auf dem Fahrzeug/Wagen sind der hydrostatische Druck und die Schwallwirkung des flüssigen Metalls zu berücksichtigen. Dabei sind die Beschleunigungen des Absatzes 6.8.2.1.2 ADR bzw. die Beanspruchungen des Absatzes 6.8.2.1.2 RID zugrunde zu legen. Diese Anforderung gilt auch für Tiegel, die vor dem oben genannten Datum hergestellt wurden.

Die Verschlüsse der Tiegel sind ebenfalls gemäß einem geeigneten technischen Regelwerk auszulegen und so zu gestalten, dass sie auch bei umgekipptem befülltem Tiegel dicht bleiben.

Die Einfüll- und Ausgussöffnungen müssen konstruktiv geschützt werden, z.B. durch Kragen, Abweiser, Käfige oder gleichwertige Konstruktionen (siehe dazu die Beispiele in Anhang 2). Dabei ist die Schutzeinrichtung an der Tiegeloberseite so auszulegen, dass sie insgesamt einer statischen Belastung standhält, die der doppelten Masse des befüllten Tiegels entspricht.

Soweit der Schutz der Einfüll- und Ausgussöffnungen gewährleistet bleibt, sind plastische Verformungen der Schutzeinrichtung durch das Einwirken der oben genannten Belastung zulässig. Die Nachrüstung der Schutzeinrichtung bei vorhandenen Tiegeln ist bis zum 30. Juni 2018 abzuschließen.

Die Überprüfung der vorgesehenen Schutzeinrichtung hinsichtlich ihrer konstruktiven Auslegung, Dimensionierung und Ausführung je Tiegel obliegt den Stellen nach § 12 der GGVSEB. Dazu ist jeweils ein qualifizierter Prüfbericht auszustellen sowie erforderlichenfalls nach erfolgtem Anbau eine außerordentliche Prüfung gemäß Nummer 4.5 dieser Anlage durchzuführen. Der Prüfbericht über die Schutzeinrichtung sowie gegebenenfalls die außerordentliche Prüfung sind der Tiegelakte gemäß Nummer 4.7 dieser Anlage beizufügen.

4.2 Erstmalige Prüfung der Tiegel vor der Inbetriebnahme

Die Tiegel sind erstmalig vor Inbetriebnahme durch eine Stelle nach § 12 der GGVSEB unter Anwendung der EN 12972:2007 zu prüfen.

Die Prüfung umfasst mindestens:

- eine Prüfung der Übereinstimmung mit den Konstruktionsunterlagen oder Gutachten unter Berücksichtigung des qualifizierten Prüfberichts über die Baumusterprüfung,
- eine Prüfung der Übereinstimmung mit den Konstruktionsunterlagen oder Gutachten unter Berücksichtigung des qualifizierten Prüfberichts über die Baumusterprüfung,
- eine Bauprüfung,
- eine Prüfung des inneren und äußeren Zustands,
- eine Wasserdruckprüfung mit einem Prüfdruck von 4 Bar; die Tiegel dürfen noch nicht feuerfest ausgekleidet oder beschichtet sein,

Die Wasserdruckprüfung und Dichtheitsprüfung sind auch mit einer Ersatzdichtung zulässig.

4.3 Zwischenprüfung der Tiegel

Die Tiegel sind nach der erstmaligen Prüfung und jeder wiederkehrenden Prüfung nach Nummer 4.4 dieser Anlage Zwischenprüfungen durch eine Stelle nach § 12 der GGVSEB, mit Ausnahme der Wasserdruckprüfung und der Innenbesichtigung der metallischen Oberfläche, zu unterziehen. Die Zwischenprüfung umfasst die

– Prüfung des äußeren Zustands, diese schließt auch die Unversehrtheit der Flansch- und Deckelverbindungen ein,
– Wanddickenmessung,
– zerstörungsfreie Prüfung aller zugänglichen Schweißnähte.

Die maximale Frist für die Zwischenprüfung beträgt sechs Jahre.

Dabei ist auch die Prüfung des inneren Zustands durch eine fachkundige Person in Verantwortung des Betreibers durchzuführen.

4.4 Wiederkehrende Prüfung der Tiegel

Bei jeder Erneuerung der Feuerfestauskleidung (Ausmauerung), spätestens jedoch nach zwölf Jahren, ist eine wiederkehrende Prüfung durch eine Stelle nach § 12 der GGVSEB durchzuführen. Der Umfang der Prüfung entspricht der nach Nummer 4.3 dieser Anlage zzgl. einer Wasserdruckprüfung mit einem Prüfdruck von 4 Bar sowie einer Besichtigung der metallischen inneren Oberfläche des Tiegels. Die Wasserdruckprüfung ist auch mit einer Ersatzdichtung zulässig.

4.5 Außerordentliche Prüfung der Tiegel

Wenn die Sicherheit der Tiegel durch Ausbesserung, Umbau oder Unfall beeinträchtigt sein kann, ist eine außerordentliche Prüfung durch eine Stelle nach § 12 der GGVSEB in entsprechender Anwendung des Absatzes 6.8.2.4.4 ADR/RID durchzuführen.

4.6 Kennzeichnung der Tiegel

Die Tiegel sind in entsprechender Anwendung des Absatzes 6.8.2.5.1 ADR/RID auf einem Tiegelschild zu kennzeichnen (Kennzeichnung für die Prüfung nach Absatz 6.8.2.4.1 und 6.8.2.4.2 ADR/RID mit „P“, für die Prüfung nach Absatz 6.8.2.4.3 im ADR/RID mit „L“).

4.7 Führen einer Tiegelakte (Wartungs- und Prüfbuch)

Die Ergebnisse aller Prüfungen und die der erstmaligen Prüfung zugrundeliegenden Unterlagen sind vom Betreiber in der Tiegelakte aufzubewahren.

4.8 Beförderung der Tiegel

An die Fahrzeuge für den Straßenverkehr werden folgende zusätzlichen Anforderungen gestellt:

Das Kraftfahrzeug (Zugmaschine oder Motorwagen) muss ab dem 1. Juli 2017 und der Sattelanhänger oder Anhänger ab dem 1. Januar 2021 mit einer Fahrdynamikregelung (Electronic Stability Control - ESC) ausgestattet sein.

Die Tiegel sind auf den Fahrzeugen/Wagen so zu verladen, dass z.B. Bremsleitungen, elektrische Leitungen in ihrer Funktion nicht beeinflusst werden können.

Die Tiegel sind auf den Fahrzeugen/Wagen so auszurichten, dass die Ausgussöffnungen in oder gegen die Fahrtrichtung angeordnet sind.

4.9 Anforderungen an die Fahrzeugführer

Ergänzend zum Basiskurs nach Unterabschnitt 8.2.1.2 müssen die Fahrzeugführer für die Beförderung von flüssigen Metallen in Tiegeln entweder eine Schulungsbescheinigung für den Aufbaukurs Tank nach Unterabschnitt 8.2.1.3 ADR besitzen oder eine ergänzende Einweisung durch eine fachkundige Person erhalten. Diese soll folgende Schwerpunkte beinhalten:

- besonderes Fahrverhalten der Trägerfahrzeuge mit Tiegeln,
- allgemeine Grundlagen der Fahrphysik (Fahrstabilität/Kippverhalten, insbesondere Schwerpunkthöhe, Schwallwirkung),
- Grenzen von Fahrdynamikregelungen (ESC) und
- besondere Maßnahmen, die bei einem Unfall einzuleiten sind.

Diese Einweisung ist mit Datum, Dauer und wesentlichem Inhalt schriftlich oder elektronisch durch den Beförderer zu dokumentieren. Spätestens ab dem 30. Juni 2018 müssen alle Fahrzeugführer über den Aufbaukurs Tank verfügen oder die Teilnahme an einer Unterweisung belegen können.

5. Sondervorschriften für den Transport von flüssigem Eisen in Torpedo- oder Rohrpfannenwagen (Pfannen) mit der Eisenbahn

5.1 Die Pfannen müssen aus einem Blechmaterial und einer geeigneten feuerfesten Auskleidung bestehen. Der Blechmantel der Pfanne muss als selbsttragendes System auf zwei Stützen aufgebaut sein.

5.2 Die Pfannen, ihre Einfüllöffnungen und ihre baulichen Ausrüstungen müssen so beschaffen sein, dass sie ohne Verlust des Inhalts unter normalen Beförderungsbedingungen den statischen und dynamischen Beanspruchungen, wie sie in Absatz 6.8.2.1.2 RID festgelegt sind, standhalten.

5.3 Bei höchster Betriebslast darf die zulässige Beanspruchung im Blechmantel der Pfanne 6/10 der oberen Streckgrenze (0,6 Re bei 20 °C und 0,75 Re bei 250 °C, je nachdem, welcher Wert niedriger ist) nicht überschreiten.

5.4 Im Blechmantel der Pfannen ist eine ausreichende Zahl von Ausdampflöchern anzubringen, deren Durchmesser maximal 10 mm betragen darf.

5.5 Der feuerfeste Aufbau muss dem Stand der Technik entsprechen. Jede Erneuerung und Reparatur des feuerfesten Aufbaus ist durch den Betreiber bzw. Hersteller aufzuzeichnen.

5.6 Die Eigenschaften der feuerfesten Materialien für die Auskleidung von Pfannen sind im Rahmen der Qualitätskontrollen vom Betreiber oder Lieferanten durch entsprechende Prüfungen zu überwachen. Für die tragenden Teile der Pfannen sind nur geprüfte Werkstoffe zu verwenden. Die Prüfung ist durch das Abnahmezeugnis und Bescheinigung nachzuweisen. TRT 042 (VkBl. 2003 Heft 7 Seite 178) gilt entsprechend.

5.7 Schweißarbeiten am Blechmantel, insbesondere an tragenden Teilen, dürfen nur von anerkannten Schweißbetrieben und nur von geprüften Schweißern unter Aufsicht einer zugelassenen Schweißaufsichtsperson vorgenommen werden. Die Anforderungen aus Absatz 6.8.2.1.23 gelten entsprechend.

5.8 Die Pfannen sind erstmalig vor der Inbetriebnahme zu prüfen.

5.9 Die Pfannen sind wiederkehrenden Prüfungen zu unterziehen. Diese umfassen
- die Wanddickenmessung,
- die Rissprüfung im Bereich der Auflagerstellen,
- die Gefügeuntersuchung.

5.10 Die wiederkehrenden Prüfungen sind spätestens nach acht Jahren durchzuführen. Bei jeder Erneuerung der Feuerfestauskleidung (Verschleiß- und Dauerfutter) muss eine Innenbesichtigung der metallischen Oberfläche erfolgen.

5.11 Wenn die Sicherheit der Pfanne durch Ausbesserung, Umbau oder Unfall beeinträchtigt sein kann, ist eine außerordentliche Prüfung vorzunehmen.

5.12 Alle vorstehenden Prüfungen sind durch eine Stelle nach § 12 der GGVSEB durchzuführen. Über die Prüfungen sind von den Prüfstellen Bescheinigungen auszustellen, die vom Betreiber aufzubewahren sind.

5.13 Während der Beförderung darf die Oberflächentemperatur im frei zugänglichen Bereich des metallischen Außenbehälters 250 °C nicht übersteigen.

5.14 Die feuerfeste Auskleidung der Pfannen ist vom Betreiber vor dem ersten Einsatz zu kontrollieren.

Das Aufheizen ist nach einem Aufheizplan entsprechend der gewählten Steinqualität und Art der Auskleidung vorzunehmen und zu überwachen.

5.15 Vor jeder Verwendung ist der ordnungsgemäße Zustand der Pfannen vom Betreiber oder Befüller zu überprüfen. Zutreffendenfalls sind Nachbesserungen vorzunehmen. Hierüber sind Aufzeichnungen zu führen.

5.16 Während des Transportes ist die Einfüllöffnung der Pfannen mit einem Deckel dicht zu verschließen.

Anhang 1

Bild 1

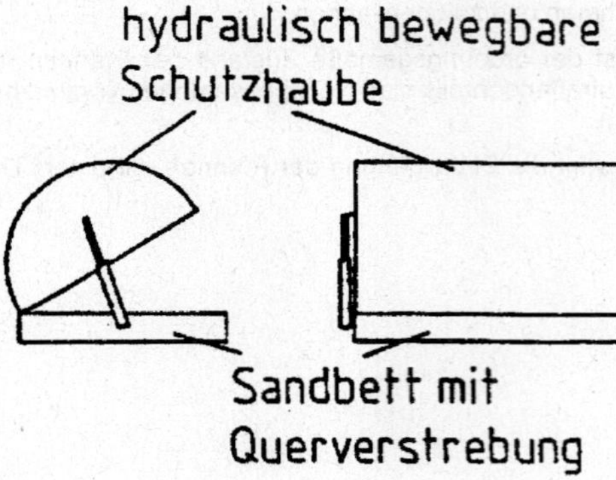

Bild 2

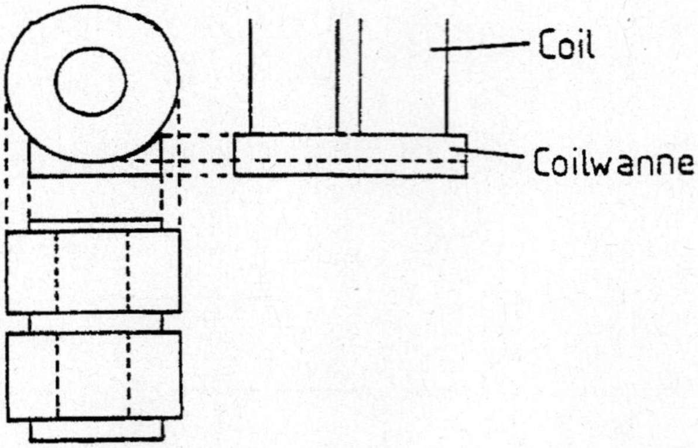

Anhang 2

Schutzeinrichtung „Kragen"

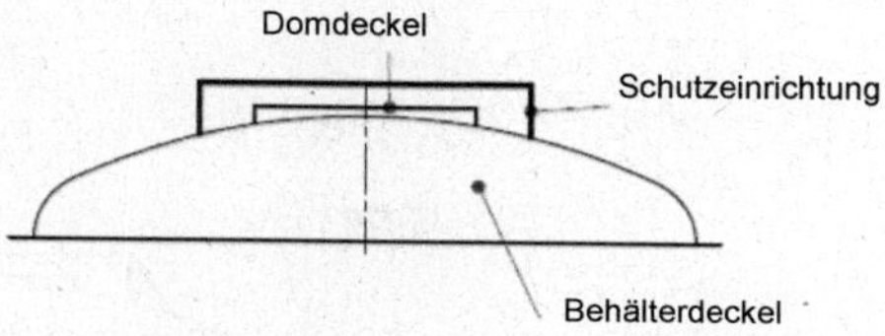

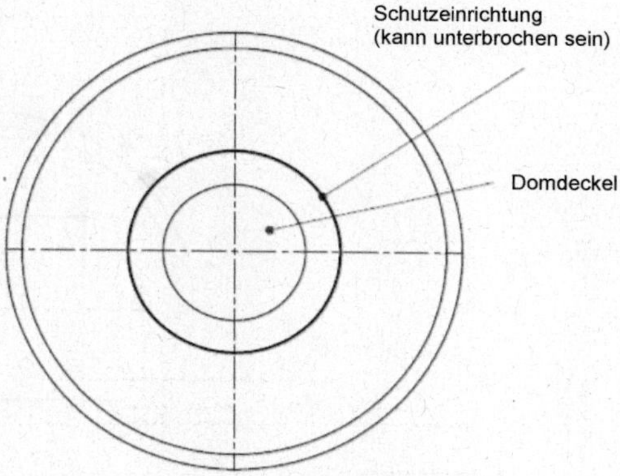

Schutzeinrichtung „Abweiser"

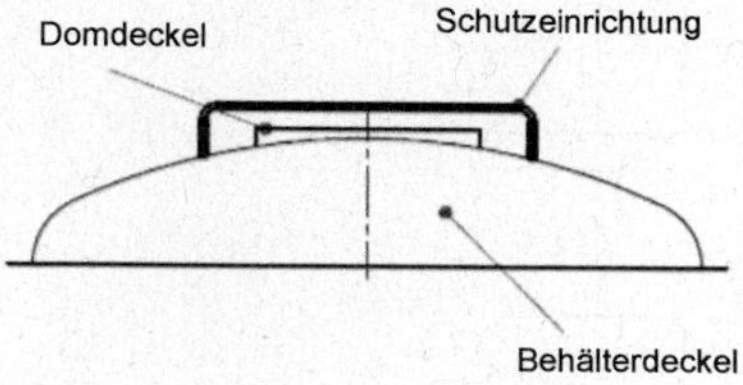

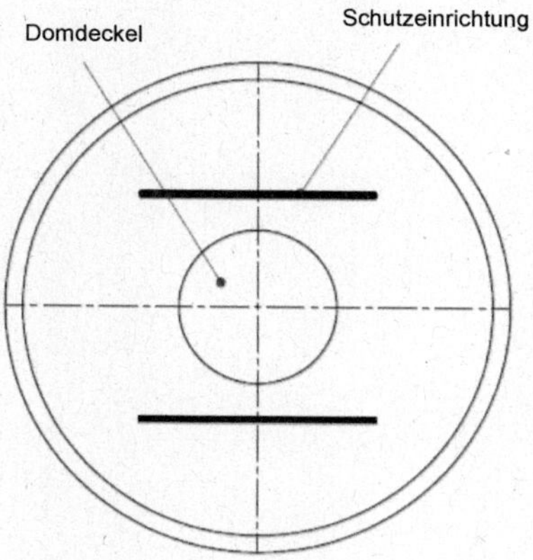

14

Schutzeinrichtung „Käfig“

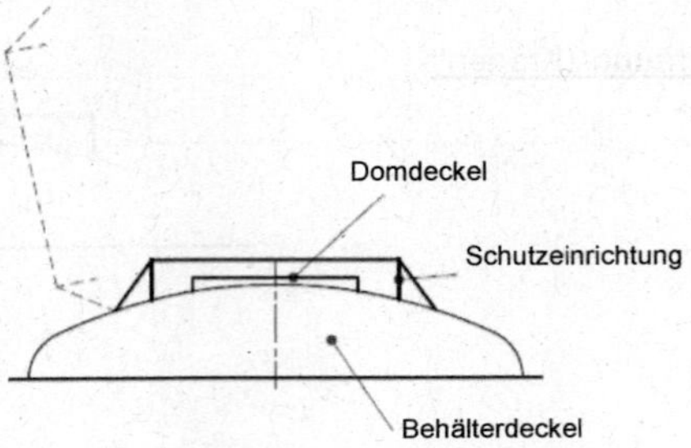

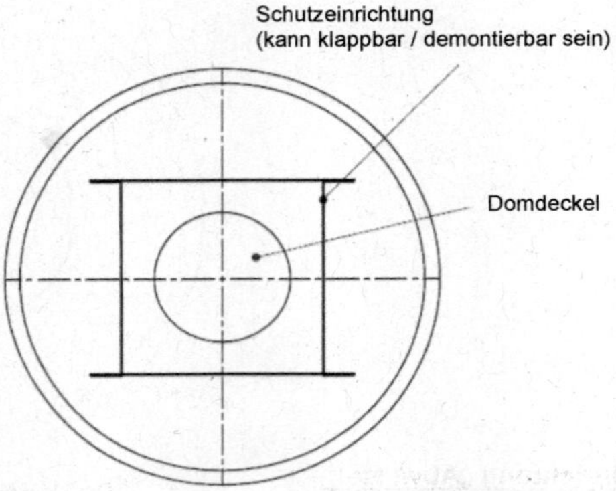

Anlage 13

– offen –

Anlage 14

Verfahren zur Zulassung der Baumuster von Tanks zur Beförderung gefährlicher Güter nach der GGVSEB in Verbindung mit Kapitel 6.7, 6.8, 6.9 und 6.10 ADR/RID

1. Tankcontainer (TC), ortsbewegliche Tanks (OT), festverbundene Tanks (Tankfahrzeuge) (T), Aufsetztanks (AT) und Kesselwagen (KW), die nicht nach der Ortsbewegliche-Druckgeräte-Verordnung (ODV) konformitätsbewertet werden, dürfen als Baumuster zugelassen werden, wenn die für die Beförderung der vorgesehenen gefährlichen Güter maßgebenden Vorschriften des ADR/RID eingehalten werden.

2. Zuständige Behörden für die Zulassung der Baumuster sind

   1. von TC, OT, T und A: Bundesanstalt für Materialforschung und -prüfung (BAM), Berlin,

   2. von KW: Eisenbahn-Bundesamt (EBA), Bonn.

3. Grundlage für die Zulassung der Baumuster ist der Prüfbericht einer nach § 9 der GGVSEB zuständigen anerkannten Prüfstelle (im Folgenden: anerkannte Prüfstelle) bzw. einer Stelle nach § 12 der GGVSEB für die betreffenden Tanks.

4. Der Antragsteller hat mit der Baumusterprüfung eine Stelle nach § 12 der GGVSEB bzw. anerkannte Prüfstelle zu beauftragen. Der zuständigen Behörde für die Zulassung des Baumusters ist eine Kopie des Prüfauftrags und gleichzeitig der Antrag auf Zulassung des Baumusters entsprechend dem Muster nach Anhang 1 zu übersenden.

5. Mit dem Auftrag zur Baumusterprüfung sind der Stelle nach § 12 der GGVSEB bzw. anerkannten Prüfstelle mindestens folgende Angaben und Unterlagen einzureichen:

5.1 Firma und Anschrift des Antragstellers;

5.2 Baubeschreibung des TC, OT, T, AT oder KW:

Mit allen erforderlichen Angaben, z.B. Gesamtmasse, Kammeranzahl und Kammervolumen, Tankform/Tankbauart (z.B. Zylinderform, Kofferform), Wanddicke (reduziert/nicht reduziert), Tankwerkstoff/Schutzauskleidung, Dichtungswerkstoff, Schweißverfahren, -nahtform, -zusatzwerkstoff, -faktor, Verbindung Tank/Fahrgestell, Schutz der Einrichtung auf der Oberseite, Bedienungsausrüstung, Additivierungseinrichtung, Angaben zu begrenzten Abweichungen (Varianten);

5.3 vorgesehene Verwendung (Rechtsvorschrift, nach der die Zulassung erteilt werden soll);

5.4 vorgesehene Betriebsweise (z. B. Druckentleerung);

5.5 schematische Darstellung des TC, OT, T, AT oder KW durch eine Baumusterskizze:

Beschreibung des konkreten und im Fall der Beantragung von Varianten des repräsentativen Baumusters (Prototyp) sowie ggf. bei Varianten alle minimalen und maximalen Hauptabmessungen);

5.6 Schaltschema für Rohrleitungen und Armaturen;

5.7 Datenblatt, das kurz gefasste Angaben über die wichtigsten Betriebsgrößen des TC, OT, T, AT oder KW enthält:

Beispielsweise Angaben zu Leermasse des Tanks und der relevanten Aufbauanteile und Nutzlast, Drücke und Temperaturen, Tankvolumen;

5.8 Berechnung des Tanks und ggf. der Varianten;

5.9 Nachweis darüber, dass der Tank und seine Befestigungseinrichtungen den vorgesehenen Beanspruchungen für die einzelnen Verkehrsträger beim Transport und Umschlag standhalten (z.B. durch Versuch, Berechnung oder nachgewiesen im Vergleich);

5.10 sämtliche zur Beurteilung des TC, OT, T, AT oder KW erforderlichen Zeichnungen einschließlich einer Zusammenstellungszeichnung;

5.11 Armaturenliste mit Armaturendaten;

5.12 Nachweis der Eignung und der ausreichenden Bemessung der Sicherheitseinrichtungen (z.B. Be- und Entlüftung, Flammendurchschlagsicherung, Berstscheiben, Sicherheitsventile);

5.13 ggf. vorhandene Baumusterzulassungen von Ventilen und anderen Bedienungsausrüstungen nach Absatz 6.8.2.3.1 ADR/RID, die von Stellen nach § 12 der GGVSEB oder in anderen ADR/RID-Staaten erteilt wurden;

5.14 soweit zutreffend, Prüfnachweise für Bauteile, insbesondere Ventile und andere Bedienungsausrüstung, aus bereits durchgeführten Baumusterzulassungsverfahren sowie Prüfberichte und weitere Unterlagen von akkreditierten zuständigen Prüfstellen oder von zuständigen Behörden in anderen ADR/RID-Herstellungsstaaten; die Akkreditierung der nach dem jeweiligen nationalen Recht zuständigen Prüfstelle nach EN ISO/IEC 17020:2012 (Typ A) muss nachgewiesen werden;

5.15 Zeichnung des unausgefüllten Schildes am TC, OT, T, AT oder KW;

5.16 Darstellung der sonstigen Kennzeichnung des TC, OT, T, AT oder KW;

5.17 Nachweis der Eignung des Tankwerkstoffs oder der Schutzauskleidung und des Dichtungswerkstoffs und/oder Werkstoffgutachten;

5.18 Firma und Anschrift des Herstellers des TC, OT, T, AT oder KW mit den Nachweisen über die zur sachgemäßen Ausführung von Schweißarbeiten durchgeführten Verfahrensprüfungen und, soweit vorhanden, der gültigen Anerkennung für die Befähigung des Herstellers nach Absatz 6.8.2.1.23 ADR bzw. für KW die Vorlage einer gültigen Anerkennung für die Befähigung des Herstellers nach Absatz 6.8.2.1.23 RID;

Diese Anforderung gilt nicht für Tanks nach Kapitel 6.9 ADR/RID;

5.19 soweit erforderlich, die Benennung der Stoffe oder Stoffgruppen, einschließlich UN-Nummer, Klasse, Klassifizierungscode und Verpackungsgruppe nach Kapitel 3.2 sowie bei Stoffen nach n.a.g.-Eintragungen die Angabe von Dampfdruck (absolut) und Dichte bei 50 °C;

5.20 für jeden genannten Stoff oder Gruppe von Stoffen, zur Beurteilung der Korrosion bzw. Korrosionsgeschwindigkeiten, ein Nachweis z.B. gemäß BAM-Liste „Anforderungen an Tanks für die Beförderung gefährlicher Güter" in der jeweils geltenden Fassung oder nach der **Anlage 17** der RSEB;

5.21 bei KW ein Tankdatenblatt;

5.22 Tankcodierung/Tankanweisung und die Sondervorschriften für den Bau (TC), die Ausrüstung (TE) und die Zulassung des Baumusters (TA) bzw. für OT die Sondervorschriften (TP);

6. Die Stelle nach § 12 der GGVSEB bzw. anerkannte Prüfstelle muss folgende Prüfungen durchführen:

6.1 Stufe 1:

6.1.1 Prüfung der Antragsunterlagen auf Vollständigkeit.

6.1.2 Prüfung der Zeichnungen und Berechnungen sowie der Ausrüstungsteile.

Berechnung des Tanks:
- für Drucktanks gilt Bild 1 der Norm EN 14025;
- für drucklose Tanks ist die Norm EN 13094 einschlägig;
- für OT gilt Anhang 3.

6.1.3 Erstellung eines Prüfberichts Stufe 1 nach Anhang 2a.

6.2 Stufe 2:

6.2.1 Es ist die Bau-, Wasserdruck- und Dichtheitsprüfung und eine Prüfung auf Vollständigkeit und Funktionsfähigkeit der Ausrüstungsteile an dem unter Nummer 5.5 beschriebenen Prototypen durchzuführen. Wenn der Tankkörper und seine Ausrüstungsteile getrennt geprüft werden, müssen sie nach dem Zusammenbau gemeinsam einer Dichtheits- und Funktionsprüfung unterzogen werden.

Für baumusterzugelassene Ausrüstungsteile hat die Bescheinigung über die erstmalige Prüfung gemäß Absatz 6.8.2.4.1 ADR/RID vorzuliegen.

6.2.2 Es muss ferner nachgeprüft werden, ob das Baumuster entsprechend dem vorgesehenen Verwendungszweck den besonderen Anforderungen im Straßen-, Schienenverkehr genügt.

6.2.3 Zusätzlich für Tanks nach Kapitel 6.9 ADR/RID sind die Ergebnisse der Werkstoffprüfungen sowie die Ergebnisse der Prototypprüfungen zu bewerten.

6.2.4 Erstellung eines Prüfberichts Stufe 2 nach Anhang 2b mit einer Darstellung des vollständig ausgefüllten Tankschilds des Baumusters (Prototyps) als Anlage.

7. Ist die Baumusterzulassung für eine Baureihe von TC, OT, T, AT oder KW beantragt worden, so kann sich die Stelle nach § 12 der GGVSEB bzw. anerkannte Prüfstelle mit Zustimmung der zuständigen Behörde auf das Prüfen der Größen beschränken, die eine Beurteilung zulassen, ob die gesamte Baureihe den sicherheitstechnischen Anforderungen entspricht.

8. Zum Prüfbericht Stufe 1 der Stelle nach § 12 der GGVSEB bzw. der anerkannten Prüfstelle gehören die mit dem Original-Prüfvermerk versehenen eingereichten vollständigen Unterlagen des Antragstellers in Papierform sowie ggf. Vorschläge der Stelle nach § 12 der GGVSEB bzw. anerkannten Prüfstelle für weitergehende Prüfungen bei der Serienfertigung. Dafür darf die Norm EN 12972 herangezogen werden.

Voraussetzung für die Bearbeitung eines Antrags durch die zuständige Behörde ist die Vorlage des Prüfberichts Stufe 1 mit vollständigen Unterlagen.

9. Die jeweils zuständige Behörde kann in Ausnahmefällen auch die gesonderte Anerkennung der Befähigung von ausländischen Herstellern zur Ausführung der Schweißarbeiten gemäß Absatz 6.8.2.1.23 ADR/RID anerkennen, soweit diese Anerkennung von zuständigen Behörden der Vertragsparteien/Vertragsstaaten des ADR/RID ausgestellt wurde.

Im Regelfall wird die nach Absatz 6.8.2.1.23 ADR/RID erforderliche Anerkennung der Befähigung des Herstellers zur Ausführung der Schweißarbeiten für ausländische Schweißbetriebe jedoch nur als Teil einer konkreten einzelnen Baumusterzulassung erteilt und besitzt in diesem Fall ausschließlich Gültigkeit für den Bau von Tanks nach dieser Baumusterzulassung. Zu diesem Zweck bringt der Hersteller alle erforderlichen Unterlagen bei, auf deren Grundlage die Stelle nach § 12 der GGVSEB bzw. anerkannte Prüfstelle prüft, ob die tatsächlichen Voraussetzungen für eine Anerkennung gegeben sind. Das Ergebnis dieser Prüfung ist in den Prüfbericht aufzunehmen. Auf der Grundlage des Prüfberichts entscheidet die zuständige Behörde, ob die Voraussetzungen nach Absatz 6.8.2.1.23 ADR/RID erfüllt sind.

10. Auf der Grundlage des erfolgreich geprüften Prüfberichts Stufe 1 entscheidet und informiert die zuständige Behörde über die vorläufige Reservierung einer Zulassungsnummer gemäß den Festlegungen unter Nummer 11 für das Baumuster nach den Rechtsvorschriften für die Beförderung gefährlicher Güter sowie für TC oder OT, die der Definition von Containern gemäß dem Internationalen Übereinkommen über sichere Container (CSC) entsprechen, gleichzeitig über die vorläufige Reservierung der Kennzeichnungsnummer nach dem CSC in der jeweils geltenden Fassung.

Nach Vorlage und positiv abschließender Prüfung des Prüfberichts Stufe 2 entscheidet die zuständige Behörde über die endgültige Erteilung der zunächst vorläufig reservierten Zulassungsnummer für die Baumusterzulassung sowie ggf. der vorläufig reservierten Kennzeichnungsnummer nach dem CSC.

11. Die Baumusterzulassungsnummer besteht aus dem Buchstaben „D“ (bei OT aus den Buchstaben „UN D“), aus der Kurzbezeichnung der zuständigen Behörde, einer Registriernummer und einer Kodierung der Tankbauart. Für die Kodierung der Tankbauart werden die unter Nummer 1 in Klammern stehenden Großbuchstaben verwendet. Für Kesselwagen entfällt die Angabe der Tankbauart.

    Beispiele für Zulassungsnummern:

    Tankcontainer = „D / BAM / Registrier-Nr. / TC“,
    Ortsbeweglicher Tank = „UN D / BAM / Registrier-Nr. / OT“,
    Tankfahrzeug = „D / BAM / Registrier-Nr. / T“,
    Aufsetztank = „D / BAM / Registrier-Nr. / AT“,
    Kesselwagen = „D / EBA / Registrier-Nr.“.

    Die Verwendung eines nach einer gültigen Baumusterzulassung hergestellten Tanks richtet sich nach den jeweils für die Beförderung zu beachtenden Rechtsvorschriften.

    In der Baumusterzulassung für TC oder OT legt die zuständige Behörde gleichzeitig die Kennzeichnung nach dem CSC fest.

12. Die Verlängerung einer Baumusterzulassung sollte, unter Beifügung aller erforderlichen Unterlagen, mindestens sechs Monate vor dem Auslaufen der in Frage stehenden Baumusterzulassung bei der zuständigen Behörde beantragt werden, falls eine kontinuierliche Verwendung der Baumusterzulassung angestrebt wird. Die Verlängerung wird in Form einer Neufassung der Baumusterzulassung erteilt.

Anhang 1

Antrag auf Zulassung des Baumusters eines Tankcontainers / ortsbeweglichen Tanks / festverbundenen Tanks / Aufsetztanks / Kesselwagens *)

Der Antrag auf Baumusterzulassung kann für TC, OT, T, AT unter nachfolgender Internetadresse aufgerufen und ausgefüllt werden:
http://www.tes.bam.de/de/regelwerke/downloads/Antrag_auf_Zulassung_des_Baumusters_eines_Tankcontainers.pdf
Der Antrag auf Baumusterzulassung kann für KW unter nachfolgender Internetadresse aufgerufen und ausgefüllt werden:
https://www.eba.bund.de/DE/HauptNavi/FahrzeugeBetrieb/Fahrzeuge/Zulassung/Gefahrgutkesselwagen/Baumusterzulassung/baumuster_node.html
Alternativ kann auch der nachfolgende Antrag verwendet werden:

1. Hiermit beantrage(n) ich (wir) *)

   ....
   (Name, Anschrift des Antragstellers)

   die Zulassung des in dem beigefügten Prüfantrag vom .... (einschließlich Anlagen) beschriebenen Baumusters eines TC, OT, T, AT oder KW *) zur Beförderung folgender Güter:

   ....
   (Soweit erforderlich, Benennung der Stoffe oder Stoffgruppen, einschl. UN-Nr., Klasse, Klassifizierungscode, Verpackungsgruppe, Dampfdruck, Dichte)

   Tankcodierung/Tankanweisung ....
   Sondervorschriften ....
   nach den Vorschriften der GGVSEB und, sofern zutreffend,
   dem Internationalen Übereinkommen über sichere Container (CSC) *).

2. Hersteller des Baumusters und der danach zu fertigenden TC, OT, T, AT oder KW *) ist (sind) *):

2.1 Tank

   ....
   (Name und Anschrift)

2.2 Tankarmaturen

   ....
   (Name und Anschrift)

2.3 Rahmenwerk

   ....
   (Name und Anschrift)

2.4 Zusammenbau

   ....
   (Name und Anschrift)

3. Die Prüfungen nach Nummer 6 der Anlage 14 der RSEB werden durchgeführt von

   ....
   (Name und Anschrift)

4. Bei Kesselwagen, die nach der Technischen Spezifikation für die Interoperabilität (TSI) zum Teilsystem „Fahrzeuge – Güterwagen" zuständige Stelle:

   ....
   (Name und Anschrift)

5. Bei Kesselwagen, die für die Genehmigung der Inbetriebnahme nach RL 2008/57/EG zuständige Stelle:

   ....
   (Name und Anschrift)

6. Ich (wir) *) erklären uns zur Übernahme der Kosten für die Zulassung bereit.

   ....
   (Name und Anschrift, Unterschrift/Stempel)

---

*) Nichtzutreffendes jeweils streichen.

Anhang 2a - Stufe 1

Bericht über die Prüfung des Baumusters eines Tanks und Varianten gemäß ADR/RID *)

1. Stelle nach § 12 der GGVSEB bzw. anerkannte Prüfstelle nach § 9 der GGVSEB: ....

2. Antragsteller: ....

3. Hersteller: ....

4. Angaben zum TC, OT, T, AT, KW *): ....

4.1 Form: zylindrisch / kofferförmig / elliptisch / sonstige *)

4.2.1 Bauart: einwandig/doppelwandig/selbsttragend/wärmeisoliert/beheizbar/Sandwich-Bauweise *)

4.2.2 Tankcodierung/Tankanweisung, Sondervorschriften für den Bau (TC), die Ausrüstung (TE) und die Zulassung des Baumusters (TA) sowie für OT (TP): ....

4.3 Berechnet nach: ....

4.4 Tankwerkstoffe (Kurzbezeichnung, Werkstoff-Nr., Werkstoffnorm, Werkstoffgutachten): ....

4.5 Dichtungswerkstoffe (ggf. Angaben zur Auskleidung, Beschichtung): ....

4.6 erforderliche Mindestwanddicken

Tankmantel: .... mm

Endböden: .... mm

Schwallwände / Trennwände: .... mm

Schutz- /Isolierboden: .... mm

Isolieraufbau: .... mm

Mannlochkragen und -deckel: .... mm

Korrosionszuschlag: .... mm

4.7 Vorgesehene Schweißverfahren:

Nahtform: ....

Schweißnahtkoeffizient: ....

4.8 Volumen / Masse:

höchstzulässige Gesamtmasse T: ....

höchstzulässige Bruttomasse TC, OT, AT, KW: ....

Fassungsraum des Tanks (gesamt): ....

Anzahl der Abteile: ....

Fassungsraum jedes Abteils: ....

4.9 Berechnungstemperatur: ....

4.10 höchstzulässiger Berechnungsdruck nach ADR / RID *) in MPa (Bar): ....

*) Nichtzutreffendes jeweils streichen.

5. Prüfungen:

Folgende Prüfungen wurden im Rahmen der Baumusterprüfung durchgeführt:

		Ja	Nein	Bemerkungen
5.1	Prüfung der Antragsunterlagen auf Vollständigkeit			(Hier könnte der Verweis auf den Prüfbericht Stufe 1 vorgesehen werden. Falls Änderungen erfolgt sind, wären diese aufzunehmen.)
5.2	Technische Prüfung:			
5.2.1	Prüfung der Zeichnungen, Stücklisten, Berechnungen, Beschreibungen, Überprüfung der Antragsunterlagen auf Einhaltung der Anforderungen der Vorschriften des ADR/RID *)			(Hier könnte der Verweis auf den Prüfbericht Stufe 1 vorgesehen werden. Falls Änderungen erfolgt sind, wären diese aufzunehmen.)
5.2.2	Bauprüfung:			
	– Maßprüfung:			
	– Zerstörungsfreie Prüfung, Art:			
	– Prüfung der Oberflächenbeschaffenheit:			
	– Arbeitsprüfung (mitgeschweißte Probestücke) :			
	– Einsichtnahme in Werkstoffnachweise, Bescheinigungen, Berichte über zerstörungsfreie Prüfungen und Arbeitsprüfungen, Zeichnungen, Stücklisten, Schemata:			
5.2.3	Druckprüfung:			
	– Prüfmedium:			
	– Prüfüberdruck MPa (Bar):			
	– Standzeit:			
5.2.4	Abnahmeprüfung:			
	– Überprüfung der Vollständigkeit und Anordnung der Ausrüstungsteile:			
	– Dichtheitsprüfung:			
	– Funktionsprüfung:			
	– Überprüfung der Kennzeichnung:			

*) Nichtzutreffendes jeweils streichen.

6. Prüfergebnis:

6.1 Die Prüfungen der Baumusterunterlagen nach Nummer 5 dieses Prüfberichts ergaben, dass das Baumuster den Bau- und Ausrüstungsvorschriften nach ADR/RID *) für die Beförderung folgender Stoffe und/oder Gruppen von Stoffen (soweit zutreffend), der Tankcodierung/Tankanweisung und den Sondervorschriften für den Bau (TC), die Ausrüstung (TE) und die Zulassung des Baumusters (TA) sowie für OT (TP) entspricht:

UN-Nummer: ....

Benennung: ....

Klasse: ....

Klassifizierungscode: ....

Verpackungsgruppe: ....

Dichte (kg/dm^3): ....

Dampfdruck bei 50 °C: ....

Prüfdruck in MPa (Bar): ....

Tankcodierung/Tankanweisung: ....

Sondervorschriften TC, TE, TA und TP: ....

6.2 Grundlage der Prüfungen sind ADR/RID*) mit - sofern zutreffend - den in Unterabschnitt 6.8.2.6 aufgeführten Normen.

7. Vorschläge für Nebenbestimmungen (Beispiele):

7.1 Die Frist für die wiederkehrende Prüfung für dieses Baumuster und die diesem Baumuster nachgebauten TC, OT, T, AT, KW *) beträgt .... Jahre.

7.2 Jeder Tank ist auf einem Tankschild/Fabrikschild dauerhaft zu kennzeichnen mit:
....

8. Angaben/Unterlagen zu Nummer 5 sind in einer besonderen Liste zu diesem Prüfbericht aufgeführt.*)

....
(Ort, Datum, Unterschrift)

....
(Name der Stelle nach § 12 der GGVSEB bzw. anerkannten Prüfstelle nach § 9 der GGVSEB)

*) Nichtzutreffendes jeweils streichen.

Anhang 3

Ortsbewegliche Tanks
Berechnung der Mindestwanddicke
(schematisch)

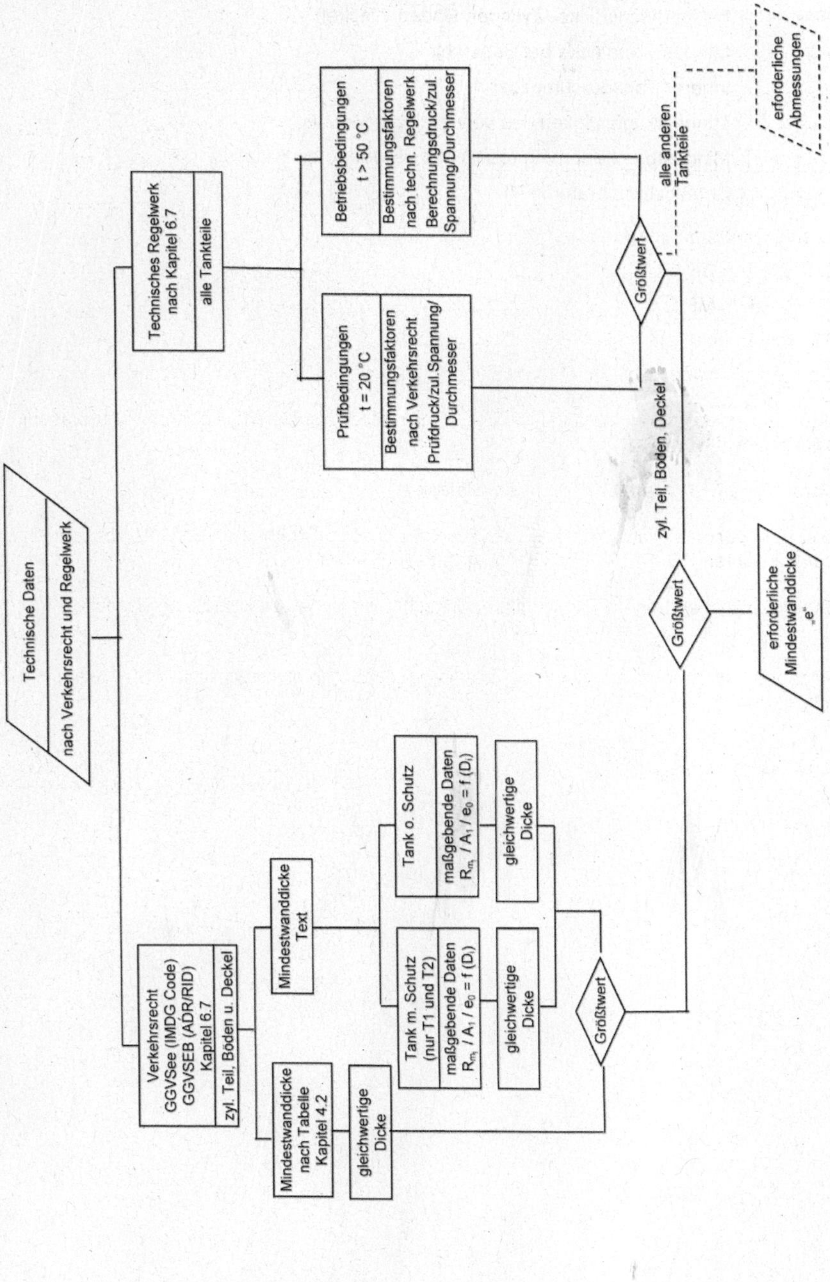

14

Anhang 4

Verzeichnis der Abkürzungen für die Berechnung der Mindestwanddicke nach Anhang 3

e	=	Mindestwanddicke (Zylinder, Böden, Deckel)
e_0	=	Mindestwanddicke bei Baustahl
D_i	=	innerer Tankdurchmesser
R_{m1}	=	Mindestzugfestigkeit des verwendeten Metalls
A_1	=	Mindestbruchdehnung (quer) des verwendeten Metalls
t	=	Betriebstemperatur in °C

Anlage 15

Prüfliste für die Prüfung von Fahrzeugen nach den Vorschriften des ADR zur Ausstellung / Verlängerung der ADR-Zulassungsbescheinigung

		Fahrzeugbezeichnung					Fundstelle	Prüfungsumfang	
		EX/II	EX/III	MEMU	AT	FL		Ausstellung	Verlängerung
1.	**Ausrüstung**								
1.1	hinterer Anfahrschutz		X		X	X	9.7.6	Erfordernis, Ausführung, Wirksamkeit,	Zustand
				X			9.8.5		
1.2	Verhütung von Feuergefahren								
	Motor	X	X	X		X	9.2.4.4; 9.3.5	Erfordernis, Ausführung, Wirksamkeit	Erfordernis, Zustand
	Feuerlöschsystem für Motorraum		X				9.7.9.1	Ausführung, Einsatzbereitschaft (z.B. Plombierung)	Zustand Einsatzbereitschaft (z.B. Plombierung)
				X			9.8.7.1		
	Reifen (Abdeckung)		X				9.7.9.2	Ausführung, Wirksamkeit	Erfordernis, Zustand
				X			9.8.7.2		
	Auspuffanlage	X	X	X		X	9.2.4.5; 9.3.6	Erfordernis, Wirksamkeit, Ausführung	Erfordernis, Zustand
	Kraftstoffbehälter	X	X	X		X	9.2.4.3	Erfordernis, Wirksamkeit, Ausführung	Erfordernis, Zustand
	Dauerbremse (Abdeckung)	X	X	X	X	X	9.2.4.6	Erfordernis, Wirksamkeit, Ausführung	Erfordernis, Zustand
	Verbrennungsheizgeräte	X	X	X	X	X	9.2.4.7.1; 9.2.4.7.2; 9.2.4.7.5	Einbau/ Funktionsprüfung	Zustand
						X	9.2.4.7.3; 9.2.4.7.4	Funktionsprüfung, Kontrolle Herstellernachweis	Zustand
		X	X	X			9.2.4.7.6	Einbau/ Funktionsprüfung	Zustand
			X		X	X	9.7.7.1		
				X			9.8.6.1		
	Verbrennungsheizgerät Laderaum	X	X				9.3.2	Einbau/ Funktionsprüfung	Zustand
					X	X	9.7.7.2		
				X			9.8.6.2		
2.	Bremsanlage	X	X	X	X	X	9.2.3.1	Erfordernis, Ausführung,	Zustand, Kontrolle
2.1	Automatischer Blockierverhinderer	X	X	X	X	X		Erfordernis, Ausführung,	Zustand
2.2	Dauerbremse	X	X	X	X	X		Erfordernis, Ausführung und Kontrolle Herstellernachweis	Zustand
3.	Geschwindigkeitsbegrenzer	X	X	X	X	X	9.2.5	Nachweis	Zustand, Kontrolle
4.	Elektrische Ausrüstung								
4.1	Allgemeine Vorschriften	X	X	X	X	X	9.2.2.1	Ausführung	Erfordernis, Zustand
	Kabel	X	X	X	X	X	9.2.2.2.1	Ausführung, Wirksamkeit, Kontrolle Herstellernachweis	Erfordernis, Zustand
	Zusätzlicher Schutz	X	X	X	X	X	9.2.2.2.2	Ausführung, Wirksamkeit	Erfordernis, Zustand
	Sicherungen und Schutzschalter	X	X	X	X	X	9.2.2.3	Ausführung, Wirksamkeit	Erfordernis, Zustand
4.2	Batterien	X	X	X	X	X	9.2.2.4	Ausführung	Zustand
4.3	Beleuchtung	X	X	X	X	X	9.2.2.5	Ausführung	Zustand, Kontrolle

14

		Fahrzeugbezeichnung					Fundstelle	Prüfungsumfang	
		EX/II	EX/III	MEMU	AT	FL		Ausstellung	Verlängerung
4.4	Elektrische Anschlussverbindungen	X	X	X	X	X	9.2.2.6	Ausführung, Wirksamkeit, Kontrolle, Herstellernachweis	Zustand, Kontrolle
4.5	Spannung	X	X	X			9.2.2.7	Ausführung	Zustand
4.6	Batterietrennschalter		X	X		X	9.2.2.8	Erfordernis, Ausführung, Wirksamkeit	Zustand, Funktion
4.7	Dauerstromkreise								
	Dauernd versorgte Stromkreise FL					X	9.2.2.9.1	Erfordernis, Ausführung, Kontrolle Nachweise	Zustand, Kontrolle, ggf. Ausführung
	Dauernd versorgte Stromkreise EX/III		X	X			9.2.2.9.2	Erfordernis, Ausführung, Wirksamkeit	
4.8	Elektrische Anlage im Laderaum	X	X				9.3.7.1; 9.3.7.2; 9.3.7.3	Erfordernis, Ausführung, ggf. Kontrolle Nachweis	Zustand, Kontrolle
4.9	Elektrische Ausrüstung Tankfahrzeug FL					X	9.7.8.1; 9.7.8.2; 9.7.8.3	Erfordernis, Ausführung, ggf. Kontrolle Nachweis	Zustand, Kontrolle
5.	Verbindungseinrichtung des Anhängers	X	X	X	X	X	9.2.6	Anbau, Kontrolle Nachweis	Zustand
6.	Tanks und Schüttgut-Container								
6.1	Tankprüfbescheinigung, bzw. Schüttgut-Container-Kennzeichnung/ wiederkehrende Prüfungen gem. MEMU Baumusterzulassung		X		X	X	9.7.2; 6.8.2.4.5	Prüfung, Kontrolle, Übernahme in ADR-Zulassungsbescheinigung	Kontrolle, Identität, Vollständigkeit
				X			9.8.2; 6.8.2.4.5; 6.11.3.4; BAM Zulassung		
6.2	Betreiberangaben		X		X	X	9.7.2; 6.8.2.5.2	Identität, Vollständigkeit	Identität, Vollständigkeit
				X			9.8.2; 6.8.2.5.2		
6.3	Angaben auf Tankschild bzw. Schüttgut-Container-Kennzeichnung		X		X	X	9.7.2; 6.8.2.5.1	Identität, Vollständigkeit	Identität, Vollständigkeit
				X			9.8.2; 6.8.2.5.1; 6.11.3.4		
6.4	Tankwandung		X		X	X	9.7.2; 6.8.2.1.3	äußerer Zustand	äußerer Zustand
				X			9.8.2; 6.8.2.1.3; 6.11.3.1		
6.5	Tankausrüstung/ Bedienungsausrüstung		X		X	X	9.7.2; 6.8.2.2	äußerer Zustand	äußerer Zustand
				X			9.8.2; 6.8.2.2; 6.11.3.2		
6.6	Tankbefestigung bzw. Auslegungen für den Bau von Schüttgut-Containern		X		X	X	9.7.3; 6.8.2.1.2	Wirksamkeit, Ausführung	äußerer Zustand
				X			9.8.2; 6.8.2.1.2; 6.11.3.1		
6.7	Erdung von Tanks und Schüttgut-Container, Symbol					X	9.7.4	Wirksamkeit, Ausführung	äußerer Zustand
					*)		6.8.2.1.27		
				X			9.8.3		
6.8	Stabilität		X		X	X	9.7.5.1	Berechnung	—
				X			9.8.4		
6.9	Kippstabilität				X	X	9.7.5.2	Erfordernis, Kontrolle, Nachweis	—

		Fahrzeugbezeichnung					Fundstelle	Prüfungsumfang	
		EX/II	EX/III	MEMU	AT	FL		Ausstellung	Verlängerung
7.	Fahrzeugaufbau								
7.1	Aufbau	X					9.3.1; 9.3.3	Erfordernis, Ausführung	Zustand
			X				9.3.1; 9.3.4.1; 9.3.4.2		
7.2	Schlösser, Herstelleinrichtung, Laderäume			X			9.8.8	Erfordernis, Ausführung	Zustand
8.	**Baumusterzulassung gemäß BAM-GGR 010**			X			BAM-GGR 010 Anhang 3	Vorhandensein, Identität	—

*) Fahrzeuge „AT", die auch UN 1202 DIESELKRAFTSTOFF, der Norm EN 590:2013 + AC:2014 entsprechend, oder GASÖL oder HEIZÖL, LEICHT mit einem Flammpunkt gemäß EN 590:2013 + AC:2014 befördern dürfen, müssen mit Erdungsanschluss und Symbol versehen sein. Das gilt auch für die Beförderung von UN 1361 KOHLE oder RUSS der Verpackungsgruppe II. In Altbescheinigungen kann anstelle der Norm EN 590:2013 + AC:2014 auch die Norm EN 590:2009 + A1:2010 oder EN 590:2004 oder EN 590:1993 angegeben sein.

Erfordernis: Erfordernis: Feststellung anhand der Vorschriftentexte, ob diese auf das Fahrzeug zutreffen.

Ausführung: Ausführung: Feststellung, ob das Bauteil den Anforderungen genügt.

Wirksamkeit: Wirksamkeit: Prüfung des Anbaues, ggf. erforderliche Messungen.

Anlage 16

Anleitung zum Ausfüllen der ADR-Zulassungsbescheinigung

Die einzelnen nummerierten Felder der ADR-Zulassungsbescheinigung (Muster abgebildet in Unterabschnitt 9.1.3.5 ADR) sind wie folgt auszufüllen:

1 **Bescheinigung Nr.:**

Eine Nummer, die von der zuständigen Stelle zuzuweisen ist.

2 **Fahrzeughersteller:**

Die Angabe ist der Zulassungsbescheinigung Teil I bzw. II (Fahrzeugschein, Fahrzeugbrief), der Übereinstimmungsbescheinigung (COC), dem Gutachten nach § 21 der StVZO oder der Angabe auf dem Fahrzeug zu entnehmen.

3 **Fahrzeug-Ident.-Nr.:**

Die Angabe ist dem Fahrzeugschein, Fahrzeugbrief, der Übereinstimmungsbescheinigung (COC), dem Gutachten nach § 21 der StVZO oder der Angabe auf dem Fahrzeug zu entnehmen.

4 **amtl. Kennzeichen:**

Die Angabe ist dem Fahrzeugschein zu entnehmen. Wenn das Fahrzeug nicht zugelassen ist, wird dieses Feld zunächst offen gelassen. Es soll bei der Zulassung des Fahrzeugs von der Zulassungsbehörde nach § 14 Absatz 6 der GGVSEB nachgetragen werden. Sofern bei einer wiederkehrenden Prüfung das amtliche Kennzeichen noch nicht eingetragen ist, muss es spätestens bei der Verlängerung der Gültigkeit nachgetragen werden.

5 **Name und Betriebssitz des Beförderers, Betreibers (Halters) oder Eigentümers:**

Die Angaben (Halter und Anschrift) sind dem Fahrzeugschein zu entnehmen. Wenn das Fahrzeug nicht zugelassen ist, müssen die Angaben zum zukünftigen Eigentümer, Betreiber (Halter) oder Beförderer eingetragen werden. Sind diese Angaben nicht bekannt, muss die ADR-Zulassungsbescheinigung deutlich mit dem Begriff „ENTWURF“ gekennzeichnet werden. In diesem Fall dürfen der Stempel der Ausgabestelle und die Unterschrift nicht angebracht werden.

6 **Beschreibung des Fahrzeugs**

Entsprechend der Fußnote 1 der ADR-Zulassungsbescheinigung sind für die Fahrzeugbeschreibung die Begriffe gemäß der Gesamtresolution über die Konstruktion von Fahrzeugen (R.E.3) oder der Richtlinie 2007/46/EG zu verwenden. Diese Begriffe sind im Einzelnen:

Beschreibung von Kraftfahrzeugen gemäß R.E.3

Höchste zulässige Gesamtmasse (zGM)	Kraftfahrzeuge der Klasse N
zGM ≤ 3,5 t	Klasse N_1
3,5 t < zGM ≤ 12 t	Klasse N_2
zGM > 12 t	Klasse N_3

Beschreibung von Kraftfahrzeugen gemäß Richtlinie 2007/46/EG

Höchste zulässige Gesamtmasse (zGM)	Kraftfahrzeuge der Klasse N
zGM ≤ 3,5 t	Lastkraftwagen, Straßenzugmaschine, Sattelzugmaschine N_1
3,5 t < zGM ≤ 12 t	Lastkraftwagen, Straßenzugmaschine, Sattelzugmaschine N_2
zGM > 12 t	Lastkraftwagen, Straßenzugmaschine, Sattelzugmaschine N_3

Beschreibung von Anhängern

Höchste zulässige Gesamtmasse	Anhänger
zGM ≤ 0,75 t	Deichselanhänger, Sattelanhänger, Zentralachsanhänger O_1
0,75 t < zGM ≤ 3,5 t	Deichselanhänger, Sattelanhänger, Zentralachsanhänger O_2
3,5 t < zGM ≤ 10 t	Deichselanhänger, Sattelanhänger, Zentralachsanhänger O_3
zGM > 10 t	Deichselanhänger, Sattelanhänger, Zentralachsanhänger O_4

7 **Fahrzeugbezeichnung(en) gemäß 9.1.1.2 des ADR:**

Um unbefugte Änderungen an der Bescheinigung zu verhindern, sind alle nicht zutreffenden Bezeichnungen zu streichen. Es können mehrere Fahrzeugbezeichnungen zutreffend sein. Z.B. erfüllt ein Fahrzeug, das den Anforderungen für FL-Fahrzeuge entspricht, ebenfalls die AT-Anforderungen. In diesem Fall sind beide Bezeichnungen in der Bescheinigung aufzuführen. Die Informationen unter Nummer 7 bestimmen zusammen mit den Angaben unter Nummer 10, welche Güter mit einem Fahrzeug befördert werden dürfen.

Die Angabe(n) der Fahrzeugbezeichnung(en) muss/müssen mit den Angaben zur elektrischen Ausrüstung des Tanks übereinstimmen.

8 **Dauerbremsanlage:**

„Nicht zutreffend" ist anzukreuzen, in den ADR-Zulassungsbescheinigungen von Fahrzeugen, für die die Vorschriften zur Ausrüstung mit Dauerbremsanlagen nach Unterabschnitt 9.2.3.1 ADR nicht anzuwenden sind, wegen
- ihrer geringen zul. Gesamtmasse oder
- ihrer geringen Anhängelast

in Übereinstimmung mit der Bemerkung f oder g unter Unterabschnitt 9.2.3.1 in der Tabelle in Abschnitt 9.2.1 ADR.

In den anderen Fällen ist die zweite Zeile der Nummer 8 anzukreuzen und die zulässige Zulassungs-/Betriebsmasse (Definition siehe Richtlinie 2007/46/EG) des Fahrzeugs bzw. der Fahrzeugkombination einzutragen.

Die Fußnote 4 Satz 2 ist in Deutschland nicht von Bedeutung. In einigen Staaten sind jedoch höhere Zulassungs-/Betriebsmassen als 44 t zulässig. In diesen Fällen wird jedoch nach Unterabschnitt 9.2.3.1 ADR eine Dauerbremsleistung als hinreichend angesehen, die für eine Zuggesamtmasse von 44 t ausreicht, auch wenn die Zulassungs-/Betriebsmasse der Fahrzeugkombination höher ist als 44 t.

9 **Beschreibung des (der) festverbundenen Tanks/des (der) Batterie-Fahrzeuge(s):**

Die Angaben können der Baumusterzulassung, dem Prüfbericht über die letzte Tankprüfung bzw. dem Tankschild entnommen werden. Die Angaben zu Nummer 9.1 bis 9.5 sind in jedem Fall zwingend anzugeben, die Angabe der TC und TE unter Nummer 9.6 jedoch nicht, wenn die zugelassenen Stoffe unter Nummer 10.2 aufgeführt sind.

10 Zur Beförderung zugelassene gefährliche Güter:

Für andere Fahrzeuge als EX/II- und EX/III-Fahrzeuge oder Fahrzeuge mit festverbundenem Tank oder Batterie-Fahrzeuge sind unter Nummer 10 keine Eintragungen erforderlich. Diese Fahrzeuge (z.B. Sattelzugmaschinen) dürfen für die Beförderung der Güter entsprechend der Fahrzeugbezeichnung in Nummer 7 verwendet werden.

10.1 Gemäß Unterabschnitt 9.3.7.2 ADR muss die elektrische Anlage in Laderäumen von EX/II- und EX/III-Fahrzeugen der Schutzart IP 65 gemäß Norm IEC 60529 oder einem gleichwertigen Schutz entsprechen, wenn das Fahrzeug zur Beförderung von explosiven Artikeln und Gegenständen der Verträglichkeitsgruppe J bestimmt ist. Bei anderen explosiven Stoffen und Gegenständen mit Explosivstoff muss die elektrische Anlage im Laderaum der Schutzart IP 54 gemäß Norm IEC 60529 oder einem gleichwertigen Schutz entsprechen.

10.2 Für Tankfahrzeuge und Batterie-Fahrzeuge ist eines von zwei Verfahren durch Ankreuzen zu wählen:

- Entweder es wird auf die Tankcodierung in Nummer 9.5 und die eventuellen Sondervorschriften TC und TE in Nummer 9.6 Bezug genommen oder
- die Stoffe sind unter Angabe der Klasse, der UN-Nummer und, falls erforderlich, der Verpackungsgruppe und der offiziellen Benennung für die Beförderung aufzulisten.

11 Bemerkungen:

Platz für Bemerkungen.

Beispiele:

- die Bemerkung „Saug-Druck-Tankfahrzeug für Abfälle" gemäß Unterabschnitt 9.1.3.3;
- Datum der nächsten fälligen Tankuntersuchung;
- bei Fahrzeugen, die zur Beförderung von explosiven Stoffen in Tanks bestimmt sind und mit Abschnitt 9.7.9 übereinstimmen, kann die folgende Bemerkung eingefügt werden: „Fahrzeug erfüllt Abschnitt 9.7.9 des ADR für die Beförderung explosiver Stoffe in Tanks";
- es können ggf. Übergangsvorschriften oder Nebenbestimmungen aus der Baumusterzulassung eingetragen werden;
- bei der Erstausstellung hat der Sachverständige bzw. der Technische Dienst das Vorliegen der Voraussetzungen des § 35c Absatz 1, 3, 6, 7 und 9 der GGVSEB (ausgenommen bei Saug-Druck-Tanks für Abfälle nach Kapitel 6.10 ADR) zu bestätigen. Bei vorhandenen Zulassungsbescheinigungen ist dies im Rahmen der nächsten wiederkehrenden Prüfung nachzutragen;
- Einträge durch die Zulassungsbehörde nach § 14 Absatz 6 der GGVSEB, wie Änderung des Firmennamens/des Halters und/oder der Anschrift, Änderung des amtlichen Kennzeichens.

12 Gültig bis:

Die Gültigkeit ist mit Tagesdatum anzugeben, sowie Ort und Datum der Ausstellung. Die ADR-Zulassungsbescheinigung ist von der Ausgabestelle abzustempeln und zu unterzeichnen.

13 Verlängerung der Gültigkeit:

Die Gültigkeit ist mit Tagesdatum anzugeben. Die Verlängerung der Gültigkeitsdauer erfolgt für ein Jahr, wird jedoch innerhalb dieses Jahres eine Tankprüfung fällig, so ist die Gültigkeitsdauer auf den letzten Tag des Monats zu befristen, in dem die Tankprüfung fällig ist. Die Gültigkeit kann auch durch Ablaufen einer Übergangsvorschrift begrenzt sein.

Anlage 17

Erklärung über Betriebserfahrungen bezüglich der Korrosion von Werkstoffen

Betriebserfahrungen zu den Absätzen 6.7.2.2.2, 6.7.2.2.7 und 6.8.2.1.9 ADR/RID über Widerstandsfähigkeit, Ausschluss der Beeinträchtigung des Transportguts und die merkliche Schwächung des Werkstoffes:

Verbindliche Erklärung über hinreichende Erfahrungen über die Korrosion des Werkstoffes unter Einwirkung des Transportgutes und Ausschluss der Beeinträchtigung des Transportguts. Dieser Nachweis kann durch Betriebsdaten von transportablen Behältern erbracht werden. Er kann auch durch Betriebsdaten von stationären Behältern oder Anlagen erbracht werden, soweit diese auf Tanks übertragen werden können. Die Erklärung soll nach folgendem Muster abgegeben werden:

Erklärung über Betriebserfahrungen bezüglich der Korrosion von Werkstoffen unter Einwirkung von Transportgütern

Wir erklären, dass mit dem Tankwandungswerkstoff ....

sowie dem Armaturenwerkstoff ....

bei Transport auf .... / bei der Lagerung in ....

der nachstehend aufgeführten Stoffe ....

UN-Nummer	Benennung	Klasse	Verpackungsgruppe

unter Berücksichtigung einer maximal auftretenden Temperatur von .... in transportablen Behältern / stationären Behältern / Anlagen folgende Betriebserfahrungen vorliegen:

Baujahr des transportablen Behälters / stationären Behälters / der stationären Anlage	
Transportgut	
Beaufschlagungszeit von bis	
Monate / Jahre	
ggf. Anzahl der inneren Prüfungen	
Prüfstelle	

Auf Grund dieser Betriebserfahrungen bestätigen wir, dass die Stoffe mit dem Werkstoff nicht gefährlich reagiert haben, keine gefährlichen Stoffe erzeugt haben, den Werkstoff nicht merklich geschwächt haben und den zu befördernden Stoff nicht beeinträchtigt haben.

Name, Datum, Ort ....

(rechtsverbindliche) Unterschrift ....

Anlagen:
Laboruntersuchungen
Versuchsergebnisse aus Laboruntersuchungen

Bemerkung:
Ergibt die Beurteilung mit der angegebenen Nachweismethode unter Beachtung der Randbedingungen eine merkliche Schwächung des Werkstoffes, so kann durch Nebenbestimmungen im Zulassungsbescheid eine gleichartige Sicherheit alternativ herbeigeführt werden, z.B. durch die Forderung nach einer Innenauskleidung, die Verkürzung des Prüfzeitraumes oder durch Korrosionszuschläge.

Anlage 18

Erstellung der Tankcodes für spezielle Tanks bzw. Tanks nach den Übergangsvorschriften des ADR mit Festlegung der Verwendung

Bem.: Tanks sind grundsätzlich nach den Abschnitten 4.3.3 (Kl.2) oder 4.3.4 (Kl. 1 und 3 - 9) ADR zu kodieren. Nachfolgend werden nur Sonderfälle beschrieben.

Beschreibung des Tanks		Eintragungen in Bescheinigung nach 6.8.2.4.5 ADR	
		Tankcode	Verwendung
1.	**Mineralöltanks**		
1.1	Tanks, die bis zum 31. Dezember 2001 nach Ausnahme Nr. 6 (S) ohne Flammendurchschlagsicherung im innerstaatlichen Verkehr ausschließlich zur Beförderung von UN 1202 Dieselkraftstoff, UN 1202 Gasöl und UN 1202 Heizöl (leicht), jeweils mit einem Flammpunkt von 55 °C oder höher verwendet und die innerstaatlich betrieben werden durften.	LGBV [1)]	„Tank darf im innerstaatlichen Verkehr für die Beförderung von UN 1202 Dieselkraftstoff der Norm EN 590:2013 + AC:2014 entsprechend, oder Gasöl oder Heizöl, leicht mit einem Flammpunkt gemäß EN 590:2013 + AC:2014 ohne Flammendurchschlagsicherung betrieben werden“.
2.	**Fahrwegbefreite Tanks nach § 35 der GGVSEB**		
2.1	Tanks nach § 35c der GGVSEB druckloser Betrieb, Berechnungsdruck von 4 bar und Druck je Tankabteil geringer (z.B. 0,25 bar), mit 4 bar Dom und Flammendurchschlagsicherung.	LGBF	„Tank entspricht § 35c Abs. 3 Nr. 1 der GGVSEB“
2.2	Tanks nach § 35c der GGVSEB druckloser Betrieb, Berechnungsdruck von 4 bar und Druck je Tankabteil geringer, mit 4 bar Dom ohne Flammendurchschlagsicherung, mit Absperreinrichtung in Lüftungsleitung und ohne Sicherheitsventil, mit Vakuumventil ausgelegt für äußeren Überdruck von ≥ 0,21 bar	LGBV LGBF	„Tank entspricht § 35c Abs. 3 Nr. 1 der GGVSEB“ Wenn Flammendurchschlagsicherung im Vakuumventil vorhanden oder nachgerüstet oder Tank explosionsdruckstoßfest
2.3	Tanks nach § 35c der GGVSEB Berechnungsdruck 4 bar, die nicht für eine Ausrüstung mit Vakuumventilen ausgelegt sind, die einem äußeren Überdruck von ≥ 0,4 bar standhalten, mit Chemiedom, ohne Flammendurchschlagsicherung, mit Absperreinrichtung in Lüftungsleitung	L4BH	„Tank entspricht § 35c Abs. 3 Nr. 1 der GGVSEB“
2.4	Tanks nach § 35c der GGVSEB Berechnungsdruck 4 bar, mit Chemiedom, ohne Flammendurchschlagsicherung, mit Absperreinrichtung im Tankscheitel, Vakuumventil < 0,21 bar	L4BN	„Tank entspricht § 35c Abs. 3 Nr. 1 der GGVSEB“ *Hinweis:* *Ohne Flammendurchschlagsicherung im Vakuumventil oder Tank nicht explosionsdruckstoßfest nur für Flüssigkeiten mit Flammpunkt > 60°C geeignet (Absatz 6.8.2.2.3)*

1) Tanks, die im grenzüberschreitenden Verkehr betrieben werden und alle Tanks, die nach dem 31.12.2001 in Verkehr gebracht wurden, müssen mit Flammendurchschlagsicherungen ausgerüstet sein. Codierung LGBF.

14

Beschreibung des Tanks		Eintragungen in Bescheinigung nach 6.8.2.4.5 ADR	
		Tankcode	Verwendung
3.	**Tanks für Reinigungszwecke** (nur zum Zwischenlagern während der Tankreinigung)		
3.1	mit Baumusterzulassung	LGBV [1]	„Tank darf im innerstaatlichen Verkehr für die Beförderung von UN 1202 Dieselkraft-stoff der Norm EN 590:2013 + AC:2014 entsprechend, oder Gasöl oder Heizöl, leicht mit einem Flammpunkt gemäß EN 590:2013 + AC:2014 ohne Flammendurchschlag-sicherung betrieben werden".
4.	**Silotanks**		
4.1	mit Sicherheitsventil am Tank und Vakuumventil ≤ 0,05 bar	SGAN S1,5AN S2,65AN	
4.2	ohne Sicherheitsventil am Tank und Vakuumventil ≤ 0,05 bar	SGAN S1,5AN S2,65AN	„Der Tank unterliegt der Übergangsvorschrift 1.6.3.20 ADR" „Verwendung wie SGAH"
4.3	für äußeren Überdruck von ≥ 0,05 bar gebaut ohne Sicherheitsventil, mit Vakuumventil ≥ 0,05 bar	SGAH	*Hinweis:* *Nur für Stoffe der VG II und III.*
5.	**Tank mit Mindestberechnungsdruck 4 bar (Chemietanks)**		
5.1	mit Sicherheitsventil am Tank mit Vakuumventil < 0,21 bar	L4BN	*Hinweis:* *Ohne Vakuumventil mit Flammendurchschlagsicherung oder Tank nicht explosionsdruckstoßfest nur für Flüssigkeiten mit Flammpunkt > 60 °C geeignet (Absatz 6.8.2.2.3 ADR)*
5.2	Tanks, die vor 2003 gebaut wurden: ohne Sicherheitsventil mit Vakuumventil < 0,21 bar	L4BN	„Der Tank unterliegt der Übergangsvorschrift 1.6.3.20 ADR" „Verwendung wie L4BH" *Hinweis:* *Ohne Flammendurchschlagsicherung im Vakuumventil oder Tank nicht explosionsdruckstoßfest nur für Flüssigkeiten mit Flammpunkt > 60 °C geeignet (Absatz 6.8.2.2.3 ADR)*
5.3	Tanks, die nach 2003 gebaut wurden ohne Sicherheitsventil mit Vakuumventil < 0,21 bar	L4BN	*Kein Transport von Stoffen, die eine „H"-Codierung erfordern, möglich!* *Hinweis:* *Ohne Flammendurchschlagsicherung im Vakuumventil oder Tank nicht explosionsdruckstoßfest nur für Flüssigkeiten mit Flammpunkt > 60 °C geeignet (Absatz 6.8.2.2.3 ADR)*

1) Tanks, die im grenzüberschreitenden Verkehr betrieben werden und alle Tanks, die nach dem 31.12.2001 in Verkehr gebracht wurden, müssen mit Flammendurchschlagsicherungen ausgerüstet sein. Codierung LGBF.

Beschreibung des Tanks		Eintragungen in Bescheinigung nach 6.8.2.4.5 ADR	
		Tankcode	Verwendung
5.4	ohne Sicherheitsventil mit Vakuumventil ≥ 0,21 bar	L4BH	*Hinweis: Ohne Flammendurchschlagsicherung im Vakuumventil oder Tank nicht explosionsdruckstoßfest nur für Flüssigkeiten mit Flammpunkt > 60 °C geeignet (Absatz 6.8.2.2.3 ADR)*
5.5	mit Sicherheitsventil und Berstscheibe mit Druckmesser zwischen Berstscheibe und Sicherheitsventil und Vakuumventil ≥ 0,21 bar	L4BH	*Hinweis: Ohne Flammendurchschlagsicherung im Vakuumventil oder Tank nicht explosionsdruckstoßfest nur für Flüssigkeiten mit Flammpunkt > 60 °C geeignet (Absatz 6.8.2.2.3/6.8.2.2.10 ADR)*
5.6	ohne Sicherheitsventil, die nicht für eine Ausrüstung mit Vakuumventilen ausgelegt sind, die einem äußeren Überdruck von ≥ 0,4 bar standhalten	L4BH	
5.7	mit Sicherheitsventil und Berstscheibe mit Druckmesser zwischen Berstscheibe und Sicherheitsventil, die nicht für eine Ausrüstung mit Vakuumventilen ausgelegt sind, die einem äußeren Überdruck von ≥ 0,4 bar standhalten	L4BH	*Hinweis: Sicherheitsventil, Berstscheibe, Druckmesser gem. Absatz 6.8.2.2.10 ADR*
6.	**Saug-Druck-Tanks für Abfälle**		
6.1	nach ehemaliger Ausnahme Nr. 63 in Verbindung mit TRT 011 ohne Sicherheitsventil, Berstscheibe oder ähnliche Sicherheitseinrichtungen am Tank	L4BH	„Ausnahme 22 GGAV" „Saug-Druck-Tank für Abfälle"
6.2	nach ehemaliger Ausnahme Nr. 63 in Verbindung mit TRT 011 mit Sicherheitsventil und Berstscheibe mit Druckmesser zwischen Berstscheibe und Sicherheitsventil nachgerüstet	L4BH	„Saug-Druck-Tank für Abfälle"
6.3	Saug-Druck-Tanks, für Abfälle die nach dem 1.1.1999 gem. Anhang B.1e gebaut worden sind mit Sicherheitsventil und vorgeschalteter Berstscheibe	L4AH	„Saug-Druck-Tank für Abfälle" *Bemerkung:* Ab 1.1.2003 gilt nach Unterabschnitt 4.5.1.1 „Verwendung auch für die Stoffe, denen in Kapitel 3.2 Tabelle A, Spalte 12 der Tankcode L4BH zugeordnet ist"
6.4	Saug-Druck-Tanks für Abfälle die nach dem 1.1.1999 gem. Kap. 6.10 ADR gebaut worden sind mit 3 unabhängigen Verschlüssen (z.B. innere und äußere Absperreinrichtung und Schraubkappe)	L4BH	„Saug-Druck-Tank für Abfälle"
6.5	Saug-Druck-Tanks für Abfälle die nach dem 1.1.1999 gem. Kapitel 6.10 ADR mit zwei unabhängigen Verschlüssen (z.B. äußere Absperreinrichtung und Schraubkappe) gebaut worden sind	L4AH	„Saug-Druck-Tank für Abfälle" *Bemerkung:* Ab 1.1.2003 gilt nach Unterabschnitt 4.5.1.1 ADR „Verwendung auch für die Stoffe, denen in Kapitel 3.2 Tabelle A, Spalte 12 ADR der Tankcode L4BH zugeordnet ist"

Beschreibung des Tanks		Eintragungen in Bescheinigung nach 6.8.2.4.5 ADR	
		Tankcode	**Verwendung**
7.	**Tanks aus Kunststoffen**		
7.1	Tank aus glasfaserverstärktem Kunststoff nach ehemaliger Ausnahme 26 (jetzt Ausnahme Nr. 9)	Codierung nach Abschn. 4.3.4 ADR	„Verwendung nach Ausnahme 9 GGAV, nur im innerstaatlichen Verkehr“ *Bemerkung:* *Liste der zugelassenen Stoffe nach der Baumusterzulassung in Verbindung mit der Ausnahme 26 (jetzt Nr. 9) – durch Zulassungsbehörde an das gültige ADR anpassen lassen und beifügen*
7.2	Tanks aus verstärkten Kunststoffen nach Anhang B.1c ADR	Codierung nach Abschn. 4.3.4 ADR	„Tank unterliegt der Übergangsvorschrift 1.6.3.40 ADR 2009“ *Bemerkung:* *Liste der zugelassenen Stoffe nach der Baumusterzulassung in Verbindung mit der Ausnahme 26 (jetzt Nr. 9) – durch Zulassungsbehörde an das gültige ADR anpassen lassen und beifügen*
7.3	Tanks aus faserverstärkten Kunststoffen (FVK-Tanks) nach Kapitel 6.9 ADR	Codierung nach Abschn. 4.3.4 ADR	*Bemerkung:* *Liste der zugelassenen Stoffe nach der Baumusterzulassung in Verbindung mit der Ausnahme 26 (jetzt Nr. 9) – durch Zulassungsbehörde an das gültige ADR anpassen lassen und beifügen*

Anlage 19

Muster für die Bestimmung von Rangierbahnhöfen mit internen Notfallplänen gemäß Kapitel 1.11 RID

1. Allgemeines

Der Betreiber der Eisenbahninfrastruktur hat dafür zu sorgen, dass für die Beförderung gefährlicher Güter in Rangierbahnhöfen interne Notfallpläne erstellt werden. Die Bestimmungen des Kapitels 1.11 RID gelten bei Anwendung des UIC-Merkblattes 201 (Transport gefährlicher Güter - Leitfaden für die Notfallplanung in Rangierbahnhöfen) als erfüllt. Das UIC-Merkblatt enthält eine weit gefasste Definition für Rangierbahnhöfe. Diese enthält jedoch keine Angaben über Verkehrsmengen oder Infrastrukturdaten als Schwellenwerte, ab denen eine Notfallplanung erforderlich wird. Deshalb sind für die praktische Umsetzung in Deutschland nachvollziehbare Kriterien für die Festlegung der Rangierbahnhöfe mit internen Notfallplänen erforderlich.

2. Grundsätze

Die Betreiber der Eisenbahninfrastruktur der Eisenbahnen des Bundes sowie der nicht bundeseigenen Eisenbahnen ermitteln gemäß ihrer Verpflichtung auf der Grundlage der Kriterien unter Punkt 3. welche Rangierbahnhöfe den Regelungen des Kapitels 1.11 RID unterliegen und teilen dies der zuständigen Behörde mit. Es sind grundsätzlich alle Rangier- bzw. Zugbildungsanlagen zu betrachten, die für die betrieblichen Produktionssysteme der Eisenbahn-Verkehrsunternehmen auf der jeweiligen Infrastruktur notwendig sind. In diesem Rahmen werden die Verkehrs- und Infrastrukturdaten als wesentliche und nachvollziehbare Kriterien für einen Rangierbahnhof zu Grunde gelegt und unter Berücksichtigung der möglichen Spanne dieser Daten in der Praxis differenziert mit Punkten gewichtet. Mit dieser Vorgehensweise wird ein empirischer Ansatz gewählt und mit einer quantitativen Betrachtung der Verkehrs- und Infrastrukturdaten verbunden.

Zur Ermittlung sind die Kriterien gemäß Punkt 3. anzuwenden und die ermittelten Daten in die Bewertungsmatrix gemäß Anhang 1 einzutragen. Werden von 20 möglichen Bewertungspunkten mindestens 10 Punkte erreicht, unterliegt der Rangierbahnhof den Anforderungen des Kapitels 1.11 RID. Die Ermittlung der Daten bezieht sich grundsätzlich auf das zurückliegende Jahr. Es können auch die Durchschnittswerte der letzten 3 Jahre angesetzt werden.

Der Betreiber hat die Ergebnisse spätestens alle 3 Jahre zu überprüfen sowie in kürzeren Zeitabständen, wenn sich die Daten wesentlich verändern. Änderungen sind der zuständigen Behörde mitzuteilen. Unter der Voraussetzung, dass die Anforderungen des Kapitels 1.11 RID erfüllt werden, kann der Betreiber im Einzelfall im Einvernehmen mit der zuständigen Behörde von der Einstufung abweichen.

Dem Betreiber bleibt es freigestellt, über diesen Mindeststandard hinaus, weitere Anlagen zusätzlich den Anforderungen des Kapitels 1.11 RID zu unterwerfen.

3. Kriterien

3.1 Anzahl der Güterwagen

Die Anzahl der in einem Rangierbahnhof behandelten Wagen stellt ein wesentliches Element für die Auslastung und den Betrieb eines Rangierbahnhofs dar. Es sind alle Güterwagen zu erfassen, die rangierdienstlich behandelt werden. Wagen ohne rangierdienstliche Behandlung (z.B. Beförderung als Ganzzugverkehr) werden nicht erfasst.

Anzahl der Güterwagen pro Jahr	Punkte
bis 100.000	1
100.001 - 200.000	2
200.001 - 300.000	3
300.001 - 400.000	4
400.001 - 600.000	5
600.001 - 800.000	6
800.001 – 1.000.000	7
über 1.000.000	8

3.2 Anzahl der Gefahrgutwagen

Der Anteil der Güterwagen mit gefährlichen Gütern am gesamten Wagendurchsatz eines Rangierbahnhofs beeinflusst das Gefährdungspotential und wird deshalb quantitativ stärker gewichtet. Es sind alle Gefahrgutwagen mit rangierdienstlicher Behandlung zu erfassen. Wagen ohne rangierdienstliche Behandlung (z.B. Beförderung als Ganzzugverkehr) werden nicht erfasst.

Anzahl der Gefahrgutwagen pro Jahr	Punkte
bis 20.000	1
20.001 - 30.000	2
30.001 - 40.000	3
40.001 - 50.000	4
50.001 - 75.000	5
75.001 - 100.000	6
100.001 - 150.000	7
über 150.000	8

3.3 Bergleistung

Die Bergleistung des Ablaufberges eines Rangierbahnhofs beschreibt den theoretischen Durchschnittswert der abgelaufenen Wagen pro Stunde, bei einer angenommenen Arbeitsleistung von 20 Stunden/Tag. Es können auch vergleichbare Verfahren (z.B. Anzahl der Rangiervorgänge ohne Nutzung eines Ablaufberges) herangezogen werden.

Bergleistung (Wagen/Stunde)	Punkte
bis 150	1
über 150	2

3.4 Ausdehnung

Mit der Ausdehnung eines Rangierbahnhofes soll die Infrastruktur bzw. Komplexität einer Anlage hinsichtlich des Einsatzes von Hilfskräften angemessen berücksichtigt werden. Rangierbahnhöfe mit großer räumlicher Ausdehnung besitzen in der Regel eine leistungsstarke Zugbildungsanlage mit einem entsprechend hohen Gefahrgutaufkommen. Für die Ermittlung ist die Flächenausdehnung des Rangierbahnhofs in Hektar (ha) anzugeben. Starke flächenmäßige Unterschiede der Anlagen (z.B. in Seehäfen) können eine Abweichung vom Punktsystem erfordern.

Ausdehnung (Fläche in ha)	Punkte
bis 70 ha	1
über 70 ha	2

Anhang 1

3. Bewertungsmatrix für die Bestimmung von Rangierbahnhöfen mit internen Notfallplänen gemäß Kapitel 1.11 RID

1	2a	2b	3a	3b	4a	4b	5a	5b	6
Rangierbahnhof	Anzahl der Güterwagen	Punkte	Anzahl der Gefahrgutwagen	Punkte	Bergleistung (Wagen/Stunden)	Punkte	Ausdehnung (Fläche in ha)	Punkte	Punkt-summe

14

Notizen